Zugang zur Online-Datenbank:

http://www.stotax-portal.de/anmelden

Bitte folgenden Registrierungscode im Eingabefeld „Benutzername/Registrierungscode“ eingeben

13C7M03C7A

und mit „Enter“ bestätigen. Nach erfolgter Registrierung erhalten Sie für die Aktivierung Ihrer persönlichen Zugangsdaten eine E-Mail.

Stollfuß Medien GmbH & Co. KG

Wannemacher & Partner · Steuerstrafrecht

Steuerstrafrecht

Handbuch

6. Auflage

Herausgegeben von

Wannemacher & Partner
München

STOTAX
Stollfuß Medien

Bibliografische Information der Deutschen Nationalbibliothek
Die Deutsche Nationalbibliothek verzeichnet diese Publikation in Der Deutschen Nationalbibliografie; detaillierte bibliografische Daten sind im Internet über http://dnb.d-nb.de abrufbar.

978-3-08-371326-5

Satz: mediaTEXT Jena GmbH, Jena
Druck und Verarbeitung: Bonner Universitäts-Buchdruckerei (bub)

Vorwort

Das Steuerstrafrecht wird seit 30 Jahren zunehmend öffentlich wahrgenommen. Nach einer ersten Welle der Ermittlungen und der öffentlichen Diskussion im Zusammenhang mit dem Parteispendenverfahren der achtziger Jahre wurde eine zweite Welle von den Bankermittlungen der neunziger Jahre und eine dritte Welle durch den Ankauf ausländischer Bankdaten ab 2008 ausgelöst. Die begleitende Diskussion der zweiten und dritten Welle in Politik und Presse scheint zunehmend von der Idee geprägt zu sein, die erheblichen Mehrausgaben der öffentlichen Hand im Zusammenhang mit der deutschen Vereinigung und später auf Grund der Finanz- und Eurokrise wären ohne Einsparungen an anderer Stelle zu finanzieren, wenn man nur die Steuerhinterziehung scharf genug bekämpfen würde. Das Schöne daran: Die These muss nicht bewiesen werden. Hat eine Gesetzes- oder Rechtsprechungsänderung keine im Haushalt wahrnehmbaren Änderungen gebracht, muss die Steuerhinterziehung eben noch schärfer bekämpft werden – nach demselben Mechanismus, den man aus Jahrzehnten der Verschärfung der Vorschriften zur inneren Sicherheit kennt.

Jedenfalls hat sich das Steuerstrafrecht durch Gesetzgebung und Rechtsprechung seit dem Erscheinen der Vorauflage Anfang 2004 mehr verändert als in Jahrzehnten davor. Die 46 Paragraphen des Steuerstrafrechts wurden in diesen neun Jahren durch zwölf Änderungsgesetze an 21 Stellen reformiert. Hervorzuheben ist insbesondere die Neuregelung des besonders schweren Falles im Jahr 2007 mit Aufhebung des untauglichen § 370a AO, der Einführung weiterer Regelbeispiele in § 370 Abs. 3 AO und der Verschärfung des ersten Regelbeispiels mit dem alleinigen quantitativen Kriterium des großen Ausmaßes. Im Jahr 2008 folgte die Verlängerung der strafrechtlichen Verjährungsfrist bei besonders schweren Fällen der Steuerhinterziehung auf zehn Jahre. Für die Praxis von besonderer Bedeutung ist die grundlegende Verschärfung der Selbstanzeigevorschriften mit dem Schwarzgeldbekämpfungsgesetz von 2011. Aus aktuellem Anlass wird in der Politik bereits über weitere Verschärfungen nachgedacht. Ob und inwieweit solche Pläne tatsächlich umgesetzt werden, bleibt abzuwarten. Vor diesem Hintergrund werden die Risiken der steuerlichen Beratung für Mandant und Berater in der Praxis jedenfalls weiter zunehmen.

Noch größere Veränderungen haben sich in der höchstrichterlichen Rechtsprechung ergeben. Seit im August 2008 die alleinige Zuständigkeit für das Steuerstrafrecht vom 5. auf den 1. BGH-Senat übergegangen ist, wird eine Vielzahl von Rechtsfragen auf den Prüfstand gestellt und neu beantwortet. Dabei weicht der 1. Senat nicht selten von der bisherigen ständigen Rechtsprechung ab, vielfach mit dem fragwürdigen Instrument nicht entscheidungserheblicher obiter dicta, und dabei regelmäßig zum Nachteil des Steuerpflichtigen mit strafverschärfender Wirkung.

Bemerkenswert angesichts dieser Flut von Änderungen ist das Beharrungsvermögen der Wertungswidersprüche des Steuerstrafrechts. Damit sind Regelungen gemeint, die nicht nur strafwürdige Sachverhalte erfassen, sondern undifferenziert auch Sachverhalte mit allenfalls formalem oder sogar völlig fehlendem Unrechtsgehalt. Klassisches Beispiel hierfür ist die Beurteilung der Fristüberschreitung um einen Tag bei Fälligkeitssteuern, etwa bei der Einreichung der Umsatzsteuervoranmeldung, als vollendete Steuerhinterziehung. Dieses seit Jahrzehnten kritisierte Ergebnis (etwa Leise, DStR 1971, 57, 59) wurde in der Finanzamtspraxis juristisch meist falsch, aber im Ergebnis vernünftig, dadurch beseitigt, dass man die verspätet abgegebene Voranmeldung stillschweigend als wirksame Selbstanzeige behandelt hat, so dass nur vereinzelte tragische Ausnahmefälle übrig geblieben sind. Der Gesetzgeber des Schwarzgeldbekämpfungsgesetzes 2011 hätte daher Anlass und Gelegenheit gehabt, dieses Problem von enormer praktischer Brisanz ordentlich zu regeln. Doch soweit ersichtlich, hat er sich nicht einmal ernsthaft mit dieser Frage befasst. Stattdessen wurde mit Einführung des Vollständigkeitsgebots je Steuerart die Grundlage der bisherigen Handhabung der Praxis unterminiert. Zu allem Überfluss ist die Finanzverwaltung wegen des neuen Strafzuschlags in § 398a AO nun zunehmend gezwungen, in Verspätungsfällen mit mehr als geringfügigen Zahllasten explizit strafrechtlich zu entscheiden, welche Verspätungen auf nicht schuldhaftem Verhalten, einfacher Fahrlässigkeit, Leichtfertigkeit oder Vorsatz beruhen – ohne dass der Gesetzgeber hierfür einen geordneten Rechtsschutz zur Verfügung gestellt hätte: in jeder Hinsicht gesetzgeberisches Stückwerk. Ähnlich problematisch ist die Beurteilung des bedingten Vorsatzes anhand von Kriterien, die im Kernstrafrecht von Mord, Körperverletzung oder Raub entwickelt wurden und dort zu angemessenen Ergebnissen führen. Im Bereich des Steuerstrafrechts aber kann dieser Rechtsbegriff bereits dann zur Bejahung des Vorsatzes führen, wenn der Steuerpflichtige eine andere Rechtslage als die, die er seiner Steuererklärung zu Grunde gelegt hat, für möglich hält – und das geltende Steuerrecht enthält sehr viel weniger Gewissheiten als die Strafjustiz glaubt. Hinzu kommt, dass der zweifelnde Steuerpflichtige nicht einfach untätig bleiben kann, sondern unter Zeitdruck entscheiden und eine Zahl in den Erklärungsvordruck eintragen muss. Diese äußerst unbefriedigende Rechtsprechung führt dazu, dass die Vorsatzfrage ihre Funktion, zwischen strafwürdigen und nicht strafwürdigen Sachverhalten zu unterscheiden, im Steuerstrafrecht ganz weitgehend verfehlt. Viele Sachverhalte mit objektiven steuerlichen Fehlern führen nur deshalb nicht zu Strafverfahren, weil die Finanzverwaltung intuitiv und völlig unjuristisch, aber oftmals mit sehr vernünftigen Ergebnissen, ein Versehen auch als solches anerkennt. Wird in einem solchen Fall aber aus Willkür oder Zufall ein Steuerstrafverfahren eingeleitet, geht die Entscheidungszuständigkeit zur BuStra/StraBu über, die auf Grund ihrer strafrechtlichen Fachkenntnis fast immer einen bedingten Vorsatz bejahen kann und bejahen wird. Schließlich hat der 1. Senat des BGH (Urt. v. 8.11.2011, 1 StR 38/11, wistra 2011, 465) die geringen Anforderungen des bedingten Vorsatzes an eine strafrechtliche Verurteilung noch weiter abgebaut, indem bereits die eigenständige Beurteilung der steuerlichen Rechtslage durch den Steuerpflichtigen selbst – ohne Einholung von fachkundigem Rat – als vorsatzbegründend beurteilt wird. Das dem Zeitgeist entsprechende scharfe Instrument des „bedingten Vorsatzes" dürfte der Hauptgrund für den geringen Anteil von Verfahrenseinstellungen und Freisprüchen sein, verglichen mit dem allgemeinen Strafrecht.

Entsprechend anspruchsvoll war es, Stand und Dynamik des Steuerstrafrechts im vorliegenden Werk zu erfassen. Wir haben versucht, den Anforderungen im Rahmen des Möglichen gerecht zu werden, indem wir die Themenbereiche unter 20 Autoren aufgeteilt haben, allesamt Praktiker, die zum einen unserer Kanzlei angehören, zum anderen in renommierten Strafrechtskanzleien, der Strafjustiz, der Finanzgerichtsbarkeit, der Finanzverwaltung oder in anderen Behörden tätig sind. Jeder der Autoren hat seinen Beitrag inhaltlich unabhängig, auf Grundlage seiner eigenen praktischen Erfahrungen und in eigener Verantwortung geschrieben. Wir möchten jedem der Autoren für diesen Kraftakt ganz herzlich danken.

München, im Mai 2013 Die Herausgeber

Vorwort zur 1. Auflage

Die zunehmende Bedeutung des Steuerstrafrechts führt zwangsläufig dazu, daß die Angehörigen der steuer-, wirtschafts- und rechtsberatenden Berufe – das gilt für Steuerberater, Steuerbevollmächtigte, Wirtschaftsprüfer, vereidigte Buchprüfer und Rechtsanwälte gleichermaßen – in ihrer täglichen Praxis häufiger mit Problemen dieser Spezialmaterie konfrontiert werden; sei es, daß dem Mandanten bereits ein strafrechtlicher Vorwurf gemacht wird, er möglicherweise sogar mit einem „Fahndungsverfahren" überzogen wird, sei es daß der Mandant eine Straftat begangen hat, diese aber noch nicht entdeckt ist, sei es, daß er erst eine solche zu begehen droht und der Berater den Gefahren eigener strafrechtlicher Verstrickung begegnen muß.

In dieser Situation wendet sich das Buch an den steuerlichen Berater und den mit Problemen des Steuerstrafrechts nicht so vertrauten Strafverteidiger. Es versteht sich dabei als praktische Beratungshilfe, die

- einen Überblick über die Systematik des Gesetzes, die typischen Besonderheiten des Steuerstrafrechts und die von der Rechtsprechung entwickelten Leitlinien gibt,
- häufig wiederkehrende Verfahrensfehler und Möglichkeiten ihrer Vermeidung erläutert und
- konkret praktische Vorgehens- bzw. Verhaltensweisen im Ermittlungsverfahren aufzeigt.

Im Steuerstrafrecht wird Verteidigerkompetenz – wohl mehr noch als im allgemeinen Strafprozeß – vor allem im Vorverfahren (Ermittlungsverfahren) gefordert. Hier werden die Weichen für die Hauptverhandlung oder die sonstigen Beendigungsmöglichkeiten (Strafbefehl oder Einstellung) gestellt.

Wer in diesem Stadium die Sachlage falsch ein- und die Ermittlungsmöglichkeiten der Steuerfahndung unterschätzt, den Mandanten unzureichend berät und sich möglicherweise selbst unklug gegenüber den Ermittlungsbehörden verhält, begeht gravierende, oft auch in der Hauptverhandlung irreparable Fehler. Deshalb wird gerade das Ermittlungsverfahren ausführlich erörtert. Auf die Darstellung des gerichtlichen Verfahrens wird verzichtet, zumal Steuerberater ohnehin vor Gericht in der Regel alleine kaum auftreten.

Bei allem Bemühen um eine praxisnahe Aufarbeitung des Themas schien es doch notwendig, auch auf die – angesichts der Kompliziertheit der Materie – häufigen Streitfragen des Steuerstrafrechts einzugehen, denn ohne deren Kenntnis ist eine kompetente Beratung und Verteidigung nicht möglich.

Das Steuerstrafrecht verweist in § 369 Abs. 2 AO auf die allgemeinen Gesetze über das Strafrecht. Deren ausführliche Darstellung ist in diesem Rahmen natürlich nicht möglich. Darauf kann nur soweit eingegangen werden, wie dies zum Verständnis des Steuerstrafrechts notwendig ist. Das gleiche gilt für die allgemeinen Grundsätze der Strafprozeßordnung.

Im Anhang sind die „Anweisungen für das Straf- und Bußgeldverfahren (Steuer)" abgedruckt. Es handelt sich dabei weder um formelles noch um materielles Recht, sondern nur um sog. Verwaltungsinterna, die unmittelbare Wirkung nur im Innenbereich der Verwaltung haben als Anordnung der übergeordneten jeweiligen obersten Landesfinanzbehörde an die nachgeordnete Finanzbehörde. Für die Bürger können die Anweisungen keine unmittelbaren Rechte und Pflichten begründen. Sie geben ihm und seinem Berater allerdings Gelegenheit, sich auf die im voraus bekanntgegebene Verwaltungspraxis einzurichten bzw. deren weitere Vorgehensweise vorauszusehen. Der – teilweise kritikbedürftige – Regelungsgehalt der Anweisungen wird an jeweils geeigneter Stelle mitbesprochen.

Das Manuskript wurde im September 1986 abgeschlossen.

Autorenverzeichnis

Jan Andrejtschitsch
Rechtsanwalt, Wannemacher & Partner, München

Steffen Beil
Diplom-Finanzwirt (FH), LL.B., Bundesfinanzdirektion Mitte, Potsdam

Dr. Markus Gotzens
Rechtsanwalt, Fachanwalt für Steuerrecht, Fachanwalt für Strafrecht, Wannemacher & Partner, München

Dr. Andreas Grötsch
Rechtsanwalt, Fachanwalt für Steuerrecht, Steuerberater, Fachberater für Int. Steuerrecht, Wannemacher & Partner, München

Daniel Holenstein
lic. iur., Rechtsanwalt, eidg. dipl. Steuerexperte, FGS Zürich AG, Zürich

Dr. Martin Kemper
Richter am Finanzgericht, München

Kurt Kürzinger
Rechtsanwalt, Wannemacher & Partner, München

Uwe Lehmbruck
Rechtsanwalt, Fachanwalt für Strafrecht, Wannemacher & Partner, München

Erwin Maurer
Regierungsdirektor, Heidelberg

David Nossen
Richter am Landgericht München II, LL.M. Eur., Maîtrise en Droit des affaires, München

Alexander Schreiber
Polizeirat, Landesamt für Ausbildung, Fortbildung und Personalangelegenheiten, NRW

Johann Seipl
Rechtsanwalt, Wannemacher & Partner, München

Dr. Detlef Schmedding
Rechtsanwalt, Fachanwalt für Strafrecht, Steuerberater, Diplom-Finanzwirt (FH), Gillmeister Rode Rechtsanwälte, Freiburg i. Br.

Florian Schmidt
Rechtsanwalt, München

Daniela Walischewski
Rechtsanwältin, Fachanwältin für Strafrecht, Wannemacher & Partner, München

Dr. Leonard Walischewski
Rechtsanwalt, Fachanwalt für Strafrecht, Wannemacher & Partner, München

Prof. Dr. Carsten Wegner
Rechtsanwalt, Fachanwalt für Strafrecht, Krause & Kollegen, Berlin

Dr. Ulrich Wehner
Rechtsanwalt, Fachanwalt für Strafrecht, Buchheim + Partner, Berlin

Michaela Welnhofer-Zeitler
Richterin am Landgericht München II, Diplom-Finanzwirtin (FH), München

Jörg Wiese
Rechtsanwalt, Wannemacher & Partner, München

Inhaltsübersicht

Inhaltsverzeichnis

Seite

Seite

Kapitel IV – Überblick über die sonstigen Steuerstraftaten

Kapitel V – Selbstanzeige (§ 371 AO)

Kapitel IV – Ermittlungsverfahren

Kapitel V – Verhältnis Strafverfahren/Besteuerungsverfahren

Kapitel VI – Verwertungsverbote

Kapitel VII – Entscheidungen über das Ermittlungsverfahren – Erledigungsmöglichkeiten

Literaturverzeichnis[1]

Achenbach/Ransiek	Handbuch Wirtschaftsstrafrecht, Heidelberg 2004
Achenbach/Wannemacher	Beraterhandbuch zum Steuer- und Wirtschaftsstrafrecht, Loseblatt, Herne/Berlin 1997
Baumann/Weber/Mitsch	Strafrecht Allgemeiner Teil, 11. Aufl., Bielefeld 2003
Bail/Schädel/Hutter	Zollrecht der Bundesrepublik Deutschland und der Europäischen Gemeinschaften, Einfuhrumsatzsteuerrecht, Marktordnungsrecht (Kommentar), Loseblatt, Bonn
Beermann/Gosch	Steuerliches Verfahrensrecht AO, FGO, Nebengesetze (Kommentar), Loseblatt, Bonn/Berlin
Bender/Möller/Retemeyer	Das Zoll- und Verbrauchsteuerstrafrecht mit Verfahrensrecht, Loseblatt, Regensburg
Bilsdorfer/Weyand	Die Informationsquellen und -wege der Finanzverwaltung, 6. Aufl., Berlin 2004
Blümich	Einkommensteuergesetz, Körperschaftsteuergesetz, Gewerbesteuergesetz, Kommentar, Loseblatt, München
Blumers/Göggerle	Handbuch des Verteidigers und Beraters im Steuerstrafverfahren, 2. Aufl., Köln 1989
von Briel/Ehlscheid	Steuerstrafrecht, 2. Aufl., Bonn 2001
Bunjes/Geist	Kommentar zum UStG, 10. Aufl., München 2011
Burhoff	Handbuch für das strafrechtliche Ermittlungsverfahren, 5. Aufl., Münster 2009
Burhoff	Handbuch für die strafrechtliche Hauptverhandlung, 6. Aufl., Münster 2009
Dahs	Handbuch des Strafverteidigers, 7. Aufl., Köln 2005
Dörn	Steuerhinterziehung durch Unterlassen, Kieler Schriften zum Strafrecht, Baden-Baden 2001
Dötsch/Jost/Pung/Witt	Die Körperschaftsteuer (Kommentar), Loseblatt, Stuttgart
Dorsch	Zollrecht (Kommentar), Loseblatt, Bonn/Berlin
Ehlers/Lohmeyer	Steuerstrafrecht und Ordnungswidrigkeitenrecht einschl. Verfahrensrecht, 5. Aufl., Stuttgart 1982
Eisenberg	Jugendgerichtsgesetz, 15. Aufl., München 2012
Erbs/Kohlhaas	Strafrechtliche Nebengesetze, Loseblatt, München
Flick/Wassermeyer/Baumhoff	Kommentar zum Außensteuerrecht, Loseblatt, Köln
Flore/Dörn/Gillmeister	Steuerfahndung und Steuerstrafverfahren, 2. Aufl., Neuwied/Kriftel/Berlin 2002

---

1) Spezialschrifttum ist bei den jeweiligen Kapiteln ausgewiesen.

Flore/Tsambikakis	Steuerstrafrecht, Kommentar, 1. Aufl., Köln 2013
Franzen/Gast/Joecks	Steuerstrafrecht, 7. Aufl., München 2009
Fischer	Strafgesetzbuch (Kommentar), 60. Aufl., München 2013
Gehre	Steuerberatungsgesetz (Kommentar), 6. Aufl., München 2009
Göggerle/Müller	Fallkommentar zum Steuerstraf- und Ordnungswidrigkeitenrecht, 2. Aufl., Pfaffenweiler 1987
Göhler	Gesetz über Ordnungswidrigkeiten (Kurzkommentar), 16. Aufl., München 2012
Gosch	Körperschaftsteuergesetz, Kommentar, 2. Aufl., München 2009
Graf/Jäger/Wittig	Wirtschafts- und Steuerstrafrecht, 1. Aufl., München 2011
Gräfe/Lenzen/Schmeer	Steuerberaterhaftung, 4. Aufl., Herne 2006
Grützner/Pötz/Kreß	Internationaler Rechtshilfeverkehr in Strafsachen, Loseblatt, Heidelberg
Hardtke	Steuerhinterziehung durch verdeckte Gewinnausschüttung, Unrichtige Feststellung nach § 47 KStG als Steuervorteilserlangung, Berlin 1995
Hartung	Steuerstrafrecht, Kommentar zu den Bestimmungen des Dritten Teils der Reichsabgabenordnung, 3. Aufl., Berlin/Frankfurt 1962
Herrmann/Heuer/Raupach	Einkommensteuer- und Körperschaftsteuergesetz mit Nebengesetzen (Kommentar), Loseblatt, Köln
Herzog/Mülhausen	Geldwäschebekämpfung und Gewinnabschöpfung, München 2004
Hübschmann/Hepp/Spitaler	Kommentar zur Abgabenordnung und Finanzgerichtsordnung, Loseblatt, Köln
Janssen	Verdeckte Gewinnausschüttungen, 10. Aufl., Herne/Berlin 2010
Janssen	Gewinnabschöpfung im Strafverfahren, Heidelberg 2008
Jescheck/Weigend	Lehrbuch des Strafrechts, Allgemeiner Teil, 5. Aufl., Berlin 1996
Joecks	Praxis des Steuerstrafrechts, Berlin 1998
Kapp/Ebeling	Erbschaftsteuer- und Schenkungsteuergesetz (Kommentar), Loseblatt, Köln
Karlsruher Kommentar	Strafprozeßordnung/Gerichtsverfassungsgesetz, 6. Aufl., München 2008
Karlsruher Kommentar OWiG	Ordnungswidrigkeitengesetz, 3. Aufl., München 2006
Klein	Abgabenordnung (Kommentar), 11. Aufl., München 2012

Koch/Scholtz	Abgabenordnung, 5. Aufl., Köln 1996
Kohlmann	Steuerstrafrecht mit Ordnungswidrigkeitenrecht und Verfahrensrecht (Kommentar), Loseblatt, Köln
Kohlmann	Strafverfolgung und Strafverteidigung im Steuerstrafrecht, Köln 1983
Kühn/v. Wedelstädt	Abgabenordnung (Kommentar), 20. Aufl., Stuttgart 2011
Kuhn/Weigell	Steuerstrafrecht, München 2005
Lackner/Kühl	Strafgesetzbuch (Kommentar), 27. Aufl., München 2011
Lammerding/Hackenbroch	Steuerstrafrecht, 8. Aufl., Achim 2004
Larenz/Canaris	Methodenlehre der Rechtswissenschaft, 6. Aufl., Berlin 1991
Leipziger Kommentar	Strafgesetzbuch, 11. Aufl., Berlin 1996; 12. Aufl., Berlin 2006 ff.
Löwe/Rosenberg	Strafprozeßordnung und Gerichtsverfassungsgesetz mit Nebengesetzen (Kommentar), 26. Aufl., Berlin 2006–2011
Matthes	Rasterfahndung im Steuerstrafverfahren, Hamburg 2006
Maurach/Gössel/Zipf	Strafrecht, Allgemeiner Teil, Teilband 2, 9. Aufl., Heidelberg 2005
Meincke	Erbschaftsteuer- und Schenkungsteuergesetz (Kommentar), 15. Aufl., München 2009
Meyer-Goßner	Strafprozeßordnung (Kommentar), 55. Aufl., München 2012
Moench	Erbschaft- und Schenkungsteuer (Kommentar), Loseblatt, Neuwied/Kriftel
Müller-Gugenberger/Bieneck	Wirtschaftsstrafrecht, 4. Aufl., Köln 2006
Müller/Wabnitz/Janovsky	Wirtschaftskriminalität, 4. Aufl., München 1997
Münchener Kommentar StGB	Strafgesetzbuch, 2. Aufl., München 2011 ff.
Nöhren	Die Hinterziehung von Umsatzsteuer, Hamburg 2005
Palandt	Bürgerliches Gesetzbuch, 71. Aufl., München 2012
Park	Handbuch Durchsuchung und Beschlagnahme, 2. Aufl., München 2009
Quedenfeld/Füllsack	Verteidigung in Steuerstrafsachen, 4. Aufl., Heidelberg 2011
Randt	Der Steuerfahndungsfall, München 2004

Reiß	Besteuerungsverfahren und Strafverfahren, zugleich ein Beitrag zur Bedeutung des Grundsatzes von nemo tenetur se ipsum prodere im Besteuerungsverfahren, Köln 1987
Rolletschke/Kemper	Steuerverfehlungen, Kommentar zum Steuerstrafrecht, Loseblatt, Neuwied/Kriftel
Roxin	Täterschaft und Tatherrschaft, 8. Aufl., Berlin 2006
Rudolphi/Horn/Samson	Systematischer Kommentar zum Strafgesetzbuch, Loseblatt, Neuwied/Kriftel
Schäfer/Sander/van Gemmeren	Praxis der Strafzumessung, 5. Aufl., München 2012
Schaumburg	Internationales Steuerrecht, 3. Aufl., Köln 2011
Schlothauer/Weider	Untersuchungshaft, 4. Aufl., Heidelberg 2010
Schmidt, L.	EStG-Kommentar, 31. Aufl., München 2012
Schmidt-Troje	Die Steuerfahndung, 2. Aufl., Bonn 1997
Schmitz/Tillmann	Das Steuerstrafverfahren, Wiesbaden 1983
Schönke/Schröder	Strafgesetzbuch (Kommentar), 28. Aufl., München 2010
Seer	Verständigung im Steuerverfahren, Köln 1996
Simon/Vogelberg	Steuerstrafrecht, 3. Aufl., Stuttgart 2011
Sölch/Ringleb/List	Umsatzsteuer (Kommentar), Loseblatt, München
Stahl	Selbstanzeige, 3. Aufl., Bonn/Berlin 2011
Streck/Spatscheck	Die Steuerfahndung, 4. Aufl., Köln 2006
Streck	Körperschaftsteuergesetz Kommentar, 7. Aufl., München 2008
Suhr/Naumann/Bilsdorfer	Steuerstrafrecht (Kommentar), 4. Aufl., Herne 1986
Tipke/Kruse	Abgabenordnung/Finanzgerichtsordnung (Kommentar), Loseblatt, Köln
Troll/Gebel/Jülicher	Erbschaftsteuer und Schenkungsteuer (Kommentar), Loseblatt, München
Schomburg/Lagodny/Gleß/Hackner	Internationale Rechtshilfe in Strafsachen (Kommentar), 5. Aufl., München 2012
Vogel/Lehner	Doppelbesteuerungsabkommen (Kommentar), 5. Aufl., München 2008
Vogelberg	Durchsuchung und Beschlagnahme im Steuerrecht, Stuttgart 2010
Wabnitz/Janovsky	Handbuch des Wirtschafts- und Steuerstrafrechts, 3. Aufl., München 2007
Witte	Zollkodex, 5. Aufl., München 2009

Abkürzungsverzeichnis

a.A.	anderer Ansicht
AbfG	Abfallgesetz
AbgDV	Durchführungsverordnung über Ausgleichsabgaben
abl.	ablehnend
ABl.	Amtsblatt
ABl.EG/ABl.EU	Amtsblatt der Europäischen Gemeinschaft/Union
Abs.	Absatz
Abschn.	Abschnitt
Abt.	Abteilung
abw.	abweichend
AbwAG	Abwasserabgabengesetz
AdV	Aussetzung der Vollziehung
a.E.	am Ende
AEAO	Anwendungserlass zur Abgabenordnung
ÄndG	Änderungsgesetz
ÄndV	Änderungsverordnung
a.F.	alte Fassung
AfA	Absetzung für Abnutzung
AG	Aktiengesellschaft; Amtsgericht; Die Aktiengesellschaft *(Zeitschrift)*
AGFGO	Gesetz zur Ausführung der Finanzgerichtsordnung
AgrarR	Agrarrecht
AGVwGO	Gesetz zur Ausführung der Verwaltungsgerichtsordnung
AIG	Gesetz über steuerliche Maßnahmen bei Auslandsinvestitionen der deutschen Wirtschaft, Auslandsinvestmentgesetz
AktG	Aktiengesetz
allg., Allg.	allgemein, Allgemeines
allg.M.	allgemeine Meinung
Alt.	Alternative
a.M.	anderer Meinung
Anh.	Anhang
Anl.	Anlage
Anm.	Anmerkung
AnwBl.	Anwaltsblatt *(Zeitschrift)*
AO	Abgabenordnung
AOÄG	Gesetz zur Änderung der Reichsabgabenordnung und anderer Gesetze
AOAnwG	Gesetz über die Anwendung der Abgabenordnung
AöR	Archiv für öffentliches Recht (*Zeitschrift*)
AO-StB	Der AO Steuerberater *(Zeitschrift)*
AOStrafÄndG	Gesetz zur Änderung strafrechtlicher Vorschriften der Reichsabgabenordnung und anderer Gesetze
ArbGG	Arbeitsgerichtsgesetz
Arg.	Argument
arg.	argumentum
ARHG	Österreichisches Gesetz über die Auslieferung und Rechtshilfe in Strafsachen
Art.	Artikel
ASA	Archiv für schweizerisches Abgabenrecht (*Zeitschrift*)
AStBV	Anweisungen für das Straf- und Bußgeldverfahren (Steuer)
AStG	Außensteuergesetz
AÜG	Arbeitnehmerüberlassungsgesetz

Aufl.	Auflage
ausf.	ausführlich
AuslG	Ausländergesetz
ausschl.	ausschließlich
AVG	Angestelltenversicherungsgesetz
AVVwZG	Allgemeine Verwaltungsvorschriften zum Verwaltungszustellungsgesetz
AWD	Außenwirtschaftsdienst des Betriebs-Beraters *(Zeitschrift)*
AWG	Außenwirtschaftsgesetz
AWRundsch.	Deutsche Außenwirtschafts-Rundschau *(Zeitschrift)*
Az.	Aktenzeichen
AZO	Allgemeine Zollordnung
BAFin	Bundesamt für Finanzdienstleistungsaufsicht
BAG	Bundesarbeitsgericht; Gesetz über Banken und Finanzgerichtschaften Liechtenstein
BankA	Bankarchiv
BAnz.	Bundesanzeiger
BargeldVV	Verwaltungsvorschrift zur Überwachung des grenzüberschreitenden Bargeldverkehrs
BaWü	Baden-Württemberg
Bay	Bayern, bayerisch
BayBG	Bayerisches Beamtengesetz
BayFMBl.	Bayerisches Finanzministerialblatt
BayObLG	Bayerisches Oberstes Landesgericht
BayObLGSt	Entscheidungen des Bayerischen Obersten Landesgerichts in Strafsachen
BayVBl.	Bayerisches Verwaltungsblatt
BayVwVfG	Bayerisches Verwaltungsverfahrensgesetz
Bbg.	Brandenburg, brandenburgisch
BB	Betriebs-Berater *(Zeitschrift)*
BBG	Bundesbeamtengesetz
Bd.	Band
BdF	Bundesminister der Finanzen
BDSG	Bundesdatenschutzgesetz
BefSt	Beförderungssteuer
BefStDV	Beförderungssteuerdurchführungsverordnung
BefStG	Beförderungssteuergesetz
Begr.	Begründung
Beil.	Beilage
BeitrO	Beitreibungsordnung
Bek.	Bekanntmachung
Bem.	Bemerkung
ber.	Bereinigt, berichtigt
BergPG	Gesetz über Bergmannsprämien
BerlinFG	Berlinförderungsgesetz
Beschl.	Beschluss
Bespr.	Besprechung
betr.	betreffend, betrifft
BewG	Bewertungsgesetz
BfF	Bundesamt für Finanzen
BFH	Bundesfinanzhof
BFHE	Amtliche Sammlung von Entscheidungen des Bundesfinanzhofs
BFHEntlG	Gesetz zur Entlastung des Bundesfinanzhofs
BFHG	Gesetz über den Bundesfinanzhof
BFH/NV	Sammlung amtlich nicht veröffentlichter Entscheidungen des Bundesfinanzhofs

BGB	Bürgerliches Gesetzbuch
BGBl.	Bundesgesetzblatt
BGH	Bundesgerichtshof
BGHR	BGH-Rechtsprechung (Entscheidungssammlung)
BGHSt	Amtliche Sammlung von Entscheidungen des Bundesgerichtshofs in Strafsachen
BGHZ	Amtliche Sammlung von Entscheidungen des Bundesgerichtshofs in Zivilsachen
BHG	Berlinhilfegesetz
BHO	Bundeshaushaltsordnung
BierSt	Biersteuer
BierStG	Biersteuergesetz
BillBG	Gesetz zur Bekämpfung der illegalen Beschäftigung
BJagdG	Bundesjagdgesetz
BKA	Bundeskriminalamt
BKGG	Bundeskindergeldgesetz
Bl.	Blatt
BlStA	Blätter für Steuerrecht, Sozialversicherung und Arbeitsrecht *(Zeitschrift)*
BMF	Bundesministerium der Finanzen
BMJ	Bundesministerium der Justiz
BNatschG	Bundesnaturschutzgesetz
BNotO	Bundesnotarordnung
Bp.	Betriebsprüfung, Betriebsprüfer
BpO	Betriebsprüfungsordnung (Steuer)
BR	Bundesrat
BRAGO	Gebührenordnung für Rechtsanwälte
BranntwMonG	Gesetz über das Branntweinmonopol
BRAO	Bundesrechtsanwaltsordnung
BR-Drucks.	Drucksachen des Deutschen Bundesrates
BReg	Bundesregierung
Brem.	Bremen, bremisch
BRRG	Beamtenrechtsrahmengesetz
BrStV	Branntweinsteuerverordnung
Bsp.	Beispiel
bspw.	beispielsweise
BStBl	Bundessteuerblatt
BT	Bundestag, Besonderer Teil
BT-Drucks.	Drucksachen des Deutschen Bundestages
BtMG	Betäubungsmittelgesetz
Buchst.	Buchstabe
BuStra/StraBu	Bußgeld- und Strafsachenstelle
BVerfG	Bundesverfassungsgericht
BVerfGE	Amtliche Sammlung von Entscheidungen des Bundesverfassungsgerichts
BVerfGG	Gesetz über das Bundesverfassungsgericht
BVerwG	Bundesverwaltungsgericht
BVerwGE	Amtliche Sammlung von Entscheidungen des Bundesverwaltungsgerichts
BVG	Bundesversorgungsgesetz
BWG	Bankwesengesetz
BZBl.	Bundeszollblatt
bzgl.	bezüglich
BZRG	Bundeszentralregistergesetz
BZSt	Bundeszentralamt für Steuern

bzw.	beziehungsweise
CpD	Konto pro Diverse
CR	Computer und Recht *(Zeitschrift)*
DA Fam BuStra	Dienstanweisung zur Durchführung von Steuerstraf- und Ordnungswidrigkeitenverfahren im Zusammenhang mit dem steuerlichen Familienleistungsausgleich nach dem X. Abschnitt des EStG
DAG	Deutsches Auslieferungsgesetz
DAP	Dienstweisung für den Postbetrieb
DATEV	Datenverarbeitungsorganisation des steuerberatenden Berufes in der Bundesrepublik Deutschland e.G.
DAV	Deutscher Anwaltsverein
DB	Der Betrieb *(Zeitschrift)*
DBA	Doppelbesteuerungsabkommen
DDZ	Der Deutsche Zollbeamte *(Zeitschrift)*
DepotG	Depotgesetz
ders.	derselbe
DGStZ	Deutsche Gemeindesteuerzeitung
DGVZ	Deutsche Gerichtsvollzieher-Zeitung
d.h.	das heißt
dies.	dieselbe, dieselben
Diss.	Dissertation
DJ	Deutsche Justiz *(Zeitschrift)*
DJZ	Deutsche Juristenzeitung *(Zeitschrift)*
DOK	Die Ortskrankenkasse *(Zeitschrift)*
DR	Deutsches Recht *(Zeitschrift)*
DRiG	Deutsches Richtergesetz
DrittSch	Drittschuldner
DRiZ	Deutsche Richter-Zeitung *(Zeitschrift)*
DStBl	Deutsches Steuerblatt *(Zeitschrift)*
DStJG	Deutsche Steuerjuristische Gesellschaft
DStR	Deutsche Steuerrundschau; ab 1962: Deutsches Steuerrecht *(Zeitschrift)*
DStZ	Deutsche Steuerzeitung *(Zeitschrift)*
DStZ/A	Deutsche Steuerzeitung Ausgabe A *(Zeitschrift)*
DStZ/E	Deutsche Steuerzeitung Eildienst *(Zeitschrift)*
DV / DVO	Durchführungsverordnung
DVBl.	Deutsches Verwaltungsblatt *(Zeitschrift)*
DVR	Deutsche Verkehrsteuer-Rundschau *(Zeitschrift)*
DVStBerG	Verordnung zur Durchführung des Steuerberatungsgesetzes
EBE	Eildienst Bundesgerichtliche Entscheidungen
EDV	Elektronische Datenverarbeitung
EFG	Entscheidungen der Finanzgerichte *(Zeitschrift)*
EFTA	Europäische Freihandelszone (European Free Trade Association)
EF-VO	Einreise-Freimengen-Verordnung
EG	Einführungsgesetz, Europäische Gemeinschaft
EGAHiG	EG-Amtshilfegesetz
EGAO	Einführungsgesetz zur Abgabenordnung
EGBGB	Einführungsgesetz zum Bürgerlichen Gesetzbuch
EGGVG	Einführungsgesetz zum Gerichtsverfassungsgesetz
EGHGB	Einführungsgesetz zum Handelsgesetzbuch
EGKS	Europäische Gemeinschaft für Kohle und Stahl
EGMR	Entscheidungen des Europäischen Gerichtshofs für Menschenrechte, Europäischer Gerichtshof für Menschendrechte

EGOWiG	Einführungsgesetz zum Gesetz über Ordnungswidrigkeiten
EGStGB	Einführungsgesetz zum Strafgesetzbuch
EGV	EG-Vertrag
EigZulG	Eigenheimzulagengesetz
Einf.	Einführung
EinfErl	Einführungserlass
EinfG	Einführungsgesetz
eingef.	eingefügt
Einl.	Einleitung
einschl.	einschließlich
einstw.	Einstweilig
EK	Eigenkapital
EMRK	(Europ.) Konvention zum Schutze der Menschenrechte und Grundfreiheiten
EntlG	Entlastungsgesetz
entspr.	entsprechend
ErbSt	Erbschaftsteuer
ErbStDV	Erbschaftsteuer-Durchführungsverordnung
ErbStG	Erbschaftsteuergesetz
ErgAbgG	Ergänzungsabgabengesetz
Erg.	Ergänzung
Erg.-Lfg.	Ergänzungslieferung
Erl.	Erlass, Erläuterungen
ESt	Einkommensteuer
EStDV	Einkommensteuer-Durchführungsverordnung
EStG	Einkommensteuergesetz
EStR	Einkommensteuerrichtlinien
etc.	et cetera
EU	Europäische Union
EuAlÜbk	Europäisches Auslieferungsübereinkommen
EuGH	Europäischer Gerichtshof
EuGHE	Entscheidungen des Europäischen Gerichtshofs
EuGrZ	Europäische Grundrechte-Zeitschrift
EuR	Europarecht
EuRhÜbk	Europäisches Übereinkommen über die Rechtshilfe in Strafsachen
EUSt	Einfuhrumsatzsteuer
EU-Übk vereinf. Alverf.	Übereinkommen über das vereinfachte Auslieferungsverfahren zwischen den Mitgliedstaaten der Europäischen Union
evtl.	eventuell
eV	eidesstattliche Versicherung
e.V.	eingetragener Verein
EVG	Ernährungsvorsorgegesetz
evtl.	eventuell
EW	Einheitswert
EWG	Europäische Wirtschaftsgemeinschaft
EWGV	Vertrag zur Gründung der Europäischen Wirtschaftsgemeinschaft
EWR	Europäischer Wirtschaftsraum
f./ff.	folgende, fortfolgende
FA	Finanzamt, Fachanwalt
FAG	Finanzausgleichsgesetz; Gesetz über Fernmeldeanlagen
FAGO	Geschäftsordnung für die Finanzämter
FeuerschStG	Feuerschutzsteuergesetz
FG	Finanzgericht

FGG	Gesetz über Angelegenheiten der freiwilligen Gerichtsbarkeit
FGO	Finanzgerichtsordnung
FlHG	Fleischhygienegesetz
FinArch.	Finanzarchiv *(Zeitschrift)*
FinBeh	Finanzbehörde
FinMin	Finanzministerium
FinVerw	Finanzverwaltung
FMBl.	Finanzministerblatt
Fn.	Fußnote
FörderGG	Fördergebietsgesetz
FR	Finanz-Rundschau *(Zeitschrift)*
FS	Festschrift
FuSt	Finanzen und Steuern *(Zeitschrift)*
FVG	Finanzverwaltungsgesetz
GA	Goltdammers Archiv für Strafrecht *(Zeitschrift)*
GastG	Gastgesetz
GastO	Gastordnung
GAufzV	Gewinnaufzeichnungsabgrenzungsverordnung
GbR	Gesellschaft bürgerlichen Rechts
GebO	Gebührenordnung
gem.	gemäß
GemSoGB	Gemeinsamer Senat der obersten Gerichtshöfe des Bundes
GewO	Gewerbeordnung
GewSt	Gewerbesteuer
GewStDV	Gewerbesteuer-Durchführungsverordnung
GewStG	Gewerbesteuergesetz
GewStR	Gewerbesteuerrichtlinien
GG	Grundgesetz
ggf.	gegebenenfalls
GKG	Gerichtskostengesetz
gl.A.	gleicher Ansicht
gl.M.	gleicher Meinung
GmbH	Gesellschaft mit beschränkter Haftung
GmbHG	Gesetz betr. D. Gesellschaften mit beschränkter Haftung
GmbHR	Rundschau für GmbH *(Zeitschrift)*
GmS-OGB	Gemeinsamer Senat der obersten Gerichtshöfe des Bundes
GoB	Grundsatz (Grundsätze) ordnungsmäßiger Buchführung
GO-BVerfG	Geschäftsordnung des Bundesverfassungsgerichts
grds.	grundsätzlich
GrESt	Grunderwerbsteuer
GrEStG	Grunderwerbsteuergesetz
GrS	Großer Senat
GrSt	Grundsteuer
GrStG	Grundsteuergesetz
GSB	Gesetz über die Sicherung der Bauforderungen v. 1.6.1909
GStB	Gestaltende Steuerberatung *(Zeitschrift)*
GüKG	Güterkraftverkehrsgesetz
GuV	Gewinn- und Verlustrechnung
GVBl.	Gesetz- und Verordnungsblatt
GVG	Gerichtsverfassungsgesetz
GWG	Geldwäschegesetz
GZT	gemeinsamer Zolltarif
GZTVO	Verordnung über den gemeinsamen Zolltarif
h.A.	herrschende Ansicht
HaftpflG	Haftpflichtgesetz

HAGO	Geschäftsordnung für die Hauptzollämter
Halbs.	Halbsatz
HandwerksO	Handwerksordnung
Hdb.	Handbuch
HeizölkennzV	Heizölkennzeichnungsverordnung
Hess.	Hessen, hessisch
HFR	Höchstrichterliche Finanzrechtsprechung *(Zeitschrift)*
HGB	Handelsgesetzbuch
H/H/R	Hermann/Heuer/Raupach
H/H/Sp	Hübschmann/Hepp/Spitaler
HintO	Hinterlegungsordnung
h.L.	herrschende Lehre
h.M.	herrschende Meinung
HRR	Höchstrichterliche Rechtsprechung *(Zeitschrift)*
Hrsg.	Herausgeber
HZA (HZÄ)	Hauptzollamt (Hauptzollämter)
HZAZuStVO	Verordnung über die Übertragung von Zuständigkeiten auf Hauptzollämter für den Bereich mehrerer Hauptzollämter
i.d.F.	in der Fassung
i.d.R.	in der Regel
i.d.S.	in diesem Sinne
IDW	Institut der Wirtschaftsprüfer
i.E.	im Einzelnen, im Ergebnis
i.e.	id est
i.e.S.	im engeren Sinne
IHK	Industrie- und Handelskammer
IHKG	Gesetz über die Industrie- und Handelskammern
i.H.v.	in Höhe von
i.L.	in Liquidation
INF	Die Information über Steuer und Wirtschaft *(Zeitschrift)*
InfAuslR	Informationsbrief Ausländerrecht
inkl.	inklusive
InvZulG	Investitionszulagengesetz
insbes.	insbesondere
InsO	Insolvenzordnung
InvHG	Investitionshilfegesetz
InvStG	Investmentsteuergesetz
InvZulG	Investitionszulagengesetz
IRG	Internationales Rechtshilfegesetz
IRSG	Schweizer Bundesgesetz über internationales Rechtshilfe in Strafsachen
i.S.	im Sinne
i.S.d.	im Sinne des
IStR	Internationales Steuerrecht (*Zeitschrift*)
i.S.v.	im Sinne von
i.V.m.	in Verbindung mit
IWB	Internationale Wirtschafts-Briefe (*Zeitschrift*)
i.w.S.	im weiteren Sinne
IZA	Informationszentrale Ausland
IZ-Steufa	Informationszentrale für den Steuerfahndungsdienst beim Bundesamt für Finanzen
JAV	Verordnung über den Lohnsteuerjahresausgleich
JB	Juristisches Büro (*Zeitschrift*)
JBeitrO	Justizbeitreibungsordnung
JbFSt	Jahrbuch der Fachanwälte für Steuerrecht

JFG	Jahrbuch für Entscheidungen in Angelegenheiten der freiwilligen Gerichtsbarkeit
Jg(e).	Jahrgang (Jahrgänge)
JGG	Jugendgerichtsgesetz
JMBl.	Justizministerialblatt
JR	Juristische Rundschau *(Zeitschrift)*
JStG	Jahressteuergesetz
JuS	Juristische Schulung *(Zeitschrift)*
JVBl.	Justizverwaltungsblatt *(Zeitschrift)*
JW	Juristische Wochenschrift *(Zeitschrift)*
JZ	Juristenzeitung *(Zeitschrift)*
KaffeeStG	Kaffeesteuergesetz
KAG	Kommunalabgabengesetz
KAG NW	Kommunalabgabengesetz Nordrhein-Westfalen
Kap.	Kapitel
KapErtrSt	Kapitalertragsteuer
KapErtrStDV	Verordnung zur Durchführung des Steuerabzugs vom Kapitalertrag
KF-VO	Verordnung über die Eingangsabgabenfreiheit von Waren in Kleinsendungen nicht kommerzieller Art
Kfz	Kraftfahrzeug
KfzSt	Kraftfahrzeugsteuer
KfzStG	Kraftfahrzeugsteuergesetz
KG	Kammergericht; Kommanditgesellschaft
KGaA	Kommanditgesellschaft auf Aktien
KGJ	Jahrbuch der Entscheidungen des Kammergerichts
KiSt	Kirchensteuer
KiStG	Kirchensteuergesetz
Kj.	Kalenderjahr
KiStRG	Kirchensteuerrahmengesetz
KlBV	Kleinbetragsverordnung
KontrollG	Kontrollgesetz
Kom.	Kommentar
KÖSDI	Kölner Steuerdialog *(Zeitschrift)*
KostO	Kostenordnung
KraftSt	Kraftfahrzeugsteuer
KraftStDV	Kraftfahrzeugsteuer-Durchführungsverordnung
KraftStG	Kraftfahrzeugsteuergesetz
KriegswaffenG	Kriegswaffengesetz
krit.	kritisch
KritJ	Kritische Justiz *(Zeitschrift)*
KSt	Körperschaftsteuer
KStDV	Körperschaftsteuer-Durchführungsverordnung
KStG	Körperschaftsteuergesetz
KStZ	Kommunale Steuer-Zeitung *(Zeitschrift)*
KV	Kostenverzeichnis
KVStDV	Kapitalverkehrsteuer-Durchführungsverordnung
KVStG	Kapitalverkehrsteuergesetz
KWG	Kommunalwahlgesetz/Kreditwesengesetz
LA	Lastenausgleich
LandwBuchfVO	Verordnung über landwirtschaftliche Buchführung
Leits.	Leitsatz
LFA	Landesfinanzamt
Lfg.	Lieferung
LG	Landgericht

lit.	litera = Buchstabe
LK	Leipziger Kommentar
LM	Nachschlagewerk des Bundesgerichtshofs von Lindenmaier/ Möhring
LMBG	Lebensmittel- und Bedarfsgegenständegesetz
Losebl.	Loseblattsammlung
LPartG	Gesetz über eingetragene Lebenspartnerschaft
LRiG	Landes-Richtergesetz
LSG	Landessozialgericht
LSt	Lohnsteuer
LStDV	Lohnsteuer-Durchführungsverordnung
LStHDV	Verordnung zur Durchführung der Vorschriften über die Lohnsteuerhilfevereine
LStR	Lohnsteuerrichtlinien
LSW	Lexikon des Steuer- und Wirtschaftsrechts
lt.	laut
LuftVG	Luftverkehrsgesetz
LuftVZO	Luftverkehrs-Zulassungs-Ordnung
LVerwG	Landesverwaltungsgesetz
LVO	Landesverordnung
LZ	Leipziger Zeitschrift für Deutsches Recht *(Zeitschrift)*
MaBV	Makler- und Bauträgerverordnung
m.a.W.	mit anderen Worten
MarkenG	Markengesetz
MDR	Monatsschrift für Deutsches Recht *(Zeitschrift)*
m.E.	meines Erachtens
m.H.a.	mit Hinweis auf
MinBl.	Ministerblatt
MinÖlSt	Mineralölsteuer
MinÖlStDV	Mineralölsteuer-Durchführungsverordnung
MinÖlStG	Mineralölsteuergesetz
Mio.	Million
MiStra	Mitteilungen in Strafsachen
MMR	Zeitschrift für Informations-, Telekommunikations- und Medienrecht
MOG	Gesetz zur Durchführung der gemeinsamen Marktorganisationen
Mrd.	Milliarde
MRK	Konvention zum Schutze der Menschenrechte und Grundfreiheiten
MRVO	Militärregierungs-Verordnung
M.-V.	Mecklenburg-Vorpommern
m.w.N. (H.)	mit weiteren Nachweisen (Hinweisen)
MwSt	Mehrwertsteuer
Nachw.	Nachweis(e)
NatoZAbK	Nato-Zusatzabkommen
Nds.	Niedersachsen, niedersächsisch
n.F.	neue(r) Fassung; neue(r) Folge
NKAG	Niedersächsisches Kommunalabgabengesetz
NJW	Neue Juristische Wochenschrift *(Zeitschrift)*
NJW-Sp	NJW Spezial *(Zeitschrift)*
Nr.	Nummer
n.rkr.	nicht rechtskräftig
NRW	Nordrhein-Westfalen
NStZ	Neue Zeitschrift für Strafrecht

NStZ-RR	NStZ-Rechtssprechungs-Report-Strafrecht *(Zeitschrift)*
n.v.	nicht veröffentlicht
NV-Verf.	Nichtveranlagungsverfügung
NVwZ	Neue Zeitschrift für Verwaltungsrecht
NvWZ-RR	Neue Zeitschrift für Verwaltungsrecht, Rechtsprechungs-Report
NWB	Neue Wirtschafts-Briefe *(Zeitschrift)*
NZB	Nichtzulassungsbeschwerde
o.a.	oben angeführt
o.Ä./ o.ä.	oder Ähnliche(s), oder ähnliche(s)
OECD	Organisation for Economic Cooperation and Development
OFD	Oberfinanzdirektion
oGA	ordentliche Gewinnausschüttung
OHG	offene Handelsgesellschaft
OLG	Oberlandesgericht
OrgKG	Gesetz zur Bekämpfung des illegalen Rauschgifthandels und anderer Erscheinungsformen der organisierten Kriminalität
öst., Öst.	Österreich, österreichisch
o.V.	ohne Verfasser
OVG	Oberverwaltungsgericht
OWiG	Gesetz über Ordnungswidrigkeiten
PAuswG	Personalausweisgesetz
PaßG	Gesetz über das Passwesen
PBefG	Personenbeförderungsgesetz
PflSchG	Pflanzenschutzgesetz
phG	persönlich haftender Gesellschafter
PKH	Prozesskostenhilfe
PKHG	Gesetz über die Prozesskostenhilfe
ppa.	per procura
Prot.	Protokoll
PStR	Praxis Steuerstrafrecht *(Zeitschrift)*
ProstituiertenG	Prostituiertengesetz
PublG	Publizitätsgesetz
PZU	Postzustellungsurkunde
RA (RAe)	Rechtsanwalt (Rechtsanwälte)
RAO	Reichsabgabenordnung
RBerG	Rechtsberatungsgesetz
RbSt	Rechtsbehelfsstelle
RdF	Reichsminister der Finanzen
RDStO	Reichsdienststrafordnung v. 26.1.1937
RegE	Regierungsentwurf
RennwLottAB	Ausführungsbestimmungen zum Rennwett- und Lotteriegesetz
RennwLottG	Rennwett- und Lotteriegesetz
Rev.	Revision
RFH	Reichsfinanzhof
RFHE	Amtliche Sammlung von Entscheidungen des Reichsfinanzhofs
RFinBl.	Amtsblatt der Reichsfinanzverwaltung
RG	Reichsgericht
RGBl.	Reichsgesetzblatt
RGSt	Amtliche Sammlung von Entscheidungen des Reichsgerichts in Strafsachen
RGZ	Entscheidungen des Reichsgerichtshofs in Zivilsachen
Rh.-Pf.	Rheinland-Pfalz
Richtl.	Richtlinien
RiG	Richtergesetz
RiStBV	Richtlinien für das Straf- und Bußgeldverfahren

RiVASt	Richtlinien für den Verkehr mit dem Ausland in strafrechtlichen Angelegenheiten
RiW/AWD	Recht der internationalen Wirtschaft/Außenwirtschaftsdienst des Betriebs-Beraters *(Zeitschrift)*
rkr.	rechtskräftig
RMBl.	Reichsministerialblatt
RPfleger	Der Deutsche Rechtspfleger *(Zeitschrift)*
RpflEntlG	Rechtspflegeentlastungsgesetz
RPflG	Rechtspflegergesetz
Rspr.	Rechtsprechung
RStBl	Reichssteuerblatt
RVerwBl.	Reichsverwaltungsblatt
RVO	Rechtsverordnung; Reichsversicherungsordnung
Rz.	Randziffer(n)
RZBl.	Reichszollblatt
s.	siehe
S.	Seite
Sa.-Anh.	Sachsen-Anhalt
Saarl.	Saarland, saarländisch
SalzStG	Salzsteuergesetz
SchaumwStG	Gesetz zur Besteuerung von Schaumwein und Zwischenerzeugnissen
SchaumwStV	Verordnung zur Durchführung des Gesetzes zur Besteuerung von Schaumwein und Zwischenerzeugnissen
ScheckG	Scheckgesetz
SchenkSt	Schenkungsteuer
SchfG	Schornsteinfegergesetz
Schlesw.-Holst.	Schleswig-Holstein, schleswig-holsteinisch
Sen.	Senat
SGB	Sozialgesetzbuch
SigG	Signaturgesetz
SigV	Signaturverordnung
SJZ	Süddeutsche Juristenzeitung
Slg.	Sammlung
s.o.	siehe oben
sog.	so genannte
SolZ	Solidaritätszuschlagsgesetz
SortG	Sortengesetz
Sp.	Spalte
SparPDV	Durchführungsverordnung zum Sparprämiengesetz
SparPG	Sparprämiengesetz
SpielkStG	Spielkartensteuergesetz
st.	ständig
StA	Staatsanwaltschaft, Staatsanwalt
StahlInvZulG	Stahlinvestitionszulagengesetz
StÄndG	Steueränderungsgesetz
StAnpG	Steueranpassungsgesetz
StB	Steuerberater, Der Steuerberater *(Zeitschrift)*
StBerG	Steuerberatungsgesetz
StBev	Steuerbevollmächtigter
Stbg	Die Steuerberatung *(Zeitschrift)*
StBGebVO	Steuerberatergebührenverordnung
StbJb	Steuerberater-Jahrbuch
StbKongrRep.	Steuerberaterkongress-Report
StBp	Die steuerliche Betriebsprüfung *(Zeitschrift)*

StEK	Steuererlasse in Karteiform
Steufa	Steuerfahndung
StF	Steuern und Finanzen *(Zeitschrift)*
StG	Steuergesetz
StGB	Strafgesetzbuch
StKRep	Steuerkongressreport
StLex	Das Steuer-Lexikon
Stpfl.	Steuerpflichtiger
StPO	Strafprozessordnung
StQ	Die Quintessenz des steuerlichen Schrifttums *(Zeitschrift)*
str.	streitig
StR	Strafrecht
StraBEG	Strafbefreiungserklärungsgesetz
StraBu/BuStra	Straf- und Bußgeldsachenstelle
StraFo	Strafverteidiger Forum *(Zeitschrift)*
StRÄndG	Strafrechtsänderungsgesetz
StRefG	Steuerreformgesetz
StrEG	Gesetz über die Entschädigung für Strafverfolgungsmaßnahmen
StRG	Strafrechtsreformgesetz
StRK	Steuerrechtsprechung in Karteiform
st.Rspr.	ständige Rechtsprechung
StSäumnG	Steuersäumnisgesetz
StSäumnVO	Steuersäumnisverordnung
StuW	Steuer und Wirtschaft *(Zeitschrift)*
StV	Strafverteidiger *(Zeitschrift)*
STVÄG	Strafverfahrensänderungsgesetz
STVBG	Steuerverkürzungsbekämpfungsgesetz
StVj	Steuerliche Vierteljahreszeitschrift
StZBl.	Steuer- und Zollblatt
s.u.	siehe unten
subj.	subjektiv
SubvG	Subventionsgesetz
SüßstG	Süßstoffsteuergesetz
SZ	Säumniszuschlag
Tab.	Tabelle
TabStDV	Tabaksteuer-Durchführungsverordnung
TabStG	Tabaksteuergesetz
TabStV	Tabaksteuerverordnung
TDSV	Telekommunikations-Datenschutzverordnung
TeeStG	Teesteuergesetz
Thür. / thür.	Thüringen, thüringerisch
TKG	Textilkennzeichnungsgesetz
TSchG	Tierschutzgesetz
u.	und
u.a.	unter anderem
u.Ä.	und Ähnliche(s)
u.E.	unseres Erachtens
Überbl.	Überblick
U-Haft	Untersuchungshaft
u.H.a.	unter Hinweis auf
unr.	unrichtig
UStBG	Umsatzsteuer-Binnenmarktgesetz
UR	Umsatzsteuer-Rundschau *(Zeitschrift)*
urspr.	ursprünglich
Urt.	Urteil

USt	Umsatzsteuer
UStDV	Umsatzsteuer-Durchführungsverordnung
UStG	Umsatzsteuergesetz
UStR	Umsatzsteuerrichtlinien
UStVBG	Umsatzsteuerverkürzungsbekämpfungsgesetz
usw.	und so weiter
u.U.	unter Umständen
UVR	Umsatz- und Verkehrsteuer-Recht *(Zeitschrift)*
UWG	Gesetz gegen den unlauteren Wettbewerb
v.	vom
VA	Verwaltungsakt
vE	verdeckte Einlage
vEK	verwendbares Eigenkapital
VerbrStBMG	Verbrauchsteuer-Binnenmarktgesetz
Verf.	Verfasser
VerfGH	Verfassungsgerichtshof
Verh.	Verhandlung
VermBG	Gesetz zur Förderung der Vermögensbildung der Arbeitnehmer (Vermögensbildungsgesetz)
VersStDV	Versicherungssteuer-Durchführungsverordnung
VersStG	Versicherungssteuergesetz
veröff.	veröffentlicht
Verw.	Verwaltung
VerwArch.	Verwaltungsarchiv *(Zeitschrift)*
Verz.	Verzeichnis
Vfg.	Verfügung
VfGH	Verfassungsgerichtshof
VG	Verwaltungsgericht
vGA	verdeckte Gewinnausschüttung
VGFGEntLG	Gesetz zur Entlastung der Gerichte in der Verwaltungs- und Finanzgerichtsbarkeit
VGH	Verfassungsgerichtshof/Verwaltungsgerichtshof
vgl.	vergleiche
VJSchrStuFR	Vierteljahresschrift für Steuer- und Finanzrecht *(Zeitschrift)*
VO	Verordnung
VollstrA	Vollstreckungsanweisung – Allgemeine Verwaltungsvorschrift über die Durchführung der Vollstreckung nach der Abgabenordnung
VollzA	Vollziehungsanweisung – Allgemeine Verwaltungsvorschrift für Vollziehungsbeamte der Finanzverwaltung
Vorauﬂ.	Vorauflage
Vorbem.	Vorbemerkung
vorl.	vorläufig
VOStSäumnG	Durchführungsverordnung zum Steuersäumnisgesetz
VR	Verwaltungs-Rundschau *(Zeitschrift)*
VSF	Vorschriftensammlung der Bundesfinanzverwaltung
VSt	Vermögensteuer
VStG	Vermögensteuergesetz
VStR	Vermögensteuerrichtlinien
v.T.	vom Tausend
VuV	Vermietung und Verpachtung
VV	Verwaltungsvorschrift
VwGO	Verwaltungsgerichtsordnung
VwVfG	Verwaltungsverfahrensgesetz
VwVG	Verwaltungsvollstreckungsgesetz

VwZG	Verwaltungszustellungsgesetz
VZ	Veranlagungszeitraum
VZTA	verbindliche Zolltarifauskunft
WaffG (WaffenG)	Waffengesetz
WertZO	Verordnung zur Durchführung des Art. II des Zolltarifgesetzes (Wertzollordnung)
WEVO	Verordnung über die Führung eines Wareneingangsbuches
WIB wistra	Wirtschaftsrechtliche Beratung *(Zeitschrift)* Zeitschrift für Wirtschaft, Steuer, Strafrecht
wistra	Zeitschrift für Wirtschaft, Steuer, Strafrecht
WM	Wertpapier-Mitteilungen *(Zeitschrift)*
WoP	Wohnungsbauprämie
WoPG	Wohnungsbauprämiengesetz
WPg	Die Wirtschaftsprüfung *(Zeitschrift)*
WPO	Wirtschaftsprüferordnung
WRV	Weimarer Reichsverfassung
WStDV	Wechselsteuer-Durchführungsverordnung
WStG	Wechselsteuergesetz
WÜD	Wiener Übereinkommen über diplomatische Beziehungen
WÜK	Wiener Übereinkommen über konsularische Beziehungen
WiKG	Gesetz zur Bekämpfung der Wirtschaftskriminalität
ZA/ZÄ	Zollamt/Zollämter
ZASt	Zinsabschlagsteuer
z.B.	zum Beispiel
ZFA/ZFÄ	Zollfahndungsamt/Zollfahndungsämter
ZFdG	Zollfahndungsdienstgesetz
ZFN	Zentrale Fahndungsnachrichten *(Zeitschrift)*
ZFnrG	Zollfahndungsneuregelungsgesetz
ZfZ	Zeitschrift für Zölle und Verbrauchsteuern
ZG	Zollgesetz
Ziff.	Ziffer
ZInsO	Zeitschrift für das gesamte Insolvenzrecht
ZIP	Zeitschrift für Wirtschaftsrecht
zit.	zitiert
ZK	Zollkodex
ZKA	Zollkriminalamt
ZKDVO	Zollkodex-Durchführungsverordnung
ZKostV	Zollkostenverordnung
ZollbefrVO	Zollbefreiungs-Verordnung
ZollDA	Zolldienstanweisung
ZollV	Zollverordnung
ZollG	Zollgesetz
ZollVG	Zollverwaltungsgesetz
ZPO	Zivilprozessordnung
ZRFG	Gesetz zur Förderung des Zonenrandgebietes
ZRP	Zeitschrift für Rechtspolitik
ZSEG	Gesetz über die Entschädigung von Zeugen und Sachverständigen
ZStW	Zeitschrift für die gesamte Strafrechtswissenschaft
z.T.	zum Teil
ZTG	Zolltarifgesetz
ZuckStBefVO	Zuckersteuerbefreiungsverordnung
ZuckStG	Zuckersteuergesetz
ZündwMonG	Zündwarenmonopolgesetz
ZündwStG	Zündwarensteuergesetz

zust.	zustimmend
zutr.	zutreffend
zvE	zu versteuerndes Einkommen
ZVG	Gesetz über Zwangsversteigerung und Zwangsverwaltung
ZWVO	Zollwertverordnung
zz.	zurzeit

ERSTER TEIL
Steuerstraftaten

KAPITEL I
Einführung

A. Steuerstraftaten – Überblick über die Tatbestände

Schrifttum

Dörn, Fragen des Steuerstraf- und Steuerordnungswidrigkeitsrechts bei Beauftragung eines Steuerberaters, DStR 1993, 478; **Dörn**, Verfolgung von Subventionsbetrug (§ 264 StGB) durch die Finanzbehörden, DStZ 1995, 164; **Streck/Spatscheck**, Investitionszulage und Subventionsbetrug, Beihefter DStR 1997, Heft 34.

1 Die zentralen gesetzlichen Regelungen des Steuerstrafrechtes sind in den §§ 369 bis 412 AO normiert. Vorschriften zum materiellen Steuerstrafrecht finden sich darüber hinaus in einer Anzahl weiterer Einzelsteuergesetze sowie in Kommunalabgaben- und Kirchensteuergesetzen.

Nach der Definition in § 369 Abs. 1 Nr. 1 bis 4 AO sind **Steuerstraftaten:**

- Taten, die nach den Steuergesetzen strafbar sind (Nr. 1);
- der Bannbruch (Nr. 2);
- die Wertzeichenfälschung und deren Verbreitung, soweit die Tat Steuerzeichen betrifft (Nr. 3);
- die Begünstigung einer Person, die eine Tat nach Nr. 1 bis 3 begangen hat (Nr. 4).

Auch **Zollstraftaten** sind Steuerstraftaten. Da Zölle aber ohnehin gem. § 3 Abs. 3 AO zu den Steuern gehören, kommt ihrer Erwähnung in § 369 Abs. 1 AO nur klarstellende Bedeutung zu (im Einzelnen → Rz. 1652 ff.).

§ 369 Abs. 1 AO definiert den Begriff Steuerstraftaten, so dass die AO auf diese Straftaten Bezug nehmen kann (z.B. § 371 Abs. 2 Nr. 1 Buchst. a, §§ 385, 386 AO), ohne sie im Einzelnen zu bezeichnen.[1)]

I. Taten, die nach den Steuergesetzen strafbar sind (§ 369 Abs. 1 Nr. 1 AO)

2 Taten, die nach den Steuergesetzen strafbar sind, sind in erster Linie die in den **§§ 370 AO (Steuerhinterziehung)** und **374 AO (Steuerhehlerei)** geregelten Tatbestände. Sie erfassen Verhaltensweisen, die das Steueraufkommen unmittelbar verringern oder gefährden. **§ 373 AO** (gewerbsmäßiger Schmuggel) stellt dagegen keine eigene Steuerstraftat dar, sondern enthält Strafverschärfungsgründe.

3 Der **Bruch des Steuergeheimnisses** (§ 30 AO) ist **keine** Steuerstraftat, da er nicht nach einem Steuergesetz, sondern nach § 355 StGB strafbar ist. § 355 StGB kann auch nicht als Steuergesetz im materiellen Sinn verstanden werden, da die entsprechenden Taten das Steueraufkommen allenfalls mittelbar gefährden.[2)]

---

1) Joecks in Franzen/Gast/Joecks 7. Aufl. 2009, § 369 AO Rz. 3.
2) Joecks in Franzen/Gast/Joecks 7. Aufl. 2009, § 369 AO Rz. 5.

II. Bannbruch (§ 369 Abs. 1 Nr. 2 AO)

4 § 369 Abs. 1 Nr. 2 AO begründet die Strafbarkeit des Bannbruchs. Ohne diese **konstitutive Regelung** wäre Bannbruch keine Steuerstraftat (im Einzelnen → Rz. 1822 ff.).

Als „Bannbruch" bezeichnet § 372 Abs. 1 AO die **Zuwiderhandlungen gegen ein Ein-, Aus- oder Durchfuhrverbot.** Derartige Verbote sind regelmäßig aus steuerfremden Gründen in zahlreichen nicht steuerlichen Gesetzen und Verordnungen normiert. Sie dienen vornehmlich dem Schutz der öffentlichen Sicherheit, dem Schutz des Branntwein- und des Zündwarenmonopols, der Außenwirtschafts- und Verteidigungspolitik sowie dem Schutz der Gesamtheit von Mensch und Tier. Der Grund für die Einbeziehung des „Bannbruchs" in die Steuerstraftaten liegt in dem häufigen Zusammentreffen von Zuwiderhandlungen gegen ein Einfuhrverbot und der Hinterziehung von Eingangsabgaben. Da die Zollbehörden sowohl über die Einhaltung der Steuer- bzw. Zollvorschriften wie auch über die Einhaltung der Verbote und Beschränkungen des grenzüberschreitenden Warenverkehrs wachen, soll auf diese Weise gewährleistet werden, dass sie für beide Zuwiderhandlungen dieselben strafverfahrensrechtlichen Befugnisse haben.

III. Wertzeichenfälschung (§ 369 Abs. 1 Nr. 3 AO)

5 Die Fälschung von Steuerzeichen ist in den Vorschriften der §§ 148, 149 StGB geregelt. Zweck dieser Vorschriften ist der Schutz der Sicherheit und Zuverlässigkeit des Rechtsverkehrs mit amtlichen Warenzeichen[1] sowie mittelbar auch der Schutz des Steueraufkommens, welches durch die Verwendung und Entwertung von Steuerzeichen entrichtet wird (im Einzelnen → Rz. 1909 ff.). Dazu zählen z.B. die an Tabakverkaufspackungen vom Herstellerbetrieb angebrachten Tabaksteuerbanderolen, mit deren Entwertung gem. § 12 Abs. 1 TabStG die Tabaksteuer entrichtet wird.

IV. Begünstigung als Steuerstraftat (§ 369 Abs. 1 Nr. 4 AO)

6 Das StGB unterscheidet zwischen der sachlichen Begünstigung (§ 257 StGB) und der persönlichen Begünstigung (Strafvereitelung, § 258 StGB).

Steuerstraftat ist nur die **sachliche** Begünstigung i.S.d. § 257 StGB, sofern die Vortat eine Steuerstraftat i.S.d. § 369 Abs. 1 Nr. 1 bis 3 AO war. Die Strafvereitelung gem. § 258 StGB ist in § 369 AO nicht erwähnt und deshalb keine Steuerstraftat.

7 Begünstigung als Steuerstraftat begeht, wer einem anderen, der eine rechtswidrige Steuerstraftat begangen hat, in der Absicht Hilfe leistet, ihm die **Vorteile der Tat zu sichern** (§ 257 StGB). Für die Vortat ist bedingter Vorsatz ausreichend. Absichtlich handelt ein Täter, wenn es ihm konkret auf die Verwirklichung des Tatbestands ankommt. Man spricht von einem zielgerichteten Erfolgswillen,[2] neben dem jedoch auch andere Zwecke maßgeblich sein können.[3] So kann beispielsweise auch ein Steuerberater eine strafbare Begünstigungshandlung begehen, wenn es ihm nicht ausschließlich auf die Steuerersparnis seines Mandanten ankommt, sondern er sich in erster Linie von Honorarvorstellungen leiten lässt. Der durch die Begünstigungshandlung zu sichernde Vorteil besteht im Steuerstrafrecht regelmäßig in der Erspar-

1) BGH v. 10.5.1983, 1 StR 98/83, BGHSt 31, 381.
2) Fischer, 60. Aufl. 2013, § 15 StGB Rz. 6 m.w.N.
3) BGH v. 12.2.1953, 3 StR 718/52, NJW 1953, 835; v. 22.5.1958, 4 StR 112/58, NJW 1958, 1244.

nis von Abgaben oder einer Steuererstattung. Dies wurde vom BGH mit Urteil vom 26.10.1998[1] bestätigt. Darüber hinaus beinhaltet dieses Urteil jedoch noch weitere Feststellungen des Senats, welche **sowohl für die anwaltliche als auch für die steuerliche Beratungspraxis von erheblicher Bedeutung** sind. Nach Auffassung des Gerichts kann es – entgegen der früheren Rspr. – nunmehr für die Erfüllung des Straftatbestands der Begünstigung ausreichen, dass Einnahmen, die buchmäßig nicht erfasst wurden, in der Absicht, sie auch zu einem späteren Zeitpunkt gegenüber den Finanzbehörden nicht zu erklären, den für eine Begünstigung erforderlichen „Vorteil" mitenthalten können. Zwar sind Einnahmen aus „steuerunehrlichen Geschäften" für sich betrachtet keine Vorteile aus einer Steuerhinterziehung. In ihnen sind jedoch nach Ansicht des BGH regelmäßig auch die „ersparten" Steuern enthalten und somit auch ein aus der Steuerhinterziehung erlangter Vorteil. Wird in solchen Fällen einem anderen dabei geholfen, die Herkunft und den **Verbleib des Gesamtbetrages zu verschleiern** – wie in dem vorliegenden Fall durch Umbuchung auf Rechtsanwaltsanderkonten und Transaktionen über Domizilgesellschaften ins Ausland geschehen –, so kann darin eine Begünstigung i.S.d. § 369 Abs. 1 Nr. 4 AO, § 257 StGB liegen, und zwar in Höhe der in dem Gesamtbetrag enthaltenen (ersparten) Steuern.[2] Auch die Unmittelbarkeit des Vorteils aus der rechtswidrigen Vortat ist nunmehr nach Ansicht des BGH bei Delikten dieser Art gewahrt, wenn zum Zeitpunkt der Begünstigungshandlung bei konkreter wirtschaftlicher Betrachtungsweise die erlangten Steuerersparnisse als geldwerte Vorteile im Vermögen des Vortäters noch vorhanden sind, ohne dass es auf die Sachidentität ankommt. Es kommt ferner nach Ansicht des Senats – entgegen der früheren Rspr.[3] – auch nicht darauf an, dass der staatliche Anspruch auf vollständige Erhebung der Steuern durch die Begünstigungshandlung grds. unberührt bleibt; denn das gelte für alle Fälle der Steuerhinterziehung, bei denen ansonsten keine Begünstigung denkbar wäre, so dass § 369 Abs. 1 Nr. 4 AO ins Leere ginge. Der Senat hält nach alldem an seiner früheren Rspr. ausdrücklich nicht mehr fest.[4] Entscheidend sei für die Beurteilung einer Hilfeleistung als Begünstigung in diesem Zusammenhang vielmehr, ob die Verwirklichung des Steueranspruchs unmöglich gemacht oder noch weiter erschwert werde, als dies bereits durch die erfolgte Hinterziehung geschehen sei.

Neben dieser bemerkenswerten Rechtsprechungsänderung enthält das Urteil vom 26.10.1998 darüber hinaus noch weitere Feststellungen, welche erhebliche Auswirkungen in der Praxis nach sich ziehen dürften. 8

Zum einen lässt der Senat nunmehr die **Schätzung** von Besteuerungsgrundlagen anhand einer durchschnittlichen, an Wahrscheinlichkeitskriterien ausgerichteten Ertragsberechnung gem. § 162 AO auch im Strafverfahren ausdrücklich ausreichen, wenn – wie im vorliegenden Fall – der Stpfl. vorhandene Aufzeichnungen vernichtet hat. Darüber hinaus sei zu bedenken, dass zwar § 90 Abs. 2 AO unmittelbar im Strafverfahren keine Anwendung finde, der Täter einer Steuerhinterziehung aber Unsicherheiten, wie sie gerade aus der Verletzung von Mitwirkungspflichten nach § 90 Abs. 2 AO erwachsen, im Rahmen einer Schätzung gegen sich gelten lassen müsse.[5]

Zum anderen weist der Senat schließlich noch darauf hin, dass nach seiner Ansicht nunmehr auch in der Aufnahme von Verhandlungen mit der Finanzverwaltung zum Zwecke der Herbeiführung einer **tatsächlichen Verständigung** ohne Offenlegung 9

1) BGH v. 26.10.1998, 5 StR 746/97, wistra 1999, 103.
2) BGH v. 26.10.1998, 5 StR 746/97, wistra 1999, 103, 104; häufig wird es in diesen Fällen aber an der Begünstigungsabsicht fehlen, vgl. BGH v. 1.8.2000, 5 StR 624/99, BGHSt 46, 107.
3) BGH v. 30.4.1953, 3 StR 364/52, BGHSt 4, 221, 225.
4) BGH v. 26.10.1998, 5 StR 746/97, wistra 1999, 103, 105.
5) BGH v. 26.10.1998, 5 StR 746/97, wistra 1999, 103, 106.

des zuvor schon von dem Stpfl. verschwiegenen Sachverhalts eine neue selbständige Tat der Steuerhinterziehung liegen könne. Im vorliegenden Fall hatten danach die Angeklagten durch Aufnahme konkreter Verhandlungen mit der Finanzverwaltung bewirkt, dass vom Finanzamt eine unzutreffende Besteuerung durchgeführt wurde, und dadurch die ihnen obliegende unmittelbare Pflicht zu wahrheitsgemäßen und vollständigen Angaben gem. § 90 Abs. 1 AO verletzt.[1] Die im Rahmen der mit dem Finanzamt abgeschlossenen tatsächlichen Verständigung bewirkte Steuerverkürzung stellt sich nach Ansicht des Senats strafrechtlich als selbständige, neue Tat im Verhältnis zu den von dem Stpfl. bewirkten Einkommensteuerhinterziehungen dar. Zwar habe dieser bereits gegenüber dem Finanzamt in früherer Zeit unvollständige Angaben gemacht und durch die Abgabe falscher Erklärungen die Verkürzung von Einkommensteuer bewirkt. Nachdem er jedoch abschließend veranlagt worden war, waren mit formeller Bestandskraft der ursprünglichen Einkommensteuerbescheide die von dem Stpfl. selbst begangenen Straftaten vollendet und beendet. Soweit im Rahmen der tatsächlichen Verständigung von den Angeklagten im vorliegenden Fall sodann unzutreffende Angaben gemacht worden sind, die wiederum zu unzutreffenden Änderungsbescheiden geführt haben, sei diese Handlung materiell und prozessual als selbständige Tat zu werten, die einen eigenständigen Unrechtsgehalt habe. Diese stehe im Übrigen zu dem Tatbestand der Begünstigung in Tatmehrheit.[2]

Keine Steuerstraftaten sind z.B. die Verletzung des Steuergeheimnisses (§ 355 StGB) oder die Begünstigung selbst, so dass eine darauf gerichtete Begünstigung auch keine Steuerstraftat darstellt (allgemein dazu → Rz. 1916 ff.).

V. Gesetzlich gleichgestellte Straftaten

10 Wegen Steuerhinterziehung i.S.d. § 370 AO wird auch bestraft, wer gegen die in § 13 WStG[3] und § 23 RennWettLottG[4] geregelten Tatbestände verstößt. Ferner verweisen verschiedene Kommunalabgabegesetze der Länder bezüglich Abgabenhinterziehung, leichtfertiger Abgabenverkürzung und Abgabengefährdung auf die Vorschriften der AO.[5]

Die sog. **Vorspiegelungstaten** nach § 385 Abs. 2 AO haben keine praktische Bedeutung mehr, da sie von § 370 Abs. 4 Satz 2 AO nunmehr ausdrücklich umfasst werden (dazu → Rz. 2819 ff.).

11 Keine Steuerstraftat ist der **Subventionsbetrug** gem. § 264 StGB. Soweit er jedoch im Zusammenhang mit Investitionszulagen nach dem InvZulG 2010[6], oder dem BerlinFG[7] steht, gelten über § 15 InvZulG 2010 bzw. § 20 BerlinFG die Vorschriften der AO über die Verfolgung von Steuerstraftaten entsprechend. Zur Verfolgung solcher Straftaten sind daher die Bußgeld- und Strafsachenstellen der Finanzämter

---

1) BGH v. 26.10.1998, 5 StR 746/97, wistra 1999, 103, 106 – ausdrücklich im Gegensatz zum Urteil der Vorinstanz (LG Köln), welche für die beiden Angeklagten von einer nachträglichen Berichtigungspflicht gem. § 153 AO ausgegangen war.
2) BGH v. 26.10.1998, 5 StR 746/97, wistra 1999, 103, 106 f.
3) BGBl. I 1959, 537. Zwar ist § 13 WStG mit Wirkung vom 1.1.1992 aufgehoben worden, gilt aber für bereits entstandene Steuern weiter.
4) BGBl. I 1993, 2254.
5) Z.B. §§ 17, 20 KAG NRW; § 39 KAG Rheinland-Pfalz; Art. 14 ff. Bay. KAG. Entsprechende Verweisungen finden sich auch in den jeweiligen Kommunalabgabengesetzen der übrigen Länder.
6) InvZulG 2010 v. 7.12.2008, BGBl. I 2008, 2350, geändert durch Art. 10 des Gesetzes v. 22.12.2009, BGBl. I 2009, 3950.
7) BerlinFG v. 2.2.1990, BGBl. I 1990, 173, zuletzt durch Art. 2 Abs. 5 des Gesetzes v. 5.12.2006, BGBl. I 2006, 2748, geändert.

zuständig (§ 386 Abs. 2, § 399 Abs. 1, § 387 Abs. 2 AO, Nr. 19 Ziff. 2 und 3 AStBV (St) 2013).[1] Für Handlungen, die sich auf die Erlangung von Berlin-Zulage gem. § 28 BerlinFG bezogen, gelten über § 29a BerlinFG die §§ 370 Abs. 1 bis 4, 371, 375 Abs. 1 und 376 AO sowie §§ 378, 379 Abs. 1, 4 und 384 AO entsprechend.

B. Geltung der allgemeinen Strafgesetze (§ 369 Abs. 2 AO)

Schrifttum

Walter/Lohse/Dürrer, Innergemeinschaftliche Lieferung und Mehrwertsteuerhinterziehung in Deutschland und im EU-Ausland, wistra 2012, 125.

I. Allgemeine Strafgesetze

Soweit in den §§ 369 bis 412 AO, dem Regelungsbereich des materiellen Steuerstrafrechts, nichts anderes bestimmt ist, gelten gem. § 369 Abs. 2 AO die allgemeinen Gesetze über das Strafrecht. 12

Auch zum Straf- und Bußgeldverfahren verweist die AO über die dort getroffenen Regelungen hinaus auf andere Verfahrensvorschriften, insbes. auf die StPO und auf das GVG (§ 385 Abs. 1 AO). Von Bedeutung im Steuerstrafverfahren ist auch die zwischenstaatliche Rechts- und Amtshilfe, die in § 117 AO und im EGAHiG[2] geregelt ist.

Darüber hinaus gibt es zum Steuerstrafrecht eine Vielzahl von Einzelanweisungen der Finanzverwaltung, die allerdings im Wesentlichen das Verfahren betreffen, so insbes. die Anweisungen für das Straf- und Bußgeldverfahren (Steuer) – AStBV (St) 2013 – vom 30.10.2012.[3] 13

Allgemeine Gesetze über das Strafrecht sind in erster Linie die Vorschriften des **Allgemeinen Teils des StGB** (§§ 1 bis 79 StGB), die materiellen Vorschriften des Jugendgerichtsgesetzes und die allgemeinen Bestimmungen des Wehrstrafgesetzes in ihrem jeweiligen Bestand. Das heißt, dass diese Vorschriften nicht nur in der Form, wie sie im Zeitpunkt des In-Kraft-Tretens des § 369 AO am 1.1.1977 gegolten haben, maßgeblich sind, sondern dass sich auch künftige Änderungen dieser Gesetze über § 369 Abs. 2 AO auf das Steuerstrafrecht auswirken.[4] Darüber hinaus umfasst die Verweisung auch die von Rspr. und Rechtswissenschaft entwickelten allgemeinen Lehren. Gerade das allgemeine Strafrecht ist gesetzlich nur lückenhaft geregelt und weitgehend von Rspr. und Rechtslehre geprägt worden, z.B. im Bereich der Irrtumsproblematik oder zur Frage der Konkurrenzen. Eine zusammenfassende Darstellung ist in diesem Rahmen nicht möglich. Soweit zum Verständnis erforderlich, werden die Vorschriften und Grundsätze des allgemeinen Strafrechts im Sachzusammenhang erörtert. An dieser Stelle sollen lediglich einige wesentliche Prinzipien kurz erläutert werden. 14

1) Siehe dazu auch Dörn, DStZ 1995, 164; Dörn, DStR 1993, 478; Streck/Spatschek, Beihefter DStR 1997, Heft 34; von Briel in v. Briel/Ehlscheid, § 1 Rz. 428 ff.

2) EGAHiG v. 19.12.1995, BGBl. I 1995, 2436, 2441, zuletzt durch Art. 17 des Gesetzes v. 20.12.2007, BGBl. I 2007, 3150 geändert. Das EGAHiG soll rückwirkend zum 1.1.2013 durch ein EUAHiG ersetzt werden (vgl. Entwurf eines Amtshilferichtlinie-Umsetzungsgesetzes, BT-Drucks. 17/12375 v. 19.2.2013; BR-Drucks. 157/13 v. 1.3.2013).

3) BStBl I 2012, 1018.

4) BVerfG v. 26.2.1969, 2 BvL 15/68, 2 BvL 23/68, NJW 1969, 1059; v. 23.10.1985, 1 BvR 1053/82, NJW 1986, 1671.

II. Räumlicher Geltungsbereich

15 Der räumliche Geltungsbereich des deutschen Strafrechts wird durch die §§ 3 und 9 StGB bestimmt. Danach gilt das deutsche Strafrecht für Taten, die im **Inland** begangen sind. Dies gilt für Ausländer und Inländer gleichermaßen (Territorialitätsprinzip). Nach § 9 StGB wird eine Tat überall dort begangen, wo der Täter gehandelt hat oder im Falle des Unterlassens hätte handeln müssen, oder an dem Ort, wo der zum Tatbestand gehörende Erfolg eingetreten ist oder eintreten sollte. Da bei der Steuerhinterziehung der tatbestandsmäßige Erfolg (Steuerverkürzung) regelmäßig im Inland eintritt, ist § 370 AO stets dann anzuwenden, wenn sich die Tat auf eine inländische Steuer bezieht. Ausländische Steuern und Zölle werden damit von den §§ 370 ff. AO nicht erfasst. Eine Ausnahme davon gilt gem. § 370 Abs. 6 AO dann, wenn sich die Tat auf Einfuhr- oder Ausfuhrabgaben bezieht, die von einem anderen Mitgliedsstaat der Europäischen Union verwaltet werden oder die einem Mitgliedsstaat der Europäischen Freihandelsassoziation oder einem mit dieser assoziierten Staat zustehen. Das Gleiche gilt, wenn sich die Tat auf Umsatzsteuern oder auf die in Art. 1 Abs. 1 der Richtlinie 2008/118/EG des Rates vom 16.12.2008 über das Allgemeine Verbrausteuersystem und zur Aufhebung der Richtlinie 92/12/EWG[1] genannten harmonisierten Verbrauchsteuern bezieht, die von einem anderen Mitgliedstaat der Europäischen Union verwaltet werden. Durch das JStG 2010 wurde auf das Erfordernis einer verbürgten Gegenseitigkeit als Voraussetzung für die Strafverfolgung verzichtet. Damit kann vor allem die Beteiligung an der Hinterziehung ausländischer Umsatzsteuer nach deutschem Strafrecht geahndet werden.[2]

Darüber hinaus bestimmt § 370 Abs. 7 AO, dass die Absätze 1 bis 6 auch für Taten gelten sollen, die außerhalb des Geltungsbereiches der AO begangen werden.[3]

C. Verfassungsrechtliche Grundlagen und Schranken des Steuerstrafrechts

Schrifttum

Brandenstein, Gilt seit dem 1.1.1997 das Rückwirkungsgebot des § 2 III StGB bei der Hinterziehung von Vermögensteuer?, NJW 2000, 2326; **Degenhard**, Kann die Hinterziehung verfassungswidriger Steuern strafbar sein?, DStR 2001, 1370; **Joecks**, Tagungsbericht des wistra Symposiums zum Thema: Die Parteispendenproblematik, wistra 1983, 250; **Kohlmann/Hilgers-Klautzsch**, Bestrafung wegen Hinterziehung verfassungswidriger Steuern, wistra 1998, 161; **Salditt**, Hinterziehung ungerechter Steuern, StraFo 1997, 65; **Samson**, Möglichkeiten einer legislatorischen Bewältigung der Parteispendenproblematik, wistra 1983, 235; **Samson**, Steuerhinterziehung, nemo tenetur und Selbstanzeige – eine Dokumentation, wistra 1988, 130; **Spriegel**, Steuergeheimnis und Strafverfahren, Aachen 1999, zugleich Diss. Augsburg 1998; **Streck/Spatscheck**, Investitionszulage und Subventionsbetrug, Beihefter DStR 1997, Heft 34; **Ulsamer/Müller**, Steuerstrafrechtliche Konsequenzen der Entscheidung des Bundesverfassungsgerichts vom 22.6.1995 zum Vermögensteuergesetz, wistra 1998, 1; **Urban**, Zur Problematik des Abgangsnachweises bei fristwahrender Absendung von verjährungsgefährdeten Verwaltungsakten, DStR 1998, 1995; **Walter/Lohse/Dürrer**, Innergemeinschaftliche Lieferung und Mehrwertsteuerhinterziehung in Deutschland und im EU-Ausland, wistra 2012, 125.

1) ABl.EU Nr. L 9, 12 v. 14.1.2009.
2) Ransiek in Kohlmann, § 370 AO Rz. 557 (Juli 2012); Walter/Lohse/Dürrer, wistra 2012, 125.
3) Ransiek in Kohlmann, § 370 AO Rz. 560 (Juli 2012).

I. Verfassungsrechtliche Prinzipien des Steuerstrafrechts

1. Gesetzlichkeitsprinzip

Auch im Steuerstrafrecht gelten die das gesamte Strafrecht beherrschenden und in den §§ 1 und 2 StGB normierten Hauptprinzipien, wonach sowohl die Strafbarkeit („nullum crimen sine lege") als auch die dafür angedrohte strafrechtliche Sanktion („nulla poena sine lege") auf dem Gesetzlichkeitserfordernis fußen. Danach darf eine Tat nur bestraft werden, wenn die Strafbarkeit und die strafrechtlichen Sanktionen in einem anwendbaren, geschriebenen und hinreichend bestimmten Gesetz normiert sind, bevor die Tat begangen wurde. Der besonderen Bedeutung des Gesetzesvorbehalts entsprechend, sind die rechtsstaatlichen Grundprinzipien durch Art. 103 Abs. 2 GG verfassungsrechtlich verankert und damit der Disposition des (einfachen) Gesetzgebers entzogen. Über die Absicherung im GG hinaus findet sich das Gesetzlichkeitsprinzip auch in Art. 7 MRK, wonach niemand wegen einer Handlung oder Unterlassung verurteilt werden kann, die zur Zeit ihrer Begehung nach inländischem oder internationalen Recht nicht strafbar war. Ebenso darf keine höhere Strafe als die im Zeitpunkt der Begehung der strafbaren Handlung angedrohten Strafe verhängt werden. 16

Dem Gesetzlichkeitsprinzip folgen das Analogieverbot, das Bestimmtheitsgebot sowie das Rückwirkungsverbot.

2. Analogieverbot und Auslegung

Aus § 1 StGB bzw. Art. 103 Abs. 2 GG folgt das Verbot strafbegründender bzw. strafschärfender Analogie.[1] Unter Analogie ist dabei die Übertragung einer (für einen oder mehrere untereinander ähnliche Tatbestände bestehenden) gesetzlichen Regel auf einen gesetzlich nicht geregelten Einzelfall zu verstehen.[2] Das strafbegründende Analogieverbot verhindert die Ausdehnung eines Straftatbestands zu Lasten des Täters auf einen vom Strafgesetz nicht geregelten Fall. Es umfasst alle unrechts- und schuldbegründenden Merkmale. 17

Auf Seiten der Tatfolgen ist es unzulässig, Strafen in analoger Anwendung zu schärfen oder eine nicht vorgesehene Strafe zusätzlich zu verhängen.

Problematisch ist die Abgrenzung zwischen verbotener Analogie und der zulässigen Auslegung eines Gesetzes, d.h. der Ermittlung seines Sinngehaltes und Reichweite unter Berücksichtigung von Wortlaut, Entstehungsgeschichte, Systematik und Zweck. Der Grundsatz „Im Zweifel zu Gunsten des Angeklagten" gilt dabei nur für die Tatsachenfeststellungen, nicht aber für die Gesetzesauslegung. Zu einer Bestrafung ist grds. erforderlich, dass auf Grund zweifelsfreier Tatsachen festgestellt wird, dass gegen ein bestimmtes Strafgesetz verstoßen worden ist. Kann eine solche Feststellung nicht mit Sicherheit getroffen werden, ist der Angeklagte freizusprechen. 18

3. Bestimmtheitsgebot

Das Strafgesetz kann seine Aufgabe, maßgebliche Grundlage der Strafbarkeit zu sein, nur dann erfüllen, wenn es sowohl die kriminalisierte Tat wie auch deren Folgen mit hinreichender Bestimmtheit umschreibt.[3] Das Bestimmtheitsgebot legt dem Gesetzgeber die Verpflichtung auf, Tatbestände so zu formulieren, dass sie ihrer Aufgabe, eine zuverlässige und feste Grundlage der Rspr. zu bilden, gerecht werden können.[4] Auch auf Seiten der Rechtsfolgen müssen die Gesetze hinreichend 19

1) BVerfG v. 23.10.1985, 1 BvR 1053/82, BVerfGE 25, 269 ff. = NJW 1986, 1673.
2) Eser/Hecker in Schönke/Schröder, 28. Aufl. 2010, § 1 StGB Rz. 25.
3) Eser/Hecker in Schönke/Schröder, 28. Aufl. 2010, § 1 StGB Rz. 16.
4) Eser/Hecker in Schönke/Schröder, 28. Aufl. 2010, § 1 StGB Rz. 17.

bestimmt sein, damit der Betroffene von vorneherein Qualität und Quantität der staatlichen Sanktion erfassen kann.[1]

20 Im Hinblick darauf, dass das Steuerstrafrecht weitgehend Blankettstrafrecht ist (→ Rz. 24), müssen auch die Normen des Steuerrechts die Voraussetzungen der Tatbestandsbestimmtheit erfüllen. Nach Auffassung des BGH[2] soll jedoch § 370 AO als Blanketttatbestand den Anforderungen des Bestimmtheitsgebotes genügen. Die Ausfüllungsnormen des Steuerrechts seien regelmäßig hinreichend bestimmt. Dies ist sicher in einer Vielzahl von Fällen zweifelhaft, insbesondere dann, wenn – wie in dem oben genannten BGH-Fall, dem ein Missbrauchstatbestand zu Grunde lag – erst auf die dazu von der steuerlichen Rspr. entwickelten Grundsätze und Auslegungskriterien zurückgegriffen werden muss. Auch das BVerfG[3] entschied, dass § 370 Abs. 1 Nr. 1 AO dem verfassungsrechtlichen Bestimmtheitsgebot gem. § 103 Abs. 2 GG und des Art. 104 Abs. 1 Satz 1 GG gerecht wird.

4. Rückwirkungsverbot

21 Der zeitliche Geltungsbereich der Strafgesetze ergibt sich aus § 2 Abs. 1 StGB. Danach ist für die gesetzliche Umschreibung einer strafbaren Handlung und die angedrohte Strafe grds. das Gesetz maßgebend, das zur Tatzeit gilt. Darüber hinaus ergibt sich aus Art. 103 Abs. 2 GG das sog. **Rückwirkungsverbot,** welches zunächst besagt, dass der Gesetzgeber die Anwendung von Strafgesetzen nicht auf Taten anordnen darf, die vor deren Geltung begangen wurden. Zudem folgt aus dem Rückwirkungsverbot, dass der Richter ein Strafgesetz nicht auf eine vor Geltung des Strafgesetzes begangene Tat anwenden darf.[4] Nicht erfasst vom Rückwirkungsverbot werden die höchstrichterliche Auslegung des Rechts[5] sowie verfahrensrechtliche Normen, wie z.B. Verjährungsvorschriften.[6]

Begangen ist eine Tat in dem Zeitpunkt, in dem der Täter die Tathandlung vorgenommen hat bzw. – bei einer pflichtwidrigen Unterlassung – spätestens hätte handeln müssen. Anders als bei der Verfolgungsverjährung (§ 78a Satz 2 StGB) bleibt der Eintritt des Taterfolges außer Betracht.

22 Ändert sich das Gesetz in der Zeit zwischen der Tathandlung und der Aburteilung, so ist nach § 2 Abs. 3 StGB das mildere Gesetz anzuwenden, wobei „milder" auch das Gesetz ist, das für die fragliche Tat überhaupt keine Strafe vorsieht. § 2 Abs. 3 StGB beruht auf dem Gedanken, dass mit dem neuen Gesetz eine neue Rechtsauffassung zum Durchbruch gelangt ist und somit kein Bedürfnis mehr für eine Bestrafung nach dem schärferen alten Gesetz besteht. Diese Grundsätze gelten auch für die Berufungs- und Revisionsinstanz (§§ 354a, 354 StPO).

23 Für **Zeitgesetze** schließt § 2 Abs. 4 StGB die vorgenannte Regelung aus. Zeitgesetze sind nicht nur kalendermäßig begrenzte Regelungen, sondern auch solche, die nach ihrem Inhalt eine nur als vorübergehend gedachte Regelung für wechselnde Zeitverhältnisse treffen wollen.[7] In diesen Fällen bestimmt sich die Strafe stets nach dem Gesetz, das zur Tatzeit gilt, unabhängig davon, ob danach ein milderes Gesetz erlassen worden ist. Dies ist auch verständlich, da bei einem Zeitgesetz die Ände-

---

1) BGH v. 20.11.1962, 1 StR 442/62, BGHSt 18, 141.
2) Vgl. zur Problematik im Zusammenhang mit dem Wegfall der Vermögensteuer auch → Rz. 31.
3) BVerfG v. 15.10.1990, 2 BvR 385/87, NStZ 1991, 88; v. 23.6.1994, 2 BvR 1084/94, NJW 1995, 1883.
4) Vgl. BVerfG v. 11.11.1964, 1 BvR 488/62, 562/63, 216/64, BVerfGE 18, 240, Fischer, 60. Aufl. 2013, § 1 StGB Rz. 27.
5) Vgl. BVerfG v. 11.11.1964, 1 BvR 488/62, 562/63, 216/64, BVerfGE 18, 240, Fischer, 60. Aufl. 2013, § 1 StGB Rz. 31.
6) Fischer, 60. Aufl. 2013, § 1 StGB Rz. 30.
7) BGH v. 14.12.1994, 5 StR 210/94, wistra 1995, 107.

rung auf einer Veränderung der tatsächlichen Verhältnisse und nicht auf einem Wandel der Rechtsauffassung beruht.

Ein besonderes Problem ergibt sich in diesem Zusammenhang für die **Blankettatbestände** des Steuerstrafrechts, denn die blankettausfüllenden Normen des Steuerrechts sind dadurch gekennzeichnet, dass sie häufig nur auf Zeit angelegt und in besonderem Maße dem Wandel der zeitlichen Verhältnisse ausgesetzt sind. Zwar hat der BGH erkannt,[1] dass sich mit dem Wechsel der ausfüllenden Norm ein wesentliches Element des Strafgesetzes ändert, was bei der Beurteilung der Anwendbarkeit des § 2 Abs. 3 StGB nicht unberücksichtigt bleiben darf. Insgesamt ist aber die Rechtslage in diesem Punkt sehr umstritten.[2] 24

Unstreitig dürfte dagegen sein, dass eine Rückwirkung unproblematisch in Frage kommt, wenn **allgemeine Erklärungspflichten** gemildert werden, sofern die Änderung auf einer gewandelten Rechtsauffassung und nicht allein auf einer Veränderung der tatsächlichen Verhältnisse beruht.

II. Nemo-tenetur-Grundsatz

Der Nemo-tenetur-Grundsatz bedeutet, dass niemand verpflichtet ist, sich selbst anzuklagen oder gegen sich selbst Zeugnis abzulegen. Dieser übergeordnete Rechtsgrundsatz, welchem Verfassungsrang zukommt,[3] wurde vom Gesetzgeber im § 136 Abs. 1 Satz 2 StPO für den Beschuldigten und in § 55 Abs. 1 StPO für den Zeugen normiert. Daneben findet der Grundsatz auch in § 136a StPO seinen Ausdruck, welcher die freie Willensentschließung und Willensbetätigung eines Beschuldigten schützt. 25

Der Beschuldigte darf daher im Strafverfahren selbst darüber befinden, ob er an der Aufklärung des Sachverhalts aktiv mitwirken will oder nicht.[4] Auf Grund der Tatsache, dass der Stpfl. auch gesetz- oder sittenwidrige Verhaltensweisen offenbaren muss (§ 40 AO) und sich damit ggf. auch über Straftaten zu erklären hat, und zwar selbst dann, wenn gegen ihn ein Steuerstrafverfahren eingeleitet wurde, da in diesem Falle lediglich gem. § 393 Abs. 1 Satz 2 AO Zwangsmittel zu unterbleiben haben, kann der Stpfl. in die Konfliktsituation geraten, sich durch die ordnungsgemäße Erfüllung seiner steuerlichen Pflichten entweder allgemeiner Straftaten oder Steuerstraftaten bezichtigen zu müssen. 26

Zu dieser bestehenden Konfliktsituation hat sich das BVerfG im Jahre 1981 im sog. Gemeinschuldnerbeschluss geäußert.[5] Das BVerfG stellte zunächst fest, dass ein Zwang zur Selbstbezichtigung die Würde des Menschen berühren und als Beeinträchtigung des Persönlichkeitsrechts zu werten wäre. Damit einhergehend läge eine Verletzung des Art. 2 Abs. 1 i.V.m. Art. 1 GG vor. Zu der Regelung in der Abgabenordnung (§ 393 AO) nimmt das BVerfG den Standpunkt ein, dass es dem Gesetzgeber unbenommen bleiben muss, an einer Auskunftspflicht festzuhalten, da der Fiskus weitgehend auf die Angaben des Stpfl. angewiesen ist und der unehrliche Stpfl. nicht gegenüber dem ehrlichen begünstigt werden soll. In diesen Fällen hat aber der Einsatz von Zwangsmitteln, soweit der Stpfl. Steuerstraftaten offenbaren müsste, zu unterbleiben. Gleichzeitig ist die Aussagepflicht mit einem Verwertungsverbot zu koppeln.[6] 27

1) BGH v. 8.1.1965, 2 StR 49/64, BGHSt 20, 177, 181.
2) Vgl. zum früheren Streitstand: Joecks in Franzen/Gast/Joecks, 7. Aufl. 2009, § 369 AO Rz. 26 ff.; Joecks, wistra 1983, 250; Samson, wistra 1983, 235.
3) BVerfG v. 13.1.1981, 1 BvR 116/77, BVerfGE 56, 37, 49.
4) BGH v. 13.5.1996, GSSt 1/96, NJW 1996, 2940.
5) BVerfG v. 13.1.1981, 1 BvR 116/77, BVerfGE 56, 37 ff.
6) Vgl. ergänzend Samson, wistra 1988, 130; Spriegel, 66 ff.

28 In seiner Entscheidung vom 21.4.1988[1] hielt das BVerfG fest, dass, soweit im Rahmen des Besteuerungsverfahrens Tatsachen oder Beweismittel für Taten offenbart werden, die sich nicht auf eine Steuerstraftat beziehen, ebenfalls ein grundsätzliches Verwertungsverbot besteht. Das BVerfG ließ aber ausdrücklich offen, ob die in § 393 Abs. 2 Satz 2 AO hiervon für besonders schwerwiegende Taten vorgesehene Ausnahme verfassungsrechtlichen Anforderungen entspricht. Die Regelung des § 393 Abs. 2 Satz 2 AO ist im Lichte des Nemo-tenetur-Grundsatzes als äußerst problematisch anzusehen, da die Erzwingbarkeit der Offenbarung mit einer Verwertbarkeit im Strafverfahren verknüpft wird. In der Literatur wird daher zum Teil die Auffassung vertreten, dass § 393 Abs. 1 Satz 2 AO verfassungskonform dahin gehend auszulegen ist, dass der Einsatz von Zwangsmitteln auch in den Fällen von Straftaten gem. § 30 Abs. 4 Nr. 5 AO zu unterbleiben hat oder aber § 393 Abs. 2 Satz 2 AO wegen Verstoßes gegen Art. 2 Abs. 1 i.V.m. Art. 1 GG als verfassungswidrig einzustufen ist.[2] Letztere Auffassung vertrat das Landgericht Göttingen und legte mit Beschluss vom 11.12.2007[3] dem Bundesverfassungsgericht die Frage zur Entscheidung vor. Die Hoffnung von Joecks,[4] das Bundesverfassungsgericht würde nunmehr zu einer Entscheidung über die Vereinbarkeit der Bestimmung mit dem Grundgesetz entscheiden, wurde leider enttäuscht, da es mit Beschluss vom 27.4.2010[5] die Richtervorlage als unzulässig bewertete und daher in der Sache selbst nicht entschied.

29 Auf Grundlage der Vorgaben des BVerfG versucht der BGH den Konflikt zwischen der abgabenrechtlichen Mitwirkungspflicht auf der einen und der strafrechtlichen Selbstbelastungsfreiheit auf der anderen Seite aufzulösen und den Grenzverlauf der widerstreitenden Pflichten zu konturieren. Mit Beschluss vom 26.4.2001[6] entschied der BGH, dass während der Anhängigkeit eines Strafverfahrens wegen der Abgabe unrichtiger Umsatzsteuervoranmeldungen für die Dauer des Strafverfahrens die Strafbarkeit hinsichtlich der Nichtabgabe der Umsatzsteuerjahreserklärung entfalle. Im Falle der Einleitung eines Steuerstrafverfahrens soll dem Betroffenen erspart bleiben, mit Zwangsmitteln zur Abgabe von Erklärungen im Besteuerungsverfahren gezwungen zu werden. Dem werde von Gesetzes wegen durch § 393 Abs. 1 Satz 2 und 3 AO Rechnung getragen. Daneben übertreffe häufig die Androhung einer Kriminalstrafe in ihren Auswirkungen die in § 393 Abs. 1 Satz 2 AO i.V.m § 328 AO bezeichneten Zwangsmittel, so dass das eine an dem Sinn und Zweck dieser Bestimmungen orientierte Auslegung erfordere, den Steuerpflichtigen auch im Falle einer notwendigen Selbstbelastung von einer strafbewährten Pflicht zur Selbstbezichtigung freizustellen. Am 23.1.2002 setzt der BGH in einem weiteren Beschluss[7] den von ihm eingeschlagenen Weg fort, indem er die strafbewährte Pflicht zur Abgabe von Einkommen und Gewerbesteuererklärungen für einen bestimmten Veranlagungszeitraum suspendiert, wenn dem Steuerpflichtigen für diesen Zeitraum die Einleitung eines Steuerstrafverfahrens bekannt gegeben wird. Dieser Entscheidung lag ein Fall zu Grunde, in dem das Ermittlungsverfahren erst nach Ablauf der Erklärungspflicht gem. § 149 AO eingeleitet wurde und der Steuerpflichtige sich damit bereits im Stadium des Versuchs der Steuerhinterziehung befand. Die Suspendierung der Erklärungspflicht verhindert in diesem Fall die Tatvollendung. Mit Beschluss vom 10.1.2002[8] stellt der BGH jedoch klar, dass die steuerliche Erklä-

1) BVerfG v. 21.4.1988, 2 BvR 330/88, wistra 1988, 302.
2) Vgl. Joecks in Franzen/Gast/Joecks, 7 Aufl. 2009, § 393 AO Rz. 10.
3) LG Göttingen v. 11.12.2007, 8 KLs 1/07, wistra 2008, 231.
4) Joecks in Franzen/Gast/Joecks, 7. Aufl. 2009, § 393 AO Rz. 77.
5) BVerfG v. 27.4.2010, 2 BvL 13/07 (2. Kammer), wistra 2010, 341.
6) BGH v. 26.4.2001, 5 StR 587/00, BGHSt 47, 8.
7) BGH v. 23.1.2002, 5 StR 540/01, wistra 2002, 150; v. 28.10.1998, 5 StR 500/98, NStZ-RR 1999, 218.
8) BGH v. 10.1.2002, 5 StR 452/01, BGHR AO § 393 Abs. 1 Erklärungspflicht 2.

rungspflicht nur insoweit suspendiert wird, als sie sich auf denselben steuerlichen Sachverhalt bezieht, der Gegenstand des Steuerstrafverfahrens ist. Dies bedeutet, dass der Steuerpflichtige die Steuern der zukünftigen Veranlagungszeiträume wahrheitsgemäß und vollständig erklären muss und dies auch dann, sofern auf Grund dieser Steuererklärungen Schlüsse auf den dem laufenden Steuerstrafverfahren zu Grunde liegenden Sachverhalt gezogen werden können. Diese Auffassung begründet der BGH im Wesentlichen damit, dass andernfalls neues Unrecht geschaffen würde, zu dem das Recht auf Selbstschutz nicht berechtige.

III. Verfassungswidrige Steuern

Das oben dargestellte Gesetzlichkeitsprinzip setzt neben einem anwendbaren, geschriebenen und hinreichend bestimmten Gesetz auch dessen Verfassungsmäßigkeit voraus. Es muss ordnungsgemäß zu Stande gekommen und auch inhaltlich verfassungsgemäß sein. Bei der Beantwortung der Frage, ob die Verletzung einer Norm des materiellen Steuerrechts zu einer Bestrafung wegen Steuerhinterziehung führen kann, obwohl diese Norm nicht mit der Verfassung korrespondiert, ist zu unterscheiden, ob die Norm nichtig oder lediglich als mit dem Grundgesetz unvereinbar anzusehen ist. Erklärt das BVerfG eine Norm des materiellen Steuerrechts für nichtig, so besteht keine Strafbarkeit mehr gem. § 1 StGB. 30

Schwieriger zu beurteilen sind jedoch die Fälle, in denen das BVerfG die Norm des materiellen Steuerrechts „lediglich" als mit dem Grundgesetz unvereinbar erklärt. Dies ist exemplarisch am Vermögenssteuergesetz darzustellen. Gemäß Beschluss des BVerfG vom 22.6.1995[1)] ist auch der § 10 Nr. 1 des Vermögensteuergesetzes, jedenfalls seit dem Veranlagungszeitraum 1983 in allen seinen seitherigen Fassungen, mit Art. 3 Abs. 1 GG insofern unvereinbar, als er den Einheitswert gebundenen Grundbesitz, dessen Bewertung der Wertentwicklung seit 1964/74 nicht mehr angepasst worden ist, und das zu Gegenstandswerten erfasste Vermögen mit demselben Steuersatz belastet. Gleichzeitig legte das BVerfG dem Gesetzgeber auf, eine Neuregelung bis spätestens zum 31.12.1996 zu treffen. Längstens bis zu diesem Zeitpunkt war das bisherige Recht weiterhin anwendbar.[2)] Der ihm auferlegten Verpflichtung kam der Gesetzgeber jedoch nicht nach, so dass mit Ablauf der vom BVerfG gesetzten Frist der § 10 Nr. 1 VStG gänzlich hinfällig wurde. 31

Nach der Entscheidung des BVerfG vom 22.6.1995 und dem ersatzlosen Entfallen der Vermögensteuer zum 1.1.1997 entflammte eine kontroverse Diskussion darüber, ob die Hinterziehung von Vermögensteuer weiterhin strafbar sein kann. Sowohl in der Rspr. als auch im Schrifttum werden diesbezüglich verschiedene Auffassungen und Lösungsansätze vertreten. So steht die (wohl) überwiegende Rspr.[3)] auf dem Standpunkt, dass die Hinterziehung von Vermögensteuer weiterhin strafbar ist. Auch in der Literatur wird dieser Standpunkt vertreten.[4)] Gegen eine Strafbarkeit sprachen sich u.a. das LG München II[5)] sowie neben anderen Degenhard[6] und Salditt[7)] aus. Diejenigen, die eine Strafbarkeit verneinen, führen u.a. aus, dass das Vermögensteuergesetz vom BVerfG zwar nicht formell aufgehoben, jedoch das gesamte 32

1) BVerfG v. 22.6.1995, 2 BvL 37/91, BVerfGE 93, 121.
2) BVerfG v. 22.6.1995, 2 BvL 37/91, BVerfGE 93, 121.
3) Vgl. OLG Frankfurt v. 15.6.1999, 1 Ws 69/99, wistra 2000, 154; OLG Hamburg v. 5.12.2000, III – 6/00 – 1 Ss 24/00, III – 6/00, 1 Ss 24/00, wistra 2001, 112; LG Itzehoe v. 11.9.2000, 9 Qs 72/00 I, wistra 2001, 31.
4) Brandenstein, NJW 2000, 2326; Joecks in Franzen/Gast/Joecks, 7. Aufl. 2009, § 370 AO Rz. 233b.
5) LG München II v. 11.11.1999, 5 Qs 12/99, wistra 2000, 74.
6) Degenhard, DStR 2001, 1370.
7) Salditt, StraFo 1997, 65; vgl. auch Ulsamer/Müller, wistra 1998, 1; Urban, DStR 1998, 1995.

Vermögensteuergesetz materiell beseitigt wurde. Nachdem der Gesetzgeber die Schaffung einer Neuregelung versäumte, trat das Vermögensteuergesetz spätestens zum 1.1.1997 ersatzlos außer Kraft. Dies führt dazu, dass § 2 Abs. 3 StGB Anwendung zu finden hat, da hierunter nicht nur ein Außer-Kraft-Treten durch Gesetzesänderung, sondern auch der Fall zu subsumieren ist, dass ein Strafgesetz ersatzlos aufgehoben wird.[1)] Dies führt dazu, dass es seit dem 1.1.1997 keine im Hinblick auf eine Vermögensteuerhinterziehung ausführende Gesetzesnorm mehr gibt, die im Rahmen des § 370 AO zu einer Bestrafung führen könnte. Dies ist als ein milderer Rechtszustand gegenüber den Vorjahren anzusehen. Daneben wird argumentiert, dass die gegenwärtige Rechtslage auch nicht mehr dem Bestimmtheitsgebot entspräche, so dass Art. 103 Abs. 2 GG einer Bestrafung entgegenstehe.[2)] Schließlich könne das Vermögensteuergesetz auch nicht als Zeitgesetz i.S.d. § 2 Abs. 4 StGB anzusehen sein, da das Vermögensteuergesetz als Ganzes auf Dauer angelegt war[3)] und nicht gesetzgeberisches Handeln, sondern eine Entscheidung des BVerfG zu dessen Beendigung führte.[4)]

33 Mit Beschluss vom 7.11.2001[5)] erteilte der BGH den Gegnern einer Strafbarkeit jedoch eine deutliche Absage und entschied, dass eine Hinterziehung von Vermögensteuer weiterhin möglich sei und diese auch strafbar bleibe. Zur Begründung führte der 5. Strafsenat aus, dass das BVerfG in seiner genannten Entscheidung die Tarifnorm des § 10 Nr. 1 VStG für mit dem Grundgesetz unvereinbar erklärt habe, gleichzeitig aber die gesetzlichen Regelungen der Vermögensbesteuerung befristet bis zum 31.12.1996 weiter gelten lassen wollte. Damit bestimmte das BVerfG eine bis zum Ablauf der Befristung dauernde Fortgeltung des Gesetzes für Altfälle. Die Weitergeltungsanordnung beschränkt sich, so der BGH, nicht nur auf das materielle Steuerrecht, sondern auch auf das Strafrecht, da gem. der Entscheidungsformel „das bisherige Recht weiterhin anwendbar" bleibt. Ausgehend von einem – zwar befristeten – Fortbestand der Regelungen des Vermögensteuergesetzes, ist die Strafbarkeit auch nicht gem. § 2 Abs. 2 StGB mit Ablauf des 31.12.1996 entfallen, da das Vermögensteuergesetz hinsichtlich der Veranlagungszeiträume vor 1997 weiter anzuwenden ist. Die Fortgeltungsanordnung des BVerfG hat für den früheren Rechtszustand dieselbe Wirkung wie eine Gesetzesänderung, die der Steuergesetzgeber mit einer Überleitungsregelung verbindet, wonach der Rechtszustand erst auf Zeiträume oder Stichtage ab einem bestimmten Datum anzuwenden ist.

34 Obwohl die sehr knappen Ausführungen des BGH zur Frage der Anwendbarkeit des § 2 Abs. 3 StGB nicht abschließend zu überzeugen vermögen, ist auf Grund der aktuell bestehenden höchstrichterlichen Rspr. bei Steuern, welche mit der Verfassung für nicht vereinbar erklärt werden, von einer Strafbarkeit auszugehen.

---

1) Vgl. LG München II v. 11.11.1999, 5 Qs 12/99, wistra 2000, 74, mit Hinweis auf BGH v. 1.12.1964, 3 StR 35/64, BGHSt 20, 116, 119.
2) Kohlmann/Hilgers-Klautzsch, wistra 1998, 161, 164 f.
3) LG München II v. 11.11.1999, 5 Qs 12/99, wistra 2000, 74.
4) Degenhard, DStR 2001, 1370, 1373.
5) BGH v. 7.11.2001, 5 StR 395/01, BStBl II 2002, 259 = wistra 2002, 64; in zwei neueren Verfahren hat das BVerfG die beiden Verfassungsbeschwerden zur Frage der Strafbarkeitsfortgeltung für Altfälle gar nicht erst zur Entscheidung angenommen, vgl. BVerfG v. 10.5.2001, 1 BvR 1242/00, PStR 2001, 144 auf Vorlage durch BFH v. 24.5.2000, II R 25/99, wistra 2001, 26 = PStR 2000, 170 mit Anm. Plewka/Herrspink; BVerfG v. 2.5.2002, 1 BvR 1836/01, DStZ 2002, 448.

KAPITEL II

Steuerhinterziehung (§ 370 AO)

A. Geschütztes Rechtsgut

Schrifttum

Bornheim/Birkenstock, Steuerfahndung – Steuerstrafverteidigung, Herne/Berlin 1998; **Ehlers**, Steuerhinterziehung nach künftigem Recht, FR 1976, 504; **Franzen**, Zur Vollendung der Steuerverkürzung, DStR 1965, 187; **Hardtke**, Steuerhinterziehung durch verdeckte Gewinnausschüttung, unrichtige Feststellung nach § 47 KStG als Steuervorteilserlangung, Strafrecht der Wirtschaft, Band 1, Berlin 1995; **Hardtke**, Zur Tathandlung bei Steuerhinterziehung infolge verdeckter Gewinnausschüttung, wistra 1997, 17; **Herbertz**, Ist die Steuerhinterziehung ein Betrug?, HRRS 2012, 318; **Kohlmann/Hilgers-Klautzsch**, Bestrafung wegen Hinterziehung verfassungswidriger Steuern?, wistra 1998, 161; **Salditt**, Hinterziehung ungerechter Steuern, StraFo 1997, 65.

Die Steuerhinterziehung (§ 370 AO) ist der zentrale Delikttatbestand des Steuerstrafrechts. Sie zeichnet sich dadurch aus, dass zu der in § 370 Abs. 1 Nr. 1 bis 3 AO geregelten Tathandlung, bzw. dem Unterlassen, ein Erfolg hinzutreten muss, nämlich eine Steuerverkürzung oder die Erlangung ungerechtfertigter Steuervorteile. Außerdem müssen die Tathandlung und der Taterfolg kausal miteinander verbunden sein. **35**

Die Steuerhinterziehung, die einen Spezialfall des Betruges (§ 263 StGB) darstellt, ist ein Vermögensdelikt besonderer Art.[1] Deshalb reicht eine Handlung oder Gefährdung zur Bejahung einer Steuerhinterziehung grundsätzlich nicht aus.[2] Ausgehend von der Verkürzungsvariante des § 370 Abs. 4 Satz 1 AO lässt der BGH[3] jedoch eine konkrete Gefährdung des Steueranspruchs genügen. **36**

Für die Bestimmung des Anwendungsbereichs von § 370 AO sowie zur Klärung von Auslegungsfragen bezüglich des objektiven Tatbestands der Norm (→ Rz 47 ff.) ist von Bedeutung, welches **Rechtsgut** die Vorschrift § 370 AO schützt bzw. schützen soll.[4] **37**

Dies ist umstritten, die hierzu in der Rspr. und im Schrifttum vorzufindenden Ansichten sind sehr unterschiedlich. So wird die Auffassung vertreten, dass Schutzobjekt des § 370 AO lediglich die Verletzung von Erklärungs- und Mitwirkungspflichten ist.[5] Andere Autoren sind der Meinung, § 370 AO schütze die Gewährleistung einer gerechten und gleichmäßigen Lastenverteilung nach dem Grundsatz der Leistungsfähigkeit.[6] Wieder andere sowie die Rspr. sind der Ansicht, geschütztes Rechtsgut des § 370 AO sei das öffentliche Interesse am rechtzeitigen und vollständigen Aufkommen der Steuern.[7] **38**

---

1) Ransiek in Kohlmann, § 370 AO Rz. 9 (Oktober 2005).
2) Anders nunmehr die Bußgeld- bzw. Strafvorschriften der §§ 26b, 26c UStG, die an die bloße Nichtzahlung fälliger Umsatzsteuer anknüpfen.
3) BGH v. 10.12.2008, 1 StR 322/08, NJW 2009, 381.
4) Herbertz, HRRS 2012, 318, 320.
5) Ehlers, FR 1976, 504.
6) Salditt, StraFo 1997, 65, 67 f.; Kohlmann/Hilgers-Klautzsch, wistra 1998, 161, 165 f.; Bornheim/Birkenstock, 78.
7) BGH v. 21.8.2012, 1 StR 257/12, HRRS 2012 Nr. 789; v. 1.2.1989, 3 StR 179/88, wistra 1989, 226, 227; v. 23.3.1994, 5 StR 91/94, wistra 1994, 194; v. 24.4.1996, 5 StR 142/96, wistra 1996, 259, 260; Ransiek in Kohlmann, § 370 AO Rz. 52 (Oktober 2008); Rolletschke in Rolletschke/Kemper, § 370 AO Rz. 17 (September 2012); Himsel in Koch/Scholtz, 5. Aufl. 1996, § 370 AO Rz. 8; Franzen, DStR 1965, 187 f.; Hardtke, 64; Joecks in Franzen/Gast/Joecks, 7. Aufl. 2009, § 370 AO Rz. 17.

39 Bei kritischer Betrachtung dieser Meinungsvielfalt erscheint die letztgenannte Auffassung aus folgenden Gründen vorzugswürdig:

Gegen das Abstellen auf **Erklärungs- und Mitwirkungspflichten als geschütztes Rechtsgut** spricht, dass die Verletzung dieser Pflichten lediglich das tatbestandsmäßige Verhalten i.S.d. § 370 Abs. 1 AO beschreibt. Pönalisiert ist das tatbestandsmäßige Verhalten jedoch nicht als solches, sondern lediglich bezogen auf den herbeigeführten Taterfolg, nämlich den Eintritt einer Steuerverkürzung bzw. die Erlangung ungerechtfertigter Steuervorteile. Dementsprechend kann sich der Schutzzweck der Norm nur aus dem unter Strafe gestellten Taterfolg erschließen, in dem sich das tatbestandsmäßige Verhalten letztlich erfüllt.

40 Denjenigen,[1] die als geschütztes Rechtsgut des § 370 AO die Gewährleistung einer gerechten und gleichmäßigen Lastenverteilung nach dem Grundsatz der Leistungsfähigkeit ansehen, ist entgegenzuhalten, dass dieses Rechtsgut kaum zu greifen ist. Denn zum einen fehlen die eindeutigen Kriterien zur Beurteilung der Ungerechtigkeit einer Steuer, zum anderen sind auch die als ungerecht empfundenen Normen für Richter, Staatsanwälte und insbes. auch für die Finanzverwaltung bindend (Art. 20 Abs. 3 GG).

Eine Absage an diese Rechtsgutsdefinition lässt sich auch der Entscheidung des BGH vom 7.11.2001 bezüglich der Steuerhinterziehung der für verfassungswidrig erklärten Vermögensteuer entnehmen,[2] wonach selbst verfassungswidrige Gesetze für Bürger, Behörden und Gerichte uneingeschränkt verbindlich sein sollen, solange sie nicht vom Bundesverfassungsgericht auf Grund seines Kassationsmonopols (Art. 100 Abs. 1 GG) aufgehoben worden sind.

41 Vorzuziehen ist letztlich jene Ansicht, die das **öffentliche Interesse am Steueraufkommen** als geschütztes Rechtsgut des § 370 AO ansieht. Sie wird auch von der ständigen Rspr.[3] und dem überwiegenden Teil der Literatur[4] vertreten. Uneinigkeit besteht innerhalb dieser Auffassung allerdings darüber, ob Schutzobjekt das öffentliche Interesse am Steueraufkommen in der jeweiligen Steuerart oder das öffentliche Interesse am Aufkommen der Steuern im Ganzen ist. Diesem Meinungsstreit kam insbes. im Rahmen der von der Rspr. im Bereich der Konkurrenzen (§§ 52, 53 StGB) entwickelten – für die Steuerhinterziehung mittlerweile aufgegebenen – Rechtsfigur der „fortgesetzten Handlung" Bedeutung zu. Durch den sog. Fortsetzungszusammenhang wurden mehrere „natürliche Handlungen" zu einer fortgesetzten Handlung verbunden, wenn sie dasselbe Rechtsgut verletzen (näher hierzu → Rz. 668 ff., → Rz. 686 ff.).

42 Die ständige Rspr.[5] sowie Teile der Literatur[6] stellen auf die **einzelne Steuerart** als Schutzobjekt des § 370 AO ab, ohne dies i.d.R. näher zu begründen. Lediglich Franzen[7] hat hierzu ausgeführt, dass die „überaus differenzierte Verteilung von

1) Salditt, StraFo 1997, 65, 67 f.; Kohlmann/Hilgers-Klautzsch, wistra 1998, 161, 165 f.; Bornheim/Birkenstock, 78.

2) BGH v. 7.11.2001, 5 StR 395/01, BStBl II 2002, 259 = wistra 2002, 64.

3) BGH v. 21.8.2012, 1 StR 257/12, HRRS 2012, Nr. 789; v. 1.2.1989, 3 StR 179/88, wistra 1989, 226, 227; v. 23.3.1994, 5 StR 91/94, wistra 1994, 194.

4) Ransiek in Kohlmann § 370 AO Rz. 52, 54 (Oktober 2008); differenzierend nach Schutzgut und Angriffsobjekt: Rolletschke in Rolletschke/Kemper, § 370 AO Rz. 17 f. (September 2012); Himsel in Koch/Scholz, § 370 AO Rz. 8; Franzen, DStR 1965, 187 f.; Hardtke, 64; Joecks in Franzen/Gast/Joecks, 7. Aufl. 2009, § 370 AO Rz. 17.

5) BGH v. 28.11.2000, V StR 371/00, NJW 2001, 693, 694; v. 1.2.1989, 3 StR 179/88, wistra 1989, 226, 227; v. 23.3.1994, 5 StR 91/94, wistra 1994, 194.

6) Differenzierend nach Schutzgut und Angriffsobjekt ohne eigene Stellungnahme: Rolletschke in Rolletschke/Kemper, § 370 AO Rz. 17 f. (September 2012); Himsel in Koch/Scholtz, § 370 AO Rz. 8, a.A. entgegen Vorauflage Kohlmann, § 370 AO Rz. 55 (Oktober 2008).

7) Franzen, DStR 1965, 187, 188.

Ertragshoheit, Verwaltungshoheit und Gesetzgebungshoheit bei den verschiedenen Steuern auf Bund, Länder und Gemeinden" eine Betrachtung der einzelnen Steuerarten erforderlich macht. Diese Argumentation überzeugt jedoch nicht, da die Ertragshoheit nicht nur zwischen den verschiedenen Steuerarten, sondern zum Teil auch innerhalb dieser unterschiedlich geregelt ist. So fließt z.B. die Einkommensteuer anteilig Bund, Ländern und Gemeinden zu (Art. 106 Abs. 3 und Abs. 5 GG). Nach den Überlegungen von Franzen müssten dann konsequenterweise das vollständige Aufkommen jedes einzelnen Ertragsanteils Rechtsgut i.S.d. § 370 AO sein. Dieses Ergebnis ist jedoch weder praktisch umsetzbar noch gewollt.

Das eigentliche Motiv für die Begrenzung des Rechtsguts des § 370 AO auf jede einzelne Steuerart war die unter → Rz. 41 bereits erwähnte Rspr. des BGH. Mit der formalen Abgrenzung nach Steuerarten sollte bezweckt werden, einen Fortsetzungszusammenhang zwischen der Hinterziehung verschiedener Steuerarten zu vermeiden.[1] Durch die Abschaffung der Rechtsfigur des Fortsetzungszusammenhangs für die Steuerhinterziehung[2] besteht jedoch hierfür kein Bedürfnis mehr. Zudem hat die Rspr. die Beschränkung des Rechtsguts auf einzelne Steuerarten auch nicht konsequent durchgeführt. So hielt beispielsweise in den Fällen, in denen Steuerarten durch die Besteuerung desselben Gegenstandes (z.B. der Gewinn bei Einkommensteuer und Gewerbesteuer) vergleichbar waren, einen Fortsetzungszusammenhang für möglich, da insoweit dasselbe Rechtsgut verletzt sein soll.[3] **43**

Vor diesem Hintergrund kann die von der ständigen Rspr. und einem Teil der Literatur vertretene, nach einzelnen Steuerarten differenzierende Definition des geschützten Rechtsgutes nicht überzeugen. Zu folgen ist vielmehr der Gegenauffassung,[4] die als geschütztes Rechtsgut das öffentliche Interesse am **Steueraufkommen im Ganzen** ansieht, indem sie nicht danach unterscheidet, wer Geschädigter ist (Bund, Länder und/oder Gemeinden) oder durch welche Steuerart das Steueraufkommen geschmälert wurde. Sie schließt sich damit der bei anderen Vermögensdelikten zu findenden Rechtspraxis an, die von einer Differenzierung absieht, um Rechtsgüter, wie Eigentum und Vermögen, nicht künstlich aufzusplitten.[5] **44**

Im Ergebnis bleibt festzuhalten, dass es sich bei dem von § 370 AO **geschützten Rechtsgut** nach zutreffender Ansicht um das **staatliche Interesse am vollständigen und rechtzeitigen Aufkommen der inländischen Steuern im Ganzen** (→ Rz. 934) handelt. Im Rahmen des Anwendungsbereichs des § 370 Abs. 6 AO (→ Rz. 1650), sind auch ausdrücklich benannte ausländische Abgaben, insbesondere auch die von einem anderen Mitgliedstaat der Europäischen Union verwalteten Umsatzsteuern oder harmonisierte Verbrauchsteuern in den Schutzbereich des § 370 AO einbezogen (→ Rz. 204). **45**

Dieses so definierte Rechtsgut der Steuerhinterziehung ist nicht nur dogmatisch für einige Auslegungsfragen von Bedeutung, vielmehr ergeben sich aus ihm insbes. auf der Stufe der Schadensermittlung (→ Rz. 1455 ff.) unmittelbare praktische Folgen. **46**

1) Hardtke, 64; Joecks in Franzen/Gast/Joecks, 7. Aufl. 2009, § 370 AO Rz. 17.
2) BGH v. 3.5.1994, GSSt 2/93, GSSt 3/93, NJW 1994, 1663.
3) BayObLG v. 26.4.1982, RReg 4 St 52/82, wistra 1982, 198.
4) Hardtke, 64; Joecks in Franzen/Gast/Joecks, 7. Aufl. 2009, § 370 AO Rz. 17.
5) Hellmann in H/H/Sp, § 370 AO Rz. 43 (November 2001); Joecks in Franzen/Gast/Joecks, 7. Aufl. 2009, § 370 AO Rz. 17.

B. Objektiver Tatbestand

Schrifttum

1. Zum objektiven Tatbestand (Rz. 47 – 190)

Aue, Berichtigungspflicht des Steuerberaters für eigene Fehler?, PStR 2012, 131; **Bansemer**, Steuerhinterziehung im Beitreibungsverfahren, wistra 1994, 327; **Bilsdorfer**, Steuerberatung im Grenzbereich von Kreativität und Steuerhinterziehung, PStR 2000, 150; **Bornheim/Birkenstock**, Steuerfahndung – Steuerstrafverteidigung, Herne/Berlin 1998; **Bülte**, Die neuere Rechtsprechung des BGH zur Strafbewehrung von § 153 AO: Prüfstein für Strafrechtsdogmatik und Verfassungsrecht im Steuerstrafrecht, BB 2010, 607; **Danzer**, Die strafrechtliche Verantwortlichkeit des steuerlichen Beraters in Kohlmann, Strafverfolgung und Strafverteidigung im Steuerstrafrecht, Köln 1983; **Dörn**, Anwendung der §§ 379, 380 AO auch bei Selbstanzeigen gemäß §§ 371, 378 Abs. 3 AO, wistra 1995, 7; **Dörn**, Der Steuerberater an der Grenze zum Steuerstraf- und Steuerordnungswidrigkeitenverfahren, DStR 1994, 555; **Dörn**, Hinweispflicht bei Abweichung von der Rechtsansicht der Finanzverwaltung, wistra 2000, 334; **Dörn**, Nichtabgabe von Steuererklärungen, wistra 1993, 241; **Dörn**, Nochmals: Strafverfolgung der Nichtabgabe von Steuererklärungen, wistra 1991, 10; **Dörn**, Steuerhinterziehung und Steuerrecht, wistra 1992, 241; **Eich**, Strafbarkeitsrisiken und Haftungsgefahren für den Berater bei Steuerhinterziehung des Mandanten, KÖSDI 2011, 17706; **Grunst**, Steuerhinterziehung durch Unterlassen, Diss., Frankfurt a.M. 1996; **Hardtke**, Steuerhinterziehung durch verdeckte Gewinnausschüttung, unrichtige Feststellung nach § 47 KStG als Steuervorteilserlangung, Strafrecht der Wirtschaft, Band 1, Berlin 1995; **Hardtke**, Zur Tathandlung bei Steuerhinterziehung infolge verdeckter Gewinnausschüttung, wistra 1997, 17; **Heinsius**, Folgen der Nichtabgabe einer Steuererklärung bei Einleitung eines Steuerstrafverfahrens, DStZ 2001, 816; **Helmrich**, Berichtigungserklärung gemäß § 153 Abs. 1 Satz 1 Nr. 1 AO – insbesondere bei unaufklärbarem Sachverhalt, DStR 2009, 2132; **Hild**, Kriminalisierung klassischer Steuerberatung, BB 2001, 493; **Hild**, Steuerhinterziehung durch die unterlassene Abgabe einer Steuererklärung, Stbg 2008, 331; **Höll/Hinghaus**, Berichtigungspflicht nach § 153 AO bei vorsätzlicher Steuerhinterziehung, PStR 2010, 45; **Jarke**, Urteilsanmerkung zu BGH v. 19.10.1999, wistra 2000, 350; **Jehke/Dreher**, Was bedeutet „unverzüglich" i.S. von § 153 AO?, DStR 2012, 2467; **Keßeböhmer**, Nachweispflichten in Steuergesetzen aus steuerrechtlicher und steuerstrafrechtlicher Sicht, wistra 1996, 334; **Koops/Gerber**, Vollendete Steuerhinterziehung gem. § 370 Abs. 1 Nr. 1 AO trotz Kenntnis der Finanzverwaltung von den zutreffenden Besteuerungsgrundlagen? Anm. zum BGH-Beschluss vom 14.12.2010 – 1 StR 275/10; DB0408161, DB 2011, 786; **Kottke**, Keine Berichtigungspflicht des Steuerberaters, Neue Wirtschaftsbriefe für Steuer- und Wirtschaftsrecht (NWB) Fach 13, 893; **Lohmeyer**, Steuerliche Bilanzdelikte und ihre strafrechtliche Würdigung, GA 1972, 302; **Meilicke**, Wird das Steuerstrafrecht für die Steuerpraxis zum russischen Roulette?, BB 1984, 1885; **Möller**, Die Berichtigungspflicht gemäß § 153 Abs. 1 AO und die strafrechtlichen Folgen einer Pflichtverletzung, Diss., Frankfurt a.M. 1996, 109; **Müller**, Steuerhinterziehung bei § 160 AO? – Eine Steuerstraftat durch Verletzung einer Verfahrensvorschrift, AO-StB 2005, 249 ff.; **Samson**, Strafbefreiende Fremdanzeige (§ 371 Abs. 4 AO) und Berichtigungspflicht (§ 153 Abs. 1 AO), wistra 1990, 245; **Schelling**, Elektronische Steuererklärung (ELSTER) und Steuerhinterziehung nach § 370 AO, PStR 2008, 114; **Schuhmann**, Berichtigung von Erklärungen (§ 153 AO) und Selbstanzeige, wistra 1994, 45; **Schulze-Osterloh**, Unbestimmtes Steuerrecht und strafrechtlicher Bestimmtheitsgrundsatz in Kohlmann, Strafverfolgung und Strafverteidigung im Steuerstrafrecht, Köln 1983, 43; **Spriegel**, Umfang und Erklärungsinhalt von steuerlichen Tatsachenaufgaben im Sinne des § 370 AO, wistra 1998, 241; **Streck**, Die Auswirkungen des Wegfalls des strafrechtlichen Festsetzungszusammenhangs auf Besteuerungs- und Prüfungssituationen, DStR 1994, 1723; **Tormöhlen**, Steuerhinterziehung mittels Manipulation von EDV-Eingaben durch einen Finanzbeamten – zugleich Anmerkung zum Urteil des Bundesfinanzhofs vom 25. Oktober 2005, DStZ 2006, 262; **Weyand**, Die Information über Steuer und Wirtschaft, INF 2000, 726; **Witten**, Zur Strafbarkeit der Verletzung der Anzeigepflicht nach § 165e AO, NJW 1963, 567.

2. Zum tatbestandsmäßigen Erfolg und zur Kausalität (Rz. 191 – 380)

Apik, Schätzungen im Rahmen einer Außenprüfung, DStR 1985, 304; **Aue**, Geldverkehrsrechnung im Strafverfahren, PStR 2011, 159; **Assmann**, Die Geldverkehrsrechnung in der Außenprüfungspraxis, StBp 1989, 252; **Bansemer**, Steuerhinterziehung im Beitreibungsverfahren, wistra 1994, 327; **Beck**, Steuerliche Wahlrechte und Steuerverkürzung nach § 370 Abs. 4 AO, wistra 1998, 131 **Berger**, Vermögenszuwachsrechnung und Gesamtgeldverkehrsrechnung, BB 1990, 325; **Bilsdorfer**, Aktuelle Tendenzen des Steuerstrafrechts, DStZ 1985, 184; **Bornheim**, Die Schätzung im Steuerstrafverfahren bietet viele Angriffspunkte, Verteidigungsstrategien gegen Schätzungen, PStR 1999, 184; **Bublitz**, Der Verlustabzug gemäß § 10d EStG im Steuerstrafrecht, DStR 1985, 653; **Buse**, „In dubio pro reo" und der BFH, AO-StB 2007, 109 f.; **Braun**, Kennen Sie die gängigsten Schätzmethoden?, PStR 2008, 116; **Dörn**, Nichtabgabe von Steuererklärungen, wistra 1993, 241; **Dörn**, Nochmals: Strafverfolgung der Nichtabgabe von Steuererklärungen, wistra 1991, 10; **Dörn**, Schätzung im Steuerstraf- und Besteuerungsverfahren (Teil 1), wistra 1993, 1; **Dörn**, Schätzung im Steuerstraf- und Besteuerungsverfahren (Teil 2), wistra 1993, 50; **Dörn**, Vollendete Steuerhinterziehung bei Schätzungsmöglichkeit des Finanzamts?, DStZ 1994, 494; **Ferschl**, Die Abgrenzung versuchter von vollendeter Steuerhinterziehung im Fall des § 370 Abs. 1 Nr. 2 AO bei ergehen eines Schätzungsbescheids, wistra 1990, 177; **Gebbers**, Zur steuerlichen Behandlung fragwürdiger Darlehen, StBp 1986, 179; **Göggerle**, Die Frage des geschützten Rechtsguts im Tatbestand der Steuerhinterziehung, BB 1982, 1851; **Griesel**, Die Schätzung im Steuerstrafverfahren, PStR 2007, 101; **Haarmann**, Der Einsatz von Verprobungsverfahren im Rahmen betrieblicher und steuerlicher Prüfungsvorgänge, DB 1989, 540; **Hardtke/Leip**, Strafverfolgungsverjährung bei Steuerhinterziehung infolge verdeckter Gewinnausschüttung NStZ 1996, 217; **Held**, Schätzungen im Steuer- und Strafrecht, DB 1996, 2300; **Hofmann**, Steuerstrafrechtliche Behandlung der Nichtabgabe von Steueranmeldungen und Steuervoranmeldungen durch die Finanzverwaltung, DStR 1997, 1789; **Hofmann**, Schätzung und Aufklärungspflicht bei der tatrichterlichen Sachverhaltsfeststellung, StraFo 2003, 70; **Joecks**, Steuerliche Schätzungen im Strafverfahren, wistra 1990, 52; **Jope**, Steuerhinterziehung im Feststellungsverfahren – Die Entscheidung des BGH vom 10.12.2008 – 1 StR 322/08, DStZ 2009, 247; **Keßeböhmer/Schmitz**, Hinterziehung ausländischer Steuern und Steuerhinterziehung im Ausland (§ 370 Abs. 4 und 7 AO), wistra 1995, 1; **Kohlhaas**, Neue Aufgaben für den Steuerberater durch das Urteil des BGH vom 2.12.2008, Stbg 2010, 66; **Lilje/Müller**, Ansparrücklage versus Kompensationsverbot: Eine neue Verteidigungsstrategie, wistra 2001, 205; **Meine**, Die Schätzung der Lohnsteuer und der Sozialversicherungsbeiträge in Lohnsteuer- und Beitragsverkürzungsfällen, wistra 1985, 100; **Meine**, Zum Streitstand: Das Kompensationsverbot gemäß § 370 Abs. 4 Satz 3 AO, wistra 1991, 127; **Meine**, Die Berechnung der Lohnsteuer und der Sozialversicherungsbeiträge in Lohnsteuer- und Beitragsverkürzungsfällen, wistra 1991, 205; **Meine**, Das Vorteilsausgleichverbot in § 370 Abs. 4 Satz 3 AO 1977, wistra 1982, 129; **Meine**, Vorteilsausgleichsverbot und Verlustabzug, wistra 1985, 9; **Müller**, Das Erlangen nicht gerechtfertigter Steuervorteile – der Stiefbruder der Steuerverkürzung, DStZ 2001, 613; **Müller**, Der Beweis der Steuerhinterziehung im Besteuerungsverfahren – Die Bedeutung des Strafverfahrens für den Steueranspruch, AO-StB 2011, 113; **Pelchen**, Die Verwertung steuerrechtlicher Schätzungen im Strafverfahren, MDR 1982, 10; **Pfaff**, Steuerhinterziehung im Betreibungsverfahren, Finanzrundschau (FR) 1964, 506; **Rolletschke**, „Fristenerschleichung" als Steuerhinterziehung?, PStR 2006, 163; **Rönnau**, Die Verkürzung von Kirchensteuern – ein Betrug ohne Folgen?, wistra 1995, 47; **Ruppel**, Beweismaß bei Schätzung auf Grund der Verletzung von Mitwirkungspflichten, BB 1995, 750; **Schmidt-Liebig**, Die Schätzung im Steuerrecht, Neue Wirtschaftsbriefe für Steuer- und Wirtschaftsrecht (NWB) Fach 17, 1161; **Schmitz**, Der Beginn der Verjährungsfrist nach § 78a StGB bei der Hinterziehung von Einkommensteuer durch Unterlassen, wistra 1993, 248; **Schmitz/Wulf**, Erneut: Hinterziehung ausländischer Steuern und Steuerhinterziehung im Ausland (§ 370 Abs. 4 und 7 AO), wistra 2001, 361; **Schuhmann**, Verkürzung von Einfuhrumsatzsteuer und Vorsteuerabzug, wistra 1992 208; **Schützeberg**, Steuerhinterziehung durch Wiedereinsetzung in den vorigen Stand?, PStR 2010, 95; **Spriegel**, Probleme der Schätzung im Steuerstrafverfahren, wistra 1987, 50; **Spriegel/Seipl**, Forderungsverzicht und geldwerter Vorteil bei Lohnsteuer und Sozialversicherung auf Schwarzlohnzahlungen, DStR 1995, 1169; **Streck**, Eingriff der Steuerahndung, BeratungsAkzente Bd. 22, Bonn 1998; **Stypmann**, Methoden zur Feststellung der Steuerverkürzung und Schätzung im Steuerstrafverfahren, wistra 1983, 95; **Vogelberg**, Der Irrtum im Steuerstrafrecht, Zeitschrift der

Anwaltspraxis (ZAP) 1993, Fach 21, 67; **Wegner**, Wenn pflichtwidriges Handeln des Steuerpflichtigen durch Fehler des FA überlagert wird, PStR 2012 46; **Weidemann**, Replik: Steuerhinterziehung durch Wiedereinsetzung in den vorigen Stand, PStR 2010, 143; **Wulf**, Systematische Grundlagen und praktische Anwendungsfälle der „Steuerhinterziehung auf Zeit", Stbg 2011, 445; **Wulf**, Unrichtige Feststellungsbescheide als Taterfolg der Steuerhinterziehung? Kritische Anmerkungen zur neuen Rechtsprechung des 1. Strafsenats, Stbg 2011, 418; **Zainhofer**, Möglichkeiten und Grenzen des Nachweises von Steuerstraftaten bei Betriebsprüfungen mittelständischer Unternehmen, StV 1983, 518.

I. Tatbestandsmäßiges Verhalten

47 Der Straftatbestand der Steuerhinterziehung des § 370 AO beschreibt in seinem Absatz 1 abschließend, durch welche Handlungen oder Unterlassungen der tatbestandsmäßige Erfolg der Steuerverkürzung oder der Vorteilserlangung verwirklicht werden kann.

48 Nach § 370 Abs. 1 Nr. 1 AO ist eine **Steuerhinterziehung durch aktives Tun** gegeben, wenn unrichtige oder unvollständige Angaben über steuerlich erhebliche Tatsachen gegenüber den Finanzbehörden oder anderen Behörden gemacht werden.

49 Die **Unterlassungsvarianten des § 370 Abs. 1 Nr. 2 und 3 AO** erfordern als Tathandlung das pflichtwidrige „In-Unkenntnis-Lassen" der Finanzbehörden über steuerlich erhebliche Tatsachen (§ 370 Abs. 1 Nr. 2 AO) oder das pflichtwidrige Unterlassen der Verwendung von Steuerzeichen und Steuerstemplern (§ 370 Abs. 1 Nr. 3 AO).

50 Das bloße **Nichtzahlen einer Steuer** reicht grds. für eine Bestrafung wegen Steuerhinterziehung nicht aus,[1] weil § 370 Abs. 1 Nr. 1 bis 3 AO das tatbestandsmäßige Verhalten abschließend regelt und gerade nicht an Zahlungsvorgänge anknüpft. Eine Erweiterung des Tatbestands auf den Fall der Nichtzahlung der Steuer würde gegen das in Art. 103 Abs. 2 GG verankerte Bestimmtheitsgebot verstoßen; eine analoge Anwendung des § 370 AO zu Lasten des Täters wäre ebenfalls unzulässig.[2]

Im Gegensatz hierzu ahnden die §§ 26b und 26c UStG die bloße (teilweise) Nichtentrichtung von in umsatzsteuerlichen Rechnungsdokumenten (§ 14 UStG) ausgewiesenen Umsatzsteuern bei Fälligkeit als Ordnungswidrigkeit bzw. Straftat. § 380 Abs. 1 AO normiert die Nichteinbehaltung bzw. -abführung von Steuerabzugsbeträgen als Steuerordnungswidrigkeit.

51 Die Steuerhinterziehung kann sowohl im Steuerfestsetzungsverfahren, d.h. im Rahmen des Veranlagungs-, Rechtsbehelfs- und Außenprüfungsverfahrens, als auch im **Erhebungs- und Vollstreckungsverfahren** begangen werden.[3] So handelt beispielsweise ein Stpfl. tatbestandsmäßig, wenn er durch unrichtige Angaben über seine wirtschaftlichen Verhältnisse eine Stundung (§ 22 AO) oder einen (teilweisen) Erlass (§ 227 AO) erschleicht – oder Zahlungsunfähigkeit vortäuscht – und dadurch die Vollstreckung abwendet.

1. Steuerhinterziehung durch Tun (§ 370 Abs. 1 Nr. 1 AO)

52 Gemäß § 370 Abs. 1 Nr. 1 AO begeht derjenige eine **Steuerhinterziehung durch positives Tun**, der gegenüber den Finanzbehörden oder anderen Behörden (→ Rz. 104 ff.) über steuerlich erhebliche Tatsachen unrichtige oder unvollständige

---

1) Jäger in Klein, 11. Aufl. 2012, § 370 AO Anm. 41; Mösbauer/Meine in Achenbach/Wannemacher, § 7 II Rz. 23 (November 1996); Hellmann in H/H/Sp, § 370 AO Rz. 65 (November 2001); Bansemer, wistra 1994, 327, 328.

2) Vgl. BVerfG v. 23.6.2010, 2 BvR 105/09, 2 BvR 491/09, NJW 2010, 3209; v. 26.6.2008, 2 BvR 2067/07, NJW 2008, 3346.

3) Bansemer, wistra 1994, 327 ff.

Angaben macht und dadurch Steuern verkürzt oder nicht gerechtfertigte Steuervorteile erlangt. Die hier formulierte Täuschungshandlung entspricht regelmäßig der des Betruges (§ 263 StGB). Allerdings kann sich der Erfolg der Tathandlung der Steuerhinterziehung ausschließlich in der Verkürzung einer Steuer manifestieren (→ Rz. 196 ff.).

a) Begriff des Angabenmachens

Angaben i.S.d. § 370 Abs. 1 Nr. 1 AO macht, wer steuerlich erhebliche Tatsachen gegenüber den in dieser Vorschrift bezeichneten Behörden erklärt. Auf Grund der Formalisierung der Erklärungsvorgänge im Rahmen der abzugebenden Steuererklärungen (§ 150 Abs. 1 AO) werden die Angaben in der Regel schriftlich gemacht. Sie können aber grds. auch mittels Datenträgerübermittlung, Datenfernübertragung (§ 150 Abs. 6 AO) oder mündlich (beispielsweise im Rahmen einer steuerlichen Außenprüfung) erfolgen. Ferner können die Angaben ausdrücklich oder konkludent, also durch schlüssiges Verhalten bekundet werden.[1] 53

Als **ausdrückliche Erklärung** sind etwa die Angaben anzusehen, die von einem Stpfl. in die amtlichen Steuererklärungsvordrucke (§ 150 Abs. 1 AO) eingefügt werden oder in gesonderten Anlagen zur Steuererklärung bzw. explizit gegenüber einem Steuerprüfer gemacht werden. 54

Eine Äußerung durch **schlüssiges Verhalten** liegt vor, wenn das gesamte Verhalten des Stpfl. nach der allgemeinen Verkehrsauffassung als stillschweigende Behauptung von Tatsachen verstanden werden kann und soll.[2] Ein Stpfl., der in einer Steuererklärung zu bestimmten Einkunftsarten keine Angaben macht, bringt damit konkludent zum Ausdruck, dass ihm entsprechende Einkünfte nicht zugeflossen sind. 55

Gemacht sind die jeweiligen Angaben von demjenigen, dem sie als eigene Erklärungen zuzurechnen sind und der sie ggf. durch seine Unterschrift autorisiert hat. Hieran ändert es nichts, wenn in den Erklärungsvorgang eine Hilfsperson eingebunden ist, wie beispielsweise ein Steuerberater für die Erstellung der Steuererklärung. Zu elektronisch abgegebenen Steuererklärungen → Rz. 135, → Rz. 1006.[3] 56

Soweit die Steuergesetze die Abgabe einer steuerlichen Erklärung durch mehrere Personen vorsehen (beispielweise für zusammenveranlagte Ehegatten, §§ 26, 26b EStG oder Feststellungsbeteiligte i.S.d. § 183 Abs. 1 AO) sind die darin enthaltenen Angaben nicht auf Grund des einheitlichen Erklärungsvorgangs sämtlichen Erklärungspersonen zuzurechnen sondern unter Berücksichtigung der jeweiligen Verantwortungssphäre zuzuordnen. So ist eine Fehldeklaration der gewerblichen Einkünfte des Ehemannes im Rahmen der gemeinsamen Einkommensteuererklärung der hieran völlig unbeteiligten Ehefrau ebenso wenig zuzurechnen, wie die überhöht erklärten Sonderwerbungskosten eines Gesellschafters einer Grundstücks-GbR im Rahmen der einheitlich gesonderten Einkünftefeststellung den übrigen Gesellschaftern anzulasten ist.[4] 57

b) Tatsachen

Unter **„Tatsachen"** – ein im Strafrecht vielfach verwendeter Begriff (z.B. im Rahmen der §§ 263, 264, 186, 187 StGB) – werden von der Rspr. und Literatur alle konkreten, vergangenen oder gegenwärtigen Verhältnisse, Geschehnisse oder Zustände der Außenwelt oder des menschlichen Innenlebens (z.B. Gewinnerzielungsabsicht) ver- 58

1) Hellmann in H/H/Sp, § 370 AO Rz. 81 (November 2001).
2) BGH v. 15.6.1954, 1 StR 526/53, NJW 1954, 1414; v. 15.12.1970, 1 StR 573/70, GA 1972, 209.
3) Vgl. zur Situation bei ELSTER Online Schelling, PStR 2008, 114 f.; zu Strafbarkeitsrisiken des Steuerberaters eingehend Eich, KÖSDI 2011, 17706.
4) BGH v. 17.4.2008, 5 StR 547/07, NStZ 2009, 157; Hellmann in H/H/Sp, § 370 AO Rz. 80 (November 2001).

standen, die dem Beweis zugänglich sind.[1] Diese Definition ist auch für § 370 AO maßgebend. Meinungsäußerungen und Rechtsauffassungen sind demnach als bloße Werturteile keine Tatsachen in diesem Sinne.

59 Gemäß § 150 Abs. 1, § 149 AO hat die Abgabe von Steuererklärungen auf amtlich vorgeschriebenen Vordrucken zu erfolgen. Der Inhalt dieser Steuererklärungsvordrucke wird von dem Bundesministerium der Finanzen im Einvernehmen mit den obersten Finanzbehörden der Länder definiert. Von diesem Bestimmungsrecht wird regelmäßig in der Weise Gebrauch gemacht, dass in die Erklärungsvordrucke lediglich vereinzelt reine Tatsachen (z.B. Angaben zu Kindern, Familienstand, Anzahl und Länge der Fahrten zwischen Wohnung und Arbeitsstätte) einzutragen sind. Zum ganz überwiegenden Teil fragen die Erklärungsvordrucke Subsumtionsergebnisse, also vom Stpfl. bereits vorgenommene rechtliche Würdigungen von Tatsachen, ab. Teilweise, wie z.B. bei der Ermittlung des Gewinns aus einer gewerblichen Tätigkeit, ist der zu deklarierende Betrag zudem abhängig von vorgreiflichen Bewertungen und Prognoseerwägungen im Rahmen einzelner Bilanzposten. Die aufgabenteilige gesetzgeberische Grundidee, die im Wortlaut der § 90 Abs. 1 Satz 2, § 88 Abs. 1 Satz 1 AO zum Ausdruck kommt, wonach der Stpfl. der Finanzbehörde die steuerlich erheblichen Tatsachen mitteilt, welche sodann von der Finanzbehörde in eigener Verantwortung steuerrechtlich verwertet werden, ist in der Praxis der Steuerfestsetzung also ins Gegenteil verkehrt. Dem Stpfl. wird auf diesem Wege die gesamte Subsumtionslast und mithin die Bewältigung der nicht selten unergründlichen steuergesetzlichen Komplexität aufgebürdet. Besonders deutlich wird dies bei Steueranmeldungen, für die § 150 Abs. 1 Satz 2 AO die Selbstberechnung der Steuer durch den Stpfl. vorschreibt.

c) Steuerliche Erheblichkeit der Tatsachen

60 Des Weiteren setzt § 370 Abs. 1 Nr. 1 AO die **steuerliche Erheblichkeit der Tatsachen** voraus. Steuerlich erheblich sind jene Tatsachen, die zur Ausfüllung eines Besteuerungstatbestands heranzuziehen sind,[2] denen also für die Steuerfestsetzung (Grund und Höhe) oder auch für die Erhebung bzw. Beitreibung der Steuer (z.B. Angaben, die in Stundungsanträgen gemacht werden) oder für die Gewährung eines Steuervorteils Bedeutung zukommt. Steuerrechtsrelevant sind ferner Angaben, die die Finanzbehörden zur Einwirkung auf den Steueranspruch veranlassen können.[3] Welche Tatsachen in diesem Sinne steuerlich erheblich sind, folgt aus den Normen des materiellen Steuerrechts (z.B. des Einkommensteuer- und des Umsatzsteuergesetzes) sowie den Vorschriften des formellen Steuerrechts (insbes. der AO), die der Verwirklichung des gesetzlich entstandenen und festgesetzten Steueranspruchs dienen.[4]

61 Lange Zeit war umstritten, ob im Falle der Erfindung eines Steuervorgangs zum Zwecke der Täuschung das Merkmal der Steuererheblichkeit zu bejahen ist. Während die Literatur dies überwiegend befürwortete, vertrat der BGH[5] zunächst die Auffassung, dass bei fingierten Steuervorgängen nicht der Tatbestand der Steuerhinterziehung, sondern der des Betruges verwirklich ist. Der BGH begründete seine Auffassung damit, dass nicht der von § 370 AO geschützte staatliche Steueranspruch verletzt oder gefährdet werde, sondern lediglich das Vermögen des Staates. Von dieser Rspr. hat sich der BGH zwischenzeitlich abgewandt. Er subsumiert, wie auch das überwiegende Schrifttum, die Vortäuschung steuererheblicher Tatsachen

1) Fischer, 59. Aufl. 2012, § 263 StPO Rz. 6; Joecks in Franzen/Gast/Joecks, 7. Aufl. 2009, § 370 AO Rz. 123; Cramer/Perron in Schönke/Schröder, 28. Aufl. 2010, § 263 StGB Rz. 8.
2) Joecks in Franzen/Gast/Joecks, 7. Aufl. 2009, § 370 AO Rz. 130.
3) Joecks in Franzen/Gast/Joecks, 7. Aufl. 2009, § 370 AO Rz. 130.
4) Vgl. zur Situation des § 160 AO Müller, AO-StB 2005, 249 ff.
5) BGH v. 11.4.1972, 1 StR 45/72, NJW 1972, 1287; v. 22.4.1975, 1 StR 592/74, MDR 1975, 947.

unter § 370 AO mit der Begründung, dass diese Norm gegenüber § 263 StGB einen abschließenden Spezialfall darstellt.[1] Ungeklärt ist bislang lediglich noch die in der Praxis bedeutungslose Frage, ob sich der Taterfolg im Rahmen eines fingierten Steuerfalls als Steuerverkürzung oder als ungerechtfertigter Steuervorteil darstellt.[2]

Die ihm solchermaßen im Rahmen seiner steuerlichen Deklarationspflichten abgeforderte Rechtsanwendung setzt auf Seiten des Steuerbürgers also umfassende steuerrechtliche Kenntnisse, nicht zuletzt auch der finanzgerichtlichen Rspr und der einschlägigen Verwaltungsvorschriften, voraus. **62**

aa) Abweichende Rechtsauffassungen

Der Umstand, dass einerseits auf Grund der Steuererklärungsvordrucke überwiegend Subsumtionsergebnisse zu deklarieren sind (→ Rz. 59), andererseits aber § 370 Abs. 1 AO an die Erklärung von Tatsachen (→ Rz. 58) anknüpft, macht es nötig, die jeweiligen Erklärungsangaben auf einen entsprechenden Tatsachenkern hin zu untersuchen.[3] Dementsprechend haben sich Rspr. und Literatur um dogmatische Methoden bemüht, um aus den „vermischten Angaben" der vordruckgemäßen Steuererklärung „Tatsachen" als Anknüpfungspunkte des Straftatbestands herauszufiltern. **63**

Der strafrechtliche Umgang mit der in einer Steuererklärung zum Ausdruck kommenden Rechtsauffassung stellt dementsprechend ein grundsätzliches und seit langem umstrittenes Problem dar,[4] dessen Lösung sich in der Praxis nicht dadurch erübrigt, dass der Tatbestand in subjektiver Hinsicht vorsätzliches Verhalten erfordert (zur Frage der straf- und bußgeldrechtlichen Verantwortung des Steuerberaters → Rz. 2585 ff.), zumal die Organe der Strafrechtspflege bei Erfüllung des objektiven Tatbestands der Steuerhinterziehung regelmäßig ohne Weiteres auch von einer (bedingt) vorsätzlichen Begehungsweise ausgehen. **64**

Eine ältere und überaus weit reichende Auffassung in Rspr. und Literatur, die dogmatisch allerdings aus oben genannten Gründen (→ Rz. 58) nicht vertretbar ist, stellt unzutreffende Rechtsauffassungen bzw. Subsumtionsergebnisse aus Praktikabilitätserwägungen sowie aus Gründen eines umfassenden Rechtsgüterschutzes unrichtigen Tatsachenerklärungen i.S.d. § 370 Abs. 1 Nr. 1 AO gleich.[5] **65**

Alle anderen hierzu vertretenen Ansichten ist demgegenüber gemeinsam, dass sie nicht an die vertretene Rechtsauffassung als solche bzw. das Ergebnis der Subsumtion als Tatsache anknüpfen, sondern auf den zugrundliegenden tatsächlichen Erklärungskern abstellen. **66**

Die Rspr.[6] und Teile der Literatur[7] vertreten, in Nuancen differenziert, die Ansicht, dass der Stpfl. bzw. sein Berater bei Abgabe bzw. der Vorbereitung der Steuererklärung die Rspr. sowie die Richtlinien und die regelmäßige Veranlagungspraxis der Finanzverwaltung zu beachten hat. **Werden hiervon abweichende Rechtsauffassun-** **67**

---

1) BGH v. 6.6.2007, 5 StR 127/07, NJW 2007, 2864; v. 5.5.2004, 5 StR 548/03, wistra 2004, 309; v. 27.9.2002, 5 StR 97/02, wistra 2003, 20; v. 23.3.1994, 5 StR 91/94, wistra 1994, 194; v. 1.2.1989, 3 StR 179/88, wistra 1989, 226; Hellmann in H/H/Sp, § 370 AO Rz. 137, 151 ff. (November 2011).
2) Hellmann in H/H/Sp, § 370 AO Rz. 137 (November 2011).
3) Vergleichbaren Probleme begegnet das Tatsachenmerkmal im Rahmen des § 263 Abs. 1 StGB, vgl. Fischer, 59. Aufl. 2012, § 263 StGB Rz. 6.
4) Zum Meinungsstand vgl. Hellmann in H/H/Sp, § 370 AO Rz. 84 ff. (November 2001) m.w.N.
5) RG v. 26.6.1934, 4 D 79/34, RGSt. 68, 234; Lohmeyer, GA 1972, 302, 306.
6) BGH v. 19.12.1990, 3 StR 90/90 wistra 1991, 138; v. 15.11.1994, 5 StR 237/94, wistra 1995, 69; v. 10.11.1999, 5 StR 221/99, wistra 2000, 137; BFH v. 29.4.2008, VIII R 28/07, NJW 2008, 2941; BVerfG v. 26.10.2005, 2 BvR 720/04, n.v.
7) Danzer, 67; Heuermann in H/H/Sp, § 150 AO Rz. 18 (August 2010).

gen vertreten, so ist dieser Umstand dem zuständigen Finanzamt zur Vermeidung unrichtiger oder unvollständiger Angaben über Tatsachen i.S.d. § 370 Abs. 1 Nr. 1 AO zusammen mit sämtlichen relevanten Tatsachen mitzuteilen.

68 Begründet wird diese Ansicht damit, dass die Finanzverwaltung die mitgeteilten Subsumtionsergebnisse gleichsam durch eine an der Rspr. sowie den Richtlinien und der Veranlagungspraxis der Finanzverwaltung orientierte „rechtliche Brille" betrachtet und solchermaßen bestimmte, diesen Subsumtionsergebnissen entsprechende, im Einzelnen nicht mitgeteilte Sachverhaltsumstände unterstellt. Legt der Stpfl. seinen Angaben eine abweichende Rechtsauffassung zu Grunde, so geht dieser Rückschluss auf Tatsachengrundlagen fehl, dem Finanzamt ist der Blick auf die wahren tatsächlichen Gegebenheiten verstellt.

69 Die **Offenbarungspflicht** soll dabei nach der im Urteil des BGH vom 19.12.1990[1] vertretenen Ansicht sogar so weit gehen, dass der Stpfl. nicht nur die „eigene" Rechtsauffassung darlegen muss, sondern darüber hinaus als innere Tatsache auch Kenntnisse und Absichten bezüglich eines steuerlichen Vorgangs, soweit sie den Steueranspruch beeinflussen,[2] deutlich zu machen hat. Ein weiteres Urteil des BGH gibt dem Stpfl. auf, auch eventuelle Zweifel an der Rechtmäßigkeit seiner bisherigen vom Finanzamt anerkannten Sachbehandlung kenntlich zu machen.[3] Der BGH führt dazu aus, dass es dem Stpfl. grds. nicht freistehe, den Finanzbehörden aus einem Gesamtsachverhalt nur einen Teil der Tatsachen richtig vorzutragen und im Übrigen, unter Berufung auf eine nicht zu erkennen gegebene unzutreffende eigene rechtliche Bewertung, weitere – ggf. steuerlich erhebliche – Einzelheiten zu verschweigen.

70 Nach dem Urteil des BGH vom 10.11.1999[4] „besteht zumindest eine Offenbarungspflicht für diejenigen Sachverhaltselemente, deren rechtliche Relevanz objektiv zweifelhaft ist ... insbesondere ..., wenn die von dem Stpfl. vertretene Auffassung über die Auslegung von Rechtsbegriffen oder die Subsumtion bestimmter Tatsachen von der Rspr., Richtlinien der Finanzverwaltung oder der regelmäßigen Veranlagungspraxis abweicht". Diesen Rahmen der Offenlegungspflicht bestätigte der BGH grds. in seinem Urteil vom 23.2.2000.[5]

71 Dagegen sollen nach der im Schrifttum wohl vorherrschenden Meinung [6] der auch das OLG Düsseldorf beigetreten ist,[7] der Stpfl. bzw. sein Steuerberater bei der Abgabe von Erklärungen jede **„vertretbare"** – vom Wortsinn des betreffenden Steuergesetzes umfasste – Rechtsansicht ohne besonderen Hinweis zu Grunde legen dürfen, ohne sich dadurch dem Vorwurf auszusetzen, unrichtige oder unvollständige Angaben gemacht zu haben. Etwas anderes solle nur dann gelten, wenn entweder die Steuererklärung willkürlich gefertigt wird, die getroffenen Wertungen gegen Denkgesetze oder allgemeine Erfahrungssätze verstoßen, auf Anfragen des Finanzamts falsche oder unvollständige Angaben gemacht oder in den Steuererklärungen Ansichten vertreten werden, die den Stpfl. selbst nicht überzeugen und die daher nicht nach bestem Wissen und Gewissen erfolgen.

---

1) BGH v. 19.12.1990, 3 StR 90/90, wistra 1991, 138, 140.
2) BGH v. 19.12.1990, 3 StR 90/90, wistra 1991, 138, 143.
3) BGH v. 15.11.1994, 5 StR 237/94, wistra 1995, 69.
4) BGH v. 10.11.1999, 5 StR 221/99, wistra 2000, 137, 140; krit. dazu: Dörn, wistra 2000, 334; Bilsdorfer, PStR 2000, 150; Weyand, INF 2000, 726; Hild, BB 2001, 493.
5) BGH v. 23.2.2000, 5 StR 570/99, wistra 2000, 217, 219; FG München v. 16.8.2000, 13 V 1918/07, n.v.
6) Joecks in Franzen/Gast/Joecks, 7. Aufl. 2009, § 370 AO Rz. 128; a.A. entgegen Vorauflage nunmehr Ransiek in Kohlmann, der auf den Tatsachenkern jeder rechtlichen Behauptung abstellt, § 370 AO Rz. 240 (März 2010); Dörn, wistra 1992, 241, 245; Schulze-Osterloh, 43 ff.
7) OLG Düsseldorf v. 2.2.1989, 3 Ws 953/88, Stbg 1991, 521.

Dieser zuletzt genannten Auffassung ist beizupflichten, da allein sie mit dem **Bestimmtheitsgebot** des Art. 103 Abs. 2 GG, das für jedes strafbare Verhalten eine Umschreibung durch bestimmte und eindeutige gesetzliche Merkmale verlangt, vereinbar ist.[1)] 72

Die Vertreter der Gegenauffassung, die die Orientierung an der Rspr., den Richtlinien und der Veranlagungspraxis als dem sog. **„typisierten Empfängerhorizont"** vorschreiben bzw. eine Pflicht zur Offenlegung abweichender Rechtsauffassungen sowie sämtlicher (möglicherweise) subsumtionserheblicher Sachverhaltsumstände aufstellen, verkennen, dass allein die Verletzung formellen oder materiellen Gesetzesrechts Anknüpfungspunkt für die Strafbarkeit nach § 370 Abs. 1 Nr. 1 AO sein kann und gerade nicht die Nichtbeachtung der zu steuerrechtlichen Problemen ergangenen Rspr. bzw. der hierzu erlassenen Richtlinien. 73

Denn die **Entscheidungen des BFH** haben für jene Stpfl. die an dem jeweiligen gerichtlichen Verfahren nicht beteiligt waren, keine bindende Wirkung (§ 110 Abs. 1 FGO).[2)] 74

Ebenso wenig sind die **Richtlinien** der Finanzverwaltung, die weder ein formelles noch materielles Gesetz darstellen, für die Stpfl. verbindlich. Vielmehr entfalten diese nur eine verwaltungsinterne Bindungswirkung. 75

Die **Verwaltungspraxis** schließlich, die sich zum Teil nicht einmal aus Richtlinien ergibt und darüber hinaus durchaus uneinheitlich sein kann bzw. ständigen Veränderungen unterliegt, bleibt dem Stpfl. in der Regel verborgen. So weiß er beispielsweise regelmäßig nicht, welche Maßstäbe die Finanzverwaltung bei Bewertungsfragen heranzieht (auch → Rz. 837, → Rz. 843). 76

Des Weiteren ist problematisch dass zu vielen steuerrechtlichen Fragen keine einheitliche Ansicht existiert. So reagiert die Finanzverwaltung nicht selten mit sog. Nichtanwendungserlassen auf Urteile des BFH. Auch die finanzgerichtliche Rspr. ist bisweilen uneinheitlich.[3)] Um dem Vorwurf des tatbestandsmäßigen Handelns i.S.d. § 370 Abs. 1 Nr. 1 AO sicher zu entrinnen, müsste der Stpfl. der Finanzverwaltung also sämtliche Tatsachen mitteilen, die unter Berücksichtigung aller ggf. maßgeblichen Rechtsauffassungen im Zuge der Subsumtion an irgendeiner Stelle Bedeutung entfalten können. 77

Der Stpfl. ist mithin nach der Rspr. des BGH[4)] unter strafrechtlicher Bewehrung verpflichtet, sowohl die gesamte (mögliche) Entwicklung der Rspr. als auch ihre Umsetzung und Anwendung in der Verwaltungspraxis sowie die hierzu ergangenen und ergehenden Richtlinien zu bedenken und die solchermaßen ggf. subsumtionserheblichen Sachverhaltselemente zu erforschen und mitzuteilen. Angesichts der Komplexität und der Änderungshäufigkeit des Steuerrechts, der Vielzahl an ungeklärten Rechtsfragen sowie der Tatsache, dass es selbst Steuerrechtsexperten[5)] unmöglich ist, zu jedem Problem sämtliche vertretenen Ansichten zu kennen, überspannt die Auffassung des BGH die Reichweite der Offenlegungspflichten. Dem Stpfl. solchermaßen ein ex ante völlig unbestimmtes und strafbewehrtes Subsumti- 78

1) BVerfG v. 17.1.1978, 1 BvL 13/76, BVerfGE 47, 109, 120; v. 5.7.1983, 2 BvR 200/81, BVerfGE 64, 389, 393; v. 23.10.1985, 1 BvR 1053/82, BVerfGE 71, 108, 114.

2) Ransiek in Kohlmann, § 370 AO Rz. 239 (März 2010); auch die Finanzverwaltung stützt sich in den sog. „Nichtanwendungserlassen" darauf, dass die Rspr. nur den jeweiligen Einzelfall verbindlich entscheidet.

3) Vgl. Dörn, wistra 2000, 334.

4) BGH v. 10.11.1999, 5 StR 221/99, wistra 2000, 137; so auch v. 23.2.2000, 5 StR 570/99, wistra 2000, 217; FG München v. 16.8.2000, 13 V 1918/07, n.v.

5) So ist z.B. anerkannt, dass von einem steuerlichen Berater die Kenntnis der finanzgerichtlichen Rspr. nicht erwartet werden kann, vgl. Gräfe in Gräfe/Lenzen/Schmeer, 4. Aufl. 2006, Rz. 241.

ons- und Tatsachenlieferungsrisiko aufzubürden, ist mit dem Bestimmtheitsgebot des Art. 103 Abs. 2 GG unvereinbar (→ Rz. 72).

79 Zudem stellt sich die Frage, woraus sich eine derartig weit reichende steuerliche Offenlegungspflicht des Steuerbürgers im Rahmen seiner Steuererklärungen ergeben soll. Der BGH verweist hierzu, ohne nähere Begründung, auf § 90 Abs. 1 Satz 2 AO. Danach haben die Stpfl. die für die Besteuerung erheblichen Tatsachen im Besteuerungsverfahren vollständig und wahrheitsgemäß offen zu legen. Hierbei handelt es sich jedoch um einen allgemeinen Besteuerungsgrundsatz, wie sich bereits aus seiner gesetzessystematischen Einordnung in der AO (3. Teil: Allgemeine Verfahrensvorschriften; 1. Abschnitt: Verfahrensgrundsätze; 3. Unterabschnitt: Besteuerungsgrundsätze, Beweismittel; I. Allgemeines) ergibt.

80 Die Pflicht zur Abgabe von Steuererklärungen sowie deren Form und Inhalt findet sich dem gegenüber in den §§ 149, 150 AO als besondere Mitwirkungspflicht[1] explizit geregelt. Hiernach hat der Steuerbürger seine Steuererklärungen grds. auf amtlich vorgeschriebenem Vordruck abzugeben (§ 150 Abs. 1 Satz 1 AO). Der Vordruck gibt dem Steuerbürger die erforderliche Orientierung, was er im Einzelnen zu erklären hat.[2]

81 Diese Angaben sind gem. § 150 Abs. 2 Satz 1 AO wahrheitsgemäß nach bestem Wissen und Gewissen zu machen. Dabei wird der Stpfl. aber nicht auf ein bestimmtes Ergebnis – hier das Subsumtionsergebnis der Rspr. oder der Verwaltung – festgelegt.[3] Wenn er seiner Steuererklärung nach seinem besten Wissen und Gewissen eine vertretbare Rechtsauffassung zu Grunde legt, kommt er u.E. seiner Mitwirkungspflicht im Rahmen der Abgabe von Steuererklärungen vollumfänglich nach. Mehr erwartet die Abgabenordnung nicht von ihm. § 90 Abs. 1 Satz 2 AO ist als lediglich allgemeines Mitwirkungsgebot nach alledem nicht geeignet, im Rahmen der Abgabe von Steuererklärungen die vom BGH postulierte **umfängliche Offenlegungspflicht** jenseits der Erklärungsvordrucke zu begründen.

82 Abgesehen hiervon wäre eine umfängliche Offenlegungspflicht i.S.d. BGH-Rechtsprechung wenig praktikabel, weil die Steuererklärung bei Darstellung sämtlicher Zweifelsfragen praktisch einem Buch gleichkäme[4] bzw. die Anlagen zu den Steuererklärungen mit Lastwagen beim Veranlagungsbezirk abgeliefert werden müssten.[5]

83 Wenn seitens der Finanzbehörden die Angabe der von den Stpfl. zu Grunde gelegten Rechtsauffassungen für notwendig erachtet wird, steht es ihnen frei, die Steuererklärungsvordrucke gem. § 150 Abs. 1 AO entsprechend zu gestalten oder im Einzelfall nachzufragen. Verwaltungsökonomische Gründe können es nicht rechtfertigen, dem Steuerbürger ein ex ante unkalkulierbares und strafbedrohtes Subsumtions- und Tatsachenlieferungsrisiko aufzuerlegen.

84 Wie bereits oben erwähnt (→ Rz. 59), werden die formalisierten Steuererklärungsvordrucke von dem Bundesfinanzministerium und den obersten Finanzbehörden der Länder erstellt.

85 Die vom BGH vertretene Ansicht hätte mit Blick auf die Vorschrift des § 173 Abs. 1 Nr. 1 AO im Übrigen zur Folge, dass stets, wenn Steuerbescheide wegen von vornehering bestehender, aber erst nachträglich bekannt werdender Tatsachen (= neue Tatsachen), steuererhöhend geändert werden können, der objektive Tatbestand des § 370 Abs. 1 Nr. 1 AO erfüllt wäre. Demnach käme es für § 173 Abs. 2 AO, der außer

1) Seer in Tipke/Kruse, § 90 AO Rz. 2 (Januar 2010), § 149 AO Rz. 1 (Januar 2012).
2) Seer in Tipke/Kruse, § 150 AO Rz. 3 (Januar 2012).
3) Meilicke, BB 1984, 1885, 1887.
4) Dörn, wistra 1992, 241, 243, 245.
5) Hild, BB 2001, 493.

in den Fällen der Steuerhinterziehung bzw. der leichtfertigen Steuerverkürzung eine verstärkte Bestandskraft vorsieht, lediglich noch darauf an, ob auch der subjektive Tatbestand der §§ 370, 378 AO erfüllt ist oder nicht.

Als Ergebnis ist daher festzuhalten: 86

Wer in einer Steuererklärung – gleichgültig ob als Stpfl. oder Steuerberater – eine Frage unter Zugrundelegung einer vertretbaren, aber von der Rspr. oder Verwaltungsmeinung abweichenden Ansicht beantwortet und dadurch aus Sicht der Verwaltung und/oder der Gerichte Steuern verkürzt, handelt nicht tatbestandsmäßig i.S.d. § 370 Abs. 1 Nr. 1 AO. Dies gilt auch dann, wenn er seine abweichende Rechtsauffassung nicht ausdrücklich dokumentiert.

bb) Fehlen steuerrechtlich vorgesehener Dokumentationen und Nachweise

Eine ähnliche Problematik der steuerstrafrechtlichen Würdigung zeigt sich im Zusammenhang mit den besonderen, im materiellen Steuerrecht normierten **Dokumentationspflichten**. Diese machen die steuerliche Berücksichtigung bestimmter Sachverhalte davon abhängig, dass sie in der vom Gesetz exakt vorgeschriebenen Art und Weise dokumentiert bzw. nachgewiesen werden (z.B. Ausfuhrnachweise zur Erlangung von Steuerfreiheit der Ausfuhrlieferungen gem. §§ 4 Nr. 1 Buchst. a, 6 UStG bzw. innergemeinschaftlichen Lieferungen §§ 4 Nr. 1 Buchst. b, 6a UStG; Rechnungen mit gesondertem Steuerausweis als Voraussetzung für den Vorsteuerabzug nach § 15 UStG). Hier stellt sich die Frage, ob derjenige, der eine Steuerminderung trotz Fehlens eines steuerlich ordnungsgemäßen Nachweises beantragt, unrichtige oder unvollständige Angaben über steuerlich erhebliche Tatsachen macht (§ 370 Abs. 1 Nr. 1 AO). 87

Die „allgemeinen" (formalen) Beweismittel, die in § 92 AO beispielhaft aufgezählt sind und von den Finanzbehörden nach ihrem Ermessen zur Ermittlung des steuerlichen Sachverhalts verwendet werden können, stellen als solche unzweifelhaft keine Tatsachen i.S.d. § 370 Abs. 1 Nr. 1 AO dar, so dass ihr Fehlen steuerstrafrechtlich nicht relevant ist.[1) 88

Eine andere Beurteilung kann aber geboten sein, wenn die Steuergesetze die Berücksichtigung bestimmter steuermindernder Sachverhalte davon abhängig machen, dass sie vom Stpfl. in einer gesetzlich genau vorgeschriebenen Art und Weise nachgewiesen werden. Beispielhaft anzuführen sind hierfür § 4 Abs. 5 Nr. 2 EStG, der den Betriebsausgabenabzug von Bewirtungsaufwendungen von der Vorlage eines ordnungsgemäßen Bewirtungsbeleges abhängig macht (§ 50d Abs. 3 EStG), der den Nichtabzug bestimmter Quellensteuern nur bei Vorliegen eines Freistellungsbescheids zulässt (§ 6 Abs. 4 UStG, → Rz. 998), der für die Steuerfreiheit von Ausfuhrlieferungen (§§ 4 Nr. 1 Buchst. a, 6 UStG) einen Ausfuhrnachweis verlangt, oder § 15 UStG, nach dem für den Vorsteuerabzug eine Rechnung mit gesondertem Steuerausweis erforderlich ist. In diesen Fällen ist sowohl die Rechtsqualität der geforderten Dokumentation als auch die strafrechtliche Konsequenz, wenn tatsächlich erfolgte und zu einer Steuerminderung führende Sachverhalte ohne die vorgeschriebenen speziellen Erfordernisse geltend gemacht werden, zu bedenken. 89

Rechtsprechung[2) und Schrifttum[3) qualifizieren die oben genannten **Nachweise** grundsätzlich als **materiell-rechtliche Voraussetzungen** der jeweiligen Steuerrechtsnorm. Das Fehlen dieser Nachweise habe steuerrechtlich die Nichtberücksichtigung des steuermindernden Sachverhalts zur Folge. Steuerstrafrechtlich sei ihr Fehlen mithin einer unrichtigen Angabe über steuerlich erhebliche Tatsachen 90

1) Spriegel, wistra 1998, 241.
2) BGH v. 4.1.1989, 3 StR 415/88, wistra 1989, 190; v. 15.11.1994, 5 StR 237/94, wistra 1995, 69.
3) Jäger in Klein, 11. Aufl. 2012, § 370 AO Rz. 379 f.; Heinicke in Schmidt, 31. Aufl. 2012, § 4 EStG Rz. 554.

gleichzustellen, da der von der Steuerrechtsnorm als Merkmal ihres Tatbestands geforderte „Nachweis" nicht gegeben ist.

91 Hiergegen wird eingewendet,[1] dass steuerrechtliche Nachweispflichten lediglich als **formale Beweisregeln** bzw. Beweismittel zu beurteilen sind. Selbst wenn in diesen Fällen das Fehlen eines entsprechenden Nachweises steuerrechtlich – um der missbräuchlichen Geltendmachung von Steuerminderungen vorzubeugen – zur Nichtberücksichtigung des jeweiligen Sachverhalts führen sollte, käme zumindest in strafrechtlicher Hinsicht eine Steuerhinterziehung alleine wegen des Fehlens dieses steuerrechtlich vorgesehenen Nachweises nicht in Betracht,[2] da dem Nachweis seinem Wesen nach lediglich Beweischarakter und nicht die Qualität eines steuerlichen Tatbestandsmerkmals beizumessen sei. Die Gleichstellung von Tatsachen und gesetzlich geforderten Nachweisen widerspräche dem in der Abgabenordnung angelegten Grundkonzept der Unterscheidung zwischen tatbestandsrelevanten Tatsachen und diesbezüglichen Beweiserfordernissen und sei zudem nicht konsequent umgesetzt.[3]

92 Die **inkonsequente Handhabung** der Nachweise als Tatbestandsmerkmal der Steuerrechtsnorm äußert sich nicht zuletzt darin, dass die Nachweise, anders als die „typischen" Tatbestandsvoraussetzungen, lediglich zu bestimmten Zeitpunkten vorliegen müssen.

93 So hat die Rspr. beispielsweise entschieden, dass bei Bewirtungsaufwendungen und Ausfuhrlieferungen nicht zwingend der vorgeschriebene Nachweis im Zeitpunkt ihrer Geltendmachung vorhanden sein muss. Vielmehr sei es ausreichend, wenn der Stpfl. diese Nachweise im Rechtsbehelfsverfahren oder bis zur letzten mündlichen Verhandlung vor dem Finanzgericht nachreicht.[4] Voraussetzung hierfür soll allerdings sein, dass er das Finanzamt bei Erklärungsabgabe auf die fehlenden Belege hingewiesen hat. Im Rahmen des Vorsteuerabzuges muss der Stpfl. laut Auffassung des BFH[5] über die geforderte Rechnung als Nachweis zwar im Augenblick der Beantragung der Vorsteuererstattung verfügen. Ein späterer Verlust sei jedoch unschädlich, wenn auf irgendeine Weise nachgewiesen werden könne, dass die Rechnung ursprünglich vorhanden gewesen ist.

94 Diese Beispiele belegen den im Wesen eher formalen Charakter dieser Nachweispflichten und entsprechen nicht ihrer Einordnung als materiell-rechtliche Voraussetzungen eines Steuertatbestands.

95 Nach dieser Ansicht kommt eine strafrechtliche Verurteilung gem. § 370 AO in Fällen der Verletzung von gesetzlichen Nachweispflichten nicht in Betracht, da § 370 AO nicht unrichtige Angaben über Beweismittel, sondern lediglich falsche Angaben über steuertatbestandlich relevante Tatsachen unter Strafe stellt.

96 Eine Strafbarkeit erscheint hiernach auch mit Blick auf das durch § 370 AO geschützte Rechtsgut nicht gerechtfertigt. Wie unter → Rz. 35 ff., 41 bereits dargestellt, schützt § 370 AO das öffentliche Interesse am Steueraufkommen. Spricht man einem steuergesetzlich normierten Nachweiserfordernis seine materiell-rechtliche

---

1) Treiber in Sölch/Ringleb, § 6 UStG Rz. 101 ff. (März 2012); Spriegel, wistra 1998, 241, 248; Keßeböhmer, wistra 1996, 334, 338; Bornheim/Birkenstock, 332, 333.

2) Spriegel, wistra 1998, 241, 248; Keßeböhmer, wistra 1996, 334, 338; Bornheim/Birkenstock, 332, 333.

3) Dementsprechend wird auch den von der Finanzrechtsprechung etablierten besonderen Anforderungen beispielsweise an die steuerliche Anerkennung von Vertragsverhältnissen unter nahen Angehörigen bzw. von Austauschverträgen zwischen einer Körperschaft und ihrem beherrschenden Gesellschafter eine steuerstrafrechtliche Bedeutung nicht zukommen.

4) BFH v. 13.7.1994, I R 128/93, I R 130/93, BStBl II 1994, 894; v. 14.12.1994, XI R 70/93, DB 1995, 1211, 1212.

5) BFH v. 16.4.1997, XI R 63/93, BStBl II 1997, 582; v. 31.7.2007, V B 156/06, BFH/NV 2008, 416.

Qualität ab, so wird durch sein Fehlen dieses Rechtsgut nicht beeinträchtigt, da ein materieller Steueranspruch, der zu schützen wäre, gar nicht besteht. Die gesetzgeberische Konstruktion, einen speziellen Nachweis in den Steuertatbestand zu formulieren, ändert – falls lediglich dieser Nachweis fehlt – nicht den „besteuerungswürdigen" Sachverhalt, so dass das Steueraufkommen insofern nicht belastet ist.

Bezüglich der unter den Voraussetzungen des § 6a Abs. 1 und 2 UStG gegebenen Umsatzsteuerbefreiung von Lieferungen in andere Mitgliedstaaten der EU (§ 4 Nr. 1 Buchst. b UStG) und der entsprechenden Nachweispflichten gem. § 6a Abs. 3 UStG i.V.m. § 17a Abs. 1 UStDV (Belegnachweis) bzw. § 17c Abs. 1 UStDV (Buchnachweis) hat der BFH anerkannt, dass es sich bei den genannten Beleg- und Buchnachweisen nicht um materielle Voraussetzungen der Umsatzsteuerbefreiung handelt.[1] Steht also der Vollzug einer innergemeinschaftlichen Lieferung auf Grund einer Gesamtschau sämtlicher vorhandener Beweismittel fest, so ist die Steuerbefreiung gem. § 4 Nr. 1 Buchst. b UStG auch dann gegeben, wenn die Anforderungen an die Beleg- und Buchnachweise der UStDV nicht erfüllt sind. **97**

Der Neubeurteilung dieser umsatzsteuerlichen Rechtslage durch den BFH hat sich der BGH in steuerstrafrechtlicher Hinsicht angeschlossen.[2] **98**

d) Unrichtigkeit oder Unvollständigkeit der Angaben

Die vom Stpfl. gemachten Angaben müssen in tatsächlicher Hinsicht – im Falle der Mitteilung von Subsumtionsergebnissen bezüglich ihres Tatsachenkerns (→ Rz. 63) – richtig und vollständig sein.[3] **99**

Eine Angabe ist objektiv **unrichtig**, wenn zwischen dem Erklärungsinhalt aus Sicht eines objektiven Erklärungsempfängers, unter Berücksichtigung der besonderen Umstände des Falles, und der Wirklichkeit ein Widerspruch besteht.[4] Maßgeblicher Zeitpunkt für die Beurteilung der Unrichtigkeit ist der Zeitpunkt der Erklärungsabgabe bzw. der Antragstellung. Zu den Problemen der Erklärung auf Grund einer von der des Finanzamts abweichenden Rechtsauffassung → Rz. 63 ff. **100**

Angaben sind dann **unvollständig**, wenn ein bestimmter Sachverhalt nur teilweise dargelegt wird, gleichzeitig aber – nach Vorstellung des Rechtsverkehrs – der Eindruck erweckt wird, weitere pflichtgemäß zu offenbarende Tatsachen seien nicht vorhanden.[5] **101**

Bei Steuererklärungen i.S.d. § 150 Abs. 1 AO wird diese ausdrückliche oder konkludente **Mitbehauptung der Vollständigkeit** sämtlicher erheblicher Umstände auf Grund der Vollständigkeitsbestätigung in Form einer Unterschrift regelmäßig gegeben sein. Das Merkmal der „Vollständigkeit" dient zugleich als Maßstab für die Abgrenzung zum Unterlassungstatbestand nach § 370 Abs. 1 Nr. 2 AO, denn anders als § 370 Abs. 1 Nr. 1 AO setzt § 370 Abs. 1 Nr. 2 AO lediglich voraus, dass der Täter pflichtwidrige Angaben unterlässt, ohne allerdings im Rechtsverkehr den Eindruck der Vollständigkeit seiner Aussage zu erwecken.[6] **102**

In der Praxis spielen unvollständige Angaben meist nur in den Fällen eine Rolle, in denen der Stpfl. die Besteuerungsgrundlagen der Höhe nach zu niedrig erklärt, beispielsweise an Stelle der im Veranlagungszeitraum erzielten gewerblichen Ein- **103**

1) BFH v. 6.12.2007, V R 59/03, DStR 2008, 297, 299 mit Bezug auf EuGH v. 27.9.2007, C-146/05, Slg. 2007, I-7861 und in Abkehr von BFH v. 2.4.1997, V B 159/96, BFH/NV 1997, 629, beachte aber EuGH v. 7.12.2010, C-285/09, NJW 2011, 203.

2) BGH v. 20.11.2008, 1 StR 354/08, NJW 2009, 1516 in Abkehr von BGH v. 12.5.2005, 5 StR 36/05, NJW 2005, 2241.

3) Hellmann in H/H/Sp, § 370 AO Rz. 82 (November 2001).

4) BGH v. 16.12.1954, 3 StR 493/54, BGHSt 7, 147.

5) Hardtke, wistra 1997, 17, 18; Ransiek in Kohlmann, § 370 AO Rz. 248 (März 2010).

6) Joecks in Franzen/Gast/Joecks, 7. Aufl. 2009, § 370 AO Rz. 129.

künfte i.H.v. 100 000 € in die Steuererklärung lediglich 50 000 € einträgt. Wenn der Stpfl. dagegen Teile der von ihm geforderten Begründung, Erläuterung oder Sachverhaltsdarstellung verschweigt, handelt es sich i.d.R. nicht um ein Problem der Unvollständigkeit, sondern um eines der Unrichtigkeit (→ Rz. 100) oder der Unkenntnis der Finanzbehörden (→ Rz. 109).

e) Finanzbehörden oder andere Behörden

104 Die Angaben i.S.d. § 370 Abs. 1 Nr. 1 AO haben gegenüber **Finanzbehörden oder anderen Behörden** zu erfolgen.

105 **Finanzbehörden** sind die in § 6 Abs. 2 AO genannten staatlichen Stellen. Dies gilt auch, wenn während eines anhängigen Finanzprozesses unrichtige oder unvollständige Angaben gegenüber einer Finanzbehörde gemacht werden, da die Finanzbehörde auch während des finanzgerichtlichen Verfahrens „Herrin des Verfahrens" bleibt und der Pflicht unterliegt, den Sachverhalt zu ermitteln (§ 76 Abs. 4 FGO i.V.m. §§ 88 und 89 AO).

106 Als **andere Behörden**, also sonstige mit dem Vollzug öffentlicher Verwaltungsaufgaben befasste Institutionen, kommen z.B. die staatlichen Bauämter, Denkmalbehörden oder die Gemeinden in Betracht, weil auch sie für entscheidende Feststellungen im Besteuerungsverfahren zuständig sein können (z.B. § 7i Abs. 2 EStG; Bildung von Lohnsteuerabzugsmerkmalen gem. § 39 Abs. 1 Satz 3 EStG).

107 Ausländische Finanzbehörden als taugliche Erklärungsadressaten kommen insoweit in Betracht, als § 370 Abs. 6 AO den Schutzbereich des § 370 Abs. 1 bis 5 AO insbesondere auch auf von anderen Mitgliedstaaten der EU verwaltete Abgaben sowie Umsatz- und Verbrauchsteuern erstreckt.[1]

108 Eine **Erklärung gegenüber einer Privatperson** (auch gegenüber dem Steuerberater) reicht grds. nicht aus, es sei denn, die Erklärung wird von der Privatperson mit Willen des Täters an die Behörden, die die steuerlichen Entscheidungen treffen, weitergeleitet.[2] Je nachdem, ob der Übermittler gut- oder bösgläubig ist, kann dann mittelbare Täterschaft oder (ggf.) Anstiftung vorliegen.

f) Ungeschriebenes Tatbestandsmerkmal „Unkenntnis der Finanzbehörde"

109 Die **„Unkenntnis der Finanzbehörde"** ist nur im Rahmen des Unterlassungstatbestands des § 370 Abs. 1 Nr. 2 AO ausdrücklich als Tatbestandsmerkmal normiert (→ Rz. 118 ff.). Der Wortlaut der Steuerhinterziehung durch positives Tun (§ 370 Abs. 1 Nr. 1 AO) setzt demgegenüber nicht voraus, dass es der Finanzbehörde auf Grund der unrichtigen oder unvollständigen Angaben an einer Kenntnis der zutreffenden Sachverhaltsumstände fehlt.

110 Eine verbreitete Meinung im **Schrifttum**[3] geht allerdings davon aus, dass die „Unkenntnis der Finanzbehörde" ein in den § 370 Abs. 1 Nr. 1 AO hineinzulesendes ungeschriebenes Tatbestandsmerkmal ist. Dies wird vor allem mit den ansonsten auftretenden Wertungswidersprüchen zwischen § 370 Abs. 1 Nr. 1 und Nr. 2 AO begründet, die insbes. angesichts der fließenden Abgrenzung zwischen dem

1) Hellmann in H/H/Sp, § 370 AO Rz. 89 (November 2001).
2) Joecks in Franzen/Gast/Joecks, 7. Aufl. 2009, § 370 AO Rz. 131.
3) Joecks in Franzen/Gast/Joecks, 7. Aufl. 2009, § 370 AO Rz. 198; entgegen Vorauflage differenzierend nach Zurechnungszusammenhang und Merkmal der Unkenntnis: Ransiek in Kohlmann, § 370 AO Rz. 580 (März 2010); offen gelassen Hellmann in H/H/Sp, § 370 AO Rz. 69 ff. (November 2001); so auch FG München v. 10.6.2011, 8 K 1016/08, EFG 11, 2123; BayObLG v. 3.11.1989, RReg 4 St 135/89, wistra 1990, 159; OLG Oldenburg v. 16.11.1998, Ss 319/98 (I/107), Ss 319/98, DStZ 1999, 188, Koops/Gerber, DB 2011, 786 ff.; Tormöhlen, DStZ 2006, 262 ff.

„Machen unvollständiger Angaben" und dem (teilweisen) „Unterlassen zutreffender Angaben" auftreten.

Demnach sei es auch im Rahmen des § 370 Abs. 1 Nr. 1 AO, in Anlehnung an die durch die Rspr. konstruierten Tatbestandsmerkmale des Betruges (§ 263 Abs. 1 StGB, Täuschung, Irrtum, Vermögensverfügung, sämtliche verknüpft durch Kausalität[1]), erforderlich, dass sich die Finanzbehörde auf Grund der unwahren bzw. unvollständigen Angaben des Stpfl. in Unkenntnis über den maßgeblichen Sachverhalt befindet. Nur so ließen sich strafunwürdige Sachverhalte sachgerecht bereits auf der Ebene des objektiven Tatbestands des § 370 Abs. 1 Nr. 1 AO ausgrenzen. 111

Die Bedeutung dieses Filters macht der folgende (real geschehene) **Beispielsfall** deutlich: 112

Beispiel:

S ist Alleinerbe seines Vaters V. In dem Nachlass befindet sich neben umfangreichem sonstigem Vermögen ein Festgeldkonto von beträchtlicher Höhe. Sowohl das Kapital als auch die Einkünfte hieraus hatte V stets ordnungsgemäß dem zuständigen Finanzamt erklärt. Nach dem Ableben seines Vaters erfüllte S dessen steuerliche Erklärungspflichten ordnungsgemäß als Gesamtrechtsnachfolger. Unverzüglich nach dem Tod seines Vaters hatte S bereits das kontoführende Kreditinstitut hierüber informiert, woraufhin von dort eine Anzeige gem. § 33 ErbStG an das für die Erbschaftsteuer zuständige Finanzamt erfolgte. S verfasste ferner ein korrektes Nachlassverzeichnis und reichte es bei dem Amtsgericht – Nachlassgericht – ein. Von dort wurde das Nachlassverzeichnis gem. § 34 ErbStG, § 7 Abs. 3 Nr. 4 ErbStDV an das für die Erbschaftsteuer zuständige Finanzamt weitergeleitet. Die von dem Steuerberater des S zu einem späteren Zeitpunkt erstellte und von S unterschriebene und eingereichte Erbschaftsteuererklärung enthielt dieses Festgeldkonto demgegenüber nicht.

Die zuständige Stelle des Finanzamtes verfügt in diesem Falle über exakte, durch den Stpfl. veranlasste Informationen bezüglich des Steuerfalls und ist ohne Weiteres in der Lage, die Erbschaftsteuer zutreffend festzusetzen. Nach unserer Auffassung ist diese Fallkonstellation nicht erst im Rahmen des subjektiven, sondern bereits auf der Ebene des objektiven Tatbestands über das ungeschriebene Tatbestandsmerkmal der „Unkenntnis" zu lösen.

Der **BGH** ließ die Frage nach dem (ungeschriebenen) Erfordernis einer „Unkenntnis der Finanzbehörde" im Rahmen des objektiven Tatbestands des § 370 Abs. 1 Nr. 1 AO zunächst ausdrücklich offen.[2] Allerdings deutet er an, dass er der Annahme dieses ungeschriebenen Tatbestandsmerkmals eher ablehnend gegenübersteht.[3] Der BGH begründet seine Zurückhaltung mit den Regelbeispielen des § 370 Abs. 3 Satz 2 Nr. 2 und 3 AO, die gerade solche Fälle für besonders strafwürdig erachten, in denen ein Amtsträger bewusst an den Steuerverkürzungen eines Stpfl. mitwirkt, also Fälle, in denen der handelnde Amtsträger Kenntnis von der Steuerverkürzung hat. Er führt in diesem Zusammenhang aus, dass die Existenz des ungeschriebenen Tatbestandsmerkmals der „Unkenntnis der Finanzbehörde" zwingend einen eingeschränkten Anwendungsbereich der Vorschrift des § 370 Abs. 3 Satz 2 Nr. 2 und 3 AO zur Folge hätte. Raum für diese Vorschriften bliebe dann nämlich nur noch dort, wo ein unzuständiger, nicht aber der zuständige Amtsträger Kenntnis von der Steuerhinterziehung hat und sich missbräuchlich verhält.[4] Diese Einschränkung des Anwendungsbereichs des § 370 Abs. 3 Satz 2 Nr. 2 und 3 AO sei aber gesetzlich 113

1) Fischer, 59. Aufl. 2012, § 263 StGB Rz. 5.

2) BGH v. 7.9.1988, 3 StR 178/88, wistra 1989, 29; v. 19.10.1999, 5 StR 178/99, BStBl II, 854 = wistra 2000, 63 m. Anm. v. Jarke, wistra 2000, 350, jeweils mit Hinweis darauf, dass eine Täuschung oder ein Irrtum als Tatbestandsvoraussetzungen des § 370 Abs. 1 Nr. 1 AO vom BGH bereits negiert wurden.

3) Vgl. zuletzt BGH v. 19.10.1999, 5 StR 178/99, wistra 2000, 63, 64.

4) BGH v. 19.10.1999, 5 StR 178/99, BStBl II 1999, 854 = wistra 2000, 63, 64.

nicht vorgesehen, was der Annahme eines Tatbestandsmerkmals „Unkenntnis der Finanzbehörde" entgegenstehe.

114 Obgleich diese Argumentation des BGH wenig schlüssig erscheint,[1] hat er der Annahme des ungeschriebenen Tatbestandsmerkmals der Unkenntnis im Rahmen der Tatbestandsvariante des § 370 Abs. 1 Nr. 1 AO nunmehr eine ausdrückliche Absage erteilt.[2]

2. Steuerhinterziehung durch Unterlassen (§ 370 Abs. 1 Nr. 2 AO)

115 Nach § 370 Abs. 1 Nr. 2 AO wird wegen **Steuerhinterziehung durch Unterlassen** bestraft, wer die Finanzbehörden pflichtwidrig über steuerlich erhebliche Tatsachen in Unkenntnis lässt und dadurch Steuern verkürzt oder nicht gerechtfertigte Steuervorteile erlangt.

116 Im Gegensatz zu § 370 Abs. 1 Nr. 1 AO, der zumindest irgendeine Erklärung des Täters voraussetzt, greift § 370 Abs. 1 Nr. 2 AO vereinfacht dargestellt dann ein, wenn gar keine oder keine rechtzeitige Erklärung abgegeben wird.

117 Bei § 370 Abs. 1 Nr. 2 AO handelt es sich um ein echtes Unterlassungsdelikt,[3] da das Herbeiführen eines bestimmten Erfolges in dieser Vorschrift explizit unter Strafe gestellt wird.[4]

a) Unkenntnis der Finanzbehörde

118 Voraussetzung hierfür ist zunächst, dass der Finanzbehörde die steuerlich erheblichen Tatsachen unbekannt sind.

aa) Finanzbehörden

119 Der in § 370 Abs. 1 Nr. 2 AO verwendete Begriff der „Finanzbehörden" ist i.S.d. § 6 Abs. 2 AO zu verstehen, wonach Finanzbehörden alle Bundes- und Landesfinanzbehörden sind. Die (Un-)Kenntnis der jeweiligen Sachverhaltsumstände wird der zuständigen Finanzbehörde regelmäßig durch den für die konkrete Sachbearbeitung zuständigen Amtsträgers vermittelt. Sind in seiner Person die für eine zutreffende Steuerfestsetzung notwendigen steuererheblichen Tatsachen bekannt oder aus den durch ihn geführten Akten ersichtlich, kann sich die Finanzbehörde nicht auf Unkenntnis berufen.[5]

120 Die Unkenntnis muss aber auch verneint werden, wenn ein dem zuständigen Sachbearbeiter vorgesetzter Beamter, der jederzeit in die Entscheidung eingreifen

---

1) Ausf. Vorauflage Rz. 156 ff.

2) BGH v 14.12.2010, 1 StR 275/10, NJW 2011, 1299; v. 6.6.2007, 5 StR 127/07, NJW 2007, 2864; BFH v. 25.10.2005, VII R 10/04, NJW 2006, 1550.

3) Echtes Unterlassungsdelikt insofern, als nach der formalen Ausgestaltung des Straftatbestandes differenziert wird (vgl. BGH v. 22.5.2003, 5 StR 520/02, wistra 2003, 344); zu einer Qualifizierung als unechtes Unterlassungsdelikt würde demgegenüber eine Differenzierung nach der Erfolgsbezogenheit des Tatbestands gelangen, allerdings ohne dass sich hierdurch praktische Auswirkungen ergäben (vgl. hierzu Hellmann in H/H/Sp, § 370 AO Rz. 92 (März 2011).

4) Denkbar, wenngleich in der Praxis selten aufgegriffen, ist auch eine Steuerhinterziehung durch Unterlassen gem. § 370 Abs. 1 Nr. 1 AO i.V.m. § 13 StGB. Hierbei handelt es sich um ein unechtes Unterlassungsdelikt, weil das Unterlassen nur dann tatbestandsmäßig ist, wenn der Täter für den herbeigeführten Erfolg rechtlich einzustehen hat (= Garantenstellung), und das Unterlassen einer Tatbestandsverwirklichung durch Tun entspricht, vgl. hierzu ausf. Hellmann in H/H/Sp, § 370 AO Rz. 71 (November 2001); zur Abgrenzung des § 370 Abs. 1 Nr. 1 AO i.V.m. § 13 StGB zu § 370 Abs. 1 Nr. 2 AO s. Hellmann in H/H/Sp, § 370 AO Rz. 95 (März 2011).

5) Hellmann in H/H/Sp, § 370 AO Rz. 98 f. m.w.N (März 2011).

kann,[1] oder eine andere zuständige Stelle innerhalb des jeweiligen Finanzamtes (z.B. die Betriebsprüfungs- oder Rechtsbehelfsstelle) über die steuererheblichen Tatsachen informiert ist. In Einzelfällen wird sogar die Kenntnis einer für die Durchführung der Veranlagung nicht zuständigen Finanzbehörde (z.B. OFD/Landesamt für Steuern oder Finanzministerium) ausreichend sein können.

Das Wissen des zuständigen Amtsträgers kann der Finanzbehörde allerdings dann nicht zugerechnet werden, wenn dieser mit dem Täter treuwidrig zusammenwirkt und steuerlich erhebliche Tatsachen trotz deren Kenntnis unterdrückt, um eine Steuerverkürzung zu erwirken.[2] Diese Überlegung steht im Einklang mit der grundsätzlichen Beschränkung der Zurechnung missbräuchlichen bzw. kollusiven Vertreterhandelns wie sie insbes. zu § 14 StGB bzw. § 166 StGB anerkannt ist. **121**

bb) Unkenntnis

Die **„Unkenntnis der Finanzbehörde"** setzt nicht voraus, dass der Finanzbehörde der gesamte steuerliche Vorgang unbekannt ist.[3] Sie liegt vielmehr bereits dann vor, wenn zwar einige steuerlich erhebliche Tatsachen bekannt sind, diese aber allein nicht ausreichen, um daraus die korrekten steuerlichen Konsequenzen zu ziehen. Dies ist beispielsweise der Fall, wenn dem Finanzamt zwar die Tatsache bekannt ist, dass der steuerlich entsprechend erfasste Stpfl. ein Gewerbe betreibt und Umsätze tätigt, jedoch mangels rechtzeitiger Abgabe von Umsatzsteuervoranmeldungen keine Erkenntnisse über die Höhe der steuerpflichtigen Umsätze vorhanden sind.[4] **122**

Stehen dem Finanzamt hingegen sämtliche erforderlichen Informationen und konkreten Besteuerungsmerkmale aus anderen Quellen rechtzeitig zur Verfügung (beispielsweise durch Kontrollmitteilungen, Mitteilungen privater Dritter o.Ä.) ist das Tatbestandsmerkmal der „Unkenntnis" nicht erfüllt. Ob der Täter selbst Informationen unterbreitet hat, ist hierbei ohne Bedeutung. **123**

Eine Unkenntnis des Finanzamts liegt ebenfalls nicht vor, wenn und soweit ihm konkrete und hinreichende Anhaltspunkte über die Art und Höhe der erzielten Einnahmen zur Verfügung stehen (z.B. aus Steuererklärungen des Vorjahres oder Umsatzsteuervoranmeldungen des Veranlagungsjahres).[5] Dann ist das Finanzamt nämlich zur rechtzeitigen **Schätzung** der Besteuerungsgrundlagen gem. § 162 AO verpflichtet. Unterbleibt eine solche Schätzung, ist der Tatbestand des § 370 Abs. 1 Nr. 2 AO nicht gegeben. Denn es fehlt an dem Merkmal der „Unkenntnis der Finanzbehörde" als kausalem Verbindungsglied zwischen dem Unterlassen des Stpfl. und der eingetretenen Steuerverkürzung (auch → Rz. 146 und → Rz. 375).[6] **124**

---

1) Joecks in Franzen/Gast/Joecks, 7. Aufl. 2009, § 370 AO Rz. 159.
2) BFH v. 28.4.1998, IX R 49/96, BStBl II 1998, 458; a.A. Hellmann in H/H/Sp, § 370 AO Rz. 99 (März 2011).
3) Zu dieser Variante der Unkenntnis, Hellmann in H/H/Sp, § 370 AO Rz. 96 (März 2011).
4) Vgl. hierzu auch Joecks in Franzen/Gast/Joecks, 7. Aufl. 2009, § 370 AO Rz. 157; Hellmann in H/H/Sp, § 370 AO Rz. 97 (März 2011).
5) Hellmann in H/H/Sp, § 370 AO Rz. 94 (März 2011).
6) Umstritten ist die nötige Qualität der Kenntnis der Finanzbehörde. Insbesondere Dörn (wistra 1991, 10, 15; Dörn, wistra 1993, 241; Dörn, DStZ, 1994, 494) lässt es bereits genügen, dass der jeweilige Stpfl. steuerlich erfasst ist. Das FG Bremen (v. 7.9.1993, II 50/91 K, EFG 1994, 6 und v. 13.2.1990, II 49/86 K, EFG 1991, 510) hält die Kenntnis von Vorjahresergebnissen für ausreichend, während das BayObLG (v. 3.11.1989, RReg 4 St 135/89, wistra 1990, 159; zustimmend Ferschl, wistra 1990, 177) konkrete Erkenntnisse bzgl. der vorzunehmenden Veranlagung fordert. Gemäß Rspr. des BGH v. 19.12.1990, 3 StR 90/90, wistra 1991, 138, 144; im Übrigen ablehnend gegenüber einem ungeschriebenen Tatbestandsmerkmal der Unkenntnis kommt es auf die Kenntnis der jeweiligen Veranlagungsbeamten, nicht aber der übergeordneten Behörden an. Zum Meinungsstand ferner Joecks in Franzen/Gast/Joecks, 7. Aufl. 2009, § 370 AO Rz. 196; Hellmann in H/H/Sp, § 370 AO Rz. 94 (März 2011); Bilsdorfer, DStZ 1985, 184, 190 f.

125 Schätzt das Finanzamt also bei unterlassener Erklärungsabgabe die Besteuerungsgrundlagen trotz hinreichender Bekanntheit der Einnahmequellen und ihrer mutmaßlichen Höhe nicht, verspätet oder zu niedrig, ist der objektive Tatbestand der Steuerhinterziehung durch Unterlassen (§ 370 Abs. 1 Nr. 2 AO) mangels „Unkenntnis der Finanzbehörde" nicht erfüllt.[1] Allerdings kommt eine Versuchsstrafbarkeit in Betracht, wenn der Täte irrig von einer Unkenntnis des Finanzamts ausgegangen ist. Lediglich die Bestrafung wegen Versuchs droht dem Stpfl. auch in dem Fall, dass trotz unterlassener Erklärungsabgabe entgegen seiner Vorstellung eine zeit- und betragsgerechte Schätzung durch die Finanzbehörde erfolgt.

126 An der Vorstellung des Stpfl. durch die Nichtabgabe der Steuererklärung eine zu niedrige oder keinerlei Steuerfestsetzung durch das Finanzamt zu bewirken dürfte es grundsätzlich fehlen, wenn der Stpfl. beispielsweise bereits früher die Erfahrung gemacht hat, dass die Steuerbehörde das Versäumen der Abgabefristen von Steuererklärungen mit rechtzeitigen und ausreichend hohen Steuerfestsetzungen im Schätzungswege beantwortet. In diesen Fällen lässt sich aus dem Verstreichenlassen der Abgabefrist auch nicht auf den Versuch einer Steuerhinterziehung schließen.[2]

127 Bei Festsetzungssteuern tritt die Kausalkette im Sinne von Unterlassen der Tatsachenvermittlung in Form einer Steuererklärung, „Unkenntnis der Finanzbehörde" und Verkürzungserfolg in Form einer Nichtfestsetzung klar hervor (§ 370 Abs. 4 Satz 1 AO, → Rz. 206 ff.). Dagegen ist diese bei der **Steueranmeldung** weniger deutlich, weil die Steueranmeldung gem. § 168 AO einer Steuerfestsetzung unter Vorbehalt der Nachprüfung gleichsteht und somit die Tathandlung des Unterlassens einer Steueranmeldung zugleich den Verkürzungserfolg des § 370 Abs. 1 Halbsatz 2 AO darstellt (→ Rz. 211 und → Rz. 228 ff.). Diese Wirkung der Steueranmeldung lässt allerdings nicht den Schluss zu, dass das gesetzlich ausdrücklich erforderliche Tatbestandsmerkmal der „Unkenntnis der Finanzbehörde" obsolet wäre. Denn auch hier kann eine Steuerhinterziehung durch Unterlassen nicht gegeben sein, soweit der Finanzbehörde die erforderlichen Informationen für die Schätzung der Steueranmeldung rechtzeitig zur Verfügung stehen.[3]

b) Steuerlich erhebliche Tatsachen

128 Der Begriff der **steuerlich erheblichen Tatsachen** i.S.d. § 370 Abs. 1 Nr. 2 AO ist ebenso zu interpretieren wie in der Handlungsvariante des § 370 Abs. 1 Nr. 1 AO. Insoweit kann also auf die obigen Ausführungen (→ Rz. 60 ff.) verwiesen werden.

c) Unterlassen

129 Zur Verwirklichung des Tatbestands der Steuerhinterziehung durch Unterlassen (§ 370 Abs. 1 Nr. 2 AO) ist des Weiteren erforderlich, dass der Stpfl. eine geeignete, ihm mögliche und zumutbare Erklärungshandlung gegenüber der zuständigen Finanzbehörde nicht vornimmt. Zwischen dem Unterlassen des Stpfl. und der „Unkenntnis der Finanzbehörde" bezüglich steuererheblicher Tatsachen muss ein kausaler Zusammenhang bestehen.[4]

130 Die Beurteilung der **Möglichkeit** der Vornahme der erwarteten Handlung richtet sich danach, ob ein Durchschnittsmensch auf Grund seiner Kenntnisse und Fähigkeiten im Stande gewesen wäre, in der erforderlichen Weise tätig zu werden. Bei

1) Joecks in Franzen/Gast/Joecks, 7. Aufl. 2009, § 370 AO Rz. 196; Hild, Stbg 2008, 331.
2) BGH v. 30.9.1980, 5 StR 394/80, HFR 1981, 286; v. 25.1.1983, 5 StR 814/82, NJW 1983, 1072.
3) Joecks in Franzen/Gast/Joecks, 7. Aufl. 2009, § 370 AO Rz. 197.
4) Zur Abgrenzung zwischen dem Machen unvollständiger Angaben i.S.d. § 370 Abs. 1 Nr. 1 AO und dessen (teilweisem) Unterlassen, Hellmann in H/H/Sp, § 370 AO Rz. 100 f. (März 2011).

der Offenbarung steuerlich erheblicher Tatsachen ist – entsprechend dieser Definition – von einer Handlungsmöglichkeit grds. auszugehen.

131 Im Rahmen der **Zumutbarkeit** der gebotenen Handlung spielt insbes. die Frage der Pflichtbegrenzung durch das Selbstbelastungsverbot eine entscheidende Rolle. Insoweit wird auf die Ausführungen unter → Rz. 178 ff. verwiesen.

d) Erklärungspflicht/Anzeigepflicht

132 Der Tatbestand des § 370 Abs. 1 Nr. 2 AO kann allerdings nur von demjenigen verwirklicht werden, der die Finanzbehörde pflichtwidrig über steuerlich erhebliche Tatsachen in Unkenntnis lässt. Pflichtwidrig verhält sich, wer einer ihm obliegenden **Rechtspflicht zur Erklärung bzw. Offenbarung** steuerlich erheblicher Tatsachen nicht nachkommt. Dieses Tatbestandsmerkmal definiert den Kreis der tauglichen Täter, ohne allerdings nach der Rechtsprechung des BGH ein besonderes persönliches Merkmal i.S.d. § 28 Abs. 1 StGB darzustellen.[1]

133 Zur Klarstellung sein angemerkt, dass die Pflichtverletzung für sich genommen nicht strafbewehrt ist, sondern hierfür stets der Eintritt eines Hinterziehungserfolges in Form einer Steuerverkürzung oder der Erlangung ungerechtfertigter Steuervorteile hinzuzutreten hat.

134 Die für § 370 Abs. 1 Nr. 2 AO wesentlichen steuerlichen Aufklärungspflichten des Stpfl. oder Dritter gegenüber dem Finanzamt sind in erster Linie in der AO (z.B. §§ 34 bis 36, 90, 92, 93, 97, 134, 135, 137 bis 139, 149, 153, 200) und in den Einzelsteuernormen (§§ 56 bis 60 EStDV, § 31 Abs. 1 KStG, § 25 GewStDV, §§ 30 ff. ErbStG) zu finden. Einige dieser Pflichten setzen allerdings für ihre Entstehung eine Aufforderung oder Konkretisierung durch das Finanzamt voraus. Eine Erbschaftsteuererklärung muss beispielsweise nur von demjenigen abgegeben werden, der hierzu von der Finanzbehörde aufgefordert wurde (§ 31 ErbStG). Zur Frage der Steuerhinterziehung wegen Verletzung der Pflicht zur Anzeige eines erbschaftsteuerpflichtigen Erwerbs gem. § 30 ErbStG → Rz. 1070 ff.

135 Darüber hinaus ist auch eine Erklärungs- und Anzeigepflicht auf Grund der allgemeinen **Garantenpflichten** (z.B. aus pflichtwidrigem vorangegangenem Tun [= Ingerenz]) denkbar.[2] In der Praxis kommt diesen allgemeinen Garantenpflichten allerdings nur geringe Bedeutung zu. Denn die Garantenpflicht aus Ingerenz hat in § 153 AO eine, wenn auch nicht abschließende, gesetzliche Ausprägung erfahren (→ Rz. 149 ff.).[3] Zudem können etwaige Garantenpflichten aus Rechtsgüterschutzgesichtspunkten nach unserer Ansicht nicht ohne Weiteres zum Tragen kommen, da der Stpfl. (und erst recht etwaige Dritte) auf Grund seiner steuerlichen Pflichtenstellung (→ Rz. 134) nicht allgemein zum Hüter des staatlichen Steueraufkommens wird.[4] Dementsprechend ergibt sich für den Stpfl. beispielsweise keine Rechtspflicht, die Finanzverwaltung auf einen ihn begünstigenden Festsetzungsfehler hinzuweisen, soweit er ihn nicht veranlasst hat. Dem Steuerberater, als in den Erklärungsvorgang einbezogenem Dritten erwächst durch seine Betätigung für den Stpfl. grundsätzlich keine Rechtspflicht, Steuererklärungen für seinen Mandanten abzu-

1) BGH v. 25.1.1995, 5 StR 491/94, BGHSt 41, 1 ff.; a.A. Hellmann in H/H/Sp, § 370 AO Rz. 108 (März 2011); Ransiek in Kohlmann, § 370 AO Rz. 3 (Oktober 2005).

2) Hellman in H/H/Sp, § 370 AO Rz. 110 (März 2011); Joecks in Franzen/Gast/Joecks, 7. Aufl. 2009, § 370 AO Rz. 162 f.; Grunst, 43; v. Briel in v. Briel/Ehlscheid, 1997, § 1 Rz. 235; OLG Karlsruhe v. 5.3.1964, 1 Ss 335/63, BB 1966, 1376, 1379; BGH v. 18.11.1960, 4 StR 131/60, BStBl I 1961, 495; a.A. Ransiek in Kohlmann, § 370 AO Rz. 224, 281 (November 2012).

3) BGH v. 17.3.2009, 1 StR 479/08, NJW 2009, 1984 Rz. 24 ff.; Hellman in H/H/Sp, § 370 AO Rz. 110 (März 2011); Joecks in Franzen/Gast/Joecks, 7. Aufl. 2009, § 370 AO Rz. 162a.

4) Joecks in Franzen/Gast/Joecks, 7. Aufl. 2009, § 370 AO Rz. 162; Hellman in H/H/Sp, § 370 AO Rz. 110 (März 2011).

geben, bzw. dessen Erklärungsfehler zu berichtigen.[1] Soweit der Steuerberater allerdings eigenständig für seinen Mandanten Steuererklärungen einreicht (z.B. Umsatzsteuervoranmeldungen die nicht eigenhändig vom Unternehmer zu unterschreiben sind, § 18 Abs. 1 Satz 2 UStG im Gegensatz zu § 18 Abs. 3 Satz 3 UStG i.V.m. § 150 Abs. 3 Satz 1 AO), kann er allerdings durchaus in eine Garantenstellung nach allgemeinen strafrechtlichen Grundsätzen (Ingerenz) einrücken.[2]

136 Der Verzicht auf die eigenhändige Unterschrift des Stpfl. im Zusammenhang mit der Einführung der Pflicht zur elektronischen Übermittlung von Steuererklärungen führt auch im Falle der durch den Steuerberater authentifizierten Übermittlung der Steuererklärung nicht dazu, dass ihm die Steuererklärung und die darin enthaltenen tatsächlichen Angaben als eigene Erklärung zuzurechnen sind. Insofern erwachsen dem Steuerberater aus der von ihm vorgenommenen Datenübertragung auch keine Garantenpflichten namentlich aus § 153 AO. Dessen ungeachtet sollte der Steuerberater für eine zuverlässige Dokumentation des Umstandes sorgen, dass dem Stpfl. die tatsächlichen Erklärungsinhalte bekannt und die entsprechende Steuererklärung von ihm autorisiert war.

aa) Erfassungspflichten (§§ 137 bis 139 AO)

137 Nach den in den §§ 137 bis 139 AO geregelten **Erfassungspflichten** müssen Stpfl. dem Finanzamt bzw. der Gemeinde die für die steuerliche Erfassung und Steuererhebung bedeutsamen Daten, wie z.B. den Beginn ihrer gewerblichen oder freiberuflichen Tätigkeit, anzeigen. Unterlassen sie dies, lassen sie das Finanzamt über ihre persönliche Steuerpflicht in Unkenntnis. Dadurch wird von vorneherein sowohl die Festsetzung von Vorauszahlungen als auch der Erlass von Steuerbescheiden verhindert. Zudem ist das Finanzamt nicht in der Lage, die Abgabe von Steueranmeldungen und Steuererklärungen gem. § 328 AO zu überwachen bzw. zu erzwingen. Ebenso wenig kann die gesetzlich geschuldete Steuer auf Grund einer Schätzung nach § 162 AO festgesetzt und vollstreckt werden.

138 Zu beachten ist in diesen Fällen der Verletzung von Erfassungspflichten allerdings, dass eine Steuerhinterziehung gem. § 370 Abs. 1 Nr. 2 AO nur dann und nur insoweit in Betracht kommt, als bereits das Unterlassen der pflichtgemäßen Anzeige die Steuerverkürzung kausal bewirkt. Reicht ein Stpfl., der unter Verstoß gegen § 138 AO die Aufnahme seiner Erwerbstätigkeit nicht angezeigt hat, fristgerecht Jahressteuererklärungen ein, bevor das Finanzamt auf andere Weise von seiner Betätigung Kenntnis erlangt, ist allenfalls eine zeitliche Verkürzung bezüglich nicht geleisteter Vorauszahlungen denkbar.[3]

bb) Steuererklärungs- bzw. Steueranmeldungspflichten

139 Pflichten zur Abgabe von Steuererklärungen sind beispielsweise in § 149 AO, § 25 Abs. 3 EStG, den §§ 56, 60 EStDV, § 31 Abs. 1 KStG, § 25 GewStDV, § 31 ErbStG geregelt.[4] Zur Pflichtbegrenzung durch das Selbstbelastungsverbot → Rz. 178 ff. und → Rz. 3979 ff.

140 Pflichten zur Abgabe von sog. **Steueranmeldungen** (§ 150 Abs. 1 Satz 2 AO), in denen der Stpfl. die Steuer selbst zu berechnen hat, ergeben sich beispielsweise aus § 41a EStG (Lohnsteueranmeldung) und § 18 Abs. 1, 3 UStG.

141 **Form und Inhalt** der einzureichenden Steuererklärungen sind in § 150 Abs. 1 AO geregelt. Für die **Steuererklärung**, die eine formalisierte Erklärung über steuerlich

1) Hellman in H/H/Sp, § 370 AO Rz. 110 (März 2011).
2) Hellman in H/H/Sp, § 370 AO Rz. 110 (März 2011).
3) Joecks in Franzen/Gast/Joecks, 7. Aufl. 2009, § 370 AO Rz. 165.
4) Vgl. hierzu ausf. Dörn, wistra 1993, 241 ff.; Dörn, wistra 1991, 10 ff.

erhebliche Vorgänge oder Zustände darstellt,[1] ist grds. der amtlich vorgeschriebene Vordruck zu verwenden, auf dem zugleich zu versichern ist, dass die eingefügten Angaben wahrheitsgemäß nach bestem Wissen und Gewissen (§ 150 Abs. 2 AO) erfolgt sind. Die Steuererklärung bezweckt, dass der Finanzbehörde eine ausreichende Informationsbasis für die Feststellung der zutreffenden Besteuerungsgrundlagen zur Verfügung steht, um solchermaßen die nach Ablauf des Veranlagungszeitraums entstandene Steuer korrekt festsetzen zu können.

Die **Nichtbeachtung** der vorgeschriebenen **Form** beeinflusst jedoch nicht den Erklä- **142**
rungswert,[2] so dass auch derjenige, der die erforderlichen Angaben nicht auf einem amtlich vorgeschriebenen Vordruck macht, seiner Erklärungspflicht nachkommt, sich also nicht pflichtwidrig i.S.d. § 370 Abs. 1 Nr. 2 AO verhält.

Bei juristischen Personen sind gem. § 34 Abs. 1 Satz 1 AO deren gesetzliche Vertre- **143**
ter (z.B. bei einer AG der Vorstand gem. § 78 AktG, bei einer GmbH deren Geschäftsführer gem. § 35 GmbHG) zur Abgabe der Erklärungen für die Gesellschaft verpflichtet. Bei nicht rechtsfähigen Personenvereinigungen und Vermögensmassen sind, soweit vorhanden, deren Geschäftsführer (= Personen, die nach Satzung, Stiftungsurkunde etc. zur Vertretung berufen sind) gem. § 34 Abs. 1 Satz 1 AO, andernfalls die Gesellschafter oder Mitglieder gem. § 34 Abs. 2 AO zur Abgabe von Steuererklärungen verpflichtet. Ferner haben auch die gesetzlichen Vertreter einer natürlichen Person gem. § 34 Abs. 1 Satz 1 AO, die Vermögensverwalter (einschl. Insolvenzverwalter) gem. § 34 Abs. 3 AO sowie die als Bevollmächtigte oder Verfügungsberechtigte auftretenden Personen, deren Vollmacht oder Auftrag die Steuererklärungspflicht mitumfasst, gem. § 35 AO i.V.m. § 34 Abs. 1 AO die Pflicht, steuerliche Erklärungen abzugeben.

Zur Frage, wer in den Fällen, in denen von dem wirklichen Geschäftsherrn ein **144**
Strohmann vorgeschoben wird, der nach außen im eigenen Namen auftritt, tatsächlich jedoch nur im Interesse des Geschäftsherrn tätig wird, zur Abgabe von Steuererklärungen verpflichtet ist und wem demnach ggf. eine Steuerhinterziehung durch Unterlassen anzulasten ist, → Rz. 811 ff. und → Rz. 1157 ff. Diese Frage ist für jede Steuerart gesondert zu beurteilen.

Die Nichtabgabe der Steuererklärung führt nicht generell zu einer Steuerhinterzie- **145**
hung durch Unterlassen (§ 370 Abs. 1 Nr. 2 AO). Vielmehr muss der Stpfl., damit der tatbestandlich zwingend vorgesehene **Verkürzungserfolg** eintreten kann, zudem einen Steuertatbestand verwirklicht haben. Fehlt es hieran, lässt ggf. auch eine besondere Aufforderung zur Erklärungsabgabe (§ 149 Abs. 1 Sätze 2 und 3 AO) kein anderes Ergebnis zu. Der Stpfl. kann zwar aus steuerrechtlicher Sicht durch Zwangsmittel (§ 328 AO) zur Erklärungsabgabe gem. § 149 Abs. 1 Satz 2 AO angehalten werden. Diese Regelung hat aber steuerstrafrechtlich keine Bedeutung, wenn es, mangels Entstehung einer Steuerschuld, nicht zu dem für § 370 AO notwendigen Taterfolg der Steuerverkürzung kommen kann.

In der Praxis wird eine Steuerhinterziehung durch die pflichtwidrige Nichtabgabe **146**
von Steuererklärungen gem. § 370 Abs. 1 Nr. 2 AO im Wesentlichen in folgenden Fällen bewirkt:

– Eine bislang beim Finanzamt nicht erfasster Stpfl. unterlässt die Abgabe von Steuererklärungen, um sich einer Besteuerung generell zu entziehen. Diese zum Teil mit der Verletzung von Erfassungspflichten kombinierte Tatvariante ist vor allem bei Schwarzarbeitern und bei Personen, die keinen festen oder einen häufig wechselnden Wohnsitz haben, sowie bei fliegenden Händlern, Schaustellern, Prostituierten, Künstlern etc. zu finden.[3]

---

1) Seer in Tipke/Kruse, vor § 149 AO Rz. 2 (Januar 2012).
2) Joecks in Franzen/Gast/Joecks, 7. Aufl. 2009, § 370 AO Rz. 175.
3) Vgl. Ransiek in Kohlmann, § 370 AO Rz. 318 (November 2010).

- Ein beim Finanzamt bereits erfasster Stpfl. gibt keine Steuerklärung ab, weil er einerseits die zutreffenden Besteuerungsgrundlagen nicht offen legen, aber anderseits auch keine unrichtigen Angaben machen möchte. Zur Frage, wann in diesem Fall versuchte, wann vollendete Steuerhinterziehung vorliegt, → Rz. 222 ff.

Gibt ein steuerlich bereits erfasster Stpfl. in Erwartung einer günstigen Schätzung keine Steuererklärung ab, kann er ebenfalls den Tatbestand der Steuerhinterziehung durch Unterlassen gem. § 370 Abs. 1 Nr. 2 AO erfüllen. Trotz Schätzung der Besteuerungsgrundlagen seitens der Finanzbehörde gem. § 162 AO bleibt der Stpfl. zur Abgabe einer Steuererklärung verpflichtet (§ 149 Abs. 1 Satz 4 AO). Sofern die Schätzung vor Abschluss der allgemeinen Veranlagungsarbeiten erfolgt und die festgesetzte Steuer höher als der tatsächliche Steuerbetrag ist, liegt allerdings lediglich ein Versuch vor.[1] Ist das Finanzamt trotz Nichtabgabe der Steuererklärung, z.B. auf Grund von Vorjahreserklärungen, Umsatzsteuervoranmeldungen etc. rechtlich und tatsächlich in der Lage, rechtzeitig vor Veranlagungsschluss für den entsprechenden Erklärungszeitraum eine zutreffende oder höhere Schätzung durchzuführen, entfällt eine Strafbarkeit gem. § 370 AO wegen vollendeter Steuerhinterziehung mangels Kausalität des Unterlassens für die Steuerverkürzung (→ Rz. 122 ff. und → Rz. 375).

147 Der Nichtabgabe einer Steuererklärung steht in steuerstrafrechtlicher Hinsicht die nicht rechtzeitige Abgabe gleich (allgemeine Meinung).[2] Dies entspricht auf Ebene der Steuerverkürzung der gesetzlichen Wertung, dass die nicht rechtzeitige Steuerfestsetzung deren Nichtfestsetzung entspricht (§ 370 Abs. 4 Satz 1 AO).[3]

cc) Erklärungsberichtigungspflicht gem. § 153 AO

148 § 153 AO begründet in seinen drei Absätzen dreierlei Handlungspflichten. § 153 Abs. 1 AO verpflichtet den Stpfl. zur Berichtigung von Erklärungsfehlern, die ihm im Besteuerungsverfahren unterlaufen sind. § 153 Abs. 2 AO enthält eine Pflicht zur Meldung nachträglich eingetretener Tatsachenveränderungen bei der Inanspruchnahme von Steuervergünstigungen (auch → Rz. 1396), und § 153 Abs. 3 AO etabliert eine Anzeigepflicht für den Fall der zweckwidrigen Verwendung von Waren (= Sachen, die einer Verbrauchsteuer unterliegen),[4] für die eine Steuervergünstigung gewährt wurde. In der Praxis ist die Anzeigepflicht des § 153 Abs. 3 AO wegen § 50 Abs. 3 AO (= bedingte Festsetzung einer Verbrauchsteuerschuld) nahezu bedeutungslos, da die bedingt festgesetzte Steuer im Zeitpunkt der zweckwidrigen Verwendung unbedingt wird.

149 Die nachfolgenden Ausführungen beschränken sich daher auf die in der Praxis bedeutsame **Berichtigungspflicht** des § 153 Abs. 1 Satz 1 AO, die rechtssystematisch einen gesetzlich geregelten Fall der Garantenstellung auf Grund vorangegangenen Tuns darstellt.

(1) Steuerliche Voraussetzungen der Berichtigungspflicht

150 Gemäß § 153 Abs. 1 Satz 1 AO ist ein Stpfl., der nachträglich vor Ablauf der Festsetzungsfrist erkennt, dass eine von ihm oder für ihn abgegebene Erklärung unrichtig oder unvollständig ist und es dadurch zu einer Verkürzung von Steuern kommen kann oder bereits gekommen ist, verpflichtet, dies unverzüglich anzuzeigen und die erforderliche Richtigstellung vorzunehmen.

---

1) OLG Düsseldorf v. 4.4.2005, III-2 Ss 139/04 – 6/05 III, NJW 2005, 1960.
2) BGH v. 20.5.1981, 2 StR 666/80, BGHSt 30, 122 = NJW 1981, 1970.
3) Joecks in Franzen/Gast/Joecks, 7. Aufl. 2009, § 370 AO Rz. 177; Ransiek in Kohlmann, § 370 AO Rz. 323 f. (November 2010).
4) Samson, wistra 1990, 245.

(1.1) Normadressat

Zu dem Kreis der **Anzeige- und Berichtigungspflichtigen** des § 153 Abs. 1 AO zählen – neben dem Stpfl. i.S.v. § 33 AO – gem. § 153 Abs. 1 Satz 2 AO auch sein Gesamtrechtsnachfolger sowie die nach §§ 34 und 35 AO für den Stpfl. oder seinen Gesamtrechtsnachfolger handelnden gesetzlichen Vertreter, Vermögensverwalter und Verfügungsberechtigten. Steuerberater und ihre Mitarbeiter unterliegen als gewillkürte Vertreter des Stpfl. nach h.M. grds. nicht der Berichtigungspflicht (auch → Rz. 135 und → Rz. 2406), weil § 153 Abs. 1 AO den Kreis der zur Berichtigung verpflichteten Personen abschließend aufzählt[1] (zu Einzelfragen → Rz. 2598 ff.). 151

(1.2) Angaben in Erklärungen

Unter **„Erklärung"** ist, trotz der gesetzessystematischen Stellung des § 153 Abs. 1 AO im Unterabschnitt „Steuererklärungen" nach ganz überwiegender Meinung in Rspr.[2] und Literatur[3] nicht nur eine Steuererklärung i.S.d. §§ 149 ff. AO zu verstehen, sondern jede Erklärung, die im Steuerermittlungsverfahren erheblich ist. 152

Umstritten ist allerdings, ob sich die Berichtigungspflicht des § 153 Abs. 1 AO auch auf Erklärungen im **Erhebungs- und Vollstreckungsverfahren**, z.B. Stundungsanträge, bezieht. Im Schrifttum wird dies teilweise bejaht (auch → Rz. 1393 ff.).[4] Gegen eine solche Ausdehnung der Berichtigungspflicht spricht jedoch die gesetzessystematische Stellung dieser Norm im 4. Teil der Abgabenordnung, der sich mit dem Festsetzungsverfahren befasst, sowie ihr eindeutiger Wortlaut, der zum einen ausschließlich von „Verkürzung von Steuern" und nicht auch von der Erlangung ungerechtfertigter Steuervorteile spricht und zum anderen eine Berichtigung nur bis zum Ablauf der Festsetzungsfrist (§ 169 Abs. 1 AO) verlangt. Hieraus wird deutlich, dass § 153 Abs. 1 AO lediglich Erklärungen im Festsetzungsverfahren erfassen soll.[5] 153

(1.3) Unrichtigkeit oder Unvollständigkeit der Erklärung

Eine Erklärung ist **unrichtig oder unvollständig**, wenn ein steuerlich relevanter Widerspruch zwischen den in der Erklärung in Wort und Zahl gemachten Angaben und der Wirklichkeit besteht.[6] Da vom Stpfl., insbes. in Steuererklärungen, nicht nur Tatsachenangaben, sondern auch rechtliche Schlussfolgerungen verlangt werden, kann sich die Unrichtigkeit bzw. Unvollständigkeit sowohl auf Tatsachen als auch auf Rechtsauffassungen beziehen (zur steuerstrafrechtlichen Behandlung von unrichtigen bzw. „abweichenden" Rechtsauffassungen → Rz. 63 ff.). 154

Maßgeblich für die Beurteilung der Unrichtigkeit oder Unvollständigkeit sind die Verhältnisse im Zeitpunkt der Erklärungsabgabe. **Nachträgliche Veränderungen** in tatsächlicher oder rechtlicher Hinsicht (z.B. Rechtsprechungsänderungen, Änderung der Verwaltungsvorschriften) führen nicht zur Unrichtigkeit der Erklärung. Eine Ausnahme besteht allerdings dann, wenn nach dem materiellen Recht Tatsachenänderungen auf den Zeitpunkt der Erklärungsabgabe zurückwirken.[7] In die- 155

---

1) BGH v. 20.12.1995, 5 StR 412/95, wistra 1996, 184 f.; Seer in Tipke/Kruse, § 153 AO Rz. 2, 4a (Juni 2012); Dörn, DStR 1994, 555, 556; Kottke, NWB Fach 13, 893 f.; Aue, PStR 2012, 131 f.
2) FG Düsseldorf v. 24.5.1989, 4 K 397/83 AO, EFG 1989, 491, 492.
3) Ransiek in Kohlmann, § 370 AO Rz. 336 (November 2012); Möller, 109, 110 m.w.N.; Seer in Tipke/Kruse, § 153 AO Rz. 7 (Juni 2012).
4) Ransiek in Kohlmann, § 370 AO Rz. 336 (November 2012); Heuermann in H/H/Sp, § 153 AO Rz. 7 (März 2007).
5) Möller, 121 f., 154; Seer in Tipke/Kruse, § 153 AO Rz. 7 (Juni 2012); Schuhmann, wistra 1994, 45, 46.
6) Möller, 123.
7) Heuermann in H/H/Sp, § 153 AO Rz. 9 (März 2007).

sen Fällen ist der Stpfl. bei Eintritt des rückwirkenden Ereignisses gem. § 153 Abs. 1 AO zur Berichtigung seiner Erklärung verpflichtet.

156 Hat der Stpfl. keine Erklärung abgegeben und wurden deshalb seine Besteuerungsgrundlagen durch das Finanzamt (zu niedrig) geschätzt, findet § 153 AO keine Anwendung. Vielmehr bleibt der Stpfl. gem. § 149 AO zur Abgabe der Steuererklärungen verpflichtet.[1)]

(1.4) Steuerverkürzung

157 Durch die unrichtige oder unvollständige Erklärung muss es zu einer **Steuerverkürzung** kommen können oder gekommen sein („dadurch"). Der Begriff der Steuerverkürzung ist wegen des einheitlichen Sprachgebrauchs in § 153 Abs. 1 AO genauso zu verstehen wie in § 370 AO.[2)] Insoweit wird auf die Ausführungen unter → Rz. 196 ff. verwiesen.

158 Wird die Steuer – ohne Zutun des Stpfl. – zu niedrig festgesetzt, weil dem Finanzamt bei der Durchführung der Veranlagung ein Fehler oder Irrtum unterlaufen ist, der sich zu Gunsten des Stpfl. auswirkt, besteht keine Berichtigungspflicht, da zum einen die vom Stpfl. abgegebene Erklärung nicht unrichtig ist und zum anderen der für § 153 AO notwendige **Kausalzusammenhang** zwischen Erklärung und Steuerverkürzung fehlt. § 153 Abs. 1 AO enthält keine allgemeine Pflicht zur Nachforschung und Aufklärung etwaiger Zweifel.[3)]

(1.5) Nachträgliche Kenntnis der Unrichtigkeit oder Unvollständigkeit

159 Die Anzeige und Berichtigungspflicht des § 153 Abs. 1 AO setzt weiterhin voraus, dass die Unrichtigkeit bzw. Unvollständigkeit der Erklärung vom Stpfl. oder den in § 153 Abs. 1 Satz 2 AO genannten Personen **nachträglich positiv erkannt** wird. Bloße Zweifel an der Richtigkeit und fahrlässige, auf Nichtbeachtung der gehörigen Sorgfalt beruhende Unkenntnis der Unrichtigkeit oder Unvollständigkeit (= „Kennenmüssen") lassen nach allgemeiner Meinung die Pflicht zur Erklärungsberichtigung nicht entstehen.[4)]

160 Der Verpflichtete muss die positive Kenntnis der Unrichtigkeit oder Unvollständigkeit der Erklärung sowie daraus resultierende Möglichkeit der Steuerverkürzung **nachträglich**, d.h. nach Abgabe der Erklärung, gewonnen haben.

161 An einer nachträglichen Kenntnis fehlt es, wenn der Verpflichtete von vorneherein **wissentlich** eine unrichtige oder unvollständige Erklärung abgegeben hat. In diesen Fällen liegt ggf. eine mit direktem Vorsatz begangene Steuerhinterziehung durch Tun (§ 370 Abs. 1 Nr. 1 AO) vor. Mangels nachträglicher Kenntniserlangung und im Hinblick auf den verfassungsrechtlich gewährleisteten Nemo-tenetur-Grundsatz (→ Rz. 166, → Rz. 178 ff.) kommt hier eine Berichtigungspflicht nach § 153 Abs. 1 AO nicht in Betracht.[5)]

162 Für den Fall, dass die Unzulänglichkeit der ursprünglichen Erklärung (lediglich) auf ein bedingt vorsätzliches Verhalten des Stpfl. zurückzuführen ist, bejaht hingegen der BGH[6)] neuerdings den Anwendungsbereich des § 370 Abs. 1 Nr. 2 i.V.m. § 153

---

1) Schuhmann, wistra 1994, 45, 46; Möller, 134 f., 153; Samson, wistra 1990, 245, 246; Ransiek in Kohlmann, § 370 AO Rz. 336 (November 2012); a.A. OLG Hamburg v. 2.6.1992, 1 Ss 119/91, wistra 1993, 274; OLG Karlsruhe v. 5.3.1964, 1 Ss 335/63, BB 1966, 1379.
2) Samson, wistra 1990, 245, 246; Schuhmann, wistra 1994, 45, 46.
3) Seer in Tipke/Kruse, § 153 AO Rz. 12 (Juni 2012); Schuhmann, wistra, 1994, 45, 46.
4) Seer in Tipke/Kruse, § 153 AO Rz. 12 (Juni 2012); FG München v. 6.9.2006, 1 K 55/06, EFG 2007, 161.
5) BGH v. 17.3.2009, 1 StR 479/08, NJW 2009, 1984 Rz. 18 m. kritischen Anm. Höll, PStR 2010, 45 ff.; Bülte, BB 2010, 607 ff.
6) BGH v. 17.3.2009, 1 StR 479/08, NJW 2009, 1984 Rz. 19 ff.

Abs. 1 Satz 1 Nr. 1 AO, obgleich sich der Stpfl. in diesem Fall bereits durch die Abgabe der ursprünglichen Erklärung gem. § 370 Abs. 1 Nr. 1 AO strafbar gemacht hat. Wird also aus dem für möglich halten und in Kauf nehmen eines Erklärungsmangels (dolus eventualis) später Gewissheit, so stellt dies nach Ansicht des BGH eine nachträgliche Erkenntnis i S.d. § 153 Abs. 1 AO dar. Ungereimt in dieser Argumentation erscheint zunächst, dass dem Steuerpflichtigen einerseits im Rahmen seiner Steuerhinterziehung durch positives Tun (Abgabe der Steuererklärung) strafrechtlich eine hinreichende Kenntnis der Unzulänglichkeiten der Steuererklärung bescheinigt wird. Denn auch das „bedingte" Wissen im Rahmen des dolus eventualis begründet die für den Vorsatz erforderliche Kenntnis der Tatumstände (§ 16 Abs. 1 Satz 1 StGB). Andererseits soll er mit Blick auf die spätere Unterlassungstat die relevante Erkenntnis bezüglich derselben Steuererklärungsmängel erst nachträglich gewonnen haben.[1]

Abgesehen hiervon sind jedoch auch die Konsequenzen dieser Rechtsprechung **163** problematisch, denn sie wandelt das Delikt der Steuerhinterziehung insofern zu einem Dauerdelikt, als nicht nur die Begründung eines rechtswidrigen Zustandes (vorsätzliche Tathandlung der Abgabe der unrichtigen Erklärung i.S.d. § 370 Abs. 1 Nr. 1 AO), sondern auch dessen Aufrechterhaltung (durch Unterlassen der Berichtigungspflicht i.S.d. § 370 Abs. 1 Nr. 2 i.V.m. § 153 Abs. 1 AO) mit einer neu beginnenden und zudem hinsichtlich ihres Laufs ungewissen Verjährung unter Strafe stellen würde.[2] Der lediglich bedingt vorsätzlich handelnde Täter stünde vor diesem Hintergrund gegenüber einem mit direktem Vorsatz (dolus directus) handelnden Täter schlechter. Es könnte sich daher aus Verteidigersicht sogar die „Flucht" in den direkten Vorsatz bezüglich der ursprünglichen Steuerhinterziehung durch Tun empfehlen. Auch der Zweifelsgrundsatz müsste ggf. in diese Richtung, also in Richtung der gravierenderen Begehungsform weisen. Ungeklärt und als vom BGH offen gelassen stellt sich im Übrigen die Konkurrenz zwischen den auf ein und denselben Verkürzungserfolg bezogenen Steuerhinterziehungen durch Tun und Unterlassen dar.[3] Weitere Bedenken gegen die vom BGH postulierte „Pflicht zur Selbstanzeige" ergeben sich aus dem verfassungsrechtlich gewährleisteten Nemo-tenetur-Grundsatz (→ Rz. 166, → Rz. 178 ff.).[4]

Nach unserer Auffassung besteht nach alledem auch in den Fällen der **bedingt vorsätzlichen** Falscherklärung keine Berichtigungspflicht gem. § 153 Abs. 1 AO. Wird **164** dennoch eine „Berichtigungserklärung" abgegeben, kann dieser die Qualität einer strafbefreienden Selbstanzeige i.S.d. § 371 AO beizumessen sein, wenn deren Wirksamkeitsvoraussetzungen gegeben sind (→ Rz. 1927 ff.).

Die Berichtigungspflicht des § 153 Abs. 1 AO greift dagegen unstreitig ein, wenn **165** dem Stpfl. bei Abgabe einer unrichtigen oder unvollständigen Erklärung lediglich **Leichtfertigkeit oder Fahrlässigkeit** vorzuwerfen ist und er deshalb nicht den Straftatbestand der Steuerhinterziehung verwirklicht hat.[5] Zu bedenken ist insofern jedoch, dass der Stpfl. bei leichtfertigem Handeln den Bußgeldtatbestand des § 378 AO oder bei fahrlässigem Handeln einen Steuergefährdungstatbestand gem. den §§ 379 ff. AO erfüllt haben kann.

Die Befürwortung der Berichtigungspflicht gem. § 153 Abs. 1 AO ist im Hinblick auf **166** den Nemo-tenetur-Grundsatz (→ Rz. 178 ff.) nicht unproblematisch. Zwar hat die Mitwirkung bei der Festsetzung der zutreffenden Steuer und ihre Bezahlung gem.

1) Hellmann in H/H/Sp, § 370 AO Rz. 95b (März 2011).
2) Witten, NJW 1963, 567; Joecks in Franzen/Gast/Joecks, 7. Aufl. 2009, § 370 AO Rz. 182; ablehnend BGH v. 17.3.2009, 1 StR 479/08, NJW 2009, 1984 Rz. 25.
3) Hellmann in H/H/Sp, § 370 AO Rz. 95b (März 2011).
4) Vgl. hierzu auch BGH v. 17.3.2009, 1 StR 479/08, NJW 2009, 1984, Rz. 26 ff.
5) Joecks in Franzen/Gast/Joecks, 7. Aufl. 2009, § 370 AO Rz. 183; Seer in Tipke/Kruse, § 153 AO Rz. 12 (Juni 2012).

§ 378 Abs. 3 AO ggf. bußgeldbefreiende Wirkung (bußgeldbefreiende Selbstanzeige).[1] Ist der Stpfl. aber auf Grund fehlender Liquidität nicht zur Zahlung der Steuer in der Lage oder wird bereits das Verhalten des Stpfl. im Vorstadium als Steuerordnungswidrigkeit i.S.d. §§ 379 ff. AO geahndet, tritt die bußgeldbefreiende Wirkung nicht ein.[2] Die Verpflichtung zur Berichtigung führt in diesen Fällen dann zu einer Selbstbezichtigung. Allerdings lässt sich diese Konfliktsituation in verfassungskonformer Weise beseitigen, indem entweder der Berichtigungserklärung stets bußgeldbefreiende Wirkung zuerkannt oder ein Bußgeldverfahren nach § 47 OWiG eingestellt wird (→ Rz. 2314).[3]

(1.6) Innerhalb der Festsetzungsfrist

167 Die Berichtigungspflicht besteht, soweit der Verpflichtete die nachträgliche Kenntnis vor Ablauf der **Festsetzungsverjährung** erlangt. Sie bezieht sich regelmäßig auf die ordentliche Festsetzungsverjährungsfrist von vier Jahren (§ 169 Abs. 2 Nr. 2 AO). Bei Vorliegen einer leichtfertigen Steuerverkürzung, bei der ebenfalls eine Berichtigungspflicht besteht (→ Rz. 165), beträgt die Festsetzungsfrist fünf Jahre, im Falle einer mit dolus eventualis begangenen Tat (→ Rz. 162) zehn Jahre (gem. § 169 Abs. 2 Satz 2 AO). Rechtsnachfolger, die Kenntnis davon haben, dass ihr Rechtsvorgänger vorsätzlich oder leichtfertig Steuern verkürzt hat, sind gem. § 153 Abs. 1 AO verpflichtet, für den infolge der Steuerhinterziehung bzw. leichtfertigen Steuerverkürzung auf zehn bzw. fünf Jahre verlängerten Verjährungszeitraum Nacherklärungen abzugeben.[4]

(2) Rechtsfolgen der Berichtigungspflicht

168 § 153 Abs. 1 AO verlangt von dem Normadressaten (→ Rz. 151) auf der ersten Stufe, dass die Unrichtigkeit oder Unvollständigkeit der Erklärung **unverzüglich,** d.h. ohne schuldhaftes Zögern (§ 121 Abs. 1 Satz 1 BGB), der zuständigen Finanzbehörde **angezeigt** wird. Dabei ist die Verzögerung der Anzeige so lange nicht schuldhaft, wie der Anzeigepflichtige bei bestem Willen nicht in der Lage ist, seine Erkenntnis der Finanzbehörde mitzuteilen.[5] Außerdem muss sich die Anzeige auf eine konkrete Steuererklärung beziehen. Sodann ist auf einer zweiten Stufe die erforderliche **Richtigstellung** vorzunehmen.[6] Diese muss nicht zwingend unverzüglich erfolgen. Soweit eine unverzügliche Richtigstellung nicht möglich ist, weil sie von weiteren Ermittlungen des Verpflichteten abhängig ist, kann sie binnen angemessener Frist nachgeholt werden.[7] Dabei muss die Richtigstellung inhaltlich dem Finanzamt die Möglichkeit geben, die Steuer zutreffend festzusetzen.

(3) Steuerstrafrechtliche Folgen der Verletzung der Berichtigungspflicht

169 Kommt ein Stpfl. der Verpflichtung zur Anzeige bzw. Berichtigung einer von ihm oder für ihn abgegebenen unrichtigen oder unvollständigen Erklärung gem. § 153 Abs. 1 AO (zu den Entstehungsvoraussetzungen → Rz. 148 ff.) nicht oder nicht

1) OLG Karlsruhe v. 30.11.1995, 2 Ss 158/95 , wistra 1996, 117.
2) Joecks in Franzen/Gast/Joecks, 7. Aufl. 2009, § 370 AO Rz. 183; Dörn, wistra 1995, 7, 8; Möller, 140 ff.; vgl. hierzu auch BGH v. 17.3.2009, 1 StR 479/08, NJW 2009, 1984, Rz. 26 ff.
3) Joecks in Franzen/Gast/Joecks, 7. Aufl. 2009, § 370 AO Rz. 183; Möller, 148; a.A. Dörn, wistra 1995, 7, 8; KG v. 7.5.1992, 2 Ss 33/92 – 4 Ws (B) 48/92, 2 Ss 33/92, 4 Ws (B) 48/92, wistra 1994, 36, 37.
4) Streck, DStR 1994, 1723, 1725.
5) Joecks in Franzen/Gast/Joecks, 7. Aufl. 2009, § 370 AO Rz. 184 f.; dazu ausf. Jehke/Dreher, DStR 2012, 2467 ff.
6) Vgl. zur Situation bei unaufklärbarem Sachverhalt Helmrich, DStR 2009, 2132 ff.
7) Seer in Tipke/Kruse, § 153 AO Rz. 15 (Juni 2012).

rechtzeitig[1] nach, macht er sich ggf. wegen **Steuerhinterziehung durch Unterlassen** gem. § 370 Abs. 1 Nr. 2 AO strafbar.[2] Berichtigt er nur scheinbar, indem er erneut falsche Angaben macht, so kommt eine Steuerhinterziehung durch Tun gem. § 370 Abs. 1 Nr. 1 AO in Betracht.[3]

Da es sich bei § 370 AO um ein Erfolgsdelikt handelt, muss zu der Verletzung der Berichtigungspflicht allerdings der Eintritt einer Steuerverkürzung hinzutreten. Außerdem muss zwischen der Pflichtverletzung und dem Verkürzungserfolg eine kausale Verknüpfung bestehen. **170**

Soweit die Berichtigungspflicht des § 153 Abs. 1 AO zu einem Zeitpunkt entsteht, zu dem die **unrichtige Steuerfestsetzung noch nicht erfolgt** ist, aber auf Grund der unterlassenen Berichtigung vorgenommen wird, steht die kausale Verknüpfung zwischen der pflichtwidrigen Nichtberichtigung und der unrichtigen Steuerfestsetzung außer Frage.[4] **171**

Problematisch sind dagegen jene Fälle, in denen im Zeitpunkt des Erkennens der Unrichtigkeit oder Unvollständigkeit durch den Stpfl. die **Steuer bereits zu niedrig festgesetzt** wurde. **172**

Steuerrechtlich normiert § 153 Abs. 1 AO in diesen Fällen weiterhin eine Berichtigungspflicht. Fraglich ist jedoch, ob die Verletzung dieser Berichtigungspflicht auch in steuerstrafrechtlicher Hinsicht relevant sein kann. **173**

Da die unrichtige Steuerfestsetzung, die § 370 Abs. 4 Satz 1 AO in seinem Anwendungsbereich ausdrücklich als den Taterfolg der Steuerhinterziehung beschreibt, in diesen Fällen nicht auf dem Unterlassen der Berichtigung des Stpfl. beruht, sondern eine Folge der Abgabe der fehlerhaften „Ursprungserklärung" ist, fehlt es an der **Ursächlichkeit** der Nichtberichtigung der Erklärung für die eingetretene Steuerverkürzung in Gestalt der Steuerfestsetzung. Eine Bestrafung wegen Steuerhinterziehung durch Unterlassen wäre daher nur dann denkbar, wenn das Unterlassen der Berichtigung einen Taterfolg herbeiführen würde, der nicht bereits in der unrichtigen Steuerfestsetzung als solcher liegt. **174**

Nach Ansicht von Samson[5] bewirkt die Verletzung der Berichtigungspflicht in den Fällen, in denen bereits eine Steuerfestsetzung erfolgt ist, das Ausbleiben eines Berichtigungsbescheids, so dass als Taterfolg das Unterbleiben einer Steuerfestsetzung in der vollen Höhe (in Form eines geänderten Bescheids) anzusehen ist. Damit bejaht er eine Kausalität zwischen dem Unterlassen und der Steuerverkürzung als Taterfolg. Er verkennt jedoch, dass der Gesetzgeber für die Fälle der Steuerfestsetzung den Taterfolg in § 370 Abs. 4 Satz 1 AO so definiert hat, dass dieser bereits (und ausschließlich) dadurch eintritt, dass die Steuer nicht in voller Höhe festgesetzt wird. Das bloße Bestehenlassen des unrichtigen Bescheids reicht nach dem Gesetzeswortlaut für den Eintritt des Taterfolges nicht aus. Der bereits in einer auf Grund unrichtiger Erklärung erfolgten Minderfestsetzung von Steuer liegende Taterfolg vergrößert oder verändert sich nicht dadurch, dass der Stpfl. keine Berichtigungserklärung abgibt und es somit bei der bereits eingetretenen Steuerverkürzung verbleibt. Richtigerweise kann daher in der nach erfolgter Steuerfestsetzung unterlas- **175**

1) Eine verspätete Nacherklärung kann nur unter Voraussetzungen einer wirksamen Selbstanzeige zur Straffreiheit führen.
2) BGH v. 17.3.2009, 1 StR 479/08, NJW 2009, 1984, Rz. 18 ff.; Möller, 161 f.; Samson, wistra 1990, 245, 247; für eine Subsumtion des pflichtwidrigen Unterlassens i.S.d. § 153 AO unter § 370 Abs. 1 Nr. 1 AO i.V.m. § 13 Abs. 1 StGB Hellmann in H/H/Sp, § 370 AO Rz. 95 (März 2011).
3) BGH v. 17.3.2009, 1 StR 479/08, NJW 2009, 1984, Rz. 15.
4) Möller, 171 ff.; Samson, wistra 1990, 245, 247.
5) Samson, wistra 1990, 245, 247.

senen Erklärungsberichtigung gem. § 153 Abs. 1 AO keine Steuerhinterziehung durch Unterlassen gem. § 370 Abs. 1 Nr. 2 AO erblickt werden.[1]

176 Die Richtigkeit dieses Ergebnisses belegt auch ein Vergleich mit anderen Delikten, wie z.B. der Sachbeschädigung (§ 303 StGB). Wer beispielsweise durch sein leichtfertiges oder fahrlässiges Verhalten eine Sache beschädigt, kann nicht deshalb wegen Sachbeschädigung durch Unterlassen bestraft werden, weil er die Sache vorsätzlich nicht reparieren lässt.[2]

dd) Übrige Erklärungspflichten

177 Die Übrigen in → Rz. 134 genannten Mitwirkungspflichten haben im Rahmen des § 370 Abs. 1 Nr. 2 AO kaum praktische Relevanz. Soweit der Stpfl. sie verletzt, tritt der Pflichtverstoß in der Regel entweder hinter eine bereits verwirklichte Steuerhinterziehung durch Unterlassen zurück oder es fehlt an einem Verkürzungserfolg. Erfüllen Dritte diese Pflichten nicht, kommt – auf Grund deren inneren Einstellung zur Tat – regelmäßig lediglich Beihilfe, nicht aber Täterschaft in Betracht.

e) Pflichtbegrenzung durch Selbstbelastungsverbot

aa) Konflikt zwischen Besteuerungsverfahren und Strafverfahren

178 Im (Steuer-)Strafverfahren kann der Stpfl. „als Beschuldigter" nicht mit staatlichem Zwang zu einer Selbstbelastung, d.h. insbes. zu einer Aussage gegen sich selbst gezwungen werden (§§ 136, 136a StPO). Das Verbot des Zwangs zur **Selbstbelastung** ergibt sich grundlegend aus Art. 2 Abs. 1 i.V.m. Art. 1 GG und hat damit Verfassungsrang[3] (hierzu ausführlich → Rz. 4023 ff.).

179 Andererseits bestehen – auch nach Einleitung eines Strafverfahrens – nach der gesetzlichen Regelung des § 393 Abs. 1 AO die Pflichten zur Abgabe von **Steuererklärungen** weiter. Lediglich Zwangsmittel i.S.d. § 328 AO sind unzulässig, wenn der Stpfl. dadurch gezwungen würde, sich selbst wegen einer von ihm begangenen Steuerstraftat oder Steuerordnungswidrigkeit zu belasten (hierzu ausführlich → Rz. 3976).

bb) Einschränkung der Steuererklärungspflicht

180 Die Auflösung des Konfliktes zwischen der Verpflichtung zur Abgabe von Steuererklärungen auf der einen Seite und dem strafrechtlichen Selbstbelastungsverbot auf der anderen Seite[4] scheint inzwischen grundsätzlich geklärt zu sein (hierzu ausführlich → Rz. 3976 ff.).

181 Bereits seit geraumer Zeit steht fest, dass die Abgabe (weiterer) unzutreffender Steuererklärungen nicht zulässig ist.[5] Daher stellt auch der vermeintliche Ausweg, eine teilweise richtige Erklärung abzugeben,[6] zumindest eine „schwierige Gratwanderung" dar.[7]

---

1) Diese Rechtsauffassung wird von der allg. Meinung nicht geteilt, vgl. z.B. BGH v. 17.3.2009, 1 StR 479/08, NJW 2009, 1984.

2) Vgl. Möller, 179.

3) BVerfG v. 13.1.1981, 1 BvR 116/77, BVerfGE 56, 37, 49.

4) Die Problematik wird besonders anschaulich bei Dauersachverhalten, z.B. bei Kapitaleinkünften aus einem steuerlichen Bankkonto, die Gegenstand einerseits der steuerstrafrechtlichen Ermittlungen und andererseits der steuerlichen nunmehrigen Erklärungspflichten sind.

5) BGH v. 13.10.1992, 5 StR 253/92, wistra 1993, 66, 68; Joecks in Franzen/Gast/Joecks, 7. Aufl. 2009, § 393 AO Rz. 37; BGH v. 10.1.2002, 5 StR 452/01, wistra 2002, 149, v. 23.1.2002, 5 StR 540/01, wistra 2002, 150.

6) Joecks in Franzen/Gast/Joecks, 7. Aufl. 2009, § 393 AO Rz. 38.

7) Seipl in Beermann/Gosch, § 393 AO Rz. 43 (August 2008).

Einigkeit besteht ferner insoweit, als eine strafbewehrte Pflicht zur Abgabe von Steuererklärungen bezüglich jener Steuerarten und Besteuerungszeiträume nicht bestehen kann, die Gegenstand eines gem. § 393 Abs. 1 AO eingeleiteten steuerstrafrechtlichen Ermittlungsverfahrens sind.[1] 182

Im Übrigen ist die steuerliche Pflicht zur Abgabe der Steuererklärungen unter folgenden zwei strafrechtlichen Gesichtspunkten zu betrachten: 183

- dem Aspekt der Unzumutbarkeit wegen der Gefahr der Selbstbelastung[2] bzw.
- dem Aspekt der (fehlenden) „Unkenntnis der Finanzbehörden" (→ Rz. 109 ff.).

Der BGH[3] hat in diesem Zusammenhang zunächst jener Auffassung eine ausdrückliche Absage erteilt, die eine Beschränkung der Erklärungspflichten aus dem Gesichtspunkt der unzumutbaren Selbstbelastung herleiten möchte. Er begründet dies insbes. damit, dass der verfassungsrechtliche Grundsatz „nemo tenetur se ipsum accusare" nicht die Begehung neuen Unrechts durch Abgabe unzutreffender oder keiner Steuererklärungen rechtfertigen kann. 184

Den von Joecks[4] alternativ thematisierten Ansatz zur Lösung der Konfliktsituation des erklärungspflichtigen Verdächtigen, wonach ein strafrechtliches Verwertungsverbot hinsichtlich der im steuerlichen Verfahren gemachten Angaben bestehen soll, hat der BGH hingegen insofern aufgegriffen, als er für die solchermaßen offenbarten Tatsachen eine Verwendungsbeschränkung auf das Besteuerungsverfahren vorsieht. Für das laufende Strafverfahren darf den in Erfüllung der steuerlichen Erklärungspflichten gemachten Angaben weder unmittelbar noch mittelbar Beweisqualität beigemessen werden.[5] 185

3. Steuerhinterziehung durch Nichtverwenden von Steuerzeichen und Steuerstemplern (§ 370 Abs. 1 Nr. 3 AO)

Nach § 370 Abs. 1 Nr. 3 AO wird wegen Steuerhinterziehung bestraft, wer pflichtwidrig die Verwendung von Steuerzeichen und Steuerstemplern unterlässt und dadurch Steuern verkürzt oder nicht gerechtfertigte Steuervorteile erlangt. Auch bei dieser Tatbestandsalternative handelt es sich um ein echtes Unterlassungsdelikt (→ Rz. 117). 186

Die Vorschrift des § 370 Abs. 1 Nr. 3 AO, die anders als § 370 Abs. 1 Nr. 1 oder Nr. 2 AO keine Berührung mit einer Finanzbehörde voraussetzt, wurde als dritte Tatbestandsalternative in den § 370 Abs. 1 AO eingefügt, um die im Zusammenhang mit Steuerzeichen und Steuerstemplern auftretenden Pflichtverstöße sanktionieren zu können. 187

Unter **Steuerzeichen** versteht man besondere Wertzeichen wie Banderolen und Steuermarken, die bei den Finanzkassen erhältlich sind und bei bestimmten Steuerarten zur Entrichtung der Steuer verwendet werden müssen (§ 167 Abs. 1 Satz 2 AO). Gegenwärtig gebietet nur noch das Tabaksteuerrecht die Verwendung von Steuerzeichen (sog. Tabaksteuer- und Tabaksteuerzuschlagszeichen, § 17 Abs. 1 188

---

1) BGH v. 17.3.2009, 1 StR 479/08, NJW 2009, 1984 Rz. 28 f.; v. 28.10.1998, 5 StR 500/98, NStZ-RR 1999, 218; v. 23.1.2002, 5 StR 540/01, wistra 2002, 150; v. 26.4.2001, 5 StR 587/00, wistra 2001, 341.

2) So z.B. Joecks in Franzen/Gast/Joecks, 7. Aufl. 2009, § 370 AO Rz. 163; Heinsius, DStZ 2001, 816.

3) BGH v. 10.1.2001, 5 StR 452/01, wistra 2002, 149; v. 26.4.2001, 5 StR 587/00, wistra 2001, 341; v. 23.1.2002, 5 StR 540/01, wistra 2002, 150; in diesem Sinne wohl auch BFH v. 19.9.2001, XI B 6/01, BStBl II 2002, 4 ff.

4) BGH v. 12.1.2005, 5 StR 191/04, NJW 2005, 763; Joecks in Franzen/Gast/Joecks, 7. Aufl. 2009, § 370 AO Rz. 163 unter Verweis auf BVerfG v. 13.1.1981, 1 BvR 116/77, BVerfGE 56, 37.

5) BGH v. 12.1.2005, 5 StR 191/04, NJW 2005, 763.

TabStG). Die Börsenumsatzsteuermarken und Wechselsteuermarken sind durch die Abschaffung der Börsenumsatzsteuer ab 1.1.1991 und der Wechselsteuer ab 1.1.1992 weggefallen. Die Steuerzeichenschuld entsteht als eigenständige Verbrauchsteuer besonderer Art grds. mit dem Bezug der Steuerzeichen (vgl. § 17 Abs. 2 Satz 3 TabStG).

189 Die behördlich zugelassenen **Steuerstempler** für Stempelaufdrucke auf Packungen und Urkunden dienen ebenfalls der Steuerentrichtung. Die praktische Auswirkung dieser Fallgruppe ist gering, da sie lediglich noch in § 13 Abs. 2, § 22 Rennwett- und LotterieG vorgesehen sind.

190 Auf Grund einer berichtigenden Auslegung der Vorschrift erfüllt nicht nur derjenige, der entgegen einer gesetzlichen Verpflichtung die Steuerzeichen oder Steuerstempler nicht verwendet, den Tatbestand der Unterlassungsvariante des § 370 Abs. 1 Nr. 3 AO, sondern auch derjenige, der sie nicht rechtzeitig oder nicht in der geschuldeten Höhe gebraucht (→ Rz. 209).[1]

II. Tatbestandsmäßiger Erfolg

191 § 370 Abs. 1 AO formuliert die Steuerhinterziehung als **Erfolgsdelikt,**[2] das voraussetzt, dass entweder Steuern verkürzt oder nicht gerechtfertigte Steuervorteile erlangt werden (§ 370 Abs. 1 AO a.E.).[3] Die größte Praxisrelevanz entfaltet die erstgenannte Erfolgsvariante, also die Steuerverkürzung. Wie bei jedem Erfolgsdelikt kommt, solange der Erfolg der Steuerverkürzung nicht eingetreten ist, mangels Tatvollendung lediglich der Versuch einer Steuerhinterziehung in Betracht (§ 370 Abs. 2, § 369 Abs. 2 AO, § 22 StGB). Zudem kann die Strafverfolgungsverjährung nicht anlaufen, da auch eine Tatbeendigung noch nicht gegeben ist (§ 78a Satz 2 StGB, → Rz. 725). Keine Tatvollendung kommt in Betracht, solange die jeweilige Steuer noch nicht entstanden ist (§ 38 AO).[4]

1. Blankettstrafnorm oder normatives Tatbestandsmerkmal

192 Ob § 370 Abs. 1 AO einen Blankettstraftatbestand darstellt, der in seinen vorgenannten Taterfolgsmerkmalen der Steuerverkürzung bzw. der Erlangung eines nicht gerechtfertigten Steuervorteils (lediglich) auf die jeweiligen steuerlichen Normen verweist oder die genannten Tatbestandsmerkmale eigenständig als sog. normative Tatbestandsmerkmale fasst, ist nach wie vor ungeklärt.[5]

193 Für beide Auffassungen gilt jedoch, dass sich der Taterfolg der Steuerhinterziehung erst durch eine **(straf)rechtliche Subsumtion** unter Berücksichtigung der steuerrechtlichen Gegebenheiten erschließt. Einigkeit besteht zudem darüber, dass der Täter nur dann vorsätzlich handelt, wenn ihm zum einen die tatsächlichen Umstände der Tat bekannt sind und er zum anderen um den gegen ihn bestehenden Steueranspruch weiß, er also die vorgenannte Subsumtion im Ergebnis nachvollzieht. Widrigenfalls liegt ein Tatbestandsirrtum i.S.d. § 16 StGB vor (hierzu im Einzelnen → Rz. 441 ff.).

---

1) Hellmann in H/H/Sp, § 370 AO Rz. 114 (November 2011).
2) Vgl. in diesem Zusammenhang die Ausführungen zum Rechtsgut der Steuerhinterziehung → Rz. 37 ff.
3) Hellmann in H/H/Sp, § 370 AO Rz. 55 ff. (November 2001).
4) Hellmann in H/H/Sp, § 370 AO Rz. 35 (November 2001).
5) Joecks in Franzen/Gast/Joecks, 7. Aufl. 2009, § 369 AO Rz. 52, 103, § 370 AO Rz. 258 m.w.N.; für Blankettstrafgesetz: BVerfG v. 16.11.2011, 2 BvR 542/09, NJW 2011, 3778, v. 29.4.2010, 2 BvR 871/04 und 2 BvR 414/08, NVwZ-RR 2010, 585; BGH v. 20.11.2008, 1 StR 354/08, NJW 2009, 1516; für normatives Tatbestandsmerkmal: Hellmann in H/H/Sp, § 370 AO Rz. 44 ff. m.w.N. (November 2001).

2. Abgrenzung der Taterfolgsvarianten

Eine befriedigende Abgrenzung der beiden Taterfolgsvarianten des § 370 Abs. 1 ist bis heute nicht gelungen.[1] Sie wird teilweise bereits für rechtlich verzichtbar,[2] jedenfalls aber für nicht praxisrelevant gehalten. Dementsprechend kasuistisch und beliebig nehmen sich daher auch die insoweit in Rechtsprechung und Literatur anzutreffenden Subsumtionsergebnisse aus.[3] 194

Der BGH[4] scheint davon auszugehen, dass jedweder auf dem Tätigwerden einer Finanzbehörde beruhende und mit der Steuerrechtslage nicht im Einklang stehende steuerspezifische Vorteil einen Steuervorteil i.S.d. § 370 Abs. 1 AO darstellt. Zu berücksichtigen wird dabei aber sein, dass das Gesetz für den Anwendungsbereich des § 370 Abs. 4 Satz 1 AO, also wenn Steuern nicht, nicht in voller Höhe oder nicht rechtzeitig festgesetzt werden, ausdrücklich das Vorliegen einer Steuerverkürzung annimmt. Demgegenüber qualifiziert § 370 Abs. 4 Satz 2 AO Steuervergütungen[5] ausdrücklich als Steuervorteile. Lediglich außerhalb dieser ausdrücklichen Zuordnungen wird also die allgemeine Bestimmung des Verkürzungsbegriffs gem. § 370 Abs. 1 AO in Abgrenzung zu den nicht gerechtfertigten Steuervorteilen Relevanz entfalten können. Ausgehend von dem Differenzierungsmuster des § 370 Abs. 4 Satz 1 und 2 AO werden im Steuerfestsetzungsverfahren bewirkte unrechtmäßige Steuervergünstigungen grundsätzlich als Steuerverkürzungen zu erfassen sein, während sonstige steuerliche Vorzüge, insbesondere im Erhebungs- und Vollstreckungsverfahren, Steuervorteile darstellen.[6] 195

3. Steuerverkürzung

a) Steuer als Verkürzungsgegenstand

aa) Inländische Steuer

Gegenstand einer Verkürzung gem. § 370 Abs. 1 AO können ausschließlich **Steuern** i.S.d. Abgabenordnung sein. § 3 Abs. 1 Satz 1 AO definiert Steuern als Geldleistungen, die nicht eine Gegenleistung für eine besondere Leistung darstellen und von einem öffentlich-rechtlichen Gemeinwesen zur Erzielung von Einnahmen allen auferlegt werden, bei denen der Tatbestand zutrifft, an den das Gesetz die Leistungspflicht knüpft;[7] die Erzielung von Einnahmen kann dabei Nebenzweck sein. Im Sinne der AO stellen auch Einfuhr- und Ausfuhrabgaben nach Art. 4 Nr. 10 und 11 des ZK Steuern dar (§ 3 Abs 3 AO).[8] Ebenfalls in den Schutzbereich des § 370 Abs. 1 AO einbezogen ist der Solidaritätszuschlag als einkommen- bzw. körperschaftsteuerliche Ergänzungsabgabe.[9] 196

---

1) Zu den unterschiedlichen Abgrenzungsansätzen und kasuistisch ausufernden Einzelheiten vgl. Joecks in Franzen/Gast/Joecks, 7. Aufl. 2009, § 370 AO Rz. 96; Hellmann in H/H/Sp, § 370 AO Rz. 174 ff. (November 2011); Müller, DStZ 2001, 613.

2) Ransiek in Kohlmann, § 370 Rz. 424 (November 2012).

3) Hellmann in H/H/Sp, § 370 AO Rz. 121 f. (November 2011); Ransiek in Kohlmann, § 370 AO Rz. 436 (Juli 2011).

4) BGH v. 10.12.2008, 1 StR 322/08, NJW 2009, 381, Rz. 22.

5) Zu beachten ist hierbei, dass der Begriff der Steuervergütung weiter ist als jener der Steuererstattung ist, da eine Steuererstattung voraussetzt, dass die jeweilige Steuer zunächst vom Stpfl. entrichtet wurde, § 37 Abs. 2 Satz 1 AO.

6) Hellmann in H/H/Sp, § 370 AO Rz. 120 (November 2011).

7) Diese Definition der Steuer entspricht dem verfassungsrechtlichen Steuerbegriff der Art. 104a ff. GG, Drüen in Tipke/Kruse, § 3 AO Rz. 2 (Januar 2012).

8) Die ausdrückliche Gleichstellung ist erforderlich, da Einfuhr- und Ausfuhrabgaben grundsätzlich das Merkmal der Steuerdefinition „zur Erzielung von Einnahmen" nicht erfüllen, Drüen in Tipke/Kruse, § 3 AO Rz. 75 f. (Januar 2012).

9) § 1 Abs. 1 SolZG; Hellmann in H/H/Sp, § 370 AO Rz. 124 m.w.N. (November 2011).

197 **Steuerliche Nebenleistungen** i.S.d. § 3 Abs. 4 AO, also Verzögerungsgelder (§ 146 Abs. 2b AO), Verspätungszuschläge (§ 152 AO), Zuschläge gem. § 162 Abs. 4 AO, Zinsen (§§ 233 bis 237 AO), Säumniszuschläge (§ 240 AO), Zwangsgelder (§ 329 AO), Kosten (§§ 89, 178, 178a, §§ 337 bis 345 AO) sowie Zinsen im Sinne des Zollkodex und Verspätungsgelder nach § 22a Abs. 5 EStG scheiden als Gegenstand einer Steuerverkürzung grundsätzlich aus. Dies hat der BGH in seinem Urteil vom 19.12.1997[1] mit ausführlicher Begründung klargestellt.

198 Hiernach ist zunächst festzustellen, dass die steuerlichen Nebenleistungen in den Straf- und Bußgeldvorschriften der AO nicht ausdrücklich erwähnt werden. Vielmehr nennt der Wortlaut des § 370 Abs. 1 AO als Taterfolg lediglich die Verkürzung von Steuern oder die Erlangung steuerlicher Vorteile i.S.d. § 370 Abs. 1 AO. Die steuerlichen Nebenleistungen des § 3 Abs. 4 AO genügen diesen begrifflichen Anforderungen nicht, da sie entweder Gegenleistungen gegenüber dem Fiskus darstellen (z.B. Stundungszinsen, § 234 AO) oder keine Einnahmeerzielungsabsicht verfolgen. So stellen beispielsweise Verspätungszuschläge (§ 152 AO) sowie Zwangsgelder (§§ 328 f. AO) in erster Linie Beuge- und Druckmittel dar. Säumniszuschläge (§ 240 AO) hingegen dienen nach der Rechtsprechung des BFH[2] teilweise (wie Zinsen) dem Ausgleich des Fiskalnachteils aus verspäteter Steuerzahlung, teilweise kommt ihnen jedoch auch Erzwingungscharakter zu.

199 Eine Anwendung der Straf- und Bußgeldvorschriften des achten Teils der AO gem. § 1 Abs. 3 Satz 1 AO ist ebenfalls nicht zu befürworten.[3] Zwar steht nicht bereits § 1 Abs. 3 Satz 2 AO entgegen, doch mangelt es der Verweisungsvorschrift des § 1 Abs. 3 Satz 1 AO an der gem. Art. 103 Abs. 2 GG erforderlichen Bestimmtheit des Verweisungsumfangs.[4] Dies ist hauptsächlich dem inkonsequenten Umgang der AO mit ihrer eigenen Verweisungsvorschrift des § 1 Abs. 3 AO zuzuschreiben. Denn ungeachtet dieser allgemeinen Verweisungsvorschrift ordnen eine Vielzahl von abgabenrechtlichen Einzelbestimmungen ausdrücklich an, dass sich ihr Anwendungsbereich auch auf steuerliche Nebenleistungen erstreckt (z.B. § 32 Abs. 1, § 46 Abs. 1, § 233 Satz 2 AO). Auch sieht der Gesetzgeber bisweilen die Anwendung abgabenrechtlicher Vorschriften ausdrücklich (lediglich) für einzelne steuerliche Nebenleistungen vor (§§ 69, 71 AO). Weitere Unklarheiten ergeben sich daraus, dass § 1 Abs. 3 Satz 1 AO eine „sinngemäße" und § 239 Abs. 1 Satz 1 AO eine „entsprechende" Anwendung der AO-Vorschriften auf steuerliche Nebenleistungen bzw. Zinsen befürwortet.

200 Auf Grund aller dieser Ungereimtheiten geht der BGH in seiner vorzitierten Entscheidung davon aus, dass eine Steuerverkürzung bzw. die Erlangung eines nicht gerechtfertigten Steuervorteils bezüglich steuerlicher Nebenleistungen im Hinblick auf Art. 103 Abs. 2 GG nicht möglich ist.[5] Andererseits hat er sich in einer jüngeren Entscheidung dahingehend geäußert, dass im Falle einer unrechtmäßigen Steuererstattung ausgezahlte Zinsen i.S.d. § 233a AO nicht gerechtfertigte Steuervorteile i.S.d. § 370 Abs. 1 AO darstellen.[6] Dieser Entscheidung und ihrer Begründung dürfte zu entnehmen sein, dass der BGH auch in Fällen, in denen beispielsweise durch eine Tathandlung des § 370 Abs. 1 AO der Erlass von Zinsen bewirkt wird, den Taterfolg nicht auf Grund des Bestimmtheitsgebot negieren wird.[7]

---

1) BGH v. 19.12.1997, 5 StR 569/96, wistra 1998, 180, 188.
2) BFH v. 29.8.1991, V R 78/86, BStBl II 1991, 906.
3) Zum Meinungsstand Hellmann in H/H/Sp, § 370 AO Rz. 128 (November 2011).
4) A.A. Hellmann in H/H/Sp, § 370 AO Rz. 129 f. (November 2011).
5) Vgl. Joecks in Franzen/Gast/Joecks, 7. Aufl. 2009, § 370 AO Rz. 23; differenzierend Hellmann in H/H/Sp, § 370 AO Rz. 129 (November 2011).
6) BGH v. 6.6.2007, 5 StR 127/07, NJW 2007, 2864.
7) Hellmann in H/H/Sp, § 370 AO Rz. 130 (November 2011); Joecks in Franzen/Gast/Joecks, 7. Aufl. 2009, § 370 AO Rz. 23.

Da § 263 StGB keinen allgemeinen Auffangtatbestand für grds. in der AO abschließend geregelte Ansprüche aus dem Steuerschuldverhältnis darstellt, ist bei einer Verkürzung steuerlicher Nebenleistungen auch keine Strafbarkeit als Betrug gegeben.[1) **201**

Auch die **Kirchensteuern** sind grds. nicht in den Schutzbereich des § 370 Abs. 1 AO einbezogen. § 1 Abs. 1 AO sieht nämlich eine Anwendung der Abgabenordnung auf Steuern, die wie die Kirchensteuer auf landesgesetzlicher Grundlage beruhen, nicht vor.[2) Von der Ermächtigung des Art. 4 Abs. 3 EGStGB an den jeweiligen Landesgesetzgeber, durch Landesgesetz auch die Strafvorschrift des § 370 AO für die Kirchensteuer für anwendbar zu erklären (Art. 4 Abs. 3 Nr. 1 EGStGB) oder den Straf- und Bußgeldvorschriften der AO entsprechende Regelungen selbst zu normieren (Art. 4 Abs. 3 Nr. 2 EGStGB), hat bislang lediglich das Niedersächsische Kirchensteuerrahmengesetz Gebrauch gemacht.[3) Sofern hiernach die Anwendung des § 370 AO auf eine vorsätzliche Kirchensteuerverkürzung nicht vorgesehen ist, geht die wohl überwiegende Meinung von einer Strafbarkeit als Betrug gem. § 263 StGB aus.[4) Die Praxis greift diesen Abgabenbetrug jedoch regelmäßig nicht auf. **202**

Umstritten ist schließlich, ob **verfassungswidrige Steuern** einen geeigneten Verkürzungsgegenstand darstellen können (→ Rz. 34). **203**

bb) Ausländische Steuer

Eine **Erweiterung des Verkürzungsgegenstandes** sieht § 370 Abs. 6 AO für Einfuhr- und Ausfuhrabgaben[5) vor, die von einem anderen Mitgliedsstaat der Europäischen Union verwaltet werden oder die einem Mitgliedsstaat der Europäischen Freihandelsassoziation oder einem mit dieser assoziierten Staat zustehen.[6) Gleiches gilt für Umsatzsteuern und die im Gesetz genannten harmonisierten Verbrauchsteuern, die von einem Mitgliedstaat der Europäischen Union verwaltet werden. Die Aufhebung der vormaligen Sätze 3 und 4 des § 370 Abs. 6 AO durch Art. 9 Nr. 11 des JStG 2010 vom 8.12.2010[7) bewirkte den Verzicht auf das dort etablierte Erfordernis der Gegenseitigkeit und solchermaßen die nunmehrige Anwendbarkeit der Rechtsguterstreckung auf die genannten ausländische Abgaben.[8) **204**

---

1) BGH v. 19.12.1997, 5 StR 569/96, wistra 1998, 180, 188; eine ganz andere Frage stellt es dar, ob die steuerlichen Nebenfolgen der Steuerhinterziehung auf die Kirchensteuer anwendbar sind, bejahend für § 169 Abs. 2 Satz 2 AO s. FG Köln v. 11.11.1998, K 4408/95, EFG 1999, 362.

2) Rönnau, wistra 1995, 47; zur Frage der Anwendbarkeit steuerlicher Nebenfolgen der Steuerhinterziehung auf die Kirchensteuer s. FG Köln v. 11.11.1998, K 4408/95, EFG 1999, 362 (bejahend für § 169 Abs. 2 Satz 2 AO).

3) § 6 Abs. 1 Nds. KiStRG i.V.m. Art. 4 Abs. 3 Nr. 1 EGStGB, wobei die Bestrafung einen entsprechenden Strafantrag der geschädigten Kirchengemeinschaft voraussetzt; Rönnau, wistra 1995, 47; Ransiek in Kohlmann § 370 AO Rz. 381 (Juli 2011).

4) Zum Meinungsstand: Hellmann in H/H/Sp, § 370 AO Rz. 125 (November 2011); Rönnau, wistra 1995, 47, 48, weist insoweit zu Recht auf Wertungswidersprüche bei der Anwendung des § 263 StGB im Hinblick auf die im Rahmen des Betrugs nicht vorgesehene Selbstanzeigemöglichkeit hin (§ 371 AO).

5) Vgl. Art. 4 Nr. 10 bzw. 11 ZK; zu den sonstigen Einfuhrabgaben rechnet insbes. auch die Einfuhrumsatzsteuer.

6) Vgl. hierzu OLG Schleswig-Holstein v. 17.9.1997, 3 Ws 284/97, wistra 1998, 30; Ransiek in Kohlmann, § 370 AO Rz. 542 (Juli 2012); ausf. Keßeböhmer/Schmitz, wistra 1995, 1; Schmitz/Wulf, wistra 2001, 361.

7) BGBl. I 2010, 1768.

8) Zum Strafklageverbrauch nach Sanktionierung der Tat in einem anderen Mitgliedsstaat des Schengener Abkommens: LG Hamburg v. 14.9.1995, 615 KLs 3/93, wistra 1995, 358; zur Frage, ob auch andere ausländische Entscheidungen als Urteile die Durchführung eines Strafverfahrens gem. Art. 103 GG hindern: BGH v. 2.2.1999, 5 StR 596/96, wistra 1999, 193; v. 13.5.1997, 5 StR 596/96, wistra 1997, 268.

Ergänzend hierzu bestimmt § 370 Abs. 7 AO die Geltung der Abs. 1 bis 6 für Auslandsstraftaten. Dementsprechend kann nach § 370 AO auch ein Ausländer bestraft werden, der im Ausland die Hinterziehung einer ausländischen Steuer begeht.[1]

cc) Verweisung in anderen Gesetzen

205 Dem Gesetzgeber steht es frei, die Anwendung des § 370 AO auf anderweitige Abgaben in entsprechenden einzelgesetzlichen Verweisungsvorschriften anzuordnen, wobei diese insbesondere auch den verfassungsrechtlichen Vorgaben des Bestimmtheitsgebots (Art. 103 Abs. 2 GG) zu genügen haben.[2]

b) (Steuer-)Verkürzung

206 Zu dem in § 370 Abs. 1 AO genannten Erfolgsmerkmal der Steuerverkürzung führt § 370 Abs. 4 Satz 1 AO aus, dass diese namentlich dann vorliegt, wenn Steuern nicht, nicht in voller Höhe oder nicht rechtzeitig festgesetzt werden. Auf das Einfachste reduziert ist hiernach eine Verkürzung von Steuern also dann gegeben, wenn die Ist-Festsetzung der Steuern in betragsmäßiger oder zeitlicher Hinsicht hinter der Soll-Festsetzung zurückbleiben, wenn also eine den Steuergesetzten entsprechende betrags- bzw. zeitgerechte Steuerfestsetzung für den jeweiligen Steuergläubiger nicht erfolgt (§§ 155 f. AO).[3]

aa) Anwendungsbereich des § 370 Abs. 4 Satz 1 AO

207 Für den in der Praxis häufigsten Typus der Steuerverkürzung im Rahmen eines steuergesetzlich vorgesehenen **Steuerfestsetzungsverfahrens** (§ 155 Abs. 1 AO) hält § 370 Abs. 4 Satz 1 Halbsatz 1 AO eine Legaldefinition bereit. Hiernach sind Steuern namentlich dann verkürzt, wenn sie nicht, nicht in voller Höhe oder nicht rechtzeitig festgesetzt werden. Dies gilt gem. § 370 Abs. 4 Satz 1 Halbsatz 2 AO auch dann, wenn die Steuer vorläufig (§ 165 AO) oder unter Vorbehalt der Nachprüfung (§ 164 AO) festgesetzt wird oder eine Steueranmeldung einer Steuerfestsetzung unter dem Vorbehalt der Nachprüfung gleichsteht (§ 168 AO). Gemäß § 164 Abs. 1 Satz 2 AO stellt auch die Festsetzung von Vorauszahlungen eine Steuerfestsetzung unter Vorbehalt der Nachprüfung dar, für die der Anwendungsbereich des § 370 Abs. 4 Satz 1 AO eröffnet ist.

208 Der Anwendungsbereich des § 370 Abs. 4 Satz 1 AO erfasst also auch jene Fälle, in denen eine Steuerfestsetzung mit Blick auf die Verpflichtung zur Abgabe einer Steueranmeldung (§ 150 Abs. 1 Satz 3 AO) entbehrlich ist, denn gem. § 168 AO steht die Steueranmeldung grundsätzlich einer Steuerfestsetzung unter Vorbehalt der Nachprüfung gleich, an die wiederum § 370 Abs. 4 Satz 1 AO ausdrücklich den Taterfolg der Steuerverkürzung knüpft.

209 Zu jenen Fällen, in denen die Steuergesetze die Verwendung von **Steuerzeichen** oder **Steuerstemplern** vorschreiben[4] und eine Steuerfestsetzung regelmäßig unterbleibt (§ 167 Abs. 1 Satz 2 AO), äußert sich § 370 Abs. 4 Satz 1 AO nicht, obschon beispielsweise § 167 Abs. 1 Satz 2 AO ihre Gleichbehandlung mit Anmeldungssteuern vorsieht. Da die Verkürzungsdefinition des § 370 Abs. 4 Satz 1 AO nicht abschließend zu verstehen ist („namentlich") und die steuerliche Besserstellung im Zusammenhang mit der (Nicht-)Verwendung von Steuerzeichen bzw. -stemplern auf der Ebene der Steuerfestsetzung stattfindet liegt hier ggf. eine Steuerverkür-

1) BGH v. 8.11.2000, 5 StR 440/00, wistra 2001, 62 f.
2) So z.B. §§ 12 Abs. 1 Satz 1, 35 MOG.
3) Hellmann in H/H/Sp, § 370 AO Rz. 138 (November 2011); Joecks in Franzen/Gast/Joecks, 7. Aufl. 2009, § 370 AO Rz. 40.
4) Z.B. § 13 Abs. 2, § 22 Rennwett- und LotterieG sowie § 17 Abs. 1 TabStG.

zung i.S.d. § 370 Abs. 1 AO (außerhalb des Anwendungsbereichs des § 370 Abs. 4 Satz 1 AO) vor.

bb) Wesentlicher Regelungsinhalt

§ 370 Abs. 4 Satz 1 AO stellt in den Fällen einer steuergesetzlich vorgesehenen Steuerfestsetzung (§ 155 Abs. 1 AO) für den Taterfolg nicht (erst) auf eine ausfallende, verminderte oder verspätete **Steuereinnahme** des Fiskus ab, sondern vielmehr darauf, ob die **Steuerfestsetzung** nicht, nicht in voller Höhe oder verspätet erfolgt. Hierbei stehen die Erfolgsvarianten der unterbliebenen, der zu geringen oder der verspäteten Steuerfestsetzung auf einer Stufe und verwirklichen gleichermaßen das Tatbestandselement der Steuerverkürzung. 210

§ 370 Abs. 4 Satz 1 AO stellt mithin ausdrücklich die sich im Steuerfestsetzungsverfahren abzeichnende **Vermögensgefährdung** des Fiskus dem Vermögenschaden als Taterfolg gleich. Die Gleichstellung befürwortet der Gesetzgeber auch dann, wenn die Steuerfestsetzung nur vorläufig ist (§ 165 AO), unter dem Vorbehalt der Nachprüfung steht (§ 164 AO) oder als Steueranmeldung lediglich einer Steuerfestsetzung unter Vorbehalt der Nachprüfung entspricht (§ 168 Sätze 1 und 2 AO).[1] Dies ist insofern bemerkenswert, als die Vermögensgefährdung des Fiskus hier sogar noch hinter jener bei einer endgültigen Veranlagung zurückbleibt, da eine abschließende Prüfung des Steuerfalles durch die Finanzbehörden bislang nicht erfolgt ist, sondern noch aussteht (vgl. §§ 164, 165 AO). In allen diesen Fällen geht der Gesetzgeber also davon aus, dass der Steueranspruch des Fiskus bereits durch seine nicht gesetzeskonforme Festsetzung in relevanter Weise in seinem Vermögenswert herabgemindert ist. Hiernach könnte beispielsweise der Taterfolg der Steuerverkürzung schon eintreten, wenn zu geringe Umsätze vorangemeldet werden und diese Steueranmeldung einer (zu geringen) Steuerfestsetzung unter Vorbehalt der Nachprüfung gleichsteht,[2] auch wenn dieser Mangel von dem Finanzamt bereits bei Erklärungseingang und vor buchhalterischer Sollstellung erkannt wurde[3] (auch → Rz. 127). 211

Als wesentlicher Regelungsinhalt des § 370 Abs. 4 Satz 1 AO lässt sich also festhalten, dass, soweit die Steuergesetze Steuerfestsetzungen oder -anmeldungen vorsehen, für den Taterfolg der Steuerhinterziehung allein diese und die damit verbundene Gefährdung des staatlichen Steueranspruchs maßgeblich sind. Auf einen tatsächlichen Vermögenschaden sowie darauf, wann die Fälligkeit einer Steuer eintritt, ob einen Monat nach ihrer Festsetzung bzw. Anmeldung (z.B. § 36 Abs. 4 Satz 1 EStG; § 18 Abs. 4 Satz 1 UStG), nicht vor ihrer Festsetzung (z.B. § 9 ErbStG i.V.m. § 220 Abs. 1 Satz 2 AO) oder zu steuergesetzlich definierten Zeitpunkten (z.B. § 37 Abs. 1 Satz 1 EStG; § 18 Abs. 1 Satz 3 UStG), kommt es im Anwendungsbereich des § 370 Abs. 4 Satz 1 AO nicht an. Aus diesem Grunde geht hier eine Differenzierung nach Fälligkeits- und Veranlagungssteuern an der Gesetzessystematik vorbei. 212

Da die Beurteilung des Taterfolges gem. § 370 Abs. 4 Satz 1 AO auf die zutreffende und rechtzeitige (vollstreckbare) Soll-Stellung der Steuern abstellt und nicht auf ihre Fälligkeit und Zahlung, lassen sich wirtschaftliche Gründe, wie beispielsweise 213

1) § 370 Abs. 4 Satz 1 Halbsatz 2 AO.
2) Nicht also, wenn gem. § 168 Satz 2 AO eine Zustimmung des Finanzamts Voraussetzung dieser Gleichstellung ist.
3) Joecks in Franzen/Gast/Joecks, 7. Aufl. 2009, § 370 AO Rz. 45, 48. Dieses Fallbeispiel zeigt auf, wie im Falle der (unterlassenen und unzutreffenden) Abgabe einer Steueranmeldung Tathandlung und Taterfolg ineinander verschmelzen. Es macht ferner deutlich, dass sich hier die Berücksichtigung der Kenntnis des Finanzamtes und seiner Pflicht und Möglichkeit zur richtigen Steuerfestsetzung (§§ 167 Abs. 1 Satz 1, 85 AO) im Rahmen der Kausalitätskette Tathandlung, Unkenntnis, Taterfolg dogmatisch schwierig gestaltet (Joecks in Franzen/Gast/Joecks, 7. Aufl. 2009, § 370 AO Rz. 194 ff.). Vgl. hierzu auch Dörn, wistra 1992, 129.

die **Vermögenslosigkeit des Schuldners,** nicht gegen den Eintritt des Taterfolges einwenden.[1]

214 Auch macht eine eventuelle spätere **Steuerfestsetzung im Schätzwege** (§ 162 AO) den einmal verwirklichten Taterfolg nicht ungeschehen. Etwas anderes gilt lediglich insoweit, als eine Steuerschätzung bereits vor der Tatvollendung erfolgt oder möglich ist (→ Rz. 240). Eine Schätzung zu diesem frühen Zeitpunkt wird in der Praxis allerdings kaum jemals vorkommen, selbst wenn das Finanzamt bereits über entsprechende Kenntnisse und Schätzmöglichkeiten verfügt. Entsprechendes gilt für die Nacherklärung oder Nachzahlung von Steuern, da diese einen bereits eingetretenen Taterfolg nicht ungeschehen machen können.[2]

cc) Veranlagungs- und Fälligkeitssteuern

215 Für die Beurteilung der Frage, wann eine Steuerverkürzung und damit Tatvollendung eingetreten ist, wird häufig zwischen Fälligkeits- und Veranlagungssteuern unterschieden.[3]

216 Unter **Fälligkeitssteuern** werden jene Steuern verstanden, deren Fälligkeit (§ 220 AO) nicht von einer Steuerfestsetzung (§ 155 AO) oder dieser gleichstehenden Umständen (§ 168 AO) abhängt, sondern lediglich von gesetzlich bestimmten Terminen, unabhängig davon, ob die Abgabe einer Steuererklärung vorgesehen ist (§ 149 AO).[4] Beispiele für Fälligkeitssteuern sind Einkommensteuervorauszahlungen (§ 37 Abs. 1 Satz 1 EStG), Lohnsteuern (§ 41a Abs. 1 Satz 1 Nr. 2 EStG), Umsatzsteuervorauszahlungen (§ 18 Abs. 1 Satz 4 UStG), Gewerbesteuervorauszahlungen (§ 19 Abs. 1 Satz 1 GewStG), Kraftfahrzeugsteuern (§ 11 Abs. 1 KraftStG) sowie regelmäßig die Verbrauchsteuern.

217 **Veranlagungssteuern** entstehen zwar ebenfalls von Gesetzes wegen (§ 38 AO), bedürfen für ihre Fälligkeit jedoch notwendigerweise der Festsetzung durch das Finanzamt (§ 155 Abs. 1, § 220 Abs. 2 Satz 2 AO). Unter einer Veranlagung ist dabei jene Tätigkeit des Finanzamts zu verstehen, durch die die geschuldete Steuer auf Grund der vom Stpfl. insbes. in seiner Steuererklärung gemachten Angaben oder sonstwie erlangter Informationen mittels förmlichen Steuerbescheids festgesetzt wird.[5] Veranlagungssteuern sind beispielsweise die Einkommensteuer (§§ 25 ff., § 36 Abs. 4 Satz 1 EStG), die Körperschaftsteuer (§ 31 Abs. 1 KStG i.V.m. §§ 25 ff. EStG), die Gewerbesteuer (§ 14, § 20 Abs. 2 GewStG), die Grunderwerbsteuer (§ 15 GrEStG) sowie die Schenkungs- und Erbschaftsteuer (§§ 20 ff. ErbStG).

218 Jedenfalls soweit § 370 Abs. 4 Satz 1 AO den Taterfolg der Steuerverkürzung an die Festsetzung der jeweiligen Steuer anknüpft ist diese Differenzierung allerdings wenig hilfreich. Insbesondere geht die Annahme[6] fehl, bei Fälligkeitssteuern läge eine Steuerverkürzung dann vor, wenn die Steuer zu dem gesetzlich definierten Fälligkeitszeitpunkt nicht in der geschuldeten Höhe entrichtet wird.[7]

219 Dies lässt sich am Beispiel der Umsatzsteuervorauszahlung (§ 18 Abs. 1 Satz 4 UStG), der Umsatzsteuervoranmeldung (§ 18 Abs. 1 Satz 1 UStG) sowie der Umsatz-

1) Hellmann in H/H/Sp, § 370 AO Rz. 144 (November 2011); a.A. zu dem allg. Verkürzungsbegriff des § 370 Abs. 1 AO: Joecks in Franzen/Gast/Joecks, 7. Aufl. 2009, § 370 AO Rz. 41.

2) Hellmann in H/H/Sp, § 370 AO Rz. 145 (November 2011).

3) Meyer in Beermann/Gosch, § 370 AO Rz. 186 (August 2011); Joecks in Franzen/Gast/Joecks, 7. Aufl. 2009, § 370 AO Rz. 36 ff.; Mösbauer/Meine in Achenbach/Wannemacher, § 7 II Rz. 76 (November 1996); Ransiek in Kohlmann, § 370 AO Rz. 400 ff. und 408 ff. (Juli 2011).

4) Mösbauer/Meine in Achenbach/Wannemacher, § 7 II Rz. 86 (November 1996).

5) Mösbauer/Meine in Achenbach/Wannemacher, § 7 II Rz. 77 (November 1996).

6) So BGH v. 24.9.1953, 4 StR 249/53, NJW 1953, 1841; v. 28.11.1957, 4 StR 180/57, ZfZ 1958, 145; v. 19.1.2011, 1 StR 640/10, HRRS 2011 Nr. 427.

7) Hellmann in H/H/Sp, § 370 AO Rz. 139, 150 (November 2011); Joecks in Franzen/Gast/Joecks, 7. Aufl. 2009, § 370 AO Rz. 22, 37, 40 ff.

steuerjahreserklärung (§ 18 Abs. 3 UStG) wie folgt aufzeigen: Käme es bei der voranzumeldende Umsatzsteuer als Fälligkeitssteuer für die Tatvollendung der Steuerhinterziehung darauf an, dass mit Ablauf des 10. des Folgemonats eine ordnungsgemäße Umsatzsteuervorauszahlung nicht erfolgt ist (§ 18 Abs. 1 Satz 3 AO), so bliebe unberücksichtigt, dass ggf. bereits am 5. des Folgemonats auf Grund der Abgabe einer zu niedrigen Umsatzsteuervoranmeldung die für eine Tatvollendung gem. § 370 Abs. 4 Satz 1 AO maßgebliche Vermögensgefährdung für den Fiskus eingetreten ist. Umgekehrt würde systemwidrig die reine Nicht- oder nicht pünktliche Entrichtung der Umsatzsteuervorauszahlung unter Strafe gestellt, wenn der Steuerpflichtige die Umsatzsteuervoranmeldung zutreffend und rechtzeitig eingereicht hat. Bezüglich der Umsatzsteuerjahreserklärungen erschiene die vorgenannte Differenzierung zwischen Fälligkeits- und Veranlagungssteuern zudem insofern ungereimt, als es sich hierbei weder um eine Fälligkeits- noch um eine Veranlagungssteuer handelt (§ 18 Abs 4 Satz 1 UStG).

Nach alledem ist festzustellen, dass für die Beurteilung des Taterfolgs der Steuerverkürzung eine Ausrichtung an den Kriterien der Veranlagungs- und Fälligkeitssteuern – wie sie im Übrigen auch der Gesetzeswortlaut nicht vorsieht – wenig hilfreich ist und den Blick auf die Systematik des § 370 Abs. 1 und Abs. 4 Satz 1 AO verstellt. **220**

Hiernach liegt es nahe, für die Bestimmung des Taterfolgs zwischen Steuerverkürzungen, die unter die Legaldefinition des § 370 Abs. 4 Satz 1 AO fallen, sonstigen Steuerverkürzungen sowie nicht gerechtfertigten Steuervorteilen (§ 370 Abs. 1 AO) zu unterscheiden. Für seinen Anwendungsbereich bestimmt § 370 Abs. 4 Satz 1 AO ausdrücklich was unter einer Steuerverkürzung zu verstehen ist und wann diese vorliegt. Lediglich außerhalb desselben ist ggf. auf eine allgemeine Bestimmung des Verkürzungsbegriffs i.S.d. § 370 Abs. 1 AO in Abgrenzung zu den nicht gerechtfertigten Steuervorteilen (→ Rz. 355) abzustellen. **221**

dd) Verkürzungszeitpunkt

(1) Verkürzungszeitpunkt bei der Steuerfestsetzung

Für die Verkürzungsvariante der **zu geringen Steuerfestsetzung** lässt sich die **Tatvollendung** ohne Weiteres auf jenen Zeitpunkt bestimmen, zu dem der unzutreffende Steuerbescheid auf Grund Bekanntgabe wirksam wird (§ 155, § 122 Abs. 1 AO). **222**

Problematisch ist die Bestimmung des Verkürzungszeitpunkts demgegenüber in den Fällen der **verspäteten** bzw. **unterbliebenen Steuerfestsetzung,** da hier auf das Ergehen eines realen Steuerbescheids nicht abgestellt werden kann. Daher ist hier bezüglich des Eintritts des Taterfolgs auf den **Zeitpunkt der hypothetischen Steuerfestsetzung** zurückzugreifen. Vollendet ist die Tat hiernach zu dem Zeitpunkt, zu dem die jeweilige Steuer bei fristgerechter Erklärungsabgabe (§ 149 AO) oder Anzeige (z.B. § 30 ErbStG) festgesetzt worden wäre.[1] **223**

Bereits ein flüchtiger Blick auf die Realität der sich je nach Steuerart ggf. über viele Monate hinziehenden Veranlagungstätigkeit des Finanzamts macht deutlich, dass sich die hypothetische Steuerfestsetzung bestenfalls auf einen Zeitraum eingrenzen lässt. Unter Beachtung des strafrechtlichen Grundsatzes „in dubio pro reo" ist dieser Zeitraum dann zu Gunsten des Täters auszuschöpfen. **224**

Soweit es um die Frage geht, wann das **Versuchsstadium** (§ 22 StGB) **endet** und die Tatvollendung eintritt, ist der spätest mögliche der tätergünstigste Zeitpunkt. Es ist insofern für die Tatvollendung jener Zeitpunkt maßgeblich, zu dem die konkrete Steuerfestsetzung bei rechtzeitiger Erklärungsabgabe und pflichtgemäßer Veranla- **225**

1) H.M. zu den Veranlagungssteuern (→ Rz. 207 ff.); Hardtke/Leip, NStZ 1996, 217, 218; Dörn, wistra 1993, 241 ff.; Schmitz, wistra 1993, 248, 250.

gung spätestens erfolgt wäre. Im Falle laufender Veranlagungssteuern ist das der Zeitpunkt, zu welchem die Veranlagungsarbeiten des jeweiligen Jahres in dem jeweiligen Veranlagungsbezirk des Finanzamts für die jeweilige Steuerart (im Wesentlichen) abgeschlossen sind.[1] Ein späterer Schätzungsbescheid ändert hieran nichts. Wird die Steuer allerdings bereits vor diesem Zeitpunkt geschätzt, so tritt mit der Schätzung die Tatvollendung insoweit ein, als die geschätzte hinter der tatsächlichen Steuer zurückbleibt.[2]

226 Demgegenüber wird, ausgehend von der Erkenntnis, dass sich die hypothetische Steuerfestsetzung allenfalls auf einen Zeitraum eingrenzen lässt, für die Frage der Tatvollendung bzw. Tatbeendigung unter dem Gesichtspunkt des **Beginns der Strafverfolgungsverjährung** (§ 78a StGB) mit Rücksicht auf den strafrechtlichen Grundsatz „in dubio pro reo" auf die denkbar früheste Veranlagung abzustellen sein (im Einzelnen → Rz. 730 ff.).[3] Allerdings folgt aus der Vollendung einer Straftat, also der Erfüllung ihrer sämtlichen Tatbestandsmerkmale, nicht notwendigerweise zugleich auch die Tatbeendigung. So meint der BGH,[4] im Falle einer erstrebten Steuervergütung sei die Steuerhinterziehung erst mit der (frühesten hypothetischen) Auszahlung beendet (ausführlich zur Tatbeendigung → Rz. 725 ff.).

227 Die Bestimmung der Tatvollendung nach dem Zeitpunkt der hypothetischen Steuerfestsetzung findet sich regelmäßig ausschließlich im Zusammenhang mit laufenden Veranlagungssteuern, wie beispielsweise der Einkommensteuer, erörtert. Der zu Grunde liegende Gedanke ist jedoch auch für die Festsetzung anderer Steuern wie z.B. der Erbschaft- und Schenkungsteuer von Bedeutung, obschon hier eine Regelmäßigkeit und Periodisierung der Veranlagungstätigkeit das Bearbeitungsende nicht kennzeichnet. Auch hier ergibt sich jedoch der Tatvollendungszeitpunkt aus der Prüfung, wann – bei rechtzeitiger Erklärungsabgabe – die Festsetzung durch die jeweilige Arbeitseinheit des Finanzamts (spätestens) zu erwarten gewesen wäre (→ Rz. 1069 ff.).

(2) Verkürzungszeitpunkt bei der Steueranmeldung

228 Unter Steueranmeldungen sind jene Steuererklärungen zu verstehen, in denen die Steuer auf Grund gesetzlicher Bestimmungen vom Stpfl. selbst zu berechnen ist (§ 150 Abs. 1 Satz 3 AO). Anzumelden sind beispielsweise die Umsatzsteuer (Voranmeldung und Jahreserklärung, § 18 UStG), die Lohnsteuer (§ 41a EStG), die Kapitalertragsteuer (§ 45a EStG), die Versicherungssteuer (§ 8 Versicherungsteuergesetz), die Wettsteuer (§ 18 RennwLottAB) und die Feuerschutzsteuer (§ 8 Feuerschutzsteuergesetz).[5]

229 Von einer Steuerverkürzung durch eine **zu geringe Steueranmeldung** ist in der Regel bereits mit dem Eingang dieser Anmeldung bei dem Finanzamt auszugehen

---

1) BayObLG v. 9.11.2000, 4St RR 126/2000, 4St RR 126/00, wistra 2001, 194 (allerdings ohne präzise Festlegung, ob der Veranlagungsabschluss des zuständigen Finanzamts oder des jeweiligen Veranlagungsbezirks maßgeblich sein soll); BGH v. 19.1.2011, 1 StR 640/10, HRRS 2011 Nr. 427, Rz. 9 ff.; v. 2.11.2010, 1 StR 544/09, NStZ 2011, 294 Rz. 85; v. 7.11.2001, 5 StR 395/01, BGHSt 47, 138; v. 28.10.1998, 5 StR 500/98, NStZ-RR 1999, 218; v. 11.12.1990, 5 StR 519/90, wistra 1991, 215; Joecks in Franzen/Gast/Joecks, 7. Aufl. 2009, § 370 AO Rz. 37 m.w.N.; Hellmann in H/H/Sp, § 370 AO Rz. 150 (November 2011), der den vollständigen Abschluss der Veranlagung für maßgeblich hält; Schmitz, wistra 1993, 248, 250 m.w.N.; auf das Finanzamt abstellend, Mösbauer/Meine in Achenbach/Wannemacher, § 7 II Rz. 79 (November 1996).

2) BayObLG v. 9.11.2000, 4St RR 126/2000, 4St RR 126/00, wistra 2001, 194.

3) So auch OLG Hamm v. 2.8.2001, 2 Ws 156/01, StV 2001, 83; a.A. BGH v. 7.11.2001, 5 StR 395/01, NJW 2002, 762.

4) BGH v. 27.3.1991, 3 StR 358/90, NJW 1991, 2847.

5) Vgl. AEAO zu § 167, Nr. 1.

(§ 370 Abs. 4 Satz 1 AO).[1] Denn schon zu diesem Zeitpunkt kommt der Steueranmeldung grds. die Wirkung einer Steuerfestsetzung unter Vorbehalt der Nachprüfung zu (§ 168 Satz 1 AO). Führt die Steueranmeldung allerdings zu einer Herabsetzung der bisher zu entrichtenden Steuer oder zu einer Steuervergütung, so gilt dies erst dann, wenn die Finanzbehörde durch formlosen Verwaltungsakt, der auch konkludent durch Auszahlung erfolgen kann, der Steueranmeldung **zugestimmt** hat (§ 168 Sätze 2 und 3 AO).[2] Der Taterfolg gem. § 370 Abs. 4 Satz 1 AO tritt hier also erst mit dem Wirksamwerden der Zustimmung durch Bekanntgabe ein (§ 124 Abs. 1 Satz 1 AO). Bezüglich des Zeitpunkts der Tatbeendigung → Rz. 757 ff.

Im Falle einer **verspäteten** oder **unterlassenen Steueranmeldung** ist die Tat grds. vollendet, sobald die gesetzliche Frist verstrichen ist, innerhalb der die Steueranmeldung abzugeben war,[3] denn zu diesem Zeitpunkt hätte bei normgemäßem Verhalten des Stpfl. die Anmeldungssteuer als festgesetzt gegolten (§ 168 Satz 1 AO). 230

Anders wird der Tatvollendungszeitpunkt allerdings dann zu beurteilen sein, wenn die unterbliebene Steueranmeldung gem. § 168 Satz 2 und 3 AO einer **Zustimmung** der Finanzbehörde bedurft hätte, um die Wirkung eines Steuerbescheids unter dem Vorbehalt der Nachprüfung zu erlangen. Dies ist (nur) dann der Fall, wenn die fragliche Steueranmeldung eine Steuerherabsetzung oder Steuervergütung erklärt. Obgleich der Gedanke nahe liegt, in diesen Fällen begünstigender Steueranmeldungen könne eine verspätete oder unterlassene Steuererklärung keine Steuerverkürzung bewirken, ist dies unzutreffend. Denn auf Grund des Kompensationsverbots des § 370 Abs. 4 Satz 3 AO geht die höchstrichterliche Rspr.[4] davon aus, dass beispielsweise durch die unzutreffende Umsatzsteuererklärung oder deren Nichtabgabe eine Steuerverkürzung selbst dann eintreten kann, wenn sich aus der inkriminierten Erklärung per Saldo ein Vergütungsanspruch ergeben hätte (ausführlich zum Kompensationsverbot → Rz. 327 ff.). Die Tatvollendung tritt hier allerdings erst zu dem (hypothetischen) Zeitpunkt ein, zu dem die Zustimmung i.S.d. § 168 Sätze 2 und 3 AO (spätestens, → Rz. 225) zu erwarten gewesen wäre.[5] Hinsichtlich des Zeitpunkts der Tatbeendigung → Rz. 757. 231

Schließlich sei in diesem Zusammenhang nochmals darauf hingewiesen, dass sich die Tatvollendung auf Grund des § 370 Abs. 4 Satz 1 AO ausschließlich nach der jeweiligen Steueranmeldung und ihrer Qualität als Steuerfestsetzung unter Vorbehalt der Nachprüfung beurteilt. Die Fälligkeit und Zahlung der Steuer ist demgegenüber ohne Bedeutung. Zutreffenderweise ist daher eine Umsatzsteuervorauszahlung ggf. bereits am 5. des Folgemonats – und nicht erst nach Ablauf des gesetzlichen Zahlungstermins am 10. des Folgemonats – verkürzt, wenn sie an diesem Tag zu gering vorangemeldet wurde. Umgekehrt lässt sich der Eintritt des Taterfolgs mithin auch nicht dadurch vereiteln, dass zum 10. des Folgemonats die zutreffende Steuer ohne entsprechende Steueranmeldung entrichtet wird.[6] 232

(3) Sonderfall: Grundlagen-, insbesondere Feststellungsbescheid

Allgemein wird nicht in dem Feststellungsbescheid als Grundlagenbescheid (§ 171 Abs. 10 AO), sondern (erst) in dem jeweiligen steuerfestsetzenden Folgebescheid 233

---

1) Joecks in Franzen/Gast/Joecks, 7. Aufl. 2009, § 370 AO Rz. 38; Hellmann in H/H/Sp, § 370 AO Rz. 150 (November 2011); AEAO zu § 168, Nr. 1.
2) Joecks in Franzen/Gast/Joecks, 7. Aufl. 2009, § 370 AO Rz. 38; Ransiek in Kohlmann, § 370 AO Rz. 409 (Juli 2011).
3) Zur Fälligkeitssteuer mit erforderlicher Anmeldung: Joecks in Franzen/Gast/Joecks, 7. Aufl. 2009, § 370 AO Rz. 38.
4) BGH v. 24.10.1990, 3 StR 16/90, wistra 1991, 107.
5) BGH v. 17.3.2009, 1 StR 627/08, NJW 2009, 1979; v. 10.12.1991, 5 StR 536/91, wistra 1992, 93, 94.
6) Joecks in Franzen/Gast/Joecks, 7. Aufl. 2009, § 370 AO Rz. 38.

gegenüber dem oder den Feststellungsbeteiligten (§ 182 Abs. 1 AO) der Eintritt des Taterfolges durch Verkürzung von Steuern erblickt.[1] Mithin ist für die Verkürzungsberechnung auf die einzelnen Feststellungsbeteiligten abzustellen und der Übergang aus dem Versuchsstadium (§ 22 StGB) in die Tatvollendung in Form der Steuerverkürzung vollzieht sich erst mit dem Ergehen des ersten unzutreffenden Folgebescheids (s. aber → Rz. 237).

234 Fraglich ist insofern aber der Vollendungszeitpunkt im Falle der **verspäteten** oder **unterbliebenen Feststellung** von Besteuerungsgrundlagen. Hier wird für die Steuerverkürzung ebenfalls auf die Folgebescheide abzustellen und zu fragen sein, wann das Feststellungsergebnis bei rechtzeitiger Abgabe der Feststellungserklärung – und ordnungsgemäßer Veranlagungstätigkeit – (spätestens, → Rz. 225) Eingang in den jeweiligen steuerfestsetzenden Folgebescheid gefunden hätte.

235 Wurde auch die **Erklärungsabgabe** für den **Folgebescheid unterlassen**, so richtet sich der Tatvollendungszeitpunkt insoweit nach den allgemeinen Grundsätzen (→ Rz. 223 ff.), es sei denn, das Feststellungsergebnis wäre bei ordnungsgemäßer Erklärungsabgabe und Veranlagungstätigkeit erst zu einem späteren Zeitpunkt in dem Folgebescheid berücksichtigt worden.

236 In der Praxis erweist sich diese Rechtslage als überaus misslich, zumal die Tatbeendigung nach allgemeiner Ansicht erst mit dem letzten Folgebescheid eintritt (→ Rz. 746). Mithin sind auch bei größeren Beteiligungskommanditgesellschaften noch hinsichtlich des letzten Kommanditisten Ermittlungen anzustellen, bevor feststeht, ob die Tat des die Feststellungserklärung verantwortenden Täters beendet und ggf. strafverfolgungsverjährt ist. Zu zusätzlichen (Kausalitäts-)Problemen führt es, wenn der Folgebescheid unter schätzweiser Berücksichtigung des Feststellungsergebnisses bereits vor dem Grundlagenbescheid ergangen ist (§ 155 Abs. 2, § 162 Abs. 3 AO). Nicht zuletzt für den Täter ist seine strafrechtliche Situation daher völlig unübersichtlich.

237 Dennoch wird es sich angesichts des klaren Wortlauts des § 370 Abs. 4 Satz 1 AO, der auf die Festsetzung von Steuern abstellt, nicht vertreten lassen, bereits im Ergehen oder Unterbleiben des Feststellungsbescheids eine Tatvollendung bzw. -beendigung im Sinne dieser Vorschrift zu sehen. Denkbar ist es allerding, dem Feststellungsbescheid als Grundlagenbescheid wegen seiner Bindungswirkung für die Folgebescheide (vgl. § 182, § 351 Abs. 2, § 361 Abs. 3 AO), ähnlich dem körperschaftsteuerlichen Bescheid über das verwendbare Eigenkapital (§ 47 Abs. 1 KStG a.F.),[2] auch strafrechtlich eine eigenständige Bedeutung als Steuervorteil i.S.d. § 370 Abs. 1 AO beizumessen und die Tatvollendung sowie -beendigung mithin an ihm auszurichten.[3] Dies führt allerdings zu einer Vorverlagerung des Tatvollendungszeitpunktes gegenüber der Bezugnahme auf die Folgebescheide (→ Rz. 355 ff.) und mithin also zu einem früheren Tatvollendungszeitpunkt.

ee) Umfang der Steuerverkürzung

(1) Bedeutung und Bestimmung des Taterfolgs

238 Der Unrechtsgehalt und das Strafmaß einer Steuerhinterziehung werden maßgeblich von der Höhe der erzielten bzw. erstrebten Steuerverkürzung, also dem jeweiligen Taterfolg, geprägt (→ Rz. 1442 ff.).[4]

---

1) So dem Grunde nach BGH v. 10.12.2008, 1 StR 322/08, NJW 2009, 381; v. 2.7.1986, 3 StR 87/86, wistra 1986, 257; v. 7.2.1984, 3 StR 413/83, wistra 1984, 142.

2) Vgl. hierzu Joecks in Franzen/Gast/Joecks, 7. Aufl. 2009, § 370 AO Rz. 213.

3) So nunmehr BGH v. 10.12.2008, 1 StR 322/08, NJW 2009, 381 für den in der Praxis bedeutsamen Feststellungsbescheid gem. § 180 Abs. 1 Nr. 2a AO; v. 27.5.2009, 1 StR 665/08, NStZ-RR 2009, 340; v. 2.11.2010, 1 StR 544/09, NStZ 2011, 294 vgl. zu alledem Joecks in Franzen/Gast/Joecks, 7. Aufl. 2009, § 370 AO Rz. 49 f.

4) § 46 Abs. 2 StGB („verschuldete Auswirkungen der Tat"), BGH v. 4.2.1997, 5 StR 680/96, wistra 1997, 187; BayObLG v. 3.11.1989, RReg. 4 St 135/89, StV 1990, 164; OLG Düsseldorf v. 30.11.1988, 2 Ss 264/88 – 110/88 III, wistra 1989, 154.

Die **verkürzte Steuer** ergibt sich grds. aus der Differenz zwischen dem Steuer-Ist auf Grund des Fehlverhaltens des Stpfl. und dem steuergesetzlich zutreffenden Steuer-Soll. Dies bedeutet, dass steuerlich nicht berücksichtigungsfähige Betriebsausgaben oder Werbungskosten bei der Bestimmung der verkürzten Steuer außer Ansatz zu bleiben haben.[1) **239**

Hat der Stpfl. **keine Steuererklärung** abgegeben, so entspricht der Verkürzungsbetrag regelmäßig der nach den steuergesetzlichen Vorschriften entstandenen Steuer.[2) Insoweit die Steuer allerdings vor dem Eintritt des Taterfolgs (→ Rz. 223 ff.) geschätzt wurde oder das Finanzamt zu einer zutreffenden Schätzung zu diesem Zeitpunkt in der Lage und verpflichtet war (§ 162 AO), fehlt es an einer für den Taterfolg kausalen „Unkenntnis des Finanzamts" (→ Rz. 118 ff.). Eine vollendete Steuerhinterziehung liegt dann nicht vor. Ist der Stpfl. allerdings davon ausgegangen, dass der Finanzbehörde eine Schätzung nicht möglich ist, so kommt der Versuch (§ 22 StGB) einer Steuerhinterziehung in Betracht. **240**

Falls der Stpfl. eine **unvollständige** oder **unrichtige Steuererklärung** abgegeben hat, so ist zur Verkürzungsberechnung grundsätzlich zu ermitteln, um welchen Betrag die sich aus den unzutreffenden Angaben ergebende Steuer hinter der nach den tatsächlichen Verhältnissen geschuldeten Steuer zurückbleibt.[3) **241**

(2) Darstellung der Steuerverkürzung im Strafurteil

Bei einer Verurteilung wegen Steuerhinterziehung müssen die **Urteilsgründe** grds. nicht nur die Summe der verkürzten Steuern, sondern auch deren Berechnung im Einzelnen, und zwar für jeden Beschuldigten, jede Steuerart und jeden Steuerabschnitt gesondert, schlüssig und nachvollziehbar angeben.[4) Insbesondere ist auch die Herleitung von Besteuerungsgrundlagen im Schätzwege für die Revision überprüfbar darzulegen.[5) Eine solche detaillierte Darstellung der Berechnung ist lediglich in Ausnahmefällen entbehrlich. Ausnahmen sind beispielsweise dann gerechtfertigt, wenn bei der Umsatzsteuerhinterziehung sämtliche Rechnungen mit den darin ausgewiesenen Vorsteuerbeträgen fingiert sind und sich das Ausmaß der Steuerverkürzung ohne Weiteres aus dem Saldo von Umsatzsteuern und Vorsteuern ergibt oder wenn der Angeklagte die Hinterziehungshöhe nicht bestreitet und ausreichend sachkundig ist, um die steuerliche Sach- und Rechtslage beurteilen zu können.[6) **242**

---

1) BayObLG v. 11.6.2002, 4St RR 25/2002, 4St RR 25/02, wistra 2002, 435.

2) Abweichungen können sich ggf. aus der Anwendung des Kompensationsverbots des § 370 Abs. 4 Satz 3 AO ergeben; ausf. hierzu → Rz. 327 ff.

3) Abweichungen können sich ggf. aus der Anwendung des Kompensationsverbots des § 370 Abs. 4 Satz 3 AO ergeben; ausf. hierzu → Rz. 327 ff.

4) BGH v. 22.8.2012, 1 StR 317/12, HRRS 2012 Nr. 979; v. 13.7.2011, 1 StR 154/11, HRRS 2011 Nr. 839; v. 25.3.2010, 1 StR 52/10, wistra 2010, 228; v. 12.5.2009, 1 StR 718/08, NJW 2009, 2546; v. 3.8.1995,5 StR 63/95, wistra 1995, 345; v. 22.2.1995, 5 StR 628/94, wistra 1995, 265; v. 22.9.1993, 5 StR 554/93, wistra 1993, 342; v. 18.12.1991, 5 StR 599/91, wistra 1992, 103; v. 3.1.1990, 3 StR 399/89, wistra 1990, 150; v. 30.7.1985, 1 StR 286/85, wistra 1986, 23; v. 20.6.1980, 6 StR 542/79, BB 1980, 1090; OLG Düsseldorf v. 30.10.1990, 5 Ss 203/90 – 31/90 III, wistra 1991, 32; v. 14.2.1984, 2 Ss (OWi) 624/83 – 262/83 III, wistra 1984, 154; OLG Stuttgart v. 4.5.1984, 1 Ss 205/84, wistra 1984, 239; BayObLG v. 24.3.1992, RReg 4 St 159/91, wistra 1992, 238; OLG Saarland v. 14.12.1994, Ss 97/94, Ss 97/94 (142/94), wistra 1995, 115.

5) BGH v. 28.7.2010, 1 StR 643/09, wistra 2011, 28; v. 10.11.2009, 1 StR 283/09, PStR 2010, 31; Ransiek in Kohlmann, § 370 AO Rz. 488 m.w.N. (November 2012).

6) BGH v. 13.7.2011, 1 StR 154/11, HRRS 2011 Nr. 839; v. 9.6.2004, 5 StR 579/03, NStZ 2004, 577; v. 25.10.2000, 5 StR 399/00, wistra 2001, 22; Saarländisches OLG v. 23.8.1999, Ss 40/99, Ss 40/99 (60/99), wistra 2000, 38; BGH v. 22.2.1995, 5 StR 628/94, wistra 1995, 265, 266; v. 22.9.1993, 5 StR 554/93, wistra 1993, 342.

243 Die **Darstellung der Verkürzungsberechnung** im Urteil muss aus sich heraus verständlich sein. Denn nur so ermöglicht das Urteil eine Überprüfung, ob die Besteuerungsgrundlagen und der Schuldumfang durch den Tatrichter auf Grund eigener Feststellungen zutreffend ermittelt wurden.[1] Eine Bezugnahme auf Aktenteile – etwa die Anklageschrift oder den Steuerfahndungsbericht – ist unzulässig.[2] Nicht zu beanstanden ist es allerdings, wenn das Rechenwerk zur Ermittlung des Umfangs der Steuerverkürzung dem Urteil lediglich als Anlage beigefügt ist. Hierbei handelt es sich nämlich nach Auffassung des BGH[3] nicht um eine „Erweiterung" des schon unterzeichneten Urteils, zu deren Gültigkeit i.d.R. die Unterschrift aller mitwirkenden Berufsrichter erforderlich wäre,[4] sondern lediglich um eine besondere Darstellung der vom Spruchkörper bereits beschlossenen Urteilsgründe, die sich im Rahmen des § 267 Abs. 1 StPO bewegt.

(3) Schätzung

244 Beruht die Verurteilung, wie häufig, auf einer Schätzung von Besteuerungsgrundlagen, so muss sich die Schätzung bezüglich jeder Steuerart und jedes Steuerabschnitts gesondert und schlüssig nachvollziehen lassen.[5] Unabhängig hiervon stellt sich jedoch die Vorfrage nach den Voraussetzungen und Folgen der steuerlichen (→ Rz. 245 ff.) sowie strafprozessualen (→ Rz. 259 ff.) Schätzung.[6]

(3.1) Steuerliche Schätzung

245 Soweit die Finanzbehörde außer Stande ist, die Besteuerungsgrundlagen zu ermitteln oder zu berechnen, hat sie das Recht und die Pflicht, diese zu schätzen (§ 162 Abs. 1 Satz 1 AO). Zur Schätzung berufen ist neben den Finanzbehörden auch das Finanzgericht gem. § 96 Abs. 1 Satz 1 FGO, wonach das Gericht nach seiner freien, aus dem Gesamtergebnis des Verfahrens gewonnenen Überzeugung unter sinngemäßer Berücksichtigung des § 162 AO entscheidet.

246 Sind die Tatbestandsvoraussetzungen des § 162 AO erfüllt, so sind nach dem Wortlaut des § 162 Abs. 1 Satz 1 AO (lediglich) die ungewissen **Besteuerungsgrundlagen,** nicht jedoch die Steuer als solche zu schätzen.[7] Hinsichtlich der Außenprüfung definiert § 199 Abs. 1 AO die Besteuerungsgrundlagen als die tatsächlichen und rechtlichen Verhältnisse, die für die Steuerpflicht und für die Bemessung der Steuer maßgeblich sind.[8]

---

1) BGH v. 28.7.2010, 1 StR 643/09, wistra 2011, 28; v. 10.11.2009, 1 StR 283/09, PStR 2010, 31; v. 12.5.2009, 1 StR 718/08, NJW 2009, 2546; v. 18.12.1991, 5 StR 599/91, wistra 1992, 103; v. 26.4.2001, 5 StR 584/00, wistra 2001, 266 und 308; v. 25.10.2000, 5 StR 399/00, wistra 2001, 22; v. 23.8.1999, Ss 40/99, Ss 40/99 (60/99), wistra 2000, 38; v. 12.8.1999, 5 StR 269/99, StV 2000, 600.

2) BGH v. 12.5.2009, 1 StR 718/08, NJW 2009, 2546; v. 17.3.1005, 5 StR 461/04, NStZ-RR 2005, 209; v. 15.5.1997, 5 StR 45/97, NStZ-RR 1997, 277; v. 26.4.2001, 5 StR 584/00, wistra 2001, 266 und 308; v. 25.10.2000, 5 StR 399/00, wistra 2001, 22; v. 23.8.1999, Ss 40/99, Ss 40/99 (60/99), wistra 2000, 38.

3) BGH v. 25.2.1987, 3 StR 552/86, wistra 1987, 181.

4) BGH bei Holtz, MDR 1979, 683.

5) BGH v. 28.7.2010, 1 StR 643/09, wistra 2011, 28; v. 10.11.2009, 1 StR 283/09, PStR 2010, 31; zu den Anforderungen an ein tatrichterliches Urteil, in dem die Summe der verschwiegenen Einkünfte durch eine Geldrechnung festgestellt wird, vgl. z.B. BGH v. 28.2.1986, 3 StR 541/85, wistra 1986, 173.

6) Held, DB 1996, 2300; Dörn, wistra 1993, 1, 50; Bornheim, PStR 1999, 184.

7) Seer in Tipke/Kruse, § 162 AO Rz. 19 ff. (Januar 2010); u.U. kann allerdings auch eine Steuer Besteuerungsgrundlage sein, z.B. die Vorsteuer bei der Ermittlung der Umsatzsteuer, hierzu im Einzelnen Seer in Tipke/Kruse, § 162 AO Rz. 26 ff. (Januar 2012).

8) Der Begriff der Besteuerungsgrundlage i.S.d. § 162 AO ist allerdings nach wie vor umstritten, vgl. Seer in Tipke/Kruse, § 162 AO Rz. 19 f. (Januar 2010). Gemäß FG Rheinland-Pfalz v. 20.11.2002, 3 K 1659/00, n.v. ermöglicht § 162 AO lediglich die Schätzung von Besteuerungsgrundlagen in Abgrenzung zu Lebenssachverhalten.

Bezüglich der Besteuerungsgrundlagen normiert § 162 AO für seinen Anwendungsbereich eine Ausnahme von den allgemeinen Regeln der **Beweislastverteilung** und dem für eine finanzrichterliche Überzeugungsbildung erforderlichen Beweismaß.[1] Sind die Tatbestandsvoraussetzungen des § 162 AO erfüllt, so stellt sich für die unaufklärbaren Besteuerungsgrundlagen nicht die Frage nach der objektiven Beweislast, sie sind vielmehr – hierbei handelt es sich um eine Pflichtentscheidung – zu schätzen. Grundsätzliches Ziel jeder steuerlichen Schätzung hat es zu sein, auf der Grundlage der möglichen tatsächlichen Feststellungen und unter Berücksichtigung aller Umstände, die für die Schätzung bedeutsam sind (§ 162 Abs. 1 Satz 2 AO), auf diejenigen Besteuerungsgrundlagen zu schließen, die die größte Wahrscheinlichkeit für sich haben, also der Wirklichkeit am nächsten kommen.[2] **247**

Knüpft das Steuerrecht allerdings Rechtsfolgen an das Vorliegen einer Steuerhinterziehung (z.B. § 169 Nr. 2 Satz 2 AO), so müssen deren objektive und subjektive Tatbestandsvoraussetzungen zur vollen Überzeugung der Finanzbehörde bzw. des Finanzgerichts vorliegen. Auf bloße Wahrscheinlichkeitserwägungen bzw. ein reduziertes Beweismaß darf sich die Feststellung der Steuerstraftat ebenso wenig berufen wie auf die Verletzung steuerlicher Mitwirkungspflichten durch den Stpfl.[3] Im Ergebnis gelten also für die steuerliche Schätzung insoweit dieselben Grundsätze wie für eine strafprozessuale Schätzung (→ Rz. 259 ff.), so insbes. auch der Grundsatz **„in dubio pro reo"**.[4] **248**

Für die Schätzung von **steuerbegründenden** und **steuererhöhenden Besteuerungsgrundlagen** gilt Folgendes: **249**

Eine Schätzung hat gem. § 162 Abs. 2 Satz 1 AO vor allem dann zu erfolgen, wenn der Stpfl. über seine Angaben keine ausreichende Aufklärung geben kann oder will, eine Versicherung an Eides statt verweigert oder sonst seine abgabenrechtlichen Mitwirkungspflichten insbes. aus § 90 Abs. 2 AO verletzt (vgl. § 162 Abs. 2 Satz 1 und 3 AO). Das Gleiche gilt, wenn der Stpfl. die nach den Steuergesetzen zu führenden Bücher oder Aufzeichnungen nicht vorlegen kann bzw. will oder wenn die Buchführung bzw. die Aufzeichnungen nicht nach § 158 AO der Besteuerung zu Grunde gelegt werden können, weil ein hinreichender Anlass besteht, ihre sachliche Richtigkeit zu beanstanden.[5] Hiernach ist eine Schätzung insbes. möglich, wenn die Buchführung formell ordnungswidrig ist, also unter wesentlichen Mängeln leidet,[6] oder sich eine formell ordnungsgemäße Buchführung entgegen der gesetzlichen Vermutung des § 158 AO als sachlich unrichtig erweist.[7] Die Umstände, die

1) BFH v. 9.8.1991, III R 129/85, BStBl II 1992, 55; Seer in Tipke/Kruse, § 162 AO Rz. 1 ff. (Januar 2010).
2) BFH v. 19.1.1993, VIII R 128/84, BStBl II 1993, 594, 597; v. 18.12.1984, VIII R 195/82, BStBl II 1986, 226, 228; v. 31.8.1967, V 241/64, BStBl III 1967, 686; Berger, BB 1990, 325, 326; zu den Anforderungen an die Darstellung einer Vollschätzung in Außenprüfungsberichten vgl. FG Baden-Württemberg v. 9.4.1987, III K 272/86, BB 1988, 811.
3) BFH v. 7.11.2006, VIII R 81/04, NJW 2007, 1310 m. Anm. Buse, AO-StB 2007, 109 f.; v. 29.1.2002, VIII B 91/01, BFH/NV 2002, 749; v. 19.3.1998, V R 54/97, BFH/NV 1998, 1279; v. 14.8.1991, X R 86/88, BStBl II 1992, 128; FG Baden-Württemberg v. 13.9.1999, 2 K 349/97, EFG 2000, 105; dazu eingehend Müller, AO-StB 2011, 113 ff.
4) BFH v. 19.12.2007, X B 34/07, BFH/NV 2008, 597; v. 20.9.2007, VIII B 66/07, BFH/NV 2007, 2246; v. 20.6.2007, II R 66/06 BFH/NV 2007, 2057; v. 7.11.2006, VIII R 81/04 NJW 2007, 1310; v. 29.1.2002, VIII B 91/01, BFH/NV 2002, 749 = wistra 2002, 350.
5) So für eine formell ordnungsgemäße Buchführung: BFH v. 9.8.1991, III R 129/85, BStBl II 1992, 55; v. 18.10.1983, VIII R 190/82, BStBl II 1984, 88.
6) Seer in Tipke/Kruse, § 162 AO Rz. 40 ff. (Januar 2010).
7) Seer in Tipke/Kruse, § 162 AO Rz. 38 f. (Januar 2010).

die Vermutung des § 158 AO widerlegen, müssen als Voraussetzung der Schätzung mit einer an Sicherheit grenzenden Wahrscheinlichkeit vorliegen.[1]

250 § 162 Abs. 2 Satz 2 AO sieht eine Schätzbefugnis für das Finanzamt explizit auch dann vor, wenn tatsächliche Anhaltspunkte für die Unrichtigkeit oder Unvollständigkeit der vom Stpfl. gemachten Angaben zu steuerpflichtigen Einnahmen oder Betriebsvermögensmehrungen bestehen und der Steuerpflichtige die Zustimmung zum Kontenabruf gem. § 93 Abs. 7 Satz 1 Nr. 5 AO verweigert.

251 Die Verletzung von Mitwirkungspflichten des Stpfl. im Zusammenhang mit Geschäftsbeziehungen zu „Steueroasen" (§ 90 Abs. 2 Satz 3 AO) führt gem. § 162 Abs. 2 Satz 3 AO sogar zu einer die Beweislast bezüglich der Schätzvoraussetzungen erleichternden (widerlegbaren) gesetzlichen Vermutung dahingehend, dass entsprechende steuerpflichtige Einkünfte vorhanden bzw. höher als erklärt sind.

252 Eine entsprechende Schätzbefugnis sieht § 162 Abs. 3 AO vor, wenn ein Stpfl. die ihm gem. § 90 Abs. 3 AO auferlegten Aufzeichnungs- und Vorlagepflichten betreffend seiner Geschäftsbeziehungen mit Auslandsbezug zu ihm nahe stehenden Personen i.S.d. § 1 Abs. 2 AStG verletzt oder eine ausländische nahe stehende Person ihren Mitwirkungspflichten nicht nachkommt.

253 Liegen nach alledem die Schätzungsvoraussetzungen vor, billigt die Rspr.[2] der Finanzbehörde, ausgehend von den in → Rz. 247 genannten Grundsätzen, je nach der Unzulänglichkeit der vorhandenen und zu ermittelnden Schätzungsgrundlagen einen Rahmen von Schätzungsunschärfen zu, der auch zu Lasten des Stpfl. ausgeschöpft werden kann. In dem Maße, in dem der Stpfl. gegen seine Mitwirkungspflichten verstößt und sich die Anforderungen an die Intensität der Amtsermittlung[3] vermindern, führt die Ungewissheit bezüglich des steuerrelevanten Sachverhalts zu einem weiten Schätzungsrahmen, der Raum für Annahmen zu Lasten des Stpfl. einschl. sog. **Unsicherheitszuschläge** bietet.[4] Dies gilt insbes. im Falle einer formell ordnungswidrigen Buchführung, wobei auch hier der Schätzrahmen umso weiter ist, je schwerwiegender die Buchführungsmängel sind.[5] Bewusst unrichtige „Straf"-Schätzungen sind jedoch auch dann nicht zulässig.[6] Allerdings sollen selbst meh-

---

1) BFH v. 24.6.1997, VIII R 9/96, DStRE 1998, 68, 69; v. 9.8.1991, III R 129/85, BStBl II 1992, 55, 56; v. 8.11.1989, X R 178/87, BStBl II 1990, 268, 270; v. 28.5.1986, I R 265/83, BStBl II, 732, 733; dazu auch Berger, BB 1990, 325, 326. Zu beachten ist allerdings, dass für die Konsequenzen, die aus einer Buchführungsunzulänglichkeit zu ziehen sind, auf deren sachliches Gewicht und nicht auf ihre formale Mangelhaftigkeit abzustellen ist, BFH v. 7.6.2000, III R 82/97, BFH/NV 2000, 1462.

2) BFH v. 13.11.2008, V R 24/06, HFR 2009, 817; v. 8.12.1984, VIII R 195/82, BStBl II 1986, 226; v. 26.4.1983, VIII R 38/82, wistra 1983, 264; v. 12.10.1961, VII 157/60, HFR 1962, 235; v. 9.3.1967, IV 184/63, BStBl III 1967, 349.

3) § 88 AO; BFH v. 14.8.1991, XR 86/88, BStBl II 1992, 128, 131; v. 30.11.1989, I R 14/87, BStBl II 1990, 993, 996; v. 15.2.1989, X R 16/86, BStBl II 1989, 462; Ruppel, BB 1995, 750; in gleichem Maße mindern sich auch die Anforderungen an die finanzgerichtliche Überzeugungsbildung i.S.d. § 69 Abs. 1 AO, BFH v. 15.2.1989, X R 16/86, BStBl II 1989, 462; krit. zur Verminderung der Amtsermittlungspflichten, Seer in Tipke/Kruse, § 162 AO Rz. 8, 32 ff. (Januar 2010), Seer in Tipke/Kruse, § 90 AO Rz. 14 ff. (Januar 2010).

4) Kohlmann, § 393 AO Rz. 31 und 36 m.w.N (Oktober 2002); Seer in Tipke/Kruse, § 162 AO Rz. 44 (Januar 2010); der Schätzungsrahmen ergibt sich als Spielraum im Rahmen der Beweiswürdigung, ein Ermessensspielraum bzgl. der Schätzung besteht nicht, Seer in Tipke/Kruse, § 162 AO Rz. 9 (Januar 2010).

5) Seer in Tipke/Kruse, § 162 AO Rz. 40 (Januar 2010).

6) BFH v. 20.10.2005, IV B 65/04, BFH/NV 2006, 240; FG Bremen v. 24.9.1996, 2 94 085 K 2, EFG 1997, 449, 451; FG Köln v. 21.3.1995, 13 K 6492/94, EFG 1996, 571; Seer in Tipke/Kruse, § 162 AO Rz. 13 (Januar 2010); vgl. aber FG Hamburg v. 11.12.1995, V 60/95, EFG 1996, 511, 514; FG Düsseldorf v. 22.9.1995, 14 K 5287/92 F, EFG 1996, 83, 84.

rere grobe Schätzfehler regelmäßig nicht die Annahme begründen, das Finanzamt habe bewusst zum Nachteil des Stpfl. geschätzt.[1)]

Festzuhalten ist in diesem Zusammenhang, dass den Stpfl. keine Verpflichtung trifft, einen in sich geschlossenen Nachweis über die Herkunft und dementsprechend auch den Verbleib seines **Privatvermögens** zu erbringen oder diesbezüglich Buch zu führen. Es bestehen insoweit keine Aufzeichnungs-, Aufbewahrungs- und Vorlagepflichten i.S.d. §§ 90 ff., 200 AO.[2)] **254**

Andererseits soll es zulässig sein, die Berufung auf das strafrechtliche **Schweigerecht** als steuerliche Pflichtverletzung zu würdigen und zu schätzen, da § 393 Abs. 1 Satz 1 AO die Mitwirkungs- und Duldungspflichten des selbstgefährdungsbedrohten Stpfl. bestehen lässt und lediglich ein Zwangsmittelverbot etabliert.[3)] Wir vertreten hierzu eine abweichende Ansicht (→ Rz. 1129 ff.). **255**

Jedoch auch wenn der Stpfl. **keine** abgabenrechtliche **Pflichtverletzung** begeht, ist ggf. eine Schätzung gem. § 162 Abs. 1 Satz 1 AO zulässig. Welche Gründe in welchem Umfang hier eine Verminderung der Anforderungen an die Amtsermittlung und an das erforderliche Beweismaß rechtfertigen und hierdurch die allgemeinen Regelungen zur Beweislastverteilung zurückdrängen, lässt sich allerdings nur im Einzelfall beurteilen. Kriterien der finanzgerichtlichen Rspr. sind neben dem Gedanken der Zumutbarkeit der Sachaufklärung die Verantwortung auf Grund vorangegangenen Tuns sowie die Beweisnähe und insbes. die Zugehörigkeit aufzuklärender Vorgänge zu der Informations- und Tätigkeitssphäre des Stpfl.[4)] Je mehr die Besteuerungsgrundlagen und die Ursache ihrer Unaufgeklärtheit der Sphäre des Stpfl. zuzuordnen sind, desto mehr reduziert sich das zu fordernde Beweismaß, desto gröbere Schätzungen sind vertretbar und desto weitgehender dürfen Schätzungsunschärfen zu Lasten des Stpfl. ausgeschöpft werden.[5)] **256**

Hat der Stpfl. keine Pflichtverletzung begangen und ist die Unaufklärbarkeit der Besteuerungsgrundlage auch nicht seiner Sphäre zuzuordnen, so ist eine Schätzung nicht zulässig, sondern eine Beweislastentscheidung zu seinen Gunsten zu treffen.[6)] **257**

Eine Schätzung von **steuerentlastenden** und **steuermindernden Besteuerungsgrundlagen** kommt auf Grund einer teleologischen Reduktion des § 162 Abs. 1 AO nur dann in Betracht, wenn deren Unaufklärbarkeit nicht auf einer Pflichtverletzung des Stpfl. beruht oder in seiner Sphäre begründet liegt. Der Stpfl. soll nämlich keinen Vorteil daraus ziehen können, dass er die Aufklärung der Besteuerungsgrundlage verunmöglicht hat. In diesen Fällen hat eine Beweislastentscheidung zu Lasten des Stpfl. zu erfolgen.[7)] **258**

---

1) BFH v. 20.10.2005, IV B 65/04, BFH/NV 2006, 240; v. 1.10.1992, IV R 34/90, BStBl II 1993, 259.

2) BFH v. 28.1.2009, X R 20/05, BFH/NV 2009, 912; zu privaten Kontoauszügen: BFH v. 28.5.1986, I R 265/83, BStBl II 1986, 732; FG Rheinland-Pfalz v. 25.4.1988, 5 K 351/87, EFG 1988, 502; FG Nürnberg v. 23.10.1985, EFG 1986, 154.

3) BGH v. 21.8.2012, 1 StR 26/12, HRRS 2012 Nr. 1011; v. 19.9.2001, XI B 6/01, BStBl II 2002, 4; Joecks in Franzen/Gast/Joecks, 7. Aufl. 2009, § 393 AO Rz. 30; a.A. Seipl in Beermann/Gosch, § 393 AO Rz. 44 f. m.w.N. (August 2008).

4) BFH v. 19.4.2007, V R 48/04, BStBl II 2009, 315; v. 10.3.1992, X B 18/91, BFH/NV 1992, 367; v. 20.9.1989, X R 39/87, BStBl II 1990, 109; v. 15.2.1989, X R 16/86, BStBl II 1989, 462; Seer in Tipke/Kruse, § 162 AO Rz. 4 ff. (Januar 2010).

5) BFH v. 7.4.1992, VI R 113/88, DB 1992, 1503.

6) Seer in Tipke/Kruse, § 162 AO Rz. 5, 7 f. (Januar 2010).

7) Seer in Tipke/Kruse, § 162 AO Rz. 6, 7 f., 24 f. (Januar 2010); BFH v. 15.2.1989, X R 16/86, BStBl II 1989, 462; v. 25.8.2009, I R 88, 89/07, DStR 2009, 2295; v. 12.9.2001, VI R 72/97, BStBl II 2001, 775, lässt allerdings eine Schätzung von Werbungskosten der Höhe nach zu, wenn sie dem Grunde nach feststehen.

(3.2) Strafprozessuale Schätzung

259 Im Strafverfahren[1] hat der Angeklagte ein Recht darauf, dass der Umfang seiner Schuld zur vollen Überzeugung des Strafrichters festgestellt (§ 261 StPO) und dass, wenn dies nicht möglich ist, im Zweifel zu seinen Gunsten entschieden wird („in dubio pro reo").[2]

260 Die **strafrichterliche Überzeugung** i.S.d. § 261 StPO verlangt ein nach der Lebenserfahrung ausreichendes Maß an Erkenntnissicherheit, demgegenüber vernünftige Zweifel nicht mehr aufkommen.[3] Eine absolute mathematische Gewissheit ist zwar nicht erforderlich, wohl aber eine **hochgradige Wahrscheinlichkeit** für die jeweiligen Sachverhaltsgegebenheiten, die alle relevanten Umstände berücksichtigt und nicht mit zwingenden Gesetzen der Logik sowie gültigen, insbes. wissenschaftlich gesicherten, Erfahrungssätzen in Widerspruch steht.[4] Auf dieser sachlichen Grundlage hat der Richter sodann im Rahmen einer höchstpersönlichen und eigenverantwortlichen Entscheidung die restlose **Überzeugung** vom Bestehen der relevanten Sachverhaltsumstände zu gewinnen. Erst und nur diese stellt gem. § 261 StPO die Grundlage für eine Verurteilung dar. Hegt der Richter demgegenüber auch nur den geringsten vernünftigen Zweifel an einer schuldbegründenden Tatsache, so kommt eine Verurteilung auch bei stärksten Verdachtsmomenten nicht in Betracht.[5]

261 Der Tatrichter ist demnach gehalten, sich im Einzelfall nicht nur von dem **„Ob"** der Steuerverkürzung, sondern auch von der **Höhe** der verkürzten Steuer eigenverantwortlich, vollständig und zweifellos zu überzeugen.[6] Obschon das Strafverfahrensrecht also grds. den exakten Nachweis sowohl der Tatsache als auch der Höhe der Steuerverkürzung erfordert,[7] muss auch im Strafprozess nicht jedem nur irgendwie denkbaren Einwand des Beschuldigten gefolgt und die Verkürzungshöhe auf den Cent aufgeklärt werden.[8] Dies entspricht dem Gerechtigkeitsempfinden, da der Täter es ansonsten in der Hand hätte, beispielsweise durch die pflichtwidrige Nichtaufzeichnung von Geschäftsvorfällen und die Nichtaufbewahrung von Geschäftsunterlagen die Bildung einer strafrichterlichen Überzeugung von seiner Schuld zu verhindern und sich so der Bestrafung zu entziehen.[9] Eine strafrichterliche Überzeugungsbildung bezüglich des Vorliegens bestimmter (Mindest-)Besteuerungsgrundlagen kann sich demnach auch auf Grund einer geeigneten und den strafpro-

1) Probleme der Schätzung im Steuerstrafverfahren, StQ AO, §§ 369 bis 412 AO.
2) BFH v. 7.11.2006, VIII R 81/04, NJW 2007, 1310; zur pflichtgemäßen Ausschöpfung richterlicher Aufklärungsmöglichkeiten BGH v. 26.10.1998, 5 StR 746/97, wistra 1999, 103, 106.
3) Meyer-Goßner, 55. Aufl. 2012, § 261 StPO Rz. 2.
4) BGH v. 26.10.1998, 5 StR 746/97, wistra 1999, 103; v. 24.5.2007, 5 StR 58/07, wistra 2007, 345; Seer in Tipke/Kruse, § 162 AO Rz. 16 (Januar 2010).
5) Sander Löwe/Rosenberg, 26. Aufl. 2013, § 261 StPO Rz. 7; Schoreit in Karlsruher Kommentar, 6. Aufl. 2008, § 261 StPO Rz. 2; BGH v. 6.4.1990, 2 StR 602/89, NStZ 1990, 402, 603.
6) BGH v. 27.1.1994, 1 StR 649/93, StV 1994, 305; v. 27.1.1984, 3 StR 419/83, StV 1984, 497; OLG Düsseldorf v. 14.2.1984,2 Ss (OWi) 624/83 – 262/83 III, wistra 1984, 154; LG Marburg v. 15.1.1993, 1a KLs 7 (8) Js 5923/89, wistra 1993, 157, 158.
7) LG Marburg v. 15.1.1993, 1a KLs 7 (8) Js 5923/89, wistra 1993, 157, 158; ein vollständiger Beweis der Verkürzungshöhe kann in Einzelfällen z.B. anhand einer bisweilen aufgefundenen „schwarzen Buchführung", anhand von Zahlungsbelegen oder Aufzeichnungen sowie durch Zeugenaussagen der Geschäftspartner geführt werden.
8) BGH v. 28.7.2010, 1 StR 643/09, wistra 2011, 28; v. 10.11.2009, 1 StR 283/09, PStR 2010, 31; v. 26.10.1998, 5 StR 746/97, wistra 1999, 103; v. 13.10.1994, 5 StR 134/94, wistra 1995, 67; Meyer-Goßner, 55. Aufl. 2012, § 261 StPO Rz. 2.
9) BGH v. 28.7.2010, 1 StR 643/09, wistra 2011, 28; v. 10.11.2009, 1 StR 283/09, PStR 2010, 31; Dörn, wistra 1993, 50.

zessualen Anforderungen an einen **Indizienbeweis** genügenden Schätzung entwickeln.[1)]

262 Der Strafrichter hat also ggf. die Möglichkeit und Aufgabe, die Besteuerungsgrundlagen im Hinblick auf die Höhe der Steuerverkürzung selbst zu **schätzen.**[2)] Die strafrichterliche Schätzung setzt jedoch einerseits das Vorliegen einer Steuerverkürzung dem Grunde nach voraus und andererseits, dass es für eine annähernd genaue Steuerberechnung an aussagekräftigen Beweismitteln fehlt. Allerdings sollen auch verfahrensökonomische Gründe eine Schätzung rechtfertigen können, namentlich dann, wenn eine exakte Steuerermittlung einen unangemessenen Aufklärungsaufwand erfordert und lediglich ihr gegenüber vernachlässigbare Abweichungen zu erwarten sind.[3)]

263 Die strafprozessuale Schätzung darf nur so weit gehen, wie die aus dem Inbegriff der Verhandlung gewonnenen Erkenntnismittel das Schätzungsergebnis zur vollen Überzeugung des Richters tragen können (§ 261 StPO).[4)] Dementsprechend müssen die Parameter der Schätzgrundlage tragfähig und die Herleitung der Besteuerungsgrundlagen nach steuerrechtlichen Grundsätzen in sich schlüssig sein. Die Resultate haben hinsichtlich sämtlicher Bemessungsgrundlagen wirtschaftlich vernünftig und möglich zu sein. Bezüglich der Auswahl der Schätzmethode und ihrer Eignung, sich der Wirklichkeit mittels Wahrscheinlichkeitserwägungen möglichst zu nähern besteht ein tatrichterlicher Beurteilungsspielraum. Eine pauschale Schätzung (etwa unter Verwendung von Richtsätzen) ist allerdings nur zulässig, wenn sich eine konkrete und individuelle, tatsachenbasierte Ermittlung oder Schätzung der fraglichen Besteuerungsgrundlagen von vorneherein oder nach den gebotenen Ermittlungsbemühungen als nicht durchführbar erweist.[5)]

264 Kann sich der Strafrichter nach diesen Grundsätzen lediglich von einem Mindestbetrag an verkürzter Steuer überzeugen, so hat er von diesem auszugehen.[6)] Ist ihm auch das nicht möglich, so hat er freizusprechen. Denn soweit der Strafrichter eine persönliche Überzeugung aus dem Inbegriff der Verhandlung und der Gesamtheit der dort zu Tage getretenen Indizien nicht gewinnen kann, ist nach dem Grundsatz

1) BGH v. 28.7.2010, 1 StR 643/09, wistra 2011, 28; v. 10.11.2009, 1 StR 283/09, PStR 2010, 31; v. 24.5.2007, 5 StR 58/07, wistra 2007, 345; v. 19.7.2007, 5 StR2 251/07, wistra 2007, 470; so auch für den Umfang der Hehlerei, BGH v. 6.12.1994, 5 StR 305/94, StV 1995, 60; Löwe/Rosenberg, § 261 StPO Rz. 113 m.w.N. bezüglich des Tatumfangs bei Betäubungsmitteldelikten; Steuerliche Hinweise, DB 1994, 120.

2) BGH v. 28.7.2010, 1 StR 643/09, wistra 2011, 28; v. 10.11.2009, 1 StR 283/09, PStR 2010, 31; v. 12.8.1999, 5 StR 269/99, StV 2000, 600 mit krit. Anm. von Zopfs; BGH v. 26.10.1998, 5 StR 746/97, wistra 1999, 103, 105; v. 13.10.1994, 5 StR 134/94, wistra 1995, 67; v. 4.2.1992, 5 StR 655/91, wistra 1992, 147; v. 18.11.1960, 4 StR 131/60, BStBl I 1961, 495; v. 1.3.1956, 3 StR 462/55, BStBl II 1956, 441; BayObLG v. 9.11.2000, 4St RR 126/2000, 4St RR 126/00, wistra 2001, 194; Hofmann, StraFo 2003, 70, 72; zur Schätzung im Steuerstrafverfahren ausf.: Joecks, wistra 1990, 52; Stypmann, wistra 1983, 95; Meine, wistra 1985, 100; Dörn, wistra 1993, 1 ff., 50 ff.; Pelchen, MDR 1982, 10; Ransiek in Kohlmann, § 370 AO Rz. 486 (November 2012); Seer in Tipke/Kruse, § 162 AO Rz. 16 (Januar 2010).

3) BGH v. 10.11.2009, 1 StR 283/09, PStR 2010, 31 mit Verweis auf BVerfG v. 20.3.2007, 2 BvR 162/07, n.v.

4) BGH v. 28.7.2010, 1 StR 643/09, wistra 2011, 28; v. 10.11.2009, 1 StR 283/09, PStR 2010, 31; v. 24.5.2007, 5 StR 58/07, wistra 2007, 345; v. 19.7.2007, 5 StR 251/07, wistra 2007, 470; v. 26.4.2001, 5 StR 584/00, wistra 2001, 266 und 308; v. 12.8.1999, 5 StR 269/99, StV 2000, 600 mit krit. Anm. von Zopfs; Seer in Tipke/Kruse, § 162 AO Rz. 16 (Januar 2010).

5) BGH v. 28.7.2010, 1 StR 643/09, wistra 2011, 28; v. 10.11.2009, 1 StR 283/09, PStR 2010, 31.

6) BGH v. 28.7.2010, 1 StR 643/09, wistra 2011, 28; v. 10.11.2009, 1 StR 283/09, PStR 2010, 31; v. 12.8.1999, 5 StR 269/99, StV 2000, 600 mit krit. Anm. von Zopfs; Sander in Löwe/Rosenberg, 26. Aufl. 2013, § 261 StPO Rz. 113; Seer in Tipke/Kruse, § 162 AO Rz. 16 (Januar 2010).

„in dubio pro reo" zu entscheiden.[1] Eine Beweismaßreduktion, wie sie § 162 AO (i.V.m. § 96 Abs. 1 Satz 1 Halbsatz 2 FGO) vorsieht, ist dem Strafprozess fremd.[2]

265 Auf Grund der aufgezeigten Unterschiede der steuerlichen und strafrechtlichen Verfahrensordnungen können auch die Grundsätze der steuerlichen Schätzung nicht unbesehen für die strafprozessuale Feststellung der Steuerverkürzung i.S.d. § 370 Abs. 1 AO übernommen werden (näher hierzu → Rz. 274 ff.).[3]

266 Allerdings hat der **BGH** in zwei Entscheidungen[4] zur strafprozessualen Schätzung ausdrücklich auf die § 162, § 90 Abs. 2 AO Bezug genommen und die Ausschöpfung von Schätzunsicherheiten im Rahmen des Schätzungsspielraumes zu Lasten des Angeklagten befürwortet.

267 Bezüglich dieser Entscheidungen ist zunächst festzuhalten, dass sie nichts daran ändern, dass eine unmittelbare Anwendung der § 162, § 90 Abs. 2 AO auf strafrechtliche Schätzungen nicht in Betracht kommt. Für § 90 Abs. 2 AO formuliert der BGH dies ausdrücklich, hinsichtlich § 162 AO dürfte sich Entsprechendes bereits daraus ergeben, dass die strafprozessuale Schätzung keine spezifische steuerstrafrechtliche Rechtsfigur darstellt,[5] sondern auf der allgemeinen strafprozessualen Grundlage des Indizienbeweises beruht.

268 Allerdings scheint der BGH die Vorschriften der § 162, § 90 Abs. 2 AO ohne nähere dogmatische Erläuterung gleichsam als Rechtsgedanken in den Strafprozess einstrahlen lassen zu wollen, um auf diesem Wege – entsprechend der finanzgerichtlichen Rspr. zur steuerlichen Schätzung – eine Minderung der Aufklärungspflichten sowie eine Ausschöpfung von Schätzunsicherheiten zu Lasten des Angeklagten zu rechtfertigen.

269 Dem steht jedoch entgegen, dass der Gesetzgeber (sogar) für die Einschränkung des Erfordernisses einer finanzrichterlichen Überzeugungsbildung entsprechend der Bestimmung des § 162 AO eine ausdrückliche Regelung für erforderlich gehalten hat (§ 96 Abs. 1 Satz 1 Halbsatz 2 FGO). Ferner würde die Berücksichtigung eines Verstoßes des Angeklagten gegen abgabenrechtliche Mitwirkungspflichten[6] zu seinen Lasten das strafprozessuale Recht des Angeklagten, zu schweigen und sich passiv zu verhalten, aushöhlen (hierzu auch → Rz. 3839 ff.). Auch ist nicht nachvollziehbar, warum sich die strafrechtliche Schätzung, die keine Besonderheit des Steuerstrafprozesses darstellt (→ Rz. 261), hier nach besonderen Regeln richten soll.

---

1) BGH v. 28.7.2010, 1 StR 643/09, wistra 2011, 28; v. 10.11.2009, 1 StR 283/09, PStR 2010, 31; v. 12.8.1999, 5 StR 269/99, StV 2000, 600 mit krit. Anm. von Zopfs; BGH v. 10.9.1985, 4 StR 487/85, wistra 1986, 65; BFH v. 26.4.1983, VIII R 38/82, wistra 1983, 264; v. 2.2.1982, VIII R 65/80, BStBl II 1982, 409; BayObLG v. 11.5.1993, 3 ObOWi 16/93, wistra 1993, 236; zum Verhältnis § 261 StPO und dem Grundsatz „in dubio pro reo" vgl. Dörn, wistra 1993, 50 ff.; Meyer-Goßner, 55. Aufl. 2012, § 261 StPO Rz. 26 ff.; Seer in Tipke/Kruse, § 162 AO Rz. 16 f. (Januar 2010).

2) Seer in Tipke/Kruse, § 162 AO Rz. 16 (Januar 2010); a.A. Rüsken in Klein, 11. Aufl. 2010, § 162 AO Rz. 18.

3) BGH v. 28.7.2010, 1 StR 643/09, wistra 2011, 28; v. 10.11.2009, 1 StR 283/09, PStR 2010, 31; BVerfG v. 15.10.1990, 2 BvR 385/87, NJW 1992, 35, 36; BGH v. 12.8.1999, 5 StR 269/99, StV 2000, 600 mit krit. Anm. von Zopfs; BGH v. 4.2.1992, 5 StR 655/91, wistra 1992, 147; Dörn, wistra 1993, 50 ff.; Joecks, wistra 1990, 52; Seer in Tipke/Kruse, § 162 AO Rz. 16 (Januar 2010).

4) BGH v. 26.10.1998, 5 StR 746/97, wistra 1999, 103; v. 13.10.1994, 5 StR 134/94, wistra 1995, 67.

5) Vgl. zur Schätzung der Schadenshöhe bei der Hehlerei BGH v. 6.12.1994, 5 StR 305/94, StV 1995, 60.

6) Z.B. § 90 AO, § 149 AO (Erklärungsabgabepflicht für nicht inkriminierte Steuerarten und -jahre).

Systemgerecht und angemessen lassen sich die die Rechtspflicht des § 90 Abs. 2 AO auslösenden Tatsachen vielmehr als **Beweisanzeichen** im Strafprozess verwerten; so beispielsweise, wenn der Stpfl. verdeckte Transaktionen in das keine Rechtshilfe leistende Ausland vornimmt und sämtliche Belege hierzu vernichtet.[1] Der pflichtwidrige Verzicht auf eine Buchhaltung oder Belegaufbewahrung soll einen Steuerhinterzieher nicht von seiner strafrechtlichen Verantwortung freistellen können.[2] **270**

Festzuhalten ist jedoch daran, dass eine Verurteilung eine hochgradige Wahrscheinlichkeit für die jeweiligen Sachverhaltsumstände sowie die persönliche Überzeugung des Strafrichters von ihrem Vorliegen voraussetzt. Es widerspricht der Rechtsstellung des Angeklagten im Strafprozess („in dubio pro reo"), bezüglich (der Höhe) seiner Schuld einen Unschärfebereich anzuerkennen, an dessen unterem Schwellenwert zwar die Überzeugung des Strafrichters endet, der jedoch im Zuge der Verurteilung bis hin zu einem oberen Schwellenwert überschritten werden kann. **271**

Mithin besteht für die vom BGH befürwortete Ausstrahlung von Bestimmungen der AO auf die an ganz anderen Zwecken und Grundsätzen orientierte Verfahrensordnung der StPO weder eine dogmatische Grundlage noch ein Bedürfnis. **272**

Aus den gleichen Gründen (strafprozessuales Schweigerecht) kann eine abgabenrechtliche Mitwirkungspflichtverletzung im steuerstrafrechtlichen Verfahren auch nicht mittelbar als Rechtfertigung und Begründung für eine Herabminderung der Aufklärungspflicht im Strafprozess herangezogen werden. **273**

Im Hinblick auf die unterschiedlichen Grundsätze, nach denen sich die Steuerfestsetzung und die strafprozessuale Verkürzungsberechnung richten, ist der Strafrichter bei der Feststellung, ob und in welcher Höhe Steuerbeträge verkürzt worden sind, an (rechtskräftige) Entscheidungen der Finanzbehörden und Finanzgerichte nicht gebunden.[3] Er darf sich auch nicht darauf beschränken, die im Steuerverfahren festgestellten Besteuerungsgrundlagen und Beträge ohne eigene Prüfung seiner Entscheidung zu Grunde zu legen.[4] Dies gilt insbes. dann, wenn sich Zweifel an der Richtigkeit der Annahmen des Finanzamts aufdrängen. **274**

Häufig begnügen sich Strafsachenstellen, Staatsanwaltschaften und Strafgerichte damit, von der steuerlichen Schätzung nach Abzug eventueller Sicherheitszuschläge noch einen weiteren **pauschalen Sicherheitsabschlag** vorzunehmen.[5] Dieses Verfahren entspricht grds. nicht den Anforderungen, die an eine (eigenständige) strafrechtliche Überzeugungsbildung bezüglich der Steuerverkürzung zu stellen sind. Hier sind ggf. weitere Ermittlungen geboten, u.U. auch andere bzw. ergänzende Schätzverfahren anzuwenden.[6] Nicht selten wird bei den Abschlägen gegen- **275**

1) Einer strafrichterlichen Würdigung der Nichterfüllung steuerlicher Mitwirkungspflichten des § 90 AO steht demgegenüber ggf. das strafprozessuale Schweigerecht des Angeklagten entgegen.

2) BGH v. 28.7.2010, 1 StR 643/09, wistra 2011, 28.

3) BVerfG v. 15.10.1990, 2 BvR 385/87, HFR 1991, 45 f.; BFH v. 14.8.1991, X R 86/88, BStBl II 1992, 128, 132; Ransiek in Kohlmann, § 370 AO Rz. 456 (Juli 2011), Rz. 488 (November 2012); Joecks in Franzen/Gast/Joecks, 7. Aufl. 2009, § 370 AO Rz. 55; Hellmann in H/H/Sp, § 370 AO Rz. 161 (November 2011).

4) BGH v. 28.7.2010, 1 StR 643/09, wistra 2011, 28; v. 10.11.2009, 1 StR 283/09, PStR 2010, 31; Ransiek in Kohlmann, § 370 AO Rz. 488 (November 2012); vor dem Hintergrund der unterschiedlichen Verfahrensordnungen der FGO/AO einerseits und der StPO andererseits wird klar, warum nicht nur im Anwendungsbereich des Kompensationsverbots (§ 370 Abs. 4 Satz 3 AO) in ein und demselben Fall regelmäßig das steuerliche Mehrergebnis von der strafrechtlich relevanten Steuerverkürzung abweicht.

5) Schützeberg, StBp 2009, 33 ff.; Griesel, PStR 2007, 101 f.

6) BGH v. 4.2.1992, 5 StR 655/91, wistra 1992, 147; Ransiek in Kohlmann, § 370 AO Rz. 488 (November 2012); Joecks, wistra 1990, 5, Sander in Löwe/Rosenberg, 26. Aufl. 2013, § 261 StPO Rz. 113b.

über den steuerlichen Feststellungen in der Praxis allerdings so großzügig verfahren, dass die Verteidigung im Einzelfall genau prüfen muss, ob es für den Beschuldigten nicht günstiger ist, diese pauschale Schätzung hinzunehmen, als auf einer genaueren Ermittlung oder Absicherung durch präzisere Schätzmethoden zu bestehen.[1)]

276 Auch wenn der Stpfl. das steuerliche Schätzungsergebnis anerkennt und eine darauf beruhende Steuerfestsetzung rechtskräftig werden lässt, kann dieses nicht unbesehen der strafrechtlichen Verkürzungsberechnung zu Grunde gelegt werden. Die Zustimmung des Stpfl. im Besteuerungsverfahren kann strafrechtlich nur ausnahmsweise verwertet werden, wenn darin ein glaubhaftes Geständnis zum Ausdruck kommt.[2)]

277 In diesem Zusammenhang ist für den Beschuldigten und seinen Berater beim Abschluss des Besteuerungsverfahrens erhöhte Aufmerksamkeit geboten: Falls sich im Besteuerungsverfahren über die Schätzung mit der Steuerfahndung oder der zuständigen Veranlagungs- oder Rechtsbehelfsstelle keine Einigung erzielen lässt, ist die Sache unproblematisch, da das Besteuerungsverfahren durch die Rechtsbehelfe „offen gehalten" wird und daraus für das Strafverfahren keine Schlüsse zu ziehen sind. In der Praxis ergibt sich aber in einer Vielzahl von Fällen die Möglichkeit, mit den Ermittlungsbehörden – in der Regel der Steuerfahndung – zu einer **einvernehmlichen Schätzung** zu kommen, die aus den unterschiedlichsten Gründen hingenommen wird, z.B. weil die Schätzung äußerst günstig ist oder der Stpfl. bei weiterer streitiger Auseinandersetzung Nachermittlungen befürchtet und deshalb auf Rechtsbehelfe verzichtet. In derartigen Fällen empfiehlt es sich – wenn es der Sachverhalt erfordert –, eine Erklärung zur Akte zu geben (entweder als Protokollnotiz oder als gesonderten Schriftsatz), wonach dem steuerlichen Ergebnis unter grundsätzlicher Beibehaltung der eigenen Auffassung lediglich aus Gründen zugestimmt wird, die außerhalb der Sache liegen, z.B. weil der Stpfl. nach einem langen Verfahren endlich Klarheit für seine wirtschaftlichen Dispositionen haben will oder weil er die mit der Fortdauer des Verfahrens verbundenen psychischen Belastungen fürchtet. Damit lässt sich der Besorgnis entgegenwirken, aus der einverständlichen Erledigung im Besteuerungsverfahren könnten negative Schlüsse für das Strafverfahren im Sinne eines Geständnisses gezogen werden. Ansonsten wird man sich u.U. vom Strafrichter die Frage gefallen lassen müssen, warum Steuerfestsetzungen akzeptiert werden, wenn doch die dafür notwendigen Voraussetzungen angeblich nicht vorliegen.

(3.3) Straf- und steuerrechtliche Relevanz einzelner Schätzmethoden

278 Zu den **Schätzmethoden**[3)] und ihrer steuerlichen bzw. strafrechtlichen Relevanz ergibt sich im Einzelnen Folgendes:

– Vorjahresvergleich

279 Hier werden die relevanten Besteuerungsgrundlagen auf Grund der entsprechenden Angaben des Stpfl. für vorangegangene Zeiträume oder von ihm hingenommener Schätzungen nach allfälliger Berücksichtigung von Unsicherheitszu- und -abschlägen sowie veränderter Verhältnisse geschätzt. Diese (insbesondere bei volatilen Besteuerungsgrundlagen) wenig genaue Schätzmethode kommt insbes. bei unterlassener Erklärungsabgabe im Rahmen der Veranlagung zur Anwendung.[4)] Sie genügt strafprozessualen Anforderungen nicht.[5)]

---

1) Ransiek in Kohlmann, § 370 AO Rz. 489 (November 2012).
2) BGH v. 3.6.1959, 2 StR 196/59, ZfZ 1959, 302; Sander in Löwe/Rosenberg, 26. Aufl. 2013, § 261 StPO Rz. 113b; Ransiek in Kohlmann, § 370 AO Rz. 488 (November 2012).
3) Vgl. auch den Überblick bei Braun, PStR 2008, 116 f.
4) Hierzu näher Dörn, wistra 1993, 1, 3.
5) Vgl. BGH v. 14.12.1989, 4 StR 419/89, StV 1990, 149; v. 2.5.1984, 3 StR 159/84, wistra 1984, 182; Dörn, wistra 1993, 1, 4.

– Innerer Betriebsvergleich und Nachkalkulation

Der **innere Betriebsvergleich** legt sein Augenmerk auf die innerbetrieblichen Verhältnisse des Prüfbetriebes, indem er Daten und Kennzahlen der Vorjahre ermittelt und den Verhältnissen des Prüfungszeitraums gegenüberstellt.[1] **280**

Die **Nachkalkulation** sucht aus den vorhandenen oder ermittelten innerbetrieblichen Zahlen auf einen Soll-Umsatz oder -gewinn hochzurechnen, um diesen mit den erklärten Zahlen zu vergleichen. Bei Handelsbetrieben ist Ausgangspunkt der Nachkalkulation regelmäßig der Wareneinsatz, der über betriebsspezifische Aufschlagsätze unter Berücksichtigung erforderlicher Korrekturen zu den vergleichsrelevanten Soll-Zahlen entwickelt wird.[2] In Dienstleistungsbetrieben wird auf die im Betrieb geleisteten Produktivstunden sowie den Materialeinsatz abgestellt.[3] Kennzahlen eines Wirtschaftsjahres können für einen anderen Prüfungszeitraum herangezogen werden.[4] **281**

Auch bei einer formell nicht ordnungsgemäßen Buchführung sind an eine **Nachkalkulation** gewisse Mindestanforderungen zu stellen.[5] Bei formell ordnungsgemäßer Buchführung kann das Buchführungsergebnis im Wege einer Nachkalkulation nur dann geändert werden, wenn diese allen Unsicherheiten Rechnung trägt. Insoweit gelten strenge Anforderungen.[6] **282**

Der **innere Betriebsvergleich** kann den Anforderungen an einen strafprozessualen Indizienbeweis genügen, wenn Hilfstatsachen in ausreichendem Maße gefunden werden, die in größerem Umfang Schlussfolgerungen auf die tatsächlichen Besteuerungsgrundlagen zulassen.[7] Allerdings sind gegen dieses Verfahren, das die betriebliche Entwicklung zahlenmäßig im Zeitablauf darstellt, vielfältige **Einwendungen** – z.B. Eigenverbrauch, Verderb, Personaldiebstähle, unsachgerechte Übertragung von Aufschlagsätzen von einer Periode auf eine andere – möglich.[8] Häufig wird, sofern betriebsinterne Daten bzw. Kennzahlen nicht vorliegen[9] oder nicht ermittelt werden können, auf Vergleichszahlen anderer Betriebe zurückgegriffen. Nicht selten vermag die Nachkalkulation auch die Vielfalt der von dem Betrieb angebotenen Waren und Dienstleistungen sowie der jeweiligen unterschiedlichen Aufschlagsätze nicht nachzuvollziehen. So begegnet beispielsweise die Nachkalkulation einer Cocktailbar dem Problem, dass eine im Wareneinsatz feststellbare Flasche Rum für unterschiedliche Cocktails mit den unterschiedlichsten Rezepturen und Aufschlagsätzen Verwendung gefunden haben kann und abgesehen hiervon die jeweiligen Rezepturen von den einzelnen Barleuten lediglich nach Augenmaß beobachtet werden bzw. ungewisse Restmengen in den Shakern zurückbleiben. **283**

Ferner sagt beispielsweise eine kontinuierliche Entwicklung der Umsätze nichts darüber aus, ob die Verbuchung einzelner Geschäfte unterlassen worden ist. Auch **284**

---

1) Seer in Tipke/Kruse, § 162 AO Rz. 54, 58 m.w.N. (Januar 2010); zum Zeitreihenvergleich s.u. → Rz. 286
2) Seer in Tipke/Kruse, § 162 AO Rz. 59 (Januar 2010).
3) Assmann, StBp 1989, 252, 255; Haarmann, DB 1989, 540, 542; Bornheim, PStR 1999, 184, 203.
4) BFH v. 2.2.1982, VIII R 65/80, BStBl II 1982, 409, 413.
5) BFH v. 31.7.1974, I R 216/72, BStBl II 1975, 96; v. 7.12.1977, I R 17/75, BStBl II 1978, 278; v. 2.2.1982, VIII R 65/80, BStBl II 1982, 409; v. 17.11.1981, VIII R 174/77, BStBl II 1982, 430, 434.
6) BFH v. 24.11.1993, X R 12/89, BFH/NV 1994, 766; v. 17.11.1981, VIII R 174/77, BStBl II 1982, 430 v. 13.3.1985, I R 9/81, BFH/NV 1986, 116; v. 31.7.1974, I R 216/72, BStBl II 1975, 96; Assmann, StBp 1989, 252, 256 Apik, DStR 1985, 304, 306.
7) Ransiek in Kohlmann, § 370 AO Rz. 487 (November 2012); Pelchen, MDR 1982, 10.
8) Assmann, StBp 1989, 252, 256 Berger, BB 1990, 325, 326.
9) Gemäß LG Bielefeld v. 18.3.1993, Qs 128/93 I, ZFN 1993, 61, kann zur Gewinnung von betriebsspezifischen Vergleichsdaten die Überwachung von Geldspielautomaten durch die Steuerfahndung für die Dauer von drei Monaten angeordnet werden.

das Diskontinuierliche kann normal sein.[1] Im Übrigen können Abweichungen die unterschiedlichsten erklärbaren Ursachen haben. Schließlich stellt sich stets die Frage, welche Abweichungen des nachkalkulierten von dem erklärten Ergebnis für eine strafrechtliche Verkürzungsfeststellung hinreichend signifikant sind. Maßgeblich für die Aussagekraft der Kalkulation ist ihre Genauigkeit und Schlüssigkeit unter Berücksichtigung der einzelbetrieblichen Besonderheiten im konkreten Falle.

– Mathematisch-statistische Prüfungsmethoden

285 Im Zuge der digitalen bzw. elektronischen Betriebsprüfung (GDPdU) gewinnen mathematisch-statistische Prüfungsmethoden zunehmend an Bedeutung. Die Finanzverwaltung setzt zu diesem Zweck bundesweit die Software IDEA ein. IDEA ermöglicht es dem Prüfer, die Buchhaltungsdaten von einer DATEV-CD, beispielsweise das Sachkonto 8400, in wenigen Arbeitsschritten zu importieren und mittels der programmtechnisch vorgesehenen und nachfolgend erläuterten Analyseverfahren automatisiert prüfen zu lassen.

286 Der **Zeitreihenvergleich** stellt eine Spielart des inneren Betriebsvergleichs dar. Er gliedert die steuerliche Deklarationsperiode des Kalenderjahres in Teilperioden, beispielsweise Kalenderwochen, auf und beobachtet die jeweiligen Rohgewinnaufschlagsätze der Teilperioden an Hand der jeweils gebuchten und auf die Teilperiode entfallenden Wareneinkäufe sowie der entsprechenden Erlöse.[2]

287 Der **Chi-Quadrat-Test** sucht das Vorliegen von Manipulationen durch einen Abgleich der im betrieblichen Zahlenwerk tatsächlich festzustellenden Auftrittshäufigkeit von Ziffern mit deren theoretisch zu erwartenden Auftrittshäufigkeit aufzudecken.[3] Zu diesem Zweck werden beispielsweise hinsichtlich der gebuchten Einzelerlöse einer Periode die Zahlen der ersten Vorkomma- und der ersten Nachkommastelle dahingehend analysiert, ob die vorgefundene Verteilungshäufigkeit der Ziffern der statistischen Normalverteilung der einzelnen Ziffer, also ihrer zu erwartenden Verteilungswahrscheinlichkeit entspricht. Hintergrund dieser Prüfungsmethode ist, dass jedem Menschen eine Vorliebe für bestimmte Zahlen zu eigen ist, die er (auch) bei der Manipulation von Buchhaltungszahlen häufiger verwendet als andere.

288 Das **Benfordsche Gesetz** drückt die empirische Gesetzmäßigkeit aus, dass in einer geeigneten Zahlenwelt Zahlen umso häufiger auftreten, je kleiner deren erste Ziffer (von 1 bis 9) ist. So beginnen gut 30 % der Zahlen mit einer „1", während mit der Ziffer 9 nur noch ca. 4,5 % der Zahlen anfangen.[4] Entsprechend, wenn auch weniger signifikant, verhält es sich mit der zweiten Ziffer von Zahlen. Dem Steuerprüfer bietet sich über IDEA die Möglichkeit, einen von ihm definierten Datenbestand auf elektronischem Wege dahingehend zu überprüfen, ob seine Zahlen dem Benfordschen Gesetz entsprechen. Hintergrund dieser Analysemethode ist die Annahme, dass ein manipulierter Datenbestand anderen Gesetzmäßigkeiten als den von Benford festgestellten folgt.

289 Die Problematik dieser computergestützten Prüfmethoden liegt in ihrer schematischen und unreflektierten Anwendung ebenso wie in der vorschnellen Annahme, Auffälligkeiten würden den manipulativen Charakter des Datenmaterials belegen. Denn nach dem Chi-Quadrat-Test überproportional häufig auftretende Ziffern vor und nach dem Komma der einzelnen Erlöszahlen eines Einzelhandelsbetriebs können durchaus auch durch die Logik des konkreten Geschäftsbetriebs und nicht durch eine persönliche Zahlenpräferenzen des Betriebsinhabers bestimmt sein. Dies

1) Zainhofer, StV 1983, 518, 522.
2) Seer in Tipke/Kruse, § 162 AO Rz. 58 (Januar 2010)
3) Seer in Tipke/Kruse, § 162 AO Rz. 58 (Januar 2010)
4) Seer in Tipke/Kruse, § 162 AO Rz. 58 (Januar 2010)

ist beispielsweise dann der Fall, wenn der Blick in die Preisliste des Betriebs ergibt, dass seine Verkaufspreise häufig auf Euro xx9,9x lauten und von daher das überproportionale Auftreten der Ziffer 9 vor und nach dem Komma der einzelnen Erlöszahlen nachvollziehbar ist. Entsprechende Regelhaftigkeiten des auszuwertenden Datenbestands können in gleicher Weise auch die Resultate einer Analyse nach dem Benford-Verfahren entwerten.[1] Es wird von daher auch weiterhin für die Prüfungsdienste der Finanzverwaltung nicht damit getan sein, eine CD mit den Buchhaltungsdaten des Prüfbetriebs in den Computer einzuführen und sich auf die Auswertungen von IDEA zu verlassen. Andererseits ist es aus der Sicht des Steuerpflichtigen und seines steuerlichen Beraters geboten, die computergestützten Analysemethoden der Steuerprüfung nicht aus dem Blick zu verlieren.

– Äußerer Betriebsvergleich

Vergleiche mit anderen Betrieben bzw. mit den von den Finanzbehörden jährlich neu festgestellten **Richtsätzen**[2] haben eine geringere Beweiskraft als der innere Betriebsvergleich.[3] Sofern der äußere Betriebsvergleich anhand konkreter Vergleichsbetriebe geführt werden soll, scheitert er in der Praxis häufig bereits am Fehlen geeigneter Vergleichsdaten.[4] Will das Finanzamt Daten verwenden, die ihm im Zuge der Veranlagung oder Betriebsprüfung des Vergleichsbetriebs bekannt geworden sind, steht deren individualisierter Offenlegung das Steuergeheimnis (§ 30 AO) entgegen. Eine Beweisführung setzt jedoch letztlich die Benennung des konkreten Vergleichsbetriebs voraus, da nur so die Vergleichbarkeit der Betriebe und die Aussagekraft der Schätzung nachprüfbar sowie dem Stpfl. die Möglichkeit, sich hierzu zu äußern (Art. 103 Abs. 1 GG), gegeben ist.[5] 290

In der Praxis kommt auf Grund dessen der externe Betriebsvergleich regelmäßig nur in der anonymisierten Form der **Richtsatzschätzung**[6] zur Anwendung. Selbst im Besteuerungsverfahren vermag eine Abweichung von den Richtsätzen eine Schätzung bei einer formell ordnungsgemäßen Buchführung grds. nicht zu rechtfertigen, auch wenn beispielsweise der unterste Rohgewinnsatz der Richtsatzsammlung unterschritten ist.[7] Eine Richtsatzschätzung trotz formell ordnungsgemäßer Buchführung kann allerdings bei einem Hinzutreten weiterer Umstände in Betracht kommen.[8] Auch wenn die Buchführung insgesamt zu verwerfen ist, kann eine Richtsatzschätzung in Frage kommen.[9] Bei der Überprüfung einer Richtsatzschätzung ist auf Unterschiede des geschätzten und des Richtbetriebs, für den allein die Richtsatzsammlung Aussagen trifft, zu achten. Augenmerk ist insbes. auf unter- 291

1) Vgl. hierzu FG Rheinland-Pfalz v. 24.8.2011, 2 K 1277/10, EFG 2012, 10; Ransiek in Kohlmann, § 370 AO Rz. 487 (November 2012); zur Beweiskraft des Chi-Quadrat-Tests in Tipke/Kruse, § 162 AO Rz. 60 (Januar 2010).

2) Vgl. BStBl I 2002, 566; für den Einzelhandel BBK Fach 13, 1993, 3673; Braun, PStR 2003, 80; Bornheim, PStR 1999, 184, 203.

3) BFH v. 18.10.1983, VIII R 190/82, BStBl II 1984, 88; v. 18.3.1964, IV 179/60 U, BStBl III 1964, 381.

4) Seer in Tipke/Kruse, § 162 AO Rz. 55 (Januar 2010).

5) Seer in Tipke/Kruse, § 162 AO Rz. 55, 76 (Januar 2010); Haarmann, DB 1989, 540, 543; Rößler, DStZ 1986, 311; Schmidt-Liebig, NWB Fach 17, 1161, 1171; a.A. BFH v. 18.12.1984, VIII R 195/82, BStBl II 1986, 226.

6) Seer in Tipke/Kruse, § 162 AO Rz. 56 (Januar 2010).

7) BFH v. 18.10.1983, VIII R 190/82, BStBl II 1984, 88, 90; v. 26.4.1983, VIII R 38/82, BStBl II 1983, 618, 620; v. 18.9.1974, I R 94/72, BStBl II 1975, 217, 218.

8) BFH v. 26.10.1994, X R 114/92, BFH/NV 1995, 373, 375.

9) BFH v. 20.9.1989, X R 39/87, BStBl II 1990, 109; v. 2.2.1982, VIII R 65/80, BStBl II 1982, 409, 413. Für die Konsequenzen, die aus der Unzulänglichkeit einer Buchführung zu ziehen sind, ist nicht auf deren formale Mangelhaftigkeit sondern auf ihr sachliches Gewicht abzustellen, BFH v. 7.6.2000, III R 82/97, BFH/NV 2000, 1462.

schiedliche Umsatzgrößen zu legen.[1] Wird die Abweichung vom Stpfl. begründet, so darf nur hinzugeschätzt werden, wenn das Finanzamt auf Grund zusätzlicher Schätzmethoden (z.B. Vermögenszuwachsrechnungen) oder auf Grund von Kontrollmitteilungen die Unrichtigkeit der Gewinnermittlung nachweisen kann.

292 Strafrechtlich haben externe Betriebsvergleiche und amtliche Richtsatzsammlungen grds. nicht die Qualität, eine strafrichterliche Überzeugungsbildung zu begründen.[2] Die so gefundenen Zahlen können lediglich Anhaltspunkte sein. Denn jeder Einzelfall kann erheblich von den externen Vergleichszahlen abweichen. So hängt z.B. die Preisgestaltung von vielen Umständen ab wie Verkaufssortiment, Hoch- oder Niedrigpreisprodukte, Ort, Lage und Ausstattung des Geschäfts, Art der Kunden, Häufigkeit von Sonderangeboten usw.[3]

293 Demgegenüber steht allerdings der BGH[4] neuerdings auf dem Standpunkt, dass eine strafprozessuale Schätzung von Besteuerungsgrundlagen in den Fällen in Betracht kommt, in denen sich eine konkrete Ermittlung oder Schätzung der tatsächlichen Besteuerungsgrundlagen für den Betrieb von vorne herein oder nach entsprechenden Berechnungsversuchen als nicht möglich erweist. Dies soll insbes. dann der Fall sein, wenn Buchungsbelege für das Unternehmen völlig fehlen. Der Anwendung der Richtsatzschätzung entgegenstehendem Vorbringen des Steuerpflichtigen muss in derartigen Fällen nicht alleine deshalb Glauben geschenkt werden, weil es sich nicht widerlegen lässt. Auch muss sich das Gericht nicht zu Gunsten des Angeklagten an den unteren Richtsatzwerten orientieren, wenn sich Anhaltspunkte für eine positivere wirtschaftliche Lage erweisen. Auch die Bildung eines Mischwerts aus zwei Richtsätzen im Verhältnis der jeweiligen Umsatzanteile erachtet der BGH[5] als zulässig.

Verteidigungsbemühungen werden sich in diesen Fällen darauf zu konzentrieren haben, die Besonderheiten des Einzelfalls ggf. mittels Sachverständigengutachten herauszuarbeiten, um so eine Abweichung von dem allgemeinen Maßstab der Richtsätze zu begründen.

– Vermögenszuwachs- und Geldverkehrsrechnung

294 Beide Berechnungsmethoden beruhen auf dem Gedanken, dass jeder nur das besitzen bzw. ausgeben kann, was er vorher eingenommen hat.[6] Die Methoden sind miteinander verwandt und lassen sich ineinander überleiten.[7] Ihr Grundmuster lautet:

Festgestellter Anfangsbestand

\+ erklärbare Zugänge

./. erklärbare Abgänge

./. festgestellter Endbestand

= ungeklärte Bestandsänderung[8]

---

1) BFH v. 18.10.1983, VIII R 190/82, BStBl II 1984, 88; v. 17.11.1981, VIII R 174/77, BStBl II 1982, 430; v. 7.12.1977, I R 17/75, BStBl II 1978, 278; Braun, PStR 2003, 80, 83.

2) BFH v. 18.10.1983, VIII R 190/82, BStBl II 1984, 88; BGH v. 28.7.2010, 1 StR 643/09, wistra 2011, 28; v. 1.3.1956, 3 StR 462/55, BStBl I 1956, 441; so auch für die Richtsatzschätzung Ransiek in Kohlmann, § 370 AO Rz. 487 (November 2012); zum Meinungsstand: Dörn, wistra 1993, 1 ff., 50 ff.; Stypmann, wistra 1983, 95, 97; Pelchen, MDR 1982, 10, 12.

3) Vgl. dazu ausf. Zainhofer, StV 1983, 518 ff.

4) BGH v. 28.7.2010, 1 StR 643/09, wistra 2011, 28; v. 24.5.2007, 5 StR 58/07, wistra 2007, 345.

5) BGH v. 28.7.2010, 1 StR 643/09, wistra 2011, 28.

6) BFH v. 8.11.1989, X R 178/87, BStBl II 1990, 268, 271; Bornheim, PStR 1999, 184, 203; Seer in Tipke/Kruse, § 162 AO Rz. 61 ff. (Januar 2010)

7) BFH v. 8.11.1989, X R 178/87, BStBl II 1990, 268, 271; Berger, BB 1990, 325; Assmann, StBp 1989, 252, 257; Apik, DStR 1985, 304, 305.

8) Beispielsrechnungen für die Vermögenszuwachs- und Geldverkehrsrechnung bei Berger, BB 1990, 325, 329.

Der BFH hat die Vermögenszuwachsrechnung und die Geldverkehrsrechnung als Beweismittel für Zuschätzungen – sogar bei einer formell ordnungsgemäßen Buchführung – anerkannt,[1] zugleich aber deutlich gemacht, dass an ihre Plausibilität bzw. Begründetheit hohe Anforderungen zu stellen sind.[2] Nur wenn sie logisch, vollständig und fehlerfrei sind, kommt ihnen allerdings der entsprechende Beweiswert zu. 295

Mit der **Vermögenszuwachsrechnung** sollen aus dem Privatverbrauch unter Berücksichtigung der Vermögensentwicklung Rückschlüsse auf die Höhe der steuerpflichtigen Einnahmen gezogen werden. Bei der Geldverkehrsrechnung werden alle betrieblichen und privaten Geldbestände und Guthaben am Anfang und Ende der Vergleichsperiode unter Berücksichtigung sämtlicher Geldbewegungen verglichen. Beide Berechnungsmethoden gibt es als Gesamt- oder Teilrechnungen; ggf. kann auch eine Mischrechnung sinnvoll sein.[3] Die Vermögenszuwachs- und Geldverkehrsrechnung bieten sich insbes. an, wenn keine betrieblichen Unterlagen zur Verfügung stehen, die eine Nachkalkulation des Betriebsergebnisses ermöglichen. 296

Die **Geldverkehrsrechnung** hat von einem überschaubaren Vergleichszeitraum auszugehen, Anfangs- und Endbestände zutreffend festzustellen, keine Umstände außerhalb des Vergleichszeitraums zu berücksichtigen, zwischen Gesamt- und Teilrechnung zu unterscheiden und vollständig zu sein.[4] Wird die Geldverkehrsrechnung lediglich als Teilrechnung beispielsweise auf den Privatbereich,[5] auf den Bargeldverkehr[6] oder auf eine bestimmte Einkunftsquelle[7] bezogen, so hat sie diese Beschränkung konsequent durchzuführen. Schließlich setzt die Einstellung der steuerlich erklärten Einkünfte in die Geldverkehrsrechnung deren Korrektur bezüglich jener Vorgänge voraus, die steuerlich abweichend von ihrer Liquiditätswirksamkeit erfasst werden (z.B. Eigenverbrauch, Abschreibungen, Besteuerung von Renten mit dem Ertragsanteil) 297

Während die Geldverkehrsrechnung für Stpfl., die ihre Einkünfte durch Einnahmen-Überschuss-Rechnung ermitteln, methodisch nahe liegt, kommt die Vermögenszuwachsrechnung besonders für jene Stpfl. in Betracht, die ihre gewerblichen Einkünfte durch Betriebsvermögensvergleich bestimmen (§ 4 Abs. 1 Satz 5 EStG).[8] 298

Die Anforderungen an den Aufbau einer Vermögenszuwachsrechnung entsprechen im Wesentlichen jenen der Geldverkehrsrechnung. 299

Auch im **Steuerstrafverfahren** sind Vermögenszuwachs-[9] und Geldverkehrsrechnungen[10] geeignete Nachweismethoden. Allerdings sind die Anforderungen an 300

1) BFH v. 28.5.1986, I R 265/83, BStBl II 1986, 732.
2) BFH v. 28.5.1986, I R 265/83, BStBl II 1986, 732; v. 2.3.1982, VIII R 225/80, BStBl II 1984, 504; v. 21.2.1974, I R 65/72, BStBl II 1974, 591; LG Freiburg v. 15.11.2000, VIII Qs 13/00, StV 2001, 266; Assmann, StBp 1989, 252 ff., 269 ff.; BFH v. 8.11.1989, X R 178/87, BStBl II 1990, 268 zur Vermögenszuwachsrechnung.
3) Zur Geldverkehrsrechnung: BFH v. 8.11.1989, X R 178/87, BStBl II 1990, 268, 270 f.; v. 25.7.1991, XI R 27/89, BFH/NV 1991, 796; ausf. Streck, 124 ff.
4) BFH v. 2.3.1982, VIII R 225/80, BStBl II 1984, 504.
5) BFH v. 25.7.1991, XI R 27/89, BFH/NV 1991, 796 f.; v. 28.5.1986, I R 265/83, BStBl II 1991, 732, 734; v. 2.3.1982, VIII R 225/80, BStBl II 1984, 504; v. 8.7.1981, VIII R 79/80, BStBl II 1982, 369.
6) BFH v. 25.7.1991, X R 27/89, BFH/NV 1991, 796; v. 24.11.1988, IV R 150/86, BFH/NV 1989, 416, 417; v. 8.7.1981, VIII R 79/80, BStBl II 1982, 369, 370.
7) BFH v. 8.11.1989, X R 178/87, BStBl II 1990, 268, 270 f.
8) Berger, BB 1990, 325.
9) Suhr in Suhr/Naumann/Bilsdorfer, Rz. 258; Dörn, wistra 1993, 1, 4; Joecks, wistra 1990, 52, 54; Ransiek in Kohlmann, § 370 AO Rz. 487 (November 2012).
10) BFH v. 2.3.1982, VIII R 225/80, BStBl II 1984, 504; Suhr in Suhr/Naumann/Bilsdorfer, Rz. 258; Dörn, wistra 1993, 4; Joecks, wistra 1990, 52, 54; Ransiek in Kohlmann, § 370 AO Rz. 487 (November 2012).

deren Logik und Vollständigkeit höher anzusetzen als im Besteuerungsverfahren.[1] Insbesondere haben sie auf jeden Besteuerungsabschnitt gesondert abzustellen, um eine Saldierung der Ergebnisse einzelner Besteuerungsabschnitte auszuschließen und den Tatvorwurf auf die jeweiligen steuerlichen Erklärungen zu konkretisieren.[2]

301 Die Geldverkehrs- und Vermögenszuwachsrechnung betrachten insbes. auch die private Vermögenssphäre des Stpfl., um Rückschlüsse auf das betriebliche Ergebnis ziehen zu können. In seiner Privatsphäre treffen den Stpfl. jedoch keine Aufzeichnungs-, Aufbewahrungs- und Vorlagepflichten (→ Rz. 254). Vor diesem Hintergrund können die relevanten Daten von den Finanzbehörden vor allem nach dem Wegfall der vermögensteuerlichen Erklärungspflichten häufig nicht vollständig beigebracht werden, mit der Folge, dass die angestellten Kalkulationen Unsicherheiten beinhalten.

302 Hier liegt der Ansatz für Verteidigungsbemühungen.[3] Denn in der Praxis genügen die Berechnungen häufig nicht den Anforderungen an eine strafprozessuale Schätzung, sei es weil der Außen- oder Fahndungsprüfer sie nicht ausreichend akribisch ausgearbeitet hat, sei es weil er die erforderlichen Daten nicht beschaffen konnte. Vielfach werden die Anfangsbestände (schätzweise) zu niedrig, bisweilen sogar mit null angesetzt; oft wird der Privatverbrauch in vermeintlich passender Höhe einfach unterstellt. Gerade dem Privatverbrauch ist besonderes Augenmerk zu widmen, denn er ist für das Ergebnis der Vermögensrechnung i.d.R. von entscheidender Bedeutung. Wird eine Vielzahl bestimmter Privatausgaben über Bankkonten abgewickelt, liegen nachvollziehbare Anhaltspunkte für den Umfang des privaten Aufwandes vor. Andernfalls ist der Nachweis diffizil. Hier sollte der Stpfl. ggf. ins Detail gehen und belegen, warum der von ihm behauptete Privatverbrauch so niedrig ist.

303 Wegen ihrer vorbeschriebenen Schätzunschärfen rechtfertigen die Geldverkehrs- und Vermögenszuwachsrechnung eine strafrechtlich relevante Hinzurechnung zu den erklärten Einkünften nur, wenn sie signifikante Differenzen belegen können.[4]

304 Im Übrigen sagt die Tatsache des Vermögenszuwachses noch nichts über die **Einkunftsquelle** aus.[5] Geldverkehrs- und Vermögenszuwachsrechnung sind grds. ungeeignet, die Quelle der Geldzuflüsse bzw. Vermögenszuwächse zu klären.[6] Der Stpfl. wird hier regelmäßig auf Zuflüsse außerhalb der ertragsteuerlichen Einkunftsarten verweisen,[7] hat jedoch zu bedenken, dass die Finanzbehörde diese Behauptungen mit den vorliegenden Informationen zu sämtlichen Steuerarten (z.B. auch Erbschaft- und Schenkungsteuer) abgleichen und beispielsweise auch die Vorgänge und wirtschaftlichen Verhältnisse bei einem angeblichen Schenker bzw. Darlehensgeber prüfen wird. Dies führt für den Stpfl. und den benannten Dritten nicht selten zu bösen Überraschungen.

305 Demgegenüber wird von den Finanzbehörden regelmäßig unterstellt, der Vermögenszuwachs stamme aus einem betrieblichen Mehrgewinn. Das muss aber nicht sein: Sind die bekannten Einkunftsquellen geprüft, ohne dass Anhaltspunkte für deren unvollständige Erfassung festgestellt wurden, so scheiden sie als Zuordnungsobjekte aus. Eine Zuordnung zum betrieblichen Ergebnis ist nur möglich bei dessen nachweisbarer Unrichtigkeit z.B. durch Kontrollmitteilungen, Nachkalkula-

1) LG Freiburg v. 15.11.2000, VIII Qs 13/00, StV 2001, 266; Aue, PStR 2011, 159 f.
2) Vgl. hierzu BGH v. 6.12.1994, 5 StR 305/94, HFR 1995, 603.
3) LG Freiburg v. 15.11.2000, VIII Qs 13/00, StV 2001, 266; Aue, PStR 2011, 159 f.
4) BFH v. 20.10.1966, IV 142/63, BStBl II 1967, 201.
5) Dörn, wistra 1993, 1, 4.
6) Gebbers, StBp 1986, 179; Seer in Tipke/Kruse, § 162 AO Rz. 65 (Januar 2010).
7) Zur behaupteten Erbschaft BFH v. 28.5.1986, I R 265/83, BStBl II 1986, 732; zu behaupteten Spielbankgewinnen BFH v. 27.7.1992, X B 122/91, BFH/NV 1992, 719.

tionen oder Kassenfehlbeträge [1] Andernfalls sind Einkünfte nach § 22 Nr. 3 EStG anzunehmen.[2] Diese Lösung hat den Vorzug, dass auf den ungeklärten Vermögenszuwachs weder Gewerbe- noch Umsatzsteuer anfällt.

In der Praxis des Fahndungsverfahrens eröffnen sich in diesem Bereich einige Chancen. Fahnder haben in der Regel ein Interesse, ihre Schätzung abzusichern, so dass sie u.U. bereit sind, im Wege der Verständigung einer Zuordnung fraglicher Beträge zu § 22 EStG zuzustimmen, wenn im Gegenzug auf Rechtsmittel verzichtet wird. 306

– Sicherheitszuschläge

Diese Zuschläge, die Außen- oder Fahndungsprüfer zum Ausgleich des Risikos nicht aufgedeckter Einnahmen vornehmen, sind strafrechtlich nicht brauchbar.[3] Sie dokumentieren lediglich, wie Dörn zu Recht anmerkt,[4] die Unsicherheit der gesamten Schätzung. 307

Ohnehin ist jede griffweise oder freie Schätzung für strafrechtliche Zwecke von vorneherein ungeeignet, weil es keine ausreichend sicheren Anhaltspunkte gibt, auf die der Strafrichter seine Beurteilung stützen könnte.[5] 308

Werden **Kassenfehlbeträge,** ggf. nach Berichtigung des Kassenbestandes um Scheckvorgänge bzw. verschleiernde Einlagebuchungen, festgestellt, so eröffnet dies lediglich steuerlich einen Schätzungsrahmen in Höhe eines einzelnen bis zur Summe aller festgestellten Kassenfehlbeträge.[6] 309

Eine **Kontrollmitteilung,** also die Initiativauskunft eines Finanzamts an ein anderes über die steuerlichen Verhältnisse von Stpfl.,[7] kann der Finanzbehörde Hinweis darauf geben, dass beispielsweise bestimmte Einkünfte in einer Gewinnermittlung nicht erfasst sind. Bestätigt sich dieser Hinweis, so ist steuerlich und strafrechtlich eine entsprechende Gewinnerhöhung möglich. Zudem kann auf dieser Grundlage die materielle Richtigkeit der Buchhaltung in Zweifel gezogen werden und infolgedessen eine Zuschätzung im betrieblichen Bereich gerechtfertigt sein. 310

– Lohnsteuerschätzungen

Die Notwendigkeit von Lohnsteuerschätzungen[8] kann sich, das Feststehen einer Steuerhinterziehung dem Grunde nach vorausgesetzt, in einer Vielzahl von Fallvarianten ergeben, wenn eine Berechnung mangels entsprechender Unterlagen bzw. Aufzeichnungen nicht möglich bzw. praktikabel ist (insbes. bei Arbeitnehmerüberlassungen, der Beschäftigung von Aushilfskräften im Dienstleistungsbereich, z.B. Gebäudereinigungs- und Gastronomiebranche). 311

---

1) BFH v. 26.4.1983, VIII R 38/82, BStBl II 1983, 618; v. 17.11.1981, VIII R 174/77, BStBl II 1982, 430.

2) Vgl. dazu BFH v. 16.1.1979, VIII R 149/77, BStBl II 1979, 453, wo ein Teilbetrag des Vermögenszuwachses als Einkünfte i.S.d. § 22 Nr. 3 EStG versteuert wurden; andererseits BGH v. 26.10.1998, 5 StR 746/97, wistra 1999, 103, 105 f.

3) Dörn, wistra 1993, 1, 5; Pelchen, MDR 1982, 10 ff.

4) Dörn, wistra 1993, 1, 5.

5) Vgl. BFH v. 28.9.2011, X B 35/11, BFH/NV 2012, 177; Ransiek in Kohlmann, § 370 AO Rz. 487 (November 2012).

6) Die Kassenfehlbetragsprüfung geht von der Pflicht zur vollständigen, richtigen, zeitgerechten und geordneten Aufzeichnung von Kassenbewegungen (§ 146 Abs. 1 AO) sowie davon aus, dass eine Kasse keinen negativen Geldbetrag enthalten kann, vgl. BFH v. 20.9.1989, X R 39/87, BStBl II 1990, 109 = HFR 1990, 107; Schmidt-Liebig, NWB Fach 17, 1297; Seer in Tipke/Kruse, § 162 AO Rz. 48 m.w.N. (Januar 2010).

7) Es handelt sich hierbei um einen Sonderfall der Amtshilfe, der für die Außenprüfung in § 194 Abs. 3 AO eine spezielle Regelung erfahren hat.

8) Grundsätzlich hierzu: BGH v. 10.11.2009, 1 StR 283/09, PStR 2010, 31; vgl. Dörn, wistra 1993, 50, 56 f.; Meine, wistra 1991, 205 ff.

312 Wie bei jeder Schätzung ist auch hier nicht der Endbetrag der verkürzten Lohnsteuer zu schätzen, sondern lediglich die ungewissen Grundlagen für die Bemessung der Lohnsteuer.[1] Die Lohnsteuer ermittelt sich sodann aus diesen Besteuerungsgrundlagen unter Berücksichtigung der steuergesetzlichen Vorschriften. Zu den **Bemessungsgrundlagen** gehören

- die Lohnsumme und ihre Verteilung auf die Arbeitnehmer,
- die Art der Lohnvereinbarung (Brutto- oder Nettolohnvereinbarung oder Mischformen),
- der Lohnsteuersatz auf Grund der geschätzten bzw. festgestellten Steuerklassenkriterien.

313 Soweit die Möglichkeit besteht, sind diese Feststellungen für jeden einzelnen Arbeitnehmer zu treffen. In Fällen einer großen Anzahl von Arbeitnehmern ist es auch möglich, dass die Schätzung auf Grund von repräsentativen Stichproben vorgenommen wird. Aufgabe der Verteidigung ist es dann, die Auswahl der Stichproben kritisch zu durchleuchten, ggf. darzulegen, dass sie die Verhältnisse bei der gesamten Arbeitnehmerschaft eben doch nicht zutreffend wiedergeben.[2]

314 Die Feststellung der gezahlten Lohnsumme und ihre Verteilung auf die einzelnen Arbeitnehmer ist oft schwierig, wenn keine Aufzeichnungen hierüber vorliegen. Gerade in den Fällen illegaler Arbeitnehmerüberlassung werden häufig gar keine oder unzutreffende Aufzeichnungen geführt. Ebenso verhält es sich bei der Beschäftigung von Aushilfskräften, vor allem, wenn diese aus nicht versteuerten Einnahmen bezahlt werden. In derartigen Fällen ist ggf. eine Schätzung der Lohnsumme aus den Umsätzen zulässig, jedoch entsprechend zu begründen.[3] Bereits das OLG Düsseldorf[4] kam in einem Fall von Arbeitnehmerüberlassung, in dem keine Lohnkonten geführt wurden, zu der Auffassung, dass keine rechtlichen Bedenken bestehen, den „Lohnaufwand" mit 60 % des ermittelten Nettoumsatzes zu veranschlagen. Diese Ansicht bestätigt der BGH in seinem Beschluss vom 10.11.2009,[5] in dem er klarstellt, dass eine Schätzung der Lohnsumme eines Unternehmens unter Anwendung eines Prozentsatzes bezogen auf seinen Nettoumsatz zulässig ist, wenn keine anderweitigen verlässlichen Anhaltspunkte bzw. Beweismittel[6] zur konkreten Ermittlung der Schwarzlöhne verfügbar oder nur mit unverhältnismäßigem Aufwand und ohne nennenswerten zusätzlichen Erkenntnisgewinn zu beschaffen sind. Im Bereich des lohnintensiven Baugewerbes könne grundsätzlich von zwei Drittel des Nettoumsatzes als Nettolohnsumme als branchenüblich ausgegangen werden.

315 Können die Schwarzlohnzahlungen den einzelnen Arbeitnehmern nicht ohne Weiteres zugeordnet werden, so ist eine Schätzung nach Durchschnittssteuersätzen zulässig (→ Rz. 324). In diesen Fällen staffeln die Strafverfolgungsbehörden häufig mehrere Schätzungen hinter- und nebeneinander. So wird beispielsweise zunächst der Umsatz und auf seiner Grundlage sodann die Gesamtlohnsumme geschätzt, aus der anschließend wiederum unter Anwendung eines geschätzten Durchschnittssteuersatzes die Lohnsteuer „ermittelt" wird. Hier obliegt es dem Verteidiger, die

1) BGH v. 11.8.2010, 1 StR 199/10, NJW 2011, 97.
2) BGH v. 25.10.2000, 4 StR 399/00, wistra 2001, 22.
3) Zur Frage der Anforderungen an tatrichterliche Feststellungen im Rahmen unerlaubter Arbeitnehmerüberlassung vgl. ausf. BGH v. 2.5.1984, 3 StR 159/84, wistra 1984, 182; vgl. auch BGH v. 13.1.1983, 4 StR 578/82, wistra 1983, 107.
4) BGH v. 10.11.2009, 1 StR 283/09, PStR 2010, 31; OLG Düsseldorf v. 14.7.1987, 2 Ss 227/86 – 134/86 III, wistra 1988, 123; ähnlich bereits BGH v. 24.9.1986, 3 StR 336/86, BGHSt 34, 166.
5) BGH v. 10.11.2009, 1 StR 283/09, PStR 2010, 31.
6) Insbes. Ausgangsrechnungen, Stundenaufzeichnungen, Abdeckrechnungen. Auch eine manipulierte Buchhaltung scheidet diesbezüglich nicht von vorne herein als relevante Erkenntnisquelle aus, BGH v. 10.11.2009, 1 StR 283/09, PStR 2010, 31.

dieser Vorgehensweise immanente Kumulation bzw. Multiplikation der Schätzunschärfen herauszuarbeiten und dem Zweifelsgrundsatz insoweit Raum zu schaffen.

Grundsätzlich ist es auch im Rahmen der Lohnsteuerschätzung möglich, konkrete Einzelfeststellungen nur für einen bestimmten Zeitraum zu treffen und die Ergebnisse dann auf die gesamte Tatzeit hochzurechnen. Voraussetzung ist selbstverständlich, dass die tatsächlichen Verhältnisse in dem gesamten Hinterziehungszeitraum vergleichbar sind. Die Verteidigung sollte bei der Auswahl des repräsentativen Zeitraumes mitwirken und ggf. darlegen, warum der von den Ermittlungsbehörden ausgewählte Zeitraum nicht für die gesamte Tatzeit repräsentativ ist. Einzelfeststellungen nur zum Ende der Tatzeit, wo möglicherweise noch Unterlagen vorliegen, lassen den Schluss auf Anfang oder Mitte des Zeitraums nicht zu. Eine derartige Schätzung ist nur aussagekräftig, wenn nachgewiesen wird, dass die Verhältnisse über den gesamten Hinterziehungszeitraum tatsächlich gleich waren. Zur Frage der Vergleichbarkeit gehört auch, dass der ausgewählte Tatzeitraum nicht zu kurz ist. So hat der BGH[1)] entschieden, dass der Schluss von wenigen Wochen auf einen 1 $^1/_4$-Jahreszeitraum nicht ausreichend begründet war. 316

Oft unterliegt die geschäftliche Entwicklung des Arbeitgebers auch starken saisonalen Schwankungen. Darauf ist auch bei der Lohnsteuerschätzung zu achten, denn die vorwerfbare Tathandlung ist die Abgabe unrichtiger Lohnsteueranmeldungen bzw. das Unterlassen von Lohnsteueranmeldungen für die einzelnen Monate, so dass grds. die Schätzungen für diese Tatzeiträume erfolgen müssen. In der Praxis werden die Bemessungsgrundlagen jedoch regelmäßig für das Kalenderjahr geschätzt. Hier ist es Aufgabe des Verteidigers, darauf zu achten, dass sich die saisonalen Schwankungen entweder in niedrigeren Durchschnittssätzen niederschlagen, wenn der Schätzungszeitraum das Kalenderjahr ist, oder dass – was unter dogmatischen Gesichtspunkten zutreffender wäre – die einzelnen Monate als Schätzungszeiträume herangezogen und die jeweiligen tatsächlichen Verhältnisse zu Grunde gelegt werden. Gegebenenfalls kann auch die Zugrundelegung anderer Schätzungszeiträume – z.B. eines Vierteljahres – zu genaueren Ergebnissen führen als die Jahresschätzung.[2)] 317

Die Höhe der nachzufordernden bzw. der hinterzogenen Lohnsteuer hängt sodann wesentlich von der Frage ab, ob die vorzunehmende Schätzung nach der sog. **Bruttolohn-** oder nach der sog. **Nettolohnmethode** vorzunehmen ist. 318

Im Falle einer einvernehmlichen (endgültigen) Hinterziehung der Lohnsteuer durch den Arbeitgeber und Arbeitnehmer im Rahmen von **Schwarzlohnvereinbarungen** ging der BGH[3)] zunächst vom Vorliegen einer Nettolohnvereinbarung aus. Dies hatte zur Folge, dass sich die verkürzte Lohnsteuer nicht durch die Feststellung des Steuerabzugs auf die Schwarzlohnzahlung ermittelte, sondern dadurch, dass zunächst auf einen Bruttolohn hochzurechnen war, der abzüglich der verkürzten Lohnsteuer den ausgezahlten Nettoschwarzlohn ergab.[4)] Im Anschluss an eine Entscheidung des BFH[5)] vertritt jedoch nunmehr auch der BGH[6)] die Ansicht, dass im Falle der einvernehmlichen Lohnsteuerverkürzung eine Nettolohnabrede nur dann vorliegt, wenn sie ausdrücklich vereinbart ist. Eine stillschweigende oder ausdrückliche Vereinbarung zwischen Arbeitgeber und Arbeitnehmer, wonach das Arbeits- 319

1) BGH v. 2.5.1984, 3 StR 159/84, wistra 1984, 182; vgl. auch BGH v. 14.12.1989, 4 StR 419/89, StV 1990, 149.
2) Zur Frage der Schätzung der Lohnsteuer ausf.: Meine, wistra 1985, 100; Spriegel, wistra 1987, 50.
3) BGH v. 24.9.1986, 3 StR 336/86, BGHSt 34, 166, sowie StV 1987, 343.
4) Vgl. R 39 b. 9 LStR 2011, sog. „Abtastverfahren".
5) BFH v. 21.2.1992, VI R 41/88, wistra 1992, 196.
6) BGH v. 26.1.1993, 5 StR 605/92 wistra 1993, 148; v. 13.5.1992, 5 StR 38/92, wistra 1992, 259, 260; so bereits ausf. Spriegel/Seipl, DStR 1995, 1169.

entgelt ohne Vorlage einer Lohnsteuerkarte bzw. ohne Mitteilung der elektronischen Lohnsteuerabzugsmerkmale und ohne Einbehalt der Lohnsteuer bzw. der sozialversicherungsrechtlichen Abzüge ungekürzt ausgezahlt wird, genügt den Anforderungen an eine Nettolohnvereinbarung im steuerrechtlichen Sinne nicht.[1] Auch in diesen Fällen gehen die Parteien nämlich davon aus, dass durch die „Auf die Hand"-Zahlungen die Leistung aus dem Arbeitsverhältnis abgegolten wird und beide Seiten aus dem steuerlichen und abgabenrechtlichen Fehlverhalten ihre Vorteile ziehen. Dem lässt sich auch nicht entgegenhalten, die Vertragsparteien, insbes. die Arbeitgeber, würden dadurch, dass sie im Falle der Entdeckung und der nachträglichen Unauffindbarkeit des Arbeitnehmers das Risiko der Haftung für dessen Lohnsteuer in Kauf nehmen, von einer Nettozahlung ausgehen. Erfahrungsgemäß gehen die an einer Steuerhinterziehung Beteiligten vielmehr davon aus, dass die Tat unentdeckt bleibt und mit der Zahlung die Leistungen aus dem Arbeitsverhältnis abgegolten sind. Dies gilt auch in den Fällen, in denen ein Teil „schwarz" und ein Teil mit Lohnsteuerabzug oder gem. § 40a EStG abgewickelt wird.[2]

320 Ein geldwerter Zufluss bei dem Arbeitnehmer erfolgt im Falle einer Bruttolohnvereinbarung vielmehr (erst) dann, wenn der Arbeitgeber auf Zahlung der Lohnsteuer sowie im Rahmen des Gesamtsozialversicherungsbeitrags (§§ 28d, 28e SGB IV) auf Zahlung des Arbeitnehmeranteils in Anspruch genommen wird und auf eine Geltendmachung bestehender und Erfolg versprechender Regressansprüche gegenüber den jeweiligen Arbeitnehmern verzichtet.[3] Besonderheiten gelten hinsichtlich der Arbeitnehmeranteile an dem Gesamtsozialversicherungsbeitrag. Denn der unterbliebene Abzug vom Arbeitsentgelt kann nur bei den drei folgenden Lohn- oder Gehaltszahlungen nachgeholt werden, es sei denn, der Abzug wäre ohne Verschulden des Arbeitgebers unterblieben (§ 28g SGB IV). Da diese Beitragslastverschiebung keine Gegenleistung für die Zurverfügungstellung der Arbeitskraft des Arbeitnehmers darstellt, erfüllt sie von vorneherein nicht die Voraussetzungen eines Arbeitsentgelts und unterliegt folglich nicht der Lohnsteuerpflicht.[4] Sobald die eingangs genannten Voraussetzungen eines geldwerten Zuflusses beim Arbeitnehmer erfüllt sind, entstehen weitere Lohnsteuern, die jedoch nicht als im Rahmen der ursprünglichen Schwarzlohnzahlungen hinterzogen anzusehen sind.[5]

321 Schwierigkeiten bereitet in der Praxis schließlich die Feststellung des richtigen **Lohnsteuersatzes,** der nach der Feststellung der Lohnsumme und ihrer Verteilung auf die einzelnen Arbeitnehmer sowie der Art der Lohnvereinbarung zu ermitteln ist. Da der Lohnsteuersatz maßgeblich von den jeweiligen lohnsteuerlichen Kriterien der jeweiligen Arbeitnehmer abhängt, muss als nächster Schritt eine Aufgliederung der einzelnen Arbeitnehmer anhand dieser Merkmale erfolgen.

322 Sofern, wie häufig, dem Arbeitgeber Lohnsteuerkarten bzw. Mitteilungen über die elektronischen Lohnsteuerabzugsmerkmale bezüglich der inkriminierten Arbeitsverhältnisse nicht vorliegen, wenden die Ermittlungsbehörden grds. ohne Weiteres den Eingangssteuersatz der Steuerklasse VI an, die mit ihrer hohen steuerlichen

---

1) BGH v. 8.6.2011, 1 StR 213/11, wistra 2011, 344, Rz. 29; v. 2.12.2008, 1 StR 416/08, NJW 2009, 528, 530, Rz. 16; v. 4.2.1997, 5 StR 680/96, wistra 1997, 187; Schmidt in L. Schmidt, 31. Aufl. 2012, § 39b EStG Rz. 13 f.; für den Straftatbestand des § 266a StGB (Vorenthalten von Arbeitsentgelt) geht der BGH jedoch in Fällen illegaler Beschäftigung auf Grund § 14 Abs. 2 Satz 2 SGB IV stets von einer Nettolohnvereinbarung aus, selbst wenn sich hieraus ein Bruttoarbeitsentgelt ergibt, das den Wert der Arbeitsleistung übersteigt, BGH v. 8.6.2011, 1 StR 213/11, wistra 2011, 34; v. 2.12.2008, 1 StR 416/08, NJW 2009, 528.

2) So auch Spriegel, wistra 1987, 50, 51; Meine, wistra 1985, 100, 101.

3) BFH v. 21.2.1992, VI R 41/88, Stbg 1992, 329, 332; Schmidt in L. Schmidt, 31. Aufl. 2012, § 39b EStG Rz. 13 f.; § 42d EStG Rz. 64 m.w.N.; BFH v. 29.10.1993, VI R 4/87, BStBl II 1994, 194.

4) Schmidt in L. Schmidt, 31. Aufl. 2012, § 19 EStG Rz. 27, 50.

5) BGH v. 13.5.1992, 5 StR 38/92, wistra 1992, 259; Dörn, wistra 1993, 50, 53.

Belastung zweite Arbeitsverhältnisse erfassen soll (§ 38b Satz 2 Nr. 6 EStG). Zur Begründung wird, zu Unrecht, auf § 39c Abs. 1 EStG verwiesen. § 39c Abs. 1 EStG sieht die Anwendung der (ungünstigsten) Lohnsteuerklasse VI, wenn wegen Verschuldens des Arbeitnehmers dem Arbeitgeber die Lohnsteuerkarte bzw. eine Mitteilung über die elektronischen Lohnsteuerabzugsmerkmale nicht vorliegt, deshalb vor, um den Arbeitnehmer zur Vorlage der Lohnsteuerkarte zu bewegen bzw. den Abruf der elektronischen Lohnsteuerabzugsmerkmale zu ermöglichen. Dementsprechend entfaltet diese Vorschrift lediglich Wirkung für das jeweils laufende Kalenderjahr und ist ohne Auswirkung auf die Einkommensteuerveranlagung.[1] Für vergangene Lohnsteuerjahre ist die Lohnsteuer also nach den tatsächlichen individuellen Lohnsteuermerkmalen des jeweiligen Arbeitnehmers zu ermitteln.[2]

Dementsprechend ist der 1. Strafsenat des BGH in seinem Urteil vom 30.7.1985[3] davon ausgegangen, dass lediglich die auf den **tatsächlichen persönlichen Besteuerungsmerkmalen** des jeweiligen Arbeitnehmers beruhende Lohnsteuer auf Dauer verkürzt ist. Es sei nämlich zu unterstellen, dass die von der Anwendung des § 39c Abs. 1 EStG betroffenen Arbeitnehmer von der Möglichkeit des Lohnsteuerjahresausgleichs bzw. der Einkommensteuerveranlagung Gebrauch gemacht hätten. Folglich hätte die durch die Anwendung des erhöhten Steuersatzes gemäß der Lohnsteuerklasse VI ermittelte Lohnsteuer dem Finanzamt nur vorübergehend zugestanden. 323

Die zunächst offen gelassene Frage, ob die Berücksichtigung der tatsächlichen persönlichen Besteuerungsmerkmale der jeweiligen Arbeitnehmer auf der Tatbestandsebene der Lohnsteuerhinterziehung oder im Rahmen der Strafzumessung erfolgen soll, hat der BGH in seinem Beschluss vom 4.2.1997[4] geklärt (grundsätzlich zur Verkürzung auf Zeit → Rz. 341 ff.). Hiernach ist zwar für den Schuldspruch wegen Lohnsteuerhinterziehung von dem Eingangssteuersatz der Lohnsteuerklasse VI auszugehen,[5] jedoch für die Strafzumessung auf den dem Staat dauerhaft entstandenen Schaden abzustellen, der sich nach den tatsächlichen Verhältnissen der Arbeitnehmer richtet. Je nach dem betroffenen Arbeitnehmerkreis wird die sich danach ergebende Lohnsteuerbelastung erfahrungsgemäß deutlich niedriger als jene des Eingangssteuersatzes der Lohnsteuerklasse VI sein. Der BGH beanstandet es allerdings nicht, wenn im Rahmen der Strafzumessung von geschätzten, niedrigeren Durchschnittssteuersätzen ausgegangen wird. Dies gilt jedenfalls dann, wenn sich die konkreten lohnsteuerlichen Einzelfeststellungen nicht ohne Weiteres treffen lassen.[6] Im entschiedenen Falle hat der BGH einen Durchschnittssteuersatz von 15 % befürwortet.[7] Die Strafverfolgungsbehörden sind also nicht gehalten, stets die exakten lohnsteuerlichen Verhältnisse der Arbeitnehmerschaft aufzuklären, sondern können sich mit der Schätzung eines durchschnittlichen Lohnsteuersatzes, die allerdings strafrechtlichen Anforderungen zu genügen hat, behelfen. Aufgabe des Verteidigers wird es hier sein, auf die Schätzung des Lohnsteuersatzes ggf. unter (möglichst weitgehender) Aufklärung der wahren Verhältnisse einzuwirken. 324

1) Drenseck in L. Schmidt, 31. Aufl. 2012, § 39c EStG Rz. 1.
2) Entsprechend auch für den Haftungsumfang gem. § 42d EStG, Drenseck in L. Schmidt, 31. Aufl. 2012, § 42d EStG Rz. 2.
3) BGH v. 30.7.1985, 1 StR 286/85, wistra 1986, 23; ebenso 5. Strafsenat des BGH v. 13.5.1992, 5 StR 38/92, wistra 1992, 259, 260, sowie 4. Senat des BGH v. 25.10.2000, 5 StR 399/00, wistra 2001, 22; sämtliche zu der vor dem 1.1.2012 gültigen Rechtslage.
4) BGH v. 4.2.1997, 5 StR 680/96, wistra 1997, 187.
5) Liegt dem Arbeitgeber für den jeweiligen Arbeitnehmer eine Lohnsteuerkarte vor, bzw. ist ihm die dem Arbeitnehmer zugeteilte Identifikationsnummer bekannt (§ 39c EStG), ist allerdings die jeweilige Steuerklasse des betroffenen Arbeitnehmers zu berücksichtigen, BGH v. 8.2.2011, 1 StR 651/10, BGHSt 56, 153. Dies wird insbes. bei (lediglich) teilweisen Schwarzlohnzahlungen der Falls sein.
6) BGH v. 13.5.1992, 5 StR 38/92, BGHSt 38, 285, 290.
7) BGH v. 4.2.1997, 5 StR 680/96, wistra 1997, 187.

325 Lagen dem Arbeitgeber bezüglich der inkriminierten Arbeitsverhältnisse die Lohnsteuerkarten bzw. die elektronischen Lohnsteuerabzugsmerkmale vor, z.B. wenn nur ein Teil des Lohnes schwarz gezahlt wurde, so sind grds. die dort festgestellten Merkmale für die Berechnung der Lohnsteuerverkürzung maßgeblich. Sind allerdings die individuellen Lohnsteuermerkmale oder die Zuordnungen der Gesamtlohnsumme auf die einzelnen Arbeitnehmer nicht mehr ohne Weiteres zu ermitteln, so ist auch hier die Zugrundelegung geschätzter Durchschnittssteuersätze möglich.[1)]

326 In seinem Beschluss vom 8.2.2011 hat der BGH[2)] erneut ausführlich zu dem Verhältnis der Lohnsteuer zur Einkommensteuer Stellung genommen und insbesondere Folgendes präzisiert:

- Eine im Rahmen der Strafzumessung beachtliche zeitliche Verkürzung der Lohnsteuer wird bei Schwarzlohnvereinbarungen nur in Ausnahmefällen in Betracht kommen, da diese grundsätzlich davon ausgehen werden, dass eine einkommensteuerliche Offenbarung der nichtselbständigen Einkünfte weder gem. § 25 Abs. 3 Satz 1 EStG noch gem. § 46 Abs. 2 Nr. 8 EStG erfolgen wird.
- Liegt dementsprechend eine Hinterziehung der Lohnsteuer auf Dauer vor, so sind auch bei der Strafzumessung die tatsächlich von den Arbeitnehmern geschuldeten Einkommensteuern unbeachtlich.
- Auch im Falle einer zeitlichen Lohnsteuerverkürzung ist eine exakte Berechnung der endgültig geschuldeten Einkommensteuern entbehrlich, wenn diese nicht ohne Weiteres – insbesondere nicht ohne umfangreiche Beweiserhebungen – möglich ist. Hier kann von geschätzten, niedrigeren Durchschnittssteuersätzen ausgegangen werden.
- Angesichts des Verhältnisses der Lohn- zur Einkommensteuer kommt eine Addition der diesbezüglich verkürzten Steuern nicht in Betracht.

ff) Kompensations- oder Vorteilsausgleichsverbot (§ 370 Abs. 4 Satz 3 AO)[3)]

327 Nach dieser Vorschrift liegt eine Steuerverkürzung auch dann vor, „wenn die Steuer, auf die sich die Tat bezieht, aus anderen Gründen hätte ermäßigt oder der Steuervorteil aus anderen Gründen hätte beansprucht werden können." Zweck und Anwendungsbereich dieser Vorschrift sind auch über 90 Jahre nach ihrer Einführung in die RAO ungeklärt und umstritten.[4)]

328 Die **Rspr.** geht seit dem Urteil des BGH vom 3.6.1954[5)] davon aus, dass es **Zweck** der Regelung ist, den Strafrichter davon freizustellen, sich mit dem Steuerfall insgesamt auseinander setzen zu müssen. Er solle sich vielmehr ausgehend von der jeweiligen Steuererklärung[6)] darauf konzentrieren können, diejenigen unzutreffenden Angaben, auf die sich der Hinterziehungsvorwurf bezieht, durch die zutreffenden Werte zu ersetzen und hieraus dann den Hinterziehungsbetrag zu ermitteln.[7)] Andere im Verfahren zu Tage getretene steuerermäßigende Umstände soll er außer Acht lassen können.

329 Relativiert wird dieser Grundsatz durch die Rspr. zu der Frage, was unter „anderen Gründen", die zwar das Steuerergebnis vermindern, jedoch keinen Einfluss auf die

1) BGH v. 13.5.1992, 5 StR 38/92, wistra 1992, 259, 260.
2) BGHSt 56, 153; vgl. auch BGH v. 8.8.2012, 1 StR 296/12, wistra 2012, 489.
3) Ausf. hierzu Hellmann in H/H/Sp, § 370 AO Rz. 184 ff. (November 2011).
4) Joecks in Franzen/Gast/Joecks, 7. Aufl. 2009, § 370 AO Rz. 64; Ransiek in Kohlmann, § 370 AO Rz. 510 (Juli 2011).
5) BGH v. 3.6.1954, 3 StR 302/53, BGHSt 7, 336; Ransiek in Kohlmann, § 370 AO Rz. 511 (Juli 2011).
6) Für die Tatbestandsvariante des Unterlassens → Rz. 332, → Rz. 336.
7) Ransiek in Kohlmann, § 370 AO Rz. 515 (Juli 2011).

Höhe der strafrechtlichen Steuerverkürzung haben sollen, zu verstehen ist. Hierzu hat die Rspr. eine umfangreiche Kasuistik entwickelt, die allerdings dem der Vorschrift beigemessenen Zweck keineswegs konsequent Rechnung trägt. Denn sie will solche steuermindernden Tatsachen, die mit den verkürzten Beträgen in einem unmittelbaren bzw. engen wirtschaftlichen oder einem rechtlich notwendigen Zusammenhang stehen, nicht als andere Gründe i.S.d. § 370 Abs. 4 Satz 3 AO betrachten[1] und den Strafrichter nicht von deren Beachtung freistellen.

Folgende steuermindernde Tatsachen sind dementsprechend nach der Rspr. im Rahmen des Schuldspruches **zu berücksichtigen:** 330

- Betriebsausgaben, die mit den hinterzogenen Betriebseinnahmen in Zusammenhang stehen;[2] dies gilt auch insoweit, als die Betriebsausgaben trotz fehlender Empfängerbenennung i.S.d. § 160 AO im Rahmen der finanzbehördlichen Ermessensausübung steuerlich anerkannt worden wären;[3]
- Rückstellungen für die hinterzogenen Umsatz- und Gewerbesteuern;[4]
- nicht geltend gemachte, von Amts wegen vorzunehmende Verteilung von Einnahmen auf mehrere Jahre;[5]
- von Amts wegen zu berücksichtigenden Verlustvorträge gem. § 10d Abs. 2 und 4 EStG, § 10a Satz 6 GewStG;[6]
- die (niedrigeren) Ausfuhrvergütungen für das wahre Bestimmungsland hinsichtlich der überhöhten Ausfuhrvergütungen für das angebliche Bestimmungsland;[7]
- Benennung eines neuen Zahlungsgrundes und anderen Empfängers für eine bereits ursprünglich erklärte Betriebsausgabe;[8]
- ursprünglich als Parteispenden erklärte Zahlungen als Betriebsausgaben.[9]

Einen Vorteilsausgleich hat die Rspr. demgegenüber in folgenden Fällen versagt: 331

- bei ursprünglich nicht geltend gemachten Vorsteuern in Bezug auf nicht erklärte Umsätze derselben Periode;[10]
- bei einem unberechtigten Vorsteuerabzug im Verhältnis zur Besteuerung von Scheinrechnungen gem. § 14c Abs. 2 UStG;[11]

---

1) BGH v. 4.5.1990, 3 StR 72/90, wistra 1991, 27; v. 15.11.1989, 3 StR 211/89, wistra 1990, 59; v. 20.7.1988, 3 StR 583/87, wistra 1988, 356; v. 31.1.1978, 5 StR 458/77, GA 1978, 307; zur Kasuistik vgl. Ransiek in Kohlmann, § 370 AO Rz. 523 ff. (Juli 2011); Joecks in Franzen/Gast/Joecks, 7. Aufl. 2009, § 370 AO Rz. 67 ff.

2) BGH v. 4.5.1990, 3 StR 72/90, wistra 1991, 27; v. 20.7.1988, 3 StR 583/87, wistra 1988, 356; v. 31.1.1978, 5 StR 458/77, GA 1978, 307; v. 26.6.1984, 5 StR 322/84, wistra 1984, 183; v. 18.4.1978, 5 StR 692/77, HFR 1978, 421.

3) BGH v. 26.1.1990, 3 StR 472/89, wistra 1990, 232; a.A. noch BGH v. 8.5.1979, 1 StR 51/79, MDR 1979, 772; v. 18.11.1960, 4 StR 131/60, BStBl I 1961, 495; v. 12.9.1990, 3 StR 277/90, HFR 1991, 496, steht dem nicht entgegen, da er von steuerlich „nicht berücksichtigungsfähigen Schwarzlohn- und Schmiergeldzahlungen" ausgeht; BGH v. 15.11.1989 3 StR 211/89, wistra 1990, 59; BFH v. 3.6.1954, 3 StR 302/53, BGHSt 7, 336.

4) BGH v. 17.4.2008, 5 StR 547/07, wistra 2008, 310, 312; v. 15.11.1989, 3 StR 211/89, wistra 1990, 59; v. 4.5.1990, 3 StR 72/90, wistra 1991, 27; v. 31.1.1978, 5 StR 458/77, GA 1978, 307; v. 3.6.1954, 3 StR 302/53, BGHSt 7, 336.

5) BGH v. 2.11.2010, 5 StR 544/09, NStZ 2011, 294; v. 23.6.1976, 3 StR 45/76, MDR 1976, 770.

6) BGH v. 2.11.2010, 5 StR 544/09, NStZ 2011, 294.

7) BGH v. 27.8.1974, 1 StR 10/74, JZ 1975, 183.

8) OLG Karlsruhe v. 6.3.1985, 3 Ws 80/84, wistra 1985, 163.

9) BGH v. 28.1.1987, 3 StR 373/86, wistra 1987, 139; OLG Düsseldorf v. 24.11.1987, 2 Ss 203/87 – 93/87 III, wistra 1988, 118.

10) BGH v. 8.1.2008, 5 StR 582/07, wistra 2008, 153; v. 19.7.2007, 5 StR 251/07, wistra 2007, 470; v. 12.1.2005, 5 StR 301/04, wistra 2005, 144; v. 24.10.1990, 3 StR 16/90, wistra 1991, 107; v. 18.4.1978, 5 StR 692/77, GA 1978, 278; v. 23.3.1994, 5 StR 38/94, wistra 1994, 228; v. 23.7.1985, 5 StR 465/85, wistra 1985, 225; v. 2.11.1995, 5 StR 414/95, wistra 1996, 106; OLG Düsseldorf v. 24.11.1987, 2 Ss 203/87 – 93/87 III, wistra 1988, 118.

11) BGH v. 5.2.2004, 5 StR 420/03, wistra 2004, 147.

- bei nachzuholenden oder zu erhöhenden Einlagebuchungen und nachzuholenden Rückstellungen für Schadensersatzpflichten, auch wenn sich diese auf Waren beziehen, durch deren Veräußerung die verschwiegenen Erlöse erzielt wurden;[1]
- bei zunächst nicht beanspruchten Ausfuhrvergütungen für tatsächlich erfolgte Ausfuhren im Verhältnis zu erschlichenen Ausfuhrvergütungen für nicht erfolgte Ausfuhren;[2]
- bei Verlustrückträgen (vormals auch Verlustvorträgen) gem. § 10d EStG;[3]
- bei über Abdeckrechnungen verschleierten Schwarzlohnzahlungen.[4]

332 Hervorzuheben ist, dass der BGH mit Urteil vom 24.10.1990[5] ohne nähere Begründung entschieden hat, dass eine Umsatzsteuerhinterziehung durch **Unterlassen** auch dann zu bejahen ist, wenn der anzumeldenden Umsatzsteuer überschießende abzugsfähige Vorsteuern gegenüberstehen. Allerdings meint der BGH ebenso wie das LG Oldenburg,[6] dass in Fällen dieser Art das Vorliegen des Tätervorsatzes hinsichtlich des unter Berücksichtigung des Kompensationsverbots festgestellten Verkürzungsbetrags besonders sorgfältig zu prüfen ist. Insbesondere liegt die Möglichkeit eines vorsatzausschließenden Tatbestandsirrtums gem. § 16 Abs. 1 StGB nahe.[7]

333 Im Falle der unterlassenen Abgabe einer Ertragsteuererklärung dürfte die Rspr. demgegenüber zu dem Ergebnis gelangen, dass wegen des unmittelbaren wirtschaftlichen Zusammenhangs sämtlicher Betriebsausgaben bzw. Werbungskosten mit den (vollständig) verschwiegenen Einnahmen das Kompensationsverbot insoweit nicht greift und der Strafrichter im Rahmen der Verkürzungsberechnung die zutreffenden Einkünfte (§ 2 Abs. 2 EStG) ermitteln muss. Lediglich solche steuermindernden Aufwendungen, die nicht in einem unmittelbaren wirtschaftlichen Zusammenhang mit den Einnahmen stehen, kämen dann als andere Gründe i.S.d. § 370 Abs. 4 Satz 3 AO in Betracht.

334 Die Auffassung der Rspr. bezüglich Zweck und Anwendungsbereich des § 370 Abs. 4 Satz 3 AO stößt in der Literatur allerdings auf Kritik.[8] Denn der von der Rspr. dem Kompensationsverbot beigemessene Zweck, den Strafrichter von der Gesamtprüfung des Steuerfalles freizustellen, geht bereits deshalb ins Leere, weil sich die Wirkung des Vorteilsausgleichsverbots auf die Tatbestandsebene beschränkt und die Strafzumessung unberührt lässt. Hier ist das Kompensationsverbot nach einhelliger Ansicht nicht anwendbar und der gesamte Steuerfall bezüglich des Steuerschadens zu erwägen.[9]

---

1) BGH v. 28.2.1978, 5 StR 432/77, BB 1978, 1302, wobei allerdings nicht nachvollziehbar ist, warum ein ausreichender wirtschaftlicher Zusammenhang zwischen dem Warenan- und verkauf anzuerkennen sein soll, nicht jedoch zwischen der (Waren-)Einlage und der entsprechenden Veräußerung. Im Ergebnis wird letzterenfalls der Wareneinsatz steuerstrafrechtlich ignoriert.

2) BGH v. 20.2.1962,1 StR 371/61, NJW 1962, 2311.

3) BGH v. 26.6.1984, 5 StR 322/84, wistra 1984, 183; a.A. BayObLG v. 21.4.1982, RReg 4 St 20/82, wistra 1982, 199; vgl. hierzu auch Bublitz, DStR 1985, 653, und Beck, wistra 1998, 131. Hins. der von Amts wegen zu berücksichtigenden Verlustvorträge erkennt der BGH nunmehr die Kompensation an, BGH v. 2.11.2010, 5 StR 544/09, NStZ 2011, 294.

4) BGH v. 17.3.2005, 5 StR 461/04, NStZ-RR 2005, 209.

5) BGH v. 24.10.1990, 3 StR 16/90, wistra 1991, 107; näher hierzu → Rz. 336.

6) LG Oldenburg v. 15.4.1994, IV Qs 65/94, wistra 1994, 276.

7) BGH v. 24.10.1990, 3 StR 16/90, wistra 1991, 107, 108, eingehend zum Kompensationsverbot bei der Umsatzsteuerhinterziehung Schuhmann, wistra 1992, 208.

8) Joecks in Franzen/Gast/Joecks, 7. Aufl. 2009, § 370 AO Rz. 70; Schuhmann, wistra 1992, 208; Meine, wistra 1991, 127; Meine, wistra 1985, 9; Meine, wistra 1982, 129; demgegenüber Ransiek in Kohlmann, § 370 AO Rz. 511 f. (Juli 2011).

9) Vgl. BGH v. 11.11.1987, 3 StR 445/87, wistra 1988, 109; v. 19.10.1987, 3 StR 589/86, wistra 1988, 263, 267; v. 23.7.1985, 5 StR 465/85, wistra 1985, 225; BayObLG v. 16.10.1989, RReg 4 St 162/89, wistra 1990, 112; OLG Düsseldorf v. 24.11.1987, 2 Ss 203/87 – 93/87 III, wistra 1988, 118; Hellmann in H/H/Sp, § 370 AO Rz. 185 (November 2011); Kohlhaas, Stbg 2010, 66 ff.

Zutreffend wird in der **Literatur** der **Zweck** des § 370 Abs. 4 Satz 3 darin gesehen, zu verhindern, dass der Stpfl. ungestraft eine schadensgleiche Vermögensgefährdung begehen kann, indem er beispielsweise in seiner Einkommensteuererklärung Kapitaleinkünfte verschweigt und in mindestens gleicher Höhe Werbungskosten aus Vermietung nicht geltend macht, um diese später im Rahmen der § 164 Abs. 2 oder § 173 Abs. 1 Nr. 2 AO nachzuschieben. In diesem Falle wäre ohne das Kompensationsverbot zu fürchten, dass es hinsichtlich der ursprünglichen Erklärungsabgabe an dem für die Steuerhinterziehung erforderlichen Taterfolg und hinsichtlich der nachgereichten steuermindernden Tatsachen an der nötigen Tathandlung fehlt.[1) 335

Vor diesem Hintergrund geht eine in der Literatur verbreitete Rechtsauffassung davon aus, dass im Falle einer insgesamt unterlassenen Erklärungsabgabe sowohl nach dem Wortlaut als auch nach dem Zweck der Vorschrift von vorneherein kein Raum für die Anwendung des Kompensationsverbots besteht. Da hier dem Finanzamt keinerlei Tatsachen (Gründe) vermittelt worden seien, könne es schon begrifflich keine anderen Gründe geben, die von einer Kompensation auszuschließen wären.[2) Zudem bewirke das Unterlassen der Erklärungsabgabe keine schadensgleiche Vermögensgefährdung, die sich durch spätere zutreffende Angaben gefahrlos realisieren ließe. 336

Nicht zur Anwendung kommt § 370 Abs. 4 Satz 3 AO ferner, wenn **keine Kompensation gegenläufiger steuerrelevanter Tatsachen** in Frage steht, sondern lediglich die Anerkennung einer geltend gemachten Steuerminderung mit einer anderen als der ursprünglichen Begründung, ggf. unter Berücksichtigung neuer Tatsachen. So hindert das Kompensationsverbot beispielsweise nicht daran, eine als (verdeckte) Parteispende deklarierte Ausgabe bei der Prüfung der Steuerverkürzung ggf. als Betriebsausgabe anzuerkennen.[3) 337

Andererseits kommt ein Vorteilsausgleich von vorneherein nur im Rahmen der steuerrelevanten Tatsachen **ein und desselben Steueranspruches** in Betracht. Keinesfalls lässt sich beispielsweise eine Einkommensteuerverkürzung mit möglichen Vorsteuererstattungsansprüchen kompensieren.[4) 338

Außerhalb dieser Fallgruppen ist für jeden **Einzelfall**[5) zu prüfen, ob die von § 370 Abs. 4 Satz 3 AO erfasste Gefährdungslage besteht. Dies ist vor allem dann nicht der Fall, wenn die zu kompensierenden Tatsachen in einem unmittelbaren bzw. engen wirtschaftlichen oder einem rechtlich notwendigen Zusammenhang im Sinne der Rspr. stehen, da hier dem Finanzamt die steuermindernde Tatsache nicht ohne Gefahr der Aufdeckung der steuererhöhenden Tatsache mitgeteilt werden kann. 339

Das Kompensationsverbot findet im Rahmen der **Hinterziehungsverzinsung** gem. § 235 AO keine Anwendung. Verzinslich sind vielmehr lediglich jene Steuern, die hinterzogen und nachzuzahlen sind.[6) Auch auf sonstige steuerliche Nebenfolgen 340

---

1) Joecks in Franzen/Gast/Joecks 7. Aufl. 2009, § 370 AO Rz. 73 m.w.N.; Vorbehalte hiergegen formuliert Ransiek in Kohlmann, § 370 AO Rz. 513 (Juli 2011).

2) Meine 1984, 70 ff.; Meine, wistra 1982, 129, 133 f.; Joecks in Franzen/Gast/Joecks, 7. Aufl. 2009, § 370 AO Rz. 71; Beck, wistra 1998, 131; Hellmann in H/H/Sp, § 370 AO Rz. 187 (November 2011); a.A. Ransiek in Kohlmann, § 370 AO Rz. 519 (Juli 2011); BGH zur Umsatzsteuerhinterziehung durch Unterlassen, → Rz. 332.

3) BGH v. 28.1.1987, 3 StR 373/86, wistra 1987, 139; vgl. auch OLG Karlsruhe v. 6.3.1985, 3 Ws 80/84, wistra 1985, 163; Ransiek in Kohlmann, § 370 AO Rz. 507 (November 2012).

4) Joecks in Franzen/Gast/Joecks, 7. Aufl. 2009, § 370 AO Rz. 72; Ransiek in Kohlmann, § 370 AO Rz. 508 (Juli 2011).

5) Ausf. zur Ansparrücklage Lilje/Müller, wistra 2001, 205.

6) FG Köln v. 25.5.1988, 6 K 289/83, wistra 1988, 316; BFH v. 26.2.1008, VIII R 1/07, NJW 2008, 2878; FG München v. 2.7.2008, 1 K 2599/07; unentschieden noch BFH v. 12.10.1993, VII R 44/93, BStBl II 1994, 438.

einer Steuerstraftat sowie die Nachzahlungspflicht des § 371 Abs. 3 AO ist das Kompensationsverbot nicht anwendbar.[1)]

gg) Zeitliche Verkürzung

341 Die Vorschrift des § 370 Abs. 4 Satz 1 AO lässt bereits die **nicht rechtzeitige Steuerfestsetzung** als Taterfolg genügen, stellt also insoweit die zeitliche der endgültigen Steuerverkürzung tatbestandsmäßig gleich. Mit Blick auf den aus der Tat resultierenden Fiskalschaden ist jedoch zu berücksichtigen, dass sich die auf Dauer angelegte Steuerhinterziehung auf die hinterzogene Steuer als solche bezieht, während die zeitliche Steuerverkürzung (lediglich) auf eine verspätete Steuerfestsetzung abstellt. Der Steuerschaden des Fiskus erschöpft sich bei der zeitlichen Steuerhinterziehung also in dem jeweiligen Verspätungsschaden des Steuergläubigers. Dies ist zwar nicht bei der Tatbestandsmäßigkeit der Tat, wohl aber bei der Strafzumessung im Rahmen der verschuldeten Auswirkungen der Tat i.S.d. § 46 Abs. 2 StGB zu berücksichtigen (näher zum Verzögerungsschaden der zeitlichen Steuerverkürzung → Rz. 349).[2)]

342 Die **Abgrenzung** der zeitlichen von der Steuerverkürzung auf Dauer fällt in der Praxis allerdings schwer: Denn wer seine Steuererklärung nicht oder mit unzutreffendem Inhalt abgibt, der bringt hierdurch den Steueranspruch nicht zum Erlöschen. Der Steueranspruch besteht vielmehr bis zum Ablauf der ggf. gem. § 169 Abs. 2 Satz 2 AO auf zehn Jahre verlängerten Festsetzungsfrist fort. Bis dahin lässt sich grds. nicht abschließend feststellen, ob der eingetretene Taterfolg dauernder oder lediglich vorübergehender Natur ist. Weder die Tathandlung noch der Taterfolg geben hierüber Auskunft.

343 Die Abgrenzung der Steuerhinterziehung auf Dauer bzw. auf Zeit wird daher im **subjektiven Tatbestand**[3)] gesucht. Je nachdem, ob sich der Tätervorsatz zur Tatzeit auf eine endgültig unzutreffende bzw. unterbleibende oder lediglich auf eine verspätete (zutreffende) Steuerfestsetzung richtet, handelt es sich um eine endgültige oder eine Steuerverkürzung auf Zeit.[4)] Erfolg wird dem Einwand eines Täters, er habe lediglich eine zeitliche Steuerhinterziehung gewollt jedoch regelmäßig nur dann beschieden sein, wenn er sich diesbezüglich auf objektive Anhaltspunkte berufen kann. Dies ist insbesondere dann der Fall, wenn sich die Tat auf eine steuerliche Erklärung bzw. Festsetzung bezieht, der steuersystematisch lediglich eine zeitliche Bedeutung zukommt. Zu nennen sind hier insbesondere Umsatzsteuervoran-

1) Ransiek in Kohlmann, § 370 AO Rz. 509 m.w.N. (Juli 2011).

2) BGH v. 6.9.2011, 1 StR 633/10, NStZ 2012, 511; v. 8.1.2008, 5 StR 582/07, HRRS 2008 Nr. 153; v. 22.10.1997, 5 StR 223/97, StV 1998, 4; v. 23.3.1994, 5 StR 38/94, wistra 1994, 228; BayObLG v. 3.11.1989, RReg 4 St 135/89, wistra 1990, 159, 163 m.w.N. (steuerliche Hinweise); NWB Fach 13, 1993, 825, Nr. 149 Abs. 2 AStBV (St) 2013, BStBl I 2012, 1018. Auch hier weicht also, wie im Anwendungsbereich des Kompensationsverbotes (→ Rz. 334) oder ggf. bei der LSt-Schätzung (→ Rz. 324), der bei der Strafzumessung relevante Steuerschaden von der tatbestandsmäßigen Steuerverkürzung der Höhe nach ab; vgl. ferner Wulf, Stbg 2011, 445 ff.

3) Bei genauer Betrachtung dürfte die Differenzierung allerdings nicht in dem Vorsatz bzgl. des Taterfolgs zu suchen sein, da § 370 Abs. 4 Satz 1 AO unterschiedslos von einer Verkürzung der Steuer ausgeht, wenn diese nicht in voller Höhe oder (lediglich) nicht rechtzeitig festgesetzt wird. Mithin ist die jeweilige Steuer in objektiver und subjektiver Hinsicht gleichermaßen verkürzt, wenn die Verkürzung auf Zeit oder auf Dauer angelegt ist. Die Steuerverkürzung auf Zeit stellt also auf der Tatbestandsebene keinen gesonderten Typus der Steuerhinterziehung dar, so nunmehr auch BGH v. 17.3.2009, 1 StR 627/08, NJW 2009, 1979. Die Differenzierung ist vielmehr auf der Ebene der Strafzumessung namentlich bei den „verschuldeten Auswirkungen der Tat" i.S.d. § 46 Abs. 2 StGB angesiedelt. Hierzu → Rz. 348.

4) BayObLG v. 3.11.1989, RReg 4 St 135/89, StV 1990, 164; Ransiek in Kohlmann, § 370 AO Rz. 495 m.w.N. (November 2012); Joecks in Franzen/Gast/Joecks, 7. Aufl. 2009, § 370 AO Rz. 77; Bilsdorfer, BStJG 6, 171 ff.

meldungen, einkommens- und körperschaftsteuerliche Vorauszahlungen, Lohnsteueranmeldungen und Kapitalertragsteuern.

Hierzu hat der BGH geklärt,[1] dass die umsatzsteuerliche Gesetzessystematik davon ausgeht, dass die **Umsatzsteuervoranmeldungen** einer zeitnahen Erfassung und Erhebung der Umsatzsteuer dienen und durch die Umsatzsteuerjahreserklärung weder ergänzt, geändert noch ersetzt werden.[2] Vielmehr wird die Umsatzsteuer für den jeweiligen Besteuerungszeitraum (erst) auf Grund der Jahreserklärung erstmals festgesetzt, ohne dass die Umsatzsteuervoranmeldungen hierdurch ihre Bedeutung verlieren. **344**

Die Umsatzsteuervoranmeldungen entfalten also (lediglich) eine eigenständige zeitliche Relevanz, während (erst) die Jahreserklärung eine dauernde Festsetzung der Umsatzsteuer bewirkt. Demnach kommt unzutreffenden Umsatzsteuervoranmeldungen gegenüber der entsprechenden unrichtigen Umsatzsteuerjahreserklärung ein gesonderter Erklärungswert und ggf. Unrechtsgehalt auch dann zu, wenn der Fehler in der Umsatzsteuerjahreserklärung der Summe der Fehler in den Umsatzsteuervoranmeldungen entsprechen sollte.[3] Hieran ändert sich auch nichts, wenn die Abgabe der Jahreserklärung unterbleibt.[4] **345**

Vor dem Hintergrund dieser Gesetzessystematik liegt es nahe, bei einer auf eine fehlerhafte oder unterlassene Umsatzsteuervoranmeldung bezogenen Steuerhinterziehung hinsichtlich des Tätervorsatzes von einem lediglich zeitlichen Moment auszugehen und erst in der nicht ordnungsgemäß eingereichten Umsatzsteuerjahreserklärung eine endgültige Steuerverkürzung zu sehen.[5] Dies ist bei der Strafzumessung entsprechend zu würdigen (→ Rz. 1461). **346**

Den in einer Voranmeldung tatbestandlich verkürzten Steuerbetrag als solchen möchte der BGH[6] allerdings der Strafzumessung zu Grunde legen, falls der Täter von Anfang an beabsichtigte, keine Umsatzsteuerjahreserklärung abzugeben und also die in der Umsatzsteuervoranmeldung angelegte Steuerverkürzung zu perpetuieren. Zieht eine auf Zeit angelegte Steuerverkürzung einen dauernden Steuerausfall nach sich, so ist nach den allgemeinen Strafrechtsgrundsätzen von einer dauernden Steuerhinterziehung auszugehen, wenn der Täter diese Möglichkeit zur Tatzeit vorhergesehen und billigend in Kauf genommen hat.[7] **347**

Ausgehend von diesen Grundsätzen der höchstrichterlichen Rspr. wird auch anderen Tathandlungen aus steuersystematischen Gründen grds. nur eine zeitliche Bedeutung beizumessen sein. Zu denken ist hier beispielsweise an Angaben, die **348**

1) BGH v. 29.4.1997, 5 StR 168/97 wistra 1997, 262; v. 4.2.1997, 5 StR 680/96, wistra 1997, 186; v. 22.11.1995, 3 StR 478/95, wistra 1996, 105.

2) A.A. offenbar FG Sachsen-Anhalt v. 29.4.1998, II 288/96, EFG 1999, 101 m.w.N.

3) Aus diesem Grund kann auch in diesen Fällen die Umsatzsteuerjahreserklärung keine mitbestrafte Nachtat bzgl. der Umsatzsteuervoranmeldungen sein, vgl. BGH v. 17.3.2009, 1 StR 627/08, NJW 2009, 1979; v. 1.11.1995, 5 StR 535/95, StV 1996, 215; v. 26.4.2001, 5 StR 587/00, wistra 2001, 341.

4) Zu dem Sonderfall, dass der Stpfl. auf Grund Fahndungszugriffs eine Umsatzsteuerjahreserklärung nicht mehr einreichen kann, jedoch bei Abgabe der Umsatzsteuervoranmeldungen bereits den Vorsatz zu einer dauernden Verkürzung hatte, BGH v. 22.10.1997, 5 StR 223/97, StV 1998, 4; v. 17.2.1998, 5 StR 624/97, NStZ-RR 1998, 185.

5) So auch BGH v. 17.3.2009, 1 StR 627/08, NJW 2009, 1979; v. 6.2.2002, 5 StR 443/01, wistra 2002, 185 mit Hinweis auf die ständige Rspr. des BGH.

6) BGH v. 17.3.2009, 1 StR 627/08, NJW 2009, 1979; v. 6.2.2002, 5 StR 443/01, HFR 2002, 655; v. 10.11.1999, 5 StR 221/99, wistra 2000, 137 ff.; v. 19.10.1999, 5 StR 178/99, BStBl II 1999, 854 m.w.N.; v. 20.4.1999, 5 StR 54/99, wistra 1999, 298; v. 22.10.1997, 5 StR 223/97, StV 1998, 4.

7) BGH v. 11.11.1986, 2 StR 190/86, StV 1987, 100; allein der Umstand, dass objektiv letztlich ein Dauerschaden eingetreten ist, genügt allerdings nicht, BayObLG v. 7.5.1991, RReg 4 St 204/90, wistra 1991, 313, 318; v. 3.11.1989, RReg 4 St 135/89, wistra 1990, 159, 163.

sich auf **Steuervorauszahlungen**[1] beziehen, sowie im Bereich der nicht gerechtfertigten Steuervorteile an die Verkürzung von **Lohnsteuer** durch die Herbeiführung unzutreffender steuerermäßigender Eintragungen auf der Lohnsteuerkarte bzw. elektronischer Lohnsteuerabzugsmerkmale.[2]

349 Die Steuerverkürzung auf Zeit ist nach alledem dadurch gekennzeichnet, dass nicht die tatbestandsmäßig verkürzte Steuer, sondern lediglich ein davon zu unterscheidender Verzögerungsschaden in Form eines **Zinsnachteils** als Vermögenschaden des Fiskus vom Tätervorsatz umfasst ist. Lediglich von diesem Zinsnachteil kann dementsprechend die Feststellung der verschuldeten Auswirkungen der Tat im Rahmen der Strafzumessung ausgehen (§ 46 Abs. 2 StGB).

350 In Anlehnung an die §§ 235 und 238 AO wird der Zinsschaden regelmäßig unter Berücksichtigung eines Zinssatzes von 0,5 % pro Monat der verspäteten Zahlung ermittelt.[3]

Bei der Ermittlung dieses Verzögerungsschadens sind nach unserer Auffassung allerdings die auf Grund der (von vorne herein intendierten) zeitlich verspäteten Deklaration der zutreffenden Steuer dem Fiskus entstehenden Zinsansprüche kompensierend zu berücksichtigen, sofern diese werthaltig sind.[4] Denn diese Zinsen entstehen als rechtlich notwendige Kehrseite einer vom Stpfl. erwirkten verspäteten Steuerfestsetzung (aber → Rz. 1399).[5]

hh) Steuerverkürzung bei Nichtverwendung von Steuerzeichen und Steuerstemplern

351 Die nicht ordnungsgemäße Verwendung von **Steuerzeichen** oder **Steuerstemplern** bewirkt ggf. eine Steuerverkürzung i.S.d. § 370 Abs. 1 AO außerhalb des Anwendungsbereichs des § 370 Abs. 4 Satz 1 AO. Die praktische Auswirkung dieser Fallgruppe ist allerdings gering, da lediglich noch §§ 13 Abs. 2, 22 Rennwett- und LotterieG sowie §§ 8, 10 TabStG die Verwendung von Steuerzeichen oder Steuerstemplern vorsehen. Für die Beurteilung der Steuerverkürzung bei Steuerzeichen (Tabaksteuer) ist zu beachten, dass nicht durch den Erwerb, sondern die Verwendung des Steuerzeichens die Steuerschuld getilgt und der Beweis für die Tilgung erbracht wird.[6] Der Stpfl. tritt hierbei nicht in Kontakt zum Fiskus. Wird die rechtzeitige und zutreffende Verwendung der Steuerzeichen unterlassen, so ist die Tat bei Steuerentstehung ohne Weiteres vollendet,[7] denn zu diesem Zeitpunkt bleiben die Ist-Einnahmen in der jeweiligen Höhe hinter den Soll-Einnahmen des Fiskus zurück, unabhängig davon, ob der Stpfl. zuvor ausreichend Steuerzeichen erworben

1) Vgl. zu deren Verkürzung allg. FG Nürnberg v. 24.3.1993, V 168/90, EFG 1993, 698.
2) Vgl. ferner zur Lohnsteuerhinterziehung auf Grund von Schwarzlohnvereinbarungen → Rz. 323 f.
3) BGH v. 17.3.2009, 1 StR 627/08, NJW 2009, 1979; v. 6.2.2002, 5 StR 443/01, wistra 2002, 185; v. 26.4.2001, 5 StR 587/00, wistra 2001, 341; v. 22.10.1997, 5 StR 223/97, StV 1998, 4; BayObLG v. 7.5.1991, RReg 4 St 204/90, wistra 1991, 313, 318; a.A.: abzustellen auf den jeweiligen Kapitalmarktzins, Vogelberg, ZAP 1993 Fach 21, 67, mit Verweis auf Nr. 149 Abs. 2 AStBV (St) 2004.
4) Doch auch wenn die Zinsansprüche des Fiskus nicht werthaltig sind, stellt sich die Frage, inwiefern überhaupt ein Verzögerungsschaden als verschuldete Auswirkung der Tat (§ 46 Abs. 2 StGB) eingetreten ist. Denn wenn der eine zeitliche Steuerverkürzung begehende Stpfl. z.B. zahlungsunfähig ist, führt die verspätete Steuerfestsetzung nicht zu einem Verzögerungsschaden des Fiskus. Auch bei rechtzeitiger Steuerfestsetzung hätte der Steuerbetrag nämlich nicht vereinnahmt werden können (→ Rz. 353 und → Rz. 367 ff.).
5) Diesen Gedanken der Saldierung des Fiskalschadens mit den Zinsen i.S.d. § 233a AO bestätigt die Literatur zu § 17 Abs. 4 OWiG, vgl. Joecks in Franzen/Gast/Joecks, 7. Aufl. 2009, § 377 AO Rz. 31 m.w.N.
6) BFH v. 20.9.1994, VII R 29/94, BStBl II 1995, 79.
7) Hellmann in H/H/Sp, § 370 AO Rz. 111 ff., 206 (November 2011).

(aber nicht entwertet) hat. Denn die erworbenen Steuerzeichen können zur Tilgung künftiger Tabaksteuern verwendet werden.

ii) Steuerverkürzung und Strafzumessung

Wie bereits dargestellt (→ Rz. 238) ist die Höhe der Steuerverkürzung, also der Umfang des Taterfolgs, von maßgeblicher Bedeutung für den Unrechtsgehalt der Tat und die Strafzumessung. 352

Zu bedenken ist hierbei allerdings, dass § 370 Abs. 4 Satz 1 AO für den **Taterfolg** auf die **Steuerfestsetzung** und nicht auf den wirtschaftlichen **(Steuer-)Schaden** des Fiskus abstellt (→ Rz. 212). Aus diesem Grunde weicht die tatbestandsmäßig verkürzte Steuer nicht selten von dem gem. § 46 Abs. 2 StGB („verschuldete Auswirkungen der Tat") im Rahmen der Strafzumessung zu berücksichtigenden Steuerschaden ab. Für die Fälle des Kompensationsverbots (→ Rz. 327 ff.) und der zeitlichen Verkürzung (→ Rz. 341 ff.) wurde dies bereits eingehend erläutert. Doch auch andere Umstände können, sofern sie im Rahmen des Taterfolgs keine Berücksichtigung finden, bei der Strafzumessung im Rahmen des § 46 Abs. 2 StGB zu würdigen sein. Zu denken ist hier beispielsweise an das Unvermögen des Stpfl., die inkriminierte Steuer auch bei zutreffender und rechtzeitiger Festsetzung zu entrichten. Gleiches gilt für Steuerminderungen in anderen Steuerperioden bzw. bei anderen Steuerarten und -pflichtigen, die mit der Steuerverkürzung in einem rechtlichen oder wirtschaftlichen Zusammenhang stehen, zumindest dann, wenn diese steuerlichen Auswirkungen einen inländischen Steuergläubiger betreffen. Nähere Erläuterungen zur Strafzumessung finden sich unter → Rz. 1442 ff. 353

Im Hinblick auf die häufig auftretenden und nicht selten ganz erheblichen Abweichungen des eingetretenen Steuerschadens von der tatbestandlichen Steuerverkürzung kommt ggf. einer diese Umstände sorgfältig würdigenden Strafzumessung eine besondere Bedeutung zu. Hierauf Wert zu legen ist Aufgabe des Verteidigers. 354

4. Erlangung eines nicht gerechtfertigten Steuervorteils

a) Begriff des Steuervorteils

Bis heute haben sich Lit. und Rspr. nicht auf eine allgemein anerkannte Abgrenzung und Definition der beiden Taterfolgsvarianten des § 370 Abs. 1 verständigt (→ Rz. 193). Die Bandbreite der vertretenen Auffassungen ist erheblich. So vertritt Hellmann[1] beispielsweise ausgehend von § 370 Abs. 4 Satz 1 und 2 AO die Auffassung, dass als Steuervorteile nur solche Vorzüge in Betracht kommen, die außerhalb des Festsetzungsverfahrens angesiedelt sind. Der BGH[2] steht demgegenüber offenbar auf dem Standpunkt, dass jedweder auf dem Tätigwerden einer Finanzbehörde beruhende und mit der Steuerrechtslage nicht im Einklang stehende steuerspezifische Vorteil einen Steuervorteil i.S.d. § 370 Abs. 1 AO darstellt. 355

Klarheit besteht lediglich insoweit, als § 370 Abs. 4 Satz 1 AO es ausdrücklich als Steuerverkürzung definiert, wenn Steuern nicht, nicht in voller Höhe oder nicht rechtzeitig festgesetzt werden, während § 370 Abs. 4 Satz 2 AO im Wege der Legaldefinition bestimmt, dass (auch) **Steuervergütungen** Steuervorteile i.S.d. § 370 Abs. 1 AO darstellen. Dabei ist zu beachten, dass der Begriff der Steuervergütung weiter als jener der **Steuererstattung** ist, da eine Steuererstattung voraussetzt, dass die jeweilige Steuer zunächst vom Stpfl. entrichtet wurde. 356

---

1) Hellmann in H/H/Sp, § 370 AO Rz. 120, 172 (November 2011).

2) BGH v. 10.12.2008, 1 StR 322/08, NJW 2009, 381 m. kritischen Anm. Jope, DStZ 2009, 247 ff. und Wulf, Stbg 2011, 418 ff.; v. 27.5.2009, 1 StR 665/08, NStZ-RR 2009, 340; v. 2.11.2010, 1 StR 544/09, NStZ 2011, 294, Rz. 22; vgl. Zur Frage, ob die Gewährung von Wiedereinsetzung in den vorigen Stand einen Steuervorteil darstellt Schützeberg, PStR 2010, 95; Weidemann, PStR 2010, 143; zur „Fristerschleichung" als Steuervorteil Rolletschke, PStR 2006, 163.

357 Im Übrigen ist grundsätzlich davon auszugehen, dass der Vorteil i.S.d. § 370 Abs. 1 AO nicht lediglich als die Kehrseite einer zu niedrigen oder verspäteten Steuerfestsetzung bzw. der bloßen Nichtentrichtung der geschuldeten Steuer bei Fälligkeit verstanden werden kann. Vielmehr setzt er voraus, dass die Finanzbehörde den Stpfl. auf Grund einer Willensentscheidung eigens und besonders gegenüber der regelmäßigen Steuerfestsetzung bzw. -erhebung begünstigt.[1)]

358 Ausgehend vom Wortlaut des § 370 Abs. 1 AO, müssen die erlangten Vorteile zudem im Bereich des Steuerrechts angesiedelt sein.[2)] Die Inanspruchnahme sonstiger staatlicher Vorteile ist ggf. als Betrug (§ 263 StGB) oder Subventionsbetrug (§ 264 StGB) strafbar. Die Abgrenzungsfragen an dieser Stelle sind überaus diffizil und bedeutsam, da einerseits die Legaldefinition der Subvention (§ 264 Abs. 6 StGB) grds. auch Steuervorteile erfasst, andererseits aber § 370 AO in seinem Anwendungsbereich die Vorschriften des allgemeinen Strafrechts ausschließt, sie also auch nicht subsidiär zum Zuge kommen lässt.[3)]

359 Die Probleme, die der Begriff des Steuervorteils beispielsweise in der vorerwähnten Abgrenzung zum Betrug auch der Rspr. bereitet, belegen besonders deutlich die widersprüchlichen, auf Grund der Einführung des § 370 Abs. 4 Satz 2 AO nunmehr allerdings überholten, höchstrichterlichen Entscheidungen zur erschlichenen Umsatzsteuervergütung.[4)]

360 Eine einheitliche Ansicht dazu, wann ein Vorteil dem steuerlichen Bereich zuzuordnen ist, hat sich nach alledem bislang nicht herausgebildet. Grundsätzlich soll ein derartiger Vorteil allerdings vorliegen, wenn er den Ertrag einer Steuer mindert und dies auf der Anwendung eines Steuergesetzes beruht.[5)] Ob allerdings mit Blick auf § 370 Abs. 4 Satz 1 und 2 AO der Steuervorteil i.S.d. § 370 Abs. 1 AO zwingend außerhalb des Steuerfestsetzungsverfahrens (also insbesondere im steuerlichen Erhebungs- und Vollstreckungsverfahren) angesiedelt sein muss,[6)] ist umstritten. Einigkeit besteht diesbezüglich lediglich insofern, als die im steuerlichen Erhebungsverfahren angesiedelten Begünstigungen eines Steuerpflichtigen als Steuervorteile anzusehen sind.

361 Infolge dieser begrifflichen Ungewissheit hat sich bezüglich der Annahme eines **Steuervorteils** eine Kasuistik herausgebildet, die nachfolgend zur Vermittlung eines Überblicks beispielhaft dargestellt werden soll:[7)]

- Steuererlass (§ 227 AO);[8)]
- Steuerstundung (§ 222 AO; § 28 ErbStG usw.)[9)] und Zahlungsaufschub (§ 223 AO);[10)]
- Vollstreckungseinstellung (§ 257 AO);[11)]

1) Hellmann in H/H/Sp, § 370 AO Rz. 172 (November 2011); Bansemer, wistra 1994, 327, 328 m.w.N.
2) Hellmann in H/H/Sp, § 370 AO Rz. 172 (November 2011).
3) Joecks in Franzen/Gast/Joecks, 7. Aufl. 2009, § 370 AO Rz. 87 ff.
4) BGH v. 23.3.1994, 5 StR 91/94, wistra 1994, 194; v. 11.4.1972, 1 StR 45/72, NJW 1972, 1287; v. 20.2.1962, 1 StR 371/61, NJW 1962, 2311.
5) Vgl. zu alledem Joecks in Franzen/Gast/Joecks, 7. Aufl. 2009, § 370 AO Rz. 92 ff.
6) So Hellmann in H/H/Sp, § 370 AO Rz. 120, 168 (November 2011) im Widerspruch zu BGH v. 10.12.2008, 1 StR 322/08, NJW 2009, 381 Rz. 22.
7) Ransiek in Kohlmann, § 370 AO Rz. 436 (Juli 2011); Müller, DStZ 2001, 613.
8) Joecks in Franzen/Gast/Joecks, 7. Aufl. 2009, § 370 AO Rz. 227.
9) RG v. 16.2.1937, 4 D 596/36, RStBl 1937, 387; v. 27.6.1938, 3 D 387/38, RStBl 1938, 1133; v. 15.2.1926, II 603/25, RGSt 60, 97, 98.
10) RG v. 15.2.1926, II 603/25, RGSt 60, 97, 98.
11) Hellmann in H/H/Sp § 370 AO Rz. 176 (November 2011); Joecks in Franzen/Gast/Joecks, 7. Aufl. 2009, § 370 AO Rz. 228.

- einstweilige Einstellung oder Beschränkung der Vollstreckung (§ 258 AO);[1]
- Verzicht auf Beitreibungsmaßnahmen;[2]
- Niederschlagung (§ 261 AO);[3]
- die Freigabe einer für Steuerforderungen gepfändeten Sache durch das Finanzamt;[4]
- die Einräumung von Teilzahlungen;[5]
- Feststellungsbescheid gem. § 180 Abs. 1 Nr. 2 Buchst. a AO;[6]
- gewerbesteuerlicher Grundlagenbescheid zur gesonderten Feststellung vortragsfähiger Fehlbeträge (§ 10a GewStG);[7]
- steuerermäßigende Eintragungen auf der Lohnsteuerkarte, z.B. eines steuergünstigeren Personenstands, einer günstigeren Lohnsteuerklasse oder eines Steuerfreibetrags (§§ 33 ff., 38b, 39, 39a EStG);[8]
- Steuerbefreiungen (§§ 3 ff. EStG; § 13 ErbStG; § 3 GewStG; §§ 3, 4 GrStG; §§ 3 ff. KraftStG; §§ 4, 4b, 5 UStG);
- Steuerermäßigungen (§ 163 AO);[9]
- Aussetzung von der Vollziehung (§ 361 AO; § 69 FGO);[10]
- gem. § 370 Abs. 4 Satz 2 Halbsatz 1 AO nunmehr auch Steuervergütungen (§ 37 AO; z.B. Erschleichen von Umsatzsteuervergütungen, § 4a UStG). Als Steuervergütung gilt im Regelfall auch das Kindergeld nach §§ 31 Satz 3, 62, 70 EStG.[11] Dasselbe gilt für die Altersvorsorgezulage nach den §§ 79 ff. EStG auf die gem. § 96 Abs. 1 Satz 1 EStG die für Steuervergütungen geltenden Vorschriften entsprechend anzuwenden sind. Darüber hinaus sieht § 96 Abs. 7 Satz 1 EStG vor, dass die Strafvorschriften des § 370 Abs. 1 bis 4 AO gelten.

b) Nicht gerechtfertigte Erlangung

Nicht gerechtfertigt ist ein Steuervorteil dann, wenn kein Rechtsanspruch auf ihn besteht oder seine Gewährung bzw. Erlangung ermessensfehlerhaft ist.[12] Erlangt wird ein Steuervorteil gem. § 370 Abs. 4 Satz 2 Halbsatz 2 AO, soweit und sobald ihn das Finanzamt entweder gewährt oder trotz nicht (mehr) Bestehens seiner Voraussetzungen belässt.[13] Zu diesem Zeitpunkt tritt die Tatvollendung ein.[14] Unerheblich ist bei alledem, ob die entsprechende Begünstigung mittels einer Verfügung gewährt wurde oder auf einem rein tatsächlichen Verhalten der Behörde beruht.[15] **362**

1) Hellmann in H/H/Sp, § 370 AO Rz. 176 (November 2011); Joecks in Franzen/Gast/Joecks, 7. Aufl. 2009, § 370 AO Rz. 228.
2) BVerfG v. 23.6.1994, 2 BvR 1084/94, NJW 1995, 1883.
3) Hellmann in H/H/Sp, § 370 AO Rz. 176 (November 2011).
4) RG v. 19.10.1936, 2 D 380/36 RStBl 1936, 1060.
5) RG v. 16.2.1937, 4 D 596/36, RStBl 1937, 387.
6) BGH v. 10.12.2008, 1 StR 322/08, NJW 2009, 381 Rz. 22; v. 27.5.2009, 1 StR 665/08, NStZ-RR 2009, 340, 341; v. 2.11.2010, 1 StR 544/09, NStZ 2011, 294 Rz. 94.
7) BGH v. 2.11.2010, 1 StR 544/09, NStZ 2011, 294 Rz. 94.
8) BFH v. 12.5.1955, IV 69/55 U, BStBl III 1955, 213.
9) Mösbauer/Meine in Achenbach/Wannemacher, § 7 II Rz. 93 (November 1996).
10) Mösbauer/Meine in Achenbach/Wannemacher, § 7 II Rz. 93 (November 1996).
11) Joecks in Franzen/Gast/Joecks, 7. Aufl. 2009, § 370 AO Rz. 101.
12) Hellmann in H/H/Sp, § 370 AO Rz. 177 (November 2011), Müller, DStZ 2001, 613.
13) Hellmann in H/H/Sp, § 370 AO Rz. 180 (November 2011).
14) Hellmann in H/H/Sp, § 370 AO Rz. 180 (November 2011); Müller, DStZ 2001, 613.
15) Hellmann in H/H/Sp, § 370 AO Rz. 181 f. (November 2011).

c) Hauptanwendungsfall: Erlangung nicht gerechtfertigter Steuervorteile im Erhebungs- und Vollstreckungsverfahren

363 Rspr. und Literatur gehen zutreffend davon aus, dass sich der Taterfolg bei einer Steuerhinterziehung im **Erhebungs- und Vollstreckungsverfahren** in der Form der Erlangung nicht gerechtfertigter Steuervorteile realisiert. Allerdings hat die Rechtsprechung in der Vergangenheit auch im steuerlichen Beitreibungsverfahren gelegentlich die Taterfolgsvariante der Steuerverkürzung befürwortet.[1] Von vornehe-rein ausgeschlossen ist im Rahmen des Beitreibungsverfahrens jedoch die Verwirklichung eines Taterfolgs i.S.d. § 370 Abs. 4 Satz 1 AO.[2]

Beispiele, in denen Rspr. und Literatur eine Vorteilserlangung im Beitreibungsverfahren bejahen, finden sich unter → Rz. 361.

aa) Vorteilserlangung im Erhebungs- und Vollstreckungsverfahren

364 Bei der Definition des Taterfolgs „Erlangen nicht gerechtfertigter Steuervorteile" im Erhebungsverfahren stellt sich wie bei der Steuerverkürzung im Festsetzungsverfahren die Frage, ob der maßgebliche Vorteil mit Blick auf § 370 Abs. 4 Satz 1 AO in einer allfälligen Verfügung der Finanzbehörde[3] und deren begünstigendem Inhalt zu erblicken ist oder in dem Zurückbleiben des Zahlungs- bzw. ErhebungsIst hinter dem Zahlungs- bzw. Erhebungs-Soll. Des Weiteren ist zu klären, ob der Vorteil nominal – wie das bei einem Abstellen auf die Verfügung (z.B. Erlass, § 227 AO) angezeigt sein könnte – oder unter Berücksichtigung der wirtschaftlichen Gegebenheiten (z.B. der etwaigen Vermögenslosigkeit des Beitreibungsschuldners) zu bestimmen ist.

365 Während für die Steuerverkürzung im Festsetzungsverfahren § 370 Abs. 4 Satz 1 AO die (Steuer-)Festsetzung ausdrücklich als Gegenstand des Taterfolgs bezeichnet, legt sich der Wortlaut des § 370 Abs. 1 AO diesbezüglich nicht fest. Auch § 370 Abs. 4 Satz 2 Halbsatz 2 AO bringt insoweit für die Taterfolgsvariante der Vorteilserlangung keine abschließende Klärung, denn ein Steuervorteil kann begrifflich sowohl im Hinblick auf den **Zahlungsvorgang** als auch auf die entsprechende **Bewilligung** „gewährt" und „belassen" werden. Zwar lässt sich insoweit feststellen, dass § 2 Abs. 1 SubvG und § 264 StGB in Bezug auf Subventionen den Begriff der „Gewährung" im Gegensatz zu jenem der „Bewilligung" auf den jeweiligen Geldfluss beziehen.[4] Andererseits belegt § 370 Abs. 4 Satz 1 AO, dass der Gesetzgeber für das steuerliche Festsetzungsverfahren eine Vorverlagerung des Taterfolgs und damit der Tatvollendung bereits auf den Zeitpunkt des Wirksamwerdens einer begünstigenden Verfügung und einer allfälligen mit ihr verbundenen Gefährdung des Rechtsguts des § 370 AO (→ Rz. 35 ff.) befürwortet hat. Vor diesem Hintergrund wird für den Taterfolg der Vorteilserlangung insofern, als man ihm Anwendungsbereiche auf dem Gebiet der Steuerfestsetzung beimisst (→ Rz. 360), auf die jeweilige Verbescheidung abzustellen sein. Soweit es allerdings um eine Vorteilserlangung im steuerlichen Beitreibungsverfahren geht, ist zu bedenken, dass relevante Begünstigungen hier nicht notwendig auf einer Verfügung des Finanzamts beruhen (beispielsweise Niederschlagung § 261 AO), sondern bereits ein bloßes bewusstes

1) BGH v. 21.8.2012, 1 StR 26/12, HRRS 2012 Nr. 1011; v. 19.12.1997, 5 StR 569/96, wistra 1998, 180; v. 23.6.1992, 5 StR 74/92, wistra 1992, 300; v. 25.9.1985, 3 StR 209/85, wistra 1986, 26; Hellmann in H/H/Sp, § 370 AO Rz. 176 (November 2011); Bansemer, wistra 1994, 327; Pfaff, FR 1964, 506. Als Steuerverkürzung und nicht als Vorteilserlangung hat die Rspr. die Nichterhebung von Steuern auf Grund finanzamtsinterner Dienstanweisungen sowie die Entziehung und Verheimlichung von Vermögenswerten angesehen (BGH v. 1.3.1956, 3 StR 462/55, BStBl I 1956, 441.).

2) Mösbauer/Meine in Achenbach/Wannemacher, § 7 II Rz. 84 (November 1996).

3) Z.B. erschlichener Erlass, § 227 AO.

4) Lenckner in Schönke/Schröder, 28. Aufl. 2010, § 264 StGB Rz. 67.

Zuwarten, also ein willensbasiertes untätig bleiben der Finanzbehörde, einen entsprechenden Vorteil für den Steuerschuldner bewirken kann.[1)]

Im Steuererhebungs- bzw. -vollstreckungsverfahren wird von daher hinsichtlich des Taterfolgs auf die tatsächliche Vereinnahmung von Steuern durch den Steuergläubiger abzustellen sein.[2)] Ein nicht gerechtfertigter Vorteil im Beitreibungsverfahren liegt also insoweit vor, als dem Stpfl. zu Unrecht ein endgültiges oder vorübergehendes Zurückbleiben der Ist- hinter der Soll-Zahlung (bzw. Soll-Erhebung) gewährt oder ein entsprechender Vorteil belassen wird (§ 370 Abs. 4 Satz 2 AO). Dieser Vorteil muss sich nicht in einer entsprechenden Verfügung des Finanzamts manifestieren, das bloße willentliche Abstandnehmen von Beitreibungsmaßnahmen durch die Finanzbehörde reicht für die Tatbestandsverwirklichung aus.[3)] **366**

Bezüglich der Frage nach einer **Berücksichtigung der wirtschaftlichen Gegebenheiten** im Rahmen des Taterfolgs der Beitreibungshinterziehung besteht Uneinigkeit. **367**

So lehnt beispielsweise Hellmann[4)] auch für die Steuerhinterziehung im Beitreibungsverfahren eine wirtschaftliche Beurteilung des Taterfolgs und seines Umfanges ab, denn ein Vermögensloser soll sich nicht mit dem Argument, der Steueranspruch wäre gegen ihn ohnehin nicht durchsetzbar gewesen, darauf berufen können, sein Verhalten sei für den Steuerausfall unerheblich und mithin straffrei. **368**

Demgegenüber halten Ransiek und Joecks[5)] die Berücksichtigung wirtschaftlicher Gegebenheiten (zumindest) im Beitreibungsverfahren im Rahmen des Taterfolgs für geboten, obgleich Joecks für den Taterfolg der Vorteilserlangung auf die bewilligende Verfügung abstellt (→ Rz. 365). Hiernach ist bei der Prüfung des Steuervorteils das Zahlungs- bzw. Erhebungs-Soll nicht mit dem Nominalbetrag der offenen Steuerforderung in Ansatz zu bringen, sondern dessen Beitreibbarkeit wertend zu berücksichtigen. Können also bei einem Stpfl. zum Zeitpunkt eines erschlichenen Beitreibungsverzichts lediglich 30 vollstreckt werden, so beläuft sich auch der von ihm erlangte ungerechtfertigte Steuervorteil lediglich auf 30, mag er auch 100 dem Fiskus schulden und der Beitreibungsverzicht auf diesen (gesamten) Betrag lauten.[6)] **369**

Ungeachtet dessen ist auf der Grundlage der hier vertretenen Definition des (steuerlichen) Vorteils zu berücksichtigen, dass es in dem vorgenannten Beispiel bezüglich des objektiven Tatbestands auch an der erforderlichen Kausalität (→ Rz. 374 ff.) fehlt. Die Tathandlung kann nämlich nicht kausal für einen Taterfolg i.H.v. 100 sein, wenn i.H.v. 70 ohnehin eine Beitreibung nicht möglich gewesen[7)] bzw. erfolgt wäre.[8)] **370**

1) A.A. ohne Begründung (wohl) BGH v. 19.12.1997, 5 StR 569/96, wistra 1998, 180, 183, 190; Hellmann in H/H/Sp, § 370 AO Rz. 176, 181 f. (November 2011); Joecks in Franzen/Gast/Joecks, 7. Aufl. 2009, § 370 AO Rz. 104.

2) Ransiek in Kohlmann, § 370 AO Rz. 433 (Juli 2011).

3) BGH v. 19.12.1997, 5 StR 569/96, wistra 1998, 180, 184; Joecks in Franzen/Gast/Joecks, 7. Aufl. 2009, § 370 AO Rz. 229 m.w.N.; Bansemer, wistra 1994, 327, 328; a.A. Suhr in Suhr/Naumann/Bilsdorfer, Rz. 224.

4) Hellmann in H/H/Sp, § 370 AO Rz. 144, 168, 176, 181 (November 2011); ausdrücklich noch Engelhardt in H/H/Sp, § 370 AO Rz. 67b (Vorauflage).

5) Ransiek in Kohlmann, § 370 AO Rz. 433 (Juli 2011); Joecks in Franzen/Gast/Joecks, 7. Aufl. 2009, § 370 AO Rz. 41.

6) Joecks in Franzen/Gast/Joecks, 7. Aufl. 2009, § 370 AO Rz. 230.

7) Z.B. wegen wirtschaftlichen Unvermögens oder fehlender Zugriffsmöglichkeiten auf Auslandsvermögen; BGH v. 19.12.1997, 5 StR 569/96, wistra 1998, 180, 184; Joecks in Franzen/Gast/Joecks, 7. Aufl. 2009, § 370 AO Rz. 41; Göggerle, BB 1982, 1851; a.A. wohl ohne nähere Begründung Hellmann in H/H/Sp, § 370 AO Rz. 168, 176, 181 (November 2011); eine Berücksichtigung z.B. wirtschaftlichen Unvermögens im Rahmen der Kausalität entfiele jedoch bei einer Ausrichtung des Taterfolgs an der jeweiligen Verfügung und den darin ausgewiesenen Nominalbeträgen.

8) BGH v. 19.12.1997, 5 StR 569/96, wistra 1998, 180, 184.

bb) Zeitpunkt der Tatvollendung

371 Für den hypothetischen Zahlungs- bzw. Erhebungszeitpunkt ist davon auszugehen, dass der Beitreibungsschuldner nicht freiwillig geleistet, sondern sich im Beitreibungsverfahren hätte in Anspruch nehmen lassen. Für diese Annahme spricht, dass der Stpfl. durch seine Tathandlung zu erkennen gegeben hat, dass er zu einer gesetzmäßigen Leistung und einem ordnungsgemäßen Verhalten im Erhebungsverfahren nicht bereit ist. Demnach tritt der Taterfolg erst in dem Zeitpunkt ein, in dem eine Beitreibung ansonsten tatsächlich und rechtlich (also insbes. auch unter Beachtung der Schuldnerschutzvorschriften, z.B. §§ 268 ff., 319 AO) Erfolg gehabt hätte. Bis dahin ist die Tat nicht vollendet, es liegt allenfalls Versuch vor.[1)]

cc) Zeitliche Erlangung von Steuervorteilen im Erhebungsverfahren

372 Entsprechend dem Festsetzungsverfahren (→ Rz. 341 ff.) kann auch im Erhebungsverfahren ein Steuervorteil **endgültig,** beispielsweise im Zuge eines unberechtigten Erlasses (§ 227 AO), oder **temporärer Natur** sein, so bei einem Zahlungsaufschub in Form einer (erschlichenen) Stundung (§ 222 AO), eines Vollstreckungsaufschubes (§ 258 AO) oder eines bloßen Zuwartens des Finanzamtes, ohne eine entsprechende Verfügung.[2)] Wie diese Beispiele belegen, lässt sich hier, anders als bei der Steuerfestsetzung, die zeitliche Dimension des erlangten Steuervorteils jedoch i.d.R. anhand der objektiven Vorgänge erkennen.

373 Wie bei der zeitlichen Steuerverkürzung im Festsetzungsverfahren entsprechen auch hier die verschuldeten Auswirkungen der Tat (§ 46 Abs. 2 StGB) nicht dem inkriminierten Steuerbetrag, sondern lediglich dem **Verzögerungsschaden** (→ Rz. 341). Im Hinblick auf die Regelung der Säumniszuschläge in § 240 AO stellt sich für die Steuerhinterziehung im Erhebungsverfahren allerdings die Frage, ob der Verzögerungsschaden hier grds. mit 1 % pro Monat der Verspätung zu bemessen ist. Andererseits sind die auf Grund der Zahlungsverzögerung regelmäßig anfallenden Säumniszuschläge (§ 240 AO)[3)] oder Zinsen[4)] entsprechend den bei der zeitlichen Festsetzungsverkürzung dargestellten Grundsätzen schadensmindernd in Ansatz zu bringen (→ Rz. 349 f.), sofern sie nicht bereits im Tatbestandsmerkmal der Vorteilserlangung auf Grund der wirtschaftlichen Betrachtungsweise (→ Rz. 367 ff.) Berücksichtigung finden.

III. Kausalität

374 Wie bereits an anderer Stelle erwähnt (→ Rz. 191), handelt es sich bei der Steuerhinterziehung des § 370 AO um ein Erfolgsdelikt, bei welchem der Taterfolg und die Tathandlung durch eine Kausalitätsbeziehung verknüpft sein müssen.[5)] Die Tathandlung muss also den Taterfolg kausal herbeigeführt haben.

375 Während die Unterlassungsvariante des § 370 Abs. 1 Nr. 2 AO ausdrücklich die **„Unkenntnis der Finanzbehörde"** voraussetzt, schweigt der Gesetzeswortlaut diesbezüglich für die Steuerhinterziehung durch Tun (§ 370 Abs. 1 Nr. 1 AO). Der BGH lehnt ein Anerkennung der Unkenntnis als ungeschriebenes Tatbestandsmerkmal des § 370 Abs. 1 Nr. 1 AO entgegen einer verbreiteten Literaturmeinung ausdrück-

1) Vgl. Joecks in Franzen/Gast/Joecks, 7. Aufl. 2009, § 370 AO Rz. 40, 42; hiergegen Hellmann in H/H/Sp, § 370 AO Rz. 168 (November 2011).
2) BGH v. 19.12.1997, 5 StR 569/96, wistra 1998, 180, 184; Joecks in Franzen/Gast/Joecks, 7. Aufl. 2009, § 370 AO Rz. 226 ff. m.w.N.
3) So z.B. bei einem erschlichenen Vollstreckungsaufschub gem. § 258 AO.
4) So z.B. bei einer verzinslichen Stundung gem. den §§ 222, 234, 238 AO.
5) BGH v. 19.12.1990, 3 StR 90/90, wistra 1991, 138, 144 = NStZ 1991, 240.

lich ab (→ Rz. 109 ff., → Rz. 241).[1] Demzufolge stellt sich die Unkenntnis der Finanzbehörde lediglich bei der Steuerhinterziehung durch Unterlassen als notwendiges Bindeglied und Filter in der Kausalitätsbeziehung zwischen der Tathandlung und dem Taterfolg dar.[2]

Welche tatbestandliche Weite die Steuerhinterziehung ohne die Anerkennung der Unkenntnis der Finanzbehörde als objektives Tatbestandsmerkmal erfährt verdeutlicht der in → Rz. 112 geschilderte **Beispielsfall**.

In der Praxis wird für die Bestimmung der strafrechtlichen Kausalität von der **Äquivalenztheorie** ausgegangen, nach welcher im Falle der Tatbegehung durch **Tun** jede Bedingung kausal ist, die nicht hinweggedacht werden kann, ohne dass der Erfolg in seiner konkreten Gestalt entfiele (Conditio-sine-qua-nonFormel). Ein **Unterlassen** ist hiernach kausal für den Taterfolg, wenn die unterbliebene Handlung den Erfolgseintritt mit an Sicherheit grenzender Wahrscheinlichkeit verhindert hätte („hypothetische Kausalität").[3] **376**

In Fällen der **Beihilfe durch Unterlassen** ist allerdings zu bedenken, dass es nach der Rspr. ausreichen kann, dass die Tatvollendung durch das gebotene Einschreiten erschwert oder abgeschwächt worden oder für den Haupttäter riskanter geworden wäre.[4] **377**

Dieser weite, blinde Kausalitätsbegriff wird im Strafrecht, anders als beispielsweise im Zivilrecht (Adäquanztheorie), deshalb für vertretbar gehalten, weil als weitere Voraussetzung der Strafbarkeit stets auch der subjektive Tatbestand erfüllt sein muss. Jedenfalls für die steuerstrafrechtliche Praxis ist allerdings festzustellen, dass dieses Korrektiv des Vorsatzes weitgehend leer läuft. **378**

Vor diesem Hintergrund ist eine Begrenzung der tatbestandlichen Weite des § 370 Abs. 1 Nr. 1 AO auf der Ebene des objektiven Tatbestands durch die in der strafrechtlichen Literatur ganz überwiegend vertretenen Lehre von der **objektiven Zurechnung** bedeutsam. Diese fragt (jenseits einer kausalen Verknüpfung) wertend danach, ob der jeweilige Unrechtserfolg auf einem menschlichen Verhalten beruht, das eine rechtlich missbilligte Gefahr des Erfolgseintritts geschaffen hat, und diese Gefahr sich tatsächlich in dem konkreten tatbestandsmäßigen Erfolg verwirklicht hat.[5] Mit Blick auf die Steuerhinterziehung durch Machen unzutreffender Angaben könnte es an diesem Zurechnungszusammenhang fehlen, soweit der zuständige Sachbearbeiter des Finanzamts die Fehlerhaftigkeit der Angaben erkannt und dennoch erklärungsgemäß veranlagt hat, um ggf. den Vorgang im Anschluss hieran wegen des Verdachts einer (vollendeten) Steuerhinterziehung an die Bußgeld- und Strafsachenstelle des Finanzamts weiterzuleiten. **379**

Grundsätzlich handelt es sich bei der Kausalität und den Zurechnungsfragen um allgemein-strafrechtliche Themen ohne steuerstrafrechtliche Besonderheiten. **380**

1) BGH v. 14.12.2010, 1 StR 275/10, NJW 2011, 1299; v. 6.6.2007, 5 StR 127/07, NJW 2007, 2864; offen gelassen noch BGH v. 19.10.1999, 5 StR 178/99, NJW 2000, 528.
2) A.A. FG München v. 10.6.2011, 8 K 1016/08, EFG 11, 2123; Hellmann in H/H/Sp, § 370 AO Rz. 199 f. (November 2011); Wegner, PStR 2012, 46.
3) BGH v. 19.12.1997, 5 StR 569/96, wistra 1998, 180, 186; Fischer, 59. Aufl. 2012, vor § 13 StGB Rz. 39.
4) BGH v. 19.12.1997, 5 StR 569/96, wistra 1998, 180.
5) Hellmann in H/H/Sp, § 370 AO Rz. 200a ff. (November 2011); Ransiek in Kohlmann, § 370 AO Rz. 577 ff. (März 2010).

C. Subjektiver Tatbestand – Vorsatz

I. Vorsatz als Element der Tatbestandsmäßigkeit der Steuerhinterziehung

1. Rechtssystematische Einordnung des subjektiven Tatbestands

381 Üblicherweise wird die Straftat in ihrer Gesamtheit heute als tatbestandsmäßige, rechtswidrige und schuldhafte Handlung definiert.[1] Dementsprechend orientiert sich auch dieses Handbuch hinsichtlich des Straftatbestands der Steuerhinterziehung am sog. „dreistufigen Verbrechensbegriff".[2] Unrecht (Tatbestandsmäßigkeit, Rechtswidrigkeit) und Schuld müssen als Mindestvoraussetzungen kumulativ vorliegen, um eine Strafbarkeit des Täters bejahen zu können. Neben der objektiven Komponente (→ Rz. 189 ff.) beinhaltet die „erste Stufe" des Deliktsaufbaus, d.h. die **Tatbestandsmäßigkeit**, insbes. auch ein **subjektives Element**: Der Straftäter muss **vorsätzlich** oder – ggf. – **fahrlässig** gehandelt haben.

2. Subjektiver Tatbestand bei der Steuerhinterziehung

382 Besonderer Beachtung bedarf der Umstand, dass der Straftatbestand der **Steuerhinterziehung nur vorsätzlich** begangen werden kann. Dies folgt aus § 369 Abs. 2 AO i.V.m. § 15 StGB, wonach nur vorsätzliches Handeln strafbar ist, wenn nicht das Gesetz fahrlässiges Handeln ausdrücklich mit Strafe bedroht. Letzteres ist in § 370 AO nicht der Fall.

383 Nach derzeitiger Rechtslage ist demnach eine fahrlässig begangene Steuerverkürzung nicht strafbewehrt. Die in **§ 378 AO** geregelte **„leichtfertige" Steuerverkürzung** ist eine bloße **Ordnungswidrigkeit** mit entsprechend weniger einschneidenden Konsequenzen (insbes. **kein Strafmakel** seitens des Betroffenen), erfordert jedoch einen **erhöhten Grad an Fahrlässigkeit** (im Einzelnen → Rz. 2407 ff.). Die in einfacher Fahrlässigkeit begangene Steuerverkürzung unterliegt daher insgesamt keiner Sanktion. Mithin kommt der Abgrenzung zwischen Vorsatz, Leichtfertigkeit und Fahrlässigkeit große Bedeutung zu. Seit der rechtspolitisch fragwürdigen **Verschärfung des Selbstanzeigerechts** (→ Rz. 1928) hat diese Abgrenzung an praktischer Relevanz gewonnen und führt zu (weiterer) Rechtsunsicherheit.

384 Die Steuerhinterziehung setzt **neben dem Vorsatz keine weiteren subjektiven Merkmale** voraus (anders z.B. die Steuerhehlerei, die in § 374 Abs. 1 AO als sog. überschießende Innentendenz eine Bereicherungsabsicht des Täters verlangt). Allerdings berührt die **nicht rechtzeitige Steuerfestsetzung** i.S.d. § 370 Abs. 4 Satz 1 AO, die tatbestandsmäßig der Steuerverkürzung auf Dauer gleichgestellt wird, auch den Bereich des subjektiven Tatbestands (str., oben → Rz. 341 ff.).

II. Anforderungen an den Vorsatz

1. Generelle Anforderungen

385 Vorsatz ist – als stark vereinfachte Faustformel – „Wissen und Wollen der Tatbestandsverwirklichung" (genauer dazu → Rz. 393 ff.). Der Vorsatz des Täters muss sich somit auf **sämtliche Merkmale des objektiven Tatbestands** einer Straftat erstrecken, im Hinblick auf die **Steuerhinterziehung** also auf

1) Lenckner/Eisele in Schönke/Schröder, 28. Aufl. 2010, vor §§ 13 ff. StGB Rz. 12; Fischer, 60. Aufl. 2013, vor § 13 StGB Rz. 1.

2) Vgl. im Einzelnen Lenckner/Eisele in Schönke/Schröder, 28. Aufl. 2010, vor §§ 13 ff. StGB Rz. 15 ff.

- das **tatbestandsmäßige Verhalten** (Handeln oder Unterlassen gem. § 370 Abs. 1 AO),
- den **Taterfolg** (Steuerverkürzung bzw. Erlangung eines nicht gerechtfertigten Steuervorteils und auf
- die Kausalität des tatbestandsmäßigen Verhaltens für den Taterfolg.

Die Ausgestaltung des § 370 AO als Blankettnorm wirft in diesem Zusammenhang die Frage auf, ob sich der Vorsatz auch auf das **Bestehen eines Steueranspruchs** richten muss (dazu genauer → Rz. 442 ff.). **386**

Bei den **Regelbeispielen** des § 370 Abs. 3 Nr. 1 bis 5 AO (auch → Rz. 535 ff.) handelt es sich zwar nicht um Tatbestandsmerkmale, sondern um bloße Strafzumessungstatsachen. Gleichwohl muss hinsichtlich der entsprechenden Merkmale Vorsatz gegeben sein.[1] **387**

a) Steuerhinterziehung durch Tun (§ 370 Abs. 1 Nr. 1 AO)

Zum **Vorsatz der Steuerhinterziehung durch Handeln** gehört demnach bei Zugrundlegung der o.g. Faustformel das „Wissen und Wollen" des Täters in Bezug auf eine unrichtige oder unvollständige Angabe über steuerlich erhebliche Tatsachen und eine dadurch bedingte Beeinträchtigung des Steueranspruchs, weil die Steuer nicht, nicht in richtiger Höhe oder verspätet festgesetzt oder ein nicht gerechtfertigter Steuervorteil erlangt wird. **388**

b) Steuerhinterziehung durch Unterlassen (§ 370 Abs. 1 Nr. 2 und 3 AO; § 370 Abs. 1 Nr. 1 AO i.V.m. § 13 StGB)

Innerhalb des Straftatbestands der Steuerhinterziehung wird in § 370 Abs. 1 Nr. 2 und 3 AO das **Unterlassen** einer Handlung über den direkten Wortlaut[2] der Norm pönalisiert. Allerdings gibt es auch Fälle, in denen das Unterlassen des Täters nicht oder nur mühsam durch Nr. 2 der Vorschrift erfasst werden kann.[3] Hier kommt eine Strafbarkeit auch wegen Unterlassens der in Nr. 1 der Vorschrift bezeichneten Handlungen in Betracht, allerdings nur unter den einschränkenden Voraussetzungen von § 13 StGB (Garantenstellung und sog. Entsprechungsklausel, → Rz. 571). Für den **subjektiven Tatbestand** ist insofern von Bedeutung, dass der Täter zusätzlich zu den oben bezeichneten Merkmalen des objektiven Tatbestands auch diejenigen Tatsachen kennen muss, welche seine **Aufklärungspflicht gegenüber dem Finanzamt** begründen. **389**

c) Sonstige allgemeine Anforderungen

Über das Merkmal „steuerlich erhebliche Tatsachen" im Blanketttatbestand des § 370 AO[4] wird das **materielle Steuerrecht** in den Hinterziehungstatbestand eingeführt (dazu auch → Rz. 439). Allerdings ist es nicht notwendig, dass der Täter die genaue Anspruchsgrundlage für den Steueranspruch oder dessen genaue Höhe kennt. Hinsichtlich sog. **normativer Tatbestandsmerkmale**, die der Rechtssprache entnommen und nur mit Hilfe einer Wertung zu gewinnen sind, liegt Vorsatz dann vor, wenn der Täter die tatsächlichen Umstände kennt, die den Begriff definieren, und ungefähr weiß, dass diese Umstände das bestimmte Merkmal ausfüllen. Ausreichend für die Annahme des Vorsatzes ist also, dass der Täter den Begriffskern des normativen Merkmals laienhaft erfasst bzw. eine sog. **Parallelwertung in der Laien-** **390**

1) Schauf in Kohlmann, § 370 AO Rz. 1092 (August 2008).
2) Umstritten ist, ob es sich hierbei um ein sog. „unechtes Unterlassungsdelikt" handelt, da der Straftatbestand insgesamt als Erfolgsdelikt ausgestaltet ist, oder um ein sog. „echtes Unterlassungsdelikt", da das Gesetz einen Unterlassungstatbestand selbst aufstellt.
3) Joecks in Franzen/Gast/Joecks, 7. Aufl. 2009, § 369 AO Rz. 86.
4) Vgl. dazu BVerfG v. 16.6.2011, 2 BvR 542/09, wistra 2011, 458.

sphäre[1] vorgenommen hat. Wer unrichtige Angaben gegenüber einer Finanzbehörde macht, muss die steuerliche Erheblichkeit der Tatsache zwar nicht steuerrechtlich exakt, aber doch insoweit erkannt haben, dass er weiß, die Tatsache werde – möglicherweise – für seine Steuerschuld von Bedeutung sein.[2]

391 Der **Vorsatz** des Täters und somit auch dessen Strafbarkeit wegen Steuerhinterziehung **entfällt** beispielsweise im Falle eines sog. **Tatbestandsirrtums** gem. § 16 StGB. Die denkbaren Irrtumsformen sind insgesamt ebenso mannigfaltig wie komplex, in ihrer Herleitung und dogmatischen Einordnung umstritten, sowie in ihren Rechtsfolgen verschieden. Vor diesem Hintergrund wird die Irrtumsproblematik eingehend unten im Zusammenhang erörtert. In Bezug auf den Vorsatz wird insbes. auf die Ausführungen zum Tatbestandsirrtum (→ Rz. 440 ff.) sowie zum Erlaubnistatbestandsirrtum (→ Rz. 484 ff.) verwiesen.

d) Abgrenzung zu Elementen der Schuld

392 Nicht zum Vorsatz gehört die Kenntnis vom Verbotensein des Verhaltens. Dieses **Unrechtsbewusstsein** ist vielmehr ein **selbständiges Schuldelement**,[3] das dem Täter im Zweifelsfalle nachgewiesen werden muss. Im Hinblick auf den schon erwähnten „dreistufigen Deliktsaufbau" darf insofern auf die Ausführungen zur Schuld (→ Rz. 419 ff.), sowie zur Irrtumsproblematik, insbes. zum sog. Ver- bzw. Gebotsirrtum gem. § 17 StGB (→ Rz. 473 ff.) verwiesen werden.

2. Vorsatzformen

393 Aus der Faustformel „Wissen und Wollen der Tatbestandsverwirklichung" (s.o.) lässt sich bereits ableiten, dass der Vorsatz ein **intellektuelles** Element („Wissen") und ein **voluntatives** Element („Wollen") beinhaltet. Je nach Ausprägung dieser beiden Elemente werden grds. drei Vorsatzformen unterschieden, die in ihrer Intensität voneinander differieren und wie folgt zu graduieren sind (die „stärkste" Vorsatzform zuerst):

394 – **„Direkter Vorsatz** (dolus directus) **1. Grades" (Absicht):** Diese Vorsatzform ist durch das voluntative Element geprägt und liegt vor, wenn der Täter einen Erfolg als End- oder Zwischenziel anstrebt, er also um dieses Zieles Willen handelt,[4] während in intellektueller Hinsicht ein bloßes Fürmöglichhalten der Tatumstände ausreicht.

Beispiel 1:

Der Stpfl. S macht in seiner Steuererklärung negative Einkünfte aus VuV geltend. Allerdings nutzt er die „vermietete" Immobilie, die er aufwendig saniert hat, in Wahrheit selbst als Ferienwohnsitz. Sein „Mieter" hat das Objekt noch niemals betreten und nur seinen Namen hergegeben, um S einen vermeintlichen Gefallen zu tun.

S verfolgt das Ziel, mittels Angabe der ungerechtfertigten negativen Einkünfte aus dem Scheinmietverhältnis seine Steuerlast zu senken. Auch wenn er den Erfolgseintritt (die Steuerverkürzung) nur für möglich hält, weil ihm das Finanzamt auf die Schliche kommen könnte, handelt er mit Absicht, also mit direktem Vorsatz 1. Grades.

395 – **„Direkter Vorsatz** (dolus directus) **2. Grades":** Hier hält der Täter die Existenz oder Verursachung der Tatumstände für sicher oder für mit seinen Zielen notwen-

---

1) BGH v. 28.10.1952, 1 StR 450/52, BGHSt 3, 248, 255; v. 24.9.1953, 5 StR 225/53, BGHSt 4, 347, 352; Sternberg-Lieben in Schönke/Schröder, 28. Aufl. 2010, § 15 StGB Rz. 43a.
2) BGH v. 13.11.1953, 5 StR 342/53, BGHSt 5, 90, 92.
3) BGH v. 18.3.1952, GSSt 2/51, BGHSt 2, 194.
4) BGH v. 12.2.1953, 3 StR 718/53, BGHSt 4, 107, 109; v. 28.11.1962, 3 StR 39/62, BGHSt 18, 151, 155; v. 26.7.1967, 5 StR 264/67, BGHSt 21, 283 f.

dig verbunden[1] – das intellektuelle Moment dominiert; selbst ein „NichtWollen" der Tatumstände kann vorliegen.

Beispiel 2:

S ist inzwischen Beamter geworden. Gleichwohl will er das Scheinmietverhältnis als „Steuersparmodell" nicht missen, weil dieses mittlerweile fester Bestandteil seiner Finanzplanung geworden ist. Er macht weiterhin falsche Angaben in seinen Einkommensteuererklärungen. Obwohl ihm – als treuem Staatsdiener – die Steuerverkürzung eigentlich unliebsam ist, weiß er doch, dass seine Handlung genau hierzu führt.

S handelt hier mit direktem Vorsatz 2. Grades.

– **„Bedingter Vorsatz"**/„Eventualvorsatz" (dolus eventualis): Diese – schwächste – und zugleich für den Straftatbestand der Steuerhinterziehung ausreichende Form des Vorsatzes ist in ihren Voraussetzungen insbes. deswegen heftig umstritten,[2] weil sie die **Grenze zur straflosen, bewussten Fahrlässigkeit** definiert. In der Praxis maßgeblich ist die von der Rspr.[3] vertretene sog. „Billigungstheorie": Hiernach ist erforderlich und ausreichend, dass der Täter den Erfolgseintritt als möglich und nicht ganz fernliegend erkannt hat (intellektuelles Element) und ihn billigt bzw. billigend in Kauf nimmt (voluntatives Element). Dabei ist das „Billigen" nicht etwa im Sinne eines „Gutheißens" zu verstehen, sondern bedeutet ein Sichabfinden mit dem tatbestandlichen Erfolg. **396**

Beispiel 3:

Abwandlung von Beispiel 1: S hat sein VuV-Objekt an seine Lebensgefährtin vermietet, mit der er eine Haushalts- und Wirtschaftsgemeinschaft führt. Er übernachtet häufig und regelmäßig in dem Mietobjekt, wobei er sich mit seinem eigenen Schlüssel Zutritt verschaffen kann. Seine persönlichen Gegenstände befinden sich überall im Haus. Das Finanzamt ahnt von alledem nichts. Nach Anforderung des schriftlichen Mietvertrags hat es die negativen Einkünfte aus VuV unter Vorbehalt der Nachprüfung anerkannt. S hat ein schlechtes Gewissen. Zwar ist er sich mangels steuerlicher Vorkenntnisse nicht sicher, hält es aber für möglich, dass das FA in Kenntnis der „ganzen Wahrheit" das Mietverhältnis steuerrechtlich nicht anerkennen würde. Gleichwohl findet er sich mit der Situation ab, weil er die ersparte Steuer gut für Urlaubsreisen mit seiner Lebensgefährtin gebrauchen kann.

S handelt bedingt vorsätzlich.

Der Klarstellung halber sei nochmals hervorgehoben, dass **jede der oben genannten Vorsatzformen** den Erfordernissen des subjektiven Straftatbestands der Steuerhinterziehung genügt. **397**

Die Grenze zur **bewussten Fahrlässigkeit** – und damit hinsichtlich der Steuerhinterziehung auch diejenige zur **Straflosigkeit** – ist nach der Rspr.[4] hingegen überschritten, wenn der Täter mit der als möglich erkannten Tatbestandsverwirklichung nicht einverstanden ist und ernsthaft – nicht nur vage – darauf vertraut, der tatbestandsmäßige Erfolg werde nicht eintreten. Handelt er dagegen **leichtfertig**, also unter Außerachtlassung der Sorgfalt zu der er nach den Umständen des Einzelfalls und seinen persönlichen Fähigkeiten und Kenntnissen verpflichtet und imstande ist, obwohl sich ihm aufdrängen musste, dass dadurch eine Steuerverkürzung eintreten wird,[5] ist er zwar ebenfalls straflos, erfüllt aber den Bußgeldtatbestand des § 378 AO. Die Grenzen zwischen bedingtem Vorsatz, bewusster Fahrlässigkeit und **398**

1) Sternberg-Lieben in Schönke/Schröder, 28. Aufl. 2010, § 15 StGB Rz. 68.
2) Ausf. zum Streitstand: Sternberg-Lieben in Schönke/Schröder, 28. Aufl. 2010, § 15 StGB Rz. 72 ff.
3) BGH v. 7.7.1992, 5 StR 300/92, NStZ 1992, 587, 588; v. 18.8.1995, 2 StR 372/95, NStZ-RR 1996, 2 f.
4) BGH v. 20.11.1986, 4 StR 633/86, NStZ 1987, 362, 363; v. 18.8.1995, 2 StR 372/95, NStZ-RR 1996, 2 f.
5) BGH v. 16.12.2009, 1 StR 491/09, HFR 2010, 866.

Leichtfertigkeit sind fließend und führen in der Praxis zu erheblicher Rechtsunsicherheit.

3. Insbesondere: Subjektiver Tatbestand bei Versuch und Teilnahme

399 Hat sich der Stpfl. zwar tatbestandsmäßig i.S.d. § 370 AO verhalten, ist gleichsam aber der Erfolg (Steuerverkürzung bzw. Erlangung eines nicht gerechtfertigten Steuervorteils) nicht eingetreten, bedeutet diese mangelnde Tatvollendung nicht automatisch Straflosigkeit. Vielmehr kommt ggf. eine Strafbarkeit wegen **versuchter Steuerhinterziehung** in Betracht (im Einzelnen → Rz. 495 ff.). Steht hiernach fest, dass die Tat nicht vollendet ist, rückt zuvorderst der **subjektive Tatbestand** ins Blickfeld: Als „gewollte" Tat erfordert der Versuch einen auf Verwirklichung aller objektiven Tatbestandsmerkmale gerichteten **Vollendungsvorsatz**.[1] Dieser ist vorgreiflich zum objektiv verwirklichten Tatverhalten festzustellen und wird fachbegrifflich auch als **„Tatentschluss"** bezeichnet. Ist bei einer vollendeten Tat **bedingter Vorsatz** ausreichend, was bei § 370 AO der Fall ist, genügt dies auch für den Versuch.[2]

400 Auch im Bereich der **Teilnahme** (Anstiftung oder Beihilfe, → Rz. 597 ff.) an einer Steuerhinterziehung kommt dem Vorsatz besondere Bedeutung zu. Der Anstifter oder Gehilfe muss einen sog. **„doppelten Teilnehmervorsatz"** aufweisen. Sein – wenn auch nur bedingter – Vorsatz muss sich neben den Merkmalen der fremden Haupttat, an der er teilnimmt (objektive Tatbestandsvoraussetzungen des § 370 AO) auch auf den eigenen Tatbeitrag (Veranlassen bzw. Unterstützen[3] der fremden Tat) beziehen. Fehlt es in einem der beiden Bereiche am Vorsatz, scheidet eine strafbare Teilnahme aus, vgl. dazu auch → Rz. 601 und → Rz. 618.

III. Bedeutung und Handhabung des subjektiven Tatbestands in Theorie und Praxis

401 Die vorstehenden Ausführungen verdeutlichen, dass der subjektive Tatbestand der Steuerhinterziehung – zumindest theoretisch – in gleichem Maße Aufmerksamkeit verdient wie der objektive Tatbestand: Handelt der Täter nicht vorsätzlich, ist er nicht strafbar wegen Steuerhinterziehung. Gleichwohl fallen Theorie und Praxis besonders in diesem Bereich auseinander. Ohne Weiteres kann die Vorsatzproblematik metaphorisch als **Stiefkind der Tatbestandsmäßigkeit** bezeichnet werden.

1. Subjektiver Tatbestand und Strafverfolgungsbehörden

402 Die Verteidigung in Steuerstrafsachen hat ihren Schwerpunkt im Ermittlungsverfahren, also auf Behördenebene. Wie die Praxis lehrt, wird der **Vorsatz** von den Strafverfolgungsbehörden, insbes. von der Finanzverwaltung (Steuerfahndung und Strafsachenstellen), nur allzu gern **unterstellt** und jedenfalls nicht mit der notwendigen Anstrengung geprüft.[4] Die „innere Tatseite" ist naturgemäß nicht in der gleichen Weise greifbar bzw. unter Beweis zu stellen wie der objektive Tatbestand der Steuerhinterziehung. Genau hierin liegt die Schwäche des subjektiven Tatbestands als Mittel der Verteidigung. Dem objektiven Tatgeschehen wird seitens der Behörden vielfach eine **übersteigerte Indizwirkung** für das Vorliegen der subjektiven Tatbestandsvoraussetzungen beigemessen. Selbst aktenkundige Anhaltspunkte, die Zweifel am Vorsatz aufkommen lassen, werden bisweilen von der Finanzverwaltung

1) Eser in Schönke/Schröder, 28. Aufl. 2010, § 22 StGB Rz. 3.
2) Eser in Schönke/Schröder, 28. Aufl. 2010, § 22 StGB Rz. 17 m.w.N.
3) Zum Gehilfenvorsatz im Rahmen der Beihilfe zu § 370 AO durch Bankmitarbeiter vgl. z.B. BGH v. 1.8.2000, 5 StR 624/99, wistra 2000, 340.
4) Über diese Erfahrung berichtete schon vor 30 Jahren Frick in Kohlmann, 41.

ignoriert bzw. nicht hinterfragt. Diesbezüglicher Vortrag des Beschuldigten wird häufig als **Schutzbehauptung** abgetan. Damit sollte man sich keinesfalls abspeisen lassen. Der Vorsatz ist gleichermaßen **von den Strafverfolgungsbehörden nachzuweisen** wie die objektiven Tatbestandsvoraussetzungen. Zweifel am Vorsatz müssen nach dem Grundsatz „in dubio pro reo" zur Verfahrenseinstellung führen. Freilich herrscht in der Praxis eine faktische **Beweislastumkehr**. Offeriert der Steuerpflichtige keine gewichtigen Gründe und/oder Beweismittel, die gegen seinen Vorsatz sprechen, wird er kaum gehört.[1]

Viele ungerechtfertigte Steuerstrafverfahren resultieren aus **Betriebsprüfungen**. In der geltenden Verwaltungsanweisung bzgl. „Anwendungsfragen zu § 10 BpO"[2] werden Betriebsprüfer dazu angehalten, grundsätzlich mit der Bußgeld- und Strafsachenstelle Kontakt aufzunehmen, „wenn aufgrund der bisher getroffenen Prüfungsfeststellungen **erhebliche Nachzahlungen** zu erwarten sind und der Verdacht einer Steuerstraftat nicht offensichtlich ausgeschlossen ist". Dies leistet der bei Prüfern verbreiteten pauschalen Denkweise Vorschub, dass bereits bei einem stattlichen Mehrergebnis „zwingend" die BuStra zu informieren sei. Diese wiederum ist ggf. schnell dabei, einen Anfangsverdacht zu bejahen und das Verfahren wegen der „Dimension" vorsichtshalber gem. § 400 Halbsatz 2 AO an die Staatsanwaltschaft abzugeben. Im Extremfall prüft dann erstmals die Staatsanwaltschaft, ob überhaupt Anhaltspunkte für einen Vorsatz vorliegen bzw. ob sich ein solcher nachweisen lässt.

Tendenziell sind – insbes. auf Ebene der Finanzbehörde – Verfahrenseinstellungen mangels Vorsatzes bzw. Überleitungen in ein Bußgeldverfahren wegen leichtfertiger Steuerverkürzung die Ausnahme. Der gegenwärtige **„Zeitgeist"**, wonach Unternehmer und Einkommensmillionäre unter „Generalverdacht" zu stehen scheinen, dürfte kaum zu einer Verbesserung der Situation beitragen.

2. Subjektiver Tatbestand und Strafgerichte

Kommt es in einem Steuerstrafverfahren zu einer Hauptverhandlung vor dem **403**
Amts-, Schöffen- oder Landgericht, ist das Gericht nach höchstrichterlicher Rechtsprechung gehalten, im Rahmen seiner Überzeugungsbildung und ggf. Urteilsbegründung auch **konkrete Feststellungen**[3] zur inneren Tatseite zu treffen. Dabei wird es sich an dem vom BGH vorgegebenen Maßstab orientieren.

Allerdings ist die jüngere Rechtsprechung des für Steuerstrafsachen zuständigen 1. Strafsenats des BGH durch das Bemühen geprägt, den Tatgerichten zu vermitteln, die Feststellung des subjektiven Tatbestands unterliege nur eingeschränkten Anforderungen (vgl. – insbesondere zur Kritik – → Rz. 444 ff.).

1) Nach der aktuellen Rspr. des 1. Strafsenats des BGH soll es weder im Hinblick auf den Zweifelssatz, noch sonst geboten sein, „zu Gunsten eines Angeklagten Umstände oder Geschehensabläufe zu unterstellen, für deren Vorliegen – außer der bloßen Behauptung des Angeklagten – keine Anhaltspunkte bestehen"; die bloße Berufung eines Angeklagten auf einen rechtserheblichen Irrtum „nötige" das Tatgericht nicht, einen solchen Irrtum als gegeben anzusehen, vgl. BGH v. 8.9.2011, 1 StR 38/11, wistra 2011, 465. Dazu ist anzumerken, dass die Beweiswürdigung Sache des Tatrichters ist. Wenn dieser die „bloße" Berufung des Angeklagten auf mangelnden Vorsatz oder einen anderen rechtserheblichen Irrtum nach dem Gesamteindruck des Verfahrens für glaubhaft hält und der Angeklagte, was nicht selten vorkommt, faktisch gar nicht in der Lage ist, seinen Irrtum im Sinne einer Beweislastumkehr „nachzuweisen", darf der Tatrichter selbstverständlich freisprechen. Es wäre mit rechtsstaatlichen Prinzipien nicht vereinbar, jedwede Einlassung, die ein Beschuldigter nicht „nachweisen" kann, von vorneherein als Schutzbehauptung herabzuwürdigen (auch unten → Rz. 444).

2) Koordinierter Ländererlass v. 31.8.2009, 3 – S – 1400 / 2, DStR 2009, 2102.

3) Vgl. z.B. BGH v. 27.11.2002, 5 StR 127/02, wistra 2003, 266, 270.

Umso mehr besteht die Notwendigkeit, dass sich ein Steuerpflichtiger ggf. auch vor Gericht **aktiv und sachverhaltsbezogen** im Bereich des subjektiven Tatbestands **verteidigt**, damit er nicht Gefahr läuft, Rechtsnachteile zu erleiden. Angesichts der besagten Rechtsprechung des 1. Strafsenats des BGH ist er sogar gehalten, mit Blick auf den subjektiven Tatbestand **„Beweisvorsorge"** zu treffen, um sich ggf. exkulpieren zu können (→ Rz. 441 f.).

3. Finanzbehörden und Finanzgerichte

404 Auch im **rein steuerlichen Verfahren** können Finanzbehörden und -gerichte gehalten sein, Feststellungen zur Steuerhinterziehung bzw. leichtfertigen Steuerverkürzung und somit auch zum **subjektiven Tatbestand** zu treffen, wobei dies zumeist mit einem parallel anhängigen oder schon abgeschlossenen Steuerstrafverfahren einhergeht. Praxisrelevant ist dies insbesondere im Bereich der verlängerten Festsetzungsfrist gem. § 169 Abs. 2 Satz 2 AO, bei der Festsetzung von Hinterziehungszinsen gem. § 235 AO und bei der Haftung gem. §§ 70 und 71 AO.

Da die Veranlagungs- und Rechtsbehelfsstellen der Finanzämter in der Praxis zumeist dem **Diktat der Steuerfahndung und Strafsachenstellen** unterliegen[1] und oftmals nicht über die erforderlichen juristischen Kenntnisse im Bereich des Strafrechts verfügen, münden derartige Fälle nicht selten in Klage- und/oder Aussetzungsverfahren vor dem Finanzgericht.

Wie der BFH zwischenzeitlich mit Urteil vom 7.11.2006[2] entschieden hat, sind (im Besteuerungsverfahren) die objektiven und **subjektiven** Voraussetzungen einer Steuerhinterziehung **auch bei der Verletzung von steuerlichen Mitwirkungspflichten** (im Streitfall ging es um die erweiterten Mitwirkungspflichten bei Auslandssachverhalten nach § 90 Abs. 2 AO) **mit an Sicherheit grenzender Wahrscheinlichkeit festzustellen**. Bei nicht behebbaren Zweifeln ist die Feststellung einer Steuerhinterziehung mittels reduzierten Beweismaßes – mithin im Schätzungswege – nicht zulässig.[3] Auch im **Besteuerungs- und Finanzgerichtsverfahren** ist der strafverfahrensrechtliche Grundsatz **„in dubio pro reo"** zu beachten.[4] Selbstverständlich liegt die alleinige **Feststellungslast** im Hinblick auf die objektiven und subjektiven Tatbestandsvoraussetzungen des § 370 AO bei der Finanzbehörde.[5] Diesbezüglich postuliert der BFH **strenge Anforderungen** und lässt keinen Raum für Allgemeinplätze und Vermutungen, was insbesondere im Bereich des subjektiven Tatbestands von Bedeutung ist.

405 Wegen der **„Zweigleisigkeit"** des Steuerstrafverfahrens kann es sich vor diesem Hintergrund anbieten, in geeigneten Fällen frühzeitig die **Finanzgerichtsbarkeit einzubinden**, etwa im summarischen Aussetzungsverfahren gem. § 69 FGO. Diese Steuerfachgerichte sind in ihrem Status mit einem Oberlandesgericht der ordentlichen Gerichtsbarkeit gleichzusetzen. Sie entscheiden vielfach differenzierter und bedachter als Strafgerichte, deren Feststellungen grds. keine Bindungswirkung für die Finanzgerichte entfalten. Etwaige (vorgreiflich) vom Strafgericht getroffene, tatsächliche Feststellungen, Beweiswürdigungen und rechtliche Beurteilungen kann

---

1) Zur Frage der Bindungswirkung vgl. Loose in Tipke/Kruse, § 70 AO Rz. 10 und § 71 Rz. 12 (jew. Mai 2010).
2) BFH v. 7.11.2006, VIII R 81/04, BStBl II 2007, 364; vgl. auch BFH v. 20.6.2007, II R 66/06, BFH/NV 2007, 2075 (Verweigerung der Mitwirkung an der Sachverhaltsaufklärung kein Indiz für Steuerhinterziehung). Zur Frage der Steuerhinterziehung bei Einbindung eines Steuerberaters vgl. BFH v. 16.1.1973, VIII R 52/69, BStBl II 1973, 273; v. 18.5.2005, VIII R 107/03, HFR 2006, 115.
3) BFH v. 7.11.2006, VIII R 81/04, BStBl II 2007, 364; v. 20.6.2007, II R 66/06, BFH/NV 2007, 2075.
4) Vgl. z.B. BFH v. 29.1.2002, VIII B 91/01, BFH/NV 2002, 749.
5) GrS BFH v. 5.3.1979, GrS 5/77, BStBl II 1979, 570, 573.

sich ein Finanzgericht allerdings zu eigen machen, solange die Beteiligten gegen die strafgerichtlichen Feststellungen keine substantiierten Einwendungen geltend machen.[1] Andererseits ist ein Finanzgericht nicht gehindert, weitere tatsächliche Feststellungen zu treffen, Beweise anders zu würdigen und die Rechtslage anders zu beurteilen als das Strafgericht.[2]

Als **„Fundgrube"** (auch) für die Verteidigung in Steuerstrafsachen kann sich die Sammlung **EFG** (Entscheidungen der Finanzgerichte) erweisen. Neben zahllosen Einzelfallentscheidungen, die sich direkt mit den Tatbestandsvoraussetzungen der Steuerhinterziehung befassen (§§ 70, 71 AO, § 169 Abs. 2 Satz 2 AO und § 235 AO),[3] finden sich hier auch Urteile und Beschlüsse zu anderen Vorschriften der AO, die **Argumentationshilfen im Bereich des subjektiven Tatbestands** liefern können, vgl. z.B. § 173 Abs. 1 Nr. 2 AO, bei dem die Frage des „groben Verschuldens" (Vorsatz oder grobe Fahrlässigkeit) zu beurteilen ist.[4] 406

D. Rechtswidrigkeit

I. Rechtssystematische Einordnung

An zweiter Stelle des „dreistufigen Verbrechensbegriffs" (→ Rz. 381) steht die **Rechtswidrigkeit**, die zusammen mit der Tatbestandsmäßigkeit das „Unrecht" der Tat bezeichnet. Rechtswidrig ist die Tat, wenn sie der **Rechtsordnung widerspricht**. Diese Bewertung wird durch ein objektives Unwerturteil vollzogen, dessen Gegenstand die gesamte Tat ist.[5] Ist der gesetzliche (objektive und subjektive) Straftatbestand verwirklicht, ist die Tat grds. rechtswidrig (vgl. § 11 Abs. 1 Nr. 5 StGB); die **Tatbestandsmäßigkeit** entfaltet eine **Indizwirkung** bezüglich der Rechtswidrigkeit. 407

Nur ausnahmsweise kann die Rechtswidrigkeit der Tat mit der Konsequenz der Straflosigkeit entfallen, wenn nämlich ein sog. **Rechtfertigungsgrund** gegeben ist. Derartige Rechtfertigungsgründe, die von den sog. Entschuldigungsgründen (→ Rz. 428 ff.) zu unterscheiden sind, können sowohl dem geschriebenen als auch dem ungeschriebenen Recht der gesamten Rechtsordnung entnommen werden. Einfaches Beispiel aus dem allgemeinen Strafrecht: Wer in Notwehr[6] (§ 32 StGB = Rechtfertigungsgrund) eine Körperverletzung begeht, handelt zwar tatbestandsmäßig, nicht aber rechtswidrig und ist daher straflos. 408

II. Rechtfertigungsgründe im Bereich der Steuerhinterziehung

Im Bereich der **Steuerstraftaten** ist die **Bedeutung** der Rechtfertigungsgründe gering, wenn nicht **nahezu gegenstandslos**, wie die folgenden Ausführungen belegen. 409

1) Z.B. BFH v. 7.3.2006, X R 8/05, BStBl II 2007, 594, ständige Rspr.
2) Loose in Tipke/Kruse, § 71 AO Rz. 13 m.w.N. (Mai 2010).
3) Vgl. z.B. FG Münster v. 5.9.2007, 1 K 1544/04, EFG 2008, 274 (rkr.): Allein auf Grund des seit 1993 verwendeten Vordrucks ESt 1A muss Steuerpflichtigen nicht klar sein, dass ausländische Kapitaleinkünfte grundsätzlich steuerpflichtig sind. Zu Zweifeln am Vorsatz bei Einschaltung eines Steuerberaters vgl. z.B. FG München v. 20.4.2011, 13 V 446/11, AO-StB 2011, 239.
4) Beispielhaft FG Rheinland-Pfalz v. 23.6.1999, 1 K 2553/98, EFG 1999, 1061: amtlicher Erklärungsvordruck als „Buch mit sieben Siegeln".
5) Fischer, 60. Aufl. 2013, vor § 13 StGB Rz. 43.
6) Ausf. zu den einzelnen Rechtfertigungsgründen Lenckner/Sternberg-Lieben in Schönke/Schröder, 28. Aufl. 2010, vor §§ 32 ff. StGB Rz. 27 ff.

1. Notwehr und rechtfertigender Notstand

410 Der Rechtfertigungsgrund der **Notwehr (§ 32 StGB)** ist in Bezug auf die Steuerhinterziehung bereits theoretisch kaum denkbar und dementsprechend auch in der Praxis vernachlässigenswert. Diskutiert wird allenthalben der **rechtfertigende Notstand gem. § 34 StGB**. Hiernach handelt nicht rechtwidrig, wer in einer gegenwärtigen, nicht anders abwendbaren Gefahr für Leben, Leib, Freiheit, Ehre, Eigentum oder ein anderes Rechtsgut eine Tat begeht, um die Gefahr von sich oder einem anderen abzuwenden, wenn bei Abwägung der widerstreitenden Interessen, namentlich der betroffenen Rechtsgüter und des Grades der ihnen drohenden Gefahren, das geschützte Interesse das beeinträchtigte wesentlich überwiegt. Dies gilt jedoch nach Satz 2 der Vorschrift nur, soweit die Tat ein angemessenes Mittel ist, die Gefahr abzuwenden.

411 Neben den sonstigen Voraussetzungen verlangt dieser Rechtfertigungsgrund also insbes. vom Täter die **gewissenhafte Vornahme zweier wesentlicher Wertungen:** Zum einen muss eine **Rechtsgüter- und Interessenabwägung** zu dem Ergebnis führen, dass das geschützte Interesse, zu dessen Gunsten der Täter handelt, das beeinträchtigte wesentlich überwiegt; zum anderen muss die Tat als zusätzliches Korrektiv ein **angemessenes (und geeignetes) Mittel zur Gefahrabwendung** sein. Diese „doppelte Hürde" wird der Täter einer Steuerhinterziehung wohl kaum jemals überwinden können, wie folgende durchaus praxisrelevante Beispiele verdeutlichen:

Beispiel 1: „Existenznöte"

Der Stpfl. macht geltend, ihm sei keine andere Wahl geblieben, als Steuern zu hinterziehen, um seinen eigenen wirtschaftlichen Ruin zu verhindern und/oder seinen Betrieb und somit auch die Arbeitsplätze seiner Angestellten zu erhalten.

Fraglich ist bereits, ob nicht die Rechtsgüter- und Interessenabwägung zu dem Ergebnis führt, dass der Steueranspruch des Staats einerseits und die wirtschaftliche Existenz bzw. die Erhaltung des Betriebs und der Arbeitsplätze andererseits gleichrangig nebeneinander stehen. Dies ist eine Frage des Einzelfalls und kann beispielsweise abhängig sein von Größe und Bedeutung des Betriebs. Jedenfalls aber wird die Tat wohl regelmäßig kein angemessenes Mittel sein, die Gefahr abzuwenden:[1] Die Abgabenordnung beinhaltet in den §§ 218 ff. ein umfassendes – und angemessenes – Instrumentarium (Stundung, Zahlungsaufschub, Erlass) zur Abwehr von Nachteilen, die durch eine hohe Steuerfestsetzung entstehen können. Darüber hinaus sind gem. § 163 AO Billigkeitsmaßnahmen auch schon im Festsetzungsverfahren möglich; vgl. hierzu auch die Ausführungen zum Erlaubnisirrtum (→ Rz. 488).

Beispiel 2: „Nemo tenetur se ipsum accusare?"

Der angestellte Buchhalter einer Firma hat Erlöse aus nicht verbuchten Verkäufen für sich verwendet und sich damit der Untreue (§ 266 StGB) schuldig gemacht. Um sich nicht selbst „ans Messer zu liefern", hat er es unterlassen, die wegen der Untreue gegen ihn entstehenden Schadensersatzforderungen in der Firmenbilanz zu aktivieren, und dadurch eine Steuerverkürzung seines Arbeitgebers bewirkt.[2]

Ein Rechtfertigungsgrund, insbes. § 34 StGB, wird regelmäßig ausscheiden, da sich der Stpfl., der den – wenn auch nicht uneingeschränkten – Schutz der §§ 30 und 393 Abs. 2 AO (Steuergeheimnis und Verwertungsverbot) genießt, in keiner echten Zwangslage befindet. Nach dem sog. „Gemeinschuldnerbeschluss" des BVerfG[3] befreit die Gefahr der Entdeckung einer Veruntreuung den Täter auch unter Beachtung verfassungsrechtlicher Grundsätze („nemo tenetur ...") nicht von der Erfüllung seiner steuerlichen

1) So auch Joecks in Franzen/Gast/Joecks, 7. Aufl. 2009, § 369 AO Rz. 95.
2) Vgl. BGH v. 18.11.1960, 4 StR 131, 60, BStBl I 1961, 495; zu der Frage der Tatherrschaft in einem ähnlich gelagerten Fall mittelbarer Täterschaft vgl. FG Baden-Württemberg v. 25.8.1989, IX K 31, 89, EFG 1990, 155.
3) BVerfG v. 13.1.1981, 1 BvR 116/77, BVerfGE 56, 37, 49.

Pflichten. Im Beispielsfall hat der BGH keinerlei Erwägungen zu § 34 StGB angestellt, sondern lediglich zu der Frage, ob wegen „Unzumutbarkeit" normgerechten Verhaltens möglicherweise ein Entschuldigungsgrund gegeben ist (dazu näher → Rz. 430 ff.). Zu klären war weiterhin, ob sich der Buchhalter im konkreten Fall nicht möglicherweise in einem Irrtum über die Rechtspflicht zur Aktivierung befunden hat (→ Rz. 459 ff.).

Eine andere Frage ist, ob der Täter in beiden Beispielsfällen einem **Irrtum über Existenz und/oder Grenzen eines anerkannten Rechtfertigungsgrunds** unterlegen ist (sog. „Erlaubnisirrtum", → Rz. 488 ff.). Irrt der Täter hingegen – anders als in den Beispielsfällen – über Tatsachen, bei deren Vorliegen ein Rechtfertigungsgrund gegeben wäre, so befindet er sich in einem, für ihn „günstigeren", sog. „Erlaubnistatbestandsirrtum" (→ Rz. 484 ff.). **412**

Denkbar wäre die Annahme eines rechtfertigenden Notstands im Bereich der Steuerhinterziehung allenfalls in **absoluten Ausnahmefällen**, wenn der Täter z.B. andere als die durch die Zahlung der Steuer entstehende Gefahren abwenden will[1] (der Stpfl. wird beispielsweise unter Gefahr für Leib und Leben von einem Dritten gezwungen bzw. genötigt, in der Steuererklärung falsche Angaben zu machen). **413**

2. Rechtfertigende Einwilligung

Entgegen einer hier früher vertretenen Auffassung[2] dürfte sich die **Einwilligung**[3] **des Finanzamts** in die Befreiung von der Erfüllung steuerlicher Pflichten regelmäßig **nicht erst auf der Ebene der Rechtswidrigkeit** auswirken. **414**

Beispiel 1:[4]

Zur Zahlung rückständiger Schulden des Kaufmanns A hat die Finanzbehörde mehrere Gegenstände im Geschäft des A gepfändet. A will diese Gegenstände verkaufen, um einerseits seine Schulden bei der Finanzbehörde bezahlen und andererseits den Mehrerlös selbst verwenden zu können. Er beantragt bei der Finanzbehörde die Zustimmung zu dem vorgesehenen Verkauf. Die Finanzbehörde erklärt ihre Einwilligung.

Beispiel 2:[5]

Kaufmann A ist geschäftlich völlig überlastet. Er kann daher zu dem vorgesehenen Termin seine Einkommensteuererklärungen nicht abgeben. Er beantragt bei der Finanzbehörde Fristverlängerung für die Abgabe der Steuererklärung. Diese wird ihm gewährt.

Beispiel 1 betrifft die Problematik einer Steuerhinterziehung im Beitreibungsverfahren. Nach der Rspr. des BGH[6] können in diesem Verfahrensabschnitt ungerechtfertigte Steuervorteile erschlichen werden, auch wenn sich das täuschende Verhalten des Täters nicht auf Besteuerungsgrundlagen bezieht. So kann eine Steuerhinterziehung in Tateinheit mit § 136 StGB (Verstrickungsbruch; Siegelbruch) vorliegen, wenn der Stpfl. einen von der Finanzbehörde gepfändeten Gegenstand ohne deren Einwilligung verkauft.[7] Gleichwohl bezeichnet die „Einwilligung" der Finanzbehörde im Beispielsfall nach der hier vertretenen Rechtsauffassung **keinen Rechtfertigungsgrund**, da es bereits an einem tatbestandsmäßigen Verhalten mangelt: A hat nicht etwa insgeheim die Pfandsiegel entfernt und die Gegenstände veräußert, **415**

1) Joecks in Franzen/Gast/Joecks, 7. Aufl. 2009, § 369 AO Rz. 95.
2) Grötsch in Wannemacher, 4. Aufl. 1999, Rz. 364.
3) Allgemein zur sog. „rechtfertigenden Einwilligung": Lenckner/Sternberg-Lieben in Schönke/Schröder, 28. Aufl. 2010, vor §§ 32 ff. StGB Rz. 33 ff.
4) Aus Kohlmann, § 370 AO Rz. 195 (Stand 2003; damalige Auffassung: Rechtfertigungsgrund).
5) Aus Kohlmann, § 370 AO Rz. 195 (Stand 2003; damalige Auffassung: Rechtfertigungsgrund); inzwischen wie hier → Rz. 416: Ransiek in Kohlmann, § 370 AO Rz. 634 (Oktober 2011): nicht tatbestandsmäßig. Zum Irrtum über das Vorliegen der Voraussetzungen eines Rechtfertigungsgrunds vgl. Beispiel in → Rz. 487.
6) BGH v. 1.3.1956, 3 StR 462/55, BStBl I 1956, 441.
7) Vgl. „H.L.", DB 1992, 2065.

sondern zunächst bei der Finanzbehörde das **tatbestandsausschließende Einverständnis**[1] **eingeholt**. Damit stellt sich die Frage erst gar nicht, ob A rechtswidrig gehandelt hat bzw. ob möglicherweise zu seinen Gunsten ein Rechtfertigungsgrund eingreift. Als Konsequenz des dreistufigen Deliktsaufbaus (s.o.) ist die Frage der Tatbestandsmäßigkeit vorrangig zu untersuchen. Anders könnte es im Beispielsfall allenfalls dann liegen, wenn der Verkauf der Pfandgegenstände zeitlich nach Antragstellung, aber noch vor Mitteilung der Einwilligung erfolgt wäre.

416 Ähnlich verhält es sich in **Beispiel 2:** Ein tatbestandsmäßiges Verhalten ist nicht erkennbar, da wegen der gewährten Fristverlängerung das Rechtsgut des § 370 AO (öffentliches Interesse am rechtzeitigen und vollständigen Steueraufkommen) bereits auf der Ebene des objektiven Tatbestands nicht gefährdet ist. Dabei kann offen bleiben, ob die Fristverlängerung möglicherweise einem sog. (schon) tatbestandsausschließenden Einverständnis der Finanzbehörde – hier in die „nicht rechtzeitige Steuerfestsetzung" – gleichzustellen ist oder ob **§ 370 Abs. 4 Satz 1 AO überhaupt nicht tangiert** ist (letzteres erscheint näherliegend, da bereits keine Gefährdung der rechtzeitigen Verwirklichung des Steueranspruchs erkennbar, mithin die innerhalb der gewährten Fristverlängerung erfolgte Steuerfestsetzung auch nicht „verspätet" ist). Anders könnte es im Beispielsfall allenfalls dann liegen, wenn A die Fristverlängerung nicht rechtzeitig beantragt hätte und diese somit erst „rückwirkend" gewährt würde.

417 Die Unterscheidung, ob die Straflosigkeit schon mangels tatbestandsmäßiger Handlung oder erst auf Grund des Eingreifens eines Rechtfertigungsgrunds eintritt, ist **nicht rein akademischer Natur**. Es ist nicht einzusehen, warum ein Stpfl., dem eine Fristverlängerung gewährt wird, insofern mit einem Unwerturteil behaftet werden soll, als er sich vorhalten lassen müsste, jedenfalls eine tatbestandsmäßige – wenn auch letztlich gerechtfertigte – Steuerhinterziehung begangen zu haben.

418 Insgesamt gesehen ist somit auch die **Einwilligung** als Rechtfertigungsgrund für die Steuerhinterziehung **praktisch nahezu bedeutungslos**.[2]

E. Schuld und Schuldunfähigkeit

I. Rechtssystematische Einordnung und Terminologie

419 Der „dreistufige Verbrechensbegriff" (→ Rz. 381) beinhaltet schließlich an dritter Stelle die **Schuld** als Voraussetzung der Strafbarkeit mit Verfassungsrang.[3]

Der GrS des BGH[4] definiert Schuld als (persönliche) **Vorwerfbarkeit** der Tat. Handelt der Täter ohne Schuld, weil zu seinen Gunsten ein sog. Schuldausschließungs- oder Entschuldigungsgrund eingreift, so ist er straflos.

420 Von der Schuld selbst ist die **Schuldfähigkeit** zu unterscheiden. Der Täter muss in der Lage sein, das Unrecht der Tat einzusehen und nach dieser Einsicht zu handeln.

---

1) Allgemein zu diesem Rechtsinstitut: Lenckner/Sternberg-Lieben in Schönke/Schröder, 28. Aufl. 2010, Vorbem. §§ 32 ff. StGB Rz. 31 f.

2) Noch deutlicher Lammerding/Hackenbroch, 7. Aufl. 1997, 41: „Einwilligung des Steuergläubigers, vertreten durch das Finanzamt, ist ernsthaft kaum denkbar.".

3) Vgl. Fischer, 60. Aufl. 2013, vor § 13 StGB Rz. 47 ff. mit zahlreichen Nachweisen zur – sehr streitigen – Schuldlehre.

4) BGH v. 18.3.1952, GSSt 2/51, BGHSt 2, 194, 200; krit. Lenckner/Eisele in Schönke/Schröder, 28. Aufl. 2010, vor §§ 13 ff. StGB Rz. 114; präzisierend Fischer, 60. Aufl. 2013, vor § 13 StGB Rz. 47: „Vorwerfbarkeit im Sinne des Belastetseins mit der Verantwortung für rechtswidrige Erfolge oder gefährliche Handlungen".

Diese Grundsätze gelten selbstverständlich auch im Bereich der **Steuerhinterziehung**.

Schuldunfähig ist, wer bei Begehung der Tat noch nicht 14 Jahre alt ist (§ 19 StGB). 421
Damit stellt das Gesetz für **Kinder** eine unwiderlegbare Vermutung auf, wonach es auf die konkrete Tat, anders als bei § 20 StGB, nicht ankommt. Zu beachten ist, dass die Teilnahme (Anstiftung und Beihilfe) an der Tat eines Kindes strafbar ist, da die sog. Haupttat nur vorsätzlich und rechtswidrig begangen worden sein muss, nicht aber schuldhaft (vgl. §§ 26 und 27 StGB) und jeder Beteiligte nach seiner Schuld ohne Rücksicht auf die Schuld des anderen bestraft wird (§ 29 StGB).

Im Jugendgerichtsgesetz (JGG) ist die Schuldfähigkeit von **Jugendlichen** (14 bis 18 422
Jahre) und **Heranwachsenden** (18 bis 21 Jahre) geregelt. Hiernach muss bei einem Jugendlichen für den Einzelfall eine gewisse, dahingehende Reife vorhanden sein und festgestellt werden, das Unrecht der Tat einzusehen und nach dieser Einsicht zu handeln (§ 3 JGG). Heranwachsende werden nur dann ausnahmsweise nach dem – milderen – Jugendstrafrecht bestraft, wenn die Gesamtwürdigung ihrer Persönlichkeit ergibt, dass sie zur Tatzeit nach ihrer Entwicklung Jugendlichen gleichzustellen waren, oder wenn es sich bei der Tat um eine sog. „Jugendverfehlung" gehandelt hat (vgl. im Einzelnen § 105 JGG). **Steuerstraftaten** Jugendlicher und Heranwachsender sind praktisch relevant im Bereich der Zollvergehen sowie der Hinterziehung von Kfz-Steuer und Lohnsteuer.[1]

Volljährige (ab 18 Jahre), also auch Heranwachsende, sind grds. voll schuldfähig 423
(zu den Ausnahmen bei Letzteren s.o. → Rz. 422). Im Einzelfall kann jedoch eine auf die konkrete Tat bezogene **Schuldunfähigkeit gem. § 20 StGB** in Betracht kommen. Hiernach ist der Täter, vereinfacht ausgedrückt, beim Vorliegen einer zum Tatzeitpunkt anomalen psychischen Verfassung,[2] die normgemäßes Verhalten ausschließt, entschuldigt. Neben Geisteskrankheiten kommen hier insbes. auch alkohol-, drogen- und medikamentenbedingte Ausfallerscheinungen[3] in Betracht, welche in der Praxis regelmäßig zur Einholung aufwendiger Gutachten führen. Für einen „abgeschwächten Fall" des § 20 StGB sieht **§ 21 StGB**[4] beim Vorliegen einer nur **verminderten Schuldfähigkeit** eine fakultative Strafmilderungsmöglichkeit vor.

Ergänzt und modifiziert[5] wird § 20 StGB durch den sog. **Verbotsirrtum** (§ 17 StGB, 424
→ Rz. 474 ff.). Hiernach handelt ohne Schuld, wem bei Begehung der Tat die Einsicht fehlt, Unrecht zu tun, sofern dieser Irrtum unvermeidbar war. Anderenfalls, d.h. bei Vermeidbarkeit des Irrtums, sieht Satz 2 der Vorschrift eine fakultative Schuldminderungsmöglichkeit vor.

Schuldunfähigkeit und unvermeidbarer Verbotsirrtum sind echte **Schuldausschlie-** 425
ßungsgründe, bei denen die Schuld begriffsnotwendig auszuschließen ist. Davon zu unterscheiden sind nach wohl h.M. die bloßen **Entschuldigungsgründe**, die Situationen beschreiben, in denen der Täter wegen einer außergewöhnlichen Konflikts- und Motivationslage die Nachsicht der Rechtsordnung findet.[6]

---

1) Vgl. Suhr/Naumann/Bilsdorfer 4. Aufl. 1986, 88; vgl. dort zum Verhältnis von AO und JGG.
2) Vgl. Fischer, 60. Aufl. 2013, § 20 StGB Rz. 2.
3) Vgl. zum Ganzen Perron in Schönke/Schröder, 28. Aufl. 2010, § 20 StGB Rz. 6 ff.
4) Vgl. dazu BGH v. 7.11.2000, 5 StR 326/00, NStZ 2001, 85: „Begeht ein Abhängiger Vermögensdelikte unterschiedlichen Charakters, die nach seinen Angaben mittelbar der Befriedigung seiner Sucht dienen, liegt die Annahme einer erheblich verminderten Steuerungsfähigkeit des Täters jedenfalls bei langfristiger Planung zukünftigen Suchtmittelzugriffs – wie sie hier insbesondere in den vom Angekl. begangenen Steuerdelikten zum Ausdruck kommt – eher fern." Vgl. zu den Anforderungen an die Feststellung einer verminderten Steuerungsfähigkeit gem. § 21 StGB bei Steuerhinterziehung in mehreren Fällen auch BGH v. 17.3.2009, 1 StR 627/08, BGHSt 53, 221.
5) So zutreffend Joecks in Franzen/Gast/Joecks, 7. Aufl. 2009, § 369 AO Rz. 97.
6) Lenckner/Sternberg-Lieben in Schönke/Schröder, 28. Aufl. 2010, vor §§ 32 ff. Rz. 108 m.w.N.

II. Schuldausschließungs- und Entschuldigungsgründe im Bereich der Steuerhinterziehung

1. Schuldausschließungsgründe

426 Bestehen in Steuerstrafsachen im Einzelfall ausnahmsweise **Zweifel an der Schuldfähigkeit** i.S.d. §§ 20, 21 StGB, so ist der Frage besondere Aufmerksamkeit zu widmen, ob und ggf. innerhalb welchen Zeitraums der Beschuldigte möglicherweise auch (oder „nur") wegen „Geisteskrankheit" **geschäftsunfähig i.S.d. § 104 Nr. 2 BGB** war. Der zivilrechtlich Geschäftsunfähige ist nämlich **steuerrechtlich handlungsunfähig** (vgl. § 79 Abs. 1 Nr. 1 AO). Einem Handlungsunfähigen können jedoch beispielsweise Steuerbescheide nicht wirksam bekanntgegeben werden; insbes. können **Ermittlungsmaßnahmen** der Steuerfahndung (z.B. Durchsuchung, Fahndungsprüfung) **gegenüber einem Handlungsunfähigen den Ablauf der Festsetzungsfrist nicht hemmen**.[1] Für die Länge der Verjährungsfrist wird es dann wiederum darauf ankommen, ob eine – schuldhafte – Steuerhinterziehung vorliegt und damit die zehnjährige Verjährungsfrist des § 169 Abs. 2 Satz 2 AO gilt.[2]

427 Zum **Verbotsirrtum** in Steuerstrafsachen vgl. die Ausführungen unten im Zusammenhang (→ Rz. 474 ff.).

2. Entschuldigungsgründe

428 Was im Bereich der Steuerhinterziehung für die Rechtfertigungsgründe gilt (→ Rz. 409 ff.), muss für die Entschuldigungsgründe erst recht gelten: Diese sind im Steuerstrafrecht **nahezu ohne praktische Bedeutung**.

429 Letzteres gilt insbes. für die **im StGB normierten Entschuldigungsgründe**. Da bereits dem Rechtfertigungsgrund der Notwehr (§ 32 StGB) im Steuerstrafrecht keine nennenswerte praktische Bedeutung zukommt (→ Rz. 409 ff.), kann auch der Entschuldigungsgrund der **Überschreitung der Notwehr** (sog. „Notwehrexzess") **gem. § 33 StGB** hier vernachlässigt werden. Ebenso verhält es sich hinsichtlich des sog. **entschuldigenden Notstands gem. § 35 StGB**, dessen Voraussetzungen denen des rechtfertigenden Notstands (→ Rz. 410) ähneln und z.T. sogar enger sind.

430 Nach h.M. in Rspr. und Literatur ist als Grundprinzip der Entschuldigungsgründe die **Unzumutbarkeit normgemäßen Verhaltens** anzusehen; gleichwohl handelt es sich hierbei nicht um einen allgemeinen, übergesetzlichen Entschuldigungsgrund, was uneingeschränkt für die vorsätzlichen **Begehungsdelikte** gilt.[3] Äußerst umstritten[4] ist hingegen, ob und ggf. inwiefern der Gedanke der Unzumutbarkeit im

---

1) BFH v. 16.4.1997, XI R 61/94, BStBl II 1997, 595; vgl. dazu auch die Anmerkung von Achenbach, KFR F.2 AO § 171, 1/98, 71.

2) Dass die verlängerte Festsetzungsfrist im Falle des Vorliegens eines Schuldausschließungsgrunds nicht gilt, hat der BFH – entgegen der Vorinstanz – mit Urteil v. 2.4.1998, V R 60/97, BStBl II 1998, 529, entschieden. In dem konkreten Streitfall war der Kläger wegen einer paranoiden Psychose geschäftsunfähig gem. § 104 Nr. 2 BGB; dessen Sohn war ca. zehn Jahre nach dem streitbefangenen Zeitraum zu seinem Betreuer bestellt worden. Ohne nähere Ausführungen hat der BFH hier Schuldunfähigkeit des Klägers gem. § 20 StGB angenommen, da dies zwischen den Beteiligten „unstreitig" gewesen sei. Im Einzelfall könnten insofern m.E. allerdings Probleme auftreten, da es eine generelle Schuldunfähigkeit nicht gibt, diese vielmehr auf die konkrete Tat bezogen festgestellt werden muss; insbes. hat eine „Entmündigung" wegen Geisteskrankheit für § 20 StGB keine präjudizielle Bedeutung, vgl. Perron in Schönke/Schröder, 28. Aufl. 2010, § 20 StGB Rz. 31 m.w.N. Dies muss erst recht gelten, wenn der Betreuer erst zehn Jahre nach dem streitbefangenen Zeitraum bestellt wird.

3) Für alle Lenckner/Sternberg-Lieben in Schönke/Schröder, 28. Aufl. 2010, vor §§ 32 StGB ff. Rz. 110, 122 ff.

4) Zum Streitstand vgl. Stree/Bosch in Schönke/Schröder, 28. Aufl. 2010, vor §§ 13 StGB ff. Rz. 155 m.w.N.

Bereich der **Unterlassungsdelikte** anzuerkennen ist, die in ihrem Unrechtsgehalt oftmals weniger schwer wiegen als Begehungsdelikte. Zwar wird der Unzumutbarkeit hier grds. Bedeutung beigemessen. Im Schrifttum ist man sich jedoch uneinig, ob sich dieser Rechtsgedanke auf der Ebene der Tatbestandsmäßigkeit, der Rechtswidrigkeit oder der Schuld[1] auswirkt. Auch die Rspr. ist insoweit uneinheitlich. Normgerechtes Verhalten ist für den Täter unzumutbar, wenn ihm (über § 35 StGB hinaus) die Erfüllung der Handlungspflicht wegen der damit verbundenen Aufopferung eigener billigenswerter Interessen nicht zugemutet werden kann.[2]

Derartige Fälle werden auch im **Steuerstrafrecht** diskutiert.[3] Insofern sei auf Beispielsfall 2 zum rechtfertigenden Notstand (→ Rz. 411) verwiesen. Um sich nicht selbst in Bezug auf eine andere Straftat „ans Messer zu liefern", hat der Täter hier durch Unterlassen einer Handlungspflicht eine Steuerverkürzung bei seinem Arbeitgeber herbeigeführt (Nichtaktivierung einer gegen ihn gerichteten Forderung). Gleichwohl hat der BGH[4] in dieser Konstellation **(Gefahr eigener Strafverfolgung bei normgerechtem Verhalten)** argumentiert, die Aktivierung der Forderung sei **zumutbar** gewesen, da es selbst nach den Grundsätzen der Güter- und Pflichtenabwägung schon aus rechtsstaatlichen Grundsätzen nicht zu verantworten sei, einen Rechtsbrecher zu begünstigen, der durch eigenes Verschulden in eine Zwangslage geraten sei, aus der er sich nur durch eine neue erhebliche Verletzung der Rechtsordnung befreien zu können glaube. **431**

Im Hinblick auf den Nemo-tenetur-Grundsatz ist diese Entscheidung sicherlich nicht unbedenklich. Jedenfalls in Fällen der Gefahr einer **Strafverfolgung von nahen Angehörigen** dürfte anders zu entscheiden sein.[5] **432**

F. Irrtum

Schrifttum

Aue, Irrtum über die schenkungsteuerliche Anzeigepflicht, PStR 2011, 321; **Dörn**, Steuerhinterziehung und Steuerrecht, wistra 1992, 241; **Harms**, Steuerliche Beratung im Dunstkreis des Steuerstrafrechts, Stbg 2005, 12; **Krieger**, Täuschung über Rechtsauffassungen im Steuerstrafrecht, Baden-Baden 1983; **Leise**, Irrtumslehre und steuerliches Straf- und Bußgeldrecht, DStR 1972, 556; **Maiwald**, Unrechtskenntnis und Vorsatz im Steuerstrafrecht, Heidelberg 1984; **Meyer**, Enthält der Straftatbestand der Steuerhinterziehung ein ungeschriebenes Tatbestandsmerkmal, das jeglichen Verbotsirrtum ausschließt? NStZ 1987, 500; **Meyer**, Der Verbotsirrtum im Steuerstrafrecht, NStZ 1986, 443; **Meyberg**, Anmerkung zum BGH-Beschluss v. 19.1.2011 – 1 StR 640/10 –, PStR 2011, 82; **Meyberg**, Bedingter Vorsatz und Irrtum über Steueranspruch, PStR 2011, 308; **Nöcker/Hüning**, Dolus eventualis im Steuerstrafrecht – in dubio contra reo?, AO-StB 2012, 316; **Ransiek**, Blankettstraftatbestand und Tatbestandsirrtum, wistra 2012, 365; **Reiß**, Tatbestandsirrtum und Verbotsirrtum bei der Steuerhinterziehung, wistra 1983, 161; **Schützeberg**, Anm. zum Urteil des BGH v. 8.9.2011, 1 StR 38/11, NZWiSt 2012, 71; **Seipl/Wiese**, Strafrechtliche Folgen der Verfassungswidrigkeit der „Spekulationsbesteuerung", NStZ 2004, 542; **Seipl/Wiese**, BVerfG untersagt Verurteilung wegen Hinterziehung von Spekulationssteuern; PStR 2007, 48; **Simon/Vogelberg**, Steuerstrafrecht, 3. Aufl., Stuttgart 2011; **Thomas**, Die Steueranspruchstheorie und der Tatbestandsirrtum im Steuerstrafrecht, NStZ 1987, 260; **Vogelberg**, Der Irrtum im Steuerstrafrecht, ZAP 1993, Fach 21, 63; **Warda**, Die Abgrenzung von Tatbestands- und Verbotsirrtum bei Blankettstrafgesetzen, Berlin 1995; **Wendt/Elicker**, Zur steuerstrafrechtlichen Verantwortlichkeit des steuerlich vertretenen Unter-

1) So die Rspr., vgl. Fischer, 60. Aufl. 2013, § 13 StGB Rz. 44 m.w.N.
2) Fischer, 60. Aufl. 2013, § 13 StGB Rz. 45.
3) Ausf. Suhr/Naumann/Bilsdorfer, 4. Aufl.1986, Rz. 87.
4) BGH v. 18.11.1960, 4 StR 131, 60, BStBl I 1961, 495.
5) Vgl. Stree in Schönke/Schröder, 28. Aufl. 2010, Vor §§ 13 ff. StGB Rz. 156 m.w.N.

nehmers oder Geschäftsführers, wistra 2009, 329; **Wiese**, BGH hält § 23 Abs. 1 S. 1 Nr. 4 EStG für das Jahr 2002 für verfassungskonform, PStR 2007, 276.

433 Die strafrechtliche Irrtumslehre beschäftigt sich mit der Frage, ob und ggf. inwieweit sich **Fehlvorstellungen** („irrige Annahme") und **Wissensmängel** („Unkenntnis") zu Gunsten oder zu Lasten des Irrenden auswirken. Dementsprechend besteht die Notwendigkeit, die verschiedenen Irrtumsformen zu definieren und zu klassifizieren.

434 Wer bei der Begehung der Tat einen Umstand nicht kennt, der zum gesetzlichen Tatbestand gehört, befindet sich in einem **Tatbestandsirrtum** (→ Rz. 439 ff.) und handelt nach § 16 Abs. 1 Satz 1 StGB **nicht vorsätzlich**. Der sog. „umgekehrte Tatbestandsirrtum" (→ Rz. 466 ff.) kann hingegen zu einem strafbaren **untauglichen Versuch** führen.

435 Fehlt dem Täter bei der Begehung der Tat das Unrechtsbewusstsein, so unterliegt er „nur" einem **Verbotsirrtum** (→ Rz. 474 ff.) und handelt nach § 17 Satz 1 StGB **ohne Schuld,** wenn er diesen Irrtum nicht vermeiden konnte. Der sog. „umgekehrte Verbotsirrtum" (→ Rz. 479 ff.) führt hingegen stets zu einem straflosen **Wahndelikt**.

436 Irrtümer über **Rechtfertigungs-** (→ Rz. 483 ff.) und **Entschuldigungsgründe** (→ Rz. 491 ff.), deren Voraussetzungen und Rechtsfolgen z.T. umstritten sind, können ebenso wie die oben genannten Irrtümer im Bereich der Steuerhinterziehung an Bedeutung gewinnen.

437 Ungeachtet vieler Übertragungsschwierigkeiten, welche sich vor allem auf Grund des Charakters des § 370 Abs. 1 AO als Blankettnorm ergeben, besteht jedenfalls Einigkeit darüber, dass die **Irrtumsregeln des allgemeinen Strafrechts** grds. auf den Tatbestand der Steuerhinterziehung anzuwenden sind,[1] wenn dies auch mit Schwierigkeiten behaftet sein kann bzw. nicht immer zu befriedigenden Ergebnissen führt.[2]

438 Irrtümer sind **von Amts wegen** zu berücksichtigen. Ob ein Irrtum in der konkreten Konstellation vorliegt, ist Sache der tatrichterlichen Beweiswürdigung, wobei der Grundsatz **„in dubio pro reo"** zu beachten ist.[3]

I. Tatbestandsirrtum

439 Der Vorsatz des Täters muss sich auf alle objektiven Tatbestandsmerkmale der Steuerhinterziehung beziehen (→ Rz. 385). Eine der Schwierigkeiten bei der Lösung von Irrtumsproblemen im Steuerstrafrecht besteht darin, dass unrichtige Angaben nur tatbestandsmäßig sind, wenn sie **steuerlich erhebliche Tatsachen** betreffen. Darunter sind diejenigen Sachverhaltsverwirklichungen zu verstehen, die zur **Entstehung oder zum Erlöschen des Steueranspruchs** führen.[4] Welche Tatsachen dies im Einzelnen sind, ergibt sich aus den Normen des materiellen und formellen Steuerrechts, welche die Entstehung, das Erlöschen oder die Durchsetzung eines Steueranspruchs regeln. Da § 370 AO durch das Steuerrecht mit deskriptiven und normativen Tatbestandsmerkmalen ausgefüllt wird, kann der Vorsatz im Falle eines Tatbestandsirrtums gem. § 16 Abs. 1 Satz 1 StGB sowohl auf Grund eines **Tatsachen-** als auch auf Grund eines **Rechtsirrtums** entfallen. Dies bedeutet in Bezug auf die Steuerhinterziehung – sofern kein untauglicher Versuch vorliegt – **Straflosigkeit**, da Fahrlässigkeit hier nicht strafbewehrt ist (→ Rz. 382).

---

1) Reiß, wistra 1987, 161.
2) So schon Samson in Kohlmann, 99 ff., 112.
3) Meyer-Goßner, 55. Aufl. 2012, § 261 StPO Rz. 30; einschränkend BGH v. 8.9.2011, 1 StR 38/11, wistra 2011, 465, dazu → Rz. 402 (Fußnote).
4) Reiß, wistra 1987, 161, 162.

1. Irrtum über deskriptive Tatbestandsmerkmale

Bei rein deskriptiven Tatbestandsmerkmalen muss sich der Vorsatz nur auf die Tatsachen und nicht – wie bei normativen Tatbestandsmerkmalen – auch auf die Bedeutung dieser Tatsachen erstrecken. Ein Irrtum in diesem Bereich ist **unproblematisch** als **Tatbestandsirrtum** gem. § 16 Abs. 1 StGB zu werten (dieser wird neuerdings auch als „Tatumstandsirrtum" bezeichnet). **440**

Beispiel:

In der Buchhaltung des Stpfl. S wird eine Betriebsausgabe versehentlich doppelt erfasst. Bei Einreichung der Steuererklärung und des Jahresabschlusses fällt dieser Fehler nicht auf. Die Steuer wird auf Grund dessen zu niedrig festgesetzt.

S hat die Steuererklärung in Unkenntnis der Tatsache abgegeben, dass in Höhe der doppelt erfassten Betriebsausgabe keine durch den Betrieb veranlasste Aufwendung gem. § 4 Abs. 4 EStG vorliegt. Er unterlag einem Irrtum über tatsächliche Umstände, was den Vorsatz ausschließt (§ 16 Abs. 1 StGB).

2. Irrtum über normative Tatbestandsmerkmale

Bei normativen Tatbestandsmerkmalen – die der Rechtssprache entnommen sind – muss der Vorsatz nicht nur die Tatsachen, sondern auch die **Bedeutung** dieser Tatsachen umfassen. Der Täter muss den unter das **normative Tatbestandsmerkmal** zu subsumierenden Sachverhalt auf Grund einer „Parallelwertung in der Laiensphäre" (→ Rz. 390) in seinem für die Unrechtsbegründung **wesentlichen Bedeutungsgehalt erkannt** haben.[1] Nicht erforderlich ist gerade, dass der Täter den Sachverhalt juristisch exakt unter das normative Tatbestandsmerkmal subsumiert – anderenfalls kämen nur Juristen etc. als Täter in Betracht. Eine Kenntnis der genauen Abgabenart oder Anspruchsgrundlage ist nicht nötig.[2] Hat der Täter den konkreten Umstand in seiner rechtlichen Begrifflichkeit ungefähr erfasst und ist dennoch der Auffassung, er erfülle ein bestimmtes Tatbestandsmerkmal nicht, so kann er je nach Fallgestaltung einem rechtlich unerheblichen Subsumtionsirrtum oder einem Verbotsirrtum gem. § 17 StGB unterliegen. Hat er dagegen den rechtlichen Bedeutungsgehalt nach Laienart nicht erfasst, so liegt ein – den Vorsatz ausschließender – Tatbestandsirrtum vor. **Abgrenzungsprobleme** ergeben sich, weil oftmals schwer feststellbar ist, ob der Stpfl. „noch" eine mangelhafte Parallelwertung in der Laiensphäre oder „schon" eine fehlerhafte juristische Subsumtion vorgenommen hat. **441**

Die Ausgestaltung des § 370 AO als Blankettnorm[3] führt schon deswegen zu Abgrenzungsproblemen zwischen Tatbestands- und Verbotsirrtum, weil sich die Frage stellt, ob das **Bestehen eines Steueranspruchs** quasi als „ungeschriebenes Tatbestandsmerkmal" zu werten ist, welches vom Vorsatz des Täters umfasst sein muss. Generalisierend wird in der Literatur[4] hinsichtlich des Irrtums über Blanketttatbestände die Auffassung vertreten, dass der Vorsatz des Täters lediglich die einzelnen Merkmale der Ausfüllungsnorm umfassen müsse und dass die fehlende Kenntnis von der Ausfüllungsnorm selbst nur zum Verbotsirrtum führe. Dagegen handelt es sich nach der ständigen, spezifisch steuerstrafrechtlichen **Rechtsprechung**[5] bei einem **Irrtum über das Bestehen des Steueranspruchs** grds. um einen **442**

---

1) BayObLG v. 2.12.1980, 4 St 168/80, MDR 1981, 427.

2) OLG Karlsruhe v. 17.8.1978, 2 Ss 183/78, BB 1979, 1134; Joecks in Franzen/Gast/Joecks, 7. Aufl. 2009, § 370 AO Rz. 235 m.w.N.

3) Bestätigt durch BVerfG v. 16.6.2011, 2 BvR 542/09, wistra 2011, 458.

4) Sternberg-Lieben in Schönke/Schröder, 28. Aufl. 2010, § 15 StGB Rz. 101 m.w.N. (vgl. aber Rz. 102: Setzt das Blankett eine Einzelanordnung voraus, führt der Irrtum über die Existenz und den Inhalt dieser Anordnung um Tatbestandsirrtum); Warda, 36 ff.

5) BGH v. 13.11.1953, 5 StR 342/53, BGHSt 5, 90, 92; v. 5.3.1986, 2 StR 666/85, wistra 1986, 174; v. 19.5.1989, 3 StR 590/88, wistra 1989, 263; v. 27.11.2002, 5 StR 127/02, wistra 2003, 266, 270, m.w.N.; v. 16.12.2009, 1 StR 491/09, HFR 2010, 866; uneindeutig: BGH v. 8.9.2011, 1 StR 38/11, wistra 2011, 465, → Rz. 444.

Tatbestandsirrtum. Diese Auffassung, welche auch als **Steueranspruchstheorie** bezeichnet wird, fand[1] und findet noch immer[2] die Zustimmung des überwiegenden Teils der speziellen steuerstrafrechtlichen Literatur. Die **Gegenmeinung**[3] zweifelt die dogmatischen Grundlagen der Steueranspruchstheorie an und hält diese für unvereinbar mit dem geltenden Recht, kann aber im Ergebnis nicht überzeugen. So ist die Überlegung, dass der Steueranspruch selbst nicht Tatbestandsmerkmal der Steuerhinterziehung sei, sondern die einzelnen Tatumstände, von denen das Steuergesetz die Entstehung der Forderung abhängig mache (diese Umstände bildeten die tatbestandliche Ergänzung des steuerstrafrechtlichen Blankettgesetzes),[4] z.B. mit dem Hinweis angreifbar, dass auch etwas „Rechtliches", nämlich ein durch das Gesetz begründeter Steueranspruch (d.h. eine Geldforderung), selbst Realität und mithin als Tatsache zu behandeln ist.[5] Auch wenn die Existenz der steuerlichen Norm ihrerseits keine steuerlich erhebliche Tatsache i.S.d. § 370 AO ist, so ist damit jedoch noch nicht entschieden, ob zur Bejahung des Merkmals „unrichtige Angaben über steuerlich erhebliche Tatsachen" genügt, dass der Täter über einen nach objektivem Steuerrecht erheblichen Sachverhalt unrichtige Angaben macht, oder ob er sich zusätzlich der steuerlichen Regelung bewusst sein muss, zumal es jedenfalls möglich ist, insofern eine Unterscheidung zu treffen.[6] Fraglich ist in diesem Zusammenhang, ob es erforderlich ist, für das Merkmal der „steuerlich erheblichen Tatsachen" danach zu unterscheiden, ob es sich hierbei um eine ausfüllungsbedürftige Blankettbestimmung oder um ein normatives Tatbestandsmerkmal handelt: Für den ersten Fall wird vertreten, der Vorsatz des Täters müsse lediglich die einzelnen Merkmale der Ausfüllungsnorm umfassen (s.o.), während im zweiten Falle darüber hinaus erforderlich sein soll, dass der Täter den sozialen Sinngehalt der Sachverhaltsverwirklichung erkenne, also Kenntnis von der steuerlichen Rechtslage habe.[7] Zweifelhaft sind bereits die Grenzen zwischen Blankettgesetz und normativem Tatbestandsmerkmal. Durchführbarkeit und Relevanz dieser Unterscheidung werden bestritten.[8] Im Übrigen spricht vieles dafür, dass die Kenntnis der steuerlichen Relevanz der unrichtigen Angaben für die Bejahung des Vorsatzes jedenfalls hinsichtlich des Merkmals der „Steuerverkürzung" i.S.d. § 370 AO erforderlich ist,[9] so dass die besagte Unterscheidung auch aus diesem Grunde dahingestellt bleiben kann. Wesentlich ist schließlich, dass die **herrschende Steueranspruchstheorie keinesfalls zu untragbaren Ergebnissen** führt: Im Falle des Vorsatzausschlusses ist immer noch Raum für eine leichtfertige Steuerverkürzung gem. § 378 AO, so dass der Stpfl. auch hier in der Verantwortung bleibt.[10] Abgesehen davon kann er sich einen Irrtum über denselben Steueranspruch immer nur einmal „leisten"[11] und muss im Wiederholungsfall mit strafrechtlichen Sanktionen rechnen. Ferner schließt die Steueranspruchstheorie nicht die Annahme bloßer Verbotsirrtümer aus.[12]

443 Offenbar beflügelt durch die grundsätzlich „strenge Linie" des 1. Strafsenats des BGH finden im Schrifttum aktuell **Wiederbelebungsversuche** des (ur-)alten Mei-

1) Vgl. Reiß, wistra 1987, 161 m.w.N.; Thomas, NStZ 1987, 262 m.w.N.
2) Vgl. z.B. Joecks in Franzen/Gast/Joecks, 7. Aufl. 2009, § 370 AO Rz. 235: „Er muss wissen, dass ein Steueranspruch gegen ihn oder einen anderen existiert, auf den er einwirkt."; Ransiek, wistra 2012, 365 m.w.N.
3) Maiwald, 1 ff.; Meyer, NStZ 1986, 443; Meyer, NStZ 1987, 500.
4) Meyer, NStZ 1986, 443, 444.
5) Thomas, NStZ 1987, 260, 263.
6) Reiß, wistra 1987, 161, 162.
7) Reiß, wistra 1987, 161, 163 m.w.N.
8) Nachweise bei Sternberg-Lieben in Schönke/Schröder, 28. Aufl. 2010, § 15 StGB Rz. 103.
9) Reiß, wistra 1987, 161, 163 f.
10) Umgekehrt wäre bei einer Abkehr von der Steueranspruchtheorie praktisch kein Raum mehr für die Anwendung des § 378 AO, vgl. Nöcker/Hüning, AO-StB 2012, 316, 319.
11) Thomas, NStZ 1987, 260, 264.
12) Vgl. auch Reiß, wistra 1987, 161, 165; weiterhin ablehnend Meyer, NStZ 1987, 500.

nungsstreits statt. So wird kritisiert, dass die Steueranspruchstheorie nicht danach differenziere, ob der Steuerpflichtige über die für die Besteuerung relevanten tatsächlichen Umstände irre oder aber über Inhalt und Reichweite der steuerlichen Normen.[1] Dazu ist anzumerken, dass der oben geschilderte Meinungsstreit – und damit auch die Steueranspruchstheorie – überhaupt nur bei einem Irrtum über normative Tatbestandsmerkmale zum Tragen kommt. Der Irrtum über Tatumstände bzw. deskriptive Tatbestandsmerkmale (Tatbestandsirrtum) führt ebenso unproblematisch wie unstreitig zum Entfallen des Vorsatzes (→ Rz. 440). Soweit in Bezug auf Fehlvorstellungen über Inhalt und Reichweite steuerlicher Normen, also hinsichtlich der hier behandelten Irrtümer über normative Tatbestandsmerkmale eingewendet wird, steuerstrafrechtliche Tatbestände wiesen keine Besonderheiten auf, die eine Abweichung von den allgemeinen Grundsätzen rechtfertigen würden,[2] trifft dies schon deswegen nicht zu, weil ein durch das Gesetz begründeter Steueranspruch (d.h. eine Geldforderung), selbst Realität und daher als Tatsache zu behandeln ist, also nicht lediglich durch die einzelnen Tatumstände, von denen das Steuergesetz die Entstehung der Forderung abhängig macht, bestimmt wird. Allein schon dadurch werden steuerstrafrechtliche Tatbestände zu etwas „Besonderem", das sich mit einer schematischen Rechtsanwendung nicht verträgt. Auf die obigen Ausführungen (→ Rz. 442) kann verwiesen werden, weil die „Wiederbelebungsversuche" der Rechtsproblematik keine neuen Erkenntnisse bringen. Vgl. ergänzend dazu auch die Ausführungen unter → Rz. 459 ff. zum Irrtum über die Garantenstellung und -pflicht.

In einer aktuellen Entscheidung vom 8.9.2011[3] stellt der **1. Strafsenat des BGH** zunächst auf die – z.T. eigene – ständige Rechtsprechung ab (→ Rz. 442), wonach zum Vorsatz der Steuerhinterziehung gehört, dass „der Täter den Steueranspruch dem Grunde und der Höhe nach kennt oder zumindest für möglich hält und ihn auch verkürzen will", beschreibt also die **Steueranspruchstheorie**. Daran anschließend nimmt er auf die „neuere Literatur"[4] (→ Rz. 443) Bezug. Von dieser würde „in Frage gestellt", ob bei einer Fehlvorstellung über die Reichweite steuerlicher Normen ein den Vorsatz ausschließender Tatumstandsirrtum (= Tatbestandsirrtum) vorliege, oder ob nicht vielmehr ein Verbotsirrtum gem. § 17 StGB gegeben sei. Wie oben dargelegt (→ Rz. 442 f.), wird mit dieser Rechtsmeinung die Steueranspruchstheorie insgesamt **angezweifelt**.[5] Der 1. Strafsenat hat eine diesbezügliche Entscheidung ausdrücklich **offen gelassen**.[6] Die von der „neueren Literatur" aufgeworfene Frage stelle sich nämlich dann nicht, wenn der Erklärungspflichtige hinsichtlich der Verkürzung eines Steueranspruchs mit Eventualvorsatz gehandelt habe. Insoweit gibt der 1. Strafsenat Hinweise, was in Bezug auf den Eventualvorsatz einer Verkürzung des Steueranspruchs zu beachten sei. Im Ergebnis scheint der 1. Strafsenat des BGH mit dieser Argumentation bemüht zu sein, den Tatgerichten 444

1) Meyberg, PStR 2011, 308, 309.

2) Allgayer in Graf/Jäger/Wittig, 2011, § 369 AO Rz. 26 und 28; zustimmend Meyberg, PStR 2011, 308; a.A. Ransiek, wistra 2012, 365.

3) BGH v. 8.9.2011, 1 StR 38/11, wistra 2011, 465.

4) Allgayer in Graf/Jäger/Wittig, 2011, § 369 AO Rz. 28.

5) Hüning/Nöcker, AO-StB 2012, 316, 319 weisen zu Recht darauf hin, dass bei einem derartigen Richtungswechsel für die Anwendbarkeit des § 378 AO kein Raum mehr bliebe; im Übrigen fehle das praktische Bedürfnis für den Richtungswechsel.

6) Allerdings zitiert er seine Entscheidung v. 7.10.2009, 1 StR 478/09, NStZ 2010,337, zum Irrtum über die Arbeitgebereigenschaft in § 266a StGB, in der er von einem bloßen Subsumtions- bzw. Verbotsirrtum ausgeht. Berechtigte Kritik dazu bei Ransiek in Kohlmann, § 370 AO Rz. 662 Stichwort „Lohnsteuerhinterziehung", m.w.N. (Oktober 2011); vgl. auch Ransiek, wistra 2012, 365.

eine **möglichst breite Basis für die Bejahung eines Eventualvorsatzes**[1] in Bezug auf die Verkürzung des Steueranspruchs zu schaffen, damit sich ggf. schwierige Abgrenzungsfragen (Tatbestandsirrtum oder vermeidbarer/unvermeidbarer Verbotsirrtum) von vorneherein nicht stellen. Die insoweit vom 1. Strafsenat gegebenen Hinweise müssen jedoch auf **erhebliche Kritik** stoßen:

– Bestünden, so der BGH, „außer der bloßen Behauptung des Angeklagten" keine Anhaltspunkte für das Vorliegen eines Tatbestandsirrtums, „nötige" dies das Tatgericht nicht, einen solchen Irrtum als gegeben anzusehen. Dieser Hinweis birgt die **Gefahr**, dass das Tatgericht einen vom Angeklagten nicht „nachgewiesenen" Irrtum **stets als Schutzbehauptung** disqualifiziert, was nicht angängig wäre.[2] Der Angeklagte muss nicht seine Unschuld beweisen, sondern ihm ist – umgekehrt – die Schuld nachzuweisen. Gelangt das Tatgericht bei der Gesamtwürdigung aller Umstände zu der Überzeugung, dass die Einlassung des Angeklagten, er habe nicht vorsätzlich gehandelt, glaubhaft bzw. nicht widerlegbar ist, kann es freisprechen, ohne sich dazu „genötigt" fühlen zu müssen.[3]

– Nach einem weiteren Hinweis des 1. Strafsenats sollen sich aus der voluntativen Seite des Vorsatzes keine Einschränkungen der Annahme eines Eventualvorsatzes ergeben. Ob der Täter wolle, dass ein Steueranspruch besteht, sei für den Hinterziehungsvorsatz bedeutungslos. Es komme allein auf die Vorstellung des Täters an, ob ein solcher Steueranspruch besteht oder nicht. Halte er die Existenz eines Steueranspruchs für möglich und lasse er die Finanzbehörden über die Besteuerungsgrundlagen gleichwohl in Unkenntnis, finde er sich also mit der Möglichkeit der Steuerverkürzung ab, handele er mit bedingtem Tatvorsatz. Diese Ausführungen sind in mehrfacher Hinsicht nicht nachvollziehbar. Nach der herrschenden Billigungstheorie (→ Rz. 396) beinhaltet der **Eventualvorsatz** – wie jede Vorsatzform – neben einem intellektuellen bzw. kognitiven auch ein **voluntatives Element**, hier im Sinne eines „billigenden Inkaufnehmens". Dieses voluntative Element kann daher nicht bedeutungslos sein. Nach der **eigenen Definition des 1. Strafsenats** im hier besprochenen Urteil gehört zum Vorsatz der Steuerhinterziehung, dass der Täter den **Steueranspruch** dem Grunde und der Höhe nach kennt oder zumindest für möglich hält und ihn auch **verkürzen will**. Letzteres bezeichnet gerade das voluntative Element des Vorsatzes. Ob der Täter „will, dass ein Steueranspruch besteht", mag in der Tat bedeutungslos sein, ist aber auch etwas anderes als das Wollen des Erfolgs (der Verkürzung). Dieses „Wollen" ist sogar mehr als ein bloßes Billigen des Erfolgseintritts. Mithin reicht es gerade nicht aus, dass der Täter die Existenz eines Steueranspruchs für möglich hält. Vielmehr muss hinzukommen, dass er auch den Verkürzungserfolg herbeiführen will, was vom Tatgericht festgestellt werden muss. Der vom 1. Strafsenat ausgesprochene „Verzicht" auf die voluntative Seite des Vorsatzes erscheint umso bedenklicher, als der **BGH** in zwei Entscheidungen aus dem Jahre 2008[4] ausdrücklich hervorgehoben hat, dass beim bedingten Vorsatz der Feststellung des

1) Damit liegt der 1. Strafsenat ganz auf der Linie seiner Rechtsprechung zur Selbstanzeige, wonach der Sperrgrund des § 371 Abs. 2 Nr. 2 AO „heute maßgeblich durch die objektive Voraussetzung der Tatentdeckung (...) und weniger durch die subjektive Komponente bestimmt" werden soll, vgl. BGH v. 20.5.2010, 1 StR 577/09, wistra 2010, 304.

2) Vgl. z.B. OLG München v. 15.2.2011, 4 StRR 167/10, NStZ-RR 2011, 248: Lückenhafte Beweiswürdigung der Vorinstanz, die sich nicht mit der Einlassung des Angekl., er habe nicht gewusst, Spekulationsgewinne erzielt zu haben, auseinandergesetzt hat. Vgl. dazu auch → Rz. 446.

3) Vgl. z.B. BayObLG v. 30.1.1990, RReg. 4 St 132/89, wistra 1990, 202: „Unwiderlegte Einlassung" des Angeklagten, sein Steuerberater habe ihn unzutreffend beraten; vgl. auch → Rz. 438. Insbesondere ist zu betonen, dass Einlassungen des Angeklagten nicht durch bloße Vermutungen des Tatrichters widerlegt werden können, vgl. BGH v. 8.12.2004, 5 StR 331/04, wistra 2005, 106 (zur Hinterziehung von USt).

4) BGH v. 16.4.2008, 5 StR 615/07, wistra 2008, 342; v. 20.3.2008, 1 StR 488/07, wistra 2008, 343.

voluntativen Elements des Vorsatzes **gerade im Rahmen von Wirtschaftsstraftaten besonderes Gewicht** einzuräumen ist.

– Anknüpfend an die (um das voluntative Element reduzierte) Sichtweise, dass ein Angeklagter für die Bejahung des Eventualvorsatzes lediglich das Bestehen eines Steueranspruchs für möglich halten müsse, gibt der 1. Strafsenat Hinweise für die vom Tatgericht vorzunehmende Beweiswürdigung. So habe das Gericht bei Kaufleuten deren Umgang mit den in ihrem Gewerbe bestehenden Erkundigungspflichten in die Würdigung einzubeziehen. Informiere sich ein Kaufmann über die in seinem Gewerbe bestehenden steuerrechtlichen Pflichten nicht, könne dies auf seine Gleichgültigkeit hinsichtlich der Erfüllung dieser Pflichten hindeuten. Dasselbe gelte, wenn es ein Steuerpflichtiger unterlasse, in Zweifelsfällen Rechtsrat einzuholen. Auch in Fällen, in denen ein nicht steuerlich sachkundiger Steuerpflichtiger eine von ihm für möglich gehaltene Steuerpflicht dadurch vermeiden wolle, dass er von der üblichen Geschäftsabwicklung abweichende Vertragskonstruktionen oder Geschäftsabläufe wähle, könne es für die Inkaufnahme einer Steuerverkürzung sprechen (Anm.: hier taucht das voluntative Element plötzlich wieder auf), wenn er keinen zuverlässigen Rechtsrat einhole, sondern allein von seinem laienhaften Rechtsverständnis ausgehe. Vereinfacht ausgedrückt: Der erste Strafsenat stellt auf **Erkundigungspflichten** der Kaufleute, sowie entsprechende Pflichten aller Steuerpflichtiger in Zweifelsfällen und bei schwierigen Gestaltungen ab, um aus der **Verletzung** derartiger Pflichten einen **Eventualvorsatz** abzuleiten. Diese Konstruktion funktioniert allerdings nur dann, wenn man das voluntative Element des Vorsatzes ausblendet. Wer – möglicherweise pflichtwidrig – keine Erkundigungen bzw. keinen Rechtsrat einholt, muss deswegen noch lange nicht den Steueranspruch des Staates „verkürzen wollen" (so die eigene Definition des BGH). Vielmehr begeht er dann **bloße Sorgfaltspflichtverletzungen**, die ein **fahrlässiges und ggf. leichtfertiges Verhalten** begründen können.[1] Eine Abgrenzung des Eventualvorsatzes zur **bewussten Fahrlässigkeit** (→ Rz. 398) nimmt der 1. Strafsenat nicht vor. Schlimmstenfalls wären die von ihm beschriebenen Pflichtverletzungen im Bereich der **leichtfertigen Steuerverkürzung** gem. § 378 AO anzusiedeln. In dem hier besprochenen Urteil rügt der BGH sogar selbst, dass das Landgericht nicht den „Auffangtatbestand" des § 378 AO geprüft habe und stellt in diesem Zusammenhang – ebenfalls – auf die einem Kaufmann obliegenden „Erkundigungspflichten" ab. Es ist daher **widersprüchlich**, wenn ein Verstoß gegen genau diese Pflichten auch bereits zur Annahme eines Eventualvorsatzes führen soll. Auf diese Weise werden die hohen, in Wirtschaftsstrafsachen an einen Eventualvorsatz zu stellenden Anforderungen[2] unzulässiger Weise auf den im nicht strafbewehrten Bereich geltenden Maßstab herabgesetzt. Von strafrechtlicher Relevanz kann die Verletzung von „Erkundigungspflichten" allenfalls im Bereich der Abgrenzung des vermeidbaren vom unvermeidbaren Verbotsirrtum gem. § 17 StGB sein (→ Rz. 475). Aus dogmatischen Gründen besteht keine Handhabe, diese Gesichtspunkte in den Bereich des § 16 StGB zu verlagern und damit die **Grenze zwischen Tatbestandsmäßigkeit und Schuld zu verwischen.**

Im Ergebnis kann es aus rechtspolitischen Gründen **keine Lösung** sein, die aus der Irrtumsproblematik resultierenden Fragen dadurch zu beantworten, dass die an die Feststellung des Vorsatzes zu stellenden Anforderungen möglichst weit herunterge- **445**

1) Vgl. z.B. FG Münster v. 5.9.2007, 1 K 1544/04, EFG 2008, 274 (rkr.): „Soweit der Beklagte diesbezüglich auf eine Pflicht der Kläger zur Einholung der entsprechenden steuerlichen Auskünfte hinweist, ist dies geeignet, grobe Fahrlässigkeit bei Nichtbeachtung derselben anzunehmen. Diesbezüglich aber schon bedingten Vorsatz zu unterstellen, ist nicht möglich.".

2) Vgl. BGH v. 16.4.2008, 5 StR 615/07, wistra 2008, 342; v. 20.3.2008, 1 StR 488/07, wistra 2008, 343.

schraubt werden.[1] Es ist sehr zu hoffen, dass diese Rechtsprechung des BGH von der rechtswissenschaftlichen Literatur nicht kritik- und widerstandslos hingenommen wird.[2]

446 Noch kurz vor der hier besprochenen Entscheidung des Ersten Strafsenats des BGH hatte das **OLG München** für den **bedingten Vorsatz** bei der Steuerhinterziehung verlangt, dass der Täter „den in Frage stehenden Steueranspruch **nach Grund und Höhe konkret gekannt**" hat.[3] Dies mag auf den ersten Blick mit den an einen Eventualvorsatz zu stellenden Anforderungen nicht vereinbar zu sein.[4] Allerdings hat sich das OLG München in seiner Entscheidung auf die ständige Rspr. des BGH zur Steueranspruchstheorie berufen, wonach der Täter den nach Grund und Höhe bestimmten Steueranspruch kennen oder wenigstens für möglich halten muss und ihn auch verkürzen will.[5] Weiter hat es ausgeführt, dies sei jedoch **nicht** der Fall, wenn der Täter die Höhe eines Anspruchs **lediglich erkennen konnte**, jedoch nicht erkannt hat. Dabei handelt es sich um keine freie Rechtsschöpfung des OLG München, sondern um eine Bezugnahme auf die Rspr. des BGH,[6] der ebenfalls ausgeführt hat, es reiche für ein vorsätzliches Handeln nicht aus, dass der Täter die Höhe des Anspruchs „lediglich erkennen kann". Zwar muss der Täter nicht exakt die Anspruchsgrundlage kennen oder auch nur wissen, um welche Steuerart es sich handelt. Er muss jedoch wissen, dass – dem Grunde nach – ein Steueranspruch gegen ihn oder einen anderen existiert, auf den er einwirkt.[7] All dies stellt die besprochene Entscheidung des 1. Strafsenats ebenfalls in Frage.

447 Zieht man jenseits der Rechtstheorie die **praktische Konsequenz** aus der Entscheidung des 1. Strafsenats, kann **Steuerpflichtigen nur geraten werden**, soweit sie Kaufleute[8] sind in jedem Bereich und ansonsten jedenfalls „in Zweifelsfällen" (wann ist das Steuerrecht eindeutig?) bzw. bei „unüblichen" Gestaltungen zur Steuervermeidung (die im Grundsatz keineswegs illegal sind) **„zuverlässigen Rechtsrat"** einzuholen und dies vor allem gewissermaßen zur „Beweisvorsorge" auch zu **dokumentieren**,[9] um nicht Gefahr zu laufen, strafrechtlich verfolgt zu werden. Mit der Frage ob und ggf. wie dies praktikabel bewerkstelligt werden soll, wird der Steuerpflichtige allerdings allein gelassen.

448 **Eng verwandt** mit der oben behandelten Problematik ist die Frage, ob und ggf. wann sich ein Steuerpflichtiger bei **unterlassenem Hinweis auf eine Rechtsauffassung**, die von derjenigen der Finanzverwaltung abweicht, strafbar macht. Da Rechtsansichten **keine Tatsachen** sind, stellt sich die Frage schon auf Ebene des **objektiven Tatbestands** (→ Rz. 63 ff.). Im Jahre 1999 hatte der **5. Strafsenat des BGH**[10] die frühere Rspr.[11] bestätigt, wonach ein Stpfl. – negativ formuliert – jeden-

1) Zur weiteren Kritik → Rz. 442, → Rz. 453 (Beispiel 5), → Rz. 464 und → Rz. 464 (Beispiel), dort jeweils im Fußnotentext.

2) Kritik findet sich bei Vertretern der Strafjustiz jedenfalls nicht, vgl. die Anmerkung von Schützeberg („hilfreich"), NZWiSt 2012, 71; Meyberg, PStR 2011, 308.

3) OLG München v. 15.2.2011, 4 StRR 167/10, NStZ-RR 2011, 248, dazu auch → Rz. 444 (erster Spiegelstrich).

4) BGH v. 8.9.2011, 1 StR 38/11, wistra 2011, 465: „Zu strenge Anforderungen".

5) Ausdrückliche Berufung auf BGH v. 16.12.2009, 1 StR 491/09, HFR 2010, 866.

6) BGH v. 7.4.1978, 5 StR 48/78, StRK AO 1977 § 370 R 4.

7) Joecks in Franzen/Gast/Joecks, 7. Aufl. 2009, § 370 AO Rz. 235 m.w.N: „Über diese Grundsätze besteht Einigkeit".

8) Vgl. allgemein zur steuerstrafrechtlichen Verantwortlichkeit des steuerlich vertretenen Unternehmers oder Geschäftsführers Wendt/Elicker, wistra 2009, 329.

9) Dazu rät auch ein Vertreter der Staatsanwaltschaft, vgl. Schützeberg, NZWiSt 2012, 71.

10) BGH v. 10.11.1999, 5 StR 221/99, wistra 2000, 137; zum Unterlassungsdelikt vgl. auch BGH v. 23.2.200, 5 StR 570/99, NStZ 2000, 320; zur Umsatzsteuerverkürzung schon BGH v. 15.11.1994, 5 StR 237/94, wistra 1995, 69.

11) BGH v. 19.12.1990, 3 StR 90/90, BGHSt 37, 266, 284 f.

falls dann keine unrichtigen Angaben i.S.d. § 370 Abs. 1 Nr. 1 AO macht, wenn er offen oder versteckt eine ihm günstige unzutreffende Rechtsansicht vertritt, aber die steuerlich erheblichen Tatsachen richtig und vollständig vorträgt und es dem Finanzamt ermöglicht, die Steuer unter abweichender rechtlicher Beurteilung festzusetzen. Darüber hinaus postulierte der BGH, dass den Stpfl. eine **Offenbarungspflicht** für diejenigen Sachverhaltselemente treffe, deren rechtliche Relevanz **„objektiv zweifelhaft"** sei; dies sei insbes. dann der Fall, wenn die vom Stpfl. vertretene Auffassung über die Auslegung von Rechtsbegriffen oder die Subsumtion bestimmter Tatsachen von der **Rechtsprechung, Richtlinien der Finanzverwaltung oder der regelmäßigen Verwaltungspraxis** abweiche.

Nachdem diese Rechtsprechung auf Kritik[1] gestoßen war, stellte die frühere Vorsitzende des 5. Strafsenats Harms im Jahre 2005 klar, dass die Rechtsprechung nicht missverstanden werden dürfe.[2] Es müsse nicht jeder Buchungs- oder Bilanzierungsvorgang, der nicht mit der Rechtsauffassung der Finanzverwaltung übereinstimme, bei dem man sich dafür aber auf die BFH-Rechtsprechung oder andere seriöse Quellen berufen könne, erläutert werden. Weiche man jedoch bei einer steuerlichen Gestaltung von allen gängigen Rechtsauffassungen ab, sei man gut beraten, dies der Finanzverwaltung gegenüber offenzulegen, wenn man in einem späteren Steuerstrafverfahren mit dem Einwand gehört werden wolle, man habe doch nur eine abweichende Rechtsauffassung dem Zahlenwerk zu Grunde gelegt. Die Berufung „auf interessante Außenseitermeinungen, die im ernst zu nehmenden Schrifttum keine Anerkennung" gefunden hätten, würde dann nicht weiterhelfen.[3] Dies korrespondiert mit der richtigen Auffassung, dass allenfalls **unvertretbare** Rechtsauffassungen unrichtige Tatsachen i.S.d. § 370 AO sein können.[4] **449**

In der **Praxis** führen **vertretbar** erscheinende, also nicht unstreitig falsche Rechtsauffassungen des Stpfl. regelmäßig schon **nicht zur Einleitung von Strafverfahren**.[5] Anderenfalls werden sie **auf subjektiver Ebene gelöst**.[6] Klarzustellen ist, dass ein Stpfl., der von der Richtigkeit seiner Rechtsauffassung überzeugt ist und sich überhaupt nicht bewusst war, dass er in der Steuererklärung von „der Rechtsauffassung" der Finanzverwaltung abweicht, der also nicht einmal für möglich gehalten hatte, dass infolge seines fehlenden Hinweises auf Subsumtionsvorgänge die Steuer zu niedrig festgesetzt werden würde, jedenfalls einem **Tatbestandsirrtum** unterliegt. **450**

Wenn schon – wider aller gewichtigen Gegenstimmen – eine Hinweispflicht bezüglich „abweichender Rechtsauffassung" bestehen soll, mit der Folge, dass Verstöße zu einer Erfüllung des objektiven Tatbestands führen können, muss jedenfalls die dann erforderliche Feststellung des subjektiven Tatbestands **hohen Anforderungen** **451**

1) Vgl. dazu Rz. 105 ff. und 456 ff. der Vorauflage.
2) Harms, Stbg 2005, 12, 14.
3) Harms, Stbg 2005, 12, 14.
4) Vgl. z.B. Krieger, 32 ff.; Joecks in Franzen/Gast/Joecks, 7. Aufl. 2009, § 370 AO Rz. 128.
5) So auch, im Hinblick auf Beanstandungen in der Außenprüfung, Joecks in Franzen/Gast/Joecks, 7. Aufl. 2009, § 370 AO Rz. 128a.
6) Vgl. schon Dörn, wistra 1992, 241; Ransiek in Kohlmann, § 370 AO Rz. 241 m.w.N. (März 2010); lehrreich OLG Hamm v. 2.8.2001, 2 Ws 156/01, DStRE 2002, 1095, 1097: Im Zusammenhang mit der steuerrechtlichen Abgrenzung des „gewerblichen Grundstückshandels" von „privater Vermögensverwaltung" hat das Gericht darauf hingewiesen, dass die hierzu ergangene Rspr. umfangreich und uneinheitlich sei und noch dazu von der Rechtsauffassung der Finanzverwaltung abweiche. Vor diesem Hintergrund könne (bei vorläufiger Tatbewertung) angesichts der „unterschiedlich bewerteten Rechtslage" nicht angenommen werden, dass der Angeschuldigte sich der möglichen steuerlichen Bedeutung seines Handelns bewusst gewesen sei. Die Ausführungen des Gerichts schließen mit dem Satz: „Einem Steuerpflichtigen muss zugebilligt werden, sich diejenige Rechtsauffassung zu Eigen zu machen, die für ihn vorteilhafter ist.".

unterliegen,[1] wie es der BGH[2] bei Wirtschaftsstraftaten für den voluntativen Bereich des bedingten Vorsatzes ausdrücklich fordert. Dies muss insbesondere unter der Prämisse gelten, dass allenfalls **unvertretbare Rechtsauffassungen** unrichtige Tatsachen i.S.d. § 370 AO sein können (→ Rz. 449). Ein Täter, der sich in Bezug auf die Richtigkeit seiner Rechtsauffassung nicht sicher ist, kann denknotwendig die „richtige" Rechtsauffassung gar nicht kennen. Hat er es pflichtwidrig unterlassen, sich rechtskundig zu machen, **ohne** eine Steuerverkürzung **zu billigen bzw. sich damit abzufinden** (voluntatives Element des bedingten Vorsatzes), liegt ein Verstoß gegen Sorgfaltspflichten vor, der fahrlässig und ggf. leichtfertig sein kann.[3] Kann ihm hingegen nachgewiesen werden, dass er die „richtige" Rechtsauffassung zwar kannte, diese aber sehenden Auges durch eine „Außenseitermeinung"[4] ersetzt und die rechtlich relevanten Sachverhaltselemente nicht offengelegt hat, wird bei Zugrundelegung der Rechtsprechung des BGH (→ Rz. 448 f.) ein tatbestandsmäßiges Verhalten i.S.d. § 370 AO anzunehmen sein.

452 Im Einzelnen kann der Vorsatz bei einem Irrtum im hier behandelten normativen Bereich dadurch entfallen, dass der Stpfl. über das Entstehen des Steueranspruchs dem Grunde, der Höhe oder dem Zeitpunkt nach irrt, dass er seine Tathandlung nicht kausal für den Eintritt einer Steuerverkürzung hält oder im Falle eines Unterlassungsdelikts seine Garantenstellung nicht kennt. Die nachfolgenden Ausführungen sollen dies verdeutlichen, wobei die **Rechtsunsicherheiten**, die aus der jüngsten Rspr. des 1. Strafsenats des BGH resultieren (tendenzielle Ausweitung des Vorsatzbegriffs, → Rz. 444), den jeweiligen Einzelfällen **„hinzugedacht"** werden müssen.

a) Irrtum über Entstehen des Steueranspruchs dem Grunde nach

453 Nimmt der Täter irrtümlich an, dass ein Sachverhalt nicht zur Entstehung eines Steueranspruches führt, so kann darin ein Tatbestandsirrtum liegen. Dies gilt nach der herrschenden **Steueranspruchstheorie** (→ Rz. 444) insbesondere dann, wenn der Stpfl. den bestehenden Steueranspruch nicht kennt bzw. nicht für möglich hält und ihn nicht verkürzen will.

Beispiel 1:

Der Stpfl. S gibt in seiner Einkommensteuererklärung nur seine in Deutschland, nicht aber die in der Schweiz erzielten Kapitaleinkünfte an, denn sein Steuerberater hatte ihm zuvor – in Verkennung des Art. 11 DBA-Schweiz[5] vom 11.8.1971 – die Auskunft erteilt, dass diese Zinsen in Deutschland nicht der Steuer unterlägen.

Da S irrtümlich davon ausging, dass die Zinsen aus der Schweiz in Deutschland nicht zu versteuern seien, unterlag er einem Tatbestandsirrtum.[6]

Beispiel 2:[7]

Erbe E erbt auf Grund privatschriftlichen Testaments von seinem Onkel eine Geldsumme, die unter Berücksichtigung des Freibetrags (gerade) schon der Erbschaftsteuer

---

1) Vgl. auch Joecks in Franzen/Gast/Joecks, 7. Aufl. 2009, § 370 AO Rz. 128a.
2) BGH v. 16.4.2008, 5 StR 615/07, wistra 2008, 342; v. 20.3.2008, 1 StR 488/07, wistra 2008, 343.
3) Auch hier zeigt sich, dass es nicht angängig sein kann, das voluntative Element des Vorsatzes auszublenden, wie es der BGH im Urteil v. 8.9.2011 (1 StR 38/11, wistra 2011, 465) vollzieht, → Rz. 444 Ansonsten würde jeder gedankenlose oder unsorgfältige Steuerpflichtige kriminalisiert werden.
4) Harms, Stbg 2005, 12, 14 (oben → Rz. 449).
5) BGBl. II 1972, 1022.
6) Vgl. BayObLG v. 30.1.1990, RReg. 4 St 132/89, wistra 1990, 202. Natürlich ist dieses Beispiel in Anbetracht des heutigen Medienrummels um ausländische Kapitaleinkünfte grds. nicht mehr zeitgemäß, lässt sich aber auf andere Steuertatbestände bzw. Rechtsauskünfte des Beraters übertragen. Vgl. allerdings FG Münster v. 5.9.2007, 1 K 1544/04, EFG 2008, 274 (rkr.): kein Hinterziehungsvorsatz bei nicht erklärten, in der Türkei erzielten Kapitaleinkünften.
7) Nach Vogelberg, ZAP 1993, Fach 21, 73.

unterliegt. E weiß zwar, dass es eine Erbschaftsteuer gibt, ist aber der Überzeugung, davon würden nur Großvermögen erfasst. Aus diesem Grund kommt er seiner Anzeigepflicht (§ 30 Abs. 1 ErbStG) nicht nach.

E befand sich in einem vorsatzausschließenden Irrtum gem. § 16 Abs. 1 Satz 1 StGB über das normative Tatbestandsmerkmal der Steuerverkürzung. Er kennt den Steueranspruch nicht und will ihn nicht verkürzen. Zwar kann die Unkenntnis einer Erklärungspflicht zu einem bloßen Verbotsirrtum gem. § 17 StGB führen (→ Rz. 460 ff.). Ist jedoch mit der Unkenntnis der Erklärungspflicht auch die Unkenntnis des Steueranspruchs verbunden, fehlt nach richtiger Auffassung[1] ein Verkürzungsvorsatz.

Beispiel 3:

Der Stpfl. S tätigt am Schalter einer ausländischen Bank Tafelgeschäfte (Hingabe der Zinsscheine gegen Barauszahlungen). Er glaubt irrtümlich an eine abgeltende Wirkung der einbehaltenen Zinsabschlagsteuer und an einen damit verbundenen Wegfall der inländischen Erklärungs- und Steuerpflicht.

Da er geglaubt hat, der Steueranspruch des Staates sei durch den Zinsabschlag bereits erloschen, handelte S in Bezug auf die Nichterklärung der Kapitaleinkünfte ohne Vorsatz.[2]

Beispiel 4:

Der Stpfl. S hat es unterlassen als GmbH-Geschäftsführer vierteljährliche Umsatzsteuervoranmeldungen abzugeben. Da die GmbH in den jeweiligen Quartalen per Saldo erhebliche Vorsteuerüberhänge hatte, ist S der Überzeugung, keine Steuern verkürzt zu haben.

Der BGH[3] hat in dieser Konstellation ohne nähere Begründung auf das Kompensationsverbot des § 370 Abs. 4 Satz 3 abgestellt, mithin eine objektive Steuerverkürzung bejaht. Allerdings hindere, so der BGH, das Eingreifen des Kompensationsverbots nicht, dass sich der Stpfl. im Einzelfall im Hinblick auf eine tatsächlich gegebene Vorsteuerabzugsberechtigung über das Bestehen des Steueranspruchs irre und sich infolgedessen in einem Tatbestandsirrtum befinde, der den Verkürzungsvorsatz ausschließe.[4]

Beispiel 5:

Der Stpfl. S macht Vorsteuern aus einer Rechnung geltend, die Aufwendungen für sein Unternehmen betrifft und tatsächlich erbrachte Leistungen zum Gegenstand hat. Allerdings enthält die Rechnung eine unzutreffende Angabe des Leistungsgegenstands (Werkleistungen statt Stundenabrechnungen bei Arbeitnehmerüberlassung).

Der BGH[5] hat hier einen Tatbestandsirrtum angenommen, denn auch aus der Parallelwertung in der Laiensphäre ergab sich in dem entschiedenen Fall nicht, dass S davon ausgehen musste, nicht zum Vorsteuerabzug berechtigt zu sein.

b) Irrtum über Entstehen des Steueranspruchs der Höhe nach

Der Vorsatz kann aber auch dadurch entfallen, dass sich der Stpfl. über die Höhe **454**
des Steueranspruchs irrt. Hält er den verkürzten Anspruch nur in einer geringeren Höhe für möglich, so liegt hinsichtlich des vom Vorsatz nicht umfassten Betrages ein Tatbestandsirrtum vor.

1) Joecks in Franzen/Gast/Joecks, 7. Aufl. 2009, § 370 AO Rz. 237 a.E.; Ransiek in Kohlmann, § 370 AO Rz. 670 m.w.N. (Oktober 2011).
2) Vgl. BFH v. 29.4.2008, VIII R 28/07, wistra 2009, 76, 79.
3) BGH v. 24.10.1990, 3 StR 16/90, wistra 1991, 107, 108.
4) Berechtigte Zweifel an der dogmatischen Stringenz, insbesondere mit Blick auf die Bejahung des Kompensationsverbots: Ransiek in Kohlmann, § 370 AO Rz. 674 (Oktober 2011).
5) BGH v. 5.3.1986, 2 StR 666/85, wistra 1986, 174; gleichermaßen BGH v. 23.4.1986, 3 StR 57/86, wistra 1986, 220; vgl. im Widerspruch dazu die aktuelle Rspr. (→ Rz. 444), wonach der 1. Strafsenat des BGH gerade bei Unternehmern aus der Verletzung von „Erkundigungspflichten" einen Vorsatz ableiten will.

Beispiel (zur Besteuerung einer vGA im früheren Anrechnungsverfahren):[1]

Der Geschäftsführer G entnimmt im Jahre 1993 dem Gesellschaftsvermögen ohne entsprechende Verbuchung einen Kundenscheck i.H.v. 91 000 DM. Dieser Vorgang führt zu einer verdeckten Gewinnausschüttung, die mit 30 % Körperschaftsteuer (§ 27 KStG) und 25 % Kapitalertragsteuer (§ 43a Abs. 1 Nr. 1 EStG) belastet ist. Die 91 000 DM stellen aber lediglich die Barausschüttung (70 %) dar, so dass die Bruttoausschüttung auf 130 000 DM (91 000 DM + Erhöhung um 3/7) hochzurechnen ist. Besteht kein verwendbares Eigenkapital, beträgt die Steuerverkürzung bei der GmbH 61 750 DM (39 000 DM Körperschafsteuer = 30 % der Bruttoausschüttung zzgl. 22 750 DM Kapitalertragsteuer = 25 % der Barausschüttung). Bei G selbst, der mit seinem zu versteuernden Einkommen den Progressionswert von 53 % bereits erreicht hat, führt dies zu einer Einkommensteuerverkürzung i.H.v. 48 230 DM (53 % der Barausschüttung i.H.v. 91 000 DM, nicht von der Bruttoausschüttung i.H.v. 130 000 DM, da die Voraussetzungen einer Körperschaftsteueranrechnung nach § 20 Abs. 1 Nr. 3, § 36a EStG nicht vorliegen). Die Steuerverkürzung beträgt unter Außerachtlassung von Umsatzsteuer und Gewerbesteuer insgesamt 109 980 DM. Der steuerlich eher unbedarfte G verteidigt sich mit dem Argument, nicht erkannt zu haben, dass es zu einer Steuerverkürzung in einer solchen Höhe (120,86 % des Entnahmebetrags) habe kommen können

455 Nach einer Entscheidung des BGH vom 9.2.1995[2] setzt die innere Tatseite der Steuerhinterziehung voraus, dass der Täter den angegriffenen Steueranspruch dem Grunde und der Höhe nach kennt. Zumindest muss er die Höhe des verkürzten Anspruchs für möglich halten. Dies erfordere, so der BGH, allerdings nicht, dass dem Täter die Grundsätze des körperschaftsteuerlichen Anrechnungsverfahrens gem. §§ 27 ff. KStG und die sich daraus ergebenden Auswirkungen auf die Höhe der Körperschaftsteuer und damit die jeweiligen Steuerhinterziehungsbeträge bekannt sind. Allerdings ist Vogelberg[3] zuzustimmen, dass – selbst in Anbetracht der Parallelwertung in der Laiensphäre – von einem steuerlichen Laien nicht die Kenntnis erwartet werden kann, die verkürzte Steuer liege bei weit über 100 % des Entnahmebetrags. Hinsichtlich des verkürzten Betrags, den G im Beispielsfall nicht für möglich hielt, liegt ein Tatbestandsirrtum vor.

Eine vergleichbare Situation bestand im Zusammenhang mit der Strafbesteuerung **intransparenter („schwarzer") Fonds** nach § 18 Abs. 3 AuslInvestmG,[4] die eine extreme, von den meisten Steuerpflichtigen nicht für möglich gehaltene Steuerbelastung zur Folge hatte.

c) Irrtum über den Zeitpunkt des Entstehens des Steueranspruchs

456 Erfasst ein Stpfl. (auf Grund einer Parallelwertung in der Laiensphäre) nicht, dass ein Steueranspruch in diesem Jahr entsteht, so unterliegt er einem Tatbestandsirrtum.

Beispiel 1:[5]

Der Stpfl. S ist der Ansicht, er müsse seine Leistungen nicht schon bei Ausführung (so aber § 13 Abs. 1 Nr. 1 Buchst. a UStG für den Regelfall, dem er unterliegt), sondern erst bei Erhalt des Entgelts der Steuer unterwerfen. Eine unbezahlte Rechnung lässt er daher bei der Umsatzsteuervoranmeldung des Rechnungszeitraums unberücksichtigt. Da sich S über den Fälligkeitszeitpunkt irrt, unterliegt er einem Tatbestandsirrtum.

---

1) Nach Vogelberg, ZAP 1993, Fach 21, 74.
2) BGH v. 9.2.1995, 5 StR 722/94, wistra 1995, 191, 192.
3) Vogelberg, ZAP 1993, Fach 21, 74.
4) Die Vorschrift ist zwischenzeitlich gegen den Widerstand der Finanzverwaltung für gemeinschaftswidrig erklärt worden, vgl. BFH v. 18.11.2008, VIII R 24/07, BStBl II 2009, 518; v. 18.11.2008, VIII R 2/06, BFH/NV 2009, 731; v. 25.8.2009, I R 88, 89/07, BFH/NV 2008, 2047.
5) Nach Vogelberg, ZAP 1993, Fach 21, 75.

Beispiel 2:

Auf das Bankkonto des Stpfl. S wurden im Jahr 1976 mit Wertfeststellung vom 24.12.1976 Honorareinnahmen gutgeschrieben. Hiervon erfuhr S durch Mitteilung der Bank am 5.1.1977. S war der Ansicht, er habe erst mit Kenntnis von der Gutschrift über den Betrag verfügen können.

Das BayObLG hat in seinem Urteil v. 2.12.1980[1] hierzu ausgeführt: „S hat damit nicht gewußt, daß ihm die Einnahme 1976 zugeflossen war; er hat einen Umstand, der zu seinem gesetzlichen Tatbestand gehört, nicht gekannt und dementsprechend nicht vorsätzlich gehandelt (§ 16 Abs. 1 Satz 1 StGB). Ein Verbotsirrtum auf Grund Subsumtionsirrtum, wie ihn die Strafkammer angenommen hat, käme nur dann in Betracht, wenn der Angeklagte zumindest auf Grund einer Parallelwertung in der Laiensphäre erfaßt hätte, daß ihm der Betrag 1976 zugeflossen ist und er dennoch geglaubt hat, sein Verhalten sei erlaubt."

d) Irrtum über die Kausalität

Erfasst ein Stpfl. irrtumsbedingt nicht, dass seine unrichtigen oder unvollständigen bzw. unterlassenen Angaben kausal für den Eintritt einer Steuerverkürzung sind, so kommt ebenfalls ein Tatbestandsirrtum in Betracht, da die Kausalität zu den objektiven Tatbestandsvoraussetzungen zählt und ihrerseits vom Vorsatz umfasst sein muss. **457**

Beispiel 1:

Der Stpfl. S hat keine Umsatzsteuervoranmeldung abgegeben, da er davon ausging, die Finanzbehörde würde seinen Umsatz – wie auch bisher – rechtzeitig und mindestens in der geschuldeten Höhe schätzen. Die Schätzung erfolgte jedoch diesmal nicht.

S hat in dieser Konstellation den Eintritt einer Steuerverkürzung nicht in seinen Vorsatz aufgenommen.[2] Genauer gesagt hielt er es schon nicht für möglich, dass sein Unterlassen kausal für eine Steuerverkürzung werden könnte. Er unterlag daher einem Tatbestandsirrtum.

Zu der in diesem Zusammenhang bedeutsamen Problematik der **Abweichung des tatsächlichen vom vorgestellten Kausalverlauf** vgl. den folgenden Beispielsfall. **458**

Beispiel 2:[3]

Die Rechtsanwälte A und B haben sich zu einer Sozietät zusammengeschlossen. A gibt keine Umsatzsteuererklärung ab. Dagegen erklärt B zwar den Gesamtumsatz, zieht jedoch die auf A entfallende Umsatzsteuer als Vorsteuer ab. Dadurch kommt es zu einer Umsatzsteuerverkürzung, die dem Anteil des A entspricht. A beabsichtigte, die auf ihn entfallende Umsatzsteuer zu hinterziehen. Allerdings wusste er nicht, dass nicht er, sondern die Sozietät umsatzsteuerpflichtig ist. Während A dachte, der Verkürzungserfolg werde eintreten, weil er der zu Unrecht angenommenen Verpflichtung zur Umsatzsteuererklärung nicht nachkam, trat der Verkürzungserfolg deswegen ein, weil B einen entsprechenden Vorsteuerabzug geltend machte.

Das OLG Hamburg[4] hat in dieser Konstellation eine Steuerhinterziehung bejaht, denn Abweichungen des tatsächlichen vom vorgestellten Kausalverlauf sind dann bedeutungslos, wenn sie sich innerhalb der Grenzen des nach allgemeiner Lebenserfahrung Voraussehbaren halten und keine andere Bewertung der Tat rechtfertigen.[5]

---

1) StRK AO 1977, § 378 AO Rz. 5.
2) Vgl. BGH v. 30.9.1980, 5 StR 394/80, MDR 1981, 100 = HFR 1981, 286.
3) Nach Vogelberg, ZAP 1993, Fach 21, 75.
4) OLG Hamburg v. 22.6.1987, 2 Ss 141/86, StRK AO 1977, § 370 AO Rz. 102 = UR 1987, 271.
5) Für eine wesentliche Abweichung vom Kausalverlauf vgl. BGH v. 11.7.1991, 1 StR 357/91, NJW 1991, 3161.

e) Irrtum über die Garantenstellung und Garantenpflicht

459 Für das **Unterlassungsdelikt** besteht die Besonderheit, dass sich der Täter auch dann in einem **Tatbestandsirrtum** gem. § 16 Abs. 1 StGB befindet, wenn er diejenigen **Umstände** nicht kennt, die seine Garantenpflicht begründen.[1] In diesem Fall unterliegt er einem vorsatzausschließenden **Irrtum über seine Garantenstellung**.

460 Dagegen führt die Unkenntnis der **Garantenpflicht selbst** (Rechtspflicht, zur Erfolgsabwendung tätig zu werden) jedenfalls nach einer grundlegenden Entscheidung des BGH für das Kernstrafrecht nur zu einem **Gebotsirrtum**[2] (= Verbotsirrtum gem. § 17 StGB beim Unterlassungsdelikt, auch → Rz. 473 ff.).

461 Ob diese grundsätzliche Unterscheidung auch für das **Steuerstrafrecht** gilt, ist **streitig** (vgl. dazu die nachfolgenden Beispiele).

Beispiel 1:[3]

Der Unternehmer U kauft ein Fabrikgrundstück und macht gegenüber dem Finanzamt daraus die Erstattung von Vorsteuern geltend. Danach tritt der Verkäufer vom Vertrag zurück. Allerdings finden weitere Verhandlungen statt. Gemäß § 17 Abs. 2 Nr. 3 i.V.m. § 17 Abs. 1 Satz 2 UStG hat der Unternehmer, der einen Vorsteuerabzug in Anspruch genommen hat, diesen zu berichtigen, wenn die Lieferung an ihn rückgängig gemacht wurde. Mit anderen Worten ist mit der Rückgängigmachung die materielle Berechtigung für den Vorsteuerabzug entfallen.

462 Irrt sich der Stpfl. im Beispielsfall über die tatsächlichen Umstände, die den Wegfall der Berechtigung zum Vorsteuerabzug (und damit seine Berichtigungspflicht) begründen, weil er z.B. den tatsächlich erfolgten Rücktritt des Verkäufers wegen der noch schwebenden Verhandlungen nicht realisiert hat, so unterliegt er einem Tatbestandsirrtum über die Garantenstellung und gleichermaßen über das Bestehen des Steueranspruchs. Mangels Vorsatzes ist er (unstreitig) nicht strafbar.

463 War ihm dagegen bewusst, dass bereits ein Rücktritt vom Vertrag vorliegt, kannte er aber seine Berichtigungspflicht aus § 17 UStG nicht, soll nach wohl h.M.[4] lediglich ein Gebotsirrtum in Bezug auf seine Garantenpflicht vorliegen, mit der Folge, dass der Stpfl. gem. § 17 Satz 1 StGB nur straflos wird, wenn dieser Irrtum unvermeidbar war, was nur selten der Fall ist (näher dazu → Rz. 476 ff.).

464 Häufig geht die Unkenntnis der Erklärungspflicht aber einher mit der Unkenntnis des Steueranspruchs. In diesem Falle fehlt der Verkürzungsvorsatz.[5] Doch gerade der hier besprochene Beispielsfall zeigt, wie schwierig die Grenzziehung ist. Nach der maßgeblichen Parallelwertung in der Laiensphäre wird ein Stpfl. regelmäßig in Erwägung ziehen, dass aus der Rückgängigmachung eines Geschäfts auch umsatzsteuerliche Konsequenzen zu ziehen sind. Wenn aber der Stpfl. im Beispielsfall gehofft hat, „seine weiteren Verhandlungen würden Erfolg haben und das FA

---

1) Joecks in Franzen/Gast/Joecks, 7. Aufl. 2009, § 370 AO Rz. 236.
2) BGH v. 29.5.1961, 1 GSSt 1/61, BGHSt 16, 155.
3) Nach BGH v. 18.12.1985, 2 StR 461/85, wistra 1986, 219.
4) Vgl. den Hinweis in BGH v. 18.12.1985, 2 StR 461/85, wistra 1986, 219, 220 a.E.: „Der Irrtum über eine steuerrechtliche Berichtigungspflicht, der nicht die Garantenstellung betrifft, [fällt] unter § 17 StGB"; Joecks in Franzen/Gast/ Joecks, 7. Aufl. 2009, § 370 AO Rz. 237; a.A. Thomas, NStZ 1987, 260, 263 f., der die Auffassung vertritt, die vom BGH in seiner Entscheidung vom 25.1.1961 (BGHSt 16, 155) für das Kernstrafrecht dargelegten Grundsätze seien auf die „wertneutrale" Sphäre des Steuerrechts nicht übertragbar, so dass sich der Stpfl. sich hier in einem Tatbestandsirrtum befinde. Dieser Lösungsansatz ist nicht von der Hand zu weisen, weil die Steueranspruchstheorie (→ Rz. 442) in einem gewissen Widerspruch zu der h.M. bezüglich der Behandlung des Irrtums über die Garantenpflicht steht, vgl. Meyer, NStZ 1986, 443, 446; vgl. auch → Rz. 464.
5) Joecks in Franzen/Gast/ Joecks, 7. Aufl. 2009, § 370 AO Rz. 237; Samson in Kohlmann, 107.

[würde] von einer Rückforderung absehen",[1] ist er grundsätzlich rechtstreu. Das Gleiche gilt, wenn er überzeugt ist, dass bei schwebenden Nachverhandlungen von vorneherein keine Berichtigungspflicht besteht.[2] Den Erfolgseintritt einer Steuerverkürzung billigt er in beiden Fällen nicht. Warum sollte er dann lediglich einem (regelmäßig vermeidbaren) Verbotsirrtum oder gar einem unbeachtlichen Subsumtionsirrtum unterliegen? Dies ist einem Steuerpflichtigen nicht vermittelbar.[3] **Steuerliche Handlungspflichten** (Anzeige- und Erklärungspflichten) sollten daher **grundsätzlich in den Schutzbereich der Steueranspruchstheorie einbezogen werden.**[4] Mit Blick auf den subjektiven Tatbestand des § 370 AO ist eine sachlich gerechtfertigte Unterscheidung zwischen Steueranspruch einerseits und Handlungspflicht andererseits kaum möglich, zumal beide durch die Steuergesetze begründet und definiert werden.

Für die Richtigkeit dieser Auffassung streitet auch das folgende Beispiel. Danach kann ein Tatbestandsirrtum nicht nur dann vorliegen, wenn sich der Stpfl über das **Entstehen**, sondern auch, wenn er sich über das **Erlöschen** des Steueranspruchs irrt.

Beispiel:

Erbe E erfährt Anfang 2008, dass sein Vater (Erblasser) bestimmte Einkünfte in den Steuererklärungen der Jahre 2002 bis 2007, die der Vater jeweils im nächsten Jahr eingereicht hatte, leichtfertig verkürzt hat. E ist sich auch bewusst, dass er als Rechtsnachfolger Steuererklärungen nicht festsetzungsverjährter Veranlagungszeiträume nach § 153 Abs. 1 Satz 2 AO berichtigen muss. Allerdings geht er irrtümlich davon aus, dass die Festsetzungsfrist vier Jahre beträgt, so dass die Steuer aus 2002 verjährt sei. Infolgedessen berichtigt er nur die Jahre 2003 bis 2007. Gemäß § 169 Abs. 2 Satz 2 AO beträgt die Festsetzungsfrist bei einer leichtfertigen Steuerverkürzung jedoch fünf Jahre, so dass auch für das Jahr 2002 noch keine Festsetzungsverjährung eingetreten ist.

Da E davon ausging, der Steueranspruch aus dem Jahre 2002 sei verjährt, irrte er über das Bestehen eines Steueranspruchs und befand er sich daher in einem Tatbestandsirrtum.[5] Dies würde auch gelten, wenn sich E bei der Ermittlung der nicht festsetzungs-

---

1) So die in BGH v. 18.12.1985, 2 StR 461/85, wistra 1986, 219, 220 ausgesprochene, „naheliegende Möglichkeit".

2) Ransiek in Kohlmann, § 370 AO Rz. 670 (Oktober 2011) will hierbei – i.E. richtig – offenbar auf der Grundlage der Steueranspruchstheorie einen Tatbestandsirrtum annehmen. Fakt ist jedoch, dass der Irrtum auch hier gerade die Garantenpflicht selbst (Berichtigungspflicht gem. § 17 UStG) betrifft und nicht lediglich die Umstände, die diese Pflicht begründen. Die Rspr. würde daher tendenziell auch in diesem „Sonderfall" einen Verbotsirrtum oder gar einen Subsumtionsirrtum annehmen, was nicht sachgerecht ist. Ferner ist Ransiek (a.a.O.) Recht zu geben, dass der Täter bewusst Angaben unterlassen muss, was schwerlich möglich ist, wenn er seine Garantenpflicht gar nicht kennt. Hält man sich allerdings vor Augen, dass der 1. Strafsenat des BGH in seiner zu beanstandenden, jüngsten Rspr. den Verstoß gegen „Erkundigungspflichten" ausreichen lassen will, um einen Eventualvorsatz zu begründen (→ Rz. 444), geht dieses Argument ins Leere. Dies belegt ebenfalls, dass die aktuelle Rspr. des BGH zu unerträglichen Ergebnissen führt, da sie keinen Raum für eine fahrlässige oder leichtfertige Begehungsweise lässt.

3) Gl.A. Aue, PStR 2011, 321 zu dem praxisnahen, besonders prägnanten Beispielsfall, dass ein Schenker in aller Regel nicht wissen wird, dass er selbst (neben dem Beschenkten, bei dem der Zufluss erfolgt!) gem. § 30 Abs. 2 ErbStG zur Anzeige der Schenkung verpflichtet ist: „Es ist nicht nachvollziehbar, warum derjenige, der den durch die Steuergesetze begründeten Steueranspruch nicht erkennt, ohne Vorsatz handeln soll, während derjenige, der die – ebenfalls durch die Steuergesetze begründete – Handlungspflicht nicht erkennt, sich lediglich auf einen Verbotsirrtum berufen darf.".

4) Aue, PStR 2011, 321, 322. Vgl. auch FG Düsseldorf v. 21.12.2005, 4 K 3516/04, n.v., bestätigt durch BFH v. 16.3.2007, VII B 21/06, BFHE 216, 468: kein Vorsatz bei Unkenntnis von der Bedeutung des „grünen Ausgangs" am Flughafen bzw. bei Irrtum über die vom Stpfl. erwarteten zollrechtlichen Erklärungen.

5) Gl.A. Ransiek in Kohlmann, § 370 AO Rz. 662, 9. Spiegelstrich (Oktober 2011).

verjährten Jahre schlicht „verrechnet" hätte. In diesen Fällen könnte allenfalls ein sorgfaltswidriges (fahrlässiges oder leichtfertiges) Verhalten angenommen werden.[1)]

Zwar kennt E alle Umstände, die seine Handlungspflicht aus § 153 AO begründen. Er unterliegt also keinem Irrtum über seine Garantenstellung. Nähme man hier jedoch lediglich einen Verbots- oder gar Subsumtionsirrtum an, würde dies zu nicht sachgerechten Ergebnissen führen (→ Rz. 464).[2)]

3. Irrtum in Bezug auf Regelbeispiele gem. § 370 Abs. 3 AO

465 Bei den Regelbeispielen des § 370 Abs. 3 Nr. 1 bis 5 AO handelt es sich nicht um Tatbestandsmerkmale, sondern um bloße **Strafzumessungstatsachen**. Gleichwohl muss hinsichtlich der entsprechenden Merkmale **Vorsatz** gegeben sein.[3)]

4. Untauglicher Versuch bzw. umgekehrter Tatbestandsirrtum

466 Nach § 370 Abs. 2 AO, § 23 Abs. 1 StGB ist der Versuch der Steuerhinterziehung strafbar. Dies gilt grds. auch für einen sog. **„untauglichen Versuch"**, dessen **Strafbarkeit** sich aus dem Umkehrschluss zu § 23 Abs. 3 StGB ergibt. Diese Vorschrift sieht die Möglichkeit vor, von Strafe abzusehen oder die Strafe zu mildern, wenn der Täter aus grobem Unverstand erkannt hat, dass der Versuch aus dort näher bezeichneten Umständen nicht zur Vollendung führen konnte.[4)]

Ein sog. **„abergläubischer (irrealer) Versuch"** ist hingegen nicht strafbar:[5)]

Beispiel:

Der Stpfl. S hält sich für einen „Voodoo-Priester" und glaubt, den zuständigen Veranlagungsbeamten nach Abgabe der (richtigen) Steuererklärung dahingehend „beschwören" zu können, dass der Beamte ihn zu seinen Gunsten fehlerhaft veranlagt.

467 **„Untauglich"** ist ein Versuch nicht schon deshalb, weil er sich als ungeeignet erwiesen hat, den beabsichtigten Tatbestand zu vollenden, sondern nur dann, wenn er – über dieses begriffsimmanente Scheitern jeden Versuchs hinaus – unter keinen Umständen den Tatbestand hätte vollenden können.[6)]

468 Im Unterschied zu einem Wahndelikt (→ Rz. 479 ff.) **beurteilt** der Täter bei einem untauglichen Versuch sein **Verhalten falsch**. Er nimmt eine Sachlage an, bei deren wirklichem Vorliegen sein Handeln den gesetzlichen Tatbestand erfüllen würde. Der Irrtum kann sich dabei auf das Subjekt (Täter), das Mittel (falsche bzw. unterlassene Angaben) oder das Objekt (Steueranspruch) beziehen.

---

1) Würde man die aktuelle Rechtsprechung des 1. Strafsenats des BGH (→ Rz. 444) auf die Spitze treiben und in dieser Konstellation einen „Zweifelsfall" sehen, in dem E gehalten gewesen wäre, „Rechtsrat" einzuholen, könnte ihm schon dann ein Eventualvorsatz – und damit ein strafbares Verhalten – unterstellt werden, wenn er es unterlassen hätte, einen Steuerberater mit der Vornahme der Berichtigung gem. § 153 AO zu beauftragen. E könnte dann nur straffrei ausgehen, wenn der Steuerberater seinerseits fehlerhaft gearbeitet hätte. Dies kann nicht ernsthaft gewollt sein.

2) Entsprechend führt auch die Unkenntnis von der Berichtigungspflicht aus § 153 AO zum Tatbestandsirrtum, vgl. Ransiek in Kohlmann, § 370 AO Rz. 670, Beispiel 1 (Oktober 2011).

3) Schauf in Kohlmann, § 370 AO Rz. 1092 (August 2008); Sternberg-Lieben in Schönke/Schröder, 28. Aufl. 2010, § 15 StGB Rz. 27; vgl. auch BGH v. 28.7.2010, 1 StR 332/10, wistra 2010, 449: die Regelbeispiele seien „im Ergebnis wie ein Tatbestandsmerkmal zu behandeln".

4) Vgl. OLG München v. 24.7.2012, 4 St RR 099/12, wistra 2012, 490, 491 zum Fall einer Steuerhinterziehung im finanzgerichtlichen Verfahren: Kein wirksamer Rücktritt vom Versuch, aber Strafmilderung wegen einer Tat „nahe am untauglichen Versuch".

5) Fischer, 60. Aufl. 2013, § 22 StGB Rz. 48, § 23 StGB Rz. 9.

6) Eser in Schönke/Schröder, 28. Aufl. 2010, § 33 StGB Rz. 60. Klassisches Beispiel aus dem allgemeinen Strafrecht: „Ermordung" einer Leiche.

Da der untaugliche Versuch einen **umgekehrten Tatbestandsirrtum** darstellt,[1] kann sich die Strafbarkeit auch hier aus einem Irrtum über deskriptive oder normative Tatbestandsmerkmale ergeben. Bedarf für die Strafbarkeit des untauglichen Versuchs ergibt sich nicht aus der Gefährdung eines bestimmten Rechtsguts, sondern aus der **Auflehnung gegen die rechtlich geschützte Ordnung**.[2] Allerdings ist zu konstatieren, dass die **praktische Relevanz** der umgekehrten Irrtümer **gegen Null geht**, was schlicht daran liegt, dass die **Strafverfolgungsbehörden** von derartigen Sachverhalten in aller Regel **keine Kenntnis** erlangen, denn die Steuerrechtslage stellt sich nach außen als zutreffend dar, wohingegen sich das eigentliche „Unrecht" im verborgenen Inneren abspielt (demzufolge käme wohl auch kaum ein Stpfl. auf die Idee, wegen eines umgekehrten Irrtums eine strafbefreiende Selbstanzeige abzugeben). **469**

a) Umgekehrter Irrtum über deskriptive Tatbestandsmerkmale

Hier hält der Täter irrig deskriptive Tatbestandsmerkmale für gegeben, die in Wahrheit nicht vorliegen. **470**

Beispiel:[3]

Erbe E tritt, wie er meint, auf Grund eines privatschriftlichen Testaments aus dem Jahr 2000 die Erbfolge seines Onkels an. E ist sich bewusst, dass dieser Vorgang erbschaftsteuerpflichtig ist und dass er gegenüber dem Finanzamt eine Anzeige erstatten muss. Dennoch unterlässt er die Anzeige, um Steuern zu „sparen". Dabei wusste E allerdings nicht, dass sein Onkel in einem späteren Testament aus dem Jahre 2005 nicht ihn, sondern seinen Bruder zum Alleinerben eingesetzt hatte.

E hält irrig Umstände für gegeben, die eine Garantenpflicht (§ 30 ErbStG) begründen.[4] Insoweit liegt ein strafbarer, untauglicher Versuch[5] vor. Es tritt also die **umgekehrte Rechtsfolge** ein wie bei einem zur Straflosigkeit führenden **Tatbestandsirrtum** (kein Vorsatz, wenn E tatsächlich Erbe geworden wäre, davon jedoch keine Kenntnis erlangt hätte; erfährt E Jahre später von seiner Erbenstellung und hält er sich irrtümlich im Hinblick auf verkürzte Einkünfte des Erblassers für berichtigungspflichtig gem. § 153 AO, obwohl die Festsetzungsfrist abgelaufen ist, begeht er ein strafloses **Wahndelikt** → Rz. 479 ff., wenn er die Berichtigung unterlässt, weil er die äußeren Umstände zutreffend erkennt und glaubt, daraus ergäbe sich eine Handlungspflicht, die in Wahrheit nicht besteht[6]).

b) Umgekehrter Irrtum über normative Tatbestandsmerkmale

Problematisch ist die Behandlung des umgekehrten Irrtums über normative Tatbestandsmerkmale, soweit sich der Irrtum auf Rechtsnormen bezieht. **471**

Beispiel:

Der Stpfl. S erhält im Rahmen eines langfristigen Mietverhältnisses bereits am 27.12.2010 eine Mietzahlung für den Januar 2011. Da S die Vorschrift des § 11 Abs. 1 Satz 2 EStG nicht kennt, wonach regelmäßig wiederkehrende Einnahmen, die dem Stpfl. kurze Zeit vor Beginn des Kalenderjahres zugeflossen sind, in dem Kalenderjahr als bezogen gelten, zu dem sie wirtschaftlich gehören, nimmt er an, er müsse die Einnahmen im VZ 2010 versteuern. Da er jedoch für 2011 mit geringeren Einkünften rechnet, gibt er den erhaltenen Betrag erst für dieses Jahr an.

S unterliegt einem umgekehrten Irrtum im normativen Bereich des „Zuflusses".

---

1) BGH v. 1.4.1960, 4 StR 450/59, BGHSt 14, 345, 350; Joecks in Franzen/Gast/Joecks, 7. Aufl. 2009, § 369 AO Rz. 105; Samson in Kohlmann, 110.
2) BGH v. 26.1.1982, 4 StR 631/81, NJW 1982, 1164.
3) Nach Vogelberg, ZAP 1993, Fach 21, 81.
4) Vgl. auch Joecks in Franzen/Gast/Joecks, 7. Aufl. 2009, § 369 AO Rz. 106.
5) Inzwischen gl. A. Ransiek in Kohlmann, § 370 AO Rz. 687 (Oktober 2011).
6) Vgl. BGH v. 29.5.1961, GSSt 1/61, BGHSt 16, 155, 160.

472 Es ist höchst umstritten, ob alle selbstbelastenden Rechtsirrtümer lediglich zu einem straflosen **Wahndelikt** (→ Rz. 470, → Rz. 479 ff.) führen, oder ebenfalls einen strafbaren **untauglichen Versuch** begründen können. Wegen der verschwindend geringen praktischen Relevanz[1] wird auf eine Darstellung des Streitstands[2] verzichtet.

II. Irrtum über die Verbotsnorm

473 Wichtigster Fall des Irrtums über die Verbotsnorm ist der **(direkte) Verbotsirrtum** (bzw. **Gebotsirrtum** beim Unterlassungsdelikt) gem. § 17 StGB, der sich im Rahmen des dreistufigen Deliktsaufbaus (→ Rz. 381) auf der dritten Stufe („Schuld") auswirken kann: Erst wenn feststeht, dass der objektive und der subjektive Straftatbestand erfüllt sind und keine Rechtfertigungsgründe eingreifen, ist das Vorliegen eines Verbotsirrtums zu prüfen.[3] Einen **Sonderfall** des Verbotsirrtums behandelt **§ 20 StGB** (dazu → Rz. 424). Der **umgekehrte Verbotsirrtum** führt stets zu einem straflosen sog. „Wahndelikt". Da der sog. **„indirekte Verbotsirrtum"** systematisch zum Bereich der Fehlvorstellungen über Rechtfertigungsgründe gehört, wird er an entsprechender Stelle behandelt (→ Rz. 483 ff.).

1. (Direkter) Verbotsirrtum

474 Der **Verbotsirrtum gem. § 17 StGB** ist gegeben, wenn der Täter bei der Tatbegehung – im Gegensatz zum Tatbestandsirrtum (→ Rz. 439) – zwar alle unrechtsbegründenden Tatbestandsmerkmale kennt, aber nicht wusste, dass seine Handlung verboten oder die unterlassene Handlung geboten war. Ihm **fehlt,** wie es das Gesetz formuliert, **die Einsicht, Unrecht zu tun.**

Beispiel 1:

Im Rahmen der sog. Parteispendenaffäre kam in Einzelfällen ein Verbotsirrtum in Betracht, wenn der Täter in Kenntnis der „steuerrechtlichen Bedeutung seines Tuns" sein Verhalten für erlaubt hielt, weil der Weg „von namhaften politischen Persönlichkeiten gewiesen wurde" oder weil die „Beamten des Finanzamtes eingeweiht gewesen waren und bewusst gewähren ließen".[4] In dem der zitierten Entscheidung zu Grunde liegenden Sachverhalt hatten die Spender jedoch neben dem tatsächlichen auch den rechtlichen Überblick über das Geschehen – sie kannten sowohl den Sachverhalt, als auch die steuerrechtliche Lage. Für die Annahme eines fehlenden Unrechtsbewusstseins war unter diesen Umständen kein Raum, so dass eine Anwendbarkeit des § 17 StGB nicht in Betracht kam.

475 Gemäß § 17 Satz 1 StGB führt ein Verbotsirrtum nur zur Straffreiheit, wenn er **unvermeidbar** war. Dies ist **ausnahmsweise** dann der Fall, wenn der Täter trotz gehöriger Anspannung seines Gewissens und der von ihm zu erwartenden individuellen Einsichtsfähigkeit die Rechtswidrigkeit seines Handelns nicht erkennen kann.[5] Das setzt voraus, dass er alle seine geistigen Erkenntniskräfte eingesetzt und aufgetretene Zweifel durch Nachdenken und erforderlichenfalls durch Einholung von Rat bei einer sachkundigen und vertrauenswürdigen Person oder Stelle beseitigt hat.[6] Nach richtiger Auffassung kann vom Täter jedoch nur dann eine entsprechende intellektuelle Leistung erwartet werden, wenn er den **Impuls** zur Überprüfung der Rechtmäßigkeit seines Verhaltens spürt, sei es, dass er an der

1) Vgl. aber Beispiel in → Rz. 480 zum Ausnahmefall der Nichtigerklärung einer Steuerrechtsnorm durch das BVerfG.
2) Vgl. dazu die Vorauflage Rz. 537 und 538; ausführlich zum Streitstand auch Ransiek in Kohlmann, § 370 AO Rz. 684 ff. (Oktober 2011).
3) BGH v. 13.12.1995, 3 StR 514/95, NStZ 1996, 236, 237.
4) BGH v. 28.1.1987, 3 StR 373/86, wistra 1987, 139, 146.
5) BGH v. 23.12.1952, 2 StR 612/54, BGHSt 4, 1, 5.
6) BGH v. 23.12.1952, 2 StR 612/54, BGHSt 4, 1, 5; v. 19.4.1984, 1 StR 763/83, wistra 1984, 178.

Rechtmäßigkeit seiner Vorgehensweise zweifelt oder sich ihm dies nach seiner bisherigen Erfahrung aufdrängen musste, wozu auch die **Kenntnis** gehört, dass für einen bestimmten Lebensbereich, in dem das Verhalten liegt, **überhaupt Ver- bzw. Gebotsnormen existieren**.[1] Dies muss in besonderem Maße für den Bereich des Steuerstrafrechts gelten:

Beispiel 2:[2]

Kaufmann K stellt bei Überprüfung seiner Buchführung fest, dass sein Buchhalter versehentlich einen größeren Zahlungseingang nicht verbucht hat. Demzufolge hat K in seiner Einkommensteuererklärung einen zu niedrigen Gewinn erklärt. K, der seine steuerlichen Pflichten ernst nimmt, will den Fehler bei Abgabe der nächsten Einkommensteuererklärung berichtigen. § 153 AO ist ihm unbekannt. Danach hat ein Stpfl., der nachträglich, aber vor Ablauf der Festsetzungsfrist (§§ 169 ff. AO) die Unrichtigkeit/Unvollständigkeit seiner Steuererklärung erkennt, dies unverzüglich anzuzeigen und die erforderliche Richtigstellung vorzunehmen. Vor Abgabe der nächsten Einkommensteuererklärung erscheint jedoch ein Betriebsprüfer, der von sich aus den Fehler entdeckt.

Nach der hier vertretenen Auffassung (→ Rz. 464) handelte K bereits **nicht vorsätzlich**,[3] so dass sich die Frage der Vermeidbarkeit i.S.d. § 17 StGB nicht stellt. Nach anderer Auffassung (→ Rz. 463) hätte K vorsätzlich gehandelt, weil er alle Tatumstände seiner Garantenstellung kannte und nur über seine Garantenpflicht (§ 153 AO) irrte, so dass danach ein **Gebotsirrtum** (= Verbotsirrtum beim Unterlassungsdelikt, → Rz 460) vorläge. Da K aber jedweder Impuls fehlte, über die Rechtmäßigkeit seines Verhaltens nachzudenken, wäre sein Irrtum unvermeidbar gewesen, mit der Folge der Straflosigkeit. Es wäre nicht sachgerecht, das Verhalten des – durchaus rechtstreuen – K mittels Annahme eines vermeidbaren Verbotsirrtums zu pönalisieren.

476 Fehlt dem Täter bei einem **vermeidbaren** Verbotsirrtum das Unrechtsbewusstsein nur auf Grund unzureichender Anwendung der gebotenen Sorgfalt, so bleibt zwar die Schuld des vorsätzlichen Delikts erhalten, es kann aber eine **Strafmilderung nach § 49 Abs. 1 StGB** in Betracht kommen.

Beispiel 3:[4]

Ehemann E ist neben seiner Ehefrau, die allein zur Geschäftsführerin bestellt und im Handelsregister eingetragen ist, faktischer Geschäftsführer. E kannte die Umstände, die ihn zum faktischen Geschäftsführer machten, doch nahm er irrig an, nicht für eine ordnungsgemäße Buchführung und eine rechtzeitige Bilanzerstellung verantwortlich zu sein.

Da sich E nicht über die Garantenstellung, sondern über die Garantenpflicht irrte, nahm der BGH lediglich einen Ver- bzw. Gebotsirrtum an (str., → Rz. 463 und → Rz. 464). Unüberwindlich bzw. unvermeidbar sei ein solcher Irrtum nur, so der BGH, wenn der Täter trotz gehöriger Anspannung des Gewissens die Einsicht in das Unrechtmäßige seines Verhaltens nicht zu gewinnen vermochte. Dem Urteil der ersten Instanz sei aber nicht zu entnehmen gewesen, dass sich der Angeklagte danach erkundigte hätte, ob ihn Pflichten eines Geschäftsführers träfen und dass er dabei eine unrichtige Auskunft erhalten hätte. Dass die – zu anderen Fragen – beratenden Rechtsanwälte, die „seine Funktion in der Firma kannten", ihn nicht von sich aus auf die Pflichten des faktischen Geschäftsführers hingewiesen hätten, entschuldige den Angeklagten nicht.

477 **Abzugrenzen** ist der Verbotsirrtum vom (bloßen) **Strafbarkeitsirrtum**. Weiß der Stpfl., dass sein Verhalten rechtswidrig ist, glaubt er aber irrtümlich, das Verhalten sei nicht strafbar, so handelt er mit vollem Unrechtsbewusstsein.[5] Ein solcher Irrtum

---

1) Vgl. Sternberg-Lieben in Schönke/Schröder, 28. Aufl. 2010, § 17 StGB Rz. 16.
2) Nach Vogelberg, ZAP 1993, Fach 21, 78.
3) Gl.A. Ransiek in Kohlmann, § 370 AO Rz. 670, Beispiel 1 zu Unkenntnis der Berichtigungspflicht gem. § 153 AO (Oktober 2011).
4) Nach BGH v. 19.4.1984, 1 StR 736/83, wistra 1984, 178.
5) Joecks in Franzen/Gast/Joecks, 7. Aufl. 2009, § 370 AO Rz. 237; a.A. Leise, DStR 1972, 557.

über die Strafbarkeit eines Verhaltens stellt lediglich einen unbeachtlichen Subsumtionsirrtum dar (→ Rz. 478), der allenfalls bei der Strafzumessung (§ 46 StGB) berücksichtigt werden kann.

Beispiel 4:[1]

Der Erbe E zeigt dem Finanzamt geerbtes Bargeld nicht an, obwohl er seine Verpflichtung aus § 30 ErbStG kennt und auch weiß, dass das Finanzamt auf Grund seiner Unterlassung die von ihm geschuldete Erbschaftsteuer nicht festsetzen kann. E gibt an, nicht gewusst zu haben, dass sein Verhalten nicht nur steuerliche, sondern auch strafrechtliche Konsequenzen nach sich ziehen kann.

Da E wusste, dass er gegen steuerliche Normen verstößt, handelte er mit vollem Unrechtsbewusstsein und ist daher strafbar.

478 Ein **Subsumtionsirrtum** liegt vor, wenn der Täter einen konkreten Umstand in seiner rechtlichen Begrifflichkeit zwar ungefähr erfasst hat, aber dennoch meint, er erfülle ein bestimmtes Tatbestandsmerkmal nicht. Ein solcher Irrtum ist grds. rechtlich unbeachtlich, mit der Folge, dass keine Straffreiheit eintritt. Zu prüfen bleibt aber stets, ob nicht ein Verbotsirrtum gem. § 17 StGB vorliegt.[2]

2. Umgekehrter Verbotsirrtum bzw. Wahndelikt

479 Das **Wahndelikt**, welches vom untauglichen Versuch (umgekehrter Tatbestandsirrtum, → Rz. 466 ff.) abzugrenzen ist, ist straflos.[3] Dies ergibt sich daraus, dass der Täter Verbote nicht selbst schaffen kann. Eine Bestrafung würde i.d.R. bereits gegen den Grundsatz „nullum crimen sine lege" verstoßen; auch fehlt es an einem deliktischen Vorsatz.[4]

480 Bei einem Wahndelikt handelt es sich um einen **„umgekehrten Verbotsirrtum"**. Der Täter beurteilt sein Verhalten richtig, geht jedoch irrig davon aus, sein objektiv strafloses Verhalten sei strafbar (auch → Rz. 470). Dabei kann der Irrtum daraus resultieren, dass der Täter an die Existenz einer Strafnorm glaubt, die es in Wirklichkeit überhaupt nicht oder jedenfalls nicht in dem vom Täter angenommenen Anwendungsbereich gibt – die vom Täter vorgestellte Strafrechtsnorm existiert zwar, jedoch dehnt er irrtümlicherweise den Anwendungsbereich aus und glaubt, sein konkretes Verhalten sei von der Norm erfasst. Der Täter gelangt hier also auf Grund eines Irrtums über Inhalt und Grenzen von Tatbestandsmerkmalen zu dem Ergebnis, sein Verhalten sei verboten.[5]

Beispiel:

Der Stpfl. S erzielt im Jahre 1997 innerhalb der Spekulationsfrist Gewinne aus der Veräußerung von Wertpapieren, die er in der entsprechenden Steuererklärung verschweigt. Er wird vom Amts- und Landgericht wegen Steuerhinterziehung verurteilt. Das Revisionsgericht weist sein Rechtsmittel im Jahre 2003 als unbegründet zurück.[6] Mit Urteil vom 9.3.2004 erklärt das BVerfG[7] schließlich die Vorschrift des § 23 Abs. 1 Satz 1 Nr. 1 Buchst. b EStG in der Neufassung des EStG vom 16.4.1997 für nichtig.

---

1) Nach Vogelberg, ZAP 1993, Fach 21, 80.

2) Vgl. zum Begriff des „Arbeitgebers" in § 266a StGB BGH v. 7.10.2009, 1 StR 478/09, NStZ 2010, 337. Berechtigte Kritik dazu, insbesondere mit Blick auf die Lohnsteuerhinterziehung: Ransiek in Kohlmann, § 370 AO Rz. 662, letzter Spiegelstrich, m.w.N. (Oktober 2011). Vgl. diesbezüglich auch oben → Rz. 443 und 444.

3) BGH v. 26.5.1955, 4 StR 148/55, BGHSt 8, 263, 268; BayObLG v. 18.7.1985, RReg. 5 St 112/85, NJW 1986, 1504, 1505.

4) Eser in Schönke/Schröder, 28. Aufl. 2010, § 22 StGB Rz. 79.

5) Eser in Schönke/Schröder, 28. Aufl. 2010, § 22 StGB Rz. 82.

6) Vg. BayObLG v. 11.3.2003, 4 St RR 7/2003, wistra 2003, 315.

7) BVerfG v. 9.3.2004, 2 BvL 17/02, BVerfGE 110, 94 = BStBl II 2005, 56.

Die von S gegen die Verurteilung eingelegte Verfassungsbeschwerde war im Hinblick auf die Hinterziehung der „Spekulationssteuer" erfolgreich.[1] Wegen der ex tunc und inter omnes wirkenden Nichtigerklärung des Besteuerungstatbestands führte das BVerfG aus, dass „die Grundlage für eine strafrechtliche Verurteilung [...] wegen der Hinterziehung der aus Spekulationsgewinnen zu entrichtenden Steuer entfallen" sei.[2]

Mit dieser Formulierung hat das BVerfG auch den Boden für eine Verurteilung wegen eines untauglichen Versuchs entzogen. Rechtlich muss demnach ein strafloses **Wahndelikt** vorliegen, wenn S in Unkenntnis der Verfassungswidrigkeit der Steuerrechtsnorm lediglich geglaubt hat, eine tatsächlich nicht existente – nichtige – Steuer zu hinterziehen.[3] Die Sichtweise des BVerfG streitet dafür, den **umgekehrten Irrtum über die Steuerrechtslage** (der Täter nimmt zu seinem Nachteil irrtümlich an, dass eine Steuerpflicht bestehe) regelmäßig als Wahndelikt einzustufen,[4] denn S überdehnt im Beispielsfall nicht lediglich den Anwendungsbereich des § 370 AO, was unstreitig zur Annahme eines Wahndelikts führt,[5] sondern irrt über die Gültigkeit einer vom Gesetzgeber mit dem Anschein der Wirksamkeit erlassenen Rechtsnorm, was letztlich nichts anderes ist, als ein (wenn auch vom Gesetzgeber verursachter) Irrtum über die Steuerrechtslage.

Vom Beispielsfall zu unterscheiden ist die Annahme eines Stpfl., das BVerfG werde **481**
eine steuerliche Norm für verfassungswidrig erklären. Nach der Rechtsmeinung des BGH begründet dies keinen strafrechtlich relevanten Irrtum.[6]

III. Irrtum über Rechtfertigungs- und Entschuldigungsgründe

Rechtfertigungs- und Entschuldigungsgründe sind im Steuerstrafrecht die Aus- **482**
nahme (→ Rz. 409 ff. und → Rz. 428 ff.). In diesem Bereich kann allerdings die Irrtumsproblematik an Bedeutung gewinnen, insbes. wenn der Täter einem Irrtum über das Vorliegen von innerhalb der Rechtsordnung **nicht anerkannten** Rechtfertigungs- und Entschuldigungsgründen unterliegt (→ Rz. 488 und → Rz. 492).

1. Irrtum über Rechtfertigungsgründe

a) Indirekter Verbotsirrtum

Der Erlaubnistatbestandsirrtum sowie der Erlaubnisirrtum lassen sich strukturell in **483**
die Gruppe sog. „indirekter Verbotsirrtümer" einordnen.

aa) Erlaubnistatbestandsirrtum

Von einem Erlaubnistatbestandsirrtum spricht man, wenn der Täter irrig Umstände **484**
für gegeben hält, die im Falle ihres Vorliegens die Voraussetzungen eines **anerkannten Rechtfertigungsgrunds** (zum nicht anerkannten Rechtfertigungsgrund → Rz. 488), dessen Grenzen der Täter nicht überschreitet, erfüllen würden. Der Täter unterliegt also der **irrigen Annahme einer rechtfertigenden Sachlage** und handelt daher, so der BGH, „an sich rechtstreu".[7]

---

1) BVerfG v. 8.11.2006, 2 BvR 620/03, wistra 2007, 60.

2) Damit korrespondierend hatte das BVerfG bereits im Urteil v. 9.3.2004, 2 BvL 17/02, BVerfGE 110, 94, festgestellt, dass die Verfassungswidrigkeit der Steuerrechtsnorm die Geltung der verlängerten Festsetzungsfrist nach § 169 Abs. 2 Satz 2 AO ausschließe.

3) So schon Seipl/Wiese, NStZ 2004, 542, 543; Seipl/Wiese, PStR 2007, 48; gl.A. Joecks in Franzen/Gast/Joecks, 7. Aufl. 2009, § 369 AO Rz. 29.

4) Sehr str.; ausf. Ransiek in Kohlmann, § 370 AO Rz. 684 ff. (Oktober 2011); die Annahme eines Wahndelikts in derartigen Fällen spricht allerdings gegen den dogmatisch „sauberen" Umkehrschluss aus dem Tatbestandsirrtum, vgl. dazu die Vorauflage, Rz. 538.

5) Vgl. Ransiek in Kohlmann, § 370 AO Rz. 683 (Oktober 2011).

6) BGH v. 9.10.2007, 5 StR 162/07, wistra 2008, 21. Wegen des damaligen verfassungsrechtlichen Schwebezustands musste die Entscheidung auf Kritik stoßen, vgl. Wiese, PStR 2007, 276 m.w.N.

7) BGH v. 6.6.1952, 1 StR 708/51, BGHSt 3, 105, 107.

485 Eine ausdrückliche Regelung dieser Fallkonstellation, die in Rspr. und Literatur äußerst umstritten ist, findet sich im StGB nicht. Mit unterschiedlicher Begründung ist man sich innerhalb der h.M. (eingeschränkte Schuldtheorie)[1] einig, dass in Anlehnung an § 16 Abs. 1 Satz 1 StGB jedenfalls eine **Bestrafung wegen vorsätzlicher Tat entfällt.** Die wohl herrschende, **rechtsfolgenverweisende eingeschränkte Schuldtheorie**[2] verweist darauf, dass gegenüber einem Tatbestandsirrtum insoweit ein Unterschied bestehe, als der Täter den Tatbestand und dessen Appellfunktion kenne. **Analog § 16 Abs. 1 Satz 1 StGB entfalle daher nur die sog. „Vorsatzschuld"** und demgemäß die Vorsatzstrafe, so dass der Erlaubnistatbestandsirrtum i.E. nur in seinen Rechtsfolgen einem Tatbestandsirrtum gleichzustellen sei. Nachteilige Konsequenz dieser Auffassung ist allerdings, dass letztlich nur der Schuldvorwurf entfällt, die vorsätzliche und rechtswidrige Haupttat daher teilnahmefähig bleibt.

486 Als klassisches Beispiel aus dem allgemeinen Strafrecht ist insoweit die sog. **„Putativnotwehr"** anzuführen: Der Täter glaubt irrtümlich, er befinde sich in einer Notwehrsituation und verteidigt sich in den Grenzen des § 32 StGB. Mangels „Vorsatzschuld" ist er nicht aus dem entsprechenden Vorsatzdelikt zu bestrafen. Eine eventuelle Strafbarkeit wegen Fahrlässigkeit bleibt unberührt.

487 Im Hinblick auf die **Steuerhinterziehung** gem. § 370 AO, die nicht fahrlässig begehbar ist, führt der Erlaubnistatbestandsirrtum daher stets zur **Straflosigkeit**. Allerdings sind hier Rechtfertigungsgründe praktisch kaum denkbar, so dass entsprechend auch dieser Irrtumsform **im Steuerstrafrecht kaum praktische Bedeutung** zukommt.

Beispiel:[3]

Kaufmann K lässt seine Bücher von seiner Ehefrau führen, die auch die Steuererklärungen erstellt. Infolge einer temporären Unpässlichkeit der Ehefrau sieht er sich nicht in der Lage, selbst die Umsatzsteuerjahreserklärung fristgerecht bis zum 31.5. des Folgejahres abzugeben. Da K die Kosten für einen Steuerberater sparen möchte, will er die Genesung seiner Frau abwarten. Infolgedessen stellt K rechtzeitig unter Darlegung des gesamten Sachverhalts einen Antrag auf Fristverlängerung, den das Finanzamt ablehnt. Da K das Schreiben jedoch in seiner Aufregung nur oberflächlich liest, geht er irrtümlich davon aus, ihm sei Fristverlängerung gewährt worden. Mit Ablauf des 31.5. des Folgejahres kommt es, da es sich bei der Umsatzsteuer um eine Fälligkeitssteuer handelt, zu einer vollendeten Steuerhinterziehung durch Unterlassen.

Nach der hier vertretenen Rechtsauffassung (→ Rz. 416) führt eine gewährte Fristverlängerung nicht erst zu einem Rechtfertigungsgrund; vielmehr scheidet bereits ein tatbestandsmäßiges Verhalten aus, so dass sich die Frage, ob K einem Irrtum über einen Rechtfertigungsgrund unterliegt, erst gar nicht stellt. Freilich wäre K nicht zu bestrafen, da sein Vorsatz bereits auf Grund eines **Tatbestandsirrtums** über das Merkmal der „Rechtzeitigkeit" der Steuerfestsetzung entfällt.

Nach der Gegenansicht[4] unterläge K einem Irrtum über die sachlichen Voraussetzungen eines anerkannten Rechtfertigungsgrundes, befände sich also in einem **Erlaubnistatbestandsirrtum**. Dieser steht nach h.M. (→ Rz. 485) zumindest in seinen Rechtsfolgen dem Tatbestandsirrtum gleich, mit der Folge, dass eine Bestrafung wegen vorsätzlicher Tat entfällt, was im Hinblick auf § 370 AO Straflosigkeit bedeutet.

---

1) Vgl. BGH v. 10.3.1983, 4 StR 375/82, BGHSt 31, 264, 287; vgl. die Nachweise bei Fischer, 60. Aufl. 2013, § 16 StGB Rz. 22. Die Vertreter der sog. strengen Schuldtheorie sind dagegen der Auffassung, das Fehlen des Unrechtsbewusstseins berühre in keinem Fall den Vorsatz, so dass stets ein Verbotsirrtum gem. § 17 StGB – mit der Folge einer Vermeidbarkeitsprüfung – anzunehmen sei. Diese Lehre ist abzulehnen, da sie den Täter, der „an sich" auf dem Boden des Rechts steht, demjenigen gleichstellt, der durch Rechtsirrtum den Boden der Rechtsordnung verlässt.
2) Fischer, 60. Aufl. 2013, § 16 StGB Rz. 22 m.w.N.
3) Nach Vogelberg, ZAP 1993, Fach 21, 79.
4) Vogelberg in Simon/Vogelberg, 3. Aufl. 2011, Kap. 4 Ziff. 2.3.

Beide Auffassungen führen hiernach zu demselben Ergebnis (Straflosigkeit mangels Vorsatzes), was sachgerecht ist, da K nach hier vertretener Auffassung bereits subjektiv nicht tatbestandsmäßig und nach der Gegenmeinung jedenfalls „im Prinzip rechtstreu" gehandelt hat.

bb) Erlaubnisirrtum

Ein sog. Erlaubnisirrtum kommt in Betracht, wenn der Täter an einen **nicht anerkannten** Rechtfertigungsgrund glaubt oder die **Grenzen** eines **anerkannten** Rechtfertigungsgrundes **verkennt.** Er folgt nach der eingeschränkten Schuldtheorie (→ Rz. 485) den Regeln des **§ 17 StGB**, da die Wertvorstellungen des Täters mit denen der Rechtsordnung nicht mehr übereinstimmen. Der Täter ist daher **nur bei Unvermeidbarkeit des Irrtums vor Strafe geschützt**. 488

Beispiel:[1)]

Der Stpfl. S betreibt ein volkswirtschaftlich wichtiges Unternehmen. Dieses gerät in wirtschaftliche Schieflage. Um die restliche Liquidität zu erhalten und seine Arbeitnehmer entlohnen zu können, stellt er die Abgabe der monatlichen Umsatzsteuervoranmeldungen ein. S weiß zwar, dass sein Unterlassen die Tatbestandsvoraussetzungen einer Steuerhinterziehung erfüllt, doch glaubt er, dies sei mit Blick auf ein vorrangiges Rechtsgut – Erhalt des Betriebs und der Arbeitsplätze – gerechtfertigt und daher ausnahmsweise erlaubt.

Das Ziel der Erhaltung des Unternehmens kann grds. durch Stundung oder Erlass der Steuern erreicht werden. S glaubt jedoch, über die Anmeldung bzw. Nichtzahlung der Steuern eigenmächtig entscheiden zu können. Er geht mithin von einem Rechtfertigungsgrund aus, den die Rechtsordnung nicht vorsieht bzw. überdehnt die Grenzen des rechtfertigenden Notstands gem. § 34 StGB (→ Rz. 410 ff.), so dass er sich in einem Erlaubnisirrtum befindet. Da von S als Unternehmer erwartet werden konnte, dass er die Rechtswidrigkeit seines Verhaltens erkennt, liegt ein vermeidbarer Irrtum gem. § 17 Satz 2 StGB vor, welcher nicht zur Straffreiheit, ggf. aber zu einer Strafmilderung gem. § 49 Abs. 1 StGB führt.

b) Umgekehrter Erlaubnistatbestands- und Erlaubnisirrtum

Unter einem **umgekehrten Erlaubnistatbestandsirrtum** versteht man die Vornahme einer Verletzungshandlung **in Unkenntnis** des Umstands, dass die **objektiven Voraussetzungen eines anerkannten Rechtfertigungsgrundes** vorliegen. Während Teile der Literatur und die frühere Rechtsprechung[2)] hier wegen des Fehlens des erforderlichen subjektiven Rechtfertigungselements eine vollendete Vorsatztat annehmen, wird von der **h.M.**[3)] mit gewichtigen Argumenten eine **analoge Anwendung der Versuchsregeln** (→ Rz. 495 ff.) befürwortet. 489

Bei einem **umgekehrten Erlaubnisirrtum** fasst der Täter hingegen irrig die **rechtlichen Grenzen eines anerkannten Rechtfertigungsgrundes zu eng** auf, beurteilt die Grenzen des rechtlich Erlaubten daher zu seinen Ungunsten falsch. Die auf einem solchen Wertungsfehler beruhende Annahme, nicht gerechtfertigt zu sein, führt zu einem **straflosen Wahndelikt.** 490

2. Irrtum über Entschuldigungsgründe

Entsprechend der Situation bei den Rechtfertigungsgründen kann der Täter **auch irrig die sachlichen Voraussetzungen eines Entschuldigungsgrunds** annehmen. Gemäß **§ 35 Abs. 2 StGB** entfällt bei einem unvermeidbaren Irrtum dieser Art der 491

1) Nach Ransiek in Kohlmann, § 370 AO Rz. 677 (Oktober 2011).
2) BGH v. 15.1.1952, 1 StR 552/51, BGHSt 2, 111, 114; Fischer, 60. Aufl. 2013, § 16 StGB Rz. 23 m.w.N.
3) BGH v. 3.12.1991, 1 StR 120/90, BGHSt 38, 144, 155 f.; Fischer, 60. Aufl. 2013, § 16 StGB Rz. 23 m.w.N.

Schuldvorwurf, während bei Vermeidbarkeit nur eine obligatorische Schuldmilderungsmöglichkeit vorgesehen ist.

492 Entschuldigungsgründe haben im Steuerstrafrecht kaum praktische Relevanz (→ Rz. 428 ff.). Schon eher kann es vorkommen, dass sich der Täter über die **Existenz oder die rechtlichen Grenzen** eines Entschuldigungsgrundes irrt. Ein solcher Irrtum ist jedoch für den Schuldvorwurf unbeachtlich[1] und kann allenfalls im Rahmen der **Strafzumessung** berücksichtigt werden.

493 Zu der in diesem Zusammenhang für das Steuerstrafrecht bedeutsamen Sonderproblematik der **Unzumutbarkeit normgerechten Verhaltens** → Rz. 430 ff.

494 Schließlich sind auch im Hinblick auf Entschuldigungsgründe **umgekehrte Irrtümer** denkbar: Dem Täter, der **in Unkenntnis des Vorliegens der sachlichen Voraussetzungen** eines anerkannten Entschuldigungsgrundes handelt (umgekehrter Fall des § 35 Abs. 2 StGB), kommt der Entschuldigungsgrund nicht zugute. Unterliegt er hingegen einem Irrtum über die **rechtlichen Grenzen** des in Betracht kommenden Entschuldigungsgrundes insofern, als er diese Grenzen **zu eng** auffasst, trifft ihn wegen der mit dem Wahndelikt zumindest vergleichbaren Situation **kein Schuldvorwurf.**

G. Versuch

Schrifttum

Beyer, Anmerkung zu BGH v. 28.7.2010, UStB 2011, 10; **Bublitz**, Der Verlustabzug gem. § 10d EStG im Steuerstrafrecht, DStR 1985, 653; **Claus**, Der unrichtige Feststellungsbescheid als nicht gerechtfertigter Steuervorteil, HRRS 2009, 102; **Dörn**, Nochmals: Strafverfolgung der Nichtabgabe von Steuererklärungen, wistra 1991, 10; **Dörn**, Nichtabgabe von Steuererklärungen, wistra 1993, 241; **Dörn**, Praxisrelevante Fragen zum Tatbestand der Steuerhinterziehung, DStZ 1998, 165; **Dörn**, Steuerhinterziehung in Schätzungsfällen?, NStZ 2002, 189; **Eschenbach**, Die Abgrenzung zwischen strafloser Vorbereitungsphase und Versuchsbeginn bei der Steuerhinterziehung nach § 370 AO, DStZ 1997, 851; **Ferschl**, Die Abgrenzung versuchter von vollendeter Steuerhinterziehung im Fall des § 370 Abs. 1 Nr. 2 AO bei Ergehen eines Schätzungsbescheids, wistra 1990, 177; **Lübbersmann**, Anmerkung zu BGH v. 28.7.2010, PStR 2010, 239; **Meyberg**, Anmerkung zum Beschluss v. 19.1.2011 – 1 StR 640/10 –, PStR 2011, 82; **Mösbauer**, Aktuelle Rechtsfragen bei der Abgrenzung des Versuchs von der Vorbereitungshandlung im Steuerstrafrecht, DStZ 1997, 577; **Rübenstahl**, Die Vorbereitung der ESt-Verkürzung mittels Erlangung eines Grundlagenbescheids als Erlangung eines Steuervorteils und vollendete Steuerhinterziehung? Der 1. Strafsenat des BGH an den Grenzen des § 370 AO, HRRS 2009, 93; **Schmitz**, Der Beginn der Verjährungsfrist nach § 38 a StGB bei der Hinterziehung von Einkommensteuer durch Unterlassen, wistra 1993, 248; **Wulf**, Anmerkung zu einer Entscheidung des BGH (Beschluss vom 19.1.2011 – 1 StR 640/10), wistra 2012, 485.

I. Strafbarkeit, allgemeine Voraussetzungen und Rechtsfolgen in Bezug auf die Steuerhinterziehung

495 Ist der Erfolg der Steuerhinterziehung (Steuerverkürzung bzw. Erlangung nicht gerechtfertigter Steuervorteile) nicht eingetreten, so kommt gleichwohl eine Strafbarkeit wegen **versuchter Steuerhinterziehung** in Betracht.

1. Versuchsstrafbarkeit

496 Bei der Steuerhinterziehung, die im Mindestmaß mit Freiheitsstrafe von weniger als einem Jahr bestraft wird, handelt es sich um ein (bloßes) **Vergehen** (vgl. § 12 Abs. 2

1) Wohl a.A. Fischer, 60. Aufl. 2013, § 35 StGB Rz. 17: Verbotsirrtum.

StGB). Gemäß § 23 Abs. 1 StGB ist der Versuch eines Verbrechens stets, der **Versuch** eines Vergehens dagegen nur dann **strafbar, wenn das Gesetz dies ausdrücklich bestimmt**. Letzteres ist bei der Steuerhinterziehung der Fall (§ 370 Abs. 2 AO).

2. Voraussetzungen und Rechtsfolgen

Laut § 22 StGB, der gem. § 369 Abs. 2 AO auch im Steuerstrafrecht Anwendung findet, versucht eine Straftat, wer nach seiner Vorstellung von der Tat zur Verwirklichung des Tatbestands unmittelbar ansetzt. Erforderlich ist damit hinsichtlich der nicht zur Vollendung gelangten Steuerhinterziehung in subjektiver Hinsicht ein auf alle objektiven Tatbestandsmerkmale bezogener, zumindest bedingter Vollendungsvorsatz bzw. **Tatentschluss**[1] (→ Rz. 399) und in objektiver Hinsicht das **unmittelbare Ansetzen** zur Tat, welches nach überwiegender Auffassung seinerseits ein subjektives Moment beinhaltet (dazu eingehend im Folgenden → Rz. 500 ff.). **497**

In § 23 Abs. 2 StGB sieht das Gesetz für den Versuch eine fakultative Strafmilderung vor. Nach Abs. 3 dieser Vorschrift besteht in Fällen des sog. **untauglichen Versuchs** (→ Rz. 466 ff.) eine Strafabsehens- und Milderungsmöglichkeit. Der (strafbare) untaugliche Versuch ist vom (straflosen) sog. **„Wahndelikt"** abzugrenzen. Diese auch im Steuerstrafrecht bedeutsame Problematik (→ Rz. 479 ff.) betrifft als klassischer Irrtumsfall die innere Tatseite. **498**

II. „Chronologie" des Delikts der versuchten Steuerhinterziehung – Systematik und Abgrenzungsprobleme

Eine Straftat kann grds. aus folgenden chronologisch aufeinander folgenden bzw. ineinander übergehenden Phasen bestehen: **499**

Tatentschluss → Vorbereitungshandlung → Versuch → Vollendung → Beendigung

Je nachdem, ob eine oder mehrere dieser Phasen verwirklicht sind, ergeben sich unterschiedliche Rechtsfolgen. Dementsprechend sind die einzelnen Phasen für die strafrechtliche Beurteilung des jeweiligen Einzelfalls voneinander abzugrenzen. Das **versuchte Delikt** ist insbes. von der grds. **straflosen Vorbereitungshandlung** und der regelmäßig für den Täter im Vergleich zum Versuch auf der Rechtsfolgenseite ungünstigeren **Vollendung** zu differenzieren. Dies soll im Folgenden unter besonderer Berücksichtigung der **Steuerhinterziehung** verdeutlicht werden.

1. Abgrenzung „Vorbereitungshandlung ./. Beginn der Versuchsstrafbarkeit"

Eine bloße **Vorbereitungshandlung** zielt zwar bereits auf die Tatbestandsverwirklichung ab, setzt hierzu aber noch nicht unmittelbar an. Überschreitet der Täter[2] hingegen subjektiv die Schwelle zum „Jetzt-geht-es-los"[3] und bringt das geschützte Rechtsgut objektiv oder subjektiv in eine konkrete nahe Gefahr, wobei irrelevant ist, ob diese tatsächlich eintritt,[4] hat er das **Versuchsstadium** durch sein **500**

---

1) Da die Versuchsstrafbarkeit schwerpunktmäßig durch den subjektiven Tatbestand definiert wird, erweist sich die aktuelle Rechtsprechung des 1. Strafsenats des BGH (vgl. zur Kritik → Rz. 444), die offensichtlich eine möglichst breite Basis für die Annahme eines Eventualvorsatzes schaffen soll, auch insoweit als äußerst problematisch.

2) Bei der Mittäterschaft treten alle Mittäter einheitlich in das Versuchsstadium, sobald einer von ihnen zur Verwirklichung des Tatbestands unmittelbar ansetzt, vgl. BGH v. 15.7.1999, 5 StR 155/99, HFR 2000, 607. Bei der mittelbaren Täterschaft ist umstritten, ob hinsichtlich des unmittelbaren Ansetzens auf den Hintermann oder das Werkzeug abzustellen ist, vgl. Ransiek in Kohlmann, § 370 AO Rz. 712 (Oktober 2011); vgl. auch → Rz. 502.

3) BGH v. 26.10.1978, 4 StR 429/78, BGHSt 28, 162, 163.

4) BGH v. 16.9.1975, 1 StR 264/75, BGHSt 26, 201, 202 ff.

unmittelbares Ansetzen zur Tat erreicht. Diese Definition kann als die in der Rspr. gängige Faustformel bezeichnet werden. Demgegenüber variieren die innerhalb der Literatur für maßgeblich erachteten Umschreibungen der herrschenden, sog. „gemischt subjektiv-objektiven Theorie" bzw. der (gleichbedeutenden) „individuell-objektiven Theorie". Prägnant erscheint die von Joecks[1] favorisierte Formel: Hiernach ist der Versuch als diejenige Handlung zu bezeichnen, die „derjenigen Handlung unmittelbar vorgelagert ist, die ein Tatbestandsmerkmal erfüllt", wobei die Frage, ob ein solcher Zusammenhang besteht, nach dem Täterplan zu beurteilen ist. Gerade diese Frage kann sich im konkreten Einzelfall als problematisch erweisen.[2]

a) Vorbereitungshandlungen zur Steuerhinterziehung

501 Hierunter fallen sämtliche Handlungen, die der Stpfl. noch **vor dem Abgabetermin** einer Steuererklärung bzw. Steueranmeldung im Hinblick darauf unternimmt, die Tatbestandsmerkmale des § 370 AO zu **ermöglichen bzw. zu erleichtern** bzw. die geeigneten Bedingungen für die Ausführung der Straftat zu schaffen.[3] Der Stpfl. hat hier noch keine Kausalkette in Gang gesetzt, die seinen Einflussbereich bereits verlassen hat. Vielmehr kann er auf den Fortgang der Kausalkette jederzeit noch einwirken und diese ggf. unterbrechen. Somit beinhaltet die Vorbereitungshandlung, die mit der Verwirklichung des Straftatbestands noch in **keinem unmittelbaren Zusammenhang** steht, im Gegensatz zum strafbaren Versuch regelmäßig noch **keine konkrete Gefährdung** des durch den Straftatbestand geschützten Rechtsguts.[4]

Beispiele:

- Unrichtige oder unvollständige Buchführung.
- Nichtaufnahme von Gegenständen des Anlage- oder Umlaufvermögens bei der Bestandsaufnahme zum Bilanzstichtag.
- Unrichtige Erstellung von Bilanzen, Gewinn- u. Verlustrechnungen oder Einnahmeüberschussrechnungen.
- Ausstellen von falschen Belegen; Unterdrücken oder Sammeln von unrichtigen Belegen.
- Absprachen mit Dritten über den Austausch unrichtiger Rechnungen; Ausstellen falscher Rechnungen; Nichterteilung von Rechnungen oder Ausstellen fingierter Rechnungen zum Zwecke einer wechselseitigen unrichtigen oder unterlassenen Buchung von Geschäftsvorgängen.
- Erstellen falscher Inventuren.
- Verfälschen einer Urkunde in der Absicht, z.B. eine ungerechtfertigte Befreiung von der Kfz-Steuer zu erreichen.
- wissentlich falsches Ausfüllen von Steuererklärungen oder Steueranmeldungen;
- Absprachen über Schwarzgeschäfte.

---

1) Joecks in Franzen/Gast/Joecks, 7. Aufl. 2009, § 369 AO Rz. 58 m.w.N.
2) Beispielsweise hatte der BGH in einer Entscheidung v. 22.3.1979 (4 StR 641/78, BB 1980, 1032) die Auffassung vertreten, dass durch die Abgabe unrichtiger Umsatzsteuervoranmeldungen, in denen überhöhte Rechnungen berücksichtigt worden sind, neben einer Umsatzsteuerhinterziehung zugleich auch eine versuchte Hinterziehung von Ertragsteuern zu sehen sei, obwohl diesbezügliche Steuererklärungen noch gar nicht abgegeben waren. Diese Rspr. wird in der aktuellen Literatur zu Recht abgelehnt, da gerade kein unmittelbares Ansetzen zur Hinterziehung der Ertragsteuern vorliegt (vgl. ausführlich die Voraufl., Rz. 586; Ransiek in Kohlmann, § 370 AO Rz. 703 m.w.N. (Oktober 2011); Joecks in Franzen/Gast/Joecks, 7. Aufl. 2009, § 370 AO Rz. 261). Eine Praxisrelevanz der Entscheidung ist nicht erkennbar.
3) Mösbauer, DStZ 1997, 577.
4) Mösbauer, DStZ 1997, 577.

Werden derartige Manipulationen z.B. während einer Fahndungsprüfung entdeckt, bleibt das Verhalten des Stpfl., soweit es sich darauf beschränkt, **im Hinblick auf § 370 AO straflos**. Grundsätzlich ist also alles, was vor der Abgabe der Steuererklärung an Manipulationen geschieht, lediglich Vorbereitungshandlung.[1] 502

Dies gilt auch im Falle einer sich anbahnenden mittelbaren Täterschaft (Steuerberater bzw. dessen Angestellte als undolose Tatmittler): Die datenmäßige Erfassung und Verbuchung fehlerhafter Belege sowie die Erstellung des falschen Zahlenwerks durch das **Steuerberaterbüro** ist lediglich eine Vorbereitungshandlung für die vom mittelbaren Täter beabsichtigte Steuerhinterziehung.[2]

Zu beachten ist allerdings, dass im Vorstadium des strafbaren Versuchs gleichwohl eine **Steuergefährdung** (Ordnungswidrigkeit→ Rz. 2453 ff.) liegen kann (vgl. §§ 379 ff. AO). 503

b) Versuch der Steuerhinterziehung

Die oben dargelegte Definition des Versuchs nach der maßgeblichen „gemischt subjektiv-objektiven Theorie" (→ Rz. 500) lässt bereits erkennen, dass die Grenze von der Vorbereitungshandlung zum Versuch **nicht erst dann** überschritten wird, wenn der Täter ein **Tatbestandsmerkmal der Steuerhinterziehung verwirklicht** (derartige Fälle sind unproblematisch gegeben, wenn etwa die Täuschungshandlung des Täters von den Finanzbehörden entdeckt wird, bevor es zu einer Bekanntgabe der zu niedrigen Steuerfestsetzung kommt; im Rahmen dieses strafbaren – fehlgeschlagenen – Versuchs sind die falschen Angaben bereits **zur Kenntnis der Steuerbehörde** gelangt). 504

Vielmehr kann der strafbare Versuch **grds. schon früher** einsetzen, nämlich bei Ausführung von der Tatbestandserfüllung **unmittelbar vorgelagerten** Handlungen (→ Rz. 500). Besonderer Beachtung bedürfen insofern die **Veranlagungssteuern** (zu den Fälligkeitssteuern → Rz. 511): 505

Die Rspr. stellt für das Überschreiten der Schwelle zwischen Vorbereitung und Versuch beim **Begehungsdelikt** pauschal auf den Zeitpunkt der „unzutreffenden Angaben" gegenüber dem Finanzamt ab.[3] Allerdings wird hier nicht näher auf die Frage eingegangen, wann von einer für die Versuchsstrafbarkeit erforderlichen Gefährdungslage die Rede sein kann. Nach verbreiteter Ansicht soll dies **bereits dann** der Fall sein, wenn der Täter die „falsche" Mitteilung[4] an die Finanzbehörde derart auf den Weg gebracht hat, dass er deren Zugang dort nicht mehr verhindern kann, also bei Abgabe beim Finanzamt selbst[5] bzw. Einwurf in den dortigen Postbriefkasten.[6] 506

---

1) Vgl. auch BGH v. 26.9.2002, 5 StR 97/02, wistra 2003, 20, 22 zur bloßen Einreichung falscher Urkunden, um eine Steuernummer zu erlangen (allerdings § 267 StGB).

2) BGH v. 7.6.1994, 5 StR 272/94, wistra 1994, 268 (Urteilsgründe erläutert in DB 1995, 901).

3) Vgl. z.B. BGH v. 16.5.1984, 2 StR 525/83, HFR 1984, 439, 441: Die Grenze zum Versuch sei bereits mit der „Abgabe der unzutreffenden Steuererklärung" überschritten; das Versuchsstadium sei erreicht, sobald der Täter „gegenüber dem FA unzutreffende Angaben" mache „und damit eine Täuschungshandlung" begehe.

4) Damit sind nicht nur förmliche Steuererklärungen, sondern alle Angaben, Antworten auf Auskunftsersuchen usw. gemeint, die an das Finanzamt gerichtet werden, z.B. auch unrichtige Auskünfte oder Unterlagen, die dem Außenprüfer erteilt bzw. vorgelegt werden. Sobald also die Ergebnisse der oben aufgeführten Vorbereitungshandlungen (→ Rz. 501) der Finanzbehörde zum Zwecke einer zu niedrigen Steuerfestsetzung mitgeteilt werden, wird das strafbare Versuchsstadium regelmäßig erreicht sein.

5) Eschenbach, DStZ 1997, 851, 855 m.w.N. Der Autor kritisiert (a.a.O. Fn. 50) im Hinblick auf die Einordnung der Steuerhinterziehung als Kundgabedelikt, dass der Versuchsbeginn von der h.M. einheitlich mit dem Vorgang des „Einreichens" der Steuererklärung bzw. -anmeldung festgelegt werde, ohne dass exakt zwischen Abgabe und Zugang der Wissenserklärung unterschieden würde. Von der „Abgabe" bzw. dem „Absenden" der Steuererklärung spricht Hellmann in H/H/Sp, § 370 AO Rz. 323 (November 2003) und 336 (November 2011).

6) Mösbauer, DStZ 1997, 577, 579.

Hier habe der Täter die Kausalkette in der Weise in Gang gesetzt, dass sie seinen Einflussbereich bereits verlassen habe. Andere wollen sogar schon die Aufgabe zur Post ausreichen lassen.[1] Dagegen spricht, dass der Täter durchaus die Kausalkette noch unterbrechen kann, indem er sich den Brief vor Zustellung „zurückholt". Andererseits müsste der Täter hier aktiv werden, um den Erfolgseintritt zu verhindern, könnte sich also nicht auf eine bloße Aufgabe seines Tatentschlusses beschränken, so dass das „Zurückholen" des Briefes rechtlich bereits als Rücktritt vom Versuch (→ Rz. 520 ff.) zu qualifizieren sein könnte. Wieder andere wollen den **bloßen Eingang der falschen Angaben bei der Finanzbehörde** mit dem berechtigten Hinweis auf das Auseinanderfallen von Tathandlung und -erfolg bei § 370 AO **nur dann** für den Versuchsbeginn ausreichen lassen, wenn nach der Vorstellung des Täters **alsbald nach dem Eingang mit einer Bearbeitung der Steuererklärung zu rechnen ist**.[2] Insoweit ist richtig, dass die Gefahr für das Steueraufkommen auch nach der Vorstellung des Täters erst dann beginnt, wenn die Bearbeitung kurz bevorsteht.[3] Allerdings hat die Kausalkette hier bereits die Sphäre und regelmäßig auch den Einflussbereich des Täters verlassen, es sei denn, der Stpfl. könnte den Veranlagungsbeamten überreden, ihm die Erklärung unbearbeitet zurückzugeben. Auch wird die ggf. (noch) straflose Abgabe einer unrichtigen Steuererklärung nach Ablauf einer gewissen Zeit bzw. mit dem Näherrücken der Bearbeitung irgendwann in die Versuchsstrafbarkeit „hineinwachsen". Dies zeigt, dass der Meinungsstreit letztlich **wenig praktische Relevanz** haben wird (aber → Rz. 507). In aller Regel wird es erst dann zu einer Verfahrenseinleitung wegen versuchter Steuerhinterziehung kommen, wenn der „Täuschungsversuch" im Zuge der Veranlagungsarbeiten entdeckt wird. Die seltenen Fälle, in denen ein Stpfl. eine falsche Erklärung noch rechtzeitig aus dem Verkehr ziehen möchte und kann, werden regelmäßig unentdeckt bleiben. Obsolet könnte der Meinungsstreit im übrigen mit Blick auf die zunehmende Verpflichtung zur Abgabe **elektronischer Einkommensteuererklärungen** werden. Ein „Zurückholen" scheidet in diesen Fällen aus; veranlagt wird kurzfristig und weitestgehend automatisiert, so dass bis zum Erreichen der Deliktsvollendung nicht viel Zeit bleibt.

507 Zu Recht und mit praktischer Relevanz wird die Frage der Gefährdung des Steueraufkommens beim bloßen Einreichen unrichtiger Steuererklärungen und damit einhergehend die Frage des Deliktsstadiums jedoch im Zusammenhang mit Steuererklärungen gestellt, die zum Erlass von **Grundlagenbescheiden**, insbesondere **Feststellungsbescheiden** führen.

Nach **richtiger Auffassung** ist im Falle der Abgabe einer (falschen) Erklärung zum Erlass eines Grundlagenbescheids der für eine Versuchsstrafbarkeit notwendige Grad an Gefährdung erst dann eingetreten, wenn dem jeweils zuständigen Veranlagungsfinanzamt Mitteilung über den Erlass des Grundlagenbescheids gemacht wird[4] bzw. der Erlass des Folgebescheids bevorsteht.[5] Bis dahin liegt eine **straflose Vorbereitungshandlung** vor.

Demgegenüber hatte der **BGH** bereits in einer Entscheidung vom 16.5.1984[6] entschieden, dass die **Versuchsstrafbarkeit hinsichtlich der Folgefestsetzung** schon dann erreicht sein soll, wenn ein Stpfl. eine falsche (Verlust-)Erklärung abgibt, die sich nach den Regeln des Verlustausgleichs (§ 10d EStG) jedoch erst in einem späte-

1) Mösbauer, DStZ 1997, 577, 579, wonach ein strafbarer Versuch selbst dann vorliegen soll, wenn die Erklärung die Finanzbehörde nicht mehr erreicht.
2) Ransiek in Kohlmann, § 370 AO Rz. 706/707 (Oktober 2011); ähnlich Joecks in Franzen/Gast/Joecks, 7. Aufl. 2009, § 370 AO Rz. 261a.
3) Ransiek in Kohlmann, § 370 AO Rz. 707 (Oktober 2011).
4) Ausf. Eschenbach, DStZ 1997, 851, 855.
5) So jetzt auch Ransiek in Kohlmann, § 370 AO Rz. 709 (Oktober 2011).
6) BGH v. 16.5.1984, 2 StR 525/83, HFR 1984, 439, 441.

ren – noch nicht bekannten – Einkommensteuerveranlagungszeitraum im Rahmen eines Verlustvortrags steuerverkürzend auswirken kann. Zur Begründung hat der BGH ausgeführt, es sei anerkannt, dass bei der Hinterziehung von Veranlagungssteuern das Versuchsstadium jedenfalls dann erreicht sei, sobald der Täter gegenüber dem Finanzamt unzutreffende Angaben mache und damit eine Täuschungshandlung begehe. Auf die Tatsache, dass die Steuerverkürzung erst in späteren Veranlagungszeiträumen eintreten könne, „komme es nicht an". Diese Entscheidung weicht für den Versuchsbeginn bei der Veranlagungssteuer von dem Grundsatz ab, dass erst dann, wenn die Steuererklärung (hier: für eines der Folgejahre) nach Maßgabe der Ausführungen unter → Rz. 506 „abgegeben" wird, die Grenze zum strafbaren Versuch wegen einer hinreichenden Gefährdungslage überschritten ist und ist daher abzulehnen.[1]

Gleichwohl hat der 1. Strafsenat des BGH die **Rechtslage** jüngst sogar noch dahingehend **verschärft**, dass Angaben des Stpfl., die zu unrichtigen Feststellungsbescheiden gem. § 180 Abs. 1 Nr. 2 Buchst. a AO (einheitliche und gesonderte Feststellung)[2] und § 10a Satz 6 GewStG (Verlustvortrag)[3] führen, jetzt sogar eine Bestrafung wegen **vollendeter Steuerhinterziehung** rechtfertigen sollen, weil der Täter wegen der Bindungswirkung der Grundlagenbescheide ungerechtfertigte Steuervorteile erlangt habe. Demzufolge nimmt der BGH in derartigen Konstellationen bei nur einer Tathandlung zwei Taterfolge an (sowohl im Hinblick auf den Grundlagen-, als auch den Folgebescheid). Die Rechtsmeinung der Vollendungsstrafbarkeit[4] stützt der BGH maßgeblich auf die unzutreffende[5] Behauptung, § 370 AO sei ein konkretes Gefährdungsdelikt.

Wenn der Täter eine **inhaltlich korrekte Steuererklärung** abgibt, kann dennoch ein strafbarer Versuch vorliegen, wenn zur Herbeiführung einer Verlängerung der Abgabefrist wahrheitswidrige Angaben gemacht werden („nicht rechtzeitige" Steuerfestsetzung i.S.d. § 370 Abs. 4 AO). 508

Soweit der Täter **keine Steuererklärung** abgibt bzw. untätig gegenüber dem Finanzamt bleibt, weil er es etwa auf eine zu niedrige Schätzung ankommen lassen will und/oder hofft, dem Finanzamt würden auf diese Weise Besteuerungsgrundlagen verborgen bleiben, kann er sich auch schon im Versuchsstadium wegen eines solchen **Unterlassungsdelikts** strafbar machen. Da hier das gebotene Handeln gerade unterbleibt, kommt § 22 StGB in Bezug auf das „unmittelbare Ansetzen" nur sinngemäß zur Anwendung. Bei einer Veranlagungssteuer soll in Fällen der Untätigkeit eines zur Abgabe der Steuererklärung Verpflichteten eine versuchte Steuerhinterziehung in dem Zeitpunkt beginnen, zu dem er bei pflichtgemäßem Verhalten die Steuererklärung spätestens hätte abgeben müssen.[6] Dies soll entweder der **Ablauf der gesetzlich festgelegten Erklärungsfrist**,[7] d.h. gem. § 149 Abs. 2 Satz 1 AO regelmäßig der 31.5. des Folgejahres, oder der **Ablauf einer dem Steuerpflichtigen gewährten Fristverlängerung**[8] sein, die insbesondere bei steuerlich beratenen Personen automatisch bis zum 31.12. des Folgejahres gewährt wird und auf Antrag noch darüber hinaus verlängert werden kann. Der Zeitpunkt des Ver- 509

1) Gegen die zitierte Rspr. schon Bublitz, DStR 1985, 653, 654, Fn. 18.
2) BGH v. 10.12.2008, 1 StR 322/08, BGHSt 53,99; v. 27.5.2009, 1 StR 665/08, NStZ-RR 2009, 340; v. 2.11.2010, 1 StR 544/09, HRRS 2011, Nr. 223, Rz. 94.
3) BGH v. 2.11.2010, 1 StR 544/09, NStZ 2011, 294.
4) Dagegen z.B.: Rübenstahl, HRRS 2009, 93, 101; Ransiek in Kohlmann, § 370 AO Rz. 407 (Juli 2011) und 709 (Oktober 2011); Claus, HRRS, 2009, 102, 104 f.; Hellmann in H/H/Sp, § 370 AO Rz. 299a (November 2011).
5) Hellmann in H/H/Sp, § 370 AO Rz. 299a (November 2011) und Rz. 58 ff. (November 2001); a.A. Joecks in Franzen/Gast/Joecks, 7. Aufl. 2009, § 370 AO Rz. 15.
6) OLG Düsseldorf v. 3.10.1986, 3 Ws 493/86, wistra 1987, 354.
7) BayObLG v. 24.3.1992, RReg. 4 St 159/91, wistra 1992, 238, 240.
8) OLG Düsseldorf v. 3.10.1986, 3 Ws 493/86, wistra 1987, 354.

streichenlassens der Frist wird für das Stadium des Versuchsbeginns als zutreffend erachtet, weil die Finanzbehörde nach Ablauf des gesetzten Termins in der Lage ist, ohne weitere Sachaufklärung (ggf. im Schätzungswege gem. § 162 Abs. 2 AO) – möglicherweise zu niedrig – zu veranlagen, so dass auf Grund dessen eine konkrete Gefahrenlage für den Steueranspruch außerhalb des Machtbereichs des Täters entstanden sei.[1] Diese Auffassung greift jedoch zu kurz. Sie verkennt,[2] dass auch die Unterlassungsvariante der Steuerhinterziehung (§ 370 Abs. 1 Nr. 2 AO) für die Strafbarkeit eine Steuerverkürzung verlangt. Gemäß § 370 Abs. 4 AO sind Steuern unter anderem dann verkürzt, wenn sie nicht rechtzeitig festgesetzt werden. Der Fokus hinsichtlich der für die Versuchsstrafbarkeit erforderlichen Rechtsgutsgefährdung muss daher auf den Zeitpunkt der Steuerfestsetzung gerichtet sein. Von einer diesbezüglichen Gefährdung kann aber nicht schon zum jeweiligen Fristablauf, sondern erst dann die Rede sein, wenn der Zeitpunkt nahe rückt, zu dem die **Veranlagungsarbeiten des jeweiligen Bezirks nahezu abgeschlossen** sind.[3] Der Versuchsbeginn muss also zu Gunsten des Stpfl. zeitlich in Richtung der **Vollendung des Delikts** (→ Rz. 513 ff.) verschoben werden. Eine „konkrete nahe Gefahr" i.S. der „gemischt subjektiv-objektiven Theorie" (→ Rz. 500) kann erst zu diesem Zeitpunkt gegeben sein.[4] Dieser Zeitpunkt wird von der jeweiligen, nicht bundeseinheitlichen Veranlagungspraxis des zuständigen Finanzamts im konkreten Einzelfall bestimmt und ist daher konkret-individuell zu ermitteln. Die grundsätzliche Schätzungsbefugnis des Finanzamts im Falle der Nichtabgabe einer Steuererklärung ist ungeeignet, den Versuchsbeginn in Richtung des Fristablaufs zu rücken, weil eine Schätzung, die auch zu hoch ausfallen kann, keine Gefährdungslage schafft, sondern eine solche gerade beseitigt.

510 Findet im konkreten Einzelfall der Nichtabgabe tatsächlich eine Schätzung der Veranlagungssteuer statt, löst dies in Abhängigkeit von Höhe und Zeitpunkt der Schätzung, sowie dem Vorstellungsbild des Täters unterschiedliche Rechtsfolgen[5] aus:

- **Richtige oder überhöhte Schätzung vor Abschluss der Veranlagungsarbeiten:** strafbarer, fehlgeschlagener Versuch, falls der Stpfl. auf zu niedrige oder gar keine Schätzung spekuliert hat; Straflosigkeit, falls der Stpfl. mit richtiger oder überhöhter Schätzung vor Veranlagungsschluss gerechnet hat.
- **Zu niedrige Schätzung vor Abschluss der Veranlagungsarbeiten:** Tatvollendung hinsichtlich des Differenzbetrags zur korrekten Steuer; hinsichtlich der festgesetzten Steuer Versuch, ggf. Straflosigkeit, falls der Stpfl. mit richtiger oder überhöhter Schätzung vor Veranlagungsschluss gerechnet hat.
- **Schätzung nach Abschluss der Veranlagungsarbeiten:** vollendetes Unterlassungsdelikt bereits mit Abschluss der Veranlagungsarbeiten (→ Rz. 515).

---

1) Eschenbach, DStZ 1997, 851, 855 m.w.N.
2) Vgl. Hellmann in H/H/Sp, § 370 AO Rz. 340 (November 2011).
3) Gl. A. inzwischen Ransiek in Kohlmann, § 370 AO Rz. 718 (Oktober 2011); Hellmann in H/H/Sp, § 370 AO Rz. 340 (November 2011); Joecks in Franzen/Gast/Joecks, 7. Aufl. 2009, § 370 AO Rz. 263a ff.
4) Dieser Befund korrespondiert mit der einschränkenden Sichtweise zum Versuchsbeginn beim Begehungsdelikt, → Rz. 506 und Ransiek in Kohlmann, § 370 AO Rz. 706/707 (Oktober 2011) (Versuchsbeginn nur, wenn nach dem Vorstellungsbild des Täters Bearbeitung der Steuererklärung alsbald nach Eingang erfolgt).
5) Teilweise str., vgl. Ferschl, wistra 1990, 177; Dörn, wistra 1991, 10; Ransiek in Kohlmann, § 370 AO Rz. 414 (Juli 2011). Zu den Anforderungen an einen Schätzungsbescheid bei unterlassener Erklärungsabgabe vgl. BFH v. 11.12.1999, V R 40/98, NJW 1999, 2063. Vgl. auch BayObLG v. 3.11.1989, RReg. 4 St 135/89, wistra 1990, 159: „Ergeht nach Ablauf der Frist für die Abgabe der Steuererklärung, aber vor Veranlagungsschluss ein auf Schätzung beruhender Steuerbescheid, in welchem die Steuer richtig oder zu hoch veranlagt wird, so tritt der Erfolg der Steuerverkürzung nicht ein. Es kommt daher nur versuchte Steuerhinterziehung in Betracht. Ergeht der auf Schätzung beruhende Steuerbescheid nach Veranlagungsende, bleibt es bei vollendeter Steuerverkürzung.".

Bei **Fälligkeits- bzw. Anmeldesteuern** gem. § 150 Abs. 1 Satz 3 AO gibt es grds. **kein Versuchsstadium**, da die Steuerhinterziehung mit der – rechtzeitigen – Abgabe unzutreffender Voranmeldungen (Begehungsdelikt) oder mit der Unterlassung fristgemäßer Voranmeldungen (Unterlassungsdelikt) zum Fälligkeitszeitpunkt regelmäßig bereits **vollendet** ist.[1] Gleiches gilt, wenn der Stpfl. in Verkennung des für ihn geltenden Anmeldungszeitraums schon vor Fälligkeit eine unrichtige Anmeldung abgibt; die Tat ist ab diesem Zeitpunkt vollendet, denn gem. § 168 Satz 1 AO steht eine Steueranmeldung einer Steuerfestsetzung unter Vorbehalt der Nachprüfung gleich. Nur für den Fall, dass eine unrichtige Umsatzsteuervoranmeldung zur **Steuerherabsetzung oder -vergütung** führen soll, gilt dies wegen der gem. § 168 Satz 2 AO erforderlichen Zustimmung des Finanzamts nicht. Es liegt lediglich ein **Versuch** vor.[2] Mit der Zustimmung ist die Tat wiederum vollendet. **511**

Zum (strafbaren) sog. **„untauglichen Versuch"** → Rz. 466 ff. **512**

2. Abgrenzung „Ende der Versuchsstrafbarkeit ./. Beginn der Strafbarkeit wegen Vollendung"

Die **Vollendung** einer Straftat beinhaltet regelmäßig ein **höheres Unwerturteil** als der Versuch, bei dem es noch nicht zu einer Realisierung des Schadens gekommen ist und der dementsprechend in § 23 Abs. 2 StGB eine fakultative Strafmilderungsmöglichkeit vorsieht. Im Übrigen scheidet mit Eintritt der Vollendung die Möglichkeit des Rücktritts vom Versuch gem. § 24 StGB (→ Rz. 520 ff.) aus. **513**

Gibt der Steuerpflichtige eine falsche Steuererklärung ab (wichtigster Fall des Begehungsdelikts bei Veranlagungssteuern), so ist die Tat nach allgemeiner Ansicht[3] im Zeitpunkt der **Bekanntgabe des unrichtigen Steuerbescheids** vollendet: Der Erfolg i.S.d. § 370 Abs. 4 Satz 1 AO, d.h. die Realisierung des Schadens, setzt eine zu niedrige bzw. nicht rechtzeitige Steuerfestsetzung voraus, wobei letzteres regelmäßig gem. § 155 Abs. 1 Satz 1 AO durch Steuerbescheid geschieht, für dessen Verbindlichkeit wiederum die Bekanntgabe erforderlich ist (vgl. § 155 Abs. 1 Satz 2, § 124, § 122 AO). **514**

Unterlässt der Stpfl. die Abgabe einer **Veranlagungssteuererklärung**, so ist die Tat nach bislang ständiger Rspr. des BGH[4] vollendet, wenn die Veranlagungsarbeiten in dem betreffenden Bezirk[5] für den maßgeblichen Zeitraum **abgeschlossen** sind. Entscheidend sei für die Frage der Vollendung nämlich der Zeitpunkt, zu dem bei ordnungsgemäßer Abgabe auch der unterlassende Täter spätestens veranlagt worden wäre. Erst dann sei die rechtzeitige Festsetzung der Steuer vereitelt und der Verkürzungserfolg eingetreten. Bis zu diesem Zeitpunkt liege nur eine versuchte Steuerhinterziehung vor. **515**

---

1) BayObLG v. 24.3.1992, RReg. 4 St 159/91, wistra 1992, 238, 240.

2) BGH v. 10.8.1988, 3 StR 246/88, wistra 1988, 355; v. 26.9.2002, 5 StR 97/02, wistra 2003, 20, 21 f.

3) Eschenbach, DStZ 1997, 851, 854 m.w.N.

4) BGH v. 7.11.2002, 5 StR 395/01, BStBl II 2002, 259, 262 = wistra 2002, 64, 66; v. 28.10.1998, 5 StR 500/98, wistra 1999, 385, 386. Zu beachten ist, dass die Bekanntgabe der Einleitung eines Ermittlungsverfahrens wegen Hinterziehung von Veranlagungssteuern noch vor Vollendung der Steuerhinterziehung dazu führt, dass die Vollendung nicht mehr eintreten kann bzw. die „Strafbewehrung der Erklärungspflicht für ein bestimmtes Veranlagungsjahr so lange suspendiert wird, wie für dieses Veranlagungsjahr ein Strafverfahren anhängig ist", BGH v. 23.1.2002, 5 StR 540/01, NStZ 2002, 437.

5) Der „betreffende Bezirk" des für den jeweiligen Steuerpflichtigen zuständigen Finanzamts ist gleichzusetzen mit dem konkreten Veranlagungsplatz des Finanzamts (für den betreffenden Veranlagungszeitraum), vgl. auch Dörn, NStZ 2002, 189, 190, m.w.N. Diesem Umstand ist deswegen besondere Bedeutung beizumessen, weil sich die von den Mittelbehörden geführten sog. „Fortgangsstatistiken" – je nach Ausfertigung – auch nur auf die jeweiligen Finanzämter insgesamt beziehen können. Die Statistik des konkreten Veranlagungsplatzes

516 Diese Auffassung geht weitestgehend konform mit der wohl h.M. im Schrifttum.[1)] Hervorzuheben ist jedoch, dass – freilich entgegen dem direkten Wortlaut der früheren Rspr.[2)] – auf einen Abschluss der Veranlagungsarbeiten **„im Großen und Ganzen"**[3)] bzw. **„im Wesentlichen"**[4)] abgestellt wird.[5)] Auch der BGH äußert sich in einigen Entscheidungen entsprechend.[6)] Von den Mittelbehörden wird der insoweit für maßgeblich erachtete **„allgemeine Veranlagungsschluss"** überwiegend dann angenommen, wenn 95 % der Steuerfälle veranlagt worden sind.[7)] Zweifel an einer Ausrichtung der strafrechtlichen Beurteilung an dieser „95 %-Grenze" ergeben sich bereits dann, wenn man sich vor Augen hält, dass steuerliche Veranlagungen selbstverständlich auch noch nach Ablauf des „offiziellen" Veranlagungsschlusses stattfinden. Kontrollmitteilungen, Strafanzeigen etc. können zu einer Entdeckung von Steuerstraftaten auch erst nach Verstreichen des Zeitpunkts führen. Die rechtzeitige Festsetzung der Steuer ist daher nicht denknotwendig bereits mit Eintreten des „allgemeinen Veranlagungsschlusses" vereitelt. Wesentlicher Kritikpunkt ist weiterhin, dass es die Finanzbehörde in der Hand hätte, die Strafbarkeit bzw. das zu erwartende Strafmaß derart zu „gestalten", dass sie bewusst die Schätzung einzelner Stpfl. auf einen Zeitpunkt nach der behördlichen Festlegung des Veranlagungsschlusses legt[8)] und somit künstlich eine Vollendung des Delikts herbeiführt.[9)] Nach

---

(Fortsetzung Fn. 5 von Seite 211)
kann also durchaus von der nächsthöheren Ebene der Statistik (dem Finanzamt in seiner Gesamtheit) abweichen. Trotz der m. E. inzwischen eindeutigen Rspr. des BGH zum Veranlagungsschluss (konkret-individuelle Frage des Einzelfalls) stellt die Finanzverwaltung in der Praxis zumeist pauschal auf den einheitlich den Finanzämtern vorgegebenen sog. „maschinellen Veranlagungsschluss" ab (dies ist z.B. im Bezirk München jeweils der 31.5. des übernächsten, auf den Veranlagungszeitraum folgenden Jahres). Diese Praxis kann sich sowohl positiv als auch negativ auswirken – je nachdem, ob die Frage des Verjährungsbeginns oder die Abgrenzung zwischen Versuch und Vollendung der Unterlassungstat (und damit z.B. die Frage, ob Hinterziehungszinsen festzusetzen sind) zu beurteilen ist.

1) Vgl. Schmitz, wistra 1993, 248, 250 m.w.N.; zu der Vielfalt weiterer Meinungen zum „Veranlagungsschluss" vgl. Dörn, DStZ 1998, 165. Vgl. auch Ransiek in Kohlmann, § 370 AO Rz. 413 (Juli 2011).

2) Hier war noch eindeutig von einem „Abschluss" der Arbeiten ohne jedwede Relativierung die Rede, vgl. BGH v. 20.5.1981, 2 StR 666/80, BGHSt 30, 122, 123: „Die Tat ist in dem Zeitpunkt vollendet, in dem die Veranlagungsarbeiten spätestens abgeschlossen worden wären. Entscheidend ist dabei der Zeitpunkt, zu dem der unterlassende Täter spätestens veranlagt worden wäre.".

3) Joecks in Franzen/Gast/Joecks, 7. Aufl. 2009, § 370 AO Rz. 37a.

4) Kummer in Wabnitz/Janovski, 3. Aufl. 2007, 18. Kapitel, Rz. 50.

5) Unglücklich daher OLG Hamburg v. 2.6.1992, 1 Ss 119/91, wistra 1993, 274, 275: „... wenn die Veranlagungsarbeiten beim Finanzamt im Großen und Ganzen vollständig abgeschlossen sind." Sind die Arbeiten (nur) im Großen und Ganzen abgeschlossen, sind sie gerade nicht vollständig. Vgl. hierzu auch Dörn, wistra 1993, 241, 243 f.

6) Vgl. beispielsweise BGH v. 28.10.1998, 5 StR 500/98, wistra 1999, 385, 386, sowie BGH v. 23.1.2002, NStZ 2002, 437, 438: „... im Wesentlichen ..."; v. 19.3.1991, 5 StR 516/90, wistra 1991, 223: „...allgemein abgeschlossen...".

7) Dörn, wistra 1993, 241; in Hamburg ist die Grenze offenbar sogar schon bei 90 % erreicht, vgl. Dörn, DStZ 1998, 165. Vgl. zum sog. „maschinellen Veranlagungsschluss" → Rz. 515 (Fußnote).

8) Schmitz, wistra 1993, 248, 250.

9) Zur Frage der Kausalität und objektiven Zurechnung in Schätzungsfällen vgl. Dörn, NStZ 2002, 189, der einen „allgemeinen Veranlagungsschluss" zur Bestimmung der Tatvollendung bei Nichtabgabe von Steuererklärungen nur für dem Finanzamt unbekannte Stpfl. gelten lassen will, da die dem Finanzamt bekannten Stpfl. (nur solche können denknotwendig überhaupt geschätzt werden) gerade der Willkür des Veranlagungsbeamten (Schätzung vor oder nach „allgemeinem Veranlagungsschluss") ausgesetzt wären. Mangels objektiver Zurechenbarkeit des Taterfolgs müssten die dem Finanzamt bekannten Stpfl. daher für eine Steuerfestsetzung nach dem „allgemeinem Veranlagungsschluss" nicht einstehen. Die gegenteilige Auffassung vertritt BayObLG v. 3.11.1989, RReg. 4 St 135/89, wistra 1990, 159, 161 f. Vgl. auch → Rz. 510.

richtiger Auffassung ist vielmehr der strafprozessuale Grundsatz **„in dubio pro reo"** im Auge zu behalten, der es gebietet, das Versuchsstadium zeitlich so weit wie möglich auszudehnen, um nicht zuletzt auch einen möglichst weiten Anwendungsbereich für die strafbefreiende Möglichkeit des Rücktritts vom Versuch gem. § 24 StGB (→ Rz. 520 ff.) zu schaffen. Konsequent ist es daher, auf den **vollständigen Abschluss der Veranlagung** abzustellen.[1] Zuzustimmen ist vor diesem Hintergrund auch der Auffassung,[2] dass dem endgültigen Abschluss der Veranlagungsarbeiten jedenfalls die Zeitspanne hinzugerechnet werden muss, innerhalb derer der Steuerbescheid gem. § 122 Abs. 2 AO bei Übermittlung durch die Post regelmäßig bekannt gegeben wird (Dreitages- bzw. Monatsfiktion), da der Verkürzungserfolg nicht schon mit der unterbliebenen Veranlagung, sondern erst mit der unterbliebenen Festsetzung eintritt, die wiederum die Bekanntgabe des Steuerbescheids voraussetzt (§ 155 AO).

Obwohl nach alledem bereits im Ermittlungsverfahren Feststellungen zum konkreten Stand der Veranlagung erforderlich wären, kommt dies **in der Praxis eher selten** vor.[3] Von erheblicher praktischer Bedeutung ist die Frage der Vollendung einer Steuerhinterziehung durch Unterlassen bei Veranlagungssteuern hingegen in Bezug auf die strafrechtliche **Verfolgungsverjährung**. Für die hier relevante **Beendigung** der Tat (vgl. § 78a StGB) wird nach wie vor die zur Vollendung ergangene Rspr. herangezogen (ausführlich dazu → Rz. 730 ff.).[4] Hinsichtlich der Steuerhinterziehung besteht nämlich die Besonderheit, dass Vollendung und Beendigung des Delikts regelmäßig zeitlich zusammenfallen.[5] **517**

Jenseits der unter → Rz. 515 und → Rz. 516 dargestellten ständigen Rechtsprechung und ohne eine Auseinandersetzung mit den diesbezüglichen Literaturmeinungen hat der 1. Strafsenat des BGH jüngst geäußert,[6] „erwogen" zu haben, „ob zumindest bei einfach gelagerten Sachverhalten (...) von einer Zeitspanne der Bearbeitung fristgerecht eingereichter Steuererklärungen von längstens einem Jahr" auszugehen sei.[7] Maßgeblich seien nämlich auch die „konkreten steuerlichen Verhältnisse des jeweiligen Angeklagten". Das Tatgericht sei „weder nach dem Zweifelssatz noch sonst gehalten, zu Gunsten des Angeklagten von Annahmen auszugehen, für deren Vorliegen es an zureichenden Anhaltspunkten fehlt".[8] Diese Ausführungen **518**

---

1) Hellmann in H/H/Sp, § 370 AO Rz. 150 m.w.N. (November 2011); Joecks in Franzen/Gast/Joecks, 7. Aufl. 2009, § 370 AO Rz. 37a: Man würde „fragen müssen, wann denn nun wirklich der letzte betreffende Stpfl. veranlagt worden ist". Offenbar a.A. und unkritisch Jäger in Klein, 11. Aufl. 2012, § 370 AO Rz. 92, der lediglich ausführt, dass bislang nicht höchstrichterlich geklärt sei, ob 90 % oder 95 % maßgeblich sind; derartige Prozentsätze könnten „lediglich Anhaltspunkte sein"; dem Gericht stünde „jedenfalls ein Beurteilungsspielraum" zu (zu Lasten des Stpfl.?). Warum bei aufklärbaren Tatsachen ein Beurteilungsspielraum bestehen soll, ist unerfindlich.

2) Schmitz, wistra 1993, 248, 250 f.

3) So auch Dörn, DStZ 1998, 165.

4) Nach BGH v. 7.11.2001, 5 StR 395/01, BStBl II 2002, 259 = wistra 2002, 64 soll diesbezüglich für die Anwendung des Zweifelsgrundsatzes „kein Raum" bleiben (im Gegensatz zur Frage der Abgrenzung Versuch versus Vollendung müsste hinsichtlich der Verfolgungsverjährung nach hier vertretener Auffassung zu Gunsten des Täters ein erheblich früherer Tatbeendigungszeitpunkt anzunehmen sein).

5) Anders kann es hingegen vor allem im Bereich der Hinterziehung von Eingangsabgaben liegen. Vgl. hierzu auch BGH v. 15.7.1999, 5 StR 155/99, HFR 2000, 607, wonach die Tat für einen Mittäter schon dann vollendet sein kann, wenn er seinen verabredeten, im Zeitpunkt zwischen Vollendung und Beendigung zu leistenden Tatbeitrag noch nicht erbracht hat.

6) Obiter dictum zu Lasten des Stpfl., wie auch in diversen anderen Entscheidungen.

7) BGH v. 19.1.2011, 1 StR 640/10, wistra 2012, 484. Was mit einem „einfach gelagerten Sachverhalt" gemeint sein soll, wird nicht erläutert.

8) BGH v. 19.1.2011, 1 StR 640/10, wistra 2012, 484; zu den Bemühungen des 1. Strafsenats, die Anwendung des Zweifelsgrundsatzes einzudämmen, vgl. auch → Rz. 402, Fußnote (zum Vorsatz).

sind unverständlich.[1] Bei Anwendung des Zweifelsgrundsatzes wird zu Gunsten des Stpfl. davon ausgegangen, dass er als einer der Letzten oder gar als Allerletzter von „seinem" Finanzamt veranlagt worden wäre. Derart spät veranlagt werden aber nicht lediglich Personen, denen Fristverlängerung gewährt wurde, oder die steuerlich vertreten sind, oder deren Steuererklärungen besonders umfangreich und/oder komplex sind. Vielmehr gehören dazu auch diejenigen, die – aus welchen Gründen auch immer – z.B. lange Zeit nicht zur Abgabe von Steuererklärungen aufgefordert wurden, mit erheblicher Verspätung geschätzt wurden, oder deren Erklärungen schlicht liegen geblieben sind. Späte Veranlagungen beruhen daher auch und gerade auf Organisationsdefiziten, die im Verantwortungsbereich der Finanzverwaltung liegen.[2] Soweit der 1. Strafsenat also auf die individuellen Verhältnisse des Stpfl. abstellt und verlangt, dass in dessen Verhältnissen „zureichende tatsächliche Anhaltspunkte" für eine lange Veranlagungsdauer liegen müssten, beruht dies offenbar auf der Fehlvorstellung, dass die Finanzverwaltung wie ein Uhrwerk funktioniere. Eine Individualisierung der Verhältnisse kann und muss richtiger Weise stattfinden, allerdings nicht in der Person des Steuerpflichtigen, sondern hinsichtlich des konkret zuständigen Finanzamts, wie es auch dem bisherigen Verständnis der h.M. in Rspr. und Lit. entspricht (→ Rz. 515 ff.). Mit etwas Mühe ist der Veranlagungsschluss eines Finanzamts auch konkret bestimmbar. Demgegenüber ist die vom 1. Strafsenat erwogene „Jahresfrist" eine abstrakte Fiktion zu Lasten des Steuerpflichtigen.[3] Hinzu kommt, dass diese „Jahresfrist" nach der Vorstellung des 1. Strafsenats offenbar ab Versuchsbeginn gelten soll. Nach richtiger Auffassung beginnt der Versuch des Unterlassungsdelikts bei Veranlagungssteuern aber ebenfalls erst kurz vor Veranlagungsschluss (→ Rz. 509). Interessant ist schließlich die Aussage des 1. Strafsenats, es sei von Rechts wegen „nicht geboten, Tatvollendung erst zum Zeitpunkt der Tatbeendigung anzunehmen". Damit soll offenbar sogleich dahingehend „vorgebaut" werden, dass die „Jahresfrist" nicht für die Bestimmung des Verjährungsbeginns gelte; diesbezüglich wird nämlich wieder die Rechtsprechung des 5. Strafsenats[4] („Veranlagungsschluss") zitiert. Dies ist widersprüchlich. Insbesondere erläutert der 1. Strafsenat nicht, warum bei Zugrundelegung seiner Rechtsmeinung die individuellen Verhältnisse des Steuerpflichtigen bei der Ermittlung des Verjährungsbeginns plötzlich keine Rolle spielen sollen.

519 Zur Vollendung des Begehungs- und Unterlassungsdelikts bei **Fälligkeitssteuern** → Rz. 511. Zum Sonderfall des Unterlassungsdelikts bei der **Erbschaft- und Schenkungsteuer**, bei der es keinen allgemeinen Veranlagungsschluss gibt, → Rz. 1068 ff.

---

1) Offenbar a.A. Meyberg, PStR 2011, 83 mit Interpretationsversuch. Meyberg bringt vor, dass die durchschnittliche Bearbeitungsdauer fristgerecht eingereichter Steuererklärungen drei bis vier Monate betrage, so dass die vom 1. Strafsenat angenommene, einjährige Bearbeitungsdauer einen Angeklagten regelmäßig nicht belaste. Dazu ist anzumerken, dass bei der Problematik der Vollendung des Unterlassungsdelikts nicht die durchschnittliche Bearbeitungsdauer einer Steuererklärung in Rede steht, sondern die Frage nach dem Zeitpunkt des allgemeinen Veranlagungsschlusses. Meybergs Ausführungen stehen offenbar unter der Prämisse des BGH, dass der Zweifelsgrundsatz keine Anwendung finden soll, wofür es jedoch keine plausible Erklärung gibt. Unkritisch Ransiek in Kohlmann, § 370 AO Rz. 413 a.E. (Juli 2011).

2) Dies verkennt auch Wulf, wistra 2012, 485, 486, der glaubt, bei der Anwendung des Zweifelsgrundsatzes durch die bisherige ständige Rechtsprechung habe es sich um den Versuch gehandelt, Beweisaufnahmen „zu umgehen".

3) Entgegen Jäger in Klein, 11. Aufl. 2012, § 370 AO Rz. 92, ist es nicht angängig, dies mit dem Gesichtspunkt der Gleichbehandlung zu rechtfertigen. Soweit und solange im Strafprozess konkrete Feststellungen möglich sind – und dies wird hinsichtlich des Veranlagungsschlusses regelmäßig der Fall sein –, ist für eine schematische Anwendung nachteiliger Hypothesen kein Raum. Ähnlich Wulf, wistra 2012, 485, 486.

4) BGH v. 7.11.2001, 5 StR 395/01, BGHSt 47, 138.

3. Rücktritt vom Versuch (§ 24 StGB)

Unter den Voraussetzungen des § 24 StGB hat der „eigentlich" schon straffällig gewordene Täter die Möglichkeit, mit **strafbefreiender Wirkung** vom Versuch zurückzutreten, solange das Delikt noch **nicht vollendet** ist. Während früher die Auffassung vertreten wurde, Sinn und Zweck der Regelung sei es, dem Täter eine **„goldene Brücke in die Straflosigkeit"** zu bauen, geht der BGH heute nach der sog. **Schuldzwecktheorie**[1] davon aus, dass sich der freiwillig zurücktretende Straftäter als minder gefährlich erweise, was wiederum einen Verzicht auf Prävention vertretbar mache.[2] Nach h.M.[3] wird § 24 StGB vor diesem Hintergrund systematisch als **persönlicher Strafaufhebungsgrund** eingeordnet. Liegt kein wirksamer Rücktritt vor, kommt immerhin eine Strafmilderung in Betracht[4] (ähnlich wie bei der fehlgeschlagenen Selbstanzeige). **520**

Da § 24 StGB auch im Bereich der **Steuerhinterziehung** Anwendung findet, werden dessen Voraussetzungen nachfolgend kurz erläutert (→ Rz. 522 ff.). Zu beachten ist, dass auch das Institut der strafbefreienden Selbstanzeige gem. § 371 AO (→ Rz. 1927 ff.) unstreitig schon im Versuchsstadium der Steuerhinterziehung zum Tragen kommen kann,[5] so dass kurz auf das Verhältnis von § 24 StGB zu § 371 AO eingegangen wird (→ Rz. 526 ff.). **521**

a) Anwendbarkeit und Voraussetzungen des § 24 StGB

Im Falle eines aus subjektiver Sicht des Täters **fehlgeschlagenen Versuchs** kommt das Rücktrittsprivileg des § 24 StGB nicht zur Anwendung.[6] Ein solcher (strafbarer) Fehlschlag liegt insbes. dann vor, wenn der Täter – worüber er sich im Klaren sein muss – das konkrete Handlungsziel nicht mehr erreichen kann oder wenn der Tatplan sinnlos geworden ist, wenn also die Tatbestandserfüllung zwar noch möglich wäre, der damit verfolgte Zweck jedoch verfehlt würde.[7] **522**

Beispiel:

Der Stpfl. S gibt eine falsche Erklärung beim Finanzamt ab. Noch vor Veranlagung und Bekanntgabe des Steuerbescheids wird ihm mitgeteilt, dass die Steuerfahndung die konkrete Täuschungshandlung entdeckt habe. Selbst wenn S wieder in Besitz des falsch ausgefüllten Erklärungsvordrucks gelangen und diesen berichtigen würde, wäre ihm die Inanspruchnahme der „goldenen Brücke" versagt. Auch eine Selbstanzeige könnte S nicht mehr mit strafbefreiender Wirkung erstatten (vgl. § 371 Abs. 2 Nr. 2 AO).

Weiß S hingegen nichts von der Tatentdeckung, kann er gem. § 24 Abs. 1 Satz 2 StGB Straffreiheit erlangen[8] (vermeintlich vollendbarer Versuch, → Rz. 524). Das „Vollständigkeitsgebot" des § 371 Abs. 1 AO n.F. (→ Rz. 1994) gilt hierbei naturgemäß nicht. Auch die „50.000-€-Grenze" des § 371 Abs. 2 Nr. 3 AO n.F. (→ Rz. 2177) spielt keine Rolle. Dies verdeutlicht, dass gerade im Falle einer unwirksamen Selbstanzeige nach „neuem Recht" stets zu prüfen ist, ob nicht ein wirksamer Rücktritt vom Versuch vorliegt.

---

1) BGH v. 28.2.1956, 5 StR 352/55, BGHSt 9, 48, 52.
2) Ausf. zum Streitstand und zu den sonstigen Auffassungen: Eser in Schönke/Schröder, 28. Aufl. 2010, § 24 StGB Rz. 2 ff.
3) Eser in Schönke/Schröder, 28. Aufl. 2010, § 24 StGB Rz. 4 m.w.N.
4) OLG München v. 24.7.2012, 4 St RR 099/12, wistra 2012, 490, 491.
5) BGH v. 20.7.1965, 1 StR 95/65, BB 1966, 107; v. 19.3.1991, 5 StR 516/90, BGHSt 37, 340, 345.
6) Diese Fallgruppe ist vorrangig zu prüfen; ihre Berechtigung ist fast allgemein anerkannt, vgl. Fischer, 60. Aufl. 2013, § 24 StGB Rz. 6 m.w.N.
7) Eser in Schönke/Schröder, 28. Aufl. 2010, § 24 StGB Rz. 9 ff.; vgl. auch OLG München v. 24.7.2012, 4 St RR 099/12, wistra 2012, 490 zur Steuerhinterziehung im finanzgerichtlichen Verfahren: fehlgeschlagener Versuch im Zeitpunkt der Rücknahme einer beim FG anhängigen Klage, daher kein wirksamer Rücktritt vom Versuch (aber mildernde Berücksichtigung bei der Strafzumessung).
8) Gl.A. Hellmann in H/H/Sp, § 370 Rz. 345 (November 2011).

523 Hat der Täter das (strafbare) Versuchsstadium erreicht und ist der Versuch nicht fehlgeschlagen, kann § 24 StGB grds. zur Anwendung kommen. **Abs. 1** der Vorschrift regelt den Rücktritt bei **Alleintäterschaft**, während **Abs. 2** die Voraussetzungen des Rücktrittsprivilegs bei **Tatbeteiligung mehrerer** verschärft. Im Folgenden wird nur auf den praktisch bedeutsameren § 24 Abs. 1 StGB Bezug genommen.[1)]

524 Hinsichtlich der an den Rücktritt zu stellenden Anforderungen ist im Rahmen des § 24 Abs. 1 StGB zunächst danach zu unterscheiden, ob der Versuch unbeendet oder beendet[2)] bzw. vermeintlich vollendbar[3)] war. **Unbeendet** ist der Versuch, wenn der Täter nach seiner Vorstellung von der Tat noch nicht alles getan zu haben glaubt, was zur Vollendung der Tat notwendig ist. Um strafbefreiend zurücktreten zu können, muss er die weitere Ausführung der Tat aufgeben (§ 24 Abs. 1 Satz 1 Fall 1 StGB). Erforderlich für das Aufgeben der Tat ist in diesem Versuchsstadium also nur ein Gegenentschluss des Täters, der auf das endgültige Aufgeben der konkreten Tat gerichtet ist. Glaubt der Täter hingegen, nach seiner Vorstellung von der Tat alles getan zu haben, um den tatbestandsmäßigen Erfolg herbeizuführen bzw. das Delikt zu vollenden **(beendeter Versuch)**, so muss er mehr tun, nämlich die Vollendung der Tat verhindern (§ 24 Abs. 1 Satz 1 Fall 2 StGB). Erforderlich ist hierfür also eine konkrete Gegenaktivität. Eine Ausnahme von diesem Grundsatz bestimmt § 24 Abs. 1 Satz 2 StGB: Wird die Tat ohne Zutun des Zurücktretenden nicht vollendet, d.h., ohne dass er hierfür die Ursache gesetzt hat (**vermeintlich vollendbarer Versuch** als „Unterfall" des vollendeten Versuchs), so wird er schon dadurch straflos, dass er sich ernsthaft bemüht, die Vollendung zu verhindern, vgl. Beispiel in → Rz. 522. Für die **Abgrenzung** von unbeendetem und beendetem Versuch kommt es nach h.M.[4)] auf die **Vorstellung des Täters** vom Verwirklichungsgrad seiner Tat an, wobei auf den Zeitpunkt abzustellen ist, in dem der Täter von weiteren Ausführungshandlungen absieht.

525 Übereinstimmend fordert § 24 StGB in allen Stadien des Versuchs **Freiwilligkeit** in Bezug auf den Rücktritt. Die weitere Ausführung der Tat gibt freiwillig auf, wer die Tatvollendung, obwohl er ihr ursprüngliches Ziel noch für erreichbar hält, aus autonomen, d.h. selbst gesetzten Motiven nicht mehr erreichen will, wobei der Anstoß zum strafbefreienden Rücktritt durchaus von außen kommen kann.[5)] **Unfreiwilligkeit**[6)] liegt demgegenüber vor, wenn der Täter aus nur heteronomen Motiven handelt, die ihm das Aufgeben der Tat aufzwingen,[7)] oder wenn er glaubt, die Situation habe sich gegenüber seinem ursprünglichen Plan so nachteilig verändert, dass das Entdeckungsrisiko zu groß oder die Eintrittswahrscheinlichkeit der aus der Tat zu erwartenden Vorteile zu gering geworden ist (sog. „Verbrechervernunft").[8)]

b) Verhältnis des § 24 StGB zu § 371 AO

526 Ist die Steuerhinterziehung vollendet, bleibt für einen Rücktritt vom Versuch kein Raum. Eine Art „Rücktritt" vom vollendeten Delikt bietet nur die strafbefreiende Selbstanzeige gem. § 371 AO, die Ähnlichkeiten mit der sog. „tätigen Reue" des allgemeinen Strafrechts aufweist. Andererseits ist § 371 AO schon im Versuchssta-

1) Zu § 24 Abs. 2 StGB vgl. Eser in Schönke/Schröder, 28. Aufl. 2010, § 24 StGB Rz. 73 ff.
2) Vgl. im Einzelnen Fischer, 60. Aufl. 2013, § 24 StGB Rz. 14 ff. m.w.N.
3) Vgl. dazu Fischer, 60. Aufl. 2013, § 24 StGB Rz. 36.
4) Eser in Schönke/Schröder, 28. Aufl. 2010, § 24 StGB Rz. 13.
5) BGH v. 14.4.1955, 4 StR 16/55, BGHSt 7, 296, 299.
6) Abgrenzungsschwierigkeiten in Bezug auf den fehlgeschlagenen Versuch können hier vernachlässigt werden, da die Rechtsfolge (Strafbarkeit) jeweils gleich ist; vgl. auch OLG München v. 24.7.2012, 4 St RR 099/12, wistra 2012, 490 zur Steuerhinterziehung im finanzgerichtlichen Verfahren: kumulative Annahme von fehlgeschlagenem Versuch und Unfreiwilligkeit.
7) Eser in Schönke/Schröder, 28. Aufl. 2010, § 24 StGB Rz. 45.
8) Joecks in Franzen/Gast/Joecks, 7. Aufl. 2009, § 369 AO Rz. 66 m.w.N.

dium anwendbar (s.o.). Vor diesem Hintergrund stellt sich die Frage, inwiefern diese beiden Vorschriften **konkurrieren**.

So wurde bis zum Ergehen einer Grundsatzentscheidung des BGH[1)] verbreitet die Auffassung[2)] vertreten, dass § 24 StGB beim **beendeten Versuch** der Steuerhinterziehung durch § 371 AO **verdrängt** würde. **527**

Beispiel:

Der Stpfl. S hat hinsichtlich seiner Einkünfte unrichtige Angaben in der Steuererklärung gemacht und seine Ehefrau E beauftragt, den Umschlag mit dem Erklärungsvordruck bei der Post abzugeben. Kaum ist E verrichteter Dinge wieder nach Hause zurückgekehrt, beichtet S seine Verfehlung. E redet ihm so lange ins Gewissen, bis er sich ihr zuliebe entschließt, den Umschlag zwecks Korrektur der Steuererklärung von der Post zurückzuholen.

Für den Beispielsfall sei unterstellt, dass die von S geplante Steuerhinterziehung durch die Aufgabe zur Post bereits ins Versuchsstadium gelangt ist[3)] und dass der Versuch beendet war, da S nach seiner Vorstellung von der Tat geglaubt hat, alles getan zu haben, um den tatbestandsmäßigen Erfolg herbeizuführen bzw. das Delikt zu vollenden. Dadurch, dass er den wahrheitswidrig ausgefüllten Erklärungsvordruck zurückgeholt hat, hat er eine konkrete Gegenaktivität entfaltet, um die Vollendung der Tat zu verhindern. Auch wenn er hierzu erst von E überredet werden musste und nur ihr zuliebe aktiv geworden ist, so hat er doch freiwillig gehandelt, da der Rücktritt keine ethisch hochwertigen Motive voraussetzt[4)] und durch einen Anstoß von außen nicht hinfällig wird.[5)] S ist daher nach h.M.[6)] strafbefreiend von der versuchten Steuerhinterziehung zurückgetreten (§ 24 Abs. 1 Satz 1 Fall 2 StGB). Diese Auffassung überzeugt, denn es ist nicht einzusehen, warum im Falle eines solchen beendeten Versuchs nur einer Berichtigungserklärung gem. § 371 AO strafbefreiende Wirkung zukommen sollte.[7)] Treten §§ 24 StGB und 371 AO zueinander in Konkurrenz, findet **die für den Täter günstigere Regelung** Anwendung.[8)] **528**

Die **parallele Anwendbarkeit von § 371 AO und § 24 StGB** im Falle des Versuchs der Steuerhinterziehung hat der BGH[9)] unter Bezugnahme auf die **unterschiedliche ratio legis** der beiden Vorschriften begründet. Während beim Rücktritt das Strafbedürfnis wegen der geringeren Gefährlichkeit und Strafwürdigkeit des Täters entfalle (→ Rz. 520), sei die Selbstanzeige unabhängig davon darauf gerichtet, aus steuerpolitischen Gründen die Möglichkeit des Abstandnehmens von Steuerstraftaten über die allgemein geltenden Rücktrittsvorschriften des StGB hinaus zu erweitern. **529**

Als **Konsequenz** der parallelen Anwendbarkeit der beiden Vorschriften ist Folgendes zu beachten: Einerseits wird die Möglichkeit, im Versuchsstadium Straffreiheit zu erlangen, durch § 371 AO **eingeengt**, da diese Vorschrift eine Berichtigungserklärung und das Vorliegen objektiv feststellbarer Tatumstände erfordert.[10)] Andererseits ist § 371 AO insofern **weiter** als § 24 StGB, als er auch beim vollendeten Delikt zur Anwendung kommt und subjektiv nicht generell „Freiwilligkeit" voraussetzt. **530**

---

1) BGH v. 19.3.1991, 5 StR 516/90, BGHSt 37, 340, 345 f.; vgl. in diesem Sinne auch schon – allerdings nur obiter dictum – BGH v. 13.5.1983, 3 StR 82/83, wistra 1983, 197.
2) Nachweise bei BGH v. 19.3.1991, 5 StR 516/90, BGHSt 37, 340, 345 f.
3) Sehr str., → Rz. 506.
4) Eser in Schönke/Schröder, 28. Aufl. 2010, § 24 StGB Rz. 56 m.w.N.
5) BGH v. 14.4.1955, 4 StR 16/55, BGHSt 7, 296, 299.
6) Vgl. BGH v. 19.3.1991, 5 StR 516/90, BGHSt 37, 340, 345 f.; Joecks in Franzen/Gast/Joecks, 7. Aufl. 2009, § 369 AO Rz. 65; Kohlmann, § 371 AO Rz. 269 (Oktober 1998); Rüping in H/H/Sp, § 371 AO Rz. 226 (März 2012).
7) So auch Joecks in Franzen/Gast/Joecks, 7. Aufl. 2009, § 369 AO Rz. 65.
8) Jäger in Klein, 11. Aufl. 2012, § 371 AO Rz. 5.
9) BGH v. 19.3.1991, 5 StR 516/90, BGHSt 37, 340, 345 f.
10) Kohlmann, § 371 AO Rz. 266 (Oktober 1998).

Aufgrund der Verschärfung des Rechts der Selbstanzeige ist den **Rücktrittsregeln heute grds. mehr praktische Relevanz** beizumessen als früher.

531 Fraglich ist, welche der **Ausschlussgründe** in § 371 Abs. 2 AO gleichzeitig das Erfordernis der **„Freiwilligkeit"** in § 24 StGB **ausschließen**. Nach richtiger Auffassung[1] wird dies wohl regelmäßig der Fall sein, wenn

- dem Täter oder seinem Vertreter bereits die Einleitung des Straf- oder Bußgeldverfahrens bekannt gegeben worden ist (§ 371 Abs. 2 **Nr. 1 Buchst. b** AO);[2]
- die Tat bereits entdeckt ist und der Täter dies wusste oder bei verständiger Würdigung der Sachlage damit rechnen musste (§ 371 Abs. 2 **Nr. 2** AO). Nach der Neufassung der Vorschrift tritt die Sperrwirkung bereits ein, wenn „eine der Steuerstraftaten", für die eine Selbstanzeige abzugeben ist, ganz oder teilweise entdeckt ist. Meines Erachtens wird es eine Frage des Einzelfalls sein, ob der Täter bei Tatentdeckung für den VZ 10 noch wirksam (freiwillig) für den VZ 09 zurücktreten kann. Pauschal lässt sich die Freiwilligkeit in solchen Fällen nicht verneinen.

532 Demgegenüber wird **Freiwilligkeit** i.S.d. § 24 StGB abhängig von der subjektiven Sicht des Täters im Einzelfall **noch zu bejahen** sein, wenn ein Amtsträger der Finanzbehörde zur steuerlichen Prüfung erschienen ist (vgl. § 371 Abs. 2 **Nr. 1 Buchst. c** AO) und der Täter ihm vor Beginn der Prüfung oder während der laufenden Prüfung berichtigte Angaben zu einer bereits eingereichten Steuererklärung, die Gegenstand der Prüfung ist, aber noch nicht zu einem Steuerbescheid führte, macht.[3] Auch die vorherige Bekanntgabe der Prüfungsanordnung (Sperrgrund gem. § 371 Abs. 2 **Nr. 1 Buchst. a** AO) ändert dabei nichts an der Freiwilligkeit.[4] Der Täter handelt hier regelmäßig noch aus autonomen Motiven; der „Anstoß von außen" durch die Finanzverwaltung ist unschädlich (→ Rz. 525).

533 Nicht zuzustimmen ist der zu pauschalen Auffassung, wonach ein Täter, der im Falle des Eintritts der Sperrwirkung aus § 371 Abs. 2 AO den Ausschlussgrund kenne, nicht mehr freiwillig zurücktreten werde.[5] Insbesondere im Hinblick auf § 371 Abs. 2 Nr. 1 Buchst. c AO („Erscheinen" des Amtsträgers) muss dies eine **Frage des Einzelfalls** bleiben, die an der subjektiven Sicht des Täters in Bezug auf die „Freiwilligkeit" zu messen ist. Der neue Sperrgrund des § 371 Abs. 2 **Nr. 3** AO („50.000-€-Grenze") steht der Freiwilligkeit ohnedies nicht entgegen.

---

1) Joecks in Franzen/Gast/Joecks, 7. Aufl. 2009, § 371 AO Rz. 234 (noch zum „alten Recht" der Selbstanzeige).

2) Vgl. dazu etwa BayObLG v. 9.1.2002, 4 St RR 132/2001, DStRE 2002, 1094, 1095 zum Fall der Berichtigung einer Rechnung gem. § 14 Abs. 2 Satz 2 UStG 1992: Die nach Zustellung der Mitteilung über die Einleitung eines Strafverfahrens abgegebenen Erklärungen könnten ungeachtet einer etwa fortbestehenden Berichtigungsmöglichkeit gem. § 14 Abs. 2 Satz 2 UStG weder als Rücktritt gem. § 24 StGB noch als Selbstanzeige gem. § 371 AO gewertet werden. Zu § 24 StGB führt das Gericht aus, dass die „Voraussetzungen dieser Norm" nicht erfüllt seien und bezieht sich damit augenscheinlich auf das Merkmal der Freiwilligkeit. Vgl. auch BGH v. 23.1.2002, 5 StR 540/01, NStZ 2002, 437.

3) Jäger in Klein, 11. Aufl. 2012, § 371 AO Rz. 5; Joecks in Franzen/Gast/Joecks, 7. Aufl. 2009, § 371 AO Rz. 234 (noch zum „alten Recht" der Selbstanzeige); a.A. Kohlmann, § 371 AO Rz. 269 (Oktober 1998): „mehr als fraglich".

4) Gl.A. Jäger in Klein, 11. Aufl. 2012, § 371 AO Rz. 5.

5) So noch immer Rüping in H/H/Sp, § 371 AO Rz. 228 (März 2012); Kohlmann, § 371 AO Rz. 269 für § 371 Abs. 2 Nr. 1 Buchst. a und b a.F. (Oktober 1998) – beide m.E. zu Unrecht mit Verweis auf BGH v. 19.3.1991, 5 StR 516/90, BGHSt 37, 340, 346: Das Urteil kann allenfalls einen Hinweis auf eine Unfreiwilligkeit in Fällen des § 371 Abs. 2 Nr. 1 Buchst. b und Nr. 2 geben (nicht aber explizit bezüglich Nr. 1 Buchst. a a.F. = Nr. 1 Buchst. c n.F.), indem dort dargelegt wird, die Ausführungen der Vorinstanz würden Unfreiwilligkeit nahelegen, da der Angeklagte dem Steuerberater Angaben gemacht habe, „nachdem das Ermittlungsverfahren eingeleitet worden war und er sich in anwaltliche Beratung begeben hatte".

Richtig ist hingegen, dass dem **Rücktritt vom unbeendeten Versuch**, der für die Straflosigkeit lediglich die freiwillige Aufgabe der weiteren Tatausführung erfordert (s.o.), hinsichtlich der Steuerhinterziehung **kaum praktische Bedeutung** zukommen wird, da der Versuch in Fällen der Abgabe und Nichtabgabe der Steuererklärung mit seinem Beginn[1] gleichzeitig **beendet** ist.[2] Lediglich in Fällen der Hinterziehung von **Eingangsabgaben** durch Schmuggel kann ein „Nichtweiter-Handeln" die Vollendung der Tat aufhalten.[3] 534

III. Versuch und strafschärfende Regelbeispiele gem. § 370 Abs. 3 AO

Besonderer Erörterung bedürfen im Zusammenhang mit dem Versuch die strafschärfenden Regelbeispiele des § 370 Abs. 3 AO, da es sich hierbei nicht um Tatbestandsmerkmale, sondern um bloße **Strafzumessungstatsachen**[4] handelt. 535

Grundsätzlich kann eine **versuchte Steuerhinterziehung** als besonders schwerer Fall (→ Rz. 1637) der Strafschärfung des § 370 Abs. 3 AO unterliegen.[5] Dies wird unstreitig der Fall sein, wenn das **Regelbeispiel vollständig verwirklicht** ist, z.B. beim bereits „vollendeten"[6] Missbrauch der Befugnisse als Amtsträger gem. § 370 Abs. 3 Nr. 2 AO. Es liegt dann eine **versuchte Steuerhinterziehung in einem besonders schweren Fall**[7] vor, wobei der Strafrahmen des § 370 Abs. 3 AO anzuwenden und der fakultativen Strafmilderung der § 23 Abs. 2, § 49 Abs. 1 StGB zu unterwerfen ist. 536

Nach einer aktuellen Entscheidung des 1. Strafsenats des BGH[8] soll das Gleiche gelten, wenn im Fall einer **versuchten Steuerhinterziehung** auch das **Regelbeispiel nur „versucht"** wurde.[9] Nach der Rechtsmeinung des BGH seien die Regelbeispiele „im Ergebnis wie ein Tatbestandsmerkmal zu behandeln". Sei der Schuldgehalt der versuchten Tat geringer, komme für den Strafrahmen des § 370 Abs. 3 Satz 1 AO die fakultative Strafmilderung in Betracht.[10] 537

Denkbar ist aber auch der Fall, dass die **Steuerhinterziehung vollendet** und das **Regelbeispiel nur „versucht"** wurde, wenn also z.B. das vom Täter beabsichtigte große Ausmaß der Steuerverkürzung nicht erreicht wurde. Nach der zuvor zitierten Rspr. des 1. Strafsenats sollte man annehmen, dass – erst recht – wiederum die gleiche Rechtsfolge eintreten muss. Nach der Rechtsprechung anderer Senate des BGH zu anderen Straftatbeständen ist dies jedoch mitnichten der Fall, was die Entscheidung des 1. Strafsenats fragwürdig erscheinen lässt.[11] 538

---

1) Der Zeitpunkt des Versuchsbeginns ist im Einzelnen umstritten, → Rz. 506 ff. (Begehungsdelikt Veranlagungssteuer) und → Rz. 509 ff. (Unterlassungsdelikt Veranlagungssteuer).

2) Joecks in Franzen/Gast/Joecks, 7. Aufl. 2009, § 371 AO Rz. 233; Kohlmann § 371 AO Rz. 268 (Oktober 1998); Rüping in H/H/Sp, § 371 AO Rz. 227 (März 2011).

3) Zum Beispiel durch freiwillige Aufgabe des versuchten Schmuggels vor Grenzübertritt, vgl. Joecks in Franzen/Gast/Joecks, 7. Aufl. 2009, § 371 AO Rz. 235.

4) BGH v. 22.7.2004, 5 StR 85/04, DStR 2004, 1604.

5) Schauf in Kohlmann, § 370 AO Rz. 1095 m.w.N. (August 2008).

6) Der Begriff ist untechnisch zu verstehen, da es sich bei den Regelbeispielen nicht um Tatbestandsmerkmale handelt (→ Rz. 535, aber auch → Rz. 537).

7) Joecks in Franzen/Gast/Joecks, 7. Aufl. 2009, § 370 AO Rz. 276.

8) BGH v. 28.7.2010, 1 StR 332/10, wistra 10, 449: Vorsteuerabzug aus gefälschten Rechnungen in großem Ausmaß ohne Auszahlung des geltend gemachten Erstattungsbetrags durch das Finanzamt. Vgl. auch Jäger in Klein, 11. Aufl. 2012, § 370 AO Rz. 277a.

9) Zu Recht kritisch: Lübbersmann, PStR 2010, 239; Beyer, UStB 2011, 10.

10) BGH v. 28.7.2010, 1 StR 332/10, wistra 10, 449.

11) Ausf. Lübbersmann, PStR 2010, 239; unkritisch Joecks in Franzen/Gast/Joecks, 7. Aufl. 2009, § 370 AO Rz. 276.

539 Für das unmittelbare Ansetzen zur Tat bzw. den Versuchsbeginn sind allein die zur Steuerhinterziehung führenden Tathandlungen maßgebend. Nach h.M. **beginnt der Versuch nicht bereits mit dem Beginn der Verwirklichung des jeweiligen Regelbeispiels.**[1] Wer also z.B. lediglich versucht, einen Amtsträger zum Missbrauch anzustiften (vgl. § 370 Abs. 3 Nr. 2 AO), während sich die eigentlichen Steuerhinterziehung gem. § 370 Abs 1 AO noch im Vorbereitungsstadium befindet, macht sich unstreitig nicht strafbar.[2] Allerdings ist der Beginn der Verwirklichung der übrigen Regelbeispiele nur zeitgleich mit einem unmittelbaren Ansetzen zur Steuerhinterziehung denkbar.

H. Täterschaft und Teilnahme

Schrifttum

Achenbach/Wannemacher, Der BGH zu den Strafbarkeitsrisiken des nachträglich bösgläubigen Steuerberaters – Klärungen und offene Fragen, Stbg 1996, 299; **Amelung**, Die „Neutralisierung" geschäftsmäßiger Beiträge zu fremden Straftaten im Rahmen des Beihilfetatbestandes, FS Grünwald, Baden-Baden 1999; **Baumann**, Beihilfe bei eigenhändiger voller Tatbestandserfüllung, NJW 1963, 561; **Burkhard**, Ehegattenverantwortlichkeit im Steuerstrafrecht, DStZ 1998, 829; **Grunst**, § 330 I Nr. 2 AO – Sonderdelikt und besonderes persönliches Merkmal (§ 28 I StGB), NStZ 1998, 548; **Harzer/Vogt**, „Mitarbeit" von Banken an Steuerhinterziehungen: Ein Problem der Beihilfekausalität, StraFo 2000, 39; **Hassemer**, Professionelle Adäquanz (Teil 1), wistra 1995, 41; **Hassemer**, Professionelle Adäquanz (Teil 2), wistra 1995, 81; **Hillenbrand/Brosig**, Scheckwechselgeschäfte als Mittel zur Steuerhinterziehung, wistra 2003, 375; **Jakobs**, Strafrecht Allgemeiner Teil, 2. Aufl., Berlin 1993; **Jakobs**, Regreßverbot beim Erfolgsdelikt, ZStW 89 (1977), 35; **Jakobs**, Akzessorietät: Zu den Voraussetzungen gemeinsamer Organisationen, GA 1996, 260; **Kaligin**, Steuerfahndung bei Banken, WM 1996, 2267; **Kniffka**, Die Durchsuchung von Kreditinstituten in Steuerstrafverfahren, wistra 1983, 309; **Kohlmann**, Strafverfolgung und Strafverteidigung im Steuerstrafrecht, Köln 1983; **Löwe-Krahl**, Beteiligung von Bankangestellten an Steuerhinterziehungen ihrer Kunden – die Tatbestandsmäßigkeit berufstypischer Handlung, wistra 1995, 201; **Metzger**, Strafrecht. Ein Lehrbuch, 3. Aufl. 1949; **Meyer**, Zur strafrechtlichen Verantwortlichkeit der steuerberatenden Berufe, DStZ 1952, 321; **Meyer-Arndt**, Beihilfe durch neutrale Handlungen?, wistra 1989, 281; **Otto**, Strafrecht, Mittäterschaft, mittelbare Täterschaft, Jura 1987, 252; **Otto**, Beihilfe zur Steuerhinterziehung durch mit dem Zahlungsverkehr befaßte Bankangestellte, StV 1994, 409; **Otto**, „Vorgeleistete Strafvereitelung" durch berufstypische oder alltägliche Verhaltensweisen als Beihilfe, FS Lenckner, München 1998; **Ransiek**, Pflichtwidrigkeit und Beihilfeunrecht, wistra 1997, 41; **Reichle**, Ehegattenverantwortlichkeit im Steuerstrafrecht, wistra 1998, 91; **Rolletschke**, Die steuerstrafrechtliche Verantwortlichkeit des einen Antrag auf Zusammenveranlagung mitunterzeichnenden Ehegatten, DStZ 1999, 216; **Roxin**, Was ist Beihilfe?, FS Miyazawa, Baden-Baden 1995; **Samson/Schillhorn**, Beihilfe zur Steuerhinterziehung durch anonymisierten Kapitaltransfer? wistra 2001, 1; **Schumann**, Strafrechtliches Handlungsunrecht und das Prinzip der Selbstverantwortung der anderen, Tübingen 1986; **Stratenwerth**, Schweizer Strafrecht, Allgemeiner Teil 1: Die Straftat, 2. Aufl., Bern 1996; **Weidemann**, Zollhinterziehung in mittelbarer Täterschaft?, wistra 2003, 241; **Weigend**, Grenzen strafbarer Beihilfe, FS Nishihara, Baden-Baden 1988; **Welzel**, Das deutsche Strafrecht, 11. Aufl., Berlin 1969; **Wessels/Beulke**, Strafrecht Allgemeiner Teil, 42. Aufl., Heidelberg 2012.

I. Grundlagen

540 Die Problematik der Täterschaft und Teilnahme stellt sich immer dann, wenn an der Verwirklichung eines Tatbestands mehrere Personen beteiligt sind. Auch bei der

1) BGH v. 25.1.1983, 5 StR 814/82, BGHSt 31, 225.
2) Schauf in Kohlmann, § 370 AO Rz. 1095 m.w.N. (August 2008); Joecks in Franzen/Gast/Joecks, 7. Aufl. 2009, § 370 Rz. 277.

Steuerhinterziehung stellen sich häufig Fragen der Täterschaft und Teilnahme. Man denke etwa an Ehegatten, die zusammen veranlagt werden und ihre Steuererklärungen gemeinsam unterschreiben, an Steuerberater, die Stpfl. beraten und Umsatzsteuervoranmeldungen für sie abgeben oder jedenfalls Entwürfe fertigen, oder an Bankangestellte, die an anonymisierten Kapitaltransfers mitwirken, die der Begehung späterer Steuerhinterziehungen durch den Stpfl. dienen.

Das Thema **Beteiligung** an einer Straftat ist in den **§§ 25 bis 31 StGB**, die gem. § 369 Abs. 2 AO auch im Steuerstrafrecht gelten, geregelt. Der Begriff der Beteiligung umfasst **Täterschaft** und **Teilnahme** (vgl. § 28 Abs. 2 StGB). Täterschaft liegt vor bei Verwirklichung eines Tatbestands durch eigenhändige Tatbegehung (**unmittelbare Täterschaft**, § 25 Abs. 1 1. Alt. StGB), Begehung durch einen anderen (**mittelbare Täterschaft**, § 25 Abs. 1 2. Alt. StGB) oder gemeinschaftlich mit mindestens einer anderen Person (**Mittäterschaft**, § 25 Abs. 2 StGB). Teilnahme ist die Beteiligung an einer Straftat, die ein anderer als Haupttäter begeht (vgl. § 28 Abs. 1 StGB). Teilnahmeformen sind die **Anstiftung** (§ 26 StGB) und die **Beihilfe** (§ 27 StGB). 541

II. Abgrenzung zwischen Täterschaft und Teilnahme

Im Bereich der Täterschaft und Teilnahme treten regelmäßig **Abgrenzungsprobleme** zwischen **Mittäterschaft** und **Beihilfe** sowie zwischen **mittelbarer Täterschaft** und **Anstiftung** auf. Die Abgrenzungsprobleme resultieren daraus, dass sowohl der Mittäter als auch der Gehilfe einen Tatbeitrag leisten und sowohl der mittelbare Täter als auch der Anstifter einen anderen zur Tatbegehung veranlassen. 542

Zur Abgrenzung zwischen Täterschaft und Teilnahme wurden in Rspr. und Literatur objektive und subjektive Theorien entwickelt. Die **Literatur** stellt auf die durch objektive und subjektive Kriterien bestimmte Tatherrschaft ab, während die **Rspr.** subjektiv auf die innere Willensrichtung abstellt, dabei aber zunehmend auch objektive Kriterien einfließen lässt. 543

Das **RG** vertrat eine **extrem subjektive Theorie**. Es ging mit der Äquivalenztheorie von der Gleichwertigkeit aller Bedingungen eines Erfolges aus und stellte zur Abgrenzung zwischen Mittäterschaft und Beihilfe darauf ab, ob der Beteiligte die Tat als eigene wollte **(animus auctoris)** oder als fremde **(animus socii)**. Das bedeutet, dass Gehilfe auch sein konnte, wer sämtliche Tatbestandsmerkmale eigenhändig verwirklichte.[1] Übertragen auf die Steuerhinterziehung würde das bedeuten, dass beispielsweise ein Steuerberater, der für einen ihm bekannten Unternehmer aus Gefälligkeit unentgeltlich und ohne Täterwillen für diesen falsche Umsatzsteuervoranmeldungen abgibt, trotz Verwirklichung aller Tatbestandsmerkmale der Steuerhinterziehung gem. § 370 Abs. 1 Nr. 1 AO Gehilfe sein kann. 544

Anfangs ist der **BGH** noch der **extrem subjektiven Theorie** des RG gefolgt.[2] So hat der BGH einen Agenten, der im Auftrag eines Geheimdienstes eigenhändig einen Menschen tötete, lediglich als Gehilfen eingestuft.[3] Durch die Vorschrift des § 25 Abs. 1 1. Alt. StGB, die die unmittelbare Täterschaft als Grundform tatbestandlichen Verhaltens regelt, ist der extrem subjektiven Theorie die Grundlage entzogen. Aus dieser Vorschrift folgt, dass derjenige, der alle Tatumstände **in eigener Person** 545

1) RG v. 19.2.1940, 3 D 69/40, RGSt 74, 84: Badewannenfall.
2) BGH v. 8.1.1952, 1 StR 527/51 BGHSt 2, 169, 170; v. 10.2.1953, 2 StR 289/52, BGHSt 4, 41, 42; v. 25.6.1954, 2 StR 298/53, BGHSt 6, 226, 228; v. 8.7.1954, 4 StR 350/54, BGHSt 6, 248, 249; v. 23.1.1958, 4 StR 613/57 BGHSt 11, 268, 271.
3) BGH v. 19.10.1962, 9 StE 4/62, BGHSt 18, 87.

eigenhändig verwirklicht, stets Täter und nie lediglich Gehilfe ist.[1] Es war erklärte Absicht des Gesetzgebers, den extremen Konsequenzen der subjektiven Theorie eine Absage zu erteilen.[2] Das bedeutet, dass derjenige, der gegenüber den Finanzbehörden vorsätzlich unrichtige Angaben über steuerlich erhebliche Tatsachen macht und dadurch Steuern verkürzt oder für sich oder einen anderen nicht gerechtfertigte Steuervorteile erlangt, Täter einer Steuerhinterziehung ist, unabhängig von seinem eigenen Interesse am Taterfolg.

546 Bei der Beurteilung der Täterschaft lässt auch der BGH inzwischen objektive Kriterien einfließen. Der Täterwille ist danach in **wertender Betrachtung** zu ermitteln, wobei im Rahmen einer **Gesamtabwägung** die gesamten Umstände, die von der Vorstellung der Beteiligten umfasst sind, berücksichtigt werden müssen.[3] Relevant sind insbes. der **Grad des eigenen Interesses** am Taterfolg, der **Umfang der Tatbeteiligung**, die **Tatherrschaft** oder der **Wille zur Tatherrschaft**.[4]

547 Der extrem subjektiven Theorie des RG stand die **bis 1930** in der **Literatur** herrschende **formal-objektive Theorie** gegenüber, nach der nur derjenige Täter sein kann, der die tatbestandsmäßige Handlung ganz oder teilweise selbst vornimmt. Diese Theorie ist durch die gesetzliche Regelung der mittelbaren Täterschaft in § 25 Abs. 1 2. Alt. StGB überholt, weil diese die Tatbegehung durch einen anderen vorsieht.

548 In der **Literatur** hat sich die **Tatherrschaftslehre** durchgesetzt.[5] Ausgangspunkt ist die Erkenntnis, dass die Täterschaft nicht durch jede beliebige Mitverursachung des tatbestandsmäßigen Erfolges, sondern grds. nur durch Vornahme einer tatbestandsmäßigen Handlung begründet werden kann. Die Tatbestandshandlung ist eine **objektiv-subjektive Sinneinheit**, also weder allein ein Handeln mit einer bestimmten Einstellung noch ein reines Außenweltgeschehen.[6] Objektive und subjektive Faktoren haben für die Bestimmung der Täterschaft gleiche Bedeutung.[7] **Tatherrschaft** bedeutet das vom Vorsatz umfasste **In-den-Händen-Halten** des tatbestandsmäßigen **Geschehensablaufes.** Tatherrschaft hat derjenige, der als Zentralfigur des Geschehens eine maßgeblich steuernde Rolle im Tatablauf hat und über das **Ob** und **Wie** der Tat zumindest **mitentscheidet.**[8] Teilnehmer ist, wer als **Randfigur** des Geschehens die Begehung der Tat ohne eigene Tatherrschaft veranlasst oder sonst fördert.[9] Hierbei werden, um die verschiedenen Täterschaftsformen erfassen zu

---

1) Schünemann in Leipziger Kommentar, 12. Aufl. 2007, § 25 StGB Rz. 53; Fischer, 60. Aufl. 2013, § 25 StGB Rz. 3; BGH v. 22.7.1992, 3 StR 35/92, BGHSt 38, 315; a.A. Gössel in Maurach/Gössel/Zipf, 7. Aufl. 1989, 240; Otto, Jura 1987, 252; offen gelassen in BGH v. 26.11.1986, 3 StR 107/86, wistra 1987, 106.

2) Schünemann in Leipziger Kommentar, 12. Aufl. 2007, § 25 StGB Rz. 53.

3) BGH v. 13.3.1979, 1 StR 739/78, BGHSt 28, 346, 348, 349; v. 24.6.1986, 5 StR 153/86, BGHSt 34, 124, 125; v. 15.9.1988, 4 StR 352/88, BGHSt 35, 347, 353, 354; v. 20.2.1990, 3 StR 278/89, BGHSt 36, 363, 367; v. 15.1.1991, 5 StR 492/90, BGHSt 37, 289, 291; v. 22.7.1992, 3 StR 35/92, BGHSt 38, 315, 319; v. 20.1.1998, 5 StR 501/97, NStZ-RR 1998, 136; v. 12.2.1998, 4 StR 428/97, StV 1998, 372, 373.

4) BGH v. 15.1.1991, 5 StR 492/90, BGHSt 37, 289, 291; v. 22.7.1992, 3 StR 35/92, BGHSt 38, 315, 319; v. 15.5.1984, 1 StR 169/84, NStZ 1984, 413; v. 4.5.1988, 2 StR 82/88, NStZ 1988, 406; v. 16.10.1990, 4 StR 414/90, NStZ 1991, 91; v. 15.2.1995, 2 StR 482/94, NStZ 1995, 285; v. 3.11.1993, 2 StR 321/93, wistra 1994, 101, 103; v. 14.12.1988, 4 StR 565/88, StV 1989, 481; v. 4.3.1993, 4 StR 69/93, StV 1993, 474.

5) Jakobs, 2. Aufl. 1993, AT 21/32–36; Jescheck/Weigend, 5. Aufl. 1996, 651 ff.; Schünemann in Leipziger Kommentar, 12. Aufl. 2007, § 25 StGB Rz. 7, 11, 32 ff.; Roxin, 60 ff.; Gössel in Maurach/Gössel/Zipf, 7. Aufl. 1989, 247; Stratenwerth, 249 ff.

6) Jescheck/Weigend, 5. Aufl. 1996, 652.

7) Schünemann in Leipziger Kommentar, 12. Aufl. 2007, § 25 StGB Rz. 32.

8) Heine in Schönke/Schröder, 28. Aufl. 2010, vor § 25 StGB Rz. 62; Wessels/Beulke, 42. Aufl. 2012, Rz. 512.

9) Wessels/Beulke, 42. Aufl. 2012, Rz. 513.

können, mehrere Tatherrschaftsformen unterschieden: Tatherrschaft in der Form der **Handlungsherrschaft** hat, wer die tatbestandsmäßige Handlung selbst vornimmt (unmittelbare Täterschaft, § 25 Abs. 1 1. Alt. StGB). Tatherrschaft **kraft überlegenen Wissens oder Willens** hat derjenige, der einen anderen durch Täuschung oder Zwang für seine Ziele einsetzt (mittelbare Täterschaft, § 25 Abs. 1 2. Alt. StGB). **Funktionale Tatherrschaft** besitzt demgegenüber, wer die Tat mit wenigstens einem anderen auf Grund gemeinsamen Tatentschlusses arbeitsteilig begeht (Mittäterschaft, § 25 Abs. 2 StGB).

Da sowohl die extrem subjektive Theorie des RG als auch die formal-objektive **549**
Theorie der früher herrschenden Literatur nicht mehr vertretbar sind, stehen sich **heute** nur noch die eingeschränkte und auch von objektiven Gesichtspunkten geprägte **subjektive Theorie der Rspr.** sowie die **Tatherrschaftslehre der Literatur** gegenüber.

Die Tatherrschaftslehre ist gegenüber der animus-Theorie vorzugswürdig Letztere **550**
widerspricht schon ihrer Ausgangsthese, die Beteiligungsformen seien wegen der Gleichwertigkeit aller Ursachen im objektiven Bereich nicht zu unterscheiden,[1] durch die Annahme eines Tatherrschaftswillens selbst. Existiert ein Tatherrschaftswille, dann gibt es auch eine Tatherrschaft. Die **animus-Theorie** unterliegt auch **rechtsstaatlichen Bedenken** im Hinblick auf den Bestimmtheitsgrundsatz und das Gebot der Rechtssicherheit. Einen Täterwillen als psychisch greifbare Realität gibt es nicht, so dass der Täterwille vom gewünschten Ergebnis her mit wechselnden Kriterien und einer gewissen Beliebigkeit ausgefüllt werden kann.[2]

Dennoch werden die Tatherrschaftslehre und die subjektive Theorie auf Grund der **551**
Annäherung der beiden Extrempositionen häufig zu gleichen Ergebnissen gelangen. Die Ergebnisse sind auf Basis beider Theorien schwer kalkulierbar.

III. Täterschaft

1. Möglicher Täterkreis

Bei der Festlegung des potenziellen Täterkreises spielen zwei Aspekte eine Rolle. **552**
Zum einen geht es um die Frage, ob Täter einer Steuerhinterziehung nur derjenige sein kann, der die tatbestandsmäßige Handlung selbst vornimmt, ob die Steuerhinterziehung also ein eigenhändiges Delikt ist. Zum anderen geht es darum, ob Täter nur der Stpfl. bzw. eine sonstige Person mit besonderer steuerlicher Pflichtenstellung oder jedermann sein kann. Bei **Allgemeindelikten** kann jedermann Täter sein, bei **echten Sonderdelikten** nur bestimmte im gesetzlichen Tatbestand bezeichnete Personen. Die unechten Sonderdelikte stehen zwischen den allgemeinen Delikten und den echten Sonderdelikten. Sie können zwar von jedermann begangen werden, die Täterschaft bestimmter Personen wirkt sich jedoch strafschärfend aus.

Zur Beantwortung dieser Fragen ist zu unterscheiden zwischen der Steuerhinterziehung durch aktives Tun (§ 370 Abs. 1 Nr. 1 AO) und der Steuerhinterziehung durch Unterlassen (§ 370 Abs. 1 Nr. 2 AO).

a) Steuerhinterziehung durch aktives Tun

Die Steuerhinterziehung ist **kein eigenhändiges Delikt**. Eigenhändige Delikte set- **553**
zen ein eigenes körperliches oder wenigstens persönliches Handeln voraus.[3] Die **eigenhändige** Vornahme der tatbestandlichen Ausführungshandlung ist für den

1) Baumann, NJW 1963, 561, 562.
2) Stratenwerth, 298; Schünemann in Leipziger Kommentar, 12. Aufl. 2007, § 27 StGB Rz. 33.
3) Jescheck/Weigend, 5. Aufl. 1996, 266.

Unrechtsgehalt der Steuerhinterziehung **nicht konstitutiv**. Das Handlungsunrecht der Steuerhinterziehung verwirklicht auch derjenige, der die Tat durch einen anderen begehen lässt (mittelbare Täterschaft) sowie derjenige, der im Falle der Mittäterschaft die tatbestandsmäßige Ausführungshandlung nicht selbst vornimmt (uneigenhändige Mittäterschaft).

554 Täter einer Steuerhinterziehung durch aktives Tun nach § 370 Abs. 1 Nr. 1 AO kann **jedermann** sein. Es handelt sich insoweit um ein **Allgemeindelikt** und nicht um ein Sonderdelikt.[1] Das RG hat seine frühere Auffassung, die Steuerhinterziehung gem. § 392 RAO stelle generell ein Sonderdelikt dar, das nur von dem Steuerschuldner begangen werden könne,[2] alsbald ausdrücklich aufgegeben.[3] Eine Begrenzung des Täterkreises auf den jeweiligen Stpfl. durch den Wortlaut des § 370 Abs. 1 Nr. 1 AO („Wer ...") liegt nicht vor. Auch aus der Entstehungsgeschichte des § 370 Abs. 1 Nr. 1 AO ergibt sich nichts anderes.[4]

b) Steuerhinterziehung durch Unterlassen

555 Eine Begrenzung des Täterkreises erfolgt allerdings bei den **Unterlassungsalternativen** des § 370 Abs. 1 AO. Bei der Steuerhinterziehung nach § 370 Abs. 1 Nr. 2, 3 AO handelt es sich nach h.M. um ein **Sonderdelikt**, weil das Unterlassen **pflichtwidrig** sein muss.[5] Als Täter einer Steuerhinterziehung durch Unterlassen kommt demnach nur in Betracht, wer zur Aufklärung steuerlich erheblicher Tatsachen besonders verpflichtet ist.[6] Von Relevanz ist die Sonderdeliktseigenschaft insbes. für die Frage, ob Mittäter nur der selbst unmittelbar pflichtwidrig Handelnde sein kann.

Beispiel:

A lässt verabredungsgemäß und in arbeitsteiliger Weise durch B unversteuerte und unverzollte Zigaretten aus dem Hamburger Freihafen schmuggeln.

Die Gestellungspflicht des Art. 40 ZK trifft hier sowohl den A als auch den B als Einführer der Zigaretten (vgl. dazu § 370, § 373 Abs. 1 Alt. 1 AO, Art. 40 ZK).[7] Der Hintermann A kann dabei als Mittäter (§ 25 Abs. 2 StGB) oder mittelbarer Täter (§ 25 Abs. 1 Alt. 2 StGB) erscheinen, je nachdem, ob die Transporteure von den Zigaretten wussten oder nicht. Wichtig erscheint, dass der Organisator Verbringer i.S.d. Art. 40 ZK ist, denn damit wird er gestellungspflichtig und kann damit „pflichtwidrig" i.S.d. § 370 Abs. 1 Nr. 2 AO die Gestellung i.S.d. Art. 4 Nr. 19 ZK unterlassen.[8] Die Gegenansicht,[9] nach der sich aus dem Wortlaut des § 370 Abs. 1 Nr. 2 AO – etwa durch die Formulierung „als Pflichtiger" – kein Hinweis darauf ergebe, dass es sich um ein Sonderdelikt handele, überzeugt nicht. Allein die Verwendung des Adjektivs „pflichtwidrig" bedeutet nicht,

---

1) BGH v. 6.10.1989, 3 StR 80/89, wistra 1990, 100; v. 28.5.1986, 3 StR 103/86, wistra 1986, 263; v. 12.11.1986, 3 StR 405/86, wistra 1987, 147.
2) RG v. 16.11.1928, I 483/28, RGSt 62, 319, 321; ähnlich Meyer, DStZ 1952, 321.
3) RG v. 19.10.1931, III 1045/30, RGSt 65, 407, 409 f.; v. 1.11.1933, I 1574/32, RGSt 67, 356, 358 f.
4) Vgl. dazu ebenso Ransiek in Kohlmann, § 370 AO Rz. 91 (November 2012).
5) Joecks in Franzen/Gast/Joecks, 7. Aufl. 2009, § 370 AO Rz. 18; Ransiek in Kohlmann, § 370 AO Rz. 87 (Juni 2009).
6) BGH v. 12.11.1986, 3 StR 405/86, wistra 1987, 147; v. 24.10.2002, 5 StR 600/01, wistra 2003, 100, 102; vgl. auch Weidemann, wistra 2003, 241.
7) So der BGH v. 1.2.2007, 5 StR 372/06, wistra 2007, 224, allerdings im Hinblick auf die Hinterziehung von Einfuhrabgaben nach § 370 Abs. 1 Nr. 2 AO und der daran anschließenden Steuerhehlerei (§ 374 AO), da der Schmuggel i.S.v. § 373 AO hier bereits mit Verbringung von der Ukraine nach Ungarn, und damit vor Grenzübertritt nach Deutschland, beendet war.
8) Mit Verweis auf zwei Entscheidungen des EuGH (v. 4.3.2004, Viluckas, C-238/02 und Jonusas, C-246/02, wistra 2004, 376) bestimmte der BGH, dass nicht nur Insassen von Transportfahrzeugen als „Verbringer" i.S.d. ZK anzusehen sind, sondern auch weitere Personen, welche die „Herrschaft" über das Transportmittel haben mit (Urt. v. 1.2.2007, 5 StR 372/06, wistra 2007, 224).
9) LG Hamburg v. 20.3.2000, 618 KLs 8/99, wistra 2001, 68, 69.

dass eine besondere Art und Weise der Handlung bezeichnet wird, zumal es hier um ein Unterlassen geht. „Pflichtwidrig" meint dabei „unter Verletzung steuerlicher Pflichten". Diese steuerlichen Pflichten sind aber stets bestimmten Personen zugeordnet. Es wird also eine Pflichtenstellung des Täters bezeichnet.

Zum Täterkreis gehören alle natürlichen Personen, denen nach den Steuergesetzen Pflichten auferlegt sind. Dies sind neben dem Stpfl. selbst (§ 33 AO) v.a. die in den §§ 33, 34 AO genannten Personen: Dies sind im Einzelnen: 556

aa) Gesetzliche Vertreter natürlicher Personen (§ 34 Abs. 1 Satz 1 Alt. 1 AO)

Beispiele hierfür sind die **Eltern** für ihre Kinder gem. § 1629 BGB, der **Vormund** gem. §§ 1773, 1793 BGB und **Pfleger** gem. §§ 1911 ff. BGB. Aus § 1357 BGB ergibt sich für die Ehegatten **keine** gesetzliche Vertretungsmacht **in steuerlichen Angelegenheiten**. Die Vorschrift bezieht sich nur auf solche Rechtsgeschäfte, die ihrer Art nach der Deckung des Lebensbedarfes dienen, also einen Bezug zur familiären Konsumgemeinschaft aufweisen,[1] und die üblicherweise ohne vorherige Verständigung unter den Ehegatten abgeschlossen werden.[2] Folglich können aus dieser Vorschrift keine steuerlichen Pflichten hergeleitet werden.[3] 557

bb) Gesetzliche Vertreter juristischer Personen des privaten Rechts (§ 34 Abs. 1 Satz 1 Alt. 2 AO)

Hierunter fallen der **Vorstand** einer AG (§ 78 Abs. 1 AktG), der **Geschäftsführer** einer GmbH (§ 35 Abs. 1 GmbHG), der **Abwickler** einer AG (§ 269 Abs. 1 AktG) und der Liquidator einer GmbH (§ 68 GmbHG). **Keine** gesetzlichen Vertreter sind dagegen **Prokuristen** und **Handlungsbevollmächtigte**, weil sie keine gesetzliche, sondern rechtsgeschäftliche Vertretungsmacht mit gesetzlich festgelegtem Umfang haben (§§ 48 ff., § 54 Abs. 1 HGB). 558

cc) Geschäftsführer von nicht rechtsfähigen Personenvereinigungen und Vermögensmassen (§ 34 Abs. 1 Satz 1 Alt. 3 AO)

Der Begriff des Geschäftsführers ist im untechnischen Sinne zu verstehen.[4] Unter die Vorschrift fallen deshalb der Vorstand und vertretungsberechtigte Mitglieder nicht rechtsfähiger Vereine und Stiftungen, vertretungsberechtigte Mitglieder von Personengesellschaften und Erbengemeinschaften sowie geschäftsführende Partner einer Partnerschaftsgesellschaft. 559

dd) Vermögensverwalter (§ 34 Abs. 3 AO)

Zu den Vermögensverwaltern gehören Insolvenzverwalter (§§ 56 f. InsO), Zwangsverwalter (§§ 150 ff. ZVG) und Nachlassverwalter (§ 1985 BGB). 560

ee) Verfügungsberechtigte i.S.d. § 35 AO

Wer als **Verfügungsberechtigter** im eigenen oder fremden Namen auftritt, hat gem. § 35 AO die Pflichten eines gesetzlichen Vertreters (§ 34 Abs. 1 AO), soweit er sie rechtlich und tatsächlich erfüllen kann. Verfügungsberechtigter ist, wer tatsächlich über die Mittel, die einem anderen gehören, **verfügen kann** und als solcher **nach außen hin auftritt**.[5] Es reicht aus, dass jemand mit dem entsprechenden Anschein einer Berechtigung nach außen hin auftritt.[6] 561

---

1) Brudermüller in Palandt, 71. Aufl. 2012, § 1357 BGB Rz. 11.
2) Brudermüller in Palandt, 71. Aufl. 2012, § 1357 BGB Rz. 12.
3) Loose in Tipke/Kruse, § 34 AO Rz. 5 (Oktober 2012).
4) Loose in Tipke/Kruse, § 34 AO Rz. 11 (Oktober 2012).
5) BFH v. 24.4.1991, I R 56/89, BFH/NV 1992, 76; Loose in Tipke/Kruse, § 35 AO Rz. 2 (Oktober 2012).
6) BFH v. 10.5.1989, I R 121/85, BFH/NV 1990, 7; v. 24.4.1991, I R 56/89, BFH/NV 1992, 76.

Personen treten i.d.R. dann als Verfügungsberechtigte auf, wenn sie Überweisungsaufträge und Schecks unterschreiben, Geldbeträge einnehmen, Schulden regulieren, Kreditverhandlungen führen, Lohnsteueranmeldungen und Umsatzsteuervoranmeldungen abgeben oder Zahlungen veranlassen.[1] In Betracht kommen insbes. Prokuristen, Handlungsbevollmächtigte und sonstige Bevollmächtigte, mittelbare Stellvertreter wie Kommissionäre und Spediteure und Treuhänder.

562 Der **faktische Geschäftsführer** einer GmbH ist verfügungsberechtigt, wenn er mit dem Anschein einer Berechtigung nach außen hin auftritt und auf Grund seiner überragenden Stellung die Geschäftsabläufe bestimmt.[2] Auch ein mit steuerlichen Angelegenheiten betrauter Angestellter eines Unternehmens, der Umsatzsteuervoranmeldungen eigenständig abgibt und die entsprechenden Zahlungen veranlasst, kann Verfügungsberechtigter sein. Das Vollmachts- und Auftragsverhältnis zwischen Angehörigen der steuerberatenden Berufe oder Rechtsanwälten und ihren Mandanten begründet für sich noch keine Verpflichtung nach § 35 AO, wenn nicht weitere Befugnisse hinzukommen wie etwa bei Einsetzung des Beraters als Treuhänder.[3] Zu beachten ist jedoch, dass die meisten Steuererklärungen vom Stpfl. selbst eigenhändig (höchstpersönlich) unterschrieben werden müssen (§ 150 Abs. 3 Satz 1 AO i.V.m. § 25 Abs. 3 Satz 4 und 5 EStG, § 31 Abs. 1 KStG, § 14a Satz 3 GewStG, § 18 Abs. 3 Satz 3 UStG). Hieraus könnte man u.U. folgern, dass in diesen Fällen ein Verfügungsberechtigter nicht steuererklärungspflichtig ist. Die Rspr. indessen geht – ohne Differenzierung zwischen höchstpersönlichen und nicht höchstpersönlichen Pflichten – davon aus, dass der Verfügungsberechtigte für die fristgerechte und inhaltlich richtige Abgabe der Steuererklärungen zu sorgen hat.[4]

ff) Organ- und Vertreterhaftung gem. § 14 StGB

563 § 14 StGB regelt die sog. Organ- und Vertreterhaftung bei Delikten, die ein besonderes Tätermerkmal voraussetzen (Sonderdelikte). Die Vorschrift erfasst die Fälle, in denen der eigentliche Normadressat, bei steuerlichen Vorschriften also der Stpfl. (§ 33 AO), seine Aufgaben und Pflichten nicht wahrnimmt oder wahrnehmen kann und deshalb andere stellvertretend für ihn handeln.[5]

564 Fraglich ist, inwieweit § 14 StGB bei der Steuerhinterziehung durch Unterlassen überhaupt eine Rolle spielt. Hierbei muss Beachtung finden, dass § 369 Abs. 2 AO die Geltung der allgemeinen Gesetze über das Strafrecht vorschreibt, soweit die Strafvorschriften der Steuergesetze nichts anderes bestimmen.[6] Wenn man mit dem BGH § 370 Abs. 1 Nr. 2 AO zwar als Sonderdelikt,[7] die dort angesprochene Pflicht aber nicht als besonderes persönliches Merkmal i.S.d. § 28 StGB ansieht, wird man § 14 StGB anwenden können. Auch wenn § 28 Abs. 1 StGB hinsichtlich der Definition des besonderen persönlichen Merkmals auf § 14 Abs. 1 StGB verweist, wird das Merkmal in beiden Vorschriften in einem unterschiedlichen Sinne verstanden. Dies ergibt sich aus der unterschiedlichen Funktion der beiden Vorschriften: § 28 StGB entlastet, während § 14 Abs. 1 StGB belastet.[8] § 14 StGB erfasst daher solche Merk-

---

1) Boeker in H/H/Sp, § 35 AO Rz. 11 (November 2009).

2) BGH v. 12.11.1986, 3 StR 405/86, wistra 1987, 147; v. 8.11.1989, 3 StR 249/89, wistra 1990, 97, 98; BFH v. 8.9.1987, VII B 23/87, BFH/NV 1988, 275; v. 10.5.1989, I R 121/85, BFH/NV 1990, 7; v. 24.4.1991, I R 56/89, BFH/NV 1992, 76; v. 7.4.1992, VII R 104/90, BFH/NV 1993, 213.

3) Loose in Tipke/Kruse, § 35 AO Rz. 7 (Oktober 2012); ähnlich auch Joecks in Franzen/Gast/Joecks, 7. Aufl. 2009, § 370 AO Rz. 173, der die allgemeine Beauftragung eines Steuerberaters nicht genügen lässt.

4) Vgl. etwa BFH v. 20.7.1988, I R 104/83, BFH/NV 1989, 478.

5) Perron in Schönke/Schröder, 28. Aufl. 2010, § 14 StGB Rz. 1.

6) Beachte insoweit auch OLG München v. 24.7.2012, 4 St RR 99/12, NZWiSt 2013, 31.

7) So jedenfalls BGH v. 12.11.1986, 3 StR 405/86, wistra 1987, 147.

8) Perron in Schönke/Schröder, 28. Aufl. 2010, § 14 StGB Rz. 8.

male **nicht**, die auf Grund ihres **personalen Bezugs** oder ihrer **höchstpersönlichen Natur** einem Vertreter **nicht** zugerechnet werden können. Nicht angewandt werden kann § 14 Abs. 2 und 3 StGB deshalb im Hinblick auf solche Steuererklärungen, die der Erklärungspflichtige **eigenhändig** (höchstpersönlich) unterschreiben muss (§ 150 Abs. 3 Satz 1 AO), vgl. aber die Rspr. zu § 35 AO → Rz. 561). Keine höchstpersönliche Erklärungspflicht ist aber bei den Umsatzsteuervoranmeldungen gem. § 18 Abs. 1 UStG vorgesehen. Bei **juristischen Personen** oder nichtrechtsfähigen Personenvereinigungen bedeutet die höchstpersönliche Erklärungspflicht, dass die Erklärungen von dem in **§ 34 AO** genannten Personenkreis abzugeben sind, so dass die Frage der höchstpersönlichen Steuererklärungspflicht jedenfalls für § 14 Abs. 1 StGB keine Rolle spielt.

Beim Sonderdelikt der Steuerhinterziehung durch Unterlassen hat die Vorschrift des **§ 14 Abs. 1 StGB** neben den §§ 34, 35 AO keine selbständige Bedeutung. Die in § 14 Abs. 1 Nr. 1 bis 3 StGB genannten Personen werden bereits von § 34 AO erfasst. **565**

Gemäß **§ 14 Abs. 2 StGB** i.V.m. § 370 Abs. 1 Nr. 2 AO kommt als Täter einer Steuerhinterziehung durch Unterlassen in Betracht, wer vom Inhaber eines Betriebs oder einem sonst dazu Befugten (auch konkludent) **beauftragt** ist, den **Betrieb** ganz oder zum Teil zu **leiten**, oder wer **ausdrücklich beauftragt** ist, in eigener Verantwortung steuerliche Pflichten des Betriebsinhabers zu erfüllen. **566**

Mit der Leitung eines Betriebs ist derjenige beauftragt, dem die Geschäftsführung des Betriebs nach innen und außen verantwortlich übertragen ist und der selbständig an Stelle des Betriebsinhabers handelt.[1] Derjenige, der einen sachlich abgegrenzten Teilbereich innerhalb des Gesamtbetriebs leitet, leitet einen Betrieb zum Teil.[2]

Eine stillschweigende Bestellung, das bloße Dulden oder die konkludente Billigung der tatsächlichen Wahrnehmung der Aufgabe genügen für einen ausdrücklichen Auftrag i.S.d. § 14 Abs. 2 Nr. 2 StGB nicht. Die Einhaltung einer bestimmten Form oder eine Bekanntmachung nach außen ist jedoch nicht erforderlich.[3] Der Beauftragte muss in seinem Wirkungskreis zu selbständigen Maßnahmen befugt sein. Er muss befugt sein, von sich aus die erforderlichen Maßnahmen zu treffen, so dass Vertreter in ganz untergeordneter Stellung nicht unter die Vorschrift fallen und eine bloße Mitverantwortung nicht genügt.[4] Auch Sachbearbeiter können Beauftragte sein, wenn ihnen ein weisungsfreier Aufgabenteilbereich zukommt. Andererseits ergibt sich aus einer Prokuraerteilung nicht notwendig auch eine Beauftragung i.S.d. § 14 Abs. 2 Nr. 2 StGB.[5] **567**

Die Anwendungsbereiche des **§ 14 Abs. 2 StGB** und des § 35 AO überschneiden sich. § 35 AO stellt v.a. auf das Auftreten als Verfügungsberechtigter ab, während es bei § 14 Abs. 2 StGB entscheidend auf das Bestehen eines Auftrags und damit auf eine Befugnis im Innenverhältnis ankommt.[6] **568**

§ 35 AO geht hinsichtlich der Einbeziehung insbes. der faktischen Geschäftsführer deutlich weiter als die Vorschrift des **§ 14 Abs. 3 StGB**, die ebenfalls die faktische Organ- und Vertreterhaftung regelt. § 14 Abs. 3 StGB erweitert den Anwendungsbereich des § 14 Abs. 1 und 2 StGB nur auf einen Teil der faktischen Organe und Vertreter. Das Auftragsverhältnis oder die Vertretungsbefugnis müssen zwar nicht **569**

1) Perron in Schönke/Schröder, 28. Aufl. 2010, § 14 StGB Rz. 31.
2) Perron in Schönke/Schröder, 28. Aufl. 2010, § 14 StGB Rz. 32.
3) Perron in Schönke/Schröder, 28. Aufl. 2010, § 14 StGB Rz. 34.
4) Perron in Schönke/Schröder, 28. Aufl. 2010, § 14 StGB Rz. 35.
5) Perron in Schönke/Schröder, 28. Aufl. 2010, § 14 StGB Rz. 35.
6) Perron in Schönke/Schröder, 28. Aufl. 2010, § 14 StGB Rz. 39.

rechtlich wirksam begründet sein, erforderlich ist aber, dass die rechtswirksame Begründung beabsichtigt war.[1]

gg) Allgemeine Garantenpflichten

570 Fraglich ist, inwieweit im Rahmen des § 370 Abs. 1 Nr. 2 AO Handlungspflichten auch aus anderen Rechtsgründen hergeleitet werden können.

(1) Anwendbarkeit der allgemeinen Garantenpflichten

571 Auch eine Steuererklärungspflicht auf Grund von Garantenstellungen kommt nur insoweit in Betracht, als die Steuererklärungen nicht eigenhändig (höchstpersönlich) unterschrieben werden müssen (§ 150 Abs. 3 Satz 1 AO i.V.m. § 25 Abs. 3 Satz 4 und 5 EStG, § 31 Abs. 1 KStG i.V.m. § 25 Abs. 3 Satz 4 EStG, § 14a Satz 3 GewStG und § 18 Abs. 3 Satz 3 UStG). Zum Tragen können die Garantenpflichten daher insbes. bei den Umsatzsteuervoranmeldungen kommen (weiter gehend die Rspr. zu § 35 AO → Rz. 561).

572 Der **Gesetzeswortlaut** („wer ... pflichtwidrig ... in Unkenntnis lässt") schränkt die Handlungspflicht jedenfalls nicht auf Personen ein, die nach den Steuergesetzen zum Handeln verpflichtet sind. Der Wortlaut des § 370 Abs. 1 Nr. 2 AO verlangt anders als § 264 Abs. 1 Nr. 3 StGB keinen Verstoß gegen Rechtsvorschriften. Der Wortlaut lässt deshalb einen Rückgriff auf die allgemeinen Garantenpflichten zu.

573 Sieht man **als geschütztes Rechtsgut** den Anspruch des Staates auf Erfüllung der steuerlichen Pflichten, die insbes. in der AO niedergelegt sind, an, so kommen Handlungspflichten außerhalb der §§ 33 bis 35 AO, § 14 StGB nicht in Betracht.[2] Diese Schutzzweckbestimmung ist jedoch zu eng, es wird nicht berücksichtigt, dass diese steuerlichen Pflichten nur **verfahrensrechtliche Mittel** für die Erreichung des eigentlichen Zwecks, der Sicherung des Steueraufkommens, sind. Geschütztes Rechtsgut des § 370 AO ist nach zutreffender **h.M.** das öffentliche Interesse am rechtzeitigen und vollständigen Aufkommen bestimmter einzelner Steuern.[3] Die Schutzzweckbestimmung dieser zutreffenden h.M. schließt demnach die Heranziehung der Garantenpflichten aus dem allgemeinen Strafrecht nicht aus.

574 Die Rechtsprechung des **BGH** weist die Tendenz auf, das Merkmal „pflichtwidriges Unterlassen" eher eng zu interpretieren.[4] Täter i.S.d. § 370 Abs. 1 Nr. 2 AO könne nur sein, wer „zur Aufklärung steuerlich erheblicher Tatsachen besonders verpflichtet" ist.[5] In einem zu § 392 RAO ergangenen Urteil hat der BGH ausgeführt, dass die Anerkennung einer Garantenpflicht mit dem Ziel, jede Gefährdung des Steueranspruchs über eine außergesetzliche Erweiterung des Pflichtenkreises des Stpfl. auszuschließen, rechtsstaatlich bedenklich sei.[6]

575 In der **Literatur** ist die Frage strittig. Teils wird vertreten, eine Auslegung des Merkmals „pflichtwidrig", die die Heranziehung allgemeiner Garantenpflichten ausschließt, sei nicht sachgerecht, weil unvertretbare Strafbarkeitslücken entstünden.[7] Steuerpflichtige beauftragen häufig andere Personen, etwa Angestellte oder Angehörige der steuer- und rechtsberatenden Berufe, mit der Wahrnehmung ihrer steuerlichen Angelegenheiten, ohne dass diese Personen stets zu den in §§ 34, 35 AO oder

1) Perron in Schönke/Schröder, 28. Aufl. 2010, § 14 StGB Rz. 42 f.
2) Vgl. zum Schutzzweck Ransiek in Kohlmann, § 370 AO Rz. 50 ff., 54 (Oktober 2008).
3) BGH v. 23.3.1994, 5 StR 91/94, wistra 1994, 194; v. 1.2.1989, 3 StR 179/88, wistra 1989, 226; BayObLG v. 26.4.1982, RReg 4 St 52/82, wistra 1982, 198; Ransiek in Kohlmann, § 370 AO Rz. 54 (Oktober 2008).
4) Ransiek in Kohlmann, § 370 AO Rz. 278 (November 2010).
5) BGH v. 12.11.1986, 3 StR 405/86, wistra 1987, 147.
6) BGH v. 4.4.1979, 3 StR 488/78, BGHSt 28, 371, 378.
7) Joecks in Franzen/Gast/Joecks, 7. Aufl. 2009, § 370 AO Rz. 162.

in § 14 StGB bezeichneten Personen gehören müssen, obgleich solche Personen, wie z.B. ein **Steuerberater** als Berater oder ein **Compliance-Officer** als Angestellter wichtige Funktionen für ein Unternehmen erfüllen.

Nach anderer Ansicht ist bei echten Unterlassungsdelikten, die eine besondere Tätereigenschaft voraussetzen wie etwa § 266a, § 283 Abs. 1 Nr. 5 StGB, sowie bei unechten Unterlassungsdelikten, bei denen der entsprechende Begehungstatbestand nur von einem besonders qualifizierten Täterkreis verwirklicht werden kann, § 14 StGB eine **abschließende Regelung.**[1] Die Steuerhinterziehung durch Unterlassen ist jedenfalls nach hier vertretener Ansicht ein Sonderdelikt, das nur von einem besonders qualifizierten Personenkreis verwirklicht werden kann. **576**

Es spricht einiges dafür, die §§ 33, 34 und 35 AO und ggf. § 14 StGB als **abschließende Regelung** hinsichtlich des Personenkreises, dem eine Garantenstellung bezüglich der Sicherung des Steueraufkommens zukommt, zu sehen. Mit den benannten Vorschriften hat der Gesetzgeber detailliert geregelt, wer im Einzelfall steuerliche Pflichten zu erfüllen hat. Sie decken die in Betracht kommenden strafwürdigen Fälle ab, damit sind die oben benannten Personen des **Compliance-Officers** und des **Steuerberaters** grds. auch nicht erfasst.[2] **577**

Wenn man es dennoch grds. für geboten hält, auch auf die allgemeinen Garantenpflichten zurückzugreifen, muss im Einzelfall genau geprüft werden, ob die Voraussetzungen für eine Garantenpflicht im Hinblick auf das geschützte Rechtsgut, die Sicherung des Steueraufkommens, vorliegt (vgl. nachfolgend). Dabei wird sich zeigen, dass Garantenpflichten – ihre grundsätzliche Anwendbarkeit unterstellt – im steuerstrafrechtlichen Bereich nur selten vorliegen werden.

(2) Garantenpflichten im Einzelnen

Nach dem **Entstehungsgrund** lassen sich folgende Garantenpflichten unterscheiden: enge persönliche Verbundenheit, Gefahrengemeinschaften, tatsächliche Übernahme von Pflichten, besondere Pflichtenstellung und Ingerenz.[3] Diese Garantenpflichten haben unterschiedliche **Funktionen,** die sich auf zwei Grundsituationen zurückführen lassen: Der **Beschützergarant** hat ein Rechtsgut gegen Gefahren aus allen Richtungen zu schützen, der **Überwachungsgarant** hingegen grds. alle Rechtsgüter gegenüber Gefährdungen, die aus einer Gefahrenquelle stammen, für die er verantwortlich ist.[4] Gerade aus dieser funktionellen Differenzierung lassen sich wesentliche Erkenntnisse für die Reichweite der Garantenpflichten im Steuerstrafrecht, insbes. der Garantenpflicht der tatsächlichen Übernahme, ableiten. **578**

Aus **enger persönlicher Verbundenheit** kann sich eine Pflicht ergeben, zum Schutz anderer Personen und deren Rechtsgüter tätig zu werden (z.B. Ehegatten). Eine Garantenpflicht im Hinblick auf den Schutz des Steueraufkommens bestünde aber nur dann, wenn der engen persönlichen Verbundenheit drittschützende Wirkung zukäme. Dies ist indes nicht der Fall. Eine Pflicht, dafür einzustehen, dass Rechtsgüter Dritter durch Familienmitglieder nicht gefährdet werden, besteht grds. nicht.[5] Folglich erstreckt sich die Pflicht, vollständige und zutreffende Steuererklärungen abzugeben, nicht auf den anderen Ehegatten. **579**

Eine Garantenpflicht aus **Gefahrengemeinschaften**, die ihrem Wesen nach auf gegenseitige Hilfe angelegt sind, kommt im steuerstrafrechtlichen Bereich schon deshalb nicht in Betracht, weil es im Rahmen dieser Garantenpflicht ausschließlich **580**

---

1) Perron in Schönke/Schröder, 28. Aufl. 2010, § 14 StGB Rz. 4, 6.
2) In diese Richtung auch Ransiek in Kohlmann, § 370 AO Rz. 277 ff.
3) Stree/Bosch in Schönke/Schröder, 28. Aufl. 2010, § 13 StGB Rz. 17 ff.
4) Stree/Bosch in Schönke/Schröder, 28. Aufl. 2010, § 13 StGB Rz. 9.
5) Stree/Bosch in Schönke/Schröder, 28. Aufl. 2010, § 13 StGB Rz. 21.

um den Schutz der Rechtsgüter von anderen Mitgliedern der Gefahrengemeinschaft geht.

581 Problematisch ist die Beurteilung der Reichweite der Garantenpflicht auf Grund **tatsächlicher Übernahme** im Steuerstrafrecht. Eine Garantenpflicht kraft Übernahme besteht, wenn der Täter es übernommen hat, für den Schutz bestimmter Rechtsgüter zu sorgen, entweder gegenüber dem Gefährdeten oder auch gegenüber einem Dritten zu Gunsten des Gefährdeten.[1] Dass jemand durch die tatsächliche Übernahme der Abgabe von Steuererklärungen auch die Aufgabe übernimmt, für den Schutz des Steueraufkommens zu sorgen, lässt sich wohl kaum begründen. Ein Steuerberater übernimmt die Steuererklärungspflichten ausschließlich gegenüber dem Stpfl., nicht jedoch gegenüber dem Fiskus. Auch wenn sich der Beratervertrag auf die Abgabe von Umsatzsteuervoranmeldungen erstreckt, ist der Steuerberater **nicht gegenüber** dem **Fiskus** verpflichtet, Steuererklärungen abzugeben (sog. Relativität der Schuldverhältnisse). Beim Vertrag eines Steuerberaters mit seinem Mandanten handelt es sich **nicht** um einen Vertrag zu Gunsten des Fiskus. Dennoch wird in der Literatur vertreten, dass die Übernahme von Pflichten gegenüber einer Person, die ihrerseits Garant ist, zu einem vollständigen Einrücken des Übernehmenden in die Garantenstellung und damit zu dessen voller strafrechtlicher Verantwortlichkeit führt,[2] ohne dass die Garantenstellung des ursprünglichen Garanten erlischt.[3] Der Annahme des **vollständigen** Eintretens in die Garantenstellung kann jedoch aus den bereits genannten Gründen nicht gefolgt werden. Für die tatsächliche Übernahme des Schutzes des Steueraufkommens fehlt es an einer rechtlich tragfähigen Begründung.[4]

582 Wer durch sein Handeln oder garantenpflichtwidriges Unterlassen die **Gefahr** für den Eintritt schädlicher Erfolge **geschaffen** hat **(sog. Ingerenz)**, ist verpflichtet, die drohenden Schäden zu verhindern.[5] Eine solche Garantenstellung auf Grund Ingerenz könnte in Betracht kommen, wenn das Finanzamt die Einkünfte eines Stpfl., der keine Steuererklärungen abgegeben hat, zu niedrig schätzt.[6] In diesem Fall besteht aber ohnehin die Steuererklärungspflicht trotz vorhandener Schätzbescheide weiter. Die Annahme einer Garantenstellung auf Grund Ingerenz wäre daher zur Begründung einer weiter bestehenden Steuererklärungspflicht gar nicht erforderlich gewesen.

Einen Fall der Ingerenz betrifft § 153 Abs. 1 AO, der die Berichtigungspflicht des Stpfl., dessen Gesamtrechtsnachfolgers oder der nach §§ 34, 35 AO für diese handelnden Personen im Falle der nachträglichen Erkenntnis der Unrichtigkeit oder Unvollständigkeit eine Erklärung regelt. Eine Ausweitung der Ingerenz ergibt sich nunmehr durch die Rechtsprechung des BGH[7] bezüglich der strafbewehrten Berichtigungspflicht aus § 153 AO auch für die Fälle, in welchen die vorangegangenen unrichtigen oder unvollständigen Erklärungen bedingt vorsätzlich abgegeben wurden. Auch hier soll sich die Verpflichtung aus der Ingerenz ergeben, weil zwischen dem bei der Erklärungsabgabe gutgläubigen Stpfl. und dem mit bedingtem Vorsatz erklärenden Stpfl. kein rechtlich bedeutsamer Unterschied bestehen soll.[8]

1) Stree/Bosch in Schönke/Schröder, 28. Aufl. 2010, § 13 StGB Rz. 26.
2) Stree in Schönke/Schröder, 28. Aufl. 2010, § 13 StGB Rz. 26, der aber – in dieser Allgemeinheit unzutreffend – davon ausgeht, bei Steuererklärungen könne die Garantenstellung kraft tatsächlicher Übernahme auf Grund der Höchstpersönlichkeit der Steuererklärung nicht zur Anwendung kommen.
3) Stree/Bosch in Schönke/Schröder, 28. Aufl. 2010, § 13 StGB Rz. 26a; BGH v. 21.4.1964, 1 StR 72/64, BGHSt 19, 286, 288, 289.
4) BGH v. 18.11.1960, 4 StR 131/60, BStBl I 1961, 495.
5) Stree/Bosch in Schönke/Schröder, 28. Aufl. 2010, § 13 StGB Rz. 32.
6) S. auch Ransiek in Kohlmann, § 370 AO Rz. 335 (November 2012).
7) BGH v. 17.3.2009, 1 StR 479/08, wistra 2009, 315.
8) BGH v. 17.3.2009, 1 StR 479/08, wistra 2009, 315.

2. Erscheinungsformen der Täterschaft

a) Unmittelbare Täterschaft gem. § 25 Abs. 1 1. Alt. StGB

Unmittelbarer Täter ist nach **§ 25 Abs. 1 1. Alt. StGB** derjenige, der die Tat selbst begeht, also den Tatbestand vollumfänglich **eigenhändig** verwirklicht. Bezogen auf die Steuerhinterziehung bedeutet das, dass Täter im Sinne der Handlungsalternative des § 370 Abs. 1 Nr. 1 AO ist, wer selbst unrichtige Angaben über steuerlich erhebliche Tatsachen gegenüber dem Finanzamt macht. So wurde ein Steuerberater, der wider besseres Wissen die Herabsetzung der Einkommensteuervorauszahlungen des Mandanten auf 0 € beantragt hatte, als Täter bestraft.[1] **583**

Eine Begrenzung des Täterkreises erfolgt in den **Unterlassungsvarianten** des Tatbestands (§ 370 Abs. 1 Nr. 2 und 3 AO). Da das jeweilige Unterlassen pflichtwidrig sein muss, kann Täter einer Unterlassungstat nur derjenige sein, den selbst entsprechende Handlungspflichten treffen. **584**

b) Mittelbare Täterschaft

Mittelbarer Täter ist, wer die Tat **durch einen anderen** begeht. Voraussetzung hierfür ist, dass sich der Hintermann zur Ausführung der tatbestandsmäßigen Handlung eines anderen als menschliches Werkzeug bedient, das Gesamtgeschehen aber kraft überlegenen Wissens oder steuernden Willens in der Hand hat.[2] Die Stellung des Tatmittlers als Werkzeug kann sich daraus ergeben, dass er objektiv tatbestandslos, ohne Vorsatz oder ohne eine zum subjektiven Tatbestand gehörende spezifische Absicht, rechtmäßig oder schuldlos handelt.[3] Im Bereich der Steuerhinterziehung wird es meist um Fälle gehen, in denen ein vom Stpfl. eingeschalteter Dritter vorsatzlos falsche Angaben über steuerlich erhebliche Tatsachen macht. **585**

Beispiel:

Ein Steuerberater, der für seinen Mandanten die Umsatzsteuervoranmeldungen abgibt, bekommt von diesem unvollständige Informationen über die ausgeführten Lieferungen und sonstigen Leistungen und wird nicht informiert, dass es sich bei bestimmten Eingangsrechnungen um Rechnungen gem. § 14 Abs. 3 UStG handelt, aus denen keine Vorsteuer gezogen werden darf. Der Steuerberater schöpft keinen Verdacht und gibt gutgläubig falsche Umsatzsteuervoranmeldungen ab.

Unmittelbare Täterschaft – und nicht ein Fall mittelbarer Täterschaft – ist dann gegeben, wenn der gutgläubige Finanzbeamte antragsgemäß veranlagt. Die Veranlagungsarbeiten sind nicht Teil der tatbestandsmäßigen **Ausführungshandlung**, so dass die Tathandlung allein vom Stpfl. vorgenommen wird. **586**

Eine mittelbare Täterschaft kraft überlegenen Willens des Hintermannes liegt beispielsweise dann vor, wenn ein Schuldunfähiger als menschliches Werkzeug fungiert, wie dies etwa bei Einschaltung eines Kindes für den Schmuggel der Fall ist.[4]

Nach dem OLG Düsseldorf[5] kommt eine mittelbare Täterschaft durch Steuerumgehung nach § 42 AO wohl nicht in Betracht, weil der Tatbestand einer Steuerhinterziehung durch Steuerumgehung (§ 42 AO) immer eine eigene Absicht des Steuerschuldners voraussetze, Gestaltungsmöglichkeiten des Rechts zu missbrauchen. Handelt ein Stpfl. in dem Glauben einer wirtschaftlich sinnvollen Gestaltung, könne das Wissen eines anderen um die wirtschaftliche Unangemessenheit der Gestaltungswahl diese nicht zur „absichtlichen" Steuerumgehung machen. **587**

---

1) OLG Stuttgart v. 21.5.1987, 1 Ss 221/87, wistra 1987, 263, 264.
2) Jescheck/Weigend, 5. Aufl. 1996, 664.
3) Wessels/Beulke, 42. Aufl. 2012, Rz. 537.
4) Joecks in Franzen/Gast/Joecks, 7. Aufl. 2009, § 369 AO Rz. 75.
5) OLG Düsseldorf v. 26.8.1988, 3 Ws 512/88, wistra 1989, 72, 77.

588 Bei Unterlassungsdelikten ist eine mittelbare Täterschaft nicht möglich.[1]

c) Mittäterschaft

589 Begehen **mehrere** die Straftat **gemeinschaftlich**, so wird nach § 25 Abs. 2 StGB jeder als Täter bestraft **(Mittäter)**. Die gemeinschaftliche Begehung erfordert ein **bewusstes** und **gewolltes Zusammenwirken** der Beteiligten. Die Mittäter begehen eine Straftat auf der Basis eines gemeinsamen Tatentschlusses und einer funktionellen Rollenverteilung im Wege des arbeitsteiligen Handelns. Jeder Mittäter ist Mitträger des gemeinsamen Tatentschlusses und der gemeinschaftlichen Tatbestandsverwirklichung, so dass sich die einzelnen Tatbeiträge zu einem einheitlichen Ganzen vervollständigen und der Gesamterfolg jedem Mitwirkenden voll zuzurechnen ist.[2] Auch wenn der einzelne Mittäter die Tat nicht eigenhändig ausführt, bei einer Steuerhinterziehung durch aktives Tun also selbst keine falschen Angaben über steuerlich erhebliche Tatsachen macht, ist er Täter der gemeinschaftlich geplanten und begangenen Tat.

590 Die Mittäterschaft hat objektive und subjektive Voraussetzungen.

In subjektiver Hinsicht setzt die Mittäterschaft zunächst einen **gemeinsamen Tatentschluss**, die Tat gemeinsam, also arbeitsteilig als gleichberechtigte Partner auszuführen, voraus. Jeder Beteiligte muss seinen Tatbeitrag als Teil der Tätigkeit der anderen und umgekehrt das Tun der anderen Beteiligten als Ergänzung seines eigenen Tatanteils wollen. Ob das der Fall ist, ist nach den gesamten Umständen, die von der Vorstellung des Beteiligten umfasst sind, in wertender Betrachtung zu beantworten.[3] Will der Beteiligte dagegen nur fremdes Tun fördern bzw. hat er keinen Tatherrschaftswillen, so kommt allenfalls Beihilfe in Betracht. Der gemeinsame Tatentschluss, das ausdrückliche oder stillschweigende Einverständnis, die Tat durch gemeinsames arbeitsteiliges Handeln bewusst und gewollt zusammen zu begehen, kann auch noch nach Beginn der Tatausführung bis zur Tatbeendigung gefasst werden **(sukzessive Mittäterschaft)**, z.B., wenn ein Steuerberater nach Abgabe der unrichtigen Steuererklärung durch den Stpfl. Rückfragen des Finanzamtes im Einverständnis mit dem Mandanten falsch beantwortet.

591 In **objektiver Hinsicht** setzt die Mittäterschaft einen **objektiven Tatbeitrag** voraus. Strittig ist, von welchem Gewicht und von welcher Bedeutung der Tatbeitrag für das Gelingen der Tat sein muss. Teils verlangt man einen Beitrag im Ausführungsstadium der Tat, also zwischen Versuchsbeginn und Beendigung der Tat.[4] Eine Mitwirkung im Planungs- oder Vorbereitungsstadium würde demnach nicht ausreichen.

592 Tatherrschaft kann nach a.A. schon derjenige haben, der durch das Entwickeln des Tatplans und die Organisation des Tatablaufs nur im Vorfeld des eigentlichen

1) Roxin, 471; Stratenwerth, 403; Jescheck/Weigend, 5. Aufl. 1996, 673; Heine in Schönke/Schröder, 28. Aufl. 2010, § 25 StGB Rz. 55; Welzel, 206; a.A. Gössel in Maurach/Gössel/Zipf, 7. Aufl. 1989, Teilband 2, 280; Metzger, 420; a.A. BGH v. 6.11.2002, 5 StR 281/01, NJW 2003, 522; a.A. u.U. BGH v. 27.11.2002, 5 StR 127/02, wistra 2003, 266, 267, der auch den mittelbar Handelnden als Verbringer i.S.d. Art. 40 ZK und damit als möglichen Täter einer Steuerhinterziehung durch Unterlassen (§ 370 Abs. 1 Nr. 2 AO) ansieht, wobei fraglich ist, ob es in diesem Fall der Konstruktion der mittelbaren Täterschaft überhaupt bedarf. Diese Frage hat allerdings auch v. 1.2.2007, 5 StR 372/06, wistra 2007, 224, für „etwaige Ausnahmefälle möglicherweise gutgläubiger Transporteure", offengelassen, obschon diese Entscheidung im Hinblick auf die Gestellungspflichtigkeit der Organisatoren eine Weiterentwicklung darstellt.

2) BGH v. 2.2.1972, 2 StR 670/71, BGHSt 24, 286, 288; v. 15.1.1991, 5 StR 492/90, BGHSt 37, 289, 291; v. 12.2.1998, 4 StR 428/97, NJW 1998, 2149, 2150.

3) BGH v. 4.5.1988, 2 StR 82/88, NStZ 1988, 406; v. 6.11.1984, 1 StR 588/84, NStZ 1985, 165; so auch v. 26.11.1986, 3 StR 107/86, wistra 1987, 106.

4) Schünemann in Leipziger Kommentar, 12. Aufl. 2007, § 25 StGB Rz. 180, 181 f.

Geschehens tätig wird,[1] so dass als objektiver Tatbeitrag auch eine **Mitwirkung im Vorbereitungsstadium** ausreicht. Ein Bandenchef, der den Tatplan entworfen und im Vorbereitungsstadium die Durchführung der Tat in allen Einzelheiten geplant hat, könnte dann ohne Weiteres als Mittäter bestraft werden.[2] Diese Ansicht ist abzulehnen. Sie ist mit den sonst geltenden Grundsätzen der Tatherrschaftslehre nicht vereinbar und verwischt die Grenzen zwischen Täterschaft und Teilnahme. Mittäterschaft setzt funktionelle Tatherrschaft, also Mitherrschaft bei der Tatausführung selbst, voraus. Wer nur im Vorbereitungsstadium mitwirkt, kann das Geschehen zwar beeinflussen, aber nicht beherrschen.[3]

Legt man die Tatherrschaftslehre zu Grunde, so muss jeder Mittäter im Gesamtplan einen **wesentlichen**, die Tat erst ermöglichenden und in dieser **weiterwirkenden Beitrag** leisten.[4] Die **Rspr.** hingegen, ausgehend von ihrer subjektiven Theorie, lässt jeden auch noch so **unwesentlichen** Tatbeitrag genügen.[5] An dieser sehr weit gehenden Rspr. ist problematisch, dass typische Anstifterhandlungen wie Ratschläge bei einer Zollhinterziehung und typische Beihilfehandlungen, wie etwa eine rein geistige Mitwirkung, eine psychische Förderung der Tat durch Ratschläge oder eine Anleitung zur Ausführung,[6] ausreichender Tatbeitrag sind.[7] **593**

Auch wenn man einen Beitrag im Vorbereitungsstadium genügen lässt, muss es ein solcher Beitrag sein, der von erheblicher Bedeutung für die Ausführung der Tat ist und in dieser weiterwirkt.[8] Nur dann ist die Schwelle der funktionellen Tatherrschaft erreicht. Auch auf Basis der subjektiven Theorie der Rspr. wird man einen Tatbeitrag verlangen müssen, der ein gewisses Maß an funktioneller Bedeutung erreicht.

Die wechselseitigen Tatbeiträge und der Taterfolg auf Grund der Mittäterschaft sind den einzelnen Tatbeteiligten nur so weit zuzurechnen, wie der gemeinschaftliche Tatentschluss reicht. So ist insbes. für jeden Tatbeteiligten zu prüfen, inwieweit die durch den gemeinschaftlichen Tatentschluss verursachte Steuerverkürzung von seinem Vorsatz umfasst war. **594**

Jeder Mittäter ist ohne Rücksicht auf die Schuld des anderen nach seiner **eigenen** Schuld zu bestrafen (§ 29 StGB). Bestimmt das Gesetz, dass besondere persönliche Merkmale die Strafe schärfen, mildern oder ausschließen, so gilt das nur für den Täter oder Teilnehmer, bei dem sie vorliegen (§ 28 Abs. 2 StGB). **595**

Deshalb ist für jeden Beteiligten gesondert festzustellen, ob er persönlich eines der in § 370 Abs. 3 AO genannten Regelbeispiele verwirklicht hat. **596**

Strafschärfende besondere persönliche Merkmale bei Steuerstraftaten sind weiterhin die Gewerbsmäßigkeit und Bandenzugehörigkeit (§ 373 Abs. 1 AO und § 373 Abs. 2 Nr. 3 AO), sowie die Amtsträgereigenschaft und die Bandenzugehörigkeit (§ 370 Abs. 3 Satz 2 Nr. 2 AO und § 370 Abs. 3 Satz 2 Nr. 5 AO).

---

1) Jescheck/Weigend, 5. Aufl. 1996, 680.
2) Vgl. BGH v. 10.10.1984, 2 StR 470/84, BGHSt 33, 50, 53; Jakobs, 2. Aufl. 1993, AT 21/52.
3) Schünemann in Leipziger Kommentar, 12. Aufl. 2007, § 25 StGB Rz. 182.
4) Stratenwerth, 820 ff.
5) BGH v. 23.1.1958, 4 StR 613/57, BGHSt 11, 268, 271; v. 10.3.1961, 4 StR 30/61, BGHSt 16, 12 f.; vgl. aber BGH v. 5.5.1981, 1 StR 80/81, wistra 1982, 28; v. 26.11.1986, 3 StR 107/86, wistra 1987, 106; vgl. Schünemann in Leipziger Kommentar, 12. Aufl. 2007, § 25 StGB Rz. 180, 181 m.w.N.
6) BGH v. 23.1.1958, 4 StR 613/57, BGHSt 11, 268; v. 10.3.1961, 4 StR 30/61, BGHSt 16, 12.
7) RG v. 3.12.1901, 2306/01, RGSt 35, 13, 17.
8) Stratenwerth, 325.

IV. Teilnahme

597 Das Gesetz unterscheidet zwei Teilnahmeformen: Anstiftung (§ 26 StGB) und Beihilfe (§ 27 StGB).

1. Anstiftung

598 **Anstifter** ist, wer vorsätzlich einen anderen zu dessen vorsätzlich begangener rechtswidriger Tat bestimmt (§ 26 i.V.m. § 11 Abs. 1 Nr. 5 StGB).

599 **In objektiver Hinsicht** setzt die Anstiftung voraus, dass jemand einen anderen zu einer vorsätzlichen und rechtswidrigen Haupttat **bestimmt**. Bestimmen bedeutet die (Mit-)Verursachung des Tatentschlusses in einem anderen, gleichgültig durch welches Mittel.[1] Eine Bestimmung zu einer leichtfertigen Tat ist nicht strafbar.

600 Wer allerdings zu einer Steuerhinterziehung bereits entschlossen ist, kann nicht mehr angestiftet werden (sog. **omnimodo facturus**).[2] Nicht zur Tat entschlossen ist, wer nur allgemein tatbereit, aber nicht zu einer bestimmten Tat entschlossen ist, noch schwankt oder seinen Tatentschluss wieder aufgegeben hat.[3] Möglich bleibt aber eine versuchte Anstiftung gem. § 30 Abs. 1 StGB oder psychische Beihilfe. Eine versuchte Anstiftung ist bei Vergehen wie der Steuerhinterziehung allerdings gem. § 370 AO straflos.

601 Voraussetzung für eine Anstiftung ist **in subjektiver Hinsicht** der **doppelte Anstiftervorsatz**. Neben dem Vorsatz bezüglich der Herbeiführung des Tatentschlusses muss der Vorsatz hinsichtlich aller objektiven und subjektiven Tatbestandsmerkmale einschließlich des Vollendungswillens einer **bestimmten** Haupttat vorliegen. Nicht ausreichend ist es, den Täter zu irgendwelchen unbestimmten, nur der Gattung oder dem Tatbestand nach umschriebenen Handlungen zu veranlassen.

602 Detailkenntnisse bei dem Anstifter sind allerdings nicht erforderlich, es genügt, dass die Tat in ihren **wesentlichen Grundzügen**, d.h. hinsichtlich ihres **wesentlichen Unrechtsgehalts** und ihrer **Angriffsrichtung**, umrissen ist[4] und der Täter bestimmt ist oder wenigstens einem individuell bestimmbaren Personenkreis entstammt.[5]

603 Bestraft wird der Anstifter gleich dem Täter. Im Gegensatz zur Beihilfe ist hier keine Strafmilderung vorgesehen. Das Strafmaß im Einzelfall kann allerdings je nach anzustellenden Strafzumessungserwägungen für Täter und Anstifter durchaus unterschiedlich sein, und zwar für den Anstifter milder, aber auch strenger.[6]

2. Beihilfe

604 Als **Gehilfe** wird bestraft, wer vorsätzlich einem anderen zu dessen vorsätzlich begangener, rechtswidriger Tat Hilfe leistet (§ 27 Abs. 1 StGB).

a) Objektive Voraussetzungen

605 **In objektiver Hinsicht** ist Voraussetzung zunächst eine **rechtswidrige** und **vorsätzlich** begangene **Haupttat** (Grundsatz der Akzessorietät). Handelt der Haupttäter nur **fahrlässig**, kommt Beihilfe **nicht** in Betracht. Die Tat muss mindestens bis zum Versuchsstadium fortgeschritten sein, ansonsten kann der Gehilfe nicht bestraft wer-

---

1) Kühl in Lackner/Kühl, 27. Aufl. 2011, § 26 StGB Rz. 2 m.w.N.
2) Schünemann in Leipziger Kommentar, 12. Aufl. 2007, § 26 StGB Rz. 17, 18; Kühl in Lackner/Kühl, 27. Aufl. 2011, § 26 StGB Rz. 2a.
3) Kühl in Lackner/Kühl, 27. Aufl. 2011, § 26 StGB Rz. 2a.
4) Kühl in Lackner/Kühl, 27. Aufl. 2011, § 26 StGB Rz. 5.
5) BGH v. 8.7.1954, 3 StR 796/53, BGHSt 6, 359; Kühl in Lackner/Kühl, 27. Aufl. 2011, § 26 StGB Rz. 5.
6) Fischer, 60. Aufl. 2013, § 26 StGB Rz. 18.

den. Der Haupttäter muss vorsätzlich, aber nicht unbedingt schuldhaft gehandelt haben (§ 29 StGB).

Zudem ist eine **Förderung** oder **Unterstützung** der **Haupttat** (Hilfeleisten) erforderlich. Eine Definition, was unter Hilfeleisten zu verstehen ist, hält das Gesetz nicht bereit. § 49 Abs. 1 StGB a.F. differenzierte zwischen Beihilfe durch „Tat" und „Rat". Zwar hat § 27 StGB diese Unterscheidung nicht übernommen, doch hat diese Differenzierung Bedeutung im Rahmen der Auslegung behalten.[1] **606**

Für die **physische Beihilfe** (Beihilfe durch Tat) kommt jede Handlung in Frage, die keine Täterschaft begründet.[2] Der BGH grenzt hier wie folgt ab: Mittäter ist, wer nicht nur fremdes Tun fördert, sondern einen eigenen Tatbeitrag derart in eine gemeinschaftliche Tat einfügt, dass sein Tatbeitrag als Teil der Tätigkeit des anderen und umgekehrt dessen Tun als Ergänzung seines eigenen Tatanteils erscheint.[3] Ob ein Beteiligter ein so enges Verhältnis zur Tat hat, ist nach den gesamten Umständen, die von seiner Vorstellung umfasst sind, in wertender Betrachtung zu beurteilen. Wesentliche Anhaltspunkte können der Grad des eigenen Interesses am Taterfolg, der Umfang der Tatbeteiligung und die Tatherrschaft oder wenigstens der Wille zur Tatherrschaft sein.[4] In Grenzfällen ist dem Tatrichter für die ihm obliegende Wertung ein Beurteilungsspielraum eröffnet. Diesen Spielraum sah der BGH im Steuerstrafrecht zuletzt aber als nicht eröffnet an. Dabei wurden zwei Entscheidungen der Instanzgerichte, die noch wegen Beihilfe zur Steuerhinterziehung verurteilt hatten, im Schuldspruch berichtigt, und somit die Wertung als Beihilfe abgelehnt. **607**

Das Landgericht Kaiserslautern hatte die benannten Maßstäblichkeiten verkannt und in der Folge einen Aufsichtsratsvorsitzenden als Gehilfen verurteilt,[5] weil es diesen nicht als faktischen Mitvorstand ansehen wollte. Darauf kam es aber bei der Steuerhinterziehung gem. § 370 Abs.1 Nr.1 AO nicht an, vielmehr erkannte der BGH, dass die jeweilige Handlung des Aufsichtsratsvorsitzenden, insbesondere die Unterzeichnung eines Scheinvertrags sollte der entscheidende Tatbeitrag für die Abgabe der unrichtigen Lohnsteueranmeldung sein, was den Aufsichtsratsvorsitzenden nach Ansicht des BGH zum Täter machte.[6] **608**

In einer anderen Entscheidung stellte der BGH den Schuldspruch bezüglich der Beihilfe zur Steuerhinterziehung entsprechend um.[7] Das Landgericht hatte die Steuerberaterin nicht als Täterin der (Umsatz)steuerhinterziehung verurteilt, weil diese nicht nachweisbar von Anfang an vollumfänglich in das Tatgeschehen eingeweiht gewesen sei.[8] Auch hier hatte das Landgericht nach Ansicht des BGH die oben benannten Maßstäbe der Abgrenzung verkannt. Die Mittäterschaft soll nicht nur auf Grund eines (solchen) gemeinsamen Tatplanes oder Tatentschlusses in Betracht kommen, dem eine ausdrückliche und zeitgleiche Absprache der Beteiligten zu Grunde liegt. Ihre Verschleierungsbemühungen im Zusammenhang mit einer Umsatzsteuersonderprüfung und der Vorschlag der Angeklagten, gefälschte Rech- **609**

---

1) Schünemann in Leipziger Kommentar, 12. Aufl. 2007, § 27 StGB Rz. 48; Heine in Schönke/Schröder, 28. Aufl. 2010, § 27 StGB Rz. 12.
2) Schünemann in Leipziger Kommentar, 12. Aufl. 2007, § 27 StGB Rz. 48.
3) St. Rspr.; BGH v. 15.1.1991, 5 StR 492/90, BGHSt 37, 289, 291 und speziell für das Steuerstrafrecht BGH v. 30.6.2005, 5 StR 12/05, NStZ 2006, 44, und v. 7.11.2006, 5 StR 164/06, wistra 2007, 112.
4) BGH v. 7.11.2006, 5 StR 164/06, wistra 2007, 112.
5) BGH v. 7.11.2006, 5 StR 164/06, wistra 2007, 112, Vorinstanz LG Kaiserslautern v 13.10.2005, 2KLs (Wi) 4005 Js 12753/02.
6) BGH v. 7.11.2006, 5 StR 164/06, wistra 2007, 112.
7) BGH v. 30.6.2005, 5 StR 12/05 NStZ 2006, 44.
8) BGH v. 30.6.2005, 5 StR 12/05 NStZ 2006, 44.

nungen einzuführen, sowie die Erstellung und Unterzeichnung der Umsatzsteuervoranmeldungen sollten für die Wertung als Handlung eines Täters hinreichen.

610 Von **psychischer Beihilfe** (Beihilfe durch Rat) spricht man, wenn von Seiten des Gehilfen eine sog. technische Rathilfe oder eine Bestärkung des Tatentschlusses erfolgt. Eine psychische Beihilfe in Form der technischen Rathilfe kann z.B. vorliegen bei Hinweisen zur entdeckungssicheren Geldanlage, zur entdeckungssicheren Vereinnahmung von Schwarzgeldern zur „Geldwäsche" oder bei Beratung über die am wenigsten entdeckungsgefährdeten Manipulationen. Psychische Beihilfe in Form der Bestärkung des Tatentschlusses liegt etwa dann vor, wenn der Gehilfe dem Haupttäter die letzten Skrupel ausredet oder ihm ein größeres Gefühl der Sicherheit gibt.[1] Hier ergeben sich Abgrenzungsprobleme zur Anstiftung. Anstiftung liegt so lange nicht vor, als ein Tatentschluss noch gegeben ist, selbst wenn er ins Wanken gekommen ist.

611 Zu weit geht es, wenn psychische Beihilfe schon bei **bloßer Anwesenheit** am Tatort angenommen wird. Ein Steuerberater leistet also allein durch seine Anwesenheit bei einer Besprechung im Finanzamt keine psychische Beihilfe,[2] solange nicht festgestellt ist, dass die Anwesenheit die Tat objektiv gefördert oder erleichtert hat und dass der Gehilfe sich dessen bewusst war. Das bloße „Dabeisein" in Kenntnis einer Straftat reicht also selbst bei deren Billigung nicht aus, die Beihilfe im Sinne aktiven Tuns zu begründen. Anderenfalls könnten die rechtlichen Anforderungen hinsichtlich der Garantenpflichten beim Unterlassen umgangen werden. Das bloße Dabeisein ist nämlich nach seinem objektiven Sinngehalt ein Unterlassen.

612 Die Hilfeleistung kann schon **vor Ausführung** der **Haupttat** erbracht werden, also im Planungs- oder Vorbereitungsstadium. Beispiel hierfür ist der Bankmitarbeiter, der einem Stpfl. beim anonymen Transfer von Kapital ins Ausland behilflich ist, wenn der Stpfl. die aus der Kapitalanlage herrührenden Kapitaleinkünfte später in seinen Einkommensteuererklärungen nicht erklärt.[3] Selbst vor dem Entschluss des Haupttäters ist Beihilfe möglich.[4]

613 Der spätestmögliche Zeitpunkt der Hilfeleistung ist umstritten. Es wird vertreten, dass eine Beihilfe auch noch zwischen Vollendung und Beendigung der Tat in Betracht kommt. Diese Frage ist bei der Steuerhinterziehung weniger relevant, weil dort mit der Vollendung gleichzeitig die Beendigung eintritt. Mit **Beendigung der Haupttat** kommt eine Beihilfe nicht mehr in Betracht, jedoch Begünstigung oder Strafvereitelung.

614 Strittig ist, ob die Hilfeleistung **kausal** für den Taterfolg gewesen sein muss. Nach **ständiger Rechtsprechung** ist es **nicht** erforderlich, dass die Gehilfentätigkeit für die Herbeiführung des Taterfolges der Haupttat ursächlich ist. Ausreichend sei vielmehr, dass die den Tatbestand verwirklichende Handlung, bevor sie zum Abschluss gekommen ist, zu irgendeinem Zeitpunkt durch das Tätigwerden des Gehilfen tatsächlich objektiv gefördert worden ist.[5]

615 Die h.M. in der **Literatur** fordert dagegen, dass der Beitrag des Gehilfen für den Erfolg **zumindest mitursächlich** sein muss.[6] Der Tatbeitrag muss also, auch wenn

---

1) BGH v. 10.1.1956, 5 StR 399/55, BGHSt 8, 390, 391; v. 10.2.1982, 3 StR 398/81, StV 1982, 517.
2) BGH v. 20.12.1995, 3 StR 185/94, wistra 1996, 184, 187, dazu Achenbach/Wannemacher, Stbg 1996, 299.
3) Vgl. etwa BGH v. 1.8.2000, 5 StR 624/99, NJW 2000, 3010.
4) Schünemann in Leipziger Kommentar, 12. Aufl. 2007, § 27 StGB Rz. 38.
5) RG v. 18.3.1924, I 50/24 RGSt 58, 113, 115; BGH v. 1.8.2000, 5 StR 624/99, NJW 2000, 3010; weitere Nachweise bei Schünemann in Leipziger Kommentar, 12. Aufl. 2007, § 27 StGB Rz. 1 ff.
6) Vgl. Jescheck/Weigend, 628; Schünemann in Leipziger Kommentar, 12. Aufl. 2007, § 27 StGB Rz. 3; Heine in Schönke/Schröder, 28. Aufl. 2010, § 27 StGB Rz. 10.

er im Ansatz noch so unwichtig ist, zumindest die Art und Weise der Durchführung der Haupttat beeinflusst haben [1] Diesen Erfordernissen ist dann genügt, wenn die Hilfeleistung die Haupttat **ermöglicht, erleichtert, beschleunigt** oder **intensiviert** hat.[2]

Der BGH, der an sich ja die Förderung der Haupttat verlangt, lehnt sich bisweilen an die Risikoerhöhungslehre an. So kann laut BGH eine strafbare Beihilfe bereits derjenige begehen, der dem Täter ein entsprechendes Tatmittel an die Hand gibt und damit bewusst das Risiko erhöht, dass die Tat begangen wird.[3] **616**

Der Begriff der Hilfeleistung lässt offen, welche Anforderungen unter dem Gesichtspunkt der Kausalität an die Beihilfe zu stellen sind. Gegen die Rechtsprechung, die auf die objektive Förderung der Haupttat abstellt und auf die Kausalität der Hilfeleistung für die Haupttat vollständig verzichtet, spricht, dass § 27 StGB so zum selbständigen Teilnehmerdelikt nach dem Muster der Begünstigung[4] wird. Auch laufe die Rechtsprechung auf die Bestrafung einer nur versuchten Beihilfe hinaus.[5] Andererseits wird man für die Beihilfe eine Kausalität im Sinne der **Condicio-sine-qua-non-Formel** nicht verlangen können. Die psychische Beihilfe ließe sich andernfalls weitgehend nicht unter § 27 StGB subsumieren.[6] Mit dem Erfordernis der Ursächlichkeit im Sinne der **Äquivalenztheorie** lässt es sich nämlich nicht vereinbaren, dass eine bloße Bestärkung eines (bereits vorhandenen) Tatentschlusses die Beihilfestrafbarkeit begründen soll. Eine Kausalität im Sinne der Äquivalenztheorie ist nur beim Hervorrufen des Tatentschlusses, also bei einer Anstiftung, gegeben. In der Literatur verlangt man deshalb eine Kausalität in der Weise, dass die Hilfeleistung die Haupttat ermöglicht, beschleunigt, erleichtert oder intensiviert hat.[7] Mit einem derartigen Kausalitätsverständnis liegt die Literatur schon sehr nahe bei der Risikoerhöhungslehre.[8] Auch wenn dies in der Literatur bestritten wird,[9] so führt die Verwendung dieser Kausalitätsformel dazu, dass die Kausalität bei der Beihilfe eine andere ist als bei der Täterschaft. Deshalb erscheint es konsequenter, das Kausalitätserfordernis aufzugeben und mit der Rechtsprechung eine objektive Förderung der Tat zu verlangen. So erscheint es widersprüchlich, einerseits die Kausalität der Hilfeleistung zu verlangen, andererseits aber Kausalität auch dann noch anzunehmen, wenn sich der Tatbeitrag nachträglich als überflüssig herausstellt.[10] **617**

b) Subjektive Voraussetzungen

In subjektiver Hinsicht ist für eine Beihilfestrafbarkeit ein sog. **doppelter Gehilfenvorsatz** nötig. Bedingter Vorsatz genügt, fahrlässige Beihilfe ist dagegen nicht strafbar. Der Gehilfe muss also wissen, dass er die Haupttat fördert, und er muss diese Förderung auch wollen, zumindest billigend in Kauf nehmen. Darüber hinaus muss er – in einer zweiten Stufe – auch die Haupttat in ihren **wesentlichen Merkmalen** erkennen und wollen bzw. billigen. Dieser Vorsatz muss sich auf den Erfolg der Haupttat, die Steuerverkürzung oder den nicht gerechtfertigten Steuervorteil, **618**

1) Heine in Schönke/Schröder, 28. Aufl. 2010, § 27 StGB Rz. 7.
2) Jescheck/Weigend, 5. Aufl. 1996, 694.
3) BGH v. 18.4.1996, 1 StR 14/96, BGHSt 42, 135.
4) Jescheck/Weigend, 5. Aufl. 1996, 694.
5) Schünemann in Leipziger Kommentar, 12. Aufl. 2007, § 27 StGB Rz. 2.
6) Jescheck/Weigend, 5. Aufl. 1996, 694.
7) Jescheck/Weigend, 5. Aufl. 1996, 694; Kühl in Lackner/Kühl, 27. Aufl. 2011, § 27 StGB Rz. 2; Schünemann in Leipziger Kommentar, 12. Aufl. 2007, § 27 StGB Rz. 2.
8) Jescheck/Weigend, 5. Aufl. 1996, 694; Schünemann in Leipziger Kommentar, 12. Aufl. 2007, § 27 StGB Rz. 5.
9) Schünemann in Leipziger Kommentar, 12. Aufl. 2007, § 27 StGB Rz. 3.
10) So aber Schünemann in Leipziger Kommentar, 12. Aufl. 2007, § 27 StGB Rz. 9, mit Verweis auf die trotz nachträglicher Überflüssigkeit gegebene Chancensteigerung.

erstrecken. Einzelheiten der Tat muss er nicht kennen. Ob der Gehilfe den Erfolg der Haupttat wünscht oder ihn lieber vermeiden würde, ist nicht entscheidend.[1)]

619 In der Praxis wird – v.a. im Bereich der psychischen Beihilfe – nahezu ausschließlich auf die Kenntnis des Gehilfen abgestellt.[2)] Zu Unrecht, denn das voluntative Element ist wesentlicher Bestandteil des Vorsatzes, dessen sorgfältige Prüfung und Nachweis gerade angesichts der Reichweite der Förderungsformel unabdingbar sind.

620 Im Bereich der Beihilfe durch neutrale Handlungen kommt der Unterscheidung zwischen dolus directus und dolus eventualis entscheidende Bedeutung zu (→ Rz. 638 ff.).

c) Einschränkungen der Beihilfestrafbarkeit bei neutralen Handlungen

621 Der Begriff der Hilfeleistung ist sehr weit gefasst. Deshalb werden Einschränkungen der Beihilfestrafbarkeit insbesondere bei sog. „neutralen Beihilfehandlungen" diskutiert. In der Literatur bemüht man sich überwiegend um eine Einschränkung bereits auf der Ebene des objektiven Tatbestands im Rahmen der objektiven Zurechnung. Die neuere Rechtsprechung des **BGH**, die in objektiver Hinsicht jedwede Förderung der Haupttat ausreichen lässt, verlagert die Problematik der neutralen Handlungen in den subjektiven Tatbestand.[3)]

622 Diskutiert wird die Problematik auch an Fällen, in denen Unternehmer Verrechnungsschecks, die sie für erbrachte Leistungen erhalten haben, nicht auf eigenen Geschäftskonten, sondern über Bankkonten Dritter, sog. Scheckwechsler, einlösen lassen, um ihre tatsächlichen Umsätze den Finanzbehörden gegenüber zu verschleiern. Es stellt sich die Frage, ob und inwiefern die Tätigkeit des Scheckwechslers ein bankenübliches und damit sozialadäquates Verhalten darstellt und wann die Grenze der Beihilfe zur Steuerhinterziehung überschritten ist.[4)]

623 Hauptfall der Problematik der sog. neutralen Handlungen im steuerstrafrechtlichen Bereich ist die Mitwirkung von **Bankangestellten** beim anonymen Kapitaltransfer ins Ausland.

Beispiel:

Bankkaufmann A war in der Wertpapierabteilung der Sparkasse für die Beratung bei Auslandsanlagen zuständig. Hierbei unterstützte er Kunden der Sparkassen auf deren Wunsch beim anonymen Kapitaltransfer nach Luxemburg und in die Schweiz. Hierzu griff er auf ein bereits vorhandenes Verschleierungssystem für anonyme Kapitaltransfers der West-LB zurück. Obwohl auch die Möglichkeit der direkten Überweisung von den Kundenkonten bei der Sparkasse auf das jeweilige Sammelkonto der West-LB Schweiz und Luxemburg bestanden hätte, splittete A die Übertragung der Kundengelder in zwei unabhängige Geschäftsvorfälle, nämlich zwei Barzahlungen, auf. Zunächst wurde der Betrag in bar vom Konto bei der Sparkasse abgehoben, danach sofort per Zahlschein auf das Sammelkonto bei der Auslandsbank eingezahlt. Auf dem Einzahlungsbeleg, auf dem ein Feld für den Namen des Einzahlers vorhanden war, vermerkte A statt des Kundennamens lediglich ein Codewort oder eine Referenz- oder Kontonummer der Auslandsbank.

624 Weitgehende Einigkeit besteht, dass trotz Vorliegens eines kausalen Tatbeitrags eine Strafbarkeit wegen Beihilfe entfallen kann, wenn es sich um eine neutrale,

1) BGH v. 1.8.2000, 5 StR 624/99, NJW 2000, 3010; so auch FG Köln v. 19.12.2001, 10 K 2330/96, EFG 2002, 513.
2) Vgl. z.B. BGH v. 23.1.1985, 3 StR 515/84, HFR 1985, 429.
3) BGH v. 20.9.1999, 5 StR 729/98, NStZ 2000, 34; v. 1.8.2000, 5 StR 624/99, NJW 2000, 3010.
4) Hierzu näher Hillenbrand/Brosig, wistra 2003, 375; zur Beihilfe durch einen Großhändler durch Erteilung von Barverkaufsrechnungen ohne Empfängerbezeichnung bzw. Kundennummer und Bestelldatum in verschlüsselter Form vgl. FG Münster v. 11.11.2002, 4 K 3180/98, DStRE 2003, 1001.

also alltägliche oder berufstypische Handlung handelt. Ausgangspunkt ist dabei die Erkenntnis, dass nicht sämtliche, sondern allein rechtlich missbilligte Tatförderungen unter § 27 StGB fallen.[1]

Per se neutrale Handlungen, die niemals für eine Beihilfestrafbarkeit in Betracht kommen, gibt es nicht, weil letztendlich jede Handlung, sei sie auch noch so neutral, die Straftat eines anderen ganz entscheidend fördern und mitverursachen kann. Der Begriff der straflosen neutralen Handlungen muss deshalb durch weitere Kriterien konturiert werden, so dass bezogen auf den individuellen Fall entschieden werden kann, ob man einen strafrechtlich relevanten oder irrelevanten Unterstützungsbeitrag vor sich hat. 625

In der **Literatur** werden **unterschiedliche Ansätze** zur Einschränkung der Beihilfestrafbarkeit im Bereich der sog. neutralen Handlungen vertreten. 626

Eine allgemeine Aussage dahingehend, eine Mitwirkung eines Bankangestellten beim anonymen Kapitaltransfer erfülle generell nicht die Voraussetzungen der Beihilfe, weil es an einem **Bezug** zwischen dem Kapitaltransfer und der zu einem späteren Zeitpunkt von dem Bankkunden eingereichten Erklärung fehle, lässt sich in dieser Allgemeinheit nicht treffen.[2] Wird ein bei einer Bank bereits vorhandenes Verschleierungssystem bewusst zur Anonymisierung eines Kapitaltransfers eingesetzt, das jedenfalls objektiv die Entdeckung einer etwaigen späteren Steuerhinterziehung durch den Kunden erschwert, so wird sich ein solcher Bezug kaum ernstlich abstreiten lassen. 627

Für sich nicht ausreichend ist auch das Argument, der Bankkunde sei auf die mitwirkende Hilfe irgendwelcher Banktätigkeiten nicht angewiesen.[3] Würde man diesen Gedanken verallgemeinern, würde § 27 StGB wohl weitgehend leer laufen. Das Nichtangewiesensein auf bestimmte Banktätigkeiten ändert nichts daran, dass die Mitwirkung eines Bankangestellten im konkreten Fall mitursächlich für eine Steuerhinterziehung gewesen sein kann oder eine solche im Sinne der Rechtsprechung jedenfalls gefördert haben kann. 628

Eine Möglichkeit ist es, neutrales oder professionell adäquates Verhalten zwar nicht generell aus dem Bereich der strafbaren Beihilfe herauszunehmen, einen straflosen Bereich der Straftatförderung aber **quantitativ** anhand des Grades der fördernden Wirkung abzuschichten.[4] 629

Ein weiterer Ansatz nimmt nicht tatspezifische Straftatförderungen aus dem Bereich der strafbaren Beihilfe heraus. Die Handlung des Hilfeleistenden ist dann nicht tatspezifisch, wenn sie sich auf ein Verhalten des Täters bezieht, das an sich legal ist und auch ohne nachfolgende strafbare Handlung wirtschaftlich, sozial oder individuell sinnvoll bleibt.[5] 630

Neutrale Handlungen sind nach a.A. solche Handlungen des Hilfeleistenden, die aus der Perspektive eines beliebigen Beobachters keine **objektive Unrechtstendenz** haben, diese Tendenz aber bei Zusatzinformationen – insbes. zur subjektiven Tatseite – bekommen können. In den Bereich strafrechtlichen Unrechts gelangen alltägliche Handlungen erst dadurch, dass man sie in einen **kriminellen Kontext** stellt.[6] 631

In diesem Zusammenhang beschreibt professionelle Adäquanz normales neutrales, sozial akzeptiertes und regelgeleitetes berufliches Handeln. Für ein solches neutra-

1) Zum ganzen auch Schünemann in Leipziger Kommentar, 12. Aufl. 2007, § 27 StGB Rz. 17 ff.
2) So aber Kaligin, WM 1996, 2267, 2268 ff.
3) So aber Harzer/Vogt, StraFo 2000, 39, 44/45.
4) Weigend, FS Nishihara, 1998, 208.
5) Meyer-Arndt, wistra 1989, 281, 287.
6) Hassemer, wistra 1995, 41, 42.

les und berufstypisches Verhalten spreche eine widerlegliche Vermutung. Der Bereich professioneller Adäquanz wird erst dann verlassen, wenn in objektiver Hinsicht die beruflichen Regeln verändert werden und in subjektiver Hinsicht kriminelle Ziele verfolgt werden.[1] Folglich erfülle etwa ein Bankangestellter objektiv keinen Straftatbestand, wenn er sich an die für seine Tätigkeit geltenden Regelungen halte, etwa nicht gegen den Grundsatz der Kontenwahrheit verstoße.[2] Teilweise verzichtet man auf das subjektive Element der Verfolgung krimineller Ziele und stellt objektiv darauf ab, ob der Berufstätige die in seinem Bereich geltenden Normen und Regeln beachtet.[3]

632 Eine Ansicht geht davon aus, dass das Beihilfeunrecht die **Pflichtwidrigkeit** voraussetzt. Demnach sind Verhaltensweisen, die sich völlig im Rahmen der normalen sozialen Ordnung des Lebens halten, keine tatbestandsmäßigen Handlungen, auch wenn als Folge Rechtsgutsverletzungen eintreten.[4] Die Pflichtwidrigkeit des Gehilfenverhaltens kann sich ergeben aus der Verletzung allgemeiner Garantenpflichten oder besonderer, schutzgutbezogener Normen, aus der hinreichenden Sicherheit der Tatbegehung durch den Haupttäter oder aus einem spezifischen Bezug des Gehilfenverhaltens auf das durch die Haupttat betroffene Rechtsgut. An einer Beihilfestrafbarkeit soll es insbes. dann fehlen, wenn das Gehilfenverhalten nur der Deckung grundlegender Lebensbedürfnisse des Haupttäters dient oder der fördernde Tatbeitrag gleichzeitig legal und illegal verwendet wird.[5] Folglich dürfte wohl ein Bankangestellter über mögliche Geldanlagen in Luxemburg beraten und die Anlage über seine Bank vornehmen, selbst wenn er sicher ist, dass eine Steuerhinterziehung begangen wird und diese durch die vermittelte Auslandsanlage sicherer wird.

633 Weiterhin wird vertreten, dass bei Gehilfenbeiträgen, die weit weg von der eigentlichen Tatbestandshandlung erbracht werden und überall ohne Probleme erhältlich sind, keine rechtlich missbilligte Gefahr für das Rechtsgut geschaffen wird.[6] Der Berufstätige stellt einen **standardisierten Beitrag** bereit, der vom Kunden lediglich abgerufen wird.[7]

634 Eine weitere Ansicht hält äußerlich „neutrale" Handlungen nicht für geeignet, den Vorwurf einer Teilnahme zu begründen. Die Grenze vom straflosen zum strafbaren Verhalten werde aber überschritten, wenn sich das Verhalten der betreffenden Person nur noch als deliktische Handlung erklären lässt und sich die betreffende Person **in einen Verbrechensplan** einbinden lasse.[8]

Eine ähnliche Ansicht verlangt zwar keine Einbindung in einen Verbrechensplan, aber eine Solidarisierung des Gehilfen mit dem Täter, die vorliegen soll, wenn der Gehilfe erkennbar auf die Seite des Unrechts tritt.[9]

635 Auch in der **Rechtsprechung** gab es schon sehr frühzeitig Tendenzen, die Beihilfestrafbarkeit bei Alltagshandlungen oder neutralen Handlungen zu begrenzen. So sah das **RG**[10] die Lieferungen eines Bäckers oder Metzgers an den Bordellinhaber für den täglichen Unterhalt des Kupplers und der Dirnen nicht als Beihilfe zur Kuppelei an, weil sie mit dem kupplerischen Betrieb in keinerlei engerem Zusammenhang standen. Demgegenüber hat das RG die Lieferung von Wein als Beihilfe ange-

1) Hassemer, wistra 1995, 81, 86 f.
2) Otto, StV 1994, 409, 410; Kniffka, wistra 1987, 309 f.
3) Philipowski in Kohlmann, 131, 141 f.
4) Ransiek, wistra 1997, 41, 42.
5) Ransiek, wistra 1997, 41, 47.
6) Löwe-Krahl, wistra 1995, 201, 205.
7) Löwe-Krahl, wistra 1995, 201, 205.
8) So insbes. Jakobs, ZStW 89 (1977), 1; Jakobs, 698 f.; Jakobs, GA 1996, 260.
9) Schumann, 56, 57.
10) RG v. 14.6.1906, III 124/06, RGSt 39, 44, 48.

sehen, weil dadurch die Frequenz in den Bordellen gehoben, ein weiterer Anreiz zum Besuch der Bordelle geschaffen und so der kupplerische Betrieb gefördert werde.[1]

636 Der **BGH**[2] stellte zunächst klar, Beihilfe könne auch durch äußerlich neutrale Handlungen geleistet werden, so durch eine enge Zusammenarbeit mit dem Haupttäter in einem Betrieb, die für ihn erfahrungsgemäß eine psychische Unterstützung bedeuten kann. Das bedeutet aber nicht, dass jede Mitwirkung etwa eines Arbeitnehmers beim Umsatz in Kenntnis der diesem nachfolgenden Umsatzsteuerhinterziehung durch den Stpfl. ohne besondere Umstände als Beihilfe zu würdigen sei. Eine für die Wertung als Beihilfe sprechende **besondere Sachlage** kann aber dann gegeben sein, wenn das ganze Unternehmen, an dem ein Helfer mitwirkt, ausschließlich darauf abzielt, einen Gewinn durch Steuerhinterziehung zu erreichen.[3]

In einer anderen Entscheidung kam der BGH auf Grund einer ähnlichen Abgrenzung zu dem Ergebnis, dass ein Auftraggeber allein durch den Abschluss eines Werkvertrags noch nicht Gehilfe der von den Werkunternehmern später begangenen Steuerhinterziehung ist.[4] Als Begründung für die Verneinung der Beihilfe weist der BGH darauf hin, dass die Tätigkeit des Werkunternehmers nicht ausschließlich dem Ziel diente, eine Steuerhinterziehung vorzubereiten.

In einer weiteren Entscheidung knüpfte der BGH[5] ähnlich wie Teile der Literatur an die Einhaltung der beruflichen Regelungen an. Er verurteilte einen Notar, der an Verhandlungen und am Abschluss eines Vertrags über hochspekulative Geldanlagen mitwirkte, wegen Beihilfe zur Untreue. Der Notar vermittelte einen Anlageberater für Währungstauschgeschäfte und wurde über die Einzelheiten des beabsichtigten Anlagemodells informiert. Der BGH war der Auffassung, dass diese Tätigkeiten im konkreten Fall über eine „neutrale" notarielle Tätigkeit weit hinausgingen. Der Notar hätte im Hinblick auf seine Berufspflichten aus § 14 Abs. 2 BNotG seine Mitwirkung am Vertragsschluss verweigern müssen.

637 Das **LG Bochum** stellte auf den relativ unscharfen Begriff der **besonderen Sachlage** ab.[6] Eine Beihilfehandlung sei nicht in jeder Mitwirkung eines Bankangestellten bei der Verbringung von Wertpapieren ins Ausland zu sehen, erforderlich sei vielmehr eine besondere Sachlage, die in den Bankenfällen etwa dann vorliege, wenn ein Bankangestellter auf Grund besonderer zeitlicher Umstände ein bei seinem Arbeitgeber vorhandenes technisches Abwicklungssystem für einen anonymen Wertpapiertransfer zum Zwecke der Verschleierung einsetze.

638 Der **BGH** hatte sich in der Vergangenheit ebenfalls mit der Strafbarkeit von „neutralen" Handlungen als Beihilfe auseinander zu setzen:

Im Rahmen einer Entscheidung über Beihilfe zum Betrug zog der BGH[7] die allgemein für berufstypische neutrale Handlungen „geltenden" Grundsätze ohne nähere Konkretisierung heran und berücksichtigte diese im **subjektiven Tatbestand** im Rahmen des Beihilfevorsatzes. **Zielt** das Handeln des Haupttäters **ausschließlich** darauf ab, eine **strafbare** Handlung zu begehen, und weiß dies der Hilfeleistende, so ist sein Tatbeitrag als Beihilfehandlung zu werten, weil in diesem Fall sein Tun den Alltagscharakter verliert, als Solidarisierung mit dem Täter zu deuten ist und dann auch nicht mehr als sozialadäquat anzusehen ist.

1) RG v. 14.6.1906, III 124/06, RGSt 39, 44, 49.
2) BGH v. 23.1.1985, 3 StR 515/84, HFR 1985, 429.
3) BGH v. 13.4.1988, 3 StR 33/88, wistra 1988, 261.
4) BGH v. 23.6.1992, 5 StR 75/92, wistra 1992, 299, 300.
5) BGH v. 26.10.1998, 5 StR 746/97, wistra 1999, 103.
6) LG Bochum v. 15.3.1999, 12 KLs 35 Js 409/98, NJW 2000, 1430.
7) BGH v. 20.9.1999, 5 StR 729/98, NStZ 2000, 34.

Weiß der Hilfeleistende dagegen nicht, wie der von ihm geleistete Beitrag vom Haupttäter verwendet wird, hält er es **lediglich** für **möglich,** dass sein Tun zur Begehung einer Straftat genutzt wird, so ist sein Handeln regelmäßig noch nicht als strafbare Beihilfehandlung zu beurteilen. Etwas anderes gilt jedoch dann, wenn das von ihm erkannte **Risiko strafbaren Verhaltens** des von ihm Unterstützten derart **hoch** war, dass er sich mit seiner Hilfeleistung die Förderung eines erkennbar tatgeneigten Täters angelegen sein ließ.

Auf die gleichen Grundsätze stellte der **BGH** in einer Entscheidung zur **Beihilfe** zur Steuerhinterziehung durch **Bankmitarbeiter** ab.[1]

639 Mit den vorstehenden Grundsätzen liegt der BGH auf der Linie einiger Stimmen in der Literatur, die im Bereich der neutralen Handlungen danach differenzieren, ob der Hilfeleistende den Deliktsentschluss des Täters kennt (dolus directus) oder nur mit einem solchen Verhalten rechnet.[2] Diese Unterscheidung, die dogmatisch durchaus angreifbar ist,[3] kann zu einer sinnvollen Begrenzung der Beihilfestrafbarkeit führen, wenn man – anders als der BGH – konsequent die bedingt vorsätzliche Hilfeleistung durch neutrale Handlungen aus der Beihilfestrafbarkeit herausnimmt. Der BGH hingegen sieht es für die Annahme der Beihilfestrafbarkeit als ausreichend an, dass das vom Hilfeleistenden erkannte Risiko strafbaren Verhaltens des Haupttäters derart hoch war, dass er sich mit seiner Hilfeleistung die Förderung eines erkennbar tatgeneigten Täters angelegen sein ließ. Dies wird in der Praxis darauf hinauslaufen, dass es Einschränkungen der Beihilfestrafbarkeit bei berufstypischen Handlungen weitgehend nicht geben wird. Die Ermittlungsbehörden werden, ausgehend von der Steuerhinterziehung des Haupttäters, aus ihrer Ex-post-Perspektive eine eigene Risikoeinschätzung treffen und dem Hilfeleistenden unterstellen, bei dieser Sachlage sei das Risiko strafbaren Verhaltens so evident gewesen, dass er das Risiko nach allgemeiner Lebenserfahrung erkennen musste.

640 Trotz dieser Kritik an der Rechtsprechung ist festzuhalten, dass die Herausnahme bedingt vorsätzlicher Tatförderungen durch neutrale Handlungen aus der Beihilfestrafbarkeit sinnvoll ist. Zusätzlich sollte aber bereits auf der Ebene des objektiven Tatbestands eine Begrenzung der Beihilfestrafbarkeit erfolgen.[4] Die in der Literatur hierzu entwickelten Lösungsvorschläge wurden bereits vorgestellt (→ Rz. 626 ff.). Bisher konnte sich keiner dieser Lösungsvorschläge in der Literatur durchsetzen. Eine verlässliche Abschichtung des Bereichs der straflosen neutralen Beihilfehandlungen anhand einzelner abstrakter Kriterien dürfte auch kaum möglich sein. Vorzugswürdig ist deshalb die Abgrenzung im objektiven Tatbestand anhand des quantitativen Kriteriums der fördernden Wirkung (→ Rz. 629). Zur Feststellung des Grades der fördernden Wirkung können auch die in der Literatur entwickelten Kriterien im Wege einer Gesamtschau mit herangezogen werden.

641 In eine solche Gesamtschau sind insbes. folgende Kriterien mit einzubeziehen:

- Stellt der Hilfeleistende seine Handlung in einen kriminellen Kontext?
- Ist das Gehilfenverhalten tatspezifisch?

---

1) BGH v. 1.8.2000, 5 StR 624/99, NJW 2000, 3010, 3011; krit. hierzu Samson/Schillhorn, wistra 2001, 1.

2) Otto, FS Lenckner, 1998, 215; Roxin, FS Miyazawa, 1995, 513; Amelung, FS Grünwald, 1999, 29, der lediglich die bedingt vorsätzliche Inkaufnahme des generellen Risikos, dass mit einer geschäftlichen Leistung eine fremde Straftat gefördert wird, aus der Beihilfestrafbarkeit herausnehmen will.

3) Weigend, FS Nishihara, 1998, 199.

4) So auch Roxin, FS Miyazawa, 1995, 513, der im Falle des dolus directus beim Hilfeleistenden verlangt, dass der Tatbeitrag für den Täter nur unter der Voraussetzung der geplanten Straftat von Wert ist und damit einen deliktischen Sinnbezug hat.

- Wird der Tatbeitrag durch den Haupttäter ausschließlich illegal oder auch legal verwendet?
- Ist der Haupttäter auf den Gehilfenbeitrag angewiesen?
- Werden die berufsrechtlichen Vorschriften eingehalten?
- Handelt es sich beim Gehilfenbeitrag lediglich um einen standardisierten Beitrag, der vom Haupttäter abgerufen wird, oder ist er speziell nach Ort, Zeit oder Art und Weise der Handlung auf die Erfordernisse des Haupttäters zugeschnitten?

Insbesondere das Kriterium des **Zuschnitts** des Gehilfenbeitrags auf die Haupttat stellt ein wichtiges und einigermaßen griffiges Kriterium dar, das geeignet ist, den Grad der fördernden Wirkung mit festzustellen. Je mehr eine Handlung auf eine (mögliche) Straftat des Haupttäters zugeschnitten ist, desto weniger neutral ist sie. So ist etwa die Tätigkeit eines Bankmitarbeiters, der einem Stpfl. Bargeld ausbezahlt, das dieser zum Zwecke der Steuerhinterziehung ins Ausland bringen will, so gut wie nicht auf die Steuerhinterziehung geschnitten. Deutlich signifikanter ist der Zuschnitt hingegen, wenn ein ausgetüfteltes Verschleierungssystem für die Anonymisierung von Kapitaltransfers genutzt wird. **642**

3. Sog. limitierte Akzessorietät der Teilnahme

Die **Teilnahme** ist **akzessorisch**, weil sie eine vorsätzliche rechtswidrige Haupttat (§ 11 Abs. 1 Nr. 5 StGB) voraussetzt, die ein anderer begangen hat. **643**

Limitiert ist die Akzessorietät zunächst deshalb, weil die §§ 26, 27 StGB eine schuldhafte Tatbegehung durch den Haupttäter nicht voraussetzen. Diese im Schuldbereich gelockerte Akzessorietät (Unrechtsakzessorietät) wird durch § 29 StGB bestätigt, wonach jeder Beteiligte, Täter oder Teilnehmer, ohne Rücksicht auf die Schuld des anderen nur nach seiner Schuld bestraft wird. **644**

Die Akzessorietät besteht nicht nur im Bereich des Tatbestands, sondern auch bei der Rechtsfolge: Der Anstifter wird gem. § 26 StGB gleich einem Täter bestraft. Die Strafe für den Gehilfen richtet sich nach der Strafdrohung für den Täter, ist aber gem. § 27 Abs. 2 Satz 2 StGB nach § 49 Abs. 1 StGB zu mildern.

Nach § 28 Abs. 1 StGB ist die Strafe beim Teilnehmer zu mildern, wenn **besondere persönliche Merkmale**, welche die Strafbarkeit begründen, bei ihm nicht vorliegen. Die Strafe ist also der Strafdrohung des Tatbestands zu entnehmen, den der Haupttäter verwirklicht hat, die Strafe des Anstifters oder Gehilfen ist aber nach § 49 Abs. 1 StGB zu mildern.[1] **645**

Strafbegründendes **besonderes persönliches Merkmal** ist im Bereich des Steuerstrafrechts – entgegen der Ansicht des BGH – die **Pflicht i.S.d. § 370 Abs. 1 Nr. 2 und 3 AO**.[2] Unterlässt ein Stpfl. die Abgabe einer Steuererklärung, nachdem er hierzu angestiftet wurde, so wird der Stpfl. als Haupttäter nach § 370 Abs. 1 Nr. 2 AO und der Anstifter nach § 370 Abs. 1 Nr. 2 AO i.V.m. § 26 StGB mit obligatorischer Strafmilderung nach § 28 Abs. 1, § 49 Abs. 1 StGB bestraft, da bei ihm das strafbegründende besondere persönliche Merkmal der Pflichtwidrigkeit nicht vorliegt. Die **Gegenargumentation** des **BGH**,[3] die Steuergesetze bestimmten, wer zur Abgabe einer Steuererklärung verpflichtet sei und die steuerrechtlichen Pflichten knüpften an objektive Vorgänge an, trägt nicht.[4] **646**

---

1) Zur Strafzumessung bei Beihilfe zur Steuerhinterziehung in einem Fall langer Verfahrensdauer vgl. BGH v. 16.5.2002, 5 StR 137/02, wistra 2002, 299.

2) Joecks in Franzen/Gast/Joecks, 7. Aufl. 2009, § 369 AO Rz. 83; a.A. BGH v. 25.1.1995, 5 StR 491/94, wistra 1995, 189.

3) BGH v. 25.1.1995, 5 StR 491/94, wistra 1995, 189.

4) Joecks in Franzen/Gast/Joecks, 7. Aufl. 2009, § 369 AO Rz. 83.

Täterbezogen ist nach der Rechtsprechung des BGH ein Merkmal dann, wenn eine **vorstrafrechtliche Sonderpflicht** beschrieben wird, mit der eher die Persönlichkeit des Täters gekennzeichnet wird. Handelt es sich dagegen um ein **strafrechtliches Jedermann-Gebot**, so wird die Tat gekennzeichnet, und das Merkmal ist **tatbezogen**.[1]

Bei Anwendung dieser Abgrenzungskriterien hätte der BGH zur Annahme eines besonderen persönlichen Merkmals kommen müssen. Bei der Steuererklärungs- oder Berichtigungspflicht handelt es sich um eine außerstrafrechtliche Pflicht, die denjenigen trifft, der einen konkreten Besteuerungstatbestand verwirklicht hat. Zwar kann grds. jedermann einen Besteuerungstatbestand verwirklichen, die Verpflichtung, eine Steuererklärung abzugeben, trifft aber nur denjenigen, der den Tatbestand verwirklicht hat. Das Argument, die steuerlichen Pflichten treffen jeden, bei dem die tatsächlichen Voraussetzungen vorliegen, an die das Gesetz eine Erklärungspflicht anknüpft, ist zirkelschlüssig und führt nicht zur Annahme eines Jedermann-Gebotes.[2]

647 Die überwiegende Ansicht wendet auf die **Garantenpflichten** bei unechten Unterlassungsdelikten § 28 Abs. 1 StGB an, weil die Garantenstellung den Täter charakterisiere und sich strukturell nicht von den als besondere persönliche Merkmale qualifizierten Pflichten des Amtsträgers oder des Täters der Untreue unterscheidet. Der BGH meinte hingegen, die Pflicht nach § 370 Abs. 1 Nr. 2 AO unterscheide sich von sonstigen Garantenpflichten, weil die Garantenstellung häufig auf einer vorstrafrechtlichen Sonderpflicht mit starkem persönlichen Einschlag beruhe, die bei den in § 370 Abs. 1 Nr. 2 AO angesprochenen steuerlichen Erklärungspflichten fehle. Dabei hat der BGH wohl v.a. die Garantenpflicht aus enger persönlicher Verbundenheit oder aus Gefahrengemeinschaft vor Augen. Demgegenüber haben auch die anerkannten Garantenpflichten aus Ingerenz oder tatsächlicher Übernahme von Pflichten per se keinen persönlichen Einschlag.

648 Weiteres strafbegründendes besonderes persönliches Merkmal i.S.d. § 28 Abs. 1 StGB ist die Bereicherungsabsicht in § 374 AO.[3]

649 Gemäß § 28 Abs. 2 StGB werden straferhöhende, strafmildernde oder strafausschließende persönliche täterbezogene Merkmale dem Teilnehmer nur, aber auch schon dann zugerechnet, wenn sie bei ihm selbst vorliegen (sog. **limitierte Akzessorietät**).

650 Im Bereich des Steuerstrafrechts sind besondere persönliche Merkmale i.S.d. § 28 Abs. 2 StGB die Amtsträgereigenschaft nach § 370 Abs. 3 Satz 2 Nr. 2 AO, die Gewerbsmäßigkeit nach § 373 Abs. 1 AO und die Bandenzugehörigkeit nach § 370 Abs. 3 Satz 2 Nr. 5 AO, § 373 Abs. 2 Nr. 3 AO.[4]

V. Einzelfälle

651 Die Steuerhinterziehung durch **aktives Tun** ist ein **Allgemeindelikt**, Täter kann daher **jedermann** sein. Neben dem Stpfl. selbst (§ 33 AO) und den in den § 34 und § 35 AO genannten Personen kommen deshalb etwa auch steuerliche Berater[5] des Stpfl. (→ Rz. 2633 ff.), Bankmitarbeiter (→ Rz. 623 ff.), Angestellte des Stpfl., auskunftspflichtige Personen, Ehegatten und Steuerbeamte in Betracht.

1) BGH v. 25.1.1995, 5 StR 491/94, wistra 1995, 189, 190.
2) Grunst, NStZ 1998, 548, 550.
3) Joecks in Franzen/Gast/Joecks, 7. Aufl. 2009, § 369 AO Rz. 83.
4) Vgl. Joecks in Franzen/Gast/Joecks, 7. Aufl. 2009, § 369 AO Rz. 82.
5) Zur Steuerverkürzung durch Steuerberater vgl. BFH v. 19.12.2002, IV R 37/01, wistra 2003, 312.

Besonderheiten bestehen insbes. bei den drei letzten Personenkreisen, die im Folgenden näher beleuchtet werden:

1. Steuerbeamte[1)]

Entsprechend der Einordnung des § 370 Abs. 1 Nr. 1 AO als Allgemeindelikt kommen auch die Beamten der Finanzverwaltung als Täter einer Steuerhinterziehung in Betracht. Dabei kann aber nicht schon jede Dienstpflichtverletzung, die den Erfolg der Steuerverkürzung verursacht, den Tatbestand des § 370 AO begründen.[2)] 652

Der BGH führte in einer Entscheidung aus, dass ein Finanzbeamter, der für die Steuerfestsetzung zuständig ist und Steuern bewusst zu niedrig festsetzt, eine Steuerhinterziehung begeht.[3)] Verallgemeinert werden kann diese Aussage nicht, weil der Beamte, der die erkannt unzutreffenden Angaben des Stpfl. übernimmt und seiner Veranlagung zu Grunde legt, selbst keine Angaben über steuerlich erhebliche Tatsachen gegenüber der Finanzbehörde macht. Die zu § 396 RAO ergangene Entscheidung des BGH,[4)] wonach sich der Leiter der Lohnsteuerstelle eines Finanzamtes, der einem wegen Verspätung abzulehnenden Antrag auf Bewilligung des Lohnsteuerjahresausgleichs in Kenntnis der Sachlage pflichtwidrig stattgibt, wegen Steuerhinterziehung strafbar macht, lässt sich auf § 370 Abs. 1 AO nicht übertragen.[5)] In § 396 RAO war das Erschleichen von Steuervorteilen geregelt, während § 370 Abs. 1 Nr. 1 AO voraussetzt, dass unrichtige Angaben gemacht werden. In diesen Fällen wird sich der Steuerbeamte daher meist lediglich wegen Beihilfe,[6)] u.U. aber auch wegen mittäterschaftlicher Steuerhinterziehung strafbar machen. Allerdings stellt sich in dieser Konstellation die Frage, ob nicht bereits die „Kenntnis der Finanzbehörde" eine strafbare Steuerhinterziehung durch den Stpfl. ausschließt (hierzu → Rz. 109 ff.). Nach Ansicht des BGH ist dies aber nicht der Fall.[7)] In dieser Entscheidung verweist der BGH auf den Wortlaut des § 370 Abs. 1 Nr. 1 AO, welcher anders als der Tatbestand des Betruges gem. § 263 Abs. 1 StGB gerade keine Täuschung voraussetzt. Es soll vielmehr genügen, dass die unrichtigen oder unvollständigen Angaben anders als durch Täuschung für die Steuerverkürzung oder die Erlangung von Steuervorteilen ursächlich werden.[8)] Überdies verweist der BGH auch auf den – insoweit anderslautenden – Wortlaut des § 370 Abs. 1 Nr. 2 AO, welcher gerade die „Unkenntnis der Finanzbehörden" verlangt.[9)] In diesem Zusammenhang lehnt es der BGH auch ab, ein solches Merkmal der „Unkenntnis" als ungeschriebenes Merkmal in den Tatbestand des § 370 Abs. 1 Nr. 1 AO hineinzulesen. Er verweist zur Stützung seiner eigenen Auslegung noch auf das Regelbeispiel in § 370 Abs. 3 Nr. 3 AO, wo die Mitwirkung eines Amtsträgers als besonders strafwürdig eingestuft wird. Diese Ansicht hat der BGH jüngst mit einem weiteren Urteil bestätigt.[10)] Der BGH wiederholt dort die bereits angeführten, für sein Auslegungsergebnis entscheidenden Kriterien, welche a.E. dafür streiten sollen, dass die „Kenntnis der Finanzbehörde" einer Strafbarkeit des Stpfl. wegen Steuerhinterziehung nicht entgegensteht (hierzu → Rz. 109 ff.). 653

1) BGH v. 26.11.1954, 1 StR 740/53, NJW 1955, 192; v. 7.10.1986, 1 StR 373/86, wistra 1987, 27; BayObLG v. 29.4.1997, 4 St RR 35/97, wistra 1997, 313; BGH v. 28.4.1998, IX R 49/96, BStBl II 1998, 458, 460.
2) Ransiek in Kohlmann, § 370 AO Rz. 581 (März 2010).
3) BGH v. 14.3.1972, 5 StR 589/71, BGHSt 24, 326, 327.
4) BGH v. 26.11.1954, 1 StR 740/53, NJW 1955, 192.
5) So auch Hellmann in H/H/Sp, § 370 AO Rz. 200 (November 2011).
6) Vgl. BGH v. 11.1.1955, 5 StR 290/54, BGHSt 7, 149.
7) BGH v. 14.12.2010, 1 StR 275/10, NJW 2011, 1299.
8) BGH v. 14.12.2010, 1 StR 275/10, NJW 2011, 1299.
9) BGH v. 14.12.2010, 1 StR 275/10, NJW 2011, 1299.
10) BGH v. 21.11.2012, 1 StR 391/12, DStR 2013, 140.

654 In einer Entscheidung zu § 264 StGB führte der BGH aus, dass sich ein Steuerbeamter jedenfalls dann nach § 370 Abs. 1 Nr. 1 AO strafbar macht, wenn er selbst nicht zur Entscheidung befugt ist und unrichtige Angaben macht, indem er zu Unrecht bescheinigt, dass bestimmte Belege vorgelegen haben. Unrichtige Angaben mache der Beamte dadurch, dass er unrichtige Darstellungen der Antragsteller wider besseres Wissen konkludent durch Vorlage der Unterlagen an seinen entscheidungsbefugten Vorgesetzten zur Unterschrift bestätigt.[1]

655 Eine eigenhändige Steuerhinterziehung gem. § 370 Abs. 1 Nr. 1 AO kommt dann in Betracht, wenn der Beamte die ihm vorgelegten Steuererklärungen von Stpfl. sinnwidrig bzw. eigenmächtig verwendet und durch die Eintragung falscher Angaben in die Eingabewertbogen bewirkt, dass die Einkommensteuer nicht zutreffend festgesetzt wird.[2] Ähnlich ist der Fall gelagert, dass ein Sachbearbeiter im Finanzamt Steuerschuldverhältnisse ihm bekannter, in einem anderen örtlichen Zuständigkeitsbereich ansässiger Personen fingiert und auf Grund unzutreffender, von ihm erstellter Eingabewertbogen Steuererstattungen an diese Personen bewirkt.[3] Vergleichbar sind Fälle, in denen ein Steuerbeamter fiktive Stpfl. mit Steuer- und Bankkonto in die EDV der Steuerbehörden eingibt und daraufhin datenmäßig verarbeitete Steuererklärungen fertigt, auf Grund deren durch die Datenverarbeitung Einkommensteuererstattungen festgesetzt und dann ausbezahlt wurden.[4]

656 In diesen Fällen beschränkt sich die Tätigkeit des Beamten nicht mehr lediglich auf die gewöhnliche Veranlagungstätigkeit. Er macht gegenüber der Finanzbehörde selbst Angaben über steuerlich erhebliche Verhältnisse, wenn auch nur verdeckt.

2. Auskunftspflichtige (§§ 93 f. AO)

657 Ein Drittschuldner, der eine unrichtige Drittschuldnererklärung abgibt, kann dadurch die Vollstreckung von Steuerschulden hintertreiben.[5] Anders liegt der Fall wohl, wenn überhaupt keine Drittschuldnererklärung abgegeben wird, weil die Nichterfüllung dessen, zu dem § 316 AO den Drittschuldner verpflichtet, für eine weitere Verkürzung der Steuereinnahmen nicht ursächlich ist.[6]

3. Ehegatten

658 Bei Ehegatten ergeben sich Probleme im Bereich der Täterschaft und Teilnahme dadurch, dass sie für den Fall der Zusammenveranlagung eine gemeinsame Erklärung abzugeben haben (§ 25 Abs. 3 Satz 2 EStG) und dabei schriftlich im Erklärungsvordruck zu versichern haben, die Steuererklärung nach bestem Wissen und Gewissen gefertigt zu haben (§ 150 Abs. 2 AO).

Beispiel:

Der Ehemann erzielt hohe Einkünfte aus selbständiger Tätigkeit, von denen jedoch nur 50 % in der gemeinsamen Einkommensteuererklärung angegeben werden. Die Ehefrau hat davon Kenntnis. Ihre eigenen Einkünfte aus Vermietung und Verpachtung sowie aus Kapitalvermögen werden indes vollständig angegeben. Beide unterzeichnen eine gemeinsame Steuererklärung nebst Versicherung gem. § 150 Abs. 2 AO.

659 In der Literatur ist die Frage strittig, ob sich die Ehefrau **allein durch die Mitunterzeichnung** der gemeinsamen Steuererklärung wegen mittäterschaftlicher Einkom-

---

1) BGH v. 14.12.1983, 4 StR 452/83, BGHSt 32, 203, 207 f.
2) BFH v. 28.4.1998, IX R 49/96, BStBl II 1998, 458.
3) BGH v. 3.11.1989, 3 StR 245/ 89, HFR 1990, 704.
4) BayObLG v. 29.4.1997, 4 St RR 35/97, wistra 1997, 313; BGH v. 21.10.1997, 5 StR 328/97, NStZ 1998, 91.
5) BGH v. 18.12.1975, 4 StR 472/75, NJW 1976, 525.
6) RG v. 19.11.1928, III 706/28, RGSt 62, 329, 331/332.

mensteuerhinterziehung strafbar macht.[1] Das FG Köln hat die Frage verneint.[2] In der Revision ist der BFH im Ergebnis der Vorinstanz des FG Köln gefolgt.[3] Nach Ansicht des BFH liegt bei der Zusammenveranlagung von Ehegatten eine Beihilfe oder Mittäterschaft eines Ehegatten nicht schon dann vor, wenn er die Einkommensteuererklärung mit unterzeichnet, obschon er weiß, dass die Angaben seines Gatten über dessen Einkünfte unzutreffend sind.[4] Diese Grundsätze gelten aber nur dann, wenn der Tatbeitrag des Ehegatten lediglich darin besteht, die gemeinsame Steuererklärung mit zu unterzeichnen, nicht aber, wenn darüber hinausgehende Beiträge wie eine aktive Unterstützung vorliegen.[5]

Nach Ansicht des BFH begründet das bloße Mitunterzeichnen der Steuererklärung, **660**
zu der der andere Ehegatte bei der Zusammenveranlagung verpflichtet ist, noch keine Mitverantwortung für die unrichtige Erklärung der Einkünfte des anderen Ehegatten. Der Erklärungsgehalt der Unterschrift beschränkt sich auf die Tatsachen, die den jeweiligen Ehegatten betreffen und damit seiner Wissenssphäre zuzurechnen sind.[6] Die vom BFH angeführten Argumente zeigen auch, dass den einen Ehegatten keine Erklärungs- oder Berichtigungspflichten im Hinblick auf Einkünfte treffen, die allein der andere Ehegatte erzielt hat. Eine Steuerhinterziehung durch Unterlassen gem. § 370 Abs. 1 Nr. 2 AO scheidet insofern also aus.

Der BFH[7] hatte in einer älteren Entscheidung, in der es um die Zurechnung des **661**
Verschuldens des anderen Ehegatten im Rahmen des § 173 Abs. 1 Nr. 2 AO ging, zwar ausgeführt, dass die Ehegatten mit ihrem Antrag auf Zusammenveranlagung die steuerliche Behandlung als ein Stpfl. begehren. Deshalb müssen sie bei der Erfüllung ihrer Erklärungspflicht nicht nur zusammenwirken, sondern die Erklärungspflichten jedes einzelnen Ehegatten bezögen sich auch auf die von dem jeweils anderen Ehegatten verwirklichten Besteuerungsmerkmale.

In der neueren Entscheidung stellte der BFH aber klar, dass diese Aussagen nur für das Steuerverfahrensrecht, nicht aber für das Strafrecht, das auf die persönliche und subjektive Tatbestandsverwirklichung abstellt, gelten. Ein Übertragen von Verantwortung, wie es das Steuerschuldrecht durch die Zurechnung fremden Verschuldens als eigenes kennt, gibt es im Steuerstrafrecht nicht.[8] Auch der BGH[9] und das OLG Karlsruhe[10] ziehen diese Linien nunmehr nach.

Das OLG Karlsruhe hatte über den Vorwurf der Steuerhinterziehung gem. § 370 Abs. 1 Nr. 1 AO nur mittelbar zu befinden, da es als Beschwerdegericht über eine dingliche Arrestmaßnahme (§§ 111b, 111d, 111e StPO) entscheiden musste. Diese Maßnahme richtete sich nicht nur gegen das Vermögen des Beschuldigten, sondern auch gegen das Vermögen der Ehefrau ihres wegen Steuerhinterziehung beschuldigten Ehemanns. Auch die Ehefrau selbst hatte den Beschuldigtenstatus inne, und wendete sich mit der (weiteren) Beschwerde (§ 310 StPO) gegen die Maßnahme der Arrestierung ihres Vermögens. Das OLG half der Beschwerde ab, und erkannte, dass die ebenfalls beschuldigte Ehefrau der Steuerhinterziehung nicht verdächtig sei respektive insoweit keine Gründe für die Annahme der Voraussetzungen des

1) Verneinend: Seer in Tipke/Kruse, § 150 AO Rz. 27 (Januar 2012); Joecks in Franzen/Gast/Joecks, 7. Aufl. 2009, § 370 AO Rz. 249; Burkhard, DStZ 1998, 829; a.A. Reichle, wistra 1998, 91; Rolletschke, DStZ 1999, 216.
2) FG Köln v. 6.10.1999, 11 K 5118/92, EFG 2000, 201.
3) BFH v. 16.4.2002, IX R 40/00, wistra 2002, 353.
4) BFH v. 16.4.2002, IX R 40/00, wistra 2002, 353.
5) BFH v. 16.4.2002, IX R 40/00, wistra 2002, 353, 354.
6) BFH v. 16.4.2002, IX R 40/00, wistra 2002, 353, 354.
7) BFH v. 24.7.1996, I R 62/95, BStBl II 1997, 115, 116.
8) BFH v. 16.4.2002, IX R 40/00, wistra 2002, 353, 354.
9) BGH v. 17.4.2008, 5 StR 547/07, wistra 2008, 310.
10) OLG Karlsruhe v. 16.10.2007, 3 Ws 308/07, NJW 2008, 162.

Verfalls vorlägen. Solche Gründe könnten insbesondere nicht in der mit der Zusammenveranlagung der Ehepartner notwendig einhergehenden Mitunterzeichnung der Steuererklärung gesehen werden. Etwaige über die schon von Gesetzes wegen geforderte Unterzeichnungspflicht hinausgehende Tatbeiträge waren nicht ersichtlich, nach Ansicht des OLG Karlsruhe aber für die Beteiligung an einer Steuerhinterziehung notwendig gewesen.

662 Der BGH hatte in einem Verfahren u.a. über die Hinterziehung von Gewerbe-, Körperschaft- und Einkommensteuer zu entscheiden. Dabei führt auch der BGH aus, dass alleine die Mitunterzeichnung nicht hinreicht eine entsprechende Hinterziehung zu belegen.[1] Vielmehr seien auch hier die allgemeinen Regularien über die strafrechtliche Beteiligung (§§ 25 ff. StGB) zu beachten.

I. Konkurrenzen

Schrifttum

Pfeiffer, Strafprozessordnung, München, 5. Aufl. 2005; **Tormöhlen**, Befugnisse der Steuerfahndung bei Sachverhalten, in denen Strafverfolgungsverjährung, aber noch keine Festsetzungsverjährung nach § 169 AO eingetreten ist, wistra 1993, 174.

I. Tatbegriff

663 Die Vorschriften über die Konkurrenzen (§§ 52 ff. StGB) und die hierzu im Schrifttum entwickelte Konkurrenzlehre sollen verhindern, dass durch die Addition mehrerer Strafen bei mehreren Gesetzesverletzungen eine über das Maß der Schuld des Täters hinausreichende Summe von Strafen entsteht.

Es ist zunächst zu unterscheiden, ob der Täter eine oder mehrere Handlungen begangen hat, und sodann ist zu fragen, wie viele Gesetzesverletzungen vorliegen.[2] Wurden mehrere Gesetze verletzt, ist die Strafe unter Berücksichtigung der §§ 52 ff. StGB zu ermitteln.

1. Handlungseinheit

664 **Eine Handlung** liegt vor bei der sog. Handlungseinheit im natürlichen Sinne, der natürlichen Handlungseinheit sowie der tatbestandlichen Handlungseinheit.

a) Handlungseinheit im natürlichen Sinne

665 Von Handlungseinheit im natürlichen Sinne spricht man, wenn ein Willensentschluss zu **einer** einzigen **Körperbewegung** geführt hat.[3] Dabei spielt keine Rolle, zu wie vielen tatbestandlichen Erfolgen es gekommen ist und wie viele Gesetze verletzt sind.

Beispiel:

Der Schmuggler überquert die Grenze mit unverzollten Waren.

Der Steuerhinterzieher wirft einen Umschlag mit den Einkommen-, Gewerbe- und Umsatzsteuererklärungen eines Jahres in den Briefkasten des Finanzamtes.

Gewerbetreibender G, der erhebliche Steuerrückstände hat, versetzt dem bei ihm zur Vollstreckung erscheinenden Vollziehungsbeamten einen Faustschlag ins Gesicht.

---

1) BGH v. 17.4.2008, 5 StR 547/07, wistra 2008, 310.
2) Joecks in Franzen/Gast/Joecks, 7. Aufl. 2009, § 369 AO Rz. 107.
3) Stree/Sternberg-Lieben in Schönke/Schröder, 28. Aufl. 2010, vor §§ 52 ff. StGB Rz. 11.

b) Natürliche Handlungseinheit

Die Rspr. hat darüber hinaus die Rechtsfigur der natürlichen Handlungseinheit geschaffen. Diese soll vorliegen, wenn mehrere gleichartige, strafrechtlich bedeutsame Betätigungen durch einen engen räumlichen und zeitlichen Zusammenhang so verbunden sind, dass sich das gesamte Tätigwerden an sich (objektiv) auch für einen Dritten als ein einheitliches, zusammengehöriges Tun bei natürlicher Betrachtungsweise erkennbar macht.[1] So nimmt der BGH z.B. natürliche Handlungseinheit für den Fall an, dass ein Autofahrer im Zusammenhang mit einer Verfolgungsjagd mit der Polizei verschiedene Straftaten begeht.[2] Abgesehen davon, dass diese Rechtsfigur eine zweifelhafte Konstruktion darstellt und von der Literatur vielfach abgelehnt wird,[3] dürfte sie für das Steuerstrafrecht keine Rolle spielen. **666**

c) Tatbestandliche Handlungseinheit

Von tatbestandlicher Handlungseinheit wird gesprochen, wenn ein Straftatbestand mehrere Einzelakte impliziert.[4] Dies ist etwa beim Raub (§ 249 StGB), bei Sexualdelikten (z.B. § 177 StGB) und bei vielen Dauerdelikten der Fall (u.a. §§ 84 ff., 239, 239b StGB). Für das Wirtschafts- und Steuerstrafrecht kann die tatbestandliche Handlungseinheit insoweit bedeutsam sein, als eine Verklammerung eines Dauerdelikts mit anderen selbständigen Straftaten in Frage steht. **667**

d) Fortgesetzte Handlung

Die Rspr. hat über Jahrzehnte – gerade auch im Steuerstrafrecht – eine Handlung im Rechtssinne angenommen, wenn ein sog. Fortsetzungszusammenhang gegeben war. Diese Rechtsfigur wurde mit der Entscheidung des GS des BGH vom 3.5.1994[5] praktisch aufgegeben (→ Rz. 686). **668**

2. Tateinheit (§ 52 StGB)

a) Begriff

Tateinheit oder **Idealkonkurrenz** liegt vor, wenn der Täter durch eine Handlung mehrere Gesetze oder ein Gesetz mehrfach verletzt. Im ersten Fall spricht man von **ungleichartiger** Idealkonkurrenz, im letzteren von **gleichartiger**. **669**

Tateinheit liegt auch dann vor, wenn sich die Handlungsabschnitte dergestalt überschneiden, dass ein Teil der Handlung nur einen Tatbestand erfüllt und mindestens ein weiterer Teil beide Tatbestände erfasst. **670**

Beispiel:

Arbeitnehmer A verfälscht seine Lohnsteuerkarte, indem er Eintragungen seines Arbeitgebers manipuliert. Später reicht er die Lohnsteuerkarte zusammen mit der unrichtigen Einkommensteuererklärung beim Finanzamt ein.

Tateinheit kann aber nach der Rspr. auch dadurch hergestellt werden, dass mehrere an sich nicht zusammenhängende Straftaten durch ein drittes Delikt **„verklammert"** werden.[6] Die Einheit wird dadurch geschaffen, dass verschiedene Teilhandlungen **671**

1) Vgl. statt vieler BGH v. 27.3.1953, 2 StR 801/52, BGHSt 4, 219, und die umfangreichen Nachweise bei Fischer, 60. Aufl. 2013, vor § 52 StGB Rz. 3.
2) BGH v. 23.5.1989, 4 StR 190/89, NJW 1989, 2550, 2251.
3) Stree/Sternberg-Lieben in Schönke/Schröder, 28. Aufl. 2010, vor §§ 52 ff. StGB Rz. 22; zu den sog. Polizeifluchtfällen vgl. v. Heinschel-Heinegg in Münchner Kommentar, 2. Aufl. 2012, § 52 StGB Rz. 58.
4) Rissing-van Saan in Leipziger Kommentar, 12. Aufl. 2006, vor § 52 StGB Rz. 20 ff.
5) BGH v. 3.5.1994, GSSt 2/93 und 3/93, BGHSt 40, 138 = wistra 1994, 185.
6) Stree/Sternberg-Lieben in Schönke/Schröder, 28. Aufl. 2010, § 52 StGB Rz. 14: „Idealkonkurrenz durch Klammerwirkung".

des die Verbindung herstellenden Delikts zur Erfüllung der anderen Tatbestände mitwirken.[1] Im Bereich des Steuerstrafrechts kommt aber allenfalls in Betracht, dass Vorbereitungshandlungen, wie z.B. das Erstellen einer falschen Buchführung, zu Verkürzungshandlungen hinsichtlich verschiedener Steuerarten und Veranlagungszeiträume führen. Eine Tateinheit in Form der Verklammerung ist hier aber abzulehnen, da das verbindende Delikt (Steuergefährdung nach § 379 Abs. 1 AO) in seinem Unrechtsgehalt deutlich hinter den anderen Taten zurückbleibt.[2]

Beispiel:

Der Angeklagte hat 1990 bis 1992 unrichtige Einkommen-, Gewerbe- und Umsatzsteuererklärungen eingereicht und ist dementsprechend vom Finanzamt zu niedrig veranlagt worden. Er hatte seinem Steuerberater unzutreffende Belege eingereicht. Die Steuergefährdung kann die Steuerhinterziehungen für die drei Jahre nicht zu einer einheitlichen Tat verklammern.

b) Ausprägungen

672 Bei der **Hinterziehung ihrer Art nach verschiedener Steuern** – etwa Einkommen-, Umsatz-, Gewerbe- und Lohnsteuer – durch einen Täter stellt sich stets die Frage, ob Tateinheit oder Tatmehrheit vorliegt. Im Steuerstrafrecht ist die Unterscheidung von erheblicher praktischer Bedeutung.

673 Grundsätzlich ist jede Abgabe einer einzelnen unrichtigen Steuererklärung als selbständige Tat zu betrachten. Sind in der einzelnen Steuererklärung mehrere Angaben unrichtig, z.B. die Angaben über die Höhe der Einkünfte aus freiberuflicher Tätigkeit und über die Höhe der Einkünfte aus Kapitalvermögen, so liegt lediglich eine Tathandlung vor.[3] In diesem Fall wird durch eine Handlung eine Steuerart, z.B. Einkommensteuer, verkürzt.

674 Ein Fall von Tateinheit ist dann gegeben, wenn durch ein und dieselbe unrichtige Steuererklärung mehrere Steuerarten verkürzt werden, z.B. wenn der Stpfl. nur die Einkommensteuererklärung abgibt und darin einen zu geringen gewerblichen Gewinn ausweist und das Finanzamt unter Zugrundelegung dieser unrichtigen Angaben auch die Gewerbesteuer festsetzt.[4] In diesem Fall führt eine Tathandlung zur Verkürzung zweier Steuerarten, vorausgesetzt, die Gewerbesteuerverkürzung war von der Vorstellung des Täters und seinem Willen mit erfasst.

675 In der Praxis häufig ist der Fall, dass mehrere Steuererklärungen für unterschiedliche Steuerarten abgegeben werden, die übereinstimmende unrichtige Angaben über Besteuerungsgrundlagen enthalten. Werden in derartigen Fällen Steuern verkürzt, handelt es sich um verschiedene Tathandlungen, so dass grds. Tatmehrheit gegeben ist. Tateinheit kann aber auch dadurch hergestellt werden, dass die Hinterziehungen entweder durch dieselbe Erklärung bewirkt werden oder – falls mehrere Erklärungen eingereicht werden – dies in einem einheitlichen äußeren Vorgang zusammenfällt und überdies in den Erklärungen übereinstimmende unrichtige Angaben über die Besteuerungsgrundlagen enthalten sind.[5]

676 Bereits in früheren Entscheidungen nahm der BGH Tateinheit bei gleichzeitig beim Finanzamt eingereichten Steuererklärungen an, die in den für die Steuerhinterzie-

1) Stree/Sternberg-Lieben in Schönke/Schröder, 28. Aufl. 2010, § 52 StGB Rz. 14.
2) Zur „Wertgleichheit" Stree/Sternberg-Lieben in Schönke/Schröder, 28. Aufl. 2010, § 52 StGB Rz. 16; Ransiek in Kohlmann, § 370 AO Rz. 909 (Juli 2012); BGH v. 5.3.1996, 5 StR 73/96, wistra 1996, 231.
3) Ransiek in Kohlmann, § 370 AO Rz. 871 (Juli 2012).
4) BGH v. 1.9.1982, 3 StR 185/82, wistra 1982, 226; v. 18.5.1983, 2 StR 162/83, wistra 1983, 187; Fischer, 60. Aufl. 2013, vor § 52 StGB Rz. 23a m.w.N.
5) BGH v. 24.11.2004, 5 StR 220/04, StV 2005, 212; vgl. Ransiek in Kohlmann, § 370 AO Rz. 905 (Juli 2012).

hung entscheidenden Punkten inhaltsgleich waren. Dies gilt sowohl für inhaltsgleiche und gleichzeitig eingereichte Einkommen- und Umsatzsteuererklärungen[1] als auch für entsprechende Körperschaft-, Gewerbe- und Umsatzsteuererklärungen[2] sowie für Einkommen-, Gewerbe- und Umsatzsteuererklärungen unter denselben Voraussetzungen.[3]

Wenn die Steuerhinterziehungen durch **Nichtabgabe von verschiedenen Steuererklärungen** für denselben Veranlagungszeitraum begangen werden, nimmt die Rspr. i.d.R. keine Tateinheit an.[4] Dies ist einleuchtend und konsequent. Steuererklärungen für denselben Veranlagungszeitraum müssen nicht notwendig zusammen abgegeben werden, weshalb nicht ein und dieselbe Unterlassung vorliegt, wenn der Täter gar keine Jahreserklärungen abgegeben hat. **677**

Zwischen Steuerhinterziehung nach § 370 AO und anderen Straftatbeständen kann Tateinheit bestehen, z.B. mit einem Bannbruch nach § 372 AO, wie sich bereits aus § 370 Abs. 5 AO ergibt. Dies ist regelmäßig der Fall, wenn bei der Einfuhr einer Sache zugleich gegen ein Ein- oder Durchfuhrverbot verstoßen wird und eine Eingangsabgabe (z.B. Einfuhrumsatzsteuer nach § 1 Abs. 1 Nr. 4, § 18 UStG) verkürzt wird.[5] **678**

Steuerhinterziehung und Steuerhehlerei (§ 374 AO) haben keine gemeinsamen Merkmale und werden daher nie in Tateinheit begangen. **679**

Steuerhinterziehung und Wertzeichenfälschung (§ 148 StGB) können dagegen in Tateinheit begangen werden.[6] **680**

Erfüllt eine Handlung zugleich Tatbestände des § 370 AO und einer **Steuerordnungswidrigkeit,** kommt gem. § 21 OWiG nur das Strafgesetz zur Anwendung. **681**

Weiter kann Tateinheit vorliegen zwischen § 370 AO und folgenden **Tatbeständen des allgemeinen Strafrechts:** **682**

- Widerstand gegen Vollstreckungsbeamte nach § 113 StGB,[7]
- Verstrickungsbruch nach § 136 StGB (z.B. durch Beiseiteschaffen vom Finanzamt gepfändeter Sachen),[8]
- falsche Versicherung an Eides statt nach § 156 StGB,
- Diebstahl nach § 242 StGB,[9]
- Unterschlagung nach § 246 StGB,[10]
- Betrug nach § 263 StGB, wenn gleichzeitig außersteuerliche Vorteile erschlichen werden,[11]
- Untreue nach § 266 StGB,[12]
- Urkundenfälschung nach § 267 StGB,[13]
- mittelbare Falschbeurkundung nach § 271 StGB,

---

1) BGH v. 21.9.1994, 5 StR 114/94, wistra 1995, 21.
2) BGH v. 20.9.1996, 5 StR 197/95, wistra 1996, 62.
3) BGH v. 5.3.1996, 5 StR 73/96, wistra 1996, 231.
4) BGH v. 28.11.1984, 2 StR 309/84, NJW 1985, 1719; BayObLG v. 14.7.1994, RReg 4 St 31/91, wistra 1992, 314; Fischer, 60. Aufl. 2013, vor § 52 StGB Rz. 23a.
5) Joecks in Franzen/Gast/Joecks, 7. Aufl. 2009, § 370 AO Rz. 311.
6) Joecks in Franzen/Gast/Joecks, 7. Aufl. 2009, § 369 AO Rz. 171.
7) OLG Hamm v. 24.5.1960, 1 Ss 261/60, ZfZ 1960, 279.
8) BGH v. 30.11.1995, 5 StR 554/95, NStZ 1996, 229.
9) BGH v. 24.10.1989, 5 StR 238–239/89, wistra 1990, 59.
10) Joecks in Franzen/Gast/Joecks, 7. Aufl. 2009, § 370 AO Rz. 319.
11) Joecks in Franzen/Gast/Joecks, 7. Aufl. 2009, § 370 AO Rz. 318.
12) BGH v. 26.11.1954, 1 StR 740/53, NJW 1955, 192.
13) BGH v. 7.6.1994, 5 StR 272/94, wistra 1994, 268 f.

- Bestechung nach § 334 StGB,
- Angestelltenbestechung (§ 299 StGB) und Beihilfe zur Steuerhinterziehung,[1]
- Verstoß gegen § 24 PaßG (unerlaubter Grenzübertritt),
- Verstoß gegen § 6 Pflichtversicherungsgesetz (PflVG).

c) Rechtsfolgen

683 **Rechtsfolge** des Vorliegens von Tateinheit ist nach dem unter der Geltung des § 52 Abs. 2 StGB normierten **Absorptionsprinzip**, dass die Strafe nach demjenigen Gesetz bestimmt wird, welches die schwerste Strafe androht. Bei ungleichartiger Idealkonkurrenz wird der Angeklagte – im Schuldspruch – aber auch wegen des Tatbestands mit der milderen Strafandrohung verurteilt. Der Tenor des Urteils für einen Angeklagten, der mit Hilfe von gefälschten Papieren Steuern hinterzogen hat, lautet demnach:

„Der Angeklagte wird wegen Steuerhinterziehung in Tateinheit mit Urkundenfälschung zu einer ... -strafe von ... verurteilt."

684 Der anzuwendende Strafrahmen ist nach den Umständen des Einzelfalls konkret zu ermitteln. Hierbei kommt es nicht auf den abstrakten Strafrahmen an. Im konkreten Fall vorliegende unbenannte oder im Allgemeinen Teil des Strafgesetzbuches vorgesehene Strafschärfungs- und -milderungsgründe sind zu berücksichtigen.[2]

685 Das Mindestmaß des milderen Strafgesetzes darf nicht unterschritten werden (§ 52 Abs. 2 Satz 2 StGB). Nebenstrafen, Nebenfolgen oder Maßnahmen (§ 11 Abs. 1 Nr. 8 StGB) bestimmen sich – auch – nach dem milderen Gesetz.

d) Historischer Exkurs: Fortsetzungszusammenhang

686 Die fortgesetzte Handlung war ein von der Rspr. entwickeltes Institut, in dem mehrere natürliche Handlungen oder Handlungseinheiten zu einer Handlung im Rechtssinne zusammengefasst werden, wenn die Einzelakte im Wesentlichen gleichartig sind, dasselbe Rechtsgut verletzen und auf einem einheitlichen Tatentschluss beruhen. Der Fortsetzungszusammenhang wurde vom GS für Strafsachen des BGH vom 3.5.1994 (→ Rz. 668) im Ergebnis **aufgegeben**. Am 20.6.1994 hat der 5. Strafsenat des BGH die Anwendbarkeit des Fortsetzungszusammenhangs auch im Rahmen des § 370 AO verneint.[3] Diese Entscheidung hat sich der BFH im Hinblick auf § 169 Abs. 2 Satz 2 AO angeschlossen.[4]

3. Tatmehrheit (§ 53 StGB)

a) Begriff

687 Tatmehrheit oder **Realkonkurrenz** liegt vor, wenn jemand durch mehrere selbständige Handlungen mehrere Straftaten begeht. Verletzt der Täter dasselbe Gesetz mehrmals, so liegt gleichartige Tatmehrheit vor, werden verschiedene Gesetze verletzt, so spricht man von ungleichartiger Tatmehrheit. Die Aburteilung muss innerhalb desselben Verfahrens erfolgen, damit eine Gesamtstrafe nach § 53 Abs. 1 StGB gebildet werden kann. Gleichwohl bleiben die Taten materiell und prozessual (§ 264 StPO) selbständig (→ Rz. 696 ff.).[5]

1) BGH v. 18.6.2003, 5 StR 489/02, NJW 2003, 2996 = wistra 2003, 385.
2) Fischer, 60. Aufl. 2013, § 52 StGB Rz. 3; Stree/Sternberg-Lieben in Schönke/Schröder, 28. Aufl. 2010, § 52 StGB Rz. 37 m.H.a. BGH v. 6.5.2003, 4 StR 108/03, NStZ 2004, 110.
3) BGH v. 20.6.1994, 5 StR 595/93, BGHSt 40, 195.
4) BFH v. 22.6.1995, IV R 26/94, NJW 1995, 2872 = DB 1995, 1695.
5) Fischer, 60. Aufl. 2013, vor § 52 StGB Rz. 37.

b) Ausprägungen

Wenn über mehrere Jahre unrichtige Einkommen-, Gewerbe- und Umsatzsteuererklärungen abgegeben wurden und die Abgabe der Erklärungen jeweils in einer Handlung mit inhaltsgleichen unrichtigen Angaben erfolgt ist, so ist im Allgemeinen von Tatmehrheit hinsichtlich der Steuerhinterziehungen der einzelnen Veranlagungszeiträume und von Tateinheit für die jeweiligen Erklärungen eines Veranlagungszeitraumes auszugehen. **688**

Tatmehrheit ist auch bezüglich der Erklärungen für einen Veranlagungszeitraum anzunehmen, wenn pflichtwidrig keine Steuererklärungen abgegeben werden, da Unterlassungen hinsichtlich der steuerlichen Pflichten für mehrere Steuerarten nicht denknotwendig in einem Akt zusammenfallen. Dasselbe gilt bei der Abgabe einer unrichtigen Steuererklärung und der Nichtabgabe bezüglich einer anderen Steuerart. **689**

Nach der Rspr. des BGH stellt eine unrichtige oder unterlassene Umsatzsteuererklärung im Verhältnis zu unzutreffenden oder unterlassenen Umsatzsteuervoranmeldungen keine mitbestrafte Nachtat dar, weil der Jahreserklärung in steuerstrafrechtlicher Hinsicht ein selbständiger Unrechtsgehalt zukommt.[1)] Es ist nicht danach zu differenzieren, ob die Jahreserklärung weitere, neue Unrichtigkeiten enthält oder ob der Unternehmer die bereits in den Umsatzsteuervoranmeldungen gemachten unrichtigen oder unterlassenen Angaben lediglich wiederholt. Beiden Arten von Steuererklärungen (Voranmeldung nach § 18 Abs. 1 UStG und Jahreserklärung nach § 18 Abs. 3 UStG) kommt jeweils ein eigenständiger Erklärungswert zu. In seiner Entscheidung vom 17.3.2009 hat der 1. Strafsenat des BGH auch in dem Fall einer falschen oder unterlassenen Umsatzsteuervoranmeldung auf endgültige Steuerverkürzung erkannt.[2)] Damit einhergehend hat sich der BGH gegen die weit verbreitete Annahme, falsche oder unterlassene Umsatzsteuervoranmeldungen würden lediglich zu einer Steuerverkürzung auf Zeit führen, entgegengestellt und das durch die Voranmeldung begangene Unrecht auf die Stufe des mit der Jahreserklärung einhergehenden gestellt. Dies spricht gegen die Annahme von Realkonkurrenz, weil dadurch der Eindruck erweckt wird, es lägen zu unterscheidende Steuerschäden durch Voranmeldungen und Jahreserklärungen vor.[3)] Trotzdem hält der 1. Strafsenat in Bezug auf das Konkurrenzverhältnis an der bisherigen Rechtsprechung des BGH fest, so dass auch in diesen Fällen weiterhin von Realkonkurrenz auszugehen ist.[4)] **690**

Lohn- und Umsatzsteuerhinterziehungen, die zeitgleich bewirkt werden, sind materiell-rechtlich selbständige Taten.[5)] **691**

Die Rspr. hat in folgenden Fällen Tatmehrheit zwischen § 370 AO und allgemeinen Straftatbeständen angenommen: **692**

- Unterhaltspflichtverletzung nach § 170b StGB,[6)]
- Hehlerei nach § 259 StGB,[7)]
- Beitragsvorenthaltung nach § 266a StGB,[8)]

1) St.Rspr., BGH v. 27.10.1992, 5 StR 517/92, BGHSt 38, 366; v. 26.5.1993, 5 StR 190/93, BGHSt 39, 233; v. 1.11.1995, 5 StR 535/95, wistra 1996, 105; v. 10.11.1999, 5 StR 221/99, wistra 2000, 137.
2) BGH v. 17.3.2009, 1 StR 627/08, NStZ 2009, 510.
3) Ransiek in Kohlmann, § 370 AO Rz. 895 (Juli 2012).
4) BGH v. 17.3.2009, 1 StR 627/08, NStZ 2009, 510.
5) BGH v. 10.6.1987, 3 StR 97/87, wistra 1988, 23.
6) Vgl. BGH v. 30.5.1963, 1 StR 6/63, BGHSt 18, 376.
7) BGH v. 17.12.1991, 5 StR 361/91, wistra 1992, 140.
8) BGH v. 24.7.1987, 3 StR 36/87, NStZ 1988, 77; v. 21.9.2005, 5 StR 263/05, wistra 2005, 458.

- Bankrott nach § 283 StGB,[1)]
- unerlaubte Veranstaltung eines Glücksspiels nach § 284 StGB,[2)]
- Bestechlichkeit nach § 332 StGB,
- progressive Kundenwerbung nach § 6c des Gesetzes gegen den unlauteren Wettbewerb (UWG).[3)]

c) Rechtsfolgen

693 **Rechtsfolge** der Tatmehrheit ist, dass in Anwendung des sog. **Asperationsprinzips** eine Gesamtstrafe durch Erhöhung der höchsten Einzelstrafe gebildet wird. Die Gesamtstrafe muss höher als die höchste Einzelstrafe sein (§ 54 Abs. 1 Satz 2 StGB) und darf die Summe der Einzelstrafen nicht erreichen (§ 54 Abs. 2 Satz 1 StGB). Sie darf in den Fällen der – in Steuerstrafsachen allenfalls in Betracht kommenden – zeitigen Freiheitsstrafe höchstens 15 Jahre und bei Geldstrafe 720 Tagessätze betragen (§ 54 Abs. 2 Satz 2 StGB). Wenn die Einzelstrafen teils aus Geldstrafen, teils aus Freiheitsstrafen bestehen, so entspricht ein Tagessatz Geldstrafe einem Tag Freiheitsstrafe (§ 54 Abs. 3 StGB). Die Gesamtstrafe ist dann eine Gesamtfreiheitsstrafe, denn bei Strafen verschiedener Art ist die ihrer Art nach schwerste Strafe zu erhöhen, wie sich aus § 54 Abs. 1 Satz 2 Halbsatz 2 StGB ergibt. Es besteht aber in diesen Fällen nach § 53 Abs. 2 Satz 2 StGB auch die Möglichkeit, gesondert auf Geldstrafe zu erkennen. Wenn das Gericht von der Möglichkeit, eine Geldstrafe gesondert bestehen zu lassen oder aus mehreren Geldstrafen eine Gesamtgeldstrafe zu bilden, keinen Gebrauch macht und stattdessen die Geldstrafe in eine Gesamtfreiheitsstrafe einbezieht, so bedarf dies der Begründung, weil die Erhöhung der Freiheitsstrafe durch Einbeziehung der Geldstrafe im Vergleich zu dieser selbst das schwerere Strafübel darstellt.[4)]

694 Um die Zufälligkeiten zu kompensieren, die bisweilen dazu führen, dass Straftaten desselben Täters in mehreren Verfahren (etwa wegen verschiedener gerichtlicher Zuständigkeiten) abgeurteilt werden, muss in bestimmten Fällen nachträglich eine Gesamtstrafe gebildet werden. Dies ist der Fall, wenn ein rechtskräftig Verurteilter vor beendeter Strafvollstreckung wegen einer anderen Straftat verurteilt wird, die er vor der früheren Verurteilung begangen hat (§ 55 StGB). Durch die **nachträgliche Gesamtstrafenbildung** soll ein Angeklagter weder besser noch schlechter gestellt werden, als wenn alle Taten in dem zuerst durchgeführten Verfahren abgeurteilt worden wären. Durch das Urteil des ersten Verfahrens wird insoweit eine Zäsurwirkung erreicht, als alle Taten, die vor der ersten Verurteilung begangen worden sind, in die Gesamtstrafe einbezogen werden.[5)] Der Tatrichter, dem sich die Frage nachträglicher Gesamtstrafenbildung stellt, muss sich deshalb jeweils in die Lage des Richters versetzen, dessen Entscheidung nachträglich für eine Einbeziehung in Betracht kommt.[6)] Bei der Bildung einer Gesamtstrafe darf jedoch nach Auffassung des BGH nicht auf die Strafzumessungsgründe des einbezogenen Urteils Bezug genommen werden.[7)]

695 Die Vorschrift des § 55 StGB über die nachträgliche Gesamtstrafenbildung ist nach § 460 StPO von Amts wegen zu beachten, wenn auch die Anregung zu einer entsprechenden Verfahrensweise i.d.R. von der Staatsanwaltschaft als Vollstreckungsbehörde kommen wird, da sie in der Praxis den besten Überblick über den Vollstreckungsstand einzelner Strafen haben wird.

---

1) BGH v. 24.9.1986, 3 StR 348/86, wistra 1987, 29.
2) BGH v. 17.8.1998, 5 StR 59/97, wistra 1998, 344.
3) BGH v. 22.10.1997, 5 StR 223/97, wistra 1998, 67.
4) BGH v. 8.10.1997, 2 StR 464/97, wistra 1998, 58; Fischer, 60. Aufl. 2013, § 53 StGB Rz. 5.
5) BGH v. 15.5.1997, 5 StR 205/97, wistra 1997, 264.
6) BGH v. 28.7.1998, 4 StR 259/98, wistra 1998, 344.
7) BGH v. 23.1.2002, 2 StR 520/01, wistra 2002, 183.

4. Abgrenzung zum prozessualen Tatbegriff

Von den materiell-rechtlichen Begriffen der Tateinheit und der Tatmehrheit ist der sog. prozessuale Tatbegriff nach § 264 StPO zu unterscheiden. 696

Während die materiell-rechtlichen Vorschriften über Tateinheit und Tatmehrheit (§§ 52 ff. StGB) letztlich Strafzumessungsregeln enthalten, nämlich Regelungen darüber, wie der Täter in Fällen des Zusammentreffens mehrerer Gesetzesverletzungen zu bestrafen ist, definiert der prozessuale Tatbegriff den Gegenstand der gerichtlichen Untersuchung. § 264 Abs. 1 StPO bestimmt diesen Gegenstand als die in der Anklage bezeichnete Tat, wie sie sich nach dem Ergebnis der Verhandlung darstellt. Damit ist – über den materiell-rechtlichen Tatbegriff hinaus – der **historische Lebenssachverhalt** gemeint, den sowohl die Anklageschrift (§ 200 StPO) als auch der Eröffnungsbeschluss (§ 207 StPO) unter Berücksichtigung des Ergebnisses der Hauptverhandlung beinhalten. Zwar ist das Gericht nicht an die rechtliche Beurteilung im Eröffnungsbeschluss gebunden, wie § 264 Abs. 2 StPO besagt. Der Angeklagte ist aber auf eine Veränderung der rechtlichen Gesichtspunkte hinzuweisen (§ 265 StPO). Andererseits können weitere Taten des Angeklagten, die nicht Gegenstand der Anklage sind, nur durch eine Nachtragsanklage nach § 266 StPO in das Verfahren einbezogen werden. 697

Beispiel:

A ist Geschäftsführer einer GmbH. Er ist angeklagt, keine Umsatzsteuervoranmeldungen für die GmbH abgegeben und dadurch Steuern verkürzt zu haben. In der Hauptverhandlung stellt sich heraus dass er 50 000 € vom Geschäftskonto ohne rechtlichen Grund an seine Ehefrau überwiesen hat. Er kann wegen Untreue nach § 266 StGB (neben der Steuerhinterziehung) nur verurteilt werden, wenn eine Nachtragsanklage erhoben wird.

Die abstrakte Definition dessen, was zum historischen Lebenssachverhalt im Sinne des prozessualen Tatbegriffs zählt, ist außerordentlich schwierig und nach herkömmlicher Umschreibung durch die Rspr. geradezu schwammig. Danach gehört zur Tat i.S.d. § 264 StPO nicht nur der in der Anklage umschriebene und dem Angeklagten darin zur Last gelegte Geschehensablauf. Vielmehr gehört zu ihr das gesamte Verhalten des Angeklagten, soweit es mit dem durch die Anklage bezeichneten geschichtlichen Vorkommnis nach der Auffassung des Lebens einen einheitlichen Vorgang bildet.[1] Ist nach diesen Maßstäben ein einheitlicher Vorgang gegeben, so sind die Einzelgeschehnisse, aus denen er sich zusammensetzt, auch insoweit Bestandteil der angeklagten Tat, als sie keine Erwähnung in der Anklage finden. 698

Beispiel:

G unterhält einen Gewerbebetrieb und wurde nach einer Betriebsprüfung für die Jahre 2007 bis 2009 wegen nicht erklärter Schwarzgelder zu tateinheitlich begangener Einkommen-, Gewerbe- und Umsatzsteuerhinterziehung rechtskräftig verurteilt. Nachdem sich seine Ehefrau von ihm getrennt hat, zeigt diese ihn wegen im Jahre 2009 zu Unrecht geltend gemachter außergewöhnlicher Belastungen beim Finanzamt an. G hatte bewusst inhaltlich unrichtige Belege eingereicht, um die Kosten einer Kur geltend zu machen, und war entsprechend einkommensteuerlich veranlagt worden. In der Betriebsprüfung war dies nicht bemerkt worden, weil die Unterlagen formell ordnungsmäßig erschienen.

G kann nicht mehr wegen Einkommensteuerhinterziehung hinsichtlich der außergewöhnlichen Belastungen bestraft werden.

Zwar hat das Gericht vorliegend gar nicht geprüft, ob der Angeklagte – über die nicht erklärten gewerblichen Einkünfte hinaus – weitere unrichtige Angaben in den 699

1) St.Rspr.; vgl. statt vieler BGH v. 21.12.1983, 24 U 185/83, NJW 1984, 808.

Steuererklärungen gemacht hatte. Hierauf kommt es jedoch für die prozessuale Bestimmung der Tat nicht an. Die Kognitionspflicht (Pflicht zur Aufklärung und rechtlichen Würdigung) des Gerichts erstreckt sich auf das gesamte tatsächliche Geschehen, soweit eine getrennte Würdigung und Aburteilung in verschiedenen Verfahren als unnatürliche Aufspaltung eines einheitlichen Lebensvorgangs empfunden würde.[1] Eine getrennte Aburteilung der verschiedenen falschen Angaben in einer einzigen Steuererklärung würde aber eine unnatürliche Aufspaltung eines zusammenhängenden Lebenssachverhalts darstellen. Dieses Ergebnis ist ebenso gesichert wie die Erkenntnis, dass ein tateinheitliches Geschehen in aller Regel zu einer Tat i.S.d. § 264 StPO führen muss.[2] Dies folgt bereits daraus, dass der dem Gericht unterbreitete Sachverhalt alle Tatsachen umfassen muss, für die nach materiellem Strafrecht eine einheitliche Rechtsfolge zu verhängen ist. Auf den Verfolgungswillen der Staatsanwaltschaft (oder Strafsachenstelle) kommt es – von gesetzlichen Beschränkungen abgesehen – nicht an.[3] Liegt relative Geringfügigkeit einzelner Gesetzesverletzungen oder abtrennbarer Teile einer prozessualen Tat vor, so kann die Strafverfolgungsbehörde die Verfolgung beschränken (§ 154a Abs. 1 StPO). Antragsdelikte dürfen auch als Teile eines aus dem Zusammenhang herauszulösenden Einzelvorgangs innerhalb eines prozessualen Tatgeschehens nur bei Vorliegen eines Strafantrages verfolgt werden (§ 158 Abs. 2 StPO; §§ 77 ff. StGB).

700 Der Tatbegriff nach § 264 StPO ist derselbe wie der des Art. 103 Abs. 3 GG.[4] Danach ist eine Bestrafung wegen derselben Tat ausgeschlossen („ne bis in idem"). Dies bedeutet aber auch, dass in den Grenzen der angeklagten Tat eine anderweitige Rechtshängigkeit ausgeschlossen ist und dass ein sog. **Verbrauch der Strafklage** eintritt, wenn das Verfahren rechtskräftig erledigt ist.[5] Letzteres gilt bei rechtskräftiger Aburteilung oder gerichtlichem Einstellungsbeschluss, bei unangefochtenem Strafbefehl (§§ 407 ff., § 373a StPO) und bei einer Einstellung nach § 153a StPO, wenn die Auflage erfüllt ist (§ 153a Abs. 1 Satz 4, Abs. 2 Satz 2 StPO). Eine Einstellungsverfügung der Strafsachenstelle oder Staatsanwaltschaft nach § 398 AO oder nach § 153 StPO i.V.m. § 399 Abs. 1 AO hat diese uneingeschränkte Wirkung nicht.[6] Auch ein bestandskräftiger Bußgeldbescheid schließt im Gegensatz zu einer rechtskräftigen gerichtlichen Entscheidung im Bußgeldverfahren im Allgemeinen eine Verfolgung der Tat als Straftat nicht aus (arg. § 84 OWiG).

701 Da der prozessrechtliche Tatbegriff weiter als der materiell-rechtliche ist, beinhaltet eine Handlung – wie oben bereits dargestellt – im Regelfall eine prozessual einheitliche Tat. Dies gilt auch für die natürliche Handlungseinheit (→ Rz. 666) und die tatbestandliche Handlungseinheit (→ Rz. 667).

702 Strafklageverbrauch tritt etwa auch hinsichtlich der tateinheitlich begangenen, versuchten Steuerhinterziehung ein, wenn ein Stpfl. angeklagt war, im außergerichtlichen Rechtsbehelfsverfahren eine falsche eidesstattliche Versicherung abgegeben zu haben, und von diesem Vorwurf freigesprochen wird.[7]

703 Jedoch tritt kein Strafklageverbrauch ein im Falle der Verurteilung wegen Hinterziehung von Einfuhrumsatzsteuer durch den Schmuggel von Goldbarren, wenn demselben Täter nunmehr Umsatzsteuerhinterziehung hinsichtlich des Verkaufser-

1) BGH v. 24.7.1987, 3 StR 36/87, NJW 1988, 1800.
2) BGH v. 13.3.1997, 1 StR 800/96, wistra 1997, 228; Meyer-Goßner, 55. Aufl. 2012, § 264 StPO Rz. 6.
3) Pfeiffer, 5. Aufl. 2005, § 264 StPO Rz. 1; Meyer-Goßner, 55. Aufl. 2012, § 264 StPO Rz. 7a.
4) BVerfG v. 7.9.1977, 2 BvR 674/77, BVerfGE 45, 434.
5) Pfeiffer, 5. Aufl. 2005, § 264 StPO Rz. 1; Meyer-Goßner, 55. Aufl. 2012, Einl. StPO Rz. 171.
6) Vgl. Pfeiffer, 5. Aufl. 2005, § 153 StPO Rz. 6; Meyer-Goßner, 55. Aufl. 2012, § 153 StPO Rz. 37; Joecks in Franzen/Gast/Joecks, 7. Aufl. 2009, § 398 AO Rz. 33.
7) BGH v. 17.7.1991, 5 StR 225/91, HFR 1992, 567.

löses vorgeworfen wird.[1] Es ist für die Annahme einer einzigen Tat im prozessualen Sinne nicht ausreichend, dass aus der Tätersicht eine notwendige Verknüpfung vorliegt, um aus der Tat einen Nutzen zu ziehen. Die Einfuhr einer Ware unter Verletzung steuerlicher Pflichten hat ein völlig anderes Tatziel als ihr Verkauf unter Verletzung wiederum anderer Pflichten.

Wird andererseits eine Verurteilung wegen eines Delikts ausgesprochen, das nicht wirksam Bestandteil der Beschreibung des tatsächlichen Geschehens in der Anklage geworden ist (und ist insoweit auch keine Nachtragsanklage nach § 266 StPO erhoben worden), so muss ggf. vom Rechtsmittelgericht das Verfahren mangels wirksamer Anklage durch Urteil eingestellt werden (§ 260 Abs. 3 StPO).[2] **704**

Beispiel:

Steuerberater S ist wegen Beihilfe zur Steuerhinterziehung zu Gunsten eines Mandanten angeklagt, weil er mitgeholfen haben soll, Schwarzeinnahmen seines Mandanten zu verschleiern. In der Hauptverhandlung stellt sich heraus, dass S darüber hinaus dem Betriebsprüfer, der dies aufgedeckt hat, einen Geldbetrag von 10 000 € angeboten hat, wenn er den Vorgang nicht der Strafsachenstelle meldet. Das Landgericht hat das Hauptverfahren wegen Beihilfe zur Einkommen-, Gewerbe- und Umsatzsteuerhinterziehung zugelassen. In der Hauptverhandlung gibt der Vorsitzende den rechtlichen Hinweis, dass auch eine Bestrafung wegen Bestechung nach § 334 StGB in Betracht komme. S wird wegen Steuerhinterziehung in Tatmehrheit mit Bestechung verurteilt. Er legt Revision ein.

Der BGH wird das Verfahren einstellen, soweit dem Angeklagten Bestechung zur Last gelegt wurde, und die Sache im Übrigen an das Landgericht zurückverweisen.

Wegen des Gesamtgefüges von Auswirkungen auf steuerliche Mitwirkungs- und strafprozessuale Weigerungsrechte ist ein praktikabler und klar abgrenzbarer Tatbegriff unbedingt erforderlich. Abzulehnen ist die oft zu beobachtende Praxis der Ermittlungsbehörden und Gerichte, je nachdem, was opportun erscheint, einmal einen engen und dann wieder einen weiten Tatbegriff zu Grunde zu legen. So neigt die Finanzverwaltung in der Tendenz dazu, bei der Einleitung eines Steuerstrafverfahrens einen engen Tatbegriff anzunehmen, um die Mitwirkungspflichten des Stpfl. weitestgehend zu erhalten. Bei der Annahme der Tatentdeckung im Rahmen der Selbstanzeige sowie bei der Frage der Tatbeendigung im Hinblick auf die Verfolgungsverjährung[3] besteht dagegen die Neigung, einen zu weiten Tatbegriff anzuwenden. Man wird einer solchen „Meistbegünstigung" der Finanzverwaltung und der Strafverfolgungsbehörden entgegenzuwirken haben. Nach hier vertretener Ansicht ist jedenfalls im Rahmen der Sperrwirkung des § 371 Abs. 2 AO der materiell-rechtliche Tatbegriff zu Grunde zu legen, da es um die Reichweite eines persönlichen Strafaufhebungsgrundes geht.[4] **705**

Die Rspr. lässt wegen der relativen Ungenauigkeit des überkommenen Tatbegriffs des Strafverfahrensrechts die Tendenz erkennen, einzelfallbezogen zu differenzieren, wann ein tatsächliches Geschehen eine einheitliche prozessuale Tat darstellt und wann dies nicht der Fall ist. So hat der BGH entschieden, dass die begriffliche Unschärfe nicht stets zu zweifelsfreien Ergebnissen führe und es geboten sei, die Lösung im Einzelfall auf ihre Vereinbarkeit mit anderen verfahrensrechtlichen Gestaltungen, dem Gerechtigkeitsgedanken und dem Gedanken des Vertrauensschutzes zu überprüfen.[5] **706**

1) LG Saarbrücken v. 3.4.1992, 8 I 7/92, wistra 1992, 315.
2) Pfeiffer, 5. Aufl. 2005, § 264 StPO Rz. 20.
3) Vgl. hierzu BGH v. 12.3.1968, 5 StR 115/68, BGHSt 22, 105.
4) Wie hier Schauf in Kohlmann, § 371 AO Rz. 191.2 (Juli 2011)
5) BGH v. 24.7.1987, 3 StR 36/87, NJW 1988, 1800.

707 Die Literatur geht ebenfalls davon aus, dass bei der Frage, ob eine Tat i.S.d. § 264 StPO vorliegt, wenn das sich in der Hauptverhandlung ergebende Tatbild von dem in der Anklage beschriebenen Geschehen abweicht, nach den Umständen des Einzelfalles zu beurteilen ist.[1]

708 Eine prozessuale Tat liegt nicht vor, wenn ein Gesellschafter-Geschäftsführer einer GmbH im Zuge des wirtschaftlichen Niedergangs des Unternehmens im Rahmen eines sukzessive durchgeführten Gesamtplanes möglichst viele betriebliche Einnahmen seiner Familie zuführt und in späteren Jahren Betriebsausgaben der GmbH fingiert, um Körperschaftsteuer zu verkürzen. Der BGH hat in diesem Fall[2] angenommen, dass die Untreue im Verhältnis zur angeklagten Steuerhinterziehung eine andere Tat i.S.d. § 264 StPO darstelle.

709 Auf Grund der Entscheidung des 1. Strafsenats[3] kann nicht davon ausgegangen werden, dass im Verhältnis zwischen unrichtiger oder unterlassener Umsatzsteuervoranmeldung und der entsprechenden Jahreserklärung Strafklageverbrauch eintritt, da mit der Abgabe einer unrichtigen Umsatzsteuerjahreserklärung der Täter eine weitere Tat mit neuem Handlungsunrecht und weiterem Erfolgsunrecht begeht.

710 Umstritten ist, ob Lohnsteuerhinterziehung einerseits und Beitragsvorenthaltung (§ 266a StGB) andererseits prozessual eine Tat bilden, obwohl insoweit unstreitig Tatmehrheit nach § 53 StGB besteht (→ Rz. 687 ff.). Das OLG Zweibrücken hat dies für den früheren Tatbestand des § 533 RVO angenommen.[4] Zur Begründung hat es ausgeführt, dass beim Betrieb eines unangemeldeten Unternehmens die Nichtabführung von Sozialbeiträgen der Arbeitnehmer mit der Nichtabführung betrieblicher Steuern (i.e. Lohnsteuer) eine Tat i.S.d. § 264 StPO bilde, da wegen des inneren Zusammenhangs eine getrennte Würdigung und Aburteilung als unnatürliche Aufspaltung eines einheitlichen Lebensvorgangs empfunden würde.[5] Der BGH ist anderer Ansicht. Er nimmt mehrere prozessuale Taten an, wenn der Täter im Rahmen eines Gewerbebetriebs laufend Lohnzahlungen verschleiert.[6] Kennzeichnend für Sachverhalte dieser Art sei, dass der Täter die Taten auf Grund eines Gesamtplanes im Rahmen eines gewerblichen Unternehmens gleichzeitig und oft über längere Zeit, nicht selten jahrelang, unter Verstoß gegen Aufzeichnungs- und Buchführungspflichten in der Absicht begehe, die für das Unternehmen zu leistenden Abgaben, insbes. Lohnsteuer und Sozialversicherungsbeiträge, auf Dauer nicht zu entrichten. Jedoch könne die Identität von Vorbereitungshandlungen – wie z.B. die Verschleierung der Lohnzahlungen – keine Verknüpfung zweier sachlich-rechtlich im Verhältnis der Tatmehrheit zueinander stehender Handlungen als einheitliche prozessuale Tat bewirken. Die Gegenauffassung würde – so der BGH – dem Gewerbebetrieb im Ergebnis eine Klammerwirkung beilegen, welche über die prozessuale Einheitlichkeit eine Art neuer Sammelstraftat schaffe. Der Gewerbebetrieb sei überdies kein geeignetes, gerechter Rechtsfindung dienendes Kriterium, von dessen Vorliegen die Annahme prozessualer Tateinheit zwischen reell konkurrierenden Taten abhängig gemacht werden könne. Der – ohnehin bereits recht weite – Handlungsbegriff des materiellen Rechts würde nach Ansicht des BGH mittelbar noch weiter ausgedehnt. Zudem könnte sich eine Begünstigung gerade solcher Straftäter ergeben, die durch Aufbau und Einsatz eines kriminellen Unternehmens bedeutende verbrecherische Energie entfalteten. Die Gegenansicht sei auch nicht unter

1) Pfeiffer, 5. Aufl. 2005, § 264 StPO Rz. 6 m.w.N.
2) BGH v. 20.12.1995, 5 StR 412/95, wistra 1996, 184.
3) BGH v. 17.3.2009, 1 StR 627/08, NStZ 2009, 511.
4) OLG Zweibrücken v. 25.4.1974, Ss 6/74, NJW 1975, 128.
5) Gl.A. OLG Düsseldorf v. 2.12.1986, 2 Ss 232/86 – 141/86 III, wistra 1987, 191.
6) BGH v. 24.7.1987, 3 StR 36/87, NJW 1988, 1800; gl.A. BayObLG v. 26.11.1985, RReg 4 St 183/85, NStZ 1986, 173; vgl. Jäger in Klein, 11. Aufl. 2012, § 370 AO Rz. 263.

prozessökonomischen Aspekten vorzugswürdig. Die Staatsanwaltschaft habe es i.d.R. in der Hand, in einschlägigen Fällen die Steuerhinterziehung und die Beitragsvorenthaltung zum Gegenstand einer einzigen Anklage zu machen.

Die Rspr. des BGH ist nicht in jeder Hinsicht einleuchtend und überdies inkonsequent. So ist die Ähnlichkeit des Unwerts einer Lohnsteuerhinterziehung und der Vorenthaltung von Versicherungsbeiträgen evident und die sachliche Nähe der Taten objektiv unbestreitbar. Warum demgegenüber eine Unfallflucht im Verhältnis der zu einem Verkehrsunfall führenden Gesetzesverletzungen eine prozessuale Tat bilden soll, ist nur schwer nachvollziehbar und abstrakt kaum erklärbar. Auch die im Rahmen der Annahme natürlicher Handlungseinheit Sinne der Konkurrenzlehre entschiedenen Fälle verschiedener Straftaten auf der Flucht vor der Polizei[1] wirken demgegenüber eher als überspitzte Konstruktionen. **711**

Auch die – gleichzeitige – Hinterziehung von Lohn- und Umsatzsteuern bildet nach OLG Köln[2] nicht dieselbe Tat im prozessualen Sinn. Umsatzsteuer und Lohnsteuer knüpfen jeweils an völlig unterschiedliche Sachverhalte an, und zwar Lieferungen und sonstige Leistungen eines Unternehmers einerseits und Einkünfte aus nicht selbständiger Arbeit andererseits, wobei als weiteres Unterscheidungsmerkmal hinzukommt, dass die Lohnsteuer vom Arbeitgeber als Drittem lediglich im Wege des Steuerabzuges einbehalten und für Rechnung des Arbeitnehmers an das Finanzamt abgeführt werden muss. **712**

II. Mehrere Handlungen bezüglich derselben Steuer

1. Mitbestrafte Vor- oder Nachtat

Im Falle mehrerer Gesetzesverletzungen kann es vorkommen, dass gewissermaßen nur eine „unechte" Realkonkurrenz gegeben ist und § 53 StGB nicht greift. Man kann diese Fälle allgemein mit **Subsidiarität** bzw. **Konsumtion** beschreiben. Im Besonderen wird in diesen Fällen von mitbestrafter Vor- und Nachtat gesprochen. Diese ist – wie der Name schon sagt – straflos, weil sie regelmäßig vom Unrechtsgehalt der betreffenden Strafnorm umfasst wird. Eine mitbestrafte Vortat ist z.B. gegeben, wenn diese das notwendige Mittel zur Begehung der Haupttat darstellt.[3] Die mitbestrafte Vortat ist deshalb straflos, weil das Schwergewicht des Unrechts bei der Haupttat liegt und nur unter dem Gesichtspunkt der Letzteren zu bewerten ist.[4] **713**

Eine mitbestrafte Nachtat ist eine Handlung, die deshalb nicht gesondert strafbar ist, weil sie sich in der Sicherung oder dem Ausbau der durch die Haupttat erlangten Position erschöpft.[5] Der Gesamtkomplex der Straftaten soll nur unter dem Gesichtspunkt einer vorhergehenden Tat geahndet werden. **714**

Voraussetzung der Straflosigkeit ist jeweils, dass der Schaden nicht wesentlich vergrößert und kein neues Rechtsgut verletzt wird.[6] **715**

Mitbestrafte Vortat ist z.B. eine versuchte Steuerhinterziehung (§ 370 Abs. 2 AO) im Verhältnis zum vollendeten Delikt. Desgleichen liegt in einer Vorbereitungshandlung (Falschbuchung, Ausstellen eines inhaltlich unrichtigen Belegs), also einer – ordnungswidrigen – Steuergefährdung nach § 379 AO, dann eine mitbestrafte Vortat, wenn die Steuerhinterziehung daraufhin später begangen wird. **716**

---

1) Etwa BGH v. 15.12.1967, 4 StR 441/67, BGHSt 22, 67, 76.
2) OLG Köln v. 24.6.1986, Ss 125/86, wistra 1986, 273; BGH v. 10.6.1987, 3 StR 97/87, wistra 1988, 23; Jäger in Klein, 11. Aufl. 2012, § 370 AO Rz. 264.
3) Vgl. Ransiek in Kohlmann, § 370 AO Rz. 887 f. (Juli 2012).
4) Stree/Sternberg-Lieben in Schönke/Schröder, 28. Aufl. 2010, vor §§ 52 ff. StGB Rz. 127.
5) Stree/Sternberg-Lieben in Schönke/Schröder, 28. Aufl. 2010, vor §§ 52 ff. StGB Rz. 129.
6) Stree/Sternberg-Lieben in Schönke/Schröder, 28. Aufl. 2010, vor §§ 52 ff. StGB Rz. 128.

2. Verhältnis im Festsetzungsverfahren zum Außenprüfungs- oder Rechtsbehelfsverfahren

717 Praktisch häufig ist die Fallkonstellation, dass die Steuerhinterziehung bereits längst vollendet ist, wenn die Besteuerungsgrundlagen, etwa bei einem Gewerbetreibenden einer Außenprüfung (§§ 193 ff. AO), unterzogen werden. Dem steht nicht entgegen, dass die Steuerfestsetzung (nur) unter dem Vorbehalt der Nachprüfung nach § 164 AO steht, denn auch hierin kann eine Steuerverkürzung liegen, wie § 370 Abs. 4 Satz 1 AO ausdrücklich besagt. In der Vorlage einer unrichtigen oder unvollständigen Buchführung liegt wiederum eine Verkürzungshandlung, denn „Angaben über Tatsachen" können auch schlüssig erfolgen[1] und selbstverständlich gegenüber dem Betriebsprüfer als Amtsträger der Finanzbehörde gemacht werden. Allerdings wird der Stpfl. in diesen Fällen nichts anderes erreichen wollen als die Sicherung seiner Tatvorteile, mithin das Bestehenbleiben der Steuerverkürzung. Solange aber der Täter seine falschen Angaben gegenüber der Finanzbehörde mit dem Ziel fortsetzt, ein und dieselbe Steuer zu verkürzen, liegt eine mitbestrafte Nachtat vor.[2] Dasselbe gilt, wenn der Stpfl. seine unrichtigen Angaben im außergerichtlichen Rechtsbehelfsverfahren bekräftigt, wenn auch in diesem Fall die Tat noch nicht vollendet ist, weil das Finanzamt den unrichtigen Angaben – noch – nicht gefolgt ist. Solange der Täter den Versuch fortsetzt, dieselbe Steuer zu verkürzen, ist dieser noch nicht fehlgeschlagen und sind seine weiteren Täuschungs- oder Verschleierungshandlungen mitbestrafte Nachtaten. Die Abgabe einer unzutreffenden Steuererklärung zum Zwecke der Steuerverkürzung und die Weiterverfolgung dieses Ziels durch wahrheitswidrige Angaben nach Abgabe der Erklärung sind mit dem sich anschließenden Rechtsbehelfsverfahren als eine Einheit anzusehen.[3]

Beispiel:

Arbeitnehmer A hat in seiner Einkommensteuererklärung der Wahrheit zuwider angegeben, im Außendienst 15 000 km mit dem eigenen Pkw zurückgelegt zu haben, und macht als Werbungskosten Reisekosten von 0,30 € pro Kilometer geltend, obwohl ihm ein Firmenwagen zur Verfügung stand. Das Finanzamt verlangt geeignete Nachweise und setzt die Steuer ohne Berücksichtigung der Reisekosten fest. A legt Einspruch ein und versichert ausdrücklich, kein Fahrzeug seines Arbeitgebers benutzt zu haben. Das Finanzamt setzt einen Erörterungstermin gem. § 364a AO an, in welchem A seine schriftlichen Behauptungen nochmals mündlich bekräftigt. Daraufhin ändert das Finanzamt den Einkommensteuerbescheid antragsgemäß.

A hat sich lediglich wegen **einer** vollendeten Steuerhinterziehung strafbar gemacht.

718 Etwas anderes gilt auch dann nicht, wenn das Finanzamt erst im finanzgerichtlichen Verfahren nachgibt und im Wege der außergerichtlichen Erledigung der Klage abhilft, etwa weil es davon ausgeht, dass der Stpfl. vor dem FG nicht lüge und das Finanzamt eine Entscheidung durch Urteil vermeiden möchte. Zwar hat der Täter dann keine unrichtigen Angaben unmittelbar gegenüber einer Behörde gemacht, denn das FG ist keine solche (vgl. § 6 AO, § 1 FGO). Jedoch werden die unrichtigen Angaben in einem Schriftsatz (i. e. der Klage) gemacht, der zugleich für die Behörde bestimmt ist, wie sich aus § 77 Abs. 1 FGO ergibt.[4]

3. Umsatzsteuer und Umsatzsteuervoranmeldung

719 Nach der Rspr. des BGH stellt eine unrichtige oder unterlassene Umsatzsteuerjahreserklärung im Verhältnis zu unzutreffenden oder unterlassenen Umsatzsteuervoranmeldungen desselben Jahres keine mitbestrafte Nachtat dar, weil der Jahreser-

1) Ransiek in Kohlmann, § 370 AO Rz. 215 (März 2010).
2) BGH v. 9.8.1989, 3 StR 536/88, wistra 1990, 23; v. 1.2.1989, 3 StR 450/88, wistra 1989, 184.
3) BGH v. 17.7.1991, 5 StR 225/91, HFR 1992, 567.
4) Vgl. Ransiek in Kohlmann, § 370 AO Rz. 255 (November 2010), der unter Verweis auf § 11 Abs. 1 Nr. 7 StGB in diesem Kontext ein Gericht als Behörde ansieht.

klärung in steuerstrafrechtlicher Hinsicht ein selbständiger Unrechtsgehalt zukommt.[1] Es ist auch nicht danach zu differenzieren, ob die Jahreserklärung weitere, neue Unrichtigkeiten enthält oder ob der Unternehmer die bereits in den Umsatzsteuervoranmeldungen gemachten unrichtigen oder unterlassenen Angaben lediglich wiederholt. Auch dann liegt keine mitbestrafte Nachtat vor.

In der Praxis sind Verfolgungsbeschränkungen auf die jeweilige Jahressteuererklärung durch die Strafsachenstelle oder Staatsanwaltschaft nach den §§ 154, 154a StPO üblich und sinnvoll. **720**

4. Steuerhinterziehung und Steuerordnungswidrigkeiten

Beim Zusammentreffen einer Steuerhinterziehung und einer Steuerordnungswidrigkeit (z.B. eine Steuererklärung enthält teils vorsätzlich und teils leichtfertig falsche Angaben) wird nach § 21 Abs. 1 Satz 1 OWiG i.V.m. § 410 Abs. 1 AO nur das Strafgesetz angewendet. Dies gilt aber auch dann, wenn die Ordnungswidrigkeit keine eigentliche Steuerordnungswidrigkeit nach § 377 AO darstellt. **721**

Beispiel:

Student S hat ein Betriebswirtschaftsstudium abgebrochen und verdient sich Geld damit, Einkommensteuererklärungen unterschriftsreif zu erstellen. In allen Fällen hat er – auftragsgemäß – Einnahmen weggelassen bzw. Werbungskosten oder Betriebsausgaben fingiert.

Das jeweilige Delikt der unerlaubten Hilfeleistung in Steuersachen nach § 160 StBerG tritt gegenüber den §§ 369, 370 AO, § 53 StGB zurück.

Im Umkehrschluss folgt aus § 21 Abs. 1 Satz 1 OWiG, dass im Falle der Tatmehrheit zwischen Steuerhinterziehung nach § 370 AO und z.B. leichtfertiger Steuerverkürzung nach § 378 AO eine Strafe und eine Geldbuße nebeneinander festgesetzt werden können.[2] Zu beachten ist, dass das Ordnungswidrigkeitenrecht keine „Gesamtgeldbuße" (analog der Gesamtstrafe nach § 53 StGB) kennt. Nach § 20 OWiG werden für mehrere Ordnungswidrigkeiten auch mehrere Geldbußen festgesetzt. Freilich kann, da insoweit das Opportunitätsprinzip gilt, das Bußgeldverfahren jederzeit nach § 47 OWiG eingestellt werden. **722**

J. Strafrechtliche Verjährung

Schrifttum

Bender, Erweiterte Ermittlungsbefugnisse der Finanzbehörden im allgemeinstrafrechtlichen Bereich? – Eine kritische Würdigung des Urteils des OLG Braunschweig vom 24-11-1997 (wistra 1998, 71), wistra 1998, 93; **Bornheim**, Die richtige Taktik zum Abschluß der tatsächlichen Verständigung, PStR 1999, 195; **Brenner**, Zur Verfahrensaussetzung nach § 396 der Abgabenordnung, BB 1980, 1321; **Degenhardt**, Kann die Hinterziehung verfassungswidriger Steuern strafbar sein? – Eine Verteidigung der freisprechenden Wiederaufnahme-Entscheidung des LG München II vom 11.11.1999 und darüber hinausgehende Überlegungen, DStR 2001, 1370; **Grezesch**, Hindert die Aussetzung nach § 396 AO den Eintritt der absoluten Verjährung? – Gedanken zur Dauer von Besteuerungsverfahren und Steuerstrafverfahren, ausgelöst durch die Entscheidungen BayObLG vom 22. Februar 1990 und OLG Karlsruhe vom 8. März 1990 –, wistra 1990, 289; **Hardtke/Westphal**, Die Bedeutung der strafrechtlichen Ermittlungskompetenz der Finanzbehörde für das Steuer-

1) St.Rspr., BGH v. 27.10.1992, 5 StR 517/92, BGHSt 38, 366; v. 26.5.1993, 5 StR 190/93, BGHSt 39, 233; v. 11.5.1982, 5 StR 181/82, NStZ 1982, 335; v. 1.11.1995, 5 StR 535/95, wistra 1996, 105; v. 29.4.1997, 5 StR 168/97 wistra 1997, 262; v. 17.3.2009, 1 StR 627/08, NStZ 2009, 510; Jäger in Klein, 11. Aufl. 2012, § 370 AO Rz. 246.

2) Schauf in Kohlmann, § 378 AO Rz. 160 (Oktober 2009).

geheimnis, wistra 1996, 91; **Haumann**, Verfassungsmäßigkeit der Verjährung der Steuerhinterziehung nach § 376 Abs. 1 AO? – Kritische Betrachtung der Verlängerungsregelung für die benannten „schweren Fälle", AO-StB 2012, 157; **Heuer**, Unterbricht ein Durchsuchungsbeschluss gegen die Verantwortlichen eines Unternehmens die Verjährung?, wistra 1987, 171; **Kohlmann/Hilgers-Klautzsch**, Bestrafung wegen Hinterziehung verfassungswidriger Steuern?, wistra 1998, 161; **Meine**, Absolute Verfolgungsverjährung und Aussetzung nach § 396 AO, wistra 1986, 58; **Merkt**, Die versteckte Gewinnausschüttung im Steuerstrafrecht, BB 1991, 313; **Pelz**, Wann verjährt die Beihilfe zur Steuerhinterziehung?, wistra 2001, 11; **Pelz**, Neuregelung der Verfolgungsverjährung für Steuerhinterziehung – Neue Herausforderungen für die Praxis, NJW 2009, 470; **Rainer/Schwedhelm**, Verjährung im Steuerstrafrecht und im Steuerrecht, NWB Fach 13, 747; **Reiche**, Die strafrechtliche Ermittlungskompetenz der Zollfahndung, wistra 1990, 90; **Reiche**, Abrechnung unter Verstoß gegen die Pflicht zur persönlichen Leistungserbringung – Betrug des Arztes gemäß § 263 StGB?, wistra 1998, 329; **Sackreuther**, Strafrechtliche Besonderheiten bei ErbSt-Hinterziehung, PStR 2011, 254; **Schuhmann**, Zur Aussetzung des Verfahrens nach § 396 AO, wistra 1992, 172; **Teske**, Die Bekanntgabe der Einleitung eines Straf- oder Bußgeldverfahrens (§ 371 Abs 2 Nr 1 Buchst b AO) durch Durchsuchungsbeschlüsse, wistra 1988, 287; **Ulsamer/Müller**, Steuerstrafrechtliche Konsequenzen der Entscheidung des Bundesverfassungsgerichts vom 22. Juni 1995 zum Vermögensteuergesetz, wistra 1998, 1; **Vogelberg**, Der Irrtum im Steuerstrafrecht, ZAP, Fach 21, 71; **Wulf**, Die Verschärfung des Steuerstrafrechts zum Jahreswechsel 2008/2009, DStR 2009, 459.

723 Verjährungsregelungen dienen dem Ausgleich von Gerechtigkeit, Rechtssicherheit und dem Rechtsfrieden.[1] Zudem soll durch den Eintritt der Verjährung dem Umstand Rechnung getragen werden, dass ein ursprünglich bestehendes Strafbedürfnis im Laufe der Zeit immer mehr schwindet.[2] Ferner soll durch die Verjährungsvorschriften einer Untätigkeit der Behörden in jedem Verfahrensabschnitt entgegengetreten werden.[3] Im Strafrecht ist zu unterscheiden zwischen der **Verfolgungsverjährung** (§§ 78 bis 78c StGB) für die noch nicht geahndete Tat, und der **Vollstreckungsverjährung** (§§ 79 bis 79b StGB) für die bereits rechtskräftig verhängte Strafe oder Buße. Diese Vorschriften gelten gem. § 369 Abs. 2 AO auch für Steuerstraftaten und sehen eine Regelverjährung von fünf Jahren vor,[4] wobei § 376 AO eine spezielle (zehnjährige) Verjährungsfrist bei Fällen besonders schwerer Steuerhinterziehung vorsieht. Die Verjährungsdauer für Ordnungswidrigkeiten ist in § 384 AO geregelt. Zudem verweist § 377 Abs. 2 AO auf die § 31 bis 34 OWiG.

I. Strafrechtliche Verfolgungsverjährung

724 Die Verjährung ist ein **Verfahrenshindernis,** das die Verfolgung der Tat und ihre Sanktion ausschließt. Sie ist in jeder Lage des Verfahrens – auch noch in der Revisionsinstanz – von Amts wegen zu prüfen[5] und führt ggf. zur Einstellung des Verfahrens. Dabei ist der Grundsatz „in dubio pro reo" zu beachten.[6] Allerdings können die Einziehung mit Sicherungscharakter und die Unbrauchbarmachung (§ 74 Abs. 2 Nr. 2, Abs. 3, § 74d StGB) trotz Eintritts der Verfolgungsverjährung selbständig angeordnet werden.[7]

1) BGH v. 19.2.1963, 1 StR 318/62, BGHSt 18, 274.
2) BGH v. 28.11.1984, 2 StR 309/84, wistra 1985, 66.
3) BGH v. 26.6.1985, 4 StR 145/58, BGHSt 11, 393 ff.
4) Ein Gesetzentwurf des Bundesrats für ein Gesetz zur Verbesserung der Bekämpfung von Steuerstraftaten strebt an, die strafrechtliche Verjährungsfrist generell auf 10 Jahre zu verlängern, BR-Drucks. 339/13 (B) v. 3.5.2013.
5) BGH v. 26.6.1958, 4 StR 145/58, BGHSt 11, 394.
6) BGH v. 9.10.2007, 4 StR 444/07, NStZ-RR 2008, 42.
7) Joecks in Franzen/Gast/Joecks, 7. Aufl. 2009, § 376 AO Rz. 8.

1. Beginn der Verjährung

Gemäß § 369 Abs. 2 AO, § 78a StGB beginnt die Verjährung bei reinen Tätigkeitsdelikten, sobald die **Tat** (StGB) bzw. **Handlung** (OWiG) **beendet** ist. Tritt jedoch ein zum Tatbestand gehörender Erfolg erst später ein (Erfolgsdelikt), so beginnt die Verjährung gem. § 78a Satz 2 StGB erst mit Eintritt des Erfolgs, denn erst zu diesem Zeitpunkt ist die Tat beendet. Für das Steuerstrafrecht hat § 78a Satz 2 StGB allerdings keine Bedeutung, da hier kein Tatbestand existiert, bei dem ein zum Tatbestand gehörender Erfolg erst nach materieller Beendigung der Tat eintreten könnte.[1] **725**

Da die strafrechtliche Verjährung erheblich differenziert zwischen Veranlagungssteuern und Fälligkeitssteuern und erhebliche Unterschiede bei der Steuerhinterziehung durch aktives Tun bzw. Unterlassen bestehen, wird nachfolgend die Verjährung differenziert bei Veranlagungssteuern und Fälligkeitssteuern dargestellt, wobei jeweils zwischen Steuerhinterziehung durch aktives Tun und Unterlassen unterschieden wird. **726**

Der Beendigung der Steuerhinterziehung steht nicht entgegen, dass die Steuerfestsetzung unter dem Vorbehalt der Nachprüfung ergangen ist (§ 164 AO)[2] oder dass die Steuer vorläufig festgesetzt wurde (§ 165 AO).[3] Ebenso hat der Umstand, dass steuerliche Erklärungspflichten evtl. weiterbestehen, wie dies beispielsweise nach Erlass eines Schätzungsbescheids der Fall ist, keine Auswirkung auf den Zeitpunkt der Beendigung.[4] **727**

Für **Mittäter, Anstifter und Gehilfen** beginnt die Verjährung mit der Beendigung der Haupttat,[5] denn strafbar wird die Mitwirkung eines Beteiligten erst mit der Begehung der Haupttat. Auf die Beendigung des Tatbeitrags eines Beteiligten kommt es nur an, wenn sich dessen Mitwirkung auf einen rechtlich abtrennbaren Teil bezieht.[6] Die Frage, ob, wie etwa in den „Bankenfällen", durch eine einmalige Hilfeleistung eine Beihilfe hinsichtlich mehrerer Veranlagungszeiträume möglich ist, ist umstritten.[7] Es ist in jedem Einzelfall genau zu prüfen, auf welche Veranlagungszeiträume sich der Vorsatz des Gehilfen bezogen hat.[8] Ist der Gehilfenvorsatz zu bejahen, so kann hinsichtlich des Verjährungsbeginns auch dann keine Modifikation erfolgen, wenn zwischen der Hilfeleistung und dem Erfolg ein Zeitraum von mehreren Jahren liegt.[9] Da eine einmalige Hilfeleistung zu mehreren Haupttaten in der Person des Gehilfen Tateinheit bildet, beginnt die jeweilige Verjährung mit der Beendigung der einzelnen Haupttat.[10] **728**

a) Veranlagungssteuern

Die Behandlung der Verjährung der Hinterziehung von Veranlagungssteuern wird nachfolgend exemplarisch anhand der Einkommensteuer/Körperschaftsteuer dargestellt. Hinsichtlich der anderen Veranlagungssteuern wird nur auf deren Abweichungen eingegangen. **729**

---

1) Joecks in Franzen/Gast/Joecks, 7. Aufl. 2009, § 376 AO Rz. 11.
2) BGH v. 3.3.1989, 3 StR 552/88, wistra 1989, 188.
3) BGH v. 31.1.1984, 5 StR 706/83, wistra 1984, 182, 183.
4) BGH v. 11.12.1990, 5 StR 519/90, wistra 1991, 215, 216.
5) BGH v. 27.9.1983, 5 StR 379/83, wistra 1984, 21; v. 20.12.1989, 3 StR 276/88, wistra 1990, 149, 150; Joecks in Franzen/Gast/Joecks, 7. Aufl. 2009, § 376 AO Rz. 35; Pelz, wistra 2001, 11, 12.
6) BGH v. 1.2.1989, 3 StR 450/88, BGHSt 36, 106, 117.
7) Pelz, wistra 2001, 11, 14; Voßmeier, DStR 1998, 842.
8) Pelz, wistra 2001, 11, 14; Simon/Vogelberg, 3. Aufl. 2011, 97.
9) Joecks in Franzen/Gast/Joecks, 7. Aufl. 2009, § 376 AO Rz. 35c.
10) Joecks in Franzen/Gast/Joecks, 7. Aufl. 2009, § 376 AO Rz. 35b.

aa) Einkommensteuer/Körperschaftsteuer

(1) Nicht (rechtzeitig) abgegebene Steuererklärung

730 Gibt der Stpfl. eine Steuererklärung nicht (rechtzeitig) ab, so ist die Steuerhinterziehung zu dem Zeitpunkt **vollendet**, in dem die Steuer bei rechtzeitiger Erklärung spätestens festgesetzt worden wäre. Dies soll spätestens dann der Fall sein, wenn das zuständige Finanzamt die Veranlagungsarbeiten für die betreffende Steuerart und den betreffenden Zeitraum im Wesentlichen abgeschlossen hat.[1] Maßgeblich sind diesbezüglich die konkreten Verhältnisse in dem für die Veranlagung des Stpfl. zuständigen Finanzamt, wobei auch die konkreten steuerlichen Verhältnisse des Stpfl. maßgeblich sein sollen.[2] Bis zu diesem Zeitpunkt handelt es sich nur um eine versuchte Steuerhinterziehung (→ Rz. 515 ff.). Hinsichtlich der Vollendung der Steuerhinterziehung hat der BGH in einem obiter dictum[3] die Überlegung angestellt, ob zumindest bei einfach gelagerten Sachverhalten von einer Zeitspanne der Bearbeitung von längstens einem Jahr auszugehen ist.

731 Eine **Tatbeendigung** tritt nach Ansicht des BGH ein, wenn das zuständige Finanzamt die Veranlagungsarbeiten in dem betreffenden Bezirk für den maßgeblichen Zeitraum allgemein abgeschlossen hat und demzufolge regelmäßig nicht mehr mit einer Veranlagung zu rechnen ist.[4]

732 Die Argumentation des BGH ist problematisch. Zunächst ist darauf hinzuweisen, dass in der Praxis durchaus des Öfteren auch nach dem allgemeinen Abschluss der Veranlagungsarbeiten noch Bescheide ergehen.[5] Man denke nur an die Entdeckung von Verkürzungen durch Kontrollmitteilungen oder Strafanzeigen, die etwa im Falle von Scheidungen oftmals erst Jahre später erstattet werden. Zudem haben beispielsweise diverse Rentner NV-Bescheinigungen (zu Unrecht) erlangt, obwohl sie im Ausland nicht erklärte Einkünfte aus Kapitalvermögen erzielen und verpflichtet wären eine Steuererklärung abzugeben.

733 Zudem steht die oben dargestellte Rechtsprechung des BGH nicht mit der Entscheidung des BGH zum Verjährungsbeginn bei einer Hinterziehung von Schenkungsteuer im Einklang. Diesbezüglich hat der BGH mit Beschluss vom 25.7.2011[6] entschieden, dass für den Verjährungsbeginn bei einer nicht angezeigten Schenkung maßgeblich sein soll, wann die Veranlagung der Schenkungsteuer dem Stpfl. bei rechtzeitiger Anzeige der Schenkung frühestens bekannt gegeben worden wäre. Für die Bearbeitungsdauer unterstellt der **BGH** mit Hinweis auf § 31 Abs. 1 und 7 ErbStG einen Monat. Der BGH führt in dieser Entscheidung wörtlich aus:

„Da es sich bei der Schenkungsteuer um eine Veranlagungsteuer handelt, ist die Hinterziehung zu dem Zeitpunkt beendet, zu dem die ***Veranlagung spätestens stattgefunden*** *hätte, wenn der Angeklagte seiner Anzeigepflicht gem. § 30 Abs. 1 ErbStG rechtzeitig nachgekommen wäre (vgl. Jäger in Klein, Abgabenordnung, 10. Aufl., § 370 Rn. 201). Da – anders als bei anderen Veranlagungssteuern – für die Schenkungsteuer mangels kontinuierlichem abschnittsbezogenem Veranlagungsverfahren kein allgemeiner Veranlagungsschluss festgestellt werden kann, ist für den Verjährungsbeginn maßgeblich, wann die* ***Veranlagung*** *der Schenkungsteuer dem Steuerpflichtigen bei rechtzeitiger Anzeige der Schenkung* ***frühestens***

1) BGH v. 19.1.2011, 1 StR 640/10, wistra 2012, 484, 485; v. 28.10.1999, 5 StR 500/98, NStZ-RR 1999, 218; Jäger in Klein, 11. Aufl. 2012, § 370 AO Rz. 92.
2) BGH v. 19.1.2011, 1 StR 640/10, wistra 2012, 484, 485.
3) BGH v. 19.1.2011, 1 StR 640/10, wistra 2012, 484, 485.
4) BGH v. 7.11.2001, 5 StR 395/01, wistra 2002, 64, 67.
5) Schließlich beträgt die steuerliche Festsetzungsverjährungsfrist im Falle einer vorsätzlichen Verkürzung zehn Jahre und tritt über § 171 Abs. 7 AO zudem eine Ablaufhemmung bis zur strafrechtlichen Verjährung ein.
6) BGH v. 25.7.2011, 1 StR 631/10, NJW 2011, 3249.

bekanntgegeben *worden wäre (vgl. Rolletschke in Graf/Jäger/Wittig, Wirtschafts- und Steuerstrafrecht, 1. Aufl. 2011, § 376 AO Rn. 48, § 370 AO Rn. 487 m.w.N.; Wulf in MüKo-StGB § 376 AO, Rn. 36)."*

Zunächst ist festzuhalten, dass die beiden Aussagen des BGH „Veranlagung spätestens stattgefunden hätte" .... „Veranlagung frühestens bekannt gegeben worden wäre" widersprüchlich erscheinen. **734**

Begrüßenswert ist jedoch in der Entscheidung des BGH vom 25.7.2011, dass der BGH davon ausgeht, dass der Verjährungsbeginn vier Monate nach der Schenkung zu laufen beginnt (dreimonatige Anzeigepflicht (§ 30 Abs. 1 ErbStG) sowie einmonatige Bearbeitungs- und Bekanntgabefrist mit Hinweis auf § 31 Abs. 7 ErbStG). Der BGH geht somit davon aus, dass die Verjährung bei unterlassener Anzeige einer Schenkung dann beginnt, wenn bei rechtzeitiger Anzeige der Schenkung der Bescheid frühestens bekannt gegeben worden wäre. Dies wird typisierend vier Monate nach Kenntnis von der Schenkung unterstellt. Insofern tritt durch diese Entscheidung bei der Verjährung einer Hinterziehung von Schenkungsteuer (endlich) Rechtssicherheit ein. Auch bei einer Erbschaftsteuerhinterziehung ist entsprechend davon auszugehen, dass die Verjährung vier Monate nach Kenntnis von dem Eintritt des Erbfalls zu laufen beginnt.

Problematisch ist jedoch, dass auf Grund der Rechtsprechung des BGH die Fälle „unterlassene Abgabe einer Einkommensteuererklärung" sowie „unterlassene Anzeige einer Schenkung bzw. Erbschaft" unterschiedlich behandelt werden. In den Fällen der Nichtabgabe einer Einkommensteuer- bzw. Körperschaftsteuererklärung soll die Verjährung nach der Rechtsprechung des BGH mit Abschluss der allgemeinen Veranlagungsarbeiten des jeweiligen Veranlagungsbezirks beginnen. Dies ist i.d.R. eineinhalb bis zwei Jahre nach dem jeweiligen Veranlagungszeitraum der Fall. In den Fällen der Nichtanzeige einer Schenkung bzw. Erbschaft beginnt die Verjährung jedoch innerhalb von vier Monaten nach Kenntnis von der Schenkung/Erbfalls zu laufen. Diese unterschiedliche Handhabung ist sachlich nicht gerechtfertigt. **735**

Grundsätzlich sind für den Verjährungsbeginn bei Steuerhinterziehung durch Unterlassen bei Veranlagungssteuern folgende Konstellationen denkbar: Geht man davon aus, dass die Verjährung erst zu laufen beginnt, wenn feststeht, dass kein Bescheid mehr ergehen kann, so hätte dies bei konsequenter Betrachtung zur Folge, dass auf Grund von § 171 Abs. 7 AO nie eine Verjährung eintreten könnte. Man würde also zu dem Ergebnis gelangen, dass die Verjährung bei einer Hinterziehung von Veranlagungssteuern durch Unterlassen – im Unterschied zur Steuerhinterziehung durch Tun oder im Falle von Fälligkeitssteuern – wie bei Morddelikten – nie eintritt. Dass dieses Ergebnis nicht tragbar ist und auch vom Gesetzgeber nicht gewollt war, ergibt sich schon aus den unterschiedlichen Verjährungsfristen für Steuerhinterziehung und Mord. Auch ist es sachlich nicht gerechtfertigt, dass die Verjährung einer Hinterziehung von Fälligkeitssteuern durch Unterlassen ab dem Fälligkeitszeitpunkt zu laufen beginnt, eine Hinterziehung von Veranlagungssteuern durch Unterlassen (bei vorstehender Argumentation) dagegen nie verjähren würde. In diesem Zusammenhang ist auch darauf hinzuweisen, dass der BGH[1] entschieden hat, dass der Beendigung einer Steuerhinterziehung nicht entgegensteht, dass steuerliche Erklärungspflichten auch nach Ablauf der Anmeldefrist fortdauern. Insofern scheidet die Alternative, dass eine Steuerhinterziehung nicht verjährt, solange die Erklärungspflicht weiter besteht, definitiv aus. **736**

Denkbar ist mit dem BGH für den Verjährungsbeginn zwischen der Einkommensteuer (und Gewerbesteuer sowie Körperschaftsteuer) und der Schenkungsteuer bzw. Erbschaftsteuer zu differenzieren. Wie bereits ausgeführt (→ Rz. 733), erscheint **737**

1) BGH v. 11.12.1990, 5 StR 519/90, wistra 1991, 215, 216.

diese Differenzierung jedoch sachlich nicht gerechtfertigt. Zudem ist ein Verjährungsbeginn bei Abschluss der Veranlagungsarbeiten von vielen Zufälligkeiten, wie Arbeitsanfall und personelle Besetzung in dem jeweiligen Finanzamtsbezirk abhängig. Der Verjährungsbeginn würde, ohne Einflussmöglichkeit des Stpfl., je nachdem, wo er veranlagt wird, erheblich schwanken. Durch das Abstellen auf den fiktiven Zeitpunkt des Abschlusses der Veranlagungsarbeiten wendet der BGH einen Zeitpunkt an, der dogmatisch schwer nachvollziehbar ist.

738 Denkbar ist auch zwischen dem Finanzamt bekannten und unbekannten Stpfl. zu differenzieren. Nach Joecks[1] beginnt die Verjährung bei Stpfl., die dem Finanzamt nicht bekannt waren, mit dem Abschluss der Veranlagungsarbeiten. Dagegen soll die Verjährung bei Stpfl., die dem Finanzamt bekannt sind, wenige Tage nach Verstreichenlassen der Ablauffrist beginnen.

739 Nach der hier vertretenen Auffassung erscheint es sachgerecht, für den Verjährungsbeginn einheitlich darauf abzustellen, wann ein **Steuerbescheid** bei rechtzeitiger Erklärung bzw. Anzeige **frühestens bekannt gegeben worden wäre**. Dabei wird nach der hier vertretenen Auffassung unterstellt, dass der Steuerbescheid innerhalb **eines Monats bearbeitet und bekanntgegeben** worden wäre. Im Falle der Einkommensteuer und Körperschaftsteuer beginnt die Verjährung einen Monat nach Ablauf der Frist zur Abgabe der Steuererklärungen (sofern nicht im Einzelfall Fristverlängerungen gewährt worden sind). Im Falle der unterlassenen Anzeige einer Schenkung bzw. Erbschaft beginnt die Verjährung vier Monate nach der Schenkung bzw. dem Erbfall (dreimonatige Anzeigefrist und einmonatige Bearbeitung- und Bekanntgabedauer → Rz. 748). Im Falle einer Anzeige nach § 153 AO ist der Sachverhalt „unverzüglich" anzuzeigen, so dass diesbezüglich von einer Frist von einer Woche auszugehen ist, so dass die Verjährung nach einem Monat und einer Woche nach Kenntnis zu laufen beginnt (→ Rz. 752).

(2) Falsche Steuererklärung

740 Bei Veranlagungssteuern tritt (bei Abgabe einer falschen Steuererklärung) die Vollendung einer Straftat ein, wenn durch eine unrichtige Erklärung (vor dem fiktiven Veranlagungszeitpunkt) die Steuer zu niedrig festgesetzt und dies dem Stpfl. bekannt gegeben worden ist. Nach h.M. tritt zu demselben Zeitpunkt auch die Beendigung der Tat ein, so dass mit der **Bekanntgabe** des unrichtigen Bescheids zugleich die Verjährung beginnt.[2] Maßgebend ist die erste Bekanntgabe. Bekanntgabemängel können nicht zu Lasten des Stpfl. gehen.[3]

741 Dies gilt jedoch nur, wenn der Steuerbescheid zu einer **Nachzahlung** führt. Für die Fristberechnung ist der Tag, an dem die Tat beendet wurde, unabhängig davon, ob es sich um einen Sonn- oder Feiertag handelt, mitzuzählen. Kommt es allerdings auf Grund des Steuerbescheids zu einer **Steuererstattung** oder zu einer Verrechnung mit Zahlungsbeträgen für andere Steuern, so ist hingegen der Zeitpunkt der Zahlung des Erstattungsbetrags bzw. der Zeitpunkt der Verrechnung maßgeblich, sofern dieser dem Bekanntgabezeitpunkt des unrichtigen Steuerbescheids nachfolgt.[4]

742 Zu beachten ist, dass der Verjährungsbeginn sich ändern kann, wenn der Stpfl. gegen einen auf Grund einer falschen Einkommensteuererklärung ergangenen Einkommensteuerbescheid einen **Einspruch** einlegt. Macht der Stpfl. in diesem Einspruch erneut wahrheitswidrige Angaben, so beginnt die Verjährung (des fehlge-

---

1) Joecks in Franzen/Gast/Joecks, 7. Aufl. 2009, § 376 AO Rz. 29c bis 29h.
2) BGH v. 7.2.1984 mit Anm. Streck, 3 StR 413/83, NStZ 1984, 414; v. 16.5.1984, 2 StR 523/83, HFR 1984, 439; BayObLG v. 11.5.1993, 3 ObOWi 16/93, wistra 1993, 236, 238.
3) Rainer, 25.
4) Joecks in Franzen/Gast/Joecks, 7. Aufl. 2009, § 376 AO Rz. 18.

schlagenen Versuchs im Falle einer Einspruchsentscheidung), wenn der Bescheid formell rechtskräftig wird.[1]

Folgt das Finanzamt nun den fehlerhaften Angaben in dem Rechtsbehelfsverfahren und erlässt einen Abhilfebescheid, so ist die Bekanntgabe dieses Abhilfebescheids der maßgebliche Zeitpunkt für den Verjährungsbeginn.

(3) Erlass eines Schätzungsbescheids

Wird eine Schätzung der Besteuerungsgrundlagen gem. § 162 AO **nach** dem für die Zwecke der Verjährung zu ermittelnden **fiktiven Veranlagungszeitpunkt** bekannt gegeben, so hat dies auf den Verjährungsbeginn **keinen Einfluss** mehr, denn die Steuerhinterziehung ist mit der nicht erfolgten Abgabe bis zu dem fiktiven Veranlagungszeitpunkt bereits beendet.[2] **743**

Zu beachten ist jedoch, dass durch die unkorrekten Angaben in einem Einspruch gegen einen nach dem fiktiven Veranlagungszeitpunkt ergangenen Schätzungsbescheid erneut der Tatbestand des § 370 AO verwirklicht werden kann. Zwar handelt es sich hierbei um eine mitbestrafte Nachtat, doch entfällt nach der herrschenden Meinung der Grund für die Straflosigkeit der Nachtat, wenn die Vortat auf Grund einer eingetretenen Verjährung nicht geahndet werden kann. Nach der zu befürwortenden Auffassung von Joecks[3] schließt die Verjährung einer Vortat die Bestrafung wegen der (straflosen) Nachtat aus, da Vor- und Nachtat strafrechtlich einheitlich zu bewerten sind. **744**

Ergeht ein Schätzungsbescheid **vor dem fiktiven Veranlagungszeitpunkt,**[4] so ist zu differenzieren, ob der Schätzbescheid von einer zu niedrigen Schätzung bzw. einer korrekten/zu hohen Schätzung ausgeht. Im Falle einer zu niedrigen Schätzung beginnt die Verjährung mit Bekanntgabe des Schätzungsbescheids. Erfolgt eine korrekte bzw. zu hohe Schätzung, so beginnt die Verjährung des fehlgeschlagenen Versuchs mit Bekanntgabe des Schätzungsbescheids. Legt der Stpfl. einen Einspruch ein, so tritt bei einer ablehnenden Einspruchsentscheidung Verjährung erst bei Bestandskraft ein.[5] Im Falle eines Abhilfebescheids beginnt die Verjährung mit dessen Bekanntgabe zu laufen. **745**

(4) Sonderprobleme

(4.1) Einheitliche und gesonderte Gewinnfeststellung (§§ 179 ff. AO)

Wird in einem Grundlagenbescheid ein zu niedriger Gewinn festgestellt, so stellt dies bereits einen nicht gerechtfertigten Steuervorteil dar. Nach der Rechtsprechung des BGH[6] soll die Verjährung im Zeitpunkt der Bekanntgabe (des Folgebescheids) an den letzten Beteiligten beginnen. Sachgerechter erscheint es jedoch für den Verjährungsbeginn, auf die **jeweilige Bekanntgabe der einzelnen Folgebescheide** abzustellen, denn ab diesem Zeitpunkt ist der Erfolg für den jeweiligen Stpfl. verwirklicht.[7] **746**

1) BGH v. 17.7.1991, 5 StR 225/91, wistra 1991, 300, 301.
2) Joecks in Franzen/Gast/Joecks, 7. Aufl. 2009, § 376 AO Rz. 29; BayObLG v. 3.11.1989, RReg 4 St 135/89, wistra 1990, 159; hinsichtlich des fiktiven Veranlagungszeitpunkt → Rz. 739.
3) Joecks in Franzen/Gast/Joecks, 7. Aufl. 2009, § 376 AO Rz. 6.
4) Nach der hier vertretenen Auffassung kommt diese Konstellation jedoch selten vor, da der Versuch der Steuerhinterziehung erst mit Fristablauf beginnt, die Verjährung jedoch bereits einen Monat nach diesem Fristablauf zu laufen beginnt.
5) BGH v. 17.7.1991, 5 StR 225/91, wistra 1991, 300, 301.
6) BGH v. 1.2.1989, 3 StR 450/88, wistra 1989, 184, 187; v. 17.7.1991, 5 StR 225/91, wistra 1991, 300, 301.
7) Vgl. Joecks in Franzen/Gast/Joecks, 7. Aufl. 2009, § 376 AO Rz. 21a.

(4.2) Verlustvortrag

747 Bei überhöhten Verlusten, die Stpfl. durch einen **gesonderten Verlustfeststellungsbescheid** nach § 10d EStG zugewiesen werden, handelt es sich um **ungerechtfertigte Steuervorteile**. Die Verjährung beginnt auch hier mit Bekanntgabe des Verlustfeststellungsbescheids, denn zu diesem Zeitpunkt ist die Tat vollendet und beendet. Wird ein Steuerbescheid auf Grund in späteren Jahren eingetretener Verluste durch einen Verlustrücktrag nach § 10d EStG geändert, ist dies für den Lauf der Verjährungsfrist ohne Bedeutung.[1)]

bb) Erbschaft- und Schenkungsteuer

748 Gibt der Erbe bzw. Beschenkte **keine Anzeige nach § 30 Abs. 1 ErbStG** (und keine Erbschaftsteuererklärung) ab, so beginnt die Verjährungsfrist vier Monate nach Kenntnis von dem Erbfall bzw. der Schenkung.[2)] Nach der Rechtsprechung des BGH ist für den Verjährungsbeginn maßgeblich, wann die Veranlagung der Schenkungsteuer (bzw. Erbschaftsteuer) dem Stpfl. bei rechtzeitiger Anzeige der Schenkung (bzw. des Erbfalls) frühestens bekannt gegeben worden wäre. Der BGH unterstellt neben der dreimonatigen Anzeigefrist nach § 30 ErbStG eine einmonatige Bearbeitungs- und Bekanntgabedauer durch das Finanzamt mit Hinweis auf § 31 Abs. 1 und Abs. 7 ErbStG. Die Begründung der Einmonatsfrist durch den BGH mit Hinweis auf § 31 Abs. 7 Satz 1 ErbStG ist problematisch, da solch eine Selbstberechnung nach amtlichen Vordruck erfolgen müsste, ein solcher Vordruck von der Finanzverwaltung jedoch bis zum heutigen Zeitpunkt nicht existiert (→ Rz. 1071). Gleichwohl ist der Ansatz einer Bearbeitungszeit von einem Monat für den frühestmöglichen Bekanntgabezeitpunkt realistisch, da ein Finanzbeamter die (hypothetisch eingereichte) Erklärung prüfen müsste und allein der EDV-Lauf, bis der Bescheid ergeht, eine gewisse Zeit in Anspruch nimmt. Insofern beginnt die Verjährung bei Nichtanzeige einer Schenkung bzw. eines Erbfalls (und nicht Abgabe einer Erbschaft bzw. Schenkungsteuererklärung) vier Monate nach Kenntnis von dem Erbfall bzw. der Schenkung.

749 Gibt der Stpfl. dagegen eine **falsche Anzeige nach § 30 ErbStG** ab,[3)] da er die Finanzverwaltung veranlassen will, von der Aufforderung zur Abgabe einer Steuererklärung abzusehen, so ist differenzieren:

- Informiert die Finanzverwaltung den Stpfl. auf Grund der unzutreffenden Anzeige, dass keine Steuererklärung erforderlich ist, so ist mit Zugang dieser Mitteilung die Tat beendet, so dass ab diesem Zeitpunkt die Verjährung zu laufen beginnt.[4)]
- Fordert das Erbschaftsteuerfinanzamt den Erben bzw. Beschenkten zur Abgabe einer Erbschaft- bzw. Schenkungsteuererklärung auf und macht der Stpfl. in der **Erklärung erneut falsche Angaben**, so ist die Tat mit Bekanntgabe des falschen Steuerbescheids beendet, so dass ab diesem Zeitpunkt die Verjährung beginnt.
- Macht der Stpfl. dagegen in der Erbschaftsteuererklärung zutreffende Angaben und ergeht ein rechtmäßiger Steuerbescheid, so stellt dies eine strafbefreiende Selbstanzeige nach § 371 AO dar.
- Kommt der Stpfl. der **Aufforderung** des Finanzamts eine **Steuererklärung zu erstellen nicht (fristgerecht) nach**, so beginnt die Verjährung einen Monat nach Ablauf der vom Finanzamt gesetzten Frist. Auch in diesem Fall ist davon auszuge-

1) BGH v. 25.4.2001, 5 StR 613/00, wistra 309, 310.
2) BGH v. 25.7.2011, 1 StR 631/10, wistra 2011, 428.
3) Durch eine unrichtige Anzeige macht der Stpfl. gegenüber der Finanzbehörde über steuerlich erhebliche Tatsachen unrichtige Angaben i.S.v. § 370 Abs. 1 Nr. 1 AO, da der Straftatbestand nicht auf Steuererklärungen beschränkt ist (→ Rz. 1065).
4) Sackreuther, PStR 2011, 254; → Rz. 1065.

hen, dass die Erklärung innerhalb eines Monats (nach Fristablauf) vom Finanzamt bearbeitet worden wäre.[1)]

Gibt der Stpfl. zunächst eine **zutreffende Anzeige** nach § 30 Abs. 1 ErbStG ab, **oder** ist eine solche Anzeige **nach § 30 Abs. 3 ErbStG nicht erforderlich** und fordert das Finanzamt den Stpfl. zur Einreichung einer Erbschaftsteuererklärung auf, so ist wiederum zu differenzieren: Gibt der Stpfl. eine **falsche Steuererklärung** ab, so beginnt die Verjährung mit Bekanntgabe des falschen Erbschaftsteuer- bzw. Schenkungsteuerbescheids. Gibt der Erbe bzw. Beschenkte **keine (fristgerechte) Erklärung** ab, so beginnt die Verjährung einen Monat nach Ablauf der gesetzten Frist. Sofern nach diesem Zeitpunkt das Finanzamt einen Schätzbescheid erlässt, hat dies keine Auswirkung auf die Verjährung mehr. **750**

cc) Gewerbesteuer

Für den Verjährungsbeginn einer Gewerbesteuerhinterziehung ist die **Bekanntgabe des Gewerbesteuerbescheids** der Gemeinde und nicht die Bekanntgabe des Gewerbesteuermessbescheids des Finanzamts maßgeblich.[2)] Ein unrichtiger Gewerbesteuermessbescheid stellt als bloßer Grundlagenbescheid noch keine Steuerverkürzung dar, führt jedoch bereits zu einem nicht gerechtfertigten Steuervorteil i.S.v. § 370 Abs. 1 AO.[3)] Der Taterfolg tritt materiell jedoch erst ein, wenn der Gewerbesteuermessbescheid als Grundlagenbescheid bei dem Stpfl. durch einen Gewerbesteuerbescheid umgesetzt wird.[4)] Erfolgt eine Gewerbesteuerhinterziehung gegenüber mehreren Gemeinden, so beginnt die Verjährung nach der hier vertretenen Ansicht mit der Bekanntgabe des jeweiligen Bescheids, denn zu diesem Zeitpunkt ist der Erfolg verwirklicht.[5)] Da mehrere Gläubiger der Gewerbesteuer (Gemeinden) vorhanden sind, erscheint es gerechtfertigt, die Verjährung der jeweiligen Taten getrennt zu beurteilen. **751**

dd) Grunderwerbsteuer

Gemäß § 19 Abs. 3 GrEStG müssen die Anzeigepflichtigen innerhalb von zwei Wochen, nachdem sie von dem anzeigepflichtigen Vorgang Kenntnis erlangt haben, den Vorgang der Finanzverwaltung anzeigen. **Unterlässt ein Anzeigepflichtiger die Anzeige**, so beginnt die Verjährung nach der hier vertretenen Auffassung einen Monat und zwei Wochen nach Kenntnis von dem anzeigepflichtigen Vorgang. Wie bereits unter → Rz. 739 ausgeführt beginnt die Verjährung zu dem Zeitpunkt, zu dem ein Steuerbescheid (bei hypothetisch rechtzeitiger Erstattung der Anzeige) frühestmöglich ergangen wäre. Nach der hier vertretenen Auffassung wird generell eine Dauer von einem Monat für die Bearbeitung und Bekanntgabe des Steuerbescheids zu Grunde gelegt. **752**

Macht der Anzeigepflichtige **unzutreffende Angaben** und wird auf Grund dessen ein zu niedriger Grunderwerbsteuerbescheid bekanntgegeben, so beginnt die Verjährung mit Bekanntgabe des Grunderwerbsteuerbescheids. Macht der Anzeigepflichtige unzutreffende Angaben, und unterbleibt auf Grund dieser Angaben die Festsetzung einer Grunderwerbsteuer, so beginnt die Verjährung mit Bekanntgabe der Mitteilung, dass keine Grunderwerbsteuer festgesetzt wird. **753**

---

1) Vgl. BGH v. 25.7.2011, 1 StR 631/10, wistra 2011, 428 für die Konstellation, dass der Stpfl. keine Anzeige und keine Schenkungsteuererklärung einreicht.
2) OLG Köln v. 1.9.1970, Ss 104/70, BB 1970, 1335, 1336.
3) BGH v. 10.12.2008, 1 StR 322/08, wistra 2009, 114, 116 f.
4) Vgl. Joecks in Franzen/Gast/Joecks, § 376 AO Rz. 21a.
5) Anderer Ansicht OLG Köln v. 1.9.1970, Ss 104/70, BB 1970, 1335, 1336; Simon/Vogelberg, 3. Aufl. 2011, 109, wonach die Verjährung erst mit der Bekanntgabe des letzten Bescheids beginnen soll.

ee) Vorauszahlungen

754 Auf die Einkommensteuer, Körperschaftsteuer, Gewerbesteuer sind Vorauszahlungen zu leisten (§ 37 EStG, § 49 KStG, § 19 GewStG). Diese können durch einen eigenen Vorauszahlungsbescheid oder gleichzeitig mit dem Bescheid über die Jahreserklärung festgesetzt werden. Vorauszahlungen auf Veranlagungssteuern stellen Fälligkeitssteuern dar, auch wenn sie für Steuern festgesetzt werden, die einer Jahresveranlagung unterliegen.[1] Die Verjährung beginnt mit der **Bekanntgabe des Vorauszahlungsbescheids**,[2] denn zu diesem Zeitpunkt ist bereits die Verkürzung eingetreten. Die Tatsache, dass der Fälligkeitstermin für eine Vorauszahlung nachfolgt, ist unbeachtlich. Dies entspricht auch der allgemeinen Sichtweise bei Umsatzsteuererklärungen. Gibt ein Stpfl. eine unzutreffende Umsatzsteuerjahreserklärung ab, so ist die Tat bereits zu diesem Zeitpunkt und nicht zum gesetzlichen Fälligkeitstermin beendet.

Ergeht kein Vorauszahlungsbescheid (weil der Stpfl. das Finanzamt über die relevanten Tatsachen nicht informiert hat) beginnt die Verjährung mit Ablauf des Fälligkeitstermins, zu dem das Finanzamt einen Vorauszahlungsbescheid festgesetzt hätte.[3]

ff) Unterlassene Berichtigung nach § 153 AO

755 Erkennt ein Stpfl. nachträglich vor Ablauf der Festsetzungsfrist, dass eine von ihm oder für ihn abgegebene Erklärung unrichtig oder unvollständig ist, und dass es dadurch zu einer Verkürzung von Steuern kommen kann oder bereits gekommen ist, so ist er verpflichtet, dies unverzüglich anzuzeigen und die erforderliche Richtigstellung vorzunehmen (§ 153 Abs. 1 Satz 1 AO). Diese Verpflichtung trifft gem. § 153 Abs. 1 Satz 2 AO auch den Gesamtrechtsnachfolger. Unterlässt der Stpfl. bzw. Gesamtrechtsnachfolger solch eine Berichtigung, so beginnt die Verjährung nach der hier vertretenen Auffassung einen Monat und eine Woche nach Kenntnis von der unrichtigen bzw. unvollständigen Steuererklärung. Wie bereits unter → Rz. 739 ausgeführt, ist davon auszugehen, dass das Finanzamt die relevanten Steuerbescheide (hypothetisch bei rechtzeitiger Anzeige) innerhalb von einem Monat bearbeitet und bekanntgegeben hätte. Für die unverzügliche Anzeige wird eine Frist von einer Woche als sachgerecht angesehen, da der Stpfl. sich ggf. Rechtsrat einholen muss, so dass insgesamt nach einem Monat und einer Woche die Tat als beendet anzusehen ist, mit der Folge, dass ab diesem Zeitpunkt die Verjährung zu laufen beginnt.

b) Fälligkeitssteuern

756 Zu den Fälligkeitssteuern zählen insbes. die Lohnsteuer, Umsatzsteuer, Kraftfahrzeugsteuer, Kapitalertragsteuer sowie die meisten Verbrauchssteuern.

aa) Umsatzsteuer

(1) Falsche oder nicht (rechtzeitig) abgegebene Umsatzsteuervoranmeldung

757 Die Vollendung der Umsatzsteuerhinterziehung tritt ein, wenn zu dem gesetzlichen Fälligkeitstermin die Steuer nicht oder zu niedrig angemeldet wird.

Nach der Rechtsprechung des BGH[4] ist jedoch das Tatgeschehen bei der Umsatzsteuerhinterziehung auch im Hinblick auf die unrichtigen oder pflichtwidrig nicht

1) Joecks in Franzen/Gast/Joecks, 7. Aufl. 2009, § 376 AO Rz. 23; Schauf in Kohlmann, § 376 AO Rz. 35 (Juni 2009); BFH v. 15.4.1997, VII R 74/96, DStR 1997, 1244.
2) Joecks in Franzen/Gast/Joecks, 7. Aufl. 2009, § 376 AO Rz. 23.
3) Vgl. Schauf in Kohlmann, § 376 AO Rz. 85 (Juni 2009).
4) BGH v. 17.3.2009, 1 StR 627/08, wistra 2009, 355; a.A. Joecks in Franzen/Gast/Joecks, 7. Aufl. 2009, § 376 AO Rz. 25 und § 369 AO Rz. 114.

abgegebenen Umsatzsteuervoranmeldungen regelmäßig erst dann endgültig abgeschlossen, wenn diejenige Steuerhinterziehung abgeschlossen ist, die durch Nichteinreichung einer Umsatzsteuerjahreserklärung oder durch Abgabe einer unrichtigen Jahreserklärung beendet ist (→ Rz. 759).

Entfällt allerdings die Verpflichtung zur Abgabe einer Jahreserklärung, weil wegen der falschen oder unterlassenen Voranmeldungen bereits ein Strafverfahren eingeleitet worden ist, so beginnt die Verjährung zu dem Zeitpunkt des Wegfalls (bzw. der Suspendierung) der Pflicht zur Abgabe der Jahreserklärung.[1)]

Führt die Steueranmeldung aber zu einer Steuervergütung, so ist gem. § 168 Satz 2 AO noch die Zustimmung des Finanzamts erforderlich. Eine Beendigung wird man erst mit Zahlung bzw. sonstiger Gutbringung annehmen können.[2)]

Zu beachten ist weiterhin, dass in einer (verspäteten) richtigen Jahreserklärung eine **Selbstanzeige** (§ 371 AO) liegen kann.[3)] Durch die zutreffende Jahreserklärung ergibt sich die Gesamtsumme der nachgemeldeten Umsätze und somit die Unrichtigkeit einer oder mehrerer Voranmeldungen. Eine Zuordnung zu einzelnen Monaten wäre allein für die Festsetzung von Hinterziehungszinsen, nicht aber für die Erstattung einer Selbstanzeige von Bedeutung (→ Rz. 2000).[4)] **758**

(2) Falsche oder nicht (rechtzeitig) abgegebene Jahreserklärung

Gibt der Stpfl. rechtzeitig **falsche** Jahreserklärungen ab, so beginnt die Verjährungsfrist mit dem Tag des Eingangs der Erklärung bei dem Finanzamt. Im Fall einer erstrebten Steuervergütung ist die Tat hingegen erst beendet, wenn von Seiten des Finanzamts die entsprechende Zustimmung (§ 168 Satz 2 AO) erteilt wurde. Die Verjährungsfrist beginnt somit mit dem Tag der Auszahlung bzw. der sonstigen Gutbringung. **759**

Die Einreichung einer unzutreffenden Umsatzsteuerjahreserklärung nach dem Fälligkeitszeitpunkt kann als Nachtat eigene rechtliche Bedeutung erlangen, sofern die Vortat (nicht fristgerechte Einreichung der Umsatzsteuerjahreserklärung) bereits verjährt ist.[5)] **760**

Unterlässt der Stpfl. dagegen die (fristgerechte) Abgabe einer Jahreserklärung, so tritt die Beendigung ohne Fristverlängerung am 31.5. des Folgejahres ein.[6)] Eine Übertragung der für die Veranlagungssteuern entwickelten Grundsätze verbietet sich, weil die Umsatzsteuer nicht veranlagt, sondern vom Unternehmer selbst berechnet wird (§ 18 Abs. 3 Satz 1 UStG).[7)] **761**

bb) Lohnsteuer

Gemäß § 41a Abs. 1 Satz 1 Nr. 1 EStG hat der Arbeitgeber die Lohnsteuer spätestens am zehnten Tag nach Ablauf eines jeden Lohnsteueranmeldungszeitraums anzumelden. Der Lohnsteueranmeldezeitraum ist grundsätzlich der Kalendermonat (§ 41a Abs. 2 Satz 1 EStG). Unterlässt der Arbeitgeber zu dem Fälligkeitszeitpunkt **762**

1) Simon/Vogelberg, 3. Aufl. 2011, 105 m.H.a. BGH v. 24.11.2004, 5 StR 206/04, wistra 2005, 66.
2) Joecks in Franzen/Gast/Joecks, 7. Aufl. 2009, § 376 AO Rz. 22.
3) Vgl. RG v. 12.4.1932, RStBl 1932, 419; OLG Hamburg v. 27.1.1970, 2 Ss 191/69 NJW 1970, 1385; v. 12.2.1985, 1 Ss 191/84, wistra 1985, 166 f.
4) BGH v. 17.3.2009, 1 StR 627/08, wistra 2009, 355; Joecks in Franzen/Gast/Joecks, 7. Aufl. 2009, § 371 AO Rz. 69; Schauf in Kohlmann, § 371 AO Rz. 64.2 (Oktober 1998).
5) BGH v. 26.5.1993, 5 StR 190/93, wistra 1993, 223.
6) BGH v. 11.12.1990, 5 StR 519/90, wistra 1991, 215, 216; v. 19.1.2011, 1-StR-640/10, wistra 2012, 484–485; v. 2.11.2010, 1-StR-544/09, NStZ 2011, 294–295; v. 2.12.2008, 1 StR 344/08, wistra 2009, 189.
7) BFH v. 11.12.1990, 5 StR 519/90, wistra 1991, 215, 216.

eine Anmeldung, so ist die Tat mit Ablauf des Fälligkeitszeitpunkts beendet.[1] Ein Versuchsstadium existiert nicht.[2]

763 Wird die Lohnsteuer zwar fristgerecht, jedoch in zu niedriger Höhe angemeldet, so ist die Tat mit dem Eingang der Anmeldung beim Finanzamt vollendet und beendet, denn gem. § 168 AO steht eine Steueranmeldung der Steuerfestsetzung unter dem Vorbehalt der Nachprüfung gleich. Dies gilt selbst dann, wenn die Anmeldung vor dem gesetzlich vorgeschriebenen Zeitpunkt beim Finanzamt eingeht.[3]

764 Jede Anmeldung ist isoliert zu betrachten, so dass bei Personen, die nur einmal jährlich die Lohnsteuer anzumelden haben, die Verjährung erst mit Ablauf des 10.1. des Folgejahres bzw. mit früherer Einreichung der Jahresanmeldung beginnt, beim Monatszahler dagegen jeweils mit Ablauf des zehnten Tages des Folgemonats bzw. mit der früheren Einreichung der unrichtigen Anmeldung.

765 Die Einkommensteuererklärung des Arbeitnehmers ist für den Fristbeginn ohne Bedeutung.[4] Gibt der Arbeitgeber nach dem gesetzlichen Fälligkeitstermin eine unzutreffende Lohnsteuererklärung ab, so erlangt diese als Nachtat rechtliche Bedeutung, wenn die Vortat bereits verjährt ist.[5] Allerdings kann die Nachreichung der richtigen Lohnsteueranmeldung eine Selbstanzeige (§ 371 AO) darstellen.

cc) Bauabzugsteuer

766 Die Bauabzugsteuer ist gem. § 48a Abs. 1 Satz 1 EStG bis zum zehnten Tag nach Ablauf des jeweiligen Monats, in dem die Gegenleistung erbracht worden ist, anzumelden. Für die Verjährung gelten die Rechtsausführungen zu der Lohnsteuer (→ Rz. 762).

dd) Kapitalertragsteuer

767 Die Hinterziehung von Kapitalertragsteuer ist vollendet und zugleich beendet, wenn die einzubehaltenden Beträge nicht bis zum Zehnten des auf den Zufluss bei dem Begünstigten folgenden Monats angemeldet sind (§ 45a Abs. 1, § 44 Abs. 1 Satz 5 EStG).[6]

ee) Nichtabführung von Lohnsteuer, Umsatzsteuer, Bauabzugsteuer

768 Werden Abzugssteuern falsch bzw. nicht (rechtzeitig) angemeldet, so richtet sich die strafrechtliche Ahndung nach den §§ 370, 378 AO (→ Rz. 756 ff.).

Werden die Abzugssteuern hingegen zutreffend und rechtzeitig angemeldet, jedoch nicht abgeführt, so richtet sich die Ahndung im Falle der Lohnsteuer sowie der Bauabzugsteuer nach § 380 AO und im Falle der Umsatzsteuer nach §§ 26b, 26c UStG. Da es sich bei diesen Delikten um echte Unterlassungsdelikte handelt, besteht die Handlungspflicht grundsätzlich so lange, bis die Handlung nachgeholt wird bzw. der Abzugsschuldner nicht mehr existiert (z.B. bei der Liquidation einer GmbH).[7] Insofern ist denkbar, dass die Verjährung nicht eintritt, solange die Handlung nicht nachgeholt worden ist bzw. der Abzugsschuldner nicht mehr existiert.[8] Da solch eine Betrachtungsweise jedoch zu einer extrem langen Verjährungszeit

---

1) BGH v. 15.12.1982, 3 StR 421/82, wistra 1983, 70.
2) BayObLG v. 24.3.1992, RReg 4 St 159/91, wistra 1992, 238, 240.
3) Joecks in Franzen/Gast/Joecks, 7. Aufl. 2009, § 376 AO Rz. 22; Schauf in Kohlmann, § 376 AO Rz. 34 (Juni 2009).
4) BFH v. 6.3.2008, VI R 5/05, BStBl II 2008, 597.
5) Vgl. BGH v. 10.12.1991, 5 StR 536/91, wistra 1992, 93.
6) Merkt, BB 1991, 313, 314.
7) Simon/Vogelberg, 3. Aufl. 2011, 106.
8) Vgl. BGH v. 27.9.1991, 2 StR 315/91, wistra 1992, 23; für den Fall der Nichtabführung von Arbeitnehmerbeträgen nach § 266a StGB.

führen kann und dies nicht mit dem Zweck der Verjährungsvorschriften (Eintritt von Rechtsfrieden) in Einklang zu bringen ist, sollte die Tat bereits im **Zeitpunkt der Fälligkeit beendet** sein, so dass ab diesem Zeitpunkt die Verjährung beginnt.[1)]

c) Bannbruch, Steuerhehlerei, Steuerzeichenfälschung, Begünstigung

Beim Bannbruch knüpft der Verjährungsbeginn an das Eintreffen der Bannware am endgültigen Bestimmungsort an.[2)] Da es sich bei der Steuerhehlerei (§ 374 AO), Steuerzeichenfälschung (§ 369 Abs. 1 Nr. 3 AO i.V.m. § 148 StGB) und Begünstigung (§ 369 Abs. 1 Nr. 4 AO) um Delikte mit überschießender Innentendenz handelt, beginnt die Verjährung erst, wenn sich die im subjektiven Tatbestand vorausgesetzte Absicht realisiert hat.[3)] Die Verjährung beginnt somit bei der Steuerhehlerei mit Eintritt der Bereicherung, bei der Steuerzeichenfälschung mit der Verwendung der Steuerzeichen als echt bzw. mit ihrem In-Verkehr-Bringen und bei der Begünstigung mit der endgültigen Sicherung des Tatvorteils für den Vortäter. **769**

d) Steuerhinterziehung im Beitreibungsverfahren

Bei Steuerhinterziehungen im Beitreibungsverfahren beginnt die Verjährung regelmäßig mit der Vollendung der Tat.[4)] Macht ein Stpfl. etwa in einem Erlassverfahren unrichtige Angaben, so ist die Tat mit Bekanntgabe des Erlassbescheids vollendet und beendet. Erhält der Stpfl. auf Grund eines Erlasses bereits gezahlte Beträge zurück, so ist diese Steuervorteilserschleichung beendet, wenn der Fiskus die schädigende Verfügung vornimmt.[5)] **770**

2. Verjährungsfristen

Die Verjährungsfrist beträgt für die **Steuerhinterziehung** (§ 370 AO), den Bannbruch (§ 372 AO), den gewerbsmäßigen gewaltsamen und bandenmäßigen Schmuggel (§ 373 AO), die Steuerhehlerei (§ 374 AO), die Fälschung von Steuerzeichen (§ 369 Abs. 1 Nr. 3 AO) und die Begünstigung einer Straftat (§ 369 Abs. 1 Nr. 4 AO) gem. § 78 Abs. 3 Nr. 4 StGB sowie für die gewerbs- und bandenmäßige Schädigung des Umsatzsteueraufkommens (§ 26c UStG) **fünf Jahre.** Ebenso beträgt für die Steuerordnungswidrigkeiten der leichtfertigen Steuerverkürzung (§ 378 AO), der Steuergefährdung (§ 379 AO) und der Gefährdung von Abzugssteuern (§ 380 AO) die Verjährungsfrist gem. § 384 AO fünf Jahre. **771**

Gemäß § 376 Abs. 1 AO[6)] beträgt die Verjährungsfrist für **benannte besonders schwere Fälle** der Steuerhinterziehung (§ 370 Abs. 3 Satz 2 Nr. 1 bis 5 AO; → Rz. 1449) **zehn Jahre**. Im Referentenentwurf des Jahressteuergesetzes vom 2.9.2008 war noch beabsichtigt, die strafrechtliche Verjährung für sämtliche Steuerstraftaten auf zehn Jahre auszudehnen, um einen Gleichlauf zwischen der steuerlichen Festsetzungsverjährungsfrist und der strafrechtlichen Verfolgungsverjährung zu erreichen.[7)] Die generelle Ausdehnung der Verjährung im Falle der Steuerhinterziehung erschien dem Finanzausschuss jedoch als zu weit gehend, so dass nur für die benannten Regelbeispiele des § 370 Abs. 3 Satz 2 Nr. 1 bis 5 AO die verlängerte strafrechtliche Verjährungsfrist greift. § 376 Abs. 1 AO gilt nach Art. 11 JStG 2009 bzw. § 23 EGAO für alle bei in Kraft treten dieses Gesetzes noch nicht abgelaufenen strafrechtlichen Verjährungsfristen. Das Gesetz ist am Tag nach der Verkündung, **772**

1) Simon/Vogelberg, 3. Aufl. 2011, 106.
2) Schauf in Kohlmann, § 376 AO Rz. 48 (Juni 2009).
3) Joecks in Franzen/Gast/Joecks, 7. Aufl. 2009, § 376 AO Rz. 36.
4) Joecks in Franzen/Gast/Joecks, 7. Aufl. 2009, § 376 AO Rz. 32.
5) Joecks in Franzen/Gast/Joecks, 7. Aufl. 2009, § 376 AO Rz. 32.
6) Vgl. zur Frage der Verfassungsmäßigkeit des § 376 AO: Haumann, AO-StB 2012, 157.
7) Aktuell strebt dies auch wieder ein Gesetzentwurf des Bundesrats für ein Gesetz zur Verbesserung der Bekämpfung von Steuerstraftaten an, BR-Drucks. 339/13 (B) v. 3.5.2013.

am 25.12.2008, wirksam geworden, so dass Taten, die bis zu diesem Zeitpunkt nach altem Recht verjährt waren, auch verjährt bleiben. Zu beachten ist, dass auf Grund der Neuregelung für benannte Fälle der besonders schweren Steuerhinterziehung die absolute Verjährungsfrist nach § 78c Abs. 3, Satz 2 StGB 20 Jahre betragen kann.

773 Nach dem Wortlaut des § 370 Abs. 3 Satz 2 Nr. 1 bis 5 AO werden Beispiele aufgelistet, wann ein besonders schwerer Fall der Steuerhinterziehung i.S.v. § 370 Abs. 3 Satz 1 AO „in der Regel" vorliegt. Im Unterschied zu Tatbestandsmerkmalen besteht die Besonderheit dieser Regelbeispiele darin, dass trotz ihrer Verwirklichung auf Grund anderer Umstände des konkreten Einzelfalls letztendlich doch kein besonders schwerer Fall anzunehmen sein kann. Neben der Verwirklichung anhand dieser Regelbeispiele muss die begangene Steuerhinterziehung zudem als „besonders schwer" einzustufen sein.[1] Liegt zwar ein Regelbeispiel vor, existieren aber sonstige für die Strafzumessung positive Umstände, so kann die Indizwirkung des § 370 Abs. 3 Satz 2 AO wieder entkräftet werden.[2] Zu beachten ist, dass die zehnjährige Verjährungsfrist für besonders schwere Fälle der Steuerhinterziehung i.S.v. § 370 Abs. 3 Satz 2 Nr. 1 und Nr. 5 AO erst für ab dem 1.1.2008 begangene Taten greift, da § 370 Abs. 3 Satz 2 Nr. 1 und Nr. 5 AO erst ab diesem Datum anwendbar sind.[3] Dagegen ist die zehnjährige Verjährungsfrist für die benannten besonders schweren Fälle des § 370 Abs. 3 Satz 2 Nr. 2 bis 4 AO für alle Taten, für die am 25.12.2008 die Verfolgungsverjährung noch nicht abgelaufen war, anzuwenden.[4]

774 Der unzulässige Erwerb von Steuererstattungs- und Vergütungsansprüchen (§ 383 AO), die Schädigung des Umsatzsteueraufkommens gem. § 26b UStG sowie die Wiederverwendung von Steuerzeichen (§ 369 Abs. 1 Nr. 3 AO) verjähren innerhalb von **drei Jahren** (§ 78 Abs. 3 Nr. 5 StGB bzw. § 31 Abs. 2 Nr. 1 OWiG).

775 Die Verbrauchsteuergefährdung (§ 381 AO), die Gefährdung der Eingangsabgaben (§ 382 AO) und die Verletzung von Aufbewahrungs-, Melde-, Berichtigungs- und Vorlegepflichten nach § 26a UStG verjähren gem. § 31 Abs. 2 Nr. 2 OWiG innerhalb von **zwei Jahren.**

776 Die **vorsätzliche** Verbrauchsteuergefährdung (§ 381 AO), die vorsätzliche Gefährdung der Eingangsabgaben (§ 382 AO), die vorsätzliche Verletzung der in § 26a UStG aufgeführten Bußgeldvorschriften, die vorsätzliche Verletzung der in § 50e EStG aufgeführten Bußgeldvorschriften sowie der Missbrauch der Identifikationsnummer (§ 50f EStG) verjähren in **zwei Jahren** (§ 31 Abs. 2 Nr. 2 OWiG).

Die **fahrlässige** Verbrauchsteuergefährdung (§ 381 AO), die fahrlässige Gefährdung der Eingangsabgaben (§ 382 AO), die fahrlässige Verletzung der in § 26a UStG aufgeführten Bußgeldvorschriften und die fahrlässige Verletzung der in § 50e EStG aufgeführten Bußgeldvorschriften verjähren in **einem Jahr** (§ 31 Abs. 2 Nr. 3 OWIG).

777 Die Unterlassung einer Anzeige nach § 33 ErbStG sowie die Verletzung der in § 26a UStG aufgeführten Bußgeldvorschriften bis zu einer Verkürzung von 500 € verjähren hingegen gem. § 31 Abs. 2 Nr. 4 OWiG in **sechs Monaten.**

---

1) Schauf in Kohlmann, § 376 AO Rz. 20 (Juni 2009).

2) Pelz, NJW 2009, 470, 473; Wulf, DStR 2009, 459, 462; Schauf in Kohlmann, § 376 AO Rz. 21 (Juni 2009); a.A. skeptisch Joecks in Franzen/Gast/Joecks, 7. Aufl. 2009, § 376 AO Rz. 14f.

3) Schauf in Kohlmann, § 376 AO Rz. 26 (Juni 2009). Für das Regelbeispiel nach § 370 Abs. 3 Nr. 1 AO ist dies allerdings zweifelhaft, da diese Vorschrift bereits zuvor existiert hat, jedoch zum 1.1.2008 dahingehend geändert worden ist, dass nunmehr auf das Erfordernis eines groben Eigennutzes verzichtet wird vgl. Joecks in Franzen/Gast/Joecks, 7. Aufl. 2009, § 376 AO Rz. 14e. Hinsichtlich der Tatbestandsvoraussetzung der einzelnen Regelbeispiele → Rz. 1450.

4) Joecks in FS Schaumburg, 1235.

Für die **Verletzung von Aufsichtspflichten** in Betrieben und Unternehmen (§ 130 OWiG) gelten nach § 131 Abs. 3 OWiG die Verfahrensvorschriften und somit auch die Verjährungsvorschriften,[1] die bei der zu Grunde liegenden Straftat bzw. mit Geldbuße bedrohten Zuwiderhandlung anzuwenden wären, entsprechend. Liegt der Verletzung einer Aufsichtspflicht eine Tat mit fünfjähriger Verjährungsfrist zu Grunde, so gilt bereits über § 384 AO die fünfjährige Verjährungsfrist für Taten nach § 130 OWiG. **778**

Verjährt die zu Grunde liegende Tat in drei Jahren und erfolgte die Aufsichtspflichtverletzung vorsätzlich, so verjährt auch diese innerhalb von drei Jahren. Wurden jedoch sowohl die Aufsichtspflichtverletzung als auch die zu Grunde liegende Tat nur fahrlässig begangen, so ist nach § 17 Abs. 2 OWiG die Geldbuße doppelt zu ermäßigen, mit der Folge, dass hinsichtlich eines Delikts nach § 383 AO die Verjährungsfrist nur noch zwei Jahre beträgt (§ 31 Abs. 2 Nr. 2 OWiG). Verjährt die zu Grunde liegende Tat in zwei Jahren und liegt eine doppelte Fahrlässigkeit vor, so beträgt die Verjährung bei Verletzung einer Aufsichtspflicht nach den §§ 381, 382 AO, § 26a UStG nur noch ein Jahr (§ 31 Abs. 2 Nr. 3 OWiG). **779**

Für die Verjährung einer Ordnungswidrigkeit nach § 30 OWiG gelten die für die Tat maßgeblichen Vorschriften über die Verjährung.[2] **780**

Die Verfolgung ist ungeachtet etwaiger Unterbrechungen **spätestens** verjährt, wenn seit Verjährungsbeginn (§ 78a StGB) das Doppelte der gesetzlichen Verjährungsfrist verstrichen ist (§ 78c Abs. 3 Satz 2 StGB). **781**

3. Ruhen der Verjährung

Das Ruhen der Verjährung hemmt den Weiterlauf der Verjährungsfrist (§ 78b Abs. 1 Satz 1 StGB, § 32 Abs. 1 Satz 1 OWiG). Im Gegensatz zur Unterbrechung beginnt **keine neue Frist** zu laufen, vielmehr läuft der Rest der Frist nach Beendigung des Ruhens weiter. Das Ruhen der Verjährung bezieht sich auf die **prozessuale Tat** und wirkt für jeden Beteiligten höchstpersönlich.[3] Das Ruhen der Verjährung hemmt auch den Ablauf der absoluten Verjährungsfrist,[4] höchstens jedoch fünf Jahre, so dass sich die absolute Verjährung auf 15 Jahre bzw. in einem benannten besonders schweren Fall auf 25 Jahre verschiebt. **782**

Gemäß § 78b Abs. 3 StGB läuft die Verjährungsfrist nicht vor dem rechtskräftigen Abschluss des Verfahrens ab, wenn vor Ablauf der Verjährungsfrist ein erstinstanzliches Urteil ergangen ist. Erfolgt eine Anklage wegen Steuerhinterziehung zum Landgericht und wird das Hauptverfahren vor dem Landgericht eröffnet, so verschiebt § 78b Abs. 4 StGB den Beginn des Ruhens auf den Zeitpunkt der Eröffnung des Hauptverfahrens. **783**

Hängt der Beginn oder die Fortsetzung eines Verfahrens von einer Vorfrage ab, die in einem anderen Verfahren zu klären ist, und kann die Verfolgung „nach dem Gesetz" nicht begonnen oder fortgesetzt werden, so ruht das Verfahren gem. § 78b StGB. **784**

Dagegen steht die Aussetzung des Verfahrens nach § 396 AO im Ermessen des Gerichts. Von dem Ruhen der Verjährung wird nicht nur die Steuerhinterziehung, **785**

1) OLG Köln v. 12.1.1990, Ss 666/89, NStZ 1990, 192; OLG Frankfurt v. 18.11.1991, 1 Ws 95/91, NStZ 1992, 193.

2) BGH v. 5.12.2000, 1 StR 411/00 NJW 2001, 1436, 1437; Simon/Vogelberg, 3. Aufl. 2011, 101.

3) RG v. 31.3.1925, I 125/25, RGSt 59, 197, 200.

4) BayObLG v. 22.2.1990, 4 St 216/89, wistra 1990, 203; OLG Karlsruhe v. 8.3.1990, 2 Ss 222/89, wistra 1990, 205; Meine, wistra 1986, 58, 59; a.A. BGH v. 19.10.1987, 3 StR 589/86, wistra 1988, 263, 264; Grezesch, wistra 1990, 289. Dies gilt auch für den Fall des Ruhens nach § 396 AO, obwohl eine explizite gesetzliche Regelung fehlt, BayObLG v. 22.2.1990, RReg 4 St 216/89, NStZ 1990, 280; OLG Karlsruhe v. 8.3.1990, 2 Ss 222/89, wistra 1990, 205.

sondern werden **auch nicht steuerliche Delikte** erfasst.[1] Wären die nicht steuerlichen Taten nicht erfasst, so bestünde die Problematik, dass diese abgeurteilt werden müssten, um die Gefahr der Verjährung zu umgehen. Dies hätte aber zur Folge, dass einer späteren Verurteilung wegen Steuerhinterziehung Art. 103 Abs. 3 GG entgegensteht. Lässt man dagegen den nicht steuerlichen Tatteil verjähren und kann dem Täter später eine steuerliche Verfehlung nicht nachgewiesen werden, so ginge er straffrei aus. Zudem besteht kein Anlass, das Ruhen der Verjährung anders zu beurteilen als die Unterbrechung,[2] welche sich nach h.M. auf die prozessuale Tat i.S.d. § 264 StPO erstreckt.

786 Das Ruhen der Verfolgungsverjährung **endet** mit dem Widerruf oder der Aufhebung des Aussetzungsbeschlusses, spätestens aber mit der Rechtskraft der Steuerfestsetzung. Die Aussetzung nach § 396 AO darf nur zum Zwecke der Klärung einer steuerrechtlichen Vorfrage, nicht aber zur Klärung von Fragen tatsächlicher Art in anderweitigen Verfahren erfolgen.[3] Nach Rainer/Schwedhelm soll die Ruhewirkung bei einer ermessensfehlerhaften oder überhaupt unzulässigen Aussetzung nicht eintreten,[4] während nach Vogelberg dies nur bei einer nichtigen Aussetzung der Fall sein soll.[5]

4. Unterbrechung der Verjährung

787 Die Verjährung wird unterbrochen durch jede der in § 78c Abs. 1 StGB abschließend aufgeführten Unterbrechungshandlungen. Der Katalog des § 78c StGB wird für Steuerstraftaten noch durch § 376 AO erweitert, wonach die Verjährung einer Steuerstraftat auch durch die Bekanntgabe der Einleitung eines **Bußgeldverfahrens** bzw. deren Anordnung unterbrochen wird. Jede Unterbrechungshandlung bewirkt, dass die Verjährungsfrist **von neuem zu laufen beginnt.** Die Verjährung kann beliebig oft unterbrochen werden, wobei jedenfalls gem. § 78c Abs. 3 Satz 2 StGB die Verfolgung spätestens verjährt ist, wenn seit dem in § 78a StGB bezeichneten Zeitpunkt das Doppelte der gesetzlichen Verjährungsfrist und, wenn die Verjährungsfrist nach besonderen Gesetzen kürzer als drei Jahre ist, mindestens drei Jahre verstrichen sind **(absolute Verjährungsfrist).** Allerdings ist die Zeit des Ruhens gem. § 78c Abs. 3 Satz 3 StGB nicht mit einzuberechnen. Fraglich ist allerdings, ob bei einer Aussetzung des Verfahrens nach § 396 AO die Ruhezeit in die absolute Verjährungsfrist mit einzuberechnen ist. Der BGH nimmt dies an.[6] Problematisch an der Ansicht des BGH ist jedoch, dass von der Aussetzungsmöglichkeit nach § 396 AO noch weniger Gebrauch gemacht werden würde, wenn während der Aussetzung die Straftat verjähren könnte.[7] Voraussetzung für eine Verjährungsunterbrechung ist jedoch, dass sich die Maßnahmen auf eine konkrete Tat im prozessualen Sinn (§ 264 StPO)[8] und auf einen konkreten Täter beziehen und zur Förderung der Strafverfolgung geeignet sind. Erfolgt eine Ermittlung wegen mehrerer rechtlich selbständiger Taten im prozessualen Sinne, so erstreckt sich die Unterbrechungshandlung grds. auf alle Taten, außer die Handlung richtet sich nach dem Wortlaut der Unterbre-

1) Hellmann in H/H/Sp, § 396 AO Rz. 86 (November 2010); Jäger in Franzen/Gast/Joecks, 7. Aufl. 2009, § 396 AO Rz. 59; Schauf in Kohlmann, § 396 AO Rz. 95 (März 2010); Schuhmann, wistra 1992, 172, 177; Simon/Vogelberg, 3. Aufl. 2011, 116.
2) Jäger in Franzen/Gast/Joecks, 7. Aufl. 2009, § 396 AO Rz. 59.
3) Brenner, BB 1980, 1321.
4) Rainer/Schwedhelm, NWB Fach 13, 743, 754.
5) Vogelberg, ZAP 1995 Fach 21, 119, 139.
6) BGH v. 19.10.1987, 3 StR 589/86, wistra 1988, 263, 264; a.A. BayObLG v. 22.2.1990, 4 St 216/89, wistra 1990, 203; OLG Karlsruhe v. 8.3.1990, 2 Ss 222/89, wistra 1990, 205.
7) Meine, wistra 1986, 58.
8) BGH v. 14.8.1985, 3 StR 263/85, StV 1985, 504; OLG Frankfurt v. 5.9.1986, 1 Ws 163/86, wistra 1987, 32.

chungshandlung und dem Sach- und Verfahrenszusammenhang erkennbar nur auf eine Tat oder einen Teil der Taten.[1)]

Unklar ist hingegen, ob Maßnahmen der Bußgeld- und Strafsachenstelle oder Steuerfahndung verjährungsunterbrechende Wirkung auch hinsichtlich **Nicht-Steuerstraftaten** haben, denn nach § 386 Abs. 2 AO führt die Finanzbehörde das Ermittlungsverfahren nur dann selbständig durch, wenn die Tat ausschließlich eine Steuerstraftat ist. Stehen die Taten in Tateinheit zueinander, so wird auch die Verjährung der Nicht-Steuerstraftat unterbrochen, denn aus § 386 Abs. 2 AO ergibt sich nur, wer das Verfahren durchzuführen hat, nicht aber eine Beschränkung der Ermittlungsbefugnis.[2)] Etwas anderes gilt jedoch, wenn die Taten in Tatmehrheit zueinander stehen.[3)] **788**

Die Unterbrechungshandlung muss sich gegen eine bestimmte Person als Täter richten. Es genügt nicht, dass sich die Identität aus den Akten ergibt.[4)] **Verfolgungshandlungen gegen Unbekannt** unterbrechen nicht;[5)] dies gilt auch dann, wenn z.B. Ermittlungen „gegen die Verantwortlichen der Firma X" geführt werden, da die Frage der tatsächlich strafrechtlich Verantwortlichen dabei noch völlig offen ist.[6)] Ebenfalls erfolgt hinsichtlich noch völlig unbekannten Bankkunden keine Verjährungsunterbrechung, wenn eine Bank auf Grund des Verdachts der Beihilfe wegen „systematischer Anonymisierung" von Überweisungen nach Luxemburg oder die Schweiz durchsucht wird. **789**

Ferner muss die Unterbrechungshandlung auf die **Förderung der Strafverfolgung** gerichtet sein.[7)] Erfolgt etwa eine erneute richterliche Vernehmung des Beschuldigten alleine zu dem Zweck, die Verjährung zu unterbrechen, so tritt keine Verjährungsunterbrechung ein, denn die Maßnahme dient nicht der Förderung der Strafverfolgung.[8)] **790**

Gemäß § 78c Abs. 2 StGB ist **Zeitpunkt der Unterbrechung** der Zeitpunkt der schriftlichen Anordnung der vorgenannten Maßnahmen. Demnach kommt es darauf an, wann die Anordnung unterzeichnet worden ist, wenn sie danach alsbald in den Geschäftsgang gelangt. Andernfalls ist maßgebend der Zeitpunkt, in dem die schriftliche Anordnung in den Geschäftsgang gegeben worden ist (§ 78c Abs. 2 Satz 2 StGB). Erfolgt die Verjährungsunterbrechung bereits durch die Anordnung einer Maßnahme, so wird durch die Ausführung dieser Anordnung die Verjährung nicht erneut unterbrochen. **791**

Zu den **Unterbrechungshandlungen im Einzelnen:** **792**

- Gemäß § 78c Abs. 1 Nr. 1 StGB unterbricht die erste Vernehmung des Beschuldigten, die Bekanntgabe, dass gegen ihn das Ermittlungsverfahren eingeleitet ist, oder die Anordnung dieser Vernehmung oder Bekanntgabe die Verjährung. Im Rahmen des § 78c Abs. 1 Nr. 1 StGB entfaltet nur die **erste Maßnahme** eine verjährungsunterbrechende Wirkung.[9)] Erfolgt etwa im Rahmen der Durchsuchung eine Vernehmung des Beschuldigten, so entfaltet eine spätere förmliche nicht richterliche Vernehmung keine Wirkung mehr.

---

1) BGH v. 23.5.1990, 3 StR 163/89, wistra 1990, 304; v. 12.12.1995, 1 StR 491/95, wistra 1996, 101.
2) BGH v. 24.10.1989, 5 StR 238–239/89, wistra 1990, 59, 60; Hardtke/Westphal, wistra 1996, 91, 93; a.A. Reiche, wistra 1990, 90, 93.
3) Reiche, wistra 1998, 329 ff.; Joecks in Franzen/Gast/Joecks, 7. Aufl. 2009, § 376 AO Rz. 43; Bender, wistra 1998, 93; a.A. OLG Braunschweig v. 24.11.1997, Ss (S) 70/97, wistra 1998, 71.
4) Fischer, 59. Aufl. 2012, § 78c StGB Rz. 4.
5) BGH v. 12.3.1991, 1 StR 38/91, wistra 1991, 217.
6) So auch Heuer, wistra 1987, 171, 173; Teske, wistra 1988, 287, 288.
7) BGH v. 24.8.1972, 4 StR 308/72, BGHSt 25, 6, 8 zu § 68 StGB a.F.
8) Joecks in Franzen/Gast/Joecks, 7. Aufl. 2009, § 376 AO Rz. 47.
9) OLG Hamburg v. 12.10.1977, 1 Ss 123/77, NJW 1978, 435, 436.

793 – Eine Vernehmung als Zeuge oder eine informatorische Befragung haben keine verjährungsunterbrechende Wirkung.[1] Der Beschuldigte muss darüber informiert werden, dass und weshalb gegen ihn ermittelt wird.[2] Ist dies der Fall, so tritt die Unterbrechung auch dann ein, wenn der Beschuldigte schweigt.

794 – Wird ein Steuerstrafverfahren mittels eines hektographierten Schreibens oder eines Formblattes, das lediglich pauschale und zeitlich nicht konkretisierte Vorwürfe enthält bzw. sich in formelhaften Wendungen erschöpft, eingeleitet, so unterbricht dies die Verjährung nicht.[3]

795 – Eine Anordnung der Vernehmung unterbricht nur dann die Verjährung, wenn sie ausdrücklich erfolgt. Allgemeine Ermittlungsaufträge der Staatsanwaltschaft an die Polizei haben selbst dann keine Unterbrechung zur Folge, wenn die Anordnung die Vernehmung des Beschuldigten mit umfasst.[4] Erforderlich ist vielmehr eine Anordnung, die nicht von weiteren polizeilichen Ermittlungen abhängig ist.[5] Allerdings tritt trotz einer „unwirksamen" Anordnung eine Unterbrechung ein, wenn die Vernehmung dennoch durchgeführt wird.

796 – Wird eine **richterliche Vernehmung** (§ 78c Abs. 1 Nr. 2 StGB) durch einen ersuchten Richter durchgeführt, so führt sowohl die Anordnung des ersuchenden Richters als auch die Durchführung der Vernehmung zu einer Verjährungsunterbrechung.[6] Die Beschuldigtenvernehmung kann nur in Bezug auf den Vernommenen, nicht aber hinsichtlich Mittätern, Gehilfen oder Anstiftern die Verjährung unterbrechen.[7] Der bloße Umstand, dass ein Beschuldigter während seiner ermittlungsrichterlichen Vernehmung von sich aus ein bis dahin unbekanntes Tatgeschehen schildert, das auch keinen Teilakt der ihm damals schon angelasteten Tat bildet, macht diesen Teil seiner Einlassung nicht zu einer die Verjährung unterbrechenden Beschuldigtenvernehmung i.S.d. § 78c Abs. 1 Nr. 2 StGB.

797 – Wird ein **Sachverständiger** durch einen Richter oder Staatsanwalt – bzw. in den Fällen des § 399 AO durch die Bußgeld- und Strafsachenstelle – beauftragt, so wird hierdurch nur dann die Verjährung nach § 78c Abs. 1 Nr. 3 StGB unterbrochen, wenn der Beschuldigte zuvor vernommen wurde oder ihm die Einleitung des Ermittlungsverfahrens bekannt gegeben wurde.

798 – Gemäß § 78c Abs. 1 Nr. 4 StGB unterbrechen richterliche Beschlagnahme- und Durchsuchungsanordnungen die Verjährung. Allerdings kann eine Durchsuchungsanordnung, die keinerlei tatsächliche Anhaltspunkte über den Inhalt des Tatvorwurfs enthält, obwohl dies nach dem Ergebnis ohne Weiteres möglich und den Zwecken der Strafverfolgung nicht abträglich gewesen wäre, keine verjährungsunterbrechende Wirkung entfalten.[8] Ein Vollzug der Anordnungen ist zunächst nicht erforderlich, doch wird nicht innerhalb von sechs Monaten mit den Anordnungen begonnen, so verliert der Beschluss seine rechtfertigende Kraft.[9] Auch richterliche Anordnungen, welche die Beschlagnahme- oder Durchsuchungsanordnungen aufrechterhalten, unterbrechen die Verjährung.

Keine Verjährungsunterbrechung liegt jedoch vor, wenn einem Kreditinstitut durch einen Beschluss auferlegt wird, der Staatsanwaltschaft Einblick in die Kon-

---

1) BayObLG v. 19.3.1993, 2 St RR 23/93, NStZ 1993, 441.
2) BGH v. 21.5.1992, 4 StR 577/91, wistra 1992, 253.
3) OLG Hamburg v. 24.3.1987, 2 Ss 134/86, wistra 1987, 189; BayObLG v. 26.10.1987, 4 St 106/87, wistra 1988, 81 f.
4) BGH v. 8.1.1997, 5 StR 525/96, StV 1997, 634.
5) LG Hamburg v. 27.11.1996, 615 Qs 48/96, NStZ-RR 1997, 265.
6) Joecks in Franzen/Gast/Joecks, 7. Aufl. 2009, § 376 AO Rz. 53.
7) BGH v. 2.9.1992, 3 StR 110/92, StV 1993, 71, 72.
8) BGH v. 5.4.2000, 5 StR 226/99, StV 2000, 477; LG Frankfurt/Main v. 10.7.2000, 5/26 Kls-94 Js, wistra 2001, 28, 29.
9) BVerfG v. 27.5.1997, 2 BvR 1992/92, wistra 1997, 223, 226.

tounterlagen zu gewähren und die Anfertigung von Kopien zu dulden, bzw. ein Herausgabeverlangen nach § 95 StPO gestellt wird.[1]

- Nach § 78c Abs. 1 Nr. 5 StGB wird die Verjährung durch einen **Haftbefehl,** einen **Unterbringungshaftbefehl,** einen **Vorführungshaftbefehl** und durch **richterliche Entscheidungen, die diese Maßnahmen aufrechterhalten,** unterbrochen. Auch eine Außervollzugsetzung des Haftbefehls oder eine Abänderung der Haftverschonungsauflagen unterbrechen die Verjährung, da wegen § 120 StPO inzident auch über den Bestand des Haftbefehls entschieden wird.[2] 799
- Nach § 78c Abs. 1 Nr. 6 StGB wird die Verjährung durch **Erhebung einer öffentlichen Klage** unterbrochen, vorausgesetzt, die Anklageschrift entspricht den Erfordernissen des § 200 StPO und ist wirksam.[3] Dies gilt ebenso für den Antrag auf Erlass eines Strafbefehls nach § 407 StPO. 800
- Gemäß § 78c Abs. 2 StGB tritt die unterbrechende Wirkung der **Eröffnung des Hauptverfahrens** (§ 78c Abs. 1 Nr. 7 StGB) nicht erst mit der Zustellung, sondern bereits mit der Unterzeichnung ein. 801
- Nach § 78c Abs. 1 Nr. 8 StGB wird die Verjährung durch **jede Anberaumung einer Hauptverhandlung** unterbrochen. 802
- Gemäß § 78c Abs. 1 Nr. 9 StGB wird die Verjährung auch durch einen **Strafbefehl** oder eine andere, dem **Urteil entsprechende Entscheidung** unterbrochen. 803
- Nach § 78c Abs. 1 Nr. 10 StGB wird die Verjährung durch die **vorläufige gerichtliche Einstellung des Verfahrens wegen Abwesenheit** des Angeschuldigten sowie durch jede Anordnung des Richters oder Staatsanwaltes, die nach einer solchen Einstellung des Verfahrens oder im Verfahren gegen Abwesende zur Ermittlung des Aufenthalts des Angeschuldigten oder zur Sicherung von Beweisen ergeht, unterbrochen.[4] 804
- Gemäß § 78c Abs. 1 Nr. 11 StGB erfolgt eine Unterbrechung der Verjährung durch eine **vorläufige gerichtliche Einstellung des Verfahrens wegen Verhandlungsunfähigkeit** nach § 209 StPO des Angeschuldigten sowie durch jede Anordnung des Richters oder Staatsanwalts, die nach einer solchen Einstellung des Verfahrens zur Überprüfung der Verhandlungsunfähigkeit des Angeschuldigten ergeht. 805
- Nach § 78c Abs. 1 Nr. 12 StGB unterbricht schließlich jedes **richterliche Ersuchen, eine Untersuchungshandlung im Ausland vorzunehmen,** die Verjährung. Zu beachten ist hierbei, dass die eigentliche Untersuchungshandlung im Ausland die Verjährung nicht unterbricht, denn § 78c StGB setzt voraus, dass die Amtshandlung von einem inländischen Ermittlungsbeamten vorgenommen wurde[5] Etwas anderes mag gelten, wenn ein inländischer Amtsträger im Einvernehmen mit dem ersuchten Staat an den Ermittlungshandlungen im Ausland teilnimmt, und diese, wie etwa bei einer Durchsuchung, ihrerseits einen Unterbrechungsgrund darstellen.[6] 806

II. Strafrechtliche Vollstreckungsverjährung

Die Vollstreckungsverjährung ist in § 79 StGB geregelt. Sie beginnt mit der Rechtskraft der Entscheidung (§ 79 Abs. 6 StGB), sie kann bei Verurteilten, deren Ausliefe- 807

---

1) LG Kaiserslautern v. 19.3.1981, 5Qs 346/80, NStZ 1981, 438; Schauf in Kohlmann, § 376 AO Rz. 79 (Juni 2009).

2) BGH v. 26.5.1993, 5 StR 190/93, wistra 1993, 223, 224; Fischer, 59. Aufl. 2012, § 78c StGB Rz. 15.

3) OLG Bremen v. 24.7.1989, Ws 104/89, StV 1990, 25 f.

4) Vgl. OLG Celle v. 6.11.1998, 3 Ars 5/98, StraFo 1999, 298.

5) BGH v. 2.10.1951, 1 StR 193/51, BGHSt 1, 325, 326; LG Köln v. 27.10.1989, 110 – 13/88, StV 1990, 553.

6) Joecks in Franzen/Gast/Joecks, 7. Aufl. 2009, § 376 AO Rz. 65. abgeschrieben

rung nicht erreicht werden kann, einmal um die Hälfte verlängert werden (§ 79b StGB).

808 Die Länge der Vollstreckungsverjährung richtet sich nach der Höhe der erkannten Strafe; z.B. beträgt sie zehn Jahre bei Freiheitsstrafen über einem Jahr bis zu fünf Jahren, fünf Jahre bei Freiheitsstrafen bis zu einem Jahr und bei Geldstrafen von mehr als 30 Tagessätzen, drei Jahre.

Die Vollstreckung der Strafe nach Ablauf der Frist ist unzulässig (§ 79 Abs. 1 StGB). § 79a StGB regelt das Ruhen der Vollstreckungsverjährung. Unterbrochen werden kann sie nicht.

K. Einzelfälle

Schrifttum

1. Zu Einzelfällen der Steuerhinterziehung (Einkommensteuer, Abzugsteuern, Körperschaftsteuer, Gewerbesteuer, Erbschaft- und Schenkungsteuer; Rz. 809–1104)

Ballof, Anm. zu FG Niedersachsen v. 18.12.2006, AO-StB 2008, 38; **Becker/Kempf/Schwarz**, Neue Steuerfallen Im Internationalen Steuerrecht, DB 2008, 370; **Beker**, Einkommensteuer-Vorauszahlungen und Steuerstrafrecht, DB 1985, 1868; **Berger/Steck/Lübbehüsen**, Investmentgesetz Investmentsteuergesetz, München 2010; **Beyer**, Argumentationshilfe bei Nachfragen des FA wegen „schwarzer Fonds", AO-StB 2011, 271; **Bilsdorfer**, Zur Aufteilung von Anschaffungskosten als Steuerhinterziehung, DB 1986, 923; **Bilsdorfer**, Die Entwicklung des Steuerstraf- und Ordnungswidrigkeitenrechts, NJW 1992, 1924; **Bilsdorfer/Weyand**, Die Einkommensteuervorauszahlung und ihre Korrektur in steuerlicher und steuerstrafrechtlicher Hinsicht, INF 1995, 612; **Binz/Sorg**, Die verdeckte Gewinnausschüttung nach der Unternehmenssteuerreform, DStR 2001, 1457; **Böcher**, Steuerhinterziehung durch verdeckte Gewinnausschüttung?, DB 1989, 999; **Bönig**, Weitere Konsequenzen aus der Entscheidung des BFH zu Zahlungen eines Ehegatten auf ein gemeinsames Oder-Konto, DStR 2012, 2050; **Bornheim/Birkenstock**, Steuerfahndung – Steuerstrafverteidigung, Herne/Berlin 1998; **Brandis**, Zinsen bei Hinterziehung von Einkommensteuer-Vorauszahlung, DStR 1990, 510; **Bürger**, Bestechungsgelder im privaten Wirtschaftsverkehr – doch noch steuerlich abzugsfähig?, DStR 2003, 1421; **Burkhard**, Typische Betriebsprüfungs- bzw. Steuerfahndungsprobleme bei Diskotheken, DStZ 2001, 693; **Busl**, Getarnte Provisionsgeschäfte (kick-back) im Anbietermarkt: Steuerfragen bei betroffenen Unternehmen und leitenden Angestellten, DStZ 2006, 617; **Daragan**, Die Zurechnung des Vermögens und der Erträge einer kontrollierten Liechtensteiner Stiftung, DB 2011, 2223; **Demuth/Peykan**, Zur Reichweite des Abzugsverbots nach § 4 Abs. 5 Satz 1 Nr. 10 EStG bei Zuwendungen an Angestellte und Beauftragte im Ausland nach der Einfügung von § 299 Abs. 3 StGB, DStR 2003, 1426; **Demuth/Schreiber**, Wege aus der „Schenkungsteuerfalle Oder-Konto", ZEV 2012, 405; **Diebold**, Der Bausteuerabzug – ein „Steuer"-Abzug ohne Steuer?, DStZ 2002, 252; **Diebold**, Erstattung des Bausteuerabzugs – Entstehung, Fälligkeit, Durchführung, DStZ 2003, 413; **Diebold**, Der Verwaltungserlass zum Bausteuerabzug, DB 2003, 1134; **Döllerer**, Erhöhte Provisionen als verdeckte Gewinnausschüttung, BB 1993, 1932; **Dörn**, Steuerhinterziehung durch Antrag auf Herabsetzung der Vorauszahlungen, DStR 1995, 868; **Dörn**, Feststellung von Bareinzahlungen bei Betriebs- und Steuerfahndungsprüfungen, DStR 1996, 1924; **Durst**, Der verstorbene Steuerstraftäter – Pflichten und Risiken des Erben, ErbBstg 2012, 227; **Egner/Wölfert**, Pauschalbesteuerung von Investmenterträgen i. S. des § 6 InvStG, DStR 2013, 381; **Esskandari/Kische**, CD mit Daten von Steuerhinterziehern aus der Schweiz, AO-StB 2010, 67; **Flume**, Besteuerung von Untreue, Unterschlagung und Diebstahl als verdeckte Gewinnausschüttung? – Anmerkung zum BFH-Urteil vom 14.10.1992 I R 14/92 –, DB 1993, 1945; **Fromm**, Rückerstattung der übernommenen Schenkungsteuer – eine Gestaltungschance?, DStR 1993, 390; **Fuchsen**, Notwendigkeit der gesonderten Feststellung der hinterzogenen Besteuerungsgrundlagen bei Realsteuern, insbesondere bei hinterzogener Gewerbesteuer, DStR 1996, 214; **Fuhrmann**, Erste Praxiserfahrungen mit der „Bauabzugssteuer",

KÖSDI 2003, 13771; **Gehrlein**, Einverständliche verdeckte Gewinnentnahme der Gesellschafter als Untreue (§ 266 StGB) zu Lasten der GmbH, NJW 2000, 1089; **Gocke/Ditz**, Internationale Verrechnungspreise und das Steuerstrafrecht, Festschrift für Streck, Köln 2011; **Götz**, Oder-Konten als Schenkungsteuerfalle, ZEV 2011, 408; **Gotzens**, Nützliche Aufwendungen und das Abzugsverbot nach § 4 Abs. 5 Nr. 10 EStG, DStR 2005, 673; **Groh**, Der ungetreue Gesellschafter im Ertragsteuerrecht – Anmerkungen zum BFH-Urteil vom 22.9.1994 IV R 41/93, DB 1995 S 855 –, DB 1995, 844; **Hardtke**, Steuerhinterziehung durch verdeckte Gewinnausschüttung, unrichtige Feststellung nach § 43 KStG als Steuervorteilserlangung, Strafrecht der Wirtschaft, Bd. 1, Berlin 1995; **Hartmann**, Geschenke an „Geschäftsfreunde" – Bemerkungen zum Urteil des BFH II R 60/94 v. 29.10.1997 –, DStZ 1998, 509; **Hartmann**, § 30 Abs. 3 ErbStG – eine problematische Rechtsvorschrift insbesondere hinsichtlich der Festsetzungsverjährung, UVR 2000, 169; **Heerspink**, Zum Konflikt zwischen der steuerlichen Mitteilungspflicht des § 4 Abs. 5 Nr. 10 EStG und dem nemotenetur-Prinzip, wistra 2001, 441 **Heerspink**, Korruption: Friktionen von Steuerrecht und Strafrecht, AO-StB 2007, 304; **Hey**, Bedeutung und Besteuerungsfolgen der verdeckten Gewinnausschüttung nach der Unternehmenssteuerreform, GmbHR 2001, 1; **Hey**, Hinzurechnungsbesteuerung bei ausländischen Familienstiftungen gemäß § 15 AStG i.d.F. des JStG 2009 – europa- und verfassungswidrig!, IStR 2009, 181; **Hild**, Progressionsadäquate Berechnung vorsätzlicher Steuerhinterziehungsbeträge, Stbg 2010, 357; **Hoffmann**, Steueramnestie in Bilanzierungsfällen, DB 2004, 1169; **Hoheisel**, Auswirkungen einer Kündigung des Erbschaftsteuer-DBA mit Österreich nach Abschaffung der österreichischen Erbschaftsteuer, IStR 2008, 139; **Hütt** Steuerhinterziehungsvorwurf bei unangemessenen Verrechnungspreisen, AO-StB 2006 14; **Joecks**, Der Strafrichter und das Verfassungsrecht, wistra 2006, 401; **Jülicher**, Das neue DBA Frankreich-Deutschland zur Erbschaft- und Schenkungsteuer, IStR 2007, 85; **Jungbluth/Stepputat**, Der „Ankauf von Steuerdaten": Rechtsstaatliche Möglichkeiten und ihre Grenzen, DStZ 2010, 781; **Kemper**, Die mangelhafte Besteuerung der Prostitution, DStR 2005, 543; **Kemper**, Zwischenruf Die Prostitution im Steuer- und Sozialstaat, ZRP 2011, 86; **Kessler/Müller**, Zahlungen einer Familienstiftung an Familienangehörige als Einkünfte aus Kapitalvermögen – Schuldner der Kapitalertragsteuer, DStR 2011, 614; **Kiesel/Theisen**, Steuerstrafrechtliche Risiken konzerninterner Verrechnungspreisgestaltungen, IStR 2006, 284; **Klos**, Gerichts- und Behördenakten als Informationsquelle für die Finanzbehörden, DStZ 1996, 32; **Korn**, Einzahlung auf Oder-Konto der Ehegatten als Schenkung, BeSt 2012, 22; **Korts**, Verhaltensüberlegungen bei steuerneutralen Anlagen in der Schweiz, Stbg 2012, 11; **Lange**, Verdeckte Gewinnausschüttungen, 6. Aufl., Herne/Berlin 1993; **Leißing**, Haftung des Gehilfen, PStR 2002, 197; **Lilje/Müller**, Ansparrücklage versus Kompensationsverbot: Eine neue Verteidigungsstrategie?, wistra 2001, 205; **Lohmeyer**, Steuerliche Bilanzdelikte und deren strafrechtliche Folgen, WPg 1990, 314; **Lohmeyer**, Steuerhinterziehung durch Bilanzdelikte, PStR 1998, 208; **Meilicke**, Zur Aufteilung von Anschaffungskosten ohne Steuerhinterziehung, DB 1986, 2045; **Merkt**, Die verdeckte Gewinnausschüttung im Steuerstrafrecht, BB 1991, 313; **Milatz/Herbst**, Die eheliche Lebensgemeinschaft: (k)eine Wirtschaftsgemeinschaft? – Treuhand und Ehegatteninnengesellschaft als Gestaltungsmittel zur Verhinderung einer Schenkungsteuerpflicht –, DStR 2011, 646; **Milatz/Herbst**, Die Besteuerung der Destinatäre einer ausländischen Familienstiftung – Zugleich Urteilsbesprechung der Entscheidung des BFH vom 3.11.2010 – I R 98/09 –, BB 2011, 1500; **Mößmer/Moosburger**, Besteuerung im Rotlichtmilieu: Schutzgeldzahlungen an den Fiskus?, wistra 2008, 457; **ms**, Interna zum CD-Ankauf, KÖSDI 2012, 17917; **Ms**, Multiplikative Steuerwirkungen aus Steuer-CD, KÖSDI 2012, 18196; **Muhler**, Körperschaftsteuerhinterziehung durch verschwiegene Einnahmen (Teil 1), wistra 2001, 89; **Muhler**, Körperschaftsteuerhinterziehung durch verschwiegene Einnahmen (Teil 2), wistra 2001, 130; **Muscat**, Steuerstrafrechtliche Verstöße im Bilanzsteuerrecht, PStR 2001, 252; **Muscat**, Bilanzdelikte – ein Fall für das Steuerstrafrecht?, PStR 2006, 159; **Obenhaus**, Drohende Strafverfolgung bei unpünktlicher Abgabe von Steueranmeldungen, Stbg 2012, 97; **Ott**, Einnahmenschätzung bei Diskotheken, PStR 2001, 204; **Ott**, Hinterziehung von Erbschaftsteuer – Unterlassen der Erwerbsanzeige nach § 30 ErbStG, ErbBstg 2004, 203; **Ott**, Schwarzkonten im Erbfall, ErbBstg 2007, 245; **Pfeiffer/Lichtner**, Annahme von Provisionen oder sonstigen Sondervergütungen durch Mitglieder steuerberatender Berufe und deren Folgen, DB 1985, 1981; **Pfleger**, Bilanzpolitische Sachverhaltsgestaltungen im Dezember, DB 1985, 2465; **Preising/Kiesel**, Korruptionsbekämpfung durch das Steuerrecht? – Zu den Problemen des Abzugsverbots und der Mitteilungspflicht gemäß § 4 Abs. 5 Nr. 10 EStG, DStR 2006, 118; **Preising/Kiesel**, Pauschalbesteuerung von nützlichen Aufwendungen? – Zum Verhältnis von § 37b EStG und § 4 Abs. 5 Nr. 10 EStG, DStR 2007, 1108; **Randt**, Schmiergeldzahlungen bei Auslandssachverhalten, BB 2000, 1006; **Randt**, Abermals Neues zur Korruptionsbekämpfung: Die Ausdehnung der Angestelltenbestechung des § 299 StGB auf den Weltmarkt, BB 2002, 2252; **Rehm/Nagler**, Finanzgerichte beenden BMF-Moratorium zur Drittstaatenwirkung der Kapitalverkehrsfreiheit!, IStR 2011, 622; **Reiserer/Große Vorholt**, Geringfügige Beschäftigung: ein Fall für den Staatsanwalt?, BB 2001, 1843; **Rolletschke**, Die Hinterziehung von Erbschaft-/Schenkungsteuer, wistra 2001, 287; **Rönnau**, Die Verkürzung von Kirchensteuern – ein Betrug ohne Folgen?, wistra 1995, 47; **Rübenstahl/Zinser**, Die „Schwarzlohnabrede" – Lohnsteuerhinterziehung, Strafzumessungsrecht und obiter dicta, NJW 2011, 2481; **Sackreuther**, Die aktuelle Rechtsprechung des Bundesgerichtshofs zu § 153 AO, PStR 2009, 185; **Sackreuther**, Strafrechtliche Besonderheiten bei ErbSt-Hinterziehung, PStR 2011, 254; **Salditt**, Der Bürger zwischen Zuckerbrot und Peitsche – Steuerstrafrecht in Zeiten von Amnestie und Härte, Stbg 2003, 557; **Salditt**, Zum Fall Schreiber: Treuhand oder nicht?, PStR 2005, 274; **Salditt**, Der BGH zum Kölner Müllskandal - ein kleines Repetitorium und ein Appell, PStR 2006, 33; **Samson/Langrock**, Beihilfe zur Steuerhinterziehung durch „Schwarzverkäufe"?, wistra 2007, 161; **Schiffers**, Konsequenzen verdeckter Gewinnausschüttungen nach dem Systemwechsel bei der Besteuerung von Kapitalgesellschaften, GmbHR 2001, 885; **Schmitz**, Versuchsbeginn, Vollendung und Beginn der Verfolgungsverjährung bei ausgebliebener Steuerfestsetzung, Festschrift für Kohlmann, Köln 2003; **Schneider/Hoffmann**, Überprüfung von Strafbefehlen und Strafurteilen bei Steuerhinterziehung von Spekulationsgewinnen, Stbg 2007, 226; **Schott**, Gestaltungsmissbrauch im steuerlichen Beitreibungsverfahren: Steuerhinterziehung?, PStR 2010, 69; **Schünemann**, Die Liechtensteiner Steueraffäre als Menetekel des Rechtsstaats, 2008, 305; **Schütz**, Die Besteuerung ausländischer, insbesondere liechtensteinischer Familienstiftungen und ihrer Begünstigten in Deutschland, DB 2008, 603; **Schwedhelm**, Verdeckte Gewinnausschüttung und (Steuer-)Strafrecht, StraFo 1999, 361; **Seipl/Buchheim**, „Nützliche Aufwendungen", PStR 2001, 175; **Seipl/Wiese**, Verfassungswidrigkeit der „Spekulationssteuer"? – Konsequenzen für die steuerliche und strafrechtliche Praxis –, Stbg 2003, 580; **Seipl/Wiese**, Strafrechtliche Folgen der Verfassungswidrigkeit der Spekulationsbesteuerung, NStZ 2004, 542; **Seipl/Wiese**, BVerfG untersagt Verurteilung wegen Hinterziehung von Spekulationssteuer 1997, PStR 2007, 47; **Sidhu/Schemmel**, Steuerhinterziehung bei grenzüberschreitenden Gewinnverlagerungen durch Festlegung unangemessener Konzernverrechnungspreise, BB 2005, 2549; **Slabon**, Anmerkung zum BFH-Urteil vom 30.11.2009 – II R 6/07 –, ErbBstg 2010, 60; **Spatscheck**, Die Rolle des Steuer(straf)rechts bei der Korruptionsbekämpfung, NJW 2006, 641; **Spatscheck/Engler**, Straf- und verfahrensrechtliche Konsequenzen bei Verletzung der Anzeigepflichten nach § 13a Abs. 6 ErbStG i.d.F. des ErbStRG, Stbg 2010, 74; **Spatscheck/Wulf/Fraedrich**, Schwarzarbeit heute – Die neue Rechtslage aus Steuer- und strafrechtlicher Sicht, DStR 2005, 129; **Spriegel/Seipl**, Forderungsverzicht und geldwerter Vorteil bei Lohnsteuer und Sozialversicherung auf Schwarzlohnzahlungen, DStR 1995, 1169; **Stahl**, „Schmiergelderlaß": Abzugsverbot und Strafverfolgungshilfe durch die Finanzbehörden, KÖSDI 2003, 13874; **Stahl/Durst**, Verschwiegenes Vermögen im Erbfall, ZEV 2008, 467; **Stahl/Durst**, Probleme der steuerkontaminierten Erbschaft, KÖSDI 2009, 16604; **Stapf**, Steuerliche Folgen der Zuwendung korrumpierender Vorteile ab 1999, DB 2000, 1092; **Streck**, Besteuerung inländischer und ausländischer Einkünfte aus Kapitalvermögen, DStR 1993, 342; **Streck**, Steueranwaltliche Beratung in Fällen des illegalen Datenhandels – Handwerkszeug und Probleme, NJW 2010, 1326; **Tinkl**, Strafbarkeit von Bestechung nach dem EUBestG, und dem IntBestG, wistra 2006, 126; **Trüg**, Die Schwarzlohnabrede - Faktizität und Geltung, DStR 2011, 727; **Utech/Meine**, Das körperschaftsteuerliche Anrechnungsverfahren, wistra 1989, 331; **Vater**, Zum Unterschied zwischen Steuerbetrug und Steuerhinterziehung im Schweizer Steuerrecht, IWB 2003, 770; **Viskorf**, Keine freigebige Zuwendung der Kapitalgesellschaft im Rahmen einer verdeckten Gewinnausschüttung, DStR 2011, 607; **Viskorf**, Schenkungsteuer bei Leistungen zwischen einer Kapitalgesellschaft und ihren Gesellschaftern oder Dritten, ZEV 2012, 442; **v. Wallis**, Grundsatz des Bilanzzusammenhangs: Die unendliche Verjährung, DStZ 1991, 437; **v. Wedelstädt**, Steuerhinterziehung oder leichtfertige Steuerverkürzung bei fehlenden oder unvollständigen Angaben in der Steuererklärung, DB 1990, 2141; **Walter**, Angestelltenbestechung, internationales Strafrecht und Steuerstrafrecht, wistra 2001, 321; **Wassermeyer**, Zur Rechtsprechung des Bundesgerichtshofs bei Steuerhinterziehung wegen verdeckter Gewinnausschüttung im Konzern,

BB 1989, 1731; **Wassermeyer**, Besteuerung von Untreue, Unterschlagung oder Diebstahl als verdeckte Gewinnausschüttung? – Anmerkung zum BFH-Urteil vom 14.10.1992 I R 14/92 –, DB 1993, 1948; **Wassermeyer**, Kann die erweiterte beschränkte Einkommensteuerpflicht gegenüber der normal beschränkten vorteilhafter sein?, IStR 1996, 30; **Wassermeyer/Schönfeld**, § 18 Abs. 3 Satz 4 AuslInvestmG und EG-Drittstaaten: Überlegungen zur Fortbestandsgarantie des Art. 57 Abs. 1 EG sowie zum Verhältnis der Vorlageverfahren nach Art. 100 GG und Art. 234 EG, IStR 2006, 411; **Weber/Zürcher**, Keine Schenkungsteuerbarkeit der Übertragung von Vermögen auf eine liechtensteinische Familienstiftung als (unechte) Treuhänderin – Bemerkungen zum Urteil des BFH vom 28.6.2007, II R 21/05, DStRE 2007, 1170 –, DStR 2008, 803; **Wegner**, Steuer- und steuerstrafrechtliche Risiken für den Erben eines „Problem-Nachlasses", ErbBstg 2010, 80; **Wegner**, Mindestlohn und Steuerhinterziehung?, PStR 2010, 269; **Weidemann**, Zum Abzugsverbot des § 4 V Satz 1 Nr. 10 EStG: Erfasst § 299 II StGB auch „Auslandssachverhalte"?, DStZ 2002, 329; **Weidemann**, Verdeckte Gewinnausschüttung und das Steuerstrafrecht, wistra 2007, 201; **Weidemann**, Vorsatz und Irrtum bei Lohnsteuerhinterziehung und Beitragsvorenthaltung, wistra 2010, 463; **Weigell**, Dokumentationspflichten bei der Ermittlung von Verrechnungspreisen: Einzug des Steuerstrafrechts in das internationale Steuerrecht!, IStR 2005, 162; **Wessing II**, Verbrechen als Gewerbe?, PStR 2005, 29; **Weyand**, Veruntreute Mandantengelder sind einkommensteuerpflichtig, PStR 2012, 238; **Winter**, Anzeigepflichten, Festsetzungsfrist und Steuerhinterziehung, ErbBstg 2010, 134; **Wulf**, Beginn der Verjährung der Steuerhinterziehung bei ausgebliebener Steuerfestsetzung, wistra 2003, 89; **Wulf**, Steuerhinterziehung trotz abgeführter Kapitalertragsteuer?, Stbg 2009, 133; **Zimmermann**, Erbschaftsteuerlicher Abzug von Einkommensteuer als Nachlassverbindlichkeit – Urteilsanmerkung zu FG Niedersachsen v. 23.2.2011, EFG 2011, 1343; **Zugmaier/Kaiser**, Entkriminalisierung der Anmeldungen bei Umsatzsteuer und Lohnsteuer?, DStR 2013, 17.

2. Zu Einzelfällen der Steuerhinterziehung (Umsatzsteuer; Rz. 1105–1227)

Beyna/Roth, Umsatzsteuer-Nachschau contra Selbstanzeige, UStB 2010, 310; **Birkenfeld**, Das große Umsatzsteuer-Handbuch, Loseblatt; **Braun**, USt-Nachschau, Die verfahrensrechtlichen Auswirkungen, PStR 2002, 199; **Bunjes**, Kommentar zum Umsatzsteuergesetz, München, 11. Aufl. 2012; **Burger**, Die Einführung der gewerbs- und bandenmäßigen Steuerhinterziehung sowie aktuelle Änderungen im Bereich Geldwäsche, wistra 2002, 1; **Dißars**, Im Blickpunkt Umsatzsteuer-Nachschau gemäß § 27 UStG nach dem Steuerverkürzungsbekämpfungsgesetz, BB 2002, 759; **Fahl**, Der neue § 370a AO – causa finita?, wistra 2003, 10; **Gotzens/Wegner**, Praxishinweise zum BMF-Schreiben, PStR 2003, 104; **Haep**, Umsatzsteuer-Nachschau und Unverletzlichkeit der Wohnung, UR 2008, 445; **Harms**, Aus der Rechtsprechung des BGH zum Steuerstrafrecht 1998/1999; NStZ-RR 1999, 129; **Hartmann/Metzenmacher**, Kommentar zum Umsatzsteuergesetz, Berlin, Loseblatt; **Hentschel**, Neue und erweiterte Befugnisse der Finanzämter durch das Steuerverkürzungsbekämpfungsgesetz, NJW 2002, 1703; **Heuel/Beyer**, Selbstanzeige und Umsatzsteuer – ein Ritt auf der Rasierklinge, UStB 2011, 287; **Hillmann-Stadtfeld**, Umsatzsteuernachschau und Verschärfung der Strafrechtslage durch das Steuerverkürzungsbekämpfungsgesetz, DStR 2002, 434; **Jarass/Pieroth**, Kommentar zum Grundgesetz, München, 12. Aufl. 2012; **Kemper**, Umsatzsteuerkarussellbetrug – Organisierte Kriminalität und ihre wirtschaftlichen Zusammenhänge, UR 2005, 1; **Kemper**, Qualifizierung der Umsatzsteuerhinterziehung und ihre systematische Bekämpfung, UR 2006, 569; **Kemper**, Mehr als 15 Jahre Umsatzsteuerbinnenmarkt und die Umsatzsteuer-Karusselle – Entwicklung des Umsatzsteuerbetrugs im Binnenmarkt, seine Auswirkungen und Abhilfemöglichkeiten –, UR 2009, 751; **Klawikowski/Leitmeier/Zühlke**, Umsatzsteuerkarussellgeschäfte, StBp 2002, 121; **Kruhl**, Reichen die Maßnahmen des Steuerverkürzungsbekämpfungsgesetzes zur Betrugsbekämpfung aus oder ist eine Änderung des Umsatzsteuersystems notwendig?, BB 2002, 1018; **Kühn/Winter**, Bekämpfung der Umsatzsteuerverkürzung, Ist die Gesetzgebung das richtige Mittel, UR 2001, 438; **Leingang-Ludolph/Wiese**, Der neue Haftungstatbestand des § 25d UStG – Haftung für die schuldhaft nicht abgeführte Umsatzsteuer, DB 2002, 1432; **Lohse**, MwSt-Schein und -Karussellgeschäfte im Gemeinschaftsrecht, IStR 2005, 300; **Meurer**, Die bewegte Lieferung im Reihengeschäft, DStR 2011, 199; **Nieskens**, Steueränderungsgesetz 2001 und Steuerverkürzungsbekämpfungsgesetz, UR 2002, 53; **Nöhren**, Die Hinterziehung der Umsatzsteuer, Diss. 2005; **Offerhaus/Söhn/Lange**, Kommentar zum Umsatzsteuergesetz, Heidelberg, Loseblatt; **Plückebaum/Widmann**, Kommentar zum Umsatzsteuergesetz, Freiburg, Loseblatt; **Rau/Dürrwächter**, Kommentar zum Umsatzsteuergesetz, Köln, Loseblatt; **Reiß/Kraeusel/Langer**, Kommentar zum Umsatzsteuergesetz, Bonn, Loseblatt; **Schmidt-Bleibtreu/Hofmann/Hopfauf**, Kommentar zum Grundgesetz, Köln, 12. Aufl. 2011; **Sölch/Ringleb**, Kommentar zum Umsatzsteuergesetz, München, Loseblatt; **Stadie**, Umsatzsteuergesetz Kommentar, Köln, 2009; **Sterzinger**, Rechtsfolgen einer möglichen Verletzung des Zitiergebots nach Art. 19 Abs. 2 Satz 2 GG durch die Regelung des § 27b UStG, DStR 2010, 471; **Tormöhlen**, Steuerstraf- und bußgeldrechtliche Reaktion auf Umsatzsteuer-Karussellgeschäfte, UVR 2006, 207; **Vogel/Schwarz**, Kommentar zum Umsatzsteuergesetz, Freiburg, Loseblatt; **Walter/Lohse/Dürrer**, Innergemeinschaftliche Lieferung und Mehrwertsteuerhinterziehung in Deutschland und im EU-Ausland, wistra 2012, 125; **Weimann**, Änderungen im Umsatzsteuerrecht durch das Steueränderungsgesetz 2001 und das Steuerverkürzungsbekämpfungsgesetz, UVR 2002, 105; **Wenning**, Karussellgeschäfte – Von Exporteuren, Pufferfirmen, Missing Tradern, Risiken bei der Abmahnung neuer Geschäftsbeziehungen, UStB 2002, 265; **Widmann**, Die umsatzsteuerlichen Rechtsänderungen zum 1.1.2002, DB 2002, 166.

3. Zu Einzelfällen der Steuerhinterziehung (Grunderwerbsteuer, sonstige Verkehrsteuern und Verbrauchsteuern; Rz. 1228–1268)

Bender, Anmerkung zum BGH-Urteil v. 24.10.2002, 5 StR 600/01, wistra 2003, 100 –, wistra 2003, 136; **Bender/Möller/Retemeyer**, Das Zoll- und Verbrauchsteuerstrafrecht mit Verfahrensrecht, Loseblatt, Regensburg; **Boruttau**, Grunderwerbsteuergesetz, München, 17. Aufl. 2011; **Fischer/Waßmer**, Steuerstrafrechtliche Aspekte grunderwerbsteuerlicher Sachverhalte bei Unternehmensakquisitionen im Rahmen internationaler M&A-Transaktionen, BB 2002, 969; **Höll**, Neufassung des Tabaksteuergesetzes, PStR 2011, 50; **Gast-de Haan**, Nichtabgabe von Mineralölsteuererklärungen „nur" Ordnungswidrigkeit?, DB 1988, 2536; **Lang**, Reform der Unternehmensbesteuerung auf dem Weg zum europäischen Binnenmarkt und zur deutschen Einheit, StuW 1990, 107; **Maslaton/Sensburg**, Lotteriesteuern in den neuen Medien – Ein altes Gesetz mit neuen Steuermöglichkeiten?, DStZ 2002, 24; **Medert**, Änderungen bei der Versicherungsteuer ab 2013 im Überblick, DStR 2013, 496; **Pahlke/Franz**, Kommentar zum Grunderwerbsteuergesetz, München, 4. Aufl. 2010; **Sensburg**, Die Neuentdeckung der Lotterie, BB 2002, 126; **Weidemann**, Vorbereitungshandlung und Versuch bei der Tabaksteuerhinterziehung, wistra 2009, 174; **Weidemann**, Tabaksteuerstrafrecht (Teil 1), wistra 2012, 1; **Weidemann**, Tabaksteuerstrafrecht (Teil 2), wistra 2012, 49.

4. Zur Benennung von Gläubigern und Zahlungsempfängern; Schmier- und Bestechungsgelder (Rz. 1269–1313)

Gotzens, Nützliche Aufwendungen und das Abzugsverbot nach § 4 Abs. 5 Nr. 10 EStG, DStR 2005, 673; **Heerspink**, Korruption: Friktionen von Steuerrecht und Strafrecht, AO-StB 2007, 304; **Heerspink**, Zum Konflikt zwischen der steuerlichen Mitteilungspflicht des § 4 Abs 5 Nr 10 EStG und dem nemo-tenetur-Prinzip, wistra 2001, 441; **Preising/Kiesel**, Pauschalbesteuerung von nützlichen Aufwendungen? – Zum Verhältnis von § 37b EStG und § 4 Abs. 5 Nr. 10 EStG, DStR 2007, 1108; **Preising/Kiesel**, Korruptionsbekämpfung durch das Steuerrecht? – Zu den Problemen des Abzugsverbots und der Mitteilungspflicht gemäß § 4 Abs. 5 Nr. 10 EStG, DStR 2006, 118; **Stahl**, „Schmiergelderlass": Abzugsverbot und Strafverfolgungshilfe durch die Finanzbehörden, KÖSDI 2003, 13874; **Stapf**, Steuerliche Folgen der Zuwendung korrumpierender Vorteile ab 1999, DB 2000, 1092; **Tinkl**, Strafbarkeit von Bestechung nach dem EUBestG und dem IntBestG, wistra 2006, 126.

5. Zum Missbrauch von Gestaltungsmöglichkeiten und zum Scheingeschäft (Rz. 1314–1392)

Bauschatz, Steuerlicher Gestaltungsmissbrauch und Europarecht, IStR 2002, 291, 333; **Benda**, Die Wahrung verfassungsrechtlicher Grundsätze im Steuerrecht, DStZ 1984, 159; **Buciek**, Urteilsanmerkung, DStZ 2000, 425; **Bruns**, Zur strafrechtlichen Relevanz des gesetzesumgehenden Täterverhaltens – Über das Verhältnis der „Rechtsfigur der Gesetzesumgehung" zu den Grundprinzipien des Art 103 II GG, GA 1986, 1; **Clausen**, Urteilsanmerkung, IStR 2000, 185; **Clausen**, Struktur und Rechtsfolgen des § 42 AO, DB 2003, 1589; **Demleitner**, Das Verhältnis von § 42 AO zu spezialgesetzlichen Missbrauchsvorschriften, AO-StB 2010, 174; **Felix**, Zum gesetzlichen Verbot, die Steuer zu umgehen, KÖSDI 1980, 3606; **Fischer**, Die Umgehung des Steuergesetzes, DB 1996, 644; **Füger/**

Rieger, Ende des Mythos der Monaco-Entscheidung, IStR 1998, 353; **Hahn**, Das Scheingeschäft im steuerrechtlichen Sinne, DStZ 2000, 433; **Hahn**, „Gestaltungsmissbrauch" im Sinne des § 42 AO, DStZ 2006, 431; **Hahn**, Wie effizient ist § 42 AO neuer Fassung?, DStZ 2008, 483; **Heuermann**, Simulation im Steuer- und Zivilrecht, DB 2007, 416; **Kempermann**, Urteilsanmerkung, FR 2000, 453; **Korn/Strahl**, Erste Zweifelsfragen und letzte Gestaltungshinweise in 1998 zum Entwurf eines „Steuerentlastungsgesetzes", KÖSDI 1999, 11824; **Kottke**, Strategien des Steuerzahlers zur Verhinderung der unberechtigten Anwendung des Missbrauchsparagraphen, DB 1995, 1836; **Kruse**, Steuerumgehung zwischen Steuervermeidung und Steuerhinterziehung, StbJb 1978/79, 443; **Leisner-Egensperger**, Das Verbot der Steuerumgehung nach der Reform des § 42 AO, DStZ 2008, 358; **Leitner**, Österreichisches Finanzstrafrecht, Wien/New York, 2. Aufl. 2002; **Leplow**, Scheingeschäft und verdeckte Gewinnausschüttung, PStR 2007, 249; **List**, Der Missbrauch von Gestaltungsmöglichkeiten des Rechts aus der Sicht des § 42 AO und des Gemeinschaftsrechts, DB 2007, 131; **Mack/Wollweber**, § 42 AO – Viel Lärm um nichts?, DStR 2008, 182; **Meilicke**, Wird das Steuerstrafrecht für die Steuerpraxis zum russischen Roulette?, BB 1984, 1885; **Meine**, Steuervermeidung, Steuerumgehung, Steuerhinterziehung, wistra 1992, 81; **Mellinghoff**, Die Verantwortung des Gesetzgebers für ein verfassungsmäßiges Steuerrecht, DStR 2003, Beihefter 3, S. 3; **Mrozek**, Kommentar zur Reichsabgabenordnung, Köln, 3. Aufl. 1924; **Park**, Die Vereinbarkeit des § 330a AO n.F. mit dem Bestimmtheitsgebot des Art. 103 Abs. 2 GG, wistra 2003, 328; **Philipowski**, Einmal Missbrauch, immer Missbrauch? IFSC-Gesellschaften im Fadenkreuz der Steuerbehörden, IStR 2003, 547; **Pohl**, Steuerhinterziehung durch Steuerumgehung, Frankfurt a.M. 1990; **Pütz**, Strafbare Steuerumgehung bei der gewerblichen Zwischenvermietung, wistra 1989, 201; **Rose/Glorius**, Beratungsrelevante Erkenntnisse aus der jüngsten Rechtsprechung zu § 42 AO, DB 1992, 2207; **Rose/Glorius-Rose**, Steuerplanung und Gestaltungsmissbrauch, Bielefeld, 3. Aufl. 2002; **Schmedding**, Steuerhinterziehung durch § 42 AO, PStR 2005, 270; **Schott**, Gestaltungsmissbrauch im steuerlichen Beitreibungsverfahren: Steuerhinterziehung?, PStR 2010, 69; **Schulze-Osterloh**, Unbestimmtes Steuerrecht und strafrechtlicher Bestimmtheitsgrundsatz, in: Kohlmann (Hrsg.), Strafverfolgung und Strafverteidigung im Steuerstrafrecht, Köln 1983, 43; **Spindler**, Der „Gesamtplan" in der Rechtsprechung des BFH, DStR 2005, 1; **Spriegel/Schweiss**, Grenzen der steuerlichen Anerkennung und strafrechtliche Relevanz von grenzüberschreitenden Aktivitäten, BB 1986, 1354; **Stahl**, Die steuerlichen und strafrechtlichen Aspekte des Gestaltungsmissbrauchs, StraFo 1999, 223; **Strauß**, Steuerumgehung und Steuerstrafrecht, JW 1931, 235; **Streck**, Steuerumgehung und Steuerhinterziehung, KÖSDI 1980, 3603; **Streck**, Urteilsanmerkung, NStZ 1984, 512; **Tipke**, An den Grenzen der Steuerberatung: Steuervermeidung, Steuerumgehung, Steuerhinterziehung, StbJb 1972/1973, 509; **Ulmer**, Steuervermeidung, Steuerumgehung, Steuerhinterziehung, DStZ 1986, 292; **Ulsenheimer**, Zur Problematik der überlangen Verfahrensdauer und richterlichen Aufklärungspflicht im Strafprozess sowie zur Frage der Steuerhinterziehung durch Steuerumgehung, wistra 1983, 12; **Wagner**, Gewerbliche Zwischenvermietung ist keine strafbare Steuerumgehung, wistra 1989, 321; **Wenderoth**, Die Steuerhinterziehung durch Steuerumgehung im Lichte des Art. 103 Abs. 2 GG, München 1990; **Wienbracke**, Die Genese fiskalischen Misstrauens, DB 2008, 664; **Wilke**, Typische Erscheinungsformen der Hinterziehung von Umsatzsteuer, wistra 1989, 295.

6. Zur Steuerhinterziehung im Erhebungs- und im Vollstreckungsverfahren (Rz. 1393–1402)

Bansemer, Steuerhinterziehung im Beitreibungsverfahren, wistra 1994, 327.

I. Einzelne Abgaben

Ausführungen zur Steuerhinterziehung beziehen sich i.d.R. auf die Einkommen- **809**
steuerveranlagung als den zahlenmäßig häufigsten Fall und konzentrieren sich i.d.R. exemplarisch auf die Veranlagung eines Einzelunternehmers, ohne immer ausdrücklich auf diese Perspektive hinzuweisen. Zur größeren Transparenz sollen im Folgenden daher die verschiedenen Steuerarten mit Hinweisen auf ihre typischen Probleme, jedoch ohne Anspruch auf Vollständigkeit, dargestellt werden. Die Einzeldarstellungen gehen regelmäßig davon aus, dass der geschilderte Sachverhalt Grundlage einer Steuererklärung und eines Steuerbescheids geworden ist.

1. Einkommensteuer

a) Fehlende Steuerpflicht

aa) Keine Steuerpflicht im Inland

810 Eine Steuerhinterziehung kann durch Verschweigen der Einkunftsquelle erfolgen, indem die handelnde Person versucht, steuerlich überhaupt nicht in Erscheinung zu treten, und es unterlässt, ihren Wohnsitz und den Gewerbebetrieb anzumelden, Bücher zu führen und Steuererklärungen abzugeben. Dabei vertraut die handelnde Person entweder trotz hohem Entdeckungsrisiko einfach auf ihr Glück, nicht entdeckt zu werden,[1] oder sie will sich wider besseres Wissen auf den Standpunkt stellen, sie sei nicht oder jedenfalls nicht im Inland steuerpflichtig. Die Beurteilung, ob diese Person nach internationalem Steuerrecht in Deutschland oder in einem anderen Staat steuerpflichtig ist (→ Rz. 934 ff.), kann je nach Umständen des konkreten Einzelfalles sehr schwierig zu entscheiden sein. Steuerstrafrechtliche Risiken bestehen insbes., wenn die Person auch in keinem anderen Staat oder nur in einem Niedrigsteuerland steuerlich gemeldet ist. Andererseits ist zumindest bei der Strafzumessung zu berücksichtigen, wenn die vorgeworfene Steuerverkürzung lediglich aus formalen Gründen entstanden ist und materiell kein oder nur ein geringerer Steuerschaden entstanden ist.[2]

bb) Keine Steuerpflicht in der Person des Handelnden

811 Bei der ertragsteuerlichen Abgrenzung, welche von mehreren Personen den Besteuerungstatbestand verwirklicht hat (zur Umsatzsteuer → Rz. 1157, zur Erbschaftsteuer → Rz. 1046), ist zu unterscheiden.

812 Handeln im fremden Namen, aber für eigene Rechnung, verpflichtet als sog. **„Handeln unter fremdem Namen"** zivilrechtlich je nach Empfängerhorizont den Namensträger oder den Handelnden.[3] Hiervon weicht die steuerliche und strafrechtliche Rechtsprechung zur Umsatzsteuer jedoch teilweise ab[4] (→ Rz. 1157).

813 Im umgekehrten Fall, dem Handeln im eigenen Namen, aber für fremde Rechnung, kann **„verdeckte Stellvertretung"** vorliegen. Dann treffen die Folgen aus den abgeschlossenen Rechtsgeschäften zivilrechtlich (§ 164 Abs. 2 BGB)[5] und steuerlich[6] regelmäßig den Handelnden.

Handeln im eigenen Namen für fremde Rechnung kann aber auch auf einer verdeckten **Treuhand**[7] beruhen. Erwirbt der Treuhänder in diesem Zusammenhang ein Wirtschaftsgut, etwa einen GmbH-Anteil, eine Immobilie oder ein Wertpapier, ist er zivilrechtlicher Eigentümer, aber zur jederzeitigen Herausgabe im Rahmen der getroffenen Vereinbarungen verpflichtet (§ 667 BGB).[8] Steuerlich wird das Wirtschaftsgut dem Treugeber nach § 39 Abs. 2 Nr. 1 Satz 2 AO als dem wirtschaftlichen Eigentümer zugerechnet.[9] Dasselbe gilt auch für die steuerliche Zurechnung von

---

1) Etwa BayObLG v. 9.11.2000, 4 St RR 126/2000, wistra 2001, 194.
2) BGH v. 18.8.1998, 5 StR 550/97, StV 2000, 498 (Ausnutzen von Zollkontingenten).
3) Ellenberger in Palandt, 71. Aufl. 2012, § 164 BGB Rz. 10 ff.
4) BGH v. 2.12.1997, 5 StR 404/97, wistra 1998, 152, 153 (zur Strohmann-GmbH); BFH v. 24.9.1991, VIII R 349/83, BStBl II 1992, 330; v. 15.7.1987, X R 19/80, BStBl II 1987, 746.
5) Ellenberger in Palandt, 71. Aufl. 2012, vor § 164 BGB Rz. 6.
6) BFH v. 2.3.2004, III B 114/03, GmbHR 2004, 683.
7) Ausf. Ellenberger in Palandt, 71. Aufl. 2012, vor § 104 BGB Rz. 25; Bassenge in Palandt, § 903 BGB Rz. 33.
8) Sprau in Palandt, 71. Aufl. 2012, § 667 BGB Rz. 2.
9) BFH v. 2.3.2004, III B 114/03, GmbHR 2004, 683; v. 28.2.2001, I R 12/00, BStBl II 2001, 468 (GmbH-Anteile); Schmieszek in Beermann/Gosch, § 39 AO Rz. 36 (Mai 2002).

Erträgen dieses Wirtschaftsguts, etwa für Kapitaleinkünfte.[1] Zur Treuhandstiftung → Rz. 890. Allerdings werden an den Nachweis der Treuhandvereinbarung und den tatsächlichen Vollzug generell strenge Anforderungen gestellt.[2] Eine **umstrittene Treuhandschaft** kann der Besteuerung nur zu Grunde gelegt werden, wenn sie von der Seite, die sich darauf beruft, eindeutig nachgewiesen wird[3] (vgl. § 159 Abs. 1 AO).

Kommt demgegenüber ein Treuhandverhältnis im Rahmen einer gewerblichen Tätigkeit eines Einzelunternehmens oder einer Personengesellschaft in Betracht, ist die Einkünfteerzielung nicht nach § 39 AO zu entscheiden, sondern hängt davon ab, wer **Unternehmer** oder **Mitunternehmer** i.S.v. § 15 EStG ist. Dies kann entweder der nominelle Inhaber (Strohmann/Treuhänder), der Hintermann oder eine verdeckte Mitunternehmerschaft aus beiden sein, je nach Unternehmerinitiative und Unternehmerrisiko.[4] Für die Einkommensteuer ist regelmäßig das Innenverhältnis maßgeblich, so dass grds. der Hintermann Unternehmer ist.[5] **814**

Zwar kann es für eine alleinige Unternehmerstellung des **nominellen** Inhabers (Strohmanns) genügen, wenn dieser unbeschränkt haftet, die Erträge aus dem Unternehmen nach eigener Entscheidung verwenden kann und durch Gründung des Unternehmens, Einstellung des „Hintermanns" als Angestellten und Unterzeichnung der jeweils erforderlichen Schriftstücke ausreichende Unternehmerinitiative entfaltet, selbst wenn er keine eigenen Fachkenntnisse hat und dem Angestellten völlig freie Hand lässt.[6] Im Regelfall aber, wenn das Unternehmen auf Rechnung und Gefahr des Hintermanns betrieben wird und dieser weisungsberechtigt ist, scheidet jedenfalls eine alleinige Unternehmerstellung des nominellen Inhabers aus.[7] **815**

Eine verdeckte Mitunternehmerstellung des nominellen Inhabers (Strohmanns) nimmt die Rechtsprechung aber teilweise schon an, wenn dieser im Außenverhältnis unbeschränkt haftet.[8] Hiervon soll allerdings eine Ausnahme in Betracht kommen, soweit das Unternehmen, etwa eine Handelsagentur, keine nennenswerten wirtschaftlichen Risiken birgt.[9] In anderen Entscheidungen setzt der BFH jedoch eine Führung des Unternehmens im Innenverhältnis für gemeinsame Rechnung und damit eine allseitige (ggf. verdeckte) Gewinnbeteiligung voraus.[10] **816**

Demgegenüber ist der Hintermann **allein** als Unternehmer zu beurteilen, wenn der nominelle Inhaber im eigenen Namen für fremde Rechnung handelt, somit ein verdeckter Stellvertreter (Treuhänder, Strohmann) ist und eine Mitunternehmerschaft **817**

---

1) BFH v. 24.11.2009, I R 12/09, DStRE 2010, 494 (Aktien eines Versorgungsunternehmens); FG Berlin-Brandenburg v. 6.12.2007, 13 K 2247/04 B, AO-StB 2008, 209, rkr. (Geldanlage).
2) BFH v. 14.3.2012, IX R 37/11, BStBl II 2012, 487, Rz. 17 ff.; v. 24.11.2009, I R 12/09, DStRE 2010, 494; v. 4.12.2007, VIII R 14/05, HFR 2008, 672 (GmbH-Anteil); FG Berlin-Brandenburg v. 6.12.2007, 13 K 2247/04 B, AO-StB 2008, 209, rkr.
3) Instruktiv zu einer vom Finanzamt behaupteten faktischen Treuhand BFH v. 2.3.2004, III B 114/03, GmbHR 2004, 683, 685; vgl. in ders. Sache BGH v. 9.6.2004, 5 StR 579/03, wistra 2004, 424 mit Anm. Gotzens/Walischewski, NStZ 2005, 520.
4) BFH v. 4.11.2004, III R 21/02, BStBl II 2005, 168; Wacker in L. Schmidt, 31. Aufl 2012, § 15 EStG Rz. 136 ff.
5) Wacker in L. Schmidt, 31. Aufl. 2012, § 15 EStG Rz. 138.
6) FG Düsseldorf v. 24.9.1999, 18 K 405/95 E, DStRE 2000, 287, 288, rkr.
7) BFH v. 4.11.2004, III R 21/02, BStBl II 2005, 168; ähnlich Wacker in L. Schmidt, 31. Aufl. 2012, § 15 EStG Rz. 138 (Betonung der Weisungsunterworfenheit).
8) FG Düsseldorf v. 6.7.2006, 11 K 1681/04 F, EFG 2006, 1423, rkr. (Gewerbeanmeldung und Gaststättenpachtvertrag genügen); enger BFH v. 1.7.2003, VIII R 61/02, BFH/NV 2004, 27 (Gewerbeanmeldung und Kontoeinrichtung genügen nicht).
9) BFH v. 4.11.2004, III R 21/02, BStBl II 2005, 168.
10) BFH v. 18.6.1998, IV R 94/96, BFH/NV 1999, 295; FG Düsseldorf v. 24.9.1999, 18 K 405/95 E, DStRE 2000, 287, 289, rkr.

nicht gegeben ist. Rechtliche Voraussetzung hierfür ist ein mündlicher oder schriftlicher Treuhandvertrag, wesentliches Indiz die freie Verwendung des Gewinns durch den Hintermann im eigenen Interesse.[1)]

818 Eine **Steuerhinterziehung** kann das verdeckte „Treuhandverhältnis" begründen, wenn es gegenüber dem Finanzamt nicht offengelegt wird. Hierfür muss allerdings ein den steuerlichen Anforderungen genügendes Treuhandverhältnis und dessen tatsächliche Vollziehung nach den Grundsätzen des Strafverfahrens nachgewiesen werden.[2)] Erforderlich ist insbesondere eine rechtliche oder zumindest faktische Beherrschung durch den Treugeber, die nach Ansicht des BGH jedenfalls bei „kriminellen Absprachen" zweifelhaft ist und nur in besonders gelagerten Ausnahmefällen gegeben sein dürfte.[3)]

819 Im Fall der Unternehmer- oder Mitunternehmerstellung des Hintermanns, die steuerlich nicht offen gelegt wird, kommen steuerstrafrechtliche Vorwürfe gegen beide Beteiligte in Betracht. Der die Einkünfte erzielende **Hintermann** hinterzieht objektiv eigene Einkommensteuer,[4)] der **Strohmann** begeht u.U. Beihilfe[5)] hierzu. Korrekt erklärte und bezahlte Steuern, die der Strohmann vermeintlich schuldet, mindern den objektiven Taterfolg, die Verkürzung der Steuern des Hintermannes, nicht. Sie können jedoch den Vorsatz begrenzen (→ Rz. 385 ff.) und sind jedenfalls im Rahmen der Schadensberechnung zur Strafzumessung zu berücksichtigen[6)] (→ Rz. 1455 ff., → Rz. 1460).

cc) Vorgetäuschte Steuerpflicht

820 Umgekehrt wird die unzutreffende Annahme einer Steuerpflicht nicht selten angestrebt. Dies gilt insbes. für aufwendige und kostenträchtige Freizeitaktivitäten,[7)] die der Stpfl. nicht mit der Absicht einer Gewinnerzielung entfaltet, sondern aus privaten Gründen, aber dennoch als Gewerbebetrieb anmeldet, um die Verluste aus dieser Liebhaberei[8)] steuerlich mit sonstigen Einkünften verrechnen zu können. Strafrechtlich ist insbes. von Bedeutung, ob in der Steuererklärung über wesentliche Sachverhaltsdetails getäuscht wird und ob hierbei auch Gedanken oder Absichten offenzulegen sind (→ Rz. 69).

dd) Deliktische Einnahmen: steuerpflichtig oder steuerfrei?

821 **Deliktische Einkünfte** sind nicht allein deshalb steuerfrei, weil sie unter Verstoß gegen ein gesetzliches Verbot erzielt werden (§ 40 AO).[9)] Umgekehrt kann sich eine Einkommensteuerpflicht aber nicht aus § 40 AO ergeben, sondern setzt voraus, dass

---

1) FG Düsseldorf v. 24.9.1999, 18 K 405/95 E, DStRE 2000, 287, 289, rkr.
2) BGH v. 11.10.2005, 5 StR 65/05, NJW 2005, 3584, 3585; v. 11.11.2004, 5 StR 299/03, wistra 2005, 58, 64 (jeweils Fall Schreiber); v. 9.6.2004, 5 StR 579/03, wistra 2004, 424, 426; Salditt, PStR 2005, 274.
3) BGH v. 11.10.2005, 5 StR 65/05, NJW 2005, 3584, 3585; v. 11.11.2004, 5 StR 299/03, wistra 2005, 58, 64.
4) Vgl. Sachverhalt bei Schott, PStR 2010, 69, 70.
5) BGH v. 2.12.1997, 5 StR 404/97, NStZ 1998, 199; BayObLG v. 15.6.1972, RReg. 4 St 49/72, BayObLGSt 1972, 136; vgl. auch BGH v. 20.3.2002, 5 StR 448/01, wistra 2002, 221 ff. zur Verschleierung von Arbeitseinkommen mit Anm. von Burhoff, PStR 2002, 143 f.
6) BGH v. 9.5.2006, 5 StR 453/05, HFR 2006, 1276 (Versteuerung von Schmiergeldeinnahmen über eine Scheinfirma); Meyer in Beermann/Gosch, § 370 AO Rz. 140 (August 2011).
7) Etwa Kauf und Vermietung eines Reisemobils oder einer Segelyacht; anders zur Umsatzsteuer vgl. Klenk in Sölch/Ringleb, § 2 UStG Rz. 180 „Liebhaberei" (April 2010).
8) Wacker in L. Schmidt, 31. Aufl. 2012, § 15 EStG Rz. 25.
9) Bedenken können sich aber aus dem nemo-tenetur-Grundsatz ergeben, wenn die vollständige Erklärung der Einkünfte gefordert, diese aber zum Anlass für strafrechtliche Ermittlungen genommen wird: Seipl in Beermann/Gosch, § 393 AO Rz. 101, 149 ff. (August 2008); Salditt, PStR 2006, 33, 35 f.

der Tatbestand einer Einkunftsart erfüllt wird. Insbesondere fallen Einnahmen, die aus einer deliktischen Wegnahme von Geld oder geldwerten Gütern ohne Wissen und Willen des Berechtigten herrühren, etwa aus Diebstahl, Unterschlagung oder Veruntreuung,[1] unter **keine Einkunftsart** des Einkommensteuergesetzes und unterliegen regelmäßig auch nicht der Umsatzsteuer.[2] In diesen Fällen wird weder eine Leistung erbracht noch eine Vergütung dafür entrichtet.

Steuerpflichtig sind aber nach ganz h.M. etwa **Schmiergeldeinnahmen**.[3] Diese sind bei Zusammenhang mit einer anderen gewerblichen Tätigkeit ausnahmsweise als gewerbliche Einkünfte nach § 15 EStG steuerpflichtig,[4] werden aber regelmäßig als sonstige Einkünfte beurteilt (→ Rz. 927). Daraus folgt jedenfalls, dass die Entgegennahme von Schmiergeld als solche nicht ohne Weiteres einen Gewerbebetrieb begründen kann.[5] Zum Abzugsverbot für den Zahlenden → Rz. 1287. Gewerbliche Einkünfte aus strafbaren Handlungen können im Übrigen aus dem Rotlichtmilieu,[6] Lobbyistentätigkeit[7] oder einer Vielzahl anderer strafbarer Handlungen stammen.[8] 822

Eigenmächtige Entnahmen des Gesellschafters aus dem vorhandenen Gesellschaftsvermögen können in der **Personengesellschaft** eine Untreue oder Unterschlagung begründen, aber keine steuerpflichtige (Sonderbetriebs-)Einnahme.[9] Anders ist dies allerdings bei Einnahmen, die der Gesellschaft zustehen und von einem Gesellschafter unberechtigt seinem eigenen Vermögen zugeführt werden.[10] Zu **vGA** im Zusammenhang mit vergleichbaren deliktischen Handlungen in der **Kapitalgesellschaft** → Rz. 1029 f. 823

b) Einkunftsarten

aa) Streit über die Einkunftsart

Gewerbliche Einkünfte wird der Stpfl. nicht erklären, wenn er auf dem Standpunkt steht, seine Tätigkeit erfülle nicht die Voraussetzungen eines Gewerbebetriebs, sondern die einer anderen Einkunftsart.[11] 824

Hier ist insbes. die **Abgrenzung** zwischen Einkünften aus Vermietung und Verpachtung und gewerblichem Grundstückshandel von praktischer Bedeutung. Die steuer- 825

---

1) FG München v. 29.8.1984, IX 69/84, EFG 1985, 71 (Veruntreuung durch Arbeitnehmer); FG Baden-Württemberg v. 28.10.1976, III 181/75, EFG 1977, 170, rkr. (Unterschlagung von Kundenschecks durch beherrschenden Gesellschafter); Weber-Grellet in L. Schmidt, 31. Aufl. 2012, § 22 EStG Rz. 133 a.E.

2) Zur Abgrenzung Stadie in Rau/Dürrwächter, § 2 UStG Rz. 172 (Juli 2011); Klenk in Sölch/Ringleb, § 2 UStG Rz. 172 (April 2010).

3) OLG Köln v. 4.3.2004, 2 Ws 702/03, NJW 2004, 3504; Spatscheck, NJW 2006, 641, 642; Salditt, PStR 2006, 33, 35.

4) Heinicke in L. Schmidt, 31. Aufl. 2012, § 4 EStG Rz. 460 „Schmiergelder".

5) BGH v. 20.7.2007, XI B 193/06, BFH/NV 2007, 1887 mit ausf. Begr., Bsp. für Gewerblichkeit BGH v. 3.7.1991, X R 163/87 u.a., BStBl II 1991, 802 (ungetreuer Bankangestellter); FG München v. 29.7.2004, 14 K 4355/01, n.v. (zur USt bei AG-Vorstand); dazu Wessing II, PStR 2005, 29.

6) Etwa BVerfG v. 12.4.1996, 2 BvL 18/93, HFR 1996, 597; BFH v. 15.3.2012, III R 30/10, DStR 2012, 1594 Vorlage zum Großen Senat wegen Qualifikation als gewerbliche oder sonstige Einkünfte bei Eigenprostitution; Kemper, ZRP 2011, 86; Mößmer/Moosburger, wistra 2008, 457; Kemper, DStR 2005, 543, 454.

7) BFH v. 11.10.2005, 5 StR 65/05, NJW 2005, 3584, 3586 (Fall Schreiber).

8) Ausf. Rolletschke in Rolletschke/Kemper, § 370 AO Rz. 258 ff. (Dezember 2006); Seipl in Beermann/Gosch, § 393 AO Rz. 100 (Januar 2006); Weyand, PStR 2012, 238 (veruntreute Mandantengelder eines RA).

9) BFH v. 22.6.2006, IV R 56/04, DStR 2006, 1788; v. 14.12.2000, IV R 16/00, NJW 2001, 1599, 1600.

10) BFH v. 14.12.2000, IV R 16/00, NJW 2001, 1599, 1600.

11) Zur Abgrenzung nichtselbständiger Einkünfte von gewerblichen Einkünften bei Fußballlizenzspielern: BGH v. 7.11.2006 5 StR 164/06, wistra 2007, 112, 115.

liche Grenzziehung hat sich im Laufe der Jahre deutlich verändert[1] und kann im Einzelfall ganz erhebliche steuerliche Auswirkungen haben, da die steuerpflichtigen Einkünfte nach ganz unterschiedlichen Regeln zu ermitteln sind. Insbesondere ist ein Veräußerungsgewinn im Rahmen des gewerblichen Grundstückshandels unbeschränkt und grds. als laufender Gewinn[2] zu ermitteln, bleibt im Rahmen der Vermietung und Verpachtung jedoch steuerfrei,[3] soweit nicht ein privates Veräußerungsgeschäft (§ 22 Nr. 2, § 23 Abs. 1 Nr. 1 EStG) vorliegt.[4] Angesichts der unklaren Abgrenzung wäre eigentlich zu erwarten, dass ein Fehler bei der Zuordnung zu einer Einkunftsart nicht den Vorwurf einer Steuerhinterziehung begründet. Dem ist jedoch nicht so.

826 Die Rechtslage ist unklar, ergibt sich nur ansatzweise aus dem Gesetz und beruht im Übrigen auf einer schwankenden, sich aber tendenziell verschärfenden Rechtsprechung. Der Stpfl., der sich auf Grund vertretbarer Rechtsauffassung auf den Standpunkt stellt, Einkünfte aus Vermietung und Verpachtung zu erzielen, macht nach der hier vertretenen Auslegung des § 370 Abs. 1 AO keine „unrichtigen Angaben über steuerlich erhebliche Tatsachen" und erfüllt daher nicht den objektiven Tatbestand der Steuerhinterziehung.[5] Dies gilt auch, wenn die Rechtsauffassung des Stpfl. nicht dem derzeitigen Stand der BFH-Rechtsprechung entspricht (str., → Rz. 71 f.).

827 Aber auch auf der Grundlage der h.M., die auf den Empfängerhorizont abstellt und daher im Zweifel Übereinstimmung der Erklärung mit der Rechtsauffassung der FinVerw. fordert (→ Rz. 65), scheidet bereits der objektive Tatbestand des § 370 Abs. 1 AO („unrichtige oder unvollständige Angaben") regelmäßig aus. Das Finanzamt ist aus den Anlagen V zu den Einkommensteuererklärungen über Anschaffung, Behaltensdauer und Veräußerung der einzelnen Objekte informiert und kennt weitere Einzelheiten, soweit nach § 9 UStG zur Umsatzsteuer optiert wird, auch aus den Umsatzsteuererklärungen und einer eventuellen Umsatzsteuer-Sonderprüfung. Da das Finanzamt auf Grund der ihm bekannten Umstände zu einer zutreffenden rechtlichen Würdigung in der Lage ist, hat der Stpfl. (vgl. allgemein → Rz. 112 ff.) seine Mitteilungspflichten in ausreichender Weise erfüllt.

828 Auf der Grundlage der h.M. kann der objektive Tatbestand einer Steuerhinterziehung allerdings gegeben sein,[6] wenn der nach strafrechtlichen Regeln, insbes. unter Berücksichtigung des Zweifelsgrundsatzes, ermittelte Sachverhalt die Voraussetzungen eines gewerblichen Grundstückshandels erfüllt und einzelne „steuerlich erhebliche Tatsachen" aus diesem Sachverhalt dem Finanzamt vorher nicht bekannt waren (→ Rz. 112). Bei dem problembewussten Stpfl., der sich um Klarheit über die Rechtslage bemüht hat, kann es darauf ankommen, ob er durch steuerlich vorteilhafte Gestaltung des Sachverhalts den gewerblichen Grundstückshandel vermeiden konnte oder ob er einzelne tatsächlich gegebene Umstände, die den gewerblichen Grundstückshandel objektiv begründen, gegenüber dem Finanzamt verschwiegen hat.

---

1) Vgl. Wacker in L. Schmidt, 31. Aufl. 2012, § 15 EStG Rz. 47 ff. mit zahlr. Nachw.
2) Wacker in L. Schmidt, 31. Aufl. 2012, § 15 EStG Rz. 78.
3) Allg. Weber-Grellet in L. Schmidt, 31. Aufl. 2012, § 2 EStG Rz. 3.
4) Die in der 5. Aufl. Rz. 898 geäußerten verfassungsrechtlichen Bedenken wegen der 1999 rückwirkend eingeführten ab 1999 zehnjährigen Spekulationsfrist sind inzwischen bestätigt worden: vgl. Weber-Grellet in L. Schmidt, 31. Aufl. 2012, § 23 EStG Rz. 3 m.w.N.; so bereits BFH v. 5.3.2001, IX B 90/00, BStBl II 2001, 405.
5) Im Erg. ebenso OLG Hamm v. 2.8.2001, 2 Ws 156/01, DStRE 2002, 1095, 1097 (kein Vorsatz wegen uneinheitlicher Rechtsprechung).
6) Erhebliche Zweifel ergeben sich allerdings an der Erfüllung des Bestimmtheitsgrundsatzes des Art. 103 Abs. 2 GG; vgl. dazu ausführlich → Rz. 1343.

Im Übrigen wird der Stpfl. auf die unklare Rechtslage verweisen, die i.d.R. eine Unkenntnis der rechtlichen Voraussetzungen und damit fehlenden Vorsatz nachvollziehbar macht (→ Rz. 441).[1] Die – grds. sehr weiten – Argumentationsmöglichkeiten im subjektiven Bereich aus der unklaren Rechtslage werden allerdings umso mehr abgeschnitten, je deutlicher die eigene Kenntnis der Rechtslage dokumentiert ist. 829

Nicht auszuschließen ist jedoch, dass wegen der erheblichen steuerlichen Auswirkungen, insbes. bei der Veräußerung von Großobjekten, sogar der Anfangsverdacht einer Steuerhinterziehung gefasst wird (→ Rz. 3375 ff.), um mit einem Durchsuchungs- und Beschlagnahmebeschluss auf die internen Unterlagen des Stpfl. (→ Rz. 3515 ff., → Rz. 3609 ff.) und seines Beraters (→ Rz. 3527) zugreifen zu können. 830

bb) Gewerbliche Einkünfte

(1) Betriebseinnahmen und Betriebsausgaben

Im Rahmen des angemeldeten Gewerbebetriebs wird eine Steuerhinterziehung regelmäßig auf der unvollständigen Erfassung von Betriebseinnahmen oder dem überhöhten Ansatz von Betriebsausgaben beruhen. 831

Betriebseinnahmen[2] können insbes. durch Nichtverbuchung von „**Schwarzerlösen**" vermindert werden.[3] Diese Erlöse werden zur Verschleierung i.d.R. bar verwendet, auf ein privates Konto eingezahlt oder als fingierte Darlehen oder Einlage verbucht.[4] Der Vorwurf einer Steuerhinterziehung durch Einnahmenverkürzung kann sogar dann begründet sein, wenn die Schwarzeinnahmen für betriebliche Schwarzausgaben verwendet werden, die Einnahmen aber vorsätzlich verkürzt werden, um das Risiko einer Versagung des Betriebsausgabenabzugs gem. § 160 AO zu vermeiden[5] (anders für den Normalfall des § 160 AO → Rz. 1292). 832

In gleicher Weise wird der Gewinn durch fehlende Erfassung von Privatentnahmen unzulässig vermindert, etwa durch den zeitweiligen Einsatz von Arbeitnehmern im **Privathaushalt**, die Nichtversteuerung des **Kfz-Privatanteils** (§ 4 Abs. 5 Nr. 6, § 6 Abs. 1 Nr. 4 EStG)[6] oder die Entnahme des betrieblichen Pkw in den Privatbereich unter dem Teilwert (§ 6 Abs. 1 Nr. 4 EStG). Nach der hier vertretenen Ansicht wird im letzten Fall lediglich die subjektive Tatsache der eigenen Werteinschätzung mitgeteilt; es kann mangels verbindlicher Regeln zur Bewertung nicht unterstellt werden, dass die FinVerw. die Ermittlung des Teilwerts auf Grund einer bestimmten Methode, etwa für Pkw anhand der sog. „Schwacke-Liste", erwartet oder gar fordert. Die Grenze zum objektiven Tatbestand der Steuerhinterziehung durch unrichtige Angaben wird daher erst überschritten, wenn der (regelmäßig in der zusammenfassenden Größe „Gewinn" enthaltene) mitgeteilte Wert von der eigenen Werteinschätzung abweicht. Indizien hierfür können schriftliche Notizen des Stpfl., ein 833

---

1) Mit dieser Begründung hat das OLG Hamm v. 2.8.2001, 2 Ws 156/01, DStRE 2002, 1095, 1097 die Nichteröffnung des Hauptverfahrens bestätigt.

2) Wenn Steuerrecht nicht nur mit den Mitteln des Strafrechts, sondern auch auf Einsicht der Steuerbürger beruhen soll, so leistet das FG Nürnberg (v. 29.7.2010, 4 K 392/2009, DStRE 2011, 227) einen besonderen Beitrag zu deren Erosion.

3) Instruktiv zu den Voraussetzungen BGH v. 11.10.2005, 5 StR 65/05, NJW 2005, 3584, 3586 (Fall Schreiber); exemplarisch zu Diskotheken Burkhard, DStZ 2001, 697; Ott, PStR 2001, 204; ohne Verf., PStR 2001, 13.

4) Vgl. BGH v. 3.6.1954, 3 StR 302/53, BGHSt 7, 336 ff.; zu Nachweismöglichkeiten und deren Grenzen ausführlich Dörn, DStR 1996, 1924.

5) BGH v. 26.1.1990, 3 StR 472/89 wistra 1990, 232.

6) Strafverfahren allein mit diesem Vorwurf, vor 15 Jahren noch völlig undenkbar, kommen bereits vor.

zeitnaher Verkauf zu einem deutlich abweichenden Preis, u.U. auch eine sehr erhebliche Abweichung von feststellbaren Marktpreisen sein (→ Rz. 71).

834 Eine überhöhte Erklärung von Betriebsausgaben kann auf der unberechtigten Verbuchung privater oder gar nicht angefallener Ausgaben, etwa unter Verwendung von Gefälligkeits- oder **Scheinrechnungen**,[1] beruhen.[2] Zur (früher umstrittenen) Verfolgbarkeit als Urkundenfälschung, wenn hierbei gefälschte oder verfälschte Belege Eingang in die Buchführung gefunden haben, → Rz. 4036 ff. Zu bedenken ist etwa, dass die Geldstrafe oder **Zahlungsauflage** am Ende eines Steuerstrafverfahrens nach § 12 Nr. 4 EStG nicht als Betriebsausgabe behandelt werden kann[3] und der dennoch vorgenommene Abzug eine neue Steuerhinterziehung begründen würde.

835 In der Geltendmachung vorgetäuschter oder überhöhter Privateinlagen kann der objektive Tatbestand einer Steuerhinterziehung liegen, soweit diese mit Betriebsausgaben zusammenhängen (z.B. bei Bezahlung angeblicher betrieblicher Verbindlichkeiten aus privaten Mitteln). Im Übrigen können neutrale Privateinlagen, die etwa mit fingierten Verwandtendarlehen oder Spielbankgewinnen erklärt werden, mittelbar auf steuerstrafrechtlich relevante Sachverhalte an anderer Stelle, z.B. auf Schwarzerlöse, hindeuten.[4]

(2) Nicht abziehbare Betriebsausgaben, insbesondere „nützliche Aufwendungen"

836 Das in der steuerstrafrechtlichen Praxis bedeutsamste Abzugsverbot für unerlaubte Zuwendungen (§ 4 Abs. 5 Nr. 10 EStG) wird ausführlich bei → Rz. 1287, → Rz. 1308 erörtert.

(3) Abschreibungen

837 Ein objektiv unzutreffender Gewinn kann sich, unabhängig von der Gewinnermittlungsart, auch aus fehlerhaften Abschreibungen ergeben. Diese können entweder von unrichtigen Anschaffungskosten ausgehen oder einen nicht gerechtfertigten Abschreibungssatz zu Grunde legen. Werden die Anschaffungskosten für gleichzeitig erworbene Wirtschaftsgüter steuerlich vorteilhaft verteilt, etwa um einen größtmöglichen Anteil der Anschaffungskosten sofort als geringwertiges Wirtschaftsgut (§ 6 Abs. 2 Satz 1 EStG) abschreiben zu können, ist zwischen einer zivilrechtlich grds. zulässigen Fixierung der Einzelpreise im Rahmen des Gesamtpreises und einer unzulässigen Gefälligkeitsrechnung, die von den zivilrechtlich vereinbarten Preisen abweicht, zu differenzieren.[5]

838 Klar überschritten wäre die Hinterziehungsgrenze durch Ausweis mehrerer nicht erworbener geringwertiger Wirtschaftsgüter oder von Reparaturarbeiten in der Rechnung an Stelle des tatsächlich erworbenen Wirtschaftsguts. Abschreibungssätze nach den amtlichen AfA-Tabellen[6] schließen strafrechtliche Vorwürfe aus, aber auch weiter gehende Abschreibungen können den objektiven Tatbestand einer Steuerhinterziehung nur erfüllen, wenn eine zwingende gesetzliche Regelung, etwa in § 7 Abs. 5 EStG, entgegensteht oder die zu Grunde gelegte Nutzungsdauer (§ 7

1) Zur Strafbarkeit des Rechnungsausstellers instruktiv BGH v. 24.6.2009, 1 StR 229/09, HFR 2010, 183; v. 17.2.1998, 5 StR 624/97, NStZ-RR 1998, 185; ausf. Samson/Langrock, wistra 2007, 161.
2) Vgl. Joecks in Franzen/Gast/Joecks, 7. Aufl. 2009, § 370 AO Rz. 145.
3) Vgl. FG Münster v. 4.10.2010, 7 K 4735/07 F, EFG 2011, 1616, Rev. VIII R 21/11 (Auflagenzahlung durch Steuerberatungs GbR).
4) Joecks in Franzen/Gast/Joecks, 7. Aufl. 2009, § 370 AO Rz. 144.
5) Zutreffend Meilicke, DB 1986, 2045, gegen Pfleger, DB 1985, 2465, 2466, und DB 1986, 925; sowie Bilsdorfer, DB 1986, 923.
6) Vgl. Kulosa in L. Schmidt, 31. Aufl. 2012, § 7 EStG Rz. 105.

Abs. 1 Satz 2 EStG) nicht mehr begründbar ist[1] und damit den Schluss auf eine bewusst unzutreffende Behandlung zulässt. Die Offenlegung der konkret vorgenommenen Abschreibungen in einer Anlage zum vorgelegten Jahresabschluss schließt den Vorwurf einer Täuschungshandlung allerdings nicht zuverlässig aus, da der Vorwurf häufig dahin konkretisiert werden kann, dass über das Vorliegen der tatsächlichen Voraussetzungen, etwa einer Sonderabschreibung nach dem Fördergebietsgesetz, getäuscht wurde[2] (allgemein zum erforderlichen Umfang der Offenlegung → Rz. 72 ff.).

(4) Bilanzposten

Die steuerlich zutreffende Gewinnermittlungsart durch Bilanzierung oder Einnahme-Überschuss-Rechnung nach § 4 Abs. 3 EStG ist steuerstrafrechtlich sowohl für die Feststellung einer Hinterziehung dem Grunde nach als auch für den Verkürzungsumfang maßgeblich[3] (näher → Rz. 863). **839**

Der nach § 4 Abs. 1, § 5 Abs. 1 EStG bilanzierende Gewerbetreibende kann den erklärten Gewinn auch dadurch verkürzen, dass er Bilanzposten unzutreffend ansetzt, indem er Aktiva nicht oder zu niedrig oder Passiva überhöht bilanziert.[4] Dem Grunde nach berechtigte, nach dem Vorsichtsprinzip bewertete Bilanzposten können eine Steuerstraftat nicht begründen. Demgegenüber könnten zu optimistische Bilanzentscheidungen die Lage des Stpfl. besser darstellen, als sie wirklich ist, und damit den strafrechtlichen Vorwurf von Bilanzdelikten begründen.[5] **840**

Ein fehlerhafter Bilanzansatz, der keine Gewinnauswirkung hat, kann dennoch mittelbar strafrechtliche Bedeutung haben. So kann etwa ein fingiertes Verwandten- oder Auslandsdarlehen, das in Wirklichkeit aus eigenen privaten Mitteln stammt, möglicherweise der Verschleierung früherer Schwarzerlöse oder der Vorbereitung künftiger Verkürzungen um angebliche Kreditzinsen dienen,[6] ein über Wert aus dem Privatvermögen eines Gesellschafters angeschafftes abnutzbares Wirtschaftsgut ermöglicht künftige unberechtigte Abschreibungen. **841**

Zur Prüfung des besonders schwierigen Bereichs der Bewertung hat sich das Finanzamt in die Rolle eines ordentlichen und damit vorsichtigen Kaufmanns zu versetzen.[7] **842**

In der Bewertung eines Bilanzansatzes kann eine Steuerhinterziehung daher erst liegen, wenn diese dem Grunde oder der Höhe nach steuerliche Bilanzierungsvorschriften verletzt, weil deren tatbestandliche Voraussetzungen nicht erfüllt sind.[8] Dabei ist zu beachten, dass die handelsrechtlichen Vorschriften des HGB i V.m. dem Maßgeblichkeitsgrundsatz (§ 5 Abs. 1 EStG) und die Vorschriften des Steuerrechts Wahlrechte und Bilanzierungsspielräume eröffnen, etwa auf Grund des Vorsichtsprinzips (§ 5 Abs. 1 Satz 1 EStG; § 252 Abs. 1 Nr. 4 Halbsatz 1 HGB). **843**

Darüber hinaus beruhen Bilanzansätze i.d.R. auf einer Prognose des Stpfl. Sie teilen im Zweifel dessen subjektive Überzeugung vom Vorliegen der Voraussetzungen mit **844**

1) Ausf. Joecks in Franzen/Gast/Joecks, 7. Aufl. 2009, § 370 AO Rz. 142 f.
2) Daher nicht immer zutreffend Joecks in Franzen/Gast/Joecks, 7. Aufl. 2009, § 370 AO Rz. 142.
3) BayObLG v. 9.11.2000, 4 St RR 126/2000, wistra 2001, 194.
4) Vgl. jew. Beispiele bei Joecks in Franzen/Gast/Joecks, 7. Aufl. 2009, § 370 AO Rz. 144; Hoffmann, DB 2004, 1169; Lohmeyer, WPg 1990, 314, 319; zur unzulässigen Übernahme von Handelsbilanz-Ansätzen Muscat, PStR 2001, 252.
5) Muscat, PStR 2006, 159.
6) Verkürzt daher Joecks in Franzen/Gast/Joecks, 7. Aufl. 2009, § 370 AO Rz. 144.
7) Lohmeyer, PStR 1998, 208.
8) Vgl. zur Rücklagenbildung unter Verstoß gegen die – in unechter Rückwirkung verschärften – Voraussetzungen des Entwicklungsländer-Steuergesetzes: BGH v. 19.10.1987, 3 StR 589/86, wistra 1988, 263, 165 ff

und erfüllen schon den objektiven Tatbestand einer Steuerhinterziehung nur, wenn dem Stpfl. bei Abgabe der Steuererklärung diese subjektive Überzeugung fehlte (allg. zum Erklärungsinhalt → Rz. 53 ff.).[1] Die häufig zu findende verkürzende Formulierung, die Maßnahme dürfe nicht „ohne sachlichen Grund" getroffen worden sein,[2] ist nur insoweit zutreffend, als die Ermittlungsbehörden subjektive Überzeugungen lediglich aus objektiven Indizien ableiten können. Diese Grundsätze gelten auf der Aktivseite etwa für eine Wertberichtigung auf Forderungen, die Teilwertabschreibung einer Beteiligung oder von Warenbeständen oder teilfertigen Arbeiten und auf der Passivseite etwa für die Bildung von Rückstellungen[3] oder Rücklagen.[4]

845 Zu beachten ist im Übrigen, dass eine Steuerverkürzung durch unzutreffende Bilanzierung im Hinblick auf den „Bilanzzusammenhang"[5] i.d.R. nur als Verkürzung auf Zeit beurteilt werden kann[6] (näher → Rz. 341 ff.). Schreibt der Stpfl. eine zweifelhafte Forderung vollständig ab, obwohl er überzeugt ist, einen bestimmten Teilbetrag noch realisieren zu können, liegt in dieser Steuerhinterziehung[7] allenfalls eine Verkürzung auf Zeit, denn die Forderung wirkt sich bei Eingang in einem späteren Veranlagungszeitraum gewinnerhöhend aus oder müsste, wenn sie endgültig ausfällt, jedenfalls in einem späteren Veranlagungszeitraum vollständig abgeschrieben werden.

846 Vom Einzelfall abhängig ist dabei die Dauer der zeitlichen Verkürzung: Diese kann sich etwa bei der Nichtaktivierung teilfertiger Arbeiten auf ein Jahr beschränken (selbst wenn in den Folgejahren jeweils andere teilfertige Arbeiten ebenfalls nicht bilanziert werden), bei der unberechtigten Teilwertabschreibung eines Grundstücks jedoch auch über viele Jahre auswirken.

847 Eine lediglich zeitliche Verkürzung im Zusammenhang mit Bilanzposten ist selbst dann gegeben, wenn etwa eine werthaltige Forderung bewusst unzutreffend wertberichtigt wird, im Folgejahr an einen Angehörigen des Stpfl. zum Buchwert veräußert und von diesem später im Privatvermögen steuerfrei eingezogen werden soll. Die Wertberichtigung müsste im Zeitpunkt der Veräußerung oder Entnahme in Höhe der Differenz zwischen Teilwert und Buchwert aufgeholt werden (§ 6 Abs. 1 Nr. 4 EStG). Geschieht dies nicht, tritt allerdings in diesem Zeitpunkt neben die ursprüngliche zeitliche Verkürzung eine Verkürzung auf Dauer.

(5) Rückstellungen für hinterzogene Betriebssteuern und Sozialabgaben

848 Der Steuerhinterzieher wird naturgemäß davon ausgehen, dass seine Tat unentdeckt bleibt. Die Frage, ob und ggf. ab wann im **Besteuerungsverfahren** für hinterzogene Betriebssteuern und Sozialversicherungsbeiträge Rückstellungen zu bilden sind, stellt sich daher erst im Rahmen der Auswertungsbescheide, die nach Aufdeckung der Steuerverkürzung ergehen.[8] Auch wenn es auf den ersten Blick nur um

1) Offen gelassen von OLG Karlsruhe v. 19.3.1986, 3 Ws 147/85, BB 1986, 1749.
2) Vgl. Lohmeyer, PStR 1998, 208, 210.
3) BGH v. 21.3.2002, 5 StR 138/01, wistra 2002, 255, 256 (unterbliebene Auflösung); OLG Karlsruhe v. 19.3.1986, 3 Ws 147/85, BB 1986, 1749, instruktiv insbes. zu den Anforderungen an den subjektiven Tatbestand gegenüber einem Steuerberater.
4) BGH v. 19.10.1987, 3 StR 589/86, wistra 1988, 263, 265 ff.
5) Näher Heinicke in L. Schmidt, 31. Aufl. 2012, § 4 EStG Rz. 695 ff.
6) BGH v. 19.10.1987, 3 StR 589/86, wistra 1988, 263, 265 ff. zur Rücklagenbildung nach dem Entwicklungsländer-Steuergesetz, BGH v. 21.3.2002, 5 StR 138/01, wistra 2002, 255, 256 gehen hierauf allerdings nicht ein; v. Wallis, DStZ 1991, 437, 441, verneint wegen des Bilanzzusammenhangs unzutreffend die Möglichkeit einer Hinterziehung.
7) RG v. 12.2.1942, 2 D 518/41, RGSt 76, 68; Joecks in Franzen/Gast/Joecks, 7. Aufl. 2009, § 370 AO Rz. 143.
8) Enger BFH v. 27.11.2001, VIII R 36/00, HFR 2002, 497 (Rückstellung einer GmbH für später festgesetzte Mehrsteuern auf Grund Fahndungsprüfung frühestens mit Beanstandung einer bestimmten Sachbehandlung durch den Prüfer).

statistische Effekte (Mehrergebnis) und zeitliche Verschiebungen geht, hat die Frage vielfach **spürbare steuerliche** Bedeutung für die Höhe der Nachzahlungs- bzw. Hinterziehungszinsen (§§ 233a, 235 AO), im Fall künftiger Verluste aus dem laufenden Geschäft u.U. auch für die Höhe der Gewerbesteuer (kein Verlustrücktrag, § 10a GewStG) und die Einkommen- oder Körperschaftsteuer (Verlustrücktrag nur im Rahmen des § 10d EStG) und kann insbes. bei punktuellen Sachverhalten zur Folge haben, dass verspätet angesetzte Rückstellungen sich überhaupt nicht auswirken. Darüber hinaus wird teilweise auch die **strafrechtliche** Verkürzungs- und Schadensberechnung (→ Rz. 867, → Rz. 873) beeinflusst.

Jahrzehntelang galt als gesichert, dass ein bilanzierender Stpfl. betriebliche Steuern und bestimmte steuerliche Nebenleistungen im Rahmen der Einkommensteuer nach allgemeinen Regeln (§ 4 Abs. 4, § 12 Nr. 3 EStG) gewinnmindernd zu berücksichtigen hatte,[1] grds. auch im Zusammenhang mit Hinterziehungssachverhalten. Nachdem die entsprechende Anweisung der EStR 1996[2] bei der Neufassung der EStR 2001 zunächst ersatzlos entfallen war,[3] vertritt die FinVerw seit etwa 2006 unter Berufung auf eine BFH-Entscheidung zu § 17 EStG[4] den Standpunkt, eine Rückstellung für Mehrsteuern auf Grund einer Steuerfahndungsprüfung sei frühestens mit der Beanstandung einer bestimmten Sachbehandlung durch den Prüfer zu bilden.[5] Diese Position hat der BFH nun bestätigt[6] und sich dabei auf eine angeblich bereits ständige Rechtsprechung berufen. **849**

Gegen diese neuere Auffassung sprechen jedoch zwei Gründe. Zum einen sind im Bilanzsteuerrecht Verbindlichkeiten, die sich dem Grunde und der Höhe nach aus dem Gesetz ergeben, auch öffentlich-rechtliche Zahlungsverpflichtungen, grds. immer im Jahr der wirtschaftlichen Verursachung zu passivieren,[7] es sei denn, diese müssen mit an Sicherheit grenzender Wahrscheinlichkeit nicht erfüllt werden. Strenger ist der BFH nur bei ungewissen Verbindlichkeiten.[8] Dies stimmt mit den gesetzlichen Bilanzvorschriften nach Handelsrecht (Vollständigkeitsgrundsatz nach § 246 Abs. 1 Satz 1 HGB) und Steuerrecht (Maßgeblichkeitsgrundsatz, § 5 Abs. 1 Satz 1 EStG) überein. Zum anderen steht die Frage der Steuerrückstellung in einem denklogisch und praktisch zwingenden Zusammenhang mit gleichzeitigen, gewinnerhöhenden Positionen in der Prüferbilanz. Zu fragen wäre daher nicht, ob der Stpfl. bei Bilanzerstellung die Steuerrückstellung hätte bilden müssen, sondern ob die FinVerw. in der **Prüferbilanz** die gewinnerhöhenden Umstände isoliert – ohne die damit untrennbar verbundenen gewinnmindernden Umstände – ansetzen darf, obwohl sie den Stpfl. damit reicher rechnet, als er jemals war. **850**

Hinter der Position von FinVerw. und BFH dürfte auch hier eine Art Streben nach größtmöglicher Nachteilszufügung zulasten des ertappten Steuerhinterziehers stehen, wie es dem Zeitgeist entspricht. **851**

Eine Umsatzsteuernachforderung steht dem Grunde und der Höhe nach bereits bei Erstellung der ursprünglichen Bilanz fest (§ 38 AO; § 13 UStG) und ist nach hier vertretener Auffassung in der Prüferbilanz ab dem Bilanzstichtag, zu dem die Steuer entstanden ist, als „sonstige Verbindlichkeit" zu berücksichtigen, auch wenn die **852**

1) Im Einzelnen Heinicke in L. Schmidt, 31. Aufl. 2012, § 4 EStG Rz. 520 „Steuern", und Loschelder in L. Schmidt, 31. Aufl. 2012, § 12 EStG Rz. 50 ff.
2) R 20 Abs. 3 Nr. 2 Satz 3 EStR 1996, BStBl I 1997 Sondernummer 1.
3) Der bisherige Abs. 3 ist entfallen, R 20 EStR 2001, BStBl I 2001, Sondernummer 2.
4) BFH v. 27.11.2001, VIII R 36/00, BStBl II 2002, 731.
5) H 4.9 „Rückstellungen für künftige Steuernachforderungen" EStR 2012/EStH 2012; OFD Koblenz v. 10.11.2005, DStZ 2006, 165.
6) BFH v. 22.8.2012, X R 23/10, BFH/NV 2012, 1877.
7) BFH v. 16.2.1996, I R 73/95, BStBl II 1996, 592 m.w.N. (zu Sozialversicherungsbeiträgen aus Schwarzlohnzahlungen); Weber-Grellet in L. Schmidt, 31. Aufl. 2012, § 5 EStG Rz. 311.
8) Weber-Grellet in L. Schmidt, 31. Aufl. 2012, § 5 EStG Rz. 361 364.

damit zusammenhängende Tat bei Bilanzerstellung noch nicht entdeckt war[1] und die Umsatzsteuer daher bewusst nicht angesetzt worden ist. Ein verkürzter Mehrumsatz ist als Bruttobetrag zu behandeln, aus dem die Umsatzsteuer herauszurechnen ist (zur weiteren Verkürzungsberechnung → Rz. 867).[2]

853 Bis einschließlich 2007 (§ 4 Abs. 5b EStG 2008) war für die Gewerbesteuernachzahlung wegen Hinterziehung gewerblicher Einkünfte nach hier vertretener Auffassung ebenfalls, unabhängig vom Zeitpunkt der Aufdeckung, im Jahr der Entstehung der Steuer eine Rückstellung in zu erwartender Höhe zu bilden.[3] Dabei hatte der Stpfl. einen Rechtsanspruch[4] auf Berechnung nach der sog. 5/6 Methode,[5] die sich allerdings im Gegensatz zur bis 1993[6] anzuwendenden 9/10-Methode meist nicht mehr zu seinen Gunsten ausgewirkt hat.[7]

854 Gezahlte „**Schwarzlöhne**" sind im Zahlungszeitpunkt unstreitig betrieblicher Aufwand. Dasselbe gilt für die hierfür entstandenen Sozialversicherungsbeiträge. Diese sind, auch in Höhe des Arbeitnehmeranteils, auf Basis einer fiktiven Nettolohnvereinbarung (§ 14 Abs. 2 Satz 2 SGB IV) durch den Arbeitgeber nachzuentrichten (§ 28g SGB IV) und stehen daher im Zeitpunkt der Bilanzerstellung dem Grunde und der Höhe nach objektiv fest. Sie sind ab dem Zeitraum, in dem sie entstanden sind, als „sonstige Verbindlichkeit" anzusetzen, auch wenn sie erst später entdeckt worden sind.[8]

855 Demgegenüber sind Rückstellungen für eine Lohnsteuerhaftungsschuld auf Grund der „Schwarzlohnzahlungen" wohl unstreitig erst ab dem Bilanzstichtag zu bilden, zu dem mit einer Inanspruchnahme zu rechnen ist.[9] Dies wird damit begründet, dass noch nicht feststeht, ob und in welcher Höhe der Stpfl. die Lohnsteuer von den Arbeitnehmern zurückfordern will und kann. Daher sind Rückstellungen i.d.R. erst ab Bilanzstichtagen möglich, welche nach Beginn der Ermittlungen liegen, die zur Aufdeckung führen,[10] nicht aber für vorhergehende Stichtage, zu denen bereits der Lohnaufwand zu berücksichtigen ist.

856 In gleicher Weise zurückzustellen sind die bis zum jeweiligen Bilanzstichtag auf betriebliche Steuern entstandenen Nachzahlungszinsen (§ 233a AO). Insoweit sehen weder § 4 Abs. 5 Nr. 8a noch § 12 Nr. 3 EStG ein Abzugsverbot vor.[11]

857 Diese Grundsätze zur Berücksichtigung verkürzter Steuern (zur Umsatzsteuer → Rz. 852, zur Gewerbesteuer → Rz. 853), steuerlicher Nebenleistungen und Sozialabgaben gelten grds. auch im Rahmen der strafrechtlichen Verkürzungsberechnung[12] zur Ermittlung des Taterfolgs (siehe das folgende Beispiel). Dies gilt insbes.

---

1) Anders zur ab 1.1.1997 nicht mehr erhobenen Vermögensteuer Abschn. 80 Abs. 3 Satz 3 VStR 1995.
2) BGH v. 12.5.1989, 3 StR 55/89, BGHR UStG 1980 § 10 Bemessungsgrundlage 1; v. 13.1.1993, 5 StR 466/92, wistra 1993, 109; v. 18.12.1991, 5 StR 599/91, wistra 1992, 103, 104.
3) BGH v. 13.1.1993, 5 StR 466/92, wistra 1993, 109, 110.
4) BFH v. 23.4.1991, VIII R 61/87, BStBl II 1991, 752.
5) Zuletzt in R 4.9 Abs. 2 Satz 2 EStR 2005, BStBl I 2005, Sondernummer 1.
6) R 20 Abs. 2 Satz 2 EStR 1987, BStBl I 1988, Sondernummer 1; in EStÄR 1990, BStBl I 1990, Sondernummer 1, nicht geändert.
7) BGH v. 15.11.1989, 3 StR 211/89, wistra 1990, 59; BGH v. 18.12.1991, 5 StR 599/91, wistra 1992, 103, 104.
8) BFH v. 16.2.1996, I R 73/95, BStBl II 1996, 592, 593; zustimmend OFD Koblenz v. 10.11.2005, DStZ 2006, 165.
9) BFH v. 16.2.1996, I R 73/95, BStBl II 1996, 592, 593.
10) BFH v. 16.2.1996, I R 73/95, BStBl II 1996, 592, 593.
11) Beachte aber BFH v. 10.11.2004, XI R 30/04, BStBl II 2005, 274.
12) BGH v. 17.4.2008, 5 StR 547/07, wistra 2008, 310, 312; v. 15.11.1989, 3 StR 211/89, wistra 1990, 59; Schmitz/Wulf in Münchener Kommentar StGB, 1. Aufl. 2010, § 370 AO Rz. 152; zustimmend OFD Koblenz v. 10.11.2005, DStZ 2006, 165.

auch für die gezahlten Schwarzlöhne[1] und für die eingeschränkte Berücksichtigung der Lohnsteuer, soweit die Schwarzlöhne in einem engen wirtschaftlichen Zusammenhang mit der vorgeworfenen Steuerverkürzung stehen, weil das Kompensationsverbot (→ Rz. 330 ff.) insoweit nicht entgegensteht.[2] Zweifelhaft und daher konkret zu prüfen ist allerdings insoweit der subjektive Tatbestand in Höhe der Ertragsteuerminderung aus dem Lohnsteueraufwand, denn der Stpfl. nimmt die überhöhte Einkommensteuer und Körperschaftsteuer bewusst in Kauf, wenn er Löhne „schwarz" bezahlt.[3] Abweichend von der bilanzsteuerlichen Behandlung ist die Ertragsteuerminderung aus der Lohnsteuer aber jedenfalls zur Schadensberechnung im Rahmen der Strafzumessung (→ Rz. 873) bereits für den Zeitpunkt der Schwarzlohnzahlung zu berücksichtigen. Hier ist zu Gunsten des Arbeitgebers davon auszugehen, dass er in Haftung genommen wird und die Betriebsausgaben auf Grund der Haftungsschuld zu einer Ertragsteuerminderung führen, deren Höhe erforderlichenfalls zu schätzen ist.[4] Der durch die Hinterziehung entstandene Steuerschaden geht daher im Ergebnis über den Differenzbetrag aus Lohnsteuer und Ertragsteuerminderung nicht hinaus.

Beispiel:[5]

Der bilanzierende Bauunternehmer B, nicht verheiratet, täuscht unter Verwendung von Scheinrechnungen im Jahr 01 Betriebsausgaben i.H.v. 100 000 € vor. Er verwendet aus diesem Betrag 70 000 € zu Schwarzlohnzahlungen an eigene Arbeitnehmer und 30 000 € zur Zahlung von Schmiergeldern an Mitarbeiter von Auftraggebern. Der in 02 erlassene Einkommensteuerbescheid für 01 legt ein zu versteuerndes Einkommen aus seinem Gewerbebetrieb von 100 000 € zu Grunde. Der Sachverhalt wird im Jahr 03 von der Steuerfahndung aufgedeckt. Es werden Lohnsteuer von 18 000 € und Sozialversicherungsbeiträge von 29 000 € (Arbeitnehmer- und Arbeitgeberanteil) nachgefordert. Der Gewerbesteuerhebesatz beträgt 400 %.

Lösungshinweise:

	strafrechtliche Verkürzungsberechnung (Taterfolg)	strafrechtliche Schadensberechnung (Strafzumessung)
zu versteuerndes Einkommen in 01 bisher	100 000	100 000
+ Scheinrechnungen	100 000	100 000
– Schwarzlöhne (§ 160 AO, → Rz. 1292 ff.)	– 70 000	– 70 000
– Schmiergeld (ab 1999, § 4 Abs. 5 Nr. 10 EStG)	0	0
– sonst. Verbindlichkeiten.: Soz.vers. Nachforderungen.	– 29 000	– 29 000
– Rückstellung Lohnsteuerhaftung	0	– 18 000
zu versteuerndes Einkommen nach Prüfung	101 000	83 000

1) BGH v. 4.5.1990, 3 StR 72/90, wistra 1991, 27, 28; v. 26.1.1990, 3 StR 472/89, wistra 1990, 232 (Zahlungen an Bardamen); vgl. auch BGH v. 20.7.1988, 3 StR 583/87, wistra 1988, 356 (Anteil des Gehilfen).

2) Ohne engen wirtschaftlichen Zusammenhang bleibt nur eine Berücksichtigung bei der Strafzumessung: BGH v. 15.11.1989, 3 StR 211/89, wistra 1990, 59 (Aushilfslöhne); v. 12.9.1990, 3 StR 446/89, HFR 1991, 496 (Schwarzlöhne); v. 17.3.2005, 5 StR 461/04, wistra 2005, 311 (Schwarzlöhne).

3) Vgl. BGH v. 24.10.1990, 3 StR 16/90, wistra 1991, 107, 108 (zur Umsatzsteuer).

4) Vgl. BGH v. 30.7.1985, 1 StR 284/85, wistra 1986, 23 f.; v. 13.5.1992, 5 StR 38/92, wistra 1992, 259; jeweils zur Berechnung der Lohnsteuerverkürzung.

5) In Anlehnung an BFH v. 16.2.1996, 1 StR 73/95, BStBl II 1996, 592.

		strafrechtliche Verkürzungs-berechnung (Taterfolg)	strafrechtliche Schadensbe-rechnung (Straf-zumessung)
ESt bisher (Grundtabelle 2012):	33 828		
ESt neu, Verkürzungsberechnung	34 248		
ESt neu, Schadensberechnung	26 688		
ESt-Änderung nach Prüfung		420	– 7 140
Steuerhinterziehung 01:			
LSt		18 000	18 000
GewSt (aus Mehr- bzw. Mindereinkommen)		140	– 2 380
ESt		420	– 7 140
Steuerverkürzung (Taterfolg)		18 560	
Steuerschaden (Strafzumessung)			8 480
(daneben: Vorenthalten von Sozialversicherungsbeiträgen, AN- und AG-Anteil, § 266a Abs. 1 und 2 StGB)[1]		29 000	29 000)

858 Die Vergleichsberechnung zeigt, dass es von erheblicher Bedeutung ist, ob die Gewinnminderung auf Grund der Lohnsteuernachforderung bei der Strafzumessung berücksichtigt wird oder nicht. Dabei kommen für die Berechnung zwei grds. gleichwertige Ansätze in Betracht:

859 – Die Gewinnminderung auf Grund der Lohnsteuernachforderung wird, wie oben in der rechten Spalte Strafzumessung, im Jahr 01 berücksichtigt. Dies kann im Rahmen des subjektiven Tatbestands geschehen, weil sich der Vorsatz nicht weiter erstreckt (→ Rz. 385) oder im Rahmen der Strafzumessung durch Ermittlung des konkret eingetretenen Schadens (→ Rz. 873).

860 – Alternativ wird die Auswirkung der Lohnsteuernachforderung in der strafrechtlichen Verkürzungsberechnung auf Einkommensteuer und Gewerbesteuer 03 berücksichtigt. Dies entspräche der steuerlichen Behandlung, würde jedoch einen zusätzlichen Berechnungsaufwand (zwei Vergleichsberechnungen für 03 ohne und mit Lohnsteueraufwand) erfordern. Außerdem stünde das konkrete Ergebnis der Verkürzung im Augenblick der Tat noch nicht fest, sondern würde von den konkreten künftigen steuerlichen Verhältnissen in 03 abhängen.

861 – Die theoretisch denkbare weitere Alternative, die Gewinnminderung auf Grund der Lohnsteuernachforderung weder in 01 noch in 03 zu berücksichtigen, kann nicht richtig sein, denn dies würde wie eine Erweiterung des Kompensationsverbots (zu diesem → Rz. 327) wirken.

(6) Nachträgliche Ausübung von Bilanzierungswahlrechten

862 Durch den Verteidiger ist zu prüfen, ob auch nach Einleitung eines Steuerstrafverfahrens noch Bilanzierungswahlrechte ausgeübt werden können. Dies ist zum steuerlichen Ausgleich von Steuernachforderungen aus einer Fahndungsprüfung ab 1999 nur noch in engen Grenzen zulässig (§ 4 Abs. 2 Satz 2 EStG)[2] und kann straf-

1) Fischer, 59. Aufl. 2012, § 266a StGB Rz. 8 ff., 19 ff.
2) Heinicke in L. Schmidt, 31. Aufl. 2012, § 4 EStG Rz. 751.

rechtlich den Verkürzungsumfang i.d.R. nicht vermindern, weil das Kompensationsverbot (→ Rz. 327) entgegensteht. Nachdem das Kompensationsverbot aber bei der Schadensberechnung zur Strafzumessung nicht anwendbar ist, kann eine Bilanzänderung auch strafrechtlich vorteilhaft sein.[1]

(7) Gewinnermittlung durch Einnahme-Überschuss-Rechnung

Die Einnahme-Überschuss-Rechnung nach § 4 Abs. 3 EStG ist nur dann Grundlage strafrechtlicher Vorwürfe, wenn keine steuerliche Pflicht zur Bilanzierung bestand (→ Rz. 839) und das Wahlrecht zur Gewinnermittlung nach § 4 Abs. 3 EStG ausgeübt worden ist,[2] was insbes. bei vollkommen fehlender Buchführung jedoch zu bezweifeln ist[3] oder noch ausgeübt werden kann.[4] **863**

Hat der Stpfl. seiner Steuererklärung die falsche Gewinnermittlungsart zu Grunde gelegt, können die erheblichen Abweichungen[5] zwischen der Bilanzierung und der Einnahme-Überschuss-Rechnung den objektiven Tatbestand einer Steuerhinterziehung begründen. Ob insoweit ein Verkürzungsvorsatz besteht, ist sorgfältig zu prüfen, kann sich aber u.U. aus einer früheren Mitteilung der Buchführungspflicht durch das Finanzamt ergeben.[6] **864**

Soweit der Gewinn strafrechtlich nach Bilanzierungsgrundsätzen festzustellen ist, müssen auch die Auswirkungen beim Wechsel der Gewinnermittlungsart berücksichtigt werden.[7] Hätte dieser Wechsel zutreffend bereits in einem länger zurückliegenden Veranlagungszeitraum vorgenommen werden müssen, ist der Gewinn nicht nur für den strafrechtlich unverjährten Zeitraum, sondern auch für den 31.12. des letzten verjährten Veranlagungszeitraums nach Bilanzierungsgrundsätzen zu ermitteln.[8] Der **Übergangsgewinn** wirkt sich in diesem Fall strafrechtlich nicht aus. **865**

Ein Gewerbetreibender, der seinen Gewinn nach § 4 Abs. 3 EStG durch Einnahmen-Überschuss-Rechnung ermittelt, kann – im Gegensatz zum bilanzierenden Stpfl. – Betriebsausgaben und Betriebseinnahmen (erst) im Jahr der Zahlung steuerlich berücksichtigen (§ 11 EStG). **866**

Werden nach aufgedeckter Steuerhinterziehung neben der Einkommensteuer auch betriebliche Steuern nachgefordert, etwa Umsatzsteuer und Gewerbesteuer bei Schwarzgeschäften oder Lohnsteuer (und Sozialversicherungsbeiträge) bei Schwarzlohnzahlungen, können steuerlich im Jahr der Entstehung keine Rückstellungen gebildet werden. Nach der Rechtsprechung sind abziehbare betriebliche Steuern (Umsatzsteuer, Gewerbesteuer, Lohnsteuer) und Sozialversicherungsbeiträge daher bei Gewinnermittlung nach § 4 Abs. 3 EStG im Rahmen der strafrechtlichen Verkürzungsberechnung nicht zu berücksichtigen,[9] selbst wenn der Beschuldigte zur Buchführung verpflichtet gewesen wäre.[10] Die Verkürzungsberechnung ergibt dadurch bei völlig identischem Sachverhalt je nach Gewinnermittlungsart erheblich divergierende Verkürzungsbeträge und benachteiligt den EinnahmeÜberschuss-Rechner gegenüber dem bilanzierenden Stpfl. meist ungerechtfertigt. **867**

Wegen des vergleichbaren Unrechtsgehalts müssten die betrieblichen Steuern und Sozialabgaben jedenfalls im Rahmen der Schadensermittlung zur Strafzumessung **868**

1) Ausf. zur Ansparrücklage Lilje/Müller, wistra 2001, 205.
2) BayObLG v. 9.11.2000, 4 St RR 126/2000, wistra 2001, 194.
3) Heinicke in L. Schmidt, 31. Aufl. 2012, § 4 EStG Rz. 6.
4) BFH v. 19.3.2009, IV R 57/07, BStBl II 2009, 659.
5) Ausf. Heinicke in L. Schmidt, 31. Aufl. 2012, § 4 EStG Rz. 370 ff.
6) So wohl BayObLG v. 9.11.2000, 4 St RR 126/2000, wistra 2001, 194.
7) Heinicke in L. Schmidt, 31. Aufl. 2012, § 4 EStG Rz. 6 und 650.
8) Unklar BayObLG v. 9.11.2000, 4 St RR 126/2000, wistra 2001, 194, 195.
9) BGH v. 7.9.1994, 5 StR 489/94, BGHR § 4 EStG Gewinnermittlung 1.
10) BGH v. 13.10.1994, 5 StR 134/94, wistra 1995, 67, 69 (keine Pflicht, im Rahmen des Strafverfahrens die Erstellung von Bilanzen nachzuholen).

berücksichtigt werden. Dies erfordert eine „Schadensberechnung" nach Bilanzierungsgrundsätzen.

Beispiel:

Sachverhalt wie im Beispiel in → Rz. 857. Der Stpfl. ist Architekt und ermittelt seinen Gewinn nach § 4 Abs. 3 EStG. Die Umsatzsteuer wird zur Vereinfachung vernachlässigt.

Lösungshinweise:

		strafrechtliche Verkürzungsberechnung (Taterfolg)	strafrechtliche Schadensberechnung (Strafzumessung)
zu versteuerndes Einkommen bisher		100 000	100 000
+ Scheinrechnungen		100 000	100 000
– Schwarzlöhne		– 70 000	– 70 000
– Schmiergeld		0	0
– sonst. Verbindlichkeiten: Soz.vers. Nachforderungen.		0	– 29 000
– Rückstellung LSt-Haftung		0	– 18 000
zu verst. Einkommen nach Prüfung		130 000	83 000
ESt bisher (Grundtabelle 2012):	33 828		
ESt neu, Verkürzungsberechnung	46 428		
ESt neu, Schadensberechnung	26 688		
ESt-Änderung nach Prüfung		12 600	– 7 140
Steuerhinterziehung 01:			
LSt		18 000	18 000
GewSt (entfällt, Freiberufler)		0	0
ESt		12 600	– 7 140
Steuerverkürzung (Taterfolg)		30 600	
Schadensberechnung (Strafzumessung)			10 860
(daneben Vorenthalten von Sozialversicherungsbeiträgen, AN- und AG-Anteil, § 266a Abs. 1 und 2 StGB)		29 000	29 000

869 Hier bleiben, ähnlich wie im Beispiel in → Rz. 857, drei Lösungsmöglichkeiten:

- Die Auswirkungen auf die Einkommensteuer werden, abweichend von der steuerlichen Berechnung, entweder beim Umfang des subjektiven Tatbestands oder als „konkret entstandener Steuerschaden" bei der Strafzumessung berücksichtigt. Die Auswirkungen können, wie das Beispiel zeigt, erheblich sein und Einfluss auf die Strafzumessung haben.
- Alternativ kann wie beim bilanzierenden Stpfl. die konkrete ertragsteuerliche Auswirkung in den jeweiligen Jahren berücksichtigt werden, in denen Lohnsteuer und Sozialversicherung tatsächlich bezahlt werden; hiergegen sprechen

allerdings praktische Probleme sowie die Ungewissheit, in welchem Jahr und bei welchen sonstigen steuerlichen Verhältnissen die Zahlungen letztlich geleistet werden; die Auswirkungen müssten daher regelmäßig geschätzt werden.

- Die Auswirkungen der Lohnsteuer und der Sozialversicherung auf die Einkommensteuer ganz unberücksichtigt zu lassen kann demgegenüber aus den oben genannten Gründen (→ Rz. 861) nicht zutreffend sein.

(8) Verkürzungsberechnung zur Ermittlung des Taterfolgs

Im Rahmen der zur Höhe des objektiven Tatbestands (→ Rz. 238) erforderlichen Verkürzungsberechnung dürfen nur vorsätzlich bewirkte Steuerverkürzungen berücksichtigt werden. Beruht der Differenzbetrag zwischen der ursprünglichen, nach Steuererklärung festgesetzten Steuer und der nachträglich ermittelten Steuer – in der Praxis sehr häufig – teilweise auf vorsätzlich verkürzten Besteuerungsgrundlagen, teilweise aber auch auf unverschuldeten Fehlern, muss wegen des progressiven Tarifs der Einkommensteuer (§ 32a EStG) bestimmt werden, welcher Teilbetrag der Steuer verkürzt worden ist. Da das Einkommensteuergesetz eine objektive Reihenfolge von Besteuerungsgrundlagen nicht vorsieht, ist nach dem Zweifelsgrundsatz zu unterstellen, dass der verkürzte Betrag mit dem geringeren Steuersatz belastet ist. Objektiv verkürzt ist danach die Einkommensteuer, die sich bei ausschließlicher Berücksichtigung der bisher festgesetzten Besteuerungsgrundlagen und der hinterzogenen Besteuerungsgrundlagen ergibt.[1] **870**

Im Übrigen konnte der Täter lediglich die sich hieraus errechnende Steuer gekannt und in seinen Vorsatz aufgenommen haben.[2] Auch der Umfang des subjektiven Tatbestands ist daher entsprechend begrenzt. **871**

Beispiel:

	€	€
Einkommen lt. bisherigem Steuerbescheid	30 000	
ESt bisher lt. Grundtabelle 2012		5 625
vorsätzlich verschwiegene Kapitaleinkünfte	3 000	
Summe	33 000	
ESt neu		6 600
wegen fehlerhafter Gesetzesanwendung bisher im Vorjahr berücksichtigter Spekulationsgewinn	80 000	
zutreffendes Einkommen lt. Steueränderungsbescheid	113 000	
ESt lt. Steueränderungsbescheid		39 288
Ergebnis: Ein Teilbetrag von (6 600 ./. 5 625)		975
der gesamten Steuernachforderung von 33 663 (39 288 ./. 5 625) ist vorsätzlich verkürzt worden.		

Unzutreffend wäre demgegenüber, die Verkürzungsberechnung von dem Steueränderungsbescheid nach Fahndungsprüfung ausgehend vorzunehmen. Eine solche Berechnung „von der Spitze her" würde zu Lasten des Beschuldigten die Progressionswirkung der unvorsätzlich entstandenen Fehler einbeziehen. **872**

1) Demgegenüber plädiert Hild, Stbg 2010, 357, für eine Verhältnisrechnung, wonach der Teil der Gesamtsteuer als verkürzt gilt, der dem Verhältnis der vorsätzlich verschwiegenen Besteuerungsgrundlagen zur Summe der Besteuerungsgrundlagen ergibt, mit der Folge generell günstigerer Ergebnisse.

2) Joecks in Franzen/Gast/Joecks, 7. Aufl. 2009, § 370 AO Rz. 61 ff.

Ergänzung des Beispiels:

	€	€
Einkommen lt. Steueränderungsbescheid	113 000	
ESt lt. Steueränderungsbescheid		39 288
abzüglich verschwiegene Einkünfte	3 000	
Einkommen ohne verschwiegene Einkünfte	110 000	
ESt auf 110 000		38 028
unzutreffend ermittelter Verkürzungsbetrag (richtig: 975).		1 260

(9) Schadensberechnung zur Strafzumessung

873 Die Grundsätze zur Schadensberechnung im Rahmen der Strafzumessung sowie die Abweichungen von der Verkürzungsberechnung sind allgemein bei → Rz. 1455 ff. dargestellt. Zu Einzelfragen im Zusammenhang mit gewerblichen Einkünften → Rz. 857.

cc) Einkünfte aus selbständiger Arbeit

874 Einkünfte aus selbständiger Arbeit werden regelmäßig nach § 4 Abs. 3 EStG durch Einnahme-Überschuss-Rechnung ermittelt, da weder auf Grund handelsrechtlicher Vorschriften noch nach § 5 Abs. 1 EStG eine Pflicht zur Buchführung besteht.[1)] Selbständig Tätige haben daher im Fall einer Steuerhinterziehung mit den oben (→ Rz. 863) geschilderten Nachteilen gegenüber bilanzierenden Stpfl. zu rechnen. Sie können jedoch jederzeit, auch nach Tatentdeckung, für die Zukunft zur Gewinnermittlung durch Bilanzierung übergehen, indem sie freiwillig Bücher führen und Abschlüsse machen (§ 4 Abs. 3 Satz 1 EStG),[2)] um ab diesem Zeitpunkt Rückstellungen für strafrechtlich relevante Steuernachzahlungen zu bilden. Zum Risiko der Gewerbesteuerhinterziehung, wenn Freiberufler neben ihren selbständigen Einkünften auch gewerbliche Einkünfte erzielen, → Rz. 1040.

dd) Einkünfte aus Land- und Forstwirtschaft

875 Die in der Praxis nicht seltenen sog. „Schätzungslandwirte", die wegen Überschreitung der Buchführungsgrenzen in § 13a EStG buchführungspflichtig wären, können nach der Rechtsprechung nicht mit den Zwangsmitteln der AO zur Gewinnermittlung (nach § 4 Abs. 1 oder § 4 Abs. 3 EStG) gezwungen werden.[3)] Kommen Land- und Forstwirte ihrer gesetzlichen Buchführungspflicht nicht nach, kann ihr Gewinn daher nur geschätzt werden. Soweit die Schätzung dabei hinter der zutreffenden Einkommensteuer zurückbleiben sollte, hat der Land- und Forstwirt nach allgemeinen Grundsätzen (→ Rz. 244 ff.) den objektiven Tatbestand einer Steuerhinterziehung durch Unterlassen verwirklicht.

ee) Einkünfte aus nicht selbständiger Arbeit

876 Typischerweise betreffen steuerstrafrechtliche Probleme im Bereich der nichtselbständigen Arbeit nicht erklärte Einkünfte aus Nebentätigkeiten[4)] oder fingierte Werbungskosten. Im Bereich der Werbungskosten betreffen eine Vielzahl von Fällen die Geltendmachung privater oder gemischter Aufwendungen (vgl. § 12 EStG), etwa von privater Literatur als Fachbuch, und der Entfernung zwischen Wohnung und Arbeitsstätte.[5)] Nicht häufig, aber von erheblicher Auswirkung im Einzelfall können

1) Wacker in L. Schmidt, 31. Aufl. 2012, § 18 EStG Rz. 156.
2) Im Einzelnen Heinicke in L. Schmidt, 31. Aufl. 2012, § 4 EStG Rz. 6.
3) BFH v. 11.8.1992, VII R 90/91, BFH/NV 1993, 346.
4) Zur rechtlich zulässigen Zahlung für Vermarktungsrechte eines Lizenzfußballers neben seinem Gehalt BGH v. 20.3.2002, 5 StR 448/01, wistra 2002, 221, 223.
5) FG Rheinland-Pfalz v. 29.3.2011, 3 K 2635/08, DStRE 2012, 114, rkr.

Einnahmen aus der Ausübung von Aktienoptionen oder Wandeldarlehen sein.[1] Eigenmächtige Überweisungen des Arbeitnehmers auf sein Privatkonto sind kein Arbeitslohn, weil diese Beträge vom Arbeitgeber nicht „gewährt" werden.[2]

Wird Einkommen des beherrschenden Gesellschafter-Geschäftsführers, das auf Grund erfolgter Gutschrift auf einem GmbH-Verrechnungskonto als zugeflossen gilt,[3] in der Einkommensteuererklärung nicht erfasst, liegt darin der objektive Tatbestand einer Steuerverkürzung i.S.d. § 370 Abs. 1 AO.[4] Wegen der diffusen und häufig überraschenden steuerrechtlichen Abgrenzungen[5] ist die Vorsatzfrage jedoch sehr sorgfältig zu prüfen. **877**

Wer im Rahmen der Steuererklärung eine im Vordruck ausdrücklich gestellte Frage zu einem Dauersachverhalt, etwa zu den Voraussetzungen einer doppelten Haushaltsführung, nicht beantwortet, weil sich der unveränderte Sachverhalt bereits aus der Vorjahreserklärung ergibt,[6] erfüllt nicht den objektiven Tatbestand einer Steuerhinterziehung. Das Finanzamt hatte jedenfalls Kenntnis, str. (→ Rz. 112). Demgegenüber ist eine unvollständige Steuererklärung, die eine Änderung steuerlich erheblicher Verhältnisse verschweigt, als objektive Steuerverkürzung zu beurteilen. Erst recht gilt dies, wenn der unzutreffende Hinweis „siehe Vorjahr" eingetragen wird.[7] **878**

In „Arbeitnehmerfällen" werden häufig vergleichsweise geringe Summen zwischen einigen hundert und einigen tausend Euro Einkommensteuer verkürzt. Wegen der klaren Nachweisbarkeit fallen die strafrechtlichen Sanktionen in Einzelfällen unangemessen hoch aus, insbes., wenn die Verfahren nicht von der Bußgeld- und Strafsachenstelle des Finanzamts abgeschlossen werden (→ Rz. 3048 ff.), sondern wegen eines vermeintlich oder tatsächlich mit der Steuerstraftat verbundenen Urkundendelikts an die StA abgegeben werden (→ Rz. 3073 ff.). Diese neigt bisweilen dazu, Exempel statuieren zu wollen. **879**

ff) Kapitaleinkünfte

(1) Rechtliche und tatsächliche Entwicklung

Bereits nach dem preußischen Einkommensteuergesetz von 1891[8] unterlagen Kapitaleinkünfte grds. der progressiven Einkommensteuer.[9] Die Doppelbesteuerung von Dividenden aus Kapitalgesellschaften mit Körperschaftsteuer und Einkommensteuer wurde mit wechselnden Regeln begrenzt und zwischen 1977 und 2000 durch das **Anrechnungsverfahren** vollständig vermieden. Grundsätzlich ab 2001 hat der Gesetzgeber die Besteuerung von Kapitalgesellschaften und deren Anteilseigner grundlegend neu geregelt und das **Halbeinkünfteverfahren** eingeführt.[10] Mit Inkrafttreten der **Abgeltungsteuer**[11] ab 2009 unterliegen Kapitaleinkünfte und Veräußerungsgewinne nun regelmäßig einem linearen Abgeltungsteuersatz von 25 % (§§ 20, 32d EStG) zzgl. Solidaritätszuschlag[12] (zu Reformen der Körperschaftsteuer → Rz. 1002). **880**

---

1) FG München v. 3.4.2009, 1 K 3721/06, DStRE 2010, 693, rkr.
2) BFH v. 13.11.2012, VI R 38/11, DStR 2013, 647.
3) Krüger in L. Schmidt, 31. Aufl. 2012, § 11 EStG Rz. 15 f.
4) FG Saarland v. 10.9.1997, 1 V 189/97, EFG 1998, 171, 172.
5) Krüger in L. Schmidt, 31. Aufl. 2012, § 11 EStG Rz. 50 „Gutschrift".
6) A.A. v. Wedelstädt, DB 1990, 2141 zur doppelten Haushaltsführung eines ausländischen Arbeitnehmers.
7) Vgl. FG Saarland v. 14.10.1993, 1 K 389/92, EFG 1994, 275, 276, rkr. (zur Wohnraumfläche).
8) Harenberg in H/H/R, § 20 EStG Rz. 2 (Februar 2010).
9) Statt aller Streck, DStR 1993, 342, 344 f.
10) Steuersenkungsgesetz v. 23.10.2000, BGBl. I 2000, 1433 = BStBl I 2000, 1428.
11) Unternehmensteuerreformgesetz 2008 v. 14.8.2007, BGBl. I 2007, 1912 = BStBl I 2007, 630.
12) Gute Übersicht, auch zu Übergangsregelungen: Weber-Grellet in L. Schmidt, 31. Aufl. 2012, § 20 EStG Rz. 1.

881 In der Praxis wurden und werden Kapitaleinkünfte nicht vollständig erfasst.[1] Die vom BVerfG[2] erzwungenen Änderungen, insb. die Einführung des Zinsabschlags ab 1993 (§ 43 Abs. 1 Nr. 7 EStG 1993), konnten daran nichts Grundlegendes ändern, sondern führten zur Flucht von erheblichen Anlagevermögen in das benachbarte Ausland.[3] Auch die Verfolgung zahlreicher Anleger in den Bankenverfahren der 90er Jahre,[4] die Steueramnestie 2004/2005,[5] die Einführung der Abgeltungsteuer ab 2009[6] und die Ermittlungen auf der Grundlage „entwendeter" ausländischer Bankdaten[7] (→ Rz. 4116) haben trotz vermeintlich eindrucksvoller Ergebnisse wohl nur an der Oberfläche „gekratzt". Die Ursachen hierfür mögen sehr vielfältig sein. Als Konstante taucht jedoch immer wieder ein tief sitzendes Misstrauen in die Verlässlichkeit der Regeln zur **Selbstanzeige** auf, eine Sorge, die früher meist grundlos war,[8] seit der Änderung des § 371 AO im Jahr 2011[9] aber ihre Berechtigung hat. Daneben steht der Gerechtigkeitsaspekt, der durch die inflationsbedingte **Substanzbesteuerung**[10] vielfach als verletzt angesehen wird.[11]

(2) Verfassungsrechtliche Grundlagen

882 1991 veranlassten die damaligen rechtlichen und tatsächlichen Erhebungsdefizite das Bundesverfassungsgericht, die Verfassungsmäßigkeit der Besteuerung von Kapitaleinkünften für das Streitjahr 1981 zu bezweifeln, für den Entscheidungszeitpunkt zu verneinen und eine gesetzliche Neuregelung zum 1.1.1993 zu fordern,[12] da die Erhebungspraxis zu unzulässigen Ungleichbehandlungen führe und damit ein strukturelles Vollzugsdefizit begründe. Die in der Literatur verbreitet geäußerten Bedenken, wonach die Besteuerung aus § 20 EStG auch für die folgenden Jahre insgesamt als **verfassungswidrig** anzusehen ist,[13] wurden vom BFH nicht geteilt.[14] Zur Verfassungswidrigkeit der Besteuerung von Spekulationsgewinnen für 1997 und 1998 → Rz. 922.

1) Streck, DStR 1993, 342, schätzte, dass 90 % der Steuerbürger es hinsichtlich dieser Steuer nicht so genau nahmen; auch die in BVerfG v. 27.6.1991, 2 BvR 1493/89, BStBl II 1991, 654, 666, wiedergegebenen Schätzungen gehen von jedenfalls 50 % nicht versteuerten Kapitaleinkünften aus.
2) BVerfG v. 27.6.1991, 2 BvR 1493/89, BStBl II 1991, 654, 666 und 670.
3) Schätzungen der abgezogenen Beträge belaufen sich nach Klos, DStZ 1996, 32 Fn. 4, auf umgerechnet etwa 150 Mrd. €, nach einer Meldung der Süddeutschen Zeitung v. 24.3.1999 sogar auf umgerechnet 150 bis 300 Mrd. €; die gesamten Schwarzgeldanlagen – im Sinne von Anlagen mit unversteuerten Kapitaleinkünften – deutscher Stpfl. im Ausland sollen zwischen 350 und 500 Mrd. € betragen: Vater, IWB 2003, 770.
4) Vgl. Vorauflage, Rz. 4083 ff. und Fazit in Rz. 5391; Salditt, Stbg 2003, 557, 558.
5) Vorauflage, Rz. 5374 ff.
6) Unternehmensteuerreformgesetz v. 14.8.2007, BGBl. I 2007, 1912 = BStBl I 2007, 630.
7) BVerfG v. 9.11.2010, 2 BvR 2101/09, NJW 2011, 2417; Streck, NJW 2010, 1326; Schünemann, NStZ 2008, 305; Jungbluth/Stepputat, DStZ 2010, 781; Esskandari/Kische, AO-StB 2010, 67.
8) Vgl. Vorauflage, Rz. 5405 ff.
9) Schwarzgeldbekämpfungsgesetz v. 28.4.2011, BGBl. I 2011, 676 = BStBl I 2011, 495.
10) Inflation und Steuer dürften in der Vergangenheit jedenfalls bei festverzinslichen Anlagen meist den Nominalbetrag der Einnahmen überstiegen haben.
11) Das Nominalprinzip „Mark gleich Mark" ist in der Vergangenheit verfassungsrechtlich nicht beanstandet worden (BVerfG v. 19.12.1978, 1 BvR 335/76 u.a., BStBl II 1979, 308; BFH v. 27.6.1996, VIII B 102/95, BFH/NV 1996, 921), doch dies müsste den Gesetzgeber nicht an einer Berücksichtigung von Fragen der Steuergerechtigkeit hindern; vgl. wird Harenberg in H/H/R, § 20 EStG Rz. 6 (Februar 2010).
12) BVerfG v. 27.6.1991, 2 BvR 1493/89, BStBl II 1991, 654, 666 und 670.
13) Harenberg in H/H/R, § 20 EStG Rz. 7 m.w.N. (Februar 2010); unter steuerstrafrechtlichen Gesichtspunkten ausführlich Bornheim/Birkenstock, 259, 260 ff.
14) BFH v. 18.2.1997, VIII R 33/95, BStBl II 1997, 499.

(3) Kapitaleinkünfte aus Geldanlagen

Spätestens seit den 1994 einsetzenden zahlreichen Durchsuchungen von Kreditinstituten wird in der Nichterklärung von Kapitaleinkünften aus Geldanlagen von den Ermittlungsbehörden generell eine vorsätzliche Steuerhinterziehung gesehen.[1] Bei der Ermittlung der Einkünfte sind die **Werbungskosten** nach den allgemeinen Grundsätzen des § 9 Abs. 1 Satz 1 EStG zu berücksichtigen, jedenfalls bis 2008 (anders § 20 Abs. 9 EStG ab 2009). Diese Aufwendungen müssen **veranlasst** sein durch die Tätigkeit zur Erzielung steuerpflichtiger Einnahmen, demgegenüber wären Notwendigkeit, Zweckmäßigkeit oder Üblichkeit bedeutungslos.[2] Werbungskosten sind daher auch Bankgebühren,[3] Managementvergütungen und bei Anlage über eine Treuhandstiftung auch die Kosten der Stiftungsverwaltung.[4] Der Veranlassungszusammenhang kann nicht allein mit der Behauptung, es handle sich um Kosten der Steuerhinterziehung, verneint werden. Der Berücksichtigung von **Steueranrechnungsbeträgen** bei der Steuerfestsetzung können verfahrensrechtliche Hürden entgegenstehen.[5] Dies steht jedoch einer Berücksichtigung im Rahmen der strafrechtlichen Verkürzungsberechnung nicht entgegenstehen, weil der Abzug im Zeitpunkt der Tat materiell-rechtlich ohne Weiteres möglich gewesen wäre, [6] ohne dass es auf das Vorliegen von Bescheinigungen ankäme.[7] Auch eine steuerliche **Schätzung**[8] von Kapitaleinkünften kann nicht unbesehen in das Strafverfahren übernommen werden (→ Rz. 259). 883

Gab ein unbeschränkt Stpfl. Zinseinnahmen auf einem Schweizer Bankkonto nicht an, weil er von seinem Steuerberater dahingehend informiert worden ist, dass diese Einkünfte nach dem DBA-Schweiz im Inland nicht versteuert werden müssen, unterlag er einem vorsatzausschließenden Tatbestandsirrtum (→ Rz. 453).[9] Er musste sich aber möglicherweise dem Vorwurf leichtfertiger Steuerverkürzung (§ 378 Abs. 1 AO) aussetzen.[10] Allerdings dürfte die Überzeugungskraft einer solchen Einlassung im Hinblick auf die langjährige Presseberichterstattung inzwischen sehr gering sein. Ohnehin konnte in den 80er-Jahren, als die Steuerpflicht von Kapitaleinkünften noch nicht in das allgemeine Bewusstsein gedrungen war (damals verbreitete Auffassung: „Das habe ich doch schon einmal versteuert"), die Frage des Vorsatzes im Einzelfall durchaus zweifelhaft sein. Bei einem unbeschränkt steuerpflichtigen Ausländer können sich auch heute noch Zweifel einstellen, wenn dieser Geld im Heimatland angelegt und die Quellenbesteuerung des Heimatlandes in 884

1) Etwa BVerfG v. 20.4.2004, 2 BvR 2043/03 u.a., wistra 2005, 21 (Hinweise auf gezielte Anonymisierung); FG Baden-Württemberg v. 3.5.1999, 12 V 11/99, EFG 1999, 810, rkr. (teilweise erfolgte Erklärung von Kapitaleinkünften).
2) Loschelder in L. Schmidt, 31. Aufl. 2012, § 9 EStG Rz. 20.
3) FG Baden-Württemberg v. 7.3.2007, 13 K 9/07, EFG 2007, 925.
4) A.A. FG Hamburg v. 12.10.2011, 3 V 117/11, EFG 2012, 906, 907, rkr.
5) BayLfSt v. 2.12.2008, DStR 2009, 803.
6) Im Erg. ebenso BayLfSt v. 2.12.2008, DStR 2009, 803 (keine Hinterziehung bei ursprünglichem Anrechnungsüberhang).
7) Ausf. Wulf, Stbg 2009, 133.
8) BFH v. 19.10.2011, X R 65/09, BStBl II 2012, 345 Rz. 67, 69 (Depotgebühren als Schätzungsgrundlage, ansammeln ohne Verwendung nicht lebensnah); v. 7.11.2006, VIII R 81/04, DStRE 2007, 648, 649; v. 21.1.2005, VIII B 163/03, BFH/NV 2005, 835 (hohe Bargeldbewegungen); FG Münster v. 24.4.2012, 6 K 4728/09 E, EFG 2012, 1764; FG Baden-Württemberg v. 26.11.2010, 10 K 43/10, EFG 2011 804, rkr. (hohe Einnahmen und fehlende Mitwirkung); FG Hessen v. 26.2.2007, 8 K 3393/06, AO-StB 2008, 268, rkr.; FG Hamburg v. 6.4.2006, V 176/02, EFG 2006, 1638, rkr. (Transfer nach Luxemburg); FG Niedersachsen v. 27.5.2003, 1 K 252/01, EFG 2003, 1439, rkr. (Bankenfahndungsfall).
9) BayObLG v. 30.1.1990, 4 St 132/89, DStR 1990, 310.
10) Vorinstanz zu BayObLG v. 30.1.1990, 4 St 132/89, DStR 1990, 310.

der irrigen Ansicht hingenommen hat, damit sei die Steuer auch in Deutschland abgegolten.[1)]

885 Werden Kapitaleinkünfte aus einem Wertpapierdepot, das auf den Namen des Stpfl. angelegt ist, nicht versteuert, weil die Papiere treuhänderisch für einen Dritten verwaltet werden, ist weder steuerlich noch strafrechtlich von einer Steuerpflicht des nominellen Inhabers auszugehen. Dies gilt jedenfalls, wenn objektive Anhaltspunkte für die Treuhänderstellung bestehen, selbst wenn die Nachweisanforderungen nach § 159 AO nicht erfüllt werden können.[2)] Die nicht näher belegte Behauptung, es handle sich um die schwarze Kasse eines Unternehmens[3)] oder gar um Anlagen für nicht näher bezeichnete Dritte,[4)] genügt aber naturgemäß nicht. Hat der Treugeber die Erträge ebenfalls nicht versteuert, kommt aber Hinterziehung durch diesen oder zu dessen Gunsten in Betracht[5)] (zur Strohmannproblematik im gewerblichen Bereich → Rz. 814).

886 Freistellungsaufträge mit unzutreffendem Inhalt oder insgesamt zu hohen Beträgen können die Grenze einer Steuerhinterziehung (in Form des Erlangens „nicht gerechtfertigter Steuervorteile", § 370 Abs. 1 Alt. 2 AO) überschreiten,[6)] dürften in der Praxis aber nicht verfolgt werden.

887 In der öffentlichen und politischen Diskussion wird das Phänomen der Steuerhinterziehung seit Jahren fast ausschließlich als Nichtversteuerung von ausländischen Kapitaleinkünften wahrgenommen, sicherlich mitverursacht durch die Pressearbeit im Zusammenhang mit dem Ankauf ausländischer Bankdaten (→ Rz. 4116). Dies dürfte ein wesentlicher Grund für die **strafverschärfenden Tendenzen** im Steuerstrafrecht auf allen Ebenen von Gesetzgebung, Rechtsprechung und Praxis der FinBeh sein.

888 Das Verbringen von Geld in das Ausland (zu möglichen Anmeldepflichten → Rz. 2567) und die Geldanlage im Ausland sind zulässig und können für sich nicht den Anfangsverdacht einer Steuerhinterziehung begründen.[7)] Steuerstrafrechtliche Vorwürfe können nur erhoben werden, wenn Kapitaleinkünfte aus dieser Geldanlage im Rahmen der Einkommensteuererklärung nicht angegeben werden.[8)] Die Rechtsprechung hält die Verwendung angekaufter ausländischer Datenbestände im Besteuerungs- und im Strafverfahren auch dann für verwertbar, wenn diese illegal entstanden sein sollten[9)] (→ Rz. 4116). Insoweit darf der Zweck die Mittel heiligen.

889 Dabei treten in der Praxis neben der Anlage auf **Namens-** oder **Nummernkonten**[10)] immer wieder besondere Konstellationen auf. **Lebensversicherungsverträge**, die

1) FG Münster v. 23.4.2008, 12 K 6282/04 E, EFG 2008, 1385, rkr.; v. 5.9.2007, 1 K 1544/04 E, AO-StB 2008, 98, rkr. (Leichtfertigkeit); FG Düsseldorf v. 8.8.2003, 10 V 3341/03 A(E), DStRE 2003, 1468, rkr.

2) FG München v. 26.11.1997, 1 K 805/92, EFG 1998, 524, rkr.; vgl. aber auch FG München v. 2.12.2002, 1 V 2055/02 und 1 V 2091/02, EFG 2003, 438, rkr.; FG Berlin-Brandenburg v. 6.12.2007, 13 K 2247/04 B, AO-StB 2008, 209, rkr.

3) BFH v. 19.10.2011, X R 65/09, BStBl II 2012, 345 Rz. 63.

4) FG Münster v. 17.9.2003, 10 K 3637/01, EFG 2004, 239 (bei StB aufgefundene Unterlagen eines Nummernkontos).

5) FG Rheinland-Pfalz v. 29.4.2008, 5 K 2200/05, DStRE 2009, 345, 346, rkr. (Geldanlage auf den Namen der Kinder).

6) Streck, DStR 1993, 342, 346.

7) Klos, DStZ 1996, 32, 36, gegen Weyand, zit. bei Klos.

8) Streck, DStR 1993, 342; Klos, DStZ 1996, 32, 35.

9) BVerfG v. 9.11.2010, 2 BvR 2101/09, NJW 2011, 2417; FG Köln v. 15.12.2010, 14 V 2484/10, DStRE 2011, 1076, rkr.; vgl. zum Sachverhalt ms in KÖSDI 2012, 17917; mit ausf. Nachw. auch zur Literatur Rolletschke in Graf/Jäger/Wittig, § 370 AO Rz. 552; ähnlich Schweizerisches Bundesgericht v. 2.10.2007, 2 C 514/2007, IStR 2012, 774, 775 (Stiftungsdaten eines liechtensteinischen Treuhänders sind steuerlich verwertbar).

10) Für diese gelten steuerlich keine Besonderheiten, doch kann die Feststellung des Kontoinhabers naturgemäß schwierig sein.

den jeweiligen gesetzlichen Anforderungen des deutschen EStG nach § 20 Abs. 1 Nr. 6 Satz 1 bis 4 entsprechen, können auch bei ausländischen Versicherungen abgeschlossen werden und sind anzuerkennen.[1] Sie waren und sind grds. geeignet, zwischen Vertragsabschluss und Fälligkeit der Versicherungssumme das Entstehen neuer steuerpflichtiger Einkünfte zu vermeiden und können damit eine geeignete **Fluchtstrategie** aus der Steuerhinterziehung darstellen.[2] Falls aber eine gesonderte Verwaltung der Kapitalanlagen vereinbart ist und der wirtschaftlich Berechtigte selbst über Umschichtungen entscheiden kann, sieht § 20 Abs. 1 Nr. 6 Satz 5 EStG für diese sog. „Lebensversicherungsmäntel" oder „**vermögensverwaltenden Versicherungsverträge**" ab 2009 bei dem wirtschaftlich Berechtigten eine laufende Steuerpflicht der Versicherungserträge vor.[3]

Auch bei **ausländischen Stiftungen**[4] ist zu unterscheiden. In der Praxis können diese ihre wesentlichen Entscheidungen, etwa über die Geldanlage und die Verwendung des Stiftungsvermögens, meist nicht frei treffen. Sie sind dann als „**Treuhandstiftung**"[5] zu beurteilen. Wichtige Anhaltspunkte können das Beistatut oder die Existenz eines Mandatsvertrags sein,[6] im Übrigen die tatsächliche Handhabung. Als Indizien geeignet wären eine Bankvollmacht für den Begünstigten, die Zahlung erheblicher deutscher Steuern aus dem Stiftungsvermögen oder eine effektive Stiftungsauflösung.[7] Eine Treuhandstiftung wird als **transparent** behandelt, ihre Einkünfte werden dem Stifter oder Begünstigten ebenso zugerechnet wie bei einem eigenen Bankkonto (zur Erbschaftsteuer → Rz. 1048) und sind von diesem, unbeschränkte deutsche Steuerpflicht vorausgesetzt, nach § 20 EStG zu versteuern.[8] Im Detail ist vieles ungeklärt.[9] Die steuerliche Beweislast liegt bei der FinBeh, aber Hinweise auf einem angekauften Datenbestand können hierfür ausreichen, insbes., wenn der Betroffene sich ungeschickt äußert und im Übrigen nur bestreitet.[10] **890**

Falls die Stiftung ausnahmsweise tatsächlich und rechtlich frei über ihr Vermögen verfügen kann, ist sie eine „**echte Stiftung**", die grds. selbst Einkünfte aus dem Stiftungsvermögen erzielt (zur Erbschaftsteuer → Rz. 1047). Dieser Vorteil wurde jedoch für ausländische Familienstiftungen zunächst dadurch beseitigt dass die Stiftungserträge für Zwecke der deutschen Besteuerung über **§ 15 AStG** ihrem inländischen Stifter oder Begünstigten zugerechnet werden mussten.[11] Mit Anfü- **891**

1) Weber-Grellet in Schmidt L., 31. Aufl. 2012, § 20 EStG Rz. 92 ff.
2) Allgemein zu Fluchtstrategien Korts, Stbg 2012, 11.
3) Weber-Grellet in Schmidt L., 31. Aufl. 2012, § 20 EStG Rz. 96.
4) Allg. zur liechtensteinischen Stiftung Rolletschke in Graf/Jäger/Wittig, 2011, § 370 AO Rz. 544.
5) Ausf. Streck/Spatscheck, 4. Aufl. 2006, Rz. 1406.
6) BFH v. 22.12.2010, I R 84/09, HFR 2011, 631, 632; Streck/Spatscheck, 4. Aufl. 2006, Rz. 1408; Schütz, DB 2008, 603, 604; vgl. auch Sachverhalt bei BFH v. 28.6.2007, II R 21/05, BStBl II 2007, 669 und BMF v. 16.9.2004, IV A 4 – S 1928 – 120/04, n.v., Frage 19 (ergänzte Fragen und Antworten zum StraBEG).
7) Vgl. Rolletschke in Graf/Jäger/Wittig, 2011, § 370 AO Rz. 546.
8) BFH v. 22.12.2010, I R 84/09, HFR 2011, 631, 632; Schütz, DB 2008, 603, 605; BMF v. 20.7.2004, DStR 2004, 1387, Frage 19 (Fragen und Antworten zum StraBEG); a.A., aber nicht überzeugend, Daragan, DB 2011, 2223.
9) FG Hamburg v. 12.10.2011, 3 V 117/11, EFG 2012, 906, 907, rkr., erkennt die Kosten der Stiftung im Eilverfahren nicht als Werbungskosten für deren Kapitaleinkünfte an; die Nichtanerkennung von Schuldzinsen der Stiftung dürfte mit den untypischen Barabhebungen zusammenhängen.
10) BFH v. 27.6.2011, VIII B 22/11, BFH/NV 2011, 1691 und Vorinstanz FG Baden-Württemberg v. 27.1.2011, 13 K 5726/08, DStRE 2012, 1208; CW, PStR 2011, 300.
11) Zur Rangfolge der Vorschriften BFH v. 22.12.2010, I R 84/09, HFR 2011, 631, 632. Zur Kumulation der Steuerbelastungen Streck/Spatscheck, 4. Aufl. 2006, Rz. 1406; krit. Hey, IStR 2009, 181.

gung des Abs. 6 durch JStG 2009 können Erträge von Stiftungen in der EU oder EWR mit Ausnahme von Liechtenstein nun nicht mehr zugerechnet werden. Auch Stiftungen des EWR-Mitglieds Liechtenstein sind dieser Zurechnung mit Inkrafttreten des Abkommens über den Informationsaustausch in Steuersachen[1] entzogen (vgl. § 15 Abs. 6 Nr. 2 AStG).[2] Hinzu kommt bei allen **inländischen** Stiftungen die Besteuerung der **Leistungen** an den Stifter oder seine Angehörigen als Kapitaleinkünfte nach § 20 Abs. 1 Nr. 9 Satz 1 EStG.[3] Ob Leistungen **ausländischer** Stiftungen ebenfalls von dieser Vorschrift oder von § 22 Nr. 1 EStG erfasst wurden, war umstritten[4] und wurde vom Gesetzgeber mit JStG 2010[5] bejaht (§ 20 Abs. 1 Nr. 9 Satz 2; § 52 Abs. 37 Satz 2 EStG).[6] Dasselbe soll auch gelten, wenn die Leistungen anlässlich der **Auflösung** der Stiftung erbracht werden, unabhängig von der Schenkungsteuer nach § 7 Abs. 1 Nr. 9 ErbStG[7] (→ Rz. 1047).

892 Steuerlich und strafrechtlich noch weitgehend ungelöst sind Anlagen in sog. „intransparente" oder **„schwarze" Investmentfonds**. Es handelt sich hierbei um ausländische Investmentvermögen[8] (§ 1 Abs. 1 Nr. 3 InvStG), die im Inland nicht registriert sind oder die jedenfalls ihre Informationspflichten aus §§ 17, 18 Abs. 2 AIG (Rechtslage bis 2003) oder § 5 InvStG (Rechtslage ab 2004) nicht erfüllen. Anlagen in diesen Fonds werden nach **§ 6 InvStG** auf Grundlage fiktiver Einkünfte besteuert, die mit 6 % Mindestrendite bzw. 70 % der Wertsteigerungen meist weit über den tatsächlichen Einkünften des jeweiligen Jahres liegen.[9] Wenn die Anlage darüber hinaus, wie seit einem Jahrzehnt üblich, starken Wertschwankungen unterliegt, führen die Regelungen zu einer Übermaßbesteuerung. Nach **§ 18 Abs. 3 AIG** waren die fiktiven Werte mit 10 % oder 20 % Mindestrendite bzw. 90 % der Wertsteigerungen, noch sehr viel weiter von den tatsächlichen Erträgen entfernt. Die Regelungen des § 18 Abs. 3 **AIG** sind vom BFH bereits zweimal als offensichtlich **europarechtswidrig** verworfen worden[10] mit der Folge, dass steuerlich die tatsächlichen Erträge, ggf. in zu schätzender Höhe,[11] anzusetzen sind. Die FinVerw. ist bisher allerdings lediglich bereit, diese Entscheidungen auf EU-/EWR-Fonds anzuwenden,[12] jedoch nicht auf Fonds aus Drittstaaten,[13] und will die Entscheidung des BFH in einem noch

1) Bek. über das Inkrafttreten v. 9.2.2011, BStBl I 2011, 292.
2) Zur grds. Zulässigkeit der gesetzlichen Diskriminierung EuGH v. 28.10.2010, C-72/09, DB 2010, 2483; die mit Jahressteuergesetz 2013, BR-Drucks. 302/12 v. 25.5.2012, vorgesehene Änderung des § 15 Abs. 6 AStG ist zunächst gescheitert.
3) BMF v. 27.6.2006, BStBl I 2006, 417.
4) Milatz/Herbst, BB 2011, 1500, 1504; Kessler/Müller, DStR 2011, 614; Schütz, DB 2008, 603, 606.
5) Jahressteuergesetz 2010 v. 8.12.2010, BGBl. I 2010, 1768.
6) Weber-Grellet in L. Schmidt, 31. Aufl. 2012, § 20 EStG Rz. 115; zum Verhältnis zu § 15 AStG Milatz/Herbst, BB 2011, 1500, 1501, 1503.
7) Zum Verhältnis zum ErbStG Milatz/Herbst, BB 2011, 1500, 1503.
8) Bei Anlage in fondsähnlichen ausländischen Gesellschaften oder Sondervermögen, welche nicht die formellen und materiellen Voraussetzungen des § 2 Abs. 8 und 9 InvStG erfüllen, erfolgt die Anlegerbesteuerung nicht nach dem InvStG: Lübbehüsen in Berger/Steck/Lübbehüsen, vor § 1 InvStG Rz. 15.
9) Zur exorbitanten Steuerbelastung vgl. den SV bei BFH v. 18.11.2008, VIII R 24/07, BStBl II 2009, 518.
10) BFH v. 25.8.2009, I R 88, 89/07, HFR 2010, 6; v. 18.11.2008, VIII R 24/07, BStBl II 2009, 518; zuvor bereits v. 14.9.2005, VIII B 40/05, IStR 2005, 173; zur Unanwendbarkeit der Fortbestandsgarantie aus Art. 57 Abs. 1 EGV Wassermeyer/Schönfeld, IStR 2006, 411, 413.
11) Vgl. FG Düsseldorf v. 3.5.2012, 16 K 3383/10 F, IStR 2012, 663 (Verständigung auf 4 % der Rücknahmepreise); die Behandlung von Drittstaatenfonds entsprechend § 6 InvStG ist ernstlich zweifelhaft, FG Hamburg v. 12.10.2011, 3 V 117/11, EFG 2012, 906, rkr. (Schätzung des FG mit 5 % jährlich).
12) BMF v. 6.7.2009, IV C 1 – S 1980-a/07/0001, BStBl I 2009, 770.
13) LFD Thüringen v. 9.3.2010, DStR 2010, 1338 (dem Vernehmen nach bundeseinheitlich abgestimmt); sehr krit. dazu Rehm/Nagler, IStR 2011, 622.

anhängigen Verfahren abwarten.[1] Auch gegen die ab 1.1.2004 geltende Neuregelung des **InvStG** bestehen europarechtliche Zweifel.[2] **Strafrechtlich** ist zu beachten, dass die fiktiven Bemessungsgrundlagen die Vorstellungen des Anlegers weit übersteigen und deshalb nicht von dessen Vorsatz umfasst sind.[3] Als Hinterziehungsbetrag können allenfalls die tatsächlichen Erträge – notfalls in geschätzter Höhe unter Beachtung des Zweifelsgrundsatzes – vorgeworfen werden. Dies wird in der bisherigen Praxis überwiegend respektiert.

Mit Einführung der **Abgeltungsteuer** ab 2009 sieht § 32 Abs. 1 EStG für Kapitaleinkünfte aller Art – mit wichtigen Ausnahmen in § 32d Abs. 2 EStG – einen linearen Steuersatz von 25% zzgl. Solidaritätszuschlag und ggf. Kirchensteuer vor. Allerdings sind die Regelungen der Abgeltungsteuer für die Praxis so kompliziert geworden, dass der Anleger die Besteuerungsgrundlagen nur mehr auf Grundlage einer entsprechenden **Bankbescheinigung** oder mit aufwendiger Unterstützung seines steuerlichen Beraters ermitteln könnte. Dies ist für inländische Anlagen nur ausnahmsweise relevant, falls der Ausnahmebereich in § 32d Abs. 2 EStG berührt ist oder die Steuerfestsetzung nach § 32d Abs. 4 EStG beantragt werden soll. Es gilt jedoch immer für ausländische Anlagen (§ 32d Abs. 3 EStG). **893**

Fremdwährungsanlagen sind nach Auffassung des BFH jeweils zum Anschaffungs- und Veräußerungszeitpunkt in Euro umzurechnen.[4] Dieses Umrechnungsergebnis kann etwa im Verhältnis Euro/US-Dollar ganz erheblich nach oben oder unten von einer Umrechnung des in Dollar ermittelten Saldos abweichen. **894**

(4) Ertragsteuerliche Pflichten des Erben als Gesamtrechtsnachfolger

Neben den erbschaftsteuerlichen Folgen (→ Rz. 1046) bestehen für den Erben als Gesamtrechtsnachfolger des Erblassers auch ertragsteuerliche Pflichten. Verletzt er diese, weichen die strafrechtlichen Konsequenzen für ihn teilweise erheblich von der Situation des Erblassers ab.[5] In der Praxis werden zunehmend Erben in Steuerstrafverfahren verwickelt. Dies hängt mit der Aufdeckung von Kapitalvermögen durch die Bankenermittlungen der Steuerfahndung seit 1994 und dem Ankauf von Steuerdaten ausländischer Banken seit 2008 zusammen. **895**

Der Erbe tritt, im Gegensatz zu Vermächtnisnehmern und Pflichtteilsberechtigten, als Gesamtrechtsnachfolger gem. § 1922 Abs. 1 BGB grds. in alle Rechte und Pflichten des Erblassers ein. Hierzu gehören die Forderungen und Schulden aus dem Steuerschuldverhältnis (§ 45 Abs. 1 AO). Über den Wortlaut dieser Vorschrift hinaus tritt der Erbe nach st. Rechtsprechung auch sonst in die gesamte materiell-rechtliche und verfahrensrechtliche Stellung des Rechtsvorgängers ein.[6] **896**

Der Erbe ist unstreitig zur Abgabe von Steuererklärungen für die auf ihn übergegangenen Steuern verpflichtet, soweit der Erblasser diese noch nicht abgegeben hat. Die Pflicht zur Nachholung von Steuererklärungen bis zur Grenze der Festsetzungsverjährung (→ Rz. 900) entsteht nach überwiegender Auffassung neu in seiner Person, weil er gem. § 45 Abs 1 AO selbst Stpfl. hinsichtlich dieser Steuern gewor- **897**

1) Az. VIII R 2/09; Rev. gegen FG München v. 16.12.2008, 10 K 4614/05, EFG 2009, 554.
2) FG Düsseldorf v. 3.5.2012, 16 K 3383/10 F, IStR 2012, 663 (Vorlage zum EuGH, Az. C-326/12); keine Bedenken haben FG-Berlin-Brandenburg v. 23.5.2012, 1 K 1159/08, DStZ 2012, 638, Rev. anhängig unter VIII R 27/12; FG Hamburg v. 13.7.2012, 3 K 131/11, DStZ 2012, 602, Rev. anhängig unter VIII R 36/12; gute Übersicht Egner/Wölfert, DStR 2013, 381, 386.
3) BGH v. 24.1.2990, 3 StR 290/89, wistra 1990, 193, 194; v. 9.2.1995, 5 StR 722/94, wistra 1995, 191, 192; ähnlich Beyer, AO-StB 2011, 271.
4) BFH v. 24.1.2012, IX R 62/10, BStBl II 2012, 564, Rz. 20.
5) Wegner, ErbBstg 2010, 80, 82.
6) Buciek in Beermann/Gosch, § 45 AO Rz. 25 (Oktober 2010).

den ist.[1] Auf die umstrittene Frage, ob entsprechende Verpflichtungen des Vorgängers übergehen, kommt es hierbei nicht an.[2]

898 „Höchstpersönliche" Merkmale des Rechtsvorgängers gehen als Ausnahme von der Grundregel nicht über. Dabei ist die Grenzziehung im Detail schwierig und richtet sich nach den Normen und Prinzipien des jeweiligen Einzelsteuergesetzes.[3] **Strafrechtlich** kann der Erbe selbstverständlich nicht für Taten des Erblassers verantwortlich gemacht werden. Zweifelhaft ist demgegenüber, ob der Erbe auch Steuererklärungen des Erblassers, die er als unzutreffend erkennt, gem. § 153 AO berichtigen muss. Gegen eine Berichtigungspflicht könnte der Grundsatz der Gesamtrechtsnachfolge sprechen, wonach die Pflichten des Erblassers auf den Erben übergehen, dieser aber wegen vorsätzlicher Hinterziehung nicht zur Richtigstellung verpflichtet war. Für die Berichtigungspflicht spricht jedoch der Wortlaut des § 153 Abs. 1 Satz 1 AO, der nur im Fall einer eigenen Hinterziehung suspendiert ist, weil nachträgliches Erkennen dann nicht in Betracht kommt (→ Rz. 167),[4] sowie § 153 Abs. 1 Satz 2 AO, der ausdrücklich auch den Gesamtrechtsnachfolger in die Pflicht nimmt. Auch spricht für dieses Ergebnis, dass dem Erben im Zeitpunkt des Erbfalls keine strafrechtliche Verfolgung droht, die Nachholung oder Berichtigung der Steuererklärung in seiner Person keine Selbstbelastung beinhaltet und daher ohne Weiteres zumutbar ist. Jedenfalls eine **Selbstanzeigeberatung** sollte auf Grundlage einer bestehenden Berichtigungspflicht erfolgen.

899 Soweit der Erbe danach zur Berichtigung verpflichtet ist, aber trotz Kenntnis dieser Pflicht untätig bleibt, hängt die Strafbarkeit davon ab, ob das Untätigbleiben ursächlich für die Steuerverkürzung ist. Hierfür ist maßgeblich, ob die bereits durch unzutreffende Erklärung des Erblassers verkürzte Steuer tatbestandlich ein weiteres Mal verkürzt werden kann (→ Rz. 169 ff.).[5]

900 Hat der Erblasser etwa als Rentner in den letzten Jahren keine Steuererklärung abgegeben, aber unter Berücksichtigung seiner Zinseinnahmen steuerpflichtige Einkünfte erzielt, so ist der Erbe verpflichtet, Steuererklärungen für alle entstandenen (§ 38 AO) und noch nicht durch Eintritt der Festsetzungsverjährung erloschenen (§ 47 AO) Veranlagungszeiträume abzugeben. Die hierfür maßgebliche Festsetzungsfrist beträgt vier oder zehn Jahre, je nachdem, ob die Steuern durch den Erblasser hinterzogen worden sind oder nicht (hier kommt es nach dem Wortlaut des § 169 Abs. 2 Satz 2 AO auf die Qualifizierung der Steuer an, nicht auf die des Stpfl.).

Beispiel:

Im Juli 2012 ist der Erbe jedenfalls verpflichtet, Einkommensteuererklärungen ab 2005 nachzuholen (§ 169 Abs. 2 Nr. 2, § 170 Abs. 2 Nr. 1 AO), bei Annahme einer Steuerhinterziehung durch den Erblasser sogar ab 1999 (§ 169 Abs. 2 Satz 2, § 170 Abs. 2 Nr. 1 AO). Dies gilt unabhängig davon, dass mögliche Hinterziehungen des Erblassers in dessen Person regelmäßig für die Jahre bis einschließlich 2005 – bei Vorliegen eines schweren Falles jedenfalls bis einschließlich 2001 – strafrechtlich bereits verjährt sind (ausgehend vom Veranlagungsschluss, der hier jeweils im Juni des übernächsten Jahres unterstellt wird, → Rz. 730; zur Fristberechnung in einem schweren Fall → Rz. 1635).

901 Soweit dem Erben trotz der oben genannten Einschränkungen eine Steuerhinterziehung durch Unterlassen vorzuwerfen ist, bestehen hierfür keine gesetzlichen Erklä-

1) Kruse in Tipke/Kruse, § 45 AO Rz. 15 (Juli 2008); Buciek in Beermann/Gosch, § 45 AO Rz. 36 „Erklärungs- und Mitwirkungspflichten" (Oktober 2010); Wegner, ErbBstg 2010, 80, 82.
2) Buciek in Beermann/Gosch, § 45 AO Rz. 36 „Erklärungs- und Mitwirkungspflichten" (Oktober 2010).
3) Buciek in Beermann/Gosch, § 45 AO Rz. 27 (Oktober 2010).
4) Joecks in Franzen/Gast/Joecks, 7. Aufl. 2009, § 370 AO Rz. 182; im Erg. ebenso Durst, ErbBstg 2012, 227.
5) Vgl. Joecks in Franzen/Gast/Joecks, 7. Aufl. 2009, § 370 AO Rz. 186; Durst, ErbBstg 2012, 227, 229.

rungsfristen, denn die Fristen für den Erblasser aus § 149 Abs. 2 Satz 1 AO sind längst abgelaufen. Auch gibt es kein formalisiertes Fristverlängerungsverfahren wie sonst für die Einkommensteuer. Soweit in der Literatur angenommen wird, dass Fristen zur Abgabe der Steuererklärung, die in der Person des Rechtsvorgängers angelaufen sind, gegenüber dem Rechtsnachfolger weiterlaufen,[1] kann dies eigentlich nicht richtig sein. Diese Fristen sind im obigen Beispiel in der Sekunde des Erbfalls überwiegend bereits abgelaufen, so dass der Erbe im gleichen Augenblick bereits den objektiven Tatbestand einer Steuerhinterziehung erfüllen würde. Ihm müssen aber auch ohne ausdrücklichen Antrag zumutbare Fristen zur Verfügung stehen, die sich an den Fristen orientieren sollten, die für Einkommensteuererklärungen allgemein gelten und daher von allen Verfahrensbeteiligten intuitiv unterstellt werden.

Da die Erklärungsfristen des Erben nicht geregelt sind, ist völlig ungeklärt, wann der Versuch dieser Unterlassungstat beginnt und wann die Tat vollendet und beendet ist. Es spricht viel dafür, ähnlich wie bei der Erbschaftsteuererklärung (→ Rz. 1078), nach dem Zweifelsgrundsatz für die Abgrenzung Versuch/Vollendung auf den letztmöglichen Zeitpunkt (→ Rz. 513) und für den Verjährungsbeginn durch Tatbeendigung auf den frühestmöglichen Zeitpunkt abzustellen (→ Rz. 730). 902

Hat der Erblasser Steuererklärungen abgegeben, aber seine Kapitaleinkünfte aus einem ausländischen „Schwarzdepot" nicht berücksichtigt, so ist die steuerliche und strafrechtliche Rechtslage in der Person des Erben ganz ähnlich. Lediglich die Anlaufhemmung ist, abhängig vom Zeitpunkt der erstmaligen Steuererklärung, gem. § 170 Abs. 2 Nr. 1 AO verkürzt, so dass die steuerliche Festsetzungsverjährung ein oder zwei Jahre früher als im obigen Beispiel eintritt. 903

Trifft den Erben in diesem Fall die steuerliche Berichtigungspflicht aus § 153 Abs. 1 Satz 2 AO, kann er sich nicht darauf berufen, dass der Erblasser als Hinterzieher zu der Berichtigung der Steuererklärung nicht verpflichtet gewesen wäre (→ Rz. 898). Zu prüfen bleibt aber die Frage der Kausalität (→ Rz. 167 ff.). 904

Folge dieses Zusammenhangs wäre die strafrechtliche „Wiederbelebung" weit zurückliegender Veranlagungszeiträume, die in der Person des Erblassers strafrechtlich längst verjährt waren.[2] 905

Erbschaftsteuergesetz und Einkommensteuergesetz grenzen die Sphären von Erblasser und Erbe unterschiedlich ab. So sind **Zinsen**, die **nach dem Erbfall** zufließen, auch insoweit Einnahmen des Erben, also sie auf die Zeit bis zum Erbfall entfallen[3] (zur Gefahr effektiver Doppelbesteuerung → Rz. 1087). Dies ist fehlerträchtig und begründet damit auch steuerstrafrechtliche **Risiken**. Im Fall einer Selbstanzeige des Erben, der zunächst gezaudert hat, besteht auch die Gefahr der Unvollständigkeit (→ Rz. 1927) hinsichtlich der einen oder anderen Steuerart. Die umstrittene Frage, ob die im letzten Jahr bis zum Zeitpunkt des Erbfalls entstandene Einkommensteuer des Erblassers und die Zinsen darauf als Nachlassverbindlichkeiten bei der **Erbschaftsteuer** zu berücksichtigen sind, hat der BFH nun bejaht (näher → Rz. 1089). 906

(5) Kapitaleinkünfte aus verdeckten Gewinnausschüttungen

(5.1) Abgeltungsteuer und Teileinkünfteverfahren (ab 2009)

Die traditionellen Regeln über offene und verdeckte Gewinnausschüttungen sind durch die Einführung des Halbeinkünfteverfahrens 2001 sowie der Abgeltungsteuer und des Teileinkünfteverfahrens 2009 (→ Rz. 880) grds. unberührt geblieben. Ob 907

---

1) Buciek in Beermann/Gosch, § 45 AO Rz. 36 „Fristen" (Oktober 2010).
2) Vgl. Wegner, ErbBstg 2010, 80, 82.
3) FG Baden-Württemberg v. 10.11.2003, 10 K 234/01, DStRE 2005, 243, rkr.; FM Schleswig-Holstein v. 16.2.2004, DStR 2004, 1128.

Einnahmen aus einer vGA (zum Begriff → Rz. 1012) vorliegen, ist nach § 20 Abs. 1 Nr. 1 Satz 2 EStG verfahrensrechtlich selbständig zu beurteilen. § 32a KStG soll seit 2007[1] die materiell-rechtlich übereinstimmende Besteuerung bei Gesellschaft und Anteilseigner ermöglichen, begründet aber keine Bindungswirkung als Grundlagen- und Folgebescheid i.S.v. § 171 Abs. 10 AO.[2] Die Beurteilung wird häufig, wenn auch nicht zwangsläufig, mit der Würdigung als vGA i.S.v. § 8 Abs. 3 Satz 2 KStG (und im Rahmen des früheren Anrechnungsverfahrens als „andere Ausschüttung" i.S.d. § 29 Abs. 1 KStG) übereinstimmen.[3] Nach allgemeinen Grundsätzen zum Versuchsbeginn (→ Rz. 500) liegt in der Vornahme der vGA allenfalls eine straflose Vorbereitungshandlung; die Einkommensteuerverkürzung beginnt erst mit Abgabe der insoweit unrichtigen oder unvollständigen Einkommensteuererklärung des Empfängers.[4] Daneben entsteht Kapitalertragsteuer (→ Rz. 988), die in der Praxis meist vernachlässigt wird, und möglicherweise auch **Schenkungsteuer** → Rz. 1046. Zu den Grenzen der vGA bei deliktischen Handlungen des Geschäftsführers → Rz. 1029.

908 Im Privatvermögen fällt grds. die **Abgeltungsteuer** (→ Rz. 880) nach allgemeinen Regeln an. Die Einkommensteuer wird nun regelmäßig mit einem einheitlichen, linearen Steuersatz von 25 % zzgl. Solidaritätszuschlag und ggf. Kirchensteuer erhoben, doch mit einer wichtiger Ausnahme in § 32d Abs. 2 Nr. 4 EStG. Danach ist eine vGA zumindest vorläufig nach **progressivem Tarif** zu besteuern, falls sie das Einkommen der Gesellschaft (unberechtigterweise) gemindert hat. Dies hat neben der höheren Steuerbelastung zugleich zur Folge, dass die vGA – entgegen der Grundregel in § 43 Abs. 5 Satz 1 Halbsatz 1 EStG – im Rahmen der Einkommensteuerveranlagung erklärt werden muss, selbst wenn Kapitalertragsteuer nach § 43 EStG einbehalten worden sein sollte. Ergänzt wird die Ausnahmevorschrift durch § 32a KStG, die eine Anpassung des Einkommensteuerbescheids an einen geänderten Körperschaftsteuerbescheid sicherstellen soll.

909 Soweit die Gewinnausschüttung aus einer Beteiligung im Betriebsvermögen einer Personengesellschaft herrührt, gilt anstelle der Abgeltungsteuer das **Teileinkünfteverfahren** (§ 32d Abs. 1 Satz 1, § 20 Abs. 8 EStG). Dieses stimmt im Wesentlichen mit dem früheren Halbeinkünfteverfahren überein und sieht nun im Regelfall eine Steuerpflicht von 60 % der Einnahmen vor. Die vGA ist jedoch i.d.R. zumindest vorläufig zu 100 % steuerpflichtig, weil diese typischerweise das Einkommen der Körperschaft gemindert hat (§ 3 Nr. 40 Buchst. d Satz 2 EStG).

(5.2) Kapitaleinkünfte nach dem Halbeinkünfteverfahren (2001 bis 2008)

910 Im Grundsatz ist die steuerliche und die steuerstrafrechtliche Behandlung von Gewinnausschüttungen ab 2001 auf der Ebene des Anteilseigners (zur Körperschaft → Rz. 1033) stark vereinfacht worden. Die strafrechtlichen Fragen unterscheiden sich nicht mehr grundlegend von sonstigen Kapitaleinkünften. Offene und verdeckte Gewinnausschüttungen waren im Halbeinkünfteverfahren (→ Rz. 880) zwischen 2001 und 2008 von dem Anteilseigner in Höhe der Hälfte der Bezüge (§ 3 Nr. 40 Buchst. d EStG) zu versteuern. Die Einkommensteuerbelastung hing allein von dem individuellen Steuersatz ab, Körperschaftsteuerbeträge wurden nicht mehr angerechnet.

(5.3) Taterfolg – strafrechtliche Verkürzungsberechnung im Fall einer vGA

911 Zunächst ist die Verkürzung der **Körperschaftsteuer** und der Einkommensteuer jeweils für sich nach strafrechtlichen Grundsätzen zu berechnen.

1) Jahressteuergesetz 2007 v. 13.12.2006, BGBl. I 2006, 2878 = BStBl. I 2007, 28.
2) BFH v. 6.9.2011, VIII R 55/10, GmbHR 2012, 221; Becker/Kempf/Schwarz, DB 2008, 370; v. 29.8.2012, VIII B 45/12, DStR 2012, 1914 verneint verfassungsrechtliche Zweifel.
3) Ausf. Stuhrmann in Blümich, § 20 EStG Rz. 75.
4) BGH v. 4.5.1990, 3 StR 72/90, wistra 1991, 27, 29.

Darüber hinaus bestehen insbes. bei vGA Abhängigkeiten zwischen der Körperschaftsteuer und der Einkommensteuer. Um zu vermeiden, dass die Verkürzung derselben Steuer doppelt bestraft wird, sind bestimmte Einschränkungen im Rahmen der tatbestandlichen **Verkürzungsberechnung** erforderlich. Dies ist für das frühere Anrechnungsverfahren inzwischen anerkannt,[1] hat aber auch für das aktuelle Recht Bedeutung, soweit Abgeltungsteuer oder Teileinkünfteverfahren zunächst die volle Steuerpflicht der Einnahmen vorsehen (→ Rz. 908 f.). Dies ist in Fällen der vGA meist gegeben, weil diese (unberechtigterweise) das Einkommen der Körperschaft gemindert hat, soll aber nach § 32a KStG nur vorübergehend gelten, bis der Körperschaftsteuerbescheid angepasst ist. Die Regelungen bewirken also eine Art vorläufige „Haftung" des Anteilseigners. Zur Vermeidung der **Doppelbestrafung** kann entweder (1) die Körperschaftsteuerhinterziehung nach § 154 StPO eingestellt und allein die Einkommensteuer mit voller Steuerbelastung vorgeworfen werden, oder (2) es wird der Verurteilung, mit ganz ähnlichem Verkürzungsbetrag, neben der Körperschaftsteuer die Einkommensteuer, berechnet nach Abgeltungsteuersatz oder Teileinkünfteverfahren, zu Grunde gelegt. **912**

(6) Praxis der Strafverfolgung bei Verkürzung von Kapitaleinkünften

Die Feststellung von Streck aus dem Jahr 1993[2] zur Praxis bei der Verfolgung der Steuerhinterziehung von Kapitaleinkünften gilt heute nur noch eingeschränkt: Die bis Anfang der 90er Jahre bestehende Rechtswirklichkeit[3] und das lange Zeit kaum vorhandene Unrechtsbewusstsein[4] bewirken nur noch vereinzelt außergewöhnlich milde Entscheidungen. Wegen der leichten und klaren Nachweisbarkeit muss mittlerweile eher mit harten Entscheidungen nach Tabelle (→ Rz. 1455) gerechnet werden. Die Einleitung eines Steuerstrafverfahrens wird im Übrigen durch eine eindeutige, für den Stpfl. günstige Rechtslage nicht zuverlässig ausgeschlossen. In einem sicherlich exotischen Einzelfall haben erhebliche Einkünfte aus bis 2008 steuerfreien Differenzgeschäften[5] einem Amtsgericht im ländlichen Raum genügt, um einen Haftbefehl zu erlassen, der erst in der Beschwerdeinstanz nach mehrwöchigem Vollzug der Untersuchungshaft aufgehoben worden ist. **913**

gg) Einkünfte aus Vermietung und Verpachtung

In Erwerbsfällen muss der Kaufpreis zur Ermittlung der Bemessungsgrundlage für die Abschreibung auf Grund und Boden (nicht abschreibungsfähig) und Gebäude aufgeteilt werden. Nach der hier vertretenen Ansicht wird i.d.R. nur die subjektive Tatsache der eigenen Werteinschätzung mitgeteilt, soweit nicht z.B. auf einen konkreten, unterverbrieften, Kaufvertrag verwiesen wird. Es kann nicht unterstellt werden, dass die Finanzverwaltung die Bewertung des Bodenanteils auf Grund einer bestimmten Methode erwartet oder gar fordert. **914**

Die Grenze zum objektiven Tatbestand der Steuerhinterziehung wird daher nicht bereits bei Abweichung des angesetzten Bodenwerts von dem Bodenrichtwert des Gutachterausschusses beim Landratsamt (dessen Zuverlässigkeit ohnehin überschätzt wird) überschritten, sondern erst, wenn der zu Grunde gelegte Wert auch **915**

---

1) BGH v. 12.1.2005, 5 StR 301/04 wistra 2005, 144; v. 7.11.2006, 5 StR 435/06, wistra 2007, 68; Jäger in Klein, 11. Aufl. 2012, § 370 AO Rz. 421.

2) Streck, DStR 1993, 342, 346.

3) Zu erinnern ist v.a. auf den früheren Bankenerlass v. 1979, BStBl I 1979, 590 und den 1988 eingeführten § 30a AO; ausf. und instruktiv Tipke in Tipke/Kruse, § 30a AO Rz. 1 ff.

4) Diese dokumentierte sich etwa in dem Steuerwiderstand gegen die kleine Kapitalertragsteuer 1990 und den Zinsabschlag ab 1993 durch Kapitalflucht ins Ausland, vgl. Bilsdorfer, NJW 1992, 1924, 1925.

5) BFH v. 25.8.1987, IX R 65/86, BStBl II 1988, 248; auch zur aktuellen Rechtslage: Weber-Grellet in L. Schmidt, 31. Aufl. 2012, § 22 EStG Rz. 150 „Differenzgeschäfte/Devisentermingeschäfte", § 20 EStG Rz. 131.

nach Überzeugung des Stpfl. unzutreffend niedrig ist – eine nur ausnahmsweise gegebene und nachweisbare Konstellation. Indizien hierfür können Vertragsentwürfe oder Notizen des Stpfl. sein, aber auch zeitnahe Verkäufe zu deutlich abweichenden Preisen, u.U. auch eine sehr erhebliche Abweichung von feststellbaren Marktpreisen (→ Rz. 831 zur Entnahme von Gebrauchtwagen).

916 In der eindeutig unzutreffenden Zuordnung von Herstellungskosten oder nachträglichen Herstellungskosten[1] zu laufendem Erhaltungsaufwand kann der objektive Tatbestand einer Steuerverkürzung liegen, doch muss gerade in diesem Bereich schwieriger steuerrechtlicher Abgrenzungsfragen jede vertretbare Zuordnung unbedenklich sein, selbst wenn sie von einer höchstrichterlichen Entscheidung abweichen sollte (allgemein zur Verkürzung im Zusammenhang mit rechtlichen Subsumtionsvorgängen → Rz. 441).

917 Soweit durch Rückdatierung von Verträgen o.Ä. der Abfluss von Werbungskosten in einem früheren Veranlagungszeitraum (vgl. § 11 Abs. 2 EStG) vorgetäuscht wird, um die steuerliche Berücksichtigung von tatsächlich angefallenen Werbungskosten ein Jahr früher zu erreichen, liegt darin ein typischer Fall der Verkürzung auf Zeit (→ Rz. 341).

918 Soll die Manipulation des Abflusszeitpunkts dagegen den Werbungskostenabzug erst ermöglichen, liegt darin eine Verkürzung auf Dauer. Dies ist typischerweise der Fall, wenn eine günstige gesetzliche Regelung von vornherein befristet ist oder zu einem bestimmten Stichtag durch eine weniger günstige Nachfolgeregelung abgelöst wird. Typisches Beispiel waren die Stichtagsregelungen für die Sonderabschreibung nach § 4 Abs. 2 FördGG. An der Grenze zwischen „Herstellung" und „Anschaffung", die nach § 4 FördGG sehr unterschiedliche steuerliche Folgen nach sich ziehen, ist zu unterscheiden, ob der Sachverhalt anhand der steuerlich maßgeblichen Rechtslage mit dem Ziel einer steuerlichen Optimierung gestaltet wird, was zweifellos zulässig ist, oder ob der erklärte Sachverhalt in erheblichen Einzelheiten von dem tatsächlichen Sachverhalt abweicht, um die Voraussetzungen der steuerlich maßgeblichen Rechtslage scheinbar zu erfüllen, was den objektiven Tatbestand des § 370 AO erfüllen würde.

919 Den objektiven Tatbestand einer Steuerverkürzung erfüllt auch, wer im Rahmen der Steuererklärung steuerlich erhebliche Veränderungen der tatsächlichen Verhältnisse nicht mitteilt, sondern lediglich unzutreffend die Erläuterung „siehe Vorjahr" gibt.[2]

920 Zum Risiko eines „gewerblichen" Grundstückshandels → Rz. 825.

921 Seit dem Auslaufen der „**großen Übergangsregelung**" Ende 1998 mit ihrer überaus großzügigen Privilegierung selbst genutzter Zweifamilienhäuser oder Einfamilienhäuser mit Einliegerwohnung (§ 21a Abs. 1 Sätze 2 und 3, Abs. 7 Satz 1 EStG) haben Strafverfahren mit dem Vorwurf von **Scheinmietverhältnissen** erheblich zugenommen.[3] Diese werden häufig von der Steuerfahndung unter Einsatz der Durchsuchungs- und Beschlagnahmemöglichkeiten der StPO (→ Rz. 3511, → Rz. 3609) geführt. Soweit nichtabgeschlossene Raumeinheiten vermietet werden, ist die Grenze zwischen einer zivilrechtlich gewollten und durchgeführten und damit steuerlich und strafrechtlich unbedenklichen Vereinbarung einerseits und einer Steuerverkürzung andererseits danach zu ziehen, ob die Räume tatsächlich zur Nutzung überlassen wurden, also jederzeit und ausschließlich durch den Mieter genutzt werden konnten. Schädlich wäre demgegenüber, wenn der Mieter wegen großer Ent-

1) Kulosa in L. Schmidt, 31. Aufl. 2012, § 21 EStG Rz. 71 ff.
2) FG Saarland v. 14.10.1993, 1 K 389/92, EFG 1994, 275, 276, rkr., zur nicht erklärten Wohnflächenvergrößerung im Rahmen der Nutzungswertbesteuerung gem. § 21 Abs. 2 Satz 1 EStG 1983.
3) Instruktiv FG Berlin-Brandenburg v. 8.3.2012, 9 K 9009/08, EFG 2012, 1819, 1821 f.

fernung von seinem Lebensmittelpunkt die Räume tatsächlich nur gelegentlich nutzte und der Vermieter diese Räume in der übrigen Zeit mitbenutzte. Zivilrechtlich, steuerlich und damit grds. auch strafrechtlich ohne Bedeutung ist die Angemessenheit der Miethöhe. Allerdings kann das Verhältnis der vereinbarten Miete zur ortsüblichen Miete für die Überschusserzielungsabsicht und für § 21 Abs. 2 EStG steuerlich, in Extremfällen auch strafrechtlich von Bedeutung sein. Soweit der Mietvertrag zwischen Angehörigen geschlossen wurde, dürfen insbes. die steuerlichen Vermutungen und Nachweisanforderungen strafrechtlich nicht herangezogen werden (allgemein zu steuerlichen Beweisregeln → Rz. 87 ff.).

hh) Sonstige Einkünfte

(1) Private Veräußerungsgeschäfte, Renteneinnahmen und Leistungen

Die Vorschriften zur Besteuerung von **privaten Veräußerungsgeschäften** mit Wert- **922**
papieren (§ 22 Nr. 2, § 23 Abs. 1 Nr. 2 EStG) für **1997 und 1998** wurden auf Vorlage des BFH[1] durch das BVerfG[2] für **nichtig** erklärt. Das Gericht hat, anders als sonst im Steuerrecht üblich (zur Einkommensteuer wegen Kapitaleinkünften → Rz. 880; zur Erbschaftsteuer → Rz. 1099),[3] keine Übergangsfrist mit vorläufiger Fortgeltung angeordnet. Auf Grund der Entscheidung des BVerfG konnte die Steuer in offenen Fällen nicht mehr erhoben werden.[4] Eine strafrechtliche Verurteilung wegen Einkommensteuerhinterziehung 1997 oder 1998 war im Hinblick auf Spekulationsgeschäfte ausgeschlossen.[5] Auch eine Verfolgung als untauglicher Versuch kam nicht mehr in Betracht, weil die Grundlage für eine strafrechtliche Verurteilung mit der Nichtigerklärung vollständig entfallen ist.[6]

Dagegen wurden die steuerlichen Vorschriften für den Folgezeitraum **ab 1999** vom **923**
BVerfG,[7] BFH[8] und BGH[9] verfassungsrechtlich, steuerlich und strafrechtlich nicht beanstandet.[10] Einkünfte aus privaten Veräußerungsgeschäften werden nun zunehmend Gegenstand strafrechtlicher Ermittlungen, insbes. seit der Aufkauf von Datenbeständen ausländischer Banken ab 2008 (→ Rz. 3112, → Rz. 4116) zur Vorlage entsprechender Detailinformationen in einer größeren Zahl von Fällen geführt hat. Zu beachten ist eine Besonderheit dieser Einkünfte, die faktische **Unmöglichkeit einer Schätzung**, weil sich darin der zeitliche Abstand zwischen Kauf und Verkauf, damit die Einordnung des einzelnen Wertpapiers als steuerpflichtig oder steuerfrei, die Differenz aus An- und Verkaufspreis sowie der Saldo aus steuerpflichtigen Gewinnen und Verlusten eines Jahres auswirken. Die steuerliche Auswirkung kann auch bei wenigen Vorgängen regelmäßig nicht mehr intuitiv erfasst werden. Mit Einführung der Abgeltungsteuer kommt noch die Frage hinzu, ob das verkaufte Papier vor

1) BFH v. 16.7.2002, IX R 62/99, BStBl II 2003, 74 (wegen strukturellen Erhebungsdefiziten).
2) BVerfG v. 9.3.2004, 2 BvL 17/02, BStBl II 2005, 56.
3) Zur VSt vgl. Vorauflage, Rz. 1237 ff.
4) Das Verfahrensrecht hat sich aber auch in dieser Konstellation zulasten der Steuerehrlichen ausgewirkt: BFH v. 12.5.2009, IX R 45/08, BStBl II 2009, 891.
5) BVerfG v. 8.11.2006, 2 BvR 620/03, wistra 2007, 60, 62; Seipl/Wiese, Stbg 2003, 580, 581; anders noch BayObLG v. 11.3.2003, 4 St RR 7/2003, wistra 2003, 315; zur Wiederaufnahme rechtskräftiger Verurteilungen Schneider/Hoffmann, Stbg 2007, 226.
6) BVerfG v. 8.11.2006, 2 BvR 620/03, wistra 2007, 60, 62; Joecks, wistra 2006, 401; Seipl/Wiese, NStZ 2004, 542, 543; Seipl/Wiese, PStR 2007, 47, 48.
7) BVerfG v. 10.1.2008, 2 BvR 294/06, DStR 2008, 197 (zu VZ 1999); v. 7.5.2008, 2 BvR 2392/07, DStRE 2009, 347 (zu VZ 2002).
8) BFH v. 29.11.2005, IX R 49/04, wistra 2006, 154, 155; v. 19.12.2007, IX R 219/07, HFR 2008, 246 (jew. zu VZ ab 1999).
9) BGH v. 9.10.2007, 5 StR 162/07, HFR 2008, 514 (zu 2002); zurückhaltender LG Augsburg v. 26.4.2007, 10 KLs 509 Js 103192/03, wistra 2007, 272 (zu VZ ab 1999); a.A. mit guten Gründen Joecks, wistra 2006, 401.
10) Mit berechtigter Kritik an der Begründung Kohlmann, § 370 AO Rz. 1508 (September 2006).

oder nach dem 1.1.2009 angeschafft wurde. Anlagebetrag oder Wertveränderung des Depotbestandes geben im Fall steuerpflichtiger Vorgänge weder Hinweise auf die Größenordnung noch auf das Vorzeichen. Dies macht **Selbstanzeigen** unter Zeitdruck für den Stpfl. aus strafrechtlichen und für den Berater aus haftungsrechtlichen Gründen höchst problematisch (→ Rz. 1927). Diese Sachlage verpflichtet aber im Strafverfahren zur sorgfältigen Prüfung des Vorsatzes, denn dieser wird aus den genannten Gründen vielfach nicht gegeben sein.[1)]

924 Veräußerungen und **veräußerungsähnliche Vorgänge** im privaten Bereich werden entweder von den § 17, § 20 Abs. 2, § 23 EStG erfasst oder bleiben steuerfrei,[2)] sind aber keine sonstigen Einkünfte aus Leistungen nach § 22 Nr. 3 EStG.[3)] Dasselbe gilt für **Schadensersatzzahlungen** im privaten Vermögensbereich,[4)] anders aber bei Schadensersatz im Einkünftebereich.[5)]

925 Mit angemessenem zeitlichem Abstand zur Reform der Rentenbesteuerung ab 2005 geraten nun auch zunehmend Bezieher von **Renten** (§ 22 Abs. 1 Nr. 1 Satz 3 Buchst. a und Nr. 5 EStG) in steuerliche, bisweilen auch strafrechtliche Probleme.[6)]

926 Sonstige Einkünfte aus **Leistungen** (§ 22 Nr. 3 EStG) können steuerpflichtig und damit auch strafrechtlich relevant sein, selbst wenn eine Steuerpflicht aus Laiensicht fernliegt, weil eine erkennbare Tätigkeit weder erwartet wurde noch erfolgt ist. Es ist selbst bei einem solchen Sachverhalt nicht gesichert, dass der subjektive Tatbestand bei unterbliebener Erklärung von den Strafgerichten als erörterungsbedürftig angesehen wird.[7)]

927 Demgegenüber sind inländische Ermittlungsverfahren im Zusammenhang mit Prämienzahlungen der Geheimdienste an V-Leute[8)] oder dem Ankauf von Steuerdaten[9)] (→ Rz. 4116) bisher nicht bekannt geworden, obwohl die Steuerpflicht dieser Einnahmen nicht abwegig erscheint. Eine gesetzliche Grundlage für die aus Geheimhaltungsgründen praktizierte 10%ige Abgeltungsteuer[10)] ist jedenfalls nicht ersichtlich.

(2) Deliktische Einkünfte aus Leistungen

928 **Illegale Einkünfte** sind nicht allein wegen eines gesetzlichen Verbots steuerfrei (§ 40 AO), unterliegen der Einkommensteuer aber nur, wenn der Tatbestand einer Einkunftsart erfüllt ist (näher → Rz. 821).[11)]

---

1) OLG München v. 15.2.2011, 4 StRR 167/10, NStZ-RR 2011, 247, 248; demgegenüber BGH v. 9.10.2007, 5 StR 162/07, HFR 2008, 514; zum insoweit untypischen Sachverhalt vgl. BVerfG v. 7.5.2008, 2 BvR 2392/07, DStRE 2009, 347.
2) FG Köln v. 20.4.2010, 8 K 3038/08, EFG 2010, 1216, rkr. (Veräußerung einer Internet-Domäne); Weber-Grellet in L. Schmidt, 31. Aufl. 2012, § 22 EStG Rz. 131.
3) BFH v. 27.6.2006, IX R 25/05, HFR 2007, 557.
4) FG München v. 4.9.1989, 13 K 13236/84, EFG 1990, 62 (Kiesabbau ohne vertragliche Grundlage).
5) Heinicke in L. Schmidt, 31. Aufl. 2012, § 4 EStG Rz. 460; Krüger in L. Schmidt, 31. Aufl. 2012, § 8 EStG Rz. 3.
6) FG Rheinland-Pfalz v. 25.3.2011, 2 K 1592/10, DStRE 2011, 1347, rkr.; FG Berlin-Brandenburg v. 10.3.2011, 9 K 9370/07, EFG 2011, 2044, rkr. (Streitjahr 1995); FG Hamburg v. 14.7.2004, I 127/04, DStRE 2004, 1493.
7) BayObLG v. 3.3.2004, 4 St RR 8/2004, wistra 2004, 239.
8) Antwort der Bundesregierung v. 26.2.2013, BT-Drucks. 17/12470.
9) Vgl. ms, KÖSDI 2012, 17917 und 18196.
10) Antwort der Bundesregierung v. 26.2.2013, BT-Drucks. 17/12470, 3 f.
11) Die Steuerpflicht nach § 22 Nr. 3 EStG kann sich aus scheinbar unbedeutenden Einzelheiten des Sachverhalts ergeben, vgl. BGH v. 9.12.1987, 3 StR 104/87, StV 1988, 236 = BGHR AO § 370 AO Abs. 1 Steuerverkürzung 2.

929 Steuerpflichtig nach § 22 Nr. 3 EStG können **illegale Einkünfte aus „Leistungen"** sein, etwa Einkünfte aus selbständiger Eigenprostitution,[1] aus Korruptionshandlungen oder aus Tätigkeitsvergütungen für die Mitwirkung an Straftaten.[2] Einnahmen aus Vereinbarungen mit Geschäftspartnern des Unternehmens, etwa über umsatzabhängige Provisionen (**Schmiergeld**) oder **Rückvergütungen** („kick-back") können mit eigenen Leistungen, wie bevorzugten Auftragsvergaben, zusammenhängen. Sie werden regelmäßig als „Einkünfte aus Leistungen" nach § 22 Nr. 3 EStG besteuert[3] (und unterliegen auch der Umsatzsteuer),[4] können aber bei entsprechendem Zusammenhang mit einer gewerblichen oder freiberuflichen Tätigkeit ausnahmsweise auch Betriebseinnahmen sein (→ Rz. 821). Sogar Schenkungsteuer wird in Betracht gezogen.[5]

930 Die Nichterklärung der Einkünfte und ggf. der Umsätze erfüllt den Tatbestand der **Einkommen- und ggf. Umsatzsteuerhinterziehung** und zwar auch dann, wenn der Empfänger sich durch die Erklärung der Gefahr der Strafverfolgung aussetzt.[6] Das damit verbundene verfassungsrechtliche Problem des **Selbstbelastungsverbots** („nemo-tenetur-Grundsatz")[7] schiebt der BGH mit der Überlegung zur Seite, der Schmiergeldempfänger dürfe (lediglich) nicht mit Zwangsgeld gezwungen werden, über die Angabe des Betrags hinaus Angaben zur Herkunft zu machen.[8] Dies wirkt naiv angesichts einer zur Korruptionspolizei gewandelten FinVerw. (§ 4 Abs. 5 Nr. 10 Satz 3 EStG). Im Widerspruch zu der Einschätzung des BGH sind denn in der Vergangenheit große Korruptionsverfahren durch intensive und mit der Steuerfahndung koordinierte Ermittlungen der Prüfungsdienste der FinVerw. ausgelöst worden.[9] In anderem Zusammenhang erkannte der BGH bereits, dass nicht Zwangsgelder, sondern eine Strafandrohung das denkbar schwerwiegendste Zwangsmittel i.S.d. § 393 Abs. 1 Satz 2 AO bildet.[10] Das Selbstbelastungsverbot verpflichtet den Gesetzgeber, zu entscheiden, welche Straftaten besteuert und welche uneingeschränkt verfolgt werden sollen.[11]

931 Eine **Rückzahlung** an den Bestechenden, **Weiterleitung** an den Arbeitgeber oder sonst Geschädigten oder eine Zahlung auf Grund Verfall (→ Rz. 3335) ist als **negative Einnahme** (oder mit gleichen Rechtsfolgen als Werbungskosten) nach allgemeiner Meinung grds. gegenzurechnen. Zweifelhaft ist allerdings, in welchem **Zeitraum** dies zu erfolgen hat. Fallen einmalige oder unregelmäßige Zuflüsse und damit zusammenhängende Abflüsse in verschiedene, nicht aufeinander folgende Jahre, führt der Verlustausschluss nach § 22 Abs. 3 Satz 3 EStG vielfach zu einer Übermaß-

1) Alternativ zur traditionellen Beurteilung als sonstige Einkünfte könnten auch gewerbliche Einkünfte vorliegen: Vorlagebeschluss zum Großen Senat des BFH v. 15.3.2012, III R 30/10, BStBl II 2012, 661 (Az. des anhängigen Verfahrens GrS 1/12).
2) Rolletschke in Graf/Jäger/Wittig, 2011, § 370 AO Rz. 530.
3) BGH v. 20.7.2007, XI B 193/06, BFH/NV 2007, 1887 mit ausf. Begr., v. 11.11.2004, 5 StR 299/03, wistra 2005, 58, 63 (Fall Schreiber); v. 2.12.2005, 5 StR 119/05, wistra 2006, 96, 104 (Kölner Müllverbrennung); v. 20.2.1981, 2 StR 644/80, BGHSt 30, 46; BFH v. 20.3.2001, IX R 97/97, BStBl II 2001, 482 (zum Zuflusszeitpunkt von Bestechungsgeldern); v. 26.1.2000, IX R 87/95, BStBl II 2000, 396 ausf. Busl, DStZ 2006, 617, 618; Merkt, BB 1991, 313, 320.
4) BGH v. 9.5.2006, 5 StR 453/05, HFR 2006, 1276; Zur Abgrenzung Stadie in Rau/Dürrwächter, § 2 UStG Rz. 172 (Juli 2011); Oelmaier in Sölch/Ringleb, § 1 UStG Rz. 114 „Schmiergeldzahlungen" (März 2012).
5) Zur Abgrenzung etwa Gebel in Troll/Gebel/Jülicher, § 7 ErbStG Rz. 274 (Januar 2012), 280 (Juli 2008), 478 (Juli 2011).
6) BGH v. 5.5.2004, 5 StR 139/03, HFR 2005, 62.
7) Ausf. Seipl in Beermann/Gosch, § 385 AO Rz. 47 ff. (Juni 2011), § 393 AO Rz. 9 ff. (August 2008).
8) BGH v. 2.12.2005, 5 StR 119/05, wistra 2006, 96, 104.
9) Z.B. Verfahren Allianz-Arena LG München I v. 13.5.2005, 4 KLs 571 Js 50602/03, n.v.
10) BGH v. 26.4.2001, 5 StR 587/00, wistra 2001, 341, 345.
11) Seipl in Beermann/Gosch, § 393 AO Rz. 157 (August 2008).

besteuerung.[1] Dies spricht dafür, dem Begriff der Einkünfte in § 22 Abs. 3, § 2 Abs. 2 Nr. 2 EStG Vorrang vor dem Zufluss- und Abflussprinzip in § 11 EStG einzuräumen und mit der Rechtsprechung des RFH[2] und des BFH[3] jedenfalls bei **einmaligen Einnahmen** einen Abzug von Rück- oder Weiterzahlungen im Jahr der Einnahme zuzulassen.[4] Diese sind ggf. als rückwirkendes Ereignis nach § 175 Abs. 1 Satz 1 Nr. 2 AO zu beurteilen.[5] Dasselbe gilt m.E. – aus den Gründen der RFH- und BFH-Entscheidungen – auch im Zusammenhang mit mehreren, nicht **regelmäßig wiederkehrenden Einnahmen**. Demgegenüber ordnet die Rechtsprechung Rück- oder Weiterzahlungen im Zusammenhang mit regelmäßig erhaltenen Bestechungsgeldern dem Abflussjahr zu, lässt aber unter verfassungskonformer Einschränkung des § 22 Nr. 3 Satz 3 EStG die Verrechnung mit anderen Einkunftsarten zu.[6]

932 Neben den teilweise existenzbedrohenden Konsequenzen im Besteuerungsverfahren ist auch **steuerstrafrechtlich** von erheblicher Bedeutung, ob Einkommensteuer aus dem Betrag der Einnahme oder dem Saldobetrag der Einkünfte (§ 2 Abs. 2 Nr. 2 EStG) als verkürzt vorgeworfen werden kann und ob bei vollständiger Rück- oder Weiterzahlung tatbestandlich oder jedenfalls im Rahmen der Strafzumessung ggf. überhaupt keine Einkommensteuerverkürzung gegeben ist (zum Kompensationsverbot bei Verlustrücktrag oder rückwirkendem Ereignis → Rz. 330, → Rz. 1464).

933 Steuerhinterziehung und allgemeine Straftat sind jeweils **eigenständige Taten** im prozessualen Sinn (§ 264 StPO). Es ist daher Frage des Einzelfalls, ob die Einleitung eines Steuerstrafverfahrens zugleich die allgemeine Straftat erfasst und damit auch deren **Verjährung** unterbricht.[7]

ii) Internationales Steuerrecht

934 Die strafrechtliche Beurteilung anhand von § 370 AO beschränkt sich – mit der gesetzlichen Ausnahme in § 370 Abs. 6 AO – grds. auf die deutsche Steuer (zum Rechtsgut der Steuerhinterziehung → Rz. 35 ff.). Es wird danach gefragt, welcher Betrag der deutschen Besteuerung entzogen wurde, nicht, welchen Betrag sich der Stpfl. unberechtigt erspart hat. Daher hat eine **ausländische Steuerzahlung**[8] grds. keine Bedeutung für die tatbestandliche Verkürzungsberechnung (zur Berücksichtigung im Rahmen der Strafzumessung[9] unter dem Gesichtspunkt „Beweggründe und Ziele des Täters" gem. § 46 Abs. 2 StGB → Rz. 1483 ff.)

935 Die Einschaltung einer Basisgesellschaft ohne eigenen Geschäftsbetrieb im niedrig besteuerten Ausland, um Gewinne dorthin zu verlagern, wird von der Steuerrechtsprechung als Gestaltungsmissbrauch (§ 42 AO) beurteilt und kann nach Ansicht des BGH den Straftatbestand der Steuerhinterziehung erfüllen (ausf. → Rz. 1368).

936 Übt der Stpfl. seine Tätigkeit nach den tatsächlichen Verhältnissen (auch) von einer ausländischen Betriebstätte aus, so ist die Regelung in dem jeweiligen DBA, die den

---

1) Vgl. BVerfG v. 30.9.1998, 2 BvR 1818/91, HFR 99, 44; Weber-Grellet in L. Schmidt, 31. Aufl. 2012, § 2 EStG Rz. 13.
2) RFH v. 17.10.1935, VI A 273/35, RStBl 1936, 123.
3) BFH v. 3.6.1992, X R 91/90, BStBl II 1992, 1017; ernstliche Zweifel bejaht BFH v. 18.12.1997, X S 22/96, BFH/NV 1998, 703 (zu Verfall).
4) Weber-Grellet, 31. Aufl. 2012, § 22 EStG Rz. 143; Stuhrmann in Blümich, § 22 EStG Rz. 174 (Mai 2011); Fischer, FR 2000, 775, 776. Für generelle zeitliche Zuordnung nach Zufluss- und Abflussprinzip jedoch FG Baden-Württemberg v. 13.9.2006, 7 K 71/02, DStRE 2007, 1239, durch BFH v. 11.11.2008, IX R 14/07, BStBl II 2009, 309 aus verfahrensrechtlichen Gründen aufgehoben.
5) Wohl ebenso Weber-Grellet, 31. Aufl. 2012, § 22 EStG Rz. 143.
6) BFH v. 26.1.2000, IX R 87/95, BStBl II 2000, 396; v. 31.5.2000, IX R 73/96, BFH/NV 2001, 25.
7) Vgl. BGH v. 20.12.1995, 5 StR 412/95, HFR 1996, 683.
8) Vorweg ist allerdings zu prüfen, ob die ausländische Steuer gem. § 34c Abs. 3 EStG angerechnet werden kann: BFH v. 1.4.2003, I R 39/02, BB 2003, 1879.
9) Vgl. Joecks in Franzen/Gast/Joecks, 7. Aufl. 2009, § 370 AO Rz. 218.

Teil des Gewinns aus der ausländischen Betriebstätte von der deutschen Einkommensteuer freistellt, auch strafrechtlich zu beachten. Die Verkürzungsberechnung darf den ausländischen Gewinnanteil lediglich im Rahmen des Progressionsvorbehalts (§ 32b EStG) berücksichtigen. Strafrechtlich sind die steuerlichen Beweisvorsorge- und Beweisbeschaffungspflichten bei Auslandssachverhalten (§ 90 Abs. 2 AO) nicht anwendbar.[1] Die Gewinnaufteilung zwischen den Betriebsstätten hat vielmehr anhand der vorhandenen Unterlagen und der Einlassung des Beschuldigten exakt zu erfolgen, soweit dies möglich ist. Bei unklärbaren Zweifeln der Höhe nach lässt der BGH auch eine strafrechtliche Schätzung zu. Im Übrigen, insbes. bei verbleibenden Zweifeln dem Grunde nach, gilt der Zweifelsgrundsatz.[2] Konzerninterne **Verrechnungspreise** lassen sich auf Grund der 2003 eingeführten umfangreichen Mitwirkungspflichten in § 90 Abs. 3 AO[3] wesentlich konkreter prüfen als früher. Abweichungen von den Verrechnungspreisgrundsätzen können damit leichter zum Gegenstand strafrechtlicher Vorwürfe werden.[4]

Natürliche Personen unterliegen dem inländischen Steuerzugriff grds. nur im Rahmen der **unbeschränkten** (§ 1 Abs. 1–3 EStG, § 2 Abs. 1 Nr. 1–2 ErbStG) oder **beschränkten** (§ 1 Abs. 4 EStG, § 2 Abs. 1 Nr. 3 ErbStG) **Steuerpflicht**. Berufliche oder private Anknüpfungspunkte in mehreren Staaten begründen den potenziellen Steuerzugriff mehrerer Staaten, sind beratungsintensiv und risikoträchtig. Dies gilt sowohl für gleichzeitig bestehende Anknüpfungspunkte, die eine **mehrfache unbeschränkte Steuerpflicht** und Doppelansässigkeit begründen können, aber auch für den Wechsel von Anknüpfungspunkten durch **Zuzug** oder **Wegzug**.[5] Für den letztgenannten Fall hat der Gesetzgeber die Komplexität mittels zahlreicher steuerlicher „Fallstricke" in §§ 2 bis 6 AStG zunehmend erhöht. Strafrechtliche **Ermittlungen** in diesem Umfeld sind besonders brisant, weil häufig hohe Steuerforderungen im Raum stehen und die steuerliche Rechtslage vom Vorliegen oder Nichtvorliegen der Ansässigkeit nach dem relevanten DBA, eines Wohnsitzes (§ 8 AO) oder eines gewöhnlichen Aufenthalts (§ 9 AO) abhängt und die genannten Merkmale vielfach anhand von Indizien zu beurteilen sind. Das häufig vernommene Argument, sich weniger als 183 Tage im Jahr in Deutschland aufgehalten zu haben, ist nach dem jeweiligen DBA vielfach nicht entscheidend. Dann aber ist die Aufenthaltsdauer in der Praxis aber nicht geeignet, einen steuerstrafrechtlichen Vorwurf auszuschließen. **937**

Ohnehin muss für das internationale Steuerrecht festgestellt werden, dass der hohe Schwierigkeitsgrad der Steuergesetze zu Rechtsfragen führt, die teilweise auch vom Finanzamt und dem FG nicht erkannt werden. So ist nach Einschätzung von Wassermeyer das AStG „ein Gesetz, das in weiten Teilen auf dem Papier steht und von keinem beachtet wird und beachtet werden kann".[6] Dies sollte jedenfalls zur Zurückhaltung bei der Unterstellung des subjektiven Tatbestands einer Steuerhinterziehung veranlassen, doch kommen steuerstrafrechtliche Eingriffe in der Praxis durchaus vor. **938**

Regelungen in DBA verteilen lediglich Besteuerungsrechte zwischen den beiden Vertragsstaaten. Da eine spiegelbildliche Regelung häufig ebenso möglich und sachgerecht wäre, kann die Auskunft des Steuerberaters, bestimmte Einkünfte **939**

---

1) BGH v. 13.10.1994, 5 StR 134/94, wistra 1995, 67, 69; vgl. aber BGH v. 26.10.1998, 5 StR 746/97, wistra 1999, 103, 106; Joecks in Franzen/Gast/Joecks, 7. Aufl. 2009, § 370 AO Rz. 218.

2) BGH v. 13.10.1994, 5 StR 134/94, wistra 1995, 67, 69.

3) Ausf. Roser in Beermann/Gosch, § 90 AO Rz. 8, 71 ff. (September 2009).

4) Ausf. Schauf in Kohlmann, § 370 AO Rz. 1593 ff. (Oktober 2007); Kiesel/Theisen, IStR 2006, 284, 285; Sidhu/Schemmel, BB 2005, 2549, 2550; Weigell, IStR 2005, 162; Hütt, AO-StB 2006, 14; Gocke/Ditz, Streck-FS, 495, 506; Randt, Teil C Rz. 683 ff.

5) Ausf. Randt, Teil C Rz. 668 ff.

6) Wassermeyer, IStR 1996, 30, 31

seien im Inland nach DBA nicht steuerpflichtig, den Vorsatz ausschließen (→ Rz. 884).[1]

jj) Verfahrensfragen für alle Einkunftsarten

(1) Verlustabzug

940 Führt eine unzutreffende Steuererklärung zu überhöhten Verlusten in einem Bescheid über die **gesonderte** oder die **einheitliche und gesonderte** Feststellung von Besteuerungsgrundlagen (§ 180 Abs. 1 Nr. 2 AO), so wird die Hinterziehung nach allgemeiner Ansicht in der Einkommensteuerverkürzung desselben Veranlagungszeitraums bei den Feststellungsbeteiligten gesehen (→ Rz. 233).

941 Wirkt sich der Verlust im Entstehungsjahr nicht aus, so erhöht er die Möglichkeit zum Verlustabzug in einem Rücktrags- oder Vortragsjahr nach § 10d Abs. 1 und 2 EStG.

942 Seit 1990 wird der nach Berücksichtigung eines eventuellen Rücktrags verbleibende vortragsfähige Verlust gesondert festgestellt (§ 10d Abs. 4 EStG). Der Verlustfeststellungsbescheid legt den Abzugsbetrag und dessen Abzugsfähigkeit verbindlich fest[2] und ist damit ein Grundlagenbescheid i.S.v. § 171 Abs. 10 AO (→ Rz. 233). Auch hier sind die unrichtigen Angaben zur Höhe des Verlusts als Tathandlung anzusehen (Versuchsbeginn, → Rz. 507), die zur Verkürzung der Einkommensteuer im Verlustabzugsjahr führt (zu Vollendung und Beendigung → Rz. 747). Die hinausgeschobene Beendigung hat zur Folge, dass weit in der Vergangenheit liegende Sachverhalte noch Gegenstand strafrechtlicher Ermittlungen sein können.

943 Demgegenüber hält es Joecks für möglich, dass mit Ergehen des Verlustfeststellungsbescheids ein „nicht gerechtfertigter Steuervorteil" erlangt wird, so dass die Steuerhinterziehung zu diesem Zeitpunkt vollendet und beendet ist und die Verjährung beginnt.[3] Dies hat der BGH inzwischen bestätigt.[4] Zu weiteren Auswirkungen dieser Einordnung → Rz. 355. Fraglich bleibt jedoch die Feststellung der bei einer späteren Umsetzung in Folgebescheiden eintretenden **Verkürzungshöhe**. Diese ist zur Bejahung des Tatbestands nicht erforderlich,[5] jedoch ein vom BGH sonst sehr betonter Strafzumessungsgesichtspunkt. Soweit sich der festgestellte Verlust bis zum strafrechtlichen Urteil nicht ausgewirkt hat und nicht auszuschließen ist, dass sich der Verlust auch weiterhin auf absehbare Zeit nicht auswirken wird, müsste nach dem Zweifelsgrundsatz von einem Taterfolg i.H.v. 0 € auszugehen sein.

944 Die durch Umsetzung in einem Folgebescheid bewirkte Steuerverkürzung stellt lediglich einen weiteren Taterfolg dar,[6] der in Tateinheit mit dem nicht gerechtfertigten Steuervorteil verwirklicht wird.

945 Das seit 1994 bestehende Wahlrecht hat weder zur Feststellung des nicht berechtigten steuerlichen Vorteils noch für die Steuerverkürzung strafrechtliche Bedeutung, da der Stpfl. mit der Wahlrechtsausübung lediglich auf einen bindenden Grundlagenbescheid (§ 171 Abs. 10, § 175 Abs. 1 Nr. 1 AO) verweist und nicht die unrichtigen Angaben zum Verlustentstehungsjahr gewissermaßen wiederholt. Ebenso tatbestandslos ist die Eintragung des Verlustvortrags in der Steuererklärung eines Folgejahres, weil der Verlust auf Grund des bindenden Grundlagenbescheids ohnehin von Amts wegen berücksichtigt werden muss.[7]

---

1) BayObLG v. 30.1.1990, 4 St 132/89, DStR 1990, 310 (Zinseinnahmen auf einem Schweizer Bankkonto).
2) BFH v. 22.10.2003, I R 18/02, HFR 2004, 673 (zur GewSt).
3) Joecks in Franzen/Gast/Joecks, 7. Aufl. 2009, § 370 AO Rz. 50 und § 376 AO Rz. 22.
4) BGH v. 2.11.2010, 1 StR 544/09, n.v. Rz. 94 (zur GewSt).
5) BGH v. 10.12.2008, 1 StR 322/08, wistra 2009, 114, 117.
6) BGH v. 10.12.2008, 1 StR 322/08, wistra 2009, 114, 117.
7) Wohl ebenso BGH v. 10.12.2008, 1 StR 322/08, wistra 2009, 114, 116.

Werden unrichtige Angaben in einem Veranlagungszeitraum gemacht für den wegen eines zutreffend ermittelten Verlustabzugs aus anderen Veranlagungszeiträumen nach § 10d EStG keine Einkommensteuer geschuldet wurde, greift nach der Rechtsprechung das Kompensationsverbot ein (→ Rz. 327).[1] Der Verlustabzug ist jedoch jedenfalls bei der Schadensberechnung zur Strafzumessung zu berücksichtigen (→ Rz. 1455 ff.). **946**

(2) Einkommensteuervorauszahlungen

Einkommensteuervorauszahlungen sind Steuern und können damit Gegenstand einer Steuerverkürzung sein,[2] nicht nur „nicht gerechtfertigte Steuervorteile" i.S.v. § 370 Abs. 1 Halbsatz 2 AO[3] (→ Rz. 355). Die Vorauszahlungen bemessen sich nach der für den laufenden Veranlagungszeitraum voraussichtlich geschuldeten Einkommensteuer (§ 37 Abs. 1 Satz 1 EStG). Mangels besserer Anhaltspunkte ist bei der Festsetzung der Vorauszahlungen im Zweifel die Einkommensteuerschuld, die sich bei der letzten Veranlagung „ergeben hat", zu Grunde zu legen, nach dem Gesetzeswortlaut des § 37 Abs. 3 Satz 2 EStG also die tatsächlich veranlagte, nicht die „richtige" Steuer. Wird die Einkommensteuerschuld auf Grund vorsätzlicher Steuerhinterziehung zu niedrig festgesetzt, liegt somit nicht ohne Weiteres darin auch eine Steuerhinterziehung bezüglich der Vorauszahlungen der Folgejahre.[4] **947**

Der Stpfl. begeht eine Steuerverkürzung der Vorauszahlungen erst, wenn er durch eigene unrichtige Angaben in der letzten Steuererklärung[5] oder in einer eigenständigen Mitteilung verhindert, dass die Vorauszahlungen nach § 37 Abs. 3 Satz 3 EStG abweichend von der letzten Veranlagung an die sich voraussichtlich ergebende Einkommensteuer angepasst werden.[6] Die Mitteilung kann in einem Antrag auf Herabsetzung der Vorauszahlungen oder in der Stellungnahme zu einer Anfrage des Finanzamts enthalten sein. Soweit sich die Angaben nicht auf Tatsachengrundlagen der Steuerberechnung beziehen, sondern auf die Prognose der „voraussichtlich anfallenden Steuer", sind die Angaben nur „unrichtig", wenn sie nicht der subjektiven Einschätzung entsprechen.[7] Ebenso erfüllt er den objektiven Tatbestand einer Steuerhinterziehung, wenn er etwa wegen Verlusten aus einem neuen Vermietungsobjekt einen Antrag auf Herabsetzung der Einkommensteuervorauszahlungen auf 0 € stellt, aber verschweigt, dass sich sein Einkommen im laufenden Jahr deutlich erhöht hat, denn dieses ist für die Schätzung der sich „voraussichtlich ergebenden Steuer" erheblich und muss daher im Herabsetzungsantrag erwähnt werden.[8] Dasselbe gilt für einen Herabsetzungsantrag wegen gesunkener Umsätze, wenn die bereits getroffene Entscheidung zum Wechsel der Gewinnermittlung von § 4 Abs. 3 nach § 4 Abs. 1 EStG mit einem daraus resultierenden Übergangsgewinn verschwiegen wird.[9] **948**

1) Dies ist für den Verlustrücktrag unzweifelhaft, für den Verlustvortrag aber strittig: gegen Kompensationsverbot auch Joecks in Franzen/Gast/Joecks, 7. Aufl. 2009, § 370 AO Rz. 69.
2) Mit ausf. Begründung BFH v. 15.4.1997, VII R 74/96, BStBl II 1997, 600, 601 m.w.N.; a.A. Hellmann in H/H/Sp, § 370 AO Rz. 121 (November 2011); Beker, DB 1985, 1868, 1869.
3) So aber OLG Stuttgart v. 21.5.1987, 1 Ss 221/87, wistra 1987, 263; Joecks in Franzen/Gast/Joecks, 7. Aufl. 2009, § 370 AO Rz. 98.
4) A.A. BFH v. 15.4.1997, VII R 74/96, BStBl II 1997, 600, 601.
5) Insoweit zutreffend BFH v. 15.4.1997, VII R 74/96, BStBl II 1997, 600, 601.
6) FG Düsseldorf v. 24.5.1989, 4 K 397/83 AO, EFG 1989, 491, rkr.; zu Recht krit. zur konkreten Entscheidung Dörn, DStR 1995, 868, 869 f.
7) Dörn, DStR 1995, 868, 869.
8) OLG Stuttgart v. 21.5.1987, 1 Ss 221/87, wistra 1987, 263; Bilsdorfer/Weyand, INF 1995, 612, 614; vgl. auch FG Münster v. 4.11.1992, 6 K 1346/92 E, EFG 1993, 236, rkr.
9) FG Niedersachsen v. 18.12.2006, 10 K 316/00, DStRE 2008, 1353, rkr.; zu weitgehend Ballof, AO-StB 2008, 38, 39 (bereits Möglichkeit des Wechsels der Gewinnermittlungsart müsse mitgeteilt werden).

949 Eine Berichtigungspflicht kann sich evtl. aus § 153 Abs. 1 Nr. 1 AO (ausführlich → Rz. 148 ff.) ergeben, wenn erkannt wird, dass eine Auskunft (unvorsätzlich) falsch war,[1)] nicht aber, wenn die weitere Entwicklung von der mitgeteilten Prognose abweicht.[2)] Im Übrigen besteht keine gesetzliche Verpflichtung, dem Finanzamt vor Abgabe der Steuererklärung unaufgefordert mitzuteilen, dass das Einkommen eines Jahres sich gegenüber der bisherigen Bemessungsgrundlage der festgesetzten Vorauszahlungen erhöht hat oder voraussichtlich erhöhen wird. Erst recht besteht keine Verpflichtung, ausdrücklich die Festsetzung erhöhter Vorauszahlungen zu beantragen.[3)]

950 Verkürzt ist der Unterschiedsbetrag zwischen den festgesetzten Vorauszahlungen und der tatsächlich entstandenen Vorauszahlungsschuld entweder in Höhe der Einkommensteuer des letzten Veranlagungszeitraums oder in Höhe der sich voraussichtlich ergebenden Steuer. Dabei ist zu beachten, dass für Letztere die (zutreffende) Einschätzung im Zeitpunkt der Festsetzung oder Änderung der Vorauszahlungen maßgeblich ist, und nicht die sich später tatsächlich ergebende Einkommensteuerschuld. Im Übrigen ist die Hinterziehung wegen des vorläufigen Charakters der Einkommensteuervorauszahlungen, ähnlich wie die Hinterziehung durch Umsatzsteuervoranmeldung, notwendig Verkürzung auf Zeit[4)] (→ Rz. 346). Eine Verkürzung der Vorauszahlungen ist mit Zugang des Bescheides über die Festsetzung der Vorauszahlungen vollendet[5)] und zugleich beendet[6)] (→ Rz. 754), denn sie ist weder im Verkürzungsbetrag noch im Unrechtsgehalt mit der möglichen späteren Verkürzung der Einkommensteuerschuld identisch. Sollte kein Bescheid zugehen, weil mit unzutreffenden Angaben eine Vorauszahlungserhöhung verhindert wurde, ist die darin liegende Verkürzung mit Zugang des Jahressteuerbescheids vollendet und beendet, denn danach wären Vorauszahlungsanpassungen nicht mehr möglich (§ 37 EStG).

951 In einer zutreffenden späteren Einkommensteuerjahreserklärung liegt, ähnlich wie bei der Umsatzsteuer, erforderlichenfalls eine Selbstanzeige, deren strafbefreiende Wirkung insbes. von der Zahlung abhängt (→ Rz. 1127, → Rz. 2199).

952 Soweit die Vorauszahlungen-Hinterziehung mit weiteren Taten zusammentrifft, sind die Vorauszahlungen wegen der schwierigen Bestimmung des verkürzten Betrags und der lediglich zeitlichen Verkürzung von untergeordneter Bedeutung[7)] und werden in der Praxis nicht verfolgt. Der Höhe nach unbedeutend sind auch die entstandenen Hinterziehungszinsen,[8)] die auf verkürzte Vorauszahlungen in der Praxis kaum festgesetzt werden. Von erheblicher praktischer Bedeutung ist jedoch das Risiko für Mittäter, Teilnehmer oder den Geschäftsführer einer Mitunternehmerschaft, wegen der hinterzogenen Vorauszahlungen gem. § 71 AO in Haftung

---

1) Unterlassen der gebotenen Berichtigung kann Steuerhinterziehung sein: Brandis, DStR 1990, 510, 511; Zweifel ergeben sich allerdings aus der Beschränkung des § 153 AO auf Steuererklärungen (h.M., Stöcker in Beermann/Gosch, § 153 AO Rz. 1, April 2000, m.w.N.), die in den Auskünften nicht gesehen werden können.

2) Dörn, DStR 1995, 868, 870.

3) OLG Stuttgart v. 21.5.1987, 1 Ss 221/87, wistra 1987, 263.

4) Vgl. BGH v. 1.11.1995, 5 StR 535/95, wistra 1996, 105, 106 zur Umsatzsteuervoranmeldung.

5) BFH v. 15.4.1997, VII R 74/96, BStBl II 1997, 600, 603.

6) Joecks in Franzen/Gast/Joecks, 7. Aufl. 2009, § 376 AO Rz. 23; Schauf in Kohlmann, § 376 AO Rz. 80 (Juni 2009); a.A. (mit Festsetzung der Jahres-ESt) BFH v. 15.4.1997, VII R 74/96, BStBl II 1997, 600, 603; zur problematischen Bestimmung des Beendigungszeitpunkts einer Verkürzung durch unterlassene Berichtigung gem. § 153 AO: Dörn, DStR 1995, 868, 871.

7) Ähnlich Dörn, DStR 1995, 868, 872.

8) FG Niedersachsen v. 18.12.2006, 10 K 316/00, DStRE 2008, 1353, rkr.; FG Düsseldorf v. 24.5.1989, 4 K 397/83 AO, EFG 1989, 491, rkr.; zur Berechnung der Zinsen im Einzelnen Brandis, DStR 1990, 510, 511 ff.

genommen zu werden,[1] wenn die Steuer wegen Zahlungsunfähigkeit des Stpfl. später endgültig ausfallen sollte. Dieses Risiko ist gerade für den Steuerberater nicht zu unterschätzen.[2]

2. Abzugsteuern

a) Lohnsteuer

aa) Allgemeine Grundsätze

Die Lohnsteuer ist keine besondere Steuerart, sondern ihrem Charakter nach die Vorauszahlung auf die mit Ablauf des Kalenderjahres entstehende Einkommensteuerschuld auf die Einkünfte eines Arbeitnehmers aus nicht selbständiger Arbeit. Besonderheiten ergeben sich dadurch, dass der Arbeitgeber als Dritter die Besteuerungsgrundlagen ermitteln, die Steuer berechnen, einbehalten und an das Finanzamt abführen muss (§§ 38 ff. EStG).[3] Schuldner der Lohnsteuer ist grds. (zu Ausnahmen → Rz. 964) der Arbeitnehmer (§ 38 Abs. 2 Satz 1 EStG), doch kann der Arbeitgeber insbes. für die Lohnsteuer, die er einzubehalten und abzuführen hat, in Haftung genommen werden (§ 42d Abs. 1 Nr. 1 EStG). Zur Berücksichtigung von Lohnsteuer- und Sozialversicherungsnachforderungen im Rahmen der Gewinnermittlung des Arbeitgebers Beispiel in → Rz. 857. **953**

bb) Abzug vom Arbeitslohn

Lohnsteuer entsteht, wenn einem Arbeitnehmer (§ 1 LStDV) Arbeitslohn zufließt (vgl. § 11 Abs. 1, § 19, § 38 Abs. 2 Satz 2 EStG). Die Arbeitnehmereigenschaft kann im Steuerstrafverfahren entscheidungserheblich sein, wenn ein Zahlungsempfänger als **Scheinselbständiger** bisher seine Einkünfte als solche aus selbständiger Arbeit (§ 18 EStG) oder aus gewerblicher Tätigkeit (§ 15 EStG) erklärt hat. Soweit zweifelhaft ist, wer von mehreren Unternehmern als **Arbeitgeber** zu beurteilen ist,[4] etwa im Verhältnis von Projektdienstleister und Veranstalter, drängt sich in der Praxis der Eindruck einer gewissen Zufälligkeit auf. **954**

Besteht nach steuerrechtlichen Grundsätzen[5] ein Arbeitsverhältnis,[6] erfüllt der Arbeitgeber den objektiven Tatbestand der Steuerhinterziehung, wenn er seiner Verpflichtung zum Abzug, zur Anmeldung und zur Abführung der gesetzlichen Lohnsteuer (§ 38 Abs. 3 Satz 1, § 41a Abs. 1 EStG) nicht nachkommt und das Arbeitsverhältnis unzutreffend als selbständige oder gewerbliche Tätigkeit behandelt. Verkennt der Auftraggeber trotz Kenntnis aller tatsächlichen Umstände seine Arbeitgebereigenschaft, handelt er nach Beurteilung des BGH im Verbotsirrtum (→ Rz. 474), der wegen der Möglichkeit eines Statusverfahrens nach § 7a Abs. 1 **955**

---

1) BFH v. 15.4.1997, VII R 74/96, BStBl II 1997, 600; wobei nach einer jüngst ergangenen Entscheidung des FG Münster v. 11.12.2001, 1 K 3310/98 E, EFG 2002, 655 der Gehilfe eines Steuerhinterziehers nicht „pauschal" für verbliebene Steuerschulden gem. § 71 AO haftet, vgl. hierzu auch die Anm. von Leißing, PStR 2002, 197.

2) Vgl. die Begründung des FG Niedersachsen v. 18.12.2006, 10 K 316/00, DStRE 2008, 1353, rkr.

3) Krüger in L. Schmidt, 31. Aufl. 2012, § 38 EStG Rz. 1.

4) BGH v. 28.3.2007, 5 StR 558/06, wistra 2007, 261 (Gerüstbauer oder dessen Hauptauftraggeber); allg. Weidemann, wistra 2010, 463, 464.

5) Vgl. etwa BFH v. 29.5.2008, VI R 11/07, BStBl II 2008, 933 (Telefoninterviewer); v. 23.4.1997, VI R 12/96 u.a., BFH/NV 1997, 656 (Bürotätigkeit). Zur zivilrechtlichen Abgrenzung vgl. Weidenkaff in Palandt, 71. Aufl. 2012, vor § 611 BGB Rz. 10 ff.; zur sozialversicherungsrechtlichen Abgrenzung vgl. § 7 SGB IV; ausf. BSG v. 9.11.2011, B 12 R 18/09 R, DStR 2012, 662 (Baggerfahrer); BGH v. 7.10.2009, 5 StR 478/09, wistra 2010, 29 (Prospektverteiler).

6) Zur Lohnsteuerhinterziehung im Zusammenhang mit einem sittenwidrigen Arbeitsverhältnis BGH v. 1.8.1984, 2 StR 220/84, HFR 1985, 41.

Satz 1 SGB IV vermeidbar ist und den Vorsatz nicht ausschließt.[1] Eine objektive Steuerhinterziehung begeht auch, wer Teile des Arbeitslohns mittels **Scheinverträgen** für angebliche Werbeleistungen eines Profifußballers bezahlt.[2] Zur **Schwarzlohnabrede** → Rz. 977. Steuerlich und strafrechtlich sind nicht die geschuldeten, sondern nur die zugeflossenen Einnahmen maßgeblich – und diese Beträge sind grds. als Bruttoarbeitslohn zu behandeln, nicht etwa als ein um die Lohnsteuer hochzurechnender Nettoarbeitslohn.[3] In beiden Punkten weichen die Sozialversicherungsvorschriften grundlegend ab (→ Rz. 977).

956 Bis 2010[4] musste der Arbeitnehmer eine Lohnsteuerkarte vorlegen (§ 39b Abs. 1 Satz 1 EStG a.F.). Ab 2013[5] ist der Arbeitnehmer verpflichtet, zum Zweck des Abrufs der Lohnsteuerabzugsmerkmale u.a. die Identifikationsnummer und das Geburtsdatum mitzuteilen (§ 39e Abs. 4 Satz 1 EStG n.F.). Da dies aus Sicht von Arbeitnehmer und Arbeitgeber nicht erforderlich war, ist die Lohnsteuer nach der höchstmöglichen Steuerklasse VI zu ermitteln (§ 39c Abs. 1 Satz 1 EStG). Der Anwendungsbereich dieser Vorschrift beschränkt sich jedoch auf den laufenden Lohnsteuerabzug im jeweiligen Kalenderjahr. Bei der Veranlagung zur Einkommensteuer sind die tatsächlichen persönlichen Besteuerungsmerkmale des Arbeitnehmers zu Grunde zu legen, mit der Folge, dass die durch die Anwendung der Steuerklasse VI eingetretenen Nachteile wieder rückgängig gemacht werden.[6]

957 Als objektiv auf Dauer verkürzte Lohnsteuer ist daher jedenfalls für die Strafzumessung der Betrag zu berücksichtigen, der sich nach den tatsächlichen Verhältnissen der Arbeitnehmer bemisst.[7] Sind die tatsächlichen Verhältnisse nicht zu ermitteln, können geschätzte, ggf. niedrigere Durchschnittssteuersätze zu Grunde gelegt werden. Die Differenz zwischen der nach den tatsächlichen Verhältnissen der Arbeitnehmer geschuldeten Lohnsteuer (zu Schätzungsfragen bei der Lohnsteuer → Rz. 311 ff.) und der höheren Lohnsteuer nach Steuerklasse VI ist nur als zeitliche Verkürzung zu beurteilen,[8] der bei der Strafzumessung kein wesentliches Gewicht beizumessen ist.[9] Von dieser ständigen Rechtsprechung hat sich der **1. BGH-Senat** nun jedoch für den Fall der **Schwarzlohnabrede** mit dem Argument „einer besonderen Gefahrenlage"[10] verabschiedet. In dieser Fallgruppe soll der **Nominalbetrag** der Lohnsteuerverkürzung, typischerweise nach Steuerklasse VI ermittelt, auch der Strafzumessung zu Grunde gelegt werden.[11] Die darin liegende Strafverschärfung[12] ist sicher gewollt, doch verselbständigt der 1. Senat die Lohnsteuer damit in **nicht**

---

1) BGH v. 7.10.2009, 1 StR 478/09, wistra 2010, 29, 30; Rolletschke in Graf/Jäger/Wittig, § 370 AO Rz. 470.
2) BGH v. 7.11.2006, 5 StR 164/06, wistra 2007, 112.
3) BFH v. 23.4.1997, VI R 12/96 u.a., BFH/NV 1997, 656.
4) Übergangsregelungen für 2011 und 2012 in § 52b EStG, vgl. Krüger in L. Schmidt, 31. Aufl. 2012, § 52b EStG Rz. 1.
5) BMF v. 2.10.2012 (ELStAM-Startschreiben) und BMF v. 11.10.2012 (ELSTAM-Anwendungsschreiben).
6) BGH v. 30.7.1985, 1 StR 284/85, wistra 1986, 23.
7) BGH v. 30.7.1985, 1 StR 284/85,wistra 1986, 23; v. 13.5.1992, 5 StR 38/92, BGHSt 38, 285, 290 (für die Strafzumessung); v. 25.10.2000, 5 StR 399/00, NStZ 2001, 200 (für die Strafzumessung); Kohlmann, § 370 AO Rz. 1332 (Oktober 2005); Rolletschke in Graf/Jäger/Wittig, 2011, § 370 AO Rz. 476; Rolletschke in Rolletschke/Kemper, § 370 AO Rz. 215 (Mai 2009); im Ansatz auch Jäger in Klein, 11. Aufl. 2010, § 370 AO Rz. 413 (abweichend aber bei Schwarzlohnabreden).
8) BGH v. 30.7.1985, 1 StR 284/85, wistra 1986, 23, 24; v. 13.5.1992, 5 StR 38/92, BGHSt 38, 285, 289.
9) BGH v. 30.7.1985, 1 StR 284/85, wistra 1986, 23, 24.
10) BGH v. 8.2.2011, 1 StR 651/10, wistra 2011, 267, 268 Rz. 16.
11) BGH v. 8.2.2011, 1 StR 651/10, wistra 2011, 267 Rz. 8; Jäger in Klein, 11. Aufl. 2010, § 370 AO Rz. 413.
12) Ebenso Rübenstahl/Zinser, NJW 2011, 2481.

sachgerechter Weise. Die Lohnsteuer ist nicht nur formal eine besondere Erhebungsform der Einkommensteuer,[1] sondern begründet auch nur einen vorübergehenden Liquiditätsvorteil des Fiskus. Lediglich unter der Prämisse, der Arbeitnehmer hätte keine Einkommensteuererklärung nach ordnungsgemäßer Anmeldung und Abführung der Lohnsteuer abgegeben, könne der Unterschiedsbetrag zwischen Lohnsteuereinbehalt und Einkommensteuerschuld dem Fiskus auf Dauer verbleiben. Dies ist jedoch nicht der Normalfall, sondern auch in reinen Arbeitnehmerfällen die Ausnahme.

Hat der Arbeitnehmer seine Einkünfte aus vermeintlich selbständiger Tätigkeit steuerlich erklärt, ist die Einkommensteuer auf den Arbeitslohn im Ergebnis – wenn auch mit abweichender rechtlicher Begründung – zutreffend festgesetzt worden. Rechnete der Arbeitgeber mit einer zutreffenden Einkommensteuererklärung von Seiten des Arbeitnehmers, liegt bei ihm mangels eines weiter gehenden Verkürzungsvorsatzes (→ Rz. 343) allenfalls eine **Lohnsteuerverkürzung** auf Zeit vor[2] (→ Rz. 341). Dies gilt auch, wenn der Arbeitnehmer entgegen dieser Einschätzung des Arbeitgebers seine Einkünfte insoweit verschweigt. Lohnsteuerverkürzung auf Dauer setzt daher regelmäßig voraus, dass der Arbeitgeber mit dem Verschweigen der Einkünfte durch den Arbeitnehmer rechnete.[3] **958**

Bei der Schadensberechnung im Rahmen der Strafzumessung ist zu berücksichtigen, dass eine Lohnsteuerhinterziehung des Arbeitgebers und seine evtl. Beihilfe zur Einkommensteuerhinterziehung des Arbeitnehmers dasselbe Steueraufkommen betreffen und daher nicht einfach zusammengerechnet werden dürfen.[4] Auch sind dem Zinsschaden aus der Lohnsteuerverkürzung auf Zeit (→ Rz. 341, → Rz. 348) steuerartübergreifend bezahlte Gewerbesteuerbeträge, die auf Grund vermeintlich gewerblicher Tätigkeit des Arbeitnehmers festgesetzt worden sind, zu berücksichtigen.[5] Der Steuerschaden aus einer Lohnsteuerverkürzung wird in diesen Fällen deshalb häufig mit 0 € zu beziffern sein. **959**

Aus der nachträglichen Beurteilung einer vermeintlich selbständigen Vertragsbeziehung als Arbeitsverhältnis können sich im Übrigen zwei andere gravierende Probleme ergeben. **960**

Zum einen werden die Rechnungen des vermeintlich freien Mitarbeiters als Rechnungen eines Nichtunternehmers beurteilt, die bei diesem zur Steuerpflicht nach § 14 Abs. 3 UStG und zur Versagung des Vorsteuerabzugs mangels Unternehmereigenschaft (§ 2 Abs. 2 Nr. 1 UStG) führt. Der bisherige Vorsteuerabzug des Arbeitgebers aus diesen Rechnungen wird nach § 15 Abs. 1 Nr. 1 UStG ebenfalls versagt (→ Rz. 1137). Steuerstrafrechtliche Vorwürfe wegen des Vorsteuerabzugs durch den Arbeitgeber und die hinsichtlich des eigenen Vorsteuerabzugs[6] unzutreffende Umsatzsteuererklärung durch den Arbeitnehmer können in der Praxis durchaus Gegenstand steuerstrafrechtlicher Vorwürfe sein. Diese umsatzsteuerlichen Konsequenzen können die lohnsteuerlichen Risiken einer „Scheinselbständigkeit" übertreffen. Zur Schadensberechnung → Rz. 1466. **961**

Weiterhin trägt der Arbeitgeber das ganz erhebliche Risiko nachgeforderter Sozialversicherungsbeiträge, die er schuldet und – von den Beiträgen für die letzten drei **962**

---

1) Rübenstahl/Zinser, NJW 2011, 2481, 2482.
2) BGH v. 8.2.2011, 1 StR 651/10, wistra 2011, 267, 268 Rz. 14; Joecks in Franzen/Gast/Joecks, § 370 AO Rz. 204.
3) Vgl. BGH v. 20.3.2002, 5 StR 448/01, wistra 2002, 221, 223 (verdeckte Gehaltszahlung an einen Lizenzfußballspieler).
4) BGH v. 20.3.2002, 5 StR 448/01, wistra 2002, 221, 224.
5) Kohlmann, § 370 AO Rz. 1333 (Oktober 2005).
6) Die USt selbst ist mangels Unternehmereigenschaft nicht entstanden, wird aber wegen Erteilung einer Rechnung aus § 14 Abs. 3 UStG geschuldet; insoweit ist die Erklärung i.d.R. betragsmäßig richtig.

Monate abgesehen – regelmäßig nicht auf den Arbeitnehmer abwälzen kann (§ 28g SGB IV).[1] Hierbei besteht insbes. die Gefahr, dass Beiträge zur gesetzlichen Krankenversicherung nachgefordert werden, wenn der Arbeitnehmer die Beitragsbemessungsgrenze nicht erreicht, ohne dass die von dem vermeintlich Selbständigen bezahlten Beiträge zur privaten Krankenversicherung berücksichtigt werden. Zu lohnsteuerlichen Problemen im Zusammenhang mit der Nachforderung von Sozialversicherungsbeiträgen → Rz. 979.

963 Auf den ersten Blick zu ähnlichen Problemen scheint ein Werkvertrag zu führen, der vom Finanzamt oder einer anderen Behörde nachträglich als genehmigungspflichtige (§ 1 Abs. 1 Satz 1 AÜG), nicht genehmigte und demzufolge **illegale Arbeitnehmerüberlassung** beurteilt wird.[2] Dieser Sachverhalt hat aber keine lohnsteuerlichen oder sozialversicherungsrechtlichen Doppelbelastungen zu Folge, wenn der Werkunternehmer/Verleiher seine unverändert bestehenden Pflichten als Arbeitgeber erfüllt hat, kann aber für den Auftraggeber/Entleiher ein Lohnsteuerhaftungsrisiko begründen (§ 42d Abs. 6 EStG). Auch der Vorsteuerabzug des Auftraggebers/Entleihers ist grds. nicht gefährdet.[3] Steuerstrafrechtlich weisen die Fälle der Arbeitnehmerüberlassung daher keine Besonderheiten auf.[4]

cc) Pauschale Lohnsteuer

964 Auch soweit ein Arbeitsverhältnis vorliegt, entsteht eine Lohnsteuerschuld des Arbeitnehmers nur, wenn die Voraussetzungen der Lohnsteuerpauschalierung nicht erfüllt sind.

965 Die §§ 40 bis 40b EStG sehen für eine Reihe von Fällen der geringfügigen Beschäftigung die Möglichkeit vor, die Lohnsteuer mit einem Pauschsteuersatz zwischen 2 und 25 % zu erheben. Von größter Bedeutung sind dabei die Pauschalierung für kurzfristige Beschäftigung (§ 40a Abs. 1 EStG) und für geringfügige Beschäftigung (§ 40a Abs. 2 EStG). Werden die gesetzlichen Grenzen insbes. in § 40a Abs. 4 Nr. 1 EStG[5] hinsichtlich Lohnhöhe und Arbeitszeiten nicht eingehalten, entfällt die Pauschalierungsmöglichkeit und es fällt Lohnsteuer i.S.d. §§ 38 ff. EStG an, die ggf. verkürzt sein kann.[6] Von vorsätzlicher Lohnsteuerhinterziehung ist etwa auszugehen, wenn die Vertragsparteien das Arbeitsverhältnis einvernehmlich „aufspalten" und unter dem Namen von Angehörigen mehrere geringfügige Beschäftigungsverhältnisse fingieren.[7]

966 In beiden Fällen verkürzt der Arbeitgeber, ggf. in Mittäterschaft mit dem Arbeitnehmer, die Lohnsteuer des Arbeitnehmers i.S.d. § 38 Abs. 2 Satz 1 EStG.

967 Sind demgegenüber die Voraussetzungen der Lohnsteuerpauschalierung gegeben, so verkürzt der Arbeitgeber ggf. seine eigene Steuerschuld (§ 40a Abs. 5 i.V.m. § 40 Abs. 3 EStG),[8] vorausgesetzt, der Arbeitgeber hat sich bereits wirksam und bindend für die Lohnsteuerpauschalierung entschieden – anderenfalls ist steuerlich und strafrechtlich die Lohnsteuer des Arbeitnehmers zu Grunde zu legen.

1) Ausf. Spriegel/Seipl, DStR 1995, 1169.
2) Rolletschke in Rolletschke/Kemper, § 370 AO Rz. 207 (Dezember 2006).
3) BFH v. 24.9.1987, V R 50/85, BStBl II 1988, 688; bestätigt in BFH v. 8.10.2008, V R 59/07, BStBl II 2009, 218; Kohlmann, § 370 AO Rz. 1264 (Oktober 2005); Rolletschke in Rolletschke/Kemper, § 370 AO Rz. 212 (September 2007).
4) Zu Fällen der von vornherein auf Steuerhinterziehung angelegten Arbeitnehmerüberlassung ausf. Kohlmann, § 370 AO Rz. 1261 (Oktober 2005).
5) Krüger in L. Schmidt, 31. Aufl. 2012, § 40a EStG Rz. 6.
6) Reiserer/Große Vorholt, BB 2001, 1843, 1846.
7) Vgl. den in PStR 1998, 37 geschilderten Sachverhalt.
8) Näher Krüger in L. Schmidt, 31. Aufl. 2012, § 40 EStG Rz. 1 und 22.

Da die pauschale Lohnsteuer nicht mehr als Unternehmenssteuer eigener Art, sondern als eine von der Steuer des Arbeitnehmers abgeleitete Steuer gesehen wird,[1] und die pauschale Lohnsteuer in den Vordrucken zur Lohnsteueranmeldung nicht gesondert auszuweisen ist, ist lediglich der Differenzbetrag der angefallenen Lohnsteuer nach Abzug der angefallenen Pauschsteuer als verkürzt anzusehen [2] Jedenfalls aber wäre die Pauschallohnsteuer bei der Strafzumessung nach § 46 Abs. 2 StGB schadensmindernd zu berücksichtigen, ohne dass das Kompensationsverbot nach § 370 Abs. 4 Satz 3 AO entgegenstünde (→ Rz. 1464 f.). 968

Fälle der **geringfügigen Beschäftigung** in **Privathaushalten** sind seit 2004[3] privilegiert. Steuerverkürzungen und Vorenthalten von Sozialversicherungsbeiträgen können auch bei Vorsatz nur als Ordnungswidrigkeit verfolgt werden (§ 50e Abs. 2 EStG; § 111 Abs. 1 Nr. 2a und Satz 2 SGB IV).[4] 969

dd) Verspätete oder unterlassene Lohnsteueranmeldung

Wird die Lohnsteueranmeldung nicht innerhalb der Frist von § 41a Abs. 1 EStG abgegeben, liegt darin die objektiv vollendete und beendete Hinterziehung der Anmeldungssteuer (zum Begriff → Rz. 228) durch Unterlassen (§ 370 Abs. 1 Nr. 2 AO), vergleichbar der Umsatzsteuervoranmeldung (→ Rz. 1123). 970

Bedingter Vorsatz ist gegeben, wenn der Arbeitgeber damit rechnete, zu einem bestimmten Zeitpunkt zur Abgabe der Lohnsteueranmeldung verpflichtet zu sein, er diese Pflicht aber nicht erfüllt hat.[5] Eine verspätete Abgabe der Lohnsteueranmeldung ist, wie bei der Umsatzsteuervoranmeldung, als Selbstanzeige i.S.d. § 371 AO zu beurteilen, die seit der gesetzlichen Neuregelung in 2011 (→ Rz. 1928) insb. nur bei vollständiger Nachholung/Berichtigung aller unverjährten Lohnsteueranmeldungen (→ Rz. 1996) und Nachentrichtung zur Straffreiheit führt (§ 371 Abs. 3 AO).[6] Es ist damit zu rechnen, dass die Finanzverwaltung diese Fälle häufiger als in der Vergangenheit aufgreifen und nur offensichtlich geringfügige Fälle als unschädlich behandeln wird.[7] Dies ist mit Blick auf § 398a AO insbes. bei verspäteten Anmeldungen mit mehr als 50 000 € Lohnsteuer zu befürchten. 971

ee) Inhaltlich unrichtige Lohnsteueranmeldung

Zur Ermittlung der Lohnsteuer ist der Arbeitgeber insb. an den Inhalt der vorliegenden Lohnsteuerkarte oder der **elektronischen Lohnsteuerabzugsmerkmale gebunden** (§ 38a Abs. 4 EStG), auch wenn ihm deren Unrichtigkeit bekannt sein sollte. Dies liegt bei Fehlern zum Nachteil des Arbeitnehmers[8] nahe, damit das vom Gesetzgeber vorgegebene Verfahren eingehalten wird (z.B. wenn der Arbeitnehmer zwei Kinder hat, aber nur ein Kind eingetragen ist), gilt aber auch umgekehrt auch bei Fehlern zum Vorteil des Arbeitnehmers. 972

---

1) Krüger Drenseck in L. Schmidt, 31. Aufl. 2012, § 40 EStG Rz. 1 und 22 m.w.N. der geänderten Rspr.
2) Die frühere Beurteilung der pauschalen Lohnsteuer als Unternehmenssteuer eigener Art durch BFH v. 5.11.1982, VI R 219/80, BStBl II 1983, 91, wurde zwischenzeitlich aufgegeben, vgl. Krüger in L. Schmidt, 31. Aufl. 2012, § 40 EStG Rz. 1 und 22.
3) Loschelder in L. Schmidt, 31. Aufl. 2012, § 50e EStG Rz. 2.
4) Ausf. Kohlmann, § 370 AO Rz. 1296 (Oktober 2005); Streck/Spatscheck, Rz. 1451, 1455; Spatscheck/Wulf/Fraedrich, DStR 2005, 129, 133 f.
5) BayObLG v. 18.6.1964, RReg 4 St 97/1964, DB 1964, 1142.
6) Ausf. zur Verschärfung der Praxis Obenhaus, Stbg 2012, 97.
7) Nr. 132 Abs. 2 AStBV, BStBl I 2012, 1018, sieht immerhin vor, dass LSt-Anmeldungen nur in begründeten Einzelfällen der BuStra zu melden sind und kurzfristige Terminüberschreitungen (oder geringfügige Berichtigungen) unschädlich sind, wenn nicht besondere Anhaltspunkte für vorsätzliches oder leichtfertiges Handeln vorliegen; ausf. Zugmaier/Kaiser, DStR 2013, 17.
8) Rolletschke in Graf/Jäger/Wittig, 2011, § 370 AO Rz. 468.

973 Meldet der Arbeitgeber die Lohnsteuer unvollständig an, weil er von Eintragungen auf der Lohnsteuerkarte oder den elektronischen Lohnsteuerabzugsmerkmalen (→ Rz. 956) abweicht, eine andere als die Steuerklasse VI anwendet, obwohl er hierzu nach § 39c Abs. 1 Satz 1 EStG verpflichtet wäre, oder legt er der Anmeldung einen unzutreffend niedrigen Arbeitslohn zu Grunde, kann darin jeweils der objektive Tatbestand einer Steuerhinterziehung liegen.[1] In der unvollständigen Lohnsteueranmeldung liegt regelmäßig eine Verkürzung auf Dauer,[2] wenn der Arbeitgeber etwa auf Grund des absehbaren Inhalts seiner nach Jahresende zu erteilenden elektronischen Lohnsteuerbescheinigung (§ 41b Abs. 1 Satz 2 EStG) annehmen muss, dass der Arbeitnehmer die unzutreffenden Angaben in seine Einkommensteuererklärung übernehmen wird.

974 Eine Jahreslohnsteueranmeldung, die zur nochmaligen Überprüfung der monatlichen Lohnsteueranmeldungen dienen könnte, sieht das Gesetz, anders als bei der Umsatzsteuer (zu dieser → Rz. 1111), nicht vor. Eine **zeitliche Verkürzung** kommt jedoch in Betracht, wenn ein weiter gehender Vorsatz fehlt, etwa wenn die Steuer auf eine Tantiemezahlung in einem konkret vorgesehenen nachfolgenden Anmeldungszeitraum erfasst werden soll.

975 Hat der Arbeitgeber mit einer ordnungsgemäßen Einkommensteuererklärung von Seiten des Arbeitnehmers gerechnet, umfasst sein Vorsatz lediglich eine zeitliche Verkürzung,[3] selbst wenn der Arbeitnehmer entgegen dieser Erwartung persönliche Einkommensteuer verkürzen sollte (→ Rz. 958).

976 Verkürzt der Arbeitgeber Lohnsteuer auf Dauer, weil er mit einer Perpetuierung durch den Arbeitnehmer rechnet, gibt dieser seine Einkünfte jedoch im Rahmen seiner Einkommensteuererklärung ordnungsgemäß an, kann die darauf festgesetzte Einkommensteuer bei der Berechnung des tatbestandlichen Hinterziehungserfolges nicht berücksichtigt werden. Sie muss jedoch im Rahmen der Strafzumessung berücksichtigt werden, da dem Fiskus ein Schaden letztlich nur in Höhe der Differenz entstanden ist.

977 Treffen Arbeitgeber und Arbeitnehmer eine „Schwarzlohnvereinbarung", wonach Lohnzahlungen nicht versteuert werden sollen, ist für die Lohnsteuer grds. von einer **Bruttolohnabrede** auszugehen,[4] soweit nicht eine ausdrückliche Vereinbarung getroffen wurde, dass der Lohn netto ausbezahlt wird. Die Höhe der ausgezahlten Löhne sind in erster Linie tatsachenfundiert, anhand von Aufzeichnungen oder betriebswirtschaftlicher Parameter, zu berechnen. Fehlen solche Grundlagen, akzeptiert der BGH eine an Wahrscheinlichkeitskriterien ausgerichtete **Schätzung**, etwa anhand von branchenüblichen Nettolohnquoten für illegale Beschäftigungsverhältnisse[5] (ausf. zur Lohnsteuerschätzung → Rz. 311). Der Lohnsteuer unterliegt der **zugeflossene Arbeitslohn** (§ 38 Abs. 2 Satz 2 EStG), auch wenn dieser wegen Liquiditätsproblemen oder wegen Missachtung gesetzlicher Mindestlohnvorschriften unter dem geschuldeten Lohn liegt.

978 Das **Sozialversicherungsrecht** weicht in beiden Punkten ab. Es fingiert in § 14 Abs. 2 Satz 2 SGB IV ab August 2002 in Fällen der Schwarzlohnabrede[6] hinsichtlich

1) Joecks in Franzen/Gast/Joecks, 7. Aufl. 2009, § 370 AO Rz. 205.
2) Joecks in Franzen/Gast/Joecks, 7. Aufl. 2009, § 370 AO Rz. 204.
3) Joecks in Franzen/Gast/Joecks, 7. Aufl. 2009, § 370 AO Rz. 204.
4) Rolletschke in Rolletschke/Kemper, § 370 AO Rz. 215 (Mai 2009); Trüg, DStR 2011, 727, 728; vgl. auch Sachverhalt bei BGH v. 10.11.2009, 1 StR 283/09, NStZ 2010, 635, insoweit nicht beanstandet.
5) Ausf. BGH v. 10.11.2009, 1 StR 283/09, NStZ 2010, 635 Rz. 14 ff. (im Bereich des lohnintensiven Baugewerbes sei eine Nettolohnquote von 2/3 des bereinigten Nettoumsatzes vertretbar); krit. Trüg, DStR 2011, 727, 728 f.; Röthlein, wistra 2009, 113.
6) Dies setzt jedoch bedingt vorsätzliches Handeln voraus, BSG v. 9.11.2011, B 12 R 18/09 R, DStR 2012, 662.

der vorenthaltenen Sozialversicherungsbeiträge (strafbar nach § 266a StGB) eine **Nettolohnabrede,**[1] selbst wenn dies zu einem Bruttoarbeitsentgelt führt, das den Wert der Arbeitsleistung übersteigt,[2] und die Sozialversicherungsbeiträge sich verdoppeln sollten.[3] Beitragspflichtig ist auch nicht der tatsächlich ausgezahlte, sondern der vertraglich oder gesetzlich **geschuldete Lohn**. Sozialversicherungsbeiträge können daher in strafbarer Weise auch vorenthalten werden, wenn Löhne aus **Geldmangel** nicht ausgezahlt werden oder wenn **Mindestlohnvorschriften** unbeachtet bleiben.[4]

Ein zusätzlicher geldwerter Vorteil in Höhe der **Lohnsteuer** kann dem Arbeitnehmer frühestens im Zeitpunkt der Zahlung des Arbeitgebers auf Grund Haftungsinanspruchnahme zufließen, wenn die Steuer nicht weiterbelastet wird.[5] Aus der Nachzahlung von **Arbeitgeberanteilen** zur Sozialversicherung soll dem Arbeitnehmer nach geänderter Rechtsprechung des BFH ebenfalls ein geldwerter Vorteil zufließen, obwohl Sozialversicherungsnachzahlungen gem. § 28g SGB IV ohnehin vom Arbeitgeber geschuldet werden.[6] Anders sind Nachzahlungen auf Arbeitgeberanteile zu beurteilen, die von Anfang an eigener Aufwand des Arbeitgebers sind. **979**

Zur anzuwendenden Steuerklasse, der Höhe der Steuer und der Schadensberechnung im Rahmen der Strafzumessung[7] → Rz. 957. **980**

Im Fall der einvernehmlichen Schwarzlohnabrede ist die Lohnsteuer durch Arbeitnehmer und Arbeitgeber regelmäßig in Mittäterschaft verkürzt.[8] Hinzu kommt eine Einkommensteuerhinterziehung des Arbeitnehmers, meist unter Beihilfe des Arbeitgebers,[9] doch beziehen sich beide Taten auf denselben Steueranspruch und sind als mitbestrafte Vor- bzw. Nachtat auszuscheiden;[10] die Verkürzungsbeträge dürfen demzufolge nicht zusammengerechnet werden.[11] Strafrechtliche Ermittlungen richten sich jedoch regelmäßig nur gegen den Arbeitgeber, auch, da eine Zuordnung zu einzelnen Arbeitnehmern meist nicht oder nur sehr ungenau möglich ist. **981**

Insbesondere in wirtschaftlichen Krisensituationen hat der Arbeitgeber zu beachten, dass er bei unzureichenden Mitteln die Nettolohnzahlung zu kürzen hat, um daraus die darauf entfallende Lohnsteuer (§ 38a Abs. 3 EStG) zu entrichten. Zahlt er den Nettobetrag aus, ist die nicht angemeldete Lohnsteuer in der darauf entfallenden Höhe verkürzt. Ausnahmsweise ist die ggf. verkürzte Lohnsteuer jedoch aus dem ausgezahlten Lohn herauszurechnen, wenn zum Zahlungszeitpunkt und später keine weiteren Zahlungsmittel zur Verfügung standen.[12] § 42d Abs. 2 Nr. 1 i.V.m. § 41c Abs. 4 EStG sehen einen Haftungsausschluss des Arbeitgebers vor, wenn er **982**

---

1) BGH v. 2.12.2008, 1 StR 416/08, wistra 2009, 107 mit krit. Anm. Röthlein, wistra 2009, 113.
2) BGH v. 8.6.2011, 1 StR 211/11, wistra 2011, 344; bei Teilschwarzlohnabreden erfolgt die Hochrechnung nur für den vorenthaltenen Teil der Beiträge, vgl. BGH v. 10.11.2009, 1 StR 283/09, NStZ 2010, 635 Rz. 22; die Vorschrift begründet jedoch keinen Nettolohnanspruch des Arbeitnehmers, BAG v. 17.3.2010, 5 AZR 301/09, NJW 2010, 2604.
3) Trüg, DStR 2011, 727, 728.
4) Wegner, PStR 2010, 269.
5) Zu den Voraussetzungen eines geldwerten Vorteils in Höhe der LSt Spriegel/Seipl, DStR 1995, 1169, 1170 ff.
6) BFH v. 13.9.2007, VI R 54/03, HFR 2008, 43; teilw. noch anders BFH v. 29.10.1993, VI R 4/87, BStBl II 1994, 194; Spriegel/Seipl, DStR 1995, 1169, 1176.
7) Ausf. BGH v. 8.2.2011, 1 StR 651/10, NJW 2011, 2526.
8) Ausnahmsweise kommt auch Beihilfe oder mittelbare Täterschaft des Arbeitnehmers in Betracht, BGH v. 8.2.2011, 1 StR 651/10, NJW 2011, 2526 Rz. 12.
9) BGH v. 8.2.2011, 1 StR 651/10, NJW 2011, 2526 Rz. 13; vgl. BGH v. 20.3.2002, 5 StR 448/01, wistra 2002, 221 ff. (Beihilfehandlung durch Abschluss eines Scheinvertrages); vgl. hierzu auch die Anm. v. Burhoff, PStR 2002, 143 f.
10) Rübenstahl/Zinser, NJW 2011, 2481, 2483.
11) BGH v. 8.2.2011, 1 StR 651/10, NJW 2011, 2526 Rz. 15.
12) Im Einzelnen Krüger in L. Schmidt, 31. Aufl. 2012, § 42d EStG Rz. 42.

eine vorherige unrichtige Behandlung der Lohnsteuer dem Finanzamt unverzüglich anzeigt. Dies soll sogar bei vorsätzlich unrichtiger Lohnsteuereinbehaltung gelten.[1] Die noch strengeren Vorschriften zur Sozialversicherung verpflichten zur Entrichtung der vollen Beiträge sogar, wenn die Löhne wegen unzureichender Mittel nicht oder nur teilweise ausgezahlt werden[2] (grds. § 23 Abs. 1 Satz 2 SGB IV, § 266a Abs. 1 StGB).

ff) Fehlerhafte Eintragungen auf der Lohnsteuerkarte

983 Neben Lohnsteuerverkürzungen des Arbeitgebers im Zusammenhang mit Lohnsteueranmeldungen sind auch Verkürzungen durch den Arbeitnehmer denkbar, wenn er unrichtige Eintragungen auf der Lohnsteuerkarte herbeiführt, die Bildung unzutreffender Lohnsteuerabzugsmerkmale veranlasst (§ 39 ff. EStG) oder unzutreffende Lohnsteuerabzugsmerkmale pflichtwidrig nicht berichtigt (§ 39e Abs. 6 Satz 5 EStG) und dadurch bewirkt, dass der Arbeitgeber die Lohnsteuer danach unzutreffend niedrig berechnet, anmeldet und abführt. Die Eintragungen können insbes. Werbungskosten, Sonderausgaben oder Verluste aus anderen Einkunftsarten, etwa aus Vermietung und Verpachtung, betreffen (§ 39a EStG).[3] Soweit der Arbeitgeber gutgläubig ist, begeht der Arbeitnehmer die Lohnsteuerhinterziehung in mittelbarer Täterschaft (zu dieser allgemein → Rz. 585).[4] Hat der Arbeitgeber Kenntnis von der Unrichtigkeit der Eintragung, sind Arbeitnehmer und Arbeitgeber Mittäter einer Lohnsteuerhinterziehung.

984 Der Versuch einer Lohnsteuerhinterziehung durch den Arbeitnehmer in mittelbarer Täterschaft beginnt mit Vorlage der unrichtigen Lohnsteuerkarte beim gutgläubigen Arbeitgeber oder dem Antrag auf Ermittlung eines unzutreffenden Lohnsteuerabzugsmerkmals bei dem zuständigen Finanzamt nach §§ 39 ff. EStG, weil der Arbeitnehmer damit alles getan hat, was er zur Tatverwirklichung zu tun hat, und er das Geschehen aus der Hand gibt.[5] Dies gilt auch im Fall eingetragener Freibeträge gem. § 39a EStG,[6] doch kann in dem vorherigen Antrag auf unberechtigte Eintragung eines Freibetrags bereits der Versuch liegen, nicht gerechtfertigte Steuervorteile zu erlangen (§ 370 Abs. 1 Alt. 2 AO). Damit kann der Versuchsbeginn gegenüber einer Lohnsteuerhinterziehung durch den Arbeitgeber oder einer einvernehmlichen Hinterziehung in Mittäterschaft im Ergebnis erheblich vorverlagert sein.

985 Zwar kann die unrichtige Eintragung auf der Lohnsteuerkarte zur Vorbereitung einer Einkommensteuerverkürzung des Arbeitnehmers dienen, doch beginnt der Versuch hierzu regelmäßig erst mit Abgabe der Einkommensteuererklärung, da die Lohnsteuerkarte oder die elektronischen Lohnsteuerabzugsmerkmale insoweit nicht binden. Es spricht vieles dafür, dass der Arbeitnehmer durch die nicht bindende Eintragung auf der Lohnsteuerkarte aus der Natur der Sache nur eine zeitliche Verkürzung begehen kann,[7] da der Arbeitnehmer, ähnlich wie bei unberechtigten Anträgen auf Herabsetzung der Einkommensteuervorauszahlungen, eine endgültige Verkürzung erst im Rahmen der Einkommensteuererklärung erreichen kann. Eine Verkürzung auf Dauer kann allenfalls angenommen werden, wenn der Arbeit-

---

1) Allenfalls könnte damit die Lohnsteueranmeldung gemeint sein: Nachw. bei Krüger in L. Schmidt, 31. Aufl. 2012, § 42d EStG Rz. 14 (Bedenken).
2) Perron in Schönke/Schröder, 28. Aufl. 2010, § 266a StGB Rz. 7; Fischer, 59. Aufl. 2012, § 266a StGB Rz. 12 f.
3) Vgl. etwa den Sachverhalt in BFH v. 26.1.1973, VI R 136/69, BStBl II 1973, 423.
4) Joecks in Franzen/Gast/Joecks, 7. Aufl. 2009, § 370 AO Rz. 201.
5) Im Erg. ebenso Joecks in Franzen/Gast/Joecks, 7. Aufl. 2009, § 370 AO Rz. 201 zu Eintragung persönlicher Merkmale.
6) Unklar insoweit Joecks in Franzen/Gast/Joecks, 7. Aufl. 2009, § 370 AO Rz. 201.
7) A.A. Joecks in Franzen/Gast/Joecks, 7. Aufl. 2009, § 370 AO Rz. 201, der je nach Willensrichtung des Arbeitnehmers differenziert.

nehmer nicht zu einer Einkommensteuererklärung verpflichtet ist (§ 25 Abs. 1, § 46 EStG) und er auch nicht beabsichtigt, die Veranlagung nach § 46 Abs. 2 Nr. 8 EStG zu beantragen, um den Vorteil aus der Lohnsteuerverkürzung endgültig zu behalten.

gg) Haftung und Hinterziehungszinsen

Zur Haftung generell → Rz. 1559. Nach einer aufgedeckten Lohnsteuerhinterziehung wird sehr häufig der Arbeitgeber in Haftung genommen,[1] da die Sachverhalte nicht einzelnen Arbeitnehmern zugeordnet werden können oder die Steuernachforderung bei den Arbeitnehmern als zu aufwendig angesehen wird. Soweit der Arbeitgeber, der die Lohnsteuer grds. nicht selbst schuldet, jedoch durch rechtswidrigen Nachforderungsbescheid in Anspruch genommen wird, kann dieser nicht in einen Haftungsbescheid umgedeutet werden.[2] Zur steuerlichen und strafrechtlichen Berücksichtigung dieser Lohnsteuerhaftungsschuld bei der Ertragsteuer siehe Beispiel in → Rz. 857. **986**

Allgemein zu Hinterziehungszinsen → Rz. 1578. Schuldner von Hinterziehungszinsen ist nach § 235 Abs. 1 Satz 2 AO der Steuerschuldner, also grds. der Arbeitnehmer. Der Arbeitgeber ist jedoch alleiniger Zinsschuldner, wenn er einbehaltene Steuern nicht an die Finanzbehörde abgeführt hat[3] (§ 235 Abs. 1 Satz 3 Alt. 1 AO). Im praktisch häufigeren Fall, dass die Lohnsteuer gar nicht einbehalten wurde, bleibt es demgegenüber bei der Zinsschuld des Arbeitnehmers;[4] der Arbeitgeber kann für die Hinterziehungszinsen lediglich als Haftungsschuldner in Anspruch genommen werden (§ 71 AO).[5] Diese Differenzierungen führen in der Praxis nicht selten zu einem rechtswidrigen Zinsbescheid, der nicht in einen Haftungsbescheid umgedeutet werden kann.[6] **987**

b) Kapitalertragsteuer

Eine Kapitalertragsteuer wird auf die in § 43 Abs. 1 EStG aufgezählten – i.d.R. inländischen – Kapitalerträge erhoben. Zu den belasteten Kapitalerträgen gehören insbes. offene und verdeckte Gewinnausschüttungen von Kapitalgesellschaften (§ 43 Abs. 1 Nr. 1 EStG), Kapitalerträge aus nicht privilegierten Lebensversicherungen (§ 43 Abs. 1 Nr. 4 EStG) und Erträge aus bestimmten sonstigen Kapitalforderungen (§ 43 Abs. 1 Nr. 7 EStG). Die Kapitalertragsteuer ist eine besondere Erhebungsform der Einkommensteuer, die zur Sicherung des Steueraufkommens als „Quellensteuer" erhoben wird und ab 2009 für private Kapitaleinkünfte i.S.v. § 20 EStG **Abgeltungswirkung** hat (§ 43 Abs. 5 EStG).[7] **988**

Die Kapitalertragsteuer ist eine Anmeldungssteuer (§ 45a Abs. 1 EStG) und eine Fälligkeitssteuer (§ 44 Abs. 1 Satz 5 EStG) – zu den Begriffen → Rz. 216. Soweit die Anmeldung entgegen den gesetzlichen Voraussetzungen der §§ 43, 43a EStG nicht innerhalb der gesetzlichen Frist erfolgt, ist der objektive Tatbestand einer Steuerhin- **989**

1) Nicht uneingeschränkt überzeugen kann BFH v. 21.4.2010, VI R 29/08, BStBl II 2010, 833 (Haftung des Arbeitgebers bei Lohnsteuerhinterziehung des Personalleiters zum eigenen Vorteil); ebenso FG Hessen v. 26.5.2011, 7 V 2951/10, PStR 2012, 188; gegen BFH auch Krüger in L. Schmidt, 31. Aufl. 2012, § 42d EStG Rz. 14.

2) Ausführlich zu dieser faktisch häufigen Konstellation Loose in Tipke/Kruse, § 191 AO Rz. 87, 110 m.w.N. (Februar 2011); allg. zur Lohnsteuerhaftung des Arbeitgebers Jatzke in Beermann/Gosch, § 191 AO Rz. 24 ff. (Juni 2009).

3) Kögel in Beermann/Gosch, § 235 AO Rz. 25, 27 (Mai 2003).

4) BFH v. 27.9.1991, VI R 159/89, BStBl II 1992, 163; Kögel in Beermann/Gosch, § 235 AO Rz. 27 (Mai 2003).

5) Kögel in Beermann/Gosch, § 235 AO Rz. 30 (Mai 2003).

6) BFH v. 27.9.1991, VI R 159/89, BStBl II 1992, 163.

7) Weber-Grellet in L. Schmidt, 31. Aufl. 2012, § 43 EStG Rz. 1.

terziehung vollendet und beendet (→ Rz. 230). Im Verhältnis zur **Einkommensteuer** muss die Rechtsnatur als Quellensteuer auch strafrechtlich berücksichtigt werden. Wegen der Anrechnungsvorschrift in § 36 Abs. 1 Nr. 2 EStG oder der Abgeltungswirkung kann die Steuer objektiv nur einmal verkürzt sein[1] (zur vergleichbaren Frage bei der Lohnsteuer → Rz. 981).

990 Zutreffend dürfte jedoch sein, die Kapitalertragsteuerverkürzung im Regelfall als notwendige „Verkürzung auf Zeit" (→ Rz. 341) zu beurteilen, da sich Unrechts- und Schuldgehalt auf eine vorläufige Beeinträchtigung des Steueraufkommens beschränken und nicht mit der späteren Einkommensteuerverkürzung identisch sind, ähnlich der Umsatzsteuervoranmeldung und den Einkommensteuervorauszahlungen. Dies gilt allerdings nicht in Fällen mit endgültiger Abgeltung, etwa nach § 43 Abs. 5 EStG oder bei beschränkt Stpfl. nach § 50 Abs. 5 EStG.

991 Zur Berechnung der Kapitalertragsteuer ist grds. der normale Steuersatz (vgl. § 43a Abs. 1 Nr. 1 und 2 EStG) zu Grunde zu legen. Da die Beteiligten, wie bei einer Schwarzlohnzahlung (→ Rz. 977), nicht mit einer Aufdeckung rechnen, kann eine Nettozahlungsvereinbarung nicht einfach vermutet werden. Die danach berechnete Höhe ist steuerlich und strafrechtlich[2] maßgeblich. Allerdings kann in der späteren Übernahme der Kapitalertragsteuer eine weitere kapitalertragsteuerpflichtige vGA liegen.[3]

992 Häufig ist die Person, die zur Anmeldung der Kapitalertragsteuer verpflichtet gewesen wäre, zugleich Empfänger der Kapitaleinkünfte. Dies gilt etwa für den Gesellschafter-Geschäftsführer der GmbH, der eine vGA an sich selbst vornimmt. In diesen Fällen werden die Einkünfte regelmäßig sowohl bei der Kapitalertragsteuer als auch der persönlichen Einkommensteuer verschwiegen. In dieser Konstellation kann die **tatbestandliche** Verkürzung im Strafverfahren nicht in der Summe der Nominalbeträge gesehen werden. Vielmehr wird die Kapitalertragsteuer nur zeitlich verkürzt (→ Rz. 341). Im praktisch häufigeren Fall einer dauernden Kapitalertragsteuerverkürzung (→ Rz. 990) folgt die Verkürzungsberechnung jedoch den allgemeinen Regeln, insbes. ist dann der Nominalbetrag zu Grunde zu legen.

993 In der Praxis wird die Kapitalertragsteuer zur Vereinfachung meist steuerlich weder nachgefordert noch bezahlt und bleibt strafrechtlich unberücksichtigt.[4]

994 Strafrechtliche Bedeutung hat diese Steuer in der Praxis nur, soweit sich strafrechtliche Vorwürfe auf die Kapitalertragsteuer beschränken, weil eine Einkommensteuer nicht vom Vorsatz der handelnden Person umfasst ist oder weil diese nicht oder noch nicht anfällt. Hierfür kommen im Wesentlichen drei Fallgruppen in Betracht.

- Zum einen hat die **Kapitalertragsteuer** selbständige Bedeutung, wenn der zur Anmeldung und Abführung dieser Steuer Verpflichtete nicht selbst Empfänger des Ertrags ist und auch sonst nicht zur Einkommensteuererklärung für den Empfänger verpflichtet ist. Dies ist typischerweise der Fall bei Vorständen von Lebensversicherungsgesellschaften, Vorständen von Bankgesellschaften oder Fremdgeschäftsführern einer Kapitalgesellschaft im Zusammenhang mit vGA an einen Gesellschafter.
- Zum anderen hat die **Kapitalertragsteuer** endgültige Wirkung als Abgeltungsteuer (§ 43 Abs. 5 Satz 1 Halbsatz 1 EStG) oder wenn der Kapitalertrag einem **ausländischen Empfänger** zufließt und nach deutschem oder internationalem Steuerrecht nicht der deutschen Einkommensteuer unterliegt. In diesen beiden

1) Merkt, BB 1991, 313, 316 (ESt-Hinterziehung wird als mitbestrafte Nachtat der Kapitalertragsteuerhinterziehung verdrängt, soweit die Beträge sich decken).
2) BGH v. 3.3.1993, 5 StR 546/92, NJW 1993, 1604, 1606 f. (KoKo).
3) BGH v. 3.3.1993, 5 StR 546/92, NJW 1993, 1604, 1606.
4) Merkt, BB 1991, 313, 318.

Fallgruppen liegt ausnahmsweise keine zeitliche, sondern eine dauernde Verkürzung vor (→ Rz. 990).

- Vereinzelt wird die **Kapitalertragsteuerverkürzung** auch vorgeworfen, wenn die nachfolgend in Betracht kommende Einkommensteuerverkürzung noch nicht in ihr Versuchsstadium eingetreten ist, weil die Erklärungsfristen noch laufen (→ Rz. 509). Im typischen Fall einer Vielzahl gleichartiger Sachverhalte bezweckt dieser Vorwurf im Wesentlichen eine Erhöhung des vorwerfbaren Hinterziehungsvolumens, um kritische Schwellenwerte zu überwinden, etwa von der Bewährungs- zur Vollzugsstrafe (→ Rz. 1455).

c) Bauabzugsteuer nach §§ 48 ff. EStG

Für die zum 1.1.2002 eingeführte Bauabzugsteuer (§§ 48 ff. EStG)[1] sind steuerstrafrechtlichen Entscheidungen noch nicht bekannt geworden. Da die Regelungen nicht nur kompliziert sind,[2] sondern auch eine marktabschottende Wirkung haben,[3] ist mit erheblichen Dunkelziffern zu rechnen. Vergleichbar der Umsatzsteuer (→ Rz. 1109), der Lohnsteuer (→ Rz. 955), der Kapitalertragsteuer (→ Rz. 988) und der Abzugsteuer nach § 50a EStG (→ Rz. 998) erfüllt der Auftraggeber der Bauleistung („Leistungsempfänger") den objektiven Tatbestand einer Steuerhinterziehung, wenn er die Bauabzugsteuer nicht bis zum 10. nach Ablauf des Monats anmeldet (§ 48a Abs. 1 Satz 1 EStG). Eine spätere Anmeldung kann als strafbefreiende Selbstanzeige i.S.v. § 371 AO beurteilt werden, soweit die Steuer nachgezahlt wird. Rücktritt vom Versuch (→ Rz. 520) scheidet demgegenüber aus, da die Tat bereits mit Fristablauf vollendet (und beendet) ist. **995**

Unterlässt der Leistungsempfänger die Anmeldung (sowie Einbehalt und Abführung) der Bauabzugsteuer, weil die objektiven Voraussetzungen einer **Freistellung gegeben** wären, liegt ihm aber kein gültiger Freistellungsbescheid vor, so begeht er keine Steuerhinterziehung, doch ist dies sehr streitig (→ Rz. 87 ff.). **996**

Erwirkt der Bauunternehmer („Leistender") durch unzutreffende Angaben gegenüber dem zuständigen Finanzamt einen Freistellungsbescheid, begeht er eine Steuerhinterziehung durch Erlangen eines nicht gerechtfertigten Steuervorteils[4] i.S.v. § 370 Abs. 1 AO (→ Rz. 355 ff.). Zieht man den häufigsten Fall der Vorteilserlangung, denjenigen im Beitreibungsverfahren, zum Vergleich heran, so liegt der Taterfolg nicht bereits in einem Bescheid, sondern im Zurückbleiben des Zahlungs-Ist hinter dem Zahlungs-Soll (→ Rz. 364, → Rz. 1396). Im Fall der Freistellungsbescheinigung[5] realisiert sich diese Zahlungsabweichung in der ggf. monatlichen zu geringen Quellensteuerabführung an das Finanzamt. Bis zu diesem Zeitpunkt liegt konsequenterweise nur ein Versuch vor.[6] Ab diesem Zeitpunkt und in diesem Umfang tritt Tatvollendung ein. Folgerichtig wäre, im Zeitpunkt der Vollendung, wie sonst im Steuerstrafrecht, zugleich die Beendigung anzunehmen. **997**

d) Abzugsteuer nach § 50a EStG

Für einige inländische Einkünfte beschränkt Stpfl., etwa für künstlerische Darbietungen, sind inländische Quellensteuern einzubehalten und abzuführen (§ 49 Abs. 1 **998**

1) Dazu BMF v. 27.12.2002, BStBl I 2002, 1399.
2) Instruktiv Diebold, DStZ 2002, 252; Diebold, DStZ 2003, 413; Diebold, DB 2003, 1134; Fuhrmann, KÖSDI 2003, 13771.
3) Dennoch hat BFH v. 29.10.2008, I B 160/08, BFH/NV 2009, 377 keine europarechtlichen Bedenken.
4) Vgl. Joecks in Franzen/Gast/Joecks, 7. Aufl. 2009, § 370 AO Rz. 103.
5) Zu den Voraussetzungen einer einstweiligen Anordnung BFH v. 23.10.2002, I B 86/02, DStR 2002, 2077.
6) A.A. Joecks in Franzen/Gast/Joecks, 7. Aufl. 2009, § 370 AO Rz. 104, der Vollendung mit Bekanntgabe der Verfügung annimmt.

Nr. 2 Buchst. d, § 50a Abs. 4 EStG). Wird durch unzutreffende Angaben, etwa durch vorgelegte Scheinverträge, ein Freistellungsbescheid (§ 50d Abs. 3 EStG) erwirkt, um den Quellensteuerabzug zu vermeiden, erfüllt dies in gleicher Weise wie bei der Bauabzugsteuer den objektiven Tatbestand der Steuerhinterziehung.

999 Ausländische Steuern auf diese Einkünfte werden im Rahmen der tatbestandlichen Verkürzungsberechnung nicht berücksichtigt, doch kann eine ggf. nach dem jeweiligen ausländischen Steuerrecht oder DBA mögliche Anrechnung der deutschen Quellensteuer auf die ausländische Steuer (so dass lediglich ein Liquiditätsvorteil erreicht wurde) gegen vorsätzliches Handeln oder für eine lediglich zeitliche Verkürzung (→ Rz. 341) sprechen.

3. Zuschlags- und Maßstabsteuern zur Einkommensteuer

a) Solidaritätszuschlag

1000 Der Solidaritätszuschlag ist eine Steuer i.S.v. § 3 AO und kann daher Gegenstand einer Steuerhinterziehung sein.[1] In der Praxis wird der Solidaritätszuschlag bei der tatbestandlichen Verkürzungsberechnung teilweise ausgeklammert, da er gegenüber der Einkommensteuer von untergeordneter Bedeutung ist.

b) Kirchensteuer

1001 Auf die landesrechtlich (Art. 140 GG; Art. 137 Abs. 6 WRV) geregelte Kirchensteuer ist materielles Steuerstrafrecht lediglich in Niedersachsen anzuwenden (§ 6 Abs. 1 NdsKiStRG), doch wird diese Tat gem. § 10 Abs. 1 Satz 4 NdsKiStRG nur auf Antrag verfolgt und spielt daher in der Praxis keine Rolle. In allen anderen Ländern ist die Kirchensteuerverkürzung nach überwiegender Meinung straflos,[2] nach Auffassung der Gegenmeinung jedoch als Betrug gem. § 263 StGB strafbar.[3]

4. Körperschaftsteuer

a) Mehrfacher grundlegender Systemwechsel

1002 Mit **Steuersenkungsgesetz** vom 23.10.2000[4] hat der Gesetzgeber die Besteuerung der Körperschaften grundlegend geändert. Er hat das **Halbeinkünfteverfahren** eingeführt, das die Besteuerung der Körperschaften und ihrer Anteilseigner voneinander trennt. Um trotz der daraus resultierenden Doppelbesteuerung eine den Personenunternehmen einigermaßen vergleichbare Steuerbelastung zu erreichen, wurde eine Körperschaftsteuertarifbelastung von 25 % mit der Einkommensteuer des Anteilseigners auf die Hälfte der ausgeschütteten Gewinne kombiniert.

1003 Die formale und inhaltliche Trennung von Körperschaft und Anteilseigner wurde verstärkt mit dem UntStRefG 2008[5] (→ Rz. 880). Diese Änderung setzte die Körperschaftsteuertarifbelastung ab 2008 auf 15 % herab, verbunden mit einer Erhöhung der Einkommensteuerbelastung des inländischen Anteilseigners ab 2009. Bei Kapitaleinkünften auf Beteiligungen im Privatvermögen wird nun grds. die lineare **Abgeltungsteuer** von 25 % erhoben (§ 32d EStG), bei Beteiligungen im Betriebsvermögen von Personenunternehmen gilt das **Teileinkünfteverfahren** (§ 3 Nr. 40

---

1) Joecks in Franzen/Gast/Joecks, 7. Aufl. 2009, § 370 AO Rz. 23.
2) Joecks in Franzen/Gast/Joecks, 7. Aufl. 2009, § 386 AO Rz. 21 m.w.N.; ausf. Seipl in Beermann/Gosch, § 385 AO Rz. 9, § 386 AO Rz. 16 (August 2011); Hilgers-Klautzsch in Kohlmann, § 386 AO Rz. 79 f. (Oktober 2009); Kemper in Rolletschke/Kemper, § 386 AO Rz. 42 (Juni 2010); offengelassen von BGH v. 17.4.2008, 5 StR 547/07, wistra 2008, 310, 311.
3) Rönnau, wistra 1995, 47, 48.
4) BGBl. I 2000, 1433 = BStBl I 2000, 1428.
5) Unternehmensteuerreformgesetz 2008 v. 14.8.2007, BGBl. I 2007, 1912 = BStBl. I 2007, 630.

Buchst. d EStG).[1] Bezüge aus Beteiligungen im Betriebsvermögen von Körperschaften sind weitgehend steuerfrei (§ 8b Abs. 1 und 5 KStG).

Demgegenüber hatte das frühere, seit 1977 bestehende, **Anrechnungsverfahren** die Körperschaftsteuer – im Verhältnis zu anrechnungsberechtigten inländischen Anteilseignern – wirtschaftlich wie eine Vorauszahlung auf die persönliche Einkommensteuer der Anteilseigner behandelt. Der Gesetzgeber hat den Systemwechsel mit komplizierten Übergangsvorschriften zur zeitlichen Anwendung (§ 34 KStG) eingeführt, die für 2001 ein Nebeneinander beider Systeme vorsehen.[2] Danach war auf Ebene des Anteilseigners uneingeschränkt das Halbeinkünfteverfahren anzuwenden, während auf Ebene der Körperschaft ein langjähriges, später noch mehrfach geändertes Übergangssystem gelten sollte (§§ 37 ff. KStG). 1004

Die Vorschriften zur Steuerfreiheit und zur Gewinnermittlung der Körperschaft sind über beide Systemänderungen weitgehend unverändert geblieben. Dies gilt auch für die Grundsätze der vGA. Dennoch werden auch diese Teile des KStG durch die Systemwechsel beeinflusst. 1005

b) Steuererklärungspflicht

Aus der Körperschaftsteuerpflicht folgt die **Pflicht zur** Abgabe einer **Steuererklärung** (§ 31 Abs. 1 KStG, § 25 Abs. 3 EStG).[3] Diese obliegt dem im Zeitpunkt der Erklärungspflicht amtierenden Geschäftsführer der GmbH, Vorstand der AG und jedem sonstigen gesetzlichen Vertreter der Körperschaft (§ 33 Abs. 1, § 34 Abs. 1 AO) unabhängig davon, ob er in dem von der Erklärung umfassten Zeitraum bereits im Amt war. Die erstmals für den VZ 2011 (§ 34 Abs. 13a Satz 2 KStG) vorgeschriebene **elektronische Abgabe** der Steuererklärung (§ 31 Abs. 1a KStG) schließt eine bisher zwingend geforderte **Unterschrift** des Organs (§ 25 Abs. 3 EStG, § 150 Abs. 3 AO) technisch und rechtlich aus. Von Einmann-Gesellschaften ohne Steuerberater abgesehen, wird die faktische Vorbereitung und Abgabe der Steuererklärung so gut wie vollständig von der rechtlichen Verantwortung getrennt. Damit entfällt ein Formalakt, der es bisher ermöglicht hat, das Organ strafrechtlich ohne Weiteres für jede Unrichtigkeit der Steuererklärung verantwortlich zu machen. Der erforderliche Ermittlungs- und Begründungsaufwand wird daher zunehmen. 1006

Als Täter einer Körperschaftsteuerhinterziehung zu Gunsten einer GmbH galt bisher regelmäßig das steuerlich (§ 34 Abs. 1 AO) und strafrechtlich verantwortlich handelnde **Organ**. Dieses wird auch künftig, bei elektronisch abgegebener Steuererklärung, der erste Verdächtige sein, insbes., wenn es um eine vGA gehen sollte, die zugleich eine Einkommensteuerhinterziehung zu eigenen Gunsten begründet. 1007

c) Steuerbefreiung

Zahlreiche Körperschaften, etwa gemeinnützige Vereine (§ 5 Abs. 1 Nr. 9 KStG) oder Berufsverbände wie Gewerkschaften und Arbeitgeberverbände (§ 5 Abs. 1 Nr. 5 KStG), sind u.a. von der Körperschaftsteuer befreit. Die Steuerbefreiung ist jedoch ausgeschlossen, soweit ein **wirtschaftlicher Geschäftsbetrieb** unterhalten wird (§ 5 Abs. 1 Nr. 5 Satz 2 und Nr. 9 Satz 2 KStG). In Betracht kommt etwa die Rechtsberatung von Mitgliedern durch einen Berufsverband (vgl. R 16 Abs. 4 KStR 2004/2008). 1008

Soweit die Voraussetzungen der Steuerbefreiung nicht vorliegen, etwa weil der vorläufig als gemeinnützig anerkannte Verein seine Einnahmen entgegen § 63 AO 1009

1) Näher Heinicke in L. Schmidt, 31. Aufl. 2012, § 3 „Halbeinkünfteverfahren" Nr. 4.b.(4).
2) Ausführliche Übersicht über die zeitliche Anwendung, insbes. bei abweichendem Wirtschaftsjahr: OFD Koblenz v. 15.5.2001, GmbHR 2001, 594.
3) Zur Steuererklärungspflicht: Lambrecht in Gosch, 2. Aufl. 2009, § 41 KStG Rz. 16.

nicht ausschließlich für satzungsgemäße Zwecke verwendet hat, ergibt sich aus der dann bestehenden Körperschaftsteuerpflicht auch die Pflicht zur Abgabe einer Steuererklärung. Gleiches gilt bei partieller Steuerpflicht aus einem wirtschaftlichen Geschäftsbetrieb.

1010 Geht die Erklärung unzutreffend von den steuerlichen Folgen einer Gemeinnützigkeit aus, ohne die **tatsächliche Mittelverwendung** offen zu legen, oder unterbleibt pflichtwidrig die Abgabe der Steuererklärung, kann darin bereits der objektive Tatbestand einer Steuerhinterziehung durch den Vorstand (§ 34 Abs. 1 AO) liegen. Ähnlich können durch unzutreffende **Abgrenzung** zwischen dem gemeinnützigen Bereich und dem wirtschaftlichen Geschäftsbetrieb objektiv Steuern verkürzt werden. Angesichts der sehr komplizierten und teilweise kaum nachvollziehbaren Vorschriften des Gemeinnützigkeitsrechtes in den §§ 51 ff. AO wird jedoch in beiden Konstellationen häufig der Vorsatz (→ Rz. 453 ff.) fehlen.

d) Gewinnermittlung

1011 Grundsätzlich gelten für die **Gewinnermittlung** einer Körperschaft die Regeln des EStG (§ 8 Abs. 1 KStG). Somit können die strafrechtlichen Grundsätze zur Einkommensteuer (→ Rz. 810 ff.) entsprechend auf die Körperschaftsteuer übertragen werden.

e) Verdeckte Gewinnausschüttung

aa) Steuerliche Grundsätze der verdeckten Gewinnausschüttung

1012 Die in § 8 Abs. 3 Satz 2 KStG erwähnte, aber nicht näher umschriebene vGA hat im Wesentlichen die Funktion, zwischen Vorgängen der Einkommensermittlung und der **Einkommensverwendung** abzugrenzen,[1] vergleichbar § 12 EStG für die Einkommensteuer.[2] Die in einem stetigen Wandel begriffene Rechtsprechung[3] versteht darunter im Kern „eine Vermögensminderung oder eine verhinderte Vermögensmehrung, die durch das Gesellschaftsverhältnis veranlasst ist, sich auf die Höhe des Einkommens auswirkt und nicht im Zusammenhang mit einer offenen Ausschüttung steht".[4] Die neuere Rechtsprechung des BFH hat hieran zwei Korrekturen vorgenommen. Sie stellt nicht mehr auf das Einkommen, sondern auf den Unterschiedsbetrag gem. § 4 Abs. 1 Satz 1 EStG ab und fordert zugleich die abstrakte Eignung, beim Gesellschafter einen Vermögensvorteil auszulösen. Dies führt gegenüber der klassischen Formel zu gewissen Abweichungen, jedoch nur in Randbereichen.[5]

1013 Die vGA kommt nur in Betracht, wenn der Vermögensvorteil einem Gesellschafter oder einer diesem nahe stehenden Person zugutekommt. Hat der Geschäftsführer einer Kapitalgesellschaft, der nicht zugleich Gesellschafter ist und auch keinem der Gesellschafter nahe steht, einen unangemessenen Vorteil erlangt, kann darin keine vGA liegen,[6] doch dürfte diese Konstellation sehr selten vorkommen. Im Übrigen wird ein Näheverhältnis in der Ermittlungspraxis so gut wie immer irgendwie behauptet, da die Kriterien nach wie vor kaum geklärt sind.

---

1) Lang in Dötsch/Jost/Pung/Witt, § 8 Abs. 3 KStG Teil C Rz. 4 (März 2009); ähnlich Gosch in Gosch, 2. Aufl. 2009, § 8 KStG Rz. 157 f.
2) So insbes. Lange, noch in der 6. Aufl. 1993, Rz. 4; dagegen betonen Lange/Janssen, 10. Aufl. 2010, Rz. 4 f. nun das Angemessenheitsprinzip als Teil des objektiven Nettoprinzips.
3) Schauf in Kohlmann, § 370 AO Rz. 1420 (März 2010); Übersicht bei Weidemann, wistra 2007, 201, 202.
4) BFH, jew. v. 22.2.1989, I R 44/85, BStBl II 1989, 475 und I R 9/85, BStBl II 1989, 631, st. Rspr.; Gosch in Gosch, 2. Aufl. 2009, § 8 KStG Rz. 166.
5) Ausf. Gosch in Gosch, 2. Aufl. 2009, § 8 KStG Rz. 168 ff.
6) BGH v. 13.7.1994, I R 112/93, BStBl II 1995, 198.

Die Realisierung einer verdeckten Gewinnausschüttung durch einen bestimmten Sachverhalt konnte nach dem alten **Anrechnungsverfahren** für **drei Regelungsbereiche** steuerrechtlich bedeutsam sein: im Rahmen der Gewinnermittlung der Körperschaft (§ 8 Abs. 3 Satz 2 KStG), der Gliederungsrechnung (§ 28 Abs. 2 Satz 2 KStG a.F.) und der Einkünfte aus Kapitalvermögen nach § 20 Abs. 1 Nr. 1 Satz 2 EStG (→ Rz. 907). Die steuerliche Beurteilung stimmte i.d.R., jedoch nicht zwangsläufig, in den drei Bereichen überein.[1] Das Zusammenspiel dieser drei Regelungsbereiche hat dazu geführt, dass die verdeckte Gewinnausschüttung mit dem Anrechnungsverfahren zum „Lieblingskind" der Betriebsprüfer[2] und Steuerfahnder geworden war. 1014

Mit dem **Halb- oder Teileinkünfteverfahren** ist der zweite Regelungsbereich, die Gliederungsrechnung, grds. weggefallen, hat aber für eine lange Übergangszeit bis 2017 eine gewisse Bedeutung behalten (§§ 36 ff. KStG). Die vGA ist eines der zentralen Themen der Betriebsprüfung geblieben und ihre Bedeutung hat eher zugenommen.[3] Dies schlägt wie in der Vergangenheit auf die Praxis der Steuerfahndung durch. 1015

Beispiele zu den unterschiedlichen **Erscheinungsformen der vGA** sind in den aktuellen KStR 2004 unter H 36 zu finden,[4] auch die strafrechtliche Rechtsprechung zur vGA ist vielfältig[5] und betrifft keineswegs nur Sachverhalte, deren strafrechtliche Relevanz sich aufdrängt.[6] 1016

Zur Feststellung, ob eine Vermögensminderung (oder verhinderte Vermögensmehrung) durch das Gesellschaftsverhältnis veranlasst ist, stellt die steuerrechtliche Rechtsprechung des BFH generell auf die **Abgrenzungskriterien** „Fremdvergleich" (insbes.: das mutmaßliche Handeln eines ordentlichen und gewissenhaften Geschäftsleiters) und „Angemessenheit" ab.[7] Für den **beherrschenden Gesellschafter** fordert sie darüber hinaus zivilrechtlich wirksame, klare und im Voraus abgeschlossene Vereinbarungen[8] und nimmt eine vGA sogar bei Erfüllung gesetzlicher Ansprüche an.[9] Zu beachten ist, dass diese Kriterien zwar wie Tatbestandsmerkmale formuliert sind, aber nicht mehr als Indizien sein können[10] (→ Rz. 1025). 1017

Ein rechnerischer Mehrerlös auf Grund steuerlich zulässiger **Schätzung** (→ Rz. 278), etwa wegen eines nicht ordnungsgemäßen Kassenbuchs oder auf Grund Mengen- 1018

---

1) Zur aktuellen Rechtslage Gosch in Gosch, 2. Aufl. 2009, § 8 KStG Rz. 178. Vgl. Heinicke in L. Schmidt, § 20 EStG Rz. 60, 73 ff.
2) Binz/Sorg, DStR 2001, 1457.
3) Hey, GmbHR 2001, 1.
4) Ausf. Lang/Klingebiel in Dötsch/Jost/Pung/Witt, § 8 Abs. 3 KStG Teile C, D und Anhang.
5) BGH v. 7.11.1988, 3 StR 258/88, wistra 1989, 103 (mögliche Verletzung eines Wettbewerbsverbots zu Gunsten einer ausländischen Schwestergesellschaft); v. 11.11.1988, 3 StR 335/88, BB 1989, 974 (Ankauf eines Grundstücks über Wert); v. 3.3.1993, 5 StR 546/92, NJW 1993, 1604 (überhöhte Provisionen an den Bereich KoKo); v. 11.11.2003, 5 StR 277/03, NStZ-RR 2004, 90 (Zahlung von privaten Baurechnungen); LG Potsdam v. 16.8.1996, 23 Qs 99–100/96, GmbHR 1997, 261 (Wettbewerbsverbot); Beispiele bei Schwedhelm, StraFo 1999, 361.
6) Vgl. etwa BGH v. 7.11.1988, 3 StR 258/88, wistra 1989, 103 (Zweifel an vGA wegen Verletzung des Wettbewerbsverbots) mit krit. Anm. Wassermeyer, BB 1989, 1731; LG Potsdam v. 16.8.1996, 23 Qs 99–100/96, GmbHR 1997, 261 (Aufhebung eines Haftbefehls wegen Verletzung des Wettbewerbsverbots); BGH v. 6.7.2004, 5 StR 333/03, NStZ 2005, 106 (keine vGA bei Aktivierung von Darlehensforderungen).
7) Lang in Dötsch/Jost/Pung/Witt, § 8 Abs. 3 KStG, Teil C, Rz. 102, 106 ff. (März 2009).
8) Lang in Dötsch/Jost/Pung/Witt, § 8 Abs. 3 KStG, Teil C, Rz. 200 ff. (März 2009).
9) Vgl. etwa BFH v. 2.3.1988, I R 63/82, BStBl II 1988, 590 (zu Darlehenszinsen); a.A. Janssen, 10. Aufl. 2010, Rz. 170, 2856 „gesetzliche Ansprüche".
10) Ausf. Weidemann, wistra 2007, 201, 205.

verprobung, begründet noch keine vGA.[1] Für diese müsste vielmehr nachgewiesen sein, dass eine Vermögensminderung oder verhinderte Vermögensmehrung gegeben ist und diese auf gesellschaftlichen Gründen beruht. Die objektive **Feststellungslast** trägt das Finanzamt.[2]

bb) Verdeckte Gewinnausschüttung im Strafrecht

1019 VGA können **strafrechtlich** insbes. bedeutsam sein, wenn Erlöse nicht erfasst, Aufwendungen vorgetäuscht (und vom Gesellschafter entnommen) oder Kosten der privaten Lebensführung gewinnmindernd als Aufwand der Körperschaft behandelt werden;[3] wenn also vergleichbare Sachverhalte auch bei einem Personenunternehmen als Steuerhinterziehung beurteilt würden, und die vGA in der abgegebenen Steuererklärung nicht mitgeteilt wird.[4] Wird keine Steuererklärung abgegeben (→ Rz. 115), kann die vGA eine der Berechnungsgrundlagen der verkürzten Steuer sein.

1020 Allerdings geht der steuerliche Anwendungsbereich der vGA weit darüber hinaus. Er betrifft in weitem Umfang **Wertungsfragen**, wenn die Angemessenheit oder Üblichkeit eines Sachverhalts zu beurteilen ist, etwa hinsichtlich der Höhe der Geschäftsführervergütung oder der Angemessenheit vereinbarter Darlehenszinsen. Im Licht des **strafrechtlichen Bestimmtheitsgebots** aus Art. 103 Abs. 2 GG (→ Rz. 1343) sind beachtliche Zweifel geäußert worden, ob ein Strafbarkeitsvorwurf in Betracht kommt, wenn die betriebliche Veranlassung feststeht und lediglich über Wertungen gestritten werden kann.[5] Weidemann fordert eine Beschränkung des vGA-Begriffs im Strafrecht „auf das strafrechtliche Minimum", das nur gegeben ist, wenn jede vertretbare Theorie eine vGA annehmen würde.[6] Das BVerfG teilt diese Bedenken im Hinblick auf die langjährige einheitliche Rechtsprechung jedoch nicht.[7]

1021 So erfüllt eine vGA bereits den objektiven Tatbestand einer Steuerhinterziehung, wenn insoweit gegenüber den FinBeh im Rahmen der Körperschaftsteuererklärung (oder der Einkommensteuererklärung) unrichtige oder unvollständige **Angaben** gemacht wurden.[8] Dies wird bei nicht verbuchten Geschäftsvorfällen in aller Regel der Fall sein, aber häufig auch bei der Umqualifizierung von Leistungsvergütungen in vGA, weil es in der Praxis kaum möglich ist, in den Steuererklärungen der Körperschaft den Sachverhalt so umfassend mitzuteilen, dass die Anforderungen des BGH erfüllt sein könnten[9] (→ Rz. 99). Die schwierigen Abgrenzungsfragen werden daher häufig erst im subjektiven Tatbestand entschieden.

---

1) Ungeklärte Vermögenszuflüsse beim Allein-Gesellschafter-Geschäftsführer rechtfertigen weder Zuschätzung von Betriebseinnahmen noch Annahme einer vGA: BFH v. 26.2.2003, I R 52/02, GmbHR 2003, 1150; v. 22.9.2004, III R 9/03, BStBl II 2005, 160.
2) BFH v. 4.4.2002, I B 140/01, GmbHR 2002, 934.
3) BGH v. 24.5.2007, 5 StR 72/07, HFR 2008, 394; Janssen, 10. Aufl. 2010, Rz. 326; Beispiel bei Böcher, DB 1989, 999.
4) Sidhu/Schemmel, BB 2005, 2549, 2550.
5) Schwedhelm, StraFo 1999, 361, 362.
6) Weidemann, wistra 2007, 201, 205.
7) BVerfG v. 26.6.2008, 2 BvR 2067/07, HFR 2008, 1280, 1282.
8) BGH v. 7.11.1988, 3 StR 258/88, BGHSt 36, 21; v. 4.5.1990, 3 StR 72/90, wistra 1991, 27, 29; Joecks in Franzen/Gast/Joecks, 7. Aufl. 2009, § 370 AO Rz. 209; Kohlmann, § 370 AO Rz. 1434, 1437 (Oktober 2005).
9) Praktische Versuche mit umfassend dargestellten und dokumentierten Sachverhalten vermitteln den Eindruck, dass die FinVerw. nicht mehr entscheidet, mutmaßlich aus Angst, einen Fehler zu machen. Konsequente Beachtung der Vorgaben des BGH würde das System daher wohl kollabieren lassen.

Umso wichtiger ist die sorgfältige Prüfung des objektiven Steuerrechts anhand der **strafrechtlichen Beweisregeln.** Die Feststellung einer vGA kann im Strafverfahren nicht unbesehen auf steuerliche Abgrenzungskriterien gestützt werden.[1] 1022

Zur Abgrenzung der vGA von einer **Leistungsvergütung**, etwa einer Geschäftsführertantieme, Darlehenszinsen oder einem Kaufpreis, sind die steuerlichen Kriterien des **Fremdvergleichs** und der **Angemessenheit** heranzuziehen. Diese Kriterien dienen zur sachgerechten Begriffsbestimmung und sind daher auch strafrechtlich uneingeschränkt anwendbar. 1023

Die besonderen steuerlichen Anforderungen an **beherrschende Gesellschafter** hat der BFH herkömmlich wie gesetzliche Tatbestandsmerkmale behandelt, bei Fehlen vorheriger, klarer und zivilrechtlich wirksamer Vereinbarungen zwingend eine vGA angenommen und nur bei deren Vorliegen als zweite Hürde die Frage der Angemessenheit geprüft. Diese Anforderungen wurden damit begründet, dass wegen des fehlenden Interessengegensatzes zwischen Gesellschaft und Anteilseigner nachträgliche Verschiebungen zwischen dem gesellschaftlichen und dem betrieblichen Bereich (insbes. mit dem Ziel einer Gewerbesteuerminimierung) denkbar sind.[2] Der BGH ist dem strafrechtlich gefolgt,[3] hat aber auch jeweils klar das Vorliegen gesellschaftlicher Gründe festgestellt. 1024

Nachdem das BVerfG allerdings finanzgerichtliche Entscheidungen, welche Indizmerkmale wie gesetzliche Tatbestandsmerkmale behandelt hat, für objektiv willkürlich und damit für **verfassungswidrig** erklärt hat,[4] behandelt der BFH diese Beweisanforderungen nur noch als Indiz.[5] 1025

Tatsächlich beinhalten die steuerlichen Anforderungen an beherrschende Gesellschafter keine materiellen Abgrenzungskriterien der vGA, sondern lediglich **steuerliche Beweisregeln** zu Lasten des Stpfl.[6] Diese Beweisanforderungen sind nach h.M. der Literatur **strafrechtlich nicht anwendbar,**[7] ebenso wenig wie sonstige steuerliche Beweisregeln (→ Rz. 87).[8] Die strafrechtliche Rechtsprechung wird im Hinblick auf die Entscheidungen des BVerfG zu vergleichbaren Ergebnissen kommen müssen. Danach ist im Strafverfahren der **Nachweis** erforderlich, dass die Vermögensminderung oder verhinderte Vermögensmehrung unangemessen ist oder einem Drittvergleich aus anderen Gründen nicht standhält, also gegenüber fremden Dritten nicht vorgenommen worden wäre, und ihre Ursache daher im Gesellschaftsverhältnis hat.[9] Der Strafrichter kann das Fehlen vorheriger klarer Vereinbarungen mit berücksichtigen, seine Überzeugung vom Vorliegen einer vGA aber nicht entscheidend oder gar ausschließlich darauf stützen. 1026

---

1) Ebenso Vogelberg in Simon/Vogelberg, 3. Aufl. 2011, 13.
2) Janssen, 10. Aufl. 2010, Rz. 175.
3) BGH v. 24.5.2007, 5 StR 72/07, DStRE 2008, 169, 170; v. 3.3.1993, 5 StR 546/92, wistra 1993, 185, 187 (Provisionszahlungen an den Bereich KoKo) mit krit. Anm. Döllerer, BB 1993, 1932 f.
4) BVerfG v. 7.11.1995, 2 BvR 802/90, BStBl II 1996, 34; v. 15.8.1996, 2 BvR 3027/95, DB 1996, 2470 (jew. zum Oder-Konto).
5) BFH v. 8.4.1997, I R 39/96, BFH/NV 1997, 902; weitere Nachweise bei Schwedhelm, StraFo 1999, 361, 362.
6) Vgl. Lang in Dötsch/Jost/Pung/Witt, § 8 Abs. 3 KStG, Teil C, Rz. 203: Indizien gegen die Ernsthaftigkeit (März 2009).
7) Kohlmann, § 370 AO Rz. 1421 (Oktober 2005); Joecks in Franzen/Gast/Joecks, § 370 AO Rz. 210a; Meyer in Beermann/Gosch, § 370 AO Rz. 147 (August 2011); Schwedhelm, StraFo 1999, 361, 362; a.A. Rolletschke in Rolletschke/Kemper, § 370 AO Rz. 249 (Mai 2009); Rolletschke in Graf/Jäger/Wittig, § 370 AO Rz. 459.
8) BGH v. 24.6.1987, 3 StR 152/87, StV 1988, 239, 240 (zu § 17 Abs. 1 Satz 2 ZG); Joecks in Franzen/Gast/Joecks, 7. Aufl. 2009, § 370 AO Rz. 210a; Hardtke, 49; Merkt, BB 1991, 313, 319 f.
9) Ebenso Joecks in Franzen/Gast/Joecks, 7. Aufl. 2009, § 370 AO Rz. 210a; Hardtke, 49 und 57 f.; Merkt, BB 1991, 313, 320.

1027 Bei einem bisher nicht erfassten Sachverhalt, etwa Schwarzeinnahmen, kann zweifelhaft sein, ob ein **Geschäft der Körperschaft oder** die Tätigkeit im Rahmen eines nicht angemeldeten **Einzelunternehmens** vorliegt.[1] Im ersten Fall ist eine vGA anzunehmen, die i.d.R. eine deutlich höhere Steuerbelastung und damit auch Steuerverkürzung zur Folge hat als gewerbliche Einkünfte im Rahmen eines Einzelunternehmens. Im früheren Anrechnungsverfahren beruhte dies auf der Herstellung der Ausschüttungsbelastung einerseits und der Einkommensteuerbelastung auf die Körperschaftsteuergutschrift. Nach geltendem Recht bewirken Gewerbesteuerfreibeträge und Gewerbesteueranrechnung auf die Einkommensteuer im Rahmen des gewerblichen Einzelunternehmens ebenfalls spürbare Belastungsunterschiede. Soweit das Geschäft nach den zivilrechtlichen und steuerlichen Abgrenzungskriterien nicht klar der Körperschaft zugeordnet werden kann, ist im Strafverfahren nach dem **Zweifelsgrundsatz** von einem persönlichen Gewerbebetrieb neben der Körperschaft auszugehen.

1028 Steht eine vGA, etwa durch Schwarzeinnahmen, dem Grunde nach fest, sind **im Zusammenhang** damit getätigte **Schwarzausgaben** für Löhne und Wareneinkauf sowie die dadurch ausgelösten (verkürzten) Betriebssteuern (Umsatzsteuer, Lohnsteuer, bis 2008 auch Gewerbesteuer) grds. wie bei der Einkommensteuer im Jahr der wirtschaftlichen Verursachung gewinnmindernd zu berücksichtigen (→ Rz. 848 ff.). Diese Steuern stehen regelmäßig auch in so engem wirtschaftlichem Zusammenhang mit den Einnahmen, dass eine Erklärung dieser Aufwendungen ohne weiteres zur Offenlegung der der Einnahmen führt, so dass auch das Kompensationsverbot (→ Rz. 327) der strafrechtlichen Berücksichtigung dieser Aufwendungen nicht entgegensteht.[2]

cc) Keine verdeckte Gewinnausschüttung bei Untreuehandlung oder Unterschlagung

1029 Im **Missbrauch der Geschäftsführerstellung** durch den Mitgesellschafter einer Kapitalgesellschaft, der unter Umgehung der Gesellschaft und ohne Wissen oder jedenfalls ohne Einverständnis der weiteren Gesellschafter Schwarzeinnahmen an der Kapitalgesellschaft vorbei für sich erlangt, liegt regelmäßig eine **Untreue** (§ 266 StGB).[3] Der Sachverhalt begründet jedoch **keine vGA**[4] an den handelnden Gesellschafter-Geschäftsführer oder gar an die übrigen Gesellschafter und auch keine sonstige Einnahme der handelnden Person i.S.v. § 22 Nr. 3 EStG (→ Rz. 926 ff.). Dies gilt für den Minderheitsgesellschafter und für den beherrschenden Gesellschafter-Geschäftsführer.[5] In gleicher Weise zu beurteilen sind auch Unterschlagungshandlungen,[6] die eigenmächtige Einbuchung von Scheinrechnungen[7] oder Schwarzein-

1) Vgl. BFH v. 11.6.1996, I R 97/95, DB 1996, 2366; Muhler, wistra 2001, 89, 90; Schwedhelm, StraFo 1999, 361, 364.
2) Ausf. Muhler, wistra 2001, 89, 92 f.
3) Übersicht bei Gehrlein, NJW 2000, 1089.
4) BGH v. 13.1.1993, 5 StR 466/92, wistra 1993, 109, 110 (Schwarzumsätze); v. 9.12.1987, 3 StR 104/87, BGHR AO § 370 Abs. 1 Steuerverkürzung 2 (Bankgeschäfte); Schwedhelm in Streck, 7. Aufl. 2008, § 8 KStG Anm. 212; a.A. jedoch FG Sachsen v. 28.9.2004, 5 K 1540/01, EFG 2005, 1074, rkr.
5) BGH v. 13.1.1993, 5 StR 466/92, wistra 1993, 109, 110; FG Baden-Württemberg v. 28.10.1976, III 181/75, EFG 1977, 170, rkr. (Unterschlagung von Kundenschecks durch beherrschenden Gesellschafter); Groh, DB 1995, 844, 846 m.w.N.; Flume, DB 1993, 1945; a.A. BFH v. 18.7.1990, I R 32/88, BStBl II 1991, 484, 485 (gilt nur für den nichtbeherrschenden Gesellschafter); grundlegend a.A. Wassermeyer, DB 1993, 1948, 1949.
6) BGH v. 20.2.1990, 3 StR 10/90, HFR 1990, 521; FG Baden-Württemberg v. 28.10.1976, III 181/75, EFG 1977, 170, rkr. (Unterschlagung von Kundenschecks durch Gesellschafter-Geschäftsführer); Groh, DB 1995, 844, 846 m.w.N.; die Steuerpflicht aus § 22 Nr. 3 EStG kann sich jedoch aus scheinbar unbedeutenden Einzelheiten des Sachverhalts ergeben, vgl. BGH v. 9.12.1987, 3 StR 104/87, BGHR AO § 370 Abs. 1 Steuerverkürzung 2.
7) BFH v. 19.6.2007, VIII R 54/05, BStBl II 2007, 830.

nahmen an der Gesellschaft vorbei[1] durch den **Nur-Geschäftsführer** (zum Mitunternehmer einer Personengesellschaft → Rz. 823).

Abzugrenzen ist dies von dem Missbrauch einer dem Minderheitsgesellschafter rechtsgeschäftlich eingeräumten Generalvollmacht[2] und wohl auch von dem Handeln des Geschäftsführers, der zugleich alleiniger **Gesellschafter** ist, denn hier ist von einer stillschweigenden Billigung der Gesellschaft, vertreten durch die Gesellschafterversammlung, auszugehen.[3] Ist eine vGA zu verneinen, ist bei der Körperschaft naturgemäß keine Gewinnkorrektur nach § 8 Abs. 3 Satz 2 KStG vorzunehmen. Zu den steuerlichen Folgen beim Handelnden → Rz. 926 ff. **1030**

Eine mögliche Untreuestraftat ist eine **selbständige Tat** im prozessualen Sinn (§ 264 StPO) und unterliegt einer eigenständigen Verjährungsfrist. Es ist eine Frage des Einzelfalls, ob die Einleitung eines Steuerstrafverfahrens zugleich die allgemeine Straftat erfasst und damit auch deren Verjährung unterbricht (→ Rz. 931). **1031**

f) Berechnung der Körperschaftsteuer

Die Berechnung der verkürzten Körperschaftsteuer durch Vergleich der bisher festgesetzten mit der zutreffenden Steuer hat nicht nur hinsichtlich der Feststellung des Schuldumfangs (Taterfolgs) und der Strafzumessung **Bedeutung.** Sie ist insbes. für die Höhe eines Haftungsbescheids oder die Festsetzung von Hinterziehungszinsen relevant, denn hier sind die Konsequenzen exakt quantifizierbar. **1032**

aa) Körperschaftsteuerverkürzung nach Wegfall des Anrechnungsverfahrens ab 2001

Werden die Einkünfte einer nach dem 31.12.2000 neu gegründeten Gesellschaft in strafrechtlich relevanter Weise manipuliert, unterscheidet sich die strafrechtliche Verkürzungsberechnung nicht mehr grundlegend von der Berechnung bei der Einkommensteuer. Die früheren komplizierten Auswirkungen des körperschaftsteuerlichen Anrechnungsverfahrens haben für eine solche Neugründung keine Bedeutung. **1033**

Häufig werden die Einkünfte einer Körperschaft durch „**Schwarzeinnahmen**" manipuliert, welche der Anteilseigner privat verwendet. Die darin liegende vGA bewirkt auf Ebene der Körperschaft neben der Umsatzsteuer- und Gewerbesteuerverkürzung eine nunmehr einfach zu ermittelnde Körperschaftsteuerverkürzung in Höhe der Tarifbelastung von 25 % bzw. 15 % (§ 23 Abs. 1 KStG). Ergibt sich wegen eines entsprechenden negativen Einkommens oder eines Verlustvortrags auch nach Zurechnung der vGA kein zu versteuerndes Einkommen, bleibt es (für Neugründungen) bei einer Tarifbelastung von 0 €. Insoweit hat sich die Rechtslage gegenüber dem Anrechnungsverfahren deutlich vereinfacht. Sowohl die Abhängigkeit vom Bestand der Eigenkapitalgliederung als auch die früher (regelmäßige) Hochschleusung auf die Ausschüttungsbelastung sind belanglos. Damit ist gleichzeitig ein wesentliches Motiv für die Prüfungsdienste entfallen, bei Verlustunternehmen Leistungsvergütungen in vGA umzuqualifizieren. Unter Berücksichtigung der Einkommensteuer auf die Schwarzeinnahmen (§ 20 Abs. 1 Nr. 1 Satz 2, § 3 Nr. 40 Buchst. d EStG) hat die ertragsteuerliche Gesamtbelastung der vGA mit etwa **1034**

---

1) A.A. FG Saarland v. 20.4.2012, 1 K 1156/10, EFG 2012, 1875, rkr. (vGA schon wegen Vernachlässigung der Kontrollbefugnisse durch die Gesellschafter).

2) BFH v. 14.10.1992, I R 14/92, BStBl II 1993, 351, 352.

3) BFH v. 22.10.2003, I R 23/03, GmbHR 2004, 430; v. 14.10.1992, I R 17/92, BStBl II 1993, 352, 355 (Unterschlagung von Kundenschecks durch Alleingesellschafter); Schwedhelm in Streck, 7. Aufl. 2008, § 8 KStG Anm. 211; Flume, DB 1993, 1945, 1947; Muhler, wistra 2001, 89, 90; vgl. auch BGH v. 14.12.1959, II ZR 187/57, BGHZ 31, 258, 278 = NJW 1960, 285, 289 (keine Haftung des Alleingesellschafters gegenüber seiner GmbH).

52,65 % im Halbeinkünfteverfahren[1] oder mit etwa 46,75 % bei der Abgeltungsteuer[2] ihren früheren Strafcharakter verloren.[3] Damit müssen sich auch keine grundsätzlichen Zweifel mehr am Vorsatz hinsichtlich des Verkürzungsumfangs ergeben (→ Rz. 892).

1035 In der Betriebsprüfungspraxis beruhen vGA überwiegend auf der **Umqualifizierung** von **Leistungsbeziehungen** zwischen Körperschaft und Anteilseigner. Diese kann strafrechtlich relevant sein, wenn sie nicht nur auf unterschiedlicher steuerlicher Würdigung beruht, sondern auf einer Vortäuschung der Leistungsbeziehung, etwa durch Beifügung eines fingierten Darlehensvertrags zur Steuererklärung der Körperschaft. Die infolge dieser Umqualifizierung aufgedeckte Steuerverkürzung beruht im Wesentlichen auf der Gewerbesteuer, denn die Körperschaftsteuererhöhung hängt zwar von der Gewinnsituation der Körperschaft und die Einkommensteuerminderung hing bis 2008 von dem individuellen Steuersatz ab, doch im Normalfall gleichen sich beide Änderungen weitgehend aus.[4]

1036 Auch wenn sich gegenläufige Auswirkungen bei Körperschaft und Anteilseigner ergeben, wäre jedenfalls im Rahmen der Verkürzungsberechnung für die Strafzumessung eine Gesamtbetrachtung geboten.[5] Dabei ist zu berücksichtigen, dass ein Steuerschaden nur in Höhe des Saldos, also unter Berücksichtigung der Einkommensteuerminderung, eingetreten ist (→ Rz. 1466).

bb) Körperschaftsteuerverkürzung im Übergangsrecht des Halbeinkünfteverfahrens

1037 Die **Übergangsregelungen** der §§ 36 ff. KStG vom früheren Anrechnungsverfahren zum ab 2001 geltenden Halbeinkünfteverfahren enthalten keine Besonderheiten für die Gewinnermittlung. Sie sehen jedoch für alte Körperschaften, die nach den Umgliederungen zum Abschluss des Anrechnungsverfahrens (§ 36 KStG) einen positiven Betrag des EK 02 fortführen, für den Fall von vGA besondere Steuerbelastungen vor. Obwohl eine vGA keinen Körperschaftsteuerminderungsanspruch aus belastetem Altkapital (früher EK 40) auslöst (§ 37 Abs. 2 KStG), kann sie gleichwohl eine Körperschaftsteuererhöhung von $^3/_7$ der vGA bewirken, soweit hierfür fortgeschriebenes EK 02 als verwendet gilt (§ 38 Abs. 2 KStG). Dies gilt grds. für Leistungen, etwa vGA, bis einschließlich 2006 (§ 38 Abs. 4 Satz 4 KStG) und kann daher in älteren, noch laufenden Verfahren noch von Bedeutung sein.[6]

1038 Der **Steuerbelastungseffekt** aus dieser Regelung ist gegenüber dem früheren Anrechnungsverfahren sogar **verstärkt,** weil die aufgedeckte vGA zwar den Gewinn der Körperschaft, aber nicht deren steuerliches Eigenkapital erhöht. Im ungünstigsten, aber praktisch häufigen Fall der Körperschaft mit laufenden Verlusten gilt für die gesamte vGA EK 02 als verwendet. An Stelle der im Verlustfall systemgerechten Körperschaftsteuertarifbelastung von 0 % begründet § 38 Abs. 2 KStG eine Körperschaftsteuererhöhung von $^3/_7$ oder 42,86 %. Soweit nicht die Vorschläge der Literatur[7] zur Abmilderung dieser „Strafsteuer" in der Praxis übernom-

1) Belastung bezogen auf den Gewinn der Körperschaft vor Steuer, unter Berücksichtigung der KSt, GewSt bei Hebesatz 400, ESt bei dem Spitzensteuersatz für 2002 mit 48,5 %, ohne SolZ und KiSt; vgl. die ausführlichen Belastungsrechnungen bei Binz/Sorg, DStR 2001, 1457, 1459; Hey, GmbHR 2001, 1, 3; Schiffers, GmbHR 2001, 885, 889 ff.
2) Annahmen wie zuvor, Einkommensteuer-Abgeltungsteuersatz für 2009 mit 25% berücksichtigt.
3) Binz/Sorg, DStR 2001, 1457, 1458.
4) Bei Ansatz eines Hebesatzes von 400 und dem Einkommensteuer-Spitzensteuersatz für 2001 mit 48,5 %.
5) Vgl. BGH v. 12.1.2005, 5 StR 301/04, wistra 2005, 144, 145.
6) Näher Vorauflage, Rz. 1130.
7) Vgl. Schiffers, GmbHR 2001, 885, 888 m.w.N.

men werden, ist für das Strafverfahren sorgfältig zu prüfen, ob diese Steuerbelastung in voller Höhe vom Vorsatz umfasst sein kann (→ Rz. 892).

5. Gewerbesteuer

1039 Eine **Gewerbesteuerverkürzung** beruht in aller Regel auf denselben unrichtigen oder unvollständigen Grundlagen wie die Einkommensteuer oder die Körperschaftsteuer, etwa auf demselben Fehler in der Buchhaltung. Die Hinterziehung von Gewerbesteuer ist aber rechtlich **unabhängig von der Einkommensteuer** zu ermitteln,[1] da die Gewerbeertragsteuer auf einer eigenständigen Bemessungsgrundlage, dem Gewerbeertrag, beruht. Zum Verhältnis der verschiedenen Hinterziehungshandlungen → Rz. 688.

1040 Erzielen Masseure, Tierärzte, Steuerberater oder Rechtsanwälte neben den Einnahmen aus ihrer freiberuflichen Tätigkeit auch Einkünfte aus einer **gewerblichen Tätigkeit,** unterliegen sie zumindest insoweit der Gewerbesteuer.[2] Als solche gewerblichen Einkünfte kommen in der Praxis etwa Provisionen für die Vermittlung von steuersparenden Kapitalanlagen in Betracht.[3] Werden solche gewerblichen Einkünfte im Rahmen einer Sozietät erzielt, „infizieren" diese grds. sämtliche Einkünfte der Sozietätsmitglieder als gewerbliche (§ 15 Abs. 3 Nr. 1 EStG).[4] Wird unter Missachtung dieser Rechtslage bei Überschreiten der gewerbesteuerlichen Freibeträge (§ 11 GewStG) keine Gewerbesteuererklärung abgegeben, verwirklicht dies den objektiven Tatbestand einer Steuerhinterziehung durch Unterlassen.[5] Der subjektive Tatbestand hängt insbes. davon ab, ob der Sachverhalt als gewerbesteuerpflichtig erkannt wurde.[6]

1041 Wegen der unterschiedlichen **Gewerbesteuerhebesätze,** die bei Gemeinden ab 50 000 Einwohnern im Jahr 2012 zwischen 200 (§ 16 Abs. 4 Satz 2 GewStG) und 520[7] Punkten liegen, ist die Wahl der Gemeinde, in der die gewerbliche Tätigkeit ausgeübt wird (§ 4 Abs. 1 GewStG) von erheblicher Bedeutung. Es ist selbstverständlich legitim, etwa durch Investitionsentscheidungen oder Auslagerung der Geschäftsleitung in ein Außenbüro, die **Betriebsstättengemeinde(n)** auszusuchen. Demgegenüber würde eine von den tatsächlichen Verhältnissen abweichende Erklärung des Betriebssitzes an einem Ort mit niedrigen Hebesätzen oder die fingierte Aufspaltung des tatsächlich einheitlichen Gewerbebetriebs jeweils den objektiven Tatbestand einer Gewerbesteuerhinterziehung erfüllen. Verkürzt wäre die Gewerbesteuer dabei in Höhe des Unterschiedsbetrags zwischen der zutreffenden und der tatsächlich festgesetzten Gewerbesteuer. Die auf den ersten Blick zu Lasten der wahren Betriebstättengemeinde in voller Höhe verkürzte Gewerbesteuer kann mit der festgesetzten Gewerbesteuer zu Gunsten der Gemeinde mit dem angeblichen Sitz saldiert werden. Das Kompensationsverbot steht nicht entgegen, da der Ausgleich mit der Verkürzung durch unzutreffende Sitzangabe untrennbar verbunden ist und daher nicht als „andere Gründe" i.S.d. § 370 Abs. 4 Satz 3 AO beurteilt werden kann.

1042 Im Übrigen ist auch der Vorsatz allenfalls auf die **Differenz der Gewerbesteuerbeträge** gerichtet. Dieses Ergebnis ist auch allein sachgerecht, wenn das geschützte

1) BGH v. 18.12.1991, 5 StR 599/91, wistra 1992, 103, 104.
2) Vgl. Wacker in L. Schmidt, 31. Aufl. 2012, § 15 EStG Rz. 97 ff.
3) Vgl. BFH v. 2.9.1988, III R 58/85, BStBl II 1989, 24; Pfeiffer/Lichtner, DB 1985, 1981, 1984.
4) Vgl. BFH v. 9.7.1964, IV 427/62 U, BStBl III 1964, 530; Wacker in L. Schmidt, 31. Aufl. 2012, § 15 EStG Rz. 185 ff., auch zu den Einschränkungen.
5) Vgl. Pfeiffer/Lichtner, DB 1985, 1981, 1984.
6) Vgl. OLG Köln v. 4.3.2004, 2 Ws 702/03, NJW 2004, 3504, 3505 (Tatbestandsirrtum über Gewerbesteuer-Pflicht von Schmiergeldeinnahmen).
7) Quelle: www.dihk.de/themenfelder/recht-steuern/steuern/finanz-und-haushaltspolitik/realsteuer-hebesaetze.

Rechtsgut im „Steueraufkommen im Ganzen" ohne Differenzierung nach Steuerart und Ertragshoheit zu sehen ist (→ Rz. 45).

Der **Versuch** (→ Rz. 506) einer Gewerbesteuerhinterziehung beginnt mit Abgabe der Gewerbesteuererklärung. Zur **Tatvollendung** (→ Rz. 513) und **Tatbeendigung** (→ Rz. 725) der Steuerhinterziehung ist der Zugang des Gewerbesteuerbescheids der Gemeinde (§ 20 Abs. 2 GewStG) erforderlich,[1] denn der notwendige Taterfolg liegt nach § 370 Abs. 4 AO erst in der Festsetzung eines unzutreffend niedrigen Steuerbetrags (→ Rz. 233). Bei **mehreren** zerlegungsbeteiligten **Gemeinden** führt die Bekanntgabe eines jeden Gewerbesteuerbescheids zur Vollendung der jeweiligen Steuerverkürzung[2] und Zugang des letzten Gewerbesteuerbescheids zur Beendigung der Tat.[3]

1043 Der Zugang des **Messbescheids** des Finanzamts genügt daher ebenso wenig zur Vollendung der Steuerhinterziehung wie ein **Zerlegungsbescheid** des Finanzamts. Die Konstellation ist mit den Gewinnfeststellungsbescheiden[4] (→ Rz. 233) vergleichbar. Dies spricht dafür, mit dem BGH auch in dem bindenden (§ 16 Abs. 1 GewStG) Messbescheid die Erlangung eines **steuerlichen Vorteils** (§ 370 Abs. 4 Satz 2 AO) zu sehen[5] (→ Rz. 363).

1044 Wurde keine Steuererklärung abgegeben, tritt Tatvollendung und -beendigung durch **Unterlassen** ein, sobald die zuständige Gemeinde ihre Arbeiten hinsichtlich der Gewerbesteuerfestsetzung im Wesentlichen abgeschlossen hat.[6]

1045 **Hinterziehungszinsen** auf verkürzte Gewerbesteuer sind auf Grund eines Feststellungsbescheids über die hinterzogenen Besteuerungsgrundlagen (§ 239 Abs. 1 Satz 1, § 179 ff. AO) und bei Betriebstätten in mehreren Gemeinden auch auf Grund eines Zerlegungsbescheids festzusetzen.[7]

6. Erbschaft- und Schenkungsteuer

1046 Der **Steuer** unterliegen Erwerbe von Todes wegen (§ 1 Abs. 1 Nr. 1 ErbStG), Schenkungen unter Lebenden (§ 1 Abs. 1 Nr. 2 ErbStG), Zweckzuwendungen (§ 1 Abs. 1 Nr. 3 ErbStG) sowie Vermögen einer inländischen Familienstiftung (§ 1 Abs. 1 Nr. 4 ErbStG). Bei Schenkungen kann die Frage einer **Zuwendung**[8] wesentlich davon abhängen, wem der Vermögensgegenstand vor dem zu untersuchenden Zeitpunkt zuzurechnen war, was etwa bei Oder-Konten[9] oder in Treuhandfällen[10] nicht einfach anhand äußerlicher Merkmale festgestellt werden kann. Auch kann die **Freigiebigkeit** einer Zuwendung fehlen, wenn mit dem Rechtsgeschäft Ausgleichs-, Bereicherungs-, Herausgabe- oder Rückerstattungsansprüche des Leistenden verbunden sind.[11]

---

1) OLG Köln v. 1.9.1970, Ss 104/70, BB 1970, 1335, 1336; Rolletschke in Rolletschke/Kemper, § 370 AO Rz. 93 (Dezember 2010); ungenau BGH v. 11.12.1990, 5 StR 519/90, wistra 1991, 215.
2) Vogelberg in Simon/Vogelberg, 3. Aufl. 2011, 19.
3) OLG Köln v. 1.9.1970, Ss 104/70, BB 1970, 1335, 1336; Rolletschke in Rolletschke/Kemper, § 370 AO Rz. 93 a.E. (Dezember 2010).
4) BGH v. 10.12.2008, 1 StR 322/08, wistra 2009, 114, 116.
5) BGH v. 2.11.2010, 1 StR 544/09, n.v., Rz. 94; wie hier Rolletschke in Rolletschke/Kemper, § 370 AO Rz. 93 (Dezember 2010); Rolletschke in Graf/Jäger/Wittig, § 370 AO Rz. 101, 163.
6) BGH v. 23.1.2002, 5 StR 540/01, StV 2002, 203, 204; ungenau BGH v. 11.12.1990, 5 StR 519/90, wistra 1991, 215.
7) Fuchsen, DStR 1996, 214; AEAO zu § 235, Nr. 6.2.
8) Allg. zur Abgrenzung Meincke, 16. Aufl. 2012, § 7 ErbStG Rz. 9.
9) BFH v. 23.11.2011, II R 33/10, BStBl II 2012, 473.
10) Meincke, 16. Aufl. 2012, § 3 ErbStG Rz. 8.
11) Etwa Gebel in Troll/Gebel/Jülicher, § 7 ErbStG Rz. 52 (Januar 2012), 287 (Juli 2011).

Strafrechtsfälle hängen meist mit schwarzen Kapitalanlagen zusammen, häufig im europäischen oder außereuropäischen Ausland, die vielfach über Jahrzehnte aus ursprünglich versteuerten Einkünften aufgebaut wurden. Besondere erbschaftsteuerliche Probleme können sich ergeben, wenn das Kapital in einer **echten ausländischen Familienstiftung**[1] (zur Abgrenzung → Rz. 891) angelegt worden sind. Bei dieser wird die Selbständigkeit des Stiftungsvermögens steuerlich anerkannt, allerdings mit Steuerpflicht der Stiftungserrichtung (§ 7 Abs. 1 Nr. 8 Satz 1 oder § 3 Abs. 2 Nr. 1 ErbStG),[2] der Zuführung von Kapital zu einer bereits bestehenden Stiftung[3] (§ 7 Abs. 1 Nr. 1 oder § 3 Abs. 1 Nr. 1, 2 oder 4 ErbStG), der Vermögensübertragung von einer Stiftung auf eine weitere Stiftung[4] (§ 7 Abs. 1 Nr. 8 ErbStG) sowie des Vermögensanfalls bei Stiftungsauflösung[5] (§ 7 Nr. 9 Satz 1 ErbStG). Auf der Satzung beruhende laufende oder einmalige Leistungen der Stiftung an ihre Destinatäre unterliegen regelmäßig der Einkommensteuer (→ Rz. 891), jedoch nicht zusätzlich der Schenkungsteuer.[6] 1047

Die in der Praxis ganz überwiegende **ausländische Treuhandstiftung** (zur Einkommensteuer → Rz. 890) wird demgegenüber nach deutschem Steuerrecht behandelt wie ein eigenes Konto des Stifters oder Begünstigten und ist Teil seines Nachlasses.[7] Erbschaftsteuer wird grds. nicht durch die oben dargestellten Vorgänge ausgelöst, wohl aber durch einen Erbfall.[8] 1048

Die steuerlichen Regeln des Erbschaftsteuergesetzes sind **kaum intuitiv zu erfassen**, noch weniger als bei der Einkommensteuer, so dass Beteiligte häufig weder die steuerlichen Probleme noch die daraus abgeleiteten Pflichten erkennen. So kann Schenkungsteuer nach der Rspr. auch bei der Übernahme von Schulden[9] oder sogar bei der Eingehung oder Erfüllung einer Bürgschaft[10] anfallen; sie kommt bei Geschenken an Geschäftsfreunde[11] oder bei Spenden an einen Verein in Betracht,[12] wenn dieser nicht gemeinnützig ist oder seine Gemeinnützigkeit rückwirkend verliert. Auch in den enorm praxisrelevanten **Grenzbereichen zum Familienrecht**[13] und 1049

---

1) Zu allem Meincke, 16. Aufl. 2012, § 7 ErbStG Rz. 112 ff.
2) Krit. zur Benachteiligung gegenüber Inländischen Stiftungen über § 15 Abs. 2 Satz 1 ErbStG aus europarechtlicher Sicht Schütz, DB 2008, 603, 605; es ist zweifelhaft, ob die aus Inlandstiftungen beschränkte Erbersatzbesteuerung nach § 1 Abs. 1 Nr. 4, § 2 Abs. 1 Nr. 2 ErbStG ein ausreichender Rechtfertigungsgrund sein kann.
3) BFH v. 9.12.2009, II R 22/08, DB 2010, 543.
4) BFH v. 13.4.2011, II R 45/09, DB 2011, 1424.
5) BFH v. 30.11.2009, II R 6/07, ZEV 2010, 105, 106; FG Bremen v. 16.6.2010, 1 K 18/10 (5), EFG 2010, 1801; Slabon, ErbBstg 2010, 60.
6) Milatz/Herbst, BB 2011, 1500, 1503 f.; Schütz, DB 2008, 603, 605.
7) BFH v. 28.6.2007, II R 21/05, BStBl II 2007, 669; Streck/Spatscheck, 4. Aufl. 2006, Rz. 1406; Weber/Zürcher, DStR 2008, 803, 805 f.; BMF v. 20.7.2004, DStR 2004, 1387 Frage 19 (Fragen und Antworten zum StraBEG).
8) FG Bremen v. 16.6.2010, 1 K 18/10–5, ErbBStG 2011, 210.
9) Gebel in Troll/Gebel/Jülicher, § 7 ErbStG Rz. 72 (Januar 2012).
10) BFH v. 12.7.2000, II R 26/92, BStBl II 2000, 596.
11) Gebel in Troll/Gebel/Jülicher, § 7 ErbStG Rz. 477 f. (Juli 2011); Randt, Rz. D.272 ff.; Hartmann, DStZ 1998, 509; vgl. aber Meincke, 16. Aufl. 2012, § 7 ErbStG Rz. 89 m.w.N. (Kaufleute pflegen sich nichts zu schenken).
12) Gebel in Troll/Gebel/Jülicher, § 7 ErbStG Rz. 485 ff. (Februar 2010).
13) Z.B. BFH v. 23.11.2011, II R 33/10, BStBl II 2012, 473; v. 24.8.2005, II R 28/02, DStR 2006, 178 (Zugewinnausgleich Güterstandsvereinbarung steuerbar); v. 12.7.2005, II R 29/02, DStR 2005, 1772 (Zugewinnausgleich mit Güterstandsschaukel nicht steuerbar); v. 15.1.2003, II R 23/01, HFR 2003, 480 (Ausgleichsansprüche zwischen Ehegatten); v. 25.1.2001, II R 39/98, HFR 2001, 678; FG Hamburg v. 28.4.2009, 3 K 185/07, EFG 2010, 340; Meincke, 16. Aufl. 2012, § 7 ErbStG Rz. 85 f. (Zuwendungen unter Ehegatten) und Rz. 56a m.w.N. (Oderkonten von Ehegatten); dazu instruktiv Korn, BeSt 2012, 22; Bönig, DStR 2012, 2050; Demuth/Schreiber, ZEV 2012, 405; Götz, ZEV 2011, 408; Milatz/Herbst, DStR 2011, 646.

zum **Gesellschaftsrecht** (Stichwort „vGA")[1] sind Schenkungsteuerfolgen denkbar, aber weitgehend ungeklärt. Dies gilt etwa für **Unterhaltsleistungen** von Eltern an Kinder oder umgekehrt, aber auch für asymmetrische Beiträge innerhalb einer nichtehelichen Lebensgemeinschaft[2] oder für das weite Feld der vGA.[3]

1050 Wer sich in solchen und ähnlichen Zusammenhängen mit einem strafrechtlichen Vorwurf konfrontiert sieht, ist auf wenig erprobte steuerliche Argumente angewiesen[4] und kann sonst im Wesentlichen nur fehlenden Vorsatz geltend machen – eine im Steuerstrafrecht wenig verlässliche Verteidigungsposition[5] (→ Rz. 401 ff.).

1051 Steuerstrafverfahren mit dem Vorwurf der Erbschaftsteuer- oder Schenkungsteuerhinterziehung wurden bis in die 90er Jahre des vorigen Jahrhunderts nur in wenigen Ausnahmefällen eingeleitet, **nehmen** aber an Zahl und Bedeutung **erheblich zu**. Hierzu haben neben dem seit der Wiedervereinigung allgemein erheblich verstärkten Verfolgungsdruck auch rechtliche und faktische Besonderheiten dieser Steuer beigetragen. Zwei Neuregelungen[6] des jeweils als verfassungswidrig[7] erklärten Gesetzes haben bewirkt, dass die Übertragung von Sachvermögen viel häufiger als früher die Freibeträge ausschöpfen, und die international abgestimmten Geldwäschevorschriften (→ Rz. 2965) haben Geldvermögen und Geldbewegungen in einer früher unvorstellbaren Weise transparent gemacht. Damit können sich zunehmend auch Sachverhalte mit kleineren Zahlen als steuerlich relevant erweisen.

a) Steuerliche Pflichten

aa) Anzeigepflichten

1052 Das Erbschaftsteuergesetz sieht eine Reihe von **Anzeigepflichten** vor, die dem Finanzamt die Prüfung erleichtern sollen, ob und wen es im Einzelfall zur Abgabe einer Erbschaftsteuer- oder Schenkungsteuererklärung aufzufordern hat.[8]

1053 Zur schriftlichen Anzeige verpflichtet ist nach dem Gesetz der **Erwerber,** bei Schenkungen außerdem der **Schenker** (§ 30 Abs. 1 und 2 ErbStG).

1054 Die Anzeigepflicht der Beteiligten **entfällt** nach der ausdrücklichen Regelung in § 30 Abs. 3 ErbStG grundsätzlich, wenn eine Verfügung von Todes wegen oder eine Schenkung gerichtlich oder **notariell beurkundet** ist,[9] weil das Finanzamt in diesen

1) BFH v. 7.11.2007, II R 28/06, BStBl II 2008, 258; bemerkenswert etwa FG Nürnberg v. 29.7.2010, 4 K 392/2009, EFG 2010, 361; ausf. Viskorf, ZEV 2012, 442; Meincke, 16. Aufl. 2012, § 7 ErbStG Rz. 74 ff., Rz. 87.

2) BFH v. 27.10.1982, II B 77/81, BStBl II 1983, 114; FG München v. 22.3.2006, 4 K 1631/04, EFG 2006, 1263 (dingliches Mitbenutzungsrecht) m. Anm. Fumi; v. 13.4.2005, 4 K 4430/01, EFG 2005, 1727 (Geldzuwendungen); BMF v. 3.1.1984, DB 1984, 327 (grds. keine steuerpflichtigen Zuwendungen).

3) BFH v. 7.11.2007, II R 28/06, BStBl II 2008, 258 (teils abgelehnt, teils in obiter dictum bejaht); koordinierter Ländererlass v. 14.3.2012, BStBl I 2012, 331; Meincke, 16. Aufl. 2012, § 7 ErbStG Rz. 74c; aus den zahlreichen Literaturstimmen generell ablehnend mit guten Gründen Viskorf, DStR 2011, 607.

4) Vgl. Meincke, 16. Aufl. 2012, § 7 ErbStG Rz. 83 zum umstrittenen Tatbestandsmerkmal des Willens zur schenkweisen Zuwendung.

5) Instruktiv BGH v. 8.11.2011, 1 StR 38/11, wistra 2011, 465.

6) JStG 1997 v. 20.12.1996, BGBl. I 1996, 2049, 2055 = BStBl I 1996, 1523; Gesetz zur Reform des Erbschaftsteuer- und Bewertungsrechts (ErbStRG) v. 24.12.2008, BGBl. I 2008, 3018 = BStBl I 2009, 140.

7) BVerfG v. 22.6.1995, 2 BvR 552/91, BStBl II 1995, 671; v. 7.11.2006, 1 BvL 10/02, BStBl II 2007, 192.

8) BFH v. 16.10.1996, II R 43/96, BStBl II 1997, 73.

9) BFH v. 16.10.1996, II R 73/96, BStBl II 1997, 73; v. 5.5.1999, II R 96/97, HFR 1999, 996, 997; FG Düsseldorf v. 26.3.1999, 18 K 2662/95, EFG 1999, 1239, 1240, rkr.; ausf. Hartmann, UVR 2000, 169, 170 ff.

Fällen dem Grunde nach bereits anderweitig, durch Anzeige des Gerichts oder Notars, informiert wird (§ 34 ErbStG). Seit einer Gesetzesänderung 2008[1] bleibt es aber – trotz qualifizierter Verfügung von Todes wegen – bei der Anzeigepflicht der Beteiligten, wenn zum Erwerb Grundbesitz, Betriebsvermögen, Anteile an bestimmten Kapitalgesellschaften oder Auslandsvermögen gehört (nach § 30 Abs. 3 Satz 1 Halbs. 2 ErbStG). Dies gilt für Erwerbe mit Entstehung der Steuer nach dem 31.12.2008 (§ 37 Abs. 1 ErbStG 2009).

Bei einer **Mehrzahl** von Erwerbern oder Schenkern gilt die Anzeigepflicht aus § 30 Abs. 1 und 2 ErbStG für jeden der Beteiligten.[2] Allerdings werden die weiteren Beteiligten von ihrer Pflicht zur Anzeige entlastet, sobald der erste Beteiligte seine Anzeigepflicht ordnungsgemäß erfüllt hat.[3] Für diese einschränkende Auslegung spricht, dass das Gesetz nicht zu „sinnlosen Gesten" verpflichtet und dies für den Spezialfall in § 30 Abs. 3 ErbStG auch ausdrücklich anerkennt. Daraus lässt sich allgemein ableiten, dass die Anzeigepflicht gegenstandslos wird und entfällt, wenn das **Finanzamt** bereits **aus anderen Quellen davon unterrichtet** ist, dass ein steuerbarer Vorgang vorliegt,[4] oder jedenfalls der Kenntniserwerb des Finanzamts auf anderem Weg als genügend gesichert erscheint.[5] Zuvor allerdings kann sich kein Beteiligter darauf berufen, er habe auf die Erfüllung der Anzeigepflicht durch einen anderen Verpflichteten vertraut.[6] **1055**

Die Erbschaftsteuer-Reform 2009 hat zahlreiche zusätzliche Anzeigepflichten zur langjährigen Überwachung von **Verschonungsregelungen** eingeführt (§ 153 Abs. 2 AO i.V.m. § 13 Abs. 1 Nr. 2 Satz 2, Nr. 3 Satz 2, Nr. 4b Satz 5, Nr. 4c Satz 5 ErbStG, § 13a Abs. 5 ErbStG, § 19a Abs. 5 ErbStG).[7] Diese mögen teils kriminogen wirken,[8] dürften sich aber häufiger als „Fallen" für den nicht ausreichend beratenen Erwerber erweisen. **1056**

Daneben sieht das Gesetz auch für **Dritte** umfangreiche Anzeigepflichten vor, insbes. für Gerichte, Behörden, Beamte und Notare (§ 34 ErbStG), Vermögensverwahrer und Vermögensverwalter (etwa Kreditinstitute), Ausgabestellen von Namensaktien und Namensschuldverschreibungen sowie Versicherungsunternehmen (§ 33 ErbStG). **1057**

Die Anzeigepflicht erfasst schon nach dem Gesetzeswortlaut keinen Sachverhalt, der nicht dem (deutschen) Erbschaftsteuergesetz unterliegt, etwa einen Auslandserwerb zwischen beschränkt Stpfl. (§ 30 Abs. 1, § 1 Abs. 1, § 2 Abs. 1 Nr. 3 ErbStG). **1058**

Im Übrigen wäre nach dem Wortlaut von § 30 ErbStG jedoch von den Beteiligten **jeder** dem Grunde nach **dem Erbschaftsteuergesetz unterliegende Erwerb** anzuzeigen, selbst Gelegenheitsgeschenke von geringem Wert innerhalb der Familie. Die Vorschrift ist daher nach allgemeiner Ansicht einschränkend dahingehend auszulegen, dass eine Anzeigepflicht **entfällt, wenn** eindeutig und klar feststeht, dass **keine** **1059**

1) ErbStRG v. 24.12.2008, BGBl. I 2008, 3018, 3027 = BStBl I 2009, 140.
2) Kien-Hümbert in Moench, § 30 ErbStG Rz. 2 (Juni 2010).
3) Meincke, 16. Aufl. 2012, § 30 ErbStG Rz. 4; enger Jülicher in Troll/Gebel/Jülicher, § 30 ErbStG Rz. 7 (März 2012), und Kien-Hümbert in Moench, § 30 ErbStG Rz. 2 und 6 (Juni 2010 – nur bei positiver Kenntnis des Verpflichteten von der Drittanzeige).
4) BFH v. 30.10.1996, II R 70/94, BStBl II 1997, 11; FG Hessen v. 21.6.1994, 1 K 2856/93, EFG 1995, 56; Meincke, 16. Aufl. 2012, § 30 ErbStG Rz. 4 (dem Finanzamt bereits bekannte Umstände müssen nicht mehr angezeigt werden); krit. Kien-Hümbert in Moench, § 30 ErbStG Rz. 8a (Juli 2009 – bei Kenntnis des Finanzamts auf anderem Weg).
5) Meincke, 16. Aufl. 2012, § 30 ErbStG Rz. 8.
6) Meincke, 16. Aufl. 2012, § 30 ErbStG Rz. 4.
7) Vgl. Joecks in Franzen/Gast/Joecks, 7. Aufl. 2009, § 370 AO Rz. 233k f.
8) Joecks in Franzen/Gast/Joecks, 7. Aufl. 2009, § 370 AO Rz. 233e.

Steuerpflicht entstanden ist.[1] Hierfür sprechen auch die Wertgrenzen von 5 000 € oder 20 000 € für die Anzeigepflichten Dritter (§§ 1 bis 8 ErbStDV). Daher unterliegt ein Erwerb, der unter den Tatbestand einer Steuerbefreiung nach § 13 ErbStG fällt, etwa ein „übliches Gelegenheitsgeschenk" i.S.d. § 13 Abs. 1 Nr. 14 ErbStG, ebenso wenig der Anzeigepflicht wie ein Erwerb, der, auch bei Berücksichtigung möglicher Vorerwerbe, den jeweiligen Freibetrag nach § 16 ErbStG nicht übersteigt.

1060 Letztlich hängt die Anzeigepflicht der Beteiligten von der **objektiven Entstehung einer Steuer** ab[2] (→ Rz. 1046 ff.). Zwar können **Zweifel** oder eine mögliche „steuerliche Bedeutung i.S.v. § 34 ErbStG" nach dem Wortlaut des § 30 Abs. 1 ErbStG keine Ausdehnung der Anzeigenpflicht auf Erwerbe begründen, die der Erbschaftsteuer objektiv nicht unterliegen.[3] Andererseits trägt allerdings derjenige, der bei zweifelhafter Sach- und Rechtslage untätig bleibt, nach dem oben Gesagten das **Risiko**, dass letztlich doch eine Steuerpflicht und damit eine Anzeigepflicht zu bejahen ist.[4]

1061 Beteiligte haben zumindest die Namen der Beteiligten (Erwerber und ggf. Schenker) sowie den Rechtsgrund für den Erwerb mitzuteilen. Die übrigen in der Soll-Vorschrift des § 30 Abs. 4 ErbStG genannten Angaben sind nach der Rspr. nicht zwingend erforderlich.[5] Dies ist für die Praxis auch völlig ausreichend, weil das Finanzamt ohne Weiteres ergänzende Fragen stellen und in Zweifelsfällen nach § 31 ErbStG eine Steuererklärung anfordern kann. Eine vom Gesetzeswortlauf („soll") abweichende strengere Auslegung im Sinne einer „Muss"-Bestimmung wäre aber auch im Hinblick auf den strafrechtlichen Bestimmtheitsgrundsatz (Art. 103 Abs. 2 GG; § 1 StGB)[6] unzulässig.

1062 Die Anzeigen der Beteiligten sind innerhalb der in den § 30 ErbStG bestimmten **Frist von drei Monaten** ab Kenntnis von dem Anfall oder von dem Eintritt der Verpflichtung schriftlich zu erstatten. Für die steuerliche und strafrechtliche Praxis ist wichtig, dass diese Frist erst mit **zuverlässiger Kenntnis des Erwerbs beginnt**, bei völlig unklaren Verhältnissen u.U. erst mit Erteilung des Erbscheins.[7] Für die Anzeigepflichten Dritter bestehen nach §§ 33, 34 ErbStG, §§ 1–11 ErbStDV unterschiedliche Fristen, im Fall der Auslandsstellen fehlt eine Fristbestimmung (§ 9 ErbStDV). Anzeigefristen können nicht nach § 109 AO verlängert werden[8] und sind daher insbes. bei komplexeren Nachlässen nur zumutbar, weil das Gesetz an den Inhalt der Anzeige zu Recht keine großen Anforderungen stellt (→ Rz. 1061). Richtiger

---

1) Jülicher in Troll/Gebel/Jülicher, § 30 ErbStG Rz. 3 und 8 (März 2012); Weinmann in Moench, § 7 ErbStG Rz. 129 (Juni 2012), und Kien-Hümbert in Moench, § 30 ErbStG Rz. 3 (Juni 2010); enger Meincke, 16. Aufl. 2012, § 30 ErbStG Rz. 6 (auch eine Bedeutung als „Vorschenkung" i.S.d. § 14 ErbStG muss ausgeschlossen sein); vgl. auch BFH v. 11.6.1958, II 56/57 U, BStBl III 1958, 339 (Anforderung einer Steuererklärung ermessensfehlerhaft, wenn Fehlen einer Steuerpflicht feststeht).

2) Meincke, 16. Aufl. 2012, § 30 ErbStG Rz. 6; die zur Anforderung einer Steuererklärung ergangene BFH-Entscheidung v. 10.10.1951, IV 216/51 S, BStBl III 1951, 209, ist hierauf nicht übertragbar.

3) Meincke, 16. Aufl. 2012, § 30 ErbStG Rz. 6; wohl a.A. Jülicher in Troll/Gebel/Jülicher, § 30 ErbStG Rz. 8 (März 2012); Kien-Hümbert in Moench, § 30 ErbStG Rz. 3 (Juni 2010 – Entscheidung über die Steuerpflicht muss dem Finanzamt überlassen werden); Hartmann, UVR 2000, 169, 173.

4) Einschränkend: Meincke, 16. Aufl. 2012, § 30 ErbStG Rz. 6 a.E. (bei ernstlichen Zweifeln kann das Risiko aus der Nichtanzeige nicht ohne Weiteres dem Erwerber aufgebürdet werden.

5) BFH v. 16.10.1996, II R 43/96, BStBl II 1997, 73; Jülicher in Troll/Gebel/Jülicher; § 30 ErbStG Rz. 33 (März 2012).

6) Zu diesem ausf. Fischer, 59. Aufl. 2012, § 1 StGB Rz. 1, 5a.

7) Ausf. Meincke, 16. Aufl. 2012, § 30 ErbStG Rz. 5 m.w.N.

8) Kuczynski in Beermann/Gosch, § 109 AO Rz. 1, 5 (Mai 2002).

Adressat ist das für den Erblasser oder Schenker zuständige Erbschaftsteuerfinanzamt (§ 35 Abs. 1 ErbStG).[1]

bb) Steuererklärungspflichten

Aus dem Erbschaftsteuergesetz ergibt sich **keine** gesetzliche **Pflicht zur Abgabe einer Steuererklärung**. Eine solche besteht lediglich, wenn das Finanzamt hierzu ausdrücklich auffordert (§ 31 Abs. 1 ErbStG, § 149 Abs. 1 Satz 1 AO). Eine solche Aufforderung ist rechtmäßig, auch wenn Zweifel bestehen, ob ein steuerpflichtiger Sachverhalt vorliegt;[2] sie wäre jedoch ermessensfehlerhaft, wenn die fehlende Steuerpflicht bereits feststeht.[3] 1063

b) Tathandlung: Steuerhinterziehung durch unzutreffende Angaben

aa) Unzutreffende oder unvollständige Steuererklärung

Werden im Rahmen einer vom Finanzamt angeforderten **Erbschaft- oder Schenkungsteuererklärung pflichtwidrig** unrichtige oder unvollständige Angaben gemacht, ist der objektive Tatbestand des § 370 Abs. 1 Nr. 1 AO erfüllt.[4] Eindeutige Hinterziehung wäre etwa gegeben, wenn in der Erklärung ein größerer Bargeldbetrag des Erblassers oder dessen Wertpapierdepot bei einer ausländischen Bank weggelassen wird. Ebenso klar würde in der Praxis eine Hinterziehung angenommen, wenn der Schenker, wie von vornherein vereinbart, auch die **Schenkungsteuer** übernimmt, diese Tatsache aber entgegen § 10 Abs. 2 ErbStG nicht miterklärt.[5] Mit Abgabe der unrichtigen Erklärung tritt die Tat in das Versuchsstadium ein[6] (→ Rz. 504), mit Bekanntgabe des Bescheids ist die Tat vollendet (→ Rz. 514) und gleichzeitig beendet (→ Rz. 748).[7] Setzt das Finanzamt allerdings trotz falscher Steuererklärung die Steuer wegen Erkenntnissen aus anderen Anzeigen oder eigenen Ermittlungen zutreffend fest, bleibt die Steuerhinterziehung im Versuchsstadium stecken.[8] 1064

bb) Unzutreffende oder unvollständige Anzeige

Auch **Anzeigen** Beteiligter oder Dritter (→ Rz. 1046 ff.) können unrichtige oder unvollständige Angaben i.S.v. § 370 Abs. 1 Nr. 1 AO enthalten, da der Straftatbestand nicht auf Steuererklärungen beschränkt ist (→ Rz. 48 ff.)[9] und der Bußgeldtatbestand in § 33 Abs. 4 ErbStG keine generelle Sperrwirkung entfaltet (→ Rz. 1095). Zum erforderlichen Inhalt der Anzeige → Rz. 1061. 1065

Will der Anzeigeerstatter das Finanzamt veranlassen, von der Aufforderung zur Abgabe einer Steuererklärung abzusehen, beginnt mit Einreichen der unzutreffenden Anzeige der Versuch einer Steuerhinterziehung. Zeitpunkt des Taterfolgs, und damit der Vollendung und Beendigung, ist der Zugang der Mitteilung, wonach keine Steuererklärung erforderlich ist;[10] ohne eine solche Mitteilung die verwal- 1066

1) Großzügiger Meincke, 16. Aufl. 2012, § 30 ErbStG Rz. 2 (Anzeige bei dem eigenen für die Verwaltung der Einkommensteuer zuständigen Finanzamt schade nicht).
2) BGH v. 10.10.1951, IV 216/51 S, BStBl III 1951, 209 (zur Umsatzsteuer).
3) BFH v. 11.6.1958, II 56/57 U, BStBl III 1958, 339.
4) Rolletschke, wistra 2001, 287.
5) Ausf. Fromm, DStR 1993, 390, 392; a.A. aus steuerlichen Überlegungen Meincke, 16. Aufl. 2012, § 10 ErbStG Rz. 24.
6) Joecks in Franzen/Gast/Joecks, 7. Aufl. 2009, § 370 AO Rz. 233i; Rolletschke, wistra 2001, 287.
7) Sackreuther, PStR 2011, 254.
8) Zum Zeitpunkt des Fehlschlags des Versuchs differenzierend Rolletschke, wistra 2001, 287.
9) Joecks in Franzen/Gast/Joecks, 7. Auf. 2009, § 370 AO Rz. 154 ff.
10) Sackreuther, PStR 2011, 254.

tungsinterne Entscheidung.[1] In dem ggf. sehr langen Schwebezeitraum dazwischen kommt noch ein Rücktritt vom Versuch außerhalb der Selbstanzeigevoraussetzungen in Betracht (→ Rz. 520).

1067 Rechnet der Anzeigeerstatter aber damit, dass er ohnehin unvermeidbar zur Steuererklärung aufgefordert wird und bezweckt er mit der unzutreffenden Anzeige lediglich, Widersprüche zur beabsichtigten unrichtigen Steuererklärung zu vermeiden, so setzt er erst mit der nachfolgenden Steuererklärung unmittelbar zur Hinterziehung an. Erst dann beginnt der Versuch → Rz. 497). Die vorangegangene Anzeige ist noch straflose Vorbereitungshandlung (→ Rz. 501).[2]

c) Tathandlung: Steuerhinterziehung durch Unterlassen

aa) Nichtabgabe einer Steuererklärung

1068 Eine Steuerhinterziehung durch Unterlassen nach entsprechender Aufforderung durch das Finanzamt wird allgemein für denkbar gehalten. Dem ist zuzustimmen. Die potenzielle Verpflichtung des § 31 ErbStG wandelt sich mit der Aufforderung zur gesetzlichen Steuererklärungspflicht i.S.v. § 370 Abs. 1 Nr. 2 AO. Ob der Versuch einer Hinterziehung mit Ablauf der gesetzten und ggf. auf Antrag verlängerten (§ 109 AO) Frist[3] oder erst zu einem späteren Zeitpunkt[4] beginnt, ist str. (näher → Rz. 509). Die Tat ist nach allgemeiner Meinung mit Zugang eines **zu niedrigen Schätzungsbescheids** vollendet und beendet (→ Rz. 516).

1069 Nur wenn ein Schätzungsbescheid ausnahmsweise unterbleibt, ist der Zeitpunkt der Vollendung und Beendigung zweifelhaft, weil bei der unregelmäßig entstehenden Erbschaft-/Schenkungsteuer kein allgemeiner Veranlagungsschluss (→ Rz. 509) festgestellt werden kann. Nach ganz überwiegender Auffassung ist die **Beendigung** anhand der **kürzest möglichen Bearbeitungsdauer** zu bestimmen.[5] Diese kann jedoch nicht anhand einer fiktiven, im konkreten Fall nicht erfolgten Aufforderung zur Selbstberechnung festgelegt werden. Zugrunde zu legen ist vielmehr die tatsächliche Dauer bei zügiger Bearbeitung, die in durchschnittlichen Fällen mit etwa einem Monat nach fiktivem Eingang der Steuererklärung[6] (→ Rz. 749) anzunehmen ist. Zum Eintritt der **Vollendung** werden ganz unterschiedliche Zeitpunkte vertreten. Sackreuther[7] will auf die übliche durchschnittliche Bearbeitungszeit abstellen, ohne diese von ihm angenommene Zeitspanne näher zu konkretisieren. Im Übrigen werden Zeiten zwischen vier Wochen[8] und sechs Monaten[9] ab fiktivem Eingang der Erklärung genannt. Nach hier vertretener Ansicht wäre jedoch nach dem Zweifelssatz der Zeitpunkt maßgeblich, zu dem bei pflichtgemäß eingereichter Steuerer-

1) Rolletschke, wistra 2001, 287, 288.
2) Joecks in Franzen/Gast/Joecks, 7. Aufl. 2009, § 370 AO Rz. 233i; Sackreuther, PStR 2011, 254, 255; allgemein BGH v. 12.8.1997, 1 StR 234/97, BGHSt 43, 177, 181.
3) So Sackreuther, PStR 2011, 254, 255.
4) Joecks in Franzen/Gast/Joecks, 7. Aufl. 2009, § 370 AO Rz. 233i (frühestens, wenn die hypothetische Frist zur Steuererklärung verstrichen wäre).
5) BGH v. 25.7.2011, 1 StR 631/10, wistra 2011, 428 Rz. 41 (zur unterlassenen Anzeige); OLG Hamm v. 2.8.2001, 2 Ws 156/01, DStRE 2002, 1095, 1096 (zur ESt); Joecks in Franzen/Gast/Joecks, 7. Aufl. 2009, § 370 AO Rz. 233f; Kohlmann, § 370 AO Rz. 1517 (September 2006); Wulf, wistra 2003, 89; ausführlich Schmitz, FS Kohlmann FS, 517, 531; Simon/Vogelberg, 3. Aufl. 2011, 104; a.A. BGH v. 7.11.2001, 5 StR 395/01, BStBl II 2002, 259 (spätester Zeitpunkt); Randt, Rz. D.264.
6) Vgl. FG Köln v. 23.3.1998, 9 K 5335/96, EFG 1998, 1171, 1173, rkr.; wohl ebenso BGH v. 25.7.2011, 1 StR 631/10, wistra 2011, 428 Rz. 41.
7) So Sackreuther, PStR 2011, 254, 255.
8) So OLG Köln v. 1.9.1970, Ss 104/70, BB 1970, 1335, 1336 nach Randt, D.265 (insoweit nicht veröffentlicht).
9) Rolletschke in Rolletschke/Kemper, § 370 AO Rz. 214 (drei bis sechs Monate je nach Bedeutung, September 2007); Rolletschke in Graf/Jäger/Wittig, 2011, § 370 AO Rz. 487 f.

klärung spätestens ein Steuerbescheid bekanntgegeben worden wäre.[1] Dabei wäre – ähnlich dem Veranlagungsschluss bei der Einkommensteuer – zu unterstellen, dass diese Erklärung unter allen gleichzeitig angeforderten Steuererklärungen als letzte bearbeitet worden wäre[2] (→ Rz. 509).

bb) Unterlassene Anzeige

1070 Wesentlich häufiger sind **unterlassene Anzeigen** unter Verletzung einer hierfür bestehenden Verpflichtung. Deren strafrechtliche Relevanz war lange Zeit ungeklärt,[3] und wurde vom **BGH** nun in einer aktuellen Entscheidung, allein unter Hinweis auf die Kausalität, bejaht.[4] Für die Anzeigepflicht der Beteiligten nach § 30 ErbStG nimmt der BGH an, dass die Steuerhinterziehung einen Monat nach Ablauf der Anzeigefrist beendet ist (maßgeblich für den Beginn der strafrechtlichen Verjährung → Rz. 725), weil das Finanzamt bei fristgerechter Anzeige am gleichen Tag nach § 31 Abs. 1 und 7 ErbStG hätte auffordern können, binnen einer Frist von einem Monat eine Steuererklärung mit selbst berechneter Schenkungsteuer abzugeben; mit Ablauf der Steuererklärungsfrist wäre die Veranlagung dem Stpfl. frühestens bekannt gegeben worden.[5]

Über den Zeitpunkt der Tatvollendung musste der BGH im konkreten Fall nicht befinden, den Versuchsbeginn sieht er im Ablauf der Anzeigefrist.[6]

1071 In der Steuererklärung mit **Selbstberechnung** nach § 31 Abs. 7 Satz 1 ErbStG sieht der BGH offenbar einen Fall der Steueranmeldung (allg. → Rz. 230) nach § 150 Abs. 1 Satz 3, § 167 Abs. 1 Satz 1, § 168, § 370 Abs. 4 Satz 1 Halbsatz 1 AO. Dies ist wohl zutreffend, auch wenn die Selbstberechnung nicht, wie von § 150 Abs. 1 Satz 3 AO gefordert, gesetzlich vorgeschrieben ist, sondern auf behördlicher Anordnung beruhen würde.[7] Der BGH übergeht aber stillschweigend die Notwendigkeit, dass eine solche Selbstberechnung nach amtlichem Vordruck erfolgen müsste. Da ein solcher Vordruck aber bisher, soweit ersichtlich, nicht existiert,[8] wäre die entsprechende Aufforderung auf etwas objektiv Unmögliches gerichtet. Vor diesem Hintergrund überzeugt die zeitliche Einordnung des BGH nicht.

1072 Im Anschluss an Joecks[9] und Rolletschke[10] wird inzwischen wohl einhellig[11] angenommen, dass die unterbliebene Anzeige grundsätzlich geeignet ist, den Vorwurf einer Steuerhinterziehung zu begründen.

1) Ausf. Schmitz, FS Kohlmann, 517, 525.
2) Joecks in Franzen/Gast/Joecks, 7. Aufl. 2009, § 370 AO Rz. 233 f.; wohl ebenso Kohlmann, § 370 AO Rz. 1517 (September 2006).
3) Vgl. Seipl in Wannemacher, 4. Aufl. 1999, Rz. 852 ff.; unklar die Kommentierungen zum Erbschaftsteuergesetz; Jülicher in Troll/Gebel/Jülicher, § 30 ErbStG Rz. 34 (März 2012); Meincke, 16. Aufl. 2012, § 30 ErbStG Rz. 4 f.
4) BGH v. 25.7.2011, 1 StR 631/10, wistra 2011, 428 Rz. 39.
5) BGH v. 25.7.2011, 1 StR 631/10, wistra 2011, 428 Rz. 41 f.
6) BGH v. 25.7.2011, 1 StR 631/10, wistra 2011, 428 Rz. 42; wohl ebenso Hartmann, UVR 2000, 169, 177; a.A. Joecks in Franzen/Gast/Joecks, 7. Aufl. 2009, § 370 AO Rz. 233i (erst mit Ablauf der hypothetisch nachfolgenden Frist zur Steuererklärung).
7) BFH v. 5.11.1992, II R 25/89, BFH/NV 1994, 213 (zu § 170 Abs. 2 AO); Seer in Tipke/Kruse, vor § 149 AO Rz. 6 (Januar 2012) ohne Begr.
8) Jochum in Wilms, § 31 ErbStG Rz. 37 (Juli 2010); wohl ebenso Jülicher in Troll, § 31 ErbStG Rz. 41 (Juli 2009); entsprechende Auskunft der FinVerw. im August 2012.
9) Joecks in Franzen/Gast/Joecks, 7. Aufl. 2009, § 370 AO Rz. 233 f.
10) Rolletschke, wistra 2001, 287, 289.
11) Kohlmann, § 370 AO Rz. 1516 (September 2006); Joecks in Franzen/Gast/Joecks, 7. Aufl. 2009, § 370 AO Rz. 233f; Jäger in Klein, 11. Aufl. 2012, § 370 AO Rz. 440; Rolletschke in Rolletschke/Kemper, § 370 AO Rz. 213b (September 2007); Randt, Rz. D.250; Winter, ErbBstg 2010, 134, 136; Ott, ErbBstg 2004; 203; a.A. FG München v. 1.8.2007, 4 K 1782/05, EFG 2007, 1816 (zum StraBEG).

1073 Der **Taterfolg** (§ 370 Abs. 1 und 4 AO) einer unterbliebenen Anzeige, die nicht festgesetzte Steuer, erfordert aber eine längere Kausalkette als die Nichtabgabe einer Steuererklärung.

1074 **Kausalität** setzt voraus, dass bei zutreffender Anzeige einer der Beteiligten vom Finanzamt zur Abgabe einer Steuererklärung aufgefordert worden wäre und diese wesentlich umfangreichere Steuererklärung zur zutreffenden Steuerfestsetzung geführt hätte. Jedenfalls auf Basis der früher ganz h.M., die ein ungeschriebenes Tatbestandsmerkmal der „Unkenntnis der Finanzbehörde" (→ Rz. 118) angenommen hat, ist die Kausalität zu verneinen, wenn die zuständige Stelle des Finanzamts bereits auf anderem Weg, etwa durch die Anzeige eines Dritten, über den Sachverhalt informiert war[1] und dennoch keine Steuererklärung angefordert oder trotz der bereits möglichen Berechnung die Steuerfestsetzung unterlassen hat.

1075 Die Frage bedürfte regelmäßig einer besonderen Prüfung, weil das Finanzamt auf Grund der zahlreichen sich überschneidenden Anzeigepflichten, etwa der standesamtlichen Totenlisten oder der Anzeigen durch Kreditinstitute, von Erbfällen jedenfalls dem Grunde nach häufig Kenntnis hat.[2]

1076 Allerdings hat der BGH die Unkenntnis der Finanzbehörde als bedeutungslos angesehen und würde wohl auch die Kausalität im oben beschriebenen Sinne als irrelevant ansehen. Jedenfalls ist ein strafrechtlicher Vorwurf nur möglich, wenn die gesamte relevante Kausalkette zur Überzeugung des Strafrichters feststeht.[3]

1077 Auf dieser Grundlage kann die Missachtung erbschaftsteuerlicher Anzeigepflichten **steuerstrafrechtliche Bedeutung** haben,[4] doch nur unter **zwei Voraussetzungen:** Zum einen müsste im Hinblick auf die zahlreichen Ausnahmen feststehen, dass eine Anzeigepflicht objektiv gegeben war und **subjektiv erkannt** wurde,[5] und zum anderen bedürfte die **Kausalität**[6] der unterbliebenen Anzeige über die entsprechende Ermessensausübung des Finanzamts zur Anforderung einer Steuererklärung und Abgabe dieser Steuererklärung bis zur Steuerfestsetzung einer sorgfältigen Feststellung.

1078 Einigkeit besteht darin, dass eine solche Verkürzung in dem Zeitpunkt vollendet und beendet ist, in dem das Finanzamt die Steuer bei pflichtgemäßer Erfüllung der Anzeigepflicht voraussichtlich festgesetzt hätte.[7] Dieser **Zeitpunkt des fiktiven Erfolgseintritts** müsste entgegen der schematischen Auffassung des BGH jedoch konkret festgestellt werden. Ist eine Klärung nicht möglich, wäre nach dem Grund-

1) Spatscheck/Engler, Stbg 2010, 74, 75; Ott, ErbBstg 2004, 203; auch BGH v. 14.12.2010, 1 StR 275/10, wistra 2011, 186 Rz. 26 geht von notwendiger Kausalität aus.

2) Vgl. Rolletschke, wistra 2001, 287, 289, Fn. 35.

3) Vgl. Joecks in Franzen/Gast/Joecks, § 370 AO Rz. 233 f.

4) Meincke, 16. Aufl. 2012, § 30 ErbStG Rz. 4; Kien-Hümbert in Moench, § 30 ErbStG Rz. 10 (Juli 2009).

5) Instruktiv etwa BFH v. 30.1.2002, II R 52/99, HFR 2002, 678; BFH v. 5.5.1999, II R 96/97, HFR 1999, 996, 997; FG Düsseldorf v. 26.3.1999,18 K 2662/95, EFG 1999, 1239, 1240, rkr.; FG München v. 25.9.2002, 4 K 2976/00, EFG 2003, 250, rkr.; FG Köln v. 23.3.1998, 9 K 5355/96, EFG 1998, 1171; Sackreuther, PStR 2011, 254, 255; Spatscheck/Engler, Stbg 2010, 74, 76; Winter, ErbBstg 2010, 134, 137; Stahl/Durst, KÖSDI 2009, 16604, 16607; Ott, ErbBstg 2004, 203; zu Zweifelsfällen bei der Anzeigepflicht des Schenkers Jülicher in Troll/Gebel/Jülicher, § 30 ErbStG Rz. 19 ff. (März 2012).

6) Vgl. FG Düsseldorf v. 26.3.1999, 18 K 2662/95, EFG 1999, 1239, 1241, rkr. (zur fehlenden Kausalität einer unvollständigen ESt- oder VSt-Erklärung für die ErbSt).

7) BGH v. 25.7.2011, 1 StR 631/10, wistra 2011, 428 Rz. 41; FG Köln v. 23.3.1998, 9 K 5355/96, EFG 1998, 1171; Joecks in Franzen/Gast/Joecks, 7. Aufl. 2009, § 370 AO Rz. 233f; Spatscheck/Engler, Stbg 2010, 74, 76; Winter, ErbBstg 2010, 134, 136.

satz „**in dubio pro reo**"[1] für die Vollendung der letztmögliche und für die Beendigung der frühestmögliche Zeitpunkt[2] anzunehmen. Die längste Bearbeitungszeit zur Feststellung der **Vollendung** kann nach praktischen Erfahrungen mehrere Jahre (nach korrekter notarieller Anzeige und ohne Fristverlängerungsantrag[3]) betragen.[4] Als kürzeste Zeitspanne sind die Entscheidungszeit über die Anforderung einer Steuererklärung, die hierfür einzuräumende Frist und die Steuerfestsetzung mit jeweils etwa einem Monat zu berücksichtigen, so dass **Beendigung** etwa drei Monate nach Ablauf der Anzeigepflicht eintreten dürfte (→ Rz. 118, 509). Der BGH (→ Rz. 1070) und Grötsch (→ Rz. 749) und setzen diesen Zeitpunkt mit einem Monat nach Ende der Anzeigefrist noch früher an.

Die steuerliche Anlaufhemmung, etwa nach § 170 Abs. 5 AO, hat keinen Einfluss **1079**
auf die Anzeigepflicht und die hypothetische Bearbeitungsdauer und kann daher strafrechtlich nicht von Bedeutung sein. Daher tritt die strafrechtliche Verjährung in Schenkungsfällen typischerweise lange vor der steuerlichen Festsetzungsverjährung ein.

Beispiel:

Großvater G schenkt seinem Sohn S am 1.4.1970 ein in der Schweiz geführtes „schwarzes" Wertpapierdepot. Die Schenkung wird von keinem Beteiligten angezeigt. Der Sachverhalt wird von der Steuerfahndung durch die Anzeige eines Familienangehörigen am 1.6.2012 aufgedeckt.

Die Schenkung von G an S hätte nach § 30 Abs. 1 ErbStG spätestens am 1.7.1970 angezeigt werden müssen. Bei einer kürzesten Bearbeitungsdauer von drei Monaten ist die Steuerhinterziehung am 1.10.1970 beendet gewesen. Strafrechtliche Verjährung ist nach fünf Jahren, am 1.10.1975, eingetreten. Die Tat ist somit für G und S strafrechtlich verjährt.

Demgegenüber hat die steuerliche Festsetzungsverjährung frühestens mit Kenntnis der Finanzbehörde vom Sachverhalt begonnen (§ 170 Abs. 5 Nr. 2 AO). Die **Schenkungsteuer** kann daher noch bis Ende 2022 festgesetzt werden.

1. Ergänzung zum Beispiel:

Während G sich heute noch bester Gesundheit erfreut, verstirbt S am 1.4.2006 und wird von Enkel E beerbt, der seinen Erwerb des Wertpapierdepots gleichfalls nicht anzeigt. Die Steuerfahndung deckt am 1.6.2012 auch diesen Sachverhalt auf.

Im Erbfall nach S endete die Anzeigepflicht drei Monate nach Kenntniserlangung, hier etwa am 1.7.2006. Bei einer Bearbeitungsdauer von wiederum drei Monaten wäre Vollendung und Beendigung der Tat zum 1.10.2006 anzunehmen, strafrechtliche Verjährung grds. zum 1.10.2011 eintreten. Bei Vorliegen eines schweren Falles i.S.v. § 376 Abs. 1 AO (→ Rz. 1635) würde strafrechtliche Verjährung allerdings erst zum 1.10.2016 eintreten und könnte von der Steuerfahndung durch eine der in § 78c StGB genannten Maßnahmen unterbrochen werden.

Die im Hinterziehungsfall zehnjährige steuerliche Festsetzungsfrist (§ 169 Abs. 1 Satz 2 AO) hat frühestens am 31.12.2006 begonnen und wäre nicht vor dem 31.12.2016 abgelaufen.

1) Wie hier Kohlmann, § 370 AO Rz. 1517 (September 2006); Joecks in Franzen/Gast/Joecks, 7. Aufl. 2009, § 370 AO Rz. 2331; Spatscheck/Engler, Stbg 2010, 74, 76; Winter, ErbBstg 2010, 134, 137; wohl auch Rolletschke, wistra 2001, 287, 289; a.A. BGH v. 7.11.2001, 5 StR 395/01, wistra 2002, 64, 67 (Zweifelsgrundsatz nicht anwendbar, da der Zeitpunkt des Veranlagungsschlusses bekannt sei, zu VSt).

2) In diesem Sinne BGH v. 25.7.2011, 1 StR 631/10, wistra 2011, 428 Rz. 41, Wulf in Münchener Kommentar/AO, 2010, § 376 AO Rz. 36; Rolletschke in Graf/Jäger/Wittig, 2011, § 370 AO Rz. 487; a.A. Randt, Rz. D.264.

3) Hieran zweifelt zu Unrecht Rolletschke, wistra 2001, 287, 289.

4) Randt, Rz. D.251, 265 geht von drei Monaten nach Ablauf der Anzeigefrist aus.

Wegen der vorangegangenen Schenkung von G an S war E als Gesamtrechtsnachfolger des S bis zum Eintritt der steuerlichen Festsetzungsverjährung auch verpflichtet, dessen Anzeige gem. § 30 ErbStG nachzuholen. Soweit E allerdings nach so langer Zeit nicht mehr feststellen konnte, ob 1970 eine Anzeige abgegeben wurde, ist er nicht vorsätzlich untätig geblieben. Strafrechtliche Vorwürfe scheiden insoweit aus.

2. Ergänzung zum Beispiel:[1]

Nach dem Tod des S wurde ein notarielles Testament eröffnet, in dem E zum Alleinerben bestimmt wird. Das Verhältnis des Erblassers zum Erwerber ergibt sich unzweifelhaft daraus, das „schwarze Depot" wird jedoch nicht erwähnt.

Nach der bis 2008 (→ Rz. 1054) geltenden Rechtslage konnte E mangels Anzeigepflicht[2] (§ 30 Abs. 3 Satz 1 ErbStG) den objektiven Tatbestand einer Steuerhinterziehung nicht erfüllt haben. Strafrechtliche Vorwürfe scheiden aus, soweit E nicht zur Abgabe einer Steuererklärung aufgefordert wurde und in diesem Zusammenhang gegen § 370 Abs. 1 AO verstoßen hat (→ Rz. 1063).

Die steuerliche Festsetzungsverjährung für die Erbschaftsteuer des E beginnt am 31.12.2006 (§ 170 Abs. 5 Nr. 1 AO) und endet nach vier Jahren (§ 169 Abs. 1 Satz 2 AO) zum 31.12.2010. Bei Beginn der Fahndungsprüfung war Festsetzungsverjährung eingetreten. § 171 Abs. 5 AO hat schon deshalb keine Bedeutung.

Anmerkung:

Bei Tod des S nach 2008 (→ Rz. 1054) wäre E trotz Vorliegen eines notariellen Testaments zu einer Anzeige verpflichtet gewesen, weil sich im Nachlass auch Auslandsvermögen befindet. Die strafrechtlichen und steuerlichen Folgen entsprächen der 1. Ergänzung des Beispiels.

1080 Bei unterbliebenen oder verspäteten **Anzeigen Dritter** nach §§ 33, 34 ErbStG könnten jedenfalls die vom BGH für die Anzeige Beteiligter angenommenen kurzen Fristen (→ Rz. 1070) nicht übertragen werden.[3] Im Übrigen wird vielfach fehlender Vorsatz auf der Hand liegen.

1081 Ähnliches gilt für die zahlreichen Anzeigepflichten des Erwerbers zur Überwachung von **Vergünstigungsvorschriften** (→ Rz. 1056).

1082 Die Gefahr ist allerdings nicht von der Hand zu weisen, dass die erforderliche Einzelfallprüfung künftig durch einen Verweis auf die wie selbstverständlich formulierte BGH-Entscheidung vom 25.7.2011[4] ersetzt werden könnte.

cc) Verspätete Abgabe einer Steuererklärung oder Anzeige

1083 Eine verspätet abgegebene Steuererklärung macht eine zu diesem Zeitpunkt bereits versuchte oder gar vollendete Steuerhinterziehung (→ Rz. 1069) nicht ungeschehen (→ Rz. 147). Sie kann aber den Rücktritt vom Versuch (→ Rz. 520) oder eine Selbstanzeige (→ Rz. 1927) begründen. Dasselbe gilt im Fall einer verspäteten Anzeige (→ Rz. 1070). Erfüllt einer von mehreren Mitverpflichteten die Anzeigepflicht **nach** Überschreiten der Versuchsgrenze, ist dies als **Selbstanzeige**[5] für den Anzeigeerstatter und, im Fall verdeckter Stellvertretung, für alle weiteren Anzeigepflichtigen zu behandeln. Sollten die Voraussetzungen einer verdeckten Stellvertretung fehlen, kommt Drittwirkung der Anzeige analog § 371 Abs. 4 AO in Betracht.[6] Demgegen-

---

1) Nach FG Düsseldorf v. 26.3.1999, 18 K 2662/95, EFG 1999, 1239.
2) BFH v. 26.10.1996, II R 43/96, BStBl II 1997, 73, 74; FG Düsseldorf v. 26.3.1999, 18 K 2662/95, EFG 1999, 1239, rkr. (Rev. mit Urt. v. 30.1.2001, II R 52/99, n.v., als unbegründet zurückgewiesen).
3) Ebenso Sackreuther, PStR 2011, 254, 256.
4) BGH v. 25.7.2011, 1 StR 631/10, wistra 2011, 428 Rz. 39.
5) Selbstanzeige ist auch im Versuchsstadium möglich: Joecks in Franzen/Gast/Joecks, 7. Aufl. 2009, § 371 AO Rz. 232.
6) Vgl. Joecks in Franzen/Gast/Joecks, 7. Aufl. 2009, § 371 AO Rz. 231.

über wirken die Regeln über den Rücktritt nicht allgemein zu Gunsten anderer Beteiligter.[1)]

Sollte der BGH seine kurze Fristberechnung (→ Rz. 1070) entgegen der hier vertretenen Auffassung auch der Feststellung des Vollendungszeitpunkts zu Grunde legen, könnte bereits eine **geringfügige Überschreitung** dieser Zeitspanne, selbst mit stillschweigender Duldung des Finanzamts, wie sie in der Veranlagungspraxis häufig vorkommt, unter den Gesichtspunkten der § 371 Abs. 2, § 398a AO gravierende, möglicherweise sogar katastrophale Folgen (→ Rz. 1103). **1084**

Umso wichtiger wäre eine sorgfältige Prüfung der Vorsatzfrage, denn in nahezu allen Fällen der verspäteten Anzeige oder Steuererklärung werden Unkenntnis, Arbeitsüberlastung des Beraters oder dessen Vertrauen auf eine langjährige problemlose Veranlagungspraxis gegeben sein. Ausnahmsweise mag das Streben nach Zinsersparnis – da Erbschaftsteuer und Schenkungsteuer in § 233a Abs. 1 AO nicht genannt werden – eine Rolle spielen, doch könnte dies allenfalls eine **zeitliche Verkürzung** (→ Rz. 341) begründen.[2)] Für die Strafzumessung wäre dann lediglich der Zinsschaden relevant, soweit die in der verspätet eingereichten Anzeige oder Erklärung liegende Selbstanzeige unwirksam sein sollte. **1085**

dd) Unterlassene Berichtigung als Gesamtrechtsnachfolger

Nicht selten stellen Erben fest, dass der Erblasser seinerseits in nicht festsetzungsverjährter Zeit eine Schenkung erhalten oder etwas geerbt hat, ohne dies korrekt anzuzeigen oder zu erklären. Insofern ist die allgemeine Berichtigungspflicht nach § 153 Abs. 1 AO von Bedeutung, deren Missachtung erhebliche eigene Strafbarkeitsrisiken begründen kann[3)] (→ Rz. 148). Zur Reichweite der prozessualen Tat insoweit → Rz. 1097. **1086**

d) Umfang der Steuerverkürzung

Die objektiv verkürzte Erbschaftsteuer oder Schenkungsteuer ist im einfachsten Fall der einmaligen Zuwendung eines Vermögensvorteils ohne Vorschenkung grds. unproblematisch zu ermitteln. Der Nachlass wird nach dem „**Vermögensanfall**" (§ 10 Abs. 1 ErbStG) abgegrenzt, nicht notwendig nach dem einkommensteuerlichen „Zufluss" (§ 11 EStG). Folge kann eine effektive **Doppelbesteuerung mit Erbschaftsteuer und Einkommensteuer** sein, ohne dass der BFH die latente Erbschaftsteuerbelastung zum Abzug bei der Erbschaftsteuer als Nachlassverbindlichkeit (§ 10 Abs. 5 ErbStG) zulässt.[4)] Dies ist für Betriebsvermögen mit stillen Reserven, das der Erbe veräußert, um z.B. die Erbschaftsteuer zu finanzieren, ganz offensichtlich. Es gilt aber auch für nicht fällige Stückzinsen, die den Nachlasswert erhöhen,[5)] bei der Einkommensteuer aber nach Zufluss zu versteuern sind (→ Rz. 906). Aus den fehlerträchtigen und intuitiv kaum zu verstehenden Abgrenzungen ergeben sich naturgemäß steuerstrafrechtliche Risiken für den Erben. **1087**

Steuerschulden, die zu Lebzeiten des Erblassers entstanden sind und nach § 45 AO auf den Erben übergehen, sind als Erblasserschulden abziehbar, soweit sie am Bewertungsstichtag eine wirtschaftliche Last darstellen.[6)] Beide Voraussetzungen werden teilweise verneint mit der praktisch bedeutsamen Folge eines steuerlich und ggf. strafrechtlich überhöhten Erbschaftsteuerbetrags. **1088**

1) Fischer, 59. Aufl. 2012, § 24 StGB Rz. 37.
2) Sackreuther, PStR 2011, 254, 256; Rolletschke, wistra 2001, 287, 289.
3) Näher Sackreuther, PStR 2011, 254, 256; Stahl/Durst, KÖSDI 2009, 16604 f.; Stahl/Durst, ZEV 2008, 467; Ott, ErbBstg 2007, 245; zur Berichtigungspflicht des Erben für falsche Angaben des Testamentsvollstreckers BGH v. 11.9.2007, 5 StR 213/07, wistra 2008, 22 , 25.
4) Krit. mit guten Gründen Meincke, 16. Aufl. 2012, § 10 ErbStG Rz. 32 m.w.N.
5) Weinmann in Moench, § 10 ErbStG Rz. 12 (März 2010).
6) St. Rspr.; BFH v. 24.3.1999, II R 34/97, HFR 1999, 808 m.w.N.

1089 Finanzverwaltung,[1] Rechtsprechung[2] und der überwiegende Teil der Literatur[3] sind entgegen der hier vertretenen Auffassung[4] bisher davon ausgegangen, dass **Steuerschulden des Erblassers** für das **Jahr seines Ablebens** erst zum Jahresende entstehen und schon deshalb nicht als Nachlassverbindlichkeit abziehbar sein sollen. Der BFH hat seine Rechtsprechung nun ausdrücklich geändert und den Abzug zugelassen.[5] Er stellt entscheidend darauf ab, dass die Steuern vom Erblasser „herrühren", weil dieser sämtliche steuerrelevante Tatbestände verwirklicht hat. Dem ist uneingeschränkt zuzustimmen, denn die technische Regelung der Einkommensteuerentstehung ist kein ausreichender Rechtfertigungsgrund, um eine unzweifelhaft in der Person des Erblassers begründete und zwingend mit dem Nachlass verbundene Steuerschuld vom Abzug auszuschließen. Dieses Ergebnis ist spiegelbildlich auf Steuererstattungsansprüche zu übertragen.[6]

1090 Im Übrigen wird in Fällen mit **Hinterziehungsvorwurf** die Abziehbarkeit der gesamten, auf Einkommen des Erblassers entfallende Einkommensteuerzahlung oder -nachzahlung als Nachlassverbindlichkeit bezweifelt, weil es sich dabei um keine wirtschaftliche Last gehandelt habe.[7] Dies ist für die Erbschaftsteuer jedoch unzutreffend. Es ist nicht nur davon auszugehen, dass entstandene Steuern grds. auch festgesetzt werden.[8] Vielmehr spricht für die Anrechnung der Steuerschulden bei der Erbschaftsteuer insbes., dass diese Frage sich nur stellt, wenn die Erbschaftsteuerfestsetzung tatsächlich nachgeholt wird. Eine wirtschaftliche Last könnte daher allenfalls verneint werden, falls die Festsetzung der Einkommensteuer wegen Verjährung oder Amnestie ausgeschlossen wäre.[9] Auch wenn der **Erblasser** innerhalb der – ggf. nach § 169 Abs. 2 Satz 2 AO verlängerten – Festsetzungsfrist eine **Steuerhinterziehung** begangen hat, etwa die Erträge aus einem ausländischen „Schwarzdepot" bei der Einkommensteuer verschwiegen hat, mindert die bis zum Erbfall entstandene Einkommensteuer den erbschaftsteuerpflichtigen Erwerb daher ebenso wie die darauf festzusetzenden Nachzahlungs- und Hinterziehungszinsen, soweit diese auf den Zeitraum bis zum Erbfall entfallen.[10] Daran ändert sich nichts, wenn die Hinterziehung erst nach dem Erbfall aufgedeckt und die Steuern und Zinsen gegen den Erben als Gesamtrechtsnachfolger festgesetzt werden.[11] Probleme können sich allerdings aus verfahrensrechtlichen Gründen ergeben, falls die Erbschaft-

---

1) Koordinierter Ländererlass v. 18.1.2010, DStR 2010, 226.
2) BFH v. 16.1.2008, II R 30/06, BStBl II 2008, 626 (jedenfalls bei Zusammenveranlagung mit dem überlebenden Ehegatten); zu der ähnlichen Frage der ESt auf Stückzinsen: BFH v. 17.2.2010, II R 23/09, BStBl II 2010, 641, Verfassungsbeschwerde anhängig; a.A. bereits FG Hamburg v. 10.10.1990, II 173/88, EFG 1991, 130.
3) Weinmann in Moench, § 10 ErbStG Rz. 54 (November 2010); a.A. Meincke, 16. Aufl. 2012, § 10 ErbStG Rz. 32a und c; Gebel in Troll/Gebel/Jülicher, § 10 ErbStG Rz. 140 (Januar 2012); ausf. Zimmermann, EFG 2011, 1343; Wegner, ErbBstg 2010, 80, 84.
4) Vorauflage, Rz. 1186.
5) BFH v. 4.7.2012, II R 15/11, DStR 2012, 1698, 1699.
6) Vgl. Weinmann in Moench, § 10 ErbStG Rz. 10 (März 2010), der beides unberücksichtigt lassen will.
7) BFH v. 24.3.1999, II R 34/97, HFR 1999, 808 (unabhängig von einem Hinterziehungsvorsatz); FG Düsseldorf v. 10.7.2002, 4 K 104/02 Erb, DStRE 2002, 1253; differenzierend Stahl/Durst, KÖSDI 2009, 16604, 16612 f.
8) BFH v. 24.3.1999, II R 34/97, HFR 1999, 808.
9) BFH v. 24.3.1999, II R 34/97, HFR 1999, 808; FG Hamburg v. 12.3.1997, II-87/94, EFG 1997, 1121; Gebel in Troll/Gebel/Jülicher, § 10 ErbStG Rz. 140 (Januar 2012); Weinmann in Moench, § 30 ErbStG Rz. 54 (November 2010).
10) FG München v. 21.6.2006, 4 K 3051/04, EFG 2006, 1922; koordinierter Ländererlass v. 14.11.2002, DStR 2003, 77.
11) FG München v. 21.6.2006, 4 K 3051/04, EFG 2006, 1922; koordinierter Ländererlass v. 14.11.2002, DStR 2003, 77; ausf. Gebel in Troll/Gebel/Jülicher, § 10 ErbStG Rz. 140, 152 ff. m.w.N. (Januar 2012); Meincke, 16. Aufl. 2012, § 10 ErbStG Rz. 31b.

steuer zutreffend erklärt wurde, bereits bestandskräftig festgesetzt ist und der Erbe später die Erbschaftsteuererklärungen des Erblassers berichtigen muss.[1]

Beispiel:

Erblasser E hat Anfang 1998 einen Lottogewinn von 1 Mio. € in ausländische Tafelpapiere mit 10 % Rendite angelegt und die Erträge zum Lebensunterhalt verbraucht. Im Dezember 2007 verstirbt E und wird von seiner langjährigen Lebensgefährtin L beerbt. L bleibt zunächst untätig, berichtigt aber Ende 2011 auf Empfehlung ihres Steuerberaters die Einkommensteuererklärungen des E für 1998 bis 2007 und informiert das Erbschaftsteuerfinanzamt. Es werden 500 000 € Einkommensteuer und SolZ (50 % auf jährlich 100 000 € Kapitaleinkünfte) und 180 000 € Nachzahlungs- und Hinterziehungszinsen festgesetzt, wovon 150 000 € den Zeitraum bis zum Erbfall betreffen.

Bei der Erbschaftsteuer werden von dem Bruttoerwerb von 1 Mio. € die Steuer- und Zinsschulden des Erblassers von 650 000 € sowie ein Freibetrag von 5 200 € abgezogen. Auf den Nettoerwerb von 344 800 € entfallen 99 992 € Erbschaftsteuer (29 % in Steuerklasse III). Insgesamt verbleiben dem N nach Steuern, bezogen auf den Tag des Erbfalls, 250 008 €.

Wären Steuern und Zinsen wegen „fehlender wirtschaftlicher Last" nicht abziehbar, würde sich eine Erbschaftsteuer von 348 180 € (35 % auf 994 800 €) ergeben, so dass N nach Steuern, ebenfalls auf den Tag des Erbfalls bezogen, nur noch 1 820 € verblieben.

Werden **frühere Erwerbe** innerhalb der Zehnjahresfrist (§ 14 ErbStG) bei Abgabe einer Steuererklärung angegeben, kann dies eine Selbstanzeige hinsichtlich der Vorschenkung sein. Im Übrigen wäre ein Verwertungsverbot[2] zu bedenken. **1091**

Falls aber die **Vorschenkung verschwiegen** oder eine Steuererklärung trotz Aufforderung des Finanzamts nicht abgegeben wird, so ist zu unterscheiden: Die **Schenkungsteuer** im Zusammenhang mit der Vorschenkung ist selbständig auf eine mögliche Hinterziehung zu prüfen nicht selten wird diese strafrechtlich bereits verjährt sein oder wegen einer ungenauen Einleitungsmitteilung (→ Rz. 3476) im Laufe des Strafverfahrens verjähren. Mit der aktuellen Steuererklärung ohne Hinweis auf den Vorerwerb wird die Mehrsteuer hinterzogen, die auf dem höheren Steuersatz infolge der Zusammenrechnung beider Erwerbe beruht.[3] Im Fall des Unterlassens ist die Steuer aus dem aktuellen Erwerb verkürzt, die sich nach dem Steuersatz aus der Zusammenrechnung ergibt. Dies ist auch für die **Selbstanzeige** relevant: Die Schenkung- oder Erbschaftsteuer ist nur dann vollständig i.S.v. § 371 Abs. 1 AO n.F. nacherklärt, wenn strafrechtlich unverjährte Vorschenkungen ebenfalls angegeben sind. Aber auch Vorschenkungen, die für sich strafrechtlich verjährt wären, müssen miterklärt werden, wenn diese auf Grund der Zusammenrechnung im Zeitpunkt der Nachschenkung zu einer höheren Steuerbelastung führen als die Nachschenkung allein. Dies ist immer dann der Fall, wenn die Gesamtschenkung einem anderen Steuersatz unterliegt als die Vorschenkung. **1092**

In Erbfällen und Schenkungen mit **Auslandsberührung** wird im Inland allein die Verkürzung inländischer Erbschaftsteuer oder **Schenkungsteuer** verfolgt. § 370 Abs. 6 AO erweitert den Anwendungsbereich insoweit nicht auf ausländische Steueransprüche. Im Übrigen ist zwischen DBAStaaten[4] mit Freistellungsmethode und **1093**

1) BFH v. 14.12.2004, II R 35/03, BFH/NV 2005, 735 (kein rückwirkendes Ereignis); v. 14.11.2007, II R 3/06, BFH/NV 2008, 574 (grds. kein Erlass).

2) Zum Verwertungsverbot, falls eine Selbstanzeige hinsichtlich der Vorschenkung nicht möglich sein sollte: Joecks in Franzen/Gast/Joecks, 7. Aufl. 2009, § 370 AO Rz. 233g; vgl. allg. Seipl in Beermann/Gosch, § 393 AO Rz. 40 (August 2008).

3) Joecks in Franzen/Gast/Joecks, 7. Aufl. 2009, § 370 AO Rz. 233h mit ausf. Begründung.

4) Doppelbesteuerungsabkommen zur Erbschaft- und Schenkungsteuer gibt es mit Dänemark, Frankreich, Griechenland, Schweden, Schweiz und den USA; Abkommen mit Finnland und Italien werden verhandelt; Überblick zum Stand 1.1.2012 BStBl I 2012, 108; das ErbSt-DBA mit Österreich wurde zum 31.12.2007, gekündigt, vgl. Hoheisel, IStR 2008, 139.

sonstigen Staaten zu unterscheiden. In Fällen der **Freistellung auf Grund DBA**[1] kommt es für die deutsche Steuer und damit auch für die strafrechtliche Verkürzungsberechnung nur darauf an, ob der Erwerb in Deutschland steuerpflichtig ist oder dem Progressionsvorbehalt gem. § 19 Abs. 2 ErbStG unterliegt.

1094 In Zusammenhang mit DBA-Staaten mit **Anrechnungsmethode**[2] oder mit **sonstigen Staaten** ohne Erbschaftsteuer-DBA wird die im Ausland festgesetzte und bezahlte ausländische Erbschaftsteuer grds. auf die deutsche Steuer angerechnet (§ 21 ErbStG). Hinterzogen ist hier nur die nach Anrechnung der ausländischen Steuer verbleibende inländische Erbschaftsteuer, denn mehr steht dem inländischen Fiskus objektiv nicht zu. Das Kompensationsverbot steht der Anrechnung nicht entgegen. Wird die ausländische Steuer allerdings bis zum Verfahrensabschluss nicht bezahlt, ist nach dem Gesetzeswortlaut eine steuerliche Anrechnung nicht möglich. Es liegt nahe, in diesem Fall den Gesamtbetrag der deutschen Steuer ohne Anrechnung einer potentiellen ausländischen Steuer als verkürzt anzusehen.

e) Konkurrenzen

1095 Pflichtverletzungen der Vermögensverwahrer, Vermögensverwalter und Versicherungsunternehmen sind gem. § 33 Abs. 4 ErbStG eine **Ordnungswidrigkeit.** Diese darf jedoch nicht als spezialgesetzliche Regelung[3] gesehen werden, welche die allgemeinen Tatbestände der Steuerhinterziehung (§ 370 AO) von vornherein ausschließen könnte,[4] sondern tritt gem. § 21 OWiG ggf. als **subsidiär** zurück. Die Grundtatbestände beider Sanktionsnormen stimmen nicht überein, der Bußgeldtatbestand ist vielmehr im Vorfeld des strafrechtlich relevanten Bereichs angesiedelt und enthält im Übrigen nicht die erforderlichen besonderen Umstände mildernder Art.[5]

1096 Für Beteiligte sowie Gerichte, Behörden und Notare sieht das ErbStG demgegenüber keinen Bußgeldtatbestand vor. Aus dieser unterschiedlichen Regelung kann jedoch **nicht** abgeleitet werden, dass der Gesetzgeber mit § 33 Abs. 4 ErbStG eine **Sperrwirkung** begründen wollte, welche den Bereich der §§ 30, 34 ErbStG generell ahndungsfrei stellt.[6]

1097 Eine Erbschaftsteuerhinterziehung kann mit der Verkürzung von **Einkommensteuer** in Tatmehrheit zusammentreffen; es handelt sich um selbständige Taten im prozessualen Sinn (§ 264 StPO). Zu den praktischen Problemen, die sich aus der Einkommensteuerhinterziehung durch den Erblasser für die Erben ergeben → Rz. 895. Eine Verletzung der allgemeinen Berichtigungspflicht nach § 153 Abs. 1 AO (→ Rz. 148; → Rz. 1086) durch den Erben kann nach Rechtsprechung des BGH eine prozessuale Tat mit dem Vorwurf der Steuerhinterziehung durch falsche Erbschaftsteuererklärung sein.[7]

f) Hinterziehung verfassungswidriger Erbschaftsteuer?

1098 Das Erbschaftsteuergesetz wurde vom BVerfG bereits zweimal vollständig für **verfassungswidrig** erklärt (→ Rz. 1051), durfte aber im Interesse einer geordneten Haushaltsführung, vergleichbar dem VStG, jeweils für eine Übergangszeit weiter

1) DBA Schweiz (teilweise); DBA Frankreich (teilweise; vgl. Jülicher, IStR 2007, 85, 86); unklar DBA Griechenland.
2) DBA Dänemark; DBA Frankreich (teilweise); DBA Schweden; DBA Schweiz (teilweise); DBA USA.
3) Zum Begriff: Gürtler in Göhler, 16. Aufl. 2012, vor § 19 OWiG Rz. 34.
4) Sackreuther, PStR 2011, 254, 256; a.A. Rolletschke, wistra 2001, 287, 289.
5) Gürtler in Göhler, 16. Aufl. 2012, § 21 OWiG Rz. 7.
6) Rolletschke, wistra 2001, 287, 289; im Ergebnis wohl ebenso Jülicher in Troll, § 30 ErbStG Rz. 34 (März 2012).
7) BGH v. 11.9.2007, 5 StR 213/07, wistra 2008, 22, 25; allg. Sackreuther, PStR 2009,185, 186.

angewendet werden. Inzwischen hat der BFH[1] auch das ErbStG 2009 dem BVerfG zur Normenkontrolle nach Art. 100 GG vorgelegt, weil er das Gesetz als verfassungswidrig erachtet.

Gute Gründe sprechen dafür, die Hinterziehung einer verfassungswidrigen Steuer für straflos zu halten, auch wenn die verfassungswidrige Steuer im Haushaltsinteresse noch für eine Übergangszeit erhoben werden durfte.[2] Die Argumente sind insbes. mit Blick auf die Vermögensteuer ausführlich diskutiert worden.[3] Der BFH hat das Erbschaftsteuergesetz a.F. auf Sachverhalte vor dem 1.1.1996 steuerlich uneingeschränkt angewendet.[4] Strafrechtlich hat die Rechtsprechung die vergleichbare Vermögensteuer so behandelt wie die schlichte Änderung eines verfassungskonformen Gesetzes, welches bis zum Änderungszeitpunkt steuerlich und strafrechtlich selbstverständlich anzuwenden wäre. Sie hat wegen Hinterziehung der Vermögensteuer überwiegend verurteilt und die Festsetzung von Hinterziehungszinsen gebilligt.[5] 1099

Für die Praxis steht damit fest, dass auch Erbschaftsteuerverkürzungen durch Sachverhalte vor dem 1.1.1996 bzw. vor dem 1.1.2009 strafrechtlich verfolgt werden können. Sollte das BVerfG auch die derzeitige Fassung des ErbStG für verfassungswidrig erklären und dem Gesetzgeber eine Übergangsfrist zur Neuregelung einräumen, wird die Hinterziehung der Erbschaftsteuer bis zum Ende der Übergangsfrist in gleicher Weise strafrechtlich verfolgt.[6] 1100

g) Verfolgungspraxis und Konsequenzen für die Beratungspraxis

Die Praxis der Strafsachenstellen hat in der Vergangenheit, möglicherweise aus den angerissenen rechtlichen und praktischen Problemen, i.d.R. einen großen Bogen um die **Erbschaftsteuer- und Schenkungsteuerhinterziehung** gemacht, nicht nur, wenn der Sachverhalt mit Einkommensteuerverkürzungen zusammenhängt und ohnehin eine Einstellung nach § 154 StPO in Betracht käme.[7] Dies ändert sich jedoch seit einigen Jahren. 1101

Daraus ergibt sich die Notwendigkeit zu grundlegenden **Änderungen** in der **Steuerberatungspraxis**, insbes. im Hinblick auf die Einhaltung von Anzeige- und Erklärungsfristen. Es ist jedenfalls aus Vorsichtsgründen notwendig, die nicht verlängerbaren gesetzlichen Anzeigefristen strikt einzuhalten (→ Rz. 1062), bei den Steuererklärungsfristen erforderlichenfalls rechtzeitig vor Fristablauf nachweisbare, also regelmäßig schriftliche Verlängerungsanträge zu stellen und die beantragten Fristen ebenfalls exakt einzuhalten. Dies erfordert in vielen Beratungskanzleien eine aufwendigere **Fristenkontrolle** und Bearbeitungsplanung als früher üblich und ausreichend. 1102

Natürlich wird auch künftig nur ein Bruchteil der in Betracht kommenden Sachverhalte strafrechtlich verfolgt, und die von den Strafverfolgungsbehörden aufgegriffenen Fälle erwecken nach wie vor – noch mehr als im Bereich anderer Steuerarten – den Eindruck der Zufälligkeit. Aber in diesen Fällen besteht das Risiko, dass Fristversäumnisse trotz stillschweigender Duldung des Finanzamts als versuchte oder 1103

1) BFH v. 27.9.2012, II R 9/11, DStR 2012, 2063.
2) Zur Erbschaftsteuer Kohlmann § 370 AO Rz. 1519 (September 2006); allg. Kohlmann, § 370 AO Rz. 1476 (Oktober 2005).
3) Vgl. Vorauflage, Rz. 1240 ff. zur VSt.
4) BFH v. 11.3.1998, II B 59/97, BStBl II 1998, 395.
5) Zustimmend auch für die Erbschaftsteuer Rolletschke in Rolletschke/Kemper, § 370 AO Rz. 213c (September 2007); allg. mit ausf. Begr. Hellmann in H/H/Sp, § 370 AO Rz. 51 ff. (November 2001).
6) Zu den Konsequenzen einer Nichtigerklärung ohne Übergangsfrist vgl. Seipl/Wiese, Stbg 2003, 580.
7) Joecks in Franzen/Gast/Joecks, 7. Aufl. 2009, § 370 AO Rz. 233d.

vollendete Steuerhinterziehung behandelt werden. Die auch nur kurzfristig verspätet abgegebene Anzeige oder Erklärung mag im Normalfall als Selbstanzeige zur Straffreiheit führen, begründet aber nach § 398a AO bei Steuerbeträgen über 50 000 € zumindest einen Strafzuschlag von 5 % (→ Rz. 1078).

1104 Die **Reichweite** steuerstrafrechtlicher Ermittlungen ist häufig zweifelhaft, wenn eine Mehrzahl von möglichen Zuwendungen oder eine Mehrzahl beteiligter Personen in Betracht kommen, weil **Einleitungsvermerk** und -mitteilung (§ 397 AO) in der Praxis meist wie bei Veranlagungssteuern nur unter Angabe eines Zeitraums formuliert werden. Je nach Umständen des Einzelfalls treten die Rechtsfolgen der Einleitungsmitteilung[1] möglicherweise nicht oder nur teilweise ein.

7. Umsatzsteuer und Umsatzsteuervoranmeldung

a) Allgemeines

1105 Die Hinterziehung der Umsatzsteuer ist wegen ihres Ausmaßes in den letzten Jahren intensiv zum Gegenstand der Diskussion geworden und es sind diverse Gesetzesänderungen in diesem Bereich erfolgt. In Anbetracht der fiskalischen Bedeutung dieser Steuerquelle darf ein solcher Aktionismus nicht verwundern;[2] die Summe der Reformen des UStG und weiterer Gesetze sowie die Vielzahl der Rechtsprechung hat allerdings zu einer schwierigeren und unübersichtlicheren Regelung geführt. Abgesehen von den vielen Einzelproblemen der stetig umfangreicher werdenden Vorschriften des deutschen Umsatzsteuerrechts und der unionsrechtlichen Vorgaben in der MwStSystRL,[3] soll die Betrugsanfälligkeit dieser Steuer zu einem großen Teil auf den vermeintlichen **Schwachstellen des Systems** beruhen, welche durch die Schaffung des EU-Binnenmarktes zum 1.1.1993 geschaffen wurden; als Schlagwort spricht man hier (unscharf) vom Karussellbetrug (→ Rz. 1131 ff.).[4] Diese vermeintliche „Schwachstelle" des Umsatzsteuerrechts stellt allerdings nur eine der Erscheinungsformen der Umsatzsteuerhinterziehung dar. Tatsächlich sind die Hinterziehungsmöglichkeiten bei der Umsatzsteuer vielschichtig – man denke nur an die vielen OR-Geschäfte –, mit Ausschaltung der „Karussellfälle"[5] wird die Umsatzsteuer also keinesfalls zur hinterziehungsresistenten Steuerquelle; häufig ist die Hinterziehung der Umsatzsteuer schlicht eine „Begleiterscheinung" von nicht erklärten Einnahmen.

1106 Eine Besonderheit der Umsatzsteuer besteht gegenüber anderen Steuerarten darin, dass bei ihr gleich **zwei Ansätze zur Hinterziehung** vorliegen; das ist erstens die schlichte Nichtzahlung der geschuldeten Umsatzsteuer – wie bei der Einkommensteuer werden steuerpflichtige Umsätze nicht erklärt – und zweitens die Manipulation des Vorsteuerabzugs – mithin die Geltendmachung nicht berechtigter Vorsteuern –, was häufig zu errechneten „Steuerguthaben" gegenüber dem Fiskus führt.

---

1) Ausf. Seipl in Beermann/Gosch, § 397 AO Rz. 82 ff. (März 2003).

2) Die Umsatzsteuer ist seit der Erhöhung des Regelsteuersatzes auf 19 % vor der Lohnsteuer die ertragsreichste Quelle der Steuereinnahmen in Deutschland (vgl. dazu nur die auf den Internetseiten des BMF zugänglichen statistischen Daten). Nach Schätzungen der Europäischen Kommission (vgl. z.B. die Pressemitteilung vom 30.10.2009, IP/09/1655, zur Mehrwertsteuerlücke) ist davon auszugehen, dass in Deutschland etwa 10 % des Steueraufkommens nicht realisiert werden, was z.B. bei Einnahmen von circa 180 Mrd. € im Jahr aus der Umsatzsteuer Steuerausfälle von etwa 18 Mrd. € bedeutet; das ist mehr, als z.B. das Aufkommen aus der Körperschaftsteuer. In anderen Staaten soll diese Lücke allerdings bis zu 30 % betragen.

3) Die Mehrwertsteuer-Systemrichtlinie (Richtlinie 2006/112/EG des Rates v. 28.11.2006, ABl.EU 2006 Nr. L 347, 1) hat mit Wirkung zum 1.1.2007 die 6. Richtlinie 77/388/EWG v. 17.5.1977 (ABl.EG 1977 Nr. L 145, 1) ersetzt.

4) Vgl. zu Einzelheiten der Begehung Kemper, UR 2009, 751.

5) Schon der Begriff des Karussells suggeriert eine Warenbewegung im Kreise. In der Praxis sind solche Hinterziehungshandlungen aber nur noch selten anzutreffen; vgl. schon Kemper in UR 2005, 569.

Gerade die Beanspruchung solcher „Guthaben" birgt die Gefahr, dass der Fiskus bereits vereinnahmte Steuern (zumeist unwiederbringlich) an betrügerisch tätige Unternehmer auszahlt; wobei nicht übersehen werden darf, dass die Auszahlung solcher Guthaben durchaus üblich – weil systemimmanent – ist. Das Entstehen von Auszahlungsansprüchen ist in einer Exportnation wie Deutschland und in bestimmten Branchen unvermeidbar, man denke z.B. nur an den Kraftfahrzeughändler, der seine Kraftfahrzeuge im Wesentlichen an im Ausland ansässige Unternehmer veräußert, diese aber steuerpflichtig bei inländischen Unternehmern erwirbt. Derartige Unternehmer haben (systemgerecht) immer „Vorsteuerüberhänge"; der Überwachungsaufwand für die Finanzbehörde zum Auffinden der betrügerischen Fälle ist deshalb hoch und auch für die gutgläubigen Unternehmer besteht leider das Risiko, dass solche Lieferungen wegen formaler Mängel nachträglich mit der Folge der Aberkennung der Steuerbefreiung beanstandet werden.

Als weitere Besonderheit ist bei der Umsatzsteuer zu beachten, dass bei ihr steuerlich und auch strafrechtlich grundsätzlich zwei „Steuererklärungsvorgänge" vorliegen: einmal die regelmäßig monatlich abzugebenden **Umsatzsteuervoranmeldungen** nach § 18 Abs. 1 UStG und zweitens die die Voranmeldungen zusammenfassenden **Umsatzsteuerjahreserklärungen** nach § 18 Abs. 3 UStG. Strafrechtlich kommt beiden „Erklärungen" dabei ein **eigener Unrechtsgehalt** zu (→ Rz. 1111). Inhaltlich hat der Stpfl. die Steuer jeweils selber zu berechnen und beim Finanzamt (grds. elektronisch)[1] anzumelden. In diese Berechnung müssen immer mehrere Faktoren einfließen, insbes. sind aber. die zum Regelsteuersatz oder zum ermäßigten Steuersatz erzielten Umsätze, die steuerfreien Umsätze sowie die abziehbaren Vorsteuern anzugeben. 1107

Die unionsrechtlichen Vorgaben der MwStSystRL[2] verhindern nicht nur weitgehend mögliche nationale Änderungen des deutschen Umsatzsteuergesetzes, sie haben auch hinsichtlich der **Terminologie im Umsatzsteuerrecht** Auswirkungen. So ist z.B. zu beachten, dass das deutsche Gesetz durchweg den Begriff der Umsatzsteuer verwendet, das Unionsrecht spricht hier aber von der Mehrwertsteuer. Auch wenn diesen beiden Begriffen dieselbe Bedeutung zukommt, so gilt dies leider nicht für alle zwischen dem Unionsrecht und dem deutschen Umsatzsteuerrecht abweichende Begriffe, wie es z.B. für den dem Begriff des Unternehmers entsprechenden unionsrechtlichen Begriff des „Steuerpflichtigen" der Fall ist. 1108

b) Erhebung der Umsatzsteuer und ihre Besonderheiten

aa) Anmeldung der Umsatzsteuer und ihre Fälligkeit

Sowohl die Umsatzsteuervorauszahlungen als auch die Jahresumsatzsteuer sind gem. §§ 18 Abs. 1 Satz 1, Abs. 3 Satz 1 UStG bei dem (zuständigen) Finanzamt **anzumelden,** d.h. nach einem amtlichen Steuererklärungsvordruck vom Stpfl. selbst zu berechnen (§ 150 Abs. 1 AO) und grds. elektronisch einzureichen.[3] Die **Umsatzsteuervoranmeldungen** sind regelmäßig[4] bis zum zehnten Tag nach Ablauf eines jeden Voranmeldungszeitraumes elektronisch abzugeben (§ 18 Abs. 1 Satz 1 UStG), die 1109

1) Dies geschieht regelmäßig über die elektronische Plattform der Finanzverwaltung „Elster".
2) Richtlinie 2006/112/EG des Rates v. 28.11.2006, ABl.EU 2006 Nr. L 347, 1 mit vielfachen nachfolgenden Änderungen.
3) Bereits seit dem 1.1.2005 sind die Voranmeldungen nach amtlich vorgeschriebenem Vordruck auf elektronischem Weg nach Maßgabe der Steuerdatenübermittlungsverordnung zu übermitteln (§ 18 Abs. 1 Satz 1 UStG i.d.F. des Zweiten Gesetzes zur Änderung steuerlicher Vorschriften (StÄndG 2003) v. 15.12.2003, BGBl. I 2003, 2645 = BStBl I 2003, 710). Zur Vermeidung unbilliger Härten kann das Finanzamt auf eine solche elektronische Übermittlung verzichten.
4) Ungeachtet der Möglichkeit der Dauerfristverlängerung gem. § 18 Abs. 6 UStG i.V.m. § 46 UStDV.

Umsatzsteuerjahreserklärung ist (seit dem 1.1.2011) grds. auch in elektronischer Form[1] spätestens fünf Monate nach Ablauf des Jahres, auf das sie sich bezieht, abzugeben (§ 18 Abs. 3 Satz 1 UStG i.V.m. § 149 Abs. 2 Satz 1 AO), dabei ist sie entweder mit einer elektronischen Signatur zu versehen oder es muss eine von „Elster" ausdruckbare Fassung unterschrieben dem Finanzamt übersendet werden. **Fällig** werden Umsatzsteuervorauszahlungen am zehnten Tag nach Ablauf des jeweiligen Voranmeldungszeitraumes (§ 18 Abs. 1 Satz 3 UStG), [2] während die Jahresumsatzsteuer einen Monat nach Anmeldungseingang bzw. Bekanntgabe des Umsatzsteuerbescheids zu zahlen ist (§ 18 Abs. 4 Sätze 1 und 2 UStG). Die Länge des Voranmeldungszeitraums ist dabei – abhängig von der Höhe der Steuer für das vorangegangene Kalenderjahr – das Kalendervierteljahr oder der Kalendermonat (§ 18 Abs. 2 UStG). Nimmt der Unternehmer seine berufliche oder gewerbliche Tätigkeit neu auf, so ist im laufenden und folgenden Kalenderjahr unabhängig von der Umsatzhöhe der Kalendermonat Voranmeldungszeitraum (§ 18 Abs. 2 Satz 4 UStG).[3]

bb) Umsatzsteuervoranmeldung

(1) Unzutreffende Angaben in Umsatzsteuervoranmeldungen

1110 Die Umsatzsteuervoranmeldung geht der Umsatzsteuerjahreserklärung in den weitaus meisten Fällen voraus, in ihr schlagen sich demnach eventuelle Hinterziehungshandlungen als erstes nieder. Will ein Stpfl. einen Teil seiner Einnahmen nicht erklären, dann muss er fast notwendig zunächst unrichtige Umsatzsteuervoranmeldungen abgeben, bevor er seine unrichtigen Angaben in einer Umsatzsteuerjahreserklärung zusammengefasst (und endgültig) vollständig oder teilweise wiederholt oder auch korrigiert. Jedes – wesentliche – Abweichen der Angaben in einer Jahreserklärung gegenüber den Voranmeldungen führt zwangsläufig zu Nachfragen durch die Finanzbehörden.

Beispiel 1:

Stpfl. A übersendet seine Umsatzsteuervoranmeldung für den Monat April 01 am 5.5.01 elektronisch an das Finanzamt. Die Voranmeldung weist wissentlich und willentlich statt eines Umsatzes von 100 000 € lediglich einen von 80 000 € und statt der zutreffenden Vorsteuer von 5 000 € eine solche von 7 000 € aus. Der Stpfl. errechnet mithin eine Zahllast von 8 200 € (15 200 € Umsatzsteuer abzüglich 7 000 € Vorsteuer) anstelle des zutreffenden Betrages von 14 000 € (19 000 € abzüglich 5 000 €).

Hier ist der Tatbestand einer **vollendeten** Umsatzsteuerhinterziehung gem. § 370 Abs. 1 Nr. 1, Abs. 4 Satz 1 AO mit Abgabe der Umsatzsteuervoranmeldung am 5.5.01 erfüllt (→ Rz. 228 ff.). Steuern sind verkürzt, wenn sie nicht, nicht in voller Höhe oder nicht rechtzeitig festgesetzt werden; dies gilt auch dann, wenn eine Steueranmeldung einer Steuerfestsetzung unter Vorbehalt der Nachprüfung gleichsteht (§ 370 Abs. 4 Satz 1 AO). Die Umsatzsteuervoranmeldung steht wie die Umsatzsteuerjahreserklärung nach § 168 Satz 1 AO einer Steuerfestsetzung unter Vorbehalt der Nachprüfung (§ 164 AO) gleich. Auf die Fälligkeit der Umsatzsteuer und ihre Zahlung kommt es bei alledem nicht an. Mit dem Eintritt des tatbestandlichen Verkürzungserfolges (Vollendung) ist die Tat zugleich beendet, mit der Folge, dass zu diesem Zeitpunkt gem. § 78a StGB auch die Verjährungsfrist für die Strafverfolgung anläuft (→ Rz. 757 ff.). Die nicht erklärte Umsatzsteuer beträgt im Beispiel 5 800 € (3 800 € Umsatzsteuer zuzüglich

1) Eingefügt durch das JStG 2010 v. 8.12.2010, BGBl. I 2010, 1768 = BStBl I 2010, 1394. Bei der elektronischen Abgabe spricht das Gesetz durchweg etwas sperrig „von der Übermittlung der Steuererklärung nach amtlich vorgeschriebenem Datensatz durch Datenfernübertragung nach Maßgabe der Steuerdatenübermittlungsverordnung".

2) Bei einer bestehenden Dauerfristverlängerung nach § 18 Abs. 6 UStG i.V.m. § 46 UStDV gilt das entsprechend, hier ist allerdings zusätzlich eine jährliche Sonderzahlung zu leisten.

3) Diese Regelung wurde durch das StVBG v. 19.12.2004 (BGBl. 2001, 3922 = BStBl I 2002, 32) neu eingefügt.

2 000 € Vorsteuer). Dieser nicht erklärte Umsatzsteuerbetrag ist jedoch **nicht** mit dem Verkürzungsbetrag (Hinterziehungsschaden) gleichzusetzen, weil bei Umsatzsteuervoranmeldungen nur **Verkürzungen auf Zeit** vorliegen.

Einer Umsatzsteuervoranmeldung kann aus steuersystematischen Gründen stets nur eine zeitliche Bedeutung zukommen. Die monatlichen (oder vierteljährlichen) Voranmeldungen dienen der zeitnahen Erfassung und Erhebung der Umsatzsteuer. Die Umsatzsteuer für den Besteuerungszeitraum (das Kalenderjahr, § 16 Abs. 1 Satz 2 UStG) wird erstmals auf Grund der Jahreserklärung festgesetzt. Da es sich auf Grund dieser gesetzlichen Systematik bei den Umsatzsteuervoranmeldungen und -jahreserklärungen um verschiedene Steuerfestsetzungen handelt, unterliegen sie auch einer unterschiedlichen steuerstrafrechtlichen Würdigung.[1] Zwar beziehen sich die Voranmeldungen und die Jahreserklärung auf dieselbe Steuer, der Schaden ist aber anderer Art.[2] Die Abgabe falscher Umsatzsteuervoranmeldungen führt lediglich zur Verkürzung von Vorauszahlungen und damit zu einer **Steuerverkürzung auf Zeit**,[3] erst die Abgabe einer falschen Umsatzsteuerjahreserklärung bewirkt die endgültige Steuerverkürzung auf Dauer, ihr kommt ein **selbständiger Unrechtsgehalt** zu.[4] Das Gleiche gilt, wenn nach unterlassenen oder nach unrichtigen Voranmeldungen keine Jahreserklärung abgegeben wird.[5] Dabei liegt aber grds. in der Wiederholung der falschen Angaben aus einer Voranmeldung in der Jahreserklärung ein neues Unrecht,[6] wobei hier strafprozessual eine einheitliche Tat i.S.d. § 264 StPO zu sehen ist.[7] Gehen die Strafverfolgungsbehörden von einer Verkürzung auf Dauer durch eine Umsatzsteuerjahreserklärung aus, so sind regelmäßig die lediglich eine Verkürzung auf Zeit bewirkenden Umsatzsteuervoranmeldungen gem. § 154 StPO auszuscheiden.[8] Auch im Besteuerungsverfahren „ersetzt" die Jahresfestsetzung die Voranmeldungen; im Rechtsbehelfsverfahren und im finanzgerichtlichen Verfahren gegen die Festsetzung für Voranmeldungszeiträume wird die Jahreserklärung bzw. die festgesetzte Jahressteuer automatisch zum Gegenstand des Verfahrens. Von Bedeutung sind die Umsatzsteuervoranmeldungen aber in steuerlicher und strafrechtlicher Hinsicht immer dann, wenn noch keine Jahreserklärung (oder Schätzung) vorliegt. 1111

Bei einer Steuerverkürzung auf Zeit im umsatzsteuerrechtlichen Bereich errechnet sich nach Ansicht des BGH der tatbestandsmäßige[9] Umfang der Steuerverkürzung aus den **Hinterziehungszinsen**, die gem. § 238 Abs. 1 AO 6 % p.a. betragen (vgl. allgemein zum Zinsschaden → Rz. 349 ff.).[10] 1112

1) BGH v. 1.11.1995, 5 StR 535/95, BStBl II 1996, 33 = wistra 1996, 105, 106; v. 21.1.1998, 5 StR 686/97, wistra 1998, 146 und v. 6.2.2002, 5 StR 443701, wistra 2002,185.
2) BGH v. 10.12.1991, 5 StR 536/91, BGHSt 38, 165, 171.
3) BGH v. 12.1.2005, 5 StR 271/04, wistra 2005, 145; v. 29.4.1997, 5 StR 168/97, wistra 1997, 262.
4) BGH v. 1.11.1995, 5 StR 535/95, wistra 1996, 105 m.w.N.
5) Vgl. z.B. BGH v. 10.12.1991, 5 StR 536/91, BGHSt 38, 165, 171; v. 21.1.1998, 5 StR 686/97, wistra 1998, 146; v. 19.10.1999, 5 StR 178/99, wistra 2000, 63, 64; v. 6.2.2002, 5 StR 443/01, wistra 2002, 185.
6) BGH v. 1.11.1995, 5 StR 328/04, wistra 2005, 228 m.w.N.
7) BGH v. 12.1.2005, 5 StR 271/04, wistra 2005, 145 und v. 24.11.2004, 5 StR 206/04, wistra 2005, 66.
8) BGH v. 6.2.2002, 5 StR 443/01, wistra 2002, 185; vgl. auch Schauf in Kohlmann, § 370 AO Rz. 1373 (Juli 2012).
9) Vgl. BGH v. 17.2.1998, 5 StR 624/97, wistra 1998, 225, 226; v. 21.1.1998, 5 StR 686/97, wistra 1998, 146 und v. 22.10.1997, 5 StR 223/97, BGHSt 43, 270, 276.
10) BGH v. 17.2.1998, 5 StR 624/97, wistra 1998, 225, 226; v. 21.1.1998, 5 StR 686/97, wistra 1998, 146; v. 22.10.1997, 5 StR 223/97, BGHSt 43, 270, 276 und v. 29.4.1997, 5 StR 168/97, wistra 1997, 262, 263.

Anmerkung:

Legt man die Ansicht des BGH zu Grunde, beträgt im Beispiel 1 der tatbestandsmäßige Verkürzungserfolg 0,5 % pro Verspätungsmonat aus dem nicht erklärten Umsatzsteuerbetrag (= 5 800 €). Gegenzurechnen sind diesem Steuerschaden allerdings Zinsen, die dem Fiskus auf Grund der verspäteten Steuerfestsetzung gem. § 233a AO entstehen, sofern diese werthaltig sind (näher → Rz. 349 ff.). Der Verkürzungserfolg in Höhe dieses Zinsschadens ist auf Strafzumessungsebene als Auswirkung der Tat in die Gesamtabwägung einzustellen (§ 46 Abs. 2 Satz 2 StGB).

1113 Der systematische Unterschied zwischen der Umsatzsteuervoranmeldung und der Umsatzsteuerjahreserklärung wird durch die Rspr. des BGH jedoch durch **subjektive Strafzumessungserwägungen** eingeebnet.[1] Beabsichtigt der Stpfl. von Anfang an, keine zutreffenden Umsatzsteuerjahreserklärungen abzugeben, und legt er es darauf an, die zunächst bewirkte Hinterziehung auf Zeit später in eine solche auf Dauer übergehen zu lassen, so ist nach Ansicht des BGH der gesamte jeweils monatlich erlangte Vorteil als vom Vorsatz umfasstes Handlungsziel bei der Strafzumessung erschwerend zu berücksichtigen und in die Gesamtabwägung einzustellen.[2] In Fällen, in denen es etwa auf Grund der Einleitung eines steuerstrafrechtlichen Ermittlungsverfahrens nicht mehr zur Abgabe einer Umsatzsteuerjahreserklärung kommt, muss daher geprüft werden, ob es dem Angeklagten bei der Abgabe unrichtiger Umsatzsteuervoranmeldungen lediglich darauf angekommen ist, auf Zeit Liquidität zu schöpfen, oder ob er auf eine **dauerhafte Steuerverkürzung** abzielte.[3] Eine derartige Absicht liegt z.B. nahe, wenn es einem Stpfl. ausschließlich auf die Erlangung ungerechtfertigter Vorsteuererstattungen mit Hilfe von Scheinrechnungen unter Vortäuschen von Umsätzen ankommt.[4] Aber auch in diesem Bereich sind Fälle denkbar, bei denen es nur um die Verschaffung vorübergehender Liquidität geht, etwa um ein Unternehmen in der Krise vor der Insolvenz zu retten.

1114 Bei der Umsatzsteuer grenzt der BGH also die Verkürzung auf Dauer von der Verkürzung auf Zeit im Bereich des objektiven Tatbestands ab und berücksichtigt subjektive Aspekte erst auf Strafzumessungsebene. **Außerhalb der Umsatzsteuer** soll die Abgrenzung zwischen der Steuerverkürzung auf Zeit und der Steuerverkürzung auf Dauer nach h.M. dagegen auf der Ebene des subjektiven Tatbestands erfolgen. Eine Verkürzung auf Zeit soll gegeben sein, wenn der Täter eine verspätete Festsetzung wollte, eine Steuerverkürzung auf Dauer, wenn sich der Stpfl. der Steuerschuld auf Dauer entziehen wollte.[5] Im objektiven Tatbestand sollen sich beide Formen der Steuerhinterziehung dagegen nicht unterscheiden.

1115 Diese Abgrenzung der Verkürzung auf Zeit von der Verkürzung auf Dauer bereits auf objektiver oder subjektiver Tatbestandsebene ist m.E. problematisch.[6] Steuern sind verkürzt, wenn sie nicht, nicht in voller Höhe oder nicht rechtzeitig festgesetzt werden (§ 370 Abs. 4 Satz 1 AO). Der Regelungsgehalt des § 370 Abs. 4 Satz 1 AO beschränkt sich darauf, dass eine Steuerverkürzung nicht nur bei einer Differenz zwischen Soll-Festsetzung und Ist-Festsetzung vorliegt, sondern auch im Falle der Divergenz zwischen dem Ist-Zeitpunkt und dem Soll-Zeitpunkt der Festsetzung (verspätete Festsetzung). Auf Tatbestandsebene ist allein entscheidend, ob ein Verkürzungserfolg vorliegt und ob ein diesbezüglicher Vorsatz vorhanden war. Die Auf-

1) So im Ergebnis auch Rolletschke in Rolletschke/Kemper, § 370 AO Rz. 226 (Dezember 2006).
2) BGH v. 12.1.2005, 5 StR 271/04, wistra 2005, 145; v. 10.11.1999, 5 StR 221/99, wistra 2000, 137, 140; v. 19.10.1999, 5 StR 178/99, wistra 2000, 63, 64; v. 20.4.1999, 5 StR 54/99, wistra 1999, 298; v. 22.10.1997, 5 StR 223/97, BGHSt 43, 270, 276; v. 17.2.1998, 5 StR 624/97, wistra 1998, 225, 226 und v. 21.1.1998, 5 StR 686/97, wistra 1998, 146.
3) BGH v. 10.11.1999, 5 StR 221/99, wistra 2000, 137, 140.
4) Vgl. BGH v. 20.4.1999, 5 StR 54/99, wistra 1999, 298; vgl. auch BGH v. 12.1.2005, 5 StR 271/04, wistra 2005, 145.
5) Vgl. Joecks in Franzen/Gast/Joecks, 7. Aufl. 2009, § 370 AO Rz. 77 m.w.N.
6) So auch Joecks in Franzen/Gast/Joecks, 7. Aufl. 2009, § 370 AO Rz. 78.

fassung, die bereits bei einer nicht rechtzeitigen Festsetzung eine Verkürzung in voller Höhe annimmt, erzeugt mit ihrer Auslegung ein Erfolgsunrecht, das in Wirklichkeit nicht vorhanden ist. Die Höhe der jeweiligen Steuerverkürzung spielt bei allen Steuerarten erst auf **Strafzumessungsebene** eine Rolle, der Feststellung einer tatbestandsmäßigen Höhe des Verkürzungserfolges bedarf es nicht. Die Abgrenzung zwischen der Verkürzung auf Dauer und der Verkürzung auf Zeit ist im Bereich der Strafzumessung angesiedelt; dort darf aber nicht mit Fiktionen gearbeitet werden.

Die Strafzumessung besteht aus objektiven und subjektiven Komponenten. Strafzumessungsrelevante Gesichtspunkte sind im Bereich der Steuerhinterziehung insbes. die verschuldeten Auswirkungen der Tat, also der tatsächlich eingetretene Steuerschaden als objektive Komponente und ein darauf bezogenes Verschulden als subjektive Komponente. Bei der Steuerverkürzung durch Umsatzsteuervoranmeldungen handelt es sich objektiv lediglich um eine Verkürzung auf Zeit. Ist bereits bei Abgabe oder Nichtabgabe von Umsatzsteuervoranmeldungen eine Verkürzung auf Dauer geplant, so lässt sich diese Gesinnung des Täters nach der – im Ausgangspunkt zutreffenden – Sichtweise des BGH im Rahmen der Strafzumessung unschwer unter dem Stichwort „Ziele des Täters" (§ 46 Abs. 2 Satz 2 StGB) als **Strafzumessungsgesichtspunkt** erfassen. Der objektive Verkürzungserfolg in Höhe des Zinsschadens ist als objektiver Strafzumessungsgesichtspunkt ebenso wie das vom Vorsatz umfasste Handlungsziel des Täters als subjektiver Strafzumessungsgesichtspunkt in die Gesamtabwägung einzubeziehen. 1116

Kommt es durch die Abgabe einer Umsatzsteuervoranmeldung nicht zu einer Zahllast, sondern zu einer **Erstattung**, gelten für die Vollendung der Umsatzsteuerhinterziehung andere Grundsätze. 1117

Beispiel 2:

Wie Beispiel 1 (→ Rz. 1110), der Stpfl. erklärt aber Umsatzsteuern i.H.v. 15 200 € anstelle von 19 000 €, jedoch beträgt die erklärte Vorsteuer 20 000 €. Er errechnet also einen **Erstattungsanspruch** von 4 800 €.

Hier steht die Abgabe der Steuervoranmeldung nicht bereits der Steuerfestsetzung unter Vorbehalt der Nachprüfung gleich, da sich aus der Steueranmeldung eine Umsatzsteuervergütung i.H.v. 4 800 € errechnet (vgl. § 168 Satz 2 AO). In diesem Fall bedarf es für den Eintritt dieser Wirkung einer **Zustimmung der Finanzbehörde** zu der jeweiligen Steueranmeldung. Die Zustimmung stellt einen Verwaltungsakt dar, der mit seiner Bekanntgabe – die auch konkludent durch Auszahlung des Guthabens erfolgen kann – wirksam wird (§ 124 Abs. 1 Satz 1 AO). Erst zu diesem Zeitpunkt tritt die Tatvollendung gem. § 370 Abs. 4 Satz 1 AO ein. Bis dahin kommt lediglich der Versuch (§ 22 StGB) einer Umsatzsteuerhinterziehung in Betracht (→ Rz. 231).

Beispiel 3:

Wie Beispiel 1 (→ Rz. 1110), jedoch beträgt die Vorsteuer tatsächlich 12 000 €. Der Stpfl. errechnet also eine Zahllast i.H.v. 8 200 € (15 200 € abzüglich 7 000 €) anstelle 7 000 € (19 000 € abzüglich 12 000 €).

Hier ist zwar einerseits die Umsatzsteuer um 3 800 € zu gering angemeldet, andererseits sind aber Vorsteuerbeträge i.H.v. 5 000 € in der Steueranmeldung nicht berücksichtigt, so dass sich statt der erklärten Zahllast i.H.v. 8 200 € tatsächlich lediglich eine solche von 7 000 € ergibt.

Auf Grund des sog. **Kompensations-** oder **Vorteilsausgleichsverbots** (§ 370 Abs. 4 Satz 3 AO) lassen sich nach der Rspr. die Umsatzsteuer und die Vorsteuern ein und derselben Steuerperiode und Steuererklärung strafrechtlich nicht saldieren,[1] nur bei der Strafzumessung können diese Umstände Berücksichtigung finden 1118

1) BGH v. 24.10.1990, 3 StR 16/90 wistra 1991, 107; v. 18.4.1978, 5 StR 692/77, UR 1978, 151.

(→ Rz. 1453 ff.).[1] Der Abzug von Vorsteuern und die Bezahlung von Umsatzsteuern stehen danach in keinem so engen wirtschaftlichen Zusammenhang, als dass beide Gesichtspunkte nur einheitlich beurteilt werden könnten. Der Vorsteuerabzug und die Rechnungsbesteuerung beruhen auf unterschiedlichen Sachverhalten.[2] Eine gegenüber der Steueranmeldung zu erhöhende Vorsteuer stellt gegenüber der zugleich verkürzten Umsatzsteuer einen „anderen Grund" im Sinne dieser Vorschrift dar (→ Rz. 331 f.). Infolge der nicht erklärten Umsatzsteuern i.H.v. 3 800 € ist der Tatbestand der Umsatzsteuerhinterziehung erfüllt, ungeachtet der zugleich um 5 000 € zu gering erklärten Vorsteuer.

1119 Besonderes Augenmerk ist in diesen Fällen immer auf den subjektiven Tatbestand zu legen, da hier eine **unvorsätzliche** Begehungsweise, insbes. ein vorsatzausschließender Tatbestandsirrtum (§ 16 StGB), vorliegen kann (→ Rz. 332).

1120 Die **Wirkung des Kompensationsverbots** ist allerdings auf die Tatbestandsebene beschränkt. Bei der Strafzumessung ist demgegenüber der tatsächliche Steuerschaden zu berücksichtigen. Da im Beispiel 3 vom Stpfl. eine um 1 200 € zu hohe Zahllast errechnet wurde, ist dem Fiskus kein Zinsschaden, sondern ein Zinsvorteil entstanden.

1121 Ungeachtet des Kompensationsverbots ist auch der Hinterziehungsverzinsung gem. § 235 AO lediglich die (strafrechtlich relevante) Zahlbetragserhöhung – nach Saldierung von Umsatzsteuer- und Vorsteuererhöhungen – zu Grunde zu legen (→ Rz. 1468).

1122 Gleiches gilt für die auflösende Wirksamkeitsbedingung der Steuernachentrichtung im Rahmen einer Selbstanzeige (§ 371 Abs. 3 AO), die sich ungeachtet des Kompensationsverbotes ebenfalls nur auf den Differenzbetrag bezieht. Demnach hätte der Stpfl. hier bei einer Selbstanzeige weder eine Verzinsung noch eine Steuernachzahlung zu befürchten.

(2) Nichtabgabe einer Umsatzsteuervoranmeldung

1123 **Beispiel 1:**

Der Stpfl. reicht seine Umsatzsteuervoranmeldung für den Monat April des Jahres 01 bis einschließlich 10.5.01 nicht ein. Der Umsatz des Monats April 01 beträgt 100 000 €, die Vorsteuerbeträge belaufen sich auf 5 000 €.

Hier ist mit Ablauf des 10.5.01 von einer **vollendeten** Umsatzsteuerhinterziehung auszugehen, da bei ordnungsgemäßer Erklärungsabgabe (bereits) zu diesem Zeitpunkt die einer Steuerfestsetzung unter dem Vorbehalt der Nachprüfung gleichstehende Steueranmeldung vorgelegen hätte. Wird die Steueranmeldung nicht oder nicht rechtzeitig abgegeben, so liegen grds. die Tatbestandsvoraussetzungen des § 370 Abs. 1 Nr. 2, Abs. 4 Satz 1 AO vor (→ Rz. 230). Eine verspätete Umsatzsteueranmeldung stellt allerdings u.U. eine **Selbstanzeige** i.S.d. § 371 AO hinsichtlich der zuvor unterlassenen Voranmeldung dar (→ Rz. 1994 ff.). Zu beachten ist allerdings, dass die Annahme einer Selbstanzeige durch die Abgabe einer verspäteten oder berichtigten Selbstanzeige nach der seit dem 3.5.2011 geltenden Neufassung des § 371 AO Probleme bereiten kann, insbes. wenn mehrere Voranmeldungszeiträume betroffen sind. Da hinsichtlich einer Steuerart nun immer nur einmal wirksam Selbstanzeige erstattet werden kann, besteht hier die Gefahr unwirksamer Teilselbstanzeigen.[3]

1124 Auf Basis der Rspr. des BGH[4] beträgt die Höhe des **tatbestandsmäßigen** Umsatzsteuerverkürzungserfolges im vorgenannten Beispiel 0,5 % pro Verspätungsmonat

---

1) Schauf in Kohlmann, § 370 AO Rz. 1362 (Juli 2012).
2) BGH v. 11.7.2002, 5 StR 516/01, StV 2002, 549, 550.
3) Vgl. dazu ausf. Heuel/Beyer, UStB 2011, 287 sowie Kemper in Rolletschke/Kemper, § 371 AO Rz. 129 (Dezember 2011).
4) BGH v. 4.2.1997, 5 StR 680/96, wistra 1997, 186.

aus 19 000 €, denn der BGH hält auch im Falle der Nichtabgabe einer Umsatzsteueranmeldung die Vorsteuern gegenüber der Umsatzsteuer für andere Gründe i.S.d. § 370 Abs. 4 Satz 3 AO. Mithin ist eine Saldierung der nicht erklärten Umsatz- und Vorsteuern strafrechtlich ausgeschlossen (→ Rz. 1118).

Beispiel 2:

Wie Beispiel 1, die Umsatzsteuer beträgt 19 000 €, jedoch beträgt die Vorsteuer 20 000 €.

Da hier die (rechtzeitige) Steueranmeldung erst mit der Zustimmung der Finanzbehörde die Wirkung eines Steuerbescheids unter dem Vorbehalt der Nachprüfung erlangt hätte, liegt eine vollendete Steuerhinterziehung erst zu dem **(hypothetischen) Zustimmungszeitpunkt** vor (→ Rz. 231).

Auch dabei errechnet sich – auf Basis der Rspr. des BGH – die tatbestandsmäßige Steuerverkürzung auf Grund des **Kompensationsverbots** (§ 370 Abs. 4 Satz 3 AO) aus dem Betrag von 19 000 €. Die Rspr. befürwortet in diesen Fällen allerdings eine besonders eingehende Prüfung des subjektiven Tatbestandes, also des Tatvorsatzes, und hält einen vorsatzausschließenden Tatbestandsirrtum (§ 16 Abs. 1 StGB) für nahe liegend (→ Rz. 332).

Nähere Erläuterungen zur Tatbeendigung und Verfolgungsverjährung finden sich unter → Rz. 724 ff.

cc) Umsatzsteuerjahreserklärungen

1125 Bei **unzutreffenden** oder **unvollständigen** Angaben in Umsatzsteuerjahreserklärungen und beim Unterlassen der Abgabe von Umsatzsteuerjahreserklärungen gelten die Ausführungen zu den Umsatzsteuervoranmeldungen entsprechend (→ Rz. 1111), wobei allerdings – auf Basis der Rspr. des BGH und der h.M. – auf Tatbestandsebene und bei der Strafzumessung von einer dauernden Steuerhinterziehung auszugehen ist, wenn der Stpfl. nicht lediglich Steuern auf Zeit verkürzen wollte.[1] Tatsächlich dürfte es in der Praxis aber nur selten vorkommen, dass in den Jahreserklärungen von den Umsatzsteuervoranmeldungen (unrichtige) abweichende Angaben gemacht werden, denn dies würde zwangsläufig die Aufmerksamkeit der Finanzbehörde wecken; auch der Fall der (gewollten) Verkürzung auf Zeit dürfte im Wesentlichen solchen Fällen vorbehalten sein, in denen ein Unternehmer kurzfristig Liquidität benötigt.

dd) Wechselwirkungen zwischen Voranmeldung und Jahreserklärung

1126 Auch wenn sich die einzelnen Voranmeldungen und die entsprechende Jahresanmeldung auf dieselbe Steuerart und dasselbe Steueraufkommen eines jeweiligen Jahres beziehen und sie insoweit eine einheitliche Tat i.S.d. § 264 StPO bilden,[2] kommt beiden Arten von Erklärungen nach Ansicht des BGH ein **eigenständiger Erklärungswert** zu, der auch durch die Zusammenfassung in der Jahreserklärung nicht deckungsgleich wird (→ Rz. 690, → Rz. 719).[3] Der jeweils eigenständige Erklärungswert setzt sich fort im selbständigen Unrechtsgehalt,[4] weil der Schaden ein anderer ist. Die Steuerverkürzung auf Grund einer Umsatzsteuervoranmeldung bleibt zeitlich begrenzt (→ Rz. 343 ff.), während die Jahreserklärung zu einer endgültigen Verkürzung führt. Eine **mitbestrafte Nachtat** liegt deshalb nach der umstrit-

1) BGH v. 12.1.2005, 5 StR 271/04, wistra 2005, 145; v. 29.4.1997, 5 StR 168/97, wistra 1997, 262.
2) Vgl. nur BGH v. 24.11.2004, 5 StR 206/04, wistra 2005, 66.
3) BGH v. 17.3.2005, 5 StR 328/04, wistra 2005, 228; v. 1.11.1995, 5 StR 535/95, wistra 1996, 105, 106.
4) BGH v. 17.3.2009, 1 StR 627/08, wistra 2009, 335; v. 1.11.1995, 5 StR 535/95, wistra 1996, 105, 106.

tenen[1] Ansicht des BGH auch dann nicht vor, wenn nach unrichtigen Umsatzsteuervoranmeldungen lediglich die Angaben aus diesen Voranmeldungen wiederholt werden oder nach unterlassenen oder unrichtigen Voranmeldungen keine Jahreserklärung abgegeben wird (auch → Rz. 344 f.).[2] Zu einer selbständigen Umsatzsteuerhinterziehung kann es aber dann bei Angabe einer (unrichtigen) Jahreserklärung führen, wenn diese weitere (neue) unrichtige Angaben enthält.

1127 Wird nach Abgabe **falscher Umsatzsteuervoranmeldungen** oder nach pflichtwidrig unterlassenen Umsatzsteuervoranmeldungen eine Jahreserklärung mit (zumindest teilweise) zutreffendem Inhalt abgegeben, so können insoweit die Voraussetzungen für eine **strafbefreiende Selbstanzeige** gem. § 371 AO vorliegen. Eines ausdrücklichen entsprechenden Hinweises seitens des Stpfl. bedarf es nicht, weil dieselbe Steuerart und dasselbe Steueraufkommen eines jeweiligen Jahres betroffen sind.[3] Zu beachten ist allerdings, dass eine wirksame Selbstanzeige nach der Neuregelung des § 371 AO im April 2011[4] nur einmal möglich ist (→ Rz. 1123 m.w.N.).

1128 Die Teilidentität der Voranmeldungszeiträume mit dem für die Jahreserklärung relevanten Besteuerungszeitraum bringt den Stpfl., gegen den wegen unrichtiger oder unterlassener Umsatzsteuervoranmeldungen ein Strafverfahren anhängig ist, in eine schwierige **Konfliktlage**. Deshalb stellt sich die Frage, ob in diesem Verfahrensstadium die Nichtabgabe oder die unzutreffende Abgabe einer Umsatzsteuerjahreserklärung noch strafrechtlich relevant ist.

Beispiel:[5]

A hatte von Januar bis Oktober 01 jeweils unrichtige monatliche Umsatzsteuervoranmeldungen abgegeben. Im Dezember wurde ihm die Einleitung eines Steuerstrafverfahrens bekannt gegeben. Ist A verpflichtet, noch eine Umsatzsteuerjahreserklärung für 01 abzugeben? Falls ja, welchen Inhalt muss diese haben?

Infolge der Bekanntgabe der Einleitung eines Steuerstrafverfahrens kann A mit einer zutreffenden Umsatzsteuerjahreserklärung keine Straffreiheit mehr für die durch Abgabe falscher Umsatzsteuervoranmeldungen begangenen Steuerhinterziehungen erlangen (§ 371 Abs. 2 Nr. 1 Buchst. b AO). A ist steuerrechtlich aber weiterhin zur Abgabe der Umsatzsteuerjahreserklärung verpflichtet (i.d.R. bis zum 31.5.02), weil eine Einschränkung der Mitwirkungspflichten des Stpfl. oder der Feststellungslast nach Einleitung des Strafverfahrens und Schätzung nach § 162 Abs. 2 Satz 1 AO auf eine mit dem Gleichheitsgrundsatz unvereinbare Privilegierung des in ein Strafverfahren verwickelten Stpfl. hinausliefe.[6] Zwar darf gem. § 393 Abs. 1 Satz 2 und 3 AO in dieser Konstellation mit Zwangsmitteln eine Mitwirkung des A im Besteuerungsverfahren **nicht erzwungen** werden. Mit der Abgabe einer zutreffenden Jahreserklärung würde er sich aber selbst belasten, eine falsche oder unterlassene Jahreserklärung würde eine weitere Steuerhinterziehung mit der Folge einer Schadensvertiefung darstellen. A befindet sich in einer **Konfliktlage**, die § 393 Abs. 1 Satz 2 und 3 AO bei wortlautgetreuer Anwendung nicht zu lösen vermag.

1129 § 393 Abs. 1 Satz 2 und 3 AO, dem der nemo-tenetur-Grundsatz zu Grunde liegt, regelt explizit nur das **Verbot von Zwangsmitteln** gem. § 328 AO (Zwangsgeld, Ersatzvornahme, unmittelbarer Zwang), sagt jedoch nichts darüber, ob etwaige Pflichtverletzungen im Besteuerungsverfahren bei drohender Selbstbelastung oder nach Einleitung eines Steuerstrafverfahrens noch strafbewehrt sein dürfen. Da aber

1) Vgl. nur Schauf in Kohlmann, § 370 AO Rz. 1368 m.w.N. (Juli 2012); zustimmend zur Auffassung des BGH aber Rolletschke in Rolletschke/Kemper, § 370 AO Rz. 227 (Dezember 2006).
2) BGH v. 17.3.2009, 1 StR 627/08, wistra 2009, 335; v. 10.12.1991, 5 StR 536/91, BGHSt 38, 165, 171; v. 1.11.1995, 5 StR 535/95, wistra 1996, 105, 106.
3) BGH v. 19.3.1991, 5 StR 516/90, wistra 1991, 223, 225; v. 13.10.1998, 5 StR 392/98, wistra 1999, 27, 28.
4) Schwarzgeldbekämpfungsgesetz v. 28.4.2011, BGBl. I 2011, 676 = BStBl I 2011, 495.
5) Nach BGH v. 26.4.2001, 5 StR 587/00, wistra 2001, 341.
6) BFH v. 28.4.1997, X B 123–124/95, BFH/NV 1997, 641.

die Androhung von Kriminalstrafe in ihren Auswirkungen die in § 328 AO bezeichneten Zwangsmittel häufig übertreffen wird, muss § 393 Abs. 1 Satz 2 und 3 AO dahingehend ausgelegt werden, den Stpfl. auch im Falle einer notwendigen Selbstbelastung von einer strafbewehrten Pflicht zur Selbstbezichtigung freizustellen.[1] Ein normgemäßes Verhalten dürfte dem Stpfl. daher – jedenfalls für die Zeiträume, die Gegenstand des Strafverfahrens sind – nicht zumutbar sein,[2] so dass während der Dauer des Strafverfahrens die Strafbarkeit hinsichtlich der Nichtabgabe der Umsatzsteuerjahreserklärung entfällt.[3]

Da der BGH aber im Falle der Einleitung eines Steuerstrafverfahrens wegen falscher Umsatzsteuervoranmeldungen im Zusammenhang mit der entsprechenden Umsatzsteuerjahreserklärung bei (teil)identischen Zeiträumen von einer Tat im prozessualen Sinn i.S.d. § 264 StPO ausgeht, bedarf es einer solchen Suspendierung der Mitwirkungspflichten in diesen Fällen nicht mehr.[4] Der Stpfl. darf allerdings nicht durch die Abgabe einer falschen Umsatzsteuerjahreserklärung „neues Unrecht" schaffen.[5] **1130**

c) Erscheinungsformen, Rechtsfolgen und Bekämpfung der Umsatzsteuerhinterziehung

aa) Tathandlungen

Die Hinterziehung der Umsatzsteuer kann in verschiedenen Formen auftreten, keinesfalls sind in diesem Zusammenhang nur die genannten **Umsatzsteuerkarusselle**[6] der einzige Ansatz für Steuerausfälle. Gerade auf Grund der Gewichtigkeit der Steuerausfälle durch den sog. Karussellbetrug ist die Umsatzsteuer allerdings in den letzten Jahren, verstärkt in den Fokus der Ermittlungsbehörden und des Gesetzgebers gerückt, obwohl dieser Bereich lediglich ein Ansatz von vielen für Steuerausfälle ist. Tatsächlich bestehen verschiedene Möglichkeiten und Modelle zur Verkürzung der Umsatzsteuer. **1131**

Systematisch lässt sich eine gewisse **Typisierung der Umsatzsteuerhinterziehung** – mithin eine Einteilung der Ansätze der Steuerhinterziehung – vornehmen. Erstens kann von einer allgemeinen, sozusagen der „begleitenden" Hinterziehung der Umsatzsteuer gesprochen werden, wenn ein Stpfl. (Unternehmer)[7] bestimmte Anteile seiner betrieblichen Umsätze nicht gegenüber den Finanzbehörden erklärt („Schwarzeinnahmen"). Inhaltlich verwandt ist dazu der Bereich der so bezeichneten OR-Geschäfte, bei denen umsatzsteuerpflichtige Leistungen ohne Rechnung erbracht werden; indem z.B. der Handwerker seine Leistung bei einem Endverbraucher „billiger" erbringt, weil er keine Rechnung ausstellt.[8] Als dritter Bereich ist die unberechtigte Geltendmachung von Vorsteuern zu nennen, hier wird z.B. aus **1132**

---

1) So BGH v. 26.4.2001, 5 StR 587/00, wistra 2001, 341.

2) Vgl. dazu Joecks in Franzen/Gast/Joecks, 7. Aufl. 2009, § 393 AO Rz. 36 ff. und Rolletschke in Rolletschke/Kemper, § 393 AO Rz. 48 ff. (Dezember 2008).

3) BGH v. 26.4.2001, 5 StR 587/00, wistra 2001, 341 und Schauf in Kohlmann, § 370 AO Rz. 1375 (Juli 2012).

4) BFH v. 24.11.2004, 5 StR 206/04, wistra 2005, 66.

5) BFH v. 17.3.2005, 5 StR 328/04, wistra 2005, 228; vgl. auch Rolletschke in Rolletschke/Kemper, § 393 AO Rz. 50 ff. (Dezember 2008).

6) Der Begriff Umsatzsteuerkarussell wird zwar allgemein verwendet, da aber jedenfalls in den letzten Jahren nur selten wirkliche Warenbewegungen im Kreise stattfinden, ist er eher unscharf; vgl. dazu Rolletschke in Rolletschke/Kemper, § 370 AO Rz. 234a (Juni 2008); vgl. allgemein zu dieser Form der Umsatzsteuerhinterziehung bereits: Lohse, IStR 2005, 300; Kemper, UR 2009, 751; Klawikowski/Leitmeier/Zühlke, StBp 2002, 121.

7) Täter dieser Hinterziehung können grds. nur Unternehmer sein, denn nur sie sind Steuerschuldner (vgl. § 13a Abs. 1 Nr. 1 i.V.m. § 1 Abs. 1 Nr. 1 UStG).

8) Damit ist es zumeist natürlich verbunden, dass der Leistende diese Umsätze weder umsatzsteuerlich noch ertragsteuerlich versteuert.

nicht ausgeführten Leistungen die Vorsteuer beansprucht (→ Rz. 1138 ff.) oder es wird aus privat veranlassten Leistungen Vorsteuer geltend gemacht. Über diese Schwerpunkte der Hinterziehung hinausgehend existieren einige auf den Einzelfall bezogene spezielle Manipulationsmöglichkeiten bei der Umsatzsteuer, von deren Darstellung hier aber wegen ihrer fehlenden grundsätzlichen Bedeutung abgesehen wird.[1]

1133 Einer besonderen Betrachtung bedarf zweifellos der **Karussellbetrug** (oder besser die **Umsatzsteuerhinterziehung im Binnenmarkt** → Rz. 1170), der trotz verschiedener „Modelle" immer auf ein Grundmuster zurückgeführt werden kann. Hier erhält zumeist ein Unternehmer in einem Mitgliedstaat eine steuerfreie innergemeinschaftliche Lieferung von einem Unternehmer aus einem anderen Mitgliedstaat – mithin eine steuerlich unbelastete Lieferung[2] – und veräußerst diese steuerpflichtig an einen anderen Unternehmer in seinem Mitgliedstaat. Der „Clou" besteht nun darin, dass der Leistende aus seinem steuerfreien (Netto-)Einkaufspreis – mit einem gewissen Aufschlag – einen steuerpflichtigen Bruttoverkaufspreis macht; das ist ihm möglich, weil er – von vornherein geplant – die von ihm geschuldete Umsatzsteuer aus der Weiterlieferung nicht an die Finanzbehörde seines Mitgliedstaats bezahlt. Bei diesem in einem solchen Modell unverzichtbaren „Unternehmer" spricht man einheitlich von dem Missing Trader, der häufig eine GmbH oder eine vergleichbare ausländische juristische Person[3] ist, die ausschließlich für diese kriminellen Machenschaften gegründet worden ist. Da der inländische Leistungsempfänger nun aus dieser Leistung (mitunter gutgläubig) seinen Vorsteuerabzug geltend macht, tritt hier immer ein echter Steuerschaden ein.[4] Dieses Vorgehen lässt sich im Übrigen mit demselben Leistungsgegenstand in einem anderen Mitgliedstaat wiederholen; es kann also zu (betrügerischen) Leistungsketten kommen. Zur Darstellung des Grundfalls soll folgendes einfaches Beispiel dienen:

Beispiel:

Unternehmer A aus Deutschland hat im Jahr 2010 an den Unternehmer B in Italien einen neuen hochwertigen Pkw für 100 000 € netto als steuerfreie innergemeinschaftliche Lieferung verkauft. B hat dieses Fahrzeug unmittelbar weiter an den italienischen Unternehmer C verkauft, er berechnete diesem 85 000 € zuzüglich 20 %[5] italienischer Umsatzsteuer; mithin brutto 102 000 €;[6] B hat keine Umsatzsteuer an den italienischen Fiskus gezahlt. C hat das Fahrzeug unmittelbar für brutto 108 000 €[7] weiter an den italienischen Endverbraucher D verkauft.

1134 Systematisch lässt sich bei der **Umsatzsteuerhinterziehung im Binnenmarkt** grob zwischen drei (kombinierbaren) Varianten unterscheiden, wobei unbedingt zu beachten ist, dass hier auch Unternehmer in Drittstaaten beteiligt werden können;

1) Vgl. dazu z.B. Kemper, UR 2006, 569.
2) Genau das ist der Schwachpunkt der Regelung, die durchgängige „Belastung" von Leistungen mit Umsatzsteuer in der Unternehmerkette wird hier unterbrochen.
3) Es kann sich auch um eine vermögenslose natürliche Person handeln, z.B. einen Obdachlosen.
4) Sofern nicht der Vorsteuerabzug versagt wird, was aber nur möglich ist, wenn es entweder an den Voraussetzungen des Vorsteuerabzugs fehlt oder wenn der Stpfl. um die Beteiligung des Leistenden an einem Umsatzsteuerbetrug wusste (vgl. EuGH v. 6.7.2006, Axel Kittel und Recolta Recycling SPRL, C-439/04 und C-440/04, DStR 2006, 1274).
5) Seit September 2011 gilt in Italien ein Mehrwertsteuersatz von 21 %.
6) B hat hier aus dem Nettopreis einen Bruttopreis „gemacht", mithin die 20 % Steuer des im Jahr 2010 in Italien geltenden Steuersatzes herausgerechnet (= 83 333,33 €) und unter Einbeziehung seines Aufschlags 85 000 € netto angesetzt; ihm verbleiben 2 000 € „Gewinn", denn er erhält von C 102 000 €. Bei einem steuerehrlichen Handeln hätte B einen Verlust von 17 000 € gemacht.
7) C setzt einen Nettopreis von 90 000 € an; er schuldet dem Finanzamt 18 000 €, macht aber einen Vorsteueranspruch von 17 000 € geltend. Dem italienischen Fiskus fließen 1 000 € Steuereinnahmen zu; versteuert wird letztlich nur der dem C verbleibende Aufschlag.

die „Modelle" sind keinesfalls auf den europäischen Binnenmarkt beschränkt.[1] Die erste Variante enthält im Prinzip **wirtschaftlich unsinnige Warenbewegungen**, bei denen etwa Mobiltelefone solange durch Europa veräußert und transportiert werden, bis sie technisch veraltet und wertlos sind.[2] Dies entspricht wenigstens z.T. einem Handel im Kreise, den sog. Karussellen. Tatsächlich werden die „Warenbündel" aber nie einheitlich weiter gehandelt, die beteiligten Händler wechseln, und die Ware wird teilweise auch in anderen Warengruppen verpackt. Die zweite Variante betrifft den **Handel nicht existierender Ware**, oder als Abwandlung, den Handel mit minderwertigen Gegenständen als vermeintlich hochpreisigen Wirtschaftsgütern.[3] Hier ist im Einzelfall durchaus eine „Mischung" mit der zuerst geschilderten Variante möglich. In einer dritten Variante werden existierende Wirtschaftsgüter durch Einschaltung eines Missing Traders verbilligt auf den Markt gebracht, um sie leicht gewinnbringend veräußern zu können. Dies ist aktuell wohl der am häufigsten anzutreffende Fall und entspricht dem oben geschilderten Beispiel.

Gerade beim Handel mit Kraftfahrzeugen innerhalb der EU begründen die sog. **Differenzgeschäfte** eine weitere Problematik.[4] Nach Art. 2 Abs. 2b MwStSystRL gelten **nicht** als **neue Fahrzeuge** solche Fahrzeuge, deren erste Inbetriebnahme mehr als drei Monate zurückliegt, und die mehr als 6 000 Kilometer zurückgelegt haben.[5] Im Anschluss an diese Regelung werden nun verschiedene Varianten eingesetzt, um diese Regelung zur Umgehung der Steuerpflicht auszunutzen. Im Ergebnis wird zumeist bei einem im Rahmen einer steuerfreien innergemeinschaftlichen Lieferung veräußerten Fahrzeug[6] in dem anderen Mitgliedstaat dort (systemwidrig) eine der Differenzbesteuerung[7] unterliegende Rechnung als Gebrauchtfahrzeug in den Verkehr gebracht, bei der nur die vermeintliche „Differenz" der Weiterveräußerung in dem anderen Mitgliedstaat der Umsatzsteuer unterworfen wird.[8] **1135**

Die genannten Formen der Umsatzsteuerhinterziehung sind nicht nur wegen ihrer Höhe in den jeweiligen Einzelfällen von besonderer Schädlichkeit für die Steueraufkommen der betroffenen Staaten, sondern auch, weil sie z.T. **Formen der organisierten Kriminalität** aufweisen und mit ihnen die Preise einzelner Wirtschaftsgüter zu Lasten aller ehrlicher Unternehmer beeinflusst werden. Auch die Europäische Kommission und der Unionsgesetzgeber sehen deshalb die Bekämpfung derartiger Hinterziehungshandlungen als eine zentrale Aufgabe an.[9] Anzumerken bleibt zuletzt, dass es sich hierbei zwar auch um ein typisches Problem der Übergangsregelung des europäischen Binnenmarkts handelt, tatsächlich ist es aber eine Konsequenz der geltenden Allphasen-Netto-Umsatzsteuer mit Vorsteuerabzug, bei der alle nicht mit Umsatzsteuer vorbelasteten Leistungen zum Missbrauch einladen, **1136**

1) Voraussetzung ist nur das Vorliegen steuerlich unbelasteter Gegenstände, was im Einzelfall auch bei inländischen Lieferungen möglich sein kann.
2) Zwischenzeitlich werden sie unzählbar oft veräußert und auch tatsächlich transportiert.
3) So befindet sich z.B. in der Verpackung eines neuwertigen Mobiltelefons ein altes wertloses Gerät oder die Markenuhr ist eine billige Kopie. Dieses Modell findet sich v.a. bei Exporten in Drittstaaten.
4) Vgl. die deutsche Regelung in § 25a UStG.
5) Vgl. auch § 1b Abs. 3 UStG.
6) Dabei kann es sich durchaus um ein Neufahrzeug handeln, der Kilometerstand wird dann schlicht falsch oder gar nicht angegeben.
7) Vgl. für die deutsche Regelung § 25a UStG.
8) Die unionsrechtliche Grundlage der zwingend umzusetzenden Differenzbesteuerung findet sich in Art. 312 ff. MwStSystRL.
9) Vgl. dazu z.B. das „Grünbuch" über die Zukunft der Mehrwertsteuer vom 1.12.2010, Kom (2010) 695 endgültig und auch die Erwägungsgründe in der neuen VO (EU) Nr. 904/2010 des Rates v. 7.10.2010 über die Zusammenarbeit der Verwaltungsbehörden und die Betrugsbekämpfung auf dem Gebiet der Mehrwertsteuer, ABl.EU 2010 Nr. L 268, 1.

dies war z.B. bis zur Einfügung des Reverse-Charge-Verfahrens im Inland auch teilweise im Schrotthandel anzutreffen.

bb) Steuerliche Konsequenzen

1137 Bei den steuerlichen Konsequenzen ist zunächst danach zu unterscheiden, ob lediglich **Scheingeschäfte** durchgeführt wurden oder ob **tatsächliche Warenlieferungen** erfolgt sind. Dazu sei angemerkt, dass in den ersten Jahren des Umsatzsteuerbetrugs häufiger solche Scheingeschäfte – man kann sie auch als echte Karussellgeschäfte bezeichnen – anzutreffen waren; aktuell werden aber zumeist tatsächliche Lieferungen durchgeführt, bei denen der Preis der Waren dann mittels Einschaltung der Missing Trader zu Gunsten aller an den Geschäften beteiligten Unternehmern und den Letztabnehmern reduziert wird. Insoweit ist auch die Rechtsprechung der letzten Jahre auf diese Fälle fokussiert, abschließend geklärt ist hier aber bei weitem noch nicht alles, vor allem weil die formalen Nachweisanforderungen für innergemeinschaftliche Lieferungen hoch sind. Hier ist zu berücksichtigen, dass das zentrale Problem der steuerlichen und auch der strafrechtlichen Feststellungen immer der Nachweis der steuerlichen Mangelhaftigkeit und ihrer strafrechtlichen Beweisbarkeit ist. Wenn auch häufig vermutet werden darf, dass z.B. der inländische Autohändler darum wusste, dass sein Abnehmer im anderen Mitgliedstaat steuerunehrlich war, ist das nur selten auch beweisbar.

(1) Scheingeschäfte

1138 Bei **(echten) Karussellgeschäften** geht es in steuerlicher Hinsicht um die Frage, ob überhaupt Leistungen ausgeführt worden sind und inwiefern es sich bei den ausgestellten Rechnungen um Rechnungen gem. § 14c Abs. 2 UStG handelt (→ Rz. 1163 ff.).

Beispiel 1 (Scheinrechnungskreisläufe):

Die angeblich gelieferte Ware ist nicht existent, sämtliche Lieferungen finden nur auf dem Papier statt. Es werden Rechnungen ausgestellt, ohne dass die beschriebene Leistung vereinbart wurde oder ausgeführt werden soll. Mangels Liefergegenstand kann keine Lieferung vorliegen. Es liegt ein Fall des § 14c Abs. 2 Satz 2 Alt. 2 UStG vor.

Beispiel 2 (Reihengeschäft gem. § 3 Abs. 6 Satz 5 UStG in Karussellform):

Die Ware ist zwar existent, tatsächliche Warenbewegungen werden jedoch nicht durchgeführt, weil die Ware ohnehin wieder an den ersten Unternehmer in der Kette zurückgelangen soll. Hier handelt es sich um ein umsatzsteuerrechtliches **Reihengeschäft** in Karussellform. Ein Reihengeschäft liegt gem. § 3 Abs. 6 Satz 5 UStG vor, wenn mehrere Unternehmer über denselben Gegenstand Umsatzgeschäfte abschließen und der Gegenstand bei der Beförderung oder Versendung unmittelbar vom ersten Unternehmer an den letzten Abnehmer gelangt, also durchgeliefert wird. Da im hier gegebenen Karussell der erste Unternehmer mit dem letzten Abnehmer identisch ist, erübrigt sich eine Beförderung oder Versendung. Auf Grund der Identität zwischen erstem Unternehmer und letztem Abnehmer in der Reihe liegen nach Ansicht des BFH[1)] in diesem besonderen Fall keine Lieferungen im Rahmen eines Reihengeschäftes vor. Folglich handelt es sich wiederum um einen Fall des § 14c Abs. 2 Satz 2 Alt. 2 UStG.

1139 Ein unberechtigter Steuerausweis durch einen Nichtunternehmer (§ 14c Abs. 2 Satz 2 Alt. 1 UStG) liegt vor bei Rechnungserteilung durch Personen, die von ihnen ausgewiesene Umsatzsteuer nicht gegenüber der Finanzbehörde anmelden sollen und lediglich zu diesem Zweck in der Lieferkette vorgeschaltet wurden. Eine solche Lieferung durch einen Nichtunternehmer ist gegeben, wenn zwischen dem Lieferanten und dem Empfänger kein wirtschaftlicher Leistungsaustausch stattgefunden hat, weil beide davon ausgehen, dass die Rechtswirkungen des Geschäfts nicht zwi-

1) Vgl. bereits BFH v. 31.7.1996, XI R 74/95, BStBl II 1997, 157.

schen ihnen eintreten sollen und nach dem Gesamtbild der Umstände (z.B. kein Kapitalrisiko, kein Abnahmerisiko etc.) kein Verhalten wie ein Händler angenommen werden kann.[1] § 14c Abs. 2 Satz 2 Alt. 2 UStG ist aber nur dann einschlägig, wenn man die tatsächlich durchgeführten und auf zivilrechtlichen Verträgen beruhenden Lieferungen als für die Besteuerung unerhebliche Scheingeschäfte gem. § 41 Abs. 2 Satz 1 AO qualifizieren kann. Ein Scheingeschäft i.S.d. § 117 BGB, § 41 AO liegt vor, wenn eine Willenserklärung, die einem anderen gegenüber abzugeben ist, mit dessen Einverständnis nur zum Schein abgegeben wird. Es soll nur der äußere Schein eines Rechtsgeschäftes hervorgerufen werden, ohne dass die mit dem Rechtsgeschäft verbundenen Rechtswirkungen beabsichtigt sind.[2] Diese Voraussetzungen sind im jeweiligen Einzelfall zu prüfen. Die Annahme von Scheingeschäften liegt nahe, wenn die Waren **ausschließlich** im Kreis bewegt werden, also an den ersten Unternehmer in der Reihe zurückgelangen, und die Waren ohne Veräußerungsgewinn oder gar unter dem eigenen Einkaufspreis veräußert werden. In diesen Fällen kann sogar die Unternehmereigenschaft bezweifelt werden.[3] Aktuell sind solche Fälle aber m.E. nur noch selten anzutreffen, den finanzgerichtlichen Entscheidungen der letzten Jahre liegen durchweg tatsächliche Lieferungen zu Grunde.

(2) Tatsächliche Lieferungen

Steuerunehrliches Handeln im Zusammenhang mit der Umsatzsteuer findet derzeit zumeist bei **tatsächlichen grenzüberschreitenden Lieferungen** statt; Warenbewegungen im Karussell sind wohl auch deshalb nur noch selten anzutreffen, weil die Mitgliedstaaten ihre Vorkehrungen zur Verhinderung solcher Handlungen deutlich intensiviert und verbessert haben. Wenn aber tatsächlich zivilrechtliche Verträge zwischen Unternehmern abgeschlossen werden und Warenbewegungen stattfinden, wird man i.d.R. nicht sagen können, dass es sich um Rechnungen handelt, denen keine Lieferungen zu Grunde liegen; § 14c Abs. 2 Satz 2 Alt. 2 UStG ist dann nicht einschlägig. Nach der Rspr. gilt, dass ein Vorsteuerabzug beim Vorliegen seiner (formalen) Voraussetzungen und bei Gutgläubigkeit des Leistungsempfängers grds. zu gewähren ist; so steht es einem Vorsteuerabzug auch nicht entgegen, dass ein Leistender zivilrechtlich nicht Eigentümer des Leistungsgegenstandes war und dass dieser beabsichtigt hatte, diesen Gegenstand vertragswidrig nochmals an einen anderen Abnehmer zu liefern.[4] **1140**

Die wesentliche steuerliche Konsequenz bei „fehlerhaften" innergemeinschaftlichen Lieferungen oder Ausfuhrlieferungen besteht zumeist darin, dass dem deutschen Lieferer die von ihm erklärte steuerfreie Lieferung versagt wird, weil die Voraussetzungen der § 6a UStG und § 17a, § 17c UStDV bzw. der § 6 UStG und § 13 UStDV (mithin der **Buch- und Belegnachweis**) nicht vorliegen; das Finanzamt macht hier aus dem Nettopreis einen Bruttopreis und „rechnet die Steuer heraus". Das kann für den betroffenen Unternehmer je nach Höhe der betroffenen Umsätze existenzgefährdende Folgen haben, auch weil sein ausländischer Leistungsempfänger zumeist für ihn nicht mehr greifbar sein wird. Eine abschließende Darstellung dieser (rein umsatzsteuerrechtlichen) Problematik würde allerdings den Umfang dieser Kommentierung sprengen, so dass es hier – neben einem Verweis auf die einschlägigen Kommentierungen[5] zu § 6 und § 6a UStG – mit einer Skizzierung der aktuellen Rechtslage sein Bewenden haben muss. In diesem Zusammenhang ist zunächst darauf hinzuweisen, dass der BFH die rechtlichen Voraussetzungen bei innerge- **1141**

1) BGH v. 22.5.2003, 5 StR 520/02, wistra 2003, 344, 345.
2) Fischer in H/H/Sp, § 41 AO Rz. 153 (März 2007).
3) Vgl. bereits Wenning, UStB 2002, 265, 267 m.w.N.
4) BFH v. 8.9.2011, V 43/10, DStR 2012, 460 = BFH/NV 2012, 664.
5) Vgl. etwa Schwarz in Plückebaum/Widmann und Vogel/Schwarz (jew. August 2012) oder Treiber in Sölch/Ringleb (April 2010 und März 2012).

meinschaftlichen Lieferungen und bei Ausfuhrlieferungen im Wesentlichen gleich behandeln will,[1] soweit sich nicht die Anforderungen an Buch- und Belegnachweis unterscheiden.

1142 Der EuGH und ihm nachfolgend der BFH haben hier in den letzten Jahren eine ganze Reihe wichtiger Entscheidungen getroffen.[2] Dabei besteht die erste wichtige Feststellung darin, dass der Buch- und Belegnachweis nach den § 17a und § 17c UStDV **keine materielle Voraussetzung für die Steuerbefreiung** ist; das Vorliegen einer steuerfreien innergemeinschaftlichen Lieferung kann auch durch die **objektive Beweislage** nachgewiesen werden.[3] In der (aus Deutschland stammenden) Rechtssache Collée führte der EuGH dazu aus, dass es der Finanzverwaltung eines Mitgliedstaats verwehrt ist, die Befreiung einer tatsächlich ausgeführten innergemeinschaftlichen Lieferung von der Mehrwertsteuer allein mit der Begründung zu versagen, der Nachweis einer solchen Lieferung sei nicht rechtzeitig erbracht worden. Der BFH hat sich dieser Rechtsprechung unter Aufgabe seiner bisherigen Rechtsprechung angeschlossen[4] und entsprechend ausgeführt, dass die Nachweispflichten des Buch- und Belegnachweises keine materiellen Voraussetzungen für die Steuerbefreiung sind und diese auch zu gewähren ist, wenn auf Grund der objektiven Beweislage feststeht, dass die Voraussetzungen des § 6a Abs. 1 UStG vorliegen.

1143 Hier wäre es allerdings ein Irrglaube anzunehmen, dass die Erlangung der Steuerbefreiung dadurch leichter geworden ist, denn für diese objektive Beweislage reicht es nicht aus, dass der Liefergegenstand „irgendwie" in das übrige Gemeinschaftsgebiet gelangt ist, dies muss vielmehr durch die konkrete Lieferung geschehen sein und vom leistenden Unternehmer nachgewiesen werden können. Die Anforderungen an den Buch- und Belegnachweis sollten daher in jedem Fall möglichst genau beachtet werden. Hier bleibt abzuwarten, wie die seit dem 1.1.2012 in § 17a Abs. 2 Nr. 2 UStDV vorgesehene „Gelangensbestätigung" dem Umsatzsteuerbetrug Einhalt gebieten kann; der Start dieser neuen Nachweispflicht war jedenfalls mit erheblichen Problemen verbunden, der Gesetzgeber hat ihre Anwendung mehrfach ausgesetzt.

1144 In seiner Entscheidung Teleos[5] hat der EuGH weiter ausgeführt, dass die Behörden eines Mitgliedstaats nicht befugt sind, einem Lieferanten, der Beweise vorgelegt hat, die dem ersten Anschein nach sein Recht auf die Befreiung einer innergemeinschaftlichen Lieferung von Gegenständen belegen, zu verpflichten, später Mehrwertsteuer auf diese Gegenstände zu entrichten, wenn sich diese Beweise als falsch herausstellen, jedoch nicht erwiesen ist, dass der Lieferant an der Steuerhinterziehung beteiligt war, soweit er alle ihm zur Verfügung stehenden zumutbaren Maßnahmen ergriffen hat, um sicherzustellen, dass die von ihm vorgenommene innergemeinschaftliche Lieferung nicht zu einer Beteiligung an einer solchen Steuerhinterziehung führt. In diesem Zusammenhang ist auf den in Deutschland nach § 6a Abs. 4 UStG geltenden Gutglaubensschutz hinzuweisen, der nach der Rechtsprechung des BFH aber nur unter der wichtigen Beschränkung zu gewähren ist, dass der Unternehmer seinen Nachweispflichten nach den §§ 17a ff. UStDV nachgekom-

---

1) BFH v. 28.5.2009, V R 23/08, BStBl II 2010, 517.

2) Vgl. nur EuGH v. 27.9.2011, Collée, C-146/05, Slg. 2007, I-8761 = UR 2007, 813; v. 27.9.2007, Twoh International BV, C-184/05, UR 2007, 782; v. 27.9.2007, Teleos u.a., C-409/04, UR 2007, 714 und v. 16.12.2010, Euro Tyre Holding, 430/09, ABl.EU 2011 Nr. C 55, 13 sowie BFH v. 6.12.2007, V R 59/03, BStBl II 2009, 57 = UR 2008, 186.

3) EuGH v. 27.9.2011, Collée, C-146/05, Slg. 2007, I-8761 = UR 2007, 813; BFH v. 6.12.2007, V R 59/03, BStBl II 2009, 57 = UR 2008, 186 und BFH v. 11.8.2011, V R 3/10, UR 2011, 909; vgl. zu Ausfuhrlieferungen auch BFH v. 28.5.2009, V R 23/08, BStBl II 2010, 517.

4) BFH v. 8.11.2007, V R 72/05, DStR 2008, 716 und v. 6.12.2007, V R 59/03, DStR 2008, 297 jeweils m.w.N.

5) EuGH v. 27.9.2007, Teleos, C-409/04, UR 2007, 714.

men ist.[1] Genau daran scheitern aber die meisten Fälle in der Praxis. Dagegen kann sich ein solcher Unternehmer, der wissentlich an einem Umsatzsteuerbetrug in einem anderen Mitgliedstaat mitgewirkt hat, nicht auf die Steuerfreiheit seiner Lieferung berufen;[2] dies auch, wenn deren formale Voraussetzungen (also der Buch- und Belegnachweis) ansonsten vorliegen. Ein solcher Fall des **kollusiven Zusammenwirkens** – der aber erst einmal nachzuweisen ist – kann dann auch strafrechtliche Konsequenzen für den inländischen Leistenden haben (→ Rz. 1147 ff.).[3]

In der Rechtssache Twoh[4] hatte der EuGH weiter entschieden, dass die Finanzbe- **1145**
hörden eines Mitgliedstaats in den Fällen, in denen der Versand oder die Beförderung von Gegenständen im Rahmen einer innergemeinschaftlichen Lieferung in diesem Mitgliedstaat beginnt, nicht verpflichtet sind, die Finanzbehörden des vom Lieferanten angegebenen Bestimmungsmitgliedstaats um **Auskunft zu ersuchen**. Für die aktuelle Entwicklung dürfte des Weiteren die Entscheidung Euro Tyre Holding BV[5] des EuGH von besonderer Bedeutung sein, weil sie sich mit den praxisrelevanten Reihengeschäften[6] auseinandersetzt. Zur Verdeutlichung dieser sehr aktuellen Problematik mag folgendes Beispiel dienen:

Beispiel:

Der inländische Autohändler A verkauft an den niederländischen Unternehmer B insgesamt 20 hochwertige gebrauchte Kraftfahrzeuge. 5 der Fahrzeuge werden von französischen Staatsangehörigen bei A abgeholt und selbst befördert, die übrigen 15 Fahrzeuge werden von belgischen Speditionen unmittelbar nach Frankreich zu französischen Unternehmern befördert; dies ist aus den vorliegenden CMR-Frachtbriefen ersichtlich. In den Abholfällen liegen keine Vollmachten des niederländischen Leistungsempfängers an die Abholer vor; in den Versendungsfällen steht fest, dass weder der A noch der B die Versendung beauftragt und bezahlt hatten.

Mit diversen Variationen war (und ist) dieses Beispiel in den letzten Jahren häufig anzutreffen; entscheidende (steuerliche) Frage ist dabei, welche der Lieferung im Reihengeschäft als „bewegte" anzusehen ist, denn nur diese ist steuerbefreit. Lösbar ist der Fall auch nach der Rechtsprechung des EuGH[7] nur durch eine umfassende Würdigung des Einzelfalls. Im Beispiel spricht bei den Versendungsfällen jedenfalls viel dafür, dass die steuerfreie Lieferung nicht die Lieferung des A an B ist, denn keiner von beiden hat die Versendung beauftragt. Der A hätte hier das Vorliegen eines Reihengeschäfts auch unschwer erkennen können, weil auf den ihm vorliegenden CMR-Frachtbriefen Bestimmungsorte und Leistungsempfänger in Frankreich angegeben waren; er wusste mithin um die Weiterveräußerung durch B. Diese Lösung hätte für ihn die unangenehme steuerliche Folge, dass seine Lieferungen (nachträglich) als steuerpflichtig zu erachten wären.

Zusammenfassend bleibt festzuhalten, dass innergemeinschaftliche Lieferungen mit **1146**
erheblichen Risiken für den Leistenden verbunden sein können. Deshalb ist es geradezu unerlässlich, die vom Gesetzgeber vorgegebenen Formalitäten genau zu

1) BFH v. 15.7.2004, V R 1/04, UR 2005, 212.
2) EuGH v. 7.12.2010, C-285/09, R, ABl.EU 2011 Nr. C 55, 10 = UR 2011, 15 und BFH v. 11.8.2011, V R 50/09, BStBl II 2012, 151 = wistra 2011, 470; vgl. dazu ausf. Walter/Lohse/Dürrer, wistra 2012, 1215.
3) Vgl. nur BGH v. 7.7.2009, 1 StR 41/09, DStR 2009, 1688.
4) EuGH v. 27.9.2007, Twoh International, C-184/05, Slg. 2007, I-5689 = UR 2007, 782.
5) EuGH v. 16.12.2010, Euro Tyre Holding BV, C-430/09, ABl.EU 2011 Nr. C 55, 13 = DStR 2011, 23.
6) Vgl. zu dieser – jedem umsatzsteuerlichen Laien kaum vermittelbaren – Materie ausführlich in Abschn. 3.14 UStAE mit Beispielen und auch Meurer, DStR 2011, 199.
7) EuGH v. 16.12.2010, Euro Tyre Holding BV, C-430/09, ABl.EU 2011 Nr. C 55, 13 = DStR 2011, 23.

beachten; in diesem Fall dürfte das Risiko jedenfalls kalkulierbar sein,[1] v.a. weil dann auch der Gutglaubensschutz des § 6a Abs. 4 UStG zur Anwendung kommen kann. Festzuhalten bleibt auch, dass hier in den meisten Fällen die steuerliche und nicht die strafrechtliche Würdigung des Sachverhalts in den Fokus der Ermittlungen gerückt ist, denn die strafrechtlich relevanten Taten sind zumeist in einem anderen Mitgliedstaat begangen worden; so ist im Beispielsfall davon auszugehen, dass französische Umsatzsteuer hinterzogen wurde. Der in diesem Zusammenhang immer wieder vorgebrachte Einwand, dass Deutschland hier kein Besteuerungsrecht habe, weil die Gegenstände unzweifelhaft in einen anderen Mitgliedstaat gelangt sind, verkürzt die bestehenden Zusammenhänge, weil die unionsrechtlichen Vorgaben in der MwStSystRL auch den Schutz eines funktionierenden Binnenmarktes von den Mitgliedstaaten einfordern.[2] Kritikwürdig ist daher in erster Linie nicht ein entsprechendes (gesetzeskonformes) Vorgehen nationaler Finanzbehörden, sondern die bestehende Regelung der Lieferung von Gegenständen im europäischen Binnenmarkt.[3] Zuletzt ist darauf hinzuweisen, dass nach einer Änderung des § 370 Abs. 6 AO mit Wirkung zum 14.12.2011[4] dem Grunde nach auch die **Hinterziehung der Umsatzsteuern anderer Mitgliedstaaten** im Inland strafbar ist (→ Rz. 1152).

cc) Strafrechtliche Konsequenzen

1147 Bei den strafrechtlichen Konsequenzen der geschilderten Umsatzsteuerhinterziehung dürfte die Bewertung der Taten gleichfalls zunächst davon abhängig sein, ob **tatsächliche Lieferungen oder** lediglich **Scheingeschäfte** durchgeführt worden sind, wobei die Durchführung von Scheingeschäften immer erst einmal zu beweisen ist (→ Rz. 1138 ff.). Allgemein gilt in jedem Fall, dass bei der Nichtabgabe von Umsatzsteuervoranmeldungen und -jahreserklärungen oder bei unrichtigen Angaben grundsätzlich der Tatbestand des § 370 Abs. 1 Nr. 2 AO erfüllt ist. Bei der Durchführung von Scheingeschäften stellen sich im Wesentlichen die im Rahmen der Problematik des unberechtigten Steuerausweises unter → Rz. 1163 ff. erläuterten Fragen. Dabei ist insbesondere zu beachten, dass solche Personen, die solche Rechnungen ausgestellt und in den Verkehr gebracht haben, denen keine Leistung zu Grunde lag, die Steuer nach § 14c Abs. 2 UStG schulden und schon ausschließlich wegen der erstellten Scheinrechnungen zur Erklärung verpflichtet sind;[5] hier besteht also eine besondere Erklärungspflicht, die bei ihrer Missachtung selbständig sanktioniert werden kann. In strafrechtlicher Hinsicht ist hier auch zu berücksichtigen, dass bei Umsatzsteuerkarussellen zumeist schon wegen der Höhe des Steuerschadens dem besonders schweren Fall der Steuerhinterziehung nach § 370 Abs. 3 AO Bedeutung zukommen kann. Zuletzt sei darauf hingewiesen, dass bei der Herstellung und Verwendung gefälschter Rechnungen/Belege immer zusätzlich der Straf-

1) Auch im Beispielsfall hätte A bei Kenntniserlangung des Umstandes, dass die Fahrzeuge durchweg nach Frankreich verbracht wurden, weitere Vorkehrungen treffen müssen.

2) Im Übrigen gilt dies allenfalls bei dem Verkauf an einen Unternehmer, nicht aber für den Verkauf an einen Endverbraucher; dieser Vorgang wäre in jedem Fall in Deutschland steuerbar und insoweit ist immer ein Steuerausfall möglich.

3) Dies ist letztlich auch das Ziel der Europäischen Kommission (vgl. nur das Grünbuch, KOM (2010) 695); in Anbetracht einer entsprechenden Einigung aller Mitgliedstaaten sind die Erfolgsaussichten einer wirklichen Reform aber m.E. gering. Zu den Reformüberlegung sei neben dem genannten „Grünbuch" auch auf den unionsweit umsetzbaren Vorschlag von Paul Kirchhof verwiesen, der schon systematisch eine erhebliche Vereinfachung für Leistungen zwischen Unternehmen – unabhängig vom Sitz im In- oder Ausland – zur Folge hätte (Bundessteuergesetzbuch, Ein Reformentwurf zur Erneuerung des Steuerrechts, Heidelberg 2011, Buch 4: Umsatzsteuer).

4) Durch das JStG 2010 v. 8.12.2010, BGBl. I 2010, 1768 = BStBl I 2010, 1394.

5) Vgl. § 18 Abs. 4 UStG und BGH v. 17.2.1998, 5 StR 624/97, wistra 1998, 225, 226.

tatbestand der **Urkundenfälschung** nach § 267 StGB zur Anwendung kommen kann.[1]

Unternehmen im Karussell, die Vorsteuer aus Scheinrechnungen ziehen und in die Karussellgeschäfte eingeweiht sind, können sich wegen Steuerhinterziehung gem. § 370 Abs. 1 Nr. 1, Abs. 4 Satz 2 AO strafbar machen, weil aus Rechnungen gem. § 14c Abs. 2 UStG keine Vorsteuer gezogen werden darf.[2] Darüber hinaus kann der Rechnungsaussteller an der Steuerhinterziehung des Rechnungsempfängers als Mittäter (§ 25 Abs. 2 StGB) oder als Beihelfer (§ 27 StGB) beteiligt sein. Bei Einbindung eines Beteiligten in ein Gesamtsystem nach Art eines Umsatzsteuerkarussells kann sich ein Beteiligter bei entsprechender Kenntnis ggf. wegen Beihilfe an mehreren Umsatzsteuerhinterziehungen in der Lieferkette strafbar machen.[3] Eine Beihilfe des Rechnungsempfängers zur Steuerhinterziehung des Rechnungsausstellers wird jedoch i.d.R. nicht vorliegen, weil dessen Verhalten lediglich Vorbereitungshandlung für die eigene Steuerhinterziehung des Rechnungsempfängers war.[4] 1148

Werden tatsächliche Lieferungen unter Einschaltung von Missing Tradern durchgeführt, dann kann auch dies für den inländischen Unternehmer strafbar sein. Die Lieferung von Gegenständen an einen Abnehmer in einem anderen Mitgliedstaat stellt dann keine steuerfreie innergemeinschaftliche Lieferung i.S.d. § 6a UStG dar, wenn der inländische Unternehmer **in kollusivem Zusammenwirken** mit dem tatsächlichen Abnehmer die Lieferung an einen Zwischenhändler vortäuscht, um dem Abnehmer die Hinterziehung von Steuern zu ermöglichen.[5] Wird eine solche Lieferung durch den inländischen Unternehmer gleichwohl als steuerfreie innergemeinschaftliche Lieferung erklärt, dann macht der Unternehmer unrichtige Angaben i.S.v. § 370 Abs. 1 Nr. 1 AO und verkürzt dadurch Umsatzsteuer.[6] In all solchen Fällen, in denen ein kollusives Zusammenwirken nicht nachweisbar ist – was wohl die Mehrzahl sein dürfte –, bedeutet allein die Versagung der Steuerfreiheit einer innergemeinschaftlichen Lieferung wegen dem Fehlen der formalen Nachweisanforderungen nicht, dass auf Grund falscher Angaben eine Strafbarkeit vorliegen wird; hier muss auch erst einmal der subjektive Tatbestand einer Steuerhinterziehung nachgewiesen werden. 1149

Besonderheiten können nach Ansicht des BGH bei Umsatzsteuerkarussellen im Bereich der **Strafzumessung** gelten. Innerhalb eines Umsatzsteuerkarussells können aus Sicht eines einzelnen Glieds der Kette die umsatzsteuerlichen Auswirkungen neutral sein, wenn nämlich die betreffende Person sämtliche Umsatzsteuern bezahlt und den von dieser Person gezogenen Vorsteuern die vom Scheinrechnungsaussteller gezahlten Umsatzsteuern gegenüber stehen. Außerhalb von Umsatzsteuerkarussellen wirkt sich dies ganz erheblich schuldmindernd aus. Im Rahmen eines Umsatzsteuerkarussells wird eine solche auf das einzelne Scheinrechnungsverhältnis beschränkte Betrachtung nach Ansicht des BGH dem Gesamtunrechtsgehalt nicht gerecht.[7] Soweit den Beteiligten die Struktur und Funktionsweise des Karussells 1150

1) Hier ist im Übrigen die Möglichkeit der Abgabe einer strafbefreienden Selbstanzeige auf die begangene Steuerhinterziehung beschränkt.

2) BGH v. 22.5.2003, V StR 520/02, wistra 2003, 344.

3) BGH v. 11.12.2002, 5 StR 212/02, wistra 2003, 140, 141 mit Hinweisen zur Ermittlung des für die Strafzumessung relevanten steuerlichen Gesamtschadens in solchen Fällen.

4) BGH v. 22.5.2003, 5 StR 520/02, wistra 2003, 344, 345.

5) So jetzt deutlich EuGH v. 7.12 2010, C-285/09, R., ABl.EU 2011, Nr. C 55, 10 = UR 2011, 15 sowie BFH v. 11.8.2011, V R 50/09, BStBl II 2012, 151 = wistra 2011, 470; vgl dazu auch Walter/Lohse/Dürrer, wistra 2012, 125.

6) BGH v. 20.11.2008, 1 StR 354/08, wistra 2009, 159; vgl. auch BGH v. 19.2.2009, 1 StR 633/08, wistra 2009, 238.

7) BGH v. 11.7.2002, 5 StR 516/01, StV 2002, 549, 551; zum steuerlichen Gesamtschaden bei Beteiligung an mehreren Steuerhinterziehungen innerhalb einer Lieferkette vgl. BGH v. 11.12.2002, 5 StR 212/02, wistra 2003, 140, 141.

bekannt sind und sie sich bewusst in entsprechende Systeme einbinden lassen, sollen die für die Strafzumessung relevanten verschuldeten Auswirkungen der Tat (§ 46 Abs. 2 Satz 2 StGB) anhand des aus dem Gesamtsystem erwachsenen deliktischen Schadens (Überschuss der gezogenen Vorsteuer über die gezahlte Umsatzsteuer) ermittelt werden.[1] In der Praxis scheitern solche Strafzumessungserwägungen aber häufig am Nachweis der erforderlichen Kenntnis, denn die Feststellung des hier erforderlichen kollusivem Zusammenwirkens der Beteiligten ist schwierig.

1151 Grundsätzlich kann bei Umsatzsteuerkarussellen auch der Tatbestand der **kriminellen Vereinigung** gem. § 129 StGB erfüllt sein. Die Anforderungen an eine kriminelle Vereinigung sind aber deutlich höher als an eine Bande, weil sie ein Mindestmaß an festgefügter Organisation verlangt.[2] Eine Vereinigung i.S.d. § 129 StGB ist der auf eine gewisse Dauer berechnete organisierte Zusammenschluss von mindestens drei Personen, die bei Unterordnung des Willens des Einzelnen unter den Willen der Gesamtheit gemeinsame Zwecke verfolgen und untereinander derart in Beziehung stehen, dass sie sich als einheitlicher Verband fühlen.[3] Der bloße Wille mehrerer Personen, gemeinsam Straftaten zu begehen, genügt dafür aber noch nicht,[4] insoweit werden solche Vereinigungen bei Umsatzsteuerkarussellen nur selten nachweisbar sein.

1152 Zu beachten ist, dass seit dem 14.12.2011 auch die Hinterziehung der Umsatzsteuern anderer Mitgliedstaaten in Deutschland dem Grunde nach gem. § 370 Abs. 6 AO strafbar ist, sofern denn entsprechende Kenntnisse vorliegen. Der Gesetzgeber hat die hier zuvor bestehende Einschränkung der in Rechtsverordnungen verbürgten Gegenseitigkeit aufgehoben.[5] Diese – durchaus bemerkenswerte – Änderung ist bisher weitgehend unbeachtet geblieben.

dd) Bekämpfung der Umsatzsteuerhinterziehung

1153 Mit dem am 1.1.2002 in Kraft getretenen **Steuerverkürzungsbekämpfungsgesetz**[6] widmete der Gesetzgeber insbes. wegen des vermehrten Auftretens der Umsatzsteuerkarusselle deren Bekämpfung (erstmals) ein ganzes Gesetz, weil er das Umsatzsteueraufkommen, das bereits damals einen Anteil von ca. 30 % am gesamten Steueraufkommen hatte,[7] durch diese als besonders gefährdet ansah.

1154 Neben der Regelung des **§ 18 Abs. 2 Satz 4 UStG** – der Geltung des monatlichen Voranmeldungszeitraum für alle neu aufgenommenen Unternehmen –, von der sich der Gesetzgeber u.a. die frühere Aufdeckung von Hinterziehungsfällen bei sog. Phönixunternehmen versprach,[8] waren zentrale Vorschriften:

- Die **Sicherheitsleistung** nach § 18f UStG bei zustimmungspflichtigen Steueranmeldungen (§ 168 Satz 2 AO);[9]
- der Haftungstatbestand des **§ 25d UStG**,[10] nach dem ein Unternehmer für die Steuern aus sämtlichen **vorangegangenen** Umsätzen haftet, **soweit** diese in einer

1) BGH v. 11.7.2002, 5 StR 516/01, StV 2002, 549, 552.
2) Vgl. zu Einzelheiten Fischer, 59. Aufl. 2012, § 129 StGB Rz. 6 ff. m.w.N.
3) BGH v. 7.11.1956, 6 StR 137/55, BGHSt 10, 16, 17; v. 11.10.1978, 3 StR 105/78 (S), BGHSt 28, 147; v. 13.1.1983, 4 StR 578/82, BGHSt 31, 204.
4) BGH v. 26.3.2002, 5 StR 423/02, BGHSt 48, 240.
5) Durch BeitrRLUmsG v. 7.12.2011, BGBl. I 2011, 2592 = BStBl I 2012, 1171.
6) StVBG v. 19.12.2001, BGBl. I 2001, 3922; kritisch zum Einsatz der Gesetzgebung zur Bekämpfung der Umsatzsteuerverkürzung bereits: Kühn/Winter, UR 2001, 478.
7) BT-Drucks. 14/6883, 7.
8) BT-Drucks. 14/6883, 8.
9) Vgl. zu Einzelheiten dieser (schwierigen) Ermessensentscheidung der Finanzbehörde etwa die Kommentierung zu § 18f UStG bei Kemper in Plückebaum/Widmann und Vogel/Schwarz sowie Mößlang in Sölch/Ringleb.
10) Schon wegen der schwierig zu greifenden Tatbestandsmerkmale spielt diese Regelung in der Praxis kaum eine Rolle; vgl. dazu Leingang-Ludolph/Wiese, DB 2002, 1432.

nach § 14 UStG ausgestellten Rechnung ausgewiesen wurden, der Aussteller der Rechnung die ausgewiesene Steuer planmäßig nicht entrichtet oder sich planmäßig zur Entrichtung außer Stande gesetzt hat, und der Unternehmer bei Abschluss des Vertrages über seinen Eingangsumsatz davon **Kenntnis** hatte[1] oder nach der Sorgfalt eines ordentlichen Kaufmanns hätte haben müssen.[2] Die Kenntnis oder das Kennenmüssen wird gem. § 25d Abs. 2 Satz 1 und 2 UStG unter bestimmten Voraussetzungen widerleglich (vgl. § 25d Abs. 2 Satz 3 UStG) vermutet;[3]

- der Ordnungswidrigkeitentatbestand des § 26b UStG (Schädigung des Umsatzsteueraufkommens; hierzu → Rz. 1179 ff.);
- der Straftatbestand des § 26c UStG (gewerbsmäßige oder bandenmäßige Schädigung des Umsatzsteueraufkommens; hierzu → Rz. 1179 ff.);
- die Umsatzsteuer-Nachschau gem. § 27b UStG (hierzu → Rz. 1206 ff.).

Der gleichfalls zum 1.1.1002 eingeführte Straftatbestand des **§ 370a AO** der gewerbsmäßigen und bandenmäßigen Steuerhinterziehung wurde bereits mit Wirkung zum 1.1.2008 wieder aufgehoben.[4] Damit wurde ein »Intermezzo« von sechs Jahren beendet, in denen auch das Steuerstrafrecht einen Verbrechenstatbestand vorsah. Die von Anfang an höchst umstrittene Vorschrift wurde neben anderen Mängeln v.a. wegen ihrer vermeintlichen Unbestimmtheit überwiegend als verfassungswidrig erachtet.[5] Das Tatbestandsmerkmal der „Steuerverkürzung im großen Ausmaß" findet sich nun als Regelbeispiel[6] für den Fall eines besonders schweren Falls der Steuerhinterziehung in § 370 Abs. 3 Nr. 1 AO. Das Tatbestandsmerkmal der „bandenmäßigen Begehung" findet sich in § 370 Abs. 3 Satz 2 Nr. 5 AO; diese Art der Begehung stellt gem. § 100a Abs. 2 Nr. 2 Buchst. a StPO eine schwere Straftat i.S.d. § 100a Abs. 1 Nr. 1 StPO dar, die beim Vorliegen der weiteren Voraussetzungen eine **Telefonüberwachung** ermöglichen kann. 1155

d) Besonderheiten des Umsatzsteuerrechts mit Bezug zum Steuerstrafrecht

Das Umsatzsteuerrecht weist einige Besonderheiten auf, deren Kenntnis im Einzelfall auch für das Strafverfahren von Bedeutung ist. So sind bei den nach Außen handelnden Unternehmern häufig Strohleute tätig, der „eigentliche Unternehmer" bleibt aus den verschiedensten Gründen im Hintergrund (→ Rz. 1157). Darüber hinaus ist zu beachten, dass das Ausstellen von Rechnungen mit dem Ausweis der Umsatzsteuer immer dazu führt, dass der Rechnungsaussteller die Umsatzsteuer schuldet, auch wenn diese Leistungen gar nicht ausgeführt worden sind (→ Rz. 1160); eine eventuell zulässige Rechnungsberichtigung ist nur unter bestimmten Voraussetzungen und nur im Zeitraum der tatsächlichen Korrektur möglich. 1156

aa) Strohmannverhältnisse

In der Praxis spielen die sog. **Strohmannverhältnisse** nach wie vor eine erhebliche Rolle, und zwar nicht nur im Zusammenhang mit Umsatzsteuerkarussellen. Hier werden zumeist unbedarfte Personen „vorgeschickt" um ein Unternehmen zu 1157

1) Vgl. hierzu bereits Weimann, UVR 2002, 105, 108; Kruhl, BB 2002, 1018, 1019; Nieskens, UR 2002, 53, 72; Leingang-Ludolph/Wiese, DB 2002, 1472.
2) Insoweit mit Wirkung zum 1.1.2004 erweitert durch das StÄndG 2003 v. 15.12.2003, BGBl. I 2003, 2645 = BStBl I 2003, 710.
3) Eingefügt durch StÄndG 2003 v. 15.12.2003, BGBl. I 2003, 2645 = BStBl I 2003, 710.
4) Durch das Gesetz zur Neuregelung der Telekommunikationsüberwachung und anderer verdeckter Ermittlungsmaßnahmen sowie zur Umsetzung der Richtlinie 2006/24/EG (TKÜNReglG) v. 21.12.2007, BGBl. I 2007, 3198.
5) Vgl. zur Entstehungsgeschichte und Kritik die Kommentierung von Kemper in Rolletschke/Kemper zu § 370a AO (aufgehoben) Rz. 13 ff. (Juni 2008)
6) Joecks in Franzen/Gast/Joecks, 7. Aufl. 2009, § 370 AO Rz. 267.

betreiben. Die Fallkonstellationen sind dabei vielfältig, i.d.R. handelt es sich aber um „vorgeschobene" Einzelunternehmer – wie die Ehefrau des Hintermanns – oder um „vorgeschobene" GmbH-Geschäftsführer[1] sowie Gesellschafter. Für die rechtliche Einordnung ist es dabei u.a wichtig, ob der Leistungsempfänger von der Strohmannfunktion seines Leistenden wusste. Die Motive solcher Gestaltungen sind vielfältig, oft kann der Hintermann aus persönlichen Gründen (z.B. wegen der Ablegung der eidesstattlichen Versicherung) selber nicht mehr unternehmerisch tätig sein.

Beispiel:

Auf Grund eines Gewerbeverbots[2] lässt A „sein" Unternehmen auf seine Ehefrau B laufen. Nach außen erkennbar ist B, wirtschaftlich indessen A Inhaber des Betriebes, weil er im Hintergrund die Geschicke des Betriebes leitet und B auf dessen Weisung tätig wird. Sämtliche Rechtsgeschäfte des Betriebes erfolgen auf Rechnung der B. Aus sämtlichen Rechtsgeschäften im Rahmen des Gewerbebetriebes ist B zivilrechtlich berechtigt und verpflichtet, weil entweder B im eigenen Namen oder A im Namen der B tätig wird. Umsatzsteuervoranmeldungen und -erklärungen werden nicht abgegeben.

Hier stellt sich die Frage, wer von beiden der umsatzsteuerliche Unternehmer ist und u.a zur Abgabe von Umsatzsteuervoranmeldungen und -erklärungen verpflichtet ist.

1158 Fraglich ist zunächst, ob sich die **Unternehmereigenschaft** der B allein aus ihrem Auftreten nach außen ergibt – also aus den zivilrechtlichen Leistungsbeziehungen und der objektiven Erkennbarkeit der maßgeblichen Umstände für die Leistungsempfänger – ergeben kann. Rechtsprechung und Literatur hierzu sind heute weitgehend einheitlich und stellen wie der BFH maßgeblich auf **das Auftreten nach außen** ab, wenn mehrere Personen als Unternehmer in Betracht kommen.[3]

1159 Der BFH stellt demnach maßgeblich auf die Außenbeziehungen ab,[4] es ergibt sich danach regelmäßig **aus den zivilrechtlichen Leistungsbeziehungen**, wer bei einem Umsatz als Leistender anzusehen ist. Tritt jemand im eigenen Namen, aber für fremde Rechnung auf, sei zivilrechtlich nur der Handelnde als Strohmann aus dem Rechtsgeschäft berechtigt und verpflichtet. Ebenso seien dem Strohmann die Leistungen zuzurechnen, die ein Hintermann berechtigterweise im Namen des Strohmanns tatsächlich ausgeführt hat.[5] Etwas anderes gilt – zivilrechtlich und umsatzsteuerlich – allerdings dann, wenn das Rechtsgeschäft **nur zum** Schein abgeschlossen ist, die Vertragsparteien mithin – sowohl der Strohmann als auch der Leistungsempfänger – einverständlich oder stillschweigend davon ausgehen, dass die Rechtswirkungen des Geschäfts gerade nicht zwischen ihnen, sondern zwischen dem Leistungsempfänger und dem Hintermann eintreten sollen; hier liegen also die Voraussetzungen des § 117 BGB vor. Umsatzsteuerrechtlich kommt eine von den vertraglichen Vereinbarungen abweichende Bestimmung der Person des leistenden Unternehmers nur in Betracht, wenn das Rechtsgeschäft nur zum Schein abgeschlossen ist und der Leistungsempfänger weiß oder davon ausgehen muss, dass der Strohmann keine eigene Verpflichtung aus dem Rechtsgeschäft übernehmen und dementsprechend auch keine eigenen Leistungen versteuern will.[6] Diese vom

---

1) Hier ist immer zusätzlich der Haftungstatbestand des § 69 AO zu beachten.

2) Häufige Hinderungsgründe zur Eröffnung eines Unternehmens sind auch Insolvenz, Offenbarungseid oder sonstige Zahlungsschwierigkeiten wie Schufa-Eintragungen.

3) Vgl. nur BFH v. 10.11.2010, XI R 15/09, BFH/NV 2011, 867 = wistra 2011, 237 m.w.N. und aus der Literatur z.B. Klenk in Sölch/Ringleb, § 2 UStG Rz. 221 ff. m.w.N. (April 2010).

4) So bereits schon BFH v. 28.1.1999, V R 4/98, BStBl II 1999, 628; v. 30.9.1999, V R 8/99, BFH/NV 2000, 353; v. 5.4.2001, V R 5/00, BFH/NV 2001, 1307 und v. 31.1.2002, V B 108/01, BStBl II 2004, 622.

5) Vgl. bereits BFH v. 31.1.2002, V B 108/01, BStBl II 2004, 622 unter ausdrücklicher Abgrenzung zu BFH v. 13.7.1994, XI R 97/92, BFH/NV 1995, 168.

6) Vgl. nur BFH v. 10.11.2010, XI R 15/09, BFH/NV 2011, 867 = wistra 2011, 237 m.w.N.

BFH vorgenommene Koppelung des Umsatzsteuerrechts an das Zivilrecht ist schon aus Gründen der Rechtssicherheit zu begrüßen, im Übrigen verhindert es auch schwierige dahingehende Feststellungen, ob jemand tatsächlich Strohmann ist.

Anmerkung:

Mithin ist im Beispiel (→ Rz. 1157) grundsätzlich B als Unternehmerin zur Abgabe der Umsatzsteuervoranmeldungen und der Jahreserklärungen verpflichtet. Unterlässt sie es, diesen steuerlichen Erklärungspflichten nachzukommen, so macht sie sich ggf. wegen Steuerhinterziehung strafbar (§ 370 Abs. 1 Nr. 2, Abs. 4 Satz 1 AO). Gleiches gilt, wenn sie unzutreffende Steueranmeldungen oder -erklärungen abgibt (§ 370 Abs. 1 Nr. 1, Abs. 4 Satz 1 AO). A kommt hier aber als (Mit-)Täter (§ 25 Abs. 2 StGB) oder als Beteiligter (§§ 26, 27 StGB) der möglichen Straftaten der B in Betracht;[1] in diesem Fall kann er evtl. auch nach § 70 AO für die Steuerschulden in Haftung genommen werden; ansonsten kommt für A auch eine Haftung als faktischer Geschäftsführer in Frage.

bb) Formale Nachweispflichten in umsatzsteuerlichen Regelungen

Das Umsatzsteuergesetz bezieht bei einer Reihe wichtiger Punkte **formale Nachweispflichten** in den materiellen Gesetzestatbestand ein, wie es z.B. der Notwendigkeit des Vorliegens einer Rechnung zur Geltendmachung des Vorsteuerabzugs der Fall ist (§ 15 Abs. 1 Satz 1 Nr. 1 UStG). Die Rspr. geht davon aus, dass allein deshalb, weil ein derartiger Nachweis nicht vorliegt, die dennoch erklärte Vorsteuer eine Steuerhinterziehung darstellen kann (→ Rz. 87 ff.). **1160**

An formalen Kriterien knüpft im Umsatzsteuerrecht insbes. § 15 Abs. 1 Satz 1 Nr. 1 UStG an. Nach der seit dem 1.1.2004 geltenden Fassung des § 15 Abs. 1 Satz 1 Nr. 1 Satz 2 UStG setzt die Ausübung des Vorsteuerabzugs voraus, dass der Unternehmer eine nach §§ 14, 14a UStG ausgestellte Rechnung besitzt. Die nach diesen Vorschriften geltenden Anforderungen sind hoch, allein die Regelung der Pflichtangaben von Rechnungen in § 14 Abs. 4 UStG enthält neun aufgezählte Merkmale teilweise gleich mit mehreren Anforderungen. Dabei besteht eine Obliegenheit des Leistungsempfängers, sich über die Richtigkeit der Angaben in einer Rechnung zu vergewissern.[2] Nach Ansicht der Finanzverwaltung müssen für die Zwecke des Vorsteuerabzugs grds. alle in den §§ 14, 14a UStG genannten Rechnungsangaben enthalten sein.[3] Allerdings ist hier der Grundsatz der Verhältnismäßigkeit zu beachten, so ist es dem Leistungsempfänger regelmäßig kaum möglich, etwa die Steuer- oder die Rechnungsnummer seines Rechnungsausstellers zu überprüfen.[4] Zu bemerken bleibt, dass diese formalen Anforderungen aus fiskalischer Sicht durchaus Sinn machen; für betrügerisch gesinnte Unternehmer ist es seit der Neuregelung deutlich schwieriger geworden, Rechnungen in den Verkehr zu bringen, denen keine oder eine andere Leistung zu Grunde liegt. **1161**

Als vergleichbar wichtige Nachweise können auch die bei innergemeinschaftlichen Lieferungen und Ausfuhrlieferungen zu erfüllenden Buch- und Belegnachweise[5] bezeichnet werden. Gerade diese Sachverhalte spielen in den bereits geschilderten grenzüberschreitenden Umsatzsteuerbetrugsgeschäften eine große Rolle (→ Rz. 1133). **1162**

cc) Unberechtigter Steuerausweis i.S.d. § 14c Abs. 2 UStG

Eng verknüpft mit dem Steuerstrafrecht ist die steuerliche Regelung des **unberechtigten** Steuerausweises in § 14c Abs. 2 UStG; im Ergebnis sieht das Umsatzsteuer- **1163**

1) Vgl. bereits zur Umsatzsteuerhinterziehung bei Einfuhr und Wiederausfuhr von Waren durch eine Strohmannsfirma Harms, NStZ-RR 1999, 129, 130.
2) BFH v. 6.12.2007, V R 61/05, BStBl II 2008, 695.
3) Vgl. nur Abschnitt 15.2 Abs. 3 UStAE.
4) Vgl. dazu BFH v. 2.9.2010, V R 55/09, BStBl II 2011, 235.
5) §§ 10, 17a und 17c UStDV.

recht hier eine eigene (heilbare) „Sanktion" für den unberechtigten Steuerausweis vor.[1] Diese findet darin ihre Rechtfertigung, dass der Empfänger einer solchen Rechnung daraus den Vorsteuerabzug geltend machen kann – auch wenn er dazu tatsächlich nicht berechtigt ist (→ Rz. 1165), wird dies kaum immer bemerkt werden – und deshalb ein echter Steuerschaden entstehen kann. Die Regelung des § 14c UStG soll diese Gefährdung des Steueraufkommens schützen.[2] Zu beachten ist hierbei die Abgrenzung zum **unrichtigen** Steuerausweis nach § 14c Abs. 1 UStG, der anderen Regeln unterliegt, sowie der Umstand, dass diese Regelung auch bei einem Steuerausweis von nichtsteuerbaren[3] oder steuerfreien Umsätzen zur Anwendung kommt.[4]

1164 Ein **unberechtigter** Steuerausweis gem. § 14c Abs. 2 Satz 1 UStG liegt z.B. vor, wenn ein Kleinunternehmer in einer Rechnung unberechtigt (§ 19 Abs. 1 Satz 4 UStG) Umsatzsteuer gesondert ausweist.[5] § 14c Abs. 2 Satz 2 Alt. 1 UStG erfasst den unberechtigten Umsatzsteuerausweis durch Nichtunternehmer. § 14c Abs. 2 Satz 2 Alt. 2 UStG hat insbes. den Fall vor Augen, dass der Aussteller im Zusammenwirken mit dem Adressaten diesem eine Abrechnung mit gesondertem Steuerausweis aushändigt, ohne dass die beschriebene Leistung vereinbart wurde oder ausgeführt werden soll.[6]

1165 Liegt ein unberechtigter Steuerausweis vor, schuldet der Rechnungsaussteller den gesondert ausgewiesenen Umsatzsteuerbetrag, er ist gem. § 18 Abs. 4b UStG auch zur Erklärung dieser Beträge in seiner Steuererklärung verpflichtet. Der Rechnungsempfänger kann indes die in der Rechnung unberechtigt ausgewiesene Umsatzsteuer nicht nach § 15 Abs. 1 Nr. 1 UStG abziehen.[7] Das Recht auf Vorsteuerabzug besteht also nur für diejenigen Steuern, die tatsächlich geschuldet werden, d.h. die mit einem der Umsatzsteuer unterworfenen Umsatz in Zusammenhang stehen. Das Recht auf Vorsteuerabzug erstreckt sich aber nicht auf eine Steuer, die ausschließlich deshalb geschuldet wird, weil sie in der Rechnung ausgewiesen ist,[8] bei der mangels Leistung aber keine Zahlungspflicht besteht. In der seit dem 1.1.2004 geltenden Fassung[9] des § 15 Abs. 1 Satz 1 Nr. 1 UStG, wonach die für Lieferungen und sonstige Leistungen geschuldete Steuer als Vorsteuer abziehbar ist, hat die dahingehende Rspr. des EuGH[10] und des BGH[11] Eingang in den Wortlaut des Gesetzes gefunden.

1166 Nach dem EuGH ist es Sache der Mitgliedstaaten, die Geltung des Grundsatzes der **Neutralität der Mehrwertsteuer** bezogen auf das gesamte Mehrwertsteueraufkommen dadurch zu gewährleisten, dass sie in ihrem innerstaatlichen Recht vorsehen, dass jede zu Unrecht in Rechnung gestellte Steuer berichtigt werden kann, wenn der Aussteller der Rechnung seinen guten Glauben nachweist.[12] Beseitigt der Aussteller einer Rechnung die Gefährdung des Steueraufkommens aber rechtzeitig und vollständig, verlangt es der Grundsatz der Neutralität der Mehrwertsteuer, dass zu

1) Wagner in Sölch/Ringleb, § 14c UStG Rz. 130 (September 2011) und z.B. BFH v. 27.10.1993, XI R 99/90, BStBl II 1994, 277.
2) Vgl. auch die unionsrechtliche Vorgabe in Art. 203 MwStSystRL und EuGH v. 18.6.2009, Stadeco, C-566/07, Slg. 2009, I-5295.
3) Z.B. bei einer Geschäftsveräußerung im Ganzen nach § 1 Abs. 1a UStG.
4) Wagner in Sölch/Ringleb, § 14c UStG Rz. 55 ff. (September 2011).
5) Der Kleinunternehmer darf dies nicht, weil er keine Umsatzsteuer an das Finanzamt zahlt.
6) Wagner in Sölch/Ringleb, § 14c UStG Rz. 198 ff. (September 2011).
7) Schauf in Kohlmann, § 370 AO Rz. 1386 und 1404 (Juli 2012).
8) BFH v. 2.4.1998, V R 34/97, BStBl II 1998, 695, 697.
9) StÄndG 2003 v. 15.12.2003, BGBl. I 2003, 2645 = BStBl I 2003, 710.
10) Vgl. nur EuGH v. 13.12.1989, Genius Holding, C-342/87, UR 1991, 83.
11) BFH v. 2.4.1998, V R 34/97, BStBl II 1998, 695.
12) EuGH v. 13.12.1989, Genius Holding, C-342/87, UR 1991, 83; vgl. auch BGH v. 23.11.1995, IX ZR 225/94, DStR 1996, 781, 783.

Unrecht in Rechnung gestellte Mehrwertsteuer unabhängig vom guten Glauben berichtigt werden kann.[1] Das Berichtigungsverfahren ist dabei zwar Sache der Mitgliedstaaten; die Berichtigungen dürfen jedoch nicht im Ermessen der Finanzverwaltung stehen.[2]

Wurde dagegen die **Gefährdung** des Steueraufkommens **nicht** rechtzeitig beseitigt,[3] können die Mitgliedstaaten die Möglichkeit der Berichtigung zu Unrecht in Rechnung gestellter Mehrwertsteuer davon abhängig machen, dass der Aussteller der Rechnung seinen guten Glauben nachweist.[4] Stellt sich nämlich heraus, dass die Rückabwicklung eines gewährten Vorsteuerabzugs beim Rechnungsempfänger nicht mehr möglich ist, so kommt zur Herstellung der Steuerneutralität eine Ausfallhaftung des Ausstellers der Rechnung in Betracht.[5] **1167**

Der **BFH** hatte die Vorgaben des EuGH in einigen Entscheidungen bereits vor der Gesetzesänderung zum 1.1.2004 umgesetzt. Danach bestand die Berichtigungsmöglichkeit unabhängig davon, auf wessen Initiative bzw. Tätigkeit die Beseitigung der Gefährdung des Steueraufkommens zurückgeht.[6] Weiter kommt dem Merkmal der Rechtzeitigkeit der Beseitigung der Gefährdung des Steueraufkommens keine entscheidende Bedeutung zu. In § 14c Abs. 2 Satz 3 bis 5 UStG wurde für den Fall des unberechtigten Steuerausweises ausdrücklich eine Berichtigungsmöglichkeit geschaffen, die sich an die EuGH-Rspr. anlehnt. Eine Rechnungsberichtigung ist demnach möglich, soweit die Gefährdung des Steueraufkommens dadurch beseitigt ist, dass ein Vorsteuerabzug beim Empfänger nicht durchgeführt wurde oder die geltend gemachte Vorsteuer an die Finanzbehörde zurückgezahlt worden ist. Die Berichtigung ist beim Finanzamt schriftlich zu beantragen und nach dessen ermessensunabhängiger Zustimmung entsprechend § 17 Abs. 1 UStG für den Besteuerungszeitraum, in dem die Gefährdung des Steueraufkommens beseitigt wurde, vorzunehmen. **1168**

In den Fällen des § 14c Abs. 2 UStG liegt nicht selten die Totalfiktion eines Steuerfalles vor. Auch die **Totalfiktion eines Steuerfalles** zum Zwecke des Erschleichens von Vorsteuerbeträgen ist als Steuerhinterziehung und nicht als Betrug (§ 263 StGB) zu qualifizieren. Dies gilt nicht nur, wenn ein tatsächlich existierender Unternehmer einen steuerlichen Vorgang insgesamt fingiert,[7] sondern auch, wenn die Existenz eines Unternehmens nur vorgetäuscht wird, für das ohne Bezug auf reale Vorgänge fingierte Umsätze angemeldet und Vorsteuererstattungen begehrt werden.[8] Hierfür spricht zunächst § 370 Abs. 4 Satz 2 AO, der ausdrücklich klarstellt, dass Taterfolg auch die Erlangung nicht gerechtfertigter Steuervorteile in Form von Steuervergütungen sein kann (→ Rz. 355 ff.). Weiterhin ist Schutzzweck des § 370 AO das öffentliche Interesse am Aufkommen bestimmter einzelner Steuern, so dass auch bei fingierten Vorgängen nicht nur das Vermögen des Staates, sondern der Steueranspruch des Staates tangiert ist. **1169**

Beispiel 1:

A stellt ohne zu Grunde liegende Leistungsbeziehung Scheinrechnungen aus, in denen er die Umsatzsteuer gesondert ausweist. Er meldet diese Umsatzsteuerbeträge gegenüber dem zuständigen Finanzamt nicht an. Der Rechnungsempfänger B macht aus die-

---

1) EuGH v. 19.9.2000, Schmeink & Cofreth und Strobel, C-454/98, DStRE 2000, 1166.
2) EuGH v. 19.9.2000, Schmeink & Cofreth und Strobel, C-454/98, DStRE 2000, 1166.
3) So im Fall von EuGH v. 13.12.1989, Genius Holding, C-342/87, UR 1991, 83.
4) Vgl. Art. 180 MwStSystRL.
5) EuGH v. 19.9.2000, Schmeink & Cofreth und Strobel, C-454/98, DStRE 2000, 1166.
6) BFH v. 22.2.2001, V R 5/99, BStBl II 2004, 143.
7) BGH v. 1.2.1989, 3 StR 179/88, wistra 1989, 226 und v. 23.3.1994, 5 StR 91/94, wistra 1994, 194.
8) BGH v. 23.3.1994, 3 StR 179/88, wistra 1994, 194 und v. 27.9.2002, 5 StR 97/02, wistra 2003, 20.

sen Rechnungen (pflichtwidrig) den Vorsteuerabzug geltend. Eine Rechnungsberichtigung scheitert, weil die Rückabwicklung des Vorsteuerabzugs mangels Liquidität des Rechnungsempfängers nicht mehr möglich ist.

1170 Obwohl in dem Beispiel keine umsatzsteuerlichen Leistungsbeziehungen zwischen dem Rechnungsaussteller und dem Empfänger bestehen, wird der Rechnungsaussteller Steuerschuldner der in seinen Rechnungen ausgewiesenen Umsatzsteuern (§ 14c Abs. 2, § 13a Abs. 1 Nr. 4 UStG) und hat diese gegenüber dem zuständigen Finanzamt anzumelden (§ 18 Abs. 4a, Abs. 4b UStG). Ob der Rechnungsaussteller überhaupt unternehmerisch tätig ist, spielt dabei keine Rolle. Verstößt der Rechnungsaussteller gegen seine Verpflichtung, die in seinen Scheinrechnungen ausgewiesenen Umsatzsteuerbeträge der Finanzbehörde zu erklären, so erfüllt dies nach der Rspr. des BGH[1] den objektiven Tatbestand der Steuerhinterziehung.

1171 Der BGH ist dabei nicht der Ansicht, dass in solchen Fällen ein den Vorsatz ausschließender Tatbestandsirrtum (§ 16 Abs. 1 Satz 1 StGB) des Stpfl. nahe liegt. Hierfür spricht schon, dass die Umsatzsteuer nach § 14c Abs. 2 UStG auch von den amtlichen Erklärungsvordrucken abgefragt wird.[2] Im subjektiven Tatbestand genügt es nach Ansicht des BGH für die Annahme eines vorsatzausschließenden Tatbestandsirrtums nicht, wenn der Rechnungsaussteller von seiner Verpflichtung zur Anmeldung auch der unberechtigt ausgewiesenen Umsatzsteuer keine Kenntnis hatte und auch nicht damit rechnete. Einer genauen Kenntnis der steuerlichen Vorschriften bedürfe es nicht, es genüge, wenn der Täter den jeweils bestehenden Steueranspruch dem Grunde nach kennt und auch der Höhe nach für möglich hält.[3]

1172 Eine Steuerhinterziehung kommt – je nach Lage des Falles – auch durch den Rechnungsempfänger in Betracht, der den ausgewiesenen Umsatzsteuerbetrag zu Unrecht als Vorsteuer geltend gemacht hat (§ 15 Abs. 1 Nr. 1 Satz 1 UStG). Bezüglich dieser Umsatzsteuerhinterziehung kann der Rechnungsaussteller durch die Ausstellung von Scheinrechnungen wiederum Beihilfe (§ 27 StGB) geleistet haben. Da die Steuerhinterziehung durch aktives Tun weder ein eigenhändiges Delikt noch ein Sonderdelikt darstellt, kommt ggf. sogar eine Mittäterschaft (§ 25 Abs. 2 StGB) des Rechnungsausstellers an der Steuerhinterziehung des Rechnungsempfängers in Betracht, der unzutreffende Umsatzsteuervoranmeldungen oder Jahreserklärungen abgibt.

Beispiel 2:

Wie Beispiel 1 (→ Rz. 1169), jedoch meldet der Rechnungsaussteller diese Umsatzsteuerbeträge gegenüber dem zuständigen Finanzamt an, allerdings nicht unter dem Gesichtspunkt des § 14c Abs. 2 UStG (vgl. § 18 Abs. 4b UStG), sondern – unzutreffend – als übliche Umsatzsteuerschuld mit zu Grunde liegender Leistungsbeziehung.

1173 Ein solcher Fall liegt z.B. vor, wenn die Rechtsbeziehungen eines (schein-)selbständig Tätigen gegenüber seinem Auftraggeber „umqualifiziert" werden; dieser mithin als unselbständig tätiger Arbeitnehmer angesehen wird. Hier hat der Scheinselbständige i.d.R. die in seinen Rechnungen ausgewiesene Umsatzsteuer gegenüber der Finanzbehörde angemeldet, allerdings nicht unter dem Gesichtspunkt der unberechtigt ausgewiesenen Steuer. Im Ergebnis hat der Stpfl. damit falsche Angaben über steuerlich erhebliche Tatsachen gemacht, weil in den Umsatzsteuererklärungsvordrucken nach Umsätzen i.S.d. § 14c Abs. 2 UStG gesondert gefragt wird.[4] Er hat damit konkludent erklärt, seinen angemeldeten Umsatzsteuerbeträgen liegen tatsächlich Lieferungen und sonstige Leistungen zu Grunde, was in Wirklichkeit nicht der Fall ist, wenngleich es für die Berechnung seiner eigenen Umsatzsteuer

1) Vgl. bereits BGH v. 17.2.1998, 5 StR 624/97, wistra 1998, 225.
2) Was allerdings selbst Fachleute kaum wissen; vgl. auch § 18 Abs. 4b UStG.
3) BGH v. 17.2.1998, 5 StR 624/97, wistra 1998, 225.
4) Vgl. § 18 Abs. 4b UStG.

keine Rolle spielt, ob den erklärten Umsatzsteuern tatsächliche oder fingierte Leistungen zu Grunde liegen.[1)]

In diesem Fall **fehlt** es allerdings **an einem Verkürzungserfolg**; die Umsatzsteuer wurde in zutreffender Höhe angemeldet. Das Kompensationsverbot des § 370 Abs. 4 Satz 3 AO ist nicht einschlägig. Bei den in den Umsatzsteuererklärungen anzugebenden gewöhnlichen Umsätzen handelt es sich im Vergleich zu den Umsätzen gem. § 14c Abs. 2 UStG nicht um einen anderen Grund i.S.d. § 370 Abs. 4 Satz 3 AO. Sinn und Zweck des Kompensationsverbotes ist es nach der Rspr. des BGH, zu verhindern, dass das Strafgericht den gesamten Steuerfall neu aufrollen muss. Deshalb sei der Steueranspruch des Staates so zu berechnen, dass in die Steuererklärung des Täters lediglich an Stelle der unrichtigen die zutreffenden Angaben eingesetzt würden.[2)] Die Umsatzsteuerschuld wäre nicht anders ausgefallen, wenn er seine Umsätze unter dem Gesichtspunkt des unberechtigten Steuerausweises angemeldet hätte. Es geht um eine Frage der zutreffenden rechtlichen Würdigung. **1174**

Strafrechtlich relevant im Beispiel des Scheinselbständigen sind also allenfalls die von dem Scheinselbständigen selbst und die von dem Auftraggeber im Zusammenhang mit den Leistungen des Scheinselbständigen in Ansatz gebrachten Vorsteuern. An der Steuerhinterziehung des Auftraggebers ist wiederum die Beihilfe des Rechnungsausstellers vorstellbar. **1175**

Wäre ein Stpfl. unter Strafbewehrung gezwungen, als Rechnungsaussteller die in seinen Rechnungen ausgewiesenen Umsatzsteuern (§ 14c Abs. 2 UStG, § 13a Abs. 1 Nr. 4 UStG) gegenüber dem zuständigen Finanzamt unter dem Aspekt des § 14c Abs. 2 UStG anzumelden (§ 18 Abs. 4a, Abs. 4b UStG), würde ggf. ein Verstoß gegen den **Nemo-tenetur-Grundsatz** vorliegen, weil er gezwungen wäre, die Ausstellung falscher Rechnungen und damit eine vorangegangene Ordnungswidrigkeit gem. § 379 AO und ggf. die Beteiligung an einer Steuerhinterziehung gem. § 370 AO zu offenbaren, ohne dadurch Straffreiheit erlangen zu können.[3)] Eine Selbstanzeigemöglichkeit ist jedenfalls für § 379 AO nicht vorgesehen. **1176**

Beispiel 3:

Ein Stpfl. stellt Scheinrechnungen mit gesondertem Umsatzsteuerausweis aus, erklärt die entsprechenden Umsatzsteuerbeträge in seinen Umsatzsteuervoranmeldungen jedoch nicht. Der Rechnungsempfänger macht aus diesen Rechnungen mit seinen Umsatzsteueranmeldungen Vorsteuerabzug geltend, der jedoch später wieder rückgängig gemacht wird. Nach der Rechtsprechung von EuGH und BFH ist damit die **Gefährdung** des Steueraufkommens **beseitigt** und eine Rechnungsberichtigung möglich. Auch in diesem Fall gibt der Rechnungsaussteller aber wegen Nichterklärung der Umsatzsteuerbeträge gem. § 14c Abs. 2 UStG falsche Umsatzsteuervoranmeldungen ab und erfüllt damit den Tatbestand der Steuerhinterziehung; jedenfalls bis zum Zeitpunkt der Berichtigung schuldet der Stpfl. hier auch die Steuer.[4)] Eine Steuerhinterziehung kommt gleichfalls durch den Rechnungsempfänger in Betracht, der den ausgewiesenen Umsatzsteuerbetrag zu Unrecht als Vorsteuer geltend gemacht hat (§ 15 Abs. 1 Nr. 1 Satz 1 UStG). Hieran kann der Rechnungsaussteller durch die Ausstellung von Scheinrechnungen als Beihelfer (§ 27 StGB) oder Mittäter (§ 25 Abs. 2 StGB) beteiligt sein.[5)]

1) Steuerlich ist diese Lösung aber „bitter" für den Stpfl., denn er schuldet zwar die Steuer, hat aber als Nichtunternehmer keine Möglichkeit zum Abzug einer Vorsteuer.

2) So bereits BGH v. 3.6.1954, 3 StR 302/53, BGHSt 7, 336; vgl. auch Joecks in Franzen/Gast/Joecks, 7. Aufl. 2009, § 370 AO Rz. 66 und Rolletschke in Rolletschke/Kemper, § 370 AO Rz. 128 (September 2012).

3) I.d.S. auch Schauf in Kohlmann, § 370 AO Rz. 1382 ff. (Juli 2012).

4) Dies gilt nur in solchen Fällen nicht, in denen eine Gefährdung des Steueraufkommens nie bestand, z.B. weil der Stpfl. die Rechnung lediglich bei einer Bank zur Erlangung eines Kredits vorlegte; so Straub in Kohlmann, § 370 AO Rz. 1388 (Juli 2012).

5) Vgl. hierzu BGH v. 20.3.2002, 5 StR 448/01, wistra 2002, 221, 223.

In der vorliegenden Fallkonstellation stellt sich allerdings die Frage, ob die Beseitigung der Gefährdung des Steueraufkommens eine Strafbarkeit des Rechnungsausstellers und des Rechnungsempfängers wegen Steuerhinterziehung hindert. Hierzu stellte der BGH jedoch klar, dass bereits mit dem ungerechtfertigten Vorsteuerabzug eine vollendete Steuerhinterziehung vorliegt, wenn die Rechnungen, die den Vorsteuerabzügen zu Grunde lagen, bis zur Abgabe der Umsatzsteuererklärungen bzw. Zustimmung des Finanzamts nach § 168 Satz 2 AO nicht berichtigt werden.[1] Ob das Steueraufkommen durch die Tat letztlich dauerhaft gefährdet wird oder nicht, spielt für die Verwirklichung des Hinterziehungstatbestandes nach § 370 Abs. 1 AO demnach keine Rolle.[2]

1177 Im Hinblick auf die herrschenden Grundsätze zur Kompensation von eingetretenen Vermögensminderungen im Bereich der Vermögensdelikte ist die **Außerachtlassung der Berichtigungsmöglichkeiten** konsequent. Die Kompensation einer bereits eingetretenen Vermögensminderung kann etwa beim Betrug nur durch unmittelbar zuwachsende Vermögensvorteile erfolgen. Gesetzliche Ansprüche wie Anfechtungs-, Gewährleistungs-, Schadensersatz- oder Bereicherungsansprüche bleiben unberücksichtigt.[3] Folglich können auch die nachträgliche Rechnungsberichtigung und nachträglich eingetretene Umstände – wie die Rückgabe einer Rechnung – an einem bereits eingetretenen tatbestandlichen Verkürzungserfolg nichts mehr ändern.

1178 Nach Ansicht des BGH hat die Berichtigungsmöglichkeit aber als **strafmildernder Gesichtspunkt** Einfluss auf die Strafzumessung, und zwar auch, wenn der Stpfl. erst auf Grund der Einleitung des Steuerstrafverfahrens eine Berichtigung in die Wege leitet.[4] Weiterhin hat es Bedeutung für die Strafzumessung, wenn der Grundsatz der Neutralität der Mehrwertsteuer dadurch gewahrt ist, dass der Rechnungsaussteller die gem. § 14c Abs. 2 UStG geschuldete Umsatzsteuer abführt.[5] Führt der Rechnungsaussteller die Steuer gem. § 14c Abs. 2 UStG zwar nicht ab, hat aber der Rechnungsempfänger den entsprechenden Umsatzsteuerbetrag an den Rechnungsaussteller geleistet, kann sich dies für den Rechnungsempfänger, der unberechtigt Vorsteuer zieht, ebenfalls schuldmindernd auswirken.[6] Meines Erachtens vermag dieses Merkmal der Schuldminderung aber nicht zu überzeugen, denn es ist zumeist ja gerade der Sinn des unberechtigten Steuerausweises die Leistung zu „verbilligen" und dem Rechnungsempfänger mit dem gesonderten Ausweis der Umsatzsteuer den Vorsteuerabzug zu ermöglichen, deshalb zahlt der Rechnungsempfänger auch freiwillig die Umsatzsteuer – sie ist mangels Zahlungsbereitschaft an die Finanzbehörde kein Kostenfaktor.

dd) Regelung der §§ 26b, 26c UStG

(1) Inhalt und Gesetzeszweck

1179 Durch das Steuerverkürzungsbekämpfungsgesetz wurde zum 1.1.2002 als **Ordnungswidrigkeitstatbestand** die Schädigung des Umsatzsteueraufkommens **(§ 26b UStG)** und zusätzlich als **Straftatbestand** die gewerbsmäßige oder bandenmäßige Schädigung des Umsatzsteueraufkommens **(§ 26c UStG)** neu in das Umsatzsteuergesetz eingeführt. Schon der „Standort" dieser Vorschriften erscheint befremdlich; wenig glücklich ist insbes. die Einfügung eines Straftatbestandes in ein materielles Steuergesetz, diese Norm hätte systematisch zum Nebenstrafrecht der AO in die

1) BGH v. 11.7.2002, 5 StR 516/01, BGHSt 47, 343 = UR 2002, 465; vgl. auch BayObLG v. 9.1.2002, 4 St RR 132/2001, wistra 2002, 231, 232.
2) BGH v. 20.3.2002, 5 StR 448/01, wistra 2002, 221, 224.
3) Vgl. nur Fischer, 59. Aufl. 2012, § 263 StGB Rz. 155 m.w.N.
4) BGH v. 30.4.2009, 1 StR 342/08, wistra 2009, 359 und v. 11.7.2002, 5 StR 516/01, BGHSt 47, 343.
5) BGH v. 11.7.2002, 5 StR 516/01, StV 2002, 549, 551; v. 20.3.2002, 5 StR 448/01, wistra 2002, 221, 225.
6) BGH v. 11.7.2002, 5 StR 516/01, StV 2002, 549, 551.

§§ 369 ff. gehört.[1] Auch dies mag ein Grund dafür sein, dass die praktische Bedeutung der beiden Tatbestände nur gering ist. Entgegen dieser geringen Bedeutung werfen die beiden Vorschriften im Hinblick auf ihre Anwendung aber viele Fragen auf, die v.a. mit Übernahme der Begriffe der „Gewerbsmäßigkeit" und der „Bande" aus dem allgemeinen Strafrecht im Zusammenhang stehen (→ Rz. 1195 ff.).

Gemäß § 26b Abs. 1 UStG **handelt ordnungswidrig,** wer die in einer Rechnung i.S.v. § 14 ausgewiesene Umsatzsteuer zu einem in § 18 Abs. 1 Satz 3 oder Abs. 4 Satz 1 oder 2 genannten Fälligkeitszeitpunkt nicht oder nicht vollständig entrichtet.[2] Gemäß § 26c UStG wird mit Freiheitsstrafe bis zu fünf Jahren oder mit Geldstrafe bestraft, wer in den Fällen des § 26b UStG gewerbsmäßig oder als Mitglied einer Bande, die sich zur fortgesetzten Begehung solcher Handlungen verbunden hat, handelt. Systematisch bedarf es demnach in einer ersten Stufe der Verwirklichung der Tatbestandsmerkmale des Ordnungswidrigkeitstatbestands, um dann – in der zweiten Stufe – beim Vorliegen einer gewerbsmäßigen oder bandenmäßigen Begehung zum Straftatbestand zu gelangen. **1180**

Das Besondere an dieser Regelung besteht darin, dass mit den §§ 26b, 26c UStG erstmals die **Nichtzahlung einer Steuer** durch den Steuerschuldner strafrechtlich sanktioniert ist. § 380 AO sanktioniert die Nichteinbehaltung und Nichteinführung von Steuerabzugsbeträgen (insbes. Lohnsteuer und Kapitalertragsteuer) durch den sog. Steuerentrichtungspflichtigen. § 380 AO ist insofern vergleichbar mit dem Tatbestand des Vorenthaltens und Veruntreuens von Arbeitsentgelt gem. § 266a StGB. Einen den §§ 26b, 26c UStG ähnlichen Tatbestand des allgemeinen Strafrechts stellt aber § 170 StGB (Verletzung der Unterhaltspflicht) dar. **1181**

§ 26c UStG sollte nach Auffassung des Gesetzgebers eine **planwidrige Regelungslücke** für die Fälle schließen, in denen eine Bestrafung nach § 370 AO mangels Erfüllung der objektiven Tatbestandsmerkmale nicht möglich ist. Diese Gesetzeslücke soll insbes. in Form von sog. Umsatzsteuerkarussellgeschäften systematisch ausgenützt worden sein, indem die Täter den Formerfordernissen entsprechende richtige Umsatzsteuervoranmeldungen und Umsatzsteuerjahreserklärungen abgaben, die Steuerschulden jedoch planmäßig nicht bezahlten und darauf achteten, dass sämtliche umsatzsteuerlichen Voraussetzungen für den Vorsteuerabzug aus den von ihnen gestellten Rechnungen erfüllt waren.[3] Ob die vom Gesetzgeber vermutete Regelungslücke tatsächlich bestand, ist durchaus fraglich. Wie oben gezeigt (→ Rz. 1138 ff.) handelt es sich jedenfalls bei den im Rahmen eines (echten) Umsatzsteuerkarussells erteilten Rechnungen i.d.R. um solche gem. § 14c Abs. 2 UStG. In diesen Fällen ist der Vorsteuerabzug aber immer unberechtigt. Der Rechnungsempfänger, der unberechtigt Vorsteuer aus solchen Rechnungen zieht, kann sich wegen Steuerhinterziehung gem. § 370 AO strafbar machen. Der Rechnungsaussteller kann an dieser Steuerhinterziehung als Beihelfer oder Mittäter beteiligt sein. Eine Pönalisierung der Nichtentrichtung der Umsatzsteuer wäre jedenfalls wegen der Bekämpfung der Umsatzsteuerkarusselle nicht zwingend erforderlich gewesen. Eine Lücke schließen die §§ 26b, 26c UStG also nur in solchen Fällen, in denen ein Unternehmer tatsächlich Leistungen erbringt, die daraus resultierenden Umsatzsteuern korrekt anmeldet und die sich ergebenden Zahllasten lediglich nicht entrichtet. Soweit dies der Plan in einem Steuerbetrugsmodell ist, mag hier in der Tat **1182**

---

1) Vgl. zur Kritik Kemper in Plückebaum/Widmann und Vogel/Schwarz (jew. April 2012), § 26b UStG Rz. 7 und § 26c UStG Rz. 5.

2) Anders als § 25d UStG, der in seiner ab 1.1.2004 geltenden Fassung von einer nach § 14 UStG ausgestellten Rechnung spricht, wurde § 26b UStG durch das StÄndG 2003 (BGBl. I 2003, 2645 = BStBl I 2003, 710) nicht sprachlich angepasst.

3) Vgl. die Gesetzesbegründung in der BT-Drucks. 14/7471, 8 und Kemper in Plückebaum/Widmann, § 26b UStG Rz. 12 (April 2012).

eine Regelungslücke bestehen.[1] Insgesamt besteht und bestand aber für eine derart weit reichende allgemeine Sanktionierung des lediglich säumigen Steuerschuldners m.E. auch bei der Umsatzsteuer ebenso wenig Grund wie bei anderen Steuerarten, v.a. weil bereits die Säumniszuschläge nach § 240 AO als Druckmittel zur Verfügung stehen. Tatsächlich können hier gerade unternehmerisch tätige Vollstreckungsschuldner leicht zu Straftätern werden.

(2) Tatbestandsmerkmale

1183 Eine Sanktionierung nach dem Tatbestand des § 26b UStG setzt voraus, dass die in einer Rechnung i.S.v. § 14 UStG ausgewiesene Umsatzsteuer zu einem in § 18 Abs. 1 Satz 3 oder Abs. 4 Satz 1 oder 2 UStG genannten Fälligkeitszeitpunkt nicht oder nicht vollständig entrichtet worden ist. Dabei ist es ein (weiteres) ungeschriebenes Tatbestandsmerkmal, dass es sich beim Täter um einen **Unternehmer** i.S.d. § 2 UStG handeln muss, denn nur dieser ist zur Abgabe von vollständigen Umsatzsteuervoranmeldungen und -erklärungen verpflichtet.

1184 Auf Grund des Tatbestands des § 26b UStG steht zunächst fest, dass hier nicht jede geschuldete Umsatzsteuer erfasst ist, sondern nur solche Beträge, die zuvor in Rechnungen ausgewiesen wurden,[2] **die schlichte Nichterklärung von Steuern** ist demnach für **§ 26b UStG ohne Belang**. Hintergrund der Regelung ist, dass die in einer Rechnung ausgewiesene Umsatzsteuer vom Rechnungsempfänger gem. § 15 Abs. 1 Satz 1 Nr. 1 UStG als Vorsteuer abgezogen werden kann, ohne dass die tatsächliche Zahlung der Steuer durch den Rechnungsaussteller erforderlich ist.[3] Voraussetzung ist lediglich, dass es sich um **eine Rechnung i.S.d. § 14 UStG** handelt, was zugleich zu der weiteren Frage nach den inhaltlichen Anforderungen an diese Rechnung führt.

1185 Zu beachten ist zunächst, dass die gesetzlichen Anforderungen an den Inhalt einer Rechnung auf Grund der Neufassung des § 14 UStG und des § 15 Abs. 1 Nr. 1 UStG durch das StÄndG 2003[4] konkretisiert und verschärft worden sind. Dabei ist die verhältnismäßig weite Begriffsdefinition der Rechnung des ehemaligen Absatzes 4 der alten Fassung – in dem Abs. 1 Satz 1 des § 14 UStG – aufrechterhalten geblieben, die (umfassenden) Pflichtangaben ergeben sich aber nun aus § 14 Abs. 4 UStG. Entscheidende Frage für die Anwendung des § 26b UStG ist nun, **welche inhaltlichen Anforderungen** an Rechnungen zu stellen sind, damit der Tatbestand zur Anwendung kommen kann. Meines Erachtens kann hier nicht jedes irgendwie gestaltete Abrechnungsdokument ausreichen, es muss sich vielmehr um eine Rechnung handeln, die formal geeignet ist, den Vorsteuerabzug zu ermöglichen, die also die Mindeststandards beinhaltet, die zum Vorsteuerabzug berechtigen.[5] Für diese Sichtweise spricht auch die neuere Rechtsprechung; so hat der BFH in diesem Zusammenhang zu dem – vom Gesetzeszweck dem § 26b UStG ähnlichen – § 14c UStG[6] mit Urteil vom 17.2.2011 entschieden,[7] dass eine Rechnung für die Anwendbarkeit dieser Vorschrift nicht alle der in § 14 Abs. 4 UStG aufgezählten Pflichtangaben enthalten muss. Für die Anwendbarkeit des § 14c Abs. 2 UStG soll es danach

1) Wobei dieser Stpfl. bei der geltenden Verpflichtung zur monatlichen Voranmeldung (bei neu gegründeten Unternehmen) bei dem unterstellten Sachverhalt der Steueranmeldung schnell für die Finanzbehörde auffällig wird.
2) So auch Küffner in Hartmann/Metzenmacher, § 26b UStG Rz. 7 (August 2004).
3) Was auch eine systemgerechte Folge der geltenden Soll-Versteuerung im Umsatzsteuerrecht ist.
4) Vgl. BGBl. I 2003, 2645 = BStBl I 2003, 710.
5) Blesinger in Offerhaus/Söhn/Lange, § 26b UStG Rz. 16 (Mai 2012), Klenk in Sölch/Ringleb, § 26b UStG Rz. 5 (März 2003); Nieskens in Rau/Dürrwächter, § 26b UStG Rz. 17 (Juni 2002).
6) Der Gesetzeszweck beider Vorschriften besteht darin, Missbrauch durch die Ausstellung von Rechnungen zu verhindern und das Umsatzsteueraufkommen zu schützen.
7) BFH v. 17.2.2011, V R 39/09, BStBl II 2011, 734 = UR 2011, 630.

ausreichen, dass das Dokument den Rechnungsaussteller, den (vermeintlichen) Leistungsempfänger, eine Leistungsbeschreibung, das Entgelt und die gesondert ausgewiesene Umsatzsteuer ausweist.[1] Meines Erachtens sind genau das die genannten Mindestanforderungen, die jedenfalls auch bei § 26b UStG zu fordern sind.

Als **tatbestandsmäßige Handlung** beschreibt § 26b UStG die Nichtentrichtung oder nicht vollständige Entrichtung der in einer Rechnung i.S.d. § 14 UStG ausgewiesenen Umsatzsteuer zu einem in § 18 Abs. 1 Satz 3 oder Abs. 4 Satz 1 oder 2 genannten **Fälligkeitszeitpunkt.** Auch wenn § 26b UStG von der Nichtentrichtung der in einer Rechnung i.S.d. § 14 UStG ausgewiesenen Umsatzsteuer spricht, erfassen die §§ 26b, 26c UStG nur die nach Saldierung mit den Vorsteuern (§ 15 UStG) verbleibende Zahllast, weil nur insoweit eine Entrichtungspflicht besteht. Soweit also den in einer Rechnung i.S.d. § 14 UStG ausgewiesen Umsatzsteuern Vorsteuern gegenüberstehen, greifen die §§ 26b, 26c UStG nicht oder nur teilweise ein.[2] Dadurch wird allerdings derjenige bevorzugt, der seine Umsatzsteuerzahllast verringert. Sachlich zu begründen ist das nicht, denn auch durch diese Handlung wird das Umsatzsteueraufkommen im Ergebnis geschädigt. § 26b UStG führt damit zu **Wertungswidersprüchen**. Im Ergebnis ist festzuhalten, dass der Tatbestand des § 26b UStG erst in solchen Fällen greift, in denen die Summe der in Rechnungen ausgewiesenen Umsatzsteuer höher ist, als die der anrechenbaren Vorsteuerabzugsbeträge.[3] Damit ist der Fall des „klassischen" Missing Traders von § 26b UStG grds. erfasst, v.a. ist aber auch der Unternehmer erfasst, der nur Ausgangsumsätze erklärt, diese aber nicht bezahlt. 1186

Weitere Voraussetzung zur Verwirklichung des Tatbestands des § 26b UStG ist, dass **die Fälligkeitszeiträume des § 18 UStG** überschritten worden sind. Hierzu sieht das Gesetz drei Alternativen vor: Bei Umsatzsteuervoranmeldungen sind die Zahlungen am zehnten Tag nach Ablauf des Voranmeldungszeitraums fällig;[4] Zahlungen aus Umsatzsteuerjahresanmeldungen sind einen Monat nach Eingang der Anmeldung beim Finanzamt fällig;[5] sollte die Umsatzsteuer durch Steuerbescheid festgesetzt worden sein, ist die daraus geschuldete Steuer einen Monat nach Bekanntgabe des Bescheids fällig.[6] Wenn die entsprechenden Zahlungen (also die Zahllast) nun nicht innerhalb dieser Fristen durch den Stpfl. erfolgen, dann ist der objektive Tatbestand des § 26b UStG insoweit erfüllt. Dies bedeutet im Übrigen, dass die Steuerschuld am Fälligkeitstag tatsächlich erfüllt sein muss, es reicht demnach nicht aus, dass die Zahlung an diesem Tag auf den Weg gebracht worden ist. Dabei ist allerdings zu beachten, dass der Begriff der Entrichtung in § 26b UStG und in § 240, § 224 Abs. 2 AO zwar in einem unterschiedlichen Sinne verstanden wird und die Schonfrist des § 240 Abs. 3 Satz 1 AO keinen Einfluss auf die Fälligkeit der Umsatzsteuer hat; dennoch muss diese Schonfrist die Sanktionierung der Fristüberschreitung verhindern. Der Gesetzgeber kann nicht einerseits die Möglichkeit einräumen, unter Ausnutzung der Schonfrist des § 240 Abs. 3 AO fällige Umsatzsteuern erst am Fälligkeitstag zu überweisen, andererseits aber dasselbe Verhalten als Ordnungswidrigkeit bzw. Straftat sanktionieren. In Anbetracht der geringen praktischen Bedeutung des § 26b UStG ist m.E. in dieser Hinsicht ohnehin zu vermuten, dass diese Frage in der Praxis noch keine Rolle gespielt haben dürfte. 1187

1) BFH v. 17.2.2011, V R 39/09, BStBl II 2011, 734 = UR 2011, 630 (in Rz. 25 f.).
2) So auch Joecks in Franzen/Gast/Joecks, 7. Aufl. 2009, § 370 AO Rz. 339 ff. mit näheren Ausführungen auch zu der Fallkonstellation, dass nur ein Teil der Umsatzsteuerbeträge in Rechnungen i.S.d. § 14 UStG ausgewiesen sind.
3) So Nöhren, 80.
4) § 18 Abs. 1 Satz 3 UStG.
5) § 18 Abs. 4 Satz 1 UStG.
6) § 18 Abs. 4 Satz 2 UStG.

(3) Zahlungsunfähigkeit

1188 Das zentrale Problem des Ordnungswidrigkeitstatbestands des § 26b UStG ist die Frage, was geschieht, **wenn der Unternehmer nicht dazu in der Lage ist, die geschuldete Umsatzsteuer zu bezahlen**. Bei Unterlassungsdelikten gilt zwar der allgemeine Grundsatz, dass bereits der Tatbestand eines Unterlassungsdelikts voraussetzt, dass dem Täter die Erfüllung der Handlungspflicht im Zeitpunkt der Handlungsverpflichtung (sog. Koinzidenzprinzip[1)]) möglich und zumutbar ist; was ist aber z.B., wenn der Missing Trader nie auch nur ansatzweise dazu in der Lage war, die von ihm ausgewiesenen Umsatzsteuern an die Finanzbehörde zu bezahlen?

1189 Generell kann die Rechtsordnung nur fordern, was möglich ist. Der Unterlassende muss deshalb im Stande gewesen sein, in der erforderlichen Weise tätig zu werden.[2)] Bei der Prüfung der Möglichkeit der Zahlung sind nur die Betriebsmittel und das Betriebsvermögen heranzuziehen. Reichen die vorhandenen Mittel nicht zur Tilgung sämtlicher fälliger Verbindlichkeiten aus, so stellt sich die Frage, ob im Rahmen der §§ 26b, 26c UStG die zu den Haftungsbeständen (§§ 69 ff. AO) entwickelten Grundsätze der quotalen Befriedigung aller Gläubiger Anwendung finden oder ob die Umsatzsteuerverbindlichkeiten auf Grund der Bußgeld- bzw. Steuerbewehrung vorrangig zu bedienen sind.[3)]

1190 Die Unmöglichkeit der Leistungserbringung soll bei vorsätzlichen Unterlassungsdelikten nach den Grundsätzen der **„omissio libera in causa"** dann nicht bestehen, wenn der Handlungspflichtige dafür verantwortlich ist, dass er im entscheidenden Augenblick nicht in der Lage war, das Erforderliche zu tun[4)] und ihm die Herbeiführung dieser Zahlungsunfähigkeit als vorsätzliches pflichtwidriges Verhalten zur Last zu legen ist.[5)] Das pflichtwidrige Verhalten des Stpfl. wird also vorverlagert. Zur vergleichbaren Vorschrift des § 266a StGB führte der BGH aus, dass der Betroffene nicht schlechthin für seine Leistungsfähigkeit einstehen muss.[6)] Eine Pflicht, besondere Sicherungsmaßnahmen zu ergreifen, setzt sich abzeichnende Liquiditätsprobleme im Unternehmen voraus. Der Handlungspflichtige muss die Anzeichen von Liquiditätsproblemen erkannt und billigend in Kauf genommen haben, dass die fälligen Beträge bei Unterlassung von Sicherheitsvorkehrungen nicht mehr rechtzeitig entrichtet werden können. Die Verpflichtung zur Sicherstellung der Zahlung am Fälligkeitstag geht aber nicht so weit, dass Vermögenswerte wegen der Drohung von Pfändungen für titulierte Forderungen dem Zugriff von Gläubigern entzogen werden dürfen. Auch Kreditmittel, deren Rückzahlung er nicht gewährleisten kann, muss er nicht beschaffen.[7)]

1191 Jedenfalls bei Delikten, die ein schlichtes Unterlassen unter Strafe stellen, begegnet die Heranziehung der Grundsätze der omissio libera in causa Bedenken. Die Rechtsfigur der omissio libera in causa würde bei § 26c UStG, wenn man diesen als echtes Unterlassungsdelikt ansieht, zu einer Vorverlagerung der Tatbestandsverwirklichung auf einen Zeitpunkt vor Fälligkeit gem. § 18 Abs. 1 Satz 3 oder Abs. 4 Satz 1 oder 2 UStG führen und damit zur Bestrafung eines Verhaltens, das im gesetzlichen Tatbestand nicht beschrieben ist. Das vorsätzliche Außer-Stande-Setzen, die ausgewiesenen Steuern im Fälligkeitszeitpunkt zu entrichten, ist etwas anderes als die Nichtentrichtung der Steuer im Fälligkeitszeitpunkt. Richtig ist deshalb m.E. die

1) Vgl. BGH v. 22.8.1996, 4 StR 217/96, BGHSt 42, 235, 241 zu § 20 StGB.
2) BGH v. 15.10.1996, VI ZR 327/95, NJW 1997, 133; v. 28.5.2002, 5 StR 16/02, wistra 2002, 340, 341; vgl. auch Fischer, 59. Aufl. 2012, § 13 StGB Rz. 42 f. m.w.N.
3) So zu § 266a StGB: BGH v. 28.5.2002, 5 StR 16/02, wistra 2002, 340, 341; vgl. auch Joecks in Franzen/Gast/Joecks, 7. Aufl. 2009, § 370 AO Rz. 338.
4) Vgl. dazu Fischer, 59. Aufl. 2012, § 13 StGB Rz. 43 m.w.N.
5) Burger, wistra 2002, 1, 3; vgl. auch OLG Hamm v. 7.10.2002, 2 Ss 795/02, wistra 2003, 73.
6) BGH v. 28.5.2002, 5 StR 16/02, wistra 2002, 340, 342.
7) BGH v. 28.5.2002, 5 StR 16/02, wistra 2002, 340, 342.

Lösung, dass ein sanktionswürdiges Unrecht nur vorliegen kann, wenn der Unternehmer **bei Abgabe seiner Erklärung** oder danach tatsächlich **dazu in der Lage war** oder ist, die Steuer bei Fälligkeit **zu zahlen**.[1] Blesinger ist hier darin beizupflichten, dass § 26b UStG – ähnlich wie § 240 AO (die Regelung der Säumniszuschläge) – den Zweck hat, auf den Stpfl. einen dahingehenden Druck auszuüben, seine Steuern pünktlich und vollständig zu zahlen. Wenn dieses Ziel von vornherein wegen Zahlungsunfähigkeit nicht erreicht werden kann, wäre eine zusätzliche Sanktion sinnlos und auch unverhältnismäßig.[2]

Darüber hinaus ist **hier zu berücksichtigen, dass ein** Unternehmer bei Ausführung einer steuerpflichtigen Leistung die **zivilrechtliche Verpflichtung** zur Ausstellung einer ordnungsgemäßen Rechnung mit offenem Steuerausweis **gegenüber seinem Leistungsempfänger** hat, jedenfalls sofern er an einen Unternehmer oder eine juristische Person leistet.[3] Diese rechtlich gebotene Tätigkeit kann ihm deshalb nicht automatisch zum Vorwurf gemacht werden,[4] auch wenn die Zahlungsunfähigkeit droht, ist er zur Ausstellung der Rechnung verpflichtet. 1192

Zu fragen ist allerdings, wie der praxisrelevante Fall **des „klassischen" Missing Trader**[5] **einzuordnen ist**, der im Regelfall von Beginn an – also bereits bei Abgabe seiner Umsatzsteuervoranmeldung – weder objektiv fähig noch subjektiv bereit zur Zahlung seiner Umsatzsteuerschuld ist (weil er den Nettopreis in einen steuerpflichtigen Bruttopreis „umwandelt"). Hier kommt allerdings eine Ahndung als Ordnungswidrigkeit regelmäßig wegen § 21 Abs. 1 OWiG nicht in Betracht, weil zumeist nur der Straftatbestand des § 26c UStG – und eventuell der des § 370 AO – zur Anwendung kommt. Auf die Verwirklichung des objektiven und subjektiven Tatbestands des § 26b UStG kommt es aber deshalb an, weil er zugleich Inhalt der strafrechtlichen Regelung des § 26c UStG ist. Außerdem kann der Ordnungswidrigkeitstatbestand zur Anwendung kommen, wenn die Begehung einer Straftat nicht nachweisbar ist. Die Schwierigkeiten bei der Bestimmung der Verantwortlichkeiten in Umsatzsteuerkarussellen war zweifellos eine der Zielrichtungen der Einführung der §§ 26b, 26c UStG, v.a. weil die Missing Trader theoretisch durch die Anmeldung der Umsatzsteuer straffrei ausgehen konnten, auch wenn sie nie die Absicht hatten, diese Steuer zu bezahlen.[6] Es wäre deshalb ein überraschendes Ergebnis, gerade den Missing Trader von einer Verantwortlichkeit nach § 26b UStG freizustellen, weil er niemals in der Lage war, diese angemeldete Steuer zu bezahlen. 1193

Zur Lösung kann m.E. nur auf das Verschuldenserfordernis abgestellt werden (→ Rz. 1191) und darauf, ob der Missing Trader die von ihm ausgewiesene Umsatzsteuer tatsächlich vereinnahmt hatte. Der geschilderte Missing Trader hat sich durch die Ausstellung der Rechnung sozusagen selber außer Stande gesetzt, die Steuer zu zahlen.[7] Er hat zumeist auch schuldhaft gehandelt, denn ein redlicher Kaufmann hätte die von ihm getätigten Geschäfte nicht ausgeführt. Ein Unternehmer darf also sein Unvermögen zur Zahlung der geschuldeten Umsatzsteuer nicht vorwerfbar sel- 1194

---

1) In Offerhaus/Söhn/Lange,§ 26b UStG Rz. 46 (Mai 2012) und Kemper in Plückebaum/Widmann, § 26b UStG Rz. 64 (April 2012).
2) Vgl. zu der Übertragung der Überlegungen zu § 240 AO auf § 26b UStG ausführlich Blesinger in Offerhaus/Söhn/Lange, § 26b UStG Rz. 46 (Mai 2012); vgl. zu der wichtigen Anschlussfrage, ob § 26b UStG überhaupt auf den „klassischen" Missing Trader anwendbar ist, Kemper in Plückebaum/Widmann, § 26b UStG Rz. 69 (April 2012).
3) Vgl. § 14 Abs. 2 Nr. 2 Satz 2 UStG; vgl. zu der zivilrechtlichen Verpflichtung Wagner in Sölch/Ringleb, § 14 UStG Rz. 111 ff. (März 2012) sowie BGH v. 24.2.1988, VIII ZR 64/87, NJW 1988, 2042 und v. 10.11.1988, VII ZR 137/87, NJW 1989, 302.
4) So ebenfalls Blesinger in Offenhaus/Söhn/Lange, § 26b UStG Rz. 27 (Mai 2012).
5) Vgl. zum Begriff Rolletschke in Rolletschke/Kemper, § 370 AO Rz. 234 ff. (Juni 2008).
6) Vgl. BT-Drucks. 14/7471, 8.
7) Insoweit gelten die Grundsätze der omissio libera in causa; vgl. Fischer, 59. Aufl. 2012, § 13 StGB Rz. 42 m.w.N.

ber herbeiführen, wie es dieser Missing Trader allein durch seine Preiskalkulation vorgenommen hat. Der Unternehmer, der von vornherein gar nicht die Absicht hat, seine Steuern zu bezahlen, handelt vorwerfbar i.S.d. § 26b UStG. Eine andere Frage ist die Beweisbarkeit dieser Fälle und schwierig ist m.E. die Abgrenzung zu solchen Sachverhalten, in denen ein Unternehmer Leistungen tatsächlich (aus unternehmerischen Gründen) unterhalb des Einstandspreises verkaufen muss und dann die daraus geschuldete Umsatzsteuer z.B. wegen einer eingetretenen Insolvenz nicht zahlen kann. Das einzig brauchbare Kriterium zur Abgrenzung dieser Fälle von den geschilderten Missing Tradern ist darin zu sehen, dass der „Pflichtwidrigkeitsvorwurf" für einen Unternehmer immer nur für einen kurzen Zeitraum entfallen kann, nämlich solange bis er nach Eintritt der Zahlungsunfähigkeit die Eröffnung des Insolvenzverfahrens beantragen oder von seiner Tätigkeit als Geschäftsführer zurücktreten muss.[1] Im Ergebnis wird beim Vorliegen von Zweifeln über die Zahlungsfähigkeit zumeist kein Raum für die Anwendbarkeit der §§ 26b, 26c UStG bleiben, der Ordnungswidrigkeitentatbestand wird wegen des Opportunitätsgrundsatzes nicht zur Anwendung kommen und der Straftatbestand wegen Zweifeln an der Schuld des Stpfl. und u.U. auch wegen dem Fehlen der Voraussetzungen des § 26b UStG. Auch dies verdeutlicht, dass die Anwendung der Vorschriften in der Praxis die Ausnahme bleiben wird.

(4) Gewerbsmäßige Begehung

1195 Gewerbsmäßig handelt, wer die Absicht hat, sich **durch wiederholte Tatbegehung eine nicht unbedeutende Einnahmequelle** von einiger **Dauer** zu verschaffen.[2] Liegt ein solches Gewinnstreben vor, ist schon die erste der ins Auge gefassten Tathandlungen als gewerbsmäßig anzusehen.[3] Für die Gewerbsmäßigkeit reicht es aus, wenn der Dritte sich mittelbare geldwerte Vorteile über Dritte aus der Tathandlung verspricht.[4] Nicht erforderlich ist, dass der Täter plant, aus seinem Tun ein kriminelles Gewerbe zu machen.[5]

Mit der herkömmlichen Definition der Gewerbsmäßigkeit stößt man im Rahmen des § 26c UStG schon deshalb auf Schwierigkeiten, weil die Nichtentrichtung der Umsatzsteuer unmittelbar nicht zu Einnahmen führt, sondern nur Ausgaben verhindert. Zu einer Einnahmequelle führt lediglich die Vereinnahmung der in Rechnung gestellten Umsatzsteuerbeträge von Geschäftspartnern.[6]

Zu beachten ist des Weiteren, dass mit dieser Definition, abweichend von der genannten allgemeinen Begrifflichkeit der Gewerbsmäßigkeit,[7] **auch in der Ersparnis von Steuern eine Einnahmequelle zu sehen ist**. Da die Tathandlung der §§ 26b, 26c UStG in der Nichtzahlung einer geschuldeten Steuer besteht, können hier nie Steuergelder als „Einnahme" zufließen, es werden immer nur Steuerzahlungen – mithin Aufwendungen – eingespart. Die Rechtsprechung zum allgemeinen Strafrecht sieht aber auch in der Ersparnis notwendiger Auslagen einen strafrechtlich

1) Blesinger in Offerhaus/Söhn/Lange, § 26b UStG Rz. 60 (Mai 2012).
2) BGH v. 11.10.1994, 1 StR 522/94, wistra 1995, 60; v. 1.7.1998, 1 StR 246/98, wistra 1999, 25; vgl. auch BGH v. 11.9.2003, 4 StR 193/03, wistra 2003, 460, 461; zur Einsparung notwendiger Ausgaben als von der Gewerbsmäßigkeit erfasster Vermögensvorteil: OLG Stuttgart v. 10.6.2002, 1 Ss 185/02, wistra 2003, 33, 34.
3) BGH v. 11.10.1994, 1 StR 522/94, wistra 1995, 60; v. 4.7.2007, 5 StR 132/07, NStZ 2007, 638; vgl. auch Fischer, Vor § 52 StGB Rz. 62.
4) BGH v. 1.7.1998, 1 StR 246/98, wistra 1999, 25.
5) BGH v. 11.10.1994, 1 StR 522/94, wistra 1995, 60.
6) Vgl. auch Joecks in Franzen/Gast/Joecks, 7. Aufl. 2009, § 370 AO Rz. 352.
7) Vgl. Kemper in Plückebaum/Widmann, § 26b UStG Rz. 20f (April 2012).

relevanten Vermögensvorteil,[1] so dass auch diese Tathandlung eine Einnahmequelle im Sinne der oben genannten Definition darstellt.[2]

Schwierigkeiten wirft das Tatbestandsmerkmal der Gewerbsmäßigkeit auch deshalb auf, weil der **wiederholten Tatbegehung** eine gewisse Häufigkeit und Zeitnähe immanent ist. Bei der Steuerhinterziehung ist auf Grund der periodischen Verpflichtung zur Abgabe einer Steuererklärung einerseits eine Begrenzung der Wiederholungsmöglichkeiten gegeben.[3] Im umsatzsteuerrechtlichen Bereich, bei dem ggf. 13mal jährlich Erklärungen abzugeben und Steuern zu bezahlen sind,[4] führt dies aber andererseits dazu, dass das fortdauernde Element leichter nachgewiesen werden kann, soweit es sich um in der Vergangenheit bereits abgegebene unzutreffende oder nicht abgegebene Erklärungen bzw. nichtentrichtete Umsatzsteuern handelt. Handelt es sich dagegen um einen Fall, bei dem bisher lediglich eine einzelne oder wenige Einzelhandlungen vorliegen, kann allein aus dem Umstand, dass Umsatzsteuererklärungen periodisch, bis zu 13mal jährlich, abgegeben werden, nicht bereits auf die Absicht wiederholter Tatbegehung bezüglich der Nichtentrichtung der Umsatzsteuer geschlossen werden. Die Folge ist aber dennoch, dass im Gegensatz zum sonstigen Strafrecht durch die Besonderheiten des Steuerrechts die Gewerbsmäßigkeit öfter zu bejahen sein wird;[5] jedenfalls besteht die Gefahr, dass Ermittlungsbehörden und Gerichte die Absicht wiederholter Tatbegehung häufiger annehmen. 1196

(5) Bandenmäßige Begehung

Als weitere Variante sieht der Straftatbestand des § 26c UStG die Nichtentrichtung oder nicht vollständige Entrichtung von Umsatzsteuer **als Mitglied einer Bande** vor. Nach einem Beschluss des Großen Senats des BGH[6] setzt der Begriff der Bande den Zusammenschluss von **mindestens drei Personen** voraus, die sich mit dem Willen verbunden haben, künftig für eine gewisse Dauer mehrere selbständige, im Einzelnen noch ungewisse Straftaten des im Gesetz genannten Deliktstyps zu begehen. Ein gefestigter Bandenwille oder ein Tätigwerden in einem übergeordneten Bandeninteresse ist dabei nicht erforderlich. Nach Auffassung des BGH sind dabei die genannten Tatbestandsmerkmale der bandenmäßigen Begehung auf Grund ständiger Rechtsprechung festgeschrieben und über § 369 AO auch im Steuerstrafrecht zu Grunde zu legen.[7] 1197

Vorausgesetzt wird weiterhin, dass der Täter als Mitglied einer Bande handelt, die sich zur fortgesetzten Begehung **solcher Handlungen** verbunden hat. Mit „solchen Handlungen" sind die in § 26b Abs. 1 UStG bezeichneten Handlungen gemeint, nämlich die Nichtentrichtung oder die nicht vollständige Entrichtung der ausgewiesenen Umsatzsteuer im Fälligkeitszeitpunkt, nicht aber eine Steuerhinterziehung. Es müssen sich also mindestens drei Personen zur Nichtentrichtung der Umsatzsteuer verbunden haben. Das bedeutet, dass § 26c Abs. 1 UStG nur solche Banden erfasst, die auf die Nichtentrichtung der Umsatzsteuer angelegt sind, was den Anwendungsbereich schon auf Grund der Probleme der Nachweisbarkeit deutlich einschränken dürfte. Gemischte Banden, bei denen ohne wechselseitige Tatbeteiligung das eine Mitglied ausschließlich Umsatzsteuern nicht entrichtet und die anderen Mitglieder ausschließlich eine Steuerhinterziehung begehen, erfasst die ban- 1198

1) Vgl. etwa zur sog. „Stoffgleichheit" beim Betrug, Fischer, 59. Aufl. 2012, § 263 StGB Rz. 187 ff. m.w.N.
2) So auch Tormöhlen, UVR 2006, 207, 212.
3) Hillmann-Stadtfeld, DStR 2002, 434, 436.
4) Bei zwölf monatlichen Umsatzsteuervoranmeldungen und einer Jahressteuererklärung.
5) Burger, wistra 2002, 1, 2.
6) BGH v. 22.3.2001, GSSt 1/00, wistra 2001, 298 = BGHSt 46, 321.
7) V. 22.7.2004, 5 StR 85/04, wistra 2004, 393 = NJW 2004, 2990 m.w.N.

denmäßige Begehung des § 26c UStG demnach nicht, wie sich aus einem Wortlautvergleich mit den Vorschriften des § 244 Abs. 1 Nr. 2, § 250 Abs. 1 Nr. 2 und § 260 Abs. 1 Nr. 2 StGB ergibt.

1199 Denkbar sind Banden dergestalt, dass sich mehrere Personen innerhalb eines Unternehmens zusammengetan haben, für dieses die Umsatzsteuer nicht zu entrichten. Solche Konstellationen dürften in der Praxis aber eher selten sein. Denkbar wären etwa drei Geschäftsführer einer GmbH, die sich absprechen, die in den Rechnungen der GmbH ausgewiesenen Umsatzsteuern nicht zu entrichten. In solchen Fällen ist aber genau zu prüfen (und zu beweisen), ob wirklich ein solcher Zusammenschluss vorliegt. Der Bandenbegriff verlangt zwar keine feste Organisation, es genügt aber auch nicht jede Absprache.[1]

1200 Der Gesetzgeber hat allerdings primär die Umsatzsteuerkarusselle, bei denen sich mehrere Unternehmer verbunden haben, als Art einer vertikalen Personenverbindung vor Augen gehabt. Bei den Umsatzsteuerkarussellen handelt es sich i.d.R. um gemischte Zusammenschlüsse aus Tätern gem. §§ 26b, 26c UStG und Tätern gem. § 370 AO. Es wird schon auf Grund des sehr hohen Entdeckungsrisikos nur selten vorkommen, dass gleich drei Unternehmer in der Kette ihre in Rechnungen ausgewiesenen Umsatzsteuern nicht bezahlen. Ob eine Teilnahme der anderen Unternehmer im Karussell an der Nichtentrichtung der Umsatzsteuer durch den Missing Trader angenommen werden kann, ist eine Frage des Einzelfalls. Dabei ist auch zu berücksichtigen, dass der subjektive Tatbestand des § 26c UStG ein **vorsätzliches Handeln** erfordert,[2] das leichtfertige Handeln reicht nicht aus. Der Täter muss demnach erstens die Voraussetzungen des § 26b UStG bewusst erfüllt haben und er muss des Weiteren die Voraussetzungen der bandenmäßigen Begehung (oder der gewerbsmäßigen) vorsätzlich erfüllt haben, sie müssen sozusagen in dieser Form in seinem Vorstellungsbild bei Begehung der Taten vorhanden gewesen sein,[3] was m.E. ohne den Einsatz verdeckter Ermittlungsmaßnahmen (z.B. die Telefonüberwachung nach § 100a StPO) kaum nachweisbar sein wird.

(6) Konkurrenzen

1201 Die Strafvorschrift des § 26c UStG kann eventuell mit der Steuerhinterziehung nach § 370 AO in Konkurrenz treten. Das Verhältnis zum Tatbestand der Ordnungswidrigkeit nach § 26b UStG ist dagegen leicht zu lösen; § 26b UStG ist als bloße Ordnungswidrigkeit wegen **§ 21 Abs. 1 OWiG** subsidiär zu einer Strafbarkeit nach § 26c UStG. Bei dem Verhältnis zu § 370 AO ist zu beachten, dass eine Konkurrenz verschiedener Strafvorschriften zueinander grundsätzlich im Fall der Tateinheit oder der Tatmehrheit eintreten kann. Bei dem Verhältnis zu § 370 AO ist im Hinblick auf die möglichen Strafbarkeiten zunächst nach den in § 18 Abs. 1 UStG geregelten Umsatzsteuervoranmeldungen und den in § 18 Abs. 3 UStG geregelten Umsatzsteuerjahresanmeldungen zu unterscheiden,[4] weil hier verschiedene, mitunter ineinander greifende Taten vorliegen können.

1202 Bei der **Umsatzsteuerjahreserklärung** nach § 18 Abs. 1 Satz 1 UStG ist das Verhältnis des § 26c UStG zu § 370 AO m.E. einfach. Wenn der Stpfl. gar keine Steuererklärung abgibt, dann sind die §§ 26b, 26c UStG überhaupt nicht erfüllt, denn es wurde nichts angemeldet.[5] Wenn der Stpfl. dagegen eine falsche (zu niedrige) Jahreserklärung abgibt, liegt hinsichtlich des deklarierten Betrags keine Steuerhinterzie-

---

1) Joecks in Franzen/Gast/Joecks, 7. Aufl. 2009, § 370 AO Rz. 274b und 350; vgl. auch BGH v. 27.5.2004, 4 StR 41/04, NStZ 2005, 230.
2) § 369 Abs. 2 AO i.V.m. § 15 StGB.
3) In dem Sinne auch Blesinger in Offerhaus/Söhn/Lange, § 26c UStG Rz. 25 ff. (Mai 2012); Joecks in Franzen/Gast/Joecks, 7. Aufl. 2009, § 370 AO Rz. 353.
4) Vgl. auch Fahl, wistra 2003, 10, 11.
5) I.d.S. auch Blesinger in Offerhaus/Söhn/Lange, § 26c UStG Rz. 44 (Mai 2012).

hung vor; insoweit ist der Anwendungsbereich der §§ 26b, 26c UStG eröffnet. Bezüglich des nicht erklärten Betrags tritt schon keine Fälligkeit ein, es liegt insoweit aber – bei vorsätzlichem Handeln – Steuerhinterziehung nach § 370 AO vor. Ein Zusammentreffen der Strafvorschriften ist bei dieser Fallkonstellation zwar möglich, wenn zusätzlich die (in der Höhe falsch) erklärte Umsatzsteuer nicht bezahlt wird. In diesem Fall wird hinsichtlich des nicht erklärten hinterzogenen Betrags § 370 AO vorliegen,[1] bezüglich der deklarierten aber nicht beglichenen Steuerschuld greift dagegen § 26c UStG ein. Hier handelt es sich um zwei Taten i.S.d. § 53 Abs. 1 StGB, die zudem verschiedene Steuerbeträge betreffen.[2]

Bei der **Umsatzsteuervoranmeldung** ist zunächst zu beachten, dass § 18 Abs. 1 1203
Satz 3 UStG nicht unabhängig von der Abgabe einer Erklärung die Fälligkeit einer Voranmeldung auf den zehnten Tag nach Ablauf des Voranmeldezeitraums festlegt, obwohl die Fälligkeitsregelung hier ausdrücklich im Zusammenhang mit der Steueranmeldung genannt wird. Für eine Strafbarkeit nach § 26c UStG muss eine Steueranmeldung tatsächlich eingereicht worden sein;[3] die Fälligkeit kann auch bei einer verspäteten Anmeldung frühestens mit dieser Anmeldung beginnen.[4] Bei einer fehlenden Anmeldung tritt zunächst keine Fälligkeit ein.[5] Diese Pflichtverletzung führt aber zur Festsetzung von Säumniszuschlägen und kann eine Steuerhinterziehung zum Inhalt haben. Reicht ein Stpfl. dagegen eine falsche – zu niedrige – Umsatzsteuervoranmeldung ein, so begeht er dadurch eine Steuerhinterziehung nach § 370 AO und bei Nichtzahlung des angemeldeten Betrags verwirklicht er in Tatmehrheit den Tatbestand des § 26b UStG; liegen die Merkmale der gewerbs- oder bandenmäßigen Begehung vor, ist insoweit auch der Tatbestand des § 26c UStG verwirklicht.[6]

Insoweit ist das Verhältnis des § 26c UStG zu § 370 AO auch bei Umsatzsteuer- 1204
Voranmeldungen klar, die Straftatbestände schließen sich schlicht gegenseitig aus.[7] Das lässt sich im Übrigen auch aus der Gesetzesbegründung schließen; §§ 26b und 26c UStG sollte eine Gesetzeslücke schließen[8] für solche Fälle, in denen ein Missing Trader eine Steuer beim Finanzamt anmeldet, tatsächlich aber nie beabsichtigt, diese auch zu zahlen. In allen Fällen der unrichtigen oder unvollständigen Angaben gegenüber der Finanzbehörde ist dagegen grundsätzlich der Anwendungsbereich des § 370 AO eröffnet; hier bestand und besteht keine Gesetzeslücke.

(7) Selbstanzeige

Zuletzt ist zu fragen, ob bei den §§ 26b, 26c UStG die Möglichkeit der **Abgabe** 1205
einer strafbefreienden Selbstanzeige besteht, obwohl der Gesetzeswortlaut nichts Entsprechendes vorsieht. Hier lässt bereits der Grundtatbestand des § 26b UStG keine Möglichkeit einer solchen Selbstanzeige zu; nach dem Verstreichenlassen des Zahlungstermins ist die Ordnungswidrigkeit begangen[9] und § 378 Abs. 3 AO findet keine Anwendung. Da auch § 26c UStG vom Wortlaut her keine Selbstanzeigemöglichkeit vorsieht und auch keinen Bezug auf § 371 AO enthält, könnte evtl. bereits

1) Sofern die Tatbestandsmerkmale dieses Straftatbestands vorliegen.
2) So auch Blesinger in Offerhaus/Söhn/Lange, § 26c UStG Rz. 44 (Mai 2012).
3) Vgl. auch Tormöhlen in Reiß/Kraeusel/Langer, § 26c UStG Rz. 14 (April 2012).
4) Vgl. Raudszus in Plückebaum/Widmann, § 18 UStG Abs. 1–4 Rz. 49 (April 2010) im Hinblick auf den Beginn der Säumnis nach § 240 AO und Mößlang in Sölch/Ringleb, § 18 UStG Rz. 34 f. (April 2004).
5) Insoweit missverständlich Fahl, wistra 2003, 10, 11.
6) So im Ergebnis auch Blesinger in Offerhaus/Söhn/Lange, § 26c UStG Rz. 46 (Mai 2012).
7) So auch Tormöhlen in Reiß/Kraeusel/Langer, § 26c UStG Rz. 14 (April 2012).
8) Vgl. dazu in der BT-Drucks. 14/7471.
9) Allenfalls die Höhe der Geldbuße kann von der Dauer der Zahlungsverzögerung abhängig sein, darüber hinaus kann die Verwaltungsbehörde von einer Verfolgung auf Grund des Opportunitätsgrundsatzes absehen.

daraus geschlossen werden, dass der Gesetzgeber die Möglichkeit der Selbstanzeige bewusst nicht vorgesehen hat und deshalb keine analoge Anwendung möglich ist.[1] Es ist allerdings zu fragen, ob der Ausschluss der Anwendung des § 371 AO nicht zu Wertungswidersprüchen im Steuerstrafrecht führen würde.[2] Selbst wenn man aber annimmt, dass die Frage nach der Anwendbarkeit des § 371 AO bei Schaffung des § 26c UStG schlicht übersehen wurde, ändert sich dadurch nichts daran, dass der in der Gesetzesbegründung genannte Gesetzesverstoß – die Nichtzahlung der in einer Rechnung ausgewiesenen und angemeldeten Steuer bei ihrer Fälligkeit – unabhängig vom Vorliegen einer wirksamen Selbstanzeige bei einer auch begangenen Steuerhinterziehung bestehen bleibt. Eine strafbefreiende Selbstanzeige ist daher bei § 26c UStG ausgeschlossen.[3]

ee) Umsatzsteuer-Nachschau nach § 27b UStG

(1) Entstehungsgeschichte, Zweck und Standort der Vorschrift

1206 Mit § 27b UStG wurde – grds. beschränkt auf die Umsatzsteuer – eine **besondere „Nachschau"** eingeführt, wie sie in § 210 AO bereits für Zölle und Verbrauchsteuern vorgesehen ist; die Gesetzesüberschrift spricht von der Umsatzsteuer-Nachschau. Nach dieser Regelung können die Amtsträger der Finanzbehörde gem. § 27b Abs. 1 Satz UStG **ohne** vorherige **Ankündigung** und außerhalb einer Außenprüfung während der Geschäfts- und Arbeitszeiten zur Feststellung von Sachverhalten, die für die Besteuerung erheblich sein können, erscheinen und Grundstücke und Räume von Personen, die eine gewerbliche oder berufliche Tätigkeit selbständig ausüben, betreten. Wohnräume dürfen im Rahmen der Umsatzsteuer-Nachschau gegen den Willen des Inhabers nur zur Verhütung dringender Gefahren für die öffentliche Sicherheit und Ordnung betreten werden (§ 27b Abs. 1 Satz 2 UStG).[4] Bereits an dieser Stelle sei darauf hingewiesen, dass hier das Betreten gemischt genutzter Räume – wie sie gerade bei neu aufgenommenen Unternehmen häufig anzutreffen sind – erhebliche rechtliche Schwierigkeiten aufwerfen kann (→ Rz. 1224).

1207 Die Regelung des § 27b UStG wurde durch das StVBG vom 19.12.2001 in das Umsatzsteuergesetz eingefügt,[5] sie ist **zum 1.1.2002 in Kraft getreten**. Die Umsatzsteuer-Nachschau dient nach dem Wortlaut des § 27b Abs. 1 UStG der **Sicherstellung** einer gleichmäßigen **Festsetzung** und **Erhebung** der Umsatzsteuer, sie ist mithin ein Instrument des Besteuerungsverfahrens. Die Gesetzesbegründung zeigt aber, dass es v.a. auch um die Bekämpfung der Umsatzsteuerhinterziehung geht. Nach Ansicht des Gesetzgebers[6] konnte dem Umsatzsteuerbetrug mit den bestehenden Regelungen der Außenprüfung nicht ausreichend begegnet werden. Da die Außenprüfung angekündigt werden müsse, hätten steuerunehrliche Unternehmer Zeit, Vorkehrungen zu treffen, um gegenüber den Steuerbehörden einen normalen Geschäftsbetrieb vorzutäuschen oder den Geschäftsbetrieb einzustellen.[7]

1208 Die **Platzierung** des § 27b UStG im Umsatzsteuergesetzbuch ist m.E. genauso verfehlt, wie es bei §§ 26a, 26b UStG der Fall ist.[8] Die Vorschrift findet sich im siebten

---

1) Vgl. nur Küffner in Hartmann/Metzenmacher, § 26c UStG Rz. 35 (Februar 2005).
2) Vgl. dazu Kemper in Plückebaum/Widmann, § 26c UStG Rz. 83 f. (April 2012).
3) So im Ergebnis auch Küffner in Hartmann/Metzenmacher, § 26b UStG Rz. 35 (Februar 2005) und Kemper in Plückebaum/Widmann und Vogel/Schwarz (jew. April 2012), § 26b UStG Rz. 84.
4) Zu den verfahrensrechtlichen Auswirkungen der Nachschau vgl. bereits Braun, PStR 2002, 199.
5) BGBl. I 2001, 3922 = BStBl I 2002, 32.
6) BT-Drucks. 14/6883, 9.
7) Vgl. zur Gesetzesbegründung und zum Gesetzeszweck ausführlich Kemper in Plückebaum/Widmann, § 27b UStG Rz. 1 ff., 7 ff. (Dezember 2012).
8) I.d.S. auch Birkenfeld, § 262 Rz. 1 (April 2002).

Abschnitt des Gesetzes in einem „Sammelsurium" gesetzlicher Regelungen. Dem Grunde nach stellt § 27b UStG aber eine spezielle verfahrensrechtliche Bestimmung dar, die als solche systematisch als steuerliches Verfahrensrecht in die Abgabenordnung gehört.

(2) Abgrenzung zur Außenprüfung und zur strafprozessualen Durchsuchung

Die Umsatzsteuer-Nachschau ist **keine Außenprüfung** i.S.d. §§ 193 ff. AO; sie bedarf insbes. keiner Ankündigung durch eine Prüfungsanordnung. Darüber hinaus ist die Außenprüfung immer vergangenheitsbezogen, während die Umsatzsteuer-Nachschau auch gegenwartsbezogen sein kann, wenn z.B. die Existenz eines Unternehmens geprüft wird. Während vertiefte Ermittlungen weiterhin der Außenprüfung vorbehalten bleiben, dient die Umsatzsteuer-Nachschau v.a. der zeitnahen kursorischen Kontrolle.[1] Darüber hinaus dient die Außenprüfung vornehmlich dem Ziel, Steuergerechtigkeit durch eine gerechte Vollziehung der Steuergesetze zu verwirklichen.[2] Dagegen besteht die Aufgabe der Steuerfahndung (vornehmlich) in der Erforschung von Steuerstraftaten und Steuerordnungswidrigkeiten (§ 208 Abs. 1 Satz 1 Nr. 1 AO). 1209

Die Umsatzsteuer-Nachschau stellt als Betretungs- und Besichtigungsrecht auch **keine Durchsuchung** i.S.d. Art. 13 Abs. 2 GG, §§ 102, 103 StPO dar. Durchsuchung ist das ziel- und zweckgerichtete Suchen staatlicher Organe nach Personen oder Sachen oder zur Ermittlung eines Sachverhalts, mit dem Zweck, etwas aufzuspüren, was der Inhaber der Räume von sich aus nicht offen legen oder herausgeben will.[3] Tatsächlich ist die Umsatzsteuer-Nachschau aber in einem Grenzbereich zwischen dem Steuerrecht und dem Steuerstrafrecht angesiedelt,[4] denn die zu prüfenden Sachverhalte führen häufig zur Einleitung eines Strafverfahrens, wenn sich die von der Finanzbehörde gehegten Vermutungen – die Anlass der Durchführung der Umsatzsteuer-Nachschau waren – bestätigen. 1210

In § 27b UStG findet sich keine Aussage darüber, **welche Amtsträger** der Finanzbehörde mit der Umsatzsteuer-Nachschau befasst sind. Das Gesetz nennt lediglich in § 27b Abs. 1 UStG „den damit betrauten Amtsträgern". Das sind aber zunächst einmal sämtliche Mitarbeiter der Finanzbehörde, die in irgendeiner Weise mit dem umsatzsteuerlichen Sachverhalt im Rahmen der Veranlagung oder einer „Prüfung" befasst sind. Das kann dann im Ergebnis der Mitarbeiter in der Veranlagungs- oder Umsatzsteuervoranmeldungsstelle, der Umsatzsteuersonderprüfer, der Außenprüfer, aber auch der Steuerfahndungsprüfer sein. In der Praxis wird eine Umsatzsteuer-Nachschau aber zumeist von einem Umsatzsteuersonderprüfer durchgeführt, auch weil dieser die Kompetenz zum unmittelbaren Übergang der Maßnahme in eine Umsatzsteuer-Sonderprüfung nach § 27b Abs. 3 UStG hat. 1211

(3) Betroffene Rechtssubjekte und deren Mitwirkungspflichten

Die betroffenen Rechtssubjekte einer Umsatzsteuer-Nachschau sind gem. § 27b Abs. 1 Satz 1 UStG solche Personen, die einer beruflichen oder gewerblichen Tätigkeit selbständig nachgehen. Dies bezieht sich m.E. auf die Definition des Unternehmers in § 2 Abs. 1 Satz 1 UStG, denn der Standort der Vorschrift ist das Umsatzsteuergesetz. Somit hat grundsätzlich jeder umsatzsteuerliche Unternehmer das Betreten zu gewähren, sofern die anderen Voraussetzungen der Regelung vorliegen. Betroffene einer Umsatzsteuer-Nachschau können demnach natürliche und juristi- 1212

1) BT-Drucks. 14/6883, 9.
2) Seer in Tipke/Kruse, vor § 193 AO Rz. 8 ff. (September 2009).
3) Hofmann in Schmidt-Bleibtreu/Hofmann/Hopfau, 12. Aufl. 2011, Art. 13 GG Rz. 13 ff. sowie Jarass in Jarass/Pieroth, 12. Aufl. 2012, Art. 13 GG Rz. 14 jeweils m.w.N. zur Rspr. des BVerfG und BVerwG; vgl. auch Meyer-Goßner, 54. Aufl. 2011, § 102 StPO Rz. 6 ff.
4) Vgl. Kemper in Plückebaum/Widmann, § 27b UStG Rz. 21 (Dezember 2012).

sche Personen, aber auch zivilrechtlich nicht oder nur partiell rechtsfähige Personen sein.[1] Diese Festlegung ist allerdings im Hinblick auf die **Organtöchter** in einer umsatzsteuerlichen Organschaft problematisch, weil diese nach § 2 Abs. 2 Nr. 2 UStG eben nicht selbständig unternehmerisch tätig sind.[2] Darüber hinaus kann eine Umsatzsteuer-Nachschau **bei allen Unternehmern** durchgeführt werden, insbes. also auch bei Kleinunternehmern, Land- und Forstwirten und Wiederverkäufern i.S.d. § 25a UStG;[3] die in Abschn. 27b.1 Abs. 2 UStAE genannten Prüfungskriterien dürften bei diesen Stpfl. allerdings zumeist nicht vorliegen. Eine Umsatzsteuer-Nachschau darf darüber hinaus auch bei solchen Unternehmern durchgeführt werden, die nur ihrem äußeren Anschein nach unternehmerisch tätig sind;[4] das ist z.B. der „Scheinunternehmer", der eine unternehmerische Tätigkeit nur vortäuscht, aber auch der „Vorunternehmer", der noch keine eigenen Umsätze ausgeführt hat, aber schon Vorsteuern geltend macht. Zu ergänzen bleibt, dass das Recht zur Durchführung einer Umsatzsteuer-Nachschau und auch zum Betreten der Räume auch gegenüber dem Personal des Unternehmers geltend gemacht werden kann; als Vertreter des Unternehmers haben die Mitarbeiter das Betreten der Geschäftsräume zu gewähren und zu dulden.

1213 Nach § 27b Abs. 2 UStG haben die von einer Umsatzsteuer-Nachschau betroffenen Personen dem Amtsträger auf dessen Verlangen:

- Aufzeichnungen, Bücher, Geschäftspapiere und andere Urkunden über die der Umsatzsteuer-Nachschau unterliegenden Sachverhalte vorzulegen
- und Auskünfte zu erteilen,
- soweit dies zur Feststellung einer steuerlichen Erheblichkeit zweckdienlich ist.

Diese umfassenden Mitwirkungsverpflichtungen entsprechen im Wesentlichen der zoll- und verbrauchsteuerlichen Steueraufsicht nach § 211 Abs. 1 Satz 1 AO. Die Aufzählung ist allerdings abschließend und die Vorschrift des § 200 AO ist nicht ergänzend anwendbar.[5] Dies hatte bis zum 31.12.2011 insbes. Auswirkungen auf das Recht des Prüfers, die Buchführung des Betroffenen gem. § 200 Abs. 1 Satz 2, § 147 Abs. 6 AO mittels eines **Zugriffs auf das Datenverarbeitungssystem** zu sichten. Das war im Rahmen einer Umsatzsteuer-Nachschau nicht möglich,[6] jedenfalls solange nicht nach § 27b Abs. 3 UStG zur Außenprüfung übergegangen wurde. Seit der Ergänzung des Satzes 2 des § 27b Abs. 2 UStG durch das Steuervereinfachungsgesetz 2011[7] ist die Sichtung und Inbetriebnahme elektronischer Datenverarbeitungssysteme nun auch im Rahmen einer Umsatzsteuer-Nachschau möglich.

1214 Dem von der Umsatzsteuer-Nachschau Betroffenen wird demnach neben der Verpflichtung zur Duldung des Betretens seiner Räume und der Sichtung seiner Daten auch noch **ein aktives Mitwirken** auferlegt. Die Besonderheit dieser Regelung besteht darin, dass das Einsichtsrecht sofort und unmittelbar während der Nachschau ausgeübt wird, der Stpfl. kann sich darauf i.d.R. nicht vorbereiten. Beschränkt ist das Einsichtsrecht allerdings in der Hinsicht, dass es sich nur auf Sachverhalte bezieht, die der Durchführung der Umsatzsteuer-Nachschau unterliegen. Diese Anforderung verdeutlicht zugleich ein in § 27b Abs. 1 UStG nicht genanntes Tatbe-

---

1) Hundt-Eßwein in Offerhaus/Söhn/Lange, § 27b UStG Rz. 23 (Januar 2009) und Tormöhlen in Reiß/Kraeusel/Langer, § 27b UStG Rz. 7 (Oktober 2010).
2) Hundt-Eßwein in Offerhaus/Söhn/Lange, § 27b UStG Rz. 23 (Januar 2009).
3) So auch Hundt-Eßwein in Offerhaus/Söhn/Lange, § 27b UStG Rz. 25 (Januar 2009).
4) Vgl. auch Tormöhlen in Reiß/Kraeusel/Langer, § 27b UStG Rz. 7 (Oktober 2010) sowie Hundt-Eßwein in Offerhaus/Söhn/Lange, § 27b UStG Rz. 25 (Januar 2009) und im Ergebnis auch Stadie, § 27b UStG Rz. 7.
5) So auch Hundt-Eßwein in Offerhaus/Söhn/Lange, § 27b UStG Rz. 29 (Oktober 2010).
6) Vgl. auch Abschn. 27b.1 Abs. 6 S. 1 UStAE a.F.
7) V. 1.11.2011, BGBl. I 2011, 2131 = BStBl I 2011, 986 mit Wirkung zum 1.1.2012.

standsmerkmal: Der Amtsträger muss dem Betroffenen nämlich eröffnen, welchen umsatzsteuerlich relevanten Sachverhalt er zu prüfen beabsichtigt.[1)]

(4) Übergang zu anderen Verfahrensarten

Wenn die bei der Umsatzsteuer-Nachschau getroffenen Feststellungen hierzu Anlass geben, kann ohne vorherige Prüfungsanordnung aber beschränkt auf die Umsatzsteuer zu einer Außenprüfung übergegangen werden, hierbei handelt es sich um eine Umsatzsteuer-Sonderprüfung ohne vorher zugegangene Prüfungsanordnung. Dieser „Übergang" erfordert lediglich einen schriftlichen Hinweis[2)] (§ 27b Abs. 3 UStG). Eine Umsatzsteuer-Nachschau darf allerdings nicht vorgeschoben werden, um bewusst die Formalien der Außenprüfung zu übergehen, um sozusagen eine Nachschau „ins Blaue hinein" durchzuführen.[3)] Eine über die Umsatzsteuer hinausgehende Prüfung müsste angeordnet und dem Stpfl. ordnungsgemäß bekannt gegeben werden. Allgemein ist der Übergang zur Außenprüfung eine **Ermessensentscheidung** des Amtsträgers[4)] (vgl. § 5 AO); diese ist insbes. dann ermessensgerecht, wenn die sofortige und abschließende Aufklärung des Sachverhalts nach der Umsatzsteuer-Nachschau möglich und erforderlich ist.[5)] 1215

Ergeben sich im Rahmen einer Umsatzsteuer-Nachschau tatsächliche **Anhaltspunkte** für eine Steuerstraftat, kann die Nachschau – wie jede andere Außenprüfung – unmittelbar in ein **Steuerstrafverfahren** münden. Die Amtsträger der Finanzbehörde sind gehalten, bei Hinweisen auf eine mögliche Ordnungswidrigkeit oder Steuerstraftat umgehend Kontakt mit der Bußgeld- und Strafsachenstelle oder der Steuerfahndung aufzunehmen.[6)] Liegen nur vage Anhaltspunkte vor, die für einen Anfangsverdacht nicht ausreichen, kann die Steuerfahndung für **Vorfeldermittlungen** gem. § 208 Abs. 1 Satz 1 Nr. 3 AO (Aufdeckung und Ermittlung unbekannter Steuerfälle) eingeschaltet werden. Allgemein ist dabei aber zu beachten, dass dieser Grenzbereich zwischen Straf- und Besteuerungsverfahren nur schwierig für den Amtsträger zu erfassen ist, denn bei den prüfenden Amtsträgern handelt es sich zumeist um im Steuerstrafrecht unerfahrene Prüfer, die zudem i.d.R. allein unterwegs sind; ob diese dann z.B. nach Feststellung eines strafrechtlichen Anfangsverdachts aus dem Stand heraus etwa Maßnahmen zur Sicherung der Beweismittel auf Grund von Gefahr in Verzug vornehmen können, ist m.E. zweifelhaft. Gerade in solchen Grenzfällen kann die Durchführung einer Umsatzsteuer-Nachschau dem Stpfl. warnen und ihm Zeit verschaffen, Beweismittel zu vernichten oder schlicht unter zu tauchen.[7)] 1216

(5) Auswertung der Erkenntnisse für andere Steuerarten

Nach § 27b Abs. 4 UStG ist die Auswertung der anlässlich einer Umsatzsteuer-Nachschau festgestellten Verhältnisse, die für die Festsetzung und Erhebung **anderer Steuern** als der Umsatzsteuer erheblich sein können, zulässig, soweit ihre Kenntnis für die Besteuerung der in § 27b Abs. 1 UStG genannten Personen oder anderer Personen von Bedeutung sein kann. § 27b Abs. 4 UStG ist das Relikt der ursprünglich vorgesehenen, im Laufe des Gesetzgebungsverfahrens aber fallen gelassenen 1217

1) Vgl. Kemper in Plückebaum/Widmann, § 27b UStG Rz. 17 (Dezember 2012).
2) Nach Abschn. § 27b.1 Abs. 9 Satz 7 und 8 UStAE ist der Übergang zur Außenprüfung ein nicht formgebundener, dem Stpfl. bekannt zu gebender VA.
3) Nieskens in Rau/Dürrwächter, § 27b UStG Rz. 35 (Juni 2002).
4) Vgl. auch Abschn. 27b. 1 Abs. 9 Satz 5 UStAE und Zugmaier in Hartmann/Metzenmacher, § 27b UStG Rz. 52 (Juli 2012).
5) So Hundt-Eßwein in Offerhaus/Söhn/Lange, § 27b UStG Rz. 32 (Januar 2009).
6) Vgl. dazu die Verwaltungsanweisung in Nr. 130 und 131 der AStBV (St) 2013 v. 30.10.2012, BStBl I 2012, 1019.
7) Vgl. auch Kemper in Plückebaum/Widmann, § 27b UStG Rz. 21 (Dezember 2012).

allgemeinen, also nicht auf die Umsatzsteuer beschränkten Nachschau gemäß dem Entwurf des § 88b AO.

1218 Bei einer weiten Auslegung der nach dieser Vorschrift bestehenden Kompetenzen könnte dies allerdings die im Gesetzgebungsverfahren[1] abgelehnte allgemeine steuerliche Nachschau zum Inhalt haben. Dies würde in der Tat einen Widerspruch darstellen; die Regelung erscheint auch deshalb unglücklich, weil nur sehr allgemein ausgeführt wird, was denn „eine Feststellung anlässlich der Umsatzsteuer-Nachschau" ist. Die Regelung wird deshalb zu Recht im Schrifttum kritisiert.[2] Darüber hinaus steht eine solche erweiterte Verwertung nicht unbedingt im Einklang mit dem Gesetzeszweck des § 27b UStG, der Bekämpfung des Umsatzsteuerbetrugs. Im Anschluss an Dißars[3] kommt deshalb m.E. nur eine enge Auslegung der Zulässigkeit der Verwertung anderer steuerlicher Feststellungen anlässlich einer Umsatzsteuer-Nachschau in Betracht. Lediglich Zufallsfunde, die im Rahmen einer Nachschau für Zwecke der Umsatzsteuer gemacht werden, können auch bei anderen Steuerarten eine Änderung der Festsetzung zur Folge haben.

(6) Rechtsnatur und Durchsetzung der Umsatzsteuernachschau

1219 Nach der überwiegenden und m.E. richtigen Auffassung im Schrifttum handelt es sich bereits bei der Durchführung einer Umsatzsteuer-Nachschau um einen **Verwaltungsakt**,[4] ähnlich wie es bei der Nachschau nach § 210 AO der Fall ist.[5] Der Betroffene kann grundsätzlich auch eine schriftliche Bestätigung dieses Verwaltungsakts verlangen, sofern er daran ein berechtigtes Interesse hat. Dies ist wohl regelmäßig dann anzunehmen, wenn er gegen diese Maßnahme der Finanzbehörde ein Rechtsmittel einlegen will. In der Verwaltungsanweisung des UStAE findet sich allerdings zum Vorliegen eines Verwaltungsakts eine abweichende Meinung: Gemäß Abschn. 27.b.1 Abs. 8 Satz 1 UStAE soll ein Verwaltungsakt erst vorliegen, wenn der Amtsträger Maßnahmen ergreift, die den Stpfl. zu einem bestimmten Tun, Dulden oder Unterlassen verpflichten sollen. Meines Erachtens ist hier der im Schrifttum vertretenen weitgehenderen Auffassung beizupflichten, denn welcher Rechtsnatur soll der Umsatzsteuer-Nachschau vor dem genannten Stadium sonst zukommen? Im Ergebnis werden aber allerdings kaum Unterschiede der beiden Rechtsauffassungen zu Tage treten, denn spätestens mit dem Betreten der Räume des Betroffenen ist dieser zu einem Dulden verpflichtet worden (auch wenn der Betroffene die Amtsträger freiwillig eintreten lässt), so dass dann auch nach der Verwaltungsauffassung immer von einem Verwaltungsakt auszugehen ist.

1220 Da einem Verwaltungsakt und dem dagegen gerichteten Einspruch gem. § 361 Abs. 1 AO keine aufschiebende Wirkung zukommt, stellt sich die Frage, welche Möglichkeiten die Finanzbehörde hat, wenn sich der Betroffene weigert, die Umsatzsteuer-Nachschau zu ermöglichen. Allgemein käme zwar die Anordnung einer Außenprüfung in Betracht, damit wäre aber der bezweckte Überraschungseffekt der Umsatzsteuer-Nachschau vereitelt. Zu weit geht es allerdings, wenn man im Falle der Weigerung sofort die Einleitung eines Steuerstrafverfahrens in Betracht zieht;[6] dies dürfte m.E. so gut wie immer ausgeschlossen sein. Auch wenn der von einer Nachschau betroffene Unternehmer Anlass für eine Umsatzsteuer-Nachschau gegeben haben sollte und sich dann weigert, diese zu ermöglichen, entsteht daraus

1) BT-Drucks. 14/7471, 5.
2) Vgl. z.B. Dißars, BB 2002, 759, 762 und Hundt-Eßwein in Offerhaus/Söhn/Lange, § 27b UStG Rz. 36 f. (Januar 2009).
3) BB 2002, 759, 762.
4) Hundt-Eßwein in Offerhaus/Söhn/Lange, § 27b UStG Rz. 16 (Januar 2009) und Tormöhlen in Reiß/Kraeusel/Langer, § 27b UStG Rz. 11 (Oktober 2010).
5) Brandis in Tipke/Kruse, § 210 AO Rz. 11 (Februar 2011).
6) In diesem Sinne bereits Widmann, DB 2002, 166, 170.

noch kein Anfangsverdacht für eine Steuerstraftat. Erforderlich wären hierfür konkrete tatsächliche Anhaltspunkte, vage Vermutungen oder allgemeine kriminalistische Erfahrungen genügen nicht.

Da die Anordnung der Umsatzsteuer-Nachschau einen Verwaltungsakt darstellt, kann die Finanzbehörde **gegen eine solche Weigerung allerdings** mit den Zwangsmitteln der §§ 328 ff. AO vorgehen, wobei hier wohl insbes. die Anwendung von unmittelbarem Zwang nach § 331 AO in Frage kommt, um die Räume gegen den Willen des Inhabers betreten zu können. Inwieweit **dies** allerdings sinnvoll ist, **erscheint mehr als fraglich.**[1] Das gilt v.a., weil unmittelbarer Zwang gem. § 331 AO erst angewendet werden darf, wenn das Zwangsgeld oder die Ersatzvornahme nicht zum Ziel führen oder untunlich sind. Des Weiteren bedarf es einer vorherigen Androhung nach § 332 AO mit Fristsetzung. Eine wirklich überzeugende Handlungsalternative ist die Anwendung unmittelbaren Zwangs daher nicht.[2] **1221**

(7) Verfassungsmäßigkeit des § 27b UStG

Zweifel an der Wirksamkeit der Vorschrift des § 27b Abs. 1 UStG könnten sich daraus ergeben, dass das Umsatzsteuergesetz – anders als die Abgabenordnung (§ 413 AO) – insofern den Anforderungen des Zitiergebots des **Art. 19 Abs. 1 Satz 2 GG** nicht entspricht,[3] als der Eingriff in Grundrechte nicht benannt wird, und daher möglicherweise gegen das Grundgesetz verstößt; die Regelung könnte aus diesem Grund mithin verfassungswidrig sein.[4] Die Vorschrift des § 27b Abs. 1 Satz 2 UStG greift jedenfalls in das Grundrecht des Art. 13 Abs. 1 GG ein, weil sie Wohnräume im eigentlichen Sinn erfasst. Aber auch § 27b Abs. 1 Satz 1 UStG, der das Betreten von Betriebs- und Geschäftsräumen regelt, stellt einen Eingriff in das Grundrecht auf Unverletzlichkeit der Wohnung dar, das auch Arbeits-, Betriebs- und Geschäftsräume erfasst.[5] An einem Grundrechtseingriff kann es – je nach Einzelfall – in diesem Bereich nur bei öffentlich zugänglichen Räumen fehlen.[6] Öffentlich zugänglich sind aber allenfalls die Geschäftsräume, die dem Kontakt nach außen dienen, nicht jedoch ohne Weiteres auch Betriebsräume. Dabei gilt als Faustregel, dass der grundrechtliche Schutz umso schwächer wird, je größer die Offenheit der Räume nach außen ist.[7] **1222**

Zur **Rechtsfolge dieser Verletzung des Zitiergebots** hat das Bundesverfassungsgericht in einer frühen Entscheidung ausgeführt, dass das betreffende Gesetz schlicht nichtig ist.[8] Auch wenn das höchste deutsche Gericht diese strenge Auffassung später relativiert hat,[9] so ist dieser Mangel dennoch nicht nur als Formfehler zu betrachten. Zu beachten ist aber, dass die vorliegende Missachtung des Zitiergebots nach Auffassung des BFH[10] jedenfalls nicht zur Verfassungswidrigkeit des ganzen § 27b UStG oder gar des gesamten Umsatzsteuergesetzes führt. Die Nichtigkeit eines gesamten Gesetzes kommt nach allgemeinen Rechtsgrundsätzen nur in Betracht, wenn der ungültige Gesetzesteil mit dem Gesetz im Übrigen derart ver- **1223**

1) Vgl. auch Nieskens in Rau/Dürrwächter, § 27b UStG Rz. 36 (Juni 2002).
2) So im Ergebnis auch Hentschel, NJW 2002, 1703, 1704; Widmann, DB 2002, 166, 170 und Hundt-Eßwein in Offerhaus/Söhn/Lange, § 27b UStG Rz. 22 (Januar 2009).
3) Vgl. dazu ausf. Sterzinger, DStR 2010, 471.
4) Vgl. Nieskens in Rau/Dürrwächter, § 27b UStG Rz. 34 (Juni 2002) und bereits Gotzens/Wegner, PStR 2003, 104.
5) Jarass in Jarass/Pieroth, 12. Aufl. 2012, Art. 13 GG Rz. 5; Hofmann in Schmidt-Bleibtreu/Hofmann/Hopfau, 12. Aufl. 2011, Art. 13 GG Rz. 7 m.w.N.
6) Hofmann in Schmidt-Bleibtreu/Hofmann/Hopfau, 12. Aufl. 2011, Art. 13 GG Rz. 8 m.w.N.
7) BVerfG v. 24.3.1998, 1 BvR 1935/96, 1 BvR 1945/96, 1 BvR 1946/96, wistra 1998, 221 = BVerfGE 32, 54.
8) V. 25.5.1956, 1 BvR 190/55, BVerfGE 5, 13, 16.
9) BVerfG v. 30.5.1973, 2 BvL 4/73, BVerfGE 35, 185, 189.
10) V. 9.1.2009, V B 23/08, UR 2009, 461 und v. 18.5.2011, VII B 195/10, BFH/NV 2011, 1743.

flochten ist, dass beide eine untrennbare Einheit bilden.[1] Dies trifft auf das Verhältnis von § 27b UStG zu den weiteren Vorschriften des UStG nicht zu.[2] Insoweit ist § 27b UStG jedenfalls hinsichtlich des Betretensrechts von Betriebs- und Geschäftsräumen während der üblichen Geschäftszeiten nicht zu beanstanden und auch die übrigen Vorschriften des Umsatzsteuergesetzes sind davon in ihrem Regelungszusammenhang nicht betroffen.[3] Verfassungsrechtlich problematisch könnte m.E. allerdings der Fall sein, in dem ein steuerliches Mehrergebnis auf in Wohnräumen getroffenen Feststellungen einer Umsatzsteuer-Nachschau beruht, deren Betreten den Amtsträgern nicht freiwillig gewährt wurde.

(8) Betreten von Wohnräumen und gemischt genutzten Räumen

1224 Einen rechtsstaatlich sensiblen Bereich stellt die Frage nach der Möglichkeit des Betretens von Wohnräumen im Rahmen einer Umsatzsteuer-Nachschau dar, denn die Wohnung erfährt durch **Art. 13 GG** einen besonderen verfassungsrechtlichen Schutz, der über den Schutz anderer Räume – wie Geschäftsräume – hinausgeht. Die Frage nach der Möglichkeit des Betretens von Wohnräumen – und v.a. die von gemischt genutzten Räumen[4] – ist, wie nachfolgend zu zeigen sein wird, die Schwachstelle des § 27b UStG, v.a. weil dem Gesetzgeber handwerkliche Fehler unterlaufen sind.[5] Dabei ist die im letzten Kapitel genannte Missachtung des verfassungsrechtlichen Zitiergebots nur ein Aspekt der Problematik; denn die Problematik besteht nicht nur bei solchen Wohnräumen des Unternehmers, die dieser und/oder eine dritte Person ausschließlich zu Wohnzwecken nutzen. Hier ist ein Recht zum Betreten im Rahmen einer Umsatzsteuer-Nachschau praktisch immer ausgeschlossen, soweit nicht ausnahmsweise die genannten Voraussetzungen von § 27b Abs. 1 Satz 2 UStG vorliegen oder der Betroffene das Betreten freiwillig[6] zulässt. Zu fragen ist vielmehr nach dem Betretensrecht bei allen **gemischt genutzten Räumlichkeiten**, bei denen neben der unternehmerischen Nutzung zugleich eine Nutzung zu Wohnzwecken vorliegt oder vorliegen könnte. Problematisch sind auch solche Geschäftsräume, die nur über den Wohnbereich betreten werden können, wie etwa das unternehmerisch genutzte Arbeitszimmer. Hinzu kommt, dass gerade solche Fälle prüfungsrelevant im Rahmen von Umsatzsteuer-Nachschauen sein können.

1225 Zu einer Regelung zum Betretensrecht in solchen Fällen, in denen keine Gefahr für die öffentliche Sicherheit und Ordnung mit einer hinreichenden Wahrscheinlichkeit anzunehmen ist, könnte man unter Heranziehung der Verwaltungsanweisung des Abschnitts § 27b.1 Abs. 5 Satz 1 UStAE gelangen, welche eine einfache, m.E. aber zweifelhafte Lösung vorgibt. Danach soll es schlicht unschädlich sein, wenn die „Geschäftsräume" auch zu Wohnzwecken genutzt werden.[7] Hier darf allerdings der hohe verfassungsrechtliche Schutz des Wohnraums nicht gegenüber einem

1) Vgl. allgemein BVerfG v. 19.3.2003, 2 BvL 9/98, 2 BvL 10/98, 2 BvL 11/98, 2 BvL 12/98, BVerfGE 108, 1.
2) BFH v. 18.5.2011, VII B 195/10, BFH/NV 2011, 1743.
3) So auch Haep, UR 2008, 445, 456 m.w.N.; vgl. auch Sterzinger, DStR 2010, 471 und Niedersächsisches FG v. 19.12.2007, 5 K 377/07, DStRE 2008, 897; FG München v. 27.11.2008, 14 K 3117/07, n.v.
4) Z.B. wenn das neue gegründete Unternehmen im Wesentlichen vom Laptop im Wohnzimmer aus betrieben wird.
5) Vgl. dazu Haep, UR 2008, 445 und Zugmaier in Hartmann/Metzenmacher, § 27b UStG Rz. 6 f. (Juli 2012).
6) Wobei hier auch das Merkmal der „Freiwilligkeit" kritisch hinterfragt werden kann, wenn z.B. zwei „gestandene" Prüfer der Finanzbehörde unvermittelt erscheinen und gegenüber einer der deutschen Sprache nicht mächtigen Ehefrau des Stpfl. den Eintritt begehren; vgl. dazu Kemper in Plückebaum/Widmann und Vogel/Schwarz (jew. Dezember 2012), § 27b UStG Rz. 64 ff.
7) Vgl. Abschn. 27b.1 Abs. 5 Satz 1 UStAE.

Betretensrecht im Rahmen einer Umsatzsteuer-Nachschau bei gemischt genutzten Räumen zurücktreten. Zwar ist bei entsprechend hohen steuerlichen Auswirkungen von der Ausübung eines prüfungswürdigen Unternehmens auszugehen. Verweigert aber der Inhaber von Räumen – die erkennbar vornehmlich Wohnzwecken dienen – das Betreten des Prüfers, dann ist ein Betretensrecht der Amtsträger nur unter den engen Voraussetzungen von Gefahr in Verzug oder der hinreichenden Wahrscheinlichkeit einer Gefahr für die öffentliche Sicherheit und Ordnung möglich. Für jede andere Auslegung lassen das Grundgesetz und die Rechtsprechung des Bundesverfassungsgerichts keinen Raum; der Prüfer muss in diesem Fall den Rückzug antreten.[1)]

(9) Möglichkeit der strafbefreienden Selbstanzeige

Gemäß § 371 Abs. 1 AO kann ein Steuerhinterzieher auch nach Beendigung der Tat vollständig straffrei bleiben, sofern denn die Voraussetzungen einer Selbstanzeige vorliegen. Selbst bei Vorliegen aller Tatbestandsmerkmale tritt die Straffreiheit nach § 371 Abs. 2 Nr. 1 Buchst. a AO (unter anderem) dann nicht ein, wenn ein Amtsträger der Finanzbehörde bereits zur „steuerlichen Prüfung erschienen" ist. Dabei ist nach der Neuregelung des § 371 AO zum 3.5.2011[2)] zu beachten, dass beim Erscheinen eines Prüfers eine vollständige Sperrwirkung für alle strafrechtlich unverjährten Zeiträume für die geprüfte Steuerart eintritt.[3)] Es fragt sich nun, ob diese für die Anwendung des § 371 AO so wichtige Sperrwirkung[4)] auch beim Beginn einer Umsatzsteuer-Nachschau gilt. Dies ist nach h.M. jedenfalls dann zu bejahen, wenn bereits ein **Übergang zu einer Umsatzsteuer-Sonderprüfung** nach § 27b Abs. 3 UStG stattgefunden hat. Die Erstattung einer wirksamen strafbefreienden Selbstanzeige ist ab diesem Zeitpunkt nicht mehr möglich,[5)] hier gilt gleiches wie bei allen anderen begonnenen Außenprüfungen. **1226**

Eine andere Frage ist aber, ob bereits das Erscheinen zur Durchführung einer Umsatzsteuer-Nachschau die Sperrwirkung des § 371 Abs. 2 Nr. 1 Buchst. a AO auslösen kann. Hier ist das Ergebnis umstritten, wobei ein überwiegender Teil des Schrifttums den Eintritt der Sperrwirkung bereits ab diesem Zeitpunkt ablehnt.[6)] Tatsächlich besteht der entscheidende Unterschied zu den sonstigen Außenprüfungen darin, dass bei der Umsatzsteuer-Nachschau keine vorhergehende Prüfungsanordnung ergangen ist und insoweit vor Beginn der Nachschau ihr Gegenstand noch nicht – nach außen dokumentiert – feststeht. Zu einer sachgerechten Lösung bedarf es m.E. einer differenzierten Betrachtung: Da der Zweck der Umsatzsteuer-Nachschau der Überprüfung umsatzsteuerlicher Sachverhalte dient, kann sich die Sperrwirkung zunächst auch nur auf diese Steuerart beziehen.[7)] Darüber hinaus ist der Eintritt einer begrenzten Sperrwirkung aber dann zu bejahen, wenn der Beamte den konkreten Gegenstand seiner Nachschau bei Beginn der Prüfung eindeutig gegenüber dem Stpfl. äußert. Erscheint demnach ein Amtsträger und fordert den Stpfl. z.B. zur Vorlage bestimmter Rechnungen für einen konkreten Besteuerungs- **1227**

---

1) Vgl. dazu oben in → Rz. 1222 f. und Kemper in Plückebaum/Widmann und Vogel/Schwarz (April 2012), § 27b UStG Rz. 40 ff.

2) Durch das Schwarzgeldbekämpfungsgesetz v. 28.4.2011, BGBl. I 2011, 676 = BStBl I 2011, 495.

3) Vgl. dazu Kemper in Rolletschke/Kemper, § 371 AO Rz. 243 ff. m.w.N. (September 2012).

4) Vgl. Kemper in Rolletschke/Kemper § 371 AO Rz. 158 ff. (September 2012) und Joecks in Franzen/Gast/Joecks, 7. Aufl. 2009, § 371 AO Rz. 129 ff.

5) Ganz h.M.; vgl. nur Leonard in Bunjes, 11. Aufl. 2012, § 27b UStG Rz. 23; Nieskens in Rau/Dürrwächter, § 27b UStG Rz. 38 (Juni 2002).

6) Vgl. nur Nieskens in Rau/Dürrwächter, § 27b UStG Rz. 38 (Juni 2002) und auch Zugmaier in Hartmann/Metzenmacher, § 27b UStG Rz. 81 (Juli 2012); vgl. auch Beyna/Roth, UStB 2010, 310.

7) So auch Zugmaier in Hartmann/Metzenmacher, § 27b UStG Rz. 82 (Juli 2012).

zeitraum auf, dann ist eine strafbefreiende Selbstanzeige insoweit ausgeschlossen, denn der Amtsträger ist zur Prüfung dieses steuerlichen Sachverhalts unmittelbar erschienen.[1] Zu beachten ist allerdings, dass mit dieser Lösung nach der Neuregelung des § 371 AO eine Selbstanzeige hinsichtlich aller unverjährten Umsatzsteuerveranlagungen gesperrt ist.[2] Jede andere Lösung der geschilderten Fälle würde aber m.E. dem Zweck des § 371 AO widersprechen, der Selbstanzeigen dann nicht mehr zulassen will, wenn die Taten ohnehin bereits durch die Finanzbehörde entdeckt sind oder diese bereits zur Prüfung des Sachverhalts erschienen ist.[3] Abgesehen von dem Fehlen der schriftlichen Prüfungsanordnung ist bei dem geschilderten Fall kein Grund ersichtlich, warum noch eine strafbefreiende Selbstanzeige möglich sein sollte;[4] die fehlende Prüfungsanordnung wird hier durch die konkrete Benennung des Prüfungsauftrags ersetzt. Fehlt es allerdings an dieser ausreichenden Konkretisierung, dann ist auch eine Selbstanzeige nach § 371 AO weiter möglich. Diese Ansicht dürfte auch dem Gesetzeszweck der Neuregelung des § 371 AO[5] entsprechen, der insbes. jegliches Taktieren von Stpfl. unterbinden will.

8. Grunderwerbsteuer

1228 Gegenstand der Grunderwerbsteuer sind die in § 1 GrEStG umschriebenen Erwerbsvorgänge, die sich auf inländische Grundstücke beziehen.[6] Im Normalfall, dem Kauf eines inländischen Grundstücks, sichern die zivilrechtlichen Formvorschriften (§ 311b Abs. 1, § 873 Abs. 2 BGB),[7] die Anzeigepflichten der beteiligten **Gerichte**, **Behörden** oder **Notare** (§ 18 GrEStG) und die Notwendigkeit einer Unbedenklichkeitsbescheinigung des Finanzamts vor Eintragung des Erwerbers in das Grundbuch (§ 22 GrEStG) so gut wie vollständig das Steueraufkommen. Steuerstrafrechtlich von praktischer Bedeutung sind diese allenfalls in der Variante der Unterverbriefung (→ Rz. 1236, 1389).

1229 Im Bestreben, das Steueraufkommen vor Gestaltungsalternativen zu schützen, hat der Gesetzgeber in § 1 GrEStG allerdings zahlreiche Neben-, Zwischen- und Ergänzungstatbestände[8] geschaffen, die Grundstückserwerbe außerhalb des Grundbuchs betreffen oder einem Eigentumserwerb am Grundstück wirtschaftlich gleichstehen. Zur Erfassung dieser weiteren Besteuerungstatbestände bestehen nach § 18 GrEStG umfassend formulierte Anzeigepflichten der (inländischen)[9] Gerichte, Behörden und Notare, soweit diese mit dem Vorgang befasst sind. Für die verbleibenden Lücken[10] begründen § 19 Abs. 1 und 2 GrEStG teilweise überschneidende[11] Anzeigepflichten der Steuerschuldner.

---

1) Vgl. dazu ausführlich Kemper in Rolletschke/Kemper, § 371 AO Rz. 235 ff. (September 2012).
2) Vgl. Kemper in Rolletschke/Kemper, § 371 AO Rz. 243 ff. (September 2012).
3) Vgl. Kemper in Rolletschke/Kemper, § 371 AO Rz. 9 ff. (September 2012.
4) So auch Beyna/Roth, UStB 2010, 310.
5) Vgl. nur die BR-Drucks. 851/10 und die BT-Drucks. 17/1149, 17/1352, 17/1411, 17/1765, 17/1755, 17/2289, 17/4182, 17/4802 und 17/5067.
6) Pahlke/Franz, 4. Aufl. 2010, § 1 GrEStG Rz. 6.
7) Beurkundung der dinglichen Einigung ist üblich, wenn auch nicht zwingend, Bassenge in Palandt, 71. Aufl. 2012, § 873 BGB Rz. 15.
8) Zur Terminologie vgl. Pahlke/Franz, 4. Aufl. 2010, § 1 GrEStG Rz. 6.
9) Nicht anzeigepflichtig sind insbes. ausländische Notare, Pahlke/Franz, 4. Aufl. 2010, § 18 GrEStG Rz. 2.
10) Nicht anzeigepflichtig sind wegen des Auffangtatbestands in § 19 Abs. 1 Satz 2 GrEStG allenfalls exotische Sachverhalte ohne Erwerbsvorgang: Pahlke/Franz, 4. Aufl. 2010, § 19 GrEStG Rz. 8.
11) Viskorf in Boruttau, 17. Aufl. 2011, § 19 GrEStG Rz. 12; Pahlke/Franz, 4. Aufl. 2010, § 19 GrEStG Rz. 1.

a) Anzeigepflicht der Gerichte, Behörden und Notare (§ 18 GrEStG)

Die Anzeige muss **innerhalb von zwei Wochen** (§ 18 Abs. 3 GrEStG) auf einem amtlich vorgeschriebenen Vordruck (§ 18 Abs. 1 Satz 1 GrEStG) erstattet werden. Im Wesentlichen sind der Veräußerer, der Erwerber, das Grundstück, der anzeigepflichtige Vorgang und die Gegenleistung als Bemessungsgrundlage für die Grunderwerbsteuer mitzuteilen (§ 20 GrEStG). Der Anzeige ist eine **Abschrift** der Urkunde beizufügen (§ 18 Abs. 1 Satz 2 GrEStG). **1230**

Die Anzeige nach § 18 GrEStG ist – im Gegensatz zur Anzeige des Stpfl. (→ Rz. 1233) – **keine Steuererklärung**.[1] Dennoch begründet eine unzutreffende Anzeige, soweit sie zu einer unzutreffenden Steuerfestsetzung führt, nach § 370 Abs. 1 Nr. 1, Abs. 4 Satz 1 AO den objektiven Tatbestand einer Steuerhinterziehung (→ Rz. 1065). Problematischer ist die Beurteilung einer unterlassenen Anzeige, doch der Wortlaut des § 370 Abs. 1 Nr. 2 AO lässt die Einordnung als objektive Steuerhinterziehung zu (→ Rz. 132). Hierfür spricht auch die Tatsache, dass die Anzeige – anders als im Erbschaftsteuergesetz – ohne nachfolgende Steuererklärung zur Steuerfestsetzung führt[2] (→ Rz. 1072). Für die Praxis ist zu unterstellen, dass die Ermittlungsbehörden von objektiver Steuerhinterziehung ausgehen werden.[3] **1231**

Die Verletzung der Anzeigepflicht nach § 18 GrEStG kann zu einer Verlängerung der Festsetzungsverjährungsfrist nach § 169 Abs. 2 Satz 2 AO führen, weil insoweit auch die Steuerhinterziehung durch eine dritte Person genügt (§ 169 Abs. 2 Satz 3 AO). **1232**

b) Anzeigepflicht der Steuerschuldner gem. § 19 GrEStG

Die Anzeige der Stpfl. hat trotz des missverständlichen Begriffs die rechtliche Qualität einer Steuererklärung (§ 19 Abs. 5 Satz 1 GrEStG).[4] **1233**

Steuerstrafrechtlich relevant ist die Anzeigepflicht insbes. bei **gesellschaftsrechtlichen Vorgängen** und bei sog. „**einheitlichen Erwerbsgegenständen**". Zur ersten Gruppe gehört etwa die Übertragung von mindestens 95 % der Anteile an einer grundstücksbesitzenden Personengesellschaft (§§ 1 Abs. 2a Satz 1, 19 Abs. 1 Nr. 3a GrEStG),[5] zur zweiten Gruppe z.B. der Grundstückskauf vom Bauträger mit noch zu errichtendem oder zu sanierendem Gebäude (§ 19 Abs. 2 Nr. 1 GrEStG).[6] **1234**

Der als Steuerschuldner an dem steuerbegründenden Rechtsgeschäft Beteiligte ist zur Anzeige des Erwerbsvorganges **innerhalb von zwei Wochen** verpflichtet (§ 19 Abs. 3 GrEStG). Der **Inhalt** der Anzeige muss wie im Falle des § 18 GrEStG den Erfordernissen des **§ 20 GrEStG** entsprechen. **1235**

Eine Hinterziehung von Grunderwerbsteuer kommt beispielsweise in Betracht, wenn zwischen Veräußerer und Erwerber Einigkeit über eine dem Finanzamt zu verschweigende Differenz zwischen dem tatsächlich vereinbarten und dem gezahlten Kaufpreis besteht (Beispiel zur **Unterverbriefung** → Rz. 1389). Zur Berechnung **1236**

---

1) Viskorf in Boruttau, 17. Aufl. 2011, § 18 GrEStG Rz. 36; Rolletschke in Rolletschke/Kemper, § 370 AO Rz. 278 (Mai 2009).
2) So Kindshofer in der Vorauflage, Rz. 1390.
3) Die Rspr. neigt zur Beurteilung als leichtfertige Steuerverkürzung, FG Bremen v. 19.1.1993, II 163/90 K, EFG 1993, 540, rkr.; FG Baden-Württemberg v. 17.3.2004, 5 K 59/01, EFG 2004, 867, rkr. m. Anm. Fumi; Pahlke/Franz, 4. Aufl. 2010, § 18 GrEStG Rz. 20; Rolletschke in Graf/Jäger/Wittig, 2011, § 370 AO Rz. 501.
4) Pahlke/Franz, 4. Aufl. 2010, § 19 GrEStG Rz. 13.
5) Ausf. zur GrESt-Verkürzung bei internationalen Unternehmensaquisitionen Fischer/Waßmer, BB 2002, 969, 971.
6) BFH v. 28.3.2012, II R 57/10, HFR 2012, 977 m. zust. Anm. Loose; Viskorf in Boruttau, 17. Aufl. 2011, § 19 GrEStG Rz. 18; Pahlke/Franz, 4. Aufl. 2010, § 9 GrEStG Rz. 7 ff., § 19 GrEStG Rz. 10.

der Verfolgungsverjährung nach unterlassener Anzeige ist, wie bei der Erbschaftsteuer (→ Rz. 1078), von dem frühestmöglichen Zeitpunkt zur Bekanntgabe des Steuerbescheids auszugehen.[1]

9. Sonstige Verkehrsteuern

1237 Zu den sonstigen Verkehrsteuern zählen insbes. die Versicherungsteuer, die Feuerschutzsteuer, die Rennwett- und Lotteriesteuer sowie die Kraftfahrzeugsteuer.

a) Versicherungsteuer

1238 **Gegenstand** der Versicherungsteuer ist die **Zahlung eines Versicherungsentgelts** auf Grund eines Versicherungsverhältnisses (§ 1 Abs. 1 VersStG). **Bemessungsgrundlage** ist i.d.R. das **Versicherungsentgelt** (§ 5 Abs. 1 Satz 1 Nr. 1, § 3 Abs. 1 VersStG).

1239 Die Versicherungsteuer wird im Regelfall an der Quelle erhoben. **Steuerschuldner** ist gem. § 7 Abs. 1 Satz 1 VersStG der **Versicherungsnehmer**. Der **Versicherer** ist regelmäßig Steuerentrichtungsschuldner[2] und hat als solcher die Steuer für Rechnung des Versicherungsnehmers zu entrichten und haftet für diese (§ 7 Abs. 2 Satz 1VersStG). Er weist die Steuer in seiner Prämienrechnung offen aus und belastet sie an den Versicherungsnehmer weiter.

1240 Der **Versicherer** hat innerhalb von 15 Tagen nach Ablauf eines jeden Anmeldungszeitraums (i.d.R. Kalendermonat, § 8 Abs. 2 VersStG) eine elektronische **Steueranmeldung** abzugeben, die Steuer also selbst zu berechnen und die im Anmeldungszeitraum entstandene Steuer zu entrichten (§ 8 Abs. 1 VersStG). Strafrechtlich relevant können unzutreffende, unrichtige oder verspätete Anmeldungen sein, vergleichbar der Lohnsteueranmeldung (→ Rz. 973), doch dürfte dies in der streng regulierten Versicherungswirtschaft allenfalls in exotischen Ausnahmefällen in Betracht kommen.

1241 Lediglich bei einem Versicherer mit Sitz außerhalb der EU und EWR, der in diesem Gebiet auch keinen Bevollmächtigten hat, ist der Versicherungsnehmer selbst zur Entrichtung der Steuer verpflichtet (§ 7 Abs. 6 VersStG). In diesen Fällen hat der **Versicherungsnehmer** innerhalb von 15 Tagen nach Ablauf des Monats, in dem das Versicherungsentgelt bezahlt worden ist, eine eigenhändig unterschriebene **Steueranmeldung** abzugeben und die Steuer zu entrichten (§ 8 Abs. 3 VersStG).

1242 Eine unrichtige, unterlassene oder verspätete Steueranmeldung kann den objektiven Tatbestand einer Steuerhinterziehung in gleicher Weise begründen wie bei der Anmeldung des Versicherers. Demgegenüber ist fraglich, ob bereits die unterlassene oder verspätete Anzeige des Versicherungsnehmers strafrechtliche Relevanz hat. Das Gesetz sieht ein **zweistufiges** Verfahren vor, das jedoch den Anzeige- und Steuererklärungspflichten bei der Erbschaftsteuer (→ Rz. 1070) nicht vergleichbar ist, weil die Anmeldung kraft Gesetzes, unabhängig von einer Aufforderung des Finanzamts, abzugeben ist. Ein Unterlassen der Anzeige mag die spätere Nichtabgabe der Anmeldung vorbereiten, ist aber im Sinne der Versuchsdogmatik noch nicht als „unmittelbares Ansetzen zur Unterlassungstat" zu beurteilen. Vergleichbar der Verletzung allgemeiner Erfassungspflichten (→ Rz. 115) macht sich der Versicherungsnehmer, der die Anzeige unterlässt, aber die Steueranmeldung fristgerecht abgibt, nicht strafbar.

b) Feuerschutzsteuer

1243 Das Feuerschutzsteuergesetz ist ähnlich strukturiert wie das Versicherungsteuergesetz. Die Regelung über Anmeldung der Feuerschutzsteuer und ggf. Anzeige des

---

1) Wulf in Münchener Kommentar StGB, 2010, § 376 AO Rz. 36.
2) Zur gesetzlichen Neuregelung ab 2013: Medert, DStR 2013, 496.

Abschlusses der Versicherung ist in § 8 FeuerschutzG im Wesentlichen parallel zu § 8 VersStG ausgestaltet.

c) Rennwett- und Lotteriesteuer

Das **Rennwett-** und **Lotteriegesetz** erfasst als **Steuerschuldner** 1244

- **Vereine**, die das Unternehmen eines **Totalisators** (= Einrichtung zum Wetten beim Renn- und Turniersport) aus Anlass **öffentlicher Pferderennen** und anderer **öffentlicher Leistungsprüfungen für Pferde** betreiben (§ 13 Satz 1, § 1 Abs. 1 RennwLottG),
- **Buchmacher**, also Personen, die gewerbsmäßig **Wetten** bei **öffentlichen Leistungsprüfungen für Pferde** abschließen oder vermitteln (§ 13 Satz 1, § 2 Abs. 1 RennwLottG),
- **Veranstalter** von **Lotterien, Ausspielungen** oder **Oddset-Wetten** (§ 19 Abs. 1 Satz 1, § 17 Abs. 1 RennwLottG).

Vereine haben hinsichtlich der Totalisatorwetten und **Buchmacher** hinsichtlich der durch Eintragung in das Wettbuch zu Stande gekommenen Wetten über die Wetteinsätze und die davon zu entrichtenden Steuern eine **Nachweisung** aufzustellen (§ 17 Abs. 1 RennwLottABest), diese unter der Versicherung der Vollständigkeit und Richtigkeit zu unterschreiben und beim zuständigen Finanzamt **einzureichen** (§ 18 Abs. 1 Satz 1 RennwLottABest). In der Nachweisung sind die Steuern gem. § 18 Abs. 1 Satz 2 RennwLottABest von den Vereinen und Buchmachern selbst zu berechnen **(Steueranmeldung)**. 1245

Gemäß § 17 Abs. 1 Satz 1 RennwLottG unterliegen im Inland veranstaltete **öffentliche Lotterien**, Ausspielungen und Oddset-Wetten einer Steuer. **Steuerschuldner** ist der **Veranstalter** (§ 19 Abs. 1 Satz 1 RennwLottG). 1246

Wer **Lotterien**[1] oder **Ausspielungen**[2] veranstalten will, hat dem zuständigen Finanzamt schriftlich insbes. Name, Gewerbe und Wohnung des Veranstalters, die **planmäßige Anzahl** und den **planmäßigen Preis** der Lose anzumelden (§ 31 Abs. 1 RennwLottABest). Diese Anmeldung ist keine Steueranmeldung i.S.d. § 150 Abs. 1 Satz 3 AO, weil keine Selbstberechnung der Steuer erforderlich ist, sondern hat die Funktion einer Steuererklärung (§ 150 Abs. 1 Satz 1 AO), die der Steuerfestsetzung durch das Finanzamt (§ 36 Abs 1 RennwLottABest) zu Grunde liegt. **Steuerstrafrechtlich** gelten die allgemeinen Grundsätze zu § 370 Abs. 1 und Abs. 4 Satz 1 AO. 1247

Oddset-Wetten bestehen in der Vorhersage eines bestimmten **Sportergebnisses.** Wer Oddset-Wetten veranstalten will, hat dem zuständigen Finanzamt spätestens am 30. Tag nach dem Empfang der Genehmigung schriftlich Name, Gewerbe und Wohnung des Veranstalters sowie den Zeitpunkt der Aufnahme des Wettbetriebs **anzumelden** (§ 31a Abs. 1 RennwLottABest). **Steuerstrafrechtliche** Relevanz hat diese Anmeldung noch nicht, weil sie, anders als bei Lotterien und Ausspielungen, zunächst nur der steuerlichen Erfassung des Stpfl. dient (→ Rz. 115) und noch keine Besteuerungsgrundlagen enthält. Die in § 36 Abs. 2 Satz 1 RennwLottABest erwähnte Einleitung des Strafverfahrens wegen Nichterfüllung der Anmeldepflicht kommt deshalb bei den Oddset-Wetten trotz der Verweisung auf § 31a Abs. 1 RennwLottABest nicht in Betracht. 1248

Der Anmeldung des Veranstalters folgt die eigentliche Steueranmeldung. Gemäß § 31a Abs. 3 RennwLottABest ist bis zum 15. Tag nach Ablauf des Anmeldungszeitraums (Kalendermonat, § 31a Abs. 3 Satz 3 RennwLottABest) eine **Steueranmeldung** abzugeben, in der die Steuer vom Veranstalter selbst zu berechnen ist. Führt 1249

1) Vgl. zur Abgrenzung Sensburg, BB 2002, 126.
2) Näher Maslaton/Sensburg, DStZ 2002, 24, 25.

die unrichtige, unterlassene oder verspätete Steueranmeldung zu einer Steuerverkürzung, ist wie bei der Lohnsteuer (→ Rz. 973) der objektive Tatbestand einer **Steuerhinterziehung** erfüllt.

d) Kraftfahrzeugsteuer

1250 Die **Kraftfahrzeugsteuer** ist als direkte Konsumsteuer zu qualifizieren.[1)] Sie stellt einen Ausgleich für die Beanspruchung öffentlicher Straßen dar.

1251 **Steuergegenstand** sind insbes. das **Halten** von inländischen Fahrzeugen (§ 2 Abs. 1 KraftStG) **zum Verkehr** auf öffentlichen Straßen (§ 1 Abs. 1 Nr. 1 KraftStG). **Steuerschuldner** ist die Person, für die das Fahrzeug (formell) zugelassen ist (§ 7 Nr. 1 KraftStG). **Bemessungsgrundlagen** sind bei Krafträdern der Hubraum, bei Pkw neben dem Hubraum auch die Schadstoffemissionen und Kohlendioxidemissionen und bei anderen Fahrzeugen das zulässige Gesamtgewicht sowie ggf. zusätzlich die Schadstoff- und Geräuschemissionen (§ 8 KraftStG).

1252 Gemäß § 12 Abs. 1 KraftStG findet grds. eine unbefristete **Steuerfestsetzung** statt. Eine **Neufestsetzung** findet insbes. dann statt, wenn sich infolge einer Änderung der Bemessungsgrundlagen oder des Steuersatzes eine andere Steuer ergibt (§ 12 Abs. 2 KraftStG). Den Eigentümer, bzw. im Falle der Zulassung für einen anderen, den Halter trifft eine **Steuererklärungspflicht**, wenn das Fahrzeug zum Verkehr zugelassen werden soll, wenn ein zum Verkehr zugelassenes Fahrzeug erworben wurde oder wenn das Fahrzeug während der Dauer der Steuerpflicht verändert wird und sich dadurch die Höhe der Steuer ändert (§ 3 Abs. 1 Satz 1 KraftStDV).

1253 Die **Steuererklärung** ist nach amtlich vorgeschriebenem Vordruck bei der Zulassungsbehörde abzugeben. Die Fahrzeuganmeldung gilt zugleich als Steuererklärung, wenn sie einen entsprechenden Hinweis enthält (§ 3 Abs. 2 KraftStDV).

1254 Die Zulassungsbehörde prüft insbes. die Angaben in der Steuererklärung, bescheinigt, dass die Eintragungen mit den Angaben in den vorgelegten Urkunden übereinstimmen, und übersendet die Steuererklärung dem zuständigen Finanzamt (§ 5 Abs. 2 Nr. 1 KraftStDV).

1255 Zur Aufklärung von Zweifeln oder Unstimmigkeiten kann sich das Finanzamt gem. § 6 KraftStDV das Fahrzeug vorführen und den Fahrzeugbrief, den Fahrzeugschein sowie den Steuerbescheid vorlegen lassen.

1256 Die Zulassung des Kfz und die Festsetzung der Kraftfahrzeugsteuer hängen also unmittelbar miteinander zusammen und sichern so das Steueraufkommen. Eine **unrichtige Festsetzung** kann v.a. auf Grund von Manipulationen der Steuerbemessungsgrundlage erfolgen, insbes. wenn nachträglich das Fahrzeug verändert wird und sich dies auf die Höhe der Steuer auswirkt. In der Praxis wird die aus diesen nachträglichen Änderungen resultierende Steuererklärungspflicht gem. § 3 Abs. 1 Satz 1 Nr. 3 KraftStDV nicht selten verletzt. Im Zusammenhang mit der Kfz-Zulassung kommen neben einer Steuerhinterziehung auch allgemeine strafrechtliche Tatbestände (zu denken ist etwa an Urkundenfälschung, § 267 StGB) in Betracht.

10. Verbrauchsteuern

1257 Auf Bundesertragsebene sind die wichtigsten Verbrauchsteuern die Tabak-, Bier-, Branntwein-, Schaumwein-, Kaffee-, Strom- und Energiesteuer. Letztere erfasst Waren, die dazu bestimmt sind, als Kraft- oder Heizstoff verwendet zu werden, insb. Mineralöl, Gas und Kohle (§ 1 EnergieStG). Die Verbrauchsteuergesetze wurden am

1) Lang, StuW 1990, 107, 127.

21.7.2009[1] zur Anpassung an die neue Systemrichtlinie[2] der EU erheblich geändert. Sie sind mit Ausnahme der Kaffeesteuer nach Vorgaben der EU europaweit harmonisiert.[3] Insbesondere der Handel mit geschmuggelten Zigaretten, das Schwarzbrennen von Alkohol,[4] die Heizölverdieselung[5] oder das Entfernen von verbrauchsteuerpflichtigen Waren aus einem Steuerlager, jeweils unter Verletzung der steuerlichen Anmeldungs- oder Anzeigepflichten, sind von erheblicher steuerstrafrechtlicher Bedeutung.[6] Zum Strafrechtsschutz harmonisierter Verbrauchsteuern anderer Mitgliedstaaten der EU → Rz. 1650.

1258 Der Verbrauchsbesteuerung liegt kein rationales System zu Grunde. Die Steuerobjekte sind ausschließlich unter dem Gesichtspunkt des Steuerertrags ausgewählt worden, nicht etwa nach dem Grad ihrer Umwelt- oder Sozialschädlichkeit. Die Steuerlast trägt in erster Linie der private Verbraucher. In der Regel wird die Steuer von dem inländischen Produzenten oder dem Importeur als Steuerschuldner erhoben und von diesem über die Preisgestaltung auf den Verbraucher abgewälzt. Die Steuerschuld entsteht regelmäßig durch den tatsächlichen Übergang der steuerbelasteten Ware aus dem Herstellungsbetrieb in den freien Verkehr, durch den Verbrauch der belasteten Ware im Betrieb oder als Eingangsabgabe (§ 1 Abs. 1 Satz 3 ZollVG) durch die Einfuhr der belasteten Ware[7] (→ Rz. 1663). Zuständig ist das HZA als Teil der Bundesfinanzverwaltung (§ 12 Abs. 2 FVG).

1259 Zur **Sicherung** des **Steueraufkommens** obliegen den Herstellerbetrieben besondere **Buchführungs-** und **Anmeldungspflichten**. Wer Waren gewinnen oder herstellen will, an deren Gewinnung, Herstellung, Entfernung aus dem Herstellerbetrieb oder Verbrauch innerhalb des Herstellungsbetriebs eine Verbrauchsteuerpflicht geknüpft ist, hat dies der zuständigen FinBeh vor Eröffnung des Betriebs anzumelden (§ 139 Abs. 1 Satz 1 AO). Die Anmeldung soll die Steueraufsicht nach den §§ 209 ff. AO ermöglichen. Allgemein zur Steuerhinterziehung im Zusammenhang mit Erfassungspflichten → Rz. 137.

1260 Die aus dem Herstellungsbetrieb entfernten Gegenstände sind **periodisch**, i.d.R. einmal im Monat, **anzumelden**, wobei der Anmelder die Steuer selbst zu berechnen und zu entrichten hat (§ 150 Abs 1 Satz 3, § 167 AO).[8] Verbrauchsteuern sind somit ganz überwiegend **Fälligkeitssteuern**[9] (→ Rz. 216). **Steuerbemessungsgrundlage** ist die Menge oder der Wert der Gegenstände. Die unrichtige, unterbliebene oder verspätete Anmeldung, die zu einer Steuerverkürzung geführt hat, begründet wie bei der Lohnsteuer (→ Rz. 973) den objektiven Tatbestand der Steuerhinterziehung. Typisch für Verbrauchsteuern sind hohe Steuersätze, die ein entsprechend hohes Verkürzungsrisiko begründen und daher sehr früh und teilweise aus sehr formalistischen Gründen entstehen, etwa auf Grund „Unregelmäßigkeit" bei der Beförderung

1) Viertes Gesetz zur Änderung von Verbrauchsteuergesetzen v. 15.7.2009, BGBl. I 2009, 1870.
2) Richtlinie 2008/118/EG des Rates v. 16.12.2008 über das allgemeine Verbrauchsteuersystem und zur Aufhebung der Richtlinie 92/12/EWG, ABl.EU Nr. L 9, 12.
3) Ausf. Möller/Retemeyer in Bender/Möller/Retemeyer, Teil C. Rz. 1378 f.; Tully in Graf/Jäger/Wittig, § 370 AO Rz. 509 ff.
4) Jäger in Franzen/Gast/Joecks, 7. Aufl. 2009, § 370 AO Rz. 225c; zur Entziehung von Branntwein aus einem Steueraussetzungsverfahren BGH v. 24.10.2002, 5 StR 600/01, wistra 2003, 100 m. Anm. Bender, wistra 2003, 136; Tully in Graf/Jäger/Wittig, 2011, § 370 AO Rz. 519 ff.
5) Jäger in Franzen/Gast/Joecks, 7. Aufl. 2009, § 370 AO Rz. 225d.
6) Weitere Bsp. bei Tully in Graf/Jäger/Wittig, 2011, § 370 AO Rz. 514 ff.; Jäger in Franzen/Gast/Joecks, 7. Aufl. 2009, § 370 AO Rz. 225a; Jäger in Klein 11. Aufl. 2012, § 370 AO Rz. 390.
7) Vgl. Jäger in Franzen/Gast/Joecks, 7. Aufl. 2009, § 370 AO Rz. 220b.
8) Z.B. § 12 Abs. 2 Satz 1 TabStG; § 144 Abs. 1 und 2 BranntwMonG; § 15 Abs. 1 und 2 SchaumwZwStG; § 12 Abs. 1 und 2 KaffeeStG; § 8 Abs. 1 StromStG; § 8 Abs. 3 und 4 EnergieStG; teilw. abw. § 8 Abs. 1 BierStG.
9) Kohlmann, § 370 AO Rz. 1549 (Oktober 2005).

unter Steueraussetzung.[1] Wird im Fall einer solchen Unregelmäßigkeit nicht, wie vorgeschrieben,[2] unverzüglich eine Steueranmeldung abgegeben, liegt darin objektiv bereits eine Steuerverkürzung. Das **strafrechtliche Risiko** einer Verbrauchsteuerverkürzung ist im Hinblick auf die, gemessen am Warenwert, sehr hohen Verkürzungsbeträge ganz erheblich.[3]

1261 Ein Erwerb von Schmuggelzigaretten im EU-Ausland begründet neben dem Tatbestand der Steuerhehlerei (§ 374 AO) auch den der **Tabaksteuerhinterziehung**[4] durch Unterlassen, wenn nicht unverzüglich nach deren Verbringen nach Deutschland eine Steuererklärung (§§ 12, 19 TabStG a.F., § 23 Abs. 1 TabStG n.F.) abgegeben wird.[5] Der inländische Abnehmer, der die geschmuggelten Zigaretten im Inland übernimmt, ist demgegenüber kein Empfänger i.S.v. § 19 Abs. 3 TabStG a.F., 23 Abs. 1 Satz 2 TabStG n.F., und begeht daher Steuerhehlerei, aber keine Tabaksteuerhinterziehung.[6]

1262 Allerdings zeigt das Verbrauchssteuerstrafrecht bisweilen auch absurde Züge. Neben Fällen der Kaffeesteuerhinterziehung mit erheblichen Steuerausfällen[7] werden auch kleine und kleinste Fälle verfolgt.[8]

1263 Verbrauchsteuerrechtliche Vermutungen und Beweisregeln können im Strafverfahren den Tatnachweis, wie auch sonst im Steuerstrafrecht, nicht ersetzen[9] (→ Rz. 87).

1264 In bußgeldrechtlicher Hinsicht bestimmt **§ 381 AO,** dass **ordnungswidrig** handelt, wer vorsätzlich oder leichtfertig bestimmten Vorschriften der Verbrauchsteuergesetze zuwiderhandelt. Dies betrifft in erster Linie Vorschriften über die zur Vorbereitung, Sicherung oder Nachprüfung der Besteuerung auferlegten Pflichten, über Verpackung und Kennzeichnung verbrauchsteuerpflichtiger Erzeugnisse oder Waren, die solche Erzeugnisse enthalten, oder über Verkehrs- und Verwendungsbeschränkungen für solche Erzeugnisse oder Waren. § 381 AO schafft im Interesse der Sicherung des Verbrauchsteueraufkommens die Möglichkeit, Pflichtverletzungen zu ahnden, die noch keine Steuerverkürzung zur Folge hatten oder bei denen ein auf Steuerverkürzung gerichteter Schuldvorwurf nicht besteht oder nicht bewiesen werden kann.[10] Die Ahndung einer Ordnungswidrigkeit gem. § 381 AO setzt voraus, dass in den entsprechenden Verbrauchsteuergesetzen ausdrücklich auf § 381 AO verwiesen wird (sog. Vorbehalt der Rückverweisung).[11] Ein Verstoß gegen Erklärungs- und

1) Vgl. § 11 Abs. 2 Nr. 3, Abs. 4 Nr. 3 KaffeeStG.
2) Vgl. § 12 Abs. 2 KaffeeStG.
3) Etwa BGH v. 18.1.2011, 1 StR 561/10, wistra 2011, 191 (KaffeeSt); zum Haftungsrisiko eines Gehilfen vgl. BFH v. 22.5.2012, VII R 51/11, HFR 2012, 935; zum Verbrauchsteuerstrafrecht nach der Rechtslage bis 31.3.2010 ausf. Bender in Bender/Möller/Retemeyer, Teil C Rz. 1394 ff.
4) Ausf. zur TabSt-Hinterziehung Tully in Graf/Jäger/Wittig, 2011, § 370 AO Rz. 523 f.; Jäger in Franzen/Gast/Joecks, 7. Aufl. 2009, § 370 AO Rz. 225b; Weidemann, wistra 2012, 1, 49.
5) BGH v. 28.8.2008, 1 StR 443/08, wistra 2008, 470; vgl. auch BGH v. 7.11.2007, 5 StR 371/07, wistra 2008, 105, 1007; Weidemann, wistra 2009, 174.
6) BGH v. 2.2.2010, 1 StR 635/09, wistra 2010, 226, 227; Höll, PStR 2011, 50 (auch zur Neufassung des TabStG); zur Berechnung der TabSt BGH v. 25.3.2010, 1 StR 52/10, wistra 2010, 228.
7) BGH v. 18.1.2011, 1 StR 561/10, wistra 2011, 191.
8) Bis zur Neuregelung des § 18 KaffeeStG in 2010 waren Personen, die Kaffee für ihren privaten Bedarf von Versandhändlern in anderen EU-Mitgliedsstaaten bestellt haben, zur Anmeldung der KaffeeSt verpflichtet. Gegen diese ermittelte die Zollverwaltung in Massenverfahren. Ein gegen 4 000 Einzelpersonen gerichtetes Verfahren erbrachte 25 000 € Mehrsteuern bei 800 000 € Personalkosten (Quelle: Bemerkungen des Bundesrechnungshofs 2009, 41, 196).
9) Ausf. Jäger in Franzen/Gast/Joecks, 7. Aufl. 2009, § 370 AO Rz. 225e.
10) Gast-de Haan, DB 1988, 2536; Meyer in Beermann/Gosch, § 381 AO Rz. 2 (Juni 2011).
11) Vgl. § 36 Abs. 1 und 2 TabStG; § 60 TabStV; § 30 BierStG; § 158 BranntwMonG; § 67 BrStV; § 35 SchaumwZwStG; § 53 SchaumwZwStV; § 24 KaffeeStG, § 44 KaffeeStV, § 19 StromStV; § 64 EnergieStG.

Anzeigepflichten liegt vor, wenn die vorgeschriebene Erklärung nicht, nicht rechtzeitig, nicht vollständig oder inhaltlich unrichtig abgegeben wird.[1)]

Eine **vorsätzlich** begangene Ordnungswidrigkeit gem. § 381 AO kann gem. § 381 Abs. 2, § 377 Abs. 2 AO, § 17 Abs. 1 OWiG mit einer **Geldbuße** bis zu 5 000 € geahndet werden. Bei **Leichtfertigkeit** beträgt die Geldbuße gem. § 17 Abs. 2 OWiG bis zu **2 500 €**. 1265

Die Möglichkeit einer strafbefreienden **Selbstanzeige** besteht im Fall der Verbrauchsteuergefährdung nicht, da § 381 AO nicht auf die § 378 Abs. 3, § 371 AO verweist.[2)] 1266

§ 381 AO tritt zurück, wenn die Handlung gleichzeitig Steuerhinterziehung oder leichtfertige Steuerverkürzung ist (**§ 21 OWiG** bzw. § 381 Abs. 2 AO). 1267

Bei einem erstmaligen Verstoß eines Betriebsinhabers, der mit den verbrauchsteuerrechtlichen Pflichten im Rahmen der besonderen Steueraufsicht (noch) nicht vertraut ist, wird i.d.R. eine Verwarnung gem. §§ 56 ff. OWiG genügen, um ihn zum vorschriftsmäßigen Verhalten zu veranlassen. Wiederholte Verstöße trotz vorangegangener Verwarnung werden dagegen regelmäßig den Vorwurf vorsätzlichen Handelns nach sich ziehen.[3)] 1268

II. Benennung von Gläubigern und Zahlungsempfängern (§ 160 AO); Schmier- und Bestechungsgelder (§ 4 Abs. 5 Satz 1 Nr. 10 EStG)

1. Allgemein

§ 160 AO und § 4 Abs. 5 Satz 1 Nr. 10 EStG bestimmen als Rechtsfolge die Nichtabziehbarkeit von steuerlich grundsätzlich berücksichtigungsfähigen Aufwendungen. Die Vorschriften haben eine erhebliche Praxisrelevanz, die durch die Internationalisierung der Waren- und Dienstleistungsmärkte weiter zunimmt. Es handelt sich um rein **steuerliche Regelungen** jedoch mit zahlreichen Berührungspunkten zu allgemeinen Wirtschaftsstraftaten und zur Steuerhinterziehung. Im Folgenden wird zunächst der steuerliche Kontext einschließlich der allgemeinen Straf- und Bußgeldtatbestände im Zusammenhang mit dem steuerlichen Abzugsverbot von Schmier- und Bestechungsgeldern in Grundzügen dargestellt, bevor steuerstrafrechtliche Aspekte beleuchtet werden. 1269

2. Benennung von Gläubigern und Zahlungsempfängern

a) Inhalt und Zweck des § 160 AO

Schulden und andere Lasten, Betriebsausgaben, Werbungskosten und andere Ausgaben sind steuerlich regelmäßig nicht zu berücksichtigen, wenn der Stpfl. dem Verlangen der Finanzbehörde nicht nachkommt, die Gläubiger oder die Empfänger genau zu benennen (§ 160 AO). 1270

§ 160 AO ist in zweifacher Hinsicht als **Ermessensvorschrift** ausgestaltet. Zum einen muss die Finanzbehörde entscheiden, ob sie eine Benennung des Empfängers oder Gläubigers verlangt, zum anderen ist, wenn der Stpfl. dem Verlangen nicht nachkommt, die Rechtsfolge, steuerliche Nichtberücksichtigung, nur für den Regelfall angeordnet. Dies bedeutet, die Finanzbehörde muss entscheiden, ob nicht doch eine

1) Rüping in H/H/Sp, § 381 AO Rz. 21 (August 2001); Meyer in Beermann/Gosch, § 381 AO Rz. 5 (Juni 2011).
2) Meyer in Beermann/Gosch, § 381 AO Rz. 18 (Juni 2011).
3) Matthes in Kohlmann, § 381 AO Rz. 36 (November 2010); weniger streng Meyer in Beermann/Gosch, § 381 AO Rz. 14: Leichtfertigkeit (Juni 2011).

Berücksichtigung der Last oder Ausgabe in Frage kommt. Beide Entscheidungen sind Ermessensentscheidungen. Nach § 5 AO ist das Ermessen entsprechend dem Gesetzeszweck auszuüben. Daher kommt dem Gesetzeszweck bei der Anwendung des § 160 AO eine besondere Bedeutung zu.

1271 Zweck der Vorschrift ist nach der Rechtsprechung[1] und h.M. in der Literatur[2] die **Verhinderung von Steuerausfällen im Inland**. Es soll sichergestellt werden, dass nicht nur steuermindernde Ausgaben beim Stpfl., sondern auch korrespondierende Einnahmen beim Geschäftspartner erfasst werden. Die Finanzbehörde soll in die Lage versetzt werden, auf der Seite des Zahlungsempfängers die Steuerpflicht zu prüfen. Kann sie dies nicht, kann der möglicherweise entstandene Schaden des Fiskus durch Versagung des Abzugs beim Stpfl. kompensiert werden. Der Stpfl. wird gleichsam als Haftender in Anspruch genommen.[3] Abweichend von der h.M., sieht ein Teil der Literatur in § 160 AO primär eine **Beweisvorschrift**, die lediglich die richtige Besteuerung des Stpfl. sicherstellen soll. Begründet wird diese Auffassung mit dem systematischen Argument, die Vorschrift sei zwischen den Beweisvorschriften der §§ 158, 159 und 161 AO eingebettet,[4] sowie mit rechtsstaatlichen Bedenken gegen eine Inanspruchnahme des Stpfl. quasi als Haftungsschuldner, obwohl regelmäßig vollkommen unklar ist, ob überhaupt eine Steuerschuld besteht.[5] Der Gesetzeswortlaut spricht für die h.M.; den berechtigten Interessen des Stpfl. kann bei der Ermessensausübung hinreichend Rechnung getragen werden.

1272 Die ältere Rechtsprechung des BFH und BGH nannte als weiteren Zweck des § 160 AO die **Verhinderung verwerflichen Geschäftsgebarens**, z.B. Schmiergeldzahlungen, Bestechung etc.[6] In der neueren Rechtsprechung bezeichnet der BFH diese Dimension lediglich als Nebenzweck, der bei der Ermessensausübung eine Rolle spielen kann.[7] Für die Ertragssteuern ist die praktische Relevanz des Nebenzwecks entfallen, nachdem in § 4 Abs. 5 Satz 1 Nr. 10 EStG ein absolutes Abzugsverbot für straf- oder bußgeldbewehrte Zuwendungen von Vorteilen normiert wurde.

b) Anwendungsbereich und Verhältnis zu anderen Vorschriften

1273 § 160 AO gilt für alle Steuerarten und betrifft alle Arten von steuerlich relevanten Aufwendungen. Ausdrücklich benannt werden Schulden als Unterfall von **Lasten**, d.h. jeglicher Art von Verpflichtung, sowie Betriebsausgaben und Werbungskosten als Unterfall von **Ausgaben**. Aus dem Gesetzeszweck ergibt sich, dass eine **Minderung der Bemessungsgrundlage** auf Seiten des Stpfl. Voraussetzung für die Anwendung der Vorschrift ist.[8] Weitere Voraussetzung ist, dass – ggf. durch Schätzung (§ 162 AO) zu ermittelnde – grundsätzlich abzugsfähige Aufwendungen vorliegen.[9] Sind die Aufwendungen aus einem anderen Grund nicht abzugsfähig, ist für ein Benennungsverlangen kein Raum, die Vorschrift ist insoweit immer nachrangig.[10]

1274 Der Anwendung der Vorschrift steht nicht entgegen, dass die Finanzbehörde den Empfänger selbst ermitteln kann. Durch § 160 AO ist die Verpflichtung der Finanz-

1) Z.B. BFH v. 17.11.2010, I B 143/10, BFH/NV, 2011, 98.
2) Buciek in Beermann/Gosch, § 160 AO Rz. 2 (August 2009); Rüsken in Klein, 11. Aufl. 2012, § 160 AO Rz. 1.
3) BFH v. 9.8.1989, I R 66/86, BStBl II 1989, 995.
4) Seer in Tipke/Kruse, § 160 AO Rz. 6 (Mai 2010).
5) Seer in Tipke/Kruse, § 160 AO Rz. 4 (Mai 2010).
6) BFH v. 17.12.1980, I R 148/76, BStBl II 1981, 333; BGH v. 22.11.1985, 2 StR 64/85, wistra 1986, 109.
7) BFH v. 9.4.1987, IV R 142/85, BFH/NV 1987, 689.
8) BFH v. 16.3.1988, I R 151/85, BStBl II 1988, 759.
9) BFH v. 24.6.1997, VIII R 9/96, BStBl II 1998, 51.
10) Buciek in Beermann/Gosch, § 160 AO Rz. 13 (August 2009).

behörde zur Sachaufklärung von Amts wegen (§ 88 AO) eingeschränkt. **Der Grundsatz der freien Beweiswürdigung** bleibt jedoch unberührt.[1] Die objektive Darlegungs- und Beweislast dafür, dass tatsächlich verausgabte und abzugsfähige Zahlungen vorliegen, trägt der Stpfl. Hat er dies dargetan, so liegt die objektive Beweislast dafür, dass der benannte Empfänger falsch ist, bei der Finanzbehörde. Bei Zahlungen ins Ausland ist allerdings die erhöhte Mitwirkungspflicht des Stpfl. gem. § 90 Abs. 2 AO zu beachten.[2]

c) Benennungsverlangen und Ermessen

Der Gläubiger oder Empfänger muss erst auf Verlangen der Finanzbehörde benannt werden. Das nicht mit Zwangsmitteln durchsetzbare[3] Verlangen bedarf keiner bestimmten Form, es kann mündlich oder schriftlich in jedem Verfahrensstadium gestellt werden.[4] Das Verlangen ist **nicht selbständig**, sondern nur mit Rechtsbehelfen gegen die nachfolgenden Steuerbescheide **anfechtbar.**[5] Besteht bei einem Benennungsverlangen die Gefahr, dass sich der Stpfl. durch die Benennung einer straf- oder bußgeldrechtlichen Verfolgung aussetzt, ist er zu **belehren,** dass er nicht verpflichtet ist, Angaben zu machen und ggf. auch auf die behördliche Mitteilungspflicht nach § 4 Abs. 5 Satz Nr. 10 Satz 3 EStG hinzuweisen.[6] **1275**

Gemäß § 96 Abs. 1 FGO i.V.m. § 160 AO kann auch das **Finanzgericht** eigenständig, die Empfängerbenennung verlangen. **1276**

Ob ein Verlangen nach Benennung des Gläubigers oder Empfängers an den Stpfl. gerichtet werden soll, liegt im pflichtgemäßen, am Zweck der Vorschrift ausgerichteten Ermessen der Finanzbehörde.[7] Das Verlangen ist gerechtfertigt, wenn auf Grund allgemeiner Lebenserfahrung die Möglichkeit besteht, dass der Gläubiger oder Empfänger die Forderung oder Einnahme nicht versteuert hat.[8] Eine solche Annahme liegt i.d.R. bei Schmiergeldzahlungen, Geschäften ohne Rechnung oder bei unüblichen Bargeschäften nahe. Die Finanzverwaltung hat im AEAO bei Vorliegen von Anhaltspunkten für eine straf- oder bußgeldbewehrte Vorteilszuwendung ihr Ermessen allgemein dahingehend ausgeübt, dass eine Benennung immer zu verlangen ist.[9] **1277**

Das Verlangen der Gläubiger- oder Empfängerbenennung muss **verhältnismäßig** sein. Das Verlangen ist nicht allein deswegen unverhältnismäßig, weil der Stpfl. den Gläubiger oder Empfänger nicht kennt.[10] Es bedarf jeweils im Einzelfall einer Prüfung ob der Stpfl. die Unkenntnis zu vertreten hat und ob ihm die Benennung zuzumuten ist. **Unzumutbar** ist das Benennungsverlangen, z.B., wenn der Stpfl. das Geschäft mit einem Unbekannten auf Grund einer echten Zwangslage, wie z.B. Existenzgefährdung oder Existenzverlust, geschlossen hat. Die Benennung ist auch nicht zumutbar, wenn der Stpfl selbst Opfer einer für ihn nicht durchschaubaren Täuschung geworden ist und sich ihm nicht Zweifel hinsichtlich seines Geschäftspartners aufdrängen mussten.[11] Dagegen ist das Verlangen der Finanzbehörde, die **1278**

---

1) BFH v. 27.6.2001, I R 46/00, BFH/NV 2001, 1.
2) BFH v. 30.8.1995, I R 126/94, BFH/NV 1996, 267.
3) Buciek in Beermann/Gosch, § 160 AO Rz. 41 (August 2009).
4) Buciek in Beermann/Gosch, § 160 AO Rz. 60 (August 2009).
5) BFH v. 20.4.1988, I R 67/84, BStBl II 1988, 927; a.A. Seer in Tipke/Kruse, § 160 AO Rz. 12f (Mai 2010), wonach das Verlangen der Empfängerbenennung einen Verwaltungsakt darstellt.
6) BMF v. 10.10.2002, IV A 6 – S 2145 – 35/02, BStBl I 2002, 1031, Tz. 30.
7) BFH v. 25.11.1986, VIII R 350/82, BStBl II 1987, 286; AEAO zu § 160, Nr. 1.
8) BFH v. 9.8.1989, I R 66/86, BStBl II 1989, 995.
9) AEAO zu § 160, Nr. 1.
10) Seer in Tipke/Kruse, § 160 AO Rz. 19 (Mai 2010).
11) BFH v. 24.6.1997, VIII R 9/96, BStBl II 1998, 51.

Empfänger geltend gemachter Betriebsausgaben genau zu benennen, auch bei einer Vielzahl von Geschäftsvorfällen in Bezug auf diejenigen Empfänger zumutbar, bei denen nicht geringfügige Steuerausfälle zu befürchten sind.[1)]

1279 Bei Zahlungen an ausländische Empfänger sollen die Finanzämter auf die Benennung verzichten, wenn feststeht, dass die Zahlung im Rahmen eines üblichen Handelsgeschäfts erfolgte, der Geldbetrag ins Ausland abgeflossen ist, der Empfänger nicht der deutschen Steuer unterliegt und keine Anhaltspunkte für eine straf- oder bußgeldbewehrte Bestechungshandlung vorliegen.[2)] Die bloße Möglichkeit einer im Inland nicht bestehenden Steuerpflicht reicht jedoch nicht aus.[3)] In geeigneten Fällen ist eine Erklärung der mit dem Geschäft betrauten Personen sowie des verantwortlichen Organs des Unternehmens zu verlangen, dass ihnen keine Umstände bekannt sind, die für einen Rückfluss der Zuwendung an einen inländischen Empfänger sprechen.[4)]

1280 Im Zusammenhang mit Zahlungen an ausländische Empfänger sind an der Vereinbarkeit des § 160 AO mit **Europarecht** Zweifel geltend gemacht worden. In einem Beschwerdeverfahren beim BFH wurde vorgebracht, die Vorschrift beschränke den freien Kapital- und Zahlungsverkehr und behindere die Wahrnehmung des Rechts auf Dienstleistungsfreiheit. Der BFH hat die Beschwerde mangels ausreichender Begründung verworfen. Seinen Ausführungen kann entnommen werden, dass er die Zweifel nicht teilt.[5)]

d) Benennung des Gläubigers / Empfängers

1281 Die Begriffe Gläubiger und Empfänger sind gleichrangig.[6)] Empfänger ist derjenige, dem der in der Ausgabe des Stpfl. enthaltene wirtschaftliche Wert übertragen wird. Dies ist die Person, die bei wirtschaftlicher Betrachtung die vom Stpfl. durch seine Zahlung entgoltene Leistung erbracht hat.[7)] Wird die Zahlung für einen anderen entgegengenommen, ist der andere als Empfänger anzusehen und zu benennen.[8)] Unter **Gläubiger** ist der wirtschaftliche Eigentümer der Forderung zu verstehen.

1282 Der Gläubiger / Empfänger muss so genau benannt werden, dass die Finanzbehörde ihn ohne Schwierigkeiten feststellen kann. Dazu ist grundsätzlich erforderlich den vollen Namen (Firma) und die Anschrift zum Zeitpunkt des Geschäftsvorfalls anzugeben.[9)] Ist trotz Benennung die Identifizierung nicht möglich, fehlt es an einer genauen Benennung. In solchen Fällen ist nur dann von der Anwendung des § 160 AO abzusehen, wenn der Stpfl. Opfer einer für ihn nach den Gesamtumständen nicht durchschaubaren Täuschung geworden ist.[10)]

1283 In der Praxis trifft man häufig auf Gestaltungen, in denen Basisgesellschaften (sog. Briefkasten- oder Domizilgesellschaften) als Gläubiger oder Empfänger benannt werden. Als Basisgesellschaften werden Gesellschaften oder juristische Personen bezeichnet, die keinen eigenen Geschäftsbetrieb unterhalten und nicht auf eigene Rechnung unternehmerisch handeln.[11)] In der Regel residieren sie in Niedrigsteuerländern, sog. Steueroasen, die zudem oft in Steuersachen keine oder nur einge-

1) BFH v. 10.3.1999, XI R 19/98, BStBl II 1999, 434.
2) AEAO § 160, Nr. 4.
3) BFH v. 13.3.1985, I R 7/81, BStBl II 1986, 318.
4) AEAO zu § 160, Nr. 4.
5) BFH v. 16.11.2011, X B 61/10, BFH/NV 2012, 374, 375.
6) Seer in Tipke/Kruse, § 160 AO Rz. 21 (Mai 2010); BFH v. 21.7.2009, IX B 5/09, BFH/NV 2010, 3.
7) BFH v. 17.11.2010, I B 143/10, BFH/NV 2011, 198.
8) BFH v. 25.11.1986, VIII R 350/82, BStBl II 1987, 286.
9) BFH v. 10.3.1999, XI R 10/98, BStBl II 1999, 434.
10) BFH v. 4.4.1996, IV R 55/94, BFH/NV 1996, 801.
11) Buciek in Beermann/Gosch, § 160 AO Rz. 110 (August 2009).

schränkte Rechts- und Amtshilfe leisten. In diesen Fällen gelten Besonderheiten. Zum einen ist **§ 16 AStG** zu beachten. Nach § 16 Abs. 1 AStG ist der Gläubiger oder Empfänger erst dann i.S.d. § 160 AO genau bezeichnet, wenn der Stpfl. alle Beziehungen offenlegt, die unmittelbar oder mittelbar zwischen ihm und der Gesellschaft, Person oder Personengesellschaft bestehen oder bestanden haben. Auf Verlangen des Finanzamts hat er über die Richtigkeit und Vollständigkeit seiner Angaben und über die Behauptung, dass ihm Tatsachen nicht bekannt sind, eine **Versicherung an Eides Statt** abzugeben (§ 16 Abs. 2 AStG). Zum anderen genügt allein die Benennung der Basisgesellschaft nicht, um die Anwendbarkeit die Rechtsfolgen des § 160 AO zu vermeiden. Auch die Benennung der Gesellschafter oder Treuhänder (Hintermänner) genügt u.U. nicht. Nach der Rechtsprechung muss, wenn die Zahlungen aus welchem Grund auch immer weitergeleitet werden, der Letztempfänger benannt werden.[1] Ungewissheiten hinsichtlich der Person des Empfängers wertet die Finanzverwaltung bisher zu Lasten des Stpfl.[2] Ob diese Praxis auch in Zukunft bestand hat, ist zweifelhaft. Ihr dürfte die Grundlage entzogen sein, nachdem Deutschland in jüngster Vergangenheit eine Reihe von **Abkommen über den Informationsaustausch** mit sog. Steueroasen abgeschlossen hat.[3] Meines Erachtens ist diesem Umstand in Fallkonstellationen, wo unzweifelhaft Ausgaben vorliegen, im Rahmen der Verhältnismäßigkeitsprüfung Rechnung zu tragen. Wenn der Stpfl. alle ihm über den Empfänger zur Verfügung stehenden Informationen offenbart hat, muss die Finanzverwaltung verbleibende Zweifel über den Endempfänger im Wege des Informationsaustausches mit dem anderen Staat beseitigen.

e) Steuerliche Folgen unterbliebener Empfängerbenennung

Kommt der Stpfl. dem Verlangen der Finanzbehörde nach Benennung des Gläubigers oder Zahlungsempfängers nicht nach, sind Schulden und andere Lasten, Betriebsausgaben, Werbungskosten und andere Ausgaben steuerlich regelmäßig nicht zu berücksichtigen. Die Formulierung „regelmäßig" erfordert eine **Ermessensausübung** der Finanzbehörde. Vor Anwendung der gesetzlichen Folge einer steuerlichen Nichtberücksichtigung der Ausgaben, ist zu prüfen, ob nicht besondere Umstände ausnahmsweise die steuerliche Berücksichtigung rechtfertigen. Ob solche Umstände vorliegen ist nach dem Zweck der Vorschrift zu beurteilen.[4] Zu diesen Umständen gehört aber nicht, dass die Finanzbehörde – unbeschadet ihres Rechts dies zu tun (§ 160 Abs. 1 Satz 2 AO) – den Gläubiger oder Zahlungsempfänger ermitteln könnte.[5] **1284**

Keine Folgen dürfen gezogen werden, wenn dem Benennungsverlangen von einem **Berufsgeheimnisträger** oder einer **Hilfsperson** unter Berufung auf § 102 AO nicht nachgekommen wird. Dies ergibt sich aus § 160 Abs. 2 AO. Allerdings gilt dies nicht für **Journalisten**, Presse- und Rundfunkangehörige (nach § 102 Abs. 1 Nr. 4 AO bleibt § 160 unberührt). **1285**

Bei der Entscheidung über die steuerliche Berücksichtigung der Zahlung sind die Steuerbedingungen des Empfängers so weit wie möglich zu berücksichtigen.[6] Sind die Zahlungsempfänger zwar nicht im Einzelnen benannt, aber nach den Gesamtumständen in ihrer Zusammensetzung bekannt, so sind ihre Einkommensverhältnisse bei der Höhe des nach § 160 AO nicht abziehbaren Betrages zu berücksichti- **1286**

1) BFH v. 10.11.1998, I R 108/99, BStBl II 1999, 121.
2) AEAO § 160, Nr. 4.
3) Andorra, Anquilla, Antigua und Barbuda, Britische Jungferninseln, Caicos- und Turksinseln, Cayman, Domienica, Gibraltar, Grenada, Guernsey, Isle of Man, Jersey, Liechtenstein, Monaco, Montserrat, San Marino, Schweiz, St. Lucia, St. Vincent und Grenadinen.
4) Seer in Tipke/Kruse, § 160 AO Rz 30 (Mai 2010).
5) Seer in Tipke/Kruse, § 160 AO Rz 35 (Mai 2010).
6) BFH v. 10.3.1999, XI R 10/98, BStBl II 1999, 434.

gen, wobei Unsicherheiten zu Lasten des Stpfl. gehen.[1] Betriebsausgaben des Empfängers können berücksichtigt werden, sofern sie bei diesem vermutlich nicht ohnehin angesetzt sind.[2] Die Ausgabenstreichung entfällt ganz, wenn beim Zahlungsempfänger keine steuerpflichtigen Erträge zu erwarten sind.[3] Dies folgt schon daraus, dass sich der Zweck des § 160 AO darauf beschränkt, die Besteuerung beim Zahlungsempfänger zu sichern und nicht eine zusätzliche Steuerquelle zu schaffen.

3. Schmier- und Bestechungsgelder (§ 4 Abs. 5 Satz 1 Nr. 10 EStG)

a) Zweck und Inhalt der Vorschrift

1287 § 4 Abs. 1 Nr. 10 EStG untersagt den Abzug von Betriebsausgaben im Zusammenhang mit Straftaten oder Ordnungswidrigkeiten und dient insbes. der **Korruptionsbekämpfung im In- und Ausland**. Eine Steuererklärung, in der Betriebsausgaben entgegen diesem Abzugsverbot berücksichtigt sind, kann den Tatbestand der **Steuerhinterziehung** begründen. Damit werden internationale Verpflichtungen umgesetzt,[4] die Deutschland im Zusammenhang mit der Korruptionsbekämpfung eingegangen ist.[5]

1288 Vorteilszuwendungen sowie damit zusammenhängende Aufwendungen sind nicht als Betriebsausgaben abzugsfähig, wenn die Zuwendung der Vorteile eine **rechtswidrige Handlung** darstellt, die den **Tatbestand eines Strafgesetzes** oder eines Gesetzes verwirklicht, das die Ahndung mit einer Geldbuße zulässt (§ 4 Abs. 5 Satz 1 Nr. 10 Satz 1 EStG). Nach allgemeinem Sprachgebrauch sind damit Schmier- und Bestechungsgelder sowie die damit zusammenhängenden Kosten gemeint.[6] Um das Abzugsverbot und die Verfolgung von Steuerstraftaten und Steuerordnungswidrigkeiten zu sichern, sind Gerichte, Staatsanwaltschaften oder Verwaltungsbehörden verpflichtet, Tatsachen, die sie dienstlich erfahren und die den Verdacht einer solchen Tat begründen, der Finanzbehörde für Zwecke des Besteuerungsverfahrens und zur Verfolgung von Steuerstraftaten und Steuerordnungswidrigkeiten mitzuteilen (§ 4 Abs. 5 Satz 1 Nr. 10 Satz 2 EStG). Die Finanzbehörde ihrerseits ist verpflichtet, Tatsachen, die den Verdacht einer entsprechenden Straftat oder Ordnungswidrigkeit begründen, der Staatsanwaltschaft oder der Verwaltungsbehörde mitzuteilen (§ 4 Abs. 5 Satz 1 Nr. 10 Satz 3 EStG). Diese unterrichten die Finanzbehörde von dem Ausgang des Verfahrens und den zu Grunde liegenden Tatsachen (§ 4 Abs. 5 Satz 1 Nr. 10 Satz 4 EStG).

b) Tatbestandsmerkmale

1289 Voraussetzung für die Anwendung der Vorschrift ist, dass **gewinnmindernde Betriebsausgaben** oder **überschussmindernde Werbungskosten** beim zuwendenden Stpfl. vorliegen. Demgegenüber fallen Einnahmeminderungen beim Zuwendenden und eine eventuelle Steuerpflicht beim Empfänger nicht in den Anwendungsbereich.[7]

---

1) BFH v. 9.8.1989, I R 66/86, BStBl II 1989, 995; v. 10.3.1999, XI R 10/98, BStBl II 1999, 434.
2) BFH v. 17.12.1980, I R 184/76, BStBl II 1981, 333; v. 10.3.1999, XI R 10/98, BStBl II 1999, 434.
3) BFH v. 18.9.1952, IV 120/52 U, BStBl III 1952, 275.
4) Übereinkommen über die Bekämpfung der Bestechung ausländischer Amtsträger im internationalen Geschäftsverkehr, BGBl. II 1998, 2329; Übereinkommen auf Grund von Art. K.3 des Vertrages über die Europäische Union über den Schutz der finanziellen Interessen der Europäischen Gemeinschaften, BGBl. II 1998, 2324.
5) Bis zum 31.12.1995 waren Schmier- und Bestechungsgelder, soweit der betriebliche Anlass nachgewiesen war, grds. steuerlich abziehbar. Zur Rechtsentwicklung vgl. Vorauflage Rz. 910 ff.
6) BMF v. 10.10.2002, IV A 6 – S 2145 – 35/02, BStBl I 2002, 1031, Tz. 5.
7) Heinicke in Schmidt, 31. Aufl. 2012, § 4 EStG Rz. 610.

Beispiel:

Ein Unternehmer gewährt einem für die Entscheidung über seinen Antrag auf Erteilung einer öffentlichen Bürgschaft zuständigen Amtsträger einen verbilligten Kredit für den Erwerb eines Eigenheims. § 4 Abs. 5 Satz 1 Nr. 10 EStG ist nicht tangiert, da beim Unternehmer keine Betriebsausgaben vorliegen.

Unter **Vorteil** ist jede Leistung des Zuwendenden zu verstehen, auf die der Empfänger keinen rechtlichen begründeten Anspruch hat und die ihn materiell oder immateriell in seiner wirtschaftlichen, persönlichen oder rechtlichen Situation objektiv besser stellt.[1] Mit dem Vorteil zusammenhängende Aufwendungen sind insbesondere Transaktionskosten (z.B. Versand- und Reisekosten) sowie Nebenkosten im Zusammenhang mit den einschlägigen Straftaten (z.B. Verteidigungs- und Gerichtskosten).[2] **Zuwendender** kann jeder inländische Stpfl. sein. Bei Unternehmen ist auf das Handeln oder die Billigung des Handelns durch Vertretungsberechtigte oder Organe abzustellen.[3] Das Abzugsverbot greift nur beim Zuwendenden, nicht dagegen bei Dritten, die zwischen Zuwendendem und **Zuwendungsempfänger** eingeschaltet werden, sofern sie keine weitergehende Ziele als der Zuwendende verfolgen.[4] 1290

Die Zuwendung des Vorteils muss eine nach **deutschem Recht rechtswidrige Handlung** darstellen, die den Tatbestand eines Strafgesetzes oder eines Gesetzes verwirklicht, dass die Ahndung mit einer Geldbuße zulässt. Das Gesetz begnügt sich mit dieser abstrakten Beschreibung. Die Einkommensteuerrichtlinien (EStR 2012 H 4.14) enthalten einen Katalog von Straftaten und Ordnungswidrigkeiten die die Zuwendung von Vorteilen straf- bzw. bußgeldrechtlich sanktionieren:[5] 1291

- Wählerbestechung (§ 108b Abs. 1 StGB),
- Abgeordnetenbestechung (§ 108e StGB),
- Bestechung im in- und ausländischen geschäftlichen Verkehr (§ 299 Abs. 2 und 3 StGB),
- Vorteilsgewährung (§ 333 StGB) insbes. zugunsten inländischer Amtsträger,
- Bestechung (§ 334 StGB) insbes. von inländischen Amtsträgern sowie entsprechende Handlungen gegenüber Amtsträgern aus EU-Mitgliedsstaaten (§ 1 EUBestG)[6] und sonstigen ausländischen Amtsträgern weltweit (§ 1 IntBestG),[7]
- Bestechung ausländischer Abgeordneter im Zusammenhang mit internationalem geschäftlichem Verkehr (Art. 2 § 2 IntBestG),
- Straftaten gegen Betriebsverfassungsorgane und ihre Mitglieder (§ 119 Abs. 1 BetrVG),
- Vorteilsgewährung für wettbewerbsbeschränkendes Verhalten (§ 81 Abs. 3 Nr. 2 i.V.m. § 21 Abs. 2 des Gesetzes gegen Wettbewerbsbeschränkungen),
- Vorteilsgewährung in Bezug auf das Stimmverhalten in der Hauptversammlung (§ 405 Abs. 3 Nr. 7 AktG),

1) BMF v. 10.10.2002, IV A 6 – S 2145 – 35/02, BStBl I 2002, 1031, Tz. 6.
2) BMF v. 10.10.2002, IV A 6 – S 2145 – 35/02, BStBl I 2002, 1031, Tz. 8; Nachw. auch zu engeren Auffassungen Stapf, DB 2000, 1092, 1093.
3) BMF v. 10.10.2002, IV A 6 – S 2145 – 35/02, BStBl I 2002, 1031, Tz. 7.
4) BGH v. 13.9.2010, 1 StR 220/09, wistra 2010, 484.
5) Die Finanzverwaltung geht davon aus, dass der Katalog abschließend ist und ggf. gesetzlich ergänzt wird, BMF v. 10.10.2002, IV A 6 – S 2145 – 35/02, BStBl I 2002, 1031, Tz. 10.
6) EUBestG v. 10.9.1998, in Kraft seit 22.9.1998, BGBl. II 1998, 2327; Text bei Fischer, 59. Aufl. 2012, StGB, Anhang 21; ausf. Tinkl, wistra 2006, 126.
7) IntBestG v. 10.9.1998, in Kraft seit 15.2.1999, BGBl. II 1999, 2340; Text bei Fischer, 59. Aufl. 2012, StGB, Anhang 22; ausf. Tinkl, wistra 2006, 126.

- Vorteilsgewährung in Bezug auf das Stimmverhalten in der Generalversammlung (§ 152 Abs. 1 Nr. 2 GenG),
- Vorteilsgewährung in Bezug auf die Abstimmung in der Gläubigerversammlung (§ 23 Abs. 1 Nr. 4 des Gesetzes über Schuldverschreibungen aus Gesamtemissionen – SchVG).

1292 Bei den meisten der angegeben Tatbestände ist schon das **Versprechen** oder das **Anbieten** eines Vorteils straf- oder bußgeldbewehrt. Für die Anwendung des steuerlichen Abzugsverbots reicht dies nicht aus, da noch keine Betriebsausgabe vorliegt, diese wird regelmäßig erst dann vorliegen, wenn die Vorteils**gewährung** erfolgt ist.[1] Ein im strafrechtlichen Sinn schuldhaftes Handeln des Zuwendenden ist für die Anwendung des Abzugsverbots nicht erforderlich, auch sonstige strafrechtliche Verfahrenshindernisse wie z.B. Verjährung oder fehlender Strafantrag sind unbeachtlich.[2]

1293 Bei der **Vorteilsgewährung (§ 333 StGB) an ausländische Amtsträger oder diesen gleichgestellten Personen** greift das steuerliche Abzugsverbot nicht. Das IntBestG und das EUBestG beziehen die Vorteilsgewährung nicht in den Tatbestand ein.

1294 Generell hat die strafrechtliche Prüfung eines Sachverhalts mit Auslandsbezug in zwei Schritten zu erfolgen: In einem ersten Schritt ist zu prüfen, ob der in Betracht kommende Tatbestand auf Auslandssachverhalte anwendbar ist (vgl. § 299 Abs. 3 StGB).[3] Ist dies der Fall, ist in einem zweiten Schritt zu prüfen, ob es sich um eine Inlandstat (§§ 3 und 9 StGB) handelt. Hierfür genügt, wenn eine der Tathandlungen im Inland erfolgt ist, etwa die Übergabe eines Schecks im Inland oder die Überweisung auf ein Konto des Empfängers vom Inland aus. Auch die Einbeziehung der inländischen Geschäftsleitung in eine solche Vorteilsgewährung kann bereits ausreichen. In der Praxis wird häufig ein inländischer Teilakt vorliegen, selbst wenn die Zahlung an den ausländischen Empfänger über eine ausländische Domizilgesellschaft oder einen ausländischen Vermittler geleitet wird. Liegt keine Inlandstat vor, ist zu prüfen, ob für die Auslandstat das deutsche Strafrecht gilt (§ 7 StGB). Dies ist der Fall, wenn eine handelnde Person die deutsche Staatsangehörigkeit hat oder ein Inländer durch die Tat geschädigt wurde und die Tat – in beiden Varianten – auch nach der jeweiligen ausländischen Rechtsordnung strafbar ist (§§ 7, 9 StGB).[4]

1295 Wenn eine inkriminierte Zuwendung sich nicht als eine der oben genannten Taten darstellt, bzw. der entsprechende Nachweis nicht geführt werden kann, ein anderer Straftatbestand aber erfüllt ist, z.B. Untreue (§ 266 StGB), greift das steuerliche Abzugsverbot des § 4 Abs. 5 Satz 1 Nr. 10 EStG nicht. Dagegen kommen anderweitige wirtschaftlich vergleichbare Sanktionen z.B. Verfall (§ 73 StGB) in Betracht.

c) Verfahrens- und Beweislastfragen im Besteuerungsverfahren

1296 Will die Finanzbehörde den Nichtabzug von Betriebsausgaben auf § 4 Abs. 5 Satz 1 Nr. 10 EStG stützen, so trifft sie die **Feststellungslast** dafür, dass die Voraussetzungen vorliegen. Sie muss zweifelsfrei feststellen, dass ein einschlägiger Straf- oder Bußgeldtatbestand erfüllt ist. In vielen Fällen, insbesondere solchen mit Auslandbezug, werden die festgestellten Tatsachen regelmäßig nur zur Begründung eines der Staatsanwaltschaft oder der Verwaltungsbehörde mitzuteilenden Anfangsverdachts reichen. In diesen Fällen setzt die Finanzbehörde, wenn verfahrensrechtlich mög-

1) BMF v. 10.10.2002, IV A 6 – S 2145 – 35/02, BStBl I 2002, 1031, Tz. 11.
2) Heinicke in Schmidt, 31. Aufl. 2012, § 4 EStG Rz. 611.
3) Exemplarisch dazu BGH v. 29.8.2008, 2 StR 587/07, wistra 2009, 61; der BGH hat die Geltung des § 299 Abs. 2 StGB für Schmiergeldzahlungen im ausländischen Wettbewerb für Zeiträume vor Einführung des Abs. 3 zum 30.8.2002 verneint.
4) Weitere Einzelheiten BMF v. 10.10.2002, IV A 6 – S 2145 – 35/02, BStBl I 2002, 1031, Tz. 12 f.; Übersicht bei Stahl, KÖSDI 2003, 13874, 13877.

lich, die Steuer vorläufig fest, wobei der Betriebsausgabenabzug gewährt wird. Nach Unterrichtung der Finanzbehörde durch die Staatsanwaltschaft oder die Verwaltungsbehörde über den Ausgang des Verfahrens und die zu Grunde liegenden Tatsachen wird die vorläufige Steuerfestsetzung aufgehoben, geändert oder für endgültig erklärt.[1)]

d) Belehrungspflicht der Finanzbehörde im Besteuerungsverfahren

Aus dem Grundsatz des **Zwangsverbots zur Selbstbelastung** bezüglich nichtsteuerlicher Delikte bzw. aus § 393 AO für Steuerstraftaten und Steuerordnungswidrigkeiten ergibt sich eine **Belehrungspflicht** für die Finanzbehörde gegenüber dem Stpfl. über die Möglichkeit der straf- bzw. bußgeldrechtlichen Selbstbelastung, das Zwangsmittelverbot und die mögliche Mitteilungspflicht nach § 4 Abs. 5 Satz 1 Nr. 10 Satz 2 EStG sobald er zur Mitwirkung an der Aufklärung des Sachverhalts, der eine vermutete Vorteilszuwendung zum Gegenstand hat, aufgefordert wird. Ein Verstoß gegen die Belehrungspflicht führt nicht zu einem steuerlichen Verwertungsverbot der durch Angaben des Stpfl. erlangten Kenntnisse. Strafrechtlich sind die Kenntnisse dagegen grundsätzlich nicht verwertbar (→ Rz. 3969). Das Verwertungsverbot gilt nicht, wenn dem Stpfl. sein **Schweigerecht** bekannt war oder, nachdem er durch Belehrung davon erfahren hat, er der Verwertung seiner Aussage nicht widerspricht.[2)] 1297

e) Mitteilungspflichten

Die **Finanzbehörden** haben eine **Mitteilungspflicht** gegenüber der Staatsanwaltschaft oder der für die Verfolgung einer Ordnungswidrigkeit zuständigen Verwaltungsbehörde über Tatsachen, die den Verdacht einer oben genannten Straftat oder Ordnungswidrigkeit begründen (§ 4 Abs. 5 Satz 1 Nr. 10 Satz 3 EStG). Die Mitteilungspflicht ist für das Funktionieren der steuerlichen Regelung entbehrlich, sie wurde aus generalpräventiven Gründen beibehalten.[3)] Die Mitteilungspflicht geht dem Steuergeheimnis vor,[4)] schon deshalb, weil die vermutete Korruptionsstraftat (von exotischen Auslandssachverhalten evtl. abgesehen) zugleich den Anfangsverdacht einer Steuerstraftat begründet (§ 30 Abs. 4 Nr. 1 AO). Für das Auslösen der Mitteilungspflicht genügt ein **strafrechtlicher Anfangsverdacht**. Die Finanzbehörde ist nicht verpflichtet, zu prüfen, ob eine strafrechtliche Verurteilung in Betracht kommt.[5)] Ein Anfangsverdacht liegt vor, wenn Tatsachen/Indizien eine Straftat möglich erscheinen lassen, wobei den Ermittlungsbehörden ein Beurteilungsspielraum zusteht.[6)] Liegt ein Anfangsverdacht vor, sind die Ermittlungsbehörden gem. § 152 Abs. 2 StPO verpflichtet, ein Ermittlungsverfahren einzuleiten **(Legalitätsprinzip).**[7)] Diese Mitteilungspflicht der Finanzbehörde hat zu einer Zunahme der Ermittlungsverfahren wegen Korruptionsdelikten geführt.[8)] 1298

Teilweise wird die Auffassung vertreten, dass auch Vorteilszuwendungen, die nicht als Betriebsausgabe abgezogen wurden, den Strafverfolgungsbehörden zu melden 1299

1) BMF v. 10.10.2002, IV A 6 – S 2145 – 35/02, BStBl I 2002, 1031, Tz. 28 f.
2) BMF v. 10.10.2002, IV A 6 – S 2145 – 35/02, BStBl I 2002, 1031, Tz. 30; OFD München v. 11.7.2003, V R 34/99, DStR 2003, 1927.
3) BT-Drucks. 14/443, 21.
4) Drüen in Tipke/Kruse, § 30 AO Rz. 102a (Januar 2012).
5) BFH v. 14.7.2008, VII B 92/08, BStBl II 2008, 850.
6) Meyer-Goßner, 55. Aufl. 2012, § 152 StPO Rz. 4.
7) Meyer-Goßner, 55. Aufl. 2012, § 152 StPO Rz. 2.
8) Einen Überblick über die Entwicklung der letzten Jahre enthält der OECD Bericht über die Anwendung des Übereinkommens über die Bekämpfung der Bestechung ausländischer Amtsträger im internationalen Geschäftsverkehr und der Empfehlung des Rats zur weiteren Bekämpfung der Bestechung ausländischer Amtsträger im internationalen Geschäftsverkehr, www.oecd.org/dataoecd/39/0/48967037.pdf.

seien.[1)] Solche Vorgänge können aus der Buchhaltung früherer Jahre, durch die Buchung auf einem besonderen Konto als nicht abziehbare Betriebsausgaben oder zufällig bekannt werden. Dem ist jedoch zu widersprechen. Bei **korrekter steuerlicher Behandlung** als Betriebseinnahme oder als nichtabziehbare Betriebsausgabe[2)] ist die Weitergabe und strafrechtliche Verwertung unzulässig, weil die Mitteilung sich nur auf Tatsachen bezieht, die den Tatbestand der Steuerhinterziehung nach § 4 Abs. 5 Nr. 10 Satz 1 EStG begründen.[3)] Einer anderen Auslegung stünde das verfassungsrechtlich geschützte Selbstbelastungsverbot entgegen (§ 393 Abs. 2 AO).[4)]

1300 In der Betriebsprüfungspraxis steht den Betriebsprüfern das OECD-Handbuch „Bestechung" für die Betriebsprüfungspraxis[5)] und das vom BMF herausgegebene Handbuch „Bestechung" für die Außenprüfungsdienste 2006 als Arbeitshilfe für die Erkennung von auf Korruption hindeutenden Sachverhalten oder Indizien zur Verfügung.

1301 Nach Auffassung der Finanzverwaltung kann die **Mitteilungspflicht entfallen**, wenn die fragliche Betriebsausgabe auch aus einem anderen Grund, z.B. private Mitveranlassung (§ 12 EStG) oder Nichtbefolgung eines Benennungsverlangens (§ 160 AO), nicht abzugsfähig ist.[6)] Kommen für die Versagung der Betriebsausgaben mehrere Rechtsgrundlagen in Betracht kann nach Auffassung der Finanzverwaltung nach verfahrensökonomischen Gesichtspunkten verfahren und das Abzugsverbot z.B. auf § 160 AO statt auf § 4 Abs. 5 Satz 1 Nr. 10 EStG gestützt werden.[7)] Wenn lediglich Tatsachen vorliegen, die den Verdacht einer straf- oder bußgeldbewehrten Vorteilszuwendung an unbekannte Empfänger begründen, ist nach entsprechender Belehrung ein Benennungsverlangen zu stellen. Kommt der Stpfl. diesem nicht nach und ist der Finanzbehörde der Nachweis einer mit Strafe oder Bußgeld bewehrten Vorteilszuwendung nicht möglich, kann sie das Abzugsverbot auf § 160 AO stützen.

1302 **Gerichte, Staatsanwaltschaften oder Verwaltungsbehörden** haben eine **Mitteilungspflicht** gegenüber der Finanzbehörde. Sie müssen Tatsachen, die sie dienstlich erfahren und die den Verdacht einer einschlägigen Straftat oder Ordnungswidrigkeit begründen, der Finanzbehörde für Zwecke des Besteuerungsverfahrens und zur Verfolgung von Steuerstraftaten oder Steuerordnungswidrigkeiten mitteilen (§ 4 Abs. 5 Satz 1 Nr. 10 Satz 2 EStG). Die Mitteilungspflicht ergänzt die allgemeine Anzeigepflicht der Gerichte und Behörden nach § 116 AO.

4. Steuerstrafrechtliche Aspekte bei § 160 AO und § 4 Abs. 5 Satz 1 Nr. 10 EStG

a) Nichtbenennung von Gläubigern und Zahlungsempfängern (§ 160 AO)

1303 Verzichtet der Stpfl. auf eine steuerliche Geltendmachung von dem Grunde nach abzugsfähigen Aufwendungen, z.B. durch Verbuchung auf ein **Konto „nicht abzugsfähige Betriebsausgaben"** ist eine Strafbarkeit wegen **Steuerhinterziehung**

---

1) Stapf, DB 2000, 1092, 1099 (dies entspreche der generalpräventiven Zielrichtung des Gesetzgebers); unklar FG Baden-Württemberg v. 13.2.2008, 4 V 630/07, AO-StB 2008, 184.

2) Eine Buchung auf dem Konto „nicht abziehbare Betriebsausgaben" ohne Empfängerbenennung kann nicht den Anfangsverdacht einer Straftat begründen: instruktiv BVerfG v. 9.2.2005, 2 BvR 1108/03, BFH/NV 2005, 354.

3) Heerspink, AO-StB 2007, 304, 305 ff.; Preising/Kiesel, DStR 2006, 118, 120 ff.; Stahl, KÖSDI 2003, 13874, 13879 m.w.N.; mit Einschr. auch BMF v. 10.10.2002, IV A 6 – S 2145 – 35/02, BStBl I 2002, 1031 Rz. 32.

4) Seipl in Beermann/Gosch, § 393 AO Rz. 150 ff. (August 2008); Gotzens, DStR 2005, 673, 678; Heerspink, wistra 2001, 441, 443.

5) http://www.oecd.org/dataoecd/19/41/37682693.pdf.

6) BMF v. 10.10.2002, IV A 6 – S 2145 – 35/02, BStBl I 2002, 1031, Tz. 32.

7) BMF v. 10.10.2002, IV A 6 – S 2145 – 35/02, BStBl I 2002, 1031, Tz. 35.

zu eigenen Gunsten ausgeschlossen. Der Stpfl. nimmt hin, dass die Berücksichtigung als gewinnmindernde Ausgabe unterbleibt ohne gegen steuerrechtliche Normen zu verstoßen und Straftatbestände zu erfüllen, weil die Angabe des Zahlungsempfängers weder steuerrechtlich geboten, noch ihr Unterlassen strafbewehrt ist. Aus einer solchen Verbuchung allein kann auch nicht der **Anfangsverdacht** zu einer **anderen Straftat** oder zu einer **Beihilfe** zur Steuerhinterziehung des Empfängers hergeleitet werden. Dies liefe auf einen Generalverdacht gegen den Stpfl. hinaus, für den es keine gesetzliche Grundlage gibt[1] (→ Rz. 3052). Zur Unzulässigkeit einer Mitteilung an Strafverfolgungsbehörden → Rz. 1299.

Benennt der Stpfl. auf Verlangen der Finanzbehörde den Gläubiger oder Empfänger **1304**
einer die steuerliche Bemessungsgrundlage mindernden Aufwendung nicht, ist, sofern die Aufwendung dem Grunde nach abzugsfähig ist, § 370 AO unter dem Gesichtspunkt Steuerhinterziehung zu eigenen Gunsten nicht berührt. § 370 Abs. 1 Nr. 1 AO kommt nicht in Betracht, da der Stpfl. keine Angaben macht. Eine Strafbarkeit wegen pflichtwidrig unterlassener Angaben (§ 370 Abs. 1 Nr. 2 AO) ist nicht gegeben, da § 160 AO keine Pflicht zur Gläubiger- oder Empfängerbenennung begründet, seine Rechtsfolge sich vielmehr darin erschöpft, der Finanzbehörde die Möglichkeit zu eröffnen, die steuerliche Berücksichtigung der Aufwendungen zu versagen.[2]

Eine Strafbarkeit des Stpfl. wegen **Steuerhinterziehung zu eigenen Gunsten** kommt **1305**
selbst dann nicht in Betracht, wenn der Stpfl. den Empfänger oder Gläubiger verschleiert, z.B. durch **Verbuchung** von Ausgaben unter einem **falschen Namen**, vorausgesetzt, der Abzugsfähigkeit stehen keine anderen Gründe entgegen. Ein solches Verhalten ist lediglich eine straflose Vorbereitungshandlung. Einer **vollendeten Steuerhinterziehung** steht entgegen, dass ohne eine Entscheidung der Finanzbehörde die Ausgaben abzugsfähig sind. Solange die Finanzbehörde kein Benennungsverlangen gestellt hat, überschreitet ein solches Verhalten das **straflose Vorbereitungsstadium** nicht[3] (→ Rz. 501).

Die Grenze zwischen strafloser Vorbereitungshandlung und **strafbarem Versuchs-** **1306**
stadium ist aber überschritten, wenn die Finanzbehörde wegen Zweifeln an der Korrektheit der Aufzeichnungen ein Benennungsverlangen stellt und der Stpfl., um die Abzugsfähigkeit zu sichern, bei seiner Darstellung bleibt oder die Verschleierung verstärkt. Geschieht die Verschleierung des Empfängers, um diesem eine risikolose Nichtversteuerung der Einnahmen zu ermöglichen oder wird eine solche billigend in Kauf genommen, liegt eine strafbare **Beihilfe zur Steuerhinterziehung des Empfängers** vor.

Anders zu beurteilen ist nach der Rechtsprechung folgende Fallkonstellation: **1307**
unverbuchte Betriebseinahmen und daraus getätigte **unverbuchte Betriebsausgaben** an nicht benannte Empfänger finden keinen Eingang in die Steuererklärung. In steuerlicher Hinsicht wird die Finanzbehörde gestützt auf § 160 AO im Zweifel die Betriebseinnahmen ohne die Berücksichtigung der Betriebsausgaben der Besteuerung unterwerfen. Strafrechtlich kommt es nach der Rechtsprechung für die Beurteilung, ob eine vollendete oder versuchte Steuerhinterziehung vorliegt darauf an, ob und in welchem Umfang die Finanzbehörde die Betriebsausgaben bei wahrheitsgemäßen Angaben gem. § 160 AO anerkannt hätte, bzw. welche Vorstellung der Täter davon hatte.[4] Dieses Ergebnis ist mit Zweifeln behaftet. Es läuft darauf hinaus, einen neuen Kompensationsverbotstatbestand zu schaffen. Zwar unterschei-

1) BVerfG v. 9.2.2005, BvR 1108/3, BFH/NV 2005, 354 (Beilage 4).
2) BGH v. 28.11.2002, StR 145/02, NStZ 2004, 575; Buciek in Beermann/Gosch, § 160 AO Rz. 23 (August 2009); Seer in Tipke/Kruse, § 160 AO Rz. 3 (Mai 2010).
3) BGH v. 22.11.1985, 2 StR 64/85, wistra 1986, 109.
4) BGH v. 26.1.1990, 3 StR 472/89, wistra 1990, 232; BFH v. 17.2.1999, IV B 66/98, BFH/NV 1991, 1188.

det sich der Sachverhalt von der Konstellation, dass Betriebsausgaben mit fingierten Namen unterlegt werden, bei Lichte besehen, ergibt sich aber die gleiche Fragestellung: haben unrichtige oder fehlende Angaben einem Erfolg bewirkt und falls ja, fällt dieser in den Schutzbereich des § 370 AO? Diese Fragen sind in der Fallkonstellation „Verbuchen von Betriebsausgaben unter falschem Empfängernamen" überzeugend beantwortet. Für ein Einbeziehen der von Ermessensentscheidungen der Finanzbehörde abhängigen Haftung für fremde Steuerschulden gem. § 160 AO in den Strafbarkeitsbereich ist kein Grund vorhanden. Können die Empfänger ermittelt werden, liegt ggf. eine strafbare Teilnahme an deren Steuerhinterziehung vor, für eine weitere Ausdehnung des Strafbarkeitsbereichs besteht kein Bedürfnis.[1] Die Gefährdung des Steueranspruchs durch die Nichtverbuchung kann zudem als Ordnungswidrigkeit gem. § 379 Abs. 1 Nr. 3 AO geahndet werden.

b) Zuwendung von Vorteilen (§ 4 Abs. 5 Satz 1 Nr. 10 EStG)

1308 Zugewendete Vorteile, die nicht als Betriebsausgaben bei der steuerlichen Gewinn- oder Überschussermittlung berücksichtigt wurden, z.B. durch **Verbuchung** auf ein **Konto „nichtabzugsfähige Betriebsausgaben"**, können **beim Zuwendenden** nicht unter § 370 AO subsumiert werden. In der Regel wird schon **keine Tathandlung** vorliegen. Die zugewendeten Vorteile haben zwar den handelsrechtlichen Gewinn gemindert, in der steuerlichen Gewinnermittlung sind sie aber wieder hinzugerechnet worden. Verlangt die Finanzbehörde Einblick in das Konto „nichtabzugsfähige Betriebsausgaben", worauf sie einen Anspruch hat,[2] und verweigert der Stpfl. den Einblick, kann zwar ein pflichtwidriges in Unkenntnis lassen i.S.d. § 370 Abs. 1 Nr. 2 AO gegeben sein, objektiv liegt aber kein Taterfolg vor und subjektiv fehlt es an einem auf den Taterfolg gerichteten Vorsatz. Eine Strafbarkeit wegen vollendeter oder versuchter Steuerhinterziehung scheidet aus.

1309 Ist die **Zuwendung** des Vorteils **als abzugsfähige Betriebsausgabe behandelt** worden, setzt eine **Steuerhinterziehung beim Zuwendenden** zwingend auch eine straf- oder bußgeldbewehrte Tat i.S.d. § 4 Abs. 5 Satz Nr. 10 EStG voraus. Wie schwierig die Beurteilung, ob eine solche Tat vorliegt, im Einzelfall sein kann, zeigt exemplarisch ein Urteil des BGH über die Zuwendung von Eintrittskarten für ein Fußballspiel an Mitglieder einer Landesregierung.[3] Der BGH führt in den Gründen des den Freispruch durch das Landgericht bestätigenden Revisionsurteils aus, eine gegenteilige Überzeugung des Landgerichts wäre möglicherweise revisionsrechtlich unbeanstandet geblieben.

1310 Wenn eine straf- oder bußgeldbewehrte Tat i.S.d. § 4 Abs. 5 Satz Nr. 10 EStG vorliegt und die Zuwendung als Betriebsausgabe behandelt wurde, liegt zweifelsfrei eine Steuerhinterziehung vor, wenn die Zuwendung verdeckt erfolgt ist z.B. getarnt als Vermittlungs-, Beratungs- oder Schulungsleistung. Die vorsätzliche Vortäuschung eines unwahren Sachverhalts ist eine Tathandlung i.S.d. § 370 Abs. 1 Nr. 1 AO.[4] Der Taterfolg ergibt sich aus der Nichtabzugsfähigkeit der Betriebsausgabe. Eine Steuerhinterziehung liegt aber m.E. auch dann vor, wenn die Zuwendung des Vorteils offen erfolgt ist. Es werden vorsätzlich unvollständige Angaben gemacht. Das Motiv der Zuwendung, unerlaubte Einflussnahme auf ein Verhalten des Empfängers, wird nicht offenbart.

1311 Um in Grenzfällen das Risiko umfangreicher und meist langwieriger Ermittlungen zu vermeiden, sollten Buchhaltung und Steuererklärungen von nützlichen Aufwendungen an inländische und ausländische Empfänger vollständig freigehalten wer-

1) BGH v. 22.11.1985, 2 StR 64/85, wistra 1986, 109.
2) BFH v. 26.9.2007, I B 53, 54/07, BStBl II 2008, 415.
3) BGH v. 14.10.2008, 1 StR 260/08, wistra 2009, 26.
4) BGH v. 13.9.2010, 1 StR 220/09, wistra 2010, 484.

den. Eine Pauschalversteuerung von Sachzuwendungen mit 30 % nach § 37b Abs. 1 EStG käme theoretisch in Betracht,[1] würde aber in diesem Zusammenhang mehr Probleme schaffen als lösen.[2] Da eine Berichtigung durch Selbstanzeige allenfalls für die Steuerhinterziehung, jedoch nicht für das Korruptionsdelikt in Betracht kommt, ist umso mehr **Sorgfalt im Vorfeld** der Steuererklärung notwendig.

Beim **Empfänger einer Zuwendung** kann – unabhängig von der steuerlichen und strafrechtlichen Beurteilung beim Zuwendenden – eine Steuerhinterziehung vorliegen (→ Rz. 821, → Rz. 927). 1312

Sowohl der **Zuwendende** als auch der **Zuwendungsempfänger** können **Beihilfe** (→ Rz. 604) zur Steuerhinterziehung des jeweils anderen leisten. Beihilfehandlungen des Zuwendungsempfängers zur Steuerhinterziehung des Zuwendenden sind z.B. das Erstellen von Rechnungen über tatsächlich nicht erbrachte Leistungen, um beim Zuwendenden den Betriebsausgabenabzug zu ermöglichen. Eine Beihilfehandlung des Zuwendenden zur Steuerhinterziehung des Zuwendungsempfängers kann darin liegen, dass er die Zuwendung auf ein Konto ins Ausland überweist oder für den Zuwendungsempfänger das Geld treuhänderisch verwaltet. Ob eine an und für sich neutrale Handlung eine Beihilfe darstellt, ist auch im Zusammenhang mit Bestechungs- und Schmiergeldzahlungen wertend zu beurteilen.[3] 1313

III. Missbrauch von Gestaltungsmöglichkeiten (§ 42 AO)

1. Steuervermeidung

Dem Stpfl. ist es grds. nicht verwehrt, seine Verhältnisse so einzurichten, dass ihn eine möglichst geringe Steuerbelastung trifft. Das Steuerrecht akzeptiert eine Vielzahl von legalen Möglichkeiten und Wahlrechten, mit deren Hilfe Steuern eingespart oder in die Zukunft verlagert werden können. Dieses Recht zur **Steuervermeidung** wird steuerrechtlich und steuerstrafrechtlich allgemein anerkannt.[4] 1314

2. Missbrauch von Gestaltungsmöglichkeiten

a) Normzweck und Wirkung des § 42 AO

Eine Steuervermeidung, die sich durch den **Missbrauch von Gestaltungsmöglichkeiten** i.S.d. § 42 AO qualifiziert, wird als **Steuerumgehung** bezeichnet.[5] Historisch wurde die erste allgemeine Missbrauchsvorschrift in § 5 RAO 1919 mit der Sicherung des Steueraufkommens begründet.[6] Im Lichte des Grundgesetzes wird die Regelung inzwischen für zulässig, sogar für notwendig gehalten, um die Gleichbehandlung der Stpfl. (Art. 3 Abs. 1 GG) zu sichern.[7] 1315

Faktisch steht allerdings die ursprüngliche Funktion der Norm im Vordergrund: Sie verhindert, dass die steuersparende Gestaltungsberatung über einen verlässlichen 1316

1) Preising/Kiesel, DStR 2007, 1108, 1110.
2) Ebenso eindeutig Preising/Kiesel, DStR 2007, 1108, 1111 f.
3) BGH v. 18.6.2003, 5 StR 489/02, wistra 2003, 194.
4) St. Rspr.; BFH v. 12.9.1995, IX R 54/93, BStBl II 1996, 158, 159; Drüen in Tipke/Kruse, § 42 AO bis 2007 Rz. 3 (Oktober 2010) Meine, wistra 1992, 81; Fischer, DB 1996, 644, 647.
5) Drüen in Tipke/Kruse, § 42 AO bis 2007 Rz. 4 (Oktober 2010).
6) Mrozek, § 5 RAO Anm. 3 a.E. („.. da sonst bei der Höhe der Steuern die Durchführung der Besteuerung in absehbar vielen Fällen in der mannigfachsten Weise vereitelt und durchkreuzt werden könnte"); zur Entwicklung der Vorschrift ausf. Wienbracke, DB 2008, 664, 665 f.
7) Drüen in Tipke/Kruse, § 42 AO bis 2007 Rz. 14 f. (Oktober 2010); bedenkenswert aber der Hinweis von Leisner-Egensperger, DStZ 2008, 358, 361: „schlechte lückenhafte Gesetzgebung ist Staats-, nicht Bürgerrisiko".

„Vorsprung" vor dem Steuergesetzgeber verfügt,[1] indem das Steuerrecht in genügendem Ausmaß mit Rechtsunsicherheit „infiziert" wird. Die Regelung scheint gerade durch ihre Unkalkulierbarkeit abschrecken zu sollen,[2] um damit eine Erosion des Steueraufkommens zu verhindern.[3] Welche verfassungsrechtlichen Minimalanforderungen an die steuerrechtliche Bestimmtheit zu stellen sind, ist völlig ungeklärt[4] (zum strafrechtlichen Bestimmtheitsgebot → Rz. 1337).

b) Anwendungsbereich

1317 Nicht auf seine Angemessenheit zu beurteilen ist das **wirtschaftliche Verhalten**; das Steuerrecht respektiert dieses und knüpft daran an.[5]

1318 Hinsichtlich der **rechtlichen Gestaltung** kommt ein Missbrauch nur in Betracht, wenn der Besteuerungstatbestand, dessen Umgehung zu prüfen ist, wirtschaftliche Vorgänge erfassen soll und dazu bestimmte Gestaltungen des Rechts zu Grunde legt, weil der Gesetzgeber diese zur Erreichung bestimmter wirtschaftlicher Ziele für typisch gehalten hat.[6] Daher scheidet § 42 AO aus, wenn der Steuertatbestand an bestimmte **zivilrechtliche Vorfragen** ohne Rücksicht auf einen möglichen wirtschaftlichen Hintergrund anknüpft, etwa an die Eheschließung,[7] die Eingehung einer gleichgeschlechtlichen Lebenspartnerschaft[8] oder eine Adoption, auch wenn diese ausschließlich zum Zweck der Erbschaftsteuerersparnis vorgenommen werden.[9] Ebenso wenig ist § 42 AO im **Beitreibungsverfahren** anwendbar,[10] weil insoweit allein materielles Zivilrecht maßgeblich ist.[11]

Beispiel:

Die Vollstreckungsstelle des Finanzamts pfändet gem. § 309 AO den angeblichen Darlehensrückzahlungsanspruch eines Stpfl. S mit Wohnsitz in der Schweiz gegen den Inländer I. Das Finanzamt vermutet, dass der I das Darlehen zwar bei einer Schweizer Bank aufgenommen hat, diese jedoch keine eigenen Mittel verwendet, sondern Mittel des S im Wege eines Durchlaufdarlehens an I weitergeleitet hat.

Für die Wirksamkeit der Pfändung verweist § 309 AO strikt auf die zivilrechtliche Rechtslage. Daher ist die zivilrechtliche Vorfrage maßgeblich, ob zwischen S und I ein Darlehensvertrag besteht. Ist dies nicht der Fall, kann ein solcher Vertrag auch über § 42 AO nicht fingiert werden.

1319 Die Anwendung des § 42 AO kommt nur in Betracht, wenn der gewählte Weg eine **Minderung der inländischen Steuer** bewirkt hat. Führt der verwirklichte Sachverhalt gegenüber einer dem wirtschaftlichen Vorgang angemessenen Gestaltung auf

1) Vgl. Drüen in Tipke/Kruse, § 42 AO bis 2007 Rz. 17 (Oktober 2010).
2) So bereits der historische Gesetzgeber, vgl. Mrozek, § 5 RAO Anm. 3 („... da die Vorschrift nur gilt, wenn die Absicht der Steuerumgehung feststeht, müssen die Beteiligten von vornherein mit der Vereitelung dieser Absicht durch die Steuerbehörde rechnen und werden sich danach richten"); vgl. auch Wienbracke, DB 2008, 664, 666.
3) Zu europarechtlichen Grenzen des § 42 AO Bauschatz, IStR 2002, 291, 333.
4) BVerfG v. 12.10.2010, 2 BvL 59/06, HFR 2011, 86 (zur Mindestbesteuerung nach § 2 Abs. 3 EStG a.F.); skeptisch Leisner-Egensperger, DStZ 2008, 358, 360; krit. zur mangelnden Vorhersehbarkeit des § 42 AO n.F. FDP, BT-Drucks. 16/7036, 9.
5) BFH v. 16.1.1992, V R 1/91, BStBl II 1992, 541, 542; Drüen in Tipke/Kruse, § 42 AO bis 2007 Rz. 31 (Oktober 2010).
6) Drüen in Tipke/Kruse, § 42 AO bis 2007 Rz. 24 f. (Oktober 2010).
7) Die Gesetzesbegründung zu der Vorgängervorschrift in § 5 Abs. 1 RAO 1919 stellt darauf ab, dass eine solche Handlung „außerhalb des Wirtschaftslebens" liegt (vgl. Mrozek, § 5 RAO Anm. 4); im Ergebnis auch Felix, KÖSDI 1980, 3606, 3608.
8) Gesetz über die eingetragene Lebenspartnerschaft v. 16.2.2001, BGBl. I 2001, 266.
9) Drüen in Tipke/Kruse, § 42 AO bis 2007 Rz. 26 f. (Oktober 2010); im Erg. wohl auch Weinmann in Moench, § 15 ErbStG Rz. 21 (November 2010).
10) A.A., Schott, PStR 2010, 69, 71.
11) Kruse in Tipke/Kruse, § 309 AO Rz. 11 (Januar 2010).

Grund besonderer Umstände zu einer höheren Steuer, bleibt es nach dem Wortlaut des § 42 Abs. 2 AO (Steuervorteil) dabei. Ebenso unterliegt nach der Rspr. des BFH eine Gestaltung, die ohne steuerliche Auswirkung im Inland bleibt, weil die handelnden Personen im Inland weder unbeschränkt noch beschränkt steuerpflichtig sind, nicht dem Prüfungsmaßstab des § 42 AO.[1]

Weiterhin setzt § 42 AO die Umgehung des **geltenden Steuerrechts** voraus. Noch nicht in Kraft getretene künftige Besteuerungstatbestände genügen hierfür nicht.[2] 1320

Zu beachten ist auch das **Verhältnis von § 42 AO zu spezialgesetzlichen Vorschriften** (zum Vorrang gegenüber dem AStG → Rz. 1369) und zum EU-Recht.[3] Der BFH hat wiederholt festgestellt, dass spezialgesetzliche Missbrauchsvorschriften, etwa §§ 15a, 50c, 50d Abs. 3 EStG oder § 1 Abs. 2a GrEStG, **abschließend** sind und in ihrem Regelungsbereich eine ergänzende Heranziehung des § 42 AO ausschließen.[4] Dem stimmte die Literatur ganz überwiegend zu.[5] In anderen Entscheidungen hat der BFH der spezielleren Vorschrift den Vorrang eingeräumt und betont, dass diese zur Vermeidung von Wertungswidersprüchen auf die allgemeine Vorschrift durchschlagen müsste. Auch dieser **Wertungsvorrang** nimmt dem § 42 AO im Ergebnis den eigenständigen Anwendungsbereich.[6] Teilweise wurde das Rangverhältnis aber auch offen gelassen.[7] 1321

Der im Jahr 2001 eingefügte **Abs. 2** des § 42 AO[8] sollte nach Absicht des Gesetzgebers[9] „klarstellen", dass Abs. 1 dieser Vorschrift entgegen der bisherigen Rspr.[10] nicht mehr durch spezialgesetzliche Regelungen zur Vermeidung von Gestaltungsmissbräuchen verdrängt werden soll. Dem hat der BFH jedoch aus Gründen der Gesetzessystematik die Gefolgschaft verweigert, so dass § 42 Abs. 2 AO a.F. im Ergebnis keinen Anwendungsbereich hatte.[11] 1322

Dies veranlasste den Gesetzgeber im Jahr **2008**, § 42 AO weitgehend neu zu formulieren.[12] § 42 Abs. 1 **Satz 1** i.V.m. Abs. 2 AO ordnet Voraussetzungen und Rechtsfolgen des Gestaltungsmissbrauchs an, ohne in der Sache wesentliches zu ändern[13] 1323

1) BFH v. 29.10.1997, I R 35/96, BStBl II 1998, 235, 237 m.w.N.; ausf. Füger/Rieger, IStR 1998, 353.
2) Näher Drüen in Tipke/Kruse, § 42 AO bis 2007 Rz. 21 (Oktober 2010); Clausen, DB 2003, 1589, 1592; FG Niedersachsen v. 13.5.1993, II 483/91, EFG 1994, 311, 313 (ein Steuergesetz, das in seinen Grundzügen noch nicht bekannt ist, genügt jedenfalls nicht); Korn/Strahl, KÖSDI 1999, 11824, 11831 f.
3) List, DB 2007, 131, geht für das UStG von alleiniger Geltung des europarechtlichen Missbrauchsverbots aus.
4) Etwa BFH v. 20.3.2002, I R 63/99, BStBl II 2003, 50 (Hilversum I); v. 15.12.1999, I R 29/97, BStBl II 2000, 527 (Dividendenstripping); v. 19.1.2000, I R 94/97, BStBl II 2001, 222 (Dublin-Docks); ebenso FG Münster v. 25.10.2006, 1 K 538/03 F, EFG 2007, 722, 725, zu § 5 Abs. 3 UmwStG (in der Revision offengelassen, BFH v. 25.10.2010, IV R 74/07, BStBl II 2010, 1104).
5) Ausf. Drüen in Tipke/Kruse, § 42 AO bis 2007 Rz. 20 (Oktober 2010); Clausen, DB 2003, 1589, 1594 f. (Plattitüde, die in den Rechtsfolgen leerläuft).
6) BFH v. 31.5.2005, I R 74, 88/04, BStBl II 2006, 118; wohl ebenso v. 29.1.2008, I R 26/06, IStR 2008, 364, 365 (Vorrang der spezialgesetzlichen Regelung).
7) BFH v. 25.10.2010, IV R 74/07, BStBl II 2010, 1104.
8) Eingefügt mit Steueränderungsgesetz 2001, BGBl. I 2001, 3794, 3803, in Kraft getreten am 23.12.2001; vgl. hierzu bereits BFH v. 19.2.2002, IX R 32/98, BStBl II 2002, 674 sowie BFH v. 20.3.2002, I R 63/99, BStBl II 2003, 50.
9) Die Gesetzesbegründung spricht von einer Klarstellung, die auf Grund der jüngsten Rspr. des BFH dringend erforderlich sei, BT-Drucks. 14/68 77, 52; BT-Drucks 14/73 41, 17 f.
10) Die Gesetzesbegründung (BR-Drucks. 399/1/01 v. 29.6.2001) verweist ausdrücklich auf missbilligte BFH-Entscheidungen.
11) BFH v. 20.3.2002, I R 63/99, BStBl II 2003, 50; Clausen, DB 2003, 1589, 1595.
12) Jahressteuergesetz 2008, BGBl. I 2007, 3150 = BStBl I 2008, 218.
13) Ausf. Hahn, DStZ 2008, 483, 490 Mack/Wollweber, DStR 2008, 182, 186; Wienbracke, DB 2008, 664, 669.

(zur Beweislastumkehr → Rz. 1333), § 42 Abs. 1 **Satz 2** AO stellt das Exklusivitätsverhältnis von Spezialvorschriften deklaratorisch fest[1] und Abs. 1 **Satz 3** des § 42 AO soll als Auffangregelung die Anwendung des § 42 AO sicherstellen, wenn ein Spezialgesetz das als Missbrauch qualifizierte Verhalten nicht verhindert.[2] Dadurch soll die missbilligte BFH-Rspr. korrigiert werden.[3] Die damit erfolgte Erweiterung des § 42 AO zu einem allgemeinen Auffangtatbestand entbindet den Rechtsanwender jedoch nicht von der Verpflichtung, die Wertungen der **speziellen Missbrauchsvorschrift** zu berücksichtigen. Wenn dieses eine bestimmte Gestaltung nicht beanstandet, kann darin keine unangemessene Vorgehensweise i.S.d. § 42 Abs. 2 AO gesehen werden[4] – es sei denn, die spezielle Missbrauchsvorschrift würde ihrerseits mittels Gestaltungsmissbrauch umgangen.[5]

Im Übrigen, soweit die Vorschrift doch Lücken des materiellen Steuerrechts schließen sollte, wäre sie allenfalls auf Sachverhalte ab dem 1.1.2008 anwendbar (Art. 97 § 7 Satz 1 EGAO).

c) Unangemessenheit und Fehlen beachtlicher Gründe

1324 Steuerumgehung liegt nach der st. Rspr. des BFH vor, wenn eine **rechtliche** Gestaltung gewählt wird, die zur Erreichung des erstrebten wirtschaftlichen Ziels unangemessen ist, der Steuerminderung dienen soll und durch wirtschaftliche oder sonst beachtliche nichtsteuerliche Gründe nicht zu rechtfertigen ist (jetzt § 42 Abs. 2 AO n.F.).[6] Die gewählte Gestaltung kann den Tatbestand, an den das Gesetz die Steuerpflicht knüpft, in missbräuchlicher Weise umgehen (Tatbestandsvermeidung) oder eine Steuerbefreiung erschleichen (Tatbestandserschleichung).[7] Hieran dürfte sich durch die Neuformulierung des § 42 AO im Jahr 2008 (→ Rz. 1323) in der Sache nichts geändert haben.

1325 **Unangemessen** ist eine rechtliche Gestaltung, die nicht einen vom Gesetzgeber zur Erreichung eines bestimmten wirtschaftlichen Erfolgs vorausgesetzten Weg gebraucht, sondern einen Weg wählt, auf dem nach den Wertungen des Gesetzgebers das Ziel nicht erreichbar sein soll.[8] Dabei darf „unangemessen" entgegen einer verbreiteten Formel **nicht** mit „**ungewöhnlich**" gleichgesetzt werden, denn nicht jede Abweichung von der „typischen Gestaltung" ist bereits missbräuchlich.[9] Es ist vielmehr darauf abzustellen, ob sich verständige Parteien in Anbetracht des wirtschaftlichen Sachverhalts, insbes. des erstrebten wirtschaftlichen Ziels, für den rechtlichen Weg des Stpfl. entscheiden würden.[10] Dies ist für jede Steuerart,[11] genauer für die jeweilige steuerrechtliche Vorschrift,[12] nach den hierfür maßgebli-

---

1) Ausf. Hahn, DStZ 2008, 483, 488 f.
2) Bericht Finanzausschuss, BT-Drucks. 16/7036 v. 8.11.2007, 33.
3) Regierungsentwurf Jahressteuergesetz 2008, BT-Drucks. 16/6290 v. 4.9.2007, 116.
4) Demleitner, AO-StB 2010, 174, 177 (Wertungsvorrang der Spezialnorm gegenüber § 42 AO); Mack/Wollweber, DStR 2008, 182, 186; ebenso bereits Clausen, DB 2003, 1589, 1595.
5) Mack/Wollweber, DStR 2008, 182, 186; Wienbracke, DB 2008, 664, 669.
6) BFH v. 16.1.1996, IX R 13/92, BStBl II 1996, 214, 215; Drüen in Tipke/Kruse, vor § 42 AO ab 2008 Rz. 15 ff. (Oktober 2010); Schmieszek in Beermann/Gosch, § 42 AO Rz. 94 ff. mit gutem Überblick (Februar 2009).
7) Drüen in Tipke/Kruse, vor § 42 AO ab 2008 Rz. 21 (Oktober 2010).
8) BFH v. 16.1.1996, IX R 13/92, BStBl II 1996, 214, 215; ausf. Clausen, DB 2003, 1589, 1590.
9) Fischer in H/H/Sp, § 42 AO Rz. 65 (März 2008); Felix, KÖSDI 1980, 3606, 3610; das Merkmal der „Ungewöhnlichkeit" ist abweichend vom Kabinettsentwurf nicht Gesetz geworden, ausf. Mack/Wollweber, DStR 2008, 182, 183 f.; nach Drüen in Tipke/Kruse, vor § 42 AO ab 2008 Rz. 19, kann Ungewöhnlichkeit aber Prüfungsanlass sein (Oktober 2010).
10) BFH v. 25.1.1994, IX R 97, 98/90, BStBl II 1994, 738, 740.
11) BFH v. 20.5.1997, VIII B 108/96, DB 1997, 1747, 1749; Drüen in Tipke/Kruse, vor § 42 AO ab 2008 Rz. 18 (Oktober 2010); krit. Schmieszek in Beermann/Gosch, § 42 AO Rz. 92 (Februar 2009).
12) BFH v. 10.12.1992, V R 90/92, BStBl II 1993, 700 (nur Ls. veröff.).

chen gesetzgeberischen Wertungen gesondert zu entscheiden.[1] Ein **Gesamtplan** begründet keinen Missbrauch und ist auch kein Indiz hierfür; er kann lediglich Argumentationsansatz für die Beurteilung sein, dass die auf einem Gesamtplan beruhenden Teilschritte eine unangemessene rechtliche Gestaltung darstellen.[2] Unangemessen sind in erster Linie überflüssige oder widersprüchliche Gestaltungen, etwa in der Kombination von Ausweich- und Korrekturgeschäft.[3] Angemessen ist sicherlich der einfachste rechtliche Weg zu dem, was wirtschaftlich gewollt ist,[4] doch dürfen die Möglichkeiten einfacher Gestaltungen angesichts der Kompliziertheit des heutigen Rechtslebens nicht überschätzt werden.[5] Unter mehreren angemessenen Gestaltungsmöglichkeiten kann der Stpfl. die für ihn steuerlich günstigste wählen, er ist nicht auf einen der Wege festgelegt.[6]

Ein gewählter Weg, für den keine außersteuerlichen Gründe erkennbar sind, hatte **1326**
in der Praxis bereits bisher keine realistischen Aussichten auf Anerkennung (aber → Rz. 1374 ff.).[7] Dies hat der Gesetzgeber in § 42 Abs. 2 Satz 2 AO festgeschrieben. Umgekehrt war das Vorliegen wirtschaftlicher oder sonst beachtlicher **außersteuerlicher Gründe** lediglich ein **Indiz** für die Angemessenheit der Gestaltung,[8] was sich in der Neufassung des Gesetzes im Tatbestandsmerkmal der „Beachtlichkeit" außersteuerlicher Gründe wiederfindet.[9]

Der Umstand, dass eine Gestaltung einzig **aus steuerlichen Beweggründen gewählt** **1327**
worden ist, führt noch nicht zur Unangemessenheit.[10] Es besteht keine Verpflichtung, stets den steuerlich teuersten Weg zu wählen.[11] Die Gestaltung muss jedoch einen vernünftigen wirtschaftlichen Zweck haben, wenn das Ziel der Steuerersparnis weggedacht wird.[12] Die außersteuerlichen Gründe müssen in der Sprache des § 42 Abs. 2 Satz 2 AO „beachtlich" sein, jedoch keineswegs überwiegen.[13]

d) Umgehungsabsicht

Nach h.M. setzt § 42 AO ein Handeln in **Umgehungsabsicht** voraus,[14] doch hat die- **1328**
ses subjektive Merkmal aus Beweisgründen (→ Rz. 1333, → Rz. 1367) kaum praktische Bedeutung.[15]

---

1) Das gesetzliche Leitbild ist durch Auslegung zu ermitteln, ggf. unter Berücksichtigung der Gesetzgebungsmaterialien, und kann nicht von der FinVerw „nachgeschoben" werden, vgl. Mack/Wollweber, DStR 2008, 182, 184.
2) Schmieszek in Beermann/Gosch, § 42 AO Rz. 102 (Februar 2009); krit. Drüen in Tipke/Kruse, vor § 42 AO ab 2008 Rz. 36: Schreckgespenst Gesamtplanrechtsprechung (Oktober 2010).
3) Hahn, DStZ 2006, 431, 440 f.; Fischer, DB 1996, 644, 651; mit Blick auf Gesamtplansachverhalte Spindler, DStR 2005, 1.
4) Spriegel/Schweiss, BB 1996, 1354, 1358.
5) So bereits Felix, KÖSDI 1980, 3606, 3609.
6) Drüen in Tipke/Kruse, § 42 AO bis 2007 Rz. 43 (Mai 2010).
7) BFH v. 17.1.1991, IV R 132/85, BStBl II 1991, 607, 609.
8) BFH v. 28.1.1992, VIII R 7/88, BStBl II 1993, 84, 87; Drüen in Tipke/Kruse, vor § 42 AO ab 2008 Rz. 32 ff. (Oktober 2010); Clausen, DB 2003, 1589, 1594 (durch Richterrecht geschaffener Rechtfertigungsgrund).
9) Schmieszek in Beermann/Gosch, § 42 AO Rz. 112 (Februar 2009).
10) BFH GrS v. 29.11.1982, GrS 1/81, BStBl II 1983, 272, 277; v. 16.1.1996, IX R 13/92, BStBl II 1996, 214, 215; a.A. Pütz, wistra 1989, 201, 203; Meine, wistra 1992, 81, 82.
11) Mack/Wollweber, DStR 2008, 182, 184.
12) Drüen in Tipke/Kruse, § 42 AO bis 2007 Rz. 39 (Mai 2010).
13) Drüen in Tipke/Kruse, vor § 42 AO ab 2008 Rz. 34 (Oktober 2010).
14) Drüen in Tipke/Kruse, vor § 42 AO ab 2008 Rz. 24 (Oktober 2010) und § 42 AO bis 2007 Rz. 44 mit zahlr. Nachw. (Mai 2010); Kruse, StbJb 1978/79, 443, 453; ausf. auch Fischer in H/H/Sp, § 42 AO Rz. 271 f. (September 2008).
15) Allg.M., Clausen, DB 2003, 1589, 1593 m.w.N.

e) Rechtsfolgen

1329 Der Missbrauch von rechtlichen Gestaltungsmöglichkeiten ist als solcher weder verboten (§ 134 BGB) noch sittenwidrig (§ 138 BGB), die **zivilrechtliche Wirksamkeit** der unangemessenen Gestaltung bleibt unberührt.[1] Für steuerliche Zwecke wird über § 42 AO ein den wirtschaftlichen Vorgängen **angemessener Sachverhalt fingiert**, welcher an Stelle der gewählten rechtlichen Gestaltung der Besteuerung zu Grunde gelegt wird.[2] Der unangemessene Sachverhalt ist steuerlich unbeachtlich; hierauf ggf. bereits bezahlte Steuern sind anzurechnen oder zu erstatten.[3] Bei teilweise unangemessener Gestaltung ist nur dieser unangemessene Teil durch die Fiktion einer angemessenen rechtlichen Gestaltung zu neutralisieren.[4] Die Rechtsfolgen beschränken sich auf den konkreten Steuertatbestand. § 42 AO muss für jede Steuerart und für jeden Stpfl. einzeln geprüft werden (→ Rz. 1376).[5]

f) Fallgruppen

1330 Zunächst wurde die Regelung zur Bekämpfung der Steuerumgehung von der Rspr. sehr zurückhaltend herangezogen, aber seit Mitte der 80er Jahre zunehmend angewandt.[6] In der finanzgerichtlichen Rspr. haben sich seither eine Reihe von **Fallgruppen** herausgebildet, die regelmäßig als Gestaltungsmissbrauch beurteilt werden; auch ergeben sich fortlaufend neue Anwendungsfälle für die Vorschrift. Die nachfolgenden Beispiele[7] können lediglich exemplarisch zeigen, welche Bandbreite möglich ist und wie ähnlich sich angemessene und unangemessene Gestaltungen sein können. Stpfl. und deren Berater können der Rechtsprechungskasuistik kaum verlässliche Beurteilungskriterien entnehmen, weder zu den derzeitigen Grenzen des § 42 AO noch zur Einschätzung der künftigen Rechtsprechungsentwicklung. Dies wird in der Literatur für unvermeidbar gehalten.[8]

1331 **Beispiele (zum aktuellen Stand der Rspr.):**

– Überkreuzvermietung von gleichartigen Mietobjekten zwischen nahen Angehörigen (Einkommensteuer)[9] oder Vermietung des Arbeitszimmers in der gemeinsamen Wohnung an den anderen Ehegatten,[10] aber nicht mehr generell Mietverträge zwischen Angehörigen zur Begründung steuerlicher Verluste (Einkommensteuer),[11]

---

1) BFH v. 6.3.1996, II R 60/93, BFH/NV 1996, 788; v. 12.12.1996, II R 61/93, BStBl II 1997, 299, 300; Drüen in Tipke/Kruse, § 42 AO bis 2007 Rz. 53 (Mai 2010); Schmieszek in Beermann/Gosch, § 42 AO Rz. 42 (Februar 2009).

2) Drüen in Tipke/Kruse, § 42 AO bis 2007 Rz. 11 (Oktober 2010); a.A. mit beachtlichen Gründen Clausen, DB 2003, 1589, 1595 f. (die umgangene Steuerrechtsnorm wird auf den verwirklichten Sachverhalt angewendet).

3) Drüen in Tipke/Kruse, § 42 AO bis 2007 Rz. 52 (Mai 2010); Schmieszek in Beermann/Gosch, § 42 AO Rz. 42 (Februar 2009).

4) BFH v. 13.10.1992, VIII R 3/89, BStBl II 1993, 477, 479; v. 10.11.1993, I S 9/93, BFH/NV 1994, 684, 687; Drüen in Tipke/Kruse, § 42 AO bis 2007, Rz. 50 (Mai 2010).

5) BFH v. 19.8.1999, I R 77/96, BStBl II 2001, 43, 44; v. 19.12.2001, X R 41/99, HFR 2002, 1015; Clausen, DB 2003, 1589, 1596.

6) Drüen in Tipke/Kruse, § 42 AO bis 2007 Rz. 1 (Oktober 2010); Rose/Glorius, DB 1992, 2207, 2213; Pohl, Rz. 758; vgl. bereits Kruse, StbJb 1978/79, 443, 460.

7) Ausführliche Übersichten etwa bei Drüen in Tipke/Kruse, § 42 AO bis 2007 Rz. 54a ff. (Mai 2010); Schmieszek in Beermann/Gosch, § 42 AO Rz. 120 ff. (Februar 2009).

8) Drüen in Tipke/Kruse, § 42 AO bis 2007 Rz. 17 (Oktober 2010).

9) FG Münster v. 20.1.2010, 10 K 5155/05 E, DStRE 2011, 213.

10) FG München v. 8.10.2008, 10 K 1573/07, DStRE 2009, 750, rkr.

11) BFH v. 23.2.1988, IX R 157/84, BStBl II 1988, 604, 606 (Missbrauch bei Vermietung an unterhaltsberechtigte Kinder, aufgegeben); v. 19.12.1995, IX R 85/93, BStBl II 1997, 52, 53 (kein Missbrauch bei Vermietung an unterhaltsberechtigte Eltern); v. 19.10.1999, IX R 30/98, BStBl II 2000, 223, 224 (kein Missbrauch bei Vermietung an unterhaltsberechtigte Kinder, Änd. d. Rspr.); Drüen in Tipke/Kruse, § 42 AO bis 2007 Rz. 57 m.w.N. (Januar 2010); Schmieszek in Beermann/Gosch, § 42 AO Rz. 128 (Februar 2009).

- willkürliche Vorauszahlungen im Rahmen von Überschusseinkünften (Einkommensteuer),[1]
- gewerblicher Grundstückshandel über eine zwischengeschaltete GmbH (Einkommensteuer – näher Beispiel in → Rz. 1355),[2]
- Einschaltung von Basisgesellschaften im niedrig besteuerten Ausland (Einkommensteuer – näher → Rz. 1368 ff.),[3]
- wiederholte Wahl der Steuerklasse III/V mit anschließendem Antrag auf getrennte Veranlagung, um eine Durchsetzung von Steuernachforderungen dauerhaft zu vereiteln (Lohnsteuer, Einkommensteuer),[4]
- Zwischenschaltung einer Gesellschaft in einem Abkommensstaat, um Vorteile des entsprechenden DBA zu erlangen, sog. treaty shopping (Körperschaftsteuer),[5] jedoch aufgegeben für eine ausländische funktionserfüllte Holdinggesellschaft im Zusammenhang mit beantragter Kapitalertragsteuerentlastung nach § 50d EStG,[6]
- privater Erwerb des Gesellschafterdarlehens im Zusammenhang mit einem Mantelkauf (Körperschaftsteuer),[7] anders aber bei Erwerb eines Besserungsscheins,[8]
- gewerbliche Zwischenvermietung von Immobilien zur Erlangung des Vorsteuerabzugs (Umsatzsteuer, → Rz. 1349 (Beispiele)),[9]
- gewerbliche Zwischenvermietung von Mobilien zur Erlangung des Vorsteuerabzugs (Umsatzsteuer),[10]
- Einbringung eines privaten Wertpapierdepots in eine eigens hierfür gegründete GmbH mit atypisch stiller Gesellschaft, um die Erbschaftsteuerbegünstigung nach § 13a ErbStG a.F. zu erlangen,[11]
- vollständiger und zeitnaher Wechsel aller Gesellschafter einer grundbesitzenden Personengesellschaft vor 1997 (Grunderwerbsteuer);[12]
- Übertragung des Gesellschaftsanteils an einer Personengesellschaft, die wirtschaftlich der Übertragung eines Grundstücksanteils gleichkommt (Grunderwerbsteuer).[13]

Beispiele (frühere, inzwischen aufgegebene Rspr.): 1332

- Gründung einer GmbH & Co. KG (Kapitalverkehrsteuer),[14]

---

1) BFH v. 13.12.1983, VIII R 64/83, BStBl II 1984, 426, 428 (Missbrauch bei zweimonatiger Vorauszahlung des Damnums); v. 13.12.1983, VIII R 173/83, BStBl II 1984, 428, 430 (kein Missbrauch bei einmonatiger Vorauszahlung des Damnums); Drüen in Tipke/Kruse, § 42 AO bis 2007 Rz. 62 f. (Januar 2010).
2) Schmieszek in Beermann/Gosch § 42 AO Rz. 168 ff. (Februar 2009).
3) Einerseits BFH v. 28.1.1992, VIII R 7/88, DB 1992, 1504, 1505 (Missbrauch auch bei untergeordneter wirtschaftlicher Tätigkeit), andererseits BFH v. 6.12.1995, I R 40/95, BStBl II 1997, 118, 121 (kein Missbrauch bei ausschließlich im Ausland vollzogener Marktüberlassung an eine Domizilgesellschaft); Drüen in Tipke/Kruse, § 42 AO bis 2007 Rz. 98 f. (Januar 2010).
4) BFH v. 15.7.2004, III R 66/98, HFR 2005, 200.
5) BFH v. 21.1.1976, I R 234/73, BStBl II 1976, 513; Drüen in Tipke/Kruse, § 42 AO bis 2007 Rz. 101 f. (Januar 2010).
6) BFH v. 31.5.2005, I R 74, 88/04, BStBl II 2006, 118 (Änderung der Rspr.); dagegen Nichtanwendungserlass BMF v. 30.1.2006, BStBl I 2006, 166; anders noch BFH v. 20.3.2002, I R 38/00, BStBl II 2002, 819 (§ 50d Abs. 1a und § 42 AO seien gleichermaßen gegeben).
7) BFH v. 1.2.2001, IV R 3/00, BStBl II 2001, 520; zum „Mantelkauf" allg. Drüen in Tipke/Kruse, § 42 AO bis 2007 Rz. 78 f. (Januar 2010).
8) BFH v. 12.7.2012, I R 23/12, DStR 2012, 2058.
9) Drüen in Tipke/Kruse, § 42 AO bis 2007 Rz. 87 ff. (Januar 2010).
10) BFH v. 14.5.1992, V R 56/89, BStBl II 1992, 859, 861 (kein Missbrauch trotz besonders gekünstelter Gestaltung); Drüen in Tipke/Kruse, § 42 AO bis 2007 Rz. 93 (Januar 2010).
11) FG Düsseldorf v. 6.9.2006, 4 K 6867/04 Erb, EFG 2006, 1844.
12) BFH v. 12.12.1996, II R 61/93, BStBl II 1997, 299, 300 (Missbrauch bei Übertragung aller Gesellschaftsanteile); BFH v. 4.12.1991, II R 18/89, BFH/NV 1992, 338 (kein Missbrauch, wenn ein Altgesellschafter ohne vermögensmäßige Beteiligung in der Gesellschaft verbleibt); Drüen in Tipke/Kruse, § 42 AO bis 2007 Rz. 96 (Januar 2010); Schmieszek in Beermann/Gosch, § 42 AO Rz. 165 (Februar 2009).
13) BFH v. 23.11.2011, II R 64/09, DStR 2012, 186 Rz. 14 m.w.N.
14) RFH v. 14.11.1922, zit. bei Mrozek, § 5 RAO Anm. 7 Ziff. 30.

- Ausgründung einer Betriebsabteilung in der Rechtsform einer GmbH,[1]
- Begründung einer Betriebsaufspaltung.[2]

g) Beweislast

1333 Die objektive **Beweislast** für das Vorliegen der Missbrauchsvoraussetzungen trug bis 2007 (→ Rz. 1323) die Finanzbehörde,[3] doch oblag es dem Stpfl. auf Grund seiner steuerlichen **Mitwirkungspflichten**, insbes. durch Benennung wirtschaftlich vernünftiger Gründe, eine Beweiswürdigung des vermeintlichen Fehlens solcher Gründe zu seinen Lasten zu vermeiden.[4] Die nunmehr ausdrückliche Regelung in § 42 Abs. 2 Satz 2 AO n.F. ist trotz des weitergehenden Wortlauts nicht als gesetzliche Vermutung zu verstehen, welche die Amtsermittlungspflicht entfallen ließe, sondern „nur" als Umkehr der objektiven Beweislast zu verstehen, falls beachtliche außersteuerliche Gründe nicht festgestellt werden können.[5] Zu strafrechtlichen Beweisfragen → Rz. 1366 ff.

3. Steuerhinterziehung mittels Steuerumgehung

a) Keine Strafbarkeit des Gestaltungsmissbrauchs

1334 Die Umgehung als solche ist **straflos**.[6] Bereits § 359 Abs. 4 RAO 1919 stellte klar: *„Eine Steuerumgehung (§ 5) ist nur dann als Steuerhinterziehung strafbar, wenn die Verkürzung der Steuereinnahmen oder die Erzielung der ungerechtfertigten Steuervorteile dadurch bewirkt wird, dass der Täter vorsätzlich Pflichten verletzt, die ihm im Interesse der Ermittlung einer Steuerpflicht obliegen."* Als solche Pflichten sind im Wesentlichen die Steuererklärungs- und Auskunftspflichten gesehen worden.[7] Diese Vorschrift – zuletzt in § 396 Abs. 4 RAO 1967 – ist 1968 als selbstverständlich aufgehoben worden,[8] ohne dass eine Änderung der Rechtslage beabsichtigt war.[9]

1335 Es ist daher allgemein anerkannt, dass sich die **Strafbarkeit** einer Steuerumgehung i.S.d. § 42 AO **allein aus § 370 AO** ergeben kann (→ Rz. 47 ff.). Eine Steuerhinterziehung mittels Steuerumgehung kommt demzufolge nur in Betracht, wenn der Stpfl. unrichtige oder unvollständige Angaben macht (→ Rz. 52 ff., 63) oder pflichtwidrig relevante Angaben unterlässt (→ Rz. 115 ff.) und dadurch das Vorliegen einer Steuerumgehung verschleiert.[10]

1336 Zu fragen ist danach, ob der konkrete Sachverhalt von dem Straftatbestand unter Beachtung des Bestimmtheitsgebots grds. erfasst werden kann (→ Rz. 1337) und ob Offenlegungspflichten verletzt worden sind (→ Rz. 1353). Antworten darauf fallen im Zusammenhang mit § 42 AO nicht leicht.

---

1) RFH v. 23.2.1922, StuW 1, 875; Mrozek, § 5 RAO Anm. 7 Ziff. 37.
2) RG v. 18.1.1922, JW 1922, 1546 (für die Betriebsverpachtung von der GmbH an eine gesellschafteridentische KG); Mrozek, § 5 RAO Anm. 7 Ziff. 2.c.
3) BFH v. 21.1.1976, I R 234/73, BStBl II 1976, 513; Drüen in Tipke/Kruse, § 42 AO bis 2007 Rz. 54 m.w.N. (Mai 2010).
4) Drüen in Tipke/Kruse, § 42 AO bis 2007 Rz. 54 (Mai 2010).
5) Ausf. Mack/Wollweber, DStR 2008, 182, 185 f.; Wienbracke, DB 2008, 664, 669; Hahn, DStZ 2008, 483, 489 f. sieht darin eine Verschärfung; Leisner-Egensperger, DStZ 2008, 358, 360 rechnet mit unabsehbaren Folgen.
6) BFH v. 1.2.1983, VIII R 30/80, BStBl II 1983, 534.
7) Mrozek, § 359 RAO Anm. 9.
8) Zweites Gesetz zur Änderung strafrechtlicher Vorschriften der RAO und anderer Gesetze v. 12.8.1968, BGBl. I 1968, 953.
9) Amtliche Begründung, BT-Drucks. V/1812, 22; Tipke, StbJb 1972/73, 509, 524 m.w.N.; Pohl, Rz. 456 ff.
10) BFH v. 1.2.1983, VIII R 30/80, BStBl II 1983, 534; OLG Bremen v. 26.4.1985, Ws 111/84 u.a., StV 1985, 282, 285.

b) Reichweite des Straftatbestands unter Beachtung des Bestimmtheitsgebots

aa) Rechtsprechung

Der Verstoß gegen § 42 AO hat erst in den letzten drei Jahrzehnten praktische strafrechtliche Bedeutung bekommen.[1] Die **strafrechtliche Rspr.** folgt dabei i.d.R. uneingeschränkt der steuerlichen Auslegung des § 42 AO.[2] Dabei hat der BGH, jedenfalls für den Bereich der Steuerumgehung durch Einschaltung einer Basisgesellschaft, keine Bedenken im Hinblick auf das strafrechtliche **Bestimmtheitsgebot**,[3] da die (steuerliche) Rspr. konkrete Grundsätze herausgearbeitet habe, welche die Reichweite des § 6 StAnpG (jetzt § 42 AO) hinreichend begrenzen.[4] Ob die Strafvorschrift auch hinsichtlich weiterer Fallgruppen oder generell als ausreichend bestimmt angesehen wird, hat der BGH bisher nicht ausdrücklich entschieden.[5] **1337**

Gegen den BGH hat sich das LG Frankfurt gewendet.[6] Es weist in einem Beschluss vom 28.3.1996 darauf hin, dass der Tatbestand der Steuerhinterziehung im Grenzbereich zur Steuerumgehung jedenfalls dann nicht mehr den **Rechtsstaatsgeboten** der Rechtssicherheit und der Berechenbarkeit staatlicher Eingriffe entspricht, wenn die steuerstrafrechtliche Auslegung nicht auf konkrete Grundsätze der Steuerrechtsprechung für eine fest umschriebene Fallgruppe zurückgreifen kann. Bei diesen Feststellungen lehnt sich das LG Frankfurt an die Entscheidung des BVerfG vom 10.1.1995[7] an, in der die Aufgabe der richterlichen Auslegung darin gesehen wird, sicherzustellen, dass die Tatbestandsmerkmale die vom Gesetzgeber zugedachte Funktion erfüllen, nicht jedoch, die Unbestimmtheit von vagen Strafnormen durch Auslegung weiter zu verstärken. **1338**

Solche klaren Worte sind jedoch die Ausnahme. Soweit die Rspr., etwa bei komplizierten steuerrechtlichen Fragen, Bedenken hinsichtlich der Strafwürdigkeit eines Sachverhalts bekommt, nimmt sie bisweilen Zuflucht zur Annahme eines strafausschließenden Irrtums (→ Rz. 433)[8] oder, in der Praxis häufiger, sie stellt das Strafverfahren wegen **Zweifeln im subjektiven Bereich** nach § 153a StPO gegen Auflage ein (→ Rz. 4162 ff.) – doch liegen die Nachteile, die sich aus einer Beschränkung der Verteidigung auf die Vorsatzfrage ergeben, auf der Hand (→ Rz. 64). Bezeichnend ist etwa die Entscheidung des OLG Karlsruhe vom 18.8.1993.[9] Das Gericht beurteilte den gezielten Erwerb von Grundstücken über mehrere Kapitalgesellschaften und Veräußerung der jeweils nicht mehr als 25% betragenden Gesellschaftsanteile als Gestaltungsmissbrauch. Eine rechtliche Gestaltung, mit der der Versuch unternommen werde, gewerbliche Einkünfte in Privateinkünfte umzuwandeln, sei unangemessen. Zwar sei die Veräußerung der Gesellschaftsanteile (entsprechend der Fassung des § 17 EStG bis 1998) steuerfrei erfolgt, aber der Sachverhalt müsse behandelt werden, als hätten die Gesellschafter Provisionseinnahmen in Höhe der Verkaufserlöse erzielt, die der ESt, der GewSt und der USt unterlegen habe. Der subjektive Tatbestand hat sich als leicht zu überwindende Hürde erwiesen, obwohl der Sachverhalt von der steuerlichen Rspr. noch nicht in einem vergleichbaren Fall **1339**

1) Anders noch Streck, KÖSDI 1980, 3603, 3604 m.w.N.
2) Exemplarisch BGH v. 27.1.1982, 3 StR 217/81, wistra 1982, 108, 109; weiter gehend OLG Karlsruhe v. 18.8.1993, 3 Ws 16/93, wistra 1993, 308, 311 f., das gar Gestaltungsmissbrauch trotz fehlender steuerlicher Rspr. bejaht.
3) BGH v. 27.1.1982, 3 StR 217/81, wistra 1982, 108, 109.
4) BGH v. 27.1.1982, 3 StR 217/81, wistra 1982, 108, 109; a.A. Ulsenheimer, wistra 1983, 12, 16.
5) Gegen eine Verallgemeinerung dieser Begründung Joecks in Franzen/Gast/Joecks, 7. Aufl. 2009, § 370 AO Rz. 140.
6) LG Frankfurt v. 28.3.1996, 5/13 KLs 94 Js 36385/88, wistra 1997, 152, 153.
7) BVerfG v. 10.1.1995, 1 BvR 718/89 u.a., BVerfGE 92, 1 = NJW 1995, 1141 (zum Gewaltbegriff der Nötigung).
8) Etwa OLG Hamm v. 2.8.2001, 2 Ws 156/01, DStRE 2002, 1095 (gewerblicher Grundstückshandel); FG Niedersachsen v. 17.9.1987, III 85/83, EFG 1988, 100, 101.
9) OLG Karlsruhe v. 18.8.1993, 3 Ws 16/93, wistra 1993, 308.

nach § 42 AO beurteilt worden ist[1] und obwohl das Gesamtkonzept auf dem Modell eines erfahrenen Wirtschaftsprüfers und Steuerberaters beruhte. Dem Oberlandesgericht genügten „aktenkundige Bemühungen, die tatsächlichen Geldflüsse bei Erwerb und Veräußerung der Beteiligungen zu verschleiern", um bedingten Vorsatz für wahrscheinlich zu halten.

bb) Literatur

1340 Die **Literatur** folgt in aller Regel der Rspr.[2] und verallgemeinert die Entscheidung des BGH vom 27.1.1982 (→ Rz. 1337) dahin, dass § 42 AO generell dem strafrechtlichen Bestimmtheitsgebot genüge. Auch Joecks[3] hält die Rspr. des BGH im Ergebnis für zutreffend, weil der Tatbestand des § 370 AO keine echte Blankettvorschrift (→ Rz. 20, → Rz. 24, → Rz. 134) sei, dessen wirklicher Inhalt erst unter Berücksichtigung der blankettausfüllenden Steuerrechtsnormen ermittelt werden könnte. § 370 AO sei vom Gesetz vielmehr als „durch Täuschung bewirkte Vermögenschädigung" hinreichend bestimmt. Der Tatbestand sei etwa vergleichbar dem § 242 StGB (Diebstahl),[4] der ohne Verstoß gegen das Bestimmtheitsgebot an Vorschriften des Sachenrechts anknüpfe (dazu → Rz. 1348).

1341 Allerdings ist die Übernahme des Missbrauchstatbestands in den Bereich der Steuerverkürzung wegen des **strafrechtlichen Bestimmtheitsgebots** des Art. 103 Abs. 2 GG[5] bei einem Teil der Literatur auf Widerspruch gestoßen.[6] Die Unbestimmtheit der Tatbestandsmerkmale des § 42 AO und die „leerformelhafte" abstrakte Auslegung durch die Steuerrechtsprechung lasse keine verlässliche Orientierung über die Grenze zwischen nicht zu beanstandenden Steuerersparnismaßnahmen und der Steuerumgehung zu.[7]

cc) Eigene Meinung

1342 Die strafrechtliche Beurteilung von Umgehungsgeschäften bedarf gegenüber Rspr. und h.M. im Hinblick auf das Bestimmtheitsgebot einer **Einschränkung**.

1343 Das **strafrechtliche Bestimmtheitsgebot**[8] in Art. 103 Abs. 2 GG soll u.a. sicherstellen, dass der Gesetzgeber, nicht die rechtsprechende Gewalt, über die Strafbarkeit eines Verhaltens entscheidet, und der Einzelne die Möglichkeit hat, sein Verhalten auf die Rechtslage einzurichten.[9] Zwar ist wegen der Vielgestaltigkeit des Lebens

---

1) Vgl. Schmieszek in Beermann/Gosch, § 42 AO Rz. 180 (Februar 2009); Drüen in Tipke/Kruse, § 42 AO bis 2007 Rz. 64 (Januar 2010).

2) Etwa Hellmann in H/H/Sp, § 370 AO Rz. 147a (November 2011); Schmitz/Wulf in Münchner Kommentar-StGB, 2010, § 370 AO Rz. 22; umfangreiche Nachw. bei Wenderoth, 16 ff.

3) Joecks in Franzen/Gast/Joecks, 7. Aufl. 2009, § 370 AO Rz. 140.

4) BVerfG v. 18.5.1988, 2 BvR 579/84, BVerfGE 78, 205 = NJW 1988, 2593, 2594 (zur Unterschlagung eines Schatzfundes).

5) Allgemein zum Bestimmtheitsgebot im Steuerstrafrecht BGH v. 16.5.1984, 2 StR 525/83, NStZ 1984, 510, 511 m. krit. Anm. Streck, NStZ 1984, 512, 513; zur Bestimmtheit ausländischer Steuergesetze im Rahmen des § 370 Abs. 6 AO: Jäger in Franzen/Gast/Joecks, 7. Aufl. 2009, § 370 AO Rz. 220b a.E.

6) Schulze-Osterloh, 43, 62 ff.; Ulsenheimer, wistra 1983, 12, 15 ff.; Wenderoth, 234, 263 (verfassungswidrig wegen Verstoß gegen das strafrechtliche Bestimmtheitsgebot und das Analogieverbot); Pohl, Rz. 971; Fischer in H/H/Sp, § 42 AO Rz. 59 (März 2008); Meyer in Beermann/Gosch, § 370 AO Rz. 62 (August 2011), jedenfalls außerhalb fest umschriebener Fallgruppen (August 2011); Stahl, StraFo 1999, 223, 226; zweifelnd auch Ransiek in Kohlmann, § 370 AO Rz. 1238 (Oktober 2008); Schmedding, PStR 2005, 270; Wagner, wistra 1989, 321, 326 f.; Bruns, GA 1986, 1, 27, 32; ähnlich Leitner, 188 (für das österreichische Recht: Zulässigkeit einer abweichenden vertretbaren Rechtsauffassung sei zwangsläufig); a.A. Ulmer, DStZ 1986, 292, 294.

7) Ulsenheimer, wistra 1983, 12, 17; Schulze-Osterloh, 43, 64.

8) Ausf. Wenderoth, 27 ff.; Pohl, Rz. 529 ff.

9) Fischer, 59. Aufl. 2012, § 1 StGB Rz. 5 m.w.N.

die Zulässigkeit allgemeiner, normativer und wertausfüllungsbedürftiger Begriffe anerkannt,[1] doch wäre die Entwicklung von Rechtsgrundsätzen im Wege „schöpferischer Interpretation" verfassungsrechtlich unzulässig, soweit dem Urteil eines Fachgerichts dadurch „normähnlicher Charakter" zukäme.[2] Der für einen Lebenssachverhalt maßgebliche Gesamtbestand der Rechtsnormen muss für den Normadressaten überschaubar und in seinem wesentlichen Inhalt begreifbar sein.[3] Vor allem: Jedermann muss **vorhersehen können, welches Verhalten mit Strafe bedroht ist**, um sein Verhalten entsprechend einzurichten.[4] Um diesen Anforderungen gerecht zu werden, wird der erkennbare Wortsinn, als äußerste Grenze zulässiger richterlicher Interpretation einer Strafvorschrift, aus Sicht des Normadressaten bestimmt.[5] Dieses Gebot gilt auch uneingeschränkt für Blankettvorschriften und normative Tatbestandsmerkmale (→ Rz. 19 f.), etwa für § 370 AO,[6] und für die Normen, auf die eine Blankettvorschrift verweist.[7] Dagegen sollen außerstrafrechtliche Vorschriften, die von einem normativen Tatbestandsmerkmal in Bezug genommen werden, nicht dem Bestimmtheitsgebot unterliegen.[8] Auch wenn die Einordnung der Steuerhinterziehung als Blankettvorschrift nicht unumstritten ist,[9] erscheint doch unzweifelhaft, dass der Stpfl. allenfalls aus dem materiellen Steuerrecht i.V.m. § 42 AO erkennen kann, welche Angaben i.S.v. § 370 Abs. 1 Nr. 1 AO er zu machen hat, diesen also nicht beliebige Inhalte zugesprochen werden dürfen.

Der Begriff „Missbrauch" in § 42 Abs. 1 Satz 1 AO lässt sich im Rückschluss aus **1344**
Abs. 1 Satz 2 als „unangemessene rechtliche Gestaltung" verstehen. Der Gesetzgeber hat aber bewusst von einer näheren Bestimmung abgesehen, wann eine Gestaltung in diesem Sinn „unangemessen" sein soll, um die Wirksamkeit der Generalklausel nicht zu mindern.[10]

Immerhin hat sich auf Grund der höchstrichterlichen Rspr. für einzelne **Fallgruppen** **1345**
bereits eine hinreichend konkrete Rechtsauffassung gebildet[11] (→ Rz. 1331), so dass die aus Art. 103 Abs. 2 GG erforderliche Bestimmtheit der Strafvorschrift insoweit wohl zu bejahen sein dürfte, obwohl die Abgrenzung im Einzelnen nicht immer geklärt ist und die finanzgerichtliche Rspr. auch manche Fallgruppen wieder aufgegeben hat. Im Hinblick auf die BFH-Entscheidungen zu Kapitalanlagegesellschaften in den Dublin Docks (→ Rz. 1372 f.) müssen sich sogar Zweifel einstellen, ob der klassische Anwendungsfall des § 42 AO, die Einschaltung von Basisgesellschaften, schon oder noch hinreichend geklärt ist.

---

1) Jedenfalls, soweit dies gesetzestechnisch unvermeidbar ist: Eser/Hecker in Schönke/Schröder, 28. Aufl. 2010, § 1 StGB Rz. 20.

2) BVerfG v. 24.1.1962, 1 BvR 232/60, BVerfGE 13, 318, 328 = NJW 1962, 442 (gegen die BFH-Rspr. zu Ehegattenarbeitsverhältnissen); vgl. Park, wistra 2003, 328, 329.

3) Benda, DStZ 1984, 159, 162; ähnlich BGH v. 22.7.2004, 5 StR 85/04, NJW 2004, 2990 (zu mangelnden Bestimmtheit des § 370a AO).

4) BVerfG v. 15.10.1990, 2 BvR 385/87, NJW 1992, 35; Fischer, 59. Aufl. 2012, § 1 StGB Rz. 1 und 5c; Mellinghoff, DStR 2003, Beihefter 3, 3, 14 f.

5) St. Rspr.; BVerfG v. 10.1.1995, 1 BvR 718/89, BVerfGE 92, 1 = NJW 1995, 1141; v. 23.6.1994, 2 BvR 1084/94, NJW 1995, 1883; Schulze-Osterloh, 43, 48.

6) BVerfG v. 8.5.1974, 2 BvR 636/72, BVerfGE 37, 201, 208 = NJW 1974, 1860, 1862; Fischer, 59. Aufl. 2012, § 1 StGB Rz. 5a.

7) BVerfG v. 29.4.2010, 2 BvR 871/04 u.a., wistra 2010, 396 Rz. 56

8) BVerfG v. 23.6.2010, 2 BvR 2559/08, wistra 2010, 380 Rz. 74.

9) Offen gelassen von BVerfG v. 29 4.2010, 2 BvR 871/04 u.a., wistra 2010, 396 Rz. 64.

10) So die Begründung des Entwurfs zur späteren AO 1977: BT-Drucks. VI/1982, 114; Pohl, Rz. 429, 744.

11) Für die Begründung ausreichender Bestimmtheit mit einer gefestigten Rspr. etwa BVerfG v. 26.6.2008, 2 BvR 2067/07, HFR 2008, 1280, 1282 (zu vGA und Scheingeschäften); Fischer, 59. Aufl. 2012, § 1 StGB Rz. 5c m w.N.; krit. Stahl, StraFo 1999, 223, 226; dagegen Wenderoth, 232.

Beispiel 1:[1]

A und B erwerben eine Eigentumswohnung in Tübingen und vermieten diese an ihre gemeinsame Tochter T für 250 € monatlich. Die Miete finanziert T aus dem Unterhalt von monatlich 600 €, den sie von ihren Eltern erhält. A und B machen Verluste aus der Vermietung geltend.

Unter ausdrücklicher Aufgabe seiner früheren Rechtsprechung[2] hat der BFH diesen Sachverhalt nicht mehr als Gestaltungsmissbrauch behandelt und den Mietvertrag, da er einem Fremdvergleich standhielt, steuerlich anerkannt.[3] Mietverträge zwischen Angehörigen können demzufolge nicht als hinreichend gefestigte Fallgruppe angesehen werden, die generell als Gestaltungsmissbrauch anzusehen sind.

1346 Mitunter erklärt der Gesetzgeber selbst, dass die steuerliche Beurteilung eines Sachverhaltsbereichs bisher unklar war, indem er „zur Klarstellung", oder um „Steuerschlupflöcher" zu schließen, eine Spezialregelung zu § 42 AO ins Gesetz einfügt (z.B. § 50d Abs. 1a EStG). Aus strafrechtlicher Sicht kann es insoweit keinen gefestigten Anwendungsbereich des § 42 AO gegeben haben, welcher dem Bestimmtheitsgebot genügt.[4]

1347 Ausreichende **Bestimmtheit** lässt sich für den übrigen, untypischen **Anwendungsbereich** des § 42 AO nicht feststellen. Aus dem Wortlaut der §§ 370, 42 AO i.V.m. der jeweiligen materiellen steuerrechtlichen Norm ist es dem Stpfl. als Normadressaten jedenfalls außerhalb der gefestigten Fallgruppen **nicht möglich,** die **Strafbarkeitsgrenzen zu erkennen**; sogar Steuerberatern ist hier kaum eine sichere Prognose möglich, ob der konkrete Sachverhalt steuerlich noch anzuerkennen oder bereits als Umgehung zu behandeln ist.[5] Der Strafvorschrift fehlt insoweit die in Art. 103 Abs. 2 GG geforderte Bestimmtheit. Ein anderes Ergebnis kann sich auch nicht aus dem Argument ergeben, dass im untypischen Anwendungsbereich zumindest das **Risiko** einer Bestrafung erkennbar sei. Gegen dieses Kriterium spricht ganz grds., dass eine umso weitere Ausdehnung des strafbaren Bereichs zulässig wäre, je vager das Gesetz formuliert ist.[6]

1348 Die Konstellation ist – jedenfalls im Fall des **Unterlassens** – nicht mit dem Diebstahls- oder Betrugstatbestand (§§ 242, 263 StGB) vergleichbar.[7] Bei jenen Tatbeständen vermag der Normadressat mit Garantenstellung[8] selbst in Grenzfällen, in denen schwierige sachen- oder schuldrechtliche Vorfragen auftauchen, mittels **„Parallelwertung in der Laiensphäre"**[9] seine Verhaltenspflichten ausreichend sicher zu erkennen, um sein Verhalten darauf einzurichten. Diese Möglichkeit einer Parallelwertung in der Laiensphäre fehlt aber im Anwendungsbereich des § 42 AO weitgehend. Unabhängig davon, ob man § 370 AO grds. als Blanketttatbestand oder als abgeschlossenen Straftatbestand – „durch Täuschung bewirkte Vermögensschädigung" – versteht (→ Rz. 20, → Rz. 24, → Rz. 137), wäre der Vorwurf unvollständiger Angaben oder des strafbaren Unterlassens im Hinblick auf das Bestimmtheitsge-

1) Nach BFH v. 19.10.1999, IX R 30/98, BStBl II 2000, 223.
2) BFH v. 23.2.1988, IX R 157/84, BStBl II 1988, 604.
3) BFH v. 19.10.1999, IX R 30/98, BStBl II 2000, 223.
4) Stahl, StraFo 1999, 223, 226.
5) Schmieszek in Beermann/Gosch, § 42 AO Rz. 46, „Rspr. basiert auf mehr oder minder subjektiven Wertungen" (Februar 2009); Fischer in H/H/Sp, § 42 AO Rz. 104, Definitionselemente „haben oft lediglich rhetorische Bedeutung"(März 2008); Kottke, DB 1995, 1836, 1838; Fischer, DB 1996, 644, 647; Stahl, StraFo 1999, 223 (Leerformeln ohne konkreten Inhalt).
6) BVerfG v. 10.1.1995, 1 BvR 718/89 u.a., BVerfGE 92, 1, 18 = NJW 1995, 1141, 1143 (zum Gewaltbegriff der Nötigung).
7) So aber Joecks in Franzen/Gast/Joecks, 7. Aufl. 2009, § 370 AO Rz. 140; zu den unterschiedlichen Schranken aus Art. 103 Abs. 2 GG im Fall normativer Tatbestandsmerkmale gegenüber einem Blanketttatbestand Pohl, Rz. 834 f.
8) Fischer, 59. Aufl. 2012, § 13 StGB Rz. 6 ff.
9) Fischer, 59. Aufl. 2012, § 16 StGB Rz. 14.

bot allenfalls zulässig, wenn der Stpfl. erkennen könnte, welchen Sachverhalt er in welchem Umfang pflichtgemäß offenlegen muss. Dieser **notwendige Erklärungsinhalt** kann sich erst aus dem materiellen Steuerrecht in Verbindung mit § 42 AO ergeben und ist in den hier angesprochenen Fällen des atypischen Gestaltungsmissbrauchs einer Parallelwertung in der Laiensphäre nicht zugänglich.

Dies alles spricht dafür, notfalls im Wege verfassungskonformer Auslegung,[1] den **objektiven Tatbestand** einer Steuerhinterziehung auf die im maßgeblichen Zeitpunkt in der höchstrichterlichen Rspr. bereits **gefestigten Fallgruppen zu beschränken**, für untypische Anwendungsbereiche des § 42 AO mangels ausreichender Bestimmtheit aber zu verneinen.[2] **1349**

Beispiel 2:

Steuerberater St errichtete Anfang 1981 ein Vierfamilienhaus. Er schloss einen Mietvertrag mit der Z GmbH, welche die Wohnungen nach Fertigstellung im Dezember 1981 einzeln (unter-)vermietete. In der Umsatzsteuererklärung für 1981 optierte St zur Steuerpflicht und erhielt erklärungsgemäß Vorsteuer aus der Gebäudeherstellung erstattet (nach Saldierung mit der Umsatzsteuer aus der Zwischenvermietung).

Das Beispiel (zur steuerlichen Beurteilung → Rz. 1331) betrifft eine nur noch ausnahmsweise relevante Fassung des § 9 UStG,[3] zeigt aber die Bandbreite der strafrechtlichen Meinungen. Nach der hier vertretenen Auffassung kann der objektive Straftatbestand aus den §§ 370, 42 AO auf diesen Sachverhalt frühestens anwendbar sein, nachdem der BFH eine einschlägige Fallgruppe des § 42 AO hinreichend konkret umschrieben hat. Hier ist die erste BFH-Entscheidung,[4] welche gewerbliche Zwischenvermietung von Wohnraum als Gestaltungsmissbrauch beurteilte, 1984 veröffentlicht worden. Somit mag der Sachverhalt steuerlich im Rahmen einer späteren Betriebsprüfung – je nach Umständen des Einzelfalls – als Umgehung beurteilt werden,[5] die Umsatzsteuererklärung für 1981 jedoch liegt außerhalb des objektiven Straftatbestands den §§ 370, 42 AO.[6] Das OLG Düsseldorf[7] hat dies im Rahmen einer Sechs-MonatsHaftprüfung im Ergebnis ebenso gesehen, während Pütz[8] (mit Blick auf die Initiatoren des Bauherrenmodells) sehr undifferenziert Steuerhinterziehung annimmt.

Beispiel 3:[9]

St errichtete das Gebäude Anfang 1984 und vermietete es an die Z GmbH. Diese vermietete eine der Wohnungen an die Ehefrau E, die diese zusammen mit St als Familienwohnung nutzte. Die übrigen drei Wohnungen verwendete die Z GmbH als eigene Büroräume. In seiner 1985 abgegebenen Umsatzsteuererklärung optierte St zur Steuerpflicht und machte die Vorsteuern geltend. Auf Rückfragen des Finanzamts teilte St mit, dass die Z GmbH sämtliche Wohnungen eigenbetrieblich nutze.

1) Zur Methode BVerfG v. 30.3.1993, 1 BvR 1045/89 u.a., NJW 1993, 2861, 2863; Eser/Hecker in Schönke/Schröder, 28. Aufl. 2010, vor § 1 StGB Rz. 33.
2) LG Frankfurt v. 28.3.1996, 5/13 KLs 94 Js 36385/88, wistra 1997, 152, 153; wohl auch Meyer in Beermann/Gosch, § 370 AO Rz. 62 (August 2011); Rolletschke in Rolletschke/Kemper, § 370 AO Rz. 257 (Dezember 2006); Wagner, wistra 1989, 321, 326; Stahl, StraFo 1999, 223, 226; offen gelassen BGH v. 27.1.1982, 3 StR 217/81, wistra 1982, 108, 109 (der sich nur zum Bereich der Steuerumgehung durch Einschaltung einer Basisgesellschaft geäußert hat).
3) § 9 Abs. 2 UStG n.F. schließt die Umsatzsteueroption für Wohngebäude nach dem 31.12.1984 grds. aus, doch gem. § 27 Abs. 2 UStG mit langfristigen Ausnahmen.
4) BFH v. 15.12.1983, V R 169/75, BStBl II 1984, 388, und fünf weitere gleichzeitig veröffentlichte Entscheidungen.
5) Dabei ist die steuerliche Übergangsregelung der Finanzverwaltung zu Gunsten der Stpfl. in BMF v. 8.8.1988, BStBl I 1988, 322, zu beachten.
6) Wohl ähnlich Ransiek in Kohlmann, § 370 AO Rz. 1238 (Oktober 2008); im Ergebnis auch Wagner, wistra 1989, 321, 331; Wilke, wistra 1989, 295, 296.
7) OLG Düsseldorf v. 26.8.1988, 3 Ws 512/88, wistra 1989, 72.
8) Pütz, wistra 1989, 201, 207.
9) Nach BFH v. 23.8.1984, V R 17/78, BStBl II 1984, 856.

Die Zwischenvermietung ist zivilrechtlich wirksam. Zum Zeitpunkt der Umsatzsteuererklärung hat sich die Zwischenvermietung von Wohnraum in der BFH-Rechtsprechung bereits als eigenständige Fallgruppe des § 42 AO entwickelt. Der BFH hat die Vermietung für eigenbetriebliche Zwecke anerkannt, aber insbes. die Hin- und Rückvermietung einer Wohnung, die der Eigentümer selbst als Familienwohnung nutzen will, als Gestaltungsmissbrauch beurteilt.[1] Diese Fallgruppe wird daher 1985 bereits vom strafrechtlichen Anwendungsbereich der §§ 370, 42 AO erfasst. Mit der unzutreffenden Auskunft hat St seine Offenlegungspflicht verletzt und den objektiven Tatbestand einer Steuerhinterziehung erfüllt.

1350 Die Rechtsprechung würde in untypischen Fällen wohl teilweise den **Vorsatz** verneinen[2] und damit i.d.R. zu vergleichbaren Ergebnissen kommen (→ Rz. 1339). Wenn aber die Möglichkeit einer Umgehung von untergerichtlichen Entscheidungen oder Stimmen in der Literatur in ähnlichen Fällen bereits bejaht wurde oder der Stpfl., vielleicht gerade wegen seriöser steuerlicher Beratung, diese Möglichkeit gesehen und in Kauf genommen hat, könnte die Vorsatzfrage zumindest zweifelhaft sein. Am fehlenden **objektiven Tatbestand** können diese Umstände demgegenüber nach der hier vertretenen Auffassung nichts ändern.

1351 Im Ergebnis können der **steuerliche** und der **strafrechtliche Anwendungsbereich des § 42 AO** auseinander fallen.[3] Die Konsequenz, dass steuerliche Ansprüche im Rahmen des § 42 AO nur teilweise steuerstrafrechtlich geschützt sind,[4] ist wohl nicht zu vermeiden, wenn aus steuerlicher Sicht eine „allgemeine Formel" zur wirksamen Bekämpfung der Steuerumgehung für erforderlich gehalten wird,[5] aus strafrechtlicher Sicht aber ein Mindestmaß an Vorhersehbarkeit zu fordern ist. Eine einheitliche Auslegung der Norm – im Sinne eines vollständigen Strafrechtsschutzes für Steueransprüche – aber würde voraussetzen, dass die strafrechtlichen Bestimmtheitsanforderungen bereits bei der steuerlichen Auslegung beachtet werden.

1352 Lediglich hingewiesen werden kann auf ein ungelöstes Problem, das aus strafrechtlicher Sicht bisher nicht diskutiert wird. Ein für richtig gehaltenes steuerliches Ergebnis wird teilweise nicht nur mit § 42 AO begründet, sondern auch mit **Auslegung** oder **teleologischer Reduktion** der maßgeblichen steuerlichen Norm,[6] ohne dass die Wahl des einen oder anderen Begründungsansatzes immer nachvollziehbar wäre.[7] Die Reichweite des Straftatbestands kann aber kaum davon abhängen, auf welche Begründung der BFH seine Entscheidung letztlich stützt.[8]

c) Verletzung von Offenlegungspflichten

1353 Steht anhand der oben dargestellten Kriterien fest, ob der Sachverhalt grds. vom Tatbestand einer Steuerhinterziehung erfasst werden kann, ist weiter zu prüfen, ob über steuerlich erhebliche Tatsachen unrichtige oder unvollständige Angaben gemacht wurden oder ob die Finanzbehörde pflichtwidrig über steuerlich erhebliche Tatsachen in Unkenntnis gelassen wurde (§ 370 Abs. 1 Nr. 1 und 2 AO).

1354 Völlig unzweifelhaft kann bei **vollständiger Offenlegung** des Sachverhalts der Vorwurf der Steuerhinterziehung nicht erhoben werden. Ist also die Gestaltung, die

---

1) BFH v. 23.8.1984, V R 17/78, BStBl II 1984, 856.
2) Anders aber OLG Karlsruhe v. 18.8.1993, 3 Ws 16/93, wistra 1993, 308, 312.
3) Schulze-Osterloh, 43, 52 f.; Pohl, Rz. 970 ff.; zu den daraus folgenden rechtspolitischen und rechtssystematischen Problemen Wenderoth, 259.
4) Gegen diese Konsequenz Joecks in Franzen/Gast/Joecks, 7. Aufl. 2009, § 370 AO Rz. 140; vgl. aber BVerfG v. 8.5.1974, 2 BvR 636/72, BVerfGE 37, 201 = NJW 1974, 1860, 1864.
5) Vgl. Drüen in Tipke/Kruse, § 42 AO Rz. 17 (Oktober 2010) und 35 f. (Mai 2010).
6) Ausf. Clausen, DB 2003, 1589; Pohl, Rz. 789 ff. m.w.N.
7) Allgemein zum Verhältnis von Auslegung und § 42 AO Wienbracke, DB 2008, 664.
8) Wenderoth, 225; Pohl, Rz. 971 a.E.; zum vergleichbaren Problem der „tatsächlichen Betrachtungsweise" im Strafrecht Bruns, GA 1986, 1, 13 („legale Umgehung des Analogieverbots").

im Nachhinein von der Finanzverwaltung als „Missbrauch" erachtet wird, in der Steuererklärung oder den beigefügten Anlagen offen gelegt, dann fehlt es jedenfalls am Tatbestandsmerkmal der unrichtigen oder unvollständigen Angaben.[1] Allerdings hängt es von der Rechtsfrage ab, **welcher Sachverhalt entscheidungsrelevant ist**. Daher zeigt die Erfahrung, dass sich auch eine vermeintlich vollständige Darstellung des Sachverhalts in aller Regel als lückenhaft erweist, sobald dieser anhand einer veränderten rechtlichen Beurteilung überprüft wird. In Fällen des möglichen Gestaltungsmissbrauchs kommt hinzu, dass die Rechtsprechung des BFH wenig Klarheit gibt, welche Angaben im Einzelfall relevant sind und welche nicht.[2] Muss der Stpfl., der auf Grund sorgfältiger Beratung weiß, dass die von ihm zur Steuerminimierung gewählte Gestaltung möglicherweise als unangemessen beurteilt wird, das Finanzamt in besonderer Weise aufklären, und macht er sich strafbar, wenn er dies unterlässt?

aa) Rechtsprechung des BGH

Nach **Auffassung der Rechtsprechung** des BGH ist dem Finanzamt der gesamte **1355** steuerlich erheblich Lebenssachverhalt, wie er sich durch Umgehungsgestaltung und den dahinter stehenden angemessenen Sachverhalt darstellt, vollständig mitzuteilen.[3] Teilangaben, die sich im Nachhinein als irreführend erweisen, reichen hierfür nicht aus.[4] Zudem müssen auch **innere Tatsachen** (Kenntnisse, Motive, Absichten) offenbart werden, soweit sie den Steueranspruch beeinflussen.[5] Darüber hinaus ist auch explizit auf die Abweichung der zu Grunde gelegten Rechtsauffassung von der Rechtsprechung, Richtlinien der Finanzverwaltung oder der regelmäßigen Veranlagungspraxis hinzuweisen (→ Rz. 63 ff.).[6] Wird die konkrete Steuererklärung diesen Anforderungen nicht gerecht und bewirkt sie eine zu niedrige Steuerfestsetzung, ist nach Auffassung der Rechtsprechung der objektive Tatbestand des § 370 AO gegeben.

Beispiel (vereinfacht, allg. zum gewerblichen Grundstückshandel → Rz. 825 ff.):

A und B errichten in der Rechtsform der GbR zwischen 1986 und 1988 insgesamt zehn gewerbliche Immobilienobjekte, die langfristig vermietet werden. Etwa 1993 prüfen sie anhand von Standortanalysen, ob es wirtschaftlich notwendig werden kann, sich von einzelnen Objekten zu trennen. Sie fassen nach einer längeren Überlegungsfrist den Entschluss, die Objekte 6 bis 10 langfristig zu behalten, die Objekte 1 bis 5 aber mittelfristig zu veräußern. Am 1.7.1994 verkauft die GbR die Objekte 1 bis 5 zu Verkehrswerten an die A+B GmbH, deren einzige Gesellschafter A und B sind. Die GmbH verkauft die Objekte bis Ende 1994 mit etwa 10 % über ihren Einstandspreisen an fünf verschiedene Erwerber. Entsprechend dem Buchhaltungsergebnis und der rechtlichen Beurteilung des Steuerberaters werden folgende Steuererklärungen bei dem zuständigen Finanzamt F abgegeben: Die GmbH erklärt für 1994 ihren Gewinn; für die GbR werden Feststellungserklärungen aus Vermietung und Verpachtung abgegeben, der Vorgang vom 1.7.1994 wird durch den Steuerberater als Verkauf von Privatvermögen beurteilt und daher nicht besonders dargestellt, der Veräußerungsgewinn der GbR nicht erwähnt. Steuerbescheide ergehen zunächst erklärungsgemäß. Auf Grund eines Anfang 1998 gegen A und B eingeleiteten Steuerstrafverfahrens werden die Standortanalysen sowie verschiedene Notizen von 1993 über die Zukunft der gewerblichen Immobilienobjekte gefunden.

---

1) OLG Bremen v. 26.4.1985, Ws 111/84 u.a., StV 1985, 282, 283; zum Umfang im Umgehungsfall Meine, wistra 1992, 81, 84.
2) Stahl, StraFo 1999, 223, 225.
3) BGH v. 19.12.1990, 3 StR 90/90, wistra 1991, 138, 143 (mittelbare Parteienfinanzierung).
4) BGH v. 19.12.1990, 3 StR 90/90, wistra 1991, 138, 143; OLG Karlsruhe v. 18.8.1993, 3 Ws 16/93, wistra 1993, 308, 311 f.
5) BGH v. 19.12.1990, 3 StR 90/90, wistra 1991, 138, 143.
6) BGH v. 10.11.1999, 5 StR 221/99, wistra 2000, 137, 140.

Steuerlich wäre die Veräußerung von fünf Immobilienobjekten noch in den 80er-Jahren von der Finanzverwaltung als steuerfreier Vorgang beurteilt worden.[1] Ab der BFH-Entscheidung 1988 zur Drei-Objekt-Grenze,[2] dem BMF-Schreiben von 1990 hierzu[3] und der Entscheidung des GrS 1995 zur grundbesitzenden Personengesellschaft[4] wäre eine Veräußerung von fünf Immobilienobjekten durch die GbR selbst an denselben Erwerber möglicherweise als gewerblicher Grundstückshandel beurteilt worden; eine zuverlässige Einschätzung ist kaum möglich, weil zwischen Kauf und Verkauf mehr als fünf Jahre liegen, aber Errichtungsfälle vorliegen, die erforderliche „bedingte Veräußerungsabsicht" vom BFH praktisch unwiderleglich vermutet wird und der BFH im Übrigen auf das „Gesamtbild" abstellt. Ob in der Paketveräußerung der fünf Objekte an die „eigene" GmbH eine Teilnahme am allgemeinen wirtschaftlichen Verkehr[5] zu sehen ist, hängt von den Umständen des Einzelfalls ab.[6] Im Übrigen hat der BFH 1998 Gestaltungsmissbrauch angenommen,[7] wenn die GmbH die erworbenen Objekte zeitnah weiterveräußert,[8] nachdem er diese Möglichkeit 1996 erstmals angedeutet hat.[9]

Auf Grundlage der steuerlichen und strafrechtlichen Rechtsprechung ergäben sich folgende Steuererklärungspflichten im Rahmen der Feststellungserklärung der GbR für 1995: Zunächst hätten wohl Objektübersichten der GbR und der GmbH mit sämtlichen Erwerbs- und Veräußerungsdaten nach Zeitpunkten und Beträgen beigefügt werden müssen. Ob es genügt, dass die zuständige Veranlagungsstelle des Finanzamts über Notar und Grunderwerbsteuerstelle hiervon bereits Kenntnis haben musste, ist zumindest fraglich[10] (→ Rz. 118). Welche weiteren Umstände im Rahmen des „Gesamtbildes" mitgeteilt werden müssten, ist kaum prognostizierbar. Denkbar sind Ausbildung sowie frühere und gegenwärtige berufliche Tätigkeit von A und B (Nähe zur Baubranche), die sonstigen Aktivitäten der GbR, der A+B GmbH, evtl. auch Einzelheiten des Weiterverkaufs durch die GmbH. Auch frühere Grundstücksveräußerungen unter Beteiligung von A und/oder B in den letzten zehn Jahren vor 1994 und künftige Veräußerungen in den nächsten zehn Jahren nach 1994 könnten eine Rolle spielen. Nimmt man den BGH beim Wort, hätte die GbR 1994 zu jedem Kriterium, das in der BFH-Rspr. zum gewerblichen Grundstückshandel jemals erwähnt worden ist, die entsprechenden Sachverhaltsgrundlagen mitteilen müssen, ggf. in umfangreichen Ordnern als Anlage zur Feststellungserklärung (erst der BGH weiß am Ende des Strafverfahrens, welchen Aspekt er im konkreten Einzelfall für entscheidend hält, und wird die Mitteilung dieses Aspekts für unschwer möglich halten). Zweifelhaft erscheint demgegenüber, ob die Überprüfung sämtlicher Objekte im Jahr 1993 und die möglicherweise daraus abzuleitende zeitweilige „bedingte Veräußerungsabsicht" mitgeteilt werden muss, denn der BFH nimmt dieses Kriterium nicht wirklich ernst, sondern vermutet es praktisch unwiderleglich. Klar erscheint lediglich, dass eine zahlenmäßige Darstellung des Gewinns, der sich im Fall eines Gestaltungsmissbrauchs ergäbe, neben der Sachverhaltsdarstellung nicht erforderlich ist.

Nach der hier vertretenen Auffassung wird der Sachverhalt von dem objektiven Tatbestand der §§ 370, 42 AO schon deshalb nicht erfasst, weil bei Abgabe der Feststellungserklärung für 1995 eine höchstrichterliche Entscheidung zur Frage des Gestaltungs-

1) Erlass des Bayerischen Staatsministeriums der Finanzen v. 15.10.1976, FR 1976, 607.
2) BFH v. 9.12.1986, VIII 317/82, BStBl II 1988, 244.
3) BMF v. 20.12.1990, BStBl I 1990, 884; abgelöst durch BMF v. 26.3.2004, BStBl I 2004, 434.
4) BFH v. 3.7.1995, GrS 1/93, BStBl II 1995, 617.
5) Wacker in L. Schmidt, 31. Aufl. 2012, § 15 EStG Rz. 20 f.
6) Wacker in L. Schmidt, 31. Aufl. 2012, § 15 EStG Rz. 75.
7) BFH v. 20.5.1998, III B 9/98, BStBl II 1998, 721, 726; OFD Düsseldorf v. 9.7.1997, DStR 1997, 1208.
8) Bestätigt durch BFH v. 18.3.2004, III R 25/02, BStBl II 2004, 787; anders bei eigenständiger Funktion der GmbH BFH v. 17.3.2010, IV R 25/08, BStBl II 2010, 622; Überblick bei Schmieszek in Beermann/Gosch, § 42 AO Rz. 168 (Februar 2009).
9) BFH v. 25.4.1996, VIII B 50/95, BFH/NV 1996, 746 (Sachverhalt unklar).
10) Nach BGH v. 14.12.2010, 1 StR 275/10, HFR 2010, 700, ist die Kenntnis der zuständigen Veranlagungsstelle ohne Bedeutung.

missbrauchs noch nicht ergangen war und erst recht nicht von einer bereits gesicherten Fallgruppe gesprochen werden kann.[1]

bb) Eigene Meinung

Entgegen der Rechtsprechung des BGH[2] kann **§§ 370, 42 AO** jedoch **keine abgabenrechtliche Generalklausel** entnommen werden, die aus sich heraus Aufklärungspflichten begründet;[3] vielmehr sanktioniert diese Vorschrift die Verletzung anderweitig geregelter Pflichten (str., → Rz. 79 ff.). So hat § 396 Abs. 4 AO aus strafrechtlicher Sicht gefordert, dass „der Täter vorsätzlich Pflichten verletzt, die ihm im Interesse der Ermittlung einer Steuerpflicht obliegen"; mit der Streichung dieser Vorschrift 1968 sollte die Rechtslage aber nicht geändert werden (→ Rz. 1334). Die frühere Literatur hatte keine Zweifel, dass sich diese Pflichten aus dem Gesetz zu ergeben haben und dass die stillschweigende Postulierung einer Anzeigepflicht aus § 5 RAO (jetzt § 42 AO) als Verstoß gegen das Gesetzlichkeitsprinzip (jetzt Art. 103 Abs. 2 GG) zu beurteilen wäre.[4] **1356**

Der notwendige **Inhalt der Steuererklärung** ergibt sich vielmehr aus § 150 AO. Danach sind die Angaben in den Steuererklärungen „wahrheitsgemäß nach bestem Wissen und Gewissen zu machen" (Abs. 2) und grds. „nach amtlich vorgeschriebenem **Vordruck** abzugeben" (Abs. 1).[5] Darüber hinaus müssen „**Unterlagen** beigefügt werden, die nach den Steuergesetzen vorzulegen sind" (Abs. 4) Weiter gehende gesetzliche Pflichten bestehen nicht.[6] Insbesondere ist § 90 Abs. 1 Satz 2 AO, auf den der BGH[7] mitunter ohne nähere Begründung verweist, nicht geeignet, Mitteilungspflichten außerhalb des § 150 AO ohne konkrete Anfrage des Finanzamts (§ 93 AO) zu begründen.[8] Ohne entsprechende Verpflichtung fehlt es aber bereits am objektiven Tatbestand einer Steuerhinterziehung.[9] **1357**

Für Steuererklärungen, auch im Zusammenhang mit einer möglichen Steuerumgehung, ergibt sich daraus: Füllt der Stpfl. die **Erklärungsformulare** richtig und vollständig aus, sind die tatbestandsmäßigen Merkmale von § 370 Abs. 1 AO („unrichtige oder unvollständige Angaben machen") nicht gegeben (→ Rz. 112 ff.). Dabei sind Angaben richtig und vollständig, soweit die zu Grunde liegende **rechtliche Beurteilung objektiv vertretbar** ist (str. → Rz. 71 f.) und **subjektiv vertreten** wird (str., → Rz. 64).[10] Darüber hinaus besteht keine Verpflichtung, die in den amtlichen Vordrucken eingesetzte Zahl durch umfangreiche Erläuterungen und Anlagen oder Alternativberechnungen zu ergänzen. Insbesondere gibt es keinen Rechtssatz dergestalt, dass sich bei einem Stpfl., der fürchten muss, dass das Finanzamt die von ihm getroffene Gestaltung als Missbrauch ansieht, die Erklärungspflichten über das hinaus, was in den Steuererklärungsformularen abgefragt wird, automatisch erwei- **1358**

1) BFH v. 7.12.1995, IV R 112/92, BStBl II 1996, 367; v. 25.4.1996, VIII B 50/95, BFH/NV 1996, 746; v. 20.5.1998, III B 9/98, BStBl II 1998, 721, 726; im Erg. ebenso OLG Hamm v. 2.8.2001, 2 Ws 156/01, DStRE 2002, 1095, 1097 (kein Vorsatz wegen uneinheitlicher Rechtsprechung).
2) BGH v. 10.11.1999, 5 StR 221/99, wistra 2000, 137, 140.
3) Meilicke, BB 1984, 1885, 1886; a A. Joecks in Franzen/Gast/Joecks, 7. Aufl. 2009, § 370 AO Rz. 140.
4) Strauß, JW 1931, 275, 277.
5) Nach FG Schleswig-Holstein v. 19.6.2002, I 66/2000, EFG 2002, 1271, 1272, rkr., ist der Vordruck „Konstituierendes Element" der Steuererklärungspflicht, weil das materielle Steuerrecht „so gestaltet ist, dass der Stpfl. ohne nähere Präzisierung nicht wissen könnte, was er zu erklären hat".
6) Ebenso Tipke, StbJb 1972/73, 509, 527; Streck, KÖSDI 1980, 3603, 3605; Meilicke, BB 1984, 1885, 1886; wohl zustimmend Ulmer, DStZ 1986, 292, 296.
7) BGH v. 10.11.1999, 5 StR 221/99 wistra 2000, 137, 140.
8) BFH v. 11.10.1989, I R 101/87, BStBl II 1990, 280.
9) Ulmer, DStZ 1986, 292, 296.
10) Ebenso Meilicke, BB 1984, 1885, 1889.

tern.[1] Der Staat hat es vielmehr – als Gesetzgeber und als Vordruckgestalter – in der Hand, dem Stpfl. ausreichend **klare Vorgaben** zu machen.[2]

1359 Werden aber Zusatzerklärungen freiwillig gemacht, etwa im beigefügten Jahresabschluss oder durch die Beifügung sonstiger **Anlagen** zur Steuererklärung, so müssen diese zutreffend und in sich vollständig sein,[3] zumindest, soweit sie von steuerlicher Relevanz sind (Beispiel → Rz. 1384).

1360 Der Stpfl., der in dieser Situation nur die abgefragten Angaben macht und nicht freiwillig umfangreiche Erläuterungen beifügt, trägt das **Risiko**, dass die objektive Vertretbarkeit seiner rechtlichen Beurteilung oder seine subjektive Überzeugung später in Frage gestellt wird, womit er die Grenzen zur Steuerhinterziehung überschritten hätte. Dabei können sich Anhaltspunkte für die **subjektive Redlichkeit** aus Einzelheiten des Sachverhalts ergeben (Beispiel → Rz. 1384). Er macht sich aber nicht bereits auf Grund der Nichtoffenlegung strafbar.

1361 Ermitteln die Finanzbehörden den Sachverhalt mit **Auskunfts- bzw. Nachweisersuchen** (§§ 88 ff. AO) oder in der Außenprüfung, muss der Stpfl. auch hier richtige und vollständige Angaben machen und, soweit dies zur Vollständigkeit gehört, ggf. auch seine rechtlichen Wertungen offen legen.

1362 Um Missverständnissen vorzubeugen: Gerade derjenige Stpfl., der die Möglichkeit der Steuerminimierung ausschöpfen will, sollte sich vor der Gefahr strafrechtlicher Vorwürfe dadurch schützen, dass er in der Steuererklärung und den beigefügten Anlagen den **Sachverhalt möglichst umfassend** mitteilt und seine Rechtsauffassung im Veranlagungsverfahren offensiv vertritt. Zur Risikominimierung sollte er lieber zu viel als zu wenig tun. Eine ganz andere Frage ist, wie die Sache strafrechtlich zu beurteilen ist, wenn diese Vorsichtsmaßnahme nicht getroffen wurde. Denn deren Fehlen besagt nach hier vertretener Auffassung noch nichts über ein strafbares Verhalten.

d) Fragen des subjektiven Tatbestands

1363 Der **Vorsatz** (→ Rz. 381 ff.)[4] ist nach hier vertretender Auffassung nur relevant, wenn der Sachverhalt eine gefestigte Fallgruppe der Umgehung betrifft und Offenlegungspflichten objektiv nicht erfüllt sind. Hier können in der Praxis Schreiben und Vermerke des Steuerberaters und eigene Notizen zur Abgrenzung eines möglichen Gestaltungsmissbrauchs, die im Zuge von Durchsuchungen gefunden werden, gerade bei sorgfältig beratenen Stpfl. eine wichtige Rolle spielen.

1364 Hat die vorherige Prüfung des Steuerberaters ergeben, dass Gestaltungsmissbrauch gegeben ist, liegt die Annahme bedingten Vorsatzes bei der Verletzung von Offenlegungspflichten jedenfalls nahe. Gleiches gilt, wenn der Steuerberater Gestaltungsmissbrauch für möglich hielt und der Stpfl. **Verschleierungsmaßnahmen** getroffen hat, die sich nur damit erklären lassen, dass er diese Einschätzung geteilt hat.[5]

1365 Ist der Steuerberater demgegenüber zum Ergebnis gekommen, dass Missbrauch nicht auszuschließen ist, aber gute Gründe dagegen sprechen, und hat der Stpfl. diese Einschätzung für zutreffend gehalten, so scheidet vorsätzliches Handeln aus;[6] der Stpfl. handelt allenfalls bewusst fahrlässig (allg. → Rz. 398). Der Steuerberater, der überzeugend darlegen kann, dass er **von der steuerlichen Zulässigkeit** der

1) So auch Streck, KÖSDI 1980, 3603, 3605; Meilicke, BB 1984, 1885, 1889; Strauß, JW 1931, 275, 277; a.A. wohl Ulmer, DStZ 1986, 292, 295 f.
2) Meilicke, BB 1984, 1885, 1887.
3) OLG Bremen v. 26.4.1985, Ws 111/84, StV 1985, 282, 283; Ulmer, DStZ 1986, 292, 295.
4) Ausf. Tipke, StbJb 1972/73, 509, 528 ff.; vgl. auch Bruns, GA 1986, 1, 29.
5) OLG Karlsruhe v. 18.8.1993, 3 Ws 16/93, wistra 1993, 308, 312.
6) Stahl, StraFo 1999, 223, 225.

Gestaltung **überzeugt** war und auch dahingehend beraten hat, entlastet damit nicht nur seinen Mandanten, sondern (für den Fall eventueller Teilnahmevorwürfe) auch sich selbst an entscheidender Stelle.

e) Beweisfragen

Auch die strafbare Steuerhinterziehung durch Umgehung ist nach den Regeln der StPO zu beweisen. Der **Tatnachweis** kann, anders als im Besteuerungsverfahren (→ Rz. 1333), nicht auf die Verletzung steuerlicher Mitwirkungs-, Beweisbeschaffungs- und Aufklärungspflichten gestützt werden.[1] 1366

Beispiel:[2]

Die in Liechtenstein ansässige E AG stellte den bisher selbständigen Handelsvertreter H als ihren Arbeitnehmer an und trat gleichzeitig in dessen Handelsvertretervertrag mit dem Möbelhersteller St ein.

Wenn H nicht nachweisen kann, wer hinter der E AG steht (entgegen seiner Beweisvorsorgepflicht, § 90 Abs. 2 AO), und keine nachvollziehbaren außersteuerlichen Gründe für die Einschaltung der E AG darlegen kann, wird dies steuerlich als Umgehung zu beurteilen sein. Auch der bei der E AG verbleibende Provisionsanteil wird dem H als eigenes Einkommen zugerechnet.

Strafrechtlich müsste H insbes. nachgewiesen werden, dass er selbst oder eine ihm nahe stehende Person hinter der E AG steht.[3]

Strafrechtliche Beweisanforderungen haben auch für Tatbestandsmerkmale zu gelten, die nach der steuerlichen Rspr. vermutet werden, etwa für die Steuerumgehungsabsicht.[4] Natürlich kann der strafrechtliche Nachweis nach den Umständen des Einzelfalls aus Indizien des objektiven Sachverhalts geführt werden. In der Strafverfolgungswirklichkeit besteht allerdings die Versuchung, **steuerliche Vermutungsregeln** auch darüber hinaus uneingeschränkt anzuwenden. Bleiben unüberwindliche Zweifel, ist jedoch nach dem Grundsatz **„in dubio pro reo"** freizusprechen. 1367

4. Einschaltung einer ausländischen Basisgesellschaft

a) Steuerumgehung mittels Basisgesellschaft

Nachdem sich die Rechtsprechung bei der Anwendung des § 42 AO (bzw. § 6 StAnpG) im Fall von Basisgesellschaften zunächst schwer getan hat,[5] kann nach inzwischen ständiger Rechtsprechung des BFH der Tatbestand des Rechtsmissbrauchs (§ 42 AO) durch die Zwischenschaltung von Basisgesellschaften im niedrig besteuernden Ausland erfüllt werden.[6] 1368

Dabei ist die Steuerumgehung **abzugrenzen** von der Scheingestaltung i.S.v. § 41 AO (→ Rz. 1390) sowie von der steuerlichen Behandlung der Basisgesellschaft als **unbeschränkt steuerpflichtiger Körperschaft** (§ 10 AO; § 1 KStG), falls die maßgeblichen Entscheidungen der Gesellschaft im Inland getroffen werden.[7] Gegenüber Gewinnkorrekturen nach dem AStG ist § 42 AO vorrangig zu prüfen.[8] 1369

---

1) Wenderoth, 228; Stahl, StraFo 1999, 223, 226.
2) Nach BFH v. 21.10.1988, III R 194/84, BStBl II 1989, 216; vgl. zur Abgrenzung BFH v. 19.3.2002, I R 15/01, IStR 2002, 707.
3) Stahl, StraFo 1999, 223, 226.
4) OLG Düsseldorf v. 26.8.1988, 3 Ws 512/88, wistra 1989, 72, 77; vgl. aber Meine, wistra 1992, 81, 83.
5) Vgl. BFH v. 17.7.1968, I 121/64, BStBl II 1968, 695.
6) Ausf. Schmieszek in Beermann/Gosch, § 42 AO Rz. 153 ff. (Februar 2009); krit. Fischer in H/H/Sp, § 41 AO Rz. 227 ff., 233, der vorrangig Zivilrecht und Scheingeschäft prüft (März 2007).
7) BFH v. 19.3.2002, I R 15/01, IStR 2002, 707; v. 30.5.1990, 3 StR 55/90, wistra 1990, 307, 308; Rödl in Wabnitz/Janowsky, 3. Aufl. 2007, Kap. 19 Rz. 51.
8) BFH v. 10.6.1992, I R 105/89, BStBl II 1992, 1029, 1031; v. 19.1.2000, I R 94/97, BStBl II 2001, 222 (jeweils: logischer Vorrang; gegen diese Begründung aber Hahn, DStZ 2008, 483, 487).

1370 Zunächst setzt die Anwendung des § 42 AO voraus, dass die Einschaltung der Basisgesellschaft unangemessen ist. Die bisherige Rspr. nimmt eine tatsächliche Vermutung hierfür an, wenn **wirtschaftliche** oder sonst **beachtliche Gründe** fehlen,[1)] doch wäre es unschädlich, wenn die Gestaltung überwiegend oder ausschließlich aus steuerlichen Motiven vorgenommen wurde (→ Rz. 1327). Als wirtschaftliche Gründe wurden von der Rechtsprechung **anerkannt**: die Funktion als Konzernspitze eines weltweit tätigen Unternehmens,[2)] Beteiligungserwerb in größerem Umfang[3)] oder Erlangung günstiger Finanzierungsmöglichkeiten.[4)] Allerdings hat der Gesetzgeber mit wiederholter Neufassung des § 50d Abs.3 EStG versucht, wesentlich engere Beurteilungsvoraussetzungen festzuschreiben. Er diskriminiert damit insbes. ausländische Holdingstrukturen, die als reiner Inlandssachverhalt normal und betriebswirtschaftlich zweckmäßig wären.

1371 Wesentliches Kriterium für die Beweiswürdigung, aber nicht Teil der Vermutungsbasis ist die Frage nach einer eigenen **wirtschaftlichen Tätigkeit** der Basisgesellschaft.[5)] Maßgeblich hierfür ist nicht allein der im Gesellschaftsvertrag oder in den Statuten festgelegte Gesellschaftszweck. Vielmehr muss nach den Gesamtumständen des Einzelfalls anhand objektiver Gesichtspunkte überprüft werden, ob sich die Gesellschaft tatsächlich am wirtschaftlichen Verkehr beteiligt und dadurch den Gesellschaftszweck in der Praxis vollzieht, genauer, ob die Gesellschaft tatsächlich ein Unternehmerrisiko trägt.[6)] Als klassische Indizien hierfür gelten fehlendes eigenes Personal, fehlende eigene Geschäftsräume und fehlende eigene Geschäftsausstattung, insbes. fehlende eigene Telefon- und Telefaxanschlüsse.[7)]

1372 In mehreren wichtigen Entscheidungen hat der BFH aber die Möglichkeit zur Übertragung bestimmter Tätigkeiten an Dritte **(„outsourcing")** anerkannt.[8)] Es hat eine **Kapitalanlagegesellschaft** im niedrig besteuernden Ausland, die nicht über einen eigenen Geschäftsbetrieb (Räume, Personal, Telefon) verfügte, die nur eigenes Vermögen verwaltete und die sich zur Abwicklung ihrer wenigen Wertpapiergeschäfte einer Managementgesellschaft bediente, entgegen der Vorinstanz[9)] nicht als Domizilgesellschaft beurteilt, sondern steuerlich anerkannt. Danach sollte die Teilnahme am wirtschaftlichen Verkehr durch eine Managementgesellschaft in gleicher Weise möglich sein wie mit eigenem Personal.[10)] Auch hat der BFH klargestellt, dass außersteuerliche Gründe für die Einschaltung einer Kapitalanlagegesellschaft im Ausland ebenso wenig wie im Inland notwendig sind.[11)]

---

1) BFH v. 23.10.2002, I R 39/01, HFR 2003, 325, 326; v. 28.1.1992, VIII R 7/88, BStBl II 1993, 84, 87.
2) BFH v. 29.1.1975, I R 135/70, BStBl II 1975, 553, 555.
3) BFH v. 29.7.1976, VIII R 41/74, BStBl II 1977, 261, 263.
4) BFH v. 29.7.1976, VIII R 116/72, BStBl II 1977, 268, 269; v. 20.3.2002, I R 63/99, BStBl II 2003, 50.
5) BFH v. 28.1.1992, VIII R 7/88, BStBl II 1993, 84, 86 f.
6) BFH v. 6.12.1995, I R 40/95, BStBl II 1997, 118, 120.
7) BFH v. 29.1.2008, I R 26/06, IStR 2008, 364, 366 (m. Anm. Kessler/Eicke); v. 15.10.1998, IV R 8/98, BStBl II 1999, 333, 335 (nur Indiz); v. 6.12.1995, I R 40/95, BStBl II 1997, 118, 120; v. 10.11.1983, IV R 62/82, BStBl II 1984, 605, 607; Ransiek in Kohlmann, § 370 AO Rz. 1239 (Oktober 2008); vgl. aber aus zivilrechtlicher Sicht OLG Hamm v. 18.8.1994, 15 W 209/94, DB 1995, 137, 139.
8) BFH v. 25.2.2004, I R 42/02, IStR 2004, 527; v. 19.1.2000, I R 117/97, BStBl II 2001, 222; v. 19.1.2000, I R 94/97, BFH/NV 2000, 778; zu IFSC-Gesellschaften in den Dublin Docks; BFH v. 20.3.2002, I R 63/99, BStBl II 2003, 50 (US-Finanzierungsgesellschaft); FG Hamburg v. 6.12.2001, VI 123/00, IStR 2002, 313, rkr.; zustimmend Clausen, IStR 2000, 186.
9) FG Baden-Württemberg v. 17.7.1997, 10 K 309/96, EFG 1997, 1442, 1443.
10) BFH v. 19.1.2000, I R 94/97, BStBl II 2001, 222; a.A. noch v. 6.12.1995, I R 40/95, BStBl II 1997, 118, 120.
11) BFH v. 19.1.2000, I R 94/97, BStBl II 2001, 222; Clausen, IStR 2000, 185, 186.

Zwar hat die Finanzverwaltung in ihrem inzwischen aufgehobenen Nichtanwendungserlass zutreffend darauf hingewiesen, dass die vom BFH genannten Abgrenzungsmerkmale auch bei einer Vielzahl ausländischer „Briefkastengesellschaften" vorliegen und wollte daher auch den IFSC-Gesellschaften in den **Dublin Docks** gem. § 42 AO die Anerkennung verweigern.[1] Es darf aber unterstellt werden, dass der BFH diese Parallelen gesehen hat. Es ist nach wie vor offen, ob die Rspr. auf Kapitalanlagegesellschaften in den Dublin Docks oder auf alle ausländischen Kapitalanlagegesellschaften beschränkt sein soll oder ob sich die Rspr. zu ausländischen Basisgesellschaften grds. wandelt. Offen ist auch, anhand welcher Kriterien die Grenzen künftig gezogen werden sollen.[2] Angesichts dieser grundsätzlichen Unsicherheiten stellt sich aus strafrechtlicher Sicht die Frage, ob die Einschaltung ausländischer Basisgesellschaften noch als hinreichend bestimmte Fallgruppe des § 42 AO (→ Rz. 1337, → Rz. 1345) beurteilt werden darf. 1373

Darüber hinaus ist erforderlich, dass für die Einschaltung der Basisgesellschaft wirtschaftliche oder sonst **beachtliche außersteuerliche Gründe** (z.B. Umgehung von Embargos/Lieferverboten einzelner Waren in bestimmte Länder) fehlen.[3] 1374

Die Basisgesellschaft muss **zur Ersparnis inländischer Steuern** in eine Rechtsbeziehung eingeschaltet worden sein.[4] Handelt es sich um Vertragsbeziehungen eines **unbeschränkt Stpfl.** mit der Basisgesellschaft, setzt § 42 AO die **Beteiligung** des Inländers oder einer ihm nahe stehenden Person an der ausländischen Gesellschaft voraus;[5] denn ohne eine solche Beteiligung wäre eine möglicherweise missbräuchliche steuerrelevante Rechtsbeziehung nicht denkbar.[6] Insbesondere ist § 42 AO nicht anwendbar, wenn die Basisgesellschaft **von dem ausländischen Geschäftspartner zwischengeschaltet** wurde, um dessen Gewinne zu verlagern.[7] Handelt es sich demgegenüber um Vertragsbeziehungen von **beschränkt Stpfl.**, etwa von ausländischen Tennisspielern, so fordert der BFH zu Recht weder die Beteiligung von Steuerinländern an der möglichen Basisgesellschaft noch eine Nähebeziehung des beschränkt Stpfl. zu der Gesellschaft.[8] Stattdessen setzt § 42 AO voraus, dass die Einschaltung der Gesellschaft der Steuerminderung zu Gunsten des beschränkt Stpfl. dienen soll, was ausgeschlossen wäre, wenn diesem bereits auf Grund eines DBA Steuerfreiheit zu gewähren wäre.[9] 1375

Da nicht die Gesellschaft als solche, sondern die **jeweilige Rechtsbeziehung** anhand von § 42 AO zu beurteilen ist, kann eine Steuerumgehung nicht damit begründet werden, dass die ausländische Gesellschaft im Verhältnis zu anderen Stpfl. als Basisgesellschaft zu beurteilen wäre (→ Rz. 1329).[10] 1376

---

1) BMF v. 19.3.2001, BStBl I 2001, 243 weitgehend aufgehoben mit BMF v. 28.12.2004, BStBl I 2005, 28, nachdem der BFH v. 25.2.2004, I R 42/02, IStR 2004, 527, 529 an seiner Rspr. festgehalten hat; auch FG Hamburg v. 6.12.2001, VI 123/00, IStR 2002, 313, rkr., schloss sich dem BFH an.

2) Buciek, DStZ 2000, 425; Clausen, IStR 2000, 185, 186; Kempermann, FR 2000, 457; Philipowski, IStR 2003, 547, 551 f.; ausf. Schmieszek in Beermann/Gosch, § 42 AO Rz. 39 (Februar 2009); die Kriterien der Basisgesellschaft werden nun enger definiert, vgl. BFH v. 20.3.2002, I R 63/99, BStBl II 2003, 50.

3) LG Frankfurt v. 28.3.1996, 5/13 Kls 94 Js 36385/88, wistra 1997, 152, 154.

4) BGH v. 30.5.1990, 3 StR 55/90, wistra 1990, 307, 308; BFH v. 9.12.1980, VIII R 11/77 BStBl II 1981, 339, 343; v. 29.10.1997, I R 35/96, BStBl II 1998, 235, 237.

5) BFH v. 21.10.1988, III R 194/84, BStBl II 1989, 216, 217; v. 26.7.1995, I R 78/93 u.a., BFH/NV 1996, 383.

6) BFH v. 29.10.1997, I R 35/96, BStBl II 1998, 235, 237.

7) BFH v. 26.7.1995, I R 78/93 u.a., BFH/NV 1996, 383.

8) BFH v. 29.10.1997, I R 35/96, BStBl II 1998, 235, 237; Füger/Rieger, IStR 1998, 353, 354 f.

9) BFH v. 29.10.1997, I R 35/96, BStBl II 1998, 235, 238.

10) BFH v. 21.10.1988, III R 194/84, BStBl II 1989, 216, 217.

1377 **Rechtsfolge** des § 42 AO ist der **„Durchgriff"** auf die hinter der Basisgesellschaft stehende Person.[1] Die als missbräuchlich angesehenen Rechtsbeziehungen mit der Basisgesellschaft werden behandelt, als ob sie mit der dahinter stehenden Person bestünden.[2] Steuerliche Bemessungsgrundlagen werden dieser Person zugerechnet,[3] soweit sie im Fall angemessener Gestaltung bei dieser angefallen wären, neben den **Erlösen** etwa **Aufwendungen der Basisgesellschaft** für Wareneinkauf, Refinanzierung, Einkaufs- oder Verkaufsprovision.[4] Im Ausland angefallene Kosten der Geschäftsführung (**„management fees"**)[5] und sonstige Gebühren ihres Treuhänders sind auf der Grundlage des fingierten, angemessenen Sachverhalts vergebliche Aufwendungen und als solche Betriebsausgaben,[6] nicht etwa „Kosten der Lebensführung" desjenigen inländischen Stpfl., dem die Rechtsbeziehung zugerechnet wird. Ausländische **Steuern** der Basisgesellschaft können zwar i.d.R. nicht gem. § 34c Abs. 1 EStG auf die inländische Steuer der dahinter stehenden Person angerechnet werden, soweit die zu Grunde liegenden Einkünfte nach deutschem Rechtsverständnis aus dem Inland stammen;[7] sie waren aber bis 1999 ohne Weiteres gem. § 34c Abs. 3 EStG vom inländischen Einkommen abzuziehen[8] (seither schließt § 34c Abs. 6 Satz 4 EStG den Steuerabzug in Fällen des Gestaltungsmissbrauchs regelmäßig aus). Dasselbe gilt für ausländische Kapitalertragsteuern, z.B. die Schweizer Verrechnungsteuer.[9] Daraus ergeben sich folgende ertragsteuerliche[10] Konsequenzen.

1378 In der Geschäftsbeziehung eines **inländischen Einzelunternehmers** mit einer Basisgesellschaft, hinter der wiederum der inländische Unternehmer steht, wird an Stelle der Handelskette „Einzelunternehmer – Basisgesellschaft – Endabnehmer/Lieferant" die Kette „Einzelunternehmer – Endabnehmer/Lieferant" fingiert. Dies hat zur Folge, dass der Gewinn der Basisgesellschaft (Erlöse abzüglich berücksichtigungsfähiger Kosten) den inländischen gewerblichen Gewinn des Einzelunternehmers erhöht. Einzelne Verlustjahre der Basisgesellschaft sind bei dem Einzelunternehmer gewinnmindernd zu berücksichtigen, Dauerverluste demgegenüber nicht, weil § 42 AO dann nicht anwendbar wäre (→ Rz. 1319). Zinszahlungen des Einzelunternehmers an die Basisgesellschaft sind nicht als Betriebsausgaben abziehbar, genauso wenig wie Zinszahlungen des Einzelunternehmers an sich selbst.[11]

1379 Besteht die Geschäftsbeziehung zwischen einer **inländischen Personengesellschaft** und der Basisgesellschaft, hinter der einer der Gesellschafter der Personengesellschaft steht, fingiert § 42 AO bei Warengeschäften eine Kette „Personengesellschaft – Gesellschafter – Endabnehmer/Lieferant". Dabei wird der Gewinn der Basisgesellschaft regelmäßig als Sonderbetriebseinnahme der Personengesellschaft zugerechnet. Zinszahlungen der Personengesellschaft an die Basisgesellschaft wer-

1) Schmieszek in Beermann/Gosch, § 42 AO Rz. 160 (Februar 2009).
2) BFH v. 1.4.2003, I R 39/02, BStBl II 2003, 869.
3) Im Ergebnis ebenso Clausen, DB 2003, 1589, 1595 f. gegen eine verbreitete Praxis der Finanzverwaltung; vgl. auch Philipowski, IStR 2003, 547, 549.
4) FG Baden-Württemberg v. 17.7.1997, 10 K 309/96, EFG 1997, 1442, 1445 (in Rev. BFH v. 19.1.2000, I R 117/97, HFR 2000, 553 nicht entscheidungserheblich).
5) FG Baden-Württemberg v. 17.7.1997, 10 K 309/96, EFG 1997, 1442, 1445 (in Rev. BFH v. 19.1.2000, I R 117/97, HFR 2000, 553 nicht entscheidungserheblich).
6) FG Baden-Württemberg v. 17.7.1997, 10 K 309/96, EFG 1997, 1442, 1445 (in Rev. BFH v. 19.1.2000, I R 117/97, HFR 2000, 553 nicht entscheidungserheblich).
7) Kuhn in H/H/R, § 34c EStG Rz. 61 „Basisgesellschaft" (Oktober 2006).
8) FG Baden-Württemberg v. 17.7.1997, 10 K 309/96, EFG 1997, 1442, 1445 (in Rev. BFH v. 19.1.2000, I R 117/97, HFR 2000, 553 nicht entscheidungserheblich); vgl. auch BFH v. 24.3.1998, I R 38/97, BStBl II 1998, 471, 472; v. 1.4.2003, I R 39/02, BStBl II 2003, 869.
9) BFH v. 1.4.2003, I R 39/02, BStBl II 2003, 869.
10) Zu vermögensteuerlichen Konsequenzen BFH v. 9.12.1980, VIII R 11/77, BStBl II 1981, 339, 343.
11) BFH v. 9.12.1980, VIII R 11/77, BStBl II 1981, 339, 342.

den bei der Personengesellschaft als Betriebsausgaben und bei dem Gesellschafter als Sonderbetriebseinnahmen behandelt, vermindern den Gewinn der Gesellschaft im Ergebnis also nicht.

Ist der Geschäftspartner eine inländische **Kapitalgesellschaft,** besteht die fingierte Handelskette zwischen „Kapitalgesellschaft – Gesellschafter – Endabnehmer/Lieferant". Gewinne der Basisgesellschaft werden im Ergebnis als verdeckte Gewinnausschüttung der Kapitalgesellschaft an ihren Gesellschafter behandelt,[1] vorübergehende Verluste der Basisgesellschaft wären verdeckte Einlagen des Gesellschafters in die Kapitalgesellschaft. Zinszahlungen der Kapitalgesellschaft sind bei dieser als Betriebsausgaben anzuerkennen (Angemessenheit der Konditionen nach der Rechtsprechung zu verdeckten Gewinnausschüttungen unterstellt) und bei dem Gesellschafter als Einkünfte aus Kapitalvermögen zu versteuern.[2] Refinanzierungsdarlehen der Basisgesellschaft sind ebenfalls dem Gesellschafter zuzurechnen, bei dem die entsprechenden Soll-Zinsen als Werbungskosten zu berücksichtigen sind. Lizenzzahlungen an die Basisgesellschaft sind grds. wie Zinsen zu behandeln, doch kann die Patentüberlassung eine Betriebsaufspaltung begründen und bei dem Gesellschafter zu gewerblichen Einkünften führen. 1380

In der Betriebsprüfungspraxis werden Geschäftsbeziehungen primär durch Versagung des Betriebsausgabenabzugs gem. **§ 160 AO** (→ Rz. 1269) bekämpft, und der Stpfl., der nicht beizeiten Beweisvorsorge getroffen hat, ist möglicherweise gut beraten, diese Rechtsfolge zu akzeptieren, um ein langwieriges Rechtsbehelfsverfahren oder gar steuerstrafrechtliche Maßnahmen zu vermeiden. 1381

b) Steuerhinterziehung im Zusammenhang mit einer Basisgesellschaft

Der BGH hat für den Bereich der Steuerumgehung durch **Einschaltung einer Basisgesellschaft** im niedrig besteuernden Ausland klargestellt,[3] dass die Reichweite des § 42 AO und die Voraussetzung der Strafbarkeit einer Steuerumgehung, im Hinblick auf die von der Rechtsprechung des BFH herausgearbeiteten konkreten Grundsätze, hinreichend bestimmt ist (→ Rz. 1345). Allerdings bestehen Zweifel, ob der BGH dies in seiner Entscheidung vom 27.1.1982[4] für den konkreten Fall bereits bejahen durfte, denn im Zeitraum der Sachverhaltsverwirklichung 1965 bis 1972 wurde die Anwendbarkeit des § 42 AO von der Finanzverwaltung selbst bezweifelt.[5] 1382

Zwar werden im Zusammenhang mit der Geschäftsbeziehung zu einer Basisgesellschaft im niedrig besteuernden Ausland in der **Praxis** keineswegs immer steuerstrafrechtliche Vorwürfe erhoben, aber dieses Risiko besteht insbes., wenn Anhaltspunkte auftauchen, dass der inländische Stpfl. unmittelbar oder mittelbar hinter der Basisgesellschaft stehen könnte. 1383

Der Vorwurf einer **Steuerhinterziehung** ist nach h.M. und hier vertretener Auffassung berechtigt, wenn ein Gestaltungsmissbrauch objektiv gegeben ist und die hierfür relevanten Merkmale pflichtwidrig (→ Rz. 1353 ff.) nicht offen gelegt wurden;[6] dies ist typischerweise der Fall, wenn unzutreffende Angaben über die wirtschaftliche Tätigkeit der Gesellschaft oder die Gründe der Geschäftsbeziehung gemacht werden, wenn die Beteiligung des Inländers an der Basisgesellschaft verschleiert 1384

1) BFH v. 9.12.1980, VIII R 11/77, BStBl II 1981, 339, 342.
2) BFH v. 9.12.1980, VIII R 11/77, BStBl II 1981, 339, 342.
3) BGH v. 27.1.1982, 3 StR 217/81, wistra 1982, 108.
4) BGH v. 27.1.1982, 3 StR 217/81, wistra 1982, 108, 109.
5) Streck, KÖSDI 1980, 3603, 3605; Pohl, Rz. 945.
6) BGH v. 30.5.1990, 3 StR 55/90, wistra 1990, 307; v. 1.2.1983, VIII R 30/80, BStBl II 1983, 534, 536; Ransiek in Kohlmann, § 370 AO Rz. 1237, 1239 (Oktober 2008).

oder bestritten wird[1] oder wenn pflichtwidrig verschwiegen wird, dass der nominelle Gesellschafter, etwa ein am Sitz der Gesellschaft ansässiger Rechtsanwalt, in Wirklichkeit als Treuhänder des Steuerinländers agiert.

Beispiel:[2]

Der Spielzeughersteller S gründet eine Domizilgesellschaft D AG im niedrig besteuernden Schweizer Kanton Glarus. Seine offene Beteiligung von 41 % des Aktienkapitals weist er künftig in der Bilanz aus, nicht aber die weiteren 59 %, die von dem Verwaltungsrat D treuhänderisch für ihn gehalten werden. Zur Glaubhaftmachung beim Finanzamt werden Schriftwechsel und streitige Abstimmungen „inszeniert". Er schaltet die D AG in den Export seiner Produkte ein und gewährt ihr überhöhte Rabatte. Den verminderten Gewinn erklärt er unter Vorlage des Jahresabschlusses und der vorbereiteten weiteren Unterlagen.

Der BGH bejahte eine Steuerhinterziehung.[3] Dem ist für diesen Sachverhalt zuzustimmen. Der Gestaltungsmissbrauch durch Einschaltung einer Domizilgesellschaft ist von der BFH-Rechtsprechung wohl ausreichend geklärt (aber → Rz. 1373). Die nur teilweise Bilanzierung der Beteiligung und die „inszenierten" Unterlagen sprechen dafür, dass S auch subjektiv von der Unrichtigkeit seiner Steuererklärung ausgegangen ist. Die Steuerhinterziehung liegt in der Steuererklärung unter Vorlage unrichtiger Unterlagen („unrichtige Angaben").[4]

c) Beweislast und Auskünfte des Bundesamts für Finanzen

1385 In der steuerlichen Praxis wird der Rechtsmissbrauch von den Finanzbehörden bereits bejaht, wenn die **IZA**, die Informationszentrale Ausland des Bundeszentralamts für Steuern auf Anfrage die Auskunft erteilt, es handele sich bei der ausländischen Gesellschaft um eine Basis- oder Briefkastengesellschaft.[5]

1386 Dieser Auskunft enthält aber weder eine Aussage dazu, durch welche Tatsachen und Beweismittel im Einzelnen die IZA ihre Einschätzung gewonnen hat, noch ersetzt sie, trotz der Verwendung des missverständlichen Ausdrucks „Briefkastengesellschaft", die Prüfung der eigenen wirtschaftlichen Tätigkeit dieser Gesellschaft. Der Auskunft kommt daher zumindest **steuerstrafrechtlich keine Bedeutung** zu; sie kann insbes. nicht zum Nachweis einer Steuerhinterziehung angeführt werden.[6] Ebenso wenig kann ein Hinweis des Betriebsprüfers in der Vor-Betriebsprüfung auf eine entsprechende Auskunft der IZA den Nachweis ersetzen, dass der Stpfl. die Domizileigenschaft seines ausländischen Geschäftspartners tatsächlich gekannt hat.

d) Schadensberechnung

1387 Aus Vertragsbeziehungen mit ausländischen Basisgesellschaften fallen u.U. inländische Quellensteuern an, etwa, wenn der Vertrag mit dieser Basisgesellschaft auf die Überlassung eines ausländischen Künstlers gerichtet ist (§ 50a EStG). Außerdem zahlt die Basisgesellschaft möglicherweise erhebliche ausländische Steuern. Wenn diese **Steuern** nicht bereits bei der inländischen Steuerbemessungsgrundlage und der strafrechtlichen Verkürzungsberechnung abgezogen werden (→ Rz. 1377), sind

1) BGH v. 27.1.1982, 3 StR 217/81, wistra 1982, 108; v. 30.5.1990, 3 StR 55/90, wistra 1990, 307, 308.
2) Nach BGH v. 27.1.1982, 3 StR 217/81, wistra 1982, 108.
3) BGH v. 27.1.1982, 3 StR 217/81, wistra 1982, 108; hebt das Urteil des LG wegen ungenügender Sachverhaltsaufklärung auf.
4) Ebenso Ulmer, DStZ 1986, 292, 295; Meilicke, BB 1984, 1885, 1889.
5) Mangels Auskunftsanspruch gegen das Bundeszentralamt für Steuern (früher BfF) sind dessen Auskünfte für den Betroffenen nicht überprüfbar: BFH v. 30.7.2003, VII R 45/02, DStRE 2003, 1306.
6) Vgl. aus zivilrechtlicher Sicht OLG Hamm v. 18.8.1994, 15 W 209/94, DB 1995, 137, 139.

inländische Quellensteuern jedenfalls im Rahmen der Schadensberechnung für die Strafzumessung zu berücksichtigen. Demgegenüber kann bezahlte **ausländische** Steuer nur unter dem Gesichtspunkt „Beweggründe und Ziele des Täters" Bedeutung haben, als dieser lediglich die Differenz zwischen verkürzter deutscher und bezahlter ausländischer Steuer als Vorteil erstrebt hat.

IV. Scheingeschäfte (§ 41 AO)

Die Regelung in § 41 Abs. 2 AO deckt sich nach ganz überwiegender Meinung mit § 117 BGB.[1] Unter **Scheingeschäften** versteht man Willenserklärungen, die einem anderen gegenüber abgegeben werden, wobei sich beide Seiten darüber einig sind, dass das Erklärte in Wirklichkeit nicht gewollt ist, weil die Vertragsparteien den Schein eines Rechtsgeschäfts hervorrufen, den Eintritt der Rechtsfolgen hingegen vermeiden wollen.[2] Dasselbe gilt, wenn die Rechtswirkungen nicht zwischen den Parteien, sondern zwischen einem von ihnen und einem Dritten eintreten sollen.[3] Der Aufwand zur Erzeugung des Rechtsscheins kann sehr unterschiedlich sein, von der Vortäuschung umfangreicher Dienstleistungen[4] (→ Rz. 1392, Beispiel) bis zum schlichten Scheinvertrag mit Übergabe sog. Abdeckrechnungen.[5] Eine vertragliche Regelung, welche die Parteien nur steuerlich, nicht auch zivilrechtlich gelten lassen wollen, ist daher als Scheingeschäft zu beurteilen.[6] Wird mit dem Geschäft ein Zweck verfolgt, der nur bei Gültigkeit des Rechtsgeschäfts erreicht werden kann, so ist regelmäßig kein Scheingeschäft gegeben,[7] sondern allenfalls ein Umgehungsgeschäft (→ Rz. 1315 ff.). 1388

Scheingeschäfte und Scheinhandlungen sind gem. § 41 Abs. 2 Satz 1 AO für die Besteuerung unerheblich.[8] Den Gegenstand der Besteuerung bildet vielmehr der in Wirklichkeit vorliegende, durch das Scheingeschäft **verdeckte Sachverhalt** (§ 41 Abs. 2 Satz 2 AO).[9] Auch dies entspricht der zivilrechtlichen Regelung in § 117 BGB. Verfassungsrechtliche Bedenken im Hinblick auf das Bestimmtheitsgebot aus Art. 103 Abs. 2 GG hat das BVerfG nicht.[10] 1389

Beispiel „Sog. Schwarzkauf":

Im notariellen Kaufvertrag über ein Grundstück geben die Parteien einen niedrigeren als den tatsächlich vereinbarten Kaufpreis an, um Grunderwerbsteuer einzusparen.

Zivilrechtlich sind sowohl die beurkundete Kaufpreisvereinbarung als auch die tatsächlich dahinter stehende Vereinbarung nichtig. Denn bei dem beurkundeten Geschäft

---

1) BFH v. 7.11.2006, IX R 4/06, BB 2007, 198 (Darlehen zur Verdeckung einer mittelbaren Grundstücksschenkung); Fischer in H/H/Sp, § 41 AO Rz. 171 ff. (März 2007); Schmieszek in Beermann/Gosch, § 41 AO Rz. 30 (Mai 2002); Leisner-Egensperger, DStZ 2008, 358, 362; a.A. mit ausführlicher Begründung Hahn, DStZ 2000, 433, 442.

2) BFH v. 10.2.1988, X R 16/82, BStBl II 1988, 640, 643; ausf. Heuermann, DB 2007, 416.

3) BFH v. 31.1.2002, V B 108/01, BStBl II 2004, 622; Ratschow in Klein, 11. Aufl. 2012, § 41 AO Rz. 23, 27.

4) Vgl. etwa BVerfG v. 26.6.2008, 2 BvR 2067/07, HFR 2008, 1280, 1282, Vorentscheidung BGH v. 24.5.2007, 5 StR 72/07, HFR 2008, 394, 395; dazu Leplow, PStR 2007, 249, 250 (jeweils zu Lizenzzahlung für ein Patent).

5) Etwa BGH v. 24.6.2009, 1 StR 229/09, HFR 2010, 183, 184; Scheinrechnungen ohne zu Grunde liegender Scheinvertrag fallen als Scheinhandlungen ebenfalls unter § 41 Abs. 2 AO, Fischer in H/H/Sp, § 41 AO Rz. 181 (März 2007).

6) BGH v. 18.11.1976, VII ZR 150/75, BGHZ 67, 334, 338 = NJW 1977, 294, 295.

7) BGH v. 25.10.1961, V ZR 103/60 BGHZ 36, 85, 88 = NJW 1962, 295; ausf. Kruse in Tipke/Kruse, § 41 AO Rz. 68 (April 2003).

8) Abweichend von § 41 Abs. 1 AO: Kruse in Tipke/Kruse, § 41 AO Rz. 64 (April 2003).

9) Fischer in H/H/Sp, § 41 AO Rz. 183 ff., 196 (März 2007).

10) BVerfG v. 26.6.2008, 2 BvR 2067/07, HFR 2008, 1280, 1282 (unter Verweis auf die Begriffsbestimmung in § 117 BGB).

handelt es sich um ein Scheingeschäft i.S.d. § 117 BGB; für die eigentlich gewollte Vereinbarung fehlt die nach § 313 Satz 1 BGB erforderliche notarielle Beurkundung.

Steuerrechtlich ist die Formnichtigkeit des verdeckten Kaufvertrags allerdings ohne Belang (§ 41 Abs. 2 Satz 2 AO), solange die Parteien den wirtschaftlichen Erfolg gelten lassen. Dies hat zur Folge, dass für die Steuerfestsetzung auf die tatsächlich gewollte Kaufpreisvereinbarung abzustellen ist.[1]

Hinsichtlich der „ersparten" Grunderwerbsteuer liegt eine Steuerhinterziehung vor (→ Rz. 1236 f.). Im Fall eines Weiterverkaufs innerhalb der Zehnjahresfrist des § 23 Abs. 1 Nr. 1 EStG ist ebenfalls das verdeckten Rechtsgeschäft maßgeblich und der Veräußerungsgewinn ist anhand der tatsächlichen Anschaffungskosten zu berechnen.[2]

1390 Die **Abgrenzung** (→ Rz. 1369), ob ein nicht gewolltes, aber vorgetäuschtes Scheingeschäft (§ 41 Abs. 2 AO) oder eine wirksam gewollte, möglicherweise als Umgehung (§ 42 AO) zu beurteilende Gestaltung vorliegt, ist in der Praxis häufig sehr schwierig.[3] Entscheidend ist, ob die Parteien zur Erreichung des erstrebten Erfolgs ein Scheingeschäft für genügend oder ein ernst gemeintes Rechtsgeschäft für notwendig erachtet haben.[4] Treuhandgeschäfte sind danach regelmäßig keine Scheingeschäfte.[5] Dabei ist der Wille der Parteien anhand äußerer Tatsachen zu ermitteln. Anhaltspunkte können sich aus dem Inhalt des Vertrages, seinen tatsächlichen und wirtschaftlichen Auswirkungen und dem Verhalten der Beteiligten, insbes. der tatsächlichen Durchführung, ergeben.[6]

1391 Die in § 41 Abs. 2 AO besonders erwähnte **Scheinhandlung** stellt eine zum Schein vorgenommene Tathandlung dar.[7] In Betracht kommt etwa die Begründung, Beibehaltung oder Aufgabe eines Wohnsitzes[8] oder eine Zahlung eines Geldbetrags, den der Zahlungsempfänger in Verwirklichung eines Gesamtplanes sofort wieder zurückgibt.[9]

1392 Ebenso wie steuerliche Umgehungsgeschäfte (§ 42 AO; → Rz. 1334) können auch Scheingeschäfte und Scheinhandlungen (§ 41 Abs. 2 AO) eine **Steuerhinterziehung** (§ 370 Abs. 1 Nr. 1 AO) begründen, wenn der Stpfl. im Zusammenhang damit unrichtige oder unvollständige Angaben über steuererhebliche Tatsachen macht.[10] Die Verletzung der Wahrheitspflicht wird sehr häufig mit der Vortäuschung einer Rechtsbeziehung, die in Wirklichkeit nicht gewollt ist, verbunden sein.

Beispiel:

C, Inhaber eines Chemieunternehmens in der Rechtsform eines Einzelunternehmens, schickt wöchentlich Proben per Post nach Zürich zur Analyse. Hierfür stellt ihm die

---

1) Vgl. etwa Fischer in H/H/Sp, § 41 AO Rz. 165 (März 2007).
2) Kruse in Tipke/Kruse, § 41 AO Rz. 79 (Juli 2008).
3) Instruktiv Fischer in H/H/Sp, § 41 AO Rz. 151, und Rz. 246 ff. mit Fallgruppen (März 2007) und Meine, wistra 1992, 81, 83.
4) BGH v. 25.10.1961, V ZR 103/60, BGHZ 36, 85, 88 = NJW 1962, 295; BFH v. 7.2.1975, VIII B 61, 62/74, BStBl II 1976, 608 (Basisgesellschaft); v. 21.10.1988, III R 194/84, BStBl II 1989, 216, 218; vgl. aber Fischer in H/H/Sp, § 41 AO Rz. 158 und 202 (März 2007).
5) Ausf. Kruse in Tipke/Kruse, § 41 AO Rz. 76 (Juli 2008); Fischer in H/H/Sp, § 41 AO Rz. 236 (März 2003).
6) BFH v. 21.10.1988, III R 194/84, BStBl II 1989, 216, 218 (Handelsvertretervertrag mit Domizilgesellschaft als Scheingeschäft); BGH v. 20.3.2002, 5 StR 448/01, wistra 2002, 221, 223 (Veräußerung von Vermarktungsrechten durch einen Lizenzfußballspieler als Scheingeschäft); Kruse in Tipke/Kruse, § 41 AO Rz. 66 (April 2008); Ransiek in Kohlmann, § 370 AO Rz. 1231 (Oktober 2008); Spriegel/Schweiss, BB 1996, 1354, 1357.
7) Kruse in Tipke/Kruse, § 41 AO Rz. 71 f. (Juli 2008).
8) Fischer in H/H/Sp, § 41 AO Rz. 180 (März 2007); Ransiek in Kohlmann, § 370 AO Rz. 1234 (Oktober 2008).
9) Ausf. Fischer in H/H/Sp, § 42 AO Rz. 384 (März 2009).
10) BGH v. 20.3.2002, 5 StR 448/01, wistra 2002, 221, 223 (vorgetäuschte Vermarktungsrechte zur Verdeckung von Gehaltszahlungen); BFH v. 21.10.1988, III R 194/84, BStBl II 1989, 216, 219; Streck/Spatscheck, 4. Aufl. 2006, Rz. 1024.

Anstalt V in Vaduz jährlich rund 175 000 € in Rechnung. Während einer Betriebsprüfung stellt sich heraus, dass Proben und Analysen fingiert wurden, um Gewinn abzuschöpfen.

Bei den Luftrechnungen der V handelt es sich um Scheingeschäfte i.S.d. § 41 AO. In Höhe der geltend gemachten Betriebsausgaben liegt eine Einkommensteuerhinterziehung des C vor. Hierbei spielt die steuerliche Beurteilung der Anstalt V anhand § 42 AO keine Rolle;[1] es ist ohne Bedeutung, ob die V als Basisgesellschaft zu beurteilen ist und ob ggf. C dahinter steht.

V. Steuerhinterziehung im Erhebungs- und im Vollstreckungsverfahren

Steuerhinterziehung kann auch in den dem Festsetzungsverfahren nachgelagerten **Erhebungs- und Vollstreckungsverfahren** (Beitreibungsverfahren) begangen werden. Die Steuerhinterziehung im Erhebungs- und Vollstreckungsverfahren kann einer Steuerhinterziehung in Festsetzungsverfahren nachgelagert sein. Im Regelfall handelt es sich bei einer solchen Fallgestaltung um mehrere Taten im prozessualen Sinn.[2] Das Erhebungsverfahren ist im Fünften Teil der AO in den §§ 218–248, das Vollstreckungsverfahren im Sechsten Teil in den §§ 249–346 geregelt. Steuerstrafverfahren, die sich auf Taten in diesen Verfahrensabschnitten beziehen, kommen relativ selten vor. Dies liegt primär daran, dass festgesetzte Steuern in den allermeisten Fällen ohne Weiteres bezahlt werden und den Finanzbehörden im Vollstreckungsverfahren viele Informationen aus den vorhandenen Steuerakten zur Verfügung stehen und sie daher nur selten auf die Mitwirkung des Vollstreckungsschuldners angewiesen sind. **1393**

1. Tathandlung

Das **Nichtbezahlen von Steuerschulden**, sei es wegen fehlender Leistungsfähigkeit oder wegen Zahlungsunwilligkeit, ist nicht tatbestandrelevant i.S.d. § 370 AO, da keine Angaben gemacht bzw. erklärungspflichtige Tatsachen nicht verschwiegen werden.[3] Dagegen ist die Nichtbezahlung der Umsatzsteuer bußgeldrechtlich bewehrt und bei Hinzutreten weiterer Umstände auch strafrechtlich sanktioniert (§§ 26b, 26c UStG, → Rz. 1179). **1394**

Im Bereich des **aktiven Tuns** (§ 370 Abs. 1 Nr. 1 AO) erfüllt jede unrichtige oder unvollständige Angabe über steuerlich erhebliche Tatsachen gegenüber der Finanzbehörde, die letztere zur Einwirkung auf den Zahlungsanspruch veranlassen können, den Tatbestand[4] (→ Rz. 51). **1395**

Beispiele (Erhebungsverfahren):

- Der Stpfl. stellt einen Stundungsantrag und behauptet gegenüber der Finanzbehörde, die von ihm die Stellung einer Sicherheit verlangt, er besitze keine Vermögensgegenstände, die er zur Sicherheitsleistung einsetzen könne. Tatsächlich gehört ihm ein wertvolles Bild.

  Der Stpfl. macht unrichtige Angaben über steuerlich erhebliche Tatsachen, denn die Frage der Sicherheitsleistung ist gem. § 222 Satz 2 AO für die Frage der Stundung von Bedeutung.

- Der Stpfl. stellt einen Erlassantrag und behauptet wahrheitswidrig, die Begleichung der Steuerschuld ruiniere seine wirtschaftliche Existenz, er könne für seinen Lebensunterhalt nicht mehr selbst aufkommen und sei auf Sozialhilfe angewiesen. Tatsäch-

---

1) Joecks, Praxis des Steuerstrafrechts, 148.
2) BGH v. 21.8.2012, 1 StR 26/12, wistra 2012, 482.
3) BGH v. 13.10.2005, 5 StR 368/05, wistra 2006, 66.
4) Joecks in Franzen/Gast/Joecks, 7. Aufl. 2009, § 370 AO Rz. 130.

lich stehen dem Stpfl. gesetzliche Unterhaltsansprüche zu. Die Finanzbehörde erlässt die Steuerschuld.

Der Stpfl. macht unvollständige Angaben über steuerliche erhebliche Tatsachen, denn die Frage, ob Unterhaltsansprüche bestehen, ist für die Entscheidung über den Erlassantrag erheblich.

Beispiele (Vollstreckungsverfahren):

- Der Vollstreckungsschuldner übergibt dem Vollziehungsbeamten einen ungedeckten Scheck.

  Mit der Hingabe des ungedeckten Schecks macht er unrichtige Angaben über steuerlich erhebliche Tatsachen, denn er erklärt durch schlüssiges Verhalten, der Scheck sei gedeckt. Diese konkludente Erklärung ist geeignet, den Vollziehungsbeamten zu veranlassen, von weiteren Vollstreckungshandlungen abzusehen.
- Der Vollstreckungsschuldner und ein Dritter erklären gegenüber der Finanzbehörde wahrheitswidrig, ein vom Vollziehungsbeamten gepfändeter PKW, der sich im Besitz des Vollstreckungsschuldners befand, sei vor der Pfändung an den Dritten als Sicherheit für eine Darlehensforderung übereignet worden.

  Die unrichtigen Angaben des Dritten und des Vollstreckungsschuldners (beide können Täter sein) sind geeignet, die Finanzbehörde zur Freigabe des PKW zu veranlassen.

1396 Ein **Unterlassen** ist tatbestandsmäßig, wenn die Finanzbehörde pflichtwidrig über steuerlich erhebliche Tatsachen in Unkenntnis gelassen wird (§ 370 Abs. 1 Nr. 2 AO). Handlungspflichten können sich unmittelbar aus dem Gesetz, oder aus einer Aufforderung durch die Finanzbehörde ergeben. Die allgemeinen Garantenpflichten sind nur von untergeordneter praktischer Bedeutung[1] (→ Rz. 132, → Rz. 135).

Beispiel (Erhebungsverfahren):

Der Stpfl. erlangt mit der wahren Begründung, er könne seine Steuerschulden nicht begleichen, da einer seiner Hauptkunden zahlungsunfähig sei, eine Stundung über einen Zeitraum von zwei Jahren. Kurz nachdem die Stundungsverfügung ergangen ist, wird die Forderung überraschend vollständig beglichen. Entgegen der Verpflichtung nach § 153 Abs. 2 AO, der Finanzbehörde dies anzuzeigen, bleibt der Stpfl. untätig.

Beispiele (Vollstreckungsverfahren):

- Der leistungsfähige Vollstreckungsschuldner weigert sich, ein Verzeichnis seines Vermögens vorzulegen.

  Unbeschadet der Möglichkeit der Vollstreckungsbehörde, die Abgabe der eidesstattlichen Versicherung durch Beantragung eines Haftbefehls (§ 284 Abs. 8 AO) zu erzwingen, liegt auch ein tatbestandsmäßiges Verhalten i.S.d. § 370 Abs. 1 Nr. 2 AO vor; die Finanzbehörde wird pflichtwidrig über steuerlich erhebliche Tatsache in Unkenntnis gelassen.
- Der Stpfl. veräußert eine Sache, die das Finanzamt durch Anbringung eines Pfandsiegels gepfändet hatte.

  Steuerhinterziehung liegt mangels einer Anzeigepflicht nicht vor. In Betracht kommt aber eine Bestrafung wegen Vollstreckungsvereitlung.[2]

2. Taterfolg

1397 Der Taterfolg kann bei einer Steuerhinterziehung im Erhebungs- und im Vollstreckungsverfahren sowohl in einer Verletzung als auch in einer Gefährdung des fest-

1) Joecks in Franzen/Gast/Joecks, 7. Aufl. 2009, § 370 AO Rz. 162.
2) Jäger in Klein, 11. Aufl. 2012, § 370 AO Rz. 70; Bansemer, wistra 1994, 330 f., dagegen für den Fall der heimlichen Veräußerung von übereignetem Sicherungsgut eine Pflicht zur Offenbarung gem. § 153 Abs. 2 AO bejahend.

gesetzten Steueranspruchs bestehen.[1] Er ist nach folgenden Grundsätzen zu bestimmen:

a) Abgrenzung Versuch – Taterfolg

Im Vollstreckungsverfahren ist grundsätzlich davon auszugehen, dass der Vollstreckungsschuldner nicht freiwillig leistet. Macht der Vollstreckungsschuldner unwahre Angaben um die Vollstreckung zu verhindern, so tritt Tatvollendung erst zu dem Zeitpunkt ein, zu welchem bei wahrheitsgemäßen Angaben der Steueranspruch hätte realisiert werden können[2] (→ Rz. 371). **1398**

Beispiel:

Der Vollstreckungsschuldner verschweigt im Vermögensverzeichnis einen noch nicht festgesetzten Steuererstattungsanspruch gegen das Finanzamt.

Bis zum Zeitpunkt der Festsetzung des Erstattungsanspruchs bleibt die Tat im Versuchsstadium. Erst ab diesem Zeitpunkt hätte der Anspruch gepfändet oder mit der Steuerschuld verrechnet werden können.

b) Abgrenzung Verkürzung – nicht gerechtfertigter Steuervorteil

Die Abgrenzung Verkürzung – nicht gerechtfertigter Steuervorteil ist nicht eindeutig (→ Rz. 363). Im Erhebungs- und im Vollstreckungsverfahren liegt eine **Verkürzung** vor, wenn die Ist-Einnahme hinter der durch die Leistungsfähigkeit des Schuldners begrenzten Soll-Einnahme zurückbleibt.[3] Die Legaldefinition der Steuerverkürzung (§ 370 Abs. 4 Satz 1 AO) ist hier nicht anwendbar, sie bezieht sich nur auf das Festsetzungsverfahren Dagegen findet § 370 Abs. 4 Satz 2 AO, der u.a. bestimmt, wann **nicht gerechtfertigte Steuervorteile erlangt** sind, Anwendung. Das Gleiche gilt für das in § 370 Abs. 4 Satz 4 AO geregelte Kompensationsverbot (allg. → Rz. 327). **1399**

Beispiel:

Gegen einen Vollstreckungsschuldner bestehen Forderungen des Finanzamts i.H.v. 100 000 €. Dem Vollstreckungsschuldner stehen lediglich 20 000 € in Form eines Bankguthabens zur Verfügung. Weitere Vermögenswerte besitzt er nicht. Im Vollstreckungsverfahren wird er gem. § 284 AO aufgefordert, ein Verzeichnis über sein Vermögen vorzulegen. Der Vollstreckungsschuldner verschweigt das Bankguthaben. Das Finanzamt sieht zunächst von weiteren Vollstreckungsversuchen gem. § 258 AO ab und schlägt später die Forderung gem. § 261 AO nieder.

Der Vollstreckungsschuldner hat, indem er das Bankkonto nicht in das Vermögensverzeichnis aufnahm, gegenüber der Finanzbehörde unrichtige Angaben gemacht und dadurch bewirkt, dass das Finanzamt von weiteren Vollstreckungsversuchen absah. Sieht man im Absehen von weiteren Vollstreckungsversuchen und in der Niederschlagung einen nicht gerechtfertigten Steuervorteil, ist der Tatbestand des § 370 AO erfüllt; die Tatsache, dass auch bei Offenbarung des Bankguthabens lediglich 20 000 € hätten realisiert werden können, kann erst bei der Strafzumessung gem. § 46 Abs. 2 StGB berücksichtigt werden. Nimmt man dagegen als Taterfolg eine Verkürzung an so liegt ein tatbestandsmäßiger Erfolg nur i.H.v. 20 000 € vor.

Meines Erachtens sind die beiden Taterfolgsvarianten bei einer Steuerhinterziehung im Erhebungs- und im Vollstreckungsverfahren danach abzugrenzen, ob der Schuldner eine festgesetzte Steuer dauerhaft nicht bezahlen will. Ist dies der Fall, liegt eine Verkürzung vor. Will der Schuldner sich dagegen nur Zeit erkaufen, liegt ein nicht gerechtfertigter Steuervorteil vor. **1400**

---

1) BGH v. 17.3.2009, 1 StR 479/08, wistra 2009, 315.
2) Joecks in Franzen/Gast/Joecks, 7. Aufl. 2009, § 370 AO Rz. 40.
3) Jäger in Klein, 11. Aufl. 2012, § 370 AO Rz. 85; Joecks in Franzen/Gast/Joecks, 7. Aufl. 2009, § 370 AO Rz. 41.

c) Erfolgszurechnung

1401 Die **wirtschaftliche Leistungsfähigkeit** des Schuldners begrenzt bei der Steuerhinterziehung im Erhebungs- und im Vollstreckungsverfahren die Erfolgszurechnung der Höhe nach.[1] Auch andere Umstände können einer Erfolgszurechnung entgegenstehen.

Beispiele:

- Gegen einen Stpfl. bestehen Forderungen des Finanzamts i.H.v. 100 000 €. Das gesamte Vermögen des Stpfl. besteht aus einem Bankguthaben i.H.v. 40 000 €. Im Vermögensverzeichnis verschweigt der Vollstreckungsschuldner das Bankguthaben.

  Die Nichteintreibung eines Teilbetrages i.H.v. 40 000 € der Steuerrückstände wurde durch die unrichtigen Angaben des Vollstreckungsschuldners bewirkt. Eine darüber hinausgehende Erfolgszurechnung ist nicht möglich, denn auch dann, wenn das Bankguthaben offenbart worden wäre, hätte die Forderung nur in Höhe der vorhandenen Mittel beigetrieben werden können.
- Beispiel wie oben jedoch ist Bankguthaben bei einer Bank in einem fremden Staat, der in Fiskalsachen keine Vollstreckungshilfe leistet.

  Die Nichteintreibung der Steuerrückstände wurde nicht durch die unrichtigen Angaben des Vollstreckungsschuldners bewirkt. Das Verschweigen des ausländischen Bankguthabens hat auf die Nichtbeitreibung keinen Einfluss, denn auch dann, wenn das Bankguthaben offenbart worden wäre, hätte kein Zugriff auf das Bankkonto bestanden. Eine Erfolgszurechnung ist nicht möglich.

d) Schadensbestimmung

1402 Ausgangspunkt für die Schadensbestimmung bei der Steuerhinterziehung im Erhebungs- und im Vollstreckungsverfahren ist die Leistungsfähigkeit des Schuldners. Soweit der Schuldner leistungsfähig ist kann der Schaden ein mengenmäßiger oder ein Verzögerungsschaden sein. Liegt ein Verzögerungsschaden vor, ist auf den Zinsvorteil abzustellen. Die Höhe des verursachten Schadens, ist von besonderer Bedeutung für die Bestimmung des Strafrahmens (§ 370 Abs. 3 Nr. 1 AO) und für das Strafmaß (§ 46 StGB).

Beispiele:

- Der Vollstreckungsschuldner übergibt dem in seiner Wohnung erschienenen Vollstreckungsbeamten einen ungedeckten Scheck über 10 000 €, woraufhin der Vollstreckungsbeamte die Wohnung verlässt. In der Wohnung befanden sich pfändbare Gegenstände im Wert von 5 000 €. Weiteres pfändbares Vermögen besitzt der Vollstreckungsschuldner nicht.

  Der durch die Täuschung bewirkte Schaden beträgt lediglich 5 000 €, da der Vollstreckungsschuldner darüber hinaus nicht leistungsfähig ist.
- Der Stpfl. gegen den ein Einkommensteuerbescheid i.H.v. 100 000 € ergangen ist, stellt einen Stundungsantrag mit der wahrheitswidrigen Begründung, die Ertragslage habe sich dramatisch verschlechtert, er verfüge daher zurzeit nicht über die notwendigen Geldmittel, um die Steuerschuld zu bezahlen. Tatsächlich verfügt der Stpfl. über die Geldmittel i.H.v. 80 000 €, will diese aber im Hinblick auf eine Hochzinsphase am Kapitalmarkt anderweitig einsetzen. Das Finanzamt gewährt die beantragte Stundung und lässt sich als Sicherheit ein wertvolles Bild übereignen. Nach Ablauf der Stundungsfrist bezahlt der Stpfl. die Steuer einschließlich der festgesetzten Stundungszinsen.

  Durch die Stellung der Sicherheit scheidet ein Gefährdungsschaden aus. Der Taterfolg besteht nur in einem Verspätungsschaden, der sich nach der Differenz zwischen dem Kapitalmarktzins und den Stundungszinsen aus der Summe von 80 000 € bemisst.

---

1) Joecks in Franzen/Gast/Joecks, 7. Aufl. 2009, § 370 AO Rz. 230.

L. Rechtsfolgen

Schrifttum

1. Zum Strafzweck und zur Strafzumessung (Rz. 1403 – 1499)

Brüssow/Gatzweiler/Krekeler/Mehle, Strafverteidigung in der Praxis, Bonn, 4. Aufl. 2007; **Buse**, Die untätige Ermittlungsbehörde, wistra 2008, 51; **Detter**, Zum Strafzumessungs- und Maßregelrecht, NStZ 1996, 424; NStZ 2007, 627, NStZ 2008, 554 ff., NStZ 2009, 74 ff., NStZ 2009, 487 ff., NStZ 2010, 560 ff.; **Jäger**, Aus der Rechtsprechung des BGH zum Steuerstrafrecht, NStZ 2005, 552 ff., NStZ 2008, 21; **Nobis**, Strafobergrenze durch hohes Alter – Zugleich Besprechung des Urteils des 4. Strafsenats des BGH vom 27.4.2006 (4 StR 572/05), NStZ 2006, 489; **Odenthal**, Zur Anrechnung von Steuern beim Verfall, wistra 2002, 246; **Peters**, Strafzumessung bei Steuerhinterziehung in Millionenhöhe, zugleich Anmerkung zu BGH v. 7.2.2012 – 1 StR 525/11, NZWiSt 2012, 201; **Rolletschke**, Rechtsprechungsgrundsätze zur Strafzumessung bei Steuerhinterziehung, NZWiSt 2012, 18; **Rolletschke/Jope**, Die Grundsatzentscheidung des BGH zur Strafhöhe bei Steuerhinterziehung, wistra 2009, 219; **Rolletschke/Roth**, Neujustierung der Steuerhinterziehung „großen Ausmaßes" (§ 370 Abs. 3 S. 2 Nr. 1 AO) aufgrund des Schwarzgeldbekämpfungsgesetzes, wistra 2012, 216; **Roth**, Führen Verstöße gegen § 67 I JGG bei polizeilichen Vernehmungen eines jugendlichen Beschuldigten zu einem Beweisverwertungsverbot?, NZWiSt 2012, 113; **Rübenstahl/Zinser**, Die „Schwarzlohnabrede" – Lohnsteuerhinterziehung, Strafzumessungsrecht und obiter dicta, NJW 2011, 2481; **Theune**, Zum Strafzumessungs- und Maßregelrecht, NStZ 1983, 16; **Weidemann**, Anmerkung zu BGH vom 17.3.2009 – 1 StR 627/08, wistra 2011, 440; **Wessing/Biesgen**, Der 1. Strafsenat des BGH und das Steuerstrafrecht, NJW 2012, 2689.

2. Zu den Verfahrenskosten (Rz. 1500–1524)

Brüssow/Krekeler/Mehle, Strafverteidigung in der Praxis, Bonn 1998; **Detter**, Zum Strafzumessungs- und Maßregelrecht, NStZ 1996, 424; **Felix/Streck**, Die steuerliche Behandlung von Vertretungsaufwendungen und Verteidigungsaufwendungen in Steuerstrafsachen, DStR 1979, 479; **Salditt**, Die Schlingen des neuen Steuerstrafrechts, StV 2002, 214; **Saller**, Bußgelder und Geldstrafen als abzugsfähige Betriebsausgaben? – Erstattungszahlungen für übernommene Fahrer-Bußgelder, DStR 1996, 534; **Theune**, Zum Strafzumessungs- und Maßregelrecht, NStZ 1983, 16; **Zainhofer**, Möglichkeiten und Grenzen des Nachweises von Steuerstraftaten bei Betriebsprüfungen mittelständischer Unternehmen, StV 1983, 518.

3. Zu den steuerrechtlichen und sonstigen Nebenfolgen der Steuerhinterziehung (Rz. 1525–1634)

Baum, Die Festsetzungsverjährung, NWB Fach 2, 6511; **von Briel/Ehlscheid**, Steuerstrafrecht, 3. Aufl., Bonn 2001; **Bublitz**, Die Kausalität der leichtfertigen Steuerverkürzung durch den Steuerberater und sonstige Dritte, DStR 1990, 438; **Felix/Streck**, Die steuerliche Behandlung von Vertretungs- und Verteidigeraufwendungen in Steuerstrafsachen, DStR 1979, 439; **Füllsack/Bürger**, Verschärfte disziplinarrechtliche Folgen bei Steuerhinterziehung- oder: Werden Finanzbeamte in der Rechtsprechung kraft Amtes benachteiligt?, BB 2012, 3201; **von Groll**, Zur Rechtsverwirklichung im Lohnsteuerverfahren, Deutsche StJG 1986, 435; **Hoffmann/Wißmann**, Verurteilung durch Strafbefehl und berufsrechtliche Konsequenzen, PStR 2000, 239; **Janssen**, Die Stundung von Steuern – unter besonderer Berücksichtigung der BFH-Rechtsprechung der 80er Jahre, DStZ 1991, 77; **Kaligin**, Praktische Anwendungsfragen der Durchsetzung von „uralten" Steuernachforderungen nach ergebnislosen Steuerstrafverfahren, BB 1993, 1505; **Kanzler**, Der Einwand finanzbehördlichen Mitverschuldens gegenüber Haftungsansprüchen aus dem Steuerschuldverhältnis, DStR 1985, 339; **Klemp**, Die steuerliche Behandlung kartellbehördlicher Geldbußen, BB 1977, 843; **Leißing**, Haftung des Gehilfen, PStR 2002, 197; **Meyer**, Die Ausweisung nach dem Ausländergesetz in der Rechtsprechung des Bundesverwaltungsgericht, NVwZ 1984, 13; **Mösbauer**, Befugnisgrenzen der finanzbehördlichen Steueraufsicht (§§ 209 ff. AO), DStZ 1988, 263; **Offerhaus**, Im Dienstvertrag vereinbarte Abfindung oder Entschädigung nicht steuerbegünstigt?, DB 2000, 396; **Rainer/Schwedhelm**, Verjährung im Steuerstrafrecht und im Steuerrecht, NWB Fach 13, 343; **Saller**, Bußgelder und Geldstrafen als abzugsfähige Betriebsausgaben? – Erstattungszahlungen für übernommene Fahrer-Bußgelder, DStR 1996, 534; **Söffing**, Analoge Anwendung des § 171 IV Satz 1 letzter Halbsatz und Satz 3 AO bei Verjährungsunterbrechung durch Beginn von Steuerfahndungsermittlungen, DStZ 1996, 713; **Söffing/Pinternagel /Nommensen**, DStR-Fachliteratur-Auswertung: Verfahrensrecht, DStR 1998, 68; **Spriegel/Jokisch**, Die steuerliche Haftung des GmbH-Geschäftsführers und der Grundsatz der anteiligen Tilgung, DStR 1990, 433; **Stober**, Gewerbeuntersagung, NWB Fach 30, 897; **Streck**, Beratungs-Wissen zu Steuerzinsen, DStR 1991, 369; **Urban**, Je strafbarer, desto haftungsfreier? Zur steuerlichen Quotenhaftung des GmbH-Geschäftsführers nach §§ 69, 34 AO bei Konkursverschleppung, DStR 1997, 1145; **Wedemeyer/Hohlfeld**, Geldstrafen, Geldbußen und Verfahrenskosten sowie deren Erstattung in ihren steuerlichen Auswirkungen, DStZ 1985, 79.

I. Strafzweck und Sanktionensystem

1403 Generell sind die Rechtsfolgen einer Straftat in den §§ 38 ff. StGB geregelt. Sie sind unterteilt in Hauptstrafen, Nebenstrafen, Nebenfolgen und Reaktionsmittel eigener Art, für die die individuelle Schuld des Täters Voraussetzung und maßgebliche Bemessungsgrundlage ist.

1404 Neben diesen reaktiven Sanktionen stellt das Strafgesetzbuch auch die Maßregeln der Besserung und Sicherung (§§ 61 ff. StGB) als auf die Zukunft gerichtete vorbeugende Maßnahmen im Dienste des präventiven Schutzzwecks des Strafrechts zur Verfügung. Die Maßregeln zur Besserung und Sicherung unterscheiden sich von Haupt- und Nebenstrafen dadurch, dass sie auch ohne Schuld, wenigstens unabhängig vom Maß der Schuld angeordnet werden können. Die Maßregel soll den gefährlichen Täter bessern oder vor ihm schützen.

1405 Das Prinzip der Zweispurigkeit des Sanktionssystems ist Ausfluss des Strafzwecks als wichtigstes Instrument des Staates zur sozialen Kontrolle, d.h. zur Unterdrückung sozialschädlichen Verhaltens und zum Schutz elementarer Gemeinschaftsgüter.[1] In Abkehr vom reinen Vergeltungsstrafrecht Kants und Hegels, bei dem Strafe rein um die Vergeltung begangenen Unrechts angewandt wurde, steht heute beim Einsatz von Strafe der wirksame Schutz der Rechtsgüter im Vordergrund, der erstens die Strafe auf die notwendigen Maßnahmen limitiert und im Übrigen den Gedanken der sozialen Anpassung des Täters in den Vordergrund stellt (Spezialprävention) und zweitens sowohl durch Androhung als auch durch Vollstreckung von Strafe vor zukünftigen Rechtsgutsverletzungen schützen will (Generalprävention).[2]

1406 Das zweigeteilte Sanktionssystem in seiner heutigen Ausgestaltung soll eine schuldangemessene und gerechte Beurteilung der Tat ermöglichen, wobei die Strafe genauso unter dem „ultima ratio"-Prinzip steht wie das gesamte Steuerstrafverfahren. Sieht man den Sinn der Strafe innerhalb einer säkularisierten freiheitlichen Gesellschaft im Rechtsgüterschutz, so ist ihr Einsatz als schuldangemessene Reaktion nur gerechtfertigt, soweit sie zugleich ein wirksames und für den Rechtsgüterschutz unentbehrliches Mittel der Prävention ist. Danach gilt: Wo Strafe nicht erforderlich ist, **kann,** wo sie schädlich ist, **muss** auf sie verzichtet werden.[3]

1. Hauptstrafen

1407 Als sog. Hauptstrafen sind die Freiheitsstrafe und die Geldstrafe anzusehen. Sofern zunächst umstritten war, ob die Vermögensstrafe gem. § 43a StGB ebenso als

1) BVerfG v. 21.6.1977, 2 BvR 70, 361/75, BVerfGE 45, 354.
2) Vgl. Schäfer/Sander/van Gemmeren, 5. Aufl. 2012, Rz. 1 ff.; Stree in Schönke/Schröder, 28. Aufl. 2010, vor § 38 StGB Rz. 1 ff.
3) BGH v. 8.12.1970, 1 StR 353/70, BGHSt 24, 40, 42; Schäfer/Sander/van Gemmeren, 5. Aufl. 2012, Rz. 5.

Hauptstrafe anzusehen ist, so ist dieser Streit bis heute nicht geklärt. Er kann jedoch dahinstehen, da die Vermögensstrafe gem. § 43a StGB durch das BVerfG[1] für verfassungswidrig und nicht anwendbar erklärt wurde.

a) Freiheitsstrafe

Freiheitsstrafe ist die härteste im StGB vorgesehene Ahndung einer Straftat. Auch Steuerhinterziehung, Bannbruch, Steuerhehlerei etc. können mit sog. zeitiger Freiheitsstrafe (in Abgrenzung zur lebenslangen Freiheitsstrafe) bestraft werden. **1408**

Das Höchstmaß einer zeitigen Freiheitsstrafe, welches auch für eine Gesamtfreiheitsstrafe gilt, beträgt 15 Jahre, das Mindestmaß einen Monat (§ 39 Abs. 2 StGB).

§ 370 Abs. 1 AO sieht Freiheitsstrafe bis zu fünf Jahren, § 370 Abs. 3 AO von sechs Monaten bis zu zehn Jahren vor. Dieser Strafrahmen bezieht sich auf die einzelne Tat, d.h. für jeden einzelnen Fall der Steuerhinterziehung kann eine Freiheitsstrafe von bis zu fünf Jahren bzw. bei besonders schweren Fällen bis zu zehn Jahren verhängt werden. Ist aus mehreren Strafen eine Gesamtfreiheitsstrafe zu bilden, so darf diese insgesamt maximal 15 Jahre betragen. **1409**

Nach § 47 Abs. 1 StGB kann eine Freiheitsstrafe **unter sechs Monaten** anstelle einer Geldstrafe nur verhängt werden, wenn besondere Umstände in der Person des Täters oder in der Tat dies zur Einwirkung auf den Täter oder zur Verteidigung der Rechtsordnung unerlässlich machen, die Freiheitsstrafe sich also bei einer Gesamtwürdigung der den Täter und/oder die Tat kennzeichnenden Umstände als unverzichtbar erweist. Diese Umstände müssen derart beschaffen sein, dass sie die Tat deutlich aus dem Durchschnitt der typischerweise vorkommenden Straftaten gleichen Deliktstypus herausheben[2] Gleichwohl liegt im Bereich von Steuerstraftaten die Verhängung von Einzelfreiheitsstrafen auch bei Einzeltaten mit geringeren Hinterziehungsbeträgen nahe, wenn diese Teil einer Tatserie sind, deren gewichtigere Einzeltaten die Verhängung von Freiheitsstrafen von sechs Monaten und mehr gebieten, da in diesen Fällen für die Bemessung der Einzelstrafen nicht nur auf den durch die einzelne Tat verursachten Schaden abzustellen ist, sondern auch die Gesamtserie und der dadurch verursachte Gesamtschaden zu bedenken ist.[3] **1410**

Freiheitsstrafen bis **zu einem Jahr** können gem. § 56 Abs. 1 StGB zur Bewährung ausgesetzt werden, wenn dem Täter eine positive Sozialprognose gestellt werden kann, d.h. wenn nicht damit gerechnet werden muss, dass er auch künftig Straftaten begehen wird. Eine sichere Gewähr für ein künftiges straffreies Leben ist nicht erforderlich. Ausreichend ist, dass die Wahrscheinlichkeit künftigen straffreien Verhaltens größer ist, als diejenige der Begehung neuer Straftaten. Auch Tatbegehung während des Laufes einer Bewährungszeit schließt die erneute Strafaussetzung zur Bewährung nicht grundsätzlich aus.[4] Allerdings wird die Staatsanwaltschaft bei sog. Bewährungsversagern i.d.R. jedenfalls dann auf eine Freiheitsstrafe ohne Bewährung dringen, wenn die neue Straftat während des Laufes einer einschlägigen Bewährung begangen wurde. Hierbei wird in der Praxis häufig darauf abgestellt, ob die neue Tat zur selben Deliktsgruppe gehört, wie die der zur Bewährung ausgesetzten Verurteilung zu Grunde liegende, d.h. ob es sich z.B. in beiden Fällen um Vermögensdelikte handelt. **1411**

Strafen **bis zu zwei Jahren** können gem. § 56 Abs. 2 StGB zur Bewährung ausgesetzt werden, wenn zur positiven Sozialprognose, deren Vorliegen stets an erster Stelle zu prüfen ist, besondere Umstände in der Person des Täters oder der Tat hinzutre- **1412**

1) BVerfG v. 20.3.2002, 2 BvR 794/95, wistra 2002, 175.
2) Brandenburgisches OLG v. 24.2.2010, (1) 53 Ss 9/10 (6/10), NStZ-RR 2010, 312.
3) BGH v. 17.3.2009, 1 StR 627/08, StV 2009, 641; v. 29.11.2011, 1 StR 459/11, NZWiSt 2012, 112.
4) BGH v. 10.11.2004, 1 StR 339/04, NStZ-RR 2005, 38.

ten. Als solche kommen z.B. in Betracht eine umfangreiche Aufklärungshilfe, ein umfassendes, von Reue und Schuldeinsicht getragenes Geständnis, Entschuldigung bei der Allgemeinheit, Ziehung von persönlichen Konsequenzen, z.B. Verzicht auf öffentliche Ämter oder Privilegien, umfangreiche Schadenswiedergutmachung in einem frühen Verfahrensstadium.[1)]

Nach der jüngsten Rechtsprechung des 1. Senats des BGH soll bei Steuerhinterziehung in **Millionenhöhe** und der Hinterziehung von Einfuhr- oder Ausfuhrabgaben in **Millionenhöhe** eine aussetzungsfähige Freiheitsstrafe, d.h. eine zwei Jahre nicht übersteigende Freiheitsstrafe, allerdings nur ausnahmsweise und bei Vorliegen besonders gewichtiger Milderungsgründe in Betracht kommen.[2)]

Eine Strafaussetzung zur Bewährung kommt jedoch auch bei positiver Sozialprognose und besonderer Umstände in Person oder Tat nur dann in Betracht, wenn die **Verteidigung der Rechtsordnung** nicht eine Strafvollstreckung gebietet (§ 56 Abs. 3 StGB). Im Bereich des Steuerstrafrechts hat der BGH bereits mehrfach ausgesprochen, dass es bei Steuerhinterziehungen beträchtlichen Umfangs auch von Gewicht ist, die Rechtstreue der Bevölkerung auch auf dem Gebiet des Steuerrechts zu erhalten. Die Vollstreckung einer Freiheitsstrafe kann sich daher als notwendig erweisen, wenn die Tat Ausdruck einer verbreiteten Einstellung ist, die eine durch einen erheblichen Unrechtsgehalt gekennzeichnete Norm nicht ernst nimmt und von vornherein auf die Strafaussetzung vertraut.[3)] Hier wäre z.B. zu denken an Steuerhinterziehungen durch Scheinmietverhältnisse unter nahen Angehörigen. Insbesondere soll die Vollstreckung einer Freiheitsstrafe dann geboten sein, wenn eine Aussetzung zur Bewährung auf Grund schwerwiegender Besonderheiten des Einzelfalles für das allgemeine Rechtsempfinden unverständlich erscheinen müsste und dadurch das Vertrauen der Bevölkerung in die Unverbrüchlichkeit des Rechts erschüttert werden könnte.[4)] Im Bereich der Steuerstraftaten ist hier z.B. an Umsatzsteuerkarusselle zu denken, bei denen es häufig zu enormen Steuerausfällen kommt, die Täter ein aufwendiges Täuschungssystem installieren und die gesamte Vorgehensweise Merkmale einer organisierten Kriminalität aufweist.[5)] Andererseits dürfen generalpräventive Überlegungen keinesfalls dazu führen, bestimmte Straftatbestände oder Tätergruppen von der Möglichkeit einer Strafaussetzung zur Bewährung auszuschließen. Vielmehr ist stets eine dem Einzelfall gerecht werdende Abwägung vorzunehmen, bei der Täter und Tat umfassen zu würdigen sind.[6)] Auch erlittene Untersuchungshaft ist bei der Entscheidung nach § 56 Abs. 3 StGB stets zu berücksichtigen.[7)]

1413 (Gesamt-)Freiheitsstrafen **über zwei Jahre** können nicht zur Bewährung ausgesetzt werden. Hier kommt lediglich gem. § 57 Abs. 1 StGB die Aussetzung des Strafrestes nach Verbüßung von zwei Dritteln der Strafe in Betracht.

Wenn der Beschuldigte sich in Untersuchungshaft befunden hat, entscheidet das Gericht, ob diese auf eine zu verhängende Geldstrafe oder Freiheitsstrafe anzurechnen ist. Eine Anrechnung kann gem. § 51 Abs. 1 Satz 2 StGB ganz oder z.T. unterbleiben, wenn sie im Hinblick auf das Verhalten des Täters nach der Tat nicht gerechtfertigt ist. Dies soll der Fall sein, wenn das Verhalten gerade dazu gedient hat, durch Verschleppung des Verfahrens die anrechenbare Untersuchungshaft zu erhöhen. Wird auf eine Anrechnung nicht verzichtet und übersteigt die erlittene

---

1) LG Bochum v. 26.1.2009, 12 Kls 350 Js 1/08, n.v.
2) BGH v. 2.12.2008, 1 StR 416/08, StV 2009, 639; v. 7.2.2012, 1 StR 525/11, wistra 2012, 236.
3) BGH v. 28.9.1983, 3 StR 280/03, wistra 1984, 27.
4) BGH v. 20.10.1999, 1 StR 340/99, wistra 2000, 96, 97.
5) BGH v. 30.4.2009, 1 StR 342/08, wistra 2009, 359.
6) OLG Rostock v. 11.7.2005, 1 Ss 113/05, StV 2006, 528.
7) BGH v. 11.1.2001, 5 StR 580/00, NStZ 2001, 319.

Untersuchungshaft die verhängte Strafe, so kann diese nicht zur Bewährung ausgesetzt werden, da sie durch die Anrechnung bereits vollständig verbüßt ist.[1)]

b) Geldstrafe

Die **Geldstrafe** wird gem. § 40 StGB nach Tagessätzen bemessen. Die Festsetzung erfolgt in zwei Schritten: **1414**

Zunächst wird die **Anzahl der Tagessätze** ermittelt. Da sie sich nach dem Maß der Schuld des Täters richtet, hat das Gericht dabei sämtliche gem. § 46 StGB für die Strafzumessung erheblichen Umstände zu berücksichtigen. Die Zahl der Tagessätze muss mindestens fünf betragen und darf 360, bei Bildung einer Gesamtstrafe 720 volle Tagessätze nicht überschreiten (§ 40 Abs. 1, § 54 Abs. 2 StGB). **1415**

Beratungshinweis:

Obwohl jede Geldstrafe in das Bundeszentralregister eingetragen wird, sollte der Verteidiger darauf achten, dass in geeigneten Fällen eher geringer Hinterziehungsbeträge die Zahl von 90 Tagessätzen nach Möglichkeit nicht überschritten wird. Sofern keine Voreintragung vorhanden ist, werden Geldstrafen bis zu dieser Grenze nämlich nicht in ein Führungszeugnis für Private oder Behörden aufgenommen, und der Mandant darf sich als nicht vorbestraft bezeichnen, was z.B. bei einem Vorstellungsgespräch von Bedeutung sein kann.

Nach der Ermittlung der Tagessatzzahl wird in einem zweiten Schritt die **Höhe des einzelnen Tagessatzes** bestimmt. Dabei spielt das Maß der Schuld keine Rolle, sondern es kommt allein auf die tatsächlichen persönlichen und wirtschaftlichen Verhältnisse des Täters (§ 40 Abs. 2 StGB) an. Maßgeblich sind die Verhältnisse zum Zeitpunkt des Urteils oder des Erlasses des Strafbefehls, nicht hingegen die wirtschaftliche Leistungsfähigkeit des Täters zur Tatzeit. Daher sollte stets ein – ggf. auf die Rechtsfolgen beschränkter – Einspruch gegen einen Strafbefehl erwogen werden, wenn bei der Tagessatzhöhe von einem zu hohen Einkommen des Täters ausgegangen wurde. **1416**

Geht der Strafbefehl hingegen von einem zu niedrigen Einkommen aus und wurde der Tagessatz daher zu gering bemessen, sollte man bei der Einlegung eines Einspruches bedenken, dass eine möglicherweise zu erreichende Verminderung der Anzahl der Tagessätze durch eine Anpassung der Tagessatzhöhe an die tatsächlichen Verhältnisse ganz oder teilweise aufgezehrt würde und es sogar zu einer in der Summe höheren Strafe kommen kann, als ursprünglich verhängt, da im Strafbefehlsverfahren kein Verböserungsverbot gilt und eine Rücknahme des Einspruchs der Zustimmung der Staatsanwaltschaft bedarf. Ein auf die Anzahl der Tagessätze beschränkter Einspruch, der den zu niedrig festgesetzten Tagessatz in Rechtskraft erwachsen ließe und die Überprüfung der Tagessatzanzahl ermöglichte, ist nach h.M. nicht zulässig.[2)]

Die Höhe eines Tagessatzes beträgt mindestens 1 € und höchstens 5 000 €, so dass eine Geldstrafe zwischen 5 € und 1,8 Mio. € (bei Tatmehrheit gem. § 54 Abs. 2 Satz 2 StGB 3,6 Mio. €) liegen kann. **1417**

Ausgangspunkt bei der Ermittlung der Tagessatzhöhe ist das Nettoeinkommen, das der Täter durchschnittlich an einem Tag hat oder haben könnte (§ 40 Abs. 2 Satz 2 StGB). Das Gericht stützt sich dabei in erster Linie auf die Angaben des Angeklagten, sofern diese glaubhaft erscheinen. **1418**

Lässt sich das Nettoeinkommen aktuell nicht ermitteln, wie z.B. bei Gewerbetreibenden oder Angehörigen der freien Berufe, können die Einkünfte geschätzt wer-

1) Detter, NStZ 2009, 74 ff.
2) Häger in Leipziger Kommentar StGB, 12. Aufl. 2006, § 40 StGB Rz. 78.

den (§ 40 Abs. 3 StGB). Als Grundlage für die Schätzung werden häufig die Verhältnisse des Vorjahres, die vom Täter vorgenommenen Privatentnahmen und möglicherweise auch sein nach außen erkennbarer Lebensstil herangezogen.

Aufgabe des Verteidigers ist es, die Einkommensermittlung durch die Strafsachenstelle oder das Gericht sorgfältig zu überprüfen und ggf. besondere einkommensmindernde Tatsachen vorzutragen und ggf. nachzuweisen oder glaubhaft zu machen. Dies sollte möglichst vor Beginn der Hauptverhandlung geschehen.

1419 Das Gericht hat auch die Möglichkeit, zu den wirtschaftlichen Verhältnissen eines Angeklagten eigene Ermittlungen anzustellen. Gleichwohl dürfte dies auf Grund der Vielzahl der zu bearbeitenden Fälle den besonders bedeutsamen Strafverfahren vorbehalten bleiben. Es können z.B. Bankauskünfte erholt oder Bankmitarbeiter befragt werden, um die aktuellen Einnahmen festzustellen. Ein etwaiges Bankgeheimnis steht dem nicht entgegen. Auch können der Arbeitgeber oder Geschäftspartner als Zeugen gehört werden, wobei bei all diesen Maßnahmen der Grundsatz der Verhältnismäßigkeit zu beachten ist und eine durch die Ermittlungen zu befürchtende Rufschädigung zu bedenken ist. Die Beiziehung von Steuerakten zur Ermittlung der Einkommens- und Vermögensverhältnisse ist unzulässig, soweit § 30 AO der Offenbarung von steuerlichen Tatsachen entgegensteht. Dies ist bei der Mehrzahl der Delikte der Fall, nicht aber bei Steuerstraftaten. Hier erlaubt § 30 Abs. 4 Nr. 1 i.V.m. Abs. 2 Nr. 1 Buchst. b AO die Offenbarung. Allerdings ist der Grundsatz der Verhältnismäßigkeit zu beachten.

Auch kommt die Anhörung des für den Angeklagten zuständigen Finanzbeamten als Zeugen in Betracht. Sollten sich gleichwohl keine ausreichenden Erkenntnisse über die Einkommensverhältnisse gewinnen lassen, kann das Gericht auch einen Sachverständigen einschalten.[1)]

1420 Unter **Nettoeinkommen** sind alle dem Täter zufließenden Einkünfte (z.B. auch Kindergeld, der Mietwert des selbst genutzten Eigenheims, Naturalbezüge wie z.B. freie Kost und Wohnung, Sachleistungen) zu verstehen.

Nicht zum Nettoeinkommen gehört, was dem Täter von seinem Einkommen wirtschaftlich nicht zufließt, z.B. die laufenden Steuern, bei Unselbständigen die Sozialversicherungsbeiträge und Werbungskosten, bei Selbständigen Betriebsausgaben, Aufwendungen für private Krankenversicherungen, Beiträge zu Kranken- und Altersversicherungen sowie zu weiteren Versicherungen, die der Sozialversicherung der Unselbständigen vergleichbar sind. Unterhaltsverpflichtungen gegenüber dem nicht selbst oder weniger verdienenden Ehegatten und den Kindern können geltend gemacht werden, soweit sie tatsächlich geleistet werden. Einkommensmindernde Unterhaltszahlungen sind grds. in ihrem tatsächlichen Umfang, nicht nur mit einem als angemessen erscheinenden fiktiven Betrag zu berücksichtigen.[2)]

1421 Da die genaue Bezifferung der geleisteten Unterhaltszahlungen häufig Schwierigkeiten bereitet, wendet die Praxis folgende Faustformel an:

Für einen einkommenslosen Ehepartner werden 20 %, für jedes Kind 10 % vom Nettoeinkommen abgezogen.[3)]

Mietzahlungen können nicht abgezogen werden. Im Umkehrschluss zählt auch der Mietzuschuss, der als Leistung zur Sicherung des Lebensunterhaltes bezahlt wird, zu den Einnahmen.

Bei Straftätern, die von Sozialhilfe leben, wird die Höhe eines Tagessatzes üblicherweise mit 10–15 € festgesetzt. Teilweise wird jedoch auch vertreten, dass sich der

1) BayObLG v. 11.6.2002, 4 St RR 25/02, wistra 2002, 345.
2) BayObLG v. 12.1.1988, RReg. 2 St 468/87, NStZ 1988, 499.
3) Häger in Leipziger Kommentar StGB, 12. Aufl. 2006, § 40 StGB, Rz. 56 m.w.N.

Mietzuschuss erhöhend auf den Tagessatz auswirkt. Eine höchstrichterliche Entscheidung dieser Frage steht aus. Unter dem Gesichtspunkt der Gleichbehandlung ist letzterer Ansicht zuzustimmen, da es ansonsten zu einer Benachteiligung von Geringverdienern käme, die aus dem Verdienst die Mietkosten tragen müssen, diese aber bei der Tagessatzhöhe nicht abgerechnet wird.

Ob und in welchem Umfang **Vermögen** des Täters zur Bemessung des Tagessatzes herangezogen werden kann, ist bisher noch nicht abschließend geklärt.[1] Einkünfte aus Vermögen, wie Zinsen, Dividenden oder Mieterträge, sind bereits Bestandteil des Nettoeinkommens.[2] Der Wortlaut des § 40 StGB lässt erkennen, dass Bewertungsgrundlage zwar grundsätzlich das Nettoeinkommen ist (Abs. 2 Satz 2), vorhandenes Vermögen aber auch berücksichtigt werden kann (Abs. 3). Dies wird jedoch nur ausnahmsweise der Fall sein, wobei weitgehend Einigkeit darüber besteht, dass kleinere und mittlere Vermögen außer Betracht bleiben müssen.[3] Insbesondere scheiden auch solche Vermögenswerte aus, die gerade die Quelle des zu berücksichtigenden Nettoeinkommens sind.[4] 1422

Soweit erforderlich, kann das Gericht bezüglich einer verhängten Geldstrafe **Zahlungserleichterungen** in Form von Zahlungsfristen oder Ratenzahlungen bewilligen (§ 42 StGB). Meist gewähren die Gerichte im Urteil jedoch höchstens eine Ratenzahlung für zwölf, selten für 24 Monate. Wird ein längerer Ratenzahlungszeitraum benötigt oder steht bei Urteilsverkündung die tatsächliche monatliche Leistungsfähigkeit noch nicht fest bzw. ändert diese sich nach Urteilsverkündung, kann die Ratenzahlung auch bei der Vollstreckungsstelle der zuständigen Staatsanwaltschaft beantragt werden. 1423

Hat sich der Täter durch die Tat bereichert oder zu bereichern versucht, kann gem. § 41 StGB neben einer Freiheitsstrafe eine **zusätzliche Geldstrafe** verhängt werden. In diesem Fall müssen beide zusammen der Schuld des Täters angemessen sein. Da es für die Bereicherung genügt, wenn die unmittelbar erlangten Vermögensvorteile einem Dritten zufließen, der Täter aber mittelbar Vermögensvorteile erhält oder anstrebt, kommt § 41 StGB beispielsweise bei einem Steuerberater in Betracht, der Steuerhinterziehungen zu Gunsten seiner Mandanten begeht, um sich deren Mandate als Belohnung zu erhalten.[5] 1424

2. Nebenstrafen und Nebenfolgen

Darüber hinaus erkennt das Strafgesetzbuch Nebenstrafen und Nebenfolgen. Ausdrücklich als Nebenstrafe wird lediglich das Fahrverbot gem. § 44 StGB benannt, das im Steuerstrafverfahren keine Rolle spielt, da die Verhängung voraussetzt, dass eine Tat bei oder im Zusammenhang mit dem Führen eines Kraftfahrzeuges oder unter Verletzung der Pflichten eines Kraftfahrzeugführers begangen wurde. Da die Pflichtverletzung Bezug zum Führen des Kraftfahrzeuges haben muss, kann im Fall einer Kraftfahrzeugsteuerhinterziehung kein Fahrverbot ausgesprochen werden.[6] 1425

Als Nebenstrafe könnte man auch den Verlust der Amtsfähigkeit gem. § 45 StGB ansehen, das Gesetz selbst ordnet den Verlust der Amtsfähigkeit jedoch den Nebenfolgen zu. Die Grenzen zwischen Nebenfolge und Nebenstrafe sind ohnehin fließend, und die Entscheidung hängt davon ab, ob die angeordnete Nebenstrafe oder Nebenfolge einen spezifischen Strafcharakter hat, dann Nebenstrafe, oder ob sie als Folge eine strafähnliche Verurteilung voraussetzt. 1426

---

1) Fischer, 60. Aufl. 2013, § 40 StGB Rz. 12.
2) Schäfer/Sander/van Gemmeren, 5. Aufl. 2012, Rz. 117.
3) Fischer, 60. Aufl. 2013, § 40 StGB Rz. 12; s.a. BayObLG v. 23.7.1987, Regg 5 St 27/87, NJW 1987, 2029.
4) BayObLG v. 23.3.1987, Regg 5 St 27/87, NJW 1987, 2029.
5) Schäfer/Sander/van Gemmeren, 5. Aufl. 2012, Rz. 310.
6) Geppert in Leipziger Kommentar StGB, 12. Aufl. 2006, zu § 44 StGB Rz. 5.

Der Verlust der Amtsfähigkeit, der Wählbarkeit und des Stimmrechtsverlusts tritt bei einer Verurteilung wegen eines Steuerdelikts zu einer Freiheitsstrafe von mindestens einem Jahr nicht gem. § 45 Abs. 1 StGB automatisch ein, weil keines der in §§ 370 ff. AO geregelten Delikte ein Verbrechen darstellt.

Gemäß § 375 Abs. 1 AO kann jedoch das Gericht neben einer Freiheitsstrafe von mindestens einem Jahr wegen

1. Steuerhinterziehung,
2. Bannbruchs nach § 372 Abs. 2, § 373 AO,
3. Steuerhehlerei oder
4. Begünstigung einer Person, die eine Tat nach den Nummern 1 bis 3 begangen hat,

die Fähigkeit, öffentliche Ämter zu bekleiden, und die Fähigkeit, Rechte aus öffentlichen Wahlen zu erlangen, aberkennen (§ 45 Abs. 2 des StGB).

1427 In der Praxis kommt § 45 Abs. 2 StGB eher selten zur Anwendung. Denkbar wäre eine Aberkennung z.B. in Fällen, in denen ein Amtsträger verurteilt wird oder sich die Nebenfolge auf Grund der Person des Täters in sonstiger Weise eignet. Aus Sicht des Verteidigers könnte jedoch angedacht werden, die Aberkennung der Amtsfähigkeit etc. als zusätzliche Sanktionsmöglichkeit zur Sprache zu bringen wenn es darum geht, z.B. eine Strafaussetzung zur Bewährung zu rechtfertigen. Dies gilt natürlich nur dann, wenn der Mandant bereit ist, auf die betroffenen Rechte zu verzichten.

1428 Als Nebenstrafe von besonderer Bedeutung sind der Verfall gem. § 73 StGB und die Einziehung gem. § 74 StGB zu nennen. Hat der Täter aus der Tat oder für die Tat, die Gegenstand des Verfahrens ist, „etwas" erlangt, wird dies nach § 73 StGB für verfallen erklärt, ohne dass es wie früher darauf ankäme, ob der Täter in dieser Höhe auch einen Gewinn aus der Tat hat.[1] Scheitert der Verfall daran, dass der Gegenstand nicht mehr vorhanden (weil z.B. verkauft) ist, so kommt der Verfall eines Geldbetrags bis zu der Höhe in Betracht, die dem Wert des Gegenstands entspricht (Verfall des Wertersatzes, § 73a StGB).[2]

1429 Demgegenüber werden Gegenstände gem. § 74 StGB eingezogen, wenn sie durch eine vorsätzliche Tat hervorgebracht oder zu ihrer Begehung oder Vorbereitung gebraucht wurden.

1430 Der Verfall gem. § 73 StGB spielt im Steuerstrafverfahren (noch) keine Rolle, da § 73 Abs. 1 Satz 2 StGB den Verfall dann ausschließt, soweit dem Verletzten aus der Tat ein Anspruch erwachsen ist, dessen Erfüllung dem Täter oder Teilnehmer den Wert des aus der Tat Erlangten entziehen würde. Dies ist bei der Steuerhinterziehung regelmäßig der Fall, da auch der Staat (Steuerfiskus) Verletzter im Sinne dieser Vorschrift sein kann.[3] Ist für einen dem Verfall unterliegenden Vermögensvorteil die Steuer bereits bestandskräftig festgesetzt worden, so ist dies auf Grund einer jüngsten Entscheidung des BGH[4] bei der zeitlich nachfolgenden Anordnung des Verfalls zu berücksichtigen.

---

1) Zur Bestimmung des Erlangten i.S.d. § 73 Abs. 1 Satz 1 StGB bei Bestechung vgl. BGH v. 21.3.2002, 5 StR 138/01, wistra 2002, 255, 259.

2) Schäfer/Sander/van Gemmeren, 5. Aufl. 2012, Rz. 351; zur Anordnung des Wertersatzverfalls vgl. BGH v. 9.10.2001, 4 StR 411/10, wistra 2002, 57.

3) LG Berlin v. 26.2.1990, 505 Qs 27/89, NStZ 1991, 437; LG Aachen v. 7.12.1977, 22 Qs 16/77, NJW 1978, 385; Fischer, 60. Aufl. 2013, § 73 StGB Rz. 21; vgl. umfassend zum Sachstand BGH v. 28.11.2000, 5 StR 371/00, StV 2001, 275 f.

4) Vgl. BGH v. 21.3.2002, 5 StR 138/10, wistra 2002, 255, 258; vgl. auch Anm. von Odenthal, wistra 2002, 338 f.; zur Anrechnung von Steuern beim Verfall vgl. Odenthal, wistra 2002, 246.

Demgegenüber beinhaltet § 375 Abs. 2 AO für die Steuerhinterziehung, den Bannbruch oder Schmuggel sowie die Steuerhehlerei ausdrücklich die Möglichkeit der Einziehung. Gemäß § 375 Abs. 2 Nr. 1 AO können die Erzeugnisse, Waren und andere Sachen, auf die sich die Hinterziehung von Verbrauchsteuern oder Zoll, der Bannbruch oder die Steuerhehlerei bezieht, genauso eingezogen werden wie gem. § 375 Abs. 2 Nr. 2 AO die Beförderungsmittel, die zur Tat benutzt worden sind. Das Verfahren der Einziehung richtet sich nach § 74a StGB. Bei der Einziehung im Steuerstrafrecht ist jedoch zu beachten, dass § 375 Abs. 2 AO eine besondere gesetzliche Vorschrift i.S.d. § 74 Abs. 4 StGB für die Einziehung von Beziehungsgegenständen darstellt.[1] Damit ist die Einziehung gem. § 375 Abs. 2 AO an die Voraussetzungen des § 74 Abs. 2, Abs. 3 StGB gebunden. Darüber hinaus ist nach § 375 Abs. 2 Nr. 2 AO die Vorschrift des § 74a StGB anzuwenden. Demnach ist die Einziehung nur zulässig, wenn die Gegenstände zur Zeit der Entscheidung dem Täter oder Teilnehmer gehören oder zustehen (§ 74 Abs. 2 Nr. 1 StGB), die Gegenstände nach ihrer Art und den Umständen die Allgemeinheit gefährden oder die Gefahr besteht, dass sie zur Begehung rechtswidriger Taten dienen werden (§ 74 Abs. 2 Nr. 2 StGB), oder – in den Fällen der Dritteinziehung – derjenige, dem die Gegenstände gehören, zu deren Benutzung bei der Tat zumindest leichtfertig beigetragen hat (§ 74a Nr. 1 StGB) oder der Dritte die Gegenstände in Kenntnis der Umstände, welche die Einziehung zugelassen hätten, in verwerflicher Weise erworben hat (§ 74a Nr. 2 StGB). Typischerweise kommt die Regelung zur Anwendung bei der Einziehung geschmuggelter Zigaretten und speziell für den Schmuggel vorbereiteter Fahrzeuge. Allerdings kann auch ein Fahrzeug, das lediglich als Begleitwagen gedient hat, eingezogen werden. 1431

Nebenstrafen i.S.v. § 375 AO sind gem. § 5 Nr. 7 BZRG im Bundeszentralregister einzutragen.

Darüber hinaus besteht nach § 70 StGB die Möglichkeit, dass das Gericht ein Berufsverbot als begleitende Sanktion verhängen kann. Nach der Rechtsprechung des BGH soll dies jedoch nur dann der Fall sein, wenn ein berufstypischer Zusammenhang zwischen dem Beruf oder Gewerbe und der strafbaren Handlung besteht; ein bloß äußerer Zusammenhang genügt nicht.[2] Die strafbare Handlung muss vielmehr Ausfluss der jeweiligen Berufs- oder Gewerbetätigkeit sein. Es genügt dagegen nicht, wenn der der Angeklagte lediglich Gelegenheiten, die sein Beruf ihm bietet, ausnutzt, solange er dabei weder seinen Beruf als solchen missbraucht, noch spezielle Berufspflichten verletzt.[3] Ein lebenslanges Berufsverbot kommt in Hinblick auf den Grundsatz der Verhältnismäßigkeit (§ 62 StGB) nur bei schwerster Berufskriminalität in Betracht.[4] 1432

Die Pflicht, Umsatz-, Einkommen- und Gewerbesteuer zu zahlen, ist keine Berufspflicht i.S.d. § 70 Abs. 1 Satz 1 StGB.[5] Allerdings kann bei Hinterziehung betrieblicher Steuern eine berufstypische Verbindung gegeben sein, wenn sie mit schwerwiegenden Verletzungen der Buchführungs- und Aufzeichnungspflichten einhergeht.[6] Bei einem Steuerberater hingegen kann die Verletzung steuerlicher Pflichten einen innerberuflichen Verstoß darstellen und in berufsrechtlicher Hinsicht zu einem Berufsausschluss nach dem Steuerberatungsgesetz führen.[7] Ähnliches gilt für Rechtsanwälte und Notare.[8] 1433

1) BGH v. 31.10.1994, 5 StR 608/94, wistra 1995, 30.
2) BGH v. 12.9.1994, 5 StR 487/94, wistra 1995, 22.
3) BGH v. 6.6.2003, 3 StR 188/03, wistra 2003, 423.
4) BGH v. 12.9.1994, 5 StR 487/94, wistra 1995, 22 f.
5) Joecks in Franzen/Gast/Joecks, 7. Aufl. 2009, § 370 AO Rz. 281.
6) BGH v. 12.9.1994, 5 StR 4894, wistra 1995, 22.
7) BGH v. 27.8.1979, Stb StR 7/79, BGHSt 29, 97, 98.
8) BGH v. 20.2.2001, 5 StR 544/00, wistra 2001, 220.

1434 Die in § 69 StGB geregelt Nebenfolge der Entziehung der Fahrerlaubnis spielt im Steuerstrafrecht jedoch praktisch keine Rolle, da sich die erforderliche charakterliche Ungeeignetheit bei verkehrsunspezifischen Straftaten nur dann aus der Tat ergeben kann, wenn konkrete Umstände der Tatausführung im Zusammenhang mit Gesamtwürdigung von Tat und Täterpersönlichkeit Anhaltspunkte dafür ergeben, dass der Täter bereit ist, zu Erreichung seiner – auch nichtkriminellen – Ziele die Sicherheit des Verkehrs zu beeinträchtigen. Denkbar wäre dies evtl., wenn ein Täter, der z.B. Zigaretten in einem LKW schmuggelt, diese so im oder am Fahrzeug versteckt, dass dessen Verkehrssicherheit beeinträchtigt wird.

1435 Die Unterbringung in einem psychiatrischen Krankenhaus oder in einer Entziehungsanstalt wird in Steuerstrafverfahren ebenfalls selten angewendet, da Täter, die die Voraussetzungen der §§ 63 und 64 StGB erfüllen, in vielen Fällen keine steuerpflichtigen Einkünfte erzielen und somit auch keine Steuern hinterziehen können. Denkbar wäre jedoch der Fall, dass eine Person im Zustand der eingeschränkten oder aufgehobenen Schuldfähigkeit in großem Umfang und wiederholt Scheinrechnungen stellt oder z.B. dass ein Stpfl. auf Grund einer Alkoholabhängigkeit seinen steuerlichen Pflichten nicht nachkommt und dadurch Steuern verkürzt.

Auch die Anordnung von Sicherungsverwahrung gem. § 66 StGB ist in Steuerstrafverfahren die Ausnahme, bei Vorliegen der gesetzlichen Voraussetzung aber möglich.[1)]

1436 Außerhalb des Strafrechts kann eine Steuerhinterziehung verwaltungsrechtliche Maßnahmen nach sich ziehen (→ Rz. 1592 ff.). Dazu gehören z.B. die Gewerbeuntersagung nach § 35 GewO, die Versagung oder der Widerruf einer Gaststättenerlaubnis nach § 4 bzw. 15 GaststättenG oder die Rücknahme einer Personenbeförderungsgenehmigung nach § 25 PBefG. Darüber hinaus kann eine strafrechtliche Verurteilung zu 60 Tagessätzen und mehr z.B. zum Entzug des Waffenscheines wegen Versagung der Zuverlässigkeit führen. Bei ausländischen Tätern kann als Folge einer Verurteilung die Ausweisung nach dem Ausländergesetz drohen.

3. Verwarnung mit Strafvorbehalt

1437 Das Institut der Verwarnung mit Strafvorbehalt gem. § 59 StGB stellt bei Straftaten geringen Gewichts ein Reaktionsmittel eigener Art zur Verfügung, sozusagen eine Geldstrafe auf Bewährung. Es eröffnet die Möglichkeit, Täter, die eine Geldstrafe bis zu 180 Tagessätzen verwirkt haben, schuldig zu sprechen, sie daneben zu verwarnen und die Verurteilung zu der bereits bestimmten Strafe für die Dauer einer nach § 59a StGB festzusetzenden Bewährungszeit vorzubehalten. Bewährt sich der Täter innerhalb dieser Zeit nicht, so erfolgt die Verurteilung zu der schon festgesetzten Strafe; im Fall der Bewährung stellt dagegen das Gericht fest, dass es bei der Verwarnung sein Bewenden hat (§ 59b StGB). Im Unterschied zur Strafaussetzung (§ 56 StGB)[2)] unterbleibt also vorerst die Verurteilung zu einer Strafe; sie entfällt gänzlich, wenn sich der Täter bewährt.[3)]

1438 Sinn dieser Regelung ist es, im unteren Kriminalitätsbereich dem Täter, insbes. dem Ersttäter, unter bestimmten Voraussetzungen die Bestrafung zu ersparen, gleichwohl aber auf diesen spezialpräventiv einzuwirken.

1439 § 59 StGB wird im Steuerstrafverfahren jedoch selten angewandt, da die Einstellung gegen Auflage gem. § 153a StPO eine flexiblere Lösung bietet und in vielen Fällen schon auf Ebene der Bußgeld- und Strafsachenstelle Anwendung finden kann, während die Verwarnung mit Strafvorbehalt eine Einbindung der Staatsanwaltshaft und

1) BGH v. 29.11.2001, 5 StR 507/01, wistra 2002, 98.
2) Vgl. zur Strafaussetzung BGH v. 13.12.2001, 4 StR 363/01, wistra 2002, 137.
3) Stree/Kinzig in Schönke/Schröder, 28. Aufl. 2010, § 59 StGB Rz. 1.

des Gerichts erfordert. Andererseits führt die Verwarnung mit Strafvorbehalt im Gegensatz zur Einstellung gem. §§ 153, 153a StPO zu einem Eintrag ins Bundeszentralregister gem. § 4 Abs. 1 Nr. 3 BZRG, was im Einzelfall ein Argument für Staatsanwaltschaft und Gericht sein kann, diese Ahndung zu befürworten. Ein Eintrag ins Führungszeugnis erfolgt nicht.

4. Gesamtstrafe

Begeht ein Täter mehrere tatmehrheitliche Steuerhinterziehungen, so ist für jede der Taten eine Einzelstrafe nach den allgemeinen Strafzumessungsregeln auszusprechen, welche dann gem. § 53 Abs. 1 StGB unter nochmaliger Berücksichtigung aller für und gegen den Täter sprechenden Strafzumessungsgesichtspunkte zurückzuführen sind auf eine Gesamtstrafe. **1440**

Werden für die einzelnen Taten sowohl Freiheitsstrafen als auch Geldstrafen verhängt, sind diese gem. § 53 Abs. 2 Satz 1 StGB grundsätzlich zu einer Gesamtstrafe zusammenzufassen, welche gem. § 54 Abs. 1 Satz 2 StGB auf Freiheitsstrafe zu lauten hat. Dies hat gerade bei einer Vielzahl von Taten mit kleineren Einzelstrafen häufig zur Folge, dass im Wege der Gesamtstrafenbildung auf eine Freiheitsstrafe von über zwei Jahren zu erkennen wäre, die nicht mehr zur Bewährung ausgesetzt werden darf, obwohl eine Vollzugsstrafe nicht angestrebt wird, andererseits die Verhängung einer Freiheitsstrafe unter zwei Jahren, die zur Bewährung ausgesetzt wird, zu milde erscheint. In solchen Fällen bietet § 53 Abs. 2 Satz 2 StGB dem Tatrichter die Möglichkeit, von der Bildung einer Gesamtfreiheitsstrafe aus Geldstrafen und Freiheitsstrafen abzusehen und stattdessen aus den Einzelfreiheitsstrafen eine Gesamtfreiheitsstrafe und daneben aus den Einzelgeldstrafen eine Gesamtgeldstrafe zu bilden. Diese Vorgehensweise hat für den Angeklagten den Vorteil, dass auf Grund der zusätzlichen Geldstrafe eine Freiheitsstrafe im aussetzungsfähigen Bereich verhängt und gerechtfertigt werden kann. In der Praxis kommt diese Regelung gerade im Steuerstrafrecht häufig zur Anwendung, da eine Vollzugsstrafe in vielen Fällen den Tätern, bei denen es sich oft um sozial völlig integrierte und arrivierte Ersttäter handelt, nicht gerecht würde, andererseits auf diese Weise aber auch die Verhängung von summenmäßig zu niedrigen Strafen vermieden werden kann. Da es sich bei § 53 Abs. 2 Satz 2 StGB jedoch um eine Ausnahmeregelung handelt, deren Nichtanwendung der Tatrichter bei einer Vielzahl von Einzeltaten, die sich gegen dasselbe Rechtsgut richten, im Urteil nicht einmal begründen muss,[1] ist es ggf. Aufgabe des Verteidigers, auf die Anwendung zu dringen. **1441**

II. Strafzumessung

1. Grundsätze

Als Verteidiger wird man von seinem Mandanten oft schon während des Ermittlungsverfahrens gefragt, mit welcher Strafe er denn zu rechnen habe. Eine zuverlässige Antwort lässt sich darauf kaum geben, da die Strafzumessung stets individuell unter Berücksichtigung aller Umstände des Einzelfalles zu erfolgen hat. Da Steuerhinterziehung in einigen Ausprägungen ein Massendelikt darstellt, bei dem es vielen Bürgern an Unrechtsbewusstsein fehlt, müssen ggf. auch generalpräventive Ziele bei der Strafzumessung berücksichtigt werden. **1442**

Strafzumessung ist die originäre Aufgabe des Tatrichters, der sich im Rahmen der Hauptverhandlung einen umfassenden Eindruck von der Tat und der Person des Täters verschaffen und alle festgestellten be- und entlastenden Aspekte im Wege einer Abwägung berücksichtigen muss. **1443**

1) BGH v. 7.10.2010, 1 StR 484/10, wistra 2011, 19.

Zu bedenken ist, dass die Strafzumessung nur unter bestimmten Umständen einer revisionsgerichtlichen Überprüfung zugänglich ist, nämlich wenn die Strafzumessungserwägungen in sich fehlerhaft sind, von unzutreffenden Tatsachen ausgehen, das Tatgericht gegen rechtlich anerkannte Strafzwecke verstößt oder wenn sich die verhängte Strafe von ihrer Bestimmung, gerechter Schuldausgleich zu sein, so weit löst, dass sie nicht mehr innerhalb des dem Tatrichter eingeräumten Spielraums liegt.[1] Eine ins Einzelne gehende Richtigkeitskontrolle durch das Revisionsgericht ist hingegen ausgeschlossen.[2] Ziel muss also sein, beim jeweiligen Tatrichter die angestrebte Strafe zu erreichen.

1444 Grundlage für die Zumessung jeder Strafe ist gem. § 46 Abs. 1 Satz 1 StGB die individuelle Schuld des jeweiligen Täters. Unter Schuld ist dabei das Maß des Vorwurfs zu verstehen, der dem Täter für seine Tat zu machen ist.[3] Neben die Schuld des Täters tritt als weiterer Gesichtspunkt bei der Bemessung der angemessenen Strafe die Schwere der Tat in ihrer Bedeutung für die verletzte Rechtsordnung. Eine Bestrafung über das Maß der Schuld hinaus ist aber weder aus generalpräventiven noch aus spezialpräventiven Gründen zulässig.[4]

1445 Die Strafzumessung hat sich nach den Beweggründen und Zielen des Täters zur Tatzeit, dem Maß der Pflichtwidrigkeit bei der Ausführung der Tat und an den verschuldeten Auswirkungen zu orientieren.[5] Auch sind die persönlichen Verhältnisse des Täters bei der Strafzumessung zu berücksichtigen und bei der Beurteilung der Frage heranzuziehen, welche Wirkungen die Strafe voraussichtlich haben wird.[6]

1446 Die Mehrzahl der Straftaten ist nach Auffassung des BGH von verhältnismäßig geringer Schwere, so dass i.d.R. eine Strafe unterhalb der Mitte des gesetzlichen Strafrahmens angemessen ist.[7] Dieser sog. Regelstrafrahmen oder Normalstrafrahmen ist der Ausgangspunkt jeder Strafzumessung im engeren Sinne und stellt für das Gericht eine Orientierungshilfe dar, innerhalb dessen das Gesamtspektrum aller strafzumessungsrelevanten Umstände bei der Strafbemessung zu berücksichtigen ist.

1447 Innerhalb des gesetzlich gezogenen Strafrahmens, mit Ausgangspunkt des Regelstrafrahmens, verbleibt für das Gericht ein Spielraum, innerhalb dessen eine schuldangemessene Strafe zu finden ist. Die Spielraumtheorie beruht auf dem Gedanken, dass sich aus dem Schuldmaß zwar keine feste Strafgröße für eine konkrete Tat, wohl aber ein genügender im gesetzlichen Strafrahmen konkretisierter Schuldrahmen finden lasse, innerhalb dessen sich in richterlicher Wertung die schuldangemessene Strafe für die konkrete Tat unter Berücksichtigung der anerkannten Strafzwecke finden lässt.[8]

2. Strafrahmenfindung

1448 Der Spielraum oder Strafrahmen, der dem Gericht zur Verfügung steht, wird durch die Strafgesetze gesondert festgelegt. Einen Strafrahmen von Freiheitsstrafe bis zu fünf Jahren oder Geldstrafe sehen § 370 Abs. 1 AO für Steuerhinterziehung, § 374 Abs. 1 AO für Steuerhehlerei und § 372 Abs. 2 i.V.m. § 370 Abs. 1, 2 AO für Bann-

1) So auch BGH v. 7.2.2012, 1 StR 525/11, wistra 2012, 236 m.w.N.
2) Peters, NZWiSt 2012, 201 f.
3) Fischer, 60. Aufl. 2013, § 46 StGB Rz. 5.
4) BGH v. 4.8.1965, 2 StR 282/65, BGHSt 20, 264, 266 f.
5) BayObLG v. 3.11.1989, RReg 4 St 135/89, StV 1990, 164; allgemein zur Strafzumessung vgl. Detter, NStZ 2003, 133, 471.
6) BGH v. 29.11.2011, 3 StR 378/11, NStZ-RR 2012, 124.
7) BGH v. 21.4.1987, 1 StR 77/87, StV 1987, 330 = NJW 1987, 2593; v. 2.4.1987, 4 StR 81/87, wistra 1987, 257.
8) BGH v. 10.11.1954, 5 StR 476/54, BGHSt 7, 28, 32; v. 8.4.1957, GSST 3/56, BGHSt 10, 259, 263; v. 4.8.1965, 2 StR 282/65, BGHSt 20, 264; Fischer, 60. Aufl. 2013, § 46 StGB Rz. 20.

bruch vor. Innerhalb dieses gesetzlich vorgegebenen Strafrahmens ist unter Berücksichtigung aller für und gegen den Täter sprechenden Strafzumessungsgesichtspunkte die Strafe für die jeweilige Tat festzulegen.

Für besondere Fallkonstellationen mit höherem Unwertgehalt hat der Gesetzgeber einen weiteren Strafrahmen festgelegt. Es handelt sich um sog. Regelbeispiele, bei deren Erfüllung ein besonders schwerer Fall vorliegt.

a) Besonders schwere Fälle

Für sog. **besonders schwere Fälle der Steuerhinterziehung**, die in § 370 Abs. 3 AO geregelt sind, eröffnet das Gesetz einen Strafrahmen von Freiheitsstrafe von sechs Monaten bis zu zehn Jahren. Eine Geldstrafe kann nicht verhängt werden, es sei denn, das Mindeststrafmaß sinkt über eine Strafrahmenmilderung gem. § 49 Abs. 1 Nr. 3 StGB auf das gesetzliche Mindestmaß mit der Folge, dass § 47 StGB zur Anwendung kommen kann. 1449

Die in § 370 Abs. 3 AO genannten Regelbeispiele heben sich vom Normalfall der Steuerhinterziehung durch einen höheren kriminellen Unwert ab und sollen deshalb auch höher bestraft werden. Es handelt sich dogmatisch um durch Regelbeispiele benannte Strafschärfungsgründe. Diese kommen auch dann zur Anwendung, wenn die Tat im Versuchsstadium stecken bleibt, z.B. weil das Finanzamt geltend gemachte Vorsteuerbeträge nicht auszahlt.[1)]

Gemäß § 370 Abs. 3 Satz 2 AO soll ein besonders schwerer Fall i.d.R. dann vorliegen, wenn der Täter 1450

– in **großem Ausmaß**[2)] Steuern verkürzt oder nicht gerechtfertigte Steuervorteile erlangt (Nr. 1),

  Mit Wirkung zum 1.1.2008, d.h. für Fälle die ab diesem Zeitpunkt beendet werden, wurde das bislang zusätzlich erforderliche Merkmal des besonderen Eigennutzes gestrichen.

  Nicht gesetzlich geregelt bleibt weiterhin das Merkmal der Steuerverkürzung in großem Ausmaß. Nach der zu § 370 Abs. 3 Satz 2 Nr. 1 AO a.F. ergangenen Rechtsprechung des bis 31.5.2008 für Steuerstrafrechts zuständigen 5. Senats des BGH sollte für die Frage, ob eine Steuerhinterziehung großen Ausmaßes vorliegt, eine Gesamtbetrachtung vorzunehmen sein. Während der BGH es vermied, eine betragsmäßige Grenze vorzugeben, wurden in der Literatur Mindestgrenzen von 50 000 €, mehrheitlich aber bis zu mehreren Millionen € diskutiert.

  Mit Urteil vom 2.12.2008 hat der nunmehr zuständige 1. Senat des BGH erstmals eine Betragsgrenze benannt, ab der eine Steuerhinterziehung großen Ausmaßes vorliegen soll.[3)] Diese liegt bei 50 000 €, wenn durch die Hinterziehung ein aktiver Vermögensverlust seitens des Fiskus entstanden ist, z.B. durch ungerechtfertigte Vorsteuererstattungen. Auch soll diese Grenze gelten, wenn eine Verrechnung mit anderen Steuervorteilen stattfindet oder wenn steuermindernde Umstände vorgetäuscht wurden. In diesen Fällen beschränke sich das Verhalten des Täters nicht darauf, den bestehenden Steueranspruch durch bloßes Verschweigen von Einkünften oder Umsätzen zu gefährden. Vielmehr komme es zu einem Griff in die Tasche des Staates.[4)] Eine Grenze von 100 000 € gilt, wenn der Stpfl. die Finanzbehörden in Unkenntnis lässt und es zu einer Gefährdung des Steueran-

1) BGH v. 28.7.2010, 1 StR 332/10, wistra 2010, 449.
2) Hierzu ausführlich Rolletschke/Jope, wistra 2009, 219 ff.
3) BGH v. 2.12.2008, 1 StR 416/08, wistra 2009, 107; Wessing/Biesgen, NJW 2012, 2689, Rolletschke in Rolletschke/Kemper, § 370 AO Rz. 168 ff. (September 2012).
4) BGH v. 15.12.2011, 1 StR 579/11, wistra 2012, 191.

spruchs kommt.[1] Ob diese Unterscheidung auch nach Inkrafttreten des Schwarzgeldbekämpfungsgesetzes vom 28.4.2010[2] fort gilt wird in der Literatur teilweise angezweifelt, weil § 371 Abs. 2 Nr. 3 AO die 50 000 €-Grenze aufgreift und normiert und sich der Gesetzgeber in der Gesetzesbegründung ausdrücklich auf die Rechtsprechung des 1. Senats zu § 370 Abs. 3 Satz 2 Nr. 1 AO berufen habe.[3] Dem ist v.a. aus Verteidigersicht entgegenzuhalten, dass der Gesetzgeber es in Kenntnis der Rechtsprechung des BGH und der dort aufgestellten Betragsgrenzen unterlassen hat, den Begriff des „großen Ausmaßes" gesetzlich zu bestimmen oder zumindest auf die Regelung in § 371 AO zu verweisen. Hieraus ist zu schließen, dass der Gesetzgeber die vom BGH aufgestellte 100 000 €-Grenze gerade nicht aufgeben wollte.

Die Betragsgrenzen von 50 000 € bzw. 100 000 € sollen für jeden selbständigen Fall gelten, eine Addition der Hinterziehungsbeträge kann somit nur bei Tateinheit erfolgen.[4]

Der Senat weist in seinem Urteil ausdrücklich darauf hin, dass es sich bei den genannten Beträgen nicht um starre Grenzen handelt, sondern es nach wie vor einer Gesamtabwägung aller relevanten Umstände bedarf. Hier wird der Verteidiger in besonderem Maße gefordert sein, diejenigen Umstände vorzutragen, die den konkreten Fall trotz Überschreitung der Betragsgrenze als nicht besonders schwer kennzeichnen.

– seine Befugnisse oder seine Stellung als **Amtsträger** missbraucht (Nr. 2),

  Wer Amtsträger ist ergibt sich aus der Legaldefinition in § 11 Abs. 1 Nr. 2 StGB.

  Das Regelbeispiel ist z.B. erfüllt, wenn ein Betriebsprüfer in seinem Bericht unrichtige Angaben macht und dadurch den Veranlagungsbeamten zu einer unrichtigen Steuerfestsetzung veranlasst. Denkbar sind hier auch Fälle, in denen der zuständige aber nicht zeichnungsberechtigte Veranlagungsbeamte z.B. in Kenntnis deren Unrichtigkeit Steuererklärungen ihm bekannter Personen veranlagt.

  Ob Fälle, in denen der handelnde Amtsträger selbst zeichnungsberechtigt ist und die Steuerfestsetzung vornimmt, von § 370 Abs. 3 Nr. 2 AO erfasst werden, ist fraglich, da hier der entscheidende Beamte um die Unrichtigkeit der Angaben weiß und somit eine Irrtumserregung nicht möglich ist. Wenn aber z.B. ein Finanzbeamter fingierte Einkommensteuererstattungsfälle veranlagt und auf diese Weise einen ungerechtfertigten Steuervorteil erlangt, soll § 370 Abs. 3 Nr. 2 AO erfüllt sein.[5]

– die **Mithilfe eines Amtsträgers ausnutzt**, der seine Befugnisse oder seine Stellung als Amtsträger missbraucht (Nr. 3),

  Dieses Regelbeispiel ist erfüllt, wenn sich ein Dritter eines untreuen Amtsträgers bedient, wobei er aber davon ausgehen muss, dass der Amtsträger die Unrichtigkeit der Angaben erkennt, da ansonsten ein Ausnutzen der Mithilfe nicht anzunehmen sein soll.

– unter Verwendung **nachgemachter oder verfälschter Belege fortgesetzt** Steuern verkürzt oder nicht gerechtfertigte Steuervorteile erlangt (Nr. 4).

1) BGH v. 2.12.2008, 1 StR 416/08, wistra 2009, 107; v. 12.7.2011, 1 StR 81/11, NJW-Sp 2011, 538; v. 5.5.2011, 1 StR 116/11, wistra 2011, 347 f.
2) BGBl. I 2011, 676.
3) Rolletschke in Rolletschke/Kemper, § 370 AO Rz. 170 (September 2012) und Rolletschke/Roth, wistra 2012, 216 ff.
4) BGH v. 15.12.2011, 1 StR 579/11, wistra 2012, 191.
5) Ablehnend FG Brandenburg v. 23.11.2003, 1 K 2687/02, EFG 2004, 544; zustimmend BayObLG v. 29.4.1997, 4 St RR 35/97, wistra 1987, 313 und BGH v. 21.10.1997, 5 StR 328/97, NStZ 1998, 91.

Dieses Regelbeispiel erfasst Fälle, in denen der Täter gleichzeitig auch eine Urkundenfälschung begeht, z.B. in dem er entweder unrichtige Belege herstellt oder verwendet oder echte Belege verfälscht. Herstellen von unrichtigen Belegen kann z.B. in der Form geschehen, dass der Unternehmer sich selbst Scheinrechnungen erstellt oder von einem Dritten gefertigte Scheinrechnungen verwendet. § 370 Abs. 3 Nr. 4 AO ist nicht gegeben, wenn die verwendeten Belege zwar inhaltlich unrichtig sind, aber keine gefälschten Urkunden darstellen, sondern eine schriftliche Lüge, z.B. wenn der Inhaber einer Firma gefälligkeitshalber unter seinem Namen und seiner Firma Rechnungen über nicht erbrachte Leistungen erstellt und der Täter diese als Betriebsausgaben verbucht. Da hier nicht über den Rechnungsaussteller getäuscht wird, liegt kein gefälschter Beleg vor. Allerdings kann der Tatrichter auf Grund des vergleichbaren Unrechtsgehalts einen unbenannten schweren Fall annehmen.

Da § 370 Abs. 3 Nr. AO fortgesetztes Handeln verlangt, muss der Täter nach h.M. bereits zweimal Steuerhinterziehungen unter Vorlage unrichtiger Belege begangen haben, bevor ihn der Strafrahmen des Regelbeispiels treffen soll.[1)]

– als Mitglied einer **Bande**, die sich zur fortgesetzten Begehung von Taten nach § 370 Abs. 1 AO verbunden hat, Umsatz- oder Verbrauchsteuern verkürzt oder nicht gerechtfertigte Umsatz- oder Verbrauchsteuervorteile erlangt (Nr. 5).

Durch das „Gesetz zur Neuregelung der Telekommunikationsüberwachung und anderer verdeckter Ermittlungsmaßnahmen sowie zur Umsetzung der Richtlinie 2006/24/EG" wurde § 370 Abs. 3 AO um diese Regelung erweitert. Die Neuregelung greift, wenn der Täter als Mitglied einer Bande handelt, wenn er sich mit mindestens zwei anderen Personen zusammengeschlossen hat mit dem gemeinsamen Willen, künftig mehrere selbständige, im Einzelnen noch ungewisse Umsatz- oder Verbrauchsteuerverkürzungen zu begehen bzw. ungerechtfertigte Umsatz- oder Verbrauchsteuervorteile zu erlangen. Bei anderen Steuerarten ist es zwar denkbar, einen unbenannten besonders schweren Fall anzunehmen. Hiergegen spricht jedoch die gesetzgeberische Entscheidung, das Regelbeispiel auf Umsatz- und Verbrauchsteuern zu beschränken (sog. negative Indizwirkung).[2)]

b) Strafrahmenverschiebung zu Gunsten des Täters

Daneben kann es jedoch auch zu sog. Strafrahmenverschiebungen nach § 49 StGB **1451**
kommen, wenn besondere gesetzliche, sog. vertypte Milderungsgründe eine Verschiebung des Normalstrafrahmens zulassen bzw. vorschreiben.[3)] Als gesetzlich vertypte Milderungsgründe sind beispielsweise die Beihilfe gem. § 27 StGB zu benennen, die besonderen persönlichen Merkmale des § 28 StGB, der Verbotsirrtum nach § 17 StGB und die Versuchsstrafbarkeit nach den §§ 22, 23 StGB. Die gesetzlich vertypten Milderungsgründe zeichnen sich wiederum dadurch aus, dass sie eine Strafrahmenverschiebung zu Gunsten des Täters deshalb zulassen, weil dessen individuelle Schuld in den gesondert geregelten Fällen als geringer zu erachten ist als bei Zugrundelegung des Normalstrafrahmens.

Auch der mit dem „Gesetz zur Neuregelung der Telekommunikationsüberwachung **1452**
und anderer verdeckter Ermittlungsmaßnahmen sowie zur Umsetzung der Richtlinie 2006/24/EG vom 21.12.2007" eingefügte minder schwere Fall des Schmuggels gem. § 373 Abs. 1 Satz 2 AO stellt einen gesetzlichen Milderungsgrund dar, der zu einer Strafrahmenverschiebung nach untern führt und einen Strafrahmen von Freiheitsstrafe bis zu fünf Jahren oder Geldstrafe eröffnet. Wenn Einfuhrabgaben in großem Ausmaß hinterzogen wurden, soll ein minder schwerer Fall jedoch nur in absoluten

1) Rolletschke in Rolletschke/Kemper, § 370 AO Rz. 182 m.w.N. (September 2012).
2) Rolletschke, NZWiSt 2012, 18 ff.
3) Fischer, 60. Aufl. 2013, § 49 StGB Rz. 3.

Ausnahmesituationen möglich sein und keinesfalls dann, wenn der Schmuggel in organisierten Vertriebsstrukturen stattgefunden hat.[1]

3. Strafzumessung im engeren Sinne

1453 Ist durch die Festlegung des Strafrahmens der Spielraum für die Strafhöhe festgelegt, so hat das Gericht darüber hinausgehend die Umstände, die für und gegen den Täter sprechen, gegeneinander unter Beachtung des Doppelverwertungsverbotes (§ 46 Abs. 3 StGB) und unter Beachtung des § 50 StGB abzuwägen.

1454 § 46 Abs. 2 StGB zählt einige in Betracht kommende Strafzumessungsgründe beispielhaft auf, enthält jedoch keinen abschließenden Katalog. Die Finanzverwaltung selbst nennt in Abschnitt 11 der Anweisungen für das Straf- und Bußgeldverfahren (Steuer) 2013, kurz AStBV (St) zahlreiche Kriterien, die in Steuerstrafverfahren bei der Strafzumessung Berücksichtigung finden sollen.[2] Die AStBV (St) sollen der einheitlichen Handhabung des Gesetzes dienen und die reibungslose Zusammenarbeit der zur Verfolgung von Steuerstraftaten und Steuerordnungswidrigkeiten berufenen Stellen der Finanzbehörden untereinander, mit anderen Stellen der Finanzbehörden sowie mit den Gerichten und Staatsanwaltschaften gewährleisten. Sie sind von allen Bediensteten der Steuerfahndung und der Bußgeld- und Strafsachenstellen zu beachten, soweit diese Maßnahmen im Straf- oder Bußgeldverfahren treffen. Auf Grund dieser Selbstbindung der Verwaltung empfiehlt es sich stets zu prüfen, ob die in den AStBV (St) genannten Strafzumessungskriterien berücksichtigt wurden.

Abgesehen von den strafschärfend wirkenden verschuldeten Auswirkungen der Tat und den strafmildernd wirkenden Bemühungen um Schadenswiedergutmachung sind alle übrigen der in § 46 Abs. 2 Satz 2 StGB genannten Umstände ambivalent, d.h., sie können sowohl zu Lasten als auch zu Gunsten des Täters ins Gewicht fallen. Bei der Strafzumessung im Steuerstrafrecht spielen insbes. die Regelbeispiele der verschuldeten Auswirkungen der Tat, der persönlichen und wirtschaftlichen Verhältnisse und das Nachtatverhalten des Täters, insbes. die Bemühungen um Schadenswiedergutmachung, eine Rolle.

a) Höhe des Hinterziehungsbetrags und Höhe des Steuerschadens als Strafzumessungsgesichtspunkt

1455 Maßgebliches Kriterium für die Höhe einer schuldangemessenen Strafe ist die Höhe des verkürzten Betrags.[3] In der Praxis der Strafsachenstellen bei den Finanzämtern, aber auch bei den Gerichten – vornehmlich den Amtsgerichten – hat dies dazu geführt, dass die Strafzumessung oft sehr schematisch nach der Höhe des Verkürzungsbetrags vorgenommen wird, und zwar unter Verwendung sog. **Strafzumessungstabellen.** Diese werden i.d.R. von den Oberfinanzdirektionen in Zusammenarbeit mit den zuständigen Staatsanwaltschaften entwickelt, um eine gleichmäßige Handhabung der Strafzumessung zu gewährleisten. Da diese Strafmaßtabellen jedoch z.T. starke regionale Abweichungen aufweisen, können sie allenfalls eine gleichmäßige Behandlung innerhalb des jeweiligen OFD-Bezirks bewirken.

1456 Soweit derartige Tabellen als Orientierungshilfe verstanden werden und willkürliche Strafzumessungen durch einzelne Sachbearbeiter in den Strafsachenstellen vermeiden helfen, mögen sie zum Einstieg in den Prozess der Strafbemessung nützlich sein. Sie bergen jedoch auch die Gefahr einer schematischen und unreflektierten Anwendung, bei der übersehen wird, dass die Höhe der hinterzogenen Steuer nur einer von zahlreichen Umständen ist, die bei der Bemessung der individuellen

1) BGH v. 22.5.2012, 1 StR 103/12, NJW 2012, 2599.
2) AStBV 2013, BStBl I 2012, 1018.
3) BGH v. 4.8.1965, 2 StR 282/65, BGHSt 20, 264, 266 f.

schuldangemessenen Strafe zu berücksichtigen sind. Dies kann dazu führen, dass sich das Ziel einer gerechten Gleichbehandlung von Steuerstraftätern in sein Gegenteil verkehrt und ungleiche Fälle ohne sachlich gerechtfertigten Grund gleich behandelt werden. Insofern trügt der durch die Berechenbarkeit erzeugte Schein vermeintlicher Gerechtigkeit. Diesen Gedanken hat auch jüngst der BGH in einer seiner Entscheidungen aufgegriffen und betont, dass die Begründung eines Strafurteils von jeder „Mathematisierung" freizuhalten sei.[1] Die bloße Höhe der hinterzogenen Beträge sagt beispielsweise nichts darüber aus, in welchem **Verhältnis diese zu den jeweiligen Umsätzen** des Täters und den **tatsächlich gezahlten Steuern** stehen. Auch dies ist jedoch ein bei der Strafzumessung zu berücksichtigender Umstand.

Ohne auf konkrete Strafmaßtabellen[2] einzugehen, sei hier nur auf einige grundsätzliche Erfahrungswerte hingewiesen. Einigermaßen gesichert ist die Erfahrung, dass Fälle mit einer Steuerverkürzung **von mehr als 50 000 €** bei den Strafsachenstellen i.d.R. als **ungeeignet für eine Erledigung im Strafbefehlsverfahren** angesehen und zur Anklageerhebung an die Staatsanwaltschaft abgegeben werden. In diesem Bereich muss mit Geldstrafen von bis zu 360 Tagessätzen gerechnet werden. **1457**

Bei Verkürzungsbeträgen **bis zu 5 000 €, teilweise 10 000 €** besteht bei Ersttätern eine gute Chance, eine Einstellung nach § 153a StPO gegen Zahlung einer Geldauflage zu erreichen (→ Rz. 4164). Bei einer besonders schwierigen Beweislage, drohender Verhandlungsunfähigkeit des Beschuldigten, hohem Alter[3] oder auf Grund anderer gewichtiger Besonderheiten kann seitens der Bußgeld- und Strafsachenstellen und der Staatsanwaltschaften auch bei höheren Hinterziehungsbeträgen im Einzelfall die Bereitschaft zu einer Einstellung gegen Geldauflage bestehen. So wurde z.B. die Mehrzahl der aus dem Ankauf von Bankdaten resultierenden Verfahren auf diese Weise beendet.

Aufgabe des Verteidigers ist es im Einzelfall darauf zu achten, dass die **Persönlichkeit des Täters** und der **Schuldgehalt seiner Tat** angemessen gewürdigt werden, und dabei evtl. vorliegende strafmildernde Umstände besonders herausarbeiten. **1458**

Bußgeld- und Strafsachenstellen und Staatsanwaltschaften führen die als relevant erachteten Strafzumessungsgesichtspunkte üblicherweise im Abschlussvermerk oder im wesentlichen Ergebnis der Ermittlungen auf. Das Gericht äußert sich zur Strafzumessung im Rahmen der Urteilsbegründung. Dort sind alle wesentlichen Tatsachen und Erwägungen darzulegen, die im konkreten Fall für die Strafzumessung von Bedeutung waren; allgemeine Ausführungen sind nicht ausreichend. Insbesondere genügt es nicht, wenn bei einer Verurteilung wegen Steuerhinterziehung in den Urteilsgründen lediglich die Summe der verkürzten Steuern angegeben wird. Vielmehr muss der Tatrichter auch die Berechnung des hinterzogenen Betrages darlegen und ggf. Ausführungen zu jeder einzelnen Steuerart sowie zu den einzelnen Steuerzeiträumen machen.[4] Da dem Täter strafrechtlich nur der von seinem zumindest bedingten Vorsatz umfasste Hinterziehungsbetrag zugerechnet werden darf, muss sich das Gericht im Urteil insoweit auch zur inneren Tatseite äußern. **1459**

---

1) BGH v. 17.12.1998, 4 StR 563/98, StV 2000, 309; v. 28.10.2002, 3 StR 319/02, n.v.; v. 2.12.2008, 1 StR 416/08, wistra 2009, 107; v. 25.8.2010, 1 StR 410/10, NJW 2010, 3176.

2) Eine Übersicht über die Strafmaßtabellen der einzelnen OFD-Bezirke findet sich in bei Schauf in Kohlmann, § 370 AO Rz. 1076 f. (Juni 2009).

3) BGH v. 11.7.2008, 5 StR 156/08, NStZ 2009, 273.

4) BayObLG v. 5.11.1996, 4 StRR 169/96, wistra 1997, 111, 112; OLG Koblenz v. 25.1.1996, 2 Ss 3/96, wistra 1996, 152, 153; BGH v. 3.8.1995, 5 StR 63/95, NStZ-RR 1996, 19; v. 22.2.1995, 5 StR 628/94, wistra 1995, 265; v. 20.3.2002, 5 StR 448/01, StV 2002, 546, 549 zur Strafzumessung bei Lohnsteuerhinterziehung und damit zusammenhängende Beihilfe zur Einkommensteuerhinterziehung des Gehaltsempfängers).

1460 Berücksichtigt das Tatgericht zu Lasten des Täters die beträchtliche Höhe der hinterzogenen Beträge und des durch ihn angerichteten Schadens, so muss es in seiner Urteilsbegründung auch erkennen lassen, ob es sich eventueller Besonderheiten des Falles, z.B. des Umstandes, dass der Tatplan zu einer steuerlichen Mehrbelastung geführt hat, bewusst gewesen ist.[1]

1461 Für die Strafzumessung ist auch von Bedeutung, ob der Täter nach seiner Vorstellung von der Tat Steuern „auf Dauer" oder nur „**auf Zeit**" verkürzen wollte (→ Rz. 341).

Eine sog. Steuerhinterziehung auf Zeit soll z.B. dann vorliegen, wenn der Täter unrichtige Umsatzsteuervoranmeldungen abgibt, aber vorhat, die falschen Angaben in der Jahreserklärung zu berichtigen. Der Umstand, dass nur eine zeitliche Verkürzung vorliege, soll nach der geänderten Rechtsprechung des 1. Senats des BGH jedoch keine Auswirkung auf die Höhe des Hinterziehungsbetrags haben, da es sich nur um eine auf die Art der Rechtsgutverletzung abstellende Differenzierung handle, diese jedoch nicht die Höhe der Steuerhinterziehung determiniere und diese nicht auf den Zinsschaden beschränke.[2] Als hinterzogen gilt demnach immer der Nominalbetrag der zu niedrig festgesetzten Steuer. Lediglich im Rahmen der Strafzumessung soll zu berücksichtigen sein, dass der Vorsatz des Täters zur Tatzeit nur auf einen zeitlichen Effekt gerichtet war und ggf. eine Schadenswiedergutmachung erfolgt ist. Der BGH stellt klar, dass der in diesen Fällen eintretende Verspätungsschaden der Höhe nach dem Zinsverlust entspricht, der sich nach Maßgabe der Vorschriften über die Hinterziehungszinsen mit 0,5 % des nicht rechtzeitig festgesetzten Steuerbetrages pro Monat errechnet.[3]

1462 Ändert sich der Vorsatz des Täters nachträglich und gibt er keine berichtigte Jahreserklärung ab, so geht die Hinterziehung auf Zeit in eine auf Dauer über. Eine Schadenswiedergutmachung findet in diesen Fällen nicht statt, was sich bei der Strafzumessung negativ auswirkt. Scheitert eine zunächst beabsichtigte Schadenswiedergutmachung daran, dass es dem Täter z.B. nach Abgabe der berichtigten Jahreserklärung aus finanziellen Gründen nicht mehr möglich ist, den verkürzten Betrag nachzuentrichten, so geht die zeitliche Verkürzung ebenfalls in eine dauerhafte über. Dem Täter könne dann bei der Strafzumessung zwar zugutegehalten werden, dass er bei der Tatbegehung eine spätere Wiedergutmachung vorhatte. Waren allerdings bereits bestehende finanzielle Schwierigkeiten Motiv für die Abgabe falscher Umsatzsteuervoranmeldungen, relativiere dies strafmildernde Bedeutung der Wiedergutmachungsabsicht. Denn in solchen Fällen sei die spätere Unmöglichkeit der Entrichtung der vom Unternehmer wie von einem Treuhänder für den Staat verwalteten Umsatzsteuerbeträge regelmäßig vorhersehbar.[4]

1463 Auf Grund des Nebeneinanders von Lohnsteuerabzug durch den Arbeitgeber und des Entstehens der Einkommensteuerschuld beim Arbeitnehmer ist auch in den Fällen der Lohnsteuerhinterziehung von einer Hinterziehung auf Zeit auszugehen, wenn auf Grund der konkreten Umstände des Einzelfalles anzunehmen ist, dass nach dem Willen der Tatbeteiligten zu einem späteren Zeitpunkt eine ordnungsgemäße Einkommensteuerveranlagung des Arbeitnehmers erfolgen soll. Trotzdem bemisst sich auch hier die hinterzogene Steuer nach dem Nominalbetrag, d.h. bei

---

1) BGH v. 9.1.1991, 3 StR 243/90, wistra 1991, 216, 217.
2) BGH v. 17.3.2009, 1 StR 627/08, wistra 2009, 355.
3) Rolletschke, NZWiSt 2012, 18 ff.; AStBV (St) 2013, Nr. 76 Abs. 3; wenn Weidemann, wistra 2011, 440 zu BGH v. 17.3.2009, 1 StR 627/08, wistra 2009, 355 ausführt, der BGH stelle auch bei der Bestimmung des Hinterziehungsschadens auf den Nominalbetrag der hinterzogenen Steuer ab, kann dem nicht gefolgt werden, da der BGH in dieser Entscheidung ausdrücklich feststellt, dass der Verspätungsschaden sich nach den Vorschriften über die Hinterziehungszinsen mit 0,5 % pro Monat errechnet.
4) BGH v. 17.3.2009, 1 StR 627/08, wistra 2009, 355.

vollumfänglich illegalen Beschäftigungsverhältnissen und Schwarzlohnabreden nicht nach den tatsächlichen steuerlichen Verhältnissen des jeweiligen Arbeitnehmers, sondern auf der Grundlage des tatsächlich gezahlten Schwarzlohns nach den Steuersätzen der Steuerklasse VI, in den übrigen Fällen nach der Steuerklasse des betroffenen Arbeitnehmers.[1] Im Rahmen der Strafzumessung kann ggf. berücksichtigt werden, dass Lohnsteuer und Einkommensteuer des Arbeitnehmers denselben Steueranspruch betreffen. Zur Ermittlung der vom Arbeitnehmer auf Grund seiner tatsächlichen Verhältnisse geschuldeten Steuer muss das Tatgericht keine umfangreichen Beweiserhebungen anstellen, sondern es kann von geschätzten, niedrigeren Durchschnittssteuersätzen ausgehen. Dies soll jedoch dann nicht gelten, wenn Arbeitgeber und Arbeitnehmer eine Schwarzlohnabrede getroffen haben, da in diesen Fällen nicht davon auszugehen ist, dass beim Arbeitnehmer eine ordnungsgemäße Veranlagung erfolgen soll und der Täterwille auf eine Hinterziehung auf Dauer gerichtet ist. Hier entspricht auch der Schaden dem jeweiligen nominalen Hinterziehungsbetrag. Der BGH rückt mit dieser Rechtsprechung von der bisherigen Praxis ab, wonach jedenfalls für die Schadensberechnung auf die Verhältnisse beim jeweiligen Arbeitnehmer abzustellen war. Hiergegen wird eingewendet, dass der BGH verkenne, dass bei der Strafzumessung auf den Erfolgsunwert abzustellen sei und die Differenz zwischen Lohnsteuer und Einkommensteuer des Arbeitnehmers nur eine Verkürzung auf Zeit darstelle.[2] Dem ist zuzustimmen, da jedenfalls als Schaden nur der Betrag in Betracht kommt, der dem Fiskus dadurch entgeht, dass der Arbeitnehmer den ihm zufließenden Lohn nicht versteuert.

Behält der Arbeitgeber die Lohnsteuer zwar ein, führt sie aber ohne Wissen des Arbeitgebers nicht ab, soll im Rahmen der Strafzumessung strafmildernd nur zu berücksichtigen sein, wenn der Arbeitgeber den eingetretenen Hinterziehungsschaden als Haftungsschuldner begleicht.[3]

1464 Eine ähnliche Problematik besteht in Zusammenhang mit dem **Kompensationsverbot** gem. § 370 Abs. 4 Satz 3 AO (→ Rz. 327 ff.). Bei Vorsteuern, Schwarzlohnzahlungen oder nicht belegten Schmiergeldern hat es zwar zur Folge, dass sich diese Vorgänge auf den Umfang der Verkürzung und damit den Taterfolg nicht auswirken. Bei der Strafzumessung hingegen sind diese nicht kompensierbaren „anderen" Gründe sehr wohl zu Gunsten des Angeklagten zu berücksichtigen, und zwar unter dem Gesichtspunkt der verschuldeten Auswirkungen seiner Tat.[4] Bei der Ermittlung der schuldangemessenen Strafe ist dabei von der Steuerschuld auszugehen, die bei ordnungsgemäßen Angaben entstanden wäre.[5] Hierbei hat der Tatrichter ggf. eine Schätzung dieser zu berücksichtigenden Beträge vorzunehmen.[6] Hat also ein Dritter einen Teil der dem Finanzamt verschwiegenen und dem Angeklagten als Einnahmen zugerechneten Beträge als Entgelt für eine als Beihilfe gewertete Tätigkeit einbehalten, so ist bei der Schadensberechnung im Rahmen der Strafzumessung eine eventuelle Absetzbarkeit des einbehaltenen Teils als Betriebsausgaben oder Werbungskosten zu Gunsten des Angeklagten zu berücksichtigen.[7]

1465 Abweichungen zwischen tatbestandserheblicher Verkürzung und strafzumessungsrelevantem Schaden ergeben sich auch bei einer **zeitraumübergreifenden Betrachtungsweise.** Hat der Täter etwa bei seinen Umsatzsteuervoranmeldungen für den Zeitraum 1 einen zu geringen Betrag angegeben, im darauf folgenden Zeitraum 2

1) BGH v. 8.2.2011, 1 StR 651/10, StV 2011, 485.
2) Rübenstahl/Zinser, NJW 2011, 2481 ff.
3) BGH v. 8.2.2011, 1 StR 651/10, StV 2011, 485 Rz. 20 ff.
4) BGH v. 5.2.2004, 5 StR 420/03, wistra 2004, 267; v. 8.1.2008, 5 StR 582/07, wistra 2008, 153.
5) Vgl. z.B. BGH v. 20.8.1985, 1 StR 390/85, wistra 1985, 225; BayObLG v. 16.10.1989, RReg 4 St 162/89, wistra 1990, 112.
6) Vgl. Jäger, NStZ 2005, 552.
7) Fischer, 60. Aufl. 2013, § 46 StGB Rz. 36.

hingegen zu viel erklärt, so ändert dies zwar nichts am Taterfolg bezüglich Zeitraum 1. Wurde jedoch über die beiden Zeiträume hinweg die zunächst eingetretene Verkürzung durch die spätere Überzahlung tatsächlich wieder ausgeglichen, so dass unter dem Strich kein Schaden entstanden ist, so muss sich dies bei der Strafzumessung zu Gunsten des Täters auswirken.

1466 Für die Strafzumessung von Bedeutung sind auch die Fälle, in denen es zu einem **personenübergreifenden Schadensausgleich** kommt. Hier sei das Beispiel genannt, dass der vorgeschobene Strohmann zwar die Steuererklärungen abgibt und die Steuern zahlt, die Verkürzung jedoch in der Person des selbst nicht auftretenden, aber tatsächlich steuerpflichtigen Hintermannes eintritt. Der Umstand, dass die durch ihn verursachte Verkürzung rein rechnerisch durch die Zahlungen des Strohmannes ausgeglichen wird, beseitigt zwar wiederum nicht den Taterfolg, stellt aber einen Strafmilderungsgrund dar.

1467 Da es sich bei diesen Aspekten um reine Strafzumessungserwägungen handelt, zu denen man naturgemäß nur gelangen kann, wenn zuvor eine tatbestandliche, rechtswidrige und schuldhafte Steuerstraftat festgestellt wurde, kann auch bei einem nachträglichen rechnerischen Ausgleich des Schadens bis auf null eine Bestrafung des Täters nur über eine Verfahrenseinstellung nach den §§ 153 ff. StPO vermieden werden.

b) Strafmilderungsgründe

1468 Im Rahmen des § 46 StGB sind von der Rechtsprechung eine Reihe von potenziellen Strafmilderungsgründen – abgesehen von dem bereits erwähnten Fall einer niedrigen Schadenshöhe – herausgearbeitet worden, auf die der Verteidiger sein besonderes Augenmerk richten sollte. Die folgende Aufzählung ist nicht abschließend, umfasst aber die häufigsten und am stärksten ins Gewicht fallenden Umstände:

1469 – **Geständnis** und **Aufklärungshilfe**.[1] Ein vollumfängliches Geständnis ist neben der Schadenswiedergutmachung der wichtigste Milderungsgrund. In der Praxis kann ein Geständnis Strafabschläge bis zu $^1/_3$ bewirken. Hierbei ist jedoch zu berücksichtigen, dass die oben erwähnten Strafmaßtabellen meist vom geständigen Täter ausgehen. Das Gewicht eines Geständnisses wird gemindert, wenn der Angeklagte nur das einräumt, was ihm durch die Ermittlungen, die Festnahmesituation o.Ä. ohnehin und unschwer hätte nachgewiesen werden können.[2] Allerdings darf die Aussicht, dass sich insbes. ein frühes, erkennbar von Unrechtseinsicht getragenes, in eingeschränktem Maße aber auch ein rein taktisches Geständnis strafmildernd auswirkt, Verteidiger und Mandanten nicht davon abhalten, vor einer eventuellen geständigen Einlassung sämtliche Möglichkeiten einer streitigen Verteidigung zu prüfen. Hartnäckiges Leugnen rechtfertigt im Übrigen für sich keine Strafschärfung, sofern darin nicht eine besondere Uneinsichtigkeit oder rechtsfeindliche Gesinnung des Täters zum Ausdruck kommt.[3]

1470 – **Straffreies Vorleben.** Da das Fehlen von Vorstrafen keine Selbstverständlichkeit ist, muss es bei der Strafzumessung zu Gunsten des Täters berücksichtigt werden.[4]

Auch soll es strafmildernd wirken und sogar die Indizwirkung des Hinterziehungsbetrags beseitigen können, wenn der Täter sich im Tatzeitraum oder vor der Tat über einen längeren Zeitraum im Wesentlichen steuerehrlich verhalten

1) Schäfer/Sander/van Gemmeren, 4. Aufl. 2008, Rz. 383; LG Bochum v. 26.1.2009, 12 KLs 350 Js 1/08, n.v.
2) BGH v. 21.8.2003, 3 StR 234/03, StV 2004, 415.
3) Vgl. Schäfer/Sander/van Gemmeren, 5. Aufl. 2012, Rz. 679 m.w.N.
4) BGH v. 2.11.1995, 5 StR 606/95, StV 1996, 205; v. 27.10.1987, 1 StR 492/87, StV 1988, 60.

hat und die Tat nur einen verhältnismäßig geringen Teil seiner steuerlich relevanten Betätigungen betrifft.[1]

- Auch die Lebensleistung und das Verhalten **nach Aufdeckung der Tat** soll zu berücksichtigen sein.[2]
- Eine verunglückte und daher nicht zur Straffreiheit führende **Selbstanzeige**.[3] **1471**
- Im Rahmen des Nachtatverhaltens ist die Zahlung der hinterzogenen Steuer als Akt der Schadenswiedergutmachung erheblich strafmildernd zu berücksichtigen.[4] In etwas abgeschwächter Form kommt auch bereits dem Bemühen um Zahlung strafmildernde Wirkung zu, selbst wenn der Erfolg nur gering ist, ebenso einer wirtschaftlich ausreichenden Sicherung des Steuergläubigers.[5] Umgekehrt darf sich allerdings die fehlende Wiedergutmachung bei einem die Tat leugnenden Angeklagten nicht strafschärfend auswirken, da die Zahlung als Schuldeingeständnis aufgefasst werden und damit die Verteidigungsposition gefährden könnte.[6] **1472**
- Es kann auch zu Gunsten des Angeklagten zu berücksichtigen sein, wenn über seinen **Einspruch** durch das Finanzamt noch nicht abschließend entschieden ist, und es möglicherweise noch zu einer **Reduzierung der Steuerschuld** kommen kann.[7] Ebenso wird man im Einzelfall strafmildernd werten können, wenn trotz bestrittener Steuerforderung auf eine Aussetzung der Vollziehung verzichtet und die Steuerforderung beglichen wurde. **1473**
- Ein weiterer zu Gunsten des Angeklagten zu berücksichtigender Punkt ist eine **vollständige Bereinigung der steuerlichen Situation**, sozusagen die Schaffung eines Gesamtfriedens durch Anerkennung und Bezahlung der Steuernachforderung unter Verzicht auf steuerliche Rechtsmittel. Dies erfordert selbstverständlich eine genaue Überprüfung der steuerlichen Erfolgsaussichten und Abwägung der Kosten und auch der möglichen Auswirkungen auf Folgejahre gegen die strafrechtlich zu erzielenden Vorteile. **1474**
- Eine andere, bisher noch nicht abschließend geklärte Frage ist, ob der durch das Verbrechensbekämpfungsgesetz 1994 eingeführte § 46a StGB, der den **sog. Täter-Opfer-Ausgleich** regelt auch bei Steuerhinterziehung anwendbar ist. **1475**

  Sofern bislang eine höchstrichterliche Entscheidung hinsichtlich der Anwendbarkeit des § 46a Nr. 1 StGB ausstand, hat der BGH klargestellt, dass die Nachzahlung hinterzogener Steuern keine Wiedergutmachung i.S.d. § 46a Nr. 1 StGB darstelle. Diese Vorschrift beziehe sich v.a. auf die immateriellen Folgen einer Straftat, die zwar auch bei Vermögensdelikten denkbar sind; erforderlich ist aber jedenfalls ein kommunikativer Prozess zwischen Täter und Opfer, der auf einen umfassenden Ausgleich der durch die Straftat verursachten Folgen gerichtet sein muss.[8] Bei Steuerdelikten, deren geschütztes Rechtsgut allein die Sicherung des staatlichen Steueranspruchs ist, kommt ein Täter-OpferAusgleich i.S.d. § 46a Nr. 1

---

1) Detter, NStZ 2009, 487 ff.
2) Detter, NStZ 2009, 487 ff.
3) AStBV (St) 2013, Nr. 77 3a.
4) BGH v. 17.3.2009, 1 StR 479/08, NJW 2009, 1984.
5) BGH v. 6.12.1994, 5 StR 305/94, wistra 1995, 151, 153; Schäfer/Sander/van Gemmeren, 5. Aufl. 2012, Rz. 1847; Fischer, 60. Aufl. 2013, § 46 StGB Rz. 50b.
6) BGH v. 6.5.1987, 3 StR 121/87, wistra 1987, 251.
7) LG Paderborn v. 4.4.2011, 3 Ns 23/11, n.v.
8) BGH v. 25.10.2000, 5 StR 399/00, NStZ 2001 200; v. 4.5.1990, 3 StR 72/90, BGHR, § 370 Abs. 1 AO, Berechnungsdarstellung 5; v. 2.5.1995, 5 StR 156/95, § 46a StGB Nr. 1, Ausgleich 1; BGH v. 18.11.1999, 4 StR 435/99, NStZ 2000, 205; Detter, NStZ 2012, 135.

StGB insoweit nicht in Betracht.[1] In Ausnahmefällen soll jedoch eine Strafrahmenverschiebung gem. § 46a Nr. 2 StGB auch bei Steuerstraftaten möglich sein.[2]

1476 – Grob nachlässiges Verhalten des Finanzamts, das die Steuerhinterziehung erleichtert bzw. ermöglicht hat, soll sich unter dem Aspekt der Mitverursachung strafmildernd auswirken können,[3] da die zur Begehung der Tat eingesetzte kriminelle Energie als gering zu beurteilen ist.

1477 – Ebenso soll es bei der Strafzumessung zu berücksichtigen sein, wenn die Finanzbehörde mit der Einleitung und Bekanntgabe des Strafverfahrens trotz Anfangsverdachts bewusst zuwartet, um damit eine Verfolgung wegen einer vollendeten Tat und nicht nur wegen einer versuchten Steuerhinterziehung zu ermöglichen.[4]

1478 – Ein zwischen Tat und Aburteilung liegender **langer Zeitraum** wirkt strafmildernd,[5] ohne dass es dabei auf die Dauer des Strafverfahrens an sich ankommt.[6] Dies gilt auch dann, wenn die lange Verfahrensdauer sachlich bedingt war.[7]

1479 – Auch die außergewöhnlich **lange Verfahrensdauer** von einer Vielzahl von Hauptverhandlungstagen trotz Aufklärungshilfe des Angeklagten durch sein Geständnis wirkt sich strafmildernd aus.[8]

1480 – Dem Angeklagten ist Kompensation zu gewähren für eine die Vorschrift des Art. 6 Abs. 1 MRK **verletzende Verfahrensverzögerung** durch Strafverfolgungsbehörden oder Justiz. Dieser Umstand fand in der Vergangenheit als besonderer Strafmilderungsgrund der überlangen Verfahrensdauer neben dem bereits genannten Aspekt des erheblichen Zeitablaufs zwischen Tat und Aburteilung Berücksichtigung. Mit Beschluss vom 17.1.2008[9] hat der Große Senat des BGH diese Rechtspraxis aufgegeben und sich für die sog. Vollstreckungslösung entschieden. Auch hier sind zunächst Art, Ausmaß und Ursache der Verzögerung festzustellen. Anschließend hat der Tatrichter festzulegen, welcher Teil der ausgesprochenen Strafe als vollstreckt gilt. Für den Angeklagten kann die Vollstreckungslösung im Einzelfall nachteilig sein, weil z.B. für die Frage der Strafaussetzung zur Bewährung oder der Eintragung in ein Führungszeugnis auf die ausgesprochene Strafe vor Kompensation abzustellen ist. Kompensiert das Gericht im Einzelfall die rechtsstaatswidrige Verfahrensverzögerung wie früher durch Strafabschläge bei den Einzelstrafen, so führt das nicht zwingend zur Aufhebung des Urteils.[10] In welchem Umfang eine Strafe für vollstreckt zu erklären ist, ist für jeden Einzelfall zu entscheiden. Bei einer Verzögerung von neun Monaten hat der BGH eine Kompensation von zwei Monaten als ausreichend erachtet.[11] Wenn das Gericht die Verfahrensdauer bereits bei der Strafzumessung berücksichtigt hat, kann es im

1) BGH v. 25.10.2000, 5 StR 399/00, NStZ 2001, 200; v. 4.5.1990, 3 StR 72/90, wistra 91, 27, § 370 Abs. 1 AO, Berechnungsdarstellung 5; v. 1.2.1989, 3 StR 179/88, BGHSt 36, 100, 102; v. 23.3.1994, 5 StR 91/94, BGHSt 40, 109; v. 25.1.1995, 5 StR 491/94, BGHSt 41, 1, 5 sowie BayObLG v. 28.2.1996, 4 StRR 33/96, NJW 1996, 2806; v. 29.4.1997, 4 StRR 35/97, wistra 1997, 313 f.
2) Detter, NStZ 2010, 560.
3) BGH v. 3.5.1983, 1 StR 25/83, StV 1983, 326; v. 19.10.1999, 5 StR 178/99, StV 2000, 496 (zur Bedeutung des Kenntnisstandes des Finanzamtes); a.A. Schäfer/Sander/van Gemmeren, 5. Aufl. 2012, Rz. 1847.
4) Jäger, NStZ 2005, 552 ff.; Buse, wistra 2008, 51 ff.
5) BGH v. 25.8.1994, 5 StR 156/94, wistra 1994, 345; v. 9.12.1987, 3 StR 104/87, StV 1988, 236; v. 26.7.1994, 5 StR 113/94, StV 1995, 130; BayObLG v. 1.7.1994, 2 Ss 135/94–23/94 III, wistra 1994, 352.
6) Detter, NStZ 1996, 426.
7) BGH v. 21.12.2010, 2 StR 344/10, NStZ 2011, 651.
8) BGH v. 2.8.2000, 5 StR 143/00, NStZ 2000, 594; v. 16.5.2002, 5 StR 137/02, StV 2002, 599.
9) GSSt 1/07, NJW 2008, 860.
10) BGH v. 2.4.2008, 5 StR 62/08, wistra 2008, 266.
11) BGH v. 24.11.2009, 4 StR 245/09, NStZ 2009, 694.

Einzelfall zur Kompensation auch genügen, die rechtstaatswidrige Verfahrensverzögerung ausdrücklich festzustellen.[1] Zu beachten ist jedoch auch, dass nach Ansicht des BGH in Wirtschaftsstrafsachen Besonderheiten bestehen, die regelmäßig einen Vorrang der Gründlichkeit vor Schnelligkeit gebieten.[2] Auch ist zu bedenken, dass sich die in Wirtschaftsstrafsachen besonders zeitintensive Einarbeitung in die Akten i.d.R. keinen aktenmäßigen Niederschlag findet, gleichwohl aber erforderlich ist und nicht zu einer Verfahrensverzögerung führt.

- Reicht der Zeitablauf zwischen Taten und Urteil an die **Frist der absoluten Verjährung** heran, überschreitet sie sie teilweise nur deshalb nicht, weil der Zeitpunkt der rechtlichen Tatbeendigung (Veranlagung) wesentlich später als die eigentliche Tathandlung (Abgabe der Erklärung) liegt, ist diesem zeitlichen Umstand das ihm von Rechts wegen zukommende Gewicht bei der Strafzumessung beizumessen. **1481**
- Schließlich ist strafmildernd der enge **zeitliche, sachliche und situative Zusammenhang** der Hinterziehungstaten zu berücksichtigen.[3] **1482**
- **Beweggründe und Ziele** des Täters. Hat der Täter die Steuerhinterziehung aus einer wirtschaftlich schwierigen Lage heraus begangen, beispielsweise um seinem Betrieb die Liquidität zu erhalten, oder hat er sich nicht persönlich bereichert, so ist dies zu seinen Gunsten zu berücksichtigen, und zwar selbst dann, wenn sein Lebensunterhalt auch ohne die Tat gesichert gewesen wäre.[4] Das Gericht muss sich im Urteil in ausreichender Form mit der persönlichen und wirtschaftlichen Situation des Angeklagten als möglichem Auslöser der Tat auseinander setzen.[5] Schließlich sind auch die Auswirkungen auf die Familienangehörigen durch die ausgesprochene Strafe zu Gunsten des Täters zu berücksichtigen.[6] **1483**

  Weitere mildernde subjektive Faktoren können etwa fehlender Eigennutz bei der Tat, eine geringe kriminelle Energie, die bei der Tat aufgewendet wurde, oder ein gruppendynamischer Effekt, von dem der Täter mitgerissen wurde, sein.[7]

  Auch der Umstand, dass der Täter nicht als „Drahtzieher" aufgetreten ist, kann zu seinen Gunsten gewertet werden.[8]
- In Zusammenhang mit der Frage, welche Vorteile der Täter durch die Tat erzielt hat, können auch **anrechenbare ausländische Steuern** oder bereits erfolgte Zahlungen an ausländische Staaten relevant werden, wenn und soweit sie letztendlich die Höhe der erlangten Bereicherung schmälern. Für den Strafzumessungsaspekt der Schadenshöhe spielen sie hingegen keine Rolle. **1484**
- Verliert der Täter infolge der Tat bzw. der Strafe seine **berufliche oder soziale Stellung** (z.B. Verlust der Beamtenrechte, Untersagung des Berufs als Steuerberater, Entzug der Approbation), so kann dies zu einer Strafmilderung führen und ist im Urteil zu erörtern.[9] **1485**
- **Ausländerrechtliche Folgen** einer Tat sollen regelmäßig kein bestimmender Strafzumessungsgrund sein, es sei denn, es treten zusätzliche Umstände hinzu, die eine Ausweisung als besondere Härte erscheinen lassen.[10] **1486**

1) BGH v. 24.1.2012, 1 StR 551/11, HFR 2012, 996.
2) BGH v. 7.2.2012, 1 StR 525/11, wistra 2012, 236.
3) BGH v. 24.2.1989, BGHR § 54 Abs. 1 StGB Bemessung 2.
4) BGH v. 29.4.1992, 2 StR 177/92, StV 1992, 570 L; v. 15.1.1988, 2 StR 657/87, StV 1988, 248; v. 15.1.1988, 2 StR 657/87, wistra 1988, 145; Schäfer/Sander/van Gemmeren, 5. Aufl. 2012, Rz. 1850; Fischer, 60 Aufl. 2013, § 46 StGB Rz. 26.
5) OLG Düsseldorf v. 1.6.1994, 2 Ss 135/94 – 23/94 III, wistra 1994, 352, 353.
6) Theune, NStZ 1987, 162, 163.
7) Fischer, 60. Aufl. 2013, § 46 StGB Rz. 26.
8) BGH v. 14.4.2010, 1 StR 105/10, PStR 2010, 130.
9) BGH v. 5.12.1990, 3 StR 214/90, wistra 1991, 135; v. 19.6.1991, 2 StR 357/90, wistra 1991, 300; v. 16.10.2003, 5 StR 377/03, StV 2004, 71; Fischer, 60. Aufl. 2013, § 46 StGB Rz. 34c.
10) BGH v. 13.10.2011, 1 StR 407/11, NStZ-RR 2012, 42.

1487 – Wer in Ausübung eines **öffentlichen Amtes** Verfehlungen begeht oder als Person des öffentlichen Lebens, muss mit einem besonderen öffentlichen Interesse auch im Rahmen eines Strafverfahrens rechnen. Ein extremer „öffentlicher Druck durch permanente Medienbegleitung muss daher nicht strafmildernd berücksichtigt werden.[1]

1488 – Erlittene **Untersuchungshaft** soll grundsätzlich nicht strafmildernd zu berücksichtigen sein. Auch erstmaliger Haftvollzug oder während der Untersuchungshaft erlittene Krankheit können allenfalls dann strafmildernd sein, wenn damit ungewöhnliche, über die Üblichen deutlich hinausgehende Beschwernisse verbunden sind.[2] Hat jedoch ein ausländischer Täter in der Haftanstalt erhebliche Verständigungsschwierigkeiten zu bewältigen oder ist durch die Haft der Kontakt zu seiner Familie erheblich erschwert, so kann dies strafmildernd zu berücksichtigen sein.[3] Auch die Überwachung mit einer elektronischen Fußfessel kann bei der Strafzumessung Berücksichtigung finden.[4]

1489 – **Hohes Alter** kann unter dem Gesichtspunkt der Strafempfindlichkeit mildernd berücksichtigt werden.[5] Auch eine schwere Erkrankung kann einen Strafmilderungsgrund darstellen, da eine Strafe einen kranken Menschen härter treffen kann, als einen gesunden. Ebenso kann eine deutlich verkürzte Lebenserwartung beim Strafmaß Berücksichtigung finden.[6]

1490 – Im Rahmen der Strafzumessung soll auch zu berücksichtigen sein, wenn **unverzollte und unversteuerte Ware** nicht in den freien Verkehr gelangt.[7]

1491 – Die bloße Möglichkeit der **Rechnungsberichtigung von Scheinrechnungen** gem. § 14c Abs. 2 Satz 3, Satz 5, § 17 Abs. 1 UStG stellt für sich alleine keinen Strafmilderungsgrund dar. Vielmehr muss die mit der Scheinrechnung einhergehende Gefährdung des Steueraufkommens auch tatsächlich beseitigt worden sein.[8] Dies bedeutet, dass die zu Unrecht aus den Scheinrechnungen geltend gemachte Vorsteuer entweder schon an das Finanzamt zurückbezahlt sein muss oder der Rechnungsempfänger noch keinen Vorsteuerabzug geltend gemacht haben darf. Der Verteidiger sollte seinen Mandanten auf dieses günstige Nachtatverhalten hinweisen und auch im Prozess auf die Feststellung entsprechender Tatsachen dringen.[9]

c) Strafschärfungsgründe

1492 Zu den Umständen, die sich außer dem bereits erwähnten Punkt einer beträchtlichen Schadenshöhe bei der Strafzumessung strafschärfend auswirken können, zählen u.a.:[10]

1493 – die Hinterziehung über einen **langen Zeitraum** hinweg sowie eine Vielzahl von Hinterziehungshandlungen;

– ein Handeln des Täters ausschließlich zu seiner **persönlichen Bereicherung**;

1494 – eine **besondere kriminelle Energie**, die der Täter bei der Begehung der Tat an den Tag gelegt hat, z.B. bei Verschleierungsmaßnahmen, bei Schadensvertiefung

1) Detter, NStZ 2008, 554.
2) BGH v. 1.3.2005, 5 StR 499/04, NStZ-RR 2005, 177; v. 13.10.2011, 1 StR 407/11, NStZ-RR 2012, 42.
3) BGH v. 23.8.2005, 5 StR 195/05, NStZ 2006, 35.
4) BGH v. 12.5.2009, 1 StR 718/08, StV 2009, 647.
5) Nobis, NStZ 2006, 489 ff.
6) Detter, NStZ 2007, 627 ff.
7) Jäger, NStZ 2008, 21 ff.
8) BGH v. 29.11.2011, 1 StR 459/11, NZWiSt 2012, 112.
9) Roth, NZWiSt 2012, 113 ff.
10) Vgl. Übersicht bei Schäfer/Sander/van Gemmeren, 5. Aufl. 2012, Rz. 1842 ff.

durch Vernichtung von Belegen, bei Verstrickung anderer in die Tat (etwa Angestellte durch Falschbuchungen, Lieferanten durch falsche Rechnungen), bei zusätzlicher Fälschung von Urkunden. Die bloße Beseitigung von Spuren durch den Täter darf hingegen ebenso wenig strafschärfend berücksichtigt werden wie ein hartnäckiges Leugnen der Tat;[1)] auch seine Uneinsichtigkeit darf dem Angeklagten nur in Ausnahmefällen angelastet werden;[2)]

- ein raffinierter, langfristig angelegter **Tatplan**;
- die zur Steuerhinterziehung **hinzutretende Verletzung von buchführungs- und/oder Aufbewahrungspflichten** können strafschärfend berücksichtigt werden;[3)]
- eine hartnäckige **Fortsetzung des strafbaren Verhaltens** trotz Warnungen durch Presseveröffentlichungen, Steuerprüfungen oder die Einleitung eines Steuerstrafverfahrens; **1495**
- einschlägige **Vorstrafen**.
- **Generalpräventive Aspekte** dürfen bei der Strafzumessung nur dann zum Nachteil des Angeklagten berücksichtigt werden, wenn eine gemeinschaftsgefährdende Zunahme der abgeurteilten Tat vergleichbarer Straftaten festzustellen ist, die zur Abwehr der Gefahr der Nachahmung und zum Schutz der betroffenen Rechtsgüter eine allgemeine Abschreckung geboten erscheinen lässt.[4)] **1496**

1497 Tatsachen aus nach § 154 StPO eingestellten bzw. nach § 154a StPO ausgeschiedenen Taten dürfen strafschärfend verwertet werden,[5)] sofern die Tatsachen, auf die sich die Einstellung bezieht, prozessordnungsgemäß festgestellt worden sind.[6)] Auch das Verhalten des Angeklagten im Prozess rechtfertigt grundsätzlich keine Strafschärfung.[7)] Offenbart sich im Verhalten des Angeklagten in der Hauptverhandlung jedoch eine rechtsfeindliche Gesinnung, so kann dies strafschärfend berücksichtigt werden.[8)]

1498 Wegen eines Verstoßes gegen das Verbot der Doppelverwertung des Tatbestands (§ 46 Abs. 3 StGB) darf bei einer Steuerhinterziehung eine Strafschärfung nicht damit begründet werden, dass der Täter sich besonders sozialschädlich verhalten habe.[9)]

1499 Die Instanzgerichte haben eine Vielzahl von Strafschärfungsgründen im Zuge der Rechtsprechungspraxis kreiert. Obwohl die Strafzumessung als ureigenste Aufgabe des Tatgerichts nur in den allerseltensten Fällen durch den BGH korrigiert wird, seien hier nur die bemerkenswertesten Entscheidungen angeführt, bei denen der BGH feststellte, dass diese Umstände nicht als strafschärfend zu berücksichtigen sind:

- Handeln mit direktem Vorsatz,[10)]
- fehlende Bemühung um Schadenswiedergutmachung,[11)]

---

1) Fischer, 60. Aufl. 2013, § 46 StGB Rz. 50b.
2) OLG Düsseldorf v. 1.6.1994, 2 Ss 135/94–23/94 III, wistra 1994, 352, 353.
3) BGH v. 28.7.2010, 1 StR 643/09, AO-StB 2010, 291 = wistra 2011, 28.
4) Detter, NStZ 2011, 330.
5) BGH v. 20.8.1982, 2 StR 278/82, StV 1982, 523; a.A. BGH v. 26.6.1981, 3 StR 83/81, BGHSt 30, 165.
6) BGH v. 2.8.2000, 5 StR 143/00 NStZ 2000, 594.
7) BGH v. 19.8.1981, 2 StR 307/81, StV 1981, 620.
8) BGH v. 11.11.2003, 5 StR 482/03, NStZ-RR 2004, 90.
9) BGH v. 24.4.1996, 5 StR 142/96, wistra 1996, 259.
10) BGH v. 1.12.1989, 2 StR 55/89 StV 1990, 304.
11) Detter, NStZ 2007, 627 ff.

- Verleitung eines Mittäters zur Tat durch größere Aktivität des Täters kann strafschärfend berücksichtigt werden,[1]
- kein vollständiges Geständnis,[2]
- verschuldete wirtschaftliche Notlage,[3]
- fehlende Geldnot,[4]
- die Uneinsichtigkeit, die vermeintlich aus dem andauernden Bestreiten der Vorwürfe resultiert,[5]
- die einfache, aber umsichtige Beseitigung von Tatspuren,[6]
- das Dulden einer falschen Aussage eines Zeugens,[7]
- zulässiges Verteidigungsverhalten.[8]

III. Verfahrenskosten

1. Kosten des Strafverfahrens und notwendige Auslagen

1500 Das Gesetz unterscheidet zwischen **Kosten des Verfahrens,** den Gebühren und Auslagen der Staatskasse (§ 464a Abs. 1 Satz 1 StPO) sowie den **notwendigen Auslagen** der Beteiligten. Letztere sind gesetzlich nicht definiert, doch fallen nach § 464a Abs. 2 Nr. 2 StPO insbes. die Kosten der Verteidigung darunter. Auch die Auslagen, die im Ermittlungsverfahren entstanden sind, gehören zu den Verfahrenskosten. Unter die notwendigen Auslagen fällt auch die Entschädigung für eine notwendige Zeitversäumnis des Beschuldigten (§ 464a Abs. 2 Nr. 1 StPO).[9]

Für das Bußgeldverfahren sind die Auslagen der Verwaltungsbehörde in § 107 Abs. 3 OWiG geregelt.

1501 Die Kostenfolgen im Strafverfahren sind davon abhängig, in welchem Abschnitt des Strafverfahrens eine Entscheidung zu treffen ist. Insbesondere ist von Bedeutung, ob eine Verfahrenseinstellung vor oder nach Abschluss des Ermittlungsverfahrens vorgenommen wird. Gemäß § 464 Abs. 1 StPO muss jede gerichtliche oder andere verfahrensabschließende Entscheidung eine Kostenregelung enthalten.

a) Kostenfolgen nach Anklageerhebung[10]

1502 Der **verurteilte** Angeklagte hat neben den Kosten des Verfahrens seine Auslagen grds. selbst zu tragen (§ 465 Abs. 1 StPO i.V.m. § 464a StPO). Gleiches gilt gem. § 105 OWiG i.V.m. § 465 StPO bei einem Bußgeldbescheid.

---

1) BGH v. 9.2.1990, 2 StR 19/90, StV 1990, 403; v. 27.6.1991, 4 StR 1991, StV 1991, 557; v. 24.2.1994, 4 StR 708/93, StV 1994, 375, wonach gegen Mittäter verhängte Strafen in einem gerechten Verhältnis zueinander stehen müssen.
2) BGH v. 24.7.1991, 3 StR 431/91, StV 1992, 13.
3) BGH v. 16.5.1995, 4 StR 233/95, StV 1995, 584.
4) BGH v. 10.4.1987, GSSt 1/86, wistra 1987, 287.
5) BGH v. 30.3.1993, 5 StR 48/93, wistra 1993, 221.
6) BGH v. 10.5.1988, 1 StR 175/88, StV 1989, 12; v. 10.2.1994, 1 StR 850/93, StV 1995, 131.
7) BGH v. 4.8.1992, 1 StR 431/92, StV 1994, 125.
8) BGH v. 29.3.1994, 1 StR 71/94, StV 1994, 423: Dem Beschuldigten ist es nicht verwehrt, sich mit Hinweisen auf andere Täter zu verteidigen und dadurch eine falsche Fährte zu legen. Dies gilt jedenfalls, solange eine konkrete Verdächtigung einer anderen Person nicht vorliegt. Vgl. zu weiteren Hinweisen aus der Rspr. die summarische Darstellung von Kuhlmann in Brüssow/Gatzweiler/Krekeler/Mehle, § 17 Rz. 96
9) Z.B. Verdienstausfall in Folge von Gerichtsterminen bzw. polizeilichen, staatsanwaltschaftlichen oder richterlichen Vernehmungen; Meyer-Goßner, 54. Aufl. 2011, § 464a StPO Rz. 6.
10) Zu den Kostenfolgen nach Entscheidung in der Berufungs- oder Revisionsinstanz vgl. Seipl in Beermann/Gosch, § 408 AO Rz. 10 (April 2010).

Demgegenüber hat die Staatskasse die Kosten des Verfahrens zu tragen und grds. alle notwendigen Auslagen zu erstatten (§ 467 Abs. 1 StPO), wenn der Angeklagte **freigesprochen**, die Eröffnung des Hauptverfahrens abgelehnt oder das Verfahren gegen ihn durch das Gericht endgültig eingestellt wird, etwa nach den §§ 206a, 206b, 260 Abs. 3 StPO.[1] **1503**

Stellt das Gericht das Verfahren nach einer Ermessensvorschrift ein (§§ 153, 153b, 153e, 154, 154b StPO), **kann** es davon absehen, die notwendigen Auslagen des Angeschuldigten der Staatskasse aufzuerlegen (§ 467 Abs. 4 StPO).[2] Bei einer **Einstellung nach § 153a StPO** gegen Auflage werden die notwendigen Auslagen generell nicht erstattet (§ 467 Abs. 5 StPO).[3] **1504**

Dieselben Kostenfolgen ergeben sich, wenn die Staatsanwaltschaft die Anklage oder die Finanzbehörde einen Strafbefehlsantrag zurücknimmt und das Verfahren einstellt (§ 467a Abs. 1 StPO).[4] **1505**

b) Einstellung ohne Anklageerhebung

Wird das Ermittlungsverfahren von der Staatsanwaltschaft oder der Finanzbehörde **eingestellt, ohne** dass es zu einer **Anklage** gekommen wäre, ist § 467 StPO nach h.M. weder unmittelbar noch analog anwendbar,[5] und somit eine Übernahme der notwendigen Auslagen des Beschuldigten durch die Staatskasse ausgeschlossen.[6] In Betracht kommt allenfalls eine Entschädigung nach den §§ 2, 9 StrEG nach einigen besonders schwerwiegenden Eingriffen im Ermittlungsverfahren, etwa nach Untersuchungshaft, Durchsuchung oder Beschlagnahme. **1506**

c) Zeugen

Zeugen sind die notwendigen Auslagen nach dem Gesetz über die Entschädigung von Zeugen und Sachverständigen zu ersetzen, doch fallen die Kosten eines Zeugenbeistands nicht darunter.[7] **1507**

2. Umfang der Erstattung

Als **„notwendige Auslagen"** werden in Anlehnung an § 91 Abs. 1 ZPO die Auslagen erstattet, die für den Beschuldigten zur zweckentsprechenden Verteidigung erforderlich waren,[8] einschließlich der im Ermittlungsverfahren entstanden Auslagen.[9] Dazu gehören insbes. die gesetzlichen Gebühren und Auslagen des **Rechtsanwalts.** Die gesetzlichen Gebühren des Wahlverteidigers bestimmen sich nach Nr. 4100 ff. VV RVG (Strafsachen) und Nr. 5100 ff. VV RVG (Bußgeldsachen). Hierbei handelt es sich regelmäßig um Rahmengebühren, deren Wert gem. § 14 RVG zu bestimmen ist. Gemäß § 4 RVG kann anstelle der gesetzlichen Gebühr auf Grund einer gesonderten Vergütungsvereinbarung auch eine höhere als die gesetzliche Vergütung mit dem Mandanten vereinbart werden. Der Beschuldigte erhält jedoch auch im Falle des Obsiegens nur die gesetzliche Gebühr erstattet, d.h. er muss eine darüber hin- **1508**

---

1) Zu Ausnahmen wegen „mitwirkendem Verschulden" vgl. § 467 Abs. 2 und Abs. 3 Satz 1 StPO.
2) Im Einzelnen Meyer-Goßner, 54. Aufl. 2011, § 467 StPO Rz. 19.
3) Gieg in Karlsruher Kommentar StPO, 6. Aufl. 2008, § 467 StPO Rz. 12.
4) Hilgers-Klautzsch in Kohlmann § 408 AO Rz. 13 (Juni 2009).
5) BVerfG v. 6.11.1984, 2 BvL 16/83, NJW 1985, 727, 728; Franke in Karlsruher Kommentar StPO, 6. Aufl. 2008, § 467a StPO Rz. 1 m.w.N.
6) Zur Kritik Seipl in Beermann/Gosch, § 408 AO Rz. 12 (April 2010); Lipsky in Franzen/Gast/Joecks, 7. Aufl 2009, § 408 AO Rz. 10.
7) Seipl in Beermann/Gosch, § 405 AO Rz. 26 (September 2009).
8) Lipsky in Franzen/Gast/Joecks, 7. Aufl. 2009, § 408 AO Rz. 12.
9) Gieg in Karlsruher Kommentar StPO, 6. Aufl. 2008, § 464a StPO Rz. 6 f. m.w.N.; Lipsky in Franzen/Gast/Joecks, 7. Aufl. 2009, § 408 AO Rz. 14.

ausgehende Gebühr für den Verteidiger selbst tragen (§ 464a Abs. 2 StPO i.V.m. § 91 Abs. 2 Satz 1 ZPO).[1] Der Verteidiger sollte in geeigneten Fällen einen Antrag auf Festsetzung einer Pauschgebühr nach §§ 42, 51 RVG stellen, die dann als gesetzliche Vergütung erstattungsfähig ist. Das Oberlandesgericht, zu dessen Bezirk das Gericht des 1. Rechtszugs gehört, kann auf Antrag des Rechtsanwalts durch Beschluss für das ganze Verfahren oder für einzelne Verfahrensabschnitte eine Pauschgebühr feststellen, wenn wegen des besonderen Umfangs oder der besonderen Schwierigkeit des Verfahrens die gesetzlichen Rahmengebühren nicht zumutbar sind (§ 42 Abs. 1 RVG). Die Pauschgebühr darf dabei das Doppelte der Höchstgebühren eines Wahlanwalts nicht übersteigen (§ 42 Abs. 1 Satz 4 RVG).

1509 Daneben sind die notwendige **Zeitversäumnis** des Angeklagten (§ 464a Abs. 2 StPO; § 2 ZSEG),[2] seine **Fahrtkosten** u.a., zu entschädigen, **nicht** aber Kosten eigener Ermittlungen oder eines Privatgutachtens.[3]

1510 Gebühren und Auslagen der nach § 392 AO als Verteidiger gewählten Angehörigen steuerberatender Berufe sind grds. in gesetzlicher Höhe erstattungsfähig, hilfsweise bis zur Obergrenze der Rechtsanwaltsvergütung (§ 408 Sätze 1 und 2 AO).[4]

1511 Werden ein **Rechtsanwalt** und ein **Steuerberater gemeinsam als Verteidiger** bestellt, sind die Kosten beider Verteidiger als notwendige Auslagen erstattungsfähig.[5]

3. Abgrenzung des Steuerstrafverfahrens vom Besteuerungsverfahren

1512 Da ein Steuerstrafverfahren regelmäßig von einem gesonderten Besteuerungsverfahren begleitet wird (vgl. § 393 AO), sind sowohl die Verfahrenskosten (der Staatskasse) als auch Auslagen des Beschuldigten dem Steuerstrafverfahren oder dem Besteuerungsverfahren zuzuordnen.

1513 **Kosten der Staatskasse** sind danach abzugrenzen, in welchem Verfahren sie entstanden sind, unabhängig davon, ob sie in einem weiteren Verfahren verwendet werden.[6] Dabei sind Kosten der Steuerfahndung grds. in voller Höhe Kosten des Strafverfahrens.[7]

1514 **Kosten des Strafverteidigers** betreffen häufig steuerliche Vorfragen und steuerliche Beratung. Hier empfiehlt sich eine rechtzeitige Zuordnung und entsprechende getrennte Abrechnung, da eine nachträgliche Aufteilung im Schätzungswege nicht unproblematisch ist.[8]

4. Verfahren

1515 Jedes Urteil, jeder Strafbefehl und jede eine Untersuchung einstellende (gerichtliche) Entscheidung hat dem Grunde nach darüber zu befinden, wer die **Kosten** des Verfahrens und die **notwendigen Auslagen** der **Beteiligten** zu tragen hat (§ 464 Abs. 1 und 2 StPO).

---

1) Meyer-Goßner, 54. Aufl. 2011, § 464a StPO Rz. 11.
2) Näher Hilgers-Klautzsch in Kohlmann, § 408 AO Rz. 17 f. (Juni 2009).
3) Näher Meyer-Goßner, 54. Aufl. 2011, § 464a StPO Rz. 16; Lipsky in Franzen/Gast/Joecks, 7. Aufl. 2009, § 408 AO Rz. 13 (auch zu Ausnahmefällen).
4) Näher Seipl in Beermann/Gosch, § 408 AO Rz. 19 ff. (April 2010).
5) Näher Seipl in Beermann/Gosch, § 408 AO Rz. 21 f. (April 2010); grundsätzlich ebenso KG Berlin v. 16.10.1981, 1 Ws 43/81, NStZ 1982, 207; Hilgers-Klautzsch in Kohlmann, § 408 AO Rz. 22 ff. (Juni 2009).
6) Rüping in H/H/Sp, § 408 AO Rz. 24 (März 2006).
7) Ebenso Rüping in H/H/Sp, § 408 AO Rz. 24 (März 2006); Lipsky in Franzen/Gast/Joecks, 7. Aufl. 2009, § 408 AO Rz. 9.
8) Näher Seipl in Beermann/Gosch, § 408 AO Rz. 32 (April 2010).

Gegen die gerichtliche Entscheidung über die Kosten und die notwendigen Auslagen nach § 464 Abs. 1 und 2 StPO ist **sofortige Beschwerde** zulässig, es sei denn, die Hauptentscheidung ist nicht anfechtbar (§ 464 Abs. 3 Satz 1 StPO). In diesem Fall kommt eine **Gegenvorstellung** nach § 33a StPO in Betracht.[1) 1516

IV. Ertragsteuerliche Behandlung von Geldstrafen, Geldbußen und Strafverfahrenskosten

§ 12 Nr. 4 EStG regelt, dass die in einem Strafverfahren festgesetzten Geldstrafen, 1517 sonstige Rechtsfolgen vermögensrechtlicher Art, bei denen der Strafcharakter überwiegt, und Leistungen zur Erfüllung von Auflagen oder Weisungen, soweit die Auflagen oder Weisungen nicht lediglich der Wiedergutmachung des durch die Tat verursachten Schadens dienen, dem privaten Lebensbereich zuzuordnen und deshalb ertragsteuerlich nicht abzugsfähig sind. Auch ausländische Geldstrafen sind (im Gegensatz zu § 4 Abs. 5 Nr. 8 EStG) nicht abzugsfähig, außer sie widersprechen wesentlichen Grundsätzen der deutschen Rechtsordnung.[2)] Von dem Begriff sonstige Rechtsfolgen vermögensrechtlicher Art, bei denen der Strafcharakter überwiegt, wird etwa die Einziehung von Gegenständen[3)] gem. § 74 Abs. 2 Nr. 1 oder § 76a StGB erfasst. Die Anordnung eines Verfalls von Gegenständen nach § 73 StGB hat dagegen primär die Funktion des Ausgleichs von rechtswidrig erlangten Vermögensvorteilen und somit keinen Strafcharakter.[4)] Geldleistungen zur Erfüllung der nach § 153a StPO festgesetzten Auflagen gehören gem. § 12 Nr. 4 EStG zu den nicht abzugsfähigen Kosten der privaten Lebensführung. Sie können auch nicht als außergewöhnliche Belastungen berücksichtigt werden.[5)] Die Übernahme von Strafgeldern, die gegen Beschuldigte verhängt worden sind durch Unternehmen, kann bei letzteren betrieblich veranlassten Aufwand darstellen.[6)]

Ebenso sind Geldbußen,[7)] Ordnungs- und Verwarnungsgelder,[8)] die von einem 1518 Gericht oder einer Behörde im Geltungsbereich dieses Gesetzes oder von Organen der Europäischen Gemeinschaft festgesetzt wurden, nicht abzugsfähig (§§ 4 Abs. 5 Satz 1 Nr. 8, 9 Abs. 5 EStG). Gleiches gilt für Leistungen zur Erfüllung von Auflagen bzw. Weisungen, die in einem berufsrechtlichen Verfahren festgesetzt wurden, soweit diese nicht lediglich der Wiedergutmachung des durch die Tat verursachten Schadens dienen.[9)] Gemäß § 4 Abs. 5 Satz 1 Nr. 8 Satz 4 EStG gilt das Abzugsverbot für Geldbußen nicht, soweit der wirtschaftliche Vorteil, der durch den Gesetzesverstoß erlangt wurde, abgeschöpft worden ist, wenn die Steuern vom Einkommen und Ertrag, die auf den wirtschaftlichen Vorteil entfallen, nicht abgezogen worden sind.[10)] Das Bestehen dieser Abzugsverbote hat freilich auch zur Folge, dass eine Rückstellungsbildung unzulässig ist. Greift die Ausnahme des § 4 Abs. 5 Satz 1 Nr. 8

1) Meyer-Goßner, 54. Aufl. 2011 § 464 StPO Rz. 12.
2) BR-Drucks. 117/86, 10; BFH v. 31.7.1991, VIII R 89/86, BStBl II 1992, 85.
3) Randt in Franzen/Gast/Joecks, 7. Aufl. 2009, § 370 AO Rz. 295.
4) Vgl. zur Anordnung des Verfalls BGH v. 21.3.2002, 5 StR 138/01, wistra 2002, 255, 258 f.
5) BFH v. 19.12.1995, III R 177/94, BStBl II 1996, 197.
6) Schauf in Kohlmann § 370 AO Rz. 1151 (Oktober 2005); Saller, DStR 1996, 534; Randt in Franzen/Gast/Joecks, 7. Aufl. 2009, § 370 AO Rz. 294.
7) In Betracht kommen Geldbußen nach dem Gesetz über Ordnungswidrigkeiten auch dann, wenn sie gegen juristische Personen, Personenvereinigungen oder Personenhandelsgesellschaften festgesetzt worden sind (§ 30 OWiG). Erfasst sind ebenfalls Geldbußen, die in einem berufsgerichtlichen Verfahren wegen disziplinarrechtlichen Verstößen festgesetzt werden, BR-Drucks. 117/84, 6.
8) Vgl. § 56 OWiG.
9) Randt in Franzen/Gast/Joecks, 7. Aufl. 2009, § 370 AO Rz. 294.
10) Vgl. BFH v. 9.6.1999, I R 100/97, BStBl II 1999, 658.

Satz 4 EStG, so müssen die Voraussetzungen für die Passivierung einer Rückstellung bereits am Bilanzstichtag vorliegen.[1)]

1519 Geldbußen, die von ausländischen Behörden verhängt wurden, sind bei entsprechender Veranlassung als Betriebsausgaben oder Werbungskosten abzugsfähig.

1520 Verteidigungs- und Verfahrenskosten, die nicht nach dem Kostenrecht erstattet werden, sind selbst bei Vorsatztaten als Betriebsausgaben oder Werbungskosten abziehbar, sofern sie betrieblich oder beruflich veranlasst sind.[2)] Solch ein betrieblicher Zusammenhang wird abgelehnt, wenn die Verringerung der Steuerschuld darauf beruht, dass betriebliche Mittel privat vereinnahmt oder für private Zwecke verwendet wurden.[3)] Erfolgt die Strafverteidigung auch mit dem Ziel, die weitere Berufstätigkeit zu fördern oder zu gewährleisten, so kann aus den Strafverteidigungskosten die Vorsteuer geltend gemacht werden.[4)]

1521 Entstehen betrieblich/beruflich veranlasste und sonstige Strafverfahrenskosten nebeneinander, so sollten von Anfang an getrennte Honorarvereinbarungen, Aufzeichnungen und Abrechnungen erfolgen, denn eine Aufteilung im Schätzungswege[5)] ist oftmals problematisch.[6)]

1522 Auch Beratungskosten für eine Selbstanzeige können Werbungskosten bzw. Betriebsausgaben darstellen, soweit sie sich auf beruflich oder betrieblich veranlasste Taten beziehen.[7)] In diesem Zusammenhang ist jedoch zu beachten, dass bei Selbstanzeigen im Bereich von privaten Einkünften aus Kapitalvermögen gem. § 20 Abs. 9 EStG keine Werbungskosten geltend gemacht werden können.

1523 Nicht erstattete Strafverteidigungskosten des Freigesprochenen[8)] oder vor Rechtskraft der Verurteilung verstorbenen Angeklagten[9)] können unter den Voraussetzungen des § 33 EStG als außergewöhnliche Belastungen abgezogen werden. Dagegen sollen Strafverteidigungskosten im Falle einer Einstellung des Verfahrens nach § 153a StPO nicht als außergewöhnliche Belastung abziehbar sein, da der Stpfl. durch seine Zustimmung zur Einstellung freiwillig auf seinen Kostenerstattungsanspruch verzichtet hat.[10)]

1524 Übernimmt der Arbeitgeber Strafverteidigungskosten, Geldstrafen oder Geldbußen eines Arbeitnehmers auf Grund eigener geschäftlicher Interessen, so sind diese Kosten als Betriebsausgaben abziehbar.[11)] Beim Arbeitnehmer stellen diese übernommenen Kosten dann keinen Arbeitslohn dar, wenn sie aus überwiegend eigenbetrieblichen Interessen des Arbeitgebers gewährt wurden.[12)] Hinsichtlich der Verfahrenskosten → Rz. 1500 ff.

---

1) BFH v. 9.6.1999, I R 100/97, BStBl II 1999, 658.
2) BFH v. 19.2.1982, VI R 31/78, BStBl II 1982, VI R 31/78, 467; v. 22.7.1986, VIII R 93/85, BStBl II 1986, 845; v. 13.12.1994, VIII R 34/93, BStBl II 1995, 457; v. 18.10.2007, VI R 42/04, BStBl II 2008, 223; v. 17.8.2011, VI R 75/10, BFH/NV 2011, 2040; FG Hamburg v. 17.12.2010, 6 K 126/10, DStRE 2012, 271; FG Rheinland-Pfalz v. 15.4.2010, 4 K 2699/06, EFG 2010, 1491.
3) BFH v. 20.9.1989, X R 43/86, BStBl II 1990, 20.
4) FG Düsseldorf v. 19.6.1996, 5 K 47/93, EFG 1996, 1185.
5) Vgl. hierzu Felix/Streck, DStR 1979, 479, 480.
6) Seipl in Beermann/Gosch, § 408 AO Rz. 32 (April 2010).
7) Simon/Vogelberg, 3. Aufl. 2011, 424.
8) Vgl. BFH v. 15.11.1957, VI 279/56 U, BStBl III 1958, 105; a.A. BFH v. 18.10.2007, VI R 42/04, DStR 2007, 2254, 2255.
9) BFH v. 21.6.1989, XR 20/88, BStBl II 1989, 831.
10) BFH v. 19.12.1995, III R 177/94, BStBl II 1996, 197.
11) Wedemeyer/Hohlfeld, DStZ 1985, 79; Klemp, BB 1977, 843; Saller, DStR 1996, 534, 535; Seipl in Beermann/Gosch, § 408 AO Rz. 34 (April 2010).
12) FG Nürnberg v. 13.5.1986, VI 239/84, EFG 1986, 493 f., BFH v. 20.9.1985, VI R 120/82, BStBl II 1985, 718; Pflüger in H/H/R, § 19 EStG Rz. 600 (September 2009). Nach a.A. soll es sich dagegen stets um steuerpflichtigen Arbeitslohn handeln; Wedemeyer/Hohlfeld, DStZ 1985, 79, 83; Saller, DStR 1996, 534, 536.

V. Steuerrechtliche Nebenfolgen

Die steuerrechtlichen Nebenfolgen von Steuerstraftaten verknüpfen die grds. eigenständige steuerliche und strafrechtliche Materie. Die Feststellung der tatbestandlichen Voraussetzungen der steuerrechtlichen Nebenfolgen obliegt allein der zuständigen Finanzbehörde bzw. dem Finanzgericht. Für die Beurteilung der strafrechtlichen Vorfragen sind die verfahrensrechtlichen Bestimmungen der Abgabenordnung (§ 88 AO) und der Finanzgerichtsordnung (§ 76 FGO) maßgeblich,[1] so dass kein höherer Grad an Gewissheit erforderlich ist, als für die Feststellung sonstiger Tatsachen, für die das Finanzamt die Feststellungslast trägt.[2] Strafprozessuale Anforderungen gelten dem Grunde nach jedoch dann, wenn die Steuer nur unter den Voraussetzungen festgesetzt werden können, dass eine Straftat vorliegt.[3] Beweismaßerleichterungen, die im Besteuerungs- und Finanzgerichtsverfahren in Folge der Verletzung von Mitwirkungspflichten eintreten, dürfen bei der Feststellung einer Steuerhinterziehung dem Grunde nach nicht genutzt werden.[4] 1525

Eine Bindung an tatsächliche Feststellungen und rechtliche Wertungen des Strafrichters besteht nicht.[5] Werden in dem Verfahren vor dem Finanzgericht jedoch keine substantiierten Einwendungen gegen die Feststellungen im Strafurteil erhoben, so kann sich das Finanzgericht die tatsächlichen Feststellungen, Beweiswürdigungen und rechtlichen Beurteilungen des Strafgerichts zu Eigen machen, wenn und soweit es zu der Überzeugung gelangt, dass diese zutreffend sind.[6]

1. Steuerliche Festsetzungsverjährung

Die verlängerte Festsetzungsverjährungsfrist greift lediglich ein, „soweit" Steuern hinterzogen sind.[7] Gegebenenfalls muss die Steuer somit in hinterzogene und nicht hinterzogene Beträge aufgeteilt werden.[8] Insofern können hinsichtlich der selben Steuerart und des selben Veranlagungszeitraums unterschiedliche Verjährungsfristen bestehen.[9] Auch bei zusammen veranlagten Ehegatten ist die Frage, ob Festsetzungsverjährung eingetreten ist, für jeden Ehegatten gesondert zu prüfen. Die gegenüber einem Ehegatten eingetretene Ablaufhemmung wirkt sich nicht auf den anderen Ehegatten aus.[10] 1526

a) Verjährungsbeginn/Anlaufhemmung

Gemäß § 170 Abs. 1, Abs. 2 Satz 2 AO beginnt die Verjährungsfrist grds. mit Ablauf des Jahres, in dem die Steuer entstanden ist. Dies betrifft im Wesentlichen die **Verbrauchsteuern und Zölle.** 1527

Für **Steuern,** für die eine **Steuererklärung** oder eine **Steueranmeldung einzureichen** oder eine Anzeige zu erstatten ist, beginnt die Verjährung demgegenüber nach § 170 Abs. 2 Satz 1 Nr. 1 AO mit Ablauf des Kalenderjahres, in dem die Steuererklärung oder die Steueranmeldung eingereicht wird, spätestens aber mit Ablauf des 1528

1) BFH v. 5.3.1979, GaS 5/77, BStBl II 1979, 570, 573.
2) BFH v. 12.3.1992, IV R 29/91, BStBl II 1993, 36, 41; v. 29.1.2002, VIII B 91/01, BFH/NV 2002, 749.
3) BFH v. 7.11.2006, VIII R 81/04, BStBl II 2007, 364; v. 20.6.2007, II R 66/06, BFH/NV 2007, 2057.
4) BFH v. 7.11.2006, VIII R 81/04, BStBl II 2007, 364.
5) BFH v. 7.11.1973, I R 92/72, BStBl II 1974, 125.
6) BFH v. 13.7.1994, I R 112/93, BStBl II 1995, 198, 199.
7) BFH v. 19.11.1959, IV 108/59 U, BStBl III 1960, 30.
8) FG Nürnberg v. 12.7.1984, IV 416/83, EFG 1984, 592; Saarländisches FG v. 11.12.1985, I 51/85, EFG 1986, 158.
9) Randt in Franzen/Gast/Joecks, 7. Aufl. 2009, § 370 AO Rz. 285.
10) BFH v. 25.4.2006, XR 42/05, BFH/NV 2006, 1536.

dritten Kalenderjahres, das auf das Kalenderjahr folgt, in dem die Steuer entstanden ist.

1529 Für die im **Abzugsverfahren** erhobene Einkommensteuer, die **Lohnsteuer** und die **Kapitalertragsteuer** sowie die Steuern beschränkt Stpfl. findet diese Anlaufhemmung grds. keine Anwendung.[1] Auch bei Antragsveranlagungen (§ 46 Abs. 2 Nr. 8 EStG) findet die Anlaufhemmung des § 170 Abs. 2 Nr. 1 AO keine Anwendung.[2] Bei der erstmaligen Festsetzung beginnt die Festsetzungsfrist nach § 170 Abs. 1 AO.[3] Erfolgt aber eine Aufhebung oder Änderung der Festsetzung nach den §§ 172 ff. AO oder eine Berichtigung nach § 129 AO, so wird der Beginn der Festsetzungsfrist nach § 170 Abs. 3 AO hinausgeschoben, so dass die Festsetzungsfrist für die Korrektur der antragsabhängigen Festsetzung nicht vor Ablauf des Kalenderjahres, in dem der Antrag gestellt wird, beginnt. Besteht allerdings die Verpflichtung zur Abgabe einer Einkommensteuererklärung, so muss der Stpfl. darin auch die Einkünfte angeben, die bereits dem Steuerabzug unterlegen haben, so dass erst durch den Steuerbescheid die Abzugseinkünfte endgültig festgesetzt werden und somit die Anlaufhemmung des § 170 Abs. 2 Satz 1 Nr. 1 AO greift.[4]

1530 Gibt der Stpfl. eine Steuererklärung erst nach dem Erlass eines **Schätzungsbescheids** ab, so beginnt die Festsetzungsfrist dennoch mit Ablauf des Jahres der Abgabe der Steuererklärung,[5] spätestens jedoch mit Ablauf des dritten Kalenderjahres, das auf das Kalenderjahr folgt, in dem die Steuer entstanden ist.

1531 Hat der Stpfl. sowohl Steuervoranmeldungen als auch Jahreserklärungen abzugeben, so kann die Festsetzungsfrist zu unterschiedlichen Zeitpunkten beginnen. Maßgeblich ist jeweils, wann die Erklärungen abzugeben sind und zu welchem Zeitpunkt diese abgegeben werden. Die Festsetzungsfrist beginnt somit für die Jahressteuer noch nicht mit Abgabe der Voranmeldung,[6] sondern mit Ablauf des Kalenderjahres der ersten Anmeldung oder Erklärung der Steuer.[7]

1532 Die Steuererklärung braucht nicht inhaltlich richtig zu sein. Selbst die Abgabe einer als „vorläufig" bezeichneten Steuererklärung ist für den Verjährungsbeginn i.S.d. § 170 Abs. 2 Satz 1 Nr. 1 AO ausreichend. Die Finanzbehörde ist sodann verpflichtet, den Sachverhalt gem. § 88 AO aufzuklären[8] oder, falls dies nicht möglich ist, die Steuer nach § 165 AO vorläufig festzusetzen.

1533 Fraglich ist der Beginn der Festsetzungsfrist bei Abgabe einer **nicht unterzeichneten Steuererklärung.** Nach einer Entscheidung des X. Senats des BFH[9] soll die Festsetzungsfrist in diesem Fall nicht mit Ablauf des Kalenderjahres, in dem die Steuererklärung eingereicht wurde, sondern spätestens mit Ablauf des dritten Kalenderjahres, das auf das Kalenderjahr folgt, in dem die Steuer entstanden ist, beginnen. Demgegenüber hat der II. Senat des BFH[10] entschieden, dass die von einem anzeigepflichtigen Erwerber geschuldete Erbschaftsteuer – auch bei einer unterlassenen Anzeige nach § 30 Abs. 1 ErbStG – gem. § 170 Abs. 2 Nr. 1 AO dann nicht weiter hinausgeschoben wird, wenn dem Finanzamt auf Grund der Angaben in der vom Erben eingereichten Erbschaftsteuererklärung der Name des Erblassers und der des Erwerbers sowie der Rechtsgrund für den Erwerb bekannt werden. Da

---

1) Hessisches FG v. 31.10.1995, 4 K 2023/92, EFG 1996, 164, 165; v. Groll, DStJG 1986, 435.
2) BFH v. 14.4.2011, VI R 53/10, BStBl II 2011, 746.
3) Baum, NWB Fach 2, 6511, 6515.
4) BFH v. 9.3.1990, VI R 87/89, BStBl II 1990, 608, 609; v. Groll, DStJG 1986, 435, 436; Kruse in Tipke/Kruse, § 170 AO Rz. 13a (Mai 2011).
5) Kruse in Tipke/Kruse, § 170 AO Rz. 11a (Mai 2011).
6) FG Baden-Württemberg v. 12.3.1990, XK 241/89, EFG 1990, 399.
7) Kruse in Tipke/Kruse, § 170 AO Rz. 14 (Mai 2011).
8) BFH v. 6.11.1969, IV 249/64, BStBl II 1970, 168.
9) BFH v. 14.1.1998, XR 84/95, DStR 1998, 715.
10) BFH v. 30.10.1997, II R 70/94, BStBl II 1997, 11, 12.

auch bei einer nicht unterschriebenen Steuererklärung dem Finanzamt alle Daten für die Steuerfestsetzung zur Verfügung stehen, müsste auch in diesem Fall die Festsetzungsfrist mit Ablauf des Kalenderjahres, in dem die Steuererklärung eingereicht wurde, beginnen.

Die Anlaufhemmung nach § 170 Abs. 2 Satz 1 Nr. 1 AO wird für die Vermögensteuer und die Grundsteuer nach § 170 Abs. 4 AO modifiziert, da diese Steuern grds. nach den Verhältnissen zum Hauptveranlagungszeitpunkt für mehrere Jahre festgesetzt werden. Der Anlauf der Festsetzungsfrist wird für die folgenden Kalenderjahre des Hauptveranlagungszeitraumes hiernach in gleicher Weise hinausgeschoben wie die Festsetzungsfrist für das Kalenderjahr, für das auf Grund der Steuererklärungsfrist die Anlaufhemmung nach § 170 Abs. 2 Satz 1 Nr. 1 AO hinausgeschoben wurde. Eine entsprechende Regelung enthält § 181 Abs. 3 Satz 3 AO. **1534**

Nach § 170 Abs. 5 AO beginnt die Festsetzungsfrist bei einem **Erwerb von Todes wegen** nicht vor Ablauf des Kalenderjahres, in dem der Erwerber Kenntnis von dem Erwerb erlangt hat. Von einer Kenntnis des Erwerbers ist dabei auszugehen, wenn er Gewissheit erlangt hat, dass der Erblasser ihn durch eine letztwillige Verfügung zum Erben eingesetzt hat, und keine objektiv erkennbaren Zweifel am Bestand der letztwilligen Verfügung oder des Vermögensübergangs bestehen.[1] Nach h.M. ist hierfür i.d.R. erforderlich, dass das Testament eröffnet worden ist.[2] Hat der Erbe Kenntnis erlangt, muss er gem. § 30 ErbStG den Erwerb anzeigen, mit der Folge, dass dann § 170 Abs. 2 Satz 1 Nr. 1 AO greift. Ist eine Anlaufhemmung nach § 170 Abs. 1 oder 2 AO weiter gehender, wie dies beispielsweise bei einem aufschiebend bedingten Erwerb von Todes wegen der Fall sein kann, so geht sie der Anlaufhemmung nach § 170 Abs. 5 AO vor. Beruht der Erwerb auf einer von einem deutschen Gericht, Notar oder Konsul eröffneten Verfügung von Todes wegen, ist der Erwerber auf Grund § 30 Abs. 3 ErbstG nicht zur Anzeige verpflichtet.[3] Wird die Erbschaftsteuer gegen einen falschen Erben festgesetzt, so läuft hierdurch die Festsetzungsfrist nicht an.[4] **1535**

Bei einer **Schenkung** beginnt die Festsetzungsfrist gem. § 170 Abs. 5 Nr. 2 Alt. 1 AO nicht vor Ablauf des Kalenderjahres, in dem der Schenker gestorben ist, denn Schenkungen werden wegen der Anrechnung auf den Erbteil oft erst nach dem Tod des Schenkers bekannt. Etwas anderes gilt nur, wenn die Finanzbehörde zuvor von der vollzogenen Schenkung Kenntnis erlangt hat. In diesem Fall beginnt die Frist gem. § 170 Abs. 5 Nr. 2 Alt. 2 AO mit Ablauf des Kalenderjahres, in dem die Behörde Kenntnis erlangt hat.[5] Solch eine Kenntnis liegt vor, wenn der Finanzbehörde der Vorgang in einer Weise bekannt geworden ist, dass sie überprüfen kann, ob ein steuerpflichtiger Vorgang besteht. Insofern liegt eine Kenntnis der Finanzbehörde i.S.d. § 170 Abs. 5 Nr. 2 Alt. 2 AO auch dann vor, wenn der Beschenkte eine der Höhe nach unrichtige Anzeige erstattet. Nicht stets erforderlich ist, dass der Stpfl. **1536**

1) BFH v. 27.4.1988, II R 253/85, BStBl II1988, 818, 819.
2) BFH v. 27.11.1981, II R 18/80, BStBl II 1982, 276, 278; FG Niedersachsen v. 31.7.1985, III 554/83, EFG 1986, 27, 28; Banniza in H/H/Sp, § 170 AO Rz. 59; Kruse in Tipke/Kruse, § 170 AO Rz. 23 (Mai 2011).
3) Für das Finanzamt besteht auf Grund der von diesen Institutionen abzugebenden Anzeigen die Möglichkeit, tätig zu werden (Kruse in Tipke/Kruse, § 170 AO Rz. 22 (Mai 2011); einschränkend FG Düsseldorf v. 21.9.1998, 4 V 6106/98 A (Erb), EFG 1998, 1621). Allerdings besteht gem. § 30 Abs. 3 Satz 1 Halbsatz 2 ErbStG eine Anzeigepflicht, wenn zum Erwerb Grundbesitz, Betriebsvermögen, Anteile an Kapitalgesellschaften, die nicht der Anzeigepflicht nach § 33 ErbStG unterliegen oder Auslandsvermögen gehört.
4) Kruse in Tipke/Kruse, § 170 AO Rz. 22 (Mai 2011).
5) FG Köln v. 23.3.1998, 9 K 5355/96, EFG 1998, 1171, 1172. Schon die Entstehungsgeschichte der Vorschrift (vgl. BT-Drucks. VII/4292, 33) spricht dafür, dass die Verjährung vor dem Tod des Schenkers bereits mit Ablauf des Jahres beginnt, in dem die Finanzbehörde von dem steuerpflichtigen Vorgang Kenntnis erlangt hat.

eine Steuererklärung abgegeben hat[1] oder der Anzeigepflichtige eine Anzeige nach den §§ 30, 33, 34 ErbStG erstattet hat, sondern dass das Finanzamt von allen für die Entstehung der Steuerschuld wesentlichen Umständen positiv Kenntnis erlangt.[2] Maßgeblich ist dabei die Kenntnis der Finanzbehörde als Trägerin des Verwaltungsverfahrens[3] und nicht die Kenntnis des zuständigen Amtsträgers[4] bzw. der organisatorisch zuständigen Stelle des Finanzamts.[5]

1537 Nach § 175 Abs. 1 Satz 2 AO beginnt die Festsetzungsfrist, soweit eine Steuerfestsetzung nach Eintritt eines rückwirkenden Ereignisses nach § 175 Abs. 1 Satz 1 Nr. 2 oder Abs. 2 AO aufzuheben oder zu ändern ist, erst mit Ablauf des Kalenderjahres, in dem das Ereignis eintritt. Die Festsetzungsfrist kann in diesem Fall also beginnen, nachdem sie zuvor abgelaufen ist.

Anlaufhemmungen für **Zinsen** sind in § 239 Abs. 1 Satz 2 AO enthalten.

b) Verjährungsdauer

1538 Die normale Festsetzungsfrist beträgt für Zölle, Verbrauchsteuern, Zollvergütungen und Verbrauchsteuervergütungen ein Jahr (§ 169 Abs. 2 Satz 1 Nr. 1 AO) und für alle anderen **Steuern** und Steuervergütungen **vier Jahre** (§ 169 Abs. 2 Satz 1 Nr. 2 AO).

1539 Soweit **Steuern hinterzogen** worden sind, beträgt die Festsetzungsfrist **zehn Jahre;** soweit sie **leichtfertig** verkürzt wurden **fünf Jahre** (§ 169 Abs. 2 Satz 2 AO). Das **Finanzamt** trägt dabei die **Feststellungslast** (→ Rz. 1525) dafür, dass die objektiven und subjektiven Tatbestandsmerkmale einer Steuerhinterziehung vorliegen.[6] Die Einstellung des Straf- oder Bußgeldverfahrens wegen Geringfügigkeit ist für das Finanzverfahren unbeachtlich, denn die Finanzbehörde bzw. das Finanzgericht ist nicht an Entscheidungen im strafgerichtlichen Verfahren gebunden. Rechtfertigungs- und Schuldausschließungsgründe schließen die verlängerte Festsetzungsfrist aus.[7] Die verlängerte Festsetzungsfrist greift nur, soweit Steuern hinterzogen wurden, so dass die Steuer ggf. in hinterzogene (verkürzte) und nicht hinterzogene (verkürzte) Beträge aufgeteilt werden muss und sich somit hinsichtlich derselben Steuerart desselben Veranlagungszeitraums unterschiedliche Verjährungsfristen ergeben.[8]

1540 Gemäß § 169 Abs. 2 Satz 3 AO gilt die verlängerte Festsetzungsfrist auch dann, wenn die Steuerhinterziehung oder leichtfertige Steuerverkürzung nicht durch den Steuerschuldner oder eine Person begangen worden ist, deren er sich zur Erfüllung seiner steuerlichen Pflichten bedient, es sei denn, der Steuerschuldner weist nach, dass er durch die Tat keinen Vermögensvorteil erlangt hat, und dass sie auch nicht darauf beruht, dass er die im Verkehr erforderlichen Vorkehrungen zur Verhinderung von Steuerverkürzungen unterlassen hat.

---

1) BFH v. 6.5.1981, II R 61/77 BStBl II 1981, 688, 689.
2) BFH v. 30.10.1996, II R 70/94, BStBl II 1997, 11, 12; Kruse in Tipke/Kruse, § 170 AO Rz. 25 (Mai 2011).
3) Kruse in Tipke/Kruse, § 170 AO Rz. 25 (Mai 2011).
4) FG München v. 25.1.1991, 4 V 4408/89, EFG 1991, 584.
5) Hessisches FG v. 31.8.1989, 10 K 572/86, EFG 1990, 217, 218.
6) BFH v. 27.8.1991, VIII R 84/89, BStBl II 1992, 9, 11; v. 12.3.1992, IV R 29/91, BStBl II 1993, 36, 41.
7) BFH v. 2.4.1998, V R 60/97, BStBl II 1998, 530, 531; a.A. FG Düsseldorf v. 15.4.1997, 3 K 1714/93 U, EFG 1998, 253, 254; Baum, NWB Fach 2, 6511, 6513.
8) FG Nürnberg v. 12.7.1984, IV 416/83, EFG 1984, 592, 593; FG Saarland v. 11.12.1985, I 51/85, EFG 1986, 158; Randt in Franzen/Gast/Joecks, 7. Aufl. 2009, § 370 AO Rz. 285.

c) *Ablaufhemmung*

§ 171 AO regelt die Voraussetzungen, die den Ablauf der Verjährung hemmen. Im Steuerstrafrecht kommt v.a. den Ablaufhemmungen der Abs. 4, 5, 7 und 9 Bedeutung zu. 1541

aa) Außenprüfung

Gemäß § 171 Abs. 4 Satz 1 AO hemmt der Beginn einer Außenprüfung den Ablauf der Festsetzungsfrist für die Steuern und Zeiträume, auf die sich die Außenprüfung erstreckt. 1542

Der Eintritt der Ablaufhemmung setzt die **Aufnahme qualifizierter Prüfungshandlungen** voraus.[1] Die Übergabe der Prüfungsanordnung[2] sowie bloße Vorbereitungshandlungenführen führen noch keine Hemmung herbei. Ein Studium der Steuerakten kann nur dann den Beginn der Außenprüfung darstellen, wenn Gegenstand des Aktenstudiums die konkreten Verhältnisse des zu prüfenden Betriebs sind, wobei die Finanzbehörde substantiiert darlegen muss, welche Vorgänge der Betriebsprüfer aus welchen Akten des zu prüfenden Betriebs studiert hat.[3] **Scheinhandlungen,** die lediglich den Zweck haben, die Ablaufhemmung herbeizuführen, stellen keinen Prüfungsbeginn dar.[4] 1543

Die Ablaufhemmung tritt auch ein, wenn die Außenprüfung auf Antrag des Stpfl. **hinausgeschoben** wird. Unerheblich ist, ob die Festlegung des Prüfungsbeginns rechtmäßig ist oder nicht.[5] Ist die Festlegung des Prüfungsbeginns allerdings unwirksam, so hemmt der Antrag auf Prüfungsaufschub den Ablauf der Festsetzungsfrist nicht.[6] Beantragt ein Stpfl. ein zeitlich befristetes Hinausschieben des Beginns der Außenprüfung, so entfällt die Ablaufhemmung rückwirkend, wenn die Finanzverwaltung nicht vor Ablauf von zwei Jahren nach Eingang des Antrags mit der Prüfung beginnt.[7] Die Anfechtung einer Prüfungsanordnung und der Antrag auf Aussetzung der Vollziehung stellen allerdings keinen Antrag auf Hinausschieben der Außenprüfung dar.[8] 1544

Der Fristablauf wird gehemmt, soweit der tatsächliche Umfang der Prüfung den durch die Prüfungsanordnung vorgegebenen Umfang deckt.[9] Hat ein Prüfer die in der Prüfungsanordnung aufgeführten Steuerarten nicht vollständig und/oder nicht den vollen Prüfungszeitraum geprüft, so tritt die Ablaufhemmung nur für die Steuern ein auf die sich die Außenprüfung erstreckt hat.[10] 1545

Sollen weitere Steuern und/oder Besteuerungszeiträume geprüft werden, muss die Prüfungsanordnung vor Ablauf der Festsetzungsfrist erweitert werden.[11] Weitet die Finanzbehörde die Außenprüfung aus, ohne die Prüfungsanordnung zu erweitern, 1546

---

1) BFH v. 11.10.1983, VIII R 11/82, BStBl II 1984, 125, 127.
2) BFH v. 11.10.1983, VIII R 11/82, BStBl II 1984, 125, 127; Hessisches FG v. 9.6.1988, 9 K 72/84, EFG 1989, 151, 152.
3) FG Bremen v. 26.10.1984, I 19/84 K, EFG 1985, 101; Hessisches FG v. 9.6.1988, 9 K 72/84, EFG 1989, 151; a.A. BdF v. 24.9.1987, BStBl I 1987, 664, 705.
4) FG Baden-Württemberg v. 30.4.1985, XI K 52/84 Z, EFG 1985, 535, 536.
5) BFH v. 18.10.1988, VII R 123/85, BStBl II 1989, 76, 77.
6) Kruse in Tipke/Kruse, § 171 AO Rz. 40 (Mai 2011).
7) BFH v. 17.3.2010, IV R 54/07, BStBl II 2011, 7.
8) FG Düsseldorf v. 22.4.1982, II 177/81, EFG 1982, 598.
9) BFH v. 22.11.1977, VII R 63/74, BStBl II 1978, 277, 278; v. 4.11.1992, XI R 32/91, BStBl II 1993, 425, 426; v. 11.8.1993, II R 34/90, BStBl II 1994, 375; v. 25.1.1996, VR 42/95, BStBl II 1996, 338, 340.
10) Kruse in Tipke/Kruse, § 171 AO Rz. 53 f. (Januar 2012).
11) BFH v. 2.2.1994, IR 57/93, BStBl II 1994, 377, 379; v. 25.1.1996, VR 42/95, BStBl II 1996, 338, 340; FG Berlin v. 1.12.1978, III 184/78, EFG 1979, 427; a.A. FG Berlin v. 31.3.1987, V II 146/85, EFG 1987, 390, 391.

so hat weder die rügelose Einlassung des Stpfl. noch dessen aktive Mitwirkung an den Prüfungshandlungen insoweit eine Ablaufhemmung zur Folge.[1)]

1547 In persönlicher Hinsicht erstreckt sich die Ablaufhemmung nur auf Steuerschulden des in der Prüfungsanordnung genannten Adressaten. Zu einer Hemmung gegenüber Dritten kann es durch die Außenprüfung nicht kommen.[2)]

1548 Gemäß § 171 Abs. 4 Satz 2 AO greift die Ablaufhemmung nicht, wenn die Außenprüfung unmittelbar nach Beginn für mehr als sechs Monate aus Gründen unterbrochen wird, die die Finanzbehörde zu vertreten hat. Da das Gesetz nicht von einem Verschulden der Finanzverwaltung, sondern nur von einem Vertretenmüssen ausgeht, kommt es lediglich darauf an, ob die Gründe in der Sphäre der Finanzverwaltung liegen.[3)] Von einem Vertretenmüssen der Finanzverwaltung ist beispielsweise bei fehlender Prüfungskapazität, Fehlstellen im Prüfungsdienst, anderweitigem Einsatz des Prüfers, Versetzung, Abordnung zu einem Lehrgang, Urlaub oder Krankheit des Prüfers auszugehen.[4)] Liegt solch eine Unterbrechung vor, kann die eingetretene Ablaufhemmung über die Sechsmonatsfrist nicht durch nur unbedeutende Prüfungshandlungen aufrechterhalten werden. Die Ablaufhemmung kann über diesen Zeitpunkt nur durch solche Prüfungshandlungen erhalten werden, die für sich geeignet wären, eine Außenprüfung zu beginnen.[5)]

1549 Die Festsetzungsfrist ist mindestens so lange gehemmt, bis die auf Grund der Außenprüfung zu erlassenden Steuer-, Feststellungs- und Messbetragsbescheide unanfechtbar geworden sind. Folgebescheide sind keine auf Grund der Außenprüfung zu erlassenden Steuerbescheide[6)] mit der Folge, dass eine Unanfechtbarkeit der Folgebescheide keinen Einfluss auf die Dauer der Ablaufhemmung hat.[7)]

1550 Gemäß § 171 Abs. 4 Satz 3 AO **endet** die Festsetzungsfrist spätestens, wenn seit Ablauf des Kalenderjahres, in dem die Schlussbesprechung stattgefunden hat, oder, wenn sie unterblieben ist, seit Ablauf des Kalenderjahres, in dem die letzten Ermittlungen im Rahmen der Außenprüfung stattgefunden haben und die in § 169 Abs. 2 AO genannten Fristen verstrichen sind.

bb) Fahndungsprüfung

1551 Nach § 171 Abs. 5 Satz 1 AO läuft die Festsetzungsfrist nicht ab, wenn die Zollfahndungsämter oder die mit der Steuerfahndung betrauten Dienststellen der Landesfinanzbehörden vor Ablauf der Festsetzungsfrist beim Stpfl. mit Ermittlungen der Besteuerungsgrundlagen beginnen, bevor die auf Grund der Ermittlungen zu erlassenden Steuerbescheide unanfechtbar geworden sind. Gemäß § 171 Abs. 5 Satz 2 AO gilt das Gleiche, wenn dem Stpfl. vor Ablauf der Festsetzungsfrist die Einleitung des Steuerstrafverfahrens oder des Bußgeldverfahrens wegen einer Steuerordnungswidrigkeit bekannt gegeben worden ist.

1552 Die Ermittlungen müssen sich gegen den Stpfl. selbst richten. Auskunftsersuchen an Dritte oder andere Ermittlungsmaßnahmen bei Dritten sind nicht ausreichend.[8)] Der Stpfl. muss zudem erkennen können, dass gegen ihn ermittelt wird. Insofern

1) BFH v. 11.8.1993, II R 34/90, BStBl II 1994, 375; a.A. FG Köln v. 19.2.1990, 1 K 144/86, EFG 1990, 340.
2) BFH v. 6.5.1975, VII R 109/72, BStBl II 1975, 723, 725; v. 8.10.1976, VI R 251/74, BStBl II 1977, 223, 225; v. 22.10.1986, I R 107/82, BStBl II 1987, 293, 295; v. 10.8.1989, III R 5/87, BStBl II 1990, 38, 40; v. 7.11.1990, XR 203/87, BStBl II 1991, 547, 548.
3) Kruse in Tipke/Kruse, § 171 AO Rz. 46 (Januar 2012).
4) Banniza in H/H/Sp, § 171 AO Rz. 53 (Juni 2011).
5) Kruse in Tipke/Kruse, § 171 AO Rz. 47 (Januar 2012).
6) BFH v. 4.4.1989, VIII R 265/84, BStBl II 1989, 593, 594.
7) Kruse in Tipke/Kruse, § 171 AO Rz. 61 (Januar 2012).
8) Kruse in Tipke/Kruse, § 171 AO Rz. 68a (Januar 2012).

scheiden amtsinterne Maßnahmen von vornherein aus.[1] Die Anforderung von Unterlagen der Bußgeld- und Strafsachenstelle nach Erstattung einer Selbstanzeige stellt noch keinen Beginn der Ermittlungen durch die Steuerfahndung i.S.v. § 171 Abs. 5 Satz 1 AO dar.[2] Schein- und Vorbereitungshandlungen haben keine Ablaufhemmung zur Folge.

1553 Die Ablaufhemmung tritt nur insoweit ein, als sich die Ergebnisse der Ermittlungen auf die festzusetzenden Steuern auswirken. Insofern haben **Ermittlungen**, die nur einen **konkreten Sachverhalt** betreffen, **nicht** eine **Hemmung** des **Steueranspruchs in seiner Gesamtheit** zur Folge.[3] Entscheidend sind die tatsächlich durchgeführten Ermittlungen. Infolgedessen können Sachverhalte, die der Finanzbehörde bereits vor dem normalen Fristablauf bekannt waren, der Steuerfestsetzung nicht mehr zu Grunde gelegt werden. Die daraus resultierenden Beweisschwierigkeiten gehen zu Lasten der Finanzbehörde.[4]

1554 Gemäß § 171 Abs. 5 AO tritt keine Ablaufhemmung ein, wenn die Fahndung unmittelbar nach ihrem Beginn für mehr als sechs Monate aus Gründen unterbrochen wird, die die Finanzverwaltung zu vertreten hat.

1555 Die Ablaufhemmung **endet** mit der Unanfechtbarkeit der auf Grund der Ermittlungen zu erlassenden Steuerbescheide, was in Fahndungsverfahren der Regelfall ist. Auch die Mitteilung, dass keine Änderung erfolgt oder dass ein Straf- oder Ordnungswidrigkeitsverfahren ohne Steuerbescheidänderung eingestellt wird, führt zur Beendigung der Ablaufhemmung.[5]

1556 § 171 Abs. 5 AO regelt nicht, innerhalb welcher Frist die Behörde die Ermittlungsergebnisse nach Abschluss der Ermittlungen durch den Erlass eines Steuerbescheids auswerten müssen. Da es jedoch mit dem Rechtsstaatsprinzip nicht zu vereinbaren wäre, wenn die Ablaufhemmung nie endet, ist **§ 171 Abs. 4 Satz 3 AO analog** anzuwenden.[6]

cc) Hinterzogene und leichtfertig verkürzte Steuern

1557 Gemäß § 171 Abs. 7 AO endet die Festsetzungsfrist nicht, bevor die Strafverfolgung der Steuerhinterziehung oder der Steuerordnungswidrigkeit verjährt ist. § 171 Abs. 7 AO koppelt die Festsetzungsverjährung an die strafrechtliche Verfolgungsverjährung.

dd) Erstattung einer Selbstanzeige

1558 Gemäß § 171 Abs. 9 AO ist die Festsetzungsverjährung nach Erstattung einer Selbstanzeige jedenfalls um ein Jahr gehemmt. Allerdings löst eine Selbstanzeige nicht zusätzlich eine Ablaufhemmung nach § 171 Abs. 3 AO aus.[7]

2. Haftung für hinterzogene Steuerbeträge

1559 Die Geltendmachung des Haftungsanspruches erfolgt durch Haftungsbescheid. Bei vorsätzlicher Pflichtverletzung und Steuerhinterziehung ist davon auszugehen, dass

1) Kruse in Tipke/Kruse, § 171 AO Rz. 68a (Januar 2012).
2) BFH v. 8.7.2009, VIII R 5/07, BStBl II 2010, 583.
3) BFH v. 14.4.1999, XI R 30/96, DB 1999, 1739, 1740; v. 15.6.2010, VIII B 2/10, BFH/NV 2010, 2001; Banniza in H/H/Sp, § 171 AO Rz. 146 (Juni 2011); Kruse in Tipke/Kruse, § 171 AO Rz. 71 (Januar 2012).
4) BFH v. 26.3.1974, VII R 133/71, BFHE 112, 324, 331.
5) Rainer/Schwedhelm, NWB Fach 13, 747, 755; Streck, 3. Aufl. 1996, Rz. 1094; a.A. Kruse in Tipke/Kruse, § 171 AO Rz. 73 (Januar 2012).
6) Offerhaus, DB 2000, 1984; Kaligin, BB 1997, 1505, 1506; Söffing, DStZ 1996, 713, 721; Söffing/Pinternagel/Nommensen, DStR 1998, 68, 71; a.A. Banniza in H/H/Sp, § 171 AO Rz. 153 (Juni 2011).
7) BFH v. 8.7.2009, VIII R 5/07, BStBl II 2010, 583.

die Behörde von ihrem Entschließungsermessen stillschweigend sachgerechten Gebrauch gemacht hat (sog. Vorprägung der Ermessensentscheidung).[1)]

1560 Hauptschuldner und Haftender sind Gesamtschuldner (§ 44 Abs. 1 Satz 1 AO), wobei gem. § 219 Satz 2 AO das Prinzip der subsidiären Haftung, wie es in § 219 Satz 1 AO für das Leistungsgebot ausdrücklich normiert ist, keine Anwendung findet. Die Auswahl und die Höhe der in Anspruch zu nehmenden Personen steht somit im pflichtgemäßen Ermessen der Finanzbehörde.

1561 Gemäß § 191 Abs. 5 Satz 1 AO kann ein Haftungsbescheid nicht mehr ergehen, soweit die Steuer gegen den Steuerschuldner nicht festgesetzt worden ist und wegen des Ablaufs der Festsetzungsfrist (§ 169 AO) auch nicht mehr festgesetzt werden kann oder soweit die gegen den Steuerschuldner festgesetzte Steuer verjährt (§§ 228 ff. AO) oder die Steuer erlassen worden ist (§§ 163, 227 AO). Diese Akzessorietät der Haftung wird allerdings gem. § 191 Abs. 5 Satz 2 AO durchbrochen, wenn die Haftung darauf beruht, dass der Haftungsschuldner Steuerhinterziehung oder Steuerhehlerei begangen hat.

a) Haftung der Vertreter (§ 69 AO)

1562 Gemäß § 69 Satz 1 AO haften die in den §§ 34 und 35 AO bezeichneten Personen, soweit Ansprüche aus dem Steuerschuldverhältnis (§ 37 AO) infolge vorsätzlicher oder grob fahrlässiger Verletzung der ihnen auferlegten Pflichten nicht oder nicht rechtzeitig festgesetzt oder erfüllt oder soweit infolgedessen Steuervergütungen oder Steuererstattungen ohne rechtlichen Grund gezahlt werden. Gemäß § 1 Abs. 3 AO erstreckt sich die Haftung auch auf die Nebenleistungen i.S.d. § 3 Abs. 4 AO. Da § 69 AO eine Haftung für Schadensersatz sanktioniert, müssen Ansprüche aus dem Steuerschuldverhältnis spätestens mit der Pflichtverletzung entstanden sein. Eine Haftung für später entstandene Ansprüche regelt § 69 Satz 2 AO ausnahmsweise für die infolge der Pflichtverletzung zu zahlenden Säumniszuschläge.

1563 § 69 Satz 1 AO normiert fünf Tatbestandsvoraussetzungen, welche die Haftung begründen: Der Haftende muss dem Personenkreis der §§ 34 und 35 AO angehören und schuldhaft eine Pflichtverletzung begangen haben, die kausal zu einem Haftungsschaden geführt hat.

1564 Eine **schuldhafte Pflichtverletzung** liegt vor, wenn die Steuerschulden schlechter behandelt werden als andere Verbindlichkeiten. Der Grundsatz der anteiligen Haftung von Steuerschulden resultiert daraus, dass keine Rechtsnorm existiert, den Fiskus bei Konkursreife vorab zu befriedigen.[2)] Hierfür spricht auch die ab dem 1.1.1999 in Kraft getretene Insolvenzordnung, die keine dem § 61 KO vergleichbare Vorschrift kennt und alle Insolvenzgläubiger gleich behandelt.[3)] Ein Verstoß begründet dementsprechend keine Haftung für die gesamten Steuerrückstände, sondern nur für die Differenz zwischen der tatsächlichen Zahlung und der Soll-Quote. Dies gilt ebenso für Konstellationen, in denen nicht nur die Steuerzahlung, sondern auch die ordnungsgemäße, fristgerechte Steueranmeldung unterblieben ist bzw. in denen zugleich die Haftungsnorm des § 71 AO greift.[4)]

1565 In Bezug auf nicht abgeführte **Lohnsteuerbeträge** soll nach dem BFH[5)] die quotale Haftungsbeschränkung keine Anwendung finden. Der Arbeitgeber dürfe bei Liquiditätsschwierigkeiten die Löhne nur gekürzt als Teilbetrag auszahlen und müsse

---

1) BFH v. 26.2.1991, VII R 3/90, BFH/NV 1991, 504.
2) BFH v. 26.8.1992, VII R 50/91, BStBl II 1993, 8, 10; Spriegel/Jokisch, DStR 1990, 433, 438; a.A. FG München v. 18.3.1992, 3 K 3164/87, EFG 1992, 642, 644, das jedoch einen Rechtfertigungsgrund annimmt.
3) Loose in Tipke/Kruse, § 69 AO Rz. 34 (Mai 2010).
4) BFH v. 12.7.1988, VII R 4/88, BStBl II 1988, 980; v. 26.8.1992, VII R 50/91, BStBl II 1993, 8, 9.
5) BFH v. 26.7.1988, VII R 83/87, BStBl II 1986, 859, 860.

aus den verbleibenden Mitteln die entsprechende Lohnsteuer an das Finanzamt abführen.[1] Die Argumentation, es handle sich bei der Lohnsteuer um für den Arbeitgeber fremde Gelder, ist problematisch, denn der Arbeitnehmer hat nie Eigentum an den Lohnsteuerbeträgen erhalten.[2] Zudem befindet sich der Arbeitgeber regelmäßig auf Grund der finanziellen Krise in einer notstandsähnlichen Zwangslage, in der er zwischen der Zahlung von Löhnen und der anteiligen Zahlung von Löhnen und Lohnsteuer entscheiden muss, so dass er sich auf einen Schuldausschließungsgrund berufen könne.[3]

Eine **Ursächlichkeit** der Pflichtverletzung im Sinne der Äquivalenztheorie ist dann gegeben, wenn der Haftungsschaden ohne die Pflichtverletzung nicht eingetreten wäre,[4] d.h. die Steuerschulden bei Fälligkeit befriedigt worden wären[5] oder eine aussichtsreiche Vollstreckungsmöglichkeit des Finanzamtes nicht vereitelt worden wäre.[6] Die Kausalität kann aber nur für solche Pflichtverletzungen bejaht werden, die allgemein oder erfahrungsgemäß geeignet sind, den Erfolg zu verursachen (sog. Adäquanztheorie). **1566**

Da § 254 BGB als Ausdruck eines allgemeinen Rechtsgedankens Anwendung findet,[7] ist ein **Mitverschulden der Finanzbehörde** nicht erst im Rahmen des Ermessens,[8] sondern bereits für die Höhe des verschuldeten Schadens von Bedeutung.[9] **1567**

Hat ein Geschäftsführer infolge seiner Haftung nach § 69 AO Lohnsteuern entrichtet, so sind diese, auch soweit Beträge enthalten sind, die auf ihn als Arbeitnehmer entfallen, als **Werbungskosten** von seinen Einkünften aus nicht selbständiger Arbeit absetzbar.[10] **1568**

b) Haftung des Vertretenen (§ 70 AO)

Gemäß § 70 Abs. 1 AO haftet der Vertretene, soweit er nicht selbst Steuerschuldner ist, wenn die in den §§ 34 und 35 AO bezeichneten Personen bei Ausübung ihrer Obliegenheit eine Steuerhinterziehung oder eine leichtfertige Steuerverkürzung begehen oder an einer Steuerhinterziehung teilnehmen und hierdurch Steuerschuldner oder Haftende werden für die durch die Tat verkürzten Steuern und die zu Unrecht gewährten Steuervorteile. Im Gegensatz zu § 69 AO beschränkt sich die Haftung auf gegen den Steuerschuldner gerichtete Steueransprüche i.S.d. § 3 Abs. 1 AO und erfasst nicht Haftungsansprüche und Ansprüche auf steuerliche Nebenleistungen i.S.d. § 3 Abs. 4 AO.[11] **1569**

Der Grundgedanke des § 70 AO liegt darin, dass den Vertretenen nicht nur die Vorteile der Vertretung durch Dritte zugute kommen sollen, sondern dass ihnen auch die Nachteile der Tat zuzurechnen sind. Nur im Bereich der Zölle, Verbrauchsteuern und der Einfuhrumsatzsteuer, soweit für diese die Vorschriften der Zölle **1570**

---

1) BFH v. 6.3.1990, VII R 63/87, BFH/NV 1990, 756; v. 16.7.1996, VII R 133/95, BFH/NV 1997, 4, 5.
2) Loose in Tipke/Kruse, § 69 AO Rz. 41 (Mai 2010).
3) Loose in Tipke/Kruse, § 69 AO Rz. 41 (Mai 2010).
4) BVerwG v. 9.12.1988, 8 C 13/87, NJW 1989, 1873, 1874; FG Bremen v. 17.3.1992, II 135/86 K, EFG 1992, 496.
5) BFH v. 26.4.1984, VR 128/79, BStBl II 1984, 776, 778.
6) BFH v. 5.3.1991, VII R 93/88, BStBl II 1991, 678, 681.
7) FG Münster v. 29.9.1995, 2 K 5006/93 L, EFG 1996, 82; Kanzler, DStR 1985, 339, 340; Urban, DStR 1997, 1145, 1150.
8) So aber BFH v. 2.8.1988, VII R 60/85, BFH/NV 1989, 150; FG Düsseldorf v. 12.12.1995, 16 K 2274/91 H, EFG 1997, 194.
9) Loose in Tipke/Kruse, § 69 AO Rz. 28 (Mai 2010).
10) FG Köln v. 20.10.1992, 8 K 4449/88, EFG 1993, 509, 510.
11) BFH v. 5.11.1993, VI R 16/93 BStBl II 1994, 557, 559.

sinngemäß gelten (§ 21 Abs. 2 UStG), gibt es Fallkonstellationen, in denen der Vertretene nicht zugleich auch der Steuerschuldner ist.[1)]

1571 Anknüpfungspunkt für eine Haftung ist lediglich die vollendete Steuerhinterziehung und leichtfertige Steuerverkürzung.[2)] Eine analoge Anwendung des § 70 AO bei einer Steuerhehlerei scheidet auf Grund des eindeutigen Wortlauts aus.[3)] Gleiches gilt für Anschlusstaten wie Begünstigung (§ 257 StGB) und Hehlerei (§ 259 StGB).

1572 Gemäß § 70 Abs. 2 AO ist die Haftung ausgeschlossen, wenn eine natürliche Person durch die Tat ihres gesetzlichen Vertreters keinen Vermögensvorteil erlangt hat oder wenn der Vertretene denjenigen, der die Steuerhinterziehung oder die leichtfertige Steuerverkürzung begangen hat, sorgfältig ausgewählt und beaufsichtigt hat.

1573 Zur Akzessorietät der Haftung nach § 191 Abs. 5 AO gilt das oben zu § 69 AO Gesagte entsprechend, mit der Maßgabe, dass § 191 Abs. 5 Satz 2 AO regelmäßig nicht zur Anwendung kommt, da der Haftungsschuldner im Fall des § 70 AO keine Steuerhinterziehung begangen haben wird.

c) Haftung des Steuerhinterziehers und des Steuerhehlers (§ 71 AO)

1574 § 71 AO bestimmt, dass Täter oder Teilnehmer einer Steuerhinterziehung (§ 370 AO) oder Steuerhehlerei (§ 374 AO) für die verkürzten Steuern und die zu Unrecht gewährten Steuervorteile sowie für die Zinsen nach § 235 AO haften. Anwendung findet die Haftungsvorschrift nur, soweit der Täter bzw. Teilnehmer keine Steuerschuldner sind. Eine Steuerschuldnerschaft schließt eine zusätzliche Haftung gem. § 71 AO aus.[4)] Ebenso haftet nach einer Entscheidung des FG Münster[5)] der Gehilfe eines Steuerhinterziehers nicht „pauschal" für verbliebene Steuerschulden gem. § 71 AO.

1575 Die Haftungsnorm des § 71 AO setzt voraus, dass eine vollendete Steuerhinterziehung oder Steuerhehlerei vorliegt, denn durch einen Versuch tritt kein Haftungsschaden ein.[6)] Es müssen sämtliche objektiven und subjektiven Tatbestandsmerkmale erfüllt sein. Die Feststellung vorsätzlichen Handelns wird ohne Vernehmung des Beschuldigten zu der ihm zur Last gelegten Tat und die Wertung seiner Einlassung sowie der seiner Entlastung dienenden Beweisanträge oftmals nicht möglich sein.[7)] Mittäter oder Teilnehmer einer Steuerhinterziehung ist nicht, wer als Ehegatte die gemeinsame Einkommensteuererklärung lediglich unterschreibt.[8)]

1576 Ein Steuerberater, der von der Steuerunehrlichkeit seines Mandanten weiß, handelt als Gehilfe mit Vorsatz, wenn er gleichwohl seinen Mandanten weiterhin unterstützt, indem er in seiner Kanzlei unrichtige Betriebszahlen in Steuerformulare eintragen lässt, diese mit seinem Kanzleistempel versieht und damit den Anschein der Richtigkeit erweckt.[9)] Schuldausschließungs- oder Entschuldigungsgründe dürfen nicht vorliegen, während Strafausschließungs-, Strafaufhebungs- oder Strafminderungsgründe für die Anwendung des § 71 AO ohne Bedeutung sind.[10)]

---

1) Loose in Tipke/Kruse, § 70 AO Rz. 2 (Mai 2010).
2) Loose in Tipke/Kruse, § 70 AO Rz. 7 (Mai 2010).
3) FG Düsseldorf v. 8.6.1977, IV 33/74 Z, EFG 1978, 55.
4) Boeker in H/H/Sp, § 71 AO Rz. 8 (Juni 2010).
5) FG Münster v. 11.12.2001, 1 K 3470/98 E, EFG 2002, 728; vgl. hierzu auch die Anm. von Leißing, PStR 2002, 197.
6) BFH v. 13.7.1994, I R 112/93, BStBl II 1995, 198, 200.
7) BFH v. 15.9.1992, VII B 62/92, BFH/NV 1994, 149, 151.
8) BFH v. 16.4.2002, IX R 40/00, BStBl II 2002, 501.
9) FG Nürnberg v. 10.12.2002, II 536/2000, n.v.
10) BFH v. 27.5.1986, VII S 5/86, BFH/NV 1987, 10; FG Saarland v. 5.6.1992, 1 V 153/92, EFG 1992, 702, 704.

§ 71 AO begründet nur eine Haftung hinsichtlich der vorsätzlich verkürzten Steuern, so dass für die Haftung ggf. eine Aufteilung in vorsätzlich und nicht vorsätzlich verkürzte Steuerbeträge vorzunehmen ist. Da die Haftungsnorm des § 71 AO, ebenso wie die des § 69 AO, Schadensersatzcharakter hat, kann sie lediglich eine Haftung für diejenigen Steuerausfälle, die durch die Anknüpfungsdelikte adäquat kausal verursacht wurden, normieren. Dementsprechend finden auch die zu § 69 AO entwickelten Grundsätze der quotalen Haftung im Rahmen des § 71 AO Anwendung.[1] Eine Haftung für Säumniszuschläge besteht nicht.[2] **1577**

3. Hinterziehungszinsen

Gemäß § 235 AO sind die hinterzogenen Steuern mit 0,5 % monatlich (§ 238 Abs. 1 Satz 1 AO) zu verzinsen. Es handelt sich hierbei nicht um eine Strafmaßnahme, es soll vielmehr der verkürzungsbedingte Zinsvorteil bei dem Nutznießer der Steuerhinterziehung abgeschöpft werden.[3] Dabei geht das Gesetz von einer typisierenden Betrachtungsweise aus. Auch derjenige, der aus der Tat keinen eigenen Vorteil erlangt hat, aber gem. § 71 AO haftet, hat den verkürzten Betrag zu verzinsen. **1578**

Die Steuerhinterziehung muss vollendet, d.h., objektiver und subjektiver Tatbestand des § 370 AO müssen erfüllt sein.[4] Etwaige Zweifel an dem subjektiven Tatbestand einer Steuerhinterziehung durch den Erblasser gehen zu Lasten der Finanzbehörde,[5] Rechtfertigungs- und Schuldausschließungsgründe hindern die Entstehung eines Zinsanspruchs,[6] persönliche Strafausschließungs- und Strafaufhebungsgründe wie etwa eine Selbstanzeige (§ 371 AO) dagegen nicht.[7] **1579**

Sind die Steuern im Festsetzungsverfahren **geschätzt** worden, so können sie im Hinblick auf die Anforderung von Hinterziehungszinsen nicht ohne Weiteres als verkürzt angesehen werden.[8] Der Grundsatz „in dubio pro reo" ist auch hier zu beachten.[9] Ebenso ist die von der Finanzverwaltung oftmals praktizierte automatische Zinsfestsetzung nach Einstellung des Verfahrens gem. § 153a StPO unzulässig, denn von einer solchen Einstellung kann keine Präjudizwirkung für eine Schuld des Stpfl. ausgehen.[10] **1580**

Zinsschuldner ist derjenige, zu dessen Vorteil die Steuern hinterzogen worden sind (§ 235 Abs. 1 Satz 2 AO). Einen Vorteil im Sinne dieser Norm erlangt der Schuldner der hinterzogenen Steuer auch dann, wenn er selbst an der Steuerhinterziehung überhaupt nicht mitgewirkt hat.[11] **1581**

Das **Kompensationsverbot** (§ 370 Abs. 4 Satz 3 AO) findet bei der Zinsberechnung keine **Anwendung,**[12] denn Hinterziehungszinsen haben keinen Strafcharakter, sondern stellen ein laufzeitabhängiges Entgelt für die Kapitalnutzung dar und sind vom Bestehen einer Steuerschuld abhängig. Der Steuerschuldner kann – unabhängig **1582**

1) BFH v. 26.8.1992, VII R 50/91, BStBl II 1993, 8, 9.
2) FG Hamburg v. 9.11.1993, VII 26/88, EFG 1994, 687, 688.
3) BFH v. 27.8.1991, VIII R 84/89, BStBl II 1992, 9, 11 f.; v. 27.9.1991, VI R 159/89, BStBl II 1992, 163.
4) BFH v. 27.8.1991, VIII R 84/89, BStBl II 1992, 9, 10 f.; FG Bremen v. 13.2.1990, II 49/86 K, EFG 1991, 510, 511.
5) FG Köln v. 7.6.1990, 2 K 2513/88, EFG 1991, 107.
6) BFH v. 27.8.1991, VIII R 84/89, BStBl II 1992, 9, 11.
7) FG Düsseldorf v. 24.5.1989, 4 K 397/83, EFG 1989, 491, 493.
8) BFH v. 20.12.2000, VII B 40/00, BFH/NV 2001, 639; Randt in Franzen/Gast/Joecks, 7. Aufl. 2009, § 370 AO Rz. 287.
9) BFH v. 14.8.1991, X R 86/88, BStBl II 1992, 128, 131.
10) Randt in Franzen/Gast/Joecks, 7. Aufl. 2009, § 370 AO Rz. 287.
11) BFH v. 11.5.1982, VII R 97/81, BStBl II 1982, 689.
12) FG Köln v. 25.5.1988, 6 K 289/83, wistra 1988, 298; Randt in Franzen/Gast/Joecks, 7. Aufl. 2009, § 370 AO Rz. 289; a.A. Loose in Tipke/Kruse, § 235 AO Rz. 10 (Oktober 2010).

von dem strafrechtlich relevanten Hinterziehungsbetrag – im Zinsfestsetzungsverfahren alle Tatsachen geltend machen, die zu einer Minderung der „hinterzogenen Steuer" im Verkürzungszeitraum führen. Eine Mehrfachverzinsung schließt § 235 Abs. 3 und Abs. 4 AO aus.

1583 Der **Zinslauf beginnt** gem. § 235 Abs. 2 AO mit dem Eintritt der Verkürzung oder der Erlangung des Steuervorteils, es sei denn, dass die hinterzogenen Beträge ohne die Steuerhinterziehung erst später fällig geworden wären, und endet mit der Zahlung der hinterzogenen Steuern (§ 235 Abs. 2 und Abs. 3 AO).

1584 Die **Festsetzungsfrist** beträgt nach § 239 Abs. 1 Satz 1 AO ein Jahr. Gemäß § 239 Abs. 1 Satz 3 AO läuft die Festsetzungsfrist in den Fällen des § 233a AO nicht ab, solange die Steuerfestsetzung, ihre Aufhebung, ihre Änderung oder ihre Berichtigung nach § 129 AO noch zulässig ist. Die Festsetzungsfrist beginnt in den Fällen des § 239 Abs. 1 Satz 2 Nr. 3 AO bei Mittäterschaft nicht, bevor alle eingeleiteten Strafverfahren rechtskräftig abgeschlossen worden sind.[1]

1585 Die Finanzbehörde hat hinsichtlich der Festsetzung von Hinterziehungszinsen kein Entschließungsermessen, wohl aber ein Auswahlermessen im Falle einer Gesamtschuldnerschaft gem. § 71, § 44 Abs. 1 Satz 1 AO.[2] Billigkeitsregelungen, wie sie § 234 Abs. 2 und § 237 Abs. 4 AO vorsehen, existieren für Hinterziehungszinsen nicht.[3] Hinterziehungszinsen gehören nicht zu den abzugsfähigen Betriebsausgaben (§ 4 Abs. 5 Nr. 8a EStG, § 10 Nr. 2 KStG).

4. Sonstige Nebenfolgen

a) Änderung auf Grund Außenprüfung ergangener Steuerbescheide (§ 173 AO)

1586 Gemäß § 173 Abs. 2 Satz 1 AO können Steuerbescheide, soweit sie auf Grund einer Außenprüfung ergangen sind, nur aufgehoben oder geändert werden, wenn eine Steuerhinterziehung oder eine leichtfertige Steuerverkürzung vorliegt (sog. Änderungssperre). Hat die Außenprüfung zu keiner Änderung der Besteuerungsgrundlagen geführt, so muss eine Mitteilung nach § 202 Abs. 1 Satz 3 AO ergehen. Diese Mitteilung bewirkt ebenfalls eine Änderungssperre (§ 173 Abs. 2 Satz 2 AO).

1587 Eine Steuerhinterziehung bzw. leichtfertige Steuerverkürzung durchbricht die Änderungssperre nur, soweit die Steuerverkürzung nachträglich bekannt wird.[4] Die erhöhte Bestandskraft wird also nur in dem Umfang der leichtfertig verkürzten bzw. hinterzogenen Steuern durchbrochen.[5]

b) Stundung und Erlass hinterzogener Steuern (§§ 222, 227 AO)

1588 Nach §§ 222 und 227 AO setzt eine Stundung oder der Erlass[6] von Ansprüchen aus dem Steuerschuldverhältnis voraus, dass dies aus sachlichen oder persönlichen Gründen der Billigkeit entspricht. Die Stundungs- bzw. Erlasswürdigkeit in Bezug auf hinterzogene bzw. leichtfertig verkürzte Beträge ist anhand eines strengen Maßstabs zu beurteilen, ohne dass dies jedoch von vornherein ausgeschlossen ist. Für die Beurteilung sind sämtliche Umstände des Einzelfalls, insbes. auch die Höhe und Schwere des Steuervergehens, zu berücksichtigen. Eine Selbstanzeige wirkt hierbei zwar positiv, doch rechtfertigt sie allein noch nicht die Bejahung einer Begünstigungswürdigkeit. Einen Anhaltspunkt für eine Stundung von Verkürzungsbeträgen

---

1) BFH v. 13.7.1994, XI R 21/93, HFR 1995, 1, 2.
2) Bublitz, DStR 1990, 438, 439 f.
3) Zum Erlass von Hinterziehungszinsen vgl. Streck, DStR 1991, 369, 370.
4) Loose in Tipke/Kruse, § 173 AO Rz. 98 (Januar 2012).
5) Loose in Tipke/Kruse, § 173 AO Rz. 98 (Januar 2012).
6) Vgl. hierzu BFH v. 2.3.1961, IV 126/60 U, BStBl III 1961, 288; zum Erlass von Hinterziehungszinsen vgl. Streck, DStR 1991, 369, 370.

stellen § 42 StGB, § 18 OWiG und Art. 7 EGStGB dar, die selbst für Geldstrafen bzw. Buß- und Ordnungsgelder entsprechende Zahlungserleichterungen vorsehen.[1)]

Solange der verkürzungsbedingte Vermögensvorteil noch vorhanden ist, mangelt es i.d.R. an der Erlasswürdigkeit, sofern nicht bereits die Erlassbedürftigkeit zu verneinen ist.[2)] 1589

c) Aussetzung der Vollziehung (§ 361 AO; § 69 FGO)

Durch die Entscheidung des GrS des BFH[3)] wurde klargestellt, dass die Annahme eines dringenden Tatverdachts i.S.d. § 203 StPO bezüglich eines Steuervergehens nicht im Widerspruch zur Bejahung ernstlicher Zweifel an der Rechtmäßigkeit der Steuerbescheide steht. Die Bejahung eines dringenden Tatverdachts steht also der Aussetzung der Vollziehung im Besteuerungsverfahren gem. § 361 AO und § 69 FGO nicht entgegen.[4)] 1590

d) Besondere Aufsichtsmaßnahmen (§ 213 AO)

Gemäß § 213 Satz 1 AO dürfen Betriebe oder Unternehmen, deren Inhaber oder deren leitende Angehörige wegen (versuchter) Steuerhinterziehung oder wegen der Teilnahme an einer solchen Tat rechtskräftig bestraft worden sind, auf ihre Kosten besonderen Aufsichtsmaßnahmen unterworfen werden, wenn dies zur Gewährleistung einer wirksamen Steueraufsicht nötig ist. Erforderlich ist eine rechtskräftige Verurteilung, wobei die Strafe nicht vollstreckt worden sein muss. Wird die Strafe im Bundeszentralregister gelöscht, so entfallen die Voraussetzungen des § 213 AO, denn der Betreffende darf dann nicht mehr als „vorbestraft" gelten. Auch wenn nach dem Wortlaut und Zweck des § 213 AO auch die Hinterziehung anderer Steuern besondere Aufsichtsmaßnahmen rechtfertigen könnte, sollte § 213 AO auf Grund seiner systematischen Stellung nur auf Zölle und Verbrauchsteuern Anwendung finden.[5)] 1591

VI. Verwaltungsrechtliche Nebenfolgen

Die strafrechtliche Ahndung von Steuervergehen zieht oftmals auch berufsrechtliche Konsequenzen nach sich. Dies gilt auch dann, wenn eine Selbstanzeige erstattet wurde. Nach § 109 Abs. 2 StBerG sind berufsrechtliche Folgen bei Steuerberatern nur bei einem Freispruch ausgeschlossen. Dagegen hat die Einstellung des Verfahrens auf Grund einer wirksamen **Selbstanzeige** keinerlei Bindungswirkung für ein berufsrechtliches Verfahren. 1592

Da die jeweiligen Verfahrensordnungen den **unbedingten Vorrang des Strafverfahrens** vor den ehrengerichtlichen Verfahren vorschreiben (z.B. § 109 StBerG, § 118 BRAO), ist der Ausgang des Straf- oder Bußgeldverfahrens für die berufsrechtliche Ahndung von Bedeutung. Zu beachten ist, dass nur die Feststellungen, die in einem Urteil im Straf- oder Bußgeldverfahren getroffen wurden, bindend sind.[6)] Dagegen sind Feststellungen in einem **Bußgeldbescheid** oder in einem **Strafbefehl,** auf Grund der fehlenden Hauptverhandlung, nicht bindend.[7)] Auch das BVerwG[8)] vertritt die 1593

1) Janssen, DStZ 1991, 77, 79.
2) BFH v. 2.3.1961, IV 126/60 U, BStBl III 1961, 288.
3) BFH v. 5.3.1979, GrS 5/77, BStBl II 1979, 570.
4) Blumers/Göggerle, Rz. 1001.
5) Mösbauer, DStZ 1988, 263, 271; nach Brandis in Tipke/Kruse, § 213 AO Rz. 4 (Februar 2011), und Schallmoser in H/H/Sp, § 213 AO Rz. 7 (September 2008), soll erst im Rahmen der Aufsichtsmaßnahmen-Ermessensentscheidungen differenziert werden.
6) Hoffmann/Wißmann, PStR 2000, 279, 280.
7) BGH v. 12.4.1999, AnwSt (R) 11/98, NStZ 1999, 410.
8) BVerwG v. 8.6.2000, 2 C 20/99, NJW 2000, 3297.

Ansicht, dass ein Strafbefehlsverfahren mangels Hauptverhandlung und Beweisverfahren keine hinreichend verlässlichen Erkenntnisse liefert, die es rechtfertigen würden, einen Beamten aus dem Staatsdienst zu entlassen.

1. Gewerberechtliche Folgen

1594 Gemäß § 35 Abs. 1 Satz 1 GewO ist die Ausübung eines (erlaubnisfreien) Gewerbes von der zuständigen Behörde ganz oder teilweise zu untersagen, wenn Tatsachen vorliegen, welche die **Unzuverlässigkeit** des Gewerbetreibenden oder einer mit der Leitung des Gewerbebetriebs beauftragten Person in Bezug auf dieses Gewerbe dartun, sofern die Untersagung zum Schutze der Allgemeinheit oder zum Schutze der im Betrieb Beschäftigten erforderlich ist. Der Zentralbegriff der Unzuverlässigkeit stellt einen unbestimmten Gesetzesbegriff dar, der durch die Verwaltungsbehörden gerichtlich in vollem Umfang nachgeprüft wird. An einigen Stellen, etwa in § 33c Abs. 2 Satz 2, § 34b Abs. 4 Satz 1 Nr. 1, § 34c Abs. 2 Nr. 1 GewO, enthält das Gesetz ausdrückliche Aufzählungen von Unzuverlässigkeitsgründen in der Form von Regelbeispielen.

1595 Da die Gewerbeordnung jedoch nur beispielhaft Unzuverlässigkeitsgründe aufzählt und keine abschließende Vermutung darstellt, ist außerhalb des Anwendungsbereichs der Regelbeispiele auf die allgemeinen Bestimmungen zurückzugreifen. Unzuverlässig ist hiernach, wer nicht gewährleistet, die Tätigkeit künftig ordnungsgemäß, also gesetzestreu, und in Übereinstimmung mit den guten Sitten, auszuüben.[1]

1596 Die Einleitung eines Untersagungsverfahrens gegen den Geschäftsführer einer GmbH gem. § 35 Abs. 7a GewO kann nur erfolgen, wenn auch gegen die Gesellschaft ein Gewerbeuntersagungsverfahren geführt wird. Entscheidend für die Einleitung eines Verfahrens nach § 35 Abs. 7a GewO ist der Grad der Wahrscheinlichkeit des Ausweichens in die selbständige Gewerbeausübung.[2]

1597 **Steuerrückstände** können eine gewerbliche Unzuverlässigkeit begründen.[3] Allerdings müssen Steuerrückstände im Verhältnis zu dem jeweiligen Betrieb erheblich sein. Steuerrückstände unter 5 000 € können regelmäßig keine Unzuverlässigkeit begründen.[4] Steuerschulden, als Ausfluss mangelnder wirtschaftlicher Leistungsfähigkeit, deuten i.d.R. auf eine Unzuverlässigkeit hin, wenn ein vernünftiger und um eine ordnungsmäßige Betriebsführung bemühter Unternehmer in der konkreten Situation den Gewerbebetrieb nicht fortführen würde.[5] Auch Haftungsschulden eines Gewerbetreibenden können grds. für eine gewerberechtliche Unzuverlässigkeit relevant sein.[6]

1598 Eine gewerberechtliche Unzuverlässigkeit kann nicht nur im Zusammenhang mit der Nichtabführung von Sozialversicherungsbeträgen hergeleitet werden, sondern kann sich nach Ansicht der Finanzverwaltung[7] auch aus einer beharrlichen **Missachtung von Erklärungs- und Anmeldungspflichten** ergeben. Die Nichtabgabe von Lohnsteueranmeldungen oder von Umsatzsteuervoranmeldungen kommt besonderes Gewicht zu. Neben einer hartnäckigen – trotz Erinnerungen – Nichtabgabe der Erklärungen ist weiterhin nötig, dass der Gewerbetreibende durch die damit einhergehende Nichtentrichtung von Steuern einen ungerechtfertigten Wettbewerbsvor-

1) BVerwG v. 2.2.1982, 1 C 146/80, BVerwGE 65, 1; Stober, NWB Fach 30, 897, 899.
2) BVerwG v. 19.12.1995, 1 C 3/93, BVerwGE 100, 187.
3) BVerwG v. 6.8.1959, I C 95/56, NJW 1959, 2324.
4) BMF v. 4.4.2011, IV A3-S-0130/10/10019, BStBl I 2011, 430, Rz. 2.2.1.
5) BVerwG v. 2.2.1982, 1 C 52/78, GewArch 1982, 233.
6) VGH Hessen v. 8.6.1994, 8 UE 2277/89, GewArch 1994, 473.
7) BMF v. 4.4.2011, IV A3-S-0130/10/10019 BStBl I 2011, 430, Rz. 2.1.

teil erlangt hat.[1] Dass die Gewerbebehörde lange Zeit auf steuerliche Pflichtverletzungen nicht mit einer Gewerbeuntersagungsverfügung reagiert, begründet bei dem Gewerbetreibenden kein schutzwürdiges Vertrauen darauf, dass er sein Verhalten fortsetzen könne, und befreit die Behörde auch nicht von ihrer Pflicht, gegen unzuverlässige Gewerbetreibende vorzugehen.[2]

Steuerliche Straf- und Bußgeldverfahren, die in Zusammenhang mit dem Gewerbe- **1599**
betrieb stehen, können wichtige Indikatoren für die Unzuverlässigkeit darstellen.[3] Maßgeblich ist insbes. der zu Grunde liegende Sachverhalt und das Verhalten des Stpfl. in und nach dem Straf- bzw. Bußgeldverfahren. Gemäß § 35 Abs. 3 Satz 1 GewO darf die Verwaltungsbehörde in einem gewerberechtlichen Untersagungsverfahren von dem Inhalt eines einschlägigen Strafurteils nicht zum Nachteil eines Gewerbetreibenden abweichen. Nach § 49 BZRG dürfen solche Straftaten bei der Beurteilung der Zuverlässigkeit nicht mehr herangezogen werden, die im Bundeszentralregister bereits gelöscht oder zu löschen sind.

Von praktischer Relevanz für die Gewerbeuntersagung auf Grund eines steuerli- **1600**
chen Fehlverhaltens ist insbes., ob und inwieweit die Finanzbehörden den Gewerbebehörden als **Informant** zur Verfügung stehen oder ob nicht das **Steuergeheimnis** des § 30 AO die Offenbarung steuerlicher Daten unterbindet. Der BFH und das BVerwG bejahen die Offenbarungsbefugnis, soweit ein zwingendes öffentliches Interesse i.S.d. § 30 Abs. 4 Nr. 5 AO vorliegt, d.h. die zu offenbarenden Tatsachen entscheidend dartun, dass der Gewerbetreibende unzuverlässig ist.

Vor Anregung der Finanz- an die Gewerbebehörde auf Einleitung eines Verwal- **1601**
tungsverfahrens und die Erteilung der Auskunft über die maßgeblichen steuerlichen Verhältnisse des Gewerbetreibenden soll das Finanzamt wegen des Gebots der Verhältnismäßigkeit der Mittel zunächst prüfen, ob das Besteuerungsverfahren auch mit anderen, den Stpfl. weniger hart treffenden Maßnahmen gefördert werden kann. Ist dies nicht der Fall, ist abzuwägen, ob die Pflichtverstöße des Stpfl. oder seine Rückstände derart schwer wiegen, dass ihm die Möglichkeit eigener wirtschaftlicher Betätigung ganz oder teilweise entzogen werden muss.[4] Unzulässig ist die Mitteilung über Steuerrückstände, wenn sie der Finanzbehörde lediglich als Druckmittel dienen, den Gewerbetreibenden zur Begleichung seiner Steuerschulden anzuhalten.[5]

§ 35 Abs. 1 Satz 1 GewO stellt als generelle Untersagungsregelung in Bezug auf **1602**
erlaubnisfreie Gewerbe einen Auffangtatbestand für alle Gewerbetreibenden dar, die der GewO oder anderen Nebengesetzen unterliegen, und findet Anwendung, wenn – wie i.d.R. – vorrangige Spezialregelungen keine Anwendung finden. § 35 Abs. 8 GewO regelt ausdrücklich die Subsidiarität des § 35 Abs. 1 bis 7 GewO gegenüber besonderen Untersagungs- oder Betriebsschließungsvorschriften, die auf die Unzuverlässigkeit des Gewerbetreibenden abstellen, sowie gegenüber denjenigen Bestimmungen, die eine Rücknahme oder einen Widerruf der für das Gewerbe erteilten Zulassung wegen Unzuverlässigkeit des Gewerbetreibenden vorsehen.[6]

Bei der Gewerbeuntersagung nach § 35 Abs. 1 Satz 1 GewO handelt es sich um eine **1603**
Pflichtentscheidung. Ermessen hat die Behörde lediglich in Bezug auf die Erweiterung der Untersagung gem. § 35 Abs. 1 Satz 2 GewO und der Fortsetzung des

1) BFH v. 10.2.1987, VII R 77/84, BStBl II 1989, 545, 549; BVerwG v. 2.2.1982, 1 C 146/80, DVBl. 1982, 694 ff.
2) BVerwG v. 25.3.1992, 1 B 50/92, GewArch 1992, 232.
3) BMF v. 4.4.2011, BStBl I 2011, 430, Rz. 2.4.
4) BMF v. 4.4.2011, IV A3-S-0130/10/10019, BStBl I 2011, 430, Rz. 4.
5) Randt in Franzen/Gast/Joecks, 7. Aufl. 2009, § 370 AO Rz. 298.
6) Stober, NWB Fach 30, 897, 898 f.

Untersagungsverfahrens bei zwischenzeitlicher Aufgabe des Gewerbes (§ 35 Abs. 1 Satz 3 GewO).

1604 Statthafter **Rechtsbehelf** gegen die Gewerbeuntersagung ist der Widerspruch (§§ 68 ff. VwGO) und daran anschließend die Anfechtungsklage (§ 42 Abs. 1 VwGO). Die aufschiebende Wirkung dieser Rechtsbehelfe wird regelmäßig auf Grund einer Anordnung der sofortigen Vollziehung entfallen (§ 80 Abs. 2 Nr. 4 VwGO). Allerdings kann hiergegen gem. § 80 Abs. 5 VwGO die Wiederherstellung der aufschiebenden Wirkung beantragt werden. Daneben kann der Betroffene die Rechtswidrigkeit der Mitteilung auch mittels einer finanzgerichtlichen Feststellungsklage (§ 41 FGO) überprüfen lassen.[1)]

1605 Eine rechtswidrige Gewerbeuntersagung stellt einen entschädigungspflichtigen enteignungsgleichen Eingriff dar.

1606 Rechtskräftige Bußgeldentscheidungen wegen einer Steuerordnungswidrigkeit werden dem Gewerbezentralregister mitgeteilt, wenn die Geldbuße mehr als 200 € beträgt (§ 149 Abs. 2 Satz 1 Nr. 3 GewO). Ebenso ist eine vollziehbare bzw. nicht mehr anfechtbare Untersagungsverfügung in das **Gewerbezentralregister** einzutragen (§ 149 Abs. 2 Nr. 1 Buchst. b GewO). Handelt der Gewerbetreibende zuwider der vollziehbaren Untersagungsverfügung, so begeht er eine Ordnungswidrigkeit (§ 146 Abs. 1 Nr. 1 und Abs. 3 GewO). Eine beharrliche Wiederholung diesbezüglicher Zuwiderhandlungen stellt nach § 148 Nr. 1 GewO ein Vergehen dar.

1607 Liegen Tatsachen vor, welche die Annahme rechtfertigen, eine Unzuverlässigkeit liege nicht mehr vor, so wird dem Gewerbetreibenden auf seinen schriftlichen Antrag hin von der zuständigen Behörde die **Wiederaufnahme des Gewerbes** gestattet. Vor Ablauf eines Jahres bedarf es jedoch für die Wiederaufnahme besonderer Gründe (§ 35 Abs. 6 GewO).

1608 Handelt es sich um ein **erlaubnisbedürftiges Gewerbe** und liegt keine Genehmigung vor, so ist eine Untersagung nicht erforderlich, weil bereits eine formelle Illegalität besteht. Liegt dagegen eine Genehmigung vor, so kann diese bei Unzuverlässigkeit aufgehoben werden. Die Aufhebung erfolgt – sofern keine einschlägigen Spezialnormen bestehen (z.B. § 33d Abs. 4, § 69b Abs. 2 GewO, § 15 Abs. 1 und 2 GaststättenG) – nach den Bestimmungen des Verwaltungsverfahrensgesetzes des jeweiligen Landes (z.B. Art. 48, 49 BayVwVfG). Die Fortsetzung einer stehenden Gewerbetätigkeit kann sodann gem. § 15 Abs. 2 Satz 1 GewO verhindert werden. Zuwiderhandlungen gegen gewerberechtliche Erlaubnisvorbehalte stellen Ordnungswidrigkeiten i.S.d. § 144 GewO, in den Fällen des § 148 Nr. 1 GewO sogar Vergehen dar.

1609 Spezialregelungen für die Rücknahme und den Widerruf von gewerblichen Konzessionen enthalten § 15 GaststättenG, § 25 PBefG, § 21 FahrlG, § 11 SchfG.

2. Beamtenrechtliche Folgen

1610 Da Finanzbeamte Landesbeamte sind, sind für Disziplinarmaßnahmen wegen Dienstvergehen, die sie während des Beamtenverhältnisses verüben, die jeweiligen Disziplinarordnungen bzw. Disziplinargesetze der Länder (§ 1, § 47 Abs. 3 BeamtStG) anzuwenden. Gleichwohl orientiert sich die nachfolgende Darstellung an den für Bundesbeamte geltenden Regelungen des BDG, denen die landesrechtlichen Bestimmungen nachgebildet sind.

1611 Nach § 47 Abs. 1 Satz 1 BeamtStG begehen Beamte ein Dienstvergehen, wenn sie schuldhaft die ihnen obliegenden Pflichten verletzen. Dies bedeutet, dass grund-

1) BFH v. 10.2.1987, VII R 77/84, BStBl II 1987, 545, 546. Vorläufigen Rechtsschutz bei drohender Offenbarung steuerlicher Verhältnisse gewährt § 114 FGO. Vgl. FG Niedersachsen v. 12.9.1990, II 627/90 V, EFG 1991, 436.

sätzlich jede Verletzung der dem Beamten obliegenden dienstlichen Pflichten ein Dienstvergehen darstellen kann (sog. **innerdienstliches Dienstvergehen**). Jedoch genügt die zeitliche und örtliche Verbindung zur Dienstausübung nicht, um ein innerdienstliches Dienstvergehen zu begehen. Vielmehr ist eine sog. materielle Dienstbezogenheit erforderlich. Ein innerdienstliches Dienstvergehen liegt beispielsweise dann vor, wenn ein Finanzbeamter der Veranlagungsstelle für sich unrichtige Angaben in der Einkommensteuererklärung macht und hierdurch eine zu niedrige Festsetzung seiner Einkommensteuer bewirkt.

Ein Verhalten außerhalb dies Dienstes ist nur dann ein Dienstvergehen, wenn es nach den Umständen des Einzelfalls in besonderem Maße geeignet ist, das Vertrauen in einer für ihr Amt bedeutsamen Weise zu beeinträchtigen.

Gemäß § 5 Abs. 1 BDG (und den entsprechenden Landesdisziplinargesetzen) kommen als Disziplinarmaßnahmen gegen Beamte in Betracht: **Verweis, Geldbuße, Kürzung der Dienstbezüge, Zurückstufung und Entfernung aus dem Beamtenverhältnis**. Ein Verweis als schriftlicher Tadel ist dabei die geringfügigste Maßnahme. Dieser kommt etwa bei einer Verletzung der Pflicht zur Amtsverschwiegenheit in Betracht.[1] Eine Geldbuße als nächst höhere Sanktion kann bis zur Höhe der monatlichen Dienst- oder Anwärterbezüge des Beamten auferlegt werden. Die Kürzung der Dienstbezüge kann sich auf eine Dauer von bis zu drei Jahren erstrecken, wobei die Dienstbezüge um maximal $^1/_5$ gekürzt werden können. Dagegen stellt die Zurückstufung eine dauerhafte Sanktion dar, da der Beamte in ein Amt der selben Laufbahn mit geringerem Endgrundgehalt versetzt wird. Der Beamte verliert alle Rechte aus seinem bisherigen Amt einschließlich der damit verbundenen Dienstbezüge und der Befugnis, die bisherige Amtsbezeichnung zu führen. Die gravierendste Maßnahme ist die Entfernung aus dem Beamtenverhältnis. Der Beamte verliert hiernach den Anspruch auf Dienstbezüge und Versorgung sowie die Befugnis, die Amtsbezeichnung und die im Zusammenhang mit dem Amt verliehenen Titel zu führen. Diese schwerwiegendste Maßnahme ist nur dann zu verhängen, wenn ein schweres Dienstvergehen vorliegt, durch welches das Vertrauen des Dienstherrn oder der Allgemeinheit in den Beamten endgültig verloren ist (§ 13 Abs. 2 BDG). 1612

Gemäß § 33 Abs. 1 BDG wird ein Verweis, eine Geldbuße, eine Kürzung der Dienstbezüge oder eine Kürzung des Ruhegehalts durch eine Disziplinarverfügung ausgesprochen. Dagegen wird eine Zurückstufung des Beamten, eine Entfernung aus dem Beamtenverhältnis oder eine Aberkennung des Ruhegehalts mittels einer Disziplinarklage gem. § 34 Abs. 1 BDG durchgeführt. 1613

Zur Bemessung der angemessenen Disziplinarmaßnahme bei strafbarem außerdienstlichen Verhalten orientiert sich die Rechtsprechung an der gesetzlichen Strafdrohung.[2] Als Leitlinien sollen nach dem Bundesverwaltungsgericht[3] folgende Grundsätze gelten: 1614

Bei Fehlen jeglichen Dienstbezugs und einem Strafrahmen von bis zu einem Jahr Freiheitsstrafe ist eine Disziplinarmaßnahme im unteren Bereich angemessen, bei einem Strafrahmen von bis zu zwei Jahren eine Zurückstufung.[4]

Bei einem entsprechenden Dienstbezug des Verhaltens kann bei einem Strafrahmen bis zu einem Jahr bereits eine Zurückstufung, bei einem Strafrahmen bis zu zwei Jahren die Entfernung aus dem Beamtenverhältnis möglich sein.[5] Die abstrakte Strafandrohung und ein konkreter Dienstbezug sind somit die maßgebenden Kriterien für eine erste Einstufung des Dienstvergehens. Das konkrete Strafmaß soll

1) BVerwG v. 15.12.2005, 2 A 4.04, NVwZ-RR 2006, 485.
2) Füllsack/Bürger, BB 2012, 3201, 3204.
3) BVerwG v. 21.12.2010, 2 B 29.10, NVwZ-RR 2011, 413, Rz. 14.
4) BVerwG v. 19.8.2010, 2 C 13.10, NVwZ 2011, 299, Rz. 26.
5) BVerwG v. 19.8.2010, 2 C 5.10, NVwZ 2011, 303, Rz. 23 f.

dagegen keine präjudizielle Wirkung haben.[1] Zu beachten ist jedoch, dass gem. § 41 Abs. 1 Nr. 1 BBG bei einer Verurteilung wegen einer vorsätzlichen Tat zu einer Freiheitsstrafe von mindestens einem Jahr das Beamtenverhältnis mit Rechtskraft des Urteils endet.

1615 Weder für steuerrechtliche Verfehlungen von Beamten im allgemeinen noch für solche von Finanzbeamten im besonderen gibt es eine Regeldisziplinarmaßnahme.[2] Entscheidend für die disziplinarrechtliche Ahndung ist zunächst, ob zwischen der Steuerhinterziehung und dem bekleideten Amt ein kausaler und funktionaler Zusammenhang besteht bzw. ob zumindest ein dienstlicher Bezug zu der beruflichen Tätigkeit besteht.

1616 Das VG Stuttgart hat mit Urteil vom 10.8.2011[3] entschieden, dass eine Fernmeldeobersekretärin wegen Steuerhinterziehung auf Grund doppelten Bezugs von Kindergeld zurückzustufen, jedoch nicht aus dem Dienst zu entfernen ist. Bei der Entscheidung wurde neben dem Tatzeitraum von 1 ½ und dem Steuerschaden von knapp 20 000 € berücksichtigt, dass das außerdienstliche Verhalten der Beamtin keinen dienstlichen Bezug zu ihrer beruflichen Tätigkeit hatte.

1617 Das VG Mannheim hat mit Urteil vom 27.1.2011[4] entschieden, dass ein innerdienstliches Dienstvergehen nicht allein deshalb angenommen werden kann, weil die Steuerhinterziehung von einem Finanzbeamten begangen worden ist. Nach dem VG Mannheim sei zu prüfen, ob zwischen der Steuerhinterziehung und dem von dem Beamten bekleideten Amt ein kausaler und funktionaler Zusammenhang bestand oder ob der Beamte eine Steuerhinterziehung begangen hat, wie sie jede andere Privatperson hätte begehen können, d.h. ohne Ausnutzung seiner dienstlichen Stellung und Möglichkeiten. Insofern ist eine Steuerhinterziehung durch einen Finanzbeamten regelmäßig ein außerdienstliches Dienstvergehen. Etwas anderes soll nur dann gelten, wenn sich die Steuerhinterziehung auf eine Steuerart bezieht, an deren Erhebung der Beamte gerade nach seinem dienstlichen Aufgabenbereich mitwirkt. Gleichwohl soll die Eigenschaft als Finanzbeamter bei der Verhängung einer Disziplinarmaßnahme eine nicht unbedeutende Rolle spielen. Wer es mit seinen eigenen steuerlichen Pflichten nicht ernst nimmt, erweckt den Eindruck, die Rechtsordnung stehe im Interesse des eigenen Vorteils zur Disposition. Ist ein Beamter nicht dienstlich mit der Veranlagung betraut, so stellt eine private Steuerhinterziehung des Beamten ein außerdienstliches Dienstvergehen dar.[5] Fehlt es an einem dienstlichen Bezug, wird als Disziplinarmaßnahme bei Hinterziehungsbeträgen im sechsstelligen Bereich regelmäßig eine Zurückstufung angenommen.[6]

1618 Weist die Steuerhinterziehung dagegen, obwohl außerdienstlich begangen, einen engen Bezug zu den dienstlichen Tätigkeiten auf und ist geeignet, die für die Amtsführung unabdingbare Autorität des Beamten zu beeinträchtigen, kommt dagegen grundsätzlich eine Entfernung aus dem Dienst in Betracht.[7] Ein solcher enger dienstlicher Bezug wird insbesondere in den Fällen bejaht, in denen der Beamte gerade das tut, was er nach seinen dienstlichen Obliegenheiten gerade verhindern

1) BVerwG v. 10.9.2010, 2 B 97.09, Rz. 4, abrufbar unter www.bverwg.de.
2) Füllsack/Bürger, BB 2012, 3201, 3205.
3) VG Stuttgart v. 10.8.2011, DB 23 K 1060/11, abrufbar unter www.landesrecht-bw.de.
4) VG Mannheim v. 17.1.2011, BL 13 S 2145/10, NVwZ-RR 2011, 574.
5) BVerwG v. 21.6.2011, 2 WD 10.10 sowie v. 28.3.2011, 2 B 59.10, Rz. 13, abrufbar unter www.bverwg.de.
6) BVerwG v. 4.9.1991, 1 D 35.90, BVerwGE 93, 151; v. 9.11.1994, 1 D 57.93, BVerwGE 103, 184.
7) OVG Mecklenburg-Vorpommern v. 11.10.2011, 10 M 154, 11, Rz. 7, abrufbar unter www.landesrecht-mv.de.

soll,[1] wie etwa ein Finanzamtsvorsteher, der in seiner Steuererklärung falsche Angaben macht und hierdurch Steuern verkürzt.[2]

Da das Disziplinarrecht keine Materie des Strafrechts, sondern des Verwaltungsrechts ist, findet im Verhältnis von Disziplinar- und Kriminalstrafe der Grundsatz „ne bis in idem" keine Anwendung. Allerdings ist eine bereits verhängte Disziplinarmaßnahme von den Strafgerichten bei der Strafzumessung zu berücksichtigen. Auch die Erstattung einer Selbstanzeige eines Finanzbeamten schließt ein Disziplinarverfahren nicht aus, da § 371 AO lediglich eine strafrechtliche Verfolgung, nicht aber eine disziplinarrechtliche Verfolgung untersagt.[3] Allerdings kann die Freiwilligkeit einer Selbstanzeige ein entscheidender Milderungsgrund sein, der dazu führen kann, dass ein endgültiger Vertrauensverlust nicht festzustellen ist, so dass auch eine Entfernung aus dem Dienst unterbleiben kann.[4] 1619

Fraglich ist jedoch, ob der Dienstherr über die Selbstanzeige überhaupt unterrichtet werden darf. Nr. 15 der Anordnung über Mitteilungen in Strafsachen (MiStra) begründet Mitteilungspflichten der Staatsanwaltschaften und Gerichte hinsichtlich Strafsachen, die sich gegen Angehörige des öffentlichen Dienstes richten. Diese Mitteilungspflichten betreffen auch Daten, die dem Steuergeheimnis nach § 30 AO unterliegen. 1620

Eine Weitergabe der Daten erfordert eine Ermächtigungsgrundlage. Verwaltungsvorschriften, wie Nr. 15 MiStra reichen diesbezüglich nicht aus.[5] § 125c BRRG erlaubt eine Mitteilung nur soweit die Voraussetzungen des § 30 Abs. 4 Nr. 5 AO erfüllt sind (§ 125c Abs. 6 BRRG).[6] Die Informationen aus der Selbstanzeige stellen jedoch bereits keine Erkenntnis aus einem Strafverfahren dar.[7]

Zudem erfordert eine Durchbrechung des Steuergeheimnisses, dass ein Fall des § 30 Abs. 4 Nr. 5 AO („zwingendes öffentliches Interesse") besteht. Dies ist regelmäßig abzulehnen.[8] Sofern man im Einzelfall die Voraussetzungen des § 30 Abs. 4 Nr. 5 AO als erfüllt ansieht, stellt sich weiterhin die Frage, ob § 393 AO einer Offenbarung entgegensteht.[9]

Nach einer Entscheidung des Bundesverwaltungsgerichts vom 28.7.2011[10] kann die auf Grund einer Selbstanzeige angezeigte Steuerstraftat noch Anknüpfungspunkt für eine Disziplinarmaßnahme sein. Die Entrichtung der hinterzogenen Steuern ist jedoch ein beachtlicher Milderungsgrund.

3. Folgen für Angehörige freier Berufe

a) Steuerberater/Rechtsanwälte

Auf die Angehörigen freier Berufe, wie etwa Rechtsanwälte, Notare, Steuerberater, Wirtschaftsprüfer und Steuerbevollmächtigte, finden die gewerberechtlichen Vor- 1621

1) Füllsack/Bürger, BB 2012, 3201, 3206.
2) OVG Mecklenburg-Vorpommern v. 11.10.2011, 10 M 154, 11, abrufbar unter www.landesrecht-mv.de.
3) Randt in Franzen/Gast/Joecks 7. Aufl. 2009, § 370 AO Rz. 304a; a.A. Brauns, FS Kohlmann, 387 ff.
4) OVG Rheinland-Pfalz v. 15.4.2005, 3 A 12188/04, 3 A 12224/04, PStR 2006, 54; Randt in Franzen/Gast/Joecks, 7. Aufl. 2009, § 370 AO Rz. 304a.
5) Joecks in Franzen/Gast/Joecks, 7. Aufl. 2009, § 371 AO Rz. 218a.
6) Der BFH hat mit Urteil v. 15.1.2008, VII B 149/07, wistra 2008, 224, die Weitergabe der Daten als rechtmäßig qualifiziert, ohne jedoch auf die Problematik des Verbots des Zwangs zur Selbstbelastung einzugehen.
7) Joecks in Franzen/Gast/Joecks, 7. Aufl. 2009, § 371 AO Rz. 218c.
8) Joecks in Franzen/Gast/Joecks, 7. Aufl. 2009, § 371 AO Rz. 218e; Schauf in Kohlmann, § 370 AO Rz. 1190 (August 2008).
9) Joecks in Franzen/Gast/Joecks, 7. Aufl. 2009, § 371 AO Rz. 218 f.
10) BVerwG v. 28.7.2011, 2 C 16.10, DÖV, 2011, 940, Rz. 25.

schriften keine Anwendung. Allerdings sind auch diese Personengruppen verpflichtet, ihren Beruf gewissenhaft auszuüben und sich auch außerhalb der Berufstätigkeit des Vertrauens und der Achtung würdig zu erweisen, die ihr Beruf erfordert (§ 14 Abs. 1 und 3 BNotG, § 43 BRAO, § 57 Abs. 1 und 2 StBerG, § 43 Abs. 1 und 2 WPO). Den Angehörigen der rechts- und steuerberatenden Berufe drohen im schlimmsten Fall die Ausschließung aus dem Beruf (§ 114 Abs. 1 Nr. 5 BRAO, § 90 Abs. 1 Nr. 4 StBerG).

Berufspflichtverletzungen können der zuständigen Berufskammer mitgeteilt werden (z.B. § 10 StBerG).

Nach dem BGH ist eine Anstiftung zur Steuerhinterziehung grds. geeignet ein Berufsverbot für die Berufe des Rechtsanwalts und des vereidigten Buchprüfers auszulösen.[1] Zu näheren Ausführungen vgl. exemplarisch die berufsrechtlichen Konsequenzen eines Steuerberaters unter → Rz. 2772 ff.

b) Ärzte

1622 Gemäß § 5 Abs. 2 BÄO ist die Approbation zu widerrufen, wenn nachträglich die Voraussetzung nach § 3 Abs. 1 Satz 1 Nr. 2 BÄO weggefallen ist. Gemäß § 3 Abs. 1 Nr. 2 BÄO ist die Approbation auf Antrag zu erteilen, wenn der Antragsteller sich nicht eines Verhaltens schuldig gemacht hat, aus dem sich seine Unwürdigkeit oder Unzuverlässigkeit zur Ausübung des ärztlichen Berufs ergibt.

1623 Nach der Rechtsprechung erstreckt sich der Anwendungsbereich des § 3 Abs. 1 Satz 1 Nr. 2 BÄO nicht nur auf das Verhalten eines Arztes bei der Behandlung der Patienten, also auf den Kernbereich der ärztlichen Tätigkeit, sondern erfasst darüber hinaus alle berufsbezogenen, d.h. mit der eigentlichen ärztlichen Tätigkeit in nahem Zusammenhang stehenden Handlungen und Unterlassungen, und, abhängig von der Schwere des Delikts, auch Straftaten außerhalb des beruflichen Wirkungskreises.[2] Da Steuervergehen unmittelbar weder einen Rückschluss auf die berufliche Tätigkeit eines Arztes zulassen noch – anders als etwa Übergriffe auf die körperliche Integrität von Patienten oder anderen Personen – das Wohlergehen der dem Arzt in besonderer Weise anvertrauten Gesundheit von Menschen betreffen und es für die Annahme der Unwürdigkeit nicht auf eine Wiederholungsgefahr ankommt, führt allerdings nicht jedes Steuervergehen zur Annahme der Unwürdigkeit i.S.d. § 3 Abs. 1 Satz 1 Nr. 2 Alt. 1 BÄO.[3] Lediglich ein schwerwiegendes, beharrliches steuerliches Fehlverhalten rechtfertigt die Annahme, der Approbierte setze sich im eigenen finanziellen Interesse in einen solchen Maße auch über strafbewehrte, im Interesse der Allgemeinheit bestehende Bestimmungen hinweg, dass er schon deshalb als Arzt untragbar ist.[4] Bei dem zugrundeliegenden Sachverhalt der Entscheidung des OVG Lüneburg hatte der Stpfl. über ein Jahrzehnt hinweg 877 000 € (inkl. Zinsen) verkürzt. Bei Verwirklichung gravierender Steuerstraftaten, die zur Verhängung einer mehrjährigen Freiheitsstrafe ohne Bewährung führen, soll der Arzt regelmäßig das für die zuverlässige ärztliche Versorgung der Bevölkerung notwendige Vertrauen in eine nur am Wohl des Patienten orientierte ärztliche Berufsausübung und Behandlung verspielt haben.[5]

Da § 3 Abs. 1 Satz 1 Nr. 2 BÄO nur ein allgemeines Fehlverhalten, nicht aber die Begehung einer Straftat voraussetzt, ist im Approbationsentziehungsverfahren auch

1) BGH v. 20.2.2001, 5 StR 544/00, HFR 2001, 1199.
2) BayVGH v. 28.4.2010, 21 BV 09.1993, n.v.
3) OVG Lüneburg v. 4.12.2009, 8 LA 167/09, n.v.
4) OVG Lüneburg v. 4.12.2009, 8 LA 167/09, n.v.
5) OVG NRW v. 31.8.2006, 13 A 1190/05, ZMGR 2007, 54 ff. Bei der zu Grunde liegenden strafrechtlichen Entscheidung wurde der Arzt zu drei Jahren Freiheitsstrafe verurteilt.

das Verhalten des Arztes für die Jahre zu berücksichtigen, für das strafrechtlich bereits eine Verjährung eingetreten ist.[1)]

Wann ein schwerwiegendes, beharrliches steuerliches Fehlverhalten vorliegt, wird letztendlich nur im Einzelfall entschieden werden können. Meines Erachtens sollten jedoch steuerliche Verfehlungen, die nicht mit der Erzielung der ärztlichen Einkünfte im Zusammenhang stehen, unberücksichtigt bleiben. Ein Arzt, der beispielsweise ausländische Kapitaleinkünfte in seiner Steuererklärung nicht angibt, jedoch seine ärztlichen Honorare vollständig versteuert, ist nach der hier vertretenen Auffassung weder unwürdig noch unzuverlässig zur Ausübung des ärztlichen Berufs. **1624**

4. Folgen für Bankvorstände und Bankengeschäftsleiter

Gemäß § 36 Abs. 1, § 33 Abs. 1 Nr. 2 KWG kann für die Bundesanstalt für Finanzdienstleistungsaufsicht die Abberufung des verantwortlichen Geschäftsleiters (§ 1 Abs. 2 KWG) verlangen und ihm auch die Ausübung seiner Tätigkeit bei Instituten in der Rechtsform einer juristischen Person untersagen, wenn Tatsachen existieren, aus denen sich seine Unzuverlässigkeit ergibt. Die persönliche Integrität des Geschäftsleiters kann dabei auch durch eine Steuerhinterziehung in Frage gestellt werden. Da § 33 Abs. 1 Nr. 2 KWG eine Würdigung der Tatsachen im Einzelfall vorsieht, ist bei einer Steuerhinterziehung neben der Höhe des verkürzten Betrags insbes. die Frage einer persönlichen Bereicherung von Bedeutung. Auch hier hat eine Selbstanzeige nur für das Strafverfahren strafbefreiende Wirkung, entfaltet jedoch kein Verfahrenshindernis für ein berufsrechtliches Verfahren. **1625**

5. Ausländerrecht und Pass- bzw. Personalausweisrecht

a) Ausländerrecht

aa) Ausweisung als Folge von Steuerstraftaten

Gemäß § 53 Nr. 1 AufenthG ist ein Ausländer **auszuweisen,** wenn er wegen einer oder mehrerer vorsätzlicher Straftaten rechtskräftig zu einer Freiheitsstrafe von mindestens drei Jahren verurteilt worden ist oder wegen vorsätzlicher Straftaten innerhalb von fünf Jahren zu mehreren Freiheitsstrafen von zusammen mindestens drei Jahren rechtskräftig verurteilt oder bei der letzten rechtskräftigen Verurteilung Sicherungsverwahrung angeordnet worden ist.[2)] Zudem wird gem. § 54 Nr. 1 AufenthG ein Ausländer in der Regel ausgewiesen, wenn er wegen einer oder mehrerer vorsätzlicher Straftaten rechtskräftig zu einer Jugendstrafe von mindestens zwei Jahren oder zu einer Freiheitsstrafe verurteilt und die Vollstreckung der Strafe nicht zur Bewährung ausgesetzt worden ist. **1626**

bb) Offenbarung steuerlicher Verhältnisse gegenüber den Ausländerbehörden

Gemäß § 87 AufenthG haben öffentliche Stellen unverzüglich die zuständige Ausländerbehörde zu unterrichten, wenn sie Kenntnis von einem (sonstigen) Ausweisungsgrund erlangen. Nach § 87 Abs. 4 Satz 1 AufenthG haben die für die Einleitung und Durchführung eines Straf- bzw. Bußgeldverfahrens zuständigen Stellen, also grds. auch die Fahndungs- sowie Bußgeld- und Strafsachenstellen der Finanzämter, die zuständige Ausländerbehörde unverzüglich über die Einleitung sowie die Erledigung des Verfahrens zu unterrichten. **1627**

Eine Offenbarung der Kenntnisse ist gem. § 30 Abs. 4 Nr. 2 AO zulässig, denn gem. § 88 Abs. 3 AufenthG dürfen personenbezogene Daten, die nach § 30 AO dem Steu- **1628**

1) OVG Lüneburg v. 4.12.2009, 8 LA 167/09, n.v.
2) Zu beachten ist, dass die Ausweisungstatbestände des § 47 Abs. 1 AuslG allein auf eine rechtskräftige strafgerichtliche Verurteilung abstellen und nicht geprüft werden muss, ob tatsächlich eine Straftat begangen wurde, BVerwG v. 24.2.1998, 1 B 21/98, InfAuslR 1998, 221.

ergeheimnis unterliegen, übermittelt werden, wenn der Ausländer gegen eine Vorschrift, insbes. des Steuer- und Zollrechts, verstoßen hat und wegen dieses Verstoßes ein strafrechtliches Ermittlungsverfahren eingeleitet oder eine Geldbuße von mindestens 500 € verhängt worden ist.

b) Pass- und Personalausweisrecht

1629 Gemäß § 7 PaßG ist der Pass zu versagen, wenn bestimmte Tatsachen die Annahme begründen, dass sich der Passbewerber einer Strafverfolgung oder Strafvollstreckung (Nr. 2) oder seinen steuerlichen Verpflichtungen (Nr. 4) entziehen will. Nach § 8 PaßG kann ein Pass entzogen werden, wenn Tatsachen bekannt werden, die nach § 7 Abs. 1 PaßG die Passversagung rechtfertigen würden. Unter denselben Voraussetzungen kann gem. § 2 Abs. 2 PAuswG im Einzelfall angeordnet werden, dass der Personalausweis nicht zum Verlassen des Gebiets des Geltungsbereichs des Grundgesetzes über eine Auslandsgrenze berechtigt. Gemäß § 7 Abs. 1 Nr. 4 PassG ist ein Pass zu versagen, wenn der Passbewerber sich seinen **steuerlichen Verpflichtungen entziehen** oder den Vorschriften des Zoll- und Monopolrechts oder des Außenwirtschaftsrechts zuwiderhandeln oder schwerwiegende Verstöße gegen Einfuhr-, Ausfuhr- oder Durchfuhrverbote oder -beschränkungen begehen **will.**

1630 Für die Annahme von Steuerschulden ist der Erlass eines nicht offensichtlich rechtswidrigen, vollstreckbaren Steuerbescheids ausreichend.[1] Die Versagung oder der Entzug eines Passes dürfen nur auf Tatsachen gestützt werden; bloße Vermutungen, der Stpfl. werde seinen Wohnsitz ins Ausland verlagern, reichen nicht aus.[2] Die Tatsache, dass der Passinhaber seine Steuerrückstände nicht begleicht, rechtfertigt nicht stets die Annahme, er wolle sich seinen Verpflichtungen entziehen.[3] Die Behörde ist für den Fluchtwillen beweispflichtig.[4] Als ausreichend wird jedoch etwa angesehen, wenn der Passinhaber über namhaftes Vermögen im Ausland verfügt, sich im Zuge der Ermittlungen ins Ausland absetzt bzw. absetzen will, um seinen steuerlichen Pflichten zu entgehen[5] (und keinerlei Auskünfte über seine Vermögenssituation abgibt).[6]

1631 Nach dem Verhältnismäßigkeitsgrundsatz muss die Passversagung bzw. der Passentzug erforderlich sein, so dass die Maßnahme etwa bei geringen oder im Inland ausreichend abgesicherten Steuerschulden nicht gerechtfertigt sein kann.[7]

6. Sonstige Nebenfolgen

1632 Eine Waffenbesitzkarte ist gem. § 4 WaffG zu versagen bzw. nach § 45 Abs. 2 WaffG zu widerrufen, wenn Tatsachen die Annahme rechtfertigen, dass der Betreffende die erforderliche Zuverlässigkeit nicht besitzt. Gemäß § 5 Abs. 2 Nr. 1 Buchst. a WaffG besitzen Personen, die zu einer Freiheitsstrafe, Jugendstrafe bzw. Geldstrafe von mindestens 60 Tagessätzen oder mindestens zweimal zu einer geringeren Geldstrafe rechtskräftig verurteilt worden sind oder bei denen die Verhängung von Jugendstrafe ausgesetzt worden ist, wenn seit dem Eintritt der Rechtskraft der letzten Verurteilung fünf Jahre noch nicht verstrichen sind, die erforderliche Zuverlässigkeit nicht. Eine Verurteilung wegen Steuerhinterziehung, die als vorsätzliche Straftat i.S.d. § 5 Abs. 2 Nr. 1 Buchst. a WaffG zu qualifizieren ist, begründet eine

1) VGH Baden-Württemberg v. 28.11.1988, 1 S 3045/87, RIW 1989, 77.
2) BayVGH v. 26.7.1995, 5 B 94.2279, BayVBl. 1996, 50.
3) BVerwG v. 16.10.1989, 1 A 110/89, DÖV 1990, 787.
4) VGH Baden-Württemberg v. 28.11.1988, 1 S 3045/87, RIW 1989, 77.
5) BayVGH v. 26.7.1995, 5 B 94.2279, BayVBl. 1996, 50.
6) VGH Baden-Württemberg v. 28.11.1988, 1 S 3045/87, RIW 1989, 77; vgl. auch OVG Lüneburg v. 4.11.2008, 11 ME 286/08, NJW 2009, 1988 und VG Berlin v. 11.3.2010, VG 23 L 332.09, n.v. sowie VG Berlin v. 9.3.2010, VG 23 L 328.09, n.v.
7) Randt in Franzen/Gast/Joecks, 7. Aufl. 2009, § 370 AO Rz. 300.

Unzuverlässigkeit des Inhabers einer Waffenbesitzkarte.[1] Ein starkes soziales Engagement rechtfertigt nicht die Rücknahme des Widerrufs.[2]

Eine Entziehung des Jagdscheins kommt bei Verurteilung wegen Steuerhinterziehung nicht in Betracht, da gem. § 17 Abs. 4 Nr. 1 Buchst. b BJagdG aus der Verurteilung wegen eines vorsätzlichen Vergehens eine spezifische waffenrechtliche Unzuverlässigkeit folgen muss.

Gemäß § 4 Abs. 3 LuftVG ist die Erlaubnis zur Führung eines Luftfahrzeuges zu widerrufen, wenn Tatsachen vorliegen, die den Bewerber als unzuverlässig erscheinen lassen. Gemäß § 24 Abs. 2 LuftVZO ist dies u.a. auch bei einer erheblichen gerichtlichen Bestrafung der Fall. Wann eine erhebliche gerichtliche Verurteilung angenommen werden kann, ist unklar. Nicht herangezogen werden kann die „Anordnung über Mitteilungen in Strafsachen (MiStra)". Wegen welchen Delikten eine Bestrafung vorliegt, ist nach Ansicht des BVerwG[3] unerheblich. Das VG Düsseldorf[4] hat beispielsweise eine Entziehung einer Flugzeugführererlaubnis durch die Luftfahrtbehörde bestätigt, weil der Erlaubnisinhaber mehrfach wegen Betruges bestraft worden war **1633**

Auch im Falle einer Verurteilung wegen Steuerhinterziehung kann für diese Steuerverbindlichkeiten gem. § 302 Nr. 1 InsO eine Restschuldbefreiung eintreten, da es sich bei einer Steuerhinterziehung nicht um eine „unerlaubte Handlung" i.S.v. § 302 Nr. 1 InsO handelt.[5] **1634**

Allerdings ist zu beachten, dass gem. § 290 Abs. 1 Nr. 2 InsO die Restschuldbefreiung zu versagen ist, wenn der Schuldner in den letzten drei Jahren vor dem Antrag auf Eröffnung des Insolvenzverfahrens oder nach diesem Antrag vorsätzlich oder grob fahrlässig schriftlich unrichtige oder unvollständige Angaben über seine wirtschaftlichen Verhältnisse gemacht hat, um Leistungen aus öffentlichen Mitteln zu beziehen oder Leistungen an öffentliche Kassen zu vermeiden. Unter diese Normen fallen falsche oder unvollständige Steuererklärungen,[6] Erlass- oder Stundungsanträge, Vermögensverzeichnisse sowie Anträge auf Vollstreckungsaufschub. Durch das fehlende Einreichen einer Steuererklärung wird der Tatbestand des § 290 Abs. 1 Nr. 2 InsO dagegen nicht erfüllt.[7]

1) BVerwG v. 24.4.1990, 1 C 56/89, DVBL. 1990, 1043; OVG Münster v. 8.12.1981, 4 A 2464/80, AgrarR 1983, 106 jeweils noch zur a.F. des § 5 WaffG; Randt in Franzen/Gast/Joecks, 7. Aufl. 2009, § 370 AO Rz. 302; Schauf in Kohlmann § 370 AO Rz. 1178 (August 2008).
2) FG Münster v. 20.8.2001, I K 2141/00, n.v.
3) BVerwG v. 14.12.1990, 7 C 20/90, NVwZ 1991, 889.
4) VG Düsseldorf v. 22.8.1988, 6 L 1472/88, n.v.
5) BFH v. 19.8.2008, VII R 6/07, BStBl II 2008, 947.
6) BGH v. 13.1.2011, IX ZB 199/09, PStR 2011, 241.
7) BMF v. 11.1.2002, IV A 4 – S0550 – 1/02, BStBl I 2002, 132.

KAPITEL III
Besonders schwerer Fall der Steuerhinterziehung

A. Die ehemals gewerbs- oder bandenmäßige Steuerhinterziehung (§ 370a AO a.F.)

Schrifttum

Gast-de Haan, Formelle Verfassungswidrigkeit des § 370a AO n.F., DStR 2003, 12; **Hetzer**, Quantensprung in der Geldwäschebekämpfung – Gewerbs- und bandenmäßige Steuerhinterziehung als Vortat (§ 261 StGB) –, DStZ 2002, 175; **Wisser**, Zu den Kompetenzen des Vermittlungsausschusses in der Prüfung der Verfassungswidrigkeit des § 370a AO – Zugleich Erwiderung auf Gast-de Haan, DStR 2003, 12 –, DStR 2003, 1191.

1635 Zunächst weitgehend unbemerkt von Fachwelt und der Öffentlichkeit wurde durch Art. 2 Nr. 3 des Steuerverkürzungsbekämpfungsgesetzes (StVBG)[1] in die Abgabenordnung der Tatbestand der gewerbs- oder bandenmäßigen Steuerhinterziehung eingefügt.

§ 370a AO hatte danach folgenden Wortlaut:

„Mit Freiheitsstrafe von einem Jahr bis zu zehn Jahren wird bestraft, wer gewerbsmäßig oder als Mitglied einer Bande, die sich zur fortgesetzten Begehung solcher Taten verbunden hat, Steuern verkürzt oder für sich oder andere nicht gerechtfertigte Steuervorteile erlangt."

Darüber hinaus wurde durch Art. 4 des StVBG zugleich der bisherige Satz 3 des § 261 Abs. 1 StGB (Geldwäsche) wie folgt neu gefasst:

„In den Fällen des Satzes 2 Nr. 3 sowie im Fall des § 370a AO gilt Satz 1 auch für unrechtmäßig erlangte Steuervergütungen sowie für Vermögensbestandteile, hinsichtlich deren Abgaben hinterzogen worden sind."

Beide Bestimmungen sind nach Maßgabe von Art. 9 am Tage nach der Verkündung, d.h. zum 28.12.2001, in Kraft getreten.

Nicht zuletzt auf Grund heftiger Kritik in der Literatur und seitens der Berufsverbände an der neuen Vorschrift sah sich der Gesetzgeber jedoch kurze Zeit später bereits wieder gezwungen, § 370a AO abzuändern. Auf Grundlage des Einigungsvorschlags des Vermittlungsausschusses hat der Deutsche Bundesrat am 12.7.2002 im Rahmen des Gesetzgebungsverfahrens zum Fünften Gesetz zur Änderung des Steuerbeamten-Ausbildungsgesetzes und zur Änderung von Steuergesetzen vom 23.7.2002[2] zu folgender Gesetzesfassung seine Zustimmung gegeben:

„Mit Freiheitsstrafe von einem Jahr bis zu zehn Jahren wird bestraft, wer in den Fällen des § 370

1. gewerbsmäßig oder

2. als Mitglied einer Bande, die sich zur fortgesetzten Begehung solcher Taten verbunden hat,

in großem Ausmaß Steuern verkürzt oder für sich oder einen anderen nicht gerechtfertigte Steuervorteile erlangt. In minder schweren Fällen ist die Strafe Freiheits-

1) StVBG v. 19.12.2001, BGBl. I 2001, 3922, 3924.
2) BGBl. I 2002, 2715; zur Frage, ob dieses Vorgehen verfassungsrechtlichen Anforderungen genügt, vgl. Gast-de Haan, DStR 2003, 12 und die Erwiderung dazu von Wisser, DStR 2003, 1191.

strafe von drei Monaten bis zu fünf Jahren. Ein minder schwerer Fall liegt insbesondere vor, wenn die Voraussetzungen des § 371 erfüllt sind."

Die Neufassung galt bereits ab dem 28.12.2001. Wichtigste Änderung war die Beschränkung der gewerbs- oder bandenmäßigen Steuerhinterziehung gem. § 370a AO auf Steuerverkürzungen in großem Ausmaß. Grund für diese Änderung war die Erkenntnis, dass die ursprüngliche Regelung des § 370a AO über das Ziel hinaus geschossen war, weil sie nach ihrem Wortlaut insbes. in der Alternative der gewerbsmäßigen Steuerhinterziehung auch Bagatellfälle erfasste. Für Abhilfe sollte daher die Tatbestandsvoraussetzung der Steuerverkürzung in großem Ausmaß sorgen, die sowohl für die gewerbsmäßige als auch für die bandenmäßige Steuerhinterziehung galt.

Problematisch war jedoch, ab welcher betragsmäßigen Grenze ein großes Ausmaß erreicht sein sollte bzw. ob dieses Merkmal überhaupt rein quantitativ zu verstehen ist. Dieses Problem konnte nie adäquat gelöst werden und führte schließlich zum Ende des § 370a AO wegen der offensichtlichen Unklarheit und Unbestimmtheit der Vorschrift.

B. Das Ende des § 370a AO

Die seinerzeitige Bundesregierung hatte sich mit Einführung des § 370a AO einen **1636** lange gehegten Wunsch erfüllt und unter Umgehung sämtlicher rechtsstaatlicher Bedenken das Steuerrecht zur Gewinnabschöpfung bei bestimmten Formen der organisierten Kriminalität nunmehr ungehindert einsetzbar gemacht.[1)]

So sehr das gesetzgeberische Ziel und (offenbar alleinige) Motiv für die Einführung des § 370a AO erstrebens- und (insbes. für den Fiskus) lohnenswert gewesen sein mag, so sehr war die Formulierung des § 370a AO in seinen ausufernden Konsequenzen über dieses Ziel hinausgeschossen. Es bestand daher von Anfang an in der Literatur Einigkeit darüber, dass § 370a AO zu weit gefasst war.

Dieser massiven Kritik hat sich in der Folgezeit zunächst der BGH und kurze Zeit später auch der Gesetzgeber angeschlossen und die missglückte Vorschrift wieder aus der AO gestrichen.[2)] Bemerkenswert daran ist, dass der BGH – massiv begleitet und unterstützt durch die damalige Vorsitzende des damals für Steuerstrafrecht zuständigen 5. Senats[3)] – § 370a AO an den grundgesetzlichen Anforderungen für die Bestimmtheit von Rechtsvorschriften (Art. 103 Abs. 2 GG) gemessen und für nicht ausreichend befunden hat, ohne dass es darauf in der betreffenden Entscheidung überhaupt angekommen wäre.[4)]

Zum 1.1.2008 wurde § 370a AO wieder aus dem Gesetz gestrichen.

C. Die aktuelle Regelung des besonders schweren Falls der Steuerhinterziehung in § 370 Abs. 3 AO

Zeitgleich mit dem Entfernen des § 370a AO aus dem Gesetz wurde § 370 Abs. 3 **1637** AO durch das Gesetz zur Neuregelung der Telekommunikationsüberwachung und anderer verdeckter Ermittlungsmaßnahmen[5)] neu gefasst (→ Rz. 1449). Danach sind

1) Vgl. dazu auch die polemischen Anm. von Hetzer, DStZ 2002, 175, 178 ff.
2) BGBl. I 2007, 3198.
3) Harms in FS Kohlmann, 2003, 413 ff.
4) BGH v. 22.7.2004, 5 StR 85/04, NJW 2004, 2990.
5) BGBl. I 2007, 3198.

Fälle der besonders schweren Steuerhinterziehung mit Freiheitsstrafe von sechs Monaten bis zu zehn Jahren bedroht. Diese Strafrahmenerhöhung stellt in der AO eine Neuerung dar. Dabei ist zu beachten, dass die im Gesetz nunmehr normierten Regelbeispiele keine Tatbestandsqualifikationen darstellen, bei denen der erhöhte Strafrahmen uneingeschränkt angewendet werden muss. Vielmehr stellt die Erfüllung eines der genannten Regelbeispiele lediglich nur ein Indiz für das Vorliegen eines besonders schweren Falles dar, welches auch entkräftet werden kann. Dazu sind sämtliche Umstände heranzuziehen, die das Unrecht oder die Schuld gemindert erscheinen lassen.[1] Umgekehrt kann aber auch ein besonders schwerer Fall vorliegen, wenn ein Regelbeispiel nicht erfüllt ist. Welche Umstände für diese Entscheidung maßgeblich sind, ist lebhaft umstritten.[2]

Insbesondere durch die in § 370 Abs. 3 Satz 2 Nr. 1 (Steuerverkürzung in großem Ausmaß) bzw. Nr. 5 (bandenmäßige Umsatzsteuerhinterziehung – sog. Umsatzsteuerkarusselle) normierten Regelbeispiele hat die Steuerhinterziehung als besonders schwerer Fall in der Praxis deutlich an Bedeutung gewonnen.

Die Neuregelung des besonders schweren Falls hat große praktische Bedeutung für die Berechnung der strafrechtlichen Verjährung (→ Rz. 772) und die Strafzumessung (→ Rz. 1449).

1) Joecks in Franzen/Gast/Joecks, 7. Aufl. 2009, § 370 AO Rz. 267 m.w.N.
2) Joecks in Franzen/Gast/Joecks, 7. Aufl. 2009, § 370 AO Rz. 267 m.w.N.

KAPITEL IV

Überblick über die sonstigen Steuerstraftaten

A. Hinterziehung von Einfuhrabgaben

Schrifttum

Bender, Verbote und Beschränkungen im Binnenmarkt- straf- und bußgeldrechtliche Aspekte, ZFZ 1992, 199; **Bender**, Rechtsfragen um den Transitschmuggel mit Zigaretten, wistra 2001, 161 ff.; **Bender**, Neuigkeiten im Steuerstrafrecht 2002 für die Zollverwaltung, ZfZ 2002, 146; **Bender**, Versuch und Vollendung der Steuerhinterziehung, AW-Prax 2000, 30; **Bender**, Anmerkung zu LG Hamburg v. 20.3.2000, 618 Kls 8/99, wistra 2001 68; **Bender/Möller/Retemeyer**, Zoll- und Verbrauchsteuerstrafrecht mit Steuerstrafrecht und Verfahrensrecht, Loseblattwerk, Regensburg, November 2011; **Esskandari/Bick**, Rechtsprechung der Strafgerichte 2011/2012, DStZ 2012, 775; **Gellert**, Zum Stand der Arbeiten an der MZK-DVO – Ein Zwischenbericht, AW-Prax 2011, 124; **Geuenich**, Anm. zum Urteil BGH v. 2.12.2008, BB 2009, 312; **Glashoff/Reimer**, Zollberatung durch Steuerberater, DStR 1997, Beihefter zu Heft 39, 1; **Grote**, Versuch und Vollendung einer Steuerhinterziehung, AW-Prax 1999, 340; **Schmitz/Wulf**, Erneut: Hinterziehung ausländischer Steuern und Steuerhinterziehung im Ausland, § 370 Abs. 6, 7 AO, wistra 2001, 361; **Schumann/Schmidt-Bremme**, Zur Rückführung eingeschmuggelter Kunstwerke in ihre Herkunftsstaaten, NJW 2002, 574; **Tipke/Lang**, Steuerrecht, Köln, 21. Aufl. 2013; **Weerth**, Übersicht der Zollbefreiungen, DDZ 2012, F 70 ff.; **Witte**, Summarische Eingangsanmeldung und vorschriftswidriges Verbringen (Teil 1), AW-Prax 2010, 213; **Witte**, Summarische Eingangsanmeldung und vorschriftswidriges Verbringen (Teil 2), AW-Prax 2010, 260; **Witte**, Anmerkung zu BGH v. 1.2.2007, 5 StR 372/06, AW-Prax 2007, 378; **Witte**, Gestellung von versteckten Waren, AW-Prax 2004, 309; **Witte/Henke/Kammerzell**, Der Modernisierte Zollkodex, Köln 2009; **Witte/Wolffgang**, Lehrbuch des Europäischen Zollrechts, Herne/Berlin, 6. Aufl. 2009.

I. Einfuhrabgaben

1. Gesetzliche Grundlage

Durch Schaffung des **europäischen Binnenmarkts** zum 1.1.1993 sind die Grenzen zwischen den Mitgliedsstaaten in der EU kein Hindernis mehr für den Warenverkehr. Vielmehr tritt der Warenverkehr mit Nicht-EU-Staaten in den Brennpunkt. Es war eine vollumfängliche Neugestaltung des Zollrechts erforderlich. Die bisher über 100 geltenden Richtlinien und Verordnungen wurden seit dem 1.1.1994 im Zollkodex (ZK)[1] und der dazu ergangenen Durchführungsverordnung (ZK-DVO)[2] zusammengefasst. Die Europäische Union machte mit dieser Neuordnung von ihrer **supranationalen Kompetenz** Gebrauch. Somit gibt es nur noch Reste nationaler Zollvorschriften wie das Zollverwaltungsgesetz (ZollVG)[3] und die Zollverordnung (ZollV)[4], die das Gemeinschaftsrecht ergänzen. **1638**

Die Zollvorschriften, die seit 1994 gelten, wurden im ersten Jahrzehnt des neuen Jahrtausends umfassend überarbeitet. Die wesentlichen Gründe dieser Überarbei- **1639**

1) VO (EWG) Nr. 2913/92 des Rates v. 12.10.1992 zur Festlegung des Zollkodex der Gemeinschaften, ABl.EG Nr. L 302, 1, ber. durch ABl.EG Nr. L 79, 84 v. 1.4.1993 und durch ABl.EG Nr. L 97, 38 v. 18.4.1996.

2) VO (EWG) Nr. 2454/93 der Kommission mit Durchführungsvorschriften zu Verordnung Nr. 2913/92 (EWG) des Rates zur Festlegung des Zollkodex der Gemeinschaften v. 2.7.1993, ABl.EG Nr. L 253, 1, ber. in ABl.EG 1994 Nr. L 268, 32, ABl.EG 1996 Nr. L 180, 34 und ABl.EG 1997 Nr. L 156, 59.

3) Gesetz v. 21.12.1992, BGBl. I 1992, 2125.

4) VO v. 23.12.1993, BGBl. I 1993, 2449, ber. BGBl. I 1994, 162.

tung waren der Wandel der wirtschaftlichen Realitäten, die Erweiterung der Europäischen Gemeinschaft von zwölf auf nunmehr 27 Mitgliedstaaten und das – insbesondere seit den Anschlägen vom 11.9.2001 bestehende – erhöhte weltweite Sicherheitsbedürfnis. Es soll mithin einerseits der (legale) Handel erleichtert werden, andererseits die Sicherheit von Staat, Wirtschaft und Bürgern erhöht werden.

1640 Mit VO (EG) Nr. 450/2008 des Europäischen Parlaments und des Rates vom 23.4.2008 zur Festlegung des Zollkodex der Gemeinschaft (Modernisierter Zollkodex) wurden die Grundzüge eines für die Zukunft ausgelegten modernisierten europäischen Zollrechts festgelegt:

- die Einführung des Grundsatzes des elektronischen Datenaustausch,
- die Zusammenlegung und Vereinfachung der Zollverfahren,
- die Einführung des Zugelassenen Wirtschaftsbeteiligten (AEO),
- die Schaffung eines Sanktionsrechts,
- die Straffung des Zollschuldrechts,
- die Einführung von Vorabanmeldepflichten bei Ein- und Ausfuhr,
- die Einführung des Prinzips der „einzigen Anlaufstelle" („one-stop-shop"),
- die Einführung einer EU-weiten Risikoanalyse,
- die Stärkung des Prinzips der einzigen Bewilligung,
- die Einführung der zentralen Zollabwicklung,
- die Übertragung hoheitlicher Aufgaben im Rahmen der Eigeneinschätzung.[1]

1641 Alle Vorschriften des Modernisierten Zollkodex sollten spätestens zum 24.6.2013 angewendet werden (vgl. Art. 188 Abs. 2 Satz 2 MZK).[2] Die Kommission schlug jedoch noch vor dem Inkrafttreten eine Änderung des Modernisierten Zollkodex aus folgenden Gründen vor:

- bis Juni 2013 konnten nur sehr wenige oder sogar keine neuen IT-Systeme im Zollbereich eingeführt werden;
- die Kommission hatte sich im Vertrag von Lissabon verpflichtet, alle Basisrechtsakte noch vor Ende der Legislaturperiode des Parlaments mit den neuen Bestimmungen des Lissabon-Vertrags in Bezug auf die Befugnisübertragung und die Übertragung von Durchführungsbefugnissen in Einklang zu bringen (Art. 290 f. AEUV);
- Anpassungsbedarf bei einigen Bestimmungen des MZK, die entweder nicht mehr mit den seit 2008 vorgenommenen Änderungen an der gegenwärtigen Zollgesetzgebung übereinstimmen oder deren Umsetzung sich auf dem Wege von soliden Maßnahmen und praktikablen Geschäftsabläufen als schwierig erwiesen hat (z.B. in Bezug auf die vorübergehende Verwahrung von Waren oder eine Zollanmeldung durch den Eintrag von Daten in den Aufzeichnungen des Anmelders).

1642 Der Vorschlag für die Neufassung des Modernisierten Zollkodex wurde am 20.2.2012 von der Kommission angenommen.[3] Der Vorschlag behält die Ziele der Verordnung (EG) Nr. 450/2008 bei, die mit den bestehenden politischen Maßnahmen und Zielen im Einklang stehen, die für den Handel mit in das und aus dem Zollgebiet der Europäischen Union verbrachten Waren relevant sind. Jedoch wird die Anwendung der Bestimmungen, die von der Nutzung von Mitteln der elektronischen Datenverarbeitung und elektronischer Systeme abhängt, für den Zeitraum bis

---

1) Kammerzell in Witte/Henke/Kammerzell, 26.
2) Gellert, AW-Prax 2011, 124.
3) Vorschlag für eine Verordnung des Europäischen Parlaments und des Rates zur Festlegung des Zollkodex der Europäischen Union (COM/2012/064).

zur Verfügbarkeit solcher Systeme, auf der Grundlage von Ermächtigungsbestimmungen ausgesetzt, Art. 6 Abs. 2 Buchst. c, Art. 7 der Neufassung der Verordnung. Solche Übergangszeiträume und -maßnahmen sollten jedoch nicht über den 31.12.2020 hinausreichen.

Durch VO (EG) Nr. 648/2005 des Europäischen Parlaments und des Rates vom 13.4.2005 zur Änderung der Verordnung (EWG) Nr. 2913/92 zur Festlegung des Zollkodex der Gemeinschaften wurden durch den europäischen Gesetzgeber besonders wichtige und dringende Anliegen aus der umfassenden Modernisierung herausgelöst und bereits vorweggenommen. Dies betrifft die Einführung von Voranmeldepflichten bei der Ein- und Ausfuhr, die Schaffung des Zugelassenen Wirtschaftsbeteiligten (AEO) und den Aufbau eines gemeinschaftlichen Risikomanagements.[1)]

2. Begriff

Der früher verwendete Begriff „Eingangsabgaben" wird durch den aktuellen Begriff **„Einfuhrabgaben"** verdrängt. In den gesetzlichen Regelungen, die die Erhebung von Einfuhr- und Ausfuhrabgaben zum Gegenstand haben, wird der Begriff „Einfuhrabgaben" verwendet. Von „Eingangsabgaben" wird lediglich noch in einigen wenigen, für das Steuerrecht nicht relevanten Gesetzen, z.B. in § 2 Abs. 4 Nr. 1 der Auslandsumzugskostenverordnung, gesprochen, wobei zu beachten ist, dass der veraltete Begriff „Eingangsabgaben" durch den neuen Begriff „Einfuhrabgaben" überlagert ist.[2)] **1643**

Der Begriff **„Einfuhrabgaben"** wird aber in den einzelnen Gesetzen nicht zwingend einheitlich verwendet. So sind „Einfuhrabgaben" im Sinne des Zollkodex nicht identisch mit den „Einfuhrabgaben" im Sinne des Zollverwaltungsgesetzes: Denn unter den Begriff der „Einfuhrabgaben" i.S.d. § 1 Abs. 1 Satz 3 ZollVG fallen die im Zollkodex geregelten Abgaben sowie die nach deutschem Recht erhobene Einfuhrumsatzsteuer und die anderen für eingeführte Waren zu erhebenden nationalen Verbrauchsteuern. Einfuhrabgaben gem. Art. 4 Nr. 10 ZK sind zum einen Zölle und Abgaben mit gleicher Wirkung bei der Einfuhr von Waren und zum anderen bei der Einfuhr erhobene Abgaben, die im Rahmen der gemeinsamen Agrarpolitik oder auf Grund der für bestimmte landwirtschaftliche Verarbeitungserzeugnisse geltenden Sonderregelungen vorgesehen sind. **1644**

Somit sind **Einfuhrabgaben** i.S.d. § 1 Abs. 1 Satz 3 ZollVG i.V.m. Art. 4 Nr. 10 ZK: **1645**

- Zölle:

  Zölle sind Steuern im Sinne der Abgabenordnung (§ 3 Abs. 3 AO; → Rz. 1652 ff.);
- Abgaben mit gleicher Wirkung bei der Einfuhr von Waren:

  Dies sind staatlich auferlegte Abgaben, die an den Grenzübertritt anknüpfen und wie Zölle wirken, ohne solche zu sein; zu den Abgaben mit gleicher Wirkung gehören beispielsweise die Einfuhrgenehmigungsgebühr und Gebühren für Gesundheitszeugnisse;
- bei der Einfuhr **erhobene Abgaben**, die im Rahmen der gemeinsamen Agrarpolitik oder auf Grund der für bestimmte landwirtschaftliche Verarbeitungserzeugnisse geltenden Sonderregelungen vorgesehen sind:

Dies sind die sog. **Agrarabgaben** und die **Agrarzölle,** die auf Grund besonderer Regelungen im Rahmen der gemeinsamen Agrarpolitik vorgesehen sind;

---

1) Kammerzell in Witte/Henke/Kammerzell, 27; vgl. auch Ausführungen der Europäischen Kommission im Internet unter http://ec.europa.eu/taxation_customs/customs/procedural_aspects/general/community_code/index_de.htm.
2) Kampf in Witte, ZK, Anh. 1 Rz. 12.

- Einfuhrumsatzsteuer (= EUSt):

  Sie ist eine Verbrauchsteuer im Sinne der Abgabenordnung (§ 21 Abs. 1 UStG); ihr unterliegt die Einfuhr von Gegenständen aus dem Drittlandsgebiet in das Inland oder in die österreichischen Gebiete Jungholz und Mittelberg (§ 1 Abs. 1 Nr. 4 UStG) → Rz. 1657 ff.;

- andere für eingeführte Waren zu erhebende Verbrauchsteuern → Rz. 1257 ff., 1663 ff.:

  Dies sind Warensteuern, die als indirekte Steuern den Privatkonsum belasten, z.B. Energie-, Tabak-, Branntwein-, Alkopop-, Schaumwein-/Zwischenerzeugnis-, Bier-, Kaffee-, Strom- und Kernbrennstoffsteuer.

  Die deutsche Bierbesteuerung verstößt nicht gegen Gemeinschaftsrecht.[1)]

1646 Dass die Einnahmen der Zollverwaltung aus Einfuhrabgaben nicht zu vernachlässigen sind, zeigt folgende Darstellung:[2)]

Einnahmen der Zollverwaltung in Mrd. €				
Verbrauchsteuern	**2009**	**2010**	**2011**	**2012**
Mineralölsteuer/Energiesteuer	39,8	39,8	40,0	39,3
Stromsteuer	6,3	6,2	7,2	7
Kernbrennstoffsteuer	–	–	0,9	1,6
Tabaksteuer	13,4	13,5	14,4	14,1
Branntweinsteuer	2,1	2,0	2,1	2,1
Alkopopsteuer	0,002	0,002	0,002	0,002
Kaffeesteuer	1,0	1,0	1,0	1,1
Schaumweinsteuer	0,4	0,4	0,5	0,4
Zwischenerzeugnissteuer	0,03	0,02	0,02	0,01
Biersteuer	0,7	0,7	0,7	0,7
Verbrauchsteuer gesamt	**63,8**	**63,6**	**66,8**	**66,3**
zzgl. EUSt	**35,1**	**43,6**	**51,0**	**52,2**
zzgl. Zölle	**3,6**	**4,4**	**4,6**	**4,5**
Einnahmen gesamt	**102,5**	**111,6**	**122,4**	**123,0**

1647 Die früheren sog. **Abschöpfungen** sind mit Gesetz vom 20.12.1996[3)] abgeschafft und in Zölle umgewandelt worden.[4)]

1) BFH v. 5.8.2002, VII R 105/99, DStRE 2003, 44 ff.
2) Quelle: Die Bundeszollverwaltung – Jahresstatistik 2011 2012.
3) Gesetz zur Änderung des Zollverwaltungsgesetzes und anderer Gesetze v. 20.12.1996, BGBl. I 1996, 2030.
4) § 21 Abs. 2 Satz 2 UStG, aufgehoben durch Art. 9 Nr. 10 des Gesetzes v. 22.12.1999, BGBl. I 1999, 2601.

3. Einfuhrabgaben im Steuerstrafrecht

a) Einfuhrabgaben als „Steuern"

1648 Die **Strafbarkeit** von Steuerstraftaten und Steuerordnungswidrigkeiten in Bezug auf die Einfuhrabgaben ist nicht abschließend in der Abgabenordnung geregelt. Eine besondere, auf das Einfuhrabgabenrecht bezogene Regelung ist nicht erforderlich, da die Einfuhrabgaben als Steuern bereits in den Anwendungsbereich der §§ 369 ff. AO fallen. Ferner wird auf den Begriff „Steuern" im Sinne der Abgabenordnung oder auf den Begriff „Verbrauchsteuer" im Sinne der Abgabenordnung verwiesen, so dass die Strafbarkeit gem. den §§ 369 ff. AO begründet werden kann.

Beispiele:

- Zölle sind Steuern gem. § 3 Abs. 3 AO;
- die Einfuhrumsatzsteuer ist Verbrauchsteuer im Sinne der Abgabenordnung (§ 21 Abs. 1 UStG);
- Energie-, Tabak-, Branntwein-, Alkopop-, Schaumwein-, Bier-, Kaffee-, Strom- und Kernbrennstoffsteuer sind ebenfalls Verbrauchsteuern im Sinne der Abgabenordnung (§ 1 Abs. 1 Satz 3 EnergieStG, § 1 Satz 3 TabStG, § 130 Abs. 1 Satz 3 BranntwMonG, § 1 Abs. 1 Satz 3 AlkopopStG, § 1 Abs. 1 Satz 3 SchaumwZwStG, § 29 Abs. 1 Satz 2 SchaumwZwStG, § 1 Abs. 1 Satz 3 BierStG, § 1 Satz 3 KaffeeStG, § 1 Abs. 1 Satz 3 StromStG, § 1 Abs. 1 Satz 2 KernbrStG).

Lediglich der besondere Strafausschließungsgrund beim Schmuggel im Reiseverkehr ist in § 32 ZollVG und damit außerhalb der Abgabenordnung geregelt → Rz. 1779.

b) Erweiterter Geltungsbereich des § 370 AO auf ausländische Einfuhrabgaben

1649 Soweit sich eine Steuerhinterziehung auf inländische Steuern bezieht, handelt es sich immer um eine Inlandstat, da der Taterfolg – die Steuerverkürzung – im Inland eintritt (§ 3, § 9 Abs. 1 StGB). Es ist daher unerheblich, ob die Tathandlung im In- oder Ausland begangen wurde.

Darüber hinaus finden die Regelungen des § 370 Abs. 1 bis 5 AO für alle Einfuhrabgaben Anwendung, wenn es sich um solche handelt, die von einem anderen Mitgliedsstaat der Europäischen Gemeinschaft verwaltet werden oder die einem Mitgliedstaat der Europäischen Freihandelsassoziation(EFTA) oder von einem mit dieser assoziierten Staat zustehen (§ 370 Abs. 6 AO). Der Begriff der Einfuhrabgaben in diesem Zusammenhang ist mit dem in § 1 Abs. 1 Satz 3 ZollVG identisch, umfasst also neben den gemeinschaftsrechtlich geregelten Einfuhrabgaben (Art. 4 Nr. 10 ZK), die Einfuhrumsatzsteuer und die Verbrauchsteuern, die bei der Einfuhr entstehen, auch → Rz. 1645.[1)]

1650 Die Regelungen zur Strafbarkeit der Steuerhinterziehung gelten auch dann, wenn sich die Tat auf **ausländische Umsatzsteuern** oder auf **ausländische harmonisierte Verbrauchsteuern** bezieht (§ 370 Abs. 6 Satz 2 AO). Die Voraussetzung, dass bei Straftaten, die sich gegen ausländische Umsatzsteuer- bzw. Verbrauchsteueraufkommen richten, die Gegenseitigkeit verbürgt sein muss, ist mit Art. 12 des Gesetzes zur Umsetzung der Beitreibungsrichtlinie sowie zur Änderung steuerlicher Vorschriften (Beitreibungsrichtlinie-Umsetzungsgesetz – BeitrRLUmsG) vom 7 12.2011[2)] entfallen.

1651 Unabhängig von dem Recht des Tatortes gilt gem. § 370 Abs. 7 AO für die Taten nach Abs. 1 bis 6 das **„Weltrechtsprinzip"**.[3)]

---

1) BGH v. 21.2.2001, 5 StR 368/00, NStZ 2001, 379 f.; v. 8.11.2000, 5 StR 440/00, NStZ 2001, 201 f.; a.A. Schmitz/Wulf, wistra 2001, 361 ff.
2) BGBl. I 2011, 2592, 2615.
3) Vgl. BGH v. 8.11.2000, 5 StR 440/00, NStZ 2001, 201 f.

Beispiel:[1]

XY lässt Zigaretten in den Niederlanden auf Grund unzutreffender Angaben abfertigen und entzieht diese dann an unbekannten Orten innerhalb der EU der zollamtlichen Überwachung. § 370 Abs. 7 AO steht nicht entgegen, dass die Zigaretten in anderen Mitgliedstaaten und nicht in Deutschland entzogen wurden. Gemäß § 370 Abs. 6 Satz 1 AO gelten die Absätze 1 bis 5 des § 370 AO nämlich auch dann, wenn sich die Tat auf Einfuhrabgaben bezieht, die von einem anderen Mitgliedsstaat der EU verwaltet werden.

II. Zölle

1. Begriff

1652 **Zölle** sind gem. § 3 Abs. 3 AO Steuern. Die Zölle werden nach Maßgabe des Zolltarifs auf die Warenbewegung über die Grenze erhoben.[2]

1653 Seit Verwirklichung der Zollunion durch die Mitgliedsstaaten der EU sind unter „Grenzen" die Außengrenzen der Zollunion zu verstehen (Art. 3 Abs. 1 ZK). Zu beachten ist, dass das Gebiet der Zollunion wegen einiger geografisch und historisch bedingter Besonderheiten nicht völlig identisch ist mit dem Gebiet der EU (in Deutschland ohne die Insel Helgoland und das Gebiet von Büsingen).

1654 Darüber hinaus gibt es zollrechtliche **Freizonen und Freilager.** Freizonen und Freilager sind Teile des Zollgebiets der Gemeinschaft oder in diesem Zollgebiet gelegene Räumlichkeiten, die vom übrigen Zollgebiet getrennt sind und in denen

- Nichtgemeinschaftswaren für die Erhebung der Einfuhrabgaben und Anwendung der handelspolitischen Maßnahmen bei der Einfuhr als nicht im Zollgebiet der Gemeinschaft befindlich angesehen werden, sofern sie nicht in den zollrechtlich freien Verkehr oder ein anderes Zollverfahren übergeführt oder unter anderen als den im Zollrecht vorgesehenen Voraussetzungen verwendet oder verbraucht werden;
- für bestimmte Gemeinschaftswaren auf Grund des Verbringens in die Freizone oder das Freilager die Maßnahmen anwendbar werden, die grds. an die Ausfuhr der betreffenden Waren anknüpfen, sofern dies in einer besonderen Gemeinschaftsregelung vorgesehen ist (Art. 166 ZK).

1655 Zu diesen **Freizonen** zählen die **Freihäfen** Bremen, Bremerhaven, Cuxhaven und Hamburg. Die Freihäfen in Deggendorf und Duisburg wurden mit Wirkung zum 1.5.2002 in Freizonen den Kontrolltyps II umgewandelt, weil die Unterhaltungskosten für den Zollzaun und insbesondere die Kosten für die zollamtliche Bewachung des Freihafens in keinem Verhältnis zum Nutzen standen.

2. Gesetzgebungskompetenz

1656 Die EU hat durch Schaffung des **europäischen Binnenmarkts** die supranationale Kompetenz. Die ausschließliche Gesetzgebungskompetenz des Bundes gem. Art. 105 Nr. 1 GG ist zurückgedrängt.

III. Einfuhrumsatzsteuer

1. Gesetzliche Regelung

1657 Die **Einfuhrumsatzsteuer** ist – anders als die anderen nach dem Umsatzsteuergesetz zu erhebenden Umsatzsteuern – eine Verbrauchsteuer nach der Abgabenordnung

1) BGH v. 21.2.2001, 5 StR 368/00, NStZ 2001, 379 f.
2) BVerfG v. 29.10.1958, 2 BvL 19/56, BVerfGE 8, 260, 269 = NJW 1959, 331.

(§ 21 Abs. 1 UStG). Gemäß § 21 Abs. 2 UStG gelten für die Einfuhrumsatzsteuer die für Zölle geltenden Vorschriften sinngemäß. Ausgenommen hiervon sind gem. § 21 Abs. 2 Satz 1 Halbsatz 2 UStG die Vorschriften über den aktiven Veredelungsverkehr nach dem Verfahren der Zollrückvergütung und den passiven Veredelungsverkehr. Zum Aufkommen der Einfuhrumsatzsteuer → Rz. 1646.

2. Keine Einfuhrumsatzsteuer in der Europäischen Union

1658 Innerhalb des Gemeinschaftsgebiets (§ 1 Abs. 2a UStG) wird seit dem 1.1.1993 keine Einfuhrumsatzsteuer im innergemeinschaftlichen Verkehr mehr erhoben. Der Einfuhrumsatzsteuer unterliegt nur die Einfuhr von Gegenständen aus dem Drittlandsgebiet in das Inland oder die österreichischen Gebiete Jungholz und Mittelberg (§ 1 Abs. 1 Nr. 4 UStG). Somit ist eine Hinterziehung der Einfuhrumsatzsteuer nur noch bei der Einfuhr von Gegenständen aus dem Drittland oder den österreichischen Gebieten Jungholz oder Mittelberg möglich, nicht mehr jedoch innerhalb des Gemeinschaftsgebiets.

3. Umsatzbesteuerung in der Europäischen Union

1659 An die Stelle der Einfuhrumsatzsteuer sind innerhalb des Gemeinschaftsgebiets die Umsatzbesteuerung im Ursprungsland bzw. die Umsatzbesteuerung im Bestimmungsland getreten:

1660 Die **Besteuerung im Ursprungsland** gilt v.a. im privaten innergemeinschaftlichen Reiseverkehr, die **Besteuerung im Bestimmungsland** in Fällen des innergemeinschaftlichen Erwerbs (§ 1a UStG) und des innergemeinschaftlichen Erwerbs von Fahrzeugen (§ 1b UStG).[1]

1661 Soweit die **Besteuerung im Bestimmungsland** vorliegt, ist Hinterziehung innerhalb des Gemeinschaftsgebiets möglich. Diese war in Deutschland bis zum Inkrafttreten des Jahressteuergesetzes 2010[2] nur bezüglich des eigenen Umsatzsteueraufkommens strafbar. § 370 Abs. 6 Satz 3 AO a.F. sah nur dann die Möglichkeit einer Strafverfolgung hinsichtlich der Hinterziehung EU-ausländischer Umsatzsteuern vor, wenn die Gegenseitigkeit der Strafverfolgung in einer Rechtsverordnung i.S.d. § 370 Abs. 6 Satz 4 AO a.F. verbürgt war. Die in § 370 Abs. 6 Satz 3 AO a.F. geforderte Gegenseitigkeit wurde in keinem Fall festgestellt; eine Rechtsverordnung existierte demzufolge nicht.

1662 Mit Streichung des § 370 Abs. 6 Satz 3 AO a.F. durch Art. 9 Nr. 11 des JStG 2010 ist die Gegenseitigkeit der Strafverfolgung nicht mehr erforderlich. Die Hinterziehung von Umsatzsteuern anderer Mitgliedsstaaten kann nunmehr auch in Deutschland verfolgt werden. Das Weltrechtsprinzip im Steuerstrafrecht wird damit erweitert. Gleiches gilt gem. § 374 Abs. 4 AO auch für die Steuerhehlerei von Waren, hinsichtlich deren Einfuhrabgaben i.S.d. § 1 Abs. 1 Satz 3 ZollVG – und damit auch die Einfuhrumsatzsteuer – hinterzogen worden sind; siehe auch → Rz. 1650. Zur Umsatzsteuer siehe im Übrigen → Rz. 1109 ff.

IV. Verbrauchsteuern

1663 Besondere **Verbrauchsteuern** sind Warensteuern, die als indirekte Steuern den Privatkonsum belasten → Rz. 1257 ff.[3] Verbrauchsteuern bringen nationale Lebens- und Konsumgewohnheiten zum Ausdruck und sind daher von unterschiedlicher Ausprägung in den einzelnen Gemeinschaftsstaaten. Es ist zwischen den mit „Ver-

---

1) List in Sölch/Ringleb, § 1a UStG Rz. 1 (März 2012).
2) JStG 2010 v. 8.12.2010, BGBl. I 2010, 1768 = BStBl I 2010, 1394.
3) Vgl. Englisch in Tipke/Lang, § 18 Rz. 106 ff.

brauchsteuer-Binnenmarktgesetz" (VerbrStBMG) vom 21.12.1992[1)] harmonisierten und den nicht harmonisierten Verbrauchsteuern zu unterscheiden:

- harmonisiert wurden die Energie-, Strom-, Tabak-, Branntwein-, Schaumwein-, Zwischenerzeugnis- und Biersteuer;
- nicht harmonisiert wurden die Kaffee-, Alkopop- und die Kernbrennstoffsteuer.

1664 Die Harmonisierung beschränkt sich im Wesentlichen auf die Steuergegenstände, die Struktur der Erhebung und Mindeststeuersätze. Grundsätzlich bleiben die Waren vom Zeitpunkt der Herstellung bzw. Einfuhr an der verbrauchsteuerpflichtigen Kontrolle unterworfen.

1665 Ebenso wie die Umsatzsteuer ist die Hinterziehung von besonderen harmonisierten Verbrauchsteuern auch innerhalb des Gemeinschaftsgebiets in Deutschland strafbar. Dies gilt für den Fall, dass ausländische harmonisierte Verbrauchsteuern verkürzt werden (§ 370 Abs. 6 AO). Auf die Eigenschaft der hinterzogenen harmonisierten Verbrauchsteuer als Einfuhrabgabe i.S.d. § 1 Abs. 1 Satz 3 ZollVG kommt es seit Inkrafttreten des JStG 2010 nicht mehr an → Rz. 1650, → Rz. 1661.

V. Strafbarkeit der Hinterziehung von Einfuhrabgaben

1. Gesetzgebungskompetenz

1666 Die EU-Gesetzgebungskompetenz hatte bisher ihre Schranken für Zollstraftaten und Zollordnungswidrigkeiten, denn der EU-Vertrag beinhaltete **keine supranationale strafrechtliche Kompetenz.** Während das Zollrecht, d.h. der ZK und die weiteren Durchführungsbestimmungen als Maßnahmen der Ersten Säule (Errichtung eines gemeinsames Binnenmarkts und einer Wirtschafts- und Währungsunion) in den Regelungsbereich der Gemeinschaft fiel, war das Strafrecht der Dritten Säule der EU (polizeiliche und justizielle Zusammenarbeit in Strafsachen – PJZS) zuzurechnen, für die die Regelungskompetenz grundsätzlich bei den Mitgliedstaaten lag. Die VO (EG, Euratom) Nr. 2988/95 des Rates über den Schutz der finanziellen Interessen der Europäischen Gemeinschaften,[2)] die sich auf Art. 235 EGV (später Art. 308 EGV, heute Art. 352 AEUV) bezieht, werden lediglich Rahmenbedingungen für verwaltungsrechtliche Maßnahmen und Sanktionen zum Schutz der finanziellen Interessen der Gemeinschaft festgelegt (z.B. Vorteilsabschöpfung, Entzug von gemeinschaftsrechtlichen Vergünstigungen); gerichtliche (justizielle) Sanktionen sind davon nicht erfasst.

1667 Als erster Versuch einer Harmonisierung im europäischen Strafrechtsbereich kann stattdessen das Übereinkommen auf Grund von Artikel K.3 des Vertrags über die Europäische Union über den Schutz der finanziellen Interessen der Europäischen Gemeinschaften[3)] bezeichnet werden. Der Tatbestand des Betrugs zum Nachteil der finanziellen Interessen der Europäischen Gemeinschaften, wozu auch Zolldelikte zu zählen sind, sowie Rahmenbedingungen für Sanktionen sind hier erstmalig für alle Mitgliedstaaten definiert. Zum Stand der Umsetzung des Übereinkommens wird auf den ersten Bericht der Kommission über die Umsetzung des Übereinkommens über den Schutz der finanziellen Interessen der Europäischen Gemeinschaften und seiner Protokolle durch die Mitgliedstaaten (KOM(2004)709) und den zweiter Bericht

---

1) Gesetz zur Anpassung von Verbrauchsteuer- und anderen Gesetzen an das Gemeinschaftsrecht sowie zur Änderung anderer Gesetze (Verbrauchsteuer-Binnenmarktgesetz v. 21.12.1992, BGBl. I 1992, 2150).

2) ABl.EG Nr. L 312, 1 ff.

3) ABl.EG Nr. C 316, 49 ff.; zum Stand der Umsetzung vgl. Zweiter Bericht der Kommission über die Umsetzung des Übereinkommens über den Schutz der finanziellen Interessen der Europäischen Gemeinschaften und seiner Protokolle v. 14.2.2008, KOM(2008) 77 endgültig.

(KOM(2008)77) verwiesen, in dessen Anhang die Auffälligkeiten, die in Bezug auf die von den einzelnen Mitgliedstaaten ergriffenen Umsetzungsmaßnahmen festgestellt wurden, aufgeführt sind (große Unterschiede beim Umfang von Betrugs- und Korruptionsdelikten, mangelnde Berücksichtigung bestimmter Einzelheiten des EU-Rahmens usw.).

Mit dem Vertrag von Lissabon, der 2009 in Kraft trat, wurde dieser Sonderstatus der PJZS abgeschafft. Der Politikbereich wurde nun in den AEU-Vertrag übernommen und das ordentliche Gesetzgebungsverfahren eingeführt. Zugleich wurde die PJZS in der Vertragsstruktur in zwei neue Bereiche der polizeilichen Zusammenarbeit (PZ) und der justiziellen Zusammenarbeit in Strafsachen (JZS) aufgeteilt. Die JZS ist in Art. 82 bis Art. 86 AEU-Vertrag geregelt. **1668**

Bisher wurde von dieser Gesetzgebungskompetenz hinsichtlich der Einfuhrabgabenhinterziehung nur in Art. 21 MZK Gebrauch gemacht. Demnach sind die Mitgliedstaaten verpflichtet, für Zuwiderhandlungen gegen die zollrechtlichen Vorschriften der Gemeinschaft Sanktionen vorzusehen. Diese Sanktionen müssen wirksam, verhältnismäßig und abschreckend sein. Es bleibt abzuwarten, ob konkretere Vorgaben zu Art und Höhe (Mindest-/Höchstmaß) der Sanktionen in den Durchführungsbestimmungen zum MZK festgelegt werden. Art. 21 MZK ist bisher noch nicht anwendbar (Art. 188 Abs. 2 MZK). **1669**

2. Täter/Teilnehmer

Die Täterqualifikation richtet sich nach den einzelnen Begehungsalternativen des § 370 Abs. 1 AO. Während § 370 Abs. 1 Nr. 1 AO ein Jedermannsdelikt ist, sind die beiden anderen Alternativen in Nr. 2 und Nr. 3 nach h.M. Sonderdelikte (→ Rz. 555). Täter kann in diesen Fällen nur sein, wer Stpfl. i.S.d. § 33 Abs. 1 AO ist. Diese in den meisten Fällen zutreffende Einengung des Täterkreises führt jedoch gerade bei bestimmten Fallkonstellationen im Zusammenhang mit dem Zollrecht zu fragwürdigen Ergebnissen, z.B. Einfuhr von Postsendungen mit falschen Angaben zum Warenwert auf der Zollinhaltserklärung → Rz. 1738 ff. Zur Täterqualifikation des Hintermannes bzw. Organisators beim Schmuggel → Rz. 555. Bei der Täterqualifikation kommt es insbesondere nicht auf die (Zoll-)Schuldnerschaft an, da die Zollhinterziehung wie jede Steuerhinterziehung ein **Selbst- und Drittbegünstigungstatbestand** ist. **1670**

Hinsichtlich einer **Mittäterschaft** führte der BGH in einem Beschluss vom 27.11.2002[1)] betreffend einer Zollhinterziehung in Form eines gewerblichen und bandenmäßigen Schmuggels (§ 373 AO) durch unrichtige steuererheblicher Angaben (§ 370 Abs. 1 Nr. 1 AO) aus, dass für die Tatbeteiligung ein auf der Grundlage gemeinsamen Wollens die Tatbestandsverwirklichung fördernder Beitrag ausreiche, der sich auf eine Vorbereitungs- oder Unterstützungshandlung beschränken kann.[2)] **1671**

Auf Grund des allgemein angenommenen Charakters – insbesondere – des § 370 Abs. 1 Nr. 2 AO als ein Sonderdelikt, kommen als **mittelbare Täter** bei dieser Alternative des Steuerhinterziehungstatbestands nur diejenigen in Betracht, die persönlich eine steuerliche Offenbarungspflicht trifft.[3)] In diesem Zusammenhang ent- **1672**

1) BGH v. 27.11.2002, 5 StR 127/02, wistra 2003, 266 ff.

2) BGH v. 15.7.1999, 5 StR 155/99, NStZ 1999, 609 f.; siehe auch BFH v. 7.3.2006, VII R 24/04, HFR 2006, 1024; v. 7.3.2006, VII R 30/04, BFH/NV 2006, 1717; v. 13.10.2005, VII S 46/05PKH, BFH/NV 2006, 631; v. 13.10.2005, VII S 13/04 PKH, BFH/NV 2006, 628; v. 21.12.2001, VII S 13/01, BFH/NV 2002, 692.

3) Ransiek in Kohlmann, § 370 AO Rz. 87 ff., 116 ff., 276 (Juni 2009/November 2010); Hellmann in H/H/Sp, § 370 AO Rz. 102, 210 (März/November 2011); Joecks in Franzen/Gast/Joecks, 7. Aufl. 2009, § 370 AO Rz. 161; Dumke in Schwarz, § 370 AO Rz. 55 f. (Juni 2008); Jäger in Klein, 11. Aufl. 2012, § 370 AO Rz. 26 f.

schied der BGH[1] nach einer Vorabentscheidung des EuGH,[2] dass Verbringer i.S.d. Art. 38, 40 ZK und damit Täter einer Steuerhinterziehung durch Unterlassen (§ 370 Abs. 1 Nr. 2 AO) auch derjenige ist, der als Organisator des Transports kraft seiner Weisungsbefugnis die Herrschaft über das Fahrzeug hat, wenn einfuhrabgabenpflichtige Waren („Schmuggelware") mit einem Fahrzeug unter Umgehung der Grenzzollstellen und ohne Gestellung gem. Art. 40 ZK in das Zollgebiet der Europäischen Gemeinschaft eingeführt werden.

3. Tatbestandsmäßiges Verhalten

1673 Da sich die Strafbarkeit der Hinterziehung von Einfuhrabgaben ebenso nach § 370 AO richtet, liegt eine Hinterziehung von Einfuhrabgaben vor, wenn

- den Finanzbehörden oder anderen Behörden über steuerlich erhebliche Tatsachen unrichtige oder unvollständige Angaben gemacht werden,
- die Finanzbehörden pflichtwidrig über steuerlich erhebliche Tatsachen in Unkenntnis gelassen werden oder
- pflichtwidrig die Verwendung von Steuerzeichen oder Steuerstemplern unterlassen werden

und dadurch Steuern verkürzt werden oder der Stpfl. für sich oder andere ungerechtfertigte Steuervorteile erlangt.

1674 Hinterziehung von Einfuhrabgaben **durch Handeln** liegt vor, wenn den Zollbehörden über steuerlich erhebliche Tatsachen unrichtige oder unvollständige Angaben gemacht werden (§ 370 Abs. 1 Nr. 1 AO).

1675 Hinterziehung von Einfuhrabgaben **durch Unterlassen** liegt vor, wenn die Zollbehörden pflichtwidrig über steuerlich erhebliche Tatsachen in Unkenntnis gelassen werden (§ 370 Abs. 1 Nr. 2 AO).

1676 Tatbestandsmäßiges Verhalten ist bei der Hinterziehung von Einfuhrabgaben in vielfältiger Weise möglich, wie im Folgenden gezeigt werden wird. Zudem ist es nach Auffassung des BGH[3] für die Darstellung einer Steuerhinterziehung erforderlich, dass das Urteil erkennen lässt, welches steuerlich erhebliche tatsächliche Verhalten im Rahmen welcher Abgabenart und in welchem Besteuerungszeitraum zu einer Steuerverkürzung geführt hat. Die Wiedergabe eines Betriebsprüfungsberichts oder die Bezugnahme auf ein von den Ermittlungsbehörden erstelltes Zahlenwerk, aus dem sich die hinterzogenen Steuern ergeben sollen, ersetze nicht die zusammenhängende Darstellung des strafrechtlich erheblichen Tatgeschehens, denn es lasse nicht erkennen, auf welcher Grundlage der Tatrichter die rechtliche Beurteilung vorgenommen hat. Diese Anforderungen an die Darstellung der Tat im Urteil führen regelmäßig zu erheblichen Problemen bei Steuerstraftaten die ausländische Abgaben oder die Hinterziehung von Einfuhrabgaben in anderen Mitgliedstaaten betreffen (§ 370 Abs. 6 und 7 AO), da sich dann Gericht, Staatsanwaltschaft und Zollbehörde auch mit dem (ergänzenden) ausländischen Steuerrecht auseinander zu setzen haben.

a) Klassischer Schmuggel

1677 Das steuerwidrige Verhalten i.S.v. § 370 Abs. 1 AO besteht beim klassischen Schmuggel in einem Verstoß gegen Zollvorschriften zum **Verbringen von Waren in das Zollgebiet** der Gemeinschaft. Dieser hat heute nichts mehr bzw. nur noch sehr

1) BGH v. 1.2.2007, 5 StR 372/06, HFR 2007, 793; ergänzend BGH v. 14.3.2007, 5 StR 461/06, wistra 2007, 262.
2) EuGH v. 4.3.2004, Viluckas und Jonusas, C-238/02, HFR 2004, 592.
3) BGH v. 3.8.1995, 5 StR 63/95, wistra 1995, 345.

wenig mit der eher romantisch verklärten Figur des Schmugglers in der öffentlichen Meinung gemein, der unerschrocken bei Nacht und Nebel mit dem Schmuggelgut auf dem Rücken durchs Dickicht über die Grenze schleicht.[1)]

Die Einfuhrzollschuld entsteht gem. Art. 202 Abs. 1 Buchst. a ZK. Folgende Verstöße kommen beim klassischen Schmuggel in Betracht: **1678**

aa) Verstoß gegen die Pflicht, die Waren vor dem Verbringen summarisch anzumelden (Art. 36a – 36c ZK)

Vor dem Verbringen von Waren in das Zollgebiet der Gemeinschaft ist eine **summarische Eingangsanmeldung** (ESumA) abzugeben (Art. 36a Abs. 1, 3 ZK, zukünftig Art. 87 MZK). Diese dient v.a. dazu, eine Risikoanalyse für Sicherheitszwecke durchführen zu können. Die ESumA ist unter Einhaltung folgender Fristen bei der ersten Eingangszollstelle abzugeben (Art. 184a ZK-DVO): **1679**

Verkehrszweig	**Frist**
Containerfracht im Seeverkehr	mindestens 24 Stunden vor dem Verladen im Abgangshafen
Massen- und Stückgut im Seeverkehr	mindestens 4 Stunden vor dem Einlaufen im ersten Hafen im Zollgebiet der Gemeinschaft
Kurzstreckenseeverkehr: – Beförderungen zwischen Grönland, den Färöern, Ceuta, Melilla, Island oder Häfen an Ostsee, Nordsee, Schwarzem Meer oder Mittelmeer, allen Häfen Marokkos einerseits und dem Zollgebiet der Gemeinschaft andererseits – für andere Beförderungen zwischen einem Gebiet außerhalb des Zollgebiets der Gemeinschaft und den französischen überseeischen Departements, den Azoren, Madeira oder den Kanarischen Inseln bei einer Fahrtdauer von weniger als 24 Stunden	mindestens 2 Stunden vor dem Einlaufen im ersten Hafen im Zollgebiet der Gemeinschaft
Kurzstreckenflug (Flugdauer ≥ 4 Stunden)	spätestens beim tatsächlichen Abheben des Flugzeugs
Langstreckenflug (Flugdauer ≥ 4 Stunden)	mindestens 4 Stunden vor der Ankunft auf dem ersten Flughafen in der Gemeinschaft
Eisenbahnverkehr	mindestens 2 Stunden vor der Ankunft bei der Eingangszollstelle im Zollgebiet der Gemeinschaft

1) Z.B. in Ravels „Carmen", Schmugglerchor: „Nur mutig in die Schlucht hinunter, Kameraden; dem, der wagt, reicher Lohn gebührt . . .".

Verkehrszweig	Frist
Binnenschiffsverkehr	mindestens 2 Stunden vor der Ankunft bei der Eingangszollstelle im Zollgebiet der Gemeinschaft
Straßenverkehr	mindestens 1 Stunde vor der Ankunft bei der Eingangszollstelle im Zollgebiet der Gemeinschaft

1680 Eine unterlassene, verspätete oder fehlerhafte ESumA führt noch nicht zu einer Zollschuldentstehung, kann damit auch nicht zu einer Hinterziehung von Einfuhrabgaben führen. Gemäß Art. 184c UAbs. 2 ZK-DVO ist die ESumA unverzüglich nachzuholen, wenn festgestellt wird, dass für gestellte Waren keine ESumA vorliegt. Es kann erst dann zu einer Zollschuldentstehung kommen, wenn es tatsächlich zum Verbringen der Waren ins Zollgebiet der Gemeinschaft kommt und die Fehler sich bei nachfolgenden Handlungen manifestieren.[1] Allerdings sieht Art. 184c UAbs. 2 ZK-DVO vor, dass bei verspäteter ESumA einzelstaatliche Sanktionen möglich sein können. Bisher wurde davon im deutschen Zollrecht kein Gebrauch gemacht.

1681 Die summarische Eingangsanmeldung ist abzugrenzen von der summarischen Anmeldung zur vorübergehenden Verwahrung (VVSumA), die als Gestellungsmitteilung und der Warenerfassung dient (Art. 186 ZK-DVO). Allein durch eine fehlerhafte VVSumA entsteht noch keine Zollschuld. Erst wenn bei der Gestellung darauf Bezug genommen wird, liegt ein vorschriftswidriges Verbringen vor, wodurch die Zollschuld nach Art. 202 Abs. 1 ZK entsteht.[2]

bb) Verstoß gegen die Beförderungspflicht (Art. 38 Abs. 1 ZK, § 2 ZollVG)

1682 Die in das Zollgebiet der Gemeinschaft verbrachten Waren sind vom Verbringer unverzüglich und gegebenenfalls unter Benutzung des von den Zollbehörden bezeichneten Verkehrsweges nach Maßgabe der von diesen Behörden festgelegten Einzelheiten zu der von den Zollbehörden bezeichneten Zollstelle oder einem anderen von diesen Behörden bezeichneten oder zugelassenen Ort zu befördern. In Art. 38 Abs. 4 ZK werden Ausnahmen von der Beförderungspflicht zugelassen, die den Reise-, Grenz-, Postverkehr oder einen wirtschaftlich unbedeutenden Verkehr betreffen (§ 5 ZollV).

Der Täter verletzt die Beförderungspflicht, wenn er Waren, für die keine Befreiung von der Beförderungspflicht besteht, über die grüne Grenze und damit nicht auf einer Zollstraße verbringt. Gleiches gilt für einen Piloten, der mit seiner Flugzeug aus einem Drittland kommend auf einem nicht als Zollflugplatz zugelassenen Flugfeld landet.

cc) Verstoß gegen die Beschränkung auf Öffnungszeiten (Art. 38 Abs. 1 ZK, § 3 ZollVG)

1683 Waren, die auf Zollstraßen zu befördern sind, dürfen nur während der Öffnungszeiten der zuständigen Zollstellen in das oder aus dem Zollgebiet der Gemeinschaft verbracht werden. Der Täter verletzt die zeitliche Beschränkung, wenn er außerhalb der Öffnungszeiten Waren auf der Zollstraße über ein geschlossenes Grenzzollamt einführt.[3]

---

1) Witte, AW-Prax 2010, 213, 215.
2) Witte, AW-Prax 2010, 213, 263.
3) Einige Grenzzollstellen an der Grenze zur Schweiz haben nicht 24 h geöffnet, z.B. ZA Bad Säckingen, ZA Erzingen.

dd) Verstoß gegen die Gestellungspflicht (Art. 40 ZK, § 8 ZollV)

Gestellung ist nach Art. 4 Nr. 19 ZK ausschließlich die Mitteilung, dass sich Waren an den Orten gem. Art. 38 Abs. 1 Buchst. a ZK befinden. Durch sie erfahren die Zollbehörden erstmalig von der steuerlich erheblichen Tatsache, dass Nichtgemeinschaftswaren in das Zollgebiet verbracht wurden. Die Gestellungsmitteilung ist entsprechend § 8 ZollV gegenüber den Zollstellen während der Abfertigungszeiten vorzunehmen. Sie ist grundsätzlich an keine besondere Form gebunden, so dass schlüssiges Handeln i.d.R. ausreicht (zu den Ausnahmen bei versteckten und verheimlichten Waren → Rz. 1685). Eine Konkretisierung der Warenangaben ist weder erforderlich noch schädlich. Waren werden auch dann gestellt, wenn die Mitteilung unzutreffende Angaben über die verbrachten Waren (insbesondere hinsichtlich Art und Menge) enthält. Dagegen hat der EuGH eine Verletzung der Gestellungspflicht gesehen, wenn Waren unter einer völlig anderen Bezeichnung gegenüber den Zollbehörden deklariert werden. So sind z.B. Waren, bei deren Gestellung eine summarische Anmeldung abgegeben und eine Zollanmeldung zur Überführung in ein Zollverfahren ausgefertigt wurde, nicht vorschriftsmäßig in das Zollgebiet der Gemeinschaft verbracht, wenn für sie in den bei den Zollbehörden eingereichten Unterlagen eine unrichtige Bezeichnung angegeben wurde, z.B. als „Kochgeräte" angemeldete Zigaretten[1] oder schlagwortartig „Böller" statt „Brot". Diese Entscheidung ist seit Einführung der ESumA und VVSumA (→ Rz. 1679) besser nachzuvollziehen. 1684

Bei **Verstecken**, d.h. unüblichen Orten (z.B. hinter der Türverkleidung, im Luftfilter des Motors) oder besonders angebrachten Vorrichtungen (sog. **Verheimlichen**, z.B. doppelte Rückwand in einem Lkw-Kofferaufbau) sind gem. § 8 ZollV sowohl die Waren zu benennen als auch deren Verwahrorte anzugeben.[2] 1685

Besonderheiten bei der Gestellungspflicht sind in Art. 41 ZK geregelt. Von der Gestellung befreit sind Waren, die im Anschreibeverfahren gem. Art. 76 Abs. 1 Buchst. c ZK zu dem betreffenden Zollverfahren angemeldet werden, soweit die Zollbehörden die Gestellungsbefreiung ausdrücklich zulassen. Gestellungsbefreit ist außerdem die Warendurchfuhr im Postverkehr gem. § 6 ZollV. Waren im persönliche Gepäck von Reisenden sind nicht kraft Gesetzes von der Gestellungspflicht befreit; gem. Art. 234 Abs. 1 ZK-DVO gelten die Waren als gestellt, soweit die Freimengen bzw. Freigrenzen im Reiseverkehr beachtet wurden. Sie sind damit faktisch gestellungsbefreit. 1686

Durch die Erweiterung der EU nach Osten, hat sich der klassische Schmuggel an die Ost- und Südostgrenzen der Union verlagert. Unmittelbar nach Deutschland können Nichtgemeinschaftswaren nur noch über die See- und Flughäfen sowie die Schweizer Grenze verbracht werden. Schwerpunkt hierbei ist nach wie vor der Schmuggel hochsteuerbarer Waren, v.a. Zigaretten aus Osteuropa und Fernost. In den osteuropäischen Drittländern haben sich auf Grund der hohen Steuerbelastung der Tabakwaren in der EU Wirtschaftsstrukturen entwickelt, in denen Tabakwaren ausschließlich für die illegale Einfuhr in die EU hergestellt und vertrieben werden.[3] Gleiches gilt für Waren, die besonders hohen Einfuhr- und Antidumpingzöllen und besonderen handelspolitischen Maßnahmen unterliegen, z.B. Textilien. 1687

b) Schmuggel im Reiseverkehr

Als Reiseverkehr im Zollrecht werden allgemein die grenzüberschreitendenden Warenbewegungen bezeichnet, die von Personen (den Reisenden) veranlasst und 1688

1) EuGH v. 3.3.2005, Papismedov, C-195/03, HFR 2005, 603.
2) Witte, AW-Prax 2004, 309.
3) www.spiegel.de: „Unheimlicher Aufstieg des Ziegenbocks" v. 4.9.2012; http://www.zoll.de & Privatpersonen & Reisen & Reisen innerhalb der EU & Steuern & Genussmittel.

vorgenommen werden, die sich vorübergehend im Zollgebiet oder außerhalb desselben aufhalten. Dabei ist der Charakter der Reise unerheblich.[1]

1689 Zollrechtlich ist dabei zu unterscheiden: Reisende, deren Reiseziel im Drittland lag und die nun zurückkehren, überführen alle mitgebrachten Waren in den zollrechtlich freien Verkehr unter Inanspruchnahme der **Freimengen** bzw. **Freigrenzen** für im Drittland erworbene Nichtgemeinschaftswaren im persönlichen Gepäck (→ Rz. 1690) sowie der Einfuhrabgabenfreiheit für Rückwaren (Art. 185 ff. ZK). Reisende, deren Reiseziel im Zollgebiet liegt und die nach einem vorübergehenden Aufenthalt wieder ins Drittland zurückkehren, überführen ihre mitgebrachten Waren regelmäßig in die vorübergehende Verwendung unter vollständiger Befreiung von den Einfuhrabgaben (Art. 137, 139 ZK, Art. 556 bis 561, 563 ZK-DVO). Dabei sieht das Zollrecht zahlreiche Erleichterungen vor, insbesondere die Befreiung von der Beförderungspflicht (Art. 38 Abs. 4 ZK) und die Anmeldung durch eine Handlung, mit der der Wareninhaber den Willen bekundet, die Waren in ein Zollverfahren überführen zu lassen (Art. 61 Buchst. c ZK, Art. 230, 232 ZK-DVO). Solche Handlungen sind:

- das Benutzen des grünen Ausgangs „anmeldefreie Waren", sofern bei der betreffenden Zollstelle getrennte Kontrollausgänge vorhanden sind,
- Passieren einer Zollstelle ohne getrennte Kontrollausgänge, ohne spontan eine Zollanmeldung abzugeben,
- Anbringen einer Zollanmeldungsvignette oder eines Aufklebers „anmeldefreie Waren" an der Windschutzscheibe von Personenwagen (in Deutschland nicht vorgesehen),
- einfaches Überschreiten der Grenze des Zollgebiets der Gemeinschaft, sofern die Waren von der Beförderungspflicht befreit sind.

In diesen Fällen gelten die Waren kraft Gesetzes im Zeitpunkt der konkludenten Willensäußerung als gestellt, die Zollanmeldung als angenommen und die Waren als überlassen (Art. 234 Abs. 1 ZK-DVO). Ergibt sich bei einer Kontrolle, dass eine konkludente Willensäußerung abgegeben wurde, ohne dass die verbrachten oder ausgeführten Waren die Voraussetzungen der Art. 230 bis 232 ZK-DVO erfüllen, so gelten diese Waren als vorschriftswidrig verbracht; es ist eine Zollschuld gem. Art. 202 Abs. 1 ZK entstanden. Zu beachten ist auch, dass die vorgenannten Vereinfachungen nicht gelten, wenn die betreffenden Waren Verboten und Beschränkungen unterliegen (Art. 235 ZK-DVO). So wird die Zollbefreiung für ein Reisemitbringsel aus Krokodilleder innerhalb der Freimenge nicht wirksam, wenn der Reisende einfach die Zollstelle passiert.

1690 Die Freimengen bzw. Freigrenzen im Reiseverkehr werden durch die VO (EG) Nr. 1186/2009 des Rates vom 16.11.2009 über das gemeinschaftliche System der Zollbefreiungen[2] in Verbindung mit Richtlinie 2007/74/EG des Rates vom 20.12.2007 über die Befreiung der von aus Drittländern kommenden Reisenden eingeführten Waren von der Mehrwertsteuer und den Verbrauchsteuern[3] und durch die Einreise-Freimengen-Verordnung[4] bestimmt. So gilt z.B. als **Wertfreigrenze** für andere Waren als Tabakwaren, Alkohol und andere alkoholische Getränke, Kaffee, Parfüms/Eau de Toilette und Arzneimittel – ausgenommen Goldlegierungen und -plattierungen – ein Betrag von grundsätzlich 300 €, abweichend hierzu bei Waren, die auf dem Luft- bzw. Seeweg verbracht werden, eine Wertgrenze von 430 €, bei Reisenden unter 15 Jahren eine Wertgrenze von 175 € (§ 2 Abs. 1 Nr. 5 EF-VO,

---

1) Witte/Wolffgang, 461, vgl. auch Witte/Wolffgang, 61.
2) VO Nr. 1186/2009, ABl.EU Nr. L 324, 23.
3) RL Nr. 2007/74/EG, ABl.EU Nr. L 346, 6 ff.
4) EF-VO v. 24.11.2008, BGBl. I 2008, 2235 und BGBl. I 2009, 403).

Art. 41 VO 1186/2009 i.V.m. Art. 7 RL 2007/74/EG). Die aktuellen **Mengenfreigrenzen** werden von der Zollverwaltung im Internet veröffentlicht.[1]

Besonderheiten bestehen darüber hinaus für Einfuhren von Waren aus Gebieten, die zwar zum Zollgebiet der Gemeinschaft gehören, nicht jedoch zum Verbrauchsteuer- bzw. Mehrwertsteuergebiet (sog. Drittgebiete), z.B. die Kanarischen Inseln oder die Kanalinseln.[2]

Um **vorsätzlich** zu handeln, muss der Täter alle objektiven Tatumstände kennen, 1691
wozu die einschlägigen Zollvorschriften und die sich daraus ergebenden Pflichten gehören. Es genügt die sog. „Parallelwertung in der Laiensphäre". Der Reiseschmuggler wird als typischer Gelegenheitstäter oft nicht einmal eine ungefähre Vorstellung über die in Betracht kommenden zollrechtlichen Vorschriften haben oder dies zumindest behaupten. Insbesondere, wenn der Reisende an seiner Fahrspur bzw. an den farblich gekennzeichneten Ausgängen keinen Beamten sieht oder dieser gar durch Handzeichen zum schleunigen Passieren auffordert, kann er leicht dem Irrtum verfallen, er könne auch mit zollpflichtigen Waren einfach passieren. Oft bestehen auch falsche Vorstellungen über die Freimengen und Wertgrenzen bei zollfreien Reisemitbringseln.[3] Nach herrschender Rechtsprechung muss sich ein Reisender über die Bedeutung des roten und des grünen Ausgangs an Flughäfen Kenntnis verschaffen, wenn er diese Kenntnis nicht bereits besitzt. Tut er dies nicht und benutzt er den grünen Ausgang in der Annahme, die von ihm erwarteten zollrechtlichen Erklärungen bei oder sogar noch nach Durchschreiten dieses Ausgangs abgeben zu können, begeht er im Allgemeinen eine zumindest leichtfertige Steuerverkürzung. Ein Reisender mit wenigstens durchschnittlicher Auffassungsgabe bemerkt die entsprechenden Hinweise an den betreffenden Ausgängen und begreift ihre Bedeutung.[4]

Für den Eintritt der **Vollendung** des Delikts ist auf den hypothetischen Verlauf abzu- 1692
stellen, den das Besteuerungsverfahren ohne das steuerwidrige Verhalten des Täters genommen hätte. Die Tat ist somit in dem Zeitpunkt vollendet, in dem die Steuerfestsetzung spätestens abgeschlossen worden wäre. Dieser Zeitpunkt ist beim grenzüberschreitenden Reiseverkehr nicht erst am Ende des betreffenden Tages, sondern bereits dann eingetreten, wenn der Täter den Amtsplatz in Richtung Inland verlässt.[5] Im Reiseverkehr werden die Anmeldungen in fester Reihenfolge entsprechend dem Eintreffen der Reisenden bearbeitet, so dass für ein Hinausschieben des Zeitpunkts der Vollendung durch Nichtfeststellung auf das Ende des jeweiligen Tages kein Anlass besteht. Dagegen liegt nur der **Versuch** einer Steuerhinterziehung vor, wenn der Täter bei der Einreise die Frage des Zollbeamten an der Grenze nach anzumeldenden Waren wahrheitswidrig verneint, um der Einfuhrabgabenfestsetzung auf Dauer zu entgehen und die Waren bei einer noch an der Grenzkontrollstelle vorgenommenen Überprüfung gefunden und sichergestellt werden.[6]

Eine weitere Besonderheit im Reiseverkehr stellt das sog. Schmuggelprivileg des § 32 ZollVG dar → Rz. 1779 ff.

c) Intelligenzschmuggel

Der Begriff des Intelligenzschmuggels umfasst die Erscheinungsformen der Zollhin- 1693
terziehung, deren gemeinsames Kennzeichen ihr Charakter als Intelligenzdelikt ist.

---

1) www.zoll.de & Privatpersonen & Reisen & Rückkehr aus einem Nicht-EU-Staat & Zoll und Steuern & Reisefreimengen
2) Art. 6 der RL Nr. 2006/112/EG des Rates v. 28.11.2006 über das gemeinsame Mehrwertsteuersystem, ABl.EU Nr. L 347, 1.
3) Vgl. OLG Karlsruhe v. 17.8.1978, 2 Ss 183/78, BB 1979, 1134.
4) Vgl. BFH v. 16.3.2007, VII B 21/06, HFR 2007, 693.
5) AO-DV Zoll Nr. 3.1.3 zu § 370; OLG Dresden v. 3.3.1999, 1 Ss 597/98, NStZ 1999, 468, Rz. 19.
6) LG Dresden v. 14.7.1999, 8 Ns 111 Js 45761/98, NStZ 2000, 90.

Diese Erscheinungsform ist deshalb so beliebt, weil einerseits die Höhe der Einfuhrabgaben von sehr vielen, komplizierten Merkmalen abhängt und somit leicht und unbemerkt verfälscht werden kann, andererseits die zahlreichen Vereinfachungen des Zollverfahrensrechts Möglichkeiten für einen unbemerkten Entzug der Waren aus der zollamtlichen Überwachung bieten. Diese Art der Einfuhrabgabenhinterziehung wird vom Schreibtisch aus begangen und verursacht Steuerschäden, die den durch klassischen Schmuggel bei weitem übersteigen. Volkswirtschaftlich besonders gefährlich wird die Einfuhrabgabenhinterziehung, wenn der durch illegale Steuerersparnis erlangte Kostenvorteil am Markt ausnutzt wird. Durch diesen können steuerehrliche Wettbewerber entweder aus dem Markt verdrängt oder ebenfalls in die Steuerunehrlichkeit gezwungen werden. Dies kann die Basis für eine Kettenreaktion von Steuerausfällen und Steuerhinterziehungen sein. Steuerhinterziehung als Intelligenzdelikt („white collar criminal") ist v.a. im Zusammenhang mit den Besitz- und Verkehrsteuern bekannt.

1694 Beim Intelligenzschmuggel entsteht die Einfuhrabgabenschuld nicht zwingend nach den Art. 202 bis 205 ZK. Häufig wird beispielsweise eine Zollanmeldung mit unrichtigen Angaben von den Zollbehörden angenommen, die Unrichtigkeit wird bei der Überführung in das jeweilige Zollverfahren von den Zollbehörden jedoch nicht bemerkt. Auch die Echtheit beigefügter Unterlagen wird nicht immer zu diesem Zeitpunkt festgestellt. Genauso gut ist während oder bei Abschluss eines Nichterhebungsverfahrens (Art. 84 Abs. 1 Buchst. a ZK) für die Zollbehörden nicht unmittelbar erkennbar, dass der Stpfl. alle Verpflichtungen im Zusammenhang mit dem jeweiligen Zollverfahren eingehalten hat. Unregelmäßigkeiten werden wenn, dann im Rahmen einer Außenprüfung (Art. 78 Abs. 1 ZK) nachträglich festgestellt.

1695 Der Intelligenzschmuggel kommt insbes. in folgenden Erscheinungsformen vor:

– unrichtige Angaben für die Bemessungsgrundlagen,
– unrichtige Angaben oder Vorlage falscher Präferenznachweise für Präferenzmaßnahmen,
– unrichtige Angaben für außertarifliche Zollbefreiungen,
– missbräuchliche Inanspruchnahme der Zollverfahren mit wirtschaftlicher Bedeutung und
– missbräuchliche Inanspruchnahme zollrechtlicher Versandverfahren.

aa) Unrichtige Angaben zu den Bemessungsgrundlagen

1696 Die Bemessungsgrundlagen für die Ermittlung der Höhe der Einfuhrabgabenschuld sind

– die Beschaffenheit der Ware,
– der sich aus der Beschaffenheit der Ware ergebende Zollsatz,
– der Zollwert, soweit die Ware einem Wertzollsatz unterliegt,
– Menge, Gewicht, Anzahl, Volumen der Ware, soweit die Ware einem spezifischen Zollsatz unterliegt.

1697 Maßgebender Zeitpunkt für die Bestimmung der Bemessungsgrundlagen ist gem. Art. 214 Abs. 1 ZK der Zeitpunkt des Entstehens der Zollschuld (jeweils Abs. 2 der Art. 201 ff. ZK). Kann der Zeitpunkt der Entstehung der Zollschuld nicht festgestellt werden, wird nach Art. 214 Abs. 2 ZK verfahren.

(1) Unrichtige Angaben über den Zollwert

1698 Der Elektronische Zolltarif (EZT) sieht für die Mehrzahl der Waren eine Wertzollsatz vor. Dieser gibt die Höhe der Einfuhrabgabenschuld abhängig vom Zollwert der Ware als Vomhundertsatz (Prozent) an.

Damit die Zollschuld ermittelt werden kann, muss zunächst der **Zollwert** festgestellt werden. Regelungen über den Zollwert finden sich in Art. 28 bis 36 ZK, Art. 141 bis 181a ZK-DVO. Für die Ermittlung des Zollwerts sieht der Zollkodex insgesamt sechs Methoden vor (Art. 29 bis 31 ZK). Dabei ist die Methode anzuwenden, die bei Prüfung in der vom Gesetz genannten Reihenfolge als erste erfolgreich angewendet werden kann (Art. 30 Abs. 1 ZK). 1699

Ausgangspunkt für die Ermittlung des Zollwerts ist nach Art. 29 ZK der **Transaktionswert** einer Ware. Transaktionswert ist der für die Waren bei einem Verkauf zur Ausfuhr in das Zollgebiet der Gemeinschaft (Art. 147 Abs. 1 ZK-DVO) tatsächlich gezahlte oder zu zahlende Preis, ggf. nach Berichtigung gem. Art. 32 und 33 ZK. Der tatsächliche Preis einer eingeführten Ware ist nicht zu verwechseln mit ihrem Rechnungspreis. Der **tatsächliche Preis** umfasst den Wert sämtlicher Leistungen, die nach dem Kaufvertrag über die eingeführte Ware vom Käufer an den Verkäufer oder zu dessen Gunsten an einen Dritten zu erbringen sind. Dabei werden Preisermäßigungen sowie Preisminderungen, die zum Zeitpunkt der Zollwertermittlung ihrem Grund und ihrer Höhe nach feststehen, zollwertrechtlich anerkannt. Der Wortlaut schriftlicher Verträge ist irrelevant, wenn nachweislich etwas anderes vereinbart wurde und die tatsächliche Durchführung des Geschäfts nicht mit dem Wortlaut der schriftlichen Verträge und Rechnungen übereinstimmt.[1] Setzt sich der gezahlte oder zu zahlende Kaufpreis aus mehreren Bestandteilen zusammen (aufgespaltener Kaufpreis), ist die Summe aller Zahlungen oder Leistungen maßgebend. Ein aufgespaltener Kaufpreis liegt immer vor, wenn der Verkäufer auf Grund der vertraglichen oder gesetzlichen Regelungen dazu verpflichtet ist, eine Tätigkeit auszuführen, die sich auf die eingeführte Ware bezieht und für die der Käufer oder eine mit dem Käufer verbundenen Person aufkommt (z.B. Zertifizierungskosten, Qualitätsprüfungskosten, Analysekosten, Kosten für Ursprungszeugnisse, Kosten für Garantieleistungen). Nicht zum tatsächlich gezahlten oder zu zahlenden Preis gehören hingegen Zahlungen für Leistungen, die in Art. 29 Abs. 3 Buchst. b ZK und in Art. 149 ZK-DVO genannt sind und die für Rechnung des Käufers erbracht werden. 1700

Zum Zollwert sind bestimmte **geldwerte Positionen** hinzuzurechnen, sofern sie nicht bereits im Transaktionswert enthalten sind (Art. 32 ZK): 1701

- bestimmte Einkaufskosten des Käufers (Art. 32 Abs. 1 Buchst. a ZK),

  Hierzu zählen z.B. Provisionen und Maklerlöhne, ausgenommen Einkaufsprovisionen (auch → Rz. 1702),[2] Umschließungskosten, Verpackungskosten
- der Wert bestimmter Beistellungen des Käufers (Art. 32 Abs. 1 Buchst. b ZK),[3]
- Lizenzgebühren, die der Käufer entweder unmittelbar oder mittelbar nach den Bedingungen des Kaufgeschäfts für die zu bewertenden Waren zu zahlen hat (Art. 32 Abs. 1 Buchst. c ZK),
- Erlöse aus späteren Weiterverkäufen, sonstigen Überlassungen oder Verwendungen der eingeführten Waren, die unmittelbar oder mittelbar dem Verkäufer zugute kommen (Art. 32 Abs. 1 Buchst. d ZK),

1) Glashoff/Reimer, DStR 1997, Beihefter zu Heft 39, 1, 10.

2) Vgl. BFH v. 4.11.1999, VII R 43/98, DStRE 2000, 152 ff.: Nach dem Urteil des EuGH v. 25.7.1991, C-299/90, EuGHE 1991, I-4301 = HFR 1992, 87, kommt es nicht darauf an, ob der Vermittler in fremdem oder eigenem Namen aufgetreten ist; maßgeblich ist, ob der Agent für Rechnung seines Auftraggebers – des Einführers – tätig wurde, denn dann ist er Einkaufskommissionär und seine Provision nicht in den Zollwert einzubeziehen. Zu der Einbeziehung von Einkaufsprovisionen in den Zollwert, die für Beistellungen anfallen: BFH v. 12.12.2002, VII R 43/01, DStRE 2003, 436 ff.

3) Vgl. BFH v. 12.12.2002, VII R 43/01, DStRE 2003, 436 ff. (Einkaufsprovision für Erwerb einer Beistellung).

- Beförderungs- und Versicherungskosten für die eingeführten Waren bis zum Ort des Verbringens in das Zollgebiet der Gemeinschaft (Art. 32 Abs. 1 Buchst. e ZK) – für die Aufteilung der Luftfrachtkosten ist Anhang 25 ZK-DVO anzuwenden.

1702 Gemäß Art. 33 ZK werden **Aufwendungen oder Kosten** nicht in den Zollwert einbezogen, vorausgesetzt, dass sie getrennt von dem für die eingeführten Waren tatsächlich gezahlten oder zu zahlenden Preis ausgewiesen werden:

- Transportkosten, die nach Ankunft am Ort des Verbringens in das Zollgebiet der Gemeinschaft anfallen (Art. 33 Buchst. a ZK),
- Kosten für die nach der Einfuhr an den Waren ausgeführten Montagen oder Instandhaltungstätigkeiten (Art. 33 Buchst. b ZK),
- Zinsen für die Finanzierung des Kaufpreises, wenn die Finanzierungsvereinbarung schriftlich abgeschlossen worden ist und der Käufer auf Verlangen bestimmte Nachweise erbringen kann (Art. 33 Buchst. c ZK),
- Kosten für das Recht auf Vervielfältigung der eingeführten Waren in der Gemeinschaft (Art. 33 Buchst. d ZK),
- **Einkaufsprovisionen** (Art. 33 Buchst. e ZK): Gemäß Art. 32 Abs. 4 ZK sind unter dem Begriff „Einkaufsprovisionen" Beträge zu verstehen, die der Einführer einem Dritten dafür zahlt, dass er für ihn beim Kauf der zu bewertenden Waren tätig wird (zu Einkaufsprovisionen → Rz. 1701),
- Einfuhrabgaben und andere in der Gemeinschaft auf Grund der Einfuhr oder des Verkaufs der Waren zu zahlende Abgaben (Art. 33 Buchst. f ZK).

1703 Da es sich bei dem von Art. 33 ZK geforderten **förmlichen Nachweis** nur um ein Beweismittel, nicht jedoch um eine materielle Tatbestandsvoraussetzung handelt, ist ein Abzug auch ohne förmlichen Nachweis strafrechtlich nicht relevant, wenn die Kosten tatsächlich nachgewiesen werden können.

1704 Voraussetzung für die Anwendung der Transaktionswertmethode zur Bestimmung des Zollwerts ist gem. Art. 29 Abs. 1 ZK, dass

- keine Einschränkungen bezüglich der Verwendung und des Gebrauchs der Waren durch den Käufer bestehen (Art. 29 Abs. 1 Buchst. a ZK),
- hinsichtlich des Kaufgeschäfts oder des Preises weder Bedingungen vorliegen noch Leistungen zu erbringen sind, deren Wert im Hinblick auf die zu bewertenden Waren nicht bestimmt werden kann (Art. 29 Abs. 1 Buchst. b ZK),
- kein Teil des Erlöses aus späteren Weiterverkäufen, sonstigen Überlassungen oder Verwendungen der Waren durch den Käufer unmittelbar oder mittelbar dem Verkäufer zugute kommt (Art. 29 Abs. 1 Buchst. c ZK),
- der Käufer oder der Verkäufer nicht miteinander verbunden sind (Art. 29 Abs. 1 Buchst. d ZK).

1705 Die **bloße wirtschaftliche Verbundenheit** von Käufer und Verkäufer allein ist jedoch kein Grund, den Transaktionswert als unannehmbar anzusehen, vielmehr sind zusätzliche Anhaltspunkte erforderlich, die Rückschluss darüber geben, dass diese Verbundenheit Einfluss auf die Preisgestaltung genommen hat (Art. 29 Abs. 1 Buchst. d i.V.m. Abs. 2 ZK).

1706 Die **tatbestandsmäßige Handlung** i.S.d. § 370 Abs. 1 AO besteht in unrichtigen oder unvollständigen Angaben über den Zollwert unter Verletzung der Anmeldepflicht gem. Art. 59 ZK, Art. 199 ZK-DVO. Unrichtige oder unvollständige Angaben macht der Täter, wenn der von ihm ermittelte Zollwert nicht den Erfordernissen der Art. 29 ff. ZK entspricht, insbesondere, wenn der ermittelte Transaktionswert nicht dem tatsächlichen Preis entspricht.

1707 **Unrichtige Angaben** über den Zollwert macht der Täter beispielsweise durch **Unterfakturierung,** d.h. durch unrichtige Zollanmeldung unter Vorlage fingierter Rechnungen, in denen der Preis niedriger ausgewiesen wird, als in Wirklichkeit vereinbart. Diese Methode wird häufig angewendet bei Postsendungen aus dem Ausland an private oder gewerbliche Käufer, die dann die richtigen Rechnungen mit separatem Brief erhalten.[1] Eine Variante der Unterfakturierung ist die nachträgliche Geltendmachung eines Minderwerts wegen angeblicher Mängel.[2]

Aber auch **Überfakturierungen** können als unrichtige Angaben zu einer Einfuhrab- **1708** gabenverkürzung führen. Auf landwirtschaftliche Erzeugnisse bestimmter Länder werden Zusatzzölle erhoben, wenn der Preis der Einfuhren einen von der EU festgesetzten Schwellenpreis unterschreitet. Durch die Vorlage von überfakturierten Rechnungen können diese Zusatzzölle dann hinterzogen werden. Überfakturierungen sind auch zur Umgehung von **Antidumpingzöllen** möglich. Eine Dumpingware liegt vor, wenn Waren eines Landes unter ihrem normalen Wert auf dem Markt eines anderen Landes verkauft werden. Das ist dann der Fall, wenn der Preis einer Ausfuhrware billiger ist als der Preis im Ausfuhrland.[3]

Unvollständige Angaben macht der Täter z.B. bei der Aufteilung des Kaufpreises **1709** auf mehrere Rechnungen, wenn von dem ausgewiesenen Preis bereits Vorauszahlungen abgesetzt sind oder wenn gem. § 32 ZK hinzuzurechnende Nebenkosten nur auf einer der Behörde verheimlichten besonderen Rechnung erscheinen oder Teile des Kaufpreises als gem. § 33 ZK nicht zu berücksichtigende Kosten für Montage, Reparaturen, Marktforschung oder sonstige Dienstleistungen bezeichnet werden.[4] Unvollständige Angaben macht der Täter auch, wenn er Umstände oder Verhältnisse verschweigt, die dazu führen, dass der tatsächlich gezahlte Preis zollwertrechtlich nicht anerkannt werden kann, sondern ein Wert gem. Art. 30, 31 ZK anzusetzen ist.[5]

(2) Unrichtige Angaben zur Beschaffenheit

Die bei Entstehen einer **Zollschuld** gesetzlich geschuldeten Abgaben stützen sich **1710** gem. Art. 20 Abs. 1 ZK auf den **„Zolltarif der Europäischen Gemeinschaft".** Der Zolltarif ist ein systematisch aufgebautes Warenverzeichnis, eine sog. Nomenklatur. Alle Waren, die als Handelsgüter im grenzüberschreitenden Verkehr auftreten können, sind in diesem Zolltarifschema aufgeführt, d.h. jeder Ware ist eine bestimmte Nummer, sog. Codenummer, zugeordnet. Die Basis für eine reibungslose und einheitliche Abfertigung ist die zutreffende Einreihung der Waren in den Zolltarif. Jede einzelne Codenummer enthält Zollsätze, den Maßstab für den entstehenden Zollbetrag. Neben der Ermittlung der Zollsätze lassen sich weitere mit der grenzüberschreitenden Warenbewegung verbundene Rechtsfolgen ableiten, z.B. Verbote und Beschränkungen, Genehmigungs- bzw. Lizenzerfordernisse, Anti-Dumpingregelungen, Kontingentierung.

Die unmittelbare gemeinschaftsrechtliche Grundlage des Zolltarifs ist die VO **1711** (EWG) Nr. 2658/87 über die zolltarifliche und statistische Nomenklatur sowie den Gemeinsamen Zolltarif.[6] Mit ihr wurde die Kombinierte Nomenklatur (KN) verbindlich als Zolltarifschema und Statistiknomenklatur eingeführt und gilt unmittelbar in jedem EU-Mitgliedstaat.

Ist die tarifliche Einordnung zweifelhaft, so kann beim Hauptzollamt Hannover **1712** – Arbeitsbereich Verbindliche Zolltarif- und Ursprungsauskünfte – eine **verbindli-**

---

1) Joecks in Franzen/Gast/Joecks, 7. Aufl. 2009, § 370 AO Rz. 221; Bender/Möller/Retemeyer, C Rz. 924.
2) Bender/Möller/Retemeyer, C Rz. 925.
3) www.zoll.de & Fachthemen & Zölle & Zolltarif & Antidumpingzoll.
4) Joecks in Franzen/Gast/Joecks, 7. Aufl. 2009, § 370 AO Rz. 222.
5) Bender/Möller/Retemeyer, C Rz. 940.
6) ABl.EG Nr. L 256 v. 7.9.1987, 1 ff.

che Zolltarifauskunft (vZTA) beantragt werden (Art. 12 ZK, Art. 5 bis 14 ZK-DVO). Eine verbindliche Zolltarifauskunft, die die Zollverwaltung eines EU-Staates ausgestellt hat, ist in der gesamten EU gültig und bindend die Zollverwaltungen sämtlicher Mitgliedstaaten für die Dauer von sechs Jahren, wenn sich die Tarifierungsvorschriften nicht ändern (Art. 11 ZK-DVO). Sie begünstigt allerdings nur den jeweiligen Importeur, auf den sie ausgestellt ist (Art. 1 Abs. 1 ZK-DVO).

1713 Tatbestandsmäßige Handlungen i.S.d. § 370 Abs. 1 Nr. 1 AO sind durch unrichtige oder unvollständige Angaben von Beschaffenheitsmerkmalen möglich, die sich auf den anzuwendenden Zollsatz auswirken.

1714 In der Vergangenheit wurden z.B. folgende Falschanmeldungen festgestellt:

- gereinigter Bettfedern als Ruhebettfedern,
- Springpferden als Schlachtpferde,
- Nickelanoden als Nickelkatoden,
- ausgemusterte Kraftfahrzeuge der Stationierungsstreitkräfte als Schrott,
- Tomatenmark als Paprikamark.[1]

1715 Gerade bei landwirtschaftlichen Erzeugnissen sind falsche Angaben zur Beschaffenheit eine lukrative Möglichkeit, Einfuhrabgaben zu verkürzen bzw. darüber hinaus, ungerechtfertigt Agrarsubventionen im Rahmen der gemeinsamen Marktordnungen zu erhalten. Letzteres ist allerdings ein Subventionsbetrug gem. § 264 StGB. Es werden Agrarwaren, die i.d.R. wegen des geringeren Weltmarktpreises mit hohen Zöllen belastet sind, bei der Einfuhr als ähnliche, nicht von einer Marktordnung erfasste und somit niedriger belastete Ware angemeldet (z.B. Butterfett als Mayonnaise). Bei der Ausfuhr werden dann dieselben Waren mit den zutreffenden Beschaffenheitsmerkmalen angemeldet und Ausfuhrerstattung beantragt. Somit kann ein einträgliches Karussell entstehen.

bb) Unrichtige Angaben zur Vorzugsbehandlung (Präferenz)

1716 Präferenzmaßnahmen stellen eine zollrechtliche Vorzugsbehandlung für Waren aus bestimmten Ländern und Gebieten dar, die als Präferenzzollsätze in den Elektronischen Zolltarif (EZ) integriert sind. Präferenzabkommen werden unterschieden in Ursprungspräferenzen und Freihandelspräferenzen. Freiverkehrspräferenzen stellen auf den zollrechtlichen Status von Waren im Partnerland ab. Präferenzen werden hierbei unter der Voraussetzung gewährt, dass die begünstigten Waren aus dem zollrechtlich freien Verkehr des Ausfuhrlandes stammen. Im Gegensatz dazu erfordern Ursprungspräferenzen den präferenziellen Ursprung einer Ware. Grundlage für dessen Bestimmung sind entweder die Ursprungsregeln der **autonomen Präferenzregelungen**, die die Europäische Gemeinschaft einseitig zu Gunsten bestimmter Länder, Ländergruppen oder Gebiete auf der Basis eigener Rechtssetzung im Zollkodex und der Zollkodex-DVO anwendet oder die Ursprungsregeln der **Präferenzabkommen**, die die Europäische Gemeinschaft mit anderen Staaten oder Staatengruppen geschlossen hat. Eine Übersicht über die bestehenden Präfernenzregelungen und -abkommen kann auf der Website der Zollverwaltung eingesehen werden.[2]

1717 Die Gewährung von Präferenzen ist grundsätzlich von der Vorlage eines schriftlichen Präferenznachweises abhängig. Die einzelnen Präferenzregelungen unterscheiden dabei zwischen förmlichen und nicht-förmlichen Präferenznachweisen.

1) Bender/Möller/Retemeyer, C Rz. 970 f.
2) http://www.wup.zoll.de/wup_online/uebersichten.php?id=1.

Folgende förmliche Präferenznachweise werden von einer Zollstelle oder zugelassenen Behörde ausgestellt:

- Warenverkehrsbescheinigung EUR.1,
- Warenverkehrsbescheinigung EUR-MED,
- Warenverkehrsbescheinigung A.TR.,
- Ursprungszeugnis Form A.

Nicht-förmliche Präferenznachweise werden durch den Ausführer ausgefertigt. Dies können sein:

- Ursprungserklärung auf der Rechnung (UE und UE EUR-MED),
- die Warenverkehrsbescheinigung A.TR. mit Vorabstempelung oder Sonderstempel,
- die Warenverkehrsbescheinigung EUR.2 bei Einfuhren aus Syrien im Postverkehr.

Die Präferenznachweise sind Beweismittel für die Anwendung der Zollpräferenz.[1)]

Neben dem präferenziellen Ursprung ist auch der **nichtpräferenzielle Ursprung** 1718
zolltariflich von Bedeutung. Dieser kann Basis für den zu zahlenden Zoll sein, insbesondere dann, wenn Anti-Dumping- oder Ausgleichszölle gegenüber Einfuhren aus bestimmten Ländern festgesetzt werden.

Unrichtige Angaben über die Präferenzberechtigung können in der Vorlage gefälschter wie auch durch Vorlage echter, aber zu Unrecht ausgestellter Präferenznachweise oder Ursprungserklärungen bei der Einfuhr liegen.

Für das Vorliegen einer Zollhinterziehung ist unerheblich, ob es sich bei den vorge- 1719
legten **Warenverkehrsbescheinigungen** um eine falsche Urkunde i.S.d. § 267 StGB handelt oder ob das Papier bei der ausländischen Zollbehörde erschlichen oder durch Bestechung erlangt wurde.[2)] Gemäß Art. 59 ZK, Art. 199 ZK-DVO gilt eine Zollanmeldung als verpflichtend hinsichtlich der Echtheit der beigefügten Unterlagen und der Richtigkeit dieser Angaben.

Werden Präferenznachweise zu Unrecht von der deutschen Zollverwaltung ausge- 1720
stellt oder unrichtige Ursprungserklärungen auf Rechnungen durch den Ausführer ausgestellt und dadurch Einfuhrabgaben in einem EFTA-Staat verkürzt, liegt ein Fall des § 370 Abs. 6 AO vor. Durch Nachprüfungsersuchen ausländischer Zollverwaltungen werden häufig Fälle bekannt, in denen deutsche Ausführer Präferenznachweise zu Unrecht erhalten oder selbst ausgestellt haben und dadurch die Verkürzung von Eingangsabgaben der von § 370 Abs. 6 AO umfassten Staaten bewirkt haben. In den meisten Fällen werden Drittlandswaren zu Unrecht als deutsche Ursprungserzeugnisse bezeichnet.[3)]

Werden Präferenznachweise falsch ausgestellt, so zieht das beachtliche Folgen nach sich: Zum einen werden die Nachweise in den Import-Ländern nicht anerkannt; es wird der normale Zollsatz erhoben, so dass der ausländische Abnehmer, der den höheren Zoll zu entrichten hat, beim Exporteur Regress nehmen kann. Zum anderen kann der Exporteur des Verdachts einer Steuerhinterziehung ausgesetzt sein, da das deutsche Strafrecht sich auch auf den Schutz der Erhebung von Einfuhrabgaben in den mit der EU assoziierten Staaten erstreckt (§ 370 Abs. 6 AO). Das Ausstellen (lassen) unrichtiger Präferenznachweise für sich stellt in Deutschland eine Ordnungswidrigkeit gem. § 379 Abs. 1 AO dar.

---

1) EuGH v. 24.2.1994, C-368/92, HFR 1994, 359.
2) Bender/Möller/Retemeyer, C Rz. 1015.
3) Bender/Möller/Retemeyer, C Rz. 1012.

cc) Unrichtige Angaben zur außertariflichen Einfuhrabgabenfreiheit

1721 Außertarifliche Zollbefreiungstatbestände sind im europäischen und im nationalen Recht vorgesehen. Eine Voraussetzung für die Gewährung der Zollbefreiung ist im Allgemeinen der Verwendungszweck der Ware. Eine Befreiung von der Verbrauchsteuer und der Einfuhrumsatzsteuer ist in einigen Fällen abweichend geregelt. Außertarifliche Zollfreiheit wird u.a. auf folgende Waren gewährt:[1)]

- Übersiedlungsgut (Art. 184 ZK, Art. 3 ff. VO 1186/2009),
- Hochzeitsgut (Art. 184 ZK, Art. 12 ff. VO 1186/2009),
- Rückwaren (Art. 185 ff. ZK, Art. 844 ZK-DVO),
- private Kleinsendungen und Sendungen mit geringem Wert (siehe unten Abschnitt Postverkehr),
- Waren im persönlichen Gepäck von Reisenden (→ Rz. 1690),
- zur Absatzförderung eingeführte Waren (Art. 86 ff. VO 1186/2009).

1722 Der Tatbestand des § 370 Abs. 1 AO kann dabei auf verschiedene Weise erfüllt werden. Zum einen durch falschen Angaben hinsichtlich der Tatsachen, die nach den einschlägigen Regelungen eine Befreiung von den Einfuhrabgaben begründen, z.B. unrichtig gekennzeichnete Postsendungen als private Kleinsendung oder ein über Art. 848 ZK-DVO hinausgehend repariertes Kraftfahrzeug als Rückware. Bei widerrechtlich konkludent deklarierten vorgeblichen Reisemitbringsel über die grüne Grenze werden keine falschen Angaben gemacht, sondern die Zollbehörden in Unkenntnis gelassen (§ 370 Abs. 1 Nr. 2 AO). Ebenfalls durch Unterlassen werden Einfuhrabgaben verkürzt, wenn die Waren zweckwidrig verwendet werden, ohne diese Tatsache den Zollbehörden anzuzeigen. Viele Zollbefreiungen sind davon abhängig, dass die Ware nicht oder nicht innerhalb eines bestimmten Zeitraumes weiterveräußert oder sonst zu einem anderen als dem vorgeschriebenen Zweck verwendet wird. Die Offenbarungspflicht des Zollbeteiligten ergibt sich aus Art. 82 Abs. 1 Satz 2 letzte Alternative ZK. Eine anderweitige Verwendung der Waren ist nur nach Bewilligung durch die Zollbehörden und Entrichtung des Einfuhrabgabenbetrags zulässig. Mit der zweckwidrigen Verwendung entsteht die Zollschuld i.d.R. durch das Entziehen der Waren aus der zollamtlichen Überwachung gem. Art. 203 Abs. 1 ZK.

dd) Zuwiderhandlungen bei der Inanspruchnahme von Zollverfahren mit wirtschaftlicher Bedeutung

1723 Zu den Zollverfahren mit wirtschaftlicher Bedeutung zählen:

- **das Zolllagerverfahren,**

  wodurch Nichtgemeinschaftswaren zeitlich unbegrenzt gelagert werden können, um diese für die Dauer der Lagerung von der Erhebung von Einfuhrabgaben und grundsätzlich von der Anwendung handelspolitischer Maßnahmen (z.B. Vorlage von Einfuhrgenehmigungen) freizuhalten (Art. 4 Nr. 16 Buchst. c, Art. 98–113 ZK, Art. 503–535 ZK-DVO);
- **die aktive Veredelung,**

  wodurch Nichtgemeinschaftswaren zur Bearbeitung, Verarbeitung oder Ausbesserung (Reparatur) in das Zollgebiet der Gemeinschaft eingeführt und nach Durchführung dieser Vorgänge wiederausgeführt werden. Einfuhrabgaben werden nur erhoben, soweit die zuvor eingeführten Waren in den Wirtschaftskreislauf der EU einfließen (Art. 4 Nr. 16 Buchst. d, Art. 114–129 ZK, Art. 536–550 ZK-DVO);

1) Vgl. Weerth, DDZ 2012, F 70 ff.

- **das Umwandlungsverfahren,**

  wodurch die bei Absenkung der Nichtgemeinschaftswaren auf eine geringere Produktionsstufe nach der Einfuhr und die damit verbundene Inanspruchnahme eines niedrigeren Zollsatzes ermöglicht wird (Art. 4 Nr. 16 Buchst. e, Art. 130–136 ZK, Art. 551, 552 i.V.m. Anhang 76 ZK-DVO);
- **die vorübergehende Verwendung,**

  wodurch die vollständige oder teilweise Befreiung von Einfuhrabgaben für Waren, die nicht endgültig in den Wirtschaftskreislauf eingehen, sondern die nur zeitlich begrenzt genutzt und nach vorübergehendem Gebrauch unverändert wiederausgeführt werden, ermöglicht wird (Art. 4 Nr. 16 Buchst. f, Art. 137–144 ZK, Art. 553–584 ZK-DVO);
- **die passive Veredelung,**

  wodurch vorübergehend aus dem Zollgebiet der Gemeinschaft ausgeführte Gemeinschaftswaren in einem Drittland Veredelungsvorgängen unterzogen werden und nach Wiedereinfuhr bei vollständiger oder teilweiser Befreiung von Einfuhrabgaben in den zollrechtlich freien Verkehr übergeführt werden können (Art. 4 Nr. 16 Buchst. g, Art. 145–160 ZK, Art. 585–592 ZK-DVO).

Zollhinterziehung im Zusammenhang mit Zollverfahren mit wirtschaftlicher Bedeutung können bei der Erschleichung von Bewilligungen, bei der Überführung der Waren in das Verfahren oder durch unzulässige Entnahmen während des Verfahrens begangen werden. **1724**

Alle Verfahren mit wirtschaftlicher Bedeutung bedürfen einer zollamtlichen **Bewilligung** (Art. 85 ZK). Angaben über die persönlichen und wirtschaftlichen Verhältnisse im Bewilligungsantrag sind steuererheblich. Der Erfolg tritt jedoch nicht mit der widerrechtlichen Erteilung der Bewilligung ein, da zu diesem Zeitpunkt weder Steuern verkürzt sind noch ungerechtfertigte Steuervorteile erlangt werden. Die Bewilligung als solches ist nicht als verkürzungsähnlicher Steuervorteil zu betrachten. Der tatbestandliche Erfolg tritt erst mit Überführung von Waren in das jeweilige Verfahren ein. Soweit festgestellt wird, dass eine Bewilligung auf Grund unrichtiger Angaben zu Unrecht erteilt wurde, wird sie zurückgenommen (Art. 8 ZK). Die Rücknahme gilt ab dem Zeitpunkt, zu dem die zurückgenommene Entscheidung ergangen ist. Somit wurden für die Einfuhrwaren (Art. 84 Abs. 2 ZK) keine Einfuhrabgaben erhoben. Bei der passiven Veredelung tritt der Erfolg bei der Überführung der veredelten Waren in den zollrechtlichen freien Verkehr nach passiver Veredelung (Verfahrenscode 6121 bzw. 6321) ein, wenn für die Waren die Zollermäßigung gem. Art. 151 ZK zu Unrecht gewährt wird. **1725**

Auch wenn eine rechtmäßige Bewilligung vorliegt können Einfuhrabgaben bei der **Überführung** der Waren in das jeweilige Zollverfahren hinterzogen werden. Wie auch bei der Überführung in den zollrechtlich freien Verkehr liegt die Tathandlung darin, dass andere Waren als die in der Bewilligung bzw. Anmeldung genannten Waren in das Verfahren überführt werden. Die Zollschuld entsteht entsprechend der einschlägigen EuGH-Rechtsprechung[1)] gem. Art. 202 Abs. 1 ZK. **1726**

Auch nach ordnungsgemäßer Überführung von Waren in ein Zollverfahren mit wirtschaftlicher Bedeutung können Einfuhrabgaben hinterzogen werden, indem die Einfuhrwaren (Art. 84 Abs. 2 ZK) aus dem Verfahren entzogen werden, ohne dass diese Tatsache den Zollbehörden mitgeteilt wird. Die Zollschuld entsteht regelmäßig gem. Art 203 Abs. 1 ZK. Wird der Entzug nicht bei der Beendigung des Verfahrens angegeben, macht sich der Bewilligungsinhaber nach § 370 Abs. 1 Nr. 1 AO strafbar (z.B. der Lagerhalter eines Lagers Typ D, der die entnommenen Waren nicht in der ergänzenden Zollanmeldung (Art. 267 4. Anstrich ZK-DVO) angibt). Gibt der **1727**

1) EuGH v. 3.3.2005, Papismedov, C-195/03, HFR 2005, 603.

Bewilligungsinhaber hingegen überhaupt keine beendende Anmeldung ab, liegt ein Unterlassen gem. § 370 Abs. 1 Nr. 2 AO vor. Typische Fälle eines Entziehens von Einfuhrwaren sind:

- zweckwidrige Verwendung von Beförderungsmitteln (Kabotage entgegen Art. 558 ZK-DVO) oder anderen Einfuhrwaren während der vorübergehenden Verwendung und
- die Entnahme aus einem Zolllager durch den Lagerhalter, Einlagerer oder Dritte (Diebstahl/Unterschlagung).

ee) Zuwiderhandlungen im Versandverfahren

1728 Für Waren, die in das Zollgebiet der Gemeinschaft eingeführt werden und dort in den Wirtschaftskreislauf treten sollen, sind die Einfuhrabgaben grundsätzlich im Zeitpunkt des Grenzübertritts zu entrichten. Da die Waren in den meisten Fällen nicht am Grenzort verbleiben, sondern für einen Empfänger im Landesinneren (Binnenland) bestimmt sind, wurde mit dem Versandverfahren ein Verfahren geschaffen, das die Möglichkeit bietet, die Verzollung am endgültigen Bestimmungsort der Waren vorzunehmen.

Versandverfahren sind:

- das externe (Art. 91 Abs. 1 Buchst. b ZK, Art. 340c Abs. 3 ZK-DVO) und interne gemeinschaftliche Versandverfahren,
- das Versandverfahren mit Carnet TIR nach dem TIR-Übereinkommen,[1)]
- das Versandverfahren mit Carnet ATA nach dem A.T.A.-Übereinkommen,[2)]
- das Versandverfahren mit Rheinmanifest gem. der Mannheimer Akte,[3)]
- das Versandverfahren mit Vordruck 302 gem. Artikel XI Abs. 4 und 13 des NATO-Truppenstatuts[4)] i.V.m. Art. 462 ZK-DVO und
- Beförderungen durch die Post.

Die größte praktische Bedeutung haben das externe gemeinschaftliche Versandverfahren und das Carnet TIR-Verfahren.

1729 Das Versandverfahren ist ein Nichterhebungsverfahren (Art. 84 Abs. 1 Buchst. a ZK). Im Versandverfahren, mit Ausnahme des internen gemeinschaftlichen Versandverfahrens, können Nichtgemeinschaftswaren zwischen zwei Orten unter Zollverschluss ohne Erhebung von Einfuhrabgaben befördert werden. Zuwiderhandlungen im Zusammenhang mit Versandverfahren können bei der Überführung in das Verfahren, während der Beförderung und bei Beendigung des Versandverfahrens begangen werden.

1730 Strafbar macht sich bei der Überführung von Waren in das Versandverfahren, wer andere Waren als die tatsächlich beförderten anmeldet. Mit Verlassen des Amtsplatzes werden die Waren der zollamtlichen Überwachung entzogen, so dass die Zollschuld gem. Art. 203 ZK entsteht. Entzogen werden auch die Waren, die anderen

1) Zollübereinkommen v. 14.11.1975 über den internationalen Warentransport mit Carnets TIR, BGBl. II 1979, 446. Siehe auch Beschluss des Rates vom 28.5.2009 über die Veröffentlichung einer konsolidierten Fassung des TIR-Übereinkommens (ABl.EU 2009 Nr. L 165, 1 – 94).

2) Zollübereinkommen über das Carnet A.T.A. für die vorübergehende Einfuhr von Waren, BGBl. II 1965, 948.

3) „Revidierte Rheinschifffahrtsakte" vom 17.10.1868 i.d.F. der Bekanntmachung vom 11.3.1969 (BGBl. II 1969, 597), geändert durch das Zusatzprotokoll Nr. 2 v. 17.10.1979 (Gesetz v. 22.7.1980, BGBl. II 1980, 870) und das Zusatzprotokoll Nr. 3 v. 17.10.1979 (Gesetz v. 22.7.1980, BGBl. II 1980, 875).

4) BGBl. II 1961, 1183, 1190.

ordnungsgemäß angemeldeten und überführten Waren zugepackt werden.[1] Solche Fälle sind insbesondere bei kriminellem Zusammenwirken von zugelassenen Versendern und Empfängern schwer durch die Zollbehörden zu entdecken.

Das Versandgut wird durch die Sicherung dessen **Nämlichkeit** zollamtlich über- 1731
wacht, indem die Beförderungsmittel (z.B. LKW-Auflieger) oder einzelne Packstücke mit einem Verschluss versehen werden. Sollen Waren während des Beförderns entfernt werden, ist dies nur mit Verletzung dieser Raum- bzw. Packverschlüsse möglich. In diesen Fällen liegt nicht nur eine Steuerhinterziehung gem. § 370 Abs. 1 Nr. 2 AO[2] vor, eine Verletzung eines Zollverschlusses erfüllt zudem auch den Straftatbestand des **Siegelbruchs** gem. § 136 Abs. 2 StGB. Dass ein Zollverschluss durch eine ausländische Zollbehörde angelegt wurde, ist dabei unbeachtlich.[3] Dagegen liegt kein Siegelbruch vor, wenn die Zollverschlüsse durch andere Personen als Amtsträger (Zollbeamte), d.h. durch zugelassene Versender angelegt wurden. Diese verwenden zumeist Tyden Seal oder Mini Breakaway als besondere Zollverschlüsse. Erschwerend kommt für die deutschen Zollbehörden bei der Verfolgung dieser Zuwiderhandlungen hinzu, dass in anderen Mitgliedstaaten diese besonderen Zollverschlüsse auch durch die dortigen Zollbehörden als Nämlichkeitsmittel verwendet werden. Aus den Versandunterlagen ergibt sich nicht immer eindeutig, wer diese angelegt hat.

Sollen Waren entfernt oder ausgetauscht werden, ohne dass es die Zollbehörden bzw. auch die am Versandverfahren Beteiligten bemerken, werden Verschlusseinrichtungen manipuliert, z.B. werden Verschlussstangen oder -seile so präpariert, dass sie ohne sichtbare Verletzung auseinandergenommen und wieder zusammengesetzt werden können. Auch die Planen oder der Aufbau können, trotz angelegten Zollverschlusses, einen Zugang zum Laderaum für eine Entnahme ermöglichen. Verschlussanerkenntnisse werden daher intensiv durch die Zollbehörden überprüft.

Gemäß Art. 96 Abs. 1 Buchst. a ZK sind die Waren innerhalb der vorgeschriebenen 1732
Frist der Bestimmungszollstelle zu gestellen. Die Frist wird von der Abgangszollstelle festgesetzt und regelmäßig großzügig bemessen, so dass eine fristgemäße Gestellung bei der Bestimmungszollstelle möglich ist. Das bloße Überschreiten der Gestellungsfrist im Versandverfahren stellt keine Entziehung aus der zollamtlichen Überwachung gem. Art. 203 Abs. 1 ZK, sondern eine Pflichtenverletzung gem. Art. 204 Abs. 1a ZK dar.[4]

Die schlichte eigenmächtige Verfügung über das Versandgut durch den Warenempfänger ohne Gestellung oder Mitteilung an die Bestimmungsstelle stellt daher sehr häufig eine Zuwiderhandlung dar. Soweit sie nur fahrlässig begangen wird, wird sie als Gefährdung von Einfuhrabgaben gem. § 382 Abs. 1 Nr. 2 AO i.V.m. § 30 Abs. 5 Nr. 3 ZollV geahndet. Eine Zollhinterziehung ist jedoch auch hier in Form eines eigenmächtigen Zahlungsaufschubes denkbar, indem der Täter beabsichtigt, die Einfuhrabgaben erst nach Abwicklung des Such- und Mahnverfahrens der Zollbehörden zu bezahlen.

d) Schmuggel im Postverkehr

Für den grenzüberschreitenden Warenverkehr mit der Post gibt es ebenso wie im 1733
Reiseverkehr erhebliche zollrechtliche Erleichterungen und Vergünstigungen. Zum

1) Vgl. BGH v. 27.11.2002, 5 StR 127/02, wistra 2003, 266.
2) Die Zollschuld entsteht dadurch, dass die zuständige Zollbehörde auch nur zeitweise am Zugang zu den unter zollamtlicher Überwachung stehenden Waren und an der Durchführung der vom Zollrecht vorgesehenen Prüfungen gehindert ist und damit ein Entziehen aus der zollamtlichen Überwachung vorliegt, EuGH v. 20.1.2005, Honeywell Aerospace, C-300/03, HFR 2005, 373; v. 1.2.2001, Wandel, C-66/99, HFR 2001, 517; v. 11.7.2002, Liberexim, C-371/99, HFR 2002, 1148.
3) BGH v. 30.11.1995, 5 StR 554/95, NJW 1996, 936.
4) FG München v. 31.3.2011, 14 K 4137/08, n.v.

„Postverkehr" zählt nur der Warenverkehr über die Grenze zum Zollgebiet der Gemeinschaft, der von der Deutschen Post AG als Mitglied des Weltpostvereins befördert wird. Beförderungen von Postsendungen durch andere Kurierdienste, auch der DHL International GmbH, werden grundsätzlich wie gewöhnliche gewerbliche Ein- und Ausfuhren betrachtet, lediglich die **Freigrenzen** für Warensendungen mit geringem Wert und Sendungen von Privatpersonen an Privatpersonen gelten auch in diesen Fällen.

1734 Unabhängig von der Person des Versenders und des Empfängers sind alle Sendungen von Waren, deren Gesamtwert nicht höher ist als 22 €, einfuhrabgabenfrei (Art. 23, 24 VO 1186/2009, § 1a EuStBV[1)]). Dies gilt für Zoll und Einfuhrumsatzsteuer. Bei einem Wert zwischen 22 € und 150 € sind die Sendungen zwar zollfrei, aber nicht frei von der Einfuhrumsatzsteuer. Ungeachtet des Warenwerts sind jedoch von der Zollfreiheit ausgenommen:

- Alkohol, einschließlich alkoholischer Getränke,
- Tabak und Tabakwaren sowie
- Parfüms und Eau de Toilette.

1735 Private Kleinsendungen sind zoll- und einfuhrumsatzsteuerfrei, wenn sie gelegentlich von einer Privatperson in einem Drittland an eine andere Privatperson im Zollgebiet der Gemeinschaft gesandt werden, zum persönlichen Gebrauch oder Verbrauch im Haushalt der Empfänger bestimmt sind, die Empfänger diese ohne Gegenleistung (z.B. Bezahlung, Tausch) erhalten und deren Warenwert nicht über 45 € liegt (Art. 25 ff. VO 1186/2009, § 1 Abs. 1 KF-VO[2)]). Zusätzlich bestehen folgende Mengenbegrenzungen (Art. 27 VO 1186/2009, § 1 Abs. 2 KF-VO):

- Tabakwaren (50 Zigaretten, 25 Zigarillos, 10 Zigarren oder 50 Gramm Rauchtabak),
- Alkohol und alkoholhaltige Getränke (1 Liter Spirituosen, Aperitifs aus Wein oder Alkohol, Taffia, Sake oder ähnliches, Schaumweine oder Likörweine und 2 Liter nicht schäumende Weine),
- Duftwässer (50 Gramm Parfüm oder 0,25 Liter Toilettewasser),
- Kaffee (500 Gramm oder 200 Gramm Auszüge, Essenzen oder Konzentrate aus Kaffee oder Zubereitungen).

1736 Für die Bundesrepublik Deutschland nimmt die Deutsche Post AG die Rechte und Pflichten wahr, die sich für eine Postverwaltung im Verhältnis zu den Benutzern und zu anderen Postverwaltungen aus dem Weltpostvertrag und den weiteren Abkommen ergeben (Art. 4 Abs. 1 WPostVtr1999G).[3)] Im Gegensatz zu den übrigen Kurierdiensten muss sie die Postsendungen, die für Empfänger in Deutschland bestimmt sind, von den Postverwaltungen anderer Länder übernehmen und im Inland zustellen (Art. 2 Abs. 1 WPostVertr).[4)] Warenbezogene Informationen erlangt sie regelmäßig erst mit Übernahme der Postsendungen anhand der gem. Art. 117 der Vollzugsordnung vom 10.7.1964 zu den Verträgen des **Weltpostvereins**[5)] angebrachten Zollinhaltserklärungen CN 22 bzw. CN 23. In diesem Zusammenhang bestehen die folgenden Erleichterungen für die Deutsche Post AG:

- Befreiung von der Abgabe einer ESumA (Art. 181c ZK-DVO),
- Anerkennung des Postversands als externes gemeinschaftliches Versandverfahren (Art. 91 Abs. 2 Buchst. f ZK),

1) Einfuhrumsatzsteuer-Befreiungsverordnung, BGBl. I 1992, 1526.
2) Kleinsendungs-Einfuhrfreimengen-Verordnung, BGBl. I 1979, 73.
3) Gesetz zu den Verträgen vom 15.9.1999 des Weltpostvereins v. 18.6.2002, BGBl. II 2002, 1446.
4) Weltpostvertrag, BGBl. II 2002, 1470.
5) BGBl. II 1966, 937.

- Fiktion der Anmeldung zur Überführung in den zollrechtlich freien Verkehr (Art. 237 Abs. 1 ZK-DVO),
- gesetzliche Bestimmung des Empfängers im Inland als Anmelder (Art. 237 Abs. 2 ZK-DVO),
- Vertretung des Anmelders kraft Gesetzes (§ 5 Abs. 2 ZollVG),
- Fiktion der Gestellung, der Annahme der Zollanmeldung und der Überlassung bei einfuhrabgabenfreien Sendungen (Art. 237 Abs. 3 ZK-DVO).

Die drittländische Postsendung wird zunächst durch die Post oder eine ausländische **1737** Postverwaltung zu einem der fünf Übergabestellen der Post (Frankfurt/Main, Hamburg, Speyer, Radefeld b. Leipzig, Niederaula b. Bad Hersfeld) befördert. Im Anschluss werden sie von der Post auf ihre Einfuhrabgabenfreiheit überprüft. Einfuhrabgabenfreie Sendungen werden unmittelbar, d.h. ohne Beteiligung des Zolls, an den Empfänger weitergeleitet. Einfuhrabgabenpflichtige Sendungen werden in Vertretung des Empfängers angemeldet (ausgenommen bei Selbstverzollung durch Empfänger); die Einfuhrabgaben werden von der Post zunächst entrichtet und bei Zustellung vom Empfänger vereinnahmt. Ist nicht erkennbar, ob die Postsendung einfuhrabgabenfrei oder -pflichtig ist, z.B. weil keine Angaben über den Warenwert auf der Zollinhaltserklärung vorhanden sind oder eine Rechnung nicht auf der Postsendung angebracht ist, oder bestehen Zweifel an der Einfuhrabgabenfreiheit, wird sie an das für den Wohnort des Empfängers zuständige Zollamt gesandt und der Empfänger durch die Post schriftlich benachrichtigt. Der Empfänger hat dann die Möglichkeit, innerhalb von 14 Tagen die Unklarheiten (am Zollamt persönlich oder durch Übersendung der fehlenden Unterlagen) zu beseitigen; andernfalls wird die Sendung zurückgeschickt.

Die umfangreichen Vereinfachungen für einfuhrabgabenfreie Sendungen werden **1738** zunehmend zur Hinterziehung von Einfuhrabgaben genutzt, indem in der Zollinhaltserklärung durch den Absender im Ausland ein Wert von bis zu 22 € erklärt wird, damit die Zollstelle die Sendung ohne Erhebung von Einfuhrabgaben in den zoll- und steuerrechtlich freien Verkehr überführt, obwohl der tatsächlich gezahlte oder zu zahlende Preis oder der Verkauf von einem gewerblich tätigen Verkäufer die Behandlung als Sendung von Privat an Privat oder Sendung mit geringem Wert gar nicht erfüllt. Dabei ist fraglich, ob und durch wen in diesen Fällen eine Steuerhinterziehung vorliegt. Zweifellos werden die Zollbehörden über steuerlich erhebliche Tatsachen in Unkenntnis gelassen und dadurch Einfuhrabgaben verkürzt (§ 370 Abs. 1 Nr. 2 AO). Eine Steuerhinterziehung durch unrichtige oder unvollständige Angaben gem. § 370 Abs. 1 Nr. 1 AO durch den Absender scheidet aus, da die inhaltlich falsche Zollinhaltserklärung die Zollbehörde nicht erreicht und die Post keine Behörde ist. Fraglich ist daher, wem die (Unterlassens-)Tat vorgeworfen werden kann. Die Post als ahnungsloser Beförderer scheidet mangels Vorsatzes aus (§ 16 StGB). Der Empfänger ist kraft gesetzlicher Fiktion Anmelder, die Verpflichtung, die Postsendung einer zollrechtlichen Bestimmung zuzuführen besteht hingegen nicht, so dass seine Untätigkeit ihm nicht vorgeworfen werden kann. Art. 48 ZK bestimmt lediglich, dass gestellte Waren einer zollrechtlichen Bestimmung zugeführt werden müssen, nicht jedoch, wer diese Pflicht zu erfüllen hat. Grundsätzlich ist die Person verpflichtet, die die VVSumA abgegeben hat (VSF Z 06 01 Abs. 407), mithin die Post, die vorsatzlos ist. Selbst die Untätigkeit des Empfängers nach dem Empfang der Postsendung und Kenntnis der unterlassenen Zollanmeldung führt zu keiner Strafbarkeit desselben, da es an dem gem. § 153 Abs. 1 AO notwendigen Zugang einer unrichtigen oder unvollständigen Steuererklärung bei den Finanzbehörden gerade fehlt.

Bleibt also nur noch der Versender. Durch seine falschen Angaben hat die Post in **1739** der irrigen Annahme, es handle sich um eine einfuhrabgabenfreie Sendung diese unmittelbar und ohne Beteiligung der Zollbehörden an den Empfänger ausgeliefert.

Der Schluss, es liege eine Steuerhinterziehung in mittelbarer Täterschaft gem. § 25 Abs. 1 Alt. 2 StGB vor, drängt sich hier förmlich auf. An dieser Stelle kommt der Frage, ob § 370 Abs. 1 Nr. 2 AO ein Sonderdelikt ist, erhebliche Bedeutung zu.

1740 Die h.M.[1] und die Rechtsprechung[2] sehen in § 370 Abs. 1 Nr. 2 AO ein Sonderdelikt mit der Folge, dass der Versender mangels unmittelbarer gesetzlicher Pflicht als tauglicher Täter ausscheidet. Allenfalls als versuchte Steuerhinterziehung gem. § 370 Abs. 1 Nr. 1 AO könnte ihm die Tat vorgeworfen werden, da Tatentschluss gegeben ist, es jedoch an dem Zugang der unrichtigen Angaben bei Zollbehörden fehlt. Dies ist dem Umstand geschuldet, dass der Tatbestand des § 370 Abs. 1 Nr. 1 AO neben dem Verkürzungserfolg eine bestimmte, auf einen konkreten Adressaten bezogene Handlung verlangt. Eine Vollendung tritt nur wegen der Ausgestaltung des Zollrechts nicht ein.

1741 Eine Mindermeinung,[3] der sich der Bearbeiter anschließt, geht dagegen von keinem Sonderdelikt aus, mit der Folge, dass auch andere Personen mittelbare Täter sein können, wenn sie am pflichtwidrigen Verhalten eines Dritten beteiligt sind. Nach dem Wortlaut des Gesetzes wird nicht die persönliche Eigenschaft als „Pflichtiger" wie z.B. in § 378 AO („Steuerpflichtiger"), § 382 AO („Pflichtiger") oder § 344 StGB („Amtsträger") gefordert, sondern ein „pflichtwidriges" Verhalten. Die Adverbialbestimmung „pflichtwidrig" bezeichnet nur ein besondere Art und Weise der Handlung, nämlich, dass diese gegen steuerliche Pflichten verstoßen muss, wobei der Täter die pflichtwidrige Handlung nach den allgemeinen Regeln des Strafrechts (§ 25 StGB) entweder selbst oder durch einen Pflichtigen anderen begehen kann.

1742 Darüber hinaus führt die Annahme eines Sonderdelikts zur Abhängigkeit des tauglichen Täterkreises von der Ausgestaltung des materiellen Steuerrechts. Ein steuernder Hintermann kann aber auch dann eine Steuerverkürzung „bewirken", wenn er selbst keine Angaben macht und nicht erklärungspflichtig ist, indem er gezielt die Unwissenheit einer anderen Person zur Verletzung einer an objektiven Gebundenheiten anknüpfenden Pflicht ausnutzt, die sonst ihn treffen würde. Neben den genannten Zuwiderhandlungen im Postverkehr kommen dafür der Schmuggel durch Kinder sowie Raub und Unterschlagung von Waren aus dem Versandverfahren/Steueraussetzungsverfahren in Betracht. Bei Annahme eines Sonderdelikts würden jeweils die Hintermänner mangels ihnen obliegender zollrechtlicher Pflichten straffrei bleiben.

1743 Auch wenn die Frage nach dem Sonderrechtscharakter des § 370 Abs. 1 Nr. 2 AO auf den ersten Blick nur theoretischer Natur zu sein scheint, weil der Versender im Ausland dem Zugriff der deutschen/europäischen Strafverfolgungsbehörden entzogen ist, hat es doch erhebliche Auswirkungen für den Empfänger. Unterstellt, § 370 Abs. 1 Nr. 2. AO sei kein Sonderdelikt, hätte sich der Versender wegen versuchter Steuerhinterziehung in mittelbarer Täterschaft strafbar gemacht, mit der Folge, dass die hinterzogenen Einfuhrabgaben bis zu zehn Jahre – anstelle von drei Jahren – nach der Entstehung noch festgesetzt werden können (Art. 221 Abs. 4 ZK i.V.m. § 169 Abs. 2 Satz 2 AO). Außerdem könnte für den Empfänger mit der Entgegennahme der Sendung eine strafbare Steuerhehlerei gem. § 374 Abs. 1 AO in Betracht

1) Ransiek in Kohlmann, § 370 AO Rz. 87 ff., 116 ff., 276 (Juni 2009/November 2010); Hellmann in H/H/Sp, § 370 AO Rz. 102, 210 (März/November 2011); Joecks in Franzen/Gast/Joecks, 7. Aufl. 2009, § 370 AO Rz. 161; Dumke in Schwarz, § 370 AO Rz. 55 ff. (Juni 2008).

2) BGH v. 1.2.2007, 5 StR 372/06, wistra 2007, 309; v. 22.5.2003, 5 StR 520/02, wistra 2003, 344; v. 25.1.1995, 5 StR 491/94, wistra 1995, 189; v. 14.2.1990, 3 StR 317/89, HFR 1991, 177; v. 12.11.1986, 3 StR 405/86, wistra 1987, 147; v. 4.4.1979, 3 StR 488/78, BGHSt 28, 371.

3) LG Hamburg v. 20.3.2000, 618 KLs 8/99, wistra 2001, 68; Bender/Möller/Retemeyer, C Rz. 121 ff.; Jäger in Klein, 11. Aufl. 2012, § 370 AO Rz. 26, 29; Bender, Anm. zu LG Hamburg v. 20.3.2000, 618 Kls 8/99, wistra 2001, 68, 69.

kommen, wenn er dabei erkennt, dass sie vorschriftswidrig in das Zollgebiet der Gemeinschaft verbracht wurde.

e) Truppenschmuggel

Im Verfahren der **Truppenverwendung** (§ 2 Abs. 3 TrZollG) können Nichtgemeinschaftswaren unter Befreiung von den Einfuhrabgaben und Gemeinschaftswaren, die berechtigten Personen unter Steuerbegünstigung geliefert werden, durch diese Personen ge- und verbraucht werden. Das Zollverfahren der Truppenverwendung dient dem Zweck, die Einhaltung der Voraussetzungen der Begünstigung der berechtigten Personen laufend zu überwachen. Rechtsgrundlagen für die Truppenverwendung sind neben dem nationalen Truppenzollgesetz[1] und der Truppenzollverordnung[2] sowie dem gemeinschaftlichen Zollrecht die folgenden völkerrechtlichen Verträge: **1744**

- NATO-Truppenstatut,[3]
- Zusatzabkommen zum NATO-Truppenstatut,[4]
- Hauptquartierprotokoll,[5]
- Ergänzungsabkommen zum Hauptquartierprotokoll,[6]
- Statusübereinkommen,[7]
- Gesetz zum Hauptquartierprotokoll,[8]
- Urlauberübereinkommen[9] sowie das
- PfP-Truppenstatut.[10]

Der Umfang der Verwendung der abgabenbegünstigten Waren durch berechtigte Personen ergibt sich aus § 17 TrZollG. Jede nicht zulässige Verwendung, z.B. die Abgabe von Waren an nichtberechtigte Personen, macht die vorherige Zuführung der Ware zu einer neuen zollrechtlichen Bestimmung notwendig (§ 16 Abs. 1 TrZollG). Die berechtigte Person darf die Einfuhrwaren einer nichtberechtigten Person erst dann übergeben, wenn diese eine Bescheinigung über die Erfüllung dieser Verpflichtung nach § 16 Abs. 1 TrZollG vorlegt (§ 16 Abs. 3 TrZollG). Eine Einfuhrabgabenschuld gem. Art. 201 Abs. 1 ZK i.V.m. § 19 Abs. 1 TrZollG entsteht, wenn Waren aus der Truppenverwendung zum zollrechtlich freien Verkehr angemeldet werden. Werden Waren zweckwidrig verwendet, z.B. weil die Waren an eine nichtberechtigte Person ohne zollamtliche Mitwirkung abgegeben werden, entsteht eine Einfuhrabgabenschuld gem. § 19 Abs. 2 TrZollG. Die an der zweckwidrigen Verwendung beteiligten Personen sind Gesamtschuldner. Pflichtverletzungen, die sich auf die ordnungsgemäße Inanspruchnahme der Truppenverwendung nicht auswirken, sind abschließend in § 25 TrZollV aufgezählt und führen abweichend von § 19 Abs. 2 TrZollG nicht zur Entstehung einer Einfuhrabgabenschuld. **1745**

Zur Einfuhrabgabenhinterziehung kommt es somit, wenn **1746**

- eine berechtigte Person (Mitglieder der Truppe oder des zivilen Gefolges ausländischer Streitkräfte oder der NATO-Hauptquartiere und deren Angehörige)

---

1) TrZollG v. 19.5.2009, BGBl. I 2009, 1090.
2) TrZollV v. 24.8.2009, BGBl. I 2009, 2947.
3) BGBl. II 1961, 1183, 1190.
4) BGBl. II 1961, 1183, 1218.
5) BGBl. II 1969, 2000.
6) BGBl. II 1969, 2009.
7) BGBl. II 1969, 2044.
8) BGBl. II 1969, 1997.
9) BGBl. II 1961, 1384.
10) BGBl. II 1998, 1340.

Waren aus der Truppenverwendung an nichtberechtigte Personen verkauft oder verschenkt;

- eine nicht berechtigte Person die Waren aus der Truppenverwendung durch Diebstahl, Unterschlagung oder dergl. entzieht;
- eine nicht berechtigte Person, der die Truppenverwendung zur Belieferung der ausländischen Streitkräfte mit abgabenbegünstigten Waren bewilligt wurde, die Waren nicht ordnungsgemäß an berechtigte Personen übergibt oder
- eine nichtberechtigte Person bei der Überführung der Einfuhrwaren in den zoll- und steuerrechtlich freien Verkehr unrichtige oder unvollständige Angaben gegenüber den Zollbehörden macht.

1747 Grundsätzlich unterliegen Fälle des Truppenschmuggels in Deutschland durch Mitglieder ausländischer Streitkräfte und NATO-Hauptquartiere der deutschen **Gerichtsbarkeit** (Art. VII NATO-TrSt). Die Bundesrepublik hat jedoch gem. Art. 19 Abs. 1 ZusAbk auf dieses Vorrecht verzichtet.[1] Daher kommt eine Strafverfolgung von berechtigten Personen i.d.R. nur dann in Betracht, wenn die betreffende Person nicht dem Militärrecht der Entsendestaaten unterliegt oder die deutschen Behörden in besonderen Fällen den Verzicht zurücknehmen (Art. 19 Abs. 3 ZusAbk). Die Niederlande haben auf die Ausübung der Gerichtsbarkeit bei Truppenschmuggel verzichtet.[2] Dagegen sind Ermittlungsmaßnahmen (z.B. Beschlagnahme, Durchsuchungen, Verhaftungen) gegen diese Täter durch deutsche Strafverfolgungsorgane ebenso zulässig, wie solche gegen deutsche Täter durch die zuständigen Organe der ausländischen Streitkräfte (Art. 20 bis 22 ZusAbk). Auf Grund dieser Besonderheiten verzichten die Hauptzollämter in diesen Fällen auf ihre gem. § 399 Abs. 1 AO zustehenden umfangreichen staatsanwaltschaftlichen Ermittlungs- und Ahndungsbefugnisse und geben diese Strafverfahren gem. § 386 Abs. 4 AO unverzüglich an die Staatsanwaltschaft ab (StraBuDV Nr. 26). Gleichwohl führen sie gemeinsam mit den Zollfahndungsämtern die Ermittlungen weiterhin durch.

4. Tatbestandsmäßiger Erfolg

1748 Die Hinterziehung von Einfuhrabgaben ist als **Erfolgsdelikt** erst vollendet, wenn der im Gesetz beschriebene Erfolg, die Verkürzung von Einfuhrabgaben oder die Erlangung von nicht gerechtfertigten Vorteilen, vollendet ist. Bis dahin kommt nur ein Versuch in Betracht.

a) Entstehung der Einfuhrzollschuld

1749 Die Verpflichtung einer Person, die für eine bestimmte Ware im geltenden Gemeinschaftsrecht vorgesehenen Einfuhrabgaben zu entrichten, wird gem. Art. 4 Nr. 9 ZK als **Zollschuld** (Einfuhrzollschuld) bezeichnet. Die Entstehung der Einfuhrzollschuld richtet sich nach Art. 201 bis 208 und 212 bis 216 ZK.

1750 **Keine Zollschuld** entsteht, wenn Falschgeld, Suchtstoffe oder psychotrope Stoffe in das Zollgebiet der Gemeinschaft verbracht werden, jedoch nicht in den Wirtschaftskreislauf eingehen, der im Hinblick auf deren Verwendung zu medizinischen und wissenschaftlichen Zwecken einer strengen Kontrolle durch die zuständigen Behörden unterliegt (Art. 212 Satz 1 ZK).[3] Zwar „gilt" nach Art. 212 Satz 3 ZK die Zollschuld im Rahmen des auf Verstöße gegen die Zollvorschriften anwendbaren Strafrechts „als entstanden", wenn im Strafrecht eines Mitgliedsstaates vorgesehen ist, dass die Zölle als Grundlage für die Verhängung von Strafmaßnahmen herangezogen werden oder dass auf Grund des Bestehens einer Zollschuld strafrechtliche Ver-

---

1) Art. 3 NATOTrStatVtrG v. 18.8.1961, BGBl. II 1961, 1183; zuletzt geändert durch Art. 111 V v. 31.10.2006, BGBl. I 2006, 2407.
2) BMF v. 5.2.1975, Az. III A/5 – Z 1750 – 1/75.
3) Witte/Wolffgang, 6. Aufl. 2009, 298.

folgungen eingeleitet werden. Doch setzt § 370 Abs. 5 AO einen tatsächlich entstandenen Steueranspruch voraus, die Fiktion eines Steueranspruchs ist nicht ausreichend.[1] Art. 212 Satz 3 ZK kann mangels strafrechtlicher Gesetzgebungskompetenz der Europäischen Union keine strafbegründende Wirkung entfalten.

Da § 21 Abs. 2 UStG die Vorschriften für Zölle bezüglich der **Einfuhrumsatzsteuer** 1751
für entsprechend anwendbar erklärt, entsteht für Falschgeld, Suchtstoffe und psychotrope Stoffe, die nicht in den geregelten Wirtschaftskreislauf eingehen, auch keine Einfuhrumsatzsteuer.

Die Einfuhr von Falschgeld, Suchtstoffen und psychotropen Stoffen ist jedoch als 1752
Bannbruch und wegen der Zuwiderhandlung gegen sonstige Verbringungsverbote strafbar, z.B. § 146 Abs. 1 StGB § 29 Abs. 1 Nr. 1 und 5 BtMG.

Außertarifliche Zollbefreiungen befinden sich in folgenden gesetzlichen Grund- 1753
lagen:

- in der auf Art. 184 ZK beruhenden Zollbefreiungsverordnung (VO 1186/2009),
- in der Verordnung über die Eingangsabgabenfreiheit von Waren im persönlichen Gepäck der Reisenden (Einreise-Freimengen-Verordnung [EF-VO]),
- in der Verordnung über die Eingangsabgabenfreiheit von Waren in Kleinsendungen nicht kommerzieller Art (Kleinsendungs-Einfuhrmengen-Verordnung [KF-VO]) und
- in nationalen außertariflichen Zollbefreiungen in den §§ 29, 30 ZollVG, §§ 11 bis 21 ZollV.

b) Verkürzung der Einfuhrzollschuld

Eine **Verkürzung** liegt bei Einfuhrabgaben, die, anders als im früheren nationalen 1754
Zollrecht, nur durch Festsetzung fällig werden können (Art. 217 ff. ZK), vor, wenn die entstandenen Steuern nicht, nicht in voller Höhe oder verspätet festgesetzt werden (§ 370 Abs. 4 AO).[2]

Das Zollrecht kennt den Begriff der Festsetzung nicht. Stattdessen wird der entstan- 1755
dene Einfuhrabgabenbetrag buchmäßig erfasst (Art. 217, 218 ZK). Im Bereich der deutschen Zollverwaltung wird die buchmäßige Erfassung mit der Fertigstellung des Abgabenbescheids gleichgesetzt (VSF Z 09 12 Abs. 5). Die Fertigstellung gilt als vollzogen, wenn nach Eintragung aller erforderlichen Angaben der Abfertigungsbeamte unterschreibt bzw. der Bescheidsentwurf schlussgezeichnet wird oder der Bescheid im IT-Verfahren ATLAS generiert wird. Werden Waren mit einer Zollanmeldung mit Selbstberechnung gem. Art. 221 Abs. 2 UAbs. 2 ZK) angemeldet, werden die entstandenen Einfuhrabgaben durch die Bestätigung des angemeldeten Betrags, bei abweichender Festsetzung durch Erlass eines Abgabenbescheids buchmäßig erfasst.[3]

Nicht festgesetzt ist die Einfuhrzollschuld in dem Zeitpunkt, in dem die Zollbehörde 1756
bei steuerehrlichem Verhalten des Täters die Steuer festgesetzt, d.h. den Zollbescheid bekannt gegeben hätte (§ 155 Abs. 1, § 124 AO). Für Einfuhrabgaben ist dies der Zeitpunkt, zu dem der Abgabenbetrag gem. Art. 221 Abs. 1 ZK hätte mitgeteilt werden müssen.[4]

Bei einer **Steueranmeldung** ist die Steuer bereits in dem Zeitpunkt nicht festgesetzt, 1757
in dem die Steueranmeldung hätte abgegeben werden müssen.

---

1) Witte, 6. Aufl. 2013, Art. 212 ZK Rz. 26 m.w.N.
2) Bender/Möller/Retemeyer, C Rz. 280 ff.
3) Witte/Wolffgang, 306.
4) Bender/Möller/Retemeyer, C Rz. 329.

1758 **Nicht in voller Höhe festgesetzt** ist die Einfuhrzollschuld, wenn der im Zollbescheid angeforderte Betrag niedriger ist als die gem. § 38 AO, Art. 201 ff. ZK entstandene Steuerschuld, z.B. auf Grund unrichtiger Angaben über den Warenwert, die Beschaffenheit und Tarifposition oder den Warenursprung. Die Einfuhrzollschuld entsteht ohne Rücksicht auf die Anmeldung und die insoweit deklaratorische Zollfestsetzung immer so, wie das Gesetz es für den gegebenen Sachverhalt bestimmt.

1759 Für die Ermittlung der Verkürzung bedarf es einerseits der Feststellung, welche Steuern seitens der Finanzbehörde zu welchem Zeitpunkt festgesetzt wurden (sog. Ist-Steuer). Andererseits ist es erforderlich, dass der tatsächliche Sachverhalt festgestellt wird, aus dem die von Gesetzes wegen geschuldete Steuer folgt (sog. Soll-Steuer). Die Soll-Steuer als solche ist sodann festzustellen. Aus der Gegenüberstellung von Soll- und Ist-Steuer ergibt sich dann die verkürzte Steuer.[1)] Somit ist grundsätzlich eine genaue Feststellung der Besteuerungsgrundlagen erforderlich. Strafrechtlich ist der Verkürzungserfolg ein Aspekt für die Strafzumessung.[2)]

1760 Bei unvollständigen Zollanmeldungen (UZA) nach Art. 76 Abs. 1 UAbs. 1 Buchst. a ZK ist die Tat mit Überlassung der Waren vollendet. Im Vereinfachten Anmeldeverfahren nach Art. 76 Abs. 1 UAbs. 1 Buchst. b und c ZK ist die Tat erst mit Eingang der ergänzenden Anmeldung vollendet.[3)]

1761 **Nicht rechtzeitig festgesetzt** ist die Einfuhrzollschuld, wenn sie später als im gesetzlich vorgesehenen Zeitpunkt festgesetzt wird. Wird eine Steueranmeldung verspätet abgegeben, liegt eine Steuerverkürzung auf Zeit vor. Der Verkürzungserfolg liegt in dem Verspätungsschaden, d.h. der entgangene Zinsgewinn des Steuerfiskus. Die verspätete Abgabe der Steueranmeldung beeinträchtigt den Steuergläubiger.[4)] Wird die Anmeldung tatsächlich später nachgeholt, so kann darin eine **strafbefreiende Selbstanzeige** liegen.

1762 Zur Abgrenzung zwischen den Alternativen nicht festgesetzt und nicht rechtzeitig festgesetzt ist der Wille des Täters maßgeblich. Nicht rechtzeitig festgesetzt ist die Steuer, wenn sie entsprechend dem Tatplan des Täters später als im gesetzlich bestimmten Zeitpunkt festgesetzt werden soll. Dieses muss die Absicht des Täters bereits bei der Tatausführung sein. Allein der Umstand, dass eine auf Dauer geplante Hinterziehung alsbald aufgedeckt und die verkürzte Steuer sofort, möglicherweise noch am Tag der Hinterziehung, bezahlt wird, begründet kein „Nicht rechtzeitig festsetzen".[5)]

1763 Im Reiseverkehr ist die Steuerhinterziehung vollendet, wenn entweder die Waren überlassen wurden oder der Reisende den Amtsplatz verlassen hat.[6)] Hingegen liegt nur der Versuch einer Steuerhinterziehung vor, wenn ein Reisender die Frage nach anzumeldenden Waren wahrheitswidrig verneint, die Waren aber bei einer noch am Grenzzollamt vorgenommenen Überprüfung gefunden und sichergestellt werden.[7)] Das Betreten des grünen Ausgangs mit anderen als den in Art. 230 ZK-DVO genannten Waren stellt einen Versuch nach § 370 Abs. 1 Nr. 1, Abs. 2 AO dar. Mit Verlassen des Amtsplatzes liegt Vollendung vor.

1764 Keine Verkürzung ist es, wenn die Festsetzung lediglich erschwert und der Steueranspruch dadurch gefährdet wird, sofern die Steuern gleichwohl rechtzeitig und in richtiger Höhe festgesetzt werden.

---

1) BGH v. 12.5.2009, 1 StR 718/08, NJW 2009, 2546.
2) Bender/Möller/Retemeyer, C Rz. 292.
3) AO-DV Zoll Nr. 3.1 zu § 370.
4) Bender/Möller/Retemeyer, C Rz. 352.
5) OLG Dresden v. 3.3.1999, 1 Ss 597/98, NStZ-RR 1999, 370; Grote, AW-Prax 1999, 341; ergänzend Bender, AW-Prax 2000, 30 ff.
6) OLG Dresden v. 3.3.1999, 1 Ss 597/98, NStZ-RR 1999, 370.
7) LG Dresden v. 14.7.1999, 8 Ns 111 Js 45761/98, NStZ-RR 2000, 90 f.

c) Erlangung nicht gerechtfertigter Steuervorteile

Nicht gerechtfertigte Steuervorteile[1] sind i.S.d. § 370 Abs. 4 AO erlangt, „wenn dem Täter etwas gewährt oder belassen worden ist, was gegenüber der normalen, dem Gesetz entsprechenden Festsetzung oder Einziehung von Steuern eine Ausnahme bedeutet".[2] Der Anwendungsbereich ist beschränkt, da bei den meisten Verhaltensweisen bereits eine Verkürzung der Einfuhrzollschuld vorliegt.[3] **1765**

Die **Erlangung** nicht gerechtfertigter Vorteile im Zusammenhang mit Einfuhrabgaben kommt insbesondere in Betracht: **1766**

- bei der Überführung in ein externes gemeinschaftliches Versandverfahren mit dem Vorsatz, die Nichtgemeinschaftswaren während der Beförderung zu entziehen,
- bei der Erlangung eines Zahlungsaufschubs (Art. 224 f. ZK), indem wertlose Gegenstände mit gefälschten Wertgutachten für die erforderliche Sicherheit beim HZA geleistet wird,
- bei der Erlangung einer Zahlungserleichterung (Art. 229 ZK i.V.m. § 222 AO), indem die geschuldeten Einfuhrabgaben auf Grund falscher Angaben über die wirtschaftlichen Lage des Antragstellers gestundet werden,
- bei der Erlangung von Fristverlängerungen in Zollverfahren mit wirtschaftlicher Bedeutung oder Nichterhebungsverfahren auf Grund falscher Angaben,
- bei der Erlangung einer Bewilligung für ein vereinfachtes Verfahren (Art. 76 ZK) durch falsche Angaben,
- bei der Erlangung einer Fristverlängerung für die Abgabe einer Zollanmeldung zum Erhalt einer zollrechtlichen Bestimmung (Art. 49 ZK), indem rechtfertigende Umstände fingiert werden.[4]

5. Vorsatz

Subjektiv ist ein vorsätzliches Handeln des Täters erforderlich. Dieser muss wissen, dass seine Angaben unrichtig oder die vorgelegten Urkunden zu deren Nachweis unzutreffend sind. Vgl. hierzu auch die allgemeinen Ausführungen zum Vorsatz unter → Rz. 381 ff. **1767**

Von der subjektiven Seite im Straftatbestand ist das steuerliche „Wissen müssen" zu unterscheiden. Das FG Bremen[5] nahm zu der Beweislast für das „Wissen müssen" beim Erwerb von Schmuggelware wie folgt Stellung: Aus den Umständen des Falles und der Persönlichkeit des Erwerbers, insbesondere seinen persönlichen Kenntnissen und Fähigkeiten muss sich das „Wissen müssen" von der Zollguteigenschaft zweifelsfrei, jedenfalls aber bei vernünftiger Abwägung aller für und wider sprechenden Umstände, ergeben; bieten die Indizien keine hinreichende sichere Grundlage für die Bewertung, dass der Erwerber die Zollguteigenschaft hätte kennen müssen, wirken verbleibende Zweifel nach dem Grundsatz „in dubio pro reo" zu Gunsten des Erwerbers.

VI. Strafzumessung

Gemäß § 46 Abs. 1 StGB ist die Schuld des Täters die Grundlage für die Bemessung der Strafe. Das Maß der Schuld ergibt sich bei der Steuerhinterziehung insbeson- **1768**

1) Zum Begriff ausf.: Joecks in Franzen/Gast/Joecks, 7. Aufl. 2009, § 370 AO Rz. 95 ff.
2) BGH v. 6.6.1973, 1 StR 82/72, BGHSt 25, 190 = WM 1973, 918.
3) Bender/Möller/Retemeyer, C Rz. 375 ff.
4) Bender/Möller/Retemeyer, C Rz. 385 ff.
5) FG Bremen v. 13.6.2001, 299344 K 3, ZfZ 2002, 24 f.

dere aus der Höhe der schuldhaft verkürzten Abgaben. Der Verstoß gegen die dem Täter im Interesse der Besteuerung auferlegten besonderen Rechtspflichten wiegt i.d.R. umso schwerer, je höher die hinterzogenen Abgaben sind.

1769 Bei der Entscheidung, welche Rechtsfolge im Einzelfall bei der Hinterziehung von Einfuhrabgaben angewendet werden soll, wenden die Hauptzollämter in Abhängigkeit des verkürzten Abgabenbetrags folgende Richtwerte an:[1)]

- bis 130 €: Einstellung gem. § 398 AO (im Reiseverkehr keine Strafverfolgung gem. § 32 ZollVG zzgl. Erhebung des Zuschlags)
- bis 750 €: Einstellung gem. § 153a Abs. 1 StPO gegen Zahlung einer Geldauflage ohne Zustimmung des Gerichts
- bis 1 500 €: Einstellung gem. § 153a Abs. 1 StPO gegen Zahlung einer Geldauflage mit Zustimmung des Gerichts

  (Die Höhe der Geldauflage wird nach Stufe 1 der Bemessungstabelle für Geldstrafen entsprechend bemessen.)[2)]
- bis 31 250 €: Beantragung einer Geldstrafe, deren Anzahl an Tagessätzen sich wie folgt bemisst:

Stufe	Verkürzte Abgaben in €	Dividiert durch in €	Anzahl der Tagessätze
1	bis 5 000	40	5 bis 125
2	über 5 000 bis 14 000	75	126 bis 245
3	über 14 000 bis 31 250	150	246 bis 360

Wenn die in Spalte 2 aufgeführten Verkürzungsbeträge überschritten werden, wird der Anzahl der Tagessätze nach der letzten überschrittenen Stufe jeweils die sich aus der nächsten Stufe ergebende Anzahl der Tagessätze hinzugerechnet.

- über 31 250 €: Freiheitsstrafe
- über 100 000 €: mindestens 6 Monate Freiheitsstrafe[3)]
- über 1 Mio. €: mindestens 2 Jahre Freiheitsstrafe[4)] (nach neuester Rechtsprechung ist es dabei ohne Bedeutung, ob die Millionengrenze durch eine einzelne Tat oder erst durch mehrere gleichgelagerte Einzeltaten erreicht worden ist[5)]).

1770 Maßgeblich ist der Gesamtbetrag der hinterzogenen Steuern je Tat, d.h. die Verkürzungsbeträge der verschiedener Steuerarten (Zölle, Verbrauchsteuern, Einfuhrumsatzsteuer) sind zusammenzuaddieren.

Beispiel:

Verkürzt worden sind Einfuhrabgaben i.H.v. 26 000 €

Stufe 1:	Verkürzungsbetrag bis 14 000 €	→	245 Tagessätze
Stufe 2:	26 000 € – 14 000 € = 12 000 € : 150 € =		80 Tagessätze
Insgesamt:			**325 Tagessätze**

1771 Diese Richtwerte sind keine starren Regeln für die Entscheidung über die Rechtsfolgen bzw. die Beantragung von Strafen im Strafbefehlsverfahren (§ 400 AO, § 407

1) Dienstvorschrift für Strafsachen- und Bußgeldverfahren (StraBuDV, VSF S 18 85) Nr. 142 Abs. 5, Nr. 143, Nr. 147. 1 Abs. 6, Nr. 147.3 Abs. 2.
2) StraBuDV Nr. 143 Abs. 5 Satz 2.
3) Vgl. BGH v. 2.12.2008, 1 StR 416/08, NJW 2009, 528; vgl. Geuenich, BB 2009, 312, 315.
4) Vgl. BGH v. 2.12.2008, 1 StR 416/08, NJW 2009, 528.
5) BGH v. 22.5.2012, 1 StR 103/12, wistra 2012, 350; krit. Esskandari/Bick, DStZ 2012, 775, 780.

StPO). Sie wurden durch das BMF vorgegeben, um eine bundeseinheitliche Anwendung der Strafzumessung gewährleisten zu können. Sie sind bei Strafmilderungsgründen zu verringern, bei Strafschärfungsgründen zu erhöhen, mithin sind sie als Ausgangswerte für eine individuelle Strafzumessung zu betrachten. Wesentliche Strafmilderungsgründe sind die Zahlung der hinterzogenen Abgaben als Wiedergutmachung sowie die Mithilfe des Beschuldigten bei der Tataufklärung. In der Praxis werden diese Richtwerte teilweise durch die der jeweiligen Staatsanwaltschaft/des jeweiligen Gerichts ersetzt.

Keine Richtwerttabelle gibt es für die Kompensation rechtsstaatswidriger Verfahrensverzögerungen[1] im Zusammenhang mit dem Vollstreckungsmodell nach der neueren BGH-Rechtsprechung.[2] 1772

VII. Einziehung und Verfall

Als **Nebenfolge der Tat** können die Erzeugnisse, Waren und anderen Sachen, auf die sich die Tat bezieht, und die Beförderungsmittel, die zur Tat benutzt worden sind, eingezogen werden (§ 375 Abs. 2 AO). 1773

Beispiel:

Einziehung eingeschwärzter Zigaretten und des Schmuggelfahrzeugs.

Soweit es sich um Schmuggelware handelt, die nicht im Eigentum des Täters steht, kann die Rückgabe der Waren an den Geschädigten in Betracht kommen (§ 111k StPO).[3] Im Rahmen internationaler Rechtshilfe ist die Herausgabe von Beweisstücken auf Ersuchen eines ausländischen Staates möglich, der die Gegenstände als Beweis für ein dortiges Straf- oder Beweissicherungsverfahren benötigt (§ 66 des Gesetzes über Internationale Rechtshilfe in Strafverfahren [IRG]).

Beispiel:

Die Rückführung eingeschmuggelter Kunstwerke in die Herkunftsstaaten.

VIII. Verjährung

1. Strafrechtliche Verjährung

Die Verfolgungsverjährung für die Hinterziehung von Einfuhrabgaben richtet sich nach den allgemeinen strafgesetzlichen Regelungen des StGB sowie nach § 376 Abs. 1 AO → Rz. 724 ff., 772 ff 1774

2. Festsetzungsverjährung

Die die Festsetzungsverjährung regelnden §§ 169, 170 AO werden in Bezug auf Zölle, Verbrauchsteuern bei der Einfuhr und die Einfuhrumsatzsteuer von gemeinschaftsrechtlichen Regelungen verdrängt: 1775

Für Zölle gilt Art. 221 Abs. 3 ZK, bei dem es sich nach einem Urteil des EuGH vom 6.11.1997 um eine Verjährungsfrist handelt.[4] Danach beträgt die Festsetzungsverjährung – sofern **keine Steuerstraftat** begangen wurde – drei Jahre, gerechnet vom – anders als im nationalen Steuerrecht nach § 108 Abs. 1 AO i.V.m. § 188 BGB – Folge- 1776

1) StraBuDV Nr. 147.4 Abs. 1
2) BGH v. 17.1.2008, GSSt 1/07, NJW 2008, 860.
3) Schumann/Schmidt-Bremme, NJW 2002, 574 ff.
4) EuGH v. 6.11.1997, C-261/96, ZfZ 1998, 60 ff; Gellert in Dorsch, Art. 221 ZK Rz. 15 (März 2012); Alexander in Witte, 6. Aufl. 2013, Art. 221 ZK Rz. 6.

tag an, an dem die Abgabenschuld entstanden ist (Art. 3 Abs. 2 Buchst. c FristenVO[1]).[2]

Beispiel:

Berechnung der Frist für die Mitteilung des buchmäßig erfassten Abgabenbetrags

Frist:	3 Jahre	(Art. 221 Abs. 3 ZK)
Entstehung der Zollschuld :	15.3.2012	
Fristbeginn:	16.3.2012	(Art. 3 Abs. 1 FristenVO)
Ablauf der Frist:	16.3.2015	(Art. 3 Abs. 2 Buchst. c FristenVO)

Der 16.3.2015 ist ein Montag. Art. 3 Abs. 4 FristenVO, der inhaltlich § 108 Abs. 3 AO bzw. § 193 BGB entspricht, kommt daher nicht zur Anwendung.

1777 **Liegt eine Steuerstraftat vor**, so verweist Art. 221 Abs. 4 ZK wieder auf das nationale Recht, es gilt die zehnjährige Festsetzungsverjährung des § 169 Abs. 2 Satz 2 AO.

1778 Gleiches gilt kraft Verweisung in § 21 Abs. 2 Satz 1 UStG für die **Einfuhrumsatzsteuer** und kraft Verweisungen in den entsprechenden Verbrauchsteuergesetzen auch für die **besonderen Verbrauchsteuern.**[3]

IX. Nichtverfolgung von Steuerstraftaten und Steuerordnungswidrigkeiten (§ 32 ZollVG; „Schmuggelprivileg")

1. Entwicklung des sog. „Schmuggelprivilegs"

1779 Der frühere § 80 ZG 1961 vom 14.6.1961[4] wurde durch das Zollverwaltungsgesetz vom 21.12.1992[5] in den § 32 ZollVG umgewandelt. Eine erneute Änderung erfuhr § 32 ZollVG durch das Gesetz vom 20.12.1996[6]. Der ursprüngliche § 80 ZG 1961 war eine Vorschrift für das Strafverfahren wegen Zollvergehen. Im Laufe der Zeit wurde der Anwendungsbereich auch auf Zollordnungswidrigkeiten ausgedehnt. Der Begriff „Zollvergehen" wurde mit Änderung vom 14.12.1976[7] durch „Zollstraftaten" ersetzt. Durch die oben genannte Änderung vom 20.12.1996 wurden die Begriffe „Zollstraftaten" und „Zollordnungswidrigkeiten" durch die Begriffe „Steuerstraftaten" und „Steuerordnungswidrigkeiten" ersetzt, um auch Verstöße gegen verbrauchsteuerliche Vorschriften zu integrieren.

2. Rechtsnatur des § 32 ZollVG

1780 § 32 ZollVG begründet – wie bereits der frühere § 80 ZG 1961 – ein **Verfahrenshindernis,** das die Strafverfolgung zwingend ausschließt.[8] § 32 ZollVG umfasst Bagatellverfehlungen, die im Strafverfahren über die §§ 153 ff. StPO bzw. im Bußgeldverfahren über § 47 OWiG durch Einstellung wegen Geringfügigkeit gelöst werden können. § 32 ZollVG ermöglicht jedoch den Strafverfolgungsbehörden und den Gerichten **kein Ermessen.** Sind die Voraussetzungen des § 32 ZollVG gegeben, so ist das sog. **„Schmuggelprivileg"** des § 32 ZollVG anzuwenden. Stellt sich später

---

1) Verordnung (EWG, EURATOM) Nr. 1182/71 des Rates v. 3.6.1971 zur Festlegung der Regeln für die Fristen, Daten und Termine, ABl.EG Nr. L 124, 1.
2) Gellert in Dorsch, Art. 221 ZK Rz. 13, 16 (März 2012).
3) Rüsken in Klein, 11. Aufl. 2012, § 169 AO Rz. 18.
4) BGBl. I 1961, 737.
5) BGBl. I 1992, 2125.
6) BGBl. I 1996, 2030.
7) BGBl. I 1976, 3341, 3364.
8) Einheitliche Meinung zu § 80 ZG 1961, zuletzt BayObLG v. 23.6.1981, RReg 4 St 84/81, ZfZ 1981, 312 ff.

heraus, dass die Voraussetzungen des § 32 ZollVG nicht vorgelegen haben, so führt dies nicht zu einem Strafklageverbrauch, so dass ein Strafverfahren eingeleitet werden kann.[1]

3. Tatbestandsmerkmale

a) Steuerstraftaten und Steuerordnungswidrigkeiten

aa) Hinterziehung von Einfuhrabgaben

§ 32 ZollVG setzt das Vorliegen einer **Steuerstraftat oder einer Steuerordnungswidrigkeit** voraus. Da sich § 32 ZollVG auf Abgaben bezieht, die im Zusammenhang mit dem Reiseverkehr über die Grenze auf die Einfuhr von Waren erhoben werden, ist abzuleiten, dass nicht Steuern aller Art gemeint sind, sondern Einfuhrabgaben i.S.d. § 1 Abs. 1 Satz 3 ZollVG, also Zölle gem. Art. 4 Nr. 10 ZK, die Verbrauchsteuern bei der Einfuhr und die Einfuhrumsatzsteuer (zum Begriff der Einfuhrabgaben → Rz. 1643 ff.). 1781

bb) Hinterziehung von Verbrauchsteuern

Mit umfasst sind ebenso Verstöße gegen Vorschriften der **Verbrauchsteuern**, die bei der Einfuhr von Waren aus Drittländern entstehen, → Rz. 1648. 1782

Jedoch kommt § 32 ZollVG im Zusammenhang mit dem Verbringen von verbrauchsteuerpflichtigen Waren aus dem **freien Verkehr anderer Mitgliedsstaaten** der Europäischen Union zu privaten Zwecken nicht zur Anwendung, denn § 32 ZollVG bezieht sich nur auf die Zollgrenze und nicht auf die Binnengrenzen der EU. Im Übrigen handelt es sich beim Verbringen zu privaten Zwecken um einen abgabenfreien Vorgang (§ 22 Abs. 1 TabStG, § 19 Abs. 1 BierStG, § 143 Abs. 1 BranntwMonG, § 19 Abs. 1, § 29 Abs. 3 SchaumwZwStG, § 16 Abs. 1 EnergieStG, § 16 Abs. 1 KaffeeStG, § 3 Abs. 2 AlkopopStG). Keine Anwendung findet § 32 ZollVG darüber hinaus auf die Entstehung von Verbrauchsteuern im Erhebungsgebiet, z.B. wegen Unregelmäßigkeiten im Verkehr unter Steueraussetzung. 1783

cc) Schwerer Schmuggel (§ 373 AO)

Nach wohl h.M. ist auch der **schwere Schmuggel** gem. § 373 AO vom Anwendungsbereich des § 32 ZollVG erfasst.[2] Jedoch wird die Einbeziehung des § 373 AO in den Anwendungsbereich von § 32 ZollVG in der Praxis eine geringe Bedeutung wegen des meist vorhandenen Überschreitens der Wertgrenze haben. 1784

dd) Bannbruch (§ 372 AO)

Auf Bannbruch im Reiseverkehr ist § 32 ZollVG nicht anwendbar.[3] Der Bannbruch ist zwar kraft gesetzlicher Definition Steuerstraftat, durch die Änderung der Begriffe „Zollstraftaten" und „Zollordnungswidrigkeiten" in „Steuerstraftaten" und „Steuerordnungswidrigkeiten" auf Grund des Art. 1 Nr. 13 des Gesetzes zur Änderung des Zollverwaltungsgesetzes und anderer Gesetze vom 20.12.1996[4] sollte aber lediglich der Anwendungsbereich von den Zöllen auf die Einfuhrabgaben gem. § 1 1785

---

1) Jäger in Franzen/Gast/Joecks, 7. Aufl. 2009, § 32 ZollVG Rz. 56.
2) Jäger in Franzen/Gast/Joecks, 7. Aufl. 2009, § 32 ZollVG Rz. 12 und § 373 AO Rz. 55; Bender/Möller/Retemeyer, C Rz. 1231.
3) VSF Z 09 01 Abs. 76; Jäger in Franzen/Gast/Joecks, 7. Aufl. 2009, § 372 AO Rz. 56 und § 32 ZollVG Rz. 15; a.A. Hilgers-Klautzsch in Kohlmann, § 372 AO Rz. 115 (Oktober 2011); Bender/Möller/Retemeyer, C Rz. 651 f. und 1229 f.; Hübner in H/H/Sp, vor § 372 AO Rz. 33 (Januar 1984); Voß in Franzen/Gast/Joecks, 6. Aufl. 2005, § 372 AO Rz. 56; Kindshofer in der Vorauflage Rz. 1944.
4) Gesetz v. 2.12.1996, BGBl. I 1996, 2030.

Abs. 1 Satz 3 ZollVG erstreckt werden. Darüber hinaus verdeutlicht die Betragsgrenze in § 32 Abs. 1 ZollVG, dass das Verfahrenshindernis nur bei solchen Taten angewendet werden kann, die die Sicherung der Erhebung von Einfuhrabgaben als geschütztes Rechtsgut zum Gegenstand haben.

ee) Steuerordnungswidrigkeiten

1786 § 32 ZollVG ist auch auf leichtfertige Steuerverkürzungen (§ 378 AO) anwendbar, wenn sich die Tat auf Einfuhrabgaben i.S.v. § 1 Abs. 1 Satz 3 ZollVG bezieht. Von den Gefährdungsdelikten der §§ 379 ff. AO kommen für eine Anwendung des § 32 ZollVG nur die in Betracht, die im Zusammenhang mit dem Reiseverkehr über die Grenze erfüllt werden können und sich auf Einfuhrabgaben beziehen.[1] Der Erwerb unverzollter Waren in Freihäfen (§ 382 Abs. 1 Nr. 3 AO) gehört damit nicht dazu.[2] So spielt es letztlich bei einer Verkürzung von Einfuhrabgaben bis 130 € im Reiseverkehr keine Rolle, ob der Tat vorsätzlich, leichtfertig oder fahrlässig begangen wurde.

ff) Zusammentreffen mit Nicht-Steuerstraftaten und Nicht-Steuerordnungswidrigkeiten

1787 § 32 ZollVG steht der Verfolgung anderer, mit Steuerstraftaten oder Steuerordnungswidrigkeiten tateinheitlich zusammentreffender Straftaten nicht entgegen, diese hindern umgekehrt nicht die Anwendbarkeit des § 32 ZollVG auf die Steuerstraftat.[3]

b) Grenzüberschreitender Reiseverkehr

1788 Weitere Voraussetzung für die Anwendbarkeit des § 32 ZollVG ist eine Verwirklichung der Einfuhrabgabenhinterziehung im **grenzüberschreitenden Reiseverkehr.**

1789 Die **Grenze** i.S.d. § 32 ZollVG ist der deutsche Teil der Außengrenze der Union, somit die Grenze gegenüber Drittstaaten. Kein Grenzüberschreiten ist der Reiseverkehr zwischen den Mitgliedsstaaten der Europäischen Union. Da die Zollgrenze das deutsche Hoheitsgebiet mit seinen Freizonen einschließt, ist auch die Einfuhr von Waren aus einem Drittland in eine Freizone von § 32 ZollVG erfasst.

1790 Die Anwendung des § 32 ZollVG ist nur auf den deutschen Teil der Zollgrenze der EU beschränkt. Das ZollVG ist ein nationales Gesetz, dessen Geltungsbereich auf das Gebiet beschränkt ist, in dem der Gesetzgeber verfassungsrechtlich legitimiert wird. Darüber hinaus ist eine Anwendung auf im Ausland begangene Straftaten ausgeschlossen, weil § 32 ZollVG keine dem § 370 Abs. 7 AO entsprechende Regelung enthält. Besondere Bedeutung kommt dieser Tatsache in Fällen des Art. 215 Abs. 4 ZK zu:

1791 **Beispiel:**

Der Privatreisende A reist aus Russland kommend über Polen nach Deutschland ein. Bei der Einreise in das Zollgebiet der Gemeinschaft in Polen verheimlicht er in Russland erworbene Zigaretten, so dass er Einfuhrabgaben von 100 € verkürzt. Die Tat wird in Polen nicht entdeckt. In Deutschland wird A von einer Kontrolleinheit Verkehrswege auf der Autobahn angehalten und kontrolliert. Der Sachverhalt wird wie beschrieben aufgeklärt.

Obwohl alle sonstigen Voraussetzungen des § 32 Abs. 1 ZollVG vorliegen, kommt für A das Schmuggelprivileg nicht zur Anwendung. In der Praxis kann einer möglichen Ungleichbehandlung mit Direkteinführern über § 153a Abs. 1 StPO durch

1) Jäger in Franzen/Gast/Joecks, 7. Aufl. 2009, § 32 ZollVG Rz. 13, 14.
2) OLG Bremen v. 5.8.1964, Ss 74/64, ZfZ 1964, 380.
3) Jäger in Franzen/Gast/Joecks, 7. Aufl. 2009, § 32 ZollVG Rz. 17.

Festsetzung einer Geldauflage in einer dem Zuschlag entsprechenden Höhe entgegengewirkt werden.

1792 Gemäß § 32 Abs. 4 ZollVG ist § 32 Abs. 1 bis 3 ZollVG entsprechend anwendbar bei der Einreise aus einer Freizone/einem Freihafen (Art. 166 ZK), da Nichtgemeinschaftswaren in einer Freizone/einem Freihafen als nicht im Zollgebiet der Gemeinschaft befindlich angesehen werden (Art. 166 Buchst. a ZK) und die Vorschriften über das Verbringen von Waren aus Drittländern entsprechend Anwendung finden (Art. 177 Satz 2 ZK).

1793 Der Begriff **Reiseverkehr** ist nicht gesetzlich definiert. Lediglich der Reisende (bei der Einfuhr) wird in Art. 236 Satz 1 Buchst. A ZK-DVO beschrieben als eine Person, die entweder vorübergehend in das Zollgebiet der Gemeinschaft gelangt, wo sie nicht ihren gewöhnlichen Wohnsitz hat, oder, die nach einem vorübergehenden Aufenthalt im Ausland in das Zollgebiet der Gemeinschaft zurückkehrt, wo sie ihren gewöhnlichen Wohnsitz hat. Damit gehört zum Reiseverkehr über die Grenze nicht nur der gelegentliche Grenzverkehr aus Anlass einer Geschäfts- oder Ferienreise, sondern jeder Personenverkehr.[1] Es ist nicht erforderlich, dass die mitgeführten Waren solche sind, die üblicherweise auf Reisen mitgeführt werden. Jedoch liegt kein Reiseverkehr mehr vor, wenn die mitgeführten Waren nicht mehr in den Rahmen des auf Reisen üblicherweise Mitgeführten fallen. Dabei wird unter Berücksichtigung des Einzelfalls ein sehr großzügiger Maßstab anzulegen sein. Die Grenze des Üblichen dürfte jedenfalls dann überschritten sein, wenn die mitgeführten Waren durch ihre Beschaffenheit oder Menge Grund zur Annahme geben, dass sie aus gewerblichen Gründen eingeführt werden.[2]

1794 Unter § 32 ZollVG fallen auch im Drittland als Reisegepäck aufgegebene Waren, die erst nach dem Grenzübertritt des Reisenden gestellt werden, sofern der Reisende nachweist, dass er sie bei seiner Abreise aus dem Drittland bei der Gesellschaft, die ihn in das Zollgebiet befördert hat, als Reisegepäck aufgegeben hat (Art. 41 UAbs. 1 VO Nr. 1186/09 i.V.m. Art. 5 RL 2007/74/EG[3]).

c) Kein Zusammenhang mit der Zollbehandlung

1795 Das Tatbestandsmerkmal „im **Zusammenhang mit der Zollbehandlung"** ist bei der Neuregelung des § 32 ZollVG entfallen. Damit ist jetzt auch die Hinterziehung von Einfuhrabgaben erfasst, die auf dem Wege über die **grüne Grenze,** d.h. durch Überschreiten der Zollgrenze außerhalb der Zollstraße oder eines zugelassenen Grenzübergangs, begangen worden ist.

d) Ware weder zum Handel noch zur gewerblichen Verwendung bestimmt

1796 Die Ware, bezüglich der die Steuer verkürzt wird, darf **weder zum Handel noch zur gewerblichen Verwendung bestimmt** sein:

- **Zum Handel bestimmt** ist Ware, wenn der Täter in der Absicht handelt, sie gegen Entgelt zu veräußern; nicht erforderlich ist, dass er mit Waren der eingeführten Art ständig Handel treibt. Die Absicht muss zur Tatzeit bestehen, unerheblich ist, wenn die Verkaufsabsicht nach der Tat aufgegeben wird oder später erst entsteht. Wenn die Ware zum Selbstkostenpreis weiterveräußert wird, liegt kein Handel i.S.d. § 32 ZollVG vor.[4]

---

1) Jäger in Franzen/Gast/Joecks, 7. Aufl. 2009, § 32 ZollVG Rz. 21.
2) Jäger in Franzen/Gast/Joecks, 7. Aufl. 2009, § 32 ZollVG Rz. 22.
3) Richtlinie 2007/74/EG des Rates v. 20.12.2007 über die Befreiung der von aus Drittländern kommenden Reisenden eingeführten Waren von der Mehrwertsteuer und den Verbrauchsteuern, ABl.EG Nr. L 346, 6 ff.
4) OLG Karlsruhe v. 4.3.1975, 2 Ss 5/75, ZfZ 1975, 210, 212 (noch zu § 80 ZG 1961); Jäger in Franzen/Gast/Joecks, 7. Aufl. 2009, § 32 ZollVG Rz. 26; Bender/Möller/Retemeyer, C Rz. 1234.

- **Zur gewerblichen Verwendung** ist eine Ware bestimmt, wenn der Täter in der Absicht handelt, sie bei einer von ihm ständig ausgeübten gewerblichen Tätigkeit i.S.d. § 15 EStG, § 2 GewStG zu verwenden.[1] Die Frage, ob eine Ware zur gewerblichen Verwendung oder zum Handel bestimmt ist, muss für jeden Täter oder Teilnehmer einzeln festgestellt werden.

e) Grenze in Höhe von 130 €

1797 Der **verkürzte** Einfuhrabgabenbetrag oder der Einfuhrabgabenbetrag, dessen Verkürzung versucht wurde, darf gem. § 32 Abs. 1 ZollVG 130 € nicht übersteigen.

1798 **Freimengen** oder **Freigrenzen** für außertarifliche Befreiungen finden jedoch bei der Berechnung des Verkürzungsbetrags zu Gunsten des Beschuldigten Berücksichtigung. § 32 ZollVG kann somit erst dann nicht angewendet werden, wenn der Abgabenbetrag für die Waren 130 € übersteigt.

1799 Handeln mehrere Reisende in **Mittäterschaft**, so ist der Abgabenbetrag für alle gemeinschaftlich geschmuggelten Waren zusammenzurechnen, da jeder Mittäter das gesamte Warengut geschmuggelt hat.[2]

1800 Der Zollwert der Waren, der für die Berechnung der verkürzten Einfuhrabgaben erforderlich ist, ist nach den zollwertrechtlichen Bestimmungen des Gemeinschaftsrechts zu bestimmen. § 162 AO wird durch Art. 31 ZK überlagert, bei dessen Anwendung die Grundsätze des Strafverfahrens zu berücksichtigen sind.[3]

f) Ausschließungsgründe gem. § 32 Abs. 2 ZollVG

aa) Kein Verheimlichen oder Verstecken an schwer zugänglichen Stellen

1801 Die **Ware** darf **nicht durch besonders angebrachte Vorrichtungen verheimlicht** oder **an schwer zugänglichen Stellen versteckt** gehalten werden (§ 32 Abs. 2 Nr. 1 ZollVG). Hier ist auf Grund der sich in der Handlung manifestierenden besonderen Stärke des rechtsfeindlichen Willens eine Anwendung des § 32 ZollVG nicht angemessen.[4]

1802 Unter **„besonders angebrachte Vorrichtungen"** sind Verstecke zu verstehen, die durch Veränderung in oder an den Beförderungs- oder Verpackungsmitteln künstlich eingerichtet werden, wie beispielsweise beim Einbau doppelter Böden, während bei dem Versteckthalten an besonders schwer zugänglichen Stellen bereits bauseits vorhandene Hohlräume ausgenutzt werden.

1803 **Versteckt wird eine Ware,** wenn sie sich an einer Stelle befindet, an der sie nach der Vorstellung des Reisenden die Aussicht hat, bei einer der üblichen, nicht allzu gründlichen Kontrollen von Zollbeamten nicht entdeckt zu werden.[5] Es ist unerheblich, ob ein erfahrener Zollbeamter die Ware an der vom Reisenden gewählten Stelle vermuten kann oder nicht. Entscheidend ist, dass die Ware an einem Ort verwahrt wird, an dem sie offensichtlich nicht entdeckt werden soll.

1804 **Nicht versteckt** sind Waren regelmäßig dann, wenn sie für den kontrollierenden Zollbeamten ohne nennenswerte Mühe sichtbar sind oder wenn sie sich in eigens dafür bestimmten Verwahrungsmitteln oder -orten wie Koffern, Reisetaschen, Handtaschen, im Kofferraum oder im Handschuhfach befinden.[6]

---

1) Jäger in Franzen/Gast/Joecks, 7. Aufl. 2009, § 32 ZollVG Rz. 27; Bender/Möller/Retemeyer, C Rz. 1234.
2) Jäger in Franzen/Gast/Joecks, 7. Aufl. 2009, § 32 ZollVG Rz. 29; Bender/Möller/Retemeyer, C Rz. 1236.
3) Vgl. Bender/Möller/Retemeyer, C Rz. 1236.
4) BayObLG v. 9.11.1961, RReg 4 St 321/1960, ZfZ 1962, 47 f. (zu § 80 ZG 1961).
5) BayObLG v. 9.11.1961, RReg 4 St 321/1960, ZfZ 1962, 47 f. (zu § 80 ZG 1961).
6) Jäger in Franzen/Gast/Joecks, 7. Aufl. 2009, § 32 ZollVG Rz. 36.

An einer schwer zugänglichen Stelle sind Waren versteckt, wenn dem Zugriff des Zollbeamten Hindernisse im Weg stehen, die nur durch besondere Schwierigkeiten überwunden werden können, insbesondere, wenn es eines außergewöhnlichen Aufwandes an Kraft, Zeit oder Unannehmlichkeit oder der Anwendung von Werkzeugen oder anderer Hilfsmittel bedarf, um das Versteck zu entdecken oder Zugang dazu zu gewinnen.[1) 1805

Beispiel:[2)]

Der Angeklagte hatte die Zigarettenstangen unter einer abknöpfbaren Dämmmatte einer Fahrzeugmotorhaube versteckt. Das BayObLG nahm keine schwer zugängliche Stelle i.S.v. § 32 Abs. 2 Nr. 1 ZollVG an. Schwer zugänglich wäre das Versteck nur gewesen, wenn die Zigaretten nur durch Einsatz technischer Hilfsmittel bzw. unter erheblichem Zeitaufwand auffindbar gewesen wären oder wenn sich der Zollbeamte bei der Suche der Gefahr der Beschmutzung ausgesetzt hätte.

bb) Kein Wiederholungstäter

Durch die Tat darf eine **Steuerstraftat** innerhalb von sechs Monaten **nicht zum wiederholten Mal** verwirklicht werden (§ 32 Abs. 2 Nr. 2 ZollVG). Zutreffend begrenzt Jäger[3)] das Tatbestandsmerkmal der Steuerstraftat auf solche, die Einfuhrabgaben betreffen, also Hinterziehung von Einfuhrabgaben gem. § 370 Abs. 1 AO, schwerer Schmuggel gem. § 373 AO sowie Steuerhehlerei gem. § 374 AO mit Waren hinsichtlich deren Einfuhrabgaben hinterzogen wurden. Das Schmuggelprivileg soll demjenigen, der der Versuchung einer geringen Zollzuwiderhandlung bei der Gelegenheit einer Reise nicht widerstehen kann, eine deutliche Warnung zukommen lassen, ohne zugleich diesen als Straftäter zu brandmarken. Dagegen verdient ein Täter, der in kurzer Folge das geschützte Rechtsgut, den Anspruch des Fiskus auf Einfuhrabgabenerhebung, egal in welcher Höhe verletzt, keine Nachsicht. Keine Beachtung dagegen finden Steuerstraftaten, die sich auf andere Steuerarten als Einfuhrabgaben beziehen. Allein der organisatorische Aufwand solcher Ermittlungen würden dem Zweck des Schmuggelprivilegs, ein schnelles, effizientes und effektives Verfahren für geringfügige Zollvergehen durchzuführen, zuwiderlaufen. Dagegen ist die Auffassung von Möller und Retemeyer,[4)] die nur dann einen Wiederholungsfall annehmen, wenn es sich bei der früheren Tat um eine Steuerstraftat im Reiseverkehr handelte, die gem. § 32 ZollVG nicht verfolgt wurde, zu eng. 1806

Ungeachtet des rechtstheoretischen Streits zum Ausschlussgrund der Wiederholungstat, stellt sich dieses in der Praxis als weitgehend gegenstandslos dar, da erforderliche Aufzeichnungen größtenteils fehlen bzw. nicht genutzt werden. Einerseits werden die persönlichen Daten der Stpfl., die das Schmuggelprivileg in Anspruch nehmen, in den wenigsten Fällen in den Informationssystemen der Zollverwaltung zur Strafverfolgung (INZOLL, IT-STRAF) erfasst. Andererseits werden diese Systeme aus organisatorischen und technischen Gründen nicht zur Ermittlung einschlägiger früherer Zuwiderhandlungen genutzt. Die Annahme des Gesetzbegebers, frühere Verstöße solcher Täter seien in den in Betracht kommenden Fällen den Zollbeamten regelmäßig bekannt, geht auf Grund der heutigen Mobilität und Anzahl der Reisenden an der Realität weit vorbei. Ein weiteres Indiz dafür, dass heute diesem Ausschlussmerkmal keine Relevanz mehr beigemessen wird, ist die ersatzlose Aufhebung der einstmals hierzu ergangen Dienstvorschrift in der Zollverwaltung (VSF Z 27 10, aufgehoben seit dem 1.1.1994).[5)] 1807

---

1) Jäger in Franzen/Gast/Joecks, 7. Aufl. 2009, § 32 ZollVG Rz. 37 ff. mit zahlreichen Beispielen.
2) Nach BayObLG v. 22.8.2000, 4 St RR 98/2000, wistra 2001, 113 f.
3) Jäger in Franzen/Gast/Joecks, 7. Aufl. 2009, § 32 ZollVG Rz. 43.
4) Bender/Möller/Retemeyer, C Rz. 1240.
5) Vgl. auch Jäger in Franzen/Gast/Joecks, 7. Aufl. 2009, § 32 ZollVG Rz. 46.

cc) Auswirkungen auf Teilnehmer

1808 Sind mehrere Personen an einer entsprechenden Tat beteiligt, muss hinsichtlich der Anwendung des Schmuggelprivilegs bei jedem Teilnehmer beachtet werden, dass § 32 ZollVG sowohl tat- als auch personenbezogene Voraussetzungen enthält, die zu einem Strafausschluss führen:

- **Tatbezogene Ausschließungsgründe** des § 32 ZollVG, nämlich das Verheimlichen oder Verstecken i.S.d. § 32 Abs. 2 Nr. 1 ZollVG oder das Überschreiten der Grenze des Einfuhrabgabenbetrages i.S.d. § 32 Abs. 1 ZollVG wirken für und gegen alle Täter und Teilnehmer.
- **Personenbezogene Ausschließungsgründe**, z.B. die wiederholte Tatbegehung gem. § 32 Abs. 2 Nr. 2 ZollVG, wirken nur gegenüber demjenigen Mittäter oder Teilnehmer, bei dem sie gegeben sind.

4. Verfahrenshindernis und Zuschlag als Rechtsfolgen des § 32 ZollVG

1809 Liegen die Voraussetzungen des § 32 ZollVG vor, so besteht ein **Verfahrenshindernis** für die Strafverfolgung, das in jeder Lage des Verfahrens zu beachten ist. In den Fällen der Nichtverfolgung kann jedoch gem. § 32 Abs. 3 ZollVG ein **Zuschlag** bis zur Höhe der Einfuhrabgaben, höchstens jedoch von 130 € erhoben werden; die Erhebung des Zuschlags steht im Ermessen der Zollstelle. Im Regelfall wird der Zuschlag in voller Höhe festgesetzt, bei geringfügigen Verstößen können die Zollbehörden von der Erhebung des Zuschlags absehen oder diesen niedriger festsetzen.[1]

1810 Liegt kein Fall des § 32 ZollVG vor, so kann der als Sanktion in § 32 Abs. 3 ZollVG vorgesehene Zuschlag auch bei einer Verfahrenseinstellung nach § 398 AO bzw. § 153 StPO verhängt werden (§ 32 Abs. 3 ZollVG). Voraussetzung ist jedoch, dass es sich um eine Zuwiderhandlung im grenzüberschreitenden Reiseverkehr handelte.[2] So kann ein Zuschlag auch noch dann erhoben werden, wenn ein Ausschlussgrund des § 32 Abs. 2 ZollVG oder die Höhe des verkürzten Abgabenbetrags die Anwendung des Schmuggelprivilegs verhinderten. Eine sinngemäße Anwendung z.B. im Postverkehr ist nicht möglich.

5. Rechtsnatur des Zuschlags und Verfahrensweg bei dessen Erhebung

1811 Der Zuschlag ist das Korrelat zum Strafverfolgungshindernis des § 32 Abs. 1 ZollVG. Er ist eine Abgabe eigener Art mit sanktionsähnlichem Charakter, der den Beteiligten zur Erfüllung seiner steuerlichen Pflichten anhält.[3] Er ist weder Strafe, noch Bußgeld oder Säumniszuschlag.

1812 Die Erhebung des Zuschlags ist eine Abgabenangelegenheit i.S. der Abgabenordnung und der Finanzgerichtsordnung.[4] Beim Zuschlag handelt es sich um keine Strafe oder Geldbuße. Es ist somit eine Geldleistung ohne Gegenleistung, die allen auferlegt wird, bei denen der Tatbestand zutrifft, an den das Gesetz die Leistungspflicht knüpft. Die Erzielung von Einnahmen für den Fiskus ist zumindest ihr Nebenzweck. Der Zuschlag wird entsprechend seiner Regelung im ZollVG wie die Einfuhrabgaben durch die Zollverwaltung erhoben und steht dem Bund zu.

1813 Auf Grund des besonderen Charakters des Zuschlags ergeben sich bei der Erhebung des Zuschlags mehrere Probleme. Die Frage der **Schuldnerschaft** ist dabei noch recht einfach zu beantworten. Obwohl nicht ausdrücklich im Gesetz geregelt, ist Schuldner des Zuschlags der Täter bzw. Teilnehmer, der auf Grund des Schmug-

---

1) VSF Z 09 01 Abs. 75.
2) StraBuDV Nr. 142 Abs. 6; Bender/Möller/Retemeyer, C Rz. 1247.
3) BR-Drucks. 652/92.
4) VSF Z 09 01 Abs. 77; Jäger in Franzen/Gast/Joecks, 7. Aufl. 2009, § 32 ZollVG Rz. 59; Bender/Möller/Retemeyer, C Rz. 1242.

gelprivilegs nicht strafrechtlich verfolgt wird. Sind mehrere an der Tat beteiligt, schuldet jeder den Zuschlag auf Grund des sanktionsähnlichen Charakters in voller Höhe. Eine Gesamtschuldnerschaft gem. § 44 AO oder Art. 213 ZK, kann mithin nicht bestehen. Würde der Zuschlag unter mehreren Tatbeteiligten aufgeteilt werden, würde die mit dem Zuschlag verbundene Pflichtenmahnung ihre Wirkung verlieren. Darüber hinaus besteht bei Strafen, Geldbußen bzw. sonstigen strafprozessualen Rechtsfolgen (z.B. Geldauflagen gem. § 153a StPO) auch keine Gesamtschuldnerschaft, so dass gesamtschuldnerisch haftende, privilegierten Reiseschmuggler in ungerechtfertigter Weise gegenüber anderen, vergleichbaren Beschuldigten im Vorteil wären. Auf Grund der engen Grenzen der Anwendung des § 32 ZollVG scheidet eine ggf. in Betracht kommende **Haftung** anderer gem. §§ 69 ff. AO für den Zuschlag aus.

Problematischer ist die **Festsetzungsverjährung**. Da der Zuschlag weder Steuer noch steuerliche Nebenleistung oder eine Einfuhrgabe i.S. des ZK ist, finden die §§ 169 ff. AO bzw. Art. 221 ZK nicht unmittelbar Anwendung. Aus Sinn und Zweck des Zuschlags muss daher gefolgert werden, dass sich die Festsetzungsfrist nach den Vorschriften richtet, die für die Steuern gelten, die seine Grundlage bilden, mithin je nach Einzelfall drei Jahre (bei versuchten Steuerstraftaten oder Steuerordnungswidrigkeiten) oder zehn Jahre (bei vollendeten Steuerstraftaten). In der Praxis kann und wird der Zuschlag in den allermeisten Fällen bei Tatentdeckung am Grenzzollamt erhoben, so dass dieser Frage eher theoretische Bedeutung zukommt. Dennoch sind relevante Sachverhalte denkbar. **1814**

Beispiel:

A kauft in seinem Urlaub in der Türkei einen Teppich, dessen Wert die Freigrenze für Waren im persönlichen Gepäck von Reisenden überschreitet. Mit dem türkischen Verkäufer vereinbart er, einen Teil des Kaufpreises sofort, den Rest nach seiner Rückkehr nach Deutschland zu zahlen. Bei der Einreise nach Deutschland benutzt A am Flughafen widerrechtlich und von den Zollbehörden unbemerkt den grünen Ausgang für anmeldefreie Waren und verkürzt damit Einfuhrabgaben i.H.v. weniger als 130 €. Da A die Schlussrate nicht zahlen kann, wird A von einem Inkassobüro, welches im Auftrag des türkischen Verkäufers tätig wird, nach mehreren erfolglosen Versuchen auf unmissverständliche Weise zur Zahlung aufgefordert. A erstattet daraufhin Anzeige bei der Polizei unter vollständiger Angabe des wahren Sachverhalts. Die Polizei meldet gem. § 116 AO die Zollhinterziehung dem zuständigen Hauptzollamt.

Nach der hier vertretenen Meinung könnte der Zuschlag entsprechend der Festsetzungsfrist für die hinterzogenen Einfuhrabgaben, die seine Grundlage bilden, innerhalb von 10 Jahren festgesetzt werden (Art. 221 Abs. 4 ZK i.V.m. § 169 Abs. 2 Satz 2 AO).

X. Straffreiheit durch Rücktritt vom Versuch oder durch Selbstanzeige

Straffreiheit kann durch freiwilligen Rücktritt vom Versuch nach § 24 StGB oder durch Selbstanzeige nach § 371 AO erlangt werden: **1815**

1. Rücktritt vom Versuch

Die **Rücktrittsregelung** des § 24 StGB gilt für das gesamte Strafrecht und damit auch für das Steuerstrafrecht, soweit sie nicht durch die Sondervorschrift Selbstanzeige überlagert ist:[1) **1816**

– Beim **unbeendeten Versuch** kommt Rücktritt in Betracht, solange der Täter noch keine unrichtigen oder unvollständigen Angaben gemacht hat. Eine Selbstanzeige scheidet regelmäßig aus.

1) BGH v. 19.3.1991, 5 StR 516/90, NJW 1991, 2844 ff., 2846.

- Beim **beendeten Versuch** geht die Selbstanzeige als Spezialvorschrift regelmäßig vor, jedoch ist auch hier ein Rücktritt möglich, wenn der Täter den Eintritt des Erfolges auch auf andere Weise als durch Selbstanzeige abwenden kann, beispielsweise durch Rücknahme einer vor Gestellung abgegebenen und daher nach Art. 63 ZK noch nicht angenommenen Zollanmeldung.[1]

2. Selbstanzeige

1817 Bei einer **Selbstanzeige wegen Hinterziehung von Einfuhrabgaben** ist zu berücksichtigen, dass diese mit der Hinterziehung von gewinn- und ertragsabhängigen Steuern verbunden sein kann. Wird der bei den Zollbehörden angegebene Transaktionswert im Hinblick auf eine mögliche Kontrolle als Einkaufspreis verbucht, so besteht, um nicht einen zu hohen Rohgewinnaufschlag darstellen zu müssen, die Versuchung, den Verkaufspreis verhältnismäßig mehr als den Einkaufspreis zu mindern und so zugleich den steuerpflichtigen Gewinn und Umsatz zu verkleinern. Denkbar ist auch, dass die Ware schwarz weiterverkauft und der Gewinn gar nicht verbucht wurde.

1818 Vor einer Selbstanzeige sind daher etwaige **Auswirkungen der Hinterziehung von Einfuhrabgaben auf gewinn- und ertragsabhängige Steuern** zu untersuchen, die Nacherklärung ist auf alle betroffenen Steuerarten zu erstrecken. Ansonsten läuft der Stpfl. Gefahr, dass die Selbstanzeige zwar hinsichtlich der Hinterziehung von Einfuhrabgaben strafbefreiende Wirkung entfaltet, den Zollbehörden jedoch zugleich andere Steuerstraftaten entdeckt oder zumindest Informationen zu deren Entdeckung geliefert werden, was die strafbefreiende Wirkung seit dem 28.4.2011 (§ 24 EGAO) sowohl einer weiteren Selbstanzeige hinsichtlich dieser Steuern ausschließt, als auch die Wirksamkeit der Selbstanzeige wegen Hinterziehung von Einfuhrabgaben nachträglich entfallen lässt. Allgemein zur Selbstanzeige vgl. unter → Rz. 1927 ff.

1819 Die bei der Hinterziehung von Einfuhrabgaben ggf. verwirklichten weiteren Tatbestände wie Urkundenfälschung oder Bannbruch bleiben von der Selbstanzeige ebenso unberührt wie die dabei verwirklichten Bußgeldtatbestände. Eine der Selbstanzeige vergleichbare, wenn auch weniger strenge Regelung enthält jedoch § 378 Abs. 3 AO. Unberührt bleiben auch die steuerlichen Folgen der Steuerstraftat, insbesondere die verlängerte Festsetzungsverjährung für hinterzogene Einfuhrabgaben.

XI. Zuständigkeit bei Hinterziehung von Einfuhrabgaben

1820 Für die Aufklärung und Verfolgung einer Hinterziehung von Einfuhrabgaben sind die Hauptzollämter und die Zollfahndungsämter zuständig; siehe hierzu → Rz. 3016 ff., → Rz. 3020 ff., → Rz. 3032 ff., → Rz. 3057 ff., → Rz. 3087 ff. Umfassende Erläuterungen sind auch in der Dienstvorschrift des BMF für das Straf- und Bußgeldverfahren (StraBuDV, E-VSF S 18 85) in den Nrn. 12 ff. und Nr. 209 ff. enthalten.

Ferner ist für die Zollfahndung auf das Zollfahndungsdienstgesetz (ZfdG) zu verweisen, das am 24.8.2002 in Kraft trat und der Verbesserung der Kriminalitätsbekämpfung auf Grund der Verwirklichung des Binnenmarktes, der Öffnung der Grenzen nach Osteuropa und der immer häufiger anzutreffenden Erscheinungsformen der organisierten Kriminalität dienen soll.[2]

---

1) Bender/Möller/Retemeyer, B Rz. 222.
2) BGBl. I 2002, 3202 ff.

B. Bannbruch (§ 372 AO)

Schrifttum

Bender, Verbote und Beschränkungen im Binnenmarkt – straf- und bußgeldrechtliche Aspekte, ZfZ 1992, 199; **Bender**, Neuigkeiten im Steuerstrafrecht 2002 für die Zollverwaltung, ZfZ 2002, 146; **Bender/Möller/Retemeyer**, Zoll- und Verbrauchsteuerstrafrecht mit Steuerstrafrecht und Verfahrensrecht, November 2011; **Fehn**, Ermittlungszuständigkeit der Zollfahndung beim Rauschgiftschmuggel nach Verwirklichung des Binnenmarkts, ZfZ 1991, 104.

I. Tatbestand

1. Objekte des Bannbruchs

Objekt des Bannbruchs können nur körperliche, bewegliche Sachen sein.[1] **1821**

2. Verstoß gegen Verbringungsverbote

Bannbruch begeht, wer gegen ein **Ein-, Aus- oder Durchfuhrverbot** verstößt. **1822**

a) Geschützte Rechtsgüter

Die Tat ist per definitionem Steuerstraftat (§ 369 Abs. 1 Nr. 2 AO). Sie hatte ursprünglich den Zweck, strafrechtlichen Schutz der Einfuhrverbote nach den Monopolgesetzten, wie dem Zündholzmonopol oder dem Branntweinmonopol zu bieten. Nachdem der Gesetzgeber mit Gesetz vom 23.12.2003[2] das Einfuhrmonopol gem. § 3 BranntwMonG abgeschafft hat und damit das Branntweinmonopol nur noch auf die Übernahme und Verwertung des im Monopolgebiet hergestellten Branntweins aus Brennereien durch die Branntweinmonopolverwaltung beschränkt ist, ist das letzte deutsche Einfuhrverbot nach einem Monopolgesetz entfallen.[3] Das Zündwarenmonopol wurde 1982 abgeschafft. **1823**

Das Branntweinmonopol wird endgültig zum 31.12.2017 abgeschafft.[4] Damit verbunden ist die Abschaffung der "vorkonstitutionellen Besitzstandsrechte zum Abfindungs- und Stoffbesitzerbrennen". Das Abfindungs- und Stoffbesitzerbrennen soll ab 2018 bundesweit geöffnet und in das Alkoholsteuergesetz integriert werden, das dann auch die Vorschriften über die Branntweinsteuer enthalten wird.

Die Norm dient heute aber vornehmlich dem Schutz **1824**

- der öffentlichen Sittlichkeit, Ordnung und Sicherheit (z.B. verbotene Pornografie, verfassungswidrige Schriften und Symbole, Waffen);
- der Gesundheit und des Lebens von Menschen (z.B. verbotene Betäubungs- und Arzneimittel, Produktsicherheit);
- der Umwelt sowie der Tier- und Pflanzenwelt (z.B. Artenschutz, Seuchenschutz, Abfallverbringung);
- von Kulturgütern mit künstlerischem, geschichtlichem und archäologischem Wert (z.B. Maßnahmen gegen die Abwanderung national wertvollen Kulturguts);

1) BGH v. 7.9.1956, 1 BJs 182/55 – StB 28/56, BGHSt 9, 351, 353.
2) BGBl. I 2003, 2924, 2926.
3) Tully in Graf/Jäger/Wittig, § 372 AO Rz. 1; Jäger in Franzen/Gast/Joecks, 7. Aufl. 2009, § 372 AO Rz. 4.
4) BR-Drucks. 792/12; BT-Plenarprotokoll 17/231 v. 21.3.2013.

– des gewerblich genutzten geistigen Eigentums (z.B. falsche Herkunftsangaben, Marken-, Urheber-, Patent- oder Geschmacksmusterrechte).[1]

b) Verbringungsverbote

1825 § 372 AO regelt selbst nicht, in welchen Fällen ein verbotswidriges Verbringen vorliegt; es ist folglich eine **Blankettnorm**. Die Zahl der übrigen Verbringungsverbote ist beträchtlich. Die Verbote sind fast ausnahmslos unter einen eigenständigen straf- oder bußgeldrechtlichen Schutz gestellt. Lediglich im Randbereich des Kulturgüterschutzes bestehen Strafbarkeitslücken nach dem Kulturschutzgesetz,[2] da es nur zu einem geringen Teil die durch die KultGAVO[3] geschützten Güter erfasst.[4] Diese Strafbarkeitslücken werden durch § 372 AO als „Auffangtatbestand" geschlossen.

Beispiele:

- § 326 Abs. 2 StGB für ungenehmigten Mülltransport,
- §§ 96 Nr. 4, 18b bis 18e, 97 Abs. 2 Nr. 8, 9 Arzneimittelgesetz (AMG) u.a. für nicht zugelassene Arzneimittel,
- §§ 29 Abs. 1 Nr. 1, 30 Abs. 1 Nr. 4 Betäubungsmittelgesetz (BtMG),
- §§ 69 Abs. 4 Nr. 1, 71 Abs. 1 Nr. 2 Bundesnaturschutzgesetz (BNatSchG) für geschützte Tier- und Pflanzenarten,
- § 19 Abs. 1 Nr. 1 des Gesetzes über die Kontrolle von Kriegswaffen (KrWaffKontrG) für Atomwaffen,
- § 20 Abs. 1 Nr. 1 KrWaffKontrG für biologische und chemische Waffen,
- § 20a Abs. 1 Nr. 1 KrWaffKontrG für Antipersonenminen und Streumunition,
- § 22a Abs. 1 Nr. 4 KrWaffKontrG für sonstige Kriegswaffen,
- § 54 Abs. 1 Nr. 4, 5 Vorläufiges Tabakgesetz[5] (auch Lebensmittel- und Bedarfsgegenständegesetz - LMG 1974) für bestimmte Lebensmittel,
- § 68 Abs. 1 Nr. 3 Pflanzenschutzgesetz (PflSchG) u.a. für Schadorganismen und Befallsgegenstände,
- § 74 Abs. 1 Nr. 2 Tierseuchengesetz (TierSG) für seuchenkranke und verdächtige Tiere usw.,
- §§ 51 Abs. 1, 52 Abs. 1 Nr. 1 und Nr. 2 Buchst. d, Abs. 3 Nr. 1 und 4, 53 Abs. 1 Nr. 2 Waffengesetz (WaffG) für Schusswaffen, Munition und verbotene Gegenstände,
- § 86 Abs. 1 StGB für Propagandamittel verfassungswidriger Organisationen,
- § 87 Abs. 1 Nr. 3 StGB für Sabotagemittel,
- § 184 Abs. 1 Nr. 4, 8, 9 StGB für pornografische Schriften,
- § 184a Nr. 3 StGB für gewalt- oder tierpornographische Schriften,
- § 184b Abs. 1 Nr. 3 StGB für kinderpornographische Schriften,
- § 184c Abs. 1 Nr. 3 StGB für jugendpornographische Schriften,
- § 275 StGB für Vorrichtungen oder Papier zur Fälschung von Ausweisen,
- § 328 Abs. 1 StGB für Kernbrennstoffe und sonstige radioaktive Stoffe,
- § 143 Abs. 1 Nr. 1 und 3 MarkenG für national geschützte Marken,
- § 143a Abs. 1 MarkenG für geschützte Gemeinschaftsmarken,
- § 144 Abs. 1 MarkenG für geografische Herkunftsangaben.

---

1) www.zoll.de & Fachthemen & Verbote und Beschränkungen.
2) BGBl. I 1999, 1754.
3) VO (EWG) Nr. 3911/92 des Rates v. 9.12.1992 über die Ausfuhr von Kulturgütern, ABl.EG Nr. L 395, 1.
4) Vgl. Jäger in Franzen/Gast/Joecks, 7. Aufl. 2009, § 372 AO Rz. 45.
5) BGBl. I 1997, 2296.

Das Verbringungsverbot muss einem formellen Gesetz oder einer Rechtsverordnung oder auf einem Rechtsakt des Rates oder der Kommission der Europäischen Union beruhen.[1] Eine Verwaltungsanweisung reicht nicht aus.[2] **1826**

Für die Anwendung des Bannbruchtatbestands ist es gleichgültig, ob der Täter absoluten oder relativen Verbringungsverboten zuwiderhandelt. Es ist auch gleichgültig, ob diese Verbote in Steuergesetzen, im StGB (z.B. § 184 StGB) oder in Einzelgesetzen (z.B. BtMG) normiert sind.[3] Eine Mindermeinung vertritt dagegen die Auffassung, dass die Verbringungsverbote des StGB aus systematischen Gründen nicht der Strafnorm Bannbruch unterstellt werden könnten.[4] Dafür findet sich jedoch weder im Wortlaut noch in der Gesetzessystematik eine tragfähige Grundlage. Der Gesetzgeber hat sich gerade im Bewusstsein, dass die Ahndung von Verbringungsverboten nicht allein steuerrechtlichen Zwecken dient, sondern regelmäßig auf andere Schutzobjekte gerichtet ist, mit guten Gründen zur Übernahme des Straftatbestands des Bannbruchs in die AO entschlossen. Den Zollbeamten obliegt es im Rahmen der zollamtlichen Überwachung gem. § 1 Abs. 1, 3, 4 ZollVG, neben der Erhebung der Einfuhrabgaben die Einhaltung der Verbringungsverbote zu überwachen. Die zollrechtlichen Erklärungsplichten dienen nicht nur einer effektiven und effizienten Steuererhebung, sondern auch der Überwachung von Verboten und Beschränkungen.[5] Gleiches gilt für Verstöße wegen Kennzeichenverletzung nach § 143 MarkenG[6] und Zuwiderhandlungen gegen § 39 SortG. Das **Antragserfordernis** für eine Strafverfolgung lässt das Einfuhrverbot für den Bannbruch nicht entfallen. Aufgrund der Subsidiaritätsklausel stünde ein fehlender Strafantrag auch einer Strafverfolgung wegen Bannbruchs entgegen.[7] **1827**

c) Ein-, Aus- und Durchfuhr

Einfuhr ist i.d.R. das Verbringen **aus fremden Gebieten** in das durch § 372 AO geschützte Gebiet (Banngebiet). Jedoch kann eine allgemeine Definition das nicht einheitlich definiert werden. **1828**

Unter **Ausfuhr** ist das Verbringen eines Gegenstandes aus dem Banngebiet zu verstehen.[8] **1829**

Durchfuhr bedeutet das Verbringen aus einem fremden Gebiet in ein drittes Land über das Banngebiet, ohne dass die Ware im Banngebiet in den freien Verkehr gelangt.[9] **1830**

d) Banngebiet

Das Banngebiet ist durch Auslegung des § 372 AO ausfüllenden Verbotsgesetzes zu bestimmen. Das maßgebliche Banngebiet ist jeweils so zu übernehmen, wie es sich aus dem jeweils einschlägigen Verbotsgesetz ergibt.[10] Demnach besteht kein einheitliches Banngebiet, weil die einzelnen Verbotsgesetze das maßgebliche Gebiet **1831**

1) Jäger in Franzen/Gast/Joecks 7. Aufl. 2009, § 372 AO Rz. 19.
2) Hilgers-Klautzsch in Kohlmann, § 372 AO Rz. 9, 13 (Oktober 2011).
3) Hübner in H/H/Sp, Vorb. zu § 372 Rz. 23 (Januar 1984); Jäger in Franzen/Gast/Joecks, 7. Aufl. 2009, § 372 AO Rz. 7; Bender/Möller/Retemeyer, C Rz. 559.
4) Kindshofer in der Vorauflage dieses Handbuchs; Voß in Franzen/Gast/Joecks, 6. Aufl. 2005, § 372 AO Rz. 6.
5) Jäger in Franzen/Gast/Joecks, 7. Aufl. 2009, § 372 AO Rz. 7.
6) OLG Stuttgart v. 26.10.98, 1 Ss 433/98, NStZ-RR 2000, 25.
7) Jäger in Franzen/Gast/Joecks, 7. Aufl. 2009, § 372 AO Rz. 7.
8) Bender/Möller/Retemeyer, C Rz. 572.
9) Jäger in Franzen/Gast/Joecks, 7. Aufl. 2009, § 372 AO Rz. 12. differenzierter Bender/Möller/Retemeyer, C Rz. 573 ff.
10) Hübner in H/H/Sp, § 372 AO Rz. 8 (Januar 1984); Jäger in Franzen/Gast/Joecks, 7. Aufl. 2009, § 372 AO Rz. 9.

unterschiedlich bestimmen. So kann als Einfuhr z.B. das Verbringen in das Bundesgebiet (§ 16 KriegswaffenG) oder in den Geltungsbereich des jeweiligen Gesetzes (für Betäubungsmittel, Sprengstoff, Waffen und sämtliche Einfuhrverbote des StGB) bestimmt sein.[1] Im Zusammenhang mit dem Außenwirtschaftsrecht ist das Wirtschaftsgebiet (Bundesrepublik und die Gebiete Jungholz und Mittelberg) maßgebliches Banngebiet (§ 4 Abs. 1 Nr. 1 AWG).

1832 Soweit Verbringungsverbote an das Bundesgebiet anknüpfen, wird ihr Bestand von der Vollendung des Binnenmarktes in der EG nicht berührt. Die Praxis der Kontrolle ist eine andere Frage.[2]

1833 Problematisch ist, ob sog. **vorgeschobene Zollstellen** auf fremdem Hoheitsgebiet (Art. 38 Abs. 3 ZK) bewirken, dass die für § 372 AO maßgebliche Grenzlinie auch steuerstrafrechtlich vorverlegt wird.

Die Abkommen, auf Grund derer die Zusammenlegung der Grenzabfertigung mit den Nachbarstaaten durchgeführt worden sind, enthalten sämtlich die Bestimmung, dass die Rechts- und Verwaltungsvorschriften des Nachbarstaates, die sich auf die Grenzabfertigung beziehen, auch schon auf dem betreffenden Gebiet anzuwenden sind.[3] Daraus folgt, dass neben den Zollvorschriften gem. Art. 38 Abs. 3 ZK, den Passvorschriften, Zulassungsbestimmungen für Kraftfahrzeuge usw. auch die Verbote und Beschränkungen im grenzüberschreitenden Warenverkehr bei der Grenzabfertigung bei vorgeschobenen Zolldienststellen anwendbar sind. Diese Zolldienststellen gehören mithin zum Banngebiet.

Einige Grenzabfertigungsabkommen, so Art. 6 Abs. 2 des deutsch-schweizerischen Grenzabfertigungsabkommens von 1961,[4] sehen allerdings die Anwendbarkeit der Rechtsvorschriften des Eingangsstaates erst vor, wenn die Grenzabfertigung des Ausgangsstaates beendet ist; demnach ist Bannbruch mit Schusswaffen aus der Schweiz bei zusammengelegter Grenzabfertigung im Ausland erst nach Beendigung der schweizerischen Ausgangsabfertigung vollendet.[5]

1834 Zur Durchsetzung dieser Vorschriften gilt als deren notwendige Ergänzung auch das deutsche Strafrecht in diesen Gebieten, so dass das Verbringen dorthin nicht ein Versuch, sondern eine ungenehmigte Einfuhr als bereits vollendete Straftat ist.[6]

3. Vorsatz

1835 Bannbruch ist nur **vorsätzlich** strafbar. Da § 372 AO – wie § 370 AO – eine Blankettnorm darstellt, muss sich der Vorsatz auch auf das Ein-, Aus- oder Durchfuhrverbot beziehen, wobei **Eventualvorsatz** ausreichend ist. Ist dem Beschuldigten nicht zu widerlegen, dass er das Verbringungsverbot nicht gekannt hat, so kommt eine Bestrafung nach § 372 Abs. 1 AO nicht in Betracht. Es liegt dann ein Tatbestandsirrtum nach § 16 StGB, kein Verbotsirrtum nach § 17 StGB vor. Die Ahndung als Ordnungswidrigkeit nach § 382 AO bleibt davon unberührt (→ Rz. 2528).

4. Subsidiarität der Strafandrohung

1836 Die Rechtsfolge des Straftatbestands richtet sich nach § 370 Abs. 1 oder 2 AO, mithin Freiheitsstrafe bis zu fünf Jahren oder Geldstrafe, wenn die Tat nicht in anderen

1) Jäger in Franzen/Gast/Joecks, 7. Aufl. 2009, § 372 AO Rz. 15; Hübner in H/H/Sp, § 372 AO Rz. 2 (Januar 1984); Bender/Möller/Retemeyer, C Rz. 564.
2) Fehn, ZfZ 1991, 104; Bender, ZfZ 1992, 199.
3) Bender/Möller/Retemeyer, C Rz. 576.
4) BGBl. II 1961, 877.
5) Bender/Möller/Retemeyer, C Rz. 577.
6) BayObLG v. 9.4.1970, RReg 4a St 231/69, ZfZ 1971, 117; a.A. OLG Köln v. 3.7.1981, 3 Ss 383/81, ZfZ 1981, 343.

Vorschriften als Zuwiderhandlung gegen ein Einfuhr-, Ausfuhr- oder Durchfuhrverbot mit Strafe oder mit Geldbuße bedroht ist (§ 372 Abs. 2 AO; sog. **Subsidiaritätsklausel**).[1] Dies ist allerdings – wie oben erwähnt – zurzeit nur noch in Teilbereichen des Kulturgüterschutzes der Fall. Die praktische Bedeutung des § 372 AO ist deshalb an sich relativ gering.

Ungeachtet dessen bleibt die Tat ein Bannbruch. Damit wird die Qualifizierung der Tat als Steuerstraftat erreicht, so dass das entsprechende Verfahrensrecht der Abgabenordnung (§§ 385 ff. AO) anwendbar ist, wie es sich aus den §§ 386 f. AO ergibt. **1837**

Bemerkenswert ist, dass nach dem Wortlaut des § 369 Abs. 1 Nr. 2 AO der Bannbruch auch dann als (Steuer-)Straftat qualifiziert wird, wenn sich die Tat – außerhalb des Steuerstrafrechts – nur als Ordnungswidrigkeit darstellt. Damit werden die Definitionen von Straftat und Ordnungswidrigkeit (§ 1 Abs. 1 OWiG), wonach eine Straftat jedes rechtswidrige und schulhafte Verhalten ist, das nach dem Gesetz mit Strafe und eine Ordnungswidrigkeit dasjenige Verhalten ist, dass mit einer Geldbuße bedroht ist, praktisch ad absurdum geführt. Eine Tat, die nach steuerstrafrechtlicher Definition eine Straftat ist, wird mit einer Geldbuße geahndet, was sie gem. § 1 Abs. 1 OWiG zu einer Ordnungswidrigkeit „degradiert". **1838**

Die Zollverwaltung geht davon aus, dass keine Steuerstraftat vorliegt, wenn die dem Bannbruch zu Grunde liegende Zuwiderhandlung nur mit einer Geldbuße geahndet werden kann.[2] Damit wird die Ermittlungszuständigkeit der Zollverwaltung für die Fälle ausgeschlossen, bei denen Zuwiderhandlungen, die nur eine Geldbuße vorsehen nicht aus Steuergesetzen stammen (z.B. § 97 Abs. 2 Nr. 8 i.V.m. § 73 Abs. 1 AMG[3]). Die Befugnisse der Zollbehörden richten sich ausschließlich nach dem Zollrecht bzw. nach den besonderen Bestimmungen in dem jeweiligen Gesetz (z.B. § 74 AMG). Probleme ergeben sich in diesem Zusammenhang v.a. bei der Unterrichtung der zuständigen (Verwaltungs-)Behörden. **1839**

Beispiel:

A bestellt sich über das Internet ein in Deutschland nicht zugelassenes Arzneimittel in den USA. Bei der zollamtlichen Prüfung der Postsendung wird der Sachverhalt festgestellt. Gemäß § 12 ZollVG sind die Zollbehörden verpflichtet, den zuständigen Verwaltungsbehörden den Vorgang vorzulegen. Davon ausgenommen sind Postsendungen, bei denen Zuwiderhandlungen festgestellt werden, die lediglich eine Ordnungswidrigkeit darstellen. Die Ordnungswidrigkeit kann nicht verfolgt werden: Die Zollbehörde ist nicht zuständige Verwaltungsbehörde, die zuständige Verwaltungsbehörde hat von der Tat keine Kenntnis. Die Waren werden stattdessen gem. Art. 73 Abs. 1 ZK *arg. e contr.* nicht überlassen. Stattdessen wird entweder der Anmelder aufgefordert, eine andere zollrechtliche Bestimmung zu wählen (z.B. Wiederausfuhr), gegen die sich das Verbot nicht richtet oder die Waren werden von den Zollbehörden eingezogen und vernichtet (Art. 75 Buchst a 4. Tiret ZK i.V.m. § 13 Abs. 3 ZollVG). Eine Mitteilung an die zuständige Verwaltungsbehörde wäre in diesen Fällen eine Verletzung des Zoll- und Steuergeheimnisses (Art. 15 ZK, § 30 AO) und als solches strafbar (§ 355 Abs. 1 Nr. 1 StGB). Die Kontrollen der Zollverwaltung wegen bestehender Verbote und Beschränkungen sind Teil des Zollverwaltungsverfahrens (zollamtliche Überwachung), welches ein Steuerverfahren i S. der Abgabenordnung ist (§ 1 Abs. 1, 3 ZollVG).[4]

Zum anderen ist zu beachten, dass § 372 AO Grundtatbestand für die Norm des § 373 AO ist, also den gewerbsmäßigen Schmuggel (→ Rz. 1852 f.).[5] Die h.M.[6] geht **1840**

1) BGH v. 29.11.1977, 5 StR 700/77, n.v.; AO-DV Zoll Nr. 2 zu § 372.
2) StraBuDV Nr. 2.2 Buchst. b.
3) Gesetz über den Verkehr mit Arzneimitteln v. 12.12.2005, BGBl. I 2005, 3394.
4) Bender/Möller/Retemeyer, C Rz. 541 bis 543.
5) BGH v. 4.7.1973, 3 StR 15/73, BGHSt 25, 215.
6) Jäger in Franzen/Gast/Joecks, 7. Aufl. 2009, § 373 AO Rz. 9; Bender/Möller/Retemeyer, C Rz. 499; Jäger in Klein, 11. Aufl. 2012, § 373 AO Rz. 13.

allerdings davon aus, dass § 373 AO im Zusammenhang mit einem Bannbruch dann nicht einschlägig ist, wenn das Verbotsgesetz für dieselben erschwerenden Umstände bereits selbst eine erhöhte Strafe androht. Das Verbotsgesetz ist dann die speziellere Norm zu § 373 Abs. 2 AO.

Beispiel:

A verbringt aus Tschechien 10 g Crystal (Methamphetaminbase) nach Deutschland. Dabei führt er eine Schusswaffe mit sich.

A hat sich wegen unerlaubter Einfuhr von Betäubungsmitteln in nicht geringer Menge unter Mitsichführen einer Schusswaffe nach § 30a Abs. 2 Nr. 2 2. Alternative BtMG strafbar gemacht. § 373 Abs. 2 Nr. 1 AO i.V.m. § 372 AO wird vom BtMG im Rahmen der Spezialität verdrängt.

II. Versuch und Vollendung der Tat

1. Vollendung

1841 Der Einfuhrbannbruch ist mit der verbotswidrigen Verbringung vollendet. Dies ist der Übertritt der Ware über die maßgebliche Grenze des Banngebiets.[1] Der Durchfuhr- und Ausfuhrbannbruch sind dann vollendet, wenn die Waren das Banngebiet wieder verlassen haben.[2]

2. Versuch

1842 Der **Versuch** eines Bannbruches ist nach §§ 369, 370 Abs. 2, 372 i.V.m. §§ 22, 23 Abs. 1 StGB strafbar.

1843 Schwierig kann die Abgrenzung von bloßen **Vorbereitungshandlungen** zum strafbaren Versuch sein:

1844 Mit dem Verbringen einer Sache über die Grenze wird in dem Zeitpunkt begonnen, in dem der Täter den Entschluss, die Sache verbotswidrig zu verbringen, dadurch verwirklicht, dass er sie zu der Grenze hin in Bewegung setzt, sofern dies mit dem Willen geschieht, den Grenzübertritt in einem Zuge anzuschließen.[3] Der BGH nahm im Falle des Bannbruches durch verbotene Ausfuhr an, dass die ernsthafte Gefährdung des geschützten Rechtsguts bereits beginne, wenn die Bannware auf einen LKW aufgeladen werde, der nach dem Täterplan alsbald in Richtung Grenze gefahren werden solle.[4] Mit seinem Urteil vom 20.8.1992[5] wurde diese Rechtsprechung aufgegeben. Der BGH stellt darauf ab, dass der Begriff der „Ausfuhr" i.S.d. AWG selbständige Bedeutung hat. Allerdings hat er nicht ausdrücklich entschieden, ob bei der Ausfuhr die Vorbereitung erst kurz vor der Grenze, beim Beginn der Fahrt dorthin oder schon beim Aufladen der Ware auf das Transportmittel in den Versuch übergeht. Kein Versuch liegt auch nach Meinung des BGH vor, wenn vor der Weiterfahrt zur deutschen Grenze noch im Ausland übernachtet wird.[6] Dasselbe gilt, wenn das einzuschmuggelnde Rauschgift nach Übergabe an einen Mittelsmann noch weitere Transportwege zurücklegen muss.[7]

1845 Sicher liegt Versuch vor, wenn die Täter die Zollgrenze noch nicht überschritten haben und dies in unmittelbarer Grenznähe durch ausländische Zollbeamte verhin-

1) Bender/Möller/Retemeyer, C Rz. 596; Jäger in Franzen/Gast/Joecks, 7. Aufl. 2009, § 372 AO Rz. 34; Fischer, 60. Aufl. 2013, § 22 StGB Rz. 16.
2) Jäger in Franzen/Gast/Joecks, 7. Aufl. 2009, § 372 AO Rz. 36b.
3) Jäger in Franzen/Gast/Joecks, 7. Aufl. 2009, § 372 AO Rz. 31.
4) BGH v. 19.1.1965, 1 StR 541/64, BGHSt 20, 150, 152.
5) BGH v. 20.8.1992, 1 StR 229/92, wistra 1993, 24.
6) BGH v. 13.1.1983, 1 StR 762/82, NStZ 1983, 224.
7) BGH v. 26.10.1984, 3 StR 438/84, NJW 1985, 1035 f.

dert wird oder wenn von See her Bannware in den Freihafen gelangt.[1] Von See her ist der Versuch einer verbotswidrigen Einfuhr bereits angenommen worden, wenn sich der Täter mit der Bannware der Küste durch Hineinfahren in die Küstengewässer (Hoheitsgewässer) nähert.[2]

III. Beteiligung

1. Täter

Grundsätzlich kann jedermann **Täter** eines Bannbruchs sein. Die h.M. nimmt allerdings Einschränkungen an, wenn Verbotsgesetze des öffentlichen Rechts den Charakter eines Sonderdelikts haben, also z.B. nur bestimmte Verfügungsberechtigte oder dergleichen Täter sein können. Dann soll dies auch auf § 372 AO durchschlagen und etwa ein Spediteur oder Frachtführer nur Gehilfe sein können.[3] **1846**

2. Mittäterschaft und Beihilfe

Mittäterschaft und Beihilfe erfordern nicht, dass der Beteiligte körperlich am Verbringen mitwirkt oder dass sich sein Tatbeitrag unmittelbar auf die Ausführungshandlung bezieht. Ein Mitwirken an der Vorbereitung eines Bannbruchs genügt[4] und zwar auch im Ausland. Für eine Tatbeteiligung als Mittäter reicht es aus, wenn ein auf der Grundlage gemeinsamen Wollens geleisteter Beitrag, der sich auf eine Vorbereitungs- oder Unterstützungshandlung beschränken kann, die Tatbestandsverwirklichung fördert. Für den Tatort von Teilnahmehandlungen gilt § 9 Abs. 2 StGB. **1847**

Umstritten ist, ob **Mittäterschaft oder Beihilfe** vorliegt, wenn zwar die eigentliche Verbringungshandlung von einem Tatbeteiligten nicht vorgenommen worden ist, er aber an der Tatvorbereitung mitgewirkt hat: Die Rechtsprechung des **BGH ist uneinheitlich.** So hat der BGH einerseits Mittäterschaft bei der Einfuhr von Rauschgift abgelehnt, weil der Angeklagte nur mit der Transportvorbereitung befasst gewesen sei.[5] Andererseits hat er es für Mittäterschaft als ausreichend erachtet, dass ein Mitangeklagter den anderen dergestalt psychisch beeinflusst habe, dass dieser Rauschgift über die Grenze transportiert habe.[6] **1848**

IV. Keine Selbstanzeige

Strafbefreiende Selbstanzeige ist im Falle des Bannbruchs nicht möglich.[7] Weder verweist § 372 AO auf die Vorschrift des § 371 AO, noch ist dies § 371 AO selbst nach dessen Wortlaut, dessen Zweck oder dessen Entstehungsgeschichte zu entnehmen. **1849**

Einige Verbotsgesetze enthalten allerdings vergleichbare Vorschriften (z.B. § 22a Abs. 5 KWKG, § 31 BtMG). Diese Strafaufhebungsgründe wirken ungeachtet der Tatsache, dass die AO keine Strafaufhebungsgründe für den Bannbruch enthält; die **1850**

---

1) BGH v. 10.9.1953, 1 StR 758/52, BGHSt 4, 333.
2) RG v. 11.7.1921, III 631/21, RGSt 56, 135.
3) Jäger in Franzen/Gast/Joecks, 7. Aufl. 2009, § 372 AO Rz. 38; Hilgers-Klautzsch in Kohlmann, § 372 AO Rz. 76 f. (Oktober 2011).
4) BGH v. 15.7.1999, 5 StR 155/99, NStZ 1999, 609; v. 25.10.1994, 4 StR 173/94, NJW 1995, 142.
5) BGH v. 26.10.1984, 3 StR 438/84, NJW 1985, 1035 f.
6) BGH v. 29.1.1986, 2 StR 613/85, StV 1986, 384.
7) Jäger in Franzen/Gast/Joecks, 7. Aufl. 2009, § 372 AO Rz. 52; Hilgers-Klautzsch in Kohlmann, § 372 AO Rz. 103 (Oktober 2011); Bender, C Rz. 631.

Regelung des Verbotsgesetzes geht insoweit ebenso wie für die Frage der Strafbarkeit des Versuchs vor.[1]

1851 Wenn Bannbruch mit Steuerhinterziehung tateinheitlich oder tatmehrheitlich zusammentrifft, so beschränkt sich die strafbefreiende Wirkung der Selbstanzeige auf die Steuerhinterziehung.[2] Selbstverständlich kann – und sollte – das Gericht eine Selbstanzeige bzgl. des Bannbruchs im Rahmen der Strafzumessung berücksichtigen; verfahrensrechtlich kann im Einzelfall auch eine Einstellung nach den §§ 153, 153a StPO in Betracht kommen.[3]

C. Gewerbsmäßiger, gewaltsamer und bandenmäßiger Schmuggel (§ 373 AO)

Schrifttum

Bender/Möller/Retemeyer, Zoll- und Verbrauchsteuerstrafrecht mit Steuerstrafrecht und Verfahrensrecht, November 2011; **Esskandari/Bick**, Rechtsprechung der Strafgerichte 2011/2012, DStZ 2012, 775; **Jesse**, Das Pfefferspray als alltägliches gefährliches Werkzeug, NStZ 2009, 364.

I. Zweck und Anwendungsbereich

1. Qualifikationstatbestand

1852 § 373 AO ist seit den Änderungen durch Art. 3 TKÜNReglG[4] eindeutig ein selbständiger Qualifikationstatbestand zu den Straftatbeständen der Steuerhinterziehung und des Bannbruchs.[5] Die Vorschrift ist mehr als eine bloße Strafzumessungsregel. Die Vorschrift ist § 244 StGB (Diebstahl mit Waffen; Bandendiebstahl) nachgebildet, der nach h.M. Qualifikationstatbestand zum Diebstahl als Grunddelikt ist.[6]

1853 Die Gründe für die erhöhte Strafdrohung sind darin zu sehen, dass zum einen der gewerbsmäßige und bandenmäßige Schmuggel – wie die beiden Grundtatbestände in der Gesetzesüberschrift untechnisch genannt werden – durch die Bereitschaft zu wiederholter Begehung eine erhöhte Gefährdung für das geschützte Rechtsgut bedeutet. Zum anderen impliziert der bewaffnete oder gewaltsame Schmuggel eine hohe persönliche Gefahr für die Beamten der Zollverwaltung und Grenzpolizei.[7]

2. Bannbruch als Grundtatbestand

1854 Wegen des Begriffs des Bannbruchs wird auf die Ausführungen unter → Rz. 1821 ff. verwiesen. Für Bannbruch, der gewerbsmäßig begangen wird, gilt § 373 AO nur

---

1) Bender/Möller/Retemeyer, C Rz. 632 f.
2) Jäger in Franzen/Gast/Joecks, 7. Aufl. 2009, § 372 AO Rz. 52; Hilgers-Klautzsch in Kohlmann, § 372 AO Rz. 103 (Oktober 2011).
3) Jäger in Franzen/Gast/Joecks, 7. Aufl. 2009, § 372 AO Rz. 52; Hilgers-Klautzsch in Kohlmann, § 372 AO Rz. 103 (Oktober 2011).
4) Gesetz zur Neuregelung der Telekommunikationsüberwachung und anderer Ermittlungsmaßnahmen sowie zur Umsetzung der Richtlinie 2006/24/EG v. 21.12.2007, BGBl. I 2007, 3198.
5) BR-Drucks. 275/07, 177; Jäger in Franzen/Gast/Joecks, 7. Aufl. 2009, § 373 AO Rz. 2; Weyand in Schwarz, § 373 AO Rz. 1 (Februar 2008); Bender/Möller/Retemeyer, C Rz. 524; a.A. noch Engelhardt in H/H/Sp, § 373 AO Rz. 7 (November 1989).
6) Bender/Möller/Retemeyer, C Rz. 509; differenzierend Hilgers-Klautzsch in Kohlmann, § 373 AO Rz. 10 (August 2008).
7) BGH v. 13.7.1954, 1 StR 464/53, BGHSt 6, 260, 262.

dann, wenn die Tat gegen Monopolvorschriften verstößt. Das Zuwiderhandeln gegen andere Verbringungsverbote führt somit nicht zur Anwendung des § 373 AO.

Beispiel:

Die gewerbsmäßige Einfuhr von Heroin ist kein Fall des § 373 Abs. 1 AO, sondern ist als besonders schwerer Fall des Vergehens gegen das Betäubungsmittelgesetz zu qualifizieren (§ 29 Abs. 3 Satz 2 Nr. 1 BtMG).[1]

3. Hinterziehung von Ein- und Ausfuhrabgaben als Grundtatbestand

Mit der Änderung des Begriffs der „Eingangsabgaben" in „Einfuhr- und Ausfuhrabgaben" wurden Wortlaut und Terminologie an den ZK angepasst.[2] Diese Begriffe sind i.S.v. § 1 Abs. 1 Satz 3 ZollVG zu verstehen[3] → Rz. 1643 ff. **1855**

Durch die Verweisung in § 373 Abs. 4 AO auf § 370 Abs. 6 und 7 AO kann sowohl der schwere Schmuggel hinsichtlich Ein- und Ausfuhrabgaben, die durch einen anderen Mitgliedstaat verwaltet werden, als auch der im Ausland begangene schwere Schmuggel in Deutschland verfolgt und bestraft werden. **1856**

4. Verbrauchsteuern

Ebenso ist § 373 AO nicht auf die Hinterziehung von Verbrauchsteuern anwendbar, die nicht im Zusammenhang mit der Einfuhr entstehen, z.B. Hinterziehung von Energiesteuer bei Entnahme aus dem Steuerlager in Deutschland; Hinterziehung der Biersteuer auf Grund von Unregelmäßigkeiten im Versand unter Steueraussetzung zwischen den Mitgliedstaaten. **1857**

5. Ausfuhrerstattungen

Keine Hinterziehung von Einfuhrabgaben (und folglich kein Fall des § 373 AO) liegt vor, wenn **Ausfuhrerstattungen** nach dem Gesetz zur Durchführung der gemeinsamen Marktorganisationen durch unrichtige oder unvollständige Angaben erschlichen werden. Darin liegt vielmehr ein Subventionsbetrug gem. § 264 StGB. **1858**

II. Tatbestandsvoraussetzungen

1. Gewerbsmäßiger Schmuggel

Gemäß § 373 Abs. 1 AO ist Voraussetzung, dass Einfuhrabgaben gewerbsmäßig hinterzogen werden oder gewerbsmäßig durch Zuwiderhandlungen gegen Monopolvorschriften Bannbruch begangen wird. **1859**

Gewerbsmäßig i.S.d. § 373 Abs. 1 AO bedeutet nicht unbedingt berufsmäßig[4] oder gewerblich[5]. Vielmehr ist es notwendig, aber auch hinreichend, dass der Täter die Absicht hat, sich durch wiederholte Begehung der Straftat eine **fortlaufende,** d.h. für einen gewissen Zeitraum andauernde, **Einnahmequelle** von einigem Umfang zu verschaffen,[6] wobei es sich sowohl um positive Einnahmen als auch um die Vermeidung von zwangsläufigen Ausgaben, insbesondere von geschuldeten Steuern, handeln kann.[7] Unerheblich ist es, wenn der Täter noch weitere – gesetzmäßige – Ein- **1860**

1) BGH v. 17.3.1977, 1 StR 73/77, HFR 1978, 341.
2) Art. 8 Nr. 24 StÄndG 2001 (BGBl. I 2001, 3794, 3804); BR-Drucks. 14/7341 S. 19.
3) Jäger in Franzen/Gast/Joecks, 7. Aufl. 2009, § 373 AO Rz. 6; Hilgers-Klautzsch in Kohlmann, § 373 AO Rz. 14 ff. (Oktober 2011); Jäger in Klein, 11. Aufl. 2012, § 373 AO Rz. 25.
4) BGH v. 11.10.1994, 1 StR 522/94, wistra 1995, 60.
5) OLG Stuttgart v. 10.6.2002, 1 Ss 185/02, NStZ 2003, 40 f.
6) BGH v. 19.12.2007, 5 StR 543/07, wistra 2008, 104.
7) OLG Hamm v. 24.5.1957, 1 Ss 188/57, ZfZ 1957, 339.

nahmequellen hat. Auch ist nicht erforderlich, dass der Täter aus den Einkünften des Schmuggels seinen Lebensunterhalt bestreitet.[1] Seit der Aufgabe der Rechtsfigur des Fortsetzungszusammenhangs[2] müssen die Strafverfolgungsbehörden und Gerichte das Merkmal der Gewerbsmäßigkeit unabhängig davon beurteilen, ob (auch) fortgesetzter Schmuggel vorliegen würde. Dies bedeutet, dass die Wiederholungsabsicht ggf. schon an einer einzigen Handlung festgemacht werden kann.[3]

2. Gewaltsamer Schmuggel mit Schusswaffen

1861 Voraussetzung des § 373 Abs. 2 Nr. 1 AO ist, dass der Täter oder ein anderer Beteiligter eine Schusswaffe bei sich führt (gewaltsamer Schmuggel). **Schusswaffen** sind in Anlehnung an die Definition in § 1 Abs. 1 WaffG Geräte, die zum Angriff, zur Verteidigung, zum Sport, Spiel oder zur Jagd bestimmt sind und bei denen Geschosse durch einen Lauf getrieben werden. Hierunter zählen auch Luftpistolen, Luftgewehre,[4] Gaspistolen und -revolver[5] sowie geladene Schreckschusswaffen[6].

1862 Die Waffe muss funktionsfähig und zum Einsatz geeignet sein. § 373 Abs. 2 Nr. 1 AO ist nicht einschlägig, wenn der Täter eine defekte Schusswaffe oder eine Attrappe[7] bei sich führt; ebensowenig, wenn der Täter keine Munition mitführt[8] oder eine Schusswaffe nur vortäuscht.[9]

1863 Grund für die Strafschärfung des § 373 Abs. 2 Nr. 1 AO ist die objektiv erhöhte Gefahr der körperlichen Verletzung. Deshalb kommt es auch nicht darauf an, dass der Täter die Absicht hat, von der Schusswaffe auch Gebrauch zu machen, es genügt das bloße Mitführen der Schusswaffe.[10]

3. Gewaltsamer Schmuggel mit Waffen oder sonstigen Werkzeugen oder Mitteln

1864 Weiter gefasst ist dagegen die Vorschrift des § 373 Abs. 2 Nr. 2 AO. Neben **Waffen,** d.h. Gegenständen, die bereits nach ihrer ursprünglichen Zweckbestimmung dazu dienen, andere zu verletzen, also Hieb-, Stoß- und Stichwaffen, werden von § 373 Abs. 2 Nr. 2 AO auch **sonstige Werkzeug** oder **Mittel** umfasst, die objektiv geeignet sind, körperlichen Widerstand zu überwinden.[11] Dazu zählen:

- feste Gegenstände wie Metallrohre, Schraubenschlüssel,[12] Fahrradketten, Stuhlbeine;
- chemische Substanzen, wie Tränengas, Pfefferspray,[13] Chloroform, Insekten- oder Haarspray sowie ätzende Säuren;

---

1) Jäger in Franzen/Gast/Joecks, 7. Aufl. 2009, § 373 AO Rz. 12; Hilgers-Klautzsch in Kohlmann, § 373 AO Rz. 36 (August 2008).
2) BGH v. 3.5.1994, GSSt 2 und 3/93, BGHSt 40, 138 ff.
3) BGH v. 19.5.1998, 1 StR 154/98 NStZ 1999, 187; v. 19.12.2007, 5 StR 543/07, NStZ 2008, 282.
4) BGH v. 11.1.2000, 5 StR 444/99, NStZ 2000, 431.
5) BGH v. 4.2.2003, GSSt 1/02, NJW 2003, 1541.
6) BGH v. 4.2.2003, GSSt 2/02, NStZ 2003, 606; v. 12.10.2005, 2 StR 298/05, NJW 2006, 73.
7) BGH v. 6.4.1965, 1 StR 73/65, BGHSt 20, 194, 196.
8) BGH v. 17.6.1998, 2 StR 167/98, NJW 1998, 2915.
9) BGH v. 8.8.1985, 4 StR 435/85, NStZ 1985, 547; in Abgrenzung dazu: BGH v. 20.5.1981, 2 StR 157/81, NStZ 1981, 436; v. 23.9.1975, 1 StR 436/75, NJW 1976, 248.
10) BGH v. 6.5.1971, 4 StR 114/71, BGHSt 24, 136; v. 18.2.1981, 2 StR 720/80, NJW 1981, 1107; v. 10.8.1982, 1 StR 416/82, NJW 1982, 2784; v. 19.4.2000, 5 StR 644/99, StV 2000, 555; v. 28.2.1997, 2 StR 556/96, NJW 1997, 1717.
11) Vgl. Bender/Möller/Retemeyer, C Rz. 514.
12) BGH v. 10.9.1968, 1 StR 384/68, NJW 1968, 2386.
13) Jesse, NStZ 2009, 364.

- ein bissiger Hund, der seinen Herrn auf dem Schmuggelgang begleitet, kann diesen zum gewaltsamen Schmuggler machen;[1)]
- ein Taschenmesser normaler Größe, auch wenn es zusammengeklappt in der Hosentasche mitgeführt wird;[2)]
- ein Kraftfahrzeug, das unmittelbar zur Gewaltanwendung gegen Zollbeamte gebraucht werden soll;[3)]
- der Schuh am Fuß;[4)] und Krähenfüße gegen verfolgende Kraftfahrzeuge

Auch Scheinwaffen oder scheinbar gefährliche Mittel fallen heute nach der Rspr. **1865**
und der überwiegenden h.M. unter § 373 Abs. 2 Nr. 2 AO. Zwar geht von Scheinwaffen weder auf Grund ihrer bestimmungsgemäßen Eigenschaften oder ihrer objektiven Beschaffenheit noch bei dem vom Täter beabsichtigten Einsatz eine objektive Gefahr aus; sie entfalten jedoch bei ihrer Verwendung durch den Täter eine gefährlichen Werkzeugen oder Mitteln vergleichbare Bedrohungswirkung.[5)] Als Drohmittel sollen jedoch solche Gegenstände ausscheiden, die offensichtlich ungefährlich sind, d.h. deren Täuschungseffekt nicht im Erscheinungsbild des Gegenstandes selbst besteht und daher den Schein einer Waffe nicht begründen können,[6)] z.B.:

- ein kurzes gebogenes Plastikrohr,[7)]
- ein Lippenpflegestift[8)] oder
- eine Schrotpatrone ohne Schusswaffe.[9)]

Subjektiv muss der Täter die Waffe bzw. das sonstige Werkzeug oder Mittel in der **1866**
Absicht mitgenommen haben, möglichen Widerstand anderer Personen, z.B. Zollbeamte, Polizisten oder Personen, die keine Amtsträger sind, zu überwinden. Es ist nicht erforderlich, dass es auch tatsächlich eingesetzt wurde; in der Praxis wird i.d.R. aber gerade bei sonstigen Werkzeugen oder Mitteln diese Absicht nur bei deren tatsächlicher Anwendung beweisbar sein.

4. Bandenmäßiger Schmuggel

Bandenschmuggel setzt voraus, dass mindestens drei Personen sich zur gemeinsa- **1867**
men Tatbegehung mit dem Willen verbunden haben, künftig für eine gewisse Dauer mehrere Bannbruchtaten oder Einfuhrabgabenhinterziehungen zu begehen.[10)] Die Abrede kann auch stillschweigend getroffen werden. Eine feste Organisation der Bande ist nicht erforderlich.[11)] Ebenso ist seit dem TKÜNReglG[12)] ein zeitliches und örtliches Zusammenwirken nicht mehr erforderlich, da das Tatbestandsmerkmal „unter Mitwirkung eines anderen Bandenmitglieds die Tat ausführt" entfallen ist.

---

1) BGH v. 11.1.2000, 5 StR 444/99, NStZ 2000, 431.
2) BayObLG v. 12.4.2000, 5St RR 206/99, NStZ-RR 2001, 202; OLG München v. 16.5.2006, 5 St RR 169/05, NStZ-RR 2006, 342.
3) BGH v. 11.2.1958, 1 StR 595/57, VRS 14, 286.
4) BGH v. 11.2.1982, 4 StR 689/81, NJW 1982, 1164 f.
5) Jäger in Franzen/Gast/Joecks, 7. Aufl. 2009, § 373 AO Rz. 27 m.w.N.
6) BGH v. 13.11.1991, 5 StR 477/91, NStZ 1992, 129.
7) BGH v. 13.11.1991, 5 StR 477/91, NStZ 1992, 129.
8) BGH v. 20.6.1996, 4 StR 147/96, NStZ 1997, 184.
9) BGH v. 9.9.1997, 4 StR 423/97, NStZ 1998, 38.
10) BGH v. 22.3.2001, GSSt 1/00, wistra 2001, 298 ff.
11) BGH v. 7.3.1996, 4 StR 742/95, NStZ 1996, 338 f.
12) Gesetz zur Neuregelung der Telekommunikationsüberwachung und anderer Ermittlungsmaßnahmen sowie zur Umsetzung der Richtlinie 2006/24/EG v. 21.12.2007, BGBl. I 2007, 3198.

5. Vorsatz

1868 Bei dem **gewerbsmäßigen Schmuggel** muss sich der Vorsatz auf die objektiven Tatbestandsmerkmale beziehen. Darüber hinaus muss hinsichtlich des gewerbsmäßigen Handelns Absicht vorliegen.

1869 Bei dem **gewaltsamen Schmuggel mit Schusswaffen** gem. § 373 Abs. 2 Nr. 1 AO ist Vorsatz des jeweiligen Täters oder Teilnehmers hinsichtlich aller objektiven Tatbestandsmerkmale erforderlich, d.h. Wissen und Wollen, dass entweder er selbst oder ein Mittäter oder Teilnehmer bei Begehung der Tat eine funktionsfähige Schusswaffe einsatzbereit bei sich führt. Es genügt bedingter Vorsatz.

1870 Bei dem **gewaltsamen Schmuggel mit sonstigen Waffen** gem. § 373 Satz 2 Nr. 2 AO ist das Wissen und Wollen des Schmugglers, die Waffe für den tatbestandsmäßigen Zweck gebrauchsfertig bei sich zu haben, erforderlich. Der Täter muss wenigstens mit der Möglichkeit rechnen, sie bei der Tat als Mittel zur Anwendung von Gewalt oder zur Drohung mit Gewalt benutzen zu können und damit für alle Fälle eines Widerstandes gerüstet zu sein.[1)]

1871 Beim **bandenmäßigen Schmuggel** ist erforderlich, dass derjenige, der am Schmuggel teilgenommen hat, wusste, dass er mit mindestens zwei weiteren Personen zu mehreren Schmuggeltaten verbunden war und dies auch wollte.[2)] Ein „gefestigter Bandenwille" oder ein „Tätigwerden in einem übergeordneten Bandeninteresse" ist nicht erforderlich.[3)]

III. Täterschaft und Teilnahme

1872 **Unterstützungshandlungen** können auch noch im Stadium zwischen Vollendung und Beendigung Beihilfe oder mittäterschaftliches Handeln darstellen, wenn sie die erfolgreiche Beendigung des Schmuggels fördern sollen; der Schmuggel ist dabei erst dann beendet, wenn das geschmuggelte Gut in Sicherheit gebracht und „zur Ruhe" gekommen ist, d.h. seinem Bestimmungsort zugeführt worden ist.[4)]

1873 Sind bei einem Beteiligten die qualifizierenden Merkmale des § 373 Abs. 1 oder 2 AO von seinem Vorsatz nicht umfasst, wird er nur wegen Teilnahme am Grundtatbestand der Steuerhinterziehung oder des Bannbruchs bestraft.

IV. Versuch

1874 Der **Versuch** ist gem. § 373 Abs. 3 AO strafbar.

V. Strafrahmen und -zumessung

1875 Die **Strafe** reicht von sechs Monaten bis zu zehn Jahren Freiheitsstrafe. Eine alternative Geldstrafe ist nicht vorgesehen. Ebensowenig ist eine Ersatzgeldstrafe nach § 47 Abs. 2 StGB möglich, da die zu erkennende Freiheitsstrafe mindestens 6 Monaten beträgt.

1876 Insoweit gleicht § 373 AO den besonders schweren Fällen des § 370 Abs. 3 AO, jedoch mit dem Unterschied, dass das Gericht trotz Vorliegen eines Regelbeispiels

1) Jäger in Franzen/Gast/Joecks, 7. Aufl. 2009, § 373 AO Rz. 30.
2) Jäger in Franzen/Gast/Joecks, 7. Aufl. 2009, § 373 AO Rz. 4.
3) BGH v. 22.3.2001, GSSt 1/00, wistra 2001, 298 ff.
4) BGH v. 18.7.2000, 5 StR 245/00, wistra 2000, 425 f.

den erhöhten Strafrahmen des § 370 Abs. 3 AO nicht anzuwenden braucht, wenn besondere Umstände vorliegen, die den Fall nicht als besonders schwer erscheinen lassen. Diese Möglichkeit hat das Gericht im Fall des § 373 AO, der ein selbständiger Qualifikationstatbestand ist, nicht. Deshalb sieht § 373 Abs. 1 Satz 2 AO für minder schwere Fälle einen ermäßigten Strafrahmen bis zu 5 Jahren und eine alternative Geldstrafe vor, also dieselbe Strafandrohung wie für die Grundnorm § 370 AO.

Die restriktiven Bestimmungen der Rechtsprechung zur **Strafzumessung** bei der Steuerhinterziehung – insbesondere die Annahme eines besonders schweren Falls gem. § 370 Abs. 3 AO – gelten auch für den schweren Schmuggel. Die Annahme eines minder schweren Falls gem. § 373 Abs. 1 Nr. 2 AO scheidet bei einer Hinterziehung von Einfuhrabgaben in großem Ausmaß regelmäßig aus. Darüber hinaus kommt eine (aussetzungsfähige) Freiheitsstrafe von nicht mehr als zwei Jahren auch beim schweren Schmuggel nur bei Vorliegen besonders gewichtiger Milderungsgründe in Betracht.[1] **1877**

VI. Strafbarkeitshindernis

1. Schmuggelprivileg

Das besondere **Verfolgungshindernis** des **§ 32 ZollVG** soll nach h.M. auf Fälle des schweren Schmuggels anwendbar sein, → Rz. 1784.[2] **1878**

2. Strafbefreiende Selbstanzeige

Anders als in den besonders schweren Fällen des § 370 Abs. 3 AO ist bei schwerem Schmuggel keine strafbefreiende Selbstanzeige möglich; immerhin aber sollte bei einer Selbstanzeige die Anerkennung eines minder schweren Falles erwogen werden.[3] **1879**

3. Verjährung

§ 373 AO ist seit seiner Änderung durch Art. 3 Nr. 4 Gesetzes vom 21.12.2007[4] eindeutig ein selbständiger Qualifikationstatbestand. Es ist nunmehr unbestritten, dass für Fälle des schweren Schmuggels die zehnjährige Verfolgungsverjährungsfrist des § 78 Abs. 3 Nr. 3 StGB gilt.[5] Für die Verjährung von minder schweren Fällen gem. § 373 Abs. 1 Satz 2 AO gilt § 78 Abs. 4 StGB. **1880**

D. Steuerhehlerei (§ 374 AO)

I. Anwendungsbereich und Zweck

Wegen Steuerhehlerei (§ 374 AO) wird **bestraft,** wer Erzeugnisse oder Waren, hinsichtlich deren Verbrauchsteuern oder Zoll hinterzogen oder Bannbruch begangen worden ist, ankauft oder sonst sich oder einem Dritten verschafft, sie absetzt oder absetzen hilft, um sich oder einen Dritten zu bereichern. **1881**

1) BGH v. 22.5.2012, 1 StR 103/12, wistra 2012, 350; Esskandari/Bick, DStZ 2012, 775, 779 f.
2) Jäger in Franzen/Gast/Joecks, 7. Aufl. 2009, § 32 ZollVG Rz. 12 und § 373 AO Rz. 55; Bender/Möller/Retemeyer, C Rz. 1231; Hilgers-Klautzsch in Kohlmann, § 373 AO Rz. 157 (August 2008).
3) Jäger in Franzen/Gast/Joecks, 7. Aufl. 2009, § 373 AO Rz. 47a; Bender/Möller/Retemeyer, C Rz. 525.
4) BGBl. I 2007, 3198.
5) Schmid in Leipziger Kommentar, 12. Aufl. 2007, § 78 StGB Rz. 18.

1882 Der **Zweck** der Vorschrift liegt darin, die Bestrafung derjenigen zu ermöglichen, denen keine Steuerhinterziehung oder verbotswidrige Verbringung, wohl aber der wirtschaftliche Umgang mit Bannware bzw. unverzollter Ware nachgewiesen werden kann. Das Rechtsgut, welches § 374 AO schützen will, kann, ähnlich wie in den Fällen der Hehlerei nach § 259 StGB, in der Perpetuierung eines rechtswidrigen Zustandes gesehen werden.[1)]

II. Täter

1883 **Täter** einer Steuerhehlerei kann außer dem Vortäter **jedermann** sein. Für den Vortäter stellt das Hehlen der Ware, für die er selbst Einfuhrabgaben oder Verbrauchsteuern hinterzogen hat, eine straflose Nachtat dar.[2)] Anders dagegen Anstifter und Gehilfen der Vortat. Sie können sich nicht nur wegen Anstiftung bzw. Beihilfe zur Steuerhinterziehung, sondern auch als Täter einer Steuerhehlerei strafbar machen.

III. Gegenstand der Steuerhehlerei

1884 Gemäß § 374 Abs. 1 AO kommen als Gegenstand der Steuerhehlerei nur Erzeugnisse oder Waren in Betracht, deren Herstellung oder Einfuhr einer deutschen Verbrauchsteuer oder deren Einfuhr einem von Deutschland verwalteten Zoll oder einem Bann unterliegen.[3)] In den Schutzbereich des § 374 Abs. 2 AO fallen Einfuhrabgaben, die von einem anderen Staat der Europäischen Gemeinschaft als Deutschland verwaltet werden oder die einem Mitgliedsstaat der EFTA-Staaten oder einem mit der EFTA assoziierten Staat zustehen (§ 374 Abs. 4 AO).

IV. Vortat der Steuerhehlerei

1. Arten der Vortat

1885 **Vortat** kann sein:

- Hinterziehung von Einfuhr- oder Ausfuhrabgaben i.S.d. Art. 4 Nr. 10 und 11 ZK oder von Verbrauchsteuern,
- Bannbruch,
- schwerer Schmuggel oder
- Steuerhehlerei (sog. Zwischenhehlerei).

Als Verbrauchsteuer gilt auch die Einfuhrumsatzsteuer (§ 21 Abs. 1 UStG) → Rz. 1657 ff.

1886 Im Unterschied zu § 373 AO umfasst § 374 AO – als Vortat – auch die **Verbrauchsteuerhinterziehung,** die nicht bei der Einfuhr, sondern durch Entfernen verbrauchsteuerpflichtiger Waren aus dem Herstellungsbetrieb begangen worden ist.[4)] Etwaige Surrogate der von der Vortat betroffenen Sache (z.B. ein Verkaufserlös) sind nicht von § 374 AO erfasst. Eine „Ersatzhehlerei" kommt somit nicht in Betracht.[5)]

---

1) BGH v. 9.6.2011, 1 StR 21/11, wistra 2011, 348 und v. 7.11.2007, 5 StR 371/07, wistra 2008, 105; Jäger in Franzen/Gast/Joecks, 7. Aufl. 2009, § 374 AO Rz. 2; Bender/Möller/Retemeyer, C Rz. 656.

2) Jäger in Franzen/Gast/Joecks, 7. Aufl. 2009, § 374 AO Rz. 14; Bender/Möller/Retemeyer, C Rz. 662.

3) Jäger in Franzen/Gast/Joecks, 7. Aufl. 2009, § 374 AO Rz. 4 ff.

4) Jäger in Franzen/Gast/Joecks, 7. Aufl. 2009, § 374 AO Rz. 5a.

5) FG Baden-Württemberg v. 13.10.1987, XI K 62/84 Z, EFG 1988, 267; Jäger in Franzen/Gast/Joecks, 7. Aufl. 2009, § 374 AO Rz. 7; Jäger in Klein, 11. Aufl. 2012, § 374 AO Rz. 8.

Von Bedeutung ist beim Bannbruch als Vortat, dass § 374 AO ausdrücklich auf § 372 Abs. 2 AO Bezug nimmt. Daraus ist zu schließen, dass im Hinblick auf die Subsidiaritätsklausel wegen Steuerhehlerei eine Strafbarkeit nur gegeben ist, wenn das verletzte Verbringungsverbot nur gem. § 372 Abs. 1 AO strafbewehrt ist. Dies engt den praktischen Anwendungsbereich der Vorschrift des § 374 AO relativ stark ein, denn nahezu jedes Verbringungsverbot ist sondergesetzlich mit Strafe oder Bußgeld bedroht (→ Rz. 1823 ff.). 1887

2. Strafbarkeit der Vortat

Die **objektiven und subjektiven Tatbestandsmerkmale** der Vortat müssen erfüllt und sie muss rechtswidrig begangen worden sein. Mehr ist nicht zu fordern. Weder muss der Vortäter schuldfähig gewesen sein, noch würde ein unvermeidbarer Verbotsirrtum seinerseits gem. § 17 Satz 1 StGB der Strafbarkeit gem. § 374 AO entgegenstehen. Erst recht lässt ein persönlicher Strafaufhebungsgrund (Selbstanzeige gem. § 371 AO) die Strafbarkeit wegen Steuerhehlerei unberührt. 1888

Die Vortat muss nach der h.M. in der steuerstrafrechtlichen Literatur rechtlich **vollendet**, nicht hingegen auch tatsächlich beendet sein.[1] Der Umstand, dass bis zur Beendigung der Vortat auch eine Teilnahme an der Vortat in Betracht kommt, schließt eine Hehlereihandlung vor Beendigung der Vortat nicht aus; die Abgrenzung der Steuerhehlerei von der Teilnahme an der Vortat richtet sich nach der Willensrichtung des Handelnden. 1889

V. Tatbestandliches Handeln

§ 374 AO sieht drei Handlungsalternativen vor:[2] 1890

- das Sich-Verschaffen (wovon das Ankaufen nur ein Unterfall ist),
- das Absetzen und
- die Hilfe beim Absetzen.

1. Sich oder einem Dritten verschaffen

Unter Sich-Verschaffen ist jedes Begründen einer eigenen Verfügungsgewalt des Hehlers im Einvernehmen mit dem Vortäter zu verstehen.[3] Bloßes Benutzen oder Verwahren für den Vortäter oder Überbringen der Sache im Auftrage des Vortäters an einen Dritten[4] verschafft eine solche Verfügungsgewalt noch nicht. 1891

Das „Ankaufen" ist ein Unterfall[5] des „Sich-Verschaffens". Es ist daher entgegen der zivilrechtlichen Wertung nicht ausreichend, dass ein Kaufvertrag geschlossen, die Sache aber noch nicht übergeben worden ist. Ist die Ware trotz abgeschlossenen Kaufvertrags nicht an den Erwerber übergeben worden, kommt versuchte Steuerhehlerei in Betracht. 1892

---

1) Tully in Graf/Jäger/Wittig, § 374 AO Rz. 10 m.w.N.; Jäger in Franzen/Gast/Joecks, 7. Aufl. 2009, § 374 AO Rz. 13; Hilger-Klautzsch in Kohlmann, § 374 AO Rz. 26 (Oktober 2011); Fischer, 60. Aufl. 2013, § 259 StGB Rz. 8; Bender/Möller/Retemeyer, C Rz. 676 ff.; a.A. AO-DV Zoll Nr. 1 zu § 374.

2) Hilgers-Klautzsch in Kohlmann, § 374 AO Rz. 46 ff. (August 2008).

3) AO-DV Zoll Nr. 3. zu § 374; a.A. zum Einvernehmen Jäger in Franzen/Gast/Joecks, 7. Aufl. 2009, § 374 AO Rz. 18.

4) BGH v. 17.6.1997, 1 StR 119/97, NStZ 1997, 493.

5) AO-DV Zoll Nr. 2 zu § 374; Jäger in Franzen/Gast/Joecks, 7. Aufl. 2009, § 374 AO Rz. 16.

2. Absetzen

1893 Der Absatz der Ware ist ein auf eine rechtsgeschäftliche Veräußerung gerichteter Vorgang (z.B. verkaufen, versteigern, verpfänden, verschenken). Ein Absatzerfolg ist nicht erforderlich.

1894 Auch für Erwerber von Schmuggelgut kommt diese Begehungsform in Betracht, wenn das vorhergehende Verschaffen aus irgendwelchen Gründen nicht als Steuerhehlerei strafbar ist, z.B., weil die Vortat zu diesem Zeitpunkt noch nicht vollendet und beendet war, weil der Täter im Zeitpunkt des Erwerbs die strafbare Herkunft der Ware nicht kannte, oder weil der Erwerb kein abgeleiteter war. Ferner ist diese Begehungsform anwendbar, wenn der Hehler zweckentfremdetes Heizöl im Streckengeschäft weiterveräußert, ohne selbst den tatsächlichen Besitz an der Ware erlangt zu haben.[1)]

3. Absatzhilfe

1895 Absatzhilfe ist jede Hilfstätigkeit für den Vortäter, die darauf gerichtet ist, ihm die Verwertung der Sache zu erleichtern. Sie ist eine unselbstständige Tätigkeit im Gegensatz zum „Absetzen". Sie erfasst nur solche Handlungen, mit denen sich der Hehler an den Absatzbemühungen des Vortäters oder eines Zwischenhehlers in dessen Interesse und auf dessen Weisung unselbstständig beteiligt.[2)] Der Sache nach ist die Absatzhilfe eine Beihilfe, die wegen der Straflosigkeit der Absatztat des Vortäters zur selbständigen Tat aufgewertet wird.[3)]

VI. Vorsatz

1896 Auf der subjektiven Seite ist Vorsatz erforderlich, wobei **bedingter Vorsatz** genügt. Dies bedeutet, dass Steuerhehlerei auch begeht, wer nicht sicher weiß, dass eine Sache geschmuggelt ist, aber damit rechnet und die Tat auch für den Fall will, dass diese Vermutung zutrifft.[4)] Beim Erwerb von Betäubungsmitteln oder von Tabakwaren, die einzig für den Schwarzmarkt in der EU hergestellt werden (Zigaretten der Marke Jin Ling[5)]), kann der Hehlervorsatz kaum zweifelhaft sein, da diese Ware legal nicht gehandelt werden kann.

1897 Weiter muss **Bereicherungsabsicht** vorliegen. Der Täter muss – ohne dass es auf den tatsächlichen Eintritt eines Vermögensvorteils ankommt – jedenfalls in der Absicht handeln, sich oder einen Dritten zu bereichern. Ein den Umständen nach üblicher Gewinn reicht hierfür aus.[6)] Die Bereicherungsabsicht wird zumeist in der Vorstellung bestehen, die Ware infolge der Steuerersparnis besonders günstig zu bekommen oder hiermit Geschäfte machen zu können. Der Erwerb von Schmuggelzigaretten zum eigenen Konsum ist nur dann in Form der Ersparnis von Ausgaben eine Bereicherung, wenn der Täter sonst versteuerte Zigaretten in derselben Menge konsumiert hätte.[7)]

1898 An einer Bereicherungsabsicht fehlt es, wenn der Hehler die Sache zum Eigenverbrauch erwirbt und sie anderswo zum gleichen Preis hätte erwerben können.

---

1) Bender/Möller/Retemeyer, C Rz. 690.
2) BGH v. 7.11.2007, 5 StR 371/07, wistra 2008, 105; v. 11.6.2008, 5 StR 145/08, wistra 2008, 386.
3) BGH v. 16.6.1976, 3 StR 62/76, BGHSt 26, 358.
4) Jäger in Franzen/Gast/Joecks, 7. Aufl. 2009, § 374 AO Rz. 24; OLG Hamm v. 26.2.2003, 2 Ss 144/03, wistra 2003, 237 f.
5) Vgl. PM v. 2.11.2012, „Der etwas andere Weg einer Zigarette"; www.spiegel.de, „Unheimlicher Aufstieg des Ziegenbocks" v. 4.9.2012; http://www.zoll.de & Privatpersonen & Reisen & Reisen innerhalb der EU & Steuern & Genussmittel.
6) Jäger in Franzen/Gast/Joecks, 7. Aufl. 2009, § 374 AO Rz. 28, 29.
7) OLG Stuttgart v. 10.6.2002, 1 Ss 185/02, NStZ 2003, 40 f.

VII. Strafrahmen

Die **Strafe** für Steuerhehlerei entspricht im Normalfall derjenigen für Steuerhinterziehung gem. § 370 AO. Wird die Steuerhehlerei gewerbs- oder bandenmäßig begangen, gilt der gleiche Strafrahmen wie beim schweren Schmuggel (§ 374 Abs. 2 AO). **1899**

VIII. Besonderheit beim Schwarzhandel mit Zigaretten (§ 37 TabStG)

1. Zweck der Regelung

Bestimmte Fälle der „Kleinhehlerei" hatte der Gesetzgeber wegen deren Häufigkeit, aber im Einzelfall i.d.R. auch geringen Schuld aus kriminologischen Gründen mit § 30a TabStG a.F.[1] zur Ordnungswidrigkeit herabgestuft. Die neue Vorschrift des § 37 TabStG[2] gilt seit dem 1.4.2010. Mit § 30a/§ 37 TabStG wurde eine Ahndungsmöglichkeit geschaffen, die zur Vereinfachung der Bekämpfung des Schwarzhandels mit Zigaretten beitragen soll. Die Vorschrift ermöglicht eine Reduzierung bzw. eine beschleunigte Abwicklung der von den Hauptzollämtern durchgeführten Verfahren. Dies wird in erster Linie durch die Möglichkeit der Erhebung eines Verwarnungsgeldes vom Erwerber der Zigaretten erreicht. **1900**

2. Tatbestandsvoraussetzungen

Wenn der Täter vorsätzlich oder fahrlässig bis zu 1 000 Zigaretten in Verpackungen erwirbt, an denen ein gültiges Steuerzeichen nicht angebracht ist, wird § 374 AO nicht angewendet (§ 37 Abs. 1 Satz 2 TabStG). Der subjektive Tatbestand bezieht sich insbesondere auf das nicht angebrachte gültige Steuerzeichen. Der Erwerb ist dann eine Ordnungswidrigkeit, die mit bis zu 1 000 € Geldbuße (§ 17 Abs. 1 OWiG), bei fahrlässiger Tatbegehung mit bis zu 500 € Geldbuße (§ 17 Abs. 2 OWiG) geahndet werden kann. Der fahrlässige Erwerb ist ausreichend. Darüber hinaus können und werden die erworbenen Zigaretten sichergestellt und eingezogen (§ 111b Abs. 1 StPO i.V.m. § 46 Abs. 1 OWiG; § 22 Abs. 1 OWiG i.V.m. § 37 Abs. 3 TabStG). **1901**

Mit der Änderung des Tabaksteuergesetzes 2009 entfiel die Voraussetzung, dass die Zigaretten **zum eigenen Verbrauch** bzw. **Bedarf**[3] erworben worden sein müssen. Dem Gesetzgeber fiel diese Änderung nicht auf. In der Gesetzesbegründung heißt es zu § 37 TabStG: „Die Vorschrift entspricht dem bisherigen Recht."[4] Dadurch entstand jedoch in der strafrechtlichen Bekämpfung des Schwarzhandels mit Zigaretten ein wesentlicher Unterschied. Wurden bis dahin die Verkäufer eingeschwärzter Zigaretten als Hehler für die Gesamtmenge der abgesetzten und zum Absatz bestimmten Menge bestraft, kommen sie nunmehr für die Zigaretten, die noch nicht abgesetzt sind, in den Genuss der Vorzugsregelung des § 37 TabStG. Da vielfach der Straßenhändler nur geringe Mengen unmittelbar bei sich führt, weil er den Rest an einem anderen Ort in der Nähe versteckt hält, kann ihm bei einer Kontrolle nur eine Ordnungswidrigkeit nachgewiesen werden. Wurde er dagegen beim Verkauf **1902**

1) Art. 1 des Gesetzes zur Anpassung von Verbrauchsteuer- und anderen Gesetzen an das Gemeinschaftsrecht sowie zur Änderung anderer Gesetze vom 21.12.1992, BGBl. I 1992, 2150, aufgehoben m.W.v. 1.4.2010 gem. Art. 10 Abs. 5 Nr. 1 Gesetzes v. 15.7.2009, BGBl. I 2009, 1870.

2) Art. 1 des Vierten Gesetzes zur Änderung von Verbrauchsteuergesetzen v. 15.7.2009, BGBl. I 2009, 1870.

3) Seit 22.8.2001 nach Änderung durch Art. 1 Nr. 8 Buchst. a des Gesetzes v. 16.8.2001, BGBl. I 2001, 2081.

4) BR-Drucks. 169/09, 146.

beobachtet, so tritt die Ordnungswidrigkeit des Erwerbs vom Vortäter hinter das strafbare Absetzen an den Käufer als mitbestrafte Vortat zurück.[1)]

1903 § 37 TabStG gilt nicht für den Erwerb von Zigaretten im **Ausland**. Entscheidend ist der Ort des Erwerbs (§ 7 Abs. 1 OWiG). Werden Zigaretten im Ausland erworben, kann nur nach § 374 Abs. 1, 4 i.V.m. § 370 Abs. 6, 7 AO bestraft werden.

3. Bußgeldrahmen

1904 Die Zollverwaltung setzt die Rechtsfolgen nach folgenden Richtwerten fest:[2)]

Menge erworbener Zigaretten	Rechtsfolge
bis 100 Stück	15 € Verwarnungsgeld
bis 250 Stück	25 € Verwarnungsgeld
bis 400 Stück	35 € Verwarnungsgeld
bis 600 Stück	75 € Bußgeld
bis 800 Stück	100 € Bußgeld
bis 1 000 Stück	125 € Bußgeld

Bei wiederholter Tatbegehung können höhere Geldbußen bis hin zur gesetzlichen Höchstgrenze festgesetzt werden.

4. Verfahren

1905 Verwaltungsbehörde für das Bußgeldverfahren ist das Hauptzollamt. Eine Verwarnung gem. § 56 OWiG ist jedoch auch durch die Polizei möglich (§ 37 Abs. 5 TabStG).

1906 Wer eine Ordnungswidrigkeit nach § 37 Absatz 1 begeht, haftet für die hinterzogene Tabaksteuer (§ 15 Abs. 6 Satz 2 TabStG). Die Abgaben für die Zigaretten werden in einem gesonderten **Steuerverfahren** erhoben. Es wird die Tabaksteuer, für Zigaretten mit Herkunft aus einem Drittland daneben auch Zoll und Einfuhrumsatzsteuer erhoben. Von der Erhebung der Abgaben für eingezogene Zigaretten wird durch die Zollverwaltung gem. § 15 Abs. 6 Satz 1 TabStG abgesehen, wenn der Stpfl. verwarnt wurde, das Verwarnungsgeld entrichtet hat und der Abgabenbetrag weniger als 10 € beträgt.[3)]

IX. Keine Selbstanzeige

1907 Strafbefreiende **Selbstanzeige** scheidet bei Steuerhehlerei aus, denn § 371 Abs. 1 AO erwähnt nur die Fälle des § 370 AO.

X. Haftung

1908 Die Beteiligten an einer Steuerhehlerei haften gem. § 71 AO für die hinterzogenen Steuern. Ebenso haften sie für die Zinsen gem. § 235 AO.

1) E-VSF V 17 70 Nr. 3 Abs. 2.
2) E-VSF V 17 70 Nr. 4 Abs. 8 und Nr. 5 Abs. 2.
3) E-VSF V 17 70 Nr. 7.

E. Wertzeichenfälschung (§§ 148, 149 StGB)

I. Anwendungsbereich

Wertzeichenfälschung und deren Vorbereitung (§§ 148, 149 StGB) stellen Steuerstraftaten gem. § 369 Abs. 1 Nr. 3 AO dar, soweit die Tat **Steuerzeichen** betreffen. **Schutzobjekt** der Vorschrift ist generell das Interesse der Allgemeinheit an der Sicherheit und Funktionsfähigkeit des Rechtsverkehrs mit amtlichen Wertzeichen;[1] als Steuerstraftat im Speziellen der Rechtsverkehr mit deutschen Steuerzeichen. Nach geltendem Recht wird lediglich noch die Tabaksteuer in Form von Steuerzeichen entrichtet. Bis einschließlich 1992 hatten Steuermarken im Beitrittsgebiet noch insoweit Bedeutung, als die Entrichtung der Kraftfahrzeugsteuer durch diese nachgewiesen wurde (§ 12a KraftStG a.F.[2]). Nach § 17 Abs. 1 TabStG wird die Tabaksteuer durch Verwendung von Steuerzeichen entrichtet. Die Verwendung umfasst das Entwerten und das Anbringen der Steuerzeichen an den Kleinverkaufspackungen. Die Steuerzeichen müssen verwendet sein, wenn die Steuer entsteht. 1909

In der Praxis werden gerade beim Verbringen von Privatpersonen aus den neuen EU-Mitgliedstaaten Zigaretten festgestellt, die gefälschte deutsche Steuerzeichen tragen. In diesen Fällen haben sich die meist ahnungslosen Verbringer zwar keiner Wertzeichenfälschung strafbar gemacht, es entsteht aber die Tabaksteuer, da die Zollverwaltung in diesen Fällen von einem Verbringen zu gewerblichen Zwecken ausgeht. Auf die Ahnungslosigkeit kann sich immer weniger bezogen werden, da die Zollverwaltung umfangreich über das Thema im Internet informiert.[3] 1910

Da Steuerzeichen weder als Wertpapiere noch als Urkunden (§ 267 StGB) zu qualifizieren sind, bedurfte es eines besonderen strafrechtlichen Schutzes in Form der §§ 148, 149 StGB.[4] 1911

II. Tatbestandsmäßigkeit, Strafrahmen, Strafaufhebungsgrund

Bestraft wird das Nachmachen (unbefugtes Herstellen), das Verschaffen (bewusste Inbesitznahme) oder die unbefugte Verwendung amtlicher Wertzeichen (= Steuerzeichen) mit Geldstrafe oder mit Freiheitsstrafe bis zu fünf Jahren. Eine mindere Strafandrohung trifft nach § 148 Abs. 2 StGB den Täter bei Wiederverwendung von echten, aber bereits verwendeten Steuerzeichen. Subjektiv ist neben dem Vorsatz die Absicht erforderlich, die fälschlich angefertigten, verfälschten oder sich verschafften Steuerzeichen als echt, d.h. der Zweckbestimmung eines Steuerzeichens entsprechend zu verwenden. 1912

Wer eine Fälschung von Wertzeichen durch bestimmte Handlungen vorbereitet (Platten, Formen, Drucksätze, Druckstöcke, Negative, Matrizen, Papier usw.), herstellt, sich verschafft, feilhält usw., wird mit Freiheitsstrafe bis zu zwei Jahren oder Geldstrafe bestraft. Dadurch werden bestimmte Vorbereitungshandlungen der Geld- und Wertzeichenfälschung unter Strafe gestellt, da sie als besonders gefährlich für das geschützte Rechtsgut angesehen werden. Ist der Täter bereits über die 1913

1) BGH v. 10.5.1983, 1 StR 98/83; NJW 1983, 2152–2153; Ruß in Leipziger Kommentar, 12. Aufl. 2010, § 148 StGB Rz. 1 m.w.N.

2) § 12a KraftStG wurde durch Art. 1 Nr. 11 des Gesetzes v. 18.4.1997 mit Wirkung v. 25.4.1997 aufgehoben (BGBl. I 1997, 805).

3) www.zoll.de & Privatpersonen & Reisen & Reisen innerhalb der EU & Steuern & Genussmittel.

4) Ransiek in Kohlmann, § 369 AO Rz. 38 (Oktober 2007); RG v. 18.6.1928, III 297/28, RGSt 62, 203.

Vorbereitung hinaus soweit gediehen, dass er unmittelbar zur Fälschung ansetzt, ist er jedoch nach § 148 Abs. 3 StGB wegen Versuchs zu bestrafen.

1914 Bei bandenmäßigem und gewerbsmäßigem Handeln sieht § 150 Abs. 1 StGB neben der in § 148 StGB angedrohten Freiheitsstrafe bis zu 5 Jahren den erweiterten Verfall gem. § 73d StGB für die Tatgewinne vor. Außerdem sind die nachgemachter Steuerzeichen sowie die Fälschungsmittel nach § 149 Abs. 1 Nr. 1 durch § 150 Abs. 2StGB zwingend einzuziehen.

III. Keine Selbstanzeige, jedoch Strafaufhebungsgrund

1915 **Selbstanzeige** ist nicht strafbefreiend möglich. § 149 Abs. 2 StGB enthält aber einen **Strafaufhebungsgrund** der **tätigen Reue.** Danach wird nicht bestraft, wer freiwillig die Ausführung der vorbereiteten Tat aufgibt und eine von ihm verursachte Gefahr der Tatvollendung durch andere abwendet oder verhindert und die Fälschungsmittel vernichtet, unbrauchbar macht oder sie einer Behörde überantwortet.

F. Begünstigung (§ 257 StGB)

Schrifttum

Bender/Möller/Retemeyer, Zoll-Verbrauchsteuerrecht, Loseblatt; **Kraus**, Sicherung von Einfuhrausgaben und Verbrauchsteuern, ZfZ 2008, 294.

I. Anwendungsbereich und Zweck

1916 § 369 AO **betrifft** nur die sachliche Begünstigung. Der Rechtsbegriff der Begünstigung wird dabei aus § 257 StGB entnommen. Die persönliche Begünstigung (= Strafvereitelung) ist in § 258 StGB geregelt und – systemwidrig – keine Steuerstraftat. Die Begünstigung erfasst gegen die Rechtsordnung gerichtete Handlungen, die die Wiederherstellung des rechtmäßigen Zustandes vereiteln sollen. Sie ist insofern kein Vermögensdelikt.

1917 Der **Zweck** der Vorschrift besteht darin, der auf Sicherung der Tatvorteile gerichteten Unterstützung eines Täters nach der Tat entgegenzutreten, diesen dadurch zu isolieren und somit die Rentabilität einer Straftat zu erschweren.[1)]

1918 Wer einem anderen, der eine rechtswidrige Tat, z.B. eine **Steuerhinterziehung,** begangen hat, in der Absicht Hilfe leistet, ihm die Vorteile der Tat zu sichern, begeht eine Begünstigung. Ist die Vortat eine Steuerhinterziehung, so liegen die Vorteile der Tat – von Erstattungsfällen abgesehen – regelmäßig in einer niedrigeren Steuerfestsetzung.[2)] Weil Schmuggelware der Sachhaftung nach § 76 AO (zur Sachhaftung als Möglichkeit zur Sicherung[3)]) unterliegt, kann Begünstigung nach einer Zoll- oder Steuerhinterziehung auch dadurch begangen werden, dass Schmuggelware versteckt wird, um dadurch die Bezahlung der verkürzten Einfuhrabgaben zu verhindern.[4)]

---

1) Stree/Hecker in Schönke/Schröder, 28. Aufl. 2010, § 257 StGB Rz. 1; Cramer/Pascal in Münchner Kommentar, 2003, § 257 StGB Rz. 2; Ruß in Leipziger Kommentar, 12. Aufl. 2010, § 257 StGB Rz. 2.

2) BGH v. 26.10.1998, 5 StR 746/97, wistra 1999, 103 ff.

3) Vgl. Kraus, ZfZ 2008, 294.

4) Bender/Möller/Retemeyer, C Rz. 741.

II. Vortat

Die **Vortat** (z.B. Steuerhinterziehung nach § 370 AO) muss rechtswidrig i.S.d. § 11 Abs. 1 Nr. 5 StGB sein. Auf Schuldausschließungsgründe kommt es ebenso wenig wie auf persönliche Strafaufhebungsgründe – etwa eine Selbstanzeige nach § 371 AO – an. 1919

Auch der Bannbruch kann eine geeignete Vortat für eine Begünstigung sein. Ist er allerdings im Verbotsgesetz nur als Ordnungswidrigkeit eingestuft, so kann sich hieran keine Begünstigung anschließen, weil § 257 Abs. 1 StGB als Vortat eine „rechtswidrige Tat" erfordert; welche gem. § 1 Abs. 1 Nr. 5 StGB nur dann gegeben ist, wenn der Tatbestand eines Strafgesetzes verwirklicht wurde. Ein Bußgeldtatbestand genügt dafür nicht.[1] 1920

Streitig ist, wie im Stadium der Haupttat nach deren Vollendung bis zur Tatbeendigung zwischen Beihilfe (§ 27 StGB) und Begünstigung abzugrenzen ist. Praktische Bedeutung kann dies beim Bannbruch haben, wo die formelle Tatvollendung (Überschreiten, Überfahren oder Überfliegen der Grenze) und materielle Tatbeendigung (Abtransport und ggf. Verwertung der Sache) zeitlich stark differieren können. 1921

Die Rechtsprechung stellt darauf ab, mit welcher Willensrichtung der Handelnde die Hilfe leistet. Bei dem Willen, die Haupttat in Bezug auf deren Vollendung zu fördern, soll Beihilfe nach § 27 StGB vorliegen. Werde die Hilfe um der Sicherung der Tatvorteile willen geleistet, soll Begünstigung angenommen werden.[2] 1922

Die herrschende Literatur besagt, die Begünstigung müsse jemandem zugute kommen, der eine Vortat im Zeitpunkt der Begünstigungshandlung tatsächlich schon begangen habe;[3] eine Mindermeinung verlangt hingegen, die Vortat müsse abgeschlossen sein.[4] 1923

III. Vorsatz

Subjektiv ist **Vorsatz** hinsichtlich der Hilfeleistung nach begangener Vortat erforderlich, wobei bedingter Vorsatz auf der Wissensseite genügt. Welcher Art die Vortat ist, braucht der Begünstigende nicht zu wissen. Nach dem Gesetzeswortlaut genügt es, wenn er richtig annimmt, dass es sich um eine rechtswidrige Tat handelt. Auf der Willensseite muss allerdings die Absicht (dolus directus ersten Grades) der Vorteilsgewährung bestehen. 1924

IV. Strafrahmen

Die Begünstigung ist mit Freiheitsstrafe bis zu fünf Jahren oder mit Geldstrafe bedroht. Die **Strafe** darf jedoch gem. § 257 Abs. 2 StGB nicht höher sein als die für die Vortat angedrohte. Die nach § 375 Abs. 1 AO mögliche Nebenfolge der Aberkennung der Fähigkeit zur Bekleidung öffentlicher Ämter und der Wählbarkeit kann das Gericht auch gegen den Begünstigenden aussprechen.[5] 1925

---

1) Bender/Möller/Retemeyer, C Rz. 746.
2) BGH v. 23.4.1953, 4 StR 743/52, BGHSt 4, 132 ff.
3) OLG Frankfurt v. 10.3.2005, 2 Ws 66/04, NJW 2005 1727, 1734; Maiwald in Maurach/Schroeder/Maiwald, 9. Aufl. 2005, § 101 StGB Rz. 5; Stree/Hecker in Schönke/Schröder, 28. Aufl. 2010, § 257 StGB Rz. 5.
4) Ruß in Leipziger Kommentar, 12. Aufl. 2010, § 257 StGB Rz. 5; Kindshofer in der Vorauflage dieses Handbuchs Rz. 2066.
5) Bender/Möller/Retemeyer, C Rz. 757.

V. Keine Selbstanzeige

1926 Strafbefreiende **Selbstanzeige** ist nicht möglich. Denn die Begünstigung gem. § 257 StGB ist nicht in § 371 Abs. 1 AO erwähnt, der nur die Fälle des § 370 AO umfasst.

KAPITEL V
Selbstanzeige (§ 371 AO)

A. Überblick

Schrifttum

Adick, Selbstanzeige: Erste Stellungnahme durch FM NRW und die OFD Niedersachsen, PStR 2011, 199; **Adick**, Zur Neuregelung der Selbstanzeige (§ 371 AO) im Jahr 2011, HRRS 2011, 197; **App**, Checkliste zur Erstattung einer Selbstanzeige nach Steuerhinterziehung, DB 1996, 1009; **Aue**, Mündliche Selbstanzeige beim Zoll, PStR 2010 53; **Aue**, Selbstanzeige Nr. 2: Sperrt Liechtenstein die Schweiz?, PStR 2010, 127; **Aue**, Plan B: „Fremdanzeige" nach § 371 Abs. 4 AO, PStR 2011, 269; **Beckemper**, Nemo tenetur-Grundsatz im Steuerstrafrecht – Verwertbarkeit einer gescheiterten Selbstanzeige?, ZIS 2012, 221; **Braun**, Sperrwirkung bei Fahndungsprüfungen, DStZ 2000, 715; **Brenner**, Von der Strafbarkeit des steuerlichen Garanten (§ 153 AO), DRiZ 1981, 412; **Bülte**, Die neuere Rechtsprechung des BGH zur Strafbewehrung von § 153 AO: Prüfstein für Strafrechtsdogmatik und Verfassungsrecht im Steuerstrafrecht, BB 2010, 607; **Dörn**, Nichtabgabe von Steuererklärungen – zugleich Anmerkung zum Urteil des Hanseatischen Oberlandesgerichts v. 2.6.1992, wistra 1993, 241; **Dörn**, Tatentdeckung (§ 371 II Nr. 2 AO) durch Kontrollmaterial, wistra 1993, 169; **Flore/Tsambikakis**, Steuerstrafrecht, 1. Aufl. 2013; **Füllsack/Bürger**, Die Neuregelung der Selbstanzeige, BB 2010, 1239; **Gaede**, Vorzeitiger Abschied von der Teilselbstanzeige?, PStR 2010, 282; **Habammer**, Die neuen Koordinaten der Selbstanzeige, DStR 2010, 2425; **Habammer**, Die Neuregelung der Selbstanzeige nach dem Schwarzgeldbekämpfungsgesetz, StBW 2011, 310; **Jarke**, Strafbefreiende Drittanzeige nach § 371 Abs. 4 AO bei vorsätzlich falscher Steuererklärung, wistra 1999, 286; **Sackreuther**, Die aktuelle Rechtsprechung des Bundesgerichtshofs zu § 153 AO, PStR 2009, 185; **Salditt**, Gestutzte Selbstanzeige – der Beschluss des 1. Strafsenats des BGH vom 20. Mai 2010, PStR 2010, 168; **Samson**, Steuerhinterziehung, nemo tenetur und Selbstanzeige – eine Dokumentation, wistra 1988, 130; **Samson**, Strafbefreiende Fremdanzeige (§ 371 Abs. 4 AO) und Berichtigungspflicht (§ 153 Abs. 1 AO), wistra 1990, 245; **Schuhmann**, Berichtigung von Erklärungen (§ 153 AO) und Selbstanzeige, wistra 1994, 45; **Schwartz**, Praxisprobleme mit der zweiten Selbstanzeige: Tatentdeckung durch die Abgabe einer (unwirksamen) Teilselbstanzeige, wistra 2011, 81; **Streck**, Praxis der Selbstanzeige, DStR 1985, 9; **Streck**, Die Selbstanzeige – Beratungssituation, DStR 1996, 288; **Webel**, Die Grundsatzentscheidung des BGH zu § 371 AO – Fragen über Fragen, PStR 2010, 189; **Webel**, Das Verhältnis zwischen § 153 AO und § 371 AO, PStR 2012, 218; **Wegner**, Kindergeld wurde doppelt beantragt, PStR 2010, 32; **Wegner**, Quo vadis Selbstanzeige (§ 371 AO)?, PStR 2010, 121; **Weidemann**, Keine wirksame Teilselbstanzeige?, PStR 2010, 175; **von Witten**, Zur Strafbarkeit der Verletzung der Anzeigepflicht nach § 165e AO, NJW 1963, 567; **Wulf**, Auf dem Weg zur Abschaffung der strafbefreienden Selbstanzeige (§ 371 AO)?, wistra 2010, 286; **Wulf**, Abschaffung der steuerstrafrechtlichen Selbstanzeige für Großunternehmen?, AG 2010, 540; **Wulf**, § 153 AO: Die strafbewehrte Berichtigungspflicht – eine Kritik an der neuen BGH-Rechtsprechung, PStR 2009, 190; **Wulf/Kamps**, Berichtigung von Steuererklärungen und strafbefreiende Selbstanzeige im Unternehmen nach der Reform des § 371 AO, DB 2011, 1711.

I. Zweck und Struktur der Selbstanzeige

1. Zweck der Selbstanzeige

Die Selbstanzeige ist in den § 371, § 378 Abs. 3, § 398a AO geregelt. Sie ermöglicht **1927**
es, Straf- und Bußgeldfreiheit für eine Handlung zu erlangen, die bereits sämtliche Tatbestandsmerkmale der Steuerhinterziehung (Straftatbestand nach § 370 AO) oder der leichtfertigen Steuerverkürzung (Ordnungswidrigkeit nach § 378 AO) sowohl in objektiver als auch in subjektiver Hinsicht erfüllt. Sie erfordert keinen

engen zeitlichen Bezug zur Tat, so dass sie noch Jahre nach der Tat wirksam erstattet werden kann.

1928 Die Selbstanzeige – reichseinheitlich erstmals in der Reichsabgabenordnung aus dem Jahre 1919 geregelt – stellte ursprünglich eine völlige Ausnahmeerscheinung im System des deutschen Straf- und Bußgeldrechts dar. Verschiedene Normen, z.B. § 266a Abs. 6 StGB (Vorenthalten und Veruntreuen von Arbeitsentgelt) und § 261 Abs. 9 StGB (Geldwäsche), enthalten ähnliche Bestimmungen.

Nachdem schon der Ankauf der liechtensteinischen Steuer-CD der LGT-Bank im Jahr 2008 auf großes öffentliches Interesse gestoßen war, sah sich der Gesetzgeber nach den breiten Diskussionen wegen der Selbstanzeigen im Zuge des Ankaufs der schweizerischen Steuer-CDs im Jahr 2010 genötigt, die Selbstanzeige einzuschränken. Der BGH hat parallel dazu in seinem – z.T. stark kritisierten[1] – Beschluss vom 20.5.2010 die bisherige Rechtsprechung zur Selbstanzeige durch den Ausschluss der Teilselbstanzeige und eine Ausdehnung der Ausschlussgründe erheblich verschärft.[2] Während des Gesetzgebungsverfahrens sprachen sich die Bundestagsfraktionen der SPD und der Linken für die Abschaffung der Selbstanzeige aus,[3] die Regierungskoalition und die von der CDU geführten Bundesländer forderten deren Beibehaltung. Erhebliche Einschränkungen der Selbstanzeige und eine deutliche Erschwerung der Selbstanzeigenberatung sahen die Gesetzentwürfe des Bundesrats[4] vor, die indes nach verschiedensten Einwendungen nicht übernommen wurden. Nachdem ursprünglich die Bundesregierung die Neuregelung der Selbstanzeige in das Jahressteuergesetz 2010 einbringen wollte, beschloss sie am 8.12.2010 den Entwurf eines Gesetzes zur Verbesserung der Bekämpfung von Geldwäsche und Steuerhinterziehung (Schwarzgeldbekämpfungsgesetz).[5] Letztlich wurde das Gesetz am 17.3.2011 im Bundestag beschlossen und trat am 3.5.2011 in Kraft.[6] Aus Gründen des Vertrauensschutzes hat der Gesetzgeber eine Übergangsregelung zur Teilselbstanzeige in Art. 97 § 24 EGAO geschaffen.

1929 Die Selbstanzeige findet ihre Rechtfertigung v.a. in der steuerpolitischen Zielsetzung der Vermehrung des Steueraufkommens. Dass der Gesetzgeber zur Erreichung dieses Ziels den Weg der Straf- und Bußgeldfreiheit gewählt hat, beruht auf den ungünstigen Bedingungen des Steuerrechts. Der Staat befindet sich mangels ausreichender Kontrollmöglichkeiten in einer Notsituation und ist deshalb in besonderem Maße auf die Mithilfe der Bürger angewiesen. Deshalb versucht er, sie in eine psychologische Zwangslage zu versetzen. Für die Verweigerung der Mithilfe droht er ihnen Strafe und Geldbuße an. Zugleich verspricht er aber, sie damit in Grenzen zu verschonen, wenn sie ihren Verstoß offenbaren und die ursprünglich vorenthaltenen Steuerleistungen nachträglich erbringen.[7]

1930 Straf- und Bußgeldfreiheit werden somit nicht als Belohnung für geleistete Aufklärungsarbeit und etwaige bessere Einsicht, sondern aus rein fiskalischen Überlegungen gewährt.[8] Das Motiv des Anzeigeerstatters ist völlig unbeachtlich. Unerheblich ist deshalb auch, ob die Selbstanzeige freiwillig erstattet wird oder unter dem Druck bevorstehender Entdeckung.

---

1) Z.B. Gaede, PStR 2010, 282; Salditt, PStR 2010, 168; Schwartz, wistra 2011, 81; Webel, PStR 2010, 189; Wulf, wistra 2010, 286; Weidemann, PStR 2010, 175.
2) 1 StR 577/09, BGHSt 2011, 180 = wistra 2010, 304.
3) BT-Drucks. 17/4670, 17/1149, 17/1411; s.a. Wegner, PStR 2010, 121.
4) BR-Drucks. 318/1/10.
5) BT-Drucks. 17/4182; einen Überblick über die diskutierten, aber nicht umgesetzten Änderungsvorschläge gibt Habammer, StBW 2011, 310.
6) BGBl. I 2011, 676 = BStBl I 2011, 495.
7) BayObLG v. 23.1.1985, 4RReg 4 St 309/84, wistra 1985, 117 = StRK, § 371 AO R. 11.
8) BGH v. 5.9.1974, 4 StR 369/74, NJW 1974, 2293; v. 12.8.1987, 3 StR 10/87, NJW 1988, 1679, 1680 = NStZ 1987, 562 mit Anm. von Streck = StRK, § 371 AO R. 15.

Hinzu kommt die Erwartung, dass der Anzeigeerstatter seine steuerlichen Pflichten dann auch künftig ordnungsgemäß erfüllen wird.[1] Damit sprechen auch steuersystematische Gründe für die Selbstanzeige, durch die der Weg zurück in die Legalität ohne Selbstbelastung für die Vergangenheit möglich ist. 1931

Die Motive des Gesetzgebers zu kennen ist unerlässlich, um in Grenzfällen zu einer einigermaßen sicheren Prognose darüber zu gelangen, ob eine beabsichtigte Selbstanzeige wirksam erstattet werden kann oder nicht. 1932

Da es dem Gesetzgeber primär darum gegangen ist, dem Staat bisher unbekannte Steuerquellen zu erschließen, ist es auch unbeachtlich, weshalb eine Selbstanzeige ggf. unwirksam ist. So besteht bei unverschuldeter Verspätung kein Anspruch auf Wiedereinsetzung in den vorigen Stand. Auch die falsche Beratung durch einen Steuerberater oder Rechtsanwalt ist völlig unerheblich. Fehler bei der Erstattung einer Selbstanzeige sind i.d.R. nicht heilbar. 1933

Für einen Berater ist deshalb die exakte Kenntnis der Voraussetzungen für eine wirksame Selbstanzeige unerlässlich, will er Schaden von sich und/oder seinem Mandanten abwenden. 1934

Aus der Sicht des Anzeigeerstatters hat die Selbstanzeige nur einen Sinn, wenn die Tat – einschl. einer ggf. pflichtwidrig unterlassenen Selbstanzeige oder Anzeige – noch nicht verjährt ist.[2] Nach Eintritt der Verjährung ist nämlich eine Bestrafung oder Bebußung ausgeschlossen, so dass eine Selbstanzeige ins Leere liefe. 1935

Ein Berater, der nach Eintritt der strafrechtlichen Verjährung, aber vor Ablauf der steuerlichen Festsetzungsverjährung zu einer Selbstanzeige rät, erweist seinem Mandanten i.d.R. keinen Gefallen, mag sich auch der Fiskus freuen. 1936

Bei nur bußgeldrechtlicher Verjährung besteht jedoch vor Ablauf der steuerlichen Festsetzungsverjährung die Pflicht zur Berichtigung (§ 153 AO) oder Nacherklärung (§ 149 AO). 1937

Die Verjährungsfrist beträgt für Steuerhinterziehung (§ 370 AO) und leichtfertige Steuerverkürzung (§ 378 AO) einheitlich fünf Jahre (§ 78 Abs. 3 Nr. 4 StGB, § 384 AO), in den benannten Fällen besonders schwerer Steuerhinterziehung zehn Jahre (§ 376 AO), absolut zehn bzw. zwanzig Jahre (§ 78c Abs. 3 StGB, § 33 Abs. 3 OWiG). 1938

Zu beachten ist, dass der Beginn der Verjährung (= Tag der Tatbeendigung, § 78a StGB, § 31 Abs. 3 OWiG) für die einzelnen Steuerarten unterschiedlich sein kann und insbes. von den Umständen des Einzelfalls abhängt. 1939

Die straf- und bußgeldrechtlichen Verjährungsfristen dürfen nicht mit der steuerlichen Festsetzungsverjährung (§ 169 Abs. 2, § 171 Abs. 7 AO) verwechselt werden. Die rein steuerliche Verjährung tritt nicht vor der straf- oder bußgeldrechtlichen Verjährung ein (§ 171 Abs. 7 AO). 1940

2. Verfassungsmäßigkeit der Selbstanzeige

Das AG Saarbrücken[3] hielt die Selbstanzeigemöglichkeit in ihrer jetzigen Ausgestaltung für verfassungswidrig, weil sie den Steuersünder gegenüber anderen Tätern, insbes. Betrügern, sachwidrig privilegiere. Das BVerfG[4] hat den Vorlagebe- 1941

1) BGH v. 13.11.1952, 3 StR 398/52, NJW 1953, 475.
2) Streck, DStR 1985, 9, 10, und DStR 1996, 288, 289.
3) AG Saarbrücken v. 2.12.1982, 35–55/82, wistra 1983, 84 = DStZ 1983, 130 mit Anm. von Bilsdorfer.
4) BVerfG v. 28.6.1983, 1 BvL 31/82, wistra 1983, 251 = StRK, § 371 AO R. 6.

schluss des AG Saarbrücken als unzulässig behandelt. Der BGH[1] sieht keine verfassungsrechtlichen Bedenken.[2]

3. Wirksamkeitsvoraussetzungen[3]

a) Positiv

1942 Der Anzeigeerstatter muss gegenüber der Finanzbehörde (§ 371 Abs. 1, § 378 Abs. 3 AO, → Rz. 2037) zu allen unverjährten Steuerstraftaten einer Steuerart in vollem Umfang:

- unrichtige Angaben: **berichtigen,**
- unvollständige Angaben: **ergänzen,**
- unterlassene Angaben: **nachholen**

und

bei bereits eingetretener Steuerverkürzung (§ 371 Abs. 3, § 378 Abs. 3, § 398a AO):

- die zu seinen Gunsten **hinterzogenen/verkürzten Steuern**
- innerhalb einer ihm gesetzten angemessenen **Frist nachentrichten** (→ Rz. 2199, → Rz. 2231),
- bei Hinterziehungsbeträgen über 50 000 € zusätzlich einen **Geldbetrag i.H.v. 5 % der hinterzogenen Steuer** innerhalb einer ihm gesetzten angemessenen **Frist zahlen** (→ Rz. 2177).

b) Negativ

1943 Es dürfen keine Ausschlussgründe vorliegen:

- **sachbezogene**

  Bekanntgabe einer Prüfungsanordnung (§ 371 Abs. 2 Nr. 1 Buchst. a AO, → Rz. 2056); Erscheinen eines Amtsträgers der Finanzbehörde zur steuerlichen Prüfung oder Ermittlung einer Steuerstraftat/Steuerordnungswidrigkeit (§ 371 Abs. 2 Nr. 1 Buchst. c AO – nur bei Straftäter, → Rz. 2124),
- **tatbezogene**

  Bekanntgabe der Einleitung eines Straf- oder Bußgeldverfahrens wegen der Tat (§ 371 Abs. 2 Nr. 1 Buchst. b AO (→ Rz. 2096) und § 378 Abs. 3 AO bei Straftäter und leichtfertigem Steuerverkürzer, → Rz. 2287); die verkürzte Steuer oder der erlangte Steuervorteil übersteigen nicht den Betrag von 50 000 € je Tat (§ 371 Abs. 2 Nr. 3 AO, → Rz. 2177),
- **personenbezogene**

  Entdeckung der Steuerstraftat, wenn der Täter dies wusste oder womit er bei verständiger Würdigung der Sachlage rechnen musste (§ 371 Abs. 2 Nr. 2 AO – nur bei Straftätern, → Rz. 2138).

c) „In dubio pro reo"

1944 Im Hinblick auf den Ausnahmecharakter der Selbstanzeige muss bei der Anwendung des Grundsatzes in dubio pro reo wie folgt differenziert werden:

- Die positiven Wirksamkeitsvoraussetzungen stellen eine „Bringschuld" des Anzeigeerstatters dar und müssen grds. als tatsächlich gegeben festgestellt werden.[4] Insbesondere bei Unklarheiten über die Schuldart (Vorsatz, Leichtfertig-

---

1) BGH v. 13.5.1983, 3 StR 82/83, wistra 1983, 197 = NStZ 1983, 415 = StRK, § 371 AO R. 7.
2) So auch Rüping in H/H/Sp, § 371 AO Rz. 20 ff. (Dezember 2012).
3) Checkliste: App, DB 1996, 1009.
4) Vgl. Joecks in Franzen/Gast/Joecks, 7. Aufl. 2009, § 371 AO Rz. 34; für „in dubio pro reo" Rüping in H/H/Sp, § 371 AO Rz. 27 (Dezember 2012); s. jedoch Rüping in H/H/Sp, § 371 AO Rz. 65 (Dezember 2012).

keit, einfache Fahrlässigkeit) und den Verkürzungsumfang kommt der Grundsatz in dubio pro reo auch hier uneingeschränkt in Betracht.

- Bei den negativen Wirksamkeitsvoraussetzungen, die nur von strafrechtlicher Bedeutung sind, ist der Grundsatz in dubio pro reo ebenfalls uneingeschränkt anzuwenden.

d) Feststellung von Amts wegen

Die Voraussetzungen einer Selbstanzeige sind von Amts wegen zu berücksichtigen. Der Täter muss sich nicht ausdrücklich darauf berufen.[1] **1945**

e) Interpretationsspielraum der Verfolgungsbehörden

Bei der Feststellung der Wirksamkeitsvoraussetzungen sollten die Strafverfolgungsbehörden im Rahmen ihres Interpretationsspielraums immer darauf achten, dass die Selbstanzeige für den Anzeigeerstatter nicht zur „Falle" wird. Würde sie nämlich unkalkulierbar, könnte ein gewissenhafter Anwalt oder Steuerberater nicht mehr dazu anraten. Dies widerspräche dem Anliegen des Gesetzgebers. **1946**

4. Verhältnis zu § 24 StGB (Rücktritt vom Versuch)

Die Rücktrittsvorschrift des § 24 StGB – wie die Selbstanzeige ein persönlicher Strafaufhebungsgrund – ist trotz der Selbstanzeigemöglichkeit nicht ausgeschlossen, und zwar weder für den unbeendeten noch für den beendeten Versuch.[2] § 24 StGB fordert aber – im Gegensatz zur Selbstanzeige – Freiwilligkeit. Von praktischer Bedeutung dürfte § 24 StGB für das Steuerstrafrecht nicht sein, denn der Rücktritt ist i.d.R. nur durch eine Berichtigung, Ergänzung oder Nachholung der Steuererklärung möglich (anders teilweise im Zollstrafrecht), so dass immer auch die Voraussetzungen der Selbstanzeige erfüllt sind. **1947**

II. Anzeige ohne Selbstanzeigevoraussetzungen (§§ 149, 153 AO)

1. Berichtigung nach § 153 AO

a) Anwendungsbereich

§ 153 AO verpflichtet zur Berichtigung einer Steuererklärung, wenn **1948**

- ihre Unrichtigkeit oder Unvollständigkeit vor Ablauf der Festsetzungsfrist (§§ 169 ff. AO) nachträglich erkannt wird (= positive Kenntnis) und
- es dadurch zu einer Steuerverkürzung kommen kann oder gekommen ist (Bewusstsein möglicher Steuerverkürzung ausreichend).

Diese Verpflichtung trifft jedoch nicht denjenigen, der vorsätzlich unrichtige/unvollständige Steuererklärungen abgibt, weil auf ihn das Merkmal „nachträglich erkennen" nicht zutrifft.[3] Zur Wirksamkeit der Erklärung ist eine Nachentrichtung der Steuer nicht erforderlich. Wegen der Einzelheiten s. → Rz. 132, 148.

b) Wegfall der Berichtigungspflicht im Falle eines Sperrgrundes nach § 371 Abs. 2 AO?

Eine steuerrechtliche Anzeige- und Berichtigungspflicht nach § 153 Abs. 1 Satz 1 Nr. 1 AO besteht nach dem BGH *„auch dann, wenn der Steuerpflichtige die Unrich-* **1949**

---

1) Rüping in H/H/Sp, § 371 AO Rz. 234 (Dezember 2012).
2) BGH v. 19.3.1991, 5 StR 516/90, wistra 1991, 223, 225 = NJW 1991, 2844, 2846.
3) Joecks in Franzen/Gast/Joecks, 7. Aufl. 2009, § 370 AO Rz. 182; Brenner, DRiZ 1981, 412; v. Witten, NJW 1963, 567; krit. Heuermann in H/H/Sp, § 153 AO Rz. 11 ff. (Dezember 2012); s. auch OLG Hamm v. 12.1.1959, 2 Ss 156/58, NJW 1959, 1504.

tigkeit seiner Angaben bei Abgabe der Steuererklärung nicht gekannt, aber billigend in Kauf genommen hat und er später zu der sicheren Erkenntnis gelangt ist, dass die Angaben unrichtig sind."[1] Wortlaut, Sinn und Zweck der Vorschrift gebieten laut BGH diese Auslegung. Zwischen dem bei Abgabe der Steuererklärung gutgläubigen und dem mit bedingtem Vorsatz handelnden Stpfl. bestehe insoweit kein rechtlich bedeutsamer Unterschied; der Grundsatz der Selbstbelastungsfreiheit stehe dem nicht entgegen, weil jederzeit durch Abgabe einer Selbstanzeige Strafbefreiung erlangt werden könne.[2] Die Berichtigungspflicht falle erst weg, wenn ein Sperrgrund gem. § 371 Abs. 2 AO eingreift. Gegen diese Entscheidung bestehen Bedenken: Zutreffend weist Wulf darauf hin, dass man aus rechtssystematischen Gründen nicht beim Überschreiten der Schwelle vom Eventualvorsatz zum sicheren Wissen erneut die Entstehung der Anzeigepflicht fordern kann, wenn man sinnvollerweise den bedingten Vorsatz hinsichtlich des Vorliegens einer unrichtigen Steuererklärung für genügend hält, um die Anzeigepflicht des § 153 AO auszulösen.[3] Nach Beckemper[4] ist der Entscheidung des BGH zudem durch die Neuregelung des § 371 AO der Boden entzogen: Der BGH habe nur deshalb in seiner Entscheidung eine Pflicht zur Offenbarung einer bedingt vorsätzlichen Steuerhinterziehung festgestellt, weil die Berichtigung gleichzeitig auch eine strafausschließende Selbstanzeige darstellte und so ein Verstoß gegen den nemo tenetur-Grundsatz verneint werden konnte. Da jedoch durch die Neufassung des § 371 AO eine wirksame Selbstanzeige davon abhänge, dass alle unrichtigen Steuererklärungen einer Steuerart im unverjährten Zeitraum berichtigt werden, stelle nach neuem Recht die Anzeige der einzelnen bedingt vorsätzlichen Steuerhinterziehung nicht mehr automatisch eine Selbstanzeige dar, wenn nicht auch gleichzeitig andere Angaben berichtigt werden.[5] Dem ist uneingeschränkt zuzustimmen.[6]

1950 Die Berichtigungspflicht entfällt demnach nicht, wenn dem Täter die Nachzahlung der verkürzten Steuer (§ 371 Abs. 3 AO) nicht möglich ist und deshalb die Straffreiheit ausbleibt. § 393 Abs. 1 Satz 2 AO und der Schutz vor Selbstbelastung im Strafverfahren werden dadurch ersichtlich tangiert. Durch diese Rechtsprechung läuft zudem ab dem Zeitpunkt des direkten Vorsatzes die Verjährungsfrist neu an, anderenfalls bereits verjährte Taten könnten so zu einer strafrechtlichen Ahndung führen.[7]

c) § 153 AO im Spannungsverhältnis zu § 371 AO

1951 Insbesondere die Abschaffung der Teilselbstanzeige in Fällen vorsätzlicher Steuerhinterziehung und die weiteren gesetzlichen Änderungen im Rahmen des Schwarzgeldbekämpfungsgesetzes bewirken ein verschärftes Spannungsverhältnis zwischen der steuerrechtlichen Berichtigungspflicht (§ 153 AO) und dem Institut der Selbstanzeige (§ 371 AO). Nach alter Rechtslage konnte die Abgrenzung zwischen § 153 AO und § 371 AO insbesondere in Fällen, in denen die erhöhte Steuer ausgeglichen wurde, offen bleiben, da die steuerliche Berichtigungserklärung jedenfalls die Voraussetzungen einer wirksamen Teilselbstanzeige verwirklichte.[8] Mit Blick

1) BGH v. 17.3.2009, 1 StR 479/08, BGHSt 53, 210 = NJW 2009, 1984.
2) BGH v. 17.3.2009, 1 StR 479/08, BGHSt 53, 210 = NJW 2009, 1984.
3) So z.B. FG München v. 6.9.2006, 1 K 55/06, EFG 2007, 161; bestätigt durch BFH v. 28.2.2008, VI R 62/06, BStBl II 2008, 595; Wulf, PStR 2009, 190; s.a. Sackreuther, PStR 2009, 185.
4) Beckemper, ZIS 2012, 221, 226.
5) Beckemper, ZIS 2012, 221, 226.
6) Kritisch auch Bülte, BB 2010, 607, 611 ff.
7) Webel, PStR 2012, 218, der in der Auswirkung auf die Verjährung den möglichen Sinn dieser Rspr. sieht.
8) Es entspricht daher der Praxis, die Berichtigungsanzeige von vornherein so auszugestalten, dass sie den Anforderungen einer Selbstanzeige genügt, vgl. etwa Adick, HRRS 2011, 197, 202.

auf § 371 Abs. 2 Nr. 3, § 398a AO kann in der Finanzverwaltung die Tendenz entstehen, die Erklärung im fiskalischen Sinne als Selbstanzeige auszulegen.[1]

2. Erklärungspflicht nach § 149 AO

1952 Zu grundsätzlichen Ausführungen über die Erklärungspflichten → Rz. 132, → Rz. 148.

1953 Keine Regelung enthält § 153 AO für den Fall der Nichtabgabe einer Steuererklärung.[2] Nach OLG Hamburg[3] entfällt die Erklärungspflicht spätestens mit der Einleitung des Straf- oder Bußgeldverfahrens, nach BGH[4] bereits mit dem Einschreiten der Steuerfahndung, jedenfalls aber mit der Einleitung des Strafverfahrens.

1954 Die sich aus § 149 Abs. 1 AO ergebende fortdauernde Erklärungspflicht hat auf die Tatbeendigung – von Bedeutung für die Verjährung (§ 78a StGB, § 31 Abs. 3 OWiG) – keinen Einfluss.[5] So ist z.B. die Umsatzsteuerhinterziehung mit Ablauf des 31. Mai (sofern keine Fristverlängerung eingreift) beendet.

1955 Meines Erachtens besteht zwischen den Entscheidungen zur strafrechtlichen Tatbeendigung (Tag des Beginns der Verjährung) und dem erst späteren Wegfall der steuerlichen Erklärungspflicht nach § 149 AO ein Widerspruch, zu dem die Gerichte bisher nicht Stellung genommen haben. Meines Erachtens verhält sich die weitere Unterlassungstat zur beendeten Unterlassungstat als mitbestrafte Nachtat

3. Unterlassene Steuererklärung/zu niedriger Schätzungsbescheid/unterlassene Berichtigung

1956 Das OLG Hamburg[6] ist der Auffassung, die Berichtigungspflicht gelte auch dann, wenn ein Stpfl. vorsätzlich keine Steuererklärung abgegeben hat. Die Auffassung des OLG Hamburg findet jedoch im Gesetz keine Stütze und wird – soweit ersichtlich – auch nicht anderweitig geteilt.

1957 Ob den dolosen (= vorsätzlichen) Handlungstäter eine Berichtigungspflicht nach § 153 AO trifft, hat das OLG Hamburg in einer späteren Entscheidung[7] ausdrücklich offen gelassen.

1958 Aus der Begründung geht nicht eindeutig genug hervor, ob sich die Berichtigungspflicht aus § 153 AO oder § 149 AO ergeben soll. Die Begründung spricht – entgegen dem Leitsatz – eher für § 149 AO.[8]

1959 Die Nichterfüllung der Pflichten aus den §§ 149, 153 AO ist vergleichbar mit der unterlassenen Hilfeleistung (strafbar nach § 323c StGB). § 323c StGB ist subsidiär gegenüber der Begehungstat, wobei es keine Rolle spielt, ob die Begehung durch Unterlassen (unechtes Unterlassungsdelikt) herbeigeführt worden und es ggf. nur zum Versuch gekommen ist.[9]

1) Adick, HRRS 2011, 197, 202.
2) Eingehend Samson, wistra 1990, 245, 246.
3) OLG Hamburg v. 7.5.1996, 2 StO 1/96, wistra 1996, 239 = NStZ 1996, 557.
4) BGH v. 28.10.1998, 5 StR 500/98, wistra 1999, 385, 386 = NStZ-RR 1999, 218; v. 26.4.2001, 5 StR 587/00, wistra 2001, 341, 344 = NStZ 2001, 432, 434.
5) So ausdrücklich für die Umsatzsteuer BGH v. 11.12.1990, 5 StR 519/90, NStZ 1991, 137 a.E. = wistra 1991, 215; v. 27.10.1992, 5 StR 517/92, wistra 1993, 113, 114; verspätete unrichtige Umsatzsteuerjahreserklärung = straflose Nachtat, sofern die vorausgegangene Umsatzsteuerhinterziehung durch Unterlassen noch nicht verjährt ist.
6) OLG Hamburg v. 2.6.1992, 1 Ss 119/91, wistra 1993, 274 = StRK, § 371 AO R. 26
7) OLG Hamburg v. 7.5.1996, 2 StO 1/96, wistra 1996, 239, 241 = NStZ 1996, 557, 559.
8) In diesem Sinn auch Dörn, wistra 1993, 241, 242 Fn. 4.
9) Cramer/Sternberg-Lieben in Schönke/Schröder, 28. Aufl. 2010, § 323c StGB Rz. 34; Fischer, 60. Aufl. 2013, § 323c StGB Rz. 23.

1960 Daraus folgt, dass derjenige, der keine Steuererklärung in Kenntnis dessen abgegeben hat, dass es dadurch zu einer Steuerverkürzung kommt, er also vorsätzlich gehandelt hat, auch bei einem zu niedrigen Schätzungsbescheid unter strafrechtlichen Aspekten nicht zu einer Berichtigung verpflichtet ist. Denn er müsste sich andernfalls selbst belasten, wozu er nicht verpflichtet ist: Der Grundsatz „nemo tenetur se ipsum accusare" gilt auch im Steuerstrafverfahren.[1] Dem entspricht auch die Rechtsprechung des BGH (→ Rz. 3500), wonach jedenfalls ab Einleitung des Strafverfahrens niemand mehr verpflichtet ist, insoweit noch eine Steuererklärung abgeben zu müssen.

1961 Dem OLG Hamburg kann deshalb nicht gefolgt werden.[2] Die Entscheidung ist auch nur kurz – ohne Gesamtschau – begründet worden. Es fehlt insbes. eine dogmatische Aussage. Im Übrigen stellt sich die Frage, weshalb das OLG überhaupt zusätzlich auf die unterlassenen Berichtigungen abgestellt hat. Denn allein die Nichtabgabe der Steuererklärungen wäre eine ausreichende Verfahrensgrundlage für eine Verurteilung gewesen.

III. Fremdanzeige (§ 371 Abs. 4 AO)

1962 Erstatten anzeigepflichtige Personen – solche, die nicht vorsätzlich Steuern verkürzt haben – eine in § 153 AO vorgesehene Anzeige, so wirkt dies als Fremdanzeige für Dritte, die dann unter den Voraussetzungen des § 371 Abs. 4 AO (Verfahrenshindernis) nicht verfolgt werden können. Durch die Regelung soll eine Interessenskollision vermieden werden.[3]

1. Verfahrenshindernis

1963 Das Verfahrenshindernis des § 371 Abs. 4 AO tritt für einen Dritten bereits dann ein, wenn der Selbstanzeigeerstatter die Unrichtigkeit oder Unvollständigkeit einer Erklärung angezeigt hat, also unabhängig davon, ob der Anzeigeerstatter auch die für eine Wirksamkeit seiner Selbstanzeige erforderliche Berichtigung oder Ergänzung vornimmt/genommen hat.[4]

1964 Voraussetzung ist aber, dass – unabhängig davon ob Straftäter oder Bußgeldtäter –

- dem Dritten oder seinem Vertreter nicht bereits die Einleitung eines Straf- oder Bußgeldverfahrens wegen der Tat bekannt gegeben worden ist,
- der Dritte, falls er zum eigenen Vorteil gehandelt hat, die hinterzogenen Steuern entsprechend § 371 Abs. 3 AO nachentrichtet.[5] Die Zahlung des Zuschlags nach § 398a AO kommt hier nicht in Betracht (→ Rz. 1979).

1965 Zu beachten ist, dass bei Rückzahlung wegen der Widerrufsmöglichkeit im Lastschriftverfahren Straffreiheit erst bei Unwiderruflichkeit eintritt (→ Rz. 2225).

1966 Das Verfahrenshindernis des § 371 Abs. 4 AO unterscheidet sich dadurch vom Strafaufhebungsgrund (→ Rz. 2244), dass Straffreiheit zwar nicht eintritt, der Täter aber gleichwohl strafrechtlich nicht verfolgt werden kann (Wegfall der prozessualen Sanktionierungsmöglichkeit).

---

1) Jäger in Klein, 11. Aufl. 2012, § 385 AO Rz. 14.
2) So auch Schuhmann, wistra 1994, 45, 47.
3) Kohler in Münchener Kommentar StGB, 2010, § 371 AO Rz. 266 m.w.N.
4) OLG Karlsruhe v. 8.2.1996, 2 Ssw 107/95, NStZ-RR 1996, 372, 373; OLG Stuttgart v. 31.1.1996, 1 Ws 1/96, wistra 1996, 190; Joecks in Franzen/Gast/Joecks, 7. Aufl. 2009, § 371 AO Rz. 228; Rüping in H/H/Sp, § 371 AO Rz. 209 (Dezember 2012); so jetzt auch Schauf in Kohlmann, § 371 AO Rz. 277 (Dezember 2012).
5) So jetzt auch Schauf in Kohlmann, § 371 AO Rz. 281 (Dezember 2012).

2. Straf- oder bußgeldrechtliche Nebenfolgen

Der Wegfall der prozessualen Sanktionierung bedeutet, dass die Verfolgung der Tat aus tatsächlichen Gründen (nicht: aus rechtlichen Gründen, → Rz. 2244) unzulässig ist. Die Anordnung von Verfall und Einziehung bleibt deshalb im objektiven Verfahren möglich (§§ 73 ff., 74 ff. StGB, § 22 OWiG, § 375 Abs. 2 AO, §§ 440 f. StPO). Von praktischer Bedeutung ist diese Möglichkeit aber wohl nur im Zollstrafrecht. 1967

3. Begünstigter Personenkreis

Fraglich ist, welcher Personenkreis durch das Verfahrenshindernis des § 371 Abs. 4 AO begünstigt werden soll.[1] 1968

Beispiel:

Eine GmbH hat drei Geschäftsführer. G 1 hat für die GmbH vorsätzlich eine unrichtige Erklärung abgegeben (Steuerhinterziehung nach § 370 AO durch positives Handeln). G 2, der zu dieser Zeit noch nicht Geschäftsführer war, erfährt nachträglich davon, unternimmt aber vorsätzlich nichts (Steuerhinterziehung nach § 370 AO, § 153 AO durch Unterlassen). G 3, den ein leichtfertiges Mitverschulden (§ 378 AO) an der Tat des G 1 trifft, erfährt nachträglich von dem Verhalten des G 1 und G 2 und erstattet pflichtgemäß (§ 153 AO) Selbstanzeige.

Teils wurde in der Literatur die Ansicht vertreten, das Verfahrenshindernis betreffe nur solche Personen, die eine unrichtige/unvollständige Ursprungserklärung abgegeben haben.[2] In diesem Fall käme die Berichtigung durch G 3 nur G 1 zugute. 1969

Nach a.A. in der Literatur soll sich das Verfahrenshindernis nur auf solche Personen beziehen, die ihrerseits nach § 153 AO zur Berichtigung verpflichtet und dieser Pflicht nicht nachgekommen sind.[3] Dann käme die Berichtigung durch G 3 nur G 2 zugute. 1970

Der Wortlaut des § 371 Abs. 4 AO, wonach von „in § 153 bezeichneten Erklärungen" die Rede ist, könnte für die erstgenannte Meinung sprechen, denn die in § 153 AO bezeichneten Erklärungen sind die Ursprungserklärungen, die mit der Berichtigungserklärung nach § 153 AO gerade nicht identisch sind. 1971

Müsste man sich alternativ für die eine oder andere Meinung entscheiden, befände sich G 3 in einer ausweglosen Interessenkollision. Denn er müsste bei pflichtgemäßer Berichtigung einen seiner beiden Mitgeschäftsführer strafrechtlicher Verfolgung aussetzen oder sich im Falle der Nichtberichtigung selbst strafbar machen. Zielrichtung des § 371 Abs. 4 AO ist es aber gerade, Berichtigungspflichtige nicht einer Interessenkollision auszusetzen. 1972

Die Beschreibung der Taten, für die ein Strafverfolgungshindernis eintreten soll, geschieht in § 371 Abs. 4 AO in äußerst unklarer Weise.[4] So heißt es dort auch: „*... die in § 153 bezeichneten Erklärungen abzugeben unterlassen ... hat ...*" Dies ergibt jedoch keinen Sinn. Denn wenn jemand die ursprünglich geforderte Erklärung nicht abgegeben hat, trifft ihn nach § 153 AO gerade keine Berichtigungspflicht. Diese ist nämlich eindeutig an eine vorausgegangene unrichtige/unvollständige Erklärung gekoppelt. 1973

Um der Zielrichtung des § 371 Abs. 4 AO, nämlich der Vermeidung einer Interessenkollision, gerecht zu werden, kann die Bestimmung nur so gelesen werden:[5] 1974

---

1) Ausf. und mit Nachw. Samson, wistra 1990, 245; Joecks in Franzen/Gast/Joecks, 7. Aufl. 2009, § 371 AO Rz. 228 ff.; Rüping in H/H/Sp, § 371 AO Rz. 218 ff. (Dezember 2012); s. auch Schauf in Kohlmann, § 371 AO Rz. 282 ff. (Dezember 2012); Jarke, wistra 1999, 286.
2) Samson, wistra 1990, 245.
3) OLG Stuttgart v. 31.1.1996, 1 Ws 1/96, wistra 1996, 190 = NStZ 1996, 569.
4) S.a. Aue, PStR 2011, 269.
5) Vgl. Joecks in Franzen/Gast/Joecks, 7. Aufl. 2009, § 371 AO Rz. 228, 229.

„... ein Dritter, der die **in oder nach § 153** *erforderliche Erklärung abzugeben unterlassen oder unrichtig oder unvollständig abgegeben hat ..."*

1975 Dieser Ansicht folgte das AG Bremen,[1] bestätigt durch Beschwerdeentscheidung des LG Bremen,[2] unter ausdrücklicher Ablehnung der nachstehend wiedergegebenen Rechtsansicht des OLG Stuttgart.[3]

1976 Das OLG Stuttgart ist aber insbes. deshalb anderer Ansucht, weil andernfalls eine Umgehung der Sperrwirkung möglich sei.[4] Dies ist aber nach diesseitiger Ansicht keineswegs zwingend (nachstehend).

4. Umgehung der Sperrwirkung für den Straftäter trotz erschienenen Amtsträgers oder trotz Tatentdeckung

1977 § 371 Abs. 4 AO benennt als Sperrgrund für das Erreichen der strafbefreienden Wirkung lediglich die Bekanntgabe eines eingeleiteten Straf- oder Bußgeldverfahrens, nicht jedoch weitere Sperrgründe des § 371 Abs. 2 AO. Damit stellt sich die Frage nach deren Anwendbarkeit im Rahmen des § 371 Abs. 4 AO.

Beispiel 1:

Der Geschäftsführer G 1 einer GmbH hat sich der Steuerhinterziehung schuldig gemacht (§ 370 AO). Eine wirksame Selbstanzeige kann er nicht mehr erstatten, weil die Tat entdeckt oder der Prüfer bereits erschienen ist (→ Rz. 2138 ff., → Rz. 2124 ff.). Er offenbart sich deshalb dem Mitgeschäftsführer G 2, den an der Tat nur Leichtfertigkeit (oder keine Schuld) trifft. G 2 berichtigt pflichtgemäß nach § 153 AO.

Beispiel 2:

In Abwandlung von Beispiel 1 bestellt G 1, bislang Alleingeschäftsführer, einen weiteren Geschäftsführer zu dem Zweck, dass dieser pflichtgemäß nach § 153 AO berichtigt.

Beispiel 3:

Bei einem Ehepartner, der vorsätzlich eine Steuerverkürzung bewirkt hat, tritt die Sperrwirkung ein. Er offenbart sich dem anderen Ehepartner, der nach § 153 AO berichtigt.

1978 Samson[5] ist der Ansicht, dass trotz eingetretener Sperrwirkung das Verfahrenshindernis des § 371 Abs. 4 AO eingreift: *„Wer dieses Ergebnis ablehnt, kritisiert in Wahrheit nicht die hier gewonnene Auslegung der Vorschrift, sondern den Gesetzgeber, der bei der Fremdanzeige engere Ausschlussgründe (Bekanntgabe der Einleitung des Verfahrens) als bei der Selbstanzeige angeordnet hat."*

1979 Ob dieses gestaltende Vorgehen als Rechtsmissbrauch[6] anzusehen ist, wurde bislang nicht entschieden. Nach Jäger widerspräche es dem Sinn und Zweck sowie der Systematik der Regelung über die Selbstanzeige, wenn der Täter, der durch unzutreffende ursprüngliche Erklärungen eine Steuerverkürzung bewirkt hat, durch eine ihn begünstigende Fremdanzeige ohne eigenes Zutun selbst dann von einer strafrechtlichen Verfolgung verschont bliebe, wenn ein Sperrgrund i.S.d. § 371 Abs. 2 AO einer eigenen Selbstanzeige entgegenstünde.[7] Dagegen spricht jedoch

1) AG Bremen v. 17.2.1998, 84b Ds 860 Js 22051/97, wistra 1998, 316.
2) LG Bremen v. 26.6.1998, 42 Qs 84b Ds 860 Js 22051/97, wistra 1998, 317 mit Anm. von Jarke, wistra 1999, 286.
3) OLG Stuttgart v. 31.1.1996, 1 Ws 1/96, wistra 1996, 190 = NStZ 1996, 559 mit Anm. von Füllsack, wistra 1997, 285, und Jarke, wistra 1999, 286.
4) Gl.A. Jäger in Klein, 11. Aufl. 2012, § 371 AO Rz. 112.
5) Samson, wistra 1990, 245, 251; so auch Joecks in Franzen/Gast/Joecks, 7. Aufl. 2009, § 371 AO Rz. 230.
6) Siehe dazu Joecks in Franzen/Gast/Joecks, 7. Aufl. 2009, § 371 AO Rz. 230; Wulf/Kamps, DB 2011, 1711, 1717.
7) Jäger in Klein, 11. Aufl. 2012, § 371 AO Rz. 112; so auch Kohler in Münchener Kommentar StGB, 2010, § 371 AO Rz. 282 ff.

die gesetzliche Formulierung, die ausdrücklich nur einen einzigen Sperrgrund – den der Bekanntgabe eines eingeleiteten Straf- und Bußgeldverfahrens – benennt.[1] Zudem ist der gesetzgeberische Sinn des § 371 Abs. 4 AO, wonach sich der zur Anzeige Verpflichtete nicht als Denunziant vorkommen soll (→ Rz. 1962), ebenso zu beachten wie das Fiskalinteresse, das grundlegendes Motiv des Gesetzgebers für die Schaffung der Selbstanzeigemöglichkeit war (→ Rz. 1929).[2] Deshalb ist es auch nicht zulässig, in Fällen der Fremdanzeige, die die betragsmäßige Grenze des § 371 Abs. 2 Nr. 3 AO erreichen, die Erreichung der strafbefreienden Wirkung von der Zahlung des Zuschlages nach § 398a AO abhängig zu machen.[3] Zur Sicherheit wird der Dritte/Täter, der sich hiergegen wehren möchte, zunächst den Zuschlag zahlen müssen, um ihn ggfs. anschließend auf seine Rechtmäßigkeit hin überprüfen lassen zu müssen.[4]

5. Regelungslücken

a) Vermögenslosigkeit

Keine Regelung enthält § 371 Abs. 4 AO für den Fall, dass der Dritte wegen Vermögenslosigkeit nicht zahlen kann und der Anzeigeerstatter nicht zu den zahlungspflichtigen Personen gehört (→ Rz. 2192). Falls der zahlungsunfähige Dritte nur eine leichtfertige Steuerverkürzung (§ 378 AO) begangen hat, hält das BVerfG[5] eine Einstellung nach § 47 OWiG für eine verfassungskonforme Verfahrenserledigung. Ausdrücklich offen gelassen hat das Gericht, wie mit einem Dritten, der sich der Steuerhinterziehung (§ 370 AO) schuldig gemacht hat, zu verfahren ist. **1980**

b) „Berichtigung" durch Erklärungsabgabe nach § 149 AO

Weiterhin enthält § 371 Abs. 4 AO keine Regelung für folgendes Beispiel: **1981**

Beispiel:

Ein Betroffener, der sich der leichtfertigen Steuerverkürzung durch Nichtabgabe einer Steuererklärung schuldig gemacht hat (§ 378 AO) und folglich nicht nach § 153 AO einer Berichtigungspflicht unterliegt, gibt eine Nacherklärung ab. Dabei offenbart er zwangsläufig das Verhalten eines beteiligten Dritten, wodurch dieser der Verfolgung ausgesetzt wird.

Geht man von einer fortdauernden Erklärungspflicht nach § 149 AO aus (→ Rz. 2299), so muss analog § 371 Abs. 4 AO zu Gunsten des Dritten ein Verfahrenshindernis eintreten, um den anzeigenden Betroffenen keiner Interessenskollision auszusetzen.[6] **1982**

6. Rückzahlung durch das Finanzamt im Falle der Insolvenz des Beschuldigten nach Anfechtung (§§ 129 ff. InsO)

Der insolvenzreife Beschuldigte begleicht zur Wirksamkeit seiner Selbstanzeige die Steuerschuld, wodurch er z.B. andere Gläubiger benachteiligt (inkongruente Deckung nach § 131 InsO; auch → Rz. 2280 ff.). Der Insolvenzverwalter ficht die Zahlung fristgemäß (§ 141 InsO) an, so dass das Finanzamt die Rückzahlung vornimmt.[7] **1983**

Da § 371 Abs. 4 AO nur zu einem Verfahrenshindernis (→ Rz. 1963) und nicht zu einem Strafaufhebungsgrund (→ Rz. 2244) führt, entfällt m.E. nach Rückzahlung das **1984**

---

1) So auch Wessing in Flore/Tsambikakis, 2013, § 371 AO Rz. 181.
2) Gl.A. Engelhardt in H/H/Sp, § 371 AO Rz. 279 (Dezember 2012).
3) Ebenso Wessing in Flore/Tsambikakis, 2013, § 371 AO Rz. 182.
4) Zum Rechtsschutz gegen eine ergangene Entscheidung nach § 398a AO s. → Rz. 2195.
5) BVerfG v. 21.4.1988, 2 BvR 330/88, wistra 1988, 302 = StRK, § 371 AO R. 20.
6) Samson, wistra 1990, 245, 251.
7) Siehe dazu BGH v. 15.12.1994, IX ZR 24/94, NJW 1995, 1090.

Verfahrenshindernis, so dass eine Verfolgung möglich ist. Die Nichtverfolgung steht gewissermaßen unter der (auflösenden) Bedingung (§ 158 Abs. 2 BGB), dass das Finanzamt das Geld nicht zurück zu zahlen braucht.

1985 Aus Gründen der Rechtssicherheit müsste das Verfahren, falls nicht inzwischen Verjährung eingetreten ist, aber analog § 154 Abs. 4 StPO binnen drei Monaten nach Rückzahlung wieder aufgenommen werden.[1] Dem Betroffenen ist dann eine neue Zahlungsfrist zu setzen.

B. Selbstanzeige bei Steuerhinterziehung (§§ 370, 371 AO)

Schrifttum

Adick, Selbstanzeige: Erste Stellungnahme durch FM NRW und die OFD Niedersachsen, PStR 2011, 199; **Adick**, Zur Neuregelung der Selbstanzeige (§ 371 AO) im Jahr 2011, HRRS 2011, 197; **App**, Durchbrechung der Änderungssperre von § 173 Abs. 2 Satz 1 AO wegen Steuerdelikten Dritter?, BB 1987, 313; **Aue**, Mündliche Selbstanzeige beim Zoll, PStR 2010, 53; **Aue**, Selbstanzeige Nr. 2: Sperrt Liechtenstein die Schweiz?, PStR 2010, 127; **Aue**, Plan B: „Fremdanzeige" nach § 371 Abs. 4 AO, PStR 2011, 269; **Aue**, Restrisiken der neuen Selbstanzeige, PStR 2012, 101; **Bach**, Daten der CSLB: Verfügung der OFD Karlsruhe über die Tatentdeckung, PStR 2012, 248; **Beckemper**, Nemo tenetur-Grundsatz im Steuerstrafrecht – Verwertbarkeit einer gescheiterten Selbstanzeige?, ZIS 2012, 221; **Beckemper/Schmitz/Wegner/Wulf**, Zehn Anmerkungen zur Neuregelung der strafbefreienden Selbstanzeige durch das „Schwarzgeldbekämpfungsgesetz", wistra 2011, 281; **Berchner**, Die Neufassung der AStBV (St) aufgrund des neuen Selbstanzeigerechts, NZWiSt 2012, 171; **Beulke**, Verjährungsunterbrechung trotz vorangegangener Verfahrenseinstellung, JR 1986, 50; **Bilsdorfer**, Die Bedeutung von Schätzungen für das Steuerstraf- und -ordnungswidrigkeitenrecht, DStZ 1982, 298; **Bilsdorfer**, Aktuelle Probleme der Selbstanzeige, wistra 1984, 131; **Bilsdorfer**, Aktuelle Probleme der Selbstanzeige, wistra 1984, 93; **Bilsdorfer**, Möglichkeit der Straffreiheit durch Selbstanzeige von Bankkunden und Bankmitarbeitern, INF 1995, 6; **Bilsdorfer**, Aktuelle und permanente Probleme im Spannungsfeld von Bankkunden und Finanzamt, DStR 1996, 1953; **Bilsdorfer**, Die steuerstraf- und bußgeldrechtliche Verantwortlichkeit des steuerlichen Beraters, NWB Fach 13, 975; **Blesinger**, Das Steuergeheimnis im Strafverfahren, wistra 1991, 239; **Blumers**, Zur Auslegung des § 371 AO am Beispiel „Tatentdeckung", wistra 1985, 85; **Bock**, Die Mitteilungspflicht der Gerichte nach § 116 AO, NJW 1992, 101; **Braun**, Sperrwirkung bei Fahndungsprüfungen, DStZ 2000, 715; **Burkhard**, Die Sperrwirkung des § 371 Abs. 2 Nr. 1a AO, Teil 1, wistra 1998, 216, und Teil 2, wistra 1998, 256; **Burkhard/Adler**, Unbestimmte Einleitungsverfügung entfaltet keine Sperrwirkung, DStZ 2000, 592; **Buse**, Verwertungsverbot und Tatentdeckung, DStR 2008, 2100; **Dörn**, Tatentdeckung (§ 371 II Nr. 2 AO) durch Kontrollmaterial, wistra 1993, 169; **Durst**, Selbstanzeige: Besteuerungsgrundlagen im Feststellungsverfahren als „eigene Steuerart"?, PStR 2012, 61; **Erb**, Selbstanzeige: Berufsrechtliche Konsequenzen für Rechtsanwälte und Steuerberater, PStR 2008, 17; **Erb**, Wiederaufleben der Selbstanzeigemöglichkeit nach Abschluss einer Betriebsprüfung, PStR 2010, 246; **Erb/Schmitt**, Ausschluss der Selbstanzeige bei Hinterziehungsbeträgen über 50.000 EUR, PStR 2011, 144; **Faiß**, Kann die Selbstanzeigemöglichkeit nach abgeschlossener Außenprüfung wieder aufleben?, PStR 2010, 73; **Felix**, Der durchsuchende Staatsanwalt als Ausschlußgrund für die strafaufhebende Selbstanzeige, BB 1985, 1781; **Franzen**, Grenzen der strafbefreienden Selbstanzeige, wistra 1986, 210; **Franzen**, Ausschluß der strafbefreienden Selbstanzeige einer Steuerhinterziehung wegen der Entdeckung der Tat durch einen unbeteiligten Dritten?, wistra 1987, 341; **Franzen**, Zur Begrenzung der Sperre einer strafbefreienden Selbstanzeige nach AO § 371 Abs. 2 Nr. 1 Buchst. A durch den Umfang der Prüfungsanordnung, wistra 1988, 194; **Füllsack/Bürger**, Die Neuregelung der Selbstanzeige, BB 2010, 1239; **Gaede**, Vorzeitiger Abschied von der Teil-

1) Skok/Vogelberg, PStR 1998, 173; zust. Hüls/Reichling, wistra 2010, 327.

selbstanzeige?, PStR 2010, 282; **Gast-de Haan**, Berechnung von Hinterziehungszinsen, wistra 1988, 298; **Geuenich**, Strafbefreiende Selbstanzeige – macht jetzt auch der Gesetzgeber „reinen Tisch"?, BB 2010, 2148; **Geuenich**, Verschärfung der strafbefreienden Selbstanzeige, NWB Heft 13/2011, 1050; **Göggerle**, Inwieweit werden Steuerhinterziehungen durch Vertretungsorgane zu ihren Gunsten i.S.d. § 371 Abs. 3 AO begangen?, GmbHR 1980, 173; **Habammer**, Die neuen Koordinaten der Selbstanzeige, DStR 2010, 2425; **Habammer**, Die Neuregelung der Selbstanzeige nach dem Schwarzgeldbekämpfungsgesetz, StBW 2011, 310; **Halfar**, Aufrechnung und Verrechnung im Steuerrecht, NWB Fach 2, 5593; **Harms**, Aus der Rechtsprechung des BGH zum Steuerstrafrecht 1997, NStZ-RR 1998, 100; **Henneberg**, Die Entdeckung der Tat im Steuerstrafrecht, BB 1984, 1679; **Heuel/Beyer**, Problemfelder der „neuen Selbstanzeige" – 13 neue Fragen mit Antworten, StBW 2011, 315; **Hoffmann/Knierim**, Selbstanzeige und Steuergeheimnis bei Banken und Richtern, PStR 2000, 211; **Hüls/Reichling**, Die falsch adressierte Selbstanzeige, PStR 2008, 142; **Hüls/Reichling**, Die Selbstanzeige nach § 371 AO im Spannungsfeld zum Insolvenzrecht, wistra 2010, 327; **Hunsmann**, Absehen von Strafverfolgung (§ 398a AO) versus Einstellung (§ 153a StPO) – eine Günstigerprüfung, PStR 2011, 288; **Hunsmann**, Das Absehen von Strafverfolgung nach § 398a AO in der Verfahrenspraxis, BB 2011, 2519; **Hunsmann**, Die Novellierung der Selbstanzeige durch das Schwarzgeldbekämpfungsgesetz, NJW 2011, 1482; **Hunsmann**, Praxishinweise zur Einstellung nach § 398a AO, PStR 2011, 227; **Hunsmann**, Rechtsschutz im Rahmen des Absehens von Strafverfolgung gemäß § 398a AO, NZWiSt 2012, 102; **Hunsmann**, § 398a AO – offene Praxisfragen, ZWH 2012, 175; **Jäger**, Zur Unterbrechung der Verfolgungsverjährung und zum persönlichen Strafaufhebungsgrund der Selbstanzeige im Steuerstrafrecht, wistra 2000, 227; **Jäger**, Aus der Rechtsprechung des BGH zum Steuerstrafrecht, NStZ 2005, 552; **Jäger/Birke**, Selbstanzeige bei Scheinfirmen, PStR 2004, 181; **Joecks**, „Urkundenfälschung" in Erfüllung steuerlicher Pflichten, wistra 1998, 86; **Joecks**, Bekämpfung der Schwarzarbeit und damit zusammenhängender Steuerhinterziehung, wistra 2004, 441; **Jope**, Der Anknüpfungspunkt „geringfügiger Abweichungen" bei der Selbstanzeige: materieller Tatbegriff contra Berichtigungsverbund, NZWiSt 2012, 59; **Kamps**, Rechtsprechungsänderung des BGH zur Wirksamkeit einer „Teilselbstanzeige" i.S.d. § 371 AO, DB 2010, 1488; **Kemper**, Der neue Sperrtatbestand der Bekanntgabe einer Prüfungsanordnung, NZWiSt 2012, 56; **Klaproth**, Ausgewählte Auswirkungen der Insolvenz des Beschuldigten auf ein Steuerstrafverfahren, wistra 2008, 174; **Klos**, Die Selbstanzeige – Grundlagen und Praxisfragen des steuerstrafrechtlichen „Ablasses", NJW 1996, 2336; **Löwe-Krahl**, Wann ist eine Selbstanzeige in den CD-Fällen wegen Tatentdeckung ausgeschlossen?, PStR 2012, 245; **Maier**, Reichweite des Verwertungsverbots nach § 393 Abs. 2 Satz 1 AO, wistra 1997, 53; **Marshall**, Die Selbstanzeige im Umfeld steuerlicher Beratung, BB 1998, 2496; **Marx**, Einleitung des Steuerstrafverfahrens durch hektographierte Schreiben?, wistra 1987, 207; **Merkt**, Selbstanzeige nach Erscheinen eines Amtsträgers zur steuerlichen Prüfung, DStR 1987, 710; **Modlinger**, Der Wiederholungstäter, PStR 2011, 69; **Modlinger**, Geldwäschestrafbarkeit aufgrund einer steuerlichen Selbstanzeige?, PStR 2011, 316; **Möllers**, Gefahr im Verzug, NJW 2001, 1397; **Müller**, Selbstanzeige bei leichtfertiger Steuerverkürzung durch Anerkennung des Betriebsprüfungsergebnisses, DB 1981, 1480; **Müller**, Die Selbstanzeige im Steuerstrafverfahren, Köln 2012; **Neck**, Selbstanzeige durch Einreichung der Einkommensteuererklärung, DStR 1985, 505; **Patzschke**, Selbstanzeige gem. § 371 AO und Einspruch gegen den Steuerbescheid, StB 2013, 78; **Pelz**, Neuregelung der Verfolgungsverjährung für Steuerhinterziehung – Neue Herausforderungen für die Praxis, NJW 2009, 470; **Prowatke/Felten**, Die „neue" Selbstanzeige, DStR 2011, 899; **Prowatke/Kelterborn**, Zur Wirksamkeit von Selbstanzeigen bei „geringfügiger Unvollständigkeit", DStR 2012, 640; **Pütz**, Fahndungsermittlungen in den Bank-Verfahren nach dem Meistbegünstigungsprinzip, wistra 1998, 54; **Rackwitz**, Zu den Anforderungen an die Berichtigungserklärung einer Selbstanzeige nach leichtfertiger Steuerverkürzung (§ 378 Abs. 3 AO), wistra 1997, 135; **Radermacher**, Sperrwirkung: Enge Auslegung des Tatbegriffs im Zusammenhang mit § 371 Abs. 2 AO, PStR 2009, 155; **Rainer**, Beratungshinweise zur Selbstanzeige vor und während der Betriebsprüfung oder Steuerfahndung, DStR 1992, 901; **Randt/Schauf**, Selbstanzeige und Liechtenstein-Affäre, DStR 2008, 489; **Rau**, Ablaufhemmung nach § 171 Abs. 9 AO auch bei unwirksamer – gestufter – Selbstanzeige?, PStR 2010, 219; **Rau**, Zu welchem Zeitpunkt die Möglichkeit der Selbstanzeige wieder auflebt, PStR 2011, 12; **Riegel/Kruse**, Strafbefreiende Selbstanzeige nach § 371 AO durch Bankmitarbeiter, NStZ 1999, 325; **Rolletschke**, Die Nachzahlungsfrist des § 371 Abs. 3 AO, DStZ 1999, 287; **Rol-**

letschke, Die gestufte Selbstanzeige, wistra 2002, 17; **Rolletschke**, Die Steuernachentrichtung nach § 371 Abs. 3 AO und der Rechtsgrund zum Behaltendürfen, wistra 2007, 371; **Rolletschke**, Verfahrenseinleitung auf Grund einer Selbstanzeige – zugleich eine Anmerkung zu FG Baden-Württemberg, EFG 2006, 474 –, wistra 2007, 89; **Rolletschke**, Selbstanzeigesperre beim Finanzbeamten, Strafrahmenverschiebung nach § 46a Nr. 2 StGB, PStR 2010, 83; **Rolletschke**, Anmerkung zu einer Entscheidung des BFH, Beschluss vom 01.02.2012 (VII B 234/11; NZWiSt 2012, 278) – Zur Selbstbelastungsfreiheit im Straf- respektive Steuerverfahren –, NZWiSt 2012, 278; **Rolletschke/Roth**, Verschärfte Anforderungen durch das Schwarzgeldbekämpfungsgesetz, Stbg 2011, 200; **Roth**, Bekanntgabefiktion beim Sperrgrund des § 371 Abs. 2 Nr. 1 a AO, PStR 2011, 202; **Roth**, Steuerliche Absetzbarkeit des Strafzuschlags i. S. des § 398a Nr. 2 AO?, DStR 2011, 1410; **Roth**, Der persönliche Anwendungsbereich des § 398a AO bei Selbstanzeige des Teilnehmers, NZWiSt 2012, 23; **Roth**, Die 50.000-Euro-Grenze gem. § 371 Abs. 2 Nr. 3 AO: Nominalbetrag der Steuerhinterziehung oder strafzumessungsrelevanter Schaden?, NZWiSt 2012, 174; **Roth**, Keine Anrechnung von Teilzahlungen i.S. des § 398a Nr. 2 AO auf die Strafe, PStR 2012, 223; **Rößler**, Unbestimmte Einleitungsverfügung entfaltet keine Sperrwirkung, StBp 2000, 367; **Rübenstahl**, Noch einmal: Neue Rechtsprechung zur Bagatellabweichung, PStR 2011, 278; **Rüping**, Steuergehorsam und Straffreiheit im Recht der Selbstanzeige, BB 2000, 2553; **Rüping**, Tatausgleich durch Selbstanzeige, wistra 2001, 121; **Rüping**, Selbstanzeige und Steuermoral, DStR 2010, 1768; **Sackreuther**, Die aktuelle Rechtsprechung des Bundesgerichtshofs zu § 153 AO, PStR 2009, 185; **Salditt**, Selbstanzeige im Fall rechtswidriger Prüfung?, PStR 2005, 233; **Salditt**, Gestutzte Selbstanzeige – der Beschluss des 1. Strafsenats des BGH vom 20. Mai 2010, PStR 2010, 168; **Schauf/Schwartz**, Inhalt und Auswirkung der beschlossenen Neufassung der Selbstanzeige, PStR 2011, 117; **Schauf/Schwartz**, Selbstanzeige im Unternehmen nach dem Schwarzgeldbekämpfungsgesetz, ZWH 2011, 85; **Schuhmann**, Berichtigung von Erklärungen (§ 153 AO) und Selbstanzeige, wistra 1994, 45; **Schwartz**, Praxisprobleme mit der zweiten Selbstanzeige: Tatentdeckung durch die Abgabe einer (unwirksamen) Teilselbstanzeige, wistra 2011, 81; **Schwartz**, Der praktische Fall: Zur Geringfügigkeitsgrenze bei § 371 AO n.F., PStR 2011, 122; **Schwartz**, Korrektur von Umsatzsteuervoranmeldungen, PStR 2012, 116; **Schwartz**, Umsatz- und Lohnsteueranmeldung: Änderung der Verwaltungsanweisungen zur Selbstanzeige, PStR 2013, 2; **Skok/Vogelberg**, Selbstanzeige im Konkursfall, PStR 1998, 173; **Spatscheck/Alvermann**, Die verdeckte Stellvertretung bei der Selbstanzeige, INF 2001, 23; **Spatscheck/Höll**, Berichtigungsverbund und Geringfügigkeitsgrenze bei der Selbstanzeige, SAM 2011, 206; **Streck**, Praxis der Selbstanzeige, DStR 1985, 9; **Streck**, Die Selbstanzeige – Beratungssituation, DStR 1996, 288; **Streck/Olgemöller**, Ausschluß der Selbstanzeige bei Offenbarung der Steuerstraftat gegenüber der Staatsanwaltschaft, DStR 1994, 966; **Streck/Spatscheck**, Bewährungswiderruf trotz Selbstanzeige?, NStZ 1995, 269; **Teske**, Die neuere Rechtsprechung zur Selbstanzeige, wistra 1990, 139; **Theil**, Probleme beim Umgang mit der Selbstanzeige in der Praxis, BB 1983, 1274; **Trüg**, Steuerdaten-CDs und die Verwertung im Strafprozess, StV 2011, 111; **Trüg/Habetha**, Die „Liechtensteiner Steueraffäre" – Strafverfolgung durch Begehung von Straftaten?, NJW 2008, 887; **Trüg/Schmedding**, Die berufsrechtliche Sanktionierung von Pflichtverletzungen eines Steuerberaters, DStR 2010, 827; **Vogelberg**, Organisation, Aufgaben und Befugnisse der Steuerfahndung, PStR 1998, 97; **Vogelberg**, Erscheinen eines Amtsträgers, PStR 1998, 126; **Webel**, Umsatzsteuer: Voranmeldungen und Jahreserklärung, eine oder mehrere Taten?, PStR 2008, 109; **Webel**, Die Grundsatzentscheidung des BGH zu § 371 AO – Fragen über Fragen, PStR 2010, 189; **Weidemann**, Keine wirksame Teilselbstanzeige?, PStR 2010, 175; **Weyand**, Nochmals – Einleitung des Steuerstrafverfahrens durch hektographierte Schreiben?, wistra 1987, 283; **Weyand**, Zum Endzeitpunkt für eine Selbstanzeige beim Erscheinen des Steuerbeamten und zur Folge einer nicht formgerechten Einleitung des Steuerstrafverfahrens zu diesem Zeitpunkt, NStZ 1987, 285; **Wolsfeld**, Außersteuerliche Sanktionierung einer Selbstanzeige gem. § 371 AO, PStR 2000, 10; **Wulf**, Auf dem Weg zur Abschaffung der strafbefreienden Selbstanzeige (§ 371 AO)?, wistra 2010, 286; **Wulf**, Abschaffung der steuerstrafrechtlichen Selbstanzeige für Großunternehmen?, AG 2010, 540; **Wulf**, § 153 AO: Die strafbewehrte Berichtigungspflicht – eine Kritik an der neuen BGH-Rechtsprechung, PStR 2009, 190; **Wulf/Kamps**, Berichtigung von Steuererklärungen und strafbefreiende Selbstanzeige im Unternehmen nach der Reform des § 371 AO, DB 2011, 1711; **Wulf/Talaska**, Selbstanzeige bei der GmbH – Praxisempfehlungen zum neuen Recht, PStR 2011, 175; **Zanzinger**, Die Einschränkungen der Selbstanzeige durch das

Schwarzgeldbekämpfungsgesetz – Klärung erster Zweifelsfragen, DStR 2011, 1397; **Zugmaier/Kaiser**, Entkriminalisierung der Anmeldungen bei Umsatzsteuer und Lohnsteuer?, DStR 2013, 17.

I. Steuerhinterziehung (§ 370 Abs. 1 AO)

Zu den Definitionsmerkmalen der Steuerhinterziehung → Rz. 47 ff. **1986**

II. Berichtigung und Nacherklärung (§ 371 Abs. 1 AO)

1. Keine Verpflichtung zur Selbstanzeige – Konflikt mit der Berichtigungspflicht nach § 153 AO

Eine Verpflichtung zur Abgabe einer Selbstanzeige besteht nicht. Niemand muss sich selbst einer Straftat oder Ordnungswidrigkeit bezichtigen.[1)] **1987**

2. Mögliche Anzeigeerstatter, Vertreter

a) Täter und Teilnehmer

Täter einer Steuerhinterziehung und Teilnehmer hieran sind ohne Einschränkung berechtigt, für sich selbst eine wirksame Selbstanzeige zu erstatten. **1988**

b) Vertreter

aa) Gesetzliche/satzungsmäßige/bevollmächtigte Vertreter

Dritte können für den Täter mit Vollmacht eine wirksame Selbstanzeige abgeben.[2)] Erforderlich ist allerdings eine „spezielle" Bevollmächtigung, die sich explizit auf die Selbstanzeige bezieht und zeitlich nach der Tat, aber noch vor Abgabe der Selbstanzeige erfolgt sein muss.[3)] Die allgemein erteilte Bevollmächtigung – z.B. in Steuerangelegenheiten – ist nicht genügend.[4)] **1989**

Beratungshinweis:

Obwohl eine mündliche Bevollmächtigung ausreichend ist, sollten sich Vertreter (z.B. Steuerberater, Rechtsanwälte) eine schriftliche Vollmacht für die Abgabe einer Selbstanzeige geben lassen.

bb) Verdeckte Stellvertretung

Nicht erforderlich ist, dass der Bevollmächtigte die Selbstanzeige ausdrücklich im Namen des Täters erklärt. Gibt z.B. ein Mittäter die Selbstanzeige im eigenen Namen ab und handelt dabei gleichzeitig auch im ausdrücklichen Auftrag des anderen Mittäters, worauf er jedoch versehentlich nicht hinweist, liegt eine zulässige verdeckte Stellvertretung vor.[5)] Die verdeckte Stellvertretung kann auch bewusst geschehen.[6)] Nötig ist allerdings, dass der Vertretene der Finanzbehörde dann namentlich bekannt wird, wenn es schon zu einer Steuerverkürzung gekommen ist, da sich sonst keine Nachzahlungsfrist gem. § 371 Abs. 3 AO setzen ließe.[7)] **1990**

---

1) BVerfG v. 21.4.1988, 2 BvR 330/88, wistra 1988, 302; zusammenfassend BGH v. 12.1.2005, 5 StR 191/04, NJW 2005, 763; Jäger, NStZ 2005, 552, 556 m.w.N.
2) BGH v. 24.10.1984, 3 StR 315/84, wistra 1985, 74 = NStZ 1985, 126.
3) Kohler in Münchener Kommentar StGB, 2010, § 371 AO Rz. 79, 80 m.w.N.
4) Kohler in Münchener Kommentar StGB, 2010, § 371 AO Rz. 79, 80 m.w.N.
5) BGH v. 5.5.2004, 5 StR 548/03, wistra 2004, 309, 310; BayObLG v. 7.10.1953, RReg 1 St 41/53, NJW 1954, 244 und v. 27.4.1972, RReg 4 St 26/72, BayObLGSt 1972, 105; BGH v. 24.10.1984, 3 StR 315/84, wistra 1985, 74, 75; Spatscheck/Alvermann, INF 2001, 23.
6) Streck, DStR 1996, 288, 289.
7) BGH v. 5.5.2004, 5 StR 548/03, wistra 2004, 309, 310.

cc) Mehrfachverteidigung durch Berater

1991 Rechtsanwälte oder Steuerberater können für mehrere Auftraggeber eine Selbstanzeige erstatten. Das Verbot der Mehrfachverteidigung (§ 146 StPO) verbietet dies nicht, da Hilfeleistung bei einer Selbstanzeige noch als Steuerberatung und nicht schon als Strafverteidigung anzusehen ist.[1)]

dd) Vertreter ohne Vertretungsmacht

1992 Nicht ausreichend ist eine von einem Vertreter ohne Vertretungsmacht oder Geschäftsführer ohne Auftrag (vgl. §§ 677 ff. BGB) abgegebene Erklärung, und zwar selbst dann nicht, wenn sie der Täter später genehmigt oder sie seinem mutmaßlichen Willen entspricht.[2)] Die spätere Zustimmung wirkt zumindest „ex nunc".[3)] Die Zustimmung kommt jedoch verspätet, wenn zu diesem Zeitpunkt bereits ein Ausschlussgrund, insbes. Tatentdeckung, vorliegt (→ Rz. 2140 ff.).

3. Form und Inhalt

a) Form

1993 Die Selbstanzeige braucht als solche nicht gekennzeichnet zu werden. Sie kann neutral erscheinen und bedarf keines Hinweises auf strafrechtliches Fehlverhalten.[4)] Es genügt die Abgabe einer berichtigten Erklärung. Auch in der Abgabe einer Steuererklärung kann eine Selbstanzeige liegen.[5)]

Es ist sogar unzweckmäßig, dem Finanzamt irgendwelche zusätzlichen Hinweise zu geben. So kann offen bleiben, ob der Selbstanzeigeerstatter Straftäter ist oder nicht. Als Straftäter müsste er nämlich trotz wirksamer Selbstanzeige Hinterziehungszinsen zahlen (§ 235 AO). Eine Beschränkung auf den notwendigen Inhalt einer Erklärung nach § 371 AO ist auch im Hinblick auf möglicherweise nachfolgende berufs- oder disziplinarrechtliche Verfahren von Vorteil, weil deren Durchführung und etwaige Ahndungen von der strafbefreienden Wirkung der Selbstanzeige nicht erfasst werden.

Erstattet werden kann die Selbstanzeige schriftlich (Brief, Fax, E-Mail), mündlich[6)] und telefonisch.[7)] Aus Dokumentationsgründen werden regelmäßig die schriftliche Mitteilung und eine Protokollierung des Zugangs beim Finanzamt sinnvoll sein.

b) Inhalt

aa) Grundsätzliche Erwägungen

1994 Grundsätzlich muss der Anzeigeerstatter eine Tätigkeit entfalten, die auf eine Berichtigung und Ergänzung der bisherigen Angaben oder eine Nachholung bisher unterlassener Angaben zielt (Materiallieferung) (vgl. §§ 153, 149 AO). Im Gegensatz zur alten Rechtslage muss eine Selbstanzeige, um wirksam zu sein, seit dem 3.5.2011 ausweislich des § 371 Abs. 1 AO Angaben „zu allen unverjährten Steuerstraftaten einer Steuerart in vollem Umfang" (sog. Berichtigungsverbund[8)]) enthalten.

---

1) Joecks in Franzen/Gast/Joecks, 7. Aufl. 2009, § 371 AO Rz. 246; Streck, DStR 1996, 288, 292.
2) Joecks in Franzen/Gast/Joecks, 7. Aufl. 2009, § 371 AO Rz. 80, 85; offen gelassen vom BGH v. 24.10.1984, 3 StR 315/84, wistra 1985, 74 = NStZ 1985, 126.
3) Spatscheck/Alvermann, INF 2001, 123.
4) BGH v. 13.10.1992, 5 StR 253/92, wistra 1993, 66.
5) BGH v. 2.12.2008, 1 StR 344/08, wistra 2009, 189; m. Anm. Schützeberg, wistra 2010, 278.
6) OLG Köln v. 28.8.1979, 1 Ss 574–575/79, DB 1980, 57.
7) OLG Hamburg v. 21.11.1985, 1 Ss 108/85, wistra 1986, 116.
8) Z.B. Aue, PStR 2012, 101; Schwartz, PStR 2011, 122; Spatscheck/Höll, SAM 2011, 206.

bb) Steuerartbezogene Begrenzung

Durch das Erfordernis der steuerartbezogenen Berichtigung ist sichergestellt, dass die strafbefreiende Wirkung bereits dann eingreift, wenn der Stpfl. – im unverjährten Zeitraum – nur für eine einzige Steuerart vollständige Angaben macht. Eine „horizontale Vollständigkeit"[1] aller Steuerarten wird gerade nicht verlangt. Für die berichtigte „Einkommensteuer" tritt beispielsweise Strafbefreiung ein, selbst wenn daneben eine begangene Umsatzsteuerhinterziehung nicht angezeigt wird. **1995**

Um die Wirksamkeit seiner Selbstanzeige nicht zu gefährden, muss der Täter indes im Rahmen der nachzumeldenden Steuerart(en) sämtliche strafrechtlich unverjährten „Steuerjahre" und etwa abgegebene Steuerklärungen darauf hin überprüfen, ob diese (weitere) unrichtige Angaben enthalten.[2] Im Einzelfall kann es in der Praxis nur schwer möglich sein, sämtliche betroffenen Erklärungs- und Mitwirkungshandlungen vollständig und richtig zu bewirken. **1996**

cc) Zeitliche Erstreckung

§ 371 Abs. 1 AO erfordert die Berichtigung aller unverjährter Steuerstraftaten. Die **Bestimmung der maßgeblichen Verjährungsdauer** kann jedoch schwierig sein und eine unzutreffende Bestimmung die Wirksamkeit der Selbstanzeige gefährden. Der strafrechtliche Verjährungszeitraum beträgt grundsätzlich fünf Jahre (§ 78 Abs. 3 Nr. 4 StGB), die Verjährung beginnt mit Bekanntgabe des – ersten – Steuerbescheids. § 376 Abs. 1 AO, eingefügt durch das JStG 2009 vom 19.12.2008,[3] sieht indes in Fällen besonders schwerer Steuerhinterziehung (§ 370 Abs. 3 Satz 2 Nr. 1 bis 5 AO) eine Verjährungsfrist von zehn Jahren vor. Diese neue Regelung gilt allerdings gem. Art. 97 § 23 EGAO nur für die bei Inkrafttreten des Gesetzes (25.12.2008) noch nicht abgelaufenen Verjährungsfristen, daher gilt die volle zehnjährige Frist erst ab dem 26.12.2013. § 370 Abs. 3 Satz 2 Nr. 1 bis 5 AO listet indes nur Regelbeispiele auf. Da die Aufführung nicht abschließend ist, kann ein besonders schwerer Fall auch dann gegeben sein, wenn kein Regelbeispiel erfüllt ist, sich jedoch die Angemessenheit eines erhöhten Strafrahmens aus sonstigen Umständen, die Tat oder Täter betreffen, ergibt.[4] Nach Auffassung des BGH ist i.d.R. das Tatbestandsmerkmal des Verkürzens „in großem Ausmaß" dann erfüllt, wenn die hinterzogene Steuer 50 000 € pro Tat (Steuerart und Jahr), bei Steuergefährdung 100 000 € überschreitet. Da somit keine eindeutige Grenze zwischen den „normalen" und besonders schweren Fällen der Steuerhinterziehung gezogen werden kann, lässt sich der Berichtigungszeitraum dann nicht mit Gewißheit bestimmen, wenn die Einstufung der Steuerhinterziehung als besonders schwerer Fall nicht sicher ist.[5] **1997**

Beratungshinweis:

In Grenzfällen sollte sich der Berichtigungszeitraum vorsorglich auf den zehnjährigen Verjährungszeitraum erstrecken. Von Nachteil für die (spätere) Argumentation der Verteidigung, dass doch kein besonders schwerer Fall vorliege, wird dann natürlich sein, damit selber eine (erste) Einstufung der Tat als besonders schweren Fall der Steuerhin-

1) Hunsmann, NJW 2011, 1482, 1483; Kamps, DB 2010, 1488, 1491; Salditt, PStR 2010, 168, 173.
2) Hunsmann, NJW 2011, 1482, 1483, erkennt darin eine gesetzgeberische Überschreitung der Grenzen des in der Gesetzesbegründung in Ansatz gebrachten strafrechtlichen Prinzips der Wiedergutmachung, weil dieses nur ein Umkehrverhalten des Stpfl. an die ursprünglichen Erklärungspflichten bedeute. Da die vom Gesetzgeber angestrebte Wiedergutmachung die Beseitigung aller erfolgten Pflichtverletzungen (innerhalb einer Steuerart) bewirken soll, wird das Wiedergutmachungsprinzip m.E. nicht überschritten. S.a. Rüping, DStR 2010, 1768.
3) BGBl. I 2008, 2794 = BStBl I 2009, 74.
4) BGH v. 23.3.1994, 5 StR 38/94 wistra 1994, 228, 230.
5) S.a. Pelz, NJW 2009, 470, 472 f., der zudem zu Recht auf die dann schwierige Sachverhaltsermittlung und den Umstand, dass die fehlende Beschaffbarkeit von Unterlagen den Stpfl. nicht entlastet, hinweist.

terziehung vorgenommen zu haben. Eine Lösung könnte darin bestehen, zum Zweck der Selbstanzeige Besteuerungsgrundlagen für den fünfjährigen Zeitraum zu erklären und dies mit einer Benennung der Besteuerungsgrundlagen für die weiteren Jahre zum Zweck der Durchführung des Besteuerungsverfahrens (für das im Fall der Steuerhinterziehung gem. § 169 Abs. 2 Satz 2 AO eine Festsetzungsfrist von zehnjähriger Dauer gilt[1]) zu verbinden. Dann wären die Besteuerungsgrundlagen des möglichen zehnjährigen strafrechtlich maßgeblichen Verjährungszeitraumes benannt, ohne jedoch die Tat als besonders schwerer Fall der Steuerhinterziehung eingestuft zu haben.

1998 Dem Finanzamt soll es durch die Mitteilung der Besteuerungsgrundlagen ermöglicht werden, auf dieser Grundlage ohne langwierige große Nachforschungen den Sachverhalt vollends aufzuklären.[2] Das Gesetz mutet dem Anzeigeerstatter jedoch nicht unbedingt zu, unter allen Umständen bestimmte Zahlen zwecks Berichtigung seiner früheren Angaben vorzutragen.[3] Die Anforderungen an eine Selbstanzeige sind wesentlich weniger streng als die Anforderungen an den Inhalt einer Steuererklärung.[4]

1999 Neben Benennung der jeweiligen Besteuerungsgrundlagen muss nach LG Stuttgart[5] auch angegeben werden, zu wessen Gunsten die hinterzogenen Steuern verwandt worden sind, was insbes. bei angestellten Geschäftsführern einer GmbH mit Tantiemebeteiligung von Bedeutung ist (siehe Nachentrichtung verkürzter Steuern → Rz. 2199). Meines Erachtens geht das zu weit. Denn mit dem eindeutigen Wortlaut des § 371 Abs. 1 AO („Berichtigen, Ergänzen, Nachholen als Inhalt einer Selbstanzeige") ist diese Rechtsansicht schwerlich in Einklang zu bringen.

dd) Noch ausreichender Inhalt

2000 Als noch ausreichend ist eine Selbstanzeige anzusehen:

– bei kommentarloser richtiger Umsatzsteuerjahreserklärung (§ 18 Abs. 3 UStG) nach unrichtigen Umsatzsteuervoranmeldungen.[6] Dabei bleibt es auch nachdem der BGH nunmehr klargestellt hat, dass die Abgabe einer fehlerhaften Voranmeldung als eigene Tat anzusehen und demzufolge zu berichtigen ist.[7] Nach Nr. 132 Abs. 2 AStBV (St) 2013[8] kann die Abgabe einer vollständigen und richtigen Umsatzsteuerjahreserklärung als Selbstanzeige hinsichtlich der unrichtigen, unvollständigen oder unterlassenen Angaben in den zuvor abgegebenen Umsatzsteuervoranmeldungen gewertet werden, ohne dass der einzelne Voranmeldungszeitraum korrigiert werden muss (sofern es sich überhaupt bei der berichtigten Erklärung um einen nach Nr. 132 Abs. 2 AStBV (St) 2013 an die BuStra weiterzuleitenden „begründeten Einzelfall" handelt, also nicht nur geringfügige Abweichungen vorliegen).[9]

Einer Aufteilung der Besteuerungsgrundlagen auf die einzelnen Veranlagungszeiträume bedarf es nicht. Eine solche Zuordnung wäre, da auch die Umsatz-

1) Die erweiterte Festsetzungsfrist kann durch eine Selbstanzeige nicht abgekürzt werden, BFH v. 24.3.2011, IV R 13/09, wistra 2011, 432, 433.
2) BGH v. 14.12.1976, 1 StR 196/76, BB 1978, 698 = DB 1977, 1347.
3) BGH v. 5.9.1974, 4 StR 369/74, NJW 1974, 2293.
4) OLG Hamburg v. 2.6.1992, 1 Ss 119/91, wistra 1993, 274.
5) LG Stuttgart v. 18.8.1998, 14 KLs 142 Js 50670/97, n.v.
6) LG Hamburg v. 12.2.1985, 1 Ss 191/84, wistra 1985, 166 = NStZ 1985, 322; BGH v. 19.3.1991, 5 StR 516/90, wistra 1991, 223, 225 = NJW 1991, 2844, 2846; v. 13.10.1998, 5 StR 392/98, wistra 1999, 27 = NStZ 1999, 38; Webel, PStR 2008, 109.
7) BGH v. 17.3.2009, 1 StR 479/08, BGHSt 53, 210 = NJW 2009, 1984 = NStZ 2009, 508, 512 = BB 2009, 1903; so auch Jäger in Klein, 11. Aufl. 2012, § 371 AO Rz. 30; Wessing in Flore/Tsambikakis, 2013, § 371 AO Rz. 65.
8) BStBl I 2012, 1018.
9) Dazu auch: Schwartz, PStR 2013, 2.

steuer eine Jahressteuer ist, eine unnötige Förmelei.[1] Die Vorteile der Selbstanzeige werden allein von dem Bestreben des Staates bestimmt, in den Besitz aller ihm geschuldeten Steuern zu gelangen, nicht aber auch Hinterziehungszinsen richtig berechnen und erheben zu können.[2] Lediglich bei unterschiedlichen Steuersätzen innerhalb des Veranlagungszeitraumes ist eine Aufgliederung erforderlich:[3]

- bei stillschweigender Versteuerung des Umsatzes in einer der nachfolgenden Umsatzsteuervoranmeldungen desselben Jahres (Umsatzsteuer = Jahressteuer). **2001**

Gleiches muss m.E. gelten, wenn zu früh ein Vorsteuerabzug vorgenommen, später aber ausgeglichen wird: **2002**

  - bei kommentarloser richtiger Einkommensteuererklärung nach unrichtigem/unvollständigem erfolgreichen Antrag auf Herabsetzung der Einkommensteuervorauszahlung,[4]
  - bei kommentarloser verspäteter Steuererklärung;[5]

- Bleibt die Selbstanzeige versehentlich geringfügig (max. 5 %) hinter der Wirklichkeit zurück, so wirkt sie regelmäßig für die gesamten hinterzogenen Steuern, sofern die Gesamtumstände dies rechtfertigen (insbesondere nicht bei dolosen Abweichungen)[6] → Rz. 2013. **2003**
- bei zu hoher Schätzung der Besteuerungsgrundlagen durch den Anzeigeerstatter.[7] **2004**
- bei fehlenden Aufzeichnungen über Besteuerungsgrundlagen genügen konkrete Angaben über Umsätze, Waren- und Materialeinsatz nebst Aufschlagsätzen, Löhne u.Ä., wenn sie eine zuverlässige Schätzung ermöglichen.[8] **2005**
- Eine wegen fehlender Aufzeichnungen durch den Anzeigeerstatter vorgenommene Vollschätzung der Besteuerungsgrundlagen ist – weil auch geschätzte Besteuerungsgrundlagen im Rahmen einer Steuererklärung grundsätzlich möglich sind – als ausreichend anzusehen.[9] Es entspricht dem Sinn der Selbstanzeige, unbekannte Steuerquellen offen zu legen, was bei einer Vollschätzung der Fall ist. Wenn eine Vollschätzung zur Verurteilung nach § 370 AO ausreicht, muss dies auch für eine Selbstanzeige gelten. **2006**
- Ist der Tatbeitrag sachlich begrenzt, so genügt es, dass Anstifter, Gehilfen oder auch Mittäter diejenigen Tatsachen offenbaren, an deren mangelnder Offenle- **2007**

1) BGH v. 13.10.1998, 5 StR 392/98, wistra 1999, 27 = NStZ 1999, 38 unter Hinweis auf Joecks in Franzen/Gast/Joecks, 7. Aufl. 2009, § 371 AO Rz. 69.
2) Schauf in Kohlmann, § 371 AO Rz. 64.2 a.E. (Dezember 2012).
3) Unklar Joecks in Franzen/Gast/Joecks, 7. Aufl. 2009, § 371 AO Rz. 69.
4) OLG Stuttgart v. 21.5.1987, 1 Ss 221/87, StRK, § 370 AO R. 107 = wistra 1987, 263 mit Anm. v. Bilsdorfer gegen LG Stuttgart v. 25.11.1983, 10 Qs 146/83, wistra 1984, 197; Neck, DStR 1985, 505.
5) OLG Hamburg v. 27.1.1970, 2 Ss 191/69, NJW 1970, 1385 für die Umsatzsteuer; OLG Celle v. 5.11.1970, 1 Ss 152/70, BB 1971, 205 für die Lohnsteuer; OLG Frankfurt v. 18.10.1961, 1 Ss 854/61, NJW 1962, 974 für einen bislang unbekannten Stpfl.
6) BGH v. 25.7.2011, 1 StR 631/10 wistra 2011, 428 = PStR 2011, 244.
7) BGH v. 5.9.1974, 4 StR 369/74, NJW 1974, 2293.
8) Joecks in Franzen/Gast/Joecks, 7. Aufl. 2009, § 371 AO Rz. 54 unter Hinweis auf BGH v. 5.9.1974, 4 StR 369/74, NJW 1974, 2293; Bilsdorfer, DStZ 1982, 298.
9) BGH v. 5.9.1974, 4 StR 369/74, NJW 1974, 2291, 2293 für die Lohnsteuer; Joecks in Franzen/Gast/Joecks, 7. Aufl. 2009, § 371 AO Rz. 54; Schauf in Kohlmann, § 371 AO Rz. 69 (Dezember 2012); Theil, BB 1983, 1274, 1277; Rüping in H/H/Sp, § 371 AO Rz. 808 (Dezember 2012); Jäger in Klein, 11. Aufl. 2012, § 371 AO Rz. 21; Bilsdorfer, DStZ 1982, 298, 302.

gung sie mitgewirkt haben.[1] Würde nämlich mehr verlangt, könnte dieser Personenkreis häufig keine wirksame Selbstanzeige abgeben (so verweigert z.B. ein Betriebsinhaber seinem Buchhalter, der eine Selbstanzeige abgeben möchte, die erforderlichen Unterlagen).

ee) Unzureichender Inhalt

2008 Eine Selbstanzeige ist unzureichend durch:
- Beantragung einer Betriebsprüfung,[2]
- Zurverfügungstellung der Buchhaltung,[3]
- stillschweigende Nachzahlung der verkürzten Steuern,[4]
- schlichten Hinweis auf nicht erfasste Einkünfte, selbst bei Ankündigung der Nachaktivierung,[5]
- stillschweigende Versteuerung im nachfolgenden Veranlagungszeitraum,[6]
- schlichten Hinweis auf zu niedrig erklärte Umsatzsteuer,[7]
- Unterrichtung des Finanzamts über die Stellung eines Antrags auf Insolvenzeröffnung,[8]
- schlichten Hinweis auf die Quelle der Einkünfte ohne Offenlegung des Umfangs,[9]
- spätere Auflösung einer zu Zwecken der Steuerhinterziehung gebildeten Rückstellung ohne tatsächliche Verbindlichkeit mangels periodengerecht zutreffender Angaben.[10]

ff) Zweifel über den Verkürzungsumfang (Schätzung)

2009 Für eine wirksame Selbstanzeige braucht der Anzeigeerstatter nur so viel mitzuteilen, wie ihm ggf. im Strafverfahren nachgewiesen werden kann. In diesem Zusammenhang ist zu beachten, dass bei einer Schätzung wie folgt vorzugehen ist:
- im Besteuerungsverfahren nach § 162 AO von dem wahrscheinlichen Betrag,[11]
- im Strafverfahren von dem erwiesenen (= mit an Sicherheit grenzender Wahrscheinlichkeit) Betrag.[12]

4. Teil- und Stufen-Selbstanzeige[13]

a) Teilselbstanzeige

2010 Um eine Teilselbstanzeige handelt es sich, wenn nur ein Teil der unrichtig oder unvollständig oder bislang nicht erklärten Besteuerungsgrundlagen nachgemeldet

1) Für den Gehilfen OLG Hamburg v. 21.11.1985, 1 Ss 108/85, wistra 1986, 116 mit abl. Anm. von Bublitz; Joecks in Franzen/Gast/Joecks, 7. Aufl. 2009, § 371 AO Rz. 62; Schauf in Kohlmann, § 371 AO Rz. 65 (Dezember 2012); krit. Pütz, wistra 1998, 54 Fn. 5; Rüping in H/H/Sp, § 371 AO Rz. 89 (Dezember 2012).
2) OLG Düsseldorf v. 27.5.1981, 2 Ss 214/81–142/81, wistra 1982, 119 = BB 1982, 544.
3) BGH v. 24.10.1990, 3 StR 196/90, wistra 1991, 107, 109 = StRK, § 370 AO R. 180.
4) BGH v. 25.9.1959, 4 StR 332/59, DStZ B 1959, 499.
5) BGH v. 20.7.1965, DStR 1966, 150; LG Hamburg v. 18.6.1986, (50) 117/86 Ns, wistra 1988, 120; s. jedoch gestufte Selbstanzeige (→ Rz. 2031 ff.).
6) BGH v. 25.9.1959, 4 StR 332/59, DStZ B 1959, 499, und v. 18.10.1956, 4 StR 166/56, BStBl I 1957, 122.
7) BayObLG v. 24.1.1963, RReg 4 St 365/62, DStZ B 1963, 112.
8) BGH v. 13.10.1992, 5 StR 253/92, wistra 1993, 66, 68 (zum Konkursantrag).
9) OLG Hamburg v. 2.6.1992, 1 Ss 119/91, wistra 1993, 274, 275 = StRK, § 371 AO R. 26.
10) BGH v. 9.7.1997, 5 StR 234/96, zit. bei Harms, NStZ-RR 1998, 100, in StV 1997, 512, nicht mit abgedruckt.
11) BFH v. 12.3.1992, IV R 29/91, BStBl II 1993, 36, 40.
12) BGH v. 4.2.1992, 5 StR 655/91, wistra 1992, 147.
13) Informativ Rolletschke, wistra 2002, 17.

wird. Die Unvollständigkeit kann sich also auf die Einkünfte einer Einkunftsart, eine Einkunftsart als solche oder auch auf einzelne (strafrechtlich nicht verjährte) Veranlagungszeiträume beziehen.

aa) Abschaffung der Teilselbstanzeige

Dass eine Teilselbstanzeige hinsichtlich des angezeigten Teils wirksam ist, wurde bislang allgemein bejaht. Eine Teilselbstanzeige wirke strafbefreiend, soweit sie erstattet wurde (Argument aus „insoweit" des § 371 AO).[1] Der BGH hat sich jedoch in der Entscheidung vom 20.5.2010[2] unter Aufgabe seiner bisherigen Rspr. ausdrücklich gegen die Wirksamkeit der Teilselbstanzeige gewandt und der Gesetzgeber hat mit der Änderung des § 371 AO durch Gesetz vom 28.4.2011[3] zudem für legislatorische Klarstellung gesorgt. Nur bei der leichtfertigen Steuerverkürzung verbleibt es ausdrücklich bei der insoweit zur Straffreiheit führenden Teilselbstanzeige. **2011**

§ 371 Abs. 1 AO verlangt explizit die Berichtigung, Ergänzung oder Nachholung der Angaben „in vollem Umfang". Diese Gesetzesfassung ist für Selbstanzeigen maßgebend, die ab dem Zeitpunkt des Inkrafttretens des Schwarzgeldbekämpfungsgesetzes,[4] somit ab dem 3.5.2011, bei der Finanzbehörde erstattet werden. **2012**

bb) Geringfügigkeitstoleranz

Bislang wurde in Praxis und Rspr. davon ausgegangen, dass eine geringfügige Unterschreitung der tatsächlichen Besteuerungsgrundlagen in einer Größenordnung von bis zu 6 %[5] die Wirksamkeit der Selbstanzeige nicht beeinträchtigt. Anderenfalls hätte sich eine Einstellung nach § 153 StPO angeboten. **2013**

Nach neuem Recht sind die Folgen einer Unvollständigkeit weit gewichtiger – eine geringfügige Abweichung ist keine Berichtigung „in vollem Umfang" und gefährdet somit die Wirksamkeit der Selbstanzeige insgesamt. Der BGH akzeptiert – sofern die Abweichung nicht bewusst erfolgt (= dolose Selbstanzeige) – höchstens einen Unterschied von 5 % der Steuer (nicht der Besteuerungsgrundlage).[6] Er hat offen gelassen, ob sich dies auf die einzelne Tat, alle angezeigten Taten einer Steuerart oder auf alle angezeigten Taten bezieht. Ausgehend von der Intention des Gesetzgebers, nur einer umfassenden Selbstanzeige Straffreiheit zukommen zu lassen, muss sich die 5 %-Grenze demzufolge auf die Steuern aller angezeigten Taten richten.[7] Diese Auffassung wird insbesondere von Jäger abgelehnt.[8] Zwar kann seiner Auffassung einer tatbezogenen Betrachtung dogmatisch zunächst gefolgt werden, sie entspricht aber letztlich nicht dem Willen des Gesetzgebers („Bagatellabweichungen sind nach wie vor möglich.")[9] und der aktuellen Rechtsprechung des BGH (der eine wertende Betrachtungsweise auf der Grundlage einer Gesamt-

1) BGH v. 13.10.1998, 5 StR 392/98, NStZ 1999, 39; Kohler in Münchener Komm StGB, 2010, § 371 AO Rz. 57 m.w.N.; so auch noch Vogelberg in Wannemacher (Vorauflage), § 371 AO Rz. 2136, mit Nachw.
2) BGH v. 20.5.2010, 1 StR 577/09, BGHSt 2011, 180 = wistra 2010, 304.
3) BGBl. I 2011, 676.
4) BGBl. I 2011, 676 = BStBl I 2011, 495.
5) OLG Frankfurt v. 18.10.1961, 1 Ss 854/61, NJW 1962, 974; so auch OLG Köln v. 28.8.1979, 1 Ss 574–575/79, Stbg 1981, 197.
6) BGH v. 25.7.2011, 1 StR 631/10, wistra 2011, 428 = PStR 2011, 244. Das in der Entscheidung angeführte Rechenbeispiel legt nahe, dass die Vornahme mathematisch üblicher Abrundungen (von 5,4 % auf 5 %) hier fraglich ist. Andererseits verlangt der BGH zugleich eine wertende Betrachtungsweise auf der Grundlage einer Gesamtwürdigung der Umstände, durch die ein verbleibender Unschärfebereich sachgerecht aufgefangen werden könnte.
7) So auch Stahl, 3. Aufl. 2011, Rz. 156; Schwartz, PStR 2011, 122 („Gesamtbetrachtung").
8) Jäger in Klein, 11. Aufl. 2012, § 371 AO Rz. 28a; s.a. Jope, NZWiSt 2012, 59, 60.
9) Kolbe, Plenarprotokoll der 96. Sitzung der 17. Wahlperiode v. 17.3.2011, 10953.

würdigung der Umstände verlangt[1]). Zudem ist in Fällen, in denen bei Gesamtbetrachtung aller Taten die Geringfügigkeitsgrenze eingehalten wird, kein Strafbedürfnis erkennbar. Schließlich genügt es auch im Festsetzungsverfahren, dass sich der Stpfl. nach bestem Wissen und Gewissen um die richtige, vollständige und rechtzeitige Abgabe seiner Steuererklärung bemüht. Ein Grund, im Selbstanzeigeverfahren strengere Maßstäbe zu verlangen, ist nicht erkennbar.[2]

2014 Allein die Einhaltung der 5 %-Grenze garantiert die Wirksamkeit der Selbstanzeige nicht, der BGH verlangt zudem eine wertende Betrachtungsweise auf der Grundlage einer Gesamtwürdigung der Umstände – insbesondere dazu, weshalb es zu den Abweichungen kam – bei Abgabe der Selbstanzeige.[3] Bewusstes Verschweigen des gesamten Umfangs von Besteuerungsgrundlagen gefährdet somit die Wirksamkeit der Selbstanzeige selbst dann, wenn die Abweichung innerhalb des Bagatellbereichs liegt.[4] Umgekehrt kann die Berücksichtigung eines Sicherheitszuschlags das Bemühen des Täters um eine vollständige und richtige Steuerfestsetzung implizieren.[5]

Beispielsfall:[6]

Der Stpfl. erklärt Einkünfte aus selbständiger Tätigkeit i.H.v. 20 000 € für den VZ 2008, eine Einkommensteuer i.H.v. 3 000 € wird festgesetzt. In 2012 gibt er für den VZ 2008 eine Selbstanzeige wegen nicht erklärter Kapitaleinkünfte ab und schätzt diese auf 100 000 €. Anschließend werden Kapitaleinkünfte i.H.v. tatsächlich 106 000 € festgestellt.

Die Selbstanzeige ist wegen der fehlenden Kapitaleinkünfte i.H.v. 6 000 € unvollständig. Ist die Abweichung geringfügig?

Lösung:

Zunächst ist die Bemessungsgrundlage (die hinterzogene Steuer) zu berechnen:

Einkommen erklärt:	20 000 € =	Einkommensteuer	3 000 €
Einkommen vollständig:	126 000 € =	Einkommensteuer	47 500 €
Hinterzogene Einkommensteuer (Differenz):	=	Einkommensteuer	44 500 €

Bezüglich der Berechnung des Betrags, um den die Selbstanzeige unvollständig ist, gibt es zwei Möglichkeiten:

Alternative 1:

Die Kapitaleinkünfte i.H.v. 6.000 € werden i. H. der erreichten oberen Progression berechnet:

Einkommen mit geschätzten Kapitaleinkünften	120 000 € =	Einkommensteuer	44 800 €
Einkommen vollständig	126 000 € =	Einkommensteuer	47 500 €

Damit beträgt die Differenz an Einkommensteuer 2 700 €, die auf die fehlenden Kapitaleinkünfte entfallen. Das entspricht 6,1% der gesamten hinterzogenen Einkommensteuer i.H.v. 44 500 € und ist somit nicht mehr geringfügig.

Alternative 2:

Die Kapitaleinkünfte i.H.v. 6 000 € werden i.H.d. erreichten unteren Progression ohne die übrigen Kapitaleinkünfte berechnet:

1) BGH v. 25.7.2011, 1 StR 631/10, wistra 2011, 428 = PStR 2011, 244.
2) S.a. Schauf/Schwartz, PStR 2011, 117, 120 f.
3) BGH v. 25.7.2011, 1 StR 631/10, wistra 2011, 428 = PStR 2011, 244.
4) Rolletschke in Graf/Jäger/Wittig, 2011, § 371 AO Rz. 44.
5) Rübenstahl, PStR 2011, 278, 279.
6) Nach Prowatke/Kelterborn, DStR 2012, 640, 641 f.

Einkommen erklärt	20 000 € =	Einkommensteuer	3 000 €
Einkommen mit „fehlenden" Kapitaleinkünften	26 000 € =	Einkommensteuer	4 800 €

Damit beträgt die Differenz an Einkommensteuer 1 800 €, die auf die fehlenden Kapitaleinkünfte entfallen. Das entspricht 4 % der gesamten hinterzogenen Einkommensteuer i.H.v. 44 000 € und ist somit noch geringfügig.

Der BGH hat sich in seiner unter → Rz. 2013 behandelten Entscheidung zur Geringfügigkeitstoleranz[1] nicht mit der Frage befasst, ob vor dem Hintergrund des Progressionsvorbehalts solche besonderen Berechnungen durchgeführt werden müssen. Der strafrechtliche Grundsatz „in dubio pro reo" könnte dafür sprechen.

cc) Undolose Teilselbstanzeige

Außerhalb des dargestellten Geringfügigkeitsbereichs führt eine Teilselbstanzeige zur Unwirksamkeit der Anzeige. Die Rspr. des BGH ist insoweit klar und eindeutig. Hat der Berichtigende nur versehentlich die Selbstanzeige nicht in vollem Umfang abgegeben, kann dies folglich nur im Rahmen der Strafzumessung berücksichtigt werden (§ 46 Abs. 2 StGB). Diese Wertung ist jedoch unbefriedigend. Schließlich hat der Täter die Vorstellung umfassender Berichtigung und ist aufrichtig bestrebt, „reinen Tisch" zu machen. Der BGH hat in seiner Entscheidung vom 20.5.2010[2] darauf abgestellt, dass die „Rückkehr zur Steuerehrlichkeit" honoriert werden soll und unterscheidet zwischen undolosen und dolosen Selbstanzeigen. Die Rückkehr zur Steuerehrlichkeit geht mit der Aufdeckung einer bislang verborgenen Steuerquelle einher. Auch geht aus den Beratungen des Finanzausschusses des Bundestags hervor, dass die Selbstanzeige nicht „auf Euro und Cent genau" sein muss.[3] Selbst im Festsetzungsverfahren genügt, dass sich der Stpfl. nach bestem Wissen und Gewissen um die richtige, vollständige und rechtzeitige Abgabe seiner Steuererklärung bemüht.[4] All dies spricht m.E. für die strafbefreiende Wirkung der undolosen Teilselbstanzeige. Zwar enthielt der ursprüngliche Gesetzesentwurf eine Regelung, nach der unbewusste Unrichtigkeiten und Unvollständigkeiten nicht zum Ausschluss der Straffreiheit führen sollten,[5] die letztlich keine Aufnahme im Gesetzestext fand.[6] Dies könnte dafür sprechen, dass mit der undolosen Selbstanzeige die strafbefreiende Wirkung nicht erzielt werden kann.[7] Andererseits hat der Gesetzgeber, nachdem er sich mit dieser Frage ersichtlich befasst hat, auf eine gesetzliche Regelung der Unwirksamkeit auch der undolosen Teilselbstanzeige verzichtet. Damit hat er die Maßgeblichkeit einer subjektiven Komponente gerade nicht eingeschränkt. Eine gesetzliche Klarstellung ist wünschenswert. **2015**

In der Praxis wird der undolos Berichtigende bei Aufdeckung der Unvollständigkeit durch die Finanzbehörde bemüht sein müssen, seinen „guten Glauben" in die vermeintliche Vollständigkeit seiner Angaben zu belegen.

dd) Korrektur einer Teilselbstanzeige

Eine abgegebene Teilselbstanzeige, die wegen vermeintlicher Vollständigkeit zur Einstellung des Verfahrens nach § 170 Abs. 2 StPO geführt hat, birgt somit die Risiken der Aufdeckung und Aufnahme der Strafverfolgung in sich. Der Anzeigende **2016**

1) BGH v. 25.7.2011, 1 StR 631/10, wistra 2011, 428 = PStR 2011, 244.
2) BGH v. 20.5.2010, 1 StR 577/09, BGHSt 2011, 180 = wistra 2010, 304.
3) BT-Drucks. 17/5067 (neu), 21.
4) S.a. Schauf/Schwartz, PStR 2011, 117, 120 f.
5) BT-Drucks. 17/4182, s. Begründung, dort S. 5.
6) BT-Drucks. 17/1411, 5.
7) Beckemper u.a., wistra 2011, 281; Geuenich, NWB 13/2011, 1050; Heuel/Beyer, StBW 2011, 315; Zanzinger, DStR 2011, 1397, 1399.

könnte daher die Korrektur im Rahmen einer zweiten, diesmal vollständigen Selbstanzeige erwägen. Jedenfalls die zweite Selbstanzeige dürfte wirksam sein: Sie ist vollständig, nach der Einstellung des ersten Verfahrens lebte die Selbstanzeigemöglichkeit wieder auf, Sperrgründe gibt es nicht.[1] Ob ein Verfahren wegen der ersten (unvollständigen) Selbstanzeige wieder aufgenommen werden könnte, ist bislang nicht entschieden. Meines Erachtens ist darauf abzustellen, dass der Berichtigende mit seiner zweiten Erklärung nicht nur die ursprünglichen Angaben, sondern auch die abgegebene Teilselbstanzeige berichtigt. Für diesen Fall sieht § 371 AO keine Einschränkung vor. Gegen eine Strafbarkeit des Täters spricht auch, dass er durch umfassende Angaben den Weg in die Steuerehrlichkeit gewählt hat, und damit die Erreichung des vom Gesetzgeber verfolgten Ziels der Aufdeckung bislang verborgen gebliebener Steuerquellen fördert.

ee) Beteiligung an Taten Dritter

2017 Noch ungeklärt ist die Frage, ob ein Anzeigender, der die eigene, täterschaftliche Hinterziehung offenbart, etwa vorhandene eigene Tatbeiträge (Anstiftung, Beihilfe) zur Hinterziehung von Steuern derselben Steuerart Dritter offenbaren muss, um eine wirksame Selbstanzeige abzugeben. Dagegen spricht zunächst, dass es sich bei der Steuerart des Dritten für den Teilnehmer um eine andere Steuerart als die eigene handelt.[2] Ferner, dass dem Anzeigenden eine Rückkehr in die Steuerehrlichkeit mit seinen, ihn betreffenden Steuerarten umfassend auch dann möglich ist, wenn für die Steuern eines Dritter dieser Weg nicht beschritten wird. Dem folgend wird auch die Wirksamkeit der Selbstanzeige eines Erben wegen eigener Steuern davon unbeeinträchtigt bleiben, dass er die Hinterziehungen des Erblassers nicht nach § 153 AO berichtigt oder aber nur eine Selbstanzeige wegen der Unterlassung der gebotenen Berichtigung bezüglich der Steuern des Erblassers, aber nicht wegen seiner eigenen Steuern vornimmt.[3]

ff) Übergangsregelung

(1) Rechtslage für bis zum 28.4.2011 eingegangene Teilselbstanzeigen

2018 Nach Art. 97 § 24 EGAO, eingefügt mit Gesetz vom 28.4.2011,[4] tritt für Teilselbstanzeigen, die bis zum 28.4.2011 bei der zuständigen Finanzbehörde eingegangen sind, im Umfang der Berichtigung, Ergänzung oder Nachholung Straffreiheit ein. Damit verschafft der Gesetzgeber der Auffassung, eine Teilselbstanzeige nach „altem Recht" führe „insoweit" zur Wirksamkeit, Fortbestand. Die Aufgabe der Teilselbstanzeige in der Entscheidung des BGH vom 20.5.2010[5] erfährt dadurch ihrerseits zeitlich begrenzt die Aufgabe.

Anlass für diese Regelung waren Gesichtspunkte des Vertrauensschutzes im Hinblick auf die geänderte Rspr. des BGH zur vollständigen Unwirksamkeit der Teilselbstanzeige.[6]

1) Soweit die Gesetzesbegründung einer zweiten Selbstanzeige Straffreiheit abspricht, lässt sich dies aus dem Gesetzestext nicht ableiten – so auch Stahl, 3. Aufl. 2011, Rz. 159.
2) Stahl, 3. Aufl. 2011, Rz. 154; Durst, PStR 2012, 61, 63.
3) Stahl, 3. Aufl. 2011, Rz. 155.
4) BGBl. I 2011, 676.
5) BGH v. 20.5.2010, 1 StR 577/09, BGHSt 2011, 180 = wistra 2010, 304.
6) BGH v. 20.5.2010, 1 StR 577/09, BGHSt 2011, 180 = wistra 2010, 304; Schauf in Kohlmann, § 371 AO Rz. 67.6 m.w.N. (Dezember 2012).

(2) Rechtslage für zwischen dem 29.4.2011 und dem 2.5.2011 eingegangene Teilselbstanzeigen

In dem Zeitraum nach dem 28.4.2011 und vor dem 3.5.2011 (= Zeitpunkt des Inkrafttretens des Schwarzgeldbekämpfungsgesetzes) gilt bezüglich der Rechtslage einer Teilselbstanzeige die BGH-Entscheidung vom 20.5.2010.[1] **2019**

In seiner Entscheidung vom 20.5.2010[2] hat der BGH ausgeführt, dass er eine Teilselbstanzeige nicht für ausreichend erachte, um Strafbefreiung zu erlangen, da die Rückkehr zur vollständigen Steuerehrlichkeit fehle, der Täter mache keinen „reinen Tisch". Er sieht sich in Übereinstimmung mit dem bisherigen Wortlaut des § 371 Abs. 1 AO: „Insoweit" beziehe sich nicht auf den Umfang der gemachten Angaben, sondern allein auf den Umfang der Strafbefreiung. Habe der Täter noch andere Straftaten – z.B. ein Bestechungsdelikt – begangen, könne er nur wegen der selbst angezeigten Steuerhinterziehung Straffreiheit erlangen. Die Entscheidung stieß in der Literatur auf erheblichen Widerspruch.[3]

Fraglich ist, wie sich eine Teilselbstanzeige bestimmt. Der BGH bezieht sich insoweit offenbar auf den materiellen Tatbegriff.[4] Demzufolge ist zwischen den einzelnen Steuerarten und Veranlagungszeiträumen zu differenzieren, jede abgegebene unrichtige oder unvollständige Steuerklärung ist eine für sich stehende einzelne Tat. Korrigiert der Täter beispielsweise nur die Einkommensteuererklärung 2010, nicht jedoch die des Jahres 2009, hat er nicht etwa eine Teilselbstanzeige sondern eine (wirksame) Selbstanzeige abgegeben. Genau so, wenn der Täter die Einkommensteuererklärung 2010 berichtigt, nicht jedoch die Umsatzsteuererklärung 2010. Die Frage der Teilselbstanzeige i S.d. BGH bezog sich deshalb auf die einzelne Tat, mithin auf die konkret angesprochene Steuererklärung des jeweiligen Jahres. Fehlten in der Selbstanzeige Einkünfte, die zu dieser Erklärung gehörten, war die Selbstanzeige als Teilselbstanzeige unwirksam, die Selbstanzeige für andere Jahre (deren Vollständigkeit unterstellt) jedoch nicht. **2020**

Die Finanzverwaltung Nordrhein-Westfalen vertritt demgegenüber die Auffassung, alle Besteuerungszeiträume derselben Steuerart innerhalb der strafrechtlichen Verjährungsfrist müssten berichtigt werden, um Straffreiheit zu erlangen.[5] Diese Forderung wird von der aktuellen Gesetzesfassung des § 371 AO erhoben. Wäre die Auffassung der Finanzverwaltung zutreffend, wäre die Gesetzesänderung unnötig gewesen. Schon dies spricht gegen die Ansicht der Finanzverwaltung,[6] zudem der materielle Tatbegriff des BGH. **2021**

gg) Strafrechtliche Auswirkungen einer Teilselbstanzeige

Ist die Teilselbstanzeige erstattet worden, um die wahre Höhe der Steuerhinterziehung zu verheimlichen (dolos), ist sie insgesamt nicht wirksam. Bei der Ahndung wirkt sich die Anzeige, weil der Täter von sich aus wenigstens einen Teil der Tat aufgedeckt hat, strafmildernd aus (§ 46 Abs. 2 StGB). Die hinsichtlich des nicht angezeigten Teils zum Ausdruck kommende verwerfliche Gesinnung dürfte m.E. strafschärfend berücksichtigt werden, da es sich nicht um Umstände handelt, die schon Merkmale des gesetzlichen Tatbestands sind (§ 46 Abs. 3 StGB). **2022**

---

1) Antwort des Parlamentarischen Staatssekretärs Koschyk v. 25.3.2011 auf die Anfrage des MdB Dr. Höll, BT-Drucks. 17/5268, 13 v. 25.3.2011.
2) BGH v. 20.5.2010, 1 StR 577/09, BGHSt 2011, 180 = wistra 2010, 304.
3) Z.B. Gaede, PStR 2010, 282; Salditt, PStR 2010, 168; Schwartz, wistra 2011, 81; Webel, PStR 2010, 189; Wulf, wistra 2010, 286; Weidemann, PStR 2010, 175.
4) Bericht über den 12. IWW-Kongress „Praxis Steuerstrafrecht", PStR 2010, 309, 310.
5) FinMin NRW Erlass v. 25.6.2010, S 0702 – 9 – V A 1.
6) So auch Stahl, 3. Aufl. 2011, Rz. 165.

2023 Eine Teilselbstanzeige stellt eine straflose Nachtat hinsichtlich des nicht angezeigten Teils dar. Ist aber die ursprüngliche Tat verjährt, kann die Nachtat geahndet werden.[1] Für die Nachtat läuft auch eine selbständige neue Verjährungsfrist.

hh) Regelungsbedürfnis für die strafrechtliche Bewertung der Korrektur von Voranmeldungen

2024 Die Abschaffung der wirksamen Teilselbstanzeige führt insbesondere für größere Unternehmen zu noch nicht gelösten Problemen. Dort ist es häufig erforderlich, Steueranmeldungen (vorrangig sind Umsatz- und Lohnsteuer betroffen) teilweise auch mehrfach zu korrigieren. Die Ursachen liegen in der Komplexität der Erklärungen, bedingt sowohl durch die Vielzahl der zu berücksichtigenden Sachverhalte als auch durch die Regelungsflut des Gesetzgebers.[2]

2025 Unter § 371 AO a.F. lösten diese Sachverhalte keine strafrechtlichen Konsequenzen aus, als Teilselbstanzeige führten sie zur Strafbefreiung. In der Praxis war in solchen Fällen jedoch nicht einmal von Strafbefreiung die Rede, da i.d.R. erst gar keine Strafverfahren eingeleitet worden waren. Die Sachverhalte gelangten üblicherweise auch nicht zur Kenntnis der Strafsachenstellen. Weder die Finanzverwaltung noch die Rechtsprechung noch der Gesetzgeber sahen in diesem Bereich Bedarf für eine strafrechtliche Neubewertung. Ein Strafbedürfnis wurde in diesem Bereich nicht artikuliert.

2026 Wiederholte Korrekturen nach § 371 AO n.F. führen jedoch zur Annahme einer Teilselbstanzeige, die der Selbstanzeige die Wirksamkeit versperrt.[3] In den hier maßgeblichen Fallkonstellationen ist dies unbefriedigend: Einerseits müssen abgegebene unrichtige Erklärungen gem. § 153 AO berichtigt werden, andererseits sperrt eine Selbstanzeige die Wirksamkeit weiterer Selbstanzeigen. Zur Vermeidung kommt die „undolose" Teilselbstanzeige – wäre sie überhaupt eine zur Strafbefreiung führende Erklärung – hier nicht in Betracht. Wesentlich ist, dass die Geschäftsführung eines großen Unternehmens definitiv weiß, dass weiterer – ggfs. wiederholter – Korrekturbedarf besteht. Dann geht es nicht mehr um die Abgabe einer irrtümlich für richtig und vollständig gehaltenen Erklärung. Die Abgabe der unrichtigen (und später korrigierten) Erklärung erfolgt zwar nicht mit der Absicht, eine endgültige Steuerverkürzung zu bewirken. Genügend ist aber für die Strafbarkeit, dass sich der Täter mit einer Steuerhinterziehung auf Zeit abfindet.[4] Eine Abgrenzung zwischen absichtlich-dolosen und wissentlich-unvollständigen Nacherklärungen macht daher keinen Sinn.[5]

2027 Verschiedene Bundesverbände sowie der Deutsche Industrie- und Handelskammertag haben mit Schreiben vom 24.5.2012 an das BMF[6] unter detaillierter Darlegung der in der Praxis zu Problemen führenden Sachverhalte eine Änderung der AO bzw. klarstellende Verwaltungsanweisungen als dringend notwendig erachtet; gleichermaßen hat der Bundesverband der Steuerberater e.V. zu den Fehlwirkungen des Schwarzgeldbekämpfungsgesetzes im Bereich der Umsatzsteuervoranmeldungen am 14.8.2012 Stellung genommen.[7]

1) BGH v. 27.10.1992, 5 StR 517/92, BGHSt 38, 366 = wistra 1993, 113 = JZ 1993, 475 mit abl. Anm. von Stree; v. 26.5.1993,5 StR 190/93, wistra 1993, 223 = NStZ 1993, 493.
2) Wulf, AG 2010, 540, 542.
3) S.a. Schwartz, PStR 2012, 116, 118.
4) BGH v. 17.3.2009, 1 StR 627/08, wistra 2009, 179.
5) Zutr. Wulf, AG 2010, 540, 542, der auch auf die Schwierigkeit hinweist, die Abgrenzung in der Praxis beweissicher festzustellen.
6) Download-Center DB, Nr. DB0479784.
7) http://www.bvstb.de/aktuelles-presse/details/article/stellungnahme-des-bvstb-zu-fehlwirkungen-der-neure.html.

Die nicht erwünschten Strafbarkeitsrisiken in diesem Bereich können nur vermieden werden, wenn die jeweiligen (Korrektur-)Erklärungen als solche nach § 153 AO angesehen werden.[1] Sofern nicht bei Abgabe einer der (unrichtigen) Erklärungen vorsätzlich gehandelt wurde, können Berichtigungen nach § 153 AO (oder bei Leichtfertigkeit nach § 378 Abs. 3 Satz 1 AO) ohne negative Folgen mehrfach erfolgen. Nicht vorhersehbar ist indes, ob der jeweilige Sachbearbeiter im Finanzamt die Korrektur als solche nach § 153 AO oder als Selbstanzeige nach § 371 AO betrachtet. Für Rechtssicherheit in diesem Bereich sorgt nunmehr Nr. 132 Abs. 2 AStBV (St) 2013.[2] Praxis und Rechtsprechung werden zeigen, ob hierdurch nicht gewollte Strafbarkeitsrisiken umfassend vermieden werden können. Gegebenenfalls wären die AStBV um eine Regelung zu ergänzen, in der die Regelvermutung aufgestellt wird, dass unrichtige oder unvollständige Umsatzsteuer- oder Lohnsteueranmeldungen grundsätzlich nicht vorsätzlich[3] – also undolos – erfolgt sind.[4] Dann muss die Korrekturerklärung – für die wiederum die Regelvermutung gelten müsste – als Berichtigung nach § 153 AO (oder als wirksame Teilselbstanzeige gem. § 378 Abs. 3 Satz 1 AO) angesehen werden. Für Fälle, in denen die dem Zweck einer solchen Regelvermutung zuwiderlaufende Tatsachen vorliegen, könnte eine Ausnahmeregelung greifen. Auch kommt eine gesetzliche Regelung in Betracht, wonach eine ohne Vorsatz unrichtige oder unvollständige Selbstanzeige und die Korrektur einer solchen Erklärung die strafbefreiende Wirkung (insgesamt) nicht ausschließt.[5] **2028**

ii) Verspätete Voranmeldungen

Wegen der oben dargestellten Komplexität der Erklärungen kann es in der Praxis zu einer – wenn auch nur geringfügigen – Verspätung der Abgabe kommen. Dabei handelt es sich regelmäßig um eine Steuerhinterziehung auf Zeit (ist absehbar, dass eine Voranmeldung verspätet abgegeben wird, sollte deshalb rechtzeitig ein Fristverlängerungsantrag gestellt werden). Solche Sachverhalte gelangten üblicherweise nicht zur Kenntnis der Strafsachenstellen. Die AStBV (St) 2011 rechtfertigten bei verspäteten Anmeldungen diese Praxis, indem nach deren Nr. 132 Abs. 1 Satz 4 von der Vorlage an die Strafsachenstellen abgesehen werden konnte. Bereits in der Neuregelung der AStBV (St) 2012 (Geltung seit 31.10.2011[6]) wurde jedoch Nr. 132 Abs. 1 Satz 4 AStBV (St) 2011 gestrichen. **2029**

Nunmehr hat die Veranlagungsstelle die Weiterleitung verspäteter Anmeldungen an die Strafsachenstelle zu prüfen. Mit Erlass der AStBV (St) 2013[7] wurde in Nr. 132 Abs. 2 eine zu begrüßende Regelung für berichtigte oder verspätet abgegebene Steuer(vor)anmeldungen bei der Umsatz- und der Lohnsteuer aufgenommen, wonach diese nur in begründeten Einzelfällen an die BuStra weiterzuleiten sind. Ausdrücklich als unschädlich werden kurzfristige Terminüberschreitungen und **2030**

1) Auch in diesem Sinne schon Habammer, DStR 2010, 2425, 2429 f.; Schauf/Schwartz, ZWH 2011, 85, 88, sprechen sich in diesem Zusammenhang für eine „verstärkt am Sinn und Zweck des Schwarzgeldbekämpfungsgesetzes orientierte Auslegung" aus, ohne dies jedoch zu konkretisieren.

2) BStBl I 2012, 1018.

3) Bei Annahme von Leichtfertigkeit wäre eine wirksame Teilselbstanzeige gem. § 378 Abs. 3 Satz 1 AO gegeben, so dass hierfür keine Regelung erforderlich ist.

4) So zu Recht die Stellungnahme verschiedener Bundesverbände sowie des Deutschen Industrie- und Handelskammertags v. 24.5.2012 an das BMF, Download-Center DB, Nr. DB0479784.

5) Geuenich, BB 2010, 2148, 2150; wegen der fehlenden Bindungseignung der AStBV als verwaltungsinterne Anweisungen für Staatsanwaltschaften und Gerichte propagieren Zugmaier/Kaiser eine gesetzliche Regelung oder wenigstens ein klarstellendes BGH-Urteil, DStR 2013, 17, 18.

6) BStBl I 2011, 1000.

7) V. 30.10.2012, BStBl I 2012, 1018.

geringfügige Abweichungen bezeichnet, sofern nicht zusätzliche Anhaltspunkte für eine Steuerhinterziehung oder leichtfertige Steuerverkürzung vorliegen.

b) Stufen-Selbstanzeige

2031 Eine gestufte Selbstanzeige – in der der Sachverhalt dem Grunde nach, aber noch ohne Besteuerungsgrundlagen, deren Nachreichung angekündigt wird, mitgeteilt wird – wurde lange als ausreichend angesehen, da mehrere Teilerklärungen als Einheit zu betrachten seien.[1] Sie ist jedoch abzulehnen, da sie die Finanzbehörden regelmäßig gerade nicht in den Stand versetzt, ohne aufwändige Ermittlungen Änderungsveranlagungen durchzuführen.[2] Nach der Rechtsprechung kann daher mit einer „gestuften Selbstanzeige" die Sperrwirkung nicht umgangen werden: *„Soweit dem Steuerpflichtigen aufgrund unzureichender Buchhaltung oder wegen fehlender Belege eine genau bezifferte Selbstanzeige nicht möglich ist, ist er nach Auffassung des Senats gehalten, von Anfang an – also bereits auf der ersten Stufe der Selbstanzeige – alle erforderlichen Angaben über die steuerlich erheblichen Tatsachen, notfalls auf der Basis einer Schätzung anhand der ihm bekannten Informationen, zu berichtigen, zu ergänzen oder nachzuholen."* [3] Wenn ein Stpfl. Selbstanzeige dem Grunde nach erstattet und dabei ankündigt, nach und nach berichtigte Erklärungen einreichen zu wollen, setzt er sich einem Risiko[4] aus: Es stellt sich die Frage, ob das Finanzamt eine Nachfrist setzen muss/kann oder verpflichtet ist, durch eine Einleitungsverfügung den tatsächlich nachfolgenden Erklärungen die Funktion der Strafbefreiung zu nehmen.

2032 Eine Einleitungsverpflichtung (→ Rz. 2097) ist mit dem LG Hamburg zu bejahen. Denn bei Vorliegen zureichender tatsächlicher Anhaltspunkte für eine Straftat (= Anfangsverdacht) muss nach dem Legalitätsprinzip (= Verfolgungszwang) des § 152 Abs. 1 StPO[5] das Verfahren eingeleitet werden. Dabei handelt es sich um keine Ermessensentscheidung, wenngleich ein gewisser Beurteilungsspielraum im Rahmen eines unbestimmten Rechtsbegriffes besteht.[6] Kommt die Finanzverwaltung der Verpflichtung zur Verfahrenseinleitung und -bekanntgabe nach, entsteht der Sperrgrund gem. § 371 Abs. 2 Nr. 1 Buchst. b AO. Dann ist die erste Erklärung keine wirksame Selbstanzeige, der nachfolgenden Erklärung steht ein Sperrgrund entgegen – die Chance zur wirksamen Selbstanzeige ist unheilbar verloren.

2033 Zu beachten ist, dass die Nichteinleitung eines Verfahrens trotz diesbezüglicher Voraussetzungen Strafvereitelung im Amt (Vergehen nach § 258a StGB) bedeuten kann. Die Bekanntgabe der Einleitung braucht jedoch nicht sofort zu erfolgen, sondern erst bei Aufforderung an den Täter, Tatsachen darzulegen oder Unterlagen vorzulegen (§ 397 Abs. 3 AO).

c) Beratungsempfehlung

2034 In dringenden Fällen – weil z.B. ein Ausschlussgrund einzugreifen droht (→ Rz. 2054 ff.) – empfiehlt es sich, eine Selbstanzeige mit ggf. zu hoher Schätzung der Besteuerungsgrundlagen abzugeben (→ Rz. 1994 ff.).[7] Da die Finanzbehörden erfahrungsgemäß späteren Korrekturen nach unten, die verfahrensrechtlich ohne

1) BGH v. 13.11.1952, 3 StR 398/52, NJW 1953, 475; OLG Frankfurt v. 18.10.1961, 1 Ss 854/61, NJW 1962, 974; LG Hamburg v. 18.6.1986, (50) 117/86 Ns, wistra 1988, 120.
2) Webel, PStR 2007, 213.
3) BGH v. 20.5.2010, 1 StR 577/09, BGHSt 55, 180 Rz. 39.
4) Jäger in Klein, 11. Aufl. 2012, § 371 AO Rz. 22.
5) BVerfG v. 23.7.1982, 2 BvR 8/82, NStZ 1982, 430.
6) BGH v. 18.6.1970, III ZR 95/68, NJW 1970, 1543.
7) OLG Stuttgart v. 31.1.1996, 1 Ws 1/96, wistra 1996, 190, 191; Streck, DStR 1996, 288; Theil, BB 1983, 1274, 1277.

Weiteres möglich sind,[1] regelmäßig mit großem Misstrauen begegnen, sollte die Vornahme einer aus Sicherheitsgründen zu hohen Schätzung gleich mit der Selbstanzeige mitgeteilt und ggfs. hervorgehoben werden. Schädlich könnte indes das Bestreiten des Steueranspruchs insgesamt sein.[2]

Das Erfordernis der Aufdeckung aller unverjährten Steuerstraftaten einer Steuerart und damit die Abschaffung der Teilselbstanzeige bei vorsätzlicher Steuerhinterziehung verlangt, dass die Selbstanzeige vollständig ist. Hierüber sollte der Mandant ausdrücklich belehrt werden, die Dokumentation mittels eines Aktenvermerks für die Handakte ist zu empfehlen. **2035**

Spätere, nachträgliche Ergänzungen oder Korrekturen nach oben lassen eine erste abgegebene Erklärung als Teilselbstanzeige erscheinen, der – bei Beurteilung nach § 371 AO – eine strafbefreiende Wirkung zu versagen ist. Dadurch kommt der Unterscheidung zwischen Berichtigungserklärungen nach § 153 AO (bzw. Selbstanzeige nach § 378 Abs. 3 AO) einerseits und Selbstanzeigen nach § 371 AO andererseits eine neue, besondere Bedeutung zu: Wird eine (erste) Erklärung als solche nach § 153 AO von der Finanzbehörde akzeptiert und nicht als Selbstanzeige bewertet, sichert dies einer weiteren (zweiten) Erklärung – wenn sie nicht ohnehin eine weitere Erklärung nach § 153 AO darstellt – als Selbstanzeige die strafbefreiende Wirkung. Es ist daher aus Gründen der Vorsicht zu empfehlen, sich – soweit darstellbar – für die Beurteilung der ersten Erklärung nach § 153 AO,[3] allenfalls nach § 378 Abs. 3 AO einzusetzen. Nur so kann verhindert werden, dass im Fall der Notwendigkeit zukünftiger nochmaliger Korrektur – die aktuell noch nicht absehbar sein muss – die Finanzbehörde die erste Erklärung als unwirksame Teilselbstanzeige ansieht. Die bisherige Praxis, Selbstanzeigen als solche nicht kenntlich zu machen und als Erklärung nach § 153 AO wirken zu lassen, erfährt so eine neue Bedeutung. **2036**

5. Adressat

a) Finanzbehörde

Die Selbstanzeige ist gegenüber Finanzbehörden, die in § 6 Abs. 2 AO aufgezählt sind, abzugeben.[4] Die Einschränkung zum Begriff Finanzbehörde in § 386 Abs. 1 Satz 1 AO bezieht sich nur auf die §§ 385 bis 408 AO. Die Selbstanzeige muss im amtlichen Verkehr abgegeben werden, eine Erklärung im Rahmen eines privaten Gesprächs ist rechtlich irrelevant.[5] **2037**

b) Unzuständige Finanzbehörde

Die Selbstanzeige ist nach heute herrschender Meinung bereits mit Eingang bei einer örtlich/sachlich unzuständigen Finanzbehörde wirksam abgegeben.[6] Nach **2038**

1) Theil, BB 1983, 1274, 1277.
2) LG Heidelberg v. 16.11.2012, 1 Qs 62/12, ZWH 2013, 73; Patzschke, StB 2013, 78; → Rz. 2053.
3) S.a. Modlinger, PStR 2011, 69, 73.
4) Wegen der Grundlagenfunktion des Gewerbesteuermessbescheids bedarf es neben der Berichtigung der Gewerbesteuererklärung gegenüber dem Finanzamt keiner eigenständigen Berichtigung gegenüber der hebeberechtigten Gemeinde.
5) RG v. 4.2.1924, III Ss 1178/23, RGSt 58, 83 ff.; Schauf in Kohlmann, § 371 AO Rz. 85.1 (Dezember 2012).
6) Jäger in Klein, 11. Aufl. 2012, § 371 AO Rz. 34; Hüls/Reichling, PStR 2008, 142. Zur überholten Auffassung, die Erstattung der Anzeige habe beim örtlich und sachlich zuständigen Finanzamt zu erfolgen: Stahl, 3. Aufl. 2011, § 371 AO Rz. 113. Anders noch Müller, 2012, Rz. 485, unter Bezugnahme auf das Urteil des FG München v. 6.9.2006, 1 K 55/06, EFG 2007, 161, bestätigt durch BFH v. 28.2.2008, VI R 62/06, BStBl II 2008, 595. Teilweise wird – „um Unwägbarkeiten zu vermeiden" – die Abgabe beim zuständigen Finanzamt weiterhin empfohlen, so Aue, PStR 2010, 53 (zur Erstattung einer steuerlichen Selbstanzeige im Rahmen einer Bargeldkontrolle gegenüber dem Zollbeamten).

§§ 111 ff. AO sind Behörden untereinander zur Amtshilfe, mithin zur Weiterleitung an die zuständige Finanzbehörde verpflichtet. Entscheidend ist, dass die Selbstanzeige auf eine Art und Weise abgegeben wird, die sicherstellt, dass sie den zuständigen Amtsträger bei der Behörde erreicht.[1] Auf den Zeitpunkt, wann die zuständige von der unzuständigen Finanzbehörde die Selbstanzeige erhält, kommt es nicht an.[2]

Beratungshinweis:

Besteht Sorge bzgl. einer Fahndungsprüfung, könnte daran gedacht werden, die Selbstanzeige auch der Steuerfahndungsstelle zuzuleiten, um Zwangsmaßnahmen (Durchsuchung, Beschlagnahme, Verhaftung) abzuwenden. Zu bedenken ist jedoch, dass die Finanzbehörde dann den Sperrgrund der Tatentdeckung (§ 371 Abs. 2 Nr. 2 AO) entgegenhalten könnte.

2039 Zur Berechnung der Ablaufhemmung nach § 179 Abs. 9 AO ist jedoch grundsätzlich auf den Eingang beim zuständigen Finanzamt abzustellen.[3]

2040 Das LG Stuttgart[4] vertritt die Ansicht, dass jedenfalls dann, wenn das zuständige Finanzamt bekannt ist, auch dort die Selbstanzeige zu erstatten sei. Hinzu komme, dass andernfalls die Möglichkeit der Manipulation bestehe. Diese Interpretation ist m.E. mit dem Gesetzeswortlaut nicht in Einklang zu bringen.

Von Bedeutung ist die Frage des Zeitpunkts des Eingangs allerdings nur dann, wenn bis zum Eingang bei der zuständigen Finanzbehörde Veränderungen eingetreten sind, die einer wirksamen Selbstanzeige entgegenstehen (Ausschlussgründe, → Rz. 2054 ff.).

c) Außenprüfer/Steuerfahndungsbeamter

2041 Eine Selbstanzeige kann auch bei jedem Außenprüfer[5] oder Steuerfahndungsbeamten wirksam abgegeben werden, da eine Behörde durch alle Amtsträger verkörpert wird, die für sie hoheitliche Funktionen ausüben.[6] Auch ist hier zu beachten, dass die Selbstanzeige im amtlichen Verkehr zu übergeben ist.[7]

2042 Dies ist natürlich nur sinnvoll für Taten außerhalb des Prüfungsauftrags, denn das Erscheinen eines Prüfers stellt im Rahmen seines Prüfungsauftrags einen Ausschlussgrund für eine wirksame Selbstanzeige dar (→ Rz. 2124 ff.).

2043 Zu beachten ist aber, dass eine Offenbarung (= Geständnis), falls die Selbstanzeige nicht wirksam sein sollte, i.d.R. strafmildernd gewertet werden muss (§ 46 Abs. 2 StGB: Verhalten nach der Tat).[8]

d) Andere Behörden

2044 Wird hingegen eine Selbstanzeige bei anderen Behörden, z.B. bei der Staatsanwaltschaft, abgegeben, so ist sie erst dann wirksam abgegeben, wenn sie nach Weiterleitung bei einer Finanzbehörde eingeht.[9] Unerheblich ist, ob die andere Behörde zur

1) Stahl, 3. Aufl. 2011, § 371 AO Rz. 113.
2) Joecks in Franzen/Gast/Joecks, 7. Aufl. 2009, § 371 AO Rz. 90.
3) BFH v. 28.2.2008, VI R 62/06, BStBl II 2008, 595.
4) LG Stuttgart v. 18.8.1998, 14 KLs 142 Js 50670/97, n.v.
5) BayObLG v. 2.12.1980, RReg 4 St 168/80, MDR 1981, 427 = DB 1981, 874; OLG Karlsruhe v. 30.11.1995, 2 Ss 158/95, wistra 1996, 117, 118 a.E. = NStZ 1996, 197.
6) Kohler in Münchener Kommentar StGB, 2010, § 371 AO Rz. 107 m.w.N; nicht unstr.; zum Streitstand OLG Stuttgart v. 22.5.1989, 3 Ss 21/89, NStZ 1989, 436 = MDR 1989, 1017.
7) RG v. 4.2.1924, III Ss 1178/23, RGSt 58, 83 ff.; Schauf in Kohlmann, § 371 AO Rz. 85.1 (Dezember 2012).
8) Fischer, 60. Aufl. 2013, § 46 StGB Rz. 46.
9) Kohler in Münchener Kommentar StGB, 2010, § 371 AO Rz. 108; ausdrücklich jedoch offen gelassen von BGH v. 18.6.2003, 5 StR 489/02, wistra 2003, 385, 388.

Mitwirkung an Steuerstrafverfahren berufen ist oder nicht. Das Risiko, dass eine Selbstanzeige nicht oder nicht rechtzeitig weitergeleitet wird, trägt der Anzeigeerstatter.[1] Siehe zur Tatentdeckung bei Abgabe einer Selbstanzeige an die Staatsanwaltschaft die Ausführungen zu → Rz. 2166 ff.

6. Zeitpunkt des Zugangs

Der Zeitpunkt des Zugangs richtet sich nach den Grundsätzen des § 130 BGB, der ausdrücklich auch für Willenserklärungen gilt, die gegenüber Behörden abzugeben sind.[2] Danach ist eine Willenserklärung zugegangen, wenn sie so in den Bereich des Empfängers gelangt ist, dass dieser unter normalen Verhältnissen die Möglichkeit hat, ihren Inhalt zur Kenntnis zu nehmen.[3] **2045**

Eine **schriftliche Selbstanzeige** ist zugegangen: **2046**

- bei Aushändigung an einen Amtsträger einer Finanzbehörde,
- bei Einwurf in den Briefkasten einer Finanzbehörde (persönlich oder durch die Post), sobald mit der Leerung zu rechnen ist,[4]
- bei Telegrammen bereits mit der telefonischen Durchsage,
- bei Fernschreiben, Fax oder E-Mail, sobald mit der Kenntnisnahme zu rechnen ist,
- bei Postschließfächern, sobald mit der Abholung zu rechnen ist, da das Postschließfach kein in das Postamt verlegter Briefkasten des Empfängers ist.[5]

Das Finanzamt muss sich einen Zugang an einem Samstag, an dem nicht gearbeitet wird, genauso zurechnen lassen wie ein steuerlicher Berater, der samstags auch nicht arbeitet.[6]

Eine **mündliche Selbstanzeige** geht sofort zu, vorausgesetzt, der Empfänger nimmt sie wahr. **2047**

Das Risiko, dass eine Selbstanzeige verspätet zugeht, trägt der Anzeigeerstatter.[7] Das Risiko einer nachweisbar nicht vorhersehbaren Postverzögerung soll nicht der Selbstanzeigeerstatter tragen.[8]

7. Nachweis der Selbstanzeige

Der Anzeigeerstatter muss im Zweifel nachweisen, die Anzeige rechtzeitig erstattet zu haben, da der Grundsatz in dubio pro reo insoweit nicht gilt (→ Rz. 1944 ff.). Deshalb empfiehlt sich bei Abgabe einer Selbstanzeige die Schriftform. Bei mündlicher Anzeige ist darauf zu achten, dass sie protokolliert wird. Da die Nachweispflicht beim Anzeigeerstatter liegt, hat er nach Treu und Glauben einen Anspruch auf Quittierung. **2048**

Ein Eingangsstempel erbringt grds. Beweis für Zeit und Ort des Eingangs. Eine Widerlegung durch eine eidesstattliche Versicherung kommt nicht in Betracht.[9] **2049**

---

1) Jäger in Klein, 11. Aufl. 2012, § 371 AO Rz. 34; differenzierend Joecks in Franzen/Gast/Joecks, 7. Aufl. 2009, § 371 AO Rz. 93.
2) RG v. 15.11.1926, II 826/26, RGSt 61, 10; Schauf in Kohlmann, § 371 AO Rz. 85 (Dezember 2012).
3) BGH v. 13.2.1980, VIII ZR 5/79, NJW 1980, 990; Ellenberger in Palandt, 72. Aufl. 2013, § 130 BGB Rz. 5 ff.
4) BayObLG v. 1.12.1980, RReg 4 St 241/80, BayObLGSt 1980, 142, 145.
5) BVerwG v. 11.5.1960, BVerwG VC 253/58, NJW 1960, 1587.
6) BFH v. 4.11.2003, IX R 4/01, BFH/NV 2004, 159.
7) Jäger in Klein, 11. Aufl. 2012, § 371 AO Rz. 34; differenzierend Joecks in Franzen/Gast/Joecks, 7 Aufl. 2009, § 371 AO Rz. 93.
8) Rüping in H/H/Sp, § 371 AO Rz. 65 (Dezember 2012).
9) BFH v. 19.7.1995, I R 87, 169/94, NJW 1996, 679.

Fraglich ist aber, ob dies im Hinblick auf den Zweifelssatz „in dubio pro reo" auch für das Strafverfahren gilt.

8. Behandlung der Selbstanzeige durch das Finanzamt

2050 Auf Grund des neuen Selbstanzeigenrechts wurden die finanzamtsinternen Anweisungen für das Straf- und Bußgeldverfahren in den AStBV (St) 2012, jetzt AStBV (St) 2013,[1] neu formuliert.[2] Nach Eingang einer Selbstanzeige sehen die Regelungen folgende Handlungsmöglichkeiten für das FA vor:

2051 Nr. 11 AStBV (St) 2013 regelt insbesondere nach Eingang einer Selbstanzeige die Frage der Verfahrenseinleitung durch die Straf- und Bußgeldsachenstelle (Abs. 1), die Kompetenz zur Veranlassung von Ermittlungen (Abs. 3) sowie die Bestimmung der Nachentrichtungsfrist (Abs. 4).

2052 Nr. 132 AStBV (St) 2013 regelt auch die Pflicht sonstiger Stellen des Finanzamtes, bestimmte Erklärungen des Stpfl. der Strafsachenstelle zuzuleiten (Abs. 1). Wichtig für die Praxis (→ Rz. 2024 ff.) ist der mit den AStBV (St) 2013 eingeführte Abs. 2 der Nr. 132:

(2) Bei der Umsatz- und Lohnsteuer sind berichtigt oder verspätet abgegebene Steuer(vor)anmeldungen nur in begründeten Einzelfällen an die BuStra weiterzuleiten. Kurzfristige Terminüberschreitungen und geringfügige Abweichungen sind unschädlich, es sei denn, es bestehen zusätzliche Anhaltspunkte für eine Steuerhinterziehung oder leichtfertige Steuerverkürzung. Liegen derartige Anhaltspunkte vor, kann die Abgabe einer vollständigen und richtigen Umsatzsteuerjahreserklärung als Selbstanzeige hinsichtlich unrichtiger, unvollständiger oder unterlassener Angaben in den zuvor abgegebenen Umsatzsteuervoranmeldungen dieses Jahres gewertet werden. Für die Wirksamkeit der Selbstanzeige bedarf es dann keiner gesonderten Korrektur des einzelnen Voranmeldungszeitraums.

Weitere Regelungen ergeben sich aus den Nrn. 22 (2) (Abgabe der Strafsache an die Staatsanwaltschaft zur Entscheidung über die Wirksamkeit der Selbstanzeige in Fällen besonderer Bedeutung), 77 Nr. 3 Buchst. a) (Strafmilderung bei „verunglückter" Selbstanzeige) und 150 (5) (kein Verwendungsverbot gem. § 393 Abs. 2 AO bei Offenbarung einer allgemeinen Straftat, die der Täter zugleich mit der Steuerhinterziehung begangen hat, im Rahmen einer Selbstanzeige) AStBV (St) 2013.

III. Widerruf der Selbstanzeige

2053 Widerruft der Täter die Angaben seiner Selbstanzeige, dann ist sie gegenstandslos. Damit entfällt auch die strafbefreiende Wirkung.[3]

Ein Rechtsmittel (Einspruch, Anfechtungsklage) gegen einen auf der Grundlage der Selbstanzeige erlassenen Steuerbescheid ist jedoch nur dann als Widerruf anzusehen, wenn der Stpfl. von den Tatsachenangaben seiner Selbstanzeige abrückt.[4] Es muss einem Stpfl. unbenommen sein, Einwände gegen die rechtliche Beurteilung seiner in der Selbstanzeige mitgeteilten Besteuerungsgrundlagen vorzutragen.[5]

---

1) Gleichlautende Erlasse der obersten Finanzbehörden der Länder v. 31.10.2011, BStBl I 2011, 1000 (AStBV (St) 2012), sowie BStBl I 2012, 1018 (AStBV (St) 2013).
2) S.a. Berchner, NZWiSt 2012, 171.
3) Schauf in Kohlmann, § 371 AO Rz. 75 (Dezember 2012); Joecks in Franzen/Gast/Joecks, 7. Aufl. 2009, § 371 AO Rz. 94; Rüping in H/H/Sp, § 371 AO Rz. 95 (Dezember 2012).
4) Joecks in Franzen/Gast/Joecks, 7. Aufl. 2009, § 371 AO Rz. 94; Rüping in H/H/Sp, § 371 AO Rz. 95 (Dezember 2012).
5) LG Heidelberg v. 16.11.2012, 1 Qs 62/12, ZWH 2013, 73; Patzschke, StB 2013, 78.

IV. Ausschlussgründe nach § 371 Abs. 2 AO

1. Bedeutung der Ausschlussgründe

Straffreiheit tritt trotz inhaltlich ausreichender Selbstanzeige nicht ein, wenn vor Zugang der Selbstanzeige bei einer Finanzbehörde die Voraussetzungen eines Ausschlussgrundes nach § 371 Abs. 2 AO eingetreten sind. 2054

Die Sperrwirkung eines Ausschlussgrundes erfasst jedoch nur bereits ausgeführte (versuchte oder vollendete) Taten.[1] Eine falsche Buchung bereitet z.B. eine Steuerhinterziehung i.d.R. erst vor, stellt also noch keinen Versuch dar.[2] Gelangt eine solche Buchung erst nach Beginn der Sperrwirkung in das Versuchsstadium einer Steuerhinterziehung, so wird sie von der Sperrwirkung nicht erfasst. 2055

Beratungshinweis:

Die Hilfe des Beraters bei der Bekämpfung von Ausschlussgründen stellt im Gegensatz zur Hilfe bei der Abgabe einer Selbstanzeige (→ Rz. 2162) bereits Strafverteidigung dar, so dass das Verbot der Mehrfachverteidigung eingreift. § 146 StPO verbietet aber nicht, dass sich Verteidiger mehrerer Beschuldigter besprechen und ihr Vorgehen abstimmen.[3]

2. Bekanntgabe einer Prüfungsanordnung (§ 371 Abs. 2 Nr. 1 Buchst. a AO)

Straffreiheit tritt nicht ein, wenn einem Täter oder seinem Vertreter eine Prüfungsanordnung nach § 196 AO bekannt gegeben worden ist (§ 371 Abs. 2 Nr. 1 Buchst. a AO). 2056

Dieser Ausschlussgrund wurde mit dem Schwarzgeldbekämpfungsgesetz neu in den § 371 AO eingeführt. Bislang führten Prüfungen erst bei Erscheinen eines Amtsträgers zur Wirksamkeitsausschluss einer Selbstanzeige. Zwischen der Bekanntgabe einer Prüfungsanordnung und dem Erscheinen eines Amtsträgers vergeht üblicherweise ein wochen- oder monatelanger Zeitraum. Mit der Gesetzesänderung soll verhindert werden, dass unter dem Eindruck der bevorstehenden Prüfung eine Selbstanzeige noch mit strafbefreiender Wirkung abgegeben werden kann.[4] Eine „taktische" Selbstanzeige soll so ausgeschlossen werden. Abzuwarten bleibt, ob die Regelung vielmehr dazu führt, dass nach Bekanntgabe der Prüfungsanordnung eine Selbstanzeige gerade nicht abgegeben wird, weil sie verspätet wäre, und der Stpfl. zuwartet, ob der Prüfer die Tat aufdeckt.[5] 2057

Durch Schwachstellen in der Gesetzesfassung sind Probleme bei der Gesetzesanwendung vorprogrammiert: Eine wirksame Selbstanzeige dürfte bei anschlussgeprüften Unternehmen faktisch kaum noch möglich sein.[6] Bei juristischen Personen erfolgt die Bekanntgabe der Prüfungsanordnung an diese als Steuersubjekt. § 371 Abs. 2 Nr. 1 Buchst. a AO formuliert indes die Bekanntgabe der Prüfungsanordnung an den Täter bzw. seinen Vertreter – es ist deshalb fraglich, ob hier eine Sperrwirkung eintreten kann.[7] 2058

1) BGH v. 13.5.1987, 3 StR 37/87, wistra 1987, 293 = NStZ 1987, 464.
2) Vgl. § 379 Abs. 1 Nr. 2 AO; BayObLG v. 24.3.1992, RReg 4 St 159/91, wistra 1992, 238, 240.
3) OLG Düsseldorf v. 20.8.2002, 1 Ws 318/02, NJW 2002, 3267.
4) BT-Drucks. 17/5067 (neu), 11.
5) Kemper, NZWiSt 2012, 56, 57, fürchtet, dass deshalb „viele unentdeckte Steuerquellen unentdeckt bleiben.".
6) Kemper in Rolletschke/Kemper, § 371 AO Rz. 166 (September 2012).
7) Nach Kemper in Rolletschke/Kemper,§ 371 AO Rz. 166 (September 2012), ist die Sperrwirkung v.a. für untergeordnete Mitarbeiter, die von der Bekanntgabe der Prüfungsanordnung nichts wussten, zweifelhaft; s.a. Wulf/Kamps, DB 2011, 1711, 1715.

a) Umfang der Sperrwirkung

2059 Bei der Außenprüfung – insbes. Betriebsprüfung, Umsatzsteuersonderprüfung, Lohnsteueraußenprüfung (§§ 193 ff. AO) – richtet sich die Sperrwirkung nach Adressat und Inhalt der Prüfungsanordnung (§ 196 AO).[1]

2060 Bislang erstreckte sich die Sperrwirkung auf die Steuerarten und Veranlagungszeiträume, die in der Prüfungsanordnung ausdrücklich genannt waren.[2] So konnten Dauersachverhalte, die der Prüfer aufgegriffen hatte, für außerhalb der Prüfung liegende und strafrechtlich noch nicht verjährte Veranlagungszeiträume wirksam selbst angezeigt werden.

2061 Die Neuregelung des § 371 Abs. 2 Nr. 1 Buchst. a AO beschränkt den Ausschluss der strafbefreienden Wirkung ihrem Wortlaut nach nicht auf die in der Prüfungsanordnung genannten Veranlagungszeiträume. Vielmehr erfordert § 371 Abs. 1 AO zur Wirksamkeit einer Selbstanzeige ihre Erstreckung auf alle unverjährten Steuerstraftaten in vollem Umfang. Tritt Straffreiheit wegen der Bekanntgabe einer Prüfungsanordnung bei nur einer der selbst angezeigten unverjährten Steuerstraftaten nicht ein, umfasst die Sperrwirkung der Prüfungsanordnung nicht nur die in ihr genannten Zeiträume der jeweiligen Steuerart, sondern alle strafrechtlich unverjährten Steuern der jeweiligen Steuerart.[3]

2062 Das Gesetz definiert nicht, was unter einer „Steuerart" zu verstehen ist. Nach den Gesetzesmaterialien handelt es sich dabei um die „einzelne hinterzogene Steuer" bzw. „verkürzte Steuer".[4] Dies wirft die Frage auf, ob sich die zu berichtigende Steuerart nur auf den konkreten Stpfl. bezieht oder ob ggf. auch seine Beteiligung an Hinterziehungen der gleichen Steuerart anderer Stpfl. zu berücksichtigen ist.[5] Eine einschränkende Auslegung des Wortlauts dahingehend, dass nur auf die Steuerart ein- und desselben Stpfl. abzustellen ist, wird deshalb vereinzelt befürwortet.[6] Dagegen vertritt Jäger die Auffassung, dass eine solche Einschränkung weder im Gesetzeswortlaut noch in den Materialien eine tragfähige Grundlage finde, vielmehr der Gesetzgeber das Erfordernis der vollständigen Rückkehr zur Steuerehrlichkeit postuliert habe.[7] Für die Beschränkung der Steuerart auf den konkreten Stpfl. spricht, dass die Absicht eines Täters, wegen der gegen ihn gerichteten steuerlichen Ansprüche „reinen Tisch" machen zu wollen, auf Grund der vollständigen Aufdeckung der Steuerquelle und seiner Rückkehr in die Legalität der gesetzlichen Zielrichtung bereits entspricht. Eine noch weiter gehende Aufdeckung einer Steuerhinterziehung der gleichen Steuerarten anderer Stpfl., an der der Täter beteiligt ist, würde sich auf eine neue, andere Steuerquelle beziehen. Dass der Gesetzgeber derart weitgehende Angaben fordert ist nicht ersichtlich. Auch § 371 Abs. 4 AO, wo es ebenfalls um Angaben eines Dritten geht, legt nahe, dass der Gesetzgeber für § 371 Abs. 1 AO auf das Erfordernis einer „schrankenlosen" Berichtigung sehenden Auges verzichtet hat.

Beratungshinweis:

Erstreckt sich die anzuzeigende Steuerart auch auf andere Steuersubjekte, sollte der Betroffene diese vorsorglich in seine Selbstanzeige miteinbeziehen.

---

1) BayObLG v. 23.1.1985, RReg 4 St 309/84, wistra 1985, 117 = MDR 185, 519; BGH v. 15.1.1988, 3 StR 465/87, BGHSt 35, 188 = wistra 1988, 151 mit Anm. von Franzen, wistra 1988, 194.
2) BGH v. 15.1.1988, 3 StR 465/87, BGHSt 35, 188 = wistra 1988, 151.
3) So auch Stahl, 3. Aufl. 2011, Rz. 255; Zanzinger, DStR 2011, 1397, 1400.
4) BT-Drucks. 17/5067 (neu), 24.
5) Beckemper u.a., wistra 2011, 281, 283; Wulf/Talaska, PStR 2011, 175, 178; vgl. auch die bei Wulf/Kamps, DB 2011, 1711, 1713 angeführten Fallgruppen.
6) So Beckemper u.a., wistra 2011, 281, 283; Wulf/Kamps, DB 2011, 1711, 1713.
7) Jäger in Klein, 11. Aufl. 2012, § 371 AO Rz. 18d.

Nur noch bei nicht in der Prüfungsanordnung enthaltenen anderen Steuerarten ist eine Selbstanzeige noch möglich. Ist z.B. die Umsatzsteuer 2010 zu prüfen, tritt bei einem Stpfl., dessen Schwarzeinkünfte sich sowohl auf die Umsatzsteuer als auch auf die Einkommensteuer auswirken, hinsichtlich der Einkommensteuer 2010 keine Sperrwirkung ein.[1] **2063**

Es ist zweifelhaft, ob der Gesetzgeber dies so gewollt hat. Die Folge der dargelegten Auslegung ist die Sperre auch für solche Taten, die von der Prüfung nicht umfasst sind und die im Zuge der Prüfung nicht aufgedeckt werden können. Auch wären im Falle der abgekürzten Außenprüfung nach § 203 Abs. 1 AO Sachverhalte zu Besteuerungsgrundlagen, die **nicht** geprüft werden sollen, von der Selbstanzeige ausgeschlossen. Den Sperrtatbeständen ist jedoch gemein, dass sie dann greifen, sobald sich der Finanzbehörde selber die Möglichkeit zur Aufdeckung der Taten bietet. Nur dann führt eine Offenbarung von Taten nicht mehr zu einer Honorierung des Stpfl. durch die Straffreiheit. Gefordert wird deshalb wegen des „sachwidrigen Regelungsüberschusses"[2] eine teleologische Reduktion des § 371 Abs. 2 Nr. 1 Buchst. a AO dergestalt, dass nur die in der Prüfungsanordnung genannten Zeiträume von der Straffreiheit ausgenommen sind.[3] Diese zutreffende Auffassung steht in Übereinstimmung mit dem rechtfertigenden Zweck der Selbstanzeige, wonach aus fiskalischen Gründen für den Steuerhinterzieher ein Anreiz geschaffen werden soll, von sich aus den Finanzbehörden bislang verborgene Steuerquellen zu erschließen und zudem die Rückkehr zur Steuerehrlichkeit honoriert werden soll.[4] Besteht trotz der Prüfung keine Möglichkeit der Finanzbehörde zur Aufdeckung von Taten außerhalb des Prüfungszeitraums, ist kein Grund ersichtlich, einem Täter, der vollends zur Steuerehrlichkeit zurückkehren will, nach Offenbarung dieser bislang verheimlichten Steuerquellen die Strafbefreiung zu versagen.[5] **2064**

Besteht jedoch durch die Prüfung das Risiko der Aufdeckung von außerhalb des Prüfzeitraumes liegenden Steuerstraftaten (der geprüften Steuerart), wäre eine strafbefreiende Wirkung nach dem 1. Senat des BGH wohl zu versagen: Dieser stellt (bei der Prüfung des Sperrgrundes „Erscheinen eines Amtsträgers zur Prüfung einer Steuerstraftat") darauf ab, dass ein Sperrgrund sich auch auf solche Taten erstreckt, die mit dem bisherigen Ermittlungsgenstand in sachlichem Zusammenhang stehen.[6]

Beratungshinweis:

Will der Täter nach Erhalt einer Prüfungsanordnung Taten anzeigen, die außerhalb des Prüfungszeitraumes liegen, ist zu differenzieren: Handelt es sich um andere Steuerarten als die geprüften, ist die Selbstanzeige weiterhin möglich. Handelt es sich jedoch um die identischen Steuerarten, spricht der Wortlaut des § 371 Abs. 2 Nr. 1 Buchst. a AO gegen die strafbefreiende Wirkung. Die Erreichung der Straffreiheit mit dem Argument der ratio legis der Norm kann dann nicht garantiert werden. Zumindest bei Bestehen eines sachlichen Zusammenhangs zwischen dem Prüfungsgegenstand und den anderen Taten sind die Aussichten auf Straffreiheit nach der derzeitigen BGH-Rspr. gering.

1) Anders noch BGH v. 19.4.1983, 1 StR 859/82, wistra 1983, 146 wegen engen Sachzusammenhangs zwischen Mineralölsteuer und Umsatzsteuer; s. auch BGH v. 5.4.2000, 5 StR 226/99, wistra 2000, 219, 225; für Sachzusammenhang (!) Jäger, wistra 2000, 227, 228; auch BGH v. 20.5.2010, 1 StR 577/09, BGHSt 2011, 180 = wistra 2010, 304, allerdings zum Sperrgrund „Erscheinen eines Amtsträgers zur Prüfung einer Steuerstraftat" → Rz. 2126.

2) Stahl, 3. Aufl. 2011, Rz. 255.

3) Stahl, 3. Aufl. 2011, Rz. 255; Stahl, KÖSDI 2011, 17442, 17445; Adick, PStR 2011, 199; Hunsmann, NJW 2011, 1482, 1485.

4) BGH v. 20.5.2010, 1 StR 577/09, BGHSt 2011, 180 = wistra 2010, 304.

5) Anders FinMin NRW v. 5.5.2011, S 0702 – 8 – V A 1; OFD Niedersachsen v. 9.6.2011, S 0702 – 30 – St 131, n.v.; s.a. Adick, PStR 2011, 199.

6) BGH v. 20.5.2010, 1 StR 577/09, BGHSt 2011, 180 = wistra 2010, 304.

aa) Begrenzung durch die Prüfungsanordnung

2065 Das Erscheinen eines Prüfers schließt die Selbstanzeige nur bei dem Stpfl. (natürliche Person, Personenvereinigung, juristische Person) aus, gegen den die Prüfungsanordnung ergangen ist. Besteht zwischen mehreren Betrieben eine wirtschaftliche Einheit (z.B. Besitz-, Betriebs- oder Vertriebsgesellschaft), so löst das Erscheinen des Prüfers in einem dieser Betriebe die Sperrwirkung für alle Betriebe aus, es sei denn, die Prüfungsanordnung gilt ausdrücklich nur für einen Betrieb.[1)]

2066 Diese rein formalisierte Betrachtungsweise hat gegenüber der Abgrenzung nach dem Sachzusammenhang[2)] den Vorteil, dass sie das mit einer Selbstanzeige verbundene Risiko auf dem Gebiet der Außenprüfung kalkulierbarer macht. Strafverfolgungsinteressen werden dadurch in keiner Weise berührt, da die Finanzbehörden es in der Hand haben, den Umfang der Sperrwirkung durch den Inhalt der Prüfungsanordnung sachgerecht zu bestimmen.[3)]

2067 So richtet sich z.B. bei einer Prüfungsanordnung gegenüber einer Personengesellschaft[4)] die Anordnung nur gegen die Gesellschaft, nicht auch gegen die Gesellschafter, obwohl die Außenprüfung nach § 194 Abs. 1 Satz 3 AO die steuerlichen Verhältnisse der Gesellschafter insoweit mitumfasst, als diese Verhältnisse für die zu überprüfenden einheitlichen Feststellungen von Bedeutung sind.[5)] Gleiches gilt für die GmbH.[6)]

2068 Bei Vorfeldermittlungen ist der Prüfungsauftrag maßgeblich.[7)] Je nach Prüfungsverlauf kann hier jedoch die Sperrwirkung der Tatentdeckung (→ Rz. 2138 ff.) eingreifen.[8)]

bb) Erweiterung der Prüfungsanordnung

2069 Wird die Prüfungsanordnung erweitert, löst auch die Erweiterung insoweit erst dann die Sperre aus, wenn sie bekannt gegeben wird.

cc) Nichtige Prüfungsanordnung

2070 Eine nichtige Prüfungsanordnung (§ 125 AO) löst keine Sperre aus.[9)] Die Nichtigkeit einer Prüfungsanordnung kann der Strafrichter in eigener Zuständigkeit prüfen, denn eine nichtige Prüfungsanordnung (= Verwaltungsakt) entfaltet keine Wirkung (§ 125 AO).[10)]

dd) Aufgehobene/als rechtswidrig festgestellte Prüfungsanordnung

2071 Auch eine rechtswidrige Prüfungsanordnung führt zur Sperrwirkung.[11)] Ein solcher Mangel einer Prüfungsanordnung ist nicht ohne Weiteres zu erkennen und u.U. erst

1) Joecks in Franzen/Gast/Joecks, 7 Aufl. 2009, § 371 AO Rz. 146.
2) So z.B. noch Franzen, wistra 1986, 210.
3) BGH v. 15.1.1988, 3 StR 465/87, BGHSt 35, 188; a.A. Teske, wistra 1990, 139, 141.
4) Zur Fähigkeit von GbR, OHG, KG als Steuerrechtssubjekt: BFH (GS) v. 25.6.1984, GrS 4/82, BStBl II 1984, 751, 761.
5) BGH v. 15.1.1988, 3 StR 465/87, BGHSt 35, 188 = wistra 1988, 151; Rüping in H/H/Sp, § 371 AO Rz. 150 (Dezember 2012).
6) Anders noch OLG Düsseldorf v. 27.5.1981, 2 Ss 214/81–142/81, wistra 1982, 119 = StB 1982, 104, 105, wonach insoweit auf die Entdeckungsgefahr abzustellen ist.
7) OLG Celle v. 27.3.2000, 2 Ws 33/00, wistra 2000, 277 = NStZ-RR 2001, 341 zu LG Stade v. 27.9.1999, 12 KLs 141 Js 24059/98, wistra 2000, 200 m. Anm. von Braun, DStZ 2000, 715.
8) BGH v. 15.1.1988, 3 StR 465/87, BGHST 35, 188 = wistra 1988, 151.
9) BGH v. 16.6.2005, 5 StR 118/05, wistra 2005, 381, 383; s.a. BFH v. 10.4.1987, III R 202/83, BStBl II 1988, 165 und v. 21.4.1993, X R 112/91, BStBl II 1993, 649, 651.
10) Schallmoser in H/H/Sp, § 196 AO Rz. 108 (Dezember 2012).
11) BGH v. 16.6.2005, 1 StR 118/05, wistra 2005, 381, 383; a.A. Salditt, PStR 2005, 233.

nach langwierigen Streitigkeiten festzustellen. Ein Abstellen auf die Rechtswidrigkeit der Prüfungsanordnung oder auf die steuerliche oder strafrechtliche Verwertbarkeit[1] würde deshalb zu erheblichen Unsicherheiten führen, obwohl für einen Stpfl. jederzeit erkennbar sein muss, ob eine Selbstanzeige zur Straffreiheit führt.[2]

Bei Aufhebung einer Prüfungsanordnung oder Feststellung ihrer Rechtswidrigkeit **2072** ist die Finanzbehörde zwar nicht gehindert, unter Vermeidung des früheren Verfahrensfehlers eine erneute Prüfung anzuordnen.[3] Aus Gründen der vom BGH geforderten Rechtssicherheit bedeutet dies jedoch nicht, dass bis zum erneuten Erhalt einer Prüfungsanordnung der Sperrgrund nicht greifen würde.

Rechtswidrig ist z.B. die Prüfungsanordnung

- durch ein örtlich unzuständiges FA,[4]
- bei unzulässiger Erweiterung bei nur vager Vermutung von Mehrsteuern.[5]

Möglich ist in Fällen der Nichtigkeit jedoch eine Sperrwirkung durch Tatentdeckung (→ Rz. 2138 ff.). **2073**

ee) Einzelfragen zum Umfang der Prüfungsanordnung

Eine Prüfungsanordnung zur Einkommensteuer erfasst bei einem Freiberufler auch **2074** dessen Privateinkünfte, z.B. Zinsen auf dem Sparkonto.[6]

Eine Prüfungsanordnung zur gesonderten Feststellung der Einkünfte (§§ 179 ff. **2075** AO) – nebst der Anordnung der Prüfung der Gewerbesteuer – bewirkt trotz fehlender Benennung auch der Einkommensteuer einen Sperrgrund zusammen mit den Folgebescheiden, für letztere hingegen auf die in der Gewinnfeststellung enthaltenen Besteuerungsgrundlagen beschränkt. Es ist von **einer** Steuerart auszugehen. So entsteht bei der Prüfung der gesonderten Gewinnfeststellung eine Sperrwirkung für die Einkommensteuer der Mitunternehmer nur insoweit, als deren Einkommensteile von der Feststellung betroffen sind.[7]

ff) Permanente Prüfung bei Großbetrieben

Bei Großbetrieben findet eine permanente Prüfung = Anschlussprüfung statt. Aber **2076** auch sie setzt eine Prüfungsanordnung voraus, so dass sich deshalb grds. keine Besonderheiten ergeben.

gg) Betriebsnahe Veranlagung

In Fällen der betriebsnahen Veranlagung, die eine punktuelle Sachaufklärung an **2077** Ort und Stelle zur Erleichterung und Beschleunigung nach §§ 88 ff., 93 ff. AO darstellt,[8] ist eine Prüfungsanordnung nicht vorgesehen.

hh) Nachschau

Die Nachschau (§ 210 Abs. 1 AO) dient dem Zweck der Steueraufsicht und stellt **2078** keine Außenprüfung dar.[9] Ihr geht ebenfalls keine umgrenzende Prüfungsanord-

1) Joecks in Franzen/Gast/Joecks, 7. Aufl. 2009, § 371 AO Rz. 162.
2) BGH v. 16.6.2005, 1 StR 118/05 wistra 2005, 381, 383.
3) BFH v. 7.11.1985, IV R 6/85, BStBl II 1986, 435.
4) FG Baden-Württemberg v. 17.9.2002, 4 K 495/01, EFG 2003, 64.
5) FG Baden-Württemberg v. 5.12 2002, 13 K 128/00, EFG 2003, 433; dazu auch Hessisches FG v. 27.2.2003, 4 K 4949/01, EFG 2003, 1362.
6) BFH v. 28.11.1985, IV R 323/84, BStBl II 1986, 437; v. 5.11.1981, IV R 179/79, BStBl II 1982, 208.
7) Anders zum alten Recht: LG Hamburg v. 22.8.1988, (50) 36/83 Ns, wistra 1989, 239.
8) Gemeinsamer Ländererlass v. 4.3.1981, BStBl I 1981, 270 Ziff. 1.2.5.; BayObLG v. 17.9.1986, RReg 4 St 155/86, wistra 1987, 77 = NStZ 1987, 130 mit Anm. v. Weyand, NStZ 1987, 285.
9) BayObLG v. 17.9.1986, RReg 4 St 155/86, wistra 1987, 77, 78.

nung voraus. Dies gilt auch für die allgemeine Nachschau bei der Umsatzsteuer (§ 27b UStG).

ii) Auswirkungen der Bekanntgabe einer Prüfungsanordnung auf Betriebsangehörige

2079 Soweit es sich um betriebsbezogene Taten handelt, muss es darauf ankommen, ob die fraglichen Mitarbeiter von der Prüfungsanordnung Kenntnis erhalten haben. Die Prüfungsanordnung löst die Sperrwirkung nicht nur beim Stpfl. selbst, sondern auch bei allen an der Tat beteiligten Betriebsangehörigen (Mittäter, § 25 Abs. 2 StGB; Anstifter, § 26 StGB; Gehilfen, § 27 StGB) aus, soweit sie nicht ausgeschieden sind[1] (→ Rz. 2080).

jj) Ausgeschiedene Betriebsangehörige

2080 Zu Lasten dieser Personen kann die Bekanntgabe einer Prüfungsanordnung i.d.R. keine Sperrwirkung auslösen,[2] denn das vom Erlass der Prüfungsanordnung ausgehende Signal, bis zu dem ohne Risiko einer Selbstbelastung eine Selbstanzeige möglich bleibt, kann der ausgeschiedene Betriebsangehörige regelmäßig nicht wahrnehmen (anders nach Bekanntgabe der Einleitung eines Straf- oder Bußgeldverfahrens, → Rz. 2096 ff.). Dass der Vorgang u.U. durch Presse, Rundfunk oder Fernsehen publik geworden ist, kann m.E. zu keiner anderen Beurteilung führen. Es fehlt die „Unmittelbarkeit".

kk) Mitarbeiter von Banken als Gehilfen bei der Steuerhinterziehung[3]

2081 Wird einem Kreditinstitut eine Prüfungsanordnung bekannt gegeben, so zielt diese auf die Prüfung der steuerlichen Verhältnisse des Instituts, nicht hingegen die der Bankkunden. Eine Selbstanzeige des Bankmitarbeiters wegen Beihilfe zur Steuerhinterziehung des Bankkunden ist daher nicht ausgeschlossen.

b) Bekanntgabe

aa) Bekanntgabe gegenüber dem Täter oder seinem Vertreter

2082 Die Bekanntgabe von Prüfungsanordnungen ist in § 197 AO und im AEAO zu § 197 geregelt. Prüfungsanordnungen gegen **natürliche Personen** ergehen an diese und bewirken die Selbstanzeigensperre.

2083 Prüfungsanordnungen gegen **juristische Personen** ergehen an den gesetzlichen Vertreter. Mit der Selbstanzeige ist dieser daher gesperrt, falls er zugleich Täter ist. Nicht gesperrt sind indes Gesellschafter oder Mitarbeiter, da der gesetzliche Vertreter einer juristischen Person diese natürlichen Personen nicht gesetzlich vertritt. Diese haben bis zum Erscheinen des Prüfers die Selbstanzeigemöglichkeit.

2084 Prüfungsanordnungen gegen **Personengesellschaften** werden der vertretungsberechtigten Person bekannt gegeben. Die vertretungsberechtigten Gesellschafter vertreten insoweit auch ihre Mitgesellschafter, als es um die Gewinnfeststellung

---

1) So zum – übertragbaren – Erscheinen eines Amtsträgers zur Prüfung: LG Stuttgart v. 21.8.1989, 10 KLs 137/88, wistra 1990, 72 m.w.N. = NStZ 1990, 189 mit Anm. von Gallandi; OLG Düsseldorf v. 27.5.1981, 2 Ss 214/81–142/81, wistra 1982, 119 = StB 1982, 104; Joecks in Franzen/Gast/Joecks, 7. Aufl. 2009, § 371 AO Rz. 148; eingehend Schauf in Kohlmann, § 371 AO Rz. 143 ff. (Dezember 2012); a.A. Rüping in H/H/Sp, § 371 AO Rz. 164 ohne Auseinandersetzung mit den anderen Ansichten (Dezember 2012).

2) LG Stuttgart v. 21.8.1989, 10 KLs 137/88, wistra 1990, 72 = NStZ 1990, 189 mit Anm. von Gallandi; differenzierend Joecks in Franzen/Gast/Joecks, 7. Aufl. 2009, § 371 AO Rz. 148.

3) Informativ Bilsdorfer, DStR 1996, 1953, 1958; Bilsdorfer, INF 1995, 6 ff.; Riegel/Kruse, NStZ 1999, 325, 329.

geht. Sollen auch die steuerlichen Verhältnisse von Gesellschaftern (bzw. weiterer Personen) gem. § 194 Abs. 2 AO geprüft werden, bedarf es einer gesonderten Prüfungsanordnung (§ 197 Abs. 1 Satz 3 AO).

Erfolgt die Bekanntgabe der Prüfungsanordnung gegenüber einem **steuerlichen** 2085
Vertreter (Steuerberater, Wirtschaftsprüfer etc.), führt dies im Falle des Bestehens einer Empfangsvollmacht zur Selbstanzeigesperre gegen die von ihm Vertretenen bzw. deren Vertreter.[1]

bb) Zweifel über den Zugang der Prüfungsanordnung

Die Prüfungsanordnung (§ 196 AO) muss – zwingend – schriftlich ergehen.[2] 2086

In besonderen Fällen kann die Bekanntgabe der Prüfungsanordnung (Gefährdung 2087
des Prüfungszweckes, § 197 Abs. 1 AO) mit dem Beginn der Prüfung zusammenfallen.[3]

Davon unabhängig ist die Mitteilung des Prüfungsbeginns, der schriftlich oder 2088
mündlich bekannt gegeben werden kann (§ 197 Abs. 1 Satz 1 AO).[4]

Praxisprobleme sind in Zusammenhang mit der Bekanntgabe der Prüfungsanord- 2089
nung zu erwarten: Zustellungen von Prüfungsanordnungen sollen aus Kostengründen weiterhin nicht erfolgen. Ohne Zustellung ist die tatsächliche Bekanntgabe einer mit einfachem Brief übersandten Prüfungsanordnung aber nicht feststellbar. Die Bekanntgabefiktion des § 122 Abs. 2 AO könnte zwar auch im Bereich des § 371 Abs. 2 Nr. 1 Buchst. a AO zur Anwendung gelangen,[5] wenigstens wenn sie zu Gunsten des Täters wirkt.[6] Dann wäre bis zum 3. Tag nach Aufgabe der Prüfungsanordnung zur Post noch eine Selbstanzeige möglich.[7]

Zu Lasten des Täters ist § 122 AO im Strafverfahren nicht anzuwenden, weil es auf 2090
den tatsächlichen Zugang ankommt.[8] Dieser Zeitpunkt ist für die Finanzbehörde jedoch nicht feststellbar. Der Nachweis eines durch einfachen Brief aufgegebenen Schriftstücks kann nicht nach den Grundsätzen des Anscheinsbeweises geführt werden,[9] ggf. muss hierüber Beweis geführt werden.[10] Gemäß § 122 Abs. 2 Halbsatz 2 AO muss die Finanzbehörde im Zweifel den Zugang und den Zeitpunkt des Zugangs nachweisen. Das wird sie regelmäßig[11] nicht können, wenn der Stpfl. den Erhalt bestreitet. Der Einwand, die durch einfachen Brief versandte Prüfungsanordnung sei überhaupt nicht zugegangen, ist deshalb i.d.R. zwar nicht widerlegbar.[12] Die Einlassung, eine Selbstanzeige „zufällig" in zeitlicher Nähe zum Versand einer Prüfungsanordnung abgegeben zu haben, birgt jedoch das Risiko fehlender Glaubhaftigkeit. Spätestens entsteht nach § 371 Abs. 2 Nr. 1 Buchst. c AO mit Erscheinen des Prüfers der Sperrgrund.

1) Stahl, 3. Aufl. 2011, Rz. 268.
2) BFH v. 28.6.1989, VII R 123/85, BStBl II 1989, 76, 78.
3) BFH v. 4.2.1988, V R 57/83, BStBl II 1988, 413.
4) BFH v. 4.2.1988, V R 57/83, BStBl II 1988, 413.
5) Stahl, 3. Aufl. 2011, Rz. 262; Roth, PStR 2011, 202; a.A. Adick, PStR 2011, 199.
6) Kemper in Rolletschke/Kemper, § 371 AO Rz. 167 (September 2012).
7) OFD Niedersachsen. v. 9.6.2011, S 0702 – 30 – St 131, n.v.
8) Prowatke/Felten, DStR 2011, 899, 901; wohl auch Jäger in Klein, 11. Aufl. 2012, § 371 AO Rz. 39a. Zur Geltung gesetzlicher Vermutungen des Steuerrechts für das Steuerstrafrecht unter Berufung auf dessen Steuerrechtsakzessorietät Füllsack/Bürger, BB 2011, 1239, 1241; Schmitz/Wulf in Münchner Kommentar StGB, 2010, § 370 AO Rz. 90.
9) BFH v. 14.3.1989, VII R 75/85, BStBl II 1989, 534, 536.
10) Kemper, NZWiSt 2012, 56, 58.
11) Ausnahme z.B. bei Zustellung durch Boten.
12) Brockmeyer/Ratschow in Klein, 11. Aufl. 2012, § 122 AO Rz. 55.

Beratungshinweis:

Wenigstens ein Teil der Betriebsprüfungsstellen stimmt wie bislang vor Versendung einer Prüfungsanordnung die Prüfung telefonisch mit dem Stpfl. bzw. seinem Steuerberater ab. Unstreitig ist dann bis zum Erhalt der Prüfungsanordnung die strafbefreiende Selbstanzeige möglich.

2091 Wird ohne oder auf Grund einer nur mündlichen Prüfungsanordnung geprüft, so ist das Vorgehen der Behörde nicht rechtmäßig mit der Folge, dass der Ausschlussgrund des § 371 Abs. 2 Nr. 1 Buchst. a AO nicht eingreift.[1)]

2092 Eine Prüfung ohne Nachweis des Zugangs der Prüfungsanordnung ist einer Prüfung ohne Prüfungsanordnung gleichzusetzen.

2093 Das wahrheitswidrige Bestreiten des Zugangs der Prüfungsanordnung durch Dritte (z.B. Steuerberater, Anwalt), um dadurch die Anerkennung einer Selbstanzeige als wirksam zu erreichen, kann als Strafvereitelung (§ 258 StGB) geahndet werden. Auch der Versuch ist strafbar (§ 258 Abs. 4 StGB).

c) Wiederaufleben der Selbstanzeigemöglichkeit

2094 Nach Abschluss der Prüfung endet die Sperrwirkung und die Selbstanzeigemöglichkeit lebt wieder auf. Der Abschluss der Prüfung kann – bei einem Verzicht der Finanzverwaltung auf die Prüfung – in einer Aufhebung oder Rücknahme der Prüfungsanordnung liegen. Durch ihren Fortfall wird zugleich der Sperrgrund des § 371 Abs. 2 Nr. 1 Buchst. a AO beseitigt.

Führt die Prüfung zu keiner Änderung der Besteuerungsgrundlagen, liegt in der nach § 202 Abs. 1 Satz 2 AO zu machenden schriftlichen Mitteilung der Abschluss der Prüfung.

2095 Im Falle der Änderung von Besteuerungsgrundlagen nach Prüfung ist die Prüfung zwar mit dem Prüfungsbericht regelmäßig abgeschlossen. Gleichwohl stellt der BFH im Ergebnis für die Feststellung des Abschlusses auf den Eintritt der Bestandskraft der Änderungsbescheide ab, da bis zum Eintritt der Bestandskraft selbst eine für abgeschlossen gehaltene Prüfung ohne erneute Prüfungsanordnung wieder aufgenommen werden dürfe.[2)] Nach dieser Ansicht besteht der Sperrgrund auch während eines auf Grund der Prüfung geführten Rechtsbehelfsverfahrens fort. Auch der BGH sieht für ein Wiederaufleben keinen Raum, bevor das Finanzamt – sofern keine Mitteilung nach § 202 Abs. 1 Satz 3 AO zu machen ist – die auf Grund der Außenprüfung erstmals erlassenen oder berichtigten Steuerbescheide bekannt gemacht hat (ohne jedoch auf die Frage der Bestandskraft als mögliche Voraussetzung einzugehen).[3)] Für das Abstellen auf den Erlass der Steuerbescheide spricht, dass zum Prüfungsbericht regelmäßig nochmals seitens des Stpfl. Stellung genommen werden kann – eine klarer Abschluss insoweit gerade nicht festgestellt werden kann – und dass die abschließende Auswertung des Prüfungsberichts durch den Veranlagungsbezirk erfolgt. Der Versand des Prüfungsbericht lässt daher den Sperrgrund nicht entfallen, wohl aber der Erlass von Änderungsbescheiden.[4)]

Beratungshinweis:

Selbst wenn gegen den (späten) Prüfungsabschluss durch Erlass der Steuerbescheide oder sogar erst durch Eintritt der Bestandskraft aus Gründen der Klarheit Bedenken

---

1) So zu § 371 Abs. 2 Nr. 1 Buchst. a AO a.F.: BayObLG v. 17.9.1986, RReg 4 St 155/86, wistra 1987, 77; s. dazu auch Rüping in H/H/Sp, § 371 AO Rz. 153 (Dezember 2012); BFH v. 4.10.1991, VIII B 93/90, BStBl II 1992, 59, 62 für ein Verwertungsverbot bei nicht wieder gutmachungsfähigem Schaden für den Stpfl.

2) BFH v. 13.2.2003, IV R 31/01, BStBl II 2003, 552.

3) BGH v. 15.1.1988, 3 StR 465/87, BGHSt 35, 188 = NJW 1988, 3272.

4) So auch Faiß, PStR 2010, 73.

bestehen,[1] sollte nach Möglichkeit dieser Zeitpunkt bis zur Abgabe einer Selbstanzeige abgewartet werden. Eine vorherige Abgabe führt voraussichtlich zur Unwirksamkeit.

3. Bekanntgabe der Einleitung eines Straf- oder Bußgeldverfahrens (§ 371 Abs. 2 Nr. 1 Buchst. b AO)

Straffreiheit tritt nicht wenn, wenn dem Täter oder seinem Vertreter die Einleitung des Straf- oder Bußgeldverfahrens bekannt gegeben worden ist (§ 371 Abs. 2 Nr. 1 Buchst. b AO). Im Zuge der Neufassung des § 371 Abs. 2 Nr. 1 Buchst. b AO wurde der Passus „wegen der Tat" gestrichen.[2] **2096**

a) Einleitung und ihre Bekanntgabe

aa) Anfangsverdacht

Bei Vorliegen zureichender tatsächlicher Anhaltspunkte für eine Straftat (Anfangsverdacht) muss nach § 152 StPO (Legalitätsprinzip = Verfolgungszwang) das Verfahren eingeleitet werden.[3] Dabei handelt es sich nicht um eine Ermessensentscheidung, wenngleich ein gewisser Beurteilungsspielraum im Rahmen eines unbestimmten Rechtsbegriffs besteht; die Auslegung eines unbestimmten Rechtsbegriffs bleibt Rechtsanwendung mit der Folge, dass es bei einem bestimmten Sachverhalt nur eine richtige Lösung geben kann.[4] **2097**

Über die Verfahrenseinleitung ist ein Aktenvermerk anzulegen (§ 397 Abs. 2 AO). **2098**

bb) Verfahrenseinleitung auf Grund bloßer Vermutung

Eine Verfahrenseinleitung auf Grund bloßer Vermutung ist unzulässig. Die Sperrwirkung tritt grds. allerdings gleichwohl ein. **2099**

Fraglich ist allerdings, unter welchen Voraussetzungen eine Verfahrenseinleitung rechtlich unwirksam ist. Grundsätzlich stellt sich dasselbe Problem auch bei der Verjährungsunterbrechung durch die Bekanntgabe der Einleitung eines Ermittlungsverfahrens (§ 78c Abs. 1 Nr. 1 StGB).[5] **2100**

Die Antworten müssen m.E. für die Selbstanzeige und die Verjährung deshalb nicht zwangsläufig identisch ausfallen, weil auch die beiden Rechtsinstitute nach Sinn und Zweck nicht vergleichbar sind: **2101**

- Die Verjährung (= Strafverfolgungshindernis) dient dem Ausgleich der Prinzipien Gerechtigkeit, Rechtssicherheit und Rechtsfrieden.[6]
- Die Selbstanzeige (= Strafaufhebungsgrund) ist hingegen Ausfluss rein fiskalischer Überlegungen. Dem Täter ist vom Gesetzgeber „zugesagt", dass er unter bestimmten Voraussetzungen durch eine Selbstanzeige Straf- oder Bußgeldfreiheit erlangen kann. Dieses gesetzgeberische Anliegen darf nicht durch eine unberechtigte Verfahrenseinleitung unterlaufen werden.

Aus diesen Erwägungen heraus sollte eine Verfahrenseinleitung „auf Grund bloßer Vermutung" – in Analogie zu den Verwertungsverboten – jedenfalls dann als unwirksam angesehen werden, wenn der Verstoß so schwerwiegend ist, dass bei Abwägung aller Umstände im konkreten Einzelfall das Interesse des Staates an der **2102**

1) Zu Recht Stahl, 3. Aufl. 2011, Rz. 270; Erb, PStR 2010, 246, 249.
2) Der Streit um den bislang umstrittenen Tatbegriff ist damit irrrelevant geworden, vgl. nur Wessing in Flore/Tsambikakis, 2013, § 371 AO Rz. 104 m.w.N.
3) BVerfG v. 23.7.1982, 2 BvR 8/82, NStZ 1982, 430.
4) BGH v. 18.6.1970, III ZR 95/68, NJW 1970, 1543.
5) Dazu ausführlich Beulke, JR 1986, 50.
6) Vgl. BGH v. 19.2.1963, 1 StR 318/62, BGHSt 18, 274.

Bestrafung zurücktreten muss. So lässt der BGH[1] auch die Verjährungsunterbrechung durch einen verfassungswidrigen Durchsuchungsbeschluss nicht zu.[2]

2103 Dasselbe muss gelten, wenn die Verhältnismäßigkeit, die als Ausfluss des Rechtsstaatsprinzips des Art. 20 GG mit Verfassungsrang ausgestattet ist, nicht gewahrt wird.[3]

2104 Kriterien für die Abwägung – analog bei den Verwertungsverboten – sind u.a.:[4]

- Welches Gewicht hat die Tat nach Begehungsart und Umfang?
- Wie schwer wiegt der begangene Rechtsverstoß durch die Behörde?
- Geschah die Einleitung des Verfahrens missbräuchlich oder in gutem Glauben?

2105 In diesem Zusammenhang sollte auch die Entscheidung des BGH[5] gesehen werden, wonach eine Verfahrenseinleitung, die auch unter voller Würdigung der Belange einer funktionstüchtigen Strafrechtspflege nicht mehr verständlich und damit unvertretbar ist, Schadenersatzansprüche auslöst.[6]

2106 Bei Verdacht einer Verfahrenseinleitung auf Grund bloßer Vermutung ist eine Selbstanzeige abzugeben, falls mit der Aufklärung der Tat sowieso gerechnet werden muss. Dies ist natürlich nur sinnvoll, wenn kein anderer Ausschlussgrund eingreift (Bekanntgabe einer Prüfungsanordnung, Erscheinen eines Amtsträgers zur Prüfung, Entdeckung der Tat). Im Übrigen ist bei einem Geständnis i.d.R. mit einer Strafmilderung zu rechnen (→ Rz. 2043).

cc) Ziel, Durchführung und Bekanntgabe der Verfahrenseinleitung

2107 Die Verfahrenseinleitung besteht in einer getroffenen Maßnahme, die erkennbar darauf abzielt, wegen einer Straftat oder Ordnungswidrigkeit vorzugehen (§ 397 Abs. 1, § 410 Abs. 1 Nr. 6 AO). Sie ist ein sog. Realakt und ist dem Beschuldigten nach Maßgabe des § 397 Abs. 3 AO mitzuteilen. Sinn und Zweck der Vorschrift erfordern, dass dabei die Tat so genau beschrieben werden muss, wie dies nach dem Kenntnisstand der Behörde möglich ist.[7] Ein Beschuldigter muss wissen, was ihm vorgeworfen wird. Erforderlich ist daher die Darstellung des geschichtlichen Vorgangs, der den Anfangsverdacht begründet.[8] Nr. 29 Satz 2 AStBV (St) 2013 erfordert dem folgend die möglichst vollständige und genaue Angabe von Beschuldigtem, Steuerart, Steuerjahr, Tathandlung und Tatzeitpunkt.

2108 Eine bestimmte Form und ein bestimmter Inhalt sind zwar für die Bekanntgabe der Verfahrenseinleitung nicht vorgeschrieben.

2109 Die Mitteilung an den Beschuldigten muss daher beinhalten:[9]

- Beschreibung der dem Täter zur Last gelegten Handlungsweise,

---

1) BGH v. 5.4.2000, 5 StR 226/99, NStZ 2000, 427 = wistra 2000, 219, 222 mit Anm. von Jäger.
2) Siehe auch LG Frankfurt v. 10.7.2000, 5/26 KLs-94Js, wistra 2001, 28, 29.
3) BVerfG v. 3.9.1991, 2 BvR 279/90, NStZ 1992, 91; Schäfer in Löwe/Rosenberg, 25. Aufl. 1997–2005, § 98 StPO Rz. 82; LG Köln v. 25.4.1983, 117 Qs 3/83, StV 1983, 275.
4) Vgl. dazu LG Bonn v. 1.7.1980, 37 Qs 57/80, NJW 1981, 292; LG Bremen v. 13.7.1984, 43 Qs 298/84, wistra 1984, 241; LG Arnsberg v. 27.6.1983, 3 Qs 43/83, ZIP 1984, 889; LG Baden-Baden v. 16.5.1989, 1 Qs 321/88, wistra 1990, 118 = ZIP 1989, 766; Schäfer in Löwe/Rosenberg, 25. Aufl. 1997–2005, § 108 StPO Rz. 18.
5) BGH v. 21.4.1988, III ZR 255/86, NStZ 1988, 510 = NJW 1989, 96.
6) Siehe auch LG Mainz v. 3.7.1980, 4 O 326/79, StB 1981, 149, und LG Köln v. 25.4.1983, 117 Qs 3/83, StV 1983, 275.
7) Joecks in Franzen/Gast/Joecks, 7. Aufl. 2009, § 371 AO Rz. 174.
8) Quedenfeld in Flore/Tsambikakis, 2013, § 397 AO Rz. 56.
9) Schauf in Kohlmann, § 371 AO Rz. 175 (Dezember 2012); Rüping in H/H/Sp, § 371 AO Rz. 177 (Dezember 2012); s. auch Burkhard/Adler, DStZ 2000, 592, mit Erwiderung durch Rößler, StBp 2000, 367.

- Bezeichnung der dadurch verkürzten Steuerarten,
- zeitliche Abgrenzung der zur Last gelegten Tat.

Deshalb kann es nicht ausreichen, in der Einleitungsverfügung nur die Steuerart und den Zeitraum (z.B. von Einkommensteuerhinterziehung in 2010) ohne weitere Konkretisierung zu nennen. 2110

Die Bekanntgabe kann schriftlich oder mündlich, auch anlässlich einer Durchsuchung durch Vorlage des Durchsuchungsbeschlusses auf der Grundlage des § 102 StPO (Durchsuchung beim Beschuldigten) geschehen.[1] Der Durchsuchungsbeschluss muss allerdings ebenfalls hinreichend konkret sein.[2] 2111

Die Bekanntgabe ist auch durch Akteneinsichtsgewährung möglich.[3] Vorsorglich sollte daher in geeigneten Fällen vor der Akteneinsicht mit dem Mandanten eine Selbstanzeige für bislang nicht bekannt gegebene, aber möglicherweise bereits entdeckte Taten erwogen werden (allerdings könnte insoweit ein Sperrgrund nach § 371 Abs. 2 Nr. 2 AO vorliegen). 2112

Unzureichend ist die Bekanntgabe z.B. durch Formblatt mit nur pauschalen und zeitlich nicht präzisierten Vorwürfen.[4] Eine **unzureichende Bekanntgabe löst keine Sperrwirkung aus.** 2113

Dem Täter muss im Zweifel nachgewiesen werden, die Mitteilung auch erhalten zu haben.[5] 2114

dd) Zeitpunkt der Bekanntgabe

Die Verfahrenseinleitung ist dem Täter oder seinem Vertreter spätestens mitzuteilen, wenn er aufgefordert wird, Tatsachen darzulegen oder Unterlagen vorzulegen, die im Zusammenhang mit der Straftat stehen (§ 397 Abs. 3 AO). Andernfalls kann ein Verwertungsverbot hinsichtlich der dargelegten Tatsachen oder vorgelegten Unterlagen eingreifen (§ 393 Abs. 1 AO, § 136 StPO).[6] 2115

ee) Empfangsvertreter bei Bekanntgabe

Geeignete Personen für die Bekanntgabe sind: 2116

- gesetzliche Vertreter,
- bevollmächtigte Personen (§§ 80, 81 AO),

  sie bedürfen keiner strafprozessualen Vollmacht. Deshalb reicht die Mitteilung an den steuerlichen Berater, sofern dieser für die fragliche Steuerart und den diesbezüglichen Zeitraum allgemein bevollmächtigt ist, aus;[7]
- zur Sphäre des Täters gehörende Personen,

  entscheidend ist insoweit aber, ob damit gerechnet werden kann, dass die Mittelsperson unter gewöhnlichen Umständen die Mitteilung an den Täter weiterleitet. Würde der Begriff „Vertreter" zu eng gefasst, könnte die Einleitung des Verfah-

---

1) BGH v. 5.4.2000, 5 StR 226/99, wistra 2000, 219, 225 = NStZ 2000, 427; v. 23.1.2002, 5 StR 540/01, wistra 2002, 150.
2) BVerfG v. 3.9.1991, 2 BvR 279/90, NStZ 1992, 91.
3) BGH v. 5.4.2000, 5 StR 226/99, wistra 2000, 219, 222 = NStZ 2000, 427.
4) BayObLG v. 26.10.1987, RReg 4 St 106/87, wistra 1988, 81; OLG Hamburg v. 24.3.1987, 2 Ss 134/86, wistra 1987, 189; Marx, wistra 1987, 207; Weyand, wistra 1987, 283; s. auch LG Hildesheim v. 5.10.1992, 22 KLs 93 Js 38131/89, StV 1993, 368, wonach Tatsachengrundlagen zusammenfassend wiedergegeben werden müssen.
5) Schauf in Kohlmann, § 371 AO Rz. 173, 192 (Dezember 2012).
6) Belehrungspflicht; BGH v. 27.2.1992, 5 StR 190/91, wistra 1992, 187 = NStZ 1992 294; § 136a StPO: verbotene Vernehmungsmethoden, u.a. Täuschung.
7) Bilsdorfer, wistra 1984, 131, 132.

rens nicht bekannt gegeben werden, wenn der Täter z.B. krank ist oder sich verleugnen lässt. Aus Gründen der Rechtssicherheit darf der Begriff „Vertreter" allerdings auch nicht zu weit ausgedehnt werden. Ehegatten, volljährige Familienangehörige und leitende Mitarbeiter im Betrieb zählen zur Sphäre des Täters.[1)]

2117 Wegen des Steuergeheimnisses (§ 30 AO) dürfte die Zulässigkeit von Mitteilungen steuerlicher/steuerstrafrechtlicher Art an Personen aus der Sphäre des Täters nicht völlig unbedenklich sein. Die „Sphäre" entbindet nicht zwangsläufig vom Steuergeheimnis.

2118 Sehr fragwürdig ist es jedenfalls, bei Polizeibeamten oder Soldaten auch deren Dienstvorgesetzte als Vertreter anzusehen.[2)]

ff) Befugnis zur Einleitung

2119 Zur Verfahrenseinleitung sind befugt (§ 397 Abs. 1 AO):

- Finanzbehörden i.S.d. § 386 Abs. 1 Satz 2 AO:
  - Finanzamt,
  - Hauptzollamt,
  - Bundeszentralamt für Steuern,
- Polizei,
- Zollfahndungsämter und ihre Beamten als Inhaber polizeilicher Rechte (§ 404 Satz 1 AO),
- Steuerfahndung und ihre Beamten als Inhaber polizeilicher Rechte (§ 404 Satz 1 AO),
- Staatsanwaltschaft,
- Ermittlungspersonen der Staatsanwaltschaft (§ 152 GVG),
- Strafrichter.

Jeder Angehörige dieser Behörden ist im Rahmen seiner Zuständigkeit zur Einleitung befugt.[3)] Dies gilt auch für den Betriebsprüfer.[4)]

b) Sperrwirkung

aa) Personell

2120 In personeller Hinsicht beschränkt sich die Sperrwirkung nach Bekanntgabe der Verfahrenseinleitung auf den oder die in ihr genannten Täter.

2121 Ausreichend ist eine pauschale Bezeichnung wie „gegen die Verantwortlichen der Firma XY" nur dann, wenn hinreichende individuelle Merkmale vorhanden sind, so dass keine Unklarheiten bestehen.[5)]

2122 Die Sperrwirkung richtet sich ggf. auch gegen ausgeschiedene Betriebsangehörige,[6)] (bei denen demgegenüber durch das Erscheinen eines Prüfers keine Sperrwirkung ausgelöst wird, vgl. → Rz. 2080).

1) Ausf. Schauf in Kohlmann, § 371 AO Rz. 188 ff. (Dezember 2012); Joecks in Franzen/Gast/Joecks, 7. Aufl. 2009, § 371 AO Rz. 178.
2) Dazu Joecks in Franzen/Gast/Joecks, 7. Aufl.2009, § 371 AO Rz. 178.
3) Rüping in H/H/Sp, § 371 AO Rz. 172 (Dezember 2012); Matthes in Kohlmann, § 397 AO Rz. 15 f (Dezember 2012).
4) BFH v. 4.11.1987, II R 102/85, BStBl II 1988, 113, 114; OLG Köln v. 1.9.1970, Ss 104/70, BB 1970, 1335.
5) Vgl. dazu BGH v. 12.3.1991, 1 StR 38/91, wistra 1991, 217; OLG Karlsruhe v. 10.4.1987, 3 Ss 190/86, wistra 1987, 228; LG Dortmund v. 7.11.1990, 14 (III) K5/88, wistra 1991, 186.
6) LG Stuttgart v. 21.8.1989, 10 KLs 137/88, wistra 1990, 72.

bb) Sachlich

Nach § 371 Abs. 1 AO muss eine wirksame Selbstanzeige alle unverjährten Steuerstraftaten einer Steuerart umfassen. Wird die Einleitung nur eines Teils dieser Taten bekanntgegeben, kann eine wirksame Selbstanzeige nicht mehr erreicht werden. Die Selbstanzeige ist somit für die bekannt gegebene Steuerart insgesamt gesperrt, auch wenn sie sich auf nicht bekanntgegebene Zeiträume bezieht.[1] **2123**

4. Erscheinen eines Amtsträgers[2] (§ 371 Abs. 2 Nr. 1 Buchst. c AO)

Straffreiheit tritt nicht ein, wenn ein Amtsträger der Finanzbehörde zur steuerlichen Prüfung oder zur Ermittlung einer Steuerstraftat oder einer Steuerordnungswidrigkeit erschienen ist (§ 371 Abs. 2 Nr. 1 Buchst. c AO). **2124**

a) Amtsträger

Darunter fällt jeder, ob Beamter oder Angestellter, der Aufgaben der öffentlichen Verwaltung (vgl. § 7 AO) für eine Finanzbehörde wahrnimmt. **2125**

So ist z.B. der Staatsanwalt, selbst wenn er wegen einer Steuerstraftat ermittelt, nicht Amtsträger einer Finanzbehörde.[3] Steuerfahndungsbeamte bleiben Amtsträger der Finanzbehörde, auch wenn sie als Ermittlungspersonen der Staatsanwaltschaft (§ 404 AO) fungieren und ihr gegenüber weisungsgebunden sind.[4]

b) Erscheinen

Erschienen ist ein Amtsträger grds. dann, wenn er am Ort der beabsichtigten Prüfung beim Stpfl. eingetroffen ist (Matten-Theorie).[5] Zu entscheiden hatte das OLG Stuttgart[6] folgenden Sachverhalt: **2126**

> Der Prüfer, dessen Erscheinen angekündigt war, parkte auf dem Parkplatz des Betriebsgeländes, stieg aus und begab sich zum Eingang des Betriebsgebäudes. Als er noch wenige Meter davon entfernt war, kam ihm der Angeklagte entgegen. Nachdem beide sich bekannt gemacht hatten, offenbarte der Angeklagte seine Steuerhinterziehung.

Das OLG Stuttgart hielt es für ausreichend, dass der Prüfer zumindest in das Blickfeld des Stpfl. getreten ist und verneinte die Voraussetzungen einer wirksamen Selbstanzeige.[7] Diese Entscheidung ist jedoch abzulehnen, da sich der Prüfer zwar im Blickfeld, aber gerade noch nicht in der Sphäre des Stpfl. befand. Sie bewirkt eine zu weite Vorverlagerung der Sperrwirkung, so dass es richtigerweise auf die physische Präsenz am Prüfungsort ankommt.[8] Nach Jäger[9] ist der Prüfer erschienen, sobald er in Prüfungsabsicht den Prüfungsort (Geschäfts- oder Wohnräume) tatsächlich betritt. **2127**

Selbst wenn der Prüfer den Stpfl. nicht antrifft und sich nach Erklärung seines Auftrags mit der Mitteilung entfernt, nach Rückkehr des Stpfl. wiederzukommen, ist das Merkmal „erschienen" erfüllt.[10] Trifft der Prüfer hingegen niemanden an und **2128**

---

1) Die Auslegung des Tatbegriffs in § 371 Abs. 2 AO a.F. führte zu Unsicherheiten und kontroversen Diskussionen, vgl. nur Radermacher, PStR 2009, 155 m.w.N., die durch die Neufassung des § 371 AO obsolet geworden sind.
2) Informativ Burkhard, wistra 1998, 216 ff., 256 ff.
3) Felix, BB 1985, 1781.
4) LG Stuttgart v. 21.8.1989, 10 KLs 137/88, wistra 1990, 72 = NStZ 1990, 189 mit Anm. von Gallandi, insoweit gegen Felix, BB 1985, 1781.
5) Vgl. nur FG München v. 1.12.1992, 13 K 2437//91, EFG 1993, 449.
6) OLG Stuttgart v. 22.5.1989, 3 Ss 21/89, NStZ 1989, 436 = MDR 1989, 1017.
7) OLG Stuttgart v. 22.5.1989, 3 Ss 21/89, NStZ 1989, 436.
8) S. nur Joecks in Franzen/Gast/Joecks, 7. Aufl. 2009, § 371 AO Rz. 138; Müller, 2012, Rz. 865.
9) Jäger in Klein, 11. Aufl. 2012, § 371 AO Rz. 47.
10) OLG Oldenburg v. 11.3.1958 Ss 14/58, NJW 1958, 1407.

hinterlässt er auch keine Nachricht über den vergeblichen Prüfungsversuch, kommt dies einem Nichterscheinen gleich.[1)]

2129 Ort der Prüfung ist i.d.R. der Betrieb (§ 12 AO) oder die Wohnung eines Stpfl., jedenfalls dann, wenn keine Verwaltungsinteressen entgegenstehen.[2)] Die Prüfung kann jedoch vereinbarungsgemäß auch an einem anderen Ort durchgeführt werden, z.B. im Büro des Steuerberaters.[3)] Die Vereinbarung des Prüfungsorts ist allerdings eingeschränkt (§ 6 BpO 2000).

2130 Auch die Amtsstelle kann Ort der Prüfung sein.[4)] Dies gilt aber nur, wenn sich der Stpfl. – mit oder ohne Unterlagen – tatsächlich dorthin begibt.[5)] Denn das Merkmal Erscheinen ist im Sinne von Zusammenkommen (Kontakt) zu verstehen.[6)] Erst dann besteht die mit einem Erscheinen verbundene Entdeckungsgefahr, die zum Ausschluss einer Selbstanzeige führen soll. Der Stpfl. hat es folglich in der Hand, den Eintritt der Sperre durch Nichterscheinen beim Finanzamt hinauszuzögern. Versendet er die Unterlagen per Post, ist darauf abzustellen, dass sich der Prüfer mit den Unterlagen befasst.[7)]

c) Zur Prüfung/Ermittlung

2131 Dieses Merkmal ist handlungs- und nicht personenbezogen. Deshalb ist der Amtsträger noch nicht zur Prüfung erschienen, wenn er persönlich beim Stpfl. vorbeikommt, um die Prüfung anzukündigen.

2132 Der Prüfer muss den ernsthaften Willen zur Prüfung haben, was z.B. nicht der Fall ist, wenn er nur erscheint, um den Ablauf der Festsetzungsfrist zu hemmen, was auch unter rein steuerlichen Gesichtspunkten unbeachtlich wäre.[8)]

2133 Prüfungsabsicht hat er auch dann nicht, wenn er den Stpfl., gegen den kein Verdacht vorliegt, nur wegen einer Steuerstraftat oder Steuerordnungswidrigkeit eines Dritten befragen oder eine bloße Richtsatzüberprüfung vornehmen will.[9)]

Ein schlichtes Auskunftsersuchen ist noch kein Erscheinen zur Prüfung, anders bei Aufforderung, Unterlagen (z.B. Bankauszüge) vorzulegen.[10)] Auch Vorfeldermittlungen der Steuerfahndung können unter den Voraussetzungen des § 371 Abs. 2 Nr. 1 Buchst. c AO zu einer Sperrwirkung führen.[11)]

d) Zur steuerlichen Prüfung

2134 Das Tatbestandsmerkmal des Erscheinens eines Amtsträgers zur steuerlichen Prüfung wird weit ausgelegt.[12)] Hauptfälle sind die **Außenprüfungen** nach §§ 193 ff. AO,

---

1) Joecks in Franzen/Gast/Joecks, 7. Aufl. 2009, § 371 AO Rz. 143.
2) BFH v. 30.11.1988, I B 73/88, BStBl II 1989, 265.
3) LG Hamburg v. 22.8.1988, (50) 36/88 Ns, wistra 1989, 239; BFH v. 10.2.1987, IV B 1/87, BStBl II 1987, 360, und v. 30.11.1988, I B 73/88, BStBl II 1989, 265; Klaproth, DStR 2003, 1912.
4) BFH v. 9.3.2010, VIII R 50/07, wistra 2010, 313.
5) Joecks in Franzen/Gast/Joecks, 7. Aufl. 2009, § 371 AO Rz. 145; Schauf in Kohlmann, § 371 AO Rz. 126 (Dezember 2012); a.A. Merkt, DStR 1987, 710, 712.
6) Jäger in Klein, 11. Aufl. 2012, § 371 AO Rz. 48.
7) Joecks in Franzen/Gast/Joecks, 7. Aufl. 2009, § 371 AO Rz. 145a.
8) FG Baden-Württemberg v. 30.4.1985, XI K 52 / 84 Z, EFG 1985, 535; Kruse in Tipke/Kruse, § 171 AO Rz. 39 (November 2012); Rüping in H/H/Sp, § 371 AO Rz. 146 (Dezember 2012).
9) Joecks in Franzen/Gast/Joecks, 7. Aufl. 2009, § 371 AO Rz. 141.
10) BayObLG v. 17.9.1986, RReg 4 St 155/86, wistra 1987, 77, 78 = StRK, § 371 AO R. 13.
11) OLG Celle v. 27.3.2000, 2 Ws 33/00, wistra 2000, 277 = NStZ-RR 2001, 341; Braun, DStZ 2000, 715; Rolletschke, NZWiSt 2012, 279 (Anm. zu BGH v. 1.2.2012, VII B 234/11, NZWiSt 2012, 278); Rüping, wistra 2001, 121.
12) BayObLG v. 17.9.1986, RReg 4 St 155/86, wistra 1987, 77.

also auch Lohnsteuer- und Umsatzsteuersonderprüfungen. Insoweit greift bereits der Sperrgrund des § 371 Abs. 2 Nr. 1 Buchst. a AO.

Die Bedeutung des § 371 Abs. 2 Nr. 1 Buchst. c AO liegt daher in „**sonstigen Ermittlungshandlungen**" (§ 171 Abs. 6 AO unterscheidet diese von Außenprüfungen), bei denen **keine** Prüfungsanordnung ergeht, so v.a. bei der: 2135

- Nachschau (§§ 209 ff. AO),
- Umsatzsteuernachschau (§ 27b UStG),
- zeitnahen Betriebsprüfung (ab 1.1.2012 gem. § 4a BpO 2000), betriebsnahen Veranlagung,
- Einzelermittlungsmaßnahmen (§§ 88 ff., 93 ff. AO),
- Ermittlungen zur Vorbereitung der Vollstreckung (§ 249 Abs. 2 Satz 1 AO).

Eine steuerliche Prüfung durch einen Amtsträger der Finanzbehörde gem. § 371 Abs. 2 Nr. 1 Buchst. c AO ist auch dann gegeben, wenn in Fällen, in denen ein Finanzbeamter seine Befugnisse und seine Stellung zur Begehung von Steuerhinterziehungen missbraucht, die Innenrevision der Oberfinanzdirektion die Veranlagungsarbeiten innerhalb eines Finanzamts überprüft.[1] 2136

e) Umgehung der Sperrwirkung durch Fremdanzeige

Zu einer möglichen Umgehung der Sperrwirkung durch eine Fremdanzeige → Rz. 1977 ff. 2137

5. Entdeckung der Tat (§ 371 Abs. 2 Nr. 2 AO)

Straffreiheit tritt nicht ein, wenn der Täter wusste oder bei verständiger Würdigung damit rechnen musste, dass eine der Steuerstraftaten im Zeitpunkt der Selbstanzeige ganz oder teilweise bereits entdeckt war (§ 371 Abs. 2 Nr. 2 AO). 2138

a) Tatbegriff

Der Begriff Tat ist wie bei der Verfahrenseinleitung zu verstehen (→ Rz. 2107 ff.). Die Neuregelung führt bei Entdeckung nur einer der unverjährten Taten zur Sperre der Selbstanzeige aller anderen unverjährten Taten derselben Steuerart.[2] 2139

b) Entdeckung

aa) Grundsätze

Entdeckung bedeutet mehr als nur Anfangsverdacht (§ 152 StPO), der zur Einleitung eines Verfahrens zwingt.[3] Eine Tat war nach bisheriger Rspr. dann entdeckt, wenn durch die Kenntnis eine Lage geschaffen wurde, die bei vorläufiger Tatbewertung eine Verurteilung (oder sonstige Sanktion, z.B. Einstellung nach § 153a StPO) wahrscheinlich machte, wenn also hinreichender Tatverdacht i.S.d. § 203 StPO 2140

1) BGH v. 20.1.2010, 1 StR 634/09, wistra 2010, 152 (zu § 371 Abs. 2 Nr. 1 Buchst. a Alt. 1 AO a.F.); dazu: Rolletschke, PStR 2010, 83.

2) Jäger in Klein, 11. Aufl. 2012, § 371 AO Rz. 18b, 19a; a.A. Beckemper u.a., wistra 2011, 281, 283: „Der Gesetzgeber bezieht die sachliche Vollständigkeit hingegen ausdrücklich auf dieselbe Steuerart".

3) BGH v. 13.5.1983, 3 StR 82/83 wistra 1983, 197 = NStZ 1983, 4; v. 24.10.1984, 3 StR 315/84, wistra 1985, 74 = NStZ 1985, 126.

bestand.[1] Das setzte voraus, dass auch die subjektiven Tatbestandsmerkmale angenommen werden konnten[2] bzw. hinreichend bekannt sein mussten.[3]

2141 Nunmehr hat der BGH in seiner Entscheidung vom 20.5.2010 die Tatentdeckung als ein Tatbestandsmerkmal bezeichnet, das mit üblichen strafprozessualen Verdachtsgraden nicht gleichgesetzt werden könne, sondern einen eigenständigen Bedeutungsgehalt habe.[4] Ein hinreichender Tatverdacht sei für die Annahme der Tatentdeckung nicht erforderlich. Vielmehr liege eine Tatentdeckung bereits dann vor, wenn das Vorliegen eines Sachverhalts wahrscheinlich ist, der die Aburteilung als Steuerstraftat oder -ordnungswidrigkeit rechtfertigen würde. Die Anforderungen an die Prognose an die „Wahrscheinlichkeit eines verurteilenden Erkenntnisses" dürften bei vorläufiger Tatbewertung nicht zu hoch angesetzt werden.

2142 Da das Gesetz auf die Entdeckung der Tat abstellt, braucht die Person, die als Täter in Betracht kommt, noch nicht bekannt zu sein.[5] Auch müssen die tatsächlichen Besteuerungsgrundlagen nicht so weit bekannt sein, dass der Schuldumfang verlässlich beurteilt werden kann.[6]

2143 Welche Umstände hinzukommen müssen, damit die – für sich allein nicht genügende – Kenntniserlangung einer Steuerquelle zur Tatentdeckung führt, lässt sich nur im Einzelfall und nicht schematisch beantworten. Nach dem BGH ist eine Tatentdeckung i.d.R. dann anzunehmen, wenn unter Berücksichtigung der Steuerquelle oder der zum Auffinden der Steuerquelle bekannten weiteren Umstände eine Steuerstraftat oder -ordnungswidrigkeit nach kriminalistischer Erfahrung nahe liegt.[7] Ergibt ein Abgleich mit den Steuererklärungen, dass die Steuerquelle nicht oder unvollständig angegeben wurde, ist die Tat stets entdeckt – Tatentdeckung ist aber auch schon vor einem Abgleich denkbar, so bei entsprechenden Zeugenaussagen oder wenn bei verschleierten Steuerquellen die Art und Weise der Verschleierung nach kriminalistischer Erfahrung ein signifikantes Indiz für unrichtige oder unvollständige Angaben ist.[8] Wann solch ein signifikantes Indiz vorliegt, wird sich nur anhand des Einzelfalls beurteilen lassen. Während man dies nicht bei einem schweizerischen Bankkonto – auch nicht bei einem Nummernkonto – ohne Weiteres annehmen kann, könnte die Einschaltung von Off-Shore-Gesellschaften bedenklich sein,[9] – wegen regelmäßig fehlender wirtschaftlicher Vorteile liegt hier die Vermutung einer hinterzieherischen Absicht näher.

Nicht erforderlich ist entgegen der bisherigen Auffassung des BGH, dass auf Grund der bekannten Tatsachen bereits ein Schluss auf vorsätzliches Handeln gezogen werden kann.[10] Dass der Gesetzgeber mit § 371 Abs. 2 Nr. 2 AO nur die vorsätzliche Steuerstraftat vor Augen gehabt habe, ergibt sich für den BGH weder aus dem Wortlaut der Norm noch aus dem Zweck des § 371 Abs. 2 Nr. 2 AO.[11]

---

1) BGH v. 27.4.1988, 3 StR 55/88, wistra 1988, 308; v. 30.3.1993, 5 StR 77/93, wistra 1993, 227; v. 5.4.2000, 5 StR 226/99, wistra 2000, 219, 225.
2) BFH v. 26.11.2008, X R 20/07, wistra 2009, 201 unter Verweis auf die „ständige BGH-Rechtsprechung".
3) Siehe auch Blumers, wistra 1985, 85; Henneberg, BB 1984, 1679; nach Dörn, wistra 1993, 169, ist dies zu „wohlwollend".
4) BGH v. 20.5.2010, 1 StR 577/09, BGHSt 2011, 180 = wistra 2010, 304.
5) BGH v. 20.5.2010, 1 StR 577/09, BGHSt 2011, 180 = NJW 2010, 2146 unter Verweis auf BGH v. 13.5.1983, 3 StR 82/83, NStZ 1983, 415 und v. 5.5.2004, 5 StR 548/03, BGHSt 49, 136 = NJW 2005, 2720; differenzierend Dörn, wistra 1998, 175. Bei persönlichen Steuern ist – im Gegensatz zu betrieblichen – die Kenntnis des Täters notwendig.
6) BGH v. 5.4.2000, 5 StR 226/99, wistra 2000, 219, 226.
7) BGH v. 20.5.2010, 1 StR 577/09, BGHSt 2011, 180.
8) BGH v. 20.5.2010, 1 StR 577/09, BGHSt 2011, 180.
9) Zutr. Stahl, 3. Aufl. 2011, Rz. 374.
10) BGH v. 20.5.2010, 1 StR 577/09, BGHSt 2011, 180.
11) BGH v. 20.5.2010, 1 StR 577/09, BGHSt 2011, 180, unter Verweis auf BT-Drucks. V/1812, 24.

Erfolgt eine Tatentdeckung auf Grund rechtswidriger Ermittlungsmaßnahmen,[1] die ein Verwertungsverbot nach sich ziehen, ist die Tat noch nicht i.S.v. § 371 Abs. 2 Nr. 2 AO entdeckt. 2144

bb) Unterlassene Umsatzsteuervoranmeldung

Eine Steuerhinterziehung ist noch nicht entdeckt, wenn ein dem Finanzamt bekanntes steuerpflichtiges Unternehmen keine Umsatzsteuervoranmeldung abgibt, so dass es zu Schätzungen kommt.[2] Denn der Stpfl. selbst muss vorsätzlich gehandelt haben, was allein auf Grund der schlichten Unterlassung nicht festzustellen ist. Die Ausführungen des BGH zu den Anforderungen an den subjektiven Tatbestand[3] bedeuten keinen Verzicht auf die innere Tatseite. Gerade ein beim Finanzamt steuerlich geführtes Unternehmen weiß, dass die Finanzbehörden die Abgabe von Steuererklärungen erzwingen können und wird deshalb nicht ernsthaft damit rechnen, durch die Nichtabgabe einer Steuererklärung Steuern zu hinterziehen. 2145

Insbesondere bei Groß- und Mittelbetrieben werden Pflichten des Unternehmers häufig auf Mitarbeiter delegiert. § 150 Abs. 6 AO eröffnet die Möglichkeit der Automatisierung des Besteuerungsverfahrens (auch für die Steueranmeldung). Eine Umsatzsteuervoranmeldung erfordert im Gegensatz zur Umsatzsteuerjahreserklärung keine eigenhändige Unterschrift. Deshalb kann nicht mehr ohne Weiteres angenommen werden, dass das Unterlassen einer Steuererklärung vom Stpfl. selbst oder seinem Vertreter schuldhaft herbeigeführt worden ist. In einer solchen Konstellation liegt zudem die Annahme eines nach Nr. 132 Abs. 2 AStBV (St) 2013 an die BuStra weiterzuleitenden „begründeten Einzelfall" nahe (→ Rz. 2000, → Rz. 2030). 2146

cc) Mehrere Beteiligte

Bei mehreren Beteiligten tritt die Sperrwirkung der Entdeckung nur gegenüber der Person ein, deren Tatbeitrag entdeckt worden ist. 2147

dd) Kontrollmitteilungen

Mangels Kenntnis von den steuerlichen Verhältnissen eines Stpfl. stellt das Ausstellen einer Kontrollmitteilung noch keine Tatentdeckung dar. Mitteilungen, die dem Finanzamt über bestimmte Geschäftsvorfälle eines bekannten oder unbekannten Stpfl. zugehen, schließen eine Selbstanzeige jedenfalls solange nicht aus, bis das Finanzamt erfahren oder selbst festgestellt (entdeckt) hat, dass die betroffenen Geschäftsvorfälle nicht verbucht worden sind.[4] 2148

Auch insoweit ist die Tat erst entdeckt, wenn bei vorläufiger Bewertung die Wahrscheinlichkeit einer Verurteilung besteht.[5] Das hängt wiederum vom Inhalt der Kontrollmitteilungen und den sonstigen Umständen des jeweiligen Falles ab (z.B. Doppelrechnung mit unterschiedlichen Rechnungsbeträgen bei sonst identischem Text).[6]

1) Füllsack in Quedenfeld/Füllsack, Rz. 519; näher Buse, DStR 2008, 2100, 2101.
2) OLG Celle v. 24.1.1984, 1 Ss 367/83, wistra 1984, 116; Joecks in Franzen/Gast/Joecks, 7. Aufl. 2009, § 371 AO Rz. 188 ff., unter Anführung zahlreicher Einzelfälle; Henneberg, BB 1984, 1679.
3) BGH v. 20.5.2010, 1 StR 577/09, BGHSt 2011, 180 = NJW 2010, 2146.
4) Joecks in Franzen/Gast/Joecks, 7. Aufl. 2009, § 371 AO Rz. 188 ff.
5) LG Koblenz v. 13.3.1985, 105 Js (Wi) 16.966/83–4 Ls –12 Ns, wistra 1985, 204 mit zust. Anm. von Winkelbauer, wistra 1986, 100.
6) Marschall, BB 1998, 2496.

ee) Grenzkontrollmitteilungen

2149 Dasselbe gilt, wenn bei Grenzkontrollen Kontoauszüge (z.B. von einer Bank in Luxemburg), Geschäftspapiere, Wertgegenstände usw. festgestellt werden.[1] Eine Geldanlage in Luxemburg ist schließlich nicht verboten.

ff) Ankauf eines Datenträgers

2150 Erfolgt eine Tatentdeckung auf Grund rechtswidriger Ermittlungsmaßnahmen,[2] die ein Verwertungsverbot nach sich ziehen, ist die Tat noch nicht i.S.v. § 371 Abs. 2 Nr. 2 AO entdeckt. In Zusammenhang mit Ankäufen von Datenträgern (Liechtenstein, Schweiz) hat die Rechtsprechung eine solche Beurteilung bislang verneint.[3]

2151 Ob bereits dann von einer Tatentdeckung auszugehen ist, wenn die Ermittlungsbehörde einen Datenträger erworben haben, aus dem sich die Kapitalanlage eines Stpfl. ergibt, hängt vom Einzelfall ab: Ein Datenträger entspricht einer Kontrollmitteilung, da er ebenfalls steuerrelevante Informationen über Dritte beinhaltet und dem Zweck der steuerlichen Auswertung dient. Folglich ist – wie bei einer Kontrollmitteilung – dann von der Entdeckung der Tat auszugehen ist, wenn die Informationen auf dem Datenträger bei vorläufiger Bewertung die Wahrscheinlichkeit einer Verurteilung wegen Steuerhinterziehung begründen (→ Rz. 2148). Der BGH hat insoweit die Grenzen gelockert, als eine Tatentdeckung bereits vor dem Abgleich mit den Steuerakten möglich sein soll „bei verschleierten Steuerquellen, wenn die Art und Weise der Verschleierung nach kriminalistischer Erfahrung ein signifikantes Indiz für unvollständige oder unrichtige Angaben ist."[4] Die Tatsache allein, dass jemand eine Kapitalanlage im Ausland innehat, genügt m.E. nicht zur vorläufigen Bewertung.[5] Die Steuerakte wird zuzuziehen sein, wenn sich nicht ausnahmsweise aus dem Material selbst konspirative Anhaltspunkte ergeben.[6] Ergeben sich aus der Steuerakte keine Einkünfte aus Kapitalvermögen, obwohl durch den Datenträger eine nicht nur unerhebliche Kapitalanlage ausgewiesen wird, dürfte von einer Tatentdeckung auszugehen sein. Anders, wenn ausweislich der Steuerakte ausländische Kapitalerträge zwar erklärt werden, aber nicht erkennbar ist, ob diejenigen aus der Kapitalanlage ausweislich des Datenträgers enthalten sind. Fragt das Finanzamt dann beim Stpfl. nach, ob Erträge aus dieser Anlage in den entsprechenden Erklärungen erfasst sind, liegt ersichtlich keine Tatentdeckung vor.[7]

2152 In der Praxis ist für einen Stpfl., der Steuern hinterzogen hat und – regelmäßig aus der Presse, gelegentlich auch von der betroffenen Bank – vom Ankauf des Datenträgers erfährt, Eile zur Abgabe einer Selbstanzeige geboten: Nachdem der Datenträger angekauft wurde, wird der Datenbestand auf die Bundesländer und dort an die Steuerfahndungsstellen verteilt. Erfolgt der Datenversand über die Oberfinanzdirektionen, benötigt dieser Weg mehr Zeit als bei einem direkten Versand an die Steuerfahndungsstellen. Von der Fahndungsstelle wird sodann die Steuerakte ange-

---

1) Joecks in Franzen/Gast/Joecks, 7. Aufl. 2009, § 371 AO Rz. 188 ff.; Rainer, DStR 1992, 901.

2) Füllsack in Quedenfeld/Füllsack, Rz. 519; näher Buse, DStR 2008, 2100, 2101.

3) LG Bochum v. 7.8.2009, 2 Qs 2/09, NStZ 2010, 351; LG Düsseldorf v. 17.9.2010, 14 Qs 60/10, wistra 2011, 37; BVerfG v. 9.11.2010, BvR 2101/09, NStZ 2011, 103. Näher Kohler in Münchner Kommentar StGB, 2010, § 371 AO Rz. 217; Trüg/Habetha, NJW 2008, 887; Trüg, StV 2011, 111.

4) BGH v. 20.5.2010, 1 StR 577/09, BGHSt 2011, 180 = wistra 2010, 304.

5) S.a. Kemper in Rolletschke/Kemper, § 371 AO Rz. 326 (September 2012).

6) Zutr. Löwe-Krahl, PStR 2012, 245, 247; solch ein signifikantes Indiz für die unrichtigen oder unvollständigen Angaben des Stpfl. liegt nach Auffassung der OFD Karlsruhe (Vfg. v. 18.7.2012, S 20702/4) bei auf Datenträgern angeführten Kundendaten in Zusammenhang mit der Credit Suisse Life Bermuda Ltd. ab 1.1.2012 vor, vgl. Bach, PStR 2012, 248.

7) Joecks in Franzen/Gast/Joecks, 7. Aufl. 2009, § 371 AO Rz. 187a; Kemper in Rolletschke/Kemper, § 371 AO Rz. 332 (September 2012); vgl. auch Jäger in Klein, 11. Aufl. 2012, § 371 AO Rz. 64; informativ Randt/Schauf, DStR 2008, 489.

fordert, denkbar ist aber auch eine erste Information des Fahnders – und damit die Gefahr der Tatentdeckung – durch Zugriff auf die in der Finanzverwaltung gespeicherten Daten. All dies geht – auch durch die mittlerweile eingetretene Routine der beteiligten Dienststellen – rasch. Das Zeitfenster für eine wirksame Selbstanzeige ist somit eng.[1]

gg) Tatentdeckung durch „Finanzkontrolle Schwarzarbeit"

Die Prüfkräfte der „Finanzkontrolle Schwarzarbeit" (FKS) nehmen u.a. Aufgaben nach § 2 Abs. 1 SchwarzArbG wahr. Ihr Erscheinen zur Durchführung einer Prüfung nach dem SchwarzArbG führt wegen fehlender steuer- oder steuerstrafrechtlicher Kompetenzen zu keiner Sperrwirkung nach § 371 Abs. 2 Nr. 1 Buchst. c AO (Erscheinen eines Amtsträgers zur steuerlichen Prüfung).[2] Zudem stellt § 2 Abs. 1 Satz 2 SchwarzArbG klar, dass die Prüfung der Erfüllung der steuerlichen Pflichten den zuständigen Landesfinanzbehörden obliegt. **2153**

Durch das Erscheinen der FKS kann im Einzelfall jedoch der Sperrgrund der Tatentdeckung entstehen, da über entsprechende Erkenntnisse zwingend die Finanzämter zu unterrichten sind (§ 6 Abs. 3 Nr. 4 SchwarzArbG).[3] Die Sperrwirkung beschränkt sich dann allerdings auf Grund der sachverhaltlichen Ermittlungen der FKS auf die Lohnsteuer, Erkenntnisse zu anderen Steuerarten können die Prüfer auf Grund ihres beschränkten Auftrages regelmäßig nicht gewinnen, so dass insoweit keine Tatentdeckung in Betracht kommt. **2154**

Bei der Einleitung eines Steuerstrafverfahrens durch die FKS entsteht keine Sperrwirkung gem. § 371 Abs. 2 Nr. 1 AO[4] (anders durch die Einleitung der Staatsanwaltschaft – vgl. § 397 AO). **2155**

hh) Vorbereitungshandlungen

Eine ausgeführte Tat kann schon entdeckt sein, selbst wenn von ihr nur Vorbereitungshandlungen aufgedeckt worden sind.[5] **2156**

c) Tatentdeckung infolge rechtswidriger Ermittlungsmaßnahmen

aa) Überblick

Eine Tatentdeckung liegt – nach neuer Rechtsprechung – vor, wenn das Vorliegen eines Sachverhalts wahrscheinlich ist, der die Aburteilung als Steuerstraftat oder -ordnungswidrigkeit rechtfertigen würde (→ Rz. 2141). Eine Verurteilung ist aber nicht zu rechtfertigen, sondern ausgeschlossen, wenn die Fakten der Tatentdeckung nicht verwertet werden dürfen. **2157**

In Betracht kommen: **2158**

- absolute Verwertungsverbote – auch auf Grund von Fehlern – im Strafverfahren,
- relative Verwertungsverbote nach Interessenabwägung auf Grund von Fehlern bei strafrechtlichen Ermittlungen,

---

1) Kemper in Rolletschke/Kemper, § 371 AO Rz. 332 (September 2012), bezeichnen in diesen Fällen die Selbstanzeige aus rechtspolitischen Gründen „als kaum zu rechtfertigendes „Geschenk" des deutschen Staates", da unbekannte, neue Steuerquellen hier nicht erschlossen werden.

2) Zutr. Joecks, wistra 2004, 441, 446 – zur (inhaltsgleichen) Regelung in § 371 Abs. 2 Nr. 1 Buchst. a AO.

3) Nach BGH v. 13.5.1987, 3 StR 37/87, wistra 1987, 293, setzt die Sperrwirkung durch andere Personen als Finanzbehörden und Strafverfolgungsorgane (Staatsanwaltschaft) voraus, dass damit zu rechnen ist, dass der Dritte seine Kenntnis an die zuständige Behörde weiterleitet.

4) Sie sind lediglich Ermittlungspersonen der Staatsanwaltschaft im Rahmen ihrer Prüfkompetenzen gem. § 2 Abs. 1 SchwarzArbG – näher Joecks, wistra 2004, 441, 447.

5) BGH v. 13.5.1987, 3 StR 37/87, wistra 1987, 293.

– Verwertungsverbote auf Grund von Fehlern im Besteuerungsverfahren.

bb) Verwertungsverbote und Selbstanzeige

2159 Zu Verwertungsverboten ausführlich → Rz. 4008. In Zusammenhang mit der Selbstanzeige hervorzuheben ist folgendes Verwertungsverbot:

(1) Selbstanzeigeunterlagen beim Verteidiger (§ 148 StPO)

2160 Die Verwertung beschlagnahmefreier Unterlagen ist nicht zulässig. Ein absolutes Verwertungsverbot besteht soweit wie das Beschlagnahmeverbot reicht.[1] Darunter fallen insbes. Handakten[2] eines Berufsgeheimnisträgers, soweit sich darin ausschließlich geschützte Unterlagen befinden. Das Beschlagnahmeverbot wirkt aber nicht zu Gunsten des Berufsgeheimnisträgers.[3]

2161 Zur Beschlagnahmefähigkeit von Selbstanzeigeunterlagen beim Verteidiger – die ihm nicht nur zur Aufbewahrung übergeben wurde – hat das LG Fulda[4] wie folgt entschieden:

„Solche Unterlagen sind gem. § 97 Abs. 1 Nr. 3 StPO beschlagnahmefrei. Die Reduzierung des Anwendungsbereiches dieser Bestimmung nur auf solche Gegenstände, die innerhalb des bestehenden Vertrauensverhältnisses entstanden sind, lässt sich weder aus dem Wortlaut noch dem Sinn und Zweck des Gesetzes entnehmen. Entscheidend ist, ob die durch die Unterlagen zu beweisenden Tatsachen von dem Zeugnisverweigerungsrecht umfasst werden. Zwar werden Buchführungsunterlagen als beschlagnahmefähig angesehen. Unter diesen Voraussetzungen wird das eingeschränkte Beschlagnahmeprivileg durch das in § 148 StPO verbürgte unbeschränkte und unüberwachte Verkehrsrecht zwischen Mandant und Verteidiger überlagert. Etwas anderes gilt nur, wenn der Beschuldigte seinem Anwalt die Unterlagen lediglich zur Aufbewahrung übergibt und der Mandant allein mit dem Motiv des Versteckens gehandelt hat."

In diesem Sinn hat zuvor auch das LG Stuttgart entschieden.[5]

2162 Zwar gehört die Selbstanzeige zur Steuerberatung und stellt deshalb noch keine Verteidigung i.S.d. § 146 StPO (Verbot der Mehrfachverteidigung) dar → Rz. 2162). Im Rahmen der §§ 97, 148 StPO sind aber auch Maßnahmen im Rahmen der Selbstanzeige als Verteidigung (im weiteren Sinn) anzusehen.

(2) Beratungshinweis

2163 Kommt ein Verwertungsverbot für ein aufgefundenes Beweismittel in Betracht, sollte eine Selbstanzeige abgeben werden, falls damit gerechnet werden muss, dass die Tat demnächst mit anderen Beweismitteln, für die kein Verwertungsverbot besteht, beweisbar ist. Dies ist natürlich nur sinnvoll, wenn kein anderer Ausschlussgrund (Bekanntgabe der Prüfungsanordnung oder Verfahrenseinleitung, Erscheinen eines Amtsträgers zur Prüfung) eingreift.

2164 Hierbei ist aber zu beachten, dass eine Verurteilung – unabhängig von der Möglichkeit einer Selbstanzeige – nur auf Grund verwertbarer Beweismittel in Frage

---

1) BGH v. 28.6.2001, 1 StR 198/01, NJW 2001, 3793, 3794.

2) Der Begriff Handakte als solcher ist nicht definiert (LG Berlin v. 20.7.2000, 519 Qs 216/00, n.v.).

3) BGH v. 3.12.1991, 1 StR 120/90, NStZ 1992, 328; LG Berlin v. 14.7.1992, 511 Qs 39/92, NStZ 1993, 146; LG Koblenz v. 31.1.1983, 8 Qs 3/83, NJW 1983, 2100; LG Bochum v. 4.9.1987, KLs 35 Js 31/84-I 31/85, NJW 1988, 1533.

4) LG Fulda v. 12.10.1999, 2 Qs 51/99, wistra 2000, 155 = NJW 2000, 1508; s. a. LG Stuttgart v. 20.2.1997, 13 Qs 2/97, DStR 1997, 1449.

5) LG Stuttgart v. 20.2.1997, 13 Qs 2/97, DStR 1997, 1449.

kommt. Gegebenenfalls ist eine Selbstanzeige, falls nur unverwertbare Beweismittel vorliegen, sogar schädlich, weil dann der Stpfl. auf Grund seiner eigenen Angaben verurteilt werden könnte.[1)]

Zu beachten ist, dass eine Offenbarung (= Geständnis) strafmildernd berücksichtigt wird (§ 46 Abs. 2 StGB). **2165**

d) Tatentdecker

aa) Finanz- und Strafverfolgungsbehörden

Als Tatentdecker kommen zunächst einmal – unabhängig von ihrer Zuständigkeit – Finanz- (§ 6 AO) und Strafverfolgungsbehörden (z.B. Staatsanwaltschaft) in Betracht. **2166**

Tatentdecker kann m.E. aber auch der Staatsanwalt sein, wenn ihm gegenüber eine Selbstanzeige abgegeben wird, zu deren Empfangnahme er unzuständig ist (→ Rz. 2044).[2)] Denn entdeckt ist eine Tat, wenn das Vorliegen eines Sachverhalts wahrscheinlich ist, der die Aburteilung als Steuerstraftat oder -ordnungswidrigkeit rechtfertigen würde (→ Rz. 2141). Diese Voraussetzungen sind m.E. gegeben, ohne dass es darauf ankommt, wie der Staatsanwalt die Kenntnis erlangt hat. **2167**

Anders wird man es aber dann sehen können, wenn z.B. ein Untersuchungshäftling, dessen Briefkontakt zur Außenwelt vom Staatsanwalt oder Gericht kontrolliert wird, keine Möglichkeit hat, unkontrolliert mit dem Finanzamt in Kontakt zu treten. Billigkeitserwägungen können bei der Prüfung eines Sperrgrundes ausnahmsweise durchaus eine Rolle spielen, z.B. bei sachlich begrenztem Tatbeitrag von Anstiftern, Gehilfen und Mittätern; → Rz. 2007.[3)] **2168**

bb) Andere Behörden

Andere Behörden und Gerichte kommen ebenfalls als Tatentdecker in Betracht, zumal sie nach § 116 AO zur entsprechenden Mitteilung verpflichtet sind,[4)] sofern nicht insbes. das Brief-, Post- und Fernmeldegeheimnis zu wahren ist (§ 105 Abs. 2 AO). Weitere Untersagungs- und Einschränkungsregelungen sind aufgezählt bei Joecks.[5)] **2169**

Ein Richter, der entsprechenden Hinweise allerdings ohne Anhörung des Betroffenen an das Finanzamt weiterleitet, setzt sich der begründeten Besorgnis der Befangenheit nach § 24 Abs. 2 StPO, § 42 Abs. 2 ZPO aus.[6)] **2170**

cc) Dritte

Im Übrigen kann auch von sonstigen Dritten (z.B. ausländischen Behörden, Privatpersonen) eine Tat entdeckt werden.[7)] Dies ist jedoch nur dann der Fall, wenn damit zu rechnen ist, dass diese Dritten ihre Kenntnis der zuständigen Behörde weiterleiten. **2171**

---

1) Vgl. LG Bremen v. 13.7.1984, 43 Qs 298/84, wistra 1984, 241 = StV 1984, 505.
2) A.A. Streck/Olgemöller, DStR 1994, 966; Schauf in Kohlmann, § 371 AO Rz. 82 (Dezember 2012).
3) Dazu auch BVerfG v. 26.4.1994, 1 BvR 1689/88, NJW 1995, 1015 über die Vertraulichkeit einer Äußerung im Strafvollzug trotz Briefkontrolle.
4) Ausf. Plump, wistra 1987, 322, und Bock, NJW 1992, 101.
5) Joecks in Franzen/Gast/Joecks, 7. Aufl. 2009, § 371 AO Rz. 124.
6) OLG Hamm v. 4.2.1962, 7 Sdb Abl. (FamS) 3/91, hinsichtlich eines Familienrichters, FamRZ 1992, 575.
7) BGH v. 13.5.1987, 3 StR 37/87, StRK, § 370 AO R. 115 = wistra 1987, 293 mit Anm. von Franzen, wistra 1987, 341.

Keine Tatentdecker sind solche Personen, die zum Vertrauenskreis des Täters (z.B. Ehegatte, Mitarbeiter, Mittäter) gehören oder bevollmächtigt (z.B. Steuerberater, Rechtsanwälte) sind, für ihn tätig zu werden.[1]

e) Kenntnis des Täters von der Tatentdeckung

aa) Positive Kenntnis

2172 Der Täter weiß von der Entdeckung, wenn er aus den ihm nachweislich bekannten Tatsachen nachweislich den Schluss gezogen hat, dass eine Behörde oder eine in Betracht kommende Privatperson so viel von seiner Tat erfahren hat, dass für die Behörde das Vorliegen eines Sachverhalts wahrscheinlich ist, der die Aburteilung als Steuerstraftat oder -ordnungswidrigkeit rechtfertigen würde.[2]

bb) „Rechnenmüssen" mit Tatentdeckung

2173 Mit der Entdeckung rechnen müssen bedeutet, dass der Täter aus den ihm nachweislich bekannten Tatsachen bei verständiger Würdigung den Schluss auf die Entdeckung seiner Tat hätte ziehen müssen.[3] Dabei ist abzustellen auf das individuelle Verständnis des Täters und nicht auf das eines unbeteiligten objektiven Dritten.[4]

cc) Irrige Annahme der Tatentdeckung

2174 Die irrige Annahme des Täters, seine Tat sei bereits entdeckt, ist unerheblich.[5]

dd) Zweifel an der Tatentdeckung

2175 Kann die Entdeckung nicht festgestellt werden, wirkt sich dies nach dem Grundsatz in dubio pro reo zu Gunsten des Täters aus.[6]

f) Umgehung der Sperrwirkung durch Fremdanzeige?

2176 Vgl. hierzu die Ausführungen zu → Rz. 1977 ff.

6. § 398a AO bei Steuerverkürzung/Steuervorteil von mehr als 50 000 € je Tat (§ 371 Abs. 2 Nr. 3 AO)

2177 § 371 Abs. 2 Nr. 3 AO beinhaltet für Fälle, in denen der Verkürzungsbetrag oder der zu Unrecht erlangte Steuervorteil 50 000 € je Tat übersteigt, einen mit dem Schwarzgeldbekämpfungsgesetz vom 3.5.2011[7] eingeführten neuen Sperrgrund. Dennoch kann in solchen Fällen nach dem zugleich eingeführten § 398a AO von der Strafverfolgung bei Zahlung eines Zuschlags („Strafzuschlag")[8] abgesehen werden. Vorgaben, wie die Verfahrenseinstellung nach § 398a AO auszugestalten ist, gibt es nicht. Die Praxis wird sich an dem zu § 153a StPO üblichen Vorgehen (Mitteilung der nunmehr endgültigen Einstellung) orientieren.[9] Wie bei § 153a StPO kann auch bei § 398a AO die Einstellung im Ermittlungs-, Zwischen- oder Hauptverfahren verfügt werden.

---

1) BGH v. 27.4.1988, 3 StR 55/88, wistra 1988, 308 = NStZ 1988, 413.
2) BGH v. 20.5.2010, 1 StR 577/09, BGHSt 2011, 180 = NJW 2010, 2146 = wistra 2010, 304.
3) Joecks in Franzen/Gast/Joecks, 7. Aufl. 2009, § 371 AO Rz. 198, 199.
4) BayObLG v. 24.2.1972, 4 St 135/71, BB 1972, 524, und v. 1.12.1980, 4 St 241/80, DB 1981, 777.
5) OLG Frankfurt v. 18.10.1961, 1 Ss 854/61, NJW 1962, 974; OLG Hamm v. 26.10.1962, 1 Ss 913/62, BB 1963, 459.
6) Joecks in Franzen/Gast/Joecks, 7. Aufl. 2009, § 371 AO Rz. 201.
7) BGBl. I 2011, 676 = BStBl I 2011, 495.
8) Roth, DStR 2011, 1410.
9) So auch Hunsmann, BB 2011, 2519, 2525.

a) Tatbestandsvoraussetzungen

aa) Selbstanzeige von Hinterziehungsbeträgen über 50 000 €

Voraussetzung für die Anwendung des § 398a AO ist zunächst, dass der Täter die Voraussetzungen des § 371 Abs. 1 AO erfüllt hat und keine anderen Sperrgründe eingreifen. Es genügt daher nicht, dass ein Täter nur die § 371 Abs. 2 Nr. 3 AO unterfallenden Taten angezeigt hat und den Zuschlag nach § 398a AO entrichtet. Vielmehr muss er für alle unverjährten Steuerstraftaten derselben Steuerart vollständige und richtige Selbstanzeigen abgegeben haben. **2178**

Nur wenn hinsichtlich der einzelnen Tat i.S.d. § 370 AO die Steuerverkürzung oder der zu Unrecht erlangte Steuervorteil den Betrag von 50 000 € (ohne Hinterziehungszinsen) überschreitet, ist der Sperrgrund des § 371 Abs. 2 Nr. 3 AO erfüllt. Auch wenn sich der Betrag an der von der Rechtsprechung des BGH[1] aufgestellten Grenze von 50 000 € zur Annahme eines besonders schweren Falls der Steuerhinterziehung bei großem Ausmaß orientiert (§ 370 Abs. 3 Satz 2 Nr. 1 AO),[2] verbleibt es selbst in solchen Fällen, in denen nach der Rspr. des BGH erst bei einem Schwellenwert von 100 000 € ein großes Ausmaß vorliegt, in Anbetracht des eindeutigen Gesetzeswortlauts beim im § 371 Abs. 2 Nr. 3 AO genannten Schwellenwert.[3] **2179**

Abzustellen ist auf den Nominalwert des Hinterziehungsbetrags.[4] Weicht der strafzumessungsrelevante Hinterziehungs- bzw. Verzögerungsschaden davon ab (Fälle des Kompensationsverbots nach § 370 Abs. 4 Satz 3 AO und der Steuerverkürzung auf Zeit), ist dies in Anbetracht des eindeutigen Wortlauts des § 398a AO nicht maßgeblich.[5] Auch aus der Gesetzesbegründung ergibt sich nichts Gegenteiliges. Zudem ist es dogmatisch nicht überzeugend, Strafzumessungserwägungen zur Auslegung eines Sperrtatbestands heranzuziehen.[6] **2180**

Kritische Stellungnahme:

Die Anwendung der Vorschrift wird indes in der Praxis zu vom Gesetzgeber nicht bedachten Problemen führen: Da bereits kleine und mittlere Unternehmen in den Umsatzsteuervoranmeldungen häufig Umsatzsteuern von mehr als 50 000 € anmelden und Vorsteuern als Steuerminderungsbeträge dem Kompensationsverbot gem. § 370 Abs. 4 Satz 3 AO unterliegen, würde die strafbefreiende Wirkung der Selbstanzeige in vielen Fällen nicht eingreifen, obwohl der tatsächliche Steuerschaden unter der 50 000 €-Grenze liegt. Es darf bezweifelt werden, ob der Gesetzgeber auch für solche Fälle den Zuschlag vorgesehen hat. Die ratio der § 371 Abs. 2 Nr. 3, § 398a AO und die Orientierung des Gesetzgebers an den „besonders schweren Fällen" mit erhöhter krimineller Energie sowie größerem Erfolgsunrecht – sprechen dagegen. Sofern die Rspr. nicht im Wege einschränkender Gesetzesauslegung für eine Klarstellung in diesem Sinne sorgt, sollte der Gesetzgeber § 398a AO entsprechend ändern.

Da es sich bei dem Wert von 50 000 € um eine Freigrenze, nicht jedoch um einen Freibetrag handelt, führt auch eine nur geringfügige Überschreitung zur Sperrwirkung und zur Anwendung des § 398a AO; eine Toleranzspanne oder Unerheblichkeitsgrenze besteht nicht.[7] Diese Verabsolutierung der Wertgrenze ist fehlerhaft, weil bei ihrer Überschreitung nicht automatisch ein besonders schwerer Fall gem. **2181**

---

1) BGH v. 2.12.2008, 1 StR 416/08, BGHSt 53, 71 = NJW 2009, 528.
2) So der Bundestagsabgeordnete Kolbe in der Sitzung des Bundestages vom 17.3.2011, Plenarprotokoll 17/96, 10054 A.
3) Jäger in Klein, 11. Aufl. 2012, § 398a AO Rz. 11.
4) Gegen die Einbeziehung des Solidaritätszuschlags Hunsmann, BB 2011, 2519, 2521 f.; Beckemper u.a., wistra 2011, 281, 286; Rolletschke in Rolletschke/Kemper, § 398a AO Rz. 15 (September 2012).
5) Beckemper u.a., wistra 2011, 281, 286; Roth, NZWiSt 2012, 174, 175; Schwartz, PStR 2012, 116, 188; a.A. Rolletschke in Graf/Jäger/Wittig, 2011, § 398a AO Rz. 5, 8.
6) So auch Roth, NZWiSt 2012, 174, 175.
7) Jäger in Klein, 11. Aufl. 2012 § 398a AO Rz. 13.

§ 370 Abs. 3 Satz 2 Nr. 1 AO (das Tatbestandsmerkmal „in großem Umfang" hat dort als Regelbeispiel nur indizielle Funktion) vorliegt.[1]

2182 Im Gegensatz zu § 371 Abs. 1 AO, der auf alle unverjährten Steuerstraftaten einer Steuerart abstellt, bezieht sich § 371 Abs. 2 Nr. 3 AO auf die jeweilige Tat, also die Tat im materiellen Sinne.[2] Folglich ist nach Steuerart und Veranlagungszeitraum zu unterscheiden. Eine Zusammenrechnung verkürzter Steuerbeträge mehrerer Jahre bzw. Steuerarten erfolgt nicht.[3] Bei tateinheitlicher Begehung sind indes die Verkürzungsbeträge – entsprechend der Bestimmung des „großen Ausmaßes" bei § 370 Abs. 3 Satz 2 Nr. 1 AO[4] – für die Anwendung des Sperrgrundes zusammenzurechnen.[5]

2183 Ungeklärt ist die Rechtsfolge, wenn nur einzelne Taten über der Freigrenze liegen. Unter Hinweis auf die Formulierungen von § 371 Abs. 1 AO („wird wegen dieser Steuerstraftaten (= alle unverjährten Steuerstraftaten einer Steuerart) nicht bestraft") und § 371 Abs. 2 AO („Straffreiheit tritt (insgesamt) nicht ein, wenn ...") wird einerseits eine Gesamtbetrachtung vorgenommen, bei der der gesamten Selbstanzeige die strafbefreiende Wirkung zu versagen sei, wenn auch nur eine der Taten die Freigrenze überschreitet – dies entspreche auch der Intention des Gesetzgebers, teilweise Strafbefreiungen künftig nicht mehr zuzulassen.[6] Andererseits wird vertreten, für die übrigen – nicht § 398a AO unterfallenden – selbstangezeigten Taten Strafbefreiung bei fristgemäßer Nachentrichtung gem. § 371 Abs. 3 AO eintreten zu lassen.[7] Für diese Ansicht spricht zunächst, dass der Gesetzgeber durch die Einführung des § 398a AO Differenzierungen zwischen „einfachen" und „schweren" Fällen von Steuerhinterziehung vorgenommen hat und nicht erkennbar ist, weshalb diese Differenzierungen nicht auch bei der Beurteilung mehrerer Taten eines Stpfl. greifen sollen. Zum anderen lässt die Formulierung in § 371 Abs. 2 Nr. 3 AO („je Tat") darauf schließen, dass die „Infizierung" der übrigen Taten durch die Überschreitung der Grenze nicht gewollt war.

bb) Fristgemäße Nachentrichtung hinterzogener Beträge

2184 Nach § 398a Nr. 1 AO muss der Täter, um die Absehung von der Strafverfolgung zu erlangen, die zu seinen Gunsten hinterzogenen Steuern binnen der ihm bestimmten Frist nachentrichten. Wie bei der Fristbemessung gem. § 371 Abs. 3 AO muss die Frist angemessen sein und kann von der steuerrechtlichen Zahlungsfrist abweichen.[8]

cc) Zahlung eines zusätzlichen Geldbetrages

2185 Nach § 398a Nr. 2 AO muss der Täter zudem einen Geldbetrag i.H.v. 5 % der hinterzogenen Steuer binnen der ihm bestimmten Frist zu Gunsten der Staatskasse zahlen. Anders als der Nachentrichtungsbetrag gem. § 398a Nr. 1 AO beschränkt sich der Zuschlag nicht auf die Berechnung auf Grundlage der zu Gunsten des Täters

1) Rüping in H/H/Sp, § 398a AO Rz. 5 (Dezember 2012).
2) Hunsmann, NJW 2011, 1482, 1486.
3) Rolletschke in Rolletschke/Kemper, § 398a AO Rz. 15 (September 2012); Beckemper u.a., wistra 2011, 281.
4) BGH v. 2.12.2008, 1 StR 416/08, BGHSt 53, 71 = NJW 2009, 528.
5) Jäger in Klein, 11. Aufl. 2012, § 371 AO Rz. 75 m.w.N.; ebenso für den Fall mehrfacher tateinheitlicher Steuerverkürzung Jäger in Klein, 11. Aufl. 2012, § 398a AO Rz. 14; Jope, NZWiSt 2012, 59, 61.
6) Erb/Schmitt, PStR 2011, 144, 145.
7) Müller, 2012, Rz. 1055 f.; Stahl, 3. Aufl. 2011, Rz. 410, unter Hinweis auf BT-Drucks. 17/5067 (neu).
8) Jäger in Klein, 11. Aufl. 2012, § 398a AO Rz. 30; Rolletschke in Rolletschke/Kemper, § 398a AO Rz. 26 (September 2012); Hunsmann, BB 2011, 2519.

hinterzogenen Steuer, maßgeblich ist vielmehr der Nominalbetrag der hinterzogenen Steuer. Unerheblich ist demzufolge der strafzumessungsrelevante Schaden oder ein Verzögerungsschaden.

b) Rechtsfolgen

Die Erbringung der in § 398a AO angeführten Leistungen bewirkt unmittelbar ein strafprozessuales Verfolgungshindernis, jedoch nicht – wie § 371 AO – einen persönlichen Strafaufhebungsgrund.[1] Der Strafsachenstelle bzw. Staatsanwaltschaft steht kein Ermessen zu, die Zustimmung eines Gerichts ist nicht nötig. Da sich § 398a AO auf die einzelne Tat bezieht, ist im Falle weiterer wirksam angezeigter Taten, die jedoch nicht unter § 371 Abs. 2 Nr. 3 AO fallen, ein Absehen der Verfolgung nach § 398a AO neben Straffreiheit nach § 371 AO möglich. **2186**

Strafklageverbrauch wird nach Anwendung des § 398a AO im Falle eines tatsächlich höheren als angezeigten Hinterziehungsbetrags nicht erreicht.[2] Wenn auch § 398a AO der Regelung des § 153a StPO nachempfunden wurde, [3] hat der Gesetzgeber ersichtlich auf eine § 153a Abs. 1 Satz 5 StPO entsprechende Regelung verzichtet.[4] War die Selbstanzeige unvollständig, kann sie nach § 371 Abs. 1 AO insgesamt keine Wirksamkeit erreichen. Für gem. § 398a Nr. 2 AO bereits gezahlte Beträge kommt indes eine Anrechnung entspr. § 56f Abs. 3 StGB auf die dann zu verhängende Strafe in Betracht.[5] **2187**

Nach § 12 Nr. 4 EStG scheidet die steuerliche Berücksichtigung von Zuschlägen als „sonstige Rechtsfolgen vermögensrechtlicher Art, bei denen der Strafcharakter überwiegt", aus. **2188**

c) Erstreckung des § 398a AO auf Teilnehmer

Seinem Wortlaut nach erstreckt sich § 398a AO nur auf Täter. Ob sie sich darüber hinaus auch an Teilnehmer richtet, ist streitig.[6] Wegen vermuteter, vom Gesetzgeber nichtbedachter, Gesichtspunkte werden Zweifel an der Verfassungs- und Verhältnismäßigkeit des § 398a AO geäußert.[7] Da sich nach der eindeutigen gesetzlichen Formulierung die Sperrgründe des § 371 Abs. 2 AO auch auf die Selbstanzeigen von Teilnehmern beziehen, für diese somit auch der Sperrgrund des § 371 Abs. 2 Nr. 3 AO greifen könnte, muss der Täterbegriff des § 398a AO m.E. als verfahrensrechtlicher, nicht jedoch im Sinne von § 25 StGB, angesehen werden. Nur so kann über die Anwendung des § 398a AO auch der Teilnehmer ein Absehen von der Strafverfolgung erreichen. Dafür spricht auch, dass § 398a AO im Gesetzgebungsverfahren ausdrücklich § 153a StPO – der nicht auf Täter beschränkt ist – nachempfunden wurde.[8] **2189**

---

1) Jäger in Klein, 11. Aufl. 2012, § 398a AO Rz. 35.
2) Jäger in Klein, 11. Aufl. 2012, § 398a AO Rz. 38; Zanzinger, DStR 2011, 1397, 1402.
3) Kolbe, Plenarprotokoll der 96. Sitzung der 17. Wahlperiode v. 17.3.2011, 10954.
4) So auch Hunsmann, BB 2011, 2519, 2525.
5) Jäger in Klein, 11. Aufl. 2012, § 398a AO Rz. 38; a.A. Roth, PStR 2012, 223, der zu Recht darauf hinweist, dass im Hinblick auf § 398a Nr. 2 AO geleistete Teilzahlungen nicht verloren gehen, wenn eine „Verrechnung" mit der Staatsanwaltschaft als Vollstreckungsbehörde vereinbart wird.
6) Nachweise bei Hunsmann, ZWH 2012, 175, 176; Rolletschke in Rolletschke/Kemper, § 398a AO, Rz. 10, 11 (September 2012); Roth, NZWiSt, 2012, 23.
7) Wulf/Kamps, DB 2011, 1711, 1716; Schauf/Schwartz, ZWH 2011, 85, 88. S.a. Hunsmann, BB 2011, 2519, der sowohl verfassungs- als auch konventionsrechtlich von der Zulässigkeit ausgeht; Hunsmann, ZWH 2012, 175; ebenso Rolletschke in Rolletschke/Kemper, § 398a AO Rz. 3 ff. (September 2012).
8) So der Bundestagsabgeordnete Kolbe, Plenarprotokoll der 96. Sitzung der 17. Wahlperiode v. 17.3.2011, 10954.

2190 Auch der Teilnehmer muss daher, will er die Rechtsfolge des § 398a AO herbeiführen, die „zu seinen Gunsten hinterzogenen Steuern" entrichten.[1] „Täter" i.S.d. § 398a AO ist mithin ein Beschuldigter, also ggf. auch ein Teilnehmer.[2] Analog zu § 371 Abs. 3 AO ist daher maßgeblich, welcher wirtschaftliche Vorteil dem Teilnehmer aus der Hinterziehung zugeflossen ist. Gleichermaßen muss er einen Geldbetrag i.H.v. 5 % der hinterzogenen Steuern – unabhängig inwieweit er selbst durch die Hinterziehung partizipiert hat – zahlen.[3]

d) Bemessung des Zuschlags bei mehreren Tätern/Teilnehmern

2191 Trifft der Sperrgrund des § 371 Abs. 2 Nr. 3 AO auf mehrere Täter/Teilnehmer zu, kann die Rechtsfolge des § 398a AO nur für jeden einzelnen, der den Zuschlag entrichtet, eintreten. Dann erhält der Staat insgesamt ein Mehrfaches des 5 %-Zuschlages. Dies ist nicht zu beanstanden, da § 398a AO – ähnlich § 153a StPO – an die persönliche Schuld anknüpft.

e) Rechtsschutz

2192 Als strafprozessuale Vorschrift besteht allenfalls strafrechtlicher, nicht jedoch finanzgerichtlicher Rechtsschutz im Falle einer ergangenen oder unterlassenen Entscheidung nach § 398a AO.[4] Wegen Fehlens einer ausdrücklichen Rechtsschutzmöglichkeit wird im Hinblick auf Art. 19 Abs. 4 GG eine Anfechtungsmöglichkeit nach § 23 EGGVG, eine Inzidentprüfung der Voraussetzungen eines Absehens von der Verfolgung gem. § 398a AO im Rahmen von Beschwerden gegen strafprozessuale Eingriffsmaßnahmen[5] sowie die analoge Anwendung der § 98 Abs. 2 Satz 2, § 161 Abs. 3 StPO vertreten.[6] Die Anfechtung gem. § 23 EGGVG erscheint mir am sachnächsten, weil sie ohne Bezug zu einer Ermittlungsmaßnahme geführt werden kann.

2193 Die Auffassung von Hunsmann, es bedürfe mangels Rechtschutzbedürfnisses (im Falle der Einstellung) oder auf Grund der „freiwilligen Unterwerfung" (im Falle der Zahlung – der Täter könne ja durch Nichtzahlung des Zuschlags die gerichtliche Überprüfung herbeiführen) keines Rechtsschutzes,[7] ist abzulehnen. Unterwirft sich ein Täter in den Fällen des § 371 Abs. 2 Nr. 3 AO der Zahlung nach § 398a AO, erlangt er nur so die Sicherheit der Straffreiheit. Die anschließende gerichtliche Überprüfung kann für ihn – wegen der bereits geleisteten Zahlung – zu keiner Verschlechterung führen. Die Nichtzahlung mit dem Zweck, die gerichtliche Überprüfung erst dadurch herbeizuführen, birgt demgegenüber ein letztlich unkalkulierbares Verurteilungsrisiko und ist deshalb abzulehnen. Dann besteht aber durchaus ein Rechtsschutzbedürfnis auch im Falle einer bereits geleisteten Zahlung.

f) Verhältnis zu § 153a StPO

2194 Neben § 398a AO bleiben die strafprozessualen Einstellungsmöglichkeiten erhalten. Die Anwendung des § 153a StPO, der die Einbeziehung aller Strafzumessungs-

---

1) So auch Jäger in Klein, 11. Aufl. 2012, § 398a AO Rz. 53; Roth, NZWiSt 2012, 23; a.A. Rüping in H/H/Sp, § 398a AO Rz. 12 (Dezember 2012); Beckemper u.a., wistra 2011, 281; Heuel/Beyer, StBW 2011, 315; Hunsmann, PStR 2011, 227; Hunsmann, PStR 2011, 288 (auch unter Berufung auch FinVerw. NRW v. 5.5.2011, S 0702-8 – V A 1, wonach auf Grund des Wortlauts des § 398a AO dessen Anforderungen für die Teilnehmer an der Tat „insoweit nicht maßgeblich" seien); Hunsmann, BB 2011, 2519, 2520; Müller, 2012, Rz. 1065.

2) Rolletschke in Rolletschke/Kemper, § 398a AO Rz. 11 (September 2012).

3) A.A. Zanzinger, DStR 1397, 1402 unter Hinweis auf eine sprachliche Verkürzung in § 398a AO.

4) Ausf. Hunsmann, NZWiSt 2012, 102.

5) Jäger in Klein,11. Aufl. 2012, § 398a AO Rz. 32.

6) Beckemper u.a., wistra 2011, 281, 288; Hunsmann, NZWiSt 2012, 102, 103 f., der die Anwendbarkeit von §§ 23 EGGVG jedoch verneint.

7) Hunsmann, BB 2011, 2519, 2526.

erwägungen gem. § 46 StGB gewährleistet und im Gegensatz zu § 398a AO nicht allein auf die Höhe der Steuerhinterziehung abstellt, kann gerade bei hohen Hinterziehungsbeträgen, die zur Berechnung eines relativ hohen Zuschlags führen würden, günstiger sein.[1] Die Entscheidung, ob sich ein Täter einem Strafverfahren stellt oder den Weg des § 398a AO geht, besteht bis zum Ablauf der zu bestimmenden Frist.

g) Steuerliche Absetzbarkeit des Zuschlags

2195 Eine steuerliche Absetzbarkeit des Zuschlags als Betriebsausgabe oder Werbungkosten ist nicht möglich. Das Abzugsverbot ergibt sich nicht aus § 12 Nr. 3 EStG, da es sich bei dem Zuschlag um keine steuerliche Nebenleistung handelt.[2]

Das Betriebsausgabenabzugsverbot des § 4 Abs. 5 Satz 1 Nr. 8 EStG erfasst dem Wortlaut nach nur Geldbußen, Ordnungs- und Verwarnungsgelder, so dass der nach § 398a Nr. 2 AO zu zahlende „Geldbetrag" (der sich zudem durch seine „Freiwilligkeit" unterscheidet) nicht unter das Betriebsausgabenverbot zu subsumieren ist. Nach § 12 Nr. 4 EStG dürfen jedoch in einem Strafverfahren festgesetzte Geldstrafen sowie „sonstige Rechtsfolgen vermögensrechtlicher Art, bei denen der Strafcharakter überwiegt" weder bei den einzelnen Einkunftsarten noch vom Gesamtbetrag der Einkünfte abgezogen werden („Nicht abzugsfähige Ausgaben"). Zwar ist der Zuschlag als freiwillige Leistung keine echte Strafe.[3] Gleichwohl ist er nach dem Willen des Gesetzgebers der Geldauflage nach § 153a Abs. 1 Satz 1 Nr. 2 StPO nachempfunden.[4] Der BFH hat für § 153a Abs. 1 Satz 1 Nr. 2 StPO entschieden, dass § 12 Nr. 4 EStG der Abziehbarkeit entgegensteht, *„soweit die Auflagen nicht lediglich der Wiedergutmachung des durch die Tat verursachten Schadens dienen."*[5] Die Zahlung eines Geldbetrags gem. § 398a Nr. 2 AO erfolgt indes gerade neben der Nachentrichtung der hinterzogenen Steuern, dient somit nicht der Schadenswiedergutmachung und scheidet als abzugsfähige Ausgabe demzufolge aus.[6] Zudem sind auch private Gründe (Vermeidung eines sozialen Makels durch eine Kriminalstrafe, Abkürzung eines u.U. langwierigen Strafverfahrens mit seinen persönlichen Unannehmlichkeiten) für die Zahlung des Zuschlags maßgeblich, so dass regelmäßig auch deshalb eine Berücksichtigung als Werbungskosten oder Betriebsausgabe ausscheidet.[7]

V. Wiederaufleben der Selbstanzeigemöglichkeit

2196 Da die Finanzbehörden nach vorausgegangener Prüfung in noch höherem Maß auf die Angaben des Täters angewiesen sind, ist trotz Fehlens einer diesbezüglichen gesetzlichen Regelung eine wirksame Selbstanzeige möglich, sofern sie nach Abschluss der Prüfung/Ermittlung erstattet wird.[8]

1) S.a. Hunsmann, PStR 2011, 288.
2) Roth, DStR 2011, 1410.
3) Rolletschke/Roth, Stbg 2011, 200.
4) BT-Drucks. 17/5067 (neu), 20.
5) BFH v. 22.7.2008, VI R 47/06, BStBl II 2009, 151 = DStR 2008, 2310.
6) S. a. Hunsmann, BB 2011, 2519, 2527; Rolletschke in Rolletschke/Kemper, § 398a AO Rz. 64 (September 2012); Roth, DStR 2011, 1410, 1411.
7) Roth, DStR 2011, 1410, 1411, der zudem auf die besondere Opferfunktion eines Zuschlags (unter Hinweis auf BFH v. 15.1.2009, VI R 37/06, BFHE 224, 140 = DStR 2009, 736) und den generalpräventiven Charakter des § 398a AO – was kennzeichnend für die nichtabzugsfähigen Sanktionen des § 12 Nr. 4 EStG sei – hinweist.
8) BGH v. 23.3.1994, 5 StR 38/94, UR 1994, 367.

2197 Wann die Prüfung als abgeschlossen anzusehen ist, ist streitig.[1] Die steuerliche Prüfung kann mit der Bekanntgabe eines neuen Steuerbescheids oder der in § 202 Abs. 1 Satz 3 AO vorgesehenen Mitteilung, dass die Außenprüfung zu keiner Änderung der Besteuerungsgrundlagen geführt hat, abgeschlossen sein.[2] In Betracht kommt aber auch der Eintritt der Unanfechtbarkeit der Steuerbescheide.[3] Den Eintritt der Bestandskraft abzuwarten halte ich jedoch für zu weitgehend. Der Sperrgrund des § 371 Abs. 1 Nr. 1 Buchst. a AO liegt darin, dass – nach Bekanntgabe einer Prüfungsanordnung – die Entdeckung der Steuerquelle droht. Diese Gefahr besteht nicht mehr, sobald Änderungsbescheide erlassen sind oder die Mitteilung nach § 202 Abs. 1 Nr. 3 AO ergangen ist. Dann braucht der Stpfl. nicht mehr mit der Aufdeckung der Tat zu rechnen – die Prüfung ist tatsächlich beendet und damit abgeschlossen. Damit ist die Situation, in der der Gesetzgeber eine Selbstanzeige honorieren möchte, wieder eingetreten.

2198 Meines Erachtens muss das Wiederaufleben der Selbstanzeigemöglichkeit auch für die anderen Ausschlussgründe sinngemäß gelten, insbesondere für den Sperrgrund der Bekanntgabe eines eingeleiteten Straf- oder Bußgeldverfahrens (§ 371 Abs. 2 Nr. 1 Buchst. b AO).[4] Ein anhängiges straf- oder bußgeldrechtliches Ermittlungsverfahren ist mit der Bekanntgabe der Verfahrenseinstellung (§ 170 Abs. 2 Satz 2 StPO; § 46 Abs. 1 OWiG) abgeschlossen. Das Aufleben der Selbstanzeigemöglichkeit auch in diesem Fall steht in Übereinstimmung mit dem gesetzespolitischen Zweck der Selbstanzeigeregelung, bislang verschlossene Steuerquellen zu erschließen. Gerade bei zuvor erfolgter Verfahrenseinstellung wird zudem an der Freiwilligkeit des Täters, seine Angaben zu korrigieren bzw. zu vervollständigen, kein vernünftiger Zweifel bestehen.

VI. Nachentrichtung verkürzter Steuern (§ 371 Abs. 3 AO)

1. Vorbemerkung

2199 Bei wirksam abgegebener Selbstanzeige ist die Straffreiheit davon abhängig, dass der Täter die Steuern – soweit er sie „zu seinen Gunsten" hinterzogen hat – fristgerecht nachentrichtet. Solange dies nicht geschehen ist, besteht nur eine „Anwartschaft auf Straffreiheit".[5] Der Strafanspruch besteht noch, ist aber „auflösend bedingt".[6] Die fristgerechte Bezahlung ist objektive Bedingung der Strafbarkeit und das Unvermögen zur Zahlung – gleich aus welchem Grund – geht zu Lasten des Täters.[7] Zur Rückzahlung nach Anfechtung einer Zahlung des sich selbst Anzeigenden durch den Insolvenzverwalter → Rz. 2280.

2200 Bei einer nur versuchten Steuerhinterziehung bedarf es nicht der Entrichtung der später festgesetzten Steuern (§ 371 Abs. 3 AO).

2. Entrichtungsschuldner

2201 Nachzuentrichten ist nur von dem Täter, der Steuern „zu seinen Gunsten" hinterzogen hat (§ 371 Abs. 3 AO). Zwar haftet der Steuerhinterzieher, sofern er nicht selbst

---

1) Jäger in Klein, 11. Aufl. 2012, § 371 AO Rz. 55.
2) BGH v. 15.1.1988, 3 StR 465/87, BGHSt 35, 188 = wistra 1988, 151 und v. 24.8.1988, 3 StR 232/88, wistra 1989, 23, 26 = NJW 1989, 112.
3) Rau, PStR 2011, 12.
4) So auch Schauf in Kohlmann, § 371 AO Rz. 197 (Dezember 2012); Joecks in Franzen/Gast/Joecks, 7. Aufl. 2009, § 371 AO Rz. 208; Aue, PStR 2010, 127, 128.
5) LG Koblenz v. 13.12.1985, 105 Js (Wi) 16.966/83–4 Ls-12 Ns, wistra 1986, 79; BayObLG v. 3.11.1989, RReg 4 St 135/89, wistra 1990, 159 = StRK, § 371 AO R. 23.
6) OLG Karlsruhe v. 22.12.2006, 3 Ss 129/06, wistra 2007, 159.
7) OLG Karlsruhe v. 22.12.2006, 3 Ss 129/06, wistra 2007, 159.

der Stpfl. ist, für die verkürzten Steuern nach § 71 AO, im Rahmen der Selbstanzeige ist jedoch einzig und allein von Bedeutung, ob das Merkmal „zu seinen Gunsten" erfüllt ist. Dies ist nicht steuerlich, sondern wirtschaftlich zu verstehen. Maßgeblich ist, ob dem Täter bei wirtschaftlicher Betrachtungsweise der unmittelbare Vorteil aus der Tat zugeflossen ist.[1]

Der Stpfl., der die Tat selbst begangen hat, ist sowohl steuerlicher als auch wirtschaftlicher Nutznießer. Deshalb ist die Unterscheidung nur von Bedeutung, wenn der Stpfl. und der Täter nicht identisch sind.[2] **2202**

Als Begünstigte kommen zudem in Betracht: **2203**

a) Gesellschafter-Geschäftsführer

Ein Gesellschafter-Geschäftsführer einer Ein-Mann-GmbH erlangt bei einer Steuerhinterziehung grds. einen unmittelbaren Vorteil, weil er wirtschaftlich gesehen mit der GmbH völlig identisch ist.[3] Bei mehreren Gesellschaftern entspricht der unmittelbare Vorteil dem Gesellschaftsanteil.[4] **2204**

b) Angestellter Geschäftsführer

Der Geschäftsführer einer GmbH, dessen Stellung nicht über die eines abhängigen Angestellten hinausgeht und der Steuerhinterziehung lediglich deshalb begeht, um seinen Arbeitsplatz zu erhalten, erlangt nur einen mittelbaren Vorteil.[5] Die allein durch die Steuerhinterziehung ausgelöste Vertreterhaftung aus § 69 AO ist unerheblich. Insoweit kann nichts anderes gelten als für die Haftung aus § 71 AO. Damit hat der BGH eine frühere Entscheidung[6] relativiert. Danach sollte der Geschäftsführer einer GmbH bereits dann „zu seinen Gunsten" Lohnsteuern hinterziehen, weil er als Vertreter der GmbH wegen schuldhafter Nichtabführung gesamtschuldnerisch nach den §§ 69, 44 AO hafte. **2205**

Zu bejahen ist z.B. ein – wenn auch ggfs. anteiliger – unmittelbarer Vorteil auch bei einem angestellten Geschäftsführer, falls er Tantiemen oder sonstige gewinnabhängige Leistungen erhält oder die Tat begeht, um einer bestehenden oder zu erwartenden Haftung zu entgehen.[7] **2206**

Die vorstehenden Ausführungen gelten z.B. auch, wenn ein Geschäftsführer Parteispenden unzulässiger Weise als Betriebsausgaben absetzt.[8] **2207**

c) Ungetreuer Angestellter

Ein Angestellter, der für seinen Arbeitgeber unrichtige Umsatzsteuervoranmeldungen abgibt und den der Steuerersparnis entsprechenden Betrag aus der von ihm verwalteten Kasse entwendet, erlangt ebenfalls nur einen unmittelbaren Vorteil.[9] **2208**

---

1) BGH v. 4.7.1979, 3 StR 130/79, NJW 1980, 248 = StRK, § 371 AO R. 2; OLG Stuttgart v. 4.5.1984, 1 Ss (23) 205/84, wistra 1984, 239.
2) Ausf. dazu Franzen, DStR 1983, 323.
3) Joecks in Franzen/Gast/Joecks, 7. Aufl. 2009, § 371 AO Rz. 101; differenzierend Göggerle, GmbHR 1980, 173, 175, der darauf abstellt, ob das Geld aus der GmbH entnommen ist.
4) Bilsdorfer, wistra 1984, 131, 135; Rüping in H/H/Sp, § 371 AO Rz. 105 (Dezember 2012).
5) BGH v. 22.7.1987, 3 StR 224/87, wistra 1987, 343 = NStZ 1987, 514.
6) BGH v. 19.2.1985, 5 StR 798/84, wistra 1985, 104 mit abl. Anm. von Joecks, wistra 1985, 151; dazu Schauf in Kohlmann, § 371 AO Rz. 89.9 (Dezember 2012).
7) Letzteres offen gelassen vom BGH v. 22.7.1987, 3 StR 224/87, wistra 1987, 343 = NStZ 1987, 514.
8) LG Stuttgart v. 21.8.1989, 10 KLs 137/88, wistra 1990, 72 a.E. bei einem Vorstandsvorsitzenden einer Aktiengesellschaft.
9) BGH v. 4.7.1979, 3 StR 130/79, NJW 1980, 248 = GmbHR 1980, 177 mit Anm. von Göggerle, GmbHR 1980, 173 mit abl. Anm. von Reiß, NJW 1980, 1291, der lediglich einen mittelbaren Vorteil sieht, weil die Bereicherung erst auf Grund eines weiteren Zueignungsaktes eintritt.

d) Ehepartner

2209 Die Nachentrichtungspflicht ist nicht davon abhängig, dass zuvor gegen den Täter ein Haftungsbescheid ergangen ist.[1]

3. Umfang der Entrichtungsschuld

a) Steuern/Steuerliche Nebenleistungen

2210 Grundsätzlich sind Steuern insoweit nachzuentrichten, als sie der Täter „zu seinen Gunsten" (→ Rz. 2201) hinterzogen hat. Steuerliche Nebenleistungen (§ 3 Abs. 4 AO, z.B. Säumniszuschläge) fallen nicht darunter.[2] Während die insoweit anderslautende Gesetzesbegründung noch die Nachentrichtung auf die Steuern „nebst angefallenen Zinsen" forderte,[3] verzichtet die Gesetzesfassung darauf. Der Solidaritätszuschlag ist eine Steuer.[4]

2211 Strafbefreiung durch Selbstanzeige kann gem. § 371 Abs. 3 AO nur erreicht werden, sofern der Täter den hinterzogenen Betrag insgesamt nachentrichtet.[5] Dies ergibt sich aus dem Wortlaut der Norm („wenn"), die diesbezüglich geändert wurde (§ 371 Abs. 3 AO a.F.: „soweit").

2212 Da die Nachentrichtung nach der Neuregelung tatbezogen[6] gesehen wird, führen Teilzahlungen hinsichtlich der komplett bezahlten Taten zur Straffreiheit.[7]

b) Kompensationsverbot (§ 370 Abs. 4 Satz 3 AO)

2213 Probleme können sich daraus ergeben, dass die Begriffe „hinterzogene Steuern" (§ 371 Abs. 3 AO) und „verkürzte Steuern" (§ 370 Abs. 4 AO) nicht zwangsläufig identisch sind.

2214 Ist eine vollendete Steuerhinterziehung nur unter Anwendung des Kompensationsverbots (§ 370 Abs. 4 Satz 3 AO, vgl. → Rz. 327 ff.) zu bejahen, so besteht in Wirklichkeit keine Steuerschuld.[8] Mangels Steuerschuld sind bei einer Selbstanzeige auch keine Steuern nachzuentrichten.

Beispiel:

Ein Stpfl. fingiert in seiner Steuererklärung Werbungskosten (§ 9 EStG) i.H.v. 900 €. Andererseits vergisst er, den Ausbildungsfreibetrag für seinen über 18jährigen Sohn i.H.v. ebenfalls 924 € (§ 33a Abs. 2 Satz 1 EStG) geltend zu machen. Es liegt eine vollendete Steuerhinterziehung vor. Da die fingierten Werbungskosten in keinem unmittelbaren wirtschaftlichen Zusammenhang mit dem Ausbildungsfreibetrag stehen, greift das Kompensationsverbot ein.

---

1) Für einen Geschäftsführer LG Stuttgart v. 20.1.1987, 6 KLs 243/86, wistra 1988, 36 mit Anm. von Garnich; a.A. OLG Stuttgart v. 4.5.1984, 1 Ss (23) 205/84, wistra 1984, 239 mit abl. Anm. von Stegmaier, wistra 1985, 202.

2) BayObLG v. 1.12.1980, RReg 4 St 241/80, NStZ 1981, 147.

3) BT-Drucks. 17/5067 (neu), 24.

4) Ransiek in Kohlmann, § 370 AO Rz. 379 (Dezember 2012); Joecks in Franzen/Gast/Joecks, 7. Aufl. 2009, § 370 AO Rz. 23.

5) Kemper in Rolletschke/Kemper, § 371 AO Rz. 403 (September 2012).

6) Auch die Gesetzesbegründungen sprechen von „der Straffreiheit für die jeweils einzelne Tat", BT-Drucks. 17/5067 (neu), 21.

7) Kemper in Rolletschke/Kemper, § 371 AO Rz. 404 (September 2012); Stahl, 3. Aufl. 2011, Rz. 225 ff.

8) FG Köln v. 25.5.1988, 6 K 289/83, wistra 1988, 316 zur Frage der Hinterziehungszinsen; Gast-de Haan, wistra 1988, 298; Joecks in Franzen/Gast/Joecks, 7. Aufl. 2009, § 371 AO Rz. 105.

c) Steuerverkürzung auf Zeit

Bei Steuerverkürzung auf Zeit (§ 370 Abs. 4 Satz 1 AO) ist für die Strafzumessung nicht die vorübergehend verkürzte Steuer maßgeblich, sondern der dem Fiskus entstandene Verspätungsschaden.[1] **2215**

Beispiel:

Unternehmer B hat finanzielle Schwierigkeiten, da seine Auftraggeber fällige Zahlungen nicht leisten. Er entscheidet sich daher, in 01 erhaltene und zu versteuernde Betriebseinnahmen erst in 02 zu erfassen und zu versteuern. Hierdurch verkürzt er in 01 Steuern i.H.v. 50 000 €, die er ein Jahr später durch die Erfassung in 02 entrichtet. Würde er bestraft, richtete sich die Höhe der Strafe nach dem Verspätungsschaden. Das wären unter Zugrundelegung von 6 % entsprechend dem Hinterziehungszinssatz (§§ 235, 238 AO)[2] 3 000 €.

Nachzuzahlen ist nicht der Verspätungsschaden (= 3 000 €). Zu zahlen sind vielmehr die vorübergehend verkürzten Steuern (= 50 000 €), weil der Täter wirtschaftlich den vollen Vorteil aus der Nichtzahlung und nicht nur den Vorteil aus der verspäteten Zahlung hat.

d) Mittellosigkeit ab Tatzeit

Auch dann, wenn ein Stpfl. bei richtiger und rechtzeitiger Steuererklärung wegen Mittellosigkeit ganz oder teilweise zur Zahlung nicht in der Lage gewesen wäre, wirkt die Selbstanzeige nur bei vollständiger Nachzahlung. **2216**

e) Mehrere Unrichtigkeiten bei unterschiedlichen Schuldformen

Enthält eine Steuererklärung mehrere Unrichtigkeiten bei unterschiedlichen Schuldformen (Vorsatz, Leichtfertigkeit), so sind nur die (vorsätzlich) hinterzogenen Steuern nachzuentrichten.[3] Liegt gleichzeitig Leichtfertigkeit vor, muss der darauf entfallende Steuerbetrag ebenfalls nachentrichtet werden, wenn der Täter insoweit die Festsetzung einer Buße vermeiden will (→ Rz. 2287 ff.). **2217**

Da die Steuerbelastung bei der Einkommensteuer auf Grund der Progression steigt, sind die verkürzten Steuern nach folgender Staffelung zu errechnen:[4] **2218**

bisher versteuertes Einkommen

+ (vorsätzlicher) Steuerhinterziehungsbetrag

+ leichtfertiger Verkürzungsbetrag

+ (leicht) fahrlässiger Verkürzungsbetrag

+ schuldloser Verkürzungsbetrag

Beispiel:

			ESt (fiktiv)
bisher versteuertes Einkommen lt. unrichtiger ESt-Erklärung	30 000 €	→	5 354 €
+ vorsätzlich verschwiegene Einkünfte	5 000 €		

1) BGH v. 26.9.1978, StR 293/78, DB 1979, 1065 = HFR 1979, 110; BayObLG v. 3.11.1989, RReg 4 St 135/89, wistra 1990, 159, und v. 7.5.1991, RReg 4 St 204/90, wistra 1991, 313, 318. Bei Abgabe falscher Umsatzsteuervoranmeldungen wird zwar eine Steuerhinterziehung auf Zeit bewirkt, der Umfang der verkürzten Steuern bzw. die ungerechtfertigt erlangten Steuervorteile bemessen sich indes nach dem Nominalbetrag, BGH v. 17.3.2009, 1 StR 627/08, BGHSt 53, 221.

2) BayObLG v. 7.5.1991, RReg 4 St 204/90, wistra 1991, 313, 318.

3) BGH v. 13.11.1952, 3 StR 398/52, BStBl I 1953, 109.

4) Joecks in Franzen/Gast/Joecks, 7. Aufl. 2009, § 370 AO Rz. 61, 62.

	35 000 €	→	6 680 €
+ leichtfertig abgesetzte Privatausgaben	4 000 €		
	39 000 €	→	7 790 €
+ fahrlässig überhöhte AfA	2 000 €		
tatsächlich zu versteuerndes Einkommen	41 000 €	→	8 364 €
	ESt		
vorsätzliche Verkürzung (= Straftat nach § 370 AO)	6 680 € ./. 5 354 €		
	1 326 €		
leichtfertige Verkürzung (= Ordnungswidrigkeit nach § 378 AO)	7 790 € ./. 6 680 €		
	1 110 €		
fahrlässige Verkürzung (= mögliche Ordnungswidrigkeit nach § 130 OWiG)	8 364 € ./. 7 790 €		
	574 €		

2219 Durch die Staffelung wird die jeweils schwerwiegendere Steuerverkürzung im jeweils niedrigeren Progressionsbereich angesiedelt. Andernfalls würden über die Progression Umstände berücksichtigt, die nicht vom Vorsatz (= Wissen und Wollen) erfasst sind.

f) Nebentäter

2220 Haben mehrere Personen unabhängig voneinander (Fall der Nebentäterschaft) Steuerverkürzungen bewirkt (z.B. zwei Gesellschafter-Geschäftsführer), muss der Steuerverkürzungsbetrag für jeden von ihnen gesondert errechnet werden:[1]

bisher versteuertes Einkommen
lt. unrichtiger Erklärung

+ Verkürzungsbeträge Täter A (ggf. gestaffelt wie zuvor)	**+ Verkürzungsbeträge Täter B** (ggf. gestaffelt wie zuvor)

Beispiel:

			ESt (fiktiv)
bisher versteuertes Einkommen laut unrichtiger ESt-Erklärung	30 000 €	→	5 354 €
+ vom Geschäftsführer 1 verschwiegene Einkünfte	5 000 €		
+ vom Geschäftsführer 2 (mittelbarer Täter und Nebentäter) manipulierte Betriebsausgaben	3 000 €		
tatsächlich zu versteuerndes Einkommen	38 000 €	→	7 500 €
insgesamt mehr an ESt			2 146 €

1) Joecks in Franzen/Gast/Joecks, 7. Aufl. 2009, § 370 AO Rz. 60, und § 371 AO Rz. 104.

				ESt
Verkürzungsbetrag für GF 1		30 000 €	→	5 354 €
	+	5 000 €		
		35 000 €	→	6 680 €
				1 326 €
				ESt
Verkürzungsbetrag für GF 2		30 000 €	→	5 354 €
	+	3 000 €		
		33 000 €	→	6 143 €
				789 €

Da die strafrechtlich verkürzten Beträge (1 326 € + 789 € = 2 115 €) jeweils auf der Grundlage des bisher zu versteuernden Einkommens zu errechnen sind, wird die höhere Progression, die sich bei Zusammenrechnung sämtlicher Einkünfte ergibt, nicht erreicht. Die Summe der hier zu errechnenden Verkürzungsbeträge (= 2 115 €) weicht somit von dem rein steuerlichen Gesamtverkürzungsbetrag (= 2 146 €) ab. Diese fiktive Berechnung ist erforderlich, weil jeder Täter ohne Rücksicht auf die Schuld eines anderen nur nach seiner Schuld zu beurteilen ist (§ 29 StGB). 2221

g) Ehegatten

Handeln Ehegatten nicht als Mittäter, so ist der Strafrichter durch § 26 Abs. 3 EStG (Zusammenveranlagung von Ehegatten bei nicht beantragter getrennter Veranlagung, gültig bis VZ 2012 – § 52 Abs. 68 EStG) nicht gehindert, bei der Berechnung des eingetretenen Schadens zu Gunsten des Täters die für diesen günstigste Veranlagungsmethode anzuwenden [1] Diese Berechnungsmethode muss folglich auch bei einer Selbstanzeige anwendbar sein. 2222

4. Art der Nachentrichtung

a) Grundsätze

§ 47 AO regelt das Erlöschen von Ansprüchen aus dem Steuerschuldverhältnis. Da Verjährung und Erlass (Erlasswürdigkeit!) praktisch ausscheiden, kommen nur Zahlung (§ 224 AO) und Aufrechnung (§ 226 AO) in Betracht. Die Niederschlagung nach § 261 AO hat keine schuldtilgende Wirkung.[2] 2223

b) Zahlung

Zahlung erfolgt durch Geldzuwendung (Bar-, Scheckzahlung oder Überweisung).[3] 2224

c) Lastschriftverfahren

Wegen des Widerspruchsrechts ist die Erfüllung bis zum Ende der sechswöchigen Widerrufsfrist auflösend bedingt.[4] 2225

1) BayObLG v. 28.3.2001, 4 St RR 29/01, wistra 2001, 317.
2) Joecks in Franzen/Gast/Joecks, 7. Aufl. 2009, § 371 AO Rz. 124.
3) Abkommen über den Lastschriftverkehr v. 1.2.2002, Abschn. III Nr. 2, http://bankenverband.de/downloads/2000/lastschriftabkommen.pdf.
4) Abkommen über den Lastschriftverkehr v. 1.2.2002, Abschn. III Nr. 2, http://bankenverband.de/downloads/2000/lastschriftabkommen.pdf.

d) Aufrechnung[1)]

2226 Bei der Aufrechnung ist zu beachten, dass sie nur mit unbestrittenen oder rechtskräftig festgestellten Gegenansprüchen zulässig ist (§ 226 Abs. 3 AO). Unschädlich ist die Nichtbezeichnung der Forderung, mit der aufgerechnet werden soll.[2)] Das Auseinanderfallen von Ertrags- und Verwaltungshoheit schadet ebenfalls nicht (§ 226 Abs. 4 AO). Wesentlich ist nur, dass Steuern und Gegenansprüche von ein und derselben Körperschaft verwaltet werden. In diesem Rahmen braucht auch keine Kassenidentität (vgl. § 395 BGB) zu bestehen.[3)]

e) Fehlende Zahlungsbestimmung

2227 § 225 Abs. 2 AO bestimmt die Reihenfolge der Tilgung für den Fall, dass bei freiwilliger Zahlung – jedoch ohne Zahlungsbestimmung – der gezahlte Betrag nicht zur Deckung sämtlicher Steuerschulden ausreicht.

2228 Abweichend davon ist unter strafrechtlichen Gesichtspunkten grds. in der für den Verpflichteten günstigsten Weise zu verrechnen.[4)] Ist dies vom Finanzamt nicht beachtet worden, ist fiktiv davon auszugehen, als sei in der günstigsten Weise verrechnet worden.

Beratungshinweis:

Ist absehbar, dass die Nachentrichtung nur für einen Teil der selbstangezeigten Steuern erfolgen kann, wird sich regelmäßig eine ausdrückliche Tilgungsbestimmung gem. § 225 Abs. 1 AO auf die jüngsten Steuern empfehlen. Für länger zurückliegende Taten, für die keine Strafbefreiung auf Grund fehlender Nachentrichtung mangels Mittel mehr erreichbar ist, kann so wegen des Zeitablaufs u.U. eine Strafmilderung gem. § 46 Abs. 2 StGB erlangt werden.

Bestehen Steuerrückstände außerhalb des strafrechtlich relevanten Zeitraums ist die Tilgungsbestimmung unbedingt geboten: Ohne eine entsprechende Tilgungsbestimmung verbucht die Finanzverwaltung Zahlungen gem. § 225 Abs. 2 Satz 2 AO zuerst auf die ältesten Rückstände (sowie z.T. auf Nebenleistungen, § 225 Abs. 2 Satz 1 AO). Liegen diese außerhalb des strafrechtlich relevanten Zeitraums wären sie für die Erreichung der strafbefreienden Wirkung der Selbstanzeige ohne Nutzen.

2229 Dies gilt jedoch nicht bei zwangsweise beigetriebenen Geldern (§ 225 Abs. 3 AO), was natürlich nicht ausschließt (Ermessen!), dass gleichwohl anders verfahren wird.

f) Zahlung durch Dritte

2230 Entrichtet ein Dritter (formaler Steuerschuldner, Tatbeteiligter, völlig Unbeteiligter) die Steuern, so ist damit die Verpflichtung des Täters gegenüber dem Fiskus erfüllt (vgl. § 48 AO).

1) Ausf. zu Fragen der Aufrechnung Halfar, NWB Fach 2, 5593.
2) BFH v. 4.2.1997, VII R 50/96, BStBl II 1997, 479.
3) BFH v. 25.4.1989, VII R 105/87, BStBl II 1989, 949.
4) BGH v. 3.6.1954, 3 StR 302/53, BGHSt 7, 336; OLG Köln v. 11.2.1983, 3 Ss 18/83 B, wistra 1983, 163; v. 10.8.1990, 3 StR 16/90, wistra 1990, 353, und v. 22.5.1991, 2 StR 453/90, wistra 1991, 266, für Fälle des Vorenthaltens und Veruntreuens von Arbeitsentgelt nach § 266a StGB; anders zivilrechtlich unter Hinweis auf § 2 BeitragszahlungsVO BGH v. 9.1.2001, VI ZR 119/00, ZIP 2001, 419.

5. Zahlungsfrist[1]

a) *Zuständigkeit zur Fristsetzung*

Die Frist ist strafrechtlicher und nicht steuerrechtlicher Natur.[2] Zuständig für sie ist deshalb das jeweilige Strafverfolgungsorgan (Bußgeld- und Strafsachenstelle, Staatsanwaltschaft, Gericht) bei dem das Verfahren anhängig ist.[3] **2231**

b) *Frist*

Sie soll es ermöglichen, den erforderlichen Geldbetrag, ggf. durch Verkauf oder Beleihung von Sachwerten, zu beschaffen.[4] Bei der Bestimmung der Frist sind dieselben Überlegungen und Ermittlungen anzustellen wie bei einer Stundung nach § 222 AO.[5] **2232**

Die Zeit seit Abgabe der Selbstanzeige ist mit zu berücksichtigen, da sie bereits zur Geldbeschaffung genutzt werden konnte. Der etwaige Einwand, während dieser Zeit vorhandene Gelder anderweitig verbraucht zu haben, ist unbeachtlich.[6] **2233**

Solange die Frist noch läuft, besteht ein Schwebezustand, weil weder eine Verurteilung noch ein Freispruch möglich ist.[7] **2234**

Aus steuerkriminalpolitischer Sicht soll die Frist höchstens sechs Monate betragen.[8] Eine kürzere Frist kann verlängert werden, jedoch nicht rückwirkend nach bereits erfolgtem Fristablauf. **2235**

Eine unangemessene kurze Frist ist unverbindlich und erzeugt keine Rechtswirkung.[9] Sich auf eigene Beurteilung zu verlassen ist jedoch gefährlich, weil nicht mit Sicherheit voraussehbar ist, wie darüber entschieden wird. **2236**

Die **Frist beginnt** erst, sobald der **Pflichtige positive Kenntnis** von ihr erlangt hat.[10] **2237**

Die strafrechtliche Frist ist von der steuerlichen Frist nicht abhängig.[11] Die Nachentrichtung setzt nicht einmal eine entsprechende Steuerfestsetzung voraus.[12] Eine strafrechtliche Fristsetzung zur Zahlung ist auch dann geboten, wenn rein steuerlich wegen Insolvenz eine solche Frist nicht mehr gesetzt werden darf.[13] Deshalb schlägt auch eine Aussetzung der Vollziehung (§ 361 Abs. 2 AO; § 69 Abs. 2 FGO) nicht **2238**

---

1) Informativ Rolletschke, DStZ 1999, 287.
2) H.M.; u.a. BFH v. 17.12.1981, IV R 94/77, BStBl II 1982, 352 = NJW 1982, 1720 und v. 22.1.1992, I B 77/91, BStBl II 1992, 618, 621; OLG Karlsruhe v. 22.12.2006, 3 Ss 129/06, wistra 2007, 159; Joecks in Franzen/Gast/Joecks, 7. Aufl. 2009, § 371 AO Rz. 107; Jäger in Klein, 11. Aufl. 2012, § 371 AO Rz. 90; Schauf in Kohlmann, § 371 AO Rz. 98 (Dezember 2012); Kemper in Rolletschke/Kemper, § 371 AO Rz. 417 (September 2012); a.A. Rüping in H/H/Sp, § 371 AO Rz. 109 ff. (Dezember 2012), 125 ff.; Rüping, BB 2000, 2553.
3) LG Hamburg v. 4.3.1987, (50) 187/86 Ns, wistra 1988, 317, 319 m. w. N gegen LG Hamburg v. 18.6.1986, (50) 117/86 Ns, wistra 1988, 120, 123; AG Berlin-Tiergarten v. 29.1.1986, 328 1 St Js3286 Ls-251/85, DB 1986, 2210; Joecks in Franzen/Gast/Joecks, 7. Aufl. 2009, § 371 AO Rz. 115.
4) LG Koblenz v. 13.12.1985, 105 Js (Wi) 17.301/83–10 KLs, wistra 1986, 79; OLG Karlsruhe v. 18.4.1974, 1 Ss 8/74, NJW 1974, 1577 = BB 1974, 1514 mit Anm. von Coring; OLG Köln v. 12.6.1987, Ss 141/87 – 154, wistra 1988, 274, 276.
5) LG Koblenz v. 13.12.1985, 105 Js (Wi) 17.301/83–10 KLs, wistra 1986, 79.
6) LG Hamburg v. 4.3.1987, (50) 187/86 Ns, wistra 1988, 317, 320.
7) BayObLG, RReg 4 St 135/89, wistra 1990, 159.
8) AG Saarbrücken v. 21.6.1983, 9 As 86/83, wistra 1983, 268 = DStZ 1983, 414 mit zust. Anm. von Bilsdorfer; ggf. auch für eine längere Frist Klos, NJW 1996, 2336, 2338.
9) LG Hamburg v. 7.7.1995, 4 St RR 104/95, wistra 1996, 79, 81.
10) LG Hamburg v. 4.3.1987, (50) 187/86 Ns, wistra 1988, 317, 319.
11) OLG Karlsruhe v. 22.12.2006, 3 Ss 129/06, wistra 2007, 159.
12) Rolletschke, wistra 2007, 371, 374.
13) BFH v. 17.12.1981, IV R 94/77 BStBl II 1982, 352, 354.

automatisch auf die strafrechtliche Frist durch. Bei einem Auseinanderfallen der beiden Fristen sollten sich die jeweiligen Stellen aber absprechen und den Pflichtigen belehren.

2239 Ordnungspolitische Grundsätze verlangen, dass der Schwebezustand alsbald beseitigt wird. Deshalb ist unter allen Umständen eine Frist zu setzen, selbst wenn voraussehbar ist, dass die Steuerschuld, z.B. im Fall der offensichtlichen Zahlungsunfähigkeit des Täters, nicht fristgerecht beglichen werden kann.[1] Dies gilt sogar dann, wenn seit der Abgabe der Selbstanzeige mehrere Jahre vergangen sind.[2]

2240 Gegenüber dem verdeckt Vertretenen (→ Rz. 1990) kommt eine Fristsetzung allerdings nicht in Betracht. Weil seine Beteiligung dem Finanzamt gar nicht bekannt ist, muss er die dem Vertreter gesetzte Frist auch gegen sich gelten lassen.[3]

c) Überprüfung der Frist

2241 Eine Überprüfungsmöglichkeit der Frist ist weder in der Strafprozessordnung noch in der Abgabenordnung vorgesehen. Ihre Zulässigkeit ergibt sich aber aus Art. 19 Abs. 4 GG, wonach der Rechtsweg für jedermann offen ist, wenn er durch die öffentliche Gewalt in seinen Rechten verletzt ist.[4]

2242 Zur Überprüfung ist der Rechtsweg zu den Strafgerichten gegeben, da die Fristsetzung strafrechtlicher Natur ist.[5] Zuständig ist das Gericht, bei dem das Hauptverfahren anhängig ist oder ggf. anhängig gemacht würde.[6]

2243 Ob die Fristsetzung nur unter dem Gesichtspunkt der Ermessensausübung mit Ermessensspielraum[7] oder als strafprozessuale Maßnahme überprüfbar ist,[8] hat praktisch kaum Auswirkungen.

Beratungshinweis:

Die Hilfe des Beraters bei der Überprüfung der Frist stellt, weil es sich um eine strafrechtliche Frist handelt, Strafverteidigung dar, so dass das Verbot der Mehrfachverteidigung (§ 146 StPO) eingreift (→ Rz. 2055, Beratungshinweis).

VII. Wirkung der Selbstanzeige

1. Anzeigeerstatter

a) Persönlicher Strafaufhebungsgrund

2244 Sind die positiven Wirksamkeitsvoraussetzungen erfüllt und liegen keine negative Wirksamkeitsvoraussetzungen (= Ausschlussgründe) vor (→ Rz. 1942 f.), so tritt für den Anzeigeerstatter Straffreiheit ein. Bei der strafbefreienden Selbstanzeige handelt es sich aber um einen persönlichen Strafaufhebungsgrund, der grundsätzlich nur dem Täter oder Teilnehmer zugute kommt, der die Selbstanzeige abgibt,[9] und

---

1) OLG Karlsruhe v. 22.12.2006, 3 Ss 129/06, wistra 2007, 159; BayObLG v. 3.11.1989, RReg 4 St 135/89, wistra 1990, 159, 162; OLG Karlsruhe v. 18.4.1974, 1 Ss 8/74, NJW 1974, 1577.
2) BayObLG v. 3.11.1989, RReg 4 St 135/89, wistra 1990, 159, 162 = StRK, § 371 AO R. 23.
3) BGH v. 21.6.1994, 5 StR 105/94, HFR 1995, 225.
4) AG Saarbrücken v. 21.6.1983, 9 As 86/83, wistra 1983, 268.
5) BFH v. 17.12.1981, IV R 94/77, BStBl II 1982, 352 = NJW 1982, 1720, und v. 22.1.1992, I B 77/91, BStBl II 1992, 618, 621; LG Koblenz v. 13.12.1985, 105 Js (Wi) 17.301/83–10 KLs, wistra 1986, 79; LG Hamburg v. 4.3.1987, (50) 187/86 Ns, wistra 1988, 317, 320; AG Berlin-Tiergarten v. 29.1.1986, 328 1 St Js 3286 Ls-251/85, DB 1986, 2210.
6) AG Saarbrücken v. 21.6.1983, 9 As 86/83, wistra 1983, 268, 269; Joecks in Franzen/Gast/Joecks, 7. Aufl. 2009, § 371 AO Rz. 117.
7) LG Koblenz v. 13.12.1985, 105 Js (Wi) 17.301/83–10 KLs, wistra 1986, 79.
8) LG Hamburg v. 4.3.1987, (50) 187/86 Ns, wistra 1988, 317, 320.
9) BGH v. 2.12.2008, 1 StR 344/08, wistra 2009, 189.

nur für den Straftatbestand der Steuerhinterziehung (§ 370 AO) gilt (Wegfall der materiellen Strafbarkeit im Gegensatz zum Verfahrenshindernis = Wegfall der prozessualen Sanktionierungsmöglichkeit).

Sollte der Anzeigeerstatter bereits angeklagt sein, ist das Verfahren nicht einzustellen, vielmehr ist freizusprechen.[1] **2245**

b) Strafrechtliche Nebenfolgen

Der Wegfall der materiellen Strafbarkeit bedeutet, dass die Verfolgung der Tat aus rechtlichen Gründen (nicht: aus tatsächlichen Gründen, → Rz. 1967) unzulässig ist. **2246**

Gefährliche Gegenstände i.S.d § 74 Abs. 2 Nr. 2 StGB können aber gleichwohl im objektiven Verfahren nach § 76a Abs. 2 Nr. 2 StGB, §§ 440, 441 StPO eingezogen werden.[2] Von praktischer Bedeutung dürfte dies jedoch nur im Zollstrafrecht sein.

c) Subsidiäre Ordnungswidrigkeiten[3]

Subsidiäre (§ 21 OWiG) Ordnungswidrigkeiten (§§ 379 bis 382 AO; § 26b UStG; § 130 OWiG) leben wieder auf. **2247**

d) Andere Straftaten

aa) Strafbar

Andere Straftaten, steuerlicher oder nicht steuerlicher Art, ob in Tateinheit (§ 52 StGB) oder in Tatmehrheit (§ 53 StGB) zu § 370 AO begangen, bleiben verfolgbar.[4] Auch besteht kein Verwendungsverbot gem. § 393 Abs. 2 Satz 1 AO.[5] Eine Ausnahme gilt lediglich dann, wenn in anderen Bestimmungen auf § 371 AO verwiesen wird (→ Rz. 2310). **2248**

bb) Steuergeheimnis (§§ 30, 31a AO)

Andere Straftaten dürfen der Staatsanwaltschaft oder sonstigen Stellen jedoch nur unter den in § 30 AO (Steuergeheimnis) und §§ 31a, 31b AO (Mitteilungen zur Bekämpfung der illegalen Beschäftigung und des Leistungsmissbrauchs bzw. der Geldwäsche und der Terrorismusfinanzierung) genannten Voraussetzungen offenbart werden.[6] **2249**

§ 30 Abs. 4 Nr. 4 Buchst. a AO regelt, dass solche Sachverhalte unter das Steuergeheimnis fallen, die im Besteuerungsverfahren bekannt geworden sind, was auf Mitteilungen im Rahmen der Selbstanzeige zutrifft.[7] **2250**

Eine Ausnahme ist allerdings bei **zwingendem öffentlichen Interesse** vorgesehen (§ 30 Abs. 4 Nr. 5 AO). Das wäre der Fall, wenn bei Unterlassung der Mitteilung **2251**

---

1) U.a. OLG Frankfurt v. 18.10.1961, 1 Ss 854/61, NJW 1962, 974.
2) Joecks in Franzen/Gast/Joecks, 7. Aufl. 2009, § 371 AO Rz. 212.
3) Diesbezügliche Rechtsfolgen: → Rz. 2312.
4) BGH v. 20.5.2010, 1 StR 577/09, BGHSt 2011, 180 = wistra 2010, 304; BVerfG v. 15.10.2004, BvR 1316/04, wistra 2005, 175, zur Verwendung von im Rahmen einer steuerlichen Selbstanzeige erhaltenen Informationen in einem Strafverfahren wegen des Verdachts der Urkundenfälschung (s.a. Anm. Jäger/Birke, PStR 2004, 181, zum Urteil der Vorinstanz – BGH v. 5.5.2004, 5 StR 548/03, BGHSt 49, 136 = NJW 2005, 2720); zur Geldwäschestrafbarkeit auf Grund einer steuerlichen Selbstanzeige s. Modlinger, PStR 2011, 316.
5) BGH v. 5.5.2004, 5 StR 548/03 BGHSt 49, 136 = NJW 2005, 2720.
6) Theil, BB 1983, 1274, 1275; Rüping in H/H/Sp, § 371 AO Rz. 32 (Dezember 2012), und Hellmann in H/H/Sp, § 393 AO Rz. 128 ff. (Dezember 2012).
7) Theil, BB 1983, 1274, 1275; Rüping in H/H/Sp, § 371 AO Rz. 32 (Dezember 2012), und Hellmann in H/H/Sp, § 393 AO Rz. 140 m.w.N. (Dezember 2012).

Gefahr besteht, dass schwere Nachteile für das allgemeine Wohl eintreten.[1] Abgesehen von den in § 30 Abs. 4 Nr. 5 AO genannten Beispielen besteht ein zwingendes öffentliches Interesse u.a. für:

- Mitteilung an **Gewerbebehörden,**[2]
- Aktenvorlage am **parlamentarischen Untersuchungsausschuss,**[3]
- Mitteilung an **Presse** und **Rundfunk** über Steuerstrafverfahren von erheblicher Bedeutung und erheblichem Umfang.[4]

2252 Ob diese Ausnahmen auch für den Fall der Selbstanzeige gelten, ist m.E. aber sehr zweifelhaft. Eine Bejahung würde sich als Hemmung für die Erstattung einer Selbstanzeige auswirken. Das entspräche nicht der Intention des Gesetzgebers, unbekannte Steuerquellen offen gelegt zu bekommen. Zur disziplinarischen Ahndung → Rz. 2267 ff.

2253 § 30 Abs. 5 AO bestimmt, dass Allgemeindelikte, die durch vorsätzlich falsche Angaben gegenüber der Finanzbehörde begangen werden, z.B. Urkundsdelikte, der Staatsanwaltschaft mitzuteilen sind.[5] In diesen Fällen besteht nämlich keine Ermittlungskompetenz der Finanzbehörden (§ 386 Abs. 2 Nr. 1 AO).

2254 Die in § 30 Abs. 4 Nr. 4 Buchst. a AO geregelten Ausnahmen für eine zulässige Offenbarung sind jedoch nach Sinn und Zweck dieser Bestimmung auch im Rahmen des § 30 Abs. 5 AO entsprechend zu beachten. Denn andernfalls könnte die Ausnahmeregelung in Fällen vorsätzlich falscher Angaben unter Hinweis auf § 30 Abs. 5 AO umgangen werden.

cc) Verwendungsverbot (§ 393 Abs. 2 AO)

2255 Die Abgabe einer steuerlichen Selbstanzeige erfolgt im Besteuerungsverfahren.[6] Darin enthaltene Angaben zu einer Nichtsteuerstraftat stehen jedoch weder unter dem Schutz des Steuergeheimnisses nach § 30 AO noch unter dem Schutz des § 393 Abs. 2 Satz 1 AO durch das darin formulierte Verwendungsverbot.[7]

2256 Voraussetzung für das Verwertungsverbot ist die Offenbarung in Erfüllung steuerrechtlicher Pflichten. Mit den wahrheitsgemäßen und vollständigen Angaben einer Selbstanzeige erfüllt der Stpfl. nunmehr seine steuerrechtlichen Erklärungs- und Mitwirkungspflichten und ermöglicht so dem Finanzamt eine zutreffende Steuerfestsetzung.[8]

2257 Offenbart indes der Stpfl. im Rahmen seiner Selbstanzeige eine zugleich mit der Steuerhinterziehung begangene allgemeine Straftat, besteht nach Auffassung des BGH kein Verwendungsverbot gem. § 393 Abs. 2 AO bezüglich eines solchen Allgemeindelikts.[9] Diese einschränkende Auslegung des § 393 Abs. 2 AO begründet der BGH mit der ratio legis der Vorschrift, die es ermöglichen soll, (auch) bemakelte Einkünfte anzuzeigen, ohne jedoch ihretwegen eine Strafverfolgung fürchten zu müssen. Offenbart indes ein Steuerstraftäter im Rahmen der Selbstanzeige ein mit

1) Zu § 22 RAO vgl. BGH v. 12.2.1981, III ZR 123/79, NJW 1982, 1648; v. 30.3.1965, VII 333/64, HFR 1965, 381; Rüsken in Klein, 11. Aufl. 2012, § 30 AO Rz. 100; Alber in H/H/Sp, § 30 AO Rz. 190 ff. (Dezember 2012).
2) BFH v. 10.2.1987, VII R 77/84, BStBl II 1987, 545; VG Chemnitz v. 12.8.1996, 4 K 1934/95, NVwZ-RR 1998, 309 mit Anm. von Frege, WiB 1997, 649.
3) BVerfG v. 17.7.1984, 2 BvE 11, 15/83, BStBl II 1984, 634 = NJW 1984, 2271.
4) OLG Hamm v. 14.7.1980, 1 VAs 7/80, NJW 1981, 356, 357.
5) Blesinger, wistra 1991, 239, 242.
6) BGH v. 5.5.2004, 5 StR 548/03, BGHSt 49, 136 = NJW 2005, 2720.
7) BGH v. 5.5.2004, 5 StR 548/03, BGHSt 49, 136 = NJW 2005, 2720.
8) BGH v. 5.5.2004, 5 StR 548/03, BGHSt 49, 136 = NJW 2005, 2720.
9) BGH v. 5.5.2004, 5 StR 548/03, BGHSt 49, 136 = NJW 2005, 2720.

der Steuerhinterziehung gleichzeitig begangenes Allgemeindelikt, deckt er insoweit keine weitere Steuerquelle für den Staat auf. Dann benötige der Staat diese Angabe auch nicht zur Besteuerung der Einkünfte, so dass das Verwendungsverbot nicht greife.[1]

Die Verneinung eines Verwendungsverbots kann im Einzelfall jedoch dazu führen, dass ein potenzieller Selbstanzeigeerstatter von einer Selbstanzeige abgehalten wird. Die Intention des Gesetzgebers ist indes die Offenlegung unbekannter Steuerquellen. **2258**

Die Auflösung dieses Spannungsverhältnisses kann in der Praxis nur dadurch erfolgen, dass der sich selbst Anzeigende seine Angaben auf solche beschränkt, die zur Durchführung der zutreffenden Besteuerung erforderlich sind („Besteuerungsgrundlagen"), weitergehende Angaben jedoch vermeidet. Der BGH lässt es zu, *„an die Konkretisierung der gebotenen steuerlichen Erklärungen möglicherweise niedrigere Anforderungen zu stellen als sonst nach § 90 AO geboten. Eine solche Reduzierung des Erklärungsumfangs könnte etwa darin bestehen, dass die Einkünfte nur betragsmäßig, nicht aber unter genauer Bezeichnung der Einkunftsquelle zu benennen sein werden."*[2] **2259**

dd) Verfolgungszuständigkeit des Finanzamts

Nur sofern es sich bei den anderen Taten um rein steuerliche Delikte handelt, sind die Finanzbehörden nach dem Legalitätsprinzip (§ 152 Abs. 2 StPO) selbst verpflichtet, sie weiterzuverfolgen. **2260**

ee) Beihilfe (§ 27 StGB) oder Begünstigung (§ 257 StGB)

Zwischen (formeller) Tatvollendung (= Verwirklichung sämtlicher Merkmale einer Sanktionsvorschrift) und (materieller) Tatbeendigung (= tatsächlicher Abschluss, Tat ist zur Ruhe gekommen) ist – je nach Zielvorstellung des Täters – sowohl Beihilfe (= Hilfe bei der Vortat) als auch Begünstigung (= Sicherung des aus der Vortat Erlangten) möglich.[3] Die Differenzierung ist hier deshalb von erheblicher Bedeutung, weil die Beihilfe selbstanzeigefähig ist, die Begünstigung hingegen nicht. § 371 AO verweist nämlich nur auf den Tatbestand des § 370 AO. **2261**

Zwar sind im Steuerstrafrecht die Zeitpunkte Vollendung und Beendigung i.d.R. identisch, aber eben nicht immer: So fallen bei der einheitlichen und gesonderten Gewinnfeststellung (§§ 179 ff. AO) die Zeitpunkte der Vollendung und Beendigung auseinander. Beendet ist die vollendete Tat mit der Bekanntgabe des ersten unrichtigen Einkommensteuerbescheids an den letzten Beteiligten.[4] **2262**

Das Problem Beihilfe oder Begünstigung kann sich auch für einen Bankangestellten stellen. Wusste er z.B., dass der Kunde Schwarzgeld in Luxemburg anonym anlegen will, so stellt dies Begünstigung für die bereits begangene Steuerhinterziehung und Beihilfe für künftige Steuerhinterziehung durch Nichtangabe der Zinserträge dar.[5] **2263**

---

1) BGH v. 5.5.2004, 5 StR 548/03, BGHSt 49, 136 = NJW 2005, 2720..
2) BGH v. 5.5.2004, 5 StR 139/03, wistra 2004, 391.
3) H.M.; BGH v. 23.4.1953, 4 StR 743/52, NJW 1953, 992; v. 20.12.1995, 5 StR 412/95, NStZ 1996, 563, 564; OLG Köln v. 14.11.1989, Ss 454/89–232, NJW 1990, 587, 588; krit. u.a. Ransiek in Kohlmann, § 369 AO Rz. 66 ff. (Dezember 2012); Stree in Schönke/Schröder, 28. Aufl. 2010, § 257 StGB Rz. 8.
4) BGH v. 7.2.1984, 3 StR 413/83, wistra 1984, 142; v. 2.7.1986, 3 StR 87/86, wistra 1986, 257; v. 1.2.1989, 3 StR 450/88, wistra 1989, 184.
5) BGH v. 1.8.2000, 5 StR 624/99 NJW 2000, 3010 = wistra 2000, 340 mit Anm. von Jäger.

e) Sonstige Folgen[1]

aa) Strafprozessuale Ermittlungen, steuerliche Pflichten, Außenprüfung, Festsetzungsfrist, Hinterziehungszinsen

2264 Nach Abgabe einer Selbstanzeige sind die Finanzbehörden auch dann zur Einleitung und Bekanntgabe eines Steuerstrafverfahrens verpflichtet, wenn allein die Frage geprüft werden soll, ob der Täter mit seiner Erklärung Straffreiheit gem. § 371 AO erlangen konnte.[2] Im Einzelfall (z.B. bei Verdacht auf Unvollständigkeit der Selbstanzeige) können strafprozessuale Ermittlungen – wie eine Durchsuchung[3] – stattfinden. Im Rahmen ihrer Doppelfunktionalität können Prüfungen der Steuerfahndungsstelle sowohl dem Besteuerungs- als auch dem Steuerstrafverfahren zuzurechnen sein.[4]

2265 Steuerliche Pflichten werden in keiner Weise berührt.[5] Das Finanzamt kann z.B. eine Außenprüfung anordnen.[6] Die Festsetzungsfrist endet nicht vor Ablauf eines Jahres nach Eingang der Anzeige (§ 171 Abs. 9 AO). Eine Anlaufhemmung (§ 170 Abs. 2 Nr. 1 AO) tritt hingegen nicht ein.[7]

2266 Hinterzogene und damit auch selbstangezeigte Steuern sind gem. § 235 Abs. 1 Satz 1 AO zu verzinsen. Die Anlaufhemmung des § 239 Abs. 1 Satz 2 Nr. 3 AO tritt auch dann ein, wenn ein eingeleitetes Strafverfahren auf einer Selbstanzeige beruht und sich die Prüfung lediglich auf deren Wirksamkeit beschränkt.[8]

bb) Disziplinarrechtliche Ahndung/Kündigung

2267 Eine disziplinarrechtliche Ahndung ist für Richter, Beamte und Soldaten möglich.[9] Das Steuergeheimnis lässt eine Offenbarung unter den Voraussetzungen eines zwingenden öffentlichen Interesses zu (§ 125c Abs. 6 BRRG; § 46 DRiG; § 30 Abs. 4 Nr. 5 AO; § 14 EGGVG).[10] Dieses wiederum kann nur bei Gleichwertigkeit mit den in § 30 Abs. 4 Nr. 5 AO beispielhaft aufgezählten Fällen bejaht werden: insbes. bei schwerwiegenden Wirtschaftsstraftaten.[11]

2268 Detailregelungen enthielt zunächst das BMF-Schreiben vom 10.5.2000.[12] Der dort genannte Schwellenwert für verkürzte Steuern i.H.v. 5 000 DM pro Veranlagungszeitraum sollte für die Weitergabe entscheidend sein. Ersichtlich hatte die Betragsgrenze mit schwerwiegenden Wirtschaftsstraftaten aber wenig gemein.[13] Aufgehoben wurde die Wertgrenze durch das BMF-Schreiben vom 12.3.2010, dieses geän-

---

1) Informativ Wolsfeld, PStR 2000, 10.
2) BFH v. 29.4.2008, VIII R 5/06, BStBl II 2008, 844 = NZWiSt 2012, 279 (mit Anm. Rolletschke).
3) Bei einer Durchsuchung nach Selbstanzeige ist allerdings insbesondere die Verhältnismäßigkeit der Maßnahme zu prüfen, s. LG Koblenz v. 8.4.2010, 4 Qs 10/10, NJW 2010, 2227.
4) Rolletschke, wistra 2007, 89.
5) Joecks in Franzen/Gast/Joecks, 7. Aufl. 2009, § 371 AO Rz. 219.
6) Klos, NJW 1996, 2336, 2341.
7) BFH v. 22.1.1997, II B 40/96, BStBl II 1997, 266.
8) FG Baden-Württemberg v. 13.12.2005, 1 K 354/03, EFG 2006, 474.
9) BVerwG v. 28.7.2011, 2 C 16.10, NVwZ-RR 2012, 356 = DÖV 2011, 940.
10) BFH v. 15.1.2008, VII B 149/07, wistra 2008, 224.
11) Dazu OVG Münster v. 4.5.2000, 12 d A 4115/99.0, NVwZ-RR 2001, 775 zum Erlass des Finanzministers NRW v. 14.5.1998, S 0130 – 8 V C 2, n.v.; Verschweigen von Zinseinnahmen von über 200 000 DM – 102 258 € zwischen 1993 bis 1997 durch einen Finanzbeamten, aufgedeckt durch Selbstanzeige; OVG Münster v. 5.5.2000 bei mehrjähriger Steuerverkürzung von insgesamt 45 000 DM – 23 008 € aufgedeckt durch Selbstanzeige; BAG v. 21.6.2001, 2 AZR 325/00, NJW 2002, 2582, fristlose Kündigung der Angestellten einer Finanzbehörde trotz Selbstanzeige.
12) BMF v. 10.5.2000, IV A 4 S 0130–19/00, BStBl I 2000, 494.
13) Dazu Hoffmann/Knierim, PStR 2000, 211; Joecks in Franzen/Gast/Joecks, 7. Aufl. 2009, § 371 AO Rz. 218e.

dert durch das BMF-Schreiben vom 20.6.2011.[1] Maßgeblich ist nunmehr, ob *„die mitteilende Stelle zu der Überzeugung gelangt ist, dass ein schweres Dienstvergehen vorliegt, der Sachverhalt mithin nach ihrer Auffassung geeignet erscheint, eine im Disziplinarverfahren zu verhängende Maßnahme von Gewicht das heißt grundsätzlich eine Zurückstufung oder die Entfernung aus dem Dienst, zu tragen."*[2] Bedenklich ist, dass damit über die Weitergabe ein Finanzbeamter – regelmäßig der Sachbearbeiter der Strafsachenstelle – entscheidet, der im Disziplinarrecht nicht ausgebildet wurde und dennoch eine Prognose über die zu erwartende dienstrechtliche Maßnahme anstellt. Dies führt in der Praxis zu Unwägbarkeiten, die für die Betroffenen erhebliche Auswirkungen haben können. Wegen der u.U. existenziellen Bedeutung einer Weitergabe könnte wenigstens an eine Anhörung des Beamten vor der Weitergabe, auch an eine Rechtsweggewährung gedacht werden.[3]

Angestellte der Finanzverwaltung können nach Abgabe einer wirksamen Selbstanzeige ggf. fristlos gekündigt werden.[4]

Dass ein Beamter im Fall einer Steuerhinterziehung auf Grund der Selbstanzeige **2269**
nach § 371 AO straffrei geblieben ist, soll den Unrechtsgehalt seines strafbaren Verhaltens und damit dessen disziplinarrechtliche Relevanz nach der Rspr. des BVerwG unberührt lassen.[5] Allerdings komme der Selbstanzeige entscheidendes Gewicht für die Bemessung einer Disziplinarmaßnahme zu, wenn der Beamte die Offenbarung freiwillig vornimmt: Ein solcher Milderungsgrund liege vor, *„wenn der Beamte das Dienstvergehen vor seiner Aufdeckung aus eigenem Antrieb ohne Furcht vor konkreter Entdeckung vorbehaltlos und vollständig offenlegt. Der Milderungsgrund greift nicht mehr ein, wenn der Beamte das Dienstvergehen offenbart, weil er damit rechnet, dass deswegen gegen ihn ermittelt wird."*[6]

Die strafbefreiende Selbstanzeige eines Finanzbeamten (!) kann dafür ausschlagge- **2270**
bend sein, dass er nicht aus dem Dienst entfernt wird.[7]

Disziplinarrechtlich begründet eine Einstellung nach § 153a StPO die Möglichkeit **2271**
von Sanktionen.[8] Da § 398a AO der Regelung des § 153a StPO nachempfunden wurde, wird eine Einstellung des Verfahrens gem. § 398a AO dieselbe Wirkung haben.[9]

cc) Berufs- und gewerberechtliche Folgen

Auch vor berufs- und gewerberechtlichen Folgen schützt eine strafrechtlich wirk- **2272**
same Selbstanzeige nicht. Vgl im Einzelnen → Rz. 1592 ff.

dd) Festsetzungsverjährung: Ablaufhemmung für Auswertung der Selbstanzeige innerhalb eines Jahres

Hat die Strafsachenstelle auf Grund einer Selbstanzeige die Einleitung eines Steuer- **2273**
straf- oder Bußgeldverfahrens bekannt gegeben, läuft die Festsetzungsfrist gem. § 171 Abs. 5 AO nicht ab, bevor die auf Grund der Ermittlungen zu erlassenden Steuerbescheide unanfechtbar geworden sind.[10] Die Hemmung beschränkt sich auf

1) BMF v. 20.6.2011, IV A 3 – S 0130/08 10006, BStBl I 2011, 574 = DStR 2011, 10.
2) Nr. 1.5 in BMF v. 20.6.2011, IV A 3 – S 0130/08 10006, BStBl I 2011, 574 = StR 2011, 10.
3) Zum Disziplinarrechtsweg s. a. FG Düsseldorf v. 8.3.1999, 18 V 6743/98 AE (AO), EFG 2000, 87.
4) BAG v. 21.6.2001, 2 AZR 325/00, NJW 2002, 2582.
5) BVerwG v. 28.7.2011, 2 C 16.10, NVwZ-RR 2012, 356 = DÖV 2011, 940.
6) BVerwG v. 28.7.2011, 2 C 16.10, NVwZ-RR 2012, 356 = DÖV 2011, 940.
7) OVG Rheinland-Pfalz v. 15.4 2005, 3 A 12188/04.OVG und 3 A 12224/04.OVG, n.v.
8) VGH Mannheim v. 27.1.2011, DL 13 S 2145/10, 13 S 2145/10, NVwZ-RR 2011, 574.
9) S.a. Füllsack/Bürger, BB 2010, 1239, 1242.
10) Dazu FG Düsseldorf v. 23.5.2006, 15 V 1431/06 A (V), EFG 2006, 1215.

diejenigen Steueransprüche, wegen deren vermeintlicher Verletzung das Strafverfahren tatsächlich eingeleitet und die Einleitung dem Stpfl. bekannt gegeben wurde; der zeitliche Umfang der Hemmung richtet sich indes allein nach § 171 Abs. 9 AO, nicht nach der regulären ungehemmten Frist.[1] Werden Steuerfahndungsermittlungen erst nach Ablauf der ungehemmten Festsetzungsfrist aufgenommen, kann der gem. § 171 Abs. 9 AO durch die Erstattung der Selbstanzeige ausgelöste und zeitlich auf ein Jahr begrenzte Umfang der Ablaufhemmung[2] nicht mehr erweitert werden.[3] Denn der Zweck des § 171 Abs. 9 AO liegt allein darin, die Finanzämter in die Lage zu versetzen, die kürzer als ein Jahr vor Ablauf der Festsetzungsfrist eingehende Selbstanzeige ohne Zeitdruck prüfen und ggf. eine Änderungsveranlagung innerhalb eines Jahres veranlassen zu können.[4] Der Gesetzgeber hat die Auswertungsfrist bewusst auf ein Jahr begrenzt.[5] Zur Berechnung der Ablaufhemmung nach § 179 Abs. 9 AO ist im Fall der Abgabe der Selbstanzeige bei einem unzuständigen Finanzamt grundsätzlich auf den Eingang beim zuständigen Finanzamt abzustellen.[6]

2274 Auch eine gestufte und damit unwirksame Selbstanzeige kann die Ablaufhemmung nach § 171 Abs. 9 AO auslösen, sofern die angezeigte Steuerverkürzung dem Grunde nach individualisiert werden kann.[7]

ee) Widerruf der Bewährung[8]

2275 Ein Widerruf der Bewährung wegen Bewährungsversagens (§ 56f StGB) kommt nicht in Betracht, weil bei einer erfolgreichen Selbstanzeige im Zeitpunkt der Beurteilung der Widerrufsvoraussetzungen eine strafbare Handlung nicht mehr vorliegt. Im Übrigen würde auch der gesetzgeberische Zweck der Selbstanzeige unterlaufen. Müsste nämlich mit dem Widerruf einer Bewährung gerechnet werden, würde dies von der Erstattung einer Selbstanzeige abhalten.

2. Dritte

2276 Dritte müssen nach dem Legalitätsprinzip (§ 152 StPO) insgesamt (weiter) straf- oder bußgeldrechtlich verfolgt werden, da es sich nur um einen persönlichen Strafaufhebungsgrund für den Anzeigeerstatter handelt; es sei denn, dass der Anzeigeerstatter auch für sie (mit Vollmacht!) die Selbstanzeige abgegeben hat.

2277 § 371 Abs. 4 AO (Fremdanzeige) greift zu Gunsten eines Dritten nicht ein. Diese Bestimmung will lediglich den zur Berichtigung Verpflichteten, was auf den Steuerhinterzieher nicht zutrifft (→ Rz. 1948 ff.), vor der Konsequenz bewahren, dass auf Grund seiner Berichtigung ein Dritter straf- oder bußgeldrechtlich verfolgt wird. Der zur Berichtigung Verpflichtete soll sich nicht als Denunziant vorkommen. In Anbetracht dieses gesetzgeberischen Motivs scheidet auch eine analoge Anwendung des § 371 Abs. 4 AO bei Berichtigung ohne Berichtigungsverpflichtung aus.

---

1) BFH v. 8.7.2009, VIII R 5/07, wistra 2010, 73.
2) Nach BFH v. 21.4.2010, X R 1/08, wistra 2010, 356, beginnt die Anlaufhemmung nach § 171 Abs. 9 AO, sobald die angezeigte Steuerhinterziehung dem Grunde nach individualisiert werden kann, der Stpfl. also Steuerart und Veranlagungszeitraum bezeichnet und den Sachverhalt so schildert, dass der Gegenstand der Selbstanzeige erkennbar wird.
3) BFH v. 8.7.2009, VIII R 5/07, wistra 2010, 73.
4) BFH v. 24.3.2011, IV R 13/09, wistra 2011, 432.
5) Protokoll Nr. 22/11 der Arbeitsgruppe „AO-Reform" des Finanzausschusses, Deutscher Bundestag, 6. Wahlperiode 1969, 6. Ausschuss; BFH v. 8.7.2009, VIII R 5/07, wistra 2010, 73.
6) BFH v. 28.2.2008, VI R 62/06, BStBl II 2008, 595.
7) FG Niedersachsen v. 10.11.2003, 1 K 10277/00, EFG 2004, 468 – bestätigt durch BFH v. 10.6.2005, VIII B 324/03, n.v.; s. dazu auch Rau, PStR 2010, 219.
8) Informativ Streck/Spatscheck, NStZ 1995, 269.

3. „Verunglückte" Selbstanzeige

Ist die Selbstanzeige „verunglückt", weil **2278**

- die positiven Wirksamkeitsvoraussetzungen (→ Rz. 1942) nicht (voll) erfüllt sind oder
- negative Wirksamkeitsvoraussetzungen (= Ausschlussgründe; → Rz. 1943) eingreifen,

so ist dies bei der Ahndung der Tat mildernd zu berücksichtigen (§ 46 StGB).

Für durch eine verunglückte Selbstanzeige bekannt gewordene nicht steuerliche Straftaten gilt das Steuergeheimnis (§§ 30, 31a AO) sowie ein – ggfs. eingeschränktes – Verwendungsverbot (§ 393 Abs. 2 AO) wie bei einer wirksamen Selbstanzeige (→ Rz. 2248 ff.). **2279**

4. Rückzahlung durch das Finanzamt im Falle der Insolvenz des Beschuldigten nach Anfechtung (§§ 129 ff. InsO)

Der insolvenzreife Beschuldigte begleicht zur Wirksamkeit seiner Selbstanzeige die Steuerschuld, wodurch er z.B. andere Gläubiger benachteiligt (inkongruente Deckung nach § 131 InsO). Der Insolvenzverwalter ficht fristgemäß (§ 141 InsO) die Zahlung an, so dass das Finanzamt die Rückzahlung vornimmt.[1] Ob die Strafbarkeit dann wieder auflebt hat der Bundesgerichtshof bislang noch nicht entschieden. Er sieht den Strafanspruch als auflösend bedingt an[2] – und die auflösende Bedingung ist das nachträgliche Abführen der Steuern. Strafrechtlich kann eine auflösende Bedingung jedoch nicht rückwirkend entfallen, so dass bei einer Selbstanzeige die bereits eingetretene Straffreiheit nicht nachträglich wegfallen dürfte.[3] **2280**

Die fristgerechte Nachzahlung hinterzogener Steuern ist jedoch nach Auffassung des OLG Karlsruhe als objektive Bedingung der Straffreiheit zu werten; das Unvermögen zur Zahlung *„gleich aus welchem Grund"* gehe zu Lasten des Täters.[4] Damit könnte auch der Strafanspruch im Falle einer Anfechtung wieder aufleben. Die Wirkung der Selbstanzeige und die nachfolgende Entrichtung hinterzogener Steuern ist die endgültige Aufhebung der Strafbarkeit. Im Falle einer Anfechtung bestünde somit ein formelles Verfahrenshindernis für die Wiederaufnahme des Strafverfahrens. **2281**

Gegen ein Wiederaufleben der Strafbarkeit sprechen auch rechtsstaatliche Erwägungen sowie die dadurch entstehende Unsicherheit, dass die Strafbarkeit der Beteiligten von den Rechtshandlungen des Insolvenzverwalters abhängen würde. Zudem führt eine wirksame Selbstanzeige zu einem Strafaufhebungsgrund (→ Rz. 2244), der seiner Natur nach bedingungsfeindlich ist.[5] **2282**

Hat das Finanzamt die Steuern hingegen per Einzugsermächtigung (Lastschriftverfahren) vom Konto des Täter abgebucht, führt die Zahlung erst dann zu einer endgültigen Wirksamkeit der Selbstanzeige, wenn die im Kreditgewerbe vorgesehene Rückforderungszeit verstrichen ist (**auflösende Bedingung**; → Rz. 2225). **2283**

Insgesamt anders ist die Rechtslage beim Verfahrenshindernis des § 371 AO Abs. 4 AO zu beurteilen (→ Rz. 1963 ff.). **2284**

Sofern man das Verhalten des insolvenzreifen Beschuldigten als Gläubigerbegünstigung ansehen sollte (Vergehen nach § 283c StGB), dürfte dies nicht rechtswidrig sein (§ 34 StGB: rechtfertigender Notstand). **2285**

1) BGH v. 15.12.1994, IX ZR 24/94, NJW 1995, 1090; v. 26.9.2002, IX ZR 66/99, DStR 2003, 519.
2) BGH v. 3.6.1954, 3 StR 302/53 BGHSt 7, 336.
3) So auch Klaproth, wistra 2008 174; Hüls/Reichling, wistra 2010, 327.
4) OLG Karlsruhe v. 22.12.2006, 3 Ss 129/06, wistra 2007, 159.
5) Skok/Vogelberg, PStR 1998, 173.

5. Beleganforderung durch Steuerfahndung trotz anerkannter Selbstanzeige

2286 Die Beleganforderung durch die Steuerfahndung trotz anerkannter Selbstanzeige ist nur zulässig, wenn die Anforderung besonders begründet wird und die Ermessenserwägungen dargelegt werden.[1] Das wäre z.B. der Fall, wenn Anhaltspunkte für eine (unwirksame) Teil-Selbstanzeige vorgelegen hätten. Unter diesen Voraussetzungen wäre dann aber § 393 Abs. 1 Satz 2 AO (keine Zwangsausübung bei Selbstbelastung) zu beachten.[2]

C. Selbstanzeige bei leichtfertiger Steuerverkürzung (§§ 371, 378 AO)

Schrifttum

Bringewat, Gefährdung der Abzugsteuern im Vorfeld der Lohnsteuerhinterziehung, NJW 1981, 1025; **Dörn**, Selbstanzeige wegen leichtfertiger Steuerverkürzung (§ 378 Abs. 3 AO) in der Betriebsprüfung – Anmerkung zu OLG Karlsruhe, wistra 1996, 117 und Rackwitz, wistra 1997, 135 –, wistra 1997, 291; **Dörn**, Selbstanzeige bei leichtfertiger Steuerverkürzung, wistra 1994, 10; **Dörn**, Wirksame Selbstanzeige (§ 378 Abs. 3 AO) in der Betriebsprüfung, Stbg 1998, 461; **Jestädt**, „Kleine Selbstanzeige" nach § 378 Abs. 3 AO und Anerkenntnis nach Außenprüfung, DStR 1994, 1605; **Müller**, Selbstanzeige bei leichtfertiger Steuerverkürzung durch Anerkennung des Betriebsprüfungsergebnisses, DB 1981, 1480; **Müller**, Die Selbstanzeige im Steuerstrafverfahren, Köln 2012; **Rackwitz**, Zu den Anforderungen an die Berichtigungserklärung einer Selbstanzeige nach leichtfertiger Steuerverkürzung (§ 378 Abs. 3 AO), wistra 1997, 135; **Radermacher**, Sperrwirkung: Enge Auslegung des Tatbegriffs im Zusammenhang mit § 371 Abs. 2 AO, PStR 2009, 155; **von Witten**, Zur Strafbarkeit der Verletzung der Anzeigepflicht nach § 165e AO, NJW 1963, 567; **Weyand**, Korrektur von Steuererklärungen nach § 153 AO, NWB (23/1989) Fach 2, 5259.

2287 Der Entwurf des Schwarzgeldbekämpfungsgesetzes vom 14.12.2010[3] sah zunächst auch eine Verschärfung bei der Selbstanzeige nach leichtfertiger Steuerverkürzung vor: Die Sperrwirkungstatbestände des § 371 Abs. 2 AO sollten bei leichtfertiger Steuerverkürzung entsprechend gelten. Das Schwarzgeldbekämpfungsgesetz vom 28.4.2011[4] beschränkte aber die Änderungen in diesem Bereich der Selbstanzeige auf sprachliche Anpassungen in § 378 Abs. 3 AO.

2288 Die Selbstanzeige wirkt bei dem Ordnungswidrigkeitentatbestand des § 378 AO als persönlicher Bußgeldaufhebungsgrund.[5]

I. Definitionsmerkmale der leichtfertigen Steuerverkürzung (§ 378 AO)

2289 Zu den Grundsätzen der „Leichtfertigen Steuerverkürzung" → Rz. 2391.

---

1) Hessisches FG v. 4.9.2000, 9 V 1804/00, wistra 2001, 115, 117.

2) Solange der Stpfl. jedoch keine Selbstanzeige abgegeben hat und keiner der Fälle des § 371 Abs. 2 AO vorliegt, greift das Erzwingungsverbot des § 393 Abs. 1 Satz 2 AO im Rahmen von Vorfeldermittlungen der Steuerfahndung i.S.v. § 208 Abs. 1 Nr. 3 AO nicht ein, BGH v. 1.2.2012, VII B 234/11, wistra 2012, 278 (mit Anm. Rolletschke) = BFH/NV 2012, 913 = NZWiSt 2012, 278.

3) BT-Drucks. 17/4182.

4) BGBl. I 2011, 676 = BStBl I 2011, 495.

5) Müller, 2012, Rz. 1234.

II. Abweichungen gegenüber der Selbstanzeige bei der vorsätzlichen Steuerhinterziehung

Bei einer Selbstanzeige nach vorausgegangener leichtfertiger Steuerverkürzung gelten grds. dieselben Ausführungen wie für eine Selbstanzeige nach vorausgegangener Steuerhinterziehung, so dass auf die dazu gemachten Ausführungen (→ Rz. 1927 ff.) verwiesen werden kann. **2290**

1. Verpflichtung zur Selbstanzeige

a) Berichtigung nach § 153 AO

aa) Grundsätze/Bestandskraft des Steuerbescheids/§ 173 Abs. 2 AO

Der Betroffene einer leichtfertigen Steuerverkürzung weiß nichts von der Unrichtigkeit/Unvollständigkeit seiner Angaben gegenüber der Finanzbehörde oder rechnet allenfalls nur entfernt damit. **2291**

Erkennt (= Erlangung positiver Kenntnis) der Stpfl. dies nachträglich, aber vor Ablauf der Festsetzungsfrist (§§ 169 ff. AO), so ist er nach § 153 AO zur unverzüglichen Anzeige und erforderlichen Richtigstellung verpflichtet.[1] Der leichtfertige Steuerverkürzer ist deshalb – anders als der Steuerhinterzieher (→ Rz. 1948 ff.) – zur Selbstanzeige verpflichtet. **2292**

Ein Steuerbescheid kann dann auf Grund dieser neuen Tatsachen aufgehoben oder geändert werden (§ 173 Abs. 1 Satz 1 Nr. 1 AO). Dies gilt auch dann, wenn eine Außenprüfung vorausgegangen ist (§ 173 Abs. 2 AO). **2293**

Die Berichtigungspflicht betrifft alle steuererheblichen Erklärungen, z.B. auch Erklärungen in Stundungs- und Erlassverfahren[2] oder Anträge auf Herabsetzung der Einkommensteuervorauszahlung nach § 37 EStG.[3] Weitere Berichtigungsfälle sind: § 153 Abs. 2 (z.B. § 13a Abs. 5 ErbStG) und Abs. 3 AO. **2294**

§ 153 AO (oder § 149 AO) soll auch den Fall erfassen, dass jemand keine Steuererklärung abgibt oder zu niedrig geschätzt wird und der Stpfl. weiß, dass die Schätzung zu niedrig ist.[4] Diese Rechtsauffassung kann m.E. jedoch nur unter der Voraussetzung richtig sein, dass der Stpfl. durch die Nichtabgabe noch keine Steuerhinterziehung (§ 370 AO), sondern nur eine leichtfertige Steuerverkürzung (§ 378 AO) begangen hat, also erst nachträglich festgestellt hat, zur Abgabe einer Steuererklärung verpflichtet gewesen zu sein (→ Rz. 2292).[5] **2295**

bb) Änderung der Rechtsprechung nach Erklärungsabgabe

Eine Änderung der Rechtsprechung nach Abgabe der Erklärung führt nicht zur Unrichtigkeit i.S.d. § 153 AO, da sie von Amts wegen zu berücksichtigen ist.[6] Im Übrigen fehlt es in einem solchen Fall auch am Vorwurf der Leichtfertigkeit bei Abgabe der Erklärung. **2296**

---

1) OLG Karlsruhe v. 8.2.1996, 2 Ss 107/95, NStZ-RR 1996, 372, 373; Joecks in Franzen/Gast/Joecks, 7. Aufl. 2009, § 371 AO Rz. 223 ff., § 370 AO Rz. 182 ff.; Schauf in Kohlmann, § 378 AO Rz. 147 (Dezember 2012); Jäger in Klein, 11. Aufl. 2012, § 378 AO Rz. 44; Rüping in H/H/Sp, § 371 AO Rz. 209 (Dezember 2012); a.A. Weyand, NWB Fach 2, 5259; v. Witten, NJW 1963, 567, 570.
2) Heuermann in H/H/Sp, § 153 AO Rz. 7 (Dezember 2012).
3) Vgl. dazu OLG Stuttgart v. 21.5.1987, 1 Ss 221/87, wistra 1987, 263.
4) OLG Hamburg v. 2.6.1992, 1 Ss 119/91, wistra 1993, 274; Ransiek in Kohlmann, § 370 AO Rz. 335 (Dezember 2012).
5) Siehe dazu auch Rüping in H/H/Sp, § 371 AO Rz. 205 ff. (Dezember 2012).
6) Heuermann in H/H/Sp, § 153 AO Rz. 9 (Dezember 2012).

cc) Objektiver Beurteilungsmaßstab für Fehler

2297 Ob eine Erklärung unrichtig ist oder nicht, beurteilt sich nach objektiven Kriterien.[1)]

dd) Fehler des Finanzamts

2298 Niemand ist hingegen verpflichtet, solche Fehler zu berichtigen, die die Finanzbehörde selbst verursacht hat.[2)]

b) Erklärungsabgabe nach § 149 AO

2299 Für den Fall der Nichtabgabe einer Steuererklärung besteht außerhalb der Regelungsstruktur des § 153 AO eine fortdauernde Erklärungspflicht für erklärungspflichtige Personen nach § 149 AO (→ Rz. 1953 ff.). Vgl. zum Fall der Nichtberichtigung eines zu niedrigen Schätzungsbescheids → Rz. 1956 ff.

2. Anzeigeerstattung durch Dritte ohne Vollmacht

2300 Fraglich ist, ob hier eine Selbstanzeige nach den Grundsätzen der Geschäftsführung ohne Auftrag entsprechend einer Entscheidung des RG[3)] anzuerkennen ist. Das RG hat zwischen steuerunehrlichen Steuerhinterziehern und steuerehrlichen anderen Tätern unterschieden. Neuere Rechtsprechung zu dieser Frage gibt es nicht. Ein sachlicher Grund, bei der Vertreterfrage nach steuerehrlich und steuerunehrlich zu differenzieren, ist nicht ersichtlich.[4)] Nach Jäger ist die durch einen Dritten für den Täter abgegebene Selbstanzeige auch ohne ausdrückliche vorherige Bevollmächtigung wirksam, sofern der Täter vor Bekanntgabe des eingeleiteten Straf- oder Bußgeldverfahrens die Erklärung genehmigt.[5)]

3. Ausschlussgrund

2301 Nach § 378 Abs. 3 Satz 1 AO ist eine wirksame Selbstanzeige nur nach Bekanntgabe der Einleitung eines Straf- oder Bußgeldverfahrens (→ Rz. 2096 ff.) ausgeschlossen.

2302 Im Gegensatz zum Strafverfahren, in dem das Legalitätsprinzip (§ 152 StPO; → Rz. 2097) gilt, herrscht im Bußgeldverfahren das Opportunitätsprinzip (vgl. § 47 OWiG). Das bedeutet, dass ein Bußgeldverfahren – trotz Anfangsverdachts – nur nach pflichtgemäßem Ermessen einzuleiten ist. Eine wirksame Selbstanzeige ist somit trotz Erscheinens eines Prüfers/Amtsträgers (→ Rz. 2124 ff.) und trotz Tatentdeckung (→ Rz. 2138 ff.) grds. noch möglich. Soweit § 378 Abs. 3 Satz 2 AO auf § 371 AO verweist, gilt dies ausdrücklich nur für dessen Absätze 3 und 4.

Beratungshinweis:

Offenbart der Mandant seinem Berater nach Erhalt einer Prüfungsanordnung oder sogar nach Erscheinen des Prüfers eine begangene Steuerhinterziehung, sollte eine Selbstanzeigenberatung auch die Prüfung umfassen, ob es sich tatsächlich um eine leichtfertige Steuerverkürzung handelt, für die die Sperrgründe des § 371 Abs. 2 AO nicht greifen und somit noch eine Selbstanzeige wirksam abgegeben werden kann. Selbst wenn eine leichtfertige Steuerverkürzung nicht ausgeschlossen werden kann, kann sich im Einzelfall der Kampf um die Wirksamkeit der Selbstanzeige – weil leichtfertige Steuerverkürzung und somit ein Sperrgrund des § 371 Abs. 2 AO nicht greift – lohnen.

---

1) Heuermann in H/H/Sp, § 153 AO Rz. 9 (Dezember 2012).
2) Joecks in Franzen/Gast/Joecks, 7. Aufl. 2009, § 370 AO Rz. 181.
3) RG v. 24.3.1930, III 148/30, RGSt 64, 76.
4) Joecks in Franzen/Gast/Joecks, 7. Aufl. 2009, § 378 AO Rz. 70 m.w.N.
5) Jäger in Klein, 11. Aufl. 2012, § 378 AO Rz. 45; so auch Joecks in Franzen/Gast/Joecks, 7. Aufl. 2009, § 378 AO Rz. 70 m.w.N.

4. Inhalt der Selbstanzeige

a) Grundsätze

An den Umfang der Materiallieferung (→ Rz. 1994 ff.) werden erheblich geringere Anforderungen als bei Erstattung einer Selbstanzeige bei vorsätzlicher Steuerhinterziehung nach § 370 AO gestellt.[1] 2303

Der Betroffene muss grds. vor Verfahrenseinleitung einen von der Ermittlungstätigkeit der Finanzbehörde unabhängigen Beitrag zur Richtigstellung leisten, der nur in der Aufklärung bestimmter, der Finanzbehörde bisher unbekannter Tatsachen bestehen kann. Dabei ist eine Mitverwertung der vom Außenprüfer (§§ 193 ff. AO) bereits getroffenen Feststellungen zulässig. Somit wäre es z.B. ausreichend, wenn der Stpfl., nachdem der Prüfer Ungereimtheiten bei der Kontenabstimmung festgestellt hat, eine korrekte Aufstellung unter Darlegung der Fehler fertigt und dem Prüfer übergibt.

b) Selbstanzeige unter gleichzeitiger Anerkennung des Betriebsprüfungsberichts

In Fällen der leichtfertigen Steuerverkürzung ist der Stpfl. i.d.R. gutgläubig und erfährt von der Unrichtigkeit/Unvollständigkeit seiner Angaben häufig erst durch die Prüfung des Finanzamts. Bis zu diesem Zeitpunkt hat er keinen Anlass zu einer aufklärenden Tätigkeit. 2304

Für eine Selbstanzeige soll es deshalb ausreichend sein, den Betriebsprüfungsbericht anzuerkennen **und** insoweit Selbstanzeige zu erstatten.[2] 2305

Diese Ansicht, die auch damit begründet wird, dass durch die Tatentdeckung seitens des Prüfers noch keine Sperrwirkung eintritt (→ Rz. 2301), ist deshalb nicht unbedenklich, weil sie sehr formal argumentiert (auch → Rz. 1977 ff.). Denn die Rechtfertigung der Selbstanzeigemöglichkeit liegt in der Notsituation des Staates (→ Rz. 1929) begründet. Insoweit der Prüfer aber bereits aufgeklärt hat, kann der Betroffene dem Staat keine neuen Steuerquellen offen legen.[3] 2306

c) Selbstanzeige allein durch Übergabe kompletter Unterlagen

Nach OLG Karlsruhe[4] sind die Voraussetzungen einer Selbstanzeige sogar bereits dann erfüllt, wenn der Stpfl. dem Betriebsprüfer sämtliche relevanten Unterlagen zur Verfügung stellt. Dies erscheint folgerichtig. Denn wenn schon die Anerkennung des Betriebsprüfungsberichts ausreichende Grundlage für eine Selbstanzeige sein soll,[5] wäre das Verlangen nach einer ausdrücklichen Berichtigungserklärung in der Tat auch rein formalistisch.[6] 2307

5. Teilselbstanzeige

Ausweislich des eindeutigen Gesetzeswortlauts in § 378 Abs. 3 AO („soweit") ist eine Selbstanzeige nach leichtfertiger Verkürzung auch bei Unvollständigkeit im 2308

1) Ausf. Müller, DB 1981, 1480; Dörn, wistra 1994, 10; Jestädt, DStR 1994, 1605 Schauf in Kohlmann, § 378 AO Rz. 129 ff. (Dezember 2012); Rackwitz, wistra 1997, 135.

2) BayObLG v. 30.3.1978, 3 Ob OWi 11/78, MDR 1978, 865 unter Hinweis auf OLG Hamm v. 24.5.1961, 3 Ss 354/61, DB 1961, 968 zu § 411 RAO; BayObLG v. 2.12.1980, RReg 4 St 168/80, DB 1981, 874; Rüping in H/H/Sp, § 378 AO Rz. 62 (Dezember 2012); Jäger in Klein, 11. Aufl. 2012, § 378 AO Rz. 44; Jestädt, DStR 1994, 1605; a.A. BGH v. 13.11.1952, 3 StR 398/52, NJW 1953, 475, 476; OLG Oldenburg v. 18.9.1997, Ss 335/97, wistra 1998, 71.

3) So auch OLG Oldenburg v. 18.9.1997, Ss 335/97, wistra 1998, 71 unter Hinweis auf BGH v. 13.11.1952, 3 StR 398/52, NJW 1953, 475.

4) OLG Karlsruhe v. 30.11.1995, 2 Ss 158/95, wistra 1996, 117 = NStZ 1996, 197 mit Anm. von Rackwitz, wistra 1997, 135, und Dörn, wistra 1997, 291.

5) A.A. allerdings das OLG Oldenburg v. 8.2.1996, Ss 335/97, wistra 1998, 71 unter Hinweis auf BGH v. 13.11.1952, 3 StR 398/52, NJW 1953, 475; dazu Dörn Stbg 1998, 461.

6) Dörn, wistra 1994, 10, 12.

Umfang der Berichtigung, Ergänzung oder Nachholung wirksam. Es besteht kein Erfordernis der vollständigen Berichtigung („reiner Tisch"), weil einem zur Selbstanzeige entschiedenen Täter einer leichtfertigen Verkürzung nicht notwendig das gesamte Ausmaß seines Pflichtenverstoßes bekannt geworden ist.[1]

III. Steuerliche Folgen

2309 Eine Anzeige nach § 153 Abs. 1 AO ist keine Anzeige i.S.d. § 170 Abs. 2 Nr. 2 AO, die eine Anlaufhemmung der Festsetzungsfrist bewirken könnte,[2] wohl aber die Ablaufhemmung (§ 171 Abs. 9 AO).

D. Selbstanzeigemöglichkeit für andere Tatbestände

I. Verweisung

2310 Auf die Selbstanzeigemöglichkeit nach § 371 AO wird von anderen Gesetzen ausdrücklich verwiesen. Die Selbstanzeigemöglichkeit für andere Tatbestände ist abschließend geregelt für:[3]

- Arbeitnehmersparzulage (§ 14 Abs. 3 5. VermBG),
- Wohnungsbauprämie (§ 8 Abs. 2 WoPG),
- Vermögensvorteile auf Grund von Vorspiegelung monopolrechtlich erheblicher Tatsachen (§ 128 BranntwMonG),
- Abgaben zu Marktordnungszwecken (§ 12 Abs. 1 MOG),
- Abwasserabgaben (§ 14 AbwAG),
- Hinterziehung von Länderabgaben (z.B. § 17 KAG NW).

II. Analogie für subsidiäre Ordnungswidrigkeiten

2311 Im Fall der Ahndung der Tat nach den §§ 370, 378 AO sind Ordnungswidrigkeiten subsidiär (§ 21 Abs. 1 OWiG). Sie leben wieder auf (§ 21 Abs. 2 OWiG), wenn eine Verfolgung der Steuerverkürzung nach den §§ 370, 378 AO wegen wirksamer Selbstanzeige nicht mehr möglich ist (→ Rz. 2244 ff., → Rz. 2290).[4] In Betracht kommen:

2312 Die **Ordnungswidrigkeiten** nach

- **§ 379 AO** (Steuergefährdung),
- **§ 381 AO** (Verbrauchsteuergefährdung) und
- **§ 382 AO** (Gefährdung von Eingangsabgaben)

stellen Vorbereitungshandlungen einer vorsätzlichen oder leichtfertigen Steuerverkürzung (§§ 370, 378 AO) dar.

---

1) Jäger in Klein, 11. Aufl. 2012, § 378 AO Rz. 40.
2) BFH v. 22.1.1997, II B 40/96, BStBl II 1997, 266.
3) Rüping in H/H/Sp, § 371 AO Rz. 33 (Dezember 2012).
4) OLG Celle v. 17.7.1979, 2 Ss (Owi) 313/78, MDR 1980, 77; a.A. Matthes in Kohlmann, § 379 AO Rz. 198 und § 380 AO Rz. 54, 60 ff. (Dezember 2012).

Andere Ordnunsgwidrigkeitentatbestände wirken als Auffangtatbestände oder zur Sicherung des Steueraufkommens: 2313

- **§ 130 OWiG** (Verletzung der Aufsichtspflicht in Betrieben und Unternehmen) ist ein Auffangtatbestand für den Fall, dass eine Ahndung nach den §§ 370, 378 AO ausscheidet.[1]
- **§ 380 AO** bewirkt eine Ordnungswidrigkeit durch die bloße Nichtabführung von Abzugssteuern (z. B. Lohnsteuer, Kapitalertragsteuer, Bauabzugsteuer).
- **§ 26b UStG** – vergleichbar der Regelung des § 380 AO – führt bei Nichtabführung von Umsatzsteuer, sofern nicht die Voraussetzungen des § 26c UStG (gewerbsmäßig, bandenmäßig) vorliegen, zu einer Ordnungswidrigkeit.

Ob solche Verfahren bei vorausgegangener Selbstanzeige nach § 47 OWiG eingestellt werden, steht im Ermessen der Finanzbehörde.[2] 2314

Das KG[3] hat trotz Selbstanzeige wegen einer Ordnungswidrigkeit nach § 379 AO mit dem Hinweis verurteilt, dass die Verwaltungspraxis nicht verbindlich sei. Die Nichtanwendung des § 47 OWiG darf jedoch nicht schematisch ohne Gesamtwürdigung erfolgen.[4] 2315

Meines Erachtens sollte auch eine Ordnungswidrigkeit nach § 380 AO (Nichtabführung von Lohnsteuern) bei vorausgegangener Selbstanzeige nach § 47 OWiG eingestellt werden.[5] Für den Fall, dass die Lohnsteuern auch nicht angemeldet sind (Straftat oder Ordnungswidrigkeit nach den §§ 370, 378 AO), ist eine Selbstanzeige i.d.R. sowieso nur wirksam, wenn die Steuern nachentrichtet werden. Eine Verfolgung der Ordnungswidrigkeit ist dann nicht mehr geboten. 2316

Gedacht werden könnte insoweit auch an die analoge Anwendung des § 266a Abs. 6 StGB (Absehen oder Ausschluss der Bestrafung bei Vorenthaltung und Veruntreuung von Arbeitsentgelt für den Fall der Nachmeldung und ggf. Nachentrichtung). 2317

E. Straf- und bußgeldrechtliche Folgen pflichtwidrig unterlassener (Selbst-)Anzeige

I. Steuerhinterziehung durch Unterlassen (§ 370 Abs. 1 Nr. 2 AO)

Nach § 370 Abs. 1 Nr. 2 AO macht sich strafbar, wer das Finanzamt pflichtwidrig über steuerlich erhebliche Tatsachen in Unkenntnis lässt und dadurch eine Steuerverkürzung bewirkt. 2318

Das Merkmal pflichtwidrig verweist grds. auf steuerliche Pflichten, u.a. aus den §§ 153, 149 AO. Sofern keine Vorsatztat vorausgegangen ist (→ Rz. 1948), besteht nach diesen Bestimmungen eine Berichtigungs- oder Nacherklärungspflicht (→ Rz. 2291 ff.). 2319

Kann allerdings der Steuerbescheid, weil eine Außenprüfung vorausgegangen ist, nicht mehr geändert werden (§ 173 Abs. 2 AO), so kann die unterlassene Berichtigung auch nicht zu einer Steuerverkürzung führen. 2320

1) H.M., u.a. Joecks in Franzen/Gast/Joecks, 7. Aufl. 2009, § 377 AO Rz. 53 ff.
2) Wessing in Flore/Tsambikakis, 2013, § 371 AO Rz. 187.
3) KG v. 7.5.1992, 2 Ss 33/92, wistra 1994, 36, bestätigt durch das BVerfG v. 11.7.1997, 2 BvR 997/92, wistra 1997, 297.
4) BVerfG v. 11.7.1997, 2 BvR 997/92, wistra 1997, 297.
5) Dazu BayObLG v. 3.3.1980, 4 St 266/79, NJW 1981, 1055; Bringewat, NJW 1981 1025; Dörn, wistra 1995, 7.

2321 Die Unterlassungstat stellt für den Fall vorausgegangener Leichtfertigkeit (→ Rz. 2289 ff.) keine straflose Nachtat dar, weil die vorausgegangene Leichtfertigkeit nur zu einer Ordnungswidrigkeit (§ 378 AO) geführt hat.[1]

II. Unterlassung wegen Irrtums

2322 Vgl. die grundsätzlichen Ausführungen → Rz. 433 ff.

III. Anzeige der Unterlassungstat

2323 Die Unterlassungstat kann ihrerseits unter den Voraussetzungen zu → Rz. 1927 ff., → Rz. 2287 ff. angezeigt werden.[2]

F. Gebühren

Schrifttum

Dörn, Anwendung der §§ 379, 380 AO auch bei Selbstanzeigen gem. §§ 371, 378 Abs. 3 AO, wistra 1995, 7; **Seithel**, Wie sind die Kosten für einen Steuerberater oder Rechtsanwalt bei einer Selbstanzeige wegen Steuerhinterziehung zu behandeln?, DStR 1980, 155; **Streck**, Die Selbstanzeige – Beratungssituation, DStR 1996, 288.

I. Berichtigungs- oder Nacherklärung

2324 Die Beratung und **Hilfeleistung** bei der **Selbstanzeigeerklärung** fällt in den Bereich der **Steuerberatung,** weil eine straf- oder bußgeldrechtliche Würdigung entfällt. Maßgeblich sind

- für Rechtsanwälte § 35 RVG i.V.m. § 30 StBVV[3] und
- für Steuerberater § 30 StBVV.

2325 Wegen der Bedeutung der Sache müssen bei der **Honorarbemessung Zeitgesichtspunkte** zurücktreten.[4]

II. Ausschlussgründe

2326 Ausschlussgründe haben ausschließlich straf- oder bußgeldrechtlichen Charakter, so dass diesbezügliche Hilfe stets als Verteidigung zu bewerten ist. Insoweit gilt:

- für Rechtsanwälte RVG Nrn. 4100 – 4304 VV und
- für Steuerberater § 45 StBVV i.V.m. RVG Nrn. 4100 – 4304 VV.

Zu den Kosten des Strafverfahrens → Rz. 1500 ff. Zur steuerlichen Abzugsfähigkeit → Rz. 1517 ff.

1) Joecks in Franzen/Gast/Joecks, 7. Aufl. 2009, § 370 AO Rz. 185, 186; Heuermann in H/H/Sp, § 153 AO Rz. 18 (Stand Dezember 2012).
2) Joecks in Franzen/Gast/Joecks, 7. Aufl. 2009, § 371 AO Rz. 239.
3) Steuerberatervergütungsverordnung i.d.F. der Verordnung v. 11.12.2012, BGBl. I 2012, 2637 = BStBl I 2013, 2.
4) Streck, DStR 1996, 288, 292; dazu: BGH v. 21.9.2000, IX ZR 437/99, NJW-RR 2001, 493.

III. Nachentrichtung verkürzter Steuern

Hilfeleistung dürfte wohl nur im Zusammenhang mit der Fristbestimmung in Frage kommen. Die Frist kann straf-/bußgeldrechtlicher oder steuerlicher Natur sein (→ Rz. 2231 ff., → Rz. 24 ff.). Deshalb ist wie folgt zu differenzieren: **2327**

- Verteidigung: bei der straf- oder bußgeldrechtlichen Frist;[1)]
- Steuerberatung: bei der allgemeinen steuerlichen Zahlungsfrist.[2)]

1) Joecks in Franzen/Gast/Joecks, 7. Aufl. 2009, § 371 AO Rz. 246.
2) Seithel, DStR 1980, 155.

ZWEITER TEIL

Steuerordnungswidrigkeiten

KAPITEL I

Grundsätze des Ordnungswidrigkeitenrechts

A. Begriff der Ordnungswidrigkeit

Nach § 1 Abs. 1 OWiG ist eine Ordnungswidrigkeit eine tatbestandsmäßige, rechtswidrige und vorwerfbare Handlung, die die Ahndung mit einer Geldbuße zulässt. Das Gesetz spricht in Anbetracht des minderen Unrechtsgehalts statt von „Schuld" von „Vorwerfbarkeit" und bringt damit zum Ausdruck, dass es sich nicht um kriminelles Unrecht, sondern gleichsam um Rechtsverstöße geringerer Intensität handelt. Die Geldbuße ist nicht darauf gerichtet, eine Tat zu sühnen, sondern eine bestimmte Ordnung durchzusetzen.[1] Ob sie allerdings im Gegensatz zur Strafe durchgängig kein sozialethisches Unwerturteil trägt,[2] scheint angesichts des Gesamtbildes heutiger Ordnungswidrigkeiten-Tatbestände zweifelhaft. **2328**

Eine Geldbuße wird – mit hier irrelevanten Ausnahmen – nicht in das Bundeszentralregister eingetragen (§§ 3, 4, 10 BZRG). **2329**

Auch im Anwendungsbereich des Gesetzes über Ordnungswidrigkeiten (über § 377 Abs. 2 AO teilweise auf Steuerordnungswidrigkeiten anwendbar) gelten die Grundsätze der Gesetzlichkeit (Art. 103 Abs. 2 GG, § 3 OWiG), „nulla poena sine culpa"[3] und „in dubio pro reo".[4] **2330**

§ 377 Abs. 1 AO definiert als Steuerordnungswidrigkeiten (Zollordnungswidrigkeiten) diejenigen Zuwiderhandlungen gegen Steuergesetze, die mit Geldbuße bedroht sind. Die Vorschrift verweist damit auf die §§ 378 bis 383a AO. Steuergesetze i.S.d. § 377 Abs. 1 AO sind diejenigen Normen, die die Ermittlung bzw. Erklärung von Besteuerungsgrundlagen oder die Anmeldung, Festsetzung, Erhebung oder Vollstreckung einer Steuer regeln, für deren Verwaltung die Abgabenordnung gilt.[5] **2331**

B. Geltung des Gesetzes über Ordnungswidrigkeiten

Schrifttum

Achenbach, Die steuerliche Absetzbarkeit mehrerlösbezogener Kartellgeldbußen, BB 2000, 1116 ff.; **Brenner**, Gewinnabschöpfung, das unbekannte Wesen im Ordnungswidrigkeitenrecht, NStZ 1998, 557; **Cramer**, Bemessung von Geldbuße und Verfall gemäß §§ 17, 29a OWiG unter Berücksichtigung der steuerlichen Belastung sowie der Einnahmen aus rechtmäßigem Alternativverhalten, wistra 1996, 248; **Göhler**, Kommentar zum Ordnungswidrigkeitengesetz, 15. Aufl., München 2009; **Lemke/Mosbacher**, Ordnungswidrigkeitengesetz, Kommentar, 2. Aufl., Heidelberg 2005; **Meurer**, Die Gewinnabschöpfung des wirtschaftlichen Vorteils durch eine Geldbuße, BB 1998, 1236; **Mitsch**, Recht der Ordnungswidrigkeiten, 2. Aufl., Berlin 2005; **Rebmann/Roth/Herrmann**, Gesetz über Ord-

1) Gürtler in Göhler, vor § 1 OWiG Rz. 9; Jäger in Klein, 11. Aufl. 2012, § 377 AO Rz. 6.
2) So aber BVerfG v. 6.6.1967, 2 BvR 375, 53/60 und 18/65, BVerfGE 22, 78 ff.
3) Wegner, 75.
4) Rogall in Karlsruher Kommentar, 3. Aufl. 2006, vor § 1 OWiG Rz. 21.
5) Joecks in Franzen/Gast/Joecks, 7. Aufl. 2009, § 377 AO Rz. 4.

nungswidrigkeiten, Stuttgart, Loseblattwerk (Stand: 03/2012); **Többens**, Die Bekämpfung der Wirtschaftskriminalität durch die Troika der §§ 9, 130, 30 des Gesetzes über Ordnungswidrigkeiten, NStZ 1999, 1; **Wegner**, Die Systematik der Zumessung unternehmensbezogener Geldbußen, 2000; **Wegner**, Die Auswirkungen fehlerhafter Organisationsstrukturen auf die Zumessung der Unternehmensgeldbuße, wistra 2000, 361; **Wegner**, Ist § 30 OWiG tatsächlich der „Königsweg" in den Banken-Strafverfahren?, NJW 2001, 1979; **Wegner**, Festsetzung von unternehmensbezogenen Geldbußen in Steuerstrafverfahren, PStR 2003, 180; **Wegner**, Die steuerfreie Abschöpfung des wirtschaftlichen Vorteils, PStR 2006, 98; **Wegner**, Leichtfertige Steuerverkürzung bei der Einreise nach Deutschland, PStR 2007, 122; **Wegner**, Vorsorgende Organisationsstrukturen und unternehmerisches Sanktionsrisiko, ZRFC 2010, 18; **Wegner**, Steuerordnungswidrigkeiten: Risikofeld und Gestaltungsmittel der Verteidigung, PStR 2011, 97; **Wegner**, Abgrenzung zwischen Vorsatz und Leichtfertigkeit bei Steuerverkürzung, PStR 2011, 140.

2332 Gemäß § 377 Abs. 2 AO gelten die Vorschriften des 1. Teils des Gesetzes über Ordnungswidrigkeiten auch für Steuerordnungswidrigkeiten, soweit die Bußgeldvorschriften der Steuergesetze ausdrücklich nichts anderes bestimmen. Im Folgenden werden deshalb die wesentlichen allgemeinen Grundsätze des Ordnungswidrigkeitenrechts kurz erläutert.

I. Vorwerfbarkeit

2333 Die Ahndung einer Ordnungswidrigkeit setzt voraus, dass der Betroffene vorwerfbar gehandelt hat. Dieser Begriff ist kongruent mit dem der „Schuld" im Strafrecht, wobei das Gesetz über Ordnungswidrigkeiten diesen Terminus bewusst vermeidet. Nicht vorwerfbar handeln z.B. ein noch nicht 14 Jahre altes Kind oder ein seelisch gestörter und damit nicht zurechnungsfähiger Täter (§ 12 OWiG). In Betracht kommt auch die Unzumutbarkeit normgemäßen Handelns, als Grund des Ausschlusses der Vorwerfbarkeit. Die h.M. erkennt den Gedanken der Unzumutbarkeit als Entschuldigungsgrund jedoch grds. nur bei Unterlassungs- und Fahrlässigkeitsdelikten[1] an.

II. Vorsatz – Fahrlässigkeit

2334 Nicht zu verwechseln mit der Vorwerfbarkeit ist die subjektive Tatbestandsmäßigkeit. Hier kommen nach § 10 OWiG grds. Vorsatz und Fahrlässigkeit in Betracht. Abweichend davon setzen die §§ 378 bis 381 AO leichtfertiges Handeln voraus. Dies bedeutet, dass in den Fällen der Steuerverkürzung nach § 378 AO, der Steuergefährdung nach § 379 Abs. 1 AO, der Verletzung von Mitteilungspflichten nach § 138, § 379 Abs. 2 Nr. 1 AO, der Verletzung der Kontenwahrheit nach § 154, § 379 Abs. 2 Nr. 2 AO, der Gefährdung von Abzugsteuern nach § 380 AO und der Verbrauchsteuergefährdung nach § 381 AO nicht schon dann der subjektive Tatbestand einer Ordnungswidrigkeit erfüllt ist, wenn die jeweilige Tat einfach-fahrlässig begangen worden ist, sondern nur im Falle der Leichtfertigkeit (→ Rz. 2407).

2335 **Leichtfertigkeit** im Sinne des Sanktionenrechts meint einen gegenüber der einfachen Fahrlässigkeit gesteigerten Grad der Verantwortlichkeit. Leichtfertig handelt, wer die Sorgfalt außer Acht lässt, zu der er nach den besonderen Umständen des Falles und seinen persönlichen Fähigkeiten und Kenntnissen verpflichtet und im Stande ist, obwohl sich ihm hätte aufdrängen müssen, dass dadurch eine Steuerverkürzung bzw. -gefährdung eintreten wird.[2] Einfach-fahrlässig handelt dagegen

1) Rengier in Karlsruher Kommentar, vor §§ 15, 16 OWiG Rz. 62.
2) BGH v. 8.9.2011, 1 StR 38/11, NStZ 2012, 160, dazu Wegner, PStR 2011, 140; Jäger in Klein, 11. Aufl. 2012, § 378 AO Rz. 12; s. auch Wegner, PStR 2007, 122.

schon, wer in für ihn persönlich vermeidbarer Weise die im Verkehr erforderliche Sorgfalt außer Acht lässt.[1]

III. Versuch

Gemäß § 13 Abs. 2 OWiG kann der Versuch einer Ordnungswidrigkeit nur geahndet werden, wenn das Gesetz es ausdrücklich bestimmt. Die lediglich versuchte Steuerordnungswidrigkeit ist damit nicht sanktionsbewehrt, denn es fehlt an einer solchen gesetzlichen Bestimmung in der Abgabenordnung. Einige Ausnahmen bestehen lediglich im Verfolgungsbereich der Zollfahndung.[2] **2336**

IV. Tatbeteiligte

Anders als das Strafrecht verzichtet das Gesetz über Ordnungswidrigkeiten auf eine Unterscheidung zwischen Täterschaft und Teilnahme (§§ 25 bis 27 StGB) und geht stattdessen von einem einheitlichen Täterbegriff aus (§ 14 OWiG). Danach ist derjenige Täter einer Ordnungswidrigkeit, der sich an einer Ordnungswidrigkeit „beteiligt". Damit umfasst der Begriff der Tatbeteiligung zunächst die im Strafrecht bekannten Formen von Mittäterschaft, Anstiftung und Beihilfe; strittig sind daneben die mittelbare Täterschaft und die Nebentäterschaft. Eine Beteiligung setzt i.d.R. voraus, dass jemand an einer nicht nur allein von ihm begangenen Tat bewusst und gewollt mitwirkt,[3] der Täter also vorsätzlich handelt. Wer sich nur fahrlässig bzw. leichtfertig beteiligt, ist nicht Tatbeteiligter i.S.d. § 14 OWiG. Wer also nur fahrlässig bzw. leichtfertig verursacht, dass ein anderer eine Ordnungswidrigkeit begeht, ist nicht Beteiligter nach § 14 OWiG.[4] Denkbar ist allerdings die fahrlässige Nebentäterschaft. Eine solche liegt vor, wenn mehrere Täter unabhängig voneinander handeln und einen tatbestandsmäßigen Erfolg herbeiführen, wobei jeder für sich Normadressat sein muss.[5] **2337**

Nach § 14 Abs. 2 OWiG wird grds. eine rechtswidrige Handlung vorausgesetzt. Handelt nur einer der Beteiligten nicht vorwerfbar, wird dadurch die Ahndung bei den übrigen nicht ausgeschlossen (§ 14 Abs. 3 OWiG). **2338**

Keine Beteiligung i.S.d. § 14 OWiG liegt im Falle der notwendig Beteiligten vor. So ist der Empfänger eines unrichtigen Belegs bei einer Steuergefährdung ebenso wenig Beteiligter in diesem Sinne wie der Bankangestellte, der nicht weiß, dass ein Bankkunde ein Konto unter falschem Namen eröffnet.[6] **2339**

V. Geldbuße

Abweichend von § 17 Abs. 1 OWiG ist der Bußgeldrahmen bei den Steuerordnungswidrigkeiten gesondert geregelt. Er beträgt für die §§ 378, 383 AO bis zu 50 000 €, für die §§ 379 bis 382 AO bis zu 5 000 € und für § 383a AO bis zu 10 000 €. **2340**

Umstritten ist, ob die Einschränkung des § 17 Abs. 2 OWiG auch auf Steuer- und Zollordnungswidrigkeiten anzuwenden ist. Danach kann **fahrlässiges Handeln** im **2341**

1) Gürtler in Göhler, § 10 OWiG Rz. 6; Rengier in Karlsruher Kommentar, § 10 OWiG Rz. 15 f.
2) Vgl. die Nachweise bei Rüping in H/H/Sp, § 377 AO Rz. 26 (März 2006).
3) BGH v. 6.6.1983, 2 StR 547/82, BGHSt 31, 309, 311; Lemke/Mosbacher, § 14 OWiG Rz. 3.
4) Schauf in Kohlmann, § 377 AO Rz. 59 (Oktober 2011); Rengier in Karlsruher Kommentar, § 14 OWiG Rz. 6.
5) Vgl. OLG Düsseldorf v. 24.4.1991, 5 Ss (OWi) 322/90 – (OWi) 322/90 III, wistra 1991, 275, 277; Gürtler in Göhler, § 14 OWiG Rz. 4.
6) Schauf in Kohlmann, § 377 AO Rz. 62 (Oktober 2011).

Höchstmaß mit der Hälfte des angedrohten Betrages geahndet werden, wenn das Gesetz vorsätzliches und fahrlässiges Handeln gleichermaßen mit Buße bedroht, ohne im Höchstmaß zu unterscheiden. Während bei § 378 AO wegen der speziellen Bußgelddrohung hierfür kein Raum ist, spricht ansonsten nichts gegen die Anwendung des § 17 Abs. 2 OWiG, denn die Leichtfertigkeit ist als eine Unterform der Fahrlässigkeit anzusehen.[1] Soweit also vorsätzliches oder fahrlässiges bzw. vorsätzliches oder leichtfertiges Verhalten in einer Norm und mit einem identischen Bußgeldrahmen sanktionsbewehrt sind, bestehen an der Anwendung keine Bedenken.[2] Dem steht auch nicht die ausdrückliche Verweisung in § 377 Abs. 2 AO entgegen,[3] denn diese bezieht sich allgemein auf das Gesetz über Ordnungswidrigkeiten. Abzulehnen ist auch der Versuch, die Nichtanwendung des § 17 Abs. 2 AO über die Bemessung der Geldbuße zu kompensieren. Hiergegen steht § 46 Abs. 3 StGB (analog), denn diese Berücksichtigung käme einer Doppelverwertung gleich, die aber auch zu Gunsten des Betroffenen nicht erlaubt ist.[4]

2342 **Grundlage für die konkrete Zumessung** der Geldbuße ist die Bedeutung der Ordnungswidrigkeit und der Vorwurf, der den Täter trifft (§ 17 Abs. 3 Satz 1 OWiG). Auch die wirtschaftlichen Verhältnisse des Täters kommen in Betracht, sollen aber bei geringfügigen Ordnungswidrigkeiten unberücksichtigt bleiben (Satz 2). Berücksichtigungsfähige Faktoren sind u.a. das Einkommen, Vermögen, Schulden, die Ertragslage eines Unternehmens oder außergewöhnliche Belastungen.[5] Zur Ermittlung der wirtschaftlichen Verhältnisse ist es nicht zulässig, Steuerbescheide oder -akten beizuziehen, die nicht Gegenstand des Verfahrens sind, weil sonst gegen § 30 AO verstoßen würde.[6] Entsprechendes gilt für die Beiziehung von Scheidungsakten des Familiengerichts.[7]

2343 Die Bedeutung der Ordnungswidrigkeit ist im Regelfall durch den sachlichen Umfang der Tat bestimmt. Dementsprechend hat sich bei den Strafsachenstellen eine Praxis herausgebildet, wonach die Höhe der Geldbuße durch die Anwendung eines bestimmten Prozentsatzes auf die verkürzte Steuer ermittelt wird. Dabei wird teilweise von einem Rahmen von 5 bis 30 % der verkürzten Steuer ausgegangen und der endgültige Prozentsatz unter Berücksichtigung der Verhältnisse des Einzelfalls ermittelt.[8] Häufig erschließt sich die interne finanzbehördliche Berechnung einem Außenstehenden aber auch nicht.

2344 Soweit eine **Verwaltungsrichtlinie** vorhanden ist, kann diese aber immer nur eine grobe Orientierungshilfe darstellen. Sie macht eine Prüfung der Umstände des Einzelfalls nicht entbehrlich.[9]

2345 In Fällen sog. **„zeitlicher Verkürzung"** werden – trotz der aktuellen Entwicklungen in der Rechtsprechung (→ Rz. 341) – für die Zumessung der Geldbuße die gleichen Grundsätze angewendet, die auch bei der Strafzumessung gelten. Zumessungsgrundlage für die Geldbuße ist also nicht die verkürzte Steuer, sondern lediglich der sich in dem Zinsverlust ausdrückende Steuerschaden. Praktikabel ist hier eine

---

1) Rengier in Karlsruher Kommentar, § 10 OWiG Rz. 49.
2) Gleicher Ansicht Joecks in Franzen/Gast/Joecks, 7. Aufl. 2009, § 377 AO Rz. 28; Jäger in Klein, 11. Aufl. 2012, § 377 AO Rz. 10; Mitsch in Karlsruher Kommentar, § 17 OWiG Rz. 137.
3) So aber Tormöhlen in Wannemacher, 4. Aufl., Rz. 1689.
4) Stree/Kinzig in Schönke/Schröder, 28. Aufl. 2010, § 46 StGB Rz. 45; Rebmann/Roth/Herrmann, § 17 OWiG Rz. 17.
5) Mitsch in Karlsruher Kommentar, § 17 OWiG Rz. 87.
6) Schauf in Kohlmann, § 377 AO Rz. 80 (Oktober 2011).
7) BFH v. 12.6.1991, III R 106/87, DStR 1991, 1149; OLG Köln v. 3.1.1994, 7 VA 6–7/93, wistra 1994, 201, 202.
8) Krit. hierzu OLG Düsseldorf v. 23.9.1986 , 5 Ss (OWi) 333/86 – 256/86 I, NStZ 1987, 117.
9) OLG Düsseldorf v. 19.1.2000, 2 b Ss (OWi) 290/99 – (OWi) 2/00 I, NStZ-RR 2000, 218.

Anwendung des Zinssatzes aus § 238 Abs. 1 Satz 1 AO (0,5 % p.M.). Von dieser Überlegung geht auch die Finanzverwaltung aus.[1]

VI. Wirtschaftlicher Vorteil

§ 17 Abs. 4 OWiG bestimmt, dass mit der Geldbuße auch der wirtschaftliche Vorteil, den der Täter aus der Ordnungswidrigkeit hat, abgeschöpft werden soll. Das gesetzliche Höchstmaß des Regelbußgeldrahmens kann hierbei auch überschritten werden. Es soll gewährleistet werden, dass sich die Ordnungswidrigkeit für den Täter nicht lohnt.[2] 2346

Der wirtschaftliche Vorteil ist grds. „weit" zu verstehen. Erfasst werden nicht nur Faktoren, die sich bilanzieren lassen, sondern auch sonstige Vorteile wirtschaftlicher Art.[3] Bei der konkreten Berechnung ist vom Reingewinn auszugehen, erforderlich ist also stets eine **Saldierung.** Abzugsfähig sind alle Aufwendungen, welche den Vorteil im wirtschaftlichen Sinne mindern, z.B. auch auf die Tat hin bezahlte Mehrsteuern.[4] 2347

Abweichend von § 4 Abs. 5 Nr. 10 EStG sind auch **Schmiergelder** abzugsfähig,[5] denn § 17 Abs. 4 OWiG geht es nicht um eine zusätzliche Bebußung des Betroffenen, sondern darum, ihm den wirtschaftlich zugeflossenen Vorteil zu entziehen. 2348

Im Falle der leichtfertigen Steuerverkürzung kommt als wirtschaftlicher Vorteil der Zinsertrag des Stpfl. in Betracht.[6] Bei Banken, die für Kapitalanlagen ins Ausland verantwortlich gemacht werden, ist z.B. an einen erlangten Provisionsüberschuss zu denken. 2349

Beispiel:[7]

Gegen vier Vorstandmitglieder einer Bank wird der Vorwurf erhoben, die Bank habe durch den anonymen Kapitaltransfer nach Luxemburg und in die Schweiz dazu beigetragen, dass Kapitalerträgen von Kunden vor den deutschen Finanzbehörden verheimlicht werden. Das Verfahren wegen des Verdachts der Beihilfe zur Steuerhinterziehung (§ 370 AO; § 27 StGB) wird gem. § 153a StPO gegen Zahlung einer Geldauflage eingestellt. Darüber hinaus wird gegen das Institut als Nebenbetroffenen (§ 444 StPO) eine Geldbuße von 2,5 Mio. € festgesetzt (vgl. § 30 OWiG).

Die Geldbuße setzt sich vorliegend aus einem Sanktionsanteil von 425 000 € und einem Abschöpfungsanteil von 2,075 Mio. € zusammen. Den erzielten Provisionsüberschuss von 26,5 Mio. € durch die Kapitalanlagen ins Ausland reduziert das LG Bielefeld um die Kosten für den Betrieb der Bank (insbes. Personal-, Gebäude- und Verwaltungskosten), die dem provisionierenden Bereich der Wertpapieranlagen zuzurechnen waren (24 Mio. €). Auf Grund „statistischer Erfahrungswerte" geht das Gericht anschließend davon aus, dass zwischen 80 und 90 % der Kunden ihre Erträge nicht der Besteuerung unterworfen haben und somit eine für die Beihilfe erforderliche Anknüpfungstat vorliegt. Darauf soll sich dann ein Abschöpfungsbetrag von 2,075 Mio. € ergeben. 2350

Rein tatsächlich stellt sich die Abschöpfung des wirtschaftlichen Vorteils als integrativer Bemessungsfaktor der Geldbuße dar.[8] Der wirtschaftliche Vorteil des Täters 2351

1) Nr. 114 AStBV (St) 2013, BStBl I 2012, 1018.
2) Brenner, NStZ 1998, 557; Lemke/Mosbacher, § 17 OWiG Rz. 32; Mitsch, Teil III, § 15 Rz. 15.
3) Vgl. Gürtler in Göhler, § 17 OWiG Rz. 41 ff.; Wegner, PStR 2003, 180, 182.
4) Vgl. Wegner, PStR 2006, 98.
5) OLG Hamburg v. 3.3.1971, 2 Ss 90/70 OWi, NJW 1971, 1000, 1003; Rebmann/Roth/Herrmann, § 17 OWiG Rz. 50; a.A. Lemke/Mosbacher, § 17 OWiG Rz. 34.
6) Mitsch in Karlsruher Kommentar, § 17 OWiG Rz. 137.
7) Nach LG Bielefeld v. 16.3.1999, 1 KLs W 1/99 I, n.v.; zit. nach Wegner, NJW 2001, 1979.
8) Anders im Strafrecht, §§ 73 ff. StGB; vgl. aber § 29a OWiG.

wird deshalb allgemein als die untere Grenze der zu bemessenden Geldbuße angesehen. Die neuere Rechtsentwicklung verlangt jedoch eine funktionelle Differenzierung innerhalb der Geldbuße. Aus steuerlichen Gründen ist zwingend zu unterscheiden zwischen der Abschöpfung einerseits und der Sanktion andererseits.[1] Die **Abschöpfung des wirtschaftlichen Vorteils** ist nur zulässig, wenn dieser Betrag um die absetzbare Einkommen-, Gewerbe- und/oder Körperschaftsteuer vermindert wurde. Hat die Behörde den wirtschaftlichen Vorteil ohne Berücksichtigung dieser erhöhten Steuerpflicht in die Bemessung der Geldbuße einbezogen, so ist es auch weiterhin möglich, den Abschöpfungsbetrag steuermindernd geltend zu machen (§ 4 Abs. 5 Nr. 8 Satz 4 EStG).[2]

VII. Konkurrenzen

2352 Verletzt dieselbe Handlung mehrere Gesetze, nach denen sie als Ordnungswidrigkeit geahndet werden kann, oder ein solches Gesetz mehrmals, so wird nur eine Geldbuße festgesetzt (§ 19 Abs. 1 OWiG). Diese Vorschrift ist damit parallel zur Strafenbildung gem. § 52 StGB ausgestaltet (→ Rz. 663).

2353 Sind mehrere Geldbußen verwirkt, liegen also die Voraussetzungen der Tatmehrheit vor, so wird jede Geldbuße gesondert festgesetzt (§ 20 OWiG). Abweichend vom strafrechtlichen Modell der Gesamtgeldstrafe gem. § 53 StGB (→ Rz. 687 ff.) gilt hier also das sog. Kumulationsprinzip. Mit dem weitgehenden Fortfall der fortgesetzten Handlung und der damit angeordneten schlichten Häufung mehrerer Geldbußen tritt damit die Schärfe des § 20 OWiG unverhüllt in den Blick. Der Grundsatz der Verhältnismäßigkeit verlangt deshalb nunmehr eine verstärkte, an den Umständen des Einzelfalls orientierte Prüfung.[3]

VIII. Zusammentreffen von Ordnungswidrigkeit und Straftat

2354 Trifft eine Ordnungswidrigkeit tateinheitlich mit einer Straftat zusammen, wird nur das Strafgesetz angewendet (§ 21 Abs. 1 OWiG). Die Handlung kann jedoch dann als Ordnungswidrigkeit geahndet werden, wenn eine Strafe nicht verhängt wird (§ 21 Abs. 2 OWiG), z.B. wenn der Strafverfolgung ein Verfahrenshindernis entgegensteht, eine wirksame Selbstanzeige erstattet wurde oder eine Einstellung des Verfahrens gem. den §§ 153, 153b, 154 StPO erfolgt. Eine Einstellung nach § 153a StPO hindert dagegen eine Verfolgung der Ordnungswidrigkeit, da hier eine Sachentscheidung getroffen wird (§ 153a Abs. 1 Satz 4 StPO).[4]

2355 Abweichend von § 21 Abs. 2 OWiG enthalten die Vorschriften über die Steuerordnungswidrigkeiten der §§ 379 bis 382 AO eigene **Subsidiaritätsklauseln.**

2356 Die Steuergefährdung (§ 379 Abs. 4 AO), die Gefährdung der Abzugsteuern (§ 380 Abs. 2 AO), die Verbrauchsteuergefährdung (§ 381 Abs. 2 AO) und die Gefährdung der Eingangsabgaben (§ 382 Abs. 3 AO) sind danach nur dann verfolgbar, wenn die Handlung nicht schon nach § 370 AO als vorsätzliche Steuerhinterziehung oder nach § 378 AO als leichtfertige Steuerverkürzung geahndet werden kann. Daraus folgt: Wenn das Verfahren wegen Steuerhinterziehung oder Steuerverkürzung aus Opportunitätsgründen (§§ 153, 153a StPO; § 398 AO) eingestellt oder von der Ver-

---

1) Cramer, wistra 1996, 248, 249; Meurer, BB 1998, 1236, 1237.
2) Vgl. BVerfG v. 23.1.1990, 1 BvR 306/86, BVerfGE 81, 223; Achenbach, BB 2000, 1116 ff.; aktuell siehe etwa Wegner, PStR 2011, 89.
3) Wegner, 191 f., 211.
4) Gürtler in Göhler, § 21 OWiG Rz. 27.

hängung einer Geldbuße abgesehen wird, so lebt der subsidiäre Tatbestand nicht mehr auf.

Auch wenn die Tat durch einen rechtskräftigen Bußgeldbescheid geahndet worden ist, so kann sie unter den Voraussetzungen des § 84 OWiG später trotzdem noch als Straftat verfolgt werden. Die insoweit eingeschränkte Rechtskraft des Bußgeldbescheids besteht aber nur dann, wenn die Verwaltungsbehörde gehindert ist, über die Straftat zu entscheiden. Die Wirkung der Rechtskraft kann grds. nicht weiter reichen als die Befugnis zur Entscheidung.[1] **2357**

Dem ist für das allgemeine Ordnungswidrigkeitenrecht durchaus zuzustimmen, denn Verwaltungsbehörden haben i.d.R. keine staatsanwaltschaftlichen Kompetenzen und können deshalb im Allgemeinen eine Tat nicht unter strafrechtlichen Aspekten prüfen. Es ist aber zweifelhaft, ob diese Regelung auch im Steuerordnungswidrigkeitenrecht gelten kann. Hier entscheidet die Finanzbehörde (= Strafsachenstelle) de facto als Spezial-Staatsanwaltschaft in eigener Machtvollkommenheit darüber, ob im Einzelfall ein Bußgeld- oder ein Strafverfahren einzuleiten ist und ob ein Bußgeldverfahren in ein Strafverfahren überzuleiten ist bzw. umgekehrt. Damit besteht eine dem § 84 Abs. 2 OWiG vergleichbare Situation. In § 84 Abs. 2 OWiG ist geregelt, dass das rechtskräftige Urteil über die Tat als Ordnungswidrigkeit ihrer Verfolgung als Straftat entgegensteht. Die erweiterte Rechtskraft der gerichtlichen Entscheidung im Bußgeldverfahren wird damit begründet, dass das Gericht die Tat im Bußgeldverfahren auch unter strafrechtlichen Gesichtspunkten zu prüfen hat. Eine spätere Verfolgung der Tat als Straftat ist dann bei neuen Tatsachen oder Beweismitteln nur in einem förmlichen Wiederaufnahmeverfahren möglich (vgl. § 85 Abs. 3 OWiG). Die Situation der Bußgeld- und Strafsachenstelle ist analog zu betrachten. Ihr obliegt ipso iure nicht nur die Prüfung der Tatbestände von Steuerordnungswidrigkeiten, sondern auch die Verfolgung von Steuerstraftaten. Entscheidend ist nicht, dass sie die strafrechtliche Prüfung im Einzelfall unterlassen hat, sondern, dass sie die Möglichkeit hierzu hatte.[2] Die Prüfungs- und Entscheidungskompetenz ist – entgegen Joecks[3] – auch nicht mit der Abgabe bei „Anhaltspunkten" i.S.v. § 41 OWiG zu vergleichen. **2358**

In den Fällen, in denen eine Ordnungswidrigkeit und eine Straftat in **Tatmehrheit** zusammentreffen, wird auf Strafe und Geldbuße gesondert erkannt, nicht etwa auf eine Gesamtgeldstrafe.[4] **2359**

IX. Verjährung

Das Gesetz über Ordnungswidrigkeiten regelt die Verfolgungsverjährung in § 31 OWiG und knüpft dabei an das Höchstmaß der angedrohten Geldbuße an. **2360**

Abweichend von dieser verjährungsrechtlichen Grundregel bestimmt § 384 AO für Steuerordnungswidrigkeiten nach den §§ 378 bis 380 AO eine Verjährungsfrist von fünf Jahren. **2361**

Für Zollordnungswidrigkeiten nach den §§ 381, 382 AO gilt – anknüpfend an die angedrohte Geldbuße – eine Verjährungsfrist von zwei Jahren (§ 31 Abs. 2 Nr. 2 OWiG) und für den unzulässigen Erwerb von Steuererstattungs- und Vergütungsansprüchen (§ 383 AO) eine solche von drei Jahren (§ 31 Abs. 2 Nr. 1 OWiG). **2362**

1) Wache in Karlsruher Kommentar, § 84 OWiG Rz. 3.
2) Seitz in Göhler, § 84 OWiG Rz. 4.
3) Joecks in Franzen/Gast/Joecks, 7. Aufl. 2009, § 377 AO Rz. 33.
4) OLG Köln v. 7.11.1978, 1 Ss 781/78, NJW 1979, 379; Bohnert in Karlsruher Kommentar, § 21 OWiG Rz. 4.

2363 Kann eine fahrlässig begangene Steuerordnungswidrigkeit gem. § 17 Abs. 2 OWiG nur mit der Hälfte des im Höchstmaß angedrohten Betrags geahndet werden (vgl. § 381 AO), so ist dieser reduzierte Betrag für die Verjährung maßgebend.[1)]

2364 Die Verjährung beginnt nicht bereits mit der Vollendung, sondern sobald die Handlung beendet ist. Tritt ein zum Tatbestand gehörender Erfolg erst später ein, so beginnt die Verjährung mit diesem Zeitpunkt.

2365 Die leichtfertige Steuerverkürzung nach § 378 AO ist beendet, wenn der Steuerbescheid zugestellt worden ist oder bei regelmäßiger Abwicklung des Veranlagungszeitraumes zugestellt worden wäre.

2366 Die Verjährung ruht, solange nach dem Gesetz die Verfolgung nicht begonnen oder nicht fortgesetzt werden kann (§ 32 Abs. 1 Satz 1 OWiG). Für die Unterbrechung der Verjährung gilt der dem weitgehend § 78c StGB nachgebildete § 31 Abs. 1 OWiG.

X. Geldbuße gegen juristische Personen und Personenvereinigungen (§ 30 OWiG)

2367 Hat jemand als vertretungsberechtigtes Organ oder Organmitglied einer juristischen Person, als Vorstand oder Vorstandsmitglied eines nicht rechtsfähigen Vereins, als vertretungsberechtigter Gesellschafter einer Personenhandelsgesellschaft, als Generalbevollmächtigter oder in leitender Stellung tätiger Prokurist oder Handlungsbevollmächtigter, oder als sonstige Person, die für die Leitung des Betriebes oder Unternehmens verantwortlich gehandelt hat, eine Straftat oder Ordnungswidrigkeit begangen, so kann auch gegen die juristische Person oder Personenvereinigung eine Geldbuße festgesetzt werden (§ 30 Abs. 1 Nr. 1 bis 5 OWiG). Die Norm knüpft damit an das **Fehlverhalten einer Leitungsperson** an, deren Kreis in Abs. 1 enumerativ aufgeführt ist.

Beispiel:

Gegen ein Vorstandsmitglied einer Bank sowie einen Anlageberater des Instituts wird der Vorwurf erhoben, man habe durch den anonymen Kapitaltransfer nach Luxemburg dazu beigetragen, dass Kapitalerträge eines Kunden vor der deutschen Finanzbehörde verheimlicht wurden. Der betroffene Anlageberater wird wegen Beihilfe zur Steuerhinterziehung (§ 370 AO; § 27 StGB) verurteilt. Das Vorstandsmitglied wird freigesprochen.

2368 Gegen das nebenbetroffene Institut kann keine Geldbuße gem. § 30 Abs. 1 Nr. 1 OWiG festgesetzt werden. Der Anlageberater unterfällt als einfacher Angestellter nicht dem Adressatenkreis des § 30 Abs. 1 OWiG.

2369 Nicht möglich ist es, jeden im Unternehmen vorgekommenen Verstoß gegen gesetzliche Vorschriften dem Geschäftsführer zuzurechnen. Im Übrigen soll es aber nicht erforderlich sein, dass die Identität des Täters feststeht; es müsse nur festgestellt werden, dass ein vertretungsberechtigtes Organ oder sonst eine Leitungsperson i.S.d. § 30 Abs. 1 OWiG eine konkret ordnungswidrige Tat begangen hat.[2)] Dieser Ansatz ist jedoch abzulehnen, denn § 30 OWiG setzt eine tatbestandliche, rechtswidrige und schuldhafte/vorwerfbare Anknüpfungstat voraus. Schuld kann jedoch nur individuell zugewiesen werden und setzt daher eine entsprechende Konkretisierung voraus.[3)] Die Praxis verfährt jedoch nicht selten nach anderen Maßstäben.

2370 Zu beachten ist das Verbot der doppelten Ahndung (ne bis in idem). Sind an einer Pflichtverletzung mehrere Personen beteiligt, so darf gegen das Unternehmen den-

1) Jäger in Franzen/Gast/Joecks, 7. Aufl. 2009, § 384 AO Rz. 6.
2) Gürtler in Göhler, § 30 OWiG Rz. 40.
3) Wegner, NJW 2001, 1979, 1981; vgl. auch OLG Hamm v. 28.6.2000, 2 Ss OWi 604/1999, wistra 2000, 393, 394.

noch nur eine Geldbuße festgesetzt werden.[1] Das Verbot einer doppelten Ahndung ist darüber hinaus dann in den Blick zu nehmen, wenn Organ und Gesellschafter weitgehend oder gar völlig identisch sind, denn in solchen Fällen würde bei zusätzlicher Sanktionierung der juristischen Person wirtschaftlich gesehen die gleiche Person getroffen wie bereits durch die Hauptsanktion.[2]

Voraussetzung einer Ahndung des Unternehmens ist weiter, dass das Organ bzw. der Vertreter in dieser Eigenschaft („als") eine Straftat oder Ordnungswidrigkeit begangen haben. Die Tat muss also **in Ausübung der Leitungsfunktion** begangen worden sein.[3] **2371**

Darüber hinaus muss der Individualtäter durch die Tat eine unternehmensbezogene Pflicht verletzt bzw. den Verband bereichert haben; ausreichend ist aber auch bereits die Intention einer solchen Bereicherung. Als unternehmensbezogene Pflichten kommen nur solche in Betracht, die sich aus dem spezifischen Wirkungsbereich des Verbandes ergeben.[4] Von besonderer praktischer Relevanz sind Pflichtverstöße nach § 130 Abs. 1 OWiG (→ Rz. 2379 ff.). **2372**

Materiell-rechtlicher Zweck des § 30 OWiG ist es, eine ungerechtfertigte Schlechterstellung des Einzelunternehmers zu verhindern. Da juristische Personen oder Personenvereinigungen nur durch ihre Organe handeln, könnte ohne § 30 OWiG bei Zuwiderhandlungen der Organe keine Sanktion gegen die juristische Person oder Personenvereinigung festgesetzt werden, obwohl gerade ihr die wirtschaftlichen Vorteile aus der Tat zufließen. Verfahrensrechtlich gewinnt die Norm allerdings mehr und mehr an Bedeutung, um streitige Auseinandersetzungen auf individueller Ebene zu vermeiden. Nicht selten werden bemerkenswerte Großkomplexe gegen Zahlung einer – teilweise erheblichen – Unternehmensgeldbuße eingestellt und im Gegenzug unterbleibt eine strafrechtliche Ahndung einzelner Betriebsangehöriger. Entsprechende „Lösungen" wurden – und werden – auch und gerade im Bankenbereich gewählt, wenn steuerstrafrechtliche Themen im Raum stehen. Das betroffene Unternehmen erkauft sich hiermit (abschließende) „Ruhe"; die Ermittlungsbehörden verzeichnen erhebliche Einnahmen. Verschiedene materiell-rechtliche Fragen bleiben hierbei freilich diskussionswürdig. **2373**

Die **Höhe der Geldbuße** beträgt im Falle einer vorsätzlichen Anknüpfungsstraftat bis zu 1 Mio. €, im Falle einer fahrlässigen Tat bis zu 500 000 € (§ 30 Abs. 2 Satz 1 OWiG). Im Falle einer Ordnungswidrigkeit bestimmt sich das Höchstmaß nach der dort angedrohten Geldbuße (§ 30 Abs. 2 Satz 2 OWiG). **2374**

Die Zumessung der konkreten Höhe der Geldbuße knüpft an § 17 Abs. 3 OWiG an, obwohl eine ausdrückliche Verweisung fehlt.[5] Zu berücksichtigen sind sowohl Charakter und Unrechtsgehalt der Anknüpfungstat als auch spezifisch verbandsbezogene Faktoren.[6] Anknüpfend daran müssen sich auch unternehmensinterne Vorsorgemaßnahmen bußgeldmindernd auswirken, wenngleich aktuelle Gesetzgebungspläne zur Reform des § 30 OWiG entsprechende Überlegungen bislang nicht ausdrücklich aufgreifen. **2375**

Die Geldbuße nach § 30 OWiG kann im **verbundenen Verfahren** (§ 88 OWiG, § 444 StPO) oder im **selbständigen Verfahren** (§ 30 Abs. 4 OWiG) festgesetzt werden. Im ersteren Fall wird die Geldbuße gegen die juristische Person nicht in einem beson- **2376**

---

1) KG v. 29.9.1998, Kart 6/98, NStZ 1999, 253.
2) OLG Frankfurt v. 25.1.2012, 1 Ss 63/11, wistra 2012, 203.
3) Wegner, NJW 2001, 1979, 1980.
4) Achenbach in Achenbach/Wannemacher, § 3 Rz. 9; Hellmann in H/H/Sp, § 401 AO Rz. 45 (Juni 2008).
5) OLG Hamm v. 28.6.2000, 2 Ss OWi 604/1999, wistra 2000, 393, 395; Mitsch, Teil III, § 16 Rz. 15.
6) Wegner, wistra 2000, 361, 362 f.; Wegner, ZRFC 2010, 18 ff.

deren Verfahren, sondern im Verfahren gegen die betroffene natürliche Person festgesetzt. Dadurch soll vermieden werden, dass eine Handlung der natürlichen Person in zwei getrennten Verfahren beurteilt werden muss. Wenn aber kein Straf- oder Bußgeldverfahren gegen die natürliche Person eingeleitet oder es wieder eingestellt wird oder wenn von Strafe abgesehen wird, kann die Geldbuße in einem selbständigen Verfahren festgesetzt werden (§ 30 Abs. 4, § 88 OWiG). Das selbständige Verfahren ist aber ausgeschlossen, wenn die Straftat oder Ordnungswidrigkeit aus Rechtsgründen nicht verfolgt werden kann (z.B. wegen Verfolgungsverjährung).

2377 Trotz der gesetzgeberischen Aufgabe der Nebenfolge-Konzeption für § 30 OWiG wird vom BGH[1] für die **Verjährung** ein weiter gehender Ansatz vertreten. Maßgebend seien die für die Tat der natürlichen Person maßgebenden Vorschriften über die Verjährung und nicht § 31 OWiG.

2378 Nicht einfach zu beantworten ist die Frage, ob die bußgeldrechtliche Verantwortlichkeit auch den **Gesamtrechtsnachfolger** erfasst. Insoweit ist zu beachten, dass einer Erstreckung der bußgeldrechtlichen Verantwortlichkeit auf den Gesamtrechtsnachfolger dieser juristischen Personen bereits durch den Wortlaut des § 30 OWiG Grenzen gesetzt sind, die zusätzlich durch Art. 103 Abs. 2 GG abgesichert werden.[2] Die gesetzgeberische Entscheidung für das **Rechtsträgerprinzip** lässt eine Auslegung, die das Vermögen des von dem Rechtsträger zum Tatzeitpunkt geführten Unternehmens – im Sinne einer gewerblich tätigen Einheit – in die bußgeldrechtliche Haftung nehmen und hiervon ausgehend eine Sanktionierbarkeit der Tat auch gegenüber dem Rechtsnachfolger annehmen wollte, wenn dieser das Vermögen des Unternehmens oder wesentliche Teile hiervon übernommen hat, in dieser Allgemeinheit nicht zu.[3] In der Rechtsprechung des BGH ist vielmehr allein anerkannt, dass die Haftungsvoraussetzungen nur dann ausnahmsweise gegeben sind, wenn zwischen der früheren und der neuen Vermögensverbindung **nach wirtschaftlicher Betrachtungsweise Identität** oder nahezu Identität besteht. Eine solche wirtschaftliche Identität ist gegeben, wenn das „haftende Vermögen" weiterhin vom Vermögen des gem. § 30 OWiG Verantwortlichen getrennt, in gleicher oder in ähnlicher Weise wie bisher eingesetzt wird und in der neuen juristischen Person einen wesentlichen Teil des Gesamtvermögens ausmacht.[4] Demgegenüber fehlt es an einer wirtschaftlichen Identität, wenn Unternehmen mit annähernd gleicher Größe und fast identischen Marktanteilen fusioniert und deren Geschäftsbereiche zusammengeführt werden.

XI. Verletzung der Aufsichtspflicht (§ 130 OWiG)

2379 Nach § 130 Abs. 1 OWiG begeht der Inhaber eines Betriebs oder Unternehmens eine Ordnungswidrigkeit, wenn er vorsätzlich oder fahrlässig Aufsichtsmaßnahmen unterlässt, die erforderlich sind, um Zuwiderhandlungen gegen Pflichten zu verhindern, die ihn als Inhaber treffen und die straf- oder bußgeldbewehrt sind. **Tathandlung** ist damit die Unterlassung der Aufsichtsmaßnahme.

2380 Die Vorschrift gilt allgemein als subsidiär bzw. als Auffangtatbestand. Die Praxis tendiert allerdings mittlerweile – auch und vor allem in § 257c StPO vorgelagerten Verständigungskonstellationen – zu einer extensiven Anwendung, ohne zuvor überhaupt die Voraussetzungen einer Beteiligung des Betroffenen nach § 14 OWiG zu ermitteln.[5]

---

1) BGH v. 5.12.2000, 1 StR 411/00, BGHSt 46, 207, 208.
2) Vgl. Gürtler in Göhler, § 3 OWiG Rz. 4; Rogall in Karlsruher Kommentar, § 3 OWiG Rz. 62.
3) BGH v. 10.8.2011, KRB 2/10, wistra 2012, 152.
4) BGH v. 23.11.2004, KRB 23/04, NJW 2005, 1381, 1383; v. 4.10.2007, KRB 59/07, BGHSt 52, 58.
5) BayObLG v. 17.8.1998, 3 Ob OWi 83/98, wistra 1999, 71, 73; Többens, NStZ 1999, 1, 5.

§ 130 OWiG ist kein spezifischer Steuerordnungswidrigkeitentatbestand (vgl. § 377 Abs. 1 AO), denn seine Grundlage findet sich nicht in einem Steuergesetz. Zweck der Vorschrift ist es, die ordnungswidrigkeitenrechtliche Verantwortlichkeit des Geschäftsherrn im Falle der Verletzung seiner Aufsichtspflicht allgemein und einheitlich zu regeln. **2381**

Konkret in Betracht kommende **Aufsichtsmaßnahmen** sind die sorgfältige Auswahl geeigneter und zuverlässiger Mitarbeiter, die Überwachung der Mitarbeiter durch stichprobenartige, überraschende Kontrollen oder die sorgfältige Auswahl und Überwachung von Aufsichtspersonen (§ 130 Abs. 1 Satz 2 OWiG). **2382**

Eine Zuwiderhandlung i.S.d. § 130 Abs. 1 OWiG setzt weiter voraus, dass eine – konkret nicht notwendig festzustellende – natürliche Person eine **betriebsbezogene Pflicht** verletzt und insofern objektiv einen Straf- oder Ordnungswidrigkeitstatbestand verwirklicht. In den hier interessierenden Fällen kommen also Verletzungen lohn-, umsatz- oder gewerbesteuerlicher Pflichten durch einen Betriebsangehörigen in Betracht. Nicht hierher gehören Pflichtverletzungen, die einkommensteuerliche Sachverhalte betreffen, da diese außerhalb der betrieblichen Sphäre liegen. Nicht erforderlich ist es, dass der Zuwiderhandelnde dem Betrieb angehört.[1] Auch z.B. ein freiberuflich und etwa stundenweise tätiger Buchhalter kann betriebsbezogene Pflichten unter der Aufsicht des Geschäftsinhabers zu erfüllen haben. Hingegen steht ein Steuerberater regelmäßig nicht unter der Aufsicht des Inhabers. **2383**

Sinn des § 130 OWiG ist es, betriebliche **Organisationsmängel** zu ahnden. Die konkrete Zuwiderhandlung gegen die betriebliche Pflicht muss daher, da sie selbst nicht Gegenstand der Vorwerfbarkeit gegenüber dem Inhaber ist, vom subjektiven Tatbestand nicht mit erfasst sein. Sie ist lediglich objektive Bedingung der Ahndbarkeit.[2] Es reicht also der Nachweis, dass irgendein unter der Aufsicht des Betriebsinhabers oder Unternehmers stehender Täter rechtswidrig gehandelt hat. Die Vorwerfbarkeit gegenüber dem Inhaber – bzw. einer ihm nach § 9 OWiG gleichgestellten Person – geht dahin, dass er es vorsätzlich oder fahrlässig unterlassen hat, die gebotenen Aufsichtsmaßnahmen zu ergreifen. **2384**

Weiter ist erforderlich, dass die Pflichtverletzung des Zuwiderhandelnden verhindert oder wesentlich erschwert worden wäre, wenn die Aufsicht gehörig ausgeübt worden wäre. Zwar hängt das Maß der Aufsichtspflicht von Größe, Gliederung und sonstiger Gestaltung des Betriebs oder Unternehmens ab. Jedoch kann der Inhaber oder sonst verantwortliche Leiter nicht damit gehört werden, er habe keine eigenen (Steuerrechts-)Kenntnisse gehabt und sei deshalb zur Überwachung selbst nicht in der Lage. § 130 Abs. 1 Satz 2 OWiG besagt ausdrücklich, dass zu den erforderlichen Aufsichtsmaßnahmen auch die Bestellung, sorgfältige Auswahl und Überwachung von Aufsichtspersonen gehören. In der unterlassenen Bestellung von Aufsichtspersonal liegt deshalb ein Organisationsmangel.[3] Im Bereich des Steuerrechts lässt sich ein Organisationsverschulden deshalb z.B. darauf gründen, dass der Betriebsinhaber im Anschluss an eine Außenprüfung berechtigte Beanstandungen nicht abgestellt hat. **2385**

Im **Bußgeldbescheid** muss stets konkret dargelegt werden, welcher Art die gebotenen Aufsichtsmaßnahmen hätten sein müssen (arg. § 66 Abs. 1 Nr. 3 OWiG). **2386**

Ahndbar sind die vorsätzliche und die fahrlässige Aufsichtspflichtverletzung (§ 130 Abs. 1 Satz 1 OWiG). Die Anwendung des § 130 OWiG auf steuerliche Pflichtverlet- **2387**

1) Rebmann/Roth/Herrmann, § 130 OWiG Rz. 8; a.A. Rogall in Karlsruher Kommentar, § 130 OWiG Rz. 92.
2) Achenbach in Achenbach/Wannemacher, § 3 Rz. 98; Többens, NStZ 1999, 1, 4.
3) BayObLG v. 10.8.2001, 3 Ob OWi 51/2001, wistra 2001, 478, 479; OLG Düsseldorf v. 25.7.1989, 5 Ss (OWi) 263/89 – (OWi) 106/89 I, wistra 1989, 358, 359.

zungen kann deshalb – scheinbar – zu ungereimten Ergebnissen führen, da sowohl die Steuerverkürzung nach § 378 AO als auch die Steuergefährdung (§ 379 AO) und die Gefährdung der Abzugsteuern (§ 380 AO) nur in vorsätzlicher oder leichtfertiger (→ Rz. 2335) Begehungsweise ahndbar sind. Unter Umständen haftet der Betriebsinhaber bzw. Unternehmer also schärfer als der unmittelbare Haupttäter. Dies ist allerdings kein Wertungswiderspruch, denn § 130 OWiG sanktioniert nicht die steuerliche Verfehlung, sondern ein allgemeines Organisationsverschulden.

2388 Das Höchstmaß der möglichen **Geldbuße** nach § 130 OWiG beträgt 1 Mio. €, wenn die Zuwiderhandlung, die zu Grunde liegt, eine Straftat darstellt (§ 130 Abs. 3 Satz 1 OWiG). Ist die Zuwiderhandlung selbst eine Ordnungswidrigkeit, so bestimmt sich das Höchstmaß der Geldbuße wegen der Aufsichtspflichtverletzung nach dem für die Pflichtverletzung angedrohten Höchstmaß der Geldbuße (§ 130 Abs. 3 Satz 2 OWiG). Bei Steuerdelikten kann die Geldbuße nach § 130 OWiG somit maximal 50 000 € betragen (§ 17 Abs. 1, § 130 Abs. 3 OWiG, § 378 Abs. 2, § 379 Abs. 4, § 380 Abs. 2 AO). Die Geldbuße kann und soll so bemessen werden, dass der wirtschaftliche Vorteil, den der Täter (i.e. der Unternehmer/Betriebsinhaber) erlangt hat, abgeschöpft wird (§ 17 Abs. 4 OWiG). Das gesetzlich vorgesehene Höchstmaß kann hierzu überschritten werden (→ Rz. 2346).

2389 Die **Verjährung** der Aufsichtspflichtverletzung richtet sich im Prinzip nach den Verjährungsvorschriften, die für die Anknüpfungstat des Mitarbeiters gelten (§ 131 Abs. 3 OWiG).

2390 Obwohl der Tatbestand des § 130 OWiG nicht zu den Steuerordnungswidrigkeiten gehört, ist die Finanzbehörde (Strafsachenstelle) für das Verfahren sachlich zuständig. Dies ergibt sich aus § 36 Abs. 1, § 131 Abs. 3 OWiG; §§ 387, 409 AO.

KAPITEL II

Leichtfertige Steuerverkürzung (§ 378 AO)

A. Bedeutung und Rechtsgut

§ 378 AO ist die in sachlicher Hinsicht identische Nachfolgevorschrift des § 402 RAO 1931 und des § 404 RAO 1968. § 378 AO schützt als Bußgeldtatbestand den vollen und rechtzeitigen Ertrag aus jeder einzelnen Steuerart gegen leichtfertige Verkürzung. Hinsichtlich des objektiven Tatbestands (Tathandlung, Kausalität und Erfolg) wird in vollem Umfang auf den objektiven Tatbestand des § 370 AO Bezug genommen. Lediglich der Täterkreis ist personell eingeschränkt. **2391**

Das von § 378 AO geschützte **Rechtsgut** ist mit dem des § 370 AO identisch. Danach ist dies das staatliche Interesse am rechtzeitigen und vollständigen Aufkommen der Erträge aus jeder einzelnen Steuerart (→ Rz. 35 ff.). **2392**

§ 378 AO ist innerhalb der Steuerordnungswidrigkeiten der praktisch bedeutsamste Tatbestand. Ganz allgemein ist in der Praxis die Tendenz zu beobachten, § 378 AO als **Auffangtatbestand** anzusehen. Lässt sich der Vorsatz einer Steuerhinterziehung nach § 370 AO nicht hinreichend sicher beweisen, weil etwa geltend gemacht wird, der Täter habe sich in einem Tatbestandsirrtum (§ 16 Abs. 1 Satz 1 StGB i.V.m. § 369 Abs. 2 AO) befunden und dies nicht zu widerlegen ist, so kann gleichwohl eine Ahndung wegen leichtfertiger Steuerverkürzung erfolgen.[1)] Dies sieht das Gesetz in § 16 Abs. 1 Satz 2 StGB i.V.m. § 369 Abs. 2 AO ausdrücklich vor. Nichtsdestotrotz mahnt der Bundesrechnungshof, dass von § 378 AO noch vermehrter Gebrauch gemacht werden soll, wenn die Ermittlungsbehörden zu dem Ergebnis gekommen sind, dass der für eine Steuerhinterziehung erforderliche Vorsatz nicht mit der notwendigen Sicherheit nachgewiesen werden kann. **2393**

Da die Ahndung im Wege einer Bußgeldfestsetzung eine mildere Sanktion darstellt als die Verhängung einer Strafe und Geldbußen wegen steuerlicher Verfehlungen nicht in das Bundeszentralregister eingetragen werden, kann über die Ordnungswidrigkeiten in vielen Fällen eine maßvolle Sanktionsmöglichkeit und somit eine akzeptable Verfahrensbeendigung erreicht werden. Hier liegt daher nicht nur ein erhebliches Risikofeld für den Betroffenen, sondern auch ein wichtiges Betätigungsfeld für **Bemühungen des Verteidigers**.[2)] **2394**

B. Der objektive Tatbestand des § 378 AO

Schrifttum

Duttge, Zur Verantwortlichkeit des gutgläubigen Steuerberaters nach § 378 AO, wistra 2000, 201; **Flore/Tsambikakis**, Steuerstrafrecht, Köln, 2012; **Hellmann**, Leichtfertige Steuerverkürzung bei verdeckter Gewinnausschüttung, NStZ 1988, 558; **Wegner**, Steuerstrafrechtliche Risiken einer vGA bei kommunalen Eigenbetrieben, PStR 2008, 32; **Wegner**, Kein Bußgeld nach § 378 Abs. 1 S. 1 AO – ein wichtiges Urteil für den Steuerberater, PStR 2009, 7; **Wegner**, Steuerordnungswidrigkeiten: Risikofeld und Gestaltungsmittel der Verteidigung, PStR 2011, 97.

1) BGH v. 13.1.1988, 3 StR 450/87, wistra 1988, 196, 197.
2) Vgl. Wegner, PStR 2011, 97 ff. (Checkliste).

I. Täterkreis

2395 Der Täterkreis ist in § 378 AO – im Gegensatz zu § 370 AO – relativ eng eingegrenzt. Täter kann danach nur sein, wer die Steuerverkürzung als Stpfl. bewirkt oder wer den Taterfolg herbeiführt, während er Angelegenheiten eines Stpfl. wahrnimmt. Insofern ist § 378 AO ein Sonderdelikt.[1] Steuerpflichtiger ist nach § 33 Abs. 1 AO, wer eine Steuer schuldet, für sie haftet, eine Steuer für Rechnung eines Dritten einzubehalten und abzuführen hat, eine Steuererklärung abzugeben, Sicherheiten zu leisten, Bücher und Aufzeichnungen zu führen oder andere ihm durch die Steuergesetze auferlegte Pflichten zu erfüllen hat. Hierzu gehören selbstverständlich die für die jeweilige juristische Person oder Personenvereinigung handelnden gesetzlichen Vertreter, Verwalter und Verfügungsberechtigten (§§ 34, 35 AO), aber auch der nur faktische Geschäftsführer[2] eines solchen Verbandes. Zu den Verfügungsberechtigten nach § 35 AO können auch Prokuristen zählen.[3] Auskunftspersonen (§§ 93 ff. AO) sind bußgeldrechtlich nicht erfasst (arg. § 33 Abs. 2 AO). Ferner sind Amtsträger der Finanzverwaltung zunächst einmal kein tauglicher Täter, es sei denn, sie nehmen – privat – unbefugt fremde Steuerangelegenheiten wahr und begehen hierbei leichtfertig Fehler.[4]

2396 **Bei Wahrnehmung der Angelegenheiten eines Steuerpflichtigen** handelt derjenige, der Pflichten für den Stpfl. gegenüber der Finanzbehörde erfüllt. Dies sind zunächst Angestellte und sonstige Beschäftigte des Stpfl. Eine leitende Stellung braucht die Hilfsperson nicht innezuhaben.[5] Da aber der Begriff der „Wahrnehmung" ein gewisses Maß an Selbständigkeit verlangt,[6] fallen Hilfskräfte, die lediglich mechanische Schreib- oder Rechenarbeiten nach Anweisung des Stpfl. ausführen, nicht unter § 378 AO.

2397 Auf die Befugnis oder Geschäftsmäßigkeit der Rechtswahrnehmung kommt es nicht an. Somit handelt auch in Wahrnehmung der Angelegenheiten eines Stpfl., wer unerlaubte Hilfe leistet, wer ohne Auftrag oder ohne Vertretungsmacht für den Stpfl. handelt und sogar derjenige, der gegen eine ausdrückliche Weisung des Stpfl. handelt.[7] Bei Steuerberatungs- bzw. Wirtschaftsprüfungsgesellschaften ist zu bedenken, dass sie zwar an sich die Angelegenheiten des Stpfl. wahrnehmen, dass aber die für sie tätigen natürlichen Personen berufsrechtlich eigenverantwortlich handeln (§ 60 StBerG, § 44 WPO). Insofern sind nur die für diese Gesellschaften Handelnden bußgeldrechtlich verantwortlich.[8] Andererseits besteht aber im Rahmen des § 30 OWiG die Möglichkeit, gegen die Gesellschaft eine Geldbuße festzusetzen (→ Rz. 2367). Auch können Aufsichtspflichtverletzungen des Vorstandes bzw. Geschäftsführers oder sonstiger leitender Angestellter der Gesellschaft nach § 130 OWiG geahndet werden (→ Rz. 2379).

---

1) Schauf in Kohlmann, § 378 AO Rz. 9 (Okotber 2009); Heerspink in Flore/Tsambikakis, § 378 AO Rz. 16.
2) Zu einer Checkliste s. Wegner, PStR 2008, 32 ff.
3) BFH v. 19.7.1984, V R 70/79, BStBl II 1985, 147, 148.
4) Schauf in Kohlmann, § 378 AO Rz. 29 (Oktober 2009); vgl. zur Steuerhinterziehung BFH v. 28.4.1998, IX R 49/96, DStZ 1998, 811.
5) BFH v. 19.12.2002, IV R 37/01, wistra 2003, 312; Joecks in Franzen/Gast/Joecks, 7. Aufl. 2009, § 378 AO Rz. 16; Schauf in Kohlmann, § 378 AO Rz. 18 (Oktober 2009).
6) Vgl. Jäger in Klein, 11. Aufl. 2012, § 378 AO Rz. 8; Schauf in Kohlmann, § 378 AO Rz. 18 (Oktober 2009).
7) Joecks in Franzen/Gast/Joecks, 7. Aufl. 2009, § 378 AO Rz. 15; Rüping in H/H/Sp, § 378 AO Rz. 20 (März 2006).
8) Joecks in Franzen/Gast/Joecks, 7. Aufl. 2009, § 378 AO Rz. 18; Schauf in Kohlmann, § 378 AO Rz. 17 (Oktober 2009).

II. Tathandlung – Taterfolg – Kausalität

2398 Auf Grund der Verweisung in § 378 Abs. 1 AO auf die in § 370 Abs. 1 AO genannten Verhaltensweisen kommen als Tathandlungen nur die dort aufgezählten Alternativen in Betracht. Ordnungswidrig handelt, wer als Stpfl. oder bei Wahrnehmung der Angelegenheiten eines Stpfl. leichtfertig

- den Finanzbehörden oder anderen Behörden über steuerlich erhebliche Tatsachen unrichtige oder unvollständige Angaben macht (Nr. 1),
- die Finanzbehörden pflichtwidrig über steuerlich erhebliche Tatsachen in Unkenntnis lässt und dadurch nicht gerechtfertigte Steuervorteile erlangt (Nr. 2),
- pflichtwidrig die Verwendung von Steuerzeichen oder Steuerstemplern unterlässt (Nr. 3).

Grundsätzlich gilt das zum objektiven Tatbestand bei der Steuerhinterziehung Ausgeführte hier entsprechend. Auf die Ausführungen zu → Rz. 47 wird verwiesen. Im Folgenden wird nur auf die in § 378 AO gegebenen Besonderheiten hingewiesen.

1. Steuerverkürzung durch aktives Handeln

2399 Aus der Verweisung des § 378 Abs. 1 AO auf § 370 Abs. 1 AO ergibt sich, dass bußgeldrechtlich nur derjenige verantwortlich ist, der die in § 370 AO genannten Tathandlungen tatsächlich verwirklicht. Da gegenüber der Finanzbehörde unrichtige oder unvollständige Angaben über steuerlich erhebliche Tatsachen gemacht werden müssen, verwirklicht ein steuerlicher **Berater** den Tatbestand dann nicht, wenn er nicht selbst Erklärungen gegenüber dem Finanzamt abgibt.[1]

Erstellt ein Stpfl. auf Grund eines leichtfertig falschen Rates seines Steuerberaters eine Steuererklärung und reicht diese dem Finanzamt ein, dann ist das Verhalten des Steuerberaters nicht tatbestandsmäßig, denn nicht er hat die Angaben gegenüber dem Finanzamt gemacht, sondern der Mandant. Es liegt auch keine mittelbare Täterschaft vor, denn diese setzt beim Hintermann ein vorsätzliches Ausnutzen der unterlegenen Stellung des Vordermanns voraus. Eine fahrlässig begründete mittelbare Täterschaft ist dem Strafrecht fremd. Auch aus § 14 OWiG kann nichts anderes abgeleitet werden. Zwar handelt nach dieser Vorschrift jeder Beteiligte an einer Ordnungswidrigkeit vorwerfbar, jedoch reicht ein fahrlässiger Tatbeitrag nicht aus (→ Rz. 2337).

2400 Auch weiterhin prägend ist insoweit eine Entscheidung des BayObLG[2] aus dem Jahre 1993. Sie wurde vereinzelt als „Persilschein für Steuerberater" aufgenommen. Hiernach kann der steuerliche Berater, der die vom Stpfl. unterzeichnete und der Finanzbehörde vorgelegte Steuererklärung lediglich vorbereitet hat, auch dann nicht wegen leichtfertiger Steuerverkürzung geahndet werden, wenn die Steuererklärung infolge seines leichtfertigen Verhaltens unvollständig und unrichtig ist. Den ohnehin bei dem Verdacht einer leichtfertigen Steuerverkürzung – mit Recht – relativ zurückhaltenden Bußgeld- und Strafsachenstellen bereitet diese Entscheidung hinlänglich Probleme, wenn sie gegen einen steuerlichen Berater ermitteln. Denn gerade in solchen Konstellationen besteht nach aller Erfahrung die Neigung der Verfahrensbeteiligten, sich einander die Verantwortung zuzuschieben.

2401 Die Entscheidung des BayObLG hat aber trotz ihres restriktiven Ansatzes auch in der Rechtsprechung Zustimmung gefunden.[3] So hat z.B. das OLG Braunschweig[4]

---

1) Schauf in Kohlmann, § 378 AO Rz. 22 (Oktober 2009); Dörn in Achenbach/Wannemacher, § 15 Rz. 35; a.A. BFH v. 19.12.2002, IV R 37/01, wistra 2003, 312.

2) BayObLG v. 9.11.1993, 4 St RR 54/93, wistra 1994, 34, 35 m. Anm. Dörn, wistra 1994, 215.

3) A.A. aber BFH v. 19.12.2002, IV R 37/01, wistra 2003, 312; Duttge, wistra 2000, 201, 203 f.

4) OLG Braunschweig v. 8.3.1996, Ss (B) 100/95, wistra 1996, 319.

den Freispruch eines Mitarbeiters einer Jahresabschlussabteilung einer Unternehmensberatungs- und Treuhandgesellschaft vom Vorwurf der leichtfertigen Steuerverkürzung bestätigt. Der Betroffene hatte bei der Erstellung der Jahresabschlüsse eines Mandanten u.a. privat veranlasste Beiträge zur Ärzteversorgung als Betriebsausgaben und den Erlös aus dem Verkauf eines betrieblichen PKW nicht als Betriebseinnahme erfasst. Das OLG Braunschweig entschied unter Hinweis auf Entscheidungen des Niedersächsischen FG,[1] des FG Rheinland-Pfalz[2] und des BFH,[3] dass die Kenntnis des Inhalts der Steuererklärung überwiegend dem Stpfl. zuzuordnen sei, der mit seiner Unterschrift auch äußerlich ersichtlich die Verantwortung für die tatsächlichen Angaben in der Steuererklärung übernehme. Dies müsse erst recht gelten, wenn sich die Tätigkeit des Betroffenen darauf beschränke, für die Steuerabteilung der Beratungsgesellschaft zuzuarbeiten und erst diese die eigentliche Steuererklärung zu erstellen habe.

2402 Somit ist – trotz der erkennbar an Zweckmäßigkeitserwägungen orientierten BFH-Rechtsprechung[4] – auch weiterhin festzuhalten: Allein der Vermerk im Steuererklärungsformular, der – etwa auf einem Stempelaufdruck – bezeichnete Berater habe an der Erklärung mitgewirkt, ist nicht ausreichend, um die Angaben im Erklärungsvordruck insgesamt dem Berater zuzurechnen.[5] Anschaulich hat etwa das OLG Zweibrücken[6] noch einmal die maßgeblichen Argumente zusammengefasst. Wegen weiterer Einzelheiten wird auf die Ausführungen zur steuerstraf- und bußgeldrechtlichen Verantwortung des steuerlichen Beraters (→ Rz. 2633 ff. und → Rz. 2702) verwiesen.

2. Steuerverkürzung durch Unterlassen

2403 Für das pflichtwidrige Unterlassen i.S.d. § 378 Abs. 1 AO i.V.m. § 370 Abs. 1 Nr. 2 AO gilt das oben Ausgeführte ebenfalls. Unterlässt ein Stpfl. pflichtwidrig die Abgabe einer Steuererklärung auf Grund eines fahrlässig falschen Rates seines Beraters, so kann nur der Mandant und nicht der Berater nach § 378 AO zur Verantwortung gezogen werden. Bei dem Stpfl. wird es allerdings an der Leichtfertigkeit seines Verhaltens fehlen.

2404 Die Handlungspflichten des Stpfl. selbst ergeben sich grds. nur unmittelbar aus den Steuergesetzen; eine allgemeine Pflicht zur Verhinderung einer Steuerverkürzung gibt es nicht.[7] So ergibt sich z.B. die Pflicht zur Abgabe von Umsatzsteuervoranmeldungen aus § 18 Abs. 1 UStG, zur Abgabe der Umsatzsteuerjahreserklärung aus § 18 Abs. 3 UStG, zur Abgabe der Einkommensteuererklärung aus § 25 Abs. 3 EStG, zur Abgabe der Gewerbesteuererklärung aus § 14a GewStG und zur Abgabe von Lohnsteueranmeldungen aus § 41a EStG. Probleme könnten sich jedoch daraus ergeben, dass es für Personen, die in Wahrnehmung der Angelegenheiten eines Stpfl. tätig sind, keine gesetzlichen Vorschriften gibt, die ausdrücklich eine Rechtspflicht zum Handeln gebieten. Hier kommen allenfalls rechtsgeschäftliche Verpflichtungen in Betracht. Doch nicht jede Vertragspflicht kann zu einer Verpflichtung i.S.d. § 370 Abs. 1 Nr. 2, 3 i.V.m. § 378 Abs. 1 AO erhoben werden.

Beispiel:

Der Arbeitnehmer A ist bei der Gebäudereinigung „Putzteufel GmbH" angestellt. Er nutzt in dieser Eigenschaft einen Kombi-PKW des Unternehmens, um die Kunden auf-

---

1) Niedersächsisches FG v. 9.11.1979, V 5/79, EFG 1980, 265.
2) FG Rheinland-Pfalz v. 16.9.1981, 3 K 268/80, EFG 1982, 279.
3) BFH v. 8.6.1971, VII R 75/68, BStBl II 1971, 728.
4) BFH v. 19.12.2002, IV R 37/01, wistra 2003, 312.
5) Schauf in Kohlmann, § 378 AO Rz. 37, 43 (Oktober 2009); wohl auch Dörn in Achenbach/Wannemacher, § 15 Rz. 42 ff.; a.A. Rüping in H/H/Sp, § 378 AO Rz. 25 (März 2006).
6) V. 23.10.2008, 1 Ss 140/08, wistra 2009, 127, dazu Wegner, PStR 2009, 7.
7) BFH v. 21.11.2000, VII R 8/00, HFR 2001, 543.

zusuchen. Der Betriebsinhaber hat ihn arbeitsvertraglich dazu verpflichtet, ständig ein Fahrtenbuch zu führen, was A vergisst. Bei einer Betriebsprüfung will das Finanzamt sämtliche Fahrtenbücher des Unternehmens einsehen.

2405 Zwar kann ein Arbeitnehmer die vertragliche Nebenpflicht haben, bestimmte Aufzeichnungen zu führen. Dies hat im Beispielsfall (im Hinblick auf die Privatanteile) auch steuerliche Bedeutung. Nach allgemeiner Ansicht sind jedoch nur vertragliche Hauptpflichten geeignet, im Rahmen des § 378 Abs. 1 AO eine bußgeldrechtliche Bedeutung zu erlangen.[1] Diese Differenzierung tritt augenfällig zu Tage, wenn man die Kontrollüberlegung anstellt, zu welchem Zweck ein Stpfl. Personen arbeitsvertraglich beschäftigt oder dienstvertraglich beauftragt. So hat ein Buchhalter den Unternehmer bei der Führung der Handelsbücher (§§ 238 ff. HGB) zu unterstützen und ein Steuerberater z. B. die abzugebenden Steuererklärungen (§§ 149, 150 AO) unterschriftsreif zu fertigen. Jedoch kann hieraus natürlich nicht abgeleitet werden, der Buchhalter bzw. Steuerberater sei verpflichtet, dem Finanzamt anzuzeigen, dass der Unternehmer seine steuerlichen Pflichten verletzt habe. Für den Berater folgt bereits aus § 203 Abs. 1 Nr. 3 StGB ein Verbot, Informationen aus dem Mandantenverhältnis zu offenbaren. Die Informationspflicht kann sich somit nur auf das Innenverhältnis zwischen dem Mandanten und dem Berater beziehen.[2]

2406 Ein steuerlicher Berater ist auch im Allgemeinen nicht gem. § 153 AO verpflichtet, eine Steuererklärung zu berichtigen, deren Unrichtigkeit er nachträglich erkennt, denn der Berater und seine Mitarbeiter gehören nicht zu dem in § 153 AO bezeichneten Personenkreis. Dies entspricht nunmehr der Rechtsprechung des BGH.[3] Andererseits verwirklicht etwa ein Notar, der die Aufhebung von kaufrechtlichen Grundstücksverträgen beurkundet hat und dies dem Finanzamt entgegen § 18 GrEStG nicht anzeigt, den Tatbestand des § 378 Abs. 1 AO.[4] Allerdings begeht er die Unterlassung nicht bei Wahrnehmung der Angelegenheiten eines Stpfl.; vielmehr ist er selbst Stpfl. (Mitteilungsverpflichteter nach § 33 Abs. 1 a.E. AO).

C. Der subjektive Tatbestand – Leichtfertigkeit

Schrifttum

Bilsdorfer, Die Entwicklung des Steuerstraf- und Steuerordnungswidrigkeitenrechts, NJW 1999, 1675; 2012, 1413; **Burkhard**, Ehegattenverantwortlichkeit im Steuerstrafrecht, DStZ 1998, 829; **Hellmann**, Leichtfertige Steuerverkürzung bei verdeckter Gewinnausschüttung, NStZ 1988, 558; **Mösbauer**, Aktuelle Rechtsfragen bei der Abgrenzung des Versuchs von der Vorbereitungshandlung im Steuerstrafrecht, DStZ 1997, 577; **Tormöhlen**, Steuerstrafrechtliche Verantwortlichkeit des Ehegatten unter besonderer Berücksichtigung der Haftungsnorm des § 71 AO, wistra 2000, 406.

2407 Das objektiv tatbestandsmäßige Handeln (§ 378 AO) kann nur geahndet werden, wenn der Täter die Steuerverkürzung leichtfertig begeht. **Leichtfertigkeit** bedeutet einen erhöhten Grad der Fahrlässigkeit, ohne dass sich der Pflichtige dessen bewusst gewesen sein muss. Wie eingangs dargestellt (→ Rz. 2335) wird die Leichtfertigkeit graduell ähnlich eingestuft wie die grobe Fahrlässigkeit im Zivilrecht. Der Unterschied liegt allerdings darin, dass die sanktionsrechtliche Leichtfertigkeit auf die individuellen Fähigkeiten des Täters abstellt. Maßstab ist also ein Verhalten unter Außerachtlassung der Sorgfalt, zu der der konkrete Täter nach den besonde-

1) Joecks in Franzen/Gast/Joecks, 7. Aufl. 2009, § 378 AO Rz. 20; Rüping in H/H/Sp, § 378 AO Rz. 28 (März 2006).
2) Schauf in Kohlmann, § 378 AO Rz. 44 m.w.N. (Oktober 2009).
3) BGH v. 20.12.1995, 5 StR 412/95, wistra 1996, 184, 188; vgl. Achenbach, Stbg 1996, 299 ff.
4) FG Bremen v. 19.1.1995, II 163/90 K, Stbg 1994, 232.

ren Umständen des Falles und seinen persönlichen Fähigkeiten und Kenntnissen verpflichtet und im Stande ist, obwohl sich ihm hätte aufdrängen müssen, dass dadurch eine Rechtsverletzung eintreten wird (→ Rz. 2334).

2408 Die Sorgfaltspflichten im Einzelnen:

Leitbild ist der **sorgfältige** Kaufmann, Freiberufler oder Stpfl. ganz allgemein. Die Finanzverwaltung stellt nach den Erfahrungen der Praxis relativ hohe Sorgfaltsanforderungen. Vielfach drängt sich der Verdacht auf, dass es für einen Finanzbeamten offenbar schwer vorstellbar ist, dass ein Unternehmer noch andere Aufgaben hat, als Steueranmeldungen zu bearbeiten bzw. -erklärungen abzugeben.

2409 Eine leichtfertige Steuerverkürzung liegt aber jedenfalls dann vor, wenn sich der Stpfl. in Bezug auf seine steuerlichen Pflichten völlig **gleichgültig** verhält und Steuern dadurch nicht zutreffend festgesetzt werden.

2410 Leichtfertig handelt ein Stpfl. auch dann, wenn er nach seinen individuellen Fähigkeiten ohne Weiteres in der Lage wäre, eine bestimmte Frage in einem Steuererklärungsvordruck zutreffend zu beantworten, dies aber infolge nicht gewissenhafter Durchsicht der Erklärung unterlässt.

Beispiel:[1)]

E ist in zweiter Ehe verheiratet und hat bereits für ein Einfamilienhaus Sonderabschreibungen nach § 7b EStG a.F. in Anspruch genommen. Für seine jetzige Ehefrau gilt dies ebenfalls. E gibt im Steuererklärungsvordruck lediglich an, dass seine jetzige Ehefrau bereits die Sonderabschreibungen in Anspruch genommen hat, beantwortet aber die entsprechende Frage im Steuererklärungsvordruck hinsichtlich weiterer Vorobjekte mit „nein".

2411 Wenn der Stpfl. bei der Fertigung seiner Steuererklärung auf rechtliche Zweifel stößt, trifft ihn eine weitgehende **Erkundigungspflicht.**[2)] Dabei darf er nur Auskunftspersonen zu Rate ziehen, die über die entsprechende Qualifikation verfügen.

2412 Das OLG Celle hatte hierzu über folgenden Sachverhalt zu entscheiden:[3)]

S ist Student der Betriebswirtschaft und betreibt als Selbständiger einen Fleischhandel. Er reicht beim Finanzamt Umsatzsteuervoranmeldungen ein, in denen zu Unrecht abgezogene Vorsteuerbeträge i.H.v. rund 30 000 € enthalten sind. Dem liegen Rechnungen einer nicht existierenden Firma zu Grunde. Zum Zeitpunkt der Lieferung hatte S angenommen, dass die Lieferfirma noch tatsächlich existiert. Als ihm später Zweifel kamen, ob er zum Vorsteuerabzug berechtigt ist, wenn die Firma nicht existiert, fragte er seine Buchhaltungshelferin um Rat. Er begnügte sich damit, dass diese meinte, er sei zum Vorsteuerabzug berechtigt, weil er bei der Lieferung gutgläubig gewesen sei und die in den Rechnungen ausgewiesene Umsatzsteuer an den Lieferanten gezahlt habe.

2413 Das OLG Celle verurteilte den Betroffenen wegen leichtfertiger Steuerverkürzung zu einer Geldbuße von umgerechnet 5 000 €. Es warf ihm vor, sich nicht bei seinem Steuerberater vergewissert zu haben oder sich sonst keine sichere Kenntnis von den einschlägigen steuerrechtlichen Bestimmungen verschafft zu haben.

2414 Umstritten und ungeklärt ist, inwieweit den Stpfl. der Vorwurf der Leichtfertigkeit treffen kann, wenn die steuerliche Erklärung von einer **rechtlichen Würdigung** abhängt und die Rechtslage nicht einfach ist.[4)] Einerseits kann sich der Stpfl. nicht darauf berufen, vom Finanzamt nicht über seine steuerlichen Pflichten unterrichtet

---

1) Nach FG Baden-Württemberg v. 22.1.1988, IX 237/84, EFG 1988, 546.
2) Joecks in Franzen/Gast/Joecks, 7. Aufl. 2009, § 378 AO Rz. 39; Bilsdorfer, NJW 1999, 1675, 1679.
3) Nach OLG Celle v. 1.10.1997, 22 Ss198/97, wistra 1998, 196.
4) Vgl. Schauf in Kohlmann, § 378 AO Rz. 101 f. (Oktober 2009).

worden zu sein, andererseits trifft ihn eine Erkundigungspflicht, wenn sich ihm nach seiner Lebens- und Berufserfahrung, seinen Kenntnissen und intellektuellen Fähigkeiten erhebliche Zweifel aufdrängen, ob etwa ein Geschäftsvorfall als steuerpflichtig oder steuerfrei anzusehen ist.

Beispiel:

Der versierte Kaufmann K nimmt das Angebot der S GmbH an, einen Betrag von 5 000 € angeblich gewinnbringend für ihn anzulegen, wobei ihm vorgespiegelt wird, dass die S GmbH für eine Aktiengesellschaft in Liechtenstein handelt, welche mit den ihr von den Anlegern zur Verfügung gestellten Geldern an der amerikanischen Börse hohe Gewinne erziele. Die Aktiengesellschaft in Liechtenstein ist tatsächlich eine Briefkastengesellschaft, hinter der in Wahrheit die Geschäftsführer der S GmbH stehen. Die S GmbH verspekuliert insgesamt Beträge i.H.v. über 200 Mio. €. Dadurch können die versprochenen Renditen nicht erwirtschaftet werden. Dennoch zahlt die S GmbH an K und viele andere Anleger angebliche „Gewinnanteile" aus, die sich aber zunehmend aus eingezahlten Kundengeldern im sog. Schneeballsystem zusammensetzen. Die Verluste werden geheim gehalten. K gibt die ihm zugeflossenen Gewinnanteile nicht in seinen Steuererklärungen an.

Zum Vorwurf der (vorsätzlichen) Steuerhinterziehung hat der BGH in einer jüngeren Entscheidung seine Erwartung dokumentiert, dass der Betroffene fachkundigen Rat in Anspruch nimmt.[1] Diese insoweit aufgezeigten Maßstäbe werden auch in das Ordnungswidrigkeitenrecht zu übertragen sein. **2415**

Den Stpfl. trifft dann kein Vorwurf, wenn er sich der **Hilfe eines steuerlichen Beraters** bedient hat und keine Anzeichen für dessen Unzuverlässigkeit vorliegen (etwa, weil der Berater sich schon als unzuverlässig erwiesen hat).[2] Etwas anderes soll nach Auffassung des BayObLG[3] aber dann gelten, wenn ein Stpfl. ein von ihm blanko unterschriebenes Formular zur Einkommensteuererklärung seinem steuerlichen Berater überlässt und die von diesem ausgefüllte Erklärung ungeprüft an das Finanzamt weiterleiten lässt. Hierin erblickt das BayObLG eine leichtfertige Tatbegehung i.S.d. § 378 AO. Dies soll nach Ansicht des BayObLG sogar auch für den Fall gelten, dass der Berater Mitglied der rechts- und steuerberatenden Berufe oder Finanzbeamter ist. **2416**

Andererseits kann dem Stpfl. jedoch leichtfertige Begehungsweise zur Last gelegt werden, wenn er wegen Arbeitsüberlastung keine Zeit hat, eine Steuererklärung abzugeben, hiermit aber einen Steuerberater hätte beauftragen können.[4] **2417**

Wenn der Stpfl. eine ihm zur Durchsicht und Weiterleitung an das Finanzamt übersandte oder übergebene Steuererklärung blindlings unterschreibt, obwohl sie fehlerhaft ist, so handelt er regelmäßig leichtfertig.[5] Tatbestandsmäßig ist diese Handlung allerdings nur, wenn der Stpfl. die Fehlerhaftigkeit ohne Weiteres hätte erkennen können. Dies ist eine Frage des sog. Rechtswidrigkeitszusammenhanges (→ Rz. 2426 ff.). **2418**

Zwischen mehreren Gesellschaftern einer GmbH kann eine **Aufteilung der Zuständigkeiten** erfolgen, etwa nach technischen und kaufmännischen Bereichen. Allerdings kann durch die interne Geschäftsverteilung die Verantwortung mehrerer Geschäftsführer zwar begrenzt, aber nicht aufgehoben werden.[6] Ist danach z.B. einem von zwei Geschäftsführern durch die betriebliche Geschäftsleitung zugewie- **2419**

1) BGH v. 8.9.2011, 1 StR 38/11, NStZ 2012, 160.
2) Rüping in H/H/Sp, § 378 AO Rz. 46 (März 2006); Dörn in Achenbach/Wannemacher, § 15 Rz. 9.
3) BayObLG v. 1.3.2002, 4 St RR 2/2002, wistra 2002, 355.
4) Schauf in Kohlmann, § 378 AO Rz. 103 (Oktober 2009).
5) Joecks in Franzen/Gast/Joecks, 7. Aufl. 2009, § 378 AO Rz. 40.
6) BGH v. 10.11.1999, 5 StR 221/99, NStZ 2000, 203, 205; Bilsdorfer, NJW 1999, 1675, 1679.

sen worden, die steuerlichen Angelegenheiten zu erledigen, so handelt der andere gleichwohl leichtfertig, wenn er im Vertrauen auf die früher erwiesene Zuverlässigkeit des Mitgeschäftsführers den Betriebsablauf der Gesellschaft so unvollständig kontrolliert, dass ihm nicht auffällt, dass die Gesellschaft keine Lohnsteuerabzugsbeträge an das Finanzamt abführt. Die steuerstrafrechtlichen (Überwachungs-)Pflichten sind damit vergleichbar denen zu § 266a Abs. 1 StGB (Vorenthalten von Sozialversicherungsbeiträgen). In der Praxis sollte nichtsdestotrotz auf bestehende Kompetenzregelungen hingewiesen werden, da Ermittlungsbehörden diesem Aspekt aufgeschlossen gegenüberstehen.

2420 Ist der Stpfl. selbst nicht zur stichprobenweisen Überwachung der **Hilfspersonen** in der Lage, weil ihm entweder die erforderlichen Kenntnisse oder die notwendige Zeit fehlen, so hat dieser bei der Auswahl eine erhöhte Sorgfalt walten zu lassen. Allerdings kann man nicht verlangen, dass er betriebsfremde Dritte (z.B. den Steuerberater) auch noch mit der Überprüfung und Beaufsichtigung seines eigenen Personals beauftragt.

2421 Problematisch und noch nicht abschließend geklärt sind die – praktisch wichtigen – Fälle der **Ehegattenverantwortlichkeit** bei Zusammenveranlagung zur Einkommensteuer nach den §§ 26, 26b EStG (auch → Rz. 658).

Beispiel:[1)]

Bauer B betreibt eine Landwirtschaft. Seine Ehefrau E bewirtschaftet eine Gaststätte und erfasst dabei bestimmte Einnahmen nicht. B, der die betrieblichen Verhältnisse der Gastwirtschaft nicht genau kennt, unterschreibt aber dennoch ungeprüft die gemeinsame Einkommensteuererklärung.

2422 Nach Ansicht des BayObLG ist hierin nicht ohne Weiteres ein leichtfertiges Verhalten des Ehemannes zu erblicken.[2)] Diese Grundsätze müssen dann aber – erst recht – gelten, wenn es sich um falsche Angaben zu Einkünften handelt, die lediglich einer der Ehegatten erzielt (z.B. im Fall der Hausfrauenehe). Richtiger Ansicht nach erklärt der jeweilige Ehegatte auch im Falle der Zusammenveranlagung nur seine eigenen Einkünfte. Die bloße Mitunterzeichnung der Steuererklärung (auf dem Mantelbogen), zu welcher der andere Ehegatte verpflichtet ist, begründet noch keine Mitverantwortung des mitunterzeichnenden Ehegatten für unrichtige Angaben zu den Einkünften des anderen Ehegatten.[3)]

2423 Der Vorwurf der leichtfertigen Steuerverkürzung kann auch darin begründet liegen, dass ein Stpfl. nicht über eine ordnungsgemäße **Buchführung** verfügt und es deshalb zu einer Steuerverkürzung kommt. Zwar stellt die unrichtige Verbuchung an sich nur eine Steuergefährdung nach § 379 Abs. 1 Nr. 3 AO dar oder ist eine Vorbereitungshandlung für eine Steuerhinterziehung.[4)] Jedoch sind auch Fälle denkbar, in denen die grobe Nachlässigkeit bei der Verbuchung von Geschäftsvorfällen zu Steuerverkürzungen führt, etwa wenn bestimmte Steuervergünstigungen an konkrete Buch- oder Belegnachweise geknüpft sind. Die Praxis zeigt aber, dass der Nachweis leichtfertigen Verhaltens hier schwer fällt. Die Finanzverwaltung ist allerdings dann relativ unnachgiebig, wenn es bei einem Stpfl. im wiederholten Falle zu Steuerverkürzungen wegen nicht ordnungsgemäßer Buchführung kommt.

Beispiel:

Bei dem Einzelhändler E hat für die Jahre 2005 bis 2007 eine Betriebsprüfung stattgefunden, bei der u.a. festgestellt wurde, dass die Aufwendungen für Geschenke an

---

1) Nach BayObLG v. 11.5.1993, 3 Ob OWi 16/93, wistra 1993, 236.
2) BayObLG v. 11.5.1993, 3 Ob OWi 16/93, wistra 1993, 236, 238.
3) FG Köln v. 6.10.1999, 11 K 5118/92, EFG 2000, 201, 202 m. krit. Anm. Rolletschke, DStZ 2000, 677; vgl. Burkhard, DStZ 1998, 829, 830; vgl. Tormöhlen, wistra 2000, 406; noch enger BFH v. 16.4.2002, IX R 40/00, BStBl II 2002, 501 = DStR 2002, 1176.
4) Vgl. Mösbauer, DStZ 1997, 577 ff.; Schauf in Kohlmann, § 378 AO Rz. 87 (Oktober 2009).

Geschäftsfreunde, die z.T. über dem zulässigen Höchstbetrag von 35 € lagen (§ 4 Abs. 5 Nr. 1 EStG), entgegen § 4 Abs. 7 EStG nicht auf einem gesonderten Konto verbucht wurden. E wird hierauf vom Prüfer ausdrücklich hingewiesen. Dies wird auch im Prüfungsbericht vermerkt. Bei einer späteren Betriebsprüfung bei E im Jahre 2009 wird erneut der gleiche Fehler festgestellt. Die vorliegenden Gewinnermittlungen mit den als Betriebsausgaben abgesetzten Geschenkaufwendungen haben Eingang in die für den Prüfungszeitraum ergangenen Steuerbescheide gefunden. E wird in der Schlussbesprechung darauf hingewiesen, dass die Durchführung eines Bußgeldverfahrens in Betracht komme.

Von praktischer Bedeutung im Hinblick auf leichtfertige Steuerverkürzung sind auch die Fälle der **verdeckten Parteienfinanzierung.** So hat der BGH[1] die Voraussetzungen des § 378 Abs. 1 AO in einem Fall bejaht, in welchem für eine körperschaftsteuerpflichtige Stiftung Zuwendungen an eine staatsbürgerliche Vereinigung und an andere Verbände (u.a. Berufsverbände) als Spenden geltend gemacht worden waren. Die Vereinigungen hatten die Gelder an zwei politische Parteien weitergeleitet. Die dadurch bewirkten Steuerverkürzungen betrugen ca. 750 000 €. Der BGH verurteilte den Geschäftsführer der Kommanditgesellschaft, dessen Kommanditistin die Stiftung war, wegen leichtfertiger Steuerverkürzung. Es habe nahe gelegen, sich über den Geldzufluss bei den unterstützten Vereinigungen zu informieren. Dies gelte im Hinblick auf die Größenordnung der Zuwendungen, auf die besondere Problematik der nur begrenzten Abzugsfähigkeit von Spenden und die unschwere Möglichkeit, sich die erforderlichen Kenntnisse zu verschaffen. Bei dieser Sachlage sei ein Vertrauen allein auf die Richtigkeit der formgerechten Spendenbescheinigung nicht begründbar.[2] 2424

Fraglich ist weiter, ob ein Stpfl. – bußgeldrechtlich – ein Risiko eingeht, wenn er bei der Abgabe der Steuererklärung in seinen darin enthaltenen tatsächlichen Angaben von der **Verwaltungsauffassung abweicht** – wie sie z.B. in den Steuerrichtlinien konkretisiert worden ist – und dies nicht zum Ausdruck bringt. Teilweise wird hier im subjektiven Bereich zwischen einem nicht juristisch vertretenen Laien und einem Berater differenziert.[3] Nahe liegender scheint es jedoch, das Problem bereits im objektiven Tatbestand zu lösen. Das Vertreten einer bestimmten Rechtsansicht und deren Äußerung oder deren Nichterwähnung fallen nicht unter das Tatbestandsmerkmal „Angaben machen" (→ Rz. 63 ff.). Zwar verlangen die Steuererklärungsformulare nicht selten eine Subsumtion vom Steuerpflichtigen (z.B. die Angabe der abziehbaren Vorsteuerbeträge nach § 15 UStG in der Umsatzsteuererklärung, Spenden an gemeinnützige Vereine usw. in der Einkommensteuererklärung), dies hindert jedoch nicht, zwischen tatsächlichen Angaben und rechtlichen Subsumtionsergebnissen zu unterscheiden; ferner verstieße es gegen das strafrechtliche Bestimmtheitsgebot, Rechtsansichten mit „steuerlich erheblichen Tatsachen" i.S.d. § 370 AO gleichzusetzen. Solange jedenfalls die Steuererklärung Tatsachen zutreffend wiedergibt und außerdem das Ergebnis vertretbarer Rechtsauffassungen ist und keine steuerlich erheblichen Tatsachen unterdrückt werden, liegt keine Tathandlung i.S.d. § 378 Abs. 1 AO vor (→ Rz. 63 ff.). 2425

D. Rechtswidrigkeitszusammenhang

Zwischen dem leichtfertigen Verhalten und der Steuerverkürzung muss eine kausale Verknüpfung bestehen. Insofern besteht – abgesehen vom subjektiven Tatbestand – kein Unterschied zu § 370 AO (→ Rz. 47 ff. zum objektiven Tatbestand des § 370 AO). Nach ganz h.M. muss aber außerdem zwischen der Leichtfertigkeit und 2426

1) BGH v. 13.1.1988, 3 StR 450/87 NStZ 1988, 276; m. Anm. Hellmann, NStZ 1988, 558.
2) Krit. Jäger in Klein, 11. Aufl. 2012, § 378 AO Rz. 12.
3) Zum Meinungsstand vgl. Joecks in Franzen/Gast/Joecks, 7. Aufl. 2009, § 370 AO Rz. 126 ff.

der Steuerverkürzung ein sog. Rechtswidrigkeitszusammenhang bestehen.[1] Dieser ist nur dann gegeben, wenn die Verkürzung bei sorgfältigem Verhalten des Täters nicht eingetreten wäre. Die Sorgfaltswidrigkeit muss sich in einer dem Täter objektiv zurechenbaren Weise gerade in der konkreten Steuerverkürzung realisiert haben. In der Regel besteht dieser Rechtswidrigkeitszusammenhang. Dennoch kann man nicht in jedem Fall von der Sorgfaltswidrigkeitsverletzung auf den Verkürzungserfolg schließen.

2427 Besonders anschaulich wird dieses Problem, wenn dem Betroffenen ein Überwachungsverschulden zur Last gelegt werden soll. Beauftragt ein Stpfl. oder ein steuerlicher Berater Hilfskräfte, damit diese ihm obliegenden steuerlichen Pflichten zu erledigen, so müssen die Hilfskräfte stichprobenartig überwacht und deren Arbeitsergebnisse stichprobenartig überprüft werden. Unterbleibt dies, so könnte darauf der Vorwurf der Leichtfertigkeit gestützt werden. Voraussetzung für ein vorwerfbares Verhalten i.S.d. § 1 OWiG ist aber der positive Nachweis, dass ein sorgfältiges Verhalten (hier also die angemessene Durchführung von Stichproben und sonstigen Überwachungsmaßnahmen) gerade die konkret vorgeworfenen Steuerverkürzungen verhindert hätte. Dieser Nachweis misslingt, wenn dem Stpfl. bzw. dem Berater nicht – ausnahmsweise – ganz konkrete, auf spezielle Geschäftsvorfälle bezogene Überwachungsmaßnahmen obliegen. Zunächst einmal hat der Pflichtige nämlich nur ganz allgemein die Zuverlässigkeit und die sachgerechte Arbeit seiner Mitarbeiter zu überwachen. Kann deshalb nicht mit Sicherheit geklärt werden, dass die allgemeine stichprobenweise Überwachung gerade den tatgegenständlichen Verkürzungsvorgang betroffen hat, so kann der Vorfall nicht nach § 378 AO geahndet werden. Es gilt der allgemeine verfahrensrechtliche Grundsatz „in dubio pro reo".[2] Von Bedeutung ist somit, ob – z.B. im gerichtlichen Verfahren nach einem Einspruch gegen den Bußgeldbescheid – der Tatrichter zu der Überzeugung gelangt (§ 261 StPO, § 46 Abs. 1 OWiG, § 410 Abs. 1 AO), dass ein sorgfältiges Verhalten die Steuerverkürzung vermieden hätte. Nur dann darf der Bußgeldbescheid bestehen bleiben.

E. Geldbuße

2428 Die leichtfertige Steuerverkürzung kann gem. § 378 Abs. 2 AO mit einer Geldbuße von 5 € bis zu 50 000 € geahndet werden. Der Höchstbetrag darf jedoch überschritten werden, wenn entweder der wirtschaftliche Vorteil, den es gem. § 17 Abs. 4 OWiG i.V.m. § 410 Abs. 1 AO abzuschöpfen gilt, höher gewesen ist oder die Summe aus Abschöpfungs- und Sanktionsanteil den gesetzlichen Höchstbetrag übersteigt (→ Rz. 2346).

F. Bußgeldbefreiende Selbstanzeige (§ 378 Abs. 3 AO)

Schrifttum

Bilsdorfer, Die Entwicklung des Steuerstraf- und Steuerordnungswidrigkeitenrechts, NJW 1999, 1675; 2012, 1413; **Braun**, Die Sperrwirkung durch das Erscheinen eines Amtsträgers zur Prüfung, PStR 2001, 34; **Dörn**, Selbstanzeige wegen leichtfertiger Steuerverkürzung (§ 378 Abs. 3 AO) in der Betriebsprüfung, wistra 1997, 291; **Jestädt**, „Kleine

1) Joecks in Franzen/Gast/Joecks, 7. Aufl. 2009, § 378 AO Rz. 43; Schauf in Kohlmann, § 378 AO Rz. 53 (Oktober 2009); Jäger in Klein, 11. Aufl. 2012, § 378 AO Rz. 14.

2) BGH v. 15.10.1981, 4 StR 398/81, NJW 1982, 292; Rüping in H/H/Sp, § 378 AO Rz. 53 (März 2006).

Selbstanzeige" nach § 378 Abs. 3 AO und Anerkenntnis nach Außenprüfung, DStR 1994, 1605; **Rackwitz**, Zu den Anforderungen an die Berichtigungserklärung einer Selbstanzeige nach leichtfertiger Steuerverkürzung (§ 378 Abs. 3 AO), wistra 1997, 135.

Wie bei der vorsätzlichen Steuerverkürzung (§§ 370, 371 AO) besteht auch bei der leichtfertigen Steuerverkürzung gem. § 378 Abs. 3 AO die Möglichkeit, die bußgeldrechtlichen Sanktionen zu vermeiden. Hierzu muss der Pflichtige fehlerhafte Angaben berichtigen oder unterlassene Erklärungen nachholen sowie die verkürzten Steuern nachzahlen. **2429**

§ 371 AO (→ Rz. 1927 ff.) und § 378 Abs. 3 AO unterscheiden sich im Wesentlichen nur dadurch, dass die Selbstanzeige nach § 378 Abs. 3 AO nur ausgeschlossen ist, wenn dem Täter oder seinem Vertreter die Einleitung eines Straf- oder Bußgeldverfahrens wegen der Tat bekannt gegeben worden ist; § 378 Abs. 3 AO ist also täter- bzw. betroffenenfreundlicher. Bezüglich der positiven Wirksamkeitsvoraussetzungen wird auf die Ausführungen unter → Rz. 1993 ff. Bezug genommen. **2430**

In der **Aufforderung** an das Finanzamt, dieses möge eine **Betriebsprüfung** vornehmen, liegt keine Selbstanzeige nach § 378 Abs. 3 AO.[1] **2431**

Eine Anzeige des Arbeitgebers an das Finanzamt, Lohnsteuer bisher nicht vorschriftsmäßig einbehalten zu haben (§ 41c Abs. 1 Nr. 2 EStG), wirkt bußgeldbefreiend nach § 378 Abs. 3 AO.[2]

Die Abgabe einer zutreffenden **Umsatzsteuerjahreserklärung** wirkt auch ohne Nachholung der leichtfertig unterlassenen Umsatzsteuervoranmeldungen bußgeldbefreiend.[3]

Die Möglichkeit der Selbstanzeige nach § 378 Abs. 3 AO gilt ausschließlich für die leichtfertige Steuerverkürzung, nicht für die Gefährdungstatbestände der §§ 379 bis 382 AO und nicht für § 130 OWiG. Auch eine analoge Anwendung kommt nicht in Betracht. Das Fehlen einer Selbstanzeigevorschrift für die genannten Gefährdungstatbestände ist nach Ansicht des BVerfG verfassungsrechtlich nicht zu beanstanden. Eine entsprechende Verfassungsbeschwerde eines wegen Steuergefährdung verurteilten Steuerberaters wurde nicht zur Entscheidung angenommen.[4] **2432**

Da im Rahmen des § 378 Abs. 3 AO nur die Bekanntgabe der Einleitung eines Straf- oder Bußgeldverfahrens die Selbstanzeige ausschließt, ist sie – anders als bei der vorsätzlichen Steuerverkürzung – auch dann noch möglich, wenn ein Amtsträger der Finanzbehörde zur steuerlichen Prüfung oder zur Ermittlung einer Steuerstraftat oder einer Steuerordnungswidrigkeit erschienen ist oder die Tat zum Zeitpunkt der Berichtigung, Ergänzung oder Nachholung bereits entdeckt war und der Täter dies wusste oder bei verständiger Würdigung der Sachlage damit rechnen musste. Damit ist eine Selbstanzeige wegen leichtfertiger Steuerverkürzung grds. auch noch während einer laufenden Betriebsprüfung möglich. Diese Tatsache gibt dem Pflichtigen eine große Chance – sie zu nutzen ist zugleich wesentliche Aufgabe des Beraters bzw. Verteidigers. **2433**

Sehr umstritten ist, ob es für eine Selbstanzeige ausreicht, dass der Stpfl. das Ergebnis der **Feststellungen einer Betriebsprüfung vorbehaltlos** durch eine entsprechende Erklärung **anerkennt** (etwa in der Schlussbesprechung), oder ob es erforderlich ist, dass der Stpfl. einen eigenen, von der Ermittlungstätigkeit der Behörde unabhängigen Beitrag zur Richtigstellung der bisher unrichtigen Angaben leistet. **2434**

1) OLG Düsseldorf v. 27.5.1981, 2 Ss 214/81, BB 1982, 544.
2) Schauf in Kohlmann, § 378 AO Rz. 141 (Oktober 2009).
3) OLG Hamburg v. 12.2.1985, 1 Ss 191/84, BB 1985, 1779; Rüping in H/H/Sp, § 378 AO Rz. 62 (März 2006).
4) BVerfG v. 11.7.1997, 2 BvR 997/92, wistra 1997, 297, 298.

2435 Anknüpfend an eine ältere Entscheidung des BGH,[1] hat 1997 das OLG Oldenburg beschlossen, dass von einer befreienden Selbstanzeige nur ausgegangen werden könne, wenn die Hilfe des Stpfl. bei der Aufklärung des Sachverhaltes darüber hinausgeht, dem Betriebsprüfer gem. § 200 AO die notwendigen Unterlagen auszuhändigen; ansonsten erfülle er nur seine ihm ohnehin obliegende Pflicht. Die Vergünstigung des § 378 Abs. 3 AO setze zweckentsprechend, bisher unbekannte Steuerquellen zu erschließen, voraus, dass der Stpfl. einen eigenen Beitrag zur Richtigstellung der falschen oder unvollständigen Angaben leiste.[2]

2436 Dieser Ansatz ist jedoch zu eng und entspricht nicht der gesetzgeberischen Intention zu § 378 Abs. 3 AO (vgl. auch Art. 103 Abs. 2 GG, § 3 OWiG). Der Gesetzgeber hat durch die weite Fassung der Norm zum Ausdruck gebracht, dass das Erscheinen des Prüfers und die Entdeckung der Tat keine Ausschlussgründe für eine Selbstanzeige sein sollen. Dann muss es aber ausreichend sein, wenn der Stpfl. dem Betriebsprüfer sämtliche relevanten Unterlagen zur Verfügung stellt und das Prüfungsergebnis anerkennt. In diesem Sinne hat auch das OLG Karlsruhe entschieden.[3] Dessen Begründung überzeugt deshalb, weil dem Stpfl. in den Fällen der leichtfertigen Steuerverkürzung erst durch die Betriebsprüfung vor Augen geführt wird, dass er durch sein unsorgfältiges Verhalten Steuern verkürzt hat. Zuvor hat der Betroffene keinen Anlass gesehen, seine Angaben zu berichtigen oder zu ergänzen.

2437 Auch nach der hier vertretenen Auffassung muss der Stpfl. selbstverständlich alles aus seiner Sicht Erforderliche tun, um zur Sachverhaltsaufklärung beizutragen, also alle von ihm im Rahmen der Betriebsprüfung geforderten Unterlagen ausgehändigt und Informationen gegeben haben, um dem Prüfer die zutreffenden Feststellungen zu ermöglichen. Daran anknüpfend bestehen dann aber auch keine Bedenken mehr gegen eine Selbstanzeige, wenn sich der Stpfl. die Feststellungen gewissermaßen zu eigen macht und sie zum Gegenstand seiner Selbstanzeige macht. Immerhin liegt in der Anerkennung des Ergebnisses einer Prüfung eine erhebliche Abkürzung des Steuerermittlungsverfahrens, und dem Staat wird ein beträchtlicher Aufwand erspart. Einer besonderen Erklärung des Inhalts, dass das Ergebnis der Betriebsprüfung anerkannt werde, bedarf es dann nicht mehr. Vielmehr liegt in der einverständlichen steuerlichen Behandlung, wie sie in der Schlussbesprechung erörtert wird, die Anerkennung. Es wäre leere Förmelei,[4] noch eine dahin gehende ausdrückliche Erklärung vom Stpfl. zu verlangen, denn das Einvernehmen in der Schlussbesprechung geht letztlich darauf zurück, dass der Stpfl. die Unterlagen unumwunden zur Verfügung gestellt und die Erarbeitung der Prüfungsfeststellungen dadurch ermöglicht hat.[5]

2438 Die Abgrenzung von bedingtem Vorsatz (§ 370 AO) gegenüber einer leichtfertigen Tatbegehung (§ 378 AO) ist von immenser praktischer Bedeutung. Mag auch die Abgrenzung theoretisch sauber möglich sein, so zeigt doch die Praxis, dass der Nachweis des Vorsatzes nicht immer einfach ist. Finanzverwaltung und Rspr. sehen § 378 Abs. 1 AO als Auffangtatbestand an.[6] Immer dann, wenn Vorsatz nicht hinreichend sicher festgestellt werden kann, besteht die Neigung der Strafverfolgungsbehörden, von leichtfertiger Steuerverkürzung auszugehen.

---

1) BGH v. 13.11.1952, 3 StR 398/52, BGHSt 3, 373.
2) OLG Oldenburg v. 18.9.1997, Ss 335/07, wistra 1998, 71; Braun, PStR 2001, 34, 38; wohl auch Vogelberg in Achenbach/Wannemacher, § 9 Rz. 243; Bilsdorfer, NJW 1999, 1675, 1683.
3) OLG Karlsruhe v. 30.11.1995, 2 Ss 158/95, wistra 1996, 117; gl.A. Rüping in H/H/Sp, § 378 AO Rz. 62 (März 2006); Jestädt, DStR 1994, 1605, 1606.
4) So auch Dörn, wistra 1997, 291, 292.
5) Anderer Ansicht Rackwitz, wistra 1997, 135, 136.
6) Vgl. Rüping in H/H/Sp, § 378 AO Rz. 38 (März 2006).

Dies führt zwangsläufig zu taktischen Problemen in der Selbstanzeigeberatung. Angesichts des tatsächlich schmalen Grates zwischen bedingtem Vorsatz und bewusster Fahrlässigkeit bzw. Leichtfertigkeit lässt sich für den Berater während der Betriebsprüfung nicht verlässlich prognostizieren, ob die Bußgeld- und Strafsachenstelle einen Bußgeldbescheid wegen leichtfertiger Steuerverkürzung erlassen wird oder doch ein Strafverfahren einleitet. § 201 Abs. 2 AO regelt insoweit nur, dass in der Schlussbesprechung ein Hinweis gegeben werden soll, wenn die Möglichkeit besteht, dass auf Grund der Prüfungsfeststellungen ein Straf- oder Bußgeldverfahren durchgeführt werden muss. Es besteht aber – schon wegen der unterschiedlichen Zuständigkeiten innerhalb der Finanzverwaltung – i.d.R. keine Möglichkeit, bereits in der Schlussbesprechung auch nur einigermaßen verlässlich zu klären, für welche der beiden Verfahrensarten sich die Finanzbehörde entscheiden wird. **2439**

Diese Konfliktlage kann die Selbstanzeige zu einem Vabanquespiel machen, denn der Stpfl. und sein Berater wissen nicht, ob das Finanzamt der Einschätzung folgen wird, es liege nur leichtfertiges Verhalten vor. Geschieht dies nämlich nicht, dann hat der Stpfl. durch ein eindeutiges Geständnis direkt zu seiner Verurteilung beigetragen, da ihm die Selbstanzeige nach § 371 insoweit verschlossen ist. **2440**

So wie § 371 AO setzt auch die wirksame Selbstanzeige nach § 378 Abs. 3 Satz 2 AO voraus, dass die verkürzten Steuerbeträge innerhalb einer bestimmten Frist **nachentrichtet** werden. **2441**

G. Verhältnis des § 378 AO zu anderen Straf- und Bußgeldtatbeständen

Bei einem **tateinheitlichen** Zusammentreffen einer **Steuerhinterziehung** mit einer leichtfertigen Steuerverkürzung kommt nur § 370 AO zur Anwendung (§ 21 Abs. 1 Satz 1 OWiG). Eine Ordnungswidrigkeit ist gegenüber einer Straftat subsidiär, denn das Tatunrecht der Straftat ist größer als das der Ordnungswidrigkeit. Enthält also eine Steuererklärung eine vorsätzliche Unrichtigkeit und eine solche, die durch leichtfertiges Verhalten entstanden ist, kommt im Falle der unrichtigen Steuerfestsetzung eine Geldbuße nicht in Betracht. Allerdings darf bei der Strafzumessung berücksichtigt werden, dass auch eine leichtfertige Steuerverkürzung vorliegt.[1] **2442**

Eine Ausnahme besteht dann wenn eine Strafe nicht verhängt wird (§ 21 Abs. 2 OWiG). Anwendungsfälle dürften praktisch sehr selten sein. Denkbar sind Verfahrenseinstellungen nach den §§ 153 ff. StPO, § 398 AO, nicht jedoch die häufigste Einstellungsart nach § 153a StPO gegen Auflage. Ist nämlich die von der Strafsachenstelle bzw. der Staatsanwaltschaft oder dem Gericht festgesetzte Auflage erfüllt worden, so kann die Tat nicht mehr als Vergehen oder als Ordnungswidrigkeit geahndet werden (§ 153a Abs. 1 Satz 4 StPO). Es besteht ein Verfahrenshindernis, das sich auf die gesamte Tat i.S.d. § 264 StPO erstreckt (→ Rz. 2354). **2443**

Die Anwendung der übrigen Einstellungsvorschriften – insbes. des § 153 StPO und des § 398 AO – würde m.E. in der Praxis eine gleichzeitige Einstellung des Bußgeldverfahrens nach §§ 47 Abs. 1, 2 OWiG oder aber eine Anwendung des § 153a StPO nahe legen. **2444**

Denkbar ist allerdings, dass z.B. das Verfahrenshindernis der **Immunität** besteht (Art. 46 Abs. 2 GG; § 152a StPO).

Beispiel:

Bundestagsabgeordneter B hat Beraterhonorare in beträchtlicher Höhe erhalten und steuerlich nicht erklärt. Hierdurch ist es zu Steuerverkürzungen bei der Einkommen-

1) Schauf in Kohlmann, § 378 AO Rz. 159 (Oktober 2009).

und Umsatzsteuer gekommen. Gleichzeitig hat er leichtfertig 25 000 € Spenden an einen Berufsverband gezahlt, von dem er hätte wissen können, dass dieser die Zuwendungen an eine Partei weitergeleitet hat. Das Finanzamt hatte die Spendenbescheinigungen im Veranlagungsverfahren des B berücksichtigt.

Der Bundestag beschließt, die Immunität des B nicht aufzuheben.

B kann zwar nicht bestraft werden, wohl aber kann ein Bußgeldbescheid wegen leichtfertiger Steuerverkürzung im Hinblick auf die zu Unrecht als Sonderausgaben (§ 10b EStG) abgezogenen Spenden gegen ihn festgesetzt werden.

2445 § 378 AO kann auch mit allgemeinen Straftatbeständen zusammentreffen, z.B. mit einem Bankrott nach § 283 Abs. 1 Nr. 5 StGB oder der Verletzung der Buchführungspflicht nach § 283b StGB.[1)]

2446 Im Falle der **Tatmehrheit** zwischen Steuerhinterziehung und leichtfertiger Steuerverkürzung kann sowohl eine Strafe verhängt als auch eine Geldbuße festgesetzt werden.

Beispiel:

Bei einer Betriebsprüfung bei dem Gewerbetreibenden G ist festgestellt worden, dass er im Jahre 2007 leichtfertig Vorsteuerbeträge ohne ordnungsgemäße Rechnung nach § 14 UStG geltend gemacht und im Jahre 2008 vorsätzlich Provisionen steuerlich nicht erfasst hat.

Die Strafsachenstelle erlässt für 2007 einen Bußgeldbescheid und beantragt im Übrigen einen Strafbefehl.

2447 Etwas anderes gilt im Verhältnis zwischen den Gefährdungstatbeständen der **§§ 379 bis 382 AO** und der leichtfertigen Steuerverkürzung nach § 378 AO. Die Gefährdungsvorschriften treten zurück, wenn die Tat nach § 378 AO geahndet werden kann.[2)] Ein Gefährdungsdelikt ist eben gegenüber einem Verletzungsdelikt ein Minus.

2448 Als weiterer Auffangtatbestand ist **§ 130 OWiG** anzusehen. Kommt die Annahme einer leichtfertigen Steuerverkürzung nicht in Betracht, so lässt sich u. U. eine einfach-fahrlässige Aufsichtspflichtverletzung einer Leitungsperson nach § 130 OWiG begründen. § 130 OWiG ist insoweit die allgemeinere Norm (→ Rz. 2379).

---

1) Schauf in Kohlmann, § 378 AO Rz. 163 (Oktober 2009); Joecks in Franzen/Gast/Joecks, 7. Aufl. 2009, § 378 AO Rz. 63.

2) § 379 Abs. 4, § 380 Abs. 2, § 381 Abs. 2, 382 Abs. 3 AO.

KAPITEL III

Steuergefährdungstatbestände (§§ 379 bis 382 AO)

A. Rechtsnatur

Schrifttum

Mösbauer, Aktuelle Rechtsfragen bei der Abgrenzung des Versuchs von der Vorbereitungshandlung im Steuerstrafrecht, DStZ 1997, 577.

Die Tatbestände der §§ 379 bis 382 AO sind im Vorfeld einer Steuerhinterziehung angesiedelt und qualifizieren bestimmte **Vorbereitungshandlungen** als eigenständige Ordnungswidrigkeiten, wenn diese Handlungen zur Steuerhinterziehung oder leichtfertigen Steuerverkürzung geeignet sind. Es handelt sich dabei um reine Gefährdungsdelikte. **2449**

Gegenüber den Verkürzungsdelikten der §§ 370, 378 AO sind sie subsidiär, d.h., sie treten zurück, wenn die Handlung über die reine Gefährdung hinausgeht und ein Verletzungsdelikt verwirklicht. Dies gilt auch dann, wenn die Tat nur als Beihilfe zur Steuerhinterziehung verfolgt werden kann und wenn der Verletzungstatbestand im Versuchsstadium stecken geblieben ist. Wegen ihrer besonderen Gefährlichkeit hat der Gesetzgeber – sonst straflose – Vorbereitungshandlungen zu Ordnungswidrigkeiten erklärt.[1] **2450**

Auf den subsidiären Bußgeldtatbestand kann auch dann zurückgegriffen werden, wenn eine Ahndung als vorsätzliche Steuerhinterziehung nach § 370 Abs. 1 AO oder als leichtfertige Steuerverkürzung nach § 378 Abs. 1 AO nicht erfolgen kann, weil eine wirksame Selbstanzeige vorliegt.[2] Nach Ansicht des BVerfG gibt es keinen Anspruch auf einen Tatbestand der **Selbstanzeige** für Steuergefährdungsdelikte. **2451**

Beispiel:[3]

Steuerberater S lässt einen Grundstückskaufvertrag mit einem Kaufpreis von 8,4 Mio. € beurkunden. Tatsächlich vereinbart hat er mit den Käufern einen Kaufpreis von 8,8 Mio. €. Es ist weiter außerhalb der Beurkundung vereinbart, den Unterschiedsbetrag von 400 000 € als Maklercourtage zu kaschieren. Über diesen Betrag stellt die Ehefrau des S auf dessen Geheiß eine Scheinrechnung aus. Die Käufer treten später vom Kaufvertrag zurück, so dass das Finanzamt keine Grunderwerbsteuer festsetzt. S erstattet Selbstanzeige. Das AG Berlin-Tiergarten setzte wegen vorsätzlicher Steuergefährdung ein Bußgeld gegen S fest. Das KG verwarf die Rechtsbeschwerde des S.

Die Verfassungsbeschwerde wurde nicht zur Entscheidung angenommen. Es liege insbes. keine Verletzung des Gleichbehandlungsgrundsatzes (Art. 3 Abs. 1 GG) vor. Eine solche käme allenfalls in Betracht, wenn der Täter einer vollendeten Steuerhinterziehung im Falle einer Selbstanzeige von Gesetzes wegen völlig sanktionslos bliebe, während derjenige, der bei ansonsten völlig gleich gelagertem Sachverhalt das Vorbereitungsstadium zur Zeit der Selbstanzeige nicht überschritten habe, ein Bußgeld zu gewärtigen hätte. Dem sei jedoch nicht so, solange gewährleistet bleibe, dass Behörden und Gerichte im Rahmen einer nach § 47 OWiG möglichen Entscheidung über die Verfahrenseinstellung nicht schematisch vorgingen, sondern eine Gesamtwürdigung der Umstände des Einzelfalles vornehmen würden, was im konkreten Fall geschehen sei.[4]

---

1) Mösbauer, DStZ 1997, 577, 578.

2) Streitig; OLG Celle v. 17.7.1979, 2 Ss (OWi) 313/78, MDR 1980, 77; BayObLG v. 3.3.1980, RReg. 4 St 266/79, NJW 1981, 1055; a.A. Matthes in Kohlmann, § 379 AO Rz. 17, 189 ff. (Juni 2009).

3) Nach BVerfG v. 11.7.1997, 2 BvR 997/92, wistra 1997, 297.

4) KG v. 7.5.1992, 2 Ss 33/92 – 4 Ws (B) 48/92, wistra 1994, 36, 37.

2452 Immerhin hat die Finanzverwaltung in einem Schreiben des Bundesministeriums der Finanzen die Ansicht vertreten, dass eine Steuergefährdung nicht verfolgt werden sollte, wenn der Täter eine Selbstanzeige wegen Steuerhinterziehung oder leichtfertiger Steuerverkürzung erstattet habe.[1] Die Gerichte sind an diese Verwaltungsanweisung allerdings nicht gebunden (auch → Rz. 2312 f.).

B. Steuergefährdung (§ 379 AO)

Schrifttum

Wegner, Missbrauch von Tankquittungen, PStR 2005, 115; **Wegner**, Steuerhinterziehung: Widerruf der ärztlichen Approbation, PStR 2011, 34.

I. Ausstellen unrichtiger Belege

2453 Nach § 379 Abs. 1 Nr. 1 AO handelt ordnungswidrig, wer vorsätzlich oder leichtfertig Belege ausstellt, die in tatsächlicher Hinsicht unrichtig sind, und dadurch ermöglicht, Steuern zu verkürzen oder nicht gerechtfertigte Steuervorteile zu erlangen.

2454 **Täter** einer solchen Ordnungswidrigkeit kann jeder sein, nicht nur der Stpfl. Es handelt sich also nicht um ein Sonderdelikt.[2] Wenn allerdings der Stpfl. einen anderen anstiftet, einen unrichtigen Beleg auszustellen, handelt auch er ordnungswidrig (§ 14 OWiG). Hat dagegen der Stpfl. die Ausstellung des Belegs nicht bewirkt, sondern beschränkt sich seine Aktivität darauf, den Beleg entgegenzunehmen, so ist er notwendiger Teilnehmer der Ordnungswidrigkeit und als solcher nicht ahndbar.[3]

2455 **Belege** i.S.d. § 379 Abs. 1 Nr. 1 AO sind Schriftstücke aller Art, die geeignet sind, steuerlich erhebliche Tatsachen zu beweisen und einen Aussteller erkennen zu lassen. Es kann sich z.B. um Rechnungen, Quittungen, Kassenzettel, Lieferscheine, Frachtbriefe, Handelsbriefe, Warenverkehrs- und Ausfuhrbescheinigungen, Ursprungszeugnisse, Spesen- und Reisekostenabrechnungen, oder Inventarlisten handeln. Weder nach dem Gesetzeswortlaut noch nach dem Gesetzeszweck muss es sich um Buchführungsunterlagen handeln. Auch ärztliche Atteste und Spendenquittungen oder Eigenbelege (etwa Fahrtenbücher, Reiseberichte) kommen in Betracht. Belege i.S.d. § 379 Abs. 1 Nr. 1 AO können auch andere Informationen als geschriebenen Text enthalten.

Beispiel:

V macht in seiner Einkommensteuererklärung Verluste aus Vermietung und Verpachtung geltend. Hierzu legt er Gebäudeskizzen vor, die tatsächlich nicht existierenden Wohnraum darstellen.

2456 **Unrichtig** ist ein Beleg in tatsächlicher Hinsicht, wenn er eine Tatsache nicht wahrheitsgemäß wiedergibt.[4] Dies ist z.B. der Fall, wenn in einer Quittung „Fachbuch" verzeichnet ist, obwohl ein Roman gekauft wurde, oder wenn der Beleg ein falsches Datum oder einen falschen Ausstellungsort enthält.

2457 Wenn dagegen ein Privatmann eine Rechnung mit offenem Umsatzsteuerausweis ausstellt (§ 14 Abs. 3 UStG), dürfte kein in tatsächlicher Hinsicht unrichtiger Beleg

1) BMF v. 29.7.1981, IV A S – 0711– 3/81, n.v.
2) Heerspink in Flore/Tsambikakis, § 379 AO Rz. 14; Dörn in Achenbach/Wannemacher, § 15 Rz. 62.
3) Jäger in Franzen/Gast/Joecks, 7. Aufl. 2009, § 379 AO Rz. 14; Jäger in Klein, 11. Aufl. 2012, § 379 AO Rz. 2.
4) Dörn in Achenbach/Wannemacher, § 15 Rz. 60.

vorliegen, solange der Aussteller seinen Namen korrekt angibt.[1] Zwar berechtigt eine solche Rechnung den Empfänger nicht zum Vorsteuerabzug und verpflichtet den Aussteller ohne Rücksicht auf Verschulden, für die ausgewiesene Umsatzsteuer einzustehen.[2] Dennoch liegt in der unberechtigten Ausstellung einer solchen Rechnung keine tatsächliche Behauptung, sondern eine unzutreffende rechtliche Wertung.

Es ist umstritten, ob auch ein Fall des § 379 Abs. 1 Nr. 1 AO vorliegt, wenn die Tatsache nicht nur inhaltlich unrichtig belegt ist („schriftliche Lüge"), sondern auch vom **falschen Aussteller** stammt, der Beleg also gefälscht ist. 2458

Beispiel:

Unternehmer U stellt auf den Namen einer mit ihm in Geschäftsverbindung stehenden GmbH Rechnungen an sich selbst aus, weist die Umsatzsteuer offen aus, versieht sie mit einem Stempel „Bezahlt" und reicht diese an seinen Steuerberater weiter.

U hat sich einer Urkundenfälschung nach § 267 Abs. 1 StGB schuldig gemacht.

Zutreffender Ansicht nach erfasst § 379 Abs. 1 Nr. 1 AO nur sog. schriftliche Lügen, denn der Wortlaut spricht eindeutig von Belegen, die in tatsächlicher Hinsicht unrichtig sind. Demgegenüber gehen § 267 StGB und auch § 370 Abs. 3 Nr. 4 AO von den Merkmalen Herstellung bzw. Gebrauch unechter oder verfälschter Urkunden und der Verwendung nachgemachter oder verfälschter Belege aus. Zum selben Auslegungsergebnis gelangt man jedoch auch, wenn man den Anwendungsbereich des § 379 Abs. 1 Nr. 1 AO weiter sieht und die Unrichtigkeit auch auf den Aussteller bezieht. Nach § 21 Abs. 1 Satz 1 OWiG käme dann nur § 267 StGB zur Anwendung (→ Rz. 2354).[3] 2459

Fraglich ist, wann ein unrichtiger Beleg **„ausgestellt"** ist, damit der Tatbestand der Steuergefährdung vollendet ist. Hierauf kommt es entscheidend an, denn der Versuch des § 379 Abs. 1 Nr. 1 AO ist nicht ahndbar (§ 13 Abs. 2 OWiG, → Rz. 2336). Es ist zwar bedeutungslos, ob der Empfänger (z.B. der Käufer im Falle einer Quittung mit Falschbezeichnung der Ware) den Beleg gebraucht oder ob irgendwelche Vorteile aus der Tat gezogen werden; entscheidend ist vielmehr die Eignung der Ausstellung des falschen Belegs zur Steuerverkürzung, mithin die für den Steuergläubiger bestehende Gefährdung des Steueranspruchs. 2460

Bei Fremdbelegen wird man daher fordern müssen, dass der Beleg dem vorgesehenen Empfänger zugeht (§ 130 BGB analog). Der Beleg muss also derart in den Machtbereich des Empfängers gelangt sein, dass dieser unter gewöhnlichen Umständen hiervon in zumutbarer Weise Kenntnis nehmen konnte.[4] Bei Eigenbelegen ist die Steuergefährdung eingetreten, wenn der unrichtige Beleg in den Geschäftsgang gegeben worden ist.[5] 2461

Beispiel:

G betreibt eine Gastwirtschaft. Er entnimmt der Kasse 1 000 € und vermerkt auf einem Auszahlungsbeleg „Barauszahlung für Bierlieferung", wohingegen er das Geld in Wahrheit für private Zwecke ausgeben will. Den Beleg übergibt er am Monatsende seinem Steuerberater zusammen mit den Kassenberichten.

Subjektiv muss der Täter einer Ordnungswidrigkeit nach § 379 Abs. 1 Nr. 1 AO **vorsätzlich** oder **leichtfertig** handeln. Dabei müssen sich Vorsatz bzw. Leichtfertigkeit 2462

---

1) A.A. wohl Jäger in Franzen/Gast/Joecks, 7. Aufl. 2009, § 379 AO Rz. 12.
2) St.Rspr., vgl. BFH v. 15.10.1998, V R 38/97, BFHE 187, 84.
3) Matthes in Kohlmann, § 379 AO Rz. 41 (Juni 2009); Dörn in Achenbach/Wannemacher, § 15 Rz. 60.
4) Jäger in Franzen/Gast/Joecks, 7. Aufl. 2009, § 379 AO Rz. 13.
5) Dörn in Achenbach/Wannemacher, § 15 Rz. 61; Rüping in H/H/Sp, § 379 AO Rz. 30 (März 2006).

auf alle objektiven Tatbestandsmerkmale erstrecken, insbes. auch auf die Unrichtigkeit des Belegs sowie auf dessen Eignung zur Steuerverkürzung.

II. In-Verkehr-Bringen von Belegen

2463 Nach § 379 Abs. 1 Nr. 2 AO handelt ordnungswidrig, wer vorsätzlich oder leichtfertig Belege gegen Entgelt in den Verkehr bringt und dadurch ermöglicht, Steuern zu verkürzen oder nicht gerechtfertigte Steuervorteile zu erlangen.

2464 Diese Tatbestandsalternative des § 379 AO ist kein Sonderdelikt, d.h. **Täter** kann jeder sein, der entsprechend agiert.

Beispiel:

E sammelt seine privaten Tankquittungen und stellt diese bei eBay im Internet zum Verkauf ein.[1] X erwirbt die Belege über 1 000 € für 50 € und nimmt diese in die Buchhaltung seines Unternehmens auf.

Ein Vorsatz des E hinsichtlich einer Beihilfe zur Steuerhinterziehung des X ist nicht ohne Weiteres nachzuweisen. § 379 Abs. 1 Nr. 2 AO soll sog. Sanktions- oder Strafbarkeitslücken schließen helfen.

III. Fehlerhafte Buchungen oder Aufzeichnungen

2465 Nach § 379 Abs. 1 Nr. 3 AO handelt ordnungswidrig, wer vorsätzlich oder leichtfertig nach Gesetz buchungs- oder aufzeichnungspflichtige Geschäftsvorfälle oder Betriebsvorgänge nicht oder in tatsächlicher Hinsicht unrichtig verbucht oder verbuchen lässt und dadurch ermöglicht, Steuern zu verkürzen oder nicht gerechtfertigte Steuervorteile zu erlangen.

2466 **Täter** einer Nicht- oder Falschbuchung kann jeder sein, der die tatsächliche Möglichkeit hat, eine Buchung vorzunehmen. Dagegen kann bei der Begehungsform des Nicht- oder Falschbuchenlassens nur derjenige Täter sein, der als Stpfl. oder kraft seiner Stellung für die Buchungs- und Aufzeichnungspflicht verantwortlich ist (z.B. der Inhaber eines Einzelunternehmens, geschäftsführende Gesellschafter einer Personenhandelsgesellschaft, GmbH-Geschäftsführer).[2] Der objektive Tatbestand ist in diesen Fällen auch dann erfüllt, wenn der Betroffene einen Untergebenen entweder direkt anweist, nicht oder falsch zu buchen, oder wenn er die Nicht- oder Falschbuchung nur geschehen lässt.

Bei Ohne-Rechnung-Geschäften handelt auch der Lieferant bzw. Leistende ordnungswidrig.

Beispiel:

V verkauft K eine gebrauchte Maschine, wobei keine Rechnung ausgestellt wird. K verbucht den Kauf nicht.

V hat – was an sich nicht verboten ist – keine Rechnung ausgestellt, hat damit aber die Ordnungswidrigkeit des K erleichtert, da das Fehlen eines Belegs letztlich zum Unterlassen der Buchung geführt hat.[3]

2467 **Geschäftsvorfälle** i.S.d. § 379 Abs. 1 Nr. 3 AO sind Vorgänge des rechtsgeschäftlichen Liefer- und Leistungsverkehrs des Unternehmers mit Dritten. Betriebsvorgänge erfassen den betriebs- bzw. unternehmensinternen Wertefluss.[4]

---

1) Vgl. Wegner, PStR 2005, 115.
2) Jäger in Franzen/Gast/Joecks, 7. Aufl. 2009, § 379 AO Rz. 21.
3) Vgl. Matthes in Kohlmann, § 379 AO Rz. 75 (Juli 2011).
4) Dörn in Achenbach/Wannemacher, § 15 Rz. 63.

Es muss sich um Buchungs- oder Aufzeichnungspflichten handeln, die **„nach Gesetz"** zu erfüllen sind. Damit ist jede Rechtsnorm gemeint (§ 4 AO). Verwaltungsanweisungen sind dies nicht. Es sind aber auch Buchführungspflichten von solchen Stpfl. erfasst, die erst durch einen rechtsgestaltenden Verwaltungsakt des Finanzamts konkretisiert werden (§ 141 Abs. 1, 2 AO). **2468**

Die Differenzierung zwischen **Buchführungspflichten** einerseits und **Aufzeichnungspflichten** andererseits beruht darauf, dass je nach Art der Gewinnermittlung unterschiedliche Prinzipien gelten und dies relevant sein kann für die Vollendung des objektiven Tatbestands.[1)] Der nicht zur Buchführung verpflichtete Unternehmer hat reale Geld- und Warenbewegungen zu dokumentieren. Er hat u.U. den Wareneingang (§ 143 AO) und/oder den Warenausgang (§ 144 AO) aufzuzeichnen, und er hat – soweit er nicht freiwillig Bücher führt und regelmäßig Abschlüsse macht – seinen Gewinn durch Einnahmen-Überschuss-Rechnung nach § 4 Abs. 3 EStG zu ermitteln. Hierbei sind nur die reinen Geldbewegungen zu erfassen, da eine Ist-Rechnung nach dem Zu- und Abflussprinzip des § 11 EStG vorliegt.[2)] Der Buchführungspflichtige hat dagegen z.B. Schulden und Forderungen i.d.R. schon bei ihrer Entstehung buchmäßig zu erfassen. **2469**

Beispiel 1:

B ist Computergroßhändler und somit nach § 5 EStG buchführungspflichtig. Er verkauft Anfang Dezember 2009 einen Großrechner, der wenige Tage später ausgeliefert wird. Der Kaufpreis ist mit einem Zahlungsziel von sechs Monaten fällig.

B hat den Kauf bereits im Dezember 2009 zu buchen, obwohl noch keine Zahlung im Jahre 2009 erfolgt.

Beispiel 2:

BR ist beratender Betriebswirt (§ 18 Abs. 1 Nr. 1 EStG) im EDV-Bereich und als solcher nicht buchführungspflichtig, sondern er ermittelt seinen Gewinn nach § 4 Abs. 3 EStG. Er erwirbt im Dezember 2009 einen sofort gelieferten Computer, wobei der Kaufpreis erst im Januar 2010 fällig wird

BR hat den Kaufpreis erst bei Zahlung als Betriebsausgabe zur erfassen.

Die **Buchführungspflicht** kann auf Handels- oder Steuerrecht (§§ 140, 141 AO; § 22 UStG; §§ 238 ff., 264 ff. HGB; § 42 GmbHG), aber auch auf anderen Rechtsnormen beruhen. Nachstehend ist eine Auswahl solcher Vorschriften beispielhaft aufgeführt:[3)] **2470**

- § 22 der Apothekenbetriebsordnung,
- § 14 Depotgesetz (DepotG),
- § 18 Fahrlehrergesetz,
- § 9 Geldwäschegesetz (GwG),
- § 12 KriegswaffenG,
- § 10 Makler- und BauträgerVO,
- § 4 des Rennwett- und Lotteriegesetzes,
- § 16 Sprengstoffgesetz (SprengG),
- § 57a Straßenverkehrszulassungsordnung (StVZO),
- § 23 WaffG.

---

1) Jäger in Franzen/Gast/Joecks, 7. Aufl. 2009, § 379 AO Rz. 17.
2) Heinicke in Schmidt, 32. Aufl. 2013, § 4 EStG Rz. 4.
3) Vgl. Rüping in H/H/Sp, § 379 AO Rz. 40 (März 2006); Jäger in Franzen/Gast/Joecks, 7. Aufl. 2009, § 379 AO Rz. 23 ff.

2471 Wenn ein Stpfl. unrichtige Bücher führt, **ohne buchführungspflichtig zu sein,** so gilt § 379 Abs. 1 Nr. 3 AO nicht.[1] Wer gegen steuerliche oder handelsrechtliche **Aufbewahrungspflichten** verstößt (§ 147 AO; § 257 HGB), handelt ebenfalls nicht ordnungswidrig nach § 379 Abs. 1 Nr. 3 AO.

2472 Das **Vernichten von Belegen** oder Aufzeichnungen fällt nicht in den Anwendungsbereich dieser Vorschrift. Eine Ausdehnung des § 379 Abs. 1 AO auf Zuwiderhandlungen gegen die Aufbewahrungspflicht wäre eine gem. Art. 103 Abs. 2 GG, § 3 OWiG unzulässige Analogie zu Lasten des Täters. Eine andere Frage ist, ob die Vernichtung von (Handels-)Büchern nicht nach § 274 Abs. 1 Nr. 1, § 283 Abs. 1 Nr. 6 oder § 283b Abs. 1 Nr. 2 StGB strafbar ist.

2473 **Nicht buchen** heißt Unterlassen der vorgeschriebenen Buchführung. Die Tat ist vollendet, sobald eine Bucheintragung nach den Grundsätzen ordnungsmäßiger Buchführung nicht mehr vorgenommen werden darf. Somit kann bei kleinen Betrieben mit nur wenigen Geschäftsvorfällen in 14-tägigem oder auch monatlichem Abstand die Verbuchung vorgenommen werden.[2] Das Nichtverbuchen kann darin bestehen, dass einzelne vorgeschriebene Eintragungen nicht vorgenommen werden oder dass überhaupt keine Bücher geführt werden.

2474 Nicht tatbestandlich ist demgegenüber die lediglich **nicht vollständige** Buchung. Eine entsprechende Ahndung würde einen Verstoß gegen Art. 103 Abs. 2 GG darstellen.[3]

2475 Die Falschbuchung erfasst nur inhaltliche Mängel. Eine allein unordentliche Buchführung stellt deshalb keine Ordnungswidrigkeit dar. Eine **falsche normative Wertung** ist ebenfalls nicht tatbestandsmäßig.

Beispiel:

Der Geschäftsführer einer in Dresden ansässigen Bau-GmbH lässt Pensionsrückstellungen einbuchen, die sich auf eine Pensionszusage eines für die GmbH tätigen Gesellschafters beziehen, der bereits nach sieben Jahren Mindestdienstzeit eine Pension erhalten soll.[4]

2476 **Unrichtig** ist die Buchung, wenn der betreffende Vorgang falsch wiedergegeben wird.

Beispiel:

Ein Schreibwarenhändler kauft neben Büroartikeln bei einem Großhandelsbetrieb Lebensmittel für seine Familie ein. Er verbucht die Gesamtrechnung unter „Wareneinkauf".

2477 Wie beim Ausstellen unrichtiger Belege ist auch hier Bestandteil des objektiven Tatbestands, dass das Täterverhalten geeignet ist, eine Steuerverkürzung zu ermöglichen. Für den subjektiven Tatbestand gelten die Ausführungen unter → Rz. 2407 ff. ebenfalls.

IV. Ausländische Einfuhr- und Ausfuhrabgaben

2478 Nach § 379 Abs. 1 Satz 2 AO sind auch bestimmte ausländische Einfuhr- und Ausfuhrabgaben vor der Ausstellung unrichtiger Belege geschützt. Die Vorschrift knüpft an § 370 Abs. 6 Satz 1 AO an. Sie gilt nur für die unrichtige Belegausstellung,

1) Streitig: Jäger in Franzen/Gast/Joecks, 7. Aufl. 2009, § 379 AO Rz. 15; Dörn in Achenbach/Wannemacher, § 15 Rz. 64.
2) BFH v. 24.3.1970, I R 38/68, BStBl II 1970, 540.
3) AG Münster v. 15.10.1998, 14 OWi 44 Js 385/98, NStZ 1999, 573.
4) Vgl. FG Berlin v. 27.10.1997, 8290/96, EFG 1998, 595.

nicht für das Falsch- bzw. Nichtverbuchen. Somit ist die Gefährdung von Einfuhr- und Ausfuhrabgaben, die von einem anderen Mitgliedsstaat der Europäischen Gemeinschaften verwaltet werden, als Ordnungswidrigkeit ausgestaltet, und zwar unabhängig davon, wo die Tat begangen wurde (§ 370 Abs. 7 i.V.m. § 379 Abs. 1 Satz 2 Halbsatz 2 AO). Die ausländische Umsatzsteuer wurde inzwischen ausdrücklich in die Vorschrift einbezogen (§ 379 Abs. 1 Satz 3 AO).

V. Verletzung der Meldepflicht bei Auslandsbeziehungen

Nach § 138 Abs. 2 AO ist ein Stpfl. mit Wohnsitz, gewöhnlichem Aufenthalt, Geschäftsleitung oder Sitz in der Bundesrepublik Deutschland gehalten, folgende Auslandsbeziehungen dem zuständigen Finanzamt mitzuteilen: **2479**

- die Gründung und den Erwerb von Betrieben und Betriebstätten im Ausland (Nr. 1),
- die Beteiligung an ausländischen Personengesellschaften oder deren Aufgabe oder Änderung (Nr. 2),
- den Erwerb von Beteiligungen an einer Körperschaft, Personenvereinigung oder Vermögensmasse i.S.d. § 2 Nr. 1 KStG, wenn damit unmittelbar eine Beteiligung von mindestens 10 % oder mittelbar eine Beteiligung von mindestens 25 % am Kapital oder Vermögen der Körperschaft, Personenvereinigung oder Vermögensmasse erreicht wird oder wenn die Summe der Anschaffungskosten aller Beteiligungen mehr als 150 000 € beträgt (Nr. 3).

Ordnungswidrig handelt, wer dieser Mitteilungspflicht vorsätzlich oder leichtfertig nicht, nicht vollständig oder nicht rechtzeitig nachkommt (§ 379 Abs. 2 Nr. 1 AO). Die Meldefrist ergibt sich aus § 138 Abs. 3 AO. Zweck der Vorschrift ist es, die steuerliche Überwachung von Auslandsbeziehungen zu erleichtern. Insbesondere geht es um die sog. Flucht in Steueroasen; hierbei können Tatbestände des Außensteuerrechts einschlägig sein (vgl. §§ 2, 5, 6 bis 8 AStG). **2480**

Zu beachten ist, dass das Finanzamt bei Sachverhalten mit Auslandsberührung steuerverfahrensrechtlich berechtigt ist, ergänzende Angaben zu verlangen (§ 90 Abs. 2 AO; § 17 AStG). Soweit allerdings hiergegen verstoßen wird, liegt keine Ordnungswidrigkeit nach § 379 Abs. 2 Nr. 1 AO vor. **2481**

VI. Aufzeichnung des Warenausgangs

§ 379 Abs. 2 Nr. 1a AO handelt ordnungswidrig, wer vorsätzlich oder leichtfertigt entgegen § 144 Abs. 1 oder 2 Satz 1 AO, jeweils auch in Verbindung mit Absatz 5, eine Aufzeichnung nicht, nicht richtig oder nicht vollständig erstellt. Nach § 144 Abs. 1 AO müssen gewerbliche Unternehmer, die nach der Art ihres Geschäftsbetriebs Waren regelmäßig an andere gewerbliche Unternehmer zur Weiterveräußerung oder zum Verbrauch als Hilfsstoffe liefern, den erkennbar für diese Zwecke bestimmten Warenausgang gesondert aufzeichnen. Aufzuzeichnen sind auch alle Waren, die der Unternehmer auf Rechnung (auf Ziel, Kredit, Abrechnung oder Gegenrechnung), durch Tausch oder unentgeltlich liefert (§ 144 Abs. 2 Satz 1 Nr. 1 AO) oder gegen Barzahlung liefert, wenn die Ware wegen der abgenommenen Menge zu einem Preis veräußert wird, der niedriger ist als der übliche Preis für Verbraucher (Nr. 2). Dies gilt nicht, wenn die Ware erkennbar nicht zur gewerblichen Weiterverwendung bestimmt ist (Satz 2). **2482**

Die Aufzeichnungen müssen nach § 144 Abs. 4 AO die folgenden Angaben enthalten: **2483**

- den Tag des Warenausgangs oder das Datum der Rechnung (Nr. 1),
- den Namen oder die Firma und die Anschrift des Abnehmers (Nr. 2),

– die handelsübliche Bezeichnung der Ware (Nr. 3),
– den Preis der Ware (Nr. 4),
– einen Hinweis auf den Beleg (Nr. 5).

2484 Tathandlung sind die „nicht, nicht richtige oder nicht vollständige" Aufzeichnung. Sanktioniert werden also neben dem reinen Unterlassen auch inhaltlich fehlerhafte Darstellungen.

VII. Verletzung der Kontenwahrheit

2485 § 154 Abs. 1 AO ordnet an, dass niemand auf einen falschen oder erdichteten Namen für sich oder einen Dritten ein Konto errichten oder Buchungen vornehmen lassen, Wertsachen in Verwahrung geben oder verpfänden oder sich ein Schließfach geben lassen darf. Wer diese Verpflichtung zur Kontenwahrheit verletzt, handelt gem. § 379 Abs. 2 Nr. 2 AO ordnungswidrig. Damit soll die Nachprüfung steuerlicher Verhältnisse erleichtert und insbes. die Errichtung „schwarzer Konten" verhindert werden.[1]

2486 Ein **Konto** ist eine laufende Rechnung für einen Kunden, aus der alle Geschäftsvorfälle des Inhabers zu ersehen sind, also nicht notwendig nur ein Bankkonto,[2] obwohl dies der typische Anwendungsfall ist. Schließfächer i.S.d. §§ 154, 379 AO sind weder Postschließfächer noch solche auf Bahnhöfen, Flughäfen usw., denn sie dienen nicht der Aufbewahrung von steuerlich relevanten Vermögenswerten.[3] Wertsachen sind Geld, Wertpapiere und Kostbarkeiten (§ 154 Abs. 1 AO).

2487 Darüber hinaus sind dies gem. § 1 DepotG Aktien, Kuxe, Zwischenscheine, Zins-, Gewinnanteil- und Erneuerungsscheine, auf den Inhaber lautende oder durch Indossament übertragbare Schuldverschreibungen, ferner andere Wertpapiere, wenn diese vertretbar sind, mit Ausnahme von Banknoten und Papiergeld. Kostbarkeiten sind u.a. Schmuck, Edelmetalle, Kunstgegenstände, u.U. Briefmarken und Münzen.

2488 Ein **Name ist falsch,** wenn er nicht den Verfügungsberechtigten bezeichnet.[4] Ein auch sonst verwendeter Künstlername oder ein Pseudonym ist ausreichend, um den Berechtigten zu individualisieren. Ein Firmenname ist freilich unbedenklich (arg. §§ 17, 18 HGB). Auch eine noch nicht im Handelsregister eingetragene GmbH darf ihren Firmennamen mit dem Zusatz „i.G." führen, ohne gegen die Pflicht zur Kontenwahrheit zu verstoßen.

2489 Nummernkonten sind allerdings unzulässig.[5] **Erdichtet** i.S.d. § 154 Abs. 1 AO ist ein frei erfundener Name. Ebenfalls verboten ist nach Ansicht des BVerfG, Geschäftsvorfälle über CpD-Konten abzuwickeln, wenn der Name des Betreffenden bekannt ist oder unschwer ermittelt werden kann und für ihn bereits ein entsprechendes Konto geführt wird.[6]

2490 Fraglich ist, ob **Bareinlösungen** von Verrechnungsschecks als Verstöße gegen § 154 AO zu werten sind. Hiervon kann in dieser Allgemeinheit nicht ausgegangen wer-

---

1) Zum damit einhergehenden haftungsrechtlichen Risiko für Banken siehe beispielhaft Wegner, PStR 2011, 34.
2) Gl.A. Dörn in Achenbach/Wannemacher, § 15 Rz. 75.
3) A.A. offenbar Matthes in Kohlmann, § 379 AO Rz. 137 (Juni 2009).
4) Dörn in Achenbach/Wannemacher, § 15 Rz. 77.
5) AEAO zu § 154, Nr. 5 Satz 3; a.A. Jäger in Franzen/Gast/Joecks, 7. Aufl. 2009, § 379 AO Rz. 39.
6) BVerfG v. 23.3.1994, 2 BVR 396/94, wistra 1994, 221; AEAO zu § 154 AO Nr. 3; Rätke in Klein, 11. Aufl. 2012, § 154 AO Rz. 6; Matthes in Kohlmann § 379 AO Rz. 138 (Juni 2009).

den.[1] Zwar verbietet Art. 39 Abs. 2 ScheckG die Barzahlung, jedoch nicht aus Gründen des Steuerrechts, sondern mit der zivilrechtlichen Haftungsfolge des Art. 39 Abs. 4 ScheckG.

Ebenso stellen **Tafelgeschäfte** (Verkauf effektiver Wertpapierstücke in bar) Bankdienstleistungen dar, die innerhalb der Sozialadäquanz liegen. Besitzt der Kunde dagegen ein Girokonto, Depot oder dergleichen bei derselben Bank, ist kein redlicher Grund ersichtlich, das Geschäft über ein CpD-Konto abzuwickeln.[2] **2491**

Problematisch ist auch die Konstellation der Errichtung eines Kontos mit **Verfügungsberechtigung für einen Dritten.** In einem solchen Fall muss das Kreditinstitut die Personalien des Verfügungsberechtigten ebenfalls auf dem Kontostammblatt festhalten, um § 154 Abs. 1 AO Genüge zu tun.[3] **2492**

Der **Täterkreis** des § 379 Abs. 2 Nr. 2 AO umfasst nicht die Bankangestellten, sondern nur die Kunden.[4] **2493**

§ 154 AO soll allerdings nur die formale Kontenwahrheit gewährleisten. Demnach ist es unerheblich, wenn der Inhaber, der sich ordnungsgemäß legitimiert hat, das Konto für fremde Rechnung führt. **2494**

Beispiel:

K hat bei der Bank B ein Konto unter seinem Namen eröffnet und gleichzeitig seinem Sohn S Kontovollmacht erteilt. Das Konto weist beträchtliche Haben-Umsätze auf, welche nahezu alle auf die Einreichung von Schecks des S zurückzuführen sind. Sämtliche Barabhebungen stammen von ihm.

§ 154 AO hindert nicht, dass der richtig bezeichnete Kontoinhaber de facto für Rechnung eines anderen tätig wird. Es ist Sache des Finanzamts, die materielle Berechtigung in steuerlicher Hinsicht zu ermitteln (§ 159 AO). Etwas anderes ergibt sich auch nicht aus der Identifikationspflicht des § 8 GwG.[5] **2495**

Ein Verstoß gegen die Verpflichtungen des Kontoführers gem. § 154 Abs. 2 AO, sich über die **Personalien** einschl. Adresse des Kontoinhabers bzw. Verfügungsberechtigten Gewissheit zu verschaffen, begründet für sich gesehen keine Ordnungswidrigkeit, könnte aber als Steuergefährdung nach § 379 Abs. 2 Nr. 2 AO ahndbar sein. Insoweit stellt sich aber das Problem, ob es mit dem strikten Wortlaut des § 379 Abs. 2 Nr. 2 AO zu vereinbaren ist, den Bankangestellten bußgeldrechtlich zur Verantwortung zu ziehen. Andererseits kommt allerdings Beihilfe zur Steuerhinterziehung in Betracht, wenn der Bankangestellte weiß, dass die Personalien falsch sind und er die Hinterziehung des Kunden fördern will (→ Rz. 604 ff.). Insoweit wird der Vorsatz zwar schwer nachweisbar sein, dem Wissen um den Verstoß gegen die Kontenwahrheit kommt dann aber Indizwirkung zu. **2496**

VIII. Zuwiderhandlung gegen eine Auflage

Ordnungswidrig handelt gem § 379 Abs. 3 AO, wer vorsätzlich oder fahrlässig einer Auflage nach § 120 Abs. 2 Nr 4 AO zuwiderhandelt, die einem Verwaltungsakt für Zwecke der besonderen Steueraufsicht (§§ 209 bis 217 AO) beigefügt worden ist. **2497**

1) A.A. Rätke in Klein, 11. Aufl. 2012, § 154 AO Rz. 7.
2) BFH v. 15.6.2001, VII B 11/00, NJW 2001, 2979, 2999; LG Itzehoe v. 9.6.1999, 9 Qs 67/99 I, wistra 1999, 432, 433.
3) So zutreffend Matthes in Kohlmann, § 379 AO Rz. 149 (Juni 2009).
4) Gl.A. Dörn in Achenbach/Wannemacher, § 15 Rz. 76.
5) BGH v. 18.10.1994, XI ZR 237/93, BB 1995, 62, 64.

2498 Es handelt sich hierbei um eine sehr spezielle Vorschrift, die nur im Rahmen der Steueraufsicht im Zoll- und Verbrauchsteuerrecht gilt und eine Art Ungehorsamsfolge gegenüber behördlichen Anordnungen darstellt.[1)]

2499 **Steueraufsicht** bedeutet u.a. zollamtliche Überwachung des grenzüberschreitenden Warenverkehrs sowie der Herstellung, Lagerung und Verarbeitung verbrauchsteuerpflichtiger Waren (z.B. Mineralöl, Tabak, Bier). Der besondere Grund hierfür liegt in einer latenten Gefährdung des Steueraufkommens aus diesen Waren, die regelmäßig mit sehr hohen indirekten Steuern belastet sind (bei Mineralöl i.d.R. über 60 % Steuerbelastung), weshalb ein starker Anreiz zur Steuerhinterziehung besteht. Die einzelnen Verbrauchsteuergesetze beschreiben genauer, welche Vorgänge der zollamtlichen Überwachung unterliegen. Diese Vorschriften ergänzen § 209 Abs. 1 AO.

Beispiel:

M ist Mineralölhändler. Er hat um die Stundung von rückständiger Mineralölsteuer gebeten, weil seine Abnehmer z.T. Zahlungsschwierigkeiten haben. Das Hauptzollamt führt eine Nachschau (§ 210 Abs. 1 AO) im Betrieb des M durch, bewilligt die Stundung und erlegt M auf, bis auf weiteres alle Liefergeschäfte mit Namen und Anschrift des Kunden besonders aufzuzeichnen, die pro Geschäftsvorfall mehr als 100 000 l betreffen.

M ignoriert dies. Gegen ihn kann ein Bußgeld festgesetzt werden.

2500 Eine **Auflage** ist eine Nebenbestimmung zu einem begünstigenden Verwaltungsakt, durch die dem Adressaten ein Tun, Dulden oder Unterlassen vorgeschrieben wird (§ 36 Abs. 2 Nr. 4 VwVfG). Auch eine rechtswidrige Auflage ist verbindlich, solange sie nicht von der Behörde oder dem Finanzgericht (nach Anfechtungsklage, § 40 Abs. 1 FGO) aufgehoben worden ist.

2501 Hinsichtlich des **subjektiven Tatbestandes** muss entweder Vorsatz oder Fahrlässigkeit vorliegen. Anders als in den Fällen des § 379 Abs. 1 und 2 AO ist also nicht Leichtfertigkeit vorausgesetzt; eine schwer verständliche Differenzierung.

IX. Geldbuße

2502 Eine Steuergefährdung nach § 379 Abs. 1 bis 3 AO kann mit einer Geldbuße von 5 bis 5 000 € geahndet werden (§ 17 Abs. 1 OWiG; § 379 Abs. 4 AO). Bei fahrlässigen oder leichtfertigen Verstößen reduziert sich der obere Bußgeldrahmen auf die Hälfte;[2)] dies folgt aus § 17 Abs. 2 OWiG (→ Rz. 2340).

X. Selbstanzeige

2503 Eine Selbstanzeige hindert nicht die Ahndung nach § 379 AO. Kommt eine Sanktion nach § 378 AO nicht in Betracht, so kann ggf. auf den Tatbestand der Steuergefährdung zurückgegriffen werden (→ Rz. 2453).[3)]

---

1) Dörn in Achenbach/Wannemacher, § 15 Rz. 79; Rüping in H/H/Sp, § 379 AO Rz. 87 (März 2006).
2) Jäger in Franzen/Gast/Joecks, 7. Aufl. 2009, § 379 AO Rz. 51; Weyand in Schwarz, § 379 AO Rz. 21 (März 2006).
3) Jäger in Franzen/Gast/Joecks, 7. Aufl. 2009, § 379 AO Rz. 52; zu recht krit. Heerspink in Flore/Tsambikakis, § 379 AO Rz. 154.

C. Gefährdung der Abzugsteuern (§ 380 AO)

Schrifttum

Kindshofer, Bauabzugsteuer: Ein neues Betätigungsfeld für Steuerverkürzung?, PStR 2003, 160.

Nach § 380 AO handelt ordnungswidrig, wer vorsätzlich oder leichtfertig seiner Verpflichtung, Steuerabzugsbeträge einzubehalten und abzuführen, nicht, nicht vollständig oder nicht rechtzeitig nachkommt. § 380 AO ist ein echtes Unterlassungsdelikt. **2504**

Die Vorschrift bezweckt den Schutz derjenigen Pflichten, die dritten Personen im Besteuerungsverfahren im Hinblick auf fremde Steuerschulden obliegen. Das Steuerabzugsverfahren soll die zuverlässige und schnelle Erfassung der Steuer an der Quelle sichern. Derjenige, der zum Einbehalt und zum Abführen der fremden Steuern verpflichtet ist, steht deshalb in einem gewissen Treueverhältnis zum Steuergläubiger und zum Steuerschuldner. **2505**

Der Anwendungsbereich des § 380 AO erstreckt sich vor allem auf die Lohn-, Kapitalertrag- und in bestimmten Fällen der beschränkten Steuerpflicht auf die Einkommensteuer (vgl. §§ 38 bis 41c, 43 ff., 50a EStG; § 73a bis 73g EStDV) sowie auf das Umsatzsteuer-Abzugsverfahren (§ 18 Abs. 8 UStG, § 51 bis 58 UStDV). **2506**

Der Hauptanwendungsfall des § 380 AO liegt bei der **Lohnsteuer.** Fehlt es allerdings schon an der Abgabe der Lohnsteueranmeldung (§ 41a EStG), liegt i.d.R. bereits eine Steuerhinterziehung oder leichtfertige Steuerverkürzung vor, und § 380 AO tritt hinter § 370 oder § 378 AO zurück (→ Rz. 2449). Die praktische Bedeutung des § 380 AO ist deshalb bislang nicht sonderlich groß, obgleich hier ein nicht unerhebliches Risikofeld liegt. **2507**

Die Lohnsteuer hat der Arbeitgeber für Rechnung des Arbeitnehmers (§ 38 Abs. 3 Satz 1 EStG) bei jeder Lohnzahlung an das Finanzamt abzuführen, und zwar i.d.R. spätestens am 10. Tag nach Ablauf eines Kalendermonats (§ 41a Abs. 1 EStG). Wenn die einbehaltene Lohnsteuer im vorangegangenen Kalenderjahr mehr als 1 000 € und weniger als 4 000 € betragen hat (§ 41a Abs. 2 EStG), ist die Lohnsteueranmeldung vierteljährlich, bei geringeren Beträgen jährlich abzugeben. Abgesehen vom bußgeldrechtlichen Risiko des Arbeitgebers haftet dieser gem. § 42d EStG für die einzubehaltenden und abzuführenden Beträge. **2508**

Schuldet der Arbeitgeber die Steuer allerdings selbst, wie im Falle der **pauschalierten Lohnsteuer** nach den §§ 40, 40a, 40b EStG, liegt kein Fall des § 380 AO vor, da es sich dann nicht um Steuerabzugsbeträge handelt. **2509**

Hiervon zu unterscheiden ist der Fall, dass Lohnsteuer auf Antrag des Arbeitgebers (aus Vereinfachungsgründen) pauschaliert nachgefordert wird (§ 40 Abs. 1 Nr. 2 EStG). **2510**

§ 380 AO ist gegenüber den §§ 370 und 378 AO nur **subsidiär** anwendbar (→ Rz. 2450). Nur wenn zutreffende Lohnsteueranmeldungen rechtzeitig abgegeben werden, kommt i.d.R. die Anwendung des § 380 AO in Frage. Anders kann es im Einzelfall dann sein, wenn der Stpfl. (z.B. Arbeitgeber) weder vorsätzlich noch leichtfertig eine Steuerverkürzung bewirkt hat, indem er eine objektiv unrichtige Steueranmeldung abgegeben hat. **2511**

Beispiel:

F betreibt eine Wurstfabrik mit vielen Arbeitnehmern. Wegen des hohen Anfalls an – unverkäuflichen – Wurstresten stellt er seinen Arbeitnehmern diese im Rahmen eines arbeitstäglichen Frühstücks unentgeltlich zur Verfügung, ohne hieraus lohnsteuerliche

Konsequenzen zu ziehen. Nach einer Lohnsteueraußenprüfung geht das Finanzamt davon aus, dass ein Sachbezugswert für das Frühstück anzusetzen und als steuerpflichtiger Arbeitslohn zu behandeln ist.

Wenn man hier die Auffassung vertritt, dass sich der Arbeitgeber wegen der lohnsteuerlichen Behandlung hätte erkundigen müssen (vgl. etwa § 42e EStG) und dies leichtfertig unterlassen hat, so könnte ein Bußgeld gegen F festgesetzt werden.

2512 Für die Anwendbarkeit des § 380 AO kommt es nicht darauf an, ob der **Arbeitsvertrag** zivilrechtlich wirksam ist. Aus den §§ 40, 41 AO lässt sich ferner herleiten, dass der Gesetzgeber davon ausgeht, das Steuerrecht sei gewissermaßen ethisch indifferent. Führt der Arbeitgeber keine Lohnsteuer an das Finanzamt ab, so handelt er ordnungswidrig.

2513 Wird allerdings gar **kein Lohn ausgezahlt,** gilt § 380 AO nicht, denn dann ist auch keine Lohnsteuer einzubehalten, wie sich aus § 38 Abs. 3 Satz 1 EStG ergibt (anders bei der Nichtabführung von Sozialversicherungsbeiträgen nach § 266a Abs. 1 StGB[1)]). Auch Mindestlohnunterschreitungen sind steuerrechtlich bedeutungslos; anderes mag im Recht der Sozialversicherungen gelten.

2514 Auch die **Kapitalertragsteuer** (u.a. „Zinsabschlagsteuer") wird im Wege des Steuerabzugs erhoben. Steuerschuldner ist i.d.R. der Anteilseigner, Sparer, Darlehensgeber usw. Die Darlehensnehmer bzw. die Geldinstitute haften für die einzubehaltenden und abzuführenden Beträge nach § 44 Abs. 5 EStG. Kein Steuerabzug erfolgt, wenn der Gläubiger einen Freistellungsauftrag oder eine Nichtveranlagungs-Bescheinigung vorlegt (§ 44a Abs. 2 EStG).

2515 Im **Steuerabzugsverfahren** wird außerdem in folgenden Fällen Einkommensteuer erhoben (§ 50a EStG):

- u.a. bei künstlerischen, sportlichen oder artistischen Darbietungen beschränkt Stpfl. im Inland (Abs. 1 Nr. 1),
- bei journalistischen, schriftstellerischen und ähnlichen Leistungen beschränkt Steuerpflichtiger im Inland (Abs. 1 Nr. 2),
- bei bestimmten Lizenzgebühren für die Überlassung geschützter Rechte (Abs. 1 Nr. 3),
- bei beschränkt steuerpflichtigen Mitgliedern von Aufsichts- bzw. Verwaltungsräten (Abs. 1 Nr. 4).

2516 Ausnahmsweise kann auch die **Umsatzsteuer** im Abzugswege erhoben werden, und zwar, wenn ausländische Unternehmer im Erhebungsgebiet steuerpflichtige Leistungen erbringen (§§ 51 ff. UStDV).

2517 Erbringt hiernach jemand im Inland eine Bauleistung an einen Unternehmer i.S.d. § 2 UStG oder an eine juristische Person des öffentlichen Rechts, so ist der Leistungsempfänger verpflichtet, von der Gegenleistung einen Steuerabzug in Höhe von 15 % für Rechnung des Leistenden vorzunehmen (sog. **Bauabzugsteuer**).[2)]

2518 Hinsichtlich des **subjektiven Tatbestands** werden an die Sorgfaltspflicht (etwa des Arbeitgebers) strenge Anforderungen gestellt, weil der zum Steuerabzug Verpflichtete gewissermaßen fremde Gelder verwaltet und die Nähe zur strafrechtlichen Untreue (§ 266 StGB) evident ist. So kann sich der Arbeitgeber nicht mit Zahlungsschwierigkeiten entschuldigen. Reichen die vorhandenen Mittel zur Lohnzahlung einschließlich Steuer nicht aus, besteht die gesetzliche Pflicht zur Lohnkürzung (§ 38 Abs. 4 EStG).

---

1) BGH v. 16.5.2000, VI ZR 90/99, NStZ 2001, 91; nunmehr auch ausdrücklich durch Gesetz v. 23.7.2002 geregelt (BGBl. I 2002, 2787).

2) Näher dazu Kindshofer, PStR 2003, 160.

Die **Geldbuße** beträgt 5 bis 5 000 € (h.M.: bei leichtfertigem Handeln bis 2 500 €; → Rz. 2508). 2519

Eine strafbefreiende **Selbstanzeige** ist für § 380 AO ohne Relevanz. Auf den Buß- 2520
geldtatbestand kann selbst dann zurückgegriffen werden, wenn eine Ahndung nach den §§ 370, 378 AO nicht mehr in Betracht kommt (→ Rz. 2451 Beispiel).[1)]

D. Verbrauchsteuergefährdung (§ 381 AO)

Verbrauchsteuern sind die Mineralöl-, Tabak-, Branntwein-, Schaumwein- und Kaf- 2521
feesteuer sowie die Biersteuer.

Nach § 381 AO handelt ordnungswidrig, wer vorsätzlich oder leichtfertig bestimm- 2522
ten Vorschriften der Verbrauchsteuergesetze und der dazu erlassenen Rechtsverordnungen zuwiderhandelt, z.B. Vorschriften über die zur Vorbereitung, Sicherung oder Nachprüfung der Besteuerung auferlegten Pflichten oder über die Verpackung und Kennzeichnung verbrauchsteuerpflichtiger Erzeugnisse oder Waren. Voraussetzung für die Qualifizierung einer solchen Verletzung als Ordnungswidrigkeit ist, dass die betreffende Rechtsvorschrift, welche die steuerliche Pflicht begründet, für den Fall der Zuwiderhandlung ausdrücklich auf die Sanktion nach § 381 AO verweist.

Eine Zuwiderhandlung gegen Verbrauchsteuergesetze kann also nur geahndet wer- 2523
den, wenn eine entsprechende Verweisung vorliegt. Dieser Vorbehalt der Rückverweisung dient der Rechtssicherheit. Rückverweisungen auf § 381 AO sind z.B. enthalten in § 30 Biersteuergesetz (BierStG), § 158 BranntWMonG, § 24 Kaffeesteuergesetz (KaffeeStG), § 35 Schaumwein- und Zwischenerzeugnissteuergesetz (SchaumwZwStG), § 64 EnergiesteuerG, und § 36 TabStG.

Auch § 381 AO ist **subsidiär** im Verhältnis zu § 378 AO (§ 381 Abs. 2 AO). Gegen- 2524
über der allgemeinen Steuergefährdung nach § 379 AO geht § 381 AO als lex specialis vor. Eine Sondervorschrift ist 1994 in das Tabaksteuerrecht eingefügt worden. Nach § 30a TabStG a.F. bzw. § 37 TabStG ist der Erwerb unversteuerter Zigaretten bis zu 1 000 Stück zum Eigenverbrauch stets nur als Ordnungswidrigkeit zu ahnden. Hier ist das Subsidiaritätsprinzip gleichsam umgekehrt worden, denn Steuerhehlerei nach § 374 AO scheidet insofern aus (§ 37 Abs. 1 Satz 2 TabStG).

Bei vorsätzlichem Fehlverhalten beträgt die **Geldbuße** mindestens 5 € und höchs- 2525
tens 5 000 €, bei Leichtfertigkeit höchstens 2 500 €; → Rz. 2502).

§ 381 AO verweist nicht auf § 371 AO. Eine Selbstanzeige ist daher bußgeldrechtlich 2526
ohne Relevanz (→ Rz. 2451).

Anders als bei den Ordnungswidrigkeiten nach den §§ 378 bis 380 AO gelten für 2527
§ 381 AO die allgemeinen Vorschriften über die Verjährung (§ 377 Abs. 2 AO i.V.m. den §§ 31 ff. OWiG). Die Verfolgung einer Verbrauchsteuergefährdung verjährt deshalb in zwei Jahren (§ 31 Abs. 2 Nr. 2 OWiG; → Rz. 2362).

E. Gefährdung der Einfuhr- und Ausfuhrabgaben (§ 382 AO)

§ 382 AO ist ein abstraktes Gefährdungsdelikt. Die Vorschrift erfasst als Ordnungs- 2528
widrigkeit Zuwiderhandlungen gegen Zollgesetze und dazu erlassene Rechtsver-

1) Jäger in Franzen/Gast/Joecks, 7. Aufl. 2009, § 380 AO Rz. 27.

ordnungen bzw. Verordnungen der Europäischen Union, die für die zollamtliche Überwachung des grenzüberschreitenden Warenverkehrs und die Durchführung von Zollverfahren gelten. Die Vorschrift erfasst Pflichtverletzungen, die noch keine Steuerverkürzungen zur Folge hatten.

2529 Die Anwendbarkeit des § 382 AO setzt wie die des § 381 AO voraus, dass die Zollgesetze bzw. die dazu ergangenen Rechtsverordnungen für bestimmte Tatbestände auf die Bußgeldvorschrift des § 382 AO zurückverweisen. Dieser Rückverweisungsvorbehalt soll ermöglichen, dass Zuwiderhandlungen gegen unbestimmte, nicht sanktionsbedürftige oder bereits anderweitig abgesicherte Ge- oder Verbote von dem Bußgeldblankett ausgenommen werden.[1] Abschließende Verweisungskataloge befinden sich in § 31 ZollVG und § 30 Zollverordnung (ZollV).[2]

2530 Berücksichtigt werden in § 382 AO auch die „Freizonen" (Art. 166 ZK) als fiktive Freigebiete mit besonderer Zollaufsicht berücksichtigt. Es handelt sich hierbei um die mehrere Freihäfen in Deutschland, wenngleich hier in den letzten Jahren Änderungen zu verzeichnen waren.

2531 Nach § 382 Abs. 2 AO gilt die Regelung in Abs. 1 auch für die **Verbrauchsteuern,** soweit die Zollgesetze und die dazu erlassenen Rechtsverordnungen auf sie sinngemäß anzuwenden sind. Insoweit ist § 382 AO Spezialvorschrift gegenüber § 381 AO. Im Übrigen tritt § 382 AO wie die anderen Gefährdungstatbestände zurück, wenn Steuerhinterziehung nach § 370 oder leichtfertige Steuerverkürzung nach § 378 AO vorliegt.

2532 Die Bußgeldandrohung entspricht der des § 381 AO (→ Rz. 2525), ebenso die Verjährungsregelung (→ Rz. 2527).

2533 In subjektiver Hinsicht wird kein leichtfertiges Verhalten verlangt, ausreichend ist – gesetzessystematisch zweifelhaft – bereits (einfache) **Fahrlässigkeit.**

2534 Eine **Bagatellgrenze** für die Ahndung von Ordnungswidrigkeiten enthält § 32 ZollVG. Danach kann im grenzüberschreitenden Reiseverkehr bis zu einem Eingangsabgaben-Betrag von 130 € ein Zuschlag statt eines Bußgeldes erhoben werden (sog. **Schmuggelprivileg**).

2535 Eine Selbstanzeige ist ohne bußgeldrechtliche Relevanz (→ Rz. 2451).

F. Unzulässiger Erwerb von Steuererstattungs- und Vergütungsansprüchen (§ 383 AO)

Schrifttum

Beck/Samm/Kokemoor, KWG, Kommentar, Loseblattwerk.

2536 Der geschäftsmäßige Erwerb von Erstattungs- und Vergütungsansprüchen zum Zwecke der Einziehung oder sonstigen Verwertung auf eigene Rechnung ist nicht zulässig (§ 46 Abs. 4 AO). Dazu sind grds. nur solche Unternehmen befugt, denen das Betreiben von Bankgeschäften erlaubt ist. Wer sich – entgegen dieser Regelung – dennoch Ansprüche abtreten lässt, handelt ordnungswidrig (§ 383 Abs. 1 AO).

2537 Das Verbot des § 46 Abs. 4 AO dient vor allem dem Schutz der Lohnsteuerpflichtigen. Es soll Missbräuchen vorgebeugt werden auf dem Gebiet der Lohnsteuerhilfe,

1) Jäger/Lipsky in Franzen/Gast/Joecks, 7. Aufl. 2009, § 382 AO Rz. 10.
2) Matthes in Kohlmann, § 382 AO Rz. 9 (Juli 2012).

insbes. der Vorfinanzierung von Erstattungsansprüchen der Arbeitnehmer durch unseriöse Kreditgeber gegen unverhältnismäßiges Entgelt.

Die Vorschrift ist geschaffen worden mit Rücksicht auf den sog. Lohnsteuerjahresausgleich nach früherem Recht. Sie ist aber auch anwendbar auf die Arbeitnehmersparzulage (§ 14 Abs. 2, 3 des 5. VermBG), die Wohnungsbauprämie (§ 8 Abs. 1 WoPG) und das Kindergeld an unbeschränkt einkommensteuerpflichtige Berechtigte (§ 31 Satz 3 EStG). Nicht von § 383 AO erfasst ist der Erwerb privatrechtlicher Ansprüche gegen den Steuergläubiger (etwa nach § 191 Abs. 4 AO). Auch Sicherungsabtretungen sind nicht bußgeldrechtlich relevant. 2538

Auch nach dem Wegfall des Lohnsteuerjahresausgleichs auf Antrag des Arbeitnehmers (§§ 42, 42a EStG) hat die Vorschrift des § 383 AO ihre Berechtigung nicht verloren, da es nunmehr die sog. Antragsveranlagung zur Anrechnung von Lohnsteuer auf die Einkommensteuer gibt (§ 46 Abs. 2 Nr. 8 EStG). 2539

Steuererstattungsansprüche sind umgekehrte Leistungsansprüche aus dem Steuerschuldverhältnis, die daraus resultieren, dass der Rechtsgrund für die Leistung entweder nicht bestanden hat oder später weggefallen ist (§ 37 Abs. 2 AO). 2540

Steuervergütungsansprüche sind Leistungsansprüche eines anderen als des Steuerschuldners, die vom ursprünglichen Stpfl. zwar zu Recht geleistet wurden, vom Steuergläubiger aber aus bestimmten Gründen wieder ausgezahlt werden, sei es, um eine bestimmte Steuererhebungstechnik zu realisieren (z.B. beim Vorsteuerabzug nach § 15 UStG), sei es, um ein gesamtwirtschaftlich erwünschtes Verhalten zu fördern (vgl. etwa das EnergieStG) oder um eine Mehrfachbelastung des Stpfl. zu vermeiden (z.B. bei der Vergütung von Körperschaftsteuer nach § 36b EStG). 2541

Geschäftsmäßig ist der Erwerb von Steuererstattungs- oder Vergütungsansprüchen, wenn dieser selbständig und mit Wiederholungsabsicht ausgeübt wird.[1] 2542

Beispiel:[2]

Steuerberater S lässt sich über mehrere Jahre hinweg bis zu sieben Mal (bzw. in mehr als 50 Fällen) pro Jahr Erstattungsansprüche seiner Mandanten gegen das Finanzamt abtreten, um Honorarforderungen zu sichern.

Der BFH hat in beiden Fällen ein geschäftsmäßiges Verhalten angenommen. Demgegenüber dürfte(n) eine einmalige oder jedenfalls nur vereinzelte Sicherungsabtretung(en) an einen Steuerberater im Hinblick auf dessen Honoraransprüche aber unschädlich sein. Geschäftsmäßige Sicherungsabtretungen sind aber nur zugelassenen Kreditinstituten (§ 32 KWG) erlaubt.[3] 2543

Ist ein Steuererstattungs- oder Vergütungsanspruch geschäftsmäßig abgetreten, so ist dies nicht nur nach § 383 AO als Ordnungswidrigkeit ahndbar; daneben ist die Abtretung auch **zivilrechtlich nichtig** (§ 46 Abs. 5 AO, §§ 134, 398 BGB). 2544

§ 383 Abs. 1 AO sanktioniert nur **vorsätzliches Fehlverhalten** (§ 377 Abs. 2 AO; § 10 OWiG). 2545

Die **Geldbuße** kann bis zu 50 000 € betragen. Gegen einen Lohnsteuerhilfeverein kann auch als solchen eine Verbandsgeldbuße nach § 30 OWiG festgesetzt werden. 2546

Verfolgungsverjährung tritt in drei Jahren ein (§ 377 Abs. 2 AO, § 31 Abs. 2 Nr. 1 OWiG). 2547

---

1) Ratschow in Klein, 11. Aufl. 2012, § 46 AO Rz. 25; Webel in Schwarz, § 383 AO Rz. 2 (November 2012).
2) Nach BFH v. 23.10.1985, VII R 196/82, BStBl II 1986, 124; v. 17.9.1987, VII R 168/84, BFH/NV 1988, 9.
3) Näher zu den daran anknüpfenden strafrechtlichen Risiken siehe die Kommentierung von Wegner in Beck/Samm/Kokemoor, § 54 KWG (2010).

G. Zweckwidrige Verwendung des Identifikationsmerkmals nach § 139a AO (§ 383a AO)

2548 Gemäß § 383a AO handelt ordnungswidrig, wer als nicht öffentliche Stelle, d.h. jenseits der Finanzverwaltung, vorsätzlich oder leichtfertig entgegen § 139b Abs. 2 Satz 2 Nr. 1 AO und § 139c Abs. 2 Satz 2 AO die Identifikationsnummer nach § 139b AO[1)] oder die Wirtschaftsidentifikationsnummer nach § 139c Abs. 3 AO für andere als die zugelassenen Zwecke **erhebt** oder **verwendet**, oder entgegen § 139b Abs. 2 Satz 2 Nr. 2 AO seine Dateien nach der Identifikationsnummer für andere als die zugelassenen Zwecke **ordnet** oder für den Zugriff **erschließt**.

2549 Nach § 139b Abs. 1 AO darf eine natürliche Person nicht mehr als eine Identifikationsnummer erhalten. Jede Identifikationsnummer darf nur einmal vergeben werden. Die Finanzbehörden dürfen die Identifikationsnummer nur erheben und verwenden, soweit dies zur Erfüllung ihrer gesetzlichen Aufgaben erforderlich ist oder eine Rechtsvorschrift die Erhebung oder Verwendung der Identifikationsnummer ausdrücklich erlaubt oder anordnet. Andere öffentliche oder nicht öffentliche Stellen dürfen die Identifikationsnummer nur erheben oder verwenden, soweit dies für Datenübermittlungen zwischen ihnen und den Finanzbehörden erforderlich ist oder eine Rechtsvorschrift die Erhebung oder Verwendung der Identifikationsnummer ausdrücklich erlaubt oder anordnet (§ 139b Abs. 2 Satz 1 Nr. 1 AO). Sie dürfen ihre Dateien ferner nur insoweit nach der Identifikationsnummer ordnen oder für den Zugriff erschließen, als dies für regelmäßige Datenübermittlungen zwischen ihnen und den Finanzbehörden erforderlich ist (§ 139b Abs. 2 Satz 2 Nr. 1 AO).

2550 Die Wirtschafts-Identifikationsnummer wird auf Anforderung der zuständigen Finanzbehörde vergeben (§ 139c Abs. 1 Satz 1 AO). Die Finanzbehörden dürfen die Wirtschafts-Identifikationsnummer nur erheben und verwenden, soweit dies zur Erfüllung ihrer gesetzlichen Aufgaben erforderlich ist oder eine Rechtsvorschrift dies erlaubt oder anordnet. Andere öffentliche oder nicht öffentliche Stellen – und hier setzt die Ahndung nach § 383a AO an – dürfen die Wirtschafts-Identifikationsnummer nur erheben oder verwenden, soweit dies zur Erfüllung ihrer Aufgaben oder Geschäftszwecke oder für Datenübermittlungen zwischen ihnen und den Finanzbehörden erforderlich ist.

2551 § 383a Abs. 1 AO sanktioniert **vorsätzliches** und **leichtfertiges** Fehlverhalten (§ 377 Abs. 2 AO, § 10 OWiG).

2552 Die **Geldbuße** kann bis zu 10 000 € betragen (siehe aber § 17 Abs. 2 OWiG).

2553 **Verfolgungsverjährung** tritt in zwei Jahren ein (§ 377 Abs. 2 AO, § 31 Abs. 2 Nr. 2 OWiG).

H. Schädigung des Umsatzsteueraufkommens (§ 26b UStG)

Schrifttum

Burger, Die Einführung der gewerbs- und bandenmäßigen Steuerhinterziehung sowie aktuelle Änderungen im Bereich der Geldwäsche, wistra 2002, 1; **Burhoff**, Mit viel Geld ins Ausland kann teuer werden, PStR, 2001, 145; **Gotzens/Wegner**, Das Steuerverkürzungsbekämpfungsgesetz – eine erste Einschätzung, PStR 2002, 32; **Kindshofer**, Werden

1) Zu vermeintlichen verfassungsrechtlichen Bedenken siehe FG Köln v. 7.7.2010, 2 K 3265/08, BB 2010, 2334.

Sparschwein und Sparstrumpf zur Schwarzgeldfalle?, PStR 2001, 128; **Kindshofer**, Bauabzugsteuer: Ein neues Betätigungsfeld für Steuerverkürzung?, PStR 2003, 160; **Kindshofer/Wegner**, Nichtangabe von Zahlungsmitteln, wistra 2002, 195; **Schmitz**, Grenzüberschreitender Bargeldtransfer – Kritische Betrachtung der aktuellen Rechtsprechung zu § 12a ZollVG und § 12a a.F. FVG, DStZ 2003, 606; **Spatscheck/Alvermann**, Die Überwachung des grenzüberschreitenden Bargeldverkehrs nach §§ 12a ff. FVG – Einführung der mobilen Steuerfahndung, BB 1999, 2107; **Wegner**, Missbrauch von Tankquittungen, PStR 2005, 115; **Wegner**, Steuerhinterziehung: Widerruf der ärztlichen Approbation, PStR 2011, 34; **Wegner**, Das Geldwäschebekämpfungsgesetz – Neue Pflichten für rechtsberatende Berufe und verfahrensrechtliche Besonderheiten, NJW 2002, 2276.

Gemäß § 26b Abs. 1 UStG handelt ordnungswidrig, wer die in einer Rechnung ausgewiesene Umsatzsteuer zu einem in § 18 Abs. 1 Satz 3 oder Abs. 4 Satz 1, 2 UStG genannten Fälligkeitszeitpunkt nicht oder nicht vollständig entrichtet. **2554**

§ 26b UStG ist ein echtes Unterlassungsdelikt. Abweichend von § 378 i.V.m. § 370 Abs. 1 Nr. 2 AO wird aber bereits derjenige sanktioniert, der einer bloßen **Zahlungspflicht nicht nachkommt.**[1] **2555**

§ 26b UStG soll eine vom Gesetzgeber als schützenswert erachtete Lücke schließen. Wurde die Umsatzsteuer in der Rechnung i.S.v. § 14 UStG ausgewiesen und ordnungsgemäß gegenüber dem Finanzamt erklärt, gleichwohl aber vorsätzlich nicht entrichtet, so war bis zum Inkrafttreten des § 26b UStG eine Ahndung als Ordnungswidrigkeit nicht möglich. **2556**

Gleichwohl besteht natürlich auch weiterhin die Möglichkeit, für verspätete Umsatzsteuerzahlungen Säumniszuschläge zu verhängen und damit auf den zeitlichen Verstoß zu reagieren. Das Opportunitätsprinzip (→ Rz. 2852) sollte daher hier für den Regelfall gebieten, von einer Ahndung als Ordnungswidrigkeit abzusehen. **2557**

Nicht ausdrücklich geregelt ist der Fall, dass sich jemand vorsätzlich oder fahrlässig außer Stande setzt, die in einer Rechnung ausgewiesene Umsatzsteuer zu entrichten. In Anlehnung an die Rechtsprechung[2] zu § 266a Abs. 1 StGB ist allerdings regelmäßig davon auszugehen, dass der Einwand der **tatsächlichen Unmöglichkeit** als unbeachtlich zurückgewiesen und an das Vorverhalten angeknüpft wird.[3] **2558**

Die **Abgrenzung** zum Straftatbestand des **§ 26c UStG** erfolgt über die Merkmale der Gewerbsmäßigkeit bzw. des Mitgliedes einer Bande, die sich zur fortgesetzten Begehung einer solchen Handlung verbunden hat. Auf die weiteren Ausführungen in → Rz. 1635 ff. wird daher vollumfänglich verwiesen. Ist zuvor bereits keine ordnungsgemäße Erklärung abgegeben und dadurch § 370 Abs. 1 Nr. 2 AO (ggf. i.V.m. § 378 AO) verwirklicht worden, so tritt § 26c UStG zurück, denn in der Nichtzahlung liegt dann kein eigenständiges Tatunrecht mehr.[4] **2559**

§ 26b UStG sanktioniert nur **vorsätzliches Verhalten,** denn fahrlässige Verstöße sind nicht ausdrücklich mit in den Tatbestand einbezogen worden (→ Rz. 2334). **2560**

Die Ordnungswidrigkeit kann mit einer Geldbuße bis zu 50 000 € geahndet werden (§ 26b Abs. 2 UStG). **2561**

Verfolgungsverjährung tritt in drei Jahren ein (§ 31 Abs. 2 Nr. 1 OWiG). **2562**

---

1) Gotzens/Wegner, PStR 2002, 32, 35.
2) BGH v. 21.1.1997, VI ZR 338/95, BGHZ 134, 304, 307; v. 28.5.2002, 5 StR 16/02, NJW 2002, 2480.
3) Burger, wistra 2002, 1, 3; Gotzens/Wegner, PStR 2002, 32, 35.
4) Wegner, wistra 2002, 205, 208.

I. Überwachung des grenzüberschreitenden Bargeldverkehrs (§ 1 Abs. 3a, §§ 12a bis 12c, § 31a ZollVG)

I. Regelungen im Zollverwaltungsgesetz

2563 § 12a Abs. 1 Zollverwaltungsgesetz (ZollVG) unterstellt die Verbringung von **Bargeld oder gleichgestellten Zahlungsmitteln** über die Außengrenze der Europäischen Union sowie über die Binnengrenzen Deutschlands der zollamtlichen Überwachung.

1. Rechtspolitischer Hintergrund

2564 Die ursprünglichen §§ 12a ff. FVG wurden eingeführt durch das Gesetz zur Bekämpfung der Organisierten Kriminalität (OrgKG).[1] Man befürchtete, dass Verbrechensgewinne vermehrt in körperlicher Form über nationale Grenzen verbracht werden und dadurch verschleiert wird, dass diese Mittel aus Straftaten stammen. Kriminelle Organisationen würden durch den körperlichen Bargeldtransport versuchen, der strengen Überwachung der Kredit- und Finanzinstitute nach dem Geldwäschegesetz auszuweichen.

2565 Die Erfahrungen in der Praxis zeigen jedoch, dass es den Behörden nicht nur darum geht, die Geldwäsche krimineller Organisationen aufzuspüren. Vielfach wird ein Ermittlungsverfahren wegen des Verdachts der Geldwäsche gar nicht eingeleitet, sondern lediglich das Bußgeldverfahren nach § 31a ZollVG durchgeführt, verbunden mit einer Kontrollmeldung an das zuständige Finanzamt.[2]

2566 Diese Zielrichtung ist inzwischen auch im Gesetzestext selbst offen dokumentiert: Nach § 12a Abs. 5 Satz 1 ZollVG dürfen die zuständigen Zollbehörden, soweit dies zur Erfüllung ihrer Aufgaben nach § 1 Abs. 3a ZollVG und nach den Absätzen 1 bis 4a erforderlich ist, personenbezogene Daten erheben, verarbeiten und nutzen. Die Erhebung, Verarbeitung und Nutzung weiterer Daten, die nicht unmittelbar im Zusammenhang mit dem grenzüberschreitenden Verkehr von Bargeld oder gleichgestellten Zahlungsmitteln stehen, ist nur zulässig, soweit Tatsachen auf einen in § 1 Abs. 3a Satz 3 oder Abs. 4a ZollVG bezeichneten Verstoß schließen lassen (§ 12 Abs. 5 Satz 2 ZollVG). Die Zollbehörden können diese Daten an die zuständigen Strafverfolgungsbehörden und die Verwaltungsbehörde nach § 31a Abs. 4 AO und § 31b Abs. 3 AO, die nach § 31a Abs. 1 Nr. 1 Buchst. b Doppelbuchst. bb AO zuständigen Sozialleistungsträger sowie die Bundesanstalt für Finanzdienstleistungsaufsicht (BaFin) übermitteln, soweit dies zur Erfüllung ihrer Aufgaben oder der des Empfängers erforderlich ist (§ 12 Abs. 5 Satz 3 ZollVG). Die Übermittlung personenbezogener Daten an andere Finanzbehörden ist nach § 12 Abs. 5 Satz 4 ZollVG zulässig, soweit ihre Kenntnis von Bedeutung sein kann zur Durchführung

- eines Verwaltungsverfahrens in Steuersachen (Nr. 1),
- eines Strafverfahrens wegen einer Steuerstraftat (Nr. 2),
- eines Bußgeldverfahrens wegen einer Steuerordnungswidrigkeit (Nr. 3) oder
- eines Verwaltungsverfahrens wegen unerlaubter Finanzdienstleistungen (Nr. 4).

2. Verstoß gegen Anzeigepflicht

2567 Nach § 31a Abs. 1 ZollVG handelt ordnungswidrig, wer vorsätzlich oder fahrlässig entgegen § 12a Abs. 2 Satz 1 ZollVG das mitgeführte Bargeld oder die gleichgestell-

1) BGBl. I 1998, 845 ff.
2) Spatschek/Alvermann, BB 1999, 2107, 2108; Wegner, NJW 2002, 2276.

ten Zahlungsmittel nicht oder nicht vollständig anzeigt. Ob das Geld dabei tatsächlich aus illegalen Quellen stammt, ist unerheblich.[1)]

Die nach Art. 3 der VO (EG) Nr. 1889/2005 des Europäischen Parlaments und des Rates vom 26.10.2005 über die Überwachung von Barmitteln, die in die oder aus der Gemeinschaft verbracht werden,[2)] erforderliche Anmeldung muss schriftlich im Zeitpunkt der Ein- oder Ausreise erfolgen (§ 12a Abs. 1 Satz 1 ZollVG). Eine bußgeldrechtliche Verknüpfung besteht insoweit nicht, denn § 31a Abs. 1 ZollVG verweist allein auf § 12 Abs. 2 Satz 1 ZollVG. **2568**

Hiernach haben **auf Verlangen** der Zollbediensteten Personen Bargeld oder gleichgestellte Zahlungsmittel im Wert von **10 000 €** oder mehr, die sie in den, aus dem oder durch den Geltungsbereich dieses Gesetzes verbringen oder befördern, nach Art, Zahl und Wert anzuzeigen sowie die Herkunft, den wirtschaftlich Berechtigten und den Verwendungszweck darzulegen. Institute i.S.d. § 2 Abs. 1 Nr. 1 bis 6 GwG und ihre Beauftragten sind von den vorstehenden angeführten Verpflichtungen ausgenommen (Satz 2). **2569**

Dem Bargeld gleichgestellte Zahlungsmittel sind Wertpapiere i.S.d. § 1 Abs. 1 des Depotgesetzes und des § 808 BGB, Schecks, Wechsel, Edelmetalle und Edelsteine sowie elektronisches Geld i.S.d. § 1 Abs. 4 KWG, § 1 Abs. 3a Satz 3 ZollVG. Schmuck und sonstige Waren aus Edelmetallen oder Edelsteinen fallen nicht in den Anwendungsbereich der Norm. Ausländische Währungen sind demgegenüber erfasst und müssen zum Tageskurs umgerechnet werden. Bei Sammler- oder Anlagemünzen gilt nicht der Nominal-, sondern der Realwert. **2570**

Eine bußgeldbewehrte Anzeige- und Darlegungspflicht besteht nur dann, wenn der Zollbedienstet um eine Auskunft bittet (§ 12 Abs. 2 Satz 1 ZollVG). Eine bußgeldbewehrte Pflicht zur Selbstanmeldung besteht nicht. In der Praxis soll die Frage nach Zahlungsmitteln zweimal gestellt werden, bevor weitere Maßnahmen ergriffen werden. Richtet sich die Frage an mehrere Personen, die sich z.B. in einem PKW aufhalten, so ist eine Anzeige dann nicht erforderlich, wenn bei einer Aufteilung „nach anwesenden Köpfen" der Betrag unter 10 000 € liegt. Ob eine Aufteilung möglich ist, richtet sich nicht nach den Eigentums-, sondern nach den Gewahrsamsverhältnissen.[3)] **2571**

Die Befugnisse der Zollbediensteten richten sich nach **§ 10 ZollVG** (§ 12a Abs. 1 Satz 4 ZollVG). Hiernach können sie im grenznahen Raum, d.h. bis zu einer Tiefe von 30 km an dem deutschen Teil der Außengrenze der Gemeinschaft, den grenzüberschreitenden Bargeldverkehr ohne Verdacht kontrollieren (vgl. § 14 Abs. 1 ZollVG). **2572**

Gemäß § 10 Abs. 2 ZollVG können außerhalb des grenznahen Raumes Bargeldkontrollen aber auch örtlich und zeitlich begrenzt durchgeführt werden, wenn Grund zu der Annahme besteht, dass zollamtlicher Überwachung unterliegendes Bargeld oder gleichgestellte Zahlungsmittel von Personen oder in Beförderungsmitteln mitgeführt werden (sog. **Anlasskontrollen**). **2573**

---

1) OLG Karlsruhe v. 20.3.2001, 1 Ss 59/02, wistra 2003, 36 m. Anm. Beckemper/Wegner; Burhoff, PStR 2001, 145; Kindshofer, PStR 2001, 128, 130; Kindshofer/Wegner, wistra 2002, 195, 196.
2) ABl.EU Nr. L 309, 9.
3) Im Ergebnis unzutreffend daher OLG Karlsruhe v. 24.9.2002, 1 Ss 59/02, wistra 2003, 36 m. Anm. Beckemper/Wegner; krit. auch Schmitz, DStZ 2003, 606, 608.

II. Geldbuße

2574 Abweichend vom früheren Recht[1] sieht nunmehr § 31a ZollVG das klassische Bußgeldmodell vor, ohne Variablen und ohne eine Erweiterungen für einen besonders schweren Fall. Der Bußgeldrahmen von bis zu 1 Mio. € entspricht „moderner" Gesetzgebung und ist mit der sonstigen abgabenrechtlichen Systematik nicht zu vereinbaren.

2575 Für Fahrlässigkeitstaten ist § 17 Abs. 2 OWiG zu beachten.

2576 Die konkrete Zumessung richtet sich dann nach § 17 Abs. 3 OWiG (→ Rz. 2342).

III. Verjährung

2577 Die Verjährung richtet sich nach § 31 OWiG.

IV. Zuständige Behörde

2578 Verwaltungsbehörde i.S.d. § 36 Abs. 1 Nr. 1 OWiG ist das örtlich zuständige Hauptzollamt (§ 31a Abs. 4 ZollVG).

V. Sicherstellung

2579 Gemäß § 12a Abs. 4 Satz 1 ZollVG können die Zollbediensteten, wenn Grund zu der Annahme besteht, dass Bargeld oder gleichgestellte Zahlungsmittel zum Zwecke der Geldwäsche verbracht werden, das Bargeld oder die gleichgestellten Zahlungsmittel bis zum Ablauf des dritten Werktags nach dem Auffinden sicherstellen und in zollamtliche Verwahrung nehmen, um die Herkunft oder den Verwendungszweck aufzudecken. Fällt der dritte Werktag auf einen Samstag, so endet die Frist mit Ablauf des nächsten Werktags (Satz 2). Diese Frist kann durch Entscheidung eines Richters einmalig bis zu einem Monat verlängert werden (Satz 3). Zur Bekanntmachung der Entscheidung genügt eine formlose Mitteilung (Satz 4). Zuständig ist der Richter bei dem Amtsgericht, in dessen Bezirk die Sicherstellung erfolgt ist (Satz 5). Die zuständigen Strafverfolgungsbehörden sind von der Sicherstellung unverzüglich zu unterrichten (Satz 6).

2580 § 12a Abs. 4 ZollVG gilt entsprechend, wenn Grund zu der Annahme besteht, dass Bargeld oder gleichgestellte Zahlungsmittel zum Zwecke der Vorbereitung einer **schweren staatsgefährdenden Gewalttat** nach § 89a Abs. 1, 2 Nr. 4 StGB oder der Finanzierung einer **terroristischen Vereinigung** nach § 129a StGB, auch i.V.m. § 129b StGB, verbracht werden (§ 12a Abs. 4a Satz 1 ZollVG). Dies ist gem. § 12 Abs. 4a Satz 2 ZollVG „in der Regel insbesondere" dann der Fall, wenn sich Bargeld oder gleichgestellte Zahlungsmittel im Besitz oder Eigentum von natürlichen oder juristischen Personen oder nicht rechtsfähigen Personenvereinigungen befinden, deren Name auf einer Liste nach

– Art. 1 Abs. 4 des Gemeinsamen Standpunktes des Rates 2001/931/GASP vom 27.12.2001 über die Anwendung besonderer Maßnahmen zur Bekämpfung des Terrorismus[2] oder

---

1) Zur entsprechenden Kritik an dieser (alten) Bußgeldsystematik siehe die Vorauflage, Rz. 2842 ff.
2) ABl.EG Nr. L 344, 93.

– Art. 2 Abs. 1 der Verordnung (EG) Nr. 881/2002 des Rates vom 27.5.2002 über die Anwendung bestimmter spezifischer restriktiver Maßnahmen gegen bestimmte Personen und Organisationen, die mit Osama bin Laden, dem Al-Qaida-Netzwerk und den Taliban in Verbindung stehen, und zur Aufhebung der Verordnung (EG) Nr. 467/2001 des Rates über das Verbot der Ausfuhr bestimmter Waren und Dienstleistungen nach Afghanistan, über die Ausweitung des Flugverbots und des Einfrierens von Geldern und anderen Finanzmitteln betreffend die Taliban von Afghanistan[1)]

in der jeweils geltenden Fassung aufgenommen wurde, es sei denn, von den zuständigen nationalen Behörden wurde eine Ausnahmegenehmigung nach Art. 5 Abs. 2 Nr. 1 der VO (EG) Nr. 2580/2001 des Rates vom 27.12.2001 über spezifische, gegen bestimmte Personen und Organisationen gerichtete restriktive Maßnahmen zur Bekämpfung des Terrorismus[2)] in der jeweils geltenden Fassung oder nach Art. 2a der VO (EG) Nr. 881/2002 erteilt.

Fraglich ist, ob die Eingriffsschwelle noch unterhalb des einfachen Tatverdachts i.S.v. § 152 StPO anzusetzen ist: dies ist zu verneinen, weil nur so ein angemessener Schutzmechanismus sicherzustellen ist. **2581**

Die Sicherstellung erfordert zwar keinen Mindestbetrag von festgestellten, nicht angemeldeten Zahlungsmitteln über 10 000 €. Unterhalb dieser Schwelle wird allerdings regelmäßig kein Tatverdacht dafür vorliegen, dass die Zahlungsmittel zum Zwecke der Geldwäsche transportiert werden. **2582**

VI. Mitteilungen

Gemäß § 12a Abs. 5 ZollVG dürfen die zuständigen Zollbehörden personenbezogene Daten erheben, verarbeiten und nutzen sowie weitergeben. **2583**

Wird dem Betroffenen die Einleitung eines Ermittlungsverfahrens wegen des Verdachts der Geldwäsche oder eines Bußgeldverfahrens nach § 31a ZollVG bekannt gegeben, so ist die **Selbstanzeige** wegen einer vorangegangenen Steuerverkürzung hierdurch noch nicht ausgeschlossen.[3)] **2584**

1) ABl.EG Nr. L 139, 9.
2) ABl.EG Nr. L 344, 70.
3) So bereits zur früheren Rechtslage Spatscheck/Alvermann, BB 1999, 2107, 2110.

DRITTER TEIL

Steuerstraf- und bußgeldrechtliche Verantwortung des steuerlichen Beraters

KAPITEL I

Typische Risiken und Gefahrenquellen für den Berater

A. Steuerberatung – eine gefahrgeneigte Tätigkeit

Steuerliche Beratung ist eine **potenziell gefahrgeneigte Tätigkeit**. Auf Grund seines Mandates ist der steuerliche Berater – das gilt für alle gem. § 3 StBerG zur unbeschränkten Hilfeleistung in Steuersachen Befugten: Steuerberater, Steuerbevollmächtigte, Rechtsanwälte, Wirtschaftsprüfer, vereidigte Buchprüfer und ihre Zusammenschlüsse – verpflichtet, die Steuerinteressen des Mandanten wahrzunehmen. Steuerinteressen sind Vermögensinteressen; und Vermögensmaximierung durch Steuerminimierung ist ein erstrebenswertes legales Ziel. 2585

Da Steuerminimierung genaue Kenntnisse der Gesetze und deren echter oder vermeintlicher Lücken voraussetzt, wendet sich der Mandant an den Berater in der Erwartung, dass dieser über das notwendige Wissen verfügt und dass sich dessen Tätigkeit in einer möglichst geringen Steuerbelastung auszahlt. Dieses Interesse, möglichst wenig Steuern zu zahlen, ist – im Rahmen der gesetzlich gegebenen Möglichkeiten – legitim. Es besteht sogar nach der haftungsrechtlichen Rechtsprechung eine Verpflichtung für den Berater, den Mandanten im Rahmen des Bearbeitungsauftrags über Möglichkeiten der Steuerminderung zu informieren und entsprechende Ratschläge für die Steuergestaltung zu erteilen. Die Verletzung dieser Vertragspflicht kann sogar zum Schadenersatz führen. 2586

Andererseits erwartet die Finanzverwaltung vom steuerlichen Berater eine strikte Orientierung an den Vorschriften des Steuerrechts und damit eine Hilfestellung bei der Sicherung und Erhebung des Steueranspruchs. 2587

Die Problematik verstärkt sich dadurch, dass der Steuerberater auf Mandanten stößt, die die Steuerminimierung nach eigenen Vorstellungen außerhalb der gesetzlichen Regeln betreiben und die Steuern verkürzen. „**Steuerverweigerer**" in seiner Mandantschaft zu haben, wird auch der seriöseste Berater nicht vermeiden können. In der täglichen Beratungspraxis konkretisiert sich die von dem steuerunehrlichen Mandanten ausgehende Gefahr strafrechtlicher Verstrickung: Der Berater kennt die Einkommens- und Vermögensverhältnisse seines Mandanten, „Schwarzkonten" sind ihm gewollt oder ungewollt bekannt geworden, manche Mandanten brüsten sich sogar damit. Werden z.B. die Kapitalerträge daraus nicht mit in die Steuererklärung einbezogen, kann das zur Beteiligung des die Erklärung erstellenden Beraters an der Straftat führen. Die Zinsproblematik ist aber nur ein kleiner Bereich, aus dem strafrechtliche Konflikte erwachsen. Im gesamten Bereich seiner „Steuerverminderungskunst" für die er von seinem Mandanten schließlich bezahlt wird, besteht für den steuerlichen Berater die Gefahr steuerstraf- oder bußgeldrechtlicher Verstrickung. 2588

Neben der steuerstrafrechtlichen Verantwortlichkeit des Beraters kann sich für diesen auch eine allgemeine strafrechtliche Verantwortung z.B. wegen Unterschlagung (§ 246 StGB), Geldwäsche (§ 261 StGB), Betrug (§ 263 StGB), Subventionsbetrug (§ 264 StGB), Kreditbetrug (§ 265b StGB), Untreue (§ 266 StGB), Urkundenfälschung (§ 267 StGB) und wegen Konkursstraftaten (§§ 283 ff. StGB) ergeben. Auch nach den Vorschriften des HGB, des GmbHG sowie des AktG ist eine mögliche Strafbar- 2589 keit des steuerlichen Beraters normiert (z.B. § 130b HGB, §§ 82, 84, 85 GmbHG, §§ 400, 402 AktG, jeweils i.V.m. § 14 Abs. 2 Satz 1 Nr. 2 StGB und §§ 26, 27 StGB).

2590 Schließlich kann der Steuerberater noch abgabenrechtlich zur Haftung herangezogen werden (§ 71 AO), wenn er eine Steuerhinterziehung zu Gunsten seines Auftraggebers begeht oder an einer solchen teilnimmt. Darüber hinaus muss er auch mit berufsrechtlichen Sanktionen rechnen, die bis zu einem Berufsverbot führen können.

B. Keine Sondertatbestände für den Berater – auch der Berater ist Normadressat der §§ 370 ff. AO

2591 Die Abgabenordnung enthält keine besonderen Straf- und Bußgeldtatbestände für den steuerlichen Berater.[1] Insoweit ist er weder privilegiert, noch unterliegt er wegen seiner Berufsqualifikation einer speziellen Sanktionsdrohung. Seine straf- und bußgeldrechtliche Verantwortlichkeit richtet sich vielmehr nach den allgemeinen Regeln der §§ 369 ff. AO, insbes. nach § 370 AO (Steuerhinterziehung) und § 378 AO (leichtfertige Steuerverkürzung).

2592 Der Tatbestand der Steuerhinterziehung ist sehr weit gefasst. In seiner Begehungsvariante (§ 370 Abs. 1 Nr. 1 AO) kann ihn jeder – also auch der Berater – erfüllen, der in der Lage ist, auf die Festsetzung, Erhebung und Vollstreckung der gesetzlich geschuldeten Steuer zum Nachteil des jeweiligen Steuergläubigers einzuwirken.

2593 Eine Begrenzung des Täterkreises erfolgt allerdings bei der Unterlassungsvariante des Tatbestands (§ 370 Abs. 1 Nr. 2 und 3 AO). Da das jeweilige Unterlassen pflichtwidrig sein muss, kann der steuerliche Berater diesen Tatbestand nur erfüllen, wenn ihn selbst entsprechende Handlungspflichten treffen. Solche ergeben sich für ihn nicht unmittelbar aus dem Gesetz. Sie können ihm aber – in Ausnahmefällen – durch Übernahme eines entsprechenden Auftrags auferlegt werden.

2594 Im Gegensatz zu § 370 AO bezeichnet § 378 AO seinen Adressatenkreis genau: Neben dem Stpfl. ist auch der steuerliche Berater tauglicher Täter, da er regelmäßig bei „Wahrnehmung der Angelegenheiten eines Steuerpflichtigen" handelt.[2]

2595 Hat es der Berater übernommen, für den Mandanten Bücher zu führen, so ergibt sich daraus die weitere Gefahr, den Tatbestand der Steuergefährdung (§ 379 AO) zu erfüllen, wenn er nach Gesetz buchungs- oder aufzeichnungspflichtige Geschäftsvorfälle oder Betriebsvorgänge nicht oder in tatsächlicher Hinsicht unrichtig bucht oder buchen lässt und dadurch ermöglicht, dass Steuern verkürzt oder nicht gerechtfertigte Steuervorteile erlangt werden.

2596 Hat der Mandant eine vorsätzliche Steuerhinterziehung begangen und hilft ihm der Berater nachträglich, so kann er sich einer Begünstigung (§ 369 Abs. 1 Nr. 4 AO i.V.m. § 257 StGB) oder einer Strafvereitelung (§ 258 StGB) schuldig machen.

C. Typische Gefahrenquellen für den Berater bei einer Hinterziehung durch seinen Mandanten

Schrifttum

Achenbach/Wannemacher, Der BGH zu den Strafbarkeitsrisiken des nachträglich bösgläubigen Steuerberaters – Klärung und offene Fragen, Stbg 1996, 299; **Aue**, Berichti-

1) Vgl. Schmeer in Gräfe/Lenzen/Schmeer, 4. Aufl. 2006, Rz. 1611.
2) Joecks in Franzen/Gast/Joecks, 7. Aufl. 2009, § 378 AO Rz. 12.

gungspflicht des Steuerberaters für eigene Fehler?, PStR 2012, 131; **Bielefeld**, Strafrechtliche Risiken der Steuerberatung, FS für Imme Roxin, 2012; **Brenner**, Muß der Steuerberater die Steuererklärung berichtigen, wenn er zugunsten seines Mandanten Steuern verkürzt hat?, BB 1987, 1856; **Dörn**, Steuerhinterziehung und Steuerrecht, wistra 1992, 241; **Dörn**, Fragen des Steuerstraf- und Steuerordnungswidrigkeitenrechts bei Beauftragung eines Steuerberaters, DStZ 1993, 478; **Dörn**, Der Steuerberater an der Grenze zum Steuerstraf- oder Ordnungswidrigkeitenverfahrens (Nachträgliches Erkennen oder Erkennen müssen unrichtiger Angaben), DStR 1994, 555; **Durst**, Der steuerliche Berater zwischen Beratung und Beihilfe, PStR 2008, 235; **Ebner**, Rechtssicher beraten, den Haftungsfall vermeiden, PStR 2008, 240; **Harms**, Steuerliche Beratung im Dunstkreis des Steuerstrafrechts, Stbg 2005, 12; **von der Heydt**, Muß der StB sein Mandat niederlegen, wenn der Mandant sich weigert, vorhandene Zinseinnahmen in seiner ESt-Erklärung anzugeben?, Stbg 1989, 270; **Hild**, Kriminalisierung klassischer Steuerberatung?, BB 2001, 493; **Kottke**, Keine Berichtigungspflicht des Steuerberaters, NWB Fach 13, 893; **Kulla**, Nochmals: Muß der StB sein Mandat niederlegen, wenn der Mandant sich weigert, vorhandene Zinseinnahmen in seiner ESt-Erklärung anzugeben?, Stbg 1989, 395; **Möller**, Die Berichtigungspflicht gem. § 153 Abs. 1 AO und die strafrechtlichen Folgen einer Pflichtverletzung, Diss., Frankfurt a.M. 1996; **Stahl/Carlé, T.**, Die steuerliche Rechtsstellung des Betreuers eines steuerunehrlichen Betreuten und steuerstrafrechtliche Risiken, DStR 2000, 1245; **Streck**, Der Steuerhinterzieher als Mandant, BB 1984, 2205.

I. Pflicht zur Berichtigung der Erklärung bei Tatentdeckung?

Hinsichtlich des strafrechtlichen Risikos für den Steuerberater bei nachträglichem Erkennen unrichtiger Angaben gegenüber dem Finanzamt ist grundsätzlich zu unterscheiden, ob der Berater nur im **Innenverhältnis** zu seinem Mandanten tätig wird oder ob er (auch) gegenüber dem Finanzamt tätig wird.[1] **2597**

Ist der Steuerberater lediglich im Innenverhältnis zum Mandanten tätig und tritt er nicht nach außen auf, so treffen ihn regelmäßig keine strafrechtlichen Konsequenzen, wenn er nachträglich einen Fehler in der Steuererklärung seines Mandanten bemerkt. Dabei spielt es keine Rolle, ob dieser Fehler auf einem leichtfertigen Verhalten des Beraters selbst beruht, oder ob der Berater von seinem Mandanten (vorsätzlich) zum Erstellen der falschen Steuererklärung benutzt wurde. Eine **Beihilfe** scheidet bereits mangels Haupttat aus. Gleiches gilt für die **Begünstigung** gem. § 369 Abs. 1 Nr. 4 AO, § 257 StGB. Auch eine leichtfertige Steuerhinterziehung durch Unterlassen durch den Berater gem. § 378 AO kommt nicht in Betracht. Dies wäre nur dann der Fall, wenn den Berater steuerliche Pflichten treffen würden, deren Nichtbeachtung strafbewehrt ist. Solche Pflichten existieren jedoch nicht, auch nicht gem. § 153 AO. Danach trifft die Berichtigungspflicht im Falle des nachträglichen Erkennens der Unrichtigkeit steuerlicher Angaben nur den Stpfl. selbst bzw. seinen Gesamtrechtsnachfolger und die nach §§ 34, 35 AO handelnden Personen. § 153 AO betrifft nicht den Steuerberater.[2] **2598**

Auch sonst treffen den steuerlichen Berater im Innenverhältnis zu seinem Mandanten keine strafrechtlichen Pflichten, da er gem. **§ 203 StGB** gehindert ist, dem Finanzamt den tatsächlichen Sachverhalt mitzuteilen und dadurch seinen Mandanten anzuzeigen. **2599**

Ein Steuerberater ist somit bei nachträglich auftauchenden Anhaltspunkten für eine Steuerhinterziehung seines Mandanten in früheren Zeiträumen nicht verpflichtet, Nachforschungen hinsichtlich der eventuellen Unrichtigkeit abgegebener Steuererklärungen anzustellen. Dies gilt sowohl, wenn der Steuerberater die Anhaltspunkte für die mögliche Steuerhinterziehung des Mandanten nach Ergehen der Steuerbe- **2600**

1) Vgl. Dörn, DStR 1994, 555; ausf. Möller, Diss. 1996.
2) BGH v. 20.12.1995, 5 StR 412/95, wistra 1996, 184.

scheide gewinnt, als auch, wenn sich solche Anhaltspunkte nach Einreichen der Steuererklärung, aber vor der Steuerfestsetzung ergeben.

2601 Ein erhöhtes strafrechtliches Risiko ergibt sich jedoch für den Steuerberater, wenn er **in eigenem Namen** nach außen gegenüber dem Finanzamt tätig wird. Der BGH hat in seinem Beschluss vom 20.12.1995[1] offengelassen, ob den Steuerberater die Berichtigungspflicht nach § 153 AO trifft, wenn er die Steuererklärung in eigener Verantwortung erstellt und selbst unterschrieben hat. In der Literatur wird diesbezüglich die Auffassung vertreten, dass der Steuerberater in diesen Fällen generell berichtigungspflichtig sei.[2] Diese Ansicht findet jedoch im Gesetz keine Stütze.[3]

2602 Gleiches gilt für die letztendlich ebenfalls auf eine Strafbarkeit des Steuerberaters hinauslaufende Literaturauffassung, wonach in diesen Fällen eine **Garantenpflicht** aus vorangegangenem gefährdendem Verhalten (Ingerenz) angenommen wird.[4] Insofern wird vertreten, dass der Steuerberater Gefahr laufe, sich als Garant strafbar zu machen, wenn er selbst schuldhaft die Ursache für eine falsche Erklärung gesetzt habe und den Erfolgseintritt nicht verhindert.[5] Diese Auffassung ist jedoch m.E. weder vom Sinn noch vom Wortlaut des § 370 AO gedeckt.[6] Der Steuerberater ist danach weder bei eigenen Fehlern noch bei solchen des Mandanten zu einer Berichtigung verpflichtet[7] und schon gar nicht bei deren unterlassen zu bestrafen.[8]

2603 Der Steuerberater wird allerdings (aber eben auch nur) dann zum Stpfl. i.S.d. § 153 AO, wenn er die Steuererklärung für seinen Mandanten in eigener Verantwortung abgibt und selbst unterzeichnet.[9] Dies wiederum ist nur in den Fällen rechtlich zulässig und möglich, in denen der Mandant seine steuerlichen Pflichten auf den Berater übertragen kann, wie z.B. dann, wenn der Steuerberater für seinen Mandanten die Abgabe von Umsatzsteuervoranmeldungen übernimmt.[10] In diesen Fällen – und nur in diesen – handelt es sich, im Gegensatz zu den ansonsten höchstpersönlich nur den Steuerbürger treffenden Pflichten,[11] um eine auch nach außen gegenüber dem Finanzamt wirkende Pflichtübernahme durch den Berater. Verletzt der Berater diese auf ihn übertragenen (und übertragbaren) Pflichten, ist er gem. § 153 AO zur Berichtigung der falschen oder unvollständigen Erklärung verpflichtet.

2604 Hat der steuerliche Berater die Steuererklärung zur Unterschrift durch den Stpfl. vorbereitet, so gehört es allerdings zu seinen **Sorgfaltspflichten**, den Mandanten auf die Berichtigungspflicht nach § 153 AO hinzuweisen, wenn er nachträglich erkennt, dass er die Erklärung unrichtig oder unvollständig vorbereitet hat. Die Frage der Pflichterfüllung liegt dann in der alleinigen Entscheidung des Mandanten. Angesichts dieser eindeutigen Pflichtenzuweisung besteht keine strafrechtliche Verantwortlichkeit des Beraters, wenn der Mandant nach der Aufklärung durch den Steuerberater seiner Verpflichtung bewusst nicht nachkommt. Er ist dann allein deswegen auch nicht gehalten, das Mandat niederzulegen. Das Problem liegt für ihn allerdings darin, dass er vermeiden muss, auf den als eindeutig falsch erkannten

---

1) BGH v. 20.12.1995, 5 StR 412/95, wistra 1996, 184.
2) Seer in Tipke/Kruse, § 153 AO Rz. 4 (Juni 2012); Kottke, NWB Fach 13, 893.
3) Vgl. auch Achenbach, Stbg 1996, 299, 302.
4) Brenner, BB 1987, 156; krit. Ransiek in Kohlmann, § 370 AO Rz. 277 ff. (November 2010).
5) Harms, Stbg 2005, 12; vgl. auch Jäger in Klein, 11. Aufl. 2012, § 370 AO Rz. 65.
6) Vgl. Rolletschke in Graf/Jäger/Wittig, 1. Aufl. 2011, § 370 AO Rz. 55 m.w.N.
7) Aue, PStR 2012, 131.
8) Vgl. Bielefeld in FS I.Roxin 2012, 403, welcher zumindest zweifelt, ob die Ansicht von Jäger in der Literatur (in Klein, 11. Aufl. 2012, § 370 AO Rz. 65) so auch Eingang in die Rechtsprechung des 1. Senats des BGH findet.
9) Vgl. Dörn in Achenbach/Wannemacher, § 8 Rz. 43; Heuermann in H/H/Sp, § 153 AO Rz. 4 (März 2007); Möller, 98 f., 192; differenzierend: Achenbach, Stbg 1996, 299, 303.
10) Vgl. dazu BGH v. 22.4.1999, IX ZR 112/98, NJW 1999, 3482.
11) Z.B. bezüglich der Abgabe der Einkommensteuererklärung, § 60 Abs. 1 Satz 2 EStDV oder der Gewerbesteuererklärung, § 25 Abs. 2 Satz 3 GewStDV.

Angaben des Stpfl. in der Zukunft aufzubauen und so bei falschen Angaben in den aktuellen Steuererklärungen mitzuwirken.

Trotz der eindeutigen gesetzlichen Regelung des § 153 AO besteht für den Steuerberater stets ein **latentes strafrechtliches Risiko,** wenn er für seinen Mandanten gegenüber dem Finanzamt Angaben macht. Die nach Einleitung eines steuerstrafrechtlichen Ermittlungsverfahrens auf Grund eines für die Ermittlungsbehörden regelmäßig leicht zu konstruierenden Anfangsverdachts zu verfolgende Verteidigungsstrategie wird sich regelmäßig mit der Frage der Abgrenzung zwischen Leichtfertigkeit und Vorsatz befassen müssen, sofern nicht eine mögliche Strafbarkeit des Steuerberaters bereits im objektiven Bereich scheitert. Die Argumentation auf subjektiver Ebene ist jedoch im Einzelfall schwierig und der Erfolg entsprechend ungewiss. Entscheidende Frage in diesem Zusammenhang ist regelmäßig, ob sich dem Steuerberater die Unrichtigkeit der gemachten Angaben regelrecht hätte „aufdrängen" müssen oder ob er von dieser gar positive Kenntnis gehabt hat. **2605**

II. Hinweispflicht des Beraters auf abweichende Rechtsauffassungen

Der Steuerberater ist grundsätzlich gegenüber seinen Mandanten dazu verpflichtet, bei Kenntnis mehrerer möglicher Auslegungen oder Rechtsvorschriften die für seinen Mandanten günstigste zu vertreten und geltend zu machen. Beschränkt sich der Berater darauf, eine der Finanzverwaltung genehme Rechtsauffassung zu Grunde zu legen, die aber für seinen Mandanten ungünstig ist und lässt er eine für diesen günstige, aber von der Finanzverwaltung abweichende Rechtsansicht außer Betracht, macht er sich u.U. wegen Verstoßes gegen den Beratungsauftrag **zivilrechtlich schadensersatzpflichtig**.[1] **2606**

Unabhängig davon kann sich der Steuerberater (und sein Mandant) aber auch wegen Steuerhinterziehung strafbar machen, wenn in der Steuererklärung bzw. in einem **Begleitschreiben** nicht darauf hingewiesen wird, dass der Erklärung eine nicht der Ansicht der Finanzverwaltung entsprechende Rechtsansicht zu Grunde gelegt wurde. **2607**

Der BGH hat diesbezüglich entschieden,[2] dass die Beteiligten im Rahmen ihrer Mitwirkungspflichten nach § 90 Abs. 1 Satz 1 AO im Besteuerungsverfahren die für die Besteuerung erheblichen Tatsachen vollständig und wahrheitsgemäß offen zu legen haben. Nach § 370 Abs. 1 Nr. 1 AO müssen die Angaben nicht nur richtig sein, sondern auch vollständig. Da sich hinter den mitgeteilten Zahlen die verschiedensten Sachverhalte verbergen können, die für das Finanzamt nicht erkennbar sind, besteht zumindest eine Offenbarungspflicht für diejenigen Sachverhaltselemente, deren rechtliche Relevanz objektiv zweifelhaft ist. Dies ist insbesondere dann der Fall, wenn die von dem Stpfl. vertretene Auffassung über die Auslegung von Rechtsbegriffen oder die Subsumtion bestimmter Tatsachen von der Rechtsprechung, Richtlinien der Finanzverwaltung oder der regelmäßigen Veranlagungspraxis abweicht. **2608**

In einer früheren Entscheidung hatte der BGH[3] dem Stpfl. aufgegeben, eventuelle Zweifel an der Rechtmäßigkeit seiner bisherigen vom Finanzamt anerkannten Sachbehandlung kenntlich zu machen. **2609**

In einem Urteil vom 19.12.1990 hat der BGH[4] ausgeführt, dass der Stpfl. nicht nur die eigene Rechtsauffassung darlegen muss, sondern darüber hinaus als innere Tat- **2610**

1) BGH v. 28.9.1995, IX ZR 158/94, NJW 1995, 3248.
2) BGH v. 10.11.1999, 5 StR 221/99, wistra 2000, 137; vgl. dazu auch den Aufsatz von Harms, Stbg 2005, 12.
3) BGH v. 15.11.1994, 5 StR 237/94, wistra 1995, 69.
4) BGH v. 19.12.1990, 3 StR 90/90, wistra 1991, 138.

sache auch Kenntnisse und Absichten bezüglich eines steuerlichen Vorgangs, soweit sie den Steueranspruch beeinflussen, deutlich zu machen hat.

2611 Die Rechtsprechung des BGH wurde im Schrifttum[1] (zu Recht) **kritisiert**. Danach sollen der Stpfl. bzw. sein Steuerberater bei der Abgabe von Erklärungen jede vertretbare vom Wortsinn des betreffenden Steuergesetzes umfasste Rechtsansicht ohne besonderen Hinweis zu Grunde legen dürfen, ohne sich dadurch dem Vorwurf auszusetzen, unrichtige oder unvollständige Angaben gemacht zu haben. Etwas anderes solle nur dann gelten, wenn entweder die Steuererklärung willkürlich gefertigt wird, die getroffenen Wertungen gegen Denkgesetze oder allgemeine Erfahrungssätze verstoßen, auf Anfragen des Finanzamts falsche oder unvollständige Angaben gemacht oder in den Steuererklärungen Ansichten vertreten werden, die den Stpfl. selbst nicht überzeugen und die daher nicht nach bestem Wissen und Gewissen erfolgen.

2612 Dieser Literaturauffassung ist beizupflichten, da alleine sie mit dem Bestimmtheitsgebot des Art. 103 Abs. 2 GG, dass für jedes strafbare Verhalten eine Umschreibung durch bestimmte und eindeutige gesetzliche Merkmale verlangt, vereinbar ist.[2]

2613 Die Vertreter der Gegenauffassung, die die Orientierung einer Rechtsprechung, den Richtlinien und der Verwaltungspraxis als den sog. typisierten Empfängerhorizont vorschreiben bzw. eine Pflicht zur Offenlegung abweichender Rechtsauffassung sowie sämtlicher (möglicherweise) subsumtionserheblicher Sachverhaltsumstände aufstellen, verkennen, dass allein die Verletzung formellen oder materiellen Gesetzesrechts als Anknüpfungspunkt für die Strafbarkeit nach § 370 Abs. 1 Nr. 1 AO sein kann und gerade nicht die Nichtbeachtung der zu steuerrechtlichen Problemen ergangenen Rechtsprechung bzw. der hierzu erlassenden Richtlinien.

2614 Die Entscheidungen des BFH z.B. haben für jene Stpfl., die an den jeweiligen gerichtlichen Verfahren nicht beteiligt waren, keine bindende Wirkung (§ 110 Abs. 1 FGO). Schon gar nicht sind die Richtlinien der Finanzverwaltung, die weder ein formelles noch materielles Gesetz darstellen, für den Stpfl. verbindlich. Vielmehr enthalten diese nur eine verwaltungsinterne Bindungswirkung.

2615 Die Verwaltungspraxis schließlich, die sich z.T. nicht einmal aus Richtlinien ergibt und darüber hinaus durchaus uneinheitlich sein kann bzw. ständigen Veränderungen unterliegt, bleibt dem Stpfl. i.d.R. oftmals verborgen.

2616 Des Weiteren ist problematisch, dass zu vielen steuerrechtlichen Fragen keine einheitliche Ansicht existiert. So reagiert die Finanzverwaltung nicht selten mit sog. Nichtanwendungserlassen auf Urteile des BFH. Auch die finanzgerichtliche Rechtsprechung ist bisweilen uneinheitlich. Um dem Vorwurf des tatbestandsmäßigen Handelns i.S.d. § 370 Abs. 1 Nr. 1 AO sicher zu entrinnen, müsste der Stpfl. der Finanzverwaltung also sämtliche Tatsachen mitteilen, die unter Berücksichtigung aller gegebenenfalls maßgeblichen Rechtsauffassungen im Zuge der Subsumtion an irgendeiner Stelle Bedeutung entfalten könnten. Angesichts der Komplexität und der Änderungshäufigkeit des Steuerrechts, der Vielzahl an ungeklärten Rechtsfragen sowie der Tatsache, dass es selbst Steuerrechtsexperten unmöglich ist, zu jedem Problem sämtliche vertretbaren Ansichten zu kennen, überspannt die Auffassung des BGH nach ihrem Wortlaut die Reichweite der Offenlegungspflichten. Dem Stpfl. solchermaßen ein ex ante völlig unbestimmtes und strafbewährtes Subsumtions- und Tatsachenlieferungsrisiko aufzubürden, ist mit dem Bestimmtheitsgebot des Art. 103 Abs. 2 GG unvereinbar. Nach dem in Art. 103 Abs. 2 GG normierten Bestimmtheitsgebot ist für jedes strafbare Verhalten eine Umschreibung durch

---

1) Ransiek in Kohlmann, § 370 AO Rz. 245 (März 2010); Joecks in Franzen/Gast/Joecks, 7. Aufl. 2009, § 370 AO Rz. 128; Dörn, wistra 1992, 241.

2) BVerfG v. 23.10.1985, 1 BvR 1053/82, BVerfGE 71, 108, 114.

bestimmte und eindeutige gesetzliche Merkmale erforderlich. Dies ist in dieser Konstellation jedoch nicht der Fall.

Die Pflicht zur Abgabe von Steuererklärungen sowie deren Form und Inhalt findet sich in den §§ 90, 150 AO als besondere Mitwirkungspflicht explizit geregelt. Hiernach hat der Steuerbürger seine Steuererklärung grundsätzlich auf amtlich vorgeschriebenen Vordruck abzugeben (§ 150 Abs. 1 Satz 1 AO). Der Vordruck gibt dem Staatsbürger die erforderliche Orientierung, was er im Einzelnen zu erklären hat. **2617**

Diese Angaben sind gem. § 150 Abs. 2 Satz 1 AO wahrheitsgemäß nach bestem Wissen und Gewissen zu machen. Dabei wird der Stpfl. aber nicht auf ein bestimmtes Ergebnis – hier das Subsumtionsergebnis der Rechtsprechung oder Verwaltung – festgelegt. Wenn der Stpfl. seiner Steuererklärung nach seinem besten Wissen und Gewissen eine vertretbare Rechtsauffassung zu Grunde legt, kommt er nach der herrschenden Meinung in der Literatur seiner Mitwirkungspflicht im Rahmen der Abgabe von Steuererklärung vollumfänglich nach. Mehr erwartet die Abgabenordnung nicht von ihm. § 90 Abs. 1 Satz 2 AO ist als lediglich allgemeines Mitwirkungsgebot nach alledem nicht geeignet, im Rahmen der Abgabe von Steuererklärungen die vom BGH postulierte umfängliche Offenlegungspflicht jenseits der Erklärungsvordrucke zu begründen. **2618**

Abgesehen hiervon wäre eine so umfängliche Offenlegungspflicht wenig praktikabel, weil die Steuererklärung bei Darstellung sämtlicher zweifelsfrei und praktisch einem Buch gleichkäme[1] bzw. die Anlagen zu den Steuererklärungen mit „Lastwagen" beim Veranlagungsbezirk abgeliefert werden müssten.[2] **2619**

Je nach Einzelfall sollte bei der Frage nach der Zugrundelegung abweichender Rechtsauffassungen in der Steuererklärung Folgendes beachtet werden: **2620**

- Existiert eine Rechtsprechung des BFH, welche die Rechtsauffassung des Mandanten bzw. Steuerberaters unterstützt, so besteht keine Offenlegungspflicht, selbst wenn ein Nichtanwendungserlass existiert.
- Gleiches gilt, wenn die Rechtsauffassung durch eine Entscheidung eines Finanzgerichts unterstützt wird und die Richtlinien der Finanzverwaltung eine gegenteilige Ansicht vertreten und keine höchstrichterliche Entscheidung des BFH existiert.
- Wird die Entscheidung des Stpfl. lediglich durch eine finanzgerichtliche Entscheidung gestützt, während sowohl die Richtlinien als auch der BFH eine andere Auffassung vertreten, so erfordert dies zumindest dann keine Offenlegung, wenn die FG-Entscheidung nach der BFH-Entscheidung ergangen ist.
- Wird die Ansicht des Steuerberaters lediglich durch Stimmen der Literatur unterstützt, während die Finanzverwaltung und/oder Finanzgerichte eine andere Auffassung vertreten, so sollte aus Vorsichtsgründen eine Offenlegung stattfinden.

III. Pflicht zur Verschwiegenheit (§ 203 StGB)

Der Steuerberater hat nach § 57 StBerG seinen Beruf unabhängig, eigenverantwortlich, gewissenhaft und verschwiegen auszuüben. Gemäß § 62 StBerG hat er auch seine Gehilfen, die nicht selbst Steuerberater oder Steuerbevollmächtigte sind, zur Verschwiegenheit zu verpflichten. **2621**

Wer gegen diese Pflicht verstößt, macht sich gem. § 203 Abs. 1 Nr. 3 StGB strafbar, wenn er unbefugt ein ihm anvertrautes oder sonst bekannt gewordenes **„fremdes** **2622**

1) Dörn, wistra 1992, 241.
2) So das anschauliche Bild von Hild, BB 2001, 493. Heute wäre eine DVD oder ein USB-Stick wohl treffender.

Geheimnis" offenbart. Tatgegenstand ist demnach ein Geheimnis, das für den Täter fremd ist, das also einen anderen Menschen betrifft und das dem persönlichen Lebens- und Geheimbereich des Betroffenen angehört. Konkret handelt es sich um Tatsachen, die sich auf die Person des Betroffenen sowie seine vergangenen und bestehenden Lebensverhältnisse beziehen.[1] Das Gesetz sanktioniert diese Verletzung von Privatgeheimnissen mit Freiheitsstrafe bis zu einem Jahr oder mit Geldstrafe.

2623 Neben dieser strafrechtlichen Sanktion der Verletzung der Schweigepflicht, steht dem Berufsgeheimnisträger aber auch ein Zeugnisverweigerungsrecht gem. § 53 Abs. 1 Nr. 3 StPO zu. Dieses **Zeugnisverweigerungsrecht** geht weiter als die strafrechtlich geschützte Schweigepflicht nach § 203 StGB, da sich § 53 Abs. 1 Nr. 3 StPO auch auf Tatsachen bezieht, die keine „Geheimnisse" sind.[2]

2624 Die ihm obliegende Schweigepflicht sollte von jedem Berufsgeheimnisträger sehr ernst genommen werden, da sie den innersten Kernbereich des Mandatsverhältnisses betrifft. Ein allzu „salopper" Umgang mit der beruflichen Verschwiegenheitsverpflichtung kann zu einem **erheblichen Vertrauensverlust** und damit auch zum Verlust von Mandat und Reputation führen.

Dies gilt sowohl für den privaten als auch für den beruflichen Bereich. Ein Berufsgeheimnisträger sollte sich davor hüten, unbedacht im Freundeskreis über seine eventuell „schillernde" Mandantschaft zu berichten. Ebenso gilt dies auch für die immer mehr um sich greifende Unart, Telefongespräche lautstark im öffentlichen Raum per **Mobiltelefon** zu führen. All das sollte selbstverständlich sein.

2625 In beruflicher Hinsicht macht sich ein Steuerberater aber auch dann nach § 203 Abs. 1 Nr. 3 StGB strafbar, wenn er unautorisiert, d.h. ohne Entbindung von der Schweigepflicht eine von ihm nachträglich als unrichtig erkannte Steuererklärung berichtigt.[3]

2626 Etwas anderes gilt nur dann, wenn der Steuerberater z.B. auf Grund einer von ihm erkannten Beihilfehandlung eine **Selbstanzeige** gem. § 371 AO abgibt. Der Aspekt der Mandantentreue tritt insoweit zurück, da es dem Steuerberater nicht zugemutet werden kann, eine Bestrafung auf sich zu nehmen, um den Mandanten nicht zu vertraten.[4] Der Steuerberater sollte sich jedoch bemühen, den Mandanten über seine eigene Selbstanzeige nicht gleich mit in eine eventuelle Strafbarkeit zu reißen. Da eine Selbstanzeige wegen eventueller Beihilfe grundsätzlich nur für denjenigen gilt, der sie abgibt, sollte der Berater seinem Mandanten zumindest Gelegenheit geben, sich an der Selbstanzeige zu beteiligen. Umgekehrt gilt dies natürlich auch: Erstattet der Berater nämlich Selbstanzeige nur für seinen Mandanten, weil er seine Tatbeteiligung nicht offenbaren will – oder fälschlicherweise meint, diese wegen seiner Schweigeverpflichtung nicht offenbaren zu können – kommt ihm die Strafbefreiung des § 371 AO nicht zu Gute.[5]

2627 Nur der Vollständigkeit halber sei erwähnt, dass den Berater, der wegen seiner Beihilfehandlung eine Selbstanzeige erstattet, unmittelbar keine Nachzahlungspflicht über die hinterzogenen Steuern seines Mandanten trifft. Kann dieser die hinterzogenen Steuern allerdings nicht begleichen, kommt u.U. eine Haftungsinanspruchnahme des Steuerberaters als Gehilfen über § 71 AO in Betracht (vgl. dazu ausführlich → Rz. 2757).

---

1) Fischer, 59. Aufl. 2012, § 203 StGB Rz. 4.
2) Meyer-Goßner, 55. Aufl. 2012, § 53 StPO Rz. 4.
3) Ebner, PStR 2008, 240, 242.
4) Joecks in Franzen/Gast/Joecks, 7. Aufl. 2009, § 371 AO Rz. 86.
5) Durst, PStR 2008, 235, 238.

IV. Mandatsbeendigung oder Sicherung des Mandats?

Der Steuerberater läuft stets Gefahr, von einem Mandanten, der seine steuerlichen Angelegenheiten nicht vollständig oder unwahr offen legt, mit in den Tatbestand der Steuerhinterziehung „hineingezogen" zu werden.[1] Grundsätzlich besteht **keine Verpflichtung** des steuerlichen Beraters, bei festgestellter Steuerunehrlichkeit des Mandanten das Mandat niederzulegen.[2] Alles andere würde bedeuten, steuerunehrlichen Mandanten den Anspruch auf steuerliche Vertretung zu versagen. Das ändert nichts an dem Grundsatz, dass der Berater sich jeglicher Hilfeleistung bei Manipulationen des Mandanten zu versagen hat. In der Praxis ergeben sich verschiedene Konfliktsituationen. Bei der Übernahme der Angaben des Mandanten ohne jegliche Überprüfung durch den Steuerberater fehlt es für eine Beihilfe in der Person des Steuerberaters an dessen Vorsatz. Eine leichtfertige Beihilfe gibt es nicht. Vielmehr wird sich in diesen Fällen der zur Steuerhinterziehung entschlossene Mandant seines Beraters als „Werkzeug" bedienen und begeht daher eine Steuerhinterziehung als mittelbarer Täter. 2628

Bei Zweifeln an der Richtigkeit der Angaben des Mandanten kann der Steuerberater u.U. gehalten sein, Nachforschungen bzw. Nachfragen hinsichtlich des dargestellten Sachverhalts anzustellen. Eine Verletzung dieser Pflicht kann jedoch nur dann als Leichtfertigkeit i.S.d. § 378 AO und somit nicht als Vorsatz bewertet werden, wenn sich die Unrichtigkeit oder Unvollständigkeit der Unterlagen dem Steuerberater hätte aufdrängen müssen. Dies ist bei Vorliegen von Zweifeln aber nicht der Fall.[3] 2629

Erst bei einer offensichtlichen Unrichtigkeit der Angaben des Mandanten stellt sich die Frage, ob der steuerliche Berater noch leichtfertig oder bereits vorsätzlich handelt und damit den Tatbestand der Beihilfe zur Steuerhinterziehung erfüllt. In dem Fall, in dem die Angaben des Mandaten evident unrichtig sind, d.h. „**unmöglich stimmen können**", und der Berater diese gleichwohl im Rahmen einer Bilanz, Gewinn- und Verlustrechnung oder Steuererklärung verarbeitet, werden die Voraussetzungen des bedingten Vorsatzes als erfüllt anzusehen sein, da der Steuerberater die Unrichtigkeit der erstellten Unterlagen ernstlich für möglich hält (Wissenskomponente) und sie billigend in Kauf nimmt (Wollenskomponente).[4] In der Praxis ist diese Abgrenzung zwischen Vorsatz und Leichtfertigkeit nur sehr schwer zu ziehen. Eine Faustformel, nach der Vorsatz dann vorliegt, wenn sich der Handelnde sagt: „Und wenn schon" und Leichtfertigkeit dann vorliegt, wenn der Täter nach dem Motto handelt: „Es wird schon gutgehen", kann diesbezüglich nicht mehr als ein grober Anhaltspunkt sein. Der Ausgang eines Steuerstrafverfahrens wird auch nicht immer von dem Grundsatz „in dubio pro reo" begleitet, welcher im Zweifel bei dem Täter Leichtfertigkeit bei der Tatbegehung annehmen lässt. 2630

Hat der Berater schließlich **konkrete Kenntnisse** von der vorsätzlichen Unrichtigkeit der Angaben seines Mandanten, wusste er also, dass ihm dieser falsche Angaben macht und wollte er mit seiner Tätigkeit zu einer Steuerverkürzung beitragen, ist es unproblematisch, eine Beihilfe zur Steuerhinterziehung zu bejahen. 2631

Aus diesen Fällen folgt für den Beratungsalltag, dass der Berater sich – soweit es die tatsächlichen Verhältnisse zulassen – solange wie möglich gutgläubig halten 2632

---

1) Nach Streck, BB 1984, 2205, welcher davon ausgeht, dass 90 % der Steuerzahler Steuern verkürzen, ist diese Gefahr bei nahezu jedem Mandat vorhanden; vgl. auch Schmeer in Gräfe/Lenzen/Schmeer, 4. Aufl 2006, Rz. 1449; Stahl/Carlé, DStR 2000, 1245; Bielefeld in FS I. Roxin, 395 ff.

2) Siehe dazu die Kontroverse zwischen von der Heydt, Stbg 1989, 270 und Kulla, Stbg 1989, 395.

3) Dörn in Achenbach/Wannemacher, 2. Aufl. 1999, § 8 Rz. 26.

4) Jäger in Klein, 11. Aufl. 2012, § 378 AO Rz. 10.

soll. In Zweifelsfällen kann es zweckmäßig sein, vom Mandanten Vollständigkeitserklärungen oder schriftliche Informationen zu verlangen.

KAPITEL II

Strafrechtliche Verantwortung

A. Tatbestandsmäßiges Verhalten

Eine strafrechtliche Verantwortlichkeit des Steuerberaters kann sich in folgender Weise ergeben: **2633**

- Täterschaft des Steuerberaters (§ 370 AO; § 25 Abs. 1 Alt. 1 StGB),
- mittelbare Täterschaft des Steuerberaters (§ 370 AO; § 25 Abs. 1 Alt. 2 StGB),
- Mittäterschaft (gemeinschaftliche Begehung) des Steuerberaters mit seinem Mandanten (§ 370 AO; § 25 Abs. 2 StGB),
- Beihilfe oder Anstiftung des Steuerberaters zur Steuerhinterziehung des Mandanten (§ 370 AO; §§ 26, 27 StGB).

Macht der Steuerberater selbst gegenüber dem Finanzamt unrichtige oder unvollständige Angaben, z.B. auf Rückfragen des Finanzamtes hin, oder lässt er das Finanzamt über steuerlich erhebliche Tatsachen pflichtwidrig in Unkenntnis, z.B. durch die Nichtabgabe der eigenen Umsatzsteuervoranmeldungen, so gerät er in den Anwendungsbereich des § 370 AO als Täter. **2634**

Gemäß § 370 Abs. 1 AO handelt tatbestandsmäßig, wer unrichtige oder unvollständige Angaben macht oder die Finanzbehörden über steuerlich erhebliche Tatsachen pflichtwidrig in Unkenntnis lässt und dadurch Steuern verkürzt oder für sich oder einen anderen nicht gerechtfertigte Steuervorteile erlangt. Diese objektiven Tatbestandsvoraussetzungen müssen vorsätzlich verwirklicht worden sein (§ 369 Abs. 2 AO i.V.m. § 16 StGB). Bedingter Vorsatz genügt, d.h., es ist ausreichend, wenn dem Täter vorgeworfen werden kann, er habe die Erfüllung des objektiven Tatbestands für möglich gehalten und billigend in Kauf genommen. Der Vorsatz muss sich auf alle tatsächlichen Umstände erstrecken, die den Tatbestand ausfüllen. Bei normativen Tatbestandsmerkmalen ist es ausreichend, wenn der Täter deren rechtliche Bedeutung kennt und eine entsprechende Wertung vornimmt (sog. Parallelwertung in der Laiensphäre).[1] **2635**

Ein Steuerberater, der z.B. im Rahmen der Betriebsprüfung einen unrichtigen Beleg vorlegt, um dadurch der nach seiner Meinung irrigen Rechtsauffassung des Betriebsprüfers Rechnung zu tragen und zu verhindern, dass seinem Mandanten eine gesetzeswidrige Mehrbelastung entsteht, begeht wegen des fehlenden Verkürzungsvorsatzes weder eine vollendete noch eine versuchte Steuerhinterziehung.[2] **2636**

Macht der Mandant auf Grund der Mitwirkung des Beraters unrichtige Angaben, so kann der Berater Mittäter, Anstifter oder Gehilfe sein, wenn beide vorsätzlich handeln. Hat nur der Berater den Verkürzungsvorsatz und handelt der Mandant leichtfertig, so ist der Berater mittelbarer Täter. **2637**

Mittelbare Täterschaft ist ein Unterfall der Täterschaft und setzt somit den Willen zur Steuerhinterziehung ausschließlich beim Steuerberater voraus. **2638**

Für die in Mittäterschaft begangene Steuerhinterziehung ist erforderlich, dass der Berater und sein Mandant auf Grund eines gemeinsamen Tatentschlusses arbeitsteilig zusammenwirken und jeder einen Beitrag zur Tatausführung leistet. **2639**

1) Siehe dazu Cramer in Schönke/Schröder, 28. Aufl. 2010, § 15 StGB Rz. 43a.
2) BGH v. 8.3.1983, 5 StR 7/83, wistra 1983, 113; weitere Beispiele zur Täterschaft eines Steuerberaters aus der Rspr. bei Schmeer in Gräfe/Lenzen/Schmeer, 4. Aufl. 2006, Rz. 1381.

2640 Die größten Gefahren für die Steuerberatungspraxis – unter der Voraussetzung, dass der Steuerberater nicht selbst bzw. durch einen anderen eine eigene Steuerhinterziehung begehen will – bergen jedoch die Fälle der Teilnahme des Steuerberaters an der Steuerhinterziehung seines Mandanten, insbes. in Form der Beihilfe.

2641 Die Abgrenzung zwischen Täterschaft und Teilnahme wurde nach der früheren Rspr. nach subjektiven Kriterien vorgenommen, d.h., derjenige Beteiligte, der die Tat als eigene will, ist Täter, wobei das Interesse am Taterfolg, der Umfang der Tatbeteiligung und der Wille zur Tatherrschaft Anhaltspunkte für die Feststellung des Täterwillens sind.[1] Die Literatur stellt dagegen überwiegend auf objektive Kriterien ab. Der Gehilfe will die Tat eines anderen unterstützen, wobei als Unterstützungshandlung schon die psychische oder physische Förderung der Haupttat, z.B. die Bestärkung eines schon vorhandenen Tatentschlusses, ausreicht.

2642 Täter einer Unterlassung nach § 370 Abs. 1 Nr. 2 AO ist der Berater dann, wenn er es vorsätzlich unterlässt, steuerliche Pflichten des Mandanten zu erfüllen, obwohl er deren Erfüllung, z.B. die Erstellung und Abgabe der Umsatzsteuervoranmeldungen, vertraglich übernommen hat. Das Tatbestandsmerkmal „pflichtwidrig" umfasst dabei die zahlreichen steuerlichen Erklärungs-, Mitwirkungs- und sonstigen Handlungspflichten. Hat der Berater die Erfüllung der steuerlichen Pflichten des Mandanten nicht übernommen, unterlässt der Mandant ihre Erfüllung aber auf Grund der Mitwirkung des Beraters, so ist der Berater, wenn beide vorsätzlich handeln – je nach der Zielrichtung seines Willens –, Mittäter, Anstifter oder Gehilfe.

B. Täterschaft

2643 Gemäß § 25 Abs. 1 StGB wird als **Täter** bestraft, wer selbst oder durch einen anderen voll tatbestandsmäßig handelt, d.h., der Steuerberater ist immer dann Täter, wenn er selbst alle Deliktsvoraussetzungen erfüllt.

2644 Der Steuerberater erfüllt den Hinterziehungstatbestand in der Begehungsform des § 370 Abs. 1 Nr. 1 AO, wenn er gegenüber dem Finanzamt unrichtige oder unvollständige Angaben über steuerlich erhebliche Tatsachen, z.B. in Steuererklärungen oder sonst im Besteuerungsverfahren, macht.

Beispiel:

Der Steuerberater beantragt die Herabsetzung der Einkommensteuervorauszahlungen des Mandanten auf 0 € trotz Kenntnis positiven Einkommens.[2]

Hier hat der Steuerberater selbst unrichtige Angaben gegenüber der Finanzbehörde gemacht und damit als Täter alle Tatbestandsvoraussetzungen erfüllt.

2645 Die Angabe muss dem Steuerberater **zurechenbar** sein. Dies ist nicht der Fall, wenn er – ohne Einfluss auf den Erklärungsinhalt zu nehmen – die Angaben seines Mandanten an das Finanzamt weiterleitet. Er ist dann lediglich Bote, die Angaben sind ihm nicht zuzurechnen.

2646 Unterschreibt der Steuerberater jedoch selbst die Steuererklärung, kommt dem ein eigenständiger Erklärungswert zu, er macht selbst Angaben gegenüber dem Finanzamt. Dies kann insbes. bei Steuererklärungen vorkommen, bei denen keine eigenhändige Unterschrift des Stpfl. vorgeschrieben ist, wie z.B. Umsatzsteuervoranmeldungen, Lohnsteueranmeldungen, Kapitalertragsteueranmeldungen oder Erbschaftsteuererklärungen.[3]

1) Fischer, 59. Aufl. 2012, vor § 25 StGB Rz. 2, mit Rechtsprechungshinweis.
2) Nach OLG Stuttgart v. 21.5.1987, 1 Ss 221/87, wistra 1987, 263.
3) Nach Auffassung von Schmeer in Gräfe/Lenzen/Schmeer, 4. Aufl. 2006, Rz. 1378, soll dies auch dann gelten, wenn das Gesetz die Unterschrift des Stpfl. vorschreibt.

Eigene Angaben macht der Steuerberater auch, wenn er den Erklärungswert der Angaben seines Mandanten ergänzt oder erhöht, z.B. durch ein entsprechendes Begleitschreiben. Diesem kommt ein eigenständiger Erklärungswert zu, der dem Steuerberater als dessen „Angabe" auch strafrechtlich zuzurechnen ist.[1] 2647

Keine Angabe i.S.d. § 370 AO ist der sog. „**Mitwirkungsvermerk**" in der Steuererklärung. Die dort vorgesehene Mitteilung über den bei der Steuererklärung Mitwirkenden ist kein irgendwie geartetes „Testat" über die Richtigkeit und Vollständigkeit der Steuererklärung oder sonst einer steuerlich erheblichen Tatsache. Dies ergibt sich schon aus der bloßen Lektüre der betreffenden Formularseite. Strafrechtlich ist der Mitwirkungsvermerk ohne jeden Belang. 2648

Täter der Unterlassungsalternative des § 370 Abs. 1 Nr. 2 AO kann nur sein, wer selbst zur Mitteilung steuerlich erheblicher Tatsachen verpflichtet ist. Da die steuerlichen Erklärungs-, Offenlegungs- und Mitwirkungspflichten nicht ihn, sondern den Mandanten treffen, scheidet der Steuerberater als Täter insoweit grds. aus. Daran ändert sich auch nichts, wenn er im Rahmen des Mandatsauftrags diese Pflichten ganz oder z.T. übernimmt, da diese privatrechtliche Übernahme ihn nur gegenüber dem Mandanten, nicht aber gegenüber dem Finanzamt verpflichtet und ihn nicht zum Garanten des in § 370 AO geschützten Rechtsgutes macht.[2] 2649

C. Mittelbare Täterschaft

Mittelbarer Täter ist, wer eine Straftat „**durch einen anderen**" begeht. Der mittelbare Täter bedient sich vorsätzlich eines anderen als „menschliches Werkzeug". Kennzeichen für die mittelbare Täterschaft ist die unterlegene Stellung des Ausführenden und die beherrschende Rolle des Hintermannes, der die Sachlage richtig erfasst und das Gesamtgeschehen kraft seines planvoll lenkenden Willens in der Hand hat. Das „Werkzeug" handelt entweder nicht tatbestandsmäßig, nicht rechtswidrig oder ohne Schuld. Bezogen auf das Mandatsverhältnis ist die Situation der mittelbaren Täterschaft die des gutgläubigen (d.h. nicht vorsätzlich, rechtswidrig oder schuldhaft handelnden) Mandanten, der die vom Steuerberater erstellte Steuererklärung ohne nähere Überprüfung unterschreibt, wobei der Steuerberater weiß und will, dass die Erklärung unrichtige oder unvollständige Angaben enthält, wodurch es zu Steuerverkürzungen kommt.[3] Mittelbare Täterschaft des Steuerberaters ist in erster Linie in den Fällen denkbar, in denen der Steuerberater umfassend für den Mandanten tätig wird, welcher sich dann um die dem Berater übertragenen Angelegenheiten praktisch nicht mehr kümmert.[4] 2650

Mittelbare Täterschaft eines Steuerberaters ist danach zwar **theoretisch denkbar**, kommt in der Praxis jedoch allenfalls in Extremfällen vor.[5] Dies liegt darin begründet, dass der für die mittelbare Täterschaft als Unterfall der (Allein-)Täterschaft notwendige Vorsatz des Steuerberaters, also das eigene Interesse des Beraters an der Vollendung der Tat, regelmäßig fehlen wird. Auch das wirtschaftliche Interesse des Beraters am Erhalt des Mandates wird i.d.R. nicht so weit gehen, dass der Steuerberater in eigener Verantwortung eine Steuerhinterziehung zu Gunsten des Mandanten begeht. Zu beachten ist jedoch, dass in der Praxis von den Ermittlungsbehörden die vom Steuerberater für seinen Mandanten ohne dessen Wissen vorgenommene „Optimierung" der Steuererklärung oftmals nicht mehr als „Kavaliersdelikt" ange- 2651

1) Schmeer in Gräfe/Lenzen/Schmeer, 4. Aufl. 2006, Rz. 1379.
2) Schmeer in Gräfe/Lenzen/Schmeer, 4. Aufl. 2006, Rz. 1338; Stree in Schönke/Schröder, 28. Aufl. 2010, § 13 StGB Rz. 26.
3) Vgl. auch das Beispiel bei Schmeer in Gräfe/Lenzen/Schmeer, 4. Aufl. 2006, Rz. 1387.
4) Dörn in Achenbach/Wannemacher, 2. Aufl. 1999, § 8 Rz. 16.
5) Schmeer in Gräfe/Lenzen/Schmeer, 4. Aufl. 2006, Rz. 1387.

sehen wird, sondern zumindest als mit Eventualvorsatz verwirklichte Steuerhinterziehung in mittelbarer Täterschaft. Gleiches gilt für die in der Beratungspraxis häufig anzutreffende Vorstellung des Beraters, er könne bestimmte nicht abzugsfähige Posten ohne weiteres in der Bilanz oder in der Gewinn- und Verlustrechnung des Mandanten unterbringen, da diese ohnehin im Rahmen einer Betriebsprüfung wieder gestrichen werden würden. Diese Praxis birgt die Gefahr in sich, dass unter bestimmten Voraussetzungen dem Berater vorgeworfen wird, er habe zumindest billigend in Kauf genommen (dolus eventualis), dass die Steuern für seinen Mandanten zunächst zu niedrig festgesetzt werden (mittelbare Täterschaft).

2652 Häufiger ist in der Praxis im Rahmen der mittelbaren Täterschaft allerdings die umgekehrte Variante, bei der der Mandant als Alleintäter den gutgläubigen Steuerberater als Tatmittler einsetzt. Wohl kaum ein Steuerberater wird sich davon freisprechen können, dass er – ohne es zu merken – für seinen Mandanten beispielsweise unrichtige Umsatzsteuervoranmeldungen abgegeben hat, welche auf falschen Zahlenangaben des Mandanten beruhten.

2653 Mittelbare Täterschaft im Rahmen der Unterlassungsalternative ist dagegen nicht möglich.[1)] Ebenso gibt es keine fahrlässig begangene mittelbare Täterschaft.[2)]

D. Mittäterschaft

2654 Mittäterschaft ist gem. § 25 Abs. 2 StGB gegeben, wenn Steuerberater und Mandant auf Grund eines **gemeinsamen Tatentschlusses** arbeitsteilig an der Tatausführung zusammenwirken. Es muss das – ausdrückliche oder stillschweigende – Einverständnis bestehen, eine bestimmte Tat durch gemeinsames, arbeitsteiliges Handeln zu begehen, d.h., bewusst und gewollt zusammenzuwirken.[3)] Eine besondere Vereinbarung zwischen Steuerberater und Mandant ist diesbezüglich nicht erforderlich. Die mittäterschaftliche Steuerhinterziehung kann auch sukzessive erfolgen, indem der Steuerberater beispielsweise auch noch nach der Tatbestandsverwirklichung des § 370 AO durch seinen Mandanten diesbezügliche Rückfragen seitens des Finanzamtes trotz gegenteiliger Erkenntnis im Einverständnis mit seinem Mandanten falsch beantwortet und diesem dadurch die zu niedrige Steuerfestsetzung sichert.[4)] Hinzukommen muss, dass der Steuerberater die Tat als **eigene** wollte.[5)] Wollte er nur die Tat seines Mandanten fördern, ist er lediglich Gehilfe und kann im Zweifelsfall nur wegen Beihilfe verurteilt werden.[6)]

---

1) Heine in Schönke/Schröder, 28. Aufl. 2010, § 25 StGB Rz. 54 ff., str.

2) Heine in Schönke/Schröder, 28. Aufl. 2010, vor §§ 25 ff. StGB Rz. 114, str.

3) BGH v. 8.7.1954, 4 StR 350/54, BGHSt 6, 248; v. 12.11.1987, 4 StR 550/87, wistra 1988, 106.

4) BGH v. 24.4.1952, 3 StR 48/52, BGHSt 2, 344; Lackner/Kuhl, 27. Aufl. 2011, § 25 StGB Rz. 12; a.A. Roxin in LeipzigerKommentar, 12. Aufl. 2010, § 25 StGB Rz. 136 ff.; nach Schmeer in Gräfe/Lenzen/Schmeer, 4. Aufl. 2006, Rz. 1400, ist mit Bezug auf BGH v. 7.8.1987, 1 StR 385/84, NStZ 1984, 548, stets zu fragen, ob der nachträglich Hinzutretende noch einen für die Tatbestandsverwirklichung überhaupt ursächlichen Beitrag leisten kann. Dies soll insbes. in Fällen vorläufiger Steuerfestsetzung oder der Festsetzung unter dem Vorbehalt der Nachprüfung möglich sein. Es kommt also auf den jeweiligen Einzelfall an. Auch im Hinblick auf die Praxis der Ermittlungsbehörden muss sich jedoch jeder Steuerberater bewusst sein, dass er sich ggf. bei falscher Beantwortung nachträglicher Rückfragen des Finanzamts auch als Mittäter einer Steuerhinterziehung strafbar machen kann.

5) BGH v. 28.5.1986, 3 StR 103/86, wistra 1986, 263, 264; v. 26.11.1986, 3 StR 107/86, wistra 1987, 106.

6) Zur Abgrenzung zwischen Mittäterschaft und Beihilfe vgl. BGH v. 6.11.1984, 1 StR 588/84, NStZ 1985, 165, sowie v. 26.11.1987, 3 StR 107/86, wistra 1987, 106; v. 16.6.1989, 2 StR 225/89, wistra 1989, 346; v. 23.11.1993, 1 StR 742/93, wistra 1994, 57; v. 15.7.1999, 5 StR 155/99, NStZ 1999, 609.

2655 Der Steuerberater wird zwar nur in seltenen Fällen ein Eigeninteresse an Steuerverkürzungen haben, so dass in aller Regel der „Täterwille" nicht vorliegt.[1] Dennoch wird in der Praxis das Eigeninteresse an der Steuerverkürzung oft z.B. mit dem Interesse an der Erhaltung des Mandats begründet.[2]

2656 Für die Mittäterschaft hinsichtlich einer Unterlassungstat gilt das oben zur Einzeltäterschaft Gesagte. Auch bei Vorliegen eines gemeinsamen Tatentschlusses kann Mittäter nur sein, wer selbst handlungspflichtig ist.[3] Da derartige Handlungspflichten für den Steuerberater im Regelfall nicht bestehen, kommt er als Mittäter insoweit nicht in Betracht. Dies gilt selbst dann, wenn er positive Kenntnis von Hinterziehungshandlungen seines Mandanten hat. Daraus lassen sich keine strafrechtlichen Handlungspflichten ableiten. Allerdings kommt Beihilfe dann in Betracht, wenn der Steuerberater seinen Mandanten bei dessen Tat unterstützt.

E. Beihilfe

Schrifttum

Achenbach/Wannemacher, Der BGH zu den Strafbarkeitsrisiken des nachträglich bösgläubigen Steuerberaters – Klärung und offene Fragen, Stbg 1996, 299; **Blumers**, Steuerberatung und Strafrecht – Grenzbereich zum strafrechtlich relevanten Handeln, StbJb 1983/84, 319; **Burhoff**, Beschlagnahme von Unterlagen beim Steuerberater, PStR 1999, 243; **Burhoff**, Ein Blick zurück nach vorn, PStR 2000, 154; **Burkhard**, Akteneinsichtsrecht des Strafverteidigers in Steuerstrafverfahren – hierzu gehört u. a. auch der „rote Bogen" und das Fallheft des Betriebsprüfers, StV 2000, 526; **Burkhard**, Durchsicht und Beschlagnahme von Handakten, PStR 2001, 158; **Dörn**, Straf- oder bußgeldrechtliche Verantwortung des Steuerberaters, DStZ 1992, 330; **Dörn**, Steuerhinterziehung und Steuerrecht, wistra 1992, 241; **Dörn**, Fragen des Steuerstraf- und Steuerordnungswidrigkeitenrechts bei Beauftragung eines Steuerberaters, DStZ 1993, 478; **Dörn**, Der Steuerberater an der Grenze zum Steuerstraf- oder Ordnungswidrigkeitenverfahrens (Nachträgliches Erkennen oder Erkennen müssen unrichtiger Angaben), DStR 1994, 555; **Dörn**, Leichtfertige Steuerverkürzung (§ 378 AO) und leichtfertiger Subventionsbetrug (§ 264 Abs. 1, Abs. 3 StGB) durch den Steuerberater, wistra 1994, 215; **Dörn**, Steuerstraf- oder bußgeldrechtliche Verantwortung des Steuerberaters, wistra 1994, 290; **Durst**, Der steuerliche Berater zwischen Beratung und Beihilfe, PStR 2008, 235; **Fissenewert**, Das Risiko des Steuerberaters hinsichtlich des Vertretens eigener (abweichender) Rechtsansichten bei der Abgabe von Steuererklärungen, DStR 1992, 1488; **Hassemer**, Professionelle Adäquanz, wistra 1995, 41; **Jäger**, Voraussetzungen der Strafbarkeit von Bankangestellten wegen Beihilfe zur Steuerhinterziehung durch Mithilfe beim anonymen Kapitaltransfer von Kunden, wistra 2000, 344; **Joecks**, Die Stellung der Kreditwirtschaft im steuerstrafrechtlichen Ermittlungsverfahren gegen Kunden, WM Sonderbeilage 1998, 1 ff.; **Löwe/Krahl**, Beteiligung von Bankangestellten an Steuerhinterziehungen ihrer Kunden – die Tatbestandsmäßigkeit berufstypischer Handlungen, wistra 1995, 201; **Meilicke**, Wird das Steuerstrafrecht für die Steuerpraxis zum „Russischen Roulett"?, BB 1984, 1885; **Pelz**, Wann verjährt die Beihilfe zur Steuerhinterziehung?, wistra 2001, 11; **Ransick**, Pflichtwidrigkeit und Beihilfeunrecht, wistra 1997, 41; **Streck**, Der Steuerhinterzieher als Mandant, BB 1984, 2205; **Streck/Mack**, Banken und Bankkunden im Steuerfahndungsverfahren, BB 1995, 2137; **Weyand**, Probleme des „roten Bogens", StBp 1989, 31; **Wöhe**, Betriebswirtschaftliche Beratung mittelständischer Unternehmen, DStR 1985, 583; **Wohlers**, Hilfeleistung und erlaubtes Risiko – Zur Einschränkung der Strafbarkeit gem. § 27 StGB, NStZ 2000, 169.

1) Vgl. dazu die Beispiele bei Dörn, DStZ 1992, 330, 335.
2) BGH v. 24.8.1983, 3 StR 89/83, wistra 1983, 252.
3) BGH v. 12.11.1986, 3 StR 405/86, wistra 1987, 147; vgl. auch insgesamt zur Beteiligung an Unterlassungstaten Joecks in Franzen/Gast/Joecks, 7. Aufl. 2009, § 369 AO Rz. 92; Hellmann in H/H/Sp, § 370 AO Rz. 92 (März 2011).

I. Voraussetzungen

2657 Der Steuerberater wird als Gehilfe bestraft, wenn er vorsätzlich in irgendeiner Weise die vorsätzliche Hinterziehung seines Mandanten fördert. Der Gehilfenbeitrag braucht den Erfolg der Haupttat nicht mitverursacht zu haben.[1)] Entscheidend ist dabei zunächst die Frage, wann ein Steuerberater die Steuerhinterziehung seines Mandanten **fördert**. Die Grenzen möglicher Beihilfehandlungen des Steuerberaters zur Hinterziehung seines Mandanten und damit auch die Möglichkeiten der strafrechtlichen „Förderung" sind denkbar weit gezogen. Sie sind – verkürzt dargestellt – dann überschritten, wenn der Steuerberater dem Mandanten mit „**Rat und Tat**" zur Seite steht. Beihilfe liegt demnach also nicht nur dann vor, wenn der Steuerberater tatkräftig die Hinterziehung seines Mandanten unterstützt, sondern auch bereits dann, wenn er lediglich in psychischer Form auf den Mandanten einwirkt und diesen in seinem Tatentschluss bestärkt.

2658 Ein bloßes „Billigen" der Tat reicht jedoch für eine strafbare Beihilfe nicht aus.[2)] Hinzukommen muss vielmehr auch bei der psychischen Beihilfe ein Verhalten des Täters (= Gehilfen), durch das die Tat in ihrer konkreten Gestalt **bewusst gefördert** oder erleichtert werden soll.

2659 Beihilfe liegt demnach z.B. dann vor, wenn der Steuerberater für seinen Mandanten Belege bucht, von denen er weiß, dass sie falsch sind oder wenn er Einkünfte des Mandanten bewusst zu niedrig in die Steuererklärung übernimmt. Beihilfe liegt aber auch dann vor, wenn der Steuerberater Kenntnis davon hat, dass seine Mandantin die Geschäftsbücher nicht mehr ordentlich führt und er dennoch die sich aus der fehlerhaften Buchführung ergebenden Daten für die Erstellung der Umsatzsteuervoranmeldungen verwendet.[3)] Gleiches gilt, wenn sich der Steuerberater z.B. an der Rückdatierung von Verträgen seines Mandanten beteiligt. Schließlich kann der Steuerberater auch im Zusammenhang mit der Zinsabschlagsteuerproblematik in die strafbare Rolle eines Gehilfen geraten. So z.B., wenn der Mandant den Steuerberater um Empfehlungen oder gar um Mitwirkung bei dem Transfer seines Vermögens nach Luxemburg oder in die Schweiz bittet. Weiß der Steuerberater um das ausländische Kapitalvermögen und wirkt er an der Erstellung der unvollständigen Steuererklärung seines Mandanten mit, „so reicht er seine Hand zur Steuerverkürzung".[4)]

2660 Im Kontext der sog. „Bankenfälle" wurden sowohl in der Rechtsprechung[5)] als auch in der Literatur[6)] die Frage einer möglichen Beihilfestrafbarkeit von Bankangestellten intensiv behandelt. Hieraus ergeben sich nicht selten Parallelen zur Frage der Beihilfestrafbarkeit des steuerlichen Beraters.[7)] Kurz gesagt lautete der Vorwurf der Ermittlungsbehörden, Bankbedienstete hätten Kunden bei deren Steuerhinterzie-

1) BGH v. 21.12.1951, 1 StR 431/51, BGHSt 2, 129; v. 10.1.1956, 5 StR 399/55, BGHSt 8, 390.
2) Vgl. BGH v. 20.12.1995, 5 StR 412/95, wistra 1996, 184, wonach die bloße Anwesenheit eines Beraters bei einer Besprechung im Finanzamt für die Annahme einer strafbaren Beihilfe nicht ausreichend ist.
3) FG Nürnberg v. 10.12.2002, II 536/2000, DStRE 2003, 1251.
4) Streck, DStR 1993, 342, 345.
5) BVerfG v. 23.3.1994, 2 BvR 396/94, NJW 1994, 2079; v. 13.12.1994, 2 BvR 894/94, wistra 1995, 139; grundlegend dazu auch das sog. Wuppertaler Beihilfe Urteil: LG Wuppertal v. 19.5.1999, 26 KLs 28 Js 472/98 – 29/98 VI, wistra 1999, 473 mit Anm. Feldhauser, PStR 1999, 190; BGH v. 1.8.2000, 5 StR 624/99, wistra 2000, 340 = StV 2000, 492 mit Anm. Jäger, wistra 2000, 344. Zur Grenze der Beihilfe durch eine Rechtsanwalt s. BGH v. 20.9.1999, 5 StR 729/98, wistra 1999, 459 = NStZ 2000, 34.
6) Streck/Mack, BB 1995, 2137; Löwe-Krahl, wistra 1995, 201; Ransick, wistra 1997, 41; Burhoff, PStR 2000, 154; Joecks, WM 1998 Sonderbeilage Nr. 1–13; Wohlers, NStZ 2000, 169; jeweils m.w.N.
7) So auch Durst, PStR 2008, 235.

hung Hilfe geleistet, in dem sie z.B. mittels verschleiernder Geldtransfers Schwarzgeld auf Konten bei Luxemburger Filialen der betroffenen Kreditinstitute transferiert hätten.[1] Im Grundsatz geht es dabei um die Frage, ob strafrechtliche Normen – hier § 370 AO – auch durch alltägliche berufstypische Handlungen verletzt werden können und wo in dieser Konstellation die Grenze zwischen Tatbestandsmäßigkeit und Straflosigkeit zu ziehen ist.

In der Literatur wird hierzu die Ansicht vertreten, dass banktypische Verhaltensweisen oder sonstiges sozial-adäquates Verhalten i.d.R. nicht den Tatbestand der Beihilfe zur Steuerhinterziehung erfüllen.[2] Demgegenüber hat nach Auffassung des BVerfG[3] beispielsweise die Einrichtung eines Nummernkontos offensichtlich und allein das Ziel, die entsprechenden Einkünfte dem deutschen Fiskus zu entziehen. Danach müsste bereits die bloße Eröffnung eines derartigen Kontos – grundsätzlich eine berufsadäquate Handlung und nach Auffassung der Literatur damit nicht tatbestandsmäßig – eine Beihilfe zu der späteren Steuerhinterziehung des Bankkunden darstellen. **2661**

Auch der BGH[4] hat klargestellt, dass eine generelle Straflosigkeit von „neutralen", „berufstypischen" oder „professionell adäquaten" Handlungen nicht in Betracht kommt. Voraussetzung einer strafbaren Beihilfe können demnach auch äußerlich „neutrale" oder „berufstypische" Handlungen sein, wenn sie die Herbeiführung des Taterfolges des Haupttäters objektiv zu fördern geeignet sind. Damit sollen bewusst auch Fälle erfasst werden, in denen der Hilfe Leistende das neutrale Erscheinungsbild seines Handelns geradezu zur Verfolgung rechtsfeindlicher Ziele ausnutzt. Nachdem der BGH damit objektiv die Grenzen der Beihilfe-Strafbarkeit uferlos weit ausgedehnt hat, versucht er diese nunmehr im subjektiven Bereich wieder deutlicher zu konturieren. Nach Ansicht des BGH ist eine Hilfeleistung daher jedenfalls dann als strafbare Beihilfehandlung zu werten, wenn der Hilfeleistende weiß, dass das Handeln des Haupttäters ausschließlich darauf abzielt, eine strafbare Handlung zu begehen. Das innere Tatbild des Hilfeleistenden ist also bei äußerlich neutralen Handlungen entscheidend für das objektive Unwerturteil über sein Verhalten und bestimmt daher sowohl die Tatbestandlichkeit als auch die Rechtswidrigkeit seines Tuns maßgeblich mit. Handelt der Gehilfe daher im Bewusstsein, die Haupttat zu fördern, so macht er sich selbst dann der Beihilfe strafbar, wenn er den Erfolg der Haupttat missbilligt.[5] Im zu entscheidenden Fall war es jedoch nicht klar, wie der vom Bankmitarbeiter als Gehilfen Unterstützte den geleisteten Tatbeitrag verwenden will. Mit anderen Worten: Der Bankmitarbeiter stellte lediglich die Systemvoraussetzungen für eine Hinterziehung zur Verfügung. Ob sein Kunde diese tatsächlich fortlaufend nutzt, entzog sich seiner Kenntnis und seinem Einflussbereich. Für diese Fälle hat es der BGH leider versäumt, klare Maßstäbe aufzustellen, mit denen die Grenze zwischen straflosem Handeln und strafbarer Beihilfe deutlich gezogen werden können. Nach der Entscheidung des BGH reicht es zwar für den Beihilfevorsatz nicht aus, dass der Hilfe Leistende lediglich die Möglichkeit eines strafbaren Handelns durch den Haupttäter erkennt. Hinzukommen müsse vielmehr, dass das von dem Hilfe Leistenden erkannte Risiko strafbaren Tuns des von ihm Unterstützten derart hoch ist, dass er sich „die Förderung eines erkennbar tatgeneigten Täters **angelegen sein**" lässt. Zwar war im vom BGH zu entscheidenden Fall die Sachlage eindeutig. Wie der BGH den Begriff des „angelegen"-sein-Lassens jedoch für zukünftige Einzelfälle gewertet haben möchte bleibt offen. Das Risiko einer strafbaren Beihilfe ist also durch die objektiv uferlose Ausweitung auch **2662**

1) Im Einzelnen siehe BVerfG v. 23.3.1994, 2 BvR 396/94, NJW 1994, 2079; BGH v. 1.8.2000, 5 StR 624/99, wistra 2000, 340.
2) Löwe-Krahl, wistra 1995, 201; Hassemer, wistra 1995, 41, 81.
3) BVerfG v. 23.3.1994, 2 BvR 396/94, wistra 1994, 221.
4) BGH v. 1.8.2000, 5 StR 624/99, wistra 2000, 340.
5) Jäger, wistra 2000, 344, 345.

auf berufstypische und äußerlich neutrale Handlungen und damit deren gleichzeitiger Einbezug in die Beihilfe-Strafbarkeit ohne ein eindeutiges subjektives Korrektiv nur noch größer geworden.

2663 In jedem Fall wird die **innere Tatseite** bei der Frage der Beihilfe des Steuerberaters zur Steuerverkürzung seines Mandanten auch in Zukunft die entscheidende Rolle spielen. Dabei ist zu beachten, dass sich der Vorsatz des Gehilfen sowohl auf die Förderung der Haupttat als auch auf deren vorsätzliche Vollendung richten muss. Man spricht vom sog. doppelten Gehilfen-Vorsatz.

2664 Die klaren Fälle vorsätzlichen Verhaltens des Steuerberaters waren danach in der Praxis bisher eher selten. Bei den Fällen, auf welche die Finanzverwaltung z.B. im Rahmen von Betriebsprüfungen stößt, handelt es sich vielmehr meist um solche, in denen es um die **Abgrenzung von Vorsatz und Leichtfertigkeit** geht.[1)] Da es weder eine leichtfertige Beihilfe noch eine Beihilfe zur nichtvorsätzlichen Tat gibt und darüber hinaus nach einem Beschluss des BayObLG vom 9.11.1993[2)] die Leichtfertigkeit des lediglich im Innenverhältnis zum Mandanten tätigen Steuerberaters nicht zur Verantwortlichkeit des Beraters nach § 378 AO führt, ist die Unterscheidung von erheblicher Bedeutung.[3)]

2665 Ferner wird in der Praxis bisher, insbesondere im Bereich der psychischen Beihilfe, nahezu ausschließlich – aber zu Unrecht[4)] – auf das Wissen von der Tat des Haupttäters abgestellt und nach dem Willen zur Tatförderung nicht weiter geforscht.[5)] Neben der Kenntnis ist aber der Wille zur Tatförderung wesentliches Vorsatzelement, das grundsätzlich nicht ohne Weiteres unterstellt werden darf. Es ist jedoch zu befürchten, dass sich dieses nach der Entscheidung des BGH zukünftig grundlegend ändert.

2666 Von Bedeutung ist diese Problematik u.a. bei der Erteilung von **Rechtsrat**: Dessen Erteilung allein konnte bisher den Beihilfevorwurf nicht begründen. Erst wenn der Berater über die bloße Beratung hinaus Einfluss auf die Willensentscheidung des Mandanten nahm, kam bewusste und gewollte Hilfeleistung in Betracht.[6)] Würden dem Berater z.B. Fragen nach der Entdeckungswahrscheinlichkeit bestimmter verkürzender Gestaltungsmaßnahmen gestellt, so muss er dem Mandanten wahrheitsgemäß antworten, auch wenn dieser sich möglicherweise dadurch in seinem Tatentschluss bestärkt fühlt. Wenn er darüber hinaus nicht auf die Verwertung des Beratungsergebnisses einwirkte, leistete er keine Beihilfe. Wie das obige Beispiel eindrucksvoll belegt, gilt dies nach dem Urteil des BGH vom 1.8.2000 nicht mehr. Der Berater sollte daher in jedem Falle – belegbar – auf den Mandanten einwirken und ihn zur Erfüllung seiner steuerlichen Pflichten anhalten. Dies ergibt sich schon auf Grund seiner mandats- und berufsrechtlichen Verpflichtung. Ob diese allein ein „angelegen" sein lassen an die Hinterziehung des Mandanten und damit eine strafbare Beihilfe begründen, ist derzeit noch offen. Es bleibt zu hoffen, dass der BGH die objektive uferlose Ausweitung der Beihilfehandlungen und den (leider unvollständigen) Versuch einer subjektiven Korrektur bei nächster Gelegenheit nicht nur aus Gründen der Rechtsklarheit „nachbessert". Bis dahin dürfte die bisherige Praxis fortgelten: Falls nicht ein eklatanter Verstoß gegen die bisher objektiv und subjektiv aufgestellten Beihilfe-Kriterien vorliegt, fällt den Behörden der Nach-

---

1) Dörn, wistra 1994, 290.
2) BayObLG v. 9.11.1993, 4St RR 54/93, wistra 1994, 34; s. dazu die Anmerkungen von Dörn, wistra 1994, 215.
3) Siehe dazu auch Schmeer in Gräfe/Lenzen/Schmeer, 4. Aufl. 2006, Rz. 1628 ff.; Dörn, wistra 1994, 290; Dörn, DStZ 1992, 330; Dörn, DStZ 1993, 478; Fissenewert, DStR 1992, 1488; Himsel in Koch/Scholtz, § 378 AO Rz. 6.
4) Schmeer in Gräfe/Lenzen/Schmeer, 4. Aufl. 2006, Rz. 1446.
5) Z.B. BGH v. 23.1.1985, 3 StR 515/84, HFR 1985, 429.
6) Schmeer in Gräfe/Lenzen/Schmeer, 4. Aufl. 2006, Rz. 1474.

weis der Beihilfe-Strafbarkeit durch einen Steuerberater schwer. Die Risiken des Beraters auf Grund der Rechtsprechung des BGH sind daher (derzeit) noch gering. Dennoch werden immer häufiger auch gegen Berater Verfahren wegen Verdachts der Beihilfe eingeleitet um im Rahmen einer Durchsuchung bei dem Berater als Beschuldigtem an Unterlagen des Mandanten (und Haupttäters) heranzukommen, was ansonsten wegen der bestehenden Beschlagnahmeverbote nach § 97 StPO nur schwer möglich ist.

Festzuhalten bleibt, dass die Gefahr einer Beihilfestrafbarkeit für den Steuerberater **2667** im Rahmen seiner täglichen Arbeit stets vorhanden ist. Eine allgemeingültige Eingrenzung lässt sich zumindest im objektiven Bereich nicht (mehr) vornehmen. Ansatzpunkte für die Verteidigung sind daher nur im subjektiven Bereich zu finden. Stets ist jedoch dabei auf den jeweiligen Einzelfall abzustellen.

II. Anlässe für den Beihilfeverdacht

Der Verdacht einer strafbaren Beihilfehandlung gegen einen Steuerberater kann **2668** sich in erster Linie dann ergeben, wenn gegen den Mandanten ermittelt wird. Im Zuge dieser Ermittlungen wird immer auch der steuerliche Berater ins Fadenkreuz der Strafverfolgungsbehörden geraten. Anlässe für die Einleitung eines steuerstrafrechtlichen Ermittlungsverfahrens gegen den Mandanten selbst gibt es genug (Betriebsprüfungen, Kontrollmitteilungen, anonyme Anzeigen im Rahmen von familienrechtlichen Auseinandersetzungen, Scheidungen, Streitigkeiten im Unternehmen etc.).

In der Regel werden sich gegen den Steuerberater unmittelbar keine Verdachtsmo- **2669** mente bei Vorliegen einer Steuerstraftat seitens seines Mandanten ergeben. Etwas anderes gilt dann, wenn der **Mandant** aus Gründen der Selbstverteidigung **belastende Angaben** bezüglich seines Beraters macht. Dabei spielt es zunächst keine Rolle, ob diese Angaben den Tatsachen entsprechen und darüber hinaus, ob sie überhaupt nachweisbar sind. Dies wiederum könnte dann der Fall sein, wenn entsprechende schriftliche Aufzeichnungen seitens des Mandanten existieren, sei es in Form von Aktenvermerken, E-Mails oder entsprechendem Schriftverkehr, aus dem hervorgeht, dass der Steuerberater möglicherweise Kenntnis über steuerstrafrechtlich relevante Sachverhalte hatte oder hätte haben müssen.

Ferner ergibt sich der Verdacht der Beihilfe gegen einen Steuerberater insbeson- **2670** dere dann, wenn die Angaben in der Steuererklärung seines Mandanten **offensichtlich unrichtig** sind. Insbesondere bei realitätsfernen Schätzungen kann sich leicht der Verdacht ergeben, dass der Steuerberater mit Hilfe dieser Schätzung die im Ergebnis zu niedrige Festsetzung zu Gunsten seines Mandanten unterstützten wollte und dies auch zumindest billigend in Kauf nahm. Gegen einen dann für die Einleitung eines Ermittlungsverfahrens gegen den Steuerberater vorliegenden Anfangsverdacht hilft auch das Argument des Steuerberaters nicht weiter, er habe durch die Angabe einer Schätzung die Vollendung einer Steuerstraftat gerade verhindern wollen. Denn wenn sich herausstellt, dass die Schätzung tatsächlich zu niedrig erfolgte und dem Mandanten im Hinblick auf die damit zusammenhängende Steuerverkürzung Vorsatz nachzuweisen ist, besteht auch ein Anfangsverdacht dahingehend, dass der Steuerberater bezüglich der Verkürzung seines Mandanten zumindest bedingt vorsätzlich gehandelt hat, d.h. es ernstlich für möglich gehalten hat, dass die zu niedrige Schätzung auch zu einer zu niedrigen Festsetzung führen würde und dies billigend in Kauf nahm.

Darüber hinaus ist für den Verdacht einer strafrechtlichen Verantwortlichkeit des **2671** Steuerberaters auch entscheidend, in welchem Bereich der jeweilige Fall anzusiedeln ist. Zu dem verdächtigen Bereich zählen insbesondere Fälle mit Auslandsbezug, z.B. solche mit Einschaltung einer „Basisgesellschaft", sowie strittige Fälle aus dem Bereich des Vorsteuerabzugs, der Angabe von Kapitaleinkünften, sog. „OR"-Geschäften, fraglichen Betriebsausgaben usw. Besonders auffällig wird es in diesem Bereich dann, wenn neben einer fragwürdigen steuerlichen Gestaltung noch weitere Maßnahmen ergriffen werden, welche den Sachverhalt verschleiern sollen oder zumindest den Anschein erwecken. Tauchen dann auch noch gefälschte Unterlagen und Belege auf, wird man zwingend mit der Einleitung eines Ermittlungsverfahrens rechnen müssen.[1]

III. Nachweis der Beihilfe

2672 Für eine Verurteilung wegen Beihilfe zur Steuerhinterziehung seines Mandanten muss dem Steuerberater zur Überzeugung des Strafgerichts[2] gem. § 261 StPO nachgewiesen werden können, dass zum einen eine vorsätzlich begangene Haupttat (Steuerhinterziehung) auf Seiten des Mandanten vorgelegen hat und zum anderen, dass der Steuerberater als Gehilfe fungiert hat, d.h. es muss insbesondere nachgewiesen werden können, dass der Steuerberater vorsätzlich die vorsätzliche Tat seines Mandanten in geeigneter Weise gefördert hat. Entscheidend für eine Verurteilung ist also das Vorliegen des sog. doppelten Gehilfenvorsatzes. Hat entweder der Mandant oder der Steuerberater nur leichtfertig gehandelt, scheidet eine vollendete Beihilfe aus. Es gibt weder eine leichtfertige Beihilfe zu einer vorsätzlichen Haupttat noch eine vorsätzliche Beihilfe zu einer leichtfertigen Haupttat.[3]

2673 In der Praxis sollte daher zunächst das Augenmerk auf das Vorliegen einer vollendeten vorsätzlich begangenen Haupttat gelegt werden. Fehlt es bereits an einer solchen, scheidet auch Beihilfe des Steuerberaters aus. Liegt dagegen eine vollendete vorsätzliche Haupttat vor, kommt es entscheidend darauf an, ob dem Steuerberater ebenfalls Vorsatz im Hinblick auf diese Haupttat nachgewiesen werden kann. Da sich die Ermittlungen diesbezüglich ausschließlich im subjektiven Bereich, also im Rahmen der inneren Tatseite bewegen, stößt man hier auf erhebliche **Nachweisschwierigkeiten** seitens der Ermittlungsbehörden. In der Praxis ist es jedoch häufig so, dass sowohl von den Ermittlungsbehörden als auch von den Gerichten regelmäßig vorschnell auf Grund bestimmter Anhaltspunkte auf das Vorliegen von Vorsatz seitens des Steuerberaters geschlossen wird. So kann es beispielsweise ausreichen, wenn der Steuerberater im Rahmen der Betriebsprüfung gegenüber dem Prüfer eine ansonsten unverfängliche Bemerkung gemacht hat, welche dann mit dem sog. „grünen" oder „roten" Bogen von dem Prüfer an die strafrechtlichen Ermittlungsbehörden des Finanzamtes übermittelt wird.[4] Hier ist dem Erfindungsreichtum der Ermittler keine Grenze gesetzt.

2674 Der Steuerberater sollte in diesem Zusammenhang jedoch beachten, dass ihm und seinen berufsmäßigen Gehilfen gem. § 102 AO zunächst ein (abgabenrechtliches) **Auskunftsverweigerungsrecht** hinsichtlich der Tatsachen aus dem Mandantenbereich zusteht. Darunter fallen insbesondere alle Tatsachen, welche dem Steuerberater in seiner beruflichen Eigenschaft bekannt geworden sind, also auch eine mögliche Steuerhinterziehung seines Mandanten. Dieses dem Berater zustehende Recht korrespondiert gleichzeitig mit einer ihm diesbezüglich obliegenden Verschwiegenheitspflicht, deren Verletzung gem. § 203 StGB strafbewehrt ist.

2675 Darüber hinaus steht dem Steuerberater auch ein strafprozessuales **Zeugnisverweigerungsrecht** zu. Er kann gem. § 53 Abs. 1 Nr. 3 StPO die Antwort auf solche Fragen

1) Vgl. Schmeer in Gräfe/Lenzen/Schmeer, 4. Aufl. 2006, Rz. 1582 ff.
2) Vgl. dazu Schmeer in Gräfe/Lenzen/Schmeer, 4. Aufl. 2006, Rz. 1521 ff.
3) Zum Beihilfevorsatz des Beraters s. insbesondere BGH v. 20.9.1999, 5 StR 729/98, StV 2000, 479; zur Frage der Verjährung einer Beihilfe zur Steuerhinterziehung s. Pelz, wistra 2001, 11.
4) Siehe dazu Weyand, StBp 1989, 31; Burkhard, StV 2000, 526.

verweigern, die ihm in seiner beruflichen Eigenschaft als Steuerberater anvertraut worden oder bekannt geworden sind. Dieses Recht steht gem. § 53a Abs. 1 StPO auch den Berufsgehilfen zu, die insoweit allerdings einem Weisungsrecht unterliegen. Steht der Steuerberater den Ermittlungsbehörden nur als Zeuge zur Verfügung, steht ihm auch ein sog. Auskunftsverweigerungsrecht gem. § 55 StPO bezüglich solcher Fragen zu, durch deren Beantwortung er glaubt, sich selbst zu belasten.[1]

Wird gegen den Berater schließlich selbst ermittelt, steht es ihm gem. § 136 Abs. 1 Satz 2 StPO frei, sich zu der Beschuldigung zu äußern oder nicht zur Sache auszusagen. Über dieses Recht ist er zu belehren. Geschieht dies nicht, dürfen die von dem Berater als Beschuldigtem gemachten Angaben nicht gegen ihn verwertet werden.[2] **2676**

IV. Einzelfälle

1. Steuererklärungen: Mitwirkung bzw. Erstellung

Die Stellung des Steuerberaters gegenüber dem Finanzamt wird z.T. dahingehend interpretiert, dass sich der Berater als Büttel des Fiskus darstellt.[3] Danach soll sich der Berater bereits dann strafbar machen, wenn er eine Steuererklärung einreicht, an deren Richtigkeit er zweifelt.[4] Der Berater soll die Abgabe einer solchen Erklärung ablehnen. Notfalls müsse er das Mandat niederlegen. Grundsätzlich soll der Berater den Mandanten davon abhalten, überhaupt Steuerhinterziehung zu begehen.[5] **2677**

Diese Ansicht beruht jedoch auf heute überholten Vorstellungen über die Stellung des Steuerberaters als Inhaber eines öffentlichen Amtes.[6] Aus einer derartigen Sicht in Bezug auf die Stellung des Steuerberaters versuchen Strafverfolgungsbehörden in der Praxis häufig, die Pflicht des Beraters zur Aufdeckung von Steuerverfehlungen oder zur Berichtigung von Steuererklärungen gem. § 153 AO herzuleiten.[7] Mit der heutigen Gesetzeslage ist dies nicht vereinbar. Eine Pflicht zur Verhinderung von Straftaten besteht nur nach § 138 StGB für besonders schwere Verbrechen (z.B. Hochverrat, Mord). Davon abgesehen, gibt es keine Pflicht zur Verhinderung von Straftaten anderer. **2678**

Dazu folgendes Beispiel, das in der Praxis nicht selten vorkommt: **2679**

Beispiel:

Der Mandant hat ein „schwarzes Konto" in der Schweiz oder in Luxemburg, das er bei den Einkünften aus Kapitalvermögen nicht angegeben hat. Dem Steuerberater ist es nicht gelungen, sich gutgläubig zu halten. Er hat auch keine Zweifel, sondern kennt den Sachverhalt auf Grund einer Mitteilung des Mandanten.

Unzweifelhaft ist, dass der Steuerberater den Mandanten in allen Fragen steuerlich beraten und die Steuererklärung anfertigen darf. Auch der rechtswidrig Handelnde hat Anspruch auf rechtlichen Rat. Nur sollte der Berater natürlich keine Beihilfe leisten. Zu fragen ist deshalb, wann der Steuerberater in solchen Fällen die Tatbestandsvorausset-

---

1) Siehe hierzu Meyer-Goßner, 55. Aufl. 2012, § 55 StPO Rz. 2; gem. BGH v. 26.5.1992, 5 StR 122/92, BGHSt 38, 302 ist es unzulässig, aus der Berufung auf das Auskunftsverweigerungsrecht nachteilige Schlüsse zu ziehen.

2) BGH v. 27.2.1992, 5 StR 190/91, BGHSt 38, 214; zur Durchsicht der Handakten des Beraters s. Burkhard, PStR 2001, 158 sowie Burhoff, PStR 1999, 243 und ders. PStR 2001, 58.

3) Meilicke, BB 1984, 1889.

4) Blumers, StbJb 1983/84, 346 m.w.N.

5) Seeliger, StbJb 1983/84, 364.

6) OLG Celle v. 2.6.1960, 10 U 151/59, DB 1960, 1181.

7) Vgl. dazu auch Wöhe, DStR 1985, 583 ff.

zungen der Beihilfe objektiv und subjektiv erfüllt, d.h. konkret auf den genannten Beispielsfall bezogen: Ist das Ausfüllen der Zeile „Einkünfte aus Kapitalvermögen" in der Einkommensteuererklärung in der Kenntnis, dass die Einkünfte nicht vollständig sind, bereits ein Tatbeitrag, der die Haupttat, die Steuerhinterziehung des Mandanten, fördert und damit als Beihilfe zu qualifizieren ist?

Vorab ist dazu noch festzustellen, dass die Steuererklärung – auch bei der Mitwirkung des Beraters – die des Stpfl. bleibt. Dieser erklärt mit seiner Unterschrift, dass er die Steuererklärung nach bestem Wissen und Gewissen erstellt hat.

Eine Mitwirkungshandlung könnte man in zwei Dingen sehen, einmal in der Erklärung des Steuerberaters, dass er bei der Erstellung der Steuererklärung mitgewirkt hat, und zweitens in dem Ausfüllen der Anlage KAP zur Einkommensteuererklärung.

Der „Mitwirkungsvermerk" ist strafrechtlich ohne Bedeutung (s.o.).

Hinsichtlich des Ausfüllens der Anlage KAP gilt Folgendes: Nach den dargestellten Grundsätzen zur Frage der Förderung der Haupttat begeht Beihilfe schon, wer den Tatentschluss des Haupttäters stärkt oder wer es unterlässt, die Haupttat zu erschweren. Nach dieser außerordentlich weit gehenden Interpretation des „Hilfeleistens" muss man davon ausgehen, dass sich der Steuerberater der Beihilfe schuldig macht, wenn er die Zeile über die Einkünfte aus Kapitalvermögen im Einkommensteuererklärungsvordruck nach den Angaben des Stpfl. wider besseres Wissen ausfüllt, oder wenn er eine vom Mandanten unterschriebene, als falsch erkannte Steuererklärung weisungsgemäß an das Finanzamt sendet. Dies ist abzulehnen, denn ob die bloße Mitwisserschaft des Steuerberaters dem Täter ein erhöhtes Gefühl der Sicherheit gibt, wird sich über die psychische Entwicklung des Täters kaum jemals mit hinreichender Sicherheit feststellen lassen.[1)]

Bei dem Absenden der Steuererklärung ist noch weiter zu differenzieren. Der strafbare Vorwurf liegt nicht im Zugang der Erklärung, sondern in deren Inhalt. Damit wird belanglos, ob der Mandant den Umschlag in den Briefkasten befördert oder sich dazu eines Boten bedient. Das Gleiche gilt im Grunde auch für das Ausfüllen der Zeile Kapitaleinkünfte. Auch die bloße Schreibarbeit ist keine Förderung der Tat i.S.d. § 27 StGB in der Weise, dass die Rechtsgutverletzung ermöglicht oder intensiviert oder die Durchführung der Tat erleichtert wird.[2)]

Beratungshinweis:

In der täglichen Praxis sollte man sich natürlich zur Minimierung des eigenen Risikos vorsorglich an der Rspr. orientieren, weswegen in jedem Fall dazu zu raten ist, sich seine Gutgläubigkeit zu erhalten oder – falls diese durch den Mandanten unmöglich wird – auf den förmlichen Tatbeitrag zu verzichten und diesen Erklärungspunkt allein dem Mandanten zu überlassen.

2. Bilanzerstellung

2680 Hat der Steuerberater den Auftrag, anhand der vom Stpfl. zur Verfügung gestellten Unterlagen die Bilanz zu erstellen, gilt das schon bei der Erstellung der Steuererklärung Gesagte. Insbesondere ist danach der Berater grds. verpflichtet, die Bilanzunterlagen auf ihre Richtigkeit und Vollständigkeit hin zu überprüfen.

2681 Hat der Steuerberater an der Richtigkeit der Angaben seines Mandanten Zweifel, die sich z.B. daraus ergeben können, dass die eingereichten Unterlagen steuerliche Kenntnisse verlangen, die der Mandant nicht hat, oder dass die gemachten Angaben bzw. die übergebenen Unterlagen im Verhältnis zu anderen Betrieben vergleichbarer Größenordnung oder im Hinblick auf den Lebensstil des Stpfl. unverhältnismäßig erscheinen, hat er nachzufragen und auf die Zweifel aufmerksam zu

1) A.A. Schmeer in Gräfe/Lenzen/Schmeer, 4. Aufl. 2006, Rz. 1528. Dies gilt auch unter Berücksichtigung der dargestellten Grundsätze des BGH in seiner Entscheidung v. 1.8.2000, 5 StR 624/99, NJW 2000, 3010 ff.

2) Meilicke, BB 1984, 1890.

machen. Ergänzt oder berichtigt der Mandant daraufhin die Unterlagen (ggf. durch eine Zuschätzung), so ist die Sache damit erledigt. Verschließt sich aber der Mandant einer weiteren Aufklärung und beharrt er auf den Angaben, so ist der Berater weder verpflichtet, das Mandat niederzulegen, noch, das Finanzamt auf die Unstimmigkeiten hinzuweisen. In der Weigerung des Mandanten, an der weiteren Aufklärung mitzuwirken, liegt inzident eine Beschränkung des Beraterauftrags dahingehend, weitere Ermittlungen zu unterlassen. Der Steuerberater kann dann die Angaben des Mandanten seiner Bilanz zu Grunde legen. Er muss lediglich gegenüber dem Finanzamt den Anschein vermeiden, die Besteuerungsgrundlagen bzw. die Buchführung auf Ordnungsmäßigkeit und Vollständigkeit geprüft zu haben. Dies kann durch eine entsprechende Formulierung des Bilanztestates geschehen, wie z.B.: „die Gewinnermittlung beruht auf den übergebenen Unterlagen des Stpfl. und den von ihm erteilten Informationen". Der Inhalt dieser Erklärung ist an sich banal, stellt aber sicher, dass dem Steuerberater nicht der Vorwurf gemacht werden kann, er hätte den Anschein erweckt, das Bilanzergebnis beruhe auf vollständigen und ordnungsgemäßen Unterlagen. Selbst wenn die Angaben des Stpfl. unrichtig sein sollten und bei der Vorlage von Steuererklärungen und Bilanz zu einer Steuerverkürzung führen, kann dann in der Mitwirkung des Steuerberaters – auch bei großzügigster Auslegung der Förderungsformel – keine Tatbeteiligung gesehen werden.

Wenn der Berater konkrete Erkenntnisse hat, dass der Mandant seinen steuerlichen Pflichten nicht in ausreichendem Maße nachkommt, ist er zwar nicht zu weiter gehenden Überprüfungen oder Kontrollen verpflichtet, er muss aber den Mandanten über die Steuerpflichtigkeit bestimmter Geschäftsvorfälle oder über die richtige buchmäßige Darstellung belehren.[1] Eine darüber hinausgehende Pflicht zur Überprüfung, ob der Mandant der Belehrung folgt, besteht nicht. **2682**

3. Buchführung

Der steuerliche Berater wird bei der Buchführung nicht bereits dann wegen Steuerhinterziehung belangt werden können, wenn er Zweifel hat, ob ein ihm vom Mandanten übergebener Beleg betrieblich veranlasst ist, wenn er z.B. vermutet, dass eine Putzhilfe nur privat tätig ist oder dass der am Sonntag ausgestellte Essensbeleg die Familie und nicht den Betrieb betrifft und er diesem Zweifel nicht nachgeht.[2] **2683**

Diese Feststellung beruht darauf, dass den Berater, der über die steuerliche Beratung hinaus auch die Buchführung übernommen hat, keine erweiterten oder erhöhten Sorgfaltspflichten treffen. Er ist weder für die materielle Richtigkeit der Buchführung verantwortlich noch verpflichtet, den Sachverhalt aufzuklären, wenn sich ihm Zweifel aufdrängen. Selbst wenn der Steuerberater damit rechnet, dass die Putzfrau nur im Privathaushalt tätig ist, liegt kein Eventualvorsatz vor, und der Steuerberater wird nicht zum Gehilfen der vom Mandanten anschließend begangenen Steuerhinterziehung. **2684**

Ergeben sich für den Berater auf Grund der ihm übergebenen Unterlagen Zweifel oder Unklarheiten, so muss er sich bemühen, diese aufzuklären, d.h., er muss den Mandanten befragen. Erhält er eine eindeutige Antwort, so hat er den Sachverhalt hinzunehmen und ist zur eigenen Ermittlung weder berechtigt noch verpflichtet. **2685**

Bleiben Zweifel, hat der Berater den Mandanten über die rechtlichen Konsequenzen aufzuklären und – wenn es dabei bleibt – den mitgeteilten Sachverhalt entsprechend zu verbuchen. Dies gilt auch, wenn der Steuerberater davon ausgeht, belo- **2686**

1) Schmeer in Gräfe/Lenzen/Schmeer, 4. Aufl. 2006, Rz. 1489; unterlässt er dies, kann u.U. der Tatbestand der Beihilfe erfüllt sein, vgl. FG Nürnberg v. 10.12.2002, II 536/2000, DStRE 2003, 1251.
2) Blumers, StbJb 1983/84, 319 m w.N.

gen worden zu sein. Eine Verpflichtung, den Mandanten von möglichen Steuervergehen abzuhalten, existiert nicht.

2687 Der Steuerberater ist in derartigen Situationen auch nicht verpflichtet, sein Mandat niederzulegen, denn weder gegenüber dem Finanzamt noch gegenüber dem Mandanten besteht eine Pflicht, die Tatsachenangaben in Zweifel zu ziehen. Sollte der Tatsachenvortrag des Mandanten unzutreffend sein, so liegt auch hierin inzident eine Beschränkung des Beratungsauftrags dahingehend, dass der Berater sich um die weitere Aufklärung des Sachverhalts nicht zu kümmern hat. Allein auf Grund seiner berufsrechtlichen Stellung ist der Steuerberater ebenso wenig wie der Rechtsanwalt verpflichtet, Ermittlungen darüber anzustellen, ob die von dem Mandanten gegebenen Informationen richtig sind.[1)]

2688 Die Grenze zu strafrechtlich verantwortlichem Handeln ist jedoch dort zu ziehen, wo der Berater weiß, dass die Buchhaltung unvollständig oder falsch ist, und er dennoch bewusst und aktiv mithilft, um den Anschein einer ordnungsgemäßen Buchführung zu Zwecken der Steuerverkürzung zu erwecken.[2)]

F. Begünstigung und Strafvereitelung

Schrifttum

Schwedhelm, Strafrechtliche Risiken steuerlicher Beratung, DStR 2006, 1017.

2689 Das StGB unterscheidet zwischen der sachlichen Begünstigung (§ 257 StGB) und der persönlichen Begünstigung (Strafvereitelung, § 258 StGB).

Steuerstraftat ist nur die sachliche Begünstigung i.S.d. § 257 StGB sofern die Vortat eine Steuerstraftat i.S.d. § 369 Abs. 1 Nr. 1–3 AO war. Die Strafvereitelung gem. § 258 StGB ist in § 369 AO nicht erwähnt und deshalb keine Steuerstraftat. Dementsprechend wird die Strafvereitlung auch nicht von den Bußgeld- und Strafsachenstellen der Finanzämter verfolgt.

2690 Die damit verbundene, allgemeine strafrechtliche Problematik betrifft jedoch den Steuerberater ggf. in seiner eigentlichen, beratenden Funktion sowie in seiner Funktion als Steuerstrafverteidiger. Folgende „Leitlinien" sollten dabei beachtet werden:[3)]

2691 Die ordnungs- und pflichtgemäße Verteidigung ist keine Strafvereitelung, auch wenn durch sie der Straftäter nicht bestraft wird. Der Verteidiger darf den Mandanten über die Rechtslage allseitig aufklären und unterrichten. Er kann dem Beschuldigten raten, zu schweigen oder auszusagen, nicht jedoch, wahrheitswidrige Aussagen zu machen. Er darf nicht zielgerichtet Beweisquellen trüben. Er darf nicht Beweismittel vernichten. Hingegen darf er in einer brenzligen Situation oder nach Einleitung eines Steuerstrafverfahrens den Betroffenen über die Möglichkeit einer Durchsuchung aufklären. Der Betroffene darf darüber belehrt werden, welche ausländischen Staaten in Steuerstrafsachen ausliefern und welche nicht. Strafvereitelung kann allerdings der Rat sein, ins Ausland zu fliehen.

2692 Begünstigung als Steuerstraftat begeht, wer einem anderen, der eine rechtswidrige Steuerstraftat begangen hat, in der Absicht Hilfe leistet, ihm die Vorteile der Tat zu sichern (§ 257 StGB). Für die Vortat ist bedingter Vorsatz ausreichend. Absichtlich

1) So mit Recht Meilicke, BB 1984, 1890.
2) Vgl. dazu auch BGH v. 14.12.1999, 5 StR 520/99, StV 2000, 490.
3) So auch Schwedhelm, DStR 2006, 1017, 1021 m.H.a. Wannemacher, Steuerberater und Mandant im Steuerstrafverfahren, 3. Aufl. 1989, Anmerkung 742 ff.

handelt ein Täter, wenn es ihm konkret auf die Verwirklichung des Tatbestands ankommt. Man spricht von einem zielgerichteten Erfolgswillen,[1] neben dem jedoch auch andere Zwecke maßgeblich sein können.[2] So kann beispielsweise auch ein Steuerberater eine strafbare Begünstigungshandlung begehen, wenn es ihm nicht ausschließlich auf die Steuerersparnis seines Mandanten ankommt, sondern er sich in erster Linie von Honorarvorstellungen leiten lässt. Der durch die Begünstigungshandlung zu sichernde Vorteil besteht im Steuerstrafrecht regelmäßig in der Ersparnis von Abgaben oder einer Steuererstattung. Dies wurde vom BGH mit Urteil vom 26.10.1998[3] bestätigt. Darüber hinaus beinhaltet dieses Urteil jedoch noch weitere Feststellungen des Senats, welche sowohl für die anwaltliche als auch für steuerliche Beratungspraxis von erheblicher Bedeutung sind. Nach Auffassung des Gerichts kann es nämlich für die Erfüllung des Straftatbestands der Begünstigung ausreichen, dass Einnahmen, die buchmäßig nicht erfasst wurden, in der Absicht, sie auch zu einem späteren Zeitpunkt gegenüber den Finanzbehörden nicht zu erklären, den für eine Begünstigung erforderlichen „Vorteil" mitenthalten können. Zwar sind Einnahmen aus „steuerunehrlichen Geschäften" für sich betrachtet keine Vorteile aus einer Steuerhinterziehung. In ihnen sind jedoch nach Ansicht des BGH regelmäßig auch die „ersparten" Steuern enthalten und somit auch ein aus der Steuerhinterziehung erlangter Vorteil. Wird in solchen Fällen einem anderen dabei geholfen, die Herkunft und den Verbleib des Gesamtbetrags zu verschleiern – wie in dem entschiedenen Fall durch Umbuchung auf Rechtsanwaltsanderkonten und Transaktionen über Domizilgesellschaften ins Ausland geschehen – so kann darin eine Begünstigung i.S.v. § 369 Abs. 1 Nr. 4 AO, § 257 StGB liegen, und zwar in Höhe der in dem Gesamtbetrag enthaltenen (ersparten) Steuern.[4] Auch die Unmittelbarkeit des Vorteils aus der rechtswidrigen Vortat ist nach Ansicht des BGH bei Delikten dieser Art gewahrt, wenn zum Zeitpunkt der Begünstigungshandlung bei konkreter wirtschaftlicher Betrachtungsweise die erlangten Steuerersparnisse als geldwerte Vorteile im Vermögen des Vortäters noch vorhanden sind, ohne dass es auf die Sachidentität ankommt. Es kommt ferner nach Ansicht des Senats auch nicht darauf an, dass der staatliche Anspruch auf vollständige Erhebung der Steuern durch die Begünstigungshandlung grundsätzlich unberührt bleibt; denn das gelte für alle Fälle der Steuerhinterziehung, bei denen ansonsten keine Begünstigung denkbar wäre, so dass § 369 Abs. 1 Nr. 4 AO ins Leere ginge. Der Senat hält nach alldem an seiner früheren Rechtsprechung ausdrücklich nicht mehr fest.[5] Entscheidend sei für die Beurteilung einer Hilfeleistung als Begünstigung in diesem Zusammenhang vielmehr, ob die Verwirklichung des Steueranspruchs unmöglich gemacht oder noch weiter erschwert werde, als dies bereits durch die erfolgte Hinterziehung geschehen sei.

Neben dieser bemerkenswerten Rechtsprechungsänderung enthält das Urteil vom 26.10.1998 darüber hinaus noch weitere Feststellungen, welche erhebliche Auswirkungen in der Praxis nach sich ziehen. **2693**

Zum einen lässt der Senat die Schätzung von Besteuerungsgrundlagen anhand einer durchschnittlichen, an Wahrscheinlichkeitskriterien ausgerichteten Ertragsberechnung gem. § 162 AO auch im Strafverfahren ausdrücklich ausreichen, wenn – wie im vorliegenden Fall – der Stpfl. vorhandene Aufzeichnungen vernichtet hat. Darüber hinaus sei zu bedenken, dass zwar § 90 Abs. 2 AO unmittelbar im Strafverfahren keine Anwendung finde, der Täter einer Steuerhinterziehung aber Unsicher- **2694**

1) Fischer, 59. Aufl. 2012, § 15 StGB Rz. 6 m.w.N.
2) BGH v. 22.5.1958, 4 StR 96/58, NJW 1958, 1244.
3) BGH v. 26.10.1998, 5 StR 746/97, wistra 1999, 103.
4) BGH v. 26.10.1998, 5 StR 746/97, wistra 1999, 103, 104.
5) BGH v. 26.10.1998, 5 StR 746/97, wistra 1999, 103, 105.

heiten, wie sie gerade aus der Verletzung von Mitwirkungspflichten nach § 90 Abs. 2 AO erwachsen, im Rahmen einer Schätzung gegen sich gelten lassen muss.[1)]

2695 Zum anderen weist der Senat darauf hin, dass nach seiner Ansicht nunmehr auch in der Aufnahme von Verhandlungen mit der Finanzverwaltung zum Zwecke der Herbeiführung einer tatsächlichen Verständigung ohne Offenlegung des zuvor schon von dem Stpfl. verschwiegenen Sachverhalts eine neue selbständige Tat der Steuerhinterziehung liegen könne. Im vorliegenden Fall hatten danach die Angeklagten durch Aufnahme konkreter Verhandlungen mit der Finanzverwaltung bewirkt, dass vom Finanzamt eine unzutreffende Besteuerung durchgeführt wurde und dadurch die ihnen obliegende unmittelbare Pflicht zu wahrheitsgemäßen und vollständigen Angaben gem. § 90 Abs. 1 AO verletzt.[2)] Die im Rahmen der mit dem Finanzamt abgeschlossenen tatsächlichen Verständigung bewirkte Steuerverkürzung stellt sich nach Ansicht des Senats strafrechtlich als selbständige, neue Tat im Verhältnis zu den von dem Stpfl. bewirkten Einkommensteuerhinterziehungen dar. Zwar habe dieser bereits gegenüber dem Finanzamt in früherer Zeit unvollständige Angaben gemacht und durch die Abgabe falscher Erklärungen die Verkürzung von Einkommensteuer bewirkt. Nachdem er jedoch abschließend veranlagt worden war, waren mit formeller Bestandskraft der ursprünglichen Einkommensteuerbescheide die von dem Stpfl. selbst begangenen Straftaten vollendet und beendet. Soweit im Rahmen der tatsächlichen Verständigung von den Angeklagten im vorliegenden Fall sodann unzutreffende Angaben gemacht worden sind, die wiederum zu unzutreffenden Änderungsbescheiden geführt haben, sei diese Handlung materiell und prozessual als selbständige Tat zu werten, die einen eigenständigen Unrechtsgehalt habe. Dieser stehe im Übrigen zu dem Tatbestand der Begünstigung in Tatmehrheit.[3)]

2696 Keine Steuerstraftaten sind z.B. die Verletzung des Steuergeheimnisses (§ 355 StGB) oder die Begünstigung selbst, so dass eine darauf gerichtete Begünstigung auch keine Steuerstraftat darstellt.

G. Folgerungen für die Praxis

Schrifttum

Gotzens/Heinsius, Die strafrechtliche Grauzone der steuerlichen Beratung, Stbg 2000, 209; **Spatscheck/Mantas**, Straftaten im Zusammenhang mit der Abgabe von Erklärungen, PStR 2000, 134; **Streck**, Der Steuerhinterzieher als Mandant, BB 1984, 2205.

2697 Bei der Frage, wie sich die für den Steuerberater aus den bisher skizzierten Sachverhalten ergebenden strafrechtlichen Risiken möglichst gering halten lassen, drängt sich als erstes die radikalste Möglichkeit auf: Niederlegung des Mandats.[4)]

2698 Dies ist möglicherweise der schnellste und einfachste Weg, sich als Steuerberater einer strafrechtlichen Verantwortung zu entziehen. Keinesfalls ist es jedoch der sicherste und schon gar nicht der erfolgversprechende Weg, wenn bereits objektiv der Tatbestand der Steuerhinterziehung erfüllt ist.

2699 Darüber hinaus ist der Steuerberater nicht verpflichtet, sein Mandat bereits dann niederzulegen, wenn er abstrakt davon ausgeht, dass sein Mandant Steuern hinter-

1) BGH v. 26.10.1998, 5 StR 746/97, wistra 1999, 103, 106.
2) BGH v. 26.10.1998, 5 StR 746/97, wistra 1999, 103, 106 – ausdrücklich im Gegensatz zum Urteil der Vorinstanz (LG Köln), welche für die beiden Angeklagten von einer nachträglichen Berichtigungspflicht gem. § 153 AO ausgegangen war.
3) BGH v. 26.10.1998, 5 StR 746/97, wistra 1999, 103, 106 f.
4) Siehe auch Spatschek/Mantas, PStR 2000, 134, 136.

zieht. Der Berater hat vielmehr das Recht, seinem Mandanten eher zu glauben als dem Finanzamt. Nur dann, wenn der Mandant von ihm verlangt, in konkreter Weise Gehilfe oder Mittäter zu werden, sollte der Berater das Mandat niederlegen.

Im Übrigen kann die Berücksichtigung der nachfolgend aufgeführten Hinweise[1] das Risiko einer steuerstrafrechtlichen Verstrickung des Beraters mindern, bevor es zu einer Niederlegung des Mandats kommt: **2700**

- Der Berater sollte ins Kalkül ziehen, dass sein Mandant Steuern hinterzieht. Dieses abstrakte Wissen darf jedoch nicht konkret werden. Der Steuerberater sollte sich – wenn möglich – seine Gutgläubigkeit erhalten. Wichtig ist daher die stillschweigende Ausklammerung brisanter Sachverhalte aus dem Beratungsverhältnis.
- Ausgehend von dem abstrakten Wissen muss der Berater eine klare Sphären- und Risikotrennung durchführen. Die etwaige Hinterziehung ist Sache des Mandanten. Der Berater ist nicht für die Steuermoral des Mandanten verantwortlich.
- Der Berater darf sich nicht zum Komplizen des Mandanten machen, in dem Sinne, dass er letztendlich in eine gemeinsame Steuerhinterziehung hineingezogen wird. Macht sich der Berater einmal von seinem Mandanten „abhängig", ist er zu immer größerer „Hilfestellung" gezwungen, die er nur schwer wieder abbrechen kann.
- Die Ablehnung jeder „Hilfestellung" muss mit großer Eindeutigkeit vollzogen werden. Hier darf auch nicht der umsatzträchtige Mandant besser stehen als der kleine Mandant.
- Der Berater muss, sei das Vertrauensverhältnis auch noch so intensiv, immer daran denken, dass im Konfliktfall der Mandant sein erster Belastungszeuge ist.
- Da die Steuerstrafverfolgung sich überwiegend auf Urkunden, Schreiben, E-Mails und Vermerke stützt, muss den schriftlichen Unterlagen eine besondere Aufmerksamkeit gewidmet werden. Dabei ist jedoch zu beachten, dass, sollte der Finanzbehörde im Einzelfall gelingen, dem Steuerberater eine vorsätzliche Beihilfe zu einer vorsätzlichen Steuerhinterziehung seines Mandanten nachzuweisen, dieser Nachweis in keinster Weise durch zuvor vom Berater formulierte „Angstklauseln" neutralisiert werden kann, z.B. die Klausel, dass die Steuererklärung allein auf den vom Stpfl. übergebenen Unterlagen und erteilten Informationen beruht, die nicht überprüft wurden.[2]
- In positiver Hinsicht sollten Richtigkeits- und Vollständigkeitserklärungen des Mandanten festgehalten werden; so sollten z.B. Erklärungen über Zinsen in die Akten aufgenommen werden. Auch sonstige Schreiben des Mandanten hinsichtlich seiner Korrektheit können von Wichtigkeit sein.
- Der Berater sollte sich in jedem Falle – soweit es die tatsächlichen Verhältnisse zulassen – so lange wie möglich gutgläubig halten. Aber auch wenn dies nicht gelingt, ist die Erstellung einer Erklärung „wider besseres Wissen" nicht per se als Beihilfe zu werten. Erst bei Abgabe einer eigenen Erklärung des Steuerberaters kann dieser bußgeld- oder strafrechtlich belangt werden, wenn er Kenntnis über die unwahren Tatsachen hat oder sich Zweifel über die Richtigkeit der Erklärung hätten aufdrängen müssen.
- Erkennt der Berater nachträglich, dass die von ihm erstellte Erklärung falsch oder unvollständig ist, treffen ihn keine Berichtigungspflichten gem. § 153 AO. Etwas anderes gilt nur, wenn er die Erklärung für seinen Mandanten in eigener Verantwortung abgibt und selbst unterzeichnet.

---

1) Nach Streck, BB 1984, 2205, 2207; s. auch Gotzens/Heinsius, Stbg 2000, 209, 220.
2) Dörn in Achenbach/Wannemacher, 2. Aufl. 1999, § 8 Rz. 83.

- Bei der Beauftragung seiner Angestellten mit der Erstellung von Erklärungen die der Berater für seinen Mandanten abgeben soll, hat er diese sorgsam auszusuchen und stichprobenweise zu kontrollieren. Die damit verbundene besondere Sorgfalt sollte beispielsweise in Form jährlich wiederkehrender „Anweisungen und Hinweise für die Mitarbeiter" schriftlich festgehalten werden.

2701 Bei der Annahme des Honorars empfiehlt sich darüber hinaus Folgendes zu beachten:

- Honorarzahlungen durch Dritte sind grundsätzlich unbedenklich, es sei denn es handelt sich um Tatbeteiligte.
- Maßgeblich ist das sichere Wissen des Beraters im Zeitpunkt der Geldzuwendung.
- Hohe Bargeldzahlungen sind zu vermeiden.
- Die Höhe des Honorars muss in einem angemessenen Verhältnis zur Leistung stehen.
- Das Honorar sollte nicht unter konspirativen Bedingungen entgegengenommen werden, insbesondere auch nicht aus Verstecken abgeholt werden, weil die Art und Weise der Erfüllung der Honorarforderung ein Indikator für die subjektive Tatseite beim Berater sein kann.
- Honorarzahlungen sind grundsätzlich zu quittieren.

KAPITEL III

Bußgeldrechtliche Verantwortung

A. Anwendbarkeit des § 378 AO auf den Steuerberater

Schrifttum

Dörn, Steuerstraf- oder bußgeldrechtliche Verantwortung des Steuerberaters, wistra 1994, 290; **Gotzens/Heinsius**, Die strafrechtliche Grauzone der steuerlichen Beratung, Stbg 2000, 209.

Nach § 378 Abs. 1 AO handelt neben dem Stpfl. ein Dritter ordnungswidrig, der bei Wahrnehmung der Angelegenheiten eines Stpfl. eine der in § 370 Abs. 1 AO bezeichneten Steuerstraftaten leichtfertig begeht. Das Schrifttum zur Frage der bußgeldrechtlichen Verantwortung des Steuerberaters ist geprägt von einer Uneinheitlichkeit im Hinblick auf die Voraussetzungen insbes. der inneren Tatseite. So wird häufig kaum mehr zwischen Vorsatz (als Voraussetzung zur Erfüllung der Beihilfe der Steuerhinterziehung) und Leichtfertigkeit (im Sinne einer groben Fahrlässigkeit als Voraussetzung für eine bußgeldrechtliche Verantwortlichkeit) getrennt. Die Uneinheitlichkeit in Literatur und Rechtsprechung zu diesem Thema führt leider dazu, dass die bußgeldrechtliche Verantwortlichkeit des Steuerberaters von Seiten der Ermittlungsbehörden als eine Art „rechtsfreier Raum" angesehen wird, in welchem es sich trefflich über „Schuld und Moral" im weitesten Sinne streiten lässt. **2702**

Ausgangspunkt für die Beurteilung einer bußgeldrechtlichen Verantwortung auf Seiten des Steuerberaters ist der Begriff der Leichtfertigkeit. Grundsätzlich betrifft Leichtfertigkeit die innere Tatseite, also den Unrechtsgehalt der Tat und die Schuld des Täters. Hinzu kommt jedoch noch eine objektive Komponente, nämlich die Verletzung einer dem Täter obliegenden Sorgfaltspflicht. **2703**

Die Schwierigkeiten im Zusammenhang mit der Frage nach dem Vorliegen der Tatbestandsmerkmale des § 378 AO insbes. bei der Frage, wer das Tatbestandsmerkmal der Leichtfertigkeit erfüllt hat, versucht folgendes Beispiel zu verdeutlichen:[1)] **2704**

Beispiel:

Ein Stpfl. beauftragt einen Steuerberater mit der Erstellung seiner Steuererklärung, informiert jedoch den allgemein als sorgfältig und gewissenhaft bekannten Berater nicht vollständig und umfassend über die steuerlich relevanten Sachverhalte. Der Steuerberater fertigt nach diesen Angaben die Erklärung für seinen Mandanten. Dieser unterschreibt die Erklärung und gibt sie bei dem für ihn zuständigen Finanzamt ab.

In diesem Fall macht der Stpfl. zwar Angaben, handelt aber nicht leichtfertig, da er davon ausgeht, seinen Berater vollständig informiert zu haben, und sich auf die von diesem gefertigte Erklärung verlässt. Möglicherweise war das Verhalten des Beraters in dem einen oder anderen Punkt als leichtfertig anzusehen. Dieser selbst hat jedoch gegenüber dem Finanzamt keine Angaben gemacht i.S.d. § 378 AO i.V.m. § 370 Abs. 1 Nr. 1 AO. Beide Beteiligten – Stpfl. und Steuerberater – wären somit bußgeldrechtlich nicht verantwortlich. **2705**

Die Rechtsprechung hat die Frage der bußgeldrechtlichen Verantwortlichkeit des Steuerberaters gem. § 378 AO in dem geschilderten Fall entschieden[2)] und lehnt im **2706**

1) Nach Dörn in Achenbach/Wannemacher, 2. Aufl. 1999, § 15 Rz. 36.

2) BayObLG v. 9.11.1993, 4St RR 54/93, wistra 1994, 34; OLG Braunschweig v. 8.3.1996, Ss (B) 100/95, wistra 1996, 319; vgl. dazu auch Joecks in Franzen/Gast/Joecks, 7. Aufl. 2009, § 378 AO Rz. 25; Dörn, wistra 1994, 215; Gotzens/Heinsius, Stbg 2000, 209, 216.

Ergebnis eine bußgeldrechtliche Verantwortlichkeit des im Innenverhältnis tätigen Steuerberaters gem. § 378 AO ab. Im Rahmen der Begründung dieser Entscheidungen ist – neben dem Wortlaut und dem historischen Auslegungsargument – bemerkenswert, dass die Richter zu der Ansicht gelangen, dass, wenn jedes leichtfertige Verursachen unrichtiger Angaben für § 378 AO ausreichend wäre, die Gefahr einer zu weit gehenden bußgeldrechtlichen Verfolgung von Steuerberatern begründet würde, z.B. in Fällen der Erteilung unrichtiger Auskünfte, des Übersehens oder falschen Verbuchens von Belegen. Der Anwendungsbereich des § 378 AO wird also, bezogen auf den Steuerberater, auf die Fälle des tatsächlichen „Machens von Angaben" gem. § 378 AO i.V.m. § 370 Abs. 1 Nr. 1 AO bzw. auf Fälle des „in-Unkenntnis-Lassen" beschränkt. Insbesondere das früher nach § 404 Abs. 1 RAO bereits ausreichende „Bewirken" einer steuerlichen Verkürzung für die Erfüllung des bußgeldrechtlichen Tatbestands scheidet damit zur Begründung einer bußgeldrechtlichen Verantwortung aus heutiger Sicht aus. Der Berater kann danach nur Täter einer leichtfertigen Steuerverkürzung (§ 378 Abs. 1 i.V.m. § 370 Abs. 1 AO) sein, wenn er bei Wahrnehmung der Angelegenheiten eines Stpfl. selbst unrichtige oder unvollständige Angaben macht oder die Finanzbehörden pflichtwidrig in Unkenntnis lässt und dadurch Steuern verkürzt oder nicht gerechtfertigte Steuervorteile erlangt werden. § 378 AO kann nur durch die in § 370 Abs. 1 AO genannten Handlungsalternativen verwirklicht werden, oder anders ausgedrückt: Es kommt allein darauf an, dass der Verkürzungserfolg durch die in § 370 Abs. 1 Nr. 1 oder 2 AO ge- oder verbotenen Handlungen oder Unterlassungen verursacht wird. Ein bloßes „Bewirken" der Steuerverkürzung ist nach dem präzisen Wortlaut des § 378 Abs. 1 AO i.V.m. § 370 Abs. 1 AO nicht mehr tatbestandsmäßig. Damit kommt es entscheidend darauf an, wann der Berater selbst Angaben i.S.d. § 370 AO macht und wann er verpflichtet ist, steuerliche Pflichten des Mandanten zu erfüllen.

B. Objektive Tatbestandsvoraussetzungen

Schrifttum

Bublitz, Die Kausalität der leichtfertigen Steuerverkürzung durch den Steuerberater und sonstige Dritte, DStR 1984, 435; **Dörn**, Fragen des Steuerstraf- und Steuerordnungswidrigkeitenrechts bei Beauftragung eines Steuerberaters, DStZ 1993, 478; **Dörn**, Leichtfertige Steuerverkürzung (§ 378 AO) und leichtfertiger Subventionsbetrug (§ 264 Abs. 1, Abs. 3 StGB) durch den Steuerberater, wistra 1994, 215; **Dörn**, Steuerstraf- oder bußgeldrechtliche Verantwortung des Steuerberaters, wistra 1994, 290; **Gotzens/Heinsius**, Die strafrechtliche Grauzone der steuerlichen Beratung, Stbg 2000, 209; **Reitz**, Die bußgeldrechtliche Verantwortung des steuerlichen Beraters, DStR 1984, 91.

2707 Gemäß § 378 AO handelt ordnungswidrig, wer als Stpfl. oder bei Wahrnehmung der Angelegenheiten eines Stpfl. eine der in § 370 Abs. 1 AO bezeichneten Taten leichtfertig begeht. Danach wird der objektive Tatbestand der leichtfertigen Steuerverkürzung dann – und nur dann – erfüllt, wenn eine der in § 370 Abs. 1 AO beschriebenen Tathandlungen vorliegt. Tatbestandsmäßig handelt demnach, wer gegenüber der Finanzbehörde über steuerlich erhebliche Tatsachen unrichtige oder unvollständige Angaben macht oder bei Vorliegen entsprechender Pflichten Erklärungen unterlässt. Dementsprechend macht sich nicht strafbar, wer eben keine unrichtigen Angaben macht oder wer in der Unterlassensalternative untätig bleibt, da ihn keine Handlungspflichten treffen. Der nur intern tätige Steuerberater, der gegenüber der Finanzverwaltung keinerlei Angaben macht, kann deshalb nicht Täter i.S.d. § 378 AO sein.[1]

---

1) BayObLG v. 9.11.1993, 4St RR 54/93, wistra 1994, 34; OLG Braunschweig v. 8.3.1996, Ss (B) 100/95, wistra 1996, 319.

Ferner handelt nur tatbestandsmäßig, wer bei Wahrnehmung der Angelegenheiten eines Stpfl. tätig wird. Täter kann danach sein, wer dem Stpfl. bei der Erledigung seiner steuerlichen Pflichten Hilfe leistet oder jeder, dessen Tun oder pflichtwidriges Unterlassen mit den steuerlichen Pflichten eines Stpfl. in Zusammenhang steht.[1)] Täter einer leichtfertigen Steuerverkürzung gem. § 378 AO können danach sowohl der Steuerberater selbst als auch dessen Berufsgehilfen oder sonstige Hilfspersonen sein.[2)] **2708**

I. Unvollständige oder unrichtige Angaben (§ 378 Abs. 1 i.V.m. § 370 Abs. 1 Nr. 1 AO)

Eine Angabe ist eine Behauptung, Auskunft oder Mitteilung an eine Behörde. Angaben macht jedenfalls der, der eine ausdrückliche schriftliche oder mündliche Erklärung abgibt.[3)] Daraus folgt: Ein Steuerberater, der seinen Mandanten lediglich berät und dem dabei ein Fehler unterläuft, der auf Grund der eigenen Erklärung des Mandanten gegenüber dem Finanzamt zu einer Steuerverkürzung führt, verwirklicht nicht den Tatbestand des § 378 AO. Der leichtfertig erteilte falsche Rat ist keine Ordnungswidrigkeit im Sinne der Vorschrift. Der Berater leistet auch keine Beihilfe, denn es fehlt sowohl der Beihilfevorsatz als auch die vorsätzlich begangene Haupttat. Es stellt sich daher lediglich noch die Frage der mittelbaren Täterschaft. Diese ist aber auch zu verneinen. Es gibt nach h.M. keine fahrlässige mittelbare Täterschaft.[4)] **2709**

Die Tatbestandsverweisung in § 378 Abs. 1 AO auf § 370 Abs. 1 AO beeinflusst auch die bußgeldrechtliche Verantwortung des Beraters bei der Mitwirkung an Steuererklärungen, die der Stpfl. gem. § 150 Abs. 3 AO i.V. mit einem Steuergesetz persönlich unterschreibt.[5)] **2710**

Wenn in diesen Fällen nach § 150 Abs. 3 AO eine eigenhändige Unterschrift des Stpfl. vorgeschrieben ist und vorgenommen wird, wird der Erklärungspflicht höchstpersönlich durch den Stpfl. genügt. Angaben i.S.d. § 378 Abs. 1 AO i.V.m. § 370 Abs. 1 Nr. 1 AO werden somit allein vom Stpfl. und nicht von dem Steuerberater gemacht.[6)] Wie oben schon ausgeführt, ist ein „bloßes Bewirken" nach dem genauen Wortlaut des § 370 AO nicht mehr tatbestandsmäßig. Unterläuft also dem Berater bei Erstellung der Erklärung ein Fehler, ist täterschaftliches Handeln ausgeschlossen. Das Verhalten des Beraters kann auch weder als mittelbare Täterschaft noch als Teilnahme geahndet werden.[7)] **2711**

---

1) RG v. 12.4.1923, III 750/22, RGSt 57, 218; Joecks in Franzen/Gast/Joecks, 7. Aufl. 2009, § 378 AO Rz. 12; Schauf in Kohlmann, § 378 AO Rz. 16 (Oktober 2009).
2) Siehe dazu das Beispiel bei Dörn, wistra 1994, 290, 293.
3) Joecks in Franzen/Gast/Joecks 7. Aufl. 2009, § 370 AO Rz. 120.
4) Heine in Schönke/Schröder, 28. Aufl. 2010, § 25 StGB, Rz. 15 m.w.N.
5) Einkommensteuererklärung, § 60 Abs. 1 Satz 2 EStDV; Gewerbesteuererklärung, § 25 Abs. 2 Satz 3 GewStDV; Jahresumsatzsteuererklärung, § 18 Abs. 3 Satz 2 UStG; Lohnsteuerjahresausgleich, § 42 Abs. 2 Satz 4 EStG.
6) Vgl. dazu im Einzelnen ausführlich Reitz, DStR 1984, 91 ff. unter Bezugnahme auf BFH v. 3.2.1983, IV R 153/80, HFR 1983, 251; FG Niedersachsen v. 2.2.1981, IX L 77/77 EFG 1981, 418; FG Rheinland-Pfalz v. 18.2.1980, III 260/79, III 261/79, III 260 – 261/79, EFG 1980, 264.
7) Reitz, DStR 1984, 439; Rüping in H/H/Sp, § 378 AO Rz. 21 f. (März 2006); Dörn, wistra 1994, 216; OLG Braunschweig v. 8.3.1996, Ss (B) 100/95, NJW 1997, 3254; entgegen früher Samson in Franzen/Gast/Samson, 3. Aufl. 1985, § 378 AO Rz. 21, nunmehr auch Joecks in Franzen/Gast/Joecks, 7. Aufl. 2009, § 378 AO Rz. 25; a.A. Bublitz, DStR 1984, 435.

II. Steuerverkürzen durch pflichtwidriges Unterlassen (§ 378 Abs. 1 i.V.m. § 370 Abs. 1 Nr. 2 AO)

2712 Für das pflichtwidrige Unterlassen i.S.d. § 378 Abs. 1 AO i.V.m. § 370 Abs. 1 Nr. 2 AO gilt das oben Ausgeführte ebenfalls. Unterlässt ein Stpfl. pflichtwidrig die Abgabe einer Steuererklärung auf Grund eines fahrlässig erteilten falschen Rates seines Beraters, so ist der Mandant subjektiv nicht verantwortlich, und der Steuerberater handelt nicht tatbestandsmäßig.

2713 Grundsätzlich setzt diese Tatbestandsalternative voraus, dass der Berater bei der Wahrnehmung der Angelegenheiten des Stpfl. selbst die Finanzbehörden pflichtwidrig über steuerlich erhebliche Tatsachen in Unkenntnis lässt. Er ist Täter einer Unterlassung i.S.d. § 378 Abs. 1 AO i.V.m. § 370 Abs. 1 Nr. 2 AO, wenn er es übernommen hat, die steuerlichen Pflichten des Mandanten zu erfüllen. Mit steuerlichen Pflichten sind die zahlreichen steuerlichen Erklärungs-, Mitwirkungs- und sonstigen Handlungspflichten gemeint. Dabei handelt es sich im Wesentlichen um höchstpersönliche Pflichten, deren Erfüllung dem Stpfl. selbst obliegt. In diesem Zusammenhang kann er sich zwar beraten und helfen lassen; bußgeldrechtlich verantwortlich bleibt aber er. Lediglich in Ausnahmefällen ist eine Übertragung mit Begründung einer eigenen Garantenstellung für den übernehmenden Berater möglich.[1)]

C. Subjektiver Tatbestand – Leichtfertigkeit

2714 Das tatbestandsmäßige Handeln (§ 378 AO) kann nur geahndet werden, wenn der Täter die Steuerverkürzung leichtfertig begeht. Die leichtfertige Steuerverkürzung ist ein Fahrlässigkeitstatbestand. Leichtfertigkeit bedeutet einen höheren Grad der Fahrlässigkeit. Bewusste Fahrlässigkeit ist nicht erforderlich. Die h.M. setzt „leichtfertiges" mit „grob fahrlässigem" Handeln gleich.[2)] Es wird in erster Linie durch die Verletzung der dem Berater obliegenden Sorgfaltspflichten bewirkt.

2715 Literatur und Rechtsprechung haben einen umfangreichen Katalog von Sorgfaltspflichten entwickelt, dessen Nichtbeachtung den Vorwurf leichtfertigen Handelns begründen soll.[3)] Die Anforderungen sind teilweise überspannt, teilweise mit sachfremden Erwägungen begründet. Inhalt und Umfang der Sorgfaltspflichten haben sich allein am geschützten Rechtsgut zu orientieren. Auf Sorgfaltspflichten kann es deshalb grds. erst dann ankommen, wenn der Steuerberater selbst durch sein eigenes tatbestandsmäßiges Verhalten zu dem durch § 378 AO geschützten Rechtsgut in Beziehung tritt. Er hat dabei eigene Pflichtwidrigkeiten zu vermeiden. Fehler können in tatsächlicher und rechtlicher Hinsicht passieren. Verbucht er einen Entnahmebeleg als Aufwand, verkennt er die klare Rechtslage, verhält er sich sorgfaltswidrig. Hat er dabei zugleich tatbestandsmäßig gehandelt, ist dies nach § 378 AO zu sanktionieren.

2716 Dagegen sind zivilrechtliche Pflichten, die sich aus dem Mandatsverhältnis ergeben, unerheblich.[4)] Das Mandatsverhältnis ist kein Entstehungsgrund für bußgeld-relevante Sorgfaltspflichten. Es kann aber deren Umfang bestimmen, wobei es weniger

1) OLG Koblenz v. 11.6.1987, 1 Ss 198/87, wistra 1987, 263.
2) Joecks in Franzen/Gast/Joecks, 7. Aufl. 2009, § 378 AO Rz. 27 m.w.N.
3) Vgl. auch Schmeer in Gräfe/Lenzen/Schmeer, 4. Aufl. 2006, Rz. 1645 ff.
4) Ein Steuerberater, der es durch einen von ihm erteilten Rat oder durch die von ihm veranlasste unzutreffende Darstellung steuerlich bedeutsamer Vorgänge verschuldet, dass gegen seinen Mandanten wegen leichtfertiger Steuerverkürzung ein Bußgeld verhängt wird, kann jedoch verpflichtet sein, jenem den darin bestehenden Vermögenschaden zu ersetzen; BGH v. 14.11.1996, IX ZR 215/95, NJW 1997, 518.

auf den Inhalt der Vereinbarung, sondern auf das Maß der tatsächlich ausgeübten Tätigkeit ankommt.

Auch die sich aus der Berufsordnung der Bundessteuerberaterkammer[1] ergebenden Berufspflichten sind keine bußgeldbewehrten Sorgfaltspflichten. Andernfalls würde ein Sonderrecht für Steuerberater geschaffen, das es tatsächlich nicht gibt.[2] **2717**

Festzuhalten ist, dass der Steuerberater keine allgemeine Garantenstellung gegenüber dem in § 378 AO geschützten Rechtsgut hat. Deshalb hat er auch gegenüber seinem Mandanten keine allgemeine Überwachungspflicht. Er muss seinem Mandanten nicht misstrauen, er darf sich vielmehr grds. auf die Richtigkeit der ihm vorgelegten Belege, der Auskünfte des Mandanten und dessen Vorarbeiten verlassen. Er hat weder eigene Nachforschungen anzustellen noch die ihm vom Mandanten übergebenen Unterlagen auf ihre materielle Richtigkeit zu überprüfen.[3] Etwas anderes gilt nur, wenn sich die Unrichtigkeit der Unterlagen dem Steuerberater ohne Weiteres hätte aufdrängen müssen. Dabei ist aber zu beachten, dass sich weite Bereiche der Beratertätigkeit in Routine bzw. Massenarbeit erschöpfen. Insoweit dürfen die Anforderungen nicht überspannt werden. **2718**

Die tägliche „Arbeitsbelastung" ist in der Beratungspraxis ein tatsächliches Problem. Dem wird seitens der Strafverfolgungsbehörden stets mit dem lebensfremden Argument begegnet, der Berater könne die Zahl der von ihm betrauten Mandate schließlich selbst bestimmen, und er dürfe nicht mehr annehmen, als er in angemessener Weise bearbeiten könne. Diese Auffassung verkennt völlig, dass die Arbeitsbelastung einer Beratungskanzlei nie kontinuierlich ist, sondern erheblichen Schwankungen unterliegt. Diese Schwankungen sind i.d.R. nur in sehr beschränktem Maße steuerbar und – dies ist entscheidend – kurzfristig durch eine Vielzahl unvorhersehbarer äußerer Umstände bedingt und insofern nicht zu ändern. Deshalb dürfen insoweit keine zu strengen Maßstäbe angelegt werden.[4] **2719**

Für Mitarbeiterverschulden kann der Berater zur Verantwortung gezogen werden, soweit ihn zugleich ein eigenes Verschulden trifft. Beauftragt er Hilfspersonen mit der Erledigung der übernommenen Aufgaben, so muss er bei deren Auswahl darauf achten, dass sie diesen Aufgaben im Hinblick auf Ausbildung und beruflichen Werdegang gewachsen und geeignet sind. Darüber hinaus muss er die Zuverlässigkeit und Sachkunde seiner Mitarbeiter durch stichprobenweise Kontrollen überwachen. Dies gilt insbes. für das Kanzleipersonal, das nicht den steuerberatenden Berufen angehört. Hier muss durch organisatorische Vorkehrungen eine ausreichende Überwachung sichergestellt werden. **2720**

Wichtig ist in diesem Zusammenhang: Wird der dem Steuerberater gemachte Vorwurf des leichtfertigen Handelns darauf gestützt, dass er die stichprobenartige Überwachung seiner Mitarbeiter vernachlässigt habe, so ist das für die Zurechnung der eingetretenen Steuerverkürzung noch keineswegs ausreichend. Es muss vielmehr positiv feststehen, dass bei Einhaltung der gebotenen Sorgfalt, d.h. bei Durchführung von Stichproben oder sonstigen Überwachungsmaßnahmen, gerade die vorgeworfene Steuerverkürzung verhindert worden wäre.[5] Eine derartige Feststellung wird im Einzelfall schwierig sein, da der Berater nur zu solchen Überwachungsmaßnahmen verpflichtet ist, aus denen sich generell die Zuverlässigkeit seiner Mitarbeiter ergibt, darüber hinaus aber keine Verpflichtung zur Prüfung spezieller Geschäftsvorfälle besteht. Bleibt zweifelhaft, ob die allgemeine stichprobenweise **2721**

1) Abgedruckt in Beihefter zu DStR 1997, Heft 26.
2) Schauf in Kohlmann, § 378 AO Rz. 59 f. (Oktober 2009); Schmeer in Gräfe/Lenzen/Schmeer, 4. Aufl. 2006, Rz. 1655.
3) OLG Bremen v. 26.4.1985, Ws 111/84, Ws 115/84, Ws 116/84 StV 1985, 282.
4) Vgl. dazu auch Schmeer in Gräfe/Lenzen/Schmeer, 4. Aufl. 2006, Rz. 1660.
5) Joecks in Franzen/Gast/Joecks, 7. Aufl. 2009, § 378 AO Rz. 44.

Überwachung gerade den konkret vorgeworfenen Vorgang betroffen hätte, scheidet nach allgemeinen Fahrlässigkeitsregeln die Anwendung des § 378 AO aus.[1)]

D. Verfahren

2722 § 411 AO sieht vor, dass vor Erlass eines Bußgeldbescheids gegen einen Rechtsanwalt, Steuerberater, Steuerbevollmächtigten, Wirtschaftsprüfer oder vereidigten Buchprüfer wegen einer Steuerordnungswidrigkeit, die er in Ausübung seines Berufs bei der Beratung in Steuersachen begangen hat, die Finanzbehörde der zuständigen Berufskammer Gelegenheit zur Stellungnahme gibt. Sinn und Zweck dieses Verfahrens ist es, den Sachverstand der Berufskammer im Bußgeldverfahren zu nutzen.[2)] Die Kammer muss sich nicht äußern. Die Frage des Ob und Wie einer Äußerung ist in ihr Ermessen gestellt.

2723 Kein Ermessen besteht dagegen gem. Nr. 104 Abs. 3 der AStBV (St)[3)] auf Seiten der Ermittlungsbehörden hinsichtlich der Frage, ob der Kammer überhaupt Gelegenheit zur Stellungnahme gegeben werden muss oder nicht. Daran kann auch der ausdrückliche Verzicht des Betroffenen nichts ändern. Zwar kann es das eine oder andere Mal vorkommen, dass die Anhörung der Kammer versehentlich unterbleibt. Die internen Dienstanweisungen der zuständigen Stellen des Finanzamts sehen jedoch i.d.R. zwingend eine Anhörung der Kammer vor. Was vom Sinn und Zweck her dazu gedacht ist, dem Betroffenen unter Einschaltung der für ihn zuständigen Berufskammer Gelegenheit zur Verteidigung gegen den ihm gemachten Vorwurf zu geben, führt damit oftmals auf der anderen Seite jedoch auch erst zur Einleitung entsprechender berufsrechtlicher Maßnahmen seitens der Kammer selbst, welche ohne die – eigentlich zu Gunsten des Betroffenen – durchzuführende Anhörung nicht in Gang gesetzt worden wären.

2724 Zu beachten ist, dass § 411 AO nur für abschließende Maßnahmen in einem Bußgeldverfahren gegen einen Steuerberater gilt, der eine Steuerordnungswidrigkeit in Ausübung seines Berufes begangen hat. Keine Geltung entfaltet § 411 AO daher z.B. für eine Verfahrenseinstellung nach § 153 oder § 153a StPO sowie für Tathandlungen, die der Steuerberater nicht in Ausübung seines Berufes begangen hat.

1) Joecks in Franzen/Gast/Joecks, 7. Aufl. 2009, § 378 AO Rz. 45.
2) Hilgers-Klautzsch in Kohlmann, § 411 AO Rz. 2 (Juni 2009).
3) AStBV (St) 2013, BStBl I 2012, 1018.

KAPITEL IV
Zivilrechtliche Risiken

A. Schadensersatzansprüche

Schrifttum

Olbing, Strafrechtliche Risikoverteilung in der Krise des Mandanten, Stbg 2012 294.

Schadensersatzansprüche gegen einen Steuerberater können grundsätzlich vertraglicher oder deliktischer Natur sein. Sie können auf einer Schlechterfüllung des zwischen dem Steuerberater und dem Mandanten abgeschlossenen Vertrages oder auf deliktischem Handeln beruhen. **2725**

I. Vertragliche Ansprüche

Im Hinblick auf die Schadensersatzpflicht des Steuerberaters wegen Schlechterfüllung des Steuerberatervertrags ist in aller Kürze lediglich auf Folgendes hinzuweisen: **2726**

Auf Grund des mit Wirkung zum 1.1.2002 in Kraft getretenen Schuldrechtsmodernisierungsgesetzes ist bei der Suche nach der gesetzlichen Haftungsnorm nach dem Zeitpunkt des abgeschlossenen Steuerberatungsvertrags zu unterscheiden:[1)]

- Wurde der Steuerberatungsvertrag nach dem 31.12.2001 geschlossen, so ist ein etwaiger Schadensersatzanspruch auf § 280 Abs. 1 BGB zu stützen;
- bei Verträgen, welche vor dem 1.1.2002 geschlossen wurden, ist ein etwaiger Schadensersatzanspruch an dem Rechtsinstitut der positiven Vertragsverletzung zu messen;
- ist zwischen dem Steuerberater und dem Mandanten ein Dauerschuldverhältnis begründet worden, so sind ab dem 1.1.2003 etwaige Schadensersatzansprüche an § 280 Abs. 1 BGB zu messen, unabhängig davon, wann der Steuerberatungsvertrag geschlossen wurde (Art. 229 § 5 EGBGB).

Darüber hinaus kann eine vertragliche Haftung gegenüber Dritten bestehen, sofern ein Vertrag zu Gunsten Dritter oder ein Vertrag mit Schutzwirkung zu Gunsten Dritter zwischen dem Steuerberater und seinem Mandanten abgeschlossen wurde. Dies kann z.B. dann der Fall sein, wenn der Steuerberater als Treuhänder auftritt. Insoweit ist der Steuerberater nicht nur gegenüber seinem Auftraggeber, dem Treugeber, zur pflichtgemäßen Auftragserfüllung verpflichtet, sondern z.B. auch gegenüber Kapitalanlegern. **2727**

II. Deliktische Ansprüche

Deliktische Ansprüche gegen einen Steuerberater können sich aus den §§ 823 ff. BGB ergeben. In der Praxis werden deliktische Schadensersatzansprüche i.d.R. von Dritten, nicht aber vom Mandanten geltend gemacht. Die deliktische Haftung ist daher prinzipiell geeignet, die Verantwortung des Steuerberaters gegenüber Dritten zu begründen und dementsprechend den Kreis möglicher Anspruchssteller erheblich zu erweitern. Insbesondere die Verletzung eines Schutzgesetzes i.S.d. § 823 **2728**

1) Art. 229 § 5 EGBGB.

Abs. 2 BGB, welches den Schutz von Rechtsgütern Dritter normiert, stellt für den Steuerberater ein beachtliches Risikopotenzial dar.

Im Folgenden wird exemplarisch auf Schutzgesetze eingegangen, welche in der täglichen Arbeit des Steuerberaters besondere praktische Relevanz aufweisen können.

1. § 823 Abs. 2 BGB i.V.m. § 370 Abs. 1 AO (Steuerhinterziehung)

2729 § 370 AO stellt kein Schutzgesetz i.S.d. § 823 Abs. 2 BGB dar, da die Vorschrift keinem gezielten Individualzweck dient, sondern der Sicherung des Steueraufkommens. Darüber hinaus fehlt es am erforderlichen Zurechnungszusammenhang, da der durch die Steuerhinterziehung entstandene Schaden nicht auf der Verletzung des § 370 AO basiert, sondern auf der unterlassenen Steuererklärung und/oder unterbliebenen Bezahlung der geschuldeten Steuern.

Sofern der Steuerberater als Mittäter oder Gehilfe an einer Steuerhinterziehung seines Mandanten mitwirkt, besteht aber die Gefahr einer Haftungsinanspruchnahme gem. § 71 AO (hierzu → Rz. 2757).

2. § 823 Abs. 2 BGB i.V.m. § 266a StGB (Vorenthalten und Veruntreuen von Arbeitsentgelt)

2730 § 266a StGB ist ein Schutzgesetz i.S.d. § 823 Abs. 2 BGB und zwar sowohl im Verhältnis zu den Sozialversicherungsträgern als auch zum Arbeitnehmer.

Bei § 266a StGB handelt es sich um ein Sonderdelikt, welches die Strafbarkeit an die Arbeitgebereigenschaft knüpft. Dies bedeutet, dass ein Steuerberater, der nicht gleichzeitig (faktischer) Arbeitgeber ist, selbst nicht Täter sein kann. Ein Steuerberater kann sich aber einer Anstiftung oder Beihilfe schuldig machen, wenn er z.B. einem Mandanten rät, nicht alle Arbeitnehmer gegenüber den jeweiligen Sozialversicherungsträgern anzumelden.

3. § 823 Abs. 2 BGB i.V.m. § 15 InsO (Verstoß gegen die Insolvenzantragspflicht)

2731 Die Schutzgesetzeigenschaft des § 15 InsO ist allgemein anerkannt. Der Kreis der unter den persönlichen Schutzbereich des § 15 InsO fallenden Personen beschränkt sich nicht auf die sog. Altgläubiger, die bei Eintritt der Insolvenzreife bereits Gläubiger der GmbH waren, sondern erstreckt sich auch auf die sog. Neugläubiger, die erst danach und nur deshalb Gläubiger geworden sind, weil der Geschäftsführer die ihm gem. § 15 InsO obliegende Pflicht zur Insolvenzantragstellung verletzt hat. Unter den Schutz des § 15 InsO fallen aber nicht diejenigen, die erst nach Eröffnung des Insolvenzverfahrens Ansprüche erworben haben.

2732 Die dogmatische Begründung der hierauf beruhenden Steuerberaterhaftung ist darin zu sehen, dass zwar als Täter i.S.d. § 15 InsO nur der Geschäftsführer einer GmbH in Betracht kommt, jedoch ein Dritter, wie z.B. der Steuerberater Teilnehmer dieser Tat sein kann. Nach den allgemeinen Vorschriften des Strafgesetzbuches kann zu § 15 InsO Beihilfe geleistet werden, ohne dass der Gehilfe selbst die besondere Eigenschaft des Täters erfüllen muss.

2733 Im Ergebnis haftet der Steuerberater gem. § 823 Abs. 2 BGB i.V.m. § 15 InsO dann auf Schadensersatz, wenn er zur Insolvenzverschleppung Hilfe geleistet oder dazu angestiftet hat.

2734 Tatbestandliche Voraussetzung für die Schadensersatzpflicht des Steuerberaters ist neben der vorsätzlichen Haupttat der Insolvenzverschleppung die darauf gerichtete Hilfeleistung bzw. Anstiftung durch den Steuerberater (§§ 26, 27 StGB). Eine Beihilfe zur unterlassenen Insolvenzanmeldung gem. § 15 InsO liegt dann vor, wenn der Entschluss des zum Handeln Verpflichteten durch Rat oder Tat gefördert oder gefestigt wird. Neben der Hilfeleistung ist ebenso eine Anstiftung (§ 26 StGB) denkbar. In objektiver Hinsicht muss die Handlung des Steuerberaters für die Insolvenzverschleppung des Geschäftsführers kausal gewesen sein. In subjektiver Hinsicht muss der Steuerberater jedenfalls billigend in Kauf nehmen, dass der Geschäftsführer in Kenntnis der Insolvenzreife die Stellung des Insolvenzantrags pflichtwidrig unterlässt und die Handlungen des Steuerberaters dazu geeignet sind, dieses Verhalten zu fördern, zu erleichtern oder den Geschäftsführer in seinem Entschluss zu bestärken. Ist der Steuerberater wegen Anstiftung oder Beihilfe zur unterlassenen Insolvenzanmeldung strafbar, so haftet er gem. § 830 Abs. 2 BGB der Höhe nach wie der Haupttäter, also der Geschäftsführer.

Das dargestellte Haftungsrisiko kann dadurch reduziert werden, dass der steuerliche Berater in nachweisbarer Form den Mandanten auf die Insolvenzantragspflicht hinweist und die Erfüllung dieser Pflicht entsprechend anmahnt.[1] Sodann muss er darüber hinaus eine Mandatsniederlegung prüfen, da allein in der Weiterbearbeitung des Mandats – Stichwort: berufsneutrale Handlung – eine strafrechtlich relevante Hilfeleistung zur Begehung einer Insolvenzverschleppung gesehen werden könnte. **2735**

III. Zivilrechtliche Haftung für fehlerhafte Selbstanzeigeberatung

Ein Steuerberater kann gem. §§ 280 ff. BGB auch dann auf Schadensersatz haften, wenn er es pflichtwidrig unterlassen hat, für eine strafbefreiende Selbstanzeige seines Mandanten zu sorgen. Dies hat jedenfalls das **LG Saarbrücken** in einer Entscheidung vom 23.1.2012[2] entschieden. **2736**

In dem Fall hatte ein Steuerberater einen Apotheker beraten und diesen u.a. auf ein angebliches „Steuersparmodell" hingewiesen. In der Folgezeit wurde dann die Durchführung einer steuerlichen Außenprüfung angeordnet. Nach Eingang einer Prüfungsanordnung wurde vom Steuerberater gegenüber dem Finanzamt folgende Erklärung abgegeben: **2737**

„Bei Durchsicht und Überprüfung der Steuerunterlagen und der Verträge und deren Konzeption im Rahmen der Vorbereitung der Außenprüfung fiel auf, dass möglicherweise die tatsächliche Abwicklung und Handhabung der Leistungsbeziehungen, insbesondere zwischen der Apotheke und der .... nicht in vollem Umfang den vertraglich vereinbarten Vorgaben entsprach, weil sich die Einarbeitung des hierfür auf Seiten der ... vorgesehenen Personals schwieriger gestaltete als vorgesehen und erwartet."

Gegen den Stpfl. wurde ein Strafbefehl wegen Steuerhinterziehung mit einer Gesamtfreiheitsstrafe von neun Monaten erlassen. Durch Beschluss des Gerichts wurde ihm außerdem die Bewährungsauflage erteilt, wonach er einen Geldbetrag von 100 000 € zu Gunsten der Staatskasse und einen weiteren Betrag von 30 000 € zu Gunsten einer gemeinnützigen Einrichtung zu zahlen hatte. **2738**

Der Stpfl. forderte daraufhin vom Steuerberater Schadensersatz in Höhe der Kosten für die Vertretung im Steuerstrafverfahren sowie in Höhe der Bewährungsauflagen.

Nach der Entscheidung des LG Saarbrücken haftet der Steuerberater gem. §§ 280 ff. BGB i.V.m. § 128 HGB analog auf Schadensersatz in der geltend gemachten Höhe. Der Steuerberater habe sich pflichtwidrig verhalten, indem er es unterlassen habe, für eine strafbefreiend wirkende Selbstanzeige zu sorgen. Der Steuerberater habe im Rahmen seines Auftrags den Mandanten umfassend zu beraten und ungefragt **2739**

1) Zur strafrechtlichen Risikoverteilung in der Krise des Mandanten s. Olbing, Stbg 2012, 294.
2) Az. 9 O 251/10, StBW 2012, 855.

über alle bedeutsamen steuerlichen Einzelheiten und deren Folgen zu unterrichten. Insbesondere müsse er seinen Auftraggeber **möglichst vor Schaden** bewahren. Zu diesem Zwecke habe er den sichersten Weg zu dem erstrebten steuerlichen Ziel aufzuzeigen und sachgerechte Vorschläge zu dessen Verwirklichung zu unterbreiten. Die Beratung solle den Mandanten in die Lage versetzen, eigenverantwortlich seine Rechte und Interessen zu wahren und eine Fehlentscheidung vermeiden zu können. Diesen Anforderungen sei das Verhalten des Steuerberaters nicht gerecht geworden.

2740 Die vom Steuerberater an das Finanzamt übermittelte „Selbstanzeige" genüge den Anforderungen des § 371 Abs. 1 AO nicht. In dem Schreiben würden keine unrichtigen Angaben berichtigt, keine unvollständigen Angaben ergänzt und keine unterlassenen Angaben nachgeholt. Die Unrichtigkeit von Angaben würde nicht einmal im Ansatz eingeräumt. Dem Steuerberater sei zudem bekannt gewesen, dass für seinen Mandanten unverzüglich eine Selbstanzeige habe abgegeben werden müssen. Schließlich sei er im Rahmen der Außenprüfung entsprechend mandatiert worden. Er habe auch erkennen müssen, dass die abgegebene Erklärung zur Erlangung der Straffreiheit nicht geeignet gewesen sei.

Habe der steuerliche Berater durch schuldhaft fehlsames Verhalten den Mandanten in die Lage gebracht, sich die vom Gesetz selbst dargebotene Straffreiheit zu verscherzen, dann sei auch der Schaden des Mandanten durch diese Vertragsverletzung ursächlich herbeigeführt worden.[1)]

2741 Im Ergebnis habe der Steuerberater den seinem Mandanten entstandenen Schaden in voller Höhe zu ersetzen. In der höchstrichterlichen Rechtsprechung sei für die Beraterhaftung anerkannt, dass ein Anspruch des Mandanten auf Erstattung einer gegen ihn festgesetzten Geldbuße oder Geldstrafe in Betracht kommen könne. Wer eine Straftat oder Ordnungswidrigkeit begangen habe, müssen zwar die deswegen gegen ihn verhängte Sanktion nach deren Sinn und Zweck in eigener Person tragen und damit auch die ihm auferlegte Geldstrafe oder -buße aus seinem eigenen Vermögen aufbringen. Dies schließe jedoch einen Anspruch gegen einen anderen auf Ersatz für einen solchen Vermögensnachteil nicht aus. Die Erstattung einer vom Täter schon gezahlten Geldstrafe sei nicht verboten; sie sei nicht als Begünstigung (§ 257 StGB) strafbar. Selbst derjenige, der den Täter im Voraus die zur Zahlung der Strafe erforderlichen Geldmittel zur Verfügung stelle, mache sich nicht wegen Strafvereitelung (§ 258 StGB) strafbar. Der Mandant könne demzufolge vom Steuerberater auch Schadensersatz in Höhe der gegen ihn wegen Steuerhinterziehung verhängten Geldstrafe oder des entsprechenden Bußgeldes verlangen, wenn dieser ihn von der Erstattung einer Selbstanzeige abgehalten oder pflichtwidrig und schuldhaft keine ordnungsgemäße Selbstanzeige erstattet habe und bei pflichtgemäßem Rat und ordnungsgemäßer Selbstanzeige die Bestrafung abzuwenden gewesen wäre.

2742 Die Entscheidung des LG Saarbrücken stellt recht anschaulich das Risiko des Steuerberaters im Zusammenhang mit der Abgabe einer Selbstanzeige dar. Dieses Risiko ist nochmals höher, wenn der Steuerberater den anzeigewilligen Stpfl. vorher auch noch beraten hat. Auf diesen Aspekt kam es in dem Urteil des LG Saarbrücken aber nicht (mehr) an, so dass die Frage offen geblieben ist, ob sich der Steuerberater ggf. auch wegen eventuell fehlerhafter Beratung im Zusammenhang mit dem angeblichen „Steuersparmodell" schadensersatzpflichtig gemacht haben könnte.

2743 Im Ergebnis wird durch diese Entscheidung unterstrichen, dass ein Mandant von seinem Steuerberater auch Schadensersatz in Höhe der gegen ihn wegen Steuerhinterziehung verhängten Geldstrafe oder des entsprechenden Bußgeldes (auch nach § 153a StPO) verlangen kann, wenn dieser ihn von der Erstattung einer Selbst-

1) Hier verweist das LG Saarbrücken auf RGZ 169, 267, 269.

anzeige abgehalten oder pflichtwidrig und schuldhaft keine ordnungsgemäße Selbstanzeige erstattet hat und wenn bei pflichtgemäßem Rat und ordnungsgemäßer Selbstanzeige eine Bestrafung abzuwenden gewesen wäre.[1]

IV. Schadensersatzpflicht des Steuerberaters bei gegen den Mandanten verhängten Geldbußen oder Geldstrafen

Wie dargestellt haftet der Steuerberater seinem Mandanten als Vertragspartner dann, wenn er die sich aus dem Vertragsverhältnis ergebenden Pflichten, den Stpfl. vor bestimmten Gefahren zu bewahren, verletzt hat. Natürlich ist dabei im Einzelfall stets auch ein eventuelles Mitverschulden des Mandanten zu prüfen. **2744**

Die Pflicht eines Steuerberaters endet aber dort, wo sich der Mandant selbst über die Rechtswidrigkeit eines bestimmten Vorgehens im Klaren ist. Bei einer vorsätzlichen Steuerhinterziehung ist daher eine Abwälzung der Geldbuße auf den Berater nicht möglich. Ebenso sind die Hinterziehungszinsen und die Kosten für das Steuerstrafverfahren einschließlich der Anwaltskosten nicht erstattungsfähig.[2] Wird gegen den Mandanten ein Steuerstrafverfahren nach § 370 AO eingeleitet und dieses gegen Zahlung einer Geldauflage nach § 153a StPO eingestellt, so können die Kosten diesbezüglich nicht bei dem Berater erfolgreich eingefordert werden. Sofern der Mandant die strafrechtliche Relevanz seines Handelns nicht eingestehen will, darf er nicht das Angebot der Einstellung nach § 153a StPO annehmen, sondern muss vielmehr auf eine Einstellung nach § 170 Abs. 2 StPO drängen. Es kann nach der Rechtsprechung keinen Unterschied machen, ob eine Verurteilung zu einer Geldstrafe oder einer Einstellung gegen eine Geldauflage vorliegt.[3] **2745**

B. Verjährung von Schadensersatzansprüchen

Nachdem sich Beratungsfehler im vertraglichen Bereich und deliktisches Verhalten häufig nicht sofort in einem Schaden auf Seiten des Mandanten oder eines Dritten manifestieren oder die Kenntnis von einem Schaden erst nach längerer Zeit erlangt wird, kann zwischen Schadensverursachung und Schadensentstehung eine große, ggf. mehrere Jahre betragende Zeitspanne liegen. Aus diesem Grunde stellt sich dem Steuerberater, der mit einer Schadensersatzforderung konfrontiert wird, in sehr vielen Fällen zunächst die Verjährungsfrage. Diese bietet die Möglichkeit dem Schadensersatzanspruch ohne Rücksicht auf seine materielle Berechtigung mit der Einrede der Verjährung zu begegnen und auf diese Weise eine komplizierte und langwierige Auseinandersetzung in der Sache selbst zu vermeiden. **2746**

I. Rechtscharakter der Verjährung

Bei der Verjährung i.S.d. §§ 194 ff. BGB handelt es sich nicht um eine rechtsvernichtende Einrede. Vielmehr gibt die eingetretene Verjährung dem Schuldner das Recht, die Leistung zu verweigern. Sie führt aber nicht zum Erlöschen des Anspruchs, sondern begründet nur ein dauerndes Leistungsverweigerungsrecht gem. § 214 Abs. 1 BGB. **2747**

---

1) Lenzen in Gräfe/Lenzen/Schmeer, 4. Aufl. 2006, Rz. 580 m.w.N.
2) Lenzen in Gräfe/Lenzen/Schmeer, 4. Aufl. 2006, Rz. 580.
3) LG Aurich v. 15.6.2007, 3 O 1312/06, GI 2007, 108.

II. Beginn der Verjährung

2748 Mit Gesetz zur Anpassung von Verjährungsvorschriften an das Gesetz zur Modernisierung des Schuldrechts vom 9.12.2004 wurde die Verjährungsregelung des § 68 StBerG mit Wirkung zum 14.12.2004 aufgehoben. Ab dem 15.12.2004 trat die allgemeine Verjährungsregelung des § 195 BGB an die Stelle des § 68 StBerG, vgl. Art. 229 §§ 6, 12 EGBGB.

2749 Gemäß § 195 BGB beträgt die regelmäßige Verjährungsfrist drei Jahre.

2750 Der Verjährungsbeginn richtet sich nach § 199 BGB. Diese Bestimmung lautet wie folgt:

„(1) Die regelmäßige Verjährungsfrist beginnt mit dem Schluss des Jahres, in dem

1. der Anspruch entstanden ist und

2. der Gläubiger von den den Anspruch begründenden Umständen und der Person des Schuldners Kenntnis erlangt oder ohne grobe Fahrlässigkeit erlangen müsste.

(...)

(3) Sonstige Schadensersatzansprüche verjähren

1. ohne Rücksicht auf die Kenntnis oder grob fahrlässige Unkenntnis in zehn Jahren von ihrer Entstehung an und

2. ohne Rücksicht auf ihre Entstehung und die Kenntnis oder grob fahrlässige Unkenntnis in dreißig Jahren von der Begehung der Handlung, der Pflichtverletzung oder dem sonstigen, den Schaden auslösenden Ereignis an.

Maßgeblich ist die früher endende Frist. (...)"

Danach ist der Beginn der Verjährung also nicht (mehr) taggenau festzustellen, sondern wird auf den Schluss des Kalenderjahres bezogen. Entsteht z.B. im Laufe des Jahres 2012 der Schadensersatzanspruch und erlangt hiervon der Geschädigte Kenntnis, so beginnt der Lauf der Verjährung am 1.1.2013.

Erforderlich ist für den Verjährungsbeginn die Anspruchsentstehung und die Kenntnis der Pflichtverletzung und des Schadens.

III. Anspruchsentstehung

2751 Das Gesetz definiert den Zeitpunkt der Anspruchsentstehung nicht. Aus diesem Grunde oblag es der Rechtsprechung, das Tatbestandsmerkmal der „Anspruchsentstehung" fallbezogen zu konkretisieren. Im Rahmen der Steuerberaterhaftung wird dabei auf den Schaden in Form einer vermeidbaren steuerlichen Belastung abgestellt. Von einem Verjährungsbeginn ist danach auszugehen, wenn der belastende Steuerbescheid bekannt gegeben wurde.[1] Ist dagegen noch offen, ob pflichtwidriges, ein Risiko begründendes Verhalten zu einem Schaden führt, ist ein Ersatzanspruch noch nicht entstanden und die Verjährungsfrist folglich noch nicht in Lauf gesetzt.[2] Zur Begründung wird angeführt, dass erst der Steuerbescheid dem Auftraggeber i.d.R. Anlass zu der Prüfung gibt, ob der steuerliche Nachteil auf einer fehlerhaften Beratung beruht. Die vom BGH aufgestellten Grundsätze zum Verjäh-

1) BGH v. 11.5.1995, IX ZR 140/94, BGHZ 129, 386, 389.
2) BGH v. 9.7.1992, IX ZR 50/91, NJW 1992, 2828, 2829.

rungsbeginn sind anhand der häufigsten Betätigungsfelder der Steuerberater wie folgt zu präzisieren:

- Der Steuerberater erstellt eine fehlerhafte Steuererklärung oder erteilt einen falschen Rat, welcher in die Steuererklärung einfließt:

  Der Verjährungsbeginn knüpft in diesem Fall an die Bekanntgabe des Steuerbescheids. Hierbei ist es irrelevant, ob die Pflichtverletzung des Steuerberaters zu einer zu hohen Steuerfestsetzung oder zu geringen Steuervergütung führt. Die Verjährung des Schadenersatzanspruchs wird nicht durch den Einspruch gegen den Steuerbescheid gehindert.[1]

- Der Steuerberater versäumt eine Frist:

  Versäumt der Steuerberater eine Antragsfrist (z.B. Frist für die Beantragung einer Investitionszulage), so entsteht der Schaden bereits mit dem Fristablauf, nicht erst mit Bekanntgabe des ablehnenden Bescheids.[2]

  Versäumt der Steuerberater eine Einspruchs- oder Klagefrist, so ist bei der Bestimmung des Verjährungsbeginns auf die Bestandskraft des Bescheids abzustellen.[3]

  Legt der Steuerberater gegen einen rechtswidrigen belastenden Steuerbescheid, dessen Rechtswidrigkeit er nicht zu vertreten hat, Einspruch ein und versäumt es, den Einspruch zu begründen, so beginnt die Verjährung mit Bekanntgabe der Einspruchsentscheidung, da erst letztere auf der Pflichtverletzung des Steuerberaters beruht.[4]

- Der Steuerberater erteilt falsche Ratschläge/erstellt falsche Gutachten:

  Erteilt der Steuerberater eine falsche Auskunft in Steuerfragen oder erstellt er ein falsches Steuergutachten, dann tritt der Verjährungsbeginn mit der Bekanntgabe des schädigenden Steuerbescheids ein (siehe oben).

  Erteilt der Steuerberater einen falschen Wirtschaftsrat, so beginnt die Verjährung grundsätzlich mit dem Beratungsvollzug.[5] Entsprechendes gilt bei Vertragsberatung, wobei unbeachtlich ist, ob diese unter Beachtung oder unter Verstoß des Rechtsberatungsgesetzes erfolgt.

IV. Kenntnis der Pflichtverletzung und des Schadens

Der Verjährungsbeginn ist zusätzlich von der Kenntnis der Pflichtverletzung und des Schadens abhängig. Der Geschädigte muss die Tatsachen kennen, die auf ein schuldhaftes Verhalten seines Steuerberaters schließen lassen. Des Weiteren muss er erkennen, dass das Fehlverhalten des Steuerberaters kausal für den Schaden (mit-)verantwortlich sein kann. Die Kenntnis muss so weit gehen, dass der Geschädigte in der Lage ist, eine Schadensersatzklage erfolgversprechend zu begründen. Da i.d.R. der Schadensersatzanspruch mit der Bekanntgabe des belastenden Steuerbescheids entsteht und dieser i.d.R. dem Stpfl. auch zur Kenntnis gelangt, stellt in der Praxis die Feststellung der notwendigen Kenntniserlangung kein schwieriges Problem dar. **2752**

Das Erfordernis der Kenntnis ist aber durchaus geeignet den Verjährungsbeginn hinauszuschieben und erlangt Relevanz in den Fällen, in denen nach früherer Rechtslage die Schadensentstehung nicht notwendigerweise mit einer Kenntniser- **2753**

1) BGH v. 20.6.1996, IX ZR 100/95, WM 1996, 2066.
2) BGH v. 28.3.1996, IX ZR 197/95, DStR 1996, 983.
3) BGH v. 20.6.1996, IX ZR 100/95, NJW-RR 1997, 50.
4) BGH v. 12.2.1998, IX ZR 190/97, NJW-RR 1998, 742.
5) Näher: Lenzen in Gräfe/Lenzen/Schmeer, 4. Aufl. 2006, Rz. 886 f.

langung einhergehen musste, so z.B. dann, wenn im Rahmen einer Außenprüfung entdeckt wird, dass der Stpfl. eine vermeidbar gewesene Steuerzahlung seit Jahren leistet, da der Steuerberater eine falsche Erklärung abgegeben oder eine steuergünstige Beratung unterlassen hat. Der hier vorliegende Schaden ist nicht erst zum Zeitpunkt der Entdeckung im Rahmen der Betriebsprüfung entstanden, sondern bereits zum Zeitpunkt der Festsetzung der Steuer. Die Außenprüfung hat den Schaden nicht herbeigeführt, sondern diesen lediglich entdeckt. Sollte in verfahrensrechtlicher Hinsicht der ehemals ergangene belastende Steuerbescheid nicht mehr zu berichtigen und somit der Schaden nicht zu beseitigen sein, so war früher die Behandlung eines solchen Falles strittig. Der BGH hat aber in seiner Entscheidung vom 4.4.1991 auf die Bekanntgabe des ursprünglich belastenden Steuerbescheids abgestellt. In diesen Fällen war daher häufig von einem verjährten Anspruch gegenüber dem Steuerberater auszugehen. Auf Grund der nunmehr eingeführten Erfordernis einer Kenntnis vom Schaden, kann ein Verjährungsbeginn ggf. auf den Zeitpunkt der Fehleraufdeckung durch die Außenprüfung und die Mitteilung des Fehlers an den Stpfl., ggf. im Rahmen der Schlussbesprechung, abzustellen sein. Dies jedoch nur in den Fällen, in denen dem Stpfl. die Tatsachen, welche zum fehlerhaften Steuerbescheid geführt haben, nicht bekannt waren.

V. Verjährungsablauf

2754 Die Verjährung deliktischer Ansprüche wird durch § 199 BGB geregelt. Die Verjährung tritt damit im Regelfall nach drei Jahren (Fristanlauf zum Jahresende, § 199 Abs. 1 BGB), spätestens nach 30 Jahren (§ 199 Abs. 3 Ziff. 2 BGB) ein.

2755 Im Hinblick auf den Verjährungsablauf sind folgende Fallgestaltungen denkbar:

- Der Schaden entsteht im Jahre 2008 und die erforderliche Kenntniserlangung liegt im gleichen Jahre vor: Der Schadensersatzanspruch verjährt mit Ablauf des 31.12.2011.
- Der Schaden entsteht im Jahre 2008, der Stpfl. erlangt hiervon erst im Jahre 2009 Kenntnis: Nachdem beide Voraussetzungen (Schadensentstehung und Kenntnis) kumulativ vorliegen müssen, ist die Kenntniserlangung für den Verjährungsfristbeginn im Jahre 2009 maßgeblich. Der Schadensersatzanspruch verjährt somit zum Ablauf des 31.12.2012.
- Der Schaden entsteht im Jahre 2007, der Stpfl. erlangt aber keine Kenntnis: Gemäß § 199 Abs. 3 Nr. 1 BGB verjähren Schadensersatzansprüche ohne Rücksicht auf die Kenntnis oder grob fahrlässige Unkenntnis in zehn Jahren von ihrer Entstehung an. Dies führt zu einem Verjährungsablauf zum 31.12.2017.
- Im Jahre 2007 unternimmt der Steuerberater eine Vertragsgestaltung, welche erst im Jahre 2030 zu einem Schadenseintritt führt: In diesem Fall ist auf Grund der Regelung des § 199 Abs. 3 Nr. 2 BGB, der eine dreißigjährige Verjährungsfrist vorsieht, erst mit Ablauf des 31.12.2037 von einem verjährten Anspruch auszugehen.

Aus den vorgenannten Beispielen wird ersichtlich, dass durch die Einführung des subjektiven Elements die Beurteilung der Verjährungsfrage schwieriger wurde. Im Rahmen eines Haftungsprozesses wird insoweit eine schwer prognostizierbare Beweisaufnahme durchzuführen sein, welche den Zeitpunkt der Kenntniserlangung zum Gegenstand haben wird.

2756 Rechtssicherheit kann der Steuerberater durch eine Aufklärung seines Mandanten erlangen, welche die Kenntnis und damit den Verjährungsbeginn herbeiführt. Eine solche Aufklärung ist in geeigneter Weise zu dokumentieren.

KAPITEL V

Haftungsrisiken nach der Abgabenordnung

A. Allgemeines

Die §§ 69 und 71 AO begründen eine abgabenrechtliche Haftung auf Schadensersatz. **2757**

Nach § 69 AO kommt die sog. Vertreterhaftung nur für den in den §§ 34 und 35 AO bezeichneten Personenkreis in Betracht. Dies bedeutet, dass ein Berater eine Inhaftungnahme nach § 69 AO grundsätzlich nur in seltenen Fällen zu befürchten hat. Dies kann z.B. dann der Fall sein, wenn er als Vermögensverwalter (§ 34 Abs. 3 AO) für seinen Mandanten tätig wird oder als sog. „faktischer Geschäftsführer" handelt.

Wesentlich häufiger droht in der Praxis eine Haftungsinanspruchnahme über die sog. Hinterzieherhaftung des § 71 AO. Nach dieser Vorschrift wird die bei Verletzung strafrechtlicher Schutzgesetze bestehende Schadensersatzpflicht des § 823 Abs. 2 BGB[1] zu einem speziellen öffentlich-rechtlichen Haftungsinstitut umgestaltet. Sie lässt Täter und Teilnehmer bestimmter Steuerstraftaten für die durch ihre Tat verkürzten Steuern und die Hinterziehungszinsen haften, sofern sie nicht selbst Steuerschuldner sind, was ungeschriebenes, negatives Tatbestandsmerkmal des § 71 AO ist. Die Haftung gem. § 71 AO ist also keine zusätzliche Strafsanktion für steuerunehrliches Verhalten, sondern soll allein den durch die Hinterziehungshandlung verursachten Vermögensschaden des Fiskus ausgleichen.[2] **2758**

B. Voraussetzungen einer Haftungsinanspruchnahme

Schrifttum

Kamps/Wulf, Neue Rechtsprechung zur Geltung des Grundsatzes „in dubio pro reo" im Verfahrensrecht der AO, DStR 2003, 2045.

I. Steuerhinterziehung oder Steuerhehlerei

Die Haftung nach § 71 AO setzt eine Steuerhinterziehung (§ 370 AO) oder Steuerhehlerei (§ 374 AO) voraus. Dabei müssen der objektive und der subjektive Tatbestand der Strafnormen erfüllt sein. Bedingter Vorsatz (sog. „dolus eventualis") genügt.[3] **2759**

Die Vortaten müssen darüber hinaus auch rechtswidrig und schuldhaft begangen und vollendet sein. Der Versuch einer Steuerhinterziehung bzw. Steuerhehlerei begründet keine Haftung, weil dadurch kein Haftungsschaden eintritt.[4] **2760**

1) Wobei § 370 AO nicht zu den strafrechtlichen Schutzgesetzen des § 823 Abs. 2 BGB gehört, da Schutzzweck die Sicherung des Steueraufkommens ist; vgl. Rüsken in Klein, 11. Aufl. 2012, § 71 AO Rz. 1 m.w.N.
2) Rüsken in Klein, 11. Aufl. 2012, § 71 AO Rz. 2.
3) Loose in Tipke/Kruse, § 71 AO Rz. 3 m.w.N. (Oktober 2012).
4) Loose in Tipke/Kruse, § 71 AO Rz. 4 u.H.a. RFHE 31, 68 (Oktober 2012); BFH v. 13.7.1994, I R 112/93, BStBl II 1995, 198, 200.

II. Täter oder Teilnehmer als haftende Personen

2761 Neben dem Täter einer Steuerhinterziehung kommt als Haftender über § 71 AO insbesondere auch der Teilnehmer einer solchen Tat, also Anstifter und Gehilfen nach den §§ 26, 27 StGB in Betracht. Dadurch kann u.U. auch auf das Vermögen z.B. des steuerlichen Beraters im Rahmen einer Haftungsinanspruchnahme zugegriffen werden, wenn eine Beihilfe oder Anstiftung zu Hinterziehungstaten seines Mandanten vorliegt. Dieses Vorgehen ist in der Praxis insbesondere dann recht häufig anzutreffen, wenn der Haupttäter zwischenzeitlich vermögenslos (geworden) ist. Es ist nicht selten zu erleben, dass die Ermittlungsbehörden in solchen Fällen ein Verfahren gegen den Steuerberater mit dem Vorwurf der Mittäterschaft oder Beihilfe zur Steuerhinterziehung seines Mandanten anstrengen, auch oder gerade um über den Zugriff auf das Vermögen des Beraters den mutmaßlich entstandenen Steuerschaden eintreiben zu können.

2762 Ehegatten haften demgegenüber nicht „automatisch" nach § 71 AO, wenn die gemeinsame Steuererklärung unrichtige Angaben zu den Einkünften des anderen Ehegatten enthält.[1] Etwas anderes gilt nur dann, wenn die Angaben des einen Ehegatten (ausnahmsweise) dahingehend zu verstehen sind, dass er mit ihnen die (unrichtigen) Angaben des anderen Ehegatten als richtig bestätigen will und diese seiner eigenen Wissenssphäre zuzurechnen sind.[2]

III. Feststellungslast

2763 Steuerhinterziehung und Steuerhehlerei sind Tatbestandsmerkmale der steuerrechtlichen Rechtsnorm des § 71 AO. Folglich müssen die Finanzbehörden und Finanzgerichte den Sachverhalt ermitteln und entscheiden, ob diese Straftatbestände erfüllt sind. Dabei haben die Finanzbehörden und die Finanzgerichte nur die Verfahrensvorschriften der AO und der FGO anzuwenden, nicht die Vorschriften der StPO. Die Finanzbehörde trägt also die volle objektive Beweislast (Feststellungslast) für das Vorliegen aller haftungsbegründenden Tatbestandsmerkmale des § 71 AO, folglich auch der Straftat i.S.d. §§ 370, 374 AO.[3]

2764 Für eine Haftungsinanspruchnahme ist es nicht notwendig, dass der Täter wegen der Straftat verurteilt worden ist. Ist eine Verurteilung erfolgt, kann sich die Finanzbehörde allerdings in tatsächlicher Hinsicht die Feststellungen des Strafurteils zu eigen machen, es sei denn, die Beteiligten erheben gegen die strafgerichtlichen Feststellungen substantiierte Einwendungen und stellen entsprechende Beweisanträge.[4]

Dies gilt auch dann, wenn „nur" ein Strafbefehl ergangen ist. Eine Verfahrenseinstellung nach § 153a StPO lässt einen tatrichterlichen Schluss auf das Vorliegen einer Straftat demgegenüber nicht zu. Insbesondere ist für eine Verfahrensbeendigung nach § 153a StPO kein Schuldeingeständnis des Stpfl. und auch keine Schuldfeststellung seitens der Behörde erforderlich. Es gilt nach wie vor die Unschuldsvermutung.[5]

2765 Um eventuelle Haftungsrisiken insbesondere für den steuerlichen Berater soweit wie möglich auszuschließen, sollte die Fortgeltung der Unschuldsvermutung bei

1) BFH v. 16.4.2002, IX R 40/00, DStZ 2002, 569.
2) Rüsken in Klein, 11. Aufl. 2012, § 71 AO Rz. 5.
3) Loose in Tipke/Kruse, § 71 AO Rz. 8 m.w.N. (Oktober 2012).
4) Rüsken in Klein, 11. Aufl. 2012, § 71 AO Rz. 6 m.w.N.
5) Meyer-Goßner, 55. Aufl. 2012, § 153 a StPO Rz. 2 m.w.N.; ebenso Kamps/Wulf, DStR 2003, 2045; a.A. FG Münster v. 24.11.2010, 8 K 4132/07, n.v.

einer Einstellung nach § 153a StPO wenn möglich entsprechend aktenkundig gemacht werden.

Insgesamt trägt die Finanzbehörde die Feststellungslast für das Vorliegen einer Steuerstraftat. Sie ist dabei an die Rechtsauffassung und die tatsächlichen Feststellungen eines Strafgerichts nicht gebunden. Dies bedeutet, dass die Finanzbehörde „trotz" einer Einstellung bzw. nach § 153a StPO mit dem Vorliegen einer vollendeten Steuerhinterziehung argumentieren kann. Umgekehrt ist es genauso denkbar – wenn auch in der Praxis sicher eher selten vorkommend – dass die Finanzbehörde das Vorliegen der Tatbestandsvoraussetzungen einer Haftungsinanspruchnahme nach § 71 AO verneint, wenn es vorher zu einer entsprechenden Verurteilung oder dem Erlass eines Strafbefehls gekommen ist. **2766**

Ungeachtet dessen ist bei den Feststellungen der Finanzbehörde der strafprozessuale Grundsatz „in dubio pro reo" anzuwenden.[1] Dieser Grundsatz hat in der Praxis bei der Anwendung von § 71 AO allerdings nur geringe Bedeutung. Bestehen nämlich Zweifel hinsichtlich der objektiven oder subjektiven Tatbestandsmerkmale der Steuerhinterziehung oder Steuerhehlerei, ist der Haftungsbescheid aufzuheben. Für das Vorliegen einer Steuerhinterziehung ist dabei kein höherer Grad von Gewissheit erforderlich als für die Feststellung anderer Tatsachen, für die das Finanzamt die Feststellungslast trägt.[2] **2767**

Ebenso wenig wie im Strafverfahren muss der Stpfl. an der Aufklärung des Finanzamts im Hinblick auf das Vorliegen der Voraussetzungen des § 71 AO mitwirken. Es tritt insofern für das Finanzamt keine Beweismaßerleichterung ein. Deshalb sind die Voraussetzungen für eine Steuerhinterziehung oder Steuerhehlerei dem Grunde nach auch dann mit an Sicherheit grenzender Wahrscheinlichkeit festzustellen, wenn der Haftungsschuldner seine Mitwirkungspflichten verletzt und zur Aufklärung des Sachverhalts nicht beiträgt. Dies gilt auch für die Verletzung der erweiterten Mitwirkungspflicht bei internationalen Steuersachverhalten nach § 90 Abs. 2 AO.[3] **2768**

C. Umfang der Haftung

Schrifttum

Kamps/Wulf, Neue Rechtsprechung zur Geltung des Grundsatzes „in dubio pro reo" im Verfahrensrecht der AO, DStR 2003, 2045.

Die Haftung nach § 71 AO bezieht sich auf die verkürzten Steuern, die zu Unrecht gewährten Steuervorteile und Hinterziehungszinsen, nicht aber eventuelle Säumniszuschläge. Geht der Vorsatz des Steuerhinterziehers weiter als der eines Teilnehmers, haftet dieser auch nur teilweise. Der Teilnehmer an einer fortgesetzten Steuerhinterziehung haftet nur dann für die gesamten, hinterzogenen Abgaben, wenn sein Vorsatz darauf gerichtet war sich an der fortgesetzten Hinterziehung in seiner Gesamtheit zu beteiligen.[4] **2769**

Für einen steuerlichen Berater kann die Frage des Umfangs einer Haftungsinanspruchnahme z.B. auch bei der Abgabe einer Selbstanzeige für seinen Mandanten **2770**

1) Strittig, dafür: Rüsken in Klein, 11. Aufl. 2012, § 71 AO Rz. 7 m.w.N.; Kamps/Wulf, DStR 2003, 2045; dagegen: Loose in Tipke/Kruse, § 71 AO Rz. 9 (Oktober 2012).
2) Loose in Tipke/Kruse, § 71 AO Rz. 10 (Oktober 2012).
3) Loose in Tipke/Kruse, § 71 AO Rz. 10 (Oktober 2012); Rüsken in Klein, 11. Aufl. 2012, § 71 AO Rz. 9.
4) Rüsken in Klein, 11. Aufl. 2012, § 71 AO Rz. 12.

von Bedeutung sein. Zwar kann eine solche Selbstanzeige auch für den Berater bei Vorliegen einer eigenen Tatbeteiligung an der Steuerhinterziehung seines Mandanten strafbefreiend wirken. Die Haftung nach § 71 AO verhindert die Selbstanzeige allerdings nicht. Vielmehr eröffnet sie u.U. wegen des darin (auch) vom Berater abgegebenen Schuldeingeständnisses gerade erst den Weg zu einer Haftungsinanspruchnahme des Beraters.[1]

D. Geltendmachung der Haftung

Schrifttum

Durst, Beratungsempfehlungen zum Verhalten bei Einleitung eines Steuerstrafverfahrens, KÖSDI 2012, 17908; **Eich**, Strafbarkeitsrisiken und Haftungsgefahren für den Berater bei Steuerhinterziehung des Mandanten, KÖSDI 2011, 17706.

2771 Die Haftung nach § 71 AO wird nach erfolgter Anhörung des Haftungsschuldners gem. § 91 AO durch Haftungsbescheid nach § 191 AO festgesetzt. Haftender und Steuerschuldner sind nach § 44 AO Gesamtschuldner. Die Inanspruchnahme des Haftenden steht allerdings im sog. Entschließungs- und Auswahlermessen des Finanzamts. Das Entschließungsermessen soll dabei jedoch in der Weise vorgeprägt sein, dass bei einer Beihilfe zur Steuerhinterziehung die Inanspruchnahme des Gehilfen ohne nähere Darlegung der Ermessenerwägungen stets als Ermessensgerecht anzusehen ist.[2] Diese sehr pauschale Vorgehensweise entspricht allerdings nicht den oben geschilderten Voraussetzungen für die Haftungsinanspruchnahme und insbesondere der damit verbundenen Feststellungslast auf Seiten des Finanzamts. Es mag zwar zutreffend sein, dass die Sichtweise der Finanzbehörde bei der Prüfung einer Haftungsinanspruchnahme in der beschriebenen Art und Weise stets vorgeprägt ist. Gleichwohl muss für den Betroffenen einer solchen Haftungsinanspruchnahme erkennbar sein, ob und in welcher Weise die Finanzbehörde ihr Ermessen erkannt und ausgeübt hat. Deshalb kann entgegen der Ansicht des BFH nicht auf die Ausübung des Auswahlermessens in einem Haftungsbescheid verzichtet werden.[3] Allein der beschriebene Umgang mit der behördlicherseits vorzunehmenden Ermessensausübung lässt es angeraten erscheinen, gegen einen Haftungsbescheid – insbesondere wenn er den angeblichen „Gehilfen" einer Steuerhinterziehung in Form des steuerlichen Beraters trifft – im Einspruchswege vorzugehen. Zumindest sollte dabei (auch) der Veranlagungsstand beim eigentlichen Steuerschuldner geprüft werden. Ist nämlich der Anspruch gegenüber dem Steuerschuldner bereits festgesetzt worden, begrenzt dieser zumindest den Haftungsanspruch. Dieser kann mithin niemals höher sein, als der festgesetzt Anspruch aus dem eigentlichen Steuerschuldverhältnis. Darüber hinaus ist stets auch darauf zu achten, dass nicht das gesamte Prüfungsmehrergebnis pauschal in den Haftungsbescheid übernommen wird. Die Haftung nach § 71 AO beschränkt sich auf das Mehrergebnis, welches gerade auf der Steuerhinterziehung beruht.[4]

1) Eich, KÖSDI 2012, 17706.
2) Durst, PStR 2012, 146 u.H.a. BFH v. 21.1.2004, XI R 3/03, BStBl II 2004, 919.
3) Vgl. Loose in Tipke/Kruse, § 71 AO Rz. 18 (Oktober 2012).
4) Durst, PStR 2012, 146, 148.

KAPITEL VI
Berufsrechtliche Konsequenzen

A. Einleitung und Ablauf eines berufsrechtlichen Verfahrens

Schrifttum

Durst, Beratungsempfehlungen zum Verhalten bei Einleitung eines Steuerstrafverfahrens, KÖSDI 2012, 17908.

Üblicherweise erhalten die zuständigen Berufskammern bzw. die Generalstaatsanwaltschaft auf zwei Wegen Kenntnis von einer möglichen Berufspflichtverletzung. **2772**

Neben der mit § 411 AO zusammenhängenden Pflicht zur Information der zuständigen Berufskammer können die Finanzbehörden nach § 10 StBerG die Berufskammern und die für das berufsgerichtliche Verfahren zuständige Staatsanwaltschaft über Berufspflichtverletzungen der in § 3 und § 4 Nr. 1 und 2 StBerG genannten Personen informieren. Die Informationen beschränken sich dabei nicht nur auf Pflichtverletzungen, welche unmittelbar im Zusammenhang mit der geschäftsmäßigen Hilfestellung in Steuersachen begangen wurden, sondern finden Anwendung auch auf den außerberuflichen Bereich, soweit die diesbezüglichen unrichtigen, unvollständigen oder unterlassenen Angaben die freiberufliche Tätigkeit betreffen.[1] **2773**

Es besteht jedoch keine Verpflichtung zur Unterrichtung. Eine Unterrichtung findet daher regelmäßig nur dann statt, wenn ein konkreter Verdacht besteht, welcher auf Grund hinreichender Anhaltspunkte eine spätere Verurteilung überwiegend wahrscheinlich erscheinen lässt. Ferner müssen schwerwiegende Berufspflichtverletzungen vorliegen, die im Interesse der Integrität und ordnungsgemäßer Berufsausübung des betroffenen Berufsstandes eine Ahndung erfordern. **2774**

Üblicherweise erfolgt die Information über eine eventuelle berufsrechtliche Verfehlung jedoch auf Grund der Anordnung über die Mitteilung in Strafsachen (MiStra). **2775**

Ist den Finanzbehörden bei der Entscheidung über die Mitteilung einer Berufspflichtverletzung noch ein Ermessensspielraum eingeräumt, so bestimmt Nr. 24 MiStra, dass die Erhebung einer öffentlichen Klage bzw. entsprechend der Antrag auf Erlass eines Strafbefehls u.a. auch gegen Steuerberater und Wirtschaftsprüfer der zuständigen Berufskammer und dem Generalstaatsanwalt, der für die Einleitung eines berufsgerichtlichen Verfahrens zuständig ist, mitzuteilen sind.

Das berufsgerichtliche Verfahren wird durch die Einreichung der Anschuldigungsschrift bei dem zuständigen Berufsgericht durch die Generalstaatsanwaltschaft eingeleitet. Voraussetzung hierfür ist, dass die Generalstaatsanwaltschaft den hinreichenden Tatverdacht mit einer berufsgerichtlichen Maßnahme zu ahndenden Verletzung für gegeben hält. Bei geringfügigen Verletzungen kann die Staatsanwaltschaft das Verfahren mit Zustimmung des Gerichts auch nach §§ 153, 153a StPO, § 153 StBerG einstellen oder die Akten an die zuständige Berufskammer abgeben mit der Anregung ein Rügeverfahren durchzuführen. **2776**

Üblicherweise wird die Generalstaatsanwaltschaft den Betroffenen – i.d.R. unter Mitwirkung der zuständigen Kammer – zu dem gegen ihn erhobenen Vorwurf zunächst anhören. Auch die Kammer Ihrerseits wird ihr Mitglied selbst anhören, **2777**

1) BGH v. 27.8.1979, StbSt (R) 3/79 und 7/79, NJW 1980, 714; OLG Düsseldorf v. 26.1.1978, 2 (1) StO 6/77, StB 1979, 58; EGH Berlin v. 13.1.1993, II EGH 12/92, BRAK-Mitt. 1993 176.

bevor sie ihrer Stellungnahme für die Staatsanwaltschaft fertigt. So wird dem Berater üblicherweise schon frühzeitig die Möglichkeit eingeräumt, seine eigene Sicht der Dinge vorzutragen.

2778 Liegt dem zuständigen Landgericht als Berufsgericht die Anschuldigungsschrift der Staatsanwaltschaft vor, entscheidet es über die Eröffnung des Hauptverfahrens. Gegen dessen Eröffnung bestehen keine Rechtsbehelfsmöglichkeiten.

2779 Die daraufhin anzuberaumende Hauptverhandlung ist nicht öffentlich. Grundsätzlich ist der Berater auch nicht verpflichtet, sich durch einen Verteidiger vertreten zu lassen. Dies ist jedoch regelmäßig nicht ratsam. Außer Rechtsanwälten oder Rechtslehrern an deutschen Hochschulen dürfen im berufsgerichtlichen Verfahren als Verteidiger auch Steuerberater oder Steuerbevollmächtigte auftreten. Die Hauptverhandlung kann im Übrigen auch in Abwesenheit des betroffenen Beraters durchgeführt werden. Voraussetzung ist lediglich, dass er ordnungsgemäß geladen worden ist und in der Ladung darauf hingewiesen wurde, dass in seiner Abwesenheit verhandelt werden kann.

2780 Das Gericht ist in der Hauptverhandlung mit einem Berufsrichter als Vorsitzenden und zwei Steuerberatern oder Steuerbevollmächtigten als Beisitzern besetzt. Das Hauptverfahren endet mit einem Urteil des Gerichts oder auch mit einer Einstellung durch Beschluss gem. §§ 153, 153a StPO, § 153 StBerG.

2781 Gegebenenfalls kann es sich anbieten in von vorneherein strittigen oder gar aussichtslosen Fällen, auf die Bestellung als Steuerberater gem. § 45 Abs. 1 Nr. 2 StBerG noch vor Rechtskraft eines berufsgerichtlichen Urteils zu verzichten. Eine berufsgerichtliche Maßnahme kann dann nicht verhängt werden. Das Verfahren ist einzustellen. Dies bietet sich insbesondere im Hinblick auf eine eventuell angestrebte Wiedererteilung der Zulassung unter gewissen Voraussetzungen an.

2782 Gegen das Urteil des Landgerichts ist die Berufung zulässig, einzulegen binnen Wochenfrist schriftlich bei dem für Steuerberater und Steuerbevollmächtigte zuständigen Senat beim Oberlandesgericht. Innerhalb einer weiteren Woche kann die Berufung begründet werden – zwingend ist dies nicht.

2783 Gegen das Berufungsurteil des OLG ist schließlich auch die Revision zum BGH zulässig. Dies jedoch gem. § 129 StBerG nur dann, wenn das Urteil auf Ausschließung aus dem Beruf lautet, der Senat für Steuerberater und Steuerbevollmächtigten beim OLG entgegen einem Antrag der Staatsanwaltschaft nicht auf Ausschließung erkannt hat oder wenn im Berufungsurteil die Revision zugelassen ist. Letzteres ist nur dann der Fall, wenn bei Rechtsfragen oder Fragen der Berufspflichten entschieden wird, die von grundsätzlicher Bedeutung sind (§ 129 Abs. 2 StBerG).

B. Mögliche berufsrechtliche Ahndungen

Schrifttum

Marx, Steuerstrafrechtliche und bußgeldrechtliche Verantwortung des Steuerberaters, DStR 1993, 1901; **Schwedhelm**, Strafrechtliche Risiken steuerlicher Beratung, DStR 2006, 1017.

2784 Am Ende eines berufsrechtlichen Verfahrens kann für Steuerberater neben einem Berufsverbot gem. § 70 StGB im schlimmsten Falle auch der Ausschluss aus dem Beruf gem. § 90 Abs. 1 Nr. 4 StBerG die Folge sein.[1] Der BGH hat jedoch zu § 90

1) Marx, DStR 1993, 1901.

Abs. 1 Nr. 4 StBerG entschieden,[1] dass der Berufsausschluss im Hinblick auf Art. 12 Abs. 1 GG nur dann in Betracht komme, wenn er bei schweren Pflichtverletzungen zum Schutz eines überragend wichtigen Gemeinschaftsgutes, wie des Interesses der Allgemeinheit an einer funktionstüchtigen Rechtspflege und der Wahrung des Vertrauens des Rechtssuchenden in die Integrität des Berufsstandes, geeignet und erforderlich sei. Die Feststellung, der Steuerberater habe eine schwerwiegende Pflichtverletzung begangen, genüge für sich allein nicht. Es sei vielmehr zur Vermeidung unverhältnismäßiger Eingriffe in die Berufsfreiheit eine Gesamtwürdigung von Tat, Persönlichkeit und Gesamtverhalten anzustellen. Ein Berufsausschluss könne nur dann die Folge sein, wenn der Betroffene als Steuerberater untragbar sei, weil von ihm eine Gefährdung der Rechtspflege ausgehe.[2]

2785 Neben dem Ausschluss aus dem Beruf (der gem. § 90 Abs. 1 Nr. 4 StBerG ggf. auch zeitlich beschränkt sein kann), sieht § 90 Abs. 1 StBerG weitere berufsgerichtliche Maßnahmen zur Ahndung einer Steuerverfehlung vor. Dies sind Warnung, Verweis oder die Geldbuße bis zu einem Höchstbetrag von maximal 50 000 €. Andere Maßnahmen als die genannten, dürfen im berufsrechtlichen Verfahren nicht verhängt werden. Die Sanktionen dürfen auch nicht nebeneinander ausgesprochen werden. Eine Ausnahme gilt gem. § 90 Abs. 2 StBerG nur bei Verweis und Geldbuße. Diese beiden Maßnahmen können miteinander verbunden werden. Da die Warnung jedoch bereits nach ihrem Wortlaut nur in die Zukunft weisen kann, eine Steuerstraftat dagegen i.d.R. eine gegenwärtige Ahndung erfordert, reicht eine bloße Warnung als berufsgerichtliche Maßnahme nach einer Steuerstraftat meist nicht aus.[3] Der für die berufsgerichtliche Ahndung erforderliche disziplinäre Überhang der Verfehlung soll im Fall einer Steuerhinterziehung daher regelmäßig bestehen.[4]

2786 Angesichts der existenzvernichtenden Wirkung der Ausschließung sind Sorgen von Beratern, die in ein Hinterziehungsverfahren verwickelt sind, ohne Weiteres verständlich. Auf der anderen Seite führt gerade diese existenzgefährdende Wirkung dazu, dass die Ausschließung aus dem Beruf tatsächlich nur allerletztes Mittel sein kann, ihr Ausspruch daher nur unter extrem engen Voraussetzungen zulässig ist. Zum einen muss das Verhalten des Beraters in solchem Umfang berufswidrig gewesen sein, dass er infolge dessen objektiv für den Berufsstand untragbar erscheint. Außerdem muss auf der subjektiven Seite feststehen, dass das sanktionierte Verhalten auf einer bewussten und böswilligen Missachtung der Berufspflichten beruht.[5]

2787 Entscheidend sind stets die Einzelumstände, zu denen nicht nur das finanzielle Ausmaß der Hinterziehung und die dabei entwickelte „kriminelle Energie" gehört, sondern auch eventuelle Vorverurteilungen der Berufsangehörigen oder anderweitige berufsrechtliche Verstöße.[6]

2788 Gemäß § 109 Abs. 1 StBerG ist das berufsgerichtliche Verfahren gegen einen Steuerberater nach Erhebung der öffentlichen Klage bis zur Beendigung des strafgerichtlichen Verfahrens wegen desselben Sachverhaltes auszusetzen. § 109 Abs. 2 und 3 StBerG sehen eine eingeschränkte Bindung des Berufsgerichts an die Feststellungen des Strafgerichts vor.

2789 Die Verfolgung einer Pflichtverletzung, die nicht die Ausschließung aus dem Beruf rechtfertigt, verjährt in fünf Jahren. Bezüglich solcher Pflichtverletzungen, die zur

1) BGH v. 15.12.1997, StbSt (R) 6/97, HFR 1998, 1025, PrStR 1998, 163 mit Anm. Burhoff.
2) Siehe dazu auch BGH v. 6.8.1993, StbSt (R) 1/93, BGHSt 39, 281 m.w.N.
3) Kürzinger in Achenbach/Wannemacher, 2. Aufl. 1999, § 13 Rz. 107.
4) Gehre, 6. Aufl. 2009, § 92 StBerG Rz. 5 m.w.N.
5) Schwedhelm, DStR 2006, 1017, 1022; LG Karlsruhe v. 18.6.1985, StL 2/85, StV 8/83, StB 1987, 205.
6) Beispiele in der Rechtsprechung finden sich bei LG Karlsruhe v. 18.6.1985, StL 2/85, StV 8/83, StB 1987, 205 (Ausschließung aus dem Beruf) oder LG Köln v. 10.10.1988, StL 5/88, StB 1988, 428 (Verhängung einer Geldbuße).

Ausschließung aus dem Beruf führen, findet sich keine Verjährungsvorschrift. Die Prüfung der Verjährung ist für das berufsrechtliche Verfahren zwar entsprechend den Vorschriften des StGB vorzunehmen (§ 93 Satz 2 StBerG), sie ist jedoch unabhängig von dem Eintritt der strafrechtlichen Verjährung. Insbesondere unterbricht die Einleitung eines Strafverfahrens nicht auch die Verjährung der berufsrechtlichen Pflichtverletzung.[1)]

1) Kürzinger in Achenbach/Wannemacher, 2. Aufl. 1999, § 13 Rz. 109.

VIERTER TEIL
Verteidigung im Steuerstrafverfahren

KAPITEL I
Grundlagen des Steuerstrafverfahrens

A. Abschnitte des Strafverfahrens

Schrifttum

Cratz, Kein eigenes Antragsrecht der Steuerfahndung und der Strafsachenstelle im gerichtlichen Steuerstrafverfahren?, wistra 1986, 272; **Gotzens**, Grenzüberschreitung im Steuerfahndungsverfahren – Effizienz von Rechtsstaat?, FS für Streck, Köln 2011, 519 ff.; **Küster**, Die Befugnisse der Steuerfahndung im Steuerstrafverfahren, BB 1980, 1371.

Das Steuerstrafverfahren gliedert sich wie jedes andere Strafverfahren in drei Abschnitte mit jeweils unterschiedlichen Zielsetzungen und Aufgaben: **2790**

- das Ermittlungsverfahren (§§ 158 ff. StPO, §§ 385 bis 405 AO),
- das gerichtliche Verfahren, das sich untergliedert in das
  - Zwischenverfahren zur Entscheidung über die Eröffnung des Hauptverfahrens (§§ 199 f. StPO) und das
  - Hauptverfahren (§§ 213 f. StPO; §§ 406, 407 AO),
- das Vollstreckungsverfahren (§§ 449 f. StPO).

I. Ermittlungsverfahren

Der erste Teil eines Strafverfahrens besteht aus dem Ermittlungsverfahren (§§ 158 bis 177 StPO, §§ 397 bis 405 AO). Dieses wird grds. von der Hand der Staatsanwaltschaft geführt, §§ 160 bis 163 StPO. Die Staatsanwaltschaft ist nach § 152 StPO verpflichtet, alle Straftaten zu erforschen und zu verfolgen (Legalitätsprinzip).[1] Damit ist sie grds. auch für die Verfolgung von Steuerstraftaten zuständig. Da bei der Verfolgung und Erforschung von Steuerstraftaten einerseits auf die besondere Sachkompetenz der Finanzbehörden nicht verzichtet werden soll, andererseits der Staatsanwaltschaft Steuerstraftaten regelmäßig erst dann bekannt werden, wenn sie entsprechende Mitteilungen durch die Finanzbehörden erhält, regelt § 386 AO die **Kompetenzverteilung** zwischen dem Finanzamt und der Staatsanwaltschaft bei der Verfolgung von Steuerstrafsachen.[2] Gemäß § 386 Abs. 1 Satz 1 AO ermittelt die Finanzbehörde bei dem Verdacht einer Steuerstraftat den Sachverhalt. Im Steuerstrafverfahren sind Finanzbehörden – insoweit die umfassende Regelung im Besteuerungsverfahren einschränkend (§ 6 Abs. 2 AO) – nur das Hauptzollamt, das Finanzamt und das Bundeszentralamt für Steuern, jedes begrenzt auf seinen Aufgabenbereich (§ 12 Abs. 2 und 3, § 17 Abs. 2 FVG),[3] sowie die Familienkassen (§ 7 BKGG). Behördenintern werden die Aufgaben der Finanzämter von den Strafsachenstellen wahrgenommen. Dagegen gehören die Steuer- und Zollfahndung und ihre Beamten nicht zu den Finanzbehörden i.S.d. § 386 Abs. 1 Satz 2 AO. Diese sind als Polizei zuständig für Ermittlungen in Steuerstrafsachen (§ 404 Satz 1 AO) und als Ermitt- **2791**

1) Meyer-Goßner, 55. Aufl. 2012, § 152 StPO Rz. 2.
2) Randt in Franzen/Gast/Joecks 7. Aufl. 2009, § 386 AO Rz. 8.
3) Rüping in H/H/Sp, § 386 AO Rz. 11 (März 2003).

lungsbeamte der Staatsanwaltschaft für einzelne Ermittlungsmaßnahmen (§ 404 Satz 2, § 399 Abs. 2 Satz 2 AO).[1]

2792 Nach § 386 Abs. 2 AO wird die Finanzbehörde darüber hinaus zur selbständigen Führung der Ermittlungen in den Grenzen des § 399 Abs. 1 AO und der §§ 400, 401 AO ermächtigt, wenn die Tat ausschließlich eine Steuerstraftat darstellt (§ 386 Abs. 2 Nr. 1 AO) oder zugleich andere Strafgesetze verletzt und deren Verletzung Kirchensteuern oder andere öffentlich-rechtliche Abgaben betrifft, die an Besteuerungsgrundlagen, Steuermessbeträge oder Steuerbeträge anknüpfen (§ 386 Abs. 2 Nr. 2 AO). Die Grundkompetenz des Finanzamts für unselbständige Ermittlungen beim Verdacht einer Steuerstraftat gem. § 386 Abs. 1 AO verleiht der Finanzbehörde die Stellung der Polizei im Strafverfahren, erweitert um einzelne Befugnisse von Hilfsbeamten der Staatsanwaltschaft (§ 402 Abs. 1, § 399 Abs. 2 Satz 2 AO). Sofern sie zur selbständigen Führung der Ermittlungen befugt ist (§ 386 Abs. 2 AO), nimmt sie die Rechte und Pflichten der Staatsanwaltschaft wahr (§ 399 Abs. 1 AO).[2]

2793 Gemäß § 386 Abs. 3 AO ist ausschließlich die Staatsanwaltschaft Herrin des Ermittlungsverfahrens in den Fällen, in denen gegen einen Beschuldigten wegen der Tat ein Haft- oder Unterbringungsbefehl erlassen wird. Mit dieser Zuständigkeitsregelung soll v.a. der besonderen Erfahrung der Staatsanwaltschaft in Haft- und Unterbringungssachen, Haftprüfungs- und Haftbeschwerdeverfahren Rechnung getragen werden.

2794 Gemäß § 386 Abs. 4 Satz 1 AO hat die Finanzbehörde das Recht, eine Sache, die an sich in ihre Ermittlungszuständigkeit fällt, jederzeit an die Staatsanwaltschaft abzugeben. Letztere ist gem. § 386 Abs. 4 Satz 2 AO wiederum berechtigt, die Sache jederzeit an sich zu ziehen. Dieses **„Evokationsrecht"** ist Ausfluss des in der Strafprozessordnung geregelten Anklagemonopols der Staatsanwaltschaft.

2795 Mit der Abgabe an die Staatsanwaltschaft oder mit der Evokation durch die Staatsanwaltschaft erlischt die bis dahin selbständige und eigenverantwortliche Ermittlungskompetenz der Finanzbehörde. Wenn und solange sie das Ermittlungsverfahren gem. § 386 Abs. 2 AO selbständig durchführt, hat sie die ansonsten der Staatsanwaltschaft im Ermittlungsverfahren zustehende Rechte und Pflichten, d.h., sie ist „Herrin des Ermittlungsverfahrens" (§ 399 AO).

2796 Das Ermittlungsverfahren wird regelmäßig auf Grund einer Anzeige oder von Amts wegen (z.B. Zuleitung eines Betriebsprüfungsberichts an die Bußgeld- und Strafsachenstelle) aufgenommen. Es dient der Prüfung, ob ein gerichtliches Verfahren gegen einen bestimmten Beschuldigten in Gang gesetzt werden soll. Zu diesem Zweck hat die Finanzbehörde bzw. die Staatsanwaltschaft (§ 386 AO; § 160 Abs. 1 StPO) den Sachverhalt objektiv zu erforschen, d.h., nicht nur belastende, sondern auch entlastende Umstände zu ermitteln (§ 160 Abs. 2 StPO). Dass die Ermittlungsbehörden in der täglichen Ermittlungsarbeit diesem gesetzlichen Auftrag nicht immer gerecht werden, wird vielfach festgestellt.[3]

2797 In der Praxis wird ein erheblicher Teil der steuerstrafrechtlichen Ermittlungen von der Steuerfahndung vorgenommen. Wird allerdings bei besonders wichtigen Eingriffen die Mitwirkung eines Richters erforderlich, kann nur die Staatsanwaltschaft bzw. die im Steuerstrafverfahren die Aufgaben der Staatsanwaltschaft wahrnehmende Bußgeld- und Strafsachenstelle, nicht aber die Steuerfahndung die erforderlichen Anträge stellen.[4]

---

1) Rüping in H/H/Sp, § 386 AO Rz. 11 (März 2003).
2) Jäger in Klein, 11. Aufl. 2012, § 386 AO Rz. 2.
3) Vgl. z.B. Streck, Rz. 50 ff.; Gotzens in FS für Streck, 519 ff.
4) H.M. vgl. v. Briel in v. Briel/Ehlscheid, 2. Aufl. 2001, § 3 Rz. 289, und die dort genannten Nachweise; für ein Antragsrecht der Fahndung Küster, BB 1980, 1371; Cratz, wistra 1986, 272.

Das Ermittlungsverfahren endet entweder mit der Erhebung der Klage durch die Staatsanwaltschaft oder ggf. mit dem Antrag auf Erlass eines Strafbefehls (den auch die Finanzbehörde stellen kann, § 400 AO)[1] oder durch die Einstellung des Verfahrens. 2798

II. Gerichtliches Verfahren

Das gerichtliche Verfahren dient der Prüfung und Entscheidung darüber, ob der **Beschuldigte** tatsächlich die ihm vorgeworfene Tat schuldhaft begangen hat und welche Rechtsfolgen (z.B. Strafen) sich daraus ergeben. Es beginnt mit dem Eingang der öffentlichen Klage bei Gericht (§ 199 StPO). 2799

1. Gerichtliches Zwischenverfahren (§§ 199 f. StPO)

Im Eröffnungsverfahren (Zwischenverfahren) prüft das Gericht, welche Verfahren auf Grund der Anklage durchgeführt und welche zur Vermeidung unnötiger Hauptverfahren schon vorher beendet werden sollen. Das Zwischenverfahren dient der Überprüfung, ob die Anklage der Staatsanwaltschaft zur Hauptverhandlung zugelassen wird. Die Anklage begrenzt dabei den Verfahrensgegenstand (§ 155 Abs. 1 StPO) sowohl in sachlicher (nur der in der Anklage vorgeworfene historische Lebenssachverhalt unterliegt der gerichtlichen Prüfung) als auch in persönlicher Hinsicht (nur der in der Anklage **Angeschuldigte** ist von dem gerichtlichen Verfahren betroffen). 2800

Das Gericht beschließt die Eröffnung des Hauptverfahrens, wenn der Angeschuldigte der strafbaren Handlung **„hinreichend verdächtig"** ist, d.h. wenn bei vorläufiger Tatbewertung die Wahrscheinlichkeit der späteren Verurteilung besteht (§ 203 StPO). Ist dies nicht der Fall, lehnt das Gericht die Eröffnung des Hauptverfahrens ab (§ 204 StPO). 2801

Beim Strafbefehlsverfahren (§§ 407 f. StPO) liegt im Antrag der Staatsanwaltschaft bzw. der Bußgeld- und Strafsachenstelle auf Erlass des Strafbefehls die öffentliche Klage. Das Gericht erlässt den Strafbefehl, wenn der Angeschuldigte hinreichend verdächtig erscheint (§ 408 Abs. 2 StPO). Durch den Erlass des Strafbefehls wird der Angeschuldigte zum Angeklagten (§ 157 StPO). 2802

Bei rechtzeitigem Einspruch des Angeklagten (§ 410 StPO) findet die Hauptverhandlung ohne Weiteres statt (§ 411 Abs. 1 StPO). 2803

2. Gerichtliches Hauptverfahren

Das gerichtliche Hauptverfahren beginnt mit dem Erlass des Eröffnungsbeschlusses gem. § 203 StPO. Der Angeschuldigte heißt jetzt **„Angeklagter"** (§ 157 StPO). Die Staatsanwaltschaft verliert die Verfügungsbefugnis über die öffentliche Klage. Sie kann sie nicht mehr zurücknehmen. Die Verfügung über den Prozessgegenstand steht jetzt allein dem Gericht zu. Der eigentliche Kern des Hauptverfahrens ist die Hauptverhandlung, auf deren Grundlage durch Urteil über Schuld oder Unschuld bzw. über die Rechtsfolgen bei einem Schuldspruch entschieden wird. Bei fehlenden Prozessvoraussetzungen (§ 206a StPO), in den Fällen des Opportunitätsprinzips (§ 153 Abs. 2, § 153a Abs. 2, § 153b Abs. 2 StPO), lässt das Gesetz aus prozessökonomischen Gründen verfahrensbeendende gerichtliche Entscheidungen im Beschlussverfahren zu. Ausnahmsweise kann in den Fällen des § 153c Abs. 3, § 153d Abs. 2 StPO die Klage zurückgenommen werden, wenn die Durchführung des Verfahrens die Gefahr eines schweren Nachteils für die Bundesrepublik Deutschland herbeiführen würde. 2804

1) Hilgers-Klautzsch in Kohlmann, § 385 AO Rz. 23 (Juli 2007).

2805 Das Hauptverfahren endet mit der Rechtskraft des Urteils (bzw. des Beschlusses nach § 206a StPO).

III. Strafrechtliches Vollstreckungsverfahren

2806 Im Vollstreckungsverfahren geht es darum, die rechtskräftig erkannten Sanktionen gegen den Verurteilten durchzusetzen (§§ 449 f. StPO). Eine vorläufige Vollstreckbarkeit nicht rechtskräftiger Entscheidungen ist der Strafprozessordnung fremd. Dies darf nicht verwechselt werden mit Maßnahmen, die die spätere Vollstreckung lediglich sichern, z.B. Untersuchungshaft gem. §§ 112 f. StPO.

2807 Die Strafvollstreckung erfolgt auf Grund einer von dem Urkundsbeamten der Geschäftsstelle des Gerichts erteilten Abschrift der Urteilsformel mit Vollstreckbarkeitsbescheinigung (§ 451 Abs. 1 StPO).

2808 Vollstreckungsbehörde ist die Staatsanwaltschaft (§ 451 Abs. 1 StPO). Sie trifft alle Maßnahmen, soweit es sich nicht um die Vollstreckung von Freiheitsstrafen und freiheitsentziehenden Maßnahmen der Sicherung und Besserung handelt. Die Staatsanwaltschaft als Vollstreckungsbehörde vollstreckt lediglich die Vermögensstrafen. Neben den Vorschriften der StPO (§§ 459 StPO ff.) gilt auch gem. § 459 StPO die Justizbeitreibungsordnung (JBeitrO).

B. Rechtsgrundlagen

I. Gesetze

2809 Gemäß § 385 Abs. 1 AO gelten für das Strafverfahren wegen Steuerstraftaten die allgemeinen Gesetze über das Strafverfahren, namentlich die Strafprozessordnung, das Gerichtsverfassungsgesetz und das Jugendgerichtsgesetz, soweit die Abgabenordnung in den §§ 385 bis 408 AO keine ausdrückliche Regelung enthält. § 385 Abs. 1 AO hat – wie § 369 Abs. 2 AO für das materielle Steuerstrafrecht – nur deklaratorische Bedeutung. Da die Verfahrensvorschriften des Steuerstrafverfahrens in der Abgabenordnung nicht abschließend geregelt sind, gelten die allgemeinen Vorschriften des Strafverfahrensrechts ohnehin ergänzend, auch ohne ausdrückliche gesetzliche Verweisung.[1)]

2810 Neben der Strafprozessordnung, dem Gerichtsverfassungsgesetz und dem Jugendgerichtsgesetz, die in § 385 Abs. 1 AO beispielhaft erwähnt sind, und die das Strafverfahren grundlegend mitbestimmen, sind hierzu insbes. folgende Gesetze zu erwähnen:[2)]

- das Grundgesetz (GG),
- die Menschenrechtskonvention (MRK),
- das Wehrstrafgesetz (WStG),
- die Bundesrechtsanwaltsordnung (BRAO),
- das Gerichtskostengesetz (GKG),
- das Gesetz über die internationale Rechtshilfe in Strafsachen (IRG),
- das Bundeszentralregistergesetz (BZRG),

1) Seipl in Beermann/Gosch, § 385 AO Rz. 2 (Juni 2011); Randt in Franzen/Gast/Joecks, 7. Aufl. 2009, § 385 AO Rz. 2.

2) Vgl. zu den gesetzlichen Grundlagen ausf. Randt in Franzen/Gast/Joecks, 7. Aufl. 2009, § 385 AO Rz. 12.

- das Gesetz über die Entschädigung für Strafverfolgungsmaßnahmen (StREG),
- das Gesetz über die Entschädigung von Zeugen und Sachverständigen (ZSEG),
- das Steuerberatungsgesetz (StBerG).

II. Einheitlich geltende Verwaltungsanweisungen

Neben den genannten Gesetzen bestehen Verwaltungsanweisungen, die zwar für die Gerichte nicht bindend sind, aber von den Ermittlungsbehörden beachtet werden sollen.[1] Die zitierten Gesetze enthalten zwar die rechtlichen Regelungen des Steuerstrafverfahrens, die Umsetzung in die Praxis unterliegt jedoch der Kompetenz der einzelnen Justizverwaltungen der Länder und des Bundes. Um eine einheitliche Handhabung zu gewährleisten, haben die Länder in Zusammenarbeit mit dem Bundesjustizministerium bzw. dem Bundesfinanzministerium bundeseinheitliche Verwaltungsanordnungen beschlossen, die die Einzelheiten dieses Strafverfahrens regeln. Dazu gehören beispielsweise: 2811

- die Richtlinien für das Strafverfahren und das Bußgeldverfahren (RiStBV) in der ab 8.11.2007 (bundeseinheitlich) geltenden Fassung,[2]
- die Richtlinien für den Verkehr mit dem Ausland in strafrechtlichen Angelegenheiten (RiVASt) in der ab 8.12.2008 geltenden Fassung,[3]
- die Anordnung der Landesjustizverwaltungen und des Bundesjustizministeriums über Mitteilungen in Strafsachsachen (MiStra) in der ab 19.5.2008 bundeseinheitlich geltenden Fassung,[4]
- die Betriebsprüfungsanordnung (BpO 2000) vom 15.3.2000,[5]
- der Erlass betreffend Steuergeheimnis: Mitteilungen für Zwecke eines Disziplinarverfahrens gegen Angehörige der Steuerverwaltung vom 12.3.2010.[6]

Die Anweisungen für das Straf- und Bußgeldverfahren (Steuer) – AStBV (St) 2013[7] – sind generalisierende Anleitungen für die Behandlung von Straf- und Bußgeldverfahren,[8] soweit Steuerstraftaten oder Steuerordnungswidrigkeiten betroffen sind. Sie wenden sich an alle mit der Verwaltung von Steuern befassten Bediensteten der Finanzämter. Da zugleich die (allgemeinen) Richtlinien für das Straf- und Bußgeldverfahren Anwendung finden, ergibt sich z.T. eine Überlagerung der Regelungen.[9] Die Anweisungen waren in ihrer Entwicklung höchst umstritten. Im Oktober 1984 entschlossen sich die meisten Bundesländer zur Herausgabe gleich lautender Erlasse, in denen die Anweisungen in Kraft gesetzt wurden. Die Länder Bayern, Baden-Württemberg und Schleswig-Holstein haben – wegen der heftigen Kritik – zunächst auf den Erlass der Anweisungen verzichtet. Zwischenzeitlich ist das gesamte Bundesgebiet Geltungsbereich der Anweisungen.[10] Die Länder Baden-Württemberg, Bayern und Schleswig-Holstein haben die gesetzlichen Vorschriften ebenfalls umgesetzt. 2812

1) Randt in Franzen/Gast/Joecks, 7. Aufl. 2009, § 385 AO Rz. 13.
2) Meyer-Goßner, 55. Aufl. 2012, Anh. 12.
3) Aktuelle Fassung bei Grützner/Pötz/Kreß, 3. Aufl. 2012, Teil I 4.
4) Meyer-Goßner, 55. Aufl. 2012, Anh. 13.
5) BStBl I 2000, 368.
6) BStBl I 2010, 222.
7) BStBl I 2012, 1018.
8) Hellmann, wistra 1994, 13.
9) Hellmann, wistra 1994, 13, 14.
10) Randt in Franzen/Gast/Joecks, 7. Aufl. 2009, § 385 AO Rz. 15.

2813 Die Anweisungen werden für rechtswidrig gehalten, weil für ihren Erlass eine Ermächtigungsgrundlage fehlt.[1] Den Landesfinanzverwaltungen kommt – von geringen Ausnahmen abgesehen – keine Befugnis zur Erteilung von Weisungen im Hinblick auf die Durchführung von Steuerstrafverfahren zu. Hier obliegt die Sachleitung allein dem vorgesetzten Beamten innerhalb der staatsanwaltschaftlichen Hierarchie bzw. der Landesjustizverwaltung. Dies gilt auch für den Erlass allgemeiner Anweisungen zur Durchführung steuerstrafrechtlicher Ermittlungsverfahren. Die Sachaufsicht steht demgemäß allein der Staatsanwaltschaft, nicht jedoch der Oberfinanzdirektion zu.[2]

2814 Die Bediensteten der Finanzbehörde sind daher nicht an die Anweisungen gebunden. Die Anweisungen können jedoch dennoch eine Verwaltungsübung dokumentieren, auf die sich im Einzelnen der Beschuldigte berufen mag.[3]

C. Sachlicher Anwendungsbereich des Steuerstrafverfahrens – Abgrenzung zum allgemeinen Strafverfahrensrecht

Schrifttum

Hardtke/Westphal, Die Bedeutung der strafrechtlichen Ermittlungskompetenz der Finanzbehörde für das Steuergeheimnis, wistra 1996, 95; **Hellmann**, Die Befugnis der Landesfinanzverwaltungen zum Erlaß der Anweisungen für das Straf- und Bußgeldverfahren (Steuer), wistra 1994, 13; **Jakob**, Rechtsfragen der Organisation und Funktion des Steuerfahndungsdienstes, StuW 1971, 297 f.; **Pütz**, Steuer- und Zollfahnder als Hilfsbeamte der Staatsanwaltschaft, wistra 1990, 212; **Rönnau**, Die Verkürzung von Kirchensteuern – ein Betrug ohne Folgen?, wistra 1995, 47.

2815 Gemäß § 385 Abs. 1 AO gelten für das Strafverfahren wegen Steuerstraftaten die allgemeinen Gesetze über das Strafverfahren, namentlich die Strafprozessordnung, das Gerichtsverfassungsgesetz und das Jugendgerichtsgesetz, soweit die folgenden Vorschriften nichts anderes bestimmen. Ein folgerichtiges System der jeweiligen Verweisungen ist bei dieser Regelung nicht erkennbar.[4]

2816 Gemäß § 385 Abs. 1 AO gelten die dieser Bestimmung „folgenden Vorschriften" unmittelbar nur für Verfahren wegen „Steuerstraftaten". In § 385 Abs. 2 AO sowie in einer Anzahl von Einzelgesetzen hat der Gesetzgeber jedoch den Anwendungsbereich auf nicht steuerliche Straftaten erweitert. Damit gelten die Regeln des Steuerstrafverfahrens (§§ 385 bis 408 AO) in folgenden Bereichen:

- Steuerstraftaten i.S.d. § 369 Abs. 1 Nr. 1 bis 4 AO,
- andere (= allgemeine) Straftaten, für die auf Grund einzelgesetzlicher Regelungen das Steuerstrafverfahrensrecht entsprechend anwendbar ist (z.B. gem. § 20 Berlinförderungsgesetz für den Subventionsbetrug, der eine Investitionszulage nach dem Berlinförderungsgesetz betrifft),
- Vorspiegelungstaten nach § 385 Abs. 2 AO.

1) Hellmann, wistra 1994, 13, 14 f.; ders. in H/H/Sp, § 393 AO Rz. 39 (Juni 2009); Randt in Franzen/Gast/Joecks, 7. Aufl. 2009, § 385 AO Rz. 16; a.A. BFH v. 19.8.1998, XI R 37/97, BStBl II 1999, 7.
2) Hellmann, wistra 1994, 13, 15; gleichlautend auch Randt in Franzen/Gast/Joecks, 7. Aufl. 2009, § 385 AO Rz. 16.
3) Rüping in H/H/Sp, § 385 AO Rz. 8 (Oktober 2002).
4) Rüping in H/H/Sp, § 385 AO Rz. 27 ff. (Oktober 2002).

I. Steuerstraftaten

Der Begriff der Steuerstraftaten ist in § 369 Abs. 1 Nr. 1 bis 4 AO gesetzlich definiert. Steuerstraftaten sind demnach: 2817

- Taten, die nach den Steuergesetzen strafbar sind (Nr. 1),
- Bannbruch (Nr. 2),
- Steuerzeichenfälschung (Nr. 3),
- Begünstigung einer Steuerstraftat (Nr. 4).

II. Gesetzlich gleichgestellte Straftaten

In diesen Kontext gehören Vergehen, für die auf Grund gesetzlicher Regelung das Steuerstrafverfahrensrecht entsprechend anwendbar ist. Vorschriften im Investitionszulagenrecht machen z.B. die Bestimmungen über das Steuerstrafverfahren in Verfahren wegen Subventionsbetrugs anwendbar. 2818

Zu dieser Gruppe gehören z.B :

- der Subventionsbetrug (§ 264 StGB),
- gem. § 14 Abs. 3 Satz 2 des 5. VermBG die Hinterziehung der Arbeitnehmersparzulage,
- gem. § 128 BranntwMonG Branntweinmonopolstraftaten.

III. Vorspiegelungstaten (§ 385 Abs. 2 AO)

Gemäß § 385 Abs. 2 AO ist die Finanzbehörde auch Ermittlungsbehörde für die allgemeinen Straftaten, die der Täter unter Vorspiegelung eines steuerlich erheblichen Sachverhalts gegenüber der Finanzbehörde oder einer anderen Behörde begeht, um sich dadurch einen unrechtmäßigen Vermögensvorteil zu verschaffen. Voraussetzung ist, dass diese Taten weiterhin „kein Steuerstrafgesetz" verletzen. Unklar ist, inwieweit dieser Regelung überhaupt ein Gehalt beizumessen ist. Ursprünglich wurde nach der Rechtsprechung des BGH ein Täter, der sich steuerliche Vorteile durch Vortäuschen von Vorgängen verschaffte, nur nach allgemeinem Strafrecht wegen Betrugs und nicht wegen Hinterziehung bestraft.[1] 2819

Die Rechtsprechung hat zwischenzeitlich § 385 Abs. 2 AO auf die Fälle beschränkt, in denen der gesamte Steuervorgang erfunden und daher eine Gefährdung des Steueranspruchs ausgeschlossen ist. 2820

In allen anderen Fällen soll die abschließende Sonderregelung des § 370 AO eingreifen, wenn im Rahmen tatsächlicher unternehmerischer Tätigkeit nur einzelne Vorgänge vorgetäuscht werden, um Steuervorteile zu erlangen, etwa Vorsteuern erstattet zu bekommen.[2] Infolge dieser geänderten Rechtsprechung hat die in § 385 Abs. 2 AO geregelte sog. Vorspiegelungstat, da sie von § 370 Abs. 4 Satz 2 AO ausdrücklich umfasst wird, keine praktische Bedeutung mehr.[3] 2821

1) BGH v. 11.4.1972, 1 StR 45/72, MDR 1972, 620, sowie noch BGH v. 28.1.1986, 1 StR 611/85, wistra 1986, 172.
2) BGH v. 1.2.1989, 3 StR 179/88 wistra 1989, 226 f.; v. 3.11.1989, 3 StR 245/89, wistra 1990, 58; v. 23.3.1994, 5 StR 91/94, wistra 1994, 194.
3) Seipl in Beermann/Gosch, § 385 AO Rz. 82 (Juni 2011).

IV. Zusammentreffen von Steuerstraftaten und ihnen verfahrensmäßig gleichgestellten Straftaten mit anderen, allgemeinen Straftaten

2822 Die Zuordnung zum Anwendungsbereich des Steuerstrafverfahrensrechts gilt grds. allein beim Verdacht einer der in § 369 AO genannten Steuerstraftaten. Die Strafverfahrensvorschriften der Abgabenordnung sind dagegen niemals anwendbar, wenn der Verdacht einer allgemeinen Straftat besteht, falls die Vorschriften des Steuerstrafverfahrensrechts nicht für entsprechend anwendbar erklärt worden sind. Zu klären ist deshalb, welche Vorschriften anwendbar sind, wenn Vergehen, auf die das Steuerstrafverfahrensrecht unmittelbar angewendet wird bzw. für entsprechend anwendbar erklärt wird, entweder tateinheitlich oder tatmehrheitlich mit anderen allgemeinen Straftaten zusammentreffen.

2823 Diese hat Bedeutung für

- die Frage der Ermittlungszuständigkeit der Finanzbehörde,
- die Frage, ob solche allgemeinen Straftaten von der Finanzbehörde an die Staatsanwaltschaft weitergegeben werden dürfen bzw. sogar müssen,
- die Frage der Reichweite des Steuergeheimnisses,
- die Frage, ob der Stpfl. ggf. mit Zwangsmitteln zur Offenlegung solcher Straftaten verpflichtet werden darf (§ 393 AO),
- die Frage, ob und in welchem Umfang derartige Angaben ggf. von Verwertungsverboten (hier insbes. § 393 Abs. 2 AO) umfasst sind.

1. Tateinheit mit anderen Delikten

2824 Verletzt dieselbe Handlung dasselbe Strafgesetz mehrmals (gleichartige Tateinheit) oder mehrere Strafgesetze (ungleichartige Tateinheit), so wird nur auf eine Strafe erkannt (§ 52 Abs. 1 StGB). Dabei müssen beide Handlungen gleichzeitig begangen worden sein oder sich zumindest rein zeitlich überschneiden und die Willensbetätigungen bezüglich beider Vergehen so zusammenfallen, dass mindestens ein Teil der Handlung sowohl den einen wie auch den anderen Tatbestand erfüllt. Insoweit ist eine gewisse natürliche Handlungseinheit Voraussetzung. Sind mehrere Strafgesetze verletzt, so wird die Strafe nach dem Gesetz bestimmt, das die schwerste Strafe androht (§ 52 Abs. 2 Satz 1 StGB). Diese Regelung wird in der Literatur als Idealkonkurrenz, nach dem Sprachgebrauch der Rspr. und der Überschrift zu § 52 StGB als Tateinheit bezeichnet.[1)]

2825 Gibt beispielsweise ein Stpfl. eine unrichtige Einkommensteuererklärung ab und fügt der Erklärung gefälschte Spendenquittungen bei, erfüllt er durch eine Handlung den Tatbestand der Steuerhinterziehung und der Urkundenfälschung in Tateinheit. Fraglich ist, ob die Finanzbehörde für die Ermittlung dieser Delikte zuständig ist.

2826 Gemäß § 386 Abs. 1 AO ermittelt die Finanzbehörde bei dem Verdacht einer Steuerstraftat. Da es sich im Beispielsfall nicht nur um eine Steuerstraftat handelt, sondern auch um eine Urkundenfälschung, ist die Bestimmung der Ermittlungszuständigkeiten fraglich. Hierzu werden folgende Auffassungen vertreten:

- Die Ermittlungskompetenz der Finanzbehörde entfällt vollständig. Für die Verfolgung solcher Taten sei ausschließlich die Staatsanwaltschaft zuständig.[2)]
- Die Finanzbehörde habe zwar keine selbständige Ermittlungskompetenz, die unselbständige Ermittlungskompetenz bleibe jedoch bestehen.[3)] Die Finanzbe-

---

1) Vgl. hierzu Fischer, 59. Aufl. 2012, vor § 52 StGB Rz. 3.

2) Rüping in H/H/Sp, § 386 AO Rz. 23 (März 2003); Hilgers-Klautzsch in Kohlmann, § 386 AO Rz. 90 (Oktober 2009).

3) BGH v. 24.10.1989, 5 StR 238–239/89, 5 StR 238/89, 5 StR 239/89, BGHSt 36, 285; Jäger in Klein, 11. Aufl. 2012, § 386 AO Rz. 7; Pütz, wistra 1990, 212.

hörde dürfte die steuerliche Straftat ermitteln, die nicht steuerliche Straftat insoweit, als dies der Ermittlung der Steuerstraftat diene.[1]

Nach dieser Auffassung soll die Finanzbehörde in solchen Fällen den Sachverhalt im Status der Polizei an deren Stelle als Hilfsorgan der Staatsanwaltschaft (§ 386 Abs. 1, § 402 AO) ermitteln. Die (gesamte) Strafsache sei dann unverzüglich der Staatsanwaltschaft zur Übernahme vorzulegen, Nr. 17 AStBV (St).[2]

Beide Auffassungen überzeugen nicht. In den Fällen, in denen Steuerstraftaten und **2827** außersteuerliche Steuerstraftaten zusammentreffen, ist die Finanzbehörde für die Steuerstraftat zuständig, für die nicht steuerliche Straftat besteht keine Ermittlungszuständigkeit.[3]

Jakob[4] führt zur insoweit gleichen Rechtslage nach der früheren Reichsabgaben- **2828** ordnung Folgendes aus:

„Die strafprozessuale Funktion der Steuerfahndung besteht mithin darin, Steuervergehen zu erforschen und alle keinen Aufschub gestattenden Anordnungen zu treffen, um eine Verdunkelung der Sache zu verhüten. Diese klare Begrenzung des Aufgabengebiets duldet keinen Schluß von einem „Weniger" auf ein „Mehr". Der Fahndungsbeamte überschreitet mithin seine Aufgabe und damit seine funktionelle Zuständigkeit, wenn er seine strafprozessualen Befugnisse dazu benutzen wollte, in einer Nicht-Steuerstrafsache zu ermitteln ...

Angesichts des klaren Gesetzeswortlauts und des grundsätzlichen Verbots der Analogie in „malam partem" auf der Befugnisebene kann eine Ausdehnung des Kompetenzbereichs auf Nicht-Steuerdelikte auch dann nicht angenommen werden, wenn diese mit Steuerdelikten konkurrieren."

Daraus ergibt sich, dass die Finanzbehörde die Steuerstraftat zunächst in eigener **2829** Ermittlungskompetenz selbständig ermittelt. Für die Ermittlung der außersteuerlichen Straftat ist sie gar nicht zuständig.[5] Sie kann daher auch nicht – wie z.T. vertreten wird[6] – das Strafverfahren bezüglich der außersteuerlichen Straftat einleiten bzw. durch eine solche Einleitung die Verjährung unterbrechen.

Ob die außersteuerliche Straftat der Staatsanwaltschaft zur Übernahme vorgelegt **2830** wird, hat die Finanzbehörde unter Beachtung der Vorschriften des Steuergeheimnisses zu prüfen.[7] Ergibt diese Prüfung, dass das Steuergeheimnis eine Vorlage nicht erlaubt, muss die Vorlage unterbleiben.[8]

---

1) Randt in Franzen/Gast/Joecks, 7. Aufl. 2009, § 386 AO Rz. 18; Jäger in Klein, 11. Aufl. 2012, § 386 AO Rz. 7.

2) Randt in Franzen/Gast/Joecks 7. Aufl. 2009, § 386 AO Rz. 17; Rüping in H/H/Sp, § 386 AO Rz. 68 (März 2003); Jäger in Klein, 11. Aufl. 2012, § 386 AO Rz. 7.

3) Rüping in H/H/Sp, § 386 AO Rz. 23 (März 2003); Hilgers-Klautzsch in Kohlmann, § 386 AO Rz. 90 (Oktober 2009).

4) Jakob, StuW 1971, 302.

5) Seipl in Beermann/Gosch, § 386 AO Rz. 27.2 (August 2011).

6) BGH v. 24.10.1989, 5 StR 238/89, 5 StR 239/89, NJW 1990, 845; Randt in Franzen/Gast/Joecks, 7. Aufl. 2009, § 386 AO Rz. 18; a.A. OLG Frankfurt v. 5.9.1986, 1 Ws 163/86, wistra 1987, 32; Seipl in Beermann/Gosch, § 386 AO Rz. 27.3 (August 2011).

7) Selbst wenn man die Finanzbehörde als dem Legalitätsprinzip unterworfene Strafverfolgungsbehörde betrachtet, vgl. beispielsweise Randt in Franzen/Gast/Joecks, 7. Aufl. 2009, § 386 AO Rz. 17; Rüping in H/H/Sp, § 386 AO Rz. 86 (März 2003), denn auch in diesem Fall ist die Strafverfolgungsbehörde nur im Rahmen der ihr zugewiesenen selbständigen bzw. unselbständigen Ermittlungskompetenz, d.h. nur für das Steuerstrafverfahren, zuständig.

8) So auch Hardtke/Westphal, wistra 1996, 95, die allerdings die Weitergabe von in Tateinheit stehenden allgemeinen Straftaten als befugt gem. § 30 Abs. 4 Nr. 1 AO ansehen. Die Frage, ob die Strafsache abgegeben werden darf, ist jedoch isoliert für die Strafsache zu entscheiden.

2. Tateinheit mit Kirchensteuerhinterziehung und anderen Abgabevergehen

2831 Gemäß § 386 Abs. 2 Nr. 2 AO steht der Finanzbehörde die selbständige Ermittlungskompetenz auch dann zu, wenn die Steuerstraftat zugleich andere Gesetze verletzt und deren Verletzung Kirchensteuern oder andere öffentliche Abgaben betrifft, die an Besteuerungsgrundlagen, Steuermessbeträge oder Steuerbeträge anknüpfen. Es handelt sich hierbei z.B. um Beiträge zur Industrie- und Handelskammer oder um Beiträge zu den Handwerkskammern.

2832 Die Vorschrift hat v.a. Bedeutung für den häufigen Fall der in Tateinheit mit Einkommensteuerverkürzung stehenden Kirchensteuerhinterziehung. Sämtliche Länder haben die Anwendung der strafverfahrensrechtlichen Bestimmungen der Abgabenordnung in ihren Kirchensteuergesetzen ausgeschlossen.[1] Lediglich das Niedersächsische Kirchensteuergesetz (§ 6 Abs. 1 Niedersächsisches Kirchensteuerreformgesetz) qualifiziert die Tat als Hinterziehung gem. § 370 AO und begründet damit über die materielle Verweisung die Geltung von Verfahrensvorschriften, allerdings lediglich auf Antrag.

2833 Kirchensteuervergehen wären ohne die Regelung des § 386 Abs. 2 Nr. 2 AO als Kirchensteuerbetrug nur von der Staatsanwaltschaft verfolgbar, wenn nicht § 386 Abs. 2 Nr. 2 AO in diesen Fällen eine selbständige Ermittlungsbefugnis der Finanzbehörde regeln würde.

2834 In der Praxis ist allerdings zu beobachten, dass Kirchensteuervergehen regelmäßig nicht verfolgt werden bzw. eine Verfolgungsbeschränkung gem. § 154a StPO vorgenommen wird.[2]

3. Tatmehrheit

2835 Hat jemand mehrere Straftaten begangen, die gleichzeitig abgeurteilt werden, und dadurch mehrere Freiheitsstrafen oder mehrere Geldstrafen verwirkt, so wird auf eine Gesamtstrafe erkannt (§ 53 Abs. 1 StGB). Diese Regelung wird von der Literatur als Realkonkurrenz, von der Rspr. als Tatmehrheit bezeichnet.[3] Die Regelungen der §§ 52 f. StGB sind deswegen erforderlich, weil die in den Tatbeständen des besonderen Teils des Strafgesetzbuchs geregelten diversen Straftatbestände auf die Fälle zugeschnitten sind, in denen der Täter einen Straftatbestand nur einmal erfüllt hat.[4] Die Fälle, in denen der Täter durch eine oder mehrere Handlungen denselben Tatbestand mehrmals (z.B. Körperverletzung mehrerer Personen) oder mehrere Tatbestände erfüllt hat, werden im Hinblick auf die Art und Weise der Straffestsetzung durch §§ 52 f. StGB geregelt. Entscheidend kommt es dabei darauf an, ob mehrere Tatbestandserfüllungen durch eine Handlung oder durch mehrere Handlungen des Täters erfolgt sind.[5]

2836 Die Ermittlungskompetenz der Finanzbehörde in den Fällen der Tatmehrheit zwischen einer Steuerstraftat und einer anderen allgemeinen Straftat beschränkt sich auf das Steuervergehen. Stößt die Finanzbehörde im Rahmen ihrer selbständigen Ermittlungsbefugnis auf eine allgemeine Straftat, so hat sie hierfür keine Ermittlungsbefugnis. Falls das Steuergeheimnis nicht entgegensteht, kann die Sache der Staatsanwaltschaft wegen der allgemeinen Straftat vorgelegt werden. Fraglich ist, ob die Finanzbehörde – sofern das Steuergeheimnis nicht entgegensteht – zu dieser Vorlage verpflichtet ist. Wegen § 161 StPO ist dies m.E. zu bejahen.[6] Allerdings

1) Vgl. hierzu die Auflistung der entsprechenden Vorschriften bei Rüping in H/H/Sp, § 386 AO Rz. 21 (März 2003).
2) Rönnau, wistra 1995, 47; BGH v. 17.4.2008, 5 StR 547/07, wistra 2008, 310.
3) Fischer, 59. Aufl. 2012, vor § 52 StGB Rz. 12.
4) Stree in Schönke/Schröder, 28. Aufl. 2010, vor §§ 52 f. StPO Rz. 1.
5) Fischer, 59. Aufl. 2012, vor § 52 StGB Rz. 20.
6) Ebenso unter Beachtung des Steuergeheimnisses Hardtke/Westphal, wistra 1996, 96.

wird in diesem Zusammenhang in der Praxis häufig nicht beachtet, dass tatsächlich das Steuergeheimnis der Weitergabe entgegensteht.

Im Übrigen ist auch hier darauf hinzuweisen, dass durch das Evokationsrecht des § 386 Abs. 4 AO die Staatsanwaltschaft über das „Medium" Steuerstraftat auch von der anderen allgemeinen Straftat erfahren kann und dann im Rahmen der eigenen Ermittlungszuständigkeit auch die allgemeine Straftat verfolgen kann, sofern nicht entsprechende Verwertungsverbote (z.B. § 393 Abs. 2 Satz 1 AO) entgegenstehen. **2837**

D. Allgemeine Prinzipien des Strafverfahrensrechts

Schrifttum

Backes, Kriminalpolitik ohne Legitimität, KritV 1986, 329; **Hardtke/Westphal**, Die Bedeutung der strafrechtlichen Ermittlungskompetenz der Finanzbehörde für das Steuergeheimnis, wistra 1996, 95; **Kohlmann**, Der Anspruch des Beschuldigten auf schnelle Durchführung des Ermittlungsverfahrens, FS für Maurach, Karlsruhe 1972, 501 ff.; **Kühne**, Die Rechtsprechung des Europäischen Gerichtshofes für Menschenrechte (EGMR) zur Verfahrensdauer in Strafsachen, StV 2001, 529; **Lisken**, Über Aufgaben und Befugnisse der Polizei im Staat des Grundgesetzes, ZRP 1990, 15; **Müller**, Der Grundsatz der Waffengleichheit im Strafverfahren, NJW 1976, 1066; **Rieß**, Sicherung einer effektiven Strafrechtspflege – ein Verfassungsgebot?, StraFo 2000, 364; **Rüster**, Der Steuerpflichtige im Grenzbereich zwischen Besteuerungsverfahren und Strafverfahren, Diss. Göttingen 1999; **Satzger/Schmitt/Widmaier**, StGB Kommentar, Köln 2009; **Walischewski**, Probleme des Akteneinsichtsrechts der Verteidigung, Diss. München 1998, 25; **Walischewski**, Das Recht auf Akteneinsicht bei strafprozessualen Zwangsmaßnahmen im Ermittlungsverfahren, StV 2001, 243; **Wolter**, Aspekte einer Strafprozeßreform bis 2007, München 1991; **Wolter**, Freiheitlicher Strafprozeß, vorbeugende Straftatenbekämpfung und Verfassungsschutz, StV 1989, 369.

I. Einleitung

Jedes Strafverfahren stellt einen tiefgreifenden Eingriff in Freiheits- und Grundrechte eines Bürgers dar. Die Rechtsrundlage für solche Eingriffe hat der Gesetzgeber zum einen durch die Strafprozessordnung, zum anderen durch die materiellen Strafgesetze geschaffen. **2838**

Die materiellen Strafgesetze verfolgen das Ziel, dem Bürger klar und bestimmt aufzuzeigen, was von der Allgemeinheit als noch tolerierbar und damit nicht strafbar erachtet wird und wo die Grenze für die Ausübung der persönlichen Freiheit liegt. Das Strafrecht regelt im Besonderen das Zusammenleben von Bürgern, die jeweils mit den gleichen Freiheitsrechten ausgestattet sind, die naturgemäß miteinander kollidieren müssen. So bedarf es besonderer freiheitsbegrenzender Regelungen untereinander, damit der Einzelne den größtmöglichen Freiheitsraum für sich zurückbehält. **2839**

Das Strafverfahrensrecht verfolgt das Ziel, dass diesen Regelungen effektiv zur Durchsetzung verholfen wird, wobei auch bei der Durchsetzung die Verfassung nicht die Verfolgung um jeden Preis beinhaltet, sondern nur eine Verfolgung nach rechtsstaatlichen Kriterien, um auch hier den Bürger vor ungezügelter Ausforschung und unangemessener Sanktion zu bewahren. Deshalb hat die Verfassung direkte Ausstrahlungswirkung auf das Strafprozessrecht als angewandtes, konkretisiertes Verfassungsrecht. Sieht sich ein Beschuldigter einem Grundrechtseingriff durch ein Strafverfahren ausgesetzt, so ist er grds. zu dessen Abwehr berechtigt. **2840**

Die verfassungsrechtliche Rechtfertigung für die Einschränkung der Grundrechte eines jeden ist in dem mit Verfassungsrang ausgestatteten Bestreben des Rechts- **2841** staats nach einer effektiven Strafverfolgung als Teil einer funktionstüchtigen Strafrechtspflege zur Schaffung von Rechtsfrieden zu sehen.[1] Ein echtes Grundrecht der Allgemeinheit auf Sicherheit oder Schutz vor Straftaten ist der Verfassung weder zu entnehmen, noch kann man es aus ihr ableiten.[2] Das verfassungsrechtliche Interesse der Allgemeinheit an einer effektiven Strafverfolgung wird vielmehr durch die allgemeinen Prinzipien im Strafverfahrensrecht konkretisiert. Es wird festgelegt, wann ein Strafverfahren gegen einen Beschuldigten durchgeführt werden soll und auf welche Art und Weise dieses, soweit es geht, grundrechtsschonend betrieben wird. Ob ein Strafverfahren durchgeführt wird, entscheidet sich nach der Stärke des Tatverdachtes, bei dessen Vorliegen die Staatsanwaltschaft ermitteln muss (Legalitätsprinzip). Der Verdacht ist auch maßgebend dafür, ob die Staatsanwaltschaft nach dem Ermittlungsverfahren Anklage erheben muss (Akkusationsprinzip), wobei das Zusammentragen von Be- und Entlastungsmaterial nicht den einzelnen Bürger betrifft, sondern von Amts wegen durch den Staat erfolgt (Offizialprinzip).

2842 Neben diesen formellen Schutzrechten konkretisieren die allgemeinen Prinzipien des Strafverfahrensrecht weitgehend Individualrechte aus dem Rechtsstaatsprinzip, die den Bürger effektiv in die Lage versetzen sollen, den Grundrechtseingriff durch ein Strafverfahren abwehren zu können (Art. 19 Abs. 4 GG). Einige dieser Prozessgrundrechte lassen sich unmittelbar in der Verfassung finden (Art. 101 bis 104 GG), die anderen leiten sich unmittelbar aus dem Grundgedanken ab, dass in einem materiell verstandenen Rechtsstaatsprinzip die verankerten Grundrechte und Grundfreiheiten des Menschen im Strafverfahren im besonderen Maße ihre Beachtung finden müssen. Ferner verbietet das Grundrecht der Menschenwürde (Art. 1 Abs. 1 GG), den Menschen zum bloßen Objekt eines staatlichen Verfahrens herabzuwürdigen, und setzt daher einen Mindestbestand an aktiven verfahrensrechtlichen Befugnissen eines Beschuldigten voraus.[3] Diese grundlegende Wertentscheidung der Verfassung für den Rechtsstaat trägt auch Art. 6 EMRK Rechnung, der die jeweiligen Mindeststandards für ein faires Verfahren beinhaltet. Die Europäische Menschenrechtskonvention ist bei der Anwendung und Auslegung der deutschen Verfassung ebenfalls zu beachten.

II. Offizialprinzip

2843 Für das Strafverfahren gilt das Offizialprinzip, welches besagt, dass die Strafverfolgung nicht dem einzelnen Bürger obliegt, sondern von Amts wegen (ex officio) und ohne Rücksicht auf den Willen des Verletzten durch den Staat erfolgt. Im Regelfall liegt damit die Zuständigkeit zur Erhebung der öffentlichen Klage bei der Staatsanwaltschaft (§ 152 Abs. 1 StPO), welche die von ihr erhobene Anklage auch in einer späteren Hauptverhandlung vertritt. Im Verfahren hat sie nicht die Stellung einer Partei, sondern handelt – wie sich aus § 160 Abs. 2 StPO ergibt – als ein zur Objektivität verpflichtetes Organ der Rechtspflege. Welche Zwangsmittel die Staatsanwaltschaft im Einzelnen bei ihren Ermittlungen anwenden darf, wird hierbei durch die Strafprozessordnung geregelt.[4] Für die Anwendung der speziellen Zwangsmittel wird zum einen die Schwere der in Verdacht stehenden Straftat berücksichtigt, zum anderen der Verdacht der strafbaren Handlung in der der Strafprozessordnung immanenten Gewichtung für die jeweiligen Eingriffsbefugnisse. Bei Anwendung und Auslegung dieser Befugnisse hat der offiziell ermittelnde Staatsanwalt Objektivität walten zu lassen.

1) Vgl. Rieß, StraFo 2000, 364 ff.
2) Backes, KritV 1986, 329 f.; Lisken, ZRP 1990, 15 ff.; Wolter, 29 f.; Wolter, StV 1989, 369 f.
3) BVerfG v. 26.5.1981, 2 BvR 215/81, BVerfGE 57, 250, 257.
4) Vgl. etwa die Regelungen über die Durchsuchung, die Beschlagnahme, die Telefonüberwachung, den Einsatz von verdeckten Ermittlern u.a.

Von diesem Ermittlungsmonopol des Staates gibt es einige Ausnahmen, bei denen die Einleitung und Durchführung eines Strafverfahrens entweder in der Mitwirkung oder sogar im Belieben eines Bürgers stehen kann. Dazu zählen zum einen die sog. **Antragsdelikte,** d.h. bestimmte Vergehen, bei denen die Strafverfolgung von vornherein von einem rechtzeitigen Strafantrag des letzten oder sonstigen Berechtigten (§§ 77 ff. StGB) abhängig ist (z.B. Beleidigung, §§ 185 ff. StGB, Sachbeschädigung, § 303 StGB). Zum anderen gibt es eine Reihe weniger schwerwiegender Vergehen, bei denen der Verletzte oder der Strafantragsberechtigte selbst entscheiden kann (oder muss), ob er den Strafanspruch des Staates durch Erhebung einer sog. Privatklage (§§ 374 ff. StPO) verfolgen will oder ob er über das sog. **Klageerzwingungsverfahren** die Anklage gegen einen Beschuldigten erzwingt. In der Regel spielen Privatklage und Klageerzwingungsverfahren in Steuer- und Wirtschaftsstrafsachen keine Rolle. **2844**

Bei der Durchführung des Offizialverfahrens gelten die Prinzipien eines fairen Verfahrens (vgl. sogleich) auch für die Staatsanwaltschaft, wenn auch nicht uneingeschränkt. Einschränkungen erfährt das Prinzip der Verfahrensfairness durch die Sachnotwendigkeiten des Ermittlungsverfahrens als Stoffsammlungsverfahren. Aber auch die Staatsanwaltschaft hat dafür Sorge zu tragen, dass ein Mindestbestand an aktiven verfahrensrechtlichen Befugnissen beim Beschuldigten eingehalten werden.[1] **2845**

III. Akkusationsprinzip

Im Strafverfahrensrecht gilt ausnahmslos der Anklagegrundsatz (Akkusations- oder Klageformprinzip). Die gerichtliche Untersuchung einer Straftat ist von der Erhebung der öffentlichen Klage abhängig (§ 151 StPO), d.h. es ist einem Gericht untersagt, von Amts wegen ein Strafverfahren zu eröffnen oder ein bereits anhängiges Verfahren auf andere Personen oder andere rechtlich selbständige Taten desselben Täters auszudehnen.[2] Die gerichtliche Untersuchung einer Straftat ist erst dann zulässig, wenn zunächst das Gericht seinerseits über die Berechtigung der Anklage entschieden und sie durch einen förmlichen Beschluss zur Hauptverhandlung zugelassen und damit das Hauptverfahren eröffnet hat (§§ 199 ff. StPO, Zwischenverfahren). Damit trennt das Akkusationsprinzip strikt zwischen einerseits der Staatsanwaltschaft als dem staatlichen Organ, das die Aufgabe hat, bei Vorliegen eines Verdachtes einzuschreiten und die Ermittlungen durchzuführen, und zum anderen dem Gericht, das erst nach Erhebung der Anklage die Vorwürfe auf ihre Stichhaltigkeit hin überprüft. Darin unterscheidet sich das moderne Strafverfahrensrecht vom gemeinrechtlichen Inquisitionsprozess, bei dem die unterschiedlichen Aufgaben des Verfolgens/Ermittelns und des Richtens in dem Richter als Organ vereinigt waren. In Kurzform bedeutet das Prinzip „Wo kein Kläger, da kein Richter". **2846**

IV. Legalitätsprinzip

Notwendiges Korrelat zum Anklagemonopol der Staatsanwaltschaft ist das Legalitätsprinzip. Es umfasst zum einen die Pflicht der Staatsanwaltschaft zum Einschreiten und zur Aufnahme von Ermittlungen, wenn zureichende tatsächliche Anhaltspunkte für eine Straftat vorliegen (§ 152 Abs. 2 StPO, **Verfolgungszwang**). Zum anderen beinhaltet das Legalitätsprinzip die Pflicht der Staatsanwaltschaft zur Erhe- **2847**

1) Walischewski, StV 2001, 84 ff., 88 m.w.N.
2) Die nachträgliche Ausdehnung einer Anklage auf weitere selbständige Straftaten lässt das Strafprozessrecht über § 266 StPO zu.

bung der öffentlichen Klage, wenn die Ermittlungen genügenden Anlass dazu bieten und eine Verurteilung des Beschuldigten in tatsächlicher Hinsicht wahrscheinlich ist (§ 170 Abs. 1 StPO – **Anklagezwang**). Verfolgungs- und Anklagezwang dienen im Wesentlichen dazu, eine Gleichmäßigkeit der Rechtsanwendung zu gewährleisten, den materiellen Strafanspruch des Staates möglichst lückenlos durchzusetzen und den im Grundgesetz in Art. 3 Abs. 1 GG verankerten Grundsatz der Gleichheit aller vor dem Gesetz ohne Ansehen der Person auch im Strafverfahren zu verwirklichen.[1] Sofern für die Frage, ob ein Ermittlungsverfahren eingeleitet wird, ein konkreter Anfangsverdacht bestehen muss, entscheidet die Staatsanwaltschaft als Verfolgungsbehörde aus eigener Kompetenz heraus. Diesbezüglich besteht kein Ermessen, sondern allenfalls ein gewisser Beurteilungsspielraum. Die bloße Vermutung, dass eine Straftat vorliegt, reicht jedenfalls nicht aus, ein Ermittlungsverfahren einzuleiten.[2] Richtet sich der Verdacht einer Straftat zunächst nicht gegen eine bestimmte Person, wird in der Praxis zunächst ein Ermittlungsverfahren gegen unbekannt eingeleitet. Ist zunächst unsicher, ob wirklich ein Anfangsverdacht einer Straftat vorliegt oder nicht, so wird die Staatsanwaltschaft zunächst ein sog. **Vorermittlungsverfahren** einleiten, um die Grundlagen dafür zu ermitteln, ob tatsächlich ein Anfangsverdacht gegeben ist. Das sog. Vorermittlungsverfahren ist gesetzlich nicht geregelt, hat sich jedoch durch die justizielle Praxis eingebürgert. Es berücksichtigt den Verhältnismäßigkeitsgrundsatz und schützt den Bürger vor unnötiger Ausforschung. Das Vorermittlungsverfahren ist kein echter Bestandteil eines formellen Strafverfahrens und stellt lediglich eine formlose Informationsbeschaffung der Ermittlungsbehörden dar, ohne dass diese auf die (Zwangs-)Eingriffsbefugnisse der Strafprozessordnung zurückgreifen dürfen.

2848 Nach nicht unumstrittener Ansicht ist die Staatsanwaltschaft bei der Entscheidung über die Anklageerhebung an die rechtliche Beurteilung eines von ihr festgestellten Sachverhalts durch die höchstrichterliche Rechtsprechung gebunden,[3] also zwar frei in der Würdigung von Tatsachen, nicht jedoch in der rechtlichen Würdigung, ob ein Verhalten strafbar und eine Verurteilung wahrscheinlich ist.

2849 Als ein zur Gerechtigkeit und Objektivität verpflichtetes Organ der Rechtspflege, das die materielle Wahrheit zu erforschen hat, ist die Staatsanwaltschaft gem. § 160 Abs. 2 StPO verpflichtet, von Amts wegen alle diejenigen Umstände zu ermitteln und zu berücksichtigen, die sich für den Beschuldigten entlastend auswirken. Diese Pflicht ergibt sich bereits aus dem rechtsstaatlichen Gebot des fairen Verfahrens und trifft über § 385 Abs. 1 AO auch die Bußgeld- und Strafsachenstelle als ermittelnde Finanzbehörde. Aufzuklären sind nicht nur sämtliche Umstände, die den objektiven und subjektiven Tatbestand einer Strafnorm betreffen, sondern darüber hinaus auch alle Tatsachen, die im Falle einer Verurteilung für die Strafzumessung und die Nebenfolgen von Bedeutung sein können, insbes. die Persönlichkeit des Täters und eventuelle Vorstrafen.

2850 Nach **Abschluss der Ermittlungen** ist eine abschließende Entscheidung über den weiteren Fortgang des Verfahrens zu treffen. Hält die ermittelnde Finanzbehörde die öffentliche Klage gem. § 170 Abs. 1 StPO für gerechtfertigt, stellt sie einen Antrag auf Erlass eines Strafbefehls beim zuständigen Amtsgericht (§ 400 AO) oder gibt die Sache zur Anklageerhebung an die Staatsanwaltschaft ab, möglichst mit einem Vermerk über das Ermittlungsergebnis.[4] Bei der Frage, ob genügender Anlass zur Erhebung der öffentlichen Klage besteht, hat der Sachbearbeiter eine Diagnose zu stellen, ob im weiteren Verfahrensverlauf mit einer Überführung des

---

1) Pfeiffer/Hannich in Karlsruher Kommentar zum StGB, 6. Aufl. 2008, Einleitung Rz. 5.
2) Vgl. OLG Hamburg v. 8.2.1984, 1 Ws 26/84, NJW 1984, 1635.
3) Vgl. Meyer-Goßner, 55. Aufl. 2012, vor § 141 GVG Rz. 11; BGH v. 23.9.1960, 3 StR 28/60, BGHSt 15, 155, 158 ff.
4) Meyer-Goßner, 55. Aufl. 2012, § 170 StPO Rz. 12.

Beschuldigten zu rechnen ist und ob eine Verurteilung nach Durchführung einer Hauptverhandlung wahrscheinlicher ist als ein Freispruch.[1] Dabei ist die Staatsanwaltschaft nicht an den Grundsatz „Im Zweifel für den Angeklagten" (in dubio pro reo) gebunden. Der Grundsatz in dubio pro reo stellt lediglich eine Beweisregel für die Urteilsfindung gem. § 261 StPO nach Durchführung der Hauptverhandlung dar. Dem Grundsatz kommt jedoch nach dem Abschluss der Ermittlungen insofern mittelbare Bedeutung zu, als er die Prognose beeinflusst, ob eine Verurteilung unter Berücksichtigung des Zweifelsgrundsatzes durch das erkennende Gericht wahrscheinlich ist.[2] Ein aus tatsächlichen Gründen bestehender hinreichender Tatverdacht kann gleichwohl aus Rechtsgründen mit Hinweis auf den Zweifelsgrundsatz verneint werden, wenn das zusammengetragene Belastungsmaterial unter vorläufiger Anwendung der Beweisregeln für die Hauptverhandlung (§ 244 StPO) zu dem Ergebnis führt, dass eine notwendige Voraussetzung für ein strafbares Handeln nicht mit den Mitteln des Strengbeweises zu führen ist, mithin zu Gunsten eines Beschuldigten oder Angeklagten unterstellt wird, dass eine Strafbarkeitsvoraussetzung nicht nachweisbar ist. Diese Situation ergibt sich in der strafrechtlichen Praxis entweder dann, wenn Beweisschwierigkeiten auf Grund nicht zur Verfügung stehender Beweismittel bestehen oder wenn Tatsachen unter Verstoß gegen das Strafprozessrecht gewonnen wurden, die auf Grund des Verstoßes dann nicht verwertbar sind.

Im Steuerstrafverfahren gilt es, eine Besonderheit auf Grund der Regelung des § 393 **2851**
Abs. 2 AO zu beachten. Danach darf die Staatsanwaltschaft eine Straftat, die keine Steuerstraftat darstellt, nicht auf Grund von Tatsachen oder Beweismitteln verfolgen, die ihr in einem Strafverfahren aus den Steuerakten bekannt geworden sind und die der Stpfl. der Finanzbehörde vor Einleitung des Strafverfahrens oder in Unkenntnis der Einleitung desselben in Erfüllung steuerrechtlicher Erklärungspflichten offenbart hat. Aber auch diesbezüglich besteht wiederum eine Ausnahme, nämlich dann, wenn ein zwingendes öffentliches Interesse an der Strafverfolgung gem. § 30 Abs. 4 Nr. 5 AO besteht. Dies betrifft Verbrechen und vorsätzlich schwere Vergehen gegen Leib und Leben oder gegen den Staat und seine Einrichtungen (§ 30 Abs. 4 Nr. 5 AO) sowie Wirtschaftsstraftaten, die nach ihrer Begehungsweise oder wegen des Umfanges des durch sie verursachten Schadens geeignet sind, die wirtschaftliche Ordnung erheblich zu stören oder das Vertrauen der Allgemeinheit in die Redlichkeit des geschäftlichen Verkehrs oder in die ordnungsgemäße Arbeit der Behörden und der öffentlichen Einrichtungen erheblich zu erschüttern (§ 30 Abs. 4 Nr. 5 Buchst. b AO). Schließlich gilt die Ausnahme auch in Fällen, bei denen die Offenbarung der über das Steuergeheimnis gewonnenen Tatsachen zur Richtigstellung in der Öffentlichkeit verbreiteter unwahrer Tatsachen erforderlich ist, oder Tatsachen betrifft die geeignet sind, das Vertrauen in die Verwaltung erheblich zu erschüttern (§ 30 Abs. 4 Nr. 5 Buchst. c AO). Im letzteren Fall bedarf es jedoch des Einvernehmens der zuständigen obersten Finanzbehörde, die sich wiederum mit dem Bundesministerium der Finanzen abstimmen muss. Vor einer Richtigstellung ist der Stpfl. zu hören.

Im Interesse der Prozessökonomie unter Beachtung des Verhältnismäßigkeitsgrund- **2852**
satzes wurden vom Gesetzgeber Ausnahmen hinsichtlich des Legalitätsprinzips eingeführt. Das sog. Opportunitätsprinzip, das seinen Ursprung im Ordnungswidrigkeitenrecht hat, wurde durch die §§ 153 bis 154c, 154e StPO sowie über § 398 AO auch in das Strafverfahrensrecht aufgenommen. In der Praxis erlangen besondere Bedeutung die Regelungen der §§ 153, 153a StPO, nach denen bei Vergehen ohne schwere Schuld, also bei leichterer und mittlerer Qualität von der Verfolgung der

1) Schmid in Karlsruher Kommentar, 6. Aufl. 2008, § 170 StPO Rz. 3.
2) Schmid in Karlsruher Kommentar, 6. Aufl. 2008, § 170 StPO Rz. 5; Meyer-Goßner, 55. Aufl. 2012, § 170 StPO Rz. 1 f.; OLG Bamberg v. 25.10.1990, Ws 223/84, NStZ 1991, 252.

Tat abgesehen werden kann. Darüber hinaus können Opportunitätsgesichtspunkte aber auch bei schweren Vergehen grds. zu einer Einstellung nach den §§ 153, 153a StPO führen, wenn die Schwere der Schuld nicht entgegensteht. Die Besonderheit in diesen Fällen liegt darin, dass zwar die Voraussetzungen für die Verfolgung der Tat gegeben sind und ein Ermittlungsverfahren eingeleitet wurde, jedoch von einer Anklageerhebung abgesehen wird. Bei der Einstellung handelt es sich nicht um eine echte Ermessensentscheidung der Strafverfolgungsbehörde, sondern um eine Anwendung unbestimmter Rechtsbegriffe wie „geringe Schuld", „öffentliches Interesse", „nicht beträchtlich ins Gewicht fällt" und „Geringfügigkeit".

2853 Eine weitere Durchbrechung des Legalitätsprinzips ist ferner in den §§ 374, 376 StPO geregelt. Danach kann die Staatsanwaltschaft in Fällen, in denen zwar eine Straftat vorliegt, sie jedoch das öffentliche Interesse an der Strafverfolgung verneint, den Anzeigeerstatter auf den Privatklageweg verweisen.

2854 Eine steuerstrafrechtliche Besonderheit ist die Kompetenzzuweisung für die Strafverfolgung an die Finanzbehörde. Gemäß § 386 Abs. 1 und Abs. 2 AO ist die Finanzbehörde zur Verfolgung von Straftaten berechtigt, die ausschließlich Steuerstraftaten zum Gegenstand haben. Maßgeblich ist hierbei der prozessuale Tatbegriff gem. § 264 StPO. Diese Kompetenz umfasst sowohl die Einleitung (§ 397 Abs. 1 AO) als auch die Einstellung eines Steuerstrafverfahrens aus Opportunitätsgründen (§ 399 Abs. 1, § 398 AO). Sie endet mit der Möglichkeit, einen Antrag auf Erlass eines Strafbefehls zu stellen (§ 400 AO). Für den Fall, dass ein Haftbefehl oder ein Unterbringungsbefehl wegen der Tat erlassen ist, führt die Staatsanwaltschaft das Ermittlungsverfahren. Die Finanzbehörde agiert dann als Gehilfe der Staatsanwaltschaft. Im Übrigen kann die Staatsanwaltschaft das Verfahren jederzeit an sich ziehen, die Finanzbehörde kann es jederzeit an diese abgeben. Insoweit stellt diese Regelung eine Durchbrechung des Legalitätsprinzips dar, da den Finanzbehörden die Einleitungs- und Einstellungsbefugnis zustehen kann. Durch die Befugnis gem. § 400 AO an Stelle der Staatsanwaltschaft nach Abschluss der Ermittlungen beim Amtsgericht einen Antrag auf Erlass eines Strafbefehls zu stellen, wird das Anklagemonopol der Staatsanwaltschaft eingeschränkt, da nicht sie, sondern die Finanzbehörde durch ihren Antrag bei Gericht die öffentliche Klage erhebt. Wenn jedoch das Gericht den beantragten Strafbefehl nicht erlässt, sondern stattdessen gem. § 408 Abs. 3 Satz 2 StPO eine Hauptverhandlung anberaumt, oder wenn der Beschuldigte gegen den Strafbefehl Einspruch einlegt, geht gem. § 406 Abs. 1 AO die weitere, ausschließliche Zuständigkeit für das Verfahren von der Finanzbehörde auf die Staatsanwaltschaft über.

V. Grundsatz des rechtlichen Gehörs

2855 Art. 103, 104 GG regeln unmittelbar Prozessgrundrechte. Diese expliziten Regelungen gehen inhaltlich über das allgemein in Art. 20 Abs. 3 GG geregelte Rechtsstaatsprinzip hinaus. Als aktives Teilnahme- und Verteidigungsrecht eines durch Strafverfahren Betroffenen sind hier der Grundsatz des rechtlichen Gehörs Art. 103 Abs. 1 GG zu nennen sowie die besonderen Rechtsgarantien bei Freiheitsentziehung gem. Art. 104 GG. Diese verfahrensrechtlichen Garantien werden durch die Strafprozessordnung im Einzelnen konkretisiert. Hinsichtlich des rechtlichen Gehörs wird dies nachfolgend im Einzelnen dargelegt werden, hinsichtlich der Garantien bei Freiheitsentziehung darf auf das Kapitel der Untersuchungshaft verwiesen werden.

2856 Sofern im Grundgesetz in Art. 101 und 103 Abs. 2, Abs. 3 GG verschiedene Postulate der Verfassung für das Gerichtsverfahren aufgestellt werden, lassen diese sich wie folgt zusammenfassen: Art. 101 GG trägt Sorge dafür, dass jedermann Anspruch auf den allgemeinen, vorbestimmten Richter für seine Sache hat, d.h. keine Sonder-

und Ausnahmegerichte gebildet werden können. Art. 103 Abs. 2 GG formuliert die Gesetzesgebundenheit des Gesetzgebers im Strafrecht („nullum crimen nulla poena sine lege") und Art. 103 Abs. 3 GG stellt das Verbot der Mehrfachbestrafung in den Vordergrund („ne bis in idem").

Nach Art. 103 Abs. 1 GG hat jedermann vor Gericht Anspruch auf rechtliches Gehör, 2857
wobei die nähere Konkretisierung dieses Rechts den einzelnen Verfahrensordnungen überlassen bleibt. Rechtliches Gehör meint den Anspruch eines Beschuldigten, wonach er vor jeder gerichtlichen Entscheidung, durch die in seine Rechte eingegriffen wird, zu hören ist.[1] Über den Wortlaut des Art. 103 Abs. 1 GG hinaus gilt der Grundsatz auch in den Fällen, in denen ein Grundrechtseingriff allein auf eine staatsanwaltliche Entscheidung zurückzuführen ist.[2] Nur dort, wo die Sicherung gefährdeter Interessen eine vorherige Anhörung im Ermittlungsverfahren verbietet, um den Beschuldigten nicht zu warnen, kann ausnahmsweise von einer Anhörung abgesehen werden.[3] Diese Fälle sind in § 33 Abs. 4 StPO geregelt (z.B. bei einer geplanten Durchsuchung, Beschlagnahme oder Festnahme). Sofern auf Grund der Sachnotwendigkeiten eines Ermittlungsverfahrens von einer vorherigen Anhörung abgesehen werden kann, schreibt § 33a StPO allerdings vor, dass diese Anhörung nachzuholen ist.

Der Grundsatz des rechtlichen Gehörs ist eine der wesentlichen Verfahrensmaxi- 2858
men eines rechtsstaatlich fairen Strafverfahrens. Es wird teilweise auch als das prozessuale „Urrecht" des Menschen tituliert und enthält damit ein objektivrechtliches Verfahrensprinzip,[4] das inhaltlich ein dreistufiges Recht darstellt. Zunächst steht einem Beschuldigten ein Recht auf Information darüber zu, dass ihm die Strafverfolgungsbehörden grds. umfassend eröffnen, was ihm zur Last gelegt wird. Das ist gewissermaßen die Vorstufe zur Wahrnehmung der aktiven Mitwirkungs- und Verteidigungsbefugnisse. Die zweite Stufe umfasst die Möglichkeit, auf das Verfahren aktiv einzuwirken und sich z.B. persönlich oder über seinen Verteidiger gegen die erhobenen Vorwürfe zu äußern, entlastende Umstände vorzutragen oder entsprechende Beweisanträge zu stellen. Als dritte und letzte Stufe bezweckt das rechtliche Gehör, dass das Vorgetragene auch tatsächlich Berücksichtigung im Verfahren findet.[5] Der Anspruch auf rechtliches Gehör ist in zahlreichen strafprozessualen Normen konkretisiert, z.B.:

- obligatorisches Vernehmungsangebot an den Beschuldigten im Ermittlungsverfahren (§ 160a StPO),
- nach Anklage ausdrückliche Gelegenheit, um Einwendungen gegen die Eröffnung des Hauptverfahrens zu erheben (§ 201 StPO),
- in der Hauptverhandlung ausdrücklich Gelegenheit zur Abgabe von Erklärungen nach Vernehmung eines jeden Zeugen, Sachverständigen oder Mitangeklagten sowie nach der Verlesung eines jeden Schriftstückes (§ 257 Abs. 1 StPO),
- ausdrückliche Gelegenheit zur Äußerung zur Sache zu Beginn einer jeden Hauptverhandlung (§ 243 Abs. 4 StPO),
- das Recht zum Schlussvortrag im letzten Wort (§ 258 StPO),

1) BVerfG v. 11.7.1994, 2 BvR 777/94, StV 1994, 465, 466.
2) Vgl. Kühne in Löwe/Rosenberg, 26. Aufl. 2006–2011, Einl. Abschn. I Rz. 80.
3) BVerfG v. 11.7.1994, 2 BvR 777/94, StV 1994, 465, 466.
4) BVerfG v. 9.7.1980, 2 BvR 701/80, BVerfGE 55, 1, 6; v. 18.6.1985, 2 BvR 414/84, BVerfGE 70, 180, 188.
5) Vgl. zum Ganzen BVerfG v. 18.6.1957, 1 BvR 41/57, BVerfGE 7, 53 ff., 57 f.; v. 16.4.1980, 1 BvR 505/78, BVerfGE, 54, 100, 116; v. 9.7.1980, 2 BvR 701/80, BVerfGE, 55, 1, 5 ff.; v. 7.10.1980, 2 BvR 1581/79, BVerfGE 55, 95, 98 f.; Schmidt-Aßmann in Maunz/Dürig, Art. 103 Abs. 1 GG Rz. 69 (August 2012).

- Anhörung vor gerichtlichen Entscheidungen in und außerhalb der Hauptverhandlung (§ 33 StPO),
- Anhörung im Rechtsmittelverfahren (§ 308 Abs. 1, § 311 Abs. 2, § 311a, § 324 Abs. 2, § 326, § 350 Abs. 2 StPO),
- gerichtliche Hinweispflicht gem. § 265 StPO,
- das Akteneinsichtsrecht gem. § 147 StPO.

2859 Konfliktfelder erwachsen aus dem Grundsatz des rechtlichen Gehörs in der strafverfahrensrechtlichen Praxis im Wesentlichen im Ermittlungsverfahren. Sofern die gerichtliche Untersuchung begonnen hat, ist der Grundsatz eine Selbstverständlichkeit und wird i.d.R. von den Gerichten in umfassender und ausreichender Weise beachtet. Lediglich in Fällen, in denen außerhalb der Hauptverhandlung verfahrensbezogene Ermittlungen angestellt werden oder das Tatgericht aus sonstigen Quellen Informationen im weitestgehenden Sinne über den Verfahrensgegenstand erhält, kommt es immer wieder zu Konflikten, die den Grundsatz des rechtlichen Gehörs betreffen. Der BGH hat in einer Entscheidung aus dem Jahre 1999 diesem Konflikt die Schärfe genommen. Danach gilt, dass aus dem Grundsatz des rechtlichen Gehörs und dem Gebot der Verfahrensfairness, dem Tatgericht, das während und außerhalb der Hauptverhandlung verfahrensbezogene Ermittlungen anstellt, die Pflicht erwächst, dem Angeklagten, der Verteidigung und der Staatsanwaltschaft durch eine entsprechende Unterrichtung Gelegenheit zu geben, sich Kenntnis von den Ergebnissen dieser Ermittlungen zu verschaffen. Der Pflicht zur Erteilung eines solchen Hinweises ist das Tatgericht auch dann nicht enthoben, wenn es die Ergebnisse der Ermittlungen selbst für nicht entscheidungserheblich erachtet; denn es muss den übrigen Verfahrensbeteiligten überlassen bleiben, selbst zu beurteilen, ob es sich um relevante Umstände handelt oder nicht.

2860 Im Ermittlungsverfahren verbleibt allerdings ein erhebliches Konfliktpotenzial, das sich um den Grundsatz des rechtlichen Gehörs rankt. Dieses Konfliktpotenzial beruht im Wesentlichen darauf, dass der Grundsatz des rechtlichen Gehörs in seiner ersten Stufe das Recht auf Informationen umfasst, dass dem Betroffenen also seitens der Verfolgungsbehörden eröffnet wird, was vorgeworfen wird und worauf diese Vorwürfe beruhen. Aus ermittlungstaktischen Gründen ist es aus Sicht der Verfolgungsbehörden oftmals untunlich, einen Beschuldigten in dem frühen Stadium des Verfahrens über solche Umstände zu unterrichten, damit er zum einen seine Verteidigung nicht darauf einrichten kann, zum anderen keine Verdunklungsmaßnahmen in die Wege leitet. Insofern ist in der Rspr. anerkannt, dass ein vorläufig gegenüber dem Beschuldigten abgeschirmtes Ermittlungsverfahren der Strafverfolgungsbehörden wegen des Auftrags des Strafverfahrens, den Sachverhalt zu erforschen und die Wahrheit zu finden, grds. verfassungsrechtlich unbedenklich sei.[1] Eine differenzierende Bewertung soll sich wegen der Schwere und der Bedeutung des Eingriffes in das Recht des Beschuldigten auf Freiheit der Person (Art. 2 Abs. 2 Satz 2 GG) v.a. dann ergeben, wenn ein Haftbefehl vollstreckt wird.[2] Sofern damit zum Ausdruck gebracht wird, dass dem rechtlichen Gehör anders als im gerichtlichen Untersuchungsverfahren im Ermittlungsverfahren nicht das gleiche Gewicht eingeräumt wird, kann dies bedeuten, dass abgesehen vom Fall der angeordneten Untersuchungshaft, die Ermittlungsbehörden weitestgehend im Geheimen gegen einen Beschuldigten ermitteln, ohne dass dieser Gelegenheit zu Stellungnahme erhält. Die Diskussion über Reichweite und Inhalt des rechtlichen Gehörs im Ermittlungsverfahren ist bislang noch nicht abgeschlossen.

1) Vgl. BVerfG v. 27.10.1997, 2 BvR 1769/97, NStZ-RR 1998, 108; BGHR § 147 Abs. 2 StPO, Teilakteneinsicht 2.

2) BVerfG v. 11.7.1994, 2 BvR 777/94, StV 1994, 465 ff.; Walischewski, StV 2001, 243 ff.

VI. Prinzip eines fairen rechtsstaatlichen Verfahrens

Wie einleitend erwähnt, handelt es sich bei dem Prinzip eines fairen rechtsstaatlichen Verfahrens um einen auf der Ebene des Verfassungsrechts angesiedelten Grundsatz des Strafprozessrechtes, der für sämtliche Stadien des Strafverfahrens gilt. Es folgt aus dem Rechtsstaatsprinzip (Art. 20 Abs. 3 GG) i.V.m. dem allgemeinen Freiheitsrecht nach Art. 2 Abs. 1 GG und ist vom Gesetzgeber bei der Ausgestaltung des Verfahrensrechtes zu berücksichtigen.[1] Das Prinzip der Verfahrensfairness hat seinen Ursprung im angloamerikanischen Recht und lässt sich auf die englische Magna Charta aus dem Jahre 1215 zurückführen. Aus der Erkenntnis der Überlegenheit der staatlichen Machtmittel gegenüber den beschränkten Möglichkeiten des Beschuldigten hat das BVerfG seit dem Jahre 1969 die Forderung nach einem fairen Verfahren als tragenden Grundsatz des Strafverfahrens entwickelt. Dem Beschuldigten soll die Chance gesichert werden, sich gegenüber der Anklagebehörde bestmöglich zu verteidigen.[2] **2861**

Inhaltlich geht das Prinzip der Verfahrensfairness über das von Art. 103 Abs. 1 GG und dem Rechtsstaatsprinzip geschützte rechtliche Gehör hinaus.[3] Dieser Grundsatz stellt eine Generalklausel dar, die es abstrakt dem Gesetzgeber und konkret dem Richter zur Aufgabe macht, das Verfahren so zu gestalten, dass die Rechte und Interessen der Verfahrensbeteiligten, einschl. der Zeugen, angemessene Berücksichtigung finden und nicht mehr, als durch sachliche Gründe geboten, beeinträchtigt werden. Das Gebot eines fairen Verfahrens begründet demnach Teilhaberechte und garantiert die Subjektstellung des Beschuldigten im gerichtlichen sowie im staatsanwaltlichen Ermittlungsverfahren. Generell fordert es die Möglichkeit wirksamer Verteidigung in allen Verfahrensstadien; auch hier gilt der Grundsatz, dass der Beschuldigte nicht als Objekt einer gegen ihn gerichteten staatlichen Wahrheitsermittlung behandelt werden darf. Der Gedanke des fairen Verfahrens ist als ein Prinzip im rechtstechnischen Sinne zu verstehen, das die größtmögliche Optimierung verfassungsmäßiger Werte verlangt. Immer dort, wo die geschriebene Strafverfahrensordnung hinter den Anforderungen der Verfassung zurückbleibt, können solche Lücken über das Prinzip der Verfahrensfairness in abstrakt genereller Weise geschlossen werden. Insofern sind die wesentlich Maximen eines fairen Verfahrens auch durch die Rspr. des Europäischen Gerichtshofes für Menschenrechte, durch das BVerfG aber auch durch den BGH konkretisiert worden. Als nicht abschließende Beispielsfälle kann hier das Recht des Verteidigers auf Akteneinsicht über § 147 StPO hinausgehend benannt werden,[4] das Verbot der Hinnahme offensichtlich rechtswidriger und unbegründeter Entscheidungen anderer Behörden, insbes. über die Freigabe von Zeugen,[5] die Unverwertbarkeit von Ergebnissen auf Grund bewusster Verletzung des Prozessrechts,[6] das Verbot der Überrumplung und Fürsorgepflicht für den rechtsunkundigen Beschuldigten,[7] das Verbot der schikanösen Ausnutzung prozessualer Befugnisse durch die Strafverfolgungsorgane,[8] die Verpflichtung des Gerichts zum Hinweis auf eine beabsichtigte Abweichung von **2862**

---

1) BVerfG v. 28.3.1984, 2 BvR 275/83, NJW 1984, 2403; Meyer-Goßner, Einl. Rz. 19; st. Rspr. seit BVerfG v. 3.6.1969, 1 BvL 7/68, BVerfGE 26, 66, 71; ausdrückliche Anerkennung als Prozessgrundrecht in BVerfG v. 26.5.1981, 2 BvR 215/81 BVerfGE 57, 250, 274.

2) Vgl. im Einzelnen dazu Walischewski, 20 ff. m.w.N.; Walischewski, StV 2001, 243 ff.

3) BGH v. 29.11.1989, 2 StR 264/89, MDR 1990, 267.

4) BGH v. 29.11.1989, 2 StR 264/89, BGHSt 36, 305, 311 f.; BVerfG v. 11.7.1994, 2 BvR 777/94, StV 1994, 465 ff.

5) BVerfG v. 26.5.1981, 2 BvR 215/81, BVerfGE 57, 250 (V-Leute); BGH v. 5.11.1982, StR 250/82, BGHSt 31, 148, 154 (V-Mann).

6) BGH v. 17.3.1971, 3 StR 189/70, BGHSt 24, 125, 131.

7) BGH v. 7.6.1989, 2 StR 66/89, BGHSt 36, 210; v. 27.2.1992, 5 StR 190/91, BGHSt 38, 214, 221; BayObLG v. 10.1.1984, RReg 5 St 126/83, NJW 1984, 1246.

8) BVerfG v. 26.5.1981, 2 BvR 215/81, BVerfGE 57, 250.

Zusagen[1] und schließlich die Verpflichtung des Gerichtes, eine besonders vorsichtige Würdigung der Aussagen von Zeugen vom Hörensagen vorzunehmen.[2]

2863 Über diese durch die Rspr. konkretisierten Einzelfälle hinaus beinhaltet das Prinzip der Verfahrensfairness auch seinerseits weitere Grundsätze. Hierbei handelt es sich um den Grundsatz der Waffen-/Chancengleichheit, der prozessualen Fürsorgepflicht des Gerichtes, des Beschleunigungsgebotes und die Unschuldsvermutung.

1. Waffen-/Chancengleichheit

2864 Die Waffengleichheit im Strafverfahren ist ein spezielles Element der Fairness, aber darüber hinaus auch eine Ausprägung des Gleichheitsgrundsatzes und des Diskriminierungsverbots.[3] Inhaltlich besagt das Prinzip, dass den Verfahrensbeteiligten ohne sachliche Notwendigkeit keine unterschiedlichen Rechtspositionen eingeräumt werden sollen.[4] Waffen-/Chancengleichheit bedeutet insofern nicht die schematische Gleichbehandlung von Anklage und Verteidigung oder die Gleichheit aller Verfahrensrechte. Vielmehr wird der Inhalt jeweils für den Einzelfall unter Beachtung der gesetzlichen Zielsetzungen in Abwägung mit den Interessen des Beschuldigten bestimmt. Das Prinzip der Waffen-/Chancengleichheit ist im Ermittlungsverfahren anwendbar,[5] wobei es auf Grund der Sachnotwendigkeiten dieses Verfahrensstadiums Einschränkungen erfährt. Eine formale Gleichstellung von Ermittlungsbehörden und Beschuldigtem ist im Ermittlungsverfahren nicht möglich und würde dem Sinn eines aus der Effektivität der Strafverfolgung verpflichteten Ermittlungsverfahrens widersprechen. Angesichts evtl. entscheidender Weichenstellungen für die Verurteilung des Beschuldigten ist es jedoch im Ermittlungsverfahren notwendig, dem Beschuldigten auch hier eine wehrhafte Position zu garantieren, was nur durch einen „offenen", allgemein anerkannten Programmsatz zu erreichen ist, der die flexible Ausbalancierung der Einzelrechte im Ermittlungsverfahren ermöglicht.[6]

2. Prozessuale Fürsorgepflicht

2865 Die prozessuale Fürsorgepflicht wird vielfach als ein in allen Verfahrensstadien geltender Grundsatz bezeichnet.[7] Dem Gericht und den Strafverfolgungsbehörden erwachsen, neben den gesetzlichen Pflichten, eine Reihe von Nebenpflichten, die sich aus dem Rechtsstaatsprinzip ableiten. Aus diesem Verhältnis heraus stellt das Fürsorgeprinzip einen umfassenden Sammelbegriff für alle Normen und Prinzipien dar, die die Gewährung eines rechtsstaatlichen, justizförmigen Verfahrens schlechthin absichern.[8] Die prozessuale Fürsorgepflicht als Ausfluss des Prinzips der Verfahrensfairness stellt das wichtigste Regulativ gegenüber dem rechtsunkundigen Angeklagten für eine fair gehandhabte Inquisitionsmaxime dar.[9] Sie macht es abstrakt dem Gesetzgeber und konkret dem Richter und dem Staatsanwalt zur Aufgabe, das Verfahren so zu gestalten, dass die Rechte und Interessen der Verfahrensbeteiligten angemessen Berücksichtigung finden. Durch die Teilhaberrechte wird die Subjektstellung des Beschuldigten gewährleistet, und es ist auch Aufgabe der

1) BGH v. 6.7.1983, 2 StR 222/83, BGHSt 32, 44; v. 7.6.1989, 2 StR 66/89, BGHSt 36, 210.
2) BVerfG v. 26.5.1981, 2 BvR 215/81, BVerfGE 57, 250.
3) BVerfG v. 8.10.1974, 2 BvR 747/73, BVerfGE 38, 105 ff., 111; v. 12.1.1983, 2 BvR 864/81, BVerfGE 63, 45 ff.; v. 7.7.1982, 1 BvR 787/81, BVerfGE 61, 43, 67; Müller, NJW 1976, 1066.
4) Kohlmann in FS für Maurach, 501 bis 505 m.w.N.
5) BVerfG v. 8.10.1974, 2 BvR 747/73, NJW 1975, 103 ff.
6) Vgl. zum Ganzen Walischewski, 25.
7) BGH v. 8.3.1968, 4 StR 615/67, BGHSt 22, 118, 122; v. 24.9.1974, 1 StR 365/74, BGHSt 26, 1, 4; v. 7.6.1989, 2 StR 66/89, BGHSt 36, 210.
8) Meyer-Goßner, 55. Aufl. 2012, Einl. Rz. 155 ff.
9) BGH v. 14.5.1974, 1 StR 366/73, BGHSt 25, 325 ff., 330 zu § 243 Abs. 4 StPO; v. 12.11.1970, 1 StR 263/70, BGHSt 24, 15 ff., 25.

staatlichen Organe, dafür zu sorgen, dass der Beschuldigte seine Rechte wahrnehmen kann. Der Staat, der die Verfahrensordnungen schafft, kann außerhalb des Kreises der „Rechtskundigen" ihre Kenntnis nicht voraussetzen. Sofern einerseits von staatlicher Seite die verantwortliche Mitwirkung des Beschuldigten zur Sicherung seiner Subjektstellung gewollt wird, muss man andererseits auch dafür Sorge tragen, dass der rechtsunkundige Bürger über seine Mitwirkungsrechte ausreichend Kenntnis erlangt. Dies gelingt nur über den Weg der Aufklärung, die durch das prozessuale Fürsorgeprinzip als Rechtspflicht anerkannt wird. Nur so kann man einen behutsamen Ausgleich zwischen der Subjektstellung des Beschuldigten und der staatlichen Verantwortung für die Wahrheitsfindung erlangen.[1)]

Der prozessualen Fürsorgepflicht kommt auch unmittelbare Geltung im Ermitt- **2866** lungsverfahren zu. Zum einen ist es vom Gesetz für das Verfahren anerkannt (vgl. § 136 Abs. 1, § 136a StPO zu den Belehrungsregeln bei einer Vernehmung), zum anderen kommt die prozessuale Fürsorgepflicht über das Prinzip der Verfahrensfairness im Ermittlungsverfahren zur Anwendung.[2)]

3. Beschleunigungsgebot

Ebenso im Bereich des Prinzips eines fairen Verfahrens ist das Beschleunigungsge- **2867** bot angesiedelt.[3)] Aus diesem ergibt sich eine Pflicht der Strafverfolgungsorgane, das Strafverfahren nicht unangemessen zu verzögern, um einem Beschuldigten nicht unzumutbar lange die psychischen Belastungen durch das Strafverfahren aufzubürden, welches verfassungsrechtlich lediglich ein Sonderopfer darstellt. Bis zum Abschluss des Verfahrens streitet die Unschuldsvermutung für einen Beschuldigten. Die Strafprozessordnung kennt eine Reihe von Vorschriften, die die Beschleunigung besonders regeln, z.B.:

- §§ 115, 128 ff. StPO: Ein Festgenommener ist unverzüglich dem Richter vorzuführen,
- § 161a, § 163a Abs. 3 StPO: Pflicht von Beschuldigten, Zeugen und Sachverständigen einer Ladung der Staatsanwaltschaft Folge zu leisten,
- § 163 Abs. 2 Satz 1 StPO: Verpflichtung der Polizei, ihre Ermittlungsergebnisse ohne Verzug der Staatsanwaltschaft zu übersenden,
- §§ 222a, 222b StPO: Vorverlegung der Rüge der vorschriftswidrigen Gerichtsbesetzung in die Hauptverhandlung.

Von überragender Bedeutung ist das Gebot der Beschleunigung dann, wenn es im **2868** Rahmen des Ermittlungsverfahrens zu einem unmittelbaren Eingriff in die persönliche Freiheit der Person durch die Anordnung von Untersuchungshaft kommt. Dort ist das Beschleunigungsgebot in den Vorschriften der §§ 121, 122 StPO gesondert geregelt, nachdem die Untersuchungshaft nur unter besonderen Umständen länger als sechs Monate dauern darf. Auch die besonderen Regelungen des Art. 104 GG als Garantien bei Freiheitsentziehung beinhalten den Rechtsgedanken der Beschleunigung. Im Übrigen konkretisiert Art. 6 Abs. 1 EMRK das Beschleunigungsgebot, wonach jedem Angeklagten das Recht auf eine gerichtliche Entscheidung innerhalb einer angemessenen Frist zusteht.[4)] Der Europäische Gerichtshof für Menschenrechte hat sich hinsichtlich der Beschleunigung von Strafverfahren in seinen Entscheidungen besonders stark gemacht. So wurden beispielsweise die

1) Z.B. ist die notwendige Verteidigung mit gerichtlicher Beiordnung eines Verteidigers ein gesetzlich geregelter Fall der Fürsorgepflicht des Gerichts.

2) Vgl. BGH v. 12.1.1996, 5 StR 756/94, NJW 1996, 1547 ff. zur Anwendung der Fürsorgepflicht durch die Staatsanwaltschaft und deren Hilfsbeamte.

3) EGMR v. 31.5.2001, 37591/97, StV 2001, 489.

4) BGH v. 24.7.1991, 5 StR 286/91, wistra 1991, 299, 300; BayObLG v. 11.7.1994, 2 St RR 63/94, wistra 1994, 352.

Fristen für komplexe Umweltstrafsachen auf etwa neun Jahre festgelegt, wobei die Frist ab Einleitung des Strafverfahrens zu bemessen ist.[1] Speziell für die Staatsanwaltschaft ist das Beschleunigungsgebot außerdem in Nr. 5 der Richtlinien für das Straf- und Bußgeldverfahren (RiStBV) ausdrücklich erwähnt. Die Beschleunigung des Verfahrens liegt v.a. im Interesse des Beschuldigten, in dessen Rechtskreis das möglicherweise zu Unrecht eingeleitete Ermittlungsverfahren empfindlich eingreift, aber auch im Interesse des Staates, dem es auf eine schnelle Realisierung des staatlichen Strafanspruches ankommt.[2]

2869 Kommt es im Einzelfall zum Konflikt zwischen dem Beschleunigungsgebot einerseits und der Erfordernis gründlicher und vollständiger Ermittlungen andererseits, haben im Zweifel die Rechte des Beschuldigten Vorrang. Dessen Anspruch auf eine beschleunigte Durchführung des Ermittlungsverfahrens darf allerdings nicht dazu führen, dass er in seinen übrigen Rechten beschränkt wird. So dienen z.B. eine gründliche und umfassende Akteneinsicht oder die Ausnutzung sämtlicher Rechtsbehelfe allein dem Schutz des Beschuldigten, der nicht unter dem Vorwand notwendiger Beschleunigung geschmälert werden darf. Dieses Schutzrecht des Beschuldigten wird allerdings durch Möglichkeiten des Gerichtes, Anträge wegen unterstellter Prozessverschleppung abzulehnen, begrenzt.

2870 Obwohl die Strafprozessordnung für den Fall der Verletzung des Beschleunigungsgebots keine Sanktionen vorsieht, soll nach einhelliger Ansicht ein Verstoß gegen Art. 6 EMRK und das Rechtsstaatsgebot durch die Strafverfolgungsbehörden nicht ohne Folgen bleiben. Begründet wird dies damit, dass durch ein Strafverfahren von überlanger Dauer der Beschuldigte – zumal dann, wenn die Dauer durch die vermeidbaren Verzögerungen der Justizorgane bedingt ist – zusätzlich fühlbaren Belastungen ausgesetzt ist.[3] Diese Belastungen, die in ihren Auswirkungen der Sanktion gleichkommen können, treten mit zunehmender Verzögerung des Verfahrens in Widerstreit zu dem aus dem Rechtsstaatsgebot abgeleiteten Grundsatz, wonach die Strafe verhältnismäßig sein und in einem gerechten Verhältnis zu dem Verschulden des Täters stehen muss.[4] Aus diesem Grunde muss sich eine rechtsstaatswidrige Verfahrensverzögerung bei der Strafzumessung auswirken, wenn sie nicht im Extrembereich sogar zur Einstellung oder zum Vorliegen eines unmittelbar aus dem Rechtsstaatsgebot des herzuleitenden Verfahrenshindernisses führt.[5] Zwar hält auch der BGH die Möglichkeit für gegeben, dass ein durch rechtsstaatswidrige Verfahrensverzögerungen bewirkter Verstoß gegen Art. 6 Abs. 1 Satz 1 MRK zu einem Verfahrenshindernis führen kann.[6] Doch stellt er hieran so hohe Anforderungen, dass das Vorliegen eines Verfahrenshindernisses in der Praxis höchstwahrscheinlich nur in extremen Ausnahmefällen bejaht werden wird. Allerdings sollen sich die ungerechtfertigten Belastungen des Beschuldigten durch eine erhebliche Verzögerung aber (und erst) bei der Strafzumessung auswirken. Nach früherer ständiger Rechtsprechung[7] wurde dazu in der Praxis regelmäßig die lange Verfahrensdauer auf einen Teil der zu verhängenden Strafe „angerechnet". Der große Senat des

1) EGMR v. 31.5.2001, 37591/97, StV 2001, 489; vgl. insgesamt zur Rspr. des EGMR Kühne, StV 2001, 529 ff. m.w.N.
2) Fischer, 59. Aufl. 2012, § 46 StGB Rz. 61.
3) BVerfG v. 4.10.1977, 2 BvR 80/77, BVerfGE 46, 17 ff., 29; v. 19.4.1993, 2 BvR 1487/90, NJW 1993, 3255.
4) BVerfG v. 19.10.1966, 1 BvL 24/65, BVerfGE 20, 312, 331; v. 16.4.1980, 1 BvR 505/78, BVerfGE 54, 100, 108 ff.
5) BVerfG v. 24.11.1983, 2 BvR 121/83, NJW 1984, 967; OLG Schleswig-Holstein v. 1.4.2003, 2 Ss 158/02, StV 2003, 379.
6) BGH v. 25.10.2000, 2 StR 232/00, StV 2001, 89.
7) BVerfG v. 19.4.1933, 2 BvR 1487/90, NJW 93, 3254 ff.; BGH v. 25.10.2000, 2 StR 232/00, BGHSt 46, 159 ff.; Fischer, 59. Aufl. 2012, § 46 StGB Rz. 62 m.w.N.

BGH[1] hat diese Rechtsprechung allerdings aufgegeben und folgt zur Kompensation konventionswidriger Verfahrensverzögerungen nun der sog. „Vollstreckungslösung".[2] Danach wird bei festgestellter überlanger Verfahrensdauer, wenn deren Feststellung im Urteil allein zur Kompensation nicht ausreicht, ein Teil der verhängten Strafe als bereits vollstreckt erklärt. Der Unterschied zwischen der (alten) „Anrechnungslösung" und der „Vollstreckungslösung" kann in der Praxis erhebliche Auswirkungen haben: Wurde früher z.B. bei einer Freiheitsstrafe von drei Jahren ein Jahr angerechnet, führte dies regelmäßig dazu, dass die verbleibende Strafe von zwei Jahren noch zur Bewährung ausgesetzt werden konnte (unter den Voraussetzungen des § 56 StGB). Heute bliebe es bei den verhängten drei Jahren, die nicht mehr bewährungsfähig sind und daher zwingend zum Vollzug führen, wobei dann eben ein Jahr (von einer evtl. zu verbüßenden Rest-Freiheitsstrafe) als vollstreckt angesehen wird.[3]

4. Unschuldsvermutung und Verhältnismäßigkeitsprinzip

2871 Das Prinzip der Verhältnismäßigkeit beherrscht die gesamte Verfahrensgestaltung und setzt der Befugnis des Staates, in die Rechte eines einzelnen Bürgers einzugreifen, Grenzen. Als Grundsatz von Verfassungsrang wird es aus dem Rechtsstaatsprinzip (Art. 20 Abs. 3 GG) sowie aus den Art. 1 und 2 GG i.V.m. der Unschuldsvermutung des Art. 6 Abs. 2 EMRK hergeleitet.[4] Darüber hinaus ist das Prinzip der Verhältnismäßigkeit auch durchgängig in den strafprozessualen (Eingriffs-)Befugnisnormen aufgenommen und auch dort, wo es nicht explizit gilt, dennoch zu beachten.

2872 Die Unschuldsvermutung als Ausprägung des fairen Verfahrens hat hier deshalb besondere Bedeutung, da diese nochmals hervorhebt, dass die Einschränkung von Grundfreiheiten durch ein Strafverfahren als Sonderopfer zu gelten haben. Das hieraus resultierende Übermaßverbot setzt an sich zulässigen Eingriffen bei ihrer Anordnung, Vollziehung und Aufrechterhaltung Grenzen, die Einhaltung selbst ist jederzeit überprüfbar.

1) Beschluss v. 17.1.2008, GSSt 1/07, BGHSt 52, 124 = NJW 2008, 860.
2) Vgl. dazu Fischer, 59. Aufl. 2012, § 46 StGB Rz. 131 m.w.N.
3) Ähnliches gilt für evtl. Folgeentscheidung, z.B. im Beamtenrecht, im Berufs- oder Ausländerrecht aber auch für Tilgungsfristen nach dem BZRG; zur Kritik an der Entscheidung des GrSen vgl. Fischer, 59. Aufl. 2012, § 46 StGB Rz. 142 f. m.w.N.
4) BVerfG v. 8.10.1985, 2 BvR 1150/80, 2 BvR 1504/82, NJW 1986, 767, 769.

KAPITEL II

Steuerberater und Verteidiger im Steuerstrafverfahren

A. Steuerberater und strafrechtliche Verstrickung seines Mandanten

Schrifttum

Bornheim, Rechtliche und praktische Aspekte bei der Steuerstrafverteidigung in Gemeinschaft von Rechtsanwalt und Steuerberater, wistra 1997, 212 f., 257 f.; **Hild**, Verteidigung in Steuerstrafverfahren, BB 1999, 343.

I. Beratungsbedürftigkeit und Beratungswürdigkeit eines Verdächtigen

2873 Die Beratungswürdigkeit auch eines der Steuerhinterziehung Beschuldigten steht in einem Rechtsstaat außer Zweifel. Vor allem in der Phase, in der der Mandant von der Einleitung eines Strafverfahrens – häufig durch Maßnahmen der Steuerfahndung auf Grund eines Durchsuchungsbeschlusses – überrascht wird, ist seine Vertretung und Beratung unmittelbare Beraterpflicht. Im Strafverfahren, insbes. im Steuerstrafverfahren, setzt der Staat gegen die persönliche Freiheit und das Vermögen des Einzelnen seine Machtmittel mit einer Gewalt und einer Intension ein, die sonst ohne Beispiel ist.[1] In der Kombination von strafprozessualen und steuerlichen Eingriffsmaßnahmen wird ein einzigartiges staatliches Machtpotenzial zum Einsatz gebracht, dem der Stpfl., zu dessen Erfahrungsfeld die Strafverfolgung im Regelfall nicht gehört – v.a. im Überraschungsmoment –, nicht gewachsen ist. Er benötigt gerade deshalb hier sowohl bei als auch nach der Verfahrenseinleitung den Beistand des Beraters. Gerade an den Steuerberater wird sich der Stpfl. auf Grund des bestehenden Vertrauensverhältnisses im Regelfall als Erstes wenden. Der Berater sollte sich in diesem Fall nicht enttäuscht von seinem Mandanten abwenden, sondern „erste Hilfe" leisten.

II. Sicherung der Rechte des Mandanten

2874 In dem **ersten Stadium** der Verfahrenseinleitung, insbes. in dem Stadium, in dem der Fahndungseingriff erfolgt, geht es nicht vorrangig um die Frage, ob der steuerliche Berater die Verteidigung übernimmt, sondern um die Sicherung der Rechte des Mandanten. So sollte der Berater den Mandanten insbes. über

- seine strafprozessualen Rechte als Beschuldigter,
- die strafprozessualen Ermittlungsbefugnisse der Strafverfolgungsbehörden,
- das Verhältnis zwischen Steuerrecht und (Steuer-)Strafrecht,
- seine Verteidigungsmöglichkeiten, v.a. die Wahl eines Verteidigers,

beraten und belehren.

2875 Im Falle eines **Fahndungseingriffes** (Durchsuchung und Beschlagnahme) sollte sich der Berater umgehend an den Durchsuchungsort begeben und

- auf die Beachtung des Grundsatzes des geringstmöglichen Eingriffes hinwirken (z.B. keine unverhältnismäßige Einschränkung des Geschäftsverkehrs, keine

1) Streck/Spatscheck, 4. Aufl. 2006, Rz. 1.

Telefonsperre, kein „Stubenarrest", Verhinderung übermäßiger Eingriffe in Kunden- und Lieferantenbeziehungen),

- die Beschränkung der Eingriffsmaßnahme auf den im Durchsuchungs- und Beschlagnahmebeschluss vorgegebenen Rahmen kontrollieren,
- dafür Sorge tragen, dass über die beschlagnahmten Gegenstände ein detailliertes Sicherstellungsverzeichnis angefertigt wird,
- davon abraten, dass die zu beschlagnahmenden Gegenstände „freiwillig" herausgegeben werden,[1]
- dem Mandanten raten, in der psychischen Stresssituation von einer Einlassung abzusehen,
- Zeugen über mögliche Zeugnisverweigerungsrechte belehren, z.B. Verwandte; oder aber ganz allgemein, dass keine Verpflichtung zur Aussage vor der Steuerfahndung besteht,
- die Vollständigkeit und inhaltliche Richtigkeit des Beschlagnahmeprotokolls prüfen.

Möglichst schnell muss sich der steuerliche Berater darüber im Klaren werden, ob **2876** er seinen Mandanten auch steuerstrafrechtlich als Verteidiger vertreten kann und soll. Ist ein Strafverfahren einmal eingeleitet, ist der steuerrechtliche Sachverhalt auch strafrechtlich, das Verfahren immer auch strafprozessual zu beurteilen. Dazu sind genaue Kenntnisse des Steuerstrafrechts erforderlich. Deshalb sollte die Frage, ob man einen auf diesem Gebiet kompetenten Verteidiger hinzuzieht, nicht allein nach der Schwere des Vorwurfs, sondern auch mit Blick auf die andere Aufgabenstellung im Steuerstrafverfahren und die eigene Sachkompetenz entschieden werden. Vor allem dann, wenn der steuerliche Berater in einem Zeitraum, den die strafrechtlichen Vorwürfe mitumfassen, den Mandanten schon beraten hat, sollte auch die Frage eines möglichen Interessenkonflikts ernsthaft geprüft werden.[2]

B. Steuerberater als Verteidiger – zur Verteidigung im Steuerstrafverfahren zugelassene Personen

I. Alleinverteidigung

Gemäß § 138 Abs. 1 StPO können die bei einem deutschen Gericht zugelassenen **2877** Rechtsanwälte sowie die Rechtslehrer an deutschen Hochschulen zu Verteidigern gewählt werden.[3]

Im Steuerstrafverfahren können daneben gem. § 392 Abs. 1 AO auch Steuerberater, **2878** Steuerbevollmächtigte, Wirtschaftsprüfer und vereidigte Buchprüfer zu Verteidigern gewählt werden, soweit die Finanzbehörde das Strafverfahren selbständig durchführt; auf Grund dieser Vorschrift können sie ohne eine besondere weitere Zulassung allein auftreten.

1) Da in diesem Fall eine Beschwerdemöglichkeit gegen den Durchsuchungsbeschluss mangels „Rechtsschutzbedürfnis" nicht mehr gegeben ist.
2) Vgl. Bornheim, wistra 1997, 212 ff., 257 ff.; Hild, BB 1999, 343.
3) Fachhochschullehrer zählen nicht zu den „Rechtslehrern an deutschen Hochschulen", OVG Münster v. 14.12.1979, VI B 1017/79, NJW 1980, 1590. Anwälte aus anderen EU-Mitgliedsstaaten dürfen nur nach den Vorschriften des EuRAG in Deutschland tätig werden.

2879 Danach sind Angehörige der steuerberatenden Berufe **zu Alleinverteidigern befugt:**

- im Ermittlungsverfahren, wenn die Tat ausschließlich eine Steuerstraftat ist (§§ 386 Abs. 2 Nr. 1, 369 Abs. 1 AO),
- wenn die Tat zugleich andere Strafgesetze verletzt, wenn deren Verletzung Kirchensteuern oder andere öffentlich-rechtliche Abgaben betrifft, die an Besteuerungsgrundlagen, Steuermessbeträge oder Steuerbeträge anknüpfen (§ 386 Abs. 2 Nr. 2 AO),
- im Strafbefehlsverfahren bei Steuerstraftaten bzw. gleichgestellten Straftaten gem. § 386 Abs. 2 Nr. 1 und 2 AO bis zur Anberaumung der Hauptverhandlung nach § 408 Abs. 2 StPO,[1)]
- in selbständigen Einziehungs- bzw. Verfallverfahren nach § 401 AO bis zum Antrag auf mündliche Verhandlung oder bis zu deren Anordnung durch das Gericht (§ 406 Abs. 2 AO),
- im Verfahren über Nebenfolgen eines Steuerstrafverfahrens i.S.v. § 386 Abs. 2 Nr. 1 und 2 AO, gem. § 401 AO i.V.m. §§ 440, 442 Abs. 1 und § 444 Abs. 3 StPO, indem eine selbständige Festsetzung einer Geldbuße gegen juristische Personen bzw. Personenvereinigungen beantragt werden kann bis zum Antrag auf mündliche Verhandlung oder bis zu deren Anordnung durch das Gericht (§ 406 Abs. 2 AO).

2880 Die Befugnis zur Alleinverteidigung für die Angehörigen der steuerberatenden Berufe endet grds. immer dann, wenn die Strafverfolgungskompetenz von der Finanzbehörde auf die **Staatsanwaltschaft** übergeht. Im Einzelnen, wenn

- die Finanzbehörde genügend Anlass zur Erhebung der öffentlichen Klage feststellt und deshalb beim Strafrichter den Erlass eines Strafbefehls beantragt (§ 400 Halbsatz 1 AO), wenn die Strafsache zur Behandlung im Strafbefehlsverfahren geeignet erscheint, oder ansonsten die Akten der Staatsanwaltschaft vorlegt (§ 400 Halbs. 2 AO);
- die Finanzbehörde die Strafsache an die Staatsanwaltschaft abgibt oder Letztere die Sache an sich zieht (§ 386 Abs. 4 AO), wobei das Recht zur Alleinverteidigung in dem Augenblick wieder auflebt, in dem gem. § 386 Abs. 4 Satz 2 AO die Sache von der Staatsanwaltschaft an die Finanzbehörde zurückgegeben wird.[2)]

2881 Aus § 392 Abs. 2 AO ergibt sich ausdrücklich, dass neben § 392 Abs. 1 AO die Regelung des § 138 Abs. 2, 1. Alt. StPO bestehen bleibt. Nach dieser Vorschrift können auch andere Personen als Rechtsanwälte und Hochschullehrer mit Genehmigung des Gerichts als Wahlverteidiger auftreten. Dies gilt u.a. auch für die Angehörigen der steuerberatenden Berufe, da sie gerade in Steuerstrafverfahren im Regelfall eine gute Sachkunde mitbringen. Es steht dabei im Ermessen des Gerichts, ob die Genehmigung erteilt wird. Stellt sich nach Erteilung der Genehmigung heraus, dass der betreffende Verteidiger nicht über ausreichende Kenntnisse im materiellen Strafrecht und im Strafverfahrensrecht verfügt, kann die Genehmigung zurückgenommen werden.

2882 Die Ablehnung bzw. die Rücknahme der Genehmigung ist jederzeit mit der einfachen Beschwerde gem. § 304 StPO angreifbar.

---

1) Umstritten ist, ob der Berater als Alleinverteidiger Einspruch gegen einen Strafbefehl einlegen kann. Dafür: Randt in Franzen/Gast/Joecks, 7. Aufl. 2009, § 392 AO Rz. 14; Rüping in H/H/Sp, § 392 AO Rz. 73 (März 2006); Hilger/Klautzsch in Kohlmann, § 400 AO Rz. 166 (Oktober 2007); dagegen: Jäger in Klein, 11. Aufl. 2012, § 392 AO Rz. 3; Fischer, 59. Aufl. 2012, § 407 StPO Rz. 31. Allerdings kann ein solcher – vollmachtloser – Einspruch wirksam sein, wenn der Stpfl. den Berater als Vertreter im Willen und in der Erklärung zur Einlegung des Einspruchs besonders ermächtigt, Rüping in H/H/Sp, § 392 AO Rz. 73 (März 2006).

2) Rüping in H/H/Sp, § 392 AO Rz. 74 (März 2006).

Die Zulassung nach § 138 Abs. 2 StPO hat gegenüber der Regelung des § 392 Abs. 1 AO den Vorteil, dass der auf Grund dieser Vorschrift bestellte Verteidiger nicht auf das Steuerstrafverfahren beschränkt ist und in jedem Strafverfahren tätig werden kann, z.B. auch dann, wenn neben Lohnsteuerhinterziehung auch Sozialabgabenbetrug angeklagt ist. **2883**

Tritt ein Angehöriger der steuerberatenden Berufe als Alleinverteidiger auf, stehen ihm alle Rechte des Verteidigers unbeschränkt zu. Dies gilt insbes. für das Recht **2884**

- auf Akteneinsicht (§ 147 StPO),
- auf schriftlichen und mündlichen Verkehr mit dem Beschuldigten (§ 148 StPO) und
- auf Anwesenheit bei gewissen Ermittlungshandlungen, wie der Vernehmung des Beschuldigten (§ 163a Abs. 3 StPO), der richterlichen Vernehmung des Beschuldigten, von Zeugen und Sachverständigen (§ 168c StPO) sowie der Teilnahme am richterlichen Augenschein (§ 168d StPO).

II. Gemeinschaftliche Verteidigung

Im staatsanwaltlich geführten Ermittlungsverfahren und im gerichtlichen Verfahren können Angehörige der steuerberatenden Berufe nur in Gemeinschaft mit einem Rechtsanwalt oder Rechtslehrer an einer deutschen Hochschule die Verteidigung ohne gerichtliche Genehmigung führen (§ 392 Abs. 1 Halbsatz 2 AO). **2885**

Diese Regelung beruht einerseits darauf, dass in diesem Verfahren Fragen des nicht steuerlichen Strafrechts und der Strafprozessordnung an Bedeutung gewinnen – dies gilt im besonderen Maße für die Verteidigung in der Hauptverhandlung und die Einlegung von Rechtsmitteln –, andererseits sollte im Hinblick auf die begrenzte Alleinvertretungsbefugnis der Angehörigen der steuerberatenden Berufe gem. § 392 Abs. 1 Halbsatz 1 AO verhindert werden, dass der Beschuldigte in wichtigen Abschnitten des Strafverfahrens auf den sachlichen Rat seines steuerlichen Beraters verzichten muss. **2886**

Im Rahmen der gemeinschaftlichen Verteidigung stehen dem steuerlichen Berater die gleichen Rechte zu wie dem Rechtsanwalt oder dem Hochschullehrer. So kann er z.B. **2887**

- das Recht der Akteneinsicht (§ 147 StPO) ausüben,
- an der Aufklärung des Sachverhalts mitwirken (§ 240 Abs. 2 StPO),
- in der Hauptverhandlung Erklärungen abgeben (§ 257 Abs. 2 StPO),
- nach Schluss der Beweisaufnahme Ausführungen machen (§ 258 StPO).

Weiterhin ist er zur Hauptverhandlung zu laden (§ 218 StPO) und muss von allen Terminen benachrichtigt werden (§ 224 StPO). **2888**

C. Auftrag und Stellung des Verteidigers

Schrifttum

Gotzens, Grenzüberschreitung im Steuerfahndungsverfahren – Effizienz von Rechtsstaat?, FS für Streck, Köln 2011, 519 ff.; **Krekeler**, Probleme der Verteidigung in Wirtschaftsstrafsachen, wistra 1993, 44; **Krekeler**, Strafrechtliche Grenzen der Verteidigung, NStZ 1989, 146; **Liemersdorf**, Grenzziehung zwischen zulässigem und unzulässigem Verhalten eines Strafverteidigers im Umgang mit seinem Mandanten, MDR 1989, 204; **Seelmann**, Die Ausschließung des Verteidigers, NJW 1979, 1128.

I. Verteidiger als Organ der Rechtspflege

2889 *„Verteidigung ist Kampf. Kampf um die Rechte des Beschuldigten im Widerstreit mit den Organen des Staates, die dem Auftrag zur Verfolgung von Straftaten zu genügen haben."*

Mit diesen berühmten Worten beginnt das „Handbuch des Strafverteidigers" von Dahs.[1)]

2890 In dem Spannungsfeld zwischen Verfolgungspflicht der Strafverfolgungsbehörden (§ 152 Abs. 2, § 160 StPO) und der Aufklärungspflicht des Gerichts (§ 244 Abs. 2 StPO) ist die Sicherung der Individualrechte des Staatsbürgers zu besorgen. Zwar verpflichtet die Strafprozessordnung die Staatsanwaltschaft, auch die entlastenden **Umstände zu Gunsten des Beschuldigten** zu ermitteln (§ 160 Abs. 2 StPO), aber hier klaffen gesetzgeberische Ideen und Strafverfolgungspraxis erheblich auseinander.[2)]

2891 Dass eine auf Strafverfolgung abzielende Berufstätigkeit die Unbefangenheit des Urteils beeinträchtigt, ist eine sich immer wiederholende Erfahrung in der Strafverfolgungswirklichkeit. Mit der Verpflichtung, bei einem Verdacht die entlastenden Umstände mit derselben Unvoreingenommenheit und Sachlichkeit zu ermitteln wie die belastenden, ist der einzelne Ermittlungsbeamte oft – trotz bestem Willen – überfordert. Leicht wird nämlich übersehen, dass Ziel des Strafprozesses **nicht** die Ermittlung der Wahrheit um jeden Preis ist, sondern die Wahrheitsfindung auf verfahrensrechtlich erlaubtem, justizförmigem Wege zu erfolgen hat, der die Würde des Menschen achtet und ihn nicht zum bloßen Objekt staatlicher Untersuchungshandlungen erniedrigt. Aufgabe des Verteidigers ist es deshalb, die auf effektive Verfahrensgestaltung und materielle Wahrheitsfindung ausgerichtete Justizbehörde zu kontrollieren und so die Gesetzlichkeit des Verfahrens zu sichern. Insoweit ist er das kalkulierte Gegengewicht gegen das auf Verfolgung ausgerichtete Handeln der Strafverfolgungsbehörde. Er erfüllt damit einen Auftrag, dessen Ausführung im Interesse nicht nur des Beschuldigten, sondern auch einer am Rechtsstaatsgedanken orientierten Strafrechtspflege liegt.

2892 In dieser Funktion ist der Verteidiger ein selbständiges, dem Gericht und der Staatsanwaltschaft gleichgeordnetes, dem Beschuldigten zur Seite stehendes **Organ der Rechtspflege** (§ 1 BRAO). Seine Aufgabe besteht darin, die Rechte des Beschuldigten allseitig zu wahren, zur Beachtung aller ihm günstigen rechtlichen und tatsächlichen Umstände beizutragen und auf strenge Justizförmigkeit des Verfahrens hinzuwirken.[3)] Dabei ist er nicht zur Unparteilichkeit, sondern zur Einseitigkeit zu Gunsten des Beschuldigten gegenüber den Strafverfolgungsbehörden und dem Gericht verpflichtet.[4)]

2893 Nach der Strafprozessordnung ist der Verteidiger nicht der Vertreter des Beschuldigten und kann deshalb weder im Ermittlungsverfahren noch während der Hauptverhandlung an die Stelle des Beschuldigten treten. Nur in wenigen, ausdrücklich geregelten Sonderfällen kann sich der Beschuldigte durch seinen Verteidiger vertreten lassen (§§ 145a, 234, § 350 Abs. 2, § 387 Abs. 1, § 411 Abs. 2 StPO).

2894 Die Selbständigkeit der Stellung des Verteidigers zeigt sich ferner darin, dass er bei der Wahrnehmung der Rechte des Beschuldigten nicht – wie ein Vertreter – vom Willen des Vertretenen abhängig ist. So kann er, wenn es der Entlastung des

---

1) Dahs, 7. Aufl. 2005, Rz. 1.
2) Vgl. zur Kritik an der Steuerfahndung Streck/Spatscheck, Rz. 1; Gotzens in FS Streck, § 519 ff.
3) Meyer-Goßner, 55. Aufl. 2012, vor § 137 StPO Rz. 1.
4) Krekeler, NStZ 1989, 146; Liemersdorf, MDR 1989, 204; Seelmann, NJW 1979, 1130.

Beschuldigten dient, Beweisanträge auch gegen dessen Willen stellen, z B. wenn der Beschuldigte den Zeugen decken möchte.[1]

II. Wahrheits- und Verschwiegenheitspflicht

Richter, Staatsanwalt und Verteidiger leisten ihren Beitrag zur Wahrheits- bzw. Rechtsfindung unter verschiedenen Aspekten: **2895**

Der **Staatsanwalt** verfolgt den Strafanspruch des Staates, der **Richter** ist um objektive Wahrheitsforschung bemüht, der **Verteidiger** überwacht die Gesetzlichkeit des Verfahrens und versucht, den Schutzanspruch des Beschuldigten zu verwirklichen. Sein Beitrag zur Wahrheitsfindung besteht darin, **einseitig** alle zu Gunsten des Angeklagten sprechenden Tatsachen und Umstände zur Geltung zu bringen und alle zur Erfüllung dieser Aufgabe notwendigen prozessualen Rechte und Möglichkeiten auszuschöpfen. Diese strenge Einseitigkeit zum Schutze des Mandanten ist auch Bestandteil der Rechtspflege.

Wenn der pflichtgemäße Einsatz der Verteidigung zu einer materiell falschen Entscheidung führt, so ist dies kein Betriebsunfall der Rechtspflege. Denn auch dieses Urteil entspricht dem Recht. In der Wertordnung unseres Rechtsstaates rangiert die Rechtssicherheit vor der materiell-gerechten Entscheidung des Einzelfalles. Dem Beschuldigten muss die Schuld nachgewiesen werden. Nur dann lässt das Gesetz eine Verurteilung zu. Deshalb hat der Verteidiger – ohne Rücksicht auf seine eigene Überzeugung von der Schuld des Mandanten – Freispruch zu beantragen, wenn ein ausreichender, prozessordnungsgemäßer Schuldnachweis nicht geführt worden ist. Denn der Verteidiger darf grds alles tun, was in gesetzlich nicht zu beanstandender Weise seinem Mandanten nützt.[2] *„Die Erforschung der Wahrheit, die Hauptpflicht des Gerichts im Strafverfahren, hat ausschließlich auf die in diesen und weiteren Vorschriften geordnete justizförmige Weise stattzufinden."*[3] **2896**

Daraus folgt weiter: Die objektive Wahrheit, die in rechtswidriger Weise unter Verstoß gegen Vorschriften der Strafprozessordnung ermittelt wurde, darf im Strafverfahren nicht verwendet werden. **2897**

Wird einem Untersuchungshäftling z.B. die Freiheit gegen ein Geständnis angeboten und gesteht dieser daraufhin (wahrheitsgemäß) eine Steuerhinterziehung, so ist dieses Geständnis im Strafverfahren nicht verwertbar.[4]

Es ist kein Grundsatz der Strafprozessordnung, dass „die Wahrheit um jeden Preis erforscht werden muß".[5] Für die rechtsstaatliche Funktion des Verteidigers im Ermittlungsverfahren ergibt sich daraus: **2898**

Er hat die Verpflichtung, prozessordnungswidrige Ermittlungen sowie eine spätere Verurteilung mit allen gebotenen Mitteln zu verhindern. Dass diese Mittel wiederum rechtlich zulässig sein müssen, ergibt sich schon aus seiner Stellung als Organ der Rechtspflege.

Auch der Verteidiger ist zur Wahrheit verpflichtet.[6] Diese Verpflichtung besteht sowohl gegenüber dem Mandanten als auch gegenüber der Justiz. Gegenüber dem Mandanten ist sie die Grundlage des Vertrauens und der notwendigen Autorität. **2899**

1) Meyer-Goßner, 55. Aufl. 2012, § 244 StPO Rz. 30; auch das Recht auf Akteneinsicht steht nur dem Verteidiger, nicht dem Beschuldigten zu (§ 147 StPO).
2) BGH v. 9.5.2000, 1 StR 106/00, wistra 2000, 301.
3) BGH v. 14.6.1960, 1 StR 683/59, NJW 1960, 1580.
4) BGH v. 14.9.1965, 5 StR 307/65, NJW 1965, 2262.
5) BGH v. 14.6.1960, 1 StR 683/59, NJW 1960, 1580.
6) Dahs, 7. Aufl. 2005, Rz. 43.

Gegenüber der Justiz schließt die Zuordnung des Verteidigers zur Rechtspflege jede Lüge aus. Darüber hinaus hat sich der Verteidiger selbstverständlich auch jeder Beweismittelfälschung oder sonstiger Verdunkelungshandlungen zu enthalten. Dazu ist er auch nicht auf Grund seiner Schutzfunktion berechtigt, im Gegenteil, diese würde dadurch desavouiert. Derartige Pflichtverstöße unterliegen im Übrigen auch den Sanktionen der § 257 StGB (Begünstigung) und § 258 StGB (Strafvereitelung).

2900 Die Wahrheitspflicht findet ihre Grenze am Verschwiegenheitsgebot und der Treuepflicht gegenüber dem Mandanten. Die Verschwiegenheitspflicht erstreckt sich auf alles, was dem Verteidiger in Ausübung seines Berufes anvertraut wird. Insbesondere beinhaltet sie das **absolute** Verbot, ihm bekannt gewordene ungünstige Umstände zum Nachteil des Mandanten preiszugeben. Dieses Vertrauensverhältnis zum Mandanten wird u.a. dadurch geschützt, dass gem. § 97 StPO die gesamten Handakten des Verteidigers nicht der Beschlagnahme unterliegen. Die Verletzung der bestehenden Schweigepflicht ist sogar mit Strafe bedroht (§ 203 Abs. 1 Nr. 3 StGB).

2901 Es liegt auf der Hand, dass der Verteidiger immer in Gefahr ist, zwischen das Wahrheitsgebot auf der einen Seite und die Verschwiegenheitspflicht auf der anderen Seite zu geraten. Dieser Konflikt lässt sich nur wie folgt lösen:

„Alles, was der Verteidiger sagt, muß wahr sein. Aber er darf nicht alles sagen, was wahr ist."[1]

Diese Formel ist zwar griffig, im beruflichen Alltag ergeben sich aber immer wieder Situationen, die darüber hinaus eine sehr sorgfältige Pflichtenabwägung erfordern.

III. Verteidigung und die Gefahr der Strafvereitelung

2902 Gemäß § 258 StGB wird bestraft, wer absichtlich oder wissentlich ganz oder z.T. vereitelt, dass ein anderer wegen einer rechtswidrigen Tat bestraft wird. Schon auf den ersten Blick wird deutlich, dass der Verteidiger leicht in den Bereich dieser strafbaren Handlung geraten kann, denn durch seine Schutzfunktion ist er gerade dazu berufen, den Verdächtigen und damit auch ggf. den Täter vor der Strafverfolgung zu schützen. Strafvereitelung und Verteidigung liegen dicht nebeneinander, schließen sich aber begrifflich aus:

2903 Der Verteidiger, der im Rahmen eines gesetzmäßigen Auftrages einen Verdächtigen verteidigt, wirkt in rechtsstaatlich notwendiger Weise an einem justizförmigen Verfahren mit und „vereitelt" nicht eine gesetzmäßige Bestrafung.[2] Damit liegt sein Handeln außerhalb der Tatbestandsmäßigkeit des § 258 StGB. Trotz dieser theoretisch eindeutigen Trennung gerät der Verteidiger in seiner täglichen Praxis häufig in Konfliktsituationen. So kommt es immer wieder vor, dass bei der Besprechung mit seinem Verteidiger vor seiner ersten Einlassung der Mandant eine Empfehlung wünscht, was er zu bestimmten Punkten zweckmäßigerweise sagen soll.

2904 Der Verteidiger braucht in derartigen Fällen den Mandanten nicht notwendigerweise zum Geständnis zu drängen, wenn sich dieser Rat auch in vielen Fällen empfehlen und dem Mandanten am ehesten dienen wird. Dagegen darf er nie zu einer unwahren Aussage raten oder gar dazu, ein wahres Geständnis zu widerrufen. Er darf aber den Mandanten darüber **belehren,** dass ein Beschuldigter bzw. Angeklagter **für eine unwahre Aussage nicht zur Verantwortung gezogen werden kann.** Allerdings kann die unwahre Angabe – bei ihrer Aufdeckung – dazu führen, dass

1) Dahs, 7. Aufl. 2005, Rz. 49.
2) BGH v. 9.5.2000, 1 StR 106/00, wistra 2000, 301.

auch den sonstigen Angaben mit größeren Zweifeln begegnet bzw. nicht geglaubt wird.

Häufig fragt der Mandant, welche Vernehmungsfragen er zu erwarten habe bzw. nach welchen Kriterien die Tat beurteilt werde. 2905

Theoretische Belehrungen sind dem Verteidiger in diesem Zusammenhang grds. nicht verboten. Allerdings geraten sie bei den vorgenannten Fällen oft in die Nähe inhaltlicher Beeinflussung der Aussage des Mandanten, wenn zu erwarten ist, dass dieser seine Einlassung an den Ausführungen des Verteidigers orientiert. Dieses Beispiel macht besonders deutlich, wie schwierig die Situation des Verteidigers oft sein kann. Dies gilt im Übrigen auch für Besprechungen mit Zeugen, bei denen der Verteidiger jede Beeinflussung strengstens zu vermeiden hat.[1]

Es ist aber keine Strafvereitelung, wenn der Verteidiger einen Zeugen über sein Zeugnisverweigerungsrecht belehrt oder ihm rät, keine Aussagen zu machen.[2] 2906

Im Übrigen kommt es immer wieder vor, dass Stpfl. nach einer Steuerstraftat, aber vor Einleitung eines Strafverfahrens den Berater fragen, was auf sie zukommen könne. Der Berater ist dann selbstverständlich berechtigt, alle denkbaren Schritte der Ermittlungsbehörde, wie Durchsuchung, Beschlagnahme, Haftbefehl, in ihrem möglichen Umfang vorzustellen. 2907

D. Wahl und Bestellung des Verteidigers

I. Gewählter Verteidiger

Der Beschuldigte kann in jeder Lage des Verfahrens einen Verteidiger wählen (§ 137 Abs. 1 Satz 1 StPO), dies gilt im Übrigen auch schon ab Beginn des Steuerfahndungsverfahrens. Deshalb ist der Beschuldigte bei Eröffnung des steuerstrafrechtlichen Ermittlungsverfahrens auch über das Recht der Zuziehung eines Verteidigers zu belehren (§ 385 Abs. 1 AO; §§ 136, 163a StPO). Im Steuerfahndungsverfahren bedeutet dies, dass dem Beschuldigten nicht jeder Außenkontakt während der Fahndungsaktion verboten werden darf. Dem Beschuldigten muss vielmehr Gelegenheit gegeben werden einen Verteidiger zu wählen und zu konsultieren.[3] 2908

II. Bestellter Verteidiger (Pflichtverteidiger)[4]

Nimmt der Beschuldigte sein Recht, einen Verteidiger zu wählen, nicht wahr, so bestellt der Vorsitzende des Gerichts, das für die Hauptverhandlung zuständig ist, im Falle der notwendigen Verteidigung (§ 140 StPO) von Amts wegen einen Verteidiger, den sog. bestellten oder Pflichtverteidiger (§ 141 Abs. 1, Abs. 4 StPO). Die Fälle der notwendigen Verteidigung sind in § 140 Abs. 1 StPO katalogartig aufgezählt. Hinzuweisen ist in diesem Zusammenhang v.a. darauf, dass die Mitwirkung eines Verteidigers grds. in all den Fällen notwendig ist, in denen die Hauptverhandlung im ersten Rechtszug vor dem LG stattfindet. Darüber hinaus ist gem. § 140 Abs. 2 StPO ein Verteidiger dann zu bestellen, wenn wegen der Schwere der Tat oder der Schwierigkeit der Sach- oder Rechtslage die Mitwirkung eines Verteidigers 2909

1) Der Verteidiger hat nämlich das Recht, insbes. Zeugen, Mitbeschuldigte und Sachverständige vor und außerhalb der Hauptverhandlung zu befragen: vgl. hierzu Meyer-Goßner, 55. Aufl. 2012, vor § 137 StPO Rz. 2.
2) Fischer, 59. Aufl. 2012, § 258 StBG Rz. 7.
3) OLG Stuttgart v. 7.6.1972, 2 VAs 158/71, NJW 1972, 2146.
4) Nr. 31 Abs. 3 AStBV (St) 2013.

geboten erscheint oder wenn ersichtlich ist, dass sich der Beschuldigte nicht selbst verteidigen kann. Eine Tat ist schwer, wenn die zu erwartende Rechtsfolge einschneidend ist, regelmäßig bei einer Straferwartung ab einem Jahr Freiheitsstrafe, zumindest dann, wenn die Strafe nicht zur Bewährung ausgesetzt wird.[1)]

2910 Die Bestellung ist auch schon im Vorverfahren möglich bzw. sogar nötig (§ 141 Abs. 3 StPO). Nach § 141 Abs. 3 Satz 2 StPO muss der Staatsanwalt die Bestellung eines Pflichtverteidigers beantragen, sobald er zu der Überzeugung gelangt, dass es sich um einen Fall der notwendigen Verteidigung handelt. Diese Antragspflicht trifft selbstverständlich in dem vom Finanzamt geführten Ermittlungsverfahren das zuständige Finanzamt. Angesichts der schwierigen Situation eines beschuldigten Stpfl. im Steuerstrafverfahren hinsichtlich seiner bestehen bleibenden steuerlichen Mitwirkungspflichten einerseits und seiner strafprozessualen Schutzrechte andererseits gebietet es in einem solchen Falle die strafprozessuale Fürsorgepflicht der Bußgeld- und Strafsachenstelle, möglichst frühzeitig auf die Möglichkeit der Wahl eines Verteidigers aufmerksam zu machen bzw. ggf. möglichst frühzeitig den Antrag auf Bestellung eines Pflichtverteidigers zu stellen. Gemäß § 141 Abs. 3 Satz 3 StPO darf der Vorsitzende des Gerichts den Antrag der Staatsanwaltschaft bzw. des Finanzamts nicht mehr ablehnen, wenn der Abschluss der Ermittlungen nach § 169a StPO in den Akten vermerkt worden ist.

III. Beschränkung der Zahl der Wahlverteidiger (§ 137 Abs. 1 Satz 2 StPO)

2911 Gemäß § 137 Abs. 1 Satz 2 StPO wird die Zahl der gewählten Verteidiger auf drei beschränkt. Dadurch soll für alle Verfahrensabschnitte ein Missbrauch der Verteidigung durch Mitwirkung einer Vielzahl von Verteidigern zur Prozessverschleppung verhindert werden. Diese Beschränkung verstößt nicht gegen das Grundgesetz.[2)]

2912 Der unzulässig gewählte Verteidiger ist zurückzuweisen (§ 146a Abs. 1 StPO). Die Prozesshandlungen des zurückgewiesenen Verteidigers sind jedoch wirksam (§ 146a Abs. 2 StPO).

2913 Die Beschränkung des § 137 Abs. 1 Satz 2 StPO gilt nur für den gewählten, nicht für den gem. § 141 StPO von dem Vorsitzenden des Gerichts bestellten Verteidiger. Ein Pflichtverteidiger kann somit auch dann noch bestellt werden, wenn der Beschuldigte bereits drei Verteidiger gewählt hat.[3)]

E. Rechte des Verteidigers

Schrifttum

Burkhard, Probleme mit dem Akteneinsichtsrecht in Steuerstrafverfahren, DStR 2002, 1794; **Krause**, Einzelfragen zum Anwesenheitsrecht des Verteidigers im Strafverfahren, StV 1984, 169; **Krekeler**, Probleme der Verteidigung in Wirtschaftsstrafsachen, wistra 1993, 44; **Krekeler**, Strafrechtliche Grenzen der Verteidigung, NStZ 1989, 146; **Schäfer**, Zum Anwesenheitsrecht des Verteidigers bei polizeilichen Vernehmungen des Beschuldigten, MDR 1977, 980; **Wulf**, Pannen der polizeilichen Beschuldigtenvernehmung, DJ 1985, 154.

---

1) Laufhütte in Karlsruher Kommentar, 6. Aufl. 2008, § 140 StPO Rz. 21.
2) Meyer-Goßner, 55. Aufl. 2012, § 137 StPO Rz. 4; BVerfG v. 11.3.1975, 2 BvR 135/75, 2 BvR 136/75, 2 BvR 137/75, 2 BvR 138/75, 2 BvR 139/75, BVerfGE 39, 156 = NJW 1975, 1013.
3) Meyer-Goßner, 55. Aufl. 2012, § 137 StPO Rz. 5.

I. Anwesenheitsrechte des Verteidigers

1. Anwesenheitsrecht bei richterlichen Ermittlungshandlungen

Bei einer richterlichen Vernehmung des Beschuldigten (§ 168c Abs. 1 StPO), von Zeugen und Sachverständigen (§ 168c Abs. 2 StPO) sowie bei der Einnahme des richterlichen Augenscheins (§ 168d Abs. 1 StPO) ist dem Verteidiger die Anwesenheit ohne Einschränkung zu gestatten. Von einem derartigen Termin ist er vorher zu benachrichtigen. Die Benachrichtigung kann nur unterbleiben, wenn sie den Untersuchungserfolg gefährden würde (§ 168c Abs. 5 Satz 1 und 2 StPO). Liegt eine solche Ausnahme nicht vor, ergibt sich aus der Verletzung der Benachrichtigungspflicht ein strafprozessuales Verwertungsverbot.[1] **2914**

In der Praxis spielen diese Anwesenheitsrechte allerdings nur eine untergeordnete Rolle, da der Gesetzgeber für Zeugen und Sachverständige eine Erscheinungs- und Aussagepflicht vor der Staatsanwaltschaft bzw. der Finanzbehörde (sofern diese das Verfahren selbständig führt: § 386 Abs. 2 AO) begründet hat und die richterliche Vernehmung deshalb nur noch die Ausnahme von der Regel ist. **2915**

2. Anwesenheitsrechte bei Ermittlungshandlungen der Staatsanwaltschaft oder Finanzbehörde

Der Beschuldigte hat bei seiner Vernehmung das Recht, einen Verteidiger hinzuzuziehen. Darüber ist er zu belehren (§ 385 Abs. 1 AO; §§ 136, 163a StPO). **2916**

Dem entspricht das Recht des Verteidigers, bei der **Vernehmung des Beschuldigten** gem. § 163a Abs. 3 Satz 2 StPO anwesend zu sein, soweit der Beschuldigte der Ladung der Staatsanwaltschaft oder des Finanzamts Folge leisten muss (§ 163a Abs. 3 Satz 1 StPO). **2917**

Ein Anwesenheitsrecht des Verteidigers bei der **Vernehmung von Zeugen und Sachverständigen** durch die Staatsanwaltschaft und Bußgeld- und Strafsachenstelle wird von der h.M. abgelehnt, weil aus den einzelnen nur für bestimmte Ermittlungshandlungen vorgesehenen Regelungen des Anwesenheitsrechts gefolgert wird, dass darüber hinaus ein solches Recht nicht besteht.[2] **2918**

Wenn auch kein Recht des Verteidigers auf Anwesenheit in den genannten Fällen besteht, so besteht doch auch kein entsprechendes Verbot für die Ermittlungsbehörden, die Anwesenheit des Verteidigers zu gestatten, so dass die Möglichkeit der Teilnahme nicht ausgeschlossen ist. **2919**

3. Anwesenheitsrecht bei Ermittlungshandlungen der Steuerfahndung

Hier wird von der h.M.[3] die Auffassung vertreten, dass der Verteidiger bei der Vernehmung des Beschuldigten durch die Steuerfahndung kein Recht auf Anwesenheit habe, weil es eine entsprechende ausdrückliche Regelung im Gesetz nicht gebe (Umkehrschluss aus § 163a Abs. 3 Satz 2 i.V.m. § 168c Abs. 2 und 5 StPO). Dabei wird übersehen, dass das Gesetz in § 163 Abs. 4 StPO, der auf § 136 Abs. 1 StPO verweist, ganz allgemein für die Vernehmung durch die Ermittlungsbehörden ohne jede Ausnahme das Recht des Beschuldigten vorsieht, einen Verteidiger hinzuzuziehen. Dem muss sinnvollerweise ein Recht des bereits gewählten Verteidigers **2920**

1) Meyer-Goßner, 55. Aufl. 2012, § 168c StPO Rz. 6.
2) Meyer-Goßner, 55. Aufl. 2012, § 163 StPO Rz. 16; Ehlscheid in v. Briel/Ehlscheid, 2. Aufl. 2001, § 3 Rz. 491.
3) Meyer-Goßner, 55. Aufl. 2012, § 163 StPO Rz. 16; Griesbaum in Karlsruher Kommentar, 6. Aufl. 2008, § 163a StPO Rz. 31.

auf Anwesenheit bei der Beschuldigtenvernehmung auch vor der Steuerfahndung entsprechen.[1)]

2921 Die entsprechenden Verwaltungsanweisungen (AStBV (St) 2013) lassen in Abschn. 34 Abs. 2 die unterschiedlichen Auffassungen nicht erkennen. Dort heißt es vielmehr lapidar: *„Bei der Vernehmung des Beschuldigten durch die Steufa hat der Verteidiger kein Anwesenheitsrecht (Umkehrschluss aus § 163a Abs. 3 Satz 2, § 168c Abs. 1 StPO). Ihm kann jedoch die Anwesenheit gestattet werden."*

2922 Dies ist ein Beleg für die zu Recht geübte Kritik, dass in den Anweisungen vielfach versucht wird, einseitige Rechtsauffassungen zu Lasten des Beschuldigten festzuschreiben. Abgesehen davon, dass von den Anweisungsgebern die Chance vertan wurde, darzutun, dass auch bei den Ermittlungsbehörden ein im Hinblick auf den Grundsatz des fairen Verfahrens geläutertes Rechtsbewusstsein Platz greift, wird durch die Anweisungen auch verdeckt, dass dem sehr formalen Gedanken des Umkehrschlusses aus §§ 163a Abs. 3 Satz 2, 168c Abs. 1 StPO die dogmatisch tragfähigere Ableitung aus dem System der Strafprozessordnung gegenübersteht: Das Ermittlungsverfahren ist ein ausschließlich justizielles Verfahren.[2)] Die Strafprozessordnung kennt kein originär polizeiliches Ermittlungsverfahren. Die Beamten des Polizeidienstes (§ 161 StPO; § 152 GVG) sowie die der Steuerfahndung (§ 404 AO) üben deshalb lediglich vom gesetzlichen Auftrag der Staatsanwaltschaft abgeleitete Befugnisse aus. Wird aber für die Vernehmung, die durch die Staatsanwaltschaft bzw. die Bußgeldstelle und durch das Gericht durchgeführt wird, das Anwesenheitsrecht des Verteidigers zutreffend bejaht, so folgt daraus – a maiore ad minus –, dass dieses erst recht für die Vernehmung durch die Steuerfahndung gelten muss. Unabhängig davon erscheint die Anwesenheit des Verteidigers bei der Vernehmung durch Polizeikräfte bzw. durch die Steuerfahndung unter dem Gesichtspunkt des Schutzes des Beschuldigten unabdingbar. Wulf[3)] hat in einer empirischen Untersuchung nachgewiesen, dass bei der polizeilichen Beschuldigtenvernehmung Verstöße gegen rechtsstaatliche Grundsätze an der Tagesordnung sind. Wenn sich diese Untersuchung auch nicht mit der Steuerfahndung beschäftigt, so gibt die tägliche Erfahrung in der Praxis wenig Anlass zu der Hoffnung, dass dies ausgerechnet bei der Steuerfahndung anders sein könnte.

2923 Unabhängig von dem theoretischen Streit kann der Stpfl. in der Praxis die Beachtung seiner Aussage dadurch erzwingen, dass er so lange **keine Aussage zur Sache** macht, wie ihm sein Recht auf Zuziehung bzw. Anwesenheit seines Verteidigers bestritten wird.[4)] Ebenso kann er die Anwesenheit seines Verteidigers praktisch auch dadurch erzwingen, dass er Aussagen nur vor dem Richter oder Staatsanwalt bzw. der Bußgeld- und Strafsachenstelle macht.[5)] In diesem Zusammenhang ist von besonderer Bedeutung, dass der Beschuldigte **auch nicht verpflichtet ist, einer Ladung der Steuerfahndung Folge zu leisten.** So kann der Verteidiger seine Anwesenheit bei der Vernehmung dadurch erzwingen, dass er seinem Mandanten zur Aussageverweigerung vor der Steuerfahndung rät bzw. in seinem Antrag auf Anwesenheit vorsorglich mitteilt, dass sein Mandant im Falle einer Ablehnung zum Vernehmungstermin nicht erscheinen wird. Die Steuerfahndung wird diesem Antrag stattgeben, wenn sie die Vernehmung des Beschuldigten selbst durchführen will.

2924 Problematischer ist die Situation des Beschuldigten während einer laufenden **Fahndungsaktion.** Die Auffassung, bei Ermittlungshandlungen der Steuerfahndung habe der Verteidiger kein Anwesenheitsrecht, führt in der Praxis immer wieder dazu,

1) Krause, StV 1984, 173; Hilger-Klautzsch in Kohlmann, § 392 AO Rz. 312 regt sogar eine entspr. Gesetzesänderung an (Juli 2011).
2) Schäfer, MDR 1977, 980, 981.
3) Wulf, DJ 1985, 154 ff.
4) Randt in Franzen/Gast/Joecks, 7. Aufl. 2009, § 392 AO Rz. 57.
5) Hilgers-Klautsch in Kohlmann, § 392 AO Rz. 313 (Juli 2011).

dass Steuerfahndungsbeamte beim ersten Zugriff die Stpfl. – zu Unrecht – daran hindern, ihren Rechtsanwalt oder Steuerberater zu benachrichtigen und zu ihrem Beistand heranzuziehen. Dies ist eine unzulässige Beschränkung des Rechts auf Verteidigerkonsultation. Um Verdunkelungshandlungen zu verhindern, mag der Fahndungsbeamte die mitgeteilte Rufnummer wählen und sich vergewissern, dass er mit einem Rechtsanwaltsbüro oder einem Steuerbüro verbunden ist. Das nachfolgende Gespräch kann der Stpfl. jedoch berechtigterweise in Abwesenheit des Fahndungsbeamten führen.[1]

Ist dem Verteidiger die Anwesenheit bei einer Ermittlungshandlung gestattet, ist er grds. auch berechtigt, selbst Fragen und Anträge zu stellen sowie Hinweise zu geben, da die Beschränkung auf eine reine Zuhörerrolle nicht zumutbar und mit seiner Verteidigerfunktion nicht vereinbar ist.[2] **2925**

II. Recht auf Akteneinsicht

1. Grundsatz

Wichtiges Privileg des Verteidigers im Strafverfahren[3] ist das Recht auf Akteneinsicht. Es ist in § 147 StPO eingehend geregelt. So besteht gem. § 147 Abs. 4 StPO eine Pflicht zur Mitgabe der Akten, mit Ausnahme der Beweisstücke, zur Einsichtnahme in die Kanzleiräume des Verteidigers. **2926**

Diese Pflicht zur Mitgabe schließt zwar eine Pflicht zur Zusendung nicht ein; dennoch sind Staatsanwaltschaften und Gerichte im Regelfall bereit, die Akten auch zu übersenden. Im Rahmen des Einsichtsrechts darf der Verteidiger die Akten auch kopieren. **2927**

Das Recht auf Akteneinsicht ist ein Recht des Verteidigers, nicht des Beschuldigten. Dem Beschuldigten, der keinen Verteidiger hat, können nach § 147 Abs. 7 StPO Auskünfte und Abschriften aus den Akten erteilt werden, soweit nicht der Untersuchungszweck gefährdet werden könnte und nicht überwiegende schutzwürdige Interessen Dritter entgegenstehen. Der Verteidiger darf deshalb den Beschuldigten über den Akteninhalt informieren, in geeigneten Fällen darf dies auch durch Kopien oder Abschriften geschehen, soweit er damit nicht den Untersuchungszweck gefährdet.[4] **2928**

Um die Gefährdung des Untersuchungszwecks handelt es sich z.B. dann wenn der Beschuldigte erfahren würde, dass eine Durchsuchung seiner Wohnung bevorsteht oder die Staatsanwaltschaft einen Haftbefehl gegen ihn beantragt hat. Nicht ausreichend ist es dagegen, dass sich der Beschuldigte zur Verdunkelung der Sache entschließen könnte.[5] **2929**

In diesem Zusammenhang ist ganz besonders wichtig: In keinem Fall darf der Verteidiger die Originalakten dem Beschuldigten – auch nur vorübergehend – aushändigen. **2930**

Der Verteidiger sollte diese Grenzen zur Information des Beschuldigten streng beachten. Denn nur dann ist eine faire Praxis früher Akteneinsicht auch schon vor dem Abschluss der Ermittlungen (§ 147 Abs. 2 StPO) auf Dauer gewährleistet.

1) Ehlscheid in v. Briel/Ehlscheid, 2. Aufl. 2001, § 3 Rz. 491.
2) Meyer-Goßner, 55. Aufl. 2012, § 163 StPO Rz. 16.
3) Zu den Problemen zum Akteneinsichtsrecht im Steuerstrafverfahren vgl. Burkhard, DStR 2002, 1794.
4) BGH v. 3.10.1979, 3 StR 264/79 (S), BGHSt 29, 103; Krekeler, wistra 1983, 46.
5) BGH v. 3.10.1979, 3 StR 264/79 (S), BGHSt 29, 99 und 103.

2931 Über die Gewährung der Akteneinsicht entscheidet gem. § 147 Abs. 5 StPO während des vorbereitenden Verfahrens und nach rechtskräftigem Abschluss einheitlich die Staatsanwaltschaft. Im Übrigen entscheidet der Vorsitzende des mit der Sache befassten Gerichts. Versagt die Staatsanwaltschaft gem. § 147 Abs. 5 Satz 2 StPO die Akteneinsicht nach vorherigem Vermerk betreffend des Abschlusses der Ermittlungen bzw. versagt sie die Einsicht nach § 147 Abs. 3 StPO oder befindet sich der Beschuldigte nicht auf freiem Fuß, besteht die Möglichkeit, auf Antrag eine gerichtliche Entscheidung nach § 161a Abs. 3 Satz 2 bis 4 StPO herbeizuführen. Nach § 147 Abs. 5 Satz 3 StPO bedürfen die Entscheidungen keiner besonderen Begründung, sofern anderenfalls der Untersuchungszweck gefährdet werden könnte.

2. Zeitpunkt der Akteneinsicht

2932 Das Recht zur Akteneinsicht besteht mit der Eröffnung des Ermittlungsverfahrens und besteht **während des gesamten Verfahrens** mit Einschränkungen (bis zum Abschluss der Ermittlungen und während der Hauptverhandlung) fort.

2933 Während der Hauptverhandlung benötigt das Gericht die Akten, so dass ein Einsichtsrecht grds. nicht besteht. Ausnahme: Der Verteidiger ist erst kurz vor bzw. mit Beginn der Hauptverhandlung bestellt worden, oder es liegt ein anderer Grund zur Aussetzung oder Unterbrechung der Hauptverhandlung gem. § 265 Abs. 4 StPO vor. Bei Aussetzung oder Unterbrechung der Hauptverhandlung muss die Akteneinsicht gewährt werden, wenn während der Hauptverhandlung wesentliche neue Ermittlungsergebnisse zu den Akten gelangt sind.[1)] Nach rechtskräftigem Abschluss des Verfahrens ist die Akteneinsicht nur noch in Ausnahmefällen bei einem berechtigten Interesse möglich, z.B. wenn Amtshaftungsansprüche verfolgt werden sollen.[2)] Im Übrigen dürfen die Akten auch mehrfach eingesehen werden. Dies ist sogar notwendig, wenn nach einer früheren Akteneinsicht noch weitere Ermittlungsergebnisse hinzugekommen sind.[3)]

3. Umfang der Akteneinsicht

2934 Für das Akteneinsichtsrecht des Verteidigers gilt der **Grundsatz der Aktenvollständigkeit** (§ 147 Abs. 1 StPO). Seinem Einsichtsrecht unterliegen danach alle seit Beginn des Ermittlungsverfahrens gesammelten be- und entlastenden Schriftstücke einschließlich etwa herangezogener Beiakten, soweit sie dem Gericht bei Erhebung der Anklage vorgelegt werden müssen (§ 199 Abs. 2 Satz 2 StPO). Darüber hinaus besteht ein Einsichtsrecht auch in diejenigen Vorgänge, die – wie z.B. die von der Ermittlungsbehörde für das Verfahren beigezogenen Beiakten – zu den Sachakten genommen worden sind. Dazu zählen auch die von der Staatsanwaltschaft nachgereichten Beiakten.[4)] Aus dem Grundsatz der Aktenvollständigkeit folgt, dass Aktenstücke, aus denen sich relevante Umstände für das Verfahren ergeben können, zu den Akten zu nehmen sind. Denn das, was für das Verfahren geschaffen worden ist, darf der Akteneinsicht nicht entzogen werden.[5)]

2935 Im Hinblick auf die Frage, ob das Akteneinsichtsrecht auch polizeiliche oder fahndungsdienstliche **„Spurenakten"**, in denen Untersuchungen und deren Ergebnisse zum Fall festgehalten werden, mit umfasst, hat sich der BGH unter Aufgabe seiner früheren Rspr. der überwiegenden Auffassung des Schrifttums angeschlossen, wonach es im Einzelfall angezeigt sein kann, Verteidigern Einsicht in alle tatbezogenen Spurenakten zu gewähren.[6)]

---

1) Meyer-Goßner, 55. Aufl. 2012, § 147 StPO Rz. 10.
2) Meyer-Goßner, 55. Aufl. 2012, § 147 StPO Rz. 11.
3) Meyer-Goßner, 55. Aufl. 2012, § 147 StPO Rz. 12.
4) Meyer-Goßner, 55. Aufl. 2012, § 147 StPO Rz. 13 f.
5) Meyer-Goßner, 55. Aufl. 2012, § 147 StPO Rz. 14.
6) BGH v. 21.1.1983, 2 StR 433/82, NStZ 1983, 228 unter Aufgabe der früheren Rspr. in BGH v. 26.5.1981, 1 StR 48/81, BGHSt 30, 131.

Der Verteidiger sollte also in jedem Fall auf Aktenvollständigkeit drängen, da es nicht den Ermittlungsbehörden, schon gar nicht der Steuerfahndung, vorbehalten bleiben kann, zu entscheiden, welche mit dem Verfahren zusammenhängenden Spurenakten sie vorlegen will. Im Steuerstrafverfahren kann das Problem z.B. dann auftauchen, wenn die Steuerfahndung Schätzungsgrundlagen, Verprobungen usw. in ihren Handakten zurückbehält. Hat die Steuerfahndung z.B. ihre Gewinnschätzung ursprünglich auf zwei Beine gestellt, nämlich einmal auf Grund des Wareneinsatzes nachkalkuliert und zum anderen eine Vermögenszuwachsrechnung erstellt, Letztere aber den Ermittlungsakten nicht beigefügt, weil das durch die andere Schätzmethode gefundene Ergebnis nicht bestätigt wird, so kann dies für das Verfahren von erheblicher Bedeutung sein. Aus den genannten Unterlagen kann sich ganz grds. ergeben, wie bzw. mit welchem Ergebnis alle in Betracht kommenden Richtungen und Möglichkeiten der Sachaufklärung berücksichtigt worden sind. Damit können sie sowohl für den Schuldspruch wie für die Rechtsfolgen relevante Umstände enthalten. Diese in den Handakten der Ermittlungsbehörden zurückzuhalten und sie so der Akteneinsicht zu entziehen verletzt den Anspruch auf rechtliches Gehör und auf ein faires Verfahren. 2936

Die fortlaufend von der Finanzverwaltung geübte Praxis, die sog. **„roten" bzw. „grünen" Bogen** zurückzuhalten, ist mit den Grundsätzen eines fairen Verfahrens ebenfalls nicht vereinbar.[1] Bei diesen Bogen handelt es sich um Aktenvermerke über straf- und bußgeldrechtliche Feststellungen, die jedem an die gemeinsame Strafsachenstelle zugeleiteten Prüfungsbericht beigefügt sind. In diesen Aktenvermerken gibt der Prüfer die Tatsachen an, die den nach seiner Ansicht für die Steuerverkürzung Verantwortlichen belasten oder auch entlasten. Weiter können diese Vermerke Aufschluss darüber geben, ob der Prüfer unter den gegebenen Umständen überhaupt den Fall mit einem strafrechtlichen Vorbehalt abschließen durfte oder ob er bereits einem strafrechtlichen Verdacht nachgegangen ist, ohne dies dem Betroffenen bekannt zu geben. Damit handelt es sich um eine besonders wichtige Äußerung, deren Zurückhaltung in der Handakte der Ermittlungsbehörde einen Verstoß gegen § 147 StPO darstellt. Dass die Anweisungen in Nr. 35 AStBV (St) 2013 zu dieser Problematik schweigen, ist bedauerlich und wiederum ein Anzeichen dafür, dass die Finanzverwaltung an ihrer bisher geübten Praxis festhält. Auch an dieser Stelle wird wieder deutlich, wie schwierig es ist – trotz eines teilweise geläuterten Rechtsbewusstseins – den Grundsatz des fairen Verfahrens in die Verfolgungswirklichkeit umzusetzen. Gerade der Aufbau der Anweisungen in Nr. 35 AStBV (St) 2013 zeigt, dass der Grundsatz des vollständigen Akteneinsichtsrechts dort als Ausnahme verstanden wird, während die Ausnahme des beschränkten Akteneinsichtsrechts gem. § 147 Abs. 2 StPO als Grundsatz vorangestellt wird. 2937

Im gerichtlichen Verfahren kann der Verweigerung der Akteneinsicht in die sog. „grünen oder roten" Bogen dadurch begegnet werden, dass der Prüfer, der diesen Vermerk angefertigt hat, als Zeuge zu dem Inhalt des von ihm angefertigten Vermerks befragt wird. 2938

Gemäß § 147 Abs. 2 StPO darf das Akteneinsichtsrecht beschränkt werden, solange die Ermittlungen durch die Staatsanwaltschaft bzw. Finanzbehörde noch nicht abgeschlossen sind. Bis dahin kann dem Verteidiger die Einsicht in die Akten bzw. einzelne Aktenstücke versagt werden, wenn der Ermittlungszweck ansonsten gefährdet würde. Dies ist z.B. dann der Fall, wenn erkennbar bestimmte Untersuchungshandlungen vorbereitet werden, die nur durch Überraschung von Erfolg sein können. Auch die mögliche Beeinflussung von Mitbeschuldigten oder Zeugen ist ein möglicher Versagungsgrund. 2939

1) Burkhard, StV 2000, 526; Hilgers-Klautzsch in Kohlmann, § 392 AO Rz. 254 (Juli 2012).

2940 Für die Beschränkung der Akteneinsicht genügt nicht nur eine vage oder entfernte Möglichkeit der Gefährdung, vielmehr müssen hierfür konkrete Anhaltspunkte vorliegen, die objektiv geeignet erscheinen, den Untersuchungszweck zu gefährden.[1] Befindet sich der Beschuldigte in Untersuchungshaft hat sein Verteidiger ein unbeschränktes Recht auf Zugang zu den für die Beurteilung der Rechtmäßigkeit der Freiheitsentziehung wesentlichen Informationen (§ 147 Abs. 2 Satz 2 StPO). Entsprechendes gilt auch bei der Anordnung eines dinglichen Arrestes gem. §§ 111b ff. StPO i.V.m. §§ 73, 73a StGB.[2]

2941 In jedem Stadium des Verfahrens hat der Verteidiger ein uneingeschränktes Einsichtsrecht bezüglich der Niederschriften über die Vernehmungen des Beschuldigten, ohne Rücksicht darauf, von wem diese durchgeführt worden sind, sowie bezüglich der Protokolle über richterliche Vernehmungen Dritter (Mitbeschuldigter, Zeugen, Sachverständiger) sowie bezüglich Sachverständigengutachten (§ 147 Abs. 3 StPO).

4. Rechtsschutz

2942 Die gegen die Ablehnung der ganzen oder teilweisen Akteneinsicht durch die Staatsanwaltschaft oder die Finanzbehörde gegebene Anfechtungsmöglichkeit ist streitig. Die wohl noch h.M. hält die Entscheidung der Staatsanwaltschaft bzw. der Finanzbehörde für eine Prozesshandlung, gegen die zwar eine Dienstaufsichtsbeschwerde zulässig ist, aber nicht der Antrag nach § 23 EGGVG.[3] Nach anderer Auffassung ist der Antrag nach § 23 EGGVG möglich. Das BVerfG[4] hält den Rechtsweg nach § 23 EGGVG für die Erzwingung der Einsicht in die den Ermittlungsakten nicht beigefügten Spurenakten für gegeben.[5] Gegen die Entscheidung des Gerichts ist die Beschwerde gem. § 304 StPO möglich.[6]

III. Verkehrsrecht

2943 Eine der wichtigsten Aufgaben des Verteidigers ist es, seinen Mandanten zu beraten und ihn über die prozessuale Situation sowie seine diesbezüglichen Rechte und die materielle Rechtslage aufzuklären. Diesem Auftrag kann der Verteidiger nur entsprechen, wenn er jederzeit zu dem Beschuldigten Kontakt aufnehmen kann, insbes., wenn der Beschuldigte in **Untersuchungshaft** genommen wurde. Gemäß § 148 Abs. 1 StPO ist sowohl der schriftliche als auch der mündliche Verkehr zwischen dem Verteidiger und dem inhaftierten Beschuldigten uneingeschränkt zulässig. Weder der Schriftverkehr (Verteidigerpost) noch die Besprechungen anlässlich von Verteidigerbesuchen werden überwacht. Beschränkungen gelten lediglich, wenn Straftaten gem. § 129a StGB (Bildung terroristischer Vereinigungen) den Gegenstand der Untersuchungen bilden.

IV. Recht auf eigene Ermittlungen

2944 Aus der Aufgabe des Verteidigers, alle Umstände, die seinen Mandanten entlasten, in das Verfahren einzuführen, ergibt sich auch die Pflicht, noch nach entlastenden

1) Meyer-Goßner, 55. Aufl. 2012, § 147 StPO Rz. 25.
2) BVerfG v. 29.5.2006, 2 BvR 820/06, wistra 2006, 337 ff.
3) Zum Streitstand vgl. Hilgers-Klautzsch in Kohlmann, § 392 AO Rz. 285 ff. (Juli 2011).
4) BVerfG v. 12.1.1983, 2 BvR 864/81, NJW 1983, 1043.
5) Ebenso OLG Hamm v. 9.1.1984, 1 VAs 1/84, NStZ 1984, 423 mit Anm. Meyer-Goßner.
6) Meyer-Goßner, 55. Aufl. 2012, § 147 StPO Rz. 41.

Tatsachenbeweisen zu forschen. Er hat das Recht, selbst Beweise zu erheben, etwa Zeugen, Mitbeschuldigte oder Sachverständige anzuhören.[1]

In engen Grenzen darf er sogar auf Zeugen Einfluss nehmen. So kann er z.B. den Verwandten des Beschuldigten raten, von ihrem Zeugnisverweigerungsrecht Gebrauch zu machen.[2] **2945**

Unzulässig ist allerdings jeder Versuch, Zeugen zur Falschaussage zu bewegen oder sonst zur Verfälschung von Beweismitteln beizutragen. Durch ein derartiges Verhalten macht sich der Verteidiger der Strafvereitelung schuldig. **2946**

Obgleich die einschlägige Kommentarliteratur[3] und auch die Rechtsprechung[4] ausdrücklich unterstreichen, dass der Verteidiger in Wahrnehmung seiner Beistandsleistung berechtigt ist, eigene Ermittlungen zu führen, erregt die eigene Ermittlungstätigkeit des Verteidigers bei Staatsanwälten und Richtern immer wieder Misstrauen. Der Verteidiger wird deshalb gut daran tun, Vorkehrungen zu treffen, die ihn jederzeit in die Lage versetzen, möglichen Verdächtigungen entgegenzutreten. Wenn er selbst mit den Zeugen spricht, sollte er einen Gesprächszeugen hinzuziehen oder das Gespräch – im Einverständnis mit den Zeugen – auf Tonträger aufzeichnen.[5] Darüber hinaus sollte ein Gesprächsvermerk gefertigt werden, der von dem Zeugen nach sorgfältiger Lektüre gegengezeichnet wird. Unabhängig davon sollte der verantwortungsbewussten Ermittlungstätigkeit eines Rechtsanwalts ebenso wenig mit Misstrauen begegnet werden wie der verantwortungsbewussten Ermittlungstätigkeit der Strafverfolgungsorgane und der Gerichte. **2947**

F. Ausschluss des Verteidigers

Schrifttum

Bornheim, Rechtliche und praktische Aspekte bei der Steuerstrafverteidigung in Gemeinschaft von Rechtsanwalt und Steuerberater, wistra 1997, 212 f., 257 f.

Die §§ 138a bis 138b StPO regeln Voraussetzungen und Verfahren des Verteidigerausschlusses durch das Gericht. § 146 StPO enthält einen Fall des gesetzlichen Verteidigerausschlusses. **2948**

I. Ausschließung nach den §§ 138a ff. StPO

1. Ausschlussgründe

Die gesetzliche Regelung des Verteidigerausschlusses gilt für alle Verteidiger, d.h. auch für die Angehörigen der steuerberatenden Berufe, die gem. § 392 AO zu Verteidigern gewählt werden können. Ausgeschlossen werden können alle Verteidiger (§ 138 Abs. 1 StPO), auch die mit Zustimmung des Beschuldigten unterbevollmächtigten Verteidiger, ferner die nach § 138 Abs. 2 StPO zugelassenen und die nach § 141 StPO bestellten Verteidiger.[6] Gemäß § 138a Abs. 1 Nr. 1 StPO ist der Verteidi- **2949**

1) Meyer-Goßner, 55. Aufl. 2012, vor § 137 StPO Rz. 2.
2) BGH v. 18.10.1957, 5 StR 383/57, BGHSt 10, 393; Fischer, 59. Aufl. 2012, § 258 StGB Rz. 7.
3) Meyer-Goßner, 55. Aufl. 2012, vor § 137 StPO Rz. 2; Hilgers-Klautzsch in Kohlmann, § 392 AO Rz. 315 (Juli 2011).
4) OLG Frankfurt v. 10.11.1980, (2) 3 Ws 800/80, NStZ 1981, 144.
5) Krekeler, wistra 1983, 48.
6) Meyer-Goßner, 55. Aufl. 2012, § 138a StPO Rz. 3; OLG Düsseldorf v. 10.2.1988, 3 Ws 72/88, NStZ 1988, 519.

ger von der Mitwirkung in einem Verfahren auszuschließen, wenn ein dringender oder ein die Eröffnung des Hauptverfahrens rechtfertigender Verdacht besteht, dass er an der Tat, die den Gegenstand der Untersuchung bildet, **selbst beteiligt** ist oder eine Handlung begangen hat, die für den Fall der Verurteilung des Beschuldigten Begünstigung, Strafvereitelung oder Hehlerei wäre. Gemäß § 138a Abs. 1 Nr. 2 StPO ist er darüber hinaus auszuschließen, wenn er den Verkehr mit dem nicht auf freiem Fuß befindlichen Beschuldigten dazu missbraucht, Straftaten zu begehen oder die Sicherheit einer Vollzugsanstalt erheblich zu gefährden.

2950 **Dringender Tatverdacht** i.S.d. § 112 Abs. 1 StPO, der auch für den Haftbefehl erforderlich ist, liegt dann vor, wenn der Ausschließungstatbestand mit großer Wahrscheinlichkeit erfüllt ist.[1] **Hinreichender Verdacht** ist der die Eröffnung des Hauptverfahrens rechtfertigende Verdacht (§ 203 StPO). Er liegt vor, wenn bei vorläufiger Tatbewertung eine spätere Verurteilung wahrscheinlich ist.[2] Die an das Vorliegen eines hinreichenden Tatverdachts zu stellenden Anforderungen sind geringer als die an den dringenden Tatverdacht.

2951 Die Ausschließungsproblematik tritt gerade im Steuerstrafverfahren häufig auf. Dies ergibt sich daraus, dass in vielen steuerstrafrechtlichen Ermittlungsverfahren der steuerliche Berater allein oder mit anderen auch die Rolle des Verteidigers übernimmt. Als ehemaliger Berater des Beschuldigten gerät er leichter als andere Verteidiger in den Verdacht, an der Tat des Beschuldigten beteiligt gewesen zu sein. Ein Indiz für die Beteiligung kann sich vielfach bereits aus dem Umfang des Beratungsvertrages ergeben.[3]

2952 Ein weiteres Problem ergibt sich aus dem Umstand, dass sich die Stpfl. bei steuerstrafrechtlichen Vernehmungen häufig mit der Einlassung zu entlasten suchen, bestimmte tatsächliche, v.a. aber rechtliche Kenntnisse im Zusammenhang mit der ihnen vorgeworfenen Tat nicht gehabt zu haben. Auf diese Einlassung folgt regelmäßig die Frage, ob der steuerliche Berater darüber nicht belehrt habe. Wird diese Frage in selbst belastender Weise bejaht, strahlt die Selbstbelastung auch auf eine evtl. Täterschaft bzw. Teilnahme des Steuerberaters aus. Verneint der Stpfl. die Frage, ergibt sich daraus zwar noch kein dringender oder hinreichender Tatverdacht gegen den Steuerberater und jetzigen Verteidiger; andererseits wird aus der dargestellten Problematik jedoch deutlich, dass es oftmals im Interesse einer optimalen Verteidigung des Stpfl. nicht ratsam ist, die Verteidigung durch denjenigen vornehmen zu lassen, der zur Zeit der Verwirklichung des angeblichen Steuerstraftatbestands (nämlich der Abgabe der falschen Steuererklärung) die steuerliche Beratung innehatte und somit im weitesten Sinne an der Erstellung der Steuererklärung „mitwirkte". Als Tatzeuge kann der steuerliche Berater u.U. seinem Mandanten bei der Widerlegung eines ungerechtfertigten Vorwurfs besser beistehen als in der Rolle eines Verteidigers.[4]

2953 Ein weiterer Ausschließungsgrund ist der Missbrauch des Verkehrs mit dem inhaftierten Beschuldigten gem. § 138a Abs. 1 Nr. 2 StPO. Der Missbrauch besteht in einer bewussten Ausnutzung der fehlenden Überwachung des Verteidigerverkehrs, um entweder eine Straftat zu begehen oder die Sicherheit einer Vollzugsanstalt erheblich zu gefährden. Dieser Ausschließungstatbestand hat im Steuerstrafverfahren allerdings kaum praktische Bedeutung.

---

1) Meyer-Goßner, 55. Aufl. 2012, § 112 StPO Rz. 5.
2) BGH v. 22.7.1970, 3 StR 237/69, BGHSt 23, 304 und 306; BayObLG v. 15.6.1982, 3 St 23/81, NStZ 1983, 123.
3) Hilgers-Klautzsch in Kohlmann, § 392 AO Rz. 154 (Juli 2011).
4) Bornheim, wistra 1997, 212, 214.

2. Ausschlussverfahren (§§ 138c f. StPO)

Die Entscheidung über den Ausschluss gem. § 138a StPO trifft nach mündlicher Verhandlung (§ 138d Abs. 1 StPO) das OLG (§ 138c Abs. 1 Satz 1 StPO), ggf. der BGH (§ 138c Abs. 1 Satz 2 StPO). 2954

Das Recht, den Ausschluss zu beantragen, steht im Steuerstrafverfahren neben der Staatsanwaltschaft auch dem Finanzamt zu, soweit dieses die Ermittlungen selbständig führt. Auf Grund interner Dienstanweisungen[1] ist dieser Antrag über die vorgesetzte Behörde an das OLG zu stellen. 2955

Nähere Einzelheiten zur Vorbereitung und zum Ablauf des Ausschlussverfahrens sind in den §§ 138c und 138d StPO geregelt.

Gegen den Beschluss, der den Verteidiger von der Verteidigung ausschließt, kann dieser innerhalb einer Woche sofortige Beschwerde einlegen (§ 138d Abs. 6 StPO). Die die Ausschließung ablehnende Entscheidung des OLG ist dagegen unanfechtbar (§ 138d Abs. 6 Satz 3 StPO). 2956

Bis zur Entscheidung über den Ausschluss kann das zuständige Strafgericht, vor Erhebung der öffentlichen Klage das OLG, (§ 138c Abs. 3 Satz 2 StPO) durch unanfechtbaren Beschluss anordnen, dass die Rechte des Verteidigers aus den §§ 147 und 148 StPO bis zur Entscheidung über den Ausschluss ruhen. Das Gericht bestellt dann für die Dauer der Anordnung einen anderen Verteidiger (§ 138c Abs. 3 Satz 4 StPO). 2957

II. Verbot der Verteidigung mehrerer Beschuldigter durch einen Verteidiger

Gemäß § 146 StPO kann ein Verteidiger nicht gleichzeitig mehrere derselben Tat Beschuldigte verteidigen (§ 146 Satz 1 StPO). In einem Verfahren kann er auch nicht gleichzeitig mehrere verschiedener Taten Beschuldigte verteidigen. Das Verbot der Mehrfachverteidigung soll den Beschuldigten, auch gegen seinen Willen, davor schützen, dass der Verteidiger in einen Interessenwiderstreit gerät und dadurch seine Beistandsfunktion, die es auch im öffentlichen Interesse zu wahren gilt, beeinträchtigt wird.[2] Wird also ein Verteidiger von einem der Beschuldigten gewählt und beauftragt, ist er kraft Gesetzes hinsichtlich der anderen Beschuldigten von der Verteidigung ausgeschlossen. Dies gilt unabhängig davon, ob gegen die mehreren Beschuldigten ein einheitliches Verfahren oder äußerlich getrennte Verfahren betrieben werden.[3] In Steuerstrafverfahren ist diese Regelung auf Grund mancher Besonderheiten dieses Verfahrens nicht immer sachgerecht. 2958

Wird z.B. gegen die Eheleute A und B ein Strafverfahren wegen Einkommensteuerhinterziehung eingeleitet, weil sie zugeflossene Zinsen i.H.v. 20 000 € nicht erklärt haben, die auf einem gemeinsamen Konto eingegangen sind, muss grundsätzlich jeder der Ehegatten nach § 146 StPO einen eigenen Verteidiger wählen. Es ist gesetzlich ausgeschlossen, dass beide von dem gleichen Verteidiger vertreten werden. In solchen Fällen ist jedoch ein Interessengegensatz in aller Regel nicht gegeben. Eine einheitliche Verteidigung erscheint sicherer und effektiver. Darüber hinaus fallen im Beispielsfall doppelte Kosten an, ohne dass es für einen der Betroffenen von besonderem Vorteil wäre, dass zwei Verteidiger zu bestellen sind. 2959

1) Nr. 36 AStBV (St) 2013.

2) Meyer-Goßner, 55. Aufl. 2012, § 146 StPO Rz. 1; BVerfG v. 21.6.1977, 2 BvR 804/76, BVerfGE 45, 354, 358.

3) Meyer-Goßner, 55. Aufl. 2012, § 146 StPO Rz. 1.

2960 § 146 StPO hindert allerdings nicht die Verteidigung durch **verschiedene Partner einer Anwaltssozietät,** sofern von den in der Sozietät zusammengeschlossenen Rechtsanwälten auf Grund entsprechender Einzelvollmachten jeder einen anderen Mitbeschuldigten verteidigt.[1] Vor allem bei Ehegatten bietet sich die Möglichkeit, dass einer der Tatbeteiligten vorerst keinen Verteidiger bestellt und seine Interessenwahrung an die des Mitbeschuldigten anlehnt. Sofern es erforderlich sein sollte (etwa im Falle einer Hauptverhandlung), kann sich für den bisher nicht Vertretenen dann ein weiterer Verteidiger bestellen.

2961 Selbstverständlich ist es im Falle eines konkreten Interessengegensatzes unbedingt erforderlich, die Verteidigung in die Hände zweier Anwälte aus unterschiedlichen Kanzleien zu legen.

III. Zeugenstellung des Verteidigers

2962 Vor Inkrafttreten der §§ 138a f. StPO[2] war umstritten, ob der Verteidiger in demselben Verfahren auch Zeuge sein kann, weil er damit in die Konfliktsituation geraten könnte, im Plädoyer seine eigene Glaubwürdigkeit zu beurteilen. Da die Ausschlussmaterie in den §§ 138a f. StPO abschließend geregelt wurde, der Gesetzgeber den Konfliktfall zwischen Verteidiger- und Zeugenstellung in einem Verfahren nicht in den Ausschließungskatalog aufgenommen hat, steht fest, dass die Doppelrolle des Verteidigers keinen Ausschließungsgrund mehr darstellt. Unabhängig davon bleibt die dargestellte Problematik natürlich bestehen. In solchen Fällen sollte den objektiven Schwierigkeiten bei der Würdigung der allgemeinen Aussage dadurch Rechnung getragen werden, dass der Verteidiger entweder das Mandat niederlegt oder mindestens dafür sorgt, dass ein weiterer Verteidiger zugezogen wird.[3]

G. Verteidigerhonorar und Geldwäscherisiken

Schrifttum

Barton, Sozialübliche Geschäftstätigkeit und Geldwäsche (§ 261 StGB), StraFo 1993, 160; **Burger**, Die Einführung der gewerbs- und bandenmäßigen Steuerhinterziehung sowie aktuelle Änderungen im Bereich Geldwäsche wistra 2002, 1 ff.; **Burmeister/Uwer**, Verschärfung anwaltlicher Sorgfaltspflichten bei Geldwäscheprävention, AnwBl. 2012, 395; **Ebner**, Rechtssicher beraten, den Haftungsfall vermeiden, PStR 2008, 240; **Gotzens/Schneider**, Geldwäsche durch Annahme von Strafverteidigerhonoraren?, wistra 2002, 123; **Hamacher**, Das anwaltliche Berufsgeheimnis und die Geldwäsche, wistra 2012, 136; **Leip/Hardtke**, Der Zusammenhang von Vortat und Gegenstand der Geldwäsche unter besonderen Berücksichtigung der Vermengung von Giralgeld, wistra 1997, 281; **Maiwald**, Auslegungsprobleme im Tatbestand der Geldwäsche, FS Hirsch, Berlin 1999, 639; **Michalke**, Die „infizierungs"-Theorie bei der Geldwäsche, DAV-FS 2009, 346; **Wegner**, Geldwäschegesetz: Worauf der Steuerberater achten muss, PStR 2010, 250.

1) BVerfG v. 28.10.1976, 2 BvR 23/76, BVerfGE 43, 79; v. 21.6.1977, 45, 272, 295 f.; Meyer-Goßner, 55. Aufl. 2012, § 146 StPO Rz. 8.
2) Durch das Gesetz zur Ergänzung des ersten Gesetzes zur Reform des Strafverfahrensrechts v. 20.12.1974, BGBl. I 1974, 3686.
3) Vgl. hierzu Ehlscheid in v. Briel/Ehlscheidt, 2. Aufl. 2001, § 3 Rz. 477.

Obwohl der Straftatbestand der Geldwäsche (§ 261 StGB) bereits im Jahre 1992 in Kraft trat[1] und in der Folgezeit mehrfach ergänzt und verschärft wurde,[2] fristete er im Bewusstsein der Strafverteidiger insoweit ein Schattendasein, als dessen denkbare Einschlägigkeit bei der Annahme von Verteidigerhonorar verdrängt wurde. Die Existenz des Geldwäschetatbestands wurde den Strafverteidigern durch ein Urteil des BGH vom 4.7.2001[3] nachhaltig in Erinnerung gerufen. Der BGH entschied, dass sich ein Strafverteidiger, der Honorar entgegennimmt, von dem er weiß, dass es aus einer Katalogtat i.S.v. § 261 Abs. 1 Satz 2 StGB herrührt, wegen Geldwäsche strafbar machen kann. 2963

Zwar hat das Bundesverfassungsgericht diese Entscheidung wieder relativiert,[4] dennoch hat die Problematik der Geldwäsche spätestens seitdem für Rechtsanwälte, aber auch für Steuerberater und Wirtschaftsprüfer eine gesteigerte Bedeutung erhalten. Hinzu kommt, dass auch auf europäischer Ebene die Geldwäscherichtlinien ausgeweitet wurden und inzwischen über Kredit- und Finanzinstitute hinaus auch Steuerberater, Wirtschaftsprüfer sowie Rechtsanwälte und Notare (bei bestimmten Finanztransaktionen) erfassen. 2964

I. Der Tatbestand des § 261 Abs. 1 StGB

1. Tatobjekt

Das Tatobjekt der Geldwäsche ist stets ein Gegenstand, der aus einer im Gesetz abschließend aufgezählten Vortat stammt. Hierzu gehören alle Verbrechen, wobei nach der Legaldefinition des § 12 Abs. 1 StGB Verbrechen alle rechtswidrigen Taten sind, die im Mindestmaß mit Freiheitsstrafe von einem Jahr oder darüber bedroht sind. Daneben nahm der Gesetzgeber eine Vielzahl von Vergehen in den Katalog auf, zu welchen z.B. der gewerbsmäßige, gewaltsame und bandenmäßige Schmuggel gem. § 373 AO, die Steuerhehlerei gem. § 374 AO, der Betrug gem. § 263 StGB und die Untreue gem. § 266 StGB (§ 261 Abs. 1 Nr. 4 Buchst. a StGB) sowie die Steuerhinterziehung nach § 370 AO (§ 261 Abs. 1 Nr. 4 Buchst. b StGB) gehören, sofern der Täter gewerbsmäßig oder als Mitglied einer Bande handelt. 2965

Tatobjekt können ferner gem. § 261 Abs. 1 Satz 2 StGB auch durch Steuerhinterziehung ersparte Aufwendungen, unrechtmäßig erlangte Erstattungen oder Vergütungen oder Gegenstände sein, hinsichtlich derer Abgaben hinterzogen wurden. 2966

Erfasst werden alle vermögenswerten Gegenstände, also neben Bar- und Buchgeld insbesondere auch Forderungen, Grundstücke und dingliche Rechte, Beteiligungen an Gesellschaften sowie Anteile an Gemeinschaftsvermögen.[5]

2. Herrühren

Der Tatbestand des § 261 StGB setzt voraus, dass der Gegenstand aus einer Katalogtat „herrührt". Die Grenzen dieses vom Gesetzgeber bewusst weit gefassten Tatbestandsmerkmals sind aber nach wie vor unklar.[6] Hervorgehoben wurde im Gesetz- 2967

---

1) Eingefügt durch Art. 1 Nr. 19 OrgKG v. 17.7.1992, BGBl. I 1992, 1302.
2) Zu erwähnen sind insbes. das Verbrechensbekämpfungsgesetz vom 28.10.1994 (BGBl. I 1994, 3186), das Gesetz zur Verbesserung der Bekämpfung der organisierten Kriminalität v. 4.5.1998 (BGBl. I 1998, 845) sowie das Steuerverkürzungsbekämpfungsgesetz v 19.12.2001 (BGBl. I 2001, 3922).
3) BGH v. 4.7.2001, 2 StR 513/00, wistra 2001, 379.
4) BVerfG v. 30.3.2004, 2 BvR 1520/01, 1521/01, BVerfGE 110, 226 = NJW 2004, 1305.
5) Fischer, 59. Aufl. 2012, § 261 StGB Rz. 6.
6) Michalke, DAV-FS 2009, 346 ff.; Schmidt/Krause in Leipziger Kommentar, 12. Aufl. 2010, § 261 StGB Rz. 12.

gebungsverfahren lediglich, dass im Fall einer Kette von Verwertungshandlungen auch das, was unter Beibehaltung des Wertes nach (möglicherweise) mehreren oder komplexen Transaktionen („Waschvorgängen") an die Stelle des ursprünglichen Gegenstands getreten ist, erfasst bleibt, der Rückgriff auf die Herkunft indessen dort seine Grenzen finden soll, wo der Wert des betreffenden Gegenstandes „durch Weiterverarbeitung" auf die spätere selbständige Leistung eines Dritten zurückzuführen ist.[1]

2968 Dementsprechend sind die Fälle noch ungeklärt, in denen Einzahlungen oder Überweisungen auf Bankkonten vorgenommen werden und die Herkunft dieser Geldmittel teils legaler und teils illegaler Natur ist. Zur Klärung dieses Problemfeldes werden verschiedene Theorien vertreten. So soll z.B. ein Wertanteil von 25 % für eine Gesamtkontamination ausreichend sein.[2] Nach einer anderen Ansicht sind 5 % des Gesamtwertes ausreichend.[3] Daneben wird die Auffassung vertreten, dass bei einer Vermengung von legalen und illegalen Mitteln, gleich in welcher Proportion, stets von einer Gesamtkontamination auszugehen ist.[4] Teilweise wird demgegenüber der Versuch unternommen, den tatsächlich illegalen Anteil am jeweils konkreten Vermögensgegenstand zu ermitteln.[5] Die Rechtsprechung lässt es ausreichen, dass der in dem Ersatzgegenstand eingegangene Anteil „aus wirtschaftlicher Sicht nicht völlig unerheblich ist".[6]

2969 Das Tatbestandsmerkmal des „Herrührens" ist für den Strafverteidiger insoweit von besonderer Bedeutung, als sich die Frage stellt, ob er sich der Geldwäsche auch dann strafbar machen kann, wenn sein Honorar bargeldlos durch Banküberweisung bezahlt wird. Da von einem „Herrühren" auch dann noch ausgegangen werden soll, wenn bei wirtschaftlicher Betrachtungsweise zwischen dem Gegenstand und der Vortat ein Kausalzusammenhang besteht,[7] dürfte wohl auch der auf dem Bankkonto des Strafverteidigers eingehende Geldbetrag noch aus der Straftat herrühren.[8]

3. Besonderheiten bei Steuerhinterziehung

2970 Bei der gewerbs- und bandenmäßigen Steuerhinterziehung (§ 261 Abs. 1 Satz 3 StGB) bzw. bei gewerbsmäßigem Schmuggel bzw. Steuerhehlerei (§ 261 Abs. 1 Satz 2 Nr. 3 i.V.m. § 261 Abs. 1 Satz 3 StGB) wurde der Anwendungsbereich der Geldwäsche nochmals ausgedehnt, indem in solchen Fällen auch die durch die Steuerhinterziehung ersparten Aufwendungen und unrechtmäßig erlangten Steuererstattungen und -vergütungen sowie die Gegenstände, hinsichtlich derer Abgaben hinterzogen wurden in den Tatbereich des § 261 StGB einbezogen wurden. Dies ist nicht nur rechtlich unverhältnismäßig,[9] sondern in der Praxis auch kaum sinnvoll umsetzbar, da es kaum möglich ist, die „ersparten Aufwendungen" so weit zu konkretisieren, dass ein beweiskräftig feststellbares Tatobjekt vorliegt.[10]

---

1) Fischer, 59. Aufl. 2012, § 261 StGB Rz. 7.
2) Leip/Hardtke, wistra 1997, 281, 285.
3) Barton, NStZ 1993, 163.
4) Gotzens/Schneider, wistra 2002, 122 m.w.N.
5) Vgl. Burger, wistra 2002, 1, 4 f.
6) Fischer, 59. Aufl. 2012, § 261 StGB Rz. 8 m.H.a. OLG Karlsruhe v. 20.1.2005, 3 Ws 108/04, NJW 2005, 767, 769.
7) Fischer, 59. Aufl. 2012, § 261 StGB Rz. 7; BGH v. 18.2.2009, 1 StR 4/09, BGHSt 53, 205, 209 = NStZ 2009, 328 f.
8) Ebenso Fischer, 59. Aufl. 2012, § 261 StGB Rz. 29 m.w.N.
9) So auch Fischer, 59. Aufl. 2012, § 261 StGB Rz. 8 c, 16 a ff. m.w.N.
10) Jahn in Satzger/Schmitt/Widmaier, 2009, § 261 StGB Rz. 24; Löwe-Krahl in Achenbach/Ransiek, XIII Rz. 26 ff.

4. Tathandlungen des § 261 Abs. 1 Satz 1 StGB

In § 261 Abs. 1 Satz 1 StGB werden die Verschleierungs- und Vereitelungstatbestände normiert. Strafbar ist das Verbergen eines aus einer Katalogvortat herrührenden Gegenstands. Verbergen ist hierbei jede Tätigkeit, die mittels einer nicht üblichen örtlichen Unterbringung oder einer den Gegenstand verdeckenden Handlung den Zugang zu einem Tatobjekt erschwert.[1] Unter Verschleiern fallen irreführende Machenschaften, die darauf abzielen, einem Tatobjekt den Anschein einer anderen (legalen) Herkunft zu verleihen oder zumindest die wahre Herkunft zu verbergen.[2] Beispiele für Verschleiern sind Falschbuchungen, Kontoführungen unter falschen Namen, Falschdeklarierungen, Falschbeschriftungen etc.,[3] so dass das bloße Einzahlen auf ein Bankkonto und die sich daran anschließende Überweisung den Tatbestand nicht zu erfüllen in der Lage ist. Ein anderes Ergebnis wäre auch kaum nachvollziehbar, da kaum eine finanzielle Transaktion transparenter und dokumentierbarer ist als der bargeldlose Geldverkehr zwischen Kreditinstituten. Aus diesem Grunde verschleiert ein Strafverteidiger, welchem das Honorar auf sein Bankkonto angewiesen wird, die Herkunft des Geldbetrags nicht, zumal er darüber hinaus den Betrag ordnungsgemäß gegenüber seinem Mandanten in Rechnung stellt und sich diese Rechnung in seiner Buchführung wieder findet. **2971**

Daneben macht sich auch der strafbar, der das Auffinden, den Verfall, die Einziehung oder die Sicherstellung des inkriminierten Gegenstandes vereitelt oder gefährdet. Für den Strafverteidiger sind diese Tatbestandsalternativen von besonderer Gefahr, da, wenn er die Vermögensinteressen des Mandanten standesüblich wahrnimmt, indem er z.B. eine nicht mehr benötigte Kaution herausverlangt, dies als Gefährdung der Sicherstellung angesehen werden und daraus eine Strafbarkeit wegen Geldwäsche resultieren könnte.[4] **2972**

5. Tathandlungen des § 261 Abs. 2 StGB

Der Geldwäsche macht sich auch strafbar, wer sich oder einem Dritten den aus einer Katalogstraftat herrührenden Gegenstand verschafft oder verwahrt oder für sich oder einen Dritten verwendet, wenn er die Herkunft des Gegenstands zu dem Zeitpunkt gekannt hat, zu dem er ihn erlangt hat. **2973**

6. Straflosigkeit gem. § 261 Abs. 6 StGB

Da insbes. § 261 Abs. 2 StGB bedenklich weit gefasst ist, hat der Gesetzgeber den Anwendungsbereich insoweit eingeschränkt, als die Tat nach Abs. 2 nicht strafbar ist, wenn zuvor ein Dritter den Gegenstand erlangt hat, ohne hierdurch eine Straftat zu begehen. Mit der Einschränkung soll zum Schutz des allgemeinen Rechtsverkehrs die Ausuferung strafbarer Anschlusstaten vermieden werden.[5] Erlangt ein gutgläubiger Dritter den Gegenstand, so bleibt die Kette strafbarer Anschlusstaten auch dann unterbrochen, wenn nach einem Gutgläubigen ein Bösgläubiger die Sache erwirbt.[6] **2974**

Sehr umstritten ist, ob in den Fällen **bargeldlosen** Geldverkehrs, d.h. durch Einschaltung einer Bank, diese als Dritte angesehen werden kann und sie auf Grund eines Girovertrags das bei ihr eingehende Buchgeld erlangt und somit – sofern keine Bösgläubigkeit vorliegt, was im Einzelfall zu prüfen, aber i.d.R. wohl zu verneinen sein dürfte – der Anwendungsbereich des § 261 Abs. 2 StGB eröffnet. Unter **2975**

1) Stree/Hecker in Schönke/Schröder, 28. Aufl. 2010, § 261 StGB Rz. 14.
2) Stree/Hecker in Schönke/Schröder, 28. Aufl. 2010, § 261 StGB Rz. 14.
3) Stree/Hecker in Schönke/Schröder, 28. Aufl. 2010, § 261 StGB Rz. 14.
4) Vgl. die Fallkonstellation bei BGH v. 4.7.2001, 2 StR 513/00, wistra 2001, 379.
5) Stree/Hecker in Schönke/Schröder, 28. Aufl. 2010, § 261 StGB Rz. 17.
6) Stree/Hecker in Schönke/Schröder, 28. Aufl. 2010, § 261 StGB Rz. 17.

dem Gesichtspunkt des Normzwecks würde die Vorschrift des § 261 StGB dann aber weitgehend leerlaufen, wenn der Geldwäscher bereits durch Einschaltung einer Bank der Strafbarkeit entgehen könnte.[1] Banküberweisungen sind daher bei bösgläubigen Empfängern grds. nicht geeignet, Vortaterlöse erfolgreich zu „waschen".[2]

2976 Auf der anderen Seite ist zu beachten, dass die Bank des Mandanten bei einer Bareinzahlung Eigentum an den Geldscheinen erlangt und die Bank des Strafverteidigers nach erfolgter Überweisung auf Grund der rechtlichen Konstruktion des Girovertrags Inhaberin einer originären Forderung wird. Auf diese Weise erhalten die eingeschalteten Banken die vollständige tatsächliche und rechtliche Verfügungsgewalt über die Geldscheine und das Buchgeld. Diese Verfügungsgewalt erfüllt den Tatbestand des Erlangens i.S.d. § 261 Abs. 6 StGB, da bezogen auf das Tatbestandsmerkmal des Erlangens i.S.d. § 259 Abs. 1 StGB zum einen bereits das RG[3] die Erlangung der körperlichen Verfügungsgewalt für ausreichend ansah und zum anderen einem Dritten mehr als die vollständige tatsächliche und rechtliche Verfügungsgewalt nicht eingeräumt werden kann.

2977 Ungeklärt und ebenfalls streitig ist die Frage, ob in den Fällen, in denen eine Bestrafung gem. § 261 Abs. 2 StGB an § 261 Abs. 6 StGB scheitert, auf die Tatbestandsalternative des § 261 Abs. 1 StGB zurückgegriffen werden kann. Bei der Honorierung des Strafverteidigers ist aber das Tatbestandsmerkmal des „Verbergens" nicht erfüllt, da dieses voraussetzt, dass der Geldbetrag lediglich „geparkt" wird und später dann zu Gunsten des Vortäters wieder in den Geldkreislauf eingespeist wird.[4] Das Tatbestandsmerkmal der Verschleierung ist ebenfalls zu verneinen. Aber auch der Vereitelungstatbestand wird in den Fällen, in denen der Strafverteidiger sein Honorar in der oben beschriebenen Weise überwiesen erhält, nicht gegeben sein, da der Geldbetrag bereits auf Grund des gutgläubigen Erwerbs durch die Banken weder dem Verfall unterliegt (§ 73a StGB) noch der Einziehung (§ 74 Abs. 2 StGB).

II. Risiken bei der Annahme von (Verteidiger-)Honorar

2978 Nach wie vor diskutiert wird die Frage der Strafbarkeit der Annahme von (Verteidiger-)Honorar in Verfahren wegen Katalogtaten.[5] Als wegweisend sind in diesem Zusammenhang die Entscheidungen des BGH vom 4.7.2001 und die diese einschränkende Entscheidung des BVerfG vom 30.3.2004 darzustellen.

1. Die Entscheidung des BGH vom 4.7.2001

2979 Zunächst hat der BGH[6] entschieden, dass die Annahme „bemakelten" Geldes als Strafverteidiger-Honorar in Kenntnis seiner Herkunft dem Geldwäschetatbestand des § 261 Abs. 2 Nr. 1 StGB unterfällt. Er hat ferner in Frage gestellt, ob sich ein Strafverteidiger darüber hinaus nicht auch gem. § 261 Abs. 1, §§ 257, 259 StGB wegen Begünstigung bzw. Hehlerei strafbar macht, wenn er sich zur Sicherung seiner Honoraransprüche den Anspruch auf Rückzahlung einer Kaution von seinem Mandanten abtreten und die Kaution anschließend auszahlen lässt.

1) Gotzens/Schneider, wistra 2002, 123 m.w.N.
2) Fischer, 59. Aufl. 2012, § 261 StGB Rz. 29.
3) RG v. 31.3.1892, 848/92, RGSt 23, 28.
4) Fischer, 59. Aufl. 2012, § 261 StGB Rz. 20.
5) Zu der dazu vielfach von Eigeninteressen geführten Diskussion s. Fischer, 59. Aufl. 2012, § 261 StGB Rz. 33 m.w.N.
6) BGH v. 4.7.2011, 2 StR 513/00, BGHSt 47, 68.

Der Entscheidung lag ein Urteil des LG Frankfurt/Main[1] zu Grunde, welches zwei Rechtsanwälte wegen Geldwäsche zu einer Freiheitsstrafe von jeweils neun Monaten zur Bewährung verurteilt hatte. Die beiden Angeklagten verteidigten je einen Ehepartner gegen den wegen fortgesetzten gemeinschaftlichen Betruges im Zusammenhang mit sog. Letter-Geschäften des „European Kings Club e.V." (EKC) ermittelt wurde. 2980

Im Rahmen ihrer Tätigkeit als Wahlverteidiger nahm jeder der Angeklagten im Dezember 1994 Bargeld i.H.v. 200 000 DM entgegen, das später als Vorschuss auf das Honorar angerechnet wurde. Nach den Feststellungen des Landgerichts wussten und billigten die Angeklagten bei der Annahme der Beträge, dass es sich dabei um Geld aus den Letter-Geschäften des EKC handelte, dessen System den Angeklagten ebenfalls bekannt war.

Darüber hinaus hatten die beiden Angeklagten im Rahmen ihrer Verteidigertätigkeit der Mitglieder des EKC Anfang 1995 beim AG Frankfurt jeweils die Freigabe einer Kaution i.H.v. 500 000 DM beantragt. Diese hatten sie im September 1994 im Rahmen der Haftverschonung im eigenen Namen für ihre Mandanten in Form von Bargeld beim Gericht hinterlegt. Das Bargeld stammte ebenfalls aus den Geschäften des EKC, was den Angeklagten bekannt gewesen sein soll. Vor der Freigabe und Auszahlung des Geldes hatten sich die Angeklagten die Ansprüche auf Rückzahlung der hinterlegten Beträge zur Sicherung ihrer Honoraransprüche abtreten lassen. Insoweit sind die Angeklagten vom Landgericht freigesprochen worden.

Der BGH bestätigt das Urteil wegen Geldwäsche mit der Begründung, dass nach dem Wortlaut des § 261 Abs. 2 StGB weder Strafverteidiger als Täter noch Strafverteidigerhonorar als Objekt vom Geldwäschetatbestand ausgenommen sind. Der mit dem Gesetz verfolgte Zweck, den Vortäter weitgehend zu isolieren, gestatte eine Ausnahmeregelung für Strafverteidiger nicht. Der Gesetzgeber habe eine solche Ausnahme nicht gewollt. 2981

Die Strafbarkeit der Annahme von Verteidigerhonoraren in Kenntnis ihrer „bemakelten" Herkunft, verstoße auch nicht gegen Art. 12 Abs. 1 GG, oder gegen Art. 6 MRK. Ein Eingriff in die Berufsausübungsfreiheit liege schon deshalb nicht vor, weil es dem Berufsbild eines Strafverteidigers nicht entspricht, Honorar entgegenzunehmen, von dem er weiß, dass es aus schwerwiegenden Straftaten herrührt. Ebenso wie für den Verteidiger kein Recht auf Honorierung mit „bemakelten" Geldern bestehe, gäbe es für den Beschuldigten kein Recht auf Wahlverteidigung unter Einsatz illegal erworbener Mittel. Sofern ein Beschuldigter nicht über ausreichende legale Finanzmittel verfüge, habe er Anspruch auf Pflichtverteidigung, durch den seine Rechte ausreichend gewahrt seien. Der BGH stellt dazu fest, dass Pflichtverteidigung auch „keine Verteidigung minderer Güte" sei, zumal dem Wunsch des Beschuldigten auf Beiordnung eines Anwalts seines Vertrauens weitgehend zu entsprechen sei. Der Senat sieht auch keine Verletzung des verfassungsrechtlich geschützten Vertrauensverhältnisses zwischen Mandanten und Strafverteidiger durch Ermittlungen gegen den Verteidiger wegen Geldwäsche, denn diese seien an die rechtliche Voraussetzung eines Anfangsverdachts gebunden. Immerhin gibt der Senat zu verstehen, dass nicht allein aus der Tatsache, dass ein Mandant einen Wahlverteidiger hat, der Anfangsverdacht der Geldwäsche gegen den Verteidiger hergeleitet werden kann.

Darüber hinaus hat der BGH den Freispruch aufgehoben und die Sache zu neuer Verhandlung und Entscheidung an eine andere Strafkammer des LG Frankfurt zurückverwiesen. Der BGH weist darauf hin, dass die neue Strafkammer insbesondere zu prüfen haben wird, ob sich die Angeklagten durch die Entgegennahme der freigegebenen Kautionsbeträge wegen Geldwäsche nach § 261 Abs. 1 StGB strafbar 2982

1) LG Frankfurt/Main v. 4.5.2000 17 KLs 92 Js 33628, 7/96, n.v.

gemacht haben. Denn mit den Auszahlungen an die Angeklagten in Verbindung mit den zur Sicherung der Honorarforderungen erfolgten „Abtretungen", sei die Sicherstellung des Geldes als Tatbeute zumindest gefährdet gewesen. Der neue Tatrichter wird – so der BGH – ferner zu erörtern haben, ob die Angeklagten noch weitere Straftatbestände (§§ 257, 259 StGB) verwirklicht haben.

2983 Der BGH stellte mit dieser in Strafverteidigerkreisen aufsehenerregenden Entscheidung erstmals und entgegen der damaligen Rechtsprechung des OLG Hamburg[1] fest, dass Verteidiger bei der Annahme von Mandantenhonoraren im Hinblick auf den Geldwäschetatbestand nicht privilegiert sind. Auch das Argument des OLG Hamburg, ein Beschuldigter könne nicht mehr sinnvoll verteidigt werden, wenn er seinen Verteidiger nicht bezahlen könne, zählt für den BGH nicht. Er verweist auf die Institution des Pflichtverteidigers, der – so die Ansicht des BGH – jedenfalls kein Verteidiger „minderer Güte" ist.

2. Das Urteil des BVerfG vom 30.3.2004

2984 Mit Urteil vom 30.3.2004[2] hat das Bundesverfassungsgericht zwar die gegen die beschriebene BGH-Entscheidung eingelegte Verfassungsbeschwerde verworfen und entschieden, dass § 261 Abs. 2 Nr. 1 StGB mit dem Grundgesetz vereinbar sei. Es hat die Vorschrift jedoch insoweit einschränkend ausgelegt, als Strafverteidiger nur dann mit Strafe bedroht werden, wenn sie im Zeitpunkt der Annahme Ihres Honorars sichere Kenntnis von dessen Herkunft aus einer Katalogtat haben. Das Bundesverfassungsgericht hat weiter entschieden, dass eine Strafbarkeit bedingt vorsätzlich oder leichtfertiger Taten nach § 261 Abs. 2 Nr. 1 StGB in unverhältnismäßiger Weise in die Berufsausübungsfreiheit des Strafverteidigers eingreife, da das Risiko eigener Strafverfolgung zum einen das für eine rechtsstaatliche Strafverteidigung grundlegende Vertrauensverhältnis zwischen Beschuldigtem und Verteidiger unverhältnismäßig gefährde, zum anderen den Verteidiger am Erwerb hindern könne. Eine uneingeschränkte Strafbarkeit der Geldwäsche von Verteidigern gefährde daher das Rechtsinstitut der Wahlverteidigung. Eine Niederlegung oder Nicht-Annahme eines Wahlmandats und die Bestellung zum Pflichtverteidiger könne dem Verteidiger „nicht uneingeschränkt angesonnen werden". Das BVerfG hat damit klargestellt, dass § 261 Abs. 2 Nr. 1 StGB auf Honorarleistungen an Strafverteidiger nur bei direktem Vorsatz hinsichtlich der Herkunft des bemakelten Geldes anwendbar ist und damit eine wünschenswerte Privilegierung vorgenommen.[3]

3. Ergebnis

2985 Im Ergebnis macht sich also ein Strafverteidiger bei Annahme von Honoraren aus bemakelten Quellen seines Mandanten nur dann wegen Geldwäsche strafbar, wenn er die Herkunft der Gelder sicher kennt. Zu Nachforschungen über die Einnahmequellen seines Mandanten ist der Verteidiger nicht verpflichtet. Darauf, ob das Wissen des Strafverteidigers auf einem Geständnis seines Mandanten oder auf anderen Quellen beruht, kommt es nicht an. Damit steht zugleich fest, dass § 261 Abs. 5 StGB, der in subjektiver Hinsicht Leichtfertigkeit genügen lässt, auf die Honorarannahme durch Strafverteidiger keine Anwendung finden kann.

2986 Den verbleibenden Gefahren für die Berufsausübungsfreiheit des Strafverteidigers und das Institut der Wahlverteidigung können und müssen die mit der Umsetzung der materiellen Norm betrauten Staatsanwaltschaften und Gerichte Rechnung tragen. Sie sind verpflichtet, dabei auf die besondere Stellung des Strafverteidigers angemessen Rücksicht zu nehmen. So setzt der Anfangsverdacht der Geldwäsche

---

1) OLG Hamburg v. 6.1.2000, 2 Ws 185/99, wistra 2000, 105.
2) BVerfG v. 30.4.2004, 2 BvR 1520/01, 1521/01, BVerfGE 110, 226 = NJW 2004, 1305.
3) Krit. s. Fischer, 59. Aufl. 2012, § 261 StGB Rz. 35a ff.

durch einen Strafverteidiger auf Tatsachen beruhende, greifbare Anhaltspunkte für die Annahme voraus, dass der Strafverteidiger zum Zeitpunkt der Honorarannahme nicht gutgläubig war. Darauf können etwa die außergewöhnliche Höhe des Honorars oder die Art und Weise der Erfüllung der Honorarforderung hinweisen. Auch die Fachgerichte müssen der besonderen Rolle der Strafverteidiger bei der ihnen anvertrauten Aufgabe der Tatsachenfeststellung und Beweiswürdigung angemessen Rechnung tragen.

Diese Grundsätze können weitgehend auch auf die Annahme von Honorar bei Steuerberatern übertragen werden [1] Es empfiehlt sich in der Praxis darüber hinaus Folgendes zu beachten: **2987**

- Honorarzahlungen durch Dritte sind grundsätzlich unbedenklich, es sei denn, es handelt sich um Tatbeteiligte.
- Maßgeblich ist das sichere Wissen des Beraters im Zeitpunkt der Geldzuwendung.
- Hohe Bargeldzahlungen sind zu vermeiden.
- Die Höhe des Honorars muss in einem angemessenen Verhältnis zur Leistung stehen.
- Das Honorar sollte nicht unter konspirativen Bedingungen entgegengenommen werden, insbesondere auch nicht aus Verstecken abgeholt werden, weil die Art und Weise der Erfüllung der Honorarforderung ein Indikator für die subjektive Tatseite beim Berater sein kann.
- Honorarzahlungen sind grundsätzlich zu quittieren.

III. Pflichten des Beraters bei der Bekämpfung der Geldwäsche

1. Rechtslage

Die Bekämpfung der Geldwäsche ist seit langem international ein wichtiges Ziel der jeweiligen Gesetzgeber. Auch in Deutschland wird versucht, dieses Ziel durch die Umsetzung zahlreicher Gesetze zu erreichen. Wichtige Grundlage war dabei zunächst des „Gesetz über das Aufspüren von Gewinnen aus schweren Straftaten" (Geldwäschegesetz – GwG).[2] Danach bestanden bereits weitgehende Aufzeichnungs- und Meldepflichten bei Geldwäsche-Verdachtsfällen für bestimmte Tätigkeiten und Berufe innerhalb und außerhalb des Finanzsektors. Das Gesetz fußte auf mehreren Geldwäscherichtlinien der EU, welche vom deutschen Gesetzgeber umgesetzt wurden. **2988**

Auch das Geldwäschebekämpfungsergänzungsgesetz setzte EU-Vorgaben um. Grundlage war die dritte EU-Geldwäscherichtlinie[3] und eine hierzu von der EU-Kommission erlassene Durchführungsrichtlinie.[4] Durch diese Richtlinien wurden die EU-rechtlichen Grundlagen für die nationalen Gesetzgebungen zur Bekämpfung der Geldwäsche und der Terrorismusfinanzierung umstrukturiert und erweitert. **2989**

Das Geldwäschebekämpfungsergänzungsgesetz[5] ordnete auf dieser Grundlage das deutsche Geldwäscherecht neu. Insbesondere wurde durch das Geldwäschebekämpfungsergänzungsgesetz das bisherige nationale Geldwäschegesetz (GwG) **2990**

1) Zweifelnd: Ebner, PStR 2008, 240, 242; „Checkliste" dazu bei Wegner, PStR 2010, 250.
2) V. 25.10.1993, BGBl. I 1993, 1770.
3) Richtlinie 2005/60/EG des Europäischen Parlaments und des Rates v. 26.10.2005.
4) Richtlinie 2006/70/EG der EG-Kommission v. 1.8.2006.
5) V. 13.8.2008, BGBl. I 2008, 1690.

durch ein neugefasstes Gesetz abgelöst sowie die geldwäscherechtlichen Spezialbestimmungen u.a. im Kreditwesengesetz und im Versicherungsaufsichtsgesetz geändert und ergänzt.

2991 Zuletzt hat der Gesetzgeber mit dem Gesetz zur Optimierung der Geldwäscheprävention auf Empfehlung der FATF[1] umfangreiche Änderungen des Geldwäschegesetzes vorgenommen, mit denen der Pflichtenkatalog für Berater nochmals deutlich erweitert wurde.[2]

2. Pflichten

2992 Für Steuerberater und Angehörige anderer beratender Berufe ist zunächst zu klären, ob diese zu dem nach dem Geldwäschegesetz verpflichteten Personenkreis gehören und welche Pflichten sodann gelten.

a) Verpflichteter Personenkreis

2993 Nach § 2 Abs. 1 Nr. 7 und Nr. 8 GwG gehören Angehörige beratender Berufe zu dem verpflichteten Personenkreis soweit sie in Ausübung ihres Geschäfts oder Berufs handeln. Zu beachten ist dabei, dass das Gesetz durchaus zwischen Rechtsanwälten einerseits und Steuerberatern, Wirtschaftsprüfern, vereidigten Buchprüfern und Steuerbevollmächtigten andererseits unterscheidet. Letztere werden nämlich generell zum verpflichteten Personenkreis gem. § 2 Abs. 1 Nr. 8 GwG gezählt; Rechtsanwälte nur dann, wenn sie für ihren Mandanten an der Planung oder Durchführung von folgenden Geschäften mitwirken:

- Kauf und Verkauf von Immobilien oder Gewerbebetrieben,
- Verwaltung von Geld, Wertpapieren oder sonstigen Vermögenswerten,
- Eröffnung oder Verwaltung von Bank-, Spar-, oder Wertpapierkonten,
- Beschaffung der zur Gründung, zum Betrieb oder zur Verwaltung von Gesellschaften erforderlichen Mittel,
- Gründung, Betrieb oder Verwaltung von Treuhandgesellschaften, Gesellschaften oder ähnlichen Strukturen,
- oder wenn sie im Namen und auf Rechnung des Mandanten Finanz- oder Immobilientransaktionen durchführen.

Bei allen sonstigen anwaltlichen Geschäften greift das GwG nicht.

b) Allgemeine Sorgfaltspflichten

2994 Die nach § 2 Abs. 1 GwG verpflichteten Personen haben gem. § 3 Abs. 1 GwG folgende „allgemeine Sorgfaltspflichten" zu erfüllen:

- Identifizierung des Vertragspartner,
- Einholung von Informationen über den Zweck und die angestrebte Art der Geschäftsbeziehung, soweit sich diese im Einzelfall nicht bereits zweifelsfrei aus der Geschäftsbeziehung ergeben,
- Abklärung, ob der Vertragspartner für einen wirtschaftlich Berechtigten handelt und, soweit dies der Fall ist, dessen Identifizierung,

---

1) Financial Action Task Force on Money Laundering, ein bei der OECD angesiedeltes, zwischenstaatliches Gremium zur Verbesserung der Methoden zur Bekämpfung der Geldwäsche und der Terrorismusfinanzierung.

2) Gesetz zur Optimierung der Geldwäscheprävention v. 22.12.2011, BGBl. I 2011, 2959; in Kraft seit 29.12.2011 bzw. 1.3.2012; vgl. dazu Burmeister/Uwer, AnwBl. 2012, 395 sowie krit. Hamacher, wistra 2012, 136.

- kontinuierliche Überwachung der Geschäftsbeziehung einschließlich der in ihrem Verlauf durchgeführten Transaktionen.

Die Identifizierung ist in § 1 Abs. 1 GwG definiert und besteht aus der Feststellung der Identität durch Erheben von Angaben und der Überprüfung der Identität des Vertragspartners. Verpflichtete haben gem. § 4 Abs. 1 GwG ihre Vertragspartner und – soweit vorhanden – wirtschaftlich Berechtigte bereits **vor** Begründung der Geschäftsbeziehung oder Durchführung der Transaktion zu identifizieren. Die Identifizierung kann noch während der Begründung der Geschäftsbeziehung abgeschlossen werden, wenn dies erforderlich ist, um den normalen Geschäftsablauf nicht zu unterbrechen und ein geringes Risiko der Geldwäsche oder der Terrorismusfinanzierung besteht. Von einer Identifizierung kann nach § 4 Abs. 2 GwG abgesehen werden, wenn der Verpflichtete den zu Identifizierenden bereits bei früherer Gelegenheit identifiziert und die dabei erhoben Angaben aufgezeichnet hat, es sei denn, der Verpflichtete muss auf Grund der äußeren Umstände Zweifel hegen, dass die bei der früheren Identifizierung erhobenen Angaben weiterhin unzutreffend sind. **2995**

Zur Feststellung der Identität des Vertragspartners hat der Verpflichtete folgende Angaben zu erheben (§ 4 Abs. 3 GwG): **2996**

- Bei einer natürlichen Person: Name, Geburtsort, Geburtsdatum, Staatsangehörigkeit und Anschrift.
- Bei einer juristischen Person oder Personengesellschaft: Firma, Name oder Bezeichnung, Rechtsform, Registernummer soweit vorhanden, Anschrift des Sitzes oder der Hauptniederlassung und Namen der Mitglieder des Vertretungsorgans oder der gesetzlichen Vertreter; ist ein Mitglied des Vertretungsorgans oder der gesetzliche Vertreter eine juristische Person, so sind deren Name, Name der Bezeichnung, Rechtsform, Registernummer soweit vorhanden und Anschriftsitzes oder der Hauptniederlassung zu erheben.

Zur Überprüfung der Identität des Vertragspartner hat sich der Verpflichtete gem. § 4 Abs. 4 GwG anhand der nachfolgenden Dokumente zu vergewissern, dass die nach Absatz drei erhobenen Angaben zutreffend sind, soweit sie in den Dokumenten enthalten sind: **2997**

- Bei natürlichen Personen ist die Vorlage eines gültigen amtlichen Ausweises, der ein Lichtbild des Inhabers enthält und mit dem die Pass- und Ausweispflicht im Inland erfüllt wird, zu verlangen.
- Bei juristischen Personen muss ein Auszug aus dem Handels- oder Genossenschaftsregister oder einem vergleichbaren amtlichen Register oder Verzeichnis, die Gründungsdokumente oder gleichwertige beweiskräftige Dokumente verlangt werden oder Einsicht in die Register- oder Verzeichnisdaten genommen werden.

c) Entstehen der allgemeinen Sorgfaltspflichten

Nach § 3 Abs. 2 GwG sind die allgemeinen Sorgfaltspflichten nach § 3 Abs. 1 GwG zu erfüllen: **2998**

- im Falle der Begründung einer Geschäftsbeziehung,
- im Falle der Durchführung einer außerhalb bestehenden Geschäftsbeziehung anfallenden Transaktion im Wert von 15 000 € oder mehr; dies gilt auch, wenn mehrere Transaktionen durchgeführt werden, die zusammen einen Betrag im Wert von 15 000 € oder mehr ausmachen, sofern Anhaltspunkte dafür vorliegen, dass zwischen ihnen eine Verbindung besteht,
- im Falle der Feststellung von Tatsachen, die darauf schließen lassen dass eine Transaktion einer Tat nach § 261 StGB (Geldwäsche) oder der Terrorismusfinanzierung dient, gedient hat oder im Falle ihrer Durchführung dienen würde,

– im Falle von Zweifeln, ob die auf Grund von Bestimmungen dieses Gesetzes erhobenen Angaben zu der Identität des Vertragspartners oder des wirtschaftlich Berechtigten zutreffend sind.

2999 Bei der Erfüllung dieser Sorgfaltspflichten haben die Verpflichteten den konkreten Umfang ihrer Maßnahmen entsprechend dem Risiko des jeweiligen Vertragspartners, der jeweiligen Geschäftsbeziehung oder der jeweiligen Transaktion zu bestimmen. Gegenüber den Aufsichtsbehörden, welche zur Überwachung der Durchführung des Geldwäschegesetzes zuständig sind (nach § 16 Abs. 2 GwG sind dies die jeweiligen Kammern), muss der Verpflichtete auf Verlangen darlegen können, dass der Umfang von ihm getroffenen Maßnahmen im Hinblick auf die Risiken der Geldwäsche und der Terrorismusfinanzierung als angemessen anzusehen sind.

3000 Kann der Verpflichtete die genannten Sorgfaltspflichten nicht erfüllen, darf die Geschäftsbeziehung nicht begründet oder fortgesetzt und keine Transaktion durchgeführt werden. Soweit eine Geschäftsbeziehung bereits besteht, ist diese vom Verpflichteten ungeachtet anderer gesetzlicher oder vertraglicher Bestimmungen durch Kündigung oder auf andere Weise zu beenden. Dies gilt **nicht** für Angehörige beratender Berufe (z.B. Rechtsanwälte, Steuerberater und Wirtschaftsprüfer), wenn der Vertragspartner eine Rechtsberatung oder Prozessvertretung erstrebt, es sei denn, der Verpflichtete weiß, dass der Vertragspartner die Rechtsberatung bewusst für den Zweck der Geldwäsche oder der Terrorismusfinanzierung in Anspruch nimmt, § 3 Abs. 6 Satz 3 GwG.

d) Abstufung bei den Sorgfaltspflichten

3001 Das Geldwäschegesetz differenziert bei den Sorgfaltspflichten je nach Risikoorientierung und normiert verstärkte (§ 6 GwG) oder vereinfachte (§ 5 GwG) Sorgfaltspflichten.

Verstärkte Sorgfaltspflichten sollen dann gelten, soweit erhöhte Risiken bezüglich der Geldwäsche oder der Terrorismusfinanzierung bestehen können. Dies wiederum soll dann der Fall sein, wenn es sich bei dem Vertragspartner um eine nicht im Inland ansässige natürliche Person, die ein wichtiges öffentliches Amt ausübt oder ausgeübt hat, ein unmittelbares Familienmitglied dieser Person oder eine ihr bekanntermaßen nahestehende Person handelt.

3002 Ist der Vertragspartner eine natürliche Person und zur Feststellung der Identität nicht persönlich anwesend, hat der Verpflichtete die Identität des Vertragspartners anhand eines Dokuments i.S.d. § 4 Abs. 4 Satz 1 Nr. 1 GwG (i.d.R. Personalausweis oder Reisepass oder ein entsprechendes Dokument) zu überprüfen und sicherzustellen, dass die erste Transaktion unmittelbar von einem Konto erfolgt, dass auf den Namen des Vertragspartners eröffnet worden ist.

3003 Soweit diese Voraussetzungen nicht vorliegen, können Verpflichtete von der Erfüllung der in § 3 Abs. 1 GwG normierten Sorgfaltspflichten absehen, wenn das Risiko der Geldwäsche oder Terrorismusfinanzierung gering ist. Dies wiederum ist dann der Fall, wenn Verpflichtete untereinander Geschäftsbeziehungen begründen sowie bei Transaktionen unter Begründung von Geschäftsbeziehungen mit börsennotierten Gesellschaften, die entsprechend transparent sind.

e) Aufzeichnungs- und Aufbewahrungspflichten

3004 Soweit Sorgfaltspflichten bestehen, sind die erhobenen Angaben und eingeholten Informationen über Vertragspartner, wirtschaftlich Berechtigte, Geschäftsbeziehungen und Transaktionen aufzuzeichnen (§ 8 GwG). Dies gilt auch für die zur Überprüfung der Identität eingeholten Informationen und angefertigten Kopien. Die Aufzeichnungen können auch auf einem Bild oder sonstigen Datenträger gespeichert werden. Es muss jedoch sichergestellt sein, dass die gespeicherten Daten mit den festgestellten Angaben übereinstimmen, während der Dauer der Aufbewahrungsfrist verfügbar sind und jederzeit innerhalb angemessener Frist lesbar gemacht werden können.

Die Aufzeichnungen und sonstigen Belege sind mindestens fünf Jahre aufzubewahren. Die Frist beginnt mit dem Schluss des Kalenderjahres, in dem die Geschäftsbeziehung endet. In den übrigen Fällen beginnt sie mit dem Schluss des Kalenderjahres, in dem die jeweilige Angabe festgestellt worden ist. **3005**

f) Anzeige von Verdachtsfällen

Gemäß § 11 Abs. 1 GwG hat ein Verpflichteter unabhängig von der Höhe der Transaktion bei Feststellungen von Tatsachen, die darauf schließen lassen, dass eine Tat nach § 261 StGB (Geldwäsche) oder eine Terrorismusfinanzierung begangen oder versucht wurde oder wird, diese unverzüglich mündlich, telefonisch, fernschriftlich oder durch elektronische Datenübermittlung der zuständigen Strafverfolgungsbehörde und in Kopie dem Bundeskriminalamt – Zentralstelle für Verdachtsanzeigen – anzuzeigen. Eine angetragene Transaktion darf frühestens durchgeführt werden, wenn dem Verpflichteten die Zustimmung der Staatsanwaltschaft übermittelt wurde oder wenn der zweite Werktag nach dem Abgangstat der Anzeige verstrichen ist, ohne das die Durchführung der Transaktion strafprozessual untersagt worden ist. Nur wenn der Aufschub der Transaktion nicht möglich ist oder dadurch die Verfolgung der Nutznießer einer mutmaßlichen Geldwäsche oder Terrorismusfinanzierung behindert werden könnte, darf die Transaktion durchgeführt werden. Die Anzeige ist dann unverzüglich nachzuholen. **3006**

Angehörige beratender Berufe sind in Ausnahme davon nicht zur Anzeige verpflichtet, wenn dem Verdacht Informationen von dem oder über den Mandanten zu Grunde liegen, die sie im Rahmen der Rechtsberatung oder der Prozessvertretung dieses Mandanten erhalten haben (§ 11 Abs. 3 GwG). Die Anzeigepflicht bleibt jedoch bestehen, wenn die genannten Verpflichteten wissen, dass der Mandant ihre Rechtsberatung bewusst für den Zweck der Geldwäsche und der Terrorismusfinanzierung in Anspruch nimmt (§ 11 Abs. 3 Satz 2 GwG). **3007**

Bei Angehörigen beratender Berufe ist die Verdachtsanzeige an die für sie zuständige Berufskammer zu übermitteln (§ 11 Abs. 4 GwG). Die Kammer kann zu der Anzeige Stellung nehmen, und hat diese mit ihrer Stellungnahme unverzüglich an die bereits genannten Stellen (Staatsanwaltschaft und BKA) weiterzuleiten. **3008**

Gemäß § 12 GwG darf ein Verpflichteter den Auftraggeber der Transaktion und sonstige Dritte nicht von einer Anzeige nach § 11 GwG oder von einem daraufhin eingeleiteten Ermittlungsverfahren in Kenntnis setzen. **3009**

g) Interne Sicherungsmaßnahmen

Schließlich müssen Verpflichtete angemessene interne Sicherungsmaßnahmen dagegen treffen, dass sie zur Geldwäsche und zur Terrorismusfinanzierung missbraucht werden können. Gemäß § 9 Abs. 2 GwG ist darunter insbesondere die Bestellung eines der Geschäftsleitung unmittelbar nachgeordneten Geldwäschebeauftragten zu verstehen, der Ansprechpartner für die Strafverfolgungsbehörden und das Bundeskriminalamt ist. Für Rechtsanwälte gilt dies aber nur dann, wenn sie die in § 3 Abs. 1 Satz 1 Nr. 1 GwG genannten Geschäfte regelmäßig ausführen und wenn der Kanzlei mehr als 10 Berufsangehörige oder Berufsträger sozietätsfähiger Berufe gem. § 59a BRAO angehören.[1] Darüber hinaus sind interne Grundsätze zu entwickeln und zu aktualisieren, die den Missbrauch des eigenen Berufsstandes zur **3010**

1) Anordnung der Rechtsanwaltskammer nach § 14 Abs. 4 Satz GwG v. 31.7.2003 i.V.m. § 14 Abs. 2, 4 GwG, BRAK-Mitt. 2003, 229.

Geldwäsche und zur Terrorismusfinanzierung verhindern sollen. Schließlich sind die mit der Durchführung von potenziell gefährdeten Transaktionen und mit der Anbahnung und Begründung von Geschäftsbeziehung befassten Beschäftigten über die Methoden der Geldwäsche und der Terrorismusfinanzierung und die nach dem GwG bestehenden Pflichten zu unterrichten.

h) Bußgeldvorschriften

3011 Zuwiderhandlungen gegen die Identifizierungs-, Aufzeichnungs- und Aufbewahrungspflichten sind als Ordnungswidrigkeiten mit einem Bußgeld bis zu 100 000 € bedroht (§ 17 GwG). Maßstab bei der Pflichtverletzung ist vorsätzliches oder zumindest leichtfertiges (also grob fahrlässiges) Handeln.

KAPITEL III

Ermittlungsbehörden – ihre Verfolgungszuständigkeiten und Kompetenzen

A. Ermittlungsbehörden

Zur Verfolgung von Straftaten sind nach der Strafprozessordnung die Staatsanwaltschaft, der das Anklagemonopol zusteht (§ 152 Abs. 1 StPO), die Polizei und bei Gefahr im Verzug auch der Richter berufen (§ 160 Abs. 1, § 163 Abs. 1 und § 165 StPO). Die Verfolgung von Steuerstraftaten hat die Abgabenordnung primär in die Hände der Finanzbehörden gelegt (§ 386 AO) und dadurch das Ermittlungsmonopol der Staatsanwaltschaft z.T. eingeschränkt, ohne jedoch die Staatsanwaltschaft von der Pflicht, auf die Verfolgung von Steuerstraftaten hinzuwirken, zu entbinden.[1] Durch die teilweise Verlagerung der Zuständigkeit zur Verfolgung von Steuerstraftaten auf die Finanzbehörde wird Doppelarbeit vermieden, da die Finanzbehörden den Sachverhalt ohnehin für Besteuerungszwecke aufklären müssen, das Verfahren gestrafft sowie die Sachkenntnis der Finanzbehörde genutzt. **3012**

Die Doppelfunktion der Finanzbehörde, die sowohl im Besteuerungs- als auch im Strafverfahren tätig wird, ist aus rechtsstaatlichen Gesichtspunkten nicht unproblematisch, da beide Verfahren – unbeschadet des theoretisch verfassungskonform auflösbaren Spannungsverhältnisses[2] – in der Praxis nur schwer zu trennen sind. Die Abgrenzung des Besteuerungsverfahrens und des Strafverfahrens ist in § 393 und § 208 Abs. 3 AO nur fragmentarisch geregelt.[3] **3013**

Für die Verfolgung von Steuerstraftaten (§ 369 Abs. 1 AO) gelten gem. § 385 Abs. 1 AO die allgemeinen Gesetze über das Strafverfahren, soweit die Abgabenordnung im Dritten Abschnitt des Achten Teils nichts anderes bestimmt. Die Rechte und Pflichten der Finanzbehörde im Ermittlungsverfahren unterscheiden sich je nachdem, ob sie das Ermittlungsverfahren selbständig führt (§ 386 Abs. 2 AO) oder im Ermittlungsverfahren der Staatsanwaltschaft tätig wird (§ 386 Abs. 1 AO).

Der überwiegende Teil aller Steuerstraftaten wird in der Praxis von den Finanzbehörden durch die Straf- und Bußgeldsachenstellen (StraBu)[4] der Finanzämter bzw. die Hauptzollämter verfolgt. Mit der Steuerfahndung und der Zollfahndung (§ 208 AO) verfügen die Finanzbehörden über eigene Ermittlungsorgane, denen gem. § 404 AO dieselben Rechte wie der Polizei nach der Strafprozessordnung zustehen. Die StraBu oder das Hauptzollamt leitet das Ermittlungsverfahren (z.B. durch Beantragung eines Durchsuchungsbeschlusses) und trifft die abschließenden Entscheidungen (z.B. Abgabe oder Vorlage der Sache an die Staatsanwaltschaft, Beantragung eines Strafbefehls beim Amtsgericht, Einstellung des Verfahrens), während die Steuerfahndung bzw. die Zollfahndung im Auftrag der Straf- und Bußgeldsachenstelle bzw. des Hauptzollamts die konkreten Ermittlungshandlungen vornimmt, ohne selbst abschließende Entscheidungen treffen zu können. Schlagwortartig kann man sagen: Straf- und Bußgeldsachenstelle und Hauptzollamt = Finanzstaatsanwaltschaft, Steuerfahndung und Zollfahndung = Finanzpolizei. **3014**

Für Steuerordnungswidrigkeiten (§ 377 AO) gilt über die §§ 409 und 410 AO eine vergleichbare Regelung. **3015**

1) Meyer-Goßner, 55. Aufl. 2012, § 160 StPO Rz. 13.
2) Seer in Tipke/Kruse, § 208 AO Rz. 130 und Rz. 15 (Mai 2011).
3) Zur Abgrenzung der beiden Verfahrensarten Seipl in Beermann/Gosch, § 393 AO Rz. 29 ff. (Januar 2006).
4) Je nach Bundesland wird auch der Begriff BuStra (Bußgeld- und Strafsachenstelle) verwendet.

B. Finanzbehörde als Ermittlungsbehörde

Schrifttum

Hellmann, Die Befugnis der Landesfinanzverwaltungen zum Erlaß der Anwesungen für das Straf- und Bußgeldverfahren (Steuer), wistra 1994, 13.

I. Ermittlungsbehörden (funktionelle Zuständigkeit, § 386 Abs. 1 AO)

3016 Im Steuerstrafverfahren ermittelt gem. § 386 Abs. 1 Satz 1 AO die Finanzbehörde den Sachverhalt. Finanzbehörden sind – abweichend von § 6 Abs. 2 AO – gemäß der Legaldefinition des § 386 Abs. 1 Satz 2 AO: die Hauptzollämter (§ 1 Nr. 4 FVG) und das Bundeszentralamt für Steuern (§ 1 Nr. 2 FVG) als Bundesfinanzbehörden, die Finanzämter (§ 2 Abs. 1 Nr. 4 FVG) als Landesfinanzbehörden sowie die Familienkassen (§ 72 Abs. 1 Satz 2 EStG, § 5 Abs. 1 Nr. 11 Satz 10 FVG) als Bundesfinanzbehörde, soweit sie den Familienleistungsausgleich durchführen; insoweit unterliegen sie der Fachaufsicht des Bundeszentralamtes für Steuern. Da das Gesetz lediglich der Finanzbehörde bzw. den Familienkassen die Ermittlungskompetenz zuweist, ist zur Bestimmung der innerhalb der Finanzbehörde zuständigen Amtsträger auf die beamtenrechtlichen und innerbehördlichen Organisationsregeln zurückzugreifen.[1]

3017 Das Bundesministerium der Finanzen (§ 1 Nr. 1 FVG), die obersten Behörden der Länder (§ 2 Nr. 1 FVG), die Bundesfinanzdirektionen und das Zollkriminalamt (§ 1 Nr. 3 FVG), die Oberfinanzdirektionen oder die anstelle der Oberfinanzdirektionen tretende Landesfinanzbehörden (§ 2 Nr. 3 FVG) sind keine Finanzbehörden i.S.d. § 386 AO. Sie sind folglich, soweit das Legalitätsprinzip greift, nicht befugt, in ein Strafverfahren mit konkreten Anweisungen einzugreifen. Sie können weder eigenständig ein Ermittlungsverfahren einleiten noch Anweisungen erteilen, wie die Ermittlungen im Einzelfall zu führen oder abzuschließen sind. Die in der Literatur gegen diese Auffassung erhobenen Bedenken, der Finanzbehörde würde eine Art richterliche Unabhängigkeit zugestanden,[2] überzeugen nicht. Die Finanzbehörde unterliegt der Kontrolle durch die Staatsanwaltschaft, die, wenn die Finanzbehörde das Ermittlungsverfahren gem. § 386 Abs. 2 AO selbständig durchführt, von ihrer Sachleitungsbefugnis durch Ausübung des Evokationsrechts gem. § 386 Abs. 4 Satz 2 AO Gebrauch machen kann.[3]

3018 Vorgesetzte Behörden können allenfalls durch Ausübung ihrer Leitungsbefugnis (§§ 3, 8 und 8a FVG) mittelbar Einfluss auf das Strafverfahren nehmen. Die Finanzverwaltung hat in Ausübung ihrer Organisations-, Geschäftsleitungs- und Dienstgewalt Anweisungen für das Straf- und Bußgeldverfahren (Steuer) – AStBV (St) 2013)[4] erlassen, um auf eine einheitliche Handhabung des Gesetzes hinzuwirken. Die Anweisungen sprechen zwar in der Einführung davon, lediglich „Anleitungen für den Regelfall (zu) geben", die Formulierung „sind ... anzuwenden" in Nr. 1 der AStBV (St) 2013 gesteht jedoch dem einzelnen Finanzbeamten keinen Entscheidungsspielraum zu. Die AStBV (St) 2013 bestimmen in Nr. 135, dass über Ermittlungen in Fällen von besonderer Bedeutung an die vorgesetzten Behörden zu berichten ist. Im Schrifttum ist die Bindungswirkung und z.T. sogar generell die Rechtmäßig-

1) Einzelheiten bei Seipl in Beermann/Gosch, § 386 AO Rz. 11 ff. (August 2011).
2) Seipl in Beermann/Gosch, § 386 AO Rz. 18.1 ff. (August 2011).
3) Jäger in Klein, 11. Aufl. 2012, § 386 AO Rz. 2.
4) BStBl I 2012, 1018; eine ähnliche Verwaltungsanweisung besteht auch in der Justizverwaltung, namentlich die Richtlinien für das Straf- und Bußgeldverfahren (RiStBV), abgedruckt bei Meyer-Goßner, 55. Aufl. 2012, Anh. 12.

keit der AStBV (St) 2013 umstritten → Rz. 2812.[1] Für den Beschuldigten oder für den sonst von einer Maßnahme Betroffenen ist wichtig, dass er sich auf die AStBV (St) 2013 berufen kann, wenn die Finanzbehörde von einer ihm günstigen Regelung abweicht.[2]

Neben den AStBV (St) 2013 sind noch die **Dienstanweisung für das Bußgeld- und Steuerstrafverfahren im Zusammenhang mit der Durchführung des Familienlastenausgleichs** (DAFamBuStra)[3] sowie die **Betriebsprüfungsordnung** (BpO 2000) vom 15.3.2000,[4] die in § 10 Anweisungen für die Betriebsprüfung bei Verdacht einer Steuerstraftat oder Steuerordnungswidrigkeit enthält, zu beachten. 3019

II. Sachlich zuständige Finanzbehörde (§ 387 AO)

Die sachliche Zuständigkeit der Finanzbehörde für steuerstrafrechtliche Ermittlungen ist in § 387 AO geregelt. Gemäß § 387 Abs. 1 AO ist dafür diejenige Finanzbehörde zuständig, welche die betroffene Steuer verwaltet. Die **Verwaltungszuständigkeit** ergibt sich aus dem GG und dem FVG. Betroffen ist diejenige Steuerart, auf die sich der Anfangsverdacht für die zu ermittelnde Tat bezieht.[5] Verwalten der Steuer bedeutet Ermittlung und Festsetzung der Steuer bzw. die Annahme von Steueranmeldungen.[6] Wenn das Gesetz die Mitwirkung einer anderen Behörde bei der Verwaltung einer Steuer anordnet, z.B. Mitwirkung des Bundeszentralamtes für Steuern an Außenprüfungen in § 5 Abs. 1 Nr. 1 FVG oder der Zollstellen bei der Verwaltung der Umsatzsteuer in § 18 FVG, verbleibt die sachliche Zuständigkeit bei der verwaltenden Behörde.[7] Im Einzelnen: 3020

- Die Hauptzollämter sind als örtliche Bundesbehörden gem. § 12 Abs. 2 FVG zuständig für die Verwaltung der Zölle, der bundesgesetzlich geregelten Verbrauchsteuern (z.B. Mineralölsteuer und Stromsteuer) einschließlich der Einfuhrumsatzsteuer und der Biersteuer und der Abgaben im Rahmen der Europäischen Gemeinschaft. Die Hauptzollämter sind auch zuständig für die Ermittlungen bei Verdacht des Bannbruchs (§ 372 AO) und der Steuerhehlerei (§ 374 AO).[8] Die Zollfahndungsämter haben keine eigene Zuständigkeit für die Verwaltung von Steuern, ihre Zuständigkeit für strafrechtliche Ermittlungen ergibt sich nicht aus § 387 Abs. 1 AO, sondern aus § 208 AO.[9] Keine Zuständigkeit für die Verwaltung von Steuern hat auch die **Finanzkontrolle Schwarzarbeit (FKS)**. Sie ist als Dienststelle der Hauptzollämter organisiert und für die Verfolgung der illegalen Beschäftigung und Schwarzarbeit zuständig. Strafrechtliche Ermittlungskompetenz hat sie nur für die von den Hauptzollämtern verwalteten Steuern. Zur Prüfung der steuerlichen Pflichten im Zusammenhang mit Dienst- oder Werkleistungen sind die Finanzbehörden berufen; die FKS ist berechtigt, an den Prüfungen der Landesfinanzbehörden mitzuwirken (§ 2 Abs. 1 Satz 2 und 3 SchwarzArbG). § 2 Abs. 1 Satz 4 SchwarzArbG verpflichtet darüber hinaus die FKS zu prüfen, ob Anhaltspunkte dafür bestehen, dass steuerliche Pflichten verletzt wurden, und 3021

1) Randt in Franzen/Gast/Joecks, 7. Aufl. 2009, § 385 AO Rz. 16; Hellmann, wistra 1994, 14 ff.
2) Hellmann, wistra 1994, 14.
3) BStBl I 2012, 538 ff.; zu den Familienkassen als Strafverfolgungsbehörden vgl. Braun, Kindergeld und Steuerstrafrecht, PStR 2008, 37.
4) BStBl I 2000, 368, zuletzt geändert durch allg. Verwaltungsvorschrift v. 20.7.2011, BStBl I 2011, 710.
5) Seipl in Beermann/Gosch, § 387 AO Rz. 12 (Juni 2012).
6) Rüping in H/H/Sp, § 387 AO Rz. 8 (Juni 2012).
7) Seipl in Beermann/Gosch, § 387 AO Rz. 15 (Juni 2012); Randt in Franzen/Gast/Joecks, 7. Aufl. 2009, § 387 AO Rz. 10.
8) Rüping in H/H/Sp, § 387 AO Rz. 11 (Juni 2012).
9) Randt in Franzen/Gast/Joecks, 7. Aufl. 2009, § 387 AO Rz. 8.

dies ggf. den zuständigen Finanzbehörden mitzuteilen. Daraus folgt aber keine Zuständigkeit zur Verfolgung der damit zusammenhängenden Steuerstraftaten.

3022 – die Finanzämter sind als örtliche Landesfinanzbehörden gem. § 17 Abs. 2 Satz 1 FVG zuständig für die Verwaltung der Steuern, Zölle und der bundesgesetzlich geregelten Verbrauchsteuern, soweit die Verwaltung nicht auf Grund der Art. 108 Abs. 4 Satz 1, 108 Abs. 4 Satz 2 GG den Bundesfinanzbehörden oder den Gemeinden oder Gemeindeverbänden übertragen worden ist. Die Finanzämter sind damit im Wesentlichen für den Bereich der Besitz- und Verkehrssteuern und zusammen mit den Gemeinden für die Realsteuern[1] zuständig. Für die Verwaltung der Kraftfahrzeugsteuer sind die Finanzämter gem. § 18a FVG im Wege der Organleihe bis zum 30.6.2014 zuständig. Den Finanzämtern sind auf Grund des § 17 Abs. 2 FVG auch weitere Aufgaben übertragen. Praxisrelevant ist v.a. das Investitionszulagegesetz (InvZulG 2010), welches in § 158 InvZulG 2010 die entsprechende Anwendung der Vorschriften der Abgabenordnung über die Verfolgung von Steuerstraftaten anordnet.

3023 – das Bundeszentralamt für Steuern ist gem. § 5 Abs. 1 Nr. 25 FVG zuständig für die Verwaltung der Versicherung- und Feuerschutzsteuer. Weitere Verwaltungszuständigkeiten bestehen im Bereich der Einkommen- und Körperschaftsteuer (§ 5 Abs. 1 Nr. 2, 3, 12, 29 FVG) sowie im Bereich der Umsatzsteuer (§ 5 Abs. 1 Nr. 8, 9, 10, 21, 35, 37 FVG). Es ist insbesondere zuständig für die Vergabe der Umsatzsteuer-Identifikationsnummer nach § 27a UStG und die Entgegennahme der zusammenfassenden Meldungen nach § 18a UStG sowie die Durchführung des Besteuerungsverfahrens nach § 18 Abs. 4c UStG. Insoweit ist das Bundeszentralamt die sachlich zuständige Ermittlungsbehörde i.S.d. § 387 Abs. 1 AO. Dagegen begründet § 5 Abs. 1 Nr. 28 FVG keine Zuständigkeit des Bundeszentralamts für Ermittlungen in Steuerstrafsachen. Die Vorschrift ordnet lediglich eine **Unterstützung der Landesfinanzbehörden** bei der Verhütung und Verfolgung von Steuerstraftaten mit länderübergreifender, internationaler oder erheblicher Bedeutung sowie bei Anzeigen nach § 116 AO durch die Sammlung und Auswertung von Informationen an.

3024 – die Familienkassen sind für den Bereich des steuerlichen Familienleistungsausgleichs (insbesondere Festsetzung des Kindergeldes) die zuständige Ermittlungsbehörde. Familienkassen sind die als Familienkassen tätig werdenden Dienststellen der Bundesagentur für Arbeit und der öffentlichen Arbeitgeber. Sie sind nach § 5 Abs. 1 Nr. 11 FVG funktional als Bundesfinanzbehörden tätig und unterliegen bei der Durchführung des steuerrechtlichen Familienleistungsausgleichs nach dem EStG sowie der Verfolgung von Steuerstraftaten und der Verfolgung und Ahndung von Steuerordnungswidrigkeiten der **Fachaufsicht des Bundeszentralamtes für Steuern**.

3025 Für das Bußgeldverfahren wegen Steuerordnungswidrigkeiten ist die sachliche Zuständigkeit gem. § 409 AO durch Verweisung auf § 387 AO geregelt.

3026 § 12 Abs. 3 FVG eröffnet die Möglichkeit, durch **Rechtsverordnung** einem Hauptzollamt Zuständigkeiten für den Bereich mehrerer Hauptzollämter zu übertragen. Eine vergleichbare Regelung enthält § 17 Abs. 2 Satz 3 FVG für die Finanzämter. Erfolgt eine Übertragung von Zuständigkeiten auf Grund dieser Ermächtigungsgrundlagen, folgt die strafrechtliche Ermittlungskompetenz als Annex der übertragenen Zuständigkeit, ohne das eine Notzuständigkeit zurückbleibt.[2] Neben der

---

1) Zu den Folgen für die Zuständigkeit bei der Gewerbe- und Grundsteuer vgl. Seipl in Beermann/Gosch, § 387 AO Rz. 8 (Juni 2012).

2) Aus Gründen der Effizienz bei der Durchführung des Besteuerungsverfahrens ist in vielen Bundesländern die Verwaltung einzelner Steuerarten im Bereich der Festsetzung (z.B. Körperschaftsteuer, Erbschaftsteuer) und im Bereich der Erhebung (Finanzkassen, Vollstreckung) bei bestimmten Finanzämtern konzentriert.

Übertragung von Zuständigkeiten nach dem Finanzverwaltungsgesetz kann auch eine spezielle Zuständigkeitsübertragung der finanzbehördlichen Ermittlungskompetenz im Strafverfahren nach § 387 Abs. 2 AO durch Rechtsverordnung erfolgen. Sowohl das Bundesfinanzministerium[1] für die Hauptzollämter als auch die Landesregierungen bzw. die für die Finanzverwaltung zuständige oberste Landesbehörde (§ 387 Abs. 2 Satz 2 AO)[2] für die Finanzämter haben von der Konzentrationsmöglichkeit Gebrauch gemacht. In allen Bundesländern ist die strafrechtliche Ermittlungskompetenz für den Bereich mehrerer Finanzämter auf bestimmte Finanzämter, bei denen Straf- und Bußgeldsachenstellen vorhanden sind, übertragen worden. Für den Bereich der Familienkassen der Bundesagentur für Arbeit hat das Bundesfinanzministerium eine Zuständigkeitskonzentration nach § 387 Abs. 2 AO bei bestimmten Familienkassen bestimmt.[3]

Soweit den Straf- und Bußgeldsachenstellen die Ermittlungskompetenz übertragen wurde, verlieren die für die Verwaltung der entsprechenden Steuer zuständigen Finanzämter ihre Ermittlungskompetenz nach § 387 Abs. 1 AO. Ihnen verbleibt lediglich eine **Restkompetenz** zur Strafverfolgung[4] gem. § 399 Abs. 2 AO; mit anderen Worten, Herr des Ermittlungsverfahrens ist vorbehaltlich der staatsanwaltschaftlichen Ermittlungskompetenz der Vorsteher des Finanzamts, an welches die Zuständigkeit übertragen wurde. **3027**

Im Bußgeldverfahren wegen Steuerordnungswidrigkeiten gilt gem. § 410 Abs. 1 Nr. 7, § 399 Abs. 2 AO entsprechend. **3028**

Die **Straf- und Bußgeldsachenstellen sind unselbständige Organisationseinheiten** der Finanzämter, an welche sie angegliedert sind.[5] Die Zuweisung der Verfolgungskompetenz an die Straf- und Bußgeldsachenstelle ist eine verwaltungsinterne Aufgabenverteilung, sie verleiht diesen Stellen keinen Behördencharakter. Die Straf- und Bußgeldsachenstellen bestehen aus einem Sachgebiet oder mehreren Sachgebieten und werden i.d.R. von einem Beamten des höheren Diensts mit der Befähigung zum Richteramt (§ 5 DRiG) geleitet. Als Sachbearbeiter sind Beamte des gehobenen Diensts eingesetzt. **3029**

Aus rechtsstaatlicher Sicht bestehen gegen die **Konzentration** insoweit Bedenken, als bei den Finanzämtern mit Straf- und Bußgeldsachenstellen auch die Steuerfahndungsstellen angesiedelt sind, also staatsanwaltliche und polizeiliche Befugnisse in einem Finanzamt und z.T. sogar in einem Sachgebiet konzentriert sind, und die Abgrenzung der beiden Funktionen, wenn sie durch die gleiche Person (Vorsteher des Finanzamts, Sachgebietsleiter) wahrgenommen werden, im Einzelfall praktisch nicht vorgenommen werden kann. Insbesondere die Kontrollfunktion der Straf- und Bußgeldsachenstelle gegenüber der Steuerfahndung erscheint gefährdet.[6] In der Literatur wird empfohlen, de lege ferenda die Straf- und Bußgeldsachenstellen sowie die Steuerfahndungsstellen zu verselbständigen und behördlich zu organisieren.[7] **3030**

1) HZAZustV v. 16.2.2007, BGBl. I 2007, 202.
2) Eine Auflistung der einschlägigen Verordnungen und der für die Verfolgung von Steuerstraftaten zuständigen Finanzämter ist bei Seipl in Beermann/Gosch, § 387 AO Rz. 22 abgedruckt (Juni 2012).
3) Familienkassenzuständigkeitsverordnung v. 8.6.2006, BGBl. I 2006, 1309.
4) Randt in Franzen/Gast/Joecks, 7. Aufl. 2009, § 387 AO Rz. 20.
5) In Berlin, Niedersachsen und Nordrhein-Westfalen sind besondere Finanzämter geschaffen worden, die ausschließlich die Funktion der Bußgeld- und Strafsachenstelle und Steuerfahndung wahrnehmen. In den anderen Bundesländern ist die Zuständigkeit einzelnen Finanzämtern für mehrere Finanzämter übertragen.
6) Umfassend und überzeugend zu der Problematik Seipl in Beermann/Gosch, § 387 AO Rz. 6.1 und 6.2 (Juni 2012).
7) Seer in Tipke/Kruse, § 208 AO Rz. 8 (Mai 2008).

3031 Im Strafverfahren sind Anträge auf Vornahme von richterlichen Handlungen, etwa ein Antrag auf Erlass einer Durchsuchungsanordnung oder auf Erlass eines Strafbefehls, die von einer sachlich unzuständigen Antragsbehörde gestellt werden, unwirksam und folglich als unzulässig zu verwerfen, da die sachliche Zuständigkeit Prozessvoraussetzung ist und in jedem Stadium des Verfahrens zu beachten ist.[1] Im Übrigen sind die von einer sachlich unzuständigen Finanzbehörde vorgenommenen Ermittlungshandlungen wirksam. Etwas anderes gilt nur dann, wenn eine sachlich absolut unzuständige Finanzbehörde Ermittlungshandlungen vornimmt (z.B. Ermittlungen durch die Familienkasse in einem Strafverfahren wegen Umsatzsteuerhinterziehung). In einem solch eindeutigen Fall ist von einer Unwirksamkeit der Ermittlungshandlung auszugehen, jedoch ist zu beachten, dass die sachlich zuständige Behörde die Ermittlungshandlung erneut vornehmen kann und der Fehler dadurch geheilt wird.[2]

III. Örtlich zuständige Finanzbehörde (§§ 388 f. AO)

3032 § 388 AO bestimmt, welche der sachlich zuständigen Finanzbehörden im Einzelfall die Ermittlungen aufzunehmen hat. Die in sich geschlossenen Regelungen der Abgabenordnung über die örtliche Zuständigkeit gehen denen der Strafprozessordnung über die örtliche Zuständigkeit vor und sind abschließend.[3] § 388 AO regelt lediglich die örtliche Zuständigkeit der Finanzbehörde, für Gericht und Staatsanwaltschaft bleibt es bei den Bestimmungen der §§ 7 bis 11 StPO und des § 143 GVG. Die durch § 388 AO normierte örtliche Zuständigkeit gilt auch dann, wenn die Staatsanwaltschaft das Ermittlungsverfahren führt oder die Finanzbehörde zur Mitwirkung im gerichtlichen Verfahren aufgerufen ist.[4] Ist die örtliche Zuständigkeit einer Finanzbehörde nach den §§ 388, 389 AO gegeben, so kann sie Ermittlungen im **gesamten Bundesgebiet** vornehmen, sie ist in ihrer Tätigkeit nicht auf ihren Bezirk beschränkt.[5]

3033 § 388 AO, der gem. § 410 Abs. 1 Nr. 1 AO im Bußgeldverfahren entsprechend gilt, knüpft die örtliche Zuständigkeit an folgende Merkmale an.

1. Zuständigkeit nach dem Tatort (§ 388 Abs. 1 Nr. 1 1. Alt. AO)

3034 Zuständig ist diejenige Finanzbehörde, in deren Bezirk die Steuerstraftat begangen wurde. Nach § 9 Abs. 1 StGB und § 7 OWiG ist eine Tat an jedem Ort begangen, an welchem der Täter gehandelt hat oder im Falle des Unterlassens hätte handeln müssen oder an dem der zum Tatbestand gehörende Erfolg eingetreten ist oder nach der Vorstellung des Täters eintreten sollte. Bei Abgabe einer unrichtigen oder unvollständigen Erklärung (Handlungsdelikt) ist der Tatort am Sitz der Finanzbehörde oder der anderen Behörde i.S.d. § 370 Abs. 1 Nr. 1 AO. Liegen Handlungsort und Sitz der Behörde auseinander, z.B. bei Übermittlung der Erklärung durch die Post, durch Telefax oder durch das Internet, ist auch der Ort der Übergabe zur Übermittlung Tatort.[6] Wird die Finanzbehörde pflichtwidrig in Unkenntnis i.S.d. § 370 Abs. 1 Nr. 2 AO gelassen (Unterlassungsdelikt), ist der Tatort am Sitz der Finanzbehörde. Im Falle des Bannbruchs und des Schmuggels (§§ 372, 373 AO) ist der Tatort dort, wo die Zollbehörde getäuscht bzw. das Schmuggelgut unter Umgehung der

---

1) Meyer-Goßner, 55. Aufl. 2012, Einl. StPO Rz. 150; Randt in Franzen/Gast/Joecks, 7. Aufl. 2009, § 387 AO Rz. 24.
2) Jäger in Klein, 11. Aufl. 2012, § 387 AO Rz. 5.
3) Randt in Franzen/Gast/Joecks, 7. Aufl. 2009, § 388 AO Rz. 2 m.w.N.
4) Randt in Franzen/Gast/Joecks, 7. Aufl. 2009, § 388 AO Rz. 5.
5) Seipl in Beermann/Gosch, § 388 AO Rz. 1 (Juni 2012).
6) Seipl in Beermann/Gosch, § 388 AO Rz. 11 (Juni 2012); Randt in Franzen/Gast/Joecks, 7. Aufl. 2009, § 388 AO Rz. 9.

Zollstelle über die Grenze gebracht wird.[1] Für den Anstifter und Gehilfen bestimmt sich der Tatort nach § 9 Abs. 2 StGB, d.h., die Teilnahme ist sowohl an dem Ort begangen, an dem die Tat begangen ist, als auch an jenem Ort, an dem der Teilnehmer gehandelt hat oder im Falle des Unterlassens hätte handeln müssen oder an dem nach seiner Vorstellung die Tat begangen werden sollte. Für den Mittäter gilt das Gleiche. Für den Täter einer Begünstigung (§ 369 Abs. 1 Nr. 4 AO i.V.m. § 257 StGB) oder den Steuerhehler (§ 374 AO) ist der Tatort selbständig zu bestimmen. In aller Regel dürfte aber in Fällen der Begünstigung bzw. Steuerhehlerei gem. § 399 Satz 2 AO i.V.m. § 3 StPO ein sachlicher Zusammenhang bestehen, so dass eine einheitliche örtliche Zuständigkeit gegeben ist.

2. Zuständigkeit nach dem Ort der Tatentdeckung (§ 388 Abs. 1 Nr. 1 2. Alt. AO)

Örtlich zuständig ist auch diejenige Finanzbehörde, in deren Bezirk die Tat entdeckt 3035
wurde. Unter Tat ist in diesem Zusammenhang nicht die materielle, sondern die Tat im prozessualen Sinn[2] zu verstehen. Entdeckt ist eine Steuerstraftat, wenn konkrete Umstände, die den Verdacht einer Steuerstraftat begründen, einer zur Strafverfolgung sachlich zuständigen Stelle (Finanzbehörde, Staatsanwaltschaft, Polizei, Gericht) bekannt werden. Die Tatentdeckung durch eine der in § 116 AO genannten Stellen ist entgegen der h.M.[3] nicht ausreichend um eine örtliche Zuständigkeit zu begründen.[4] Auch die Entdeckung der Steuerstraftat durch eine Privatperson begründet keine örtliche Zuständigkeit.[5]

3. Zuständigkeit nach der abgabenrechtlichen Zuständigkeit (§ 388 Abs. 1 Nr. 2 AO)

Örtlich zuständig für die Ermittlung der Steuerstraftat ist auch diejenige Finanzbe- 3036
hörde, die zur Zeit der Einleitung des Strafverfahrens für die Abgabenangelegenheiten des Beschuldigten zuständig ist. **Abgabenangelegenheiten** sind gem. § 347 Abs. 2 AO „alle mit der Verwaltung der Abgaben einschließlich der Abgabevergütungen oder sonst mit der Anwendung der abgabenrechtlichen Vorschriften durch die Finanzbehörden zusammenhängenden Angelegenheiten einschließlich der Maßnahmen der Bundesfinanzbehörden zur Beachtung der Verbote und Beschränkungen für den Warenverkehr über die Grenze, den Abgabeangelegenheiten stehen die Angelegenheiten der Verwaltung der Finanzmonopole gleich". Welche Finanzbehörde für die Abgabenangelegenheit sachlich zuständig ist, bestimmt sich nach dem Finanzverwaltungsgesetz. Die örtliche Zuständigkeit der Finanzbehörde ist für die meisten Steuerarten in den §§ 17 bis 22 AO, für Zölle und Verbrauchsteuern in § 23 AO geregelt. Daneben besteht noch eine allgemeine örtliche **Ersatzzuständigkeit** nach § 24 AO für die Finanzbehörde, in deren Bezirk der Anlass für die Amtshandlung hervortritt. Für einzelne Steuerarten ist die örtliche Zuständigkeit nicht in der Abgabenordnung, sondern in den einzelnen Steuergesetzen geregelt (z.B. § 35 ErbStG oder § 17 GrEStG).

Wechselt die örtliche abgabenrechtliche Zuständigkeit nach Einleitung des Strafver- 3037
fahrens, so bleibt die einmal begründete örtliche Zuständigkeit für die Ermittlung der Steuerstraftat bestehen. Zuständig für die strafrechtlichen Ermittlungen wird gem. § 388 Abs. 2 Satz 2 AO aber auch die nach dem Wechsel für die Abgabenangelegenheiten zuständige Finanzbehörde. Diese zusätzliche Zuständigkeitsbegründung beruht auf Zweckmäßigkeitsgesichtspunkten.[6]

---

1) Rüping in H/H/Sp, § 388 AO Rz. 15 (Juni 2012).
2) Zum Tatbegriff im prozessualen Sinn vgl. Meyer-Goßner, 55. Aufl. 2012, § 264 StPO Rz. 1 ff.
3) Randt in Franzen/Gast/Joecks, 7. Aufl. 2009, § 388 AO Rz. 12. m.w.N.
4) Seipl in Beermann/Gosch, § 388 AO Rz. 13 (Juni 2012).
5) Randt in Franzen/Gast/Joecks, 7. Aufl. 2009, § 388 AO Rz. 16.
6) Rüping in H/H/Sp, § 388 AO Rz. 26 (November 2003).

4. Zuständigkeit nach dem Wohnsitz (§ 388 Abs. 1 Nr. 3 AO)

3038 Eine weitere örtliche Zuständigkeit ist auch bei der Finanzbehörde begründet, in deren Bezirk der Beschuldigte zur Zeit der Einleitung des Strafverfahrens seinen Wohnsitz hat. Der Begriff des Wohnsitzes in § 8 AO deckt sich nicht in allen Nuancen mit dem in § 8 StPO, der an den **bürgerlich-rechtlichen Wohnsitz**, so wie er in den §§ 7 ff. BGB definiert ist, anknüpft. Beim Begriff des Wohnsitzes nach der Abgabenordnung handelt es sich dagegen um einen eigenständigen steuerrechtlichen Begriff, der allein auf die tatsächlichen Verhältnisse abstellt.[1] Beim bürgerlich-rechtlichen Wohnsitzbegriff kommt es auf den Willen zur Niederlassung an einem Ort an, der zum Mittelpunkt der Lebensverhältnisse gemacht werden soll. Im Regelfall stimmen der bürgerlich-rechtliche und der steuerlich maßgebende Wohnsitz überein. Sowohl nach § 8 AO als auch nach § 7 BGB kann jemand mehrere Wohnsitze haben. In diesen Fällen begründet jeder der Wohnsitze eine Zuständigkeit. In der Praxis kommt es allenfalls bei Minderjährigen, die nach § 8 BGB ohne den Willen des gesetzlichen Vertreters keinen eigenen Wohnsitz, dagegen nach der Abgabenordnung auch ohne diesen Willen einen Wohnsitz begründen können,[2] darauf an, welcher der beiden Wohnsitzbegriffe maßgebend ist. Richtigerweise ist auf den Wohnsitzbegriff des Bürgerlichen Gesetzbuches abzustellen, da sich § 388 Abs. 1 Nr. 3 AO an § 8 StPO orientiert. Anders als nach § 8 StPO ist aber nicht der Wohnsitz zum Zeitpunkt der Erhebung der Klage, sondern der Wohnsitz zur Zeit der Einleitung des Strafverfahrens maßgebend.

3039 Ändert sich der Wohnsitz des Beschuldigten nach Einleitung des Strafverfahrens, bleibt die einmal begründete Zuständigkeit bestehen; § 388 Abs. 2 Satz 1 AO begründet aber eine weitere örtliche Zuständigkeit für die Finanzbehörde, in deren Bezirk der neue Wohnsitz liegt. Bei **Sachdienlichkeit**[3] ist das Verfahren gem. § 390 Abs. 2 AO an die Finanzbehörde, in deren Bezirk sich der neue Wohnsitz befindet, abzugeben.

5. Zuständigkeit nach dem gewöhnlichen Aufenthalt (§ 388 Abs. 3 AO)

3040 Hat der Beschuldigte im Geltungsbereich der Abgabenordnung keinen Wohnsitz, so begründet § 388 Abs. 3 AO eine örtliche Zuständigkeit derjenigen Finanzbehörde, in deren Bezirk sich der Beschuldigte gewöhnlich aufhält. Die Regelung entspricht § 8 Abs. 2 StPO. Auch bei der **Hilfszuständigkeit** des gewöhnlichen Aufenthalts ist auf die Begriffsbestimmung der Strafprozessordnung und nicht die der Abgabenordnung abzustellen.[4] Danach hat jemand seinen gewöhnlichen Aufenthalt an dem Ort, wo er sich freiwillig ständig oder für längere Zeit, wenn auch nicht ununterbrochen, aufhält, ohne dort seinen Wohnsitz zu begründen.[5] Maßgebend ist der gewöhnliche Aufenthalt zum Zeitpunkt der Einleitung des Strafverfahrens. Dies ist zwar nicht ausdrücklich durch das Gesetz bestimmt, lässt sich aber der Regelung des § 388 Abs. 1 Nr. 2 und 3 AO entnehmen.[6]

6. Notzuständigkeit (§ 29 AO; § 143 Abs. 2 GVG)

3041 Neben den beschriebenen Regeln über die örtliche Zuständigkeit besteht bei Gefahr im Verzug auch eine örtliche **Notzuständigkeit** für jede Finanzbehörde, in deren Bezirk die Ermittlungshandlung (z.B. Durchsuchung [§ 105 StPO] oder Beschlagnahme [§ 98 StPO]) vorgenommen werden muss. Gefahr im Verzug ist

1) BFH v. 10.11.1978, VI R 127/76, BStBl II 1979, 335.
2) Gersch in Klein, 11. Aufl. 2012, § 8 AO Rz. 5.
3) Vgl. dazu Randt in Franzen/Gast/Joecks, 7. Aufl. 2009, § 390 AO Rz. 14.
4) Seipl in Beermann/Gosch, § 388 AO Rz. 25 (Juni 2012).
5) Meyer-Goßner, 55. Aufl. 2012, § 8 StPO Rz. 3.
6) Seipl in Beermann/Gosch, § 388 AO Rz. 27 (Juni 2012).

gegeben, wenn eine Amtshandlung nicht so lange aufgeschoben werden kann, bis die sonst örtlich zuständige Finanzbehörde sie selbst vornehmen kann.[1]

7. Zuständigkeit für zusammenhängende Strafsachen (§ 389 AO)

Für zusammenhängende Strafsachen ist gem. § 389 AO, der § 3 StPO für entsprechend anwendbar erklärt, eine einheitliche örtliche Zuständigkeit für jede der gem. § 388 AO einzeln örtlich zuständigen Finanzbehörden gegeben. Die Vorschrift ermöglicht es, die Ermittlungen bei einer Finanzbehörde zu konzentrieren und somit das Verfahren zu fördern. Voraussetzung für die **Konzentration** ist jedoch, dass jede der einzelnen Finanzbehörden sachlich zuständig ist und dass es sich um ein Strafverfahren i.S.d. § 385 AO handelt. Das Finanzamt kann also nicht in Zollsachen ermitteln, und umgekehrt kann das Hauptzollamt nicht wegen Hinterziehung von Steuerarten, die sachlich zum Zuständigkeitsbereich der Finanzämter gehören, ermitteln. Liegt die sachliche Zuständigkeit bei verschiedenartigen Finanzbehörden können die Verfahren an die Staatsanwaltschaft, die sie gem. § 2 StPO verbinden kann, abgegeben werden. 3042

Nach § 3 StPO ist ein Zusammenhang vorhanden, wenn eine Person mehrerer Straftaten beschuldigt wird (persönlicher Zusammenhang) oder wenn bei einer Tat mehrere Personen als Täter oder Teilnehmer beschuldigt werden (sachlicher Zusammenhang). Der Begriff der Tat ist auch hier im prozessualen Sinn zu verstehen.[2] Ein persönlicher Zusammenhang liegt z.B. vor, wenn jemand an seinem Wohnort Einkommen-, Gewerbe- und Umsatzsteuer hinterzieht, indem er Betriebseinnahmen nicht verbucht und daneben noch Grunderwerbsteuer als Käufer eines Grundstücks an einem anderen Ort durch Unterprotokollierung des Kaufpreises hinterzieht. In diesem Fall ist auch die Finanzbehörde des anderen Orts nach § 389 AO für die Verfolgung der Einkommen-, Gewerbe- und Umsatzsteuerhinterziehung örtlich zuständig. Ein sachlicher Zusammenhang liegt vor, wenn im obigen Beispiel die Finanzbehörde am Wohnort des Käufers auch den Verkäufer wegen Grunderwerbsteuerhinterziehung verfolgt. 3043

Handelt eine **örtlich unzuständige Finanzbehörde**, so sind deren Ermittlungshandlungen nach allgemeiner Meinung nicht unwirksam. Jedoch sind, entsprechend § 20 StPO, willkürliche Ermittlungshandlungen einer absolut unzuständigen Finanzbehörde unwirksam.[3] 3044

IV. Mehrfache Zuständigkeit (§ 390 AO)

Da es nach den oben dargestellten Regelungen zu Konkurrenzen in der sachlichen und örtlichen Zuständigkeit kommen kann, bestimmt § 390 Abs. 1 AO, dass der Vorzug derjenigen Finanzbehörde gebührt, die wegen der Tat zuerst ein Strafverfahren eingeleitet hat (Grundsatz der Priorität). Ein Steuerstrafverfahren ist gem. § 397 Abs. 1 AO eingeleitet, wenn die Finanzbehörde eine Maßnahme trifft, die erkennbar darauf abzielt, gegen jemanden wegen einer Steuerstraftat strafrechtlich vorzugehen. Zu welchem Zeitpunkt die Einleitung erfolgt ist, ergibt sich aus dem gem. § 397 Abs. 2 AO zu erstellenden Aktenvermerk. Die Verfahrenseinleitung ist gem. §§ 492 ff. StPO an das beim Generalbundesanwalt beim BGH – Dienststelle Bundeszentralregister – geführte Staatsanwaltliche Verfahrensregister zu melden, so dass jede der zuständigen Finanzbehörden überprüfen kann, ob schon ein Verfahren gegen den Beschuldigten geführt wird. 3045

1) Randt in Franzen/Gast/Joecks, 7. Aufl. 2009, § 388 AO Rz. 39.
2) Meyer-Goßner, 55. Aufl. 2012, § 3 StPO Rz. 3.
3) Meyer-Goßner, 55. Aufl. 2012, § 20 StPO Rz. 1.

3046 Auf Ersuchen der nach § 390 Abs. 1 AO zuständigen Finanzbehörde ist eine andere sachlich und örtlich zuständige Finanzbehörde verpflichtet, das Verfahren zu übernehmen, wenn es für die Ermittlungen sachdienlich ist (§ 390 Abs. 2 Satz 1 AO). Wann die Übernahme sachdienlich ist, bestimmt sich nach Zweckmäßigkeitsgesichtspunkten, wie örtliche Nähe zur Tat der ersuchten Finanzbehörde oder von Zeugen usw. Der Beschuldigte hat keinen Anspruch darauf, dass ein Verfahren an eine andere Finanzbehörde abgegeben bzw. von dieser übernommen wird; er ist auf Anregungen an die beteiligten Behörden beschränkt.[1)] Ob **Sachdienlichkeit** vorliegt, überprüft zunächst die Finanzbehörde, die die Sache abgeben will, und danach die ersuchte Finanzbehörde. Beide Finanzbehörden haben nach pflichtgemäßem Ermessen zu entscheiden. Für den Fall, dass die ersuchte Finanzbehörde es ablehnt, das Verfahren zu übernehmen, die ersuchende Finanzbehörde aber darauf besteht, dass die Übernahme sachdienlich ist, weist § 390 Abs. 2 AO die Entscheidung der Behörde zu, der die ersuchte Finanzbehörde untersteht. Für die Finanzämter sind dies die Oberfinanzdirektionen, für die Hauptzollämter die Bundesfinanzdirektionen. Das Bundeszentralamt für Steuern untersteht dem Bundesfinanzministerium. Wenn die ersuchte Finanzbehörde die Strafsache übernommen hat, erlischt die Zuständigkeit der zunächst nach dem Prioritätsprinzip zuständigen Finanzbehörde.

3047 Über § 410 Abs. 1 Nr. 1 AO findet § 390 AO auch im Bußgeldverfahren Anwendung. Die Einleitung eines Bußgeldverfahrens begründet auch eine Zuständigkeit für das Strafverfahren.[2)]

V. Gegenstand selbständiger Ermittlungsbefugnis (§ 386 Abs. 2 AO)

3048 § 386 Abs. 2 AO weist der Finanzbehörde in Abweichung von der Grundregel des § 386 Abs. 1 AO i.V.m. § 402 AO, nach welchen die Finanzbehörde die Ermittlungen unselbständig führt, eine eigenständige Ermittlungskompetenz für folgende Straftaten zu:[3)]

- Taten, die ausschließlich Steuerstraftaten darstellen (§ 368 Abs. 2 Nr. 1 AO i.V.m. § 369 AO). Der Tatbegriff ist nach prozessualen Kriterien zu bestimmen, er umfasst einen einheitlichen Lebensvorgang. Eine Tat in diesem Sinn liegt vor, wenn einzelne Tathandlungen so miteinander verknüpft sind, dass ihre getrennte Aburteilung in verschiedenen Verfahren einen einheitlichen Lebensvorgang unnatürlich aufspalten würde.[4)] Steuerstraftaten sind gem. § 369 Abs. 1 AO Taten, **die nach den Steuergesetzen strafbar sind** (§ 369 Abs. 1 Nr. 1 AO), also insbes. die vollendete und versuchte Steuerhinterziehung (§ 370 AO) und die gewerbsmäßige oder bandenmäßige Schädigung des Umsatzsteueraufkommens (§ 26c UStG). Steuerhinterziehung liegt nach der Rechtsprechung des BGH[5)] auch bei sog. Vorspiegelungstaten vor. Damit sind Taten gemeint, bei denen gegenüber den Finanzbehörden ein steuerlich erheblicher Sachverhalt fingiert wird. Zu den Steuerstraftaten gehören auch der Bannbruch (§ 369 Abs. 1 Nr. 2 AO), die Wertzeichenfälschung (§ 148 StGB) und deren Vorbereitung (§ 149 StGB), soweit die Tat Steuerzeichen betrifft (§ 369 Abs. 1 Nr. 3 AO), und die Begünstigung (§ 257 StGB) einer Person, die eine der vorgenannten Taten begangen hat (§ 369 Abs. 1 Nr. 4 AO).

---

1) Randt in Franzen/Gast/Joecks, 7. Aufl. 2009, § 390 AO Rz. 16.
2) Randt in Franzen/Gast/Joecks, 7. Aufl. 2009, § 390 AO Rz. 11 f.
3) Eingehend dazu Mösbauer, wistra 1996, 252 ff.
4) Nr. 17 Abs. 2 AStBV (St) 2013, BStBl I 2012, 1018.
5) Z.B. BGH v. 6.6.2007, 5 StR 127/07, BGHSt 51, 356, 364.

- Taten, die auf Grund von Sonderregelungen Steuerstraftaten gleichgestellt sind, wie z.B. Betrug (§ 263 StGB) und Subventionsbetrug (§ 264 StGB) bezüglich der Investitionszulage (§ 15 InvZulG 2010).[1]

Die selbständige Ermittlungskompetenz der Finanzbehörde wird durch § 386 Abs. 2 Nr. 2 AO auf die Fälle erweitert, in denen zugleich ein anderes Strafgesetz verletzt wird und die Verletzung **Kirchensteuern** oder andere öffentlich-rechtliche Abgaben betrifft, die an Besteuerungsgrundlagen, **Steuermessbeträge oder Steuerbeträge** anknüpfen. An Steuerbeträge (Einkommensteuer) knüpft die Kirchensteuer an. Die Kirchensteuerhinterziehung ist allerdings nur dann nach § 370 AO strafbar, wenn durch den Landesgesetzgeber eine entsprechende gesetzliche Regelung angeordnet ist (so z.B. in Niedersachsen). Wenn dies der Fall ist hat die Finanzbehörde eine eigenständige Ermittlungskompetenz.[2] Jedoch kann die Verkürzung von Kirchensteuern als Betrug strafbar sein, der Finanzbehörde fehlt aber insoweit die eigenständige Ermittlungskompetenz.[3] An Steuermessbeträge knüpfen z.B. **Beiträge zu den Industrie- und Handelskammern** und zu den Handwerkskammern an. In der Praxis der Straf- und Bußgeldsachenstellen spielt § 386 Abs. 2 Nr. 2 AO so gut wie keine Rolle. **3049**

Soweit der Finanzbehörde eine selbständige Ermittlungskompetenz durch § 386 Abs. 2 AO zugewiesen wird, unterliegt sie keinerlei Weisungen durch die Staatsanwaltschaft.[4] Will die Staatsanwaltschaft in ein Strafverfahren, für das der Finanzbehörde die selbständige Ermittlungskompetenz zusteht, eingreifen, muss sie ihr Evokationsrecht (§ 386 Abs. 4 Satz 2 AO) ausüben. **3050**

VI. Pflichten der zuständigen Finanzbehörde im Ermittlungsverfahren

1. Steuerstrafverfahren

In § 399 Abs. 1 AO, der § 386 Abs. 2 AO ergänzt, ist allgemein bestimmt, dass die Finanzbehörde, wenn sie das Ermittlungsverfahren selbständig durchführt, die Rechte und Pflichten wahrnimmt, die der Staatsanwaltschaft im Ermittlungsverfahren zustehen. Die grundlegende Pflicht der Finanzbehörde besteht gem. § 152 Abs. 2 StPO darin, sofern zureichende tatsächliche Anhaltspunkte vorliegen, Ermittlungen bezüglich aller Steuerstraftaten aufzunehmen, soweit gesetzlich nicht etwas anderes bestimmt ist. Das Legalitätsprinzip gebietet die Einleitung eines Ermittlungsverfahrens gegen jeden Verdächtigen.[5] Steuerstraftaten sind der Massenkriminalität zuzurechnen.[6] Die Folge davon ist, dass das Legalitätsprinzip seine Grenzen durch die für seine Beachtung eingesetzten Ressourcen findet. **3051**

Konkret bedeutet das Legalitätsprinzip: Bei bestehendem Anfangsverdacht einer Steuerstraftat (→ Rz. 1) muss die Finanzbehörde ein Ermittlungsverfahren einleiten. Die Einleitung ist in den Akten zu vermerken (§ 397 Abs. 2 AO). § 397 Abs. 3 AO verpflichtet die Finanzbehörde, dem Beschuldigten die Einleitung des steuerstrafrechtlichen Ermittlungsverfahrens mitzuteilen, sobald er im Besteuerungsverfahren aufgefordert wird, Tatsachen darzulegen oder Unterlagen vorzulegen, die im Zusammenhang mit der Straftat stehen, deren er verdächtigt wird. Die weiteren **3052**

---

1) Eine Aufzählung der gleichgestellten Taten enthält Nr. 19 AStBV (St) 2013, BStBl I 2012, 1018.
2) BGH v. 17.4.2008, 5 StR 547/07, wistra 2008, 310.
3) Vgl. dazu Seipl in Beermann/Gosch, § 386 AO Rz. 16 (August 2011).
4) Jäger in Klein, 11. Aufl. 2012, § 386 AO Rz. 2; Joecks in Franzen/Gast/Joecks, 7. Aufl. 2009, § 386 AO Rz. 5.
5) Meyer-Goßner, 55. Aufl. 2012, § 152 StPO Rz. 2.
6) Zu den kriminologischen Besonderheiten von steuerlichen Delikten vgl. Joecks in Franzen/Gast/Joecks, 7. Aufl. 2009, Einl. AO Rz. 12 ff.

Pflichten der Finanzbehörde im steuerstrafrechtlichen Ermittlungsverfahren ergeben sich dann aus der Strafprozessordnung, z.B. die Belehrungspflicht nach § 136 Abs. 1 StPO. Es versteht sich von selbst, dass die Finanzbehörde auch die allgemeinen Prinzipien des Strafverfahrensrechts wie etwa das Gebot eines fairen Verfahrens, das Beschleunigungsgebot, den Grundsatz der Verhältnismäßigkeit usw. in jedem Stadium des Verfahrens zu beachten hat.[1]

3053 Im Bußgeldverfahren gilt das Legalitätsprinzip nicht, die Verfolgung der Ordnungswidrigkeit ist ins Ermessen der Verfolgungsbehörde gestellt (**Opportunitätsprinzip** → Rz. 3053). § 397 AO gilt gemäß der Verweisung in § 410 Abs. 1 Nr. 6 AO auch im Bußgeldverfahren wegen Steuerordnungswidrigkeiten, wenn ein Verfahren eingeleitet wird.

2. Straftaten, die keine Steuerstraftaten sind

3054 Die h.M. geht davon aus, dass die Finanzbehörden auch für andere als steuerliche Delikte dem strafrechtlichen Legalitätsprinzip unterliegen, obwohl sich dies nicht unmittelbar dem Gesetz entnehmen lässt.[2] Zur Begründung wird angeführt, die Finanzbehörden und ihre Beamten hätten staatsanwaltliche Befugnisse (§§ 399 Abs. 1 und Abs. 2 Satz 2, 402 Abs. 1 AO) bzw. Polizeirechte als Ermittlungspersonen der Staatsanwaltschaft (§ 404 AO), folglich müssten sie auch dieselben Pflichten wie die Staatsanwaltschaft bzw. die Polizei haben. Die Konsequenz aus dieser Auffassung ist, dass ein Finanzbeamter, der den Verdacht einer sonstigen Straftat nicht der Staatsanwaltschaft oder Polizei meldet, sich wegen Strafvereitelung bzw. Strafvereitelung im Amt (§§ 258 und 258a StGB) strafbar macht.

3055 Dem kann nicht zugestimmt werden. Vorab ist festzuhalten, dass die Finanzbehörden selbstverständlich die Staatsanwaltschaft über Taten, die keine Steuerstraftaten sind, unter Beachtung des Steuergeheimnisses unterrichten dürfen und müssen, wenn dies gesetzlich angeordnet ist, z.B. in § 4 Abs. 5 Satz 1 Nr. 10 EStG **(Verdacht eines Korruptionsdeliktes)** oder in § 31b AO **(Verdacht der Geldwäsche und der Terrorismusfinanzierung)**. Die mit der Festsetzung und Erhebung betrauten Stellen der Finanzbehörden haben im Besteuerungsverfahren auf Grund der vielfältigen Erklärungs- und Mitwirkungspflichten des Stpfl. die Möglichkeit tiefgehende Einblicke in dessen Verhältnisse zu nehmen. Dabei kommen ihnen auch Tatsachen zur Kenntnis, die mit den Augen eines Staatsanwalts gesehen den Verdacht einer Straftat begründen. Die Finanzbehörde ist aber zur Erfüllung ihrer Aufgaben auf ein von außersteuerlichen Problemen unbelastetes Arbeitsklima angewiesen. Dem Strafverfolgungsinteresse ist nicht gedient, wenn man es um den Preis einer von der gesetzlichen Regelung her zweifelhaften und von der praktischen Seite her kontraproduktiven Ausweitung des Legalitätsprinzips erkauft.

3056 Aber auch für die Straf- und Bußgeldsachenstellen und die Steuerfahndung ist eine generelle Verpflichtung, andere als Steuerstraftaten einer strafrechtlichen Verfolgung zuzuführen, abzulehnen.[3] Die Pflichten der Finanzbehörde im Achten Teil Dritter Abschnitt der Abgabenordnung beziehen sich ausdrücklich nur auf Strafverfahren wegen Steuerstraftaten. § 399 Abs. 1 AO verweist auf § 386 Abs. 2 AO, der ausdrücklich Steuerstraftaten und gesetzlich gleichgestellte Taten zum Gegenstand der selbständigen Ermittlungskompetenz erklärt. § 404 AO spricht in Satz 1 ausdrücklich von Strafverfahren wegen Steuerstraftaten, von daher ist es folgerichtig, die Beamten der Steuerfahndungsstellen nur insoweit als Ermittlungspersonen der Staatsanwaltschaft anzusehen. § 30 AO ist in diesem Zusammenhang nicht ein-

---

1) Nr. 2 ff. AStBV (St) 2013, BStBl I 2012, 1018.
2) Randt in Franzen/Gast/Joecks, 7. Aufl. 2009, § 386 AO Rz. 53 m.w.N.; OLG Karlsruhe v. 6.4.2004, 1 WS 27/04, PStR 2004, 152.
3) Seipl in Beermann/Gosch, § 386 AO Rz. 28.1 (August 2011).

schlägig, da er der Finanzbehörde lediglich Befugnisse einräumt, aber keine Pflichten auferlegt, die nicht mit der Ausübung dieser Befugnisse im Zusammenhang stehen.

VII. Rechte der zuständigen Finanzbehörde im Ermittlungsverfahren

Zur Durchführung des Ermittlungsverfahrens kann die Finanzbehörde gem. 3057
§ 161 StPO Ermittlungen jeder Art vornehmen (Grundsatz der freien Gestaltung des Ermittlungsverfahrens),[1] soweit nicht andere gesetzliche Vorschriften ihre Befugnisse besonders regeln. Die Finanzbehörde kann die Ermittlungen entweder selbst vornehmen oder durch die Polizei vornehmen lassen (§ 161 StPO), wobei wegen Steuerstraftaten in der Praxis die Ermittlungen überwiegend von der Steuerfahndung im Auftrag der Straf- und Bußgeldsachenstelle bzw. durch die Zollfahndung im Auftrag des Hauptzollamtes vorgenommen werden. Auch wenn Steuer- oder Zollfahndung mit den Ermittlungen beauftragt sind, bleibt die Straf- und Bußgeldsachenstelle bzw. das Hauptzollamt Herr des Ermittlungsverfahrens, die Beamten der Steuer- und Zollfahndung sind an deren Weisungen gebunden; sie bleiben auch dann, wenn die Finanzbehörde das Ermittlungsverfahren selbständig führt, quasi Hilfsbeamte.[2] Soweit im Ermittlungsverfahren Zwangsmaßnahmen ergriffen werden sollen oder durch eine Maßnahme in Grundrechte intensiv eingegriffen werden soll, ist die Finanzbehörde auf die einzeln in der StPO geregelten Spezialermächtigungen angewiesen (§ 161 Abs. 1 Satz 1 StPO, „soweit nicht andere gesetzliche Vorschriften ihre Befugnisse regeln"). Die Strafprozessordnung und die Abgabenordnung räumen der Finanzbehörde insbes. folgende Befugnisse ein:

- die Finanzbehörde kann beim Ermittlungsrichter beantragen, bestimmte Untersu- 3058
  chungshandlungen vorzunehmen, wenn sie dies, z.B. aus Beweissicherungsgründen, für erforderlich hält (§ 162 Abs. 1 StPO). Der Ermittlungsrichter muss die beantragte Untersuchungshandlung vornehmen; er darf lediglich deren Zulässigkeit – wozu auch die Verhältnismäßigkeit gehört – überprüfen.[3] Des Weiteren kann die Finanzbehörde beim Ermittlungsrichter beantragen, bestimmte Zwangsmaßnahmen anzuordnen. Am häufigsten werden Durchsuchungen beim Verdächtigen (§§ 102, 105 StPO) oder bei anderen Personen (§§ 103, 105 StPO) und Beschlagnahmen (§§ 94, 98 StPO) beantragt. Die Beantragung anderer Zwangsmaßnahmen durch die Finanzbehörde, z.B. körperliche Untersuchung des Beschuldigten oder anderer Personen (§§ 81a und 81c StPO), Beschlagnahme für Zwecke des Verfalls oder Einziehung (§ 111e StPO) oder Postbeschlagnahme (§ 99 StPO), ist zwar rechtlich möglich, solche Anträge kommen in der Praxis der Straf- und Bußgeldsachenstellen jedoch selten vor. Alle genannten Maßnahmen kann die Finanzbehörde bei Gefahr im Verzug auch selbst anordnen. Darüber hinaus kann sie einen auf frischer Tat Betroffenen, wenn er der Flucht verdächtig ist oder seine Identität nicht sofort festgestellt werden kann (§ 127 Abs. 1, § 163b StPO) oder sonst den Beschuldigten auch vorläufig festnehmen (§ 127 Abs. 2 StPO), sofern die Voraussetzungen eines Haft- oder Unterbringungsbefehls vorliegen. Gefahr im Verzug besteht, wenn die richterliche Anordnung nicht eingeholt werden kann, ohne dass der Zweck der Maßnahme gefährdet wird.[4] Ob Gefahr im Verzug besteht, entscheidet der zuständige Beamte nach pflichtgemä-

1) Vgl. dazu Meyer-Goßner, 55. Aufl. 2012, § 161 StPO Rz. 7.

2) Randt in Franzen/Gast/Joecks, 7. Aufl. 2009, § 404 AO Rz. 71; Jäger in Klein, 11. Aufl. 2012, § 404 AO Rz. 13.

3) Meyer-Goßner, 55. Aufl. 2012, § 162 AO Rz. 14; vgl. dazu auch Nr. 43 Abs. 2 AStBV (St) 2013, BStBl I 2012, 1018.

4) Meyer-Goßner, 55. Aufl. 2012, § 98 StPO Rz. 6.

ßem Ermessen, wobei nach der Rechtsprechung des BVerfG[1] der Begriff eng auszulegen ist und uneingeschränkt der richterlichen Kontrolle unterliegt. Die wirksame richterliche Kontrolle setzt voraus, dass das Ergebnis und die Grundlage der Entscheidung im unmittelbaren Zusammenhang mit der Zwangsmaßnahme in den Ermittlungsakten dargelegt werden.[2] Wegen der Tragweite des Eingriffs bei Durchsuchungen bestimmen die AStBV (St) 2013, dass besonders sorgfältig zu prüfen ist, ob Gefahr im Verzug vorliegt.[3] Die irrige Annahme von Gefahr im Verzug macht die Anordnung der Maßnahme, außer bei Willkür, jedoch nicht unwirksam;[4]

3059 – eine absolute Grenze für die selbständige Durchführung des Ermittlungsverfahrens durch die Finanzbehörde setzt § 386 Abs. 3 AO. Sobald ein Haft- oder Unterbringungsbefehl wegen der Tat erlassen ist, endet die selbständige Ermittlungskompetenz der Finanzbehörde. Sie hat danach gem. § 402 AO nur noch dieselben Rechte und Pflichten wie die Behörden des Polizeidienstes nach der Strafprozessordnung sowie die Befugnisse nach § 399 Abs. 2 Satz 2 AO. Angesichts des Gesetzeswortlautes „... erlassen ist", ist es möglich, dass die Finanzbehörde selbst den Haftbefehl beantragt und erst nachdem dieser ergangen ist, die selbständige Ermittlungskompetenz verliert. In der Praxis wird sobald die Anordnung der Untersuchungshaft geboten erscheint, die Strafsache an die Staatsanwaltschaft abgegeben;[5]

3060 – die Finanzbehörde kann Auskünfte von allen Behörden zu verlangen (§ 161 Abs. 1 Satz 1 StPO);

3061 – der Finanzbehörde steht das Recht auf Durchsicht von Papieren und von elektronischen Speichermedien des von einer Durchsuchung Betroffenen zu (§ 110 Abs. 1 und 3 StPO);

3062 – die Finanzbehörde kann/muss den **Beschuldigten vernehmen**, wobei dieser die Verpflichtung hat, auf Ladung zu erscheinen, was ggf. mit Zwangsmitteln durchgesetzt werden kann (§ 163a StPO);[6]

3063 – die Finanzbehörde kann **Zeugen und Sachverständige vernehmen**. Letztere sind verpflichtet, auf Ladung zu erscheinen und auszusagen bzw. ihr Gutachten zu erstatten, was ggf. mit Zwangsmitteln durchgesetzt werden kann (§ 161a StPO);

3064 – die Finanzbehörde kann das **Strafverfahren** gem. § 396 AO **aussetzen** oder eine Frist für die Klärung einer zivil- oder verwaltungsrechtlichen Vorlage gem. § 154d StPO bestimmen;

3065 – die Finanzbehörde kann im Ermittlungsverfahren **abschließende Entscheidungen** treffen. Hierzu gehören insbes. **Einstellungen** gem. § 170 Abs. 2 StPO, wenn die Ermittlungen nicht genügend Anlass zur Erhebung der öffentliche Klage bieten, vorläufige Einstellungen gem. § 205 StPO, Einstellungen wegen Geringfügigkeit nach § 398 AO und § 153 Abs. 1 StPO, Einstellungen unter Auflagen gem. § 153a Abs. 1 StPO, das **Absehen von einer Verfolgung** gem. §§ 153b, 154 StPO oder die Beschränkung der Verfolgung gem. § 154a StPO, die **Beantragung eines Strafbefehls** gem. § 400 AO i.V.m. §§ 407 ff. StPO, die Beantragung der Einziehung oder des Verfalls gem. § 401 AO und ggf. die **Vorlage** der Akten **an die Staatsanwaltschaft**, wenn die Sache nicht geeignet ist, im Strafbefehlsverfahren abgeschlossen zu werden. Im **Strafbefehlsverfahren** bleibt der Finanzbehörde für den Fall, dass

1) BVerfG v. 20.2.2001, 2 BvR 1444/00, wistra 2001, 137.
2) BVerfG v. 11.6.2010, 2 BvR 1046/08, NJW 2010, 2864 ff.
3) Nr. 60 Abs. 6 und 7 AStBV (St) 2013, BStBl 2012, 1018.
4) Meyer-Goßner, 55. Aufl. 2012, § 98 StPO Rz. 7.
5) Nr. 22 Abs. 1 Nr. 2 AStBV (St) 2013, BStBl I 2012, 1018.
6) Nr. 53 Abs. 2 AStBV (St) 2013, BStBl I 2012, 1018, sieht vor, dass eine Vorführung nur in Ausnahmefällen in Betracht kommt.

der Richter den Erlass des beantragten Strafbefehls ablehnt, die Möglichkeit, den **Antrag** gem. § 156 StPO **zurückzunehmen** oder **sofortige Beschwerde** gem. § 210 Abs. 2, § 408 Abs. 2 StPO einzulegen. Beraumt der Richter gem. § 408 Abs. 3 Satz 2 StPO die Hauptverhandlung an, so erlischt die eigenständige Ermittlungsbefugnis der Finanzbehörde, ihr verbleiben nur noch die Mitwirkungsrechte gem. § 407 AO.[1]

Im Falle der Zuständigkeitskonzentration gem. § 387 Abs. 2 AO behalten die anderen Finanzbehörden – auch wenn die Finanzbehörde, bei der das Verfahren konzentriert ist, die Ermittlungen selbständig durchführt – bestimmte **Restkompetenzen** (§ 399 Abs. 2 AO). Es handelt sich dabei um das **Recht des ersten Zugriffs** (§ 163 StPO) und im Falle von Gefahr im Verzug das Recht, alle **unaufschiebbaren Anordnungen** zu treffen. Eine weiter gehende, allein am Wortlaut der Vorschrift orientierte Auslegung des § 399 Abs. 2 AO würde die Zuständigkeitskonzentration wieder aufheben. Von daher ist es sachgerecht, die Befugnisse der anderen Finanzbehörde auf Notfälle zu beschränken und ihr darüber hinaus keine weiter gehenden Eingriffsbefugnisse zu geben.[2] **3066**

C. Ermittlungskompetenz der Staatsanwaltschaft

Schrifttum

Rittmann, Evokations- und materielles Prüfungsrecht der Staatsanwaltschaft, wistra 1984, 52; **Weyand**, Das Evokationsrecht und die Informationsmöglichkeiten der Staatsanwaltschaft – Theorie und Praxis, wistra 1994, 87.

I. Ausschließliche Ermittlungskompetenz

1. Überblick

Der ausschließlichen Ermittlungskompetenz der Staatsanwaltschaft unterliegen alle Fälle, die **nicht ausschließlich eine Steuerstraftat** oder eine ihr gleichgestellte Straftat zum Gegenstand haben, und Fälle, in denen wegen einer Steuerstraftat ein **Haft- oder Unterbringungsbefehl** erlassen wurde. Die Abgrenzung der Ermittlungskompetenzen ergibt sich unmittelbar aus dem Gesetz und ist zwingend. Daraus zieht die h.M. die Folgerung, dass die Finanzbehörde nach dem Legalitätsprinzip verpflichtet ist, unter Beachtung des Steuergeheimnisses der Staatsanwaltschaft die Akten zur weiteren Entschließung vorzulegen, sobald die Möglichkeit besteht, dass durch die Tat auch ein anderes Strafgesetz verletzt ist.[3] Soweit für die Finanzverwaltung eine Verpflichtung angenommen wird, ist dies abzulehnen.[4] Die Vorlage der Akten an die Staatsanwaltschaft bedeutet jedoch nur, dass die Finanzbehörde die eigenständige Ermittlungskompetenz gem. § 386 Abs. 2 AO, nicht jedoch die unselbständige Ermittlungskompetenz gem. § 386 Abs. 1 AO verliert. Gemäß § 402 Abs. 1 AO besitzt die Finanzbehörde auch im Ermittlungsverfahren der Staatsanwaltschaft dieselben Rechte und Pflichten wie die Behörden des Polizeidienstes nach der Strafprozessordnung und kann bestimmte Maßnahmen nach den für Ermittlungspersonen der Staatsanwaltschaft geltenden Vorschriften der Strafprozessordnung anordnen. **3067**

In der Strafverfolgungspraxis arbeiten die Zoll- und Steuerfahndung, wenn auch nicht steuerliche Delikte verfolgt werden sollen, in **gemeinsamen Ermittlungsgrup-** **3068**

---

1) Joecks in Franzen/Gast/Joecks, 7. Aufl. 2009, § 400 AO Rz. 26.
2) Joecks in Franzen/Gast/Joecks, 7. Aufl. 2009, § 399 AO Rz. 163.
3) Randt in Franzen/Gast/Joecks, 7. Aufl. 2009, § 386 AO Rz. 17 m.w.N.
4) Seipl in Beermann/Gosch, § 386 AO Rz. 28.1 (August 2011).

pen mit der Polizei zusammen. Die Praxis ist durch die Rechtsprechung bestätigt.[1] Die Grenze für die Ermittlungsbefugnis der Finanzbehörde ist dort, wo kein steuerliches Delikt vorliegt oder ein Sachzusammenhang im Sinne des prozessualen Tatbegriffs zwischen dem steuerlichen und dem allgemeinen Delikt nicht mehr gegeben ist. Die Ermittlungskompetenz ist durch die funktionelle Zuständigkeit begrenzt.[2]

2. Einzelfälle

a) Tateinheit einer Steuerstraftat mit einem allgemeinen Delikt

3069 In Fällen von Tateinheit i.S.d. § 52 StGB einer Steuerstraftat mit einem allgemeinen Delikt ist die Ermittlungskompetenz der Staatsanwaltschaft zugewiesen, da nicht ausschließlich eine Steuerstraftat vorliegt.

Beispiel:

Zusammen mit der Einkommensteuererklärung werden gefälschte Belege, mit denen tatsächlich nicht entstandene Werbungskosten nachgewiesen werden sollen, dem Finanzamt vorgelegt.

Im Beispielsfall hat die Finanzbehörde keine eigenständige Ermittlungskompetenz. Dies bedeutet jedoch nicht, dass die Finanzbehörde nicht ermitteln kann. Sie kann den Sachverhalt unselbständig gem. § 386 Abs. 1, § 402 AO und § 163 StPO ermitteln. Sie kann z.B. den Beschuldigten vorladen, um ihn zu befragen. Will die Finanzbehörde dagegen eine Wohnungsdurchsuchung beim Beschuldigten vornehmen, kann sie nicht selbständig den Erlass eines Durchsuchungsbeschlusses beim Ermittlungsrichter beantragen. Dies muss durch die Staatsanwaltschaft geschehen. Die Finanzbehörde kann den Fall auch nicht selbständig mit dem Antrag auf Erlass eines Strafbefehls abschließen.

b) Tatmehrheit einer Steuerstraftat mit allgemeinen Delikten

3070 Treffen allgemeine Delikte mit Steuerstraftaten tatmehrheitlich i.S.d. § 53 StGB zusammen, ist zu differenzieren: Liegt eine Tat i.S.d. § 264 StPO vor, kann die Finanzbehörde den Sachverhalt unselbständig im Verfahren der Staatsanwaltschaft ermitteln.

Beispiel:

- Ein Stpfl. beschäftigt Arbeitnehmer, ohne für diese Lohnsteuer und Sozialversicherungsbeiträge abzuführen.
- Ein selbständiger Anlageberater hat Einnahmen aus betrügerischen Handlungen im Rahmen seines Gewerbebetriebs nicht verbucht und in den Steuererklärungen diese Einnahmen nicht angegeben.
- Anlässlich einer Durchsuchung findet die Steuerfahndung im Computer des Beschuldigten pornographische Darstellungen von Kindern.

3071 In allen Fällen liegt zwischen den Steuerstraftaten und den allgemeinen Delikten **Tatmehrheit** vor. Die Finanzbehörde kann den Sachverhalt bezüglich der Steuerstraftat gem. § 386 Abs. 2 AO selbständig ermitteln. Macht die Staatsanwaltschaft bezüglich der Steuerstraftat von ihrem Evokationsrecht gem. § 386 Abs. 4 Satz 2 AO Gebrauch, so kann sie die Finanzbehörde in den ersten beiden Fällen mit den Ermittlungen auch bezüglich der allgemeinen Delikte beauftragen, da die Steuerstraftaten mit den allgemeinen Delikten einen einheitlichen Lebenssachverhalt bilden, so dass es unnatürlich wäre, diesen aufzuspalten und verschiedene Ermittlungsorgane mit den Ermittlungen zu beauftragen. Im letzten Fall besteht keinerlei Beziehung zwischen der Steuerstraftat und dem allgemeinen Delikt, darüber hinaus fehlt es der Finanzbehörde an der notwendigen Sachkunde zur Aufklärung von

---

1) BGH v. 24.10.1989, 5 StR 238/89, NJW 1990, 845.
2) Jäger in Klein, 11. Aufl. 2012, § 404 AO Rz. 21.

Sexualdelikten. In diesem Fall dürfte daher eine Beauftragung der Finanzbehörde mit den Ermittlungen bezüglich des Sexualdeliktes nicht nur nicht zweckmäßig, sondern auch nicht zulässig sein. Unberührt hiervon bleibt das Recht (nicht die Pflicht) der Finanzbehörde, die Staatsanwaltschaft zu informieren. Das Steuergeheimnis steht im letzten Fall einer Information nicht entgegen, da die Erkenntnis im Steuerstrafverfahren gewonnen wurde (§ 30 Abs. 4 Nr. 4 Buchst. a AO).

c) Erlass eines Haft- oder Unterbringungsbefehls

Sobald gegen den Beschuldigten ein Haft- oder Unterbringungsbefehl wegen der Tat erlassen ist, ist gem. § 386 Abs. 3 AO **ausschließlich die Staatsanwaltschaft** für das weitere Verfahren **zuständig**. Der Begriff der Tat ist nach prozessualen Kriterien zu bestimmen. Dies bedeutet, dass der Haft- oder Unterbringungsbefehl auf demselben Lebenssachverhalt beruhen muss, aus welchem sich auch der Verdacht der Steuerstraftat ergibt. Ist dies nicht der Fall, verbleibt es bei der selbständigen Ermittlungsbefugnis der Finanzbehörde für die Steuerstraftat, die Staatsanwaltschaft kann aber, wenn sie es für zweckmäßig erachtet, von ihrem Evokationsrecht gem. § 386 Abs. 4 Satz 2 AO Gebrauch machen. Wird wegen derselben Tat gegen mehrere Beschuldigte ermittelt, so genügt es, wenn gegen „einen" Beschuldigten Haft- oder Unterbringungsbefehl erlassen worden ist, um das Verfahren auf die Staatsanwaltschaft übergehen zu lassen.[1] **3072**

II. Abgabe der Strafsache durch die Finanzbehörde an die Staatsanwaltschaft (§ 386 Abs. 4 Satz 1 AO)

Gemäß § 386 Abs. 4 Satz 1 AO kann die Finanzbehörde eine Sache, die an sich in ihre Ermittlungszuständigkeit fällt, jederzeit an die Staatsanwaltschaft abgeben. Mit der **Abgabe** geht die Sache kraft Gesetzes auf die Staatsanwaltschaft über. Die Staatsanwaltschaft hat keine Möglichkeit, die Übernahme der Sache abzulehnen. Sie kann allenfalls versuchen, ein Einvernehmen, ggf. auch über eine Gegenvorstellung, mit der Finanzbehörde über die Rücknahme gem. § 386 Abs. 4 Satz 3 AO zu erzielen. Die Finanzbehörde hat die Entscheidung über die Abgabe nach pflichtgemäßem Ermessen zu treffen. Der Zeitpunkt der Abgabe („jederzeit") bestimmt sich nach Zweckmäßigkeitsgesichtspunkten. Das Gleiche gilt für die Form der Abgabe. Aus der Abgabeerklärung muss der unzweifelhafte Wille der Finanzbehörde hervorgehen, die Sache an die Staatsanwaltschaft abzugeben. Kriterien für die Beantwortung der Frage, wann eine Abgabe in Betracht kommt, hat die Finanzverwaltung in den AStBV (St) 2013 bestimmt.[2] Eine Abgabe kann in Betracht kommen: **3073**

- wenn in der Sache **Untersuchungshaft** angeordnet werden soll,
- wenn die Sache besondere **verfahrensrechtliche Schwierigkeiten** aufweist,
- wenn **Freiheitsstrafe**, die nicht mehr im Strafbefehlswege geahndet werden kann, in Betracht kommt,
- wenn ein **Amtsträger der Finanzverwaltung** der Beteiligung verdächtig ist,
- wenn der Beschuldigte noch weitere nicht steuerliche Straftaten begangen hat und es zweckmäßig erscheint, diese zusammen mit den Steuerstraftaten in einem **einheitlichen Ermittlungsverfahren** zu verfolgen,
- wenn eine Maßnahme der Telekommunikationsüberwachung beantragt werden soll,

1) Rüping in H/H/Sp, § 386 AO Rz. 61 (März 2003).
2) Nr. 22 AStBV (St) 2013, BStBl I 2012, 1018.

- wenn gegen **Mitglieder des Parlaments** der EU, des Bundestages, der Bundesländer oder Diplomaten sowie NATO-Truppenangehörige ermittelt werden soll,
- wenn gegen Jugendliche, Heranwachsende oder vermindert Schuldfähige ermittelt werden soll.

3074 In der Praxis werden Fragen der Abgabe und Evokation in regelmäßigen **Kontaktgesprächen** zwischen Finanzbehörde und Staatsanwaltschaft besprochen.[1]

3075 Die Finanzbehörde kann die Sache der Staatsanwaltschaft vorlegen, wenn sie feststellt, dass ihr die selbständige Ermittlungskompetenz gem. § 386 Abs. 2 AO fehlt Es handelt sich nicht um eine Abgabe i.S.d. § 386 Abs. 4 Satz 1 AO, die Zuständigkeit der Staatsanwaltschaft ergibt sich unmittelbar aus der Strafprozessordnung.[2] Die Finanzbehörde hat bei der Vorlage der Sache das **Steuergeheimnis** zu beachten.[3]

III. Evokationsrecht der Staatsanwaltschaft (§ 386 Abs. 4 Satz 2 AO)

3076 Gemäß § 386 Abs. 4 Satz 2 AO kann die Staatsanwaltschaft ein Ermittlungsverfahren jederzeit an sich ziehen. Das **Evokationsrecht ist Garant** des durch die §§ 385 ff. AO latent eingeschränkten **Anklagemonopols** der Staatsanwaltschaft und ist keinerlei Einschränkungen unterworfen.[4] Die Ausübung des Evokationsrechts steht im pflichtgemäßen Ermessen der Staatsanwaltschaft. Pflichtgemäßes Ermessen bedeutet, dass die Staatsanwaltschaft nicht willkürlich vorgehen und die eigenständige Ermittlungsbefugnis der Finanzbehörde aushöhlen oder gar die Finanzbehörde in ihrer eigenständigen Ermittlungstätigkeit überwachen darf.[5] Die Kriterien für die Ausübung des Evokationsrechts sind im Wesentlichen die gleichen, die auch für die Abgabe einer Strafsache durch die Finanzbehörde an die Staatsanwaltschaft gelten.[6] Gegen die Ausübung der Evokation steht der Finanzbehörde kein Rechtsbehelf zu.

3077 Um die Staatsanwaltschaft überhaupt in die Lage zu versetzen, von ihrem Evokationsrecht Gebrauch zu machen, sind die Finanzbehörden gehalten die Staatsanwaltschaft über Fälle, bei denen eine Abgabe oder Evokation in Betracht kommt, frühzeitig zu informieren.[7] Die Verzögerung des Verfahrens durch nichtrechtzeitige Information der Staatsanwaltschaft durch die Finanzbehörde, kann den objektiven Tatbestand der Strafvereitlung (§ 258 StGB) erfüllen, denn eine lange Verfahrensdauer kann Auswirkungen auf den Strafausspruch haben.[8]

IV. Folgen der Abgabe oder Evokation

1. Rechtsstellung der Finanzbehörde

3078 Mit der Abgabe des Ermittlungsverfahrens an die Staatsanwaltschaft oder der Ausübung des Evokationsrechts durch die Staatsanwaltschaft erlischt die selbständige

1) Vgl. Nr. 140 AStBV (St) 2013, BStBl I 2012, 1018.
2) Randt in Franzen/Gast/Joecks, 7. Aufl. 2009, § 386 AO Rz. 37.
3) Seipl in Beermann/Gosch, § 386 AO Rz. 28.1 (August 2011); Randt in Franzen/Gast/Joecks, 7. Aufl. 2009, § 386 AO Rz. 50 f.; a.A. Jäger in Klein, 11. Aufl. 2012, § 386 AO Rz. 14 für den Fall, dass die nichtsteuerliche Straftat durch dieselbe Handlung wie die Steuerstraftat begangen wurde.
4) Weyand, wistra 1994, 87 ff.
5) Rittmann, wistra 1984, 52 f.
6) Nr. 267 RiStBV.
7) BGH v. 30.4.2009, 1 StR 90/09, BGHSt 54, 9.
8) Jäger in Klein, 11. Aufl. 2012, § 386 AO Rz. 13.

und eigenverantwortliche Ermittlungskompetenz der Finanzbehörde kraft Gesetzes. Sie lebt wieder auf, wenn die Sache von der Staatsanwaltschaft wieder an die Finanzbehörde gem. § 386 Abs. 4 Satz 3 AO abgegeben wird. Im Verfahren der Staatsanwaltschaft hat die sonst zuständige Finanzbehörde, womit diejenige Finanzbehörde gemeint ist, die zuständig wäre, wenn nicht die Staatsanwaltschaft das Ermittlungsverfahren führen würde, dieselben Rechten und Pflichten wie die Behörden des Polizeidienstes nach der Strafprozessordnung (§ 402 Abs. 1 Halbs. 1 AO). Über die Verweisung in § 402 Abs. 1 Halbsatz 2 AO auf § 399 Abs. 2 Satz 2 AO ist klargestellt, dass die Bediensteten der Finanzbehörden im Verfahren der Staatsanwaltschaft die gleichen Rechte und Pflichten wie **Ermittlungspersonen der Staatsanwaltschaft** haben. Sie sind folglich an **Weisungen der Staatsanwaltschaft**, die den Weisungen des Behördenleiters vorgehen, gebunden.[1] Mit Ausnahme des Rechts auf Durchsicht der Papiere hat die Finanzbehörde im Verfahren der Staatsanwaltschaft die gleichen Rechte wie die Zollfahndungsämter und Dienststellen der Steuerfahndung und deren Beamte. Im Falle der Zuständigkeitskonzentration sind die Bediensteten jeder der sonst sachlich zuständigen Finanzbehörden Ermittlungspersonen der Staatsanwaltschaft (§ 402 Abs. 2 AO).

Eine von der Staatsanwaltschaft durch Abgabe oder Evokation übernommene Strafsache kann gem. § 386 Abs. 4 Satz 3 AO **nur im Einvernehmen mit der Finanzbehörde** wieder an diese abgegeben werden. Die Staatsanwaltschaft wird die Sache i.d.R. dann zurückgeben, wenn sich im Verlauf des Ermittlungsverfahrens herausstellt, dass nur noch eine Steuerstraftat zu verfolgen ist und die Strafsache voraussichtlich mit einem Strafbefehl abgeschlossen werden kann. Im Falle eines Übergangs kraft Gesetzes, z.B. in Haft- und Unterbringungssachen, ist eine Rückgabe an die Finanzbehörde, z.B. bei Fortfall des Haft- oder Unterbringungsbefehls, gesetzlich nicht vorgesehen. 3079

Der Finanzbehörde sind zur Sicherung der Steueransprüche und zur Einbringung ihrer Sachkunde im Ermittlungsverfahren der Staatsanwaltschaft durch § 403 AO weitere **Beteiligungsrechte** eingeräumt. Sie hat das Recht, an allen Ermittlungshandlungen teilzunehmen und Fragen an Beschuldigte, Zeugen und Sachverständige zu stellen (§ 403 Abs. 1 Sätze 1 und 3 AO). Dies gilt auch für solche richterliche Verhandlungen, bei denen der Staatsanwaltschaft die Anwesenheit gestattet ist (§ 403 Abs. 2 AO). In der Praxis ist v.a. das Anwesenheitsrecht bei der richterlichen Vernehmung des Beschuldigten und von Zeugen relevant (§ 168c StPO). Damit die Finanzbehörde ihre Beteiligungsrechte wahrnehmen kann, sollen ihr Ort und Zeit der Ermittlungshandlung bzw. der richterlichen Vernehmung rechtzeitig mitgeteilt werden (§ 403 Abs. 1 Satz 2 AO). Sofern die Staatsanwaltschaft erwägt, das Verfahren einzustellen, muss sie die Finanzbehörde vorher hören (§ 403 Abs. 4 AO). Zur Vorbereitung der Hauptverhandlung, in welcher die Finanzbehörde ähnliche Rechte hat (§ 407 AO), sind ihr die Anklageschrift bzw. der Antrag auf Erlass eines Strafbefehls mitzuteilen. 3080

Kommt die Staatsanwaltschaft ihren Verpflichtungen aus § 403 AO nicht nach, so hat dies auf das Ermittlungsverfahren keinen unmittelbaren Einfluss. Die Finanzbehörde kann lediglich Gegenvorstellung oder Dienstaufsichtsbeschwerde erheben.[2] Die Nichtbeachtung der Beteiligungsrechte der Finanzbehörde durch das Gericht kann dagegen u.U. vom Angeklagten oder der Staatsanwaltschaft mit der **Aufklärungsrüge** gem. § 244 Abs. 2 StPO gerügt werden.[3] 3081

§ 403 Abs. 1, 3 und 4 AO sind gem. der Verweisung in § 410 Abs. 1 Nr. 8 AO auch im Bußgeldverfahren wegen einer Steuerordnungswidrigkeit anwendbar. 3082

1) Seipl in Beermann/Gosch, § 386 AO Rz. 26 (August 2011).
2) Seipl in Beermann/Gosch, § 403 AO Rz. 13 (März 2005).
3) Jäger in Klein, 11. Aufl. 2012, § 407 AO Rz. 9.

2. Rechte des Beschuldigten

3083 Wird das Ermittlungsverfahren an die Staatsanwaltschaft abgegeben oder macht diese von ihrem Evokationsrecht Gebrauch, so gebietet es der Anspruch des Beschuldigten auf ein faires Verfahren, ihn hiervon in Kenntnis zu setzen, falls ihm die Einleitung des Verfahrens schon bekannt gegeben wurde. Dem Beschuldigten stehen gegen Abgabe an die Staatsanwaltschaft oder die Evokation durch die Staatsanwaltschaft oder die Rückgabe an die Finanzbehörde keine Rechtsmittel zu.

3. Verteidigung

3084 Ab dem Zeitpunkt der Verfahrensabgabe oder Evokation können **Steuerberater, Steuerbevollmächtigte, Wirtschaftsprüfer und vereidigte Buchprüfer** nicht mehr als alleinige Verteidiger auftreten (§ 392 AO).

4. Steuergeheimnis

3085 In den Fällen der Abgabe oder Evokation ist das Steuergeheimnis zu wahren. Die Weitergabe von Erkenntnissen über nicht steuerliche Straftaten durch die Finanzbehörde an die Staatsanwaltschaft ist nur unter den Voraussetzungen des § 30 Abs. 4 und 5 AO zulässig. Dies bedeutet insbesondere, dass Erkenntnisse über nicht steuerliche Straftaten, die der Finanzbehörde im Besteuerungsverfahren[1)] (§ 30 Abs. 4 Nr. 4 Buchst. a letzte Alternative) bekannt wurden, nur dann zur Durchführung eines Strafverfahrens wegen einer Tat, die keine Steuerstraftat ist (§ 30 Abs. 4 Nr. 4 AO), an die Staatsanwaltschaft weitergegeben werden dürfen, wenn sie ohne Bestehen einer steuerlichen Verpflichtung oder unter Verzicht auf ein Auskunftsverweigerungsrecht erlangt worden sind (§ 30 Abs. 4 Nr. 4 Buchst. b AO).[2)]

Beispiel:

Ein Betriebsprüfer entdeckt im Rahmen einer Betriebsprüfung anhand der auf Verlangen vorgelegten Unterlagen eine Steuerstraftat und daneben einen Kreditbetrug sowie eine mit letzterem im Zusammenhang stehende Urkundenfälschung. Weder der Betriebsprüfer noch die Strafsachenstelle, die den Fall wegen der Größenordnung der Steuerhinterziehung an die Staatsanwaltschaft abgeben will, darf die Erkenntnisse bezüglich des Kreditbetruges und der Urkundenfälschung an die Staatsanwaltschaft weitergeben.

3086 Erkenntnisse zu nicht steuerlichen Straftaten, die der Finanzbehörde in einem Steuerstrafverfahren oder einem Bußgeldverfahren bekannt geworden sind, dürfen nur dann nicht an die Staatsanwaltschaft weitergegeben werden, wenn sie vom Stpfl. (Beschuldigten) in Unkenntnis der Einleitung des Straf- oder Bußgeldverfahrens offenbart wurden (§ 30 Abs. 4 Nr. 4 Buchst. a Alt. 1 AO).

D. Zoll- und Steuerfahndung

Schrifttum

Burchert, Einführung eines Zugriffrechts der Finanzverwaltung auf DV-gestützte Buchführungssysteme, INF 2001, 230 (Teil I) und 263 (Teil II); **Küster**, Die Befugnisse der Steuerfahndung im Steuerstrafverfahren, BB 1980, 1371; **Wolter**, Die Befugnisse der Steuerfahndung im Steuerstrafverfahren, BB 1981, 236.

1) Vorfeldermittlungen der Steuerfahndung nach § 208 Abs. 1 Nr. 3 AO zählen noch zum Besteuerungsverfahren; vgl. auch Nr. 12 und 13 AStBV (St) 2013, BStBl I 2012, 1018.
2) Randt in Franzen/Gast/Joecks, 7. Aufl. 2009, § 386 AO Rz. 50 ff.

I. Organisation

1. Zollfahndungsdienst

Die Zollfahndung ist als Teil der Bundesfinanzverwaltung bundesweit einheitlich in Zollfahndungsämtern als örtliche Behörden (§ 1 Nr. 4 FVG) und dem Zollkriminalamt (ZKA) als Bundesmittelbehörde (§ 1 Nr. 3 FVG) organisiert. Das Zollkriminalamt hat seinen Sitz in Köln. Die Bezirke und Sitze der Zollfahndungsämter werden gem. § 12 Abs. 1 FVG durch den Bundesminister der Finanzen bestimmt. Zurzeit bestehen acht Zollfahndungsämter.[1] Nach dem Zollfahndungsneuregelungsgesetz sind die Zollfahndungsämter dem Zollkriminalamt unterstellt (§ 1 ZFdG). Die Zollfahndungsämter werden von einem Vorsteher geleitet und gliedern sich in Sachgebiete. **3087**

Die Zollfahndungsämter und das Zollkriminalamt sind zwar Finanzbehörden im Sinne der Abgabenordnung (§ 6 Abs. 2 Nr.4 und 5 AO), allerdings gem. § 386 Abs. 1 Satz 2 AO nicht im Strafverfahren. **3088**

2. Steuerfahndungsdienst

Im Gegensatz zu den Zollfahndungsämtern haben die Steuerfahndungsdienststellen keine Behördeneigenschaft, sondern sind unselbständige Dienststellen der Landesfinanzbehörden.[2] In den §§ 208 und 404 AO wird von „mit der Steuerfahndung betrauten Dienststellen der Landesfinanzbehörden" gesprochen. Aus dieser Formulierung lässt sich aber nicht ableiten, dass die Steuerfahndung nicht auch als selbständige Behörde organisiert werden kann, was sich schon aus § 17 Abs. 2 Satz 3 FVG ergibt. Zurzeit ist die Steuerfahndung in allen Bundesländern als unselbständige Dienststelle eines Finanzamts organisiert. Es bestehen mehrere Organisationsmodelle: **3089**

- überbezirkliche einem Finanzamt angegliederte Steuerfahndungsstellen (Baden-Württemberg, Bayern, Brandenburg, Bremen, Hessen, Mecklenburg-Vorpommern, Rheinland-Pfalz, Saarland, Sachsen, Sachsen-Anhalt, Schleswig-Holstein und Thüringen),
- Steuerfahndungsstellen als Teil selbständiger Finanzämter für Steuerstrafsachen und Steuerfahndung (Berlin, Niedersachsen, Hamburg und Nordrhein-Westfalen).

Die Dienststellen der Steuerfahndung bestehen aus einem oder mehreren Sachgebieten mit ca. zehn Prüfern, denen ein Sachgebietsleiter vorsteht. **3090**

Da die Steuerfahndungsstellen als unselbständige Dienststellen eines Finanzamts organisiert sind, unterstehen ihre Bediensteten zunächst dem **Weisungsrecht des** jeweiligen **Behördenleiters**.[3] In allen Finanzämtern, zu denen eine Steuerfahndungsstelle gehört, gibt es auch eine Straf- und Bußgeldsachenstelle, die gegenüber der Steuerfahndung, sofern die Finanzbehörde gem. § 386 Abs. 2 AO das Ermittlungsverfahren selbständig führt, ebenfalls weisungsbefugt ist. Das Gleiche gilt für die Staatsanwaltschaft, wenn das Ermittlungsverfahren durch sie geführt wird. Zu den drei genannten Weisungsbefugten kommt noch die vorgesetzte Behörde hinzu, z.B. die Oberfinanzdirektion, die für Personal- und Organisationsangelegenheiten zuständig ist und so mittelbar einen großen Einfluss auf die Tätigkeit der Steuerfahndung hat. Insgesamt ist die Organisationsstruktur der Steuerfahndung und damit die Verantwortlichkeit recht diffus, was dem Beschuldigten bzw. Stpfl. einer- **3091**

1) Berlin, Dresden, Essen, Frankfurt a.M., Hamburg, Hannover, München und Stuttgart.
2) Seer in Tipke/Kruse, § 208 AO Rz. 4 (Mai 2011).
3) Rüsken in Klein, 11. Aufl. 2012, § 208 AO Rz. 13; a.A. Seer in Tipke/Kruse, § 208 AO Rz. 6 (Mai 2011), im Besteuerungsverfahren sei der nach den §§ 17 ff. FVG zuständige Finanzamtsvorsteher gegenüber der Steuerfahndung weisungsbefugt.

seits eine Vielzahl von Beschwerdemöglichkeiten eröffnet, ihm andererseits aber auch zum Nachteil gereichen kann, weil nicht immer klar ist, in wessen Auftrag und in welchem Verfahren die Steuerfahndung tätig wird.

3092 Die Steuerfahndung ist funktionell nicht Finanzbehörde i.S.d. § 386 Abs. 1 Satz 2 AO.

3093 Durch eine Verwaltungsvereinbarung der Länder ist beim Finanzamt Wiesbaden II eine Informationszentrale für den Steuerfahndungsdienst eingerichtet worden. Die Informationszentrale, die keine eigenen Ermittlungsbefugnisse hat, soll Informationen über überregionale Ermittlungsverfahren sammeln und darüber den beteiligten Dienststellen Auskunft geben.

II. Örtliche Zuständigkeit – räumlicher Tätigkeitsbereich

1. Zollfahndung

3094 Die örtliche Zuständigkeit der Zollfahndungsämter ist durch Erlass des Bundesministerium der Finanzen in Ausfüllung des § 12 Abs. 1 FVG geregelt. Die Beamten der Zollfahndungsämter können danach auch außerhalb des Bezirks ihres Zollfahndungsamtes Ermittlungshandlungen vornehmen, soweit es die Durchführung ihrer Aufgaben erfordert. Die Möglichkeit, **Ermittlungshandlungen im** gesamten **Bundesgebiet** vorzunehmen, ergibt sich für die Zollfahndungsämter und das Zollkriminalamt schon aus ihrer Stellung als Bundesbehörden.[1)]

2. Steuerfahndung

3095 Die örtliche Zuständigkeit der Steuerfahndung ist nicht bundeseinheitlich geregelt. In der Abgabenordnung und im Finanzverwaltungsgesetz finden sich dazu keine Regelungen. Von der Möglichkeit der Zuständigkeitskonzentration des § 17 Abs. 2 Satz 3 FVG haben alle Bundesländer für den Bereich der Steuerfahndung Gebrauch gemacht.[2)] Demnach ist die Steuerfahndung örtlich für die Bezirke der Finanzämter zuständig, die sich aus den einzelnen Organisationsregelungen ergeben. Die Angliederung der Steuerfahndung an ein Finanzamt mit der Zuständigkeit für mehrere Finanzamtsbezirke bedeutet jedoch nicht, dass die Beamten der Steuerfahndung bei der Vornahme von Amtshandlungen an die Bezirke dieser Finanzämter gebunden sind.[3)] Die Beamten der Steuerfahndung können innerhalb des **Bundeslandes**, dem sie angehören, sowohl im Besteuerungs- als auch im Strafverfahren landesweit ermitteln. Ob Ermittlungshandlungen über Landesgrenzen hinweg zulässig sind, ist umstritten, wird aber von der h.M. bejaht.[4)] Zumindest für Ermittlungen im Strafverfahren ist eine länderübergreifende Ermittlungsbefugnis abzulehnen, da für die Ermittlungsbefugnis der Polizei über Landesgrenzen hinweg zwischen den Bundesländern entsprechende Abkommen getroffen wurden, vergleichbare Regelungen für die Steuerfahndung aber nicht bestehen.[5)] Die Praxis der Steuerfahndungsstellen ist von Fall zu Fall unterschiedlich, teilweise wird bei Ermittlungen außerhalb des eigenen Zuständigkeitsbereichs Amtshilfe in Anspruch genommen, teilweise wird bundesweit ermittelt.

---

1) Randt in Franzen/Gast/Joecks, 7. Aufl. 2009, § 404 AO Rz. 9 und 75.
2) Vgl. dazu die Nachw. bei Seer in Tipke/Kruse, § 208 AO Rz. 6 f. (Mai 2011).
3) Nr. 124 AStBV (St) 2013, BStBl I 2012, 1018.
4) Rüsken in Klein, 11. Aufl. 2012, § 208 AO Rz. 61 ff.
5) Ebenso Randt in Franzen/Gast/Joecks, 7. Aufl. 2009, § 404 AO Rz. 77; a.A. Rüsken in Klein, 11. Aufl. 2012, § 208 AO Rz. 14, der eine überörtliche Zuständigkeit für strafrechtliche Ermittlungen bejaht; Matthes in Kohlmann, § 404 AO Rz. 25 (September 2006).

Ermittlungen **außerhalb des Bundesgebietes** sind der Steuerfahndung durch das Völkerrecht untersagt.[1] Sollen Ermittlungshandlungen im Ausland vorgenommen werden, ist die Steuerfahndung auf Rechtshilfe im Strafverfahren bzw. Amtshilfe im Besteuerungsverfahren durch den Staat, auf dessen Territorium die Ermittlungshandlung vorgenommen werden soll, angewiesen. Mit Zustimmung des betroffenen Staates dürfen Fahndungsbeamte auch im Ausland tätig werden. Von dieser Möglichkeit wird zunehmend Gebrauch gemacht. **3096**

III. Aufgaben

1. Überblick

Die Aufgaben der Steuerfahndung (Zollfahndung) sind in § 208 AO benannt. Es handelt sich um: **3097**

- die **Erforschung von Steuerstraftaten** und Steuerordnungswidrigkeiten (§ 208 Abs. 1 Satz 1 Nr. 1 AO),
- die **Ermittlung der Besteuerungsgrundlagen** im Zusammenhang mit der Erforschung von Steuerstraftaten und Steuerordnungswidrigkeiten (§ 208 Abs. 1 Satz 1 Nr. 2 AO),
- die **Aufdeckung und Ermittlung** unbekannter Steuerfälle (§ 208 Abs. 1 Satz 1 Nr. 3 AO),
- **Einzelaufgaben** kraft Ersuchens und besonderen Auftrags (§ 208 Abs. 2 AO).

Für die Steuerfahndung ergibt sich direkt aus der Aufgabenzuweisung, dass sie eine Doppelfunktion hat, eine steuerstrafrechtliche und eine steuerrechtliche. Die beiden Funktionen sind eng miteinander verzahnt und lassen sich in der Praxis kaum auseinander halten. Dies ist insbesondere dann der Fall, wenn neben den strafrechtlichen Ermittlungen gleichzeitig auch steuerrechtliche Ermittlungen für strafrechtlich verjährte Zeiträume erfolgen. Gemäß § 393 Abs. 1 Satz 1 AO sind das Besteuerungsverfahren und das Strafverfahren nach den für das jeweilige Verfahren geltenden Regeln abzuwickeln. Ausgangspunkt für die Trennung der beiden Funktionen der Steuerfahndung ist § 208 AO. Die als missglückt zu bezeichnende Vorschrift trägt aber wenig zur Klärung bei, im Gegenteil, sie stiftet eher Verwirrung, da sich die Aufgaben im Straf- und Besteuerungsverfahren überschneiden und daher im Einzelfall nicht ohne Weiteres ersichtlich ist, in welchem Verfahren die Steuerfahndung tätig wird.[2] Der BFH legt § 208 AO in ständiger Rechtsprechung dahingehend aus, dass er die Aufgaben der Steuerfahndung benennt und darüber hinaus die Befugnisse der Steuerfahndung im Besteuerungsverfahren regelt, während die Befugnisse der Steuerfahndung im Strafverfahren durch § 404 AO geregelt werden.[3] Allgemein wird gefordert, dass für den Betroffenen (Stpfl./Beschuldigten) erkennbar sein muss, in welcher Funktion ihm die Steuerfahndung gegenüber tritt.[4] **3098**

2. Erforschung von Steuerstraftaten und Steuerordnungswidrigkeiten (§ 208 Abs. 1 Satz 1 Nr. 1 AO)

Die wesentliche Aufgabe der Steuerfahndung liegt in der Erforschung von Steuerstraftaten und Steuerordnungswidrigkeiten, sie steht im Mittelpunkt der Fahndungspraxis (§ 208 Abs. 1 Satz 1 Nr. 1 AO). Die Aufgabenstellung der Steuerfahn- **3099**

1) Seer in Tipke/Kruse, § 208 AO Rz. 40 (Mai 2011).
2) Seer in Tipke/Kruse, § 208 AO Rz. 15 (Mai 2011).
3) BFH v. 4.10.2006, VIII R 53/04, BStBl II 2007, 227.
4) Z.B. Rüsken in Klein, 11. Aufl. 2012, § 208 AO Rz. 4a.

dung ergibt sich auch aus § 404 AO i.V.m. § 163 StPO hinsichtlich der Steuerstraftaten und aus § 410 Abs. 1 Nr. 9 AO i.V.m. § 53 Abs. 1 OWiG hinsichtlich der Steuerordnungswidrigkeiten und entspricht dem Auftrag der Behörden und Beamten des Polizeidienstes nach § 163 StPO. Insoweit ist die Steuerfahndung Steuerkriminalpolizei. Damit die Steuer- und Zollfahndung den ihnen zugewiesenen Aufgaben nachkommen können, sind ihren Dienststellen bzw. den Zollfahndungsämtern und den jeweiligen Beamten durch § 404 AO dieselben Rechte und Pflichten wie den Behörden des Polizeidienstes und Beamten des Polizeidienstes zugewiesen.

3100 Das Tätigwerden der Fahndungsdienste nach § 208 Abs. 1 Satz 1 Nr. 1 AO setzt einen Anfangsverdacht wegen einer Steuerstraftat voraus. Wenn ein solcher gegeben ist, besteht nach dem Legalitätsprinzip die Pflicht, einzuschreiten und ein Ermittlungsverfahren einzuleiten sowie alle unaufschiebbaren Anordnungen zu treffen, um ein Verdunkeln der Sache zu verhüten (§ 163 Abs. 1 Satz 1 StPO). Ein Anfangsverdacht liegt vor, wenn konkrete Tatsachen oder Anhaltspunkte vorliegen, die es nach kriminalistischer Erfahrung als möglich erscheinen lassen, dass eine Straftat vorliegt. Liegen keine konkreten Tatsachen vor, besteht aber dennoch die Möglichkeit, dass eine Straftat vorliegt, so handelt es sich um eine bloße **Vermutung**, welche nicht ausreicht, um ein Strafverfahren einzuleiten.[1] Die Grenze zwischen einer bloßen Vermutung und einem Anfangsverdacht ist fließend.

3101 Zum Teil wird der Steuerfahndung zugestanden, sich auch im Strafverfahren der ihr durch die Abgabenordnung im Besteuerungsverfahren zur Verfügung gestellten Befugnisse zu bedienen. Die Rechte des Beschuldigten seien durch § 393 Abs. 1 AO hinreichend gewahrt.[2] Dem kann nicht gefolgt werden, denn es besteht die Gefahr, dass die durch die Strafprozessordnung garantierten Grundsätze eines verfassungsgemäßen Strafverfahrens unterlaufen werden. Das Strafverfahren nach der Strafprozessordnung und das Besteuerungsverfahren nach der Abgabenordnung sind unterschiedlich ausgestaltet. Das BVerfG fordert in ständiger Rechtsprechung, dass die Feststellung der Schuld in einem justizförmig geordneten Verfahren erfolgen muss.[3] Ermittlungshandlungen zur Feststellung der Schuld auf der Grundlage der den Finanzbehörden im Besteuerungsverfahren durch die Abgabenordnung eingeräumten Befugnisse finden aber nicht mehr in einem justizförmigen Verfahren statt. Zwar gilt gem. § 88 AO auch für das Besteuerungsverfahren grds. der Untersuchungsgrundsatz, er ist aber in erheblichem Maß durch Einschränkungen des Beweismaßes, durch Beweislastregeln und sonstige für ein Massenverfahren unabdingbare Begrenzungen der Ermittlungspflicht reduziert.[4] Aus der unterschiedlichen Ausgestaltung der beiden Verfahrensarten folgt, dass der Steuerfahndung im Strafverfahren ausschließlich die ihr durch die Strafprozessordnung eingeräumten Befugnisse zustehen, denn nur diese gewährleisten eine den verfassungsrechtlichen Anforderungen entsprechende Feststellung des Schuldumfangs.[5]

3102 Liegt kein Anfangsverdacht vor, besteht aber dennoch die Möglichkeit (Vermutung) einer Steuerstraftat, sind Vorermittlungen anzustellen.[6] Vorermittlungen sind gegenüber den Ermittlungen nach § 208 Abs. 1 Satz 1 Nr. 3 AO (sog. Vorfeldermittlungen) abzugrenzen. Vorermittlungen finden im (vor-)strafrechtlichen Bereich statt

1) Meyer-Goßner, 55. Aufl. 2012, § 152 StPO Rz. 4.
2) Rüsken in Klein, 11. Aufl. 2012, § 208 AO Rz. 24b.
3) BVerfG v. 12.4.2005, 2 BvR 1027/02, BVerfGE 113, 29.
4) Vgl. dazu Brockmeyer in Klein, 11. Aufl. 2012, § 88 AO Rz. 7 ff.
5) Seer in Tipke/Kruse, § 208 AO Rz. 49 (Mai 2011); einschränkend Randt in Franzen/Gast/Joecks, 7. Aufl. 2009, § 404 AO Rz. 82, der der Steuerfahndung grds. zugesteht, sich im Strafverfahren der Befugnisse des Besteuerungsverfahrens zu bedienen und lediglich bei missbräuchlichem Einsatz dieser Befugnisse von einem Verwertungsverbot ausgeht.
6) Nr. 13 AStBV (St) 2013, BStBl I 2012, 1018.

und dienen dazu, Klarheit darüber zu schaffen, ob überhaupt der Verdacht einer Straftat gegeben ist.[1)]

Beispiel:

Bei der Steuerfahndung geht eine anonyme Anzeige ein, in welcher eine bestimmte Person beschuldigt wird, Einkommen- und Kirchensteuer zu hinterziehen, indem sie im Ausland angelegte, aus einer Erbschaft stammende Gelder dem Finanzamt verschweigt. Im Hinblick auf die Anonymität des Anzeigers dürfte bei der gegebenen Sachlage die sofortige Einleitung eines Ermittlungsverfahrens gegen die benannte Person nicht geboten sein. Die Prüfung der Frage, ob die in der Anzeige benannte Person existiert sowie ggf. die Einsichtnahme in die Steuerakte, die rechtliche Prüfung, ob Kirchensteuerhinterziehung strafbar ist, dürfte noch zum Bereich der Vorermittlungen gehören. Vorermittlungen dürfen aber niemals dazu führen, Beweismaterial zur Überführung des Beschuldigten zu sammeln.

Die Ermittlungen der Steuerfahndung im Rahmen des § 208 Abs. 1 Satz 1 Nr. 1 AO **3103** können sich auch auf Zeiträume beziehen, die vor oder nach dem eigentlichen Tatzeitraum liegen, soweit es für die Aufklärung der verfolgbaren Tat zweckmäßig ist. Insoweit stehen der Steuerfahndung auch die Rechte nach der Strafprozessordnung zur Verfügung. Dagegen ist es nicht zulässig, mit den der Steuerfahndung zur Erforschung von Steuerstraftaten und Steuerordnungswidrigkeiten durch die Strafprozessordnung eingeräumten Rechten die Besteuerungsgrundlagen für außerhalb des strafrechtlichen Ermittlungszeitraumes liegenden Jahre zu ermitteln. Insoweit ist die Steuerfahndung auf die ihr durch die Abgabenordnung im Besteuerungsverfahren eingeräumten Befugnisse angewiesen.

Durch die Aufgabenzuweisung an die Fahndungsdienste werden die Rechte und **3104** Pflichten anderer Stellen der Finanzbehörden (§ 386 Abs. 1, § 399 Abs. 2 AO), bei Verdacht einer Steuerstraftat oder Steuerordnungswidrigkeit den Sachverhalt zu erforschen, nicht berührt, die Finanzämter und Hauptzollämter behalten ihre ihnen durch Gesetz zugewiesenen Kompetenzen und Befugnisse.[2)]

3. Ermittlung der Besteuerungsgrundlagen im Zusammenhang mit der Erforschung von Steuerstraftaten und Steuerordnungswidrigkeiten (§ 208 Abs. 1 Satz 1 Nr. 2 AO)

§ 208 Abs. 1 Satz 1 Nr. 2 AO weist der Steuerfahndung die Aufgabe zu, in den Fäl- **3105** len, in denen sie Steuerstraftaten oder Steuerordnungswidrigkeiten erforscht, die Besteuerungsgrundlagen zu ermitteln. Die Vorschrift gehört zu den umstrittensten des gesamten Steuerstrafverfahrensrechts. Die Doppelfunktion der Steuerfahndung als Strafverfolgungsbehörde und als für die Besteuerung zuständige Finanzbehörde wird in der Vorschrift besonders deutlich.

Die Doppelfunktion mit dem nicht unproblematischen Nebeneinander von Straf- **3106** und Besteuerungsverfahren erfordert eine exakte Inhaltsbestimmung der Norm. Die h.M. im Schrifttum erkennt in § 208 Abs. 1 Satz 1 Nr. 2 AO einen weiter gehenden Regelungsinhalt. So soll der Steuerfahndung durch die Vorschrift insoweit eine Aufgabe zugewiesen sein, als sich die Erforschung der Steuerstraftat oder Steuerordnungswidrigkeit und die Ermittlung der Besteuerungsgrundlagen nicht decken. Ermittlungen nach § 208 Abs. 1 Satz 1 Nr. 2 AO sollen aber immer nur im Zusammenhang mit einem strafrechtlichen Ermittlungsverfahren zulässig sein.[3)]

---

1) Meyer-Goßner, 55. Aufl. 2012, § 152 StPO Rz. 4a.
2) Rüsken in Klein, 11. Aufl. 2012, § 208 AO Rz. 58.
3) Randt in Franzen/Gast/Joecks, 7. Aufl. 2009, § 404 AO Rz. 26; Rüsken in Klein, 11 Aufl. 2012, § 208 AO Rz. 30, fordert lediglich einen gewissen tatsächlichen Bezug zu der Steuerstraftat oder Ordnungswidrigkeit.

3107 Der BFH hatte ursprünglich die Frage, ob nach Einleitung eines Ermittlungsverfahrens die Steuerfahndung auch mit Mitteln des Besteuerungsverfahrens gem. § 208 Abs. 1 Satz 2 AO vorgehen darf, offen gelassen, für den Rechtsweg aber entschieden, dass insoweit immer der Rechtsweg zu den ordentlichen Gerichten eröffnet ist.[1] In späteren Entscheidungen hat der BFH für ein Vorgehen der Steuerfahndung nach § 208 Abs. 1 Satz 2 AO nur noch verlangt, dass überhaupt der Verdacht einer Steuerstraftat vorliegt. Ein weitergehender Zusammenhang zu einer Steuerstraftat sei nicht erforderlich.[2] Folgerichtig werden von der Rechtsprechung **steuerliche Ermittlungen für die Bestimmung der Besteuerungsgrundlagen** für die vom Tatvorwurf umfasste **Steuerart** und für strafrechtlich verjährte Zeiträume zugelassen.[3]

3108 Für die Rechtsprechung und h.M. streitet m.E. der Wortlaut des § 208 Abs. 1 AO. In § 208 Abs. 1 Satz 3 AO wird auf Nr. 2 verwiesen. Dieser Verweis zeigt, dass der Gesetzgeber der Steuerfahndung auch im Strafverfahren die Befugnisse des Besteuerungsverfahrens eingeräumt hat. Der weitere Schritt, Ermittlungen im Besteuerungsverfahren auch zuzulassen, wenn nur ein loser Zusammenhang mit einer möglichen Steuerstraftat oder Steuerordnungswidrigkeit besteht, ist dann folgerichtig. Gleichwohl ist der Zustand aus Sicht der Betroffenen (Stpfl./Verdächtiger) nicht befriedigend. Sie müssen bei jeder Ermittlungshandlung, deren straf- oder steuerrechtlicher Charakter nicht offenkundig ist, Überlegungen hinsichtlich der Mitwirkungspflicht oder des Rechtsschutzes gegen die Ermittlungshandlung anstellen. Meines Erachtens kann dem nur durch eine enge Auslegung des § 208 Abs. 1 Satz 1 Nr. 2 AO begegnet werden, indem Ermittlungen nach dieser Vorschrift strikt an den Umfang der strafrechtlichen Ermittlungen gekoppelt werden. Den im Einzelfall weitergehenden Interessen des Fiskus kann auf andere Weise, z.B. durch Anordnung einer Betriebsprüfung oder Schätzung der Besteuerungsgrundlagen, Rechnung getragen werden.

4. Aufdeckung und Ermittlung unbekannter Steuerfälle (§ 208 Abs. 1 Satz 1 Nr. 3 AO)

3109 Diese Aufgabe umfasst die Erforschung unbekannter steuerlicher Sachverhalte bei bereits **bekannten** oder **unbekannten Stpfl.** sowie Nachforschungen nach unbekannten Stpfl., wenn Anhaltspunkte für einen Steueranspruch vorliegen, ohne das die Schwelle eines strafrechtlichen Anfangsverdachts erreicht ist (Vorfeldermittlungen). In der Praxis erhält die Steuerfahndung aus einer großen Zahl von Quellen Informationen zu Sachverhalten bei denen die Möglichkeit besteht, dass Steuern nicht bzw. nicht vollständig festgesetzt wurden.[4] Damit einher geht die Möglichkeit, dass dies auf einer Tathandlung i.S.d. § 370 AO beruht. Die Grenzen zwischen Vermutung und Verdacht sind in einer solchen Situation fließend, der Fahndungsbeamte oft überfordert. Die AStBV (St) 2013 sind ihm auch keine große Hilfe, wenn sie in Nr. 12 einerseits bestimmen „Vorfeldermittlungen sind geboten, wenn noch keine konkreten Anhaltspunkte für eine Straftat oder Ordnungswidrigkeit gegeben sind, jedoch die Möglichkeit einer Steuerverkürzung in Betracht kommt", andererseits lapidar ausführen „Ergibt sich auf Grund der Ermittlungen der Verdacht einer Straftat oder Ordnungswidrigkeit ... führt die Steufa weitere Ermittlungen im Rahmen ihrer Aufgaben nach § 208 Abs. 1 Satz 1 Nr. 1 und 2 AO im Rahmen ihrer Aufgaben durch."

---

1) BFH v. 20.4.1983, VII R 2/82, BStBl II 1983, 482.
2) BFH v. 16.12.1997, VII B 45/97, BStBl II 1998, 231.
3) BFH v. 9.3.2010, VIII R 56/07, BFH/NV 2010, 1777; v. 16.12.1997, VII B 45/97, BStBl II 1998, 231; v. 15.6.2001, VII B 11/00, wistra 2002, 27.
4) Zu den Informationsquellen der Steuerfahndung ausführlich Braun in Quedenfeld/Füllsack, 4. Aufl. 2011, Rz. 667 ff.

In der Begründung des Finanzausschusses zu der Vorschrift heißt es:[1) „... Dies gilt insbesondere in solchen Fällen, in denen noch keine hinreichenden Anhaltspunkte für das Vorliegen einer Steuerstraftat oder Steuerordnungswidrigkeit vorliegen, andererseits jedoch ein dahingehender Verdacht nach den gegebenen Umständen naheliegt." **3110**

Angesichts der Begründung durch den Finanzausschuss ist es zweifelhaft, ob es sich um eine steuerliche oder um **eine** strafrechtliche Aufgabenzuweisung handelt. Die h.M. im Schrifttum und die Rechtsprechung ordnen Ermittlungen nach § 208 Abs. 1 Satz 1 Nr. 3 AO nicht dem strafrechtlichen Bereich zu und sehen einen hinreichenden Anlass für ein Tätigwerden dann als gegeben an, wenn auf Grund konkreter Momente oder auf Grund allgemeiner Erfahrung eine Prüfung angezeigt erscheint.[2)] Dagegen will eine Mindermeinung Ermittlungen nach § 208 Abs. 1 Satz 1 Nr. 3 AO ausschließlich im strafrechtlichen Bereich zulassen.[3)] Die Problematik der Norm besteht darin, dass Ermittlungen nach § 208 Abs. 1 Satz 1 Nr. 3 AO von solchen nach § 208 Abs. 1 Satz 1 Nr. 1 und 2 AO praktisch kaum abzugrenzen sind, so klar eine theoretische Trennung zwischen Vermutung und Verdacht auch möglich sein mag. **3111**

Wie problematisch die Abgrenzung des Strafverfahrens und des Besteuerungsverfahrens in der Praxis ist, soll hier am Bespiel des **Erwerbs**[4)] **von rechtswidrig erlangten Daten** durch die Finanzministerien der Bundesländer aufgezeigt werden. Den Finanzministerien werden – über welche Wege auch immer – Daten von Kunden ausländischer Banken zum Kauf angeboten. Die Steuerfahndung des entsprechenden Bundeslandes wird, wenn sie nicht schon bei der Anbahnung des Handels aktiv war, beauftragt, die potenzielle Steuerergiebigkeit der Daten zu prüfen. Zu diesem Zweck nimmt sie Einblick in die Steuererklärungen der Bankkunden. Wenn die Steuerfahndung die Daten für werthaltig hält, wird das Geschäft gemacht und die Daten werden der Steuerfahndung überlassen. Das Überprüfen der Werthaltigkeit der Daten gehört zu den Aufgaben nach § 208 Abs. 1 Satz 1 Nr. 3 AO. Je nach Inhalt der Daten ergibt sich daraus ein **Anfangsverdacht**. Ist dies der Fall, muss zwingend ein Strafverfahren eingeleitet werden, weitere Ermittlungen müssen im Strafverfahren nach § 208 Abs. 1 Satz 1 Nr. 1 und 2 AO erfolgen. Besteht **kein Anfangsverdacht**, müssen weitere Ermittlungen nach § 208 Abs. 1 Satz 1 Nr. 3 AO erfolgen. In der Praxis der Steuerfahndung wird die gesetzlich zwingende Trennung nicht immer oder nicht rechtzeitig vorgenommen. Wegen Arbeitsüberlastung führt die Steuerfahndung auch in Fällen, wo ein Anfangsverdacht bejaht werden kann, die Ermittlungen nach § 208 Abs. 1 Satz 1 Nr. 3 AO, in der Hoffnung der Stpfl. werde eine Selbstanzeige abgeben. Einzelne Steuerfahndungsstellen sichern die Wirksamkeit der Selbstanzeige in standardisierten Schreiben sogar zu. Eine solche Zusicherung ist rechtlich nicht wirksam. In Fällen, in denen sich aus den Daten kein zwingender Anfangsverdacht ergibt und die potenziellen Besteuerungsgrundlagen im Dunkeln liegen, bejaht die Steuerfahndung im Zweifel einen Anfangsverdacht und führt weiteren Ermittlungen nach § 208 Abs. 1 Satz 1 Nr. 1 und 2 AO, um mit den gegenüber dem Besteuerungsverfahren erweiterten Befugnissen des Strafverfahrens die Besteuerungsgrundlagen zu erhellen. Diese nicht der Gesetzeslage ent- **3112**

1) BT-Drucks. 7/4282, 36.
2) Für die h.M. Randt in Franzen/Gast/Joecks, 7. Aufl. 2009, § 404 AO Rz. 32; BFH v. 5.10.2006, VII R 63/05, BStBl II 2007, 155; v. 22.12.2006, VII B 121/06, BStBl II 2009, 839.
3) Hübner in H/H/Sp, § 404 AO Rz. 104 (Juni 1984).
4) Die Rechtmäßigkeit der Ankäufe ist sowohl national als auch international umstritten. Das BVerfG hat in einer Entscheidung zu Strafverfahren, bei dem der Anfangsverdacht auf Informationen dem Ankauf von rechtswidrig erlangten Daten gestützt wurde, die Frage der Rechtmäßigkeit des Ankauf offen gelassen, ein Verwertungsverbot aber abgelehnt, BVerfG v. 9.11.2010, 2 BvR 2101/09, DStR 2010, 2512, 2517. Im internationalen Kontext riskieren Käufer und Verkäufer eine Strafverfolgung durch die Länder, aus denen die Daten stammen.

sprechende Praxis der Steuerfahndung macht die diffuse Rechtslage bei der Aufgabenzuweisung erst möglich.

3113 Der BFH hat in einer neueren Entscheidung ein Auskunftsersuchen der Steuerfahndung an einen Dritten, das nach Einstellung des strafrechtlichen Ermittlungsverfahrens im Besteuerungsverfahren gestellt wurde, als rechtswidrig angesehen, weil es unverhältnismäßig sei, wenn ein solches Auskunftsersuchen von der Steuerfahndung und nicht von der Veranlagungsstelle gestellt werde.[1)]

5. Übertragene Aufgaben (§ 208 Abs. 2 AO)

3114 Neben den in § 208 Abs. 1 AO genannten drei Hauptaufgaben ist die Steuerfahndung gem. § 208 Abs. 2 Nr. 1 AO auch zuständig für steuerliche Ermittlung einschließlich **Außenprüfungen** auf Ersuchen der zuständigen Finanzbehörde. Diese Aufgabenzuweisung an die Steuerfahndung ist bedenklich, z.T. wird sie unter rechtsstaatlichen Gesichtspunkten als nicht tragbar, angesehen.[2)] Der Einsatz der Steuerfahndung für Ermittlungen und Außenprüfungen nach § 208 Abs. 2 Nr. 1 AO ist jedenfalls nur dann zulässig, wenn eine sachliche Notwendigkeit vorhanden ist.[3)] Eine sachliche Notwendigkeit kann gegeben sein, wenn überörtliche oder besonders schwierige Ermittlungen vorzunehmen sind. Eine Außenprüfung durch die Steuerfahndung kommt in Betracht, wenn die Steuerfahndung in der Vergangenheit schon mit dem Fall nach § 208 Abs. 1 AO befasst war und von daher mit den Verhältnissen des Stpfl. besonders vertraut ist.[4)] Wird die Steuerfahndung nach § 208 Abs. 2 AO tätig, stehen ihr die erweiterten Rechte nach § 208 Abs. 1 Satz 2 AO nicht zu. Führt beispielsweise die Steuerfahndung eine Außenprüfung auf Ersuchen durch, muss sie sich an die für die Betriebsprüfung geltenden Regelungen der §§ 193 ff. AO und an die Betriebsprüfungsordnung (BpO 2000) halten.

Ermittlungen und Außenprüfungen nach § 208 Abs. 2 Nr. 1 AO kommen in der Praxis der Steuerfahndungsstellen selten vor.

3115 – Eine weitere Zuständigkeit der Steuerfahndung und Zollfahndung ergibt sich aus § 208 Abs. 2 Nr. 2 AO für ihr sonst im Rahmen der Zuständigkeit der Finanzbehörden **übertragene Aufgaben**. Die Aufgabenübertragung unterliegt dem Gesetzesvorbehalt.[5)] Soweit ersichtlich, ist bisher in der Praxis für die Steuerfahndung von dieser Möglichkeit der Aufgabenübertragung kein Gebrauch gemacht worden. Anders dagegen für den Bereich der Zollverwaltung. Der Zollfahndung werden durch das Zollfahndungsdienstgesetz (**ZFdG**) weitere Aufgabenzugewiesen:

3116 – §§ 3, 4 und 5 ZFdG enthalten einen umfangreichen Aufgabenkatalog für das **Zollkriminalamt**. Es hat danach **Aufgaben als Zentralstelle, eigene Aufgaben** sowie **Schutz- und Sicherungsaufgaben**. Als Zentralstelle obliegt ihm die Unterstützung anderer Dienststellen der Zollverwaltung, durch Abwicklung der internationalen Amts- und Rechtshilfe, durch die Sammlung und Analyse von Informationen, durch das Vorhalten von kriminaltechnischem Gerät und Wissen sowie die Lenkung und Koordinierung von strafrechtlichen Ermittlungen der Zollfahndungsämter und anderer Dienststellen soweit diese im nichtselbständigen Ermittlungsverfahren geführt werden. Als eigene Aufgaben hat das Zollkriminalamt neben der **Mitwirkung** bei der Überwachung des Außenwirtschafts- und des grenzüberschreitenden Warenverkehrs und bei der Bekämpfung der Geldwäsche auch die Möglichkeit, in bedeutenden Fällen die **Ermittlungen in Strafsachen selbst**

1) BFH v. 4.12.2012, VIII R 5/10, DStR 2013, 253.
2) Seer in Tipke/Kruse, § 208 AO Rz. 36 (Mai 2011); a.A. Rüsken in Klein, 11. Aufl. 2012, § 208 AO Rz. 51.
3) Seer in Tipke/Kruse, § 208 AO Rz. 36 (Mai 2011).
4) BFH v. 11.12.1991, I R 66/90, BStBl II 1992, 595.
5) Seer in Tipke/Kruse, § 208 AO Rz. 39 (Mai 2011).

durchzuführen. Die Schutz- und Sicherungsaufgaben bestehen gegenüber den eingesetzten Beamten, Zeugen und bedeutenden Vermögenswerten.

- §§ 24, 25 ZFdG enthalten eine ähnliche **Aufgabenzuweisung** an die **Zollfahndungsämter**. Sie wirken mit bei der Überwachung des Außenwirtschafts- und des grenzüberschreitenden Warenverkehrs, sie unterstützen andere Dienststellen der Zollverwaltung und haben Sicherungs- und Schutzaufgaben für eingesetzte Beamte und für wesentliche Vermögenswerte.

IV. Sachlicher Kompetenzbereich der Fahndungsdienste im Besteuerungs- und Strafverfahren

1. Steuerfahndung

Im Besteuerungsverfahren ergibt sich der sachliche Kompetenzbereich der Steuerfahndung aus den den Finanzämtern durch das FVG zugewiesenen Aufgaben. Im Strafverfahren erstreckt sich der sachliche Kompetenzbereich der Steuerfahndung nicht nur auf Steuerstraftaten gem. § 369 AO, sondern auch auf die anderen der Finanzbehörde zur strafrechtlichen Verfolgung zugewiesenen Taten, wozu auch nichtsteuerliche Straftaten, soweit sie Teil derselben Tat im prozessualen Sinne sind, gehören,[1)] so dass sich im Ergebnis die **sachlichen Kompetenzbereiche** der **Finanzbehörden** i.S.d. § 386 Abs. 2 AO einerseits und der **Steuerfahndung** (§ 208 Abs. 1 Satz 1 Nr. 1 und 2, § 404 AO) andererseits entsprechen. 3117

2. Zollfahndung

Die Zollfahndung hat neben der Aufgabe, Steuer-(Zoll-)straftaten und Besteuerungsgrundlagen für Zölle und Verbrauchsteuern zu ermitteln (§§ 208 und 404 AO) weitere strafrechtliche Aufgaben auf dem Gebiet der **Außenwirtschaft** und **Kriegswaffenkontrolle** (§ 37 AWG), der **Marktorganisation** (§ 37 MOG), der **Chemiewaffenkontrolle** (§ 20 CWÜAG) und des Verkehrs mit Grundstoffen, die für die unerlaubte Herstellung von Betäubungsmitteln missbraucht werden können (§ 5 GÜG). 3118

Die §§ 24 und 25 ZFdG – eingeführt durch das Zollfahndungsneuregelungsgesetz vom 16.8.2002[2)] – weisen mit Wirkung vom 24.8.2002 den Zollfahndungsämtern weitere allgemeine und besondere Aufgaben zu. Die bisherigen Aufgaben sollen nach der Gesetzesbegründung davon unberührt bleiben. Den Zollfahndungsämtern und ihren Beamten werden zur Erfüllung ihrer Aufgaben in den §§ 26 bis 32 ZFdG ein Reihe von Befugnissen eingeräumt. Die Begründung spricht in diesem Zusammenhang davon, dass es sich bei der Zollfahndung materiell-rechtlich um eine Polizei des Bundes handelt, die sowohl repressiv als auch präventiv tätig wird. Soweit die Zollfahndung repressiv tätig wird, wird in § 26 Abs. 1 ZFdG auf die Strafprozessordnung verwiesen; soweit sie präventive Aufgaben wahrnimmt, sind ihre Befugnisse in Anlehnung an die Befugnisse der Polizei geregelt und reichen von der **Datenerhebung** (§ 27 ZFdG) über die **längerfristige Observation** (§ 28 ZFdG), den verdeckten Einsatz von technischen Mitteln zur Anfertigung von **Bildaufnahmen und Bildaufzeichnungen**, zum **Abhören und Aufzeichnen des nicht öffentlich gesprochenen Wortes** (§§ 29 und 30 ZFdG) bis hin zum Einsatz **verdeckter Ermittler** (§ 31 ZFdG). 3119

1) Jäger in Klein, 11. Aufl. 2012, § 404 AO Rz. 15.
2) BGBl. I 2002, 3202.

V. Befugnisse von Steuerfahndung und Zollfahndung (§ 404 AO)

1. Rechtsstellung der Fahndungsdienste und ihrer Beamten im Steuerstrafverfahren

3120 Die Rechtsstellung der Fahndungsdienste, denen durch § 208 Abs. 1 Satz 1 Nr. 1 AO die Aufgabe, Steuerstraftaten und Steuerordnungswidrigkeiten zu erforschen, zugewiesen ist, wird durch § 404 AO, der wiederum auf die Polizeibefugnisse nach der Strafprozessordnung verweist, geregelt.

3121 Im Einzelnen ergibt sich aus § 404 AO Folgendes:

- Satz 1 weist den Zollfahndungsämtern und den mit der Steuerfahndung betrauten Dienststellen der Landesfinanzbehörden und ihren Beamten im Strafverfahren wegen Steuerstraftaten dieselben Rechte und Pflichten wie den Behörden und Beamten des Polizeidienstes nach der Strafprozessordnung zu (**Polizeistatus**).
- Satz 2 Halbsatz 1 räumt darüber hinaus den Zollfahndungsämtern und den mit der Steuerfahndung betrauten Dienststellen der Landesfinanzbehörden noch die Befugnisse nach § 399 Abs. 2 Satz 2 AO ein; d.h., sie können alle Maßnahmen ergreifen, zu denen **Ermittlungspersonen** der Staatsanwaltschaft nach der Strafprozessordnung befugt sind. Darüber hinaus steht diesen Stellen auch das Recht zur Durchsicht der Papiere des von einer Durchsuchung Betroffenen (§ 110 Abs. 1 StPO) zu.
- Satz 2 Halbsatz 2 bestimmt, dass die Beamten der Zollfahndungsämter und Steuerfahndungsstellen Ermittlungspersonen der Staatsanwaltschaft sind.

3122 Die den Fahndungsdiensten und ihren Beamten durch § 404 AO eingeräumten Befugnisse stehen ihnen unabhängig davon zu, ob die Staatsanwaltschaft oder die Finanzbehörde das Ermittlungsverfahren gem. § 399 Abs. 1 AO selbständig führt.[1] Aus dem Polizeistatus und ihrer Eigenschaft als Ermittlungspersonen der Staatsanwaltschaft ergibt sich, dass die Beamten der Zollfahndungsämter und der Steuerfahndungsstellen Ersuchen und Aufträgen sowie Anordnungen der Staatsanwaltschaft bzw. der Finanzbehörde, wenn diese das Ermittlungsverfahren selbständig führt und gem. § 399 Abs. 1 AO die Rechte und Pflichten der Staatsanwaltschaft wahrnimmt, genügen bzw. Folge leisten müssen (§ 161 Satz 2 StPO, § 152 Abs. 1 GVG).[2] Weisungsgebunden ist zwar nur der einzelne Beamte, die Staatsanwaltschaft oder die Finanzbehörde wird ihr Ermittlungsersuchen i.d.R. an das Zollfahndungsamt bzw. an die Steuerfahndungsdienststelle richten, solange noch kein Sachbearbeiter mit den Ermittlungen betraut wurde. In Eilfällen kann das Ersuchen auch an einen einzelnen Beamten gerichtet werden.

3123 Aus der Weisungsgebundenheit der Beamten ergibt sich aber keine Erweiterung ihres Zuständigkeitsbereichs etwa für die Ermittlung nichtsteuerlicher Straftaten, die nicht mit einer Steuerstraftat zusammenhängen.[3] Die **Weisungsgebundenheit** besteht nur **im Rahmen der sachlichen und örtlichen Zuständigkeit**.

3124 Aus der Rechtsstellung der Fahndungsdienste und ihrer Beamten ergeben sich die im Folgenden aufgeführten Befugnisse.

2. Polizeibefugnisse (§ 404 Satz 1 AO)

3125 Auf Grund der Gleichstellung mit den Behörden und Beamten des Polizeidienstes sind die Zollfahndungsämter und Steuerfahndungsstellen sowie ihre Beamten zur Vornahme folgender Ermittlungsmaßnahmen berechtigt und verpflichtet:

---

1) Randt in Franzen/Gast/Joecks, 7. Aufl. 2009, § 404 AO Rz. 50.
2) Vgl. dazu Meyer-Goßner, 55. Aufl. 2012, § 161 StPO Rz. 11, und § 152 GVG Rz. 2.
3) Jäger in Klein, 11. Aufl. 2012, § 404 AO Rz. 21.

- zur Entgegennahme von Strafanzeigen (§ 158 StPO); **3126**
- zur Einleitung eines Strafverfahrens, wenn sie vom Verdacht einer Steuerstraftat Kenntnis erlangen (§§ 163, 152 StPO); **3127**
- jederzeit ohne besonderen Auftrag der Staatsanwaltschaft oder der Finanzbehörde alle unaufschiebbaren Maßnahmen zu treffen, um die Verdunkelung der Sache zu verhüten (§ 163 Abs. 1 Satz 1 StPO); sog. Recht des ersten Zugriffs; **3128**
- Ermittlungen jeder Art durchzuführen, insbes. im Auftrag der Staatsanwaltschaft oder Finanzbehörde Auskunft von anderen öffentlichen Behörden gem. § 161 Abs. 1 StPO zu verlangen (da das Auskunftsersuchen im Auftrag der jeweils zuständigen Ermittlungsbehörde als Herrin des Verfahrens erfolgt, ist die angefragte Behörde zur Auskunft verpflichtet); **3129**
- gem. § 163 Abs. 1 Satz 2 StPO selbst Auskunftsersuchen an alle Behörden zu richten und bei Gefahr im Verzug die Auskunft zu verlangen, dazu gehört auch die Möglichkeit Auskunft aus dem **Zentralen Staatsanwaltlichen Verfahrensregister (ZStV)** zu erhalten; **3130**
- Beweismittel sicherzustellen (§ 94 StPO); **3131**
- Vernehmung des Beschuldigten und Zeugen ohne Auftrag der Staatsanwaltschaft (§ 163a Abs. 4, § 163 Abs. 3 StPO). Für Zeugen, Sachverständige und den Beschuldigten besteht keine Pflicht, vor der Fahndung zu erscheinen Zeugen müssen vor der Fahndung nicht aussagen. Weigert sich ein Zeuge, vor der Fahndung zu erscheinen und auszusagen, wird sich die Fahndung an die Staatsanwaltschaft oder die Finanzbehörde wenden, die die Erscheinungs- und Aussagepflicht mit Zwangsmitteln durchsetzen kann; **3132**
- zur Identitätsfeststellung des einer Steuerstraftat Verdächtigen (§ 127 Abs. 1 Satz 2 StPO), aber auch eines Dritten, soweit es zur Aufklärung der Sache geboten ist (§ 163b Abs. 2 Satz 1 StPO). Zum Zwecke der Identitätsfeststellung können die vom Verdächtigen mitgeführten Sachen durchsucht werden. Auch darf dieser erkennungsdienstlich behandelt werden, wenn die Identität sonst nur unter erheblichen Schwierigkeiten festgestellt werden kann (§ 163b Abs. 1 Satz 3, § 81b StPO). Der Verdächtige darf so lange, bis seine Identität festgestellt ist, maximal jedoch zwölf Stunden festgehalten werden. Der Festgenommene ist unverzüglich dem Amtsrichter vorzuführen, es sei denn, die Herbeiführung der Entscheidung des Richters über die Zulässigkeit und Fortdauer der Freiheitsentziehung würde längere Zeit in Anspruch nehmen, als zur Feststellung der Identität notwendig wäre (§ 163b Abs. 1 Satz 2, § 163c StPO). Das Festhalten eines Dritten ist nur unter der weiteren Voraussetzung zulässig, dass die Festnahme zur Bedeutung der Sache nicht außer Verhältnis steht; seine Sachen dürfen gegen seinen Willen nicht durchsucht werden, das Gleiche gilt für eine erkennungsdienstliche Behandlung (§ 163b Abs. 2 Satz 2 StPO); **3133**
- zur vorläufigen Festnahme eines auf frischer Tat Betroffenen, wenn er fluchtverdächtig ist (§ 127 Abs. 1 Satz 1 StPO); **3134**
- bei Gefahr im Verzug einen Tatverdächtigen auch ohne Vorliegen der Voraussetzungen des § 127 Abs. 1 Satz 1 StPO vorläufig festzunehmen, wenn die Voraussetzungen eines Haft- oder Unterbringungsbefehls vorliegen (§ 127 Abs. 2 StPO). Gefahr im Verzug besteht, wenn die Festnahme infolge der Verzögerung, die durch das Erwirken eines richterlichen Haftbefehls eintreten würde, gefährdet wäre;[1] **3135**
- zur vorläufigen Festnahme eines auf frischer Tat Betroffenen oder Verfolgten zur Durchführung der Hauptverhandlung gem. § 127b StPO. Für Steuerdelikte ist es kaum denkbar, dass ein Urteil im beschleunigten Verfahren ergeht; **3136**

1) Meyer-Goßner, 55. Aufl. 2012, § 127 StPO Rz. 19.

3137 – zur Festnahme und Festhalten von Personen (Störern), die Amtshandlungen an Ort und Stelle (z.B. bei Durchsuchungen) vorsätzlich stören oder sich rechtmäßigen Anordnungen widersetzen, bis zum Ende der Amtshandlung, jedoch nicht über den nächstfolgenden Tag hinaus (§ 164 StPO);

3138 – technische Mittel (Bildaufnahmen und sonstige für Observationszwecke bestimmte technische Mittel) einzusetzen (§ 100h StPO). Beim Einsatz dieser Mittel ist als weitere Voraussetzung für den Einsatz sonstiger technischer Mittel zu Observationszwecken bestimmt, dass die Erforschung des Sachverhalts oder die Ermittlung des Aufenthaltsorts des Täters auf andere Weise weniger Erfolg versprechend oder erschwert wäre und es sich um eine Straftat von erheblicher Bedeutung handelt;

3139 – bei Gefahr im Verzug verdeckte Ermittler einzusetzen, wobei ein solcher Einsatz nur unter sehr engen Voraussetzungen zulässig ist und die Zustimmung der Staatsanwaltschaft unverzüglich herbeigeführt werden muss (§§ 110a, 110b StPO). Der Einsatz verdeckter Ermittler ist auch zur Aufklärung von Steuerstraftaten möglich, wenn diese gewerbs- oder gewohnheitsmäßig von einem Bandenmitglied oder in anderer Weise organisiert begangen werden. Der Einsatz von verdeckten Ermittlern kommt insbes. bei der Zollfahndung zur Aufklärung schwerer Straftaten auf dem Gebiet des Rauschgift- und Waffenschmuggels in Betracht.

3. Befugnisse der Zollfahndungsämter und Steuerfahndungsstellen und ihrer Beamten als Ermittlungspersonen der Staatsanwaltschaft (§ 399 Abs. 2 Satz 2, § 404 Satz 2 Halbsatz 2 AO)

3140 Neben den Befugnissen auf Grund des Polizeistatus stehen den Zollfahndungsämtern und den Steuerfahndungsstellen sowie ihren Beamten gem. § 404 AO auch alle Befugnisse zu, die die Strafprozessordnung Ermittlungspersonen der Staatsanwaltschaft einräumt. Solche Befugnisse sind insbesondere:

3141 – bei Gefahr im Verzug Durchsuchungen beim Verdächtigen und anderen Personen anzuordnen (§ 102, § 103 Abs. 1 Satz 1, Abs. 2, §§ 104, 105 StPO);

3142 – bei Gefahr im Verzug die Beschlagnahme von Gegenständen, die als Beweismittel für die Untersuchung in Frage kommen können (§ 94, § 98 Abs. 1 StPO), anzuordnen, wobei, wenn der von der Beschlagnahme Betroffene oder ein erwachsener Angehöriger nicht anwesend war oder wenn gegen die Beschlagnahme ausdrücklich Widerspruch erhoben wurde, worüber der Betroffene zu belehren ist, binnen drei Tagen eine richterliche Bestätigung der Beschlagnahme beantragt werden soll (§ 98 Abs. 2 StPO). Die Wirksamkeit der Beschlagnahme hängt aber nicht von der Einhaltung der Soll-Vorschrift ab;[1]

3143 – bei Gefahr im Verzug die vorläufige Beschlagnahme von beweglichen Gegenständen zur Sicherung von Einziehung, Verfall (§ 111b, § 111c Abs. 1, § 111e Abs. 1 Satz 2 StPO) anzuordnen und durchzuführen (§ 111f Abs. 1 StPO) sowie Notveräußerungen vorzunehmen, wenn der Verderb oder ein wesentlicher Wertverlust droht oder wenn die Aufbewahrung mit unverhältnismäßig großen Kosten oder Schwierigkeiten verbunden ist (§ 111l Abs. 1 und 2 StPO);

3144 – bei Gefährdung des Untersuchungserfolges durch Verzögerung die körperliche Untersuchung des Beschuldigten (§ 81a Abs. 1 und 2 Satz 2 StPO) oder anderer Personen nach Maßgabe des § 81c StPO anzuordnen;

3145 – bei Gefahr im Verzug nach Maßgabe der §§ 163d, 111 StPO eine Netzfahndung anzuordnen. Die Maßnahme kommt lediglich für die Zollfahndung in Betracht;

---

1) Meyer-Goßner, 55. Aufl. 2012, § 98 StPO Rz. 14.

- Maßnahmen gem. § 132 StPO anzuordnen, d.h., die Fahndungsstellen und Zollfahndungsämter sind berechtigt, zur Sicherung der Durchführung eines Strafverfahrens anzuordnen, dass der Beschuldigte, gegen den zwar ein dringender Tatverdacht besteht, aber keine Haftgründe vorliegen und der keinen festen Wohnsitz oder Aufenthalt im Inland hat, eine Sicherheit für die zu erwartende Geldstrafe und die Verfahrenskosten leistet sowie einen Zustellungsbevollmächtigten bestellt; **3146**
- bei **Gefahr im Verzug Ausschreibungen zur Festnahme** gem. § 131 StPO und zur Aufenthaltsermittlung gem. § 131a StPO und Öffentlichkeitsfahndungen gem. § 131 Abs. 3, § 131a Abs. 3 StPO zu veranlassen; **3147**
- einen Suchvermerk im Bundeszentralregister niederzulegen (§ 27 BZRG). Ob die Steuerfahndungsstellen hierzu befugt sind, ist umstritten, da sie anders als die Zollfahndung keine Behördeneigenschaft besitzen und in § 27 BZRG dieses Recht nur Behörden zugestanden wird.[1] **3148**

In der Arbeit der Steuerfahndung kommen v.a. Durchsuchungen und Beschlagnahmen vor. Die Zollfahndung bedient sich dagegen im Rahmen ihrer Aufgabenzuweisung zur Bekämpfung schwerer und schwerster Straftaten auch der anderen Ermittlungsbefugnisse. **3149**

4. Recht der Fahndungsdienste zur Durchsicht der Papiere (§ 404 Satz 2 AO)

Gemäß § 404 Satz 2 AO haben die Zollfahndungsämter und Steuerfahndungsstellen auch die Befugnis zur Durchsicht der Papiere nach § 110 Abs. 1 StPO des von der Durchsuchung Betroffenen. Dass das Recht zur Durchsicht der Papiere ohne Einverständnis des Betroffenen nur den Zollfahndungsämtern und den Steuerfahndungsstellen, nicht aber deren Beamten gestattet ist, spielt in der Praxis so gut wie keine Rolle, da die Befugnis den einzelnen Beamten durch Auftrag übertragen werden kann. Im allgemeinen Strafverfahren steht das Recht auf Durchsicht der Papiere nur der Staatsanwaltschaft zu. Anderen Beamten ist die Durchsicht nur mit Zustimmung des Inhabers der Papiere gestattet (§ 110 Abs. 2 Satz 1 StPO). Wird die Zustimmung vom Inhaber verweigert, müssen die Papiere, deren Durchsicht die Beamten für geboten erachten, in Gegenwart des Betroffenen in einem Umschlag mit dem Amtssiegel verschlossen und an die Staatsanwaltschaft abgeliefert werden (§ 110 Abs. 2 Satz 2 StPO). **3150**

Papiere sind das gesamte gedankliche Schrift- oder Druckgut geschäftlicher, beruflicher oder privater Art, wobei der Sinn der Vorschrift verlangt, dass auch auf anderen Stoffen, etwa auf **elektronischen Speichermedien** (Magnetbändern, Festplatten usw.) verzeichnete Gedankeninhalte als Papiere zu begreifen sind.[2] Bei elektronischen Speichermedien ist die Durchsicht auch gestattet, wenn diese sich räumlich getrennt befinden aber auf sie im Rahmen der Durchsuchung zugegriffen werden kann und sonst der Verlust der gesuchten Daten zu besorgen ist (§ 110 Abs. 3 StPO). Unter Durchsicht wird die Überprüfung, ob das entsprechende Papier als Beweismittel in Betracht kommt, verstanden. Es ist demnach unzulässig, die Papiere erst zu beschlagnahmen und dann erst durchzusehen.[3] Ist die **Durchsicht** etwa wegen der Menge nicht sofort möglich, so sind die Papiere ggf. **sicherzustellen**, die Durchsuchung ist so lange nicht abgeschlossen, bis die Papiere durchgesehen worden sind.[4] **3151**

Die Gleichstellung der Zollfahndungsämter und der Steuerfahndungsstellen mit der Staatsanwaltschaft in diesem Punkt gibt ihnen gegenüber den Polizeibehörden und **3152**

---

1) Vgl. dazu Randt in Franzen/Gast/Joecks, 7. Aufl. 2009, § 404 AO Rz. 61.
2) BGH v. 5.8.2003, StB 7/03, wistra 2003, 432.
3) Randt in Franzen/Gast/Joecks, 7. Aufl. 2012, § 404 AO Rz. 66.
4) LG Frankfurt v. 4.9.1996, 5/29 Qs 16/96, 5–29 Qs 16/96, wistra 1997, 117.

sogar gegenüber der Finanzbehörde, wenn das Verfahren durch die Staatsanwaltschaft geführt wird, eine erhöhte und einzigartige Stellung. Gegen diese Regelung sind verfassungsrechtliche Bedenken erhoben worden, der Schutz der Persönlichkeitssphäre sei gefährdet und die Übertragung dieses Rechts auf einen Personenkreis, der die Befähigung zum Richteramt nicht besitzt, verletze den Grundsatz der Verhältnismäßigkeit.[1] Der Kritik ist zuzugeben, dass durch die Fahndungsbeamten bei der Durchsicht privater Papiere, wie **Tagebücher**, private Briefe, **Arztunterlagen** usw., in die grundgesetzlich geschützte Persönlichkeitssphäre relativ leicht eingegriffen werden kann. Von daher ist bei privaten Aufzeichnungen größte Zurückhaltung geboten.[2] Andererseits darf nicht verkannt werden, dass in vielen Steuerstrafverfahren bei der Durchsuchung u.U. tausende von Ordnern und auch der Inhalt tausender auf Computern gespeicherter Dateien durchzusehen sind. Würde man die Durchsicht allein der Staatsanwaltschaft gestatten, könnten komplexere Steuerstrafverfahren nicht in angemessener Zeit durchgeführt werden.

5. Keine staatsanwaltschaftliche Befugnis der Zoll- und Steuerfahndung

3153 § 404 Satz 1 AO bestimmt, dass die Zollfahndungsämter und die mit der Steuerfahndung betrauten Dienststellen der Landesfinanzbehörden sowie ihre Beamten dieselben Rechte und Pflichten – wenn auch erweitert um das Recht zur Durchsicht der Papiere – wie die Behörden und Beamten des Polizeidienstes nach den Vorschriften der Strafprozessordnung haben. Aus der Verweisung folgt, dass den Fahndungsdiensten im Gegensatz zu den Straf- und Bußgeldsachenstellen und den Hauptzollämtern keine staatsanwaltschaftlichen Befugnisse zustehen. Dieser Grundsatz ist heute überwiegend anerkannt.[3] Steuer- und Zollfahndung sind demnach nicht befugt,

3154 – **richterliche Untersuchungshandlungen** gem. § 162 StPO zu beantragen, insbes. den Erlass eines Durchsuchungs- oder Beschlagnahmebeschlusses; das Recht kann der Steuerfahndung auch nicht durch einen behördeninternen Organisationsakt übertragen werden. Dagegen soll es zulässig sein, dass ein **Sachgebietsleiter der Steuerfahndung als Vertreter des Sachgebietsleiters der Straf- und Bußgeldsachenstelle** bei dessen Verhinderung solche Anträge stellt;[4]

3155 – eine **Postbeschlagnahme** gem. § 99, § 100 Abs. 1 StPO anzuordnen;

3156 – eine **Telefonüberwachung** gem. §§ 100a, 100b StPO, die **Erhebung von Verkehrsdatendaten** gem. § 100g StPO, den Einsatz von **„IMSI-Catcher"** (§ 100i StPO) oder das **Abhören außerhalb von Wohnungen** (§ 100f StPO) anzuordnen. Die Anordnungsbefugnis steht auch der Staatsanwaltschaft nur bei Gefahr in Verzug zu. Bei Steuerstraftaten dürfen diese Mittel nicht allgemein eingesetzt werden. In § 100 Abs. 2 Nr. 2 StPO ist lediglich der **besonders schwere Fall der bandenmäßigen Umsatz- oder Verbrauchsteuerhinterziehung** (§ 370 Abs. 3 Satz 2 Nr. 5 AO) erwähnt. Im Bereich der Zollfahndung können die genannten Mittel auch beim gewebsmäßigen, gewaltsamen und bandenmäßigen Schmuggel (§ 373 AO), der gewerbs- oder bandenmäßigen Steuerhehlerei (§ 374 Abs. 2 AO) und weiteren in § 100a Abs. 2 StPO aufgeführten Straftaten eingesetzt werden.

3157 – Beschuldigte oder Zeugen, die auf Ladung nicht erscheinen, **zwangsweise vorführen** zu lassen (§ 163a Abs. 3, §§ 133, 134, § 51 Abs. 2 StPO);

3158 – das **Strafverfahren** bis zum rechtskräftigen Abschluss des Besteuerungsverfahrens gem. § 396 AO **auszusetzen** oder eine Fristbestimmung nach § 154d StPO

---

1) Hübner in H/H/Sp, § 404 AO Rz. 62 (Juni 1984).
2) BVerfG v. 14.9.1989, 2 BvR 1062/87, NJW 1990, 563.
3) Vgl. für die h.M. Jäger in Klein, 11. Aufl. 2012, § 404 AO Rz. 25 f.; a.A. Küster, BB 1980, 1371 ff.; dagegen Wolter, BB 1981, 236.
4) LG Stuttgart v. 25.6.1987, 6 Qs 57/87, wistra 1988, 328.

zur Klärung einer zivilrechtlichen oder verwaltungsrechtlichen Vorfrage vorzunehmen;

- die Festsetzung von **Ordnungsgeld** zu beantragen, wenn jemand einem **Herausgabeverlangen** nach § 95 StPO nicht nachkommt;[1] 3159
- die Verfolgung gem. § 154a StPO auf abtrennbare Tatteile oder auf einzelne von mehreren durch dieselbe Tat begangenen Gesetzesverletzungen zu beschränken oder von der **Verfolgung** gem. §§ 153b, 153c, 154, 154b, 154c StPO **abzusehen**; 3160
- **verfahrensabschließende Verfügungen** zu treffen, wie die Einstellung des Ermittlungsverfahrens mangels eines ausreichenden Grundes zur Erhebung der öffentlichen Klage (§ 170 Abs. 2 StPO), die Einstellung wegen Geringfügigkeit (§ 153 StPO, § 398 AO) oder die Einstellung unter Auflagen (§ 153a StPO); 3161
- die Rechte der Finanzbehörde im Ermittlungsverfahren der Staatsanwaltschaft (§ 403 AO) oder im gerichtlichen Verfahren (§§ 406, 407 AO) wahrzunehmen; 3162
- den **Erlass eines Strafbefehls** sowie die **selbständige Anordnung der Einziehung oder des Verfalls** zu beantragen oder einen solchen Antrag zurückzunehmen (§§ 400, 401 AO; §§ 407, 440, 442 StPO). 3163

Die Fahndungsdienste sind zu den oben genannten Maßnahmen selbst dann nicht befugt, wenn das Strafverfahren durch sie gem. § 404 Satz 1 AO i.V.m. § 163 StPO eingeleitet wurde. Herr des Verfahrens bleibt auch in diesen Fällen allein die Straf- und Bußgeldsachenstelle bzw. das Hauptzollamt oder die Staatsanwaltschaft. 3164

6. Exkurs: Befugnisse der Steuerfahndung im Besteuerungsverfahren

Gemäß § 208 Abs. 1 Satz 2 AO verfügen die mit der Steuerfahndung betrauten Dienststellen der Finanzbehörden, wenn sie nach § 208 Abs. 1 Satz 1 Nr. 2 oder Nr. 3 AO Besteuerungsgrundlagen ermitteln, über alle den Finanzbehörden im Besteuerungsverfahren durch die Abgabenordnung eingeräumten Rechte. Um dem in § 85 AO niedergelegten Gesetzesauftrag, die Steuern nach Maßgabe der Gesetze gleichmäßig festzusetzen und zu erheben sowie darauf zu achten, dass Steuern nicht verkürzt, zu Unrecht erhoben oder Steuererstattungen und Steuervergütungen nicht zu Unrecht gewährt oder versagt werden, nachzukommen, kann sich die Steuerfahndung gem. § 92 Satz 1 AO aller Beweismittel bedienen, die sie nach pflichtgemäßem Ermessen für erforderlich hält. Als **Aufgabennorm** gewähren die §§ 85, 88 AO der Finanzbehörde keine Ermächtigung zum Eingriff in die Rechtsstellung eines Verfahrensbeteiligten oder einer anderen Person dergestalt, dass für diese Handlungs- oder Duldungspflichten angeordnet werden dürfen.[2] Hierzu bedarf es **spezieller Ermächtigungsgrundlagen**, die die Abgabenordnung in den §§ 93 ff. AO geschaffen hat. Die dort den Finanzbehörden eingeräumten Befugnisse sind für die Steuerfahndung durch § 208 Abs. 1 Satz 3 AO z.T. erweitert und z.T. eingeschränkt. 3165

- Die Steuerfahndung kann von Beteiligten und Dritten Auskunft zur Feststellung eines für die Besteuerung erheblichen Sachverhalts verlangen (§ 93 AO) ohne beim Verlangen der Auskunft von Dritten an die durch § 93 Abs. 1 Satz 3 AO angeordnete Beschränkung, zunächst den Beteiligten anzuhören bzw. eine Erfolgsprognose darüber anzustellen, gebunden zu sein. Auch braucht die Steuerfahndung Auskunftsersuchen auch auf Verlangen des Auskunftspflichtigen nicht schriftlich zu stellen, wie in § 93 Abs. 2 Satz 2 AO sonst für die Finanzbehörde vorgesehen. Unabhängig von den genannten Privilegierungen gilt auch für die Steuerfahndung, dass ein konkreter Anlass für ein Auskunftsersuchen vorhanden sein muss. Sog. **Ermittlungen ins Blaue hinein** sind **unzulässig**. Der konkrete Anlass kann entweder in tatsächlichen Anhaltspunkten oder auf Grund allgemei- 3166

1) Randt in Franzen/Gast/Joecks, 7. Aufl. 2009, § 404 AO Rz. 59.
2) Brockmeyer in Klein, 11. Aufl. 2012, § 88 AO Rz. 5.

ner Erfahrung, dass die Möglichkeit einer Steuerverkürzung besteht, gegeben sein.[1)]

3167 – Einige Besonderheiten sind gem. § 30a AO bei Auskunftsersuchen an Banken und bei der Anfertigung von Kontrollmaterial anlässlich der Durchsuchung einer Bank zu beachten. Auskunftsersuchen an Banken sind grundsätzlich zulässig. Allerdings schränkt § 30a Abs. 5 AO als Soll-Vorschrift die Rechte der Steuerfahndung dahingehend ein, dass bei einem bekannten Stpfl., die Bank nur dann um Auskunft und um die Vorlage von Unterlagen gebeten werden soll, wenn ein Auskunftsersuchen an den Stpfl. nicht zum Ziel führt oder keinen Erfolg verspricht. Die Anfertigung von Kontrollmitteilungen ist gem. § 30a Abs. 3 AO bei legimitationsgeprüften Konten nicht unbeschränkt zulässig.[2)]

3168 – die Steuerfahndung kann anordnen, dass der Auskunftspflichtige an Amtsstelle erscheint (§ 93 Abs. 5 AO);

3169 – die Steuerfahndung kann von Beteiligten die Abgabe einer **Versicherung an Eides statt** verlangen (§ 95 AO) und bei anderen Personen eine eidliche Vernehmung beim Finanz- bzw. Amtsgericht beantragen (§ 94 AO);

3170 – die Steuerfahndung kann bei ihren Ermittlungen Sachverständige hinzuziehen (§ 96 AO);

3171 – die Steuerfahndung kann von den Beteiligten und Dritten die **Vorlage von Büchern, Aufzeichnungen, Geschäftspapieren und anderen Urkunden** zur **Einsicht und Prüfung** verlangen (§ 97 AO), ohne an die Beschränkungen des § 97 Abs. 2 AO hinsichtlich der Voraussetzungen für ein Vorlageverlangen und des § 97 Abs. 3 AO hinsichtlich des Vorlageorts gebunden zu sein;

3172 – die Steuerfahndung kann einen Augenschein durchführen, auch durch Betreten von Grundstücken und Räumen, wobei Wohnräume im Hinblick auf Art. 13 GG nur zur Verhütung dringender Gefahren für die öffentliche Sicherheit und Ordnung betreten werden dürfen (§§ 98, 99 AO);

3173 – die Steuerfahndung kann die **Vorlage von Wertsachen** anordnen (§ 100 AO) um Feststellungen über ihre Beschaffenheit und den Wert zu treffen, soweit dies im Besteuerungsinteresse erforderlich ist;

3174 – die Steuerfahndung kann gem. § 200 Abs. 1 Satz 1 und 2, Abs. 2, Abs. 3 Satz 1 und 2 AO Auskunft und **Vorlage von Büchern, Geschäftspapieren und anderen Urkunden** in den Geschäftsräumen oder ggf. in den Wohnräumen des Stpfl. oder an Amtsstelle verlangen und dass ihr ein geeigneter Raum oder Arbeitsplatz und die nötigen Hilfsmittel unentgeltlich zur Verfügung gestellt werden. Darüber hinaus ist sie berechtigt, Unterstützung bei Ausübung der Befugnisse nach § 147 Abs. 6 AO zu verlangen (Datenzugriff);[3)]

3175 – die Steuerfahndung kann die **Mitwirkung** des Stpfl. und von Dritten grds. mit Zwangsmitteln (§§ 328 ff. AO) durchsetzen. Ermittelt die Steuerfahndung die Besteuerungsgrundlagen nach § 208 Abs. 1 Nr. 2 AO, also in unmittelbarem Zusammenhang mit einem Strafverfahren, sind Zwangsmittel gem. § 393 Abs. 1 Satz 2 und 3 AO nicht zulässig. Aber auch wenn die Steuerfahndung gegen einen bekannten Stpfl. gem. § 208 Abs. 1 Nr. 3 AO ermittelt, dürfen keine Zwangsmittel eingesetzt werden, wenn die Gefahr besteht, dass sich der Stpfl. durch die Mitwirkung der Gefahr einer strafrechtlichen Verfolgung aussetzt.

---

1) Brockmeyer in Klein, 11. Aufl. 2012, § 93 AO Rz. 1.

2) BFH v. 9.12.2008, VII R 47/07, DStR 2009, 581, 584.

3) Zum Datenzugriff vgl. BMF v. 16.7.2001, BStBl I 2001, 415 ff.; Burchert, INF 2001, 230 ff. (Teil I) und 263 ff. (Teil II).

E. Rechts- und Amtshilfe am Beispiel der Schweiz

Schrifttum

Botschaft, Botschaft vom 3.12.2010 zur Genehmigung eines Protokolls zur Änderung des Doppelbesteuerungsabkommens zwischen der Schweiz und Deutschland auf dem Gebiete der Steuern vom Einkommen und vom Vermögen, Bundesblatt 2011, 485; **Holenstein**, Amts- und Rechtshilfe mit Drittstaaten, insbesondere der Schweiz, oder: das schweizerische Bankgeheimnis zwischen Mythos und Wirklichkeit in: Roman Leitner (Hrsg.), Finanzstrafrecht 2006, Wien 2007 120; **Holenstein**, Wird die Rechtshilfe in Steuerstrafsachen durch die Amtshilfe nach OECD-Standard überflüssig?, PStR 2011, 41; **Holenstein**, Amtshilfe der Schweiz – Identifikation durch Schilderung eines Verhaltensmusters, IWB 2012, 17; **Holenstein**, Schweiz: Sukzessive Öffnung auch bei der Auslieferung in Steuersachen, PStR 2012, 151; **Holenstein**, Rechts- und Amtshilfe der Schweiz in Steuerstrafsachen in Flore/Tsambikakis (Hrsg.), Kommentar zu Steuerstrafrecht, Köln 2013, 1282; **Kubaile/Tschatsch**, Neueste Entwicklungen im deutschen Steuerrecht, Steuer Revue 2012, 605; **Koblenzer**, Auslegung von Art. 27 DBA-Schweiz im Lichte des geänderten Musterkommentars zu Art. 26 OECD-MA: Möglichkeit von rückwirkenden Gruppenanfragen zur Aufdeckung sogenannter „Abschleicher", IStR 2012, 872; **Leitner (Hrsg.)**, Finanzstrafrecht 2006, Wien 2007; **Pfund**, Das Gestrüpp unseres Steuerstrafrechts, Archiv für Schweizerisches Abgaberecht 48, 1979, 1; **Reich**, Internationale Rechtshilfe in Strafsachen in: Festschrift für Stefan Trechsel zum 65. Geburtstag, Zürich 2002, 285; **Waldburger**, Die Revision des schweizerisch-deutschen Doppelbesteuerungsabkommens (DBA-D), IFF Forum für Steuerrecht 2004, 40; **Wyss**, Illegal beschaffte Daten- eine Grundlage für Internationale Amts- und Strafrechtshilfe in Fiskalsachen, Aktuelle Juristische Praxis 2011, 731.

I. Schweizer Steuerstrafrecht

1. Grundsätzliches

Die Schweiz hat kein vereinheitlichtes Steuerstrafrecht, sondern kennt drei aufeinander nicht abgestimmte Systeme, die nebeneinander anwendbar sind. **3176**

Die Spaltung des Steuerstrafrechts hat historische Gründe. Die Tatbestände des Steuerstrafrechts sind in den einzelnen Steuergesetzen geregelt. **3177**

Bei der Einkommen- und Vermögenssteuer (nachstehend „direkte Steuern") verfügen sowohl der Bund als auch die Kantone über Steuererhebungskompetenz. Daher haben sie eigene Steuergesetze erlassen. Bis zum Inkrafttreten des Steuerharmonisierungsgesetzes[1] am 1.1.2001 waren diese nicht aufeinander abgestimmt. **3178**

Seither müssen sich die kantonalen Steuergesetze – und somit auch die darin vorgesehenen Steuerstrafbestimmungen – an den vom StHG gesteckten Rahmen halten. Da das StHG und das Einkommensteuergesetz des Bundes, das Bundesgesetz über die direkte Bundessteuer vom 14.12.1990 über die direkte Bundessteuer (DBG), harmonisiert sind, sind die Steuerstrafbestimmungen im Bereich der direkten Steuern vereinheitlicht (sog. System StHG/DBG). **3179**

Neben dem System StHG/DBG besteht seit Inkrafttreten des Bundesgesetzes vom 22.3.1974 über das Verwaltungsstrafrecht (VStrR) das auf die übrigen Steuern des Bundes (Verrechnungssteuer, Stempelabgaben und Mehrwertsteuer) anwendbare „System VStrR". **3180**

Innerhalb dieses „Systems VStrR" hat sich durch die Revision des Bundesgesetzes über die Mehrwertsteuer (MWSTG) das eigenständige Subsystem des Mehrwertsteuerstrafrechts herausgegliedert. **3181**

---

1) Bundesgesetz vom 14.12.1990 über die Harmonisierung der direkten Steuern der Kantone und Gemeinden (StHG).

3182 Da dem derzeit geltenden schweizerischen Steuerstrafrecht ein Gesamtkonzept fehlt, hat es sich über die Jahre und die verschiedenen Gesetzesrevisionen zu einem „Gestrüpp" verdichtet.[1)]

3183 Es besteht allerdings die leise Hoffnung, dass sich dies in absehbarer Zeit ändern wird. Im Parlament sind verschiedene Vorstöße anhängig, welche die Totalrevision des Steuerstrafrechts verlangen.

3184 Die Bundesregierung, der Bundesrat, hat am 21.9.2012 angekündigt, bis zum Frühling 2013 einen Vorschlag zur Revision des Steuerstrafrechts auszuarbeiten, den er dann in die Vernehmlassung schicken wird.[2)]

3185 Dieser Vorschlag wird wohl auch vorsehen, dass die kantonalen Steuerbehörden für die Zwecke der Verfolgung der Hinterziehung direkter Steuern Zugang zu Bankdaten erhalten sollen.[3)]

3186 Nach geltendem Recht haben die für die Verfolgung der Hinterziehung direkter Steuern zuständigen Steuerbehörden grundsätzlich keinen Zugang zu Bankinformationen. Eine Ausnahme besteht für „schwere Steuerwiderhandlungen". Als solche gelten der Steuerbetrug sowie die fortgesetzte Hinterziehung großer Beträge.[4)] In solchen Fällen kann der Vorsteher des Eidgenössischen Finanzdepartements die Abteilung Strafsachen und Untersuchungen (ASU) der Eidgenössischen Steuerverwaltung mit der Untersuchung beauftragen.[5)] In einem solchen Untersuchungsverfahren stehen der ASU die Zwangsmittel des VStrR zur Verfügung, wozu auch die Durchbrechung des Bankgeheimnisses gehört.[6)] Hingegen besteht im Bereich der indirekten Fiskalität (Mehrwertsteuer, Stempelabgaben und Verrechnungssteuer) schon nach geltendem Recht die Möglichkeit, zwangsweise Bankinformationen zu erlangen.

3187 Die Möglichkeit, das Bankgeheimnis bei innerstaatlichen Steuerhinterziehungsverfahren im Bereich der direkten Steuern durchbrechen zu können, käme daher einem Paradigmenwechsel gleich.

3188 Aus den ablehnenden Reaktionen gewichtiger politischer Parteien auf die Ankündigung des Bundesrates vom 21.9.2012 ist abzuleiten, dass die Umsetzung dieses Vorschlages noch viel Überzeugungsarbeit erfordert.

3189 Im Februar 2012 hat die Groupe d'action financière (GAFI) / Financial Action Task Force (FATF), ihre Empfehlungen zur Bekämpfung der Geldwäscherei angepasst und die schweren Steuerdelikte in den Katalog der Geldwäschereivortaten aufgenommen. Die Staaten sind aufgefordert, ihre Gesetze entsprechend anzupassen. Sie können dabei bestimmen, welche Steuerdelikte nach ihrem Recht Vortaten der Geldwäscherei sind.

3190 Der Schweizer Bundesrat hat angekündigt, zu Beginn des Jahres 2013 seine Vorschläge zu präsentieren, mit welchen er die Empfehlung der GAFI/FATF umsetzen möchte.

3191 Da Finanzintermediäre (insbesondere Banken bzw. ihre Mitarbeiter und Vermögensverwalter) Meldepflichten erfüllen müssen, sobald sie den begründeten Ver-

1) Diese Bezeichnung geht auf den Schöpfer des VStrR, Walter R. Pfund, zurück, der bereits im Jahre 1979 einen Aufsatz mit „Das Gestrüpp unseres Steuerstrafrechts" betitelt hat. (Archiv für Schweizerisches Abgaberecht 48, 1979, 1–40).
2) Medienmitteilung „Bundesrat will einheitliches Steuerstrafrecht", abrufbar unter http://www.admin.ch/aktuell/00089/index.html?lang=de&msg-id=46074 (Stand 18.2.2013).
3) Medienmitteilung (s. vorherige Fußnote).
4) Art. 190 Abs. 2 DBG.
5) Art. 190 Abs. 1 DBG.
6) Anklagekammer des Schweizerischen Bundesgerichts, Entscheid vom 14.10.1999, Verwaltungspraxis der Bundesbehörden (VPB) 67.85.

dacht haben, dass das von ihnen angenommene Vermögen aus einer Geldwäschereivortat stammt, kommt der Umschreibung der als Vortat zur Geldwäscherei geltenden schweren Steuerdelikte erhebliche praktische Bedeutung zu.

2. Gemeinsamkeiten der Steuerstrafrechtssysteme

Die verschiedenen Steuerstrafrechtssysteme des geltenden Rechts weisen neben gewichtigen Unterschieden auch Gemeinsamkeiten auf, nämlich: 3192

- Gliederung der Strafbestände in drei Kategorien (Ordnungswidrigkeiten und Übertretungen, Vergehen und neuerdings Verbrechen[1]);
- die Bemessung der Bußen für Hinterziehung in Abhängigkeit von der Höhe der hinterzogenen Steuer;[2]
- Strafkumulierung durch steuerartspezifische Ahndung der Hinterziehung.

3. Hauptunterschiede der Steuerstrafrechtssysteme

Die hauptsächlichen Unterschiede zwischen den drei Systemen liegen bei den mit Freiheitsstrafe bedrohten Tatbeständen, der Strafbarkeit der juristischen Personen, der Tätereigenschaft bei der Steuerhinterziehung sowie bei den Zwangsmaßnahmen bei der Verfolgung der Übertretungen (insbesondere der Hinterziehung). 3193

Im System StHG/DBG sind juristische Personen für die Steuerhinterziehung straffähig, nicht aber für den mit Freiheitsstrafe bedrohten Steuerbetrug. Das System VStrR folgt hingegen dem klassischen Ansatz, wonach juristische Personen nicht straffähig sind. 3194

Der Strafbarkeit unterliegen die für die juristischen Personen handelnden natürlichen Personen. 3195

Im System „StHG/DBG" kann sich nur die steuerpflichtige Person der Hinterziehung strafbar machen, diese ist also ein echtes Sonderdelikt. Hingegen kann jedermann einen Steuerbetrug begehen. 3196

Im „System VStrR" sind die Tatbestände nicht als Sonderdelikte ausgestaltet; jedermann kann Täter sein. 3197

Im System StHG/DBG sind die Kantonalen Steuerverwaltungen für die Verfolgung der Übertretungen (insbesondere der Steuerhinterziehung) zuständig. Diese verfügen nicht über Zwangsmittel, haben also insbesondere keinen Zugang zu Bankunterlagen. 3198

Anders ist die Rechtslage im „System VStrR". In diesem System verfügt die für die Verfolgung von Hinterziehungen zuständige Bundesbehörde über strafprozessuale Zwangsmittel, kann also insbesondere auch das Bankgeheimnis durchbrechen. 3199

Sowohl im „System StHG/DBG" als auch im „System VStrR" ist die „einfache" Hinterziehung als Übertretung ausgestaltet, also lediglich mit Buße bedroht. In beiden Systemen sind Taten mit höherem Unrechtsgehalt mit Freiheitsstrafe bedroht. 3200

Im „System StHG/DBG" ist der sog. Steuerbetrug mit Freiheitsstrafe von bis zu drei Jahren oder mit Geldstrafe von bis zu 360 Tagessätzen von bis zu 3 000 CHF (nach derzeitigem Kurs etwa 3 600 €) bedroht. Dieser Tatbestand ist nach dem sog. Urkundenmodell ausgestaltet. Einen Steuerbetrug begeht, wer zum Zweck der Steuerhinterziehung gefälschte, verfälschte oder inhaltlich unwahre Urkunden gebraucht. Als 3201

1) Seit dem Bundesgesetz vom 3.10.2008 zur Umsetzung der revidierten Empfehlungen der Groupe d'action financière ist der qualifizierte Abgabebetrug als Verbrechen ausgestaltet.

2) Das Subsystem des Mehrwertsteuerstrafrechts durchbricht allerdings diese Regel: Dort ist der Strafrahmen von der Höhe der hinterzogenen Steuer losgelöst.

Urkunde gelten dabei auch vom Stpfl. selbst ausgestellte Urkunden wie Jahresrechnungen (Bilanz und Erfolgsrechnung). Dazu ist zu sagen, dass nach schweizerischem Kernstrafrecht nicht nur die Täuschung über den Aussteller strafbar ist, sondern auch die schriftliche Lüge in einem Schriftstück, dem Beweiszweck und Beweiseignung zukommt.

3202 Im „System VStrR" ist der Betrugstatbestand weiter gefasst. Dieser folgt – wie der Betrug des Kernstrafrechts[1] – dem sog. Arglistprinzip. Mit Freiheitsstrafe von bis zu einem Jahr wird bestraft, wer durch sein arglistiges Verhalten bewirkt, dass dem Gemeinwesen unrechtmäßig und in einem erheblichen Ausmaß eine Abgabe vorenthalten wird (Abgabebetrug).[2]

3203 Arglistig ist zum einen die Verwendung gefälschter, verfälschter oder inhaltlich unwahrer Urkunden. Da der Tatbestand des Abgabebetruges weiter gefasst ist als derjenige des Steuerbetrugs im „System StHG/DBG" kann eine arglistige Täuschung der Steuerbehörden auch ohne die Verwendung von Urkunden erfolgen.[3]

4. Hauptunterschiede der Steuerstrafrechtssysteme

3204 Bis vor wenigen Jahren legte sich die Schweiz bei der internationalen Zusammenarbeit in Steuer(straf)sachen große Zurückhaltung auf. Lange Jahre leistete die Schweiz lediglich Rechtshilfe gestützt auf Art. 3 Abs. 3 IRSG.[4] Sie war unter bestimmten Umständen bereit, zur Verfolgung von Steuerstraftaten beizutragen, nicht aber bei der Festsetzung von Steuern Unterstützung zu leisten. Daher verweigerte sie die über den Austausch der zur richtigen Anwendung eines Doppelbesteuerungsabkommens hinausgehende Amtshilfe.

3205 Damit die Schweiz in einem Steuerstrafverfahren der ersuchenden Behörde Rechtshilfe leistet, muss das dem Ersuchen zu Grunde liegende Verhalten – hätte es sich analog in der Schweiz ereignet – als Abgabebetrug im Sinne von Art. 14 Abs. 2 VStrR zu qualifizieren sein.

3206 Im Verhältnis zu Deutschland hat die Schweiz ihre Zurückhaltung bei der Steueramtshilfe im Revisionsprotokoll vom 12.3.2002 gelockert. In diesem Protokoll haben die Schweiz und Deutschland Art. 27 des zwischen den beiden Staaten abgeschlossenen Doppelbesteuerungsabkommens (DBA) geändert.

3207 Nach dieser geänderten Amtshilfebestimmung war die Schweiz bereit, Deutschland Informationen zur Durchsetzung des innerstaatlichen Steuerrechts zu leisten, wenn dem Amtshilfeersuchen ein betrügerisches Verhalten zu Grunde lag, das nach dem Recht beider Staaten als Steuervergehen gilt und mit Freiheitsstrafe bedroht ist. Nach geltendem Recht erfüllt im Bereich der unter das DBA fallenden Einkommens- und Vermögenssteuern nur der Steuerbetrug diese Voraussetzungen.

3208 Soweit die internationale Zusammenarbeit voraussetzt, dass das dem Ersuchen zu Grunde liegende Verhalten auch nach schweizerischem Recht strafbar wäre, wenn es sich analog in der Schweiz abgespielt hätte, sind folgende Strafbestimmungen relevant:

- Rechtshilfe zwecks Verfolgung von Steuerstraftaten: Abgabebetrug gem. Art. 14 Abs. 2 VStrR,
- Amtshilfe zwecks Festsetzung von Steuern: Steuerbetrug gem. Art. 186 DBG bzw. Art. 59 StHG.

---

1) Art. 146 StGB.
2) Art. 14 Abs. 2 VStrR i.V.m. Art. 333 Abs. 2 lit. b StGB.
3) BGE 125 II 250 E.3.b S. 252.
4) Bundesgesetz über die internationale Rechtshilfe in Strafsachen vom 20.3.1981.

5. Straflose Selbstanzeige

Bis zum Inkrafttreten des Bundesgesetzes über die Vereinfachung der Nachbesteuerung in Erbfällen und die straflose Selbstanzeige vom 20.3.2008 („kleine Steueramnestie") am 1.1.2010 kannte nur das „System VStrR" die straflose Selbstanzeige. Im „System StHG/DBG" führte eine Selbstanzeige lediglich zu einer Strafminderung auf 20 % der hinterzogenen Steuer. **3209**

Seit dem 1.1.2010 führt eine gültige Selbstanzeige in allen drei Steuerstrafrechtssystemen[1] zur Straflosigkeit, sofern es sich um die erste Selbstanzeige[2] handelt. Damit eine Selbstanzeige gültig ist, muss sie die vom entsprechenden System vorgesehenen Voraussetzungen erfüllen. **3210**

Im „System VStrR" ist erforderlich, dass die Selbstanzeige aus eigenem Antrieb erfolgt. Im „System StHG/DBG" setzt der Verzicht auf die Strafverfolgung (straflose Selbstanzeige) voraus, dass die Selbstanzeige erfolgt, bevor die Hinterziehung einer Steuerbehörde bekannt ist. Außerdem muss der Stpfl. die Steuerbehörde bei der Festsetzung der Steuer vorbehaltlos unterstützen sowie für die Bezahlung der Steuer, soweit zumutbar, besorgt sein.[3] **3211**

II. Rechts- und Amtshilfe durch die Schweiz

1. Vorbemerkung

Zur Beschaffung von Beweismitteln aus der Schweiz, die in einem Steuerstrafverfahren verwendet werden können, stehen einem ausländischen Staat zwei Wege zur Verfügung: die Amtshilfe und die Rechtshilfe. Dabei steht dem ausländischen Staat das Wahlrecht zu, welchen Weg er beschreiten möchte. Die Absicht, die auf dem Amtshilfeweg erhaltenen Beweismittel in einem Steuerstrafverfahren zu verwenden, verpflichtet den ausländischen Staat nicht zum Beschreiten des Rechtshilfeweges.[4] Die Umschreibung der Begriffe Amts- und Rechtshilfe ist uneinheitlich. In der vorliegenden Darstellung werden die Begriffe wie folgt verwendet: Als **Rechtshilfe** gilt die Unterstützung des ersuchenden ausländischen Staates bei der Verfolgung von (Steuer)Straftaten. Hierzu gehören die Lieferung von Beweismitteln, die Beschlagnahme von Vermögenswerten sowie die Auslieferung von Tatverdächtigen. Unter den Begriff der **Amtshilfe** fällt die Herausgabe von Informationen zwecks Festsetzung von Steuern.[5] Schematisch lässt sich dies wie folgt darstellen:[6] **3212**

	Amtshilfe in Steuersachen	**Rechtshilfe in Steuerstrafsachen**
wer will	ersuchender Staat (Finanzverwaltung)	ersuchender Staat (Strafverfolgungsbehörden)
was	Informationen, Vollstreckungshilfe	Informationen, Vermögenswerte, Auslieferung von Tatverdächtigen

1) „System StHG/DBG", „System VStrR" und „System MWSTG".
2) Das Subsystem MWSTG begrenzt die Straflosigkeit nicht auf die erste Selbstanzeige.
3) Art. 175 Abs. 3 DBG und Art. 56 Abs. 1bis StHG (natürliche Personen) und Art. 181a Abs. 1 DBG und Art. 57b Abs. 1 StHG (juristische Personen).
4) Bundesgericht v. 20.12.2010, 1C_485/2010 E. 2.3.2.
5) Reich, 285, 287.
6) Vgl. Holenstein in Leitner, 120.

	Amtshilfe in Steuersachen	**Rechtshilfe in Steuerstrafsachen**
von wem	ersuchtem Staat	ersuchtem Staat
woraus	DBA/anderer Staatsvertrag	Staatsvertrag
wofür	Festsetzung von Steuern, Vollstreckung von Steuerforderungen	Strafverfolgung, Abschöpfung deliktischer Vermögenswerte

3213 Obwohl die Amtshilfe in Steuersachen nicht primär die Verfolgung von Steuerstraftaten bezweckt, kann sie für Zwecke der Strafverfolgung eingesetzt werden. Der ersuchende Staat darf nämlich die ihm vom ersuchten Staat auf dem Wege der Amtshilfe herausgegebenen Informationen seinen Behörden zur Verfügung stellen, die für die Verfolgung von Steuerstraftaten zuständig sind.

3214 Bis vor wenigen Jahren weigerte sich die Schweiz, zur Durchsetzung des innerstaatlichen Steuerrechts des ersuchenden Staates Amtshilfe zu leisten. Sie war seit Inkrafttreten des IRSG am 1.1.1983 einzig bereit, durch Rechtshilfe zur Strafverfolgung beizutragen. Auf Grund des Spezialitätsvorbehaltes ist die Verwendung der auf dem Wege der Rechtshilfe übermittelten Informationen und Beweismittel in einem Besteuerungsverfahren ausgeschlossen.[1)]

3215 Diese Verweigerungshaltung fand im Vorbehalt der Schweiz zu Art. 26 OECD-MA ihren Ausdruck. Dieser lautete: *„Die Schweiz macht einen Vorbehalt zu diesem Artikel. Sie wird vorschlagen, Art. 26 auf Informationen zu beschränken, die zur Durchführung des Abkommens erforderlich sind."*

3216 Von dieser Position ist die Schweiz schrittweise abgerückt. Am Anfang stand die Zustimmung zum Bankgeheimnisbericht der OECD im April 2000.[2)] Als Folge dieses Bankgeheimnisberichtes hat sie die auf Betrugsdelikte erweiterte Amtshilfeklausel in ihre DBA mit OECD-Staaten aufgenommen.

3217 Das mit Revisionsprotokoll vom 12.3.2002 geänderte DBA mit Deutschland war das erste Abkommen, in welchem die Schweiz die neue Amtshilfepolitik umgesetzt hat.

3218 Am 13.3.2009 hat die schweizerische Bundesregierung erklärt, den Vorbehalt zu Art. 26 OECD-MA zurückzuziehen. Seither hat die Schweiz mehr als 30 DBA abgeschlossen, die eine dem OECD-Standard entsprechende Auskunftsklausel enthalten.

3219 Zu diesen dem OECD-Standard entsprechenden Abkommen gehört auch das am 21.12.2011 in Kraft getretene DBA mit Deutschland in der Fassung des Revisionsprotokolls vom 27.10.2010.

3220 Im Bereich der indirekten Steuern begann die Öffnung mit dem am 26.10.2004 unterzeichneten Abkommen zur Assoziierung der Schweiz zum Schengen Besitzstand (SAA) sowie dem Betrugsbekämpfungsabkommen (BBA). In diesem Abkommen hat sich die Schweiz verpflichtet, auch für die (einfache) Steuerhinterziehung Rechtshilfe zu leisten. Zudem hat sich die Schweiz völkerrechtlich verpflichtet, für Fiskaldelikte im Bereich der indirekten Fiskalität auszuliefern.

3221 In einem Diskussionspapier vom 22.2.2012 sowie im Bericht zur Finanzmarktpolitik des Bundes vom 19.12.2012 hat die schweizerische Bundesregierung angekündigt, dass der Finanzplatz der Schweiz künftig eine Weißgeldstrategie verfolgen werde.[3)]

---

1) BGE 115 Ib 373 E. 8, 376.
2) OECD Report, Improving Access to Bank Information for Tax Purposes, OECD Fiscal Affairs Committee, April 2000.
3) Bericht zur Finanzmarktpolitik des Bundes v. 19.12.2012 (abrufbar unter: http://www.sif.admin.ch/themen/00827/index.htm?lang>de (zuletzt besucht am 18.2.2013).

Durch diese schrittweise Entwicklung ist die Rechtslage unübersichtlich geworden. Dies umso mehr, als u.U. mehrere Rechtsgrundlagen parallel zur Anwendung gelangen können. Hinzu kommt, dass einzelne Rechtsgrundlagen jeweils erst ab einem bestimmten Datum Anwendung finden. 3222

Die nachfolgende Darstellung ist wie folgt gegliedert: Als erstes wird die „kleine" Rechtshilfe bei Abgabebetrug erläutert (→ Rz. 3227 ff.). Diese ist seit Inkrafttreten des IRSG für alle Steuerarten möglich. Am 26.10.2004 hat die Schweiz mit der EU ein Paket von insgesamt neun Staatsverträgen abgeschlossen (sog. Bilaterale Abkommen II), zu denen das Schengener Assoziierungsabkommen (SAA)[1] sowie das Betrugsbekämpfungsabkommen (BBA)[2] gehören. In diesen beiden Abkommen hat die Schweiz der Absenkung der Zugangsschranken zu Bankinformationen zugestimmt, soweit es um die unter das entsprechende Abkommen fallenden indirekten Steuern (Zoll-, Mehrwertsteuern, Verbrauchssteuern, besondere Verbrauchssteuern) geht. Zur durch diese Abkommen geregelte Rechtshilfe im Bereich der indirekten Fiskalität → Rz. 3254 f. 3223

Da der ersuchende Staat die auf dem Amtshilfeweg erlangten Informationen in einem Steuerstrafverfahren verwenden darf, ist auch die Entwicklung der Amtshilfebestimmungen im DBA zwischen der Schweiz und Deutschland von Belang. Die Darstellung gliedert sich in zwei Abschnitte, jenen über die Amtshilfe bei Steuerbetrug (→ Rz. 3263 ff.) sowie den über die Amtshilfe nach OECD-Standard (→ Rz. 3269 ff.). 3224

Neuerdings liefert die Schweiz auch in Fiskalstrafsachen Verdächtige aus, sofern diesen ein qualifizierter Abgabebetrug oder im Bereich der indirekten Fiskalität (Mehrwertsteuer, Verbrauchssteuern oder Zoll) Handlungen vorgeworfen werden, die sowohl nach dem Recht des ersuchenden als auch nach schweizerischem Recht mit einer Freiheitsstrafe im Höchstmaß von mindestens einem Jahr oder einer schwereren Strafe bedroht sind. Schon zuvor hat das für die Auslieferungsentscheide zuständige Bundesamt für Justiz die Auslieferung bewilligt, wenn der beschuldigten Person die unrechtmäßige Rückforderung von Steuern vorgeworfen wurde. Die schweizerische Auslieferungspraxis im Bereich der Steuerdelikte wird in → Rz. 3294 ff. erläutert. 3225

Das Eidgenössische Justiz- und Polizeidepartement hat im Juni 2012 einen Vorentwurf in die Vernehmlassung[3] geschickt, in welchem die Ausdehnung der Rechtshilfe bei Fiskaldelikten vorgeschlagen wurde. Daher ist werden unter → Rz. 3317 ff. die geplanten Rechtsanpassungen erläutert. 3226

2. „Kleine" Rechtshilfe bei Abgabebetrug[4]

a) Rechtsgrundlage

Für den Rechtshilfeverkehr zwischen der Schweiz und Deutschland sind in erster Linie das Europäische Übereinkommen über die Rechtshilfe in Strafsachen vom 20.4.1959 (EUeR)[5] und der zwischen der Schweiz und der Bundesrepublik Deutsch- 3227

1) Abkommen v. 26.10.2004 zwischen der Schweizerischen Eidgenossenschaft, der Europäischen Union und der Europäischen Gemeinschaft über die Assoziierung dieses Staates bei der Umsetzung, Anwendung und Entwicklung des Schengen Besitzstandes (Schengener Assoziierungsabkommen SAA).

2) Abkommen v. 26.10.2004 über die Zusammenarbeit zwischen der Schweizerischen Eidgenossenschaft einerseits und der Europäischen Gemeinschaft und ihren Mitgliedstaaten andererseits zur Bekämpfung von Betrug und sonstigen rechtswidrigen Handlungen, die ihre finanziellen Interessen beeinträchtigen (Betrugsbekämpfungsabkommen, BBA).

3) Anhörung bei den politischen Parteien, den Kantonen und anderen interessierten Kreisen.

4) Vgl. zum Ganzen auch Holenstein in Flore/Tsambikakis, 1282 ff.

5) Das EUeR ist ein multilaterales Abkommen des Europarates.

land am 13.11.1969 abgeschlossene Zusatzvertrag über die Erleichterung der Anwendung des EUeR maßgebend. Diese Staatsverträge enthalten jedoch keine Verpflichtung der Vertragsstaaten, einander bei Fiskaldelikten Strafrechtshilfe zu leisten.

3228 Die Schweiz hat jedoch eine innerstaatliche Rechtsgrundlage für die Rechtshilfe bei Abgabebetrug erlassen (Art. 3 Abs. 3 IRSG). Die Bestimmung hat folgenden Wortlaut:

„Einem Ersuchen wird nicht entsprochen, wenn Gegenstand des Verfahrens eine Tat ist, die auf eine Verkürzung fiskalischer Abgaben gerichtet erscheint (....). Jedoch kann einem Ersuchen um Rechtshilfe nach dem dritten Teil des Gesetzes entsprochen werden, wenn Gegenstand des Verfahrens ein Abgabebetrug ist."

3229 Obwohl die Bestimmung als Kann-Vorschrift ausgestaltet ist, sind nach der Rechtsprechung die schweizerischen Behörden zur Rechtshilfeleistung verpflichtet, wenn alle maßgebenden Voraussetzungen erfüllt sind.[1)]

3230 Der „dritte Teil des Gesetzes" umfasst die sog. kleine bzw. akzessorische Rechtshilfe. Diese beinhaltet die Zustellung von Schriftstücken, die Beweiserhebung, die Herausgabe von Akten und Schriftstücken sowie die Herausgabe von Gegenständen oder Vermögenswerten zur Einziehung oder Rückerstattung an den Berechtigten.[2)]

3231 Die „kleine Rechtshilfe" schließt prozessuale Zwangsmaßnahmen wie Hausdurchsuchungen, die Beschlagnahme sowie die Durchbrechung des Bankgeheimnisses ein. Auf Grund ihrer Erklärung zu Art. 5 Ziff. 1 lit. a EUeR ist die Schweiz nur dann zur Anwendung von Zwangsmaßnahmen verpflichtet, wenn das im Rechtshilfeersuchen sowie seinen Beilagen und Ergänzungen geschilderte Verhalten sowohl nach dem Recht des ersuchenden Staates als auch nach schweizerischem Recht strafbar ist (Prinzip der beidseitigen Strafbarkeit).[3)]

3232 Allerdings hat die ersuchte schweizerische Rechtshilfebehörde die Strafbarkeit nach ausländischem Recht nicht zu überprüfen, es sei denn, das Rechtshilfeersuchen sei klar missbräuchlich.[4)]

b) Rechtshilfe nur bei Abgabebetrug

3233 Damit die Schweiz in Steuerstraffällen zur Leistung von Rechtshilfe verpflichtet ist, muss der im Rechtshilfeersuchen geschilderte Sachverhalt nach schweizerischem Steuerstrafrecht als Abgabebetrug zu qualifizieren sein, wenn er sich analog in der Schweiz abgespielt hätte. Einen solchen begeht, wer durch sein arglistiges Verhalten bewirkt, dass dem Gemeinwesen unrechtmäßig und in einem erheblichen Betrag eine Abgabe vorenthalten wird.[5)]

3234 Als rechtshilfefähiger Abgabebetrug zu qualifizieren sind unter anderem folgende Verhaltensweisen:

- **Zwischenschaltung einer Domizilgesellschaft in die Lieferkette**: Die Zwischenschaltung einer Gesellschaft in die Lieferkette, die dem Abnehmer überhöhte oder zu tiefe Rechnungen stellt und dadurch das tatsächliche Geschäftsergebnis des Abnehmers manipuliert.[6)]

1) BGE 125 II 250 E. 2., S. 252, 111 Ib 242 E. 4c, S. 248.
2) Art. 63 Abs. 2 IRSG.
3) Vgl. auch Art. 64 IRSG.
4) Bundesstrafgericht v. 30.1.2012, RR.2011.143, E. 3.2.1 m.w.H.
5) Art. 14 Abs. 2 VStrR.
6) BGE 111 Ib 242 E. 5b S. 249; Bundesgericht v. 20.7.2001, 1A.63/2001, E. 4c.

- **Fiktive Rechnungen**: Die Verwendung von Rechnungen für gar nicht erbrachte Leistungen.[1)]
- **Pro forma gestellte Rechnungen**: Stellt eine zwischengeschaltete Gesellschaft Rechnungen an den Erstverkäufer, obwohl die Zahlung nicht über die Rechnung stellende Gesellschaft, sondern direkt vom Endabnehmer an den Erstverkäufer erfolgt, ist die Verwendung der Proforma-Rechnungen als Abgabebetrug zu ahnden.[2)]
- **Falsche Geschäftsbücher**: Die Verwendung von unrichtigen oder unvollständigen Urkunden zum Zweck der Steuerhinterziehung erfüllt den Tatbestand des Abgabebetrugs. Unrichtige Urkunden sind nach kaufmännischer Art geführte Geschäftsbücher, welche nicht sämtliche Erträge enthalten oder Vorgänge verbucht haben, die effektiv nicht stattgefunden haben.[3)]
- **Planmäßiges Verschleiern des Wohnsitzes**: Der Stpfl., der durch mehrere fingierte Mietverträge über sein Haus und durch ein unzutreffendes Gästeregister verschleiert, dass er seinen Wohnsitz weiterhin in Deutschland hat, begeht eine arglistige Täuschung der Steuerbehörden.[4)]

Hingegen nicht als Abgabebetrug zu beurteilen sind die folgenden Sachverhalte: **3235**

- **Zwischenschaltung einer Domizilgesellschaft zwecks Verschleierung:** Bezweckt die Zwischengeschaltete lediglich die Verschleierung der Eigentumsverhältnisse an Bankkonten und Wertschriftendepots, liegt kein Abgabebetrug vor; dieses Verhalten gilt als nicht rechtshilfefähige Steuerhinterziehung.[5)]
- **Unrichtige Einnahmen-Überschuss-Rechnung:** Da Einnahmen-Überschuss-Rechnungen dann keine Urkunden sind, wenn ihnen keine nach kaufmännischen Grundsätzen geführte Buchhaltung zu Grunde liegt, begründet die Einreichung einer unvollständigen Einnahmen-Überschuss-Rechnung für sich alleine noch keine Arglist.[6)]

c) Anforderungen an das Rechtshilfeersuchen und herauszugebende Beweismittel

Im Rechtshilfeverfahren ist nicht zu überprüfen, ob der im Rechtshilfeersuchen **3236** geschilderte Sachverhalt tatsächlich zutrifft. Die die Rechtshilfe ausführende Behörde ist grundsätzlich an die Sachverhaltsschilderung im Rechtshilfeersuchen gebunden, soweit diese nicht durch offensichtliche Fehler, Lücken oder Widersprüche sofort entkräftet wird.[7)] Um zu verhindern, dass sich der ersuchende Staat unter dem Deckmantel eines vom ihm ohne Vorhandensein von Verdachtsmomenten lediglich behaupteten Abgabebetrugs Beweise verschafft, die zur Ahndung nicht rechtshilfefähiger Fiskaldelikte dienen sollen, sind an Rechtshilfeersuchen gestützt auf Art. 3 Abs. 3 IRSG höhere Anforderungen geknüpft. Zusätzlich ist erforderlich, dass die ersuchende Behörde hinreichende Verdachtsmomente darlegt. Dabei muss sie Indizien vorbringen, welche einen hinreichenden Verdacht des dem Beschuldigten angelasteten Abgabebetrugs zu begründen vermögen.[8)]

Sind die Voraussetzungen für die Gewährung der Rechtshilfe erfüllt, so sind der **3237** ersuchenden Behörde sämtliche Unterlagen auszuhändigen, die sich möglicherweise auf den im Rechtshilfeersuchen dargestellten Sachverhalt beziehen können

1) Waldburger, 44.
2) BGE 111 Ib 242 E. 5c, 250.
3) BGE 125 II 250 E. 4c S. 256.
4) Bundesgericht v. 12.8.2004, 1A.171/2004, E. 6.3.
5) Bundesstrafgericht v. 28.10.2008, RR.2008.165, E. 5.9.
6) BGE 125 II 250 E. 4c S. 256.
7) Bundesstrafgericht v. 30.1.2012, RR.2011.143, E. 3.2.1 m.w.H.
8) BGE 116 Ib 96 E. 4c, 103.

(potenzielle Erheblichkeit). Nicht zu übermitteln sind nur diejenigen Akten, die für das ausländische Strafverfahren mit Sicherheit nicht erheblich sind.[1]

d) Spezialitätsvorbehalt

3238 Auf Grund des sog. Spezialitätsvorbehaltes darf der ersuchende Staat die ihm von der Schweiz rechtshilfeweise übermittelten Erkenntnisse im Verfahren zur Festsetzung von Steuern nicht verwenden. Dasselbe gilt für Steuerstrafverfahren, wenn das zu beurteilende Verhalten nach schweizerischem Verständnis lediglich als einfache Steuerhinterziehung und nicht als Abgabebetrug zu beurteilen wäre. Dieses Verwendungsverbot gilt auch, falls die Schweiz die Rechtshilfe wegen eines Abgabebetrugs geleistet hat und es im Strafverfahren zu einem Schuldspruch kommt.[2] Der Spezialitätsvorbehalt hat zur Folge, dass der ersuchende Staat gestützt auf die von der Schweiz im Rechtshilfeverfahren übermittelten Informationen zwar den Täter bestrafen, nicht aber die hinterzogenen Steuern nacherheben darf.

3239 Seit der Einführung der Amtshilfe nach OECD-Standard hat der ersuchende Staat die Möglichkeit, sich die für die Nacherhebung der Steuern notwendigen Informationen auf dem Wege der Amtshilfe zu beschaffen, sofern die entsprechenden Voraussetzungen erfüllt sind und das verfolgte Steuerdelikt innerhalb des zeitlichen Anwendungsbereiches der entsprechenden Amtshilfebestimmung liegt (→ Rz. 3269 ff.).

e) Grundzüge des Rechtshilfeverfahrens

3240 Die ersuchende deutsche Justizbehörde kann ihr Rechtshilfeersuchen entweder an das Bundesamt für Justiz oder direkt an die zuständige kantonale Behörde richten. Die ausführende Behörde nimmt eine Vorprüfung vor und erlässt im Fall, dass die gesetzlichen Anforderungen für die Rechtshilfe erfüllt sind, eine grundsätzlich nicht selbständig anfechtbare Eintretens- und Zwischenverfügung. Diese Eintretens- und Zwischenverfügung enthält die Anordnung der als zulässig erachteten Rechtshilfemaßnahmen. In dieser Eintretens- und Zwischenverfügung kann die ausführende Behörde die Herausgabe von Unterlagen, Hausdurchsuchungen und dergleichen anordnen. Im Anschluss an die Eintretens- und Zwischenverfügung erfolgt der Vollzug der angeordneten Maßnahmen. Auch der Vollzug ist nicht separat anfechtbar.

3241 Mit Beschwerde anfechtbar ist grundsätzlich erst die allfällige Schlussverfügung. Vor Erlass der Schlussverfügung sichtet die ausführende Behörde die von ihr beschafften Beweismittel und nimmt die Aussonderung derjenigen Unterlagen vor, welche für das ausländische Verfahren nicht potenziell erheblich sind.

3242 Spätestens nach dieser Triage erhält die von der Rechtshilfe betroffene Person Gelegenheit, sich zum Rechtshilfeersuchen zu äußern.[3] Dieses Recht steht jedoch nur – natürlichen oder juristischen – Personen zu, die persönlich und direkt von einer Rechtshilfemaßnahme betroffen und daher Verfahrensbeteiligte sind.

3243 Zur Teilnahme am Verfahren und zur Beschwerde ist legitimiert, wer durch die Rechtshilfemaßnahme direkt und persönlich betroffen ist. Bei Auskünften über ein Bankkonto ist es nur der nominelle Kontoinhaber. Nicht legitimiert sind demnach nur wirtschaftlich am Konto Berechtigte, Personen, die am Konto Vollmacht haben oder deren Name in den Bankunterlagen genannt ist. Gehört das Konto beispielsweise einer juristischen Person (z.B. einer Sitz- bzw. Briefkastengesellschaft oder einer Stiftung), so ist der an den Vermögenswerten lediglich wirtschaftlich Berechtigte grundsätzlich nicht zur Erhebung von Rechtsmitteln berechtigt. Dies gilt auch

1) BGE 122 II 367 E. 2c, 371.
2) BGE 115 Ib 373 E. 8, S. 376.
3) Bundesstrafgericht v. 17.10.2012, RR.2011.299, E. 5.2 mit Hinweis auf BGE 130 II 14 E. 4.4.

dann, wenn sich das ausländische Steuerstrafverfahren gegen ihn richtet. Die Beschuldigtenstellung im ausländischen Strafverfahren alleine verleiht im Rechtshilfeverfahren keine Parteistellung.[1)]

Ausnahmsweise ist eine Zwischenverfügung selbständig anfechtbar, wenn die ausführende Behörde darin die Anwesenheit ausländischer Verfahrensbeteiligter[2)] oder die Beschlagnahme von Vermögenswerten bewilligt. Allerdings ist eine solche Verfügung nur dann selbständig anfechtbar, wenn die bewilligte Anwesenheit ausländischer Funktionäre einen nicht wieder gut zu machenden Nachteil bewirkt.[3)] **3244**

Im Falle der Anwesenheit ausländischer Funktionäre ist ein solcher zu bejahen, wenn die Gefahr besteht, dass den ausländischen Behörden durch die Teilnahme ihrer Beamten an den Vollzugshandlungen Tatsachen aus dem Geheimbereich zugänglich gemacht werden, bevor über das Rechtshilfeersuchen rechtskräftig entschieden ist. Eine solche Gefahr besteht nach der Rechtsprechung jedoch nicht, wenn sich die ausländischen Beamten gegenüber der ausführenden schweizerischen Behörde schriftlich verpflichten, allfällige Erkenntnisse bis zum Vorliegen einer rechtskräftigen Bewilligung der Rechtshilfe nicht zu verwenden.[4)] Den ausländischen Beamten ist zudem die Einsicht in Einvernahmeprotokolle zu verweigern und das Anfertigen von Notizen oder Kopien zu verbieten. Bei Beachtung dieser Grundsätze ist ein unmittelbarer und nicht wieder gutzumachender Nachteil zu verneinen. Das Bundesstrafgericht wird daher auf eine Beschwerde gegen eine Zwischenverfügung nicht eintreten, in welcher die Anwesenheit ausländischer Beamter bewilligt wurde.[5)] **3245**

Wenn alle Berechtigten der Herausgabe der Schriftstücke oder Auskünfte zustimmen, findet das Rechtshilfeverfahren seinen Abschluss (vereinfachte Ausführung). Die Vollzugsbehörde kann anschließend die von der Einigung betroffenen Dokumente umgehend an den ersuchenden Staat herausgeben. Gegen diese Herausgabe steht kein Rechtsmittel zur Verfügung.[6)] **3246**

Soweit es nicht zu einer gütlichen Erledigung des Verfahrens kommt, erlässt die Vollzugsbehörde eine begründete Schlussverfügung über die Gewährung und den Umfang der Rechtshilfe. Diese Schlussverfügung ist zusammen mit den vorangehenden Zwischenverfügungen bei der Beschwerdekammer des Bundesstrafgerichts anfechtbar. **3247**

Gegen den Entscheid der Beschwerdekammer des Bundesstrafgerichts über die Herausgabe von Informationen ist die Beschwerde ans Bundesgericht nur dann möglich, wenn er Informationen aus dem Geheimbereich betrifft und es sich um einen besonders bedeutenden Fall handelt. Dies ist insbesondere dann der Fall, wenn Gründe für die Annahme bestehen, dass elementare Verfahrensgrundsätze verletzt worden sind oder das Verfahren im Ausland schwere Mängel aufweist. Die Beschwerde an das Bundesgericht ist außerdem möglich, wenn sich Rechtsfragen von grundlegender Bedeutung stellen.[7)] **3248**

Den Rechtsmitteln kommt hinsichtlich der Herausgabe der Beweismittel aufschiebende Wirkung zu. Die schweizerischen Behörden dürfen somit die im Rechtshilfeverfahren erhobenen Beweismittel erst nach rechtskräftiger Erledigung der Rechtsmittel an den ersuchenden Staat herausgeben. **3249**

1) Bundesgericht v. 27.3.2000, 1A. 359/1999, E. 3. e.aa.
2) Staatsanwälte, Polizeibeamte.
3) Art. 80e Abs. 2 lit. b IRSG.
4) Bundesstrafgericht v. 10.11.2011, RR.2011.118 + RP.2011.20, E. 2.3.3.
5) Bundesstrafgericht v. 26.9.2011, RR.2011.64–69, E. 2.3.3.
6) Art. 80c IRSG; Bundesgericht v. 25.5.2005, 1A.64.2005.
7) Bundesgericht v. 23.5.2011, 1C_122/2011, E. 1.

3250 Das Rechtshilfeverfahren ist ein innerstaatliches Verfahren, in welchem dem ersuchenden Staat keine Parteistellung zukommt. Entsprechend dürfen dem ersuchenden Staat keine Verfahrensakten herausgegeben werden.[1] Zu diesen Verfahrensakten gehören die Eintretens- und Zwischenverfügungen der ausführenden Behörde,[2] die Eingaben der von der Rechtshilfe betroffenen Parteien,[3] allfällige Stellungnahmen von Steuerverwaltungen[4] sowie andere Korrespondenz.[5]

f) Herausgabe von Vermögenswerten an den ersuchenden Staat zwecks Abschöpfung

3251 In Fällen von Abgabebetrug ist die Herausgabe von Vermögenswerten an den ersuchenden Staat zwecks Abschöpfung nicht möglich. Zwar ist die Rechtsgrundlage für die Herausgabe zwecks Einziehung an den ersuchenden Staat im dritten Teil des Gesetzes geregelt. Der Einziehung unterliegen jedoch nur Vermögensvorteile, welche aus einer Straftat herrühren. Bei einer Steuerstraftat rührt das Vermögen des Beschuldigten nicht aus dem Steuerdelikt her, weshalb es nicht der Einziehung unterliegt.[6] Allenfalls kann der unrechtmäßige Steuervorteil durch eine Ersatzforderung abgeschöpft werden. Für die Herausgabe von Vermögenswerten an den ersuchenden Staat zur Erfüllung einer solchen Ersatzforderung zwecks Abschöpfung der deliktischen Steuerersparnis enthält das Gesetz jedoch keine Rechtsgrundlage. Daher ist die Herausgabe von Vermögenswerten an den ersuchenden Staat bei Steuerdelikten ausgeschlossen.[7]

g) Zeitliche Begrenzung durch Verjährung des Steuerdelikts?

3252 Das innerstaatliche Recht – das IRSG – schließt die Rechtshilfe aus, wenn diese die Durchführung von Zwangsmaßnahmen erfordert und die Strafverfolgung nach schweizerischem Recht wegen absoluter Verjährung ausgeschlossen wäre.[8] Diese Einschränkung gilt jedoch nicht für Rechtshilfeverfahren auf der Grundlage des EUeR.[9]

3253 Obwohl die Rechtshilfe für Abgabebetrug nicht auf dem EUeR basiert, sondern auf der innerstaatlichen Rechtsgrundlage von Art. 3 Abs. 2 IRSG, begrenzt der Zeitablauf die Rechtshilfe nicht. Sofern der ersuchende Staat Vertragsstaat des EUeR ist, ist die Frage der Verjährung im Rechtshilfeverkehr mit der Schweiz und diesem Staat nicht zu prüfen.[10] Selbst wenn nach schweizerischem Recht die absolute Verjährung eingetreten wäre, steht dies der Gewährung von Rechtshilfe nicht entgegen.

3. Rechtshilfe bei der Hinterziehung indirekter Steuern

a) Anwendungsbereich

3254 Seit dem 12.12.2008 gelangen gestützt auf Art. 2 Ziff. 1 und 15 Ziff. 1 des SAA für die Rechtshilfe in Strafsachen zwischen der Schweiz und Deutschland die Bestimmungen der Art. 48 ff. des Schengener Durchführungsübereinkommens (SDÜ) zur Anwendung.[11]

---

1) Bundesstrafgericht v. 30.1.2012, RR.2011.143, E. 5.
2) Bundesstrafgericht v. 30.1.2012, RR.2011.143, E. 5.
3) Bundesstrafgericht v. 30.1.2012, RR.2011.143, E. 5.
4) Bundesstrafgericht v. 30.1.2012, RR.2011.143, E. 5.
5) Bundesstrafgericht v. 30.1.2012, RR.2011.143, E. 5.
6) BGE 133 IV 215 E. 2.2.1, 220.
7) BGE 133 IV 215 E. 2.2.2 S. 221.
8) Art. 5 Abs. 1 lit. c IRSG.
9) BGE 117 Ib 53 E. 3. S. 62.
10) Bundesstrafgericht v. 21.4.2009, RR.2008.307 – 308, E. 6.2.
11) Bundesstrafgericht v. 11.6.2012, RR.2010.262, E. 1.2.1.

Die Schweiz hat sich im SAA bereit erklärt, für Steuerstrafsachen im Bereich der im SAA abschließend aufgezählten indirekten Steuern Rechtshilfe auch für bloße Hinterziehung zu leisten.[1] In den Anwendungsbereich des SAA fallen die Mehrwertsteuer, Verbrauchssteuern und Zollabgaben. 3255

Zusätzlich gelangt seit dem 9.4.2009 zwischen der Schweiz und Deutschland das BBA (→ Rz. 3220) zur Anwendung, obwohl dies noch nicht in allen EU-Mitgliedstaaten in Kraft getreten ist. Die Schweiz und Deutschland haben sich die gegenseitige Anwendbarkeit notifiziert.[2] 3256

In diesen beiden Abkommen hat sich die Schweiz bereiterklärt, Rechtshilfe auch für Steuerhinterziehung zu leisten, sofern das Recht des ersuchenden Staates die betreffende Tat mit einer Freiheitsstrafe im Höchstmaß von mindestens sechs Monaten bedroht und der mutmaßlich hinterzogene Betrag mehr als 25 000 € beträgt. 3257

b) Anforderungen an das Rechtshilfeersuchen

Im Bereich der indirekten Fiskalität gelten die erhöhten Anforderungen an das Rechtshilfeersuchen nicht, da sich die Rechtshilfe nicht auf Art. 3 Abs. 3 IRSG stützt, sondern auf Art. 50 SDÜ.[3] 3258

Somit ist bei Ersuchen um Rechtshilfe im Bereich der Mehrwertsteuer, Verbrauchsteuern und Zollabgaben die ausführende Behörde grundsätzlich an die Sachverhaltsschilderung im Rechtshilfeersuchen gebunden, soweit diese nicht durch offensichtliche Fehler, Lücken oder Widersprüche entkräftet wird.[4] 3259

c) Übergangsbestimmung

Das Betrugsbekämpfungsabkommen gilt nach seinem Inkrafttreten für Rechts- und Amtshilfeersuchen wegen Straftaten, die mindestens sechs Monate nach der am 26.10.2004 erfolgten Unterzeichnung begangen wurden. Das Abkommen wirkt somit auch auf Delikte vor seinem Inkrafttreten zurück. Die Retroaktivität ist jedoch auf Straftaten begrenzt, die am oder nach dem 26.4.2005 begangen worden sind. 3260

Das SAA enthält eine mit Art. 31 BBA textlich übereinstimmende Rechtshilfeverpflichtung ohne eine ausdrückliche Übergangsbestimmung. Nach der Rechtsprechung des Bundesstrafgerichts ist das SAA auch auf Vorgänge anwendbar, die sich vor seinem Inkrafttreten und seiner Unterzeichnung ereignet haben.[5] Daher kann der ersuchende Staat gestützt auf das SAA Informationen erlangen, die in einem Zeitraum vor der zeitlichen Anwendbarkeit des BBA liegen. Mit dieser Rechtsprechung hebelt das Bundesstrafgericht die ausdrückliche Übergangsbestimmung des BBA im Ergebnis aus. 3261

Dies hat zur Folge, dass im Bereich der indirekten Steuern die akzessorische Rechtshilfe bei Steuerhinterziehung auch für Sachverhalte möglich ist, welche sich vor dem 26.4.2005 ereignet haben. 3262

4. Amtshilfe bei Steuerbetrug (direkte Steuern)

a) Allgemeines

Bis vor wenigen Jahren war die Amtshilfepolitik der Schweiz in Steuersachen von ihrem Vorbehalt zu Art. 26 des OECD-Musterabkommens (OEDC-MA) geprägt. Sofern die Schweiz überhaupt eine Amtshilfeklausel in ihre DBA aufgenommen 3263

1) Bundesstrafgericht v. 11.6.2012, RR.2010.262, E. 1.2.2.
2) Bundesstrafgericht v. 11.6.2012, RR.2010.262, E. 1.3.
3) Bundesstrafgericht v. 30.1.2012, RR.2011.143, E. 3.2.2.
4) Bundesstrafgericht v. 30.1.2012, RR.2011.143, E. 3.2.2 m.w.H.
5) Bundesstrafgericht v. 17.3.2009, RR.2009.48, E. 1.4.1.

hatte, handelte es sich – mit Ausnahme des DBA-USA – durchwegs um die sog. „kleine Auskunftsklausel". Diese beinhaltet den Austausch derjenigen Auskünfte, die für die richtige Durchführung des Abkommens notwendig sind. Hingegen gehören die Informationen, welche dem ersuchenden Staat zur Durchsetzung seines eigenen Steuerrechts dienen, nicht zu den unter der „kleinen Auskunftsklausel" erhältlichen Auskünften.

b) Revisionsprotokoll vom 12.3.2002

3264 Bis zum Inkrafttreten des Revisionsprotokolls vom 12.3.2002 zum DBA mit Deutschland galt auch im Verhältnis zu Deutschland die „kleine Auskunftsklausel". Das Revisionsprotokoll vom 12.3.2002 weitete die Amtshilfe auf Betrugsdelikte aus.

3265 Damit die Schweiz Informationen zur Durchsetzung des innerstaatlichen deutschen Steuerrechts liefert, muss das fragliche Verhalten unter den Tatbestand des Steuerbetrugs fallen. Nach geltendem Recht muss daher der Täter notwendigerweise gefälschte, verfälschte oder inhaltlich unwahre Urkunden zur Täuschung der Steuerbehörden verwendet haben. Die erweiterte Auskunftsklausel ist auf Grund der ausdrücklichen Übergangsbestimmung im Revisionsprotokoll nur auf Betrugsdelikte anwendbar, die am oder nach dem 1.1.2004 begangen werden.

3266 Damit Bankinformationen auszutauschen sind, muss zwischen dem betrügerischen Verhalten und der gewünschten Amtshilfemaßnahme ein direkter Zusammenhang bestehen. Das Erfordernis des direkten Zusammenhangs beinhaltet, die im Bereich der Rechtshilfe nicht notwendige Unterscheidung zwischen Erst- und Zweittat. Als Ersttat gilt das Verhalten, das mit dem Verheimlichen von steuerrelevanten Angaben räumlich und zeitlich zusammenhängt. Dies ist beispielsweise nicht der Fall, wenn der Beschuldigte Einnahmen, die seiner buchführungspflichtigen Gesellschaft zustehen, privat, bar und ohne Verbuchung vereinnahmt und diese Schwarzeinnahmen in der Folge auf sein Bankkonto in der Schweiz überweist.[1]

c) Verwendung im Veranlagungs- und im Steuerstrafverfahren

3267 Die auf dem Amtshilfeweg zwischen den zuständigen Steuerbehörden ausgetauschten Informationen gelangen in den Einflussbereich der Steuerbehörden des ersuchenden Staates. Diese können die amtshilfeweise erlangten Auskünfte – anders als die auf dem Rechtshilfeweg erlangten Informationen und Beweismittel – für die Nachveranlagung von Steuern verwenden.

3268 Sofern die Eidgenössische Steuerverwaltung (ESTV) vorgängig ihre Zustimmung erteilt, dürfen die deutschen Steuerbehörden die auf dem Amtshilfeweg erlangten Informationen und Beweismittel auch an die Steuerfahndung oder an die Staatsanwaltschaft zur Verfolgung von Steuerdelikten weiterleiten. Die ESTV darf ihre Zustimmung nur erteilen, wenn auch die Voraussetzungen für die Rechtshilfe erfüllt sind. Da die Voraussetzungen für die Amtshilfe in Steuersachen bei Steuerbetrug strenger sind als diejenigen für die Rechtshilfe bei Abgabebetrug, wird die ESTV der Weiterleitung an die Strafverfolgungsbehörden wohl in jedem Fall zustimmen können.[2]

5. Amtshilfe nach OECD-Standard

a) Rechtsgrundlage

3269 Im Revisionsprotokoll vom 27.10.2010 haben die Schweiz und Deutschland die Übernahme der „großen Auskunftsklausel" in ihr DBA vereinbart. Der ersuchte Staat hat dem ersuchenden Staat auf Anfrage „die zur Durchführung dieses Abkom-

1) Waldburger, 44.
2) Holenstein in Leitner, 132.

mens oder zur Verwaltung oder Anwendung des innerstaatlichen Rechts betreffend Steuern jeder Art" voraussichtlich erheblichen Informationen zu liefern.[1)]

Anders als noch das Revisionsprotokoll vom 12.3.2002 ist für die Amtshilfeleistung ein Verdacht eines Steuerdelikts nicht (mehr) vorausgesetzt. Die Amtshilfe nach OECD-Standard beinhaltet nicht nur – aber auch – die Ausdehnung der Amtshilfe auf die Steuerhinterziehung, sondern generell auf die Erhebung von Steuern. **3270**

Allerdings ist der ersuchte Staat nur dann zur Beschaffung der verlangten Informationen verpflichtet, wenn der ersuchende Staat nach seinen Gesetzen oder seinen üblichen Verwaltungsverfahren in der Lage wäre, die verlangten Informationen in seinem Inland unter denselben Voraussetzungen zu besorgen (Gegenseitigkeitsprinzip).[2)] Das Gegenseitigkeitsprinzip verhindert, dass sich der ersuchende Staat der umfassenderen Informationsmöglichkeiten des ersuchten Staates bedienen kann.[3)] **3271**

Zudem ist der ersuchte Staat grundsätzlich nicht verpflichtet, Verwaltungsmaßnahmen durchzuführen, die von seinen Gesetzen und seiner Verwaltungspraxis abweichen[4)] und Informationen zu erteilen, die er nach seinen Gesetzen oder im üblichen Verwaltungsverfahren nicht beschaffen kann.[5)]

b) Zwangsmaßnahmen zur Beschaffung der Informationen

Den schweizerischen Steuerbehörden stehen im ordentlichen Veranlagungsverfahren keine Zwangsmittel zur Verfügung. Weigert sich der Informationsinhaber, die von ihm verlangten Informationen herauszugeben, ist zwar die Ausfällung einer Ordnungsbuße möglich, nicht aber die zwangsweise Beschaffung im Rahmen einer Hausdurchsuchung. Zudem sind Drittpersonen im Besteuerungsverfahren nur zur Erstellung von Bescheinigungen verpflichtet, nicht aber zur Herausgabe von Dokumenten wie Verträgen, Rechnungen, Quittungen und dergleichen. **3272**

Im Bereich der direkten Steuern stehen den Steuerbehörden bei der Verfolgung der Steuerhinterziehung (nur) dieselben Befugnisse zu wie im ordentlichen Veranlagungsverfahren. Sie können somit keine Zwangsmittel zur Beschaffung von Informationen einsetzen. **3273**

Gilt das im Amtshilfeersuchen geschilderte Verhalten nach schweizerischem Verständnis als schwere Steuerwiderhandlung (Steuerbetrug oder fortgesetzte Hinterziehung großer Beträge), kann die ESTV auch im Inland Zwangsmittel einsetzen. Möglich sind die Durchsuchung von Räumen, Gegenständen, Dokumenten und Unterlagen in Schriftform oder auf Bild oder Datenträgern, die Beschlagnahme von Gegenständen, Dokumente und Unterlagen in Schriftform oder auf Bild oder Datenträger sowie die polizeiliche Vorführung gehörig vorgeladener Zeuginnen und Zeugen. Setzt die Gewährung der Amtshilfe die Beschaffung von Beweismitteln durch den Einsatz von Zwangsmaßnahmen voraus, so ist diese grundsätzlich nur möglich, wenn das im Amtshilfeersuchen geschilderte Verhalten – hätte es sich analog in der Schweiz ereignet – als schwere Steuerwiderhandlung[6)] zu beurteilen wäre. **3274**

Von dieser Begrenzung der Zwangsmaßnahmen auf schwere Steuerwiderhandlungen nicht betroffen sind – prima vista überraschend – die dem Bankgeheimnis unterliegenden Daten. Die zwangsweise Beschaffung von Bankinformationen hat ihre Rechtsgrundlage in Art. 27 Abs. 5 rev DBA-CH. **3275**

1) Art. 27 Abs. 1 rev DBA-CH.
2) Art. 27 Abs. 3 lit. b rev DBA-CH.
3) OECD-Kommentar, Art. 26 OECD-MA, Ziff. 15.
4) Art. 27 Abs. 3 lit. a rev DBA-CH.
5) Art. 27 Abs. 3 lit. b rev DBA-CH.
6) Steuerbetrug oder fortgesetzte Hinterziehung großer Beträge.

3276 Gemäß dieser Bestimmung ist es dem ersuchten Staat nicht erlaubt, die Erteilung von Informationen abzulehnen, nur weil sie sich im Besitz einer Bank, einer anderen Finanzinstitution, eines Beauftragten, Bevollmächtigten oder Treuhänders befinden oder weil sie sich auf Beteiligungen an einer juristischen Person beziehen.

3277 Die von der Schweiz abgeschlossenen Abkommen enthalten zudem ein in Art. 26 Abs. 5 OECD-MA nicht vorgesehene Ergänzung mit folgendem Inhalt:

„Ungeachtet des Absatzes 3 oder entgegenstehender Bestimmungen des innerstaatlichen Rechts verfügen die Steuerbehörden des ersuchten Staates, sofern dies für die Erfüllung der Verpflichtungen unter diesem Absatz erforderlich ist, über die Befugnisse, die Offenlegung der in diesem Absatz genannten Informationen durchzusetzen" (Art. 27 Abs. 5 rev DBA-CH).

3278 Diese Ergänzung ersetzt die fehlende landesrechtliche Grundlage zur Beschaffung von Bankinformationen in Veranlagungsverfahren und in Strafverfahren betreffend „einfacher" Hinterziehung direkter Steuern. Sie stellt sicher, dass für die Zwecke der Amtshilfe eine Rechtsgrundlage für Zwangsmaßnahmen zur Erlangung von Bankinformationen besteht.

c) Amtshilfe nur im Einzelfall

3279 Nach schweizerischem Verständnis ist der Informationsaustausch auf konkrete Anfragen im Einzelfall beschränkt. Daher ist im Amtshilfeersuchen sowohl die von der Anfrage betroffene Person als auch der Informationsinhaber einwandfrei zu identifizieren.

3280 Die Verhandlungsdelegation der Bundesrepublik Deutschland hat in den Verhandlungen über das Revisionsprotokoll vom 27.10.2010 gestützt auf das Urteil des Verwaltungsgerichts vom 5.3.2009[1] zur Amtshilfe an die USA in der UBS-Affäre die Amtshilfe auch für sog. Gruppenanfragen verlangt. Sie vertrat die Auffassung, dass eine Identifikation durch den ersuchten Staat oder einen dort ansässigen Identifikationsinhaber gestützt auf eine im Amtshilfeersuchen geschilderte Vorgehensweise möglich sei. Die Schweiz trat dieser Auffassung entgegen, indem sie darauf hinwies, dass das Urteil des Bundesverwaltungsgerichts auf Grund der speziellen Regelung im Doppelbesteuerungsabkommen zwischen der Schweiz und den USA und im Zusammenhang mit der Qualified-Intermediary-Praxis der USA ergangen und daher nicht auf den Informationsaustausch nach OECD-Standard anwendbar sei.[2]

3281 Aus diesem Grund ist die Amtshilfe nach geltender Fassung von Art. 27 rev DBA-CH auf Anfragen im Einzelfall begrenzt.[3]

d) Amtshilfe bei zwischengeschalteten Strukturen

3282 Unklar ist, wie Konti und Depots zu behandeln sind, an denen die in der Untersuchung einbezogene Person zwar wirtschaftlich, nicht aber rechtlich berechtigt ist. Zu denken ist an Vermögenswerte, die steuerlich transparenten Stiftungen oder Sitzgesellschaften gehören, welche der ersuchenden Behörde nicht bekannt und daher im Amtshilfeersuchen nicht genannt sind.

3283 Der Grundsatz der Verhältnismäßigkeit verbietet, über das Ersuchen hinaus zu gehen („Übermaßverbot"). Andererseits ist das Ersuchen sachgerecht zu beurteilen. Lässt das Amtshilfeersuchen auf steuerlich transparente Strukturen schließen und stellt die ersuchte Behörde bei der Ausführung des Ersuchens fest, dass die betroffene Person an solchen Strukturen wirtschaftlich berechtigt ist, ist nicht auszuschlie-

---

1) Bundesverwaltungsgericht v. 5.3.2009, A-7342/2008 und A-7426/2008.
2) Botschaft, 495.
3) Gleicher Meinung: Koblenzer, IStR 2012, 872, 875; Kubaile/Tschatsch, 605.

ßen, dass auf dem Wege der Amtshilfe steuerlich transparente Gesellschaften und Stiftungen mit Beziehungen zu Informationsinhabern in der Schweiz aufgedeckt werden.

e) Keine Amtshilfe gestützt auf gestohlene Daten

Beruht das Ersuchen auf Informationen, die durch nach schweizerischem Recht strafbare Handlungen beschafft oder weitergeleitet worden sind, wird die Amtshilfe abgelehnt. Dieser Ablehnungsgrund betrifft insbesondere gestohlene Bankdaten. Die Beschaffung und Weiterleitung von Bankdaten an ausländische Staaten verstößt nicht nur gegen das Bankgeheimnis, sondern auch gegen den zum Schutz der schweizerischen Souveränität erlassenen Straftatbestand der verbotenen Handlung für einen fremden Staat (Art. 271 Ziff. 1 Abs. 1 CH-StGB). **3284**

Der damalige schweizerische Finanzminister Hans-Rudolf Merz hat anlässlich des Treffens vom 26.3.2010 gegenüber dem deutschen Finanzminister Wolfgang Schäuble die Erklärung abgegeben, dass die Schweiz gestützt auf gestohlene Daten keine Amtshilfe leisten wird. **3285**

f) Gruppenanfragen nach Änderung des Kommentars zu Art. 26 OECD-MA

Am 17.7.2012 hat der OECD-Rat das Update zu Art. 26 OECD-MA sowie zu dessen Kommentar genehmigt. Dieses Update sowie die Anpassung der Kommentierung haben unter anderem Erleichterungen für die Identifikation der von der Amtshilfe betroffenen Personen gebracht. Nach neuem Standard soll Amtshilfe auch möglich sein, wenn sich das Auskunftsersuchen nicht auf einzelne, bereits im Voraus identifizierte Stpfl. bezieht, sondern auf eine Vielzahl von Personen, deren Namen bzw. Identität der ersuchenden Behörde im Zeitpunkt der Anfrage noch nicht bekannt sind (sog. Gruppenanfragen). **3286**

Die Identifikation der von der Amtshilfe betroffenen Personen erfolgt durch die Schilderung eines Verhaltensmusters, welches darauf schließen lässt, dass diejenigen Personen, die sich gemäß diesem Muster verhalten haben, ihren steuerlichen Pflichten nicht nachgekommen sind. Es ist dann Aufgabe des ersuchten Staates bzw. des Informationsinhabers (i.d.R. eine Bank), diejenigen Kunden zu ermitteln, welche zur geschilderten Gruppe gehören. **3287**

Durch die Übermittlung der Informationen über die zur Gruppe gehörenden Personen erhält der ersuchende Staat Angaben über eine Vielzahl von Personen, gegen die zuvor kein Verdacht bestand. **3288**

Gruppenanfragen wirken daher ähnlich wie angekaufte Bankdaten. Anders als die Käufe von gestohlenen Bankdaten basieren Gruppenanfragen auf einer legalen Grundlage. **3289**

Es ist fraglich, ob das zwischen der Schweiz und Deutschland bestehende DBA in der Fassung des Revisionsprotokolls vom 27.10.2010 Gruppenanfragen zulässt. Dies ist zu verneinen. Somit setzt die Zulässigkeit von Gruppenanfragen die Änderung des Revisionsprotokolls bzw. des dazu gehörenden Protokolls voraus.[1] **3290**

Am 1.2.2013 ist das Bundesgesetz vom 28.9.2012 über die internationale Amtshilfe in Steuersachen (Steueramtshilfegesetz, StAhiG) in Kraft getreten, das die Ausführungsvorschriften zu den in den DBA oder anderen Staatsverträgen geregelten Amtshilfebestimmungen enthält. Das StAhiG lässt auch Gruppenanfragen zu. In der **3291**

1) Holenstein, IWB 2012, 17, 22; Koblenzer, IStR 2012, 875; Kubaile/Tschatsch, 605. Das Staatssekretariat für internationale Finanzfragen (SIF) scheint jedoch anderer Auffassung zu sein. Auf Anfrage hat dieses erklärt, auch gestützt auf das geltende Revisionsprotokoll Gruppenanfragen zuzulassen.

ebenfalls am 1.2.2013 in Kraft gesetzten Verordnung über die Amtshilfe bei Gruppenersuchen nach internationalen Steuerabkommen ist der zeitliche Anwendungsbereich von Gruppenanfragen auf Sachverhalte beschränkt, die sich nach dem Inkrafttreten des StAhiG ereignet haben.[1] Allerdings behält die Verordnung abweichende Bestimmungen der im Einzelfall anwendbaren Abkommen vor.

g) Verwendung in Steuerstrafverfahren

3292 Der ersuchende Staat darf die ihm auf dem Amtshilfeweg zur Verfügung gestellten Informationen und Beweismittel denjenigen Behörden zur Verfügung stellen, die Steuerstraftaten verfolgen.[2]

3293 Somit ist für die Verfolgung von Steuerdelikten, welche Steuerjahre ab 2011 betreffen, die Amtshilfe der deutlich weniger beschwerliche Weg zu Beweismitteln als die Rechtshilfe, welche noch immer das Vorliegen eines Abgabebetrugs erfordert.

6. Auslieferung für Steuerdelikte

a) Allgemeines

3294 Bis zum Inkrafttreten des SAA war die Auslieferung sowohl im vertraglichen als auch im vertragslosen Auslieferungsverkehr ausgeschlossen, wenn dem Verfolgten eine fiskalische Straftat vorgeworfen wird. Hat der Beschuldigte neben Steuerstrafsachen auch noch auslieferungsfähige gemeinrechtliche Delikte begangen, so schützt ihn die Steuerstraftat jedoch nicht vor der Auslieferung. Allerdings steht die Auslieferung für die gemeinrechtlichen Delikte unter der Bedingung, dass der Verfolgte für die Fiskaldelikte weder bestraft noch deren Begehung bei der Strafzumessung für gemeinrechtliche Delikte berücksichtigt wird.[3]

3295 Vor ein paar Jahren ist das für die Auslieferungsentscheide zuständige Bundesamt für Justiz mit dem Segen des schweizerischen Bundesgerichts dazu übergegangen, Steuerdelikte in einen auslieferungsfähigen Betrug nach Art. 146 CH-StGB umzudeuten. Insbesondere führte die Ausnützung eines Steuerrückerstattungssystems durch den Täter, ohne dass dieser in ein entsprechendes Steuerverfahren involviert war, zur Umdeutung eines Steuerdelikts in einen gemeinrechtlichen Betrug. Das Bundesgericht hat unter anderem folgende Fälle einen als gemeinrechtlichen Betrug umgedeutet:

- **Organisierter Vorsteuerbetrug**

  Die Beschuldigten haben zusammen mit Mitbeteiligten bestehende Gesellschaften genutzt und außerdem neue Gesellschaften gegründet, um über diese Handelsgeschäfte mit Mobiltelefonen zu fingieren. Die Mobiltelefone haben zwar existiert, sind jedoch während der ganzen Zeit bei der ersten Gesellschaft der angeblichen Lieferkette geblieben. Zwischen den einzelnen Gesellschaften des Systems zirkulierten fiktive Rechnungen.[4]
- **Rückforderung angemeldeter deutscher Kapitalertragsteuern auf fiktiven Gewinnausschüttungen**

  Der Beschuldigte hat zusammen mit einem Mitbeteiligten die Beteiligungsrechte an einer inaktiven GmbH erworben. Diese hat er dann an finanziell notleidende Kapitalgesellschaften mit hohen Verlustvorträgen veräußert. Anschließend hat er veranlasst, dass die inaktive GmbH einen angeblich vorhandenen Bilanzgewinn an ihre neuen Gesellschafter „ausschüttete" und die Kapitalertragsteuer auf die-

---

1) Art. 1 Abs. 2 Verordnung Amtshilfe bei Gruppenersuchen.
2) Holenstein, PStR 2011, 41, 44; zustimmend wohl Wyss, Aktuelle Juristische Praxis 2011, 731, 736.
3) BGE 102 Ib 55 E. 5d. bb, 57.
4) Bundesgericht v. 22.2.2002, 1A.189/2001 und v. 28.10.2002, 1A.189/2002.

ser fiktiven Gewinnausschüttung anmeldete. Dadurch wollte er die Anrechnung der angemeldeten Kapitalertragsteuer bei der Ermittlung der Steuerschuld der neuen Gesellschafter erreichen, was zu Erstattungszahlungen an diese hätte führen sollen.[1]

b) Schengen-Assoziierung

Seit dem 12.12.2008 ist der Schengen-Besitzstand auf die Schweiz vollständig anwendbar. Gestützt auf Art. 2 Ziff. 1 SAA sind für den Auslieferungsverkehr zwischen der Schweiz und Deutschland die Bestimmungen der Art. 59 ff. SDÜ anwendbar. **3296**

Die Vertragsstaaten sind zur Auslieferung verpflichtet, wenn die dem Auslieferungsersuchen zu Grunde liegende Handlung sowohl nach dem Recht des ersuchenden als auch nach dem des ersuchten Staates mit einer Freiheitsstrafe im Höchstmaß von mindestens zwei Jahren oder mit einer schweren Strafe bedroht ist. **3297**

Das für den Auslieferungsverkehr grundsätzlich maßgebende Europäische Auslieferungsübereinkommen des Europarates vom 13.12.1957 (EAUe) sieht vor, dass die Vertragsstaaten in Abgabe-, Steuer-, Zoll- und Devisenstrafsachen die Auslieferung nur gewähren, wenn dies zwischen den Vertragsstaaten vereinbart worden ist. Die Schweiz hat keine solche zwischenstaatliche Vereinbarung abgeschlossen.[2] Sie hat sich jedoch in Art. 2 Ziff. 1 SAA verpflichtet, die in Anhang A SAA aufgeführten Bestimmungen des SDÜ umzusetzen. Zu diesen Bestimmungen gehört die Auslieferung für Delikte im Bereich der indirekten Fiskalität (Mehrwertsteuer, Verbrauchssteuern, Zollabgaben).[3] **3298**

In Anwendung dieser Bestimmung hat die Schweiz unter anderem in folgenden Fällen die Auslieferung bewilligt: **3299**

- **Bandenmässiger Schmuggel**: Das in bewusstem und gewolltem Zusammenwirken auf Grund eines gemeinsamen Tatplans mit einem weiteren Tatbeteiligten Einführen von DVD-Abspielgeräten, die durch gutgläubige Mitarbeiter mehrerer Speditionsfirmen unzutreffend als nicht zollpflichtige Computerbestandteile deklariert wurden, lässt sich als bandenmäßiger Schmuggel qualifizieren. Die systematische Verwendung von wahrheitswidrigen Deklarationen bei den jeweiligen Einfuhranmeldungen unter Einschaltung gutgläubiger Dritter lässt auf arglistiges Verhalten schliessen.[4]
- **Abgabebetrug im Bereich der Mehrwertsteuer**: Wer bewusst und planmäßig darauf hinwirkt, dass sein tatsächlicher Aufenthalt im Inland verschleiert wird und durch Vortäuschen ausländischer Wohn- und Betriebsanschriften den Eindruck erweckt, seine Leistungen seien durch seine ausländischen Einzelunternehmen erbracht worden und daher im Inland nicht umsatzsteuerpflichtig, begeht einen Abgabetrug im Sinne von Art. 14 Abs. 2 VStrR. Da dieser mit Freiheitsstrafe im Höchstmaß von einem Jahr bedroht ist, ist die Auslieferung zu bejahen, sofern der Beschuldigte durch sein betrügerisches Verhalten die Verkürzung von Umsatzsteuern bewirkt.[5]

1) Bundesgericht v. 18.8.2005, 1A.294/2005.
2) Bundesgericht v. 13.4.2010, 1C.163/2010, E. 3.1.
3) Bundesgericht v. 13.4.2010, 1C.163/2010, E. 3.2.
4) Bundesstrafgericht v. 17.3.2009, RR.2009.48, E. 4.2. In diesem Entscheid war die Rechtmäßigkeit der Auslieferungshaft zu prüfen. Die Frage, ob das dem Verfolgten zur Last gelegte Verhalten auslieferungsfähig ist, ist Gegenstand des Auslieferungsentscheids. Das Bundesamt für Justiz hat diese Frage bejaht. Der Verfolgte hat die gegen diesen Entscheid erhobene Beschwerde zurückgezogen. Nach schweizerischem Recht setzt Bandenmäßigkeit das Zusammenwirken von mindestens zwei Tätern voraus.
5) Bundesstrafgericht v. 24.2.2010, RR.2009.279. Das Bundesgericht hat die gegen den Beschwerdeentscheid des Bundesstrafgerichts erhobene Beschwerde mit Urteil v. 13.4.2010, 1C.163/2010, abgewiesen.

- **Qualifizierte Mehrwertsteuerhinterziehung durch Zwischenschaltung von Rechnungsschreibern**: Gewerbsmäßige Mehrwertsteuerhinterziehung begeht, wer in bewusstem und gewolltem Zusammenwirken mit weiteren Personen weisungsgebundene Rechnungsschreiber einschaltet, welche zum Schein Rechnungen für die tatsächlich dem Täter zuzuordnenden Leistungen ausstellen. Obwohl der Täter gewusst hat, dass er für die von ihm bzw. seiner Unternehmung vorgenommenen Lieferungen steuerpflichtige Umsätze erwirtschaftete, hat er pflichtwidrig keine Umsatzsteuervoranmeldungen und -jahreserklärungen abgegeben. Die gewerbsmäßige Mehrwertsteuerhinterziehung gehört zur qualifizierten Mehrwertsteuerhinterziehung, die mit Freiheitsstrafe von bis zu zwei Jahren bedroht und daher auslieferungsfähig ist.[1)]

3300 Der Gesetzgeber hat die qualifizierte Mehrwertsteuerhinterziehung (erst) mit der Revision des Mehrwertsteuerrechts durch das Bundesgesetz über die Mehrwertsteuer vom 12.6.2009 eingeführt. In derselben Gesetzesrevision hat der Gesetzgeber die Unterscheidung zwischen Abrechnungs- und Steuerperiode eingeführt. Die Erhebung wird pro Steuerperiode vorgenommen, wobei das Kalenderjahr als Steuerperiode gilt (Art. 34 MwStG).

3301 In der der Botschaft (Gesetzesbegründung) zur Revision des Mehrwertsteuerrechts hat die Regierung ausgeführt, dass die gewerbsmäßige Hinterziehung die mehrfache Tatbegehung voraussetzt.[2)]

3302 In konsequenter Umsetzung dieses gesetzgeberischen Willens müsste also die vom Beschuldigten bewirkte Verkürzung der Umsatzsteuer mehr als eine Tat darstellen. Nach schweizerischem Verständnis stellt nur die pro Steuerperiode bewirkte Verkürzung eine Tat dar. Die Abrechnungsperiode ist steuerstrafrechtlich nicht relevant. Um gewerbsmäßig sein zu können, muss die Verkürzung daher mehr als ein Kalenderjahr betreffen.

3303 Das Bundesamt für Justiz hat in einem noch nicht rechtskräftigen Entscheid vom 12.12.2012 die Auslieferung eines Beschuldigten bewilligt, dem vorgeworfen wird, durch die Nichtabgabe der Umsatzsteuervoranmeldungen für das 3. und 4. Quartal 2008 Umsatzsteuern im Umfang von mehr als 3,6 Mio. € verkürzt zu haben. Obwohl die Hinterziehung nur eine Steuerperiode betrifft, hat das Bundesamt Gewerbsmäßigkeit bejaht.

3304 Das Bundesstrafgericht hat über die vom Beschuldigten erhobene Beschwerde[3)] noch nicht entschieden. Es wird sich in diesem Entscheid mit der Frage auseinandersetzen müssen, ob die nur während einer Steuerperiode – und somit nach schweizerischem Verständnis nicht wiederholt – bewirkte Verkürzung gewerbsmäßig sein kann.

3305 Die Auslieferungsverpflichtung gilt dabei auch für Fiskaldelikte, die sich vor dem Inkrafttreten der Schengen-Assoziierung ereignet haben.[4)]

c) Spezialitätsvorbehalt

3306 Der ersuchende Staat darf den Ausgelieferten nur wegen solchen vor der Auslieferung begangenen Handlungen verfolgen bzw. bestrafen, für welche der ersuchte Staat die Auslieferung bewilligt hat.[5)]

3307 Nach geltendem Recht ist nur für Steuerdelikte im Bereich der indirekten Fiskalität die Auslieferung möglich.

---

1) Bundessstrafgericht v. 25.8.2010, RR.2010.95 + RP.2010.28.
2) Botschaft des Bundesrates zur Vereinfachung der Mehrwertsteuer, BBl 6885 ff., 7020.
3) Az. RR.2013.12.
4) Bundesstrafgericht v. 17.3.2009, RR.2009.48, E. 1.4.1.
5) Art. 14 Ziff. 1 EAUe e contrario.

Soweit das dem Auslieferungsersuchen zu Grunde liegende Verhalten auch zur Verkürzung von direkten Steuern führt, erstreckt sich die von der Schweiz erteilte Bewilligung der Auslieferung einzig auf die Verfolgung des hinsichtlich der indirekten Steuern begangenen, auslieferungsfähigen Delikts. 3308

Die Verfolgung der Hinterziehung von Einkommensteuern ist nach geltendem Recht ausgeschlossen. Der Spezialitätsvorbehalt schließt die Verfolgung, die Verurteilung sowie die Berücksichtigung bei der Strafzumessung aus. Dies gilt selbst dann, wenn das im Ersuchen geschilderte Verhalten nach schweizerischem Recht als Abgabebetrug zu qualifizieren wäre.[1] 3309

d) Grundzüge des Auslieferungsverfahrens

Stellen die schweizerischen Behörden fest, dass sich eine zur Verhaftung zwecks Auslieferung ausgeschriebene Person in der Schweiz aufhält, setzen sie diese in provisorische Auslieferungshaft und melden dem ersuchenden Staat den Zugriff. 3310

Dieser hat innerhalb von 18 Tagen ein formelles Auslieferungsersuchen zu stellen. Aus zureichenden Gründen kann diese Frist bis auf 40 Tage verlängert werden. 3311

Trifft das Auslieferungsersuchen nicht innerhalb der allenfalls verlängerten Frist ein, wird die inhaftierte Person wieder freigelassen. Im Falle des fristgerechten Auslieferungsersuchens erlässt das Bundesamt für Justiz den Auslieferungshaftbefehl. Gegen den Auslieferungshaftbefehl ist die Beschwerde an die Beschwerdekammer des Bundesstrafgerichts möglich. Die Beschwerdefrist beträgt zehn Tage ab der schriftlichen Eröffnung des Auslieferungshaftbefehls.[2] 3312

Die Verhaftung des Beschuldigten während des ganzen Auslieferungsverfahrens ist die Regel. Ausnahmsweise werden die Aufhebung des Auslieferungshaftbefehls und die Haftentlassung bewilligt, wenn sich der Beschuldigte der Auslieferung voraussichtlich nicht entzieht und die Strafuntersuchung nicht gefährdet (Art. 47 Abs. 1 lit. a IRSG), wenn er ohne Verzug nachweist, dass er zur Tatzeit nicht am Tatort war (sog. Alibibeweis; Art. 47 Abs. 1 lit. b IRSG) oder wenn andere Gründe vorliegen, die eine weniger einschneidende Maßnahme rechtfertigen (Art. 47 Abs. 2 IRSG).[3] Der Verfolgte ist aus der Auslieferungshaft zu entlassen, wenn ohne jeden Zweifel und ohne weitere Abklärungen ein Ausschlussgrund gegen die Auslieferung vorliegt.[4] 3313

Im eigentlichen Auslieferungsverfahren erhält der Verfolgte, welcher der erleichterten Auslieferung nicht zustimmt, Gelegenheit, sich zum Auslieferungsersuchen zu äußern. 3314

Danach erlässt das Bundesamt für Justiz den Auslieferungsentscheid. Bewilligt es die Auslieferung, kann der Verfolgte innert dreißig Tagen Beschwerde beim Bundesstrafgericht erheben.[5] 3315

Gegen einen negativen Entscheid des Bundesstrafgerichts ist die Beschwerde an das Bundesgericht nur dann möglich, wenn es sich um einen besonders bedeutenden Fall handelt. Ein solcher liegt insbesondere dann vor, wenn sich das Bundesgericht bisher noch nicht zu der sich stellenden rechtlichen Grundsatzfrage äußern musste.[6] 3316

1) Vgl. zum Ganzen auch Holenstein, PStR 2012, 151, 154.
2) Art. 48 Abs. 2 IRSG i.V.m. Art. 47 IRSG.
3) Bundesstrafgericht v. 17.3.2009, RR.2009.48, E. 3.
4) Bundesstrafgericht v. 17.3.2009, RR.2009.48, E. 3.
5) Art. 55 Abs. 3 i.V.m. Art. 25 Abs. 1 IRSG.
6) Bundesgericht v. 13.4.2010, 1 1C.163/2010, E. 2.2.2.

7. Geplante Weiterentwicklungen

3317 Im Juni 2012 hat das Bundesamt für Justiz die Ausdehnung der Rechtshilfe durch Aufhebung des Fiskalvorbehalts in die Vernehmlassung geschickt. In dieser Vernehmlassungsvorlage hat es vorgeschlagen, im Verhältnis zu einem ersuchenden Staat, mit dem ein Doppelbesteuerungsabkommen in Kraft ist, das Amtshilfe bei Steuerhinterziehung und Steuerbetrug vorsieht, die Rechtshilfe für Steuerdelikte nach allen Teilen des IRSG zu gewähren.

3318 Dies hätte die Ausdehnung der Rechtshilfe für die Verfolgung der nach schweizerischem Verständnis bloß „einfachen" Steuerhinterziehung auf die direkten Steuern (Einkommen- und Vermögenssteuern) zur Folge. Darüber hinaus würde die Auslieferung auf Steuerdelikte im Bereich der direkten Steuern ausgedehnt, sofern die dem Ersuchen zu Grunde liegende Tat nach dem Recht sowohl des ersuchenden als auch dem Recht des ersuchten Staates mit Freiheitsstrafe im Höchstmaß von mindestens einem Jahr bedroht ist. Nach schweizerischem Recht fallen der Abgabe- und der Steuerbetrug in diese Kategorie.

3319 Außerdem sollen Zwangsmaßnahmen möglich sein und der Spezialitätsvorbehalt aufgehoben werden. Die Anwendbarkeit dieser Änderungen soll durch eine ausdrückliche Übergangsbestimmung auf Taten begrenzt werden, die nach Inkrafttreten der Gesetzesänderung begangen worden sind.

3320 Dieser Vernehmlassungsvorschlag ist auf breite Kritik gestoßen. Daher ist derzeit nicht absehbar, inwiefern diese Weiterentwicklungen umgesetzt werden.

3321 Im Februar 2012 hat die Group d'action financière / Financial Action Task Force (GAFI/FATF) ihre Empfehlungen zur Geldwäschereibekämpfung aktualisiert. Danach sollen schwere Steuerdelikte zu den Geldwäschereivortaten gehören. Die Mitgliedsstaaten können dabei selber bestimmen, welche Steuerstraftaten in diese Kategorie fallen. Nach geltendem schweizerischem Steuerstrafrecht ist einzig der qualifizierte Abgabebetrug eine Vortat der Geldwäscherei. Der Bundesrat hat angekündigt, seine Vorstellungen zur Umsetzung der Empfehlung der GAFI/FATF im Frühjahr 2013 bekannt zu geben.

KAPITEL IV
Ermittlungsverfahren

A. Ermittlungsgrundsätze

Schrifttum

Bach, Arrest bei mehreren Tatbeteiligten, JR 2010, 288; **Brundiers/Löwe-Krahl**, Vorrang des steuerlichen Arrestes vor der strafprozessualen Rückgewinnungshilfe, PStR 2009, 36; **Burhoff**, Handbuch für das strafrechtliche Ermittlungsverfahren, Münster 2010; **Frank**, Der strafprozessuale dingliche Arrest in der steuerstrafrechtlichen Praxis, StBp 2010, 318; **Gehrmann**, Aus eins mach zwei – Verfallsanordnung im Steuerstrafverfahren, PStR 2010, 233; **Hellerbrand**, Der dingliche Arrest zur Sicherung des Verfalls von Wertersatz im Ermittlungsverfahren, wistra 2003, 201; **Henneberg**, Der Umfang des Aussageverweigerungsrechts und der Belehrung des Steuerpflichtigen auf Grund des § 13 BpO (St), WPg 1967, 598; **Henneberg**, Die Neuregelung des Steuerstrafrechts, BB 1968, 906; **Henneberg**, Weisungsrecht, Übernahmerecht und Substitutionsrecht der vorgesetzten Beamten der Staatsanwaltschaften und der Finanzbehörden im steuerstrafrechtlichen Ermittlungsverfahren, BB 1973, 82; **Hohn**, Die Bestimmung des erlangten Etwas i.S.d. § 73 StGB durch den BGH, wistra 2003, 321; **Kempf/Schilling**, Bürokratisierung von Menschenrechten – zur Vermögenssicherung im Ermittlungsverfahren –, StraFo 2006, 181; **Kunz**, Sicherung von Steueransprüchen durch dinglichen Arrest nach Einleitung eines Strafverfahrens – Voraussetzungen und Anwendungsbereich der sog. Rückgewinnungshilfe, BB 2006, 1198; **Leipold**, Der dingliche Arrest im Strafverfahren, NJW-Spezial 2006, 39; **Lenger**, Anmerkung zu LG Saarbrücken v. 12.12.2001, wistra 2002, 478; **Lesch**, Sicherung des Verfalls von Wertersatz durch dinglichen Arrest beim Vorliegen eines Anfangsverdachts?, StraFo 2003, 6; **Malitz**, Die Berücksichtigung privater Interessen bei vorläufigen strafprozessualen Maßnahmen gemäß §§ 111b ff. StPO, NStZ 2002, 337; **Odenthal**, Zur Anrechnung von Steuern beim Verfall, wistra 2002, 246; **Park**, Finanzermittlungen und vorläufiger Zugriff auf das Vermögen, StraFo 2002, 73; **Peglau**, §§ 111b ff. StPO: Lücken im Opferschutz?, wistra 2002, 376; **Rönnau**, Vermögensabschöpfung im Wandel, ZRP 2004, 191; **Rönnau/Hohn**, Wertverlust sichergestellter Gegenstände, wistra 2002, 445; **Roth**, Der StPO-Arrest im Steuerstrafverfahren – Ausschluss des Steuerfiskus von der Rückgewinnungshilfe nach § 111b Abs. 2 und 5 StPO, wistra 2010, 335; **Satzger**, Die Berücksichtigung von Opferinteressen bei der Verfallsanordnung aus materiellrechtlicher wie prozessrechtlicher Sicht, wistra 2003, 401; **Spieker**, Verfall, Einziehung und dinglicher Arrest im Ermittlungsverfahren: Möglichkeiten der Strafverteidigung, StraFo 2012, 43; **Webel**, Rückgewinnungshilfe in Steuerstrafverfahren – unzulässig oder unverzichtbar und zwingend? Zum Verhältnis der § 324 f. AO zum dinglichen Arrest nach StPO, wistra 2004, 249; **Wehnert/Mosiek**, Untiefen der Vermögensabschöpfung in Wirtschaftsstrafsachen aus Sicht des Strafverteidigers, StV 2005, 568; **Weyand**, Neuauflage der Anweisungen für das Straf- und Bußgeldverfahren (Steuer), wistra 2008, 215; **Wulf**, Dinglicher Arrest: Tatbestandsvoraussetzungen und Verteidigungsmöglichkeiten, PStR 2006, 10.

I. Ziel und Umfang der Ermittlungen[1]

Die strafprozessualen Ermittlungen haben das **Ziel**, eine Entscheidung darüber herbeizuführen, ob und in Bezug auf welchen Sachverhalt sowie nach welchem Strafgesetz die **öffentliche Klage**, ggf. die Stellung eines Antrags auf Erlass eines Strafbefehls geboten erscheint (§ 160 Abs. 1, § 170 Abs. 1 StPO) oder ob das Verfahren **einzustellen** ist (§ 170 Abs. 2 StPO).[2] 3322

1) Nr. 37 AStBV (St) 2013, BStBl I 2012, 1018.
2) Zu den weiteren Einstellungsmöglichkeiten neben § 170 Abs. 2 StPO vgl. Meyer-Goßner, 55. Aufl. 2012, Einl. StPO Rz. 60a.

3323 Die Bußgeld- und Strafsachenstelle ist, wie die Staatsanwaltschaft in der Gestaltung des Ermittlungsverfahrens grundsätzlich frei. Sie hat dabei alle zulässigen Maßnahmen zu ergreifen, die geeignet und erforderlich sind, zur Aufklärung der (Steuer-)Straftat beizutragen.[1] Sie kann von allen Behörden Auskunft verlangen und „Ermittlungen jeder Art" entweder selbst oder durch Polizei- und Fahndungsbeamte vornehmen lassen (§ 161 StPO).

3324 Bei allen strafprozessualen Zwangsmaßnahmen hat sie den Grundsatz der **Verhältnismäßigkeit** zu beachten.[2] Der Grundsatz der Verhältnismäßigkeit von Mittel und Zweck, Methode und Ziel, Stärke des Eingriffs und Gemeinwohlnutzen verlangt, dass eine Maßnahme unter Würdigung aller persönlichen und tatsächlichen Umstände des Einzelfalls zur Erreichung des angestrebten Zweckes **geeignet** und **erforderlich** ist und der mit ihr verbundene Eingriff nicht außer Verhältnis zur Bedeutung der Sache und zur Stärke des bestehenden Tatverdachts steht.[3]

3325 Die Ermittlungen haben sich auf Grund des Verhältnismäßigkeitsgrundsatzes und des im Interesse des Beschuldigten bestehenden **Beschleunigungsgebots** auf das Wesentliche zu beschränken. Dauert das Ermittlungsverfahren unnötig lange, weil die Ermittlungen unzulässig aufwendig geführt werden, so wird die unangemessene Dauer des Ermittlungsverfahrens seit der Entscheidung des Großen Senats des Bundesgerichtshofs vom 17.1.2008 mittels der sog. **Vollstreckungslösung** ausgeglichen.[4] Im Einzelfall besteht daneben die Möglichkeit unter den besonderen Voraussetzungen der §§ 198, 199 GVG n.F.[5] Entschädigungsklage vor dem hierfür zuständigen Oberlandesgericht (§ 201 GVG n.F.) zu erheben. Um sich diese Option offen zu halten, muss jedoch im Ermittlungsverfahren eine Verzögerungsrüge bei der Staatsanwaltschaft oder in den Fällen des § 386 Abs. 2 AO bei der Buß- und Strafsachenstelle erhoben werden (§ 199 Abs. 2 GVG n.F. i.V.m. § 198 Abs. 3 GVG n.F.). Inwieweit die Erhebung einer solchen Verzögerungsrüge sinnvoll ist, wird vom Einzelfall abhängig sein und eine gewissenhafte Abwägung zwischen dem Interesse auf die Durchführung eines zügigen Verfahrens einerseits und dem Bedürfnis nach umfassender Aufklärung andererseits erfordern (→ Rz. 2870). In **außergewöhnlichen Einzelfällen** kann ein durch eine rechtsstaatswidrige Verfahrensverzögerung bewirkter Verstoß gegen Art. 6 Abs. 1 Satz 1 MRK auch zu einem **Verfahrenshindernis** führen, wenn eine angemessene Berücksichtigung des Verstoßes im Rahmen einer Sachentscheidung bei umfassender Gesamtwürdigung nicht mehr in Betracht kommt.[6] Zudem kann es im Fall einer **besonders schwerwiegenden** Verfahrensverzögerung auch geboten sein das Verfahren nach den Vorschriften der §§ 153, 153a StPO einzustellen.[7]

3326 Zur Erforschung der materiellen Wahrheit hat die Finanzbehörde neben den beauch die **entlastenden Umstände** mit gleicher Sorgfalt und Objektivität zu ermitteln. Diese Verpflichtung ergibt sich neben § 160 Abs. 2 StPO auch aus dem rechtsstaatlichen Gebot des fairen Verfahrens und entspricht der Stellung der Finanzbehörde als „eigenständiges Organ der Rechtspflege", mit der sie staatsanwaltliche Befugnisse (§ 399 AO) im Steuerstrafverfahren wahrnimmt.

---

1) Meyer-Goßner, 55. Aufl. 2012, § 161 StPO Rz. 7 m.w.N.
2) Meyer-Goßner, 55. Aufl. 2012, Einl. StPO Rz. 20 f.
3) Meyer-Goßner, 55. Aufl. 2012, Einl. StPO Rz. 20 m.w.N.
4) BGH v. 17.1.2008, GSSt 1/07, BGHSt 52, 124 = StV 2008, 133.
5) §§ 198 ff. GVG i.d.F. des Gesetzes v. 21.1.2013, BGBl. I 2013, 89.
6) BVerfG v. 24.11.1983, 2 BvR 121/83, NJW 1984, 967; BGH v. 25.10.2000, 2 StR 232/00, wistra 2001, 98; BVerfG v. 19.4.1993, 2 BvR 1487/90, NJW 1993, 3254, 3255; v. 14.7.1994, 2 BvR 1072/94, NJW 1995, 1277, 1278; LG Mainz v. 15.5.2003, 304 Js 1133/91- 1 Kls, wistra 2003, 472; OLG Rostock v. 24.3.2010, 1 Ss 8/10, StV 2011, 220; Saarländisches OLG v. 18.1.2007, 1 Ws 263/06, StV 2007, 178.
7) Meyer-Goßner, 55. Aufl. 2012, Art. 6 MRK Anh. 4 Rz. 9; BGH v. 7.12.2009, StBSt (R) 2/09 mit zutr. Anm. Sorgenfrei, NStZ 2010, 641.

II. Sicherung der Beweise

Im Rahmen des von ihr geführten Ermittlungsverfahrens hat die Finanzbehörde für die Erhebung und Sicherung der **Beweise** zu sorgen, deren Verlust zu befürchten ist (§ 399 Abs. 1 und 2 AO, § 404 AO; § 160 Abs. 1 und 2 StPO). Auf die rechtzeitige Erhebung und Sicherung der Beweise werden die Ermittlungsbehörden vor allem in den Fällen zu achten haben, in denen das Strafverfahren nach § 396 AO ausgesetzt worden ist. 3327

Sachliche Beweismittel (Urkunden) sind im Wege der **Durchsuchung entweder sicherzustellen** oder – wenn eine freiwillige Herausgabe verweigert wird – zu **beschlagnahmen**. Befugt zu entsprechenden Anträgen auf richterliche Untersuchungshandlungen, insbesondere dem Erlass eines Durchsuchungs- oder Beschlagnahmebeschlusses ist gem. §§ 399, 386 Abs. 1 und 2 AO die zuständige Bußgeld- und Strafsachenstelle, nicht die Steuerfahndung (→ Rz. 3154). Besteht hingegen „Gefahr im Verzug" kann eine entsprechende Durchsuchung auch von der Steuerfahndung angeordnet werden (§ 404 AO, § 152 GVG i.V.m. § 105 Abs. 1 StPO); zu den Einzelheiten → Rz. 3543. Gemäß § 163 Abs. 1 StPO sind beim ersten Zugriff alle Anordnungen zu treffen, die keinen Aufschub dulden, um eine Verdunkelung zu vermeiden. 3328

In einer Vielzahl von Verfahren werden die Beamten der **Steuerfahndung** und des Außenprüfungsdienstes **als Zeugen** vernommen. Die Verteidigung hat in diesem Fall streng darauf zu achten, dass sich die Ermittlungsbeamten an ihre Zeugenstellung halten und tatsächlich auch nur zu ihren eigenen Wahrnehmungen aussagen. Gegenstand des Zeugenbeweises sind **Tatsachen,** nicht Rechtsfragen, Erfahrungssätze, allgemeine Eindrücke, Schlussfolgerungen oder Mutmaßungen.[1] **Werturteile** und **Rechtsansichten** sind somit **nicht umfasst, was** bei der Vernehmung durch die Staatsanwaltschaft oder die Gerichte häufig jedoch nicht in ausreichendem Maße berücksichtigt wird. Vor allem bei mangelnder eigener Sachkunde im Steuerrecht besteht die Gefahr, dass das Gericht die Rechtsauffassung der Fahndungsbeamten ungeprüft übernimmt. Die Verteidigung muss diesem Fall der Urteilsfindung entschieden entgegentreten und bei Bedarf die Hinzuziehung eines Sachverständigen beantragen.[2] 3329

Ein Zeuge, bei dem die Gefahr besteht, dass er in der Hauptverhandlung nicht mehr gegenwärtig sein kann, wird regelmäßig richterlich zu vernehmen sein, um seine Aussage verlesbar zu machen (§ 251 Abs. 1 Nr. 1 und 2 StPO). 3330

Grundsätzlich haben die Ermittlungsbehörden gleichermaßen die entlastenden wie die belastenden Tatsachen zu ermitteln und die vorhandenen Beweise zu erheben. Gleichwohl gibt es Bereiche, etwa unübersichtliche Bewegungen auf Inlandskonten oder zwischen Inlands- und Auslandskonten bzw. Auslandsbeziehungen ganz allgemein, bei denen es der Verteidigung leichter fallen wird, die zur Aufklärung des Sachverhalts notwendigen Urkunden oder sonstigen Beweismittel zu beschaffen. 3331

Es gehört deshalb zu den Aufgaben der Verteidigung, mit dem Mandanten in einem möglichst frühen Verteidigungsstadium ein eingehendes Gespräch über die Möglichkeit der Beschaffung entlastender Beweismittel zu führen und gegebenenfalls eigene Ermittlungen anzustellen. Das Beweismittel, das zur Entlastung des Mandanten führt, kann dann über einen Beweisantrag in das Ermittlungsverfahren eingeführt werden. Auf diese Weise kann schon zu einem sehr frühen Zeitpunkt entlastendes Beweismaterial zum Gegenstand des Verfahrens gemacht werden, was mög- 3332

1) Meyer-Goßner, 55. Aufl. 2012, vor § 48 StPO Rz. 2.
2) BGH v. 12.10.1982, 1 StR 219/82, wistra 1983, 76, wonach ein Sachverständiger hinzugezogen werden muss, wenn Tatsachen und steuerliche Wertungen vermischt und steuerliche Fragen von der Finanzbehörde anders als von der Verteidigung beurteilt werden.

licherweise zu einer schnellen Beendigung des Ermittlungsverfahrens im Wege einer Einstellung nach den § 170 Abs. 2, § 153 oder § 153a StPO führt. Auf der anderen Seite darf selbstverständlich nicht übersehen werden, dass mit dieser Vorgehensweise die Verteidigungsstrategie vorzeitig offengelegt wird, was für den Mandanten wiederum mit Nachteilen verbunden sein kann.[1] Wenn sich die Verteidigung nach Rücksprache mit dem Mandanten darüber einig ist, entlastendes Beweismaterial den Strafverfolgungsbehörden vorzulegen, so sind die Ermittlungsorgane verpflichtet, die eingeführten Beweismittel zu verwerten.[2]

III. Ermittlung von Rechtsfolgeumständen

3333 Die Ermittlungen müssen sich auf die sog. **Rechtsfolgeumstände,** die für die Bemessung der Strafe von Bedeutung sind, erstrecken (§ 160 Abs. 3 Satz 1 StPO; § 46, § 47 Abs. 1, § 56 Abs. 1 und 2 StGB).[3] Diese Umstände betreffen vor allem die Täterpersönlichkeit und die inneren Abläufe, die zu der Tat geführt haben sowie die persönlichen und wirtschaftlichen Verhältnisse. In diesem Zusammenhang sind auch die Vorstrafen aufzuklären, soweit nicht das Verwertungsverbot des § 51 BZRG entgegensteht.

3334 Grenzen für die Ermittlung der Rechtsfolgeumstände ergeben sich vor allem aus dem Verhältnismäßigkeitsgrundsatz. Dies gilt in besonderem Maße dort, wo die Ermittlungen nicht ohne Eindringen in die Privatsphäre des Beschuldigten durchgeführt werden können.[4] Aus dem Gebot der **Verhältnismäßigkeit** und der Rücksicht auf den Persönlichkeitsschutz ergibt sich in diesem Zusammenhang, dass gezielte Ermittlungen zur Person zurückzustellen sind, solange ein hinreichender Tatverdacht nicht feststeht und eine Einstellung gem. § 170 Abs. 2 StPO in Betracht kommt.

IV. Vorläufiger Zugriff auf das Vermögen im Ermittlungsverfahren – Vermögensabschöpfung

3335 Mit der Einleitung des Ermittlungsverfahrens besteht für die Ermittlungsbehörden die Möglichkeit, bereits zu einem sehr frühen Zeitpunkt auf das Vermögen des Beschuldigten zuzugreifen.

Während die hierfür maßgeblichen Vorschriften der §§ 73 ff. StGB, §§ 111b ff. StPO jahrelang eher restriktiv zur Anwendung kamen und nahezu bedeutungslos waren,[5] kommt es heute in Wirtschafts-/Steuerstrafverfahren immer häufiger vor, dass sich der Beschuldigte im Ermittlungsverfahren gegen umfangreiche Arrestmaßnahmen verteidigen muss. Die Praxis der vergangenen Jahre lässt zudem einen Trend dahingehend erkennen, dass die Abschöpfungsmaßnahmen, die schon in den vergangenen Jahren stark zugenommen haben, weiter zunehmen werden.[6] Hiervon ist nicht allein deshalb schon auszugehen, weil die Vermögensabschöpfung zwischenzeitlich von allen Bundesländern konzeptionell wie organisatorisch geregelt wurde.

Da die Abschöpfungsmaßnahmen, die sich meist auf die **Pfändung** von **Konten**, die **Beschlagnahme** von sichergestellten **Wertgegenständen** und/oder die Eintragung

1) Burhoff, 5. Aufl. 2009, Rz. 627a.
2) Vgl. dazu Blumers/Göggerle, 2. Aufl. 1989, Rz. 390.
3) Vgl. Nr. 41 AStBV (St) 2013.
4) Meyer-Goßner, 55. Aufl. 2012, § 160 StPO Rz. 21.
5) Kempf/Schilling, StraFo 2006, 181.
6) Burhoff, 5. Aufl. 2009, Rz. 494b.

von **Arresthypotheken** in das **Grundvermögen** des Beschuldigten konzentrieren, und die den Betroffenen in seiner wirtschaftlichen Handlungsfreiheit massiv beeinträchtigen können, hat die Verteidigung hierauf ein besonderes Augenmerk zu richten und zu intervenieren, wenn die Arrestanordnung fehlerhaft ist.

Materiellrechtliche Grundlagen für staatliche Zugriffe auf das Vermögen sind die **3336** Vorschriften über den **Verfall** gem. §§ 73 ff. StGB, die **Einziehung** gem. §§ 74 ff. StGB und die Rückgewinnungshilfe gem. § 73 Abs. 1 Satz 2 StGB. Der Verfall verfolgt selbst keinen Strafzweck, sondern dient allein der Abschöpfung des durch die Straftat erlangten Vorteils.[1] Demgegenüber verfolgt die Einziehung verschiedene repressive und präventive Zwecke (Strafcharakter insbes. im Fall des § 74 Abs. 2 Nr. 1 StGB, Sicherungscharakter im Fall des § 74 Abs. 2 Nr. 2, Abs. 3 StGB und strafähnlichen Charakter im Fall des § 74a StGB).[2]

Strafprozessuale Grundlagen für den **vorläufigen Zugriff** auf das Vermögen sind die **§§ 111b ff. StPO.**[3] Namentlich die **Beschlagnahme** gem. § 111b Abs. 1 Satz 1, § 111c StPO sowie der **dingliche Arrest** nach § 111b Abs. 2, § 111d StPO. Mit diesen beiden Möglichkeiten stehen den Ermittlungsbehörden zwei Instrumentarien zur Seite, die sowohl den Vollstreckungsanspruch des Staates als auch die Durchsetzung etwaiger Ansprüche des Geschädigten sicherstellen.[4]

1. Beschlagnahme gem. § 111b Abs. 1, § 111c StPO[5]

Die **Beschlagnahme** von **Verfalls-** und **Einziehungsgegenständen** ist in Abgrenzung **3337** zu der Beschlagnahme von Beweisgegenständen gem. § 94 StPO (→ Rz. 3154) in den § 111b Abs. 1, § 111c StPO geregelt. Danach können Gegenstände durch Beschlagnahme sichergestellt werden, wenn Gründe für die Annahme vorhanden sind, dass die Voraussetzungen des Verfalls bzw. der Einziehung erfüllt sind.

a) Verfall gem. § 73 StGB[6]

Gemäß § 73 Abs. 1 Satz 1 StGB wird der **Verfall** angeordnet, wenn eine rechtswidrige Tat begangen wurde und der Täter oder Teilnehmer für die Tat oder aus ihr **3338** etwas erlangt hat. Mit dem im Jahr 1992[7] neu eingefügten Tatbestandsmerkmal „**Etwas erlangt**", welches den ursprünglichen Begriff „Vermögensvorteil" ersetzt hat, ist klargestellt, dass der Verfall nicht nur den Gewinn sondern den gesamten Taterlös umfasst. Demzufolge kann der Täter oder Teilnehmer weder Gegenleistungen noch Kosten, die im Zusammenhang mit der Tat angefallen sind, in Abzug bringen (sog. **Bruttoprinzip**). Konkret ist hiermit gemeint, dass all das für verfallen zu erklären ist, was dem Betroffenen gerade durch die Straftat zugeflossen ist oder was

---

1) BGH v. 21.3.2002, 5 StR 138/01, wistra 2002, 255, 258 mit Anm. Odenthal, wistra 2002, 338; BVerfG v. 14.1.2004, 2 BvR 564/95, NJW 2004, 2073, 2074 ff.; a.A. die wohl h.M. in der Literatur; Satzger, wistra 2003, 401, 402 m.w.N.
2) Eser in Schönke/Schröder, 28. Aufl. 2010, vor § 73 StGB Rz. 14 ff.; Fischer, 59. Aufl. 2012, § 74 StGB Rz. 2.
3) Überblick über die Voraussetzungen bei Spieker, StraFo 2002, 43; Wulf, PStR 2006, 10.
4) Malitz, NStZ 2002, 337.
5) Da die Beschlagnahme gem. §§ 111b Abs. 1, 111c StPO in Steuerstrafverfahren eine nur untergeordnete Rolle spielt, beschränken sich die weiteren Ausführungen auf einen groben Überblick der Voraussetzungen. Wegen darüber hinausgehender Einzelfragen und Probleme → Rz. 3345 ff. sowie die Komm. in Meyer-Goßner, 55. Aufl. 2012, §§ 111b ff. StPO; Schäfer in Löwe/Rosenberg, 26. Aufl. 2008, §§ 111b ff. StPO; Nack in Karlsruher-Kommentar, 6. Aufl. 2008, §§ 111b ff. StPO.
6) Zu den Voraussetzungen im Einzelnen → Rz. 3363 (Verfall von Wertersatz) sowie die Kommentierung bei Fischer, 60. Aufl. 2013, § 73 StGB.
7) Gesetz v. 28.2.1992, BGBl. I 1992, 372.

er durch diese erspart hat.[1] In Fällen, in denen die Steuer für einen dem Verfall unterliegenden Vermögensvorteil allerdings schon bestandskräftig festgesetzt wurde, ist bei der zeitlich nachfolgenden Anordnung des Verfalls die steuerliche Belastung abzuziehen, die auf dem eigentlichen dem Verfall unterliegenden Betrag beruht.[2]

b) Einziehung gem. § 74 StGB[3]

3339 Gemäß § 74 Abs. 1 StGB können **Gegenstände** eingezogen werden, die durch die Begehung einer vorsätzlichen Straftat **hervorgebracht** oder zu ihrer Begehung bzw. Vorbereitung **gebraucht** worden oder hierzu **bestimmt gewesen sind**.

Der einzuziehende Gegenstand muss bei der Begehung der Straftat eine bestimmte Rolle gespielt haben, weshalb Gegenstände, denen als Tatmittel eine eher untergeordnete Bedeutung zukommt bzw. die nur gelegentlich zur Begehung einer Straftat genutzt werden, nicht der Einziehung unterliegen.[4] Auf Grund dieser Anforderungen wird beispielsweise ein PC, auf dem eine unrichtige Steuererklärung erstellt und mit dessen Hilfe – wie seit 2012 für betriebliche Steuererklärungen üblich – elektronisch abgegeben wurde, **nicht eingezogen** werden können.[5]

2. Dinglicher Arrest gem. § 111b Abs. 2, § 111d StPO

3340 Da weder der Verfall noch die Einziehung in Steuerstrafverfahren eine große Rolle spielen, wird in den Fällen der Steuerhinterziehung als strafprozessuale Sofortmaßnahme zur Sicherung des Steueranspruchs regelmäßig die Anordnung des **dinglichen Arrests** in Form der **Rückgewinnungshilfe** auf Basis des **Verfalls von Wertersatz** gem. § 73 Abs. 1 Satz 2, § 73a StGB in Betracht kommen.[6] Geregelt ist der dingliche Arrest in § 111b Abs. 2, § 111d StPO.

Danach darf ein **dinglicher Arrest** angeordnet werden, wenn **Gründe** für die **Annahme** vorhanden sind, dass die Voraussetzungen für den **Verfall** von **Wertersatz** (§ 73a StGB) oder die **Einziehung** von **Wertersatz** (§ 74c StGB) vorliegen.[7]

a) Anordnungskompetenz

3341 Der **dingliche Arrest** wird wie die Beschlagnahme grundsätzlich vom Gericht **angeordnet** (§ 111e Abs. 1 Satz 1 StPO); im Ermittlungsverfahren also vom Ermittlungsrichter beim hierfür örtlich zuständigen Amtsgericht. In **Eilfällen** kann die Arretierungsmaßnahme auch von der Staatsanwaltschaft bzw. in Steuerstrafverfahren von der Buß- und Strafsachenstelle[8] (§ 399 Abs. 1 AO) angeordnet werden (§ 111e Abs. 1 Satz 1 StPO). In diesem Fall ist jedoch binnen einer Woche eine richterliche Bestätigung einzuholen (§ 111e Abs. 2 Satz 1 StPO). Da es sich hierbei um eine Sollvorschrift handelt, führt die verspätete Vorlage der Akten an das Gericht nicht zur Unwirksamkeit der staatsanwaltschaftlichen Anordnung.[9]

---

1) BGH v. 21.8.2002, 1 StR 115/02, wistra 2002, 422 423; näher zur Bestimmung des erlangten Etwas i.S.d. § 73 StGB und zum Bruttoprinzip: Hohn, wistra 2003, 321.
2) BGH v. 21.3.2002, 5 StR 138/01, NStZ 2002, 477, 478.
3) Zu den Voraussetzungen im einzelnen vgl. Fischer, 60. Aufl. 2013, §§ 74 ff. StGB.
4) Fischer, 60. Aufl. 2013, § 74 StGB Rz. 6.
5) Vgl. insoweit: OLG Düsseldorf v. 31.8.1992, 1 Ws 790/92, NJW 1992, 3050; v. 23.12.1992, 5 Ss 378/92, NJW 1993, 1485, wonach ein Computer, mit dem ein beleidigender Brief geschrieben wurde, nicht nach § 74 Abs. 1 StGB eingezogen werden kann.
6) Webel, wistra 2004, 250.
7) Zur Vollziehung des dinglichen Arrestes: Hellerbrand, wistra 2003, 201, 205; zu der in Steuerstrafverfahren weniger bedeutsamen Einziehung von Wertersatz vgl. Fischer, 60. Aufl. 2013, §§ 74 ff. StGB.
8) Nr. 72 Abs. 1 AStBV (St) 2013.
9) Meyer-Goßner, 55. Aufl. 2012, § 111e Rz. 7; Retemeyer in Achenbach/Ransiek, 3. Aufl. 2011, Kap. 14 Rz. 93.

b) Arrestanordnung

Gemäß § 111d Abs. 2 StPO i.V.m. den dort zitierten Vorschriften des 5. Abschnitt des 8. Buches der ZPO muss die **Arrestanordnung** den zu **sichernden Anspruch** unter genauer Bezifferung des Geldbetrags sowie den **Arrestgrund** angeben.[1] Danach sind die inhaltlichen Mindestanforderungen einer Arrestanordnung:[2] 3342

- **Kopf** mit Angabe der **anordnenden Behörde**,
- **Name** des Beschuldigten mit der Angabe des **Straftatbestands**,
- Höhe und Bezeichnung des **Arrestanspruchs** (→ Rz. 3344 ff.),
- **Arrestgrund** (→ Rz. 3356 ff.) und
- **Abwendungsbefugnis**.[3]

Auch wenn die Arrestanordnung keine umfangreichen Wertermittlungen enthalten muss,[4] so erfordert sie doch eine **gewissenhafte Begründung**, die erkennen lässt, dass sich die anordnende Behörde mit der Eigentumsposition des Beschuldigten auseinandergesetzt und eine tragfähige Abwägung zwischen Sicherungsinteresse einerseits und Eigentumsinteresse andererseits vorgenommen hat.[5] Formelhafte Ausführungen verbieten sich ebenso wie bei der Anordnung einer Durchsuchung;[6] insbesondere verbietet sich nach der Entscheidung des Bundesverfassungsgerichts vom 7.6.2005[7] eine schematische Annahme des Arrestgrundes auf der Grundlage des Tatvorwurfs. 3343

In der Praxis wird diesem Erfordernis häufig wenig Rechnung getragen, weshalb die Verteidigung hier eingreifen muss, wenn die Anordnung nur floskelhaft begründet ist und den vom Bundesverfassungsgericht hohen Anforderungen nicht entspricht.

c) Arrestanspruch[8]

Der **Arrestanspruch** ergibt sich aus der Tat selbst[9] und setzt voraus, dass der (einfache) Verdacht einer Straftat besteht (hierzu → Rz. 3375 ff.) Darüber hinaus müssen Gründe für die Annahme vorliegen, dass in dem Urteil der Verfall von Wertersatz angeordnet wird.[10] 3344

aa) Verfall von Wertersatz

Der **Verfall von Wertersatz** kommt in Betracht, wenn der Verfall eines bestimmten Gegenstands wegen der Beschaffenheit des Erlangten oder aus einem anderen Grund nicht möglich ist. Dabei ist unerheblich, ob der Verfall daran scheitert, dass der Täter oder Teilnehmer das Originalobjekt böswillig entzogen hat oder der Verfall eines bestimmten Gegenstands deshalb nicht möglich ist, weil es sich bei dem „Erlangten" um bloße Gebrauchsvorteile oder die Ersparung eigener Aufwendungen handelt.[11] 3345

---

1) Meyer-Goßner, 55. Aufl. 2012, § 111d StPO Rz. 10.
2) Retemeyer in Achenbach/Ransiek, 3. Aufl. 2011, Kap. 14 Rz. 96.
3) Vgl. hierzu im Einzelnen: Retemeyer in Achenbach/Ransiek, 3. Aufl. 2011, Kap. 14 Rz. 103 ff.
4) OLG Köln v. 30.3.2004, 2 Ws 105/04, NJW 2004, 2397.
5) Leipold, NJW-Spezial 2006; BVerfG v. 14.6.2004, 2 BvR 1136/03, 409, 410.
6) Burhoff, 5. Aufl. 2009, Rz. 494e.
7) BVerfG v. 7.6.2005, 2 BvR 1822/04, StraFo 2005, 339; Kunz, BB 2006, 1198, 1201.
8) Da aus den bereits ausgeführten Gründen eine Einziehung von Wertersatz in Steuerstrafverfahren nahezu bedeutungslos ist, wird im Folgenden nur der Verfall von Wertersatz dargestellt.
9) Retemeyer in Achenbach/Ransiek, 3. Aufl. 2011, Kap. 14 Rz. 97.
10) Zur Vollziehung des dinglichen Arrestes: Hellerbrand, wistra 2003, 201.
11) Eser in Schönke/Schröder, 28 Aufl. 2010, § 73a StGB Rz. 1, 4.

In **Steuerstrafverfahren** wird im Ergebnis nur der **Verfall von Wertersatz** als Abschöpfungsmaßnahme in Betracht kommen, weil nur zwei Varianten der Tatbegehung denkbar sind. Zum einen kann sich der Täter eine Steuerzahlung ersparen; zum anderen kann er sich eine Steuerrückerstattung erschleichen. In beiden Fallkonstellationen handelt es sich bei dem „Erlangten" aber nicht um einen (Original-)Gegenstand, sondern allein um einen rechnerisch erfassbaren Vermögensvorteil, der aufgrund seiner Beschaffenheit nicht für verfallen erklärt werden kann.[1)]

3346 Der Verfall (von Wertersatz) kann nicht nur in Bezug auf das Vermögen des Beschuldigten, sondern auch gegen einen **nichtbeschuldigten Dritten** angeordnet werden.[2)] Gemäß § 73 Abs. 3 StGB ist Voraussetzung hierfür, dass der Tatbeteiligte für diesen gehandelt und der Dritte hieraus etwas erlangt hat. Diese Voraussetzung ist nach einhelliger Ansicht in Fällen der **echten Stellvertretung** (§ 14 StGB) – also z.B. dann, wenn der Tatbeteiligte als Geschäftsführer einer GmbH gehandelt hat[3)] – und in Fällen der **faktischen Vertretung** erfüllt.[4)] Der dingliche Arrest wird in diesen Fällen grundsätzlich nur gegen die vertretene juristische Person nicht auch gegen das handelnde Organ angeordnet. Etwas anderes soll nur dann gelten, wenn konkret feststellbar ist, dass neben dem Vertretenen auch das Organ „etwas" aus der Tat erlangt hat.[5)] Dies kann beispielsweise dann gegeben sein, wenn die juristische Person vom Täter oder Teilnehmer nur als Mantel benutzt oder die Trennung der beiden Vermögenssphären bewusst umgangen wurde.[6)]

Nach überwiegender Auffassung soll die Vermögensabschöpfung bei einem Dritten auf Grundlage des § 73 Abs. 3 StGB auch in den sog. **Verschiebungsfällen** möglich sein.[7)] Ein **Verschiebungsfall** liegt vor, wenn der Täter primär im eigenen Interesse einem Dritten Tatvorteile unentgeltlich oder auf Grund eines bemakelten Rechtsgeschäfts zuwendet, um sie dem Zugriff des Geschädigten zu entziehen bzw. um die Tat zu verschleiern.[8)] Dabei soll auch keine Rolle spielen, inwieweit der Dritte Kenntnis davon hat, dass das von ihm „Erlangte" aus einem Vermögensdelikt stammt.[9)]

3347 Im Bereich der Steuerhinterziehung kann der Verfall von Wertersatz somit auch dann angeordnet werden, wenn der **Steuerpflichtige** den **strafbar erlangten Steuervorteil** in ununterbrochener Bereicherungskette auf einen der Steuerhinterziehung nicht beschuldigten gutgläubigen Dritten **übertragen** hat.[10)] Der Verfallsanordnung stehen insoweit auch nicht die Steueransprüche des Steuerfiskus entgegen (vgl. zur

---

1) Webel, wistra 2004, 249.
2) Retemeyer in Achenbach/Ransiek, 3. Aufl. 2011, 14. Teil Rz. 27; OLG Hamburg v. 10.12.2004, 1 Ws 216/04, NStZ 2005, 584; BGH v. 20.7.2006, 7 BJs 146/85 – 3 StB 9/06, NStZ-RR 2007, 12; zu den Anforderungen an die Verhältnismäßigkeit in diesen Fällen vgl. OLG Thüringen v. 27.7.2004, 1 Ws 234 – 236/04, StV 2005, 90.
3) BGH v. 21.8.2002, 1 StR 115/02, wistra 2002, 422, 423.
4) Fischer, 60. Aufl. 2013, § 73 StGB Rz. 30; BGH v. 19.10.1999, 5 StR 336/99, StV 2000, 130.
5) BVerfG v. 14.6.2004, 2 BvR 1136/03, StV 2004, 409, 411; zur Frage, inwiefern der Geschäftsführer einer GmbH bei einer Steuerhinterziehung zu Gunsten der GmbH etwas erlangt vgl. LG Landshut v. 4.11.2002, 3 Qs 364/02, wistra 2003, 199.
6) BVerfG v. 3.5.2005, 2 BvR 1378/04, wistra 2005, 335.
7) LG Hildesheim v. 5.9.2006, 25 Qs 6/06, wistra 2007, 274; BGH Ermittlungsrichter v. 28.11.2005, 3 BGs 159/05 bzw. v. 9.12.2005, 3 BGs 173/05, NStZ-RR 2006, 266,267 (vgl. aber BGH v. 20.7.2006, 3 StB 9/06, NStZ-RR 2007, 11, womit diese beiden Beschlüsse wieder aufgehoben wurden, weil nicht nachgewiesen werden konnte, dass der Beschuldigte im Unterhaltsinteresse seiner Ehefrau gehandelt hatte); Fischer, 60. Aufl. 2013, § 73 StGB Rz. 35; krit.: Gehrmann, PStR 2010, 233
8) Fischer, 60. Aufl. 2013, § 73 StGB Rz. 35; BGH v. 13.7.2010, 1 StR 538/89; wistra 2010, 406; v. 29.6.2010, 1 StR 245/09, NStZ 2011, 83 (Falk Entscheidung).
9) BGH v. 19.10.1999, 5 StR 336/99, BGHSt 45, 235 = StV 2000, 130.
10) BGH v. 13.7.2010, 1 StR 239/10, wistra 2010, 406; LG Hildesheim v. 5.9.2006, 25 Qs 6/06, wistra 2007, 274.

Rückgewinnungshilfe in Steuerstrafverfahren → Rz. 3353), weil der **Fiskus** hinsichtlich des in der Bereicherungskette stehenden **Letztbegünstigten** gerade **keinen** eigenen **Steueranspruch** hat.[1]

Der von der Rechtsprechung weit ausgedehnte Tatbestand des § 73 Abs. 3 StGB lässt insbesondere in Steuerstrafverfahren die Gefahr einer **doppelten Inanspruchnahme** befürchten, was dem Sinn und Zweck der Verfallsvorschriften widerspricht und – da der Fiskus in doppelter Hinsicht wirtschaftlich profitiert – im Übrigen zu wirtschaftlich völlig absurden Ergebnissen führt.[2]

Anders als in den o.g. Verschiebungsfällen kommt eine Vermögensabschöpfung in Steuerstrafverfahren wegen fehlender Unmittelbarkeit zwischen Tat und Vorteil allerdings dann nicht in Betracht, wenn der Empfänger den aus der Steuerhinterziehung resultierenden Steuervorteil gutgläubig in Erfüllung eines unbemakelten Rechtsgeschäfts erhalten hat (= **Erfüllungsfälle**).[3] In diesen Fällen kann sich das Veranlagungsfinanzamt allein an den Steuerpflichtigen halten und seinen Steueranspruch geltend machen. **3348**

bb) Verdachtsanforderungen gemäß § 111b StPO

Aus nicht nachvollziehbaren Gründen und mit der Gesetzessystematik wenig in Einklang stehend müssen die Gründe für die Annahme, dass der Verfall von Wertersatz im Urteil ausgesprochen wird, seit 1998[4] nicht mehr dringend sein Vielmehr reichen **einfache Gründe** hierfür aus.[5] **3349**

Die Herabsetzung der Verdachtsschwelle auf das Niveau eines Anfangsverdachts i.S.v. § 152 Abs. 2 StPO birgt für den Betroffenen in vermögensrechtlicher Hinsicht erhebliche Gefahren und ist – unter rechtsstaatlichen Gesichtspunkten – auf Grund der Intensität des Eingriffs in Art. 14 GG, der nicht selten ähnlich intensiv empfunden wird wie die Anordnung der Untersuchungshaft, kaum zu vertreten. Zwar versucht das Bundesverfassungsgericht[6] über die dort aufgestellten Anforderungen zum **Verhältnismäßigkeitsgrundsatz** (→ Rz. 3358 ff.) ein entsprechendes **Korrektiv** zu schaffen. Die Praxis zeigt jedoch, dass dies nur in seltenen Fällen gelingt, weil den vom Bundesverfassungsgericht aufgestellten Anforderungen allzu häufig kaum Rechnung getragen wird.[7] **3350**

Auch wenn es sich bei der Anordnung des dinglichen Arrestes nur um eine vorläufige Maßnahme handelt, besteht gerade in der Arretierung des gesamten Vermögens zu Beginn des Ermittlungsverfahrens gleichwohl die Gefahr, dass der Beschuldigte zu einem Zeitpunkt wirtschaftlich gelähmt wird, in dem er für sich noch die **Unschuldsvermutung** in Anspruch nehmen kann.[8] Gerade in Wirtschafts-/Steuerstrafverfahren besteht darüber hinaus das Risiko, dass der Tatvorwurf zu Beginn der Ermittlungen nur grob skizziert ist und insbesondere in Bezug auf den ggf. vorliegenden (Steuer-)Schaden später nach unten korrigiert werden muss. Um eine Balance der sich widerstreitenden Interessen – **Eigentumsinteresse** des Beschuldig-

1) Retemeyer in Achenbach/Ransiek, 3. Aufl. 2011, 14. Teil Rz. 27.
2) Ähnlich kritisch: Gehrmann, PStR 2010, 233.
3) BGH v. 19.10.1999, 5 StR 336/99, BGHSt 45, 235 = StV 2000, 130; krit.: Burghard in Satzger/Schmitt/Widmaier, 2009, § 73 StGB Rz. 26.
4) Gesetz v. 4.5.1998, BGBl. I 1998, 845, 847.
5) BGH v. 12.7.2007, StB 5/07, NStZ 2008, 419; OLG Celle v. 11.2.2008, 1 Ws 50/08, NStZ-RR 2008, 203; OLG Zweibrücken v. 27.8.2002, 1 Ws 407/02, NStZ 2003, 446; OLG Oldenburg v. 26.11.2007, 1 Ws 554/07, StV 2008, 241, wonach die Verdachtsumstände aber konkret sein müssen.
6) BVerfG v. 14.6.2004, 2 BvR 1136/03, StV 2004, 409; v. 7.6.2005, 2 BvR 1822/04, StraFo 2005, 339; v. 29.5.2006, 2 BvR 820/06, NStZ 2006, 639.
7) Ähnlich krit.: Lesch, StraFo 2003, 6; Wehnert/Mosiek, StV 2005, 568, 569 f.
8) Rönnau, ZRP 2004, 194.

ten einerseits und **Sicherstellungsinteresse** des Staates andererseits – auch nur ansatzweise herzustellen, wäre es bei **verfassungskonformer Auslegung** des § 111b Abs. 2 StPO geboten, für die Anordnung eines dinglichen Arrests zumindest einen **hinreichenden Tatverdacht** zu verlangen.[1]

3351 Gemäß § 111b Abs. 3 Satz 1 StPO ist die Anordnung des dinglichen Arrestes nach 6 Monaten wieder aufzuheben, wenn keine dringenden Gründe vorliegen.

Der Gesetzeswortlaut „**spätestens** nach 6 Monaten" zeigt, dass sich der Verdacht innerhalb dieses Zeitraumes zu einem dringenden Verdacht verdichtet haben muss. Dieser vom Gesetzgeber vorgesehene Zeitraum ist als **Zeitfenster** zu verstehen, weshalb die Möglichkeit – ggf. sogar die Verpflichtung – besteht, die Arrestanordnung schon vor Ablauf der 6 Monatsfrist aufzuheben, wenn die Ermittlungen keinen Fortschritt bringen und den Anfangsverdacht nicht konkretisieren.[2] Für die Verteidigung bedeutet dies, dass sie das Ermittlungsverfahren engmaschig begleiten und dahingehend überprüfen muss, ob die Ermittlungen vorangetrieben werden und inwieweit sich der ursprüngliche Anfangsverdacht zu einem dringenden Verdacht erhärtet hat. Ist dies nicht der Fall, muss das Gericht die Anordnung von **Amts wegen** oder auf **Antrag** der **Verteidigung** wieder aufheben.[3]

3352 In Ausnahmefällen wie in besonders **schwierigen** oder **umfangreichen** Wirtschafts-/Steuerstrafverfahren kann die Anordnung bis **längstens** 12 Monate aufrechterhalten bleiben, ohne dass dringende Gründe vorliegen müssen (§ 111b Abs. 3 Satz 2, 3 StPO). Liegen hingegen dringende Gründe vor, kann die Anordnung unter Beachtung des Verhältnismäßigkeitsgrundsatz **zeitlich unbegrenzt** aufrechterhalten bleiben.[4]

cc) Rückgewinnungshilfe gemäß § 111b Abs. 5 StPO i.V.m. § 73 Abs. 1 Satz 2 StGB[5]

3353 Der Verfall (von Wertersatz) kann allerdings dann nicht angeordnet werden, wenn es einen individuell Verletzten oder Geschädigten gibt, der Anspruch auf das vom Tatbeteiligten aus der Tat Erlangte hat (§ 73 Abs. 1 Satz 2 StGB). Hiermit soll eine Doppelabschöpfung beim Täter vermieden werden.[6] Nach herrschender Ansicht in Rechtsprechung und Literatur schließen auch **Steueransprüche** des Staates den Verfall gem. § 73 Abs.1 Satz 2 StGB und damit auch den Verfall von Wertersatz aus.[7] Allerdings kann auch in diesen Fällen im Ermittlungsverfahren mittels der sog. **Rückgewinnungshilfe** auf das Vermögen des Beschuldigten bzw. eines Drittbegünstigten zugegriffen werden. Maßgebliche Vorschrift hierfür ist § 111b Abs. 5 StPO.

1) So auch: Lesch, StraFo 2003, 6; zum hinreichenden Tatverdacht bei einem Verschiebungsfall vgl. LG Hildesheim v. 5.9.2006, 25 Qs 6/06, wistra 2007, 274.
2) OLG Hamburg v. 27.11.2008, 2 Ws 197/08, StV 2009, 122, wonach sich die Anforderungen nach 2 Monaten bereits verschärfen.
3) Meyer-Goßner, 55. Aufl. 2012, § 111b StPO Rz. 8.
4) Meyer-Goßner, 55. Aufl. 2012, § 111b StPO Rz. 8.
5) Seit 1.1.2007 ist eine umfassende Vermögensabschöpfung möglich, weil mit Gesetz vom 24.10.2006 zur Stärkung der Rückgewinnungshilfe und Vermögensabschöpfung (BGBl. I 2006, 2350) in § 111i Abs. 2 Satz 1 StPO ein Auffangrechtserwerb des Staates implementiert wurde. D.h. Vermögenswerte, die im Ermittlungsverfahren sichergestellt wurden, werden nach Ablauf von 3 Jahren nach Rechtskraft des Urteils für verfallen erklärt, wenn Ansprüche des Geschädigten nicht innerhalb dieser Frist geltend gemacht und durchgesetzt werden (§ 111i Abs. 5 StPO).
6) Fischer, 60. Aufl. 2013, § 73 StGB Rz. 17.
7) BGH v. 28.11.2000, 5 StR 371/00, wistra 2001, 96, 97; v. 15.1.2003, 5 StR 362/02, NStZ 2003, 423; v. 5.5.2004, 5 StR 139/03, NStZ-RR 2004, 242, 244; v. 20.7.2006, StB 97/06, NStZ-RR 2007, 237, 238; OLG Nürnberg v. 22.9.2010, 1 Ws 504/10, n.v.; OLG Celle v. 20.5.2008, 2 Ws 155/08, StV 2009, 120; so auch: Fischer, 60. Aufl. 2013, § 73 StGB Rz. 21; Webel, wistra 2004, 249, 250; Retemeyer in Achenbach/Ransiek, 3. Aufl. 2011, 14. Teil Rz. 29.

Die Vorschrift des § 111b Abs. 5 StPO ist höchst problematisch. Aufgabe der Ermittlungsbehörden ist die Erforschung von Straftaten (§§ 160, 163 StPO) und nicht die Sicherung von zivilrechtlichen Ansprüchen Geschädigter oder von Steueransprüchen des Staates.[1] In Steuerstrafverfahren kommt hinzu, dass dem Steuerfiskus im Vergleich zu geschädigten Privatpersonen mit dem **Steuerarrest (§ 324 AO)** eine ebenso effektives Mittel zur Sicherung der Steueransprüche zur Seite gestellt ist. Umstritten ist daher das Verhältnis der beiden Arrestmöglichkeiten (Steuerarrest/strafprozessualer Arrest) untereinander.[2] Während ein Teil in Literatur und Rechtsprechung ein grundsätzlich gleichrangiges **Verhältnis** der **beiden Arrestmöglichkeiten** anerkennt,[3] lehnt ein anderer Teil eine gleichrangige Anwendung der beiden Ermächtigungsgrundlagen ab und befürwortet ein vorrangiges Verhältnis des Steuerarrestes (§ 324 AO) gegenüber dem strafprozessualen Arrest gemäß § 111b StPO.[4] **3354**

Ausgehend von der Gesetzessystematik wird wohl davon auszugehen sein, dass in Steuerstrafverfahren grundsätzlich beide Arrestarten nebeneinander Anwendung finden können.[5] Gleichwohl wird der strafprozessuale Arrest bei **Untätigbleiben** der **Finanzverwaltung** in aller Regel **unverhältnismäßig** sein, weil es insoweit an einem Sicherungsbedürfnis des Steuerfiskus fehlt (→ Rz. 3359).[6] **3355**

dd) Arrestgrund

Der dingliche Arrest kann **darüber hinaus** nur dann angeordnet werden, wenn ein Arrestgrund gegeben ist (§ 111b Abs. 2, § 111d Abs. 2 StPO i.V.m. § 917 ZPO). Ein Arrestgrund liegt vor, wenn zu erwarten ist, dass die künftige Vollstreckung einer Verfallsanordnung ohne die Anordnung der vorläufigen Maßnahme vereitelt oder wesentlich erschwert werden würde.[7] Eine Verschlechterung der Vermögenslage des Betroffenen muss also zu erwarten sein. Wie das **Bundesverfassungsgericht** in einer seiner jüngeren Entscheidung **betont** hat, **kann** der Arrestgrund nicht – wie vereinzelt angenommen – schematisch aus dem Tatvorwurf abgeleitet werden.[8] Vielmehr ist eine konkrete Darstellung der jeweiligen Umstände, die eine Vollstreckungsvereitelung befürchten lassen, erforderlich.[9] **Danach sollen Vermögensverschiebungen oder durch den Beschuldigten initiierte Verschleierungsversuche**[10] **ebenso wie** z.B. der Besitz mehrerer Bankkonten ohne erkennbares Motiv,[11] **bzw.** Auslandsbeziehungen[12] **ganz allgemein** das Vorliegen eines Arrestgrundes nahelegen. **Hat** ein Beschuldigter **allerdings** trotz Kenntnis der gegen ihn erhobenen For- **3356**

1) Nack in Karlsruher Kommentar, 6.Aufl. 2008, § 111b StPO Rz. 18.
2) Vgl. hierzu ausf. die Entscheidungssammlung in Brundiers/Löwe-Krahl, PStR 2009, 36.
3) Roth, wistra 2010, 335, 336; OLG Zweibrücken v. 8.4.2009, 1 Ws 339/08, StraFo 2009, 462; LG Düsseldorf v. 31.7.2008, 4 Qs 86/08, n.v.; LG Halle v. 20.8.2008, 22 Qs 15/08, wistra 2009, 39; LG Hamburg v. 13.4.2004, 620 Qs 13/04, NStZ-RR 2004, 215.
4) Bach, JR 2010, 288, 290; Weyand, wistra 2008, 215; LG Berlin v. 6.3.2006, 526 Qs 47–49/06, wistra 2006, 358.
5) Dies ergibt sich auch aus: Nr. 70–72 AStBV(St) 2013.
6) Zu der in jüngster Zeit zu beobachtenden Tendenz der Fachgerichte, die Finanzverwaltung anzuhalten, von dem abgabenrechtlichen Arrest gem. § 324 AO vorrangig Gebrauch zu machen: LG Berlin v. 6.3.2006, 526 Qs 47–49/06, wistra 2006, 358; LG Mannheim v. 21.12.2006, 25 Qs 14/06, StraFo 2007, 115; LG Bochum v. 5.12.2007, 12 Qs 20/07, wistra 2008, 237.
7) Nack in Karlsruher Kommentar, 6. Aufl. 2008, § 111d StPO Rz. 6; LG Kiel v. 22.7.1998, 36 Qs 28/98, wistra 98, 363.
8) BVerfG v. 7.6.2005, 2 BvR 1822/04, StraFo 2005, 339; a.A. wohl LG Köln v. 10.6.2008, 109 Qs 22/08, n.v.
9) So auch OLG Oldenburg v. 26.11.2007, 1 Ws 554/07, NStZ-RR 2008, 116.
10) LG Regensburg v. 17.7.2008, 6 Qs 11/08, n.v.
11) Retemeyer in Achenbach/Ransiek, 3. Aufl. 2011, 14. Teil Rz. 99.
12) OLG Zweibrücken v. 27.8.2002, 1 Ws 407/02, NStZ 2003, 447.

derungen keine Verschleierungshandlungen in der Vergangenheit vorgenommen, **spricht dies gegen das Vorliegen eines Arrestgrundes.**[1)]

3357 Inwieweit ein Arrestgrund in Fällen der Rückgewinnungshilfe ausscheidet, wenn der Geschädigte trotz Kenntnis seiner gegen den Beschuldigten bestehenden Ansprüche keine Vollstreckungsversuche unternimmt, ist strittig. In Steuerstrafverfahren betrifft dies die Fälle, in denen es das Veranlagungsfinanzamt unterlässt, einen Steuerarrest gem. § 324 AO zu erwirken. Grundsätzliche Zweifel an dem Vorliegen eines Arrestgrundes sind in solch einer Fallkonstellation durchaus angezeigt, weil der Geschädigte mit dem Verzicht zum Ausdruck bringt, dass er seine Ansprüche – aus welchen Gründen auch immer – voraussichtlich nicht vollstrecken will. Dort wo jedoch nicht vollstreckt werden soll, kann naturgemäß auch nichts vereitelt werden. Dieser Ansatz hat viele Jahre absolut überzeugt, scheint hinsichtlich des Arrestgrundes seit Einführung des § 111i StPO jedoch an Bedeutung verloren zu haben.[2)] Mit dem in § 111i StPO eingeführten Auffangrechtserwerbs des Staates hat der Gesetzgeber die Basis für eine umfassende Vermögensabschöpfung geschaffen, weshalb es auch in Fällen der Rückgewinnungshilfe allein auf das Rückerlangungsinteresse des Geschädigten nicht mehr ankommen wird. Vielmehr wird auch das Sicherungsbedürfnis des Staates in diesem Zusammenhang eine Rolle spielen. Diese Entwicklung ist bedauerlich, vom Gesetzgeber aber offensichtlich so gewollt, weshalb im Rahmen der Verhältnismäßigkeit korrigierend eingegriffen werden muss, was insbesondere dann gilt, wenn es sich um umfangreiche und andauernde Arrestanordnungen handelt (→ Rz. 3359).

ee) Verhältnismäßigkeitsgrundsatz

3358 Wie bei jeder strafprozessualen Zwangsmaßnahme ist auch bei den vorläufigen Sicherstellungsmaßnahmen im Ermittlungsverfahren der **Verhältnismäßigkeitsgrundsatz** zu beachten. Das Bundesverfassungsgericht hat die Bedeutung dieses Grundsatzes in jüngeren Entscheidungen mehrfach hervorgehoben und betont, dass dem verfassungsrechtlichen Maßstab der Verhältnismäßigkeit nur dann Rechnung getragen wird, wenn der staatliche Eingriff in grundrechtlich geschützte Rechtspositionen des Bürgers (Eigentum) **geeignet**, **erforderlich** und **verhältnismäßig i.e.S.** ist.[3)]

Grundsätzlich wird davon auszugehen sein, dass die strafprozessuale Arrestanordnung ein geeignetes und erforderliches Mittel ist, Ansprüche der Geschädigten bzw. die Verfallsanordnung (von Wertersatz) bereits im Ermittlungsverfahren sicherstellen zu können. Auch in **Steuerstrafverfahren** wird man seit Einführung des § 111i StPO davon auszugehen haben, dass der strafprozessuale Arrest neben dem Steuerarrest anwendbar ist und ein probates Mittel zur Sicherung der Steueransprüche darstellt.[4)]

3359 Da das gegebenenfalls inkriminierte Vermögen in einem Zeitpunkt sichergestellt wird, in dem lediglich ein Anfangsverdacht besteht, gelten bei der Verhältnismäßigkeit i.e.S. besonders **hohe Maßstäbe,**[5)] wobei das Sicherungsbedürfnis des Staates mit dem Eigentumsinteresse des Betroffenen im laufenden Ermittlungsverfahren

---

1) BVerfG v. 7.6.2005, 2 BvR 1822/04, StraFo 2005, 339.

2) So auch Retemeyer in Achenbach/Ransiek, 3. Aufl. 2011, 14. Teil Rz. 102, nach dessen Ansicht ein Arrestgrund zu Gunsten des Staates vorliegen soll; ex arg. § 111i StPO n.F. (Auffangrechtserwerb des Staates).

3) Frank, StBp 20010, 318, 319; BVerfG v. 14.6.2004, 2 BvR 1136/03, StV 2004, 409; v. 5.5.2004, 2 BvR 1012/02, StV 2004, 411; v. 3.5.2005, 2 BvR 1378/04, wistra 2005, 335; v. 29.5.2005, 2 BvR 820/06, NStZ 2006, 639; v. 19.1.2006, 2 BvR 1075/05, NJW 2006, 1048.

4) Beachte aber: Wulf, PStR 2006, 10, 13, wonach in Steuerstrafverfahren der Steuerarrest nach § 324 AO das mildere Mittel ggü. dem strafprozessualen Arrest ist.

5) Roth, wistra 2010, 335, 336.

sorgfältig abzuwägen ist. Dabei **steigen** die **Anforderungen** an die Rechtsmäßigkeit des Eingriffs **kongruent** zu dem **Umfang** des zu arretierenden Vermögens bzw. der **Dauer** der Anordnung.[1] Das heißt, dem Sicherungsinteresse des Staates kommt immer weniger Bedeutung zu je umfangreicher die Arrestmaßnahme ist[2] bzw. je länger die Anordnung aufrechterhalten bleiben soll.[3] **Abzuwägen** sind dabei die **Höhe** des verursachten **Schadens**, das **Sicherungsinteresse** des Staates bzw. das **Rückerlangungsinteresse** des Geschädigten, die **tatsächlichen** und **rechtlichen** Möglichkeiten des Geschädigten zur **Durchsetzung** seiner **Ansprüche**, die Gefahr des **Beiseiteschaffens** oder des **Verbrauchs** von **Vermögenswerten** sowie der **Tatzeitraum** und die **Anzahl** der **Taten**.[4]

Existenzbedrohende Maßnahmen zu Beginn des Ermittlungsverfahrens verstoßen **3360**
ebenso wie **unnötige Verfahrensverzögerungen**[5] gegen den Verhältnismäßigkeitsgrundsatz, der in der Härtevorschrift des § 73c StGB beim Verfall und in § 74b StGB bei der Einziehung seinen besonderen Ausdruck gefunden hat.

Besteht der Verdacht einer Steuerhinterziehung und wird wegen dieser Straftat ermittelt, spielt es im Rahmen der Verhältnismäßigkeit i.e.S. weiterhin eine gewichtige Rolle, ob das Finanzamt von seinen abgabenrechtlichen Möglichkeiten nach § 324 AO zur Sicherung seiner Steueransprüche Gebrauch gemacht hat. Ist dies nicht der Fall, kann dies für ein fehlendes oder stark eingeschränktes Sicherungsbedürfnis des geschädigten Steuerfiskus sprechen, was wegen der Unverhältnismäßigkeit der Maßnahme zur Aufhebung derselbigen führen wird.[6]

Maßgeblich für die Frage der **Verhältnismäßigkeit i.e.S.** ist darüber hinaus auch der **3361**
Zeitraum, auf den sich die Maßnahme erstrecken soll. Erfolgt also eine Anordnung zur Sicherung von Ansprüchen von Geschädigten (§ 111b Abs. 5 StPO) ist insbesondere zu berücksichtigen, dass es allein Sache des Geschädigten ist, sich einen Vollstreckungstitel außerhalb des Strafverfahrens zu besorgen und durchzusetzen. Die Aufrechterhaltung der Anordnung ist im Fall der Rückgewinnungshilfe also dann nicht mehr gerechtfertigt, wenn der Geschädigte eigene zumutbare Anstrengungen zur Erlangung eines Vollstreckungstitels unterlassen hat.[7] Dies gilt auch in den

1) So ähnlich: Frank, StBp 2010, 318, 319.
2) Thür. OLG v. 27.7.2004, 1 Ws 234 – 236/04, StV 2005, 90, wonach die Anordnung eines dingl. Arrestes, insb. ggü. einem Dritten, unverhältnismäßig ist, wenn die Anordnung voraussichtlich die wirtschaftliche Existenz des Verfallsbeteiligten bedrohen würde; BVerfG v. 29.5.2006, 2 BvR 820/06, NStZ 2006, 639; OLG Hamburg v. 19.12.2011, 2 Ws 123/11, NJW 2012, 1601, 1607; OLG Köln v. 30.3.2004, 2 Ws 105/04, NJW 2004, 2397.
3) OLG Celle v. 20.5.2008, 2 Ws 155/08, StV 2009, 120; BVerfG v. 7.6.2005, 2 BvR 1822/04, StraFo 2005, 338, 341.
4) OLG Celle v. 25.9.2012, 2 Ws 214/12, n.v.
5) Zu der Unverhältnismäßigkeit Verfahrensverzögerungen vgl.: OLG Köln v. 10.2.2004, 2 Ws 704/03, NStZ 2005, 400.
6) So auch OLG Celle v. 20.5.2008, 2 Ws 155/08, wistra 2008, 359 f.; LG Saarbrücken v. 5.5.2008, 2 Qs 22/08, NStZ-RR 2008, 284; LG Bochum v. 5.12.2007, 12 Qs 20/07, wistra 2008, 237; LG Saarbrücken v. 19.3.2008, 2 Qs 5/08, wistra 2008, 240; OLG Oldenburg v. 26.11.2007, 1 Ws 554/07, StV 2008, 241. Im Ergebnis ähnlich: LG Hamburg v. 8.5.2008, 608 Qs 13/08 und v. 21.5.2008, 620 Qs 19/08, n.v., wonach der Erlass eines strafprozessualen Arrestes in Ausübung der Ermessensabwägung unterbleibt, wenn keine ausführliche Begründung des Fiskus vorliegt, warum kein Steuerarrest erlassen wurde. A.A. LG Regensburg v. 17.7.2008, 6 Qs 11/08, n.v.; LG Düsseldorf v. 31.7.2008, 4 Qs 86/08, n.v.
7) OLG Düsseldorf v. 20.2.2002 2 Ws 375 – 377/01, NStZ-RR 2002, 173; LG Landshut v. 4.11.2002, 3 Qs 364/02, wistra 2003, 199; Webel, wistra 2004, 249, 253.

Fällen, in denen es das Veranlagungsfinanzamt unterlässt, einen Steuerarrest zu erwirken.[1)]

Zwar wird in die Abwägung der sich widerstreitenden Interessen im Rahmen der Verhältnismäßigkeit mit einzubeziehen sein, dass der Staat seit 1.1.2007[2)] einen **subsidiären Anspruch** gegenüber den Ansprüchen des Geschädigten hat, so dass das Sicherungsbedürfnis des Staates auch in Fällen der Rückgewinnungshilfe in die Verhältnismäßigkeitsprüfung mit einzubeziehen sein wird.[3)] Doch tritt dieses Sicherstellungsinteresse für sich alleine gesehen hinter das Eigentumsinteresse des Betroffenen zurück, was insbesondere dann gelten muss, wenn es sich um eine Abschöpfungsmaßnahme handelt, die den Betroffenen in seiner wirtschaftlichen Handlungsfreiheit spürbar einengt.

3362 In der Praxis wird dem Verhältnismäßigkeitsgrundsatz von den Fachgerichten häufig zu wenig Bedeutung beigemessen. Dem muss die Verteidigung entschieden entgegentreten, weil die Sicherstellungsmaßnahmen im Ermittlungsverfahren gravierende Folgen für den Beschuldigten/Verfallsbeteiligten haben können. Da die Maßnahmen nach §§ 111b ff. StPO auf der Grundlage eines **einfachen Tatverdachts** erlassen werden können, muss über den Verhältnismäßigkeitsgrundsatz korrigierend eingegriffen werden, wenn die Sicherstellungsmaßnahme zu intensiv in die Vermögensdisposition des Betroffenen eingreift. Gerade zu Beginn des Ermittlungsverfahrens wird die Höhe der gegebenenfalls hinterzogenen Steuern in der vollen Bandbreite noch nicht abschätzbar sein bzw. von den Ermittlungsbehörden nicht selten auch zu hoch eingeschätzt werden. In diesem Fall droht zudem eine unverhältnismäßige Übersicherung, die zur Aufhebung des dinglichen Arrestes führen muss.[4)]

3. Rechtsmittel

3363 Gegen **richterliche** Anordnungen der Beschlagnahme oder des Arrestes kann gem. § 304 StPO die Beschwerde eingelegt werden.[5)] Bei **nicht richterlichen** Anordnungen (Staatsanwaltschaft, Hilfsbeamte, Finanzbehörden) bleibt dem Betroffenen zunächst nur der Antrag auf eine richterliche Entscheidung über die Bestätigung der Beschlagnahme oder des dinglichen Arrestes gem. § 111e Abs. 2 Satz 3 StPO. Falls nicht lediglich eine bewegliche Sache beschlagnahmt wurde, muss auch die anordnende Behörde selbst von Amts wegen innerhalb einer Woche die richterliche Bestätigung herbeiführen (§ 111e Abs. 2 Satz 1 und 2 StPO). Gegen die richterliche Bestätigung ist wiederum die Beschwerde nach § 304 StPO möglich, die allerdings keine aufschiebende Wirkung hat (§ 307 Abs. 1 StPO). Wird über das Vermögen des Beschuldigten das Insolvenzverfahren eröffnet, ist die Beschwerde unzulässig.[6)]

---

1) In der Rspr. ist die Tendenz erkennbar, dass sich der Zeitraum für die Titulierung des steuerlichen Anspruchs gem. § 324 AO stetig verkürzt und bei Nichteinhaltung zur Unverhältnismäßigkeit der Maßnahme führt. Vgl. hierzu im Einzelnen: OLG Düsseldorf v. 20.2.2002, 2 Ws 375–377/01, NStZ-RR 2002, 173 (24 Monate); OLG Köln v. 10.2.2004, 2 Ws 704/03, StV 2004, 413 (22 Monate); LG Landshut v. 4.11.2002, 3 Qs 364/02, wistra 2003, 199 (18 Monate); LG Bochum v. 5.12.2007, 12 Qs 20/07, wistra 2008, 237 (15 Monate); vgl. insoweit auch OLG Hamburg v. 27.11.2008, 2 Ws 197/08, StV 2009, 122 (nach 2 Monaten verschärfen sich die Anforderungen).

2) Gesetz zur Stärkung der Rückgewinnungshilfe und der Vermögensabschöpfung bei Straftaten v. 24.10.2006, BGBl. I 2006, 2350.

3) So auch Roth, wistra 2010, 335, 338.

4) Zu diesem Problem: allg. Park, StraFo 2002, 73, 76.

5) Zur Umdeutung einer noch nicht beschiedenen Beschwerde in einem Antrag auf Aufhebung der beschwerenden Maßnahme, wenn nach Erlass der mit der einfachen Beschwerde anfechtbaren vorläufigen Anordnung ein Zuständigkeitswechsel vom Ermittlungsrichter auf das erkennende Gericht eingetreten ist: OLG Stuttgart v. 23.1.2003, 1 Ws 9/03, wistra 2003, 238.

6) LG Dresden v. 11.6.2004, 5 Qs 44/04, StV 2004, 531.

Nach § 310 Abs. 1 Nr. 3 StPO kann der Beschuldigte seit Inkrafttreten des Gesetzes zur Stärkung der Rückgewinnungshilfe und der Vermögensabschöpfung zum 1.1.2007[1] gegen die Beschwerdeentscheidung des Landgerichts auch weitere Beschwerde beim hierfür zuständigen Oberlandesgericht einlegen, wenn der dingliche Arrest einen Betrag von 20 000 € übersteigt. Die weitere Beschwerde der Staatsanwaltschaft gegen Beschlüsse, die die Arrestanordnung verweigern bzw. aufheben, ist hingegen nicht zulässig.[2] 3364

Wird im Zuge der Arrestmaßnahmen Bankguthaben beim Beschuldigten gepfändet, ist § 850k Abs. 1 ZPO zu berücksichtigen, wonach der Betroffene die Einrichtung eines Pfändungsschutzkontos bei seiner Bank anfordern kann.[3]

Betrifft die Abschöpfungsmaßnahme das Vermögen eines tatunbeteiligten Dritten, so kann dieser gegen die entsprechende Sicherstellungsanordnung die Beschwerde gem. § 304 StPO einlegen (§ 111f Abs. 5 StPO).[4] 3365

Der Beschuldigte hat über seine Verteidigung gem. § 147 Abs. 1 StPO ein umfassendes **Akteneinsichtsrecht** in alle **privilegierten Aktenteile**.[5] Wird diese Akteneinsicht nicht gewährt, ist die Arrestanordnung aufzuheben.[6] Wurde die Sicherstellungsmaßnahme zu Unrecht erhoben und der Verfall (von Wertersatz) im Urteil nicht angeordnet, hat der Beschuldigte nach § 2 Abs. 2 Nr.4 StrEG einen Entschädigungsanspruch gegen die Staatskasse. Dies gilt allerdings dann nicht, wenn der Verfall vom Gericht nur deswegen nicht im Urteil angeordnet wurde, weil die Voraussetzungen für die Rückgewinnungshilfe vorgelegen haben.[7] 3366

B. Einleitung des Ermittlungsverfahrens und ihre Bekanntgabe (§ 397 AO)

Schrifttum

Bilsdorfer, Aktuelle Probleme der Selbstanzeige, wistra 1984, 131; **Blesinger**, Die Einleitung des Steuerstrafverfahrens, wistra 1994, 48; **Böse**, Die Strafbarkeit wegen Steuerhinterziehung und der Nemo-tenetur-Grundsatz, wistra 2003, 47; **Brenner**, Außenprüfer als Strafverfolgungsorgan: Verfolgungsverjährung und Verwertungsverbot, StBp 1979, 123; **Burhoff**, Falsche Einleitungsverfügung und ihre Folgen, PStR 2001, 132; **Burkhard**, Falsche Belehrung bei einer Einleitungsverfügung, StraFo 2001, 37; **Burkhard/Adler**, Unbestimmte Einleitungsverfügung entfaltet keine Sperrwirkung, DStR 2000, 592; **Dörn**, Anfangsverdacht der Steuerhinterziehung (§ 370 AO) bei Nichterklärung von Zinseinkünften?, DStZ 1997, 631; **Dörn**, Steuerstraf- und bußgeldrechtliche Aspekte in der Betriebsprüfung, DStZ 1996, 142; **Ehlers**, Außenprüfung und Selbstanzeige nach der AO 1977, StBp 1977, 49; **Franzen**, Das Steuerstrafverfahren nach dem AO-Strafrechtsänderungsgesetz, DStR 1967, 533; **Franzen**, Grenzen der strafbefreienden Selbstanzeige, wistra 1986, 210; **Fuchs**, Handbuch des Steuerstrafrechts und Steuerstrafverfahrensrechts, Nürn-

1) Gesetz zur Stärkung der Rückgewinnungshilfe und der Vermögensabschöpfung bei Straftaten v. 24.10.2006, BGBl. I 2006, 2350.
2) OLG München v. 6.7.2011, 1 Ws 545/11, wistra 11, 400; OLG Oldenburg v. 19.5.2011, 1 Ws 227/11, StV 2011, 613; OLG München v. 12.11.2007, 2 Ws 942/07, wistra 2008, 78 f.; Meyer-Goßner, 55. Aufl. 2012, § 310 StPO Rz. 9; a.A. hingegen OLG Celle v. 20.5.2008, 2 Ws 155/08, wistra 2008, 359 f.; OLG Hamburg v. 27.11.2008, 2 Ws 197/08, NStZ-RR 2009, 377 f.; Thüringer OLG v. 15.04.2011, 1 Ws 129/11, wistra 2011, 399.
3) Ausf. hierzu: Retemeyer in Achenbach/Ransiek, 3. Aufl. 2011, 14. Teil Rz. 154; Ahrens, NJW 2010, 2001.
4) Meyer-Goßner, 55. Aufl. 2012, § 111f StPO Rz. 15.
5) BVerfG v. 5.5.2004, 2 BvR 1012/02, StV 2004, 411.
6) BVerfG v. 19.1.2006, 2 BvR 1075/05, NJW 2006, 1048, 1049.
7) Retemeyer in Achenbach/Ransiek, 3. Aufl. 2011, 14. Teil Rz. 166.

berg 1949; **Geerds**, Strafrechtspflege und prozessuale Gerechtigkeit, SchlHA 1964, 57; **Hees**, Zur persönlichen Reichweite der Verjährungsunterbrechung nach § 78c Abs. 1 Nr. 4 StGB, wistra 1994, 81; **Hellmann**, Die Befugnis der Landesfinanzverwaltung zum Erlaß der Anweisungen für das Straf- und Bußgeldverfahren (Steuer), wistra 1994, 13; **Henneberg**, Der Umfang des Aussageverweigerungsrechts und der Belehrung des Steuerpflichtigen auf Grund des § 13 BpO (St), WPg 1967, 598; **Henneberg**, Die Neuregelung des Steuerstrafrechts, BB 1968, 906; **Käferle**, Fahndung nach fingierten Mietverhältnissen, PStR 2001, 87; **Kaligin**, Nochmals: Analoge Anwendung von § 171 Abs. 4 Satz 3 AO bei Steuerfahndungsprüfungen, DStZ 1997, 314; **Kindler**, Zu den Folgen eines Prüferfehlverhaltens nach § 10 BpO für das Steuerstrafverfahren, PStR 2011, 44; **Klos**, Gerichts- und Behördenakten als Informationsquelle für die Finanzbehörden, DStZ 1996, 32; **Kniffka**, Aspekte der Tateinheit bei Steuerhinterziehung, wistra 1986, 89; **Krekeler**, Der Beweiserhebungsanspruch des Beschuldigten im Ermittlungsverfahren, NStZ 1991, 367; **Krekeler**, Verwertungsverbot bei unterlassener oder verspäteter Belehrung durch Betriebsprüfer, PStR 1999, 230; **Löwe-Krahl**, Banken und Rasterfahndung, PStR 2000, 251; **Marx**, Einleitung des Steuerstrafverfahrens durch hektographierte Schreiben?, wistra 1987, 207; **Matthes**, Noch Sammelauskunftsersuchen oder schon „Rasterfahndung", PStR 2007, 166; **Meyer**, Steuerstrafrechtliche Probleme bei Betriebsprüfungen, DStR 2001, 462; **Möllinger**, Das Verhältnis Besteuerungsverfahren ./. Strafverfahren im Bereich Außenprüfung, StBp 1979, 195; **Müller**, Der Hinweis nach § 201 Abs. 2 AO und das strafrechtliche Verwertungsverbot bei dessen Unterlassung, DStZ 2001, 231; **Nagel**, Rechtsschutz gegen verfahrenseinleitende und -fortführende Maßnahmen der Strafverfolgungsbehörden im Ermittlungsverfahren, StV 2001, 185; **Nelles**, Der Einfluß der Verteidigung auf Beweiserhebungen im Ermittlungsverfahren, StV 86, 74; **Odenthal**, Zur Anrechnung von Steuern beim Verfall, wistra 2002, 246; **Rößler**, Nochmals: Analoge Anwendung von § 171 Abs. 4 Satz 1 letzter Satzteil und Satz 3 AO bei Verjährungsunterbrechung durch Beginn von Steuerfahndungsermittlungen, DStZ 1997, 117; **Rüster**, Rechtsstaatliche Probleme im Grenzbereich zwischen Besteuerungsverfahren und Strafverfahren, wistra 1988, 49; **Samson**, Steuerhinterziehung, nemo tenetur und Selbstanzeige – eine Dokumentation, wistra 1988, 130; **Scheel**, Die Bedeutung der Steuererklärung für den Begriff der Tat im Sinne des § 371 Abs. 2 AO, wistra 1989, 343; **Schuhmann**, Zur Bekanntgabe der Einleitung eines Straf- oder Bußgeldverfahrens nach der Abgabenordnung, wistra 1992, 293; **Söffing**, Analoge Anwendung des § 171 Abs. 4 Satz 1 letzter Satzteil und Satz 3 AO bei Verjährung durch Beginn von Steuerfahndungsermittlungen, DStZ 1996, 713; **Sommer**, Strafrechtlicher Anfangsverdacht bei Tafelpapiergeschäften – Trendwende, PStR 2001, 4; **Stahl**, Steuerstrafrechtliche Problemfelder bei Betriebsprüfungen, KÖSDI 2000, 12445; **Streck**, Betriebsprüfung und Steuerstrafverfahren, BB 1980, 1537; **Teske**, Das Verhältnis von Besteuerungs- und Steuerstrafverfahren unter besonderer Berücksichtigung des Zwangsmittelverbots (§ 393 Abs. 2 Satz 2 und Satz 3 AO), wistra 1988, 207; **Teske**, Die Bedeutung der Unschuldsvermutung bei Einstellungen gem. §§ 153, 153a StPO im Steuerstrafverfahren, wistra 1989, 131; **Tormöhlen**, Strafprozessuales und steuerliches Verwertungsverbot bei unterlassener oder verzögerter Belehrung durch den Betriebsprüfer über das Zwangsmittelverbot?, DStZ 2001, 850; **Volk**, Dar Tatbegriff und die Bestimmtheit von Durchsuchungsbeschlüssen im Steuerstrafrecht, wistra 1998, 281; **Wegner**, Strafvereitelung im Amt durch Sachgebietsleiter der Steuerfahndungsstelle, PStR 2004, 152; **Wenzig**, Die Belehrung des Steuerpflichtigen über seine Rechte und Pflichten bei einer Betriebsprüfung, DB 1979, 1763; **Weyand**, Nochmals – Einleitung des Steuerstrafverfahrens durch hektographierte Schreiben?, wistra 1987, 283.

I. Bedeutung der Einleitung eines Ermittlungsverfahrens

3367 Mit der Einleitung des Steuerstrafverfahrens tritt dieses neben das weiterzuführende Besteuerungsverfahren.[1] Beide **Verfahren, die grundsätzlich unabhängig**

1) Rüster, wistra 1988, 49; Teske, wistra 1988, 207; Blesinger, wistra 1994, 48, 49; Wenzig, StBp 1982, 55; Zum Nebeneinander von Steuerstrafverfahren und Besteuerungsverfahren vgl. auch BFH v. 24.1.2008, VIII B 163/06, BFH/NV 2008, 1099; v. 1.12.2005, XI B 21/05, BFH/NV 2006, 496 und v. 13.1.2006, VIII B 7/04, BFH/NV 2006, 914.

und gleichrangig nebeneinander stehen, folgen gem. § 393 Abs. 1 AO unterschiedlichen Regeln und sind ihrer Natur nach **grundverschieden.**

Im Besteuerungsverfahren bleibt der einer Steuerstraftat Verdächtige auch nach Einleitung eines gegen ihn gerichteten Steuerstrafverfahrens zur Mitwirkung an der Aufklärung des Sachverhaltes verpflichtet (§§ 90 ff., 140 ff., 200, 211 ff. AO), obwohl die steuerrechtliche Mitwirkungspflicht in diesen Fällen gem. § 393 Abs. 1 Satz 2 AO nicht mit Zwangsmitteln durchgesetzt werden kann. **3368**

Demgegenüber steht es dem Beschuldigten im – **allenfalls** auf **Duldung** staatlicher Maßnahmen ausgerichteten[1] – **Strafverfahren** frei, sich zum Tatvorwurf zu äußern oder zu schweigen (§§ 136, 163a StPO).[2] Eine Mitwirkungspflicht im Strafverfahren existiert somit gerade nicht. **3369**

Auf Grund der oben beschriebenen sich an die Einleitung eines Strafverfahrens anknüpfenden Rechtsfolgen ist es für den Stpfl. von zentraler Bedeutung, zu welchem Zeitpunkt ein Steuerstrafverfahren gegen ihn eingeleitet wurde.

Im Einzelfall kann dies für den Betroffenen nur schwer feststellbar sein, weil eine Vielzahl von Maßnahmen der Finanzbehörde sowohl der Feststellung des Besteuerungs- als auch des Straftatbestands dient; zumal der Besteuerungstatbestand Teil des objektiven (Blankett-)Straftatbestands der Steuerhinterziehung (§ 370 Abs. 1 AO) ist. **3370**

Der Gesetzgeber hat dieses Konfliktpotenzial gesehen und in § 397 Abs. 1 AO, insbesondere mit dem von der Rechtsprechung[3] ausgeformten Tatbestandsmerkmal der „Erkennbarkeit" festgelegt, **durch welchen Vorgang** und **zu welchem Zeitpunkt** ein Steuerstrafverfahren begonnen hat. Eine hierzu korrespondierende Vorschrift enthält die Strafprozessordnung nicht, was damit zusammenhängt, dass die Tätigkeit der allgemeinen Ermittlungsbehörden nicht von einem vorher oder gleichzeitig geführten Verwaltungsverfahren abgegrenzt werden muss, sondern von Anfang an erkennbar strafrechtlichen Zwecken dient.[4] **3371**

Da der Beschuldigte ein mit erheblichen Rechten ausgestattetes **Verfahrenssubjekt** ist, das den Verfahrensgang beeinflussen kann,[5] kommt aber auch das übrige Strafprozessrecht nicht ohne griffige Kriterien aus, den Zeitpunkt der Einleitung eines Strafverfahrens und damit den Eintritt des Beschuldigtenstatus festzulegen. Der Rechtsgedanke des § 397 AO wird daher im allgemeinen Strafprozessrecht insofern herangezogen, als dass nach herrschender Meinung eine Person dann zum Beschuldigten wird, wenn zum **Tatverdacht** ein **Willensakt** der Strafverfolgungsbehörde hinzutritt, in dem zum Ausdruck kommt, dass sie das Strafverfahren gegen einen Verdächtigen als Beschuldigten betreiben will.[6] **3372**

Neben der Sicherung der Stellung des Beschuldigten als Verfahrenssubjekt ist grundlegender **Zweck des § 397 AO,** den Betroffenen davor zu schützen, mit steuerlichen Mitteln zu strafrechtlichen Zwecken ausgeforscht zu werden.[7] § 397 AO **respektiert** und schützt insbesondere im Zusammenwirken mit § 393 Abs. 1 AO das **strafprozessuale Schweigerecht.** Dieses Recht, sich selbst nicht zum Beweismittel machen zu müssen (nemo-tenetur-Grundsatz),[8] ist nach der Rechtsprechung des **3373**

1) Blesinger, wistra 1994, 48, 49.
2) Ausf. Hellmann in H/H/Sp, § 397 AO Rz. 6 ff. (November 2009).
3) Darstellung der Entwicklung bei Matthes in Kohlmann, § 397 AO Rz. 3, 18.1 (August 2008).
4) Jäger in Franzen/Gast/Joecks, 7. Aufl. 2009, § 397 AO Rz. 5.
5) BGH v. 29.10.1992, 4 StR 126/92, BGHSt 38, 372, 374.
6) Z.B. BGH v. 18.10.1956, 4 StR 278/56, BGHSt 10, 8, 12; v. 31.5.1990, 4 StR 112/90, BGHSt 37, 48, 51; Meyer-Goßner, 55. Aufl. 2012, Einl. StPO Rz. 76.
7) Jäger in Franzen/Gast/Joecks, 7. Aufl. 2009, § 397 AO Rz. 6.
8) Zur Problematik ausf. Samson, wistra 1988, 130, 131; Teske wistra 1988, 207, 211 f.

Bundesverfassungsgerichts[1] Ausprägung des **Rechtsstaatsprinzips** (Art. 20 Abs. 3 GG) und des Rechts auf Wahrung der **Menschenwürde** (Art. 1 und 2 Abs. 1 GG) und hat deshalb **Verfassungsrang.** Ein Zwang, durch die eigene Aussagen die Voraussetzungen für eine strafgerichtliche Verurteilung liefern zu müssen, wäre unzumutbar und mit der Würde des Menschen nicht vereinbar.

3374 Auf den grundlegenden Wechsel in der Rechtslage ist der Beschuldigte nach § 397 Abs. 3 AO **hinzuweisen,** sobald er **nach Einleitung** des Strafverfahrens zur **aktiven Mitwirkung** aufgefordert wird. Die Bekanntgabe der Einleitung soll den Betroffenen vor dem Irrtum bewahren, er unterliege weiterhin dem steuerrechtlichen Zwang zur Erteilung von Auskünften und zur Vorlage von Unterlagen.[2] Dies ist erforderlich, weil erst die Kenntnis von der Einleitung strafrechtlicher Ermittlungen eine sachgerechte und effektive Verteidigung auf der Grundlage der hierfür geltenden Verfahrensregeln ermöglicht. Die Bekanntgabepflicht hat als Ausprägung des prozessualen Schweigerechts insoweit auch **nicht** nur Ordnungscharakter sondern stellt einen revisiblen Verfahrensverstoß dar, wenn ein entsprechender Hinweis unterbleibt.[3]

II. Anfangsverdacht als Einleitungsvoraussetzung

1. Einfacher Tatverdacht (§ 152 Abs. 2 StPO)

3375 Liegen **zureichende tatsächliche Anhaltspunkte** für eine Steuerstraftat vor, so **muss** auf Grund des **Legalitätsprinzips** (§ 385 Abs. 1 AO; § 152 Abs. 2, § 160 Abs. 1, § 163 Abs. 1 StPO) der Sachverhalt erforscht und ein Steuerstrafverfahren eingeleitet werden (§ 160 Abs. 1 StPO), wenn kein Verfahrenshindernis entgegensteht.[4] Beamte der Steuerfahndung sind darüber hinaus verpflichtet, sämtliche ermittlungsrelevanten Umstände, die möglicherweise zu einer Erhärtung des Anfangsverdachts führen, der auftraggebenden Staatsanwaltschaft mitzuteilen.[5]

Dagegen steht die Verfolgung von Ordnungswidrigkeiten nach dem Opportunitätsprinzip im Ermessen der zuständigen Verfolgungsbehörde (§ 47 OWiG).

3376 Die Strafprozessordnung kennt **drei** Verdachtsgrade, den **Anfangsverdacht,** den **hinreichenden Tatverdacht** und den **dringenden Tatverdacht.** Unterhalb des Verdachtsgrades des Anfangsverdachts liegt der Bereich der bloßen Vermutungen, die nicht ausreichend sind, ein Steuerstrafverfahren einzuleiten.

3377 Wie zur Einleitung jedes anderen strafrechtlichen Ermittlungsverfahrens muss für die Einleitung eines Steuerstrafverfahrens ein **einfacher Tatverdacht** (§§ 397, 386 AO; § 160 Abs. 1, § 152 Abs. 2 StPO) vorliegen. **Nicht erforderlich** ist der sog. **„hinreichende" Tatverdacht,** wie er für die Eröffnung des Hauptverfahrens (§ 203 StPO) und die Erhebung der Anklage (§ 170 StPO) Voraussetzung ist. In diesem späteren Verfahrensabschnitt muss mit **Wahrscheinlichkeit** die Verurteilung des Beschuldigten zu erwarten sein. Ebenso wenig muss ein **dringender Tatverdacht** vorliegen, wie er für einschneidende Zwangsmaßnahmen wie die Untersuchungshaft vorausgesetzt wird (§ 112 Abs. 1 StPO). Ein dringender Tatverdacht setzt nach h.M. neben

1) BVerfG v. 13.1.1981, 1 BvR 116/77, NJW 1981, 1431 = StV 1981, 213 zur Aussagepflicht des Gemeinschuldners.
2) Jäger in Franzen/Gast/Joecks, 7. Aufl. 2009, § 397 AO Rz. 6.
3) Ebenso zu § 136 StPO: BGH v. 27.2.1992, 5 StR 190/91, BGHSt 38, 214 unter Aufgabe der früheren Rspr.; zu § 243 Abs. 4 Satz 1 StPO bereits BGH v. 14.5.1974, 1 StR 366/73, BGHSt 25, 325, 327.
4) In der vorsätzlichen Nichteinleitung eines gebotenen Strafverfahrens kann u.U. die zeitweilige Strafvereitelung im Amt gem. § 258a StGB liegen: BGH v. 25.2.1981, 4 StR 98/81, n.v. Zur Strafbarkeit gem. § 258a StGB bei Nichteinleitung des Verfahrens durch einen Staatsanwalt: BGH v. 6.11.2007, 1 StR 394/07, n.v.
5) OLG Karlsruhe v. 6.4.2004, 1 Ws 27/04, n.v.; Wegner, PStR 2004, 152, 153 – Flow Tex.

einem hohen Grad von Wahrscheinlichkeit der Täterschaft und der Schuld voraus, dass eine Verurteilung mit großer Wahrscheinlichkeit zu erwarten ist.[1)]

Diese hohen Maßstäbe gelten für die Einleitung eines Strafverfahrens naturgemäß nicht. Insoweit genügt der **„Anfangsverdacht"** (§ 152 Abs. 2 StPO), für den **zureichende tatsächliche Anhaltspunkte** vorliegen müssen, die es nach der kriminalistischen Erfahrung als möglich erscheinen lassen, dass eine verfolgbare Straftat vorliegt.[2)] Erforderlich ist eine **gewisse,** wenn auch geringe **Wahrscheinlichkeit.**[3)] Die tatsächlichen Anhaltspunkte müssen die Annahme rechtfertigen, dass der **objektive** und **subjektive** Tatbestand erfüllt sind und die Tat verfolgt werden kann.[4)] Dabei reichen **Gerüchte,** vage **Vermutungen** ohne greifbare Anhaltspunkte und ohne Bezug auf ein bestimmtes historisches Vorkommnis nicht aus. Erforderlich sind vielmehr **konkrete** Tatsachen, weshalb allgemeine Erfahrungen ebenso wenig genügen[5)] wie die nicht durch tatsächliche Hinweise gestützte bloße Möglichkeit, dass ein bestimmter Sachverhalt mit einer Steuerstraftat verbunden sein kann.[6)] **3378**

Beispiel 1:

Bei der Betriebsprüfung fallen dem Prüfer Zahlungen auf, die als „Sonderhonorar" verbucht wurden. Ohne weitere Anknüpfungspunkte begründet allein die Annahme, Bestechungsgelder werden als „Sonderprovision" oder „Beratungshonorar" gebucht, für sich gesehen noch nicht den Verdacht der Steuerhinterziehung.[7)]

Beispiel 2:

Die allgemeine Erfahrung, dass Prostituierte ihre Einkünfte häufig nicht oder nicht in voller Höhe versteuern, begründet für sich allein **ohne zusätzliche Anhaltspunkte** ebenfalls nicht den Verdacht der Steuerhinterziehung hinsichtlich einer **bestimmten** Prostituierten. In Bezug auf eine bestimmte Person können allgemeine Erfahrungstatsachen allenfalls zu vagen Vermutungen führen.[8)]

Beispiel 3:

Die Prostituierte P wird seit 05 vom Finanzamt veranlagt. Von 05 bis 08 hat sie jeweils einen Gewinn von 30 000 € erklärt. 08 erwarb sie eine Immobilie für 500 000 €, die mittels eines Darlehens fremdfinanziert wurde. Die jährlichen Aufwendungen für Zins und Tilgung betragen 40 000 €. Bereits hieraus ergibt sich ein jährlicher Fehlbetrag von 10 000 €. Wie daneben noch der Gebäudeunterhalt und die Lebenshaltung finanziert wurde, kann nicht aufgeklärt werden. P lässt sich dahingehend ein, sie habe in den betreffenden Veranlagungszeiträumen auch diverse Lotteriegewinne erzielt

In diesem Beispiel bestehen neben der allgemeinen Erfahrungstatsache, dass eine bestimmte Berufsgruppe ihre Einkünfte häufig wenigstens nicht in voller Höhe versteuert, **zusätzliche,** u.U. bereits für sich ausreichende, **zureichende** Anhaltspunkte und damit ein Anfangsverdacht für das Vorliegen einer Steuerstraftat.

---

1) Hilger in Löwe/Rosenberg, 26. Aufl. 2008, § 112 StPO Rz. 17 m.w.N.
2) Meyer-Goßner, § 152 StPO Rz. 4; Jäger in Franzen/Gast/Joecks, 7. Aufl. 2009, § 397 AO Rz. 39; Geerds, SchlHA 1964, 57, 60; speziell zum Anfangsverdacht im Zusammenhang mit Mietverhältnissen: Käferle, PStR 2001, 87.
3) Beulke in Löwe/Rosenberg, 26. Aufl. 2008, § 152 StPO Rz. 23.
4) Jäger in Franzen/Gast/Joecks, 7. Aufl. 2009, § 397 AO Rz. 40; Dörn, DStZ 1996, 142.
5) Jäger in Franzen/Gast/Joecks, 7. Aufl. 2009, § 397 AO Rz. 40.
6) LG Köln v. 25.4.1983, 117 Qs 3/83, StV 1983, 275; Jäger in Franzen/Gast/Joecks, 7. Aufl. 2009, § 397 AO Rz. 40; Beulke in Löwe/Rosenberg, 26. Aufl. 2008, § 152 StPO Rz. 22; Nr. 26 Abs. 2 AStBV (St) 2013.
7) BVerfG v. 9.2.2005, 2 BvR 1108/03, HFR 2005, 900.
8) So auch: Rolletschke in Rolletschke/Kemper, § 397 AO Rz. 38 (Mai 2006); Matthes in Kohlmann, § 397 AO Rz. 5.1 (Oktober 2007); OLG Hamburg v. 8.2.1984, 1 Ws 26/84, NJW 1984, 1635, 1636; zu weitgehend: BFH v. 22.12.2006, VII B 121/06, wistra 2007, 232; vgl. insoweit auch: Matthes, PStR 2007, 166, 169.

Beispiel 4:

Die Tatsache, dass ein Rechtsanwalt ein Sonderhonorar nicht versteuert hat, kann für sich allein nicht den Verdacht begründen, er habe auch in **anderen Zeiträumen** Sonderhonorare erhalten und nicht versteuert.[1]

3379 **Steuerliche Mehrergebnisse** auf Grund einer von der Steuererklärung abweichenden **Veranlagung** oder einer **Außenprüfung** begründen für sich allein noch keinen Anfangsverdacht. Steuerstrafrechtlich irrelevant ist ein steuerliches Mehrergebnis jedenfalls dann, wenn der Stpfl. sämtliche steuerpflichtigen Tatsachen zutreffend erklärt hat und lediglich eine andere Rechtsansicht als das Finanzamt vertreten hat. Beruht das steuerliche Mehrergebnis dagegen auf unzutreffenden oder unvollständigen Angaben, so besteht ein Anfangsverdacht nur dann, wenn auch konkrete tatsächliche Anhaltspunkte für ein vorsätzliches oder leichtfertiges Verhalten des Stpfl. vorliegen.[2] Problematisch ist dies allerdings in den Fällen, in denen die „unzutreffenden oder unvollständigen Tatsachenangaben" auf einer von der Ansicht der Finanzbehörde abweichenden, aber objektiv vertretbaren Auffassung beruhen (→ Rz. 63 ff.).

3380 Einen Anfangsverdacht begründet i.d.R. eine Strafanzeige.[3] Fehlen aber genaue tatsächliche Angaben, ist die Strafanzeige verworren oder ist der Anzeigeerstatter aus anderen Gründen unglaubwürdig, fehlt es an einem Anfangsverdacht, und es ist stattdessen ggf. gegen den Anzeigeerstatter ein Ermittlungsverfahren wegen falscher Verdächtigung gem. § 164 StGB einzuleiten.[4] Anonyme Anzeigen **ohne** nähere Sachverhaltsangaben[5] begründen für sich allein keinen Anfangsverdacht. Eine solche Anzeige gibt allenfalls Anlass für weitere Nachforschungen hinsichtlich des Bestehens eines Anfangsverdachts.[6] Aber auch wenn konkrete Tatsachenangaben gemacht werden, ist die Glaubwürdigkeit einer anonymen Anzeige eingeschränkt, weil sich der Anzeigeerstatter durch die Wahrung seiner Anonymität der Verantwortung nach § 164 StGB entzieht.[7]

Beispiel 5:

Geht bei dem Finanzamt eine anonyme Anzeige mit dem Hinweis ein „Huber macht Schwarzgeld", bietet dies keine ausreichende Grundlage für strafrechtliches Einschreiten. Sind in dem Brief jedoch tatsächliche Angaben über die Art der Geschäfte und Hinweise auf eine Bankverbindung o. ä. vorhanden, würde damit eine Erforschungspflicht der Finanzbehörde begründet.

3381 Aus der Kenntnis einer umfangreichen **ausländischen Geldanlage** in einem bestimmten Zeitraum entsteht ein konkreter Anfangsverdacht erst in Verbindung mit **weiteren Tatsachen,**[8] etwa einer Steuererklärung, die für diesen Zeitraum keine Kapitaleinkünfte enthält (näher zu Kapitaleinkünften → Rz. 880 ff.).

Beispiel 6:[9]

Huber hatte über mehrere Jahre ein gutes Einkommen von ca. 100 000 € brutto jährlich. Der Veranlagungssachbearbeiter im Finanzamt wundert sich, dass Huber keinerlei Kapitaleinkünfte erklärt hat. Da jedoch keine tatsächlichen Anhaltspunkte für ein Kapitalvermögen vorhanden sind, kann der Anfangsverdacht einer Steuerhinterziehung nicht bejaht werden. Anders im Einzelfall, wenn das Finanzamt, etwa im Zusammen-

---

1) LG Köln v. 25.4.1983, 117 Qs 3/83, StV 1983, 275.
2) Jäger in Franzen/Gast/Joecks, 7. Aufl. 2009, § 397 AO Rz. 41.
3) Näher zur Anzeige von Steuerstraftaten: Löwe-Krahl, PStR 2000, 257.
4) Jäger in Franzen/Gast/Joecks, 7. Aufl. 2009, § 397 AO Rz. 46.
5) Geerds, SchlHA 1964, 57, 60.
6) Griesbaum in Karlsruher Kommentar, 6. Aufl. 2008, § 158 StPO Rz. 6.
7) Jäger in Franzen/Gast/Joecks, 7. Aufl. 2009, § 397 AO Rz. 47.
8) Ebenso Klos, DStZ 1996, 32, 36 (Geldanlagen im Ausland sind legal), gegen Weyand, zit. nach Klos.
9) In Anlehnung an Dörn, DStZ 1997, 631.

hang mit der Finanzierung eines Hauserwerbs, von einem früher vorhandenen Kapitalvermögen Kenntnis erlangt.

Tafelgeschäfte begründen für sich allein ebenfalls keinen Anfangsverdacht einer Steuerstraftat. Tafelgeschäfte sind Geschäfte am **Bankschalter** (= Tafel), bei denen ein Kunde bei einem Kreditinstitut **Wertpapiere** gegen Bargeld **kauft,** die er effektiv ausgehändigt erhält, oder Zinscoupons aus solchen Wertpapieren gegen Barauszahlung einlöst, ohne dass das Geschäft über ein Konto, Depot oder eine andere Verwahrgeschäftsbeziehung läuft. Tafelgeschäfte sind in dem Sinne **anonym**, dass für die Bank keine rechtliche Verpflichtung besteht, Name und Anschrift des Kunden zu erheben und festzuhalten.[1] Nach zutreffender Auffassung liegt ein Anfangsverdacht bei dieser Art von Geschäften auch dann nicht vor, wenn feststeht, dass die Kunden die Zinsscheine im Ausland eingelöst haben.[2] Die Gegenauffassung verstößt gegen den allgemeinen Grundsatz, dass bloße Vermutungen selbst dann nicht für einen Anfangsverdacht ausreichen, wenn sie auf kriminalistische oder statistische Erfahrungen gestützt werden. 3382

Auch Geld- oder Kapitalanlagen im Ausland, die von den Anlegern über ein deutsches Kreditinstitut in banküblicher Weise abgewickelt werden, sind in Anbetracht der Gewährleistung der Freiheit des Kapital- und Zahlungsverkehrs zwischen den Mitgliedstaaten sowie zwischen den Mitgliedstaaten und dritten Ländern (Art. 63 ff. AEUV) nicht geeignet, einen steuerstrafrechtlichen Anfangsverdacht zu begründen.[3] 3383

Etwas anderes gilt allerdings dann, wenn konkrete Hinweise auf eine gezielte Anonymisierung vorliegen.[4] Dies kann beispielsweise dann gegeben sein, wenn Kunden eines Kreditinstituts, also Personen, die mit der Bank über ein Konto oder Depot in ständiger Geschäftsbeziehung stehen, ihre Wertpapiergeschäfte durch Bareinzahlungen und Barabhebungen tätigen.[5]

Insgesamt wird aus den oben gemachten Ausführungen deutlich, dass die **Schwelle** zum einfachen Tatverdacht **sehr niedrig** ist.[6] Die Frage, ob zureichende tatsächliche Anhaltspunkte im konkreten Fall einen Verdacht begründen, ist zwar **keine Ermessensentscheidung,** es soll aber nach bisheriger Auffassung ein gewisser **Beurteilungsspielraum** bestehen.[7] 3384

Auf Grund der Rechtsprechung des **BVerfG** ist jedoch fraglich, ob diese Auffassung noch aufrechterhalten werden kann. Das BVerfG[8] hat in seiner Entscheidung vom

1) LG Itzehoe v. 9.6.1999, 9 Qs 67/99 I, wistra 1999, 432, 433.
2) LG Bielefeld v. 9.3.1999, Qs 109–110/99 und 148/99 I, NStZ-RR 2000, 21; a.A. für den Fall, dass die Zinscoupons überwiegend im Ausland eingelöst werden LG Freiburg v. 26.4.2000, VIII Qs 3/00, wistra 2000, 356; LG Waldshut-Tiengen v. 8.3.2000, 2 Qs 18/00, wistra 2000, 354; LG Detmold v. 12.8.1999, 4 Qs 79/99, wistra 1999, 435, 436; ähnlich LG Detmold v. 11.8.1999, 4 Qs 78/99, wistra 1999, 434, 435, wonach bei einem Erwerb von Tafelpapieren kurz vor Einführung der Zinsabschlagsteuer ein Anfangsverdacht auch dann besteht, wenn die Vermögenstransaktion (ins Ausland) unter Verwendung des Namens des Vermögensinhabers erfolgte.
3) BFH v. 6.2.2001, VII B 277/00, NJW 2001, 2573.
4) BVerfG v. 20.4.2004, 2 BvR 2104/03, wistra 2005, 21, 22; BFH v. 19.1.2006, VIII B 114/05, BFH/NV 2006, 709.
5) BFH v. 15.6.2001, VII B 11/00 NJW 2001, 2997, 2999; BVerfG v. 1.3.2002, 2 BvR 972/00, wistra 2002, 298, 299; LG Itzehoe v. 9.6.1999, 9 Qs 67/99 I, wistra 1999, 432.
6) Einerseits BFH v. 19.8.1998, XI R 37/97, BStBl II 1999, 7 (Kontrollmitteilung und Weigerung der Einsichtgewährung genügen); vgl. aber FG Hessen v. 6.12.1990, 8 K 1458/89, EFG 1991, 448, rkr. (kein Anfangsverdacht bei Betriebsprüfung zur Vorklärung einer Steuerhinterziehung, Belehrung nicht erforderlich).
7) BVerfG v. 8.11.1983, 2 BvR 1138/83, NJW 1984, 1451; v. 23.3.1994, 2 BvR 396/94, wistra 1994, 221; BGH v. 21.4.1988, III ZR 255/86, NJW 1989, 96, 97; Meyer-Goßner, 55. Aufl. 2012, § 152 StPO Rz. 4 m.w.N.
8) BVerfG v. 20.2.2001, 2 BvR 1444/00, wistra 2001, 137.

20.2.2001 nämlich darauf verwiesen, dass bezüglich der Auslegung und Anwendung des Begriffs „Gefahr im Verzug" den Behörden **kein Beurteilungsspielraum** zukommt. Allein die Tatsache, dass das Grundgesetz einen unbestimmten Rechtsbegriff verwende, trägt den Rückschluss auf eine Beurteilungsermächtigung der Exekutive nicht. Auch die Konkretisierung unbestimmter Rechtsbegriffe sei von Verfassungs wegen grds. Sache der Gerichte, so dass deren Anwendung und Auslegung einer **unbeschränkten gerichtlichen Kontrolle** unterliegen. Die Gerichte seien allerdings gehalten, der besonderen Entscheidungssituation der nicht richterlichen Organe mit ihren situationsbedingten Grenzen von Erkenntnismöglichkeiten Rechnung zu tragen.[1)]

3385 Diese Rechtsprechung sollte auch auf die Auslegung des unbestimmten Rechtsbegriffes des **Anfangsverdachts** („zureichende tatsächliche Anhaltspunkte") übertragen werden, der ebenfalls Voraussetzung für eine Durchsuchung ist. Das Merkmal der Gefahr im Verzug ist mit dem Merkmal des Anfangsverdachts strukturell vergleichbar. Die Gefahr im Verzug muss wie der Anfangsverdacht mit Tatsachen begründet werden, die auf den Einzelfall bezogen sind. Reine Spekulationen, hypothetische Erwägungen oder lediglich auf kriminalistische Alltagserfahrung gestützte, fallunabhängige Vermutungen reichen auch bei der Gefahr im Verzug nicht aus.

3386 Angesichts der geringen Voraussetzungen dürfte aber in der Praxis ein Anfangsverdacht kaum zu widerlegen sein, zumal ein Begründungszwang nicht besteht. Auseinandersetzungen mit der Finanzverwaltung über die Einleitung eines Strafverfahrens sind deshalb i.d.R. wenig fruchtbar.

2. Verfahrenshindernisse

3387 Verfahrenseinleitende Maßnahmen sind unzulässig, wenn ein nicht zu beseitigendes **Verfahrenshindernis** vorliegt.[2)] Verfahrenshindernisse bilden insbes.[3)] die Schuldunfähigkeit (§§ 19, 20 StGB), eine dauernde Vernehmungsunfähigkeit, Immunität der Abgeordneten (§ 152a StPO) sowie Strafklageverbrauch i.S.v. Art. 103 Abs. 3 GG, insbesondere durch rechtskräftiges Strafurteil, Strafbefehl oder die vorangegangene Einstellung nach § 153a Abs. 1 Satz 5 StPO.[4)] Bei einer wirksamen Selbstanzeige handelt es sich um einen persönlichen Strafaufhebungsgrund, der die materielle Strafbarkeit beseitigt, nicht um ein Verfahrenshindernis, bei dem lediglich die prozessuale Sanktionsmöglichkeit wegfällt.

3388 Die **strafrechtliche Verjährung** der Tat begründet ebenfalls ein Verfahrenshindernis (§ 78 Abs. 1 Satz 1 StGB), bei langjähriger wiederholter Steuerhinterziehung ggf. für einen Teil des Ermittlungszeitraumes. Für den Tatzeitraum, der strafrechtlich (§ 78 Abs. 3 Nr. 4 StGB), aber noch nicht steuerlich (§ 169 Abs. 2 Satz 2 AO) verjährt ist,[5)] sind strafrechtliche Ermittlungen unzulässig und können nach Aufgabe des

---

1) BVerfG v. 20.2.2001, 2 BvR 1444/00, wistra 2001, 137, 141.

2) Griesbaum in Karlsruher Kommentar, 6. Aufl. 2008, § 160 StPO Rz. 16.

3) Übersicht der wichtigsten Verfahrenshindernisse: Pfeiffer/Hannich in Karlsruher Kommentar, 6. Aufl. 2008, Einl. StPO Rz. 135.

4) Das Doppelverfolgungsverbot gem. Art. 54 SDÜ führt nicht nur bei rechtskräftiger Verurteilung, sondern auch bei rechtskräftigem Freispruch zum Strafklageverbrauch: EuGH v. 28.9.2006, C-467/04, NJW 2006, 3403; v. 28.9.2006, C-150/05, StV 2007, 57; BGH v. 28.2.2001, 2 StR 458/00, BGHSt 46, 307 = NStZ 2001, 557 sowie nach Verfahrenseinstellung durch die Staatsanwaltschaft eines Mitgliedstaates ohne Mitwirkung eines Gerichts, nachdem der Beschuldigte bestimmte Auflagen erfüllt hat: EuGH v. 11.2.2003, C-187/01 und C-385/01, wistra 2003, 137 = StV 2003, 201; Stein, NJW 2003, 1162; Plöckinger/Leidenmühler, wistra 2003, 81.

5) Dies gilt i.d.R. für Steuerbescheide, deren Zugang länger als fünf Jahre, aber noch nicht zehn Jahre zurückliegt.

„Fortsetzungszusammenhangs" durch die Rechtsprechung[1] insbesondere nicht mehr mit der Möglichkeit eines verjährungsausschließenden Fortsetzungszusammenhangs legitimiert werden. Zulässig bleibt allein die Aufklärung mit steuerlichen Mitteln zu steuerlichen Zwecken.

Demgegenüber kann ein Verfahrenshindernis grundsätzlich **nicht** mit **Treu und Glauben**[2] begründet werden, denn kein Amtsträger kann sich über das Legalitätsprinzip hinwegsetzen. Selbst wenn ein Hinweis nach § 201 Abs. 2 AO unterblieben ist oder zugesichert wurde, dass ein Strafverfahren nicht durchgeführt werde, können sich daraus allenfalls Verwertungsverbote nicht aber ein Verfahrenshindernis ergeben (vgl. auch → Rz. 4097 ff.). 3389

3. Bedeutung des Grundsatzes „in dubio pro reo"

Hinsichtlich der **rechtlichen Voraussetzungen** der Strafbarkeit sowie der **Prozessvoraussetzungen** ist Gewissheit zu fordern.[3] Das bedeutet, dass tatsächliche Zweifel darüber, ob ein Verfahrenshindernis vorliegt, zur Einstellung des Verfahrens führen müssen.[4] Der Grundsatz „in dubio pro reo" gilt insofern **unmittelbar.** 3390

Bei Zweifeln an den **tatsächlichen Grundlagen** der Strafbarkeit hat im Bereich des **hinreichenden Tatverdachts** der Grundsatz „in dubio pro reo" hingegen nur **mittelbar** Bedeutung, weil zur Verurteilungswahrscheinlichkeit auch eine **prozessuale Beweisbarkeitsprognose** erforderlich ist.[5]

Bei der Prüfung des **Anfangsverdachts** wird eine solche Beweisbarkeitsprognose i.d.R. noch nicht möglich sein. Für die Annahme eines Anfangsverdachts genügt eine gewisse Wahrscheinlichkeit, dass eine verfolgbare Straftat vorliegt. Dem Begriff des Anfangsverdachts sind deshalb Zweifel im tatsächlichen Bereich immanent, so dass hinsichtlich der tatsächlichen Voraussetzungen der Strafbarkeit i.d.R. eine Anwendung des Grundsatzes **„in dubio pro reo"** – unmittelbar oder mittelbar – nicht in Betracht kommt.

III. Begriff: Einleitung des Strafverfahrens

Die Einleitung eines Steuerstrafverfahrens ist die **gesetzliche Folge der ersten Ermittlungsmaßnahme,**[6] die erkennbar darauf abzielt, gegen jemanden wegen einer Steuerstraftat strafrechtlich vorzugehen. Diese Rechtsfolge ist unabhängig von dem nach § 397 Abs. 2 AO notwendigen Aktenvermerk und der in § 397 Abs. 3 AO vorgeschriebenen Bekanntgabe.[7] Schreitet eine Strafverfolgungsbehörde zu Unrecht nicht ein, ist das Strafverfahren nicht eingeleitet, trifft sie hingegen eine Ermittlungsmaßnahme zu Unrecht, ist das Strafverfahren gleichwohl eingeleitet.[8] Die Einleitung löst dann ihrerseits die im Gesetz an anderer Stelle bestimmten Rechtsfolgen aus (→ Rz. 3478 ff.) 3391

1) BGH v. 3.5.1994, GSSt 2 und 3/93, BGHSt 40, 138.
2) Jäger in Franzen/Gast/Joecks, 7. Aufl. 2009, § 397 AO Rz. 62.
3) Vgl. Seipl in Beermann/Gosch, § 398 AO Rz. 6 m.w.N. (Januar 2005).
4) Meyer-Goßner, 55. Aufl. 2012, § 206 a StPO Rz. 7; BGH v. 30.7.2009, 3 StR 273/09, NStZ 2010, 160, 161.
5) Vgl. Seipl in Beermann/Gosch, § 398 AO Rz. 6 m.w.N. (Januar 2005).
6) Lüderssen/Jahn in Löwe/Rosenberg, 26. Aufl. 2007, § 137 StPO Rz. 15.
7) Jäger in Franzen/Gast/Joecks, 7. Aufl. 2009, § 397 AO Rz. 7.
8) Jäger in Franzen/Gast/Joecks, 7. Aufl. 2009, § 397 AO Rz. 11.

IV. Einleitungsmaßnahmen

3392 Das Steuerstrafverfahren wird eingeleitet durch eine **„Maßnahme,** die **erkennbar** darauf **abzielt,** gegen jemanden wegen einer Steuerstraftat strafrechtlich **vorzugehen".**

1. Zur Einleitung befugte Behörden oder Stellen

3393 Das Gesetz bestimmt die einleitungsbefugten **Behörden** (Finanzbehörden, Polizei und Staatsanwaltschaft) sowie **Amtsträger** (die Hilfsbeamten der Staatsanwaltschaft[1] und der Strafrichter[2]) ausdrücklich. Trotz dieser umfassenden Kompetenzzuweisung zeigt die Praxis, dass die Steuerstrafverfahren schon auf Grund der größeren Sachnähe mehrheitlich von der Finanzbehörde eingeleitet werden.

3394 Das Gesetz stellt in § 386 Abs. 1 Satz 2 AO einen Katalog auf, der die Finanzbehörde Sinne des Steuerstrafrechts abweichend von der allgemeinen Begriffsbestimmung in § 6 AO abschließend definiert. Hierzu gehören:

- das **Hauptzollamt – HZA** – einschließlich seiner Dienststellen (Zollämter und Zollkommissariate, § 1 Nr. 4, § 12 FVG),[3]
- das **Finanzamt – FA** – (§ 2 Abs. 1 Nr. 4, § 17 FVG),
- das **Bundeszentralamt für Steuern – BZSt** – (§ 1 Nr. 2, § 5 FVG)[4] und
- die **Familienkasse.**

3395 Die **Steuerfahndung** ist als Teil eines Finanzamtes Finanzbehörde i.S.d. §§ 385 ff. AO. Die **Zollfahndungsämter** (§ 1 Abs. 1 Nr. 4, § 12 Abs. 1 FVG) hingegen nicht (§ 386 Abs. 1 Satz 2 AO). Gleichwohl sind deren Beamte aber auf Grund ihrer Eigenschaft als Hilfsbeamte der Staatsanwaltschaft zur Einleitung von Steuerstrafverfahren befugt (§ 404 Satz 2 AO).[5]

3396 **Sachlich** zuständig ist die Finanzbehörde, welche die betroffene Steuer verwaltet (§ 387 Abs. 1 AO). In Fällen der strafrechtlichen Zuständigkeitsübertragung nach § 387 Abs. 2 AO, etwa auf gemeinsame Strafsachenstellen, bleibt jede der beteiligten Finanzbehörden zuständig (§ 387 Abs. 1, § 399 Abs. 2 AO). Bei Übertragung von Zuständigkeiten nach § 12 Abs. 3, § 17 Abs. 2 Satz 3 FVG liegt die strafrechtliche Einleitungsbefugnis anders als bei der direkten strafrechtlichen Zuständigkeitsübertragung nach § 387 Abs. 2 AO allein bei dem HZA oder FA, dem die Zuständigkeit zur Verwaltung der betroffenen Steuer übertragen ist. Eine sog. „Notzuständigkeit" i.S.v. § 399 Abs. 2, § 402 Abs. 2 AO für die ansonsten zuständige Finanzbehörde gilt in diesen Fällen nicht.[6]

3397 Den **Bundesfinanzdirektionen (§ 8 FVG) bzw. Oberfinanzdirektionen** (§ 8a FVG) bzw. der ihnen nach Landesrecht jeweils gleichgestellten Landesbehörden fehlt dagegen ebenso wie den **Finanzministerien** des Bundes und der Länder (§ 1 Nr. 1, § 2 Abs. 1 Nr. 1 FVG) die Kompetenz, in Steuerstrafverfahren **im Einzelfall** einzuschreiten. Dies ergibt sich daraus, dass o.g. Behörden in dem abschließenden Katalog des § 386 Abs. 1 Satz 2 AO nicht benannt und daher keine Finanzbehörde im Sinne des Steuerstrafrechts sind. Im Rahmen ihrer allgemeinen Dienstaufsicht gem.

---

1) Näher Wannemacher/Seipl in Beermann/Gosch, § 397 AO Rz. 27 (März 2003).
2) Strafrichter ist jeder in Strafsachen tätige Richter, nicht nur der Ermittlungsrichter, Wannemacher/Seipl in Beermann/Gosch, § 397 AO Rz. 28 m.w.N. (März 2003).
3) Jäger in Franzen/Gast/Joecks, 7. Aufl. 2009, § 397 AO Rz. 14.
4) Bis 1.1.2006 war dies noch das Bundesamt für Finanzen.
5) Jäger in Franzen/Gast/Joecks, 7. Aufl. 2009, § 397 AO Rz. 14.
6) Vgl. Seipl in Beermann/Gosch, § 387 AO Rz. 23 (Juni 2012); ebenso Rüping in H/H/Sp, § 387 AO Rz. 25 ff. (September 2003); Hilgers-Klautzsch in Kohlmann, § 387 AO Rz. 47 (März 2010); a.A. offensichtlich in Rz. 10.

§ 8 FVG dürfen sie in Straf- und Bußgeldverfahren nach herrschender und zutreffender Ansicht jedoch Weisungen allgemeiner Art erteilen.[1] Inwieweit dies auch für einzelfallbezogene Anweisungen gilt ist zwar umstritten, unter Berücksichtigung des Legalitätsprinzips im Ergebnis aber zu bejahen.

Maßnahmen anderer als der in § 397 Abs. 1 AO genannten **Stellen** haben **keine** verfahrenseinleitende Wirkung mit den daran anknüpfenden Rechtsfolgen.[2] Mitteilungen von Behörden oder Gerichten der anderen Gerichtszweige über Steuerstraftaten auf Grund § 116 AO, insbesondere die Abgabe von Akten durch den Zivilrichter oder den Richter der freiwilligen Gerichtsbarkeit, sind insoweit nur eine **„Anzeige"**, nicht bereits die Einleitung eines Strafverfahrens.[3] In diesen Fällen beginnt – wie in den Fällen der Weisungen übergeordneter Behörden an die örtlich zuständige Finanzbehörde auch – das Ermittlungsverfahren erst auf Grund einer entsprechenden Maßnahme, die von der informierten oder angewiesenen Behörde zur Einleitung des Strafverfahrens ergriffen wurde.

Welcher **Amtsträger** die Befugnisse der Behörde im Einzelfall auszuüben hat, ist **3398**
eine Frage der innerdienstlichen Behördenorganisation und ist von der Befugnis, die Behörde (den Behördenleiter) zu vertreten, unabhängig.[4] Daher ist jeder Behördenmitarbeiter, etwa ein Veranlagungssachbearbeiter, in der Lage, Maßnahmen zu treffen, welche die Rechtsfolge der Einleitung des Strafverfahrens auslösen. Dies gilt auch für **Außenprüfer.**[5] Deren gesetzliche Befugnis und Verpflichtung, bei Verdacht einer Steuerstraftat das Verfahren einzuleiten, wird durch **§ 10 BpO 2000**[6] nicht berührt. Nach dieser Verwaltungsvorschrift ist bei auftauchendem Anfangsverdacht oder auch bereits im Falle der Möglichkeit, dass ein Strafverfahren durchgeführt werden muss, die Bußgeld- und Strafsachenstelle unverzüglich zu unterrichten. Diese entscheidet auf Grund ihrer Sachkenntnis darüber, ob ein Verfahren einzuleiten ist (zur Einleitung eines Strafverfahrens während der Außenprüfung vgl. im Einzelnen → Rz. 3429 ff.). Die Frage nach der (zweifelhaften) Befugnis von Konzern- und Großbetriebsprüfern der Oberfinanzdirektion[7] zu verfahrenseinleitenden Maßnahmen hat sich erledigt, nachdem diese Prüfer Finanzämtern, z.B. für Prüfungsdienste, zugeordnet wurden und damit im Auftrag der zuständigen Finanzbehörde i.S.d. § 386 Abs. 1 Satz 2 AO tätig werden. Hinsichtlich der OFD-Prüfer für Auslandssachverhalte u. ä. bestehen die bisherigen Zweifel allerdings fort.

Staatsanwaltschaft, Polizei und **Strafrichter** haben **unbeschränkte** Strafverfolgungs- **3399**
kompetenz. Dagegen sind **Finanzbehörden** und sonstige nicht polizeiliche Hilfsbeamte der Staatsanwaltschaft nur in ihrem jeweiligen sachlichen Aufgabenbereich

1) So auch Kemper in Rolletschke/Kemper, § 386 AO Rz. 17 (Juni 2010); Rüping in H/H/Sp, § 386 AO Rz. 12 (März 2003); Seipl in Beermann/Gosch, § 386 AO Rz. 18.2. (August 2011); Matthes in Kohlmann, § 397 AO Rz. 15 (August 2008); Jäger in Franzen/Gast/Joecks, 7. Aufl. 2009, § 397 AO Rz. 19; a.A. hingegen Hellmann, wistra 1994, 13, 16 (Weisungsbefugnisse sollen gem. den §§ 145 ff. GVG nur den Justiz-, nicht den Finanzbehörden zustehen).

2) Jäger in Franzen/Gast/Joecks, 7. Aufl. 2009, § 397 AO Rz. 37.

3) Jäger in Franzen/Gast/Joecks 7. Aufl. 2009, § 397 AO Rz. 37; a.A. Hellmann in H/H/Sp, § 397 AO Rz. 44 (November 2009); krit. zur Rechtslage und Anzeigepraxis Klos, DStZ 1996, 32, 34 und 36.

4) Jäger in Franzen/Gast/Joecks, 7. Aufl. 2009, § 397 AO Rz. 15 m.w.N.; Matthes in Kohlmann, § 397 AO Rz. 15.1 (August 2008); Rolletschke in Rolletschke/Kemper, § 397 AO Rz. 19 (Januar 2006).

5) Dies ist für das Außenverhältnis zum Stpfl. klar geregelt. Seer in Tipke/Kruse, vor § 193 AO Rz. 29 m.w.N. (September 2009), der in Rz. 27 darauf hinweist, dass die Erforschung von Steuerstraftaten und -ordnungswidrigkeiten nicht Aufgabe der Außenprüfung ist.

6) BStBl I 2000, 358, zuletzt geändert durch allg. Verwaltungsvorschrift v. 20.7.2011, BStBl I 2011, 710.

7) Zum Meinungsstand Jäger in Franzen/Gast/Joecks, 7. Aufl. 2009, § 397 AO Rz. 20.

zur Strafverfolgung befugt,[1] ihre Kompetenz zur Verfolgung nicht steuerlicher Straftaten ist eingeschränkt (→ Rz. 3042).

2. Maßnahme i.S.d. § 397 Abs. 1 AO

3400 Unter dem Begriff **Maßnahme** ist jeder **erste Schritt,** jede irgendwie geartete Handlung zu verstehen, die zur Aufklärung eines (steuer-)strafrechtlichen Verdachts führt. Das Gesetz schreibt weder eine bestimmte Maßnahme noch irgendeine Förmlichkeit für sie vor (vgl. § 161 Satz 1 StPO).

3401 Der Begriff ist weit gefasst und unbestimmt. Letztlich wird wohl kein Tätigwerden der in § 397 AO genannten Behörden denkbar sein, das sich nicht unter diese Begrifflichkeit subsumieren ließe.[2] Maßnahme kann also nicht nur ein Verwaltungsakt, der Regelungscharakter hat, sondern auch jedes tatsächliche Handeln sein.[3]

3402 Auch wenn für den Maßnahmebegriff ein **rein tatsächlicher Vorgang** ausreicht, so handelt es sich dem Grunde nach jedoch um eine **Prozesshandlung.**[4] Denn die Maßnahme muss auf ein strafrechtliches Vorgehen gegen jemanden abzielen und von einem Willensentschluss des zuständigen Strafverfolgungsorgans getragen werden. Hierdurch wird als gesetzliche Rechtsfolge die Einleitung des Strafverfahrens ausgelöst.

3403 Die **Rechtswirkung** der Einleitung ist **unabhängig** von der Rechtmäßigkeit der getroffenen Maßnahme.[5] Als gesetzliche Folge einer Ermittlungsmaßnahme kann die Einleitung des Ermittlungsverfahrens **nicht rückgängig** gemacht oder angefochten werden. Anfechtbar ist allenfalls die Maßnahme, welche die Einleitung des Verfahrens bewirkt hat.[6] Selbst wenn sich nachträglich die verfahrenseinleitende Maßnahme als unzulässig erweist,[7] ändert dies an der Einleitung des Strafverfahrens nichts mehr (zum Rechtsschutz → Rz. 3503 f., zur Verfahrensbeendigung → Rz. 4145).[8]

3. Zielrichtung der Maßnahme: strafrechtliches Vorgehen wegen einer Steuerstraftat i.S.d. § 397 Abs. 1 AO

3404 Die Maßnahme muss darauf **abzielen,** gegen jemanden **wegen** einer Steuerstraftat strafrechtlich **vorzugehen.** Das Merkmal **„Vorgehen"** umschreibt **Handlungen** der genannten Behörden, die **zur „Sachverhaltserforschung"** (vgl. § 160 Abs. 1, § 163 Abs. 1 StPO) vorgenommen werden. Als „einleitende Maßnahme" kommt nur eine Handlung in Betracht, die auch geeignet ist, dem Ziel der Überführung des Verdächtigen oder der Beseitigung des Verdachts näher zu kommen.[9]

3405 Darüber hinaus dient das Merkmal „Vorgehen" dazu, die Maßnahme i.S.d. § 397 AO von **behördeninternen** Handlungen und von Handlungen **abzugrenzen,** die der Vorprüfung zur Vorbereitung der Entscheidung dienen, ob nach dem Legalitätsprinzip ein „Verfolgungsauftrag" besteht.

---

1) Vgl. hierzu auch Rolletschke in Rolletschke/Kemper, § 397 AO Rz. 24 (Januar 2006).
2) Matthes in Kohlmann, § 397 AO Rz. 17 (August 2008).
3) Matthes in Kohlmann, § 397 AO Rz. 17.1 (August 2008).
4) Jäger in Franzen/Gast/Joecks, 7. Aufl. 2009, § 397 AO Rz. 8; Hellmann in H/H/Sp, § 397 AO Rz. 14 m.w.N. (November 2009).
5) Jäger in Franzen/Gast/Joecks, 7. Aufl. 2009, § 397 AO Rz. 11, 13, 23.
6) Jäger in Franzen/Gast/Joecks, 7. Aufl. 2009, § 397 AO Rz. 7.
7) Jäger in Franzen/Gast/Joecks, 7. Aufl. 2009, § 397 AO Rz. 7.
8) Jäger in Franzen/Gast/Joecks, 7. Aufl. 2009, § 397 AO Rz. 7, 11.
9) RG v. 2.3.1925, III 959/24, RGSt 59, 115, 122; Jäger in Franzen/Gast/Joecks, 7. Aufl. 2009, § 397 AO Rz. 67; BFH v. 29.4.2008, VIII R 5/06, BStBl II 2008, 844.

Regelmäßig ist eine Maßnahme erforderlich, die über den **Bereich** der jeweiligen **Behörde hinausgeht,**[1] jedoch nicht notwendig für den Beschuldigten erkennbar sein muss. Der Begriff der Maßnahme kommt auch in anderen Gesetzen und Rechtsgebieten vor, insbesondere in § 35 VwVfG und § 23 EGGVG wird diese Terminologie verwendet. Ein Vergleich der Normen untereinander zeigt, dass die Vorschrift des § 397 Abs. 1 AO strukturgleich zur Vorschrift des § 35 VwVfG ausgestaltet ist, so dass diese zur Auslegung des § 397 Abs. 1 AO herangezogen werden kann. § 35 VwVfG setzt für den Verwaltungsakt eine Maßnahme voraus, die auf unmittelbare Rechtswirkung nach außen gerichtet ist. § 397 Abs. 1 AO verlangt im Vergleich hierzu eine Maßnahme, die darauf abzielt, gegen jemanden wegen einer Steuerstraftat vorzugehen. Genau betrachtet ist die Formulierung in § 397 Abs. 1 AO somit letztlich nur eine Spezialform der intendierten Außenwirkung, wie sie auch in § 35 VwVfG zum Ausdruck kommt. Für diese Auslegung spricht insbesondere, dass für eine **Maßnahme** i.S.d. **§ 23 EGGVG** ebenfalls eine unmittelbare Außenwirkung gefordert wird,[2] obwohl dies im Wortlaut des § 23 EGGVG anders als bei § 397 AO keinen Anklang findet. Auch der Schutzzweck des § 397 AO, den Verdächtigen davor zu schützen, zu strafrechtlichen Zwecken mit steuerlichen Mitteln ausgeforscht zu werden,[3] spricht für die Ausklammerung rein innerdienstlicher Vorgänge, weil eine solche Ausforschung mit steuerlichen Mitteln, insbesondere die Erfüllung der Mitwirkungspflichten durch den Stpfl., erst bei Maßnahmen mit Außenwirkung droht. 3406

Innerdienstliche Vorgänge, etwa die mündliche oder schriftliche Weisung des zuständigen Behörden- oder Sachgebietsleiters, reichen deshalb noch **nicht** für eine Einleitungsmaßnahme i.S.d. § 397 Abs. 1 AO aus. Erst die auf Grund der Weisung vorgenommene Handlung zielt darauf ab, gegen den Beschuldigten vorzugehen[4] und leitet das Verfahren entsprechend ein. Dies muss schon deshalb gelten, weil die Weisungen einer vorgesetzten Behörde kein Steuerstrafverfahren einleiten können (→ Rz. 3397 f.). **Ebenso wenig** ist ein Steuerstrafverfahren eingeleitet bei innerdienstlichen Mitteilungen, der Weitergabe von Akten an die Bußgeld- und Strafsachenstelle,[5] der Beiziehung von Steuerakten durch die Bußgeld- und Strafsachenstelle,[6] der Anfertigung eines Aktenvermerks[7] oder der Auswertung einer Kontrollmitteilung. Ist ein richterlicher Beschluss erforderlich, verlässt bereits der Antrag zu Gericht den behördeninternen Bereich und wird nach h.M. als verfahrenseinleitende Maßnahme beurteilt.[8] 3407

Der Begriff „Vorgehen" zieht weiterhin die Grenze zwischen Einleitungsmaßnahmen und Handlungen zur **„Vorprüfung"** hinsichtlich der Frage, ob ein Strafverfahren eingeleitet werden soll. Die einleitungsbefugte Behörde bewegt sich hier im Spannungsfeld zwischen Strafvereitelung (§§ 258, 258a StGB) und Verfolgung Unschuldiger (§ 344 StGB), wenn sie ein Verfahren ohne Vorliegen eines Anfangsverdachts einleitet. Der Stpfl. bedarf nicht nur des Schutzes vor einer strafrechtlichen Ausforschung mit steuerrechtlichen Mitteln, sondern auch des Schutzes vor einer voreiligen Einleitung eines Ermittlungsverfahrens, das den Stpfl. zum Beschuldigten macht und diskriminierende Wirkung entfaltet. Insofern wird es bei Zweifeln 3408

1) A.A. Hellmann in H/H/Sp, § 397 AO Rz. 39 (November 2009).
2) Schoreit in Karlsruher Kommentar, 6. Aufl. 2008, § 23 EGGVG Rz. 23; Meyer-Goßner, 55. Aufl. 2012, § 23 EGGVG Rz. 6.
3) Jäger in Franzen/Gast/Joecks, 7. Aufl. 2009, § 397 AO Rz. 6.
4) A.A. Jäger in Franzen/Gast/Joecks, 7. Aufl. 2009, § 397 AO Rz. 66; Hellmann in H/H/Sp, § 397 AO Rz. 39, 40 (November 2009); Matthes in Kohlmann, § 397 AO Rz. 18 (August 2008).
5) A.A. Matthes in Kohlmann, § 397 AO Rz. 27 (August 2008); Rolletschke in Rolletschke/Kemper, § 397 AO Rz. 55 (Mai 2006).
6) Einschränkend Matthes in Kohlmann, § 397 AO Rz. 30 (August 2008).
7) Matthes in Kohlmann, § 397 AO Rz. 28 (August 2008).
8) Jäger in Franzen/Gast/Joecks 7. Aufl. 2009, § 397 AO Rz. 73.

über das Vorliegen eines Anfangsverdachts zunächst angezeigt sein, eine Vorprüfung durchzuführen mit der Blickrichtung, ob sich aus dem vermuteten Sachverhalt ein **Verfolgungsauftrag** ergibt, weil die **tatsächlichen Anhaltspunkte** in objektiver und subjektiver Hinsicht für den Anfangsverdacht einer Steuerstraftat ausreichen und die mögliche Straftat verfolgbar ist.[1] Hierzu werden zunächst die bei den Ermittlungsbehörden vorhandenen Informationen, insbesondere die Erkenntnisse aus den Steuerakten, zusammengestellt und gewürdigt.

3409 Wird im Zuge dieser Auswertung ein Strafregisterauszug angefordert, stellt dieser Vorgang bereits eine Einleitungsmaßnahme i.S.d § 397 Abs. 1 AO dar, weil der Strafregisterauszug allein für die Aufklärung der subjektiven Tatseite bedeutsam ist. Fordert die Finanzbehörde einen Auszug aus dem Bundeszentralregister an, wird regelmäßig davon auszugehen sein, dass sie hiermit überprüfen möchte, ob der „Steuerpflichtige" schon einmal strafrechtlich in Erscheinung getreten ist bzw. wegen einer Steuerhinterziehung verurteilt wurde. Da der Erkenntnisgewinn über das (strafrechtliche) Vorleben des Stpfl. aber erst dann von Bedeutung ist, wenn konkrete Anhaltspunkte für das Vorliegen einer Steuerhinterziehung gegeben sind, ist die Schwelle zum Anfangsverdacht überschritten und ein Steuerstrafverfahren einzuleiten.[2]

3410 In der Vorprüfung geht es also **primär** um **materiell-rechtliche Fragen** sowie um die Prüfung von **Verfahrenshindernissen**. Kommt die Ermittlungsbehörde im Rahmen ihrer Vorprüfung zu dem Ergebnis, dass ein Anfangsverdacht für eine Steuerstraftat gegeben wäre, wenn noch weitere – bisher nicht bekannte – tatsächliche Anhaltspunkte vorliegen, ist die **rein strafrechtliche Vorprüfung** zunächst negativ ausgefallen, so dass die Einleitung eines strafrechtlichen Ermittlungsverfahrens erst einmal nicht in Betracht kommt. Die Steuerfahndung kann aber auf Basis der von ihr aus der Vorprüfung gewonnenen Erkenntnisse **steuerliche Vorfeldermittlungen** gem. § 208 Abs. 1 Satz 1 Nr. 3 AO (Aufdeckung und Ermittlung unbekannter Steuerfälle) durchführen, solange die Schwelle zum Anfangsverdacht nicht überschritten ist (näher → Rz. 3109 ff.). Auch die sog. **„Vorfeldermittlungen"** der Steuerfahndung i.S.v. § 208 Abs. 1 Nr. 3 AO führen nicht zur Einleitung eines Steuerstrafverfahrens.[3] Im Zusammenhang mit diesen steuerlichen Vorfeldermittlungen können dann freilich aber konkrete tatsächliche Anhaltspunkte für das Vorliegen einer Steuerstraftat auftreten. Dem Schutz des betroffenen Stpfl. in dieser Grauzone zwischen Besteuerungs- und Strafverfahren dient die Vorschrift des § 397 AO.

3411 Die konkrete **Abgrenzung** ist bei Selbstanzeigen, bei der ersten persönlichen Kontaktaufnahme durch „informatorische Befragung" sowie in einigen typischen Situationen der Außenprüfung sehr schwierig (zur Einleitung eines Strafverfahrens während der Außenprüfung → Rz. 3429 ff.).

3412 Insbesondere **Selbstanzeigen** (§ 371, § 378 Abs. 3 AO) sind zunächst im Rahmen einer Vorprüfung auf ihre Wirksamkeit und Vollständigkeit hin zu mustern. Diese Überprüfung für sich stellt noch nicht die Einleitung eines Steuerstrafverfahrens dar.[4] Zwar mag die Selbstanzeige einer Steuerstraftat den Verdacht begründen, dass die objektiven und subjektiven Voraussetzungen einer Steuerstraftat vorliegen, solange jedoch an der Wirksamkeit und Vollständigkeit der Selbstanzeige keine

---

1) Jäger in Franzen/Gast/Joecks, 7. Aufl. 2009, § 397 AO Rz. 49; a.A. Hellmann in H/H/Sp, § 397 AO Rz. 49 (November 2009), der ein Stadium der „Vorermittlungen" ablehnt und die Einleitung eines Strafverfahrens auch dann für richtig hält, wenn die Verdachtsmomente gering sind.

2) So auch Jäger in Franzen/Gast/Joecks, 7. Aufl. 2009, § 397 AO Rz. 76; die gegenteilige Auffassung wurde hingegen noch in der hiesigen Vorauflage vertreten.

3) Rolletschke in Rolletschke/Kemper, § 397 AO Rz. 48 (Mai 2006).

4) Matthes in Kohlmann, § 397 AO Rz. 31 (Oktober 2007); a.A. Hellmann in H/H/Sp, § 397 AO Rz. 53 (November 2009); Jäger in Franzen/Gast/Joecks, 7. Aufl. 2009, § 397 AO Rz. 48.

Zweifel bestehen, steht der Annahme eines Anfangsverdachts der Strafaufhebungsgrund der Selbstanzeige entgegen. Die Einleitung eines Strafverfahrens wäre wegen des Strafaufhebungsgrundes der Selbstanzeige unzulässig.[1] Ergeben sich im Rahmen der Überprüfung der Selbstanzeige allerdings Zweifel an deren Wirksamkeit oder Vollständigkeit, begründet gerade die Selbstanzeige regelmäßig den Verdacht, dass die angezeigte Tat wirklich begangen wurde, weshalb die erforderlichen Ermittlungsmaßnahmen zulässig sind und das Strafverfahren einzuleiten ist.[2]

Am Ende der **Vorprüfung** steht schließlich die **Entscheidung,** gegen den Verdächtigen **strafrechtlich** zu **ermitteln** oder nicht. Da erst die auf Grund dieser Entscheidung getroffenen Maßnahmen darauf abzielen, gegen den Betroffenen vorzugehen, leiten diese das Strafverfahren auch erst ein. Der am Ende der Vorprüfung ggf. gefertigte Aktenvermerk, der verbal das Strafverfahren einleitet, hat als innerdienstlicher Vorgang mangels „Vorgehens" für sich gesehen keine verfahrenseinleitende Wirkung (→ Rz. 3461).[3] **3413**

Die Grenze der strafrechtlichen Sachverhaltsaufklärung ist überschritten, wenn die vorgenommene Handlung objektiv bereits auf ein strafrechtliches Vorgehen abzielt und die strafrechtlich relevanten Sachverhaltsumstände weiter aufhellen soll.[4] So ist bereits eine formlose erste **„informatorische Befragung"** strafprozessualer Natur. Sie ist entweder Zeugenvernehmung (i.S.v. § 252 StPO)[5] oder Vernehmung des Beschuldigten (§ 136 Abs. 1 StPO).[6] Die im allgemeinen Strafrecht wohl für zulässig gehaltene Vorfeldermittlung durch „informatorische Befragung" ohne Belehrung, um die Zugehörigkeit zum Kreis der Tatverdächtigen zu klären,[7] ist jedenfalls in Steuerstrafverfahren ausgeschlossen. Hier ist die Zugehörigkeit zum Kreis der möglichen Täter hinreichend klar. Die Befragung eines Verdächtigen wäre materiell bereits eine **Beschuldigtenvernehmung** mit Belehrungspflicht und möglichem Verwertungsverbot.[8] **3414**

4. Erkennbarkeit i.S.d. § 397 Abs. 1 AO

Eine Maßnahme führt nur dann zur Einleitung eines Steuerstrafverfahrens, wenn sie **erkennbar** darauf abzielt, gegen jemanden steuerstrafrechtlich zu ermitteln (§ 397 Abs. 1 AO). **3415**

1) Wannemacher/Seipl in Beermann/Gosch, § 397 AO Rz. 15.1 (März 2003); Matthes in Kohlmann, § 397 AO Rz. 31 (Oktober 2007); differenzierend Rolletschke in Rolletschke/Kemper, § 397 AO Rz. 39a (Mai 2006) und Jäger in Franzen/Gast/Joecks, 7. Aufl. 2009, § 397 AO Rz. 57a, die beide von einer Einleitungsmaßnahme nur dann absehen wollen, wenn neben der Wirksamkeit der Selbstanzeige die Steuer bereits nachentrichtet wurde (§ 371 Abs. 3 AO); a.A. hingegen LG Hamburg v. 4.3.1987, (50) 187/86 Ns, wistra 1988, 317 318, unter Hinweis auf die Fristsetzung als strafprozessuale Maßnahme

2) OLG Celle v. 19.12.1963, 1 Ss 402/63, BB 1964, 872; Jäger in Franzen/Gast/Joecks, 7. Aufl. 2009, § 397 AO Rz. 48, 56; BFH v. 29.4.2008, VIII R 5/06, BStBl II 2008, 844.

3) Jäger in Franzen/Gast/Joecks, 7. Aufl. 2009, § 397 AO Rz. 67; Matthes in Kohlmann, § 397 AO Rz. 28 (August 2008); Weyand, wistra 1987, 283, 284.

4) Scheurmann-Kettner in Koch/Scholtz, 5. Aufl. 1996, § 397 AO Rz. 7.

5) BGH v. 25.3.1980, 5 StR 36/80, BGHSt 29, 230, 232.

6) Vgl. auch FG Mecklenburg-Vorpommern v. 21.8.2002, 3 K 284/00, wistra 2003, 473, 474 f., wonach es bei Vorermittlungen geboten ist, entsprechend § 163a Abs. 4 Satz 1 StPO dem Betroffenen, der noch nicht Beschuldigter ist, zu eröffnen, welcher Sachverhalt im Hinblick auf einen Anfangsverdacht geprüft wird, und ihn über sein Recht, Angaben zur Sache zu verweigern, zu belehren.

7) BGH v. 27.10.1982, 3 StR 364/82, NStZ 1983, 86; Meyer-Goßner, 55. Aufl. 2012, Einl. StPO Rz. 78 f.; Kohlhaas, NJW 1965, 1254, 1255. Nach BGH v. 27.2.1992, 5 StR 190/91, BGHSt 38, 214, 227, beginnt jedoch mit der ersten Frage zur Verdachtsaufklärung die Beschuldigtenvernehmung.

8) Hierzu ausf. Seipl in Beermann/Gosch, § 393 AO Rz. 162 ff. (August 2008).

Nach dem Wortlaut des Gesetzes und der Rechtsprechungsentwicklung[1] soll das Merkmal der „Erkennbarkeit" sicherstellen, dass der Übergang von allein steuerlichen zu (auch) strafrechtlichen Ermittlungen vom subjektiven Willen und den Vorstellungen der **handelnden Person** unabhängig ist und damit für den Betroffenen transparenter wird[2] (→ Rz. 3371).

3416 Ob eine Maßnahme im Einzelfall diesen strafprozessualen Charakter hat, wird also häufig davon abhängen, aus **wessen Sicht** die „Erkennbarkeit" zu beurteilen ist: aus Sicht des handelnden Amtsträgers, aus Sicht des Betroffenen oder aus Sicht eines objektiven Beobachters.

3417 Auf die Sicht des **Betroffenen** – also des potenziell Beschuldigten – kann es selbstverständlich nicht ankommen.[3] Um eine effektive Strafverfolgung sicherzustellen, bedarf es im Einzelfall geheimer Ermittlungen im Vorfeld. Eine frühzeitige Offenbarung der Verfahrenseinleitung würde in diesen Fällen den Untersuchungszweck gefährden. Im Übrigen wird der Beschuldigte von einer Maßnahme, die bei Dritten durchgeführt wurde, regelmäßig erst durch die Mitteilung nach § 397 Abs. 3 AO in Kenntnis gesetzt und ist nach der Konzeption des Gesetzes damit ausreichend geschützt.

3418 Ebenso wenig kann die **Sichtweise des handelnden Amtsträgers** als rein subjektives Element ausschlaggebend sein.[4] Wäre die Einleitung eines Verfahrens allein von dem Verfolgungswillen des handelnden Amtsträgers abhängig, könnte der Zeitpunkt der Verfahrenseinleitung willkürlich und für keinen Dritten nachprüfbar von der Finanzbehörde, festgelegt werden. Dies würde jedoch die Stellung des Beschuldigten im Strafverfahren gefährden.

Es muss also von einem objektivierten Ansatz ausgegangen werden.[5] Entscheidend ist danach, wann nach objektiven Maßstäben betrachtet, ein Anfangsverdacht vorliegt, der zur Einleitung eines Strafverfahrens verpflichtet. Dies ist gerade bei **zweideutigen Ermittlungshandlungen** oftmals schwierig zu beurteilen.

3419 In der Literatur wird zur Konkretisierung des Merkmals der Erkennbarkeit differenziert nach der **handelnden Behörde**[6] sowie nach der **Art der getroffenen Maßnahme.**[7]

3420 Bei Maßnahmen der **Polizei,** der **Staatsanwaltschaft** sowie der nicht der Finanzverwaltung angehörenden **Hilfsbeamten** der Staatsanwaltschaft oder des **Strafrichters** soll die strafrechtliche Zielsetzung ohne Weiteres erkennbar sein[8] und daher eine Vermutung für ihren strafrechtlichen Charakter bestehen.[9]

3421 **Eindeutig strafrechtlich** sollen weiterhin Maßnahmen sein, die für steuerliche Zwecke nicht zulässig sind, etwa die Durchsuchung (§§ 102 ff. StPO), die Beschlagnahme von Sachen (§§ 94 ff. StPO), die körperliche Untersuchung eines Verdächti-

---

1) Matthes in Kohlmann, § 397 AO Rz. 18.1 (August 2008).
2) Matthes in Kohlmann, § 397 AO Rz. 18.1 (August 2008).
3) Rolletschke in Rolletschke/Kemper, § 397 AO Rz. 50 (Mai 2006); Matthes in Kohlmann, § 397 AO Rz. 18 (August 2008); Jäger in Franzen/Gast/Joecks, 7. Aufl. 2009, § 397 AO Rz. 66.
4) Matthes in Kohlmann, § 397 AO Rz. 19 (August 2008).
5) So auch Hellmann in H/H/Sp, § 397 AO Rz. 33 (November 2009); Matthes in Kohlmann, § 397 AO Rz. 19 (August 2008); BFH v. 29.4.2008, VIII R 5/06, BStBl II 2008, 844.
6) Jäger in Franzen/Gast/Joecks, 7. Aufl. 2009, § 397 AO Rz. 68.
7) Jäger in Franzen/Gast/Joecks, 7. Aufl. 2009, § 397 AO Rz. 69 ff.; Matthes in Kohlmann, § 397 AO Rz. 22 f. (August 2008).
8) Jäger in Franzen/Gast/Joecks, 7. Aufl. 2009, § 397 AO Rz. 68.
9) Matthes in Kohlmann, § 397 AO Rz. 22 (August 2008).

gen (§ 81a StPO), ein Haftbefehl (§ 114 StPO) oder die vorläufige Festnahme (§ 127 Abs. 1 oder Abs. 2 i.V.m. § 399 Abs. 1 AO).[1)]

Auch in diesen Fällen kann die strafrechtliche Zielrichtung jedoch, von den in § 46 Abs. 3 Satz 1 OWiG genannten Maßnahmen abgesehen, bereits dem Grunde nach **nicht immer eindeutig** sein, weil dieselben Maßnahmen auch im Bußgeldverfahren zulässig sind (§ 46 Abs. 1 und 2 OWiG). Der h.M. ist allerdings einzuräumen, dass es **„gefärbte"** Maßnahmen gibt, die **i.d.R.** strafprozessualer Art sein werden. 3422

Auf Grund eindeutiger Maßnahmen erkennbar wird die Einleitung eines Strafverfahrens daher selten sein. Auch die strafrechtlich „gefärbten" Maßnahmen sind hinsichtlich der **Zielrichtung selten** und in Bezug auf die **Reichweite** (Beschuldigte, Steuerarten, ggf. Zeiträume) **niemals eindeutig.** Insbesondere bei Vernehmungen kann im Einzelfall unklar bleiben, ob der Betroffene als Zeuge oder als Beschuldigter befragt wird, wenn eine Belehrung nach § 136 Abs. 1 StPO pflichtwidrig unterbleibt. Die Erkennbarkeit des strafrechtlichen Vorgehens und dessen Reichweite wird in diesen Fällen erst dann möglich sein, wenn weitere äußere Anhaltspunkte hinzukommen, die eine strafrechtliche Zielsetzung erkennbar machen.[2)] Als Indiz kann z.B. der Einleitungsvermerk dienen (→ Rz. 3461). 3423

Viele Maßnahmen einer Finanzbehörde lassen sich hingegen nicht ohne Weiteres einordnen, wie z.B. etwa die Befragung des Stpfl., die Einholung von Auskünften dritter Personen sowie die Mitnahme von freiwillig übergebenen Unterlagen des Stpfl. Handlungen im Rahmen einer Außenprüfung werden regelmäßig nur im Besteuerungsverfahren vorgenommen (vgl. § 10 BpO 2000).[3)] Maßnahmen der Veranlagungsstelle haben ebenso wie Handlungen der Außenprüfung i.d.R. steuerliche Ziele. Es sind aber immer Ausnahmen denkbar, da die steuerstrafrechtliche Ermittlungskompetenz grundsätzlich der Finanzbehörde als solcher verliehen ist.[4)] 3424

Beispiel:

Der Stpfl. S hat drei Jahre hintereinander Steuererklärungen abgegeben, die einen erheblichen Verlust aus dem von ihm betriebenen Lebensmitteleinzelhandelsgeschäft ausweisen. Die Veranlagungsstelle lädt ihn vor und verlangt Aufklärung.

Diese Aufklärungsmaßnahme für sich ist neutral: Es kann sich dabei um eine Auskunftseinholung im Rahmen des Besteuerungsverfahrens gem. § 93 AO oder bereits um eine Beschuldigtenvernehmung gem. § 163a i.V.m. § 136 StPO handeln.

Da es durchaus vernünftige Erklärungen für Verluste aus dem Betrieb eines Einzelhandelsgeschäftes gibt, wird es darauf ankommen, ob die Veranlagungsstelle auf Grund weiterer Anhaltspunkte, z.B. einem ungewöhnlich niedrigen Rohgewinnaufschlagsatz oder dem Fehlen sonstiger Vermögensgegenstände oder Ersparnisse, von denen der Stpfl. in den betreffenden Jahren gelebt haben könnte, den Verdacht einer Steuerstraftat geschöpft hat und in diese Richtung ermittelt.

An diesem einfachen Beispiel wird deutlich, wie schwierig im Einzelfall die Frage sein kann, ob ein Steuerstrafverfahren eingeleitet worden ist. Unter rechtsstaatlichen Gesichtspunkten ist diese Situation bedenklich, weil in diesen Fällen immer die Gefahr besteht, dass der Stpfl. in Unkenntnis seiner strafprozessualen Weigerungsrechte zur Mitwirkung bei der eigenen Überführung herangezogen wird. 3425

Strafrechtliches „Vorgehen" kann bei diesen **„neutralen" Maßnahmen** also nur auf Grund **zusätzlicher Anhaltspunkte** erkennbar werden. In Betracht kommen aus- 3426

1) Matthes in Kohlmann, § 397 AO Rz. 22 (August 2008); Jäger in Franzen/Gast/Joecks, 7. Aufl. 2009, § 397 AO Rz. 69 ff.
2) Jäger in Franzen/Gast/Joecks, 7. Aufl. 2009, § 397 AO Rz. 77.
3) Bundeseinheitliches Betriebsprüfungsmerkblatt als Anlage zur Prüfungsanordnung, BStBl I 1989, 122; krit. zu einer früheren Fassung Wenzig, DB 1979, 1763.
4) Streck, BB 1980, 1537.

drückliche Erklärungen gegenüber dem Betroffenen, die Belehrung nach § 136 Abs. 1 StPO vor einer Befragung oder der Hinweis, dass eine herausverlangte Sache im Weigerungsfall ggf. beschlagnahmt werden müsse.[1] Auch die schriftliche Begründung einer schriftlichen Maßnahme oder ein gleichzeitig gefertigter Aktenvermerk können Klarheit schaffen.

5. Wegen einer Steuerstraftat

3427 Das Strafverfahren wird nicht durch steuerliche Ermittlungen eingeleitet. Das heißt Maßnahmen, die ausschließlich mit der **Zielrichtung**[2] **steuerlicher Konsequenzen** einer Steuerstraftat vorgenommen werden, etwa zur Steuerfestsetzung in strafrechtlich verjährter Zeit oder zur Festsetzung von Hinterziehungszinsen i.S.v. § 235 AO, leiten ein Steuerstrafverfahren nicht ein.

Maßnahmen zur Einleitung eines Steuerstrafverfahrens sind weiterhin abzugrenzen von Maßnahmen im Rahmen eines **Bußgeldverfahrens** (§§ 409 ff. AO) zur Verfolgung der Tat als Steuerordnungswidrigkeit i.S.d. §§ 377 ff. AO.[3]

Anlass der Verfolgung muss weiterhin eine **Steuerstraftat** sein, nicht eine allgemeine Straftat.[4]

6. Gegen jemanden i.S.d. § 397 Abs. 1 AO

3428 Die Bezugsperson, der **„Täter"**, muss noch nicht namentlich bekannt sein. Auch das Verfahren **„gegen unbekannt"**, das etwa mit der Vernehmung eines Zeugen beginnt, wird zur Ermittlung des Täters und damit „gegen jemanden" geführt,[5] sofern nicht eine unbestimmte Vielzahl, sondern eine begrenzte Mehrzahl möglicher Täter in Betracht kommt und es sich nicht um ein Ermittlungsverfahren ins Blaue hinein handelt.

V. Einleitung eines Strafverfahrens während der Außenprüfung

1. Steuer- und strafrechtliche Doppelfunktion des Außenprüfers

3429 Zentrale **Aufgabe des Außenprüfers** ist es, die Besteuerungsgrundlagen, also die tatsächlichen und rechtlichen Verhältnisse des Stpfl., die für die Steuerpflicht und die Bemessung der Steuer maßgebend sind (§ 199 AO), zu prüfen. Die Außenprüfung dient Fiskalzwecken.

Daneben hat das Finanzamt – und damit auch jeder Außenprüfer – die Pflicht, bei dem Verdacht einer Steuerstraftat die Strafverfolgung aufzunehmen und ein Verfahren einzuleiten (§ 386 Abs. 1 und 2, § 385 Abs. 1 AO i.V.m. § 152 StPO).[6]

3430 Zum Tatbestand der Steuerhinterziehung (§ 370 AO) gehört regelmäßig die unterbliebene oder zu niedrige Festsetzung von Steuern. Gegenstand der strafrechtlichen Ermittlungen ist daher auch die tatsächliche Höhe des Steueranspruchs. Ein und dieselbe Prüfungshandlung kann der Ermittlung des steuerlichen wie des strafrechtlichen Sachverhaltes dienen, ohne dass dies nach außen hin erkennbar wäre. Im Gegensatz zu anderen Strafverfolgungsorganen (z.B. Polizeibeamten) tritt der Prüfer

---

1) Jäger in Franzen/Gast/Joecks, 7. Aufl. 2009, § 397 AO Rz. 77.
2) Die Zielrichtung der Maßnahme ist unter dem Gesichtspunkt der „Erkennbarkeit" zu beurteilen; → Rz. 3524 ff.
3) Scheurmann-Kettner in Koch/Scholtz, 5. Aufl. 1996, § 397 AO Rz. 5.
4) Scheurmann-Kettner in Koch/Scholtz, 5. Aufl. 1996, § 397 AO Rz. 5.
5) Rolletschke in Rolletschke/Kemper, § 397 AO Rz. 42 (Mai 2006); Jäger in Franzen/Gast/Joecks, 7. Aufl. 2009, § 397 AO Rz. 42.
6) Übersicht bei Dörn, DStZ 1996, 142 ff.

nicht von vornherein als „Steuerpolizist",[1] sondern als Steuerbeamter auf. Nähert er sich der Nahtstelle zum Strafverfahren, überschreitet er den „Rubikon", vollzieht sich diese Rollenerweiterung – nach außen zunächst nicht erkennbar – im Inneren des Prüfers. Dabei ist die Frage, ob bei der Prüfungstätigkeit die steuerliche Korrektur, die strafrechtliche Verfolgung oder beides im Vordergrund steht, wegen der unterschiedlichen Verfahrensrechte bzw. -pflichten des Bürgers von zentraler Bedeutung. Die **mögliche Doppelspurigkeit der Prüfungshandlungen** bedarf deshalb einer eindeutigen Klärung und Offenlegung.

Beispiel:

Während einer Außenprüfung der Jahre 2008 bis 2010 bei einem Kaufmann stößt der Prüfer auf einige Bankauszüge des Jahres 2010 eines bis dahin nicht bekannten Kontos. Er stellt auf dem Konto u.a. einige Scheckeingänge fest, die in der Buchführung nicht aufgezeichnet sind. Der Stpfl. erklärt dies mit privaten Geldzuflüssen von Verwandten, schließt aber – auf ausdrückliche Nachfrage des Prüfers – auch einige wenige betriebliche Geldeingänge geringen Umfangs nicht aus. Tatsächlich ist jedoch die Herkunft mehrerer Scheckeingänge nicht unerheblicher Größenordnung nicht feststellbar. Der Prüfer verlangt nun die Offenlegung des Kontos für den gesamten Prüfungszeitraum und die Klärung jedes einzelnen Zahlungsvorganges.

Hier stand nach der Feststellung mehrerer Geschäftsvorfälle auf dem bisher geheim gehaltenen Konto fest, dass Steuern verkürzt waren. Darüber hinaus war die Schuld des Pflichtigen auf Grund seines Verhaltens nicht mehr auszuschließen, so dass tatsächliche Anhaltspunkte für die schuldhafte Verwirklichung des Hinterziehungstatbestandes durch den Stpfl. vorlagen (Anfangsverdacht → Rz. 3375 ff.). Die weitere Aufklärung des Sachverhalts diente – objektiv gesehen – auch der Feststellung des verkürzten Steueranspruchs, d.h., mit der Anforderung der übrigen Kontounterlagen und der Aufforderung zur Erklärung der Kontovorfälle hat der Prüfer das Strafverfahren gegen den Beschuldigten eingeleitet, ohne dies dem Betroffenen ordnungsgemäß bekannt zu geben (§ 393 Abs. 1 Satz 3 und 4 AO, § 397 Abs. 3 AO).

2. Interessenkonflikt des Betriebsprüfers auf Grund seiner Doppelfunktion

Setzt der Prüfer bei auftretendem **Tatverdacht** unter – bewusster oder unbewusster – Verletzung seiner Verpflichtung gem. § 397 Abs. 3, § 393 Abs. 1 AO, § 10 BpO 2000 seine Ermittlungen fort, liegt darin die **Einleitung** eines Strafverfahrens. 3431

In der Praxis unterlassen es Außenprüfer immer wieder, trotz sich aufdrängenden Verdachts dem Stpfl. die **Verfahrenseinleitung bekannt zu geben** und ihn auf seine prozessualen Rechte hinzuweisen.[2] Die Gründe liegen offen: Nach ihrem eigenen Selbstverständnis arbeiten die Außenprüfer im Steuerverfahren. Sie empfinden sich als Steuerbeamte und nicht als Steuerpolizei. Teilweise fühlen sie sich in ihrer Doppelrolle als Steuerermittlungs- und Strafverfolgungsorgan überfordert und unsicher, teilweise lassen sie sich auch von reinen Opportunitätserwägungen leiten. Sie fürchten die Störung des Prüfungsklimas, die Beendigung der Mitwirkung des Geprüften oder überhaupt eine erhebliche Verzögerung der Prüfung wegen der möglicherweise notwendigen Abgabe des Verfahrens an die Steuerfahndung. Gerechterweise muss man zugeben, dass diese Haltung dadurch begünstigt wird, dass auch der Stpfl. und sein Berater aus unterschiedlichsten Gründen strafrechtliche Aspekte verdrängen.

Die rechtlichen und tatsächlichen **Nachteile** für den Stpfl. liegen auf der Hand. Er weiß, dass er im Steuerverfahren zur Aufklärung des steuerrechtlichen Sachverhalts verpflichtet ist, dass er dem Prüfer alle Fragen beantworten muss und dass dies 3432

1) Anderer Ansicht Brenner, StBp 1979, 123; dagegen zu Recht Möllinger, StBp 1979, 195.
2) Streck, BB 1980, 1537, 1541; zur Frage des Verwertungsverbots bei unterlassener oder verspäteter Belehrung durch Betriebsprüfer Krekeler, PStR 1999, 230; Tormöhlen, DStZ 2001, 850.

notfalls erzwungen werden kann. Darüber ist er vor Beginn der Prüfung ausdrücklich belehrt worden.[1] In dieser schriftlichen Belehrung betont die Finanzverwaltung zudem, dass der Verdacht einer Steuerstraftat zu besonderen Maßnahmen und Hinweisen führt. Folglich geht der Stpfl. davon aus, dass ohne besondere Ankündigung strafrechtliche Ermittlungen nicht stattfinden. Er gibt daher weiter Auskünfte, legt Unterlagen vor oder duldet die Auswertung der vorher vorgelegten Unterlagen und wirkt damit – in Unkenntnis seiner strafprozessualen Weigerungsrechte – an der eigenen Überführung mit.

3. Auftreten strafrechtlicher Verdachtsmomente

3433 Dieser mit der möglichen Doppelspurigkeit von Ermittlungsmaßnahmen während der Außenprüfung verbundenen Problematik versucht die Finanzverwaltung mit der Vorschrift des **§ 10 BpO 2000** zu begegnen. § 10 BpO 2000 dient der **Klarheit** und **Eindeutigkeit** des Verfahrens. Hintergrund der Verwaltungsvorschrift des § 10 BpO 2000 ist der Grundsatz, dass sich niemand selbst belasten muss (§ 136 Abs. 1 Satz 2 StPO). Ein Stpfl., der „ahnungslos" seinen steuerlichen Mitwirkungspflichten nach § 200 AO nachkommt, würde zwangsläufig in Gefahr geraten, sich selbst zu belasten.

3434 Gemäß **§ 10 Abs. 1 Satz 1 BpO 2000** ist die Bußgeld- und Strafsachenstelle **unverzüglich** zu **unterrichten**, wenn sich während einer Außenprüfung **zureichende tatsächliche Anhaltspunkte** für eine Steuerstraftat ergeben. Nach § 10 Abs. 1 **Satz 2** BpO 2000 muss die Bußgeld- und Strafsachenstelle bereits dann unverzüglich unterrichtet werden, wenn lediglich die **Möglichkeit** besteht, dass ein **Strafverfahren** durchgeführt werden muss.[2] Möglichkeit ist weniger als Verdacht.[3] Aus den tatsächlichen Anhaltspunkten muss mit einer gewissen, wenn auch noch zweifelhaften Wahrscheinlichkeit auf eine Steuerstraftat oder auf eine Steuerordnungswidrigkeit geschlossen werden können. Eine bloße Vermutung oder bloßer Argwohn ist dagegen nicht ausreichend.[4] Die Unterrichtung muss also bereits im **Vorfeld** eines Anfangsverdachts erfolgen, wenn sich zureichende tatsächliche Anhaltspunkte anbahnen, also auch, wenn lediglich Vermutungen oder allgemeine Erfahrungen auf die Möglichkeit eines strafrechtlich relevanten Verhaltens schließen lassen. Gemäß § 10 Abs. 1 **Satz 3** BpO 2000 dürfen die Ermittlungen (§ 194 AO) **bei auftretendem Tatverdacht** bei dem verdächtigen Stpfl. erst fortgesetzt werden, wenn ihm die **Einleitung** des Strafverfahrens **mitgeteilt** worden ist. § 10 Abs. 1 Satz 3 BpO 2000 ist entgegen seinem etwas missverständlichen Wortlaut schon auf Grund seiner systematischen Stellung hinter § 10 Abs. 1 Satz 2 BpO 2000 auch auf den Fall der bloßen Möglichkeit einer Steuerstraftat (modifiziert) anzuwenden.[5] Andernfalls würde die Vorschrift des § 10 Abs. 1 Satz 2 BpO 2000 dem betroffenen Stpfl. keinen effektiven Schutz bieten. Bejaht der Betriebsprüfer die Möglichkeit, dass ein Steuerstrafverfahren durchgeführt werden muss, sollte er dem Stpfl. bereits zu diesem Zeitpunkt einen vorgezogenen Hinweis analog § 201 Abs. 2 AO erteilen.[6] Sinn und Zweck des § 201 Abs. 2 AO, den Stpfl. vor einer überraschenden Einleitung eines Steuerstrafverfahrens zu schützen, greifen auch bereits in diesem Verfahrensstadium, nicht erst während der Schlussbesprechung.[7]

---

1) Bundeseinheitlich herausgegebenes Betriebsprüfungsmerkblatt, BStBl I 1989, 122; krit. Wenzig, DB 1979, 1763.
2) Zur Abgrenzung aus Sicht der Finanzverwaltung: Gleich lautende Erlasse der obersten Finanzbehörden der Länder, BStBl I 2009, 829.
3) Seer in Tipke/Kruse, § 201 AO Rz. 18 (Mai 2010).
4) Seer in Tipke/Kruse, vor § 193 AO Rz. 28 (September 2009).
5) A.A. Müller, DStZ 2001, 231, 235.
6) Ebenso Müller, DStZ 2001, 231, 235.
7) Müller, DStZ 2001, 231, 234 f.

§ 10 Abs. 1 Satz 3 BpO 2000 geht insoweit über die in den § 393 Abs. 1 Satz 4, § 397 Abs. 3 AO enthaltenen Regelungen, die lediglich Belehrungspflichten enthalten, hinaus, als der Außenprüfer die **Prüfung unterbrechen** und die **Bußgeld- und Strafsachenstelle informieren** muss, wenn die Möglichkeit besteht, dass ein Steuerstrafverfahren durchgeführt werden muss oder bereits zureichende tatsächliche Anhaltspunkte für eine Steuerstraftat vorliegen. Darin ist mangels „Vorgehen" zur Sachverhaltserforschung noch keine Verfahrenseinleitung zu sehen (→ Rz. 3404 ff.).[1] Setzt der Außenprüfer seine Ermittlungen allerdings pflichtwidrig (auch unter strafrechtlichen Gesichtspunkten) fort, liegt hierin im Falle eines bestehenden Anfangsverdachts die Einleitung eines Steuerstrafverfahrens.[2] **3435**

Die **BuStra** – dafür besonders sachverständig – soll dann entscheiden, ob ein Strafverfahren einzuleiten ist. In dieser Prüfungsphase hat der Prüfer Ermittlungshandlungen zu unterlassen. Kommt die BuStra zu dem Ergebnis, dass ein **Anfangsverdacht** gegeben ist (§ 152 Abs. 2 StPO), so leitet sie das Strafverfahren ein, teilt dies dem Stpfl. mit (→ Rz. 3469 ff.) und belehrt ihn (→ Rz. 3484 ff.). **3436**

Kommt die **Bußgeld- und Strafsachenstelle** zu dem Ergebnis, dass zwar die **Möglichkeit einer Steuerstraftat** besteht, zureichende tatsächliche Anhaltspunkte jedoch nicht vorliegen, kann die Bußgeld- und Strafsachenstelle ein Ermittlungsverfahren **nicht einleiten**. Es besteht die Möglichkeit, durch die Steuerfahndung Vorfeldermittlungen nach § 208 Abs. 1 Satz 1 Nr. 3 AO durchführen zu lassen. Würde man nach Verneinung eines Anfangsverdachts durch die Bußgeld- und Strafsachenstelle den Außenprüfer steuerlich im Grenzbereich zwischen Möglichkeit einer Steuerstraftat und Anfangsverdacht weiter ermitteln lassen, würde man den Sinn und Zweck des § 10 BpO 2000, den Außenprüfer zum Schutz des Stpfl. weitestgehend aus dem steuerstrafrechtlichen Ermittlungsverfahren herauszulassen, unterlaufen. Eine Fortsetzung der Außenprüfung sollte nur stattfinden, wenn die BuStra bereits die Möglichkeit einer Steuerstraftat verneint oder sich auf Grund der Vorfeldermittlungen ergibt, dass eine Steuerstraftat definitiv nicht vorliegt. Bejaht die Bußgeld- und Strafsachenstelle lediglich die Möglichkeit einer Steuerstraftat, muss der Stpfl. analog § 201 Abs. 2 AO hierüber informiert werden, wenn dies durch den Betriebsprüfer noch nicht geschehen ist. **3437**

Wird die Regelung des § 10 BpO 2000, insbes. dessen Abs. 1 Satz 2, in der Praxis konsequent umgesetzt, ergibt sich für den Stpfl. der Vorteil, dass er sich sehr frühzeitig auf ein ihm drohendes Steuerstrafverfahren einstellen kann und nicht durch die Erfüllung steuerlicher Pflichten ahnungslos an der eigenen Überführung mitwirken muss. Die Außenprüfer können strafrechtliche Gesichtspunkte nicht mehr hintanstellen oder gänzlich verdrängen. Andernfalls gerät der jeweilige Prüfer sehr leicht in den Bereich der Amtspflichtverletzung. **3438**

Umstritten ist, inwieweit der Prüfer an der Fortsetzung gehindert ist, wenn **verdachtsbegründende Tatsachen** hinsichtlich eines **bestimmten Geschäftsvorfalles** vorliegen. Es stellt sich die Frage, ob sich die Verpflichtung nach § 10 BpO 2000 nur auf diesen konkreten Geschäftsvorfall, auf die betreffende Einkunftsart oder auf den gesamten Steueranspruch des Veranlagungszeitraumes bezieht. **3439**

Im Hinblick auf den Wortlaut der Vorschrift **(„hinsichtlich des Sachverhalts, auf den sich der Verdacht bezieht")** könnte man meinen, dass sich ihr Regelungsgehalt auf den einzelnen Sachverhalt beschränkt, so dass bezüglich der nicht vom Verdacht umfassten Sachverhalte und Einkunftsarten weiter geprüft werden dürfte. Bezieht sich beispielsweise der Verdacht auf verschwiegene Mieteinnahmen, so könnte **3440**

1) A.A. Matthes in Kohlmann, § 397 AO Rz. 27.1 (August 2008); offen Hellmann in H/H/Sp, § 397 AO Rz. 16 (November 2009).
2) Ebenso Hellmann in H/H/Sp, § 397 AO Rz. 16 m.w.N. (November 2009).

danach hinsichtlich der gewerblichen Einkünfte weiterermittelt werden.[1] Ein Teilverdacht würde also nur zu einer Teilunterbrechung führen.[2] Diese Auffassung ist aus mehreren Gründen unzutreffend: § 10 BpO 2000 dient der **Klarheit des Verfahrens**. Durch Offenlegung der Zielsetzung weiterer Prüfungshandlungen soll dem Geprüften die Wahrnehmung seiner Rechte und Pflichten als Steuerbürger und insbes. als Beschuldigter ermöglicht werden. Die Wahrnehmung der Rechte des Betroffenen bezieht sich aber auf die **Tat im strafprozessualen Sinn**. Die Differenzierung nach einzelnen Sachverhaltskomplexen widerspricht dieser Zielsetzung.[3] Für den betroffenen Bürger ist es nicht erkennbar, ob der Prüfer die Mieteinkünfte nicht prüft, weil er einen strafrechtlichen Verdacht hegt oder weil er sie aus prüfungstaktischen Gründen erst nach anderen Einkunftsarten behandeln will. § 10 BpO 2000 kann ein faires Verfahren in dem oben beschriebenen Sinne jedoch nur dann sichern, wenn sich sein Regelungsgehalt auf den gesamten Steueranspruch eines Veranlagungszeitraumes bezieht.[4]

3441 Diese Auffassung deckt sich auch mit dem prozessualen Tatbegriff im Sinn von § 264 StPO (→ Rz. 3452).

4. Betriebsprüfung zur Ermittlung strafrechtlicher Erkenntnisse

3442 Nach st. Rspr.[5] und h.M.[6] ist die **Anordnung** einer **Betriebsprüfung** mit dem **Ziel**, das Vorliegen einer Steuerhinterziehung oder einer Steuerordnungswidrigkeit festzustellen, **zulässig**. Es ist sowohl in strafrechtlich verjährter als auch in strafrechtlich unverjährter Zeit eine **Frage der Zweckmäßigkeit**, ob die Betriebsprüfung oder die Steuerfahndung tätig wird, die Abgabenordnung sieht keine ausschließliche Zuständigkeit einer der Stellen vor.[7]

3443 Die Betriebsprüfung wird typischerweise strafrechtlich **neben** der Steuerfahndung ermitteln, wenn sie nach Beginn strafrechtlicher Ermittlungen wegen umfangreicher Unterlagen oder schwieriger Rechtsfragen **zur Unterstützung** des Fahnders beigezogen wird. Ebenfalls von Anfang an mit strafrechtlicher Zielrichtung wird die Betriebsprüfung ermitteln, wenn der **Prüfungszeitraum** wegen des Verdachts einer Steuerstraftat oder Steuerordnungswidrigkeit **in die Vergangenheit erweitert** wird[8] oder wenn die Prüfungsanordnung von vornherein einen Zeitraum enthält, der nur im Fall einer Steuerhinterziehung oder leichtfertigen Steuerverkürzung unverjährt ist (§ 169 Abs. 2 Satz 2 AO).

3444 In diesen Situationen ist der Stpfl. zwar auf Grund der äußeren Umstände von vornherein im Bilde, dass strafrechtliche Risiken drohen. Dennoch steht er, noch mehr als gegenüber der Steuerfahndung, vor dem **Dilemma**, sich durch den Versuch kooperativen Verhaltens selbst zu belasten, ohne abschätzen zu können, ob die Kooperation für ihn vor- oder nachteilig ist.

---

1) Seer in Tipke/Kruse, vor § 193 AO Rz. 30 (September 2009); Möllinger, StBp 1979, 195; a.A. Streck, BB 1980, 1537 f.
2) Seer in Tipke/Kruse, vor § 193 AO Rz. 30 (September 2009).
3) Vgl. Streck, BB 1980, 1537; im Einzelnen auch Meyer, DStR 2001, 462; Stahl, KÖSDI 2000, 12445, 12446 zu § 10 BpO 2000.
4) So auch Streck, BB 1980, 1537; im Einzelnen auch Meyer, DStR 2001, 462; Stahl, KÖSDI 2000, 12445, 12446.
5) BFH v. 29.12.2010, IV B 46/09, BFH/NV 2011, 634, 636, m.w.N.; v. 19.8.1998, XI R 37/97, BStBl II 1999, 7, 9 m.w.N.; a.A. noch FG Nürnberg v. 12.7.1984, IV-416/83, EFG 1984, 592.
6) Kritisch aber Seer in Tipke/Kruse, § 193 AO Rz. 7 (September 2009) (Betriebsprüfung unzulässig, wenn für das ganze Prüfungsspektrum bereits ein Anfangsverdacht besteht, die Außenprüfung also ausschließlich der Ermittlung dieser Tat dienen soll).
7) BFH v. 29.12.2010, IV B 46/09, BFH/NV 2001, 634, 636; v. 4.11.1987, II R 102/85, BStBl II 1988, 113.
8) FG Rheinland-Pfalz v. 16.7.1990, 5 K 1962/89, EFG 1991, 7.

Soweit bereits die **umfassende Einleitung** eines Strafverfahrens bekannt gegeben wurde, ist der Prüfer nicht mehr verpflichtet, bei der Anforderung einzelner Unterlagen oder Auskünfte mitzuteilen, ob er hinsichtlich des konkret zu prüfenden Punktes (auch) strafrechtlich ermittelt. Er wird diese Information i.d.R. auch nicht geben, um die ggf. bestehende Kooperationsbereitschaft des Stpfl. zu erhalten. **3445**

Ist bisher **kein Strafverfahren eingeleitet**, besteht das geschilderte Dilemma für den Stpfl. in ähnlicher Form: Er ist strafrechtlich sensibilisiert, kennt aber die Einschätzung des Prüfers zu strafrechtlichen Vorfragen, etwa der Verjährung, nicht. Der Prüfer ist der Versuchung ausgesetzt, die unausgesprochene (!) Erwartung des Stpfl. zu erhalten, dessen Kooperationsbereitschaft werde mit einer wohlwollenden steuerlichen und strafrechtlichen Beurteilung des Sachverhalts honoriert. Im Hinblick auf die permanente Selbstbelastungsgefahr wäre der Betriebsprüfer nach § 397 Abs. 3 AO aber zu besonders sorgsamer Prüfung und frühzeitiger Bekanntgabe verpflichtet, ob und inwieweit er auf Grund der Prüfungsvorbereitung oder der bisherigen Prüfungserkenntnisse einen Anfangsverdacht geschöpft hat, denn mit der nächsten Mitwirkungsaufforderung hat er das Strafverfahren eingeleitet (→ Rz. 3400 ff.).[1] **3446**

5. Vorbehalt strafrechtlicher Würdigung und Zuleitung zur Bußgeld- und Strafsachenstelle (§ 201 Abs. 2 AO)

Ergeben sich **erst in der Schlussbesprechung** einer Außenprüfung **Anhaltspunkte** für eine Steuerstraftat, soll der **strafrechtliche „Vorbehalt"** (§ 201 Abs. 2 AO) den Stpfl. lediglich vor dem Irrtum bewahren, der Steuerfall sei mit der Schlussbesprechung erledigt, habe aber keinen Verfolgungscharakter und keine strafprozessuale Bedeutung.[2] Der Vorbehalt ist keine verfahrenseinleitende Maßnahme.[3] § 201 Abs. 2 AO setzt also voraus, dass noch in der Schlussbesprechung Zweifel bestehen, ob zureichende tatsächliche Anhaltspunkte für eine Steuerstraftat bestehen und ob deshalb ein Straf- oder Bußgeldverfahren durchgeführt werden muss. Nach § 201 Abs. 2 AO ist nur zu verfahren, wenn zwar während des Betriebsprüfungsverfahrens noch nicht der Verdacht einer Steuerstraftat oder -ordnungswidrigkeit bestand, wenn aber am Ende des Verfahrens die Möglichkeit einer solchen Tat besteht.[4] Bei gesetzmäßigen Verhalten des Prüfers dürften sich Zweifel nur noch auf die subjektiven Merkmale einer vorsätzlichen oder leichtfertigen Steuerverkürzung beziehen.[5] Hielten sich die Prüfer konsequent an die Vorschrift des § 10 BpO 2000, dürften für § 201 Abs. 2 AO kaum noch Fälle übrig bleiben. Deshalb ist es von erheblicher Bedeutung, ob nicht bereits vor der Schlussbesprechung ein Steuerstrafverfahren einzuleiten gewesen wäre,[6] ob bereits Maßnahmen getroffen wurden, die das Strafverfahren eingeleitet haben und ob dem Stpfl. gar in unzulässiger Weise Auskünfte und Beweise entlockt wurden (zu Verwertungsverboten[7] → Rz. 4098 ff.). **3447**

Ein **Prüfungsbericht** ist der BuStra zuzuleiten, wenn im Zusammenhang mit der Außenprüfung ein Straf- oder Bußgeldverfahren **eingeleitet** worden ist, wenn der Stpfl. in der Schlussbesprechung gem. **§ 201 Abs. 2 AO** auf die Möglichkeit einer straf- oder bußgeldrechtlichen Würdigung in einem besonderen Verfahren hingewiesen worden ist sowie ausnahmsweise in sonstigen Fällen, insbes. wenn sich erst **3448**

---

1) Großzügiger FG Hessen v. 6.12.1990, 8 K 1458/89, EFG 1991, 448, 449, rkr. (gezielte Prüfung des vermuteten steuerstrafrechtlichen Sachverhalts ohne Belehrung gem. § 393 Abs. 1 Satz 4 AO sei rechtmäßig).
2) Jäger in Franzen/Gast/Joecks, 7. Aufl. 2009, § 397 AO Rz. 78; Seer in Tipke/Kruse, § 201 AO Rz. 18 (Mai 2010).
3) Jäger in Franzen/Gast/Joecks, 7. Aufl. 2009, § 397 AO Rz. 78; Seer in Tipke/Kruse, § 201 AO Rz. 18 (Mai 2010); a.A. Hellmann in H/H/Sp, § 397 AO Rz. 41 (November 2009).
4) Seer in Tipke/Kruse, § 201 AO Rz. 18 (Mai 2010).
5) Jäger in Franzen/Gast/Joecks, 7. Aufl. 2009, § 397 AO Rz. 78.
6) Dörn, DStZ 1996, 142, 144.
7) Kindler, PStR 2011, 44, 45.

nach der Schlussbesprechung Hinweise auf die Möglichkeit eines Strafverfahrens ergeben haben.[1)]

3449 Diese **Zuleitung von Akten** oder Prüfungsberichten durch die Betriebsprüfungsstelle an die Strafsachenstelle des Finanzamts zur strafrechtlichen Prüfung bestimmter Sachverhalte hat keinen Verfolgungscharakter (kein „Vorgehen") und ist noch Teil der „Vorprüfung". Insbesondere steht nicht fest, ob strafrechtliche Maßnahmen ergriffen werden.[2)]

VI. Zeitpunkt der Einleitung

3450 Das Strafverfahren ist nach dem Wortlaut des § 397 Abs. 1 AO in dem Zeitpunkt eingeleitet, in dem **erstmals** eine **strafrechtliche Ermittlungsmaßnahme** ergriffen wird. Dieser Zeitpunkt ist in einem Aktenvermerk zu dokumentieren (→ Rz. 3461, → Rz. 3463).

3451 Gegen jeden Verdächtigen kann das Strafverfahren wegen derselben Tat **nur einmal** eingeleitet werden, doch ist das Verfahren im Verlauf der Ermittlungen nicht selten auf weitere Personen oder Taten zu **erweitern**. Das Strafverfahren ist insoweit im Zeitpunkt der ersten Ermittlungsmaßnahme mit neuer Ermittlungsrichtung eingeleitet.

VII. Reichweite der Einleitung

3452 Die Einleitung des Steuerstrafverfahrens nach § 397 Abs. 1 AO erfasst den **einheitlichen Lebensvorgang**, der später Gegenstand der Anklage wird, über den im Urteil entschieden wird (§ 264 Abs. 1 StPO) und der von Rechtskraft sowie Strafklageverbrauch für „dieselbe Tat" (Art. 103 Abs. 3 GG) erfasst wird: die **„Tat im prozessualen Sinn"**.[3)] Eine Tat im prozessualen Sinne ist das gesamte Verhalten des Beschuldigten, soweit es mit dem durch die Strafverfolgungsorgane bezeichneten geschichtlichen Vorkommnis nach der Lebensauffassung einen einheitlichen Vorgang bildet.[4)] Erfasst wird derjenige geschichtliche Vorgang, der strafrechtlich nur einheitlich beurteilt werden kann und der alle Vorkommnisse umfasst, die in eine gerechte Beurteilung einbezogen werden müssen,[5)] einschl. der Vorbereitungshandlungen.[6)] Ob der **Verfolgungswille** der Anklagebehörde diese prozessuale Tat in ihrem gesamten Umfang oder nur teilweise erfasst, ist **ohne Bedeutung**.

3453 Bezogen auf eine Steuerhinterziehung ist „prozessuale Tat" die Abgabe einer falschen oder die Nichtabgabe einer zutreffenden **Steuererklärung**,[7)] **nicht** die **ein-**

1) Bundeseinheitliche Grundsätze für alle Prüfungsdienste, veröffentlicht in NWB 1979, Fach 1, 324; krit. zur Zuleitungspraxis Streck, BB 1980, 1537, 1538.

2) Jäger in Franzen/Gast/Joecks, 7. Aufl. 2009, § 397 AO Rz. 66; a.A. die h.M.: RG v. 2.3.1925, III 959/24, RGSt 59, 116, 122; Hellmann in H/H/Sp, § 397 AO Rz. 40 (November 2009); Schick in H/H/Sp, § 208 AO Rz. 175 (November 1992); differenzierend Scheurmann-Kettner in Koch/Scholtz, 5. Aufl. 1996, § 397 AO Rz. 6: keine Einleitung bei Aktenübersendung zur Prüfung, wohl aber bei Aktenübersendung zum Zweck strafrechtlichen Einschreitens.

3) Engelhardt in Karlsruher Kommentar, 6. Aufl. 2008, § 264 StPO Rz. 2 m.w.N.; Jäger in Franzen/Gast/Joecks, 7. Aufl. 2009, § 397 AO Rz. 3; Hellmann in H/H/Sp, § 393 AO Rz. 89 m.w.N. (Juni 2009).

4) BGH v. 29.9.1987, 4 StR 376/87, BGHSt 35, 60, 62; v. 18.10.1995, 3 StR 324/94, BGHSt 41, 292, 298; Hellmann in H/H/Sp, § 393 AO Rz. 89 m.w.N. (Juni 2009).

5) BGH v. 5.11.1969, 4 StR 519/68, BGHSt 23, 141, 145.

6) Henneberg, WPg 1967, 598, 600.

7) H.M.; etwa BGH v. 21.8.1980, 4 StR 428/80, NJW 1980, 2591; v. 12.8.1987, 3 StR 10/87, wistra 1987, 342; v. 3.8.1995, 5 StR 63/95, wistra 1995, 345; v. 13.10.2005, 5 StR 368/05, StV 2006, 419, 420; Streck, BB 1980, 1537, 1538; Henneberg, BB 1968, 906, 908.

zelne Besteuerungsgrundlage der Steuererklärung, die pflichtwidrig eingetragen oder weggelassen worden ist.[1] Die prozessuale Tat umfasst den gesamten Besteuerungssachverhalt, der der Steuererklärung zu Grunde liegt, also die Steuerart und den Besteuerungszeitraum, wegen deren gegen den Beschuldigten ermittelt wird.[2]

Dass in der **Praxis** der Außenprüfung häufig eine abweichende Rechtsauffassung vertreten und der Tatbegriff auf einzelne Besteuerungsgrundlagen bezogen wird,[3] hängt mit dem missverständlichen Wortlaut von § 10 BpO 2000 zusammen.[4] **3454**

Für die Verkürzung durch **Abgabe unzutreffender Steuererklärungen** (§ 370 Abs. 1 Nr. 1 AO) ergibt sich aus der Reichweite der prozessualen Tat, dass grds. für **verschiedene Steuerarten** eines Veranlagungszeitraums und **verschiedene Veranlagungszeiträume** einer Steuerart jeweils gesonderte Steuerstrafverfahren eingeleitet werden müssen,[5] selbst wenn sich die Steuererklärungen in ihrem strafrechtlichen Vorwurf jeweils ähneln oder auf dieselbe Vorbereitungshandlung, z.B. „Schwarzeinnahmen", zurückgehen.[6] **Mehrere prozessuale Taten** bestehen etwa zwischen **Einkommensteuer** und **Gewerbesteuer**, auch wenn die einkommensteuerlichen Einkünfte aus Gewerbebetrieb wichtigste Grundlage des Gewerbeertrags der Gewerbesteuer sind (vgl. § 35 Abs. 1 GewStG). Dies gilt auch, wenn die Gewerbesteuer wegen Nichtabgabe der Gewerbesteuererklärung nach der (verkürzten) Einkommensteuererklärung geschätzt wird.[7] Umgekehrt umfasst die Einleitung des Strafverfahrens aus den dargelegten Gründen immer die ganze prozessuale Tat, etwa Einkommensteuer 2010, nicht nur eine einzelne Einkunftsart oder einen isolierten Sachverhalt. **3455**

Wird dem Stpfl. die **Nichtabgabe von Steuererklärungen** vorgeworfen, liegen hinsichtlich verschiedener Steuerarten eines Jahres mehrere prozessuale Taten vor, selbst wenn ein einheitlicher Entschluss zur Nichtabgabe gefasst wurde und teilweise gleiche Angaben gemacht werden müssten.[8] **3456**

Eine Ausnahme besteht nur für den Fall, dass die Hinterziehung durch dieselbe Erklärung erfolgt oder mehrere Steuererklärungen, die übereinstimmende unrichtige Angaben über Steuergrundlagen enthalten, durch eine körperliche Handlung, etwa in einem gemeinsamen Briefumschlag, gleichzeitig abgegeben werden.[9] In diesen Fällen liegt eine Handlung im natürlichen Sinne bzw. eine natürliche **Handlungseinheit** vor. Bei materiell-rechtlicher Tatidentität ist in der Regel auch eine einheitliche Tat im prozessualen Sinne gegeben. **3457**

Wie im allgemeinen Strafverfahrensrecht ist das Steuerstrafverfahren gegen jeden **Beschuldigten** gesondert einzuleiten, etwa für jeden von mehreren (möglichen) Mit- **3458**

---

1) Franzen, DStR 1967, 533, 536; Ehlers, StBp 1977, 49, 51: Die Steuererklärung stelle lediglich eine zusammengefasste Vielzahl steuerlicher Mitwirkungspflichten dar.

2) Seer in Tipke/Kruse, vor § 193 AO Rz. 30 zu § 10 BpO 2000 (September 2009).

3) Seer in Tipke/Kruse, vor § 193 AO Rz. 30 zu § 10 BpO 2000 (September 2009).

4) Vgl. Ehlers, StBp 1977, 49, 51.

5) BGH v. 21.3.1985, 1 StR 520/84, BGHSt 33, 163, 165; v. 6.6.1990, 3 StR 183/90, wistra 1990, 308 (VSt gegenüber ESt, GewSt und USt); v. 28.10.2004, 5 StR 276/04, wistra 2005, 30; v. 2.4.2008, 5 StR 129/07, wistra 2008, 266; Joecks in Franzen/Gast/Joecks, 7. Aufl. 2009, § 370 AO Rz. 305.

6) BGH v. 21.3.1985, 1 StR 520/84, BGHSt 33, 163, 165.

7) BGH v. 1.9.1982, 3 StR 185/82, wistra 1982, 226; ähnlich BGH v. 18.5.1983, 2 StR 162/83, wistra 1983, 187; wurde mit BGH v. 21.3.1985, 1 StR 520/84, BGHSt 33, 163, 166, aufgegeben; a.A. noch Suhr/Naumann/Bilsdorfer, 4. Aufl. 1986, Rz. 97.

8) BayObLG v. 14.7.1992, RReg 4 St 31/91, wistra 1992, 314 zur ESt und GewSt desselben Veranlagungszeitraums.

9) BGH v. 21.3.1985, 1 StR 520/84, BGHSt 33, 163, 165; v. 18.12.1991, 5 StR 599/91, wistra 1992, 103, 104; v. 26.5.1993, 5 StR 134/93, wistra 1993, 222; v. 20.9.1995, 5 StR 197/95, wistra 1996, 62 (zu KSt, GewSt, USt); v. 5.3.1996, 5 StR 73/96, wistra 1996, 231; Joecks in Franzen/Gast/Joecks, 7. Aufl. 2009, § 370 AO Rz. 307; krit. Kniffka, wistra 1986, 89, 90.

tätern oder für Täter und Anstifter oder Gehilfen. Eine Ermittlungshandlung, etwa eine Durchsuchung, kann sich jedoch gleichzeitig gegen mehrere Beschuldigte richten und das Strafverfahren gegen jeden Betroffenen einleiten. Die **persönliche Reichweite** von Ermittlungshandlungen im Einzelnen ist aber umstritten.[1)]

3459 Ob die Einleitung wegen einer Steuerstraftat auch eine durch dieselbe prozessuale Tat verwirklichte **allgemeine Straftat** erfasst, ist strittig.[2)]

VIII. Aktenvermerk (§ 397 Abs. 2 AO)

1. Rechtsnatur

3460 Die Einleitung des Steuerstrafverfahrens durch eine in § 397 Abs. 1 AO bezeichnete Maßnahme ist nach § 397 Abs. 2 AO in den Akten zu vermerken.

3461 Der Aktenvermerk dient nicht der Sachverhaltserforschung, ist keine Maßnahme, mit der gegen den Beschuldigten „vorgegangen" wird (→ Rz. 3413) und kann daher die Einleitung eines Steuerstrafverfahrens nicht bewirken.[3)] Er hat nur deklaratorische Bedeutung. **Zweck** ist die **Beweiserleichterung** und **Beweissicherung** hinsichtlich des Zeitpunkts und des Umfangs der einleitenden Maßnahme.[4)] Gegen den Vermerk ist der Beweis zulässig, dass das Verfahren zu anderer Zeit, in anderem Umfang oder überhaupt nicht (z.B. nicht gegen diese Person oder wegen dieser Tat) eröffnet worden ist,[5)] auch wenn die Praxis von der Vermutung der Richtigkeit des Aktenvermerks ausgeht.[6)]

2. Zeitpunkt der Anfertigung

3462 Der Zweck der Beweissicherung erfordert, dass die verfahrenseinleitende Maßnahme unter Angabe des Zeitpunkts **unverzüglich,** d.h. ohne schuldhaftes Zögern (vgl. § 121 Abs. 1 Satz 1 BGB),[7)] in den Akten vermerkt wird. Das Gebot zur unverzüglichen Fertigung des Aktenvermerks ist nicht mehr gewahrt, wenn seit der Maßnahme mit strafrechtlicher Zielsetzung Tage, Wochen oder gar Monate vergangen sind.[8)] Wenn die Ermittlungen im Verlauf des Verfahrens auf weitere Personen oder auf weitere Taten derselben Person ausgedehnt werden, ist ein **Nachtragsvermerk** erforderlich.[9)]

3. Inhalt und Form

3463 Inhalt und Form des Aktenvermerks sind gesetzlich nicht geregelt. Der beweissichernde Zweck des § 397 Abs. 2 AO verlangt jedoch, im Vermerk die **Richtung** und den **Umfang** der Untersuchung so genau zu kennzeichnen, wie es am Anfang der Ermittlungen auf Grund des bestehenden Verdachts möglich ist.[10)]

---

1) Vgl. etwa zur Verjährungsunterbrechung nach § 78c Abs. 1 Nr. 4 StGB Hees, wistra 1994, 81, gegen OLG Hamburg v. 26.5.1993, 1 Ss 8/93, wistra 1993, 272; zur Einleitung gegen „die Verantwortlichen" eines Unternehmens Teske, wistra 1988, 287, 292.
2) Ausf. auch Seipl in Beermann/Gosch, § 386 AO Rz. 27 ff. (August 2011).
3) Allg.M. Jäger in Franzen/Gast/Joecks, 7. Aufl. 2009, § 397 AO Rz. 86 m.w.N.
4) Hellmann in H/H/Sp, § 397 AO Rz. 54 (November 2009).
5) BGH v. 6.10.1981, 1 StR 356/81, NStZ 1982, 67; Hellmann in H/H/Sp, § 397 AO Rz. 55 (November 2009).
6) Hellmann in H/H/Sp, § 397 AO Rz. 55 (November 2009).
7) Ebenso Jäger in Franzen/Gast/Joecks, 7. Aufl. 2009, § 397 AO Rz. 88.
8) Jäger in Franzen/Gast/Joecks, 7. Aufl. 2009, § 397 AO Rz. 88.
9) Allg.M.; Jäger in Franzen/Gast/Joecks, 7. Aufl. 2009, § 397 AO Rz. 91; Hellmann in H/H/Sp, § 397 AO Rz. 54 (November 2009).
10) Jäger in Franzen/Gast/Joecks, 7. Aufl. 2009, § 397 AO Rz. 90; RG v. 12.2.1940, 3 D 627/39, RStBl 1940, 314.

Erforderlich sind daher folgende Angaben:

- die verfahrenseinleitende **Maßnahme** unter Angabe von Datum und Uhrzeit,
- die **Person** des Tatverdächtigen,
- der **geschichtliche Vorgang**, der den Anschein einer strafrechtlichen Handlung hervorgerufen hat (prozessuale Tat), in Steuerstrafverfahren also regelmäßig die **Steuerart** und der **Veranlagungszeitraum**, auf den sich die vorgeworfene Handlung bezieht,[1)]
- ggf. der genaue **Zeitpunkt** der **Bekanntgabe** der Einleitung.

Nicht erforderlich ist dagegen die genaue Angabe des verletzten Gesetzes (z.B. „strafbar nach § 370 AO").[2)] **3464**

Diese Anforderungen werden häufig missachtet, indem etwa die Zielrichtung der einleitenden Maßnahme nicht ausreichend genau festgelegt wird, was sich in einem **lückenhaften** oder viel zu allgemein gehaltenen Aktenvermerk widerspiegelt und regelmäßig in einer ungenauen Bekanntgabe fortsetzt. Eine durchaus vorkommende Einleitung „wegen Steuerhinterziehung in nicht rechtsverjährter Zeit" etwa gibt die Steuerart gar nicht und den Ermittlungszeitraum völlig unzureichend an.[3)] **3465**

Dem Zweck des § 397 Abs. 2 AO genügt jeder Vermerk eines Beamten, der an der verfahrenseinleitenden Maßnahme beteiligt war, da er **nur** die **Tatsache** der **Einleitungsmaßnahme** bekundet.[4)] Sein Verfasser muss durch Unterschrift oder Handzeichen erkennbar sein.[5)] Der Vermerk ist zu den Strafakten der Staatsanwaltschaft bzw. der Bußgeld- und Strafsachenstelle zu nehmen.[6)] **3466**

4. Rechtsfolge der Verletzung von § 397 Abs. 2 AO

Wird ein Aktenvermerk verspätet oder überhaupt nicht erstellt, hat dies keine unmittelbaren verfahrensrechtlichen Folgen.[7)] Verfehlt wäre es jedoch, auf Grund der fehlenden verfahrensrechtlichen Folgen § 397 AO als bloße „Soll-Vorschrift" anzusehen.[8)] Die Verfassung eines den Erfordernissen des § 397 Abs. 2 AO entsprechenden Aktenvermerks ist **Rechtspflicht** der verfahrenseinleitenden Behörde. **3467**

Mittelbare Folgen können sich jedoch ergeben, wenn wegen des unzureichenden Aktenvermerks nicht mehr zu klären ist, ob eine Maßnahme (auch) mit strafrechtlicher Zielrichtung ergriffen wurde oder gegen wen und mit welchem Umfang ein Strafverfahren eingeleitet worden ist. Die **Rechtsfolgen verbleibender Zweifel** ergeben sich aus der im Einzelfall anwendbaren Norm und müssen im Ergebnis zu Lasten der Strafverfolgungsbehörde gehen, die es zudem in der Hand hat, die Einleitungsmaßnahme korrekt zu dokumentieren (insbes. → Rz. 3463). Bleibt etwa der Umfang der Sperrwirkung gem. § 371 Abs. 2 Nr. 1 Buchst. b AO unklar, wirkt eine Selbstanzeige nach dem Grundsatz in dubio pro reo[9)] strafbefreiend. **3468**

---

1) Nr. 29 AStBV 2013, BStBl I 2012, 1018.
2) Jäger Franzen/Gast/Joecks, 7. Aufl. 2009, § 397 AO Rz. 90 m.w.N.
3) A.A. zur steuerlichen Ablaufhemmung durch eine Fahndungsprüfung BFH v. 22.6.1995, IV R 26/96, BStBl II 1995, 575; FG Köln v. 12.10.1993, 13 K 5994/90, DStR 1994, 463, 464.
4) Jäger in Franzen/Gast/Joecks, 7. Aufl. 2009, § 397 AO Rz. 92; Hellmann in H/H/Sp, § 397 AO Rz. 58 (November 2009).
5) Jäger in Franzen/Gast/Joecks, 7. Aufl. 2009, § 397 AO Rz. 92; RG v. 12.2.1940, 3 D 627/39, RStBl 1940, 314.
6) Hellmann in H/H/Sp, § 397 AO Rz. 56 (November 2009).
7) Jäger in Franzen/Gast/Joecks, 7. Aufl. 2009, § 397 AO Rz. 89.
8) So aber Jäger in Franzen/Gast/Joecks, 7. Aufl. 2009, § 397 AO Rz. 89.
9) Schauf in Kohlmann, § 371 AO Rz. 29 (Juli 2011).

IX. Bekanntgabe der Einleitung des Steuerstrafverfahrens

1. Pflicht zur Bekanntgabe der Einleitung

3469 Im Strafverfahren steht es dem Beschuldigten frei, sich zum Tatvorwurf zu äußern oder zu schweigen (§§ 136, 136a StPO).[1] Dieses Recht ist Ausprägung der Menschenwürde (→ Rz. 3373).

3470 Wer von der Finanzbehörde zur Erteilung von Auskünften oder zur Herausgabe von Unterlagen aufgefordert wird, darf nicht im Unklaren darüber gelassen werden, wenn er nicht mehr als Stpfl. im Besteuerungsverfahren, sondern als Beschuldigter im Strafverfahren angesprochen wird.[2] Sobald objektiv der Anfangsverdacht einer Steuerstraftat besteht (→ Rz. 3436), verpflichtet § 397 Abs. 3 AO zur **Mitteilung der Verfahrenseinleitung**[3] und dient, insbes. im Zusammenwirken mit § 393 Abs. 1 AO, dem **Schutz des Beschuldigten vor Selbstbezichtigung**, da die strafrechtliche Zielrichtung der Ermittlungsmaßnahme sowie deren Gegenstand und Grenzen bis zur Einleitungsmitteilung häufig nicht erkennbar sind. Erst die Bekanntgabe der Einleitung ermöglicht dem Betroffenen auch, entlastende Beweismittel zu sammeln[4] und vorzubringen und eine sachgerechte Verteidigung vorzubereiten. § 397 Abs. 3 AO hat wegen der verfassungsrechtlichen Grundlagen nicht nur Ordnungscharakter.[5] Die Mitteilungspflicht gilt entsprechend für etwaige **Erweiterungen** des Ermittlungsverfahrens.[6]

3471 Zur Mitteilung **verpflichtet** ist die **Stelle**, welche den Beschuldigten erstmals zu Auskünften oder zur Vorlage von Unterlagen auffordert, auch wenn eine andere Stelle das Verfahren eingeleitet hat.[7] Vor der Aufforderung zur Mitwirkung kann die Bekanntgabe nach dem Wortlaut von § 397 Abs. 3 AO unterbleiben, wenn und soweit dadurch die weiteren Ermittlungen gefährdet werden können.[8] § 397 Abs. 3 AO hält deshalb zunächst die Möglichkeit offen, Ermittlungen bei Dritten ohne Verständigung des Beschuldigten durchzuführen, zum einen, um dem Beschuldigten psychische Belastungen zu ersparen, zum anderen, um Sachverhaltsverdunkelungen zu vermeiden.[9] Dies darf aber nicht dazu führen, dass sich der Betroffene ahnungslos von den gegen ihn laufenden Ermittlungen selbst belastet.[10] Ist die Sache bereits ohne Vernehmung **einstellungsreif** (z.B. wegen bleibender Verfahrenshindernisse), bedarf weder die Einleitung noch die Einstellung des strafrechtlichen Ermittlungsverfahrens der Bekanntgabe an den Beschuldigten.

3472 Die **Mitteilung** ist nach dem Gesetzeswortlaut – im Gegensatz zu § 371 Abs. 2 Nr. 1 Buchst. b AO – ausschließlich **an den Beschuldigten** selbst zu richten, nicht an seinen Vertreter.[11] Auch wenn der Beschuldigte nicht erreichbar ist, darf seine straf-

---

1) Ausf. Hellmann in H/H/Sp, § 397 AO Rz. 60 ff. (November 2009).
2) Vgl. aber FG Hessen v. 6.12.1990, 8 K 1458/89, EFG 1991, 448, rkr. (kein Anfangsverdacht bei Betriebsprüfung zur Vorklärung einer Steuerhinterziehung, daher Belehrung nicht erforderlich).
3) Kindler, PStR 2011, 44, 45.
4) Marx, wistra 1987, 207, 208.
5) Ebenso zu § 136 StPO BGH v. 27.2.1992, 5 StR 190/91, BGHSt 38, 214 unter Aufgabe der früheren Rspr.; zu § 243 Abs. 4 Satz 1 StPO bereits BGH v. 14.5.1974, 1 StR 366/73, BGHSt 25, 325, 327.
6) Nr. 28 Abs. 3 AStBV (St) 2013, BStBl I 2012, 1018; Wannemacher/Seipl in Beermann/Gosch, § 397 AO Rz. 72 (März 2003).
7) Jäger in Franzen/Gast/Joecks, 7. Aufl. 2009, § 397 AO Rz. 94.
8) Jäger in Franzen/Gast/Joecks, 7. Aufl. 2009, § 397 AO Rz. 97.
9) Hellmann in H/H/Sp, § 397 AO Rz. 67 (November 2009); Jäger in Franzen/Gast/Joecks, 7. Aufl. 2009, § 397 AO Rz. 97.
10) Hellmann in H/H/Sp, § 397 AO Rz. 62 (November 2009); Jäger in Franzen/Gast/Joecks, 7. Aufl. 2009, § 397 AO Rz. 97.
11) Jäger in Franzen/Gast/Joecks, 7. Aufl. 2009, § 397 AO Rz. 96.

und steuerrechtliche Rechtsstellung nicht dadurch unterlaufen werden, dass die Einleitung seinem Vertreter, etwa seinem Steuerberater im Zusammenhang mit einer an diesen gerichteten Auskunfts- oder Herausgabeaufforderung, mitgeteilt wird.[1] Von mehreren Mitbeschuldigten ist jeder zu informieren, sobald er zu einer in § 397 Abs. 3 AO genannten Mitwirkungshandlung aufgefordert wird.[2] Die Bekanntgabe kann **mündlich** erfolgen, eine bestimmte Form ist gesetzlich nicht vorgeschrieben.[3]

3473 Wegen ihrer Schutzfunktion muss die Bekanntgabe den Stpfl. möglichst genau **über den Umfang des Verdachts** unterrichten,[4] sie muss ihn **„ins Bild setzen"**.[5] Insbesondere seine Mitwirkungspflicht auf Grund der Abgabenordnung, seine Weigerungsrechte auf Grund der Strafprozessordnung und seine verbliebenen Selbstanzeigemöglichkeiten im Hinblick auf § 371 Abs. 2 Nr. 1 Buchst. b AO kann der Stpfl. nur dann erkennen und wahrnehmen, wenn er weiß, in welchem Rahmen gegen ihn strafrechtlich vorgegangen wird.[6]

3474 **Inhaltlich** muss die Mitteilung so beschaffen sein, dass Abgrenzungsschwierigkeiten im Hinblick auf die Folgen der Einleitung möglichst vermieden werden.[7] Mitzuteilen sind daher die **Tatsache der Einleitung** des Straf- oder Bußgeldverfahrens und der **Zeitpunkt der Verfahrenseinleitung**, nicht aber die verfahrenseinleitende Maßnahme als solche,[8] **Steuerart** und **Besteuerungszeitraum**,[9] die vorgeworfenen **Handlungen** (Sachverhaltsbeschreibung) und der **Zeitpunkt dieser Handlungen**,[10] soweit das im konkreten Fall nach dem Stand der Ermittlungen möglich ist.[11] Es ist zu beachten, dass die Rechtsfolgen der Einleitungsbekanntgabe unterschiedliche Anforderungen stellen: Personen, Steuerarten und Besteuerungszeiträume sind insbes. im Hinblick auf die prozessuale Tat und die strafrechtliche Verjährung anzugeben, der „geschichtliche Vorgang" hat für die steuerliche Verjährungshemmung,[12] u.U. auch für die verbleibenden Selbstanzeigemöglichkeiten,[13] Bedeutung.

3475 Die verbreitete Formulierung, wonach **Bekanntgabe durch „eindeutige Amtshandlung"**, etwa eine Durchsuchung oder eine Akteneinsichtsgewährung an den Verteidiger,[14] möglich sei,[15] führt im Steuerstrafrecht meist nicht weiter, da bei strafprozes-

1) Vgl. aber BGH v. 5.4.2000, 5 StR 226/99, wistra 2000, 219, 222 zur Verfahrenseinleitung i.S.d. § 78e Abs. 1 Nr. 1 StGB durch Akteneinsichtsgewährung an den Verteidiger.
2) Zu Bestimmtheits- und Bekanntgabeproblemen bei Ermittlungen gegen „die Verantwortlichen" eines Unternehmens Teske, wistra 1988, 287, 292 f.
3) BGH v. 6.10.1981, 1 StR 356/81, BGHSt 30, 215, 217.
4) Vgl. Nr. 30 AStBV (St) 2013, BStBl I 2012, 1018.
5) BGH v. 6.10.1981, 1 StR 356/81, BGHSt 30, 215, 217; BayObLG v. 26.10.1987, RReg 4 St 106/87, wistra 1988, 81; OLG Hamburg v. 24.3.1987, 2 Ss 134/86, wistra 1987, 189.
6) Henneberg, WPg 1967, 598.
7) Jäger in Franzen/Gast/Joecks, 7. Aufl. 2009, § 397 AO Rz. 95; zu den Folgen einer falschen bzw. unbestimmten Einleitungsverfügung Burhoff, PStR 2001, 132; Burkhard/Adler, DStR 2000, 592 m. Bsp. zu unbestimmten Einleitungsverfügungen.
8) Jäger in Franzen/Gast/Joecks, 7. Aufl. 2009, § 397 AO Rz. 95.
9) Blesinger, wistra 1994, 48, 51; Ditges/Graß, DStR 1994, 464; Nr. 28 Abs. 2 AStBV (St) 2013, BStBl I 2012, 1018; a.A. BFH v. 22.6.1995, IV R 26/94, BStBl II 1995, 575; FG Köln v. 12.10.1993, 13 K 5994/90, DStR 1994, 463, 464; Schuhmann, wistra 1992, 293, 295: Die vorrangige Angabe von Steuerart und Veranlagungszeitraum entspreche eher einer steuerlichen Betrachtungsweise.
10) OLG Hamburg v. 24.3.1987, 2 Ss 134/86, wistra 1987, 189; BayObLG v. 26.10.1987, RReg 4 St 106/87, wistra 1988, 81, 82; Ditges/Groß, DStR 1994, 464; Nr. 28 Abs. 2 AStBV (St) 2013, BStBl I 2012, 1018; a.A. RG v. 2.3.1925, III 959/24, RGSt 59, 116, 122; Weyand, wistra 1987, 283, 284.
11) BGH v. 6.10.1981, 1 StR 356/81, BGHSt 30, 215, 217.
12) Wannemacher/Seipl in Beermann/Gosch, § 397 AO Rz. 76, 83 f. (März 2003).
13) Wannemacher/Seipl in Beermann/Gosch, § 397 AO Rz. 76, 85 f. (März 2003).
14) Vgl. BGH v. 5.4.2000, 5 StR 226/99, wistra 2000, 219, 222.
15) Vgl. Matthes in Kohlmann, § 397 AO Rz. 40 (August 2008); Weyand, wistra 1987, 283, 284.

sualen Maßnahmen Zweifel an der sachlichen (Steuerarten und Zeiträume) oder persönlichen Reichweite verbleiben, die erst durch **ausdrückliche Mitteilung** klargestellt werden müssen.

3476 Bleiben **Zweifel** an der sachlichen oder persönlichen Reichweite der Einleitung, ist die Mitteilung nach dem strafrechtlichen Grundsatz „in dubio pro reo" oder nach steuerlichen Beweislastregeln ganz oder teilweise unwirksam (→ Rz. 3418).[1]

2. Bekanntgabe der Verfahrenseinstellung

3477 Ist dem Beschuldigten die Einleitung des Ermittlungsverfahrens bekannt gegeben worden, muss ihm auch die **Einstellung** des Verfahrens mitgeteilt werden, insbes. wenn er als Beschuldigter vernommen worden ist (§ 170 Abs. 2 Satz 2 StPO).[2]

X. Rechtsfolgen der Einleitung eines Steuerstrafverfahrens

3478 Mit der Einleitung des Steuerstrafverfahrens wird die **Finanzbehörde** von einer Steuerbehörde (auch) zum Strafverfolgungsorgan,[3] ihre **sachliche** und **örtliche** Zuständigkeit ergibt sich dabei aus den §§ 386 ff. AO.

1. Auswirkungen auf das Besteuerungsverfahren

3479 Im **Besteuerungsverfahren** bleibt auch nach Einleitung eines Steuerstrafverfahrens die Stellung des Betroffenen als **Steuerpflichtiger** gem. § 33 AO grds. unberührt. Die steuerlichen Mitwirkungspflichten bestehen grds. fort.

3480 Die Finanzbehörde darf weder den Beschuldigten noch dessen Vertreter oder eine von ihm benannte Auskunftsperson (§ 8 Abs. 1 BpO 2000) zur **Darlegung von Tatsachen** oder zur **Vorlage von Unterlagen** auffordern, die im Zusammenhang mit der Straftat stehen, deren er verdächtig ist, **bevor** dem Beschuldigten die **Einleitung** nach **§ 397 Abs. 3 AO mitgeteilt** wird.

3481 **Zwangsmittel** (§§ 328 ff. i.V.m. §§ 90 ff. AO) zur Durchsetzung der fortbestehenden steuerlichen Mitwirkungspflichten dürfen **ab Einleitung** des Strafverfahrens **nicht** mehr angewendet werden (§ 393 Abs. 1 Satz 2 und 3 AO). Das Zwangsmittelverbot des § 393 Abs. 1 Satz 2 und 3 AO kann unter bestimmten Voraussetzungen zu einer **Suspendierung** der **Strafbewehrung** von Steuererklärungspflichten führen, wenn ein Steuerstrafverfahren eingeleitet ist **und** bereits die Sperrwirkung für eine Selbstanzeige (§ 371 Abs. 2 AO) eingetreten ist, insbes. dem Stpfl. die Einleitung eines steuerstrafrechtlichen Ermittlungsverfahrens bekannt gegeben worden ist, § 371 Abs. 2 Nr. 1 Buchst. b AO (→ Rz. 3500 ff.).

3482 Näher zu dem Spannungsfeld zwischen Strafverfahren und Besteuerungsverfahren → Rz. 3959 ff., insbes. zu möglichen Verwertungsverboten wegen unterbliebener Einleitungsmitteilung[4] → Rz. 4097 ff.

2. Änderung der Rechtsstellung des Steuerpflichtigen

3483 Im Zeitpunkt der Einleitung eines Steuerstrafverfahrens **ändert** sich die **Rechtsstellung** des Stpfl. Zwar bleibt seine Stellung als **Steuerpflichtiger** gem. § 33 AO **unberührt,** gleichzeitig wird er aber auch zum **Beschuldigten.** Ihm stehen als **Subjekt** des Strafverfahrens **Rechte** nach der Strafprozessordnung zu, über die er zu belehren ist.

---

1) Vgl. zur Einleitung gegen „die Verantwortlichen" eines bestimmten Unternehmens Teske, wistra 1988, 287, 292.
2) Zur Mitteilung der Gründe vgl. Nr. 80 Abs. 2 AStBV (St) 2013, BStBl I 2012, 1018.
3) Zu den Rechtswegfolgen BFH v. 2.12.1976, IV R 2/76, NJW 1978, 78.
4) Vgl. auch Kindler, PStR 2011, 44, 45 ff.

3. Belehrungspflichten

Vor seiner **ersten Vernehmung** oder wenn er **aufgefordert** wird, Tatsachen darzulegen oder Unterlagen vorzulegen, die im Zusammenhang mit der Straftat stehen, deren er verdächtig ist, muss der Stpfl. **neben** der **Mitteilung** der Einleitung des Strafverfahrens darüber **belehrt** werden, 3484

- dass es ihm freisteht, zur Sache **auszusagen** oder nicht (§§ 136 Abs. 1 Satz 2, 163a Abs. 3 und 4 StPO),[1]
- dass er jederzeit, auch schon vor der Vernehmung, einen von ihm zu wählenden **Verteidiger** konsultieren darf (§§ 163a Abs. 3 und 4; 136 Abs. 1 Satz 2 StPO),
- dass er zu seiner Entlastung **Beweisanträge** stellen kann, auch wenn er sonst keine Angaben zur Sache machen will (§ 136 Abs. 1 Satz 3 StPO), und
- dass seine **Mitwirkungspflichten** im Besteuerungsverfahren nicht mehr erzwungen werden können (§ 393 Abs. 1 Satz 4 AO).[2]

Anlass zu dieser Belehrung besteht nach Einleitung des Steuerstrafverfahrens generell, aber auch bereits zuvor, wenn der Finanzbeamte konkrete Anhaltspunkte dafür hat, dass sich der Stpfl. mit der Beantwortung einer Frage oder einer sonstigen Mitwirkung selbst belasten wird.[3] Werden Belehrungspflichten verletzt, kann dies zu Verwertungsverboten führen (→ Rz. 4061).

Weitere Belehrungen sind vom Gesetz nicht ausdrücklich vorgesehen und in der Praxis nicht üblich. Insbesondere wird auf die strafrechtliche Verwertbarkeit dessen, was der Stpfl. im Rahmen seiner fortbestehenden steuerlichen Mitwirkungspflichten erklärt, nicht ausdrücklich hingewiesen. 3485

4. Stellung von Beweisanträgen

Der **Beschuldigte** kann zu seiner Entlastung **Beweisanträge** stellen. Sind die Beweise von Bedeutung, müssen sie erhoben werden (§ 163a Abs. 2 StPO). Nach zutreffender Ansicht ist das Merkmal „von Bedeutung" ein unbestimmter Rechtsbegriff und der Beschuldigte hat einen Beweiserhebungsanspruch.[4] Jedoch kann die Finanzbehörde den Zeitpunkt nach Zweckmäßigkeit bestimmen.[5] In der Praxis sind derartige Beweisanträge selten, obwohl der Beschuldigte bzw. sein Verteidiger auf diesem Weg die Ermittlungen u. U. erheblich beeinflussen können. Zwar sind nach der Strafprozessordnung auch die Ermittlungsbehörden gehalten, neben den belastenden auch entlastende Umstände gleichermaßen zu ermitteln (§ 160 Abs. 2 StPO). In der Verfolgungswirklichkeit findet dies jedoch wegen der unzureichenden strafprozessualen Ausbildung der Finanzbeamten und des ständigen Drucks der Arbeitsstatistik insbes. bei den Ermittlungen der subjektiven Tatumstände kaum seinen Niederschlag. 3486

Weitere Rechtsfolgen hat erst die Anordnung der Bekanntgabe oder die **Bekanntgabe** der Einleitung, nicht die Einleitung des Strafverfahrens als solche.[6] 3487

---

1) Zur falschen Belehrung bei einer Einleitungsverfügung Burkhard, StraFo 2001, 37.
2) Nr. 28 Abs. 2, 29, 49 AStBV (St) 2013, BStBl I 2012, 1018.
3) Joecks in Franzen/Gast/Joecks, 7. Aufl. 2009, § 393 AO Rz. 40.
4) Erb in Löwe/Rosenberg, 26. Aufl. 2008, § 163a StPO Rz. 107, 112; Krekeler, NStZ 1991, 367; Nelles StV 1986, 74, 77; a.A. Meyer-Goßner, 55. Aufl. 2012, § 163a StPO Rz. 15; Grießbaum in Karlsruher Kommentar, 6. Aufl. 2008, § 163a StPO Rz. 8.
5) Meyer-Goßner, 55. Aufl. 2012, § 163a StPO Rz. 15.
6) Vgl. auch Jäger in Franzen/Gast/Joecks, 7. Aufl. 2009, § 397 AO Rz. 6.

XI. Rechtsfolgen der Einleitungsmitteilung

1. Strafrechtliche Verjährungsunterbrechung (§ 78c StGB)

3488 Durch die **Bekanntgabe** der Einleitung eines Steuerstrafverfahrens, nicht aber bereits durch die Einleitung selbst wird nach § 78c Abs. 1 Satz 1 Nr. 1 StGB i.V.m. § 369 Abs. 2 AO die **strafrechtliche Verfolgungsverjährung unterbrochen** (allg. → Rz. 787), darüber hinaus auch die Verjährung der Verfolgung als Steuerordnungswidrigkeit (§ 33 Abs. 1 Satz 1 Nr. 1, Abs. 4 Satz 2 OWiG i.V.m. § 377 Abs. 2 AO). Umgekehrt wird die Verjährung der Verfolgung als Steuerstraftat unterbrochen, wenn dem Beschuldigten die Einleitung eines Bußgeldverfahrens bekannt gegeben wird (§ 376 AO). In allen Fällen steht die **Anordnung** der tatsächlich erfolgten Bekanntgabe gleich.

3489 Der Begriff der Tat wird bei den verjährungsunterbrechenden Vorschriften im allgemeinen Strafrecht nach § 78c StGB prozessual verstanden[1)] (→ Rz. 3452). Anders als die Selbstanzeige (persönlicher Strafaufhebungsgrund) stellt die Verjährung ein Strafverfolgungshindernis dar, wenn auch mit einem gewissen materiell-rechtlichen Einschlag.[2)]

3490 Die Rspr. stellt hohe Anforderungen an die Bestimmtheit der verjährungsunterbrechenden Maßnahme im Hinblick auf die persönliche und sachliche Reichweite der Unterbrechungswirkung.[3)] Eine **inhaltlich ungenügende** Einleitungsmitteilung, die den Beschuldigten nicht „ins Bild setzt", ist demgegenüber nicht geeignet, die Verjährungsunterbrechung herbeizuführen.[4)] Die Reichweite einer derartigen Einleitungsmitteilung erfasst grds. den gesamten Verfahrensgegenstand, wie er in der Mitteilung beschrieben ist. Bei unaufklärbaren **Zweifeln** über den Umfang des eingeleiteten Verfahrens oder den Inhalt der Mitteilung ist die Frage der strafrechtlichen Verjährung nach dem Grundsatz „in dubio pro reo" zu entscheiden.[5)]

3491 Zur Verjährungsunterbrechung durch Untersuchungshandlungen vertritt der BGH die Auffassung, dass sich die Unterbrechungswirkung auf alle Taten erstreckt, wenn in einem Verfahren wegen **mehrerer prozessualer Taten** (→ Rz. 3452) ermittelt wird. Eine Ausnahme gilt dann, wenn sich der Verfolgungswille erkennbar nur auf einzelne dieser Taten bezieht.[6)] Diese Beschränkung der verjährungsunterbrechenden Wirkung durch einen eingeschränkten **Verfolgungswillen** kann in Einzelfällen auch im Falle der Mitteilung der Einleitung eines Steuerstrafverfahrens nach § 397 Abs. 3 AO relevant werden. In Fällen einer sehr weit reichenden Verfahrenseinleitung und einer dementsprechend weiten Mitteilung sollte daher im Hinblick auf die Verjährungsunterbrechung nach § 78c Abs. 1 Nr. 1 StGB **stets** geprüft werden, ob sich nicht anhand des Akteninhalts ein eingeschränkter Verfolgungswille ergibt.

Fraglich ist, ob der Verfolgungswille die verjährungsunterbrechende Wirkung auch innerhalb **einer prozessualen Tat** begrenzen kann, beispielsweise auf einzelne Einkunftsarten innerhalb der Einkommensteuer oder gar auf einzelne Geschäftsvor-

1) BGH v. 12.3.1968,5 StR 722/67, BGHSt 22, 105, 107; vgl. auch BGH v. 12.12.1995, 1 StR 491/95, wistra 1996, 101; v. 5.4.2000, 5 StR 226/99, wistra 2000, 219.
2) Schauf in Kohlmann, § 371 AO Rz. 165 m.w.N (Juli 2011).
3) Schauf in Kohlmann, § 371 AO Rz. 165 m.w.N (Juli 2011).
4) BayObLG v. 26.10.1987, RReg 4 St 106/87, wistra 1988, 81, 82.
5) BGH v. 12.12.1995, 1 StR 491/95, wistra 1996, 101, 102; Volk, wistra 1998, 281; im Ergebnis auch Schneider in Karlsruher Kommentar, 6. Aufl. 2008, § 206a StPO Rz. 10; Meyer-Goßner, 55. Aufl. 2012, § 206a StPO Rz. 7, und Stuckenberg in Löwe/Rosenberg, 26. Aufl. 2008, § 206a StPO Rz. 37 f., die das aus der Funktion der Prozessvoraussetzung als Bedingung für die Zulässigkeit des Strafverfahrens ansehen.
6) BGH v. 5.4.2000, 5 StR 226/99, wistra 2000, 219, 220, mit Anm. Jäger, wistra 2000, 227; v. 12.12.1995, 1 StR 491/95, wistra 1996, 101.

fälle. Konsequenz wäre, dass ein und dieselbe (prozessuale) Tat nicht immer einheitlich verjährt.[1)]

2. Ablaufhemmung der steuerlichen Festsetzungsfrist (§ 171 AO)

Nach § 171 Abs. 5 Satz 2 i.V.m. § 397 Abs. 3 AO führt die Einleitungsmitteilung zu einer Ablaufhemmung der **steuerlichen Festsetzungsfrist** (→ Rz. 1551).[2)] **3492**

Rechtsprechung und Kommentierungen beziehen sich vor allem auf Ermittlungen der Steuerfahndung (§ 171 Abs. 5 **Satz 1** AO) und kommen insoweit durchweg zum Ergebnis, dass die Ablaufhemmung **nur** soweit eintritt,[3)] als sich die **Ergebnisse der Ermittlungen** auf die Höhe der festzusetzenden Steuern **auswirken.** Da die Fahndungsprüfung auf Grund konkreter Verdachtsmomente tätig wird, bezieht sich die Ablaufhemmung nicht auf bestimmte Besteuerungszeiträume und Steuerarten, sondern auf einzelne **Besteuerungsgrundlagen**,[4)] also auf den **tatsächlichen** Umfang der Fahndungsprüfung.[5)] Dies allein entspricht den Erfordernissen der Fahndungsprüfung im Gegensatz zur Außenprüfung. Während die allgemeine Außenprüfung einer umfassenden Ermittlung der steuerlichen Verhältnisse eines Stpfl. dient, hat die Steuerfahndung die Aufgabe, bestimmte straf- oder bußgeldrechtlich relevante Vorgänge sowie unbekannte Steuerfälle aufzudecken und zu ermitteln.[6)] Wird die Fahndungsprüfung unmittelbar nach Beginn aus Gründen, die die Finanzbehörde zu vertreten hat, für über sechs Monate unterbrochen (§ 171 Abs. 5 Satz 1 Halbsatz 2 AO), hängt der Umfang der Ablaufhemmung von den nach Wiederaufnahme getroffenen Maßnahmen ab.[7)] **3493**

Da § 171 Abs. 5 **Satz 2** AO nach dem Normzweck sicherstellen soll, dass die Ergebnisse **strafrechtlicher** Ermittlungen auch **steuerlich verwertbar** bleiben,[8)] liegt es nahe, die Ablaufhemmung der steuerlichen Verjährung nur bezüglich der strafrechtlich relevanten Tatsachen anzunehmen, nicht hinsichtlich der ganzen prozessualen Tat (→ Rz. 3452). § 171 Abs. 5 AO soll **nicht** ermöglichen, noch **andere** Besteuerungsgrundlagen, die nicht von der Fahndung erfasst sind, zu korrigieren.[9)] Der BFH hat inzwischen klargestellt, dass auch die Bekanntgabe der Einleitung eines Steuerstrafverfahrens (wegen des Verdachts der Hinterziehung einer bestimmten Steuerart für einen bestimmten Veranlagungszeitraum) nicht die Verjährung des gesamten Steueranspruches hemmt.[10)] **3494**

Die umstrittene Analogie zu § 171 Abs. 4 Satz 3 AO[11)] auf die Steuerfahndungsprüfung hat allenfalls in den Ausnahmefällen Bedeutung, in denen die Steuerfahndung nach den letzten Ermittlungen über vier Jahre zum Jahresende untätig bleibt. Der BFH hat allerdings inzwischen die Analogie zu § 171 Abs. 4 Satz 3 AO abgelehnt.[12)] **3495**

---

1) In diesem Sinne Volk, wistra 1998, 281, 283, der dieses Ergebnis, das seiner Ansicht nach einen Systembruch darstellt, daraus herleitet, dass ein Durchsuchungsbeschluss nur dann bestimmt ist, wenn er auf einen bestimmten Lebensvorgang – etwa auf konkrete Geschäftsvorfälle – Bezug nimmt.
2) Banniza in H/H/Sp, § 171 AO Rz. 143 (Juni 2011).
3) BFH v. 2.7.1998,IV R 39/97, DStR 1998, 1715, 1718; v. 9.3.1999, VIII R 19/97, HFR 1999, 694; Kruse in Tipke/Kruse, § 171 AO Rz. 71 (Januar 2012); Banniza in H/H/Sp, § 171 AO Rz. 146 (Juni 2011); Paetsch in Beermann/Gosch, § 171 AO Rz. 117 (März 2012).
4) BFH v. 14.4.2005, XI R 83/03BFH/NV 2005, 1961; Banniza in H/H/Sp, § 171 AO Rz. 146 (Juni 2011).
5) BFH v. 24.4.2002, I R 25/01, wistra 2002, 389, 390; v. 9.3.1999, VIII R 19/97, HFR 1999, 694.
6) BFH v. 14.4.1999, XI R 30/96, BStBl II 1999, 478, 480.
7) BFH v. 2.7.1998, IV R 39/97, DStR 1998, 1715, 1718.
8) BFH v. 14.4.1999, XI R 30/96, BStBl II 1999, 478, 480.
9) Paetsch in Beermann/Gosch, § 171 AO Rz. 118 (März 2012).
10) BFH v. 14.4.1999, XI R 30/96, BStBl II 1999, 478, 480.
11) Dafür Söffing, DStZ 1996, 713; Kaligin, DStZ 1997, 314; dagegen Rößler, DStZ 1997, 117.
12) BFH v. 24.4.2002, I R 25/01, wistra 2002, 389, 391.

Die Ablaufhemmung gem. § 171 Abs. 5 AO endet deshalb – bis zur Grenze der Verwirkung – nur dann, wenn auf Grund der Prüfung Steuerbescheide ergangen und diese unanfechtbar geworden sind.[1)]

3496 Bei unaufklärbaren **Zweifeln** ist die steuerrechtliche Verjährung nach Beweislastgrundsätzen zu entscheiden, wobei die Voraussetzungen der Ablaufhemmung nach § 171 Abs. 5 Satz 2 AO von der Finanzbehörde zu beweisen sind.[2)]

3. Sperrwirkung für eine Selbstanzeige (§ 371 AO)

3497 Mit der Bekanntgabe der Einleitung eines Steuerstrafverfahrens ist insoweit (→ Rz. 1943) die Möglichkeit einer strafbefreienden Selbstanzeige verloren (§ 371 Abs. 2 Nr. 1 Buchst. b und Abs. 4 Satz 1 AO), selbst wenn die Tat letztlich nur als leichtfertige Steuerverkürzung zu beurteilen ist (§ 378 Abs. 3 AO).[3)]

3498 Zu unterscheiden sind der **persönliche** (→ Rz. 2120), **sachliche** (→ Rz. 2123) und **zeitliche** (→ Rz. 2123) Umfang der Sperrwirkung, wobei die Abgrenzung in zahlreichen Einzelfragen nicht abschließend geklärt ist.

3499 Bei verbleibenden Zweifeln über den Umfang der Sperrwirkung nach § 371 Abs. 2 Nr. 1 Buchst. b AO ist nach dem Grundsatz **„in dubio pro reo"** von einer wirksamen Selbstanzeige auszugehen (→ Rz. 1944).

4. Suspendierung strafbewehrter Steuererklärungspflichten

3500 Im Verlauf des Ermittlungsverfahrens neu entstehende **Steuererklärungspflichten** betreffen häufig auch Sachverhalte, die bereits Gegenstand des Strafverfahrens sind. Damit gerät der Beschuldigte in das Dilemma, im Besteuerungsverfahren unter Strafandrohung weitere Steuererklärungen abgeben zu müssen, obwohl das verfassungsrechtlich verankerte **Selbstbelastungsverbot** (nemo-tenetur-Grundsatz) ihm das Recht, im Strafverfahren zu schweigen, zusichert. In einigen Fallkonstellationen ist die Lösung dieses Konflikts durch Suspendierung der strafbewehrten Steuererklärungspflichten anerkannt. Für die praktisch wichtigsten und häufigsten Konstellationen steht eine praktikable Lösung jedoch noch aus (ausführlich → Rz. 3980).

5. Wegfall des Verwertungsverbots bezüglich allgemeiner Straftaten

3501 Das **Verbot,** Anhaltspunkte für allgemeine Straftaten, die sich aus den Steuerakten ergeben, zu **verwerten** (§ 393 Abs. 2 AO), erstreckt sich regelmäßig auf alle Tatsachen und Beweismittel, die der Stpfl. der Finanzbehörde **bis** zur **Bekanntgabe** der Einleitung eines Steuerstrafverfahrens in Erfüllung steuerlicher Pflichten offenbart hat, denn **bis dahin** handelt der Stpfl. meist in **Unkenntnis** des Verfahrens (→ Rz. 4013, → Rz. 4026).

6. Steuergeheimnis (§ 30 AO)

3502 Die Grenzen, in denen das Steuergeheimnis die Offenbarung von Kenntnissen über allgemeine Straftaten zulässt, werden mit Bekanntgabe der Einleitung in gewissem Umfang erweitert (§ 30 Abs. 4 Nr. 4a AO).

---

1) BFH v. 24.4.2002, I R 25/01, wistra 2002, 389, 392; Paetsch in Beermann/Gosch, § 171 AO Rz. 122 (März 2012).

2) Vgl. BFH v. 12.3.1992, IV R 29/91, BStBl II 1993, 36, 41 m.w.N. zur zehnjährigen Verjährungsfrist gem. § 169 Abs. 2 Satz 2 AO.

3) Eine vergleichbare Regelung enthielt auch das Gesetz über die strafbefreiende Erklärung v. 30.12.2003 („Steueramnestiegesetz") in § 7 StraBEG.

XII. Rechtsschutz gegen die Einleitung

Die **Einleitung** ist gesetzliche Folge von „verdachtsaufklärenden Maßnahmen". Sie ist ihrer Natur nach **nicht förmlich anfechtbar.**[1] Selbst wenn sich die verfahrenseinleitende Maßnahme als solche, etwa ein Durchsuchungsbeschluss, nachträglich als unzulässig erweisen sollte, kann ein erfolgreicher Rechtsbehelf die Maßnahme und damit das eingeleitete Strafverfahren nicht ungeschehen machen (→ Rz. 3403).[2] **3503**

Diese h.M. wird in der Literatur kritisiert. Gegen den Ausschluss der gerichtlichen Kontrolle der Entscheidung über die Einleitung eines steuerstrafrechtlichen Ermittlungsverfahrens spreche, dass ein solcher Ausschluss zur Gewährleistung einer effektiven Strafrechtspflege nicht erforderlich ist. Vielmehr sei vorzeitiger Rechtsschutz im Ermittlungsverfahren zur Gewährleistung der Individualrechte des Beschuldigten erforderlich und auch unter dem Blickwinkel des Rechtsweggebotes aus Art. 19 Abs. 4 GG geboten.[3] Der Rechtsschutz zur Überprüfung der Einleitung eines Ermittlungsverfahrens könne über eine analoge Anwendung des § 98 Abs. 2 Satz 2 StPO oder auch über die §§ 23 ff. EGGVG realisiert werden.[4] **3504**

Zu möglichen **Schadensersatzansprüchen** bei nicht mehr verständlicher und damit unvertretbarer Verfahrenseinleitung → Rz. 2105.

C. Fahndungseingriff

Schrifttum

Bär, Polizeilicher Zugriff auf kriminelle Mailboxen, CR 1995, 489; **Bär**, Anmerkung zum Urteil des LG Landshut vom 20.01.2011 (4 Qs 346/10; MMR 2011, 690) – Zur Zulässigkeit von sogenannter Quellen-Telekommunikationsüberwachung –, MMR 2011, 691; **Becker/Meinicke**, Die sog. Quellen-TKÜ und die StPO – Von einer „herrschenden Meinung" und ihrer fragwürdigen Entstehung, StV 2011, 50; **Bernsmann/Jansen**, Heimliche Ermittlungsmethoden und ihre Kontrolle - Ein systematischer Überblick, StV 1998, 217; **Böckenförde**, Auf dem Weg zur elektronischen Privatsphäre – Zugleich Besprechung von BVerfG, Urteil v. 27.2.2008 – „Online-Durchsuchung" –, JZ 2008, 930; **Braun/Roggenkamp**, Ozapftis – (Un)Zulässigkeit von „Staatstrojanern", K&R 2011, 681; **Brunst**, Zur Frage des Eingriffs in das Fernmeldegeheimnis durch die Beschlagnahme von E-Mails, CR 2009, 592; **Buermeyer/Bäcker**, Zur Rechtswidrigkeit der Quellen-Telekommunikationsüberwachung auf Grundlage des § 100a StPO, HRRS 2009, 433; **Burhoff**, Beschlagnahme von Unterlagen beim Steuerberater, PStR 1999, 243; **Burkhard**, Durchsicht und Beschlagnahme von Handakten, PStR 2001, 158; **Dübbers**, Beschlagnahme von e-Mails, StV 2000, 355; **Ellbogen**, Zu den Voraussetzungen des täterschaftlichen Bandendiebstahls – zugleich Besprechung von BGH, GSSt 1/00 vom 22–3-2001 –, wistra 2002, 8; **Fezer**, Anm. zu BGH v. 5.8.1998, NStZ 1999, 151; **Gaede**, Der grundrechtliche Schutz gespeicherter E-Mails beim Provider und ihre weltweite strafprozessuale Überwachung – Zugleich Besprechung zu LG Hamburg, Beschl. vom 8.1.2008 – 619 Qs 1/08 –, StV 2009, 97; **Herrmann/Soiné**, Durchsuchung persönlicher Datenspeicher und Grundrechtsschutz, NJW 2011, 2922; **Heuchemer**, Die Praxis der Hausdurchsuchung und Beschlagnahme und die Wirksamkeit von Rechtsbehelfen im Wirtschaftsstrafrecht, NZWiSt 2012, 137; **Hoffmann-Riem**, Der grundrechtliche Schutz der Vertraulichkeit und Integrität eigengenutzter informationstechnischer Systeme, JZ 2008, 1009; **Hoffmann/Wißmann**, Zur zulässigen Dauer von Durchsuchungsmaßnahmen, NStZ 1998, 443; **Klaas**, Zum Zeitpunkt des Vollzuges einer Durchsuchung, wenn

1) BFH v. 29.4.2008, VIII R 5/06, BStBl II 2008, 844; OLG Karlsruhe v. 30.4.1982, 4 VAs 22/82, NStZ 1982, 434 mit zustimmender Anm. Rieß; dazu BVerfG v. 23.7.1982, 2 BvR 8/82, NStZ 1982, 430; Jäger in Franzen/Gast/Joecks, 7. Aufl. 2009, § 397 AO Rz. 7.
2) Jäger in Franzen/Gast/Joecks, 7. Aufl. 2009, § 397 AO Rz. 7, 81.
3) Nagel, StV 2001, 185, 192.
4) Nagel, StV 2001, 185, 188, 189 m.w.N. zur abweichenden Auffassung in der Rspr.

beim Beschuldigten elektronisch gespeicherte Daten in der Weise beschlagnahmt werden, daß eine Kopie des gesamten Datenträgers erstellt wird, NStZ 1995, 55; **Knierim**, Fallrepetitorium zur Wohnraumüberwachung und anderen verdeckten Eingriffen nach neuem Recht, StV 2009, 564; **Krekeler/Schütz**, Die Durchsuchung von beziehungsweise in Unternehmen, wistra 1995, 297; **Kühne**, Telefonüberwachung von Rechtsanwälten – Fall Kopp (Schweiz) – EGMR-Urteil vom 25.3.1998 (13/1997/797/1000) –, StV 1998, 683; **Laser**, Das Rechtsschutzsystem gegen Strafprozessuale Zwangsmaßnahmen, NStZ 2001, 120; **Mack**, Erscheinen der Steuerfahndung in der Beraterpraxis, DStR 2011, 53; **Meininghaus**, Der Zugriff auf E-Mails im strafrechtlichen Ermittlungsverfahren, Hamburg 2007; **Merkt**, Auswertung von Unterlagen in steuerlichen Verwaltungsverfahren und Herausgabepflicht im Strafverfahren, DStR 1990, 476; **Minoggio**, Das Schweigerecht der juristischen Person als Nebenbeteiligte im Strafverfahren, wistra 2003, 121; **Ost**, Zur Beschlagnahme des Testaments eines Klienten beim Berufsgeheimnisträger, wistra 1993, 177; **Palm/Roy**, Mailboxen – Staatliche Eingriffe und andere rechtliche Aspekte, NJW 1996, 1791; **Park**, Der Anwendungsbereich des § 110 StPO bei Durchsuchungen in Wirtschafts- und Steuerstrafsachen, wistra 2000, 453; **Park**, Finanzermittlungen und vorläufiger Zugriff auf das Vermögen, StraFo 2002, 73; **Park**, Durchsuchung und Beschlagnahme, 2. Aufl., 2009; **Puschke/Singelnstein**, Verfassungsrechtliche Vorgaben für heimliche Informationsbeschaffungsmaßnahmen, NJW 2005, 3534; **Ransiek**, Die Information der Kunden über strafprozessuale und steuerrechtliche Ermittlungsmaßnahmen bei Kreditinstituten, wistra 1999, 401; **Rau**, Durchsuchungs- und Beschlagnahmemaßnahmen im Zusammenhang mit Rechtsanwalts- und Notaranderkonten, wistra 2006, 410; **Rengier**, Praktische Fragen bei Durchsuchungen, insbesondere in Wirtschaftsstrafsachen, NStZ 1981, 372; **Rieß**, Die Prüfungskompetenz des Ermittlungsrichters, NStZ 1991, 513; **Roth**, Der StPO-Arrest im Steuerstrafverfahren – Ausschluss des Steuerfiskus von der Rückgewinnungshilfe nach § 111b Abs. 2 und 5 StPO?, wistra 2010, 335; **Sankol**, Überwachung von Internet-Telefonie – Ein Schatten im Lichte der §§ 100a ff. StPO –, CR 2008, 18; **Schiller**, Unzulässige Einschränkungen des Anwaltprivilegs bei der Beschlagnahme?, StV 1985, 169; **Schlegel**, Online-Durchsuchung light – Die Änderung des § 110 StPO durch das Gesetz zur Neuregelung der Telekommunikationsüberwachung, HRRS 2008, 23; **Schroth**, Der Rechtsschutz gegen Strafprozessuale Zwangsmaßnahmen, StV 1999, 117; **Singelnstein**, Möglichkeiten und Grenzen neuer strafprozessualer Ermittlungsmaßnahmen – Telekommunikation, Web 2.0, Datenbeschlagnahme, polizeiliche Datenverarbeitung & Co, NStZ 2012, 593; **Stadler**, Zulässigkeit der heimlichen Installation von Überwachungssoftware – Trennung von Online-Durchsuchung und Quellen-Telekommunikationsüberwachung möglich?, MMR 2012, 18; **Sterzinger**, Durchsuchung von Büro- und Kanzleiräumen durch die Steuerfahndung, NJOZ 2010, 1766; **Störing**, Strafprozessuale Zugriffsmöglichkeiten auf E-Mail-Kommunikation, Berlin 2007; **Störing**, Zum strafprozessualen Zugriff gespeicherte E-Mails, MMR 2008, 187; **Stoffers**, Einführung eines „Krisenmanagements" bei Unternehmen im Hinblick auf mögliche Strafverfahren, wistra 2009, 379; **Valerius**, Ermittlungsmaßnahmen im Internet – Rückblick, Bestandsaufnahme, Ausblick –, JR 2007, 275; **Zöller**, Heimlichkeit als System, StraFo 2008, 15.

I. Bedeutung für Mandant und Berater

3505 Neben dem offenen Fahndungseingriff in Form von Durchsuchung und Beschlagnahme gewinnt der verdeckte, heimliche Fahndungseingriff, v.a. im Wege der Telekommunikationsüberwachung und damit verwandter Ermittlungsmethoden, auch für Steuerstrafverfahren zunehmend an Bedeutung. Praktisch wichtigster Fahndungseingriff im Steuerstrafverfahren sind derzeit indes weiterhin Durchsuchung und Beschlagnahme.

Durchsuchung und Beschlagnahme sind für die Ermittlungsbehörden ein zentraler, insgesamt überaus häufiger und aus Betroffenensicht besonders schockierender Fahndungseingriff. Ihre hohe Bedeutung resultiert daraus, dass Steuerdelikte typischerweise urkundliche Spuren hinterlassen. Ferner bezieht die Durchsuchung ihre besondere Wirksamkeit aus dem ihr innewohnenden Überraschungsmoment. Dieser Überraschungseffekt und der durchweg tief empfundene Eingriff in die persönliche und betriebliche Sphäre macht sie für die Betroffenen zu einer „Schockmaßnahme". Hinzu tritt, dass zwischen den restriktiven, verfassungsrechtlich und gesetzlich statuierten rechtlichen Voraussetzungen für Durchsuchung und Beschlagnahme einerseits und der Rechtwirklichkeit oftmals eine große Lücke klafft. Durchsuchung und Beschlagnahme sind somit der wohl „ungezähmteste" strafprozessuale Eingriff. Schließlich haben der jeweilige Maßnahmenumfang, die Eingriffsintensität für den Betroffenen sowie die praktische und rechtliche Komplexität dieses Fahndungseingriffs durch die allgegenwärtige elektronische Datenverarbeitung sprunghaft zugenommen.

Das Wesen von Durchsuchung und Beschlagnahme bestimmt den Handlungsbedarf auf Seiten der Betroffenen und seines Beraters und Verteidigers: Ziel ist die Kontrolle und Eindämmung der Ermittlungshandlungen anhand des vorgegebenen rechtlichen Rahmens. Aufgabe des Beraters und Verteidigers ist es, zum einen die auf Seiten der Ermittler handelnden Personen, deren Verantwortungsbereiche und Kompetenzen zu kennen und zum anderen die rechtlichen Voraussetzungen der verschiedenen Eingriffsmaßnahmen zu beachten, deren Vorliegen umgehend zu kontrollieren und geeignete Rechtsbehelfe oder Gegenmaßnahmen in die Wege zu leiten. Große Bedeutung hat ferner die Begrenzung des durch den Fahndungseingriff eintretenden Schadens, indem unbedachte Äußerungen und Handlungen häufig hochgradig emotionalisierter Betroffener vermieden und die praktischen Auswirkungen von Durchsuchung und Beschlagnahme so gering wie möglich gehalten werden. 3506

II. Rolle und Macht der Steuerfahndung

Die **Steuerfahndung** ist einerseits **Fiskalbehörde**, die als solche über die Eingriffsmöglichkeiten der Abgabenordnung verfügt, und andererseits **Strafverfolgungsbehörde** mit den Machtmitteln der Strafprozessordnung. Diese Machtkonzentration verlangt – v.a. im strafprozessualen Bereich – eine ständige Orientierung am Grundsatz der Verhältnismäßigkeit und fordert somit bei der Wahl der Mittel, den geringstmöglichen Eingriff in die Grundrechte des Bürgers zu gewährleisten. Dazu gehören insbes. Offenlegung der jeweils gewählten Verfahrensart, Disziplin im Umgang mit den zur Verfügung stehenden Machtmitteln, wirksamer Rechtsschutz des betroffenen Bürgers und im Falle des Kompetenzmissbrauchs ausreichende Verwertungsverbote (prozessuale Ermittlungs- und Verwertungsverbote → Rz. 4061 ff.), die einen justizförmigen Verfahrensablauf garantieren sollen. 3507

Die **Wirklichkeit des Ermittlungsverfahrens** ist indes ernüchternd: Wichtige Fragen, z.B. nach dem Verhältnis Besteuerungs- und Strafverfahren und den daraus resultierenden Rechten und Pflichten der Beteiligten oder nach dem Rechtsschutz gegen Fahndungsmaßnahmen, sind unklar bzw. unzureichend geregelt. Diese rechtlichen Unzulänglichkeiten werden verstärkt durch die faktisch **mächtige Stellung der Fahndung.** So wird in der Praxis der von der Steuerfahndung stammende, formal über die Strafsachenstelle oder Staatsanwaltschaft weitergeleitete „Entwurf" einer Durchsuchungsanordnung vom zuständigen Ermittlungsrichter regelmäßig im „Durchschreibeverfahren" unterzeichnet und erlassen. Die Steuerfahndung bekommt den Durchsuchungsbeschluss, den sie will. Eine materielle richterliche Prüfung findet nur in Ausnahmefällen statt. 3508

Auch im Verhältnis zur **Strafsachenstelle** ist die Fahndung im Regelfall der „stärkere" Partner, auch wenn die Fahnder rechtlich nur deren „Ermittlungsbeamten" (früher gar „Hilfsbeamten") sind. In der Regel dominieren sie über die steuerliche auch die strafrechtliche Seite des Ermittlungsverfahrens. Sie stehen mit den Veranlagungsfinanzämtern und Betriebsprüfungsstellen in Kontakt und bestimmen, wann ein Strafverfahren aufgegriffen bzw. eingeleitet wird, welche Maßnahmen getroffen werden und wie der Betrag der verkürzten Steuer fällig gestellt wird. Die Einfluss- 3509 nahme der Strafsachenstelle beschränkt sich im laufenden Ermittlungsverfahren auf eher formelle Maßnahmen, wie z.B. die Beantragung von Beschlüssen auf Grund von Entwürfen der Steuerfahndung, Entscheidung über die Akteneinsichtsanträge der Verteidiger oder Abgabe an die Staatsanwaltschaft.[1] Neben der Ermittlung der subjektiven Tatseite und möglicher strafrechtlicher Verfolgungshindernisse (z.B. Strafklageverbrauch, Verjährung oder Selbstanzeige) bleibt den Strafsachenstellen als wichtige verfahrenslenkende Maßnahme die Entscheidung über die Art des Verfahrensabschlusses.

III. Durchsuchung (§§ 102 ff. StPO)

3510 Maßgeblich für Durchsuchungen in Steuerstrafsachen sind die allgemeinen Vorgaben der Strafprozessordnung. Dementsprechend lassen sich etwa nach der prozessualen Stellung des Betroffenen die

- Durchsuchung beim Verdächtigen (§ 102 StPO) oder
- Durchsuchung bei Dritten, „Unverdächtigen" (§ 103 StPO),

abhängig vom jeweiligen Durchsuchungszweck die

- Durchsuchung zum Auffinden von Beweismitteln,
- Durchsuchung zum Auffinden des Verdächtigen und
- Durchsuchung zur Sicherstellung von Verfallsgegenständen (§ 111b StPO)

sowie je nach Art der Durchsuchungsanordnung die

- Durchsuchung auf der Grundlage einer richterlichen Anordnung oder
- Durchsuchung bei Gefahr im Verzuge

unterscheiden.

Für das Steuerstrafverfahren mit Abstand am bedeutendsten ist die Durchsuchung beim Verdächtigen oder bei Dritten, insbesondere auch steuerlichen Beratern, auf der Grundlage einer richterlichen Anordnung und mit dem Ziel, Beweismittel in Form von Schriftstücken und Dateien aufzufinden.

1. Allgemeine Durchsuchungsvoraussetzungen

3511 Für eine rechtmäßige Durchsuchung bestehen drei zentrale Voraussetzungen: Die Entscheidung darüber, dass eine Durchsuchung erfolgt, setzt grundsätzlich eine richterliche Prüfung und eine richterliche Anordnung voraus; auf diese in Form eines Durchsuchungsbeschlusses ergehende richterliche Anordnung darf nur dann verzichtet werden, wenn eine, im Steuerstrafverfahren selten begründbare, Gefahr des andernfalls drohenden Beweismittelverlustes im Verzuge ist. Erforderlich ist ferner, dass ein entsprechender Tatvorwurf in der Durchsuchungsanordnung dargelegt wird und die gesuchten Beweismittel dort konkret beschrieben sind. Fehlt eine dieser Voraussetzungen, ist eine dennoch durchgeführte Durchsuchung rechtswidrig.

3512 Übergeordnete Voraussetzung für die Rechtmäßigkeit einer Durchsuchung ist die Beachtung des **Verhältnismäßigkeitsgrundsatzes**. Die Durchsuchung stellt einen tief greifenden **Grundrechtseingriff** dar und muss nach dem Verhältnismäßigkeitsgrundsatz der Schwere der Straftat und der Stärke des Tatverdachts angemessen sein.[2] Vor allem durch die nahezu uferlose Ausdehnung von Durchsuchung und

1) Jäger in Franzen/Gast/Joecks, 7. Aufl. 2009, § 387 AO Rz. 22 und § 399 AO Rz. 5 ff.; Mack, DStR 2011, 53 ff.; Sterzinger, NJOZ 2010, 1766.

2) BVerfG v. 10.12.2010, 1 BvR 1739/04, NJW 2011, 1859; v. 27.5.1997, 2 BvR 1992/92, wistra 1997, 223, 225; v. 22.3.1999, 2 BvR 2158/98, StV 1999, 519 f.; allg. Meyer-Goßner, 55. Aufl. 2012, § 102 StPO Rz. 15.

Beschlagnahme auf alle erdenklichen Formen elektronisch gespeicherter Daten kommt es zu einer, in Ermittlungspraxis und jedenfalls der Rechtsprechung der Instanzgerichte, unzureichend berücksichtigten gesteigerten Eingriffsintensität. Denn gerade bei Durchsuchungen im IT-Bereich besteht eine erhöhte Grundrechtsrelevanz, weil hier die Grenzen zwischen Sozial-, Privat- und Intimsphäre fließend sind.[1)]

Soweit vorhanden und erfolgversprechend, sind einer Durchsuchungsmaßnahme weniger eingriffsintensive Ermittlungsmaßnahmen vorzuziehen. So bedeutet es etwa einen Verstoß gegen den Grundsatz der Verhältnismäßigkeit, wenn die hinter einer E-Mail-Adresse stehende Person oder die Zurückverfolgung einer Zahlung durch eine entsprechende Anfrage beim Internet-Provider oder die Anforderung von Bankunterlagen erfolgen könnten, jedoch trotzdem eine Durchsuchung im IT-Bereich beim Beschuldigten oder Dritten erfolgt.[2)]

Die Rechtsposition des Betroffenen wird neben dem für die Durchsuchungssituation „klassischen" Grundrecht auf die Unverletzlichkeit der Wohnung aus Art. 13 GG – jedenfalls nach der Rechtsprechung des Bundesverfassungsgerichts, häufig indessen nicht auf Ebene von Ermittlern und Untergerichten – zunehmend durch weitere, aus dem allgemeinen Persönlichkeitsrechtsrecht des Art. 2 Abs. 1 i.V.m. Art. 1 Abs. 1 GG abgeleitete Gewährleistungen gestärkt. So soll insbesondere das Recht auf informationelle Selbstbestimmung den Einzelnen vor einem exzessiven staatlichen Zugriff auf seine Daten schützen[3)] und das vom Bundesverfassungsgericht formulierte Grundrecht auf Gewährleistung der Vertraulichkeit und Integrität informationstechnischer Systeme (GGVIiS) dort eingreifen, wo „klassische" Grundrechte wie Art. 10 oder Art. 13 GG die fortschreitenden technischen Ermittlungsmöglichkeiten nicht mehr bändigen können.[4)] **3513**

2. Durchsuchungszweck

a) Sicherstellung von Beweismitteln

Im Steuerstrafverfahren ist allein die Durchsuchung zur Auffindung von **Beweismitteln** von praktischer Bedeutung. **3514**

aa) Durchsuchung beim Verdächtigen (§ 102 StPO)

Eine Durchsuchung **beim Verdächtigen** nach § 102 StPO setzt voraus, dass der Anfangsverdacht (→ Rz. 3375 ff.) einer (Steuer-)Straftat gegen diesen vorliegt.[5)] Liegt ein Tatverdacht noch unterhalb der Schwelle des Anfangsverdachts vor, kann eine Durchsuchung unter den strengeren Voraussetzungen des § 103 StPO erfolgen.[6)] Vage Hinweise auf das Vorliegen einer Straftat, die sich nicht auf **tatsächliche Anhaltspunkte oder kriminalistische Erfahrung** stützen können, reichen hingegen nicht aus, und die Durchsuchung darf gerade nicht der Ermittlung von Tatsachen dienen, die überhaupt erst zur Begründung eines Verdachts erforderlich sind.[7)] Ist **3515**

---

1) Herrmann/Soiné, NJW 2011, 2922; Park, Rz. 763.
2) BVerfG v. 13.11.2005, 2 BvR 728/05, 2 BvR 758/05, NStZ-RR 2006, 111; Gercke in Heidelberger Kommentar, 5. Aufl. 2012, § 102 StPO Rz. 32.
3) BVerfGE v. 15.12.1983, 1 BvR 209/83, 1 BvR 269/83, 1 BvR 362/83, 1 BvR 420/83, 1 BvR 440/83, BVerfGE 65, 1 = NJW 1984 419.
4) BVerfG v. 27.2.2008, 1 BvR 370/07, 1 BvR 595/07, NJW 2008, 822.
5) Schäfer in Löwe/Rosenberg, 25. Aufl. 2004, § 102 StPO Rz. 15 m.w.N.
6) Schäfer in Löwe/Rosenberg, 25. Aufl. 2004, § 102 StPO Rz. 15 m.w.N.; Nack in Karlsruher Kommentar, 6. Aufl. 2008, § 103 StPO Rz. 2 und 3; offenbar a.A. Meyer-Goßner, 55. Aufl. 2012, § 102 StPO Rz. 3 (Durchsuchung nach § 102 StPO sei auch bei Personen zulässig, die zunächst informatorisch als Zeugen zu hören sind).
7) BVerfG v. 11.6.2010, 2 BvR 3044/09, StV 2010, 665; Nack in Karlsruher Kommentar, 6. Aufl. 2008, § 102 StPO Rz. 1; Meyer-Goßner, 55. Aufl. 2012, § 102 StPO Rz. 3.

das Vorliegen von Rechtfertigungs-, Entschuldigungs- oder persönlichen Strafausschließungsgründen ganz offensichtlich – besteht mithin schon die Möglichkeit der Durchführung eines Strafverfahrens gegen den Verdächtigen nicht –, so ist eine Durchsuchung nicht statthaft.[1)] Wenn der Betroffene noch nicht Beschuldigter ist, wird er es auf Grund der Durchsuchung;[2)] spätestens diese Maßnahme leitet auch nach § 397 Abs. 1 AO das Steuerstrafverfahren ein (zu verbleibenden Zweifeln über Zielrichtung und Reichweite der Einleitung → Rz. 3392 ff.).

3516 Das **Ziel** der Ermittlungsdurchsuchung ist das Auffinden von Beweismitteln, deren Beschlagnahme nicht verboten ist. Ist von vornherein anzunehmen, dass nur Beweismittel gefunden werden können, die nach § 97 StPO nicht der Beschlagnahme unterliegen, ist die Durchsuchung unzulässig.[3)] Ein weiteres, auch in Steuerstrafsachen auftretendes Durchsuchungsziel stellt das Aufspüren und Sicherstellen von Verfalls- und Einziehungsgegenständen dar (§ 111b Abs. 4 StPO); dieser Durchsuchungszweck muss allerdings gem. § 105 StPO besonders angeordnet werden.[4)]

3517 Für die gesuchten Beweismittel, Einziehungs- und Verfallsgegenstände ist eine „**Auffindungsvermutung**" erforderlich. Diese darf nicht nur auf rein gefühlsmäßigen Erwägungen beruhen, kann sich aber, im Gegensatz zu § 103 StPO,[5)] bereits aus den Umständen des Falles und auf Grund kriminalistischer Erfahrung ergeben, ohne dass konkrete Beweismittel hierfür erforderlich wären.[6)] Rechtswidrig ist eine Durchsuchung zur Aufklärung geringfügiger Straftaten[7)] oder bei weitestgehend fehlender Auffindewahrscheinlichkeit.[8)] Auch zur bloßen **Ausforschung** darf eine Durchsuchung, die sich nur auf eine statistische Straftatwahrscheinlichkeit ohne Vorliegen individueller, durch Tatsachen konkretisierter Verdachtsmomente stützt, nicht angeordnet werden.[9)]

3518 Die Fortsetzung der Durchsuchung ist unzulässig, wenn keine Anhaltspunkte mehr vorhanden sind, die die Vermutung begründen, die weitere Durchsuchung werde zum Auffinden von Beweismitteln führen.[10)]

3519 Liegen die Voraussetzungen für eine Durchsuchung beim Verdächtigen vor, so können die Wohnung und sämtliche Gegenstände durchsucht werden, die – unabhängig vom rechtlichen Eigentum – im befugten oder unbefugten **Gewahrsam** oder Mitgewahrsam des Verdächtigen stehen und faktisch erreichbar sind.[11)] Anderes gilt, wenn Sachen bei einem Dritten, der nicht Verdächtiger ist, abgestellt sind und der Verdächtige seinen alleinigen Gewahrsam daran aufgegeben hat; dann ist die

1) Nack in Karlsruher Kommentar, 6. Aufl. 2008, § 102 StPO Rz. 1; Meyer-Goßner, 55. Aufl. 2012, § 102 StPO Rz. 4.

2) Nack in Karlsruher Kommentar, 6. Aufl. 2008, § 102 StPO Rz. 1.

3) Für den Fall der Zeugnisverweigerungsberechtigung: BVerfG v. 29.3.2007, 2 BvR 224/07, n.v.; Nack in Karlsruher Kommentar, 6. Aufl. 2008, § 103 StPO Rz. 7; Meyer-Goßner, 55. Aufl. 2012, § 103 StPO Rz. 7.

4) Nack in Karlsruher Kommentar, 6. Aufl. 2008, § 111b StPO Rz. 15.

5) Meyer-Goßner, 55. Aufl. 2012, § 103 StPO Rz. 6.

6) Meyer-Goßner, 55. Aufl. 2012, § 102 StPO Rz. 2.

7) BVerfG v. 6.5.2008, 2 BvR 384/07, NJW 2008, 1937.

8) BVerfG v. 25.1.2005, 2 BvR 1467/04, PStR 2005, 111; LG Koblenz v. 28.11.2008, 9 Qs 76/08, StV 2009, 179.

9) AG Saalfeld v. 3.7.2001, 157/01 Gs jug, StV 2001, 504.

10) Seipl in Beermann/Gosch, § 399 AO Rz. 40 (November 2007); BGH v. 23.11.1987, 1 BGs 517/87, 1 BJs55/81 – 4 – 1 BGs 517/87, StV 1988, 90.

11) Mitgewahrsam genügt nach BGH v. 21.2.2006, 3 BGs 31/06, StV 2007, 28; s.a. bereits BGH v. 15.10.1985, 5 StR 338/85, NStZ 1986, 84, 85; Meyer-Goßner, 55. Aufl. 2012, § 102 StPO Rz. 7 und 10 (Sachen); Nack in Karlsruher Kommentar, 6. Aufl. 2008, § 102 StPO Rz. 8, anders aber evtl. Rz. 11 (dem Verdächtigen gehörende Sachen); Stoffers, wistra 2009, 379, 380.

Durchsuchung dort nur nach § 103 StPO zulässig.[1] Nach dem **Gegenstand der Durchsuchung** sind zu unterscheiden:

- Hausdurchsuchung,
- Sachdurchsuchung,
- Personaldurchsuchung.

Die Hausdurchsuchung erstreckt sich auf Wohnung, Räume sowie jedes andere befriedete Besitztum (vgl. § 104 Abs. 1, § 105 Abs. 2 StPO). **Wohnung** ist die tatsächlich bewohnte Räumlichkeit. Eigentum und Mitgewahrsam Dritter sind nach h.M. ohne Bedeutung. Zur Wohnung gehören auch Arbeits-, Betriebs- und Geschäftsräume, Wochenendhäuser oder auch Wohnwagen, nicht jedoch das Auto.[2] **„Andere Räume"** sind solche, die der Verdächtige – wenn auch nur vorübergehend – benutzt oder mitbenutzt, z.B. Hotelzimmer, Schließfachräume sowie das befriedete Besitztum.[3] **3520**

Beispiel:

Lebt ein Verdächtiger in einer nicht ehelichen Lebensgemeinschaft und wird die dem anderen Partner gehörende Wohnung von beiden genutzt, so darf die ganze Wohnung durchsucht werden. Auch ein Untermietvertrag wäre in diesem Falle ohne Bedeutung.

Ein praktisch und rechtlich besonders bedeutsamer Durchsuchungsgegenstand sind EDV-Anlagen. Eine Durchsuchung von **EDV-Anlagen und Datenbeständen** erfolgt zunächst durch die Inbetriebnahme solcher Anlagen.[4] **3521**

Die Dursuchung, namentlich der Zugriff auf einzelne Dateien, ist nach den allgemeinen, auf für andere Durchsuchungsobjekte und -gegenstände geltenden Regelungen durchzuführen, sofern sich die entsprechende EDV-Anlage und die Speichermedien, auf die diese zurückgreift, in einem der in § 102 StPO genannten Durchsuchungsobjekte, insbesondere also in den Wohn- oder Geschäftsräumen des Betroffenen befinden.

Soweit die Ermittler indessen auf Daten zurückgreifen möchten, die sich auf räumlich getrennten Speichermedien außerhalb des Durchsuchungsobjektes befinden, richtet sich die Zulässigkeit der Maßnahme nach den Vorgaben von § 110 Abs. 3 StPO.[5] Zulässig ist danach zunächst allein die Durchsicht („Durchsuchung") der Daten sowie deren Speicherung zwecks Durchsicht.

Für **Behördenräume** gilt, dass die Ermittlungsorgane zunächst erfolglos die Herausgabe der Beweismittel verlangt haben müssen und die betroffene Behörde keine Sperrerklärung aus den Gründen des § 96 StPO abgegeben hat, bevor dort eine Durchsuchung zulässig ist.[6] **3522**

Die **Sachdurchsuchung** betrifft die bewegliche Habe des Verdächtigen, etwa Möbel, Koffer, Aktentaschen, Fahrzeuge und Bankbehältnisse, wie Schließfächer. „Ihm gehörende Sachen" erfordert trotz des Gesetzeswortlauts auch hier nicht Eigentum des Verdächtigen, sondern nur tatsächliche Innehabung, d.h. Besitz, Gewahrsam oder Mitgewahrsam. Die „Sachen" müssen allerdings tatsächlich erreichbar sein (→ Rz. 3517). **3523**

1) Meyer-Goßner, 55. Aufl. 2012, § 102 StPO Rz. 10; Nack in Karlsruher Kommentar, 6. Aufl. 2008, § 102 StPO Rz. 11.
2) Nack in Karlsruher Kommentar, 6. Aufl. 2008, § 102 StPO Rz. 9.
3) Hierzu gehören u.a. Hofräume (§ 104 Abs. 1, § 105 Abs. 2 StPO).
4) Meyer-Goßner, 55. Aufl. 2012, § 102 StPO Rz. 10a.
5) Gercke in Heidelberger Kommentar, 5. Aufl. 2012, § 102 StPO Rz. 19 f.
6) OLG Thüringen v. 20.11.2000, 1 Ws 313/00, wistra 2001, 73 ff. (ob allerdings die sichergestellten Behördenakten zunächst unter Ausschluss der Verteidigung einer Durchsicht gem. § 110 StPO unterliegen, bevor sie beschlagnahmt werden dürfen, begegnet zu Recht erheblichen Bedenken; s. Hohmann, wistra 2001, 95 ff.).

3524 Behauptet der Betroffene, ein Safe, Schließfach oder sonstiges Behältnis werde nicht von ihm, sondern von einem **Dritten** genutzt, der über den Schlüssel verfüge, so schützt das nicht vor der Durchsuchung. Die Steuerfahndung kann in diesem Fall den Gegenstand durch Anbringung eines Siegels vorläufig sichern (§ 94 StPO) und dann einen Durchsuchungs- und Beschlagnahmebeschluss nach den Grundsätzen der Durchsuchung beim Unverdächtigen (§ 103 StPO) beantragen, wenn nicht sogar im Einzelfall die sofortige Durchsuchung nach § 105 StPO wegen Gefahr im Verzuge in Betracht kommt (→ Rz. 3543 ff.).

3525 Die **Personaldurchsuchung** ist zu unterscheiden von der körperlichen Untersuchung nach § 81a StPO (körperlicher Eingriff). Die Durchsuchung der Personen besteht im Suchen nach Sachen und Spuren in der Kleidung und auf der Körperoberfläche sowie im Nachforschen nach Gegenständen in einsehbaren Körperhöhlen und -öffnungen, ohne dass hierfür medizinische Hilfsmittel nötig wären.[1)]

Beispiel:

Bei einer Hausdurchsuchung sieht der Fahndungsbeamte, dass der Verdächtige schnell einen Zettel aus seinem Schreibtisch nimmt und in die Innentasche seiner Jacke steckt.

Gemäß § 102 StPO ist der Fahndungsbeamte berechtigt, den Zettel aus der Jackentasche zu nehmen. Ebenso darf er die Kleidung des Verdächtigen z.B. nach dessen Notizbuch, Brieftasche oder nach Safeschlüsseln abtasten. Steckt der Verdächtige den Zettel in den Mund, dürfte der Beamte diesen auch aus der Mundhöhle herausholen;[2)] erst wenn der Zettel verschluckt wurde, ist der Schutzbereich des § 81a StPO tangiert.

3526 Bei einer **juristischen Person** kann nach streitiger Ansicht auf Grundlage von § 102 StPO durchsucht werden, wenn und soweit der Verdächtige (Mit-)Gewahrsam über die durchsuchten Räume oder Gegenstände hat.[3)] Gleiches gilt für eine offene Handelsgesellschaft oder Kommanditgesellschaft als Personengesellschaft.[4)]

bb) Durchsuchung beim Unverdächtigen (§ 103 StPO)

3527 Die Durchsuchung beim **Unverdächtigen** (§ 103 StPO) setzt demgegenüber voraus, dass gegen den Verdächtigen bereits ein Strafverfahren eingeleitet ist, das diesen zum „Beschuldigten" gemacht hat oder auf Grund dieser Durchsuchung macht.[5)] Anders als nach § 102 StPO muss nach bestimmten, genau bezeichneten, Beweismitteln gesucht werden,[6)] und die „Auffindungsvermutung" ist auf bestimmte, bereits bewiesene Tatsachen zu stützen.[7)]

3528 Da der Unverdächtige einer geringeren Duldungspflicht als der Verdächtige unterliegt, erlangt der **Verhältnismäßigkeitsgrundsatz** eine besondere Bedeutung.[8)] So ist dem Betroffenen regelmäßig schon im Durchsuchungsbeschluss das Recht auf freiwillige Herausgabe des gesuchten Beweisgegenstandes einzuräumen[9)] (sog. **Abwendungsbefugnis**). Macht der Betroffene von seiner Abwendungsbefugnis Gebrauch, kann er damit verhindern, dass die Ermittlungsbeamten selbständig und nach eigenem Gutdünken seine Räume durchsuchen. Eine unkontrollierbare Ausweitung der Durchsuchung kann so unterbunden, die Gefahr von Zufallsfunden (→ Rz. 3626 f.) erheblich verringert werden. Allerdings lässt die freiwillige Heraus-

1) Meyer-Goßner, 55. Aufl. 2012, § 102 StPO Rz. 9.
2) Meyer-Goßner, 55. Aufl. 2012, § 102 StPO Rz. 9.
3) BGH v. 22.8.1996, 5 StR 159/96, wistra 1997, 107, 108; Krekeler/Schütz, wistra 1995, 296, 297 m.w.N.
4) Krekeler/Schütz, wistra 1995, 296.
5) Meyer-Goßner, 55. Aufl. 2012, § 103 StPO Rz. 1 und 5.
6) Schäfer in Löwe/Rosenberg, 25. Aufl. 2004, § 103 StPO Rz. 9.
7) Meyer-Goßner, 55. Aufl. 2012, § 103 StPO Rz. 6.
8) Nack in Karlsruher Kommentar, 6. Aufl. 2008, § 103 StPO Rz. 12.
9) Meyer-Goßner, 55. Aufl. 2012, § 103 StPO Rz. 1.

gabe die Beschwerdemöglichkeit nach § 304 StPO hinsichtlich der betreffenden Gegenstände entfallen. Zu empfehlen ist daher, die Gegenstände lediglich freiwillig herauszusuchen und zur Beschlagnahme vorzulegen (näher → Rz. 3603 ff.)

Bei zeugnisverweigerungsberechtigten Personen darf eine Durchsuchung nach § 103 StPO insoweit nicht durchgeführt werden, als sie nur den Zweck hat, bestimmte beschlagnahmefreie Gegenstände aufzufinden (vgl. § 97 StPO; dazu → Rz. 3634).[1) **3529**

b) Durchsuchung zum Auffinden des Verdächtigen

Eine „Ergreifungsdurchsuchung" ist sowohl beim Verdächtigen als auch beim unverdächtigen Dritten zulässig (§§ 102, 103 StPO). **3530**

c) Durchsuchung zur Sicherstellung von Verfallsgegenständen

Diese ist nach § 111b Abs. 4 StPO zulässig, um den staatlichen Anspruch auf Verfall und Einziehung durchzusetzen (→ Rz. 3345 ff.). Der besondere Durchsuchungszweck des § 111b StPO muss allerdings ausdrücklich angeordnet sein.[2)] **3531**

3. Anordnung der Durchsuchung

Einer Durchsuchungsanordnung bedarf es nicht, wenn diese von sämtlichen Hausrechtsinhabern **freiwillig gestattet** wird (sog. „formlose Durchsuchung").[3)] Eine bloß stillschweigende Duldung genügt indessen keinesfalls. Sie ist im Hinblick auf eine mögliche Gestattung der Durchsuchung und damit die Entbehrlichkeit eines förmlichen Beschlusses ohne Aussagekraft.[4)] **3532**

Im Übrigen setzen Durchsuchungen grds. eine entsprechende Anordnung des Ermittlungsrichters voraus (§ 105 Abs. 1 StPO). **3533**

Der **Antrag** auf Erlass eines Durchsuchungsbeschlusses ist von der Staatsanwaltschaft, im selbständigen Ermittlungsverfahren von der Finanzbehörde (§ 399 Abs. 1 AO), konkret der Bußgeld- und Strafsachenstelle, zu stellen. Die Steuerfahndung ist nicht selbständig antragsbefugt.[5)] Die selbständige Antragsbefugnis der Bußgeld- und Strafsachenstelle beschränkt sich allerdings auf die in § 386 Abs. 2 Nr. 1 und 2 AO benannten Fälle. Im Falle des Verdachts sowohl tatmehrheitlich als auch tateinheitlich gemeinsam mit Steuerstraftaten begangener allgemeiner Straftaten entfällt die Antragskompetenz der Finanzbehörde, sie steht nur der Staatsanwaltschaft zu.[6)] Der Antrag ist grundsätzlich bei dem Amtsgericht anzubringen, in dessen Bezirk die Handlung vorzunehmen ist. Werden richterliche Anordnungen für die Vornahme von Untersuchungshandlungen in mehr als einem Bezirk für erforderlich gehalten, so sind die Anträge abweichend bei dem Amtsgericht zu stellen, in dessen Bezirk die beantragende Stelle ihren Sitz hat (sog. Zuständigkeitskonzentration, § 162 Abs. 1 Satz 2 StPO). **3534**

Der Antrag ist zu **begründen,** um dem Ermittlungsrichter die Überprüfung der Voraussetzungen zu ermöglichen. Die Antragsbegründung hat jedenfalls dieselben Angaben wie ein ggf. angeordneter Durchsuchungsbeschluss zu enthalten. **3535**

---

1) BVerfG v. 29.3.2007, 2 BvR 224/07, n.v.; LG Fulda v. 12.10.1999, 2 Qs 51/99, NJW 2000, 1508 ff.; Meyer-Goßner, 55. Aufl. 2012, § 103 StPO Rz. 7.
2) Dazu: Roth, wistra 2010, 335 ff
3) BGH v. 15.10.1985, 5 StR 338/85, NStZ 1986, 84, 85.
4) OLG Köln v. 27.10.2009, 81 Ss 65/09, StV 2010, 14.
5) Seipl in Beermann/Gosch, § 399 AO Rz. 50 (November 2007).
6) LG Freiburg v. 4.9.2000, VIII Qs 9/00, StV 2001, 268 f. (die Finanzbehörde hatte hier einen Durchsuchungsbeschluss wegen Urkundenfälschung aus Anlass von Ermittlungen wegen Umsatzsteuerhinterziehung beantragt).

3536 Der Antrag ist durch den **Richter** insbes. anhand der tatsächlichen Angaben zu den Tatvorwürfen dahingehend zu überprüfen, ob die beantragte Durchsuchungshandlung zulässig ist (§ 162 Abs. 3 StPO). Dabei sind ausschließlich die Umstände zu berücksichtigen, auf die sich die zuständige Ermittlungsbehörde in ihrem Antrag erkennbar stützen will.[1] Der Richter hat – ohne an die Rechtsauffassung der Ermittlungsbehörde gebunden zu sein – bei grundrechtsrelevanten Maßnahmen wie der Durchsuchung insbes. die Beachtung des **Verhältnismäßigkeitsgrundsatzes** im Hinblick auf die Geeignetheit, Erforderlichkeit und die Angemessenheit des Eingriffs im Verhältnis zur Schwere der Straftat und der Stärke des Tatverdachts zu prüfen.[2]

3537 Der Richter hat durch geeignete Formulierungen des Durchsuchungsbeschlusses im Rahmen des Möglichen **sicherzustellen,** dass der Grundrechtseingriff in Art. 13 Abs. 1 GG angemessen begrenzt wird sowie messbar und **kontrollierbar** bleibt.[3] Daher muss der Durchsuchungs- (und Beschlagnahme-)Beschluss nach § 105 Abs. 1, § 102 StPO gegen den Verdächtigen hinreichend **konkretisierte tatsächliche Angaben** über den Inhalt des Tatvorwurfes enthalten, aus denen sich entnehmen lässt, welche Tathandlungen dem Beschuldigten im Einzelnen vorgeworfen werden.[4] Eine diesen Anforderungen nicht gerecht werdende Durchsuchungsanordnung ist rechtswidrig und überdies nicht geeignet, verjährungsunterbrechende Wirkung (→ Rz. 3488 ff.) zu entfalten.[5] Die Angaben im Durchsuchungsbeschluss können sich an den Anforderungen der Einleitungsmitteilung (→ Rz. 3491) orientieren.

3538 Bei dem Vorwurf einer **Steuerstraftat** sind Angaben zur Art der hinterzogenen **Steuer,** dem **Tatzeitraum**[6] und eine gewisse Konkretisierung der **Tatsachen** erforderlich, auf die sich der Vorwurf stützt.[7] Darüber hinaus sind die Art und der denkbare Inhalt der **Beweismittel,** denen die Durchsuchung gilt, anzugeben.[8] Soweit die genaue Bezeichnung des gesuchten Beweismaterials nicht möglich ist, ist es wenigstens annäherungsweise, ggf. beispielhaft, zu beschreiben.

3539 Auch dürfen die gesuchten Unterlagen im richterlichen Anordnungsbeschluss nicht lediglich pauschal und „nichtssagend" etwa als „beweisgeeignete Unterlagen" bezeichnet werden, sondern müssen nach Art und Inhalt so genau beschrieben werden, wie dies im Einzelfall vernünftigerweise möglich ist.[9] In Steuersachen müssen die gesuchten Unterlagen auch in zeitlicher Hinsicht so genau wie möglich eingegrenzt werden.[10]

Insbesondere im Fall von Durchsuchungen, die sich auf elektronisch gespeicherte Daten richten, wird zu Recht gefordert, dass gerade räumlich getrennte Speichermedien, auf die sich Durchsicht und Beschlagnahme beziehen können (z.B. Nutzerkonten bei E-Mail-Providern), im Durchsuchungsbeschluss wenigstens gegenständlich beschrieben werden.[11]

1) Griesbaum in Karlsruher Kommentar, 6. Aufl. 2008, § 162 StPO Rz. 16.
2) BVerfG v. 26.10.2011, 2 BvR 1774/10, n.v.; BVerfG v. 22.3.1999, 2 BvR 2158/09, StV 1999, 519 f.; v. 27.5.1997, wistra 1997, 223, 225; LG Hannover v. 17.9.1997, 49 Qs 95/97, StV 1997, 626; Rieß, NStZ 1991, 513, 515.
3) BVerfG v. 26.10.2011, 2 BvR 1774/10, n.v.; v. 22.3.1999, 2 BvR 2158/09, StV 1999, 519 f.
4) BVerfG v. 17.3.2009, 2 BvR 1940/05, wistra 2009, 2516; v. 21.6.1994, 2 BvR 2559/93, NJW 1994, 3281, 3282 (nicht ausreichend sei die Formel, der Beschuldigte veranlasse andere unter leeren Versprechungen zu Zahlungen).
5) BGH v. 20.5.2010, 1 StR 577/09, BGHSt 55, 180.
6) BVerfG v. 23.6.1990, 2 BvR 910/88, StV 1990, 483.
7) BVerfG v. 17.3.2009, 2 BvR 1940/05, NJW 2009, 2516.
8) BVerfG v. 7.9.2007, 2 BvR 260/03, n.v.; v. 5.5.2000, 2 BvR 2212/99, NStZ 2000, 601.
9) Vgl. bereits: BVerfG v. 5.8.1966, 1 BvR 586/62, NJW 1966, 1603; s.a. Seipl in Beermann/Gosch, § 399 AO Rz. 57 (November 2007).
10) BVerfG v. 4.7.2006, 2 BvR 950/05, NJW 2006, 2974; v. 23.6.1990, 2 BvR 910/88, StV 1990, 483; s.a. Heuchemer, NZWiSt 2012, 137 ff.
11) Herrmann/Soiné, NJW 2011, 2922; Knierim, StV 2009, 211.

Der Durchsuchungsbeschluss nach § 105 Abs. 1, § 103 StPO **gegen Dritte** wird demgegenüber im Hinblick auf das Steuergeheimnis in der Praxis regelmäßig **knapp** formuliert und enthält im Zweifel keine Angaben zum Sachverhalt. Die in der Rspr.[1] geäußerte Auffassung, über die Darlegung des Tatvorwurfs hinaus brauche der Beschluss nach § 103 StPO keine Begründung des Tatverdachts zu enthalten, da der unbeteiligte Dritte regelmäßig ohnehin nicht in der Lage sei, dieser Begründung entgegenzutreten, dürfte Zweifeln begegnen.[2] Denn unabhängig davon, dass ggf. auch der unbeteiligte Dritte, z.B. als Steuerberater des Beschuldigten, tatsächlich den Tatverdacht entkräften könnte, muss es jedem Betroffenen möglich sein, anhand der Beschlussbegründung die Rechtmäßigkeit des bei ihm vollzogenen Eingriffs in Art. 13 Abs. 1 GG und andere grundrechtlichen Gewährleistungen überprüfen zu können. 3540

An die **zweifelsfreie Bezeichnung** und Konkretisierung der beim unverdächtigen Dritten aufzufindenden Beweismittel im Durchsuchungsbeschluss[3] stellt die Rspr. hingegen ebenso hohe Anforderungen wie an die **Benennung bewiesener Tatsachen,** die die Annahme begründen, dass sich die gesuchten Beweismittel tatsächlich im Gewahrsam des unverdächtigen Dritten befinden.[4] 3541

In der **Verfolgungswirklichkeit** ist die Schwelle zum Durchsuchungsbeschluss denkbar niedrig. Anträge – häufig mit Leerformeln begründet – werden ohne erkennbare Prüfung unterzeichnet. Vielfach ist der zuständige Amtsrichter auf Grund mangelnder steuerlicher und steuerstrafrechtlicher Kenntnisse auch gar nicht zu verantwortlicher Prüfung in der Lage. Darüber hinaus hat der Gedanke der Verfahrenseffizienz Vorrang vor möglichen prozessualen Bedenken. Das führt bei den Steuerfahndern zu der verbreiteten Überzeugung, dass sie den Durchsuchungsbeschluss bekommen, den sie wollen.[5] 3542

4. Durchsuchung ohne Beschluss wegen Gefahr im Verzug

Bei **Gefahr im Verzug** genügt die Anordnung der staatsanwaltschaftlich tätigen Finanzbehörde (§ 399 AO i.V.m. § 105 Abs. 1 StPO) oder der Steuerfahndung als Hilfsbeamte der Staatsanwaltschaft (§ 404 AO, § 152 GVG i.V.m. § 105 Abs. 1 StPO). Gefahr im Verzug besteht, wenn eine richterliche Anordnung nicht (rechtzeitig) eingeholt werden kann, ohne dass der Zweck der Maßnahme gefährdet würde, etwa weil ansonsten der Verlust von Beweismitteln droht. Ob dies der Fall ist, entscheidet der zuständige Amtsträger nach seiner Überzeugung. 3543

Die Frage ist nach Nr. 60 Abs. 6 AStBV (St) 2013 besonders sorgfältig zu prüfen, denn jede Durchsuchung stellt einen schwerwiegenden Grundrechtseingriff dar. Von der Einholung einer richterlichen Anordnung darf daher nur ausnahmsweise abgesehen werden.

Das BVerfG hat bereits in seiner hierzu ergangenen Entscheidung vom 20.2.2001[6] hervorgehoben, dass es sich bei der Durchsuchungsanordnung wegen „Gefahr im Verzug" auf Grund der Umgehung der unabhängigen richterlichen Kontrolle um ein Institut mit **Ausnahmecharakter** handelt; die damit einhergehende Verletzung des Art. 13 Abs. 1 GG ist nur unter strengen Voraussetzungen gerechtfertigt, welche ihrerseits der unbeschränkten gerichtlichen Kontrolle unterliegen. Dabei sind die 3544

1) LG Konstanz v. 17.12.1998, 1 Qs 98/98, wistra 2000, 118.
2) Vgl. auch BGH v. 7.11.2002, StB 16/02, NStZ 2003, 273 f.
3) BVerfG v. 28.4.2003, 2 BvR 358/03, NJW 2003, 2669.
4) LG Berlin v. 16.8.2001, 504 Qs 94/01, StV 2002, 69 f.
5) Zur Kritik der Ermittlungspraxis ausf.: Heuchemer, NZWiSt 2012, 137; s.a. bereits: Schiller, StV 1985, 169.
6) BVerfG v. 20.2.2001, 2 BvR 1444/00, wistra 2001, 137 ff.

Gerichte im Freibeweisverfahren zur Aufklärung folgender Voraussetzungen verpflichtet:[1]

- Gefahr im Verzug muss mit **Tatsachen** begründet werden, die sich auf die besondere **Situation des Einzelfalls** beziehen.[2]
- Reine Spekulationen, hypothetische Erwägungen oder lediglich fallunabhängige Vermutungen auf Grund sog. kriminalistischer Alltagserfahrung reichen hierfür ebenso wenig aus wie die bloße Möglichkeit des Beweismittelverlusts.[3]
- Die Voraussetzungen für Gefahr im Verzug dürfen von den Ermittlungsbehörden auch nicht selbst herbeigeführt werden, indem sie mit dem Antrag auf Erlass eines Durchsuchungsbeschlusses so lange zuwarten, bis die Gefahr eines Beweismittelverlusts tatsächlich eintritt.[4]
- Schließlich folgt aus Art. 19 Abs. 4 GG, dass die Ermittlungsbehörde zur Ermöglichung einer wirksamen gerichtlichen Kontrolle verpflichtet ist, sowohl das Ergebnis als auch die Grundlagen ihrer Entscheidung hinreichend zu dokumentieren (s. auch Nr. 60 Abs. 7 AStBV (St) 2013). Die **Dokumentation** hat sie in unmittelbarem zeitlichem Zusammenhang mit der Durchsuchungsmaßnahme schriftlich zur Ermittlungsakte vorzunehmen.[5]
- Zur Begründung der Maßnahme gehört dabei auch die Bezeichnung des Tatverdachts, der gesuchten Beweismittel, der Umstände, auf die sich die Gefahr eines Beweismittelverlusts stützt, und die Darlegung, weshalb eine richterliche Anordnung zu spät gekommen wäre bzw. warum gar nicht erst versucht wurde, den Ermittlungsrichter zu erreichen.[6]

3545 In **Steuerstrafverfahren** ist die nicht richterliche Ausnahmekompetenz „bei Gefahr im Verzuge" **selten** begründet, nimmt in der Fahndungspraxis der letzten Jahre jedoch zu. Denkbar ist sie zur Fortsetzung einer zunächst einvernehmlich gestatteten Durchsuchung[7] oder wenn während der laufenden Durchsuchung weitere, bisher unbekannte Räume entdeckt werden. Im Übrigen gehen der Durchsuchung meist umfangreiche Ermittlungen voraus, so dass für die richterliche Einschaltung genügend Zeit bleibt.

5. Durchführung der Durchsuchung

a) Beginn und Ende der Durchsuchung

aa) Beginn der Durchsuchung

3546 Nach Erlass des Durchsuchungsbefehls wird dieser der Staatsanwaltschaft bzw. der Finanzbehörde zur Vollstreckung übergeben (§ 36 Abs. 2 Satz 1 StPO), die dann regelmäßig die Steuerfahndung mit der Durchsuchung beauftragt.

3547 Art. 13 Abs. 2 GG lässt es zu, von dem Vollzug eines Durchsuchungsbeschlusses vorläufig abzusehen, aber nicht, Durchsuchungsbeschlüsse vorrätig zu halten.[8] Der einmal erteilte Beschluss ist als Rechtsgrundlage einer konkreten Durchsuchungsmaßnahme nur wirksam, solange sich der zu Grunde liegende Sachverhalt nicht ändert. Spätestens nach Ablauf von **sechs Monaten** verliert er seine rechtfertigende

1) BVerfG v. 23.7.2007, 2 BvR 2267/06, StRR 2007, 242; v. 3.12.2002, 2 BvR 1845/00, StV 2003, 205 ff.
2) BVerfG v. 20.2.2001, 2 BvR 1444/00, wistra 2001, 137 ff.
3) BVerfG v. 20.2.2001, 2 BvR 1444/00, wistra 2001, 137 ff.
4) BVerfG v. 20.2.2001, 2 BvR 1444/00, wistra 2001, 137 ff.
5) BVerfG v. 20.2.2001, 2 BvR 1444/00, wistra 2001, 137 ff.
6) BVerfG v. 20.2.2001, 2 BvR 1444/00, wistra 2001, 137 ff.
7) BGH v. 15.10.1985, 5 StR 338/85, NStZ 1986, 84.
8) BVerfG v. 29.2.2012, 2 BvR 1954/11, NJW 2012, 2096; v. 27.5.1997, 2 BvR 1992/92, wistra 1997, 223.

Kraft und wird **unwirksam.**[1] Für die **Berechnung** der Sechsmonatsfrist ist es ohne Belang, wann die Strafverfolgungsbehörde die Vollstreckung des Durchsuchungsbeschlusses in den Akten verfügt hat, es gilt allein der Beginn der tatsächlichen Vollstreckung.[2]

bb) Abschluss der Durchsuchung

Eine Durchsuchungsmaßnahme wird grundsätzlich mit dem vorbehaltlosen **Verlassen** des Durchsuchungsortes beendet. Ist die Durchsuchung ausnahmsweise nicht an einem Tag durchzuführen, kann sie nach einem entsprechenden ausdrücklichen Vorbehalt **„unterbrochen"** und an weiteren Tagen fortgesetzt werden.[3] Um Verdunkelungsmaßnahmen auszuschließen, werden die Ermittler die noch zu durchsuchenden Räume oder Behältnisse versiegeln und zu sichtende Unterlagen vorläufig sicherstellen (Näheres → Rz. 3585). Erst mit Abschluss der **Durchsicht** aller sichergestellten Unterlagen durch Rückgabe oder förmliche Beschlagnahme gem. § 94 Abs. 2 StPO ist die Durchsuchungsmaßnahme beendet.[4] **3548**

Nach dem Verhältnismäßigkeitsgrundsatz ist die weitere Durchsicht zu beenden, wenn nur (noch) ein vager Tatverdacht vorliegt, das durchzusehende Material aber dringend zur Betriebsfortführung benötigt wird.[5] **3549**

Die **Dauer** einer Durchsuchungsmaßnahme steht, wie jeder Grundrechtseingriff, unter dem Gebot der **Verhältnismäßigkeit.**[6] Das LG Frankfurt hat im Zusammenhang mit der Durchsuchung eines Kreditinstituts mit außerordentlich umfangreichen Unterlagen zwar eine absolute zeitliche Grenze verneint und im konkreten Fall eine Sicherstellungsdauer von 15 Monaten hingenommen, aber den zügigen Abschluss der Durchsicht angemahnt.[7] Das LG Aachen hat hingegen eine länger als zwei Monate andauernde Beschlagnahme einer beruflich benötigten Computeranlage des Beschuldigten als unverhältnismäßig aufgehoben, nachdem die Ermittlungsbehörden während der zweimonatigen Sicherstellung weder eine Datenauswertung noch eine Datenträgerkopie vorgenommen hatten.[8] Auf Kopien seiner Unterlagen braucht sich der Betroffene nicht verweisen zu lassen: Ist die unverhältnismäßige Dauer der Beschlagnahme bzw. Sicherstellung festgestellt, sind die Originale selbst zurückzugeben, wenn er zwischenzeitlich Kopien aller Unterlagen erhalten hatte.[9] **3550**

Schließlich hat das LG Köln eine Sicherstellung von Geschäftsunterlagen, die für die Durchführung des **Geschäftsbetriebs von Bedeutung** sind, als unverhältnismäßig erachtet und den zu Grunde liegenden Beschlagnahmebeschluss aufgehoben, wenn nach sieben Monaten lediglich ein Viertel der sichergestellten Unterlagen von der Staatsanwaltschaft ausgewertet wurde.[10]

In der Literatur wird indes mit guten Gründen eine zeitliche Höchstdauer von sechs Monaten ab Beginn der Durchsuchung gefordert, da die Durchsicht zur Entscheidung über die Beweiseignung als Beschlagnahmevoraussetzung in dieser Zeit **3551**

1) BVerfG v. 27.5.1997, 2 BvR 1992/92, wistra 1997, 223.
2) LG Berlin v. 1.4.1999, 511 Qs 105/98, StV 1999, 520 f.
3) Flore in Flore/Dörn/Gillmeister, 117.
4) Nack in Karlsruher Kommentar, 6. Aufl. 2008, § 105 StPO Rz. 20 m.w.N.
5) BGH v. 23.11.1987, 1 BGs 517/87, 1 BJs55/81 – 4 – 1 BGs 517/87, StV 1988, 90.
6) BVerfG v. 4.2.2005, 2 BvR 308/04, wistra 2005, 219.
7) LG Frankfurt v. 4.9.1996, 5/29 Qs 16/96, wistra 1997, 117, 118.
8) LG Aachen v. 14.6.2000, 65 Qs 60/00, StV 2000, 548.
9) LG Mühlhausen v. 3.3.2002, 6 Qs 56/03, StraFo 2003, 237, 238.
10) LG Köln v. 17.5.2002, 109 Qs 219/02, StraFo 2002, 265 f.

jedenfalls abgeschlossen werden kann.[1] Nach Fristablauf müssten sichergestellte Unterlagen herausgegeben werden, eine Beschlagnahme wäre rechtswidrig.[2]

3552 Der einmal vollzogene Durchsuchungsbeschluss ist aber mit Abschluss der Durchsuchung **verbraucht;** eine **Zweitdurchsuchung** erfordert den Erlass eines neuen Durchsuchungsbeschlusses.[3]

cc) Durchsuchungszeit

3553 Durchsuchungen finden grundsätzlich bei **Tage** statt. Die **Nachtzeit** beginnt um 21.00 Uhr. In der Zeit vom 1. April bis 30. September endet sie um 4.00 Uhr, in der Zeit vom 1. Oktober bis 31. März um 6.00 Uhr (§ 104 Abs. 3 StPO). Eine Durchsuchung muss so rechtzeitig begonnen werden, dass mit ihrem Ende vor Einbruch der Nacht, also vor 21.00 Uhr, zu rechnen ist. Dann darf sie aber in die Nachtzeit hinein fortgesetzt werden.[4]

3554 In der Nachtzeit sind Durchsuchungen nur zulässig

- bei Verfolgung auf frischer Tat,
- bei Gefahr im Verzuge (§ 104 Abs. 1 StPO) oder
- wenn die Räume zu diesem Zeitpunkt jedermann zugänglich sind, z.B. Barbetriebe (§ 104 Abs. 2 StPO).

b) Mitteilung des Durchsuchungszwecks

3555 Nach § 106 Abs. 2 Satz 1 StPO sind die Ermittlungsbeamten verpflichtet, in den Fällen des § 103 StPO dem unverdächtigen Inhaber der zu durchsuchenden Räume den Zweck der Durchsuchung vor deren Beginn bekannt zu geben. Dagegen schreibt das Gesetz in den Fällen des § 102 StPO nur eine nachträgliche Mitteilung auf Verlangen des Betroffenen vor (§ 107 StPO). Danach hätte der Verdächtige offenbar vor der Durchführung der Durchsuchung keinen Anspruch auf Einsicht in den richterlichen Durchsuchungsbeschluss. Diese Rechtslage ist verfassungsrechtlich bedenklich, denn nach der Rspr. des BVerfG[5] besteht der Sinn der richterlichen Anordnung vornehmlich darin, die Grenzen der Durchsuchung abzustecken und den Eingriff messbar und kontrollierbar zu gestalten. Dies setzt natürlich voraus, dass sich der Betroffene vom Zweck und Inhalt der Durchsuchung unterrichten kann, um so ein Mindestmaß an Kontrolle ausüben (lassen) zu können. Der Durchsuchungsbeschluss ist dem Betroffenen daher in schriftlicher Ausfertigung mit vollständiger Begründung auszuhändigen.[6]

c) Anwesenheitsrechte

aa) Durchsuchungsbeamte

3556 Richterliche Durchsuchungsbeschlüsse werden grundsätzlich von der **Staatsanwaltschaft** vollzogen (§ 36 Abs. 2 Satz 1 StPO). Diese kann die Durchsuchungsmaßnahme selbst leiten oder **Hilfsbeamte** der Staatsanwaltschaft, insbes. die Polizei oder Steuerfahndung, mit der Durchführung beauftragen.[7] Dabei können die

1) Hoffmann/Wißmann, NStZ 1998, 443, 444; die Durchsicht zu Beweiszwecken beruht nicht auf § 110 StPO und ist nicht mehr Teil der Durchsuchung, Nack in Karlsruher Kommentar, 6. Aufl. 2008, § 105 StPO Rz. 20 m.w.N.
2) Im Einzelnen Hoffmann/Wißmann, NStZ 1998, 443, 444.
3) Meyer-Goßner, 55. Aufl. 2012, § 105 StPO Rz. 14 m.w.N.
4) BVerfG v. 7.9.2006, 2 BvR 1219/05, wistra 2006, 459; v. 24.5.1977, 2 BvR 988/75, NJW 1977, 1489.
5) BVerfG v. 26.5.1976, 2 BvR 294/76, BVerfGE 42, 220.
6) BGH v. 7.11.2002, StB 16/02, NStZ 2003, 273 f.
7) Nack in Karlsruher Kommentar, 6. Aufl. 2008, § 105 StPO Rz. 7.

beauftragten Hilfsbeamten nur im Rahmen ihrer sachlichen und örtlichen **Zuständigkeit** handeln. Sie dürfen außerhalb ihrer Zuständigkeit weder beauftragt noch beteiligt werden.

Beispiel:

Wird der Durchsuchungsbeschluss allein mit dem Verdacht einer Lohnsteuerhinterziehung begründet, darf die für Drogenermittlungen zuständige Abteilung der Kriminalpolizei weder beauftragt werden noch an einer Durchsuchung der zuständigen Steuerfahndung teilnehmen. Umgekehrt darf die Steuerfahndung nicht an einer Durchsuchung des Hauptzollamts wegen unerlaubter Arbeitnehmerüberlassung oder der Kriminalpolizei wegen Abrechnungsbetrug teilnehmen. Wird dennoch eine unzuständige Ermittlungsbehörde beigezogen, um gezielt nach Zufallsfunden zu suchen, sind diese nicht verwertbar (→ Rz. 3627).

Anwesende Beamte der **Betriebsprüfungsstelle** sind jedenfalls nicht zur Durchsicht **3557** von Papieren berechtigt[1] – doch ist ihre Anwesenheit regelmäßig nur mit der gezielten Suche nach Unterlagen erklärbar, die für das Besteuerungsverfahren nützlich sind und bei Gelegenheit der Durchsuchung zur näheren Durchsicht und Anfertigung von Kopien sichergestellt werden sollen. Diese Zielrichtung wird in Einzelfällen sogar offen eingeräumt. Die Rechtswidrigkeit dieses Vorgehens ist evident.

Gleichwohl meint das OLG Bremen,[2] sogar derselbe Betriebsprüfer, der das Steuer- **3558** strafverfahren gegen den Beschuldigten aus Anlass seiner Prüfung zuvor eingeleitet hatte, sei als „Sachverständiger" berechtigt, an der Durchsuchung beim Beschuldigten teilzunehmen und beweiserhebliche Unterlagen vor Ort „auszuwerten". Begründet wird dies u.a. mit der Erkenntnis, dass es sich bei dem Betriebsprüfer immerhin um einen Beamten der Finanzbehörden handele, der gesetzlich verpflichtet sei, alle bedeutsamen Umstände des Einzelfalls – auch die für den Beteiligten günstigen – zu ermitteln. Ferner könne von einer Durchsicht der Unterlagen i.S.d. § 110 StPO durch den – strafprozessual hierzu unbefugten – Betriebsprüfer keine Rede sein. Denn er habe lediglich bereits vor Ort mit der „Auswertung" der schon beschlagnahmten Unterlagen begonnen.[3]

Die Entscheidung darf als naiv bezeichnet werden. Wofür sonst – wenn nicht zur Durchsicht der aufgefundenen Unterlagen – sollte der „Sachverstand" dieses Betriebsprüfers ausgerechnet in der Durchsuchungssituation benötigt werden? Die ihm vom Gericht zuerkannten Aufgaben hätte er ebenso nach Durchsuchungsende erledigen können.

Die Anwesenheit von **Vollstreckungsbeamten** des Finanzamts zur Feststellung **3559** pfändbarer Vermögensgegenstände oder gar zur Durchführung von Vollstreckungsmaßnahmen (etwa zum Vollzug einer Arrestanordnung i.S.v. § 324 AO) ist allenfalls zulässig, wenn die Vollstreckung ausnahmsweise vom Durchsuchungsbeschluss abgedeckt ist oder wenn hierfür ein eigener Durchsuchungsbeschluss gem. § 287 Abs. 4 Satz 1 AO vorliegt. Andernfalls sind die Vollstreckungsmaßnahmen rechtswidrig.

bb) Anwesenheitsrecht des Gewahrsamsinhabers

Der **Gewahrsamsinhaber** der zu durchsuchenden Räume bzw. Gegenstände darf **3560** der Durchsuchung beiwohnen. Ist er abwesend, ein Richter oder Staatsanwalt hingegen anwesend, beginnt die Durchsuchung auch ohne ihn. Wenn möglich sind dann Vertreter, erwachsene Angehörige oder Nachbarn des Inhabers – in dieser

1) Anders im selbständigen Verfahren der Finanzbehörde gem. § 399 Abs. 1 AO für Außenprüfer dieser Behörde, aber auch dann bleibt die Durchsicht für steuerliche Zwecke rechtswidrig.
2) OLG Bremen v. 23.10.1998, VAs 1/98, wistra 1999, 74 ff.
3) OLG Bremen v. 23.10.1998, VAs 1/98, wistra 1999, 74.

Reihenfolge – hinzuzuziehen (§ 106 Abs. 1 StPO). Üblicherweise wird bei Abwesenheit des Inhabers, wenn nötig, ein Schlosser oder Schlüsseldienst mit dem Öffnen der Räume beauftragt. Schlüssel für aufbruchsbedingt ausgetauschte Schlösser werden nach Durchsuchungsende ggf. an geeigneter Stelle (Angehörige, Polizeiabschnitt) hinterlegt. Die Kosten für derartige Maßnahmen trägt die Staatskasse, falls das Verfahren mit Freispruch endet (§ 464b, § 464a Abs. 2 StPO). Auch mit der gewaltsamen Öffnung von Safes im Hause oder bei Banken werden ggf. Dritte beauftragt, wenn der Inhaber abwesend ist oder sich weigert, diese freiwillig zu öffnen.

3561 Bei einer Durchsuchung nach § 103 Abs. 1 StPO ist dem unverdächtigen Gewahrsamsinhaber oder eine der in § 106 Abs. 1 StPO bezeichneten Personen der Zweck der Durchsuchung, typischerweise durch vorherige Übergabe des Beschlusses, bekannt zu machen (§ 106 Abs. 2 StPO). Dies dürfte im Umkehrschluss bedeuten, dass jedenfalls der unverdächtige Gewahrsamsinhaber bzw. sein Vertreter auch stets hinzuzuziehen ist.[1]

cc) Anwesenheit des Beschuldigten und seines Verteidigers

3562 Auch der **Beschuldigte** darf als Gewahrsamsinhaber bei einer Durchsuchung in seinen eigenen Räumen zugegen sein (§ 106 Abs. 1 StPO) und kann nur in den Grenzen von § 164 StPO ausgeschlossen werden.

3563 Die Anwesenheit seines **Verteidigers** wird in der Praxis regelmäßig gestattet; dieser hat in den Grenzen der §§ 106, 164 StPO sogar ein Anwesenheitsrecht, wenn der Gewahrsamsinhaber zustimmt. Sein Eintreffen muss nicht abgewartet werden und wird i.d.R. nur abgewartet, wenn sich die Durchsuchung dadurch nicht mehr als geringfügig verzögert.[2]

3564 Ein Rechtsanspruch des Beschuldigten, der nicht Gewahrsamsinhaber ist, und seines Verteidigers auf Anwesenheit bei der Durchsuchung Dritter besteht grundsätzlich nicht.[3]

3565 Der Inhaber kann jedoch nicht daran gehindert werden, seine Inhaberrechte wahrzunehmen und Dritten die Anwesenheit zu gestatten.[4] Die Ermittlungsbeamten können nur dann einschreiten, wenn sich daraus eine Störung der Durchsuchung ergeben sollte (§ 164 StPO).

3566 Der **steuerliche Berater** sollte – sofort nach der entsprechenden Information – einen Rechtsanwalt einschalten, sich an den Durchsuchungsort begeben (auch seine Anwesenheit wird in der Praxis regelmäßig gestattet) und während der Durchsuchung anwesend bleiben.

dd) Durchsuchungszeugen

3567 Ist bei der Durchsuchung weder ein Richter noch ein Staatsanwalt anwesend, so sind „wenn möglich, ein Gemeindebeamter oder zwei Mitglieder der Gemeinde, in deren Bezirk die Durchsuchung erfolgt, zuzuziehen" (§ 105 Abs. 2 StPO). **Zweck der Zeugenzuziehung** ist einerseits die Sicherung vor Fehlverhalten der Beamten und andererseits die vorsorgliche Gewinnung unbeteiligter Zeugen, um etwaige spätere Vorwürfe des Betroffenen, die Beamten hätten sich nicht korrekt verhalten, besser klären zu können.[5]

1) Nur diese Auslegung dürfte auch mit dem Verhältnismäßigkeitsgrundsatz und der geringeren Duldungspflicht des Unverdächtigen vereinbar sein.
2) Meyer-Goßner, 55. Aufl. 2012, § 106 StPO Rz. 2.
3) Schäfer in Löwe/Rosenberg, 25. Aufl. 2004, § 106 StPO Rz. 11.
4) Schäfer in Löwe/Rosenberg, 25. Aufl. 2004, § 106 StPO Rz. 11; Meyer-Goßner, 55. Aufl. 2012, § 106 StPO Rz. 3.
5) Meyer-Goßner, 55. Aufl. 2012, § 105 StPO Rz. 12.

Obwohl die Anwesenheit von Durchsuchungszeugen eine **wesentliche Förmlichkeit** ist,[1] wird von der Steuerfahndung gelegentlich gegen § 105 Abs. 2 StPO verstoßen. Zwar hat der ermittelnde Beamte bei der Entscheidung über die Zuziehung einen Ermessensspielraum.[2] Im Rahmen der Ausübung seines pflichtgemäßen Ermessens darf er auf diese wesentliche Förmlichkeit jedoch nur verzichten, wenn der für die Herbeiholung von Zeugen erforderliche Zeitaufwand den Erfolg der Durchsuchung gefährden würde oder wenn sonst erhebliche Schwierigkeiten (z.B. Gefahren für Zeugen) entgegenstehen. Liegen solche Ausnahmefälle nicht vor, ist die Durchsuchung rechtswidrig, es sei denn, der Betroffene hätte ausdrücklich, z.B. wegen seines Geheimhaltungsinteresses, auf Zeugen verzichtet.[3] Ein Verwertungsverbot der Ergebnisse einer aus diesem Grunde rechtswidrigen Durchsuchung wird allerdings überwiegend abgelehnt.[4] **3568**

ee) Sonstige Personen

Die Mitnahme von Presse- und Fernsehvertretern in die zu durchsuchenden Räume wäre wegen Verletzung des Steuergeheimnisses (§ 30 Abs. 2 AO) rechtswidrig. **3569**

d) Ablauf der Durchsuchung

aa) Keine Telefonsperre

Der von der Durchsuchung Betroffene – gleichgültig ob Beschuldigter oder Dritter – hat grds. das Recht, während der Durchsuchung zu telefonieren und Telefongespräche zu empfangen. Dieses Recht wird von der Fahndung zwar häufig bestritten,[5] aber eine grundsätzliche Telefonsperre während der Durchsuchung besteht nicht.[6] Vor allem darf der Betroffene seinen **Anwalt oder Steuerberater** oder beide anrufen.[7] Umstritten ist allerdings, ob das Recht auf unüberwachten fernmündlichen Verteidigerkontakt im Hinblick auf den Durchsuchungszweck eingeschränkt werden darf.[8] Generell wird jedoch von einem uneingeschränkten Recht des Betroffenen auf **Verteidigerkontakt** auszugehen sein. Denn ohne konkrete Anhaltspunkte, wie etwa den Verdacht einer Straftatbeteiligung des Verteidigers, kann gerade nicht angenommen werden, dass fernmündlicher Kontakt mit dem Verteidiger, also mit einem Organ der Rechtspflege, den Durchsuchungszweck gefährdet oder gar Verdunklungshandlungen besorgen lässt. Auch durch **sonstige Telefongespräche** wird die Durchsuchung in aller Regel nicht gestört, so dass § 164 StPO nicht anzuwenden ist. Dies gilt z.B. für alle Gespräche, die zur Aufrechterhaltung des Geschäftsbetriebes dienen. Andererseits kann eine Telefonbenutzung, die die Vernichtung von Beweismaterial oder sonstige Verdunkelungsmaßnahmen befürchten lässt, selbstverständlich als Störung gem. § 164 StPO unterbunden werden. **3570**

In der **Praxis** liegt natürlich ein Problem darin, dass es für die Fahndungsbeamten äußerst schwierig ist, lautere und unlautere Gesprächsabsichten voneinander zu unterscheiden. Diese praktische Schwierigkeit darf aber nicht dazu führen, dass – quasi an § 164 StPO vorbei – eine pauschale Telefonsperre angeordnet wird. Unbe- **3571**

---

1) BayObLG v. 23.11.1979, RReg 5 St 387/79, MDR 1980, 423.
2) Meyer-Goßner, 55. Aufl. 2012, § 105 StPO Rz. 11.
3) BGH v. 9.5.1963, 3 StR 6/63, NJW 1963, 1461.
4) Nack in Karlsruher Kommentar, 6. Aufl. 2008, § 105 StPO Rz. 14 und 21 (unter Hinweis auf den sog. hypothetischen Ersatzeingriff); Meyer-Goßner, 55. Aufl. 2012, § 105 StPO Rz. 11; allgemein krit. Schäfer in Löwe/Rosenberg, 25. Aufl. 2004, § 105 StPO Rz. 52, und § 98 StPO Rz. 82.
5) Streck, Rz. 331.
6) Rengier, NStZ 1981, 372, 375.
7) OLG Stuttgart v. 7.6.1972, 2 VAs 158/71, NJW 1972, 2146, 2147; Rengier, NStZ 1981, 372.
8) OLG Karlsruhe v. 26.6.1996, 2 VAs 11/96, StraFo 1997, 13, 15, bejaht dies sogar für den nicht beschuldigten Steuerberater; a.A. jedenfalls für diesen Flore in Flore/Dörn/Gillmeister, 116 f.

denklich ist deshalb z.B. die Besetzung der Pförtnerloge durch Ermittlungsbeamte, um die vorzeitige Benachrichtigung der Geschäftsführung vom Eintreffen der Durchsuchungsbeamten zu verhindern.[1] Der Grundsatz der Verhältnismäßigkeit dürfte es aber gebieten, dass in zweifelhaften Fällen die Ermittlungsbeamten lediglich die Gesprächsvermittlung übernehmen oder das Gespräch mithören.

bb) Maßnahmen bei Störung der Durchsuchung – Hausarrest

3572 § 164 StPO gibt den Ermittlungsbeamten unter Beachtung des Grundsatzes der Verhältnismäßigkeit das Recht, solche Handlungen, die die Durchführung der konkreten Durchsuchungsmaßnahmen erschweren oder die Erfolgsaussichten mindern, zu unterbinden. Soweit weniger einschneidende Maßnahmen nicht in Betracht kommen, lässt die Strafprozessordnung nach vorheriger Androhung sogar Festnahme und Arrest bis zur Beendigung der Durchsuchungshandlung als ultima ratio zu.[2]

3573 Möglicherweise bestehen zu Beginn einer Durchsuchungsaktion Befürchtungen, dass Inhaber oder deren Ehepartner, Geschäftsführer oder Angestellte Beweismittel beiseiteschaffen. Bei Geschäftspapieren ist dies ohnehin nicht schwierig. Ermittlungsbeamte neigen deshalb gerade bei größeren Durchsuchungen in der Anfangsphase zu der Anordnung eines allgemeinen Stubenarrests. Ohne entsprechende Anhaltspunkte dürften Anordnungen in dieser allgemeinen Form jedoch unverhältnismäßig und damit rechtswidrig sein.

3574 Rechtlich würde die Anordnung eines allgemeinen Stubenarrests voraussetzen, dass bei jedem Anwesenden Verdunkelungsgefahr besteht. Dies wird nur in Ausnahmefällen anzunehmen sein. Jedenfalls die Anwesenheit bei Durchsuchungsbeginn allein ist kein „Arrestgrund". Unbeteiligte Personen und Angestellte dürfen deshalb nicht am Verlassen der Räume gehindert werden. Nur wenn im konkreten Fall Verdunkelungshandlungen, d.h. „Störungen" i.S.d. § 164 StPO, zu befürchten sind, können nach vorheriger Belehrung und Androhung[3] Sicherungsmaßnahmen gerechtfertigt sein.

3575 Der Verdunkelungsverdacht muss sich auf Beweismittel beziehen, die in den vom Durchsuchungsbefehl erfassten Räumlichkeiten vermutet werden, denn die Grenzen der Amtsgewalt i.S.d. § 164 StPO ergeben sich aus dem Durchsuchungsbeschluss.[4] Daher wäre es z.B. unzulässig, einen Geschäftsfreund des verdächtigen Inhabers der durchsuchten Räume an dessen Verlassen mit der Begründung zu hindern, es bestehe die Gefahr, dass er bei sich zu Hause Beweismittel vernichtet.

e) Durchsicht der Papiere und der EDV-Daten

3576 Hauptbestandteil der Durchsuchung in Steuerstrafverfahren ist die **Durchsicht** von Papieren und anderen nicht papierförmigen Informationsträgern, also insbesondere von Daten aller Art auf Speichermedien aller Art.

Die Durchsicht ist dabei gerade **Teil der Durchsuchung**. Sie dient der Feststellung, ob Informationsträger überhaupt als Beweismittel in Betracht kommen und demgemäß zu beschlagnahmen sind oder ob sie aus rechtlichen und tatsächlichen Gründen beim Betroffenen zu verbleiben haben und ihm, nach zwischenzeitlicher Mitnahme, umgehend zurückzugeben sind. Die vielfach erfolgende „vorbeugende Sicherstellung" und Monate oder sogar Jahre dauernde Auswertung umfangreicher Informationsmengen mit dem Ziel, ihre Beweiseignung überhaupt erst einmal fest-

---

1) Rengier, NStZ 1981, 372.
2) Nack in Karlsruher Kommentar, 6. Aufl. 2008, § 164 StPO Rz. 7; Meyer-Goßner, 55. Aufl. 2012, § 164 StPO Rz. 5.
3) Nack in Karlsruher Kommentar, 6. Aufl. 2008, § 164 StPO Rz. 7.
4) So bereits: Rengier, NStZ 1981, 372.

zustellen, sind rechtswidrig, werden gleichwohl praktiziert und halten vielfach gerichtlicher Kontrolle stand.

aa) Papiere

Zu den **Papieren** gehört das gesamte **private und geschäftliche** Schriftgut, z.B. Bilanzen, Geschäftsbücher, Belege, Aufzeichnungen, Werkzeichnungen und Briefe. Verschlossene Briefe dürfen daher grds. geöffnet und gelesen werden, wenn sie an den Beschuldigten gerichtet sind.[1] Darüber hinaus sind nach dem Schutzzweck des § 110 StPO als „Papiere" ganz allgemein **„Aufzeichnungen und Mitteilungen"** zu behandeln, gleichgültig auf welchem Informationsträger sie festgehalten sind, also insbes. auch Filme, Tonträger, deren wesentliche Inhalte schriftlich in die Ermittlungsakte zu bringen sind,[2] und EDV-Daten (→ Rz. 3589). **3577**

Insgesamt werden alle Materialien, die der Aufzeichnung oder Speicherung von menschlichen Äußerungen dienen (Ton- und Bildträger, Datenträger) dem Papier gleichgestellt.[3] Da EDV-Daten typischerweise nur mit entsprechender Software, also Betriebssystemen und Programmen, lesbar sind, werden erforderlichenfalls auch diese, u.U. sogar die Hardware, zur Durchsicht benötigt.[4]

bb) Zweck der Durchsicht

„Durchsicht" (§ 110 StPO) ist das Mittel, die vorgefundenen Papiere inhaltlich darauf zu prüfen, ob die richterliche Beschlagnahme zu beantragen ist, sie also beweisgeeignet und rechtlich beschlagnahmefähig sind, ob – falls der Beschlagnahmebeschluss bereits vorliegt – sie von der Beschlagnahme erfasst werden oder ob sie zurückzugeben sind.[5] Selbst wenn nach verbreiteter Praxis ein richterlicher „Durchsuchungs- und Beschlagnahmebeschluss" vorliegt, dürfen Unterlagen erst nach der Durchsicht und nicht, wie in der Praxis üblich, vorbeugend beschlagnahmt werden. Die Durchsicht ist – auch im Fall eines verbundenen Durchsuchungs- und Beschlagnahmebeschlusses – noch Teil der Durchsuchung. **3578**

Durchgesehen werden können Papiere nur darauf, ob sie geeignete Beweismittel sind und von der Durchsuchungsanordnung i.S.d. § 102 StPO überhaupt erfasst werden bzw. ob es sich bei ihnen um „bestimmte Gegenstände" i.S.d. § 103 StPO handelt. Nach richtiger Auffassung kommt es dabei nicht darauf an, ob sich die Papiere zum Zeitpunkt der Durchsuchung im Gewahrsam des Durchsuchten befinden; § 110 StPO muss vielmehr auch für Papiere gelten, die auf andere Art und Weise in die Hände der Strafverfolgungsorgane gelangt sind.[6] **3579**

Von der Durchsicht ausgeschlossen sind daher Unterlagen, die – nach Grobsichtung erkennbar – gem. § 97 StPO nicht beschlagnahmt werden dürften. **3580**

Die Behandlung der vorgefundenen Unterlagen erfolgt in drei Schritten: **3581**

- Grobsichtung auf einen Zusammenhang mit dem Verfahrensgegenstand, etwa anhand der Beschriftung auf Leitz-Ordnern,
- Durchsicht und
- Beschlagnahme.

---

1) BGH v. 23.11.1987, 1 BGs 517/87, 1 BJs55/81 – 4 – 1 BGs 517/87, StV 1988, 90.
2) Nack in Karlsruher Kommentar, 6. Aufl. 2008, § 110 StPO Rz. 2.
3) Schäfer in Löwe/Rosenberg, 25. Aufl. 2004, § 110 StPO Rz. 5.
4) BVerfG v. 30.1.2002, 2 BvR 2248/00, NStZ 2002, 377.
5) Meyer-Goßner, 55. Aufl. 2012, § 110 StPO Rz. 2.
6) Park, Rz. 228; Meyer-Goßner, 55. Aufl. 2012, § 110 StPO Rz. 1.

cc) Befugnis zur Durchsicht der Papiere

3582 Die Durchsicht der Papiere steht zuvorderst der **Staatsanwaltschaft** zu. Die daneben bestehende richterliche Befugnis ist weitestgehend irrelevant. Auf eine staatsanwaltschaftliche Anordnung, die praktisch in den allermeisten Fällen vorliegt, sind auch die Ermittlungspersonen im Sinne von § 152 GVG, insbesondere etwa Kriminalpolizeibeamte (denen bis zum 1.1.2008 allein ein Recht zur Grobsichtung von Papieren zustand), ebenfalls zur Durchsicht berechtigt. Welche Beamten im Einzelnen als Ermittlungspersonen gelten, legen entsprechende Rechtsverordnungen in den einzelnen Bundesländern fest.

3583 Zoll- und Steuerstrafverfahren weisen zusätzlich die Besonderheit auf, dass dort auch die **Steuerfahndung und die Zollfahndungsämter** für die Durchsicht zuständig sind (§ 404 Satz 2 Halbsatz 1 AO). Diese können das Durchsichtsrecht wiederum im Wege des Auftrags an die einzelnen Fahndungsbeamten übertragen.[1] Über den Kreis der genannten Ermittlungspersonen hinaus besteht keine Befugnis zur Durchsicht und auch die Übertragung einer entsprechenden Befugnis durch die Staatsanwaltschaft ist nicht zulässig. Soweit sich die Staatsanwaltschaft also der Hilfe anderer Personen – wie etwa Wirtschaftsreferenten, Dolmetschern oder EDV-Sachverständigen – bedient, haben diese kein Recht zur Durchsicht. Würde den gesetzlich gerade von der Durchsicht ausgeschlossenen Personen die Durchsicht über Unterstützungstätigkeiten letztlich doch wieder ermöglicht, würde dies zu einer Umgehung der gesetzlich aus gutem Grunde vorgesehenen Beschränkung des Durchsichtsrechts führen.[2]

3584 Der Gewahrsamsinhaber – nicht sein Vertreter – kann die Durchsicht auch unbefugten Beamten gestatten; seine **Genehmigung** kann er dabei sowohl auf bestimmte Papiere als auch individuelle Beamte beschränken.[3]

dd) Vorläufige Sicherstellung zur Durchsicht

3585 Bei umfangreichen vorgefundenen Unterlagen, deren Durchsicht am Durchsuchungsort faktisch und zeitlich nicht möglich ist, ist eine vorläufige **Sicherstellung** zum Zweck der Durchsicht durch Mitnahme zulässig (§ 110 StPO).[4] Bei der Sicherstellung zur Durchsicht handelt es sich nicht bereits um die Beschlagnahme der mitgenommenen Unterlagen;[5] die Anordnung einer solchen, gewissermaßen „vorsorglichen Beschlagnahme" ist unzulässig.[6] Alternativ kommt, als milderes Mittel, auch die Verwahrung in einem versiegelten Raum am Durchsuchungsort in Betracht. Die vom Bundesverfassungsgericht[7] zur zeitlichen Geltung von Durchsuchungsbeschlüssen aufgestellten Grundsätze (→ Rz. 3547) sollen auf die Phase der Durchsicht von Unterlagen nach § 110 StPO nicht anzuwenden sein;[8] allerdings darf die Durchsicht nicht unzumutbar lange andauern.[9]

1) Park, Rz. 231.
2) Park, Rz. 232.
3) Meyer-Goßner, 55. Aufl. 2012, § 110 StPO Rz. 4; Nack in Karlsruher Kommentar, 6. Aufl. 2008, § 110 StPO Rz. 5.
4) OLG Stuttgart v. 26.10.1992, 4 VAs 5/92, wistra 1993, 120, 121; Schäfer in Löwe/Rosenberg, 25. Aufl. 2004, § 94 StPO Rz. 30 ff.; Nack in Karlsruher Kommentar, 6. Aufl. 2008, § 110 StPO Rz. 4.
5) Nack in Karlsruher Kommentar, 6. Aufl. 2008, § 110 StPO Rz. 9.
6) Park, Rz. 238; Randt in Franzen/Gast/Joecks, 7. Aufl. 2009, § 404 AO Rz. 66.
7) BVerfG v. 27.5.1997, 2 BvR 1992/92, wistra 1997, 223, 225.
8) Nack in Karlsruher Kommentar, 6. Aufl. 2008, § 110 StPO Rz. 9.
9) BVerfG v. 30.1.2002, 2 BvR 2248/00, NStZ 2002, 377; BGH v. 5.8.2003, 3 StB 7/03, NStZ 2003, 670.

ee) Ver- und Entsiegelung

Nach § 110 Abs. 2 Satz 2 StPO haben die zur Durchsicht nicht befugten Durchsuchungsbeamten solche Unterlagen, deren Durchsicht sie für geboten halten, in „einem Umschlag" mit Amtssiegel zu verschließen und dem zuständigen Staatsanwalt abzuliefern. Nach dem Sinn der Vorschrift können, insbes. bei Durchsuchungen in Unternehmen, anstatt von „Umschlägen" selbstverständlich auch Umzugskartons oder andere Behältnisse voller Aktenordner und Unterlagen verschlossen und gesiegelt werden. Gleiches gilt für PCs, Server und sonstige EDV-Anlagen (→ Rz. 3520).[1] Dem Gewahrsamsinhaber ist es nach § 110 Abs. 3 StPO ausdrücklich gestattet, sein „Siegel" (neben einem echten Siegel genügt beispielsweise auch ein über dem Verschluss angebrachter Adressaufkleber mit Stempel und Unterschrift) neben dem Amtssiegel anzubringen. Diese Maßnahme soll Sicherheit vor etwaiger Manipulation bieten. **3586**

Im Hinblick auf den Vorgang der Entsiegelung und die damit einhergehende weitere Durchsicht mitgenommener Papiere ist grundsätzlich von einem Teilnahmerecht von Beschuldigtem und Verteidiger auszugehen. Zwar ist die Regelung in § 100 Abs. 3 StPO a.F., wonach der Beschuldigte durch die Staatsanwaltschaft zur Teilnahme an der Entsiegelung aufzufordern sei, durch das 1. Justizmodernisierungsgesetz vom 24.8.2004 mit Wirkung zum 1.9.2004 ersatzlos weggefallen. Jedoch dürfte die Hinzuziehung des Inhabers der Papiere aus Gründen der Verhältnismäßigkeit und Transparenz geboten und jedenfalls zulässig sein.[2] **3587**

ff) Insbesondere: EDV-Daten

(1) „Papier"

Nach dem Schutzzweck des § 110 StPO sind als „Papiere" auch **Computerdaten** auf Disketten und Festplatten zu behandeln, ebenso die zum Lesen und Verarbeiten dieser Aufzeichnungen notwendigen Programme, Betriebssysteme, ggf. auch Hardware.[3] Für EDV-Daten gelten zwar die allgemeinen Regeln, doch bestehen hier auf Grund der Informationsbeschaffenheit Besonderheiten, für die in der Praxis auch nach zaghaften Neuregelungen, wie etwa dem zum 1.1.2008 neu gefassten § 110 Abs. 3 StPO, noch keine ausgewogene Handhabung gefunden wurde. **3588**

(2) Gewahrsam des Durchsuchungsbetroffenen

Auf der Grundlage eines Beschlusses nach **§ 102 StPO** dürfen zunächst solche Daten durchsucht (durchgesehen) werden, die sich im Alleingewahrsam des Beschuldigten befinden.[4] Dies gilt etwa für Dateien auf seinem privaten PC, der Festplatte seines im Unternehmen genutzten Desktops oder für Daten auf den Rechnern im Einzelunternehmen des Beschuldigten. **3589**

Darüber hinaus ist nun aber auf Grundlage des allein den Beschuldigten betreffenden Beschlusses nach § 102 StPO auch die Durchsicht von Daten gestattet, die sich auf räumlich getrennten Speichermedien im Inland und damit jedenfalls im Mitgewahrsam Dritter befinden (§ 110 Abs. 3 Satz 1 StPO in der seit dem 1.1.2008 geltenden Fassung). Damit dürfen auch Daten des Beschuldigten, die dieser etwa auf dem Netzwerkserver seines Arbeitgebers oder auf sonstigen Speicherorten außerhalb der im Durchsuchungsbeschluss bezeichneten Räumlichkeit abgelegt hat, durchgesehen werden. Zu beachten ist hier jedoch, dass eine solche Durchsicht nur unter **3590**

1) Nack in Karlsruher Kommentar, 6. Aufl. 2008, § 110 StPO Rz. 4.
2) BVerfG v. 12.4.2005, 2 BvR 1027/02, NJW 2005, 1917, 1922; Park, Rz. 243.
3) BVerfG v. 30.1.2002, 2 BvR 2248/00, NStZ 2002, 377; BGH v. 23.11.1987, 1 BGs 517/87, 1 BJs55/81 – 4 – 1 BGs 517/87, StV 1988, 90; Meyer-Goßner, 55. Aufl. 2012, § 110 StPO Rz. 1; Nack in Karlsruher Kommentar, 6. Aufl. 2008, § 110 StPO Rz. 2.
4) Joecks in Franzen/Gast/Joecks, 7. Aufl. 2009, § 399 AO Rz. 49.

engeren Voraussetzungen erlaubt ist. So ist es für die Zulässigkeit der Durchsuchung externer Speichermedien erforderlich, dass andernfalls der Verlust beweiserheblicher Daten zu besorgen wäre, weil etwa noch vor einer körperlichen Sicherstellung des externen Speichermediums die Löschung der Daten zu erwarten ist.[1] Ferner muss das externe Speichermedium von dem Speichermedium (PC) des Beschuldigten zugänglich sein.[2] Soweit die Durchsicht der Daten ergibt, dass sich potenziell beweiserhebliche Daten auf dem externen Speichermedium befinden dürfen diese im Wege der Speicherung gesichert werden.[3]

3591 Das Durchsichtsrecht ist grundsätzlich auf solche räumlich getrennten Speichermedien beschränkt, die sich im Inland befinden, wie ein in Deutschland betriebener Unternehmensserver, auf dem der Beschuldigte von seinem räumlich getrennten Arbeitsplatz aus Daten abgelegt hat. Eine weitergehende Auffassung würde die Souveränitätsrechte anderer Staaten verletzen und die zwischenstaatlichen, bi- und multilateralen Rechtshilfeabkommen unterlaufen.[4]

3592 Mit der zwischenzeitlichen Neufassung des § 110 Abs. 3 StPO, der ausdrücklich den Zugriff auf **extern gespeicherte Daten** eröffnet und auf Grundlage der Rechtsprechung des Bundesverfassungsgericht[5] und des BGH[6] ist nunmehr auch der zuvor heftig umstrittene[7] Zugriff auf E-Mails des Beschuldigten, die beim Provider zum Abruf oder nach bereits erfolgtem Abruf gespeichert sind, zulässig.[8] Danach stellen die §§ 94 ff. StPO grundsätzlich eine hinreichende Rechtfertigung auch für Eingriffe in Form des Zugriffs auf beim Provider gespeicherte E-Mails dar.

(3) Sicherstellung und Kopieren von Daten

3593 Computerdaten dürfen – wie Papier – erst nach einer Grobsichtung und Durchsicht nach § 110 StPO beschlagnahmt werden. Zum Zweck der Durchsicht dürfen Datenträger sowie die zum Lesen und Verarbeiten notwendige Hardware von durchsichtsberechtigten Personen offen, von sonstigen Personen versiegelt, vorläufig **sichergestellt** werden.[9] Die vorläufige Sicherstellung mit dem Ziel der Durchsicht hat sich v.a. im Hinblick auf elektronisch gespeicherte Daten vielfach zu einer faktischen Totalbeschlagnahme entwickelt: Die Gesamtheit der Daten verbleibt – obwohl lediglich eine Sicherung, jedoch keine Durchsicht durch Staatsanwaltschaft und Ermittlungspersonen zu erfolgen hat – während der gesamten Dauer im Gewahrsam der Behörden.

3594 Darüber hinaus hat sich in der Praxis die **„Totalbeschlagnahme"** aller Daten eingespielt, weil dies, anders als bei einem Kellerraum voll Archivmaterial, nahezu immer technisch möglich ist und die somit verfügbare Informationsmenge und -dichte ganz neue Möglichkeiten für die Fahndung verspricht. Regelmäßig wird der PC, in Netzwerken der Server, abgebaut, mitgenommen und einige Tage später zurückgegeben, nachdem eine **vollständige Kopie sämtlicher Daten** erstellt und beschlagnahmt wurde.

3595 Zwar mag die Gesamtheit der vorhandenen Daten eines Datenträgers in Ausnahmefällen als ein einheitliches Beweismittel anzusehen sein, das insgesamt sicherzustellen und ggf. zu beschlagnahmen ist, weil nur auf diese Weise unbeabsichtigte Ände-

1) Meyer-Goßner, 55. Aufl. 2012, § 110 StPO Rz 6.
2) Schlegel, HRRS 2008, 23, 28; Meyer-Goßner, 55. Aufl. 2012, § 110 StPO Rz. 6.
3) Meyer-Goßner, 55. Aufl. 2012, § 110 StPO Rz. 6; einschränkend: Böckenförde, JZ 2008, 930.
4) Park, Rz. 773; Bär, EDV-Beweissicherung, Rz. 375.
5) BVerfG v. 16. 6.2009, 2 BvR 902/06, BVerfGE 124, 43.
6) BGH v. 31.3.2009, 1 StR 76/09, K&R 2009, 396.
7) Zum vorherigen Meinungsstand: Buchheim in der Vorauflage Rz. 3912 ff.
8) Meyer-Goßner, 55. Aufl. 2012, § 110 StPO Rz. 6; Wohlers in Systematischer Kommentar StGB, 10; Knierim, StV 2009, 564; Park, Rz. 788.
9) Nack in Karlsruher Kommentar, 6. Aufl. 2008, § 110 StPO Rz. 6.

rungen am Datenbestand ausgeschlossen werden können.[1] Dies ist etwa für Buchhaltungsdaten denkbar. Bereits für die Daten einer ärztlichen Patientendatei erscheint dies jedoch sehr zweifelhaft, da Querverbindungen zwischen den Daten einzelner Patienten kaum bestehen dürften.

Im Regelfall befinden sich **zahlreiche Dateien** auf dem Datenträger, etwa auf der Festplatte eines Netzwerkservers, die völlig **unabhängig** voneinander gelesen, verarbeitet oder gelöscht werden können. Es besteht daher allenfalls die Notwendigkeit, für die verfahrensrelevanten Dateien zu dokumentieren, dass diese nicht unbeabsichtigt verändert wurden. Die übrigen, **nicht verfahrensrelevanten Dateien** sind ebenso **„zurückzugeben"** wie durchgesehene Papiere ohne Beweisbedeutung. Zwar schließt die baldige Rückgabe der Originaldaten und der Hardware unzumutbare Nachteile für die Fortführung des Betriebes i.d.R. aus,[2] doch greift die Beschlagnahme von Daten, die keine Beweisbedeutung für das konkrete Verfahren haben, in Grundrechte des Betroffenen und ggf. Dritter, wie Mandanten und Patienten, ein und ist jedenfalls unter diesem Aspekt rechtswidrig.

Dies gilt etwa für den Anlageberater einer Bank, gegen den persönlich ermittelt **3596** wird und der private verfahrensrelevante Daten neben Daten von Bankkunden auf dem von ihm allein benutzten Laptop gespeichert hat. Es gilt ganz allgemein für **beratende Berufe,** insbes. für Steuerberater und Rechtsanwälte. Wird gegen einen Berater wegen persönlicher Vorwürfe oder wegen Beihilfe zu Gunsten eines Mandanten ermittelt, eröffnet die Kopie des gesamten Datenbestandes den Zugriff auf sämtliche Mandate dieses Beraters und i.d.R. auch seiner Partner. Die Verwendung dieser Daten entzieht sich jeder Kontrolle durch die Verteidigung.

Da eine Durchsicht und Selektion der Daten am Durchsuchungstag wegen des **3597** Umfangs regelmäßig ausscheidet, kann eine rechtsstaatliche und **praktikable Lösung** etwa darin bestehen, den PC oder Server zu versiegeln, die Daten in Gegenwart des Betroffenen bzw. seines Verteidigers zu kopieren, auf der Kopie grob zu sichten und alle Daten ohne Verfahrensbezug, etwa über weitere Mandanten, sofort auf der Kopie zu löschen. Eine von den verbleibenden Daten erstellte weitere Kopie kann die Steuerfahndung gem. § 110 StPO sichten und ggf. beschlagnahmen, der Server und (zur Vermeidung unzulässiger Wiederherstellung gelöschter Daten) der Datenträger mit der ersten Kopie sind dem Beschuldigten oder seinem Verteidiger auszuhändigen.

f) Sonstiges/Einzelfälle

Fotografieren oder Filmen der durchsuchten Räume ohne Einwilligung des **3598** Gewahrsamsinhabers ist grundsätzlich rechtswidrig,[3] kann jedoch zur Spurensicherung ausnahmsweise rechtmäßig sein. Eine Fotodokumentation zur Vollstreckungsvorbereitung ist von dem Durchsuchungsbeschluss i.d.R. nicht gedeckt. Hierfür wäre ein eigenständiger Durchsuchungsbeschluss i.S.v. § 287 Abs. 4 Satz 1 AO erforderlich.

6. Praktische Hinweise zur Durchsuchungssituation

Im **Krisenfall** der Durchsuchung lassen sich die Handlungsziele für den **3599** (steuer)rechtlichen Berater und den Verteidiger mit den Schlagwörtern **„Kontrolle"** und **„Schadensbegrenzung"** zusammenfassen. Kontrollaufgaben bestehen zum einen im Hinblick auf die Ermittler und ihre Tätigkeit, die es gilt durch schlichte

1) So bereits: Klaas, NStZ 1995, 55.
2) Vgl. dazu BGH v. 23.11.1987, 1 BGs 517/87, 1 BJs55/81 – 4 – 1 BGs 517/87, StV 1988, 90; aber auch LG Aachen v. 14.6.2000, 65 Qs 60/00, StV 2000, 548.
3) LG Hamburg v. 19.3.2004, 622 Qs 11/04, StV 2004, 368; OLG Celle v. 11.1.1985, 3 VAs 2/84, StV 1985, 137, 139.

Hinweise am Durchsuchungsort und bei Bedarf die Einlegung der entsprechenden Rechtsbehelfe – in dem rechtlichen Rahmen zu halten, den das Strafprozessrecht und Verfassungsrecht für diesen Eingriff vorgeben. Zum anderen gilt es aber auch, den Beschuldigten und u.U. eine Vielzahl von der Durchsuchung rechtlich oder zumindest faktisch betroffener Mitarbeiter eines durchsuchten Unternehmens vor unbedachten Handlungen und Äußerungen zu bewahren.

3600 Die Schadensbegrenzungsfunktion beinhaltet alle auf den Erhalt der wirtschaftlichen Handlungsfähigkeit eines durchsuchten Unternehmens gerichteten Maßnahmen, wie etwa die Sorge um den Verbleib dringend benötigter EDV-Unternehmensinfrastruktur und im täglichen Geschäftsverkehr benötigter Geschäfts- und Buchhaltungsunterlagen ebenso wie die Informationsgewinnung im Hinblick auf Verfahrenshintergründe und die Dokumentation vorläufig oder abschließend sichergestellter Beweismittel.

Bei Erscheinen der Steuerfahndung sollte daher sofort der Steuerberater und/oder Rechtsanwalt informiert werden. Der Beschuldigte hat das Recht, zu diesem Zweck zu telefonieren. Der angerufene Berater sollte sich unverzüglich zu dem zentralen Durchsuchungsort begeben.

Zwar besteht grds. kein Rechtsanspruch darauf, dass mit der Durchsuchung bis zum Eintreffen des Beraters gewartet wird, jedoch verschließen sich Fahnder i.d.R. einem entsprechenden Antrag nicht, wenn dadurch keine unangemessene Zeitverzögerung eintritt.

3601 Die **Anwesenheit des Steuerberaters** und gegebenenfalls auch eines Rechtsanwalts ist schon deshalb erforderlich, weil sich der Betroffene regelmäßig in einem Zustand großer Erregung befindet und in diesem Stadium zu unüberlegten Handlungen und Äußerungen neigt. Hinzu kommt, dass Fahnder häufig schon während der Durchsuchung darauf drängen, der Betroffene solle sich zur Sache einlassen. Zwar geschieht dies häufig nicht förmlich, doch zeigt die Praxis, dass Fahndungsbeamte häufig versuchen, durch versteckte Fragen an den Betroffenen, seine Angehörigen und sein Personal weitere Auskünfte zu erhalten. Entsprechende Äußerungen der Betroffenen finden sich dann regelmäßig als Ergebnisse sog. informatorischer Befragungen („Flurgespräche") in Vermerken der Ermittler wieder; da sie freiwillig erfolgt sind, steht ihrer späteren Verwertbarkeit im Zweifel nichts entgegen. Die Anwesenheit des Beraters dient deshalb nicht nur der Beruhigung des Betroffenen, sondern v.a. der Kontrolle des korrekten Ablaufs der Durchsuchung.

3602 Zwar haben steuerlicher Berater, Unternehmensanwalt und Verteidiger kein normiertes, eigenständiges Recht auf Anwesenheit bei der Durchsuchung.[1] Jedoch ergibt sich daraus wiederum auch nicht, dass Ihnen die Anwesenheit versagt werden darf. Denn nach wie vor besitzt der Betroffene das Hausrecht, aus dem heraus er weiteren, zumal für die Wahrnehmung seiner Rechte zuständigen Personen die Anwesenheit erfolgreich gestatten kann. Allein im Fall, dass die rechtlichen Vertreter und Verteidiger Durchsuchungshandlungen vorsätzlich stören oder sich Anordnungen im Rahmen der Durchsuchung widersetzen, kann Ihnen auf Grundlage von § 164 StPO die Anwesenheit versagt werden. So lange der Verteidiger diese Vorgaben einhält – was gerade auch dann der Fall ist, wenn er die Rechtmäßigkeit einzelner Anordnungen mit dem ihm zu Gebote stehenden Mitteln in Zweifel zieht – darf seine Anwesenheit nicht untersagt werden. Dies gilt sowohl für Durchsuchungen beim Beschuldigten auf Grundlage eines Beschlusses gem. § 102 StPO als auch für Durchsuchungen bei Dritten nach § 103 StPO.[2]

---

1) Schäfer in Löwe/Rosenberg, 25. Aufl. 2004, § 106 StPO Rz. 11.
2) Gercke in Heidelberger Kommentar, 6. Aufl. 2008, § 106 StPO Rz. 6; Quedenfeld/Füllsack, 4. Aufl. 2011, Rz. 735.

Die richterliche **Durchsuchungsanordnung** ist zu überprüfen (→ Rz. 3532 ff.). Sie begrenzt die Eingriffsmöglichkeiten der Steuerfahndung. Ungenaue Bezeichnungen der gesuchten Beweismittel oder eine unzureichende Begründung können den Durchsuchungsbeschluss rechtswidrig machen. Zur Arbeitserleichterung empfiehlt es sich, von dem regelmäßig zu Beginn der Durchsuchung übergebenen Beschluss sofort für die Beraterunterlagen eine Kopie zu fertigen. **3603**

Konzentriert sich der Durchsuchungsbeschluss auf ganz bestimmte Unterlagen, so kann es zweckmäßig sein, diese sofort selbst herauszusuchen und der Fahndung zur Beschlagnahme vorzulegen (zur Abwendungsbefugnis → Rz. 3528).

Es empfiehlt sich auch, Unterlagen, die bei Dritten (Kunden, Lieferanten, Banken) ohnehin ein weiteres Mal vorhanden sind, der Fahndung zur Beschlagnahme vorzulegen, um so weitere möglicherweise geschäftsschädigende Fahndungsmaßnahmen bei Dritten zu vermeiden.

Für die Fahndung die Unterlagen heraussuchen und sie ihr zur Beschlagnahme vorlegen heißt nicht, sie freiwillig herauszugeben. Die freiwillige Herausgabe hindert die Überprüfung der Rechtmäßigkeit der Beschlagnahme. Sind Unterlagen versehentlich freiwillig herausgegeben worden, so kann die freiwillige Herausgabe widerrufen und die dann folgende Beschlagnahme wiederum mit der Beschwerde angefochten werden. Selbst die nachträgliche Versiegelung der Unterlagen kann – vor einer richterlichen Bestätigung der Beschlagnahme – noch verlangt werden. **3604**

Durchsuchung und Beschlagnahme können **nicht verhindert** werden, auch nicht durch lautstarke Beschimpfungen oder durch Randalieren. Auf Grund der niedrigen Schwelle zu § 113 StGB (Widerstand gegen Vollstreckungsbeamte) ist insbes. von Widerstandshandlungen jeglicher Art dringend abzuraten. Oberste Pflicht des Betroffenen ist zunächst, die Maßnahmen zu dulden. Es ist eine wichtige Berateraufgabe, den Betroffenen in dieser psychischen, für ihn völlig ungewohnten Stress-Situation zu beruhigen und darauf hinzuwirken, dass er sich jeder Äußerung enthält. Der menschlichen Natur entspricht es, sich redend zu verteidigen. Oft glauben die Betroffenen, durch Teilgeständnisse die Fahnder von weiteren Maßnahmen abhalten zu können. Hier muss der Berater eingreifen und verhindern, dass **unüberlegte Einlassungen** zur Sache gemacht werden, die in der Durchsuchungssituation nichts bewirken, aber die Glaubwürdigkeit einer späteren Einlassung beeinträchtigen können. Dem natürlichen Impuls Beschuldigter, den auch Strafverfolger regelmäßig zu nutzen suchen, kann mit dem Hinweis begegnet werden, dass auf Grund einer spontanen Einlassung in der hohen Not der Durchsuchungssituation wohl noch keine Durchsuchung abgebrochen und kein Ermittlungsverfahren umgehend „wegen erwiesener Unschuld" eingestellt wurde. **3605**

Nicht selten versuchen Fahnder, das Überraschungsmoment zu nutzen und Familienmitglieder oder Angestellte des oder der Beschuldigten **zur Sache zu befragen.** In derartigen Fällen muss der Fahnder auf das Aussageverweigerungsrecht und auf die Tatsache hinweisen, dass vor den Beamten der Steuerfahndung keine Angaben gemacht werden müssen. Selbst wenn jedoch die etwa anwesende Staatsanwaltschaft auf eine Zeugenvernehmung insistieren sollte, ist zu beachten, dass grundsätzlich auch jeder Zeuge das Recht auf anwaltliche Beratung (sog. **Zeugenbeistand**) hat. In der unübersichtlichen und emotional angespannten Durchsuchungssituation sollte sich daher zunächst jeder Anwesende auf dieses Recht berufen, da er anderenfalls auch nicht die Gefahr einer Selbstbelastung und sein damit ggf. bestehendes Auskunftsverweigerungsrecht (§ 55 StPO) rechtlich und tatsächlich zu beurteilen vermag. **3606**

Von den beschlagnahmten Unterlagen hat die Steuerfahndung ein genaues **Verzeichnis** zu fertigen; soweit dies quantitativ möglich ist, sollte im Gespräch mit der Fahndung die Anfertigung von Fotokopien der beschlagnahmten Unterlagen vereinbart werden. Ein Anspruch hierauf besteht allerdings nur in Ausnahmefällen, **3607** wenn dies z.B. zur Fortführung des Betriebes notwendig ist (Verhältnismäßigkeitsgrundsatz).

Bei besonderen Vorkommnissen während der Durchsuchung empfiehlt sich vorsorglich das sofortige Anfertigen eines Gedächtnisprotokolls.

3608 Auf die **Versiegelung** (→ Rz. 3623) der Unterlagen ist ggf. zu achten. Im Zweifel hat der Verteidiger auf Versiegelung zu bestehen. Denn die Teilnahme an der späteren Entsiegelung und Durchsicht, die der Verteidiger neben dem Betroffenen aus § 163a Abs. 3 Satz 2 und § 168c Abs. 1 StPO durchsetzen sollte,[1] eröffnet der Verteidigung die Möglichkeit, aktiv auf die Verfahrensgestaltung Einfluss zu nehmen. So bietet sich im Rahmen der Entsiegelung oftmals die erste Gelegenheit, anhand der durch die Staatsanwaltschaft als beweiserheblich klassifizierten Unterlagen etwas über die Ermittlungsrichtung und das vorhandene Belastungsmaterial zu erfahren. Ebenso kann auf die korrekte Berücksichtigung entlastenden Beweismaterials hingewirkt werden.

Nach einer Durchsuchungsaktion sollte im Regelfall auch die Möglichkeit einer Nachfahndung auf Grund eines neuen Durchsuchungsbeschlusses in Betracht gezogen werden.

IV. Beschlagnahme (§§ 94, 98 StPO)

1. Beschlagnahmevoraussetzungen

3609 Häufigster und in Steuerstrafverfahren einziger praktisch bedeutsamer Durchsuchungszweck ist die Suche nach Beweismitteln, die für ein Ermittlungsverfahren genutzt werden sollen und über die zu diesem Zweck staatliche Gewalt hergestellt werden soll.

Dabei ist die **Sicherstellung** der Oberbegriff für die förmliche Beschlagnahme bei nicht freiwillig erfolgender Herausgabe von Gegenständen sowie die sonstigen Formen der Begründung staatlicher Gewalt über einen Beweisgegenstand im Wege der formlosen Sicherstellung.[2]

Die **formlose Sicherstellung** gem. § 94 Abs. 1 StPO umschließt alle Formen der amtlichen Besitzbegründung, sei es durch die Mitnahme eines freiwillig herausgegebenen Gegenstandes oder durch bestimmte an den Gewahrsamsinhaber gerichtete Verbote etwa im Wege der Absperrung oder Versiegelung.[3]

Beschlagnahme wiederum ist die förmliche Sicherstellung eines Gegenstandes durch Überführung in amtlichen Gewahrsam.[4]

3610 Es gibt drei Formen der amtlichen **Sicherstellung:**

- die amtliche Inverwahrnahme im Wege der formlosen Sicherstellung (§ 94 Abs. 1 StPO),
- die Erzwingung der Herausgabe gegenüber Dritten gem. § 95 Abs. 2, § 136 StPO (→ Rz. 3660),
- die Beschlagnahme gem. § 94 Abs. 2 StPO.

Gegenstände, die als potenzielle Beweismittel für eine mögliche Straftat (für die ein „Anfangsverdacht" bestehen muss)[5] in Betracht kommen (§ 94 Abs. 1 StPO), kön-

1) Park, wistra 2000, 453, 457.
2) Meyer-Goßner, 55. Aufl. 2012, § 94 StPO Rz. 11.
3) Wohlers in Systematischer Kommentar StGB, 4. Aufl. 2010, § 94 StPO Rz. 10.
4) Schäfer in Löwe/Rosenberg, 25. Aufl. 2004, vor § 94 StPO Rz. 26.
5) Nack in Karlsruher Kommentar, 6. Aufl. 2008, § 94 StPO Rz. 8.

nen sichergestellt, also **amtlich in Verwahrung genommen** werden, wenn sie gewahrsamslos sind oder freiwillig herausgegeben werden.

Auch bei Sicherstellung und Beschlagnahme ist der Grundsatz der Verhältnismäßigkeit zu beachten. So ist z.B. die Beschlagnahme auf diejenigen Beweisstücke zu beschränken, die für die Ermittlungen unbedingt notwendig sind. Dem Betroffenen ist nach dem Verhältnismäßigkeitsgrundsatz Gelegenheit zu geben, **wichtige Papiere,** z.B. laufend benötigte Geschäftsunterlagen, zu **kopieren.**[1] Auch die Beschlagnahme der Patientenkartei eines Arztes ist nur dann verhältnismäßig und zulässig, wenn die Aufklärung des Sachverhalts nicht durch andere Beweismittel möglich ist. **3611**

Insbesondere im Hinblick auf Datenträger und elektronische Daten insgesamt findet in der Praxis der Ermittlungsbehörden eine undifferenzierte **Verschränkung** von Durchsicht, Sicherstellung und Beschlagnahme statt, die sich bei der gebotenen Anwendung des Grundsatzes der Verhältnismäßigkeit als rechtswidrig erweist, jedoch von den zuständigen Gerichten selbst praktiziert oder jedenfalls „gehalten" wird. **3612**

Große Datenmengen und zuweilen der gesamte Datenbestand eines Unternehmens werden zunächst auf Computer bzw. Datenträger der Ermittler übertragen (gespiegelt). Anstelle des hiernach strafprozessual zunächst allein gebotenen Vorgangs der Durchsicht vorläufig sichergestellter Daten, also des Scheidens beweiserheblicher von unerheblichen Daten, folgt alsdann die förmliche Beschlagnahme der Daten und i.d.R. die undifferenzierte richterliche Bestätigung der Beschlagnahmeanordnung gem. § 98 Abs. 2 StPO. **3613**

In diesem Bereich wird künftig dem Verhältnismäßigkeitsgrundsatz größere Wirkung zu verschaffen sein. Bereits jetzt hat das Bundesverfassungsgericht – insoweit der Rechtswirklichkeit auf Ebene von Staatsanwaltschaften und Ermittlungspersonen und den zunächst zuständigen Amtsgerichten erheblich voraus – deutlich gemacht, dass der Zugriff auf überschießende, für das Verfahren gänzlich bedeutungslose Daten zu vermeiden ist.[2]

Freiwillig ist eine Herausgabe allerdings nur, wenn sich der Gewahrsamsinhaber seiner Entscheidungsmöglichkeit bewusst ist. Häufig drängen die Fahndungsbeamten auf eine freiwillige Herausgabe. Der Betroffene muss wissen, dass er in diesem Fall zunächst auf eine Beschwerdemöglichkeit verzichtet. Zwar ist der jederzeit mögliche Widerruf der Einverständniserklärung als Antrag auf gerichtliche Entscheidung nach § 98 Abs. 2 Satz 2 StPO (allgemein zum Rechtsschutz → Rz. 3748) auszulegen. Jedoch kann der zuvor sichergestellte Gegenstand nunmehr zur Begründung einer Beschlagnahmeentscheidung herangezogen werden. **3614**

Wird der Gegenstand **nicht freiwillig** herausgegeben, bedarf es nach § 94 Abs. 2 StPO der **Beschlagnahme,** also der formellen Sicherstellung.[3] Die Weigerung des Gewahrsamsinhabers – gleichgültig ob Beschuldigter oder Dritter – zur freiwilligen Herausgabe ist dagegen nicht erforderlich, d.h., die Beschlagnahme ist auch bei vorliegendem Einverständnis zur Herausgabe möglich.[4] Das Wesen der Beschlagnahme besteht in amtlicher Verwahrnahme oder Sicherung, in einer Art Verhaftung **3615**

1) Meyer-Goßner, 55. Aufl. 2012, § 94 StPO Rz. 18; Nack in Karlsruher Kommentar, 6. Aufl. 2008, § 94 StPO Rz. 13.
2) BVerfG v. 16.9.2009, 2 BvR 902/06, BVerfGE 124, 43; v. 12.4.2005, 2 BvR 1027/02, NJW 2005, 1917.
3) Schäfer in Löwe/Rosenberg, 25. Aufl. 2004, § 94 StPO Rz. 26; Meyer-Goßner, 55. Aufl. 2012, § 94 StPO Rz. 13.
4) Schäfer in Löwe/Rosenberg, 25. Aufl. 2004, § 94 StPO Rz. 26; Meyer-Goßner, 55. Aufl. 2012, § 94 StPO Rz. 13.

von Beweisgegenständen. Die in Beschlag genommenen Gegenstände unterliegen dem strafrechtlichen Schutz des § 136 StGB gegen Verstrickungsbruch.

3616 Für einzelne Gegenstände sieht § 97 StPO jedoch **Beschlagnahmeverbote** vor. Im Hinblick auf die verfassungsrechtlich erforderliche Güterabwägung[1] sind **Tagebücher** und tagebuchähnliche Aufzeichnungen im Zusammenhang mit Steuerstraftaten generell unverwertbar[2] und dürfen daher nicht durchgesehen werden. Da der „letzte Wille" zum Kernbereich privater Lebensgestaltung zählt, ist – nach zutreffender, jedoch umstrittener Auffassung – auch einem **Privattestament** in Steuerstrafverfahren der gleiche Schutz zu gewähren und von dessen Unverwertbarkeit auszugehen.[3] Denn beispielsweise die Existenz von Schwarzgeld oder anonymen Kapitalanlagen im Ausland mag sich häufig erst aus testamentarischen Verfügungen ergeben. Unstreitig dürfte jedenfalls in beiden Fällen die Überprüfung zulässig sein, ob es sich um tagebuchähnliche Aufzeichnungen oder ein Testament handelt.[4]

2. Anordnung der Beschlagnahme

3617 Die Beschlagnahme erfolgt i.d.R. durch Anordnung des Ermittlungsrichters (§ 98 Abs. 1, § 162 StPO). Antragsberechtigt ist nur die Staatsanwaltschaft bzw. die Bußgeld- und Strafsachenstelle, nicht die Steuerfahndung.

3618 Häufig werden **Durchsuchungs- und Beschlagnahmebeschlüsse** miteinander verbunden. Bei dem Vorwurf einer Steuerstraftat sind im Beschluss Angaben zur Art der hinterzogenen Steuer, zum Tatzeitraum und eine gewisse Konkretisierung der Tatsachen erforderlich, auf die sich der Vorwurf stützt.[5] Ob und inwieweit die **Beweiseignung** der zu beschlagnahmenden Sachen im Beschluss angesprochen und begründet werden muss, ist streitig.[6] Jedoch gelingt es immer wieder, Beschlagnahmebeschlüsse, in Fällen eklatant sorgfaltsfreier Abfassung, erfolgreich im Beschwerdewege anzugreifen.[7] Die zu beschlagnahmenden **Gegenstände** müssen so genau bezeichnet werden, dass Zweifel über den Umfang der Maßnahme nicht aufkommen können.[8] Dies gilt insbes. für einen verbundenen Durchsuchungs- und Beschlagnahmebeschluss.[9] Eine allgemeine Beschlagnahmeanordnung der „vorgefundenen Beweismittel" ist unzulässig,[10] kann allenfalls Ziel und Grenzen des Durchsuchungsbeschlusses erläutern[11] und macht eine konkretisierende Beschlagnahmeanordnung des Amts- oder des Landgerichts als Beschwerdegericht erforderlich.[12]

---

1) BVerfG v. 17.11.2007, 2 BvR 518/07, n.v.; v. 14.9.1989, 2 BvR 1062/87, NJW 1990, 563.
2) Vgl. Überblick bei Nack in Karlsruher Kommentar, 6. Aufl. 2008, § 97 StPO Rz. 23.
3) Unverwertbar: LG Arnsberg v. 23.10.1992, 1 Qs 3/92, wistra 1993, 199; Ost, wistra 1993, 177; verwertbar: LG Freiburg v. 22.9.1997, VIII Qs 9/97, wistra 1998, 35, 36.
4) LG Arnsberg v. 23.10.1992, 1 Qs 3/92, wistra 1993, 199.
5) LG Nürnberg-Fürth v. 7.5.1999, 12 Qs 1/99, StV 1999, 521.
6) OLG Düsseldorf v. 4.2.1983, 905/82, 2 Ws 20/83, StV 1983, 407: „muss zumindest ansatzweise zum Ausdruck gebracht werden"; a.A. Meyer-Goßner, 55. Aufl. 2012, § 98 StPO Rz. 9 m.w.N.; s.a. BVerfG v. 18.2.2008, 2 BvR 2697/07: „Nicht erforderlich ist die Darlegung der (potentiellen) Beweiserheblichkeit für jedes beschlagnahmte Schriftstück."
7) LG Bielefeld v. 25.1.2013, 1 Qs 629/12, StraFo 2013, 114: Es „muss zumindest andeutungsweise zum Ausdruck gebracht werden, aufgrund welcher Umstände Anlass zu der Annahme besteht, dass die Gegenstände als Beweismittel von Bedeutung sein können."
8) LG Koblenz v. 6.12.2000, 10 Qs 24/2000, 10 Qs 24/00, StV 2001, 501 f.; Meyer-Goßner, 55. Aufl. 2012, § 98 StPO Rz. 9.
9) Meyer-Goßner, 55. Aufl. 2012, § 105 StPO Rz. 7.
10) BVerfG v. 3.9.1991, 2 BvR 279/90, NStZ 1992, 91, 92; Meyer-Goßner, 55. Aufl. 2012, § 98 StPO Rz. 9 m.w.N.
11) Meyer-Goßner, 55. Aufl. 2012, § 105 StPO Rz. 7.
12) LG Koblenz v. 6.12.2000, 10 Qs 24/2000, 10 Qs 24/00, StV 2001, 501; BVerfG v. 3.9.1991, 2 BvR 279/90, NStZ 1992, 91, 92.

Bei **Gefahr im Verzug** erfolgt die Anordnung durch die Staatsanwaltschaft, die Finanzbehörde oder die Steuer- oder Zollfahndung (§ 98 Abs. 1 Satz 1 Halbsatz 2, Abs. 2 Satz 1 StPO) allerdings nicht, wenn es sich um eine Maßnahme nach § 97 Abs. 5 Satz 2 StPO in den Räumen einer Redaktion, eines Verlages, einer Druckerei oder einer Rundfunkanstalt handelt. Gefahr im Verzug ist nur dann zu bejahen, wenn der Erfolg der Beschlagnahme durch die Verzögerung infolge der vorherigen Anrufung des Gerichts gefährdet würde. Allerdings reicht die bloße Möglichkeit nicht aus. Es müssen vielmehr bestimmte Tatsachen vorliegen, die die Wahrscheinlichkeit einer Erfolgsvereitelung begründen. 3619

Wurde die Beschlagnahme durch die Staatsanwaltschaft oder die Steuerfahndung angeordnet, so ist der Betroffene nach § 98 Abs. 2 Satz 5 StPO darüber zu **belehren,** dass er jederzeit eine gerichtliche Entscheidung beantragen kann. Dieser Antrag kann auch dann gestellt werden, wenn das Gericht die Beschlagnahmeanordnung der Staatsanwaltschaft oder Steuerfahndung auf deren Antrag bereits gem. § 98 Abs. 2 Satz 1 StPO, der binnen drei Tagen zu stellen ist, bestätigt hat; ggf. wird der Antrag in ein Gesuch auf Aufhebung des Bestätigungsbeschlusses umgedeutet.[1] 3620

3. Durchführung der Beschlagnahme

Die beschlagnahmten oder freiwillig herausgegebenen Gegenstände werden in amtliche Verwahrung genommen (§ 94 StPO). Zuständig hierfür ist die Staatsanwaltschaft, die Bußgeld- und Strafsachenstelle des Finanzamts oder die Steuerfahndung. 3621

Wird von den Strafverfolgungsorganen gegenüber dem Betroffenen ein **Verfügungs- oder Veräußerungsverbot** hinsichtlich einzelner, in seinem Gewahrsam verbleibender beweglicher Sachen ausgesprochen, so ist damit grundsätzlich keine wirksame Sicherstellung oder Beschlagnahme nach § 94 StPO bewirkt.[2] In Ausnahmefällen soll jedoch die Sicherstellung im Wege eines Verfügungs- oder Veräußerungsverbots erfolgen können, soweit dies „aus besonderen Gründen ausreichend" erscheine.[3] Auch wenn somit bei einem bloßen Verfügungs- oder Veräußerungsverbot in den allermeisten Fällen keine wirksame Sicherstellung anzunehmen sein wird, ist dennoch bereits wegen der Gefahr, dadurch einen Verstrickungsbruch (§ 136 StGB) zu begehen (→ Rz. 3624) von einem weiteren Umgang mit den vom Verfügungs- oder Veräußerungsverbot erfassten Gegenständen abzuraten.

Über die beschlagnahmten Gegenstände ist ein genaues **Verzeichnis** zu erstellen (§ 107 Satz 2 StPO), das die eindeutige Identifizierung dieser Gegenstände ermöglicht.[4] Dieses Verzeichnis ist auf Verlangen möglichst sofort zu übergeben, also an Ort und Stelle anzufertigen, streitig.[5] Verlangt der Betroffene erst zu einem späteren Zeitpunkt ein Verzeichnis, erstellt dies die Behörde, die das Verfahren in diesem Zeitpunkt bearbeitet.[6] 3622

Räume, Behältnisse, z.B. Safes, Schließfächer, oder andere Gegenstände, die an Ort und Stelle belassen werden, können auch durch das Anlegen eines **Siegels** 3623

1) Meyer-Goßner, 55. Aufl. 2012, § 98 StPO Rz. 19.
2) BGH v. 11.10.1960, 5 StR 333/60, NJW 1960, 2300; Meyer-Goßner, 55. Aufl. 2012, § 94 StPO Rz. 17 m.w.N.; Nack in Karlsruher Kommentar, 6. Aufl. 2008, § 94 StPO Rz. 17.
3) BGH v. 11. 10. 1960, 5 StR 333/60, NJW 1960, 2300; Nack in Karlsruher Kommentar, 6. Aufl. 2008, § 94 StPO Rz. 17.
4) Nack in Karlsruher Kommentar, 6. Aufl. 2008, § 107 StPO Rz. 4; Schäfer in Löwe/Rosenberg, 25. Aufl. 2004, § 107 StPO Rz. 3. Nr. 69 Abs. 2 Satz 2 AStBV hält Sammelbezeichnungen für zulässig.
5) OLG Stuttgart v. 26.10.1992, 4 VAs 5/92, wistra 1993, 120, 122 m.w.N.; Meyer-Goßner, 55. Aufl. 2012, § 107 StPO Rz. 4.
6) Meyer-Goßner, 55. Aufl. 2012, § 107 StPO Rz. 4.

beschlagnahmt werden.[1] Soweit der Beamte zur Vollstreckung der Beschlagnahme eine Wohnung oder ein sonstiges befriedetes Besitztum betreten muss, ist eine Durchsuchung auf Grund eines förmlichen Beschlusses notwendig.

3624 Sowohl nach der Versiegelung von Räumen als auch im Falle von Verfügungsverboten bei beweglichen Sachen[2] ist – unabhängig von der materiell-rechtlichen Wirksamkeit der Maßnahme – stets § 136 StGB **(Verstrickungs- und Siegelbruch)** zu beachten. Danach macht sich strafbar, wer dienstlich in Beschlag genommene Sachen zerstört, beschädigt, unbrauchbar macht oder sonst der behördlichen Verfügungsgewalt (sog. Verstrickung) entzieht, beispielsweise beiseiteschafft, versteckt oder durch andere Gegenstände ersetzt; Gleiches gilt für die Beschädigung, Ablösung, Unkenntlich- bzw. Unwirksammachung eines Dienstsiegels.

4. Aufhebung der Beschlagnahme

3625 Die **Beschlagnahme** wird gegenstandslos und **erlischt,** wenn ihr Zweck entfällt, d.h., wenn das Strafverfahren eingestellt oder das Strafurteil rechtskräftig wird. Das Gleiche gilt, wenn sie vom Gericht oder den Ermittlungsbehörden aufgehoben wird. So kommt es gerade in Steuerstrafverfahren häufig vor, dass die Fahndung die Beschlagnahme durch Herausgabe der Unterlagen aufhebt. Hat die Staatsanwaltschaft den Fall bereits übernommen, liegt bei ihr auch die Kompetenz zur Herausgabe.

Die Gegenstände sind an den früheren Gewahrsamsinhaber **zurückzugeben,** der sie freiwillig herausgegeben hatte oder in dessen Gewahrsam sie beschlagnahmt worden waren.[3] Die Justizorgane sind mit der Rückgabepflicht zur sog. „Asservatenbereinigung" vertraut. Probleme ergeben sich in der Praxis mit **Finanzbehörden,** die die Rückgabe teilweise mit der Begründung **verweigern,** die beschlagnahmten Unterlagen nach Abschluss des Strafverfahrens noch im Besteuerungsverfahren zu benötigen. Sie berufen sich darauf, die Vorlage der Unterlagen fordern zu können und diese daher sofort zurückbehalten zu dürfen.[4] Dies ist zum einen viel zu pauschal, da die Finanzbehörde nicht die Vorlage „aller 22 Umzugskartons mit im Strafverfahren beschlagnahmten Unterlagen" fordern kann. Zum anderen ist auch die Zurückbehaltung der konkret zur Aufklärung erforderlichen Unterlagen nicht zulässig, da das Besteuerungsverfahren auch im Fall eines berechtigten Vorlageverlangens keine Beschlagnahmemöglichkeit kennt.[5]

5. Zufallsfunde

3626 Bei Gelegenheit einer Durchsuchung gefundene Gegenstände, die auf Verübung einer allgemeinen oder anderen Steuerstraftat hindeuten, aber zur Untersuchung in keiner Beziehung stehen **(Zufallsfunde),** sind nach § 108 Abs. 1 Satz 1 StPO „einstweilen in Beschlag zu nehmen". Dies ist keine Beschlagnahme i.S.d. §§ 94, 98 ff. StPO. Die Ermittlungsbehörde soll vielmehr in die Lage versetzt werden, zu prüfen, ob ein neues Ermittlungsverfahren einzuleiten und der Gegenstand in diesem zu beschlagnahmen ist oder ob die Beschlagnahme in einem bereits laufenden Verfahren, das die Durchsuchungsbeamten nicht oder nicht näher kennen, geboten ist.[6]

3627 Wenn die Steuerfahndung nur über einen eingeschränkten Durchsuchungsbeschluss verfügt, besteht in der Praxis vereinzelt die Gefahr, dass die Fahnder den

1) Meyer-Goßner, 55. Aufl. 2012, § 94 StPO Rz. 16.
2) Meyer-Goßner, 55. Aufl. 2012, § 94 StPO Rz. 17.
3) Nack in Karlsruher Kommentar, 6. Aufl. 2008, § 94 StPO Rz. 24; Meyer-Goßner, 55. Aufl. 2012, § 94 StPO Rz. 22.
4) Merkt, DStR 1990, 476, 477.
5) In Betracht kommen die Zwangsmittel gem. den §§ 328 ff. AO oder eine Schätzung, Roser in Beermann/Gosch, § 97 AO Rz. 22 (November 2011).
6) Meyer-Goßner, 55. Aufl. 2012, § 108 StPO Rz. 1.

„Zufall" durch eine intensive Nachschau fördern. § 108 StPO bietet jedoch keine Rechtsgrundlage dafür, bei einer Durchsuchung auch nach Gegenständen Ausschau zu halten, die vielleicht zur Einleitung eines weiteren Strafverfahrens Anlass geben könnten, oder gar die Durchsuchung zu einer systematischen Suche nach belastenden Gegenständen zu missbrauchen, die mit dem Verfahrensgegenstand nichts zu tun haben[1] und daher außerhalb des Durchsuchungsbeschlusses liegen.

Angesichts zunehmender Steuerstrafverfahren gegen Unternehmen und Kreditinstitute erlangen die vorstehenden Grundsätze insbes. dann maßgebliche Bedeutung, wenn der Durchsuchungs- bzw. Beschlagnahmebeschluss durch das erlassende Gericht auf Grund der Weite der einzusehenden Unterlagen und der Anzahl der potenziell Verfahrensbetroffenen in verfassungskonformer Weise inhaltlich ausdrücklich beschränkt wurde.[2]

V. Beschlagnahme bei Angehörigen der rechts- und steuerberatenden Berufe

1. Grundsatz der Beschlagnahmefreiheit (§ 97 StPO)

Zentrale Regelung für die Begrenzung der Beschlagnahme und die Quelle der gewichtigsten **Beschlagnahmeverbote** in Anknüpfung an die **Zeugnisverweigerungsrechte** der §§ 52 ff. StPO ist § 97 StPO. Übergeordnetes Ziel der Beschlagnahmeverbote ist es, eine Umgehung der Zeugnisverweigerungsrechte durch schlichten Zugriff auf schriftlich niedergelegte privilegierte Information zu verhindern.[3] 3628

a) Geschützter Personenkreis und Rechtsgrund

Rechtsanwälte, Wirtschaftsprüfer und Steuerberater verbindet mit ihren Mandanten ein **enges Vertrauensverhältnis.** Die Tätigkeit dieser Berufsträger erfordert ein tiefes Eindringen in die persönliche Sphäre des Mandanten. Dessen Bereitschaft, sich zu offenbaren, setzt aber die Gewissheit voraus, dass seine Vertrauensperson verschwiegen ist und nicht gezwungen werden kann, ihr Wissen preiszugeben. In § 57 Abs. 1 StBerG und in § 9 BOStB ist die Verschwiegenheitspflicht ausdrücklich normiert. Strafrechtlich wird sie durch § 203 StGB geschützt. § 53 Abs. 1 Nr. 3 StPO sieht deshalb ein strafprozessuales Aussageverweigerungsrecht für die genannten Berufsgruppen vor. 3629

§ 53a StPO dehnt das Aussageverweigerungsrecht der steuerberatenden Berufe auf sog. **Berufshelfer** aus, d.h., auch Gehilfen und Auszubildenden der Berufsträger steht das Aussageverweigerungsrecht zu. Dazu zählen alle Mitarbeiter, Angestellte und die zur Ausbildung befindlichen Personen in der Beraterkanzlei. 3630

Auf das Aussageverweigerungsrecht nach § 53 Abs. 1 Nr. 3 StPO können sich auch diejenigen Sozien einer Beraterpraxis berufen, die nicht unmittelbar die Beratung durchgeführt haben und für die § 53a StPO nicht anwendbar ist.[4] 3631

Dieses Aussageverweigerungsrecht wird durch ein **Beschlagnahmeverbot** (§ 97 Abs. 1 StPO) akzessorisch ergänzt.[5] Es hat den Zweck, dessen Umgehung zu verhindern, und umfasst alle Unterlagen und Gegenstände, die einen Bezug zu dem Beratungs- und Vertrauensverhältnis haben und sich im Gewahrsam der zeugnisverweigerungsberechtigten Person befinden. Das Beschlagnahmeverbot gilt entsprechend bei den beruflichen Hilfspersonen (§ 97 Abs. 4 StPO). 3632

1) LG Berlin v. 9.5.1983, 512a/512 Qs 18/83, StV 1987, 97.
2) Grundlegend hierzu LG Freiburg v. 4.3.1999, VIII Qs 17/98, StV 2000, 15 f.
3) BVerfG v. 5.8.1966, 1 BvR 586/62, 1 BvR 610/63, 1 BvR 512/64, BVerfGE 20, 162.
4) Streck, Rz. 661.
5) BVerfG v. 5.8.1966, 1 BvR 586/62, 1 BvR 610/63, 1 BvR 512/64, BVerfGE 20, 162.

b) Räumlicher Schutzbereich

3633 Das Beschlagnahmeverbot gilt unzweifelhaft für Gegenstände im **Alleingewahrsam** der zeugnisverweigerungsberechtigten Personen. Auch **Mitgewahrsam** einer weiteren „geschützten" Person, etwa eines Sozius des Beraters, lässt das Beschlagnahmeverbot unberührt.[1] Umstritten ist die Bedeutung eines Mitgewahrsams des Mandanten, doch besteht an den Gegenständen in den Räumen des Berufsträgers regelmäßig kein Mitgewahrsam des Mandanten,[2] insbes. nicht allein auf Grund seines Herausgabeanspruchs.[3]

Andererseits erstreckt sich der Schutz des § 97 Abs. 1 StPO grundsätzlich nur auf den Gewahrsamsbereich der zeugnisverweigerungsberechtigten Person. Bei dem Beschuldigten oder **bei Dritten** dürfen geschützte Gegenstände, etwa die Kopie einer Aktennotiz des Beraters, jederzeit beschlagnahmt werden (§ 97 Abs. 2 Satz 1 StPO).

3634 Eine **Ausnahme** bildet lediglich die **Verteidigerkorrespondenz:** Aufzeichnungen des Beschuldigten, die nach Entstehung des Mandatsverhältnisses für den Verteidiger gefertigt werden und Gegenstand der Erörterung zwischen dem Beschuldigten und seinem Verteidiger sind, sind beschlagnahmefreie Gegenstände i.S.d. § 97 StPO, auch wenn sie sich im Besitz des Beschuldigten befinden und dieser nicht in Haft ist.[4] Für die Verteidigerpost mit dem inhaftierten Beschuldigten gilt dies ohnehin.[5] Ebenfalls weder beschlagnahme- noch verwertungsfähig ist das sonstige vom Beschuldigten erarbeitete **Verteidigungsmaterial.**[6] Ausnahmsweise beschlagnahmefähig sind diese Unterlagen aber, wenn der Verteidiger der Tatbeteiligung verdächtig ist und deshalb der besondere Verteidigerschutz nicht eingreift.[7]

Das Beschlagnahmeverbot ist bereits bei der Anordnung einer Durchsuchung zu beachten.[8] Eine Durchsuchung ist unzulässig, soweit die gesuchten Gegenstände unter § 97 StPO fallen (→ Rz. 3529).[9] Gegenstände, die unter Verstoß gegen § 97 StPO beschlagnahmt wurden, unterliegen einem Verwertungsverbot.[10]

c) Geschützte Gegenstände

3635 Das **Beschlagnahmeverbot** erstreckt sich gem. § 97 Abs. 1 StPO auf

- schriftliche Mitteilungen zwischen dem Beschuldigten und den zeugnisverweigerungsberechtigten Beratern, z.B. Briefe, Abschriften, Fotokopien (Nr. 1),
- Aufzeichnungen, welche die genannten Berufsträger über die ihnen vom Beschuldigten anvertrauten Mitteilungen oder über andere Umstände gemacht haben, auf die sich das Zeugnisverweigerungsrecht erstreckt, z.B. Aktenvermerke des Rechtsanwalts oder Steuerberaters über Mandantenbesprechungen, Telefongespräche (Nr. 2),
- andere Gegenstände, auf die sich das Zeugnisverweigerungsrecht erstreckt (Nr. 3).

---

1) Seipl in Beermann/Gosch, § 399 AO Rz. 148 (November 2007); Meyer-Goßner, 55. Aufl. 2012, § 97 StPO Rz. 12.
2) Schmidt, wistra 1991, 245, 248 m.w.N.
3) Nack in Karlsruher Kommentar, 6. Aufl. 2008, § 97 StPO Rz. 8 und 17; Schäfer in Löwe/Rosenberg, 25. Aufl. 2004, § 97 StPO Rz. 19 f.
4) Seipl in Beermann/Gosch, § 399 AO Rz. 165 (November 2007).
5) BGH v. 13.8.1973, 1 BJs 6/71, StB 34/73, NJW 1973, 2035.
6) BGH v. 25.2.1998, 3 StR 490/97, NStZ 1998, 309.
7) Vgl. BGH v. 13.8.1973, 1 BJs 6/71, StB 34/73, NJW 1973, 2035.
8) Meyer-Goßner, 55. Aufl. 2012, § 97 StPO Rz. 1.
9) Meyer-Goßner, 55. Aufl. 2012, § 97 StPO Rz. 1; Nack in Karlsruher Kommentar, 6. Aufl. 2008, § 97 StPO Rz. 2.
10) Meyer-Goßner, 55. Aufl. 2012, § 97 StPO Rz. 46.

Grundsätzlich **unumstritten** sind dabei der Schutz des Schriftwechsels zwischen dem Berufsträger und seinem Mandanten nach Nr. 1 sowie der Schutz von Aufzeichnungen des Berufsträgers gemäß Nr. 2. **3636**

Dagegen ist **heftig umstritten,** wie weit der Schutz „anderer Gegenstände" (§ 97 Abs. 1 Nr. 3 StPO) reicht, insbesondere, ob und inwieweit die Buchführung, die Buchführungsunterlagen sowie die **Bilanzunterlagen des Mandanten,** die sich in der Beraterkanzlei befinden, beschlagnahmt werden dürfen. Die Frage ist in der Praxis von erheblicher Bedeutung, da ein großer Teil der für die Steuererklärungen erforderlichen Belege, Geschäfts- und Buchhaltungsunterlagen sich regelmäßig im Gewahrsam des Steuerberaters befinden. Abschließend ist die Frage nicht geklärt. Es gibt dazu eine Vielzahl landgerichtlicher Entscheidungen, die zu ganz unterschiedlichen Ergebnissen kommen. Da gegen diese Entscheidungen eine weitere Beschwerde nicht zulässig ist (§ 310 Abs. 2 StPO), kann mit einer Vereinheitlichung der Rspr. insoweit auch nicht gerechnet werden.

Im Wesentlichen werden **folgende Auffassungen** vertreten:[1) **3637**

- Bilanz- und Buchführungsunterlagen sowie die dazugehörigen Belege sind grundsätzlich beschlagnahmefähig,
- Beschlagnahmefreiheit besteht bis zur Erstellung der Bilanz, danach sind die oben genannten Unterlagen nicht mehr geschützt,
- Buchführungsunterlagen, die dem Steuerberater vom Mandanten überlassen wurden, sind insoweit beschlagnahmefrei, als sie Korrespondenz mit dem Mandanten und Unterlagen, die vom Steuerberater für Zwecke der Auswertung mit Anmerkungen versehen wurden, darstellen,
- Bilanz- und Buchführungsunterlagen einschließlich der dazugehörigen Belege sind grundsätzlich beschlagnahmefrei.

Zur Entscheidung dieser Rechtsfrage ist die Reichweite des **Zeugnisverweigerungsrechts** der genannten Berufsgruppen von maßgeblicher Bedeutung. Dieses schützt das Vertrauensverhältnis zwischen Berater und Mandant und erstreckt sich daher auf alles, was dem Berufsträger in dieser Eigenschaft anvertraut oder bekannt wird (vgl. § 53 Abs. 1 Nr. 3 StPO), unabhängig davon, ob er seine Kenntnisse mündlich oder schriftlich erlangt. Geschützt sind daher auch Informationen aus Unterlagen, die dem Berufsträger im Hinblick auf das Beratungs- und Vertrauensverhältnis vom Mandanten übergeben werden. Ohne Bedeutung ist, ob diese Kenntnisse unmittelbar oder mittelbar für die berufsbezogene Tätigkeit erforderlich sind oder ob sie nur beiläufig erlangt werden. Das Zeugnisverweigerungsrecht endet auch nicht mit Erledigung der konkreten Aufgabe. Jede engere Abgrenzung würde das Beratungsverhältnis – entgegen der Grundentscheidung des Gesetzgebers – weitgehend dem Zugriff der Strafverfolgungsorgane öffnen. **3638**

Dementsprechend können Mandantenunterlagen, insbes. Buchführungsunterlagen, nicht beschlagnahmt werden. Sie sind durch das Beschlagnahmeverbot nach § 97 Abs. 1 Nr. 3 StPO geschützt, gleichviel, ob die Gegenstände, Schriftstücke und Belege vom Mandanten stammen oder ob sie vom Berufsträger erstellt wurden.[2)]

---

1) Zum Streitstand: Schäfer in Löwe/Rosenberg, 25. Aufl. 2004, § 97 StPO Rz. 111 ff.; Häcker in Müller-Gugenberger/Bieneck, 5. Aufl. 2011, § 93 StPO Rz. 13 ff.; s. auch LG Dresden v. 22.1.2007, 5 Qs 34/2006, 5 Qs 34/06, NJW 2007, 2709.

2) LG Dresden v. 22.1.2007, 5 Qs 34/2006, 5 Qs 34/06, NJW 2007, 2709 (solange ein Steuerberater sie zur Erledigung noch nicht abgeschlossener Arbeiten, auf die sich sein Zeugnisverweigerungsrecht erstreckt, in Gewahrsam hat); LG Fulda v. 12.10.1999, 2 Qs 51/99, NJW 2000, 1508, 1509; LG München v. 14.12.1983, 19 Qs 4/83, NJW 1984, 1191; Streck, Rz. 696; Rau, wistra 2006, 410. Nach a.A. sind Mandantenunterlagen generell beschlagnahmefähig, da diese nicht durch das geschützte Vertrauensverhältnis hervorgebracht worden seien: LG Chemnitz v. 20.9.2000, 4 Qs 8/00, wistra 2000, 476 f. (nachdem Buchung erfolgt ist und Steuererklärungen erstellt werden können); Meyer-Goßner, 55. Aufl. 2012, § 97 StPO Rz. 40.

3639 Selbst wenn diese Gegenstände nur mittelbar mit einer berufsbezogenen Tätigkeit des Rechtsanwalts, Steuerberaters, Wirtschaftsprüfers usw. zusammenhängen oder nur beiläufig übergeben werden,[1] sind sie grundsätzlich nicht beschlagnahmefähig. Zur Buchhaltung übergebene Belege sind demzufolge bereits geschützt, wenn sie mittelbar Grundlage von Jahresabschlüssen, Steuererklärungen oder Beratungsleistungen sein sollen.

Mandantenunterlagen, insbes. Buchführungsunterlagen und sonstige Belege, sind auch nach Erledigung der Aufgabe, für die sie übergeben wurden, geschützt.[2]

3640 In der **Praxis** der Strafverfolgungsbehörden hat das durch das Beschlagnahmeverbot geschützte Vertrauensverhältnis zwischen steuerlichem Berater und seinem Mandanten keinen hohen Stellenwert, wie auch der Hinweis in Nr. 58 Abs. 1 AStBV zeigt, der Buchführungsunterlagen, Belege und Aufzeichnungen des Beschuldigten verkürzt als beschlagnahmefähig bezeichnet. Da Unterlagen der Berater häufig als besonders aufschlussreich angesehen werden und die Schranke des § 97 StPO verhältnismäßig leicht zu durchbrechen ist,[3] können die Verfolgungsorgane der Versuchung nur schwer widerstehen, Beschlagnahmen beim Berater vorzunehmen und den steuerstrafrechtlichen Verdacht notfalls auf ihn zu erstrecken.[4] Dies zeigt sich in der Praxis insbesondere, wenn Fahnder Beweisschwierigkeiten fürchten.

3641 Angesichts der unklaren Rechtslage sollte die Verschwiegenheitspflicht aus dem Mandatsverhältnis – schon wegen der strafrechtlichen Sanktionierung durch § 203 Abs. 1 Nr. 3 StGB – für jeden Berater erhebliches Gewicht haben.

3642 Bestehen seitens des Beraters Zweifel an der Rechtmäßigkeit einer gegen ihn gerichteten Fahndungsmaßnahme, sollte er neben der Wahrung seiner Rechte aus den §§ 102, 103 StPO außerdem folgende Verhaltensmaßregeln beachten (vgl. außerdem → Rz. 3599):

- Schon im Hinblick auf § 203 Abs. 1 Nr. 3 StGB sollten keinerlei Auskünfte über das Mandatsverhältnis erteilt und Unterlagen nicht freiwillig herausgegeben werden. Zur Vermeidung ausufernder Durchsuchungsmaßnahmen ist allerdings die freiwillige Vorlage (Abwendungsbefugnis, → Rz. 3528) der im Beschluss bezeichneten Unterlagen dann unbedenklich, wenn auf deren Beschlagnahme bestanden wird.
- Der (beschuldigte) Mandant sollte von der Maßnahme unverzüglich unterrichtet werden. Im Einzelfall mag es vorkommen, dass der Mandant den Berater zum Zeichen seiner Kooperationsbereitschaft gegenüber den Verfolgungsbehörden von der Schweigepflicht entbindet (→ Rz. 3648 f.).
- Hinsichtlich der Unterlagen, die nach Ansicht des Beraters gem. § 97 StPO beschlagnahmefrei sind, ist auf deren Versiegelung (→ Rz. 3586) zu bestehen. Ist die Staatsanwaltschaft bei der Durchsuchung zugegen, sollte angeregt werden, die streitigen Unterlagen gleichwohl zu versiegeln und einem – im Gegensatz zu den Verfolgungsorganen unabhängigen – Richter zur Sichtung und Entscheidung über die Beschlagnahme vorzulegen. Ein gesetzlicher Anspruch hierauf besteht allerdings nicht.[5]
- Die unverzügliche Einlegung von Rechtsbehelfen (→ Rz. 3748 ff.) sollte erwogen werden. Insbesondere wenn streitige Unterlagen trotz Versiegelungsersuchen durch die Staatsanwaltschaft vor Ort beschlagnahmt worden sind, ist dagegen – bei Vorlage eines entsprechenden Beschlusses – die Beschwerde nach § 304

---

1) Joecks in Franzen/Gast/Joecks, 7. Aufl. 2009, § 399 AO Rz. 36 f.
2) Nack in Karlsruher Kommentar, 6. Aufl. 2008, § 97 StPO Rz. 17.
3) Burkhard, PStR 2001, 158 ff.
4) Streck, Rz. 691.
5) Burkhard, PStR 2001, 158, 159.

StPO einzulegen; bei Beschlagnahmungen wegen „Gefahr im Verzug" (→ Rz. 3543 ff.) ist Antrag auf gerichtliche Entscheidung gem. § 98 Abs. 2 Satz 2 StPO zu stellen.

Zusätzlich zu beachten und neben den Beschlagnahmeverboten des § 97 StPO anzubringen ist, dass die Beschlagnahme des **gesamten Datenbestandes** einer Beraterkanzlei oder größerer Teile des Datenbestandes auch in die Rechte von Mandanten eingreift, die keinerlei rechtlichen oder tatsächlichen Bezug zu dem Strafverfahren haben, aus dem heraus Durchsuchung und Beschlagnahme erfolgen sollen. Das in diesem Fall über die die Schutzbedürftigkeit des Vertrauensverhältnisses betroffene Recht sämtlicher Mandanten auf informationelle Selbstbestimmung, gebietet im Rahmen der Anwendung des Verhältnismäßigkeitsgrundsatzes eine besonders restriktive Prüfung.[1] **3643**

Wegen der Verschwiegenheitspflicht steuerlicher und anwaltlicher Berater[2] und der Strafbewehrung dieser Pflicht in § 203 StGB ist es grundsätzlich empfehlenswert, allen Maßnahmen zu **widersprechen** und Handakten keinesfalls freiwillig herauszugeben. Der steuerliche Berater sowie alle grundsätzlich Schweigepflichtigen sollten durchweg dafür sorgen, dass ihr Widerspruch im Durchsuchungsprotokoll-Formular angekreuzt wird und diesen gegebenenfalls durch eigene hinzugefügte handschriftliche Zusätze ergänzen. Es sind zahlreiche Fälle bekannt, in denen im Nachhinein zweifelhafte Angaben zu einem angeblich erklärten Einverständnis in Polizeiformulare oder Vermerke eingetragen werden, auf deren Ausfüllen der Betroffene keinerlei Einfluss hat.[3] **3644**

d) Unterlagen des Treuhänders

Grundsätzlich ist der **Treuhänder** gem. § 159 Abs. 1 AO im Rahmen des Besteuerungsverfahrens verpflichtet nachzuweisen, wem die Rechte oder Sachen, die er auf Grund des Treuhandverhältnisses in Gewahrsam hat, gehören. **3645**

Diese Aufklärungspflicht gilt aber auf Grund der ausdrücklichen Bezugnahme in § 159 Abs. 2 AO auf das Auskunftsverweigerungsrecht des § 102 AO nicht für Berufsgeheimnisträger. Insoweit geht deren Auskunftsverweigerungsrecht gem. § 102 AO der Auskunftspflicht des Treuhänders vor. Dieser Vorrang gilt auch im Strafverfahren. Die Ermittlungsbehörden können deshalb von einem Verteidiger, Rechtsanwalt, Notar, Steuerberater, Wirtschaftsprüfer etc. (§ 102 Abs. 1 Nr. 3 AO) sowie deren Hilfspersonen (§ 102 Abs. 2 AO) keine Auskünfte oder Unterlagen verlangen, aus denen sich ggf. der bzw. die Treugeber feststellen lassen. Anders ausgedrückt, Auskünfte oder Unterlagen können nur insoweit verlangt werden, als sich daraus keine Rückschlüsse auf den Mandanten ergeben. **3646**

2. Grenzen des Beschlagnahmeverbots

Es gibt allerdings gesetzliche **Ausnahmen** vom Beschlagnahmeverbot, insbesondere wenn der Berater von der Verschwiegenheitspflicht befreit wird oder wenn er der Tatbeteiligung verdächtig ist. **3647**

a) Entbindung von der Verschwiegenheitspflicht

So können Gegenstände beschlagnahmt werden, wenn der Mandant den zeugnisverweigerungsberechtigten Gewahrsamsinhaber ganz oder teilweise von seiner Verschwiegenheitspflicht **entbindet** (§ 53 Abs. 2 i.V.m. § 97 Abs. 1 StPO),[4] weil der **3648**

1) BVerfG v. 12.4.2005, 2 BvR 1027/02, BVerfGE 113, 29.
2) Einschließlich ausländischer Rechtsanwälte, soweit ihre Tätigkeit im Inland anerkannt ist; für Anwälte aus EU-Staaten vgl. § 42 EuRAG.
3) Heuchemer, NZWiSt 2012, 137, 139.
4) Schäfer in Löwe/Rosenberg, 25. Aufl. 2004, § 97 StPO Rz. 73 ff.

Regelungszweck, der Schutz der Mandatsbeziehung, damit entfällt. Die Befreiung kann auch teilweise, z.B. beschränkt auf bestimmte Tatsachenkomplexe[1] oder auf einzelne Unterlagen, erteilt werden.

Zweifelhaft ist, wem das Entbindungsrecht zusteht, wenn neben dem Mandanten eine weitere Person notwendig in das Vertrauensverhältnis integriert ist, z.B. im Falle einer insolventen juristischen Person. Ist der Insolvenzverwalter allein berechtigt, die Befreiung zu erteilen, wenn Gegenstand der Aussage bzw. Beschlagnahme ein Vorfall sein soll, der vor der Insolvenz lag? Im Hinblick auf den Schutzgedanken des § 97 StPO ist es sachgerecht, in derartigen Fällen zusätzlich die Befreiung durch die seinerzeit vertretungsberechtigten Organe – Vorstand, Geschäftsführung – zu verlangen.[2]

3649 Im Falle des **Widerrufs der Befreiung** entsteht das Beschlagnahmeverbot nicht rückwirkend, sondern vom Zeitpunkt des Widerrufs an.

b) Strafrechtliche Verstrickung des Zeugnisverweigerungsberechtigten

3650 Ebenso können Gegenstände bei dem Berufsträger beschlagnahmt werden, wenn gegen ihn der **Verdacht der Tatbeteiligung,** der Begünstigung, Strafvereitelung[3] oder Hehlerei besteht (§ 97 Abs. 2 Satz 3 Halbsatz 1 StPO).

Zwar wird im Hinblick auf die Bedeutung des Zeugnisverweigerungsrechts nach dem Verhältnismäßigkeitsgrundsatz[4] zutreffend gefordert, dass der Anfangsverdacht auf Grund konkreter Tatsachen vor der Beschlagnahme und nicht erst mit Hilfe der beschlagnahmten Gegenstände bestehen muss,[5] doch ist diese Hürde von den Ermittlungsbehörden in der Praxis nicht schwer zu überwinden.

3651 Lediglich der Berufsstand der Verteidiger[6] genießt hier im Hinblick auf das Spannungsverhältnis zu § 148 StPO den Vorzug einer deutlich höheren Verdachtsstufe. Nach h.M.[7] müssen gegen den Verteidiger „gewichtige Anhaltspunkte" für eine „echte Tatbeteiligung" vorliegen, also in Form von Mittäterschaft, Anstiftung oder Beihilfe hinsichtlich der Haupttat, nicht aber Begünstigung, Strafvereitelung oder Hehlerei.[8] Teile der Literatur fordern gar ein umfassendes Beschlagnahmeverbot beim Verteidiger während einer in dieser Sache bestehenden Verteidigung.[9]

3652 In der Kanzlei des Beraters beschlagnahmte Gegenstände dürfen selbstverständlich nur verwertet werden, soweit die Voraussetzungen einer Beschlagnahme bestanden haben, also im Verfahren gegen den Berater und den mitbeschuldigten Mandanten. Unterlagen anderer Mandanten unterliegen weiterhin dem Beschlagnahmeverbot des § 97 StPO und wären bei rechtswidriger Beschlagnahme nicht verwertbar. Nicht

1) Schäfer in Löwe/Rosenberg, 25. Aufl. 2004, § 97 StPO Rz. 75 i.V.m. Dahs in Löwe/Rosenberg, 25. Aufl. 2004, § 53 StPO Rz. 65 (zur Zeugenaussage).

2) So auch OLG Schleswig-Holstein v. 27.5.1980, 1 Ws 160/80, 1 Ws 161/80, NJW 1981, 294; Dahs in Löwe/Rosenberg, 25. Aufl. 2004, § 53 StPO Rz. 61; Senge in Karlsruher Kommentar, 6. Aufl. 2008, § 53 StPO Rz. 47 m.w.N.

3) Nach BGH v. 28.3.1973, 3 StR 385/72, BGHSt 25, 168, 169, genügt der Verdacht des objektiven Tatbestands. Zu Recht einschränkend aber Joecks in Franzen/Gast/Joecks, 7. Aufl. 2009, § 399 AO Rz. 39: wegen der Schutzrichtung des § 97 StPO nur bei Strafvereitelung in kollusivem Zusammenwirken mit dem Beschuldigten.

4) Krekeler, NJW 1977, 1417.

5) Meyer-Goßner, 55. Aufl. 2012, § 97 StPO Rz. 20; Burhoff, PStR 1999, 243, 244; Matthes in Kohlmann, § 399 AO Rz. 26.1 (Oktober 2008).

6) Selbst wenn er als Zeugenbeistand tätig ist, BGH v. 28.6.2001, 1 StR 198/01, NJW 2001, 3793 f.

7) Meyer-Goßner, 55. Aufl. 2012, § 97 StPO Rz. 38; Nack in Karlsruher Kommentar, 6. Aufl. 2008, § 97 StPO Rz. 35 m.w.N.

8) Nack in Karlsruher Kommentar, 6. Aufl. 2008, § 97 StPO Rz. 35 i.V.m. § 100a StPO Rz. 30.

9) Schäfer in Löwe/Rosenberg, 25. Aufl. 2004, § 97 StPO Rz. 59 f.

übersehen werden darf allerdings, dass bei der Beschlagnahme von EDV-Daten regelmäßig die gesamten Daten, somit auch die Daten zu allen Mandaten, mitgenommen, kopiert und beschlagnahmt werden. Ein solches Vorgehen ist indes unverhältnismäßig und verstößt hinsichtlich der Daten von nichtbeschuldigten Beratern und Mandanten gegen § 53 Abs. 1 Satz 1 Nr. 2 und 3 und § 97 Abs. 1 StPO (→ Rz. 3589).[1] Eine Versuchung, die unverwertbaren Daten zum Anlass von Ermittlungen zu nehmen und z.B. über eine Betriebsprüfung Anhaltspunkte für einen Anfangsverdacht zu erlangen, ist daher nicht zu bestreiten.

Durchsuchung und Beschlagnahme sind darüber hinaus natürlich auch in einem Steuerstrafverfahren allein gegen den Berater zulässig. § 97 StPO steht dem von vornherein nicht entgegen. 3653

Mandantenunterlagen, die in einem derartigen Verfahren Beweismittel zu der Tat des Beraters sind, können beschlagnahmt werden. Wesentlich ist in diesem Zusammenhang aber, dass die beschlagnahmten Gegenstände nur insoweit verwertet werden dürfen, als die Voraussetzungen einer Beschlagnahme bestanden haben, d.h. nur in dem Steuerstrafverfahren gegen den beschuldigten Steuerberater. Dagegen dürfen die Erkenntnisse weder mittelbar noch unmittelbar zum Nachteil einer seiner Mandanten verwertet werden, etwa um die Einleitung eines Steuerstrafverfahrens gegen diesen wegen einer anderen Tat zu begründen.[2] Der Normzweck der §§ 53, 97 StPO erfordert auch in diesem Fall den unbedingten Schutz des Vertrauensverhältnisses zwischen Berater und Mandant. Dieser muss gegenüber dem Berater offen reden und schreiben können, ohne dass ihm aus einem Strafverfahren allein gegen den Berater Nachteile entstehen können.

c) Deliktgegenstände in der Beraterkanzlei

Gemäß § 97 Abs. 2 Satz 3 StPO gilt das Beschlagnahmeverbot auch nicht, wenn es sich um Gegenstände handelt, die zur Begehung einer Straftat gebraucht oder bestimmt sind (sog. **Deliktgegenstände**). 3654

Da es sich auch hier um eine Einschränkung des Beschlagnahmeprivilegs handelt, ist eine enge Auslegung der Ausnahmevorschrift geboten. Andernfalls würde das Beratungs- und Vertrauensverhältnis dem Zugriff der Strafverfolgungsorgane weitestgehend geöffnet.[3]

d) Zur Aufbewahrung erhaltene Gegenstände in der Beraterkanzlei

Beschlagnahmefähig sind auch Gegenstände, die dem zeugnisverweigerungsberechtigten Berufsträger, ohne irgendeinen Bezug zum Beratungs- und Vertrauensverhältnis, ausschließlich zur Aufbewahrung übergeben werden oder gar, um sie vor den Strafverfolgungsorganen zu verstecken.[4] 3655

Beispiel:

Der Stpfl. übergibt seinem Steuerberater die Ergänzungsvereinbarung zu einem Vertrag, die eine andere steuerliche Würdigung begründen würde und der Finanzverwaltung daher nicht bekannt werden soll.

In diesen Fällen ist der Schutzbereich des § 97 StPO von vornherein nicht eröffnet.

VI. Bankenermittlungen

Gerade in Steuerstrafverfahren treten die Ermittlungsbehörden wegen des tatsächlichen oder zumindest erhofften Werts der dort vorzufindenden Informationen insbe- 3656

1) BVerfG v. 17.7.2002, 2 BvR 1027/02, wistra 2002, 378 ff.
2) Schäfer in Löwe/Rosenberg, 25. Aufl. 2004, § 97 StPO Rz. 109.
3) Streck, Rz. 605.
4) Streck, Rz. 693; Nack in Karlsruher Kommentar, 6. Aufl. 2008, § 97 StPO Rz. 42.

sondere an Banken und Kreditinstitute heran. Dies geschieht in nahezu jedem Steuerstrafverfahren und gilt umso mehr, als seit 1994 bis heute Banken auf Grund der Kapitalflucht, insbesondere nach Luxemburg und in die Schweiz, verstärkt in das Visier der Steuerfahndung geraten sind.[1)]

3657 Entgegen landläufigen Vorstellungen gibt es in Deutschland kein allgemeines gesetzlich statuiertes und sanktioniertes **Bankgeheimnis**. Ein strafprozessual wirkendes Bankgeheimnis, das Ermittlungsmaßnahmen entgegenstünde, besteht nicht.[2)] Verschwiegenheitspflicht von Kreditinstituten und ihren Mitarbeitern besteht gegenüber den Kunden indessen typischerweise zivilrechtlich aus dem zugrundeliegenden Bankvertrag und als gewohnheitsrechtliches Rechtsinstitut.[3)] Außerhalb des Steuer*straf*verfahrens schränkt darüber hinaus § 30a AO die Auskunftsbefugnisse der Finanzbehörden ein und ordnet an, dass diese auf das Vertrauensverhältnis zwischen den Kreditinstituten und deren Kunden besonders Rücksicht zu nehmen haben. Hingegen sieht § 97 AO in bestimmten Fällen eine Pflicht auch von Banken zur Vorlage von Urkunden vor, die für die Besteuerung des Kunden oder anderer Personen benötigt werden, und öffentlich-rechtliche Bankinstitute sind nach § 161 StPO zur Erteilung von Auskünften verpflichtet.[4)] Darüber hinaus kann sich eine Verpflichtung von Kreditinstituten zur Herausgabe von Unterlagen unter dem Gesichtspunkt eines Herausgabeverlangens nach § 95 StPO ergeben (→ Rz. 3660 ff.) oder das Kreditinstitut im Wege von gesetzlich nicht näher geregelten „Auskunftsersuchen", häufig in Gestalt von Fragenkatalogen, zur Bereitstellung von Kundeninformationen aufgefordert werden.

3658 Für Durchsuchung und Beschlagnahme im Hinblick auf Bankunterlagen gelten grundsätzlich die allgemeinen strafprozessualen Regeln. Soweit die Durchsuchung einer Bank in einem gegen deren Kunden gerichteten Ermittlungsverfahren erfolgen soll, handelt es sich um eine Durchsuchung bei Dritten nach § 103 StPO. Sind auch Mitarbeiter der Bank – etwa wegen Verdachts der Teilnahme an einer Steuerverkürzung – Beschuldigte in dem Strafverfahren, in dem eine Durchsuchungsmaßnahme erfolgt, richtet sich die Zulässigkeit der Durchsuchung ebenfalls grundsätzlich nach den strengeren Maßstäben für Durchsuchungen bei Dritten gem. § 103 StPO. Die Durchsuchung einer Bank auf Grundlage des weniger restriktiven § 102 StPO soll hingegen dann möglich sein, wenn sich der Straftatverdacht gegen Mitglieder von Organen des Kreditinstituts richtet.[5)]

3659 Eine Bank ist zwar grundsätzlich gegenüber ihren Kunden berechtigt, zur Abwendung von Durchsuchungen und Zeugenvernehmungen die entsprechenden Auskünfte zu erteilen.[6)] Angesichts des Geflechts aus privatrechtlich durch Vertrag begründeter Verschwiegenheitspflicht, den verschieden Auskunftspflichten nach der Abgabenordnung sowie der Möglichkeit, dass Bankmitarbeiter selbst Beschuldigte im jeweiligen Ermittlungsverfahren sind oder werden, sollte aus Bankensicht ein restriktiver, im Zweifel stets nach einem **förmlichen Gerichtsbeschluss** verlangender Ansatz verfolgt werden. Dabei wird es sich vielfach anbieten, insbesondere im Fall formloser Auskunftsersuchen, das Einverständnis des jeweiligen Kunden mit der Weitergabe ihn betreffender Informationen zu erfragen. In diesem Zusammenhang begründet die bloße Mitteilung an den Kunden über eine (womöglich durch Herausgabe abgewendete) Durchsuchung, ein Auskunftsersuchen oder Herausga-

---

1) Quedenfeld/Füllsack, 4. Aufl. 2011, Rz. 815.
2) Matthes in Kohlmann, § 399 AO Rz. 20.1 (Oktober 2008); Joecks in Franzen/Gast/Joecks, 7. Aufl. 2009, § 399 AO Rz. 58.
3) Ellenberger in Palandt, 71. Aufl. 2012, § 134 BGB Rz. 22a.
4) Meyer-Goßner, 55. Aufl. 2012, § 161 StPO Rz. 4.
5) Quedenfeld/Füllsack, 4. Aufl. 2011, Rz. 820.
6) Erb in Löwe/Rosenberg, 25. Aufl. 2004, § 161 StPO Rz. 28a; Meyer-Goßner, 55. Aufl. 2012, § 161 StPO Rz. 4.

beverlangen für sich genommen keine Strafbarkeit des informierenden Bankmitarbeiters nach §§ 257, 258 StGB.[1]

VII. Herausgabeverlangen (§ 95 StPO)

Nach § 95 StPO sind Gegenstände, die als Beweismittel von Bedeutung sein können, etwa Geschäftsunterlagen von Banken, auf Anforderung herauszugeben. Als **Herausgabepflichtiger** kann nur der **unbeteiligte Dritte** als Gewahrsamsinhaber in Anspruch genommen werden, nicht jedoch der Beschuldigte.[2] Das Herausgabeverlangen kann mit einem Durchsuchungs- und Beschlagnahmebeschluss verbunden sein.[3] **3660**

Das Herausgabeverlangen steht – nach heute wohl herrschender Rechtsprechung auch bei fehlender Gefahr im Verzug (→ Rz. 3543 ff.) – nicht nur dem Richter, sondern auch der Staatsanwaltschaft und den Ermittlungspersonen (Polizei, Steuer- und Zollfahndungsämter) zur Verfügung.[4] **3661**

Die Auffassung, wonach zur Stellung des Herausgabeverlangens nur berechtigt ist, wer im konkreten Fall auch zur Anordnung der Beschlagnahme befugt ist und somit die Annahme eines grundsätzlichen Richtervorbehaltes im Sinne von § 98 Abs. 1 StPO,[5] dürfte nicht zu halten sein. **3662**

Ein genereller Richtervorbehalt würde dem mit Ordnungsmitteln bis zur Zwangshaft (§ 95 Abs. 2, § 70 Abs. 2 StPO) durchsetzbaren Herausgabeverlangen die praktische Bedeutung weitgehend nehmen (mit Ausnahme des Falles, in dem ein Gegenstand bei der Durchsuchung nicht gefunden werden konnte, obwohl feststeht, dass eine bestimmte Person diesen in Gewahrsam hat). Vor allem aber ist das Herausgabeverlangen gegenüber Durchsuchung und Beschlagnahme das mildere Mittel, so dass eine Ausdehnung des Herausgabeverlangens und eine Eindämmung der immer platzgreifenderen Durchsuchungs- und Beschlagnahmepraxis aus Betroffenensicht und unter dem Gesichtspunkt der Verhältnismäßigkeit grundsätzlich begrüßenswert ist. Sobald das Herausgabeverlangen sich in puncto Eingriffsintensität Durchsuchung und Beschlagnahme annähert, wenn also der Betroffene die Herausgabe verweigert und daher Ordnungs- und Zwangsmittel gegen ihn verhängt werden sollen, greift die richterliche Kontrolle ohnehin ein. Denn im Fall der Herausgabeverweigerung dürfen Ordnungs- und Zwangsmittel gem. § 95 Abs. 2 Satz 1 StPO ausschließlich vom Gericht, nicht jedoch von der Staatsanwaltschaft und noch weniger von ihren Ermittlungspersonen verhängt werden.[6] Somit ist auch aus Betroffenensicht dem zunächst nicht richterlich kontrollierten Eingriff in Form des Herausgabeverlangens gegenüber der einschneidenderen Durchsuchung und Beschlagnahme mit vorheriger – in der Praxis jedoch häufig einer Prüfungstiefe zwi-

1) Ransiek, wistra 1999, 401 ff.
2) Meyer-Goßner, 55. Aufl. 2012, § 95 StPO Rz. 5.
3) Joecks in Franzen/Gast/Joecks, 7. Aufl. 2009, § 399 AO Rz. 39.
4) LG Gera v. 30.9.1999, 2 Qs 412/99, NStZ 2001, 276; LG Halle v. 6.10.1999, 22 Qs 28/99, NStZ 2001, 276, 277; LG Lübeck v. 3.2.2000, 6 Qs 3/00 – 720 Js 35837/98 Wi, 6 Qs 3/00, NJW 2000, 3148, 3149; Meyer-Goßner, 55. Aufl. 2012, § 95 StPO Rz. 2.
5) LG Stuttgart v. 19.11.1991, 14 Qs 61/91, wistra 1992, 77, 78; Schäfer in Löwe/Rosenberg, 25. Aufl. 2004, § 95 StPO Rz. 9 m.w.N.; Nack in Karlsruher Kommentar, 6. Aufl. 2008, § 95 StPO Rz. 4.
6) LG Lübeck v. 3.2.2000, 6 Qs 3/00 – 720 Js 35837/98 Wi, 6 Qs 3/00, NJW 2000, 3148, 3149, mit der zusätzlichen Begründung, dass sich in § 95 Abs. 1 StPO die Formulierung „Gegenstand der vorbezeichneten Art" nur auf die in § 94 Abs. 1 StPO aufgeführten Gegenstände, nicht jedoch auf die dort geregelte Beschlagnahme beziehe; Meyer-Goßner, 55. Aufl. 2012, § 96 StPO Rz. 9.

schen Formalie und Farce aufweisender – richterlicher Kontrolle der Vorzug zu geben.

3663 Bei der Entscheidung steuerlicher Berater und anderer Berufsgeheimnisträger darüber, ob diese einem an sie gerichteten Herausgabeverlangen nach § 95 StPO, etwa gerichtet auf Buchhaltungsunterlagen des Mandanten, nachkommen sollten, ist zu berücksichtigen, dass im Fall der Nichtbeachtung des Herausgabeverlangens gegenüber dieser Personengruppe kein Zwang zulässig ist (§ 95 Abs. 2 Satz 2 StPO). Das daraus resultierende Herausgabeverweigerungsrecht umfasst sämtliche Gegenstände, die aus der beruflichen Tätigkeit des nach § 53 StPO Zeugnisverweigerungsberechtigten erlangt oder entstanden sind.[1] Gerade angesichts der häufigen Praxis der Ermittler, im Rahmen einer Durchsuchung ohne vertiefte Prüfung und erst recht ohne richterliche Kontrolle dann „auch noch mal beim Steuerberater vorbeizufahren" und ein Herausgabeverlangen an diesen zu richten, dürfte für Zeugnisverweigerungsberechtigte häufig die Herausgabeverweigerung das Mittel der Wahl sein. Dies gebietet vielfach auch die Komplexität der notwendigen Prüfung, welche beim steuerlichen Berater befindlichen Gegenstände überhaupt beschlagnahmefähig oder nach § 97 StPO beschlagnahmefrei sind (→ Rz. 3627 ff.).

3664 In entsprechender Anwendung von § 95 Abs. 2 Satz 2 StPO ist darüber hinaus auch im Fall der Weigerung eines Beschuldigten oder potenziell der Strafverfolgungsgefahr Ausgesetzten, Gegenstände auf ein Herausgabeverlangen hin auszuhändigen, die Verhängung von Ordnungs- und Zwangsmitteln unzulässig.[2] Soweit die Herausgabe im Hinblick auf eine bestehende Strafverfolgungsgefahr verweigert wird, ist es indessen erforderlich, dass sich der Betroffene ausdrücklich darauf beruft, durch eine Herausgabe des Gegenstandes werde die in § 55 Abs. 1 StPO bezeichnete Verfolgungsgefahr herbeigeführt.[3] Auf diese Weise kann der Betroffene das Herausgabeverlangen abwehren. Bei Festlegung seiner Vorgehensweise hat er in dieser Situation freilich die Möglichkeit eines gegen ihn ergehenden Durchsuchungsbeschlusses zu berücksichtigen.

VIII. Postbeschlagnahme (§§ 99 f. StPO)

3665 **Postsendungen** und **Telegramme,** die für den Beschuldigten bestimmt sind oder von ihm herrühren, können, solange sie sich bei der Post befinden, in einem besonderen Verfahren (§§ 99, 100 StPO) beschlagnahmt werden. Unter denselben Voraussetzungen kann – als geringeres Recht – auch von den Postunternehmen Auskunft über Postsendungen hinsichtlich Absender, Empfänger, Sendungsart und die Daten des Postverkehrs verlangt werden.[4] Postsendungen sind auch Pakete und ähnliche körperlich beförderte Gegenstände, nicht aber elektronisch übermittelte Nachrichten, die der „Telefonüberwachung" gem. § 100a StPO unterliegen (näher → Rz. 3671). Die Eingriffsschwelle ist sehr niedrig. Der Verhältnismäßigkeitsgrundsatz setzt für den Eingriff in das verfassungsrechtlich geschützte Post- und Briefgeheimnis (Art. 10 GG) den nicht nur in geringem Maß konkretisierten Verdacht für eine nicht nur geringfügige Straftat voraus.[5] In Steuerstrafsachen sind Postbeschlagnahmen demnach nicht grundsätzlich ausgeschlossen.

1) Meyer-Goßner, 55. Aufl. 2012, § 95 StPO Rz. 10; Nack in Karlsruher Kommentar, 6. Aufl. 2008, § 95 StPO Rz. 5.
2) Schäfer in Löwe/Rosenberg, 25. Aufl. 2004, § 95 StPO Rz. 16; Meyer-Goßner, 55. Aufl. 2012, § 95 StPO Rz. 5.
3) Nack in Karlsruher Kommentar, 6. Aufl. 2008, § 95 StPO Rz. 5; Schäfer in Löwe/Rosenberg, 25. Aufl. 2004, § 95 StPO Rz. 16.
4) Meyer-Goßner, 55. Aufl. 2012, § 99 StPO Rz. 13 m.w.N.
5) Meyer-Goßner, 55. Aufl. 2012, § 99 StPO Rz. 12; ähnlich Nack in Karlsruher Kommentar, 6. Aufl. 2008, § 99 StPO Rz. 10.

Zur **Anordnung** der Postbeschlagnahme ist nur der Richter (§ 100 Abs. 1 StPO), bei Gefahr im Verzug auch die Staatsanwaltschaft oder die selbständig ermittelnde Bußgeld- und Strafsachenstelle (§ 399 Abs. 1 AO i.V.m. § 100 StPO) befugt. Ist die Beschlagnahme von der Staatsanwaltschaft oder der Bußgeld- und Strafsachenstelle angeordnet worden, so hat sie binnen drei Tagen die Bestätigung des Richters einzuholen (§ 100 Abs. 2 StPO). Die Öffnung der ausgelieferten Gegenstände steht dem Richter zu, solange die Öffnungsbefugnis nicht auf die Staatsanwaltschaft bzw. die Bußgeld- oder Strafsachenstelle übertragen worden ist (§ 100 Abs. 3 StPO) **3666**

Zeitliche Grenzen und eine Beschränkung auf bestimmte, genau bezeichnete Sendungen können im Einzelfall nach dem Verhältnismäßigkeitsgrundsatz erforderlich sein.[1] Die Beschlagnahme aller Postsendungen und Telegramme für einen Beschuldigten ohne zeitliche Begrenzung ist nicht ausgeschlossen, doch sehen die Richtlinien für das Straf- und Bußgeldverfahren eine Befristung auf etwa einen Monat als Regelfall vor.[2] **3667**

IX. Telefonüberwachung und andere heimliche Ermittlungsmethoden

1. Grundsätzliches

Die Bedeutung heimlicher Ermittlungsmethoden – und somit auch heimlicher Grundrechtseingriffe – nimmt stetig zu. Durch diese Zunahme steht schon seit geraumer Zeit das Regel-Ausnahme-Verhältnis von offenen und verdeckten Maßnahmen in Frage.[3] Auf der einen Seite stehen technische Entwicklungen in Wirtschaft und Gesellschaft, die dazu geführt haben und noch zunehmend dazu führen, dass Daten elektronisch verarbeitet und zentral oder dezentral, auf lokalen Festplatten oder extern und in *Clouds* gespeichert werden sowie der immer größere Umfang elektronischer Telekommunikation durch Telefon, Mobilfunk, E-Mail-Verkehr, über das Internet etwa im Wege der Internet-Telefonie sowie in sozialen Netzwerken. Diesem „Ubiquitous Computing",[4] der Allgegenwärtigkeit rechnergesteuerter Informationsverarbeitung, steht auf der anderen Seite eine dynamische Entwicklung entsprechender strafprozessualer Ermittlungsmaßnahmen gegenüber. **3668**

Dabei gilt auch weiterhin, dass der Umfang geheimer Ermittlungen ein wesentlicher Indikator für den Umgang ist, den ein Staat mit seinen Bürgern pflegt.[5] Seit längerem wird in diesem Zusammenhang bemängelt, dass die erweiterten Ermittlungsmethoden in der Tendenz deutlich das Informationsbedürfnis des Staates über den Schutz der Privatsphäre und die Grundrechte der Bürger stellen.[6] Der Reiz moderner Kommunikationstechnik verfehlt überdies auch auf die Rspr. seine Wirkung nicht: Alles, was technisch machbar ist, scheint auch von einer strafprozessualen Ermächtigungsgrundlage gedeckt zu sein.[7]

Die Vorschriften zur Telekommunikationsüberwachung und anderen verdeckten Ermittlungsmethoden wurden mit Wirkung zum 1.1.2008 umfassend neu geregelt.[8] **3669**

1) Nack in Karlsruher Kommentar, 6. Aufl. 2008, § 99 StPO Rz. 10.
2) Nr. 80 RiStBV.
3) Zöller, StraFo 2008, 15.
4) Singelnstein, NStZ 2012, 593.
5) Bernsmann/Jansen, StV 1998, 217.
6) Diese Tendenz besteht in ganz Europa, vgl. ergänzendes Votum Pettiti, EuGHM v. 25.3.1998, übersetzt von Kühne, StV 1998, 683, 684 ff.
7) So auch Bernsmann, Anmerkungen zu BGH (Ermittlungsrichter) v. 21.2.2001, NStZ 2002, 103.
8) Gesetz zur Neuregelung der Telekommunikationsüberwachung und anderer verdeckter Ermittlungsmaßnahmen sowie zur Umsetzung der Richtlinie 2006/24/EG v. 21.12.2007, BGBl. I 2007, 3198.

Insbesondere ergibt sich daraus auch, im Zusammenhang mit welchem Steuerstraftatverdacht mit verdeckten Ermittlungen zu rechnen ist. Die hiesige Darstellung ist auf die Telekommunikationsüberwachung konzentriert und stellt damit und im Hinblick auf andere heimliche Ermittlungsmethoden allein die Grundzüge dar, soweit sich die Rechtsprechung hierzu weitgehend gefestigt hat. Der inzwischen erreichte Umfang heimlicher Ermittlungsmethoden und die dynamische Entwicklung auf diesem Feld, welche die „Halbwertzeit" entsprechender Ausführungen sehr gering machen, werden indessen nicht eingehend erörtert.[1]

3670 Den Rahmen für die Beurteilung heimlicher Ermittlungsmaßnahmen bilden die hiervon betroffenen Grundrechte. Stets stellt sich im Einzelfall, v.a. im Rahmen der Verhältnismäßigkeitsprüfung, die Frage, ob ein Eingriff insbesondere mit den Grundrechten aus Art. 10 GG, Art. 13 GG sowie dem Allgemeinen Persönlichkeitsrecht aus Art. 2 Abs. 1 i.V.m. Art. 1 Abs. 1 GG, v.a. in dessen Ausprägungen als Grundrecht auf Gewährleistung der Vertraulichkeit und Integrität informationstechnischer Systeme (**GGVIiS**) sowie als Recht auf informationelle Selbstbestimmung (**RiS**), vereinbar ist.[2]

Dabei soll insbesondere das Recht auf informationelle Selbstbestimmung dem Einzelnen die Befugnis geben, grundsätzlich selbst über die Preisgabe und Verwendung seiner persönlichen Daten zu bestimmen[3] – und dies auch soweit es sich um personenbezogene Daten handelt, die für sich genommen nur geringen Informationsgehalt haben. Das Grundrecht auf Gewährleistung der Vertraulichkeit und Integrität informationstechnischer System schützt vor Eingriffen in derartige informationstechnische Systeme, soweit der Schutz nicht durch andere Grundrechte, wie insbesondere Art. 10 oder Art. 13 GG, und durch das Recht auf informationelle Selbstbestimmung gewährleistet.[4]

2. Telefonüberwachung (§ 100a StPO)

a) Grundlagen

3671 Die Möglichkeit zur **inhaltlichen Überwachung eines Telefonats** wurde 1968 mit § 100a StPO als erster Rechtsgrundlage für heimliche (oder verdeckte) Ermittlungen geschaffen.

Das Gesetz zur Neuregelung der Telekommunikationsüberwachung und anderer verdeckter Ermittlungsmaßnahmen (→ Rz. 3669) sieht – abgesehen von dem „untauglichen" Versuch einer Telekommunikationsüberwachung in Fällen des verfassungswidrigen vormaligen § 370a AO[5] – erstmals unmittelbar den Einsatz der Telekommunikationsüberwachung für bestimmte Steuerdelikte vor.

3672 Die Vorschrift des § 100a StPO umfasst grundsätzlich **alle Formen** der Telekommunikation, insbes. den Telefonverkehr im Festnetz, im Mobilfunknetz und mittels Satellitenübertragung, außerdem Fernschreiben, Telefaxsendungen, E-Mails (→ Rz. 3686 ff.), die Kommunikation mit Onlinediensten sowie die Übertragung von EDV-Daten.[6]

---

1) Vgl. zum gegenwärtigen Stand neuer Ermittlungsmaßnahmen im Bereich der Telekommunikation und der Datenerhebung: Singelnstein, NStZ 2012, 593 ff.

2) Rechtlicher Rahmen nach: Singelnstein, NStZ 2012, 593, 594; s.a. Puschke/Singelnstein, NJW 2005, 3534.

3) BVerfGE v. 15.12.1983, 1 BvR 209/83, 1 BvR 269/83, 1 BvR 362/83, 1 BvR 420/83, 1 BvR 440/83, BVerfGE 65, 1 = NJW 1984, 419.

4) BVerfG v. 27.2.2008, 1 BvR 370/07, 1 BvR 595/07, NJW 2008, 822.

5) BGH v. 22.7.2004, 5 StR 85/04, NJW 2004, 2990.

6) Nack in Karlsruher Kommentar, 6. Aufl. 2008, § 100a StPO Rz. 4; Meyer-Goßner, 55. Aufl. 2012, § 100a StPO Rz. 2.

b) Quellen-TKÜ

Zunehmend werden Telefongespräche nicht mehr auf herkömmliche Weise geführt, also unter Rückgriff der Telefonierenden auf einen Festnetz- oder Mobilfunkdiensteanbieter. Vielmehr werden Sprach- und auch Bildtelefonate über das Internet geführt (derzeit v.a. unter Verwendung der Software „Skype" des gleichnamigen Anbieters). Bei dieser Internettelefonie (Voice-Over-IP) ist den Ermittlungsbehörden die Überwachung erschwert. Die „klassische" Abhörmethode über einen Telefondiensteanbieter scheidet wegen Wirkungslosigkeit ersichtlich aus. Eine Überwachung der Internettelefonie ist (derzeit) ausschließlich direkt bei den Gesprächsteilnehmern und über die von diesen verwendete Hardware, also an der „Quelle", möglich. Dabei wird auf dem Computer, mit der die zu überwachende Kommunikation getätigt wird, ein Programm installiert, welches die Kommunikation vor der Verschlüsselung mitschneidet und an die Ermittlungsbehörde übermittelt.[1] **3673**

Der für diesen Eingriff gewählte Begriff der Quellen-*Telekommunikations*überwachung ist somit euphemistisch und irreführend, jedenfalls aber unpräzise. Denn anders als bei der herkömmlichen Telefonüberwachung wird in diesem Fall auf dem Rechner Betroffener heimlich eine Spionagesoftware installiert, die alsdann nicht nur die eigentliche Internettelefonie überwacht, sondern die Festplatte des Betroffenen infiltriert und auch andere Kommunikationsvorgänge wie etwa die Bewegung im world wide web überwacht, jedenfalls technisch ohne Weiteres überwachen kann.[2] Während diese Überwachungsform ihrem Ziel nach zwar der Telekommunikationsüberwachung dient, entspricht der Vorgang in technischer Hinsicht in weiten Teilen der Vorgehensweise im Rahmen der so genannten Online-Durchsuchung (→ Rz. 3676 f.). **3674**

Auch die Quellen-Telekommunikationsüberwachung soll, Teilen von Rechtsprechung[3] und Literatur[4] zufolge über die in § 100a StPO enthaltene Ermächtigungsgrundlage für die Telekommunikationsüberwachung zulässig sein. **3675**

Nach wohl überwiegender Literaturmeinung rechtfertigt § 100a StPO die Quellen-Telekommunikationsüberwachung jedoch – richtigerweise – nicht. Die Quellen-TKÜ ist somit derzeit mangels Ermächtigungsgrundlage rechtswidrig.[5] Zwar mag die Ermittlungsmaßnahme in Gestalt des Zugriffs auf Sprachtelefonate bei herkömmlicher Telekommunikationsüberwachung unter Einschaltung eines Telefondienstleisters einerseits und die Quellen-Telekommunikationsüberwachung andererseits auch im Kern gleichartig sein. Jedoch ist die tatsächliche und zumal die potenzielle Eingriffsintensität im Fall der Quellen-Telekommunikationsüberwachung ungleich höher. Denn in diesem Fall erfolgt technisch der Zugriff auf eine Vielzahl von weit über den eigentlichen mündlichen Kommunikationsvorgang hinausgehenden Daten, und der Zugriff der Ermittler auf diese weiteren Daten ist in der Praxis gerade nicht ausgeschlossen. Auch das Bundesverfassungsgericht hat die Quellen-Telekommunikationsüberwachung zwar als u.U. zulässig angesehen; dies sei jedoch an die Voraussetzung geknüpft, dass sich die Überwachung ausschließlich auf Daten aus einem laufenden Telekommunikationsvorgang beschränkt.[6] Da diese Beschränkung hingegen praktisch gerade nicht besteht, erweist sich die Quellen-Telekommunikationsüberwachung, nicht zuletzt gemessen an dem vom Bun-

---

1) Hierzu: Stadler, MMR 2012, 18.
2) Pressemitteilung des Chaos Computer Clubs v. 8.10.2011, http:ccc.de/de/updates/2011/staatstrojaner; s.a. Stadler, MMR 2012, 18.
3) LG Landshut v. 20.1.2011, 4 Qs 346/10, MMR 2011, 690; LG Hamburg v. 13.9.2012, 608 Qs 17/10, MMR 2011, 693.
4) Meyer-Goßner, 55. Aufl. 2012, § 100a StPO Rz. 7; Bär, MMR 2011, 691.
5) Stadler, MMR 2012, 18; Braun/Roggenkamp, K&R 2011, 681; Buermeyer/Bäcker, HRRS 2009, 433; Becker/Meinicke, StV 2011, 50; Hoffmann-Riem, JZ 2008, 1009; Sankol, CR 2008, 18.
6) BVerfG v. 27.2.2008, 1 BvR 370/07, 1 BvR 595/07, NJW 2008, 822, Rz. 172.

desverfassungsgericht herausgearbeiteten[1] Grundrecht auf Gewährleistung der Vertraulichkeit und Integrität informationstechnischer Systeme (GGVIiS), derzeit als rechtswidrig.

c) Online-Durchsuchung

3676 So genannte „Online-Durchsuchungen" sollen den Ermittlungsschwierigkeiten Rechnung tragen, die sich ergeben, wenn Straftäter, insbesondere solche aus extremistischen und terroristischen Kreisen, zur Kommunikation sowie zur Planung und Durchführung von Straftaten informationstechnische Mittel wie das Internet nutzen.[2]

Als Online-Durchsuchung wird der verdeckte staatliche Zugriff auf fremde informationstechnische Systeme (etwa den Computer eines Verdächtigen), über Kommunikationsnetze wie das Internet unter Einsatz entsprechender Software („Staatstrojaner") bezeichnet.

3677 Online-Durchsuchungen zu strafprozessualen Zwecken sind nach derzeitiger Rechtslage nicht zulässig, denn eine gesetzliche Grundlage hierfür fehlt. Der BGH hat bereits im Jahr 2007 deutlich gemacht, dass es sich um einen *„schwerwiegende*[n] *Eingriff in das Recht des Betroffenen auf informationelle Selbstbestimmung"* handele, für den nach geltendem Recht keine Ermächtigungsgrundlage besteht.[3] Ebenso hat das Bundesverfassungsgericht – zur präventiven, nicht repressiven Online-Durchsuchung – festgestellt, dass diese insbesondere auf Grund der praktizierten Heimlichkeit einen *„schwerwiegenden Grundrechtseingriff"* darstelle.[4]

Auch in Zukunft und im Fall der Schaffung einer entsprechenden Ermächtigungsgrundlage dürfte sich die Online-Durchsuchung zur Ermittlung möglicher Steuerstraftaten verbieten. Denn eine derart eingriffsintensive Maßnahme wird nur dann und ausnahmsweise zulässig sein, wenn tatsächliche Anhaltspunkte einer konkreten Gefahr für ein überragend wichtiges Rechtsgut vorliegen.[5] Dies dürfte allein dort der Fall sein, wo Leib, Leben oder Freiheit einer Person oder solche Güter der Allgemeinheit, deren Bedrohung die Grundlagen oder den Bestand des Staates oder die Grundlagen der Existenz der Menschen berührt, in Gefahr sind. Das Gesetz, das zu einem solchen Eingriff ermächtigt, muss zudem Vorkehrungen enthalten, um den Kernbereich privater Lebensgestaltung zu schützen.[6]

d) Anwendungsbereich des § 100a StPO

3678 Eine (inhaltliche) Überwachung des Fernmeldeverkehrs ist nur zur Aufklärung der in § 100a StPO ausdrücklich genannten sog. **„Katalogtaten"** zugelassen.

Zu diesen Katalogtaten, hinsichtlich derer die Telefonüberwachung zulässig ist, gehören inzwischen auch bestimmte Begehungsformen der Steuerhinterziehung. Gemäß § 100a Abs. 2 Nr. 2 Buchst. a StPO darf eine entsprechende Abhörmaßnahme bei einer Steuerhinterziehung „unter den in § 370 Abs. 3 Satz 2 Nr. 5 AO genannten Voraussetzungen" erfolgen. Ebenso dürfen Abhörmaßnahmen beim Verdacht auf gewerbsmäßigen Schmuggel nach § 373 AO und Steuerhehlerei im Fall des § 374 Abs. 2 AO erfolgen.

---

1) BVerfG v. 27.2.2008, 1 BvR 370/07, 1 BvR 595/07, NJW 2008, 822, Rz. 185.
2) BVerfG v. 27.2.2008, 1 BvR 370/07, 1 BvR 595/07, NJW 2008, 822, Rz. 9.
3) BGH v. 31.1.2007, 3 StB 18/06, NJW 2007, 930.
4) BVerfG v. 27.2.2008, 1 BvR 370/07, 1 BvR 595/07, NJW 2008, 822, Rz. 229.
5) BVerfG v. 27.2.2008, 1 BvR 370/07, 1 BvR 595/07, NJW 2008, 822, Rz. 229.
6) Stadler, MMR 2012, 18.

Eine Telefonüberwachung im Bereich des Steuerstrafrechts kommt somit beim Verdacht auf folgende Straftaten in Betracht: 3679

- bandenmäßige Umsatz- oder Verbrauchsteuerhinterziehung nach § 370 Abs. 3 Satz 2 Nr. 5 AO (§ 100a Abs. 2 Nr. 2 Buchst. a StPO);
- gewerbsmäßiger, gewaltsamer und bandenmäßiger Schmuggel nach § 373 AO (§ 100a Abs. 2 Nr. 2 Buchst. b StPO);
- gewerbsmäßige oder bandenmäßige Steuerhehlerei nach § 374 Abs. 2 AO (§ 100a Abs. 2 Nr. 2 Buchst. c StPO).

Der Straftatbestand der bandenmäßigen Umsatz- oder Verbrauchsteuerhinterziehung nach § 370 Abs. 3 Satz 2 Nr. 5 AO und die Zulassung der Telekommunikationsüberwachung bei entsprechender Verdachtslage dienen vornehmlich der Verfolgung von Umsatzsteuerkarussellen und organisierten Verbrauchssteuerverkürzungen. Als **Bande** ist nach der Entscheidung des Großen Senats für Strafsachen des BGH ein Zusammenschluss von mindestens drei Personen erforderlich.[1] Als Täter und damit auch als „Abgehörter" kommt nur ein Bandenmitglied in Betracht.[2] 3680

Soweit Voraussetzung für den Eingriff der Verdacht einer **gewerbsmäßigen** Begehungsweise ist, richtet sich die erforderliche rechtliche Wertung nach den allgemeinen zum Tatbestandsmerkmal der Gewerbsmäßigkeit aufgestellten Kriterien: Die Anwendung der Strafrahmenvorschrift des § 373 Abs. 1 AO wegen gewerbsmäßigen Schmuggels, ebenso wie der Tatbestand der gewerbsmäßigen oder bandenmäßigen Steuerhehlerei nach § 374 Abs. 2 AO setzen eigennütziges Handeln voraus. Der Täter muss demnach eine fortlaufende Einnahmequelle für sich selbst erstreben, zumindest aber sich mittelbare geldwerte Vorteile über Dritte aus den Tathandlungen versprechen.[3] 3681

Die „einfache" Steuerhinterziehung gem. § 370 Abs. 1 AO ist in dem Katalog von Anlasstaten für eine Telefonüberwachung nicht genannt. Dennoch kann durch die Katalogtaten der §§ 129 und 261 StGB in besonders gelagerten Einzelfällen auch eine Steuerhinterziehung in den Tatbestand der Norm gezogen werden (§ 100a Abs. 2 Nr. 1 Buchst. d und Buchst. m StPO). Ein Eingriff in Art. 10 Abs. 1 GG durch Überwachung des laufenden Fernmeldeverkehrs allein wegen des Verdachts einer „normalen" Steuerstraftat gem. § 370 Abs. 1 AO ist jedenfalls mangels gesetzlicher Grundlage nicht zulässig. 3682

Der Verdacht der Geldwäsche lässt sich heranziehen, um eine Telefonüberwachung auch in bestimmten Fällen von Steuerdelikten mittelbar zu rechtfertigen (§ 261 StGB, § 100a Abs. 2 Nr. 1 Buchst. m StPO). Die gewerbsmäßige oder bandenmäßige, aber v.a. auch die „einfache" Steuerhinterziehung sind jeweils geeignete Geldwäschevortaten (§ 261 Abs. 1 Satz 2 Nr. 4 Buchst. b StGB). 3683

Wenn also ein anderer das aus einer einfachen Steuerhinterziehung erlangte Geld für den Täter oder einen Dritten verwahrt kann die Überwachung der Telekommunikation zulässig sein.

Jedoch ist eine Telefonüberwachung wegen Geldwäscheverdachts dann nicht zulässig, wenn eine Verurteilung wegen Geldwäsche deshalb nicht zu erwarten ist, weil der Verdächtige wegen Beteiligungen an einer Vortat strafbar ist (§ 261 Abs. 9 StGB), die nicht zu den Katalogarten des § 100a StPO gehört.[4]

---

1) BGH v. 22.3.2001, GSSt 1/00, NJW 2001, 2266 mit Anmerkungen von Ellbogen, wistra 2002, 8.
2) Quedenfeld/Füllsack, 4. Aufl. 2011, Rz. 209.
3) BGH v. 16.2.1994, 5 StR 578/93, wistra 1994, 230; Hilgers-Klautzsch in Kohlmann, § 373 AO Rz. 35 ff. u. 76 ff. m.w.N. (August 2008).
4) BGH v. 26.2.2003, 5 StR 423/02, wistra 2003, 305 ff.

Im Übrigen aber dürfen die Ergebnisse einer Telefonüberwachung gegen den Beschuldigten und weitere Tatbeteiligte zum Nachweis der verfolgten „Anlasstat" uneingeschränkt verwertet werden, auch wenn sich der Verdacht der Katalogtat nicht bestätigt hat.[1)]

e) Zufallsfunde

3684 Die aus einer – auch ansonsten rechtmäßigen – Telefonüberwachung gewonnenen Erkenntnisse sind so weit verwertbar, wie sie den Verdacht der Anordnungstat, also der Straftat, auf welche die Anordnung der Telefonüberwachung gestützt worden war, begründen. In diesem Fall dürfen nicht nur der gesamte Inhalt der Gesprächsaufzeichnung, sondern auch eventuelle Hintergrundgespräche und sogar Hintergrundgeräusche genutzt werden.[2)] **„Zufallsfunde"** aus der Überwachung in anderen Verfahren sind nur zur Aufklärung von „Katalogtaten" verwertbar (§ 477 Abs. 2 Satz 2 StPO), scheiden also zur Verfolgung wegen „einfacher" Steuerhinterziehung aus.[3)] Soweit jedoch die zufällig gewonnenen Erkenntnisse den Verdacht einer in § 100a Abs. 2 StPO aufgeführten Katalogtat ergeben, dürfen diese uneingeschränkt verwertet werden, ohne dass es darauf ankäme, ob die Zufallsfunden den Beschuldigten oder einen beliebigen Dritten betreffen.[4)]

Handelt es sich hingegen um zufällig gewonnene Erkenntnisse, die allein den Verdacht einer Nicht-Katalogtat eines Dritten oder einer Tat des Beschuldigten ergeben, die keinen Bezug zur Anordnungstat aufweist, so dürfen diese Erkenntnisse nicht unmittelbar zum Beweis verwertet werden.[5)] Jedoch dürfen zufällig gewonnene Erkenntnisse in der Weise mittelbar verwertet werden, dass auf Grund der erlangten Erkenntnisse Ermittlungen geführt und dabei andere Beweismittel gewonnen werden.[6)] Zumindest aber dürfen zufällige Erkenntnisse aus Telefonüberwachungen nicht in einem Besteuerungsverfahren Verwertung finden.[7)]

3685 Die Telefonüberwachung steht unter **Richtervorbehalt** (§ 100b Abs. 1 Satz 1 StPO); bei „Gefahr im Verzug" hat die Staatsanwaltschaft eine Anordnungsbefugnis, welche binnen drei Tagen richterlich zu bestätigen ist (§ 100b Abs. 1 Satz 2 StPO). Die gerichtliche Kontrolle einer Maßnahme nach § 100a StPO beschränkt sich zwar nur auf deren ermessensfehlerfreie, vertretbare Anordnung. Bringt hingegen ein Betroffener konkrete Einwände gegen die Rechtmäßigkeit der Maßnahme vor, muss der Tatrichter den Ermittlungsstand zum Zeitpunkt der Maßnahmeanordnung erforschen, eigenständig verantworten und auf dieser Grundlage deren Verwertbarkeit untersuchen; andernfalls begründet dies einen Verfahrensfehler.[8)]

3686 Die Regeln zur Telekommunikationsüberwachung bilden auch den maßgeblichen Rahmen für den Zugriff von Ermittlungsbehörden auf E-Mails.

Zwar vertraten Teile der Rspr.[9)] und der Literatur[10)] die – an sich überzeugende – Auffassung, wonach sich ein Aufspalten des Übertragungsweges von E-Mails schon

1) Seipl in Beermann/Gosch, § 399 AO Rz. 199 (November 2007).
2) BGH v. 24.4.2008, 1 StR 169/08, wistra 2008, 268.
3) Meyer-Goßner, 55. Aufl. 2012, § 477 StPO Rz. 6.
4) BGH v. 30.8.1978, 3 StR 255/78, BGHSt 28, 122/129; v. 16.6.1983, 2 StR 837/82, BGHSt 32, 10, 15; v. 11.12.1990, 1 StR 571/90, wistra 1991, 146.
5) BGH v. 22.2.1978, 2 StR 334/77, BGHSt 27, 355; OLG Düsseldorf v. 5.2.2001, 2a Ss 326/00 – 60/00 III, NStZ 2001, 657.
6) BVerfG v. 29.6.2005, 2 BvR 866/05, NJW 2005, 2766.
7) BFH v. 26.2.2001, VII B 265/00, wistra 2002, 31 ff.
8) BGH v. 1.8.2002, 3 StR 122/02, StV 2003, 2 ff. und 208 ff. mit Anm. Schlothauer.
9) Instruktiv LG Hanau v. 23.9.1999, 3 Qs 149/99, NJW 1999, 3647 = StV 2000, 354 f.
10) Buchheim in der Vorauflage Rz. 3914; Flore/Schwedtmann, PStR 2000, 87 ff.; Dübbers, StV 2000, 355; Meyer-Goßner, 55. Aufl. 2012, § 100a StPO Rz. 2 hierzu wohl ohne eigene Ansicht.

aus dem Grundgedanken des Art. 10 GG verbiete. Danach fallen E-Mails unter den Schutz des Fernmeldegeheimnisses; dieser verfassungsrechtlich garantierte Schutz endet erst, wenn die Nachricht beim Empfänger angekommen ist und darf nicht von dem Zufall abhängen, wann der Empfänger seine Nachricht vom Providerserver abruft.[1)] Der gesamte Kommunikationsvorgang und das schutzwürdige Interesse des Betroffenen an der Vertraulichkeit seiner kommunikativen Äußerungen zeigen keinerlei Varianz in Abhängigkeit von der Frage, ob eine E-Mail „noch unterwegs" ist oder bereits auf dem Server seines Providers eingegangen ist. Das sog. Ruhen der Mail auf dem Providerserver ist gerade Bestandteil dieses Kommunikationsvorgangs.[2)]

Mit der zwischenzeitlichen Rechtsprechung des Bundesverfassungsgerichts[3)] ist diese Auffassung indessen – bedauerlicherweise – nicht mehr vereinbar. Auf Grundlage dieser Rechtsprechung ist es geboten bei der Bestimmung der Rechtmäßigkeit eines Zugriffs der Ermittlungsbehörden auf E-Mails, drei **Phasen des E-Mail-Verkehrs** zu unterscheiden:[4)] Dabei handelt es sich um den Vorgang des Absendens einer E-Mail-Nachricht bis zu deren „Ankommen" im Speicher des Providers (Phase 1), das anschließende Bereitliegen der Nachricht im Wege der Speicherung beim Provider bis zum Abruf durch den Empfänger (Phase 2) und schließlich der Abruf der E-Mail durch den Empfänger auf sein Endgerät (Phase 3). **3687**

Im Rahmen einer Durchsuchung ist der Zugriff auf E-Mails in Phase 2 wenn also E-Mails auf dem Mailserver des vom Empfänger genutzten Providers gespeichert sind; und unabhängig davon, ob sie bereits abgerufen wurden oder nicht – im Wege der bloßen Sicherstellung und Beschlagnahme nach § 94 StPO zulässig; eines Vorliegens der weitaus restriktiveren Voraussetzungen des § 100a StPO bedarf es dabei nicht.[5)] Dies gilt indessen ausschließlich, soweit der Zugriff auf die E-Mails im Rahmen einer Durchsuchung nach § 110 Abs. 3 StPO (→ Rz. 3592) oder einer ansonsten offenen Ermittlungsmaßnahme erfolgt, nicht hingegen für den ohne Wissen des Betroffenen erfolgenden Zugriff der Ermittlungsbehörden unmittelbar beim Provider. **3688**

Für sämtliche sonstige Formen des E-Mail-Zugriffs durch Ermittlungsbehörden, also insbesondere den heimlichen Zugriff, ist hingegen weiterhin und uneingeschränkt die Einhaltung der Voraussetzungen des § 100a StPO erforderlich. Dies gilt zum einen für den E-Mail-Zugriff in den Phasen 1 und 3, also das „Abfangen" von E-Mails aus dem laufenden Versendevorgang.[6)] Aber auch ein heimlicher, nicht etwa im Rahmen einer Durchsuchung erfolgender Zugriff auf E-Mails in Phase 2, also auf die beim Provider „lagernden" E-Mails, ist allein unter den Voraussetzungen von § 100a StPO zulässig.[7)] **3689**

---

1) LG Hanau v. 23.9.1999, 3 Qs 149/99, NJW 1999, 3647 = StV 2000, 354 f.
2) Beispiel v. Dübbers, StV 2000, 355: „Wohl niemand käme auf die Idee, einen Brief aus dem Schutzbereich des Briefgeheimnisses herauszunehmen, nur weil dieser vorübergehend im Postamt lagert.".
3) BVerfG v. 16.6.2009, 2 BvR 902/06, NJW 2009, 2431.
4) Singelnstein, NStZ 2012, 593, 596; Nack in Karlsruher Kommentar, 6. Aufl. 2008, § 100a StPO Rz. 19; Palm/Roy, NJW 1996, 1791; Störing, 2007, 10 ff.; Meininghaus, 2007, 9 ff.; Bär, CR 1995, 489; Bär in Kleinknecht/Müller/Reitberger, § 100a StPO Rz. 27 (Mai 2011) unterscheidet demgegenüber nunmehr vier Phasen, während Valerius, JR 2007, 275 von insgesamt sieben Phasen ausgeht.
5) BVerfG v. 16.6.2009, 2 BvR 902/06, NJW 2009, 2431; ebenso: BGH v. 24.11.2009, StB 48/09 (a), NJW 2010, 1297.
6) Meyer-Goßner, 55. Aufl. 2012, § 100a StPO Rz. 6b.
7) BVerfG v. 16.6.2009, 2 BvR 902/06, NJW 2009, 2431/2434 Tz. 69; LG Hamburg v. 8.1.2008, 619 Qs 1/08, StV 2009, 70; Brunst, CR 2009, 592; Gaede, StV 2009, 97; Störing, MMR 2008, 187.

3690 An das Vorliegen der Voraussetzungen des § 100a StPO ist auch ein Zugriff auf die innerhalb von geschlossenen Nutzergruppen erfolgende Telekommunikation gebunden. Insbesondere die Überwachung von Echtzeitkommunikation in „Chatrooms" oder anderen Foren richtet sich nach § 100a StPO.[1] Dies gilt indessen nur, soweit es sich um zugangsgesicherte Datenbestände handelt. Der Zugriff auf allgemein – ohne besondere Zugangsberechtigung zugängliche Daten ist hingegen in aller Regel ohne spezielle Ermächtigungsgrundlage nach den §§ 161, 163 StPO zulässig.[2]

3. Verbindungsdaten des Fernmeldeverkehrs

3691 Nach § 100g StPO können Auskünfte über den **vergangenen sowie den künftigen Fernmeldeverkehr,** etwa die Verbindungsdaten eines bestimmten Fernmeldeanschlusses oder dessen Bewegungsdaten von den betreffenden Telekommunikationsdiensteanbietern (TK-Anbietern) angefordert werden. Voraussetzung ist, dass dies zur Aufklärung einer Straftat von erheblicher Bedeutung, insbes. einer „Katalogtat" i.S.v. § 100a StPO, erfolgt.

3692 § 100g Abs. 2 StPO beabsichtigt, durch Festschreibung einer **Subsidiaritätsklausel** den Eingriff, der seiner Natur nach häufig auch Kommunikationsverbindungen Unverdächtiger betrifft, verhältnismäßig zu gestalten. Danach darf eine Auskunft nach § 100g StPO nur gefordert werden, wenn Sachverhaltserforschung oder Aufenthaltsbestimmung des Beschuldigten auf andere Weise „aussichtslos" oder „wesentlich erschwert" wären. Hier bleiben freilich die Anforderungen abzuwarten, die die Rspr. an die Ausfüllung dieser unbestimmten Rechtsbegriffe stellen wird.

3693 Nach § 100h Abs. 2 StPO ist die Einholung und Verwertung von Auskünften, die Verbindungen mit den in § 53 Abs. 1 Nr. 1, 2 und 4 StPO genannten Personen betreffen, unzulässig. Geschützt sind also auch Verteidiger, nicht hingegen Rechtsanwälte im Allgemeinen, Steuerberater oder Wirtschaftsprüfer. Eine Verwertung von Zufallsfunden für sonstige, nicht ebenfalls unter § 100g Abs. 1 StPO fallende Straftaten von „erheblicher Bedeutung" ist nach § 100h Abs. 3 StPO unzulässig.

3694 Ergänzt werden die §§ 100g und 100h StPO noch um § 100i StPO, der den Einsatz sog. IMSI-Catcher zur Vorbereitung einer Abhörmaßnahme nach § 100a StPO zulässt. IMSI-Catcher ermöglichen es, die Karten (IMSI)- und Gerätenummer (IMEI) eines eingeschalteten Mobiltelefons und dessen exakten Standort festzustellen. Dieser – sicherlich nur vorübergehende – Höhepunkt der Ermittlungstechnik gestattet somit nicht nur die Zuordnung eines aktivierten Mobiltelefons zu einem Verdächtigen, sondern befähigt die Ermittlungsbehörden auch zur Erstellung eines kompletten Bewegungsprofils dieser Person.

4. Andere heimliche Ermittlungsmaßnahmen

a) Rasterfahndung (§ 98a StPO)

3695 Die Rasterfahndung nach § 98a StPO setzt zureichende tatsächliche Anhaltspunkte für eine Straftat von „erheblicher Bedeutung" voraus, die gem. § 98a Abs. 1 Nr. 5 StPO gewerbsmäßig oder gem. § 98 Abs. 1 Nr. 6 StPO bandenmäßig begangen wurde.

b) Wohnraumüberwachung (§§ 100c ff. StPO)

3696 Das Abhören und Aufzeichnen des außerhalb von Wohnungen gesprochenen Wortes mit technischen Mitteln (§ 100f StPO), auch als „kleiner Lauschangriff" bezeich-

1) Meyer-Goßner, 55. Aufl. 2012, § 100a StPO Rz. 7; Nack in Karlsruher Kommentar, 6. Aufl. 2008, § 100a StPO Rz. 28; ebenso nach den Grundsätzen von BVerfG v. 27.2.2008, 1 BvR 370/07, 1 BvR 595/07, NJW 2008, 822, Rz. 292.

2) BVerfG v. 27.2.2008, 1 BvR 370/07, 1 BvR 595/07, NJW 2008, 822, Rz. 292.

net, sowie das Abhören und Aufzeichnen des in Wohnungen gesprochenen Wortes mit technischen Mitteln (§ 100c StPO), sog. „großer Lauschangriff", sind unter verschiedenen insbesondere vom Bundesverfassungsgericht[1] geprägten Voraussetzungen zulässig.

Diese Maßnahmen verbieten sich jedoch, sofern sie allein und unmittelbar auf die Aufklärung von Steuerstraftaten gerichtet sind. Denn Straftaten sind keine für die Wohnraumüberwachung und das Abhören von außerhalb von Wohnungen in Betracht kommenden Katalogtaten. Anders als § 100a StPO für den Fall der Telekommunikationsüberwachung sind im Katalog des § 100c Abs. 2 StPO, der gem. § 100f Abs. 1 StPO auch für das Abhören außerhalb von Wohnungen gilt, keine in der Abgabenordnung enthaltenen Straftatbestände als mögliche Anlasstaten aufgeführt.

Ein Einfallstor für diese Überwachungsmaßnahme im Zusammenhang mit dem Verdacht von Steuerstraftaten bietet jedoch auch hier, so wie im Fall der Telekommunikationsüberwachung, der Tatbestand der Geldwäsche (→ Rz. 3683). Die akustische (Wohnraum-)Überwachung soll nach § 100c Abs. 2 Nr. 1 Buchst. l StPO auch im Fall des Geldwäscheverdachts in Betracht kommen. **3697**

c) Einsatz verdeckter Ermittler (§ 110a StPO)

Der Einsatz verdeckter Ermittler setzt nach § 110a Abs. 1 Nr. 3 und 4 StPO tatsächliche Anhaltspunkte dafür voraus, dass eine gewerbs- oder bandenmäßige Straftat von erheblicher Bedeutung begangen worden ist. **3698**

Der Begriff der erheblichen Bedeutung soll die besonders gefährliche Kriminalität mindestens aus dem Bereich der mittleren Kriminalität. Erforderlich ist in jedem Fall eine einzelfallbezogene Beurteilung unter Berücksichtigung des allgemeinen Verhältnismäßigkeitsprinzips.[2]

Ein entsprechendes Vorgehen der Ermittlungsbehörden kommt somit grundsätzlich auch beim Verdacht von Steuerstraftaten nach den § 370 Abs. 3 Nr. 5 AO, § 373 AO oder § 374 Abs. 2 AO in Betracht.

d) Weitere heimliche Ermittlungsmethoden

Die seit 1992 geschaffenen Eingriffsmöglichkeiten für heimliche Ermittlungen enthalten entweder keine ausdrückliche Beschränkung auf bestimmte Tatvorwürfe, oder der jeweilige Tatkatalog enthält jedenfalls die §§ 129 und 261 StGB, die Bildung einer „kriminellen Vereinigung" bzw. Geldwäsche. Ihre Anwendung in Steuerstrafverfahren lässt sich daher nicht grds. ausschließen. Einzige Ausnahme ist die Schleppnetzfahndung gem. § 163d Abs. 1 Satz 1 StPO, die aus nicht nachvollziehbaren Gründen auf den engsten Straftatkatalog beschränkt ist, obwohl andere Maßnahmen mit sehr viel intensiveren Grundrechtseingriffen verbunden sind.[3] Auf die einzelnen Eingriffsmaßnahmen kann hier nur hingewiesen werden: **3699**

- Observation (Rechtsgrundlage in den §§ 161, 163 StPO),
- längerfristige Observation (Rechtsgrundlage in § 163f StPO),
- Ausschreibung zur polizeilichen Beobachtung (§ 163e StPO),
- Schleppnetzfahndung mit dem engsten Straftatkatalog (§ 163d StPO),
- Hörfalle durch Privatpersonen (keine gesetzliche Grundlage),[4]

1) BVerfG v. 3.3.2004, 1 BvR 2378/98, 1 BvR 1084/99, NJW 2004, 999.
2) Nack in Karlsruher Kommentar, 6. Aufl. 2008, § 110a StPO Rz. 21.
3) BVerfG v. 2.7.2009, 2 BvR 1691/07, StraFo 2009, 453.
4) Vgl. GSSt BGH v. 13.5.1996, GSSt 1/96, StV 1996, 465.

– Überwachung und Aufzeichnung des Fernmeldeverkehrs usw. durch Geheimdienststellen (§ 2 Gesetz zur Beschränkung des Brief-, Post- und Fernmeldegeheimnisses – G 10).[1]

X. Sonstige Maßnahmen

3700 Die Möglichkeit zur Entnahme von Blutproben, der Aufnahme von Lichtbildern und Fingerabdrücken sowie der körperlichen Untersuchung (§§ 81a bis 81c StPO) sind im Steuerstrafverfahren allenfalls von geringer Bedeutung. Gleiches gilt für die Anordnung von Sicherheitsleistungen und Beschlagnahme von Beförderungsmitteln bei Personen ohne Wohnsitz oder Aufenthalt im Inland (§ 132 Abs. 2 und 3 StPO).

XI. Ermittlungen bei Dritten – Auskünfte und Zeugenvernehmungen

1. Betroffenheit von Dritten

3701 Nicht nur der Beschuldigte ist von den Ermittlungen der Strafverfolgungsbehörde betroffen, sondern auch Dritte, welche – von Ausnahmen abgesehen – grundsätzlich sowohl in steuerlicher als auch in strafrechtlicher Hinsicht zur Mitwirkung, d.h. zur Aufklärung des steuerlich und strafrechtlich relevanten Sachverhalts, verpflichtet sind. Zu diesem Personenkreis können Personen aus dem privaten wie auch beruflichen Umfeld zählen, so z.B. Familienangehörige, Freunde, Arbeitgeber, Arbeitnehmer, Kunden, Lieferanten, Bankmitarbeiter etc.

2. Steuerliche Pflichten Dritter

3702 Die steuerlichen Mitwirkungspflichten des vorbezeichneten Adressatenkreises ergeben sich aus den §§ 93 ff. AO. Demnach haben sie gem. § 93 Abs. 1 Satz 1 AO den Finanzbehörden die zur Feststellung eines für die Besteuerung erheblichen Sachverhalts erforderlichen Auskünfte zu erteilen und gem. § 97 Abs. 1 Satz 1 AO Urkunden (Bücher, Aufzeichnungen, Geschäftspapiere u.a.) herauszugeben bzw. vorzulegen.

3703 Die Auskunftspflichtigen gem. § 93 AO sind verpflichtet, zur Vernehmung bei der Zoll- und Steuerfahndung zu erscheinen und Aussagen zu machen (§ 208 Abs. 1 Satz 2, § 93 Abs. 5 Satz 1 AO).

Gemäß § 93 Abs. 2 Satz 2 AO haben Auskunftsersuchen auf Verlangen des Auskunftspflichtigen schriftlich zu ergehen. Obwohl diese Vorschrift für die Steuerfahndung nicht gilt (§ 208 Abs. 1 Satz 3 AO), wird gleichwohl i.d.R. ein Zeuge schriftlich zu laden sein. Mit der Ladung ist anzugeben, worüber er Auskünfte erteilen soll (§ 93 Abs. 2 Satz 1 AO).

3. Strafrechtliche Rechte und Pflichten Dritter

3704 Im Strafprozess stellt die Vernehmung eines Zeugen ein zentrales Beweismittel dar.[2] Hierbei hat der Zeuge folgende strafrechtliche Rechte und Pflichten:

a) Pflicht zum Erscheinen

3705 Bei ordnungsgemäßer Ladung sind Zeugen verpflichtet, vor dem Richter (§ 48 Abs. 1 Satz 1 StPO) und bei der Staatsanwaltschaft (§ 161a Abs. 1 Satz 1 StPO) zu erscheinen. Bei unberechtigtem Ausbleiben kann ein Ordnungsgeld festgesetzt und

1) Gesetz zur Beschränkung des Brief-, Post- und Fernmeldegeheimnisses (G 10).
2) Andrejtschitsch in Beck'sches Rechtsanwaltshandbuch, 10. Aufl. 2011, § 11 Rz. 63.

die zwangsweise Vorführung angeordnet werden (§ 51 Abs. 1, § 161a Abs. 2 StPO; vgl. hierzu auch → Rz. 3726 f., → Rz. 3737 ff.). Demgegenüber besteht weder gegenüber der Finanzbehörde im staatsanwaltschaftlichen Verfahren, der Zoll- und Steuerfahndung[1] noch gegenüber der Polizei eine Verpflichtung zum Erscheinen. Dies gilt auch dann, wenn die Polizei oder die Steuerfahndung den Zeugen förmlich geladen hat.

Führt die Finanzbehörde das Ermittlungsverfahren gem. § 386 Abs. 2 AO selbständig durch, so sind Zeugen und Sachverständige auf Ladung der Bußgeld- und Strafsachenstelle gem. § 161a Abs. 1 StPO verpflichtet, zu erscheinen und zur Sache auszusagen oder ihr Gutachten zu erstatten. Zum Inhalt der strafrechtlichen Zeugenladung → Rz. 3739 f. **3706**

b) Pflicht zur Wahrheit

Bei seiner Aussage ist der Zeuge **zur Wahrheit verpflichtet.** Strafbar ist eine falsche Aussage als solche nur vor dem Richter (vgl. § 153 StGB) **3707**

Bei einer falschen Aussage vor der Bußgeld- und Strafsachenstelle oder vor der Staatsanwaltschaft kommen aber die Tatbestände des § 145d StGB (Vortäuschung einer Straftat), § 164 StGB (falsche Verdächtigung), der §§ 257, 258 StGB (Begünstigung und Strafvereitelung) in Betracht. **3708**

c) Pflicht zur Zeugenaussage vor dem Ermittlungsrichter

Sowohl die Staatsanwaltschaft (§ 162 Abs. 1 StPO) als auch die Bußgeld- und Strafsachenstelle (§ 386 Abs. 2 i.V.m. § 399 Abs. 1 AO) können eine richterliche Vernehmung eines Zeugen beantragen. **3709**

Ein Antrag auf eine richterliche Vernehmung wird in erster Linie dann geboten sein, wenn zur Beweissicherung eine verlesbare Vernehmungsniederschrift erstellt werden soll,[2] was z.B. bei einem lebensgefährlich erkrankten Zeugen der Fall sein kann. Daneben ist eine richterliche Vernehmung erforderlich, sofern der Zeuge vereidigt werden soll (§ 62 StPO) oder die Schutzbedürftigkeit der Zeugen dies gebietet (§ 58a, § 255a Abs. 2 StPO)[3] **3710**

d) Recht auf Anwesenheit des Verteidigers

Ob der Beschuldigte und dessen Verteidiger ein **Recht auf Anwesenheit** während der Vernehmung des Dritten haben, richtet sich danach, ob die Vernehmung vor der Staatsanwaltschaft oder der Finanzbehörde einerseits oder vor dem Richter andererseits stattfindet: **3711**

- Bei der Vernehmung Dritter vor der Staatsanwaltschaft oder der Finanzbehörde im selbständigen Verfahren hat der Verteidiger des Beschuldigten **kein Anwesenheitsrecht**.[4]
- Demgegenüber ist gem. § 168c Abs. 5 Satz 1 StPO bei der **richterlichen** Vernehmung Dritter auch dem Beschuldigten und seinem Verteidiger die Anwesenheit gestattet. Die Benachrichtigung von dem Termin darf nur unterbleiben, wenn sie den Untersuchungszweck gefährden würde (§ 168c Abs. 5 Satz 2 StPO); aber auch dann kann dem gleichwohl erschienenen Verteidiger die Anwesenheit nicht verweigert werden.[5] Auf die Verlegung eines Termins haben die zur Anwesenheit Berechtigten allerdings keinen Anspruch (§ 168c Abs. 5 Satz 3 StPO).

1) Joecks in Franzen/Gast/Joecks, 7. Aufl. 2009, § 404 AO Rz. 57.
2) Meyer-Goßner, 55. Aufl. 2012, § 162 StPO Rz. 3 und § 160 StPO Rz. 15.
3) Meyer-Goßner, 55. Aufl. 2012, § 162 StPO Rz. 3.
4) Meyer-Goßner, 55. Aufl. 2012, § 168c StPO Rz. 2.
5) Meyer-Goßner, 55. Aufl. 2012, § 168c StPO Rz. 5.

e) Recht zur Aussageverweigerung

aa) Berechtigte Personengruppen

3712 Eingeschränkt ist die grundsätzliche **Pflicht zur Aussage** gem. den §§ 52 ff. StPO für Angehörige des Beschuldigten (§ 52 StPO), für bestimmte Berufsträger (§ 53 StPO) und für jeden Zeugen bei Gefahr der Selbstbelastung (§ 55 StPO).[1]

Die Zeugnis- und Auskunftsverweigerungsrechte der §§ 52 bis 55 StPO stehen dem Zeugen auch schon im Ermittlungsverfahren zu. Im Einzelnen sind u.a. weigerungsberechtigt:

3713 – Personen, die mit dem Beschuldigten **verlobt, verheiratet, verwandt oder verschwägert** sind (§ 52 StPO). Bei Ehegatten gilt das Zeugnisverweigerungsrecht auch noch, wenn die Ehe nicht mehr besteht. Verwandtschaft und Schwägerschaft bestimmt sich nach den §§ 1589, 1590 BGB. Ebenso weigerungsberechtigt ist der gleichgeschlechtliche Lebenspartner des Beschuldigten/der Beschuldigten, wenn wirksam eine Lebenspartnerschaft gem. § 1 Abs. 1 PartG begründet wurde;[2] eine enge, freundschaftliche Beziehung außerhalb einer noch bestehenden Ehe eines der Lebensgefährten rechtfertigt keine Weigerungsberechtigung;[3]

3714 – aus beruflichen Gründen bestimmte **Berufsangehörige** (§§ 53, 53a StPO). Dazu gehören insbes. auch gem. § 53 Abs. 1 Satz 1 Nr. 3 StPO Rechtsanwälte, Wirtschaftsprüfer, Steuerberater, die sich bei Verletzung ihrer berufsrechtlichen Verschwiegenheitspflicht u.a. strafbar machen können (vgl. § 203 StGB); das Aussageverweigerungsrecht bezieht sich auf alles, was den Angehörigen der rechts-, steuer- und wirtschaftsberatenden Berufe in ihrer Eigenschaft anvertraut oder bekannt geworden ist. Hierzu gehört auch die etwaige Kenntnis von einer Steuerhinterziehung oder einem anderen Fehlverhalten des Mandanten; das Zeugnisverweigerungsrecht des Steuerberaters umfasst auch die Identität seiner Mandanten und die Tatsache ihrer Beratung;[4]

3715 – **Berufsgehilfen** der Berufsangehörigen i.S.v. § 53 StPO (§ 53a StPO); das sind alle Angestellten, deren Tätigkeit mit der des Hauptgeheimnisträgers unmittelbar zusammenhängen;

3716 – **Ärzte, Zahnärzte, Apotheker, Hebammen** über das, was ihnen in dieser Eigenschaft anvertraut worden oder bekannt geworden ist (§ 53 Abs. 1 Satz 1 Nr. 3 StPO);

3717 – Mitarbeiter von **Presse** und Rundfunk, d.h. alle Angehörigen des redaktionellen kaufmännischen und technischen Personals, die auf Grund ihrer beruflichen Stellung bei der Vorbereitung, Herstellung oder Verbreitung von periodischen Druckwerken mitwirken oder mitgewirkt haben, über die Person des Verfassers, Einsenders oder Gewährsmannes von Beiträgen und Unterlagen sowie über die ihnen im Hinblick auf ihre Tätigkeit gemachten Mitteilungen (§ 53 Abs. 1 Satz 1 Nr. 5 StPO). Daneben steht auch den Personen ein Zeugnisverweigerungsrecht zu, die berufsmäßig bei den Informations- oder Kommunikationsdiensten mitwirken oder mitgewirkt haben, sofern diese Medien der Unterrichtung oder Meinungsbildung dienen. Geschützt ist allerdings nur der redaktionelle Teil oder redaktionell aufbereitete Informations- und Kommunikationsdienste, nicht jedoch der Anzeigenteil (§ 53 Abs. 1 Satz 3 StPO).

Das Zeugnisverweigerungsrecht für die in § 53 Abs. 1 Satz 1 Nr. 5 StPO genannten Personen entfällt jedoch gem. § 53 Abs. 2 Satz 2 StPO, wenn die Aussage zur

1) Zum Schweigerecht der juristischen Person als Nebenbeteiligte in Strafverfahren: Minoggio, wistra 2003, 121 ff.
2) Meyer-Goßner, 55. Aufl. 2012, § 52 StPO Rz. 5a.
3) BVerfG v. 22.1.1999, 2 BvR 961/94, NJW 1999, 1622.
4) BFH v. 14.5.2002, IX R 31/00, Stbg 2003, 178.

Aufklärung eines Verbrechens beitragen soll oder wenn Gegenstand der Untersuchung die in § 53 Abs. 2 Satz 2 Nr. 1 bis 3 StPO genannten Straftaten (z.B. die Geldwäsche) sind.

- jeder Zeuge, wenn die Aussage ihn **selbst** oder einen nahen Angehörigen **belasten** würde (§ 55 StPO). Nahe Angehörige sind gem. § 52 Abs. 1 StPO Personen, die mit dem Beschuldigten verlobt, verheiratet, verwandt oder verschwägert sind, → Rz. 3713. **3718**

bb) Belehrung über das Recht zur Zeugnis- und Aussageverweigerung

Das Bestehen einer Belehrungspflicht richtet sich nach der Person, die sich auf ein Zeugnis- oder Aussageverweigerungsrecht berufen kann: **3719**

- Die gem. **§ 52 StPO zeugnisverweigerungsberechtigten nahen Angehörigen** des Beschuldigten oder der gem. § 55 StPO vor dem Zwang zur Selbstbelastung geschützten Personen sind auch im Ermittlungsverfahren über ihr Zeugnisverweigerungsrecht zu belehren. § 52 Abs. 3, § 55 Abs. 2 StPO gelten für jede richterliche Vernehmung unmittelbar, für staatsanwaltschaftliche bzw. die der Bußgeld- und Strafsachenstelle gem. § 161a Abs. 1 Satz 2 StPO und die der Steuerfahndung gem. § 163a Abs. 5 StPO entsprechend. **3720**
- Die **gem. § 53 StPO zeugnisverweigerungsberechtigten Personen** müssen dagegen nicht belehrt werden, da davon auszugehen ist, dass jeder die mit seinem Beruf verbundenen Rechte und Pflichten kennt. **3721**

Zeugen sind zu **Beginn ihrer Vernehmung** – und zwar vor jeder – über ihr Recht zur Zeugnis- oder Aussageverweigerung zu belehren, soweit hierzu Anlass besteht (§ 163a Abs. 5, § 52 Abs. 3, § 55 Abs. 2 StPO). **3722**

Wurde der Zeuge **nicht** über sein Zeugnis- oder Aussageverweigerungsrecht **belehrt,** so darf die Aussage nicht verwertet werden, es besteht ein **Verlesungs- und Verwertungsverbot** im selben Umfang wie bei § 252 StPO.[1] Das Unterbleiben der Belehrung eines zeugnisverweigerungsberechtigten Zeugen über sein Zeugnisverweigerungsrecht ist auch dann ein Rechtsfehler, wenn sich der Zeuge fälschlicherweise „als mit dem Angeklagten nicht verwandt und verschwägert" bezeichnet, weil es für die Frage der gerichtlichen Belehrungspflicht auf die Kenntnis des Gerichts von dem bestehenden Angehörigenverhältnis nicht ankommt.[2] **3723**

Das **Verwertungsverbot entfällt,** wenn feststeht, dass der Zeuge seine Rechte gekannt hat und auch nach Belehrung ausgesagt hätte.[3] **3724**

Die **Heilung** des Unterlassens der Belehrung ist zulässig und geboten, wenn es vor Urteilserlass bemerkt wird.[4] Dazu reicht die bloße Nachholung der Belehrung nicht aus, vielmehr muss die Erklärung des Zeugen in der Hauptverhandlung dahingehend herbeigeführt werden, dass er auch nach Belehrung von seinem Zeugnisverweigerungsrecht keinen Gebrauch gemacht hätte.[5] **3725**

f) Zwangsmittel

Ähnlich wie das Erscheinen kann die **unberechtigt verweigerte** Aussage mit Ordnungsgeld und ersatzweise mit Ordnungshaft oder mit Haft nicht über sechs Monate erzwungen werden (§ 70 Abs. 1 und 2 StPO; auch → Rz. 3741). Die Entscheidung **3726**

---

1) Meyer-Goßner, 55. Aufl. 2012, § 52 StPO Rz. 32.
2) BGH v. 19.7.2000, 5 StR 274/00, StV 2002, 3.
3) Meyer-Goßner, 55. Aufl. 2012, § 52 StPO Rz. 32.
4) BGH v. 22.6.1989, 1 StR 231/89, NStZ 1989, 484.
5) Meyer-Goßner, 55. Aufl. 2012, § 52 StPO Rz. 31; BGH v. 22.6.1989, 1 StR 231/89, NStZ 1989, 484; v. 8.12.1958, GSSt 3/58, BGHSt 12, 235 ff.

über eine Haft steht auch bei unberechtigter Aussageverweigerung vor der Staatsanwaltschaft oder der Finanzbehörde nur dem Richter zu (§ 161a Abs. 2 StPO).

3727 Im Fall **berechtigter** Zeugnis- oder Aussageverweigerung sind Zwangsmittel generell unzulässig.[1] Ist über die Berechtigung einer auf § 55 StPO gestützten Auskunftsverweigerung zu entscheiden, muss nach der strafgerichtlichen Rspr. die Möglichkeit einer Bejahung und einer Verneinung der an den Zeugen gerichteten Fragen in gleicher Weise in Betracht gezogen werden; bringt auch nur eine dieser Möglichkeiten den Zeugen in die Gefahr einer Strafverfolgung, ist die Auskunftsverweigerung i.d.R. berechtigt.[2]

g) Vernehmungsprotokoll

3728 Der Zeuge hat grundsätzlich keinen Anspruch auf Aushändigung der Vernehmungsniederschrift, da dies einer Teilakteneinsichtsgewährung gleich käme und dem Zeugen kein Akteneinsichtsrecht gem. § 147 Abs. 1 StPO zusteht (vgl. hierzu ergänzend → Rz. 3732). Anders jedoch, wenn der Zeuge gem. § 406e Abs. 1 StPO als Verletzter der Tat zu gelten hat. Zu beachten ist, dass in jedem Fall im Rahmen des Ermittlungsverfahrens die Staatsanwaltschaft über die Gewährung der Akteneinsicht zu befinden hat,[3] so dass jedenfalls die Herausgabe der Vernehmungsniederschrift durch Beamte der Polizei oder der Steuerfahndung nicht erfolgen kann.

h) Zeugenbeistand

3729 Mit Inkrafttreten des 2. OpferRRG[4] am 1.10.2009 wurde unter Beachtung und Fortentwicklung der Entscheidung des Bundesverfassungsgerichts aus dem Jahre 1974[5] das Recht des Zeugen auf einen Zeugenbeistand im Gesetz verankert. Gemäß § 68b Abs. 1 StPO kann sich jeder Zeuge in jeder Phase des Verfahrens eines Zeugenbeistands bedienen.

aa) Reichweite des Rechts auf Beistand

3730 Das Gesetz beschränkt das Recht auf Zuziehung eines Zeugenbeistands nicht auf eine Vernehmungssituation, d.h. der Zeuge kann sich in der Hinsicht und in jeder Phase des Strafverfahrens eines Beistands bedienen.[6] Gleichwohl wird in der Praxis der Zeugenbeistand überwiegend im Rahmen von richterlichen, staatsanwaltschaftlichen, polizeilichen oder Vernehmungen vor der Steuer- und/oder Zollfahndung und der Bußgeld- und Strafsachenstelle tätig. Einer Begründung für die Hinzuziehung eines Zeugenbeistands bedarf es nicht. Es kommt nur darauf an, dass der Zeuge die Mitwirkung eines Zeugenbeistands für erforderlich hält.[7]

bb) Person des Zeugenbeistands und dessen Befugnisse

3731 Als Zeugenbeistand können Rechtsanwälte oder diesen nach § 138 Abs. 1, Abs. 3 gleichgestellte Personen fungieren. Hierzu zählen auch Angehörige der steuerberatenden Berufe i.S.d. § 392 AO.[8]

1) Vgl. BGH v. 28.2.1997, StB 14/96, 2 BJs 65/95 – 3 – StB 14/96, StV 1997, 281 ff. (Unzulässigkeit von Ordnungsgeld gegen eine als Zeugen geladene Person, die bereits gem. § 102 StPO als Beschuldigte durchsucht wurde).
2) BVerfG v. 16.11.1998, 2 BvR 510/96, NJW 1999, 779 f.; v. 21.4.2010, 2 BvR 504/05, wistra 2010, 299 ff.
3) Meyer-Goßner, 55. Aufl. 2012, § 163 StPO Rz. 3.
4) Gesetz zur Stärkung der Rechte von Verletzten und Zeugen im Strafverfahren (2. Opferrechtsreformgesetz) v. 29.7.2009, BGBl. I 2009, 2274.
5) BVerfG v. 8.10.1974, 2 BvR 747/73, BVerfGE 38, 105, 114.
6) Vgl. Meyer-Goßner, 55. Aufl. 2012, § 68b StPO Rz. 3.
7) BVerfG v. 10.3.2010, 2 BvR 941/09, StRR 2010, 260 f.
8) Hilgers-Klautzsch in Kohlmann, § 392 AO Rz. 371 (Juli 2011).

Der Zeugenbeistand hat das Recht, bei der Vernehmung des Zeugen anwesend zu sein (§ 68b Abs. 1 Satz 2 StPO). Der Beistand hat den Zeugen über seine prozessualen Rechte und Pflichten zu beraten und ihm in der Vernehmung zur Seite zu stehen. Hierbei hat er u.a. darauf zu achten, dass die strafprozessualen Vorgaben beachtet und die Aussagen des Zeugen vollständig und richtig protokolliert werden. Unzulässige Fragen hat er zu beanstanden. **3732**

Strittig ist, ob dem Zeugenbeistand weitere Mitwirkungsrechte zustehen. Die Beantwortung dieser Frage hängt davon ab, ob der Zeugenbeistand als Verfahrensbeteiligter anzusehen ist. Nach wohl herrschender Meinung ist diese Frage zu verneinen.[1] Zur Begründung wird überwiegend auf die Motive des Gesetzgebers abgestellt, wonach sich die Rechtstellung des anwaltlichen Beistands grundsätzlich an derjenigen des Zeugen zu orientieren hat.[2] Unbeschadet dessen wird dem Zeugenbeistand aber dennoch in den Fällen (partielle) Akteneinsicht zu gewähren sein, soweit dies für eine effektive Beratung des Zeugen erforderlich ist, da anderenfalls eine dem Gesetzeszweck gerecht werdende Beistandsleistung kaum zu verwirklichen ist.[3] **3733**

cc) Ausschluss des Zeugenbeistands

Gemäß § 68 Abs. 1 Satz 3 und 4 StPO kann ein Zeugenbeistand unter gewissen Voraussetzungen von einer Vernehmung ausgeschlossen werden. Der Ausschluss des anwaltlichen Beistands ist nur dann zulässig, wenn er unter Beachtung des Übermaßverbots zur Aufrechterhaltung einer funktionsfähigen und wirksamen Rechtspflege namentlich einer effektiven Strafverfolgung, erforderlich ist.[4] Dementsprechend ist zu beachten, dass allein aus dem Umstand, dass z.B. der Arbeitgeber einem Arbeitnehmer einen Zeugenbeistand zur Seite stellt und diesen auch bezahlt, nicht auf den Ausschlussgrund gem. § 68b Abs. 1 Satz 4 StPO geschlossen werden kann. Auch in diesem Fall ist zunächst davon auszugehen, dass der Rechtsanwalt seine Tätigkeit entsprechend seinem Berufsbild (vgl. § 43a Abs. 4 BRAO) am Interesse seines Mandanten, d.h. des Zeugen, ausrichtet und dementsprechend ausschließlich den Interessen seines Mandanten verpflichtet ist.[5] Die Entscheidung über den Ausschluss trifft der Vernehmende. Richterliche Entscheidungen sind unanfechtbar (§ 68b Abs. 3 Satz 1 StPO). Entscheiden Staatsanwaltschaft, Polizei, Steuerfahndung oder BuStra über den Ausschluss, so kann gem. § 161a Abs. 3, § 163 Abs. 3 Satz 3 StPO Antrag auf gerichtliche Entscheidung durch das nach § 162 StPO zuständige Gericht gestellt werden. Die Ausschlussgründe sind aktenkundig zu machen, soweit dies den Untersuchungszweck nicht gefährdet (§ 68b Abs. 3 Satz 2 StPO). **3734**

dd) Beiordnung eines Zeugenbeistands

Sofern der Zeuge seine Befugnisse bei der Vernehmung nicht selbst wahrnehmen kann, etwa seine Rechte aus § 52 ff., § 238 Abs. 2, § 242 StPO, so ist ihm für die Dauer der Vernehmung ein Zeugenbeistand beizuordnen (§ 68b Abs. 2 StPO). Ein Antrag ist nicht erforderlich, da die Beiordnung nach pflichtgemäßem Ermessen zu erfolgen hat.[6] **3735**

---

1) Meyer-Goßner, 55. Aufl. 2012, § 68b StPO Rz. 5; BGH v. 4.3.2010, StB 46/09, NStZ-RR 10, 246, wonach dem Zeugenbeistand generell keine weitergehenden Befugnisse als dem Zeugen zustehen.
2) BT-Drucks. 13/7165, 9.
3) Vgl. HK-GS/Habetha, 2. Aufl 2011, § 68b StPO Rz. 2; Senge in Karlsruher Kommentar, 6. Aufl. 2008, § 68b StPO Rz. 9.
4) BVerfG v. 10.3.2010, 2 BvR 941/09, StRR 2010, 260 f.
5) Vgl. HK-GS/Habetha, 2. Aufl. 2011, § 68b StPO Rz. 5.
6) Meyer-Goßner, 55. Aufl. 2012, § 68b StPO Rz. 12.

i) Zeugenentschädigung

3736 Gemäß § 71 StPO und § 405 AO werden Zeugen nach dem Justizvergütungs- und -entschädigungsgesetz (JVEG) aus der Staatskasse entschädigt. Die Entschädigung wird nur auf Antrag gewährt (§ 2 Abs. 1 JVEG). Der Antrag ist bei der Stelle geltend zu machen, die den Berechtigten herangezogen oder beauftragt hat.[1] Die Kosten, die dem Zeugen durch die Beiziehung eines Zeugenbeistands entstehen, werden nach herrschender Meinung nicht erstattet.[2] Die Vergütung des beigeordneten Zeugenbeistands trägt die Staatskasse.

4. Hinweise für die Praxis

a) Unterscheiden, ob Mitwirkung als Zeuge im Besteuerungs- oder im Strafverfahren

3737 Angesichts der oben genannten unterschiedlichen Erscheinungs- und Aussagepflicht – je nachdem, ob die Steuerfahndung im Rahmen des Strafverfahrens als Polizei oder im Rahmen des Besteuerungsverfahrens als Fiskalbehörde tätig wird – muss in der Ladung ausdrücklich darauf hingewiesen werden, wenn die Steuerfahndung auf der abgabenrechtlichen Anwesenheits- und Aussagepflicht besteht.[3] Ohne die Präzisierung ist für den Zeugen nicht erkenntlich, dass er im Rahmen seiner abgabenrechtlichen Verpflichtung in Anspruch genommen wird. Er ist dann zum Erscheinen auch nicht verpflichtet.

b) Formlose Befragung Dritter während laufender Durchsuchung

3738 Von Bedeutung sind diese Fragen v.a. bei dem persönlichen Erscheinen von Ermittlungsbeamten der Fahndung, insbes. bei Durchsuchungen.

Beispiel:

Noch während einer laufenden Durchsuchung nehmen einzelne Fahndungsbeamte bei den Mitarbeitern des Betriebsinhabers (Buchhalter, Sekretärin, kaufmännischer Leiter) eine formlose Befragung zu den einzelnen Sachverhalten vor.

Die Mitarbeiter können die Aussage in diesem Verfahrensstadium grds. insgesamt verweigern: Strafprozessual besteht gegenüber der Steuerfahndung ohnehin keine Aussagepflicht, und im Hinblick auf ihre abgabenrechtlichen Verpflichtungen können sie sich auf die Notwendigkeit angemessener Bedenk- und Vorbereitungszeit berufen. Der Auskunftspflichtige braucht sich nicht überraschen oder gar überrumpeln zu lassen.[4]

c) Inhalte der strafrechtlichen Zeugenladung

3739 Die Ladung muss inhaltlich erkennen lassen, dass der Geladene als Zeuge vernommen werden soll. Soweit der Untersuchungszweck nicht gefährdet ist, wird auch der Name des Beschuldigten ebenso anzugeben sein, wie der Gegenstand der Beschuldigung, damit sich der Zeuge auf seine Aussage vorbereiten kann (RiStBV 64 Abs. 1 Satz 1). Mit der Ladung ist der Zeuge auf die seinem Interesse dienenden verfahrensrechtlichen Bestimmungen und die vorhandene Möglichkeit der Zeugenbetreuung hinzuweisen (RiStBV 64 Abs. 1 Satz 2).

3740 Der Hinweis auf die gesetzlichen Folgen des Ausbleibens gem. § 51 StPO ist bei jeder Zeugenladung erforderlich, auch bei wiederholter Ladung und bei mündlicher Ladung in einer unterbrochenen oder ausgesetzten Hauptverhandlung.[5]

---

1) Näher hierzu: Seipl in Beermann/Gosch, § 405 AO Rz. 29 ff. (September 2009).
2) Gieg in Karlsruher Kommentar, 6. Aufl. 2008, § 464a StPO Rz. 4c.
3) Streck/Spatscheck, 4. Aufl. 2006, Rz. 567.
4) Vgl. allgemein Seer in Tipke/Kruse, § 93 AO Rz. 23 (April 2008).
5) Meyer-Goßner, 55. Aufl. 2012, § 48 StPO Rz. 3.

d) Kosten, Ordnungsgeld, Ordnungshaft

Erscheinen und Aussage können **erzwungen** werden. Ist der Zeuge mit der Ladung auf die gesetzlichen Folgen seines Ausbleibens gem. § 48 StPO hingewiesen worden (→ Rz. 3739), können ihm die durch sein Ausbleiben verursachten Kosten auferlegt werden (§ 51, § 161a Abs. 2 StPO). In der Praxis wichtiger ist die Befugnis, ein Ordnungsgeld festzusetzen und die Vorführung entsprechend § 135 StPO anzuordnen. Für den Fall, dass das Ordnungsgeld nicht beigetrieben werden kann, verhängt der Richter Ordnungshaft gem. § 51 Abs. 1, § 161a Abs. 2 StPO. Wird der Zeuge nachträglich ausreichend entschuldigt, werden die Anordnungen gem. § 161a Abs. 2 Satz 1, § 51 Abs. 2 StPO wieder aufgehoben. **3741**

XII. Rechtsschutz gegen Eingriffsmaßnahmen der Steuerfahndung

Obwohl das Bundesverfassungsgericht und der BGH das komplexe und aufgespaltete System der Rechtsbehelfe gegen strafprozessuale Zwangsmaßnahmen durch Schaffung eines einfacheren und in der Strafprozessordnung verankerten Rechtsschutzes auflösten, bleiben die Rechtsschutzmöglichkeiten gegen Maßnahmen der Steuerfahndung weiterhin aufgespalten. Dies liegt an der Doppelfunktion der Fahndung, die es ihr tatsächlich ermöglicht, die Betroffenen im Unklaren zu lassen, auf Grund welcher Rechtsgrundlage sie ermitteln und welche Rechtsbehelfe daher zur Anwendung gelangen können. **3742**

1. Doppelfunktion der Fahndung

Die Steuerfahndung (Zollfahndung) hat gem. § 208 Abs. 1 Nr. 1 AO Steuerstraftaten und Steuerordnungswidrigkeiten ebenso zu erforschen, wie gem. § 208 Abs. 1 Nr. 2 AO die Besteuerungsgrundlagen in dem in Nummer 1 bezeichneten Fällen zu ermitteln. Da in § 208 Abs. 1 Nr. 2 AO die Ermittlung der Besteuerungsgrundlagen auf die „in den in Nummer 1" bezeichneten Fällen, d.h. u.a. auf Steuerstraftaten bezogen wird, stellt sich die Frage, ob beide Funktionen der Steuerfahndung als notwendige Einheit zu begreifen oder ob sie trennbar sind.[1] Von der Entscheidung über die Einheit bzw. Trennbarkeit der Aufgabenzuweisung hängt insbesondere ab, welche Rechtsbehelfe zur Anwendung kommen. **3743**

Auf Grund der Vorschrift des § 393 AO, die das Verhältnis des Strafverfahrens zum Besteuerungsverfahren regelt und nach der sich die Rechte und Pflichten des Stpfl. und der Finanzbehörde im Besteuerungsverfahren und im Strafverfahren nach den für das jeweilige Verfahren geltenden Vorschriften zu richten haben, ist auf eine Trennbarkeit der Funktionen der Steuerfahndung zu schließen und folgerichtig von einem doppelten Rechtsweg auszugehen. Dementsprechend sind nach herrschender Auffassung in Literatur und Rechtsprechung strafrechtliche Rechtsbehelfe gegeben, soweit die Steuerfahndung ihre Maßnahmen strafprozessual rechtfertigt und abgabenrechtliche Rechtsbehelfe zur ergreifen, soweit die Maßnahmen auf steuerrechtlichen Befugnissen basieren.[2] **3744**

2. Besteuerungsverfahren – abgabenrechtliche Rechtsbehelfe

Nach der Rspr. des BFH wird die Steuerfahndung sowohl im Vorfeld eines Strafverfahrens[3] wie auch in den Fällen, in denen eine Strafbarkeit (beispielsweise auf Grund strafrechtlicher Verjährung oder einer wirksamen Selbstanzeige) ausge- **3745**

1) Vgl. Streck/Spatscheck, 4. Aufl. 2006, Rz. 9.
2) Streck/Spatscheck, 4. Aufl. 2006, Rz. 938; Randt in Franzen/Gast/Joecks, 7. Aufl. 2009, § 404 AO Rz. 85; Seer in Tipke/Kruse, § 208 AO Rz. 121 ff. (Mai 2011).
3) BFH v. 29.10.1986, I B 28/86, BStBl II 1987, 440.

schlossen ist, also im Nachgang zu einem Strafverfahren,[1] im Besteuerungsverfahren tätig. Es handelt sich um eine Abgabenangelegenheit i.S.d. § 33 Abs. 1 Nr. 1 FGO; der Finanzrechtsweg ist eröffnet.

3746 Soweit der Finanzrechtsweg eröffnet und die konkrete Maßnahme als Steuerverwaltungsakt zu beurteilen ist, sind **Einspruch** (§ 347 AO) und **Anfechtungs-** bzw. **Verpflichtungsklage** (§ 40 Abs. 1 FGO) statthaft. Steuerverwaltungsakte sind beispielsweise die Ablehnung der Herausgabe von Unterlagen, die Ablehnung, eine Schlussbesprechung abzuhalten, oder ein nach Abschluss der Fahndungsprüfung ergangener Änderungssteuerbescheid.

3747 Im Übrigen kann die **allgemeine Leistungsklage** (§ 40 Abs. 1 FGO) erhoben werden,[2] beispielsweise, wenn es um die Gewährung von Akteneinsicht geht.

3. Strafverfahren – strafprozessuale Rechtsbehelfe

3748 Nach ständiger Rspr. des BFH[3] gehört die Erforschung der Besteuerungsgrundlagen durch die Steuerfahndung während des laufenden Steuerstrafverfahrens zur Erforschung dieser Straftat. Dementsprechend ist die Erforschung der Besteuerungsgrundlagen während des Steuerstrafverfahrens keine Abgabenangelegenheit, für die das FG zuständig ist, sondern eine strafprozessuale Maßnahme, für die die strafrechtlichen Rechtsbehelfe gelten. An dieser Rspr. hält der BFH trotz heftiger Kritik in der Literatur fest.[4]

3749 Der Rechtsschutz gegen strafprozessuale Zwangsmaßnahmen – gleich ob vom Richter oder der Steuerfahndung/Staatsanwaltschaft/Polizei angeordnet – im Rahmen des Ermittlungsverfahrens ist in der Strafprozessordnung nur lückenhaft geregelt. Erschwerend kommt hinzu, dass in diesem Bereich nicht auf ein singuläres Rechtsmittel zurückgegriffen werden kann, sondern der Gesetzgeber ein schwer zu durchschauendes Rechtsbehelfssystem vorgab, welches, je nachdem welches Organ – Richter oder Steuerfahndung/Staatsanwaltschaft/Polizei – die Zwangsmaßnahme anordnete und ob sich der Betroffene gegen diese Anordnung oder die Art und Weise des Vollzugs wendete, variierte. Dies führte in der Vergangenheit zu divergierenden Entscheidungen der Fachgerichte.[5]

3750 Diese Rechtsunsicherheit wurde auf Grund der Entscheidung des BVerfG vom 30.4.1997[6] und den sich daran anschließenden Beschlüssen vom 27.5.1997[7] und 24.3.1998[8] weitgehend beseitigt.

3751 Der zweite Senat des BVerfG hat mit dem Beschluss vom 30.4.1997 seine frühere Rspr., wonach Art. 19 Abs. 4 GG bei erledigten Grundrechtseingriffen i.d.R. eine nachträgliche gerichtliche Prüfung durch die Fachgerichte nicht verlangte,[9] aufgegeben und hierbei darauf hingewiesen, dass das geltende Rechtsmittelsystem – was die Beschwerde anbetrifft – lückenhaft und schwer durchschaubar, damit aber auch in der Praxis kaum handhabbar sei. Dies ist eine deutliche Aufforderung an die Fachgerichte, eine einheitliche Linie zu finden.[10] Das Bundesverfassungsgericht gab

1) BFH v. 16.12.1997, VII B 45/97, BStBl II 1998, 231; Seer in Tipke/Kruse, § 208 AO Rz. 123 (Mai 2011).
2) Von Beckerath in Beermann/Gosch, § 40 FGO Rz. 119 ff. (Dezember 2011).
3) BFH v. 20.4.1983, VII R 2/82, BStBl II 1983, 482.
4) Streck/Spatscheck, 4. Aufl. 2006, Rz. 941 ff.
5) BGH v. 7.12.1998, 5 AR (VS) 2/98, NJW 1999, 730.
6) BVerfG v. 30.4.1997, 2 BvR 817/90, 2 BvR 728/92, 2 BvR 802/95, 2 BvR 1065/95, NJW 1997, 2163 ff.
7) BVerfG v. 27.5.1997, 2 BvR 1992/92, NJW 1997, 2165 f.
8) BVerfG v. 24.3.1998, 1 BvR 1935/96, 1 BvR 1945/96, 1 BvR 1946/96, NJW 1998, 2131 f.
9) BVerfG v. 11.10.1978, 2 BvR 1055/76, NJW 1979, 154.
10) Vgl. auch Schroth, StV 1999, 117.

den Fachgerichten hierzu auf den Weg, dass sie ein von der jeweiligen Rechtsordnung eröffnetes Rechtsmittel nicht ineffektiv machen und für den Beschwerdeführer „leerlaufen" lassen dürfen. Das Erfordernis eines effektiven Rechtsschutzes (Art. 19 Abs. 4 GG) gebe den Betroffenen das Recht, in Fällen tief greifender, tatsächlich nicht mehr fortwirkender Grundrechtseingriffe auch dann die Berechtigung des Eingriffs gerichtlich klären zu lassen, wenn die direkte Belastung durch den angegriffenen Hoheitsakt sich nach dem typischen Verfahrensablauf auf eine Zeitspanne beschränkt, in welcher der Betroffene die gerichtliche Entscheidung in der von der Prozessordnung gegebenen Instanz kaum erlangen könne.

Ausgehend von den angesprochenen Entscheidungen des BVerfG und der darauf **3752** fußenden Rspr. der Instanzgerichte, sind die Rechtsbehelfe gegen strafprozessuale Zwangsmaßnahmen nach folgenden Fallgruppen zu differenzieren:

a) Rechtmäßigkeit einer nicht erledigten Anordnung des Richters

Dieser Fall ist unproblematisch. Gegen eine richterlich angeordnete und noch **3753** andauernde Eingriffsmaßnahme ist das Rechtsmittel der Beschwerde gem. § 304 StPO statthaft. Die Beschwerde hat das Ziel, die gesetzlichen Voraussetzungen, also die Rechtmäßigkeit der richterlichen Anordnung, überprüfen zu lassen.

Die Beschwerde nach den §§ 304 ff. StPO ist an **keine Frist** gebunden und wird bei **3754** dem Gericht, dessen Entscheidung angefochten wird, schriftlich zu Protokoll der Geschäftsstelle eingelegt (§ 306 StPO). Die Beschwerde hat grds. **keinen Suspensiveffekt**, d.h. sie hemmt den Vollzug der gerichtlichen Anordnung nicht (§ 307 Abs. 1 StPO). Das Gericht kann aber die Vollziehung der angefochtenen Entscheidung aussetzen (§ 307 Abs. 2 StPO). Die Beschwerdeeinlegung ist zweckmäßigerweise mit einem Antrag auf Aussetzung der Vollziehung ebenso zu koppeln wie mit einem Antrag auf Akteneinsicht, sofern diese noch nicht gewährt wurde. Der Antrag auf Akteneinsicht ist gleichzeitig bei der Staatsanwaltschaft zu stellen, da diese gem. § 147 Abs. 5 StPO über die Gewährung der Akteneinsicht entscheidet. Sofern keine Akteneinsicht gewährt wird, kann dies bereits zur Aufhebung des angefochtenen Beschlusses führen (vgl. zum Akteneinsichtsrecht → Rz. 2926 ff.).

Über die **Abhilfe** entscheidet das Gericht, das die Anordnung erließ (§ 306 Abs. 2 **3755** StPO). Hilft es nicht ab, erfolgt die Vorlage an das Beschwerdegericht. Dieses entscheidet ohne mündliche Verhandlung (§ 309 Abs. 1 StPO). Eine weitere Beschwerde ist nicht zulässig (§ 310 Abs. 2 StPO).

b) Rechtmäßigkeit einer erledigten richterlichen Anordnung

Auf Grundlage der oben erwähnten Entscheidungen des Bundesverfassungsge- **3756** richts ist zur Gewährleistung eines effektiven Rechtsschutzes die Beschwerde auch gegen erledigte Anordnungen des Richters statthaft (→ Rz. 3751). Dies unter der Voraussetzung, dass ein **Rechtsschutzinteresse** besteht. Ein solches Rechtsschutzinteresse an einer nachträglichen Feststellung ist in den Fällen tief greifender Grundrechtseingriffe, wie sie z.B. bei Durchsuchungen von Wohnungen wegen Art. 13 GG vorliegen, gegeben. Daneben ist das erforderliche Rechtsschutzinteresse auch dann zu bejahen, wenn von den Vollzugsmaßnahmen diskriminierende Auswirkungen ausgehen oder eine konkrete Wiederholungsgefahr besteht.

Die Beschwerde richtet sich auch in diesen Fällen nach den §§ 304 ff. StPO, so dass **3757** auf die obigen Ausführungen verwiesen werden kann.

c) Rechtmäßigkeit einer nicht erledigten Anordnung der Steuerfahndung/ Staatsanwaltschaft/Polizei

Ordnen Steuerfahndung/Staatsanwaltschaft/Polizei strafprozessuale Maßnahmen **3758** kraft ihrer Eilkompetenz bei Gefahr im Verzug an, so ist im Falle einer Beschlagnahmeanordnung ein **Antrag auf gerichtliche Entscheidung** gem. § 98 Abs. 2 Satz 2 StPO mit dem Ziel zulässig, die Rechtmäßigkeit der Anordnung zu überprüfen. Der angerufene Richter kann hierbei sowohl die Grenzen einer solchen Anordnung bestimmen als auch die Modalitäten ihrer Vollziehung regeln.

3759 § 98 Abs. 2 Satz 2 StPO gilt nach seinem Wortlaut nur für die Beschlagnahme, beinhaltet aber nach ganz überwiegender Meinung den allgemeinen Rechtsgrundsatz, dass Ermittlungsmaßnahmen, für die primär der Richter zuständig ist, stets auch nachträglich einer richterlichen Kontrolle zur unterwerfen sind.[1] Dies bedeutet, dass in den Fällen, in denen die Strafprozessordnung gegen eine Zwangsmaßnahme eine Anrufung des Richters nicht ausdrücklich vorsieht, wegen der Rechtsschutzgarantie des Art. 19 Abs. 4 GG der § 98 Abs. 2 Satz 2 StPO analog anzuwenden ist.

d) Rechtmäßigkeit einer erledigten Anordnung der Steuerfahndung/ Staatsanwaltschaft/Polizei

3760 Die eingangs angesprochenen Defizite des Rechtsschutzes ergaben sich insbes. in den Fällen, in denen eine durch die Steuerfahndung/Staatsanwaltschaft/Polizei angeordnete Zwangsmaßnahme bereits ihre Erledigung gefunden hatte. In diesem Bereich trat eine Rechtsschutzlücke zu Tage, da die Strafprozessordnung eine den § 113 Abs. 1 Satz 4 VwGO und § 28 Abs. 1 Satz 4 EGGVG für erledigte Verwaltungsakte bzw. für Justizverwaltungsakte entsprechende Möglichkeit einer sog. Fortsetzungsfeststellungsklage nicht kennt.

aa) Antrag auf gerichtliche Entscheidung

3761 Die bisherige Rspr. der OLG[2] hielt den Rechtsweg gem. den §§ 23 ff. EGGVG für gegeben. Dieser Auffassung trat die Literatur entgegen, welche – auch im Sinne eines einheitlichen Rechtsweges – den **Antrag auf gerichtliche Entscheidung** des zuständigen Ermittlungsrichters gem. § 98 Abs. 2 Satz 2 StPO als den zulässigen Rechtsbehelf ansehen.[3] Hierbei wurde hervorgehoben, dass insbes. bei gravierenden Grundrechtseingriffen ein Rechtsschutzbedürfnis bestünde, welches im Hinblick auf Art. 19 Abs. 4 GG das Vorhandensein einer Lücke nicht hinnehmbar erscheinen lasse und diese Lücke durch Anwendung des § 98 Abs. 2 Satz 2 StPO geschlossen werden müsse.

3762 Mit Beschluss vom 5.8.1998[4] stellte der BGH klar, dass die Entscheidungen des Bundesverfassungsgerichts zwar zum einen das Rechtsschutzinteresse betreffen, zum anderen aber auch die umstrittene Frage nach dem Rechtsweg regeln. Dem BGH oblag die Überprüfung der Rechtmäßigkeit der Anordnung einer erledigten vorläufigen Festnahme nach § 127 Abs. 2 StPO. Der BGH entschied, dass eine übersichtliche Zuständigkeitsregelung durch entsprechende Anwendung des § 98 Abs. 2 Satz 2 StPO zu gewährleisten ist. Es dürfe keinen Unterschied machen, ob die Maßnahme noch andauere. Wäre dies der Fall, so könnte der Betroffene unstreitig die richterliche Entscheidung nach § 98 Abs. 2 Satz 2 StPO beantragen. Wäre für die nach weitgehend denselben Maßstäben durchzuführende richterliche Überprüfung der gesetzlichen Voraussetzungen abgeschlossener Maßnahmen das OLG nach § 23 EGGVG zuständig, so bestünde wegen der erschwert zu durchschauenden Spaltung des Rechtsweges die Gefahr sachlich widersprechender Entscheidungen.

3763 Zuständig für die Entscheidung über den Antrag nach § 98 Abs. 2 Satz 2 StPO (ggf. analog) ist der Richter, der bei fehlender Eilbedürftigkeit für die beanstandete Ent-

1) Meyer-Goßner, 55. Aufl. 2012, § 98 StPO Rz. 23.
2) OLG Nürnberg v. 30.6.1986, VAs 854/85, NStZ 1986, 575; zur früheren Rechtslage vgl. auch BGH v. 26.6.1990, 5 AR (VS) 8/90, NJW 1990, 2758 ff.
3) Vgl. Schroth, StV 1999, 117 ff.
4) BGH v. 5.8.1998, 5 Ars (VS) 2/98, NStZ 1999 151 mit Anm. Fezer.

scheidung zuständig gewesen wäre. Wird die Rechtswidrigkeit der angefochtenen Maßnahme festgestellt, ist diese wie bei einer erfolgreichen Beschwerde zu beenden.

bb) Beschwerde

Gegen die gerichtliche Entscheidung ist die Beschwerde nach § 304 StPO möglich (→ Rz. 3754). **3764**

e) Rechtmäßigkeit der Art und Weise des Vollzugs einer erledigten richterlichen Anordnung

In den Fällen, in denen sich der Betroffene gegen die Art und Weise der von einem Richter angeordneten und von der Steuerfahndung/Staatsanwaltschaft/ Polizei vollzogenen Zwangsmaßnahmen wandte, stand nach der älteren Rspr. der Rechtsweg gem. §§ 23 ff. EGGVG offen.[1] **3765**

Auch hier sah sich der BGH veranlasst, die vom BVerfG geforderte Einheitlichkeit des Rechtswegs und Sicherheit bei der Wahl des statthaften Rechtsmittels zu schaffen. In seinen Beschlüssen vom 5.8.1998,[2] 25.8.1999[3] und 13.10.1999[4] entschied der BGH, dass die Art und Weise des Vollzugs von Durchsuchungsmaßnahmen nach ihrem Abschluss auch dann in entsprechender Anwendung des § 98 Abs. 2 Satz 2 StPO zu überprüfen ist, wenn die Anordnung dazu von einem Richter getroffen wurde. In seiner Entscheidung vom 25.8.1999 führt der BGH erneut aus, dass der vom Bundesverfassungsgericht den Fachgerichten auferlegten besonderen Verpflichtung aus Art. 19 Abs. 4 GG, eine unübersichtliche Rechtslage zu klären, nachzukommen sei. Die unübersichtliche Rechtslage sei dadurch gekennzeichnet, dass die Rechtsmittel und Rechtsbehelfe gegen Durchsuchungsanordnungen und Durchsuchungsmaßnahmen in schwer zu durchschauender Weise mehrfach aufgespalten seien. Da das Verfahren gem. § 98 Abs. 2 Satz 2 StPO praktikabler, orts- und sachnäher sei als das nach den §§ 23 ff. EGGVG, ist diesem der Vorzug zu geben. **3766**

Die vom BGH angesprochenen Entscheidungen betreffen aber lediglich die Fälle, in denen die beanstandete Art und Weise des Vollzugs nicht ausdrücklicher und evidenter Bestandteil der richterlichen Anordnung war oder dies zumindest zweifelhaft ist. Soweit die Art und Weise des Vollzugs bereits in der richterlichen Anordnung ausdrücklich und eindeutig geregelt ist – etwa die Zuziehung von Angestellten bei der Durchsicht von EDV-Anlagen oder die Bezeichnung der zu durchsuchenden Räume –, könnte sich die Frage stellen, ob gegen eine solche Anordnung sogleich die Beschwerde gegeben ist.[5] Unabhängig von dieser Frage steht aber fest, dass jedenfalls der Rechtsweg nach den §§ 23 ff. EGGVG auszuscheiden hat. **3767**

Zu den Einzelheiten eines Antrags nach § 98 Abs. 2 Satz 2 StPO (analog) → Rz. 3763. **3768**

f) Rechtmäßigkeit der Art und Weise des Vollzugs einer erledigten Anordnung der Steuerfahndung/Staatsanwaltschaft/Polizei

Mit Urteil vom 8.1.1998[6] und Beschluss vom 7.12.1998[7] stellte der BGH unter Hinweis auf die Rspr. des Bundesverfassungsgerichts im Fall von nicht richterlich ange- **3769**

1) OLG Koblenz v. 21.12.1993, 3 VAs 25/93, StV 1994, 284.
2) BGH v. 5.8.1999, 5 ARs (VS) 2/98, NStZ 1999, 151.
3) BGH v. 25.8.1999, 5 AR (VS) 1/99, NJW 1999, 3499.
4) BGH v. 13.10.1999, StB 7/99, StB 8/99, 2 BJs 112/97 – 2 – StB 7/99, 2 BJs 112/97 – 2 – StB 8/99, StV 2000, 537.
5) Vgl. Laser, NStZ 2001, 120, 124, mit Hinweis auf Fezer, NStZ 1999, 151, 152, und Eisele, StV 1999, 299, 300.
6) BGH v. 8.1.1998, 1 AR 1459/97 – 4 VAs 85/97, 1 AR 1459/97, 4 VAs 85/97, JR 1998, 216 ff.
7) BGH v. 7.12.1998, 5 AR 2/98, NJW 1999, 730 ff.

ordneten Durchsuchungen, welche bereits abgeschlossen waren, fest, dass nicht mehr der Weg über die §§ 23 ff. EGGVG zum OLG zu beschreiten, sondern ein Antrag entsprechend § 98 Abs. 2 Satz 2 StPO beim AG zu stellen ist.

3770 Ausgehend von der Aufgabenstellung des Bundesverfassungsgerichts – Schaffung einer klaren Rechtslage – ist davon auszugehen, dass die lediglich bisher im Zusammenhang mit Durchsuchungen getroffenen Festlegungen auch für andere nicht richterliche Zwangsmaßnahmen gelten, so dass auch in diesen Fällen der Rechtsweg entsprechend § 98 Abs. 2 Satz 2 StPO eröffnet sein dürfte, da andernfalls der besonderen Verpflichtung aus Art. 19 Abs. 4 GG nicht entsprochen wird.

3771 Zu den Einzelheiten des Antrags vgl. auch hier → Rz. 3763.

g) Rechtmäßigkeit der Art und Weise des Vollzugs nicht erledigter Anordnungen durch den Richter oder die Steuerfahndung/Staatsanwaltschaft/Polizei

3772 Fälle, welche die Überprüfung der Art und Weise des Vollzugs einer nicht erledigten Anordnung des Richters betreffen, dürften eher nur theoretisch denkbar sein,[1] so dass in diesem Bereich auch auf keine aktuelle Rspr. verwiesen werden kann. Auch der BGH hat diese Frage bisher offen gelassen. Anzunehmen ist, dass in diesen Fällen die Beschwerde gem. § 304 StPO einschlägig sein wird, da diese insgesamt auf die Überprüfung richterlicher Beschlüsse und Verfügungen zugeschnitten ist.[2]

3773 Demgegenüber dürfte die Überprüfung der Art und Weise des Vollzugs einer nicht erledigten Anordnung der Steuerfahndung/Staatsanwaltschaft/Polizei gem. § 98 Abs. 2 Satz 2 StPO bei Beschlagnahmeanordnungen und gem. § 98 Abs. 2 Satz 2 StPO analog bei Anordnung sonstiger Zwangsmittel erfolgen. Dieses Ergebnis stellt eine konsequente Fortsetzung der Gedanken des BGH dar[3] und würde sich in das geschaffene Rechtsmittelsystem passend einfügen.

D. Festnahme und Untersuchungshaft

Schrifttum

Dahs, Der Haftgrund der Fluchtgefahr, AnwBl. 1983, 418; **Deckers**, Anmerkung zu OLG Hamm, Beschluss vom 28.01.2000, 2 Ws 27/2000, StV 2001, 116; **Hohlweck**, Sicherheitsleistung bei Verdunkelungsgefahr, NStZ 1998, 600; **Jahn**, Strafprozessuale Eingriffsmaßnahmen im Lichte der aktuellen Rechtsprechung des BVerfG, NStZ 2007, 255; **Knauer**, Untersuchungshaft und Beschleunigungsgrundsatz, StraFo 2007, 309; **Krekeler**, Der Beweiserhebungsanspruch des Beschuldigten im Ermittlungsverfahren, NStZ 1987, 367; **Krekeler**, Probleme der Verteidigung in Wirtschaftsstrafsachen, wistra 1983, 43; **Maunz/Dürig**, Grundgesetz Kommentar, 2. Aufl., München; **Michalke**, Zur Rechtsprechung bei Steuerhinterziehung: Wer bemisst das große Ausmaß in § 370 Abs. 3 AO?, in Festschrift für Imme Roxin, München 2012; **Münchhalffen**, Apokryphe Haftgründe in Wirtschaftsstrafverfahren, StraFo 1999, 332; **Münchhalffen/Gatzweiler**, Das Recht der Untersuchungshaft, 3. Aufl., München 2009; **Park**, Der Haftgrund der Verdunkelungsgefahr in Wirtschafts- und Steuerstrafsachen, wistra 2001, 247; **Püschel**, Vermeidung von Untersuchungshaft, StraFo 2009, 134; **Schlothauer**, Der Beweiserhebungsanspruch des Beschuldigten gegenüber dem Ermittlungsrichter, StV 1995, 158; **Schlothauer**, Die Bedeutung des materiellen Strafrechts für die Verteidigung in Untersuchungsfällen, StV 1996, 391; **Schlothauer/Weider**, Untersuchungshaft, 4. Aufl., Heidelberg 2010; **Schmitz**, Der verhaftete Beschuldigte und sein erster Richter, NStZ 1998, 165; **Schwenn**, Straferwartung – ein Haftgrund?, StV 1984, 132; **Walischewski**, Das Recht auf Akteneinsicht bei strafprozessua-

1) Laser, NStZ 2001, 124.
2) Vgl. Fezer, NStZ 1999, 151, sowie Laser, NStZ 2001, 120, 124.
3) BGH v. 5.8.1998, 5 ARs (VS) 1/97, NJW 1998, 3653.

len Zwangsmaßnahmen, StV 2001, 243; **Weider**, Das Gesetz zur Änderung des Untersuchungshaftrechts, StV 2010, 102; **Ziegert**, Der Richter des nächsten Amtsgericht – Richter oder Urkundsbeamter?, StV 1997, 439.

I. Vorbemerkung

§ 385 AO stellt klar, dass die **allgemeinen Gesetze über das Strafverfahren** auch für das Steuerstrafverfahren gelten, soweit die §§ 386 bis 408 AO keine abweichenden Bestimmungen enthalten. Dies gilt auch und insbesondere für die **Strafprozessordnung** und hier für die Regelungen zur vorläufigen Festnahme und der Untersuchungshaft. **3774**

In früheren Jahren hat sich der Verteidiger in Steuerstrafverfahren i.d.R. nur wenig mit Fragen zur Festnahme und zur Untersuchungshaft auseinandersetzen müssen. Nur in einem geringen Teil der Verfahren wurde tatsächlich ein Haftbefehl erlassen und Untersuchungshaft angeordnet. So wurden im Jahr 2010 gegen 15507 Personen ein Ermittlungsverfahren wegen Steuerhinterziehung geführt, das mit einem Urteil abgeschlossen wurde. In 296 Fällen (1,9 %) wurde Untersuchungshaft angeordnet. Der Anteil der Verfahren mit Untersuchungshaft lag in den Jahren 2002 bis 2010 zwischen 2,9 und 1,9 % aller Steuerstrafverfahren.[1] Im Jahre 2010 wurde bundesweit insgesamt in 26 967 Fällen Untersuchungshaft angeordnet, der Anteil der Untersuchungshaft wegen Steuerhinterziehung lag hierbei bei ca. 1 %.[2]

Auch wenn die Zahl der Untersuchungsgefangenen in den letzten Jahren insgesamt zurückgegangen ist,[3] so ist zu erwarten, dass sich diese Zahl im Bereich des Steuerstrafrechts in Zukunft erhöhen wird. In den letzten Jahren sind Wirtschafts- und Steuerstrafverfahren gegen prominente Vertreter der Wirtschaft[4] bedingt durch eine umfassende und z.T. reißerische Presseberichterstattung zunehmend in der Blick der Öffentlichkeit geraten. Die Politik hat sich dem „Kampf gegen die Steuersünder" verschrieben, man denke nur an die Diskussion um den umstrittenen Ankauf von Steuer-CDs, um die Verschärfung des Steuerstrafrechts oder das Wort vom „Einsatz der Kavallerie" gegen die „Steueroase Schweiz" des ehemaligen Bundesfinanzministers Peer Steinbrück im Jahre 2009.[5] Auch die **höchstrichterliche Rechtsprechung in Steuerstrafsachen** hat diese Entwicklung deutlich vorangetrieben. So sah sich der BGH in einer Grundsatzentscheidung aus dem Jahre 2008 veranlasst, strengere **Strafzumessungsregeln** bei Steuerhinterziehung zu definieren, nachdem bisher Steuersünder nach Ansicht des BGH durch die erkennenden Gerichte offenbar zu milde bestraft wurden → Rz. 1412.[6] Danach soll bei einem Fall der Steuerhinterziehung von weniger als 100 000 € eine Geldstrafe und von 100 000 € bis zu 1 000 000 € eine Bewährungsstrafe tat- und schuldangemessen sein. Bei einer Steuerhinterziehung, die die Millionengrenze übersteigt, soll regelmäßig eine Freiheitsstrafe, deren Vollstreckung nicht mehr zur Bewährung ausgesetzt werden kann, angemessen sein.[7] Diese strengeren Strafzumessungsregeln wurden in den folgenden Jahren mehrfach höchstrichterlich bestätigt und fortgeschrieben.[8] In **3775**

1) Statistisches Bundesamt, Abgeurteilte und Verurteilte nach demographischen Merkmalen sowie Art der Straftat, angewandtem Strafrecht und Art der Entscheidung, 2010, 388, 412.
2) Statistisches Bundesamt ebenda, 360.
3) Püschel, StraFo 2009, 134.
4) Siehe z.B. die Presseberichterstattung im Fall des ehemaligen Vorstandsvorsitzenden der Deutsche Post AG Klaus Zumwinkel, der öffentlich an den „Pranger" gestellt wurde.
5) Spiegel-Online v. 17.3.2009, www.spiegel.de/politik/ausland/indianer-vergleich-steinbruecks-wildwest-rhetorik-erzuernt-die-schweizer.
6) BGH v. 2.12.2008, 1 StR 416/08, BGHSt 53, 71 ff. = NStZ 2009, 271 ff.
7) BGH v. 2.12.2008, 1 StR 416/08, BGHSt 53,71 ff., 84, 85.
8) Zusammenfassend BGH v. 15.12.2011, 1 StR 579/11, NJW 2012, 1015 ff.; zuletzt BGH v. 7.2.2012, 1 StR 525/11, BGHSt 57, 123.

der Presseberichterstattung wurde diese Verschärfung überwiegend positiv aufgenommen.[1] Auch der Gesetzgeber hat diese Rechtsprechung gebilligt.[2] Die Vollstreckung einer Freiheitsstrafe kann sich demnach zur Verteidigung der Rechtsordnung als notwendig erweisen, wenn die Tat Ausdruck einer verbreiteten Einstellung ist, die eine durch einen erheblichen Unrechtsgehalt gekennzeichnete Norm nicht ernst nimmt und von vornherein auf die Strafaussetzung vertraut. Auf diesem Wege soll die Rechtstreue der Bevölkerung erhalten bzw. durchgesetzt werden.[3] Damit dürfte das **„Kavaliersstrafrecht"** bei der Steuerhinterziehung beendet sein.[4]

3776 Es ist damit zu rechnen, dass eine steigende Zahl von Freiheitsstrafen, die nicht mehr zur Bewährung ausgesetzt werden, bald auch zu einer steigenden Zahl von Haftbefehlen und von Anordnung der Untersuchungshaft bei Steuerdelikten führen wird, denn nach wie vor gilt eine **Straferwartung,** die nicht mehr zur Bewährung ausgesetzt werden kann, als entscheidendes Argument für die Begründung der Fluchtgefahr als Haftgrund.

3777 Die Verhaftung und die Anordnung der Untersuchungshaft ist der **schwerwiegendste Eingriff** in die **persönliche Freiheit,** den die Strafprozessordnung kennt. Er darf daher nur in besonders engen, rechtsstaatlich klar umrissenen Ausnahmefällen erfolgen. Einerseits verbietet es die **Unschuldsvermutung** (Art. 6 Abs. 2 MRK), die bis zum Zeitpunkt einer rechtskräftigen Verurteilung auch bei dringendem Tatverdacht zu Gunsten des Beschuldigten streitet, gegen diesen im Vorgriff auf eine erwartete Strafe Maßnahmen zu verhängen, die in ihrer Wirkung der Freiheitsstrafe gleichkommen. Andererseits wäre es mit einer wirksamen und effektiven Strafverfolgung unvereinbar, wenn ein Beschuldigter sich beliebig durch Flucht dem Verfahren entziehen oder Beweismittel vor der Hauptverhandlung manipulieren könnte. Der Entzug der persönlichen Freiheit darf daher stets nur nach einer sorgfältigen Abwägung zwischen dem Interesse des Staates an einer **wirksamen Strafverfolgung** und dem persönlichen Freiheitsinteresse des jeweiligen Betroffenen angeordnet werden. Sie ist ein **Sonderopfer** des Beschuldigten im Interesse einer funktionstüchtigen Strafrechtspflege zur Schaffung von Rechtsfrieden. Die Untersuchungshaft soll ausschließlich dem Zweck dienen, „die Durchführung eines geordneten Strafverfahrens zu gewährleisten und die spätere Strafvollstreckung sicherzustellen. Sie darf nicht dazu mißbraucht werden, das Aussageverhalten des Beschuldigten zu beeinflussen und ihn insbesondere zu veranlassen, von seinem Schweigerecht keinen Gebrauch zu machen."[5] Die vorläufige Festnahme und besonders auch der Vollzug der Untersuchungshaft kommen daher nur dann in Betracht, wenn überwiegende Interessen des Gemeinwohls dies zwingend gebieten.[6]

3778 Obwohl die Untersuchungshaft keine vorweggenommene Strafe darstellen darf oder darauf gerichtet sein soll, den Beschuldigten geständnisreif zu machen oder die Ermittlungen zu erleichtern, kommt es nur selten vor, dass ein Haftrichter den Antrag auf Erlass eines Haftbefehls ablehnt. Ausschlaggebend sind dafür oftmals nicht die in dem Haftbefehlsantrag seitens der Staatsanwaltschaft vorgebrachten Sachverhaltsangaben, sondern Gründe, die sich einer objektiven Beurteilung regelmäßig entziehen, da sie zum einen mit dem Gedanken des Sonderopfers im Interesse einer Strafverfolgung nicht zu vereinbaren sind, zum anderen den Sinn und

---

1) Süddeutsche Zeitung v. 8.2.2012, „Millionen- Steuerhinterzieher müssen mit Gefängnis rechnen".
2) Beratungen zum Schwarzgeldbekämpfungsgesetz v. 3.5.2011: „Eine Aussetzung der Freiheitsstrafe auf Bewährung bei Hinterziehung in Millionenhöhe sei nach einer Entscheidung des BGH nicht mehr möglich."; BT-Drucks. 17/5067 neu, 18.
3) Vgl. BGH v. 7.2.2012, 1 StR 525/11, BGHSt 57, 123.
4) Vgl. Michalke, FS für Imme Roxin, 411.
5) Grundlegend BGH v. 28.4.1987, 5 StR 666/86, StV 1987, 470.
6) BVerfG v. 6.2.1980, 2 BvR 1070/79, BVerfGE 53, 152, 158.

Zweck der Untersuchungshaft in ein offensiv eingesetztes Ermittlungsinstrumentarium pervertieren. Solche **apokryphen Haftgründe**, die i.d.R. mittels formelhafter, standardisierter Begründung des Haftgrundes Fluchtgefahr überdeckt werden, wurden im Einzelnen von Dahs bereits vor drei Jahrzehnten herausgearbeitet.[1] Dazu zählen

- Förderung der Geständnisbereitschaft,
- Förderung der Kooperationsbereitschaft,
- Erleichterung der Ermittlungen,
- Verfahrenssicherung und vorweggenommene Strafe,
- Druck der öffentlichen Meinung,
- im Steuerstrafverfahren: Sicherung der Steuerschuld.

Gegen diese Praxis, welche dem Verteidiger auch heute noch immer wieder begegnet, werden immer wieder starke **rechtsstaatliche Bedenken** geäußert, da damit der dargestellte Sinn und Zweck der Untersuchungshaft, nämlich die Durchführung des Strafverfahrens zu sichern, außer Acht gelassen wird. Die regelmäßig vorzunehmende Abwägung zwischen den staatlichen Interessen und dem persönlichen Interesse des Beschuldigten wird einseitig zu Gunsten einer wirksamen Strafverfolgung ausgelegt. Die Untersuchungshaft wird dadurch für Ermittlungszwecke instrumentalisiert, ohne die verfassungsrechtlich gesicherten Rechte des Beschuldigten zu berücksichtigen. Dies ist umso bedenklicher, als der mit dem Vollzug der Untersuchungshaft verbundene Eingriff in die Freiheit des Einzelnen nur hinzunehmen ist, wenn und soweit der legitime Anspruch der staatlichen Gemeinschaft auf vollständige Aufklärung der Tat und rasche Bestrafung des Täters nicht anders gesichert werden kann als durch vorläufige Inhaftierung eines Verdächtigen.[2] Neben den Nachteilen für ihn selbst und seine Familie hat die Inhaftierung oft die Vernichtung seiner wirtschaftlichen Existenz zur Folge, z.B. wenn der Beschuldigte Inhaber oder Leiter eines auf seine Person zugeschnittenen Unternehmens ist. **3779**

Gerade im Steuerstrafrecht hat man es als Verteidiger regelmäßig mit Beschuldigten zu tun, die in gesicherten sozialen Verhältnissen leben und oftmals in leitender Position tätig sind. Dies ist nicht selten mit einer exponierten gesellschaftlichen Position verbunden. Dies alles macht die Betroffenen besonders **haftempfindlich** und steigert die Bereitschaft, kurzfristig Angaben gegenüber den Ermittlern zu machen, um schnell eine Haftentlassung zu erreichen. Steuerfahnder und Staatsanwälte sind sich hierüber im Klaren und machen sich dies nicht selten zunutze. **3780**

Der Vollzug der Untersuchungshaft hat oftmals einschneidendere **Folgen** für einen Beschuldigten als der Vollzug einer Freiheitsstrafe nach ergangenem rechtskräftigem Urteil. Steht beim Strafvollzug das Gebot der Resozialisierung im Vordergrund, das die Vollzugsbehörden verpflichtet, auf soziale, wirtschaftliche und zukünftige Belange bei Gestaltung des Strafvollzuges Rücksicht zu nehmen, stellt die Anordnung der Untersuchungshaft eine Maßnahme der Verfolgungsbehörden dar, auf die sich der Beschuldigte nicht vorbereiten kann und daher zu schweren Folgen führt, die nicht mehr im angemessenen Verhältnis zum bislang nur summarisch geprüften Schuldvorwurf steht. Da diesbezüglich nahezu immer der Haftgrund der Fluchtgefahr ins Felde geführt wird, obwohl – soweit erkennbar – keinerlei allgemein gültige empirische Erkenntnisse über den Zusammenhang von zu erwartenden hohen Strafen und Fluchtdispositionen vorliegen und auch die strafrechtliche Wirklichkeit zeigt, dass sich ein Täter nur in den allerseltensten Fällen auf Grund eingeschränkter sozialer Handlungskompetenz einem Strafverfahren entziehen kann, ist in vielen Fällen fraglich, ob tatsächlich das Verfahren ausschließlich durch die Anordnung **3781**

1) Dahs, 227.
2) Grundlegend BVerfG v. 24.8.1994, 2 BvR 1486/94, wistra 1994, 341.

der Untersuchungshaft gesichert werden muss, zumal § 116 StPO weitaus mildere Mittel zulässt.

3782 Die **Verteidigungsaktivitäten** eines inhaftierten Beschuldigten müssen besonders intensiv angelegt sein. Hierbei darf nicht allein das **Freiheitsinteresse** des Beschuldigten im Vordergrund stehen, sondern es muss frühzeitig das Augenmerk auf die zu **erwartende Hauptverhandlung** gelegt werden. Auch das menschlich nachvollziehbare, auf Grund der außerordentlich schwierigen psychischen Situation eines Inhaftierten bestehende Interesse an der Wiedererlangung der Freiheit muss manchmal aus verfahrenstaktischen Gründen zurückgestellt werden, um nicht mit vorschnellen Verteidigungsaktivitäten die Chancen für eine Hauptverhandlung zu verschlechtern. Ein Beschuldigter, dem bis zur Hauptverhandlung mehrmals durch Gerichtsbeschlüsse der dringende Tatverdacht sowie Haftgründe attestiert wurden, erlangt schon deshalb eine schlechtere Verteidigungsposition in der Hauptverhandlung, da das Gericht auf Grund des Freiheitsentzugs in eine gewisse Rechtfertigungsposition gelangt. Eine Rechtfertigung der Untersuchungshaft ist jedoch nur durch die Verurteilung eines Beschuldigten möglich. Darüber hinaus macht es einen Unterschied, ob der Angeklagte in der Hauptverhandlung aus der Untersuchungshaft vorgeführt wird oder in Freiheit ist. Damit beeinflusst der Vollzug der Untersuchungshaft auch die Ausgangsposition für eine spätere Hauptverhandlung, z.B. für die Bedingungen der Strafaussetzung zur Bewährung. Man darf nicht übersehen, dass sich die Vorstellung des Haftrichters von der zu erwartenden erheblichen Freiheitsstrafe allein deshalb bestätigen kann, weil sich der Angeklagte bis zur Hauptverhandlung in Untersuchungshaft befunden hat.[1] Denn wenn durch die Untersuchungshaft Betrieb oder Arbeitsplatz verloren gehen, Schulden anwachsen, soziale Bindungen zerstört werden, nimmt man dem Beschuldigten den Raum für ein Nachtatverhalten, das seine Position bei der Rechtsfolgebestimmung verbessern könnte.[2]

3783 Anspruch und Wirklichkeit klaffen in der Praxis der Untersuchungshaft weit auseinander. Die Schwere des Eingriffs und die Anforderungen an den Nachweis des Vorliegens der Voraussetzungen für die Untersuchungshaft stehen vielfach in einem umgekehrten Verhältnis. Die oft bloß formelhaften Begründungen – auch der Beschwerdeinstanzen – erlauben keine ernsthafte Kontrolle, ob die Anordnung der Untersuchungshaft den gesetzlichen Voraussetzungen tatsächlich entspricht. Eine ausführliche Auseinandersetzung mit dieser Problematik ist an dieser Stelle nicht möglich. Im Folgenden sollen daher lediglich die gesetzlichen Voraussetzungen und die ebenfalls im Gesetz vorgesehenen Rechtsmittel dargestellt werden. Für den interessierten Leser wird auf die zitierte weiterführende Literatur verwiesen.

II. Vorläufige Festnahme

1. Voraussetzungen

3784 **Jedermann** kann einen Täter vorläufig festnehmen, wenn dieser auf frischer Tat ertappt oder verfolgt wird, Fluchtverdacht besteht oder seine Identität nicht sofort festgestellt werden kann (§ 127 Abs. 1 StPO). Die vorläufige Festnahme geht oftmals dem Erlass eines Haftbefehls voraus. In § 127 Abs. 4 StPO ist bestimmt, dass ebenso wie bei einer Verhaftung auf Grund eines bereits bestehenden Haftbefehls die Pflicht zur Information des Beschuldigten über den Grund der Verhaftung besteht und er entsprechend § 114b StPO belehrt werden und auch die Möglichkeit von Benachrichtigungen gem. § 114c StPO eingeräumt werden muss.[3] Bei der Verfol-

1) Hierzu bereits Schwenn, StV 1984, 132.
2) Schwenn, StV 1984, 132.
3) Weider, StV 2010, 102.

gung von Steuerstraftaten spielt diese Form der vorläufigen Festnahme allerdings nur bei Zollvergehen eine Rolle.[1)]

Staatsanwaltschaft, Polizeibeamte und gem. § 404 Satz 1 AO **Steuerfahndungsbeamte** und **Beamte der BuStra**[2)] sind darüber hinaus zur vorläufigen Festnahme nach § 127 Abs. 1 Satz 1 und Abs. 2 StPO auch dann befugt, wenn die Voraussetzungen eines Haftbefehls vorliegen (d.h. dringender Tatverdacht und ein Haftgrund bestehen, → Rz. 3789 ff.) und Gefahr im Verzug ist. Dies ist dann der Fall, wenn die richterliche Anordnung eines Haftbefehls nicht rechtzeitig eingeholt werden kann und dadurch die Ergreifung des Beschuldigten gefährdet würde oder die Gefahr besteht, dass der Beschuldigte bis zum Vollzug der richterlichen Anordnung noch fliehen oder die Ermittlung der Wahrheit erschweren wird. **3785**

Die vorläufige Festnahme zur **Identitätsfeststellung** ist, soweit sie durch Staatsanwaltschaft oder Polizeibeamte erfolgt, in § 127 Abs. 1 Satz 2, §§ 163b und 163c StPO geregelt. Im Steuerstrafverfahren kommt sie allerdings kaum vor. **3786**

2. Folgen

Der Beschuldigte wird auf Veranlassung der Staatsanwaltschaft (notfalls auch direkt) unverzüglich, spätestens am Tage nach der Festnahme, dem **Richter des AG vorgeführt**, in dessen Bezirk er festgenommen wurde (§ 128 Abs. 1 StPO). Der Richter vernimmt den Beschuldigten zunächst nach § 128 Abs. 1 Satz 2 und § 115 Abs. 3 StPO und entscheidet danach, ob er den Beschuldigten auf freien Fuß setzt oder ob er gegen ihn Haftbefehl erlässt. Der Beschuldigte hat jedoch zuvor das Recht, einen **Verteidiger** zu beauftragen. Dieser hat ein Recht, bei der Vernehmung anwesend zu sein, da es sich um eine richterliche Vernehmung i.S.d. § 168c StPO handelt. Er ist darüber hinaus von der Vernehmung zu benachrichtigen.[3)] **3787**

Auch die Kontaktaufnahme mit einem flüchtigen Beschuldigten z.B. in der Kanzlei oder im Ausland ist zulässig. Sie dient der vertraulichen Beratung und ggf. Vollmachtserteilung. Ohne eine ausdrückliche Zustimmung seines Mandanten ist der Verteidiger nicht befugt, dessen Aufenthaltsort mitzuteilen (§ 203 StGB). Eine wie auch immer geartete Förderung der Flucht ist jedoch u.U. gem. § 258 StGB (Strafvereitelung) strafbar.

III. Verhaftung auf Grund eines bestehenden Haftbefehls

Mit der Festnahme auf Grund eines bestehenden Haftbefehls ist der Beschuldigte verhaftet i.S.d. §§ 114a–114c StPO, es gelten daher die **Belehrungsvorschriften** dieser Vorschrift. Gemäß § 114a StPO ist dem Beschuldigten ein schriftlicher Haftbefehl auszuhändigen. Darüber hinaus ist er unverzüglich über seine Rechte zu belehren (§ 114b StPO), insbesondere über sein Recht, einen Verteidiger zu konsultieren (§ 114b Abs. 1 Nr. 4 StPO). Allerdings reicht dieser Hinweis auf das **Anwaltskonsultationsrecht** nicht aus, da mit der Festnahme bereits Untersuchungshaft vollzogen wird. Dem Beschuldigten ist daher gem. § 140 Abs. 1 Nr. 4, § 141 Abs. 3 Satz 4 StPO unverzüglich ein Verteidiger zu bestellen.[4)] Der Beschuldigte ist nach der Verhaftung dem zuständigen Gericht vorzuführen (§ 115 StPO), dies ist i.d.R. das Gericht, welches den Haftbefehl erlassen hat. Dort wird ihm der bereits bestehende Haftbefehl eröffnet. **3788**

1) Seer in Tipke/Kruse, § 208 AO Rz. 58 (Mai 2011).
2) Vgl. Nr. 73 Anweisungen für das Straf- und Bußgeldverfahren (Steuer) 2013 (AStBV (St)), BStBl I 2012, 1018.
3) Schlothauer/Weider, Rz. 246.
4) Schlothauer/Weider, Rz. 336 m.w.N.

IV. Untersuchungshaft

3789 Die Untersuchungshaft ist in den §§ 112 ff. StPO geregelt. Im Steuerstrafverfahren hat sie folgende **Voraussetzungen:**

- dringender Tatverdacht,
- Haftgrund der Flucht, Flucht- und/oder Verdunkelungsgefahr,
- Verhältnismäßigkeit des Eingriffs.

3790 Gemäß § 114 StPO darf die Untersuchungshaft nur durch einen **schriftlichen Haftbefehl** des Richters angeordnet werden. Im Ermittlungsverfahren ist regelmäßig ein Antrag der Staatsanwaltschaft erforderlich (§ 125 Abs. 1, § 128 Abs. 2 StPO). Die Bußgeld- und Strafsachenstelle der Finanzbehörde ist im Übrigen zur Anordnung der Untersuchungshaft durch Haftbefehl nicht berechtigt.

3791 **Inhaltlich** setzt der **Haftbefehl** gem. § 114 StPO, in Anlehnung zu den Anforderungen an den Anklagesatz gem. § 200 Abs. 1 StPO, voraus, dass der Beschuldigte, die Tat, die Tatzeit, der Tatort, die gesetzlichen Merkmale der Straftat und die anzuwendenden Vorschriften, der Haftgrund und die Tatsachen, aus denen sich der dringende Tatverdacht und der Haftgrund ergeben, genau bezeichnet sind.

1. Dringender Tatverdacht

3792 **Dringender Tatverdacht** einer Steuerstraftat liegt vor, wenn nach dem **jeweiligen Stand der Ermittlungen** eine **hohe Wahrscheinlichkeit** dafür besteht, dass sich der Beschuldigte einer strafbaren und verfolgbaren Handlung schuldig gemacht hat oder daran beteiligt war.[1] Graduell gesehen ist dieser Verdacht stärker als der hinreichende Tatverdacht, von dessen Vorliegen nach § 203 StPO die Eröffnung des Hauptverfahrens abhängt. Der dringende Tatverdacht ist auf Grund des gegenwärtigen Standes der Ermittlungen zu beurteilen[2] und darf nur aus bestimmten Tatsachen, die nicht aus bloßen Vermutungen und Spekulationen herrühren, hergeleitet werden. Maßgebend ist im Ermittlungsverfahren das sich aus den Akten ergebende Ermittlungsergebnis, während und nach einer Hauptverhandlung das Ergebnis der (vorläufigen) Beweisaufnahme.

3793 Dem dringenden Tatverdacht liegt eine **Prognoseentscheidung** zu Grunde, die retrospektiv auf eine Täterschaft oder Teilnahme am Delikt, prospektiv auf Basis der Wahrscheinlichkeit einer Verurteilung zu treffen ist.[3] Nur wenn auf Grund der Erkenntnisse der Ermittlungsbehörden die Wahrscheinlichkeit groß ist, dass vom Beschuldigten ein prozessual verfolgbares, tatbestandsmäßig, rechtswidrig und schuldhaft begangenes Delikt vorliegt, dem keine Strafausschließungsgründe bei der Verfolgung entgegenstehen, kommt ein **dringender Tatverdacht** in Betracht.[4] Fehlt es an einem dieser Elemente, ist mit einer Verurteilung nicht zu rechnen. Hieraus dokumentiert sich aus der gesetzgeberischen Wertung, dass die Allgemeinheit kein Interesse (mehr) an einer Ahndung des Unrechts hat, so dass sie auf den Nachweis der Tat verzichtet. Der (Haft-)Richter muss sein Augenmerk mithin nicht allein auf den mitgeteilten Sachverhalt und den sich daraus ergebenden Vermutungen, Spekulationen oder Schlüssen auf Grund kriminalistischer Alltagserfahrung richten. Vielmehr hat er – ähnlich dem Gericht im Zwischenverfahren gem. §§ 199 ff.

---

1) Joecks in Franzen/Gast/Joecks, 7. Aufl. 2009, § 399 AO Rz. 97; Graf in Karlsruher Kommentar, 6. Aufl. 2008, § 112 StPO Rz. 3.
2) Meyer-Goßner, 55. Aufl. 2012, § 122 StPO Rz. 6; OLG Frankfurt v. 25.7.1995, 1 Ws 120 – 123/95, StV 1995, 593.
3) Graf in Karlsruher Kommentar, 6. Aufl. 2008, § 122 StPO Rz. 3 ff.; Meyer-Goßner, 55. Aufl. 2012, § 112 StPO Rz. 5.
4) Deckers, StV 2001, 116; Schlothauer, StV 1996, 391, 393; OLG München v. 15.12.1997, 3 Ws 896/97, StV 1998, 270.

StPO – auch die Beweisbarkeit bei summarischer Prüfung des § 261 StPO unter Beachtung der prozessualen Aufklärungsmöglichkeiten im Strengbeweisverfahren zu berücksichtigen, wobei er auch mögliche Schuld- und Strafaufhebungsgründe zu erwägen hat. Erst nach einer solch umfassenden Prüfung kann eine zutreffende Prognoseentscheidung gefällt werden, ob die Wahrscheinlichkeit einer Verurteilung groß ist. Die Obergerichte haben diesbezüglich immer wieder Veranlassung, korrigierend in die Haftentscheidungen der Ermittlungsrichter und Beschwerdegerichte einzugreifen, weil Aspekte einer prozessual zulässigen Beweiswürdigung bei der Haftentscheidung vernachlässigt werden. So ist genauso wenig ein dringender Tatverdacht auf wechselnde Aussagen des einzelnen Belastungszeugen[1] zu stützen wie auf die Niederschrift aus einer Telefonüberwachung als einzigem Beweismittel.[2] Ein Beweiswürdigungsmangel hinsichtlich des dringenden Tatverdachts stellt es dar, wenn sich Letzterer nur auf widersprüchliche Angaben eines V-Mannes[3] oder nur auf Indiztatsachen stützt, die überdies in sich unstimmig sind,[4] wenn dem Tatverdacht eine fehlerhafte Täteridentifizierung zu Grunde liegt,[5] eine Belastung des Beschuldigten durch den Alternativtäter erfolgt[6] oder ausschließlich der Beschuldigte durch einen Mitbeschuldigten belastet wird,[7] die Belastung durch einen Zeugen erfolgt, der wegen eines strafbaren Verhaltens die Kronzeugenregel des § 31 BtMG in Anspruch nimmt[8] oder sich die Belastung allein durch einen durch Sperrung anonym gehaltenen V-Mann stützt.[9] Auch mögliche Beweisverbote, die sich aus schwerwiegenden Verstößen im Verlauf des Ermittlungsverfahrens ergeben können, sind bei dieser summarischen Beweiswürdigung zu berücksichtigen.

Ergibt sich aus der summarischen Prüfung allerdings, dass ein dringender Tatverdacht besteht, so kann sich der Beschuldigte argumentativ hiergegen verteidigen, wenn er auf Grundlage neuer vom Verteidiger in das Verfahren einzuführender Tatsachen den Tatverdacht abschwächen kann. Hier sind verschiedene Verteidigungsaktivitäten wie beispielsweise die Einlassung des Beschuldigten denkbar, jedoch genauso das Vorbringen **neuer Tatsachen und Beweismittel**, die über einen Beweisantrag im Ermittlungsverfahren über die Vorschrift des § 166 StPO zum Gegenstand des Haftverfahrens gemacht werden können.[10] Darüber hinaus kann ein Beschuldigter auch **materiell-rechtliche Einwände** gegen die anzuwendende Strafnorm vorbringen, da deren Anwendung und Auslegung selbstverständlich auch Bedeutung für die Beurteilung eines dringenden Tatverdachts erlangt.[11] **3794**

Darüber hinaus besteht die Möglichkeit, sich gegen den dringenden Tatverdacht mit **prozessualen Argumenten** zu verteidigen. § 114 StPO stellt inhaltlich strenge Anforderungen an die Verdachtsdarlegung. Erfolgt beispielsweise keine hinreichende Konkretisierung bezüglich einzelner Taten, auf Grund deren die Inhaftierung des Beschuldigten erfolgen soll, so ist der Haftbefehl unwirksam. Zum einen wird nicht hinreichend kenntlich gemacht, auf Grund welcher konkreten Tat eine Inhaftierung erfolgen soll, zum anderen ist ein Beschuldigter an einer effektiven Verteidigung gehindert, wird ihm nicht konkret benannt, was ihm vorgeworfen wird. § 114 StPO ist Ausfluss des verfassungsrechtlichen Anspruches auf rechtliches **3795**

1) AG Frankfurt v. 12.4.2000, 931 Gs 477/00, StV 2001, 684.
2) OLG Köln v. 5.8.1997, 2 Ws 439 – 440/97, StraFo 1998, 207.
3) LG Frankfurt v. 27.11.1997, 5/30 KLs 88 Js 20791.4/97, NJW 1998, 3727.
4) LG Berlin v. 28.1.1999, 531 – 11/98, StV 1999, 322.
5) OLG Bremen v. 6.4.1992, Ws 32/92, StV 1992, 383.
6) OLG Frankfurt v. 19.12.1986, 1 Ws 308/86, StV 1987, 110.
7) OLG Köln v. 12.3.1991, 2 Ws 109/91, StV 1991, 304.
8) LG Hamburg v. 14.12.1993, 625 Qs 19/93, StV 1994, 317.
9) LG Frankfurt v. 2.5.1985, 90 Js 31860/84, StV 1985, 331.
10) Krekeler, NStZ 1987, 367; Schlothauer, StV 1995, 158.
11) Schlothauer, StV 1996, 391.

Gehör, der in der Untersuchungshaft seine besondere Berücksichtigung zu finden hat. So wird in der Verfassung in Art. 104 GG genauso ein spezielles Verfahren für freiheitsentziehende Maßnahmen geregelt wie in Art. 5 EMRK. Damit trägt man dem besonderen Gewicht des Freiheitsgrundrechts des Art. 2 Abs. 2 Satz 2 GG Rechnung. Durch die inhaltlichen Anforderungen wird sichergestellt, dass dem die Haft anordnenden Richter oder Gericht bewusst ist, dass es besonders strenger Anforderungen bei der Prüfung, ob eine Untersuchungshaft angemessen ist oder nicht, bedarf. Einer leider häufig zu beobachtenden Praxis der Gerichte, sich in Haftentscheidungen lediglich mit floskelhaften Wendungen zu begnügen, die auf jede Fallgestaltung zutreffen können und dem Beschuldigten keine Möglichkeit geben, sich „gegen den dringenden Tatverdacht" zu verteidigen, ist insbesondere das OLG Hamm mit eindrucksvollen Argumenten entgegentreten und betont in ständiger Rechtsprechung, dass auf die Begründung des Haftbefehls besondere Sorgfalt zu verwenden ist.[1] Ein Verstoß gegen § 114 StPO führt allerdings nicht immer zur Aufhebung des Haftbefehls, sondern das Gericht erhält auf die Beschwerde hin die Gelegenheit, diesen Verstoß zu heilen.[2]

2. Haftgrund der Flucht oder Fluchtgefahr

3796 Der Haftgrund der **Flucht** liegt vor, wenn der Beschuldigte flüchtig ist oder sich verborgen hält (§ 112 Abs. 2 Nr. 1 StPO). Flüchtig ist, wer sich von seinem bisherigen Lebensmittelpunkt mit der Ansicht absetzt, sich – auch – dem Strafverfahren dauernd oder zumindest für längere Zeit zu entziehen.[3]

3797 **Fluchtgefahr** wird dann angenommen, wenn auf Grund bestimmter Tatsachen bei Würdigung der Umstände des Einzelfalles die Gefahr besteht, dass der Beschuldigte sich dem Verfahren entziehen werde (§ 112 Abs. 2 Nr. 2 StPO). In der Praxis kommt dem Haftgrund der Fluchtgefahr die weitaus größte Bedeutung zu. In weit mehr als 80 % der Fälle wird die Anordnung der Untersuchungshaft auf diesen Haftgrund gestützt.[4]

3798 Von den Ermittlungsbehörden wird häufig die Höhe der zu erwartenden Strafe als Anreiz zur Flucht angesehen und damit oftmals als einziger als Haftgrund herangezogen, obwohl es dafür keine gesetzliche Grundlage gibt.[5]

Die **Straferwartung** allein kann die Fluchtgefahr aber nicht begründen.[6] Vielmehr begründet die Erwartung einer hohen Freiheitsstrafe nur dann die Fluchtgefahr, wenn unter Würdigung aller Umstände auch sonst ungünstige Verhältnisse in der Person des Betroffenen vorliegen, die die Annahme rechtfertigen, dieser werde sich dem Verfahren durch Flucht entziehen.[7] In Teilen der Literatur und der Rechtsprechung wird vertreten, dass am Vorliegen solcher ungünstiger Verhältnisse umso geringere Anforderungen zu stellen sind, je höher die Straferwartung ausfällt.[8]

3799 Auch die untereinander erheblich divergierenden Entscheidungen der Oberlandesgerichte zum Haftgrund der Fluchtgefahr zeigen, dass die Straferwartung für sich gesehen lediglich ein Abwägungskriterium sein kann. Während von manchen Gerichten Fluchtgefahr bereits bei einer Straferwartung von einem Jahr Freiheits-

---

1) OLG Hamm v. 5.8.2002, 2 Ws 335/02, NStZ-RR 2002, 335.
2) OLG Düsseldorf v. 23.4.1996, 3 Ws 246/96, StV 1996, 440 mit Anm. Weider; LG Bochum v. 3.7.1996, 6 Qs 23/96, StV 1996, 551.
3) Meyer-Goßner, 55. Aufl. 2012, § 112 StPO Rz. 13.
4) Schlothauer/Weider, Rz. 515 m.w.N.
5) Vgl. Dahs, AnwBl. 1983, 418; Schlothauer/Weider, Rz. 565.
6) Meyer-Goßner, 55. Aufl. 2012, § 112 StPO Rz. 24.
7) Schlothauer/Weider, Rz. 569; LG München v. 22.3.2000, 8 Qs 4/2000, StV 2000, 371; OLG Hamm v. 28.1.2000, 2 Ws 27/2000, 3 Ws 27/00, StraFo 2000, 203.
8) Meyer-Goßner, 55. Aufl. 2012, § 122 StPO Rz. 24; OLG Hamm v. 28.4.2009, 2 Ws 119/09, NStZ-RR 2010, 158.

strafe ohne Bewährung angenommen wird, lehnt man in anderen Fällen die Fluchtgefahr bei erheblich höheren Strafandrohungen ab.[1)]

Bei der Bestimmung der Straferwartung kommt es auf allein auf den tatsächlich zu erwartenden Freiheitsentzug an. Dabei ist vom **Erwartungshorizont des Beschuldigten** und des **Haftrichters** auszugehen.[2)] Es ist daher zu prüfen, ob eine Anrechnung der Untersuchungshaft gem. § 51 Abs. 1 StGB oder eine Strafaussetzung zur Bewährung gem. § 56 StGB in Betracht kommt.[3)] Kommt lediglich eine Bewährungsstrafe in Betracht; dann muss der Haftgrund der Straferwartung ganz ausscheiden. **3800**

Die Fluchtgefahr begründen können z.B. auffälliger Wohnungs- und Arbeitsplatzwechsel, das Fehlen fester familiärer oder beruflicher Bindungen.[4)] Im Steuerstrafrecht spielen darüber hinaus oftmals private oder geschäftliche **Beziehungen ins Ausland** oder dort befindliches Vermögen einen Rolle.[5)] Aber auch hier gilt, dass allein das Vorhandensein von **Auslandsvermögen** nicht zur Annahme einer Fluchtgefahr ausreicht. Hinzukommen müssen z.B. die Auflösung von Konten im Inland, Reisevorbereitungen oder die Kündigung des Arbeitsplatzes usw. **3801**

Verfügt der Betroffenen über einen **Wohnsitz im Ausland** und hat er sich dort immer wieder, auch vor Bekanntwerden des Ermittlungsverfahrens ausgehalten, dann kann dies den Haftgrund der Fluchtgefahr nicht begründen.[6)] Grundsätzlich gilt, dass ein geplanter Wohnsitzwechsel oder ein Aufenthalt am Wohnsitz im Ausland die Annahme einer Fluchtgefahr nicht rechtfertigt, wenn ein Zusammenhang mit der Straftat nicht besteht.[7)] Denkbar ist z.B. ein Umzug ins Ausland aus beruflichen Gründen zu einem Zeitpunkt, an dem das Ermittlungsverfahren noch nicht bekannt ist. **3802**

Der Annahme einer Fluchtgefahr entgegenwirken können demgegenüber jedoch in der Person des Betroffenen liegende positive und daher als **fluchthemmend einzuschätzende Umstände.** **3803**

Solche Umstände sind gefestigte persönliche, familiäre, berufliche oder vermögensmäßige Bindungen. Gegen die Annahme einer Fluchtgefahr spricht regelmäßig, dass der Betroffene durch Familie, Arbeitsstelle, Beruf oder Unternehmen fest im Inland verwurzelt ist, dass sich sein Vermögen im Inland befindet, und speziell für das Steuerstrafverfahren, dass er den hinterzogenen Betrag in angemessener Zeit aufbringen kann oder die Steuerschuld durch inländisches Vermögen ausreichend gesichert erscheint. Schließlich ist in dieser Abwägung auch das Nachtatverhalten eines Beschuldigten miteinzustellen. Hat er beispielsweise die Straftat selbst zur Anzeige gebracht und sich den Ermittlungsbehörden zur Verfügung gestellt, war er vorzeitig geständig in Erwartung einer Bestrafung, so ist bei Vorliegen weiterer stabilisierender Verhältnisse eine Fluchtgefahr auszuschließen.[8)]

Allein der Umstand, dass es sich bei dem Beschuldigten um einen **Ausländer** handelt, rechtfertigt im Übrigen nicht die Fluchtgefahr per se. Hat der beschuldigte **3804**

---

1) OLG Hamm v. 28.1.2000, 2 Ws 27/2000, 3 Ws 27/00, StV 2001, 115 (drei Jahre); OLG Hamm v. 8.1.1985,4 Ws 8/85, StV 1985, 114 (zwei Jahre); OLG Köln v. 12.5.1995, 2 Ws 174/95, StV 1995, 419, vier Jahre reichen für die Straferwartung nicht aus; KG v. 18.10.1993 4 Ws 254/93, NJW 1994, 601, fünf Jahre, zwei Monate nicht ausreichend; OLG Köln v. 6.4 1993, 2 Ws 170/93, StV 1993, 371 (fünf Jahre).

2) OLG Hamm, 2 Ws 27/2000, 3 Ws 27/00, StraFo 2000, 203.

3) Meyer-Goßner, 55. Aufl. 2012, § 122 StPO, Rz. 23.

4) Meyer-Goßner, 55. Aufl. 2012, § 112 StPO Rz. 20.

5) OLG Saarbrücken v. 3.6.2002, 1 Ws 109/02, StV 2002, 489.

6) OLG Köln v. 16.7.2004, 2 Ws 351/04, 2 Ws 352/04, StV 2005, 393; OLG Köln v. 27.1.2003, 2 Ws 22/03, StV 2003, 510 zum Zweitwohnsitz auf Mallorca.

7) Schlothauer/Weider, Rz. 509.

8) OLG Frankfurt v. 28.6.2001, 1 Ws 59/01, StV 2001, 685.

Ausländer dort seinen Lebensmittelpunkt, ist er dort fest sozial eingebunden, so kann ihm dies nicht zum Nachteil gereichen. Aber auch hier ist jeweils im Einzelfall zu entscheiden.[1]

Im Falle von **EU-Ausländern** gilt, dass ausschließlich ein Wohnsitz in einem anderen EU-Staat die Fluchtgefahr nicht begründen kann, ansonsten läge eine Verstoß des europarechtlichen Diskriminierungsverbotes vor.[2] Grundsätzlich ist ein EU-Bürger genauso zu behandeln, wie ein deutscher Staatsangehöriger mit Wohnsitz im Inland.[3]

3. Haftgrund der Verdunkelungsgefahr

3805 Die Annahme des **Haftgrundes der Verdunkelungsgefahr** setzt ein Verhalten des Beschuldigten voraus, das den dringenden Verdacht begründet, dass durch bestimmte Handlungen auf sachliche oder persönliche Beweismittel eingewirkt und dadurch die Ermittlungen der Wahrheit erschwert werden wird.[4] Die als **Verdunkelungshandlungen** in Frage kommenden Verhaltensweisen sind in § 112 Abs. 2 Nr. 3 a bis c StPO abschließend genannt. Ein sonstiges Verhalten des Betroffenen darf daher nicht bei der Beurteilung der Verdunkelungsgefahr berücksichtigt werden.[5]

Das Einwirken des Beschuldigten muss aktiv erfolgen, ein bloßes Unterlassen kann den Haftgrund nicht begründen. **Die Wahrnehmung prozessualer Rechte** und prozessual zulässiges Verhalten wie z.B. das Bestreiten des Vorwurfs, die Verweigerung einer Aussage oder generell die Verweigerung der Kooperation mit den Ermittlungsbehörden kann niemals eine Verdunkelungsgefahr begründen.[6]

3806 Die Verdunkelungshandlungen müssen sich ausschließlich auf die dem Haftbefehl zu Grunde liegenden Taten beziehen, andere Taten betreffende Verdunkelungshandlungen können den Haftgrund auch dann nicht begründen, wenn sie Gegenstand desselben Ermittlungsverfahrens sind.[7] Die Verdunkelungsgefahr muss – ebenso wie die Fluchtgefahr – auf Grund bestimmter Tatsachen begründet sein.[8] Dies setzt voraus, dass es sich um bewiesene Fakten handelt, eine bloße Wahrscheinlichkeit reicht für die Annahme nicht aus.[9]

3807 Eine konkrete **Verdunkelungshandlung** stellt das Einwirken auf sachliche Beweise dar, wie z.B. das Vernichten, Verändern, Beiseiteschaffen von Urkunden und sonstiger Unterlagen. Auch das Herstellen begünstigender falscher Urkunden gehört hierzu.[10] Gerade bei unerwarteten Durchsuchungen des Büros oder der Wohnung besteht die Gefahr, dass der Betroffene aus Angst oder Panik versucht, Beweismittel quasi in letzter Minute beiseite zu schaffen. In den meisten Fällen führt ein solches Verhalten nicht sofort zur Beantragung eines Haftbefehls wegen Verdunkelung, der Betroffene wird aber regelmäßig für die Dauer der Durchsuchung unter Bewachung gestellt. Wenn der Betroffene durch sein Verhalten oder seine Äußerungen Anlass

1) OLG Celle v. 20.11.1990, 1 Ws 358/90, StV 1991, 266 und 473; OLG Köln v. 10.6.1994, 2 Ws 230/94, StV 1994, 582.
2) Püschel, StraFo 2009, 136; LG Kleve v. 7.6.2011, 120 Qs 55/11, NStZ-RR 2011, 342.
3) Schlothauer/Weider, Rz. 561.
4) Meyer-Goßner, 55. Aufl. 2012, § 112 StPO Rz. 26 ff. m.w.N.
5) Schlothauer/Wieder, Rz. 619.
6) OLG Köln v. 2.10.1991, 2 Ws 448/91, StV 1992, 383.
7) Vgl. OLG Karlsruhe v. 31.8.2001, 2 Ws 219/01, StV 2001, 686; OLG Stuttgart v. 21.10.1986, Ws 305/86, StV 1987, 110; OLG Frankfurt v. 19.4.1994, 1 Ws 11/94, StV 1994, 583; Graf in Karlsruher Kommentar, 6. Aufl. 2008, § 112 StPO Rz. 25.
8) Meyer-Goßner, 55. Aufl. 2012, § 112 StPO Rz. 28 m.w.N.
9) Schlothauer/Wieder, Rz. 626; OLG Hamm v. 8.2.2006, 2 Ws 37/06, wistra 2006, 278, 279, die Tatsachen müssen nicht zur vollen Überzeugung des Gerichts feststehen, aber mehr als nur möglich sein.
10) Münchhalffen/Gatzweiler, Rz. 207.

zu der Annahme gibt, dass er auch weiterhin versuchen wird, die Wahrheit zu verschleiern und wenn dies auch noch möglich ist, dann kann dies durchaus zum Erlass eines Haftbefehls führen.

Auch das – unlautere – Einwirken auf Mitbeschuldigte, Zeugen oder Sachverständige stellt eine Verdunkelungshandlung dar. Dies bedeutet nicht, das jeder Kontakt zu diesen Personen als unlauteres Einwirken zu qualifizieren ist. Mit einem Mitbeschuldigten können Verteidigungsabsprachen getroffen werden, auch der Austausch über den Inhalt etwaiger Einlassungen ist zulässig.[1] Mit einem Zeugen über das Verfahren zu sprechen oder diesen ggf. zu bitten, von einem ihm zustehenden Zeugnisverweigerungsrecht Gebrauch zu machen, ist nicht grundsätzlich als Verdunkelungshandlung anzusehen.[2] **3808**

Auch wenn der Betroffene andere veranlasst, die vorgenannten Verdunkelungshandlungen zu begehen – sei es auch gutgläubig – begründet dies die Verdunkelungsgefahr.[3]

In allen Fällen ist die Grenze des Zulässigen dann überschritten, wenn mit widerrechtlichen Mittel die Entscheidungs- und Aussagefreiheit des Mitbeschuldigten, Sachverständigen oder des Zeugen beeinflusst werden soll. **3809**

Sofern es im Ermittlungsverfahren zur vollen **Aufklärung des Falles** und **Sicherung der Zeugenaussagen** durch richterliche Vernehmungen gekommen ist, fällt der Haftgrund der Verdunkelungsgefahr weg.[4] Ein Haftbefehl kann nur so lange auf den Haftgrund der Verdunkelungsgefahr gestützt werden, wie der Beschuldigte tatsächlich die Ermittlungen der Wahrheit noch gefährden kann, also die Beweise noch nicht abschließend gesichert sind. Zur Annahme der Verdunkelungsgefahr genügt allerdings nicht der Umstand, dass die Ermittlungen noch nicht abgeschlossen sind.[5] **3810**

Es ist gesetzeswidrig, den **Charakter der vorgeworfenen Straftat** zu einem eigenständigen Haftgrund der Verdunkelungsgefahr zu verallgemeinern. Dies geschieht jedoch gerade im Bereich des Wirtschafts- und Steuerstrafrechts sehr häufig.[6] Straftaten wie Korruption, Betrug, Steuerhinterziehung sollen hiernach bereits auf Grund ihrer deliktischen Eigenart auf Verdunkelung angelegt sein.[7] Dies führt jedoch dazu, dass der Betroffene beim Vorwurf einer entsprechenden Straftat beweisen müßte, dass keine Verdunkelungsgefahr besteht. Dieser Nachweis ist kaum zu erbringen, es entsteht daher ein eigenständiger Haftgrund des „Straftatcharakters", für den es aber keine gesetzliche Grundlage gibt. Die Natur der Straftat kann daher kein Grund für die Annahme einer Verdunkelungsgefahr sein.[8] **3811**

Beratungshinweis:

Gerade in Fällen, in denen der Vorwurf der Steuerhinterziehung wegen des vermeintlich entstandenen Steuerschadens schwerwiegend ist, sollte der Verteidiger dem Mandanten raten, alle Handlungen zu unterlassen, die den Eindruck von Flucht- oder Verdunkelungsgefahr entstehen lassen können. Steht der Erlass eines Haftbefehls im

1) OLG Frankfurt am Main v. 10.11.1980, (2) 3 Ws 800/80, NStZ 1981, 144; Schlothauer/Weider, Rz. 622.
2) OLG Karlsruhe v. 31.8.2001, 2 Ws 219/01, StV 2001, 686; Schlothauer/Wieder, Rz. 623 m.w.N.
3) Schlothauer/Wieder, Rz. 625.
4) OLG Karlsruhe v. 2.11.1992, 3 Ws 201/92, NJW 1993, 1148; OLG Frankfurt v. 19.4.1994, 1 Ws 11/94, StV 1994, 583.
5) OLG Hamm v. 8.1.1985, 4 Ws 8/85, StV 1985, 114.
6) OLG Hamm v. 6.2.2002, 2 Ws 27/02, wistra 2002, 236; Schlothauer/Weider, Rz. 627 m.w.N.
7) Meyer-Goßner, 55. Aufl. 2012, § 112 StPO Rz. 30; OLG Frankfurt am Main v. 19.4.1994, 1 Ws 11/94, StV 1994, 583.
8) Park, wistra 2001, 247; OLG München v. 25.1.1996, 2 Ws 37/96, NStZ 1996, 403; OLG Hamm v. 6.2.2002, 2 Ws 27/02, wistra 2002, 236.

Raum, kann durch Anbieten einer Sicherheitsleistung oder durch Hinterlegung von Reisepass und Personalausweis der Annahme von Fluchtgefahr entgegengewirkt werden. Bei Verdunkelungsgefahr kann die Hinterlegung einer Sicherheitsleistung auch zur Sicherung eines Kontaktverbots zu Zeugen und Mitbeschuldigten dienen.[1]

4. Verhältnismäßigkeit des Eingriffs

3812 Der **Grundsatz der Verhältnismäßigkeit** wird in § 112 Abs. 1 Satz 2, § 120 Abs. 1 Satz 1 StPO ausdrücklich in der Strafprozessordnung erwähnt. Er stellt eine der bedeutendsten Sicherungen gegen eine zu großzügige Verwendung und Anordnung der Untersuchungshaft dar[2] und ist mit **Verfassungsrang** ausgestattet.[3] Danach darf die Untersuchungshaft nicht angeordnet werden, wenn sie zu der Bedeutung der Sache und der zu erwartenden Strafe oder Maßregel der Besserung und Sicherung außer Verhältnis steht und wenn und soweit die vollständige Aufklärung oder die rasche Durchführung des Verfahrens einschließlich der Urteilsvollstreckung auch anders als durch Untersuchungshaft gesichert werden kann.[4]

3813 Dem als unschuldig geltenden Beschuldigten darf das Sonderopfer der Untersuchungshaft nur zum Zwecke der Prozesssicherung abverlangt werden, sofern und solange die **Bedeutung der Sache** und die **zu erwartende Sanktion** im Vergleich zu der Schwere des **Eingriffs** in die **persönliche Freiheit** eindeutig überwiegen.[5] Hierbei sind persönliche Umstände des Beschuldigten, etwa sein Gesundheitszustand,[6] genauso zu berücksichtigen wie die abstrakte Rechtsfolgenandrohung, die Art des verletzten Rechtsguts, der konkrete Geschehensablauf sowie die tatbezogenen Umstände aus der Person des Beschuldigten. Unter dem Gesichtspunkt der Verteidigung der Rechtsordnung kommt auch dem öffentlichen Interesse an der Verfolgung der Tat bei der Abwägung Bedeutung zu.[7] Die Verhältnismäßigkeit der Untersuchungshaft wurde beispielsweise abgelehnt, wenn eine Haft- oder Verhandlungsunfähigkeit des Beschuldigten feststeht[8] sowie in Fällen der Bagatellkriminalität.[9] Fehlt es an solchen konkreten Beeinträchtigungen durch die Untersuchungshaft, so ist stets zu beachten, dass das Gewicht des Freiheitsanspruchs eines Beschuldigten gegenüber dem Interesse an einer wirksamen Strafverfolgung mit zunehmender Dauer der Untersuchungshaft zunimmt, mithin bei der **Abwägung**, ob das schärfste Mittel des Freiheitsentzugs zur Verfahrenssicherung verhältnismäßig ist, zu berücksichtigen ist.[10] Insofern spielt das Beschleunigungsgebot in Haftsachen eine besondere Rolle. So ist beispielsweise ohne Rücksicht auf die Höhe der zu erwartenden Strafe bei von einem Beschuldigten nicht zu vertretenden erheblichen Verzögerungen des Verfahrens, die sachlich nicht zu rechtfertigen und vermeidbar sind, der Haftbefehl aufzuheben.[11] Die Aufhebung des Haftbefehls wegen Unverhältnismäßigkeit stellt allerdings in der Praxis die absolute Ausnahme dar. Vielmehr wird in Anwendung des § 116 Abs. 1 StPO die Aussetzung des Vollzugs eines Haftbefehls gegen die gesetzlich zugelassenen Auflagen angeordnet. Die Vorschrift stellt eine besondere Ausprägung des Verhältnismäßigkeitsgrundsatzes dar.[12]

---

1) Vgl. OLG Nürnberg v. 29.11.2002, Ws 1485102, StraFo 2003, 89; OLG Hamm v. 3.9.2001, 2 BL 152/01, StV 2001, 688.
2) Hilger in Löwe/Rosenberg, 26. Aufl. 2007, § 112 StPO Rz. 55.
3) Schlothauer/Weider, Rz. 482.
4) Meyer-Goßner, 55. Aufl. 2012, § 112 StPO Rz. 9.
5) Schlothauer/Weider, Rz. 482.
6) BGH v. 10.1.2012, StB 20/11, StraFo 2012, 58.
7) OLG Düsseldorf v. 16.11.1992, 2 Ws 445 – 447/92, NStZ 1993, 554.
8) OLG Düsseldorf v. 16.11.1992, 2 Ws 445 – 447/92, NStZ 1993, 554, nach dem ein Schaden von Leben oder körperlicher Unversehrtheit mit hinreichender Wahrscheinlichkeit prognostiziert werden kann; VerfGH Berlin v. 2.12.1993, 89/93, NJW 1994, 436 ff.
9) Hilger in Löwe/Rosenberg, 26. Aufl. 2007, § 112 StPO Rz. 58.
10) BGH v. 23.3.1995, 4 StR 118/95, StV 1995, 414 (bei zu erwartender Bewährungsstrafe).
11) KG v. 11.7.1991, 4 Ws 124/91, StV 1991, 473 (beim Vorwurf des Mordes).
12) BVerfG v. 15.12.1965, 1 BvR 513/65, BVerfGE 19, 342, 347 ff.

Für den Fall, dass sich der Haftbefehl auf Fluchtgefahr stützt, wird von der gesetzlichen Möglichkeit der Außervollzugsetzung gem. § 116 StPO reichlich Gebrauch gemacht, wobei die **Meldepflicht** und die **Sicherheitsleistung** des Beschuldigten oder einer anderen Person[1] die gängigsten Maßnahmen sind.[2] Ein (vorläufiges) **Berufsverbot** (§ 132a StPO) kann jedoch nicht als Haftverschonungsauflage erlassen werden, weil es weder geeignet noch erforderlich ist, um dem Haftgrund der Fluchtgefahr als weniger einschneidende Maßnahme zu begegnen.[3] Soll eine **Kaution** in bar gestellt werden, ist insbesondere im Steuerstrafverfahren zu beachten, dass diese bzw. der Rückzahlungsanspruch des Beschuldigten von den Finanzbehörden bei der Hinterlegungsstelle gepfändet werden kann. Dieser Gefahr kann dadurch begegnet werden, dass der Rückforderungsanspruch des Beschuldigten z.B. an den Hinterleger oder an den Verteidiger zur Sicherung von dessen Honoraransprüchen abgetreten und dieser Vorgang der Hinterlegungsstelle schriftlich angezeigt wird.[4] Alternativ dazu kann eine Kaution auch durch Vorlage einer schriftlichen selbstschuldnerischen, unbedingten und unwiderruflichen Bürgschaft erbracht werden. Diese Art der Sicherheitsleistung ist oftmals schon aus Praktikabilitätsgesichtspunkten, aber auch zur Umgehung der genannten Pfändungsproblematik vorzuziehen. Über den Wortlaut des § 116 Abs. 1 StPO hinaus, der an sich eine Außervollzugsetzung nur für den Fall der Fluchtgefahr vorsieht, kommt eine solche auch für den Haftgrund der Verdunkelungsgefahr in Betracht. Regelmäßig kann als Haftverschonungsauflage ein Kontaktverbot mit verschiedenen Personen (Zeugen, Mitbeschuldigten) verhängt werden. Dem angeordneten **Kontaktverbot** kann auch dadurch besonderer Nachdruck verliehen werden, dass eine Sicherheitsleistung vom Beschuldigten gefordert wird, deren Verfall droht, wenn der Beschuldigte Kontakt zu den im Außervollzugsetzungsbeschluss benannten Personen aufnimmt.[5] Diese Anordnung ist auch zulässig.[6] **3814**

Gemäß § 116 Abs. 4 StPO ordnet der Richter den Vollzug des Haftbefehls unter Widerruf der Außervollzugsetzung an, wenn entweder der Beschuldigte den ihm auferlegten Pflichten oder Beschränkungen gröblich zuwidergehandelt hat, der Beschuldigte Anstalten zur Flucht trifft, auf ordnungsgemäße Ladung ohne genügende Entschuldigung ausbleibt oder sich auf andere Weise zeigt, dass das in ihn gesetzte Vertrauen nicht gerechtfertigt war, oder wenn neue Umstände hervortreten, die eine Verhaftung erforderlich machen. **3815**

Eine weitere wichtige Ausprägung des **Verhältnismäßigkeitsgrundsatzes** ist die zeitliche Begrenzung der Untersuchungshaft auf **sechs Monate.** Gemäß § 121 Abs. 2 StPO ist der Haftbefehl aufzuheben, wenn die Untersuchungshaft wegen derselben Tat sechs Monate gedauert hat und nicht entweder der Vollzug des Haftbefehls durch weniger einschneidende Maßnahmen (§ 116 StPO) ersetzt werden kann oder das OLG die Fortdauer der Untersuchungshaft in einem besonderen Verfahren (§ 121 Abs. 1 und 4, § 122 StPO) anordnet. **3816**

Diese Anordnung über sechs Monate hinaus ist nur zulässig, wenn die besondere Schwierigkeit oder der besondere Umfang der Ermittlungen oder ein anderer wichtiger Grund das Urteil noch nicht zulassen und die Fortdauer der Haft rechtfertigen (§ 121 Abs. 1 StPO). Diese Vorschrift muss wegen der Garantie des Art. 5 Abs. 3 **3817**

1) Zum Verfahren bei der Stellung einer Kaution s. § 116a StPO.
2) Vgl. dazu auch Hohlweck, NStZ 1998, 600.
3) OLG Hamm v. 11.3.2002, 2 Ws 58/02, PStR 2002, 98.
4) Vgl. Schlothauer/Weider, Rz. 605.
5) OLG Hamm v. 3.9.2001, 2 BL 152/01, StV 2001, 688; LG Bochum v. 23.12.1997, 6 Qs 42/97, StV 1998, 207.
6) Vgl. hierzu OLG Hamburg v. 6.3.1974, 1 Ws 96/74, MDR 1974, 595; v. 9.5.1966, 1 Ws 169/66 H, NJW 1966, 1329; Graf in Karlsruher Kommentar, 6. Aufl. 2008, § 116 StPO Rz. 19 m.w.N.; Hohlweck, NStZ 1998, 600 ff.

MRK (größtmögliche Einschränkung der Haftdauer) restriktiv ausgelegt werden.[1] Insofern kommen als Rechtfertigung für die Haftfortdauer nur solche verfassungsimmanenten Umstände in Betracht, die nicht auf Fehlern oder Versäumnissen der Justiz beruhen.[2] Die unzureichende Besetzung oder die Überlastung der Strafverfolgungsbehörden stellt grds. keinen wichtigen Grund i.S.d. § 121 Abs. 1 StPO dar, so dass dem Personalmangel oder Bearbeitungsengpässen durch geeignete organisatorische Maßnahmen begegnet werden muss.[3] Ist bereits eine Verletzung des Beschleunigungsgebots eingetreten, kann diese nicht durch nachträgliche Beschleunigung der Ermittlungen wieder ausgeglichen werden.[4]

5. Durchführung der Verhaftung

3818 Vor Erhebung der öffentlichen Klage ist für den Erlass eines Haftbefehls der **Richter bei dem AG** zuständig, in dessen Bezirk ein Gerichtsstand begründet ist oder in dem sich der Beschuldigte aufhält (§ 125 Abs. 1 StPO). Mit Erhebung der öffentlichen Klage ist das mit der **Sache befasste Gericht** des ersten Rechtszuges zuständig; auch dann, wenn dessen Urteil mit der Revision zur Überprüfung gestellt wird. Für die Vollstreckung des Haftbefehls ist die Staatsanwaltschaft zuständig (§ 36 Abs. 2 StPO), die allerdings ihre Ermittlungspersonen (§ 152 GVG) einschaltet.

3819 Bei der Verhaftung ist der Haftbefehl dem Beschuldigten **bekannt zu geben** (§ 114a StPO). Der Verhaftete ist unverzüglich, spätestens am Tage nach der Ergreifung, dem **zuständigen Richter,** d.h. demjenigen Richter, der den Haftbefehl erlassen hat, oder dem nächsten Amtsrichter **vorzuführen** (§ 115 Abs. 1, § 115a Abs. 1 StPO). Als Tag zählt dabei jeder Kalendertag. Weitere Ermittlungen rechtfertigen keine Verzögerung dieser Frist. Wird sie dennoch überschritten, können die danach von dem Beschuldigten gemachten Angaben einem Verwertungsverbot unterliegen (§ 136a StPO).[5] Der Richter hat den Beschuldigten zu vernehmen (§ 115 Abs. 2, § 115a Abs. 2 StPO) und zu entscheiden, ob die Untersuchungshaft aufrechtzuerhalten ist (§ 115 Abs. 4 StPO). Darüber hinaus hat er einen Angehörigen oder eine Vertrauensperson des Beschuldigten von der Verhaftung zu benachrichtigen (§ 114b StPO). Bei Fluchtgefahr hat der Richter den Vollzug des Haftbefehls gem. § 116 Abs. 1 StPO auszusetzen, wenn mildere Mittel (z.B. Meldepflicht oder Sicherheitsleistung) ausreichen, den Haftgrund auszuräumen.

3820 Mit der Anordnung der Untersuchungshaft liegt ein Fall der **notwendigen Verteidigung** gem. § 140 Abs. 1 Nr. 4 StPO vor. Dem Beschuldigten ist daher gem. § 141 Abs. 3 Satz 4 StPO unverzüglich ein Verteidiger zu bestellen. Dies gilt nur für den Fall, dass der Beschuldigte nicht bereits selbst einen Verteidiger gewählt hat. Die Beiordnung eines Pflichtverteidigers – eventuell sogar gegen den Willen des Beschuldigten – kommt dann nicht in Betracht. Dies entspräche nicht der Regelung des § 143 StPO, wonach die Pflichtverteidigerbestellung aufzuheben ist, wenn der Beschuldigte einen Wahlverteidiger beauftragt.

3821 Der Beschuldigte ist noch in der Anhörung vor dem Haftrichter darüber zu belehren, dass ihm eine **Verteidiger** zu bestellen ist und dass er innerhalb einer zu bestim-

---

1) BVerfG v. 3.5.1966, 1 BvR 58/66, BVerfGE 20, 45 ff.; v. 12.12.1973, 2 BvR 558/73, BVerfGE 36, 264, 271; zusammenfassend zur Rechtsprechung des BVerfG Jahn, NStZ 2007, 257.

2) OLG Hamm v. 19.12.2001, 1 StR 215/01, StV 2002, 141 (zur Frage, ob und wann die Verhinderung des Wahlverteidigers als „wichtiger Grund" angesehen werden kann); sowie v. 9.9.2002, 2 BL 90/2002, StV 2003, 172 (zum wichtigen Grund für die Haftfortdauer bei Aussetzung der Hauptverhandlung).

3) Meyer-Goßner, 55. Aufl. 2012, § 121 StPO Rz. 22; BGH v. 23.7.1991, AK 29/91, StV 1991, 475; BVerfG v. 12.12.1973, 1 BvL 19/72, BVerfGE 36, 237; OLG Düsseldorf v. 27.6.1996, 1 Ws 448 – 449/96, StV 1997, 145; KG v. 17.1.1985, (4) 1 HEs 1/85, StV 1985, 116; OLG Celle v. 10.12.2001, 32 HEs 18/01, StV 2002, 150; Knauer, StraFo 2007, 309 ff.

4) OLG Frankfurt v. 4.11.1991, 1 HEs 66/91, StV 1992, 124.

5) BGH v. 22.3.1995, 5 StR 680/94, StV 1995, 283.

menden Frist einen Verteidiger seines Vertrauens benennen kann. Eine ohne vorherige Anhörung erfolgte Beiordnung ist auf die Beschwerde des Beschuldigten aufzuheben und der von ihm benannte Verteidiger beizuordnen.[1] Grundsätzlich ist auch dem Staatsanwalt rechtliches Gehör zu der Frage der Beiordnung eines ausgewählten Verteidigers zu gewähren (§ 33 Abs. 2 StPO). Hierdurch darf jedoch die Beiordnung nicht hinausgezögert werden.

Im Steuerstrafrecht ergibt sich die Strafbarkeit es vorgeworfenen Verhaltens nicht immer unmittelbar aus dem im Haftbefehl dargestellten Sachverhalt. Ohne entsprechende Kenntnisse im Steuerrecht kann daher der Verteidiger oftmals gar nicht beurteilen, ob eine Steuerstraftat tatsächlich vorliegen kann oder nicht. Auch die Staatsanwälte, die die Haftbefehle beantragen und die zuständigen Haftrichter verfügen oftmals nicht über fundierte steuerrechtliche Kenntnisse und übernehmen daher nicht selten ungeprüft die Ergebnisse und Wertungen der Steuerfahndungen. Aus diesem Grunde ist es für den Beschuldigten sehr wichtig, dass er einen **im Steuerstrafrecht versierten Verteidiger** wählt oder beigeordnet bekommt. Dieser sollte in der Lage sein, auch gegen den dringenden Tatverdacht einer Steuerstraftat qualifiziert zu verteidigen. Der Beschuldigte sollte darauf drängen, einen entsprechend qualifizierten Verteidiger vom Gericht beigeordnet zu bekommen, der Verteidiger wiederum sollte sich im Zweifel die notwendige Expertise durch Hinzuziehung eines qualifizierten Kollegen oder eines Steuerberaters – idealerweise nicht den Steuerberater des Mandanten, der sich u.U. später selbst gegen die Vorwürfe verteidigen muss – sichern. **3822**

Ein Angehöriger des Beschuldigten kann nach der Anordnung der Untersuchungshaft bei der Staatsanwaltschaft eine **Besuchserlaubnis** beantragen, um schnellstmöglich in Kontakt mit dem Inhaftierten zu gelangen. Darüber hinaus empfiehlt es sich, über die Staatsanwaltschaft einen Brief an den Inhaftierten zu schreiben mit dem Hinweis darauf, dass „draußen" alles organisiert und die Verteidigung vorbereitet wird. Schließlich empfiehlt es sich, Geld auf ein Eingangskonto bei der Justizvollzugsanstalt zu überweisen, private Wäsche bei der Justizvollzugsanstalt abzugeben und hier frühzeitig Informationen darüber einzuholen, ob diesbezüglich ein gesonderter Erlaubnisantrag durch den Inhaftierten gestellt werden muss. In dem ersten Anschreiben an den Angehörigen kann man auf solche notwendigen Anträge sofort hinweisen, um die organisatorische und verwaltungsrechtliche Durchführung solcher Anträge unverzüglich in die Wege zu leiten. **3823**

Ein besonderes Problem in der Praxis wirft die Überprüfung der Verhaftung durch den zuständigen Richter auf, wenn die Verhaftung außerhalb seines Zuständigkeitsbereichs erfolgt ist.[2] Gemäß § 115a StPO ist der Beschuldigte zunächst dem **Richter des nächsten AG** vorzuführen, wobei dieser nur eine eingeschränkte Überprüfungskompetenz hinsichtlich des Haftbefehls besitzt. Dessen Entscheidungsbefugnis beschränkt sich darauf, den Ergriffenen mit der Begründung freizulassen, dass er nicht die in dem Haftbefehl bezeichnete Person ist oder dass der Haftbefehl nicht mehr besteht. Selbst wenn der Richter des nächsten AG den Haftbefehl für offensichtlich unbegründet hält, darf er nicht nach § 120 StPO einen Aufhebungsbeschluss treffen.[3] Erreicht der Richter des nächsten AG den gem. § 115, § 126 Abs. 1 StPO zuständigen Richter nicht, so wird i.d.R. der Beschuldigte in Untersuchungshaft genommen. Ihm verbleibt lediglich die Möglichkeit, gem. § 115 Abs. 3 StPO seine schnellstmögliche Vorführung vor den gem. § 115 StPO zuständigen Richter **3824**

1) LG Frankfurt/Oder v. 26.2.2010, 21 Qs 18/10, StV 2010, 235; OLG Düsseldorf v. 16.4.2010, III-4 Ws 163/10, StV 2010, 350.
2) BGH v. 22.3.1995, 5 StR 680/94, StV 1995, 283.
3) Vgl. zum Ganzen Meyer-Goßner, 55. Aufl. 2012, § 115a StPO Rz. 5 m.w.N.; insbes. auch Ziegert, StV 1997, 439; Schlothauer/Weider, Rz. 349 ff.

zu beantragen. Diesem Verlangen des Beschuldigten ist zu entsprechen, er ist auf dieses Recht hinzuweisen (§ 115a Abs. 3 StPO).[1]

3825 Den Weg zur Vorführung und Vernehmung vor dem gem. § 115 StPO zuständigen Richter legt der Beschuldigte in fast allen Fällen mit sog. **Gefangenensammeltransporten** zurück, d.h., er wird „verschubt". Der Transport von Gefangenen im Gefangenensammeltransportsystem dauert jedoch i.d.R. sehr lange. So beträgt z.B. die Transportdauer von Frankfurt/Main nach München zwei Tage, von München nach Hamburg vier Tage, von Flensburg nach Kempten im Allgemeinen acht Tage und von Freiburg i.Br. nach Stralsund sogar 16 Tage.[2] Der Untersuchungshäftling ist also u.U. mehr als zwei Wochen „auf Schub", bevor er den zuständigen Richter erreicht. Dies führt nicht nur selten zu einer erheblichen Belastung für den Beschuldigten selbst, sondern stellt auch den Verteidiger vor große praktische Probleme, da er seinen Mandanten in dieser Zeit praktisch weder beraten noch sonst wie betreuen kann, und lässt die Gefahr eines möglicherweise „irreparablen" Geständnisses des Beschuldigten steigen, um ggf. schnell aus der Untersuchungshaft freizukommen.[3]

3826 Den in der Öffentlichkeit häufig genannten **„internationalen Haftbefehl"** gibt es in dieser Form nicht. Es handelt sich tatsächlich um einen regulären Haftbefehl gem. §§ 112 ff. StPO, der verbunden wird mit dem Antrag auf Auslieferung für den Fall der Festnahme im Ausland. Grundlage ist das Gesetz über die internationale Rechtshilfe in Strafsachen (IRG).[4]

Das **europäische Haftbefehlsgesetz** trat am 20.7.2006 in Kraft.[5] Die gesetzlichen Regelungen für den europäischen Haftbefehl finden sich in den §§ 78 ff. IRG.

6. Haftkontrolle und Aufhebung der Untersuchungshaft

3827 Wegen der Schwere des mit dem Entzug der Freiheit verbundenen Eingriffs hat der Gesetzgeber ein kompliziertes System von Haftkontrollen entwickelt, durch das erreicht werden soll, dass eine **ständige Überprüfung der Haftvoraussetzungen** stattfindet:

- Der Haftbefehl muss aufgehoben werden, wenn der Beschuldigte freigesprochen, die Eröffnung des Hauptverfahrens abgelehnt oder das Verfahren nicht bloß vorläufig eingestellt wird (§ 120 Abs. 1 Satz 2 StPO).
- Darüber hinaus muss der Haftrichter (§ 126 StPO) die Voraussetzungen der Untersuchungshaft jederzeit von Amts wegen im Auge behalten (§ 120 Abs. 1 StPO).
- An bestimmten Punkten des Verfahrens, bei Erlass des Eröffnungsbeschlusses (§ 207 Abs. 4 StPO), bei jedem Urteil (§ 268b StPO), auch beim Berufungsurteil (§ 268b i.V.m. § 332 StPO), muss das Gericht zur Haftfortdauer eine ausdrückliche Entscheidung treffen. Weiter müssen in bestimmten Zeitabständen von Amts wegen die Haftvoraussetzungen geprüft werden: nach drei Monaten, wenn bis dahin der Beschuldigte keine Haftprüfung beantragt und noch keinen Verteidiger gewählt hat (§ 117 Abs. 5 StPO), nach sechs Monaten gem. § 121 StPO durch das OLG.

3828 Neben diesen von Amts wegen vorzunehmenden Haftprüfungen hat der Beschuldigte auch die Möglichkeit, selbst die Untersuchungshaft anzugreifen. Die Strafprozessordnung stellt dazu verschiedene Rechtsbehelfe zur Verfügung: die **Haftbeschwerde** (§§ 304 ff. StPO) und den **Antrag auf Haftprüfung** (§§ 117 ff. StPO).

---

1) Schmitz, NStZ 1998, 165, 167.
2) Schmitz, NStZ 1998, 165, 167.
3) Siehe dazu auch BGH v. 21.6.1995, 2 StR 758/94, StV 1996, 73, 75.
4) Schomburg/Lagodny/Gleß/Hackner, 5. Aufl. 2012, § 17 IRG Rz. 7.
5) BGBl. I 2006, 1721.

Gegen den Haftbefehl und jede die Haftdauer anordnende Entscheidung kann der Beschuldigte **Beschwerde** beim Haftrichter einlegen. Hilft dieser nicht ab (§ 306 StPO), entscheidet – nach fakultativer mündlicher Verhandlung – die Strafkammer des LG als Beschwerdegericht (§ 73 GVG). Gegen diese Entscheidung ist die weitere Beschwerde an das OLG gegeben (§ 310 StPO). Die Haftbeschwerde kann gegen denselben Haftbefehl nur einmal eingelegt werden. Auch gegen den Bestand eines außer Vollzug gesetzten Haftbefehls ist noch eine weitere Beschwerde statthaft.[1] Dies gilt nach herrschender Meinung auch für die Fälle, in denen sich der Beschuldigte in anderer Sache in Haft befindet und insoweit Überhaft notiert ist, oder in denen der Haftbefehl deshalb nicht vollzogen werden kann, weil sich der Beschuldigte beispielsweise verborgen hält.[2] **3829**

Weiter kann der Beschuldigte jederzeit die förmliche **Haftprüfung** nach den §§ 117, 118 StPO beantragen und damit den zuständigen Haftrichter zu einer Überprüfung der Voraussetzungen der Untersuchungshaft veranlassen. **3830**

Der Haftrichter entscheidet ggf. nach mündlicher Verhandlung, die der Beschuldigte durch einen entsprechenden Antrag erzwingen kann (§ 118 Abs. 1 StPO). Die mündliche Verhandlung ist spätestens zwei Wochen nach Eingang des Antrags anzuberaumen (§ 118 Abs. 5 StPO). Es gibt allerdings keine Möglichkeit, die Einhaltung dieser Frist zu erzwingen.[3] Der Beschuldigte und sein Verteidiger haben dabei grds. ein Recht auf Anwesenheit (§ 118a StPO). **3831**

Der erfolglos gebliebene Haftprüfungsantrag kann beliebig oft wiederholt werden; eine mündliche Verhandlung kann der Beschuldigte nur alle zwei Monate erzwingen (§ 118 Abs. 3 StPO). **3832**

Gegen die Entscheidung des Haftrichters sind gem. § 117 Abs. 2, §§ 304, 310 StPO die **einfache** und die **weitere Beschwerde** gegeben. Aus diesem Grund kann der Beschuldigte auch nicht gleichzeitig Haftprüfung beantragen und Beschwerde einlegen. Das Beschwerdeverfahren ist im Verhältnis zum Haftprüfungsverfahren subsidiär (§ 117 Abs. 2 Satz 1 StPO). Eine bereits eingelegte Haftbeschwerde wird daher unzulässig, wenn der Beschuldigte vor ihrer Erledigung Haftprüfungsantrag stellt.[4] **3833**

Grundsätzlich sollte in der Praxis der **Einsatz der Rechtsbehelfsmöglichkeiten** wohl überlegt und gezielt sein. Es gibt hier eine Fülle von taktischen Gesichtspunkten, die es zu beachten gilt. Auf jeden Fall muss sich der Verteidiger die Haftsituation seines Mandanten zur Informationsbeschaffung zu Nutze machen. Eine Verteidigung eines inhaftierten Mandanten kann nämlich nur dann effektiv sein, wenn sie entsprechend vorbereitet ist. Die Vorbereitung der Verteidigung erfordert ein umfassendes Wissen über den im Streit stehenden Sachverhalt. Dieses Wissen erlangt ein Beschuldigter nur durch die Einsichtnahme in die Ermittlungsakte. Aus dem Recht auf ein faires, rechtsstaatliches Verfahren und dem Anspruch auf rechtliches Gehör folgt ein Anspruch des inhaftierten Beschuldigten auf Einsicht seines Verteidigers in die (Ermittlungs-)Akten, wenn und soweit er die darin befindlichen Informationen benötigt, um auf eine bevorstehende gerichtliche Haftentscheidung effektiv einwirken zu können, und eine mündliche Mitteilung der Tatsachen und Beweismittel, die das Gericht seiner Entscheidung zu Grunde zu legen gedenkt, nicht ausreichend ist.[5] Die letztgenannte Einschränkung durch das Bundesverfassungsgericht, dass auch eine mündliche Mitteilung der Tatsachen und Beweismittel **3834**

1) OLG Hamm v. 13.12.2001, 2 Ws 305/01, 2 Ws 306/01, StV 2002, 149 [Ls.]; Schlothauer/Weider, Rz. 808.
2) Schlothauer/Weider, Rz. 778.
3) Schlothauer/Weider, Rz. 761.
4) H.M. vgl. Meyer-Goßner, 55. Aufl. 2012, § 117 StPO Rz. 14.
5) BVerfG v. 11.7.1994, 2 BvR 777/94, StV 1994, 465 f.

ausreichend sein kann, ist vor dem Hintergrund der Entscheidungen des EuGH für Menschenrechte nicht mehr tragfähig. Das Haftüberprüfungsverfahren muss einem minimalkontradiktorischen Verfahren entsprechen, woraus auch die Parität des Wissens im Sinne eines tatsächlichen Wissensgleichstandes zwischen dem Beschuldigten, der inhaftiert werden soll, und den Ermittlungsbehörden, die die Inhaftierung anstreben, bestehen muss.[1] Eine Waffengleichheit im minimalkontradiktorisch geführten Haftüberprüfungsverfahren ist nur dann gewährleistet, wenn dem Verteidiger der Zugang zu denjenigen Dokumenten in der Ermittlungsakte ermöglicht wird, die wesentlich sind, um die Rechtmäßigkeit der Haft seines Mandanten angreifen zu können. Das bedeutet, dass in einem strafrechtlichen Verfahren beide, die Staatsanwaltschaft sowie die Verteidigung, Gelegenheit haben müssen, die Ermittlungen zur Kenntnis zu nehmen, und zu den von der Gegenseite beigeschafften Beweismitteln Stellung zu nehmen. Zu der Einschränkungsmöglichkeit der Akteneinsicht gem. § 147 Abs. 2 StPO führt der EuGH aus, dass man zwar die Notwendigkeit erkennt, dass polizeiliche Ermittlungen effektiv geführt werden müssen, und dies mit einschließt, dass Teile der gesammelten Informationen während andauernder Ermittlungen geheimgehalten werden können, um zu verhindern, dass der Verdächtige Beweismittel beeinflussen und den Gang der Ermittlungen gefährden kann. Dieser legitime Zweck kann jedoch nicht dazu führen, dass Rechte der Verteidigung substanziell beschnitten werden. Auch wenn der Haftbefehl einige Tatsachen aufführt, auf die sich der Tatverdacht stützt, so ist die auf diesem Wege mitgeteilte Information nur eine Schlussfolgerung des Haft anordnenden Gerichts aus der Gesamtheit der Tatsachen, die ihm durch die Staatsanwaltschaft zugänglich gemacht worden waren. Nach Ansicht des Gerichtshofes ist es für einen Beschuldigten schwerlich möglich, die Verlässlichkeit einer solchen Sachverhaltsdarstellung anzugreifen, ohne Kenntnis von den hier zu Grunde liegenden Beweismitteln zu haben.[2] Insofern sind dem Beschuldigten alle die Informationen zugänglich zu machen, die dem Haftrichter beim Erlass des Haftbefehls durch die Staatsanwaltschaft vorgelegt wurden.[3] Nur dann ist der Beschuldigte in der Lage, auch die zu Grunde liegenden Schlussfolgerungen auf ihre Stichhaltigkeit hin zu überprüfen.

3835 Um sich die zitierte Rspr. des Bundesverfassungsgericht und des EuGH für Menschenrechte effektiv zur Informationsgewinnung zu Nutze zu machen, empfiehlt es sich, schnellstmöglich nach einer Inhaftierung einen **kombinierten Antrag** zu stellen, der sich in zwei Teile gliedert. Zunächst muss gegenüber der Staatsanwaltschaft ein Antrag auf Akteneinsicht gestellt werden, mit dem Hinweis, dass diese Akteneinsicht notwendig ist, um eine Haftprüfung bzw. eine Haftbeschwerde effektiv durchführen zu können. Gegenüber dem zur Haftprüfung oder Haftbeschwerde zuständigen Ermittlungsrichter bzw. Gericht sollte der entsprechende Antrag gestellt werden unter Hinweis darauf, dass von einer Begründung so lange abgesehen wird, bis seitens der Staatsanwaltschaft Akteneinsicht erteilt wird. Wird dann tatsächlich die Akteneinsicht seitens der Staatsanwaltschaft verweigert, so stellt dies nach der Rspr. einen Verstoß gegen § 147 Abs. 2 StPO, gegen den Anspruch auf rechtliches Gehör (Art 103 Abs. 1 GG), den Anspruch auf effektiven Rechtsschutz (Art. 19 Abs. 4 GG) und das Prinzip eines fairen, rechtsstaatlichen Verfahrens dar, der im Ermittlungsverfahren insofern sanktioniert wird, als das Gericht auf die Tatsachen und Beweismittel, die nicht zur Kenntnis des Beschuldigten durch die verweigerte Akteneinsicht gelangen, seine Entscheidung nicht stützen darf und ggf. den Haftbefehl aufheben muss.[4]

---

1) Vgl. EuGH v. 13.2.2001, 23541/94, StV 2001, 201 ff. mit Anm. Kempf.
2) EuGH v. 13.2.2001, 23541/94, StV 2001 201 ff.; umfassend zu den Informationsrechten eines Beschuldigten im Ermittlungsverfahren über das Akteneinsichtsrecht Walischewski, StV 2001, 243 ff.
3) EuGH v. 13.12.2007, 11364/03, StV 2008, 475; Schlothauer/Weider, Rz. 242.
4) BVerfG v. 11.7.1994, 2 BvR 777/94, StV 1994, 465 f.; OLG Hamm v. 13.2.2002, 2 BL 7/02, NStZ 2003, 386 ff.

Ein solch kombinierter Antrag ist deshalb notwendig, da die formulierten Rechtspositionen für sich gesehen zunächst einmal ausschließlich für die Inanspruchnahme des rechtlichen Gehörs im Rahmen von Rechtsmitteln zur Frage der Haft formuliert wurden. Der Verteidiger muss daher deutlich machen, dass er gegen den Haftbefehl vorgehen möchte und dazu Informationen aus der Akte benötigt. Die Staatsanwaltschaft ist dann verpflichtet, all diejenigen Aktenteile dem Verteidiger zur Verfügung zu stellen, die Grundlage für den Haftbefehl bilden. 3836

Stellt sich nach einer erteilten Akteneinsicht heraus, dass der dringende Tatverdacht gegeben ist, so kann jederzeit die Haftbeschwerde oder die mündliche Haftprüfung zurückgenommen werden. Das Ziel der Informationsbeschaffung ist über diese Rechtsbehelfe jedoch erreicht. Soll das Rechtsmittel weiter geführt werden, so empfiehlt es sich, dass zunächst einmal eine Verständigung mit der Staatsanwaltschaft oder dem Gericht versucht wird, um damit eine Außervollzugsetzung des Haftbefehls zu erreichen, da dies in nahezu allen Fällen der schnellere und effektivere Weg im Interesse des inhaftierten Beschuldigten ist. Darüber hinaus bestehen besondere Gefahren bei Einlegung von Haftbeschwerde und weiterer Beschwerde zum OLG. Sollte nämlich von den übergeordneten Gerichten der dringende Tatverdacht bestätigt werden, so besteht im Vorfeld zu einer Hauptverhandlung nur noch sowohl die eingeschränkte Neigung der Staatsanwaltschaft als auch des Ermittlungsrichters, den Haftbefehl in seinem Bestand zu ändern. 3837

In der Praxis muss der Verteidiger überlegt und gezielt vorgehen. Oftmals führt eine Verständigung mit der Staatsanwaltschaft oder dem Gericht – ggf. auch erst nach Akteneinsicht – schneller zu einer Außervollzugsetzung des Haftbefehls als z.B. eine vorschnell eingelegte Haftbeschwerde. Insbesondere bei der weiteren Beschwerde zum OLG ist darüber hinaus sorgfältig abzuwägen, ob die Beschwerdebegründung hinsichtlich des dringenden Tatverdachts hinreichend Aussicht auf Erfolg hat, denn für eine spätere Hauptverhandlung wäre es verheerend, wenn der Tatverdacht im Rahmen der Haftprüfung praktisch schon einmal richterlich überprüft und bestätigt worden ist. 3838

E. Vernehmung des Beschuldigten

Schrifttum

Richter, Anmerkungen zum Verteidigungsverhalten eines Beschuldigten, StV 1994, 687.

Führt das Ermittlungsverfahren nicht zur Einstellung, muss der Beschuldigte vor dem Abschluss der Ermittlungen vernommen werden (§ 163a Abs. 1 Satz 1 StPO). Dabei genügt es in einfachen Sachen, wenn ihm Gelegenheit zu einer schriftlichen Stellungnahme gegeben wird (§ 163a Abs. 1 Satz 2 StPO). 3839

Durch diese Bestimmung wird der Anspruch des Beschuldigten auf **rechtliches Gehör** gesichert (Art. 103 Abs. 1 GG) und dafür gesorgt, dass er unter allen Umständen davon erfährt, dass ein Ermittlungsverfahren gegen ihn in Gang gekommen ist. Daneben stellt die Beschuldigtenvernehmung aber auch ein Mittel der Sachverhaltsaufklärung dar. 3840

I. Grundsatz der freien Gestaltung des Ermittlungsverfahrens

Nach der Strafprozessordnung besteht im Rahmen des Ermittlungsverfahrens die Möglichkeit einer Vernehmung durch die **Polizei** (§ 163a Abs. 4 StPO), die **Staatsanwaltschaft** (§ 163a Abs. 3 StPO) oder – auf Antrag der Staatsanwaltschaft – durch den **Ermittlungsrichter** (§ 162 i.V.m. § 136 StPO). Bei dem Verdacht einer Steuer- 3841 straftat liegt die Regelzuständigkeit für das Ermittlungsverfahren bei den Finanzbehörden (§ 386 AO). Die **Bußgeld- und Strafsachenstelle** nimmt dann regelmäßig die Rechte und Pflichten wahr, die der Staatsanwaltschaft zustehen (§ 399 Abs. 1, § 385 Abs. 1 AO), die **Steuerfahndung** hat dieselben Rechte und Pflichten wie die Behörden und Beamten des Polizeidienstes nach der Strafprozessordnung (§ 404 AO). In der Entscheidung darüber, welche Behörde den Beschuldigten vernimmt, wann und in welcher Form (schriftlich oder mündlich) diese Vernehmung stattfindet, sind die Ermittlungsbehörden prinzipiell frei, es gilt der Grundsatz der freien Gestaltung des Ermittlungsverfahrens (§ 161 StPO).

3842 Für den Beschuldigten ist die vernehmende Behörde von Bedeutung, da seine Pflicht, einer Ladung zur Vernehmung Folge zu leisten und sein Recht auf Anwesenheit eines Verteidigers von der vernehmenden Behörde abhängen. Eine Pflicht zur Aussage durch den Beschuldigten besteht jedoch nicht, auch nicht in den Fällen, in denen er verpflichtet ist, einer Ladung Folge zu leisten.

3843 Durch das umfassende Aussageverweigerungsrecht des Beschuldigten ist die freie Gestaltungsmöglichkeit des Ermittlungsverfahrens bezüglich der Vernehmung des Beschuldigten faktisch außer Kraft gesetzt. Es ist für den Berater in erheblichem Maße möglich und für die Verteidigung des Beschuldigten auch von überragender Bedeutung, Einfluss auf Zeitpunkt und Art der Einlassung des Mandanten zu nehmen.

II. Ladung, Pflicht zum Erscheinen und Anwesenheitsrecht des Verteidigers

1. Vernehmung durch die Steuerfahndung

3844 Bei einer Ladung der **Steuerfahndung** ist zwischen der Ladung im Besteuerungsverfahren und der Ladung im Strafverfahren zu unterscheiden: Soweit die Steuerfahndung im Rahmen des **Besteuerungsverfahrens** ermittelt (§ 208 AO) und in diesem Zusammenhang ein Erscheinen des Stpfl. in der Behörde anordnet, ist dieser zum Erscheinen verpflichtet. Ist allerdings gleichzeitig ein Strafverfahren eingeleitet, kann das Erscheinen bei der Steuerfahndung auch im Rahmen des Besteuerungsverfahrens nicht mehr erzwungen werden (§ 393 Abs. 1 Satz 2 und 3 AO).

3845 Im **Strafverfahren** ist der Beschuldigte nicht verpflichtet, einer Ladung der Steuerfahndung oder der Polizei Folge zu leisten. Er braucht weder zu erscheinen noch auszusagen. Gleiches gilt für eine Ladung der Bußgeld- und Strafsachenstelle, wenn diese das Ermittlungsverfahren nicht selbständig durchführt (§ 402, § 399 Abs. 1 AO). Er ist lediglich verpflichtet, auf Ladung der Staatsanwaltschaft (§ 163a Abs. 3 Satz 1 StPO) oder des Gerichts (Ermittlungsrichter) (§ 133 StPO) zu erscheinen. Auf Ladung der Bußgeld- und Strafsachenstelle nur in dem Fall des § 399 Abs. 1 AO.

3846 Geht der Vernehmung eine **Ladung** voraus, so ist weder die Steuerfahndung noch die Polizei verpflichtet, den Verteidiger von der Ladung des Beschuldigten zu unterrichten.

Die h.M.[1] vertritt die Auffassung, dass der **Verteidiger** bei der Vernehmung des Beschuldigten durch die Steuerfahndung kein **Recht auf Anwesenheit** habe, weil es eine entsprechende ausdrückliche Regelung im Gesetz nicht gebe (Umkehrschluss aus § 163a Abs. 3 Satz 2 i.V.m. § 168c Abs. 1 und 5 StPO). Dabei wird übersehen, dass das Gesetz dem Beschuldigten für Vernehmungen durch die Ermittlungsbehörde in § 163a Abs. 4 StPO i.V.m. § 136 Abs. 1 Satz 2 bis 4 StPO allgemein und ohne

1) Jäger in Klein, 11. Aufl. 2012, § 392 AO Rz. 9; Meyer-Goßner, 55. Aufl. 2012, § 163 StPO Rz. 16.

jede Ausnahme das Recht gibt, einen Verteidiger hinzuzuziehen. Dem entspricht sinnvollerweise ein Recht des bereits gewählten Verteidigers auf Anwesenheit bei der Beschuldigtenvernehmung auch vor der Steuerfahndung.

In Nr. 34 Abs. 2 der AStBV 2013[1] heißt es: *„Bei der Vernehmung des Beschuldigten durch die Steufa hat der Verteidiger kein Anwesenheitsrecht (Umkehrschluss aus §§ 163a Abs. 3 Satz 2, 168c Abs. 1 StPO). Ihm kann jedoch die Anwesenheit gestattet werden."* Diese apodiktische Aussage verschweigt, dass der genannte Umkehrschluss nicht unumstritten ist und stellt einen Beleg für die verteidigerablehnende Grundhaltung der Steuerfahndung dar. Hier wird der Verteidiger des Beschuldigten bestenfalls als notwendiges Übel bei der Aufklärung des Sachverhalts angesehen. **3847**

In der Praxis kann der betroffene Stpfl. allerdings die Anwesenheit seines Verteidigers erzwingen. Er braucht lediglich die Aussage zu verweigern, bis ihm ermöglicht wird, seinen Verteidiger von der Vernehmung zu informieren. Dem Konflikt kann man frühzeitig damit begegnen, dass schon im Bestellungsschreiben darauf hingewiesen wird, der Mandant mache nur im Beisein seines Verteidigers Angaben zur Sache. Der in der Vernehmung anwesende Verteidiger hat selbstverständlich ein Hinweis- und Fragerecht. Dieses Recht hängt nicht davon ab ob, ob der Verteidiger ein Recht auf Anwesenheit hat oder ihm die Anwesenheit lediglich gestattet wird.[2] **3848**

2. Vernehmung durch die Staatsanwaltschaft oder die Bußgeld- und Strafsachenstelle

Soll die **Vernehmung durch die Staatsanwaltschaft** oder die **Bußgeld- und Strafsachenstelle** in eigener Kompetenz aus § 399 Abs. 1 AO durchgeführt werden, so trifft den Betroffenen auf Ladung eine Erscheinenspflicht. **3849**

Der Verteidiger ist von dem Termin zu benachrichtigen (§§ 163a, 168c StPO). Verstöße gegen die **Benachrichtigungspflicht** führen zu einem eingeschränkten Verwertungsverbot, wenn der Verteidiger bzw. der Angeklagte in der Hauptverhandlung der angekündigten Verwertung widerspricht.[3] Dieses **eingeschränkte Verwertungsverbot** resultiert daraus, dass dem Verteidiger unstreitig bei der staatsanwaltlichen Vernehmung ein Anwesenheitsrecht zusteht (§ 163a Abs. 3 Satz 2 i.V.m. § 168c Abs. 1 StPO). Wird der Verteidiger von einem Termin nicht benachrichtigt, erfährt er aber dennoch davon, darf er teilnehmen. Er kann auch nicht wie der Beschuldigte nach § 168c Abs. 3 StPO von der Anwesenheit ausgeschlossen werden. **3850**

Auf eine **Verlegung des Termins** wegen einer Verhinderung des Verteidigers besteht kein Anspruch (§ 163a Abs. 3 i.V.m. § 168c Abs. 5 StPO). In diesen Fällen sollte jedoch eine Verständigung möglich sein, ggf. unter Hinweis darauf, dass der Mandant andernfalls von seinem Aussageverweigerungsrecht Gebrauch machen werde. Einem begründeten Verlegungswunsch ist jedoch Rechnung zu tragen.[4] **3851**

Folgt der Beschuldigte der Ladung nicht, kann sowohl der Staatsanwalt als auch die Bußgeld- und Strafsachenstelle einen Vorführungsbefehl erlassen und die **Vorführung** des Beschuldigten durch die Polizei erzwingen (§ 133 Abs. 2, § 163a Abs. 3 StPO). Eine derartige Vorführung ist nur nach Androhung zulässig (§ 133 Abs. 2 StPO) und wird in der Praxis auch nur ausnahmsweise angeordnet. Im Regelfall erhält der Beschuldigte eine letzte Äußerungsfrist mit dem Hinweis, dass das Ver- **3852**

1) Anweisungen für das Straf- und Bußgeldverfahren (Steuer) (AStBV (St)) 2013, BStBl I 2012, 1018.

2) Nr. 34 Abs. 4 AStBV (St) 2013, BStBl I 2012, 1018.

3) BGH v. 11.5.1976, 1 StR 166/76, BGHSt 26, 332, 334; v. 26.11.1986, 3 StR 390/86, BGHSt 34, 231, 235; v. 24.7.2003, 3 StR 212/02, NJW 2003, 3142; BVerfG v. 5.12.2005, 2 BvR 1964/05, StV 2006, 73, 77.

4) Meyer-Goßner, 55. Aufl. 2012, § 168c StPO Rz. 5.

fahren nach fruchtlosem Fristablauf nach Aktenlage abgeschlossen wird. Der Verteidiger kann eine Ladung bzw. Vorführung zwar nicht verhindern, er kann ihr jedoch bereits im Vorfeld wirkungsvoll mit dem Argument entgegentreten, dass der Mandant sich bei einer Vernehmung auf sein Aussageverweigerungsrecht berufen werde.

3. Vernehmung durch das Gericht/den Ermittlungsrichter

3853 Für die **richterliche Vernehmung** eines Beschuldigten gilt grds. schon das zur staatsanwaltlichen Vernehmung Gesagte. Auch hier hat der Beschuldigte auf Ladung zu erscheinen, sein Verteidiger ist zu benachrichtigen, und ein Verstoß gegen das Anwesenheitsrecht führt zu einem eingeschränkten Verwertungsverbot in einer Hauptverhandlung.

3854 Hervorzuheben ist an dieser Stelle, dass die richterliche Vernehmung des Beschuldigten sich nicht darin erschöpfen darf, dass dem Beschuldigten lediglich das **Protokoll über eine frühere Vernehmung** (durch Polizei oder Staatsanwaltschaft) vorgelegt oder zur Durchsicht gegeben wird und er nur die Richtigkeit seiner Angaben bestätigt. Der Beschuldigte muss die gesamte Aussage wiederholen, der Richter ist aus Aufklärungsgesichtspunkten zu Nachfragen und Konkretisierungen verpflichtet. Der wesentliche Inhalt der Einlassung zur Sache muss in das (richterliche) Protokoll aufgenommen werden.[1] Diese Hervorhebung ist deshalb notwendig, da sich die Praxis der Ermittlungsrichter bedauerlicherweise in vielen Fällen darauf beschränkt, tatsächlich die vorhergehende Aussage vom Beschuldigten bestätigen zu lassen.

3855 Der Verstoß gegen die Pflicht, den Verteidiger über die geplante Vernehmung zu benachrichtigen führt dazu, dass das Protokoll über diese Vernehmung nicht gem. § 251 Abs. 2 StPO in der Hauptverhandlung verlesen werden darf. Das Protokoll darf lediglich als Niederschrift über eine andere Vernehmung gem. § 251 Abs. 1 StPO verlesen werden.[2]

III. Gang und Inhalt der Vernehmung

1. Mitteilung der Einleitung eines Strafverfahrens

3856 Zu Beginn der Vernehmung ist dem Beschuldigten, soweit dies noch nicht geschehen ist, nach § 397 Abs. 3 AO die **Einleitung** eines Steuerstrafverfahrens gegen ihn mitzuteilen.[3] Bei der Vernehmung durch einen Fahndungsbeamten, der in Steuerstrafverfahren regelmäßig auch die Besteuerungsgrundlagen ermittelt (vgl. § 208 Abs. 1 Nr. 2 AO), ist der Beschuldigte grds. auch darüber zu **belehren,** dass die weitere Mitwirkung des Beschuldigten auch im Besteuerungsverfahren nicht mehr erzwungen werden kann (§ 393 Abs. 1 Satz 4 AO).[4]

2. Vernehmung zur Person

3857 Am Beginn jeder Vernehmung steht die Vernehmung zur Person. Sie dient der Feststellung der **Identität** der Beschuldigten. Anzugeben sind Vor- und Familien- und Geburtsname, Ort und Tag der Geburt, Familienstand, Beruf, Wohnort, Wohnung und Staatsangehörigkeit. Obwohl es sich verfahrensrechtlich nicht erzwingen lässt, ist der Beschuldigte nach § 111 OWiG zu diesen Angaben verpflichtet, eine Weige-

1) BGH v. 4.11.1986, 5 StR 381/86, NStZ 1987, 85.
2) BGH v. 3.11.1982, 2 StR 434/82, BGHSt 31, 140; Meyer-Goßner, 55. Aufl. 2012, § 168c StPO Rz. 6.
3) Jäger in Klein, 11. Aufl. 2012, § 397 AO Rz. 30.
4) Jäger in Klein, 11. Aufl. 2012, § 397 AO Rz. 30.

rung kann ebenso wie unrichtige Angaben mit einer Geldbuße von bis zu 1 000 € geahndet werden.

3. Eröffnung des Tatvorwurfs

3858 Jeweils zu Beginn der ersten Vernehmung durch die Steuerfahndung oder durch die Bußgeld- und Strafsachenstelle ist dem Beschuldigten zu eröffnen, **welche Tat ihm zur Last gelegt wird.** Unter Tat ist hier, wie stets in der Strafprozessordnung, der historische Lebenssachverhalt zu verstehen. Die immer wieder anzutreffende abstrakte Formulierung „Einkommen-, Gewerbe- und Umsatzsteuerhinterziehung für die Jahre 2006 bis 2011" ist ungenügend. Der Hinweis muss vielmehr so deutlich sein, dass der Beschuldigte auch genau weiß, um welchen konkreten Lebenssachverhalt es sich handelt, damit er sich sachgerecht verteidigen kann und nicht in die Lage kommt, sich unversehens einer anderen als der gemeinten Tat zu bezichtigen.

3859 Die Belehrungen, die § 163a Abs. 4 i.V.m. § 136 Abs. 1 Satz 2 bis 4 StPO für die erste Vernehmung des Beschuldigten durch die Polizei bzw. Steuerfahndung vorschreibt, unterscheiden sich von denen, die die Staatsanwaltschaft bzw. Bußgeld- und Strafsachenstelle nach § 163a Abs. 3 i.V.m. § 136 StPO zu erteilen haben, nur dadurch, dass die Polizei bzw. Steuerfahndung dem Beschuldigten zwar auch die ihm zur Last gelegte Tat, nicht aber die hierfür in Betracht kommenden Strafvorschriften zu eröffnen hat. Für die richterliche Vernehmung gilt § 136 StPO direkt.

4. Belehrung des Beschuldigten

3860 An die Eröffnung des Tatvorwurfs schließt sich die **Belehrung** an, dass es dem Beschuldigten freistehe, sich zu der Beschuldigung zu äußern oder nicht zur Sache auszusagen und jederzeit, auch schon vor seiner Vernehmung, einen von ihm zu wählenden Verteidiger zu beauftragen (§ 163a Abs. 3 und 4 i.V.m. § 136 Abs. 1 StPO).

3861 Die Strafprozessordnung zwingt den Beschuldigten nicht, gegen sich selbst auszusagen. Wie im gesamten Strafverfahren hat der Beschuldigte auch bei der Vernehmung im Ermittlungsverfahren jederzeit das Recht, die Aussage und jede Mitwirkung an der Aufklärung zu verweigern (§ 163a Abs. 4 Satz 2 bzw. § 163a Abs. 3 Satz 2 i.V.m. § 136 Abs. 1 Satz 2 StPO). Das gilt auch in den Fällen, in denen er verpflichtet ist, einer Ladung der Staatsanwaltschaft, der Bußgeld- und Strafsachenstelle oder des Richters Folge zu leisten. Die **Aussagefreiheit** entspricht dem Grundsatz, dass niemand sich selbst belasten muss.[1)] Dem Beschuldigten steht es nach Angabe der unter § 111 OWiG fallenden Personalien frei, die ihm am zweckmäßigsten erscheinende Verteidigungsart zu wählen, nämlich sich zur Sache einzulassen oder zu schweigen. Diese Weigerungsrechte erstrecken sich auch auf die Herausgabe von Beweismitteln. Über sein Weigerungsrecht kann der Beschuldigte jederzeit frei disponieren, d.h., er kann während der Befragung noch entscheiden, ob und inwieweit er sich zu einzelnen Fragen äußern will.

Die Belehrung ist nicht ein förmlicher Vorgang, sondern wesentliches Element eines fairen Verfahrens. Sie entspricht der prozessualen Fürsorgepflicht und ist deshalb so vorzunehmen, dass der Beschuldigte ihren Sinn erfassen kann. Unterbleibt sie, stellt sich die Frage eines Verwertungsverbotes der Aussage.

3862 Schließlich ist der Beschuldigte nach § 163a Abs. 4 Satz 2 bzw. § 163a Abs. 3 Satz 2 i.V.m. § 136 Abs. 1 Satz 2, § 137 StPO darauf hinzuweisen, dass er – auch schon vor der Vernehmung – einen von ihm gewählten **Verteidiger** befragen und sich von ihm beraten lassen kann (zu den Folgen der unterlassenen Belehrung → Rz. 3723 ff.).

---

1) Zu den Rechtsgrundlagen vgl. BVerfG v. 13.1.1981, 1 BvR 116/77, NJW 1981, 1431; v. 7.7.1995, 2 BvR 326/92, StV 1995, 505; EuGH v. 3.5.2001, 31827/96, NJW 2002, 499 „Kernstück des durch Art. 6 MRK garantierten fairen Verfahrens".

5. Hinweis auf die Möglichkeit von Beweisanträgen

3863 Die Belehrung, dass der Beschuldigte zu seiner Entlastung einzelne **Beweiserhebungen** beantragen kann (§ 163a Abs. 2 StPO), wird im Anschluss an den Hinweis auf das Schweigerecht erteilt. Auf sein Beweisantragsrecht muss der Beschuldigte auch dann hingewiesen werden, wenn er vorher bereits erklärt hat, nicht aussagen zu wollen.[1)]

6. Hinweis auf die Möglichkeit der schriftlichen Äußerung

3864 In geeigneten Fällen ist der Beschuldigte auf die Möglichkeit der **schriftlichen Äußerung** hinzuweisen (§ 163a Abs. 4, § 136 Abs. 1 Satz 4 StPO). Dieses **Wahlrecht** des Beschuldigten ist nicht zu verwechseln mit dem Wahlrecht des Vernehmenden nach § 163a Abs. 1 Satz 2 StPO, wonach in einfachen Sachen die schriftliche Anhörung des Beschuldigten genügt.

3865 Die Eignung beurteilt sich danach, ob der Beschuldigte voraussichtlich willens und in der Lage ist, eine sachgerechte schriftliche Darstellung zu geben. Dabei wird nicht vorausgesetzt, dass es sich um eine einfache Sache handelt. Vielmehr kann der Hinweis auch zweckmäßig sein, wenn die Einlassung umfangreich ist oder sich auf eine Reihe von Schriftstücken, Geschäftspapieren und sonstigen Unterlagen stützt.

3866 Entgegen dem Wortlaut der Vorschrift kann der Beschuldigte auch den Weg der **schriftlichen Äußerung wählen,** wenn die vernehmende Stelle den Fall als hierfür nicht geeignet ansieht, denn er braucht überhaupt nicht zur Sache auszusagen. Der Beschuldigte hat daher auf Grund seines Aussageverweigerungsrechts ein **Wahlrecht**, ob er sich mündlich oder schriftlich einlässt.[2)]

3867 Der **Verteidiger** kann den Beschuldigten bei der Abfassung der schriftlichen Äußerung unterstützen oder diese anhand der Sachdarstellung des Beschuldigten selbst abfassen.[3)] Diese Vorgehensweise bietet sich gerade im Steuerstrafrecht an, wenn die Fakten und insbesondere die Zahlen bereits „auf dem Tisch" liegen und es bei der Verteidigung des Beschuldigten in erster Linie auf die (steuer-)rechtliche Würdigung des Sachverhalts ankommt. Dabei ist zu beachten, dass die von dem Beschuldigten selbst abgegebene schriftliche Äußerung nach § 249 StPO auch dann in der Hauptverhandlung verlesen und im Wege des Urkundenbeweises verwertet werden kann, wenn der Beschuldigte in der Hauptversammlung nicht mehr zur Sache auszusagen bereit ist. Nicht verlesbar ist dagegen eine Erklärung, die der Verteidiger als eigene Erklärung zur Sache für den Beschuldigten abgegeben hat.[4)]

7. Mitteilung der Verdachtsgründe

3868 Jede richterliche Vernehmung (nicht nur die erste) soll dem Beschuldigten Gelegenheit geben, die gegen ihn sprechenden **Verdachtsgründe** zu entkräften und die zu seinen Gunsten sprechenden Tatsachen geltend zu machen (§ 136 Abs. 2 StPO). Diese „Soll-Vorschrift" gilt über die Verweisung der § 163a Abs. 2 und 3 StPO auch bei Vernehmungen der Steuerfahndung oder Bußgeld- und Strafsachenstelle. Die Verdachtsgründe brauchen jedoch noch nicht offen gelegt zu werden, solange der Abschluss der Ermittlungen noch nicht in den Akten vermerkt ist (§ 169a StPO).[5)] Die Mitteilung muss aber – u.U. bruchstückweise – erfolgen, sobald dies ohne Gefährdung des Untersuchungszwecks möglich ist. Spätestens vor Abschluss der

---

1) Diemer in Karlsruher Kommentar, 6. Aufl. 2008, § 136 StPO Rz. 11
2) Diemer in Karlsruher Kommentar, 6. Aufl. 2008, § 136 StPO Rz. 16.
3) Diemer in Karlsruher Kommentar, 6. Aufl. 2008, § 136 StPO Rz. 16.
4) Griesbaum in Karlsruher Kommentar, 6. Aufl. 2008, § 163a StPO Rz. 14; BGH v. 13.12.2001, 4 StR 506/01, StV 2002, 182; OLG Hamm v. 19.7.2001, 3 Ss 478/01, StV 2002, 187.
5) Diemer in Karlsruher Kommentar, 6. Aufl. 2008, § 136 StPO Rz. 18.

Ermittlungen ist dem Beschuldigten Gelegenheit zu geben, zu allen Verdachtsgründen Stellung zu nehmen.

8. Vernehmung zur Sache

Durch die Vernehmung zur Sache wird dem Beschuldigten **rechtliches Gehör** gewährt.[1] Er hat Gelegenheit, die Verdachtsgründe zu beseitigen und Entlastungstatsachen geltend zu machen (§ 163a Abs. 4 Satz 2 bzw. § 163a Abs. 3 Satz 2 i.V.m. § 136 Abs. 2 StPO). Diese Richtlinie sollte zumindest die Art der Vernehmung prägen; in ihrem Rahmen ist die Vernehmung aber auf Ermittlung der Wahrheit und Beweissicherung ausgerichtet, die Angaben des Beschuldigten können als Beweis herangezogen werden. Eine Vernehmung liegt nur vor, wenn sich der Beschuldigte selbst, nicht durch seinen Verteidiger mündlich äußert.[2] 3869

Zum eigentlichen Tatvorwurf soll der Beschuldigte zunächst **zusammenhängend Angaben** machen können. Dies ist zwar für die Beschuldigtenvernehmung nicht ausdrücklich vorgeschrieben, wohl aber für die Zeugenvernehmung in § 69 StPO. Hierin wird ein allgemeiner Vernehmungsgrundsatz gesehen, so dass dies auch für den Beschuldigten gelten muss. Nur wer zusammenhängend einen Sachverhalt schildern kann, hat Gelegenheit, alle Fakten so anzusprechen, wie er es will und es für richtig hält. So ist gewährleistet, dass auch solche Punkte zur Sprache kommen, die der Vernehmende gar nicht kennt, deren Bedeutung er nicht abschätzen kann und ihm deshalb bei einem reinen Frage- und Antwortspiel nicht bekannt werden. An die Ausführungen des Beschuldigten schließt sich dann das **Verhör** an, in dem der Vernehmende nach seinem Ermessen Fragen stellt und Vorhalte macht. 3870

Für den **Beschuldigten,** der sich zur Aussage entschlossen hat, besteht **keine Wahrheitspflicht.** Allerdings hat er auch kein Recht zur Lüge. Diese paradoxe Rechtslage ist eine Folge dessen, dass falsche Aussagen des Beschuldigten als solche nicht strafbar sind, soweit kein weiteres Rechtsgut hierdurch verletzt wird. 3871

Dem **Verteidiger** steht während der Vernehmung seines Mandanten ein eigenes **Frage- und Hinweisrecht** zu. Dass sich Verteidiger und Beschuldigter während der Vernehmung Notizen machen dürfen, ist selbstverständlich.[3] 3872

Bei der ersten Vernehmung sollen auch die **persönlichen Verhältnisse** des Beschuldigten ermittelt werden (§ 163a Abs. 4 Satz 2 bzw. § 163a Abs. 3 Satz 2 i.V.m. § 136 Abs. 3 StPO). Dazu gehören Vorleben, Werdegang, berufliche Ausbildung und Tätigkeit, familiäre und wirtschaftliche Verhältnisse und sonstige Umstände, die für die Beurteilung der Tat und für die Rechtsfolgenseite von Bedeutung sein können. 3873

9. Verbotene Vernehmungsmethoden

Vernehmungsmethoden und Mittel, die die **Willensentscheidung des Beschuldigten** beeinträchtigen, wie z.B. Misshandlung, Ermüdung, körperliche Eingriffe, Verabreichung von Mitteln, Quälerei, Täuschung und Hypnose, sind unzulässig (§ 163a Abs. 4 Satz 2 bzw. § 163a Abs 3 Satz 2 i.V.m. § 136a StPO). Aussagen, die unter Verletzung dieser Verbote zu Stande gekommen sind, dürfen auch dann nicht verwertet werden, wenn der Beschuldigte zustimmt (§ 163a Abs. 4 Satz 2 bzw. § 163a Abs. 3 Satz 2 i.V.m. § 136a Abs 3 Satz 2 StPO). 3874

Oftmals werden von den Ermittlungsbeamten die Grenzen der zulässigen **kriminalistischen List** überschritten, so dass die Täuschungsalternative des § 136a StPO erreicht wird. Wird beispielsweise der Steuerpflichtige während einer Außenprüfung unter Verstoß gegen die Belehrungs- und Bekanntgabepflicht des § 393 Abs. 1 3875

1) BGH v. 14.5.1974, 1 StR 366/73, BGHSt 25, 325, 332.
2) Meyer-Goßner, 55. Aufl. 2012, § 136 StPO Rz. 14 f.
3) Meyer-Goßner, 55. Aufl. 2012, § 163 StPO Rz. 16.

und § 397 Abs. 3 AO im Unklaren darüber gelassen, dass bereits ein Tatverdacht vorliegt und neben den steuerlichen bereits strafrechtliche Ermittlungen stattfinden, so ist ein absolutes Verwertungsverbot naheliegend.

10. Vernehmungsprotokoll

3876 Über die Vernehmung des Beschuldigten durch einen Richter ist nach den §§ 168, 168a StPO ein **Protokoll** aufzunehmen, für die Vernehmung durch die Staatsanwaltschaft oder die Bußgeld- und Strafsachenstelle soll gem. § 168b StPO ein Protokoll nach den §§ 168, 168a StPO aufgenommen werden. Für die Polizei und die Steuerfahndung gelten diese Vorschriften entsprechend. Bei Beanstandungen der Vernehmung können diese ins Protokoll genommen werden.[1] Das Vernehmungsprotokoll ist vor Unterzeichnung **sorgfältigst zu prüfen,** denn es hat weitreichende Bedeutung. Im Ermittlungsverfahren bildet es die Grundlage für vorläufige Maßnahmen, in der Hauptverhandlung dient es als Beweismittel.

3877 Grundsätzlich ist der Vernommene zwar Herr seiner Aussage. In der **Vernehmungspraxis** ist es jedoch regelmäßig so, dass der Vernehmende das formuliert und diktiert, was er in die Aussage hineininterpretiert hat. Es ist nicht auszuschließen, dass der Beamte durch bestimmte Formulierungen ein vermutetes Ergebnis bestätigen will. Dies gilt in verstärktem Maße für den Bereich der inneren Tatseite (Vorsatz oder Fahrlässigkeit) der Steuerhinterziehung, die oft nur schwer nachzuweisen ist.

Formulierungsbeispiel aus der Praxis:

„Befragt nach der Motivation meines Handelns muss ich zugeben, dass ich Abgaben hinterziehen wollte."

3878 Es zeigt sich, wie wichtig es ist, dass der Verteidiger an jeder Vernehmung des Beschuldigten teilnimmt. Der Beschuldigte selbst ist häufig nicht in der Lage, die Bedeutung einzelner Aussagen im Hinblick auf die rechtliche Würdigung des Sachverhalts zu erkennen, auch eine tendenziöse Zusammenfassung der Aussage durch den Vernehmungsbeamten bemerkt er u.U. nicht. Daher muss der Verteidiger bereits das Diktat der Aussage genau verfolgen und – wenn nötig – unrichtige oder tendenzielle Formulierungen sofort unterbinden.

3879 Das Protokoll ist **dem Vernommenen** zur Genehmigung und zur Durchsicht **vorzulegen** (§ 168a Abs. 3 Satz 1 StPO). Tonbandprotokolle sind zwar rechtlich zulässig (§ 168a StPO), wegen der besseren Wahrnehmung sollte der Vernommene aber immer die Niederschrift selbst lesen. Er kann dann sofort Korrekturen oder Streichungen anbringen. Falls das Protokoll nicht seinen Angaben entspricht, kann der Vernommene die Unterschrift auch verweigern. Diese Tatsache sowie der Grund dafür müssen ggf. auf Verlangen ins Protokoll aufgenommen werden.

3880 Der Beschuldigte selbst hat grds. keinen Anspruch auf eine **Protokollabschrift.** Andererseits untersagt die Strafprozessordnung aber auch nicht deren Überlassung, so dass eine Aushändigung der Protokollabschrift nur unterbleiben sollte, wenn dadurch der Untersuchungszweck gefährdet würde. Der **Verteidiger** hat gem. § 147 Abs. 3 StPO jederzeit Anspruch auf Einsicht in das Protokoll. Im Hinblick darauf ist es in der Praxis üblich, dem anwesenden Verteidiger eine Protokollabschrift zu überlassen.

IV. Aussage- und Mitwirkungsverweigerungsrechte, Einlassung des Beschuldigten

1. Einlassung oder Schweigen

3881 Die Frage, ob der Beschuldigte von seinem **Aussageverweigerungsrecht** Gebrauch machen oder zur Sache aussagen soll, ist i.d.R. schwierig. Zwar dürfen aus dem

1) Burhoff, 5. Aufl. 2010, Rz. 1505.

Schweigen grds. keine nachteiligen Schlüsse gezogen werden,[1] aber andererseits wird das Schweigen in der Praxis insgeheim immer noch als Schuldbekenntnis angesehen. Dies gilt im verstärkten Maße für die strafrechtlich nicht so geschulten Finanzbeamten in den Strafsachenstellen oder bei der Steuerfahndung („Die Wahrheit braucht sich nicht zu verstecken"). Aber auch der im Strafverfahren unerfahrene Mandant, der sich von der Peinlichkeit des Verfahrens und der damit verbundenen „negativen Publizität" gequält fühlt, befürchtet, dass sein Schweigen fehlerhaft interpretiert wird („Wer schweigt, hat etwas zu verbergen"). Er geht von der trügerischen Erwartung aus, eine Einlassung in einem frühen Verfahrensstadium trage zu einer beschleunigten Einstellung des Verfahrens bei. In dieser Situation benötigt der Verteidiger viel Fingerspitzengefühl und Überzeugungskraft, um Schaden von seinem Mandanten abzuwenden.

Es stellt einen groben Fehler der Verteidigung dar, sich zur **Unzeit** zu äußern. Dies **3882** gilt beispielsweise für die **Aussage in Unkenntnis der sichergestellten Beweismittel und Ermittlungsakten.** Nur aus den Beweismitteln lässt sich der Kenntnisstand der Ermittlungsbehörden ersehen, nur aus fortlaufenden Ermittlungsakten lässt sich ihr Vorgehen, die Prozesstaktik und der bisherige Verlauf des Verfahrens nachvollziehen. Die aufmerksame Lektüre eines staatsanwaltlichen Aktenvermerks kann dem erfahrenen Leser mehr an Informationen über das prozessuale Vorgehen der Strafverfolgungsbehörden vermitteln als das Gespräch mit der Staatsanwaltschaft oder der Steuerfahndung selbst. Eine Aussage in Unkenntnis des Wissensstandes der Ermittlungsbehörden birgt die Gefahr in sich, dass sie sich mit den vorhandenen Beweismitteln nicht in Übereinstimmung bringen lässt. Dies muss nicht einmal darauf beruhen, dass der Beschuldigte bewusst falsch aussagt. Auch das Erinnerungsvermögen spielt dem Menschen bekanntlich manchen Streich. Die nachträgliche Korrektur einer einmal gemachten Aussage, möglicherweise auf Grund eines Vorhaltes, wirkt i.d.R. nachteilig. Sie ist mit dem Etikett behaftet, dass der Beschuldigte versucht hat, die Ermittlungsbehörden in die Irre zu führen. Im schlimmsten Fall kann dies zu einer Verhaftung wegen Verdunkelungsgefahr führen. Zwar ist bekannt, dass die Akteneinsicht verweigert werden kann, wenn sie den Untersuchungszweck gefährden könnte. Dieses Hindernis sollte aber nicht überbewertet werden. Oftmals kann mit der Staatsanwaltschaft vereinbart werden, dass nach Gewährung der Akteneinsicht eine Aussage in Aussicht gestellt wird. Auch der Hinweis des Verteidigers, dass der Beschuldigte effektiver zu seinem Aussageverhalten beraten werden kann, wenn Akteneinsicht gewährt wird und dass dies auch zur Beschleunigung des Verfahrens beitragen kann, hilft in der Praxis nicht selten.

Kann der Verteidiger bis zur Akteneinsicht den Rat, die Einlassung zu verweigern, **3883** als vorläufig bezeichnen und mit unzureichender Information begründen, muss er sich **nach erhaltener Akteneinsicht** entscheiden. Dabei sind Vor- und Nachteile unter Berücksichtigung der Beweislage, der Persönlichkeit des Mandanten, seiner sprachlichen und intellektuellen Gewandtheit, der erstrebten Verfahrensbeendigung in Form einer Absprache, evtl. notwendig werdender Ermittlungen bei Dritten usw. sorgfältig abzuwägen.[2]

a) Interesse der Finanzbehörde an der Mitwirkung

Abgesehen von der Gewährung rechtlichen Gehörs nach Abschluss der Ermittlun- **3884** gen sind die Ermittlungsbehörden, v.a. die Steuerfahndung, regelmäßig bemüht, auch schon vor Beendigung ihrer Tätigkeit dem Beschuldigten die Möglichkeit zur Stellungnahme zu geben. In Steuerfahndungsfällen erfolgt deshalb die erste Vernehmung regelmäßig durch die Fahndung selbst. Durch die Mitwirkung des Beschuldigten erspart sich die Steuerfahndung oft eine langwierige Kleinarbeit, den

1) BGH v. 18.4.2002, 3 StR 370/01, StV 2002, 409 (nachteilige Verwertung von Teilschweigen).
2) Ausf. dazu Richter, StV 1994, 687 f.

Nachweis einer Vielzahl einzelner Geschäftsvorfälle, v.a. den oft schwierigen Nachweis des gesamten Umfangs der Verkürzung. Dies gilt v.a. in den Fällen, in denen sich der Stpfl. der Besteuerung bisher vollkommen entzogen und keine Aufzeichnung über die Geschäftstätigkeit geführt hat bzw. diese nicht feststellbar sind.

b) Interesse des Beschuldigten an der Mitwirkung

3885 Ohne die Mitwirkung des Beschuldigten ist die Steuerfahndung gezwungen, den Fall nach allen Richtungen „auszuermitteln". Im Einzelfall kann das dazu führen, dass gegen Gesellschafter, Kunden, Lieferanten usw. Durchsuchungs- und Beschlagnahmebeschlüsse erwirkt und die Betroffenen als Zeugen vernommen werden. Der Beschuldigte würde damit zwar einen gewissen zeitlichen Aufschub erreichen, im Ergebnis werden diese Ermittlungen in vielen Fällen aber zum Nachweis der verkürzten Steuer und des vorsätzlichen Handelns führen. Die Akribie und Energie, mit der Fahndungsbeamte in derartigen Fällen auf die Mitwirkung oder Verweigerung des Beschuldigten reagieren, werden in der Praxis häufig unterschätzt. Dass durch derartige Ermittlungen bei Kunden, Lieferanten und sonstigen Geschäftspartnern die Geschäftsbeziehungen erheblich beeinträchtigt oder gar zerstört werden, bedarf keiner weiteren Erklärung. In solchen Fällen ist eine **Mitwirkung** oft zweckmäßig.

3886 Andererseits gibt es Fälle, in denen der Beschuldigte seine Verteidigung am wirksamsten dadurch gestaltet, dass er die **Mitwirkung gänzlich verweigert**, z.B. wenn die Steuerfahndung ohne seine Angaben keine konkreten Verkürzungen nachweisen kann. Im Einzelnen ist das nur auf Grund der Besonderheiten eines jeden Falles zu entscheiden. Jedenfalls ist der Versuch legitim und gerade im Steuerfahndungsverfahren oft Erfolg versprechend, durch Gespräche, Mitwirkung und Zugeständnisse eine Einigung über die verkürzte Steuer herbeizuführen. Unter Umständen ist es im Einzelfall sogar möglich, Einvernehmen über die Beschreibung des Schuldvorwurfs zu erzielen und so den Inhalt des Abschlussberichts der Fahndung zu beeinflussen. Allerdings setzt dies eine gewisse Erfahrung im Umgang mit der Arbeitsweise der Steuerfahndung, eine genaue Kenntnis des Vorwurfs, der bereits vorhandenen Feststellungen sowie des vorhandenen belastenden Materials voraus.

2. Art der Einlassung

3887 Ob der Verteidiger seinem Mandanten zur **mündlichen Äußerung** oder zur **schriftlichen Einlassung** rät, wird vom Stand und Umfang des Verfahrens, von der Persönlichkeit des Mandanten, seiner sprachlichen Gewandtheit, dem bisherigen Kontakt mit den Ermittlungsbeamten und den daraus zu ziehenden Schlussfolgerungen abhängen. Die Vernehmung durch die Bußgeld- und Strafsachenstelle oder Staatsanwaltschaft wird der Verteidiger dann suchen, wenn er sich durch den persönlichen Eindruck des Beschuldigten Positives verspricht. Darüber hinaus ergibt sich im Rahmen der Vernehmung oder im Anschluss daran die Möglichkeit, über die Sache „zu reden", nicht selten lässt sich hier die Grundlage für eine einvernehmliche Verfahrenserledigung legen.

3888 Entscheidet sich der Verteidiger für eine **mündliche Aussage,** so muss der Mandant auf die Umstände einer Vernehmung vorbereitet werden. Die Umgebung ist für ihn ebenso ungewohnt wie die Frage- und Vorhaltetechnik. In seiner Aufregung wird er Wesentliches nicht von Unwesentlichem unterscheiden und vergessen, Entlastendes vorzubringen. Die hintersinnige bzw. doppeldeutige Formulierung mancher Fragestellungen wird er nicht erkennen. Ihm steht ein (bzw. mehrere) in der Vernehmungstechnik und in der Vernehmungspraxis erfahrener Fahndungsbeamter gegenüber. Von der Richtigkeit seiner Ermittlungen und der zu Grunde liegenden Verdachtslage ist er überzeugt, was ihm fehlt, ist lediglich das überführende Geständnis oder zumindest ein sich in Widersprüche verwickelnder und damit unglaubwürdiger Beschuldigter. Ihn zu überführen ist der angestrebte Erfolg. Die

Strafprozessordnung lässt ihm dabei einen weiten Spielraum: So sind auch **Fangfragen** nicht unzulässig. Er braucht dem Beschuldigten nicht alle Ermittlungsergebnisse mitzuteilen, kann also zu bestimmten Punkten schweigen. Dementsprechend sind Vorhalte aus den Ermittlungsakten oft nur unvollständig. Auch Hinweise, dass sich ein Geständnis auf die Strafzumessung und die Entlassung aus der Untersuchungshaft günstig auswirken kann, sind nicht verboten.[1] Die Grenze soll erst überschritten sein, wenn der Beschuldigte bewusst in die Irre geführt wird. Ein nur fahrlässiges Verhalten genügt nicht.[2] Der Vernehmungsbeamte darf nur nicht mit einer verfahrensrechtlich unzulässigen Maßnahme drohen oder einen gesetzlich nicht vorgesehenen Vorteil versprechen. Sagt er z.B. für den Fall eines Geständnisses Haftentlassung zu, so ist dies unzulässig, weil er darüber nicht entscheiden kann. Sagt er nur zu, sich für eine Haftentlassung einzusetzen, so ist dies zulässig.[3] Angesichts dieser restriktiven Auslegung verbotener Vernehmungsmethoden ist die kontrollierende **Anwesenheit des Verteidigers** bei einer mündlichen Vernehmung **unabdingbar.**

An Stelle einer Vernehmung kann sich der Beschuldigte auch **schriftlich zur Sache** **3889**
einlassen. Das hat den Vorteil, dass er sich in Ruhe und ohne Vernehmungsstress bei dem Verteidiger aussprechen und die Einlassung in einer Atmosphäre des Vertrauens abgegeben und aufgenommen werden kann. Ermittlungsorgane stehen der schriftlichen Einlassung skeptisch gegenüber, weil sie die aus ihrer Sicht notwendige Spontaneität vermissen und – i.d.R. unausgesprochen – Einflussnahme des Verteidigers vermuten. Der Verteidiger darf bei der Formulierung der Einlassung Hilfestellung leisten. Allerdings ist streng darauf zu achten, dass der sachliche Wahrheitsgehalt keinesfalls verfälscht werden darf.

Der Verteidiger wird die schriftliche Einlassung ohnehin nur nach **sorgfältiger Prü-** **3890**
fung möglicher Folgen abgeben. Entscheiden sich Mandant und Verteidiger für die schriftliche Einlassung, sind möglichst die eigenen Worte des Beschuldigten zu verwenden, denn es ist seine Aussage, nicht die des Verteidigers. Ob der Verteidiger die Einlassung in Gegenwart des Mandanten diktiert oder auf schriftliche Informationen des Mandanten zurückgreift, wird vom Umfang der Sache und seinem Arbeitsstil abhängen. Ob die Einlassung in direkter oder indirekter Rede wiedergegeben wird, ist sorgfältig abzuwägen. Die direkte Rede wirkt unmittelbarer, authentischer. Zu bedenken ist allerdings, dass sie in einer evtl. stattfindenden Hauptverhandlung gem. § 249 StPO verlesbar und im Wege des Urkundenbeweises verwertbar ist. Nicht verlesbar ist dagegen eine Erklärung, die der Verteidiger in seiner Formulierung für den Beschuldigten abgegeben hat.[4]

F. Verständigung im Steuer- und (Steuer-)Strafrecht

Schrifttum

Jahn/Müller, Das Gesetz zur Regelung der Verständigung im Strafverfahren – Legitimation und Reglementierung der Absprachepraxis, NJW 2009, 2625; **Landau**, Strafrecht nach Lissabon, NStZ 2011, 537; **Murmann**, Reform ohne Wiederkehr? – Die gesetzliche Regelung der Absprachen im Strafverfahren, ZIS 2009, 538.

---

1) BGH v. 14.9.1965, 5 StR 307/65, BGHSt 20, 268.

2) Diemer in Karlsruher Kommentar, 6. Aufl. 2008, § 136a StPO Rz. 19 ff.

3) Diemer in Karlsruher Kommentar, 6. Aufl. 2008, § 136a StPO Rz. 19 ff.

4) Griesbaum in Karlsruher Kommentar, 6. Aufl. 2008, § 163a StPO Rz. 14; Meyer-Goßner, 55. Aufl. 2012, § 163a StPO Rz. 14; BGH v. 13.12.2001, 4 StR 506/01, StV 2002, 182; OLG Düsseldorf v. 6.5.2002, 2b Ss 59/02 – 30/02 IV, StV 2002, 411.

3891 Sowohl im Besteuerungs- als auch im Strafverfahren werden in der Praxis zur Herbeiführung eines Verfahrensabschlusses Verständigungen getroffen. Verständigungen (Absprachen, Deals, einvernehmliche Lösungen) wurden zunächst in einem gänzlich von der Rechtsprechung unberührten und vom Gesetzgeber ungeregelten Rechtsraum praktiziert. Im Laufe der Jahre änderte sich dieser Zustand. Rechtsprechung und Politik schufen sowohl im Besteuerungs- als auch im Strafverfahren Verständigungsregelungen.

3892 Im Besteuerungsverfahren bejahte der BFH in seinem Urteil vom 11.12.1984[1)] die Zulässigkeit einer Verständigung im Steuerrecht und gab Grenzen vor, innerhalb derer sich zulässige Verständigungen zu bewegen hatten. Diese Vorgaben griff das BMF auf und definierte mit Schreiben vom 30.7.2008[2)] die Voraussetzungen und Rechtsfolgen einer Verständigung sowie den Verfahrensgang.

3893 In zeitlicher Nachbarschaft entwickelte sich das Verständigungsrecht im Strafprozess. Ausgehend von jahrzehntelanger Praxis bekannte sich der BGH in drei maßgeblichen Entscheidungen zur Zulässigkeit einer Verständigung im Strafprozess und unternahm den Versuch, dem Verständigungsverfahren Konturen zu verleihen.[3)] Daran anknüpfend trat am 29.7.2009[4)] das Gesetz zur Regelung der Verständigung im Strafverfahren in Kraft.

3894 War die Praxis der Verständigung von jeher umstritten, so vermochten insbesondere im Strafverfahren weder die höchstrichterliche Rechtsprechung noch der Gesetzgeber an diesem Zustand in maßgeblicher Weise etwas zu ändern. Die Einwände gegen eine Vereinbarkeit einer konsensualen Lösung mit den geltenden Regeln des Strafprozesses waren und sind so groß, dass folgerichtig das Bundesverfassungsgericht mit der Rechtsmaterie befasst wurde. In seiner Entscheidung vom 19.3.2013 stellte es fest, dass die gesetzlichen Regelungen zur Verständigung im Strafprozess trotz eines erheblichen Vollzugsdefizits derzeit noch nicht verfassungswidrig sind. Der Gesetzgeber muss jedoch die Schutzmechanismen, die der Einhaltung der verfassungsrechtlichen Anforderungen dienen, fortwährend auf ihre Wirksamkeit überprüfen und ggf. nachbessern. Gleichzeitig betonte das Bundesverfassungsgericht, dass allein das vom Gesetzgeber vorgegebene Verfahren zulässig ist und jenseits dessen keine informellen Absprachen getroffen werden dürfen. Außerdem schließt es das im Grundgesetz verankerte Schuldprinzip und die mit ihm verbundene Pflicht zur Erforschung der materiellen Wahrheit sowie der Grundsatz des fairen, rechtsstaatlichen Verfahrens, die Unschuldsvermutung und die Neutralitätspflicht des Gerichts aus, die Handhabung der Wahrheitserforschung, die rechtliche Subsumtion und die Grundsätze der Strafzumessung zur freien Disposition der Verfahrensbeteiligten und des Gerichts zu stellen.[5)]

3895 Das Bundesverfassungsgericht nahm sichtlich angestrengt davon Abstand, die gesetzlichen Regelungen zur Verständigung im Strafprozess für verfassungswidrig zu erklären. Dies mag auf der Erkenntnis basieren, dass in der Praxis „Deals" stattfanden, noch bevor der Bundesgerichtshof oder der Gesetzgeber die Zulässigkeit bejaht und die Grundlagen geschaffen hatten. Dies deshalb, da die Justiz in der Vergangenheit bereits aus Kapazitätsgründen umfangreiche Beweisaufnahmen und damit einhergehend langwierige Hauptverhandlungen zu vermeiden trachtete. An diesem Zustand hat sich nichts geändert, so dass weiterhin die Notwendigkeit von verfahrensabkürzenden Maßnahmen und somit der Anreiz zur Herbeiführung einvernehmlicher Verfahrensabschlüsse besteht. In Anbetracht dessen war einem unter

1) BFH v. 11.12.1984, VIII R 131/76, BStBl II 1985, 354.
2) BStBl I 2008, 831.
3) BGH v. 28.8.1997, 4 StR 240/97, BGHSt 43, 195; v. 10.6.1998, 2 StR 156/98, NStZ 1999, 92 ff.; v. 3.3.2005, GSSt 1/04, NJW 2005, 1440 = BGHSt 50, 40.
4) BGBl. I 2009, 2353.
5) BVerfG v. 19.3.2013, 2 BvR 2628/10, 2 BvR 2883/10, 2 BvR 2155/11, NJW 2013, 1058.

besonderes Kuratel des Gesetzesgebers gestellten Verständigungsverfahren gegenüber einem gänzlich ungeregelten Zustand der Vorzug zu geben.

I. Tatsächliche Verständigung im Besteuerungsverfahren

1. Zulässigkeit

Nach ständiger Rechtsprechung des BFH[1] ist eine tatsächliche Verständigung ausschließlich im Bereich der Sachverhaltsermittlung zulässig. **3896**

Demgegenüber ist eine Verständigung über Rechtsfragen unzulässig, mit der Folge, dass auf diesem Wege weder über zweifelhafte Rechtsfragen noch über den Eintritt bestimmter Rechtsfolgen befunden werden kann.[2] Damit einhergehend ist auch die Anwendung bestimmter Rechtsvorschriften nicht dispositiv. Eine tatsächliche Verständigung ist aber insoweit möglich, als im Rahmen einer rechtlichen Beurteilung über eine Vorfrage zum Sachverhalt zu entscheiden ist.[3] Zusätzlich muss die Verständigung zum einen die Grundsätze der Gesetzmäßigkeit und Gleichmäßigkeit der Besteuerung beachten und darf zum anderen nicht zu einem offensichtlich unzutreffenden Ergebnis führen. Werden durch Verfälschung der Tatsachen die Voraussetzungen für eine tatsächliche Verständigung geschaffen oder die tatsächliche Verständigung auf unzutreffende Sachverhalte gestützt, kann auf diese Weise der Tatbestand der Steuerhinterziehung erfüllt werden.[4] **3897**

Die tatsächliche Verständigung kann in jedem Stadium des Veranlagungsverfahrens, insbesondere auch anlässlich einer Außenprüfung und während eines anhängigen Rechtsbehelfs- bzw. Rechtsmittelverfahrens (z.B. im Rahmen einer Erörterung nach § 364a AO) getroffen werden. Von ihr kann auch bei Steuerfahndungsprüfungen bzw. nach Einleitung eines Steuerstrafverfahrens Gebrauch gemacht werden. In solchen Fällen ist frühzeitig die für Straf- und Bußgeldverfahren zuständige Stelle bzw. die Staatsanwaltschaft einzubeziehen.[5] **3898**

2. Voraussetzungen

Im Besteuerungsverfahren gilt der Grundsatz der Amtsermittlung (§ 88 Abs. 1 AO). Mit diesem Grundsatz ist eine Verständigung nur dann vereinbar, sofern ein Sachverhalt vorliegt, der nicht oder nur mit großem bzw. unzumutbarem Aufwand ermittelt werden kann.[6] Bei der Beantwortung der Frage nach dem zumutbaren Aufwand, darf dieser in Relation zum steuerlichen Erfolg gesetzt werden.[7] **3899**

Weiter setzt eine wirksame Verständigung voraus, dass für die Finanzbehörden ein Amtsträger handelt, der für die Steuerfestsetzung zuständig ist. Der innerbetrieblichen Organisation folgend, wird dies i.d.R. der Vorsteher oder der Sachgebietsleiter des betreffenden Veranlagungsbezirks, der Betriebsprüfung- oder Rechtsbehelfsstelle sein.[8] Der zuständige Finanzbeamte hat die tatsächliche Verständigung nicht nur zu begleiten, sondern die erforderlichen Willenserklärungen für die von ihm **3900**

1) BFH v. 11.12.1984, VIII R 131/76, BStBl II 1985, 354; v. 5.10.1990, III R 19/88, BStBl II 1991, 45; v. 6.2.1991, I R 13/86, BStBl II 1991, 673; v. 8.9.1994, V R 70/91, BStBl II 1995, 32; v. 13.12.1995, XI R 43–45/89, XI R 43/89, XI R 44/89, XI R 45/89, BStBl II 1996, 232; v. 31.7.1996, XI R 78/95, BStBl II 1996, 625.

2) BFH v. 1.2.2001, IV R 3/00, BStBl II 2001, 520.

3) BMF v. 30.7.2008 m.H.a. BFH v. 1.2.2001, IV R 3/00, BStBl II 2001, 520; vgl. Randt in Franzen/Gast/Joecks, 7. Aufl. 2009, § 404 AO Rz. 93.

4) BGH v. 26.10.1998, 5 StR 288/98 wistra 1999, 103, 106.

5) BMF v. 30.7.2008, IV A 3-S 0223/07/10002, 2008/0411043, BStBl I 2008, 831.

6) Vgl. AEAO zu § 88 AO zum Grundsatz der Verhältnismäßigkeit.

7) Vgl. BMF v. 30.7.2008, IV A 3-S 0223/07/10002, 2008/0411043, BStBl I 2008, 831.

8) Randt in Franzen/Gast/Joecks, 7. Aufl. 2009, § 404 AO Rz. 95.

vertretene Behörde abzugeben. Eine tatsächliche Verständigung kommt jedenfalls nicht allein dadurch zustande, dass der für die Veranlagung zuständige Beamte an der Schlussbesprechung teilnimmt und den Ausführungen des Betriebsprüfers nicht widerspricht.[1)]

3901 Die tatsächliche Verständigung ist an keine bestimmte Form gebunden.[2)] Sie kann daher auch mündlich geschlossen werden. Zu Dokumentations- und Beweiszwecken empfiehlt es sich aber bei komplexen Fallgestaltungen, insbesondere bei parallel laufenden Steuerstrafverfahren, auf eine schriftliche Abfassung und deren Unterzeichnung durch alle Beteiligte zu bestehen.

3902 Da kein Schriftformerfordernis besteht, kann eine Verständigung auch in konkludenter (stillschweigender) Weise erfolgen. Bei schwierig zu ermittelnden Besteuerungsgrundlagen ist aber eine tatsächliche Verständigung nicht darin zu erblicken, dass der Stpfl. die Berechnung des Finanzamtes von Einkünften bis zur mündlichen Verhandlung vor dem FG nicht beanstandet.[3)]

3. Anwendungsbereich

3903 Die tatsächliche Verständigung kommt insbesondere in Fällen in Betracht, in denen ein

- Schätzungsspielraum,
- Bewertungsspielraum,
- Beurteilungsspielraum oder
- Beweiswürdigungsspielraum

besteht.

3904 Grundsätzlich werden in einer tatsächlichen Verständigung abgeschlossene, d.h. in der Vergangenheit liegende Sachverhalte geregelt. Entfaltet der der tatsächlichen Verständigung zu Grunde liegende Sachverhalt Wirkung auf die Zukunft, so kann auch insoweit eine Bindungswirkung eintreten, sofern dies dem Willen der Beteiligten entspricht. In diesem Fall steht die tatsächliche Verständigung jedoch unter dem (stillschweigenden) Vorbehalt gleichbleibender tatsächlicher Verhältnisse.[4)]

4. Verständigungsverfahren

3905 Da der Gesetzgeber davon Abstand genommen hat, das Verständigungsverfahren zu regeln, sind keine starren Vorgaben zu beachten. Der Rechtsprechung, dem BMF sowie dem Prinzip der Gesetzmäßigkeit der Verwaltung folgend, sind folgende Wegweiser zu beachten:

- die Initiative für eine Verständigung kann sowohl vom Stpfl. als auch vom Finanzamt oder beiden ausgehen.[5)]
- die Finanzverwaltung darf auf den Stpfl. keinen unzulässigen Druck ausüben. Dies gilt sowohl im Hinblick auf das Zustandekommen als auch auf den Inhalt der tatsächlichen Verständigung. Eine auf diesem Wege zustande gekommene tatsächliche Verständigung ist unwirksam (hierzu weiter unten → Rz. 3910).[6)]

---

1) BFH v. 20.8.1997, I B 32/97, BFH/NV 1998, 333.
2) A.M. BMF v. 30.7.2008, IV A 3-S 0223/07/10002, 2008/0411043, BStBl I 2008, 831, welches Schriftform verlangt; → Rz. 3905.
3) BFH v. 28.11.1990, X R 197/87, BStBl II 1991, 300, 305.
4) BFH v. 13.8.1997, I R 12/97, BFH/NV 1998, 498.
5) BFH v. 6.2.1991, I R 13/86, BStBl II 1991, 673.
6) Randt in Franzen/Gast/Joecks, 7. Aufl. 2009, § 404 AO Rz. 94c m.H.a. BMF v. 30.7.2008, IV A 3-S 0223/07/10002, 2008/0411043, BStBl I 2008, 831.

- dementsprechend besteht auf Seiten des Stpfl. aber auch kein Anspruch auf Abschluss einer tatsächlichen Verständigung.
- der Abschluss hat durch einen zuständigen und damit zeichnungsberechtigten Amtsträger zu erfolgen.
- nach Auffassung des BMF soll in einer tatsächlichen Verständigung grundsätzlich nur ein einzelner Sachverhalt geregelt werden. „Paketlösungen", d.h. die Regelung mehrerer – nicht zwingend miteinander zu verbindender – Sachverhalte, sollen vermieden werden. Mit dieser Einschränkung will das BMF verhindern, dass mit dem Argument des Wegfalls der Geschäftsgrundlage geschlossene Verständigungen insgesamt angegriffen werden.
- das BMF geht davon aus, dass die tatsächliche Verständigung schriftlich abzufassen und von allen Beteiligten zu unterschreiben ist. Des Weiteren verlangt das BMF, dass in der Niederschrift alle Beteiligte in eindeutiger Form auf die Bindungswirkung der tatsächlichen Verständigung hinzuweisen sind. Die Rechtsfolgen sind i.d.R. nicht mit aufzunehmen. Dies ist folgerichtig, da die tatsächliche Verständigung die Rechtsfolgen nicht regelt.

5. Bindungswirkung

3906 Die Bindungswirkung tritt nicht erst mit Erlass oder gar Rechtskraft der auf die tatsächliche Verständigung beruhenden Steuerbescheide ein.[1] Vielmehr sind die Beteiligten bereits mit Abschluss der Verständigung nach dem Grundsatz von Treu und Glauben an diese gebunden.

3907 Die Bindungswirkung erstreckt sich nur auf die Beteiligten, nicht jedoch auf Dritte. Wird durch die tatsächliche Verständigung auf die steuerlichen Belange von Dritten (z.B. Unternehmen des Stpfl.) eingewirkt oder sollen sich die Rechtswirkungen der Verständigung auf Dritte erstrecken, so sind die Dritten als Parteien der Verständigung mit einzubeziehen. Dies gilt dann auch für das für die Dritten zuständige Veranlagungsfinanzamt.

3908 Wird die tatsächliche Verständigung durch einen unzuständigen Amtsträger abgeschlossen, so kann dieser Mangel durch ausdrückliche nachträgliche Zustimmung gegenüber allen Beteiligten geheilt werden. Wird die Verständigung durch Erlass entsprechender Steuerbescheide umgesetzt, so ist darin eine Genehmigung zu erblicken.[2]

3909 Eine unwirksame Verständigung entfaltet keine Bindungswirkung. Hiervon ist auszugehen, wenn der angenommen Sachverhalt nicht zutrifft und die Verständigung daher zu einem offensichtlich unzutreffenden Ergebnis führt, was bereits dann der Fall sein kann, wenn die Vereinbarung gegen die Regeln der Logik oder gegen allgemeine Erfahrungssätze verstößt.[3]

3910 Eine tatsächliche Verständigung ist auch dann unwirksam, wenn sie unter Ausübung unzulässigen Drucks auf den Stpfl. zustande gekommen ist. Hierzu führt das BMF aus, dass eine Willenserklärung des Stpfl., die zu einer tatsächlichen Verständigung mit dem Finanzamt geführt hat, nicht deshalb angefochten werden könne, weil die Erklärung nur aus Sorge vor weiteren lästigen Ermittlungen und unter dem Druck eines laufenden Steuerstrafverfahrens abgegeben worden sei.[4] Für eine solche pauschale Beurteilung besteht keine Veranlassung. Wird der Stpfl. in rechtswidriger Weise unter Druck gesetzt, indem z.B. ein bestimmtes Schwellenstrafmaß (Geldstrafe in Höhe von 90 Tagessätzen; Freiheitsstrafe, deren Vollzug zur Bewäh-

1) BFH v. 6.2.1992, I R 13/86, BStBl II 1991, 673; v. 31.7.1996, XI R 78/95, BStBl II 1996, 625.
2) Randt in Franzen/Gast/Joecks, 7. Aufl. 2009, § 404 AO Rz. 95.
3) BFH v. 6.2.1991, I R 13/86, BStBl 1991, 673, 674.
4) BMF v. 30.7.2008, IV A 3-S 0223/07/10002, 2008/0411043, BStBl I 2008, 831.

rung ausgesetzt werden kann) nur unter der Bedingung zugesagt wird, dass eine Verständigung über einen Sachverhalt erfolgt, der zu einer höheren als tatsächlich geschuldeten Steuer führt, so ist von einer verwerflichen Zweck-Mittel-Relation auszugehen. In diesem Fall besteht keine Veranlassung, den Vorgang nicht unter § 123 Abs. 1 BGB zu subsumieren und einen Verstoß gegen das Gebot des Fair Trials anzunehmen. Die Beweislast liegt in diesem Fall beim Stpfl.[1]

3911 Da in einer tatsächlichen Verständigung weder Rechtsfragen noch Rechtsfolgen geregelt werden, kann sich die Bindungswirkung auf diese Bereiche auch nicht erstrecken. Dies hat zur Folge, dass der Stpfl. uneingeschränkt die Rechtsanwendung des Finanzamtes auf den einvernehmlich festgestellten Sachverhalt anfechten kann.[2]

3912 Eine Bindungswirkung im Sinne eines Geständnisses für das Steuerstrafverfahren geht mit der tatsächlichen Verständigung nicht einher.[3]

II. Verständigung („Deal") im Strafverfahren

1. Zulässigkeit einer Verständigung

3913 In § 257c StPO regelt der Gesetzgeber die Zulässigkeit einer Verständigung im Strafprozess. Hierbei legt er gleichzeitig die unter Fortbildung der von der Rechtsprechung aufgestellten Vorgaben zu beachtenden Grundsätze einer rechtsstaatlichen und mit der Strafprozessordnung zu vereinbarenden Verständigung fest. Das Bundesverfassungsgericht stellte insoweit klar, dass mit dem Verständigungsgesetz kein neues „konsensuales" Verfahrensmodell eingeführt, sondern die Verständigung in das geltende Strafprozessrechtssystem integriert wurde.[4] Gleichwohl wird der „Deal" ein juristisches Sorgenkind bleiben. Auch die Entscheidung des Bundesverfassungsgerichts wird die zahlreichen und prominenten Stimmen, welche den auf einer Verständigung beruhenden Verfahrensabschluss als nicht mit dem Grundsatz der Amtsaufklärungspflicht (§ 244 Abs. 2 StPO) vereinbar ansehen, nicht zum Verstummen bringen. Dies insbesondere vor dem Hintergrund, dass das vor dem Bundesverfassungsgericht geführte Verfahren eine massive Missachtung der gesetzlichen Vorgaben in der Praxis zum Vorschein brachte.[5]

3914 Aus den verfassungsrechtlichen Vorgaben (→ Rz. 3894) und den gesetzlichen Regelungen ergeben sich für das Verständigungsrecht die folgenden tragenden Prinzipien:

- der Amtsaufklärungsgrundsatz bleibt unberührt; eine Verständigung kann niemals die alleinige Urteilsgrundlage sein;[6]
- das verständigungsbasierte Geständnis ist zwingend auf seine Richtigkeit zu überprüfen;[7]
- die Verfahrensbeteiligten sind in der Einlegung ihrer Rechtsmittel frei; ein Rechtsmittelverzicht darf nicht vereinbart werden;
- die rechtliche Würdigung ist der Disposition im Rahmen einer Verständigung entzogen;[8]

1) FG Münster v. 29.1.1996, 8 V 5581/95 E, U und 8 V 188/96 U, EFG 1996, 464.
2) Vgl. BFH v. 6.2.1991, I R 13/86, BStBl II 1991, 673.
3) Randt in Franzen/Gast/Joecks, 7. Aufl. 2009, § 404 AO Rz. 92a.
4) BVerfG v. 19.3.2013, 2 BvR 2628/10, 2 BvR 2883/10, 2 BvR 2155/11, NJW 2013, 1058.
5) BVerfG v. 19.3.2013, 2 BvR 2628/10, 2 BvR 2883/10, 2 BvR 2155/11, NJW 2013, 1058.
6) BVerfG v. 19.3.2013, 2 BvR 2628/10, 2 BvR 2883/10, 2 BvR 2155/11, NJW 2013, 1058.
7) BVerfG v. 19.3.2013, 2 BvR 2628/10, 2 BvR 2883/10, 2 BvR 2155/11, NJW 2013, 1058.
8) BVerfG v. 19.3.2013, 2 BvR 2628/10, 2 BvR 2883/10, 2 BvR 2155/11, NJW 2013, 1058.

- Absprachen über den Schuldspruch, wie z.B. Schuldfähigkeit und § 63 StGB,[1] sind unzulässig;[2]
- es darf lediglich eine Ober- und Untergrenze der Strafe in Aussicht gestellt werden; eine Punktstrafe darf nicht vereinbart werden;[3]
- die Absprache muss unter Einbeziehung aller Verfahrensbeteiligten erfolgen; Staatsanwaltschaft und Angeklagter müssen zustimmen, andere Verfahrensbeteiligte – v.a. Nebenkläger – sind zu hören;
- die Verständigung ist ausführlich und allumfassend zu protokollieren;
- das Gericht ist an die Absprache gebunden, sofern nicht schwerwiegende neue Umstände bekannt werden;
- informelle Absprachen jenseits des gesetzlichen Regelungskonzepts sind unzulässig.[4]

Zur Zulässigkeit hat der Gesetzgeber lediglich geregelt, dass in geeigneten Fällen eine Verständigung erfolgen kann. Das Gesetz lässt aber ungeregelt, was im Näheren unter einer Verständigung zu verstehen ist und anhand welcher Umstände auf geeignete Fälle geschlossen werden kann. **3915**

Den Motiven des Gesetzgebers kann hierzu entnommen werden, dass sich die Verständigung auf Einvernehmen zu gründen hat,[5] so dass die Folge eine auf allseitige Freiwilligkeit beruhende Vereinbarung zu sein hat, deren Rechtsfolgen § 257c StPO zu entnehmen sind. **3916**

Auch das Tatbestandsmerkmal des „geeigneten Falles" definiert der Gesetzgeber nicht. Ausweislich der Motive soll im Jugendstrafverfahren eine Verständigung nur in Ausnahmefällen und unter Mitwirkung eines Verteidigers möglich sein.[6] Weitere Einschränkungen dürften aber selten sein.[7] **3917**

Den Motiven ist aber eine weitere Einschränkung im Bereich der Zulässigkeit zu entnehmen. Es soll keine unsachgemäße Verknüpfung des jeweils angesonnenen oder in Aussicht gestellten Verhaltens stattfinden.[8] Entscheidungen, die in andere Verantwortlichkeit als derjenigen fallen, die am Erkenntnisverfahren beteiligt sind oder Prozesssituationen außerhalb des gegenständlichen Erkenntnisverfahrens betreffen (wie z.B. Entscheidungen im Strafvollstreckungsverfahren oder Entscheidungen im Strafverfahren, die bei anderen Gerichten anhängig sind), sollen demnach ausgeschlossen sein.[9] Dem war bereits beizupflichten, sofern dem Angeklagten sachfremde Leistungen, die in keinerlei Konnex zum gegenständlichen Strafverfahren stehen, abverlangt wurden. So war es noch vor Inkrafttreten des § 257c StPO unzulässig, die gerichtliche Zusage einer Strafobergrenze auch davon abhängig zu machen, dass der Angeklagte eine Steuerschuld in anderer Sache begleicht.[10] Nunmehr hat das Bundesverfassungsgericht ausdrücklich festgehalten, dass sich die Verständigung auf den Gegenstand der Hauptverhandlung zu beschränken hat und daher sog. „Gesamtlösungen", bei denen die Staatsanwaltschaft auch die Einstel- **3918**

1) BGH v. 22.6.2011, 5 StR 226/11, BGH StV 2011, 647.
2) Zur Bedeutung des Schuldprinzips für verfahrensbeendete Absprachen Landau, NStZ 2011, 537, 540 f.
3) BGH v. 28.9.2010, 3 StR 359/10, BGH NStZ 2011, 231.
4) BVerfG v. 19.3.2013, 2 BvR 2623/10, 2 BvR 2883/10, 2 BvR 2155/11, NJW 2013, 1058.
5) BT-Drucks. 16/11736 v. 27.1.2009, 11.
6) BT-Drucks. 16/11736, 10.
7) BGH v. 22.6.2001, 5 StR 226/11, StraFo 11, 355 und v. 25.1.2012, 5 StR 482/11, NStZ-RR 2012, 140: Ungeeignetheit bei zweifelhafter Schuldfähigkeit des Angeklagten.
8) BT-Drucks. 16/11736 v. 27.1.2009, 11.
9) BT-Drucks. 16/11736 v. 27.1.2009, 11.
10) BGH v. 19.2.2004, 4 StR 371/03, BGHSt 49, 84.

lung anderer Ermittlungsverfahren zusagt, unzulässig sind.[1] Damit einhergehend erübrigt sich die in der Vergangenheit bedeutsame Frage, wie die Zusage der Staatsanwaltschaft, andere Verfahren gem. § 154 StPO einzustellen, mit Bindungswirkung in die Verständigung integriert werden kann. Demgegenüber bleibt aber weiterhin eine Verknüpfung des in Aussicht gestellten Strafrahmens mit einer Schadenswiedergutmachung zulässig. Da eine Schadenswiedergutmachung ein sehr wesentlicher Strafzumessungsgesichtspunkt ist (§ 46 Abs. 2 StGB) und als Bewährungsauflage (§ 56b Abs. 2 Nr. 1 StGB) verhängt werden kann, ist die Verknüpfung als sachgemäß zu bewerten. Die Wiedergutmachung des dem Steuerstrafverfahren zu Grunde liegenden Steuerschadens wird daher im Verständigungsverfahren große Bedeutung behalten und zur Bestimmung der Strafobergrenze maßgeblich beitragen.

2. Gegenstand der Verständigung

3919 Gemäß § 257c Abs. 2 StPO dürfen Gegenstand einer Verständigung nur die Rechtsfolgen sein, die Inhalt des Urteils und der dazugehörigen Beschlüsse sein können, sonstige verfahrensbezogene Maßnahmen im zu Grunde liegenden Erkenntnisverfahren sowie das Prozessverhalten der Verfahrensbeteiligten.

3920 Demgegenüber ist eine Verständigung über Rechtsfragen ausgeschlossen. Diese sind wie vom Bundesverfassungsgericht ausdrücklich entschieden, der Disposition der Prozessbeteiligten entzogen. Nach der strengen Auffassung des Bundesverfassungsgerichts reicht dieses Verbot soweit, dass auch eine Strafrahmenverschiebung nicht Gegenstand einer Verständigung sein darf, und zwar auch dann nicht, wenn sie sich auf Sonderstrafrahmen für besonders schwere oder minder schwere Fälle im Vergleich zum Regelstrafrahmen bezieht.[2] Dies ist bemerkenswert, da es sich bei diesen Sonderstrafrahmen grundsätzlich um gesetzliche Strafzumessungsregeln handelt, welche lediglich eine spezifische Nähe zu Qualifikations- und Privilegierungstatbeständen aufweisen, ohne selbst Tatbestände zu sein. An diesem Beispiel wird aber deutlich, dass das Bundesverfassungsgericht die einer Verständigung zugängliche Verhandlungsmasse möglichst klein halten möchte.

3921 Die Verständigung zielt somit primär auf den Strafausspruch ab. Es können aber auch die Nebenstrafe (Fahrverbot gem. § 44 StGB) oder Nebenfolgen (Einziehung und Verfall, §§ 73 ff. StGB) einvernehmlich geregelt werden. Die Kompensation wegen einer rechtsstaatswidrigen Verfahrensverzögerung kann aber ebenso wenig Gegenstand einer Verständigung sein, wie die Vereinbarung über eine Halbstrafenaussetzung gem. § 57 Abs. StGB.[3]

3922 Gemäß § 257c Abs. 3 Satz 2 StPO darf das Gericht lediglich eine Ober- und Untergrenze der Strafe festlegen. Die Vereinbarung einer bestimmten Strafe (sog. Punktstrafe) ist unzulässig. Wird eine Strafober- und -untergrenze in Aussicht gestellt, so kann das Gericht den Strafrahmen bis zur obersten Grenze ausschöpfen. Ist das Ziel des Angeklagten eine Strafe, deren Vollzug zur Bewährung ausgesetzt werden soll, so ist darauf zu achten, dass als Obergrenze das gesetzlich zulässige Höchstmaß (2 Jahre, § 56 Abs. 2 StGB) nicht überschritten wird. Da gem. § 257c Abs. 2 Satz 1 StPO eine Verständigung auch über die „dazugehörigen Beschlüsse" erfolgen kann und hierzu auch ein Bewährungsbeschluss zu zählen hat, muss gleichzeitig eine Verständigung über die Bewährung zu erfolgen.

3923 Daneben kann auch über verfahrensbezogene Maßnahmen eine Verständigung herbeigeführt werden. Ausweislich der Gesetzesbegründung[4] sollen hierunter Einstellungsentscheidungen und Beweiserhebungen zu verstehen sein.

1) BVerfG v. 19.3.2013, 2 BvR 2628/10, 2 BvR 2883/10, 2 BvR 2155/11, NJW 2013, 1058.
2) BVerfG v. 19.3.2013, 2 BvR 2628/10, 2 BvR 2883/10, 2 BvR 2155/11, NJW 2013, 1058.
3) Meyer-Goßner, 55. Aufl. 2012, § 257c StGB Rz. 10; BGH v. 6.10.2010, 2 StR 354–10, BGHJR 2011/167.
4) BT-Drucks. 16/11376 v. 27.1.2009, 16.

Schließlich kann auch das Prozessverhalten der Verfahrensbeteiligten zulässiger Gegenstand einer Verständigung sein. Hierbei geht es um die Disposition über prozessuale Rechte. So kann Einvernehmen über die Stellung von Beweisanträgen, Rücknahme von Anträgen, wie z.B. Aussetzungs- und Befangenheitsanträge und die Zustimmung zur Verlesung von Protokollen zum Gegenstand des Einvernehmens gemacht werden. Das Bundesverfassungsgericht weist aber darauf hin, dass das nach § 244 Abs. 2 StPO erforderliche Maß einer Beweiserhebung stets insoweit unberührt zu bleiben hat, als ein wirksamer Verzicht auf (weitere) Beweisanträge und Beweiserhebungen sich nicht außerhalb dessen bewegen kann, was durch die unverändert geltende Sachaufklärungspflicht des Gerichts bestimmt ist.[1) **3924**

Entgegen weit verbreiteter Auffassung muss ein Geständnis nicht zwingend Gegenstand einer Verständigung sein. Gemäß § 257c Satz 2 StPO wird lediglich festgelegt, dass ein Geständnis Bestandteil jeder Verständigung „sein soll". In der Praxis stellt das Geständnis oder die Inaussichtstellung eines Geständnisses aber weiterhin eine unverzichtbare Voraussetzung für den Abschluss einer Verständigung dar. **3925**

Wird ein Geständnis abgegeben, so trägt dies i.d.R. in maßgeblicher Weise das Urteil. Es stellt sich aber die Frage, welche inhaltlichen Anforderungen an ein Geständnis zu stellen sind, damit das Gericht ohne Verletzung des Amtsaufklärungsgrundsatzes auf eine (weitere) Beweisaufnahme verzichten kann. Im Gesetzgebungsverfahren hat bereits der Bundesrat[2)] darauf hingewiesen, dass ein glaubwürdiges Geständnis zwingend durch den Amtsaufklärungsgrundsatz gefordert wird. Der große Strafsenat des BGH hat ergänzend betont, dass ein „Formalgeständnis" nicht ausreicht, sondern das Geständnis qualifiziert sein muss.[3)] Es wird daher vielfach die Auffassung vertreten, dass stets zu untersuchen ist, ob das Geständnis „glaubhaft" ist, d.h. stimmig und mit dem Ermittlungsergebnis vereinbar.[4)] Nach anderer Auffassung muss ein „Formalgeständnis" ausreichend sein, so dass keine weitergehende Überprüfung stattzufinden hat, da das Gesetz eine Verständigung auch ohne Geständnis zulässt. In diesen Fällen soll daher – wie in der Vergangenheit in der Praxis üblich – die Erklärung des Angeklagten, wonach der Anklagevorwurf zuträfe, ausreichend sein.[5)] **3926**

Das Bundesverfassungsgericht hat sich mit seinem Urteil vom 19.3.2013 deutlich positioniert. Hierbei hat es sich nicht nur darauf beschränkt festzuhalten, dass ein verständigungsbasiertes Geständnis zwingend auf seine Richtigkeit zu überprüfen ist, da anderenfalls die Verfahrensbeteiligten über den Amtsaufklärungsgrundsatz disponieren würden. Vielmehr fordert es weitergehend, dass ein Geständnis über einen Inhalt verfügen muss, der auf seine Richtigkeit überprüft werden kann. Aus diesem Grunde ist ein Geständnis, das sich in einer Bezugnahme auf die Anklage erschöpft, als Grundlage einer Verständigung ungeeignet.[6)] **3927**

Die Überprüfung eines verständigungsbasierten Geständnisses unterliegt keinen strengeren Anforderungen als sie an eine Beweisaufnahme in der nach herkömmlicher Verfahrensweise geführten Hauptverhandlung nach Abgabe eines Geständnisses zu stellen wären. Vorhalte oder das Selbstleseverfahren sind nach allgemeinen Regeln möglich. Es genügt jedoch nicht, das verständigungsbasierte Geständnis durch einen bloßen Abgleich mit der Aktenlage zu überprüfen.[7)] Eine weitergehende Beweisaufnahme wird aber stets dann notwendig sein, sofern Taten ange- **3928**

---

1) BVerfG v. 19.3.2013, 2 BvR 2628/10, 2 BvR 2883/10, 2 BvR 2155/11, NJW 2013, 1058.
2) BR-Drucks. 65/09 [Beschluss], 3, 4.
3) GrS BGH v. 3.3.2005, GSSt 1/04, BGHSt 50, 40.
4) BGH v. 11.12.2008, 3 StR 21/08, NStZ 2009, 467; OLG Celle v. 9.11.2010, 32 Ss 152/10, StV 2011, 341; Meyer-Goßner, 55. Aufl. 2012, § 257c StPO Rz. 17a.
5) HK-GS/König/Harrendorf, 2. Aufl. 2011, § 257c StPO Rz. 14 m.w.N.
6) BVerfG v. 19.3.2013, 2 BvR 2628/10, 2 BvR 2883/10, 2 BvR 2155/11, NJW 2013, 1058.
7) BVerfG v. 19.3.2013, 2 BvR 2628/10, 2 BvR 2883/10, 2 BvR 2155/11, NJW 2013, 1058.

klagt sind, bei denen sich die Tathandlungen des Angeklagten lediglich auf Teilkomplexe beschränken (z.B. bandenmäßiger Anlagebetrug) und/oder dessen Wahrnehmung beschränkt ist (z.B. Tatfolgen bei unzulässiger Marktmanipulation; Akte der Tatbeendigung, z.B. Geldzugang beim Bestochenen). In diesen Fällen kann auch ein „glaubhaftes" Geständnis zur Tataufklärung nichts beitragen.

3929 Ein Rechtsmittelverzicht kann kein zulässiger Inhalt einer Verständigung sein. Der Angeklagte ist gem. § 35a Satz 2 StPO in jedem Fall frei, ein Rechtsmittel einzulegen. Mit der Revision kann jegliche Rechtsverletzung gerügt werden. Somit kann auch gerügt werden, was den Rahmen einer erlaubten Verständigung überschreitet, also etwa die Zusage einer bestimmten Strafe.[1] Damit hat sich der Gesetzgeber gegen die Versuche des Bundesgerichtshofes, die Revision nach vorangegangener Verständigung unter Hinweis auf widersprüchliches Verhalten einschränken zu wollen,[2] gestellt. Zu beachten ist, dass ein wirksamer Rechtsmittelverzicht auch dann ausgeschlossen ist, wenn sich die Verfahrensbeteiligten unter Verstoß gegen die gesetzlichen Vorschriften verständigt haben. Auch eine solche Verständigung unterliegt der Protokollierungspflicht gem. § 273 Abs. 1a Satz 1 StPO. Wird wahrheitswidrig protokolliert, dass eine Verständigung nicht stattgefunden hat, d.h. ein Negativattest nach § 273 Abs. 1a Satz 3 StPO erteilt, so kann der Tatbestand der Falschbeurkundung im Amt (§ 348 StGB) erfüllt sein.[3]

3. Verständigungsverfahren

3930 Anders als im Besteuerungsverfahren, welches kein Initiativrecht kennt, sieht § 257c Abs. 1 Satz 1 StPO vor, dass die Initiative zu einer Verständigung vom Gericht ausgeht. Das Gesetz verbietet aber den Verfahrensbeteiligten nicht, die Initiative zu ergreifen und bereits in einem frühen Stadium des Verfahrens (Ermittlungsverfahren, § 160b StPO; Zwischenverfahren, § 202a StPO; vor Beginn der Hauptverhandlung, § 212 StPO) die Möglichkeiten einer Verständigung auszuloten und die Voraussetzungen hierfür zu schaffen.

3931 Die Verständigung selbst hat zwingend in der Hauptverhandlung stattzufinden.[4] Gemäß § 33 Abs. 1 StPO ist allen Verfahrensbeteiligten rechtliches Gehör zu gewähren, bevor das Gericht den Inhalt einer möglichen Verständigung bekannt gibt. Die eigentliche Bekanntgabe erfolgt sodann durch Beschluss. Dieser muss den Inhalt der vorgeschlagenen Verständigung allumfassend beinhalten, so insbesondere das mögliche Verfahrensergebnis und die vom Angeklagten erwartete Gegenleistung. Sodann sind gem. § 257c Abs. 3 Satz 3 StPO die Verfahrensbeteiligten erneut zu hören. Gemäß § 257c Abs. 3 Satz 4 StPO kommt schließlich die Verständigung zustande, wenn Angeklagter und Staatsanwaltschaft dem Vorschlag des Gerichts zustimmen. Die Zustimmungserklärung der Staatsanwaltschaft ist als gestaltende Prozesserklärung unanfechtbar und unwiderruflich.[5] Hierbei kommt der Staatsanwaltschaft als „Wächterin des Gesetzes" eine besondere Bedeutung zu. Sie ist aufgerufen darauf zu achten, dass die Verständigung in gesetzmäßiger Weise zustande kommt. Sie ist nicht nur gehalten, ihre Zustimmung zu einer gesetzwidrigen Verständigung zu versagen, sondern darüber hinaus gegen Urteile, die auf solchen Verständigungen beruhen, Rechtsmittel einzulegen.[6]

1) BGH v. 17.2.2011, 3 StR 426/10, NStZ 11, 648.
2) GrS BGH v. 3.3.2005, GSSt 1/04, BGHSt 50, 40, 52.
3) BVerfG v. 19.3.2013, 2 BvR 2628/10, 2 BvR 2883/10, 2 BvR 2155/11, NJW 2013, 1058.
4) BVerfG v. 19.3.2013, 2 BvR 2628/10, 2 BvR 2883/10, 2 BvR 2155/11, NJW 2013, 1058.
5) BGH v. 21.6.2012, 4 StR 623/11, NStZ 2013, 51.
6) BVerfG v. 19.3.2013, 2 BvR 2628/10, 2 BvR 2883/10, 2 BvR 2155/11, NJW 2013, 1058.

4. Bindungswirkung und Verwertungsverbot

Eine zulässigerweise mit dem Gericht getroffene Verständigung bindet das Gericht, sofern nicht die Voraussetzungen des § 257c Abs. 4 StPO vorliegen, welche die Bindungswirkung beseitigen. 3932

Die Bindungswirkung entfällt, wenn rechtlich oder tatsächlich bedeutsame Umstände übersehen worden sind oder sich neu ergeben haben und das Gericht deswegen zu der Überzeugung gelangt, dass der in Aussicht gestellte Strafrahmen nicht mehr tat- oder schuldangemessen ist (§ 257c Abs. 4 Satz 1 StPO). Mit dieser Regelung geht der Gesetzgeber über das hinaus, was die Rechtsprechung in der Vergangenheit für die Loslösung von einer Verständigung gefordert hatte.[1] Es bedarf demnach keiner neuen Umstände, welche nach der Verständigung hinzugetreten sind, um von ihr abweichen zu können. Vielmehr genügt es, dass das Gericht vorhandene und damit wohl auch erkennbare Umstände „übersehen" hat. Knüpft nun der § 257c Abs. 4 Satz 1 StPO zusätzlich noch an die Überzeugung des Gerichts an, so ist ins Belieben, zumindest aber in die „Schludrigkeit"[2] des Gerichts gestellt, ob eine Verständigung Bestand haben soll. Aus diesem Grunde ist zu fordern, dass nur die Umstände die Bindung des Gerichts aufzuheben vermögen, welche von so wesentlicher Bedeutung sind, dass sie der der Verständigung zu Grunde liegenden Tat eine neue Qualität verleihen. Dies etwa dann, wenn sich die Tat nachträglich als ein einer schwereren Strafandrohung unterliegender besonders schwerer Fall darstellt oder nach der Verständigung weitere Tatfolgen hinzutreten, so etwa Versterben des Opfers bei angeklagter Körperverletzung. 3933

Eine Abweichung von der Verständigung ist gem. § 257c Abs. 4 Satz 2 StPO auch dann möglich, wenn das weitere Prozessverhalten des Angeklagten nicht dem Verhalten entspricht, das der Prognose des Gerichts zu Grunde gelegt worden ist. Hierbei muss es sich um ein Prozessverhalten handeln, welches vom Angeklagten ausdrücklich zugesagt und zum Gegenstand der Verständigung gemacht wurde. Die Bindungswirkung bleibt aber bestehen, sofern weitergehende Erwartungen des Gerichts, mögen sie auch im näheren oder weiteren Zusammenhang zu dem der Verständigung zu Grunde gelegten Prozessverhalten des Angeklagten stehen, enttäuscht werden.[3] 3934

Eine Bindungswirkung im Verhältnis zur Staatsanwaltschaft regelt § 257c StPO nicht. Hält die Staatsanwaltschaft Zusagen nicht ein, so bleibt die Bindungswirkung der Verständigung bestehen. § 257c Abs. 4 StPO erfasst diesen Fall nicht.[4] Nachdem das Bundesverfassungsgericht die Einbindung anderer Ermittlungs-/Strafverfahren in die Verständigung ausdrücklich untersagt hat, dürfte aber diese Problematik in der Praxis kaum mehr Relevanz aufweisen. 3935

Gemäß § 257c Abs. 4 Satz 4 StPO hat das Gericht unverzüglich mitzuteilen, sofern es von der Verständigung abweichen will. Gemäß § 257c Abs. 5 StPO ist der Angeklagte über die Voraussetzungen und Folgen einer Abweichung des Gerichts zu belehren. Bei einem Verstoß gegen die Belehrungspflicht wird im Rahmen der revisionsgerichtlichen Prüfung regelmäßig davon auszugehen sein, dass das Geständnis und damit auch das Urteil auf dem Unterlassen der Belehrung beruht.[5] Das Entfallen der Bindungswirkung tritt nicht kraft Gesetzes ein, sondern erfordert eine dahin- 3936

1) BGH v. 20.8.1997, 4 StR 240/97, BGHSt 43, 195; GrS BGH v. 3.3.2005, GSSt 1/04, BGHSt 50, 40, 50.
2) Murmann, ZIS 2009, 538.
3) Zu den verfassungsrechtlichen Bedenken vgl. Meyer-Goßner, 55. Aufl. 2012, § 257c StPO Rz. 27.
4) Jahn/Müller, NJW 2009, 2625, 2628; BT-Drucks. 16/11736, 11.
5) BVerfG v. 19.3.2013, 2 BvR 2628/10, 2 BvR 2883/10, 2 BvR 2155/11, NJW 2013, 1058.

gehende gerichtliche Entscheidung,[1] welche durch Beschluss zu fassen ist. Die Verfahrensbeteiligten sind gem. § 33 Abs. 1 StPO zuvor anzuhören.

3937 Das Geständnis des Angeklagten darf nicht verwertet werden, sofern das Gericht von der Verständigung abweicht (§ 257c Abs. 4 Satz 3 StPO).

5. Protokollierung

3938 Gemäß § 273 Abs. 1a StPO muss das Protokoll den wesentlichen Ablauf und Inhalt sowie das Ergebnis einer Verständigung wiedergeben. Hat eine Verständigung nicht stattgefunden, so ist auch dies im Protokoll zu vermerken (sog. Negativattest, § 273 Abs. 1a Satz 3 StPO).

3939 Das Bundesverfassungsgericht misst der Protokollierungspflicht eine das Verständigungsrecht tragende Bedeutung zu, da nur unter Beachtung umfassender Transparenz- und Dokumentationspflichten ein im Wege der Verständigung gefundenes Urteil einer effektiven Kontrolle durch die Öffentlichkeit, die Staatsanwaltschaft und das Rechtsmittelgericht unterliegt. Dies erfordert, dass nicht nur die Verständigung selbst, sondern die zu einer Verständigung führenden Vorgespräche in die Hauptverhandlung eingeführt und protokolliert werden. Alle Erörterungen außerhalb der Hauptverhandlung sind ihrem wesentlichen Inhalt nach mitzuteilen. Die Mitteilung ist zu protokollieren. Die Protokollierungspflicht hinsichtlich der Verständigung geht über die Protokollierung der nach § 243 Abs. 4 StPO vorgeschriebenen Mitteilungen hinaus.[2] Eine Darstellung des Inhalts der Verständigung im Urteil ist hingegen nicht erforderlich.[3]

3940 Auf Grund der besonderen Bedeutung der Transparenz- und Dokumentationspflichten führt ein hiergegen gerichteter Verstoß nach Auffassung des Bundesverfassungsgerichts zur Rechtswidrigkeit der getroffenen Verständigung. Hält sich das Gericht an eine solche gesetzwidrige Verständigung, wird das Urteil auf diesem Gesetzesverstoß regelmäßig beruhen.[4] Die Transparenz- und Dokumentationspflichten sind nach Auffassung des Bundesverfassungsgerichts so bedeutsam, dass ein Verstoß hiergegen in die Nähe eines absoluten Revisionsgrundes rückt.[5]

3941 Beruft sich ein Angeklagter auf die Unwirksamkeit eines von ihm erklärten Rechtsmittelverzichts wegen einer vorausgegangenen Verständigung und schweigt das Protokoll dazu, so muss er, um dem Revisionsgericht eine Überprüfung im Freibeweisverfahren zu ermöglichen, im Einzelnen darlegen, in welchem Verfahrensstadium, in welcher Form und mit welchem Inhalt die von ihm behauptete Verständigung zustande gekommen ist.[6]

G. Abschließende Besprechung und Fahndungsbericht[7]

Schrifttum

Bornheim, Die richtige Taktik zum Abschluss der tatsächlichen Verständigung, PStR 1999, 195; **Spatscheck/Mantas**, Tatsächliche Verständigung als Steuerhinterziehung?, PStR 1999, 198.

---

1) BGH v. 21.6.2012, 4 StR 623/11, NStZ 2013, 51.
2) BVerfG v. 19.3.2013, 2 BvR 2628/10, 2 BvR 2883/10, 2 BvR 2155/11, NJW 2013, 1058.
3) BGH v. 13.1.2010, 3 StR 528/09, NStZ-RR 2010, 151.
4) BVerfG v. 19.3.2013, 2 BvR 2628/10, 2 BvR 2883/10, 2 BvR 2155/11, NJW 2013, 1058.
5) BVerfG v. 19.3.2013, 2 BvR 2628/10, 2 BvR 2883/10, 2 BvR 2155/11, NJW 2013, 1058.
6) BGH v. 29.9.2010, 2 StR 371/10, NStZ 2011, 232.
7) Vgl. Nr. 127 AStBV (St) 2013, BStBl I 2012, 1018.

Das Fahndungsverfahren kennt, anders als die Außenprüfung, keine formalisierte Schlussbesprechung i.S.d. § 201 AO. Nur in den Fällen, in denen eine Außenprüfung ihre Fortsetzung in einer Fahndungsprüfung gefunden hat, findet § 201 AO Anwendung.[1] Dennoch ist eine abschließende Besprechung in der Fahndungspraxis die Regel, sie dient der **Gewährung rechtlichen Gehörs.** **3942**

Erfolgt eine Schlussbesprechung und wird in dieser allein mit der **Steuerfahndung** eine Einigung erzielt, so entfaltet diese **keine bindende Wirkung,** und zwar weder in steuerlicher noch in strafrechtlicher Hinsicht. **3943**

Eine generelle Aussage, ob der Beschuldigte die streitige oder einvernehmliche Beendigung des Fahndungsverfahrens anstreben soll, ist nicht möglich. Hier kommt es auf den jeweiligen Einzelfall an, in dem sich Verteidiger und Mandant möglichst frühzeitig darüber klar werden sollten, ob sie das Verfahren kooperativ oder streitig beenden wollen. Dazu muss der Stpfl. mit seinem Berater eine Güterabwägung vornehmen. Auch wenn sich die abschließende Besprechung im Wesentlichen auf die steuerlichen Feststellungen und Rechtsfolgen konzentriert, kommt den strafrechtlichen Auswirkungen der steuerlichen Feststellungen im Rahmen dieser Abwägung ein besonderes Gewicht zu. **3944**

Bei diesen Überlegungen darf nicht außer Acht gelassen werden, dass im Falle einer streitigen Beendigung des Fahndungsverfahrens regelmäßig das Strafverfahren vor dem finanzgerichtlichen Verfahren abgeschlossen sein wird. Zwar ist zu beachten, dass eine Einigung mit der Steuerfahndung keine Bindungswirkung für das Strafverfahren hat, doch ist in der Praxis zu beobachten, dass solch eine Einigung zumindest teilweise das Strafverfahren präjudiziert. Insofern kann es durchaus Sinn ergeben, das Steuerverfahren bis zu dem strafrechtlichen Verfahrensabschluss offen zu halten, da durch den steuerlichen Schwebezustand eine Zementierung des objektiven Tatbestands verhindert wird. **3945**

Sucht man dagegen die **Einigung** mit der Steuerfahndung, wird das steuerliche Verfahren abgekürzt, ein Schlussstrich rückt in greifbare Nähe. Zudem ist die Steuerfahndung eher kompromissbereit und willens, den ihr zur Verfügung stehenden Ermessens- und Beurteilungsspielraum zu Gunsten des Beschuldigten auszuschöpfen, mit der Folge, dass dessen Steuerbelastung geringer wird. Allerdings wird dadurch der objektive Tatbestand für das Strafverfahren in gewisser Weise präjudiziert. **3946**

Da Steuerfahnder regelmäßig stärker an der raschen Einigung und den erzielbaren Mehrsteuern als an einer strafrechtlichen Verurteilung interessiert sind, kann man zumindest oftmals die Höhe der strafbefangenen Steuern erheblich reduzieren, wenn man bei den nicht strafbefangenen Mehrergebnissen konzessionsbereit ist. **3947**

Vorteile für das Strafverfahren können sich auch ergeben, wenn infolge einer einvernehmlichen Beendigung im Fahndungsbericht ausgeführt wird, dass Wahrscheinlichkeitsüberlegungen zu Lasten des Stpfl. ausgeübt wurden und ein erheblicher Teil der Schätzung als **Sicherheitszuschlag** ausgewiesen wird. **3948**

Zwar kann oftmals durch das Austauschen des Sachverhalts die gleiche steuerliche Folge ohne strafrechtlichen Schuldvorwurf erreicht werden,[2] doch ist zu beachten, dass der BGH[3] entschieden hat, dass ein Stpfl. oder Berater, der im Rahmen einer tatsächlichen Verständigung sich vorsätzlich oder fahrlässig auf einen unrichtigen oder unvollständigen Sachverhalt verständigt, mit einer strafrechtlichen Ahndung **3949**

1) In den anderen Fällen kann eine abschließende Besprechung nicht im Finanzrechtsweg erzwungen werden, BFH v. 4.9.1989, IV B 54/89, BFH/NV 1990, 151.
2) Eingehend hierzu Bornheim, PStR 1999, 195.
3) BGH v. 26.10.1998, 5 StR 747/97, wistra 1999, 103, 106.

zu rechnen hat. Allerdings wird in vielen Fällen eine strafrechtliche Verfolgung anhand von Nachweismöglichkeiten scheitern.[1)]

3950 Wenn bei weiterhin unterschiedlicher Auffassung aus Zweckmäßigkeitsgründen dennoch einer Einigung im Besteuerungsverfahren zugestimmt wird, sollte durch eine Protokollnotiz oder durch ein gesondertes Schreiben klargestellt werden, dass damit keine Präjudizierung für das Strafverfahren verbunden ist.

3951 Unter Umständen kann eine Einigung auch unter den Vorbehalt gestellt werden, dass ein für den Beschuldigten strafrechtlich akzeptabler Abschluss gefunden wird, indem das Besteuerungsverfahren durch Einsprüche gegen die Auswertungsbescheide „offen gehalten" wird. Gelegentlich lässt sich so auch die Unterstützung der Fahndung für einen angemessenen strafrechtlichen Verfahrensabschluss gewinnen.

3952 Die steuerrechtlich verbindlichen Entscheidungen trifft das für die jeweilige Veranlagung zuständige Finanzamt, für die strafrechtliche Seite ist die Bußgeld- und Strafsachenstelle bzw. die Staatsanwaltschaft (und das Strafgericht) zuständig. Für die steuerliche Seite wird man allerdings davon ausgehen können, dass das zuständige Finanzamt der Berechnung der Steuerfahndung folgen und eine getroffene Einigung i.d.R. akzeptieren wird. Um insbes. bei größeren Fällen eine Bindung der Finanzbehörde im Rahmen der Steuerfestsetzung sicherzustellen, empfiehlt es sich trotzdem, die für die Veranlagung zuständige Finanzbehörde zu der Besprechung hinzuzuziehen.[2)]

3953 Oftmals ist es sinnvoll, sich zugleich über die strafrechtliche Seite zu einigen, so dass auch die Bußgeld- oder Strafsachenstelle bzw. die Staatsanwaltschaft zu der Besprechung zugezogen werden sollte (vgl. zu den Voraussetzungen von Absprachen im Strafprozess → Rz. 3908).

3954 Soweit eine frühzeitige Abstimmung mit der Bußgeld- und Strafsachenstelle bzw. der Staatsanwaltschaft nicht möglich ist, sollte von der Einigungsmöglichkeit nur sehr zurückhaltend und äußerst vorsichtig Gebrauch gemacht werden.

3955 Nach dem BFH[3)] ist bei Streitigkeiten über die Durchführung der Schlussbesprechung in den Fahndungsprüfungsfällen nicht der Finanzrechtsweg, sondern der ordentliche Rechtsweg eröffnet.

3956 Die Fahndungsprüfung endet mit einem **Fahndungsbericht.** Dieser ist zwar nicht gesetzlich vorgeschrieben, aber in den Anweisungen für das Straf- und Bußgeldverfahren vorgesehen (Nr. 127 AStBV (St) 2013) und in der Praxis die Regel.

3957 Der Fahndungsbericht bildet die Grundlage für die Festsetzung der Steuer durch das Finanzamt einerseits und für den Fortgang des Strafverfahrens bei der Bußgeld- und Strafsachenstelle oder der Staatsanwaltschaft andererseits. Sobald er vorliegt, gehen das Steuer- und das Strafverfahren getrennte Wege. Gemäß Nr. 127 Abs. 2 Satz 1 AStBV (St) 2013 ist der strafrechtlich bedeutsame Sachverhalt in einem gesonderten Bericht festzuhalten.

3958 Der Fahndungsbericht ist kein Verwaltungsakt, er kann daher nicht mit dem Einspruch oder mit der Beschwerde angegriffen werden. Zu dem Fahndungsbericht kann der Berater freilich Stellung nehmen. Ob dies ratsam ist, ist für das Besteuerungs- und das Strafverfahren anhand von Zweckmäßigkeitsüberlegungen, die sich am jeweiligen Verfahren auszurichten haben, getrennt zu entscheiden.[4)] Dabei sind bei der Stellungnahme im Besteuerungsverfahren auch deren strafrechtliche Auswirkungen zu berücksichtigen.

---

1) Spatscheck/Mantas, PStR 1999, 198, 202.
2) BFH v. 5.10.1990, III R 19/88, BStBl II 1991, 45.
3) BFH v. 4.9.1989, IV B 54/89, BFH/NV 1990, 151.
4) Streck/Spatscheck, 4. Aufl. 2006, Rz. 863.

KAPITEL V
Verhältnis Strafverfahren/Besteuerungsverfahren

A. Problematik

Schrifttum

Reiß, Besteuerungsverfahren und Strafverfahren, Köln 1987; **Samson**, Steuerhinterziehung, nemo-tenetur und Selbstanzeige – eine Dokumentation, wistra 1988, 130; **Teske**, Das Verhältnis von Besteuerungs- und Steuerstrafverfahren unter besonderer Berücksichtigung des Zwangsmittelverbotes (§ 393 Abs. 2 Satz 2 und Satz 3 AO), wistra 1988, 207.

Die Finanzbehörde ist sowohl Steuer- wie auch Strafverfolgungsbehörde. Diese Doppelfunktion wird besonders deutlich bei der Steuerfahndung: Ihre Ermittlungsergebnisse sind sowohl für das Besteuerungs- als auch für das Strafverfahren maßgeblich. **3959**

Wie im Besteuerungsverfahren ist die Finanzbehörde auch im Steuerstrafverfahren Ermittlungsbehörde (insoweit ist die Finanzbehörde auch Justizbehörde i.S.d. § 23 EGGVG). Da die Straffunktion der Finanzbehörde als solcher der Finanzbehörde zugeordnet ist, ist **jeder Beamte** – der Sachbearbeiter im Veranlagungsbezirk ebenso wie der Außenprüfer – zur **Strafverfolgung berufen**.[1] Die Finanzbehörde, insbes. die Steuerfahndung, verfügt damit über die Machtmittel des Steuer- wie des Strafverfahrens.[2] **3960**

Gegenüber dieser Machtkonzentration steht der Steuerbürger im Spannungsfeld zwischen steuerlichen Mitwirkungspflichten und strafprozessualen Weigerungsrechten. Während der Betroffene im Strafprozess ein Schweigerecht hat (§ 136 StPO) und zur Mitwirkung bei den Ermittlungen nicht gezwungen werden kann, muss er als Stpfl. im Besteuerungsverfahren die für die Besteuerung erheblichen Tatsachen wahrheitsgemäß offenbaren (§ 90 Abs. 1 AO) sowie ggf. Bücher und sonstige Urkunden vorlegen (§§ 97, 100 AO). Dies gilt sogar dann, wenn ein steuerlich erheblicher Sachverhalt gegen ein gesetzliches Ge- oder Verbot oder gegen die guten Sitten verstößt (§ 40 AO). **3961**

Wird wegen desselben Sachverhalts sowohl steuerlich als auch steuerstrafrechtlich ermittelt – was beispielsweise im Fahndungsverfahren regelmäßig der Fall ist –, stellt sich die Frage nach dem Verhältnis der beiden Verfahrensarten, d.h. nach möglichen Kollisionen zwischen den im Besteuerungsverfahren geltenden Ermittlungsrechten des Finanzamts und dem im Strafverfahren herrschenden Grundsatz des „nemo tenetur".[3] **3962**

B. § 393 Abs. 1 AO – Systematik

Schrifttum

Hüls, Anmerkung zu BVH v. 19.12.2011, Az. V B 37/11, jurisPR-StrafR 10/2012 Anm. 1 (= jurisPR extra 2012, 165); **Kohlmann**, Strafverfolgung und Strafverteidigung im Steuerstraf-

---

1) Umstritten; a.A. für die Außenprüfung Seer in Tipke/Kruse, § 200 AO Rz. 4 (Mai 2010).

2) A.A. Schick in H/H/Sp, § 208 AO Rz. 100 (November 1992), der die Steuerfahndung ausschließlich als eine Strafverfolgungsbehörde mit Strafverfolgungsangaben ansieht. Diese Auffassung wird jedoch überwiegend abgelehnt, vgl. in der Rspr. z.B. BFH v. 29.10.1986, I B 28/86, BStBl II 1987, 440.

3) Dazu ausführlich Reiß, 157 f., 221 f.; Teske, wistra 1988, 207 f.; Samson, wistra 1988 130, 131; Joecks in Franzen/Gast/Joecks, 7. Aufl. 2009, § 393 AO Rz. 4, 7 ff.

recht, Köln 1983; **Mack**, Schnittstelle Steuerverfahren/Steuerstrafverfahren, Stbg 2012, 440; **Reiß**, Besteuerungsverfahren und Strafverfahren, Köln 1987; **Rüster**, Rechtsstaatliche Probleme im Grenzbereich zwischen Besteuerungsverfahren und Strafverfahren, wistra 1988, 49; **Samson**, Steuerhinterziehung, nemo-tenetur und Selbstanzeige – eine Dokumentation, wistra 1988, 130; **Teske**, Das Verhältnis von Besteuerungs- und Steuerstrafverfahren unter besonderer Berücksichtigung des Zwangsmittelverbotes (§ 393 Abs. 2 Satz 2 und Satz 3 AO), wistra 1988, 207.

3963 Ist ein Steuerstrafverfahren anhängig, werden dadurch die steuerlichen Verpflichtungen nicht suspendiert. Das steuerliche Verfahren wird neben dem Steuerstrafverfahren weitergeführt.[1] Dadurch gerät der Stpfl. in die Konfliktsituation, dass er im **Besteuerungsverfahren** weiterhin **zur Mitwirkung verpflichtet** bleibt und weiterhin umfassende steuerliche Erklärungspflichten hat, während er im **Strafverfahren** als Beschuldigter Angaben zur Sache **verweigern** kann. Diese Konfliktsituation wird in § 393 Abs. 1 AO geregelt. § 393 Abs. 1 AO soll die Befugnisse der Finanzbehörde im Besteuerungsverfahren und im Strafverfahren voneinander abgrenzen, weil die Offenbarungspflichten des Betroffenen in den einzelnen Verfahren grds. unterschiedlich geregelt sind. Nach der Grundregel des § 393 Abs. 1 Satz 1 AO richten sich die Rechte und Pflichten der Stpfl. und der Finanzbehörde im Besteuerungsverfahren und im Strafverfahren nach den jeweiligen Verfahrensvorschriften. Das allgemeine Strafprozessrecht wird also nicht etwa durch das vermeintlich speziellere Steuerverfahrensrecht verdrängt, auch wenn in den §§ 385 ff. AO durchaus einzelne Spezialregelungen für das steuerstrafrechtliche Verfahren getroffen werden. § 393 Abs. 1 Satz 2 bis 4 AO dienen daneben punktuell der Auflösung des konkreten Konflikts, der sich aus dem Nebeneinander von Mitwirkungspflichten im Besteuerungsverfahren und dem nemo-tenetur-Grundsatz des Strafprozesses ergeben. Danach sind Zwangsmittel im Besteuerungsverfahren unzulässig, wenn der Stpfl. dadurch gezwungen würde, sich selbst wegen einer von ihm begangenen Steuerstraftat oder Steuerordnungswidrigkeit zu belasten (§ 393 Abs. 1 Satz 2 AO). Dies gilt stets, soweit gegen ihn wegen einer solchen Tat das Strafverfahren eingeleitet worden ist (§ 393 Abs. 1 Satz 3 AO). Soweit Anlass besteht, ist der Stpfl. über diese Rechtslage zu belehren (§ 393 Abs. 1 Satz 4 AO).

3964 § 393 Abs. 1 AO normiert diesen Problemkreis bewusst lückenhaft. Nach welchen Regeln welches Verfahren anzuwenden ist, ergibt sich aus dem Zweck der Verfahren selbst. Ausdrückliche und implizite Regelungen zur Frage, nach welchen Grundsätzen die Ergebnisse des einen Verfahrens in dem anderen verwendet werden, finden sich in anderen Normen, etwa der Normierung des Steuergeheimnisses in den §§ 30 ff. AO (vgl. ausführlich → Rz. 4008 ff.), insbesondere § 30 Abs. 4 AO. Zwar begrenzt die Regelung des § 393 Abs. 1 Satz 2 AO das Verbot des Einsatzes von Zwangsmitteln (§ 328 AO) auf den Fall, dass sich der Stpfl. durch die Erfüllung der Erklärungspflicht einer Steuerstraftat oder Steuerordnungswidrigkeit bezichtigen müsste.[2] Für den Fall, dass er sich in Erfüllung seiner steuerlichen Pflichten nicht einer steuerstrafrechtlichen, sondern einer allgemein strafrechtlichen Verfehlung bezichtigen müsste, ist in § 393 Abs. 1 AO keine Regelung getroffen. Jedoch wird dies bereits durch das Zusammenspiel des Steuergeheimnisses nach §§ 30 ff. AO und des Verwertungsverbots nach § 393 Abs. 2 AO (vgl. ausführlich → Rz. 4015 ff.) geregelt. Technisch bleibt der Konflikt zwischen Mitwirkungspflichten des Besteuerungsverfahrens und Schweigerecht im Steuerstrafverfahren damit zwar bestehen. Tatsächlich berührt die fehlende Erzwingbarkeit die Pflichten selbst nicht.[3] Praktisch läuft die Regelung des § 393 AO aber darauf hinaus, dass der Stpfl.

---

1) Joecks in Franzen/Gast/Joecks, 7. Aufl. 2009, § 393 AO Rz. 3 und 4.

2) Nach Ansicht des BFH ist der Wortlaut des § 393 Abs. 1 Satz 2 AO diesbezüglich eindeutig, vgl. BFH v. 19.9.2001, XI B 6/01, DStRE 2002, 248.

3) BFH v. 19.10.2005, X B 88/05, BFH/NV 2006, 15; v. 28.12.2006, VIII B 48/06, BFH/NV 2007, 464.

auch im Besteuerungsverfahren ein Auskunftsverweigerungsrecht hat,[1] auch wenn die Schätzungsmöglichkeiten der Finanzbehörde für den Fall der Nichtmitwirkung im Besteuerungsverfahren fortbestehen.[2]

Besteuerungsverfahren und Steuerstrafverfahren sind allein nach ihrem eigenen Verfahrenszweck zu beurteilen. Möglichkeiten des Besteuerungsverfahrens dürfen nicht genutzt werden, um die Strafverfolgung zu ermöglichen.[3] Steuerbehörden dürfen sich nicht der Strafverfolgungsbehörden für Steuerzwecke, umgekehrt Strafverfolgungsbehörden nicht der Finanzämter für Strafverfolgungszwecke bedienen. Eingriffsrechte des Strafverfahrens sind nicht zum Zwecke der Steuererhebung geschaffen. Betriebsprüfer wiederum dürfen keine verdeckten Steuerfahndungsermittlungen durchführen.[4] **3965**

Die Finanzbehörde muss das einmal eingeschlagene Verfahren mit einer gewissen Stetigkeit verfolgen.[5] Ein Prinzip der Meistbegünstigung, um Rechtspositionen des Steuerbürgers zu umgehen, existiert nicht. **3966**

Ein **Verfahrenswechsel** ist nur möglich auf Grund einer pflichtgemäßen Ermessensentscheidung unter Berücksichtigung des Grundsatzes der Zweckrichtigkeit. Ein Verstoß gegen diesen Grundsatz führt zur Rechtswidrigkeit der nachfolgenden Maßnahmen des Verfahrens, in das gewechselt wurde.[6] Der Betroffene hat in jeder Lage des Verfahrens einen Anspruch auf eine eindeutige Erklärung, denn erst dann kann er von seinen Rechten in den jeweiligen Verfahren in zutreffender Weise Gebrauch machen bzw. die ihm obliegenden Pflichten erkennen.[7] **3967**

Da die Funktionsträger der Finanzbehörden nach außen in unterschiedlicher Weise steuerlich oder strafrechtlich tätig werden, kann der Bürger davon ausgehen, dass ihm die jeweilige Behörde oder Dienststelle stets in einem bestimmten Verfahren entgegentritt, solange sie nicht ausdrücklich eine anderweitige Erklärung abgibt.[8] So werden Veranlagungsbeamte grds. im Steuerverfahren tätig. Das Gleiche gilt insbes. auch für die Außenprüfung. Erst wenn der Außenprüfer – wie dies § 9 BpO 2000 auch ausdrücklich anordnet – erklärt, nunmehr auch strafrechtlich zu ermitteln, entfällt diese Vermutung. Solange der Außenprüfer dem Stpfl. die Einleitung des Strafverfahrens nicht eröffnet hat, kann und muss dieser davon ausgehen, dass er sich lediglich im steuerlichen Verfahren befindet. Diesem Grundsatz hat der Gesetzgeber in § 397 Abs. 3 AO Rechnung getragen: Spätestens bei der Aufforderung zur Mitwirkung ist ein eingeleitetes Strafverfahren bekanntzugeben, denn der Stpfl. muss davor geschützt werden, in dem Glauben, zur Aufklärung eines steuerlichen Sachverhaltes beitragen zu müssen, bei seiner eigenen strafrechtlichen Überführung mitzuwirken. **3968**

Im Strafprozess ist spätestens seit dem Gemeinschuldnerbeschluss des BVerfG[9] unstreitig, dass ein staatlicher Zwang zur strafrechtlichen Selbstbelastung schlechthin unzulässig ist. Die §§ 136, 136a StPO sind insofern nur Ausdruck des Verfassungsgrundsatzes „nemo tenetur se ipsum accusare". Die rechtzeitige Mitteilung des Verfahrenswechsels ist also ein verfassungsrechtliches Gebot. Wird die rechtzeitige Mitteilung – in der gebotenen Deutlichkeit – unterlassen, hat dies vor allem Auswirkungen hinsichtlich eines Verwertungsverbots im Strafprozess, wenn der Stpfl. auf sein strafrechtliches Schweigerecht nicht hingewiesen wird (hierzu **3969**

1) Rüster, wistra 1988, 49, 50; Jäger in Klein, 11. Aufl. 2012, § 393 AO Rz. 1.
2) BFH v. 28.12.2006, VIII B 48/06, BFH/NV 2007, 464.
3) Streck in Kohlmann, 236.
4) Mack, Stbg 2012, 440, 444.
5) Streck in Kohlmann, 237.
6) Streck in Kohlmann, 237; vgl. Seer in Tipke/Kruse, § 208 AO Rz. 25 (Mai 2011).
7) BFH v. 23.12.1980, VII R 92/79, BStBl II 1981, 349.
8) Streck in Kohlmann, 238.
9) BVerfG v. 13.1.1981, 1 BvR 116/77, NJW 1981, 1431.

→ Rz. 4097 ff.). Im Besteuerungsverfahren führt eine Verletzung der Belehrungspflicht nach § 393 Abs. 1 Satz 4 AO hingegen grds. zu keinem Verwertungsverbot (ausführlich → Rz. 4100).[1]

C. Voraussetzungen der Nichterzwingbarkeit steuerlicher Pflichten

I. Vor Einleitung eines Steuerstrafverfahrens

3970 Aus dem Wortlaut des § 393 Abs. 1 Sätze 2 und 3 AO ersichtlich ist das Eintreten der Nichterzwingbarkeit steuerlicher Pflichten nicht von der Einleitung eines Strafverfahrens wegen einer Steuerstraftat abhängig. Bereits vor Einleitung eines Steuerstrafverfahrens sind im Besteuerungsverfahren Zwangsmittel dann gem. § 393 Abs. 1 Satz 2 AO unzulässig, wenn dadurch der Stpfl. gezwungen würde, sich selbst wegen einer von ihm begangenen Steuerstraftat oder Steuerordnungswidrigkeit zu belasten.

3971 Voraussetzung ist also eine Selbstbelastungsgefahr für den Stpfl. Der Stpfl. muss zumindest Teilnehmer an der Steuerstraftat oder -ordnungswidrigkeit oder wenigstens eines Versuchs einer Steuerstraftat gewesen sein, derer er gezwungen würde, sich selbst zu bezichtigen. Nach Ansicht des Bundesfinanzhofs könne eine geforderte Mitwirkung nur dann zur Selbstbezichtigung werden, wenn der Stpfl. – falls er eine Steuerstraftat begangen oder versucht haben sollte – nicht den Weg der strafbefreienden Selbstanzeige nach § 371 AO wähle.[2]

3972 Durch den Steuergesetzgeber ist die Selbstanzeige mit Art. 2 des Schwarzgeldbekämpfungsgesetzes[3] mit erheblichen neuen Bedingungen für ihre Wirksamkeit verknüpft worden. Eine Selbstanzeige ist mit strafbefreiender Wirkung gem. § 370 Abs. 2 Nr. 3 AO nur noch dann möglich, wenn der Hinterziehungsbetrag bzw. der rechtswidrig erlangte steuerliche Vorteil je Tat 50 000 € nicht übersteigt. Ist die Selbstanzeige (lediglich deswegen) unwirksam, weil der Hinterziehungsbetrag bzw. der rechtswidrig erlangte steuerliche Vorteil je Tat 50 000 € übersteigt, wird von der Verfolgung gem. § 398a Nr. 1, Nr. 2 AO abgesehen, wenn der Täter innerhalb einer ihm bestimmten Frist sowohl die zu eigenen Gunsten hinterzogenen Steuern als auch einen Betrag von 5 % aus den – zu eigenen oder fremden Gunsten – hinterzogenen Steuern an die Staatskasse leistet. Auch der Bundesfinanzhof erkennt zwar eine Selbstbelastungsgefahr in den die Straffreiheit ausschließenden Fällen des § 371 Abs. 2 AO. Dies ist jedoch zu kurz gegriffen. Entgegen der Annahme des Bundesfinanzhofs liegt es nicht stets, wenn ein Fall des § 371 Abs. 2 AO nicht vorliegt oder nunmehr die Möglichkeit eines Absehens von Strafe gem. § 398a AO besteht, in der Hand des Stpfl., die Strafverfolgung durch eine Selbstanzeige zu verhindern. Durch eine Selbstanzeige wird die Strafverfolgung gerade nicht verhindert, sondern regelmäßig auf Grund der Selbstanzeige ein Steuerstrafverfahren eingeleitet, in dessen Rahmen die Wirksamkeit der Selbstanzeige überprüft wird.[4] Zudem verfügt der Stpfl., der eine Steuerstraftat zu eigenen Gunsten begangen hat bzw. dessen Hinterziehungsbetrag je Tat den Schwellenwert des § 371 Abs. 2 Nr. 3 AO von 50 000 € übersteigt, zum Zeitpunkt der Zwangsmittelanwendung durch die Finanzbehörde nicht notwendig über die finanziellen Mittel, um die nach § 371 Abs. 3 oder § 398a Nr. 1 AO erforderliche Entrichtung der zu eigenen Gunsten hin-

1) Hüls, jurisPR-StrafR 10/2012 Anm. 1.
2) BFH v. 1.2.2012, VII B 234/11, BFH/NV 2012, 913.
3) Gesetz v. 28.4.2011, BGBl. I 2011, 676.
4) Nr. 11 Abs. 1 AStBV (St) 2013, BStBl I 2012, 1018.

terzogenen Steuern und ggf. zusätzlich den sich aus § 398a Nr. 2 AO ergebenden Geldbetrag in Höhe von 5 % des hinterzogenen Betrages an die Staatskasse zu leisten. Letztlich würde, sollte der Bundesfinanzhof bei dieser Rechtsprechung bleiben, damit die Möglichkeit eines Zwanges zur Selbstanzeige statuiert, die so im Gesetz weder vorgesehen, noch angelegt ist.

Die Finanzbehörde kann nicht ohne jegliche Mitwirkung des Stpfl. vor Einleitung eines Steuerstrafverfahrens sich selbst ein Zwangsmittelverbot nach § 393 Abs. 1 Satz 2 AO auferlegen. Vom Stpfl. kann aber auch nicht verlangt werden, dass er die Steuerstraftat oder -ordnungswidrigkeit, derer er sich selbst bezichtigen müsste, gegenüber der Finanzbehörde, die gegen ihn im Besteuerungsverfahren ein Zwangsmittel einsetzen will, genau bezeichnet. Sonst würde der Schutz des § 393 Abs. 1 Satz 2 AO ins Leere laufen. Strittig ist aber, wie gegenüber der Finanzbehörde eine Selbstbelastungsgefahr glaubhaft gemacht werden kann. **3973**

- So wird vertreten, der Stpfl. müsse glaubhafte Gründe dafür anführen, warum er die Mitwirkung verweigert.[1] Aus Sicht der Finanzbehörden ist dies verständlich. Schließlich könnte sonst jedes Zwangsmittel mit der alleinigen Behauptung, man gerate durch Mitwirkung in die Gefahr einer Selbstbezichtigung, verhindert werden. Vor dem Hintergrund der Rechtsprechung von Bundesgerichtshof[2] und Bundesverfassungsgericht[3] zu den vergleichbaren Vorschriften der §§ 55, 56 StPO erscheint eine solche Forderung aber überzogen. Nach deren Rechtsprechung ist § 55 StPO weit auszulegen und gestattet eine Auskunftsverweigerung bereits weit im Vorfeld der unmittelbaren Selbstbezichtigung. Zudem ist eine Glaubhaftmachung i.S.d. § 56 StPO nicht erforderlich, wenn der Zeuge sich bereits dadurch selbst bezichtigen müsste. **3974**
- Überzeugender ist daher die Ansicht, dass der Stpfl. lediglich allgemein darauf hinweisen muss, dass die Gefahr einer Selbstbezichtigung besteht. Zwar besteht dadurch die Gefahr eines ausufernden und teils ungerechtfertigten Schutzes vor Zwangsmaßnahmen. Es ist jedoch kaum nachvollziehbar, dass ein vernünftig denkender Stpfl. auf die Gefahr einer Selbstbezichtigung – wenn auch nur allgemein – hinweisen würde, nur um einem Zwangsmittel zu entgehen, wenn ihm auf Grund seiner Nichtmitwirkung zum Einen eine Schätzung gem. § 162 AO droht, zum Anderen die Finanzbehörde nun erst recht Anlass hat, die vorliegenden Steuererklärungen und Unterlagen des Stpfl. auf Verdachtsmomente einer etwaigen Steuerstraftat oder -ordnungswidrigkeit zu prüfen. Im Falle eines dann bestehenden Anfangsverdachts i.S.d. § 152 Abs. 2 StPO wären der Finanzbehörde als Strafverfolgungsbehörde die strafprozessualen Ermittlungsmaßnahmen eröffnet.

II. Nach Einleitung eines Steuerstrafverfahrens

Ab Einleitung eines Steuerstrafverfahrens gilt eine unwiderlegliche Vermutung einer Selbstbelastungsgefahr für den Stpfl. gem. § 393 Abs. 1 Satz 3 AO. Auf den Nachweis einer konkreten Selbstbelastungsgefahr kommt es nicht mehr an. **3975**

D. Folgen der Nichterzwingbarkeit steuerlicher Pflichten

Schrifttum

Beckemper, Nemo-Tenetur-Grundsatz im Steuerstrafrecht – Verwertbarkeit einer gescheiterten Selbstanzeige? –, ZIS 2012, 212; **Kohlmann**, Strafverfolgung und Strafverteidigung

1) Senge in Erbs/Kohlhaas, § 393 AO Rz. 5 (Juni 2004).
2) BGH v. 7.5.1987, 1 BJs 46/86 – 5 1 BGs 286/87, StV 1987, 328
3) BVerfG v. 21.4.2010, 2 BvR 504, 1193/08, wistra 2010, 299, 301.

im Steuerstrafrecht, Köln 1983; **Reiß**, Besteuerungsverfahren und Strafverfahren, Köln 1987; **Rogall**, Der Beschuldigte als Beweismittel gegen sich selbst, Diss., Bonn 1997; **Rüster**, Rechtsstaatliche Probleme im Grenzbereich zwischen Besteuerungsverfahren und Strafverfahren, wistra 1988, 49.

I. Steuerliche Pflichten im Steuerstrafverfahren

3976 **Steuerliche** Mitwirkungs- und Aufklärungspflichten sind grds. erzwingbar. Gemäß § 393 Abs. 1 Satz 2 und 3 AO besteht eine Ausnahme nur dann, wenn der Stpfl. dadurch gezwungen würde, sich selbst wegen einer von ihm begangenen Steuerstraftat oder Steuerordnungswidrigkeit zu belasten. Dennoch wird § 393 Abs. 1 AO dahingehend verstanden, dass auch im Steuerstrafverfahren die **volle Mitwirkungspflicht des Beschuldigten** bestehen bleibt,[1)] ungeachtet dessen, dass er sich selbst belastet. Der Schutz der Nichterzwingbarkeit wird einerseits als ausreichend angesehen, andererseits wird selbst die Nichterzwingbarkeit dadurch unterlaufen, dass es für zulässig gehalten wird, bei Verweigerung der Mitwirkung die Besteuerungsgrundlagen gem. § 162 AO zu schätzen.[2)]

3977 Begründet wird dies damit, dass nur die Anwendung von Zwangsmitteln gem. §§ 328 f. AO, also Zwangsgeld, Ersatzvornahme und unmittelbarer Zwang, durch § 393 Abs. 1 Satz 2 AO untersagt sind,[3)] die steuerlichen Pflichten jedoch gleichwohl bestehen bleiben und sich dies bei der Beweiswürdigung im steuerlichen Verfahren auswirken könne.[4)] Werden die Mitwirkungspflichten verletzt, berechtige dies gem. § 162 AO zu einer Schätzung. Würde man eine solche nicht für zulässig erachten, würde der Steuerhinterzieher besser gestellt als der Steuerehrliche. Lediglich „nachteilige Schätzungen" bzw. sog. „Strafschätzungen" sollen unzulässig sein. Normale Schätzungen hingegen sollen in derartigen Konstellationen immer möglich sein, da solche normalen Schätzungen auch außerhalb eines Strafverfahrens bzw. Steuerstrafverfahrens jederzeit möglich sind.[5)] Nachdem der Bundesfinanzhof der Frage der Zulässigkeit von Schätzungen nach § 162 AO bei parallel zum Besteuerungsverfahren laufendem Steuerstrafverfahren immer wieder Entscheidungen[6)] gewidmet hat, ist diese Frage heute nicht mehr klärungsbedürftig.[7)]

3978 Zwei Fragen sind damit entscheidend. Einmal ist die Frage zu klären, ob von einer Schätzung gem. § 162 AO ein Zwang zur Selbstbelastung überhaupt ausgehen kann. Dieser mag zwar nicht ausdrücklich gem. § 393 Abs. 1 Satz 2 AO verboten sein, könnte aber gegen den nemo-tenetur-Grundsatz an sich verstoßen. Nach h.M. ist lediglich eine **Straf- bzw. bewusst nachteilige Schätzung** unzulässig. Dringlicher ist jedoch die Frage danach, ob von der Strafbewährung der steuerlichen Mitwirkungspflichten selbst ein verbotener Zwang ausgehen kann und wie dem in der Praxis begegnet wird.

---

1) Streck in Kohlmann, 234; BT-Drucks. 7/4292, 36 und 46; Jäger in Klein, 11. Aufl. 2012, § 393 AO Rz. 1, folgert daraus „praktisch" ein Aussageverweigerungsrecht.
2) Streck in Kohlmann, 234; Jäger in Klein, 11. Aufl. 2012, § 393 AO Rz. 20; Nr. 16 Abs. 2 letzter Satz AStBV (St) 2013, BStBl I 2012, 1018.
3) Joecks in Franzen/Gast/Joecks, 7. Aufl. 2009, § 393 AO Rz. 29; Jäger in Klein, 11. Aufl. 2012, § 393 AO Rz. 11.
4) Joecks in Franzen/Gast/Joecks, 7. Aufl. 2009, § 393 AO Rz. 30; Jäger in Klein, 11. Aufl. 2012, § 393 AO Rz. 19; Reiß, 123, sieht die Erhaltung der Schätzungsmöglichkeit als entscheidende Erwägung für das Fortbestehen der steuerlichen Mitwirkungspflichten bei Gefahr der Selbstbelastung an.
5) Jäger in Klein, 11. Aufl. 2012, § 393 AO Rz. 21.
6) BFH v. 19.10.2005, X B 88/0, BFH/NV 2006, 15; v. 19.9.2001, XI B 6/01, DStRE 2002, 248 m.w.N.
7) So BFH v. 19.9.2001, XI B 6/01, DStRE 2002, 248; v. 28.12.2006, VIII B 48/06, BFH/NV 2007, 646.

II. Selbstbelastung durch Erfüllung steuerlicher Pflichten

In der Frage, ob durch eine Schätzung ein verbotener Zwang ausgeübt wird, erschöpft sich die Problematik nicht. Es stellt sich die Frage, inwieweit der nemo-tenetur-Grundsatz bei laufendem Steuerstrafverfahren die Strafbarkeit neuerlicher steuerlicher Pflichtverletzungen ausschließt. Hinsichtlich falscher bzw. unterlassener Angaben werden folgende Sachverhaltsvarianten unterschieden: **3979**

1. Vom Strafverfahren umfasste Steuern bzw. Zeiträume

Falsche Angaben bzw. wahrheitswidrige Angaben im Steuerstrafverfahren, die **Veranlagungszeiträume bzw. Steuern betreffen, die Gegenstand des Steuerstrafverfahrens sind,** erfüllen bereits den Tatbestand des § 370 AO nicht.[1] Nach den Vorschriften des Strafgesetzbuches ist weder die falsche Einlassung des Angeklagten gem. §§ 143 f. StGB noch die Strafvereitelung zum eigenen Vorteil unter Strafe gestellt (§ 258 Abs. 1 und 5 StGB). Das natürliche Recht auf Selbstschutz besteht zwar dann nicht, wenn zur Verdeckung eigener Straftaten durch neues Unrecht in die strafrechtlich geschützte Rechtsordnung eingegriffen wird.[2] Um diese Sachverhaltskonstellation geht es hier jedoch nicht, da durch die Tathandlung lediglich erlangte Vorteile gesichert werden.[3] Daher darf weder über § 370 AO für den Beschuldigten ein Wahrheitsgebot geschaffen werden, noch ist er – strafrechtlich – verpflichtet, nunmehr eine richtige Erklärung für die betreffenden Steuern abzugeben.[4] Mit Beschluss vom 10.1.2002[5] erkannte der Bundesgerichtshof an, dass der nemo-tenetur-Grundsatz dann zur Straflosigkeit einer Verletzung von Erklärungspflichten führt, wenn hinsichtlich derselben Steuer und desselben Besteuerungszeitraums, für den bereits ein Ermittlungsverfahren eingeleitet wurde, weitere Erklärungspflichten bestehen.[6] **3980**

2. Nicht vom Strafverfahren umfasste Steuern bzw. Zeiträume

Dagegen erlaubt es § 393 Abs. 1 Satz 2 AO nicht, **unrichtige Erklärungen für neue Veranlagungszeiträume** abzugeben, selbst wenn diese zur Verdeckung bereits begangener Hinterziehungen dienen sollen, da nur ein Recht zur Passivität geschützt ist, nicht dagegen die neuerliche Vornahme verbotener Handlungen erlaubt ist.[7] Da der Stpfl. nach den Steuergesetzen Erklärungen abgeben muss, andererseits jedoch das Recht besteht, sich nicht selbst belasten zu müssen, werden zur Lösung dieses Konfliktes **drei Möglichkeiten** diskutiert:[8] **3981**

- **erste Möglichkeit:** Eine Auflösung der Konfliktsituation könnte nach einer Entscheidung des OLG Hamburg in der Weise erfolgen, dass eine **strafbewährte Erklärungspflicht** in derartigen Konstellationen **entfällt**, sobald und soweit das Strafverfahren eingeleitet worden ist.[9] Das Gericht begründet seine Entscheidung im Wesentlichen damit, dass die Rechtspflicht zur Offenbarung steuerlich erheblicher Tatsachen ihre Grenzen an der Unzumutbarkeit normgerechten Han-

1) Joecks in Franzen/Gast/Joecks, 7. Aufl. 2009, § 393 AO Rz. 36; Beckemper, ZIS 2012, 212, 225.
2) Rogall, 158.
3) Joecks in Franzen/Gast/Joecks, 7. Aufl. 2009, § 393 AO Rz. 36.
4) Joecks in Franzen/Gast/Joecks, 7. Aufl. 2009, § 393 AO Rz. 36.
5) BGH v. 10.1.2002, 5 StR 452/01, NJW 2002, 1134.
6) BGH v. 21.10.1999, X R 75/97, NJW 2002, 1134; zuvor bereits bzgl. der Umsatzsteuerjahreserklärung nach vorangegangener Hinterziehung im Zusammenhang mit den Umsatzsteuervoranmeldungen betreffend die gleichen Zeiträume und das gleiche Steueraufkommen BGH v. 26.4.2001, 5 StR 587/00, NJW 2001, 3638.
7) Rogall, 158; Joecks in Franzen/Gast/Joecks, 7. Aufl. 2009, § 393 AO Rz. 37.
8) Zu diesem Problem ausf. Seipl in Beermann/Gosch, § 393 AO Rz. 34 ff. (August 2008).
9) OLG Hamburg v. 7.5.1996, 2 StO 1/96, wistra 1996, 239 f.

delns finde. Unzumutbarkeit liegt vor, wenn durch die Offenbarung billigenswerte Interessen des Unterlassungstäters gefährdet würden, was eine Abwägung zwischen dem eigenen Interesse (des Täters) und dem durch § 370 Abs. 1 Nr. 2 AO geschützten Rechtsgut erfordere. Diese Abwägung ergebe, dass dem durch Art. 1 Abs. 1, Art. 2 Abs. 1 GG geschützten Interesse des Stpfl., sich nicht selbst strafrechtlich zu belasten, der Vorrang gegenüber den fiskalischen Interessen der Allgemeinheit gebühre, soweit nicht – wie bei Offenbarung allgemeiner Straftaten – eine Kompensation der umfassenden Erklärungspflichten durch die § 30, § 393 Abs. 2 AO erfolge.

– Als **zweite Möglichkeit** wird die **Abgabe einer teilweise richtigen Erklärung erwogen**, die mithin strafrechtlich relevante Komplexe ausklammere. Eine solche Erklärung soll der Nichterklärung vorzuziehen sein.[1]

  Diese Lösung dürfte aber überwiegend an praktischen Abgrenzungsschwierigkeiten scheitern. Wie soll der Stpfl. beurteilen, ob eine wahrheitsgemäße Erklärung für das Jahr 03 beispielsweise einen Hinweis auf Straftaten (Steuerstraftaten, ggf. auch außersteuerliche Taten) für die Jahre 01 und 02 geben kann, für die bereits das Strafverfahren eingeleitet ist?

– Als **dritte Möglichkeit** wird vorgeschlagen, entsprechend § 393 Abs. 2 Satz 1 AO eine **strafbewährte Erklärungspflicht zu bejahen,** die mit der Erfüllung der Erklärungspflicht gelieferten Tatsachen aber strafrechtlich und steuerstrafrechtlich für **unverwertbar** zu erklären.[2] Diese Lösung wird durch den BGH favorisiert. Zwar dürfe nämlich derjenige, der sich bei Erfüllung seiner Erklärungspflicht mittelbar, d.h. hinsichtlich eines nicht strafbefangenen Besteuerungszeitraumes oder einer anderen Steuerart, selbst bezichtigt, nicht in der Weise privilegiert werden, dass ein neuerlicher Verstoß gegen grds. strafbewährte Erklärungspflichten straffrei bliebe. Andernfalls würde – durch Nichtabgabe von oder durch falsche Angaben in Steuererklärungen – neues Unrecht geschaffen, zu dem das Recht auf Selbstschutz nicht berechtige.[3] Die Erklärungen eines Beschuldigten, die er in Erfüllung seiner weiterbestehenden steuerrechtlichen Pflichten für nicht strafbefangene Besteuerungszeiträume und Steuerarten gegenüber den Finanzbehörden mache, dürften aber nur im Besteuerungsverfahren verwendet werden.[4] Der nemo-tenetur-Grundsatz, der auch in § 393 Abs. 1 Satz 2 AO zum Ausdruck kommt, führt hier also dazu, dass bei aufrechterhaltener Mitwirkungspflicht im Besteuerungsverfahren für die erlangten Informationen ein strafrechtliches Verwertungsverbot gilt.

3982 Im Ergebnis bestehen somit zur Lösung des Konflikts zwei praktikable Möglichkeiten:

– entweder eine Einschränkung der steuerlichen Mitwirkungspflichten: Diese Lösung wird aber schon durch den Gesetzgeber augenscheinlich abgelehnt, wenn gem. § 393 Abs. 1 Satz 1 AO die steuerrechtlichen Mitwirkungspflichten auch bei Einleitung eines Steuerstrafverfahrens unverändert fortbestehen.

– oder aber die vollständige oder teilweise Aufrechterhaltung der Mitwirkungspflichten einerseits, andererseits ein strafrechtliches Verwertungsverbot der auf diese Weise erlangten Informationen.

III. Schätzung als Zwang?

3983 Die Frage, ob von der Möglichkeit der Finanzbehörden, die Besteuerungsgrundlagen bei Mitwirkungsverweigerung gem. § 162 AO zu schätzen, ein Selbstbelas-

1) Vgl. hierzu Rogall, 159; Joecks in Franzen/Gast/Joecks, 7. Aufl. 2009, § 393 AO Rz. 38.
2) Joecks in Franzen/Gast/Joecks, 7. Aufl. 2009, § 393 AO Rz. 38.
3) BGH v. 12.1.2005, 5 StR 191/04, NStZ 2005, 519, Rz. 10.
4) BGH v. 12.1.2005, 5 StR 191/04, NStZ 2005, 519, Rz. 14; so auch Reiß, 243.

tungszwang ausgeht, darf durchaus unter dem Gesichtspunkt des nemo-tenetur-Grundsatzes diskutiert werden

Gegen einen Schätzungsbescheid (ob zu hoch oder zu niedrig)[1] kann sich nämlich der Stpfl. nur zur Wehr setzen, wenn er die Steuerfestsetzung entweder durch Abgabe einer Steuererklärung oder aber mit einem entsprechenden Sachvortrag anficht. 3984

1. Zu hohe Schätzungen

Bei einer **zu hohen Schätzung** muss der Stpfl. gegen die Schätzungsbescheide Einspruch einlegen und Aussetzung der Vollziehung (§ 361 AO) beantragen. Werden weder im Einspruchsverfahren noch im Aussetzungsverfahren zur zutreffenden Steuerfestsetzung Angaben gemacht, werden sowohl die Einsprüche als auch die Aussetzungsanträge (als unbegründet) zurückgewiesen werden. Gleiches gilt für ein sich anschließendes gerichtliches Aussetzungsverfahren (§ 69 FGO) oder Klageverfahren. Dabei sollte der Stpfl. beachten, dass das Finanzamt gem. § 364b AO eine Frist zur Erklärung von Tatsachen und Beweismitteln setzen kann, wobei Erklärungen und Beweismittel, die nach Ablauf dieser Frist vorgebracht werden, nicht zu berücksichtigen sind (§ 364 Abs. 2 AO). 3985

Da der Finanzbehörde im Rahmen von Schätzungen ein Spielraum zusteht, wird ein Schätzungsbescheid im Einspruchsverfahren bzw. Klageverfahren nur dann abgeändert werden, wenn seitens des Stpfl. hinsichtlich der vom Finanzamt der Schätzung zu Grunde gelegten Besteuerungsgrundlagen „neue" Informationen mitgeteilt werden. Zwar ist Ziel der steuerlichen Schätzung auch, auf Grund der bekannten Anhaltspunkte denjenigen Betrag zu bestimmen, welcher der Wirklichkeit am nächsten kommt,[2] jedoch kann das Finanzamt bei groben Verstößen des Stpfl. gegen seine steuerlichen Mitwirkungspflichten innerhalb des Spielraums, den die gegebenen Anhaltspunkte liefern, an die oberste Grenze gehen.[3] Im Einspruchsverfahren bzw. Klageverfahren wird daher nur überprüft, ob sich die Finanzbehörde innerhalb des Spielraums gehalten hat, der durch die ihr bekannten Anhaltspunkte vorgegeben war. Ist dies der Fall, so wird der Schätzungsbescheid nur dann abgeändert, wenn der Stpfl. zu den vom Finanzamt angenommenen Besteuerungsgrundlagen neue Informationen liefert. Dadurch bezichtigt sich der Stpfl. jedoch nicht zwangsläufig einer Steuerstraftat oder gar einer außersteuerlichen Straftat. Denn die neuen Informationen müssen lediglich die Besteuerungsgrundlagen betreffen, weder aber die Umstände, die dazu führten, dass der Stpfl. zuvor seiner Mitwirkungspflicht nicht nachgekommen ist, noch die Frage leichtfertigen oder gar vorsätzlichen Handelns.[4] 3986

2. Zu niedrige Schätzungen

Bei einer **zu niedrigen Schätzung** ist der Stpfl. ebenfalls gezwungen, die Schätzungsbescheide (mit entsprechendem Sachvortrag) anzufechten, da die Hinnahme einer zu niedrigen Schätzung eine Steuerhinterziehung darstellt. Der Verkürzungsbetrag ergibt sich aus einem Vergleich zwischen der geschätzten und der nach den 3987

1) Die Hinnahme einer zu niedrigen Schätzung kann u.U. steuerstrafrechtliche Folgerungen nach sich ziehen.
2) BFH v. 31.8.1967, V 241/64, BStBl II 1967, 686.
3) BFH v. 9.3.1967, IV 184/63, NJW 1967, 2380.
4) Etwas zynisch mutet es dabei aber doch an, wenn der Bundesfinanzhof feststellt: „Im Übrigen sind Einwendungen des Steuerpflichtigen gegen eine möglicherweise materiell-rechtlich überhöhte Schätzung der Sache nach nicht darauf gerichtet, sich selbst einer Straftat zu bezichtigen, sondern die Steuerschuld zu mindern." (BFH v. 19.10.2005, X B 88/05, BFH/NV 2006, 15).

tatsächlichen Verhältnissen geschuldeten Steuer.[1] Dies ist dann unproblematisch, wenn dem Stpfl. noch die Möglichkeit einer Selbstanzeige offensteht, da er es dann in der Hand hat, seine Straflosigkeit herbeizuführen.

3988 Für die Zeiträume, für die bereits ein Steuerstrafverfahren eingeleitet wurde, würde das strafprozessuale Beschuldigtenrecht dadurch tatsächlich unterlaufen. Da es sich aber hier um den strafbefangenen Besteuerungszeitraum und die strafbefangene Steuerart handelt, kommt eine Strafbarkeit gem. § 370 AO nach den oben erläuterten Grundsätzen tatsächlich nicht in Betracht.

3989 Aber auch für die Zeiträume, für die bisher noch kein Strafverfahren eröffnet wurde – bei denen also die steuerlichen Pflichten sogar noch mit Zwangsmitteln erzwungen werden können, solange der Stpfl. sich nicht darauf einlässt, auf die Anwendung des § 393 Abs. 1 Satz 2 AO hinzuweisen und entsprechend vorzutragen –, können sich aus den abgegebenen Erklärungen Folgerungen auf steuerstrafrechtlich relevante Zeiträume ziehen lassen, so dass das Schweigerecht im Steuerstrafverfahren unterlaufen würde.[2] Um zu einem Ausgleich zwischen dem berechtigten Interesse am Schutz vor Selbstbezichtigungszwang des Steuerpflichtigen im Steuerstrafverfahren und des Fiskus an der Erhaltung des Steueraufkommens zu gelangen, wird es hier bei den Mitwirkungspflichten des Steuerpflichtigen im Besteuerungsverfahren bleiben, für so erlangte Informationen aber im Steuerstrafverfahren ein Verwendungsverbot gelten.

3. Strafschätzung

3990 Die h.M. verneint das Vorliegen eines Zwanges damit durch nachteilige Schätzungen[3] und bejaht einen derartigen Zwang lediglich bei „bewusst nachteiligen Schätzungen" bzw. Strafschätzungen.[4] Es verbieten sich insbesondere Zuschläge für mangelnde Kooperationsbereitschaft[5] oder ein Hinausgehen über die sich aus den verschiedenen Schätzungsmethoden ergebenden Höchstwerte genauso wie eine Androhung unter Rückgriff auf solche Mittel ergehender Schätzungsbescheide.

E. Zum Begriff der Tat

Schrifttum

Bauer, Der prozessuale Tatbegriff bei Steuerhinterziehung, wistra 2008, 374; **Besson**, Das Steuergeheimnis und das nemo-tenetur-Prinzip im (Steuer-) Strafrechtlichen Ermittlungsverfahren, Diss., Bochum 1996; **Blumers**, Steuerberatung und Strafrecht – Grenzbereich zu strafrechtlich relevantem Handeln, StbJb 1983/1984, 319; **Brenner**, Zum Auskunftsverweigerungsrecht des Steuerpflichtigen bei der Betriebsprüfung, BB 1978, 910; **Gramich**, Limitierung der selbständigen Ermittlungskompetenz des Finanzamts im Sinn des § 386 Abs. 1, Abs. 2 Nr. 1 AO oder Verbrauch der Strafklage?, wistra 1988, 251; **Hardtke/Westphal**, Die Bedeutung der strafrechtlichen Ermittlungskompetenz der Finanzbehörde für das Steuergeheimnis, wistra 1996, 91; **Jarke**, Das Verwertungsverbot des § 393 Abs. 2 Satz 1 AO, wistra 1997, 325; **Maier**, Reichweite des Verwertungsverbots nach § 393 Abs. 2

1) Die Empfehlung Rüsters in wistra 1988, 51, es sei „geschickt", die Schätzungsbescheide abzuwarten, die „unter Umständen gar nicht zu hoch ausfallen", ist zumindest missverständlich.
2) Joecks in Franzen/Gast/Joecks, 7. Aufl. 2009, § 393 AO Rz. 34, 35 f.
3) BFH v. 17.11.1981, VIII R 174/77, BStBl II 1982, 430; Seer in Tipke/Kruse, § 162 AO Rz. 13 (Januar 2010); Rüster, wistra 1988, 49, 50 f.; Brenner, BB 1978, 910, 911.
4) Jäger in Klein, 11. Aufl. 2012, § 393 AO Rz. 20, 21; dahingehend lässt sich auch der BFH verstehen (Beschluss v. 19.9.2001, XI B 6/01, DStRE 2002, 248), wenn er die Frage der Androhung einer Übermaßschätzung aufwirft.
5) Schleifer, wistra 1986, 250, 252.

Satz 1 AO, wistra 1997, 53; **Meine**, Die Reichweite des Verwertungsverbots nach § 393 Abs. 2 AO, wistra 1985, 186; **Müller**, Steuergeheimnis und Verwertungsverbot bei nichtsteuerlichen Straftaten, DStR 1986, 699; **Rüster**, Rechtsstaatliche Probleme im Grenzbereich zwischen Besteuerungsverfahren und Strafverfahren, wistra 1988, 49; **Schleifer**, Zum Verhältnis von Besteuerungs- und Steuerstrafverfahren, wistra 1986, 250; **Spriegel**, Steuergeheimnis und nichtsteuerliche Straftat, wistra 1997, 321; **Wulf**, Steuererklärungspflichten und „nemo tenetur" – Zur Strafbarkeit wegen Steuerhinterziehung bei Einkünften aus illegalem Verhalten –, wistra, 2006, 89.

Von zentraler Bedeutung ist die Begriffsbestimmung der „Tat". Dies gilt sowohl für die Begriffsbestimmung der Tat im Hinblick auf das Steuerstrafverfahren als auch für die Begriffsbestimmung bzw. Abgrenzung der Tat des Steuerstrafverfahrens vom allgemeinen Strafverfahren. 3991

I. Tatbegriff im System der Abgabenordnung

1. Steuerstrafverfahren

Folgende Regelungen der Abgabenordnung befassen sich mit der Bestimmung der Tat: 3992

- Ist das Steuerstrafverfahren eingeleitet (§ 386 Abs. 1, § 397 Abs. 1 AO), hat der Beschuldigte ein Aussage- bzw. Mitwirkungsverweigerungsrecht, soweit der Tatvorwurf reicht.
- Bei bekannt gegebener Eröffnung eines Steuerstrafverfahrens (§ 371 Abs. 2 Nr. 1 Buchst. b AO) bzw. bei Tatentdeckung eines Steuerstrafverfahrens (§ 371 Abs. 2 Nr. 2 AO) ist eine Selbstanzeige wegen der „Tat" ausgeschlossen, d.h., die Reichweite der Sperrwirkung wird bestimmt durch den Begriff der Tat.
- Das Gleiche gilt für die Reichweite einer die Verjährung unterbrechenden Maßnahme gem. § 78c Abs. 1 StGB.
- Der Tatbegriff ist auf Grund der jüngeren Rechtsprechung des Bundesgerichtshofs zur Wirksamkeit allein einer „vollständigen" Selbstanzeige besonders relevant, da nunmehr die Wirksamkeit der Selbstanzeige davon abhängig gemacht wird, dass die bisher falschen, unvollständigen oder pflichtwidrig nicht gemachten Angaben zu steuererheblichen Tatsachen bezogen auf die „Tat" vollständig richtiggestellt bzw. nachgeholt werden.[1]
- Eine Selbstanzeige ist zudem ausgeschlossen, wenn die nach § 370 Abs. 1 AO verkürzte Steuer oder der für sich oder einen anderen erlangte nicht gerechtfertigte Steuervorteil einen Betrag von 50 000 € je „Tat" übersteigt (§ 371 Abs. 2 Nr. 3 AO).

2. Verhältnis von Steuerstraftaten zu allgemeinen Straftaten

Zum Verhältnis der Steuerstraftaten zu den allgemeinen Straftaten finden sich in der Abgabenordnung folgende Vorschriften: 3993

- Nach § 30 Abs. 4 Nr. 1 AO ist die Offenbarung zulässig, soweit sie der Durchführung eines „Steuerstrafverfahrens"[2] dient.
- Nach § 30 Abs. 4 Nr. 4 AO können Erkenntnisse offenbart werden, soweit sie der Durchführung eines Strafverfahrens wegen einer Tat dienen, die „keine Steuerstraftat" ist.

---

1) BGH v. 20.5.2010, 1 StR 577/09, NStZ 2011, 285 m. Anm. Höll.
2) Der Gesetzestext lautet wörtlich: „... eines Verfahrens im Sinne des Abs. 2 Nr. 1 Buchstaben a und b dient, ...".

- Gemäß § 386 Abs. 2 Nr. 1 AO führt die Finanzbehörde das Ermittlungsverfahren selbständig durch, wenn die Tat „ausschließlich" eine Steuerstraftat darstellt.
- Nach § 393 Abs. 2 Satz 1 AO schließlich dürfen unter den dort genannten Voraussetzungen erlangte Erkenntnisse nicht für die Verfolgung einer Tat verwendet werden, die „keine Steuerstraftat ist".

II. Bedeutung des Tatbegriffs

1. Steuerstrafrechtlicher Tatbegriff

3994 Der Begriff der Tat im verfahrensrechtlichen Sinn ist nicht nach materiellen Merkmalen zu bestimmen, sondern erfasst einen einheitlichen Lebensvorgang, der auch durch mehrere selbständige Handlungen (z.B. bei Tatmehrheit zwischen Umsatzsteuerhinterziehung, Lohnsteuerhinterziehung und Nichtabführung von Sozialversicherungsbeiträgen) begangen werden kann. Die Frage nach dem Inhalt des steuerstrafrechtlichen Tatbegriffs ist dogmatisch noch nicht ausreichend geklärt und wird kontrovers diskutiert.

3995 Ausgehend von der Überlegung, dass der Straftatbestand der Steuerhinterziehung die Verletzung von Sachaufklärungspflichten sanktioniert, geht **eine Auffassung** davon aus, dass die entsprechenden Pflichtverletzungen gegenüber dem Finanzamt einheitlich durch die Abgabe einer falschen Steuererklärung vorgenommen werden.[1]

3996 Die **Gegenauffassung** wendet ein, dass die Steuererklärung für sich betrachtet nicht den Umfang der Tat bestimmen könne, da diese als formalisierte Steuererklärung die steuererheblichen Tatsachen der einzelnen Steuerarten und -jahre gar nicht enthalte, sondern sich die steuerlichen Tatsachen aus Erklärungen ergeben würden, die außerhalb der eigentlichen Steuererklärung liegen, z.B. in der Buchhaltung und Bilanzierung.[2] Diese Auffassung unterscheidet somit stark nach Erklärungen, die in der formalisierten Steuererklärung selbst enthalten sind, und Erklärungen, die sich in anderen Unterlagen befinden (z.B. in einer vorgelegten Bilanz). Ein praktikabler und klar abgrenzbarer Tatbegriff ist nicht ersichtlich. Aus diesem Grund ist zu beobachten, dass die Finanzbehörden, Strafverfolgungsbehörden und Gerichte, je nach Verfahrensnutzen einmal einen engen und einmal einen weiten Tatbegriff zu Grunde legen.[3]

3997 Wenn es bei der Einleitung des Strafverfahrens darum geht, in welchen Grenzen der Beschuldigte den Regeln des Strafprozessrechts unterworfen ist und daher bei der Aufklärung der steuerlichen Sachverhalte nicht mehr mitwirken muss, legt die Finanzverwaltung einen engen Tatbegriff an. Dieser lässt sich weder aus dem Wortlaut noch aus dem Sinnzusammenhang der §§ 386, 393 und 397 AO begründen.[4]

3998 Wenn es andererseits darum geht, ob eine Selbstanzeige noch wirksam ist, weil beispielsweise die Sperrwirkung der „Tatentdeckung" bereits eingetreten ist, wird ein weiter Tatbegriff zu Grunde gelegt. Dies wird durch den Bundesgerichtshof nunmehr damit erklärt, dass es sich bei § 371 AO um eine Ausnahmevorschrift handele, die restriktiv auszulegen sei, und dass sich dies auch auf die Auslegung der Sperrgründe des § 371 Abs. 2 AO auswirke.[5]

---

1) Rüping in H/H/Sp, § 371 AO Rz. 227, 228 (März 2012).
2) Blumers, StbJb 1983, 1984, 319, 351 f.
3) Nicht ganz zu Unrecht wird hier in der Literatur der Vorwurf der „Aleatorik" erhoben, vgl. Bauer, wistra 2008, 374.
4) Göggerle in Blumers/Göggerle, 2. Aufl. 1989, Rz. 17.
5) BGH v. 20.5.2010, 1 StR 577/09, NStZ 2010, 642.

Steuerhinterziehung ist die durch eine Tathandlung i.S.d. § 370 Abs. 1 AO begangene Verkürzung der tatbetroffenen Einzelsteuer bezogen auf den jeweiligen Steuerabschnitt. Diese Tat wird auch im Strafverfahren abgeurteilt. Das gilt auch dann, wenn Gegenstand der Hauptverhandlung nur die unrichtig erklärten Einkünfte aus Gewerbebetrieb sind und die unvollständig erklärten Kapitaleinkünfte unbekannt geblieben sind. Die Hinterziehungstat war in ihrem gesamten Umfang in das Verfahren einbezogen, so dass sich auch die Rechtskraft des Urteils auf alle Einzelvorgänge erstreckt, gleich ob im Verfahren bekannt geworden oder unbekannt geblieben. Geht man nicht von dieser Auffassung aus, würden in einer einheitlichen Steuererklärung so viele Steuerhinterziehungen begangen, wie die Erklärung falsche Einzelangaben enthält. Eine derartige Vorstellung ist mit dem Tatbegriff i.S.v. Art. 103 Abs. 3 GG und damit auch i.S.v. § 264 StPO nicht vereinbar. Denn Tat im verfahrensrechtlichen Sinne gem. § 264 StPO ist der geschichtliche und damit zeitlich und sachverhaltlich begrenzte Vorgang, auf welchen Anklage- und Eröffnungsbeschluss hinweisen. Dabei ist unter dem geschichtlichen Vorgang nicht nur die einzelne Betätigung, sondern das ganze Tun des Angeklagten zu verstehen, soweit es einen einheitlichen Vorgang darstellt.[1] **3999**

Dieser Tatbegriff liegt auch den Anweisungen für das Straf- und Bußgeldverfahren (Steuer) zu Grunde. In Nr. 28 Abs. 2 Satz 2 AStBV (St) 2013 wird dort wörtlich Folgendes ausgeführt: **4000**

„Es sind ihm [dem Beschuldigten, Anm. d. Verf.] nach Möglichkeit Steuerart und Steuerjahr, auf die sich die Tat bezieht, sowie die Handlung, durch welche sie, und der Zeitpunkt, zu dem sie begangen wurde, unter Angabe der gesetzlichen Bestimmungen mitzuteilen."

In der Praxis ist eine richtige Beratung im Hinblick auf die in → Rz. 3992 ff. genannten Fragen oft sehr schwierig, weil nicht sicher ist, welchen Tatbegriff die Gegenseite wegen der doch sehr unübersichtlichen Rechtslage und der unterschiedlichen Auffassungen zu Grunde legt. Die Inkonsequenz der Verfolgungsbehörden in der Anwendung eines einheitlichen Tatbegriffs kann zu Lasten des Mandanten gehen. Dem muss der Verteidiger entgegentreten. Jedoch darf man sich hiervon nicht zu viel versprechen. Mag es früher mitunter möglich gewesen sein, mit entsprechenden Argumenten zu erreichen, dass die Verfolgungsbehörden zu Gunsten des Mandanten einen engen Tatbegriff anwenden und z.B. die Selbstanzeige nicht erklärter Kapitalerträge auch dann noch anerkennen, wenn schon die Nichtversteuerung gewerblicher Einnahmen entdeckt war, hat der Bundesgerichtshof mit seiner nunmehr verfestigten neuen Rechtsprechung zur Vollständigkeit der Selbstanzeige dem einen Riegel vorgeschoben. In diesem Zusammenhang können sich im Einzelfall jedoch Verhandlungsspielräume im Rahmen von außergerichtlicher Verfahrenserledigung oder Strafzumessung ergeben, die dann im Interesse des Mandanten zu nutzen sind. **4001**

2. Abgrenzung Steuerstraftat – allgemeine Straftat

Weiterhin ist der Begriff der „Tat" wichtig für die Bestimmung bzw. Abgrenzung der Begriffe der Steuerstraftat und der allgemeinen Straftat. In der Abgabenordnung werden unterschiedliche Regelungen für die Steuerstraftat und für die allgemeine Straftat getroffen, in § 30 AO hinsichtlich der befugten Offenbarung von Steuerstraftaten (grds. erlaubt) und nicht steuerlichen Straftaten (grds. nicht erlaubt), im Hinblick auf die Zuständigkeit der Finanzbehörden bei der Strafverfolgung (Zuständigkeit nur für Steuerstraftaten, Unzuständigkeit für außersteuerliche Straftaten) und im Hinblick auf die Verwertung von bekannt gewordenen außersteuerlichen Straftaten gem. § 393 Abs. 2 AO. **4002**

1) BGH v. 17.4.1984, 1 StR 116/84, NStZ 1984, 469.

4003 Nach in der **Literatur** vertretenen Auffassungen wird in den nachstehenden Fällen, in denen eine Steuerstraftat und eine außersteuerliche Straftat tateinheitlich zusammentreffen, die außersteuerliche Straftat der Behandlung der Steuerstraftat untergeordnet, so dass die außersteuerliche Straftat nach den Regeln behandelt wird, nach denen die steuerliche Straftat behandelt wird. Die Begründungen hierfür sind unterschiedlich.

4004 Im Hinblick auf § 30 Abs. 4 Nr. 1 AO, wonach die Offenbarung von „Steuerstraftaten" zulässig ist, wird die Auffassung vertreten, dies gelte auch für nicht steuerliche Straftaten, soweit sie durch dieselbe Handlung wie die Steuerstraftat begangen wurden.[1]

4005 Auch die in § 386 Abs. 2 Nr. 1 AO bezeichnete „ausschließliche Steuerstraftat" soll nach einer hierzu vertretenen Auffassung nicht nach materiellen Gesichtspunkten bestimmt werden, sondern nach dem prozessualen Tatbegriff des § 264 StPO als einheitlicher Lebensvorgang.[2] Ebenso soll die Tat i.S.d. § 393 Abs. 2 Satz 1 AO, die „keine Steuerstraftat" darstellt, nach in der Literatur vertretenen Auffassungen nach dem prozessualen Tatbegriff zu bestimmen sein, so dass das dort bezeichnete Verwertungsverbot nicht für allgemeine Straftaten gilt, die in Tateinheit mit der Steuerstraftat stehen[3] bzw. als einheitlicher Lebensvorgang des § 264 StPO anzusehen sind.[4]

4006 Die zitierten Auffassungen sind aus folgendem Grund **abzulehnen:**

Die Abgabenordnung trifft für die Behandlung von Steuerstraftaten und von nicht steuerlichen Straftaten bewusst unterschiedliche Regelungen. Sowohl der materielle Tatbegriff (Tateinheit gem. § 52 StGB bzw. Tatmehrheit gem. § 53 StGB) als auch der prozessuale Tatbegriff (§ 264 StPO) befassen sich in dem oben dargestellten Sinn jeweils mit der Frage, wie **mehrere** Taten im strafrechtlichen Sinn entweder mit Strafen sanktioniert werden sollen oder aber prozessrechtlich vom Gericht in einem Verfahren abzuurteilen sind. In beiden Fällen werden jeweils mehrere selbständige Taten für prozessuale Zwecke bzw. für Urteilszwecke „zusammengefasst". Es geht immer um mehrere Rechtsverletzungen, die prozessual als einheitlicher Lebensvorgang der gerichtlichen Erkenntnis unterliegen bzw. im Urteil mit einer Sanktion belegt werden sollen.

4007 Die Vorschriften der Abgabenordnung treffen jedoch für die Behandlung von Steuerstraftaten und von allgemeinen Straftaten ausdrücklich unterschiedliche Regelungen zur Offenbarung bzw. zur Verfolgungszuständigkeit. Diese grds. gewollte unterschiedliche Behandlung der Steuerstraftat von der außersteuerlichen Straftat liefe über die Rechtsfigur des materiell-rechtlichen Tatbegriffes bei Tateinheit zwischen Steuerstraftat und allgemeiner Straftat ins Leere, über die Rechtsfigur des prozessualen Tatbegriffs wären selbst allgemeine Taten erfasst, die in Tatmehrheit zur Steuerstraftat stehen. Die Absicht des Gesetzgebers, für Steuerstraftaten und allgemeine Straftaten im Hinblick auf das Steuergeheimnis und sonstige Regelungen der Abgabenordnung unterschiedliche Regelungen zu treffen, wird sowohl durch den materiell-rechtlichen Tatbegriff der §§ 52 ff. StGB als auch durch den prozessualen Tatbegriff des § 264 StPO unterlaufen, weil die Anwendung beider Tatbegriffe dazu führt, dass zwischen Steuerstraftat und allgemeiner Straftat nicht

---

1) Drüen in Tipke/Kruse, § 30 AO Rz. 70 (Stand Januar 2012); Müller, DStR 1986, 699, 700.

2) Joecks in Franzen/Gast/Joecks, 7. Aufl. 2009, § 386 AO Rz. 13; Gramich, wistra 1988, 251, 252; Hardtke/Westphal, wistra 1996, 91.

3) Wulf, wistra 2006, 89, 93; Maier, wistra 1997, 53; Jarke, wistra 1997, 327; Meine, wistra 1985, 186 f.; so auch BVerfG v. 15.10.2004, 2 BvR 1316/04, NJW 2005, 352 zu BGH v. 5.5.2004, 5 StR 548/03, wistra 2004, 309.

4) Dagegen Hilgers-Klautzsch in Kohlmann, § 385 AO Rz. 67, 68 (Oktober 2009), § 393 AO Rz. 79 (Juni 2009); Hellmann in H/H/Sp, § 393 AO Rz. 163 (Juni 2009); Spriegel, wistra 1997, 321, 324; BayObLG v. 6.8.1996, 4 St RR 104/96, wistra 1996, 353; Besson, 161.

mehr unterschieden wird, sondern die allgemeine Straftat das Schicksal der Steuerstraftat teilt und somit im Ergebnis wie eine Steuerstraftat behandelt wird. Aus diesem Grunde erscheint daher weder der materiell-rechtliche noch der prozessuale Tatbegriff für die Klärung des Begriffs „Steuerstraftat" geeignet und auch nicht notwendig. Der Begriff der Steuerstraftat ergibt sich aus der Legaldefinition des § 369 AO. Alle anderen Straftaten sind keine Steuerstraftaten im Sinne des Gesetzes. Durch diese einfache, vom Gesetz vorgenommene Bestimmung kann die Steuerstraftat von der allgemeinen Straftat auch ohne Rückgriff auf die oben genannten Tatbegriffe abgegrenzt werden.[1]

1) Im Ergebnis auch BayObLG v. 6.8.1996, 4 St RR 104/96, wistra 1996, 353.

KAPITEL VI
Verwertungsverbote

A. Verwertbarkeit der steuerlichen Angaben des Steuerpflichtigen

Schrifttum

Gramich, Limitierung der selbständigen Ermittlungskompetenz des Finanzamts im Sinn des § 386 Abs. 1, Abs. 2 Nr. 1 AO oder Verbrauch der Strafklage?, wistra 1988, 251; **Gössel**, Überlegungen zu einer neuen Beweisverbotslehre, NJW 1981, 2217; **Hardtke/Westphal**, Die Bedeutung der strafrechtlichen Ermittlungskompetenz der Finanzbehörde für das Steuergeheimnis, wistra 1996, 91; **Hetzer**, Denunziantenschutz durch Steuergeheimnis?, NJW 1985, 2991; **Jarke**, Das Verwertungsverbot des § 393 Abs. 2 Satz 1 AO, wistra 1997, 325; **Joecks**, Urkundenfälschung „in Erfüllung steuerrechtlicher Pflichten" (§ 393 Abs. 2 Satz 1 AO)?, wistra 1998, 86; **Kretschmar**, Verhalten des Betriebs- bzw. Außenprüfers beim Verdacht von Straftaten/Ordnungswidrigkeiten, die nicht innerhalb der Ermittlungskompetenz der Finanzbehörde liegen, StBp 1983, 241; **Maier**, Reichweite des Verwertungsverbots nach § 393 Abs. 2 Satz 1 AO, wistra 1997, 53; **Müller**, Steuergeheimnis und Verwertungsverbot bei nichtsteuerlichen Straftaten, DStR 1986, 699; **Reiß**, Besteuerungsverfahren und Strafverfahren, Köln 1987; **Rüster**, Der Steuerpflichtige im Grenzbereich zwischen Besteuerungsverfahren und Strafverfahren, Diss., Göttingen 1989; **Samson**, Steuerhinterziehung, nemo-tenetur und Selbstanzeige – eine Dokumentation, wistra 1988, 130; **Spriegel**, Steuergeheimnis und nichtsteuerliche Straftat, wistra 1997, 321; **Spriegel**, Steuergeheimnis und Strafverfahren, Diss., Augsburg 1999; **Streck/Olbing**, Der beim Finanzamt angezeigte Steuerbürger: Auskunftsanspruch contra Steuergeheimnis, BB 1994, 1268; **Weyand**, Offenbarungsbefugnis nach § 30 Abs. 4 AO als Offenbarungspflicht, DStR 1990, 411; **Wulf**, Steuererklärungspflichten und „nemo tenetur" – zur Strafbarkeit wegen Steuerhinterziehung bei Einkünften aus illegalem Verhalten –, wistra 2006, 89.

I. Steuergeheimnis im Strafverfahren

4008 Im Besteuerungsverfahren ist jeder verpflichtet, seine steuerlichen Verhältnisse umfassend zu offenbaren (§ 90 AO). Zu dieser totalen Offenlegung seiner gesamten Verhältnisse, die von der Finanzverwaltung erzwingbar ist und die sogar die Mitteilung strafbaren bzw. gegen die guten Sitten verstoßenden Verhaltens umfasst (§ 40 AO), wird der Stpfl. auch durch die Strafdrohung des § 370 AO angehalten. Mit der **Offenbarungspflicht** des Bürgers auf der einen Seite korrespondiert die **Geheimhaltungspflicht** der bekannt gewordenen Verhältnisse auf Seiten der Finanzbehörde, die durch das Steuergeheimnis garantiert wird. Das Steuergeheimnis (§ 30 AO) ist deshalb das Gegenstück zu den weitreichenden Auskunfts- und Mitwirkungspflichten des Stpfl. bzw. anderer auskunftspflichtiger Dritter. Es soll davor schützen, dass Verhältnisse, die in Erfüllung steuerlicher Abgabenpflichten der Finanzverwaltung offenbart werden, außerhalb des Besteuerungsverfahrens bekannt oder zu anderen als steuerlichen Zwecken ausgewertet werden. Damit dient das Steuergeheimnis nicht nur dem Schutz des Privatinteresses, sondern auch dem allgemeinen öffentlichen Interesse. Es sichert das Steueraufkommen, indem es die Bereitschaft des Stpfl. zur Auskunft fördert.

4009 Das Steuergeheimnis gilt grds. auch im Steuerstraf- und Bußgeldverfahren (§ 30 Abs. 2 Nr. 1 Buchst. b AO), und zwar für alle diesbezüglichen Tätigkeiten der Ermittlungsbehörden in allen Stadien des Verfahrens.

4010 Vom Steuergeheimnis **umfasst** sind alle Verhältnisse, die über eine Person bekannt werden, also die gesamten persönlichen, wirtschaftlichen, rechtlichen, öffentlichen und privaten Verhältnisse. Es kommt nicht darauf an, ob diese Daten für das Besteuerungs- oder das Strafverfahren von Bedeutung sind oder nicht.[1] Geschützt sind dabei nicht nur die rein **steuerlichen** Verhältnisse (die Bemessungsgrundlagen für die einzelnen Steuerveranlagungen, die Höhe der festgesetzten Steuern, die Höhe etwaiger Rückstände und dergleichen) des Stpfl., sondern vor allem auch seine gesamte **finanzielle** und **wirtschaftliche** Lage, die gewissermaßen den Schlüssel für die steuerliche Behandlung bildet. Darüber hinaus sind in den Schutz auch einbezogen die **seine Persönlichkeit betreffenden Tatsachen**, besonders soweit sie geeignet sind, sein Ansehen und seinen Ruf zu schädigen (Bekanntgabe von Vorstrafen). Auch **Familienverhältnisse** können unter den Schutz des Steuergeheimnisses fallen.[2]

Gleichfalls ist ohne Bedeutung, ob die Verhältnisse wahr sind.[3] Mit dem Begriff der Verhältnisse **„eines anderen"** wird klargestellt, dass damit alle Verhältnisse gemeint sind, soweit sie nur nicht den Amtsträger selbst betreffen. Damit werden nicht nur die Verhältnisse des Stpfl. selbst umfasst, sondern auch die Verhältnisse anderer Stpfl. sowie sonstiger dritter Personen, wie etwa Auskunftspersonen und Steuerberater.[4] Daraus folgert die h.M.,[5] dass Urheber (Name) und Tatsache einer Anzeigenerstattung gegenüber den Finanzbehörden vom Steuergeheimnis ebenfalls geschützt sind, falls der Anzeigenerstatter nicht mit der Offenbarung einverstanden ist (§ 30 Abs. 4 Nr. 3 AO) oder der Anzeigenerstatter vorsätzlich falsche Angaben i.S.d. § 30 Abs. 5 AO gemacht hat.[6] **4011**

Diese Auffassung hat zur Folge, dass die Fahndung bzw. die Straf- und Bußgeldstelle bzw. die Staatsanwaltschaft die Tatsache der Anzeige und den Namen des Anzeigenerstatters auch nicht zur Begründung ihres Antrags auf Erlass eines Durchsuchungs- und Beschlagnahmebeschlusses heranziehen dürfte. Dies, obwohl bei der Beurteilung eines Tatverdachts auf Grund einer Anzeige die Glaubwürdigkeit des Anzeigenerstatters von wesentlicher Bedeutung ist. In der Literatur[7] wird die Auffassung vertreten, dass der Name des Anzeigenerstatters nicht durch das Steuergeheimnis geschützt sei. Der BFH entschied dagegen 1994, dass der Name und die Tatsache der Anzeigenerstattung auch durch das Steuergeheimnis grds. geschützt sei.[8] Allerdings vertritt auch der BFH den Standpunkt, der Stpfl. habe einen Anspruch darauf, dass in Fällen vorsätzlich falscher Angaben über seinen Antrag auf Namensnennung im Wege des pflichtgemäßen Ermessens durch Verwaltungsakt fehlerfrei entschieden wird,[9] wobei sich die Offenbarungsbefugnis zu einer Offenbarungsverpflichtung verdichtet, wenn das allgemeine Persönlichkeitsrecht des Denunzierten erheblich verletzt ist.[10] In diesem Fall hat er auch einen Anspruch darauf, dass die Finanzbehörde von ihrer Offenbarungsbefugnis (Anzeige des **4012**

1) Rüsken in Klein, 11. Aufl. 2012, § 30 AO Rz. 43.
2) Alber in H/H/Sp, § 30 AO Rz. 35 (Oktober 2010); Rüsken in Klein, 11. Aufl. 2012, § 30 AO Rz. 43.
3) Tormöhlen in Beermann/Gosch, § 30 AO Rz. 33 (Stand Februar 2010); Drüen in Tipke/Kruse, § 13 AO Rz. 6 (Januar 2012).
4) Vgl. statt vieler nur Rüsken in Klein, 11. Aufl. 2012, § 30 AO Rz. 44.
5) BFH v. 8.2.1994, VII R 88/92, BStBl II 1994, 552, 554; FG Niedersachsen v. 22.7.1993, VII 56, 57, 58, 95, 97/92, VII 57/92, VII 56/92, VII 58/92, VII 95/92, VII 97/92, EFG 1994, 218; Koch/Scholtz, 5. Aufl. 1996, § 30 AO Rz. 11; Drüen in Tipke/Kruse, § 30 AO Rz. 15 (Januar 2012).
6) BFH v. 8.2.1994, VII R 88/92, BStBl II 1994, 552, 555; Drüen in Tipke/Kruse, § 30 AO Rz. 15 (Januar 2012).
7) Streck/Olbing, BB 1994, 1268; Eilers, DB 1986, 19, 20; Hetzer, NJW 1985, 2991, 2993.
8) BFH v. 8.3.1994, III B 270/90, BStBl II 1994, 522, 525.
9) BFH v. 8.3.1994, III B 270/90, BStBl II 1994, 522 f.; Drüen in Tipke/Kruse, § 30 AO Rz. 15 (Januar 2012).
10) BFH v. 8.3.1994, III B 270/90, BStBl II 1994, 522, 525; Drüen in Tipke/Kruse, § 30 AO Rz. 117 (Januar 2012).

Denunzianten gegenüber den Strafverfolgungsbehörden) gem. § 30 Abs. 5 AO auch Gebrauch macht.[1)]

II. Verwertbarkeit der im Besteuerungsverfahren offenbarten Tatsachen und Beweismittel zur Verfolgung einer Steuerstraftat

4013 Gemäß § 30 Abs. 4 Nr. 1 AO sind die Amtsträger zur Offenbarung der in § 30 Abs. 2 AO erlangten Kenntnisse befugt, soweit sie der Durchführung eines Steuerstrafverfahrens dienen. Diese Regelung ist eindeutig. Problematisch sind in diesem Zusammenhang Fragen, die sich aus der Verfahrenspraxis ergeben:

- Aus der Vorschrift des § 30 Abs. 4 Nr. 1 AO wurde die Berechtigung hergeleitet, Staatsanwaltschaft und Gericht auf deren Ersuchen zur Durchführung eines Steuerstrafverfahrens die für die Festsetzung der **Höhe der Tagessätze** erforderlichen Angaben über die Einkommens- und Vermögensverhältnisse mitzuteilen.[2)] Dadurch waren Steuerstraftäter gegenüber anderen Straftätern benachteiligt, da die Vorlage ihrer Steuerakten wegen des Steuergeheimnisses nicht verlangt werden kann. Aus dem insoweit auch hier geltenden Grundsatz der Verhältnismäßigkeit ergibt sich, dass Offenbarungen dann unbefugt sind, wenn daraus dem Betroffenen Nachteile erwachsen, die über den Zweck hinausgehen, der mit der Offenbarungsbefugnis erreicht werden soll.[3)] Zweck der Offenbarungsbefugnis ist die Feststellung von Strafzumessungstatsachen. Unter diesem Gesichtspunkt ist eine Verwertung der Steuerakten zur Bestimmung des Tagessatzes unzulässig. Denn in diesem Zusammenhang ist zu beachten, dass die Geldstrafe nach den Verhältnissen im Zeitpunkt der Verurteilung festgesetzt wird. Konsequenterweise muss dies auch für die Weitergabe innerhalb des Finanzamts gelten. Insoweit können Gericht, Staatsanwaltschaft und Bußgeld- und Strafsachenstelle aber auf die Schätzungsmöglichkeit des § 40 Abs. 3 StGB gestützt die Grundlagen für die Bemessung der Tagessatzhöhe schätzen.[4)]

  Beispiel:

  Wegen Einkommensteuerhinterziehung 2007, für die eine falsche Einkommensteuererklärung Anfang 2009 abgegeben wurde, wird der Stpfl. Mitte des Jahres 2013 zu einer Geldstrafe verurteilt. Maßgebend für die Höhe des Tagessatzes sind die Einkommensverhältnisse des Jahres 2013 und nicht die Einkommensverhältnisse im Verkürzungszeitraum. Die Steuerakten für das Jahr 2007 dürfen nach § 30 Abs. 4 Nr. 1 AO vorgelegt werden, nicht dagegen Unterlagen für das Jahr 2012 oder gar den laufenden Veranlagungszeitraum 2013.

- Eine Verletzung des Steuergeheimnisses liegt auch in der Praxis mancher Finanzbehörden, den Gerichten auch Steuerakten für **Veranlagungszeiträume** vorzulegen, **die die zu untersuchende Steuerstraftat nicht betreffen**.

---

1) Drüen in Tipke/Kruse, § 30 AO Rz. 117 (Januar 2012); gemäß AEAO zu § 30 Nr. 10.6 ist die Finanzbehörde bei Vorliegen der Voraussetzungen des § 30 Abs. 4 Nr. 4 Buchst. b AO dazu verpflichtet, im Rahmen der Ermessensentscheidung das allgemeine Persönlichkeitsrecht des Stpfl. gegen das allgemeine Persönlichkeitsrecht des Anzeigeerstatters und den Zweck des Steuergeheimnisses abzuwägen. Dem Informantenschutz und dem Zweck des Steuergeheimnisses wird hier ein höheres Gewicht zukommen, wenn die vertraulich mitgeteilten Informationen im Wesentlichen zutrafen und zu Steuernachforderungen führten oder wenn zumindest einige von einer Vielzahl von Angaben sich als steuerrechtlich bedeutsam erwiesen haben und im Verhältnis zu den übrigen Angaben nicht völlig unmaßgeblich waren.

2) So Nr. 112 Abs. 3 AStBV (St), BStBl I 1996, 959; vgl. nun aber Nr. 86 Abs. 3 AStBV (St) 2013, BStBl I 2012, 1018.

3) Drüen in Tipke/Kruse, § 30 AO Rz. 70 (Januar 2012).

4) Nr. 85 Abs. 3 Satz 2, Nr. 86 Abs. 3 AStBV (St) 2013, BStBl I 2012, 1018.

Beispiel:

Angeklagt ist Einkommensteuerhinterziehung der Jahre 2003 bis 2005. Übersandt werden dem Gericht auch Gewerbesteuer- und Umsatzsteuerakten für die betreffenden Zeiträume. Die Einkommensteuerakten werden durchgehend für die Jahre 2001 bis 2006 vorgelegt.

III. Verwertbarkeit der im Besteuerungsverfahren offenbarten Tatsachen und Beweismittel zur Verfolgung nicht steuerlicher Straftaten (§ 393 Abs. 2 AO)

Ein besonderes Problem bei der Durchführung von Steuerstrafverfahren liegt darin, dass Staatsanwaltschaft und Gericht aus den Steuerakten Kenntnisse von einer allgemeinen, d.h. einer nicht steuerlichen Straftat erlangen können. Gemäß § 40 i.V.m. § 370 AO ist der Stpfl. gehalten, seine steuerlichen Verhältnisse umfassend zu offenbaren, somit auch gesetz- oder sittenwidriges Handeln offen zu legen. Da alles, was in den in § 30 Abs. 2 AO genannten Verfahren bekannt wird, dem Steuergeheimnis unterliegt, ergibt sich in solchen Fällen ein Konflikt zwischen dem Verfolgungszwang (Legalitätsprinzip, § 152 Abs. 2 StPO) und der Verwertung der durch das Steuergeheimnis geschützten Daten. Diesen Konfliktfall regelt § 393 Abs. 2 AO durch ein – allerdings eingeschränktes – Verwertungsverbot. **4014**

1. Verwertungsverbot des § 393 Abs. 2 AO

Soweit der Staatsanwaltschaft oder dem Gericht in einem Strafverfahren aus den Steuerakten Tatsachen oder Beweismittel bekannt werden, die der Stpfl. der Finanzbehörde „vor Einleitung des Strafverfahrens oder in Unkenntnis der Einleitung des Strafverfahrens" in Erfüllung steuerrechtlicher Pflichten offenbart hat, dürfen diese Kenntnisse gegen ihn nicht für die Verfolgung einer Tat verwendet werden, die keine Steuerstraftat ist (§ 393 Abs. 2 Satz 1 AO). **4015**

a) Voraussetzungen

Im Einzelnen setzt das Verwertungsverbot also voraus: **4016**

aa) Tatsachen oder Beweismittel „aus den Steuerakten"

Steuerakten in diesem Sinne sind nicht nur die Steuerakten der Steuerbehörde und die Prozessakten der Finanzgerichte, sondern auch die Ermittlungs- bzw. Prozessakten der Finanzbehörde und Verdachtsmeldungen in Bestechungsfällen (§ 4 Abs. 5 Satz 11 Nr. 10 Satz 3 EStG), zur Bekämpfung illegaler Beschäftigung und Leistungsmissbrauchs (§ 31a AO) und von Geldwäsche (§ 31b AO), zudem jedenfalls die Teile der Ermittlungs- und Prozessakten der Staatsanwaltschaft und Strafgerichte, die Kenntnisse wiedergeben, die auf die Niederlegung der Tatsachen oder Beweismittel in der Steuerakte zurückzuführen und dadurch verursacht worden sind.[1] Eine andere Ansicht will darüber hinaus auch solche Erkenntnisse in den Anwendungsbereich des § 393 Abs. 2 AO einbeziehen, die sich in den Steuerstrafakten der Staatsanwaltschaft oder der Strafgerichte befinden und auf einer Weitergabe von Informationen in sonstiger Weise unter Verletzung des Steuergeheimnisses von der Finanzbehörde oder einem ihrer Amtsträger beruhen.[2] **4017**

1) Kohlmann, § 393 AO Rz. 75 (September 2006); Senge in Erbs/Kohlhaas, § 393 AO Rz. 8 (Juni 2004); Hellmann in H/H/Sp, § 393 AO Rz. 153 (Juni 2009).
2) Joecks in Franzen/Gast/Joecks, 7. Aufl. 2009, § 393 AO Rz. 60.

bb) Tatsachen oder Beweismittel, „die der Staatsanwaltschaft oder dem Gericht in einem Strafverfahren bekannt werden"

4018 Seinem Wortlaut nach ist § 393 Abs. 2 AO auf solche Tatsachen oder Beweismittel beschränkt, die der Staatsanwaltschaft oder dem Gericht in einem Strafverfahren bekannt werden. Damit greift einer Ansicht nach das Verwendungsverbot des § 393 Abs. 2 AO nicht bei Kenntniserlangung in einem anderen Verfahren, z.B. in einem zivil- oder verwaltungsgerichtlichen Verfahren.[1] Eine den Anwendungsbereich des § 393 Abs. 2 AO noch weiter einschränkende Ansicht versteht unter Strafverfahren i.S.d. § 393 Abs. 2 AO ausschließlich Steuerstrafverfahren, da das Verwendungsverbot Steuerakten betreffe und diese dem Gericht oder der Staatsanwaltschaft legal nur in einem Steuerstrafverfahren vorgelegt werden können (§ 30 Abs. 4 Nr. 1, Abs. 2 Nr. 1 Buchst. b AO). Zudem sei dieser Rückschluss aus der Vorschrift des § 30 Abs. 4 Nr. 4 Buchst. a AO zu ziehen, der eine Offenbarung von Kenntnissen zum Zweck der Durchführung eines Strafverfahrens wegen einer nichtsteuerlichen Straftat untersagt, wenn diese Kenntnisse in einem Verfahren wegen Steuerstraftat oder -ordnungswidrigkeit erlangt wurden und es sich um Tatsachen handelt, die der Stpfl. in Unkenntnis der Einleitung eines Straf- oder Bußgeldverfahrens offenbart hat oder die vor der Einleitung eines Straf- oder Bußgeldverfahrens im Besteuerungsverfahren bekannt geworden sind.[2] Eine den Wortlaut des § 393 Abs. 2 AO außer Acht lassende extensive Ansicht will dessen Verwendungsverbot auf solche Tatsachen und Beweismittel ausdehnen, die der Staatsanwaltschaft oder dem Gericht auf sonstige Weise unter Verletzung des Steuergeheimnisses von der Finanzbehörde oder einem ihrer Amtsträger mitgeteilt wurden.[3] Dafür spreche, dass es nicht hinnehmbar sei, dass Erkenntnisse, die bei zulässiger Offenbarung nicht verwendet werden dürften, dann aber verwendet werden dürfen, wenn sie unter Verletzung des Steuergeheimnisses offenbart wurden. Dieser weitergehende Schutz ist aber besser zu erreichen, wenn man ein Verwertungsverbot für Fälle der Verletzung des Steuergeheimnisses bei selbstbelastenden Angaben des Stpfl. in Erfüllung steuerrechtlicher Mitwirkungspflichten unmittelbar auf Grundlage des nemo-tenetur-Grundsatzes (Art. 2 Abs. 1, Art. 1 Abs. 1 GG) aus der Verfassung herleitet.[4]

cc) Tatsachen- oder Beweismittel, die der Stpfl. der Finanzbehörde „offenbart"

4019 Die Tatsachen oder Beweismittel müssen von dem Stpfl. selbst oder in seinem Auftrag dem Finanzamt im Besteuerungsverfahren mitgeteilt worden sein. Kenntnisse, die die Finanzbehörde schon vor den Angaben des Stpfl. hatte, können verwertet werden.[5] **Offenbart** in diesem Sinne ist eine Tatsache oder ein Beweismittel, wenn der Stpfl. sie der Finanzbehörde mitgeteilt hat und dies der Finanzbehörde noch unbekannt war. Dies gilt sowohl für die Erklärungen, die der Stpfl. im Besteuerungsverfahren abgegeben hat,[6] als auch für die vom Stpfl. vorgelegten oder überreichten Beweismittel und Urkunden, wie z.B. Handelsbücher, Aufzeichnungen, Belege und sonstige Schriftstücke.[7] Damit umfasst die Vorschrift alles, was der Stpfl. zumindest durch eigenes Zutun oder auch nur durch bloßes Dulden der Einsichtnahme der Finanzbehörde zur Kenntnis gebracht oder dieser die Möglichkeit der

1) Kohlmann, § 393 AO Rz. 74, 75 (September 2006).
2) Hellmann in H/H/Sp, § 393 AO Rz. 149 (Juni 2009).
3) Blesinger in Kühn/von Wedelstädt, 20. Aufl. 2011, § 393 AO Rz. 7; Müller, DStR 1986, 699, 702; Kohlmann, § 393 AO Rz. 75 (September 2006).
4) Hellmann in H/H/Sp, § 393 AO Rz. 156 (Juni 2009); weitere Nachweise in BVerfG v. 27.4.2010, 2 BvL 13/07, wistra 2010, 341, Rz. 40, 41.
5) Kohlmann, § 393 AO Rz. 69 (September 2006).
6) Jäger in Klein, 11. Aufl. 2012, § 393 AO Rz. 48; Hellmann in H/H/Sp, § 393 AO Rz. 133 (Juni 2009).
7) Kohlmann, § 393 AO Rz. 69 (September 2006).

Kenntnisnahme verschafft hat.[1] Wenn die Kenntnisse auf Mitteilungen Dritter beruhen, sind sie zwar nicht i.S.d. § 393 Abs. 2 Satz 1 AO „offenbart",[2] so dass eine direkte Anwendung des Verwertungsverbots ausscheidet. In diesem Fall ist jedoch zu prüfen, ob nicht bereits vorher in der Weitergabe dieser Kenntnisse ein Verstoß gegen das Steuergeheimnis vorlag.[3]

Schutzbedürftig ist hier der Stpfl., der auf Grund seiner erzwingbaren abgabenrechtlichen Mitwirkungspflichten, die ein Weigerungsrecht nicht zulassen, handelt. **4020** Daher besteht für ein Verwertungsverbot dann kein Bedürfnis mehr, wenn der Betroffene die ihn belastenden Tatsachen in Kenntnis der Einleitung eines Strafverfahrens mitgeteilt hat (vgl. § 30 Abs. 4 Nr. 4 Buchst. a AO). Im Strafverfahren ist der Stpfl. nicht zur Mitwirkung auf Grund gesetzlicher Vorschriften verpflichtet. Er wird darüber belehrt, dass niemand sich selbst belasten muss, so dass eine besondere Schutzwürdigkeit, wie sie im Besteuerungsverfahren besteht, in diesem Verfahren nicht gegeben ist. Gleiches gilt, wenn der Stpfl. wusste, dass gegen ihn bereits ein Steuerstrafverfahren anhängig war und er seinen Erklärungspflichten nachkam (§ 30 Abs. 4 Buchst. a 2. Halbsatz AO).

Das Verwertungsverbot ist nur in seinem Verhältnis zu den Vorschriften des Steuer- **4021** geheimnisses zu verstehen. Alles das, was zulässigerweise durch die Vorschriften des Steuergeheimnisses gem. § 30 Abs. 4 und 5 AO offenbart werden darf, unterfällt regelmäßig nicht dem Verwertungsverbot. Lediglich die Verhältnisse, die eigentlich nicht hätten offenbart werden dürfen, aber nunmehr dennoch Staatsanwaltschaft und Gericht bekannt geworden sind, werden durch das Verwertungsverbot geschützt. Damit stellt sich das Verwertungsverbot des § 393 Abs. 2 Satz 1 AO als verlängerte Garantie des durch das Steuergeheimnis beabsichtigten Schutzes dar.

b) Einzelfälle

In den Einflussbereich von Staatsanwaltschaft und Gericht können solche Verhält- **4022** nisse auf folgende Art und Weise gelangen:

- Die Steuerakten werden befugt an Staatsanwaltschaft und Gericht weitergeleitet, weil im Hinblick auf die nicht steuerliche Straftat die Offenbarungsmöglichkeiten des § 30 Abs. 4 Nr. 4 und 5 AO bzw. sonstige gesetzlich zugelassene Offenbarungsmöglichkeiten vorliegen.
- Die Steuerakten werden unbefugt durch die Finanzbehörden an Staatsanwaltschaft oder das Gericht unter Verletzung des Steuergeheimnisses weitergeleitet.[4]
- Zulässigerweise wird die Steuerstraftat an die Staatsanwaltschaft gem. § 30 Abs. 4 Nr. 1 AO abgegeben. Da die dort bezeichneten Vorgänge nicht von der allgemeinen Straftat zu trennen sind, gelangen damit Erkenntnisse über solche allgemeine Straftaten gewissermaßen „unbeabsichtigt" in den Kenntnisbereich von Staatsanwaltschaft und Gericht. Isoliert betrachtet hätte die allgemeine Straftat selbst nicht weitergegeben werden dürfen, da keine der dafür gesetzlich vorgesehenen Offenbarungsmöglichkeiten vorlag. Das Verwertungsverbot wird damit in den Fällen einschlägig, in denen – isoliert betrachtet – die allgemeine Straftat nach den Vorschriften des Steuergeheimnisses nicht hätte offenbart werden dürfen.

---

1) BayObLG v. 6.8.1996, 4 St RR 104/96, wistra 1996, 353; a.A. Hellmann in H/H/Sp, § 393 AO Rz. 156 (September 2006).
2) A.A. Hellmann in H/H/Sp, § 393 AO Rz. 151 (Juni 2009).
3) Mit der Folge, dass wegen der vorherigen Verletzung des Steuergeheimnisses ein Verwertungsverbot gegeben ist, vgl. Reiß, 135 bis 138.
4) Daraus wird ein aus der Verfassung abzuleitendes Verwertungsverbot gefolgert, Reiß, 134 bis 138.

2. Ausnahmen vom Verwertungsverbot

4023 Das Verwertungsverbot gilt gem. § 393 Abs. 2 Satz 2 AO nicht für Straftaten, an deren Verfolgung ein zwingendes öffentliches Interesse besteht. Der Begriff des **„zwingenden öffentlichen Interesses"** ist gesetzlich nicht definiert; § 393 AO verweist hierzu auf § 30 Abs. 4 Nr. 5 AO. Diese Vorschrift nennt lediglich drei Beispielsfälle für ein derartiges zwingendes Interesse („namentlich"):

- Verbrechen und vorsätzliche schwere Vergehen gegen Leib und Leben, gegen den Staat und seine Einrichtungen,
- Wirtschaftsstraftaten, die nach ihrer Begehungsweise oder wegen des Umfangs des durch sie verursachten Schadens geeignet sind, die wirtschaftliche Ordnung erheblich zu stören oder das Vertrauen der Allgemeinheit auf die Redlichkeit des geschäftlichen Verkehrs oder auf die ordnungsgemäße Arbeit der Behörden und der öffentlichen Einrichtungen erheblich zu erschüttern,
- wenn die Offenbarung erforderlich ist, zur Richtigstellung in der Öffentlichkeit verbreiteter unwahrer Tatsachen, die geeignet sind, das Vertrauen in die Verwaltung erheblich zu erschüttern.

4024 Durch die Verwendung des Begriffs „namentlich" wird deutlich, dass es sich bei den Beispielsfällen des § 30 Abs. 4 Nr. 5 AO nicht um eine erschöpfende Aufzählung der Tatbestände handelt, die den Begriff des zwingenden öffentlichen Interesses ausfüllen.[1]

4025 Die Offenbarungsbefugnis gem. § 30 Abs. 4 Nr. 5 Buchst. a bis c AO beinhaltet in Verbindung mit der Regelung des § 393 Abs. 2 Satz 2 AO die brisanteste und umstrittenste Anordnung der Abgabenordnung.[2] Dies liegt zum einen daran, dass der Anwendungsbereich der Vorschrift infolge der allgemein gehaltenen Umschreibung des zwingenden öffentlichen Interesses nicht genau zu umgrenzen ist, auch wenn in den Beispielsfällen des § 30 Abs. 4 Nr. 5 Buchst. a bis c AO durch die Auflistung von drei besonderen Tatbeständen eine Klarstellung erfolgen sollte.[3] Zum anderen liegt dies daran, dass sowohl die Vorschrift des Steuergeheimnisses in § 30 Abs. 4 Nr. 5 AO eine Weitergabe der dort bezeichneten Erkenntnisse ohne weitere Einschränkung erlaubt als auch § 393 Abs. 2 Satz 2 AO solche weitergegebenen Kenntnisse ausdrücklich vom Verwertungsverbot ausnimmt und diese auch dann nicht mit einem Verwertungsverbot belegt, wenn solche Erkenntnisse „in Erfüllung steuerlicher Pflichten", ja sogar unter Anwendung von Zwangsmitteln offenbart wurden.[4]

4026 Aus diesem Grunde hat diese Vorschrift wie keine andere Vorschrift der Abgabenordnung den Vorwurf der Verfassungswidrigkeit hervorgerufen,[5] da sie dazu führen kann, dass der Stpfl. im Besteuerungsverfahren zur Offenbarung von belastenden Umständen gezwungen werden kann, die dann zu seiner Verfolgung wegen einer nicht steuerlichen Straftat verwendet werden können.[6] In den übrigen Fällen des § 30 Abs. 4 Nr. 4 AO i.V.m. dem Verwendungsverbot des § 393 Abs. 2 Satz 1 AO können Kenntnisse über außersteuerliche Straftaten nur dann verwertet werden, wenn sie entweder freiwillig oder in Kenntnis der Einleitung des Strafverfahrens gemacht wurden, mithin gem. § 393 Abs. 1 Satz 2 und 3 AO nicht erzwungen werden konnten.

---

1) Alber in H/H/Sp, § 30 AO Rz. 191 (Oktober 2002).
2) Vgl. hierzu Rüster, 80; weitere Nachweise: Wulf, wistra 2006, 89, 91.
3) Joecks in Franzen/Gast/Joecks, 7. Aufl. 2009, § 393 AO Rz. 71.
4) Joecks in Franzen/Gast/Joecks, 7. Aufl. 2009, § 393 AO Rz. 71.
5) Rüster, 90; vgl. auch LG Göttingen, Aussetzungs- und Vorlagebeschluss v. 11.12.2007, 8 KLs 1/07, zitiert in BVerfG v. 27.4.2010, 2 BvL 13/07, wistra 2010, 341, 344.
6) Hellmann in H/H/Sp, § 393 AO Rz. 180 (Juni 2009).

Im Gegensatz dazu gestattet § 393 Abs. 2 Satz 2 AO bei den in § 30 Abs. 4 Nr. 5 AO bezeichneten Taten die strafrechtliche Verwertung von steuerlichen Mitwirkungshandlungen selbst dann, wenn sie in Erfüllung gesetzlicher und zwangsbedrohter Mitwirkungspflicht oder sogar unter tatsächlicher Zwangseinwirkung zu Stande kamen und der Stpfl. sich dadurch selbst belastet hat.[1] Ein derartiger Zwang ist nach dem Beschluss des Bundesverfassungsgerichts vom 13.1.1981[2] „unzumutbar und mit der Würde des Menschen unvereinbar". Das Gericht hat in dieser Entscheidung, die noch zum vorkonstitutionellen Recht der Konkursordnung erging, ausgeführt, dass der Gesetzgeber in solchen Konfliktfällen eine Regelung zu treffen habe, wonach entweder Angaben, durch die sich jemand selbst belasten könnte, nicht erzwungen werden dürfen oder aber für den Fall, dass die Angaben mit Zwangsmitteln erzwungen werden dürfen, in strafrechtlicher Hinsicht ein Verwertungsverbot für solche Angaben gelten müsse. Da nach der Regelung des § 30 Abs. 4 Nr. 5 Buchst. a bis c AO i.V.m. § 393 Abs. 2 Satz 2 AO für die dort bezeichneten Fälle ein Verwertungsverbot selbst dann nicht gewährleistet ist, wenn die genannten Angaben unter Zwang zu Stande kommen, gewährt die Abgabenordnung dem Nemo tenetur-Prinzip gerade dort die geringste Berücksichtigung, wo dies am dringlichsten wäre.[3] Da der Gesetzgeber ein Verwertungsverbot in dieser Regelung jedoch ausdrücklich ausgeschlossen hat, kann die Vorschrift durch Richterrecht nicht – wie im oben genannten Beschluss des Bundesverfassungsgerichts, das über die vorkonstitutionelle Regelung der Konkursordnung zu befinden hatte – durch ein aus der Verfassung abzuleitendes Verwertungsverbot ergänzt werden. In diesem Fall muss daher die Regelung der Steuererklärungspflichten und ihre Strafbewehrung – auch für den Fall der Selbstbelastung – durch das Gericht dem Bundesverfassungsgericht zur Feststellung der Verfassungswidrigkeit vorgelegt werden.[4] Der BFH sieht in einer Weiterleitung von erlangten Erkenntnissen über Verdachtsfälle der Korruption i.S.d. § 4 Abs. 5 Nr. 10 Satz 3 EStG an die Strafverfolgungsbehörde jedenfalls keinen ungerechtfertigten Eingriff in das Recht auf informationelle Selbstbestimmung.[5] Der BGH stellte hierzu einschränkend fest, dass der Grundsatz der Selbstbelastungsfreiheit auch in Fällen des § 393 Abs. 2 Satz 2 AO nicht entgegenstehe, soweit sich die Erklärungspflicht auf die betragsmäßige Angabe der Einnahmen beschränke und nicht deren deliktische Herkunft umfasse.[6] **4027**

IV. Befugte Offenbarung zur Durchführung eines Strafverfahrens wegen nicht steuerlicher Straftaten

Während Tatsachen und Beweismittel zur Durchführung eines Steuerstrafverfahrens oder eines Bußgeldverfahrens wegen einer Steuerordnungswidrigkeit der Staatsanwaltschaft und den Gerichten ohne Weiteres offenbart werden dürfen (§ 30 Abs. 4 Nr. 1 AO), ist die Befugnis der Offenbarung zur Durchführung eines Strafverfahrens wegen nicht steuerlicher Straftaten sehr stark eingeschränkt. **4028**

Zur Durchführung eines **Bußgeldverfahrens** wegen einer außersteuerlichen Ordnungswidrigkeit ist jede Offenbarung grds. unbefugt. Dies ergibt sich im Umkehrschluss aus § 30 Abs. 4 Nr. 4 und 5 AO. **4029**

1) Rüster, 90.
2) BVerfG v. 13.1.1981, 1 BvR 116/77, BVerfGE 56, 37, sog. Gemeinschuldnerbeschluss.
3) Samson, wistra 1988, 130, 131.
4) Vgl. BVerfG v. 27.4.2010, 2 BvL 13/07, wistra 2010, 341, 344; für diskussionswürdig hält das Bundesverfassungsgericht zudem die verfassungsrechtliche Einordnung des § 31a AO, Rz. 45 ff.
5) BFH v. 14.7.2008, VII B 92/08, wistra 2008, 434.
6) BGH v. 2.12.2005, 5 StR 119/05, NStZ 2006, 210.

4030 Zur Durchführung eines **Strafverfahrens** ist die Mitteilung an die Staatsanwaltschaft insbes. dann rechtmäßig, wenn die Tatsachen und Beweismittel in einem Verfahren wegen einer Steuerstraftat oder wegen einer Steuerordnungswidrigkeit bekannt geworden sind (vgl. → Rz. 4015 ff.).

4031 In einem derartigen Verfahren ist der Betroffene nicht auskunfts- und mitwirkungspflichtig; über seine Weigerungsrechte ist er zu belehren (§ 385 AO i.V.m. § 136 Abs. 1 Satz 2 StPO; § 410 Abs. 1 AO i.V.m. § 46 Abs. 1 Satz 1 OWiG und § 136 Abs. 1 Satz 2 StPO; § 393 Abs. 1 Satz 3 und 4 AO; § 397 Abs. 3 AO).

1. Zufallsfunde

4032 Fraglich ist, ob Zufallsfunde, die nach Einleitung des Straf- und Bußgeldverfahrens bekannt geworden sind, an die Staatsanwaltschaft weitergegeben werden dürfen. Zufallsfunde sind Gegenstände, die keinen unmittelbaren Bezug zur Untersuchung haben, aber auf die Verübung einer anderen Straftat hindeuten. Sie sind gem. § 108 StPO in Beschlag zu nehmen.

Beispiel:

Bei einer Durchsuchung wegen Verdachts einer Steuerhinterziehung wird eine Pistole gefunden.

4033 Nach einer hierzu vertretenen Auffassung[1)] hat das Steuergeheimnis Vorrang, außer bei zwingendem öffentlichen Interesse an der Strafverfolgung (§ 30 Abs. 4 Nr. 5 AO). Eine Beschlagnahme soll deshalb nicht möglich sein. Eine vermittelnde Auffassung geht davon aus, dass Zufallsfunde i.S.d. § 108 StPO im Rahmen selbständiger Ermittlungstätigkeit der Finanzbehörde „in einem Strafverfahren wegen einer Steuerstraftat" (§ 30 Abs. 2 Nr. 1 Buchst. b AO) gemacht werden und somit grds. vom Steuergeheimnis erfasst werden. Die Finanzbehörde sei allerdings befugt, gem. § 30 Abs. 4 Nr. 1 und 4a AO ihre Kenntnisse an die Staatsanwaltschaft weiterzugeben, auch wenn kein zwingendes öffentliches Interesse i.S.d. § 30 Abs. 4 Nr. 5 AO bestehe. Daher sei die Weitergabe von Zufallsfunden unter Beachtung des Steuergeheimnisses zulässig. Zweifelhaft sei nur, ob die Finanzbehörde eine Beschlagnahme von solchen Zufallsfunden anordnen dürfe, die ausschließlich Nicht-Steuerstraftaten betreffen. Da sie in diesen Fällen weder selbständig (§ 399 Abs. 1 AO) noch unselbständig (§ 402 AO) ermitteln dürfe, sei die Beschlagnahme unzulässig.[2)]

4034 Die Auffassungen, welche die Beschlagnahme einschränken oder ausschließen wollen, überzeugen jedoch letztlich nicht. Die Geltung des § 108 StPO endet nicht an der Grenze zum Ermittlungsverfahren in Steuerstrafsachen. Der Verdächtige im Steuerstrafverfahren sollte, auch was Zufallsfunde angeht, nicht gegenüber dem einer nicht-steuerlichen Straftat Verdächtigen privilegiert werden. § 393 Abs. 2 AO findet keine Anwendung, weil Zufallsfunde keine Tatsachen oder Beweismittel sind, die der Steuerpflichtige vor Einleitung des Strafverfahrens oder in Unkenntnis seiner Einleitung in Erfüllung steuerrechtlicher Pflichten offenbart hat. Eine Offenbarung der Tatsachen oder Beweismittel wird zudem regelmäßig gemäß § 30 Abs. 4 Nr. 4 Buchst. a AO zulässig sein.

2. Dritte Personen

4035 § 30 Abs. 4 Nr. 4 Buchst. a AO gilt im Wege der Auslegung (wie auch § 393 Abs. 2 AO) auch für Personen, die nicht selbst Stpfl. sind, aber nach den §§ 93, 93a AO Auskunfts- und Mitwirkungspflichten haben und Täter von Steuerhinterziehung und Steuerordnungswidrigkeiten sein können (z.B. Steuerberater), wenn die Tatsa-

1) Meyer-Goßner, 55. Aufl. 2012, § 108 StPO Rz. 4.
2) Hilgers-Klautzsch in Kohlmann, § 385 AO Rz. 243 (Oktober 2009); Joecks in Franzen/Gast/Joecks, 7. Aufl. 2009, § 399 AO Rz. 84; Rüping, 282.

chen oder Beweismittel in einem Verfahren ohne Bestehen einer steuerlichen Verpflichtung oder unter Verzicht auf ein Auskunftsverweigerungsrecht i.S.d. §§ 101 bis 103 AO erlangt worden sind (§ 30 Abs. 4 Nr. 4 Buchst. b AO).[1]

3. Ohne Bestehen einer steuerlichen Verpflichtung erlangt

Offenbart werden können weiterhin Kenntnisse über allgemeine Straftaten, wenn **4036** sie ohne Bestehen einer steuerlichen Verpflichtung erlangt worden sind (§ 30 Abs. 4 Nr. 4 Buchst. b AO). Der Begriff „ohne Bestehen einer steuerlichen Verpflichtung" gem. § 30 Abs. 4 Nr. 4 Buchst. a AO korrespondiert mit dem Begriff „in Erfüllung einer steuerlichen Verpflichtung" gem. § 393 Abs. 2 Satz 1 AO.

Die Praxis hält das Merkmal „ohne Bestehen einer steuerlichen Verpflichtung" (mit **4037** der Folge, dass ein Verwertungsverbot nicht gegeben ist) dann für gegeben, wenn im Verfahren falsche Angaben gemacht werden. Die wohl häufigsten derartigen Fälle sind Sachverhaltsgestaltungen, in denen steuerliche Erklärungen unter Verwendung von gefälschten Belegen abgegeben werden. Die mit dem Steuerdelikt in Tateinheit stehende Urkundenfälschung wird von einem überwiegenden Teil der Literatur und der Rspr. als nicht mehr vom Schutzzweck des § 393 Abs. 2 Satz 1 AO gedeckt angesehen, da keine steuerliche Verpflichtung zur Offenbarung „unwahrer Tatsachen" bestehe[2] und die Angaben nicht „in Erfüllung" einer steuerlichen Verpflichtung gemacht wurden.[3] Schließlich verpflichte § 90 Abs. 1 AO den Stpfl. zur vollständigen und wahrheitsgemäßen Offenlegung der für die Besteuerung erheblichen Tatsachen. Gemäß § 150 Abs. 2 AO seien Angaben in Steuererklärungen wahrheitsgemäß nach bestem Wissen und Gewissen zu machen. Die Vorlage unechter Urkunden erfolge damit gerade nicht in Erfüllung steuerrechtlicher Pflichten.[4]

Dem ist nunmehr zuzustimmen. Die noch in der Vorauflage vertretene Auffassung, **4038** dass alle in den Steuerakten enthaltenen Angaben des Stpfl. in Erfüllung seiner Verpflichtung gemacht wurden, ist angesichts der Klärung in der verfestigten Rechtsprechung des Bundesgerichtshofs nicht mehr erfolgversprechend.

Verschiedene Normen können zur Bestätigung der nunmehr herrschenden Ansicht **4039** herangezogen werden. Die Befugnis zur Offenbarung wird einmal hergeleitet aus § 30 Abs. 4 Nr. 1 AO, weil die mit der Steuerstraftat in Tateinheit stehende allgemeine Straftat eine „prozessuale" Tat darstelle, es sich somit um eine Steuerstraftat nach dieser Regelung handele.[5]

Zum anderen wird zur Bestätigung die Zuständigkeitsregelung des § 386 Abs. 2 AO **4040** herangezogen, wonach es sich in diesem Fall nicht um eine „ausschließliche" Steuerstraftat handele, die Finanzbehörde somit nicht zu ihrer Verfolgung zuständig sei und daher die Strafsache (Steuerstraftat und außersteuerliche Straftat) abgeben müsse.[6] Es wird daher die Weitergabe der Sache an die Staatsanwaltschaft für zulässig erachtet, zudem das Verwertungsverbot gem. § 393 Abs. 2 Satz 1 AO für die außersteuerliche Straftat verneint.

---

1) Vgl. hierzu Drüen in Tipke/Kruse, § 30 AO Rz. 115 (Januar 2012).
2) Vgl. hierzu Joecks, wistra 1998, 91.
3) Maier, wistra 1997, 53; Jarke, wistra 1997, 325; Wulf, wistra 2006, 89, 93; BGH v. 14.6.1999, 5 StR 159/99, wistra 1999, 341; v. 11.9.2003, 5 StR 253/03, wistra 2003, 429; v. 5.5.2004, 5 StR 548/03, wistra 2004, 309; a.A. BayObLG v. 6.8.1996, 4 St RR 104/96, wistra 1996, 353; v. 18.11.1997, 4St RR 227/97, wistra 1998, 117.
4) BGH v. 11.9.2003, 5 StR 253/03, wistra 2003, 429; v. 5.5.2004, 5 StR 548/03, wistra 2004, 309; Joecks in Franzen/Gast/Joecks, 7. Aufl. 2009, § 393 AO Rz. 54b.
5) Drüen in Tipke/Kruse, § 30 AO Rz. 70 (Januar 2012).
6) Rüping in H/H/Sp, § 386 AO Rz. 68 (März 2003).

4. In Fällen zwingenden öffentlichen Interesses

4041 Wenn an der Offenbarung ein zwingendes öffentliches Interesse (§ 30 Abs. 4 Nr. 5 AO) besteht,[1] ist die Offenbarung gesetzlich zugelassen. Sie führt auch nicht zu einem Verwertungsverbot gem. § 393 Abs. 2 Satz 2 AO,[2] da nach dieser Vorschrift ein Verwertungsverbot ausdrücklich ausgeschlossen ist.

5. Bei vorsätzlich falschen Angaben

4042 Wenn der Betroffene vorsätzlich falsche Angaben gemacht hat (§ 30 Abs. 5 AO), ist die Offenbarung ebenfalls erlaubt.

4043 Durch die Vorschrift sollen die Finanzbehörden in die Lage versetzt werden, z.B. Fälle falscher Verdächtigung gem. § 164 StGB[3] zur Anzeige zu bringen, da der Anzeigenerstatter, der bewusst falsche Angaben macht, nicht den Schutz des Steuergeheimnisses gegenüber den Strafverfolgungsbehörden genießt.[4] Bei den in § 30 Abs. 5 AO bezeichneten falschen Angaben kann es sich jedoch nicht um falsche Angaben i.S.d. § 370 AO, somit um Steuerstraftaten handeln, da ansonsten die Vorschrift des § 30 Abs. 4 Nr. 1 AO, die gerade die Offenbarung solcher Angaben für Zwecke eines Steuerstrafverfahrens zulässt, überflüssig wäre.[5] Abgesehen davon, dass die Vorschrift von falschen Angaben des „Betroffenen" spricht (dagegen regelt § 30 Abs. 4 Nr. 1 AO Offenbarungen des Stpfl.), wird die Vorschrift zutreffenderweise nicht auf Angaben angewendet, die i.S.d. § 370 AO bereits steuerlich unrichtige Angaben sind und die bereits gem. § 30 Abs. 4 Nr. 1 AO ohne Weiteres weitergegeben werden können. Bei den hier bezeichneten falschen Angaben handelt es sich beispielsweise um falsche Verdächtigungen Dritter.[6]

4044 Hat die Finanzbehörde in einem Steuerstraf- oder Steuerordnungswidrigkeitenverfahren tatsächlich Hinweise oder Kenntnisse für eine Nicht-Steuerstraftat erlangt und liegen die sonstigen Voraussetzungen für eine Offenbarung derartiger Umstände vor, so besteht grds. keine Verpflichtung zur Mitteilung an die Staatsanwaltschaft. Dies ergibt sich schon aus dem Gesetzeswortlaut (§ 30 Abs. 4 AO: „Die Offenbarung ... ist zulässig ..."). Die Behörde ist lediglich zur Mitteilung an die Staatsanwaltschaft gem. § 161 StPO befugt, soweit das Steuergeheimnis nicht entgegensteht.[7]

V. Privilegierung und Verletzung des Legalitätsprinzips?

4045 Die Forderungen, die vor allem von Teilen des Schrifttums im Hinblick auf eine möglichst umfassende Abgabe bzw. Weitergabe von Informationen über außersteuerliche Straftaten erhoben werden und damit konsequenterweise eine einschränkende Anwendung des Verwertungsverbotes befürworten, beruhen, soweit nicht

1) Vgl. zur Verfassungswidrigkeit dieser Vorschrift die oben gemachten Ausführungen unter → Rz. 4026 ff.
2) Vgl. zur Verfassungswidrigkeit dieser Vorschrift die oben gemachten Ausführungen unter → Rz. 4026 ff.
3) Streck/Olbing, BB 1994, 1268, 1270.
4) Drüen in Tipke/Kruse, § 30 AO Rz. 116 (Januar 2012).
5) Vgl. hierzu Spriegel, wistra 1997, 321, 323.
6) Vgl. Alber in H/H/Sp, § 30 AO Rz. 205 (September 2003).
7) Rüping in H/H/Sp, § 386 AO Rz. 67 (März 2003), jedoch nur, wenn die Finanzbehörde selbständig ermittelt vgl. aber Nr. 128 Abs. 1 letzter Satz AStBV (St) 2013, wonach bei Zusammentreffen einer Offenbarungsbefugnis nach § 30 Abs. 4, Abs. 5 AO mit einer das Steuergeheimnis für sich allein nicht durchbrechenden Auskunftspflicht wie § 161 StPO die Finanzbehörde zur Auskunft verpflichtet ist.

direkt mit gesetzlichen Vorschriften argumentiert wird, im Wesentlichen auf zwei Überlegungen:

- Zum einen wird argumentiert, die „Nichtabgabe" bzw. „Nichtweitergabe" der allgemeinen Straftat an die Staatsanwaltschaft würde zu einer ungerechtfertigten „Privilegierung" des „allgemeinen" Straftäters führen; eine Argumentation, die im Ergebnis Gerechtigkeitsforderungen nach Bestrafung als nicht erfüllt ansieht;[1)]
- gleichzeitig wird in der unterlassenen Abgabe bzw. Weiterleitung ein Verstoß gegen das Legalitätsprinzip (§ 152 StPO) gesehen.[2)]

Die vorgetragenen Argumente können allerdings nicht überzeugen.

1. Privilegierung

Soweit von einer Privilegierung gesprochen wird, muss man sich zunächst vergegenwärtigen, worin die Vertreter dieser Auffassung die angebliche Privilegierung sehen. Theoretisch gesehen sind im Verhältnis Steuerstraftat und allgemeine Straftat folgende Konstellationen möglich: **4046**

Alternative 1: Es liegt nur eine Steuerstraftat vor: **4047**

Beispiel:

Dieser Fall ist unproblematisch. Die Steuerstraftat darf gem. § 30 Abs. 4 Nr. 1 AO weitergegeben und verfolgt werden.

Alternative 2: Es liegt nur eine allgemeine Straftat, dagegen keine Steuerstraftat vor: **4048**

Beispiel:

Der Stpfl. erklärt seine mittels Betrug erzielten Einkünfte wahrheitsgemäß.

Alternative 3: Es liegt eine Steuerstraftat und eine allgemeine Straftat vor. Hier bestehen zwei Möglichkeiten: **4049**

- Steuerstraftat und allgemeine Straftat stehen in Tateinheit zueinander.

  Beispiel:

  Mit der Steuererklärung werden gefälschte Belege zum Nachweis von Werbungskosten eingereicht. Es handelt sich um eine (ggf. versuchte) Steuerhinterziehung in Tateinheit mit Urkundenfälschung.

- Steuerstraftat und allgemeine Straftat stehen im Verhältnis der Tatmehrheit zueinander.

  Beispiel:

  In der Steuererklärung werden die mittels Betruges erzielten Einkünfte nicht angegeben.

Von einer angeblichen Privilegierung wird im Hinblick auf die Nichtweiterleitung dieser Informationen an die Staatsanwaltschaft und die darauf beruhende Nichtverfolgung nur in den Fällen der Alternative 3 gesprochen. Nur dann, wenn die allgemeine Straftat mit der Steuerstraftat in Ideal- bzw. Realkonkurrenz steht, wird in der Nichtweitergabe eine Privilegierung gesehen. In der Alternative 2 dagegen, in der unstreitig nur eine außersteuerliche Straftat vorliegt, dagegen keine Steuerstraf- **4050**

---

1) Vgl. beispielsweise Hardtke/Westphal, wistra 1996, 91, 96; Weyand, DStR 1990, 411, 413; Gramich, wistra 1988, 251, 254.

2) Vgl. die Zitate der vorhergehenden Anmerkung; ebenso Joecks in Franzen/Gast/Joecks, 7. Aufl. 2009, § 386 AO Rz. 53, der die Offenbarungspflicht sowohl mit den gem. §§ 385, 386 AO der Finanzbehörde übertragenen Rechten und Pflichten einschließlich des Legalitätsprinzips als auch mit einer Ermessensreduzierung begründet.

tat, wird nicht von einer Privilegierung gesprochen, wenn diese Straftat nicht weitergegeben wird. Es ist nicht ersichtlich, dass für diesen Fall (so selten er auch sein mag) die Auffassung vertreten wird, es könne nicht sein, dass jemand der Finanzbehörde – unter dem Schutz des Steuergeheimnisses – seine „Straftaten ungeahndet beichten" könnte. Bei der Alternative 2 wird daher die Geltung des Steuergeheimnisses nicht in Frage gestellt. Weder in der Literatur noch in der Rspr. wird in einem solchen Fall die Auffassung vertreten, dass die Finanzbehörde die Kenntnisse über die außersteuerliche Straftat als dem Legalitätsprinzip verpflichtete Strafverfolgungsbehörde[1] an die Staatsanwaltschaft weitergeben soll.

4051 Daraus wird klar, worin die angebliche „Privilegierung" gesehen wird: Nicht in der Nichtweiterleitung und Nichtverfolgung der allgemeinen Straftat als solcher wird der unerträgliche Zustand gesehen. Die Nichtverfolgung der allgemeinen Straftat wird allenfalls dann für unerträglich erachtet, wenn sie in Tateinheit bzw. in Tatmehrheit mit der Steuerstraftat zusammentrifft. Die Zielrichtung geht nicht gegen den allgemeinen Straftäter. Solange dieser seinen steuerlichen Verpflichtungen nachkommt, erfährt die Staatsanwaltschaft von der Finanzbehörde von dessen allgemeinen Straftaten nichts.

Das Steuergeheimnis steht in diesen Fällen ehern.

4052 Sobald allerdings die allgemeine Straftat ihr isoliertes Dasein verlässt und sich tateinheitlich oder tatmehrheitlich zur Steuerstraftat zeigt, wird die Nichtweitergabe der allgemeinen Straftat, die vorher mit dem hohen Rechtsgut des Steuergeheimnisses gerechtfertigt wurde, gleichsam zu einem Akt der Strafvereitelung. Beanstandet wird, dass die Steuerstraftat – so sie denn mit allgemeinen Straftaten zusammentrifft – durch die Nichtbestrafung/-verfolgung dieser allgemeinen Straftaten im Ergebnis nicht als eine Art „schwerer Fall" i.S.d. § 370 Abs. 3 AO bestraft wird.[2] Aber selbst die Befürworter einer möglichst ungehinderten Weitergabe von Informationen an die Staatsanwaltschaft bzw. einer möglichst eingeschränkten Anwendung des Verwertungsverbots verfahren nicht folgerichtig, wenn sie danach unterscheiden, ob die allgemeine Straftat zur Steuerstraftat in Tateinheit oder in Tatmehrheit steht.

4053 Steuerhinterziehung wird – vereinfacht dargestellt – dadurch begangen, dass entweder Einnahmen nicht bzw. zu niedrig erklärt oder aber Ausgaben vorgetäuscht bzw. zu hoch erklärt werden. Beide Alternativen sind grds. als gleichwertig anzusehen.

4054 Wird eine mittels Betrug erzielte Einnahme nicht erklärt, führt dies ebenso zur Steuerhinterziehung, wie wenn eine zu hohe Ausgabe durch einen gefälschten Ausgabebeleg geltend gemacht wird. In beiden Fällen ist das geschützte Rechtsgut, nämlich der Anspruch des Staates auf den vollen Ertrag der geschuldeten Steuer (→ Rz. 35 ff.), verletzt. Ein unterschiedliches Unwerturteil über die beiden Handlungsalternativen kann nicht abgegeben werden. Denn es kann keinen Unterschied machen, ob das durch eine allgemeine Straftat Erlangte nicht versteuert wird oder ob die „Nichtversteuerung" gerade mittels der allgemeinen Straftat verübt wird. In den Fällen der Tatmehrheit wird die allgemeine Straftat (i.d.R.) lediglich zeitlich früher begangen, während sie bei der Tateinheit zeitlich mit der Steuerstraftat zusammenfällt.

4055 Aus diesem Grunde ist die unterschiedliche Behandlung von allgemeinen Straftaten, die zur Steuerstraftat in Tateinheit stehen und von allgemeinen Straftaten, die tatmehrheitlich zur Steuerstraftat stehen im Hinblick auf das Steuergeheimnis und das Verwertungsverbot nicht nachvollziehbar.

1) Joecks in Franzen/Gast/Joecks, 7. Aufl. 2009, § 386 AO Rz. 53.
2) Vgl. hierzu Spriegel, 165 ff.

2. Verletzung des Legalitätsprinzips

Das Legalitätsprinzip erfordert von der **Staatsanwaltschaft** die Ermittlung und Erforschung von Straftaten, sofern nicht gesetzlich ein anderes bestimmt ist (§ 152 StPO). Dies bezieht selbstverständlich nur die Straftaten ein, von denen die Staatsanwaltschaft erfährt. Straftaten, von denen die Staatsanwaltschaft keine Kenntnis erhält, kann sie nicht verfolgen. Solange die Staatsanwaltschaft daher von Straftaten keine Kenntnis erhält, kann sie diese auch nicht erforschen. Ein Verstoß gegen das Legalitätsprinzip (seitens der Staatsanwaltschaft) ist daher nicht ersichtlich. **4056**

Es könnte allerdings der **Finanzbehörde** ein derartiger Verstoß zum Vorwurf gemacht werden, wenn sie (die Behörde) ebenfalls an das Legalitätsprinzip gebunden wäre und dieses (beispielsweise durch eine unterlassene, aber an sich gebotene) Nichtweitergabe von „Informationen" an die Staatsanwaltschaft verletzt hat. **4057**

Auch hier erscheint die Rechtslage eindeutig. Die Finanzbehörde ist für die Verfolgung von „Steuerstraftaten" zuständig (§ 386 Abs. 1 und 2 AO). Für die allgemeinen Straftaten besitzt sie keine Zuständigkeit, weder die unselbständige Ermittlungskompetenz gem. § 386 Abs. 1 AO noch die selbständige Ermittlungskompetenz gem. § 386 Abs. 2 AO (zur abweichenden Vorgehensweise der Praxis → Rz. 3070 ff.) Stößt sie im Rahmen ihrer selbständigen oder ihrer unselbständigen Ermittlungskompetenz (für Steuerstraftaten) auf ein allgemeines strafrechtliches Delikt, ist sie für die Ermittlung dieses Delikts nicht zuständig (hierzu → Rz. 4044). Etwaige dennoch durchgeführte Ermittlungen wären rechtswidrig.[1] Die Weitergabe solcher Informationen – selbst wenn die Finanzbehörde zu ihrer Ermittlung befugt wäre – ist nur unter Beachtung des Steuergeheimnisses möglich. Es ist daher auch nicht ersichtlich, dass die „Nichtweitergabe" bestimmter Informationen notwendig das Legalitätsprinzip verletzen würde. Das Legalitätsprinzip wird nicht dadurch verletzt, dass eine Anzeige nicht erstattet wird, sofern das Steuergeheimnis dem entgegensteht. In den Fällen, in denen die Finanzbehörde nur von einer außersteuerlichen Straftat erfährt (mittels Betrug erzielte Einkünfte werden zutreffend erklärt) und diese unter Beachtung des Steuergeheimnisses nicht an die Staatsanwaltschaft weitergibt, – selbst dann nicht, wenn sie von dieser gem. § 161 StPO dazu aufgefordert würde – wird weder in Literatur noch in der Rspr. von einer Verletzung des Legalitätsprinzips, sei es durch die Staatsanwaltschaft, sei es durch die Finanzbehörde, gesprochen. **4058**

Dann kann auch in den Fällen, in denen das außersteuerliche Delikt mit einem Steuerdelikt (tateinheitlich oder tatmehrheitlich) zusammentrifft, das Legalitätsprinzip bei ansonsten gleichen Voraussetzungen im Hinblick auf das Steuergeheimnis ebenfalls nicht verletzt sein, wenn das Steuergeheimnis eine Weitergabe dieser Erkenntnisse untersagt. **4059**

Nicht verschwiegen darf aber an dieser Stelle werden, dass die Finanzbehörden gem. Nr. 21 Abs. 2, 128 Abs. 1 letzter Satz AStBV (St) 2013 dazu aufgefordert sind, Vorgänge, in denen ein Steuerstrafverfahren nicht einzuleiten ist, sich aber Tatsachen ergeben, aus denen auf andere Straftaten zu schließen ist, unter Wahrung des Steuergeheimnisses und unter Beachtung des Legalitätsprinzips an die Staatsanwaltschaft abzugeben. **4060**

B. Prozessuale Ermittlungs- und Verwertungsverbote

Schrifttum

Denker, Verwertungsverbote im Strafprozeß, 1977; **Gössel**, Überlegungen zu einer neuen Beweisverbotslehre, NJW 1981, 2217; **Harris**, Verwertungsverbot für mittelbar erlangte

1) So z.B. zutr. Kretschmar, StBp 1983, 241, 243; Kohlmann, § 393 AO Rz. 79.5 (September 2006).

Beweismittel: Die Fernwirkungsdoktrin in der Rechtsprechung im deutschen und amerikanischen Recht, StV 1991, 313; **Hauf**, Ist die Rechtskreistheorie noch zu halten?, NStZ 1993, 2533; **Kniffka**, Die Durchsuchung von Kreditinstituten in Steuerstrafverfahren, wistra 1987, 309; **Rogall**, Der Beschuldigte als Beweismittel gegen sich selbst, Diss., Bonn 1997; **Rogall**, Hypothetische Ermittlungsverläufe im Strafprozeß, NStZ 1988, 385; **Roxin**, Steuerstrafverfahrensrecht, München, 25. Aufl. 1998; **Rüping**, Beweisverbote als Schranken der Aufklärung im Steuerrecht, Köln, 1981; **Streck**, Betriebsprüfung und Steuerstrafverfahren, BB 1980, 1537; **Streck/Spatscheck**, Die Steuerfahndung, Köln, 4. Aufl. 2006; **Wannemacher**, Vermeidbare Fehler des Steuerpflichtigen und seines Beraters bei der Wahrnehmung von Steuerstrafsachen, StbJb 1980/1981, 423.

I. Bedeutung und Notwendigkeit

4061 Ziel des Strafverfahrens ist die materiell richtige, prozessordnungsgemäß (justizförmig) zu Stande gekommene und Rechtsfrieden schaffende Entscheidung über die Strafbarkeit des Beschuldigten.[1] Bei der Verfolgung dieses Zieles in der Rechtswirklichkeit ergibt sich immer wieder ein Spannungsverhältnis zwischen dem öffentlichen Interesse an der vollständigen Ermittlung und Aufklärung des Sachverhalts einerseits und dem Individualinteresse des Beschuldigten an der Wahrung seiner verfassungsmäßig verbürgten Grundrechte und Grundfreiheiten andererseits.

4062 Der Rechtsstaat kann nur verwirklicht werden, wenn gewährleistet ist, dass Straftäter im Rahmen geltender Gesetze abgeurteilt und einer gerechten Strafe zugeführt werden. Gleichzeitig ist der Rechtsstaat aber auch von Verfassungs wegen verpflichtet, auch dem von der Strafe Bedrohten eine wirksame Sicherung seiner Grundrechte zu gewährleisten. Das in Art. 20 Abs. 3 GG niedergelegte, materiell verstandene Rechtsstaatprinzip sieht die Würde des Menschen im Mittelpunkt des Wertesystems der Verfassung.[2] Art. 1 Abs. 1 GG verbietet, den Menschen zum bloßen Objekt eines staatlichen Verfahrens herabzuwürdigen. Von daher muss ihm ein Mindestmaß an aktiven verfahrensrechtlichen Befugnissen zustehen. Jedem Verfahrensbeteiligten ist deshalb zu gewährleisten, dass er prozessuale Rechte und Möglichkeiten wahrnehmen kann und damit Angriffe auf ihn mit der erforderlichen Sachkunde selbständig abwehren kann.[3] Darin liegt eine bewusste Beschränkung staatlicher Macht. Insoweit ist unverkennbar, dass das Grundgesetz das geltende Strafverfahrensrecht durch verfassungsrechtliche Grundsätze und vor allem durch das Rechtsstaatsprinzip geprägt hat.[4] Daraus folgt unmittelbar, dass der Aufklärungszweck nicht mehr alle Mittel heiligt. „Es ist kein Grundsatz der StPO, dass die Wahrheit um jeden Preis erforscht werden müßte."[5] Auch das wichtige Allgemeininteresse an der Aufklärung und Ahndung von Straftaten muss sich in übergeordnete rechtsstaatliche Gesamtinteressen einordnen.

4063 Aus der Aufgabe des Strafprozesses, den Strafanspruch des Staates in einem justizförmig geordneten Verfahren durchzusetzen und dabei dem Beschuldigten die Sicherung seiner Grundrechte zu gewährleisten, folgt, dass auch das öffentliche Interesse an der vollständigen Tataufklärung in jeder Phase ein prozessordnungsgemäßes Verfahren bedingt. Der Sicherung eines solchen Verfahrens dienen die prozessualen Ermittlungs- und Verwertungsverbote.

II. Begriffe und systematische Einordnung

4064 Unter den Begriff der Beweisverbote werden heute in einem umfassenden Sinn als Oberbegriff alle rechtsstaatlichen Schranken gefasst, die der Gewinnung und Ver-

1) Roxin, 2.
2) BVerfG v. 5.6.1973, 1 BvR 536/72, BVerfGE 35, 202.
3) BVerfG v. 8.10.1975, 2 BvR 747 – 753/73, BVerfGE 38, 105, 111 = NJW 1975, 103.
4) Pfeiffer/Hannich in Karlsruher Kommentar, 6. Aufl. 2008, Einl. StPO Rz. 17.
5) BGH v. 14.6.1960, 1 StR 683/59, NJW 1960, 1580.

wertung von Beweisen im Strafprozessrecht gesetzt sind. Beweisverbote in diesem umfassenden Sinn gliedern sich nach ihrer verfassungsmäßigen Behandlung in **Beweisermittlungs-** und **Beweisverwertungsverbote**.

1. Beweisermittlungsverbote

Die Beweisermittlungsverbote stellen Schranken für die umfassende Aufklärungspflicht (§ 244 Abs. 2 StPO) dar. Von der Rechtslehre werden sie üblicherweise[1] eingeteilt in **4065**

- **Beweisthemaverbote**, die bestimmte Sachverhalte als Gegenstand strafprozessualer Beweisführung ausscheiden, z.B. das richterliche Beratungsgeheimnis (§ 43 DRiG),
- **Beweismittelverbote**, die die Benutzung eines bestimmten Beweismittels zur Aufklärung einer Beweistatsache verbieten, wie z.B. die Aussage- und Untersuchungsverweigerungsrechte in den §§ 52, 53, 55, 81c, 136, § 243 Abs. 4 StPO,
- **Beweismethodenverbote**, die eine bestimmte Art und Weise der Beweisgewinnung, z.B. Täuschung, Drohung oder Gewalt, bei der Vernehmung des Beschuldigten (§ 136a StPO) oder von Zeugen und Sachverständigen (§ 69 Abs. 3, § 72 StPO) ausschließen.

2. Beweisverwertungsverbote

Die Beweisverwertungsverbote bezeichnen die Schranken, die der Verwertung von Beweisergebnissen im Strafprozess gesetzt sind. Sie sind Ausnahmen von dem Grundsatz der umfassenden und freien Beweiswürdigung.[2] Nicht alle Verletzungen eines Beweisermittlungsverbots haben zwangsläufig ein Beweisverwertungsverbot zur Folge. Andererseits gibt es auch Verwertungsverbote, die die Unzulässigkeit der Beweisermittlung nicht voraussetzen, z.B. das Verbot, Angaben im Steuerverfahren für das anschließende Strafverfahren zu verwerten (§ 393 Abs. 2 Satz 1 AO). Daneben finden sich ausdrückliche Regelungen eines Beweisverwertungsverbots z.B. in § 33 Abs. 3, § 81c Abs. 3 Satz 5 § 100a Abs. 4 Satz 2 StPO und insb. in § 136a Abs. 3 Satz 2 StPO (auch i.V.m. § 69 Abs. 3, § 72, § 163 a Abs. 2 Satz 3 StPO), wonach die unter Verstoß gegen das Beweismethodenverbot des § 136a Abs. 1 und 2 StPO zu Stande gekommenen Aussagen des Beschuldigten (oder Zeugen oder Sachverständigen) selbst dann nicht verwertet werden dürfen, wenn der Beschuldigte damit einverstanden wäre. Gleiches gilt für § 51 BZRG, wonach getilgte oder tilgungsreife frühere Verurteilungen in einem neuen Strafverfahren grds. nicht mehr zum Nachteil des Betroffenen verwertet werden dürfen. **4066**

III. Ansätze zur Begründung von Verwertungsverboten

Weitere Fälle sind in der Strafprozessordnung nicht geregelt. Eine gesicherte Dogmatik zur generellen Lösung der Frage der Beweisverwertungsverbote existiert nicht. Einigkeit besteht lediglich darin, dass – soweit ein ausdrückliches Verwertungsverbot nicht besteht – es in jedem Fall der Einzelprüfung bedarf, ob und inwieweit der Verstoß gegen ein Beweisermittlungsverbot ein Verwertungsverbot zur Folge hat.[3] Die Ansätze zur Begründung von Verwertungsverboten sind in Rspr. und Literatur unterschiedlich. **4067**

1) Vgl. Roxin, 122 f.; Meyer-Goßner, 55. Aufl. 2012, Einl. StPO Rz. 50 ff.
2) BGH v. 10.10.1979, 3 StR 281/79 (S), BGHSt 29, 109.
3) BGH v. 22.2.1978, 2 StR 334/77, BGHSt 27, 355, 357; Meyer-Goßner, 55. Aufl. 2012, Einl. StPO Rz. 55a.

4068 Nach der vom BGH entwickelten „Rechtskreistheorie"[1] muss bei jeder Vorschrift geprüft werden, ob ihre Verletzung den Rechtskreis des Beschwerdeführers wesentlich berührt oder ob sie für ihn nur von untergeordneter oder von keiner Bedeutung ist. Bei dieser Untersuchung sind vor allem der Rechtfertigungsgrund der Bestimmung und die Frage, in wessen Interesse sie geschaffen ist, zu berücksichtigen.[2]

4069 Nach dieser Theorie sollte ursprünglich die Verletzung von Vorschriften von untergeordneter Bedeutung (Ordnungsvorschriften) nie zu einem Verwertungsverbot führen.

4070 Da diese Theorie auf keine allgemeinverbindlichen Regeln, unter welchen Voraussetzungen ein Verwertungsverbot besteht, zurückgreifen konnte, führte sie zu Ungereimtheiten, die nur schwer nachvollziehbar waren. So belegte der BGH ursprünglich einen Verstoß gegen die Benachrichtigungspflicht des § 168c StPO mit einem Bewertungsverbot,[3] nicht aber einen Verstoß gegen die Hinweispflicht nach § 136 Abs. 1 Satz 2, § 163a Abs. 3 Satz 2, Abs. 4 Satz 2 StPO,[4] indem er diese Hinweispflicht der Ermittlungsorgane als bloße Ordnungsvorschrift qualifizierte, obwohl dadurch dem Beschuldigten erst die Wahrnehmung seiner prozessualen Grundrechte ermöglicht werden soll.

4071 Der BGH hat eine Wende in der Behandlung dieser Frage eingeleitet. Im Jahr 1992[5] entschied er, dass der Verstoß gegen die Pflicht zur Belehrung des Beschuldigten über seine Aussagefreiheit grds. ein Verwertungsverbot hinsichtlich der daraufhin gemachten Angaben auslöse. Nach Auffassung des BGH besteht das Verwertungsverbot allerdings dann nicht, wenn feststeht, dass der Beschuldigte sein Recht zu schweigen ohne Belehrungen gekannt hat oder wenn der verteidigte Angeklagte in der Hauptverhandlung ausdrücklich der Verwertung zustimmt oder ihr nicht bis zu dem in § 257 StPO genannten Zeitpunkt widersprochen hat.[6] Bereits früher hatte der BGH[7] – allerdings bei einem Verstoß gegen die Hinweispflicht des Gerichts nach § 243 Abs. 4 Satz 1 StPO – ein Verwertungsverbot angenommen. Dieser Beschluss befasste sich mit der Hinweispflicht in der Hauptverhandlung, die insoweit mit § 136 StPO übereinstimmt. Der BGH kam darin zu der Auffassung, es sei eine „methodisch veraltete Vorstellung", einen Verstoß gegen die Hinweispflicht allein deshalb für irrelevant zu erklären, weil § 243 Abs. 4 Satz 1 StPO eine bloße Ordnungsvorschrift sei. Es komme vielmehr auf den Verfahrenszweck der Vorschrift und auf die Auswirkung des Verstoßes im Hinblick auf die Rechtsstellung des Angeklagten an. Dieser Auffassung ist zuzustimmen. Sie sollte auch für alle anderen, bisher als bloße Ordnungsvorschriften behandelten Bestimmungen, die für den Beschuldigten von wesentlicher Bedeutung sind, gelten.

4072 Auf allgemeinverbindliche Regeln, unter welchen Voraussetzungen ein Beweisverwertungsverbot besteht, haben sich allerdings Rspr. und Rechtslehre bisher noch nicht einigen können.

4073 Nach der Literatur[8] muss die Frage für jede Fallgestaltung gesondert entschieden werden. Dabei ist stets das Interesse des Staates an der Tataufklärung gegen das Individualinteresse des Bürgers an der Bewahrung seiner Rechtsgüter **abzuwägen.**[9]

---

1) BGH v. 21.1.1958, GSSt 4/57, BGHSt 11, 213.
2) BGH v. 21.1.1958, GSSt 4/57, BGHSt 11, 213, BGHSt 11, 213; ebenso BGH v. 7.6.1983, 5 StR 409/81, BGHSt 31, 395.
3) BGH v. 11.5.1976, 1 StR 166/76, BGHSt 26, 332.
4) BGH v. 31.5.1968, 4 StR 19/68, BGHSt 22, 170; v. 7.6.1983, 5 StR 409/81, BGHSt 31, 395.
5) BGH v. 27.2.1992, 5 StR 190/91, BGHSt 38, 214.
6) Meyer-Goßner, 55. Aufl. 2012, § 136 StPO Rz. 20.
7) BGH v. 14.5.1974, 1 StR 366/73, BGHSt 25, 325, 329; v. 8.4.1981, 3 StR 88/81, NStZ 1983, 210.
8) Rogall, NStZ 1988, 385 f.; Roxin, 124.
9) Meyer-Goßner, 55. Aufl. 2012, Einl. StPO Rz. 55a.

Das Gewicht des Verfahrensverstoßes und seine Bedeutung für die rechtlich geschützte Sphäre des Betroffenen sind bei der Abwägung somit ebenso zu beachten wie die Erwägung, dass der Staat eine funktionstüchtige Rechtspflege zu gewährleisten hat; danach liegt ein Verwertungsverbot nahe, wenn die verletzte Verfahrensvorschrift dazu bestimmt ist, die Grundlagen der verfahrensrechtlichen Stellung des Beschuldigten zu sichern.[1)]

Verletzt eine Ermittlungshandlung **Grundrechte,** kann dies ebenfalls ein Verwertungsverbot begründen, wobei jeweils eine Güterabwägung der im konkreten Fall betroffenen Grundrechtsinteressen mit den Belangen einer funktionstüchtigen Strafrechtspflege erforderlich sei.[2)] Ob diese Auffassung in der Praxis wegen der notwendigerweise damit verbundenen Wertungen zu eindeutigen Ergebnissen führen kann, ist fraglich. Die Güterabwägung ist für den Verfassungsrechtler ein selbstverständliches Instrument. Bei der Anwendung einfach-rechtlicher Prozessvorschriften führt eine Abwägung im Einzelfall zu einer Fülle kasuistischer Entscheidungen durch den Einfluss subjektiver Wertungen, kaum jedoch zu der notwendigen Rechtssicherheit und Rechtsklarheit. **4074**

Rüping[3)] stellt auf den **Sinn und Zweck der verletzten Vorschrift** ab. Danach hat die Verletzung eines Beweismittelverbots ein Verwertungsverbot der rechtswidrig gefundenen Beweismittel dann zur Folge, wenn die verletzte Prozessregel mittelbar oder unmittelbar dem Schutz des Beschuldigten dient.[4)] **4075**

Der Rang einer Norm bzw. deren Charakterisierung als „bloße Ordnungsvorschrift" spielt bei einem solchen Verständnis des Beweismittelverbots keine Rolle. Maßgebend ist allein der Verfahrenszweck der Vorschrift und die Auswirkung ihrer Verletzung auf die Rechtsstellung des Angeklagten.[5)] Die Orientierung am Zweck der Vorschrift verdeutlicht darüber hinaus den Sinn von Verwertungsverboten: Sie sanktionieren Rechtsverstöße, „um präventiv das Bewusstsein zu erhalten, welche Bedeutung die betroffenen Rechtsgüter besitzen",[6)] und sichern so den justizförmigen Ablauf des Strafverfahrens. Aus dieser Schutz- und Disziplinierungsfunktion ergeben sich auch Anhaltspunkte für den Wirkungsbereich von Verwertungsverboten. **4076**

IV. Kausalität – Durchbrechung des Rechtswidrigkeitszusammenhangs

Ein Verwertungsverbot wird nur dann angenommen, wenn ein **Kausalzusammenhang zwischen Verfahrensverstoß und Beweisergebnis** besteht. Dies ergibt sich schon aus allgemeinen Grundsätzen. **4077**

Problematisch erscheint jedoch die Antwort auf die Frage nach dem Einfluss hypothetischer Kausalverläufe auf das Verwertungsverbot: Kann durch die Einbeziehung hypothetischer Kausalverläufe der Makel der rechtswidrigen Beweisermittlung und damit der rechtswidrigen Urteilsfindung getilgt werden? Die Rspr.[7)] vertritt die Auffassung, dass der Rechtswidrigkeitszusammenhang unterbrochen wird, wenn das Beweismittel auch auf gesetzmäßige Weise hätte gewonnen werden können. Für **4078**

1) BGH v. 27.2.1992, 5 StR 190/91, BGHSt 38, 214, 220.
2) BVerfG v. 2.7.2009, 2 BvR 2225/08, NJW 2009, 3225.
3) Rüping, 32.
4) Wannemacher, StbJb 1980/1981, 423, 433.
5) So auch BGH v. 14.5.1974, 1 StR 366/73, BGHSt 25, 325, 329; v. 27.2.1992, 5 StR 190/91, BGHSt 38, 214, 220.
6) Rüping, 37; so auch ausdrücklich LG Bonn v. 1.7.1980, 37 Qs 57/80, StB 1980, 253 mit zustimmender Anmerkung von Streck.
7) BGH v. 17.3.1971, 3 StR 189/70, BGHSt 24, 125, 130; v. 17.12.1987, 4 StR 440/87, NStZ 1988, 375.

die Beschlagnahme von Beweismitteln nach rechtswidriger Durchsuchung soll dies etwa gelten, wenn kein besonders schwerwiegender Verstoß gegen Verfahrensnormen vorliegt oder die aufzuklärende Tat entweder von der Begehungsart oder vom Umfang her besonders schwerwiegend ist.[1] Kein schwerwiegender verstoß sei dabei das Fehlen einer Durchsuchungsanordnung, wenn diese rechtlich hätte erlassen werden können.

4079 Dies mag im Einzelfall zutreffen, z.B., wenn der Beschuldigte erklärt, er hätte auch bei rechtzeitiger und ausreichender Belehrung über seine Verteidigungsrechte im Strafverfahren dieselbe Aussage gemacht. Grundsätzlich ist dem aber entgegenzuhalten: Die Tatsache, dass staatliches Unrecht unnötig war, macht es nicht ungeschehen. Geschehene Rechtsverletzungen können nicht durch gedachte Handlungsabläufe „korrigiert" werden. Andernfalls müssten die Ermittlungsorgane lediglich prüfen, ob die Möglichkeit rechtmäßigen Vorgehens besteht und könnten dann – ohne dass irgendeine Sanktion zu befürchten wäre – im Vertrauen auf gedankliche Korrekturen vom rechten Weg abweichen.[2] Das zu verhindern ist nach der hier vertretenen Auffassung gerade auch der Sinn von Verwertungsverboten.

V. Ordnungsgemäße Nachholung der Ermittlungshandlung?

4080 Mit der Ablehnung hypothetischer Kausalitätserwägungen als Mittel zur Rechtfertigung von Rechtsverstößen ist die Frage noch nicht endgültig beantwortet, ob das verbotswidrig erlangte Beweismittel nicht doch noch rechtmäßig in das Verfahren eingeführt werden kann.

4081 Das Revisionsrecht tilgt Verfahrensfehler durch ordnungsgemäße Wiederholung der Verfahrenshandlung. Dieses Prinzip wirkt auf den ersten Blick auch als Lösung für die Eliminierung von Beweisverbotsverstößen überzeugend.[3] Dafür spricht vor allem, dass der Gesetzgeber Beweisverbote nicht als Verfahrenshindernisse ausgestaltet hat,[4] der endgültige Beweisverlust aber in den Fällen, in den das unverwertbare Beweismaterial notwendig zur Überzeugungsbildung ist, zumindest in der Wirkung einem – partiellen – Prozesshindernis gleichkäme.

4082 Bei differenzierender Betrachtung ergeben sich aber doch erhebliche Zweifel, ob die schlichte Wiederholung das geeignete Mittel ist, einmal verbotswidrig geführte Beweise doch noch ordnungsgemäß in den Prozess einzuführen. Soweit es um Aussage- und Mitwirkungshandlungen geht, die ohne die notwendige Belehrung erfolgten, lässt sich die Aussage- bzw. Mitwirkungsfreiheit des Beschuldigten durch eine ordnungsgemäße Belehrung und Wiederholung der Ermittlungshandlung – mindestens theoretisch – wieder herstellen. Allerdings ist fraglich, inwieweit der Beschuldigte nach der Vorgeschichte tatsächlich noch frei ist. Jedenfalls steht der BGH[5] auf dem Standpunkt, dass nur diejenige Aussage des Beschuldigten nicht verwertet werden darf, die durch die in § 136a Abs. 1 StPO verbotenen Mittel herbeigeführt werde. Eine spätere Aussage, bei der kein unzulässiger Druck mehr ausgeübt wurde, soll voll verwertbar sein.[6] Dabei soll es entscheidend darauf ankommen, dass der Beschuldigte sich bei der zweiten Aussage seiner Entscheidungsmög-

1) Rolletschke in Rolletschke/Kemper, § 393 AO Rz. 108 (Dezember 2008).
2) Im Ergebnis auch Meyer-Goßner, 55. Aufl. 2012, Einl. StPO Rz. 57.
3) Meyer-Goßner, 55. Aufl. 2012, § 136a StPO Rz. 30.
4) Meyer-Goßner, 55. Aufl. 2012, § 136a StPO Rz. 30.
5) BGH v. 27.4.1988, 3 StR 499/87, NStZ 1988, 419.
6) BGH v. 30.10.1951, 1 StR 393/51, BGHSt 1, 376, 379; v. 30.4.1968, 1 StR 625/67, BGHSt 22, 129, 134; v. 22.2.1978, 2 StR 334/77, BGHSt 27, 355, 359; v. 31.5.1990, 4 StR 112/90, BGHSt 37, 48.

lichkeit bewusst ist,[1] insbes. bei der ersten Aussage, wovon im Regelfall ausgegangen wird.[2] Bei den Sachbeweisen kann sich die Wiederholung gerade im Steuerstrafverfahren leicht in bloßer Formelhaftigkeit erschöpfen. Werden beispielsweise Unterlagen, die der Stpfl. – über seine strafprozessuale Situation im Unklaren gelassen – dem Außenprüfer übergeben hat, allein zu dem Zweck der Beschlagnahme zurückgegeben, wäre es sicher schwierig, dem Bürger zu vermitteln, dass es sich dabei nicht nur um einen bloß formalen „Trick" handelt. Würde das Urteil auf den so gewonnenen Beweisen beruhen, müssten Autorität und Glaubwürdigkeit des Gerichtes – die Voraussetzungen für die werterhaltende Kraft des Strafurteils – leiden, wenn staatliches Unrecht durch lediglich formale Operationen geheilt werden könnte. Bekannte Tatsachen können nicht nochmals bekannt werden. Die Verschaffung der Kenntnis von Tatsachen ist als Realakt nicht wiederholbar, rechtswidrige Maßnahmen zur Verschaffung der Tatsachenkenntnis können deshalb nicht durch eine rechtmäßige Wiederholung geheilt werden.[3] In diesen Fällen muss das rechtswidrige Vorgehen der Ermittlungsbehörde zu einem endgültigen Beweisverlust führen.[4]

VI. „Fernwirkung"

Bejaht man ein Verwertungsverbot für die in rechtswidriger Weise erlangten Ermittlungsergebnisse, sind die erlangten Unterlagen und Beweismittel an den Betroffenen herauszugeben, evtl. Speicherungen zu löschen und Aktenunterlagen zu vernichten.[5] Fraglich bleibt, ob sich das Verwertungsverbot auch auf solche mittelbaren Beweismittel erstreckt, die erst durch die unmittelbar in rechtswidriger Weise erlangten Beweismittel zugänglich geworden sind. Diese Frage wird unter dem Stichwort der „Fernwirkung" diskutiert. **4083**

Beispiel 1:

Gesteht der nicht belehrte Stpfl., mit einem Geschäftsfreund nicht verbuchte Geschäfte getätigt zu haben, und ist diese Aussage später nicht verwertbar, könnten ggf. die notwendigen Beweise bei dem durch die Aussage bekannt gewordenen Geschäftsfreund gesammelt werden.

Beispiel 2:

Gibt der Stpfl. – unverwertbar – zu, auf einem der Finanzbehörde bisher geheim gehaltenen Sparkonto Zinseinkünfte bezogen zu haben, können die Verfolgungsbehörden die Bank hören bzw. sich dort die notwendigen Unterlagen für den Hinterziehungsnachweis besorgen.

Die Fernwirkung eines Verwertungsverbots ist mindestens ebenso zweifelhaft wie das Vorhandensein eines Verwertungsverbots selbst.[6] **4084**

Einigkeit besteht nur darin, dass das Verbot, ein durch Zwang oder Misshandlung erreichtes Geständnis zu verwerten, nicht immer dazu führen muss, dass sonstige, auf Grund dieses Geständnisses aufgefundene Beweismittel für das Strafverfahren **4085**

---

1) BGH v. 31.5.1990, 4 StR 112/90 BGHSt 37, 48 und 53; v. 27.4.1986, 3 StR 499/87, NStZ 1988, 419; so auch EGMR v. 1.6.2010, 22978/05, NJW 2010, 3145, 3149 („Gäfgen"), Erwägungsgrund 182.

2) BGH v. 30.4.1968, 1 StR 625/67, BGHSt 22, 129, 135; Meyer-Goßner, 55. Aufl. 2012, § 136a StPO Rz. 30.

3) FG Rheinland-Pfalz v. 19.5.1980, V 439/78, EFG 1981, 5 f.; Reinecke, 247.

4) So auch Kniffka, wistra 1987, 309, 313.

5) LG Bremen v. 13.7.1984, 43 Qs 298/84, wistra 1984, 241.

6) Gössel, NJW 1981, 2217; umfassend Denker, 76 f.

nicht benutzt werden dürfen.[1] Die Befürworter einer Fernwirkung[2] berufen sich vor allem auf rechtsstaatliche Grundsätze. Vorbild ist die im amerikanischen Strafprozess entwickelte **„Fruit of the poisonous tree doctrine"**, die ein umfassendes Beweisverwertungsverbot vor allem aus dessen Disziplinierungsfunktion sowohl dem Grunde wie der Reichweite nach ableitet.[3]

4086 Die Gegenmeinung bezieht sich vornehmlich auf kriminalpolitische Erwägungen und stellt die Effizienz der Strafverfolgung in den Vordergrund. Da in den USA die Beweisverbote angeblich vornehmlich der Disziplinierung der Polizei dienen, in der Bundesrepublik jedoch die Rechtsstaatlichkeit des Verfahrens gewährleisten,[4] wird die Übernahme dieser Doktrin abgelehnt. Dabei macht diese Begründung nicht einsichtig, warum der Verfahrensverstoß des „undisziplinierten" amerikanischen Strafverfolgers zu einem dauernden Verwertungsverbot führen soll, der des „disziplinierten" deutschen Strafverfolgers dagegen nicht. Dass die deutsche Staatsanwaltschaft als „objektive" Behörde dazu angehalten ist, sowohl be- als auch entlastende Tatsachen und Beweismittel zu ermitteln, kann als Argument allein nicht ausreichen. Denn auch amerikanische Strafverfolger müssen sämtliche Erkenntnisse aus dem Ermittlungsverfahren, die geeignet sind, die Schuld des Beschuldigten auszuschließen oder zu mindern, der Verteidigung offenlegen und dürfen ihre Augen nicht vor entlastenden Tatsachen und Beweismitteln verschließen. Dennoch geht die h.M. davon aus, dass grds. keine Fernwirkung gegeben ist,[5] wobei jedoch im Ausnahmefall unter Berufung auf den Grundsatz der Rechtsstaatlichkeit und rechtsethische Prinzipien eine Fernwirkung zugelassen wird.[6]

4087 Eine allgemein gültige Regel für die Fernwirkung von Beweisverboten lässt sich somit nicht aufstellen. Die Grenzen des Verwertungsverbots richten sich jeweils nach der Art des Beweisverbotes und dessen verfassungsrechtlicher Relevanz sowie nach der Intensität des Verstoßes und dem Rang des verletzten Rechtsguts. In der Literatur wird eine Fernwirkung dann anerkannt, wenn zum Nachteil des Beschuldigten in grober Weise gegen Recht und Gesetz verstoßen wurde, etwa wichtige Verfassungsgrundsätze missachtet wurden, oder wenn die Aufklärung und Verfolgung von leichten Straftaten in Frage steht.[7]

4088 Die h.M. wird dem Sinn des Verwertungsverbots jedoch nicht gerecht: Nach unserer Auffassung ist eine Fernwirkung grds. zu bejahen. Verwertungsverbote sind zwar keine automatische Folge der Verletzung von Beweisverboten. Sie sind gesondert zu begründen. Liegen sie aber vor, haben sie nur Bedeutung, wenn sie umfassend wirken. Dies gilt v.a. in Steuerstrafverfahren, da sich die Ermittlungsbehörde, hat sie erst einmal – unverwertbar – Kenntnis von einem Verkürzungstatbestand erhalten, fast immer bei Dritten (Geschäftspartnern, Banken usw.) Beweismittel ohne Mitwirkung des Stpfl. beschaffen könnte. Ohne Fernwirkung würde das Verwertungsverbot im Steuerstrafrecht fast immer leer laufen und seine Disziplinierungsfunktion für die Ermittlungsorgane völlig verlieren. Der Makel des rechtswidrigen Verfahrens könnte sogar von vornherein als nicht zu beachtende Nebensächlichkeit kalkuliert werden.[8]

---

1) Joecks in Franzen/Gast/Joecks, 7. Aufl. 2009, § 393 AO Rz. 49; Meyer-Goßner, 55. Aufl. 2012, § 136a StPO Rz. 31.
2) Roxin, 128; Denker, 80; Streck, BB 1980, 1537, 1540; Wannemacher, StbJb 1981, 423, 434 f.
3) Vgl. Roxin, 127 f.; Meyer-Goßner, 55. Aufl. 2012, Einl. StPO Rz. 57.
4) Harris, StV 1991, 313; Meyer-Goßner, 55. Aufl. 2012, Einl. StPO Rz. 57.
5) Meyer-Goßner, 55. Aufl. 2012, § 136a StPO Rz. 31.
6) BGH v. 18.4.1980, 2 StR 731/79, BGHSt 29, 244; v. 28.4.1987, 5 StR 666/86, NJW 1987, 2525.
7) Joecks in Franzen/Gast/Joecks, 7. Aufl. 2009, § 393 AO Rz. 49; Hellmann in H/H/Sp, § 393 AO Rz. 127 (Juni 2009).
8) Kniffka, wistra 1987, 309, 313.

C. Verwertungsverbote im Besteuerungsverfahren

Schrifttum

Kniffka, Die Durchsuchung von Kreditinstituten in Steuerstrafverfahren, wistra 1987, 309; **Rüping**, Beweisverbote als Schranken der Aufklärung im Steuerrecht, Köln 1981.

I. Steuerrechtliche Verwertungsverbote

Nachdem der BFH ursprünglich ein Verwertungsverbot für rechtswidrig erlangte Prüfungsergebnisse wegen **fehlender Prüfungsanordnung** verneint[1] hatte, wurde diese Rspr. mit Urteil vom 7.6.1973[2] für den Fall aufgegeben, dass eine Prüfungsanordnung gerichtlich aufgehoben wurde, da anderenfalls der gerichtlich gewährte Rechtsschutz unterlaufen werde.[3] Die Gründe, die zur gerichtlichen Aufhebung der Prüfungsanordnung geführt hatten, waren nach dieser Rspr. zunächst unerheblich. Auf der Grundlage derselben Erwägungen erkannte der BFH schließlich ein Verwertungsverbot auch bei fehlender Prüfungsanordnung[4] und bei einer von vornherein unwirksamen Prüfungsanordnung an.[5] Dieses auf bloße formelle Gründe gestützte Verwertungsverbot wurde im Laufe der Zeit mit Unbehagen empfunden. Daher entschied der BFH im Urteil vom 7.11.1985[6] erstmals, dass die Finanzbehörde nach einer Aufhebung der Prüfungsanordnung oder nach der Feststellung der Rechtswidrigkeit durch das Gericht bei bloßen formellen Mängeln nicht gehindert sei, unter Vermeidung des früheren Verfahrensfehlers eine erneute Prüfung durchzuführen. Trotz des ursprünglichen verfahrensrechtlichen Ansatzes des Verwertungsverbots (sog. formelles oder verfahrensrechtliches Beweisverwertungsverbot) hatte in der Rspr. des BFH die Überlegung immer eine Rolle gespielt, ob jeglicher Verstoß gegen Form- oder Ordnungsvorschriften zwangsläufig zu einem Verwertungsverbot führen müsse.[7] Im Urteil vom 10.5.1991[8] verneinte der BFH schließlich ein Verwertungsverbot für neu bekannt gewordene Tatsachen bei einer erstmaligen Steuerfestsetzung auch für den Fall, dass die Tatsachen anlässlich einer durch eine verfahrensfehlerhafte Prüfungsanordnung eingeleiteten Außenprüfung ermittelt worden waren. Aus dem Aspekt heraus, dass die Rspr. in den Fällen, in denen der Verwaltung lediglich formelle Mängel unterlaufen sind, grds. eine Wiederholungsprüfung als zulässig ansieht,[9] wurde ein Verwertungsverbot im Urteil vom 25.11.1997[10] auch für den Fall verneint, dass die Finanzbehörde ohne Prüfungsanordnung geprüft hatte, wenn diese ohne Weiteres zulässig gewesen wäre. Auch in der Entscheidung vom 28.4 1998[11] und vom 4.10.2006[12] wurde diese Rspr. bestätigt. **4089**

Analog der Rechtsprechung zur Fernwirkung von Verwertungsverboten im Strafverfahren erkennt der BFH auch für das Besteuerungsverfahren zudem eine Fernwirkung nur bei qualifizierten materiell-rechtlichen Verwertungsverboten an. Darunter **4090**

1) BFH v. 2.7.1969, I B 10/69, BStBl II 1969, 636.
2) BFH v. 7.6.1973, V R 64/72, BStBl II 1973, 716.
3) BFH v. 9.5.1978, VII R 96/75, BStBl II 1978, 501; v. 30.11.1987, VIII B 3/87, BStBl II 1988, 183, 185.
4) BFH v. 4.10.1991, VIII B 93/90, BStBl II 1992, 59.
5) BFH v. 20.2.1990, IX R 83/88 BStBl II 1990, 789.
6) BFH v. 7.11.1985, IV R 6/85, BStBl II 1986, 435, 436.
7) Z.B. BFH v. 24.11.1988, IV R 150/86, BFH/NV 1989, 416, 418.
8) BFH v. 10.5.1991, V R 51/90, BStBl II 1991, 825.
9) BFH v. 14.9.1993, VIII R 56/92, BFH/NV 1994, 677.
10) BFH v. 25.11.1997, VIII R 4/94, BStBl II 1998, 461.
11) BFH v. 28.4.1998, IX R 24/94, BFH/NV 1998, 1192.
12) BFH v. 4.10.2006, VIII R 53/04, BeckRS 2006, 24002732.

zu verstehen sind Verwertungsverbote auf Grund qualifizierter Grundrechtsverstöße oder bei in strafbarer Weise von der Finanzbehörde erlangten Erkenntnismitteln.[1]

II. Auswirkung steuerlicher Verwertungsverbote auf das Strafverfahren

4091 Steuerliche Verwertungsverbote, beispielsweise wegen der Rechtswidrigkeit der Außenprüfung,[2] führen entsprechend zu einer strafrechtlichen Unverwertbarkeit ebenfalls nur dann, soweit der Grund des Verwertungsverbots ein allgemeiner, auch im Strafprozessrecht geltender ist (§ 136a StPO),[3] z.B. bei Verstoß gegen die Belehrungsvorschriften nach § 52 Abs. 3 StPO, § 101 Abs. 1 AO.[4]

III. Auswirkung strafrechtlicher Verwertungsverbote auf das Besteuerungsverfahren

1. Verwendung von Erkenntnissen aus TKÜ-Maßnahmen

4092 Die Frage der Auswirkung strafrechtlicher Beweisermittlungs- oder Verwertungsverbote auf das Besteuerungsverfahren wird seit dem 1.1.2008 teilweise in § 393 Abs. 3 AO beantwortet. Dieser bestätigt in seinem Satz 1 zunächst, dass Erkenntnisse, die die Finanzbehörde oder die Staatsanwaltschaft rechtmäßig im Rahmen strafrechtlicher Ermittlungen gewonnen hat, im Besteuerungsverfahren verwendet werden dürfen. In seinem Satz 2 wird dies konstitutiv für Erkenntnisse, die dem Brief-, Post- und Fernmeldegeheimnis unterliegen, gestattet, soweit die Finanzbehörde diese rechtmäßig im Rahmen eigener strafrechtlicher Ermittlungen gewonnen hat oder soweit nach den Vorschriften der Strafprozessordnung Auskunft an die Finanzbehörden erteilt werden darf. Hier bestand früher ein striktes Beweisverwertungsverbot im Besteuerungsverfahren, da die entsprechenden strafprozessualen Ermächtigungsnormen insbesondere im Bereich der Telekommunikationsüberwachung sich ausschließlich auf eine Verwendung im Strafverfahren bezogen.[5]

a) Rechtmäßige Gewinnung

4093 Der Einsatz von Mitteln der Telekommunikationsüberwachung ist im Ermittlungs- und Strafverfahren erheblich beschränkt. Die Telefonüberwachung etwa kommt im Bereich der Steuerstraftaten nur zur Aufklärung der bandenmäßigen Umsatz- oder Verbrauchssteuerhinterziehung, des gewerbsmäßigen, gewaltsamen und bandenmäßigen Schmuggels, oder der gewerbs- oder bandenmäßigen Steuerhehlerei in Betracht (§ 100a Abs. 2 Nr. 2 StPO, § 370 Abs. 3 Satz 2 Nr. 5, § 373, § 374 Abs. 2 AO). Nur für die Strafverfolgung solcher Straftaten können derartige TKÜ-Maßnahmen ergriffen werden. Diente die Maßnahme der Staatsanwaltschaft der Ermittlung einer anderen Katalogtat des § 100a StPO, und wurden im Rahmen der TKÜ-Maßnahme personenbezogene Daten erlangt, die den Verdacht einer Steuerstraftat begründen, ist gem. § 477 Abs. 2 Satz 2 StPO ohne Einwilligung des Betroffenen zu Beweiszwecken in einem Strafverfahren wegen der Straftat eine Verwendung der Erkenntnisse nur zulässig, wenn zu deren Aufklärung eine solche Maßnahme hätte angeordnet werden dürfen. Aus § 393 Abs. 3 Satz 2 AO i.V.m. § 477 Abs. 2 Satz 2, § 100a Abs. 1 Nr. 1, Abs. 2 Nr. 2 StPO ergibt sich daher, dass zufällige Erkenntnisse über eine

1) BFH v. 4.10.2006, VIII R 53/04, jurisPR-SteuerR 4/1007, Anm. 1, mit Anm. Steinhauff.
2) BFH v. 24.6.1982, IV B 3/82, wistra 1983, 36.
3) Rüping, 282.
4) Joecks in Franzen/Gast/Joecks, 7. Aufl. 2009, § 404 AO Rz. 83.
5) BFH v. 26.2.2001, VII B 265/00, wistra 2002, 31; vgl. Hilgers-Klautzsch in Kohlmann, § 393 AO Rz. 90 (Oktober 2008).

Steuerhinterziehung, Schmuggel und Steuerhehlerei, die nicht unter § 370 Abs. 3 Satz 2 Nr. 5, § 373, § 374 Abs. 2 AO fällt, strafprozessual durch eine TKÜ-Maßnahme nicht gewonnen werden dürfen. Die Verwertung von Daten zu Steuerarten, die nicht unter dieses Regelbeispiel bzw. diese Straftatbestände fallen, dürfen daher im Besteuerungsverfahren von der Finanzbehörde nicht verwendet werden.[1]

b) Weitergabebefugnis nach der StPO

Wurden die Daten durch die Staatsanwaltschaft im Rahmen einer TKÜ-Maßnahme erlangt und fällt die betreffende Steuerart unter die § 370 Abs. 3 Satz 2 Nr. 5, § 373, § 374 Abs. 2 AO, wird regelmäßig eine Weitergabe dieser Daten an die Finanzbehörde als Verletzte zur Durchführung eines Besteuerungsverfahrens am Fernmeldegeheimnis gem. Art. 10 Abs. 1 GG als überwiegendem schutzbedürftigen Interesse des Betroffenen gem. § 406e Abs. 2 StPO scheitern. Auch eine uneingeschränkte Auskunftserteilung an die Finanzbehörde als sonstige Verwaltungsbehörde nach § 474 Abs. 2 Nr. 1 StPO begegnet mit Blick auf das Fernmeldegeheimnis Bedenken. Denn die uneingeschränkte Anwendung des § 474 Abs. 2 Nr. 1 StPO hätte zur Folge, dass es zu unterschiedlicher Behandlung kommt, je nachdem, welche Behörde Erkenntnisse erlangte: Daten, welche die Finanzbehörde in eigenen strafprozessualen Ermittlungen erlangt hat, aber nicht gewinnen durfte, dürfen von ihr für das Besteuerungsverfahren zurecht nicht verwendet werden; die gleichen Daten hingegen, wenn sie von der Staatsanwaltschaft in ihren Ermittlungen erlangt wurden, dürften dann zum Zweck der Durchführung eines Besteuerungsverfahrens an die Finanzbehörde übermittelt werden, obwohl die Staatsanwaltschaft selbst sie nicht zur Strafverfolgung verwenden darf gem. § 477 Abs. 2 Satz 2 StPO. Tatsächlich sind die Finanzbehörden regelmäßig gem. Nr. 22 Abs. 1 1. Beispiel AStBV (St) 2013 dazu angehalten, Steuerstrafverfahren unverzüglich an die Staatsanwaltschaft abzugeben, wenn die Beantragung von Maßnahmen der Telekommunikationsüberwachung in Betracht kommt. Mit Blick auf das Fernmeldegeheimnis und um Systembrüche zu vermeiden, muss daher darauf bestanden werden, dass auch in diesem Fall die Auskunft auf Steuerarten beschränkt ist, die unter die steuerlichen Katalogtaten des § 100a Abs. 2 Nr. 2 StPO fallen. 4094

2. Sonstige strafrechtliche Beweisverwertungsverbote im Besteuerungsverfahren

Im Übrigen ist die Geltung strafrechtlicher Beweisverwertungsverbote für das Besteuerungsverfahren umstritten. Nach verbreiteter Auffassung kommt es darauf an, ob das (strafrechtliche) Verwertungsverbot nur einen typisch strafprozessualen Charakter hat oder einem allgemeinen Rechtsgedanken entspricht.[2] Nur dann, wenn das strafrechtliche Verwertungsverbot einem allgemeinen Rechtsgedanken entspricht, wirkt es sich auch im Besteuerungsverfahren aus. Besteht ein strafrechtliches Verwertungsverbot, weil der Beamte den Beschuldigten über seine Mitwirkungspflicht getäuscht hat, beschränkt sich nach einer hierzu vertretenen Auffassung die Unverwertbarkeit lediglich auf das Strafverfahren,[3] da § 136a StPO nicht eine Mitwirkung im Besteuerungsverfahren verbieten wolle. 4095

Andere Autoren wenden in diesem Fall jedoch § 136a StPO analog an.[4] In den Fällen, in denen die Mitwirkung des Beschuldigten durch „physische Einwirkung" erreicht wurde (Misshandlung, Ermüdung, körperlicher Eingriff, Verabreichung von Mitteln, Quälerei, Hypnose), wird auch ein Verwertungsverbot im Besteuerungsver- 4096

1) Hilgers-Klautzsch in Kohlmann, § 393 AO Rz. 95 (Oktober 2008).
2) Rüping, 282; Streck/Spatscheck, 4. Aufl. 2006, Rz. 1157; Söhn in H/H/Sp, § 88 AO Rz. 12 (März 2010); Joecks in Franzen/Gast/Joecks, § 393 AO Rz. 50.
3) Hellmann in H/H/Sp, § 393 AO Rz. 123 m.w.N. (Juni 2009).
4) Söhn in H/H/Sp, § 88 AO Rz. 309a (März 2010); vgl. Streck/Spatscheck, 4. Aufl. 2006, Rz. 1159; Rüping, 36.

fahren gefordert.[1] Im umgekehrten Fall kann grds. der so im Besteuerungsverfahren ermittelte Sachverhalt auch im Strafverfahren nach Maßgabe des § 393 AO nicht verwertet werden.[2]

Ansonsten ist die Rspr. des BFH zur Annahme von Verwertungsverboten schwankend, wie im Folgenden dargestellt.

D. Einzelfälle

Schrifttum

Baur, Mangelnde Bestimmtheit von Durchsuchungsbeschlüssen, wistra 1983, 99; **Henneberg**, Anmerkungen zur Verteidigung bei der Lohnsteuerverkürzung, DStR 1980, 63; **Hüls**, Anm. zu BFH v. 19.12.2011, jurisPR-StrafR 10/2012 Anm. 1 = jurisPR extra 2012, 165; **Ignor**, Der Staat kann auch anders – Die Schweizer Daten-CDs und das deutsche Strafrecht, JuS 2010, 390; **Kaiser**, Zulässigkeit des Ankaufs deliktisch erlangter Steuerdaten, NStZ 2011, 383; **Kaufmann**, Die Affäre Liechtenstein und Schweiz in der Praxis – Zur Verwertbarkeit der angekauften Steuerdaten-CD im Strafverfahren, JA 2010, 597; **Kühne**, Anm. zu LG Wiesbaden v. 3.3.1978, NJW 1979, 1053; **Roxin**, Steuerstrafverfahrensrecht, München, 25. Aufl. 1998; **Rüping**, Beweisverbote als Schranken der Aufklärung im Steuerrecht, Köln, 1981; **Spernath**, Strafbarkeit und zivilrechtliche Nichtigkeit des Ankaufs von Bankdaten, NStZ 2010, 307; **Streck**, Betriebsprüfung und Steuerstrafverfahren, BB 1980, 1537.

I. Verstöße gegen den „strafrechtlichen Hinweis" bei Einleitung eines Strafverfahrens

4097 Die Abgabenordnung verpflichtet in § 393 Abs. 1, § 397 Abs. 3 AO dazu, den Stpfl. bei dem **Übergang vom Besteuerungs- zum Strafverfahren** über die neue prozessuale Situation, insbes. über seine **Verteidigungsrechte** zu informieren. Gemäß § 393 Abs. 1 Satz 4 AO ist der beschuldigte Stpfl. ausdrücklich darauf hinzuweisen, dass gem. § 393 Abs. 1 Satz 2 und 3 AO im Besteuerungsverfahren Zwangsmittel unzulässig sind, wenn der Steuerpflichtige dadurch gezwungen würde, sich selbst wegen einer von ihm begangenen Steuerstraftat oder Steuerordnungswidrigkeit zu belasten. Die Bedeutung dieser Belehrungspflicht folgt aus der Doppelspurigkeit finanzamtlicher Ermittlungsmaßnahmen und den gegenläufigen Prinzipien im Steuerermittlungs- und Steuerstrafverfahren. Für die Frage, ob die Nahtstelle vom Besteuerungsverfahren zum Strafverfahren überschritten ist, ist die subjektive Vorstellung des ermittelnden Beamten bzw. sein Wille, das Strafverfahren zu betreiben, nicht entscheidend. Der Übergang vollzieht sich vielmehr nach objektiven Kriterien.

4098 Das Strafverfahren ist **eingeleitet,** sobald die Finanzbehörde, die Polizei, die Staatsanwaltschaft, einer ihrer Hilfsbeamten oder der Strafrichter eine Maßnahme trifft, die erkennbar darauf abzielt, gegen jemanden wegen einer Steuerstraftat strafrechtlich vorzugehen (§ 397 Abs. 1 AO). Unterbleibt bei diesem Übergang die vorgeschriebene Belehrung, besteht die Gefahr, dass sich der Beschuldigte in Erfüllung seiner abgabenrechtlichen Mitwirkungspflichten strafrechtlich selbst belastet. Gerade davor ist er zu schützen. Das **BVerfG** erhebt in seinem sog. **Gemeinschuldnerbeschluss** diesen Grundsatz des **„nemo tenetur se ipsum accusare"** ausdrücklich in Verfassungsrang.[3] Nach der **Rechtsprechung des BGH** begründet ein Verstoß

1) Söhn in H/H/Sp, § 88 AO Rz. 309a (März 2010).
2) Joecks in Franzen/Gast/Joecks, 7. Aufl. 2009, § 404 AO Rz. 82; BVerfG v. 21.4.1988, 2 BvR 330/88, wistra 1988, 302.
3) BVerfG v. 13.1.1981, 1 BvR 116/77, NJW 1981, 1431.

gegen die allgemeine strafprozessuale Hinweis- und Belehrungspflicht nach § 136 StPO, der gem. § 162a Abs. 3 und 4 StPO auch für die Ermittlungsbehörden gilt, grds. ein Verwertungsverbot für die unter Verletzung dieser Vorschrift zu Stande gekommenen Aussagen des Beschuldigten.[1] Nach Auffassung des BGH besteht das Verwertungsverbot allerdings dann nicht, wenn feststeht, dass der Beschuldigte sein Recht, zu schweigen, auch ohne Belehrung gekannt hat oder wenn der verteidigte Angeklagte in der Hauptverhandlung ausdrücklich der Verwertung zustimmt oder ihr nicht bis zu dem in § 257 StPO genannten Zeitpunkt (Befragung des Angeklagten zu jeder einzelnen Beweiserhebung) widersprochen hat.[2]

In der Literatur wird die Auffassung vertreten, dass bei **verzögerter Bekanntgabe der Einleitung eines Steuerstrafverfahrens** bzw. bei unterlassener Belehrung über die strafprozessualen Schutzrechte des Stpfl., ein Verwertungsverbot gem. § 136a Abs. 3 StPO vorliege, wenn der Beschuldigte über seine Weigerungsrechte nach der Strafprozessordnung im Irrtum belassen und damit getäuscht worden sei. Strittig ist dabei, ob der Ermittlungsbeamte die Täuschung vorsätzlich und böswillig herbeigeführt haben muss. **4099**

Während in der allgemeinen Strafprozessliteratur überwiegend eine **vorsätzliche Täuschung** gefordert wird[3] bzw. ein Verwertungsverbot nur dann angenommen wird, wenn der Finanzbeamte im Besteuerungsverfahren dem Stpfl. vortäuscht, er müsse auch dann an der Aufklärung des Steuerfalls mitwirken, wenn dies zu seiner Belastung wegen einer Steuerstraftat führe,[4] besteht in der steuerstrafrechtlichen Literatur überwiegend Einigkeit darüber, dass es bei einem Irrtum über eine Rechtslage nicht darauf ankommen kann, ob der Irrtum des Betreffenden absichtlich verursacht wurde oder ob er außerhalb der Einsichtsfähigkeit des Ermittlungsbeamten lag.[5] Dogmatisch zutreffender ist, das Verwertungsverbot in einem derartigen Fall mit einer verfassungskonformen Auslegung des § 397 Abs. 3, § 393 Abs. 1 AO zu begründen. Der Zweck dieser Vorschriften ist es, zu gewährleisten, dass der betroffene Stpfl. von seinen prozessualen Schutzrechten Gebrauch machen kann, um so zu verhindern, dass er gegen seinen eigenen Willen zur eigenen Selbstüberführung benutzt wird. Im Hinblick auf den vom BVerfG ausdrücklich bestätigten Verfassungsrang dieser Schutzrechte[6] muss deren Verletzung zu einem Verwertungsverbot führen. Diese Auffassung hat daneben noch den Vorteil, dass es auf die subjektive Einstellung des Ermittlungsbeamten[7] sowie dessen Einsichtsfähigkeit nicht ankommt. In ständiger Rechtsprechung des BFH führt der Verstoß gegen § 393 Abs. 1 Satz 4 AO grundsätzlich aber lediglich zu einem Verwertungsverbot im Strafverfahren, da nur hier der nemo-tenetur-Grundsatz gelte, nicht aber im Besteuerungsverfahren.[8] Ausgerechnet für § 393 Abs. 1 Sätze 2 und 3 AO, die gerade die Mittel der Sachverhaltserforschung im Besteuerungsverfahren beschränken,[9] und die Hinweispflicht hierauf nach § 393 Abs. 1 Satz 4 AO ist das aber nicht nachvollziehbar. § 393 Abs. 1 Satz 4 AO dient der Effektivität des Zwangsmittelverbots der **4100**

1) BGH v. 27.2.1992, 5 StR 190/91, BGHSt 38, 214.
2) Meyer-Goßner, 55. Aufl. 2012, § 136 StPO Rz. 20; BGH v. 21.7.1998, 5 StR 302/97, wistra 1998, 310.
3) Meyer-Goßner, 55. Aufl. 2012, § 136a StPO Rz. 13. Jedoch stehen falsche Rechtserklärungen des Vernehmenden Täuschungen stets gleich, Meyer-Goßner, ibd. m.w.N.
4) Joecks in Franzen/Gast/Joecks, 7. Aufl. 2009, § 393 AO Rz. 47; Hellmann in H/H/Sp, § 393 AO Rz. 120 (Juni 2009); Hildebrandt, DStR 1982, 21.
5) Rüping, 41; Henneberg, DStR 1980, 63, 67; Streck, BB 1980, 1537, 1540; dagegen Joecks in Franzen/Gast/Joecks, 7. Aufl. 2009, § 393 AO Rz. 47.
6) BVerfG v. 13.1.1981, 1 BvR 116/77, NJW 1981, 1431.
7) Da eine bewusste Täuschung regelmäßig nicht nachgewiesen werden kann, besteht faktisch in derartigen Fällen kein Verwertungsverbot.
8) BFH v. 23.1.2002, XI R 10, 11/01, XI R 10/01, XI R 11/01, wistra 2002, 270; v. 28.10.2009, I R 28/08, IStR 2010, 103; v. 19.12.2011, V B 37/11, BFH/NV 2012, 956.
9) Vgl. Hüls, 166.

§ 393 Abs. 1 Sätze 2 und 3 AO, das gerade für das Besteuerungsverfahren gilt. Dann müssen auch die Konsequenzen der Verletzung des Zwangsmittelverbots und der Hinweispflicht hierauf im Besteuerungsverfahren spürbar sein.

II. Folgen rechtswidriger Durchsuchungen – Zufallsfunde

1. Verwertungsverbot

4101 In diesem Zusammenhang ist die Frage zu erörtern, ob ein fehlerhafter Durchsuchungsbeschluss, der der Beschlagnahme vorausgeht, deren Wirksamkeit berührt. Und weiter: Können die Ergebnisse einer rechtswidrigen Durchsuchung, d.h. die dabei beschlagnahmten Beweismittel, verwertet werden?

Nach der hier vertretenen Auffassung besteht ein Verwertungsverbot, wenn die verletzte Vorschrift – unabhängig von deren Rang – dem Schutz des Beschuldigten dient. Dagegen vertritt die h.M. die Auffassung, dass die Beschlagnahme, die auf einer rechtswidrigen Durchsuchungsanordnung beruht, nicht ohne Weiteres auch zu einer Rechtswidrigkeit der Beschlagnahme führt.[1] Anders soll es nur bei Grundrechtsverstößen sein, die so schwerwiegend sind, dass im Einzelfall nach Abwägung aller Umstände das Interesse des Staates an der Tataufklärung zurücktreten muss.[2] Gleiches gilt für Durchsuchungsergebnisse, wenn der Durchsuchungs- und Beschlagnahmebeschluss unvollständig ist, insbes. keine Einzelangaben zu dem strafrechtlichen Vorwurf enthält, der Grund der Durchsuchung und Beschlagnahme ist.[3]

4102 Instruktiv ist insoweit noch immer die zuvor zitierte Entscheidung des LG Bonn.[4] Dieser lag ein Fall zu Grunde, in dem die Fahndungsbeamten eine ausführliche Einschränkung im Durchsuchungsbeschluss nicht beachtet und gleichzeitig in der Kanzlei und in der Wohnung des beschuldigten Rechtsanwalts umfangreiche Kontounterlagen sichergestellt hatten, wobei sie auf das Angebot der Erteilung einer Bankvollmacht nicht eingegangen waren. Das Gericht hielt die Durchsuchung für rechtswidrig, weil die Steuerfahndung die vom AG eingeräumte Durchsuchungsbefugnis überschritten habe. Werden die in einer Durchsuchungsanordnung getroffenen Beschränkungen nicht beachtet und werde gezielt nach anderem Beweismaterial gesucht, werden diese Beweise auch nicht gem. § 108 Satz 1 StPO „bei Gelegenheit einer Durchsuchung" gefunden, sondern ohne gesetzliche Grundlage illegal ermittelt. Da ein solch rechtswidriges Vorgehen der Ermittlungsorgane die erkennbar zum Schutz des Beschuldigten bestehenden Verfahrensregeln missachte, seien derartige „Zufallsfunde" unverwertbar. Das Gericht sah weiter eine Verletzung des Verhältnismäßigkeitsgrundsatzes, weil auf das Angebot des Beschuldigten zur Erteilung einer Bankvollmacht nicht eingegangen worden sei. Gleichfalls sah es einen groben Rechtsverstoß in der gleichzeitigen Durchsuchung der Wohnung, weil dort keine Aussicht auf ein Auffinden der gesuchten Beweisgegenstände bestanden habe. Auf Grund dieser rechtswidrigen Durchsuchungsmaßnahmen kam das Gericht nach einer umfassenden Abwägung des Interesses der Öffentlichkeit an der Tataufklärung und des Interesses des Beschuldigten am Schutz seiner Persönlichkeitsrechte zu einem Verwertungsverbot für die bei der rechtswidrigen Durchsuchung beschlagnahmten Beweismittel. Zum Schutz des Bürgers und zur Sicherung

1) Meyer-Goßner, 55. Aufl. 2012, § 94 StPO Rz. 21.
2) LG Bonn v. 1.7.1980, 37 Qs 57/80, StB 1980, 252; LG Wiesbaden v. 31.8.1987, 6 Js 188780/86 – 81 Ls (Ns), StV 1988, 292; LG Baden-Baden v. 16.5.1989, 1 Qs 321/88, wistra 1990, 118.
3) BVerfG v. 26.5.1976, 2 BvR 294/76, BVerfGE 42, 212 = NJW 1976, 1735; v. 3.9.1991, 2 BvR 279/90, wistra 1992, 60; LG Köln v. 25.4.1983, 117 Ws 3/83, StV 1983, 275, 277; Baur, wistra 1983, 99.
4) LG Bonn v. 1.7.1980, 37 Qs 57/80, StB 1980, 258.

der Grundrechte bedürfen sowohl das Betreten von fremden Wohnungen gegen den Willen der Inhaber als auch die Maßnahmen der Steuerfahndungsbeamten in den Wohnungen nach dem erzwungenen Eintritt einer genau umschriebenen Ermächtigung auf gesetzlicher Grundlage. Nur in dem durch den Durchsuchungsbeschluss bestimmten Rahmen dürfen Gegenstände gesucht und zum Zweck der Beschlagnahme weggenommen werden. Die Bestimmung des § 108 StPO erweitert in diesem Zusammenhang nur das Recht zur Beschlagnahme, nicht das zur Durchsuchung. Deren rechtmäßige Anordnung setzt sie voraus. Ein Verstoß gegen die Durchsuchungsvorschriften entzieht den nachfolgenden Teilakten nach den §§ 94 bis 98 und 108 StPO die Grundlage, die Beschlagnahme wird von der Rechtswidrigkeit der Durchsuchung erfasst.[1]

Dieses Ergebnis entspricht auch rechtspolitischen Bedürfnissen. Es wäre geradezu eine Aufforderung, die §§ 102 bis 105 StPO in der vom Bundeverfassungsgericht[2] herausgearbeiteten Form zu missachten, wenn die durch eine rechtswidrige Durchsuchung erlangten Beweismittel rechtmäßig beschlagnahmt und verwertet werden dürften. Es erscheint auch wenig sinnvoll, einerseits die Anforderungen an die Rechtmäßigkeit von Zwangsmaßnahmen unter verfassungsmäßigen und rechtsstaatlichen Gesichtspunkten laufend deutlich herauszuarbeiten[3] und andererseits deren Erfüllung in das Belieben der Ermittlungsorgane zu stellen und Verstöße dagegen sanktionslos hinzunehmen. Daher kann die disziplinierende Wirkung von Verwertungsverboten dazu beitragen, auch auf diesem sensiblen Gebiet staatlicher Zwangsmaßnahmen ein prozessordnungsgemäßes Vorgehen der Verfolgungsorgane in der Praxis zu sichern. 4103

Beispielhaft deutlich wird dies bei Verstößen gegen das **Gebot der Bestimmtheit des Eingriffs:** Bereits aus allgemeinen rechtsstaatlichen Erwägungen heraus muss eine Durchsuchungsanordnung möglichst bestimmt sein, tatsächliche Angaben über den Inhalt des Tatvorwurfs sowie über die Art und den denkbaren Inhalt der gesuchten Beweismittel enthalten. Nur unter diesen Voraussetzungen ist der mit der Durchsuchung verbundene Grundrechtseingriff mess- und kontrollierbar.[4] 4104

Durchsuchungsanordnungen, die diesen Voraussetzungen nicht genügen, sind **illegal.** Die beschlagnahmten Beweismittel auf Grund derart unbestimmter Durchsuchungsanordnungen sind von Verfassungs wegen **unverwertbar.**[5] 4105

Dies gilt im Übrigen auch bei einem Verstoß gegen § 105 Abs. 2 StPO. Der Zweck der Zeugenzuziehung liegt nicht nur darin, die Durchsuchungsbeamten vor unberechtigten Vorwürfen zu schützen, sondern der Betroffene soll auch vor möglichen Übergriffen bewahrt werden. Die Strafprozessordnung will die Gewähr für eine ordnungsgemäße Durchführung schaffen und schützt damit den von der Durchsuchung Betroffenen. Damit ist die Zuziehung der Zeugen eine wesentliche Förmlichkeit, von der die Rechtmäßigkeit der Durchsuchung abhängt.[6] Ist die Durchsuchung wegen Verstoßes gegen die Zuziehungspflicht rechtswidrig erfolgt, folgt daraus – nach der hier vertretenen Ansicht – für die beschlagnahmten Beweismittel ein Verwertungsverbot.[7] 4106

---

1) Vgl. Kühne, Anm. zum Beschluss des LG Wiesbaden v. 3.3.1978, 14 Qs 143/77 B, NJW 1979, 1053 f.
2) BVerfG v. 26.5.1976, 2 BvR 294/76, BVerfGE 42, 212 und 220 = NJW 1976, 1735.
3) BVerfG v. 26.5.1976, 2 BvR 294/76, BVerfGE 42, 212 = NJW 1976, 1735.
4) BVerfG in st. Rspr.: vgl. BVerfG v. 21.6.1994, 2 BvR 2559/93, NJW 1994, 3281: VerfG Brandenburg v. 17.9.1998, VfGBbg 22/98, NStZ-RR 1998, 366; auch BVerfG v. 5.5.2000, 2 BvR 2212/99, NStZ 2000, 601.
5) BVerfG v. 24.5.1977, 2 BvR 988/75, BVerfGE 44, 353, 371 = 1977, 1489.
6) BayObLG v. 23.11.1979, RReg 5 St 387/79, MDR 1980, 423; OLG Hamm v. 16.1.1986, 1 VAs 94/85, NStZ 1986, 326, 327; OLG Karlsruhe v. 20.9.1990, 2 VAs 1/90, NStZ 1991, 50; Meyer-Goßner, 55. Aufl. 2012, § 105 StPO Rz. 10.
7) BayObLG v. 23.11.1979, RReg 5 St 387/79, MDR 1980, 423; ablehnend Meyer-Goßner, 55. Aufl. 2012, § 105 StPO Rz. 11.

4107 In der Praxis muss festgestellt werden, dass richterliche Durchsuchungsanordnungen den vom BVerfG niedergelegten Forderungen an die inhaltliche Bestimmtheit dieser Beschlüsse häufig nicht genügen. Wird gegen eine derartige richterliche Durchsuchungsanordnung eine Beschwerde gem. § 304 StPO eingelegt, hat zunächst der erlassende Richter zu entscheiden, ob er der Beschwerde abhilft. Andernfalls ist die Beschwerde dem Landgericht zur Entscheidung vorzulegen.

2. Prozessuale Überholung

4108 Nach früherer gerichtlicher Praxis, die auf eine Entscheidung des Bundesverfassungsgerichts aus dem Jahre 1978[1] zurückging, war die **Beschwerde gegen eine Durchsuchungsanordnung** nur so lange zulässig, als sich die Durchsuchungsanordnung selbst noch nicht durch ihren Vollzug erledigt hatte.[2] Durch Vollzug erledigt hatte sich die Beschwerde in dem Augenblick, in dem die Durchsicht der Papiere abgeschlossen war. Da gem. § 404 Satz 2 AO Steuerfahndungsbeamte das Recht zur Durchsicht der beschlagnahmten Papiere haben, das ansonsten gem. § 110 StPO nur der Staatsanwaltschaft zusteht (außer im Fall der Einwilligung), war die „Durchsicht" der beschlagnahmten Papiere durch die Steuerfahndung regelmäßig bereits dann beendet, wenn das Gericht über die Beschwerde zu befinden hatte. Ziel der Durchsicht ist nämlich lediglich die Feststellung, „ob" das Papier für das Strafverfahren bedeutsam und daher zu beschlagnahmen ist.[3] Diese Durchsicht kann naturgemäß sehr schnell vorgenommen werden, da sie nur eine „grobe" Sichtung verlangt.

4109 Da mit der erfolgten „Durchsicht" die Maßnahme vollzogen war, hatte sich nach der früheren Rspr. die Durchsuchung bereits erledigt. Eine dagegen eingelegte Beschwerde war unzulässig bzw. wurde unzulässig, wenn zwischen Einlegung der Beschwerde und ihrer Entscheidung die „Durchsicht" beendet war.

4110 Mit dieser Verfahrensweise konnten Beschwerden gegen richterliche Durchsuchungsanordnungen im Steuerstrafverfahren überwiegend als **unzulässig**, da prozessual überholt, verworfen werden.

4111 Im Jahre 1997[4] änderte das **Bundesverfassungsgericht** seine Rspr. In der Entscheidung vom 30.4.1997 führte es Folgendes aus:

4112 Zwar sei grds. richtig, dass Gerichte ein Rechtsschutzinteresse nur so lange als gegeben ansehen, als ein gerichtliches Verfahren dazu dienen kann, eine gegenwärtige Beschwer auszuräumen, einer Wiederholungsgefahr zu begegnen oder eine fortwirkende Beeinträchtigung durch einen an sich beendeten Eingriff zu beseitigen. Darüber hinaus sei aber ein Rechtsschutzinteresse auch in den Fällen tief greifender Grundrechtseingriffe gegeben, in denen sich die direkte Belastung durch den angegriffenen Hoheitsakt nach dem typischen Verfahrensablauf auf eine Zeitspanne beschränke, in der der Betroffene die gerichtliche Entscheidung in der von der Prozessordnung vorgegebenen Instanz kaum erlangen könne. Die Grundsätze des effektiven Rechtsschutzes des Art. 19 Abs. 4 GG gebieten es in diesen Fällen, dass der Betroffene Gelegenheit erhalte, die Berechtigung des schwerwiegenden – wenn auch abgeschlossenen – Grundrechtseingriffs gerichtlich klären zu lassen. Das Beschwerdegericht müsse also – ungeachtet der eingetretenen Erledigung – prüfen, ob ein Rechtsschutzinteresse des Betroffenen bestehe. Ein solches Interesse sei bei Durchsuchungen von Wohnungen schon wegen des Gewichts des Eingriffs in das Grundrecht des Art. 13 GG zu bejahen. In solchen Fällen sei ein schutzwürdiges

1) BVerfG v. 11.10.1978, 2 BvR 1055/76, BVerfGE 49, 329, NJW 1979, 154.
2) BVerfG v. 11.10.1978, 2 BvR 1055/76, BVerfGE 49, 329, NJW 1979, 154.
3) Meyer-Goßner, 55. Aufl. 2012, § 110 StPO Rz. 2.
4) BVerfG v. 30.4.1997, 2 BvR 817/90 u.a., NJW 1997, 2163 f. = wistra 1997, 219 f.

Interesse des Betroffenen, die Rechtswidrigkeit der Maßnahme gerichtlich feststellen zu lassen, nicht nur ausnahmsweise anzunehmen.

Somit ist eine Beschwerde gegen eine Durchsuchungsanordnung nach der Rspr. des Bundesverfassungsgerichts auch dann noch zulässig, wenn sie bereits prozessual überholt ist. Die Gerichte müssen sich auch inhaltlich mit den Einwendungen, die gegen den Durchsuchungsbeschluss vorgebracht werden, befassen. **4113**

III. Verletzung von Beschlagnahmeverboten des § 97 StPO

Die Beschlagnahmeverbote des § 97 StPO sollen die Angehörigen und Vertrauenspersonen des Beschuldigten davor bewahren, trotz ihres Zeugnisverweigerungsrechts mittelbar doch zu dessen Überführung beitragen zu müssen. Das Beschlagnahmeprivileg ist insoweit eine akzessorische Ergänzung des Aussageverweigerungsrechts und soll dessen Umgehung verhindern (zu Inhalt und Umfang des Beschlagnahmeverbots → Rz. 3628 ff.): Das Beschlagnahmeverbot ist bereits bei der Beschlagnahmeanordnung zu beachten, wenn es in diesem Zeitpunkt bereits bekannt ist, sonst bei der Durchführung. Beweisgegenstände, die entgegen § 97 StPO beschlagnahmt werden, unterliegen einem **Verwertungsverbot**.[1] Dies gilt im Übrigen auch, wenn Beweismittel in anderer Sache nach § 108 StPO gefunden worden sind.[2] Ist ein bestimmtes Beweismittel in einem Verfahren zulässig beschlagnahmt worden, so darf es nicht in einem Verfahren wegen einer anderen Tat verwertet werden, für deren Untersuchung es aus den Gründen des § 97 StPO nicht hätte beschlagnahmt werden dürfen. Werden z.B. Mandantenunterlagen in einem Ermittlungsverfahren gegen den allein verdächtigen Steuerberater beschlagnahmt, so dürfen sie auch nur insoweit verwertet werden. Dagegen dürfen die Unterlagen weder unmittelbar noch mittelbar zum Nachteil des Mandanten verwertet werden, d.h., auch der für die Einleitung eines Ermittlungsverfahrens notwendige Anfangsverdacht darf daraus nicht abgeleitet werden.[3] **4114**

Beweismittel, die unter Verstoß gegen § 97 StPO beschlagnahmt worden sind, werden **nachträglich verwertbar**, wenn das Beschlagnahmeverbot entfällt, z.B. weil der beschuldigte Mandant den Steuerberater von seiner Schweigepflicht entbindet (§ 53 Abs. 2 StPO). Umgekehrt werden zulässig beschlagnahmte Beweismittel nicht deshalb unverwertbar, weil die Beschlagnahmevoraussetzungen später wegfallen, z.B. weil sich ein anfänglicher Teilnahmeverdacht gem. § 97 Abs. 2 Satz 3 StPO nicht bestätigt.[4] **4115**

IV. Verwertbarkeit angekaufter deliktisch erlangter Steuerdaten

Aktuell bleibt die derzeit vor allem auf politischer Ebene ausgetragene Debatte um den Ankauf sogenannter Steuer- oder Bankdaten-CDs mit Konteninformationen deutscher Kunden schweizerischer und liechtensteinischer Kreditinstitute. Dabei handelt es sich um CDs, die zumeist von Angestellten oder ehemaligen Angestellten der Kreditinstitute unter Verstoß gegen ihre vertraglichen oder nachvertraglichen **4116**

---

1) BGH v. 23.1.1963, 2 StR 534/62, BGHSt 18, 227; Meyer-Goßner, 55. Aufl. 2012, § 97 StPO Rz. 46a betreffend schriftlicher Mitteilungen zwischen dem Beschuldigten und seinen in § 52 Abs. 1 genannten Angehörigen, Rz. 50 betreffend des an das Zeugnisverweigerungsrecht von Berufsgeheimnisträgern anknüpfende Beschlagnahmeverbot.

2) Meyer-Goßner, 55. Aufl. 2012, § 97 StPO Rz. 48.

3) Meyer-Goßner, 55. Aufl. 2012, § 97 StPO Rz. 49, 50; BGH v. 23.1.1963, 2 StR 534/62, BGHSt 18, 227.

4) BGH v. 17.9.1982, 2 StR 139/82, NStZ 1983, 86; Meyer-Goßner, 55. Aufl. 2012, § 97 StPO Rz. 47.

Pflichten und unter Verletzung des Bankgeheimnisses mittels der Kontendaten deutscher Bankkunden erstellt wurden und deutschen Landesfinanzbehörden zum Kauf angeboten werden. Hier stellen sich gleich mehrere – dabei ineinander greifende – rechtliche Fragen nach der völkerrechtlichen und innerstaatlichen Ermächtigung zum Ankauf solcher Bankdaten, nach der etwaigen Strafbarkeit der Veräußerung und des Erwerbs solcher Bankdaten und letztlich nach der Verwertbarkeit solcher Bankdaten für die Zwecke von Besteuerungsverfahren und Steuerstrafverfahren.

1. Ermächtigung zum Ankauf von Bankdaten

4117 Gegen eine Ermächtigung deutscher Finanz- oder sonstiger Behörden zum Ankauf von Bankdaten-CDs mit Daten, die an sich dem Bankgeheimnis eines fremden Staates unterliegen, wird vorgebracht, dass dadurch unter Umgehung internationaler Rechtshilfeübereinkommen und unter Verletzung fremdstaatlicher Hoheitsrechte strafrechtliche und steuerliche Ermittlungen durchgeführt würden. Es bestehe eine Pflicht zur Zurückweisung des angebotenen Datenmaterials auf Grund des Grundsatzes des rechtshilfefreundlichen Verhaltens und des Gebots der Beachtung staatlicher Souveränität.[1] Teil der im Völkerrecht geschützten staatlichen Hoheitsrechte sei jedoch zufolge einer Gegenansicht auch die Steuergewalt, welche ein Staat gegenüber Personen wegen Geschehensabläufen im Ausland ausüben kann, wenn die Person selbst der inländischen Staatsgewalt unterworfen ist.[2] Für die Besteuerung in der Schweiz oder in Liechtenstein erwirtschafteter Kapitalerträge ergibt sich die Steuerpflicht von Personen mit Wohnsitz oder gewöhnlichem Aufenthalt in Deutschland in völkerrechtlich nicht zu beanstandender Weise aus § 1 Abs. 1, § 2 Abs. 1 Nr. 5, § 20 EStG. An diese Steuerkompetenz knüpfe – im Sinne einer Annexkompetenz – die Befugnis an, steuerrelevante Sachverhalte zum Zwecke der Durchsetzung von Steueransprüchen durch Maßnahmen innerhalb seines eigenen Territoriums aufzuklären und diese im Falle von Steuerhinterziehung einem Strafverfahren zuzuführen.[3] Durch den Ankauf von Bankdaten-CDs auf bundesdeutschem Gebiet sei die territoriale Souveränität der Schweiz oder Liechtensteins jedenfalls dann nicht verletzt, wenn der deutsche Staat den Verkäufer nicht zur Erlangung der Daten im Ausland gezielt veranlasse.[4]

4118 Beide Ansichten überzeugen nicht vollkommen. Ein Gebot rechtshilfefreundlichen Verhaltens verwundert in den Bereichen, in denen der Staat, dessen Hoheitsrechte vermeintlich beeinträchtigt wurden, bewusst keine Rechtshilfe leistet, so wie dies für die Schweiz bei einfacher Hinterziehung direkter Steuern der Fall ist. Auf der anderen Seite, ist es schwierig zu rechtfertigen, dass der gezielte Einsatz einer Privatperson zur Erlangung der Daten im Ausland verboten sein soll, das In-Aussichtstellen ganz erheblicher finanzieller Anreize gegenüber einer Vielzahl zu diesem Zeitpunkt noch unbekannter Privatpersonen für das „spontane" Verschaffen solcher Daten hingegen nicht.

4119 Innerstaatlich ergibt sich aus Art. 108 Abs. 2 GG die Aufgabe der Finanzbehörden der Länder, Steuern, soweit diese nicht ausschließlich dem Bund zukommen, zu verwalten. Über eine Aufgabenzuweisung hinaus setzt der Grundsatz der Gesetzmäßigkeit der Verwaltung und des Vorbehalts des Gesetzes jedoch dann eine ausdrückliche Ermächtigungsnorm für das Handeln von Verwaltungsbehörden voraus, wenn durch dieses Handeln in subjektive persönliche Rechte des Betroffenen eingegriffen wird.[5] Die Ansicht, der Steuerflüchtige begebe sich durch das Verbringen

1) Kaufmann, JA 2010, 597, 599.
2) Kaiser, NStZ 2011, 383, 384.
3) Kaiser, NStZ 2011, 383, 384.
4) Kaiser, NStZ 2011, 383, 384.
5) Kaiser, NStZ 2011, 383, 385.

von Teilen seines Vermögens ins Ausland des inländischen Datenschutzes bezüglich der damit verbundenen Informationen,[1] überzeugt dabei **nicht**. Das Verbringen von Vermögen ins Ausland beinhaltet gerade keinen konkludenten Verzicht auf den Schutz des Grundgesetzes und deutscher Datenschutzbestimmungen. In der Regel wird gerade der Steuerflüchtige über das deutsche Schutzniveau hinaus ein höheres Schutzniveau suchen und nicht auf rechtsstaatlichen Schutz in Deutschland verzichten wollen. Jedenfalls ist der wie auch immer geartete Erwerb einer Bankdaten-CD durch die zur Aufdeckung unbekannter Steuersachverhalte gem. § 208 Abs. 1 Nr. 3, § 404 Satz 2 1. Halbsatz AO zur Verfügung stehenden strafprozessualen Ermittlungsbefugnisse, insbesondere das Recht, Beweismittel sicherzustellen (§ 94 Abs. 1 StPO) gedeckt.[2] Denn durch das Verbringen von Vermögensteilen und damit verbundenen Informationen ins Ausland kann der Steuerflüchtige das durch deutsches Verfassungsrecht gesicherte Datenschutzniveau im deutschen Recht genauso wenig erhöhen, wie er es dadurch vollständig verliert.

2. Strafbarkeit des Ankaufs von Bankdaten

In Frage kommt hier eine Strafbarkeit wegen Begehung von oder Beteiligung an einem Verrat von Betriebs- und Geschäftsgeheimnissen i.S.d. § 17 Abs. 1 und 2 UWG. Dabei ist im Regelfall der Anwendungsbereich deutschen Strafrechts eröffnet, da zumindest eine Teilhandlung auf dem Gebiet der Bundesrepublik Deutschland begangen worden sein dürfte und auch der tatbestandliche Erfolg des Geheimnisverrats sich mit der Übergabe und Verwertung der erworbenen Daten in der Bundesrepublik Deutschland entfaltet, und die Tat damit i.S.d. § 3 StGB im Inland begangen wurde. Bei reinen Auslandstaten ergäbe sich das für den im Rahmen der Diensterfüllung tätig gewordenen Beamten der Landesfinanzbehörde zudem aus § 5 Nr. 12 StGB. **4120**

Keine Strafbarkeit des Finanzbeamten, der eine Bankdaten-CD ankauft, ergibt sich dabei aus § 17 Abs. 2 Nr. 2 UWG. Dieser würde vielmehr eine unbefugte Verwertung voraussetzen, d.h. eine Tätigkeit, die darauf gerichtet ist, den Wert aus einer Sache zu ziehen, sie also irgendwie wirtschaftlich zu nutzen, wobei die praktische Verwendung zu gewerblichen Zwecken stattfinden muss.[3] Der Landesfinanzbeamte wird aber nicht zu gewerblichen Zwecken tätig. **4121**

Anders verhält es sich für den Veräußerer der Daten. Dieser hat sich, soweit deutsches Strafrecht gem. § 3 StGB Anwendung findet (→ Rz. 4120), als aktueller Mitarbeiter des betroffenen Kreditinstitutes gem. § 17 Abs. 1 UWG, in anderen Fällen gem. § 17 Abs. 2 Nr. 2, Nr. 1 Buchst. b UWG schuldig gemacht, sobald er einer deutschen Finanzbehörde gegen Entgelt die zuvor durch Herstellung der CD unbefugt verschafften oder gesicherten Kontendaten deutscher Bankkunden unbefugt mitteilt.[4] Gegen die vertretene Auffassung, diese Mitteilung sei durch das Recht zur Strafanzeige gem. § 158 StPO[5] oder die staatsbürgerliche Pflicht zur Zeugenaussage gedeckt und daher nicht unbefugt, ist anzuführen, dass zum Einen eine Strafanzeige von dem Wunsch der Strafverfolgung getragen ist, und nicht von dem Wunsch, damit einen Gewinn in sechs- bis siebenstelliger Höhe zu erwirtschaften, und zum Anderen die Pflicht zur Zeugenaussage erst ab Einleitung eines strafprozessualen Ermittlungsverfahrens gem. § 161a Abs. 1 Satz 1 StPO gilt und nicht bereits vor Entstehen eines Anfangsverdachts und Einleitung eines Ermittlungsverfahrens.[6] **4122**

1) Kaiser, NStZ 2011, 383, 386.
2) Kaiser, NStZ 2011, 383, 386.
3) Erbs/Kohlhaas, § 17 UWG Rz. 50 (Oktober 2009).
4) Vgl. Spernath, 307 f.; Ignor, JuS 2010, 390, 391 f.
5) Kaiser, 388.
6) Vgl. Ignor, JuS 2010, 390, 392 f.

4123 Auch ein rechtfertigender Notstand gem. § 34 StGB zu Gunsten des Veräußerers der Bankdaten wird in der Literatur diskutiert, jedoch mit überzeugendem Argument abgelehnt. § 34 StGB setzt objektiv voraus, dass das von einer gegenwärtigen nicht anders abwendbaren Gefahr bedrohte Rechtsgut – hier das Steueraufkommen der Bundesrepublik Deutschland und der Länder – das geschützte Interesse des betroffenen Kreditinstituts an der Geheimhaltung sensibler Kundendaten wesentlich überwiegt. Während aber eine Steuererhebung für die Bundesrepublik Deutschland auch ohne die Erlangung dieser Daten grundsätzlich möglich bleibt, kann die Preisgabe der Kundendaten durch Mitarbeiter oder ehemalige Mitarbeiter der Bank deren Existenz vernichten.[1]

4124 Macht aber der Veräußerer der Bankdaten-CD sich mit Übergabe an die deutsche Finanzbehörde in der beschriebenen Weise strafbar, so ist eine Strafbarkeit des strafrechtlich verantwortlich für die Finanzbehörde Handelnden wegen Beteiligung an der Haupttat des Veräußerers gem. §§ 26, 27 StGB kaum von der Hand zu weisen. Dabei handelt es sich bei dem Veräußerer nicht um einen *omnimodo facturus*, wenn er die Übergabe der CD von einer Zahlung abhängig macht, sondern er wird – mit Ausnahme etwaiger vorab mitgeteilter Stichproben – erst durch die Zahlung des vereinbarten Entgelts zur tatbestandsmäßigen Mitteilung veranlasst.

3. Die Verwertbarkeit von Bankdaten-CDs im Steuerstrafverfahren

4125 Das Bundesverfassungsgericht hatte am 9.11.2010 Gelegenheit, sich in einem Nichtannahmebeschluss zur Verwertbarkeit von Daten zur Begründung eines Anfangsverdachts für eine Wohnungsdurchsuchung zu äußern, die ein Informant aus Liechtenstein auf einem Datenträger an die Bundesrepublik Deutschland verkauft hatte.[2] Dabei wertete das Bundesverfassungsgericht die zur Entscheidung stehende Frage als solche der Vorauswirkung von Verwertungsverboten.[3] Es stellte fest, dass die Fachgerichte bei Beurteilung der Rechtmäßigkeit des Durchsuchungsbeschlusses bereits davon ausgegangen seien, dass die Beschaffung der Daten nicht mit geltendem Recht übereingestimmte habe, die beteiligten Amtsträger sich strafbar gemacht hätten und zudem völkerrechtliche Übereinkommen umgangen worden seien.[4] Das Bundesverfassungsgericht beanstandete die unter diesen Rahmenbedingungen erfolgte Bestätigung des Durchsuchungsbeschlusses durch die Fachgerichte nicht, sondern stellte fest, dass insbesondere nicht erkennbar sei, dass es sich bei den unterstellten Rechtsverletzungen um schwerwiegende, bewusste oder willkürliche Verfahrensverstöße handelte, bei denen die grundrechtlichen Sicherungen planmäßig oder systematisch außer achtgelassen worden seien.[5] Auf diese Merkmale kam es an, da sich mangels Betroffenheit des absoluten Kernbereichs privater Lebensgestaltung nicht bereits aus dem Grundrechtsverstoß selbst ein absolutes Beweisverwertungsverbot ergab.[6]

4126 Diese Auffassung ist, da deutsche Bundesländer wiederholt Bankdaten-CDs angekauft haben und sich hieraus zumindest in einigen Bundesländern der – teils sogar erklärte – politische Wille schließen lässt, auch weiterhin solche Datenträger zu erwerben,[7] kaum noch zu halten. Mitarbeiter Schweizer Bankhäuser können der-

1) Spernath, 308.
2) BVerfG v. 9.11.2010, 2 BvR 2101/09, NJW 2011, 2417 ff.
3) BVerfG v. 9.11.2010, 2 BvR 2101/09, NJW 2011, 2418 (Nr. 42).
4) BVerfG v. 9.11.2010, 2 BvR 2101/09, NJW 2011, 2420 (Nr. 52, 54).
5) BVerfG v. 9.11.2010, 2 BvR 2101/09, NJW 2011, 2420 (Nr. 60).
6) Zimmermann, Anm. zu BVerfG v. 9.11.2010, 2 BvR 2101/09, FD-StrafR 2010, 311378.
7) Z.B. sei hier die Äußerung des nordrhein-westfälischen Finanzministers Norbert Walter-Borjans genannt, „Wir werden auch weiterhin Steuer-CDs kaufen", zitiert in Diehl, Jörg: CD-Ankauf in NRW: Viele Steuer-Verdächtige kommen straffrei davon, Spiegel Online v. 20.9.2012, http://www.spiegel.de/politik/deutschland/ankauf-von-steuer-cds-viele-strafverfahren-bleiben-folgenlos-a-857068.html.

zeit nachgerade damit rechnen, in deutschen Finanzbehörden willige Abnehmer für unbefugt verschaffte Bankdaten zu finden.

Wohl weitgehend akademischer Natur ist hingegen die Frage der unmittelbaren Verwertbarkeit der auf den Bankdaten-CDs enthaltenen unbefugt verschafften Kontendaten für den Schuldnachweis im Strafverfahren. Diese Frage ließ das Bundesverfassungsgericht im Beschluss vom 9.11.2010 unbeantwortet.[1] Zwar wird ein Verbot unmittelbarer Verwertung jedenfalls beim gezielten Einsatz des Mitarbeiters einer Bank zu bejahen sein[2] und mit steigender Zahl an CD-Ankäufen auch außerhalb eines solchen gezielten Einsatzes dann, wenn sich das Handeln der Finanzbehörden insgesamt als schwerwiegender, bewusster und willkürlicher Verfahrensverstoß und eines systematische und planmäßige Außerachtlassung grundrechtlicher Sicherungen darstellt. Jedoch werden auf Grundlage der durch die Daten-CDs geschaffenen Verdachtslage in einer Vielzahl der Fälle Durchsuchungen von Wohn- und Geschäftsräumen oder andere Ermittlungsmaßnahmen durchgeführt werden, um den jeweiligen Anfangsverdacht zu erhärten. Verlaufen diese für die Ermittlungsbehörden erfolgreich mit einem entsprechenden Beweisergebnis, wird eine Anklage nicht allein oder gar maßgeblich auf eine Bankdaten-CD gestützt werden. Auf deren unmittelbare Verwertbarkeit wird es daher häufig nicht ankommen. 4127

4. Die Verwertbarkeit von Bankdaten-CDs im Besteuerungsverfahren

Zur Verwertbarkeit ausländischer Bankdaten auf angekauften Daten-CDs im Besteuerungsverfahren konnte sich bisher das Finanzgericht Köln in seinem Beschluss vom 15.12.2010[3] äußern. Dabei stellte es fest, dass ein qualifiziertes materielles Verwertungsverbot insbesondere deswegen nicht vorliege, weil die Ermittlung der in Frage stehenden Tatsachen weder einen verfassungsrechtlich geschützten Bereich des Steuerpflichtigen verletzt hätte noch in strafbarer Weise von der Finanzbehörde erlangt worden sei. Hinsichtlich der Strafbarkeit gem. § 17 Abs. 2 Nr. 2 UWG führte das Finanzgericht aus, dieser schütze nicht das Geheimhaltungsinteresse der Kunden. Mit dem Hinweis, es bestünden auch keine Anhaltspunkte dafür, dass die Finanzbehörde Bankangestellte angestiftet habe, Daten auszuspähen, ließ das Finanzgericht diese Konstellation offen. Maßgeblich war danach für das Finanzgericht, dass der Mitarbeiter mit bereits ausgespähten Daten an die Finanzverwaltung herangetreten war. 4128

Das Finanzgericht Köln macht es sich mit dem Hinweis, § 17 Abs. 2 Nr. 2 UWG schütze nicht das Geheimhaltungsinteresse der Kunden, zwar zu einfach. Es kann nicht angehen, dass Ermittler ohne Schaden für das Besteuerungsverfahren Straftaten begehen dürfen, solange durch die jeweiligen Straftatbestände schutzwürdige Interessen des Beschuldigten nur nicht oder – im Falle des Bankgeheimnisses – zumindest nicht unmittelbar geschützt werden. Auch die Durchsetzung des staatlichen Steueranspruchs heiligt nicht alle Mittel. Man stelle sich vor, dass Finanzgericht Köln rechtfertigte mit seiner Argumentation vom Schutzzweck des Straftatbestandes die Verwertung von Angaben, die Steuerfahnder Zeugen zuvor unter Folter entlockt haben. Im Ergebnis wurde hier aber folgerichtig entschieden, nachdem das Gericht zu dem Ergebnis gelangt war, dass keine Anhaltspunkte für eine Anstiftung bestanden. 4129

1) Zimmermann, Anm. zu BVerfG v. 9.11.2010, 2 BvR 2101/09, FD-StrafR 2010, 311378.
2) Kaufmann, 598.
3) FG Köln v. 15.12.2010, 14 V 2484/10, DStRE 2011, 1076, m. Anm. Bergan, Steppputat.

KAPITEL VII

Entscheidungen über das Ermittlungsverfahren – Erledigungsmöglichkeiten

A. Entscheidung über den Umfang des Verfahrens

Schrifttum

Henneberg, Die Neuregelung des Steuerstrafrecht, BB 1968, 906; **Herzog**, Über bewegliche Zuständigkeitsregelungen, instrumentelle Zuständigkeitswahl und das Prinzip des gesetzlichen Richters, StV 1993, 609; **Streck**, Betriebsprüfung und Steuerstrafverfahren, BB 1980, 1537.

4130 Der Umfang und die Reichweite eines eingeleiteten Steuerstrafverfahrens richtet sich zunächst nach dem Umfang der Tat als solcher. Der Begriff der **„Tat"** ist im Steuerstrafverfahren im strafprozessualen Sinne gem. § 264 StPO als einheitlicher geschichtlicher Vorgang zu verstehen, der sich von anderen, ähnlichen oder gleichartigen Vorgängen unterscheidet und innerhalb dessen der Angeklagte einen Straftatbestand verwirklicht hat oder haben soll.[1)]

4131 Bezogen auf eine Steuerhinterziehung ist die prozessuale „Tat" die Abgabe einer falschen oder die Nichtabgabe einer zutreffenden Steuererklärung.[2)] Nicht zum Begriff der prozessualen „Tat" im Steuerstrafverfahren gehören einzelne Besteuerungsgrundlagen der Steuererklärung, die pflichtwidrig eingetragen oder weggelassen worden sind.

4132 Aus diesem prozessualen Tatbegriff ergibt sich, dass grds. für verschiedene Steuerarten eines Veranlagungszeitraums und verschiedene Veranlagungszeiträume einer Steuerart jeweils gesonderte Steuerstrafverfahren eingeleitet werden müssen, selbst wenn sich die Steuererklärungen in ihrem strafrechtlichen Vorwurf ähneln oder auf dieselbe Vorbereitungshandlung, wie z.B. die Erzielung von Schwarzeinkünften, zurückgehen.[3)] Mehrere prozessuale Taten bestehen auch zwischen Einkommensteuer und Gewerbesteuer, obwohl die einkommensteuerlichen Einkünfte aus Gewerbebetrieb den Gewerbeertrag der Gewerbesteuer ganz wesentlich beeinflussen (vgl. § 35b Abs. 1 GewStG). Dies gilt auch, wenn die Gewerbesteuer wegen Nichtabgabe der Gewerbesteuererklärung nach der (verkürzten) Einkommensteuererklärung geschätzt wird,[4)] sowie z.B. zwischen Umsatzsteuervoranmeldungen und Umsatzsteuerjahreserklärung[5)] und zwischen Einfuhrumsatzsteuerhinterziehung für geschmuggeltes Gold und Verkürzung der Umsatzsteuer aus dem Verkauf dieses Goldes.[6)]

In der Praxis wird jedoch häufig eine abweichende Auffassung vertreten und der Tatbegriff auf einzelne Besteuerungsgrundlagen ausgedehnt sowie eine Steuerhinterziehung, welche mehrere Taten im prozessualen Sinne umfasst, zu einer Tat zusammengefasst.

---

1) Meyer-Goßner, 55. Aufl. 2012, § 264 StPO Rz. 2.
2) BGH v. 21.8.1980, 4 StR 428/80, NJW 1980, 2591; v. 12.8.1987, 3 StR 10/87, wistra 1987, 342; v. 3.8.1995, 5 StR 63/95, wistra 1995, 345; Streck, BB 1980, 1537, 1538; Henneberg, BB 1968, 906, 908.
3) BGH v. 21.3.1985, 1 StR 583/84, BGHSt 33, 163, 165; v. 6.6.1990, 3 StR 183/90, wistra 1990, 308.
4) BGH v. 1.9.198, 3 StR 185/82, wistra 1982, 226.
5) Vgl. BGH v. 1.11.1995, 5 StR 535/95, StV 1996, 215.
6) LG Saarbrücken v. 3.4.1992, 8 II 7/92, wistra 1992, 315.

I. Verbindung und Trennung von Verfahren

Besteht zwischen mehreren Steuerstraftaten ein Zusammenhang, kann sowohl die Finanzbehörde als auch die zuständige Staatsanwaltschaft die Verfahren verbinden (§ 2 StPO). Gemäß § 3 StPO ist ein Zusammenhang vorhanden, wenn eine Person mehrerer Straftaten beschuldigt wird oder wenn bei einer Tat mehrere Personen als Täter, Teilnehmer oder der Begünstigung, Strafvereitelung oder Hehlerei beschuldigt werden. Durch eine solche Verfahrensverbindung soll Doppelarbeit erspart, insbes. aber verhindert werden dass derselbe Sachverhalt von mehreren Gerichten unterschiedlich beurteilt wird.[1] Sie dient daher der Verfahrensbeschleunigung und Verfahrensökonomie. Jedoch ist dabei abzuwägen zwischen dem Interesse des Staates an einer zeitnahen Strafverfolgung und dem Grundsatz der Verhältnismäßigkeit im Interesse des Beschuldigten.[2] Unter diesen Gesichtspunkten ist auch zu prüfen, ob und inwieweit nach einer erfolgten Verbindung wieder Teile abzutrennen und als gesonderte Verfahren zu führen sind.[3] **4133**

II. Absehen von der Verfolgung und Beschränkung der Strafverfolgung

1. Einstellung gem. § 154 Abs. 1 StPO

Wird gegen den Beschuldigten wegen **mehrerer selbständiger Taten** i.S.d. § 264 StPO ermittelt, erlaubt § 154 Abs. 1 StPO die **vorläufige** Einstellung des Ermittlungsverfahrens durch die Staatsanwaltschaft wegen einer dieser Taten, wenn die zu erwartende Strafe oder Maßregel neben den Strafen oder Maßregeln, die für die anderen Taten verhängt oder zu erwarten sind, **nicht beträchtlich ins Gewicht fällt.**[4] Selbst wenn die zu erwartende Strafe oder Maßregel beträchtlich ins Gewicht fallen sollte, darf darüber hinaus das Ermittlungsverfahren wegen einer Tat dann vorläufig eingestellt werden, wenn das Urteil wegen dieser Tat in angemessener Zeit nicht zu erwarten ist und die verhängten oder zu erwartenden Strafen oder Maßregeln wegen anderer Taten zur Einwirkung auf den Täter und zur Verteidigung der Rechtsordnung ausreichen. Der Zustimmung des Gerichts bedarf es dazu nicht.[5] **4134**

Dies gilt im Übrigen auch, wenn die anderen Verfahren von einer anderen Finanzbehörde geführt werden sowie dann, wenn die Staatsanwaltschaft wegen anderer Straftaten ermittelt, andere Straftaten bereits bei einem Gericht anhängig sind oder sogar auf Grund eines solchen Verfahrens bereits eine Strafe oder eine Maßregel der Besserung und Sicherung rechtskräftig verhängt worden ist. Die Entscheidung ist dann im Benehmen mit der anderen Finanzbehörde und der Staatsanwaltschaft zu treffen. Diese Regelung gilt auch, wenn die Finanzbehörde das Ermittlungsverfahren als Herrin des Verfahrens betreibt. Deshalb sollte in diesen Fällen die Sache möglichst bald an die Staatsanwaltschaft abgegeben werden, um dieser möglichst frühzeitig die Entscheidung darüber zu ermöglichen, ob von der Verfolgung abzusehen ist, wenn ein Urteil in angemessener Zeit nicht erwartet werden kann (§ 154 Abs. 1 Nr. 2 StPO). **4135**

---

1) BGH v. 10.1.1958, 5 StR 487/57, BGHSt 11, 130, 133; v. 5.2.1963, 1 StR 265/62, BGHSt 18, 238, 239; Meyer/Goßner, 55. Aufl. 2012, § 2 StPO Rz. 2.
2) Siehe dazu auch Herzog, StV 1993, 609, 612, der davon ausgeht, dass § 2 StPO wegen Verstoßes gegen Art. 101 Abs. 1 Satz 2 GG verfassungswidrig ist.
3) Nr. 38 Abs. 1 AStBV (St) 2013.
4) Meyer-Goßner, 55. Aufl. 2012, § 154 StPO Rz. 1.
5) Zur Frage der Berücksichtigung eingestellter Verfahrensteile bei der Strafzumessung siehe BGH v. 2.8.2000, 5 StR 143/00, NStZ 2000, 594.

2. Beschränkung der Strafverfolgung gem. § 154a Abs. 1 StPO

4136 Erstreckt sich das Verfahren auf **eine Tat mit mehreren abtrennbaren Teilen** oder hat der Beschuldigte **mehrere Gesetze in Tateinheit** verletzt, kann die Staatsanwaltschaft die Strafverfolgung durch Ausscheiden einzelner abtrennbarer Teile beschränken, wenn die nicht zu verfolgenden Tatteile oder Gesetzesverletzungen neben den zu verfolgenden nicht beträchtlich ins Gewicht fallen oder die Voraussetzungen des § 154a Abs. 1 Satz 2 StPO vorliegen.

Beispiel:

Dem Stpfl. wird Einkommensteuerhinterziehung und Schenkungsteuerhinterziehung im Zusammenhang mit einer bisher nicht offen gelegten Geldanlage in der Schweiz vorgeworfen. Der im Rahmen der Schenkungsteuerhinterziehung verkürzte Betrag ist im Verhältnis zur hinterzogenen Einkommensteuer gering. Die Ermittlungen sind schwierig. Insoweit ist eine Beschränkung gem. § 154a Abs. 1 StPO auf den Vorwurf der Einkommensteuerhinterziehung möglich.

4137 Der Unterschied zu einer Einstellung gem. § 154 Abs. 1 StPO liegt darin, dass die gem. § 154a Abs. 1 StPO ausgeschiedenen Taten Teile der weiterverfolgten Tat bleiben und ihr weiteres prozessuales Schicksal teilen. Die Verfolgungsbeschränkung kann daher im Ermittlungsverfahren – wie auch im späteren Hauptverfahren – jederzeit wieder aufgehoben werden.

4138 In Nr. 39 Abs. 5 AStBV (St) 2013[1)] ist für die Finanzverwaltung vorgesehen, dass die §§ 154 und 154a StPO namentlich in Verfahren mit einer für das Steuerstrafverfahren ungewöhnlich großen Anzahl von Einzeltaten oder von aufklärungsbedürftigen Vorgängen anzuwenden ist. Falls die Bildung einer Gesamtstrafe in Betracht kommt, soll auch auf die Auswirkung der auszuscheidenden Tat auf die zu erwartende Gesamtstrafe abgestellt werden. Bei der Prüfung, ob bei Verkürzungsdelikten die zu erwartende Strafe neben einer anderen Strafe „nicht beträchtlich" ins Gewicht fällt, soll im Regelfall auf das Verhältnis der verkürzten Beträge abgestellt und von der Strafverfolgung einer Tat nicht abgesehen werden, wenn auf diese mehr als ein Drittel der insgesamt verkürzten Steuern entfällt.

Solange die Besteuerungsgrundlagen noch nicht ermittelt sind, sollen die §§ 154 und 154a StPO nur in Ausnahmefällen angewandt werden, z.B. wenn die Steuerfestsetzung nach § 156 Abs. 2 AO nach Auffassung der zuständigen Stelle unterbleiben kann (Nr. 39 Abs. 6 AStBV).

B. Aussetzung des Verfahrens

Schrifttum

Brenner, Zur Verfahrensaussetzung nach § 396 der Abgabenordnung, BB 1980, 1321; **Brezing**, Der Bundesgerichtshof und das Steuerrecht, NJW 1984, 1598; **Krekeler**, Zur Feststellung von Steuerdelikten durch die Finanzgerichte, PStR 2000, 19; **Thomas**, Die Anwendung europäischen materiellen Rechts im Strafverfahren, NJW 1991, 2233.

4139 Nach § 396 AO kann das Strafverfahren bis zum rechtskräftigen Abschluss des Besteuerungsverfahrens ausgesetzt werden, wenn die Beurteilung der Tat als Steuerhinterziehung davon abhängt, ob ein Steueranspruch besteht, ob Steuern verkürzt oder ob nicht gerechtfertigte Steuervorteile erlangt sind. Zweck der Vorschrift ist es, die widersprüchliche Auslegung steuerrechtlicher Vorschriften durch die Finanzbehörde bzw. FG einerseits und die Strafgerichte und Bußgeld- und Strafsachenstel-

1) BStBl I 2012, 1018.

len andererseits zu verhindern und so der Rechtssicherheit zu dienen.[1] In der Praxis wird jedoch dieser eigentliche Normzweck des § 396 AO durch widersprüchliche Entscheidungen verschiedener Gerichte oftmals verfehlt. Dies liegt im Wesentlichen darin begründet, dass die auch im Steuerstrafrecht bestehende uneingeschränkte Vorfragenkompetenz des Strafrichters von einer Aussetzung des Verfahrens unberührt bleibt. Auf Grund der grundgesetzlich verankerten richterlichen Unabhängigkeit (Art. 20 Abs. 3, Art. 97 Abs. 1 GG i.V.m. § 1 GVG) folgt, dass der **Strafrichter** grds. selbst und nach den Regeln des Strafverfahrens über Vorfragen aus allen anderen Rechtsgebieten entscheidet und an **Präjudizien nicht gebunden** ist.[2] Dies gilt auch für eine entsprechende finanzgerichtliche Entscheidung im Besteuerungsverfahren. Zwar wird die Abweichung des Strafrichters von einer vorangegangenen finanzgerichtlichen Entscheidung eine sorgfältige Begründung erfordern.[3] Es ist trotzdem jedoch durchaus denkbar, dass ein Stpfl. wegen vollendeter Steuerhinterziehung rechtskräftig verurteilt wird, während der BFH die Steuerrechtslage anders beurteilt und einen Steueranspruch verneint. Auch das Gegenteil ist denkbar.[4]

Obwohl solche widersprüchlichen Entscheidungen keinesfalls dazu beitragen, die Rechtssicherheit zu erhöhen und das Vertrauen in die Staatsorgane zu stärken, hat der Gesetzgeber diese Diskrepanz bewusst hingenommen und auf den Respekt des Strafrichters vor der besseren Sachkunde des Finanzrichters vertraut.[5] Anderenfalls hätte er in § 396 AO die Aussetzung nicht in das Ermessen des Strafgerichtes gestellt. **4140**

Bei der Ermessensausübung sind sowohl die Art und Bedeutung der Strafsache als auch das Gebot der Verfahrensbeschleunigung, die Schwierigkeit der steuerlichen Vorfrage und deren Bedeutung für das Strafverfahren maßgebend. Für eine Aussetzung des Verfahrens sprechen auch ernstliche materiell-rechtliche Zweifel an der steuerlichen Rechtslage, insbes., wenn im Besteuerungsverfahren bereits eine Aussetzung der Vollziehung gem. § 361 AO oder § 69 FGO gewährt worden ist. In außergewöhnlichen Einzelfällen kann sich aus dem Verhältnismäßigkeitsgrundsatz in Verbindung mit der prozessualen Fürsorgepflicht eine Ermessensreduzierung auf null und damit eine Aussetzungspflicht ergeben.[6] **4141**

Die Aussetzung kann von dem Beschuldigten **beantragt** oder von Amts wegen verfügt werden. Die Entscheidung darüber obliegt im Ermittlungsverfahren der Staatsanwaltschaft oder der selbständig ermittelnden Finanzbehörde (§ 396 Abs. 2 AO) bzw. nach Anklageerhebung dem Gericht. Gegen die Aussetzungsverfügung von der Finanzbehörde oder der Staatsanwaltschaft ist kein Rechtsmittel gegeben. Dies gilt für den Fall der Anordnung wie für den Fall der Ablehnung. Gegen den Aussetzungsbeschluss des Gerichts ist die Beschwerde nach § 304 StPO gegeben. Gegen eine ablehnende Entscheidung ist kein Rechtsmittel möglich.[7] **4142**

Beratungshinweis:

In der Praxis ist die Aussetzung des Strafverfahrens gem. § 396 AO eher selten.[8] Dies ist bei den Überlegungen einer Antragstellung durch den Verteidiger zu berücksichti-

1) OLG Karlsruhe v. 14.12.1984, 3 Ws 138/84, wistra 1985, 168, 169; ausf. Seipl in Beermann/Gosch, § 396 AO Rz. 4 ff. m.w.N. (August 2001).
2) Zur Feststellung von Steuerdelikten durch die FG s. Krekeler, PStR 2000, 19.
3) Vgl. Hellmann in H/H/Sp, § 396 AO Rz. 19 (November 2010).
4) Vgl. BGH v. 20.5.1981, 2 StR 784/80, NJW 1981, 2071; allg. zu Widersprüchen zwischen Straf- und Besteuerungsverfahren s. Brezing, NJW 1984, 1598.
5) Jäger in Franzen/Gast/Joecks, 7. Aufl. 2009, § 396 AO Rz. 5 f. zur früheren Rechtslage s. Seipl in Beermann/Gosch, § 396 AO Rz. 1 ff., 21 f. (August 2001).
6) LG Berlin v. 26.11.1991, (514) 1 St Js 209/88 KLs (10/90), wistra 1992, 155; a.A. Jäger in Franzen/Gast/Joecks, 7. Aufl. 2009, § 396 AO Rz. 40 m.w.N.
7) OLG Hamm v. 17.8.1977, 3 Ws 482/77, NJW 1978, 283; LG Lübeck v. 9.2.2000, 6 Qs 4/00 – V 720 Js 30745/99, 6 Qs 4/00, SchlHA 2000, 70.
8) Vgl. Thomas, NJW 1991, 2233, 2335; Jäger in Franzen/Gast/Joecks, 7. Aufl. 2009, § 396 AO Rz. 10.

gen. Ebenfalls darf nicht übersehen werden, dass für den Beschuldigten im Regelfall ein strafrechtliches Ermittlungsverfahren eine erhebliche psychische Belastung darstellt. Es ist daher im Einzelfall zu prüfen, ob das Hinausschieben einer abschließenden strafrechtlichen Entscheidung durch eine Aussetzung in jedem Falle für den Mandanten immer dienlich ist,[1] zumal finanzgerichtliche Angelegenheiten oftmals von einer langen Verfahrensdauer gekennzeichnet sind.[2]

4143 Neben der Spezialvorschrift des § 396 AO wird die Gefahr widersprechender Entscheidungen verschiedener Gerichtszweige auch durch § 262 Abs. 2 StPO begrenzt. Diese Vorschrift ermöglicht die Aussetzung des Strafverfahrens zur **Klärung zivilrechtlicher Vorfragen** und wird auf verwaltungs-, arbeits-, sozial- und steuerrechtliche Vorfragen entsprechend angewendet.[3] Ebenso kann die Staatsanwaltschaft gem. § 154d StPO ein strafrechtliches Ermittlungsverfahren wegen bürgerlicher oder verwaltungsrechtlicher Vorfragen bis zum rechtskräftigen Abschluss in den anderen Verfahren aussetzen. Auch diese Regelung ist für arbeits-, sozial- und steuerrechtliche Vorfragen anzuwenden.[4]

4144 Während jedoch bei einer Aussetzung nach den §§ 262, 154d StPO die Verjährung ungehindert weiterläuft, sieht § 396 Abs. 3 AO ein **Ruhen der strafrechtlichen Verjährung** i.S.v. § 78b Abs. 1 StGB vor. Diese Besonderheit beruht auf der Tatsache, dass Steuervergehen regelmäßig erst spät, d.h. zu einem Zeitpunkt entdeckt werden, zu dem ein nicht unerheblicher Teil der Verjährungsfrist bereits verstrichen ist.[5] Durch das Ruhen der Verjährung wird nun die noch verbleibende Verjährungsfrist um den Zeitraum des Ruhens hinausgeschoben, d.h., die Verjährung beginnt nicht von vorn, sondern wird praktisch um den Zeitraum des Ruhens ergänzt. Dies gilt sowohl für den Lauf der allgemeinen („relativen") Verjährung als auch für den Ablauf der „absoluten" Verjährungsfrist gem. § 78c Abs. 3 Satz 2 StGB.[6]

C. Abschluss des Ermittlungsverfahrens

Schrifttum

Bornheim, Strategien zur Verfahrenseinstellung, PStR 2000, 32; **Burhoff**, Der Strafbefehl im Steuerstrafverfahren, PStR 1999, 52; **Burhoff**, Wiederaufnahme auch bei § 153a StPO?, PStR 2000, 100; **Dahs**, § 153a StPO – ein Allheilmittel der Strafrechtspflege, NJW 1996, 1192; **Grezesch**, Auflagen gem. § 153a StPO als Spenden, wistra 1985, 183; **Grezesch**, Hindert die Aussetzung nach § 396 AO den Eintritt der absoluten Verjährung?, wistra 1990, 289; **Maier**, Aussetzung des Steuerstrafverfahrens nach § 396 AO und „absolute" Strafverfolgungsverjährung bei Steuerstraftaten, DStR 1988, 25; **Meine**, Absolute Verfolgungsverjährung und Aussetzung nach § 396 AO, wistra 1986, 58; **Mester**, Beihilfe durch Bankangestellte bei berufstypischen Handlungen?, PStR 1999, 50.

1) So aber Brenner, BB 1980, 1321.
2) Vgl. auch Jäger in Klein, 11. Aufl. 2012, § 396 AO Rz. 1.
3) RG v. 2.12.1935, 5 D 782/35, RGSt 70, 3, 6; Hürxthal in Karlsruher Kommentar, 6. Aufl. 2008, § 262 StPO Rz. 2; Meyer-Goßner, 55. Aufl. 2012, § 262 StPO Rz. 9 f.; Seipl in Beermann/Gosch, § 396 AO Rz. 9 (August 2001).
4) Seipl in Beermann/Gosch, § 396 AO Rz. 9 (August 2001).
5) Jäger in Franzen/Gast/Joecks, 7. Aufl. 2009, § 396 AO Rz. 56.
6) H.M. BayObLG v. 22.2.1990, RReg 4 St 216/89, wistra 1990, 203; OLG Karlsruhe v. 8.3.1990, 2 Ss 222/89, wistra 1990, 205; Jäger in Franzen/Gast/Joecks, 7. Aufl. 2009, § 396 AO Rz. 56 f.; Meine, wistra 1986, 58; Schauf in Kohlmann, § 396 AO Rz. 87 (März 2010); Maier, DStR 1988, 25; a.A. BGH v. 19.10.1987, 3 StR 589/86, wistra 1988, 263, 264; Grezesch, wistra 1990, 289.

I. Überblick

Jedes nach § 397 Abs. 1 AO eingeleitete Steuerstrafverfahren erfordert einen förmlichen Verfahrensabschluss. Die Entscheidung darüber, wie das Ermittlungsverfahren abgeschlossen wird, liegt bei der Staatsanwaltschaft oder in Steuerstrafsachen bei der Bußgeld- und Strafsachenstelle, wenn diese das Ermittlungsverfahren selbständig durchführt, § 399 Abs. 1 i.V.m. § 386 Abs. 2 AO. Diese sind nach pflichtgemäßem Ermessen ermächtigt, **4145**

- das Verfahren nach den §§ 170, 153 ff. StPO einzustellen bzw. zu beschränken und ggf. Antrag auf Anordnung von Nebenfolgen gem. § 401 AO zu stellen,
- Antrag auf Erlass eines Strafbefehls zu stellen (§ 400 AO) oder
- (nur die Staatsanwaltschaft, die das Anklagemonopol hat) die öffentlichen Klage zu erheben (§ 170 Abs. 1 StPO); die Bußgeld- und Strafsachenstelle hat in diesem Fall die Akten bei der Staatsanwaltschaft vorzulegen, damit diese die öffentliche Klage erhebt (§ 400 AO).

Die Verfahrensabschlüsse sind für den Beschuldigten in der genannten Reihenfolge zunehmend belastend. Der Verteidiger muss daher stets versuchen, im Gespräch mit der Bußgeld- und Strafsachenstelle bzw. der Staatsanwaltschaft schon für das Ermittlungsverfahren den mildesten Abschluss zu erreichen. Ist dies nicht möglich, so muss versucht werden, auf den nächstmildesten Abschluss hinzuwirken.[1]

II. Einstellung und Verfahrensbeschränkung

1. Einstellung mangels Tatverdachts (§ 170 Abs. 2 StPO)

a) Voraussetzungen

Das Verfahren ist von der Buß- und Strafsachenstelle bzw. von der Staatsanwaltschaft einzustellen, wenn auf Grund der Ermittlungen kein genügender Anlass zur Erhebung der öffentlichen Klage besteht (§ 170 Abs. 2 StPO). Genügender Anlass i.S.d. § 170 Abs. 2 StPO besteht, wenn der Beschuldigte der verfolgten Steuerstraftat „hinreichend verdächtig" ist (§ 170 Abs. 1, § 203 StPO). Der unbestimmte Rechtsbegriff „hinreichender Tatverdacht" lässt einen nicht unerheblichen Beurteilungsspielraum, da es sich um eine Prognose handelt. Erforderlich ist bei vorläufiger Tatbewertung nach dem gesamten Akteninhalt die Prognose, dass eine Verurteilung mit Wahrscheinlichkeit zu erwarten ist. Die Aufklärung von Widersprüchen zwischen den Aussagen des Beschuldigten und den vorhandenen Beweisergebnissen darf jedoch der Hauptverhandlung überlassen werden.[2] Der Grundsatz „in dubio pro reo" gilt für die Entschließung der Staatsanwaltschaft nicht; er kann nur mittelbar insoweit eine Rolle spielen, als er die Prognose der Staatsanwaltschaft über die Wahrscheinlichkeit der Verurteilung beeinflusst.[3] Während tatsächliche Zweifel nicht an der Erhebung der öffentlichen Klage hindern,[4] ist hinsichtlich der rechtlichen Voraussetzungen der Strafbarkeit sowie der Prozessvoraussetzungen Gewissheit zu fordern. **4146**

Danach ist das Verfahren nach § 170 Abs. 2 StPO einzustellen, wenn einer Verurteilung **4147**

- tatsächliche Gründe entgegenstehen, z.B. weil der Verdacht eines Steuervergehens durch die Ermittlungen ausgeräumt wurde oder erkennbar ist, dass die Beweise nicht ausreichen, um den Beschuldigten zu überführen,

1) Allg. zu Strategien zur Verfahrenseinstellung Bornheim, PStR 2000, 32.
2) Meyer-Goßner, 55. Aufl. 2012, § 170 StPO Rz. 1.
3) Schmid in Karlsruher Kommentar, 6. Aufl. 2008, § 170 StPO Rz. 5 m.w.N.
4) Schmid in Karlsruher Kommentar, 6. Aufl. 2008, § 170 StPO Rz. 5.

- materiell-rechtliche Gründe entgegenstehen, z.B. der Täter Rechtfertigungs- oder Schuldausschließungsgründe geltend machen kann oder eine wirksame strafbefreiende Selbstanzeige vorliegt,
- prozessuale Gründe einer Bestrafung entgegenstehen, z.B. strafrechtliche Verjährung.

b) Verfahren

4148 Eine Einstellungsverfügung ist ausreichend zu begründen.[1] Die Unterrichtung des Beschuldigten ist nur in bestimmten, in § 170 Abs. 2 StPO genannten Fällen vorgesehen, insbesondere, wenn ihm auch die Einleitung des Strafverfahrens bekannt gegeben worden ist.[2] Ist dem Ermittlungsverfahren eine nach den §§ 1 und 2 StrEG entschädigungspflichtige Strafverfolgungsmaßnahme vorausgegangen, so ist der Beschuldigte über die Möglichkeit eines Entschädigungsantrags zu belehren (§ 9 Abs. 1 Satz 5 StrEG).

c) Rechtsfolgen

4149 Die Einstellung aus tatsächlichen oder rechtlichen Gründen **führt nicht zu einem Strafklageverbrauch.**[3] Das Ermittlungsverfahren kann jederzeit wieder aufgenommen werden, wenn dazu entsprechender Anlass besteht, z.B. neue Beweismittel gefunden werden. Zu beachten ist in diesem Zusammenhang auch, dass bei der Einstellung nach § 170 Abs. 2 StPO immer noch andere Verfolgungsmaßnahmen, z.B. im Bußgeldverfahren, drohen können. Wird beispielsweise das Strafverfahren wegen fehlendem bzw. nicht nachweisbarem Vorsatz eingestellt, kann gleichwohl eine Ahndung wegen Leichtfertigkeit in einem Bußgeldverfahren erfolgen.

2. Einstellung wegen Geringfügigkeit

a) Verhältnis des § 153 StPO zu § 398 AO

4150 Nach § 153 Abs. 1 Satz 2 StPO a.F. war das Vorliegen eines Vermögensdelikts Voraussetzung für eine Einstellung wegen Geringfügigkeit. Die Steuerhinterziehung wurde jedoch nicht als Vermögensdelikt angesehen (str.). Da die Steuerhinterziehung ein betrugsähnlicher Tatbestand zum Nachteil des Staates ist, erschien es jedoch angemessen, durch die Einführung des § 398 AO auch bei einer nur geringfügigen Steuerverkürzung oder Vorteilserschleichung die Einstellung des Verfahrens wegen Geringfügigkeit im gleichen Umfang wie nach § 153 StPO vorzusehen.[4]

4151 Durch das Rechtspflegeentlastungsgesetz (RpflEntlG) vom 11.1.1993[5] ist § 153 Abs. 1 Satz 2 StPO neu gefasst worden. Die Einschränkung auf Vermögensdelikte ist entfallen. Damit ist § 398 AO seit der Neufassung des § 153 Abs. 1 Satz 2 StPO praktisch gegenstandslos.[6]

4152 Bei der Einstellung wegen Geringfügigkeit nach § 153 Abs. 1 StPO ist zwischen der Einstellung mit Zustimmung des Gerichts und der Einstellung ohne die Zustimmung des Gerichts zu unterscheiden:

b) Einstellung wegen Geringfügigkeit nach § 153 StPO

aa) Einstellung nach § 153 Abs. 1 Satz 1 StPO mit Zustimmung des Gerichts

4153 Bußgeld- und Strafsachenstelle bzw. Staatsanwaltschaft können mit Zustimmung des für die Eröffnung des Hauptverfahrens zuständigen Gerichts von der Verfolgung

1) Nr. 80 AStBV (St) 2013, BStBl I 2012, 1018.
2) Nr. 80 Abs. 2 AStBV (St) 2013, BStBl I 2012, 1018.
3) Meyer-Goßner, 55. Aufl. 2012, § 170 StPO Rz. 9.
4) Jäger in Klein, 11. Aufl. 2012, § 398 AO Rz. 1; Joecks in Franzen/Gast/Joecks, 7. Aufl. 2009, § 398 AO Rz. 2.
5) BGBl. I 1993, 50.
6) Seipl in Beermann/Gosch, § 398 AO Rz. 4 (Januar 2005).

einer Straftat absehen, wenn die Schuld des Täters als gering anzusehen wäre und kein öffentliches Interesse an der Strafverfolgung besteht (§ 153 Abs. 1 Satz 1 StPO). Eine Zustimmung des Beschuldigten zur Einstellung ist nicht erforderlich.

Die **Schuld** ist als **gering** anzusehen, wenn sie bei einem Vergleich mit Steuerstrafta- **4154** ten gleicher Art nicht unerheblich unter dem Durchschnitt liegt.[1] Bei der Beurteilung dieser Frage sind die bei der Strafzumessung anerkannten schulderhöhenden und schuldmindernden Gesichtspunkte abzuwägen. Eine Ausermittlung der Schuld ist nicht notwendig. Es muss dabei nur **mit Wahrscheinlichkeit** anzunehmen sein, dass die Schuld des Täters als gering anzusehen wäre. Die Strafsache braucht nicht weiter aufgeklärt zu werden, als es für diese Prognose notwendig ist.[2] Ist diese Prognose nicht möglich, muss nach § 170 Abs. 2 StPO das Verfahren mangels Tatverdacht eingestellt werden.[3] In diesem Zusammenhang ist auch von der Verteidigung darauf zu achten, dass Fälle des vorsatzausschließenden Tatbestandsirrtums oder eines schuldausschließenden Verbotsirrtums nicht nach § 153 StPO, sondern nach § 170 Abs. 2 StPO eingestellt werden.

Das öffentliche Interesse an der Strafverfolgung fehlt, wenn bei gegebener geringer **4155** Schuld des Täters und geringwertiger Steuerverkürzung weder das Interesse der Allgemeinheit an der konkreten Straftat, etwa bei Wiederholungstaten, noch Gründe der Spezial- oder Generalprävention eine Bestrafung erforderlich erscheinen lassen. Das Interesse der Allgemeinheit an der Strafverfolgung kann nicht zuletzt durch eine überlange Verfahrensdauer verringert werden.[4]

Der Einstellungsbeschluss der Bußgeld- und Strafsachenstelle bzw. der Staatsan- **4156** waltschaft nach § 153 Abs. 1 StPO erwächst trotz Zustimmung des Gerichts nicht in Rechtskraft. Die Ermittlungsbehörde kann das von ihr eingestellte Verfahren jederzeit, bis zum Eintritt der Verjährung, wieder aufnehmen.

bb) Einstellung nach § 153 Abs. 1 Satz 2 StPO ohne Zustimmung des Gerichts

Die Zustimmung des Gerichts ist bei einem Vergehen, das nicht mit einer im Min- **4157** destmaß erhöhten Strafe bedroht ist und bei dem die durch die Tat verursachten Folgen gering sind, nicht erforderlich. § 153 Abs. 1 Satz 2 StPO gilt unmittelbar auch für Steuerstrafsachen, § 398 AO läuft leer. Eine Zustimmung des Beschuldigten zur Einstellung ist auch hier nicht erforderlich.

Die eingetretene Steuerverkürzung bzw. der erlangte Steuervorteil muss geringwer- **4158** tig sein. Die **Geringwertigkeit** ist in erster Linie nach dem absoluten Betrag zu beurteilen, nicht nach dem Verhältnis der Verkürzung zur geschuldeten Steuer.[5] Die früher bei allgemeinen Straftaten angenommenen Wertgrenzen von 50 bis 100 DM[6] sind für Steuerstraftaten nur bedingt als Anhaltspunkt geeignet. Entsprechend der Praxis bei Einstellungen nach § 398 AO und unter Berücksichtigung der Geldentwertung wird man daher bei § 153 Abs. 1 Satz 2 StPO i.d.R. einen Verkürzungsbetrag bis zu 500 € als geringe Tatfolge anzusehen haben.[7] Dieser Betrag darf jedoch weder nach oben noch nach unten als starre Grenze gesehen werden, da in einem

1) Meyer-Goßner, 55. Aufl. 2012, § 153 StPO Rz. 4.
2) Meyer-Goßner, 55. Aufl. 2012, § 153 StPO Rz. 3.
3) Joecks in Franzen/Gast/Joecks, 7. Aufl. 2009, § 398 AO Rz. 27.
4) Schoreit in Karlsruher Kommentar, 6. Aufl. 2008, § 153 StPO Rz. 15 m.w.N.
5) Zum Streitstand vgl. Hellmann in H/H/Sp, § 398 AO Rz. 21 ff. (August 2010).
6) Meyer-Goßner, 55. Aufl. 2012, § 153 StPO Rz. 17 (50 €); Schoreit in Karlsruher Kommentar, 6. Aufl. 2008, § 153 StPO Rz. 43 (100 DM) m.w.N.
7) Sehr strittig, vgl. Matthes in Kohlmann, § 398 AO Rz. 29 (500 bis 2 500 €) (Oktober 2008); Joecks in Franzen/Gast/Joecks, 7. Aufl. 2009, § 398 AO Rz. 16 (200 bis 300 €) jeweils m.w.N.; insgesamt zum Streitstand vgl. Hellmann in H/H/Sp, § 398 AO Rz. 23 (August 2010).

gewissen Rahmen auch die Gesamtsituation der Tat und des Täters zu berücksichtigen sind.[1)]

4159 Der Einstellungsbeschluss der Bußgeld- und Strafsachenstelle bzw. der Staatsanwaltschaft nach § 153 Abs. 1 StPO erwächst nicht in Rechtskraft. Die Ermittlungsbehörde kann das von ihr eingestellte Verfahren jederzeit, bis zum Eintritt der Verjährung, wieder aufnehmen.

c) Einstellung nach § 153 Abs. 2 StPO durch das Gericht nach Anklageerhebung

4160 Nach Erhebung der öffentlichen Klage i.S.v. § 170 Abs. 1 StPO geht die Zuständigkeit für die Einstellung auf das Gericht über, zunächst auf das Eröffnungsgericht, im Hauptverfahren auf das erkennende Gericht des ersten Rechtszuges und nach Einlegung eines Rechtsmittels auf das Rechtsmittelgericht.[2)] Die Voraussetzungen entsprechen den vorgenannten nach § 153 Abs. 1 StPO, zusätzlich müssen die Staatsanwaltschaft und ggf. auch der Angeschuldigte zustimmen (§ 153 Abs. 2 Satz 1 StPO).

4161 Der gerichtliche Beschluss nach § 153 Abs. 2 StPO erlangt eine beschränkte Rechtskraftwirkung.[3)] Die erneute Strafverfolgung soll jedoch zumindest dann zulässig sein, wenn der Verdacht aufkommt, dass die Tat nicht wie angenommen ein Vergehen, sondern ein Verbrechen darstellt.[4)]

3. Einstellung nach Erfüllung von Auflagen gem. § 153a StPO

4162 Wie bei § 153 StPO ist zwischen der Einstellung mit Zustimmung des Gerichts und der Einstellung ohne die Zustimmung des Gerichts zu unterscheiden:

a) Einstellung nach § 153a Abs. 1 Sätze 1 bis 6 StPO mit Zustimmung des Gerichts

4163 Ist die Zustimmung zur Einstellung nach § 153 StPO nicht zu erreichen, weil ein öffentliches Interesse an der Strafverfolgung bejaht wird, so kann dieses Hindernis auf dem Weg der Verfahrenserledigung durch die **Erfüllung von Auflagen** gem. § 153a StPO aus dem Weg geräumt werden. Nach § 153a StPO können Steuerstrafverfahren nach Erfüllung von Auflagen oder Weisungen eingestellt werden, wenn diese geeignet sind, das öffentliche Interesse an der Strafverfolgung zu beseitigen, und die Schwere der Schuld nicht entgegensteht.

4164 Zweck dieser Vorschrift ist die Beschleunigung des Verfahrens und eine Entlastung der Strafverfolgungsbehörden im Bereich kleiner und mittlerer Kriminalität.

Während § 153 StPO darauf abstellt, dass die Schuld des Täters als gering anzusehen ist, erfasst § 153a StPO auch Fälle, bei denen das Schuldmaß durchschnittlich ist, also bis an die Grenze der schweren Schuld heranreicht.[5)] Die Einstellung nach § 153a StPO setzt ebenso wenig wie bei § 153 StPO voraus, dass eine Schuld erwiesen ist.

Bei Steuerstraftaten wird regelmäßig nach § 153a StPO von der Verfolgung abgesehen werden können, wenn der **Schaden nicht allzu erheblich** ist und es sich um ein **einmaliges Fehlverhalten** handelt. Eine „geringfügige Schuld" des Täters wird üblicherweise für Steuerhinterziehungen bis zu 5 000 € angenommen. Es gibt aber natürlich immer wieder Fälle, in denen der übliche Anwendungsbereich der Vor-

1) Matthes in Kohlmann, § 398 AO Rz. 31 (Oktober 2008).
2) Meyer-Goßner, 55. Aufl. 2012, § 153 StPO Rz. 21.
3) Schoreit in Karlsruher Kommentar, 6. Aufl. 2008, § 153 StPO Rz. 62.
4) Schoreit in Karlsruher Kommentar, 6. Aufl. 2008, § 153 StPO Rz. 62, 63 b).
5) Schoreit in Karlsruher Kommentar, 6. Aufl. 2008, § 153a StPO Rz. 11.

schrift um ein Vielfaches überschritten wird. Das kann damit zusammenhängen, dass die Sache **verjährungsbedroht** oder ein **außergewöhnlich großer Ermittlungsaufwand** notwendig ist, dass der Verkürzungsbetrag zwar absolut höher, aber im Hinblick auf die gesamten vom Stpfl. ordnungsgemäß gezahlten Steuern relativ niedrig ist oder dass sonstige Gründe vorliegen. Im Rahmen des § 153a StPO haben Verhandlungsinitiativen breiten Raum. In derartigen Fällen kann es durchaus im Interesse des Mandanten liegen, „Verhandlungsangebote" in Richtung des § 153a StPO zu machen oder diesem näher zu treten.

Beratungshinweis:

Bei Anregung durch den Beschuldigten oder die Verteidigung, nach dieser Bestimmung zu verfahren, muss jedoch behutsam vorgegangen werden, damit sie nicht von den Strafverfolgungsbehörden als Eingeständnis angesehen wird, dass der Beschuldigte oder sein Verteidiger eine gewisse Schuld als hinreichend erwiesen ansehen. Der Verteidiger sollte deshalb die Anregung, nach § 153a StPO zu verfahren, unter den Vorbehalt stellen, dass die Schuldfrage überhaupt zu bejahen ist. Weiter empfiehlt sich ein informelles Vorgespräch mit der Strafsachenstelle oder der Staatsanwaltschaft und ggf. dem Richter, dessen Zustimmung erforderlich ist, da die in Betracht kommenden Auflagen sehr spürbar sein können.[1]

In Steuerstrafverfahren sind v.a. folgende, ggf. nebeneinander zu verhängende **4165**
Auflagen üblich:

- Tilgung der verkürzten Beträge einschließlich der Nebenleistungen innerhalb einer bestimmten Frist,
- Abgabe ausstehender Steuererklärungen,
- Zahlung eines Geldbetrags zu Gunsten der Staatskasse und/oder einer gemeinnützigen Einrichtung.

Die Auflage nach § 153a StPO ist weder Buße noch Strafe, sondern überhaupt keine strafrechtliche Sanktion.[2]

Bei der Bestimmung der **Höhe des zu zahlenden Geldbetrags** wird in der Praxis **4166**
sehr unterschiedlich verfahren. Grundsätzlich soll der Geldbetrag den Charakter einer angemessenen Sühne haben, wobei natürlich auch die Tatsache der Geringfügigkeit der Schuld angemessen zu berücksichtigen ist. Bei zutreffender Rechtsanwendung dürfte deshalb der als Auflage zu zahlende Geldbetrag niedriger, zumindest aber nicht höher sein als die bei einer Verurteilung bzw. bei einem Strafbefehl festzusetzende Strafe. Dem entgegen wird von den Staatsanwaltschaften häufig die Auffassung vertreten, die Anwendung des § 153a StPO sei eine Rechtswohltat, die sich der Beschuldigte dadurch erkaufen müsse, dass die zu akzeptierende Auflage höher sei als die möglicherweise zu erwartende Strafe. Diese Auffassung wird jedoch dem eigentlichen Zweck des § 153a StPO nicht gerecht.

Die Einstellung nach § 153a Abs. 1 Sätze 1 bis 7 StPO bedarf der Zustimmung der **4167**
Bußgeld- und Strafsachenstelle bzw. Staatsanwaltschaft, des Gerichts und – anders als § 153 Abs. 1 StPO – des Beschuldigten.

Nach Zustimmung des Beschuldigten und des Gerichts wird von der Bußgeld- und Strafsachenstelle bzw. der Staatsanwaltschaft unter genauer Bezeichnung der Auflagen und Weisungen und Angabe einer **Frist,** die höchstens sechs Monate betragen darf (§ 153a Abs. 1 Satz 3 StPO mit Verlängerungsoption durch die Staatsanwaltschaft um weitere drei Monate, § 153a Abs. 1 Satz 4 StPO), die vorläufige Verfahrenseinstellung verfügt und diese Verfügung dem Beschuldigten zugestellt.

1) Vgl. dazu Dahs, NJW 1996, 1192.
2) Sie kann jedoch auch nicht steuerlich geltend gemacht werden, § 4 Abs. 5 Nr. 8 bzw. § 12 Nr. 4 EStG zur Behandlung einer Auflage nach § 153a StPO als Spende, s. Grezesch, wistra 1985, 183.

4168 Erfüllt der Beschuldigte die Auflagen und Weisungen, so entsteht damit ein endgültiges **Verfahrenshindernis** (§ 153a Abs. 1 Satz 5 StPO). Der Einstellungsbeschluss hat nur noch deklaratorische Bedeutung. Im Gegensatz zu den Einstellungen nach § 170 Abs. 2 oder § 153 Abs. 1 StPO tritt mit der Einstellung nach § 153a StPO ein **beschränkter Strafklageverbrauch** ein, die Tat kann nicht mehr als Vergehen verfolgt werden.[1)] Der beschränkte Strafklageverbrauch erfasst die gesamte Tat im prozessualen Sinn.[2)] Von nicht unerheblicher Bedeutung ist auch, dass eine Verfahrenseinstellung gem. § 153a StPO nicht in das Bundeszentralregister aufgenommen wird. Der Beschuldigte ist also **nicht vorbestraft.**

4169 Erfüllt der Beschuldigte eine Auflage nicht oder hält er die gesetzte Frist nicht ein, wird das Verfahren fortgeführt und Antrag auf Erlass eines Strafbefehls gestellt oder Anklage erhoben. Auf Verschulden kommt es nicht an. (Teil-)Leistungen, die der Beschuldigte bereits zur Erfüllung der Auflagen erbracht hat, werden nicht erstattet, können jedoch bei der Strafzumessung berücksichtigt werden.[3)]

b) Einstellung nach § 153a Abs. 1 Satz 7 StPO i.V.m. § 153 Abs. 1 Satz 2 StPO ohne Zustimmung des Gerichts

4170 Die Einstellung nach § 153a StPO durch die Bußgeld- und Strafsachenstelle bzw. die Staatsanwaltschaft ist auch ohne Zustimmung des Gerichts möglich (§ 153a Abs. 1 Satz 7 StPO i.V.m. § 153 Abs. 1 Satz 2 StPO). Zu Einzelheiten vgl. bei § 153 Abs. 1 Satz 2 StPO (→ Rz. 4157 ff.). Bei einer Einstellung nach § 153a Abs. 1 Satz 7 StPO ist jedoch eine Zustimmung des Beschuldigten erforderlich.

Die Rechtsfolgen entsprechen denen einer Einstellung nach § 153a Abs. 1 Sätze 1 bis 6 StPO mit Zustimmung des Gerichts.

c) Einstellung nach § 153a Abs. 2 StPO durch das Gericht nach Anklageerhebung

4171 Nach Erhebung der öffentlichen Klage i.S.d. § 170 Abs. 1 StPO geht die Zuständigkeit für die Einstellung nach Erfüllung von Auflagen auf das Gericht über. Anlass zur Prüfung kann die Anregung eines Verfahrensbeteiligten oder die eigene Initiative des Gerichts sein. Da die Anwendung des § 153a StPO schon im Vorverfahren und nach Anklageerhebung im Zwischenverfahren geprüft wird, rechtfertigt sich die vorläufige Einstellung nach § 153a Abs. 2 StPO nur, wenn sich die frühere Beurteilungsgrundlage nach dem Ergebnis der Hauptverhandlung entscheidend geändert hat oder in deren Verlauf ändert.

4172 Für den gerichtlichen Beschluss ist sowohl die Zustimmung der Bußgeld- und Strafsachenstelle bzw. der Staatsanwaltschaft wie auch des Angeschuldigten erforderlich.

4173 Bis zur Erfüllung der Auflagen und Weisungen durch den Angeschuldigten wird das Verfahren durch einen Beschluss vorläufig eingestellt.

4174 Erfüllt der Angeschuldigte die Auflagen und Weisungen, so entsteht dadurch ein endgültiges Verfahrenshindernis; der endgültige Einstellungsbeschluss, der in § 467 Abs. 5 StPO vorgesehen und rechtlich geboten ist, ist insoweit nur deklaratorisch.[4)] Mit dem endgültigen Einstellungsbeschluss tritt ein beschränkter Strafklageverbrauch ein, die Tat kann nicht mehr **als Vergehen** verfolgt werden.[5)] Mit dem endgültigen Einstellungsbeschluss wird die Nebenentscheidung verbunden, dass die

1) Schoreit in Karlsruher Kommentar, 6. Aufl. 2008, § 153a StPO Rz. 42.
2) Zur Wiederaufnahme eines nach § 153a StPO abgeschlossenen Verfahrens s. Burhoff, PStR 2000, 100.
3) Schoreit in Karlsruher Kommentar, 6. Aufl. 2008, § 153 StPO Rz. 40.
4) Meyer-Goßner, 55. Aufl. 2012, § 153a StPO Rz. 53.
5) Meyer-Goßner, 55. Aufl. 2012, § 153a StPO Rz. 53 f.

Kosten des Verfahrens der Staatskasse zur Last fallen (§ 467 Abs. 1 StPO). Die notwendigen Auslagen des Angeschuldigten dürfen dagegen nicht der Staatskasse zur Last gelegt werden (§ 467 Abs. 5 StPO).

Erfüllt der Beschuldigte eine Auflage nicht oder hält er die gesetzte Frist nicht ein, wird das Verfahren fortgesetzt.

4. Absehen von der Verfolgung einer nebensächlichen Tat nach § 154 Abs. 2 StPO

4175 Fällt die zu erwartende Strafe für eine Tat neben einer bereits verhängten oder zu erwartenden Strafe für eine andere Tat nicht beträchtlich ins Gewicht, können die Bußgeld- und Strafsachenstelle bzw. die Staatsanwaltschaft (§ 154 Abs. 1 StPO) oder das Gericht (§ 154 Abs. 2 StPO) von der Verfolgung absehen. In Steuerstrafverfahren werden nicht selten allgemeine Straftaten nach dieser Vorschrift eingestellt. In Betracht kommen etwa Untreue, Urkundenfälschung oder Konkursstraftaten, die allein zur Vorbereitung oder infolge der Steuerstraftat begangen wurden.[1]

5. Absehen von der Verfolgung unselbständiger Tatteile nach § 154a Abs. 2 StPO

4176 Abtrennbare Teile der Tat im prozessualen Sinn können nach § 154a Abs. 2 StPO auch nach Einreichung der Anklage durch das Gericht eingestellt werden, wenn diese für die zu erwartende Strafe nicht beträchtlich ins Gewicht fallen. Diese Möglichkeit kommt in Betracht für einzelne Tatteile, die – neben weiteren von erheblicherem Gewicht – z.B. im Rahmen einer Steuererklärung unzutreffend erklärt oder unberechtigt weggelassen worden sind.[2]

III. Strafbefehl und Anklage

4177 Sofern das Ermittlungsverfahren nicht nach § 170 Abs. 2, § 153 ff. StPO eingestellt, sondern eine Erhebung der öffentlichen Klage erwogen wird, ist der Abschluss der Ermittlungen in den Akten zu vermerken. Ab diesem Zeitpunkt kann dem Verteidiger umfassende Akteneinsicht nicht mehr verwehrt werden (§ 169a, § 147 Abs. 2 StPO).

4178 Bieten die Ermittlungen genügenden Anlass zur Erhebung der öffentlichen Klage und erscheint die Sache zur Behandlung im Strafbefehlsverfahren geeignet, so stellt die Bußgeld- und Strafsachenstelle, soweit sie das Ermittlungsverfahren selbständig führt, bzw. die Staatsanwaltschaft Antrag auf Erlass eines Strafbefehls (§ 407 StPO).

4179 Bei Erlass eines Strafbefehls erfolgt die Bestrafung im schriftlichen Verfahren. Es kommt nicht zu einer öffentlichen Hauptverhandlung. Auf Grund dieser Möglichkeit einer stillschweigenden Erledigung ist der Strafbefehl für viele Beschuldigte besonders attraktiv, obwohl genau wie bei einer Verurteilung im Hauptverfahren eine Strafe verhängt wird.

4180 Erscheint die Strafsache nicht zur Behandlung im Strafbefehlsverfahren geeignet, so hat die Bußgeld- und Strafsachenstelle die Akten der Staatsanwaltschaft vorzulegen (§ 400 AO). Diese hat das Anklagemonopol. Bieten die Ermittlungen genügenden Anlass zur Erhebung der öffentlichen Klage, so erhebt die Staatsanwaltschaft Klage durch Einreichung einer Anklageschrift bei dem zuständigen Gericht.

1) Seipl in Beermann/Gosch, § 398 AO Rz. 21 (Januar 2005).
2) Seipl in Beermann/Gosch, § 398 AO Rz. 22 (Januar 2005).

1. Strafbefehl

a) Voraussetzungen und Verfahren

4181 Bieten die Ermittlungen genügenden Anlass zur Erhebung der öffentlichen Klage und erscheint die Strafsache zur Behandlung im Strafbefehlsverfahren geeignet, so beantragt die Bußgeld- und Strafsachenstelle, soweit sie das Ermittlungsverfahren selbständig führt (§ 400, § 386 Abs. 2 AO), ansonsten die Staatsanwaltschaft (§ 407 StPO) nach pflichtgemäßem Ermessen beim zuständigen Richter den Erlass eines Strafbefehls.

4182 Die Ermittlungen bieten dann genügenden Anlass zur Erhebung der öffentlichen Klage, wenn die Verurteilung des Beschuldigten überwiegend wahrscheinlich ist.

4183 **Zur Behandlung im Strafbefehlsverfahren geeignet** ist eine Sache, wenn eine Hauptverhandlung weder zur vollständigen Aufklärung des Falles noch aus anderen Gründen erforderlich oder zweckmäßig erscheint (§ 407 Abs. 1 Satz 2 StPO).

4184 Das Strafbefehlsverfahren ist nur bei **Vergehen** zulässig (§ 407 Abs. 1 StPO; § 12 Abs. 2 StGB), kommt also bei Steuerstraftaten grds. immer in Betracht. Auch Steuerhinterziehung in einem besonders schweren Fall ist ein Vergehen (§ 370 Abs. 3 AO; § 12 Abs. 2 und 3 StGB),[1] jedoch wird ein besonders schwerer Fall i.d.R. nicht mehr zur Behandlung im Strafbefehlsverfahren geeignet sein. Die früher normierte gewerbs- und bandenmäßige Steuerhinterziehung gem. § 370a Satz 1 AO a.F. war hingegen mit einer Mindeststrafe von einem Jahr gem. § 12 Abs. 1 StGB als Verbrechen einzustufen, so dass Verfahren, die wegen des Verdachts eines Verstoßes gegen § 370a AO a.F. geführt wurden, nie im Strafbefehlswege erledigt werden konnten.

4185 Durch Strafbefehl dürfen nur die in § 407 Abs. 2 StPO ausdrücklich genannten **Rechtsfolgen** allein oder, soweit nach materiellem Recht zulässig, nebeneinander festgesetzt werden.

4186 Die Verhängung einer Freiheitsstrafe bis zu einem Jahr ist nur zulässig, wenn der Angeschuldigte einen Verteidiger hat und die Strafe gem. § 56 StGB zur Bewährung ausgesetzt wird (§ 407 Abs. 2 Satz 2 StPO).

4187 Weiter dürfen durch Strafbefehl nach § 407 Abs. 2 StPO als Rechtsfolgen allein oder nebeneinander festgesetzt werden:[2]

- Geldstrafe, grds. bis zu 360 Tagessätze, bei Tatmehrheit bis 720 Tagessätze, deren Höhe zwischen 1 € und 30 000 € betragen kann (§§ 40, 54 Abs. 2 StGB),
- Verwarnung mit Strafvorbehalt (§ 59 Abs. 1 StGB),
- Fahrverbot als Nebenstrafe (§ 44 StGB),
- Verfall (§§ 73 ff. StGB), Einziehung (§§ 74 ff. StGB), Vernichtung (nach Nebengesetzen möglich) und Unbrauchbarmachung (§ 74d StGB) als Nebenfolgen,
- Bekanntgabe der Verurteilung (z.B. nach §§ 165, 200 StGB),
- Verhängung einer Geldbuße gegen eine juristische Person oder eine Personenvereinigung als Nebenfolge (§ 30 OWiG),
- Entziehung der Fahrerlaubnis mit einer Sperrfrist von nicht mehr als zwei Jahren als Maßregel der Besserung und Sicherung (§ 407 Abs. 2 Nr. 2 StPO),
- Absehen von Strafe (§ 60 StGB).

---

1) Hellmann in H/H/Sp, § 400 AO Rz. 23 (Juni 2008).
2) Meyer-Goßner, 55. Aufl. 2012, § 407 StPO Rz. 10 ff.

Praktische Relevanz in Steuerstrafverfahren haben im Wesentlichen nur die Geldstrafe und die zur Bewährung ausgesetzte Freiheitsstrafe.[1)]

Liegen die gesetzlichen Voraussetzungen vor, so hat die Bußgeld- und Strafsachenstelle nach § 400 AO bzw. die Staatsanwaltschaft nach § 407 StPO nach pflichtgemäßem Ermessen den Erlass eines Strafbefehls zu beantragen. Der Betroffene hat keinen Anspruch darauf, dass gegen ihn „nur" ein Strafbefehl beantragt und keine Anklage erhoben wird. Umgekehrt hat er auch keinen Anspruch darauf, dass der Strafbefehlsantrag unterlassen wird. Auf einen Strafbefehlsantrag ist nach Abschn. 175 Abs. 3 RiStBV nicht schon deshalb zu verzichten, weil ein Einspruch des Angeschuldigten zu erwarten ist. Der Betroffene hat nur einen Anspruch auf Ausübung des pflichtgemäßen Ermessens. **4188**

Der Beschuldigte ist vor Erlass des Strafbefehls nicht erneut anzuhören (§ 407 Abs. 3 StPO). Sein Anspruch auf rechtliches Gehör wird durch die Möglichkeit eines Einspruchs ausreichend gewahrt.[2)] In der Praxis nehmen die Ermittlungsbehörden dennoch häufig Kontakt mit dem Beschuldigten oder seinem Verteidiger auf. **4189**

Der Strafbefehl kann gem. § 408a StPO auch noch in der Hauptverhandlung von der Staatsanwaltschaft beantragt werden, wenn das Ausbleiben oder die Abwesenheit des Angeklagten oder ein anderer wichtiger Grund der Durchführung der Hauptverhandlung entgegensteht und die sonstigen Voraussetzungen für das Strafbefehlsverfahren gegeben sind. Die Vorschrift ist jedoch in der Praxis von nur sehr geringer Bedeutung.[3)] **4190**

Zur Vereinfachung und zur Beschleunigung des Verfahrens stellt die Bußgeld- und Strafsachenstelle bzw. die Staatsanwaltschaft i.d.R. einen Strafbefehlsantrag in der Form, dass sie einen Strafbefehlsentwurf einreicht und beantragt, einen Strafbefehl dieses Inhalts zu erlassen.[4)] Der Strafbefehlsantrag stellt die Erhebung der öffentlichen Klage dar (§ 407 StPO). **4191**

Der notwendige **Inhalt des Strafbefehls** ergibt sich aus § 409 Abs. 1 StPO, der in Nr. 1 bis 5 die Voraussetzungen enthält, die von § 200 StPO für die Anklageschrift verlangt werden, ergänzt um die Festsetzung der Rechtsfolgen (§ 409 Abs. 1 Nr. 6 StPO) sowie um zusätzliche formelle Voraussetzungen (§ 409 Abs. 1 Nr. 7 und Satz 2 StPO).[5)] **4192**

Danach muss der Strafbefehl enthalten: **4193**

– die Angaben zur Person des Angeklagten[6)] und etwaiger Nebenbeteiligter (§ 409 Abs. 1 Nr. 1 StPO).

  Diese müssen zur zweifelsfreien Identifizierung und für Zustellungszwecke ausreichend genau sein. Mangelhafte Angaben berühren die Wirksamkeit des Strafbefehls jedoch i.d.R. nicht.[7]

– Den Namen des Verteidigers (§ 409 Abs. 1 Nr. 2 StPO). Diesem ist der Strafbefehl zuzustellen (§ 145a StPO).

1) Seipl in Beermann/Gosch, § 400 AO Rz. 12 (März 2005); allg. zum Strafbefehl im Steuerstrafverfahren vgl. Burhoff, PStR 1999, 52; zur Strafzumessung im Strafbefehl s. Mester, PStR 1999, 50.
2) Meyer-Goßner, 55. Aufl. 2012, § 407 StPO Rz. 24.
3) Fischer in Karlsruher Kommentar, 6. Aufl. 2008, § 408a StPO Rz. 3.
4) Vgl. A 176 Abs. 1 Satz 1 RiStBV.
5) Seipl in Beermann/Gosch, § 400 AO Rz. 15 (März 2005).
6) Der Begriff des „Angeklagten" entspricht dem Gesetzeswortlaut, doch ist vor Erlass des Strafbefehls korrekterweise vom „Angeschuldigten" zu sprechen.
7) Meyer-Goßner, 55. Aufl. 2012, § 409 StPO Rz. 2.

- Die Bezeichnung der Tat, die dem Angeklagten zur Last gelegt wird, Zeit und Ort ihrer Begehung und die Bezeichnung der gesetzlichen Merkmale der Straftat (§ 409 Abs. 1 Nr. 3 StPO).

  Als „Tat" ist der historische Vorgang, in dem die strafbare Handlung gesehen wird, so genau zu beschreiben, dass weder für den Angeklagten noch für den Verfahrensgegenstand und den Umfang der Rechtskraft Unklarheiten bestehen.[1]

  In Steuerstrafsachen müssen im Strafbefehlsantrag die tatsächlichen Grundlagen des materiellen Steueranspruchs, über dessen Verkürzung entschieden werden soll, kurz dargestellt werden. Es muss angegeben werden, durch welches Verhalten und für welchen Steuerabschnitt die Erklärungs- und/oder Anmeldepflichten verletzt wurden. Außerdem muss ein Vergleich der gesetzlich geschuldeten Steuer mit der verkürzten Steuer angestellt werden. Angesichts der Funktionsgleichheit des Strafbefehls mit dem Eröffnungsbeschluss führen Mängel in der Umgrenzungsfunktion auch beim Strafbefehl zur Unwirksamkeit der Verfahrensgrundlage.[2]

  Weiter sind als gesetzliche Merkmale der Straftat insbes. die abstrakten Tatbestandsmerkmale, Teilnahmeform (Täterschaft, Anstiftung, Beihilfe), Schuldform (Vorsatz, Fahrlässigkeit), Versuch, Konkurrenzen und ggf. das Vorliegen eines besonders schweren Falles darzustellen. Dabei dürfen die Tatbestandsmerkmale nicht nur mit den Worten des Gesetzes umschrieben werden. Das gilt namentlich auch für die innere Tatseite. Die Verwendung von Rechtsbegriffen („vorsätzlich") reicht nicht aus.[3]

- Die angewendeten Vorschriften nach Paragraph, Absatz, Nummer, Buchstabe und mit der Bezeichnung des Gesetzes (§ 409 Abs. 1 Nr. 4 StPO).

- Die Beweismittel (§ 409 Abs. 1 Nr. 5 StPO).

  Beweismittel sind anzugeben, soweit sie verwertbar sind und soweit sie nach Auffassung der Finanzbehörde zur Überführung des Beschuldigten und für die Festsetzung der Rechtsfolgen erforderlich sind.[4] Sie sind so genau zu beschreiben, dass die Beweislage für den Angeklagten zu übersehen ist.[5]

- Die Festsetzung der Rechtsfolgen (§ 409 Abs. 1 Nr. 6 StPO).

  Der Strafbefehlsantrag ist auf eine bestimmte Rechtsfolge zu richten (§ 408 Abs. 1 Satz 1 StPO), die so genau bestimmt sein muss, dass der Richter, wenn er einverstanden ist, nur noch zustimmen muss.[6]

- Rechtsbehelfsbelehrungen (§ 409 Abs. 1 Nr. 7 und Satz 2 StPO).

4194 Sachlich **zuständig** für den Erlass des Strafbefehls ist je nach der Höhe der zu erwartenden Strafe der Strafrichter (§ 25 GVG) oder das Schöffengericht (§ 28 GVG), wobei sich Unterschiede im Wesentlichen erst nach einem eventuellen Einspruch ergeben.[7] Die örtliche Zuständigkeit des Gerichts folgt aus § 391 Abs. 1 Satz 1 AO.

4195 Auf den Strafbefehlsantrag sind folgende **Entscheidungen des Gerichts** möglich:

- Erlass des beantragten Strafbefehls (§ 408 Abs. 3 StPO),
- Ablehnung des Strafbefehlsantrags, weil

---

1) Fischer in Karlsruher Kommentar, 6. Aufl. 2008, § 409 StPO Rz. 5.
2) Zu den Anforderungen an Strafbefehle in Steuerstrafsachen vgl. Burhoff, PStR 1999, 52.
3) Fischer in Karlsruher Kommentar, 6. Aufl. 2008, § 409 StPO Rz. 5; zu den Anforderungen an den Vorsatz der Steuerhinterziehung s. BGH v. 23.2.2000, 5 StR 570/99, wistra 2000, 217 und v. 8.9.2011, 1 StR 38/11, wistra 2011, 465.
4) Hellmann in H/H/Sp, § 400 AO Rz. 45 (Juni 2008).
5) Fischer in Karlsruher Kommentar, 6. Aufl. 2008, § 409 StPO Rz. 7.
6) Hellmann in H/H/Sp, § 400 AO Rz. 47 (Juni 2008).
7) Im Einzelnen dazu Hellmann in H/H/Sp, § 400 AO Rz. 57 ff. (Juni 2008).

  - die Tat aus Rechtsgründen nicht strafbar ist,
  - ein nicht behebbares Verfahrenshindernis besteht (§ 206a StPO),
  - der hinreichende Tatverdacht verneint wird (§ 408 Abs. 2 StPO) oder
  - die Tat wegen Gesetzesänderung nicht mehr strafbar ist (§ 206b StPO),
- Anberaumung der Hauptverhandlung (§ 408 Abs. 3 StPO), wenn
  - Bedenken gegen die Entscheidung ohne Hauptverhandlung bestehen,
  - das Gericht zu einer anderen rechtlichen Beurteilung kommt oder
  - das Gericht eine andere Rechtsfolge beabsichtigt,
- Ablehnung des Strafbefehlsantrags wegen örtlicher Unzuständigkeit,
- Abgabe vom Schöffengericht an den Strafrichter oder umgekehrt (§ 408 Abs. 1 StPO),
- vorläufige Einstellung nach § 205 StPO, z.B. bei längerer Abwesenheit des Angeschuldigten,
- Einstellung nach § 153 Abs. 2, § 153a Abs. 2 StPO mit Zustimmung der Finanzbehörde und des Angeschuldigten.

b) Rechtsfolgen

Durch Strafbefehl dürfen nur die in § 407 Abs. 2 StPO ausdrücklich genannten Rechtsfolgen allein oder, soweit nach materiellem Recht zulässig, nebeneinander festgesetzt werden. Gemäß § 410 Abs. 3 StPO steht ein rechtskräftiger Strafbefehl einem rechtskräftigen Urteil gleich. Eine Wiederaufnahme des Verfahrens ist daher nur noch möglich, wenn die Steuerstraftat mit einem nachträglich entdeckten Verbrechen eine Tat im prozessualen Sinn bildet. **4196**

c) Rechtsschutz

Gegen den Strafbefehl ist der **Einspruch** gegeben (§ 410 Abs. 1 Satz 1 StPO). Einspruch können der Angeklagte, sein gesetzlicher Vertreter oder sein Verteidiger einlegen (§ 409 Abs. 2, §§ 297, 298 StPO), nicht jedoch ein Steuerberater als Verteidiger (§ 392 Abs. 1 Halbsatz 1, § 406 Abs. 1 AO). **4197**

Der Einspruch muss **innerhalb von zwei Wochen** nach Zustellung schriftlich bei dem Gericht, das den Strafbefehl erlassen hat, eingelegt werden (§ 410 Abs. 1 Satz 1 StPO). Der Einspruch muss innerhalb dieser Frist eingegangen sein, das bloße Abschicken innerhalb der Frist genügt nicht. War der Beschuldigte ohne Verschulden gehindert, den Einspruch fristgerecht einzulegen, kann er Antrag auf Wiedereinsetzung in den vorigen Stand stellen (§ 44 StPO). **4198**

Der Einspruch kann nach § 410 Abs. 2 StPO auf bestimmte Beschwerdepunkte beschränkt werden, und zwar auf selbständige Taten und auf die Teile eines Strafbefehls, die sich losgelöst von dem nicht angefochtenen Teil überprüfen lassen.[1] Vor allem kann der Einspruch auf den Rechtsfolgenausspruch beschränkt werden. In der Praxis wird häufig bei relativ einfach gelagerten Fällen nur wegen der Strafhöhe, und dort insbes. beschränkt auf die selbständig anfechtbare Höhe des festgesetzten Tagessatzes,[2] Einspruch eingelegt. **4199**

Ist der Einspruch gegen den Strafbefehl unzulässig, so wird er ohne Hauptverhandlung durch Beschluss verworfen (§ 411 Abs. 1 StPO). Dagegen ist die sofortige Beschwerde nach § 304 StPO möglich. **4200**

---

1) Fischer in Karlsruher Kommentar, 6. Aufl. 2008, § 410 StPO Rz. 9 ff.; Meyer-Goßner, 55. Aufl. 2012, § 410 StPO Rz. 4.
2) Fischer in Karlsruher Kommentar, 6. Aufl. 2008, § 410 StPO Rz. 12.

4201 Nach zulässigem Einspruch nimmt der Strafbefehlsantrag die Stelle einer Anklage ein, der Strafbefehl ersetzt den Eröffnungsbeschluss.[1)] Es ist ein Termin zur Hauptverhandlung zu bestimmen (§ 411 Abs. 2 StPO).

4202 Das Gericht ist bei seinem Urteil weder nach oben noch nach unten an den Rechtsfolgenausspruch des Strafbefehls gebunden. Das Verböserungsverbot (Verbot der „reformatio in peius"), das sonst grundsätzlich bei Rechtsmitteln gegen Strafurteile gilt, gibt es im Strafbefehlsverfahren nicht (§ 411 Abs. 4 StPO). Das Gericht kann deshalb auch eine schärfere Strafe verhängen. Es ist auch nicht verpflichtet, den Einspruchsführer auf die konkret beabsichtigte Straferhöhung gegenüber dem Strafbefehl hinzuweisen. In der Praxis ist dies zwar nicht die Regel, aber bei der Beratung des Beschuldigten über die Frage des Einspruchs ist die Möglichkeit zu berücksichtigen.

4203 Bis zur Verkündung des Urteils im ersten Rechtszug kann der Einspruch zurückgenommen werden. Allerdings bedarf die Rücknahme nach Beginn der Hauptverhandlung der Zustimmung der Staatsanwaltschaft (§ 411 Abs. 3, § 303 StPO).

4204 Bei der Frage, ob einem Beschuldigten in der Praxis zur Annahme einer Verurteilung im Strafbefehlswege bzw. zu der Nicht-Erhebung oder Rücknahme eines Einspruchs gegen einen bereits existierenden Strafbefehl geraten werden soll, können folgende Überlegungen hilfreich sein:

4205 Von Vorteil für den Betroffenen ist insbesondere, dass mit dem Strafbefehlsverfahren die Durchführung einer öffentlichen Hauptverhandlung und die damit verbundene (oftmals negative) Publizität vermieden wird. Das Verfahren wird verkürzt, der Beschuldigte bekommt eine schnelle Entscheidung. Wegen des summarischen Charakters des Strafbefehlsverfahrens wird der Tatbestand i.d.R. auch nicht so genau ausermittelt, wie dies u.U. in einer Hauptverhandlung möglich ist.

4206 Die Anregung gegenüber den Ermittlungsbehörden, einen Strafbefehl zu erlassen muss aber vom Verteidiger gut vorbereitet sein, denn damit verbunden sind Schuldfeststellung und Strafausspruch. Die Bußgeld- und Strafsachenstellen bzw. die Staatsanwaltschaft werden den Strafbefehl nicht beantragen, wenn ein Einspruch des Beschuldigten zu erwarten ist. Der Verteidiger sollte sich deshalb der Zustimmung des Mandanten sicher sein. Zur Vorbereitung gehört eine lückenlose Aufklärung des Mandanten über Wesen und Folgen eines Strafbefehls, insbesondere die Eintragung der Strafe im Bundeszentralregister und mögliche präjudizierende Wirkungen auf andere Verfahren (z.B. Besteuerungs- und Disziplinarverfahren aber auch berufsrechtliche Folgen).

4207 Solche vorbereitenden Gespräche, insbesondere deren Eröffnung, sind im Einzelfall durchaus kompliziert, v.a. wenn in der Anfangsphase die Schuldfrage offen gelassen werden soll. Will sich auch die Staatsanwaltschaft noch nicht festlegen, hilft hier nur ein „hypothetisches" Gespräch, d.h. man lässt die Schuldfrage zunächst offen, betont die Unverbindlichkeit der Unterredung und wird erst bei erkennbarer Annäherung der Standpunkte konkreter. Voraussetzung für derartige Gespräche ist natürlich die absolute Integrität und Zuverlässigkeit des Verteidigers.

4208 Von Nachteil für den Mandanten ist auch im Rahmen eines Strafbefehlsverfahrens natürlich, dass er i.d.R. vorbestraft sein wird. Nur eine Verurteilung zu einer Geldstrafe von nicht mehr als 90 Tagessätzen wird nicht in ein Führungszeugnis eingetragen (vorausgesetzt, im Register ist keine weitere Strafe eingetragen, § 32 Abs. 2 Nr. 5 Buchst. a BZRG), mit dem Ergebnis, dass sich der Mandant insoweit als nicht vorbestraft bezeichnen darf. Die Rechtskraft eines Strafbefehls steht der eines Urteils gleich. Danach ist die erneute Verfolgung der Tat unzulässig, sofern es sich – wie bei der einfachen Steuerhinterziehung – um ein Vergehen handelt. Gemäß

1) Fischer in Karlsruher Kommentar, 6. Aufl. 2008, § 411 StPO Rz. 8.

§ 373a StPO ist die Wiederaufnahme zu Ungunsten des Angeklagten, abweichend von § 362 StPO auch dann zulässig, wenn neue Tatsachen und Beweise vorliegen, die geeignet sind, die Verurteilung wegen eines Verbrechens zu begründen.

2. Anklage

a) Voraussetzungen

Bieten die Ermittlungen genügend Anlass zur Erhebung der öffentlichen Klage und ist die Sache für eine Erledigung im Strafbefehlsverfahren nicht geeignet (§ 400 AO), so hat die Bußgeld und Strafsachenstelle den Abschluss der Ermittlungen in den Steuerstrafakten formlos zu vermerken (§ 169a StPO) und die Sache der Staatsanwaltschaft vorzulegen (§ 400 AO). Die Staatsanwaltschaft hat das Anklagemonopol (§ 152 Abs. 1 StPO), insoweit nimmt die Bußgeld- und Strafsachenstelle nicht die Rechte und Pflichten der Staatsanwaltschaft wahr. **4209**

Bei der Vorlage hat die Bußgeld- und Strafsachenstelle das wesentliche Ermittlungsergebnis zusammenfassend darzustellen und rechtlich zu würdigen. Dieser „Abgabevermerk" kann weitere komprimierte Erkenntnisse über die Sach- und Rechtslage aus Sicht der Finanzbehörde beinhalten. Der Verteidiger sollte deshalb nach Mitteilung der Abgabe – ggf. nochmals – Akteneinsicht beantragen. **4210**

Die Staatsanwaltschaft ist nicht an die Einschätzung der Finanzbehörde gebunden. Sie kann das Verfahren nach vorheriger Anhörung der Finanzbehörde (§ 403 Abs. 4 AO) einstellen, selbst Antrag auf Erlass eines Strafbefehls stellen und die Finanzbehörde nachträglich informieren (§ 403 Abs. 3 AO) oder Anklage erheben und der Finanzbehörde die Anklageschrift mitteilen (§ 403 Abs. 3 AO). **4211**

Die Anklageerhebung erfolgt durch Einreichung der Anklageschrift beim zuständigen Gericht (§ 170 Abs. 1 StPO), das, wenn es nicht ausnahmsweise die Eröffnung des Hauptverfahrens ablehnt (§§ 203 f. StPO) oder das Verfahren nach § 206a StPO einstellt, auf Grund des Inbegriffs der Hauptverhandlung durch Urteil entscheidet (§ 260 Abs. 1, § 261 StPO). **4212**

b) Rechtsschutz gegen die Aktenabgabe

Wird öffentliche Klage erhoben, so wird der Beschuldigte regelmäßig an der Durchführung eines Strafbefehlsverfahrens interessiert sein, da der Strafbefehl die Publizität der Hauptverhandlung vermeidet. Der Beschuldigte hat jedoch nach h.M. trotz § 400 AO, § 407 Abs. 1 Satz 2 StPO keinen Anspruch auf Erledigung im Strafbefehlsverfahren.[1] Er hat nur einen Anspruch darauf, dass die Bußgeld- und Strafsachenstelle bzw. die Staatsanwaltschaft ihr Ermessen in der Frage, ob die Strafsache zur Behandlung im Strafbefehlsverfahren geeignet ist, pflichtgemäß ausübt. Rechtsmittel gegen die Abgabe der Akten von der Bußgeld- und Strafsachenstelle an die Staatsanwaltschaft stehen daher nicht zur Verfügung. **4213**

1) Fischer in Karlsruher Kommentar, 6. Aufl. 2008, § 407 StPO Rz. 5; Meyer-Goßner, 55. Aufl. 2012, § 407 StPO Rz. 9.

KAPITEL VIII
Gerichtliches Verfahren in Steuerstrafsachen

A. Einleitung

Schrifttum

Bornkamm, Pressefreiheit und Fairness des Strafverfahrens – Die Grenzen der Berichterstattung über schwebende Strafverfahren im englischen, amerikanischen und deutschen Recht, Baden-Baden 1980.

4214 Die Hauptverhandlung gilt herkömmlich als Kernstück und Höhepunkt des allgemeinen Strafverfahrens, als der Ort, an dem der Rechtsstaat beweisen soll, dass er gerecht und sozial verträglich über Sachverhalte richten kann. Die Förmlichkeiten der Strafprozessordnung und die verfassungsrechtlich abgesicherte Garantie eines rechtsstaatlich fairen Verfahrens sollen Gewähr dafür bieten, dass die Rechte aus der Unschuldsvermutung, die bis zu einer rechtskräftigen Verurteilung für den Angeklagten streitet, gewahrt bleiben.

4215 So anerkennenswert dieser verfassungsrechtlich bezweckte Anspruch auch ist: Die Verfahrenswirklichkeit sieht vielfach anders aus. Der Hauptverhandlung verbleibt insbesondere bei einfach gelagerten Sachverhalten zumeist nur noch die Funktion, die Ergebnisse aus dem Ermittlungsverfahren nach den Regeln des Strengbeweises revisionsfest festzustellen. Insbesondere im Hinblick auf eine Verständigung (vgl. § 257c StPO), deren Bestandteil nach den Worten des Gesetzes ein Geständnis sein „soll", sind diese Wirkungen zu bedenken. Allerdings hat das BVerfG jüngst – gerade auch im Hinblick auf die dargestellte Verfahrenswirklichkeit – in seinem Urteil zur Verständigung betont und darauf hingewiesen, dass verständigungsbasierte Geständnisse zwingend auf ihre Richtigkeit zu überprüfen sind.[1] Ob damit eine greifbare Verbesserung eintritt bleibt jedoch abzuwarten. Die Weichen für den Ausgang des Verfahrens werden auch in Zukunft sicherlich im Ermittlungsverfahren gestellt und dem dort aufbereiteten Akteninhalt kommt überragende Bedeutung für das spätere Urteil zu. Anders als in Verfahren des allgemeinen Strafrechts kann es mit einer engagierten Verteidigung in Steuerstrafverfahren leichter gelingen, die Vorherrschaft der Ermittlungsbehörden über den dem Gericht vorzulegenden Akteninhalt zu durchbrechen.

4216 Gelingt diese nicht oder noch nicht hinreichend überzeugend bietet die Hauptverhandlung für einen Angeklagten die letzte noch verbleibende Möglichkeit, der tendenziell zu seinen Lasten vorgeprägten Einschätzung des Sachverhalts durch die Ermittlungsbehörden entgegentreten zu können. Gerade weil dies die letzte Möglichkeit ist, stellt die Strafprozessordnung dem Angeklagten im Stadium der Hauptverhandlung auch die schärfsten prozessualen Möglichkeiten zur Verfügung. Erst jetzt kann er beispielsweise durch die Einlassung und das Beweisantragsrecht den Ablauf und die Reihenfolge der Beweisaufnahme zu seinen Gunsten beeinflussen und auf die Sachverhaltserforschung gestaltend Einfluss nehmen. Oftmals führt erst die Ausschöpfung sämtlicher prozessualer Verteidigungsmittel dazu, dass ein Angeklagter seine Sicht der Dinge so zu Gehör bringen kann, dass sie im Urteil tatsächlich auch Berücksichtigung finden. Denn anders als im Ermittlungsverfahren geht es in der Hauptverhandlung nicht mehr nur um eine summarische Prüfung der Indiztatsachen vor dem Hintergrund eines hinreichenden Tatverdachts, sondern vielmehr darum, ob aus tatsächlichen und rechtlichen Gründen eine Straftat inso-

---

1) BVerfG v. 19.3.2013, 2 BvR 2628/10, NJW, 2013, 1058, Rz. 71.

weit nachgewiesen werden kann, dass beim erkennenden Gericht keine vernünftigen Zweifel mehr hinsichtlich einer strafrechtlichen Schuld verbleiben Vielfach unterliegt eine engagierte Verteidigung vorschnell dem Verdikt einer sog. Konfliktverteidigung, die aus Sicht der Justiz nicht selten, wenn gleich vorschnell mit Uneinsichtigkeit und „prozessualer Strafvereitelung" gleichgesetzt wird. Deshalb ist es Aufgabe des Verteidigers oder des Rechtsbeistands, solchen Vorurteilen frühzeitig entgegenzuwirken und hierbei die Chancen und Risiken für den Mandanten richtig einzuschätzen. Sind die Aussichten auf einen Freispruch gering, so ist eine „bestreitende" Verteidigung für den Mandanten schädlich und es bietet sich vielmehr die einverständliche Beendigung der Hauptverhandlung mittels des sog. „Deals" an (→ Rz. 3913 ff.).[1] Nur dann, wenn überwiegende Erfolgsaussichten für einen Freispruch bestehen, sollte der Verteidiger bereit sein, jeden unausweichlichen Konflikt in der Hauptverhandlung für seinen Mandanten auszutragen. Konfliktbereitschaft im Interesse des Mandanten bedeutet nicht die Suche nach dem Konflikt, angesprochen ist vielmehr der Wille und die Fähigkeit, sich persönlich mit anderen Verfahrensbeteiligten, namentlich dem Gericht und dessen Vorsitzenden, in der Sache hart auseinander zu setzen. Der Verzicht auf die Geltendmachung prozessualer Rechte, um einen vermeintlichen „favor judicis" für den Mandanten zu erhalten, hat sich nicht selten als verhängnisvolle Fehlstrategie erwiesen.

Auf der anderen Seite bietet auch die Verständigung in der Hauptverhandlung für einen Angeklagten besondere Chancen. Die Verständigung macht eine mitunter sehr aufwendige und zeitintensive Beweisaufnahme überflüssig, was dem Angeklagten von Seiten der Justiz, welche mit ihren eigenen, nur knappen Ressourcen auskommen muss, auch strafmildernd angerechnet wird. Bei den Nebenfolgen, den zivilrechtlichen oder fiskalischen Konsequenzen eines strafrechtlichen Urteils bietet die Verständigung die Möglichkeit, diese im Wege von Verhandlungen im Vorfeld eines auf einer Verständigung basierenden Urteils abzumildern, so dass hierdurch z.B. erreicht werden kann, dass ein Angeklagter trotz Verurteilung nicht die volle Steuerschuld nachzuzahlen hat, weil bestimmte Teilelemente des Vorwurfs strafrechtlich ausgeklammert werden. Die Finanzbehörden sind regelmäßig in die Verständigungen miteinbezogen und sind nicht selten gehalten auf einen Teil der Steueransprüche, im Interessen einer zügigen, die Justizressourcen schonenden Verfahrensbeendigung zu verzichten (hierfür ist aber dann eine gesonderte sog. tatsächliche Verständigung mit dem Fiskus notwendig, → Rz. 3892). Im Hinblick auf andere strafrechtliche Verfahren hat das BVerfG jetzt sog. „Gesamtlösungen" eine Absage erteilt.[2] Anders als bisher tatsächlich gerade in Steuerstrafverfahren üblich, können nunmehr anderweitige noch zusätzliche, noch nicht angeklagte oder ausermittelte Verfahren, nicht mehr schon im Vorfeld durch Zusage einer Einstellung nach § 154 StPO zum Gegenstand einer Verständigung gemacht werden. Eine Bereinigung auch anderer Strafverfahren durch eine Verständigung kommt also nicht mehr in Betracht. 4217

Aus Sicht des Angeklagten ist die öffentliche Hauptverhandlung eine besonders einschneidende Erfahrung, weil sie i.d.R. für jeden Angeklagten mit erheblichen psychischen und physischen Belastungen verbunden ist, die sich nicht nur aktuell aus der Situation des Verfahrens, sondern ganz generell durch den hiermit verbundenen öffentlichen Vorwurf einer (im Steuerstrafverfahren) sozialschädlichen Straftat ergeben. Anders als noch vor einigen Jahren, ist die Steuerhinterziehung nicht mehr nur „Kavaliersdelikt" mit allgemeiner sozialen Akzeptanz, sondern spätestens 4218

1) Vgl. zu den formalen Grundsätzen einer Verständigung im Strafverfahren für die Hauptverhandlung BGH v. 28.8.1997, 4 StR 240/97, NJW 1998, 86; BVerfG v. 27.1.1987, 2 BvR 1133/86, wistra 1987, 134 mit Anm. Gallandi, NStZ 1987, 420; BGH v. 7.5.2003, 5 StR 556/02, StV 2003, 481 mit Anm. Schlothauer, StV 2003, 481 ff.; v. 24.7.2003, 3 StR 368/02 u.a., StV 2003, 544 ff.

2) BVerfG v. 19.3.2013, 2 BvR 2628/10, NJW 2013, 1058, Rz. 79.

seit den Diskussionen um hohe Managergehälter, Finanzkrise und Steuer-CDs ist auch die Justiz darum bemüht, der Verfolgung und Ahndung dieses Unrechts mehr Gewicht zu verleihen.[1] Und selbst dann, wenn ein Freispruch im Raume steht, werden zwischenzeitlich die allermeisten Verfahren nicht durch ein Urteil, sondern mittels Einstellung gegen Geldauflage nach § 153a Abs. 2 StPO beendet. Das beruht schlichtweg darauf, dass andernfalls der Angeklagte mit einer Revision durch die Staatsanwaltschaft rechnen muss und die hierfür anfallenden Kosten höher sind, als die Raume stehende Geldauflage. In den Augen der Öffentlichkeit führt diese pragmatische Erledigung des Verfahrens aber zu dem falschen Eindruck, dass der Angeklagte schuldig gesprochen wurde. Auf diese und noch viele andere mögliche Folgewirkungen von öffentlichen Hauptverhandlungen muss ein Angeklagter frühzeitig vorbereitet werden, und der Verteidiger sollte stets im Auge behalten, dass durch Verhandlungsgeschick und organisatorische Absprachen mit dem erkennenden Gericht Möglichkeiten bestehen, eine Hauptverhandlung so wenig einschneidend und belastend als möglich stattfinden zu lassen. Auch kann man entsprechende Vorbereitungen bei besonders „presseträchtigen" Verfahren treffen.[2]

4219 Entscheidend für eine erfolgreiche Verteidigung in der Hauptverhandlung ist aber letztlich die Wahl der richtigen prozessualen Strategie, um den auf materiellem Recht fußenden Vorwürfen effektiv begegnen zu können. Hierin liegt die zumeist letzte wegweisende Entscheidung innerhalb eines Strafverfahrens, denn davon hängt eine Vielzahl von weiteren wichtigen Entscheidungen ab, die der Verteidiger im Hinblick auf eine anstehende Hauptverhandlung in Zusammenarbeit mit dem Mandanten treffen muss: ob und ggf. wie sich der Mandant zu den Anklagevorwürfen äußern soll, ob, zu welchem Zeitpunkt und zu welchen Tatsachen Beweisanträge gestellt werden, ob bestimmten Beweiserhebungen aus prozessualen Gründen entgegengetreten werden soll, wie zu in der Hauptverhandlung zu erwartenden belastenden Tatsachen Stellung bezogen werden soll und ob prozessuale Möglichkeiten bestehen, die Einführung belastender Umstände zu verhindern.[3] Grundlage für die Entwicklung der Verteidigungsstrategie sind in erster Linie die Anklageschrift und ggf. ein hiervon abweichender Eröffnungsbeschluss (§ 207 Abs. 2 StPO). Zugleich sollte stets die Rspr. des BGH zur Revisibilität der Beweiswürdigung beachtet werden.[4]

B. Ablauf und Inhalt der Hauptverhandlung

Schrifttum

Alsberg/Nüse/Meyer, Der Beweisantrag im Strafprozeßrecht, 5. Aufl., Köln, Berlin, Bonn, München 1983; **Bockemühl**, Handbuch des Fachanwalts Strafrecht, 5. Aufl. Neuwied 2012; **Bornkamm**, Pressefreiheit und Fairness des Strafverfahrens – Die Grenzen der Berichterstattung über schwebende Strafverfahren im englischen, amerikanischen und deutschen Recht, Baden-Baden 1980; **Bünger**, Die tatrichterlichen Möglichkeiten der Reaktion auf einen Missbrauch des Beweisantragsrechts, NJW 2006, 305; **Burhoff**, Handbuch für das strafrechtliche Ermittlungsverfahren, 5. Aufl., Münster 2010; **Burhoff**, Handbuch für die strafrechtliche Hauptverhandlung, 6. Aufl., Münster 2010; **Däubler-Gmelin**, Überlegungen zur Reform des Strafprozesses, StV 2001, 359; **Dahs**, Das Verbrechensbekämpfungsgesetz vom 28.10.1994, NJW 1995, 553; **Degener**, Zum Fragerecht des Strafverteidigers gem. § 240 Abs. 2 StPO, StV 2002, 618; **Eisenberg**, Verlesbarkeit der polizeili-

1) Vgl. BGH v. 7.2.2012, 1 StR 525/11, wistra 2012, 236 ff.
2) Bornkamm, Baden-Baden 1980.
3) Vgl. umfassend zur Erarbeitung einer Verteidigungsstrategie und eines Verteidigungskonzeptes Schlothauer, Vorbereitung der Hauptverhandlung, Rz. 1 ff.
4) Vgl. Nack, StV 2002, 510 ff., 558 ff.

chen Niederschrift einer Zeugenaussage, wenn Leib oder Leben des Zeugen bei einer Aussage in der Hauptverhandlung bedroht wären?, StV 1993, 624; **Eisenberg**, Kriminologie, 5. Aufl., München 2000; **Hamm**, Zu den Anforderungen an die Beweistatsache eines auf eine Zeugenvernehmung gerichteten Beweisantrag im Beweisverfahren, StV 1993, 455; **Herdegen**, Zum Begriff der Beweisbehauptung, StV 1990, 518; **Herdegen**, Zur Ablehnung eines Beweisantrages wegen tatsächlicher Bedeutungslosigkeit, NStZ 1997, 505; **Herdegen**, Das Beweisantragsrecht (Teil 1), NStZ 1998, 444; **Herdegen**, Das Beweisantragsrecht (Teil 2), NStZ 1999, 176; **Herdegen**, Das Beweisantragsrecht – Zum Rechtsmissbrauch (Teil 3), NStZ 2000, 1; **Jahn**, Konnexitätsdoktrin und „Fristenlösungsmodell" – Die verfassungsrechtlichen Grenzen der Fremdkontrolle im Beweisantragsrecht der Verteidigung durch den Bundesgerichtshof, StV 2009, 665; **Kühne**, Der Beweiswert von Zeugenaussagen, NStZ 1985, 252; **Lesch**, V-Mann und Hauptverhandlung – Die Drei-Stufen-Theorie nach Einführung der §§ 68 III, 110b III StPO und 172 Nr. 1a GVG, StV 1995, 542; **Loos**, Zur Bindungswirkung von Tatsachenfeststellungen in früheren rechtskräftigen Verurteilungen, JR 1998, 118; **Michel**, Richter als Zeuge im Strafverfahren, MdR 1992, 1026; **Nack**, Revisibilität der Beweiswürdigung (Teil 1), StV 2002, 510; **Nack**, Revisibilität der Beweiswürdigung (Teil2), StV 2002, 558; **Pfeiffer/Miebach**, Aus der (vom BGH nicht veröffentlichten) Rechtsprechung des Bundesgerichtshofs in Strafsachen zum Verfahrensrecht, NStZ 1983, 211; **Salditt**, Verteidigung in der Hauptverhandlung – Notwendige Alternativen zum Praxisritual, StV 1993, 442; **Schlösser**, Die Einlassung des Angeklagten durch seinen Verteidiger, NStZ 2008, 310; **Schlothauer**, Vorbereitung der Hauptverhandlung, 2. Aufl., Heidelberg 1998; **Schlothauer**, Anmerkung zum Urteil des BGH v. 20.6.2007 – 2 StR 84/07 – Ablehnung eines Befangenheitsantrages gegen Berufsrichter einer Strafkammer: Befangenheitsbesorgnis wegen untersagter Verlesung schriftlicher Erklärungen der Verteidiger zur Sache –, StV 2007, 623; **Senge**, Missbräuchliche Inanspruchnahme verfahrensrechtlicher Gestaltungsmöglichkeiten – wesentliches Merkmal der Konfliktverteidigung? Abwehr der Konfliktverteidigung, NStZ 2002, 225; **Sturm**, Die Konnexität im Beweisantragsrecht, StraFo 2009, 407; **Widmaier**, Zu den Anforderungen an die Individualisierung eines in einem Beweisantrag mit unvollständiger Anschrift benannten Zeugen und zum Umfang der strafgerichtlichen Aufklärungspflicht, NStZ 1994, 248; **Widmaier**, Kritische Gedanken zur diskutierten Reform des Beweisantrags- und Revisionsrechts, NStZ 1994, 414; **Witting**, Uneingeschränkte Exploration durch privaten Sachverständigen während der Untersuchungshaft, StV 1998, 174; **Wohlers**, Ablehnung eines Beweisantrages wegen Bedeutungslosigkeit und Verbot der Beweisantizipation, StV 1997, 570.

I. Ablauf der Hauptverhandlung

Die regelmäßige Reihenfolge der Verfahrensvorgänge in einer Hauptverhandlung **4220** des ersten Rechtszuges (für eine Berufungshauptverhandlung gilt § 324 StPO) bis zur Beweisaufnahme regelt § 243 StPO. Die hieran anschließende Beweisaufnahme ist für den ersten Rechtszug in den Vorschriften der §§ 244 bis 257b StPO kodifiziert. § 257c StPO regelt den schon angesprochenen Sonderfall, dass es zu einer Verständigung zwischen Gericht und den Verfahrensbeteiligten kommt. Besondere Regelungen gelten für die Berufungsinstanz als echte zweite Tatsacheninstanz (§ 325 StPO).

Gemäß § 226 StPO findet die Hauptverhandlung in ununterbrochener Anwesenheit **4221** des Angeklagten statt (§ 230 Abs. 1 StPO), soweit nicht Ausnahmen bestimmt sind wie in § 231 Abs. 2, §§ 231b, 231c, 247, 329, 411 StPO. Gemäß § 226 StPO muss das Gericht in vollständiger Besetzung, die Staatsanwaltschaft durch den Sitzungsvertreter und eine Urkundsbeamtin ununterbrochen während der Hauptverhandlung gegenwärtig sein.

Die ununterbrochene Anwesenheitspflicht des Angeklagten soll zum einen dem **4222** Gericht einen unmittelbaren Eindruck vom Angeklagten, seiner Person, seinen Erklärungen und seinem Verhalten zur Förderung der Wahrheitsfindung ermöglichen, andererseits soll sie dem Angeklagten die Möglichkeit optimaler und uneingeschränkter Verteidigung sichern.[1] Sofern es Ausnahmevorschriften zur Anwesenheitspflicht des Angeklagten gibt, dienen diese der Sicherung des Strafverfahrens. Sie enthalten Regelungen, bei denen auch in Abwesenheit des Angeklagten verhandelt werden kann, falls dieser aus Gründen, für die er selbst verantwortlich ist, der Hauptverhandlung fern bleibt. Hintergrund dieser Regelungen ist, dass ein Angeklagter nicht durch eigenes prozessual unzulässiges Verhalten auf die Durchführung einer Hauptverhandlung Einfluss nehmen kann.

4223 Lediglich in Bagatellsachen (§§ 232, 233 StPO) sieht das Gesetz die Möglichkeit vor, dass der Angeklagte vom Gericht von seiner persönlichen Erscheinungspflicht entbunden wird. Findet die Hauptverhandlung gegen mehrere Angeklagte statt, so kann durch Gerichtsbeschluss einzelnen Angeklagten gestattet werden, sich während einzelner Teile der Verhandlung zu entfernen, wenn sie von diesen Verhandlungsteilen nicht betroffen sind (vgl. § 231c StPO).[2] Die Rspr. des BGH legt die Vorschrift des § 231c StPO allerdings sehr restriktiv aus, was letztendlich dazu führt, dass die Beurlaubungsmöglichkeit so gut wie nie angewandt wird.

1. Vernehmung zur Person

4224 Nach dem Aufruf der Sache und den in § 243 Abs. 1 StPO genannten Feststellungen des Vorsitzenden (Anwesenheit des Angeklagten und seines Verteidigers, Vorhandensein der Beweismittel), vor Verlesung des Anklagesatzes, vernimmt der Vorsitzende den Angeklagten zur Person. Zuvor müssen die Zeugen und potenziell als Zeugen in Betracht kommende Personen den Gerichtssaal verlassen haben. Zu den persönlichen Pflichtangaben gehört Vor-, Familien- und Geburtsname, Tag und Ort der Geburt, Familienstand, Beruf, Wohnort und Staatsangehörigkeit. Als Orientierungshilfe kann hier auf § 111 OWiG verwiesen werden. Die Angaben zur Person sind nicht erzwingbar. Verweigert der Angeklagte entsprechende Angaben, so ist das Gericht gehalten, die persönlichen Verhältnisse im Wege des Freibeweisverfahrens aufzuklären und in die Hauptverhandlung einzuführen. Die Vernehmung zur Person dient der Feststellung der Identität und der Verhandlungsfähigkeit des Angeklagten. Zusätzliche Angaben braucht der Angeklagte an dieser Stelle nicht zu machen. Weiter gehende Auskünfte zum persönlichen, schulischen und beruflichen Werdegang, zu Krankheiten, zur finanziellen Situation, zum Vorleben etc. gehören zu den persönlichen Verhältnissen, die i.d.R. schuld- und rechtsfolgenrelevante Tatsachen darstellen, mithin der Einlassung zur Sache zuzuordnen sind.

2. Vernehmung zur Sache

4225 Nach Verlesung des Anklagesatzes wird der Angeklagte gem. § 243 Abs. 4 Satz 1 StPO über sein Aussageverweigerungsrecht belehrt. Dem Angeklagten steht es frei, sich zu äußern oder zu schweigen. Die Entscheidung, wie sich der Angeklagte in der Hauptverhandlung verhalten will, sollte allerdings schon vor der Hauptverhandlung feststehen (→ Rz. 4219). Nach § 243 Abs. 4, § 244 Abs. 1 StPO muss dem Angeklagten Gelegenheit gegeben werden, sich vor Eintritt in die Beweisaufnahme auf die Anklage möglichst im Zusammenhang zu äußern.[3] Zwar sind aus Gründen einer sachdienlichen Prozessführung Abweichungen von der Reihenfolge im Ablauf der Hauptverhandlung nicht ausgeschlossen, doch gilt dies nur, wenn diese Vorgehensweise der Sache nach angemessen ist und der Angeklagte hiermit einverstanden ist. Das Recht, sich zur Sache einzulassen, darf jedoch keinesfalls beschnitten werden.

---

1) BGH v. 17.12.1982, 2 StR 635/82, NStZ 1983, 181.
2) BGH v. 30.11.1983, 3 StR 319/83, StV 1984, 102 ff.; v. 22.4.1983, 3 StR 420/82, BGHSt 31, 323, 329 ff.: der Verfahrensstoff darf den Angeklagten auch nicht „nur" mittelbar betreffen.
3) BGH v. 9.12.1959, 2 StR 265/59, BGHSt 13, 358, 360; v. 19.6.1963, 2 StR 179/63; Meyer-Goßner, 55. Aufl. 2012, § 243 StPO Rz. 28 m.w.N.

Gegenstand der Sacheinlassung ist zunächst der durch die Anklageschrift beschriebene geschichtliche Lebenssachverhalt. Darüber hinaus gehören dazu aber auch alle übrigen Umstände, die für die Schuld- und Rechtsfolgenfrage von Bedeutung sind, wie z.B. Lebensweg und wirtschaftliche Verhältnisse. Die Erörterung der letztgenannten Umstände wird i.d.R. jedoch bis nach der Beweisaufnahme zurückgestellt werden, um für den Fall der Freisprechung des Angeklagten oder einer Einstellung eine unnötige Bloßstellung zu vermeiden.[1] **4226**

Lässt sich der Angeklagte zur Sache ein, wird er zum Beweismittel gegen sich selbst. Eine Wahrheitspflicht besteht für den Angeklagten nicht, er hat aber auch kein Recht zur Lüge. Diese haarspalterische Rechtslage ergibt sich daher, dass ein Angeklagter, der vor Gericht die Unwahrheit sagt, sich i.d.R. nicht strafbar macht, denn die Tatbestände der falschen uneidlichen Aussage und des Meineids gelten nur für Zeugen. Zu Bedenken ist in diesem Zusammenhang, dass eine nachgewiesene Lüge katastrophale Auswirkungen auf die Glaubwürdigkeit eines Angeklagten hat. Besteht das Risiko, dass im Rahmen einer Sacheinlassung das Gericht eine Lüge nachweisen kann, ist das Schweigen zu bevorzugen, denn dieses kann nicht zu Lasten des Angeklagten, sei es bei der Beweiswürdigung, sei es bei der Strafzumessung, gewertet werden. Im Übrigen kann sich ein Angeklagter auch nur teilweise zur Sache einlassen. Nachteile können hieraus indes im Rahmen der Beweiswürdigung entstehen, denn teilweises Schweigen eines Angeklagten darf als Beweisanzeichen verwertet werden. Voraussetzung hierfür ist, dass der Angeklagte in einigen Teilpunkten an der Aufklärung mitwirkt, dann aber einzelne Tat- oder Begleitumstände nicht erwähnt, auf einzelne Fragen oder Vorhalte keine oder nur lückenhafte Angaben macht.[2] **4227**

Lässt sich der Angeklagte zur Sache ein, so soll er sich grds. mündlich äußern. Die Verlesung einer schriftlichen Einlassung soll unzulässig sein.[3] Ob diese Rechtslage tatsächlich noch so isoliert gesehen Gültigkeit besitzt, ist fraglich. Selbstverständlich kann ein Angeklagter eine Einlassungsschrift – selbst wenn diese von seinem Verteidiger vorformuliert ist – in der Hauptverhandlung verlesen, denn auch dann leistet er einen mündlichen Sachvortrag. § 243 Abs. 4 StPO gewährt einem Angeklagten grds. die Äußerungsfreiheit, wobei nicht nur das „ob", sondern auch das „wie" davon umfasst wird. Des Weiteren wird in der Strafprozessordnung an keiner Stelle explizit normiert, dass sich ein Angeklagter nur mündlich äußern darf. § 250 StPO gilt ausweislich seines Wortlauts direkt nur für die unmittelbare Beweisaufnahme, und die Einlassung ist unstreitig kein Teil der Beweisaufnahme. Demgegenüber lässt das Gesetz in § 136 Abs. 1 Satz 4 StPO für geeignete Fälle die Vernehmung in schriftlicher Form zu. Genauso ist es rechtlich möglich, dass sich ein Angeklagter bei der Einlassung von seinem Verteidiger vertreten lässt. Der Angeklagte muss in der Hauptverhandlung lediglich klarstellen, dass die mündliche oder schriftliche Erklärung aus seinem Wissen heraus resultiert,[4] wobei die Klarstellung nicht an **4228**

---

1) BGH v. 2.5.1985, 4 StR 84/85, NStZ 1985, 561; Meyer-Goßner, 55. Aufl. 2012, § 243 StPO Rz. 29.

2) Vgl. dazu im Einzelnen Meyer-Goßner, 55. Aufl. 2012, § 261 StPO Rz. 17 m.w.N. Bei der Verwertung des Teilschweigens zu Lasten des Angeklagten gibt es eine differenzierte Rspr., die an dieser Stelle nicht in Gänze dargestellt werden kann. In diesem Zusammenhang darf auf die Standardwerke zum Beweisrecht nach der Strafprozessordnung verwiesen werden; BGH v. 18.4.2002, 3 StR 370/01, StV 2002, 409 f.

3) Vgl. dazu BGH v. 9.1.1953, 1 StR 623/52, BGHSt 3, 368; v. 28.3.2000, 1 StR 637/99, NStZ 2000, 439; v. 20.6.2007, 2 StR 84/07, NStZ 2008, 349; a.A. Salditt, StV 1993, 444 Schlothauer, StV 2007, 623; Schlösser, NStZ 2008, 310.

4) Vgl. zum Streitstand Schlothauer, Rz. 77b bis 77e; Burhoff, HV, 6. Aufl. 2010, Rz. 1040 ff.; aus der Rspr. BGH v. 29.5.1990, 4 StR 118/90, StV 1990, 394; v. 22.3.1994, 1 StR 100/94, StV 1994, 467; v. 24.7.1991, 4 StR 258/91, BGHR § 243 StPO Abs. 4 Äußerung 4, v. 28.6.2005, 3 StR 176/05, NStZ 2005, 703; v. 20.6.2007, 2 StR 84/07, StV 2007, 622 ff., Anm. hierzu: Schlösser, NStZ 2008, 310 ff.

eine bestimmte Form gebunden ist. So soll auch kein Fall eines schweigenden Angeklagten vorliegen, wenn der Verteidiger in Anwesenheit des Angeklagten schriftliche Äußerungen verliest und dieser nicht widerspricht.[1)]

II. Inhalt/Gegenstand der Hauptverhandlung

4229 Gegenstand der Urteilsfindung ist stets die prozessuale Tat, wie sie sich nach dem Ergebnis der Verhandlung darstellt (§ 264 Abs. 1 StPO). Deshalb ist das erkennende Gericht an die rechtliche Beurteilung, wie sie dem Anklagesatz bzw. dem Eröffnungsbeschluss zu Grunde liegt, nicht gebunden (§ 264 Abs. 2 StPO). Durch das Akkusationsprinzip tritt jedoch eine thematische Bindung des Gerichts ein, dass sich prinzipiell nur mit Taten und Personen befassen darf, die bei ihm angeklagt sind. Maßgebend dafür, was dem Gericht zur Untersuchung und Entscheidung unterbreitet wird, ist mithin die Anklage, die die strafbare Handlung bei gleichzeitiger Bezeichnung der gesetzlichen Merkmale und anzuwendenden Strafvorschriften nach Ort, Zeit oder sonst konkretisierbarer Weise schildern muss (§ 200 StPO).[2)] Fehlt es an einen fest umrissenen Lebenssachverhalt, so stellt dies ein Verfahrenshindernis dar.[3)] Zur angeklagten Tat im prozessualen Sinn gehört – ohne Rücksicht darauf, ob materiell-rechtlich Tateinheit oder Tatmehrheit vorliegt (§§ 52, 53 StGB) – das gesamte Verhalten des „Täters", soweit es nach natürlicher Auffassung einen einheitlichen Lebensvorgang darstellt.[4)]

4230 Innerhalb der Anklageschrift sind inhaltlich zwei Teile streng voneinander zu trennen: zum einen der Anklagesatz selbst und zum anderen das wesentliche Ergebnis der Ermittlungen.

4231 Der Anklagesatz hat die Funktion, die prozessuale Tat in persönlicher und sachlicher Hinsicht zu umgrenzen (Umgrenzungsfunktion). Das wesentliche Ergebnis der Ermittlungen soll den Angeklagten darüber informieren, aus welchen Gründen der im Anklagesatz erhobene Vorwurf als gegeben angesehen wird (Informationsfunktion).[5)]

4232 Speziell im Steuerstrafverfahren sind über die allgemeinen Anforderungen des § 200 StPO hinaus die von der Steuerhinterziehung betroffene Steuerart und Höhe der Steuerverkürzung, auch detaillierte Ausführungen zu dem den Steueranspruch begründenden tatsächlichen Sachverhalt, zum Täterverhalten und zur Verletzung steuerlicher Erklärungs- und Mitwirkungspflichten, bezogen auf die jeweiligen Steuerabschnitte, sowie ein Vergleich der gesetzlich geschuldeten Steuer mit derjenigen, die auf Grund des steuerunehrlichen Verhaltens nicht in voller Höhe oder nicht rechtzeitig angemeldet oder festgesetzt wurde, erforderlich.[6)]

4233 Die materiell-rechtliche Seite liefert das Gerüst und die Beweisnotwendigkeiten für die Hauptverhandlung.

---

1) Insgesamt ist die Rechtslage aber noch nicht eindeutig: Zum Teil wird eine besondere Vollmacht für den Fall, dass sich ein Angeklagter bei der Einlassung vertreten lassen will, gefordert, vgl. zum Ganzen auch: Schneider in Karlsruher Kommentar, 6. Aufl. 2008, § 243 StPO Rz. 44 ff.; Park, StV 1998, 59 f.; Schlösser, NStZ 2008, 310 ff.
2) Vgl. etwa BGH v. 25.4.1991, 3 StR 468/90, NJW 1991, 2716; Meyer-Goßner, 55. Aufl. 2012, § 264 StPO Rz. 7a m.w.N.
3) BGH v. 15.12.1953, 5 StR 294/53, BGHSt 5, 225; v. 26.2.1957, 5 StR 411/56, BGHSt 10, 137; v. 28.1.1986, 1 StR 646/85, NStZ 1986, 275; v. 25.4.1991, 3 StR 468/90, NStZ 1991, 448.
4) BGH v. 3.11.1959, 1 StR 425/59, BGHSt 13, 320; v. 5.11.1969, 4 StR 519/68, BGHSt 23, 141 ff., 145; Meyer-Goßner, 55. Aufl. 2012, § 264 StPO Rz. 2 m.w.N.
5) Meyer-Goßner, 55. Aufl. 2012, § 200 StPO Rz. 2 ff. m.w.N.; zu den Anforderungen an die Umgrenzungs- und Informationsfunktion und den Konsequenzen bei Mängeln vgl. Burhoff, 5. Aufl. 2009, Rz. 195 ff.
6) OLG Düsseldorf v. 23.12.1981, 3 Ws 601 – 605/81, wistra 1982, 159.

Die prozessuale Seite gibt hierzu sozusagen den Fahrplan vor, auf welche Art und Weise der Nachweis der einzelnen Tatbestandsmerkmale auf justizförmigem Weg gelingen vermag. Beide Seiten nehmen Einfluss auf Reihenfolge, Umfang und Art der Beweisaufnahme, wobei diese Blickrichtung vom Akteninhalt vorgegeben wird. Versäumte Einflussnahmen über eine unterlassene aktive Verteidigung im Ermittlungsverfahren sind somit kaum wieder gutzumachen, weil diese Informationen bei der Frage über die Eröffnung des Hauptverfahrens keinen Eingang auf das Tatbild nehmen konnten. Umso größere Bedeutung erlangt die Beweisaufnahme im Rahmen einer Hauptverhandlung. **4234**

III. Beweisaufnahme

Die Beweisaufnahme ist der Teil der Hauptverhandlung, in dem mit den gesetzlich zugelassenen Beweismitteln von Amts wegen oder auf Antrag der Prozessbeteiligten vergangene oder gegenwärtige Tatsachen und Erfahrungssätze aufgeklärt werden. **4235**

1. Aufklärungspflicht

Der Umfang der Beweisaufnahme richtet sich nach der umfassenden Aufklärungspflicht gem. § 244 Abs. 2 StPO, die ihrerseits durch den angeklagten Lebenssachverhalt inhaltlich begrenzt wird. Hinsichtlich dieses Verfahrensgegenstands reicht die Aufklärungspflicht so weit, wie dem Gericht oder dem Vorsitzenden aus den Akten, durch Anträge, Anregungen oder durch den Verfahrensablauf bekannt gewordene Tatsachen zum Gebrauch von Beweismitteln drängen bzw. nahe liegen.[1] Das Gericht muss allen erkennbaren und sinnvollen Möglichkeiten zur Aufklärung des angeklagten Lebenssachverhalts nachgehen,[2] wobei es alle den Angeklagten ent- und belastende Beweismittel und -möglichkeiten auszuschöpfen hat.[3] Dem Grunde nach erstreckt sich die Aufklärungspflicht auf alle materiellen und verfahrensrechtlich erhebliche Tatsachen. Zwar muss das Gericht auch ohne Antrag und selbst gegen den Willen des Angeklagten entlastende und belastende Beweismöglichkeiten ausschöpfen,[4] doch darf sich der Verteidiger keinesfalls darauf verlassen. Das, was den Richter zur Beweiserhebung drängt, ist i.d.R. die Benennung der Beweismittel in der Anklageschrift. Der Richter war mit den Ermittlungen nicht befasst und beschränkt seine Aufklärungsbemühungen auf den von der Staatsanwaltschaft vorsortierten Akteninhalt. Mit Hilfe des Beweisantragsrechts kann ein Angeklagter auch über den Akteninhalt hinausgehende Aufklärung verlangen oder die Aufklärungspflicht hinsichtlich einzelner Punkte aus dem Akteninhalt aktualisieren.[5] **4236**

Sofern damit das in „ob" der Beweisaufnahmepflicht konkretisiert wird, ist hinsichtlich des „wie" der Beweisaufnahme zwischen zwei Verfahren zu differenzieren: dem Freibeweisverfahren und dem Strengbeweisverfahren. **4237**

2. Freibeweis/Strengbeweis

Gegenstand des Strengbeweises sind alle Tatsachen, die der Entscheidung in der Schuld und Rechtsfolgenfrage zu Grunde liegen,[6] während das Freibeweisverfah- **4238**

1) Meyer-Goßner, 55. Aufl. 2012, § 244 StPO Rz. 12 m.w.N.
2) BGH v. 10.11.1992, 1 StR 685/92, BGHR, § 244 Abs. 6 Beweisantrag 23; v. 8.12.1993, 3 StR 446/93, NStZ 1994, 247; Fezer, StV 1995, 263; Widmaier, NStZ 1994, 248 und NSt 1994, 414.
3) St.Rspr. u.a. BGH v. 7.6.1966, 1 StR 130/66, NJW 1966, 1524; v. 6.2.2002, 1 StR 506/01, StV 2002, 350 ff.; Fischer in Karlsruher Kommentar, 6. Aufl. 2008, § 244 StPO Rz. 32 f. m.w.N.
4) BGH v. 30.10.1986, 4 StR 499/86, BGHSt 34, 209, 210.
5) Fischer in Karlsruher Kommentar, 6. Aufl. 2008, § 244 StPO Rz. 35. Weiter gehend zur Aufklärungspflicht die gelungene Zusammenfassung bei Groß-Bölting/Kaps in Bockemühl, Rz. 106 ff.
6) Alsberg/Nüse/Meyer, 117.

ren für alle Beweiserhebungen außerhalb der Hauptverhandlung sowie in und während der Hauptverhandlung für die Feststellung von Prozessvoraussetzungen und sonstigen prozesserheblichen Tatsachen gilt, selbst wenn sie die Urteilsgrundlage unmittelbar beeinflussen.[1] Hierzu gehören beispielsweise die Voraussetzungen der Verwertungsverbote oder Tatsachen, die der Vorbereitung der Entscheidung über einen Beweisantrag dienen.[2] Sofern es sich um doppelrelevante Tatsachen handelt, d.h., dass die Tatsachen sowohl für die Schuld- und Rechtsfolgenfrage als auch für die Prozessentscheidung selbst Relevanz besitzen, so müssen sie grds. nach den Anforderungen des Strengbeweises festgestellt werden.[3] Soll beispielsweise eine Gesetzesverletzung beanstandet werden, die sich außerhalb der Hauptverhandlung ereignet hat, so beschließt das Gericht i.d.R. im Freibeweisverfahren aufzuklären. Es bedient sich hierbei der Möglichkeit, dienstliche Stellungnahmen einzuholen oder die Einsichtnahme in polizeiliche Protokolle vorzunehmen.[4] Eine doppelrelevante Tatsache kann beispielsweise die Tatzeit als wesentliches Moment des Schuldvorwurfs sein. Die Tatzeit ist auch für die Verjährung der Strafverfolgung von Bedeutung. Drängt sich nach Lektüre der Akten eine Verjährung auf, kann das Gericht die Tatzeit im Freibeweisverfahren aufklären und das Verfahren außerhalb der Hauptverhandlung gem. § 206a Abs. 1 StPO durch Beschluss einstellen, in der Hauptverhandlung gem. § 260 Abs. 3 StPO durch Verkündung eines Einstellungsurteils. Kommt das Gericht im Wege des Freibeweises zur Auffassung, dass eine Verjährung nicht eingetreten ist, so ist es gehalten, die Tatzeit im Wege des Strengbeweises im Rahmen der Hauptverhandlung aufzuklären.[5]

4239 Das Strengbeweisverfahren unterliegt den Regelungen der §§ 244 bis 257a StPO unter Beachtung der Grundsätze der Unmittelbarkeit der Mündlichkeit und der Öffentlichkeit der Hauptverhandlung. Als ausschließliche Beweismittel kommen Zeugen, Sachverständige, Urkunden und Augenschein in Betracht.

4240 Im Freibeweisverfahren sind alle denkbaren Aufklärungsmittel zulässig. Das Gericht kann alle ihm zugänglichen Erkenntnisquellen wie schriftliche, telefonische und sonstige Mitteilungsmöglichkeiten nutzen, ohne an die förmlichen Voraussetzungen der §§ 244 ff. StPO gebunden zu sein (es besteht keine Vereidigungspflicht, keine Pflicht zur Urkundenverlesung). Die Ergebnisse des Freibeweises müssen jedoch durch mündliche Erörterung zum Gegenstand der Hauptverhandlung werden. Zu beachten ist stets die Aufklärungspflicht sowie der Grundsatz des rechtlichen Gehörs.[6]

3. Grundsätze und Beweismittel des Strengbeweisverfahrens

4241 Das förmliche Strengbeweisverfahren, das den Grundsätzen der Unmittelbarkeit, Mündlichkeit und Öffentlichkeit unterliegt, sieht abschließend als Beweismittel den Zeugen, den Sachverständigen sowie Urkunden und Augenschein vor.

---

1) BGH v. 26.8.1998, 2 StR 425/98, NStZ-RR 1999, 259; Alsberg/Nüse/Meyer, 117 ff.; Meyer-Goßner, 55. Aufl. 2012, § 244 StPO Rz. 7.
2) Alsberg/Nüse/Meyer, 122; Meyer-Goßner, 55. Aufl. 2012, § 244 StPO Rz. 7.
3) Meyer-Goßner, 55. Aufl. 2012, § 244 StPO Rz. 8 m.w.N.; Fischer in Karlsruher Kommentar, 6. Aufl. 2008, § 244 StPO Rz. 10.
4) Vgl. etwa BGH v. 10.12.1997, 3 StR 250/97, NStZ 1998, 264 (Nr. 22).
5) Selbstverständlich kann das Gericht auch nach Durchführung des Strengbeweises noch ein Einstellungsurteil gem. § 260 Abs. 3 StPO fällen, wenn es erst dadurch zur Auffassung gelangt, dass Verjährung eingetreten ist.
6) Zur Problematik, wie das Gericht zu verfahren hat, wenn es einen beantragten Freibeweis ablehnen will, vgl. BGH v. 28.6.1961, 2 StR 154/61, BGHSt 16, 164, 168; Meyer-Goßner, 55. Aufl. 2012, § 244 StPO Rz. 9 m.w.N.; Fischer in Karlsruher Kommentar, 6. Aufl. 2008, § 244 StPO Rz. 16; Alsberg/Nüse/Meyer, 147.

a) Zeuge

Der Zeuge ist eines der beiden persönlichen Beweismittel der Strafprozessordnung (der andere ist der Sachverständige). Der Zeuge ist eine Beweisperson, die in einem nicht gegen sie gerichteten Strafverfahren Auskunft über ihre Wahrnehmung von Tatsachen gibt.[1] Gegenstand des Zeugenbeweises sind Tatsachen. 4242

Über Werturteile und Schlussfolgerungen darf ein Zeuge grds. nicht vernommen werden. Die Vernehmung hat sich auf Begebenheiten und Zustände zu beschränken, die einer Wahrnehmung durch die Sinne zugänglich sind. Da die strafprozessuale Beweisaufnahme der Aufklärung zurückliegender Ereignisse dient, handelt es sich meist um vergangene Tatsachen. Von einem Zeugen kann aber auch Auskunft über gegenwärtige Tatsachen verlangt werden, die zu der aufklärenden Tat in Beziehung stehen, insbes. Tatfolgen beinhalten. Über gegenwärtige Tatsachen handelt es sich auch, wenn der Zeuge Fragen beantwortet, die seine Glaubwürdigkeit oder die Zuverlässigkeit seines Wahrnehmungsvermögens betreffen, oder wenn er Angaben bei einer Gegenüberstellung oder zur Identifizierung von Gegenständlichem oder von Örtlichkeiten macht. Der Zeuge kann zu unmittelbar schuld- und rechtsfolgenrelevanten Tatsachen ebenso vernommen worden wie zu mittelbaren Tatsachen (Indiztatsachen), aus deren Gesamtheit erst wieder die unmittelbare Tatsache bewiesen wird.[2]

Verfahrensrechtlich bedeutsam ist insbes. auch der sog. Zeuge vom Hörensagen. Bei einem solchen handelt es sich um ein unmittelbares Beweismittel, wobei der Zeuge lediglich über Tatsachen Bekundungen treffen kann, die ihm von einem anderen mitgeteilt worden sind. Als Zeugen vom Hörensagen kommen insbes. Richter, Staatsanwälte und Polizeibeamte in Betracht, die als Verhörspersonen über den Inhalt der Aussagen einer von ihnen vernommenen Person aussagen können, der Sachverständige, der im Rahmen der Erstellung seines Gutachtens sog. Zusatztatsachen wahrgenommen hat,[3] aber auch Personen, die im Auftrag des Gerichts einen Augenschein eingenommen haben und über das Ergebnis berichten können. 4243

b) Sachverständige

Sachverständige sind Beweispersonen, die vom Gericht bestellt oder auf Antrag eines Prozessbeteiligten vernommen werden, weil sie auf einem bestimmten Fachgebiet besonders sachkundig sind. Herkömmlich wird der Sachverständige als Gehilfe des Gerichts bezeichnet, und zwar insoweit, als diesem zur Entscheidung erforderliche Sachkunde auf einem Wissensgebiet fehlt.[4] Die Tätigkeit eines Sachverständigen in laufender Hauptverhandlung kann aus der Vornahme von Verrichtungen, der Bekundung von Tatsachen, der Vermittlung von Erfahrungswissen und der Erstattung von Gutachten bestehen. So kann beispielsweise ein Sachverständiger damit beauftragt sein, Eingriffe am oder im Körper eines Angeklagten vorzunehmen, ohne dass er selbst aus den Ergebnissen der Blutentnahme Schlussfolgerungen ziehen muss. Gleichzeitig kann ein Sachverständiger auch wie ein Zeuge nur über von ihm wahrgenommene Tatsachen berichten, wenn er etwa im Auftrag 4244

1) Alsberg/Nüse/Meyer, 171.
2) Zum Beweis von Zeugenaussagen allg. Kühne, NStZ 1985, 252; zum Ganzen Eisenberg, Rz. 1426 ff.; Burhoff, 6. Aufl. 2010, Rz. 1186.
3) Bei den Äußerungen eines Sachverständigen in der Hauptverhandlung unterscheidet man zwischen Befund- und Zusatztatsachen. Befundtatsachen kann der Sachverständige nur kraft seiner Sachkunde wahrnehmen, erschöpfend verstehen und beurteilen, während es für die Wahrnehmung und zum Verständnis von Zusatztatsachen keiner besonderen Sachkunde bedarf. Meistens handelt es sich bei den Zusatztatsachen um Wahrnehmungen, die außerhalb des Gutachtensauftrages eines Sachverständigen liegen, vgl. zum Ganzen Fischer in Karlsruher Kommentar, 6. Aufl. 2008, § 244 StPO Rz. 199 ff.
4) Ausf. zum Sachverständigen Alsberg/Nüse/Meyer, 207 ff.

des Gerichts einen Augenschein eingenommen hat, bei dem eine besondere Sachkunde erforderlich ist. Bei der Vermittlung von Erfahrungswissen beschränkt sich die Aufgabe des Sachverständigen darauf, dem Richter bestimmte Erfahrungssätze, Forschungsergebnisse, Erkenntnisse oder praktische Regeln aus seinem speziellen Wissensgebiet ohne Beziehung zu dem vorliegenden Straffall zu vermitteln, also ohne dass er daraus selbst irgendwelche Schlussfolgerungen auf die Beweisfrage zieht, die das Gericht selbst zu entscheiden hat.

4245 Im Steuer- und Wirtschaftsstrafverfahren kommt der Vermittlung von Erfahrungswissen und Sachkunde besondere Bedeutung zu, wenn beispielsweise der kaufmännische Sachverständige dem Gericht Sinn und Bedeutung von Fachausdrücken, Handelsbräuchen, Grundsätze geordneter Buchführung in bestimmten Betrieben, bestimmte Gepflogenheiten des Börsenhandels oder die rechtlichen Grundlagen über die Besteuerung im Ausland Auskunft geben soll.[1)]

4246 Der häufigste Fall der Sachverständigentätigkeit in laufender Hauptverhandlung ist jedoch die Anwendung des Erfahrungswissens bei der Begutachtung eines bestimmten Sachverhalts, den das Gericht entweder mitteilt, der nach § 80 StPO durch den Sachverständigen ermittelt wird oder den der Sachverständige selbst auf Grund seiner besonderen Sachkunde feststellt.[2)] Hierbei sind insbes. an Sachverständigengutachten aus dem Bereich der Medizin, der Naturwissenschaften oder speziellen Technikbereichen zu denken. Darüber hinaus ordnet die Strafprozessordnung in bestimmten Fällen zwingend die Hinzuziehung eines Sachverständigen an.[3)]

c) Urkunden

4247 Gegenstand des Urkundenbeweises sind Schriftstücke jeglicher Art, die verlesbar und geeignet sind, durch ihren (allgemein verständlichen oder durch Auslegung zu ermittelnden) Gedankeninhalt Beweis zu erbringen.[4)] Mittels des Urkundenbeweises soll der gedankliche Inhalt eines Schriftstücks zum Gegenstand der Hauptverhandlung werden, wobei zu beachten ist, dass hinsichtlich des Inhalts von Urkunden auch auf andere Beweismittel, insbes. auf Zeugen, zurückgegriffen werden kann.[5)] Der Begriff Urkunde ist nicht deckungsgleich mit Urkunde im Sinne des Strafgesetzbuchs.[6)] Auch ist nicht notwendig, dass die zu verlesende Urkunde im Original vorhanden ist. Abschriften, Durchschläge, Ablichtungen und mechanische Vervielfältigungen dürfen statt des Originals als Beweismittel verwendet werden, sofern feststeht, dass diese mit dem Original übereinstimmen. Letzteres muss allerdings im Strengbeweisverfahren festgestellt werden.[7)] Kommt es bei einer Urkunde nicht auf deren Inhalt, sondern auf ihr Vorhandensein oder ihre Beschaffenheit an, so ist dies nicht im Wege des Urkundenbeweises, sondern im Wege des Augenscheinbeweises zu ermitteln.[8)] In Steuer- und Wirtschaftsstrafverfahren spielt der Urkundenbeweis regelmäßig eine überragende Rolle, da Vertragsinhalt, Buchungsstreifen, Geschäftsbücher, Bilanzen und Steuererklärungen sowie schließlich Kontoauszüge nicht selten die unmittelbaren Beweismittel für die Frage einer Steuerhin-

1) Alsberg/Nüse/Meyer, 211.
2) Meyer-Goßner, 55. Aufl. 2012, § 72 StPO Rz. 7 m.w.N.
3) Burhoff, 6. Aufl. 2010, Rz. 767.
4) BGH v. 3.3.1977, 2 StR 390/76, BGHSt 27, 135, 136.
5) BGH v. 21.3.1985, 1 StR 417/84, NStZ 1985, 464.
6) Vgl. hierzu Fischer, 59. Aufl. 2012, § 267 StGB, Rz. 2 f.; Meyer-Goßner, 55. Aufl. 2012, § 249 StPO Rz. 3; Diemer in Karlsruher Kommentar, 6. Aufl. 2008, § 249 StPO Rz. 8.
7) Vgl. BGH v. 22.6.1994, 3 StR 646/93, NStZ 1994, 593; Meyer-Goßner, 55. Aufl. 2012, § 249 StPO Rz. 6, ist das Original jedoch vorhanden, darf sich das Gericht nicht mit Kopien begnügen.
8) BGH v. 6.5.1998, 1 StR 174/98, NStZ-RR 1999, 37.

terziehung sind, wobei die Steuerfahndung selbst diese unmittelbaren Beweismittel in ihrem Fahndungsbericht lediglich auswertet.

4248 In Durchbrechung des Unmittelbarkeitsgrundsatzes gem. § 250 StPO, der im Interesse möglichst zuverlässiger Beweisgewinnung grds. die persönliche Vernehmung von Zeugen und Sachverständigen vorsieht, kann in den eng begrenzten Ausnahmefällen der §§ 251, 253, 254, 256 StPO das persönliche Beweismittel durch Urkunden ersetzt werden. Zum einen betrifft das die Verlesung von Vernehmungsprotokollen und sonstiger Schriftstücke und zum anderen das Verlesen von Gutachten verstorbener Sachverständigen. Gemäß § 255a StPO gelten die Vorschriften der §§ 251, 252, 253 und 255 StPO für die Vorführung der Bild-Ton Aufzeichnung einer Zeugenvernehmung entsprechend. Gemäß § 247a StPO besteht für das Gericht in bestimmten Fällen die Möglichkeit, einen Zeugen audiovisuell zu vernehmen.

d) Augenscheinbeweis

4249 Der Augenscheinbeweis ist die sinnliche Wahrnehmung der Existenz, Lage oder Beschaffenheit eines Objekts. Die Beweiserhebung erfolgt mittels direkter Wahrnehmung durch das Gericht. Der Richter ist immer dann gehalten, einen Augenschein durchzuführen, wenn die Beweise anders als durch die sinnliche Wahrnehmung nicht zu erheben sind und sich das Gericht einen Eindruck von der Existenz oder äußeren Beschaffenheit eines Menschen, eines Körpers oder einer Sache verschafft, dass es die Lage von Örtlichkeiten und Gegenständen feststellt oder eine Verhaltensweise oder einen wiederholbaren Vorgang beobachtet. Keine Augenscheinseinnahme im Sinne der unmittelbaren Beweisführung ist die Besichtigung eines Gegenstands anlässlich der Beweisaufnahme in der Hauptverhandlung über die personalen Beweismittel. Werden Gegenstände, v.a. Lichtbilder, Zeichnungen, Skizzen und Modelle, als Hilfsmittel bei der Vernehmung von personalen Beweismitteln eingesetzt, so dienen sie nur dem Zweck, Fragen an Zeugen und Sachverständige zu erläutern und Aussagen und gutachterliche Äußerungen dieser Beweispersonen zu veranschaulichen. Da es sich um Vernehmungshilfen handelt, werden diese Gegenstände nicht zu Beweismitteln. Lediglich die Äußerung von Zeugen und Sachverständigen werden zum Gegenstand der Urteilsfindung.

e) Auswahl des Beweismittels

4250 Die Frage, welches der genannten Beweismittel des Strengbeweisverfahrens tatsächlich das sachnähere ist, lässt sich nicht immer ganz einfach beantworten, obwohl diese Frage insbes. revisionsrechtlich eine bedeutende Rolle spielen kann. Anhand des nachfolgenden Beispiels soll dies im Einzelnen verdeutlicht werden:

Beispiel:

Der Angeklagte G ist angeklagt, als Gesellschafter und Geschäftsführer der G GmbH im Jahre 05 betriebliche Einnahmen nicht ordnungsgemäß verbucht zu haben und hierdurch die Einkommen-, Gewerbe- und Umsatzsteuer in konkreter Höhe hinterzogen zu haben. Darüber hinaus wird G vorgeworfen, Betriebsausgaben über überhöhte Absetzungen für Abnutzung dergestalt fingiert zu haben, dass er in die Bilanz eine Maschine zum Anschaffungswert von 1 Mio. € einstellt, obwohl diese tatsächlich nur einen Anschaffungswert von 1 000 € habe.

In der Hauptverhandlung macht G zu den betrieblichen Einnahmen keine Angaben. Bezüglich des Werts der Maschine gibt er vor, dass auf Grund spezieller, firmeninterner Veredelung sich die Kapazität der Maschine entsprechend erhöht habe, so dass sich ein erhöhter Anschaffungswert ergebe.

Das Tatgericht, das über den vorliegenden Sachverhalt zu entscheiden hat, ist gehalten, die entsprechenden materiell-rechtlich notwendigen Angaben im Wege des Strengbeweises festzustellen.

Die Tatsache, dass G Geschäftsführer ist, könnte zum einen durch den Urkundenbeweis festgestellt werden. Durch Verlesung des Handelsregisterauszuges als Urkunde würde zum anderen feststehen, dass die förmlichen Bestellungsvoraussetzungen als Geschäftsführer vorliegen. Da jedoch die Eintragung ins Handelsregister für sich gesehen noch nichts darüber aussagt, ob G tatsächlich als Geschäftsführer in der Firma agierte oder ob eine andere Person als faktischer Geschäftsführer verantwortlich war, wäre das Gericht gehalten, über den Zeugenbeweis aufzuklären, welche tatsächlichen Tätigkeiten G innerhalb der GmbH ausübte. Als Zeuge würde sich beispielsweise die Sekretärin von G anbieten, die aus eigener Wahrnehmung darüber berichten könnte, mit welchen Aufgaben sich G im Rahmen seiner Tätigkeit als Geschäftsführer befasste.

Für die Frage, in welcher Höhe betriebliche Einnahmen im Jahr 05 tatsächlich der Firma zugeflossen sind, könnte sich wiederum der Urkundenbeweis anbieten. Denkbar wäre die Verlesung der Kontenblätter und Kontoauszüge, auf denen die Betriebseinnahmen der G GmbH verbucht werden. Um die objektiv falschen Erklärungen nachzuweisen, würde sich die Verlesung der dem Finanzamt vorgelegten Bilanz aufdrängen. Sofern der Akteninhalt die Beweissituation wiedergeben würde, wäre auch denkbar, die Sekretärin als Zeugin vom Hörensagen dahingehend zu vernehmen, dass sich G ihr gegenüber einmal geäußert habe, dass er Körperschaftsteuern über betriebliche Einnahmen spare, die nicht in die Bilanz mitaufgenommen werden. Ob die Bilanz tatsächlich vom Angeklagten G unterschrieben ist, könnte durch die Durchführung einer Augenscheinnahme der Unterschrift auf der Bilanz mit vergleichbaren Unterschriften des G auf anderen Dokumenten festgestellt werden. Würde sich die Identität der Unterschrift auf der Bilanz nicht zur vollen Überzeugung des Gerichts erweisen lassen, so könnte das Gericht gehalten sein, ein graphologisches Sachverständigengutachten zum Beweis der Tatsache einzuholen, dass der Angeklagte G die Bilanz tatsächlich unterschrieben hat. Die Augenscheinnahme als Vernehmungsbehelf würde sich anbieten, wenn die Sekretärin des G als Zeugin einvernommen wird, denn ihr könnte man die Unterschrift vorhalten, und sie könnte bekunden, ob die Unterschrift tatsächlich von G stammt.

Sofern es um die fingierten Betriebsausgaben über die überhöhte Absetzung für Abnutzung geht, wäre das Gericht gehalten, ein technisches Sachverständigengutachten zum Beweis der Tatsache einzuholen, dass die Maschine entgegen der Darstellung in der Bilanz nicht den Anschaffungswert von 1 Mio. €, sondern lediglich den Anschaffungswert von 1 000 € hat. Sofern die von G geltend gemachten Veredelungsleistungen ihren Ursprung in besonderen Produktionsabläufen im Betrieb haben, könnte das Gericht gehalten sein, einen außergerichtlichen Augenschein dahingehend durchzuführen, sich diese Produktionsabläufe im Einzelnen durch persönliche Wahrnehmung vor Ort zu vergegenwärtigen. Die von G behauptete Kapazitätserhöhung könnte beispielsweise durch Urkundenbeweis festgestellt werden, indem man die Fertigungsprotokolle vor und nach Anschaffung der Maschine vergleichen würde. Hierzu müssten sie im Rahmen der Hauptverhandlung verlesen werden.

f) Frage- und Erklärungsrechte

4251 Zwar obliegt die Sachaufklärung dem Grunde nach der Verhandlungsleitung des Vorsitzenden, auf Beanstandung gem. § 238 Abs. 2 StPO dem Gericht, doch stehen den übrigen Verfahrensbeteiligten in Ausprägung des Anspruchs auf rechtliches Gehör Frage und Erklärungsrechte zu. Gemäß § 240 Abs. 1 StPO hat der vorsitzende Richter der Staatsanwaltschaft, dem Angeklagten und dem Verteidiger sowie den Schöffen zu gestatten, Fragen an den Angeklagten, die Zeugen und die Sachverständigen zu stellen. Lediglich die unmittelbare Befragung eines Angeklagten durch einen Mitangeklagten ist unzulässig. Gemäß § 241 StPO kann der vorsitzende Richter ungeeignete oder nicht zur Sache gehörende Fragen zurückweisen oder im Falle eines Missbrauchs des Fragerechts dieses nach § 241 Abs. 1 StPO entziehen. Hiergegen steht das Recht zur Beanstandung zur Seite.[1)] Für die Befragung von Zeugen unter 16 Jahren enthält § 271a StPO eine besondere Regelung im Interesse eines größtmöglichen Schutzes kindlicher und jugendlicher Zeugen vor den psychischen Belastungen, die mit einer Vernehmung vor Gericht verbunden sind. Gemäß

1) Vgl. BGH v. 17.11.2000, 3 StR 389/00, StV 2001, 261 f.; Degener StV 2002, 618 m.w.N.

§ 239 StPO kann auch auf Antrag der Staatsanwaltschaft und dem Angeklagten das „Kreuzverhör" angeordnet werden, durch das das Fragerecht an die Staatsanwaltschaft und die Verteidigung übergeht, ohne dass das Gericht die Verhandlungsleitung innehat. In der Praxis wird von dieser Vorschrift so gut wie nie Gebrauch gemacht.

Gemäß § 257 Abs. 1 StPO soll nach jeder einzelnen Beweiserhebung der Angeklagte befragt werden, ob er dazu etwas zu erklären habe. Das gleiche Erklärungsrecht steht sowohl der Staatsanwaltschaft als auch dem Verteidiger gem. § 257 Abs. 2 StPO zu. **4252**

4. Beweisantragsrecht

Während der Umfang einer beabsichtigten Beweisaufnahme im Vorfeld einer Hauptverhandlung im Wesentlichen im alleinigen Regime des Gerichts, im Speziellen über die Befugnisse zur Vorbereitung der Hauptverhandlung (§§ 213 bis 225a StPO) dem vorsitzenden Richter unterliegt, der sich an der gerichtseigenen Interpretation der Aufklärungspflicht gem. § 244 Abs. 2 StPO ausrichtet, erhält ein Angeklagter über das Beweisantragsrecht in der mündlichen Verhandlung aktiv die Möglichkeit, Einfluss auf Inhalt und Umfang – eingeschränkt auch auf den Ablauf der Beweisaufnahme – nehmen zu können. **4253**

In der Dogmatik des Prozessrechts liegt die überragende Bedeutung des Beweisantragsrechts in der Durchbrechung des reinen Inquisitionsprinzips durch parteiprozessuale Elemente.[1] Die zum Antrag berechtigten Verfahrensbeteiligten können einseitig die Verfolgung bestimmter Interessen erzwingen, selbst wenn diese nicht mehr von der Leitmaxime der Amtsaufklärung her gesehen notwendig ist.[2] Die Ablehnungsgründe von Beweisanträgen sind im Gesetz in § 244 Abs. 3 bis Abs. 5 StPO sowie in § 245 Abs. 2 StPO geregelt. **4254**

In der strafprozessualen Praxis kommt dem Beweisantragsrecht tatsächlich überragende, über den reinen Zweck der Aufklärung hinausgehende Bedeutung zu. Es stellt für den Strafverteidiger ein überaus wichtiges prozesstaktisches Mittel dar, mit dessen gezieltem Einsatz die Verteidigung eines Angeklagten sowohl in tatsächlicher als auch in prozesstaktischer Hinsicht optimiert werden kann. Verkürzt dargestellt, kann ein gezielter Beweisantrag dazu genutzt werden, Sachverhalte, Äußerungen von Zeugen, Einschätzungen von Sachverständigen oder sonstige Vorgänge und Inhalte der Beweisaufnahmen schriftlich zu fixieren, um sie zum einen im Falle einer Revision zur Formulierung von Verfahrensrügen nutzen zu können.[3] Zum andern erlauben die gesetzlich festgelegten Ablehnungsgründe, das Gericht noch während laufender Hauptverhandlung zu tatsächlichen Einschätzungen des Sachverhalts sowie zu Einschätzungen einer vorläufigen Beweisbewertung und Beweisnotwendigkeiten zu zwingen. Hierdurch wird die Verteidigung oftmals erst in die Lage versetzt, die Verteidigungsstrategie noch frühzeitig zu Gunsten des Angeklagten zu ändern, um sie den aktuellen Gegebenheiten anzupassen. **4255**

Gleichzeitig enthält ein Beweisantrag der Verteidigung immer den Vorwurf gegenüber dem Gericht, es komme der Wahrheitsfindung insbes. zu Gunsten eines Angeklagten in nicht ausreichendem Maße nach und verstoße damit gegen die Amtsauf- **4256**

1) Fischer in Karlsruher Kommentar, 6. Aufl. 2008, § 244 StPO Rz. 64 f.; vgl. allg. zum Beweisantragsrecht Herdegen, NStZ 1998, 444 ff.; Herdegen, NStZ 1999, 176 ff.; Herdegen, NStZ 2000, 1 ff.

2) Fischer in Karlsruher Kommentar, 6. Aufl. 2008, § 244 StPO Rz. 64 f.

3) Oftmals sind es erst die sorgfältig formulierten und inhaltlich gut begründeten Beweisanträge, die das Rechtsmittel der Revision erfolgreich machen, da sie eine Überprüfung der Beweisaufnahme und der Beweiswürdigung in Durchbrechung des Grundsatzes „Keine Rekonstruktion der Beweisaufnahme im Revisionsverfahren" und der an sich bestehenden eingeschränkten Überprüfungskompetenz des Revisionsgerichtes ermöglichen.

klärungspflicht. Damit wird aber auch an der rechtlichen Einschätzung des Gerichts gezweifelt, womit ein erhebliches Konfliktfeld in der Hauptverhandlung entsteht. Immer dort, wo sich einseitige auf Parteiinteressen ausgerichtete Mechanismen in den gesetzlichen Regelungen finden lassen, ist der Konflikt vorprogrammiert. Nicht ohne Grund wird der Vorwurf erhoben, die missbräuchliche Ausnutzung des Beweisantragsrechts lasse die Strafprozesse ausufern und zu monströsen Veranstaltungen werden. Manche Kritiker gehen sogar so weit, dieses Institut der Verfahrenssabotage als Widerpart der Prozessökonomie abschaffen zu wollen.[1)] Vor diesem Hintergrund sah sich die Rspr. des BGH immer wieder veranlasst, korrigierend in die Beschlüsse der Tatgerichte bei Ablehnung von Beweisanträgen einzugreifen. Geradezu exemplarisch für den Konflikt formuliert der BGH in einer Entscheidung aus dem Jahre 1966,

> *„... das Beweisantragsrecht ist gerade dazu bestimmt, das Gericht zu nötigen, über das von ihm zur Aufklärung des Sachverhaltes erforderlich Gehaltene hinauszugehen ..."*[2)]

und aus prozesstaktischer Sicht zum Zeitpunkt, wann ein Beweisantrag gestellt werden muss,

> *„... Nicht der Verteidiger ist verpflichtet, einen Beweisantrag zu dem vom Gericht für angemessen gehaltenen Zeitpunkt zu stellen, sondern das Gericht ist verpflichtet, bis zum Beginn der Urteilsverkündung einen Beweisantrag entgegenzunehmen ..."*[3)]

4257 In Fällen von ausufernden Beweisanträgen zum Zwecke der Prozessverschleppungsabsicht hat der BGH, vom Bundesverfassungsgericht gebilligt, den Tatrichtern nunmehr die Möglichkeit gegeben, den Verfahrensbeteiligten eine Frist zu setzen und nach deren Ablauf gestellte Beweisanträge grundsätzlich nicht mehr durch gesonderten Gerichtsbeschluss, sondern erst in den Urteilsgründen zu bescheiden.[4)] Generell ist das Beweisantragsrecht sehr stark durch die richterliche Kasuistik geprägt und es hat sich hierdurch im Verlaufe der Jahre eine eigene Dogmatik im Beweisantragsrecht herausgebildet, die nur rudimentär, in den gröbsten Zügen, dargestellt werden kann.

a) Beweisantrag

4258 Der Beweisantrag ist rechtlich von dem Beweisermittlungsantrag und von der bloßen Beweisanregung zu unterscheiden. Diese Unterscheidung hat deshalb besondere Bedeutung, da nur der formell rechtmäßige und zulässige Beweisantrag verbeschieden werden muss, während der Beweisermittlungsantrag und die Beweisanregung nur Bedeutung im Rahmen der Aufklärungspflicht des Gerichts haben können.

4259 Der Beweisantrag ist das ernsthafte, unbedingte oder an eine Bedingung geknüpfte Verlangen, über eine die Schuld oder Rechtsfolgenfrage betreffende Behauptung durch bestimmte nach der Strafprozessordnung zulässige Beweismittel Beweis zu erheben.[5)]

---

1) Zum Stand der Überlegungen für eine Reform des Strafprozesses und zu den Ergebnissen einer Studie des Justizministeriums zu den Ursachen überlanger Strafprozesse Däubler-Gmelin, StV 2001, 359. Bemerkenswert an dieser Stelle ist, dass nach der dort zitierten Studie Beweisanträge der Verteidigung nur eine völlig untergeordnete Rolle für die überlange Verfahrensdauer von Strafprozessen spielen.
2) BGH v. 3.8.1966, 2 StR 242/66, BGHSt 21, 118 ff., 123.
3) BGH v. 3.8.1966, 2 StR 242/66, BGHSt 21, 118 ff., 124.
4) BGH v. 14.6.2005, 5 StR 129/05, NJW 2005, 2466 ff.; v. 19.6.2007, 3 StR 149/07, NStZ 2007, 716; v. 23.9.2008, 1 StR 484/08, NJW 2009, 605 ff.; v. 10.11.2009, 1 StR 162/09, NStZ 2010, 161 f.; BVerfG v. 6.10.2009, 2 BvR 2580/08, NJW 2010, 592 ff.; weiterführend Bünger, NJW 2006, 305 ff.; Jahn, StV 2009, 663, 665.
5) St. Rspr. seit BGH v. 23.1.1951, 1 StR 37/50, BGHSt 1, 29 ff.; vgl. Fischer in Karlsruher Kommentar, 6. Aufl. 2008, § 244 StPO Rz. 67 m.w.N.

Der Beweisermittlungsantrag ist ein „Minus" gegenüber dem Beweisantrag, regelmäßig fehlt beim ihm eine der Voraussetzungen für einen formellen Beweisantrag, wie beispielsweise die konkrete Angabe der Beweistatsache oder des Beweismittels.[1] Ein solcher Antrag stellt meistens nur den Wunsch dar, dass eine bestimmte Beweistatsache (erst noch) ermittelt wird durch Auffinden der geeigneten Verteidigungsmittel.[2] Er unterfällt nicht dem Beschlusserfordernis des § 244 Abs. 6 StPO, enthebt das Gericht mithin einer Begründung bei einer Ablehnung. 4260

Die Beweisanregung ist wiederum ein „Minus" zum Beweisermittlungsantrag. Sie ist ein Vorschlag für eine bestimmte Form der Beweisaufnahme, z.B. Gegenüberstellung von Zeugen, Ortsbegehung oder -besichtigung, Wiederholung einer Beweiserhebung. Sie unterliegt keiner Form und muss vom Gericht nicht gem. § 244 Abs. 6 StPO verbeschieden werden. 4261

Der Beweisantrag unterliegt inhaltlich strengen Voraussetzungen.[3] Er muss eine bestimmte Beweistatsache oder -behauptung enthalten und das Beweismittel benennen. Ob diese Voraussetzungen in jeden Einzelfall gegeben sind, dazu hat sich eine umfangreiche Kasuistik entwickelt,[4] an der sich der Angeklagte mit Unterstützung seines Verteidigers orientieren kann. Auf jeden Fall hat sich der Beweisantrag schon bei der Formulierung an den Ablehnungsgründen des § 244 Abs. 3 bis 5 StPO auszurichten. Die formalen Anforderungen nach einer so konkret wie möglich bezeichnete Beweistatsache, die bestimmt, unter Benennung eines gesetzlich zulässigen Beweismittels behauptet werden muss, führen in der Praxis nicht selten dazu, dass allein aus der Behauptung der Beweistatsache und Benennung des gesetzlich zulässigen Beweismittels nicht immer klar erkennbar ist, welches übergeordnete Beweisthema verfolgt wird. Dieser Folge aus den formalen Voraussetzungen an den Beweisantrag muss mit einer sorgfältigen inhaltlichen Begründung begegnet werden, die das Gericht bei der Auslegung und Interpretation des mit dem Antrag verfolgten Beweisziels zu beachten hat.[5] Es sind die Anknüpfungstatsachen so genau zu benennen, dass das Gericht in die Lage versetzt wird, die ganze Tragweite des Beweisthemas ohne jede Einengung, Umdeutung oder sonstige Änderung ihres Sinngehalts beurteilen zu können. Bei mehreren Interpretationsmöglichkeiten ist der der Vorzug zu geben, die zur Beweiserhebung führt. Keinesfalls darf das Gericht von im Beweisbegehren nicht erwähnten Möglichkeiten ausgehen, durch welche die Beweisbehauptung bedeutungslos würde.[6] 4262

Der Beweisantrag wird in der Hauptverhandlung grds. mündlich gestellt. Es ist üblich und empfehlenswert, den Beweisantrag schriftlich vorzubereiten und nach Verlesung als Anlage zu Protokoll zu reichen. Gemäß § 257a StPO kann das Gericht dem Verteidiger aufgeben, einen Beweisantrag schriftlich zu stellen.[7] 4263

Um dem **Missbrauch des Beweisantragsrechts** durch Scheinbeweisanträge oder so genannte Pseudobehauptungen vorzubeugen, werden neuerdings einschränkende Mindestvoraussetzungen für einen Beweisantrag propagiert. Die Beweisbehauptung soll zumindest eine faktische oder argumentative (aus Fakten, Anhaltspunk- 4264

1) Burhoff, 6. Aufl. 2010, Rz. 308a; BGH v. 12.1.1995, 4 StR 757/94, StV 1995, 247.
2) Meyer-Goßner, 55. Aufl. 2012, § 244 StPO Rz. 25; zur Abgrenzung Beweis- und Beweisermittlungsantrag BGH v. 6.7.1993, 5 StR 279/93, BGHSt 39, 251; v. 8.12.1993, 3 StR 446/93, BGHSt 40, 3; v. 10.11.1992, 5 StR 474/92, NJW 1993, 867; BayObLG v. 13.4.1995, 4St RR 65/95, NJW 1996, 331; Burhoff, 6. Aufl. 2010, Rz. 308 f. mit weiteren Beispielen und Nachweisen.
3) Hierzu Fischer in Karlsruher Kommentar, 6. Aufl. 2008, § 244 StPO Rz. 69 ff.; Hamm, StV 1993, 455.
4) Hierzu Fischer in Karlsruher Kommentar, 6. Aufl. 2008, § 244 StPO Rz. 64 ff.; Hamm, StV 1993, 455.
5) Fischer in Karlsruher Kommentar, 6. Aufl. 2008, § 244 StPO Rz. 77 f.
6) Fischer in Karlsruher Kommentar, 6. Aufl. 2008, § 244 StPO Rz. 78 m.w.N.
7) Krit. zu dieser Regelung Dahs, NJW 1995, 553, 556.

ten) abgeleitete Grundlage haben.[1] Demgegenüber neigt die Rspr. vorsichtig und behutsam dem Erfordernis der **Konnexität** beim Zeugenbeweis zu.[2] Danach liegt ein Beweisantrag nicht vor, wenn kein Konnex zwischen Beweistatsache und Beweismittel erkennbar ist, so dass das Gericht die Ablehnungsgründe der Bedeutungslosigkeit oder der völligen Ungeeignetheit des Beweismittels nicht in vollem Umfang zu prüfen vermag. **Konnexität** bedeutet also, dass das Beweisbegehren erkennen lassen muss, weshalb der Zeuge überhaupt etwas zu dem Beweisthema bekunden können soll.[3] Ein aufs „Geradewohl ins Blaue" hinein, zum Schein gestellter Beweisantrag liegt jedoch noch nicht deshalb vor, weil die bisherige Beweisaufnahme keine Anhaltspunkte für die Richtigkeit der Beweisbehauptung ergeben hat.[4]

b) Ablehnungsgründe des § 244 Abs. 3 bis Abs. 5 StPO

4265 Nach § 244 Abs. 3 Satz 1 StPO kann ein Beweisantrag abgelehnt werden, wenn er unzulässig ist. Unzulässig ist ein Beweisantrag, wenn die Beweiserhebung nur durch Einsatz eines gesetzlich nicht zugelassenen Beweismittels möglich ist, das verfolgte Beweisthema nicht Gegenstand der Beweisaufnahme sein kann oder ein verfahrensfremder Zweck verfolgt wird.[5]

4266 Nach § 244 Abs. 3 Satz 2 StPO darf ein Beweisantrag zum einen bei Offenkundigkeit,[6] bei Bedeutungslosigkeit[7] oder wegen Erwiesenseins der Beweistatsache,[8] zum anderen bei völliger Ungeeignetheit oder Unerreichbarkeit[9] des Beweismittels oder schließlich wegen Prozessverschleppung[10] abgelehnt werden. Darüber hinaus hat das Gericht die Möglichkeit eine behauptete Beweistatsache als wahr zu unterstellen, so dass die beantragte Beweiserhebung entbehrlich wird.[11]

---

1) Herdegen, StV 1990, 518 f.; Becker in Löwe-Rosenberg, 26. Aufl. 2010, § 244 StPO Rz. 111 ff.
2) Vgl. BGH v. 14.8.2008, 3 StR 181/08, NStZ 2009, 171; v. 22.8.2008, 2 StR 195/08, NStZ 2008, 708; v. 10.6.2008, 5 StR 38/08, NStZ 2009, 49 ff. mit Anm. hierzu: Sturm, StraFo 2009, 407 ff.; Senge, NStZ 2002, 225, 229 m.w.N.; umfassend: Becker in Löwe-Rosenberg, 26. Aufl. 2010, § 244 StPO Rz. 111 ff.; Jahn StV 2009, 663.
3) Vgl. BGH v. 29.2.2000, 1 StR 33/00, NStZ 2000, 437 f.; v. 23.10.1997, 5 StR 317/97, NStZ 1998, 97 f.
4) Vgl. BGH v. 17.9.1982, 2 StR 139/82, NJW 1983, 126 f.; krit. Becker in Löwe-Rosenberg, 26. Aufl. 2010, § 244 StPO Rz. 114.
5) Meyer-Goßner, 55. Aufl. 2012, § 244 StPO Rz. 49; Michel, MdR 1992, 1026.
6) BGH v. 14.7.1954, 6 StR 180/54, BGHSt 6, 292; v. 16.11.1993, 1 StR 193/93, NStZ 1994, 140; v. 15.3.1995, 2 StR 702/94, StV 1995, 339; Becker in Löwe-Rosenberg, 26. Aufl. 2010, § 244 StPO Rz. 203 ff.
7) BGH v. 16.3.1990, 2 StR 51/90, StV 1990, 291; v. 27.3.1990, 1 StR 13/90, StV 1990, 340; v. 15.11.1993, 5 StR 639/93, StV 1994, 62; v. 19.3.1993, 2 StR 652/92, StV 1994, 357; OLG Frankfurt v. 10.8.1994, 2 Ss 203/94, StV 1995, 346; Herdegen, NStZ 1997, 505; Loos, JR 1998, 118; Wohlers, StV 1997, 570; Becker in Löwe-Rosenberg, 26. Aufl. 2010, § 244 StPO Rz. 216 bis 227.
8) Becker in Löwe-Rosenberg, 26. Aufl. 2010, § 244 StPO Rz. 228 f.
9) Vgl. Übersicht in Pfeiffer/Miebach, NStZ 1983, 211; BGH v. 18.1.1989, 2 StR 564/88; StV 1989, 190; v. 2.8.1989, 2 StR 723/88, StV 1989, 467 f.; v. 7.1.1993, 4 StR 588/92, StV 1993, 234; v. 15.9.1994, 1 StR 424/94, NStZ 1995, 45; v. 13.3.1997, 4 StR 45/97, StV 1997, 338; v. 12.6.1997, 5 StR 58/97, StV 1997, 567; Herdegen, NStZ 1997, 505; zur Unerreichbarkeit Eisenberg, StV 1993, 624; Lesch, StV 1995, 542; Becker in Löwe-Rosenberg, 26. Aufl. 2010, § 244 StPO Rz. 230 bis 264.
10) BGH v. 3.8.1988, 2 StR 360/88, StV 1989, 234; v. 8.7.1992, 3 StR 2/92, NStZ 1992, 551; v. 12.6.1997, 5 StR 58/97, NJW 1997, 2762 = NStZ 1998, 207, Becker in Löwe-Rosenberg, 26. Aufl. 2010, § 244 StPO Rz. 265 ff.
11) BGH v. 4.5.1951, 4 StR 216/51, BGHSt 1, 137 ff.; v. 3.11.1993, 2 StR 434/93, StV 1994, 114; v. 19.3.1993, 2 StR 652/92, StV 1994, 357; v. 14.9.1994, 4 StR 451/94, StV 1995, 5; v. 8.2.1996, 4 StR 776/95, StV 1996, 363; Becker in Löwe-Rosenberg, 26. Aufl. 2010, § 244 StPO Rz. 288 ff.

Offenkundige gleichgestellt mit **allgemein- oder gerichtskundigen** Tatsachen entheben das Gericht von der Beweiserhebungspflicht. Allgemeinkundig sind Tatsachen und Erfahrungssätze, von denen verständige und erfahrene Menschen regelmäßig ohne Weiteres Kenntnis haben oder über die sie sich aus allgemein zugänglichen Quellen unschwer unterrichten können. Gerichtskundig sind Tatsachen und Erfahrungssätze, die der Richter bei seiner amtlichen Tätigkeit zuverlässig in Erfahrung gebracht hat.[1] **4267**

Bedeutungslos ist eine Beweistatsache, wenn aus rechtlichen oder tatsächlichen Gründen ein Zusammenhang mit der durch den Anklagesatz umgrenzten Tat nicht besteht. Bedeutungslos ist aber auch die Tatsache, die trotz eines Zusammenhangs nicht geeignet ist, die Entscheidung irgendwie zu beeinflussen.[2] **4268**

Wegen **Unerreichbarkeit des Beweismittels** wird ein Beweisantrag abgelehnt, wenn sich das Gericht erfolglos um seine Heranziehung bemüht hat und keine begründete Aussicht besteht, dass es in absehbarer Zeit beigebracht werden kann. Dabei müssen die Bedeutung des Beweismittels und das Beschleunigungsgebot gegeneinander abgewogen werden. Die Aufklärungspflicht verlangt vom Gericht, dass es im Rahmen seiner rechtlichen und tatsächlichen Möglichkeiten selbst Initiative entwickelt, erkennbare Ermittlungsmöglichkeiten sieht und ihnen nachgeht.[3] Handelt es sich um einen wesentlichen Zeugen und ist dieser trotz aller Bemühungen des Gerichts unerreichbar, ist auch die vorläufige Einstellung in analoger Anwendung des § 205 StPO in jeder Lage des Verfahrens möglich und ggf. wegen der Aufklärungspflicht des Gerichts sogar geboten.[4] **4269**

Ein **Ablehnungsgrund wegen völliger Ungeeignetheit** des Beweismittels liegt vor, wenn seine Verwendung zur Sachaufklärung nichts beizutragen vermag, so dass die Beweiserhebung auf eine bloße Verzögerung des Verfahrens hinausliefe. Dieser Fall liegt vor, wenn es objektiv unmöglich oder nach der sicheren Lebenserfahrung ausgeschlossen ist, dass die mit ihm unter Beweis gestellte Tatsache bewiesen oder Einfluss auf die Überzeugungsbildung des Gerichts erreicht wird, weil auf Grund des Ergebnisses der Beweisaufnahme die Beweisbehauptung wenigstens möglicherweise oder wahrscheinlich als zutreffend erscheint.[5] Ein auf **Prozessverschleppung** gerichteter Beweisantrag liegt vor, wenn durch diesen indiziell der Eindruck beim Gericht erweckt wird, der Antragsteller bezwecke nicht eine auf den Nachweis seiner Behauptung dienende Beweiserhebung, sondern ziele auf eine sachwidrige Verfahrensverzögerung ab.[6] Die Anforderungen an die Beweisanzeichen, auf die sich das Gericht bei seiner Bewertung stützen darf, sind ebenso hoch wie das tatsächliche Vorliegen einer Verschleppungsabsicht. So schließt beispielsweise eine schikanöse Prozessführung ernst gemeinte Beweisanträge genauso wenig aus wie eine inkonsequente Verteidigungsstrategie.[7] **4270**

1) Meyer-Goßner, 55. Aufl. 2012, § 244 StPO Rz. 51 f.

2) Meyer-Goßner, 55. Aufl. 2012, § 244 StPO Rz. 54; BGH v. 12.2.2003, 1 StR 501/02, StV 2003, 316 f.; v. 4.10.2006, 2 StR 297/06, NStZ-RR 2007, 52.

3) Meyer-Goßner, 55. Aufl. 2012, § 244 StPO Rz. 62 ff.; Fischer in Karlsruher Kommentar, 6. Aufl. 2008, § 244 StPO Rz. 156 ff., jeweils m.w.N.; BGH v. 2.8.1989, 2 StR 723/88, StV 1989, 467 f., v. 25.4.2002, 3 StR 506/01, StV 2002, 407 f. Ggf. muss im Wege des Freibeweises zunächst geklärt werden, ob etwa ein Auslandszeuge Sachdienliches zur Beweisfrage beitragen kann, vgl. BGH v. 28.1.2003, 4 StR 540/02, StV 2003, 317 f.

4) Meyer-Goßner, 55. Aufl. 2012, § 205 StPO Rz. 8; hiergegen die h.M., Schneider in Karlsruher Kommentar, 6. Aufl. 2008, § 205 StPO Rz. 16 m.w.N.

5) Meyer-Goßner, 55. Aufl. 2012, § 244 StPO Rz. 58; Fischer in Karlsruher Kommentar, 6. Aufl. 2008, § 244 StPO Rz. 149; vgl. Übersicht in Pfeiffer/Miebach, NStZ 1983, 211.

6) Fischer in Karlsruher Kommentar, 6. Aufl. 2008, § 244 StPO Rz. 175 ff.; BGH v. 15.2.1990, 4 StR 658/89, StV 1990, 391. Eine Prozessverschleppung liegt nur vor, wenn zweifelsfrei nachgewiesen ist, dass Beweiserhebung nichts Sachdienliches erbringen kann, OLG Köln v. 20.4.2000, Ss 166 – 167/00, StV 2002, 238.

7) BGH v. 7.12.1979, 3 StR 299/79 (S), BGHSt 29, 149 ff., 152.

4271 Der **Ablehnungsgrund wegen Erwiesenseins** der Tatsache oder die Ablehnung des Beweisantrags mittels einer Sachbehandlung als „wahr" haben die gleichen Rechtsfolgen. Die unter Beweis gestellte Tatsache ist zum Inbegriff der Hauptverhandlung geworden und muss, wenn bestimmend, für die Urteilsfindung, vom Gericht berücksichtigt werden (§ 261 StPO). Bei Erwiesensein der Beweistatsache enthält der Ablehnungsgrund eine Wissenserklärung, dass eine bestimmte Tatsache nach Überzeugung des Gerichts feststeht. Das Gericht spricht aus, was es zu wissen glaubt. Auch belastende Tatsachen können erwiesen sein.[1)] Im Gegensatz dazu ist die Ablehnung durch Wahrunterstellung eine Willenserklärung des Gerichts: Die Beweistatsache soll ohne Rücksicht auf Wahrheit und Beweisbarkeit als gegeben erachtet werden und darf sich nur auf entlastende Tatsachen beziehen, die auch nur als solche im Urteil Berücksichtigung finden dürfen.[2)] Insofern ist die Wahrunterstellung besonders geeignet, ein für einen Angeklagten günstiges Beweisergebnis zu sichern.[3)] Die Möglichkeit der **Wahrunterstellung** wird wiederum durch die Amtsaufklärungspflicht des Gerichts begrenzt.[4)]

4272 § 244 Abs. 4 StPO ergänzt die Ablehnungsmöglichkeiten des § 244 Abs. 3 StPO für Anträge, die auf **Einholung eines Sachverständigenbeweises** gerichtet sind, wobei die Besonderheiten dieses Beweismittels berücksichtigt werden. Besitzt das Gericht eigene Sachkunde, so bedarf es nicht der Hilfe eines Sachverständigen, der diese Sachkunde dem Gericht verschaffen soll, so dass die Beweiserhebung aus Sicht des Gerichts überflüssig ist und der Beweisantrag deshalb abgelehnt werden kann (§ 244 Abs. 4 Satz 1 StPO). Der Antrag auf Einvernahme eines weiteren Sachverständigen kann durch das Gericht nach § 244 Abs. 4 Satz 2 StPO mit dem Einwand, das Gegenteil der behaupteten Tatsache sei bereits erwiesen, abgelehnt werden, was häufig der Fall ist, wenn bereits ein Sachverständiger sein Gutachten erstattet hat und zu einem Ergebnis gelangt ist. Dies gilt nicht, wenn an der Sachkunde, an den tatsächlichen Voraussetzungen, gezweifelt werden kann, wenn das Sachverständigengutachten Widersprüche enthält oder der neue Sachverständige über überlegene Forschungsmittel verfügt.[5)]

4273 § 244 Abs. 5 StPO enthält in Satz 1 Regelungen für den beantragten **Augenscheinbeweis**, in Satz 2 eine Sonderregelung für die Anträge auf Vernehmung eines Auslandszeugen, um diese besonders aufwendigen Arten der Beweisaufnahme im Interesse der Prozessökonomie, wenn auch unter Beachtung der umfassenden Aufklärungspflicht, leichter abweisen zu dürfen. Die Begründungserfordernisse des § 244 Abs. 3 StPO werden für diese Fälle gelockert.

c) Präsente Beweismittel

4274 Im weiteren Sinne dem Beweisantragsrecht wird auch die Regelung des § 245 StPO zuzuordnen sein, der sich ausweislich seiner amtlichen Überschrift mit dem Umfang der Beweisaufnahme befasst. Die Vorschrift erhält für die Hauptverhandlung ihre wesentliche Bedeutung, weil sie in Absatz 2 inhaltlich den Umgang des Gerichts mit präsenten Beweismitteln regelt.[6)]

---

1) Fischer in Karlsruher Kommentar, 6. Aufl. 2008, § 244 StPO Rz. 148; Meyer-Goßner, 55. Aufl. 2012, § 244 StPO Rz. 57.
2) Fischer in Karlsruher Kommentar, 6. Aufl. 2008, § 244 StPO Rz. 185; Meyer-Goßner, 55. Aufl. 2012, § 244 StPO Rz. 70 f.
3) Burhoff, 6. Aufl. 2010, Rz. 269 m.w.N. Vgl. BGH v. 6.6.2002, 1 StR 33/02, StV 2002, 641 f.
4) BGH v. 4.6.1996, 4 StR 242/96, StV 1996, 647; v. 7.11.2002, 3 StR 216/02, StV 2003, 150.
5) Vgl. zu den Einzelheiten Fischer in Karlsruher Kommentar, 6. Aufl. 2008, § 244 StPO Rz. 202 ff.; BGH v. 25.3.1994, 2 StR 102/94, StV 1994, 358; v. 7.7.1999, 1 StR 207/99, NStZ 1999, 630 ff.
6) Witting, StV 1998, 174.

Präsente Beweismittel sind solche, die dem Gericht förmlich in der Hauptverhandlung präsentiert werden und somit ohne weitere Schwierigkeiten für eine Beweiserhebung sofort zur Verfügung stehen, die zuvor indes mit einen darauf gerichteten Beweisantrag beantragt werden muss. Einen solchen Antrag kann das Gericht nur unter wesentlich engeren Voraussetzungen als einen Antrag auf Ausschöpfung eines Beweismittels, dass erst noch förmlich vom Gericht herbeigeschafft werden muss, zurückweisen. **4275**

Hintergrund dieser Vorschrift ist der Gedanke, dass auch die weiteren Verfahrensbeteiligten Einfluss auf den Umfang der Beweisaufnahme sollen nehmen können und durch die Herbeischaffung Sorge dafür tragen können, dass das Gericht das Beweismittel auch gebraucht. Gerade der Gebrauch eines entgegen der Anschauung des Gerichts herbeigeschafften Beweismittels kann unerwartet ein Ergebnis haben, das so nicht vorherzusehen war, das erheblich ist oder noch mehr zu Gunsten des Angeklagten wirkt als das, was für wahr und unwiderlegbar erachtet worden ist.[1)] **4276**

Für die Anwendung des § 245 Abs. 2 StPO ist für einen Angeklagten und seine Verteidigung Folgendes zu beachten: **4277**

Der Angeklagte kann die Ladung eines Zeugen oder Sachverständigen als Beweismittel nur mit Hilfe des Gerichtsvollziehers bewirken (§ 38 StPO).[2)] Andernfalls werden präsentierte Beweismittel als sog. gestellte Beweismittel behandelt, die nicht unter § 245 Abs. 2 StPO fallen.[3)] Der Verteidiger muss einen den inhaltlichen Anforderungen des § 244 Abs. 3 StPO entsprechenden Beweisantrag stellen.[4)] Für diesen gilt grds. der Katalog der Ablehnungsgründe des § 244 Abs. 3 und 4 StPO mit Ausnahme der Ablehnungsmöglichkeiten einer Unerheblichkeit der Beweistatsache, Wahrunterstellung und eigener Sachkunde des Gerichts. Die Einvernahme eines Sachverständigen darf nicht wegen Offenkundigkeit oder Erwiesenseins des Gegenteils abgelehnt werden. § 244 Abs. 4 Satz 2 StPO gilt nicht für präsente Sachverständige. Für den Antrag auf Einnahme eines Augenscheins an einem präsenten Objekt gilt § 244 Abs. 5 StPO jedoch nicht. Er kann nur unter den Voraussetzungen des § 244 Abs. 3 StPO abgelehnt werden. Für Urkunden und Augenscheinsobjekte gelten keine gesetzlichen Sonderregelungen. Hier genügt es, wenn sie zur Hauptverhandlung gebrauchsfähig vorliegen.[5)]

In der Verteidigungspraxis ist die Anwendung des § 245 Abs. 2 StPO meist das letzte Mittel, mit dem es dem Angeklagten und seiner Verteidigung gelingen kann, eine Beweiserhebung des Gerichts zu erzwingen, obwohl es einen zuvor gestellten Beweisantrag wegen Unerheblichkeit, Offenkundigkeit des Gegenteils oder wegen Unerreichbarkeit abgelehnt hat. **4278**

Für die Durchführung eines Zeugenbeweises kann der Verteidiger einen zuvor abgelehnten Beweisantrag erneut stellen, wenn der Zeuge jetzt präsent ist. In diesen Fällen handelt es sich nicht um die bloße Wiederholung, sondern um einen neuen, selbständigen Beweisantrag, über den nun unter Berücksichtigung der Vor- **4279**

1) RG v. 8.6.1931, II 511/31, RGSt 65, 304, 305.

2) Für die Staatsanwaltschaft besteht die Möglichkeit, auch ohne den Einsatz des Gerichtsvollziehers entgegen § 38 StPO zu laden. Zur Selbstladung eines Sachverständigen BGH v. 24.7.1997, 1 StR 214/97, NStZ 1998, 93.

3) Fischer in Karlsruher Kommentar, 6. Aufl. 2008, § 245 StPO Rz. 24; Becker in Löwe-Rosenberg, 26. Aufl. 2010, § 245 StPO Rz. 44 jeweils m.w.N.; zu den Einzelheiten und Voraussetzungen des Selbstladungsrechts durch den Angeklagten und seinen Verteidiger Burhoff, 6. Aufl. 2010, Rz. 683 ff.

4) Fischer in Karlsruher Kommentar, 6. Aufl. 2008, § 245 StPO Rz. 26.

5) Fischer in Karlsruher Kommentar, 6. Aufl. 2008, § 245 StPO Rz. 25; BGH v. 21.7.1994, 1 StR 83/94, StV 1994, 521, 524; v. 21.12.1992, 5 StR 523/92, StV 1993, 235.

aussetzungen des § 245 Abs. 2 StPO zu entscheiden ist.[1] Der Beweisantrag auf Vernehmung eines jetzt präsenten Sachverständigen kann ebenso wiederholt werden. Ein solcher Antrag kann jetzt nicht mehr wegen eigener Sachkunde des Gerichts oder der Behauptung, das Gegenteil der Tatsache sei auf Grund eines bereits erstatteten Gutachtens bewiesen, abgelehnt werden.[2] Hinzu kommt, dass der Angeklagte und sein Verteidiger den präsenten Sachverständigen auswählen kann. Der präsente Sachverständige ist sicherlich der häufigste Anwendungsfall des § 245 Abs. 2 StPO in der Praxis. Gelangt beispielsweise der vom Gericht beauftragte kaufmännische Sachverständige zu Ergebnissen, die aus Sicht des Angeklagten falsch sind, so kann er die Feststellungen meistens nur unter Vorlage eines neuen Sachverständigengutachtens und Präsentierung des Sachverständigen effektiv angreifen. Gerade in unserem Beispiel, wo es um steuerrechtliche Bewertungsfragen von Wirtschaftsgütern geht, erlebt man bei der Beurteilung durch verschiedene Sachverständige so manche Überraschung, die nicht selten die gesamten Tatvorwürfe in sich zusammenbrechen lassen.

IV. Schlussvorträge/Plädoyer

4280 Werden von den Verfahrensbeteiligten am Ende der Beweisaufnahme keine weiteren Feststellungen mehr gewünscht, keine (weiteren) Beweisanträge mehr gestellt, so schließt der Vorsitzende die Beweisaufnahme. Nach § 258 StPO erhalten Staatsanwaltschaft und Verteidigung Gelegenheit zu ihren Schlussvorträgen. Im Anschluss daran wird der Angeklagte befragt, ob er noch etwas zu seiner Verteidigung vorbringen möchte und er erhält überdies die Gelegenheit **zum letzten Wort**.

4281 Der Sitzungsvertreter der Staatsanwaltschaft ist verpflichtet, ein Plädoyer zu halten und die Schlussanträge stellen, d.h., welche Strafe nach Vorstellung der Anklagebehörde als angemessene Sanktion angesehen wird. Andernfalls ist ein Antrag auf Freispruch zu stellen. Der Verteidiger kann zwar nicht gezwungen werden, ein Plädoyer zu halten, die Weigerung führt verfahrensrechtlich jedoch dazu, dass er in der Hauptverhandlung als nicht mehr anwesend gilt. Liegt ein Fall der notwendigen Verteidigung vor, darf die Hauptverhandlung nur fortgesetzt werden, wenn der Angeklagte einen neuen Verteidiger hat. Notfalls muss die gesamte Hauptverhandlung einschließlich der Beweisaufnahme wiederholt werden.[3]

4282 Inhaltlich hat sich der Schlussvortrag aus tatsächlicher Sicht mit den für und wider den Angeklagten sprechenden Umständen zu befassen, wie sie sich am Ende der Beweisaufnahme darstellen. Während sich der Vertreter der Anklagebehörde objektiv und unvoreingenommen äußern soll, kann der Verteidiger einseitig die zu Gunsten des Angeklagten sprechenden Gesichtspunkte besonders hervorheben. Er darf sich hierbei aber nur auf Tatsachen und Beweisergebnisse stützen, die Gegenstand der Hauptverhandlung waren und überdies keinem Beweisverwertungsverbot unterliegen. Kennt der Verteidiger die Schuld des Angeklagten, darf er gleichwohl einen Antrag auf Freispruch stellen, ohne dass er seine Wahrheitspflicht gegenüber dem Gericht verletzt. Schließlich kann der Verteidiger im Plädoyer auch noch sog. Hilfsbeweisanträge oder Eventualbeweisanträge stellen, deren Nutzen allerdings umstritten ist.[4]

4283 Bestehen aus rechtlicher Sicht Einwände gegen eine Schuld des Angeklagten oder ist der Sachverhalt anders als nach Auffassung der Staatsanwaltschaft oder des

1) Becker in Löwe-Rosenberg, 26. Aufl. 2010, § 245 StPO Rz. 52.
2) Meyer-Goßner, 55. Aufl. 2012, § 245 StPO Rz. 22.
3) Vgl. zu den Konsequenzen für den sich weigernden Verteidiger § 145 Abs. 2 StPO. Auch standesrechtlich kann die Weigerung geahndet werden.
4) Gatzweiler/Mehle, Rz. 278 m.w.N.

Gerichts einzuordnen, so sind diese Gesichtspunkte vorzubringen. In der Regel kennt der Verteidiger und der Angeklagte den rechtlichen Standpunkt des Gerichts, sei es durch den Eröffnungsbeschluss, sei es durch rechtliche Hinweise des Gerichts nach § 265 Abs. 1 oder Abs. 2 StPO in der Hauptverhandlung.[1] Ist die Bestrafung des Angeklagten sicher, so sollte sich das Plädoyer schwerpunktmäßig mit den für den Angeklagten sprechenden Gesichtspunkten bei der Strafzumessung befassen.

In der Verfahrenswirklichkeit kann man selbst mit einem noch so rhetorisch brillan- 4284
ten Plädoyer am Ausgang des Verfahrens zumeist nichts Entscheidendes mehr ändern. Die Weichen für den Ausgang des Verfahrens werden i.d.R. durch die Einlassung und während der Beweisaufnahme gestellt. In einem geschickten Plädoyer lassen sich jedoch noch einmal die Verteidigungsstrategie und die einer Verurteilung entgegenstehenden prozessualen Gesichtspunkte akzentuiert hervorheben. Die Winkelzüge des Prozessrechts sind gerade den beisitzenden Schöffen als Laienrichter nicht immer vertraut und nachvollziehbar, zumal sie nicht selten auch von den Berufsrichtern nur zögerlich und mit Unbehagen angewandt werden und vielfach erst mit Hilfe des Rechtsmittels der Revision durchgesetzt werden können. Das Plädoyer ermöglicht es dem Verteidiger, den hinter dem Prozessrecht stehenden Sinn und Zweck nachvollziehbar darzulegen. Zudem zeigt die Erfahrung, dass es immer hilfreich ist, offensiv auf die belastenden Tatsachen auch im Plädoyer – sei es in einem Zugestehen der Ausführungen der Staatsanwaltschaft – einzugehen. „Drückt" man sich hiervor, droht die Gefahr, dass auch die Verteidigungsansätze während der Hauptverhandlung relativiert werden. Es hat sich bewährt, damit zu beginnen *„Es ist ja richtig, dass der Angeklagte .... Aber gleichwohl ist sich der Sachverhalt aus tatsächlichen Gründen (Alt: aus rechtlichen Gründen) anders zu bewerten"*.

Der Angeklagte hat seinerseits die Möglichkeit eines Schlussvortrags. Ob er diese 4285
Möglichkeit tatsächlich in Anspruch nimmt, wird in jedem Einzelfall zu entscheiden sein. Hat der Angeklagte einen Verteidiger, so sollte der Inhalt des Schlussvortrags sorgfältig abgesprochen sein. Gleiches gilt für das letzte Wort. Auch hier gilt: Ist etwa die tatsächliche Beweislage schwierig und kommt es auf die Glaubwürdigkeit der Einlassung des Angeklagten an, um so bedeutsamer kann auch das letzte Wort in einem Verfahren werden. Hin und wieder ist es doch das „Zünglein an der Waage".

V. Urteil

Nach § 260 Abs. 1 StPO muss nach den Schlussvorträgen und dem letzten Wort eine 4286
Beratung des Urteils stattfinden, die geheim erfolgt. Im Anschluss daran kann das Urteil sofort oder in einem gesondert anberaumten Verkündungstermin verkündet werden (§ 268 StPO). Die Urteilsformel ist schriftlich niederzulegen und wird vom Vorsitzenden in der Hauptverhandlung entweder in freier Rede oder durch Verlesung dem Angeklagten mitgeteilt. Die **Urteilsgründe** müssen demgegenüber noch nicht schriftlich fixiert werden. In mündlicher Verhandlung werden dem Angeklagten i.d.R. nur die bestimmenden Gründe eröffnet. Urteilsbegleitende Entscheidungen wie die Aussetzung der Strafe oder einer Maßregel zur Bewährung, Anordnung oder Aufhebung der Untersuchungshaft und die Entscheidung über die Kosten sind mit dem Urteil zu verkünden.

Sofern das Urteil nicht ausnahmsweise direkt schriftlich bei Verkündung formuliert 4287
wurde, ist es gem. § 275 Abs. 1 StPO unverzüglich mit Gründen versehen zu den

1) Diese Vorschrift ist direkter Ausfluss des Anspruchs eines Angeklagten auf rechtliches Gehör und hat in der Verfahrenspraxis eminent wichtige Bedeutung. Zu den Einzelheiten und weiteren Nachweisen Burhoff, 6. Aufl. 2010, Rz. 551 ff.

Akten zu bringen. Dem Gericht steht hier eine **Urteilsabsetzungsfrist** von grds. fünf Wochen zu, wobei sich diese Frist jeweils mit Dauer der Hauptverhandlung verlängern kann (§ 275 Abs. 1 Satz 2 StPO).

4288 Die Basis der Urteilsfindung ist für das Gericht in der **freien Beweiswürdigung** gem. § 261 StPO zu sehen. Die Überzeugung des Richters steht für die Wahrheit. Nach Auffassung des BGH erschöpft sich diese Überzeugung in der persönlichen Gewissheit.[1] Gleichwohl kann die Gewissheit kein bloßes Glauben oder Meinen sein. Sie muss ihre Grundlage in einem induktiv erlangten, objektivierbaren Wissen finden, also auf darlegbaren Tatsachen und Tatsachenzusammenhängen beruhen, die (wenigstens) das Urteil „in hohem Maße wahrscheinlich" tragen und intersubjektiv vermittelbar machen.[2] Es genügt ein nach der Lebenserfahrung ausreichendes Maß an Sicherheit, demgegenüber vernünftige Zweifel an einer Schuld des Angeklagten nicht mehr aufkommen,[3] wobei sich der Richter mit allen wesentlichen für und gegen den Angeklagten sprechenden Umständen auseinander gesetzt haben muss.[4] Ein bloß verbleibender theoretischer Zweifel an der Schuld bleibt unberücksichtigt, allerdings dürfen die Anforderungen an eine Verurteilung nicht überspannt werden, und eine mathematische Gewissheit wird nicht verlangt.[5] Die Überzeugungsbildung des Gerichts darf sich allerdings nur an Tatsachen orientieren, die zum Inbegriff der Hauptverhandlung, d.h. prozessual zulässig, erhoben wurden. Die Überzeugung des Richters darf sich nicht von zwingenden Gesetzen der Logik, feststehenden Erkenntnissen der Wissenschaft oder dem Zweifel enthobenen Tatsachen der Lebenserfahrung lösen[6] und darf sich nicht auf Vermutungen und Spekulationen beschränken.

VI. Verhandlungsprotokoll

4289 In Ergänzung der vorstehenden Ausführungen für die unmittelbare Hauptverhandlung darf noch auf die Vorschriften der §§ 272 ff. StPO für das Verhandlungsprotokoll hingewiesen werden. Das Verhandlungsprotokoll ist eine echte Urkunde und hat insbesondere Bedeutung für das Rechtsmittel der Revision, weil i.d.R. nur hiermit Verfahrensverstöße gegenüber dem Revisionsgericht belegt werden können. Die erforderlichen Angaben für das Verhandlungsprotokoll regeln die §§ 272, 273 StPO. Wesentliche Förmlichkeiten nach § 273 Abs. 1 Satz 1 StPO sind z.B. die Anwesenheit der Prozessbeteiligten und die des Verteidigers (§§ 226, 140 StPO), die erforderlichen Belehrungen und Beweiserhebungen (die Aufzählung ist nicht abschließend). Wichtig ist insbesondere für die Hauptverhandlung im ersten Rechtszug vor Landgerichten zu erwähnen, dass das dortige Verhandlungsprotokoll nur die generell verfahrensbedeutsamen Tatsachen enthält und nicht etwa die Zeugenaussagen im Wortlaut mitprotokolliert werden. Wird ein Zeuge vernommen, beschränkt sich das Protokoll auf die Feststellung, der Zeuge XY machte Angaben zur Sache. Diese gesetzliche Regelung überrascht immer wieder, zumal anderes für Verfahren gilt, die in erster Instanz vor dem Amtsgericht geführt werden.

---

1) Vgl. etwa BGH v. 3.2.1983, 1 StR 823/82, NStZ 1983, 277, 278; v. 17.11.1983, 4 StR 375/83, NStZ 1984, 180.
2) Fischer in Karlsruher Kommentar, 6. Aufl. 2008, § 244 StPO Rz. 26 m.w.N.
3) BGH v. 8.1.1988, 2 StR 449/87, NStZ 1988, 236.
4) BGH v. 8.1.1988, 2 StR 449/87, NJW 1988, 3273; v. 4.4.1990, 2 StR 466/89, NJW 1990, 2073; v. 6.4.1990, 2 StR 602/89, NStZ 1990, 402; v. 15.8.1990, 2 StR 202/90, wistra 1991, 63.
5) BGH v. 24.1.1989, 1 StR 683/88, NStZ 1990, 28; v. 29.9.1998, 1 StR 416/98, NStZ 1999, 153, sowie Meyer-Goßner, 55. Aufl. 2012, § 261 StPO Rz. 2 m.w.N.
6) BGH v. 7.6.1979, 4 StR 441/78, BGHSt 29, 18.

C. Rechtsmittelverfahren

Das gerichtliche Verfahren in Steuerstrafsachen kennt zwei verschiedene Arten der Rechtsmittel. Zum einen gibt es die Berufung als echte zweite Tatsacheninstanz, zum anderen die Revision als reine Rechts-(Überprüfungs-)Instanz. Gegen Urteile des Landgerichts gibt es lediglich das Rechtsmittel der Revision, gegen Urteile des Amtsgerichts steht wahlweise sowohl die Möglichkeit der Berufung als auch der Sprungrevision als Rechtsmittel zur Verfügung. **4290**

I. Berufung

Die Berufung gegen ein Urteil ist das Rechtsmittel, das auf vollständige oder teilweise Wiederholung der Überprüfung des Sachverhalts und eine erneute tatsächliche und rechtliche Beurteilung gerichtet ist. Die prozessuale Tat wird erneut zum Gegenstand einer Urteilsfindung, wobei für das Berufungsgericht genauso wie für das Gericht in erster Instanz gilt, dass das Urteil nach Durchführung der Beweisaufnahme unter erneuter objektiver Würdigung zu ergehen hat. Insofern hat der Gang der Berufungsverhandlung gem. § 332 StPO der Hauptverhandlung im ersten Rechtszug, soweit § 324 StPO nichts anderes bestimmt, zu entsprechen. Insofern wird auf die Ausführungen unter → Rz. 4214 ff. verwiesen. **4291**

Für die Beweisaufnahme selbst gestattet § 325 Halbsatz 2 StPO in **Durchbrechung des Unmittelbarkeitsgrundsatzes** gem. § 250 StPO unter bestimmten Voraussetzungen die Verlesung von Niederschriften über die Vernehmung von Beweispersonen im ersten Rechtszug auch dann, wenn sie nach den §§ 251, 253 StPO nicht zulässig wäre. Zu beachten ist allerdings, dass die umfassende Aufklärungspflicht gem. § 244 Abs. 2 StPO, die auch in der Berufungsinstanz gilt, das Gericht dazu verpflichten kann, von der Ausnahme des § 325 StPO keinen Gebrauch zu machen, so beispielsweise, wenn die Aussagen von Prozess entscheidender Bedeutung sind und die Glaubwürdigkeit von anderen Zeugen betreffen können. **4292**

In Abweichung zur ersten Instanz gebührt demjenigen, der das Rechtsmittel eingelegt hat, als Beschwerdeführer im Rahmen der Schlussvorträge das erste Wort. Das letzte Wort steht grds. auch hier dem Angeklagten zu. **4293**

Eine Besonderheit enthält § 331 StPO. Das Verbot der **reformatio in peius** bewirkt, dass das Urteil der ersten Instanz in Art und Höhe der Rechtsfolgen der Tat nicht zum Nachteil des Angeklagten geändert werden darf, wenn lediglich der Angeklagte, zu seinen Gunsten die Staatsanwaltschaft oder sein gesetzlicher Vertreter Berufung eingelegt hat. Dieses Verbot der Schlechterstellung bezieht sich allerdings nur auf den Rechtsfolgenausspruch, nicht auf den Strafausspruch. Hat beispielsweise ein Angeklagter allein Berufung gegen das Urteil erster Instanz eingelegt, so kann es zu dem paradoxen Ergebnis kommen, dass sich der Schuldspruch deutlich verschlechtert, der Richter aber den sich daraus ergebenden Strafrahmen nicht zur Anwendung bringen darf, da § 331 Abs. 1 StPO entgegensteht. Legt indes die Staatsanwaltschaft zu Lasten des Angeklagten Berufung ein, so ist das Berufungsgericht auch in der Findung des Strafausspruches völlig frei. **4294**

1. Zulässigkeit der Berufung

Nach § 312 StPO ist die Berufung statthaft gegen Urteile des Strafrichters (§ 25 GVG) und des Schöffengerichts (§ 24 GVG), selbst wenn in der ersten Instanz nur eine Verurteilung wegen Ordnungswidrigkeit erfolgt ist. **4295**

Gemäß § 74 Abs. 3, § 76 Abs. 1 Satz 1 GVG ist zuständiges Berufungsgericht **die Kleine Strafkammer** des örtlich zuständigen Landgerichts. In Verfahren über Beru- **4296** fungen gegen ein Urteil des erweiterten Schöffengerichts (§ 29 Abs. 2 GVG) ist ein zweiter Richter gem. § 76 Abs. 3 Satz 1 GVG hinzuzuziehen.

2. Einlegung der Berufung

4297 Die Berufung muss binnen einer Woche nach Verkündung des Urteils eingelegt werden (§ 314 Abs. 1 StPO). Hat die Urteilsverkündung auch nur teilweise in Abwesenheit des Angeklagten stattgefunden, ist ihm das vollständige schriftliche Urteil zuzustellen; die Einlegungsfrist von einer Woche läuft erst ab Zustellung (§ 314 Abs. 2 StPO).

4298 Adressat der **Berufungseinlegung** ist das Erstgericht (§ 314 Abs. 1 StPO). Wird die Berufung nicht beim Amtsgericht, sondern beim Berufungsgericht oder einem anderen Gericht eingelegt, kommt es für die Fristeinhaltung auf den Zugang der Einlegung beim Erstgericht an. Ausnahmen gelten für den verhafteten Angeklagten (§ 299 StPO), wobei im Falle der Versäumung der Einlegungsfrist ein Antrag auf Wiedereinsetzung in den vorigen Stand gem. § 45 Abs. 1 Satz 2 StPO zulässig und i.d.R. auch begründet sein wird.

4299 Die Berufung muss in deutscher Sprache schriftlich, auch telegraphisch, durch Fernschreiber oder durch Telekopie oder zu Protokoll der Geschäftsstelle eingelegt werden. Die lediglich mündliche Einlegung der Berufung ist wirkungslos, es sei denn, sie erfolgt im Anschluss an die Hauptverhandlung und wird vom Vorsitzenden zu Protokoll der Sitzungsniederschrift genommen. Hierzu ist allerdings der Richter der ersten Instanz nicht verpflichtet.

4300 Eine **Begründung der Berufung** ist nicht gefordert. § 317 StPO stellt nur eine „Kann"-Vorschrift dar, wonach sich der Angeklagte binnen einer Woche nach Ablauf der Frist zur Einlegung des Rechtsmittels oder, wenn zu dieser Zeit das Urteil noch nicht zugestellt war, nach dessen Zustellung bei dem Gericht des ersten Rechtszugs zu Protokoll der Geschäftsstelle oder in einer Beschwerdeschrift rechtfertigen kann. Lediglich die Berufung der Staatsanwaltschaft ist nach Abschn. 156 Abs. 1 RiStBV gehalten die Berufung zu begründen. Handelt es sich um den Sonderfall einer Annahmeberufung nach § 313 StPO, ist eine Berufung unter dem Blickwinkel der Annahmevoraussetzungen zu begründen.

4301 Ob in der Praxis die Möglichkeit der Berufungsbegründung seitens des Angeklagten und seinem Verteidiger genutzt wird, bleibt wiederum dem jeweiligen Einzelfall vorbehalten. Praktische und strategische Überlegungen müssen hier im Vordergrund stehen, wobei man sich an dem Urteil erster Instanz und der dort erfolgten Beweisaufnahme ohne Weiteres orientieren kann. Die Berufungsbegründung kann jederzeit bis zum Beginn der Hauptverhandlung abgegeben werden, da die Einwochenfrist keine materielle Ausschlussfrist darstellt. Der Begründung selbst kann besondere Bedeutung in Abgrenzung zur möglichen Sprungrevision gem. § 335 Abs. 1 StPO zukommen.

4302 Gemäß § 335 StPO kann der Angeklagte statt Berufung auch die Revision einlegen. Da der Angeklagte nicht verpflichtet ist, das Rechtsmittel ausdrücklich zu bezeichnen, das er gegen das Urteil wählt, ist zunächst eine unbestimmte Anfechtung aus taktischen Gründen möglich. Der Beschwerdeführer kann seine Entscheidung über das geeignete Rechtsmittel i.d.R. erst nach Kenntnis der vollständigen Urteilsgründe treffen. Die endgültige Wahl, ob Berufung oder Sprungrevision gewollt ist, kann er bis zum Ablauf der Revisionsbegründungsfrist gem. § 345 Abs. 1 StPO zurückstellen. Bleibt unklar, welches Rechtsmittel der Beschwerdeführer bis zum in § 345 Abs. 1 Satz 1 StPO benannten Zeitraum gewählt hat, ist die Rechtsmitteleinlegung im Zweifel als Berufung zu werten. Die prozessuale Fürsorgepflicht des Gerichts zwingt dazu, da gegen das Berufungsurteil selbst das Rechtsmittel der Revision ebenso möglich ist und bei Auslegung als Sprungrevision dem Angeklagten eine Rechtsmittelinstanz genommen werden würde.

Eine Berufung kann unbeschränkt eingelegt werden, aber auch auf bestimmte Beschwerdepunkte beschränkt werden, wenn dies als sachdienlich angezeigt ist.[1)] Sofern eine **Berufungsbeschränkung** unzulässig ist oder unklar bleibt, inwieweit das Rechtsmittel beschränkt werden soll, und eine weitere Aufklärung nicht möglich ist, gilt die Berufung als umfassend eingelegt. **4303**

3. Entscheidungsmöglichkeiten der Berufungsinstanz

Die Kleine Strafkammer als Berufungsinstanz kann das Verfahren nach den Opportunitätsvorschriften des § 153 Abs. 2, § 153a Abs. 2, § 154 Abs. 2 StPO durch Beschluss einstellen bzw. die Verfolgung der Tat gem. § 154a Abs. 2 StPO beschränken. Darüber hinaus kann das Berufungsgericht auch ein Einstellungsurteil gem. § 260 Abs. 3 StPO erlassen. Daneben verbleibt auch die Möglichkeit das Verfahren bis zur Berufungshauptverhandlung nach § 206a StPO einzustellen. **4304**

Ist die Berufung verspätet eingelegt, so hat das Gericht des ersten Rechtszuges das Rechtsmittel als unzulässig zu verwerfen (§ 319 Abs. 1 StPO). Ebenso als unzulässig zu verwerfen ist die Berufung gem. § 329 Abs. 1 Satz 1 StPO, wenn zur Hauptverhandlung weder der Angeklagte noch in den Fällen einer zulässigen Vertretung sein Vertreter erschienen ist und das Ausbleiben nicht genügend entschuldigt wurde. Diese Möglichkeit besteht jedoch nicht, wenn das LG erneut verhandelt, nachdem die Sache vom Revisionsgericht zurückverwiesen worden ist (§ 329 Abs. 1 Satz 2 StPO). Hat die Staatsanwaltschaft die Berufung eingelegt, wird ohne den Angeklagten verhandelt, sollte er nicht zur Hauptverhandlung erscheinen.[2)] **4305**

Hat in erster Instanz ein örtlich oder sachlich unzuständiges Gericht entschieden, wird das Ersturteil aufgehoben und die Sache zu neuer Verhandlung an das zuständige Gericht verwiesen (§ 328 Abs. 2 StPO). Ist die Berufung begründet, hat das Berufungsgericht unter Aufhebung des Urteils in der Sache selbst neu zu entscheiden (§ 328 Abs. 1 StPO). War die Berufung teilweise erfolgreich, so wird die Berufung im Übrigen als unbegründet durch das Gericht verworfen. Der Umfang des Erfolges des Rechtsmittels spielt für die Kosten gem. § 473 StPO eine Rolle. **4306**

II. Revision

Im Gegensatz zur Berufung ist die Revision ein Rechtsmittel mit begrenzter Überprüfungsmöglichkeit. Das **Revisionsverfahren ist eine reine Rechtsinstanz**, bei der das Urteil, das gegen einen Angeklagten ergangen ist, auf Rechtsfehler und daraufhin überprüft wird, ob die festgestellten Tatsachen eine zuverlässige Grundlage für die Prüfung des Revisionsgerichts bieten können. Die „Tatfrage" überlässt das Gesetz der sog. Tatsacheninstanz. Mit bloßen Einwendungen gegen die Richtigkeit der Feststellungen und der Beweiswürdigung kann der Revisionsführer nicht gehört werden, denn das Revisionsgericht darf die Beweisaufnahme nicht wiederholen und ist daher außer Stande, die aus Rechtsgründen nicht zu beanstandenden Tatsachenfeststellungen des Urteils zu überprüfen.[3)] Bei der Revision spielt die sog. Einzelfallgerechtigkeit nur eine untergeordnete Rolle. Die Aufgabe der Revision ist vielmehr für eine einheitliche Anwendung des Rechts zu sorgen. Die Vorschriften des Verfahrensrecht sollen gleichförmig angewandt und das materielle Recht soll unabhängig vom Einzelfall gleich ausgelegt zur Anwendung gelangen. Die einheitliche Anwendung des Rechts wird überdies durch die § 121 Abs. 2, § 132 ff. GVG gesetzlich sichergestellt. **4307**

---

1) Vgl. zu den prozessual diffizilen Fragen einer Berufungsbeschränkung BGH v. 21.10.1980, 1 StR 262/80, BGHSt 29, 359, 364; Meyer-Goßner, 55. Aufl. 2012, § 318 StPO Rz. 5 ff.
2) BGH v. 1.8.1962, 4 StR 122/62, BGHSt 17, 391, 395.
3) Meyer-Goßner, 55. Aufl. 2012, § 337 StPO Rz. 1.

4308 In der Revision ist zu unterscheiden zwischen **verfahrensrechtlichen Angriffen** gegen das Urteil und materiell-rechtlichen Fehlern. Mit der Erhebung der sog. „Sachrüge" hat das Revisionsgericht zu überprüfen, ob dem Urteil zu Grunde liegende(n) Strafnorm(en) auf den festgestellten Sachverhalt auch zutreffend angewandt wurde (n).

4309 Mit der Verfahrensrüge müssen vom Beschwerdeführer Fehler bei der Anwendung vom Prozessrecht geltend gemacht werden. Sie unterliegen den strengen Formvoraussetzungen des § 344 Abs. 2 Satz 2 StPO.[1)]

4310 Für den Angeklagten als Rechtslaien empfiehlt es sich, für die Durchführung einer Revision einen auf Strafrecht spezialisierten Rechtsanwalt zu beauftragen. Die Verwerfungsquote von eingelegten Revisionen ist äußerst hoch und erfordert neben umfassender Rechtskenntnis auch ein gewisses Fingerspitzengefühl dahingehend, ob das Urteil auf einem Rechtsfehler auch beruhen kann (§ 337 StPO). Nur dann gelangt das Urteil zur Aufhebung, sieht man einmal von den absoluten Revisionsgründen des § 338 StPO ab.

4311 Das Rechtsmittel der Revision muss eine Woche nach Urteilsverkündung bei dem Gericht eingelegt werden, dessen Urteil angefochten wird. Die Einlegung ist schriftlich oder mündlich zu Protokoll der Geschäftsstelle möglich (§ 341 StPO). Hat gem. § 341 Abs. 2 StPO die Hauptverhandlung nicht in Anwesenheit des Angeklagten stattgefunden, so beginnt für diesen die Frist mit der Zustellung des Urteils. Durch die rechtzeitige Revisionseinlegung wird die Rechtskraft des Urteils, soweit es angefochten ist, gehemmt (§ 343 Abs. 1 StPO). Gemäß § 345 Abs. 1 StPO ist die Revision spätestens binnen eines Monats nach Einlegung des Rechtsmittels zu begründen. Die Begründung ist ebenso bei dem Gericht einzureichen, dessen Urteil angefochten wird. In der Praxis kommt allerdings viel häufiger § 345 Abs. 1 Satz 2 StPO zur Anwendung. Danach ist die Revision binnen vier Wochen nach Zustellung des Urteils zu begründen. Es wird kaum vorkommen, dass die schriftlichen Urteilsgründe schon vor Revisionseinlegung den Beschwerdeführern zugestellt wurden, so dass die zeitlich nachfolgende Zustellung maßgeblich ist.

4312 Wurde die Revision verspätet eingelegt, so ist gem. § 346 Abs. 1 StPO das Tatgericht dazu berufen, die Revision als unzulässig zu verwerfen. Den Verwerfungsbeschluss kann der Beschwerdeführer allerdings gem. § 346 Abs. 2 StPO binnen einer Woche nach Zustellung vom Revisionsgericht selbst überprüfen lassen.

4313 Wurde die Revision rechtzeitig eingelegt und begründet, stellt die Staatsanwaltschaft beim Revisionsgericht ihrerseits einen Revisionsantrag, der begründet wird. In der Regel erhält die Verteidigung gem. § 349 Abs. 3 Satz 2 StPO ein Recht auf schriftliche Gegenerklärung binnen zwei Wochen. Erst dann befasst sich das Revisionsgericht mit den gerügten Rechtsfehlern und entscheidet in der Sache.

4314 Gemäß § 349 Abs. 1, Abs. 2 und Abs. 4 StPO kann das Revisionsgericht über die Revision per Beschluss entscheiden, wenn sie das Rechtsmittel als unzulässig erachtet, einstimmig für offensichtlich unbegründet oder einstimmig für begründet.

4315 Darüber hinaus kann das Revisionsgericht per Urteil gem. §§ 353, 354 StPO entscheiden. Hierdurch besteht eine Entscheidungskompetenz dahingehend, dass das Revisionsgericht das angefochtene Urteil insgesamt aufheben kann. In diesen Fällen ist das Urteil an eine andere Abteilung oder Kammer des Gerichts, dessen Urteil aufgehoben wird, zurückzuverweisen (§ 354 Abs. 2 StPO). Erfolgt die Aufhebung des Urteils nur wegen Gesetzesverletzung bei Anwendung des Gesetzes auf die dem Urteil zu Grunde liegenden Feststellungen, so hat das Revisionsgericht in der Sache selbst zu entscheiden, sofern ohne weitere tatsächliche Erörterung nur auf Freisprechung oder auf Einstellung oder auf eine absolut bestimmte Strafe zu erken-

1) Vgl. zum Ganzen Meyer-Goßner, 55. Aufl. 2012, § 344 StPO Rz. 20 ff.

nen ist oder das Revisionsgericht in Übereinstimmung mit dem Antrag der Staatsanwaltschaft die gesetzlich niedrigste Strafe oder das Absehen von Strafe für angemessen erachtet (§ 354 Abs. 1 StPO).

Gelangt das Urteil zur Aufhebung, so ist die dann zur Entscheidung berufene Kammer eine erneute Tatsacheninstanz, die ähnlich wie die Berufungsinstanz neu über den Sachverhalt zu befinden hat. Auch Urteile, die erst nach einer Zurückverweisung durch das Revisionsgericht ergehen, sind ihrerseits wiederum mit der Revision angreifbar. **4316**

FÜNFTER TEIL

Steuerliches Bußgeldverfahren

KAPITEL I

Rechtsgrundlagen

A. Anzuwendende Vorschriften

Im steuerlichen Bußgeldverfahren (Steuerordnungswidrigkeitenverfahren) gelten nach § 410 Abs. 1 AO zunächst die verfahrensrechtlichen Vorschriften des Gesetzes über Ordnungswidrigkeiten (§§ 35 bis 88 OWiG). Dort verweist § 46 Abs. 1 OWiG seinerseits auf die Vorschriften des allgemeinen Strafverfahrensrechts. Ergänzend gelten damit – soweit es die Eigenarten des Bußgeldverfahrens zulassen – die Strafprozessordnung, das Gerichtsverfassungsgesetz und das Jugendgerichtsgesetz. Schließlich enthält § 410 Abs. 1 AO einen gesonderten verfahrensrechtlichen Katalog. Darin ist bestimmt: **4317**

- Die örtliche und sachliche Zuständigkeit von Finanzbehörde und AG sind im Bußgeldverfahren denjenigen für Steuerstrafsachen angeglichen (Nr. 1 und 2).
- Im Bußgeldverfahren vor der Finanzbehörde kann auch allein ein Steuerberater, Steuerbevollmächtigter, Wirtschaftsprüfer oder vereidigter Buchprüfer Verteidiger sein (Nr. 3).
- § 393 AO regelt auch das Verhältnis von Besteuerungsverfahren und Bußgeldverfahren (Nr. 4).
- Das Bußgeldverfahren kann bis zum rechtskräftigen Abschluss des Besteuerungsverfahrens ausgesetzt werden (Nr. 5).
- Die Einleitung des Bußgeldverfahrens richtet sich nach § 397 AO (Nr. 6).
- Die für die Abgabenverwaltung zuständige Finanzbehörde (z.B. das Besteuerungsfinanzamt) hat neben der Bußgeld- und Strafsachenstelle die Kompetenz („Notzuständigkeit") für bestimmte unaufschiebbare Maßnahmen (Nr. 7).
- Wenn die Staatsanwaltschaft das Bußgeldverfahren durchführt, hat die Finanzbehörde de facto polizeibehördliche Befugnisse und ein Teilnahme- sowie ein Anhörungsrecht (Nr. 8).
- Die Steuer- und die Zollfahndung haben polizeiliche Befugnisse sowie das Recht, beschlagnahmte Papiere durchzusehen (Nr. 9).
- Zeugen und Sachverständige erhalten auch im Bußgeldverfahren eine Entschädigung (Nr. 10).
- Die Finanzbehörde wird auch am gerichtlichen Bußgeldverfahren beteiligt (Nr. 11).
- Zu den notwendigen Auslagen eines Betroffenen zählen auch Gebühren und Auslagen eines Steuerberaters, Steuerbevollmächtigten, Wirtschaftsprüfers oder vereidigten Buchprüfers (Nr. 12).

Wegen dieser unübersichtlichen Verweisungstechnik ist zu beachten, dass die Vorschriften der §§ 409 bis 412 AO denen des OWiG vorgehen. **4318**

B. Zuständigkeiten

Schrifttum

Blesinger, Der Schutz des Familienlastenausgleichs ab dem 1.1.1996 durch das Steuerstrafrecht, wistra 1996, 255; **Göhler**, Kommentar zum Ordnungswidrigkeitengesetz, 15. Aufl., München 2009.

I. Finanzbehörde

4319 Nach § 36 Abs. 1 Nr. 1 OWiG, § 409 Satz 1 AO ist die Finanzbehörde für die Verfolgung und Ahndung von Steuerordnungswidrigkeiten sachlich zuständige Verwaltungsbehörde. Dies ist bei Zöllen und Verbrauchsteuern (→ Rz. 1257) das Hauptzollamt, bei Besitz- und Verkehrssteuern das jeweilige Finanzamt bzw. die Bußgeld- und Strafsachenstelle von zentral zuständigen Finanzämtern. Wegen der praktischen Bedeutung von Zuständigkeitskonzentrationen im Bereich der Steuerverwaltungen der Länder werden die **zuständigen Finanzämter der einzelnen Bundesländer** nachfolgend aufgeführt (Stand: 01/2012):

- Baden-Württemberg: Finanzämter Freiburg-Land, Heilbronn, Karlsruhe-Durlach, Konstanz, Mannheim-Neckarstadt, Pforzheim, Reutlingen, Rottweil, Schwäbisch-Gmünd, Stuttgart II, Ulm;
- Bayern: Finanzämter Augsburg-Stadt, Bayreuth, Hof, Kempten (Allgäu), Landshut, München I, Nürnberg-Süd, Passau, Regensburg, Rosenheim, Würzburg;
- Berlin: Finanzamt für Fahndung und Strafsachen Berlin;
- Brandenburg: Finanzämter Cottbus, Frankfurt/Oder, Oranienburg, Potsdam;
- Bremen: Finanzamt Bremen-Nord;
- Hamburg: Finanzamt für Prüfungsdienste und Strafsachen Hamburg;
- Hessen: Finanzämter Darmstadt, Frankfurt/Main I, Kassel II – Hofgeismar, Offenbach/Main, Wetzlar, Wiesbaden I;
- Mecklenburg-Vorpommern: Finanzämter Neubrandenburg, Ribnitz-Damgarten, Schwerin;
- Niedersachsen: Finanzämter für Fahndung und Strafsachen Braunschweig, Hannover, Lüneburg, Oldenburg;
- Nordrhein-Westfalen: Finanzämter für Steuerstrafsachen und Steuerfahndung Aachen, Bochum, Bonn, Bielefeld, Düsseldorf, Essen, Hagen, Köln, Münster und Wuppertal;
- Rheinland-Pfalz: Finanzämter Kaiserslautern, Koblenz, Mainz-Süd, Neustadt a.d. Weinstraße, Trier;
- Saarland: Finanzamt Saarbrücken-Mainzer Straße;
- Sachsen: Finanzämter Chemnitz-Süd, Dresden-Nord, Leipzig I;
- Sachsen-Anhalt: Finanzämter Halle/Saale-Süd und Magdeburg I;
- Schleswig-Holstein: Finanzämter Elmshorn, Flensburg, Kiel-Süd und Lübeck;
- Thüringen: Finanzämter Gera und Gotha.

4320 In wenigen – praktisch zu vernachlässigenden – Ausnahmefällen ist das **Bundeszentralamt für Steuern** zuständig (vgl. § 5 FVG). Von Bedeutung ist noch die Zuständigkeit der Familienkassen in Kindergeldsachen. Dies sind die Arbeitsagenturen einerseits und die Dienstbehörden der im öffentlichen Dienst Beschäftigten andererseits, die jeweils das Kindergeld festsetzen und auszahlen (§ 5 Abs. 1 Nr. 11 FVG; § 72 EStG). Die Familienkassen sind folglich nach der Neuregelung des Familienleistungsausgleichs seit 1.1.1996 auch für die Verfolgung und Ahndung von Steuerordnungswidrigkeiten zuständig.[1)]

Beispiel:

M beantragt für ihren Sohn S Kindergeld. S befindet sich in einer Berufsausbildung zum Bürokaufmann. M gibt im Kindergeldantrag versehentlich nicht an, dass S auch Weihnachtsgeld vom Arbeitgeber erhält, obwohl im Antragsformular ausdrücklich auch hiernach gefragt wird und wodurch sich die steuerliche Berechnung verändert. Das Kindergeld wird antragsgemäß festgesetzt.

Durch eine Rückfrage beim Arbeitgeber kommt der wahre Sachverhalt ans Licht. Das Arbeitsagentur kann einen Bußgeldbescheid gegen M wegen leichtfertiger Steuerverkürzung (§ 378 AO; → Rz. 2392) beantragen. **4321**

Zur **sachlichen Zuständigkeit** der Finanzbehörden zählt auch die Verfolgung und Ahndung von Ordnungswidrigkeiten nach § 130 OWiG, soweit die Aufsichtspflichtverletzung des Betriebsinhabers an eine steuerliche Zuwiderhandlung anknüpft. Zwar ist hierdurch keine Steuerordnungswidrigkeit i.S.v. § 377 AO gegeben (→ Rz. 2380); gleichwohl ordnet § 131 Abs. 3 OWiG im Hinblick auf die Sachnähe an, dass die speziellen Verfahrensvorschriften der §§ 409, 410 AO gelten. **4322**

Die **örtliche Zuständigkeit** der Verfolgungsbehörde richtet sich nach den §§ 388 bis 390 AO, die den allgemeinen Vorschriften der §§ 37 bis 39 OWiG vorgehen. Danach kommen in Betracht: **4323**

- die Finanzbehörde, in deren Bezirk die Steuerordnungswidrigkeit begangen worden ist (§ 388 Abs. 1 Nr. 1 AO),
- die Finanzbehörde, in deren Bezirk die Steuerordnungswidrigkeit entdeckt worden ist (§ 388 Abs. 1 Nr. 1 AO),
- die Finanzbehörde, die abgabenrechtlich zuständig ist (§ 388 Abs. 1 Nr. 2 AO),
- die Finanzbehörde, in deren Bezirk der Beschuldigte seinen Wohnsitz hat (§ 388 Abs. 1 Nr. 3 AO),
- die Finanzbehörde, in deren Bezirk der Beschuldigte seinen gewöhnlichen Aufenthaltsort hat (§ 388 Abs. 3 AO).

Bei **mehrfacher Zuständigkeit** ist die Behörde zuständig, die wegen der Steuerordnungswidrigkeit zuerst ein Verfahren eingeleitet hat (§ 390 Abs. 1 AO). Die vorrangig zuständige Behörde kann die nachrangig zuständige Behörde um Übernahme ersuchen, wenn dies sachdienlich ist. Liegt ein Kompetenzkonflikt vor und können sich die beteiligten Behörden nicht einigen (vgl. Nr. 25 Abs. 3 AStBV (St) 2013),[2)] so entscheidet die nächsthöhere Behörde, der die ersuchte Behörde untersteht (§ 390 Abs. 2 Satz 2 AO). Dies ist gegenüber Finanz- und Hauptzollämtern regelmäßig die Oberfinanzdirektion. **4324**

Erlässt eine **sachlich unzuständige Behörde** einen Bußgeldbescheid, so stellt – nach erfolglosem Einspruch – das Gericht das Bußgeldverfahren nach § 410 Abs. 1 AO, § 46 Abs. 1 OWiG i.V.m. § 206a Abs. 1 StPO durch Beschluss ein, ohne dass es einer Hauptverhandlung bedarf.[3)] **4325**

Beispiel:

S kauft in der Schweiz zu privaten Anlagezwecken Gold, ohne zu wissen, dass bei der Rückreise nach Deutschland hierfür Einfuhrumsatzsteuer anfällt. Er deklariert das Gold demgemäß nicht beim Zoll. Als dessen Lebensgefährtin sich später von S trennt, zeigt sie den Sachverhalt beim Finanzamt mit dem Hinweis an, sie glaube, S habe das Gold

1) Vgl. Blesinger, wistra 1996, 255.
2) BStBl I 2012, 1018.
3) Hilgers-Klautzsch in Kohlmann, § 410 AO Rz. 79 (Juni 2009).

mit Schwarzgeld bezahlt. Das Finanzamt ermittelt jedoch insoweit ohne Erfolg. Dennoch erlässt es einen Bußgeldbescheid wegen leichtfertiger Verkürzung von Einfuhrumsatzsteuer. S lässt durch seinen Anwalt Einspruch einlegen. Das AG stellt daraufhin das Bußgeldverfahren ein, weil der Bußgeldbescheid nicht vom Finanzamt hätte erlassen werden dürfen, sondern nur vom Hauptzollamt (arg. §§ 387 Abs. 1, 409 Satz 1 AO; § 21 Abs. 1 und 2 UStG). Anschließend rät der Anwalt zur Selbstanzeige, die S beim Hauptzollamt erstattet. Nunmehr kann die Tat nicht mehr verfolgt werden (§ 378 Abs. 3 AO), denn nach Abschluss des Straf- oder Bußgeldverfahrens lebt – auch nach der Reform durch das Schwarzgeldbekämpfungsgesetz 2011 (→ Rz. 1928) – die Selbstanzeigemöglichkeit wieder auf.[1]

II. Staatsanwaltschaft

4326 Die Staatsanwaltschaft ist nur in Ausnahmefällen für die Verfolgung und Ahndung von Steuerordnungswidrigkeiten zuständig.

4327 Nach § 40 OWiG ist die Staatsanwaltschaft im Strafverfahren, etwa wenn sie gem. § 386 Abs. 4 Satz 2 AO das Verfahren an sich gezogen („evoziert") hat, für die Verfolgung der – prozessualen – Tat auch unter dem rechtlichen Gesichtspunkt einer Ordnungswidrigkeit zuständig. Die Regelung folgt aus dem Vorrang des Strafverfahrens und der umfassenden Tatwürdigung in diesem Verfahren.[2] Diese Vorschrift kann jedoch im Steuerstrafverfahren nur höchst ausnahmsweise in Betracht kommen.[3]

4328 Nach dem allgemeinen Ordnungswidrigkeitenrecht kommt weiterhin in Betracht, dass die Verwaltungsbehörde die Sache an die Staatsanwaltschaft abgibt, wenn Anhaltspunkte für eine Straftat gegeben sind (§ 41 Abs. 1 OWiG). Dieser Regelungsgehalt ist jedoch in dieser Allgemeinheit nicht auf das Steuerstrafverfahren übertragbar. Da die Bußgeld- und Strafsachenstelle gem. § 386 Abs. 2 AO auch für die Verfolgung von Steuerstraftaten zuständig ist, besteht insoweit keine Abgabepflicht.[4]

4329 Führt allerdings die Strafsachenstelle das Steuerstrafverfahren ausnahmsweise nicht selbst durch (z.B. wegen der Evokation durch die Staatsanwaltschaft nach § 386 Abs. 4 Satz 2 AO), so ist die Staatsanwaltschaft umgekehrt nach § 43 Abs. 1 OWiG verpflichtet, die Sache an die Finanzbehörde abzugeben, wenn Anhaltspunkte für eine Ordnungswidrigkeit vorhanden sind.

4330 Schließlich kann die Zuständigkeit der Staatsanwaltschaft aus § 42 OWiG folgen. Dies setzt allerdings voraus, dass die Staatsanwaltschaft bereits ein Strafverfahren durchführt, jedoch die Straftat und Ordnungswidrigkeit zusammenhängen und die Verfolgung entweder beschleunigt wird oder eine einheitliche Entscheidung sachdienlich erscheint.

4331 Eine Wechselbeziehung zwischen einem bislang getrennt geführten Strafverfahren und einem Bußgeldverfahren kann entweder hinsichtlich des Täters oder hinsichtlich der Tat bestehen.

Beispiel 1:

Die Staatsanwaltschaft Hannover führt gegen den Textiliengroßhändler G ein umfangreiches Steuerstrafverfahren wegen Verdachts der Einkommen-, Gewerbe- und

1) Gl.A. Joecks in Franzen/Gast/Joecks, 7. Aufl. 2009, § 371 AO Rz. 208.
2) Gürtler in Göhler, § 40 OWiG Rz. 1; Lampe in Karlsruher Kommentar, § 40 OWiG Rz. 1.
3) Gl.A. Weyand in Achenbach/Wannemacher, § 11 Rz. 53; Kummer in Wabnitz/Janovsky, 3. Aufl. 2007, § 10 Rz. 179; Rüping in H/H/Sp, § 386 AO Rz. 77 (März 2003).
4) Gl.A. Gürtler in Göhler, § 41 OWiG Rz. 7; Lipsky in Franzen/Gast/Joecks, 7. Aufl. 2009, § 410 AO Rz. 10; Hilgers-Klautzsch in Kohlmann, § 410 AO Rz. 13 (Juni 2009).

Umsatzsteuerhinterziehung. Das Verfahren hat die Finanzbehörde auf Weisung der Oberfinanzdirektion an die Staatsanwaltschaft abgegeben (§ 386 Abs. 4 Satz 1 AO), weil G der Bruder eines prominenten Politikers ist. Wenig später leitet die Bußgeld- und Strafsachenstelle ein Bußgeldverfahren gegen G ein, weil sich Anhaltspunkte dafür ergeben, dass G für seinen Betrieb einbehaltene und angemeldete Lohnsteuer nicht an das Betriebstättenfinanzamt abgeführt hat, sondern zur Tilgung privater Einkommensteuerrückstände verwendet und damit eine Steuergefährdung nach § 380 AO begangen hat.

Beispiel 2:

Die Staatsanwaltschaft Halle ermittelt gegen den Bauunternehmer B wegen Verdachts des Subventionsbetrugs (§ 264 StGB). Er soll sich eine Investitionszulage erschlichen haben. Da sich im Laufe der Vernehmungen ergeben hatte, dass B möglicherweise tatmehrheitlich auch einen Kreditbetrug (§ 265b StGB) begangen hat, übernahm die Staatsanwaltschaft das Verfahren, für welches ursprünglich die Strafsachenstelle zuständig war (arg. § 15 InvZulG 2010, § 386 Abs. 2 AO). Bei der ersten Vernehmung durch den Staatsanwalt räumt B auch mehrere **Ohne-Rechnung**-Geschäfte (OR-Geschäfte) ein. Anschließend stellt sich heraus, dass die Buchführung des B von dessen Steuerberater St ausgesprochen dilettantisch angefertigt worden ist und grobe Falschbuchungen aufweist. Die Bußgeld- und Strafsachenstelle leitet gegen St ein Bußgeldverfahren wegen Steuergefährdung (§ 379 Abs. 1 Nr. 2 AO) ein.

In beiden Beispielsfällen kommt – theoretisch – die Übernahme des Bußgeldverfahrens durch die Staatsanwaltschaft in Betracht. Im ersten Fall besteht ein persönlicher Tatzusammenhang, im zweiten ein sachlicher. **4332**

Allerdings sollte die Staatsanwaltschaft in derartigen Fällen sorgfältig prüfen, ob es wirklich sachdienlich ist, den i.d.R. fachlich erfahrenen und personell besonders ausgestatteten Finanzbehörden die Verfolgungskompetenz zu entziehen.[1] Gegen eine Übernahme spricht § 410 Abs. 2 AO. Danach kann die Finanzbehörde, wenn sie das Steuerstrafverfahren selbständig durchführt, beantragen, den Strafbefehl auf eine im Zusammenhang begangene Steuerordnungswidrigkeit zu erstrecken. **4333**

Beispiel:

Das Hauptzollamt will gegen den Großhändler G wegen Zollhinterziehung einen Strafbefehl beantragen (§ 400 AO). Der Beschuldigte hat – auch – mehrfach Tabakwaren unter dem Packungspreis abgegeben und damit ordnungswidrig gem. § 381 AO, § 36 TabStG gehandelt.

Der Strafbefehl kann auf diese Ordnungswidrigkeiten erstreckt werden, für die gem. § 21 OWiG gesonderte Geldbußen festzusetzen sind. Die Bildung einer Gesamtstrafe ist nicht möglich (→ Rz. 2359).

Die Bußgeld- und Strafsachenstelle kann gem. § 400 AO auch einen Strafbefehl (§ 407 StPO) beantragen, der sich gegen mehrere Personen richtet. Dies gilt selbst dann, wenn die Straftat eines Beschuldigten nur mit der Ordnungswidrigkeit eines anderen Betroffenen zusammentrifft.[2] **4334**

Wegen der sich überschneidenden Zuständigkeiten von Staatsanwaltschaft und Finanzbehörde kann es vorkommen, dass die rechtlichen Einschätzungen hinsichtlich einer Tat divergieren. § 44 OWiG bestimmt hierzu, dass die (Finanz-)Verwaltungsbehörde an die Entschließung der Staatsanwaltschaft gebunden ist. Dieser Grundsatz basiert auf der Annahme einer größeren Kompetenz der Justizbehörden im engeren Sinne. Schließlich ist die Staatsanwaltschaft gem. § 152 Abs. 1 StPO die alleinige Anklagebehörde. **4335**

---

1) So Hilgers-Klautzsch in Kohlmann, § 410 AO Rz. 12 (Juni 2009).
2) Hellmann in H/H/Sp, § 400 AO Rz. 24, 41 (Juni 2008); Hilgers-Klautzsch in Kohlmann, § 400 AO Rz. 53 (Juni 2009).

4336 Dieser Grundsatz gilt aber nicht, soweit die bußgeldrechtliche Einschätzung der Tat in Frage steht.

Beispiel:

Die Staatsanwaltschaft stellt ein Strafverfahren wegen Verdachts der Einkommensteuerhinterziehung (§ 370 AO) in Tateinheit mit Urkundenfälschung (§ 267 StGB) nach § 170 Abs. 2 StPO mit der Begründung ein, es sei weder der Vorsatz noch die Unechtheit der gebrauchten Urkunde beweisbar. Sie gibt das Verfahren aber auch nicht an die Finanzbehörde ab, weil sie meint, es liege auch keine Steuerordnungswidrigkeit vor, was sie in einem Aktenvermerk darlegt.

Die Bußgeld- und Strafsachenstelle kann gleichwohl einen Bußgeldbescheid wegen leichtfertiger Steuerverkürzung erlassen, wenn sie die Voraussetzungen des § 378 Abs. 1 AO für gegeben hält. Eine Entscheidung nach § 170 Abs. 2 StPO bewirkt – anders als etwa § 153a StPO – keinen Strafklageverbrauch (→ Rz. 700).

4337 Die Zuständigkeit für das Verfahren geht ferner stets auf die Staatsanwaltschaft über, wenn der Betroffene Einspruch gegen einen Strafbefehl eingelegt hat und dieser weder von der Finanzbehörde als unzulässig verworfen noch zurückgenommen wird (§ 410 Abs. 1 AO i.V.m. § 69 Abs. 1 Satz 1, Abs. 3 und 4 Satz 1 OWiG). Die Staatsanwaltschaft wird dann zuständige Verfolgungsbehörde und damit Herrin des Verfahrens, sobald die Akten bei ihr eingehen.

III. Gericht

4338 Die Zuständigkeit des Gerichts wird zunächst dadurch begründet, dass die Staatsanwaltschaft dem AG die Akten vorlegt, wenn sie nach einem Einspruch des Betroffenen weder das Verfahren einstellt noch weitere Ermittlungen für notwendig erachtet (§ 69 Abs. 4 Satz 2 OWiG).

4339 Möglich ist auch, dass die Staatsanwaltschaft eine Bußgeldsache übernommen hat, weil ein persönlicher oder sachlicher Zusammenhang mit einer von ihr verfolgten Straftat besteht (→ Rz. 4330). Dann wird das Gericht für die Ordnungswidrigkeit zuständig, sobald die Staatsanwaltschaft die Anklage erhoben hat (§§ 45, 64 OWiG, § 199 Abs. 2 StPO).

4340 Die Zuständigkeit des Gerichts für eine Bußgeldsache kann sich auch daraus ergeben, dass die Finanzbehörde den Antrag gem. § 410 Abs. 2 AO stellt, den Strafbefehl auf die Ordnungswidrigkeit zu erstrecken.

4341 In Betracht kommt weiter, dass sich erst im Zwischen- oder Hauptverfahren ergibt, dass die angeklagte Tat möglicherweise – nur – als Ordnungswidrigkeit zu beurteilen ist (§ 82 OWiG). Hier bleibt es ohne weiteres bei der gerichtlichen Zuständigkeit, zumal die Verfahrensart nicht wechselt.[1)] Allerdings ist, falls sich die abweichende Beurteilung nicht schon im Zwischenverfahren ergibt (§ 82 Abs. 2 OWiG), der Angeklagte zuvor auf die mögliche Festsetzung einer Geldbuße hinzuweisen. Dies folgt aus § 265 Abs. 1 StPO, da sich der rechtliche Gesichtspunkt verändert hat.[2)]

4342 Schließlich wird das Gericht zuständig, wenn ein Wiederaufnahmeverfahren gegen einen bestands- oder rechtskräftigen Bußgeldbescheid beantragt wird (§ 85 Abs. 4 Satz 1 OWiG).

4343 Sachlich sind die AG zuständig. Funktionell zuständig ist entweder der Richter beim AG als Einzelrichter oder der Jugendrichter (§ 68 Abs. 1 und 2 OWiG). Örtlich

1) Seitz in Göhler, § 82 OWiG Rz. 17; Wache in Karlsruher Kommentar, § 82 OWiG Rz. 14.
2) Engelhardt in Karlsruher Kommentar, § 265 StPO Rz. 10.

zuständig ist grds. das AG am Sitz des LG (§ 410 Abs. 1 Nr. 2 i.V.m. § 391 Abs. 1 AO).[1)]

Bei den AG sind obligatorisch Abteilungen für Bußgeldsachen einzurichten (§ 410 Abs. 1 AO i.V.m. § 46 Abs. 7 OWiG). Darüber hinaus sollen Steuerstrafsachen einer bestimmten Abteilung zugewiesen werden (§ 410 Abs. 1 Nr. 2 i.V.m. § 391 Abs. 3 AO). **4344**

Umstritten ist, ob eine Missachtung dieser Vorschrift die Revision gem. § 338 Nr. 1 StPO begründet.[2)] Wegen der Besonderheit der Materie wird man ihr trotz der scheinbar offenen Formulierung („sollen") aber eine gesetzliche Weisung an das jeweilige Gerichtspräsidium entnehmen müssen.[3)] **4345**

1) Das führt dazu, dass sich die Zuständigkeit sich in manchen Bundesländern auf einige wenige LG konzentriert.
2) Vgl. Rüping in H/H/Sp, § 391 AO Rz. 24 (März 2006); a.A. Randt in Franzen/Gast/Joecks, 7. Aufl. 2009, § 391 AO Rz. 28.
3) Jäger in Klein, 11. Aufl. 2012, § 391 AO Rz. 14.

KAPITEL II
Ablauf des Bußgeldverfahrens

A. Einleitung

Schrifttum

Göhler, Kommentar zum Ordnungswidrigkeitengesetz, 15. Aufl., München 2009.

4346 Das Bußgeldverfahren (Ordnungswidrigkeitenverfahren) wird gem. § 410 Abs. 1 Nr. 6 AO durch die in § 397 AO aufgeführten Maßnahmen eingeleitet. Die Einleitung erfolgt dementsprechend, sobald die Finanzbehörde, die Polizei (praktisch kaum vorstellbar, allenfalls in Zollsachen, bei Bannbruch oder dergleichen), die Staatsanwaltschaft, einer ihrer Hilfsbeamten oder ein Strafrichter eine Maßnahme trifft, die erkennbar darauf abzielt, gegen jemanden wegen einer Steuerordnungswidrigkeit bußgeldrechtlich vorzugehen.

4347 Die Einleitung ist unverzüglich in den Akten zu vermerken und dem Betroffenen spätestens mitzuteilen, wenn er aufgefordert wird, Auskünfte zu erteilen oder Unterlagen vorzulegen, die im Zusammenhang mit der Ordnungswidrigkeit stehen, deren er verdächtig ist.

4348 Die Versendung eines Anhörungsbogens an den Verdächtigen, ggf. verbunden mit einer Verwarnung, stellt eine Verfahrenseinleitung dar.[1)]

4349 Mit der Einleitung des Ermittlungsverfahrens erhält der Verdächtige die Stellung des „Betroffenen". Das OWiG verwendet diesen Begriff für alle Verfahrensstadien, einschl. der Vollstreckung.

4350 Die Einleitung des Verfahrens kann nicht nach § 62 Abs. 1 OWiG angefochten werden.[2)]

B. Opportunitätsprinzip

4351 Die Verfolgung von Ordnungswidrigkeiten wird geprägt durch das Opportunitätsprinzip. Gemäß § 47 Abs. 1 Satz 1 OWiG liegt die Verfolgung im pflichtgemäßen **Ermessen** der Verfolgungsbehörde und unterscheidet sich damit von dem im Strafverfahrensrecht sonst allgemein geltenden Legalitätsprinzip (§ 152 Abs. 2 StPO). Auch für Steuerordnungswidrigkeiten besteht also kein Verfolgungszwang.

4352 Da das Opportunitätsprinzip bereits für die Verfahrenseinleitung gilt, kann die Bußgeld- und Strafsachenstelle somit bereits davon absehen, ein Bußgeldverfahren einzuleiten; ferner kann sie ein solches Verfahren später jederzeit wieder einstellen (§ 47 Abs. 1 Satz 2 OWiG). Damit wird der Tatsache Rechnung getragen, dass Ordnungswidrigkeiten gegenüber Straftaten – zumeist – minderes Unrecht darstellen. Durch ihre Ahndung soll lediglich eine bestimmte Ordnung durchgesetzt werden. Sühnegesichtspunkte spielen im Bußgeldverfahren keine bzw. nur eine untergeordnete Rolle (→ Rz. 2328).

4353 Die Behörde ist jedoch nicht völlig frei in ihrer Ermessensausübung. Da Inhalt und Grenzen des ihr zustehenden Spielraumes im Gesetz nicht definiert sind, hat die

1) OLG Hamm v. 2.2.1981, 4 Ss OWiG 161/81, NStZ 1981, 225; Seitz in Göhler, vor § 59 OWiG Rz. 27.
2) Seitz in Göhler, § 62 OWiG Rz. 4; Kurz in Karlsruher Kommentar, § 62 OWiG Rz. 7.

Verwaltungsbehörde eine Abwägung nach allgemeinen Grundsätzen vorzunehmen. Von erheblicher Bedeutung ist dabei der **Verhältnismäßigkeitsgrundsatz** (Art. 20 Abs. 3 GG). Insbesondere bei einer unklaren Sachlage kann eine genaue Aufklärung auf Schwierigkeiten stoßen, die zur Bedeutung der Ordnungswidrigkeit in keinem vernünftigen Verhältnis stehen[1] (etwa wenn in einer relativ unbedeutenden Sache wegen Steuergefährdung oder dergleichen Zeugen im Ausland vernommen werden müssten). Auch kann und sollte eine unklare Rechtslage die Finanzbehörde bzw. das Gericht dazu veranlassen, das Verfahren nicht zu eröffnen bzw. einzustellen.[2]

Weitere Ermessensgesichtspunkte können sein der steuerliche Schaden, den der Betroffene verursacht hat, der Grad der Vorwerfbarkeit, die etwaige Wiederholungsgefahr, die grundsätzliche Einstellung des Betroffenen zur Rechtsordnung, sein Verhalten nach der Tat sowie etwaige außerstrafrechtliche Sanktionen (z.B. Disziplinar- oder berufsrechtliche Maßnahmen). Auch kann eine Rolle spielen, ob und inwieweit staatliches Handeln oder Unterlassen die Ordnungswidrigkeit begünstigt hat.[3] **4354**

Das Ermessen der Verfolgungsbehörde kann durch einzelfallbezogene oder generelle **Weisungen der Aufsichtsbehörde** (OFD, Ministerium) konkretisiert und damit de facto gebunden sein.[4] Zu diesen Weisungen zählen auch die allgemeinen Verwaltungsvorschriften nach Art. 108 Abs. 7 GG. Die Weisungen müssen naturgemäß ihrerseits den vorgenannten Grundsätzen entsprechen. **4355**

In Nr. 104 Abs. 3 AStBV (St) 2013[5] ist geregelt, dass von der Verfolgung einer Ordnungswidrigkeit abgesehen werden kann, wenn der verkürzte Betrag oder der gefährdete Abzugsbetrag (§§ 380 ff. AO) insgesamt weniger als 5 000 € beträgt, sofern nicht besondere Umstände hinsichtlich des vorwerfbaren Verhaltens für die Durchführung eines Bußgeldverfahrens sprechen. Das Gleiche soll gelten, wenn in den Fällen des § 380 AO der insgesamt gefährdete Abzugsbetrag unter 10 000 € liegt und der gefährdete Zeitraum drei Monate nicht übersteigt. **4356**

Weitere Konkretisierungen für den Bereich der Zollordnungswidrigkeiten enthält die Dienstvorschrift für Strafsachen- und Bußgeldstellen (DVStraBu) der Zollverwaltung vom 1.6.2007. Danach sollen Verfahren, die geringfügige Verstöße zum Inhalt haben, regelmäßig eingestellt werden. **4357**

Bedeutsam ist ferner der **Gleichheitsgrundsatz** nach Art. 3 Abs. 1 GG. Er gebietet es allerdings nicht, von der Verfolgung einer Ordnungswidrigkeit abzusehen, weil in vergleichbaren Fällen nicht eingeschritten worden ist.[6] **4358**

Letztlich ist es für das gerichtliche Verfahren aber ohne jeden Einfluss, ob die Verfolgungsbehörde das Ermessen richtig ausgeübt hat. Im Gegensatz zu anderen öffentlich-rechtlichen Verfahrensarten (vgl. z.B. § 102 FGO; § 114 VwGO) prüft das Strafgericht im Bußgeldverfahren nicht nach, ob das Ermessen ordnungsgemäß ausgeübt wurde. Vielmehr **entscheidet** es **in der Sache selbst,** und zwar ebenfalls im Rahmen des Opportunitätsprinzips. Sein Spielraum reicht dabei ebenso weit wie der der Behörde. Dies kommt im Gesetz dadurch zum Ausdruck, dass das Gericht das Verfahren jederzeit – allerdings nur mit Zustimmung der Staatsanwaltschaft – nach § 47 Abs. 2 OWiG einstellen kann. Nimmt die Staatsanwaltschaft aber an der Hauptver- **4359**

1) Bohnert in Karlsruher Kommentar, § 47 OWiG Rz. 111; Hilgers-Klautzsch in Kohlmann, § 410 AO Rz. 37 (Juni 2009).
2) Seitz in Göhler, § 47 OWiG Rz. 4a.
3) Seitz in Göhler, § 47 OWiG Rz. 11.
4) Hilgers-Klautzsch in Kohlmann, § 410 AO Rz. 32 (Juni 2009); Bohnert in Karlsruher Kommentar, § 47 OWiG Rz. 106.
5) BStBl I 2012, 1018.
6) OLG Hamburg v. 7.7.1988, 1 Ss 104/88, NJW 1988, 2630; Seitz in Göhler, § 47 OWiG Rz. 9.

handlung nicht teil – was praktisch der Regelfall ist –,[1] so bedarf es nach § 75 Abs. 2 OWiG ihrer Zustimmung zur Einstellung nicht.

4360 Das Opportunitätsprinzip gilt auch für den **Umfang der Verfolgung.** Die Behörde kann die Verfolgung in tatsächlicher und/oder rechtlicher Hinsicht begrenzen. Bei mehreren Handlungen kann sie die Verfolgung auf eine oder einzelne von ihnen beschränken oder unwesentliche Tatteile, die für die Bemessung der Geldbuße nicht unbeträchtlich ins Gewicht fallen, ausscheiden. Dies gilt selbst dann, wenn im Sinne der Konkurrenzlehre an sich eine Handlungseinheit gegeben ist (→ Rz. 664 ff.).[2] Im Fall der Tateinheit kann die Tat sogar nur unter einem von mehreren rechtlichen Gesichtspunkten verfolgt werden.[3]

4361 Unzulässig ist es im Bußgeldverfahren generell, die Einstellung des Verfahrens von der Zahlung einer Geldauflage abhängig zu machen (§ 47 Abs. 3 OWiG). Insoweit weicht das Bußgeldverfahren vom Strafverfahren ab (§ 153a StPO).

C. Ermittlungsbefugnisse der Finanzbehörde

4362 Die Ermittlungsbefugnisse der Bußgeld- und Strafsachenstelle im Bußgeldverfahren sind grds. die gleichen wie bei der Verfolgung von Steuerstraftaten, soweit sie dort von ihr selbständig durchgeführt werden. Sie ermittelt den Sachverhalt und prüft, ob der Betroffene den Bußgeldtatbestand rechtswidrig und vorwerfbar verwirklicht hat. Dabei hat sie sowohl die be- als auch die entlastenden Umstände zu beachten.

4363 Durch die Verweisung in § 410 Abs. 1 AO gelten die wesentlichen strafverfahrensrechtlichen Vorschriften der Abgabenordnung auch im Verfahren wegen einer Ordnungswidrigkeit. Das Gleiche gilt für die tragenden Grundsätze des strafrechtlichen Ermittlungsverfahrens, wie

- die Verpflichtung der Ermittlungsbehörde zur Objektivität (vgl. § 160 Abs. 2 StPO),
- der Anspruch des Betroffenen auf rechtliches Gehör (vgl. Art. 103 Abs. 1 GG),
- das Recht des Betroffenen auf Aussageverweigerung (nemo tenetur se ipsum accusare),[4]
- das Recht auf Verteidigung (vgl. § 137 StPO),
- die Grundsätze in dubio pro reo und ne bis in idem.

4364 Die **Unschuldsvermutung** gilt auch im Bußgeldverfahren sinngemäß. Dies folgt bereits aus dem Rechtsstaatsprinzip (Art. 20 Abs. 3 GG).[5] Darüber hinaus hat der Europäische Gerichtshof für Menschenrechte entschieden, dass Art. 6 MRK auch im gerichtlichen Bußgeldverfahren gilt.[6]

4365 Dagegen bedarf es im Bußgeldverfahren nicht, wie im Strafverfahren (§ 163a Abs. 1 Satz 1 StPO), der förmlichen **Vernehmung des Beschuldigten** vor Abschluss der Ermittlungen. Es genügt, wenn dem Betroffenen vor Erlass des Bußgeldbescheids – schriftlich – Gelegenheit gegeben wird, sich zu dem Vorwurf zu äußern (§ 55 Abs. 1 OWiG i.V.m. § 410 Abs. 1 AO, Nr. 102 Abs. 3 AStBV (St) 2013).[7]

---

1) Vgl. Abschn. 287 RiStBV.
2) Seitz in Göhler, § 47 OWiG Rz. 25; Bohnert in Karlsruher Kommentar, § 47 OWiG Rz. 43.
3) Hilgers-Klautzsch in Kohlmann, § 410 AO Rz. 31 (Juni 2009); Bohnert in Karlsruher Kommentar, § 47 OWiG Rz. 44.
4) BGH v. 26.4.2001, 5 StR 587/00, wistra 2001, 341, 344.
5) Seitz in Göhler, § 46 OWiG Rz. 10b.
6) EuGHMR v. 21.2.1984, 9/1982/55/84, NStZ 1984, 269, 270; v. 3.5.2001, 31827/96 (J.B./Schweiz), NJW 2002, 499, 501.
7) BStBl I 2012, 1018.

Die Anhörung dient der Sachverhaltsermittlung. Bevor der Betroffene zur Sache gehört wird, ist die Bekanntgabe der Beschuldigung notwendig. Auch ist der Betroffene darauf hinzuweisen, dass er zu einer Aussage oder schriftlichen Äußerung mit Ausnahme der Angaben zur Person nicht verpflichtet ist (vgl. § 111 OWiG). **4366**

Wird das Verfahren eingestellt, ist eine Anhörung entbehrlich. Auch wenn der Betroffene verwarnt und ein Verwarnungsgeld erhoben wird, ist die Anhörung nicht erforderlich, da Voraussetzung für die Wirksamkeit der Verwarnung das Einverständnis des Betroffenen ist (§ 56 Abs. 2 OWiG). **4367**

Auf sein Recht, Beweisanträge zu stellen, braucht der Betroffene nicht hingewiesen zu werden. Gleiches gilt auch für sein Recht, einen Verteidiger zu konsultieren (§ 55 Abs. 2 OWiG). Etwas anderes wird aber gelten müssen, wenn sich der Betroffene tatsächlich oder rechtlichen schwierigen bzw. erheblichen Tatvorwürfen ausgesetzt sieht. Dies gebietet die Fürsorgepflicht. **4368**

Ferner hat die Bußgeld- und Strafsachenstelle unter den Voraussetzungen des § 60 OWiG i.V.m. § 140 Satz 1 StPO einen **Pflichtverteidiger** zu bestellen.[1] **4369**

Beispiel:

Das Finanzamt München I hat gegen einen mittellosen Iraner, der die deutsche Sprache nicht beherrscht, ein Bußgeldverfahren wegen des Verdachts der leichtfertigen Steuerverkürzung i.H.v. 750 000 € eingeleitet. Die Steuerfahndung vernimmt etliche Zeugen, und in den Akten befinden sich mehrere Sachverständigengutachten.

Hier ist – ausnahmsweise – davon auszugehen, dass der Betroffene nicht in der Lage ist, sich selbst zu verteidigen, auch nicht mit Hilfe eines Dolmetschers. Das Finanzamt muss einen Pflichtverteidiger bestellen. **4370**

Ebenso wie im Steuerstrafverfahren ist der **Betroffene** – unter den Voraussetzungen des § 410 Abs. 1 AO, § 46 Abs 1 und 2 OWiG, § 163a Abs. 3 StPO – verpflichtet, auf eine Ladung vor der Finanzbehörde zu erscheinen (→ Rz. 3841). Eine zwangsweise Vorführung des Betroffenen bleibt im Bußgeldverfahren nach § 46 Abs. 5 OWiG jedoch ausschließlich dem Richter vorbehalten (vgl. auch Nr. 102 Abs. 2 AStBV (St) 2013).[2] **4371**

Nach § 46 Abs. 2 OWiG i.V.m § 161a StPO sind **Zeugen** und **Sachverständige** verpflichtet, auf Ladung der Finanzbehörde zu **erscheinen** und zur Sache auszusagen bzw. ihr Gutachten zu erstatten. Für die zwangsweise Vorführung ist auch hier allein der Richter zuständig (§ 46 Abs. 5 OWiG). **4372**

Gegen ordnungsgemäß geladene und nicht erschienene Zeugen oder Sachverständige kann nach pflichtgemäßem Ermessen der Finanzbehörde Ordnungsgeld festgesetzt werden. Außerdem können dem unentschuldigt Ausgebliebenen die dadurch verursachten Kosten auferlegt werden. **4373**

Früher konnten Zeugen nach § 48 Abs. 1 OWiG **vereidigt** werden, wenn es das Gericht wegen der ausschlaggebenden Bedeutung der Aussage oder zur Herbeiführung einer wahren Aussage für notwendig hielt; die Regelung wurde durch das 1. Justizmodernisierungsgesetz vom 24.8.2004 aufgehoben.[3] Eine richterliche Vernehmung ist im Ermittlungsverfahren auf Antrag der Finanzbehörde oder der Staatsanwaltschaft zulässig (§ 410 Abs. 1 AO i.V.m. § 46 OWiG, § 162 StPO).[4] **4374**

Wenn die Staatsanwaltschaft die Verfolgungsbehörde ist, hat die Finanzbehörde ein uneingeschränktes Akteneinsichtsrecht (§ 410 Abs. 1 AO, § 49 Abs. 2 Satz 1 OWiG). **4375**

1) Rüping in H/H/Sp, §§ 409, 410 AO Rz. 65 (März 2006).
2) BStBl I 2012, 1018.
3) BGBl. I 2004, 2198, 2203.
4) Griesbaum in Karlsruher Kommentar, § 162 StPO Rz. 2.

4376 Ist das Bußgeldverfahren gerichtlich anhängig, hat die Finanzbehörde umfassende Mitwirkungs- und Beteiligungsrechte. Das Gericht muss der Finanzbehörde Gelegenheit geben, die Gesichtspunkte vorzubringen, die von ihrem Standpunkt entscheidungsrelevant sind. Insbesondere muss die Finanzbehörde vor einer Einstellung des Verfahrens gehört werden, sie kann die Einstellung jedoch nicht blockieren. In der Hauptverhandlung hat der Vertreter der Finanzbehörde (häufig der zuständige Sachgebietsleiter der Bußgeld- und Strafsachenstelle) ein Äußerungs- und Fragerecht (§§ 407, 410 Abs. 1 Nr. 11 AO). Die Stellung der Finanzbehörde im gerichtlichen Bußgeldverfahren ist insofern wesentlich stärker als die der Verwaltungsbehörde im allgemeinen Verfahrensrecht nach § 35 OWiG.[1)]

4377 **Verhaftung,** vorläufige Festnahme sowie die Beschlagnahme von Postsendungen und Telegrammen sind nach § 46 Abs. 3 OWiG im Bußgeldverfahren unzulässig.

4378 Im Umkehrschluss hieraus sind die Beschlagnahme von anderen Gegenständen und die Durchsuchung im Bußgeldverfahren zwar nicht ausgeschlossen; jedoch wird hier besonders sorgfältig zu prüfen sein, ob eine Beschlagnahme zur Bedeutung des Tatvorwurfs in einem angemessenen Verhältnis steht oder gegen das Übermaßverbot verstößt.[2)] Eine **Durchsuchung** wird nur in seltenen Fällen als zulässig angesehen werden können. Insbesondere eine Durchsuchung von Räumen unverdächtiger Dritter (§ 103 StPO i.V.m. § 46 Abs. 1 OWiG, § 410 Abs. 1 AO) wird im Hinblick auf das Persönlichkeitsrecht des Dritten (Art. 1 und 2 GG) kaum je in Betracht kommen.[3)]

4379 Bei geringfügigen Steuerordnungswidrigkeiten kann die Finanzbehörde den Betroffenen mit einem **Verwarnungsgeld** von 5 bis 35 € oder ohne Verwarnungsgeld verwarnen (§ 410 Abs. 1 AO; § 56 Abs. 1 OWiG). Verwarnungsgeld wird von den Bußgeld- und Strafsachenstellen der Finanzämter kaum erhoben, wohingegen schriftliche Verwarnungen ohne Verwarnungsgeld gelegentlich erteilt werden, besonders in den Fällen der (erstmals) verspäteten Abgabe von Steueranmeldungen. Im Bereich der Zollverwaltung sind dagegen auch Verwarnungsgelder nicht unüblich.

4380 Hält die Finanzbehörde nach Abschluss der Ermittlungen die Ordnungswidrigkeit für erwiesen und eine Ahndung für geboten, so erlässt sie einen Bußgeldbescheid (§§ 65, 66 OWiG). Ansonsten stellt sie das Verfahren ein (§ 47 Abs. 1 Satz 2 OWiG).

D. Bußgeldverfahren gegen Angehörige eines steuerberatenden Berufes

4381 Bevor gegen einen Rechtsanwalt, Steuerberater, Steuerbevollmächtigten, Wirtschaftsprüfer oder vereidigten Buchprüfer wegen einer Steuerordnungswidrigkeit ein Bußgeldbescheid erlassen wird, die er in Ausübung seines Berufes bei der Beratung in Steuersachen begangen haben soll, gibt die Finanzbehörde der zuständigen **Berufskammer** Gelegenheit, die Gesichtspunkte vorzubringen, die von ihrem Standpunkt für die Entscheidung von Bedeutung sind (§ 411 AO). Die Finanzbehörde ist bei der sich anschließenden Entscheidung allerdings nicht an die Stellungnahme der Berufskammer gebunden.

4382 Zweck der Vorschrift ist es, den Sachverstand der Berufskammern (Rechtsanwaltskammern, Steuerberaterkammern, Wirtschaftsprüferkammer) für das Bußgeldverfahren nutzbar zu machen.[4)]

1) Lipsky in Franzen/Gast/Joecks, 7. Aufl. 2009, § 410 AO Rz. 16.
2) Schoreit in Karlsruher Kommentar, vor § 153 StPO Rz. 84.
3) Vgl. Seitz in Göhler, vor § 59 OWiG Rz. 67, 108.
4) Wegner in Flore/Tsambikakis, § 411 AO Rz. 3; Lipsky in Franzen/Gast/Joecks, 7. Aufl. 2009, § 411 AO Rz. 3; Hilgers-Klautzsch in Kohlmann, § 411 AO Rz. 2 (Juni 2009).

§ 411 AO erfasst nur die steuerliche Beratung, nicht aber die Pflichtverletzungen des Berufsangehörigen in eigener Sache. **4383**

Keine Stellungnahme der Berufskammer ist einzuholen, wenn die Finanzbehörde letztlich gar keinen Bußgeldbescheid erlässt, sondern das Verfahren einstellt gem. § 170 Abs. 2 StPO (analog).[1] Ebenso wenig gilt die Vorschrift, wenn das Gericht mit der Bußgeldsache befasst ist.[2] **4384**

Umstritten ist, ob die Finanzbehörde die Stellungnahme auch dann einholen muss, wenn der Berufsangehörige hierauf verzichtet. Indem die Finanzverwaltung diese Frage bejaht (Nr. 115 Abs. 3 AStBV (St) 2013),[3] verkennt sie den Charakter des § 411 AO. Diese Vorschrift stellt lediglich eine **Schutzvorschrift** zu Gunsten des betroffenen Rechtsanwalts, Steuerberaters usw. dar. Deshalb kann der Betroffene auf diesen Schutz verzichten. Dieser Auslegung steht auch der Wortlaut der Norm nicht entgegen. Andernfalls könnte nämlich der Zweck der Vorschrift dadurch pervertiert werden, dass der Berufsangehörige die Beteiligung der Kammer als zusätzliche Desavouierung empfinden müsste. Für die hier favorisierte Auslegung spricht ferner, dass unbeschadet der Regelung des § 411 AO die Finanzbehörde nach § 10 StBerG der Berufskammer ohnehin Tatsachen mitteilen kann, die den Verdacht einer Berufspflichtverletzung begründen. Insoweit ist nämlich zweifelsfrei, dass die Finanzbehörde ein Ermessen hat (§ 5 AO). Es wäre aber ein ungereimtes Ergebnis, wenn die Finanzbehörde einerseits im Rahmen des § 10 StBerG Ermessen ausüben könnte, selbst wenn ein strafbares Verhalten in Frage stünde, sie andererseits aber auch in Fällen, in denen die Anhörung der Berufskammer das Bußgeldverfahren ersichtlich nicht fördern könnte (z.B., wenn der Betroffene geständig ist und vermeiden möchte, dass die Kammer informiert wird), gezwungen wäre, nach § 411 AO zu verfahren. **4385**

E. Bußgeldbescheid

Eine Steuerordnungswidrigkeit wird i.d.R. durch einen Bußgeldbescheid geahndet (§ 410 Abs. 1 AO, § 65 OWiG). **4386**

Der Erlass durch die Finanzbehörde setzt voraus, dass sie nach Aufklärung des Sachverhalts und der Anhörung des Betroffenen eine Steuerordnungswidrigkeit für erwiesen hält und keine Verfolgungshindernisse bestehen. Darüber hinaus muss die Ahndung der Ordnungswidrigkeit nach pflichtgemäßem Ermessen geboten sein. **4387**

Bei Zweifeln an der Tatbestandsverwirklichung darf ein Bußgeldbescheid nicht erlassen werden. Auch die Finanzbehörde ist dem Grundsatz „in dubio pro reo" verpflichtet. **4388**

Wenn die Finanzbehörde beabsichtigt, einen Bußgeldbescheid zu erlassen, vermerkt sie den Abschluss der Ermittlungen in den Akten (§ 61 OWiG i.V.m. § 410 Abs. 1 AO). Entsprechend § 169a StPO hat der Verteidiger erst ab diesem Zeitpunkt ein **uneingeschränktes Akteneinsichtsrecht**. In der Praxis ist es freilich sachgerecht, den Betroffenen bereits zuvor aktiv über die Gewährung von Akteneinsicht an dem Verfahren zu beteiligen. **4389**

Die Ahndung einer Ordnungswidrigkeit durch einen Bescheid der Verwaltungsbehörde ist eine (zulässige) Ausnahme von Art. 92 GG, wonach die rechtsprechende Gewalt den Gerichten zugewiesen ist. **4390**

---

1) Lipsky in Franzen/Gast/Joecks, 7. Aufl. 2009, § 411 AO Rz. 11.
2) Hilgers-Klautzsch in Kohlmann, § 411 AO Rz. 3 (Juni 2009); Rüping in H/H/Sp, § 411 AO Rz. 9 (März 2006).
3) BStBl I 2012, 1018; eingehend mit weiteren Nachweisen Wegner in Flore/Tsambikakis, § 411 AO Rz. 4.

4391 Der Bußgeldbescheid ist jedenfalls dann erlassen, sobald er unterschrieben ist. Bis zur Zustellung bleibt er jedoch in der Schwebe, da er bis dahin unproblematisch zurückgenommen und geändert werden kann. Der Zeitpunkt der Unterzeichnung oder sonstigen Verfügung ist allerdings bedeutsam für den Verjährungsbeginn nach § 33 Abs. 1 Nr. 9, Abs. 2 OWiG, wenn der Bescheid alsbald danach in den Geschäftsgang gelangt.

4392 Häufig werden Bußgeldbescheide durch Computerausdrucke gefertigt, von denen in der Behörde keine aktenmäßige Urschrift existiert oder eine solche jedenfalls nicht ausgedruckt worden ist. Dann ist fraglich, ob ein wirksamer Bescheid vorliegt. Zwar hat der BGH[1] entschieden, dass ein Bußgeldbescheid nicht notwendigerweise einer Unterschrift bedarf, sondern die einfache Schriftform nach § 66 OWiG genügt. Hiervon ist jedoch zu trennen, welche Anforderungen an den verfahrenstechnischen Beleg und späteren Nachweis des Erlasses eines Bußgeldbescheids zu stellen sind. Der BGH vertritt dazu die streitbare Ansicht, dass Erlass und Inhalt des Bußgeldbescheids mit allen verfügbaren Beweismitteln im Freibeweisverfahren festgestellt werden kann. Im konkreten Fall ließ er es deshalb ausreichen, dass die Sachbearbeiterin der Verfolgungsbehörde einen kodierten Kurzbefehl in den Computer eingab, welchen sie als Kürzel in den Akten vermerkte, und daraufhin den Bußgeldbescheid ausdrucken und absenden ließ, wobei der Bescheid keine Unterschrift trug, sondern lediglich im Briefkopf den Namen der Sachbearbeiterin. Trotz dieser für den Betroffenen nicht mehr nachvollziehbaren Schritte ging der BGH von einem erkennbaren und nachprüfbaren Willensakt der Behörde aus und erachtete den Bescheid als wirksam.

4393 In § 66 OWiG ist geregelt, welche **Angaben** der Bußgeldbescheid notwendigerweise enthalten muss:

- Person des Betroffenen und etwaiger Nebenbeteiligter (Abs. 1 Nr. 1),
- Verteidiger (Abs. 1 Nr. 2),
- Bezeichnung der Tat nach Ort und Zeit, gesetzlichen Merkmalen und den angewendeten Vorschriften (Abs. 1 Nr. 3),
- Beweismittel (Abs. 1 Nr. 4),
- Geldbuße und etwaige Nebenfolgen (Abs. 1 Nr. 5),
- Hinweis auf Rechtskraft und Vollstreckbarkeit, wenn kein Einspruch erfolgt (Abs. 2 Nr. 1 Buchst. a),
- Hinweis auf die Möglichkeit der Verböserung (Abs. 2 Nr. 1 Buchst. b),
- Zahlungsaufforderung innerhalb bestimmter Frist nach Bestandskraft (Abs. 2 Nr. 2),
- Belehrung über Erzwingungshaft (Abs. 2 Nr. 3),
- Kostenentscheidung (§ 464 Abs. 1 StPO i.V.m. § 105 Abs. 1 OWiG).

4394 Mangelhafte **Angaben zur Person** berühren die Wirksamkeit des Bußgeldbescheids nicht, wenn die Identität des Betroffenen aus den vorhandenen Angaben zweifelsfrei hervorgeht.[2] Ist nicht hinreichend sicher nachvollziehbar, welche Tat gemeint ist, ist der Bußgeldbescheid unwirksam und kann keine Grundlage für eine Beschuldigung bilden. Immerhin hat der Bußgeldbescheid im Falle seiner Anfechtung die Funktion, den Gegenstand des Gerichtsverfahrens in persönlicher, sachlicher und rechtlicher Hinsicht von anderen denkbaren Tatvorwürfen abzugrenzen und damit den Umfang der Rechtskraft zu bestimmen.[3]

---

1) BGH v. 5.2.1997, 5 StR 249/96, wistra 1997, 196.
2) Seitz in Göhler, § 66 OWiG Rz. 4a; Kurz in Karlsruher Kommentar, § 66 OWiG Rz. 49.
3) BayObLG v. 10.3.1997, 3 Ob OWi 8/97, wistra 1997, 199; Kurz in Karlsruher Kommentar, § 66 OWiG Rz. 10.

Die **angeordneten Rechtsfolgen** müssen so konkretisiert sein, dass sie ohne Weiteres der Vollstreckung zugänglich sind. In den Fällen eines unwirksamen Bußgeldbescheids muss das Gericht – nach Einspruch – das Verfahren einstellen, und zwar entweder durch Beschluss außerhalb der Hauptverhandlung (§ 410 Abs. 1 AO, § 46 Abs. 1 OWiG, § 206a Abs. 1 StPO) oder durch Urteil in der Hauptverhandlung (§ 410 Abs. 1 AO, § 46 Abs. 1 OWiG, § 260 Abs. 3 StPO). **4395**

Nicht ausdrücklich vorgesehen ist – anders als im Strafverfahren nach § 200 Abs. 2 Satz 1 StPO – eine Wiedergabe des (wesentlichen) Ermittlungsergebnisses (vgl. § 66 Abs. 3 OWiG). Das schließt aber nicht aus, dass eine ausführliche **Begründung** gegeben wird. Eine solche ist insbes. bei höheren Geldbußen und bei schwieriger Sach- oder Rechtslage angebracht.[1] Auf diese Weise wird dem Betroffenen nicht nur erst die Entscheidung ermöglicht, ob er den Bußgeldbescheid anfechten soll; Neben der für § 378 Abs. 1 AO erforderlichen Darstellung der Berechnung der verkürzten Steuer folgt die Begründungspflicht v.a. aus der steuerlichen Relevanz der Geldbuße (→ Rz. 2351). **4396**

Wird dagegen nach Einspruch des Betroffenen im gerichtlichen Verfahren – etwa wegen leichtfertiger Steuerverkürzung – durch Urteil entschieden, gelten selbstverständlich noch weiter gehende Begründungsmaßstäbe. So muss nach § 46 Abs. 1 OWiG i.V.m. § 267 StPO in den Urteilsgründen insbes. für jede Steuerart und jeden Steuerabschnitt gesondert die Berechnung der jeweils verkürzten Steuer im Einzelnen angegeben werden.[2] **4397**

F. Einspruch – gerichtliches Verfahren

Schrifttum

Achenbach, Abschöpfung des wirtschaftlichen Vorteils und kartellrechtlicher Mehrerlös – Analyse und Kommentierung des Urteils des BFH v. 9.6.1999 – I R 100/97, KFR 1999, 375 (Fach 3, § 4 EStG 12/99); **Göhler**, Kommentar zum Ordnungswidrigkeitengesetz, 15. Aufl., München 2009; **Wegner**, Die Systematik der Zumessung unternehmensbezogener Geldbußen, Diss. Frankfurt 2000.

Gegen den Bußgeldbescheid kann der Betroffene gem. § 67 Abs. 1 Satz 1 OWiG innerhalb von zwei Wochen nach Zustellung schriftlich oder zur Niederschrift der Finanzbehörde Einspruch einlegen. Der Einspruch ist bei der Finanzbehörde einzulegen, die den Bußgeldbescheid erlassen hat. Wird der Einspruch bei der Staatsanwaltschaft oder bei Gericht eingelegt, so ist er nur dann zulässig, wenn er innerhalb der Einspruchsfrist an die zuständige Finanzbehörde weitergeleitet worden und dort eingegangen ist. **4398**

Nach der Rspr. des BGH sind sowohl die telegraphische und fernschriftliche **Einlegung des Einspruchs**[3] als auch die per Telefax[4] zulässig; die Schriftform wird auch durch ein Computerfax mit eingescannter Unterschrift gewahrt.[5] Ausreichen soll es auch, den Einspruch telefonisch einzulegen, wenn der Verwaltungsangehörige eine Niederschrift darüber anfertigt, dass der Einspruch eingelegt worden ist, in der die **4399**

1) Achenbach, KFR 1999, 375, 376; Wegner, 101 f.; a.A. BFH v. 9.6.1999, I R 100/97, BStBl II 1999, 658, 661.
2) BayObLG v. 11.5.1993, 3 Ob OWi 16/93, ZfZ 1993, 250.
3) BGH v. 9.3.1982, 1 StR 817/81, BGHSt 31, 7, 8 f.; Bohnert in Karlsruher Kommentar, § 67 OWiG Rz. 64.
4) BGH v. 2.10.1991, IV ZR 68/91, NJW 1992, 244; Seitz in Göhler, § 67 OWiG Rz. 22a.
5) GmS-OGB v. 5.4.2000, GmS-OGB 1/98, NJW 2000, 2340.

fernmündliche Einlegung des Einspruchs als Tatsache festzuhalten ist.[1] Die letztgenannte Konstellation ist allerdings im Zeitalter des Telefax als obsolet anzusehen.

4400 Umstritten ist, ob der Einspruch von einem Steuerberater, Steuerbevollmächtigten, Wirtschaftsprüfer oder vereidigten Buchprüfer als Verteidiger eingelegt werden kann, weil deren alleinige Verteidigungsbefugnis nach § 410 Abs. 1 Nr. 3 i.V.m. § 392 Abs. 1 AO beim Übergang des Verfahrens auf Staatsanwaltschaft und Gericht endet.[2] Richtiger Ansicht nach hat die Verteidigungsbefugnis nach § 392 AO nichts mit der Frage zu tun, ob der Einspruch in Vollmacht des steuerlichen Beraters eingelegt worden ist. Liegt eine insoweit wirksame Vollmacht des Beraters vor, ist der Einspruch zulässig.[3]

4401 Gleichwohl endet die alleinige Verteidigungsbefugnis eines Steuerberaters oder dergleichen mit dem Eingang der Akten bei der Staatsanwaltschaft nach § 69 Abs. 4 Satz 1 OWiG i.V.m. § 410 Abs. 1 AO, denn § 392 i.V.m. § 410 Abs. 1 Nr. 3 AO stellt nach seinem eindeutigen Wortlaut darauf ab, dass die Verteidigung durch einen Steuerberater u.a. nur so weit reicht wie die Zuständigkeit der Finanzbehörde.

4402 Die **Begründung des Einspruchs** ist nicht vorgeschrieben, aber dringend anzuraten.[4] Die Finanzbehörde kann auf Grund des Einspruchs

- den Bußgeldbescheid zurücknehmen (§ 69 Abs. 2 Satz 1 OWiG),
- nach der Rücknahme ggf. einen neuen, auch einen verbösernden Bußgeldbescheid erlassen,[5]
- die Sache an die Staatsanwaltschaft zur Durchführung des gerichtlichen Verfahrens abgeben (§ 69 Abs. 3 Satz 1 OWiG).

4403 Eine Rücknahme des Bußgeldbescheids durch die Finanzbehörde ist nur bis zur Übersendung der Akten möglich. Sobald die Akten bei der Staatsanwaltschaft eingehen, wird sie nach § 69 Abs. 4 Satz 1 OWiG zuständige Verfolgungsbehörde.

4404 Ist der Einspruch unzulässig und hat die Finanzbehörde ihn noch nicht nach § 69 Abs. 1 Satz 1 OWiG verworfen, entscheidet das Gericht darüber durch Beschluss (§ 70 Abs. 1 OWiG). Dasselbe gilt, wenn eine Hauptverhandlung im Einvernehmen mit der Staatsanwaltschaft und dem Betroffenen nicht für erforderlich gehalten wird (§ 72 Abs. 1 OWiG). Andernfalls wird eine Hauptverhandlung anberaumt, in der i.d.R. durch Urteil entschieden wird.

4405 Anders als beim Beschluss besteht hier kein Verböserungsverbot mehr. Das Gericht kann das Bußgeldverfahren sogar in ein Strafverfahren überleiten, wenn es die Tat – anders als die Finanzbehörde – als vorsätzliche Steuerhinterziehung wertet (§ 81 OWiG). Das Gericht muss den Betroffenen allerdings auf diese Änderung des rechtlichen Gesichtspunktes hinweisen (§ 265 Abs. 1 StPO).

Beratungshinweis:

Bei einem derartigen Hinweis sollte der Verteidiger beantragen, die Hauptverhandlung zu unterbrechen (§ 81 Abs. 2 Satz 3 OWiG), um die neue Situation mit seinem Mandanten zu besprechen; ggf. ist zu raten, den Einspruchs zurückzunehmen. Dies ist mit Zustimmung der Staatsanwaltschaft noch bis zur Urteilsverkündung möglich (§ 71 Abs. 1 OWiG i.V.m. § 411 Abs. 3 StPO).

---

1) BGH v. 20.12.1979, 1 StR 164/79, BGHSt 29, 173, 176; Bohnert in Karlsruher Kommentar, § 67 OWiG Rz. 65.

2) Dafür Randt in Franzen/Gast/Joecks, 7. Aufl. 2009, § 392 AO Rz. 14; Jäger in Klein, 11. Aufl. 2012, § 392 AO Rz. 2; dagegen Fischer in Karlsruher Kommentar, § 407 StPO Rz. 31; offen gelassen bei Tsambikakis in Flore/Tsambikakis, § 392 Rz. 13 m.w.N.

3) Gl.A. Hilgers-Klautzsch in Kohlmann, § 400 AO Rz. 123 (Oktober 2007).

4) Bohnert in Karlsruher Kommentar, § 67 OWiG Rz. 51.

5) Hilgers-Klautzsch in Kohlmann, § 410 AO Rz. 93 (Juni 2009); Seitz in Göhler, § 69 OWiG Rz. 29.

Der Betroffene ist im Bußgeldverfahren – wie schon der Angeklagte im Strafverfahren (§ 230 StPO) – verpflichtet, zur **Hauptverhandlung** zu **erscheinen** (§ 73 Abs. 1 OWiG). Er muss deshalb ordnungsgemäß geladen werden (§ 214 StPO i.V.m. § 46 Abs. 1 OWiG). Das Gericht kann ihn jedoch auf Antrag von dieser Verpflichtung entbinden, wenn sich der Betroffene zur Sache geäußert und erklärt hat, dass er sich in der Hauptverhandlung nicht zur Sache äußern werde, und seine Anwesenheit zur Klärung wesentlicher Gesichtspunkte des Sachverhalts nicht erforderlich ist (§ 73 Abs. 2 OWiG). Eine kommissarische Vernehmung durch einen ersuchten Richter kommt nicht in Betracht.[1] **4406**

Auch wenn das Gericht den Betroffenen von seiner Pflicht zum persönlichen Erscheinen entbunden hat, so kann er sich in der Hauptverhandlung dennoch durch einen schriftlich bevollmächtigten Verteidiger vertreten lassen (§ 73 Abs. 3 OWiG). Der Verteidiger vertritt den Betroffenen in der Erklärung und im Willen.[2] Er kann also für den Betroffenen zur Sache aussagen und z.B. den Tatvorwurf einräumen. **4407**

Bleibt der Betroffene in der Hauptverhandlung aus, obwohl er von der Verpflichtung zum persönlichen Erscheinen nicht entbunden war, so wird der Einspruch ohne Verhandlung zur Sache verworfen (§ 74 Abs. 2 OWiG). Dem Richter steht insofern kein Ermessensspielraum zu.[3] **4408**

Ist der Betroffene nicht erschienen, nachdem er von der Verpflichtung zum persönlichen Erscheinen entbunden worden war, so wird die Hauptverhandlung in **Abwesenheit** des Betroffenen durchgeführt. Frühere Vernehmungen des Betroffenen und seine schriftlichen oder protokollierten Erklärungen werden durch Mitteilung ihres wesentlichen Inhalts oder durch Verlesung in die Hauptverhandlung eingeführt. Damit wird ausnahmsweise der Grundsatz der Unmittelbarkeit der Hauptverhandlung durchbrochen. **4409**

Im Bußgeldverfahren besteht für die Staatsanwaltschaft keine Verpflichtung, an der Hauptverhandlung teilzunehmen (§ 75 Abs. 1 Satz 1 OWiG). In der Praxis wird von dem Teilnahmerecht daher auch nur spärlich Gebrauch gemacht. Nimmt die Staatsanwaltschaft nicht teil, bedarf es im Falle der Rücknahme des Einspruchs nicht ihrer Zustimmung (§ 75 Abs. 2 OWiG). Dem Vertreter der Bußgeld- und Strafsachenstelle, der in der Hauptverhandlung regelmäßig anwesend ist, hat das Gericht nach § 410 Abs. 1 Nr. 11 i.V.m. § 407 AO lediglich Gelegenheit zur Stellungnahme zu geben. Von seiner Zustimmung ist es nicht abhängig, ob der Einspruch zurückgenommen wird. **4410**

Im Bußgeldverfahren bestimmt das Gericht allein den Umfang der **Beweisaufnahme** (§ 77 Abs. 1 OWiG). Neben den Fällen des § 244 Abs. 3 StPO kann das Gericht einen Beweisantrag auch dann ablehnen, wenn nach seinem pflichtgemäßen Ermessen die Beweiserhebung nicht erforderlich ist, um die Wahrheit zu erforschen (Abs. 2 Nr. 1), oder das Beweismittel bzw. die zu beweisende Tatsache ohne verständigen Grund zu spät vorgebracht wurde (Abs. 2 Nr. 2). **4411**

Nach § 77a OWiG gilt eine vereinfachte Art der Beweisaufnahme. Abweichend von den §§ 251 bis 253 StPO können Urkunden (insbes. Protokolle und schriftliche Äußerungen) verlesen werden. Erklärungen von Behörden, die sonst nur unter den engen Voraussetzungen des § 256 StPO verlesen werden dürften, dürfen sogar, wenn sie nur fernmündlich eingeholt worden sind, in die Hauptverhandlung eingeführt werden, indem deren wesentlicher Inhalt bekannt gegeben und in das Sitzungsprotokoll aufgenommen wird. **4412**

1) BayObLG v. 22.9.1998, 2 Ob OWi 362/98, NJW 1999, 733.
2) Senge in Karlsruher Kommentar, § 73 OWiG Rz. 40.
3) OLG Stuttgart v. 22.5.2001, 1 Ss 185/01, NJW 2002, 978, 979.

4413 Diese vereinfachte Beweisaufnahme steht allerdings unter dem Vorbehalt der Zustimmung (§ 77a Abs. 4 OWiG). Sind der Betroffene, sein Verteidiger und ein Staatsanwalt in der Hauptverhandlung anwesend, kann jeder von ihnen diese Art der Beweisaufnahme verhindern.

4414 Der Bußgeldbescheid wird bestandskräftig bzw. erlangt (terminologisch korrekt) Rechtskraft, wenn kein Einspruch eingelegt oder dieser zurückgenommen wird, wenn der Einspruch verworfen wird oder wenn das Gericht eine verurteilende Sacherkenntnis letztinstanzlich ausgesprochen hat. In all diesen Fällen besteht ein Verfolgungshindernis („ne bis in idem") mit der Folge, dass dieselbe Tat nicht mehr als Ordnungswidrigkeit verfolgt werden kann, § 84 Abs. 1 OWiG. Die Bußgeldentscheidung ist dann vollstreckbar (§ 89 OWiG; § 412 AO).

4415 Ein rechtskräftiges Urteil über die Tat als Ordnungswidrigkeit steht auch ihrer Verfolgung als Straftat entgegen (§ 84 Abs. 2 Satz 1 OWiG). Dem stehen sowohl ein Beschluss nach § 72 OWiG bei Verzicht auf Hauptverhandlung als auch der Beschluss des Beschwerdegerichts gleich. Auch ein Beschluss nach § 153a StPO hindert die Verfolgung der Tat als Ordnungswidrigkeit oder als Vergehen.[1]

4416 Dies bedeutet im Umkehrschluss, dass ein bestandskräftiger Bußgeldbescheid einer Verwaltungsbehörde die Staatsanwaltschaft nicht hindert, dieselbe Tat unter dem Aspekt einer Straftat erneut zu verfolgen. Dies ergibt sich zwingend daraus, dass die Verwaltungsbehörde nicht über die Tat als Straftat entscheiden kann und die Staatsanwaltschaft nicht am Bußgeldverfahren beteiligt wird, wenn kein Einspruch eingelegt worden ist (→ Rz. 2357 f.).

4417 Umstritten ist, ob etwas anderes dann gilt, wenn die Finanzbehörde das Steuerstrafverfahren nach § 386 Abs. 2 AO selbst durchgeführt hat oder es hätte durchführen können, aber lediglich einen Bußgeldbescheid erlassen hat.

Beispiel:

Die Staatsanwaltschaft leitet gegen G, den Geschäftsführer einer GmbH, im Anschluss an eine Betriebsprüfung bei der GmbH ein Steuerstrafverfahren wegen des Verdachts der Einkommen-, Gewerbe- und Körperschaftsteuerhinterziehung ein. Die Betriebsprüfung hat erhebliche verdeckte Gewinnausschüttungen aufgedeckt. Im Laufe der Vernehmung des G ergibt sich, dass ein Vorsatz (§ 16 StGB; §§ 369, 370 AO) nicht nachweisbar erscheint. Die Strafsachenstelle teilt G mit, dass das Strafverfahren eingestellt und stattdessen ein Bußgeldverfahren wegen leichtfertiger Steuerverkürzung eingeleitet werde. Kurz darauf erlässt sie einen Bußgeldbescheid über 2 500 € gegen G, der keinen Einspruch einlegt. Ein Jahr später zeigt Gs verschmähte Geliebte diesen unter Vorlage seiner minuziösen Tagebuchaufzeichnungen bei der Staatsanwaltschaft an, woraus sich ein planvolles Vorgehen des G ergibt. Die Staatsanwaltschaft leitet wegen desselben Sachverhaltes ein Verfahren wegen Steuerhinterziehung ein und erhebt Anklage gegen G.

4418 Das Verfahren ist wegen eines Verfolgungshindernisses analog § 84 OWiG einzustellen, denn die Finanzbehörde war seinerzeit zur selbständigen Durchführung des Steuerstrafverfahrens befugt und hätte die Möglichkeit gehabt, bei Gericht einen Strafbefehl zu erwirken (§ 400 AO). Es wäre unter rechtsstaatlichen Gesichtspunkten nicht hinnehmbar, wenn eine andere Strafverfolgungsbehörde nunmehr ein Strafurteil erwirken könnte (→ Rz. 2358).[2]

---

1) Seitz in Göhler, § 84 OWiG Rz. 15; Meyer-Goßner, 55. Aufl. 2012, § 153a StPO Rz. 35, 52.
2) Gl.A. Lipsky in Franzen/Gast/Joecks, 7. Aufl. 2009, § 410 AO Rz. 21; Rüping in H/H/Sp, §§ 409, 410 Rz. 35 (März 2006); a.A. Hilgers- Klautzsch in Kohlmann, § 410 AO Rz. 134 (Juni 2009).

G. Rechtsmittel

Nach § 79 OWiG ist unter bestimmten, engen Voraussetzungen die **Rechtsbeschwerde** gegen Urteile und Beschlüsse des AG gegeben. Sie ist u.a. zulässig, wenn gegen den Betroffenen eine Geldbuße von mehr als 250 € festgesetzt worden oder eine Nebenfolge angeordnet worden ist (Abs. 1 Nr. 1 und 2). **4419**

Außerdem kann sie erhoben werden bei einem Freispruch oder einer Einstellung des Verfahrens, wenn im Bußgeldbescheid eine Geldbuße von mehr als 600 € festgesetzt oder von der Staatsanwaltschaft beantragt (Abs. 1 Nr. 3) oder der Einspruch durch Urteil als unzulässig verworfen worden war (Abs. 1 Nr. 4). **4420**

Ferner ist die Rechtsbeschwerde zulässig, wenn sie ausdrücklich zugelassen wird (§ 79 Abs. 1 Satz 2 OWiG). Das OLG als Beschwerdegericht (§ 79 Abs. 3 OWiG i.V.m. § 121 Abs. 1 Nr. 1 Buchst. a GVG) lässt die Revision gem. § 80 OWiG dann zu, wenn es zur Fortbildung des Rechts geboten ist, die Nachprüfung eines Urteils zu ermöglichen (Abs. 1 Nr. 1), oder rechtliches Gehör versagt wurde (Abs. 1 Nr. 2). **4421**

Da die Vorschriften über die Revision entsprechend gelten (§ 79 Abs. 3 OWiG), kann die Rechtsbeschwerde nur auf eine Verletzung des Rechts gestützt werden. In Betracht kommen die Sachrüge und die Verfahrensrüge, denn es kann materielles oder formelles Recht verletzt sein (§ 337 StPO i.V.m. § 79 Abs. 3 OWiG, § 410 Abs. 1 AO). **4422**

Wird die **Sachrüge** erhoben, so genügt die Formulierung, dass die Verletzung sachlichen Rechts gerügt werde. Zu empfehlen ist jedoch, die beanstandeten Punkte anzusprechen und so das Gericht auf die vermeintlichen Fehler hinzuweisen.[1] **4423**

Wird die Rechtsbeschwerde auf eine Verletzung des **formellen Rechts** gestützt, muss in der Begründung angegeben werden, welche Tatsachen den Mangel ergeben (§ 344 Abs. 2 StPO i.V.m. § 79 Abs. 3 OWiG, § 410 Abs. 1 AO). Hier gelten strenge Formvorschriften. Die Verfahrensverstöße müssen so ausführlich dargelegt werden, dass das OLG die Stichhaltigkeit des Vorbringens allein auf Grund dieser Schilderung prüfen kann.[2] **4424**

Zulässig ist es, die Rechtsbeschwerde auf den Rechtsfolgenausspruch zu beschränken, d.h. auf die Höhe der festgesetzten Geldbuße. So wie auch im Strafrecht müssen die Feststellungen zum Schuldspruch einer isolierten Nachprüfung zugänglich sein.[3] **4425**

Die Rechtsbeschwerde ist binnen einer Woche nach Urteilsverkündung beim AG schriftlich oder zu Protokoll der Geschäftsstelle **einzulegen** (§ 341 Abs. 1 StPO i.V.m. § 79 Abs. 3 OWiG, § 410 Abs. 1 AO). Die Frist beginnt mit der Zustellung des Beschlusses nach § 72 OWiG oder des Urteils, wenn es in Abwesenheit des Beschwerdeführers verkündet worden ist (§ 79 Abs. 4 OWiG). **4426**

Die Rechtsbeschwerde muss innerhalb eines Monats nach Ablauf der Frist für deren Einlegung formwirksam **begründet** werden (§ 345 StPO i.V.m. § 79 Abs. 3 OWiG, § 410 Abs. 1 AO). Dies kann entweder in einer vom Verteidiger oder von einem Rechtsanwalt unterzeichneten Schrift oder aber zu Protokoll der Geschäftsstelle geschehen (§ 345 StPO i.V.m. § 79 Abs. 3 OWiG, § 410 Abs. 1 AO). **4427**

Wurde die einwöchige Anfechtungsfrist des § 341 StPO ohne Verschulden versäumt und ist Wiedereinsetzung in den vorigen Stand gewährt worden, so beginnt die Begründungsfrist erst mit der Zustellung des Wiedereinsetzungsbeschlusses. **4428**

---

1) Senge in Karlsruher Kommentar, § 79 OWiG Rz. 87.
2) Senge in Karlsruher Kommentar, § 79 OWiG Rz. 88.
3) OLG Düsseldorf v. 16.2.1993, 5 Ss (OWi) 19/93 – (OWi) 20/93 I, NJW 1993, 2063, 2064.

4429 Das OLG entscheidet i.d.R. durch Beschluss (§ 79 Abs. 5 Satz 1 OWiG). Im Falle des Erfolges des Rechtsmittels kann das OLG entweder selbst entscheiden oder die Sache an ein AG zurückweisen (§ 79 Abs. 6 OWiG).

H. Überleitung von Bußgeld- in Strafverfahren

4430 Die §§ 81 bis 83 OWiG regeln den Übergang vom Bußgeld- zum Strafverfahren. Nach Ansicht des BGH kann das Bußgeldverfahren aber auch noch im Rechtsbeschwerdeverfahren in ein Strafverfahren übergeleitet werden.[1] Das Verfahren wird dann als Revisionsverfahren fortgeführt.

4431 Da das Gericht nicht an die rechtliche Beurteilung der Tat als Ordnungswidrigkeit gebunden ist, kann es den Betroffenen auch wegen einer Straftat verurteilen, wenn es ihn von Amts wegen oder auf Antrag der Staatsanwaltschaft hierauf hingewiesen hat (§ 81 Abs. 1 und 2 OWiG). Mit diesem Hinweis tritt der Übergang zum Strafverfahren ein.[2]

4432 Vor der Erteilung dieses Hinweises ist es unstreitig möglich, den Einspruch gegen den Bußgeldbescheid zurückzunehmen.[3]

4433 Umstritten ist, ob der Einspruch gegen den Bußgeldbescheid ohne Zustimmung der Staatsanwaltschaft danach noch **zurückgenommen** werden kann, wenn die Hauptverhandlung noch nicht begonnen hat (vgl. §§ 46 Abs. 1, 71 Abs. 1 OWiG, § 411 Abs. 3 Sätze 1, 2 und § 303 StPO). Der BGH hat dies verneint.[4] Es ist allerdings nicht einzusehen, weshalb der BGH den Fall der Einspruchsrücknahme im Anschluss an einen Strafbefehl (§ 411 Abs. 3 StPO), auf dessen Verböserung das Gericht hingewiesen hat, anders behandelt, als die Rücknahme des Einspruchs gegen einen Bußgeldbescheid.[5]

I. Verteidigung im Bußgeldverfahren

4434 Nach der Vorschrift des § 392 AO i.V.m. § 410 Abs. 1 Nr. 3 AO sind auch im Bußgeldverfahren die Angehörigen der steuerberatenden Berufe zur Verteidigung zugelassen, im gerichtlichen Verfahren jedoch nur zusammen mit einem Rechtsanwalt oder Rechtslehrer an einer deutschen Hochschule, es sei denn, das Gericht hat gem. § 138 Abs. 2 StPO i.V.m. § 410 Abs. 1 AO eine Ausnahme zugelassen. Auf die entsprechenden Ausführungen zum Steuerstrafverfahren wird verwiesen (→ Rz. 2878).

4435 Aus Gründen der Verfahrenstaktik und -psychologie ist es nicht zu empfehlen, dass der steuerliche Berater als Mitverteidiger im gerichtlichen Bußgeldverfahren auftritt. Bereits der Einstieg in eine (neue) strafrechtliche Diskussion kann andernfalls schon durch die Stimmung aus der steuerlichen Auseinandersetzung überlagert und damit blockiert sein. Sinnvoller ist es regelmäßig, den steuerlichen Berater als Entlastungszeugen für den Mandanten zu benennen. Diese neue Aufgabenverteilung schließt es naturgemäß nicht aus, dass der Steuerberater den zu konsultierenden Strafjuristen intern steuerfachlich unterstützt.

---

1) BGH v. 19.5.1988, 1 StR 359/87, BGHSt 35, 298, 302; a.A. BayObLG v. 29.9.1987, 1 Ob OWi 197/87, NStZ 1988, 81.
2) Jäger in Klein, 11. Aufl. 2012, § 410 AO Rz. 24.
3) KG v. 7.6.1995, Kart 10/95, NStZ 1995, 554, 545.
4) BGH v. 8.7.1980, 5 StR 686/79, BGHSt 29, 305, 307; zust. Wache in Karlsruher Kommentar, § 81 OWiG Rz. 28.
5) Gl.A. Seitz in Göhler, § 81 OWiG Rz. 19; Jäger in Klein, 11. Aufl. 2012, § 410 AO Rz. 25.

Stichwortverzeichnis

Die Zahlen bezeichnen die Randziffern.

B

F

G

H